20 24

COORDENADORES

SÍLVIO VENOSA

RAFAEL GAGLIARDI

CAIO TABET

TRATADO DE ARBITRAGEM

Adriana Noemi Pucci · **Alexis** Mourre · **Aline** Dias · **Amanda** N. Sampaio · **Ana Carolina** Martins Santoro · **Ana Carolina** Nogueira · **Ana Carolina** Weber · **Andre Luis** Monteiro · **Antonio Carlos** Monteiro da Silva Filho · **Augusto** Tolentino · **Caio** Tabet · **Caio Pazinato** Ramos · **Carlo** de Lima Verona · **Cássio** Monteiro Rodrigues · **Celso** Caldas Martins Xavier · **Cesar Rossi** Machado · **Cláudio** Finkelstein · **Cristina M. Wagner** Mastrobuono · **Daniel Kaufman** Schaffer · **Eleonora** Coelho · **Esperanza** Barrón Baratech · **Fabiana** Leite · **Fernando** Mantilla-Serrano · **Flávia** Bittar Neves · **Gilberto** Giusti · **Guilherme** Fontes Bechara · **João Victor** Porto Jarske · **Joaquim** de Paiva Muniz · **José Emilio** Nunes Pinto · **Júlia Teixeira** Rodrigues · **Juliana** da Silva Piolla · **Julie** Bédard · **Júlio César** Bueno · **Laura Isabelle** Guzzo · **Laura** Pelegrini · **Leonor** Van Lelyveld · **Lilian Patrus** Marques · **Lucas** Vilela dos Reis da Costa Mendes · **Luísa Maria** Filgueiras Hidalgo · **Marcelo** A. Botelho de Mesquita · **Marcelo** Gandelman · **Marcelo José** Magalhães Bonizzi · **Marcelo** Junqueira Inglez de Souza · **Marcelo Ricardo** Wydra Escobar · **Marcia** Cicarelli Barbosa de Oliveira · **Mateus** Assis · **Matheus** Bastos Oliveira · **Maurício** Gomm F. dos Santos · **Napoleão** Casado Filho · **Newton** Coca Bastos Marzagão · **Olavo Augusto** Vianna Alves Ferreira · **Oscar** Hatakeyama · **Paulo** de Tarso Vieira Sanseverino · **Paulo Macedo** Garcia Neto · **Rafael** Villar Gagliardi · **Ricardo** de Carvalho Aprigliano · **Rodrigo** Garcia da Fonseca · **Silas** Dias de Oliveira Filho · **Silvia** Rodrigues Pachikoski · **Sílvio** de Salvo Venosa · **Sofia** Martins · **Thiago** Marinho Nunes · **Victoria** da Silveira e Silva · **Yasmine** Lahlou

Dados Internacionais de Catalogação na Publicação (CIP) de acordo com ISBD

T776

    Tratado de Arbitragem / coordenado por Sílvio Venosa, Rafael Gagliardi, Caio Tabet. - Indaiatuba, SP : Editora Foco, 2024.

    1.088 p. ; 17cm x 24cm.

    Inclui bibliografia e índice.
    ISBN: 978-65-5515-927-1

    1. Direito. 2. Tratado de Arbitragem. I. Venosa, Sílvio. II. Gagliardi, Rafael. III. Tabet, Caio. IV. Título.

2023-2623   CDD 340   CDU 34

Elaborado por Vagner Rodolfo da Silva – CRB-8/9410
Índices para Catálogo Sistemático:
1. Direito 340
2. Direito 34

COORDENADORES

SÍLVIO **VENOSA**

RAFAEL **GAGLIARDI**

CAIO **TABET**

TRATADO DE ARBITRAGEM

Adriana Noemi Pucci · **Alexis** Mourre · **Aline** Dias · **Amanda** N. Sampaio · **Ana Carolina** Martins Santoro · **Ana Carolina** Nogueira · **Ana Carolina** Weber · **Andre Luis** Monteiro · **Antonio Carlos** Monteiro da Silva Filho · **Augusto** Tolentino · **Caio** Tabet · **Caio Pazinato** Ramos · **Carlo** de Lima Verona · **Cássio** Monteiro Rodrigues · **Celso** Caldas Martins Xavier · **Cesar** Rossi Machado · **Cláudio** Finkelstein · **Cristina** M. Wagner Mastrobuono · **Daniel** Kaufman Schaffer · **Eleonora** Coelho · **Esperanza** Barrón Baratech · **Fabiana** Leite · **Fernando** Mantilla-Serrano · **Flávia** Bittar Neves · **Gilberto** Giusti · **Guilherme** Fontes Bechara · **João Victor** Porto Jarske · **Joaquim** de Paiva Muniz · **José Emilio** Nunes Pinto · **Júlia** Teixeira Rodrigues · **Juliana** da Silva Piolla · **Julie** Bédard · **Júlio César** Bueno · **Laura Isabelle** Guzzo · **Laura** Pelegrini · **Leonor** Van Lelyveld · **Lilian** Patrus Marques · **Lucas** Vilela dos Reis da Costa Mendes · **Luísa Maria** Filgueiras Hidalgo · **Marcelo A.** Botelho de Mesquita · **Marcelo** Gandelman · **Marcelo José** Magalhães Bonizzi · **Marcelo** Junqueira Inglez de Souza · **Marcelo Ricardo** Wydra Escobar · **Marcia** Cicarelli Barbosa de Oliveira · **Mateus** Assis · **Matheus** Bastos Oliveira · **Maurício** Gomm F. dos Santos · **Napoleão** Casado Filho · **Newton** Coca Bastos Marzagão · **Olavo Augusto** Vianna Alves Ferreira · **Oscar** Hatakeyama · **Paulo** de Tarso Vieira Sanseverino · **Paulo** Macedo Garcia Neto · **Rafael** Villar Gagliardi · **Ricardo** de Carvalho Aprigliano · **Rodrigo** Garcia da Fonseca · **Silas** Dias de Oliveira Filho · **Silvia** Rodrigues Pachikoski · **Sílvio** de Salvo Venosa · **Sofia** Martins · **Thiago** Marinho Nunes · **Victoria** da Silveira e Silva · **Yasmine** Lahlou

2023 © Editora Foco

Coordenadores: Silvio de Salvo Venosa, Rafael Villar Gagliardi e Caio Tabet
Autores: Adriana Noemi Pucci, Alexis Mourre, Aline Dias, Amanda N. Sampaio, Ana Carolina Martins Santoro, Ana Carolina Nogueira, Ana Carolina Weber, Andre Luis Monteiro, Antonio Carlos (Tonico) Monteiro da Silva Filho, Augusto Tolentino, Caio Tabet, Caio Pazinato Ramos, Carlo de Lima Verona, Cássio Monteiro Rodrigues, Celso Caldas Martins Xavier, Cesar Rossi Machado, Cláudio Finkelstein, Cristina M. Wagner Mastrobuono FCIArb, Daniel Kaufman Schaffer, Eleonora Coelho, Esperanza Barrón Baratech, Fabiana Leite, Fernando Mantilla-Serrano, Flávia Bittar Neves, Gilberto Giusti, Guilherme Fontes Bechara, João Victor Porto Jarske, Joaquim de Paiva Muniz, José Emilio Nunes Pinto, Júlia Teixeira Rodrigues, Juliana da Silva Piolla, Julie Bédard, Júlio César Bueno, Laura Isabelle Guzzo, Laura Pelegrini, Leonor van Lelyveld, Lilian Patrus Marques, Lucas Vilela dos Reis da Costa Mendes, Luísa Maria Filgueiras Hidalgo, Marcelo A. Botelho de Mesquita, Marcelo Gandelman, Marcelo José Magalhães Bonizzi, Marcelo Junqueira Inglez de Souza, Marcelo Ricardo Wydra Escobar, Marcia Cicarelli Barbosa de Oliveira, Mateus Assis, Matheus Bastos Oliveira, Maurício Gomm F. dos Santos, Napoleão Casado Filho, Newton Coca Bastos Marzagão, Olavo Augusto Vianna Alves Ferreira, Oscar Hatakeyama, Paulo de Tarso Vieira Sanseverino, Paulo Macedo Garcia Neto, Rafael Villar Gagliardi, Ricardo de Carvalho Aprigliano, Rodrigo Garcia da Fonseca, Silas Dias de Oliveira Filho, Silvia Rodrigues Pachikoski, Sílvio de Salvo Venosa, Sofia Martins, Thiago Marinho Nunes, Victoria da Silveira e Silva e Yasmine Lahlou

Diretor Acadêmico: Leonardo Pereira
Editor: Roberta Densa
Assistente Editorial: Paula Morishita
Revisora Sênior: Georgia Renata Dias
Capa Criação: Leonardo Hermano
Diagramação: Ladislau Lima e Aparecida Lima
Impressão miolo e capa: N. B. IMPRESSOS GRAFICOS E EDITORA EIRELI (IMPRESS)

DIREITOS AUTORAIS: É proibida a reprodução parcial ou total desta publicação, por qualquer forma ou meio, sem a prévia autorização da Editora FOCO, com exceção do teor das questões de concursos públicos que, por serem atos oficiais, não são protegidas como Direitos Autorais, na forma do Artigo 8º, IV, da Lei 9.610/1998. Referida vedação se estende às características gráficas da obra e sua editoração. A punição para a violação dos Direitos Autorais é crime previsto no Artigo 184 do Código Penal e as sanções civis às violações dos Direitos Autorais estão previstas nos Artigos 101 a 110 da Lei 9.610/1998. Os comentários das questões são de responsabilidade dos autores.

NOTAS DA EDITORA:

Atualizações e erratas: A presente obra é vendida como está, atualizada até a data do seu fechamento, informação que consta na página II do livro. Havendo a publicação de legislação de suma relevância, a editora, de forma discricionária, se empenhará em disponibilizar atualização futura.

Erratas: A Editora se compromete a disponibilizar no site www.editorafoco.com.br, na seção Atualizações, eventuais erratas por razões de erros técnicos ou de conteúdo. Solicitamos, outrossim, que o leitor faça a gentileza de colaborar com a perfeição da obra, comunicando eventual erro encontrado por meio de mensagem para contato@editorafoco.com.br. O acesso será disponibilizado durante a vigência da edição da obra.

Impresso no Brasil (09.2023) – Data de Fechamento (09.2023)

2023
Todos os direitos reservados à
Editora Foco Jurídico Ltda.
Rua Antonio Brunetti, 593 – Jd. Morada do Sol
CEP 13348-533 – Indaiatuba – SP

E-mail: contato@editorafoco.com.br
www.editorafoco.com.br

PREFÁCIO

A Lei de Arbitragem (LArb), Lei 9.397/96, alterada pela Lei 13.129/2015, representa a essência da teoria de Thomas Kuln, sobre a sociologia do conhecimento com referência a alteração e quebra de paradigmas presentes no caminho do progresso científico. Em quase 27 anos de vigência, a LArb, com apenas 44 artigos revolucionou silenciosamente a forma da prestação jurisdicional na área contratual cível e empresarial brasileira, em âmbito nacional e internacional, inclusive para os contratos firmados com a Administração pública.

Quando a LArb entrou em vigor em 1996, havia grande expectativa de como a sociedade civil, o judiciário e os operadores do Direito recepcionariam esta revitalizada forma de solução extrajudicial de controvérsias. Revitalizada, pois a arbitragem não é um instituto novo no ordenamento jurídico, já que desde as Ordenações Filipinas de 1603 convivemos com ela.

Em breve digressão histórica, é admirável verificar que as questões fronteiriças do território brasileiro com os nossos vizinhos foram solucionadas por meio de arbitragem, no final do século XIX e início do século XX. A linha vertical do Tratado de Tordesilhas de 1494 foi afastada e as dimensões quase continentais do território brasileiro foram alicerçadas no Tratado de Madri de 1750, que contou com as luzes do insigne brasileiro Alexandre de Gusmão, secretário geral de Dom João V à época. Foram introduzidos conceitos essenciais para deslinde das arbitragens, entre eles que os contornos limítrofes do território observariam os acidentes geográficos, tais como rios e montanhas e o *uti possidetis*. Desta forma, preparou o terreno para que o Barão de Rio Branco tivesse elementos jurídicos fortes para atuar nas arbitragens das questões fronteiriças com a Guiana Francesa (Questão do Amapá), Argentina (Questões de Palmas e Missões) e Bolívia (Acre).

Já se vê que a arbitragem está no DNA da nação brasileira e de seu ordenamento jurídico. Ela repousava no esquecimento e, apesar de estar regulada no Código Civil de 1916 e no Código de Processo Civil de 1973 era de raríssima utilização. Coube a LArb oxigenar o instituto, conceder-lhe o frescor de modernidade, com gênesis na Lei Modelo da Comissão das Nações Unidas para o Direito Mercantil Internacional – CNUDMI/UNCITRAL de 1985, alicerçada na prática internacional e em legislações estrangeiras.

A LArb introduziu no Brasil o denominado Direito de Quarta Geração, como asseverou o Ministro do Superior Tribunal de Justiça - STJ, José Augusto Delgado.[1]

---

1. No contexto da evolução do Direito Processual, consoante menciona o Ministro Delgado, o de primeira geração caracteriza-se pelo profundo apego ao formalismo, com regras inspiradas para aumentar o grau de segurança jurídica, porém possibilitando manobras processuais; o de segunda geração, que tentou, embora não tenha conseguido,

Ela enalteceu, valorizou e deu autonomia para que o cidadão atue com liberdade consciente (art. 1º), oferecendo-lhe um sistema que se rege em dois níveis. O primeiro nível representa o *núcleo flexível* da LArb. São estipulações suplementares e de livre disposição pelas Partes (princípio da autonomia da vontade), exteriorizadas, entre outras na forma de operacionalizar a arbitragem (art. 5º), número de árbitros (art. 13 §§ 1º e 2º), procedimento arbitral, prazos (art. 21) etc. São disposições de âmbito contratual. O segundo, o denominado *núcleo duro* da LArb são aquelas disposições que existem para permitir o controle do procedimento e da sentença arbitral, tais como, o devido processo legal (art. 21, § 2º), a ação de desconstituição da sentença arbitral (art. 32 e seus incisos); os requisitos da sentença arbitral (art. 26) etc. São disposições de ordem jurisdicional. Normas mandatórias que garantem a legitimidade do procedimento arbitral.

É esta estrutura legal coesa e democrática que garante legitimidade à arbitragem. Constitui o controle das garantias do processo arbitral com matriz constitucional, pois como lecionava a professora Ada Pelllegrini Grinover, o Direito Processual não se separa da Constituição, que além de ser um instrumento técnico, o processo é instrumento ético de efetivação das garantias jurídicas.

O *Tratado de Arbitragem* que agora vem a lume, obra coletiva organizada pelos advogados Silvio de Salvo Venosa, Rafael Villar Gagliardi e Caio Tabet, com a participação de magistrados, advogados e professores, que se dedicam a elaborar artigos que orbitam em torno dos sete capítulos da LArb e da legislação complementar, entre elas, a que disciplina sobre o reconhecimento e execução de sentenças arbitrais estrangeiras (Convenção de Nova Iorque de 1958, em vigor no Brasil por foça do Decreto 4.311/2002).

O livro expande sua abordagem às arbitragens de investimentos, alicerçadas em convenções internacionais de garantia e promoção de investimentos. Apesar de o Brasil não ter firmado convenções específicas deste gênero, são temas importantes de serem abordados, pois a doutrina internacional e o imenso acervo jurisprudencial de sentenças arbitrais destes jaezes, amplamente divulgadas, constituem fonte de estudo para o desenvolvimento da arbitragem. Através delas se formam premissas e conceitos que podem ser utilizados, quando oportuno, como referência em arbitragens internas e internacionais, já que esses precedentes se aprofundam em temas específicos e recorrentes em arbitragens, mesmo que não estejam sob o guarda-chuva de tratados internacionais. Estes são temas abordados neste livro.

O livro conta com uma estrutura bem-organizada, dividida em parte geral e especial. Na parte geral, digno de destaque, entre outros são os artigos que abordam sobre a convenção de arbitragem e o procedimento arbitral, sistematizados em subtemas, analisados por diversos autores, entre eles os organizadores deste livro. As

---

romper com a burocracia processual; o de terceira geração é o que enfatiza a necessidade de se prestigiar ações coletivas; e o de quarta geração, na época contemporânea é no qual a arbitragem se situa, voltado para a solução de litígios sem a presença obrigatória do Poder Judiciário.

abordagens em temas e subtemas persistem no livro, tais como os artigos referentes aos árbitros, os quais esmiuçam os aspectos intrínsecos e extrínsecos da função e mister do árbitro, com percuciência e acuidade. O mesmo se verifica nos demais artigos do livro, discorridos por profissionais que aliam profundo conhecimento teórico à prática da arbitragem, o que confere um tom útil e eficiente aos artigos e um brinde a seus leitores.

A parte especial trata preponderantemente da arbitragem setorial e suas complexas especificidades, tais como arbitragens no setor de petróleo, societária e de seguros e resseguros.

Antes de finalizar gostaria de render homenagem ao Ministro Paulo de Tarso Sanseverino, que nos deixou recentemente e colaborou neste livro com artigo denominado *Papel do STJ no desenvolvimento da arbitragem brasileira*. Recordo sua participação como coordenador, juntamente com o ministro Luis Felipe Salomão, nas II Jornada de Prevenção e Solução Extrajudicial de Litígios em 27 e 28 de agosto de 2021, promovida pelo Centro de Estudos Judiciários do Conselho de Justiça Federal – CJF em Brasília. Tivemos a oportunidade de presidir a Comissão de Arbitragem juntamente com Carlos Alberto Carmona. Saliento a liderança exercida pelo Ministro Sanseverino e o contundente relatório produzido nas II Jornadas, além dos enunciados aprovados que têm o papel de orientar a aplicação da lei em seu aspecto mais pragmático. O citado relatório afirmou a necessidade de difundir amplamente na sociedade os métodos adequados de solução de conflitos e ressaltar sua importância na evolução do Direito. Foi mencionado que se franqueia o acesso à Justiça, mas ela é lenta e há a necessidade de entregar à sociedade formas mais eficientes de solução pacífica de conflitos. É o que se denomina acesso à ordem jurídica justa. Foi dito, também, ser necessário *ressignificar* o papel do Poder Judiciário na sociedade contemporânea e a priorização do protagonismo da atuação estatal para determinadas espécies de litígios. O Ministro Paulo de Tarso Sanseverino, com seu elevado saber jurídico, simplicidade e cortesia muito legou ao Direito brasileiro. Fica meu saudoso registro.

Por tudo acima relatado, verifica-se que este livro cumpre seu papel doutrinário ao expandir conhecimentos jurídicos na área da arbitragem nacional e internacional. Será muito útil para os estudantes de direito, advogados e todos aqueles que desejam progredir no estudo da arbitragem.

São Paulo, outono de 2023.

Selma Maria Ferreira Lemes

Doutora e Mestre pela Universidade de São Paulo. Integrou a comissão relatora da Lei de Arbitragem. Professora de arbitragem. Advogada.

APRESENTAÇÃO

Enfim, nasce o "Tratado de Arbitragem", um projeto que uniu profissionais das mais diversas jurisdições – Argentina, Brasil, Canadá, Colômbia, Espanha, França, Portugal – para um único fim: aprofundar o estudo e estimular o debate sobre arbitragem sob as perspectivas brasileira e internacional e sob as mais variadas facetas.

O "Tratado de Arbitragem" foi dividido em duas grandes partes, nas quais se distribuem 42 capítulos, escritos por grandes nomes da arbitragem brasileira: a Parte Geral, que versa sistematicamente sobre a teoria geral da arbitragem, a partir de uma introdução ao instituto e passando ao estudo da arbitragem internacional, da arbitragem de investimento, dos princípios que lhe são aplicáveis, da convenção de arbitragem, do estatuto jurídico dos árbitros, da sentença arbitral, suas consequências e formas de impugnação; e a Parte Especial, dedicada a temas instigantes da arbitragem em indústrias e contextos específicos, cada qual com suas peculiaridades, como a arbitragem com a administração pública, no âmbito do direito da insolvência, do direito tributário, do direito dos seguros, do direito imobiliário, bem como seu desenvolvimento nos setores da energia elétrica, construção, óleo e gás, mercado de capitais, agronegócio e propriedade intelectual.

O escopo abrangente aliado ao tratamento analítico e aprofundado de cada tema e seus desdobramentos, é a marca que pretendemos desde o início dar à obra que o leitor tem em mãos, para que pudesse servir de roteiro seguro e ponto de partida para o fascinante mundo da arbitragem e suas intrincadas questões. Caberá ao leitor julgar se o objetivo foi alcançado.

Cumpre-nos registrar a nossa singela homenagem ao já saudoso Excelentíssimo Ministro Paulo de Tarso Sanseverino, grande magistrado, jurista e ser humano. Para além de suas valiosas lições doutrinárias[1] e sua grande contribuição para a evolução da jurisprudência, inclusive do instituto da arbitragem no Brasil,[2] sua passagem deixou marcas de humanidade, que inspirou gerações e já é sentida pela comunidade jurídica.

Tivemos a sorte de aprender com ele ao longo dos anos e a honra de contar com sua participação na obra, na qual discorre sobre "O papel do Superior Tribunal de Justiça no desenvolvimento e na consolidação da arbitragem brasileira". A certeza

---

1. Dentre tantos outros, menciona-se: SANSEVERINO, Paulo de Tarso Vieira. *Princípio da reparação integral*: indenização no Código Civil. São Paulo: Saraiva, 2010.
2. Sua contribuição para o desenvolvimento do instituto da arbitragem foi enorme, e se alastrou ao longo dos anos: STJ, REsp 1.325.847/AP, relator Ministro Paulo de Tarso Sanseverino, Terceira Turma, j. em 05.03.2015; STJ, REsp 1.639.035/SP, relator Ministro Paulo de Tarso Sanseverino, Terceira Turma, j. em 18.09.2018; STJ, REsp 1.598.220/RN, relator Ministro Paulo de Tarso Sanseverino, Terceira Turma, j. em 25.06.2019; STJ, REsp 1.894.715/MS, relator Ministro Paulo de Tarso Sanseverino, Terceira Turma, j. em 17.11.2020; STJ, AgInt no REsp 1.778.196/RS, relator Ministro Paulo de Tarso Sanseverino, Terceira Turma, j. em 30.08.2021, DJe de 02.09.2021; STJ, AgInt na HDE n. 3.233/EX, relator Ministro Paulo de Tarso Sanseverino, Corte Especial, j. em 12.04.2022.

da missão cumprida com integridade, compaixão, sabedoria e gentileza confortam diante da partida prematura, restando-nos apenas desejar serenidade à família.

Agradecemos à Dra. Luíza Sanseverino e ao Ministro Ricardo Villas Bôas Cueva pelas justas homenagens que só uma filha e um irmão de armas da magistratura poderiam render ao Ministro Sanseverino. Na mesma esteira, à Professora Selma Lemes, o nosso muito obrigado por nos honrar com o belíssimo prefácio que abre a obra. Pelo afinco e dedicação, fica desde já registrado o nosso agradecimento a todas as pessoas que se debruçaram sobre questões práticas atuais e propuseram reflexões sobre temas complexos que tocam a arbitragem, contribuindo com seus artigos. Por fim, muito obrigado à Editora Foco, cujo apoio e cuidado com este projeto foram essenciais para levar o projeto a bom termo.

Desejamos ao leitor uma boa e proveitosa leitura. Que o "Tratado de Arbitragem" estimule os debates, fomente o surgimento de novas ideias e a desenvolvimento da arbitragem, assim como auxilie os operadores do Direito em suas missões.

São Paulo, 23 de junho de 2023.

Silvio de Salvo Venosa
Rafael Villar Gagliardi
Caio Tabet

NOTA A UM PAI

Recebi com muita honra e alegria o convite do amigo e colega Rafael Villar Gagliardi para escrever uma nota ao meu pai, Paulo de Tarso. Aceitei-o imediatamente, com a convicção de que ele é merecedor de todas as homenagens. Passados alguns instantes, percebi o desafio que seria escrever para ele e sobre ele, pois palavra alguma parece ser suficiente. Reconhecendo essa limitação, e partindo da imensa gratidão por tudo que meu pai compartilhou de maneira genuinamente amorosa ao longo da vida, tento esboçar aqui um pouco o que ele era e representava.

Um traço do meu pai que sempre chamou muita atenção era a sua curiosidade insaciável. Com abertura para a vida e disposição para novas experiências, ele constantemente buscava aprender e descobrir as respostas que não tinha. Fazia inúmeras pesquisas sobre assuntos mais diversos a respeito de pessoas (e suas histórias), de lugares (e seus contextos), de acontecimentos (e suas origens). Pelas caminhadas da vida, não hesitava em sempre compartilhar perguntas verdadeiras nas boas conversas, demonstrando sempre um interesse genuíno em saber e conhecer melhor o que transmitiam a ele, mas sem nunca ultrapassar a linha do constrangimento. Manifestava essa curiosidade de uma forma muito discreta, sem jamais ser indelicado ou intromissivo, além de sempre buscar guardar na memória o conhecimento dos outros recebido.

Essa curiosidade insaciável tinha uma razão de ser: com empenho e sede de aprender, ele tinha a humildade de reconhecer que todo o conhecimento é pouco, tratando os aprendizados acumulados na vida como ferramentas essenciais tanto para o bem viver, quanto para nutrir relações significativas. E ele, de fato, tinha uma sabedoria única, sem nunca ter sido egoísta em relação a todo conhecimento que ele conquistou ao longo da vida. Muito pelo contrário. A mesma sede e intensidade que tinha de aprender, meu pai também tinha para transmitir o que ele sabia. E transmitia o conhecimento – com incomparável naturalidade e constante ternura – por meio de seus votos, livros, artigos, palestras, aulas e, principalmente, de suas conversas nas circunstâncias mais simples ou improváveis da vida.

Mais do que transmitir conhecimento, meu pai também foi um professor exemplar a respeito das virtudes da vida, transmitindo esses ensinamentos através da força do exemplo, muito mais do que pela palavra. Em cada momento da vida, guardou a coerência entre o falava e a forma com que agia. Com muita humildade, simplicidade e integridade, ele soube aproveitar intensamente a vida. Dos momentos mais simples aos mais nobres, ele transcendia bondade, leveza e alegria. E, assim, ele nos mostrava o que realmente importa e sobre como devemos valorizar a vida exatamente como ela é, com todos seus cumes e vales. Valorizando a vista dos cumes, mas tendo muita fé, persistência e esperança para enfrentar os desafios dos vales.

Recentemente ouvi um velho ditado muito repetido pelos marinheiros norte-americanos: "slow is smooth and smooth is fast". Tal lição traduz a ideia de que a melhor forma de se movimentar rápido é, paradoxalmente, ir devagar. É tendo calma e paciência para poder melhor compreender as circunstâncias e variáveis ao nosso redor que podemos entregar nosso melhor em cada momento da vida, amando a família, cultivando as verdadeiras amizades ou servindo nas responsabilidades profissionais.

Ao ouvir esse sábio ditado, lembrei imediatamente do meu pai, pois ele sempre transmitiu muita calma, paz e serenidade. Com espírito tranquilo e prudente sem igual, ele buscava compreender os detalhes dos fatos, as peculiaridades das circunstâncias e o tamanho das necessidades ao seu redor para assim poder entregar, com muita assertividade e discrição, o melhor que ele poderia oferecer para tantas pessoas – seja na vida pública aos jurisdicionados, alunos, colegas e servidores; seja no convívio íntimo com a família e amigos. E conseguiu cotidianamente entregar o seu melhor, fazendo justiça para com todos e transcendendo bondade. Um verdadeiro exemplo a ser seguido.

Honrando a sua marca registrada em terminar suas exposições com uma poesia ou uma música, hoje eu me valho de uma poesia por ele mesmo escrita em agosto de 2017, que encontramos recentemente em seus arquivos:

Cicatrizes da vida

Viver é aprender

A conviver com as cicatrizes

Do corpo e da alma!

Sem aprender

A com elas conviver

É impossível viver.

Pois agora nos resta aprender a conviver com as profundas cicatrizes da despedida e da imensa saudade. Estamos tentando, na certeza de que o convívio com essas recentes cicatrizes tem se somado à inspiração pelo amor, virtudes e ensinamentos por ele compartilhados ao longo da vida, com sabedoria, discrição e generosidade que sempre merecerão lembrança. São inspirações que nutrem a nossa sede de honrar o amor pela vida ensinado por ele até o último momento aqui conosco, mas, sobretudo, honrar o imenso legado que ele nos deixou.

Obrigada por tanto, pai!

Nova Iorque, maio de 2023.

Luiza Stenzel Sanseverino

HOMENAGEM A UM AMIGO

O Ministro Paulo de Tarso Vieira Sanseverino, querido amigo e colega na Terceira Turma e na Segunda Seção do Superior Tribunal de Justiça, sempre se destacou como grande jurista e professor, magistrado vocacionado, não apenas para a resolução de conflitos, mas também para a criação de políticas judiciárias inovadoras, bem como para a gestão eficiente do sistema de justiça. Todos o guardamos na memória como ser humano exemplar em todas as dimensões de sua existência, um humanista, um homem de fé, que deixou amizade e sementes de esperança por onde passou.

Nascido em Porto Alegre, no seio de uma grande família, com muitos irmãos, filho de José Sperb Sanseverino – falecido há poucos meses, aos 97 anos, depois de vida plena de realizações – e Maria Thereza de Jesus Vieira Sanseverino, sempre fez questão de enfatizar que sua maior realização foi a construção de uma família sólida e feliz. Deixou os filhos Gustavo e Luiza e sua inseparável esposa, Maria do Carmo, a Carminha.

Formou-se em Direito na Pontifícia Universidade Católica do Rio Grande do Sul, foi promotor de justiça, aprovado em 1º lugar no concurso, em 1984, e ingressou na magistratura, também por concurso, em 1986. Em 1999, foi nomeado o então mais jovem desembargador do Tribunal de Justiça do Rio Grande do Sul. Em agosto de 2010, foi nomeado ministro do STJ, onde atuou na Terceira Turma, na Segunda Seção e na Corte Especial.

Seus votos, escritos em linguagem clara e direta, em diálogo com a doutrina e com os precedentes, meticulosamente analisados em todas as suas nuances, são pontos luminosos nos debates acadêmicos e jurisprudenciais. Não bastasse isso, sempre mostrou brilho incomum nos debates na bancada e na condução dos órgãos fracionários que presidiu no STJ, com elocução cristalina, raciocínio técnico, objetivo e escorreito e, sobretudo, muita serenidade. Além disso, sempre teve o cuidado de incorporar novas práticas à atividade jurisdicional. Foi ele, por exemplo, o primeiro a realizar uma audiência pública no Tribunal da Cidadania, como preparação ao julgamento, em caráter repetitivo, dos recursos em que se apreciavam os sistemas de avaliação de risco de crédito. Com muita energia e dedicação, presidiu, desde 2017, a comissão gestora de precedentes, onde realizou trabalho de grande significado, com impacto não apenas para o STJ, mas também para os tribunais de apelação, que visitou incansavelmente.

Exerceu o magistério com didatismo incomum e deixou produção acadêmica de referência em várias áreas do Direito Civil, particularmente em Direito das Obrigações e Responsabilidade Civil, além de inúmeras contribuições em Direito do Consumidor. Era entusiasta das jornadas de direito organizadas pelo Conselho da Justiça Federal e teve participação de destaque como coordenador de jornadas de Direito Civil, de Processo Civil e de Prevenção e Solução Extrajudicial de Litígios, tema, aliás, de sua especial predileção e objeto de artigos e votos.

Este brevíssimo resumo de uma vida plena e bem vivida talvez ajude a entender o motivo pelo qual o Ministro Sanseverino, amigo de todos os que o conheceram em suas inúmeras atividades, seja descrito como a única unanimidade do Tribunal, por seu exemplo de humanismo, seu espírito inquebrantável e seu legado intelectual imorredouro.

Brasília, maio de 2023.

Ministro Ricardo Villas Bôas Cueva

SUMÁRIO

PREFÁCIO
Selma Maria Ferreira Lemes V

APRESENTAÇÃO
Silvio de Salvo Venosa, Rafael Villar Gagliardi e Caio Tabet IX

NOTA A UM PAI
Luiza Stenzel Sanseverino. XI

HOMENAGEM A UM AMIGO
Ministro Ricardo Villas Bôas Cueva. XIII

PARTE GERAL

I. INTRODUÇÃO À ARBITRAGEM
Sílvio de Salvo Venosa 3

II. ARBITRAGEM INTERNACIONAL
Sofia Martins e Leonor van Lelyveld 25

III. INVESTMENT ARBITRATION I
Yasmine Lahlou 49

IV. EL ARBITRAJE BAJO EL SISTEMA CIADI
Fernando Mantilla-Serrano e Esperanza Barrón Baratech 75

V. PRINCÍPIOS QUE GOVERNAM A ARBITRAGEM I
Andre Luis Monteiro 103

VI. OS PRINCÍPIOS QUE GOVERNAM A ARBITRAGEM II
Júlio César Bueno 143

VII. A QUESTÃO DA CONFIDENCIALIDADE
Adriana Noemi Pucci 161

VIII. ARBITRABILIDADE
Aline Dias e Mateus Assis 189

IX. LEIS, REGULAMENTOS E DIRETRIZES APLICÁVEIS À ARBITRAGEM
Eleonora Coelho e Fabiana Leite 213

X. SOFT-LAW, RULES AND PARTY AUTONOMY
Amanda N. Sampaio 235

XI. CONVENÇÃO ARBITRAL I
Sílvio de Salvo Venosa 259

XII. CONVENÇÃO ARBITRAL II: EFEITOS
Maurício Gomm F. dos Santos e Ana Carolina Martins Santoro 271

XIII. CONVENÇÃO ARBITRAL III: LIMITES OBJETIVOS E SUBJETIVOS, PROCESSOS COMPLEXOS E CONSOLIDAÇÃO
Paulo Macedo Garcia Neto 297

XIV. CONVENÇÃO ARBITRAL IV: FINANCIAMENTO POR TERCEIROS
Napoleão Casado Filho e João Victor Porto Jarske 327

XV. OS ÁRBITROS I: QUEM PODE SER ÁRBITRO, DEVERES, FORMAÇÃO DO TRIBUNAL ARBITRAL, EXERCÍCIO DA JURISDIÇÃO, PRESTAÇÃO DE SERVIÇO, RESPONSABILIDADES
Gilberto Giusti 347

XVI. OS ÁRBITROS II: PODERES E DEVERES, RESPONSABILIDADE E REMUNERAÇÃO
Rodrigo Garcia da Fonseca 381

XVII. A DECLARAÇÃO DE INCONSTITUCIONALIDADE PELO ÁRBITRO
Marcelo José Magalhães Bonizzi e Olavo Augusto Vianna Alves Ferreira 411

XVIII. INSTITUIÇÕES ARBITRAIS: REGIME JURÍDICO E FUNÇÃO
Silvia Rodrigues Pachikoski 437

XIX. O PROCEDIMENTO ARBITRAL I
Rafael Villar Gagliardi, Carlo de Lima Verona, Júlio César Bueno e Caio Tabet......... 455

XX. O PROCEDIMENTO ARBITRAL II
Ricardo de Carvalho Aprigliano e Lilian Patrus Marques.. 481

XXI. TUTELAS DE URGÊNCIA E COOPERAÇÃO JUDICIAL
Joaquim de Paiva Muniz 523

XXII. SENTENÇA ARBITRAL I
Lucas Vilela dos Reis da Costa Mendes e Luísa Maria Filgueiras Hidalgo................. 547

XXIII. SENTENÇA ARBITRAL II
Flávia Bittar Neves e Victoria da Silveira e Silva.. 569

XXIV. AÇÃO ANULATÓRIA
Newton Coca Bastos Marzagão e Júlia Teixeira Rodrigues 589

XXV. CUMPRIMENTO DA SENTENÇA ARBITRAL
Silas Dias de Oliveira Filho... 607

XXVI. RECONHECIMENTO E CUMPRIMENTO DA SENTENÇA ARBITRAL ESTRANGEIRA NO BRASIL
Cláudio Finkelstein... 627

PARTE ESPECIAL

I. PAPEL DO SUPERIOR TRIBUNAL DE JUSTIÇA NO DESENVOLVIMENTO E NA CONSOLIDAÇÃO DA ARBITRAGEM BRASILEIRA
Paulo de Tarso Vieira Sanseverino 663

II. O FUTURO DA ARBITRAGEM NO BRASIL
José Emilio Nunes Pinto... 681

III. O "DIREITO" DAS PARTES DE NOMEAR OS ÁRBITROS E A DISCRIÇÃO DA INSTITUIÇÃO EM DECIDIR SE DEVE CONFIRMAR
Alexis Mourre.. 689

IV. ARBITRAGEM E ADMINISTRAÇÃO PÚBLICA NO BRASIL

Cristina M. Wagner Mastrobuono FCIArb e Antonio Carlos (Tonico) Monteiro da Silva Filho 695

V. ARBITRAGEM E INSOLVÊNCIA

Guilherme Fontes Bechara e Matheus Bastos Oliveira 709

VI. ARBITRAGEM TRIBUTÁRIA, AUSÊNCIA DE NECESSIDADE DE LEI COMPLEMENTAR PARA SUA INSTITUIÇÃO E DISTANCIAMENTO DE EMPECILHOS INEXISTENTES PARA SUA INSTITUIÇÃO

Marcelo Ricardo Wydra Escobar 737

VII. ARBITRAGEM NO SETOR ELÉTRICO

Rafael Villar Gagliardi, Oscar Hatakeyama e Laura Isabelle Guzzo 767

VIII. ARBITRAGEM NO SETOR DE PETRÓLEO BRASILEIRO: A ATUAÇÃO DO ÁRBITRO ENTRE A PUBLICIDADE E A CONFIDENCIALIDADE

Marcelo Gandelman e Cássio Monteiro Rodrigues 801

IX. ARBITRAGEM NO SETOR DA CONSTRUÇÃO: ÁRBITRO-ESPECIALISTA, ARBITRAGENS COMPLEXAS E PRODUÇÃO DA PROVA TÉCNICA PELAS PARTES

Marcelo A. Botelho de Mesquita 821

X. ALGUMAS QUESTÕES DE MÉRITO EM ARBITRAGENS DECORRENTES DE *M&AS*

Ana Carolina Weber 853

XI. ARBITRAGEM NO MERCADO DE CAPITAIS: O PASSADO, O PRESENTE E OS CASOS DIFÍCEIS

Celso Caldas Martins Xavier e Daniel Kaufman Schaffer 889

XII. *CLASS ARBITRATION* NA EXPERIÊNCIA ESTADUNIDENSE

Julie Bédard e Caio Pazinato Ramos 917

XIII. ARBITRAGEM NO AGRONEGÓCIO

Thiago Marinho Nunes 949

XIV. ARBITRABILIDADE DOS DIREITOS DE PROPRIEDADE INTELECTUAL NO BRASIL – UMA ANÁLISE CONTEMPORÂNEA

Marcelo Junqueira Inglez de Souza, Cesar Rossi Machado e Ana Carolina Nogueira 971

XV. ARBITRAGEM NO MERCADO DE SEGUROS E RESSEGUROS

Marcia Cicarelli Barbosa de Oliveira, Laura Pelegrini e Juliana da Silva Piolla 1011

XVI. ARBITRAGEM NO DIREITO IMOBILIÁRIO

Augusto Tolentino 1037

PARTE GERAL

I
INTRODUÇÃO À ARBITRAGEM

Sílvio de Salvo Venosa

Pós-graduado pela USP e pela PUC-SP. Bacharel em Direito pela USP. Autor de diversos livros sobre Direito: "Coleção Direito Civil", "Lei do Inquilinato Comentada", "Introdução ao Estudo do Direito: Primeiras Linhas, Introdução ao Estudo do Direito", "Código Civil Comentado, v. XII", "Código Civil Anotado", "Código Civil Interpretado", "Comentários ao Código Civil Brasileiro, v. XVI" e "Código Comercial e Legislação Empresarial". Organizador de "Novo Código Civil". Sócio Consultor de Demarest Advogados. Foi juiz no Estado de São Paulo por 25 anos. Atuou como professor na Universidade de Ribeirão Preto (UNAERP), na FMU, na Faculdade de Direito de São Bernardo do Campo, nas Faculdades Integradas de Itapetininga e na UNIP.

Sumário: 1. Histórico e evolução. Princípios gerais; 1.1 Autonomia da vontade na arbitragem. Natureza jurídica; 1.2 Origem histórica – 2. Constitucionalidade da arbitragem – 3. Arbitragem e mecanismos vizinhos. Conciliação. Mediação. Negociação. *Expert determination. Dispute boards.* Vantagens e desvantagens da arbitragem – 4. O Código de Processo Civil e a composição dos litígios – 5. Arbitragem doméstica e internacional – 6. Arbitragem institucional e *ad hoc* (avulsa) – 7. Arbitragem comercial e de investimento – 8. Arbitragem de direito e por equidade – Bibliografia e julgados selecionados.

1. HISTÓRICO E EVOLUÇÃO. PRINCÍPIOS GERAIS

A arbitragem certamente nasceu de forma natural com as civilizações, embora não tenhamos documentação para precisar a época. Historiadores e sociólogos justificam que desde os primórdios os seres humanos necessitaram de quem pudesse resolver suas pendengas. De qualquer forma, na Grécia e em Roma a arbitragem era utilizada. Na Idade Média foi largamente adotada, não só nos povos com base no direito romano, mas também em nações sob outros sistemas jurídicos (Gonçalves, 2019:12).

Com a complexidade e internacionalização dos litígios, depois de vários países adotaram regulamentos próprios para a arbitragem, a lei modelo de 1985 da Comissão das Nações Unidas para o Direito Comercial internacional (UNCITRAL) veio a alento para a modernização dos princípios das arbitragens no universo empresarial mundial.

Por várias razões que aqui analisadas, o Brasil esteve infelizmente fora desse universo durante muito tempo. A Lei 9.307, de 23.09.1996, inseriu definitivamente no meio negocial brasileiro o juízo arbitral, a arbitragem. A matéria, presente no Código Civil de 1916, nunca se amoldara ao gosto e às nossas necessidades, mormente pela forma instituída nesse Código, que não prescindia da atuação jurisdicional.

O provecto Decreto 737, de 25.11.1850, que regulou os processos de litígios entre comerciantes, já previra o juízo arbitral nos artigos 411 e seguintes. O Código Comercial referia-se ao instituto em vários dispositivos (arts. 245, 294, 348, 739, entre outros).

O Código Civil pretérito disciplinava o instituto no Título II, entre os "efeitos das obrigações" (arts. 1.037 a 1.048) logo em seguida aos artigos sobre a transação. O CPC de 1973 dedicou-lhe os arts. 1.072 a 1.102, entre os procedimentos especiais de jurisdição contenciosa. A Lei 9.307/1996 derrogou expressamente esses dispositivos no art. 44, encampando o tema sob o prisma material e processual.

A Lei 13.129, de 26.05.2015, introduziu várias modificações na sistemática da arbitragem, modernizando e tornando-a mais efetiva, destacando-se, entre outros importantes temas, a possibilidade expressa de a administração pública direta e indireta poder se valer da arbitragem para discutir direitos patrimoniais disponíveis.

A Constituição de 1988 já se refere à arbitragem não somente em seu preâmbulo, como no art. 4º, VII ao mencionar "a solução pacífica das controvérsias".

Pelo denominado compromisso, "as pessoas capazes de contratar poderão valer-se da arbitragem para dirimir litígios relativos a direitos patrimoniais disponíveis" (art. 1º da Lei de Arbitragem). Esse conceito explicita e ratifica a dicção do art. 1.037 do Código Civil revogado. Por esse meio, pessoas plenamente capazes podem atribuir a decisão de suas pendências e controvérsias às sentenças de árbitros por elas escolhidos, deixando, assim, de recorrer diretamente ao Poder Judiciário.

Os pontos de contato iniciais e preliminares do juízo arbitral e a transação são evidentes. Tanto que a Lei 13.129/2015 estabeleceu que os órgãos públicos, autorizados a realizar acordos e transigir, também podem estabelecer convenção de arbitragem (§ 2º acrescido ao art. 1º da Lei de Arbitragem.

Enquanto na transação as partes previnem ou colocam fim a um litígio, no compromisso, desde a raiz, antes mesmo da instalação de processo, ainda que potencialmente, os interessados contratam, preliminarmente, ou mesmo no curso de demanda, que eventual pendência será dirimida pelo juízo arbitral. Esse também é o sentido do derrogado art. 1.072 do CPC de 1973, que se referia a direitos patrimoniais que admitissem transação. Os direitos indisponíveis são afetos exclusivamente ao Poder Judiciário, como aa ações de estado e os direitos públicos indisponíveis.

O Código Civil de 2002 trata do compromisso entre as modalidades de contratos típicos, nos arts. 851 a 853, em seguida à transação. Limita-se a admitir o compromisso para resolver litígios entre pessoas que podem contratar vedando-o para questões de estado, de direito pessoal de família e de outras que não tenham caráter estritamente patrimonial. Ao admitir a cláusula compromissória, o estatuto civil se reporta à aplicação da lei especial.

O juízo arbitral é o conteúdo do compromisso que a lei denomina de convenção de arbitragem. O art. 9º da Lei de Arbitragem dispõe que "o compromisso arbitral é a convenção através da qual as partes submetem um litígio à arbitragem de uma ou mais pessoas, podendo ser judicial ou extrajudicial".

A lei arbitral concedeu ampla autonomia ao juízo e à sentença arbitral. No vetusto sistema do Código de 1916, a par da inexecutoriedade da cláusula compromissória, a ligação umbilical com o Poder Judiciário era robusta, tendo em vista a obrigatoriedade da homologação da sentença arbitral. Até a promulgação de nossa lei arbitral, somente em 1996, vivemos o século XX totalmente atrasados em relação aos países mais desenvolvidos, com significativos prejuízos para nosso meio empresarial.

A lei brasileira vigente considera a sentença arbitral, juntamente com a sentença judicial, sentença homologatória de transação ou de conciliação, como títulos executivos judiciais, conforme o art. 41. Somente os atos executórios deverão ser realizados pelo sistema judiciário, embora já se estude legislação que abranda essa necessidade. A fiscalização e intervenção do Judiciário sobre as decisões arbitrais seguem regras naturais de nulidade e anulabilidades, devendo ser consideradas exceção.

O conteúdo contratual do compromisso arbitral é acentuado. O juízo arbitral que se instala pelo compromisso é aparente exceção ao sistema pelo qual nenhuma causa pode ser colocada à margem do Poder Judiciário. Não se confunde, porém, com tribunal de exceção, cujo conceito refoge às garantias do pleno direito individual. Como decorre do seu conteúdo de negócio jurídico contratual, ninguém está obrigado a pactuar o compromisso arbitral, o que depende da vontade recíproca. Tanto assim é que o compromisso somente pode ser contratado por pessoas maiores e capazes, sobre direitos patrimoniais disponíveis.

A arbitragem vem crescentemente desempenhando papel importante no meio empresarial brasileiro, embora ainda não tenha sensibilizado as pessoas naturais e pequenas empresas em geral, em razão de alguns fatores, entre eles, principalmente, em virtude de nosso país estar acostumado ao demandismo junto do Poder Judiciário.

A nossa lei arbitral procurou inserir o País nesse contexto, largamente utilizado no Exterior. Inegável são as vantagens da arbitragem sob determinadas circunstâncias. Com frequência as partes, mormente pessoas jurídicas de certo porte, levam aos tribunais assuntos e questões essencialmente técnicos, acarretando dificuldades ao juiz, que terá que se louvar em caras e demoradas perícias. Valendo-se de árbitros de sua confiança, especialistas na matéria apresentada. Podem as partes obter decisões mais rápidas e certamente mais amoldadas às suas respectivas situações. De outro lado, o sentido é também aliviar a pletora de feitos que assola os tribunais.

Ainda, com o juízo arbitral, a partes poderão manter sigilo sobre as pendências, se assim desejarem. Sabe-se que no atual universo das comunicações, não convém divulgar à sociedade questões empresariais na grande maioria das oportunidades.

Apraz-me recordar, sempre que toco nesse assunto, as palavras do saudoso mestre e filósofo do Direito, Miguel Reale, o qual, mais do que um didata e teórico, nunca abandonou a prática da advocacia:

> *O hábito da arbitragem pressupõe certo desenvolvimento econômico, e mais do que isso, a verificação de que a crescente necessidade de conhecimentos técnicos, envolvendo atualmente perícias altamente especializadas, torna cada vez mais inseguros os julgamentos proferidos por juízes togados, por mais que estes, com a maior responsabilidade ética e cultural, procurem se inteirar dos valores técnicos em jogo. Além disso, questões há que, pela própria natureza, não comportam rígidas respostas positivas ou*

> *negativas, implicando largo campo de apreciação equitativa, ou, por outras palavras, de um equitativo balanceado de valores econômicos (O Estado de S. Paulo, 5 out. 1996).*

Mais adiante, nesse artigo, conclui o saudoso eminente filósofo do Direito, criticando o sectarismo de parte do Judiciário:

> *Como se vê, vamos aos poucos, também no Brasil, superando o formalismo tradicional, uma das pesadas heranças da cultura portuguesa, o que vem ao encontro das novas doutrinas que pregam a aplicação do Direito em concreção ou como experiência concreta, o que causa arrepios a certos magistrados, que qualificam tais imperativos como meros 'exercícios de retórica' como, ainda recentemente, tive oportunidade de ler, perplexo.*

1.1 Autonomia da vontade na arbitragem. Natureza jurídica

A utilização da arbitragem se ancora na vontade das partes envolvidas. Como acentuado, o compromisso arbitral, fonte primeira da arbitragem, possui nítido caráter de negócio jurídico bilateral, aproximando-se da transação. Desse modo as pessoas maiores e capazes usam de sua livre vontade para escolher essa modalidade de solução de litígios, no campo permitido à arbitragem, não se submetendo ao poder estatal. Alguns autores, ainda que perfunctoriamente, procuram fugir dessa noção una de negócio jurídico, por destacar o caráter jurisdicional do instituto, que se aproxima a atividade dos árbitros do poder judiciário estatal. É inafastável essa proximidade, mas não há dúvida que o compromisso arbitral nasce, de fato com um "compromisso", negócio jurídico bilateral. Nesse diapasão, Natália Misrahi Lamas, assume: "na árdua tarefa de se definir a natureza jurídica da arbitragem, não se pode olvidar que tal investimento de poderes jurisdicionais a um indivíduo ocorre por força de contrato, diversamente do que ocorre a inafastável, inevitável e indelegável jurisdição estatal" (Levy e Setogutti, 2021:30).

Nessa atividade voluntária, os interessados podem escolher de forma ampla os meios de direito material e processual aplicáveis.

Nas matérias suscetíveis de arbitragem, as partes são livres para dispor sobre a forma, legislação aplicável, instrumentos e julgamento. No dizer de Selma M. Ferreira Lemes, o princípio da autonomia da vontade constitui a própria essência da arbitragem (2014:239).

Levando em consideração, portanto, que a cláusula arbitral constitui um contrato, no seu nascedouro, a liberdade de contratar pode ser vista sob dois aspectos. Primeiramente sob o prisma da liberdade de contratar ou não, estabelecendo o conteúdo do pacto e seu alcance; num segundo lugar, sob o aspecto da escolha da modalidade do contrato. Esse negócio poderá estar inserido cm suas cláusulas em um contrato mais amplo, o que é mais comum, ou pode surgir autonomamente, em um pacto adjecto ao contrato ou contratos principais. Nesses termos, a cláusula arbitral constitui um contrato dentro de outro.

Em princípio, a liberdade contratual só encontra óbice em normas de ordem pública. Não se deve esquecer do texto do art. 421 do Código Civil: "A liberdade contratual será exercida nos limites da função social do contrato". Essa noção é completada pelo art. 422: "Os contratantes são obrigados a guardar, assim na conclusão do contrato, como em sua execução, os princípios de probidade e boa-fé". Nesse diapasão, ao se analisar uma cláusula compromissória ou contratação arbitral, sempre há que se ter em mente sua função social e a boa-fé objetiva.

O instituto da arbitragem possui claramente duas facetas, uma de índole material ou substantiva e outra de índole processual ou adjetiva, que mais a aproxima dos princípios da justiça estatal. Nossa lei específica trata de ambos os aspectos. Esse caráter polimórfico induz dificuldade de conceituar uma natureza jurídica una, pois abrange princípios de direito material, direito procedimental, assim como de direito internacional público e privado, quando se cuida de arbitragem ou de decisão arbitral estrangeira.

Os dois aspectos material e processual são bem nítidos. Se analisarmos os dispositivos revogados, o compromisso tratado no Código Civil se referia a regras de direito material. Ali se encontravam regras de fundamento e previsão para um futuro juízo arbitral, este sim, então, o procedimento. Desse modo, o Código Civil traçava os fundamentos do instituto e o estatuto processual, a forma de sua atuação.

Parte da doutrina nega o caráter meramente contratual do compromisso, vendo em sua estrutura apenas uma forma de dirimir questões e não um meio de criar, modificar ou extinguir direitos. No entanto, parece-nos evidente o caráter contratual do compromisso como defendido por parte substancial da doutrina. Ademais, o próprio legislador coloca o compromisso arbitral ao lado da transação, cuja natureza contratual não se nega, dados os inúmeros pontos de contato entre ambos os negócios jurídicos. Ainda que se repila essa posição, ao menos não podemos negar que o compromisso se amolda mais ao contrato do que de qualquer outro negócio jurídico. O compromisso é ato de vontade privada capaz de originar novas relações jurídicas, com obrigações para todos os seus participantes.

No Código Civil de 1916, o compromisso foi situado como uma das formas de extinção de obrigações, essa sua função precípua.

1.2 Origem histórica

O nascimento da arbitragem se supõe ter nascido com a sociedade e seus conflitos, antes mesmo do poder estatal. Procurava-se um terceiro, fora da família ou do meio social próximo, para dirimir pendências.

Na Grécia, mesmo com o aperfeiçoamento da estrutura estatal, o procedimento arbitral coexistiu com o processo judicial, até o século II a.C. (Soares. *Enciclopédia Saraiva de Direito* (1996), verbete "Arbitragem internacional"). Era incutida a ideia de que o árbitro visava à equidade, enquanto o juiz se prendia exclusivamente à lei, noção que persiste na arbitragem moderna.

O compromisso em Roma possuía idênticas feições atuais. A arbitragem entre particulares era considerada um pacto contratual. Sem ficar preso a fórmulas, o árbitro decide conforme lhe pareça mais conveniente nas circunstâncias. Para fazer respeitar o compromisso ou a cláusula compromissória, o pretor concedia a ação *arbiter in causis bonae fidei*. Como o negócio não possuía originalmente força obrigatória, as partes estabeleciam multa para sancionar seu descumprimento. Havia ação pertencente aos princípios do enriquecimento injustificado para sua cobrança (*conditio ob rem data re non secuta*). Originalmente, apesar de a sentença arbitral ser irrecorrível para os tribunais, não havia meios legais para exigir seu cumprimento. O procedimento era baseado na boa-fé.

Na época de Justiniano, a pena pelo descumprimento da avença tornou-se desnecessária, passando a decisão do árbitro a ser obrigatória.

Também em Roma, o compromisso podia atingir qualquer direito disponível, não podendo as questões atinentes à ordem pública e ao estado das pessoas ser decididas pela arbitragem.

A arbitragem ganha relevo na Idade Média. Sua reiterada prática pela Igreja justifica seu sucesso. Da mesma forma, os senhores feudais, em corolário à hierarquia então imperante, recorriam à arbitragem numa época em que o sistema judiciário se mostrava confuso. Observa Guido Fernando Silva Soares:

> acentue-se o fato de que, especialmente nas corporações de ofícios e de profissões liberais, onde imperava rígida hierarquia entre os membros, era natural que se buscassem soluções de controvérsias, por meio de recursos que não saíssem do âmbito daquelas comunidades" *(Enciclopédia Saraiva de Direito.* Verbete, 1996).

O absolutismo dos governos que se seguiu ao feudalismo não favoreceu o instituto, ao menos até por volta de meados do século XVIII. Aponta Tavares Guerreiro (1993:16) que o revigoramento da arbitragem ocorre com a Revolução Francesa, quando passa a ser considerada instrumento ideal de reação contra a justiça real, composta por magistrados ainda ligados ao velho regime.

2. CONSTITUCIONALIDADE DA ARBITRAGEM

Alguns espíritos mais empedernidos, presos à longa e vetusta tradição que o velho Código Civil nos legou nesse campo, chegaram a sustentar a inconstitucionalidade da nossa lei de arbitragem. Esqueceram-se completamente que o instituto nada mais é do que uma manifestação de vontade de um negócio jurídico bilateral, um contrato. E como tal deve ser admitido; eventuais nulidades e anulabilidades podem ser analisadas pelo Poder Judiciário. Não há qualquer infração ao princípio do juiz natural.

A matéria ficou dormente por algum tempo no STF para que a situação fosse definitivamente aclarada: nada há de inconstitucional no instituto da arbitragem e na sua respectiva legislação.

Desse modo, a controvérsia que chegou a existir em passado já distante da constitucionalidade da Lei de Arbitragem ou de alguns de seus dispositivos perdeu todo sentido perante a manifestação do Supremo Tribunal federal, ao decidir em 12 de dezembro de 2001 ao apreciar decisão sobre sentença estrangeira. Aí se declarou a constitucionalidade da Lei 9.307/1996, bem como, expressamente quanto aos arts. 6º, parágrafo único, 7º e alguns de respectivos parágrafos. Essa matéria da legislação, hoje superada está certamente referida nesta obra, cabendo agora apenas fazer breve referência aos seus conteúdos.

O art. 7º, que à época pode ter surpreendido parcos ouvidos moucos e desapercebidos, diz respeito à implantação coercitiva da arbitragem quando uma das partes contratantes da cláusula se recusa a fazê-lo. Assim, mercê decisão do Judiciário, em ação específica, o recalcitrante poderá ser condenado a sujeitar-se à arbitragem mediante imposição de juiz em sentença constitutiva.

A Lei 9.307/96 procurou solucionar a problemática, atribuindo execução específica à cláusula, e nesse aspecto introduz inovação importante para a arbitragem, certamente seu aspecto doravante fundamental.

Como se nota, no antigo direito brasileiro, a simples inserção da cláusula compromissória no contrato não trazia garantia alguma de que seria instituído o juízo arbitral. A orientação doutrinária pátria sempre foi de que a cláusula compromissória não tinha o condão de instituir por si só a arbitragem. Quando do descumprimento do contrato-base ou de dificuldades em sua condução, não estando a cláusula compromissória devidamente regulamentada, o dispositivo tornava-se letra morta na avença, lançando-se as partes inevitavelmente à ação judicial. A dificuldade de obrigar o recalcitrante a admitir a arbitragem desestimulava qualquer iniciativa, preferindo os interessados aguardar a decisão judicial. Se nem mesmo a cláusula compromissória, firmada juntamente com o contrato, incentivava as partes a recorrer à arbitragem, enganoso seria imaginar que o fizessem após instaurado o conflito de interesses, quando já sobressaltados os ânimos.

Esse óbice, que estimulava o desuso e a repulsa à arbitragem entre nós, somente poderia ser contornado por meio de intervenção legislativa, conferindo ao pacto compromissório caráter irrevogável e, portanto, coativo, no intuito de incrementar a arbitragem em nosso meio. Nesse sentido, a Lei 9.307/96 dispõe no art. 7º:

> Existindo cláusula compromissória e havendo resistência quanto à instituição da arbitragem, poderá a parte interessada requerer a citação da outra parte para comparecer em juízo a fim de lavrar-se o compromisso, designando o juiz audiência especial para tal fim.

A finalidade desse procedimento é a instituição do juízo arbitral, cuja sentença que julgar procedente a pretensão o determinará. Desse modo, uma vez existente, válida e eficaz a cláusula compromissória entre os pactuantes, qualquer deles pode exigir judicialmente a instituição da arbitragem em face do recalcitrante. Entende-se que, salvo ressalva expressa em contrário, essa pactuação é unilateralmente irretratável.

Outra modificação fundamental introduzida pela lei de 2015 foi expressamente determinar que o procedimento arbitral "interrompe a prescrição", retroagindo à data do requerimento de sua instauração, ainda que extinta a arbitragem por ausência de jurisdição (§ 2º introduzido ao art. 19 da Lei de Arbitragem). A instauração de arbitragem conflita com a inércia inerente aos princípios da prescrição. Parecia-nos claro esse aspecto, mas em boa hora temos texto expresso legal, a conformar espíritos recalcitrantes no meio jurídico.

Ao estipular essa cláusula, o compromitente transige sobre direitos em discussão e renuncia à jurisdição estatal. Acentuado o caráter contratual do instituto, nele é proeminente a autonomia da vontade. A arbitragem tem origem e fundamento na manifestação de vontade das partes. Qualquer lanço interpretativo sobre o compromisso deve partir dessa premissa.

3. **ARBITRAGEM E MECANISMOS VIZINHOS. CONCILIAÇÃO. MEDIAÇÃO. NEGOCIAÇÃO.** *EXPERT DETERMINATION. DISPUTE BOARDS.* **VANTAGENS E DESVANTAGENS DA ARBITRAGEM**

A solução de litígio pelo Poder Judiciário ou pela arbitragem trazem um terceiro para a composição da lide, o juiz ou árbitro.

Sob o fenômeno que denominamos "fuga ao Judiciário", a sociedade e mormente o empresariado vêm buscando, por dificuldades conhecidas, outros meios para solução de suas contendas, fugindo das complexidades do poder estatal e ainda colocando a arbitragem como derradeira solução, antes mesmo de outros meios que podem antecedê-la. São estratégias as quais, conforme sua natureza e utilidade, podem ser prévias ou concomitantes à arbitragem.

A *conciliação* e *mediação* são possibilidades próximas, com sutis diferenças. Ambas, não só na vida social como especificamente nos contratos, visam aparar arestas e conseguir a viabilidade dos pactos sem medidas mais profundas. A solução da divergência é buscada entre os próprios interessados. Na negociação, termo mais geral, os envolvidos procuram encontrar soluções, com ou sem a intervenção de um terceiro neutro.

Em ambos os institutos se busca na pessoa do conciliador ou mediador, um terceiro isento, neutro e sem relação coma as partes envolvidas. Na conciliação o conflito é resolvido por iniciativa das próprias partes, com a intervenção do conciliador apenas sugerindo soluções, sem penetrar no âmago das questões. Normalmente é utilizada para fatos mais simples, sem elevada complexidade. Na verdade, o conciliador deve fazer com que as partes envolvidas vejam e encontrem a saída mais apropriada no caso sob exame. O entendimento entre as partes aparece como a melhor solução.

Na mediação a atuação do mediador é mais ampla, geralmente utilizada para questões mais intensas, estabelecendo estruturas de raciocínio e um verdadeiro procedimento visando solucionar a pendenga. Conciliação e mediação são métodos muito próximos e se interpenetram, por vezes, como se vê.

A Lei 13.140/2015 veio tratar dos princípios básicos da negociação, embora o instituto já fosse utilizado largamente antes dela. O texto legal, em seu art. 1º, parágrafo único, destaca sua conceituação:

Considera-se mediação a atividade técnica exercida por terceiro imparcial, sem poder decisório, que, escolhido ou aceito pelas partes, as auxilia ou estimula a identificar ou desenvolver soluções consensuais para a controvérsia.

O artigo 2º destaca alguns requisitos da negociação, como a imparcialidade do negociador, a informalidade do procedimento e a boa-fé objetiva. O mediador pode ser escolhido pelas partes ou indicado pelo tribunal escolhido, antes que seja iniciada a arbitragem. Assim, não se confunde a figura do mediador com a do árbitro, que devem recair em pessoas diversas. A mediação pode ser extrajudicial ou judicial, esta instaurada quando já existe processo ajuizado. Caberá ao juiz determinar e orientar o procedimento de mediação.

Os órgãos públicos podem criar sistemas de prevenção de litígios (arts. 35 a 40 da mencionada lei).

O que importa, realmente, é o objetivo de ambos os sistemas, mediação e conciliação. qual seja, transformar algo desagradável, confuso e conflituoso numa situação palatável e aceitável pelas partes, por meio de sua vontade. Foi nesse diapasão que o Código de Processo Civil de 2015 instituiu oficialmente a audiência prévia de conciliação e mediação. Trata-se de procedimento que depende, evidentemente, da concordância e boa vontade ou boa-fé dos envolvidos

Desse modo, quando se examina uma cláusula compromissória inserida em contrato ou relativa a ele, antes que se chegue à instituição de arbitragem, na maioria das vezes as partes já preveem um procedimento prévio de conciliação e mediação, podendo denominar também negociação. Escolhem as modalidades que lhe pareçam mais apropriadas. Ainda que o procedimento prévio não seja previsto, sempre é aconselhável que seja instituído.

Essa fase prévia, mais ou menos ampla, pode ser denominada fase de *negociação*. Os negociadores podem ser os próprios envolvidos, conciliadores ou mediadores. Quando se busca uma solução satisfatória para assuntos pendentes e conflitantes, sem a intervenção de um julgador. A negociação implica geralmente em transação, quando os interessados renunciam a parte de suas pretensões, em prol de uma solução. A negociação procura satisfazer ambas as partes.

Essa terminologia não é exata na doutrina, havendo opiniões intercambiáveis, embora as bases de suas estruturas sejam essas. Temos muitas obras sobre essa temática em nosso País.

Como na ciência jurídica nossa fundamentação é retórica, torna-se essencial, na busca de soluções de conflitos, o amplo diálogo.

A prática empresarial estrangeira nos trouxe outra particular possibilidade de cláusula que busca a melhor aplicação em um contrato, antes de se utilizar a arbitragem: trata-se da *expert determination*. Por essa cláusula as partes se valem de um perito, especialista independente, em determinada área, que dará sua opinião vinculativa no negócio, numa forma mais rápida, econômica e eficaz, sem se recorrer à arbitragem. Essa cláusula requer cuidado maior dos especialistas. As partes podem já deixar indicado um perito para determinada situação, ou escolhê-lo quando surgir problema. As cláusulas podem ser mais ou menos amplas, de molde a vincular o expert, que não poderá opinar fora do contexto autorizado. Sua decisão terá força vinculativa. Na realidade, a atuação desse técnico suprirá a necessidade de um árbitro, ao menos no aspecto invocado. Essa sua vantagem. No direito comparado sua utilização é ampla.

Outra cláusula prévia à arbitragem que pode ser mencionada é a instituição de *dispute boards* ou comitês de solução de conflitos.

Trata-se de mais um dos diversos mecanismos contratuais, aplicáveis, sobretudo, em contratos de construção ou empreitada e infraestrutura, como alternativa antecedente à arbitragem ou ação judicial, para dirimir conflitos. No Brasil o sistema tem sido utilizado mormente em contratos administrativos de obras públicas, ao lado das cláusulas peculiares. Na prática, busca-se maior eficiência nas disputas. Forma-se uma comissão ou comitê de técnicos para opinarem sobre determinada pendência ou assunto. Como os contratos nesse nível são complexos e não podem sofrer paralisação, a atuação do comitê, em princípio, não deve interferir no andamento das obras. No Brasil, o foco dessa comissão são os contratos de obras públicas, muitos financiados pelo Banco Mundial, que exige a inclusão dessa estratégia. Trata-se, inclusive, de uma forma de garantir a conclusão das obras, com opiniões vinculativas. Nossa legislação não proíbe. A nova Lei das Licitações (n. 14.133/2021), no art. 171, se refere expressamente a essa intervenção de gestores para garantir a obra. Esperemos bons resultados. Os membros do comitê são indicados pelos próprios contratantes, que acompanham de forma periódica ou permanente o andamento das obras, prevenindo a escalada de conflitos entre as partes envolvidas. Trata-se de mais uma modalidade de prevenção de litígios.

A utilização crescente da arbitragem tem trazido discussões ao Judiciário sobre aspectos de sua validade e eficácia. É necessário que os juízes demandados tenham pleno conhecimento e sensibilidade sobre os meandros e sutilezas do instituto. Por essa razão é imperioso que tenhamos juízes especializados para dirimir esses processos, nas varas especializadas de direito empresarial ou outros juízos com essa finalidade. A doutrina arbitral houve por bem lembrar dos chamados "tribunais multiportas", a esse fenômeno, de origem norte-americana, algo que nós, integrantes ou ex-integrantes da magistratura temos pleno conhecimento, quanto a competências especializadas.

A especialização do julgador assegura julgamentos mais rápidos, técnicos, ponderados e justos. Assim ocorreu no passado com as varas especializadas em família, consumidor, falências e recuperação de empresas, registros públicos etc. com repercussão em câmaras especializadas em segundo grau. A especialização em torno de quezílias decorrentes da arbitragem não poderia ficar de fora, nessas várias "*portas*" de julgamento que se abrem. O CNJ, ademais, já determinou que, nas capitais dos Estados, ao menos duas varas sejam especializadas nesse assunto sobre estudo.

Comumente ser apontam as vantagens e desvantagens da arbitragem, como em todos os aspectos da vida.

Dentre as *vantagens* pode-se citar a maior *agilidade* e *rapidez* nas decisões. A própria lei de arbitragem estipula prazos (seis meses para a sentença arbitral). Podendo as próprias partes estipulá-los. Daí já se pode inferir uma enorme vantagem sobre a justiça estatal.

A *confidencialidade* é outra característica vantajosa. Nem sempre é conveniente que o público em geral tome conhecimento de litígios entre empresas, mormente aquelas que desempenham papel importante para a sociedade. Nem sempre o juiz está autorizado a determinar o segredo de justiça nos processos judiciais e nem sempre esse segredo é efetivamente guardado. Nos processos judiciais a publicidade é a regra. O CPC de 2015 trouxe ao nosso ordenamento a noção de confidencialidade nos processos que versem sobre arbitragem, como um corolário desse princípio. De nada adiantaria a confidencialidade na arbitragem se num processo judicial decorrente dela, os fatos fossem revelados. Nos procedimentos arbitrais os documentos apresentados também guardam a possibilidade de se manterem confidenciais.

A *neutralidade* dos árbitros é a mesma que se exige dos juízes togados. No entanto, nas arbitragens internacionais avulta a importância dessa característica na busca de um julgamento isento e justo. Nessa modalidade de arbitragens se expressa a necessidade de ausência de identidade nacional ou cultural entre os árbitros e as partes. "Questões ligadas à religião também podem influenciar nesta neutralidade" (Gonçalves, p. 35). Essa neutralidade, portanto, se refere à nacionalidade e não toca sua independência ou imparcialidade. Nesse particular, é importante o idioma escolhido pela arbitragem, pois deve ser compreendido pelas partes. Quando há mais de um idioma traduzido, as partes devem especificar qual deles, na dúvida de texto, deve preponderar.

Apontamos que na arbitragem os interessados podem contar com um árbitro especialista no assunto em debate, *especialidade* que muito facilita o procedimento. Ademais, já há tribunais e câmaras arbitrais especializadas em determinados assuntos, como já temos varas e câmaras especializadas nas justiças oficiais.

Entre as *desvantagens* por vezes se aponta o *custo* das arbitragens. De fato, a estrutura dos tribunais arbitrais deve fazer frente a muitas despesas. Esse custo elevado em princípio não tem sido obstáculo para empresas de porte, apesar de ser um dificultador. Contudo, esse aspecto afasta a micro e pequenas empresas, bem como o ser humano comum, algo que deve ser meditado. A arbitragem *ad hoc*, simples e muito menos utilizada, pode ter valores menores, mas a nosso ver não é a melhor solução. Eventuais perícias encarecem ainda mais o procedimento, mas isso também ocorre no Judiciário.

De qualquer modo, os interessados devem considerar o impacto financeiro para o ingresso em procedimento arbitral, o qual será ainda maior nas arbitragens internacionais.

Outra desvantagem que se aponta é a *dificuldade na intervenção de terceiros*. No nosso sistema, levando em conta o caráter negocial do compromisso, o princípio é que quem não contratou arbitragem não pode ser jungido a fazê-lo. Nem pode a sentença arbitral atingir terceiros. Nossa lei arbitral não enfrenta essa hipótese, nada impedindo, de futuro, que possa vir a admitir, pois cada vez mais a arbitragem se aproxima e se harmoniza com o processo judicial. Vianna Gonçalves observa:

> Há casos em que a intervenção de terceiros será necessária. Nesses casos, para que seja possível a solução do litígio através da arbitragem, todos os litisconsortes deverão concordar em participar da arbitragem, sob pena de nulidade de decisão, caso algum deles não integre o processo arbitral (Gonçalves, p. 47).

O terceiro chamado que concordar em participar do procedimento terá todos os direitos dos contratantes originais, podendo, inclusive, impugnar árbitro, se já instaurado. Assim, há que se providenciar novo Termo de Arbitragem, com as novas perspectivas.

Perante esse impasse, necessidade de litisconsórcio necessário (art. 114 do CPC), que não é raro de ocorrer, o árbitro deve proferir decisão de encerramento do procedimento, devendo as partes recorrer ao Judiciário.

Outra questão desvantajosa que se levanta na arbitragem é a ainda *ausência de repertórios de jurisprudência*, algo que já se tenta suplantar. A confidencialidade, ínsita na maioria dos procedimentos, é a fonte dessa dificuldade. Mesmo que se suprimam os nomes das partes, detalhes da decisão podem revelá-los, assim como a supressão na narração de fatos pode tornar a decisão ininteligível. Alguns regulamentos de tribunais arbitrais podem consolidar entendimentos de seus procedimentos, apenas em tese. sem mencionar as partes. Já se iniciaram trabalhos esse sentido. Aguardemos, assim, a imaginação criadora dos especialistas no sentido de ampliar a divulgação dos julgados.

Recorde-se que proposição do Conselho Nacional de Justiça admitiu, por Resolução (125/2010), a criação e funcionamento de Centros Judiciários de Resolução de Conflitos e Cidadania, especialmente no tocante a conciliadores e mediadores, o que demonstra o interesse das entidades judiciárias nos meios alternativos de solução de contendas.

4. O CÓDIGO DE PROCESSO CIVIL E A COMPOSIÇÃO DOS LITÍGIOS

Esqueçamos nosso CPC mais antigo, fruto de outra época. No entanto, o Código de Processo Civil de 1993 poderia ter dado outro rumo ao desuso da arbitragem entre nós, superando os vetustos princípios do CPC anterior, mas perdeu oportunidade de fazê-lo, mantendo hígido o Código Civil no sistema que obrigava a intervenção do Judiciário. Em nosso ordenamento, destarte, ficou repelido e afastada dos ordenamentos internacionais, com evidentes prejuízos para nosso meio empresarial.

Ao enfrentar essa matéria, nosso eminente colega Joel Figueira Jr. pontua:

> a sistemática arbitral regulada pelo Código de 1973 era muito pior que os mecanismos oferecidos pelo Poder Judiciário à solução dos conflitos, a ponto de influenciar (negativamente) o espírito dos jurisdicionados que, em quase absoluta unanimidade, optavam pela justiça estatal, sobretudo porque, mesmo se optassem pelo juízo privado, não conseguiriam escapar da carcomida máquina estatizante, na medida em que, em último termo, necessitariam da homologação judicial do então denominado "laudo arbitral"" (Figueira Jr., 2019:36).

A tudo isso se acrescentava ainda as dificuldades impostas pelo Supremo Tribunal Federal na época para homologar sentenças estrangeiras. Vivíamos, na verdade, um verdadeiro feudo jurídico de isolamento nessa área.

Fato é que em nossa longa carreira jurídica, antes de nossa lei de arbitragem, inclusive 25 anos como magistrado, nunca tivemos conhecimento de qualquer juízo arbitral em nosso país. Nossos professores no curso de bacharelado nem se davam ao trabalho de mencioná-lo.

O CPC vigente confirmou o sucesso dos meios alternativos, mormente a mediação e conciliação, não se esquecendo da arbitragem.

O art. 3º do CPC de 2015 dispõe, como não podia mais deixar de fazê-lo que "não se excluirá da apreciação jurisdicional ameaça ou lesão de direito". No § 1º é expresso no sentido de que é permitida a arbitragem na forma da lei.

Ainda, atendendo tendência contemporânea, no § 2º estatui que "o Estado, promoverá, sempre que possível, a solução consensual dos conflitos". E, a seguir, no § 3º, estabelece peremptoriamente:

> A conciliação, a mediação e outros meios de solução consensual de conflitos deverão ser estimulados por juízes, advogados, defensores públicos e membros do Ministério Público, inclusive no curso do processo judicial.

Essa busca de soluções nas questões levadas do Judiciário, no início ou durante o processo judicial, não é simples exortação contida na lei, mas um *dever* dos operadores do direito. A mediação e conciliação são colocadas na etapa inicial do processo, mas podem ser promovidas a qualquer tempo, em qualquer etapa (art. 334).

Há outros dispositivos no estatuto processual que se referem direta ou indiretamente à mediação, conciliação e arbitragem.

Incluem-se os mediadores e conciliadores judiciais como auxiliares do juízo (arts. 165 a 175, ao lado de peritos, contadores etc.

O art. 337, X dispõe que incumbe a réu alegar, antes de discutir o mérito, a convenção de arbitragem (*exceção de compromisso*). O § 5º desse artigo determina que essa matéria não pode ser conhecida de ofício pelo juiz. De outro lado, o art. 485 estatui que "o juiz não resolverá o mérito" quando acolher a existência de convenção de arbitragem ou quando o tribunal arbitral reconhecer sua competência (inciso VII). Trata-se, portanto, de situações de extinção do processo sem julgamento do mérito.

O tradicional processo civil reconhecia a chamada "exceção de compromisso" ou "exceção de arbitragem", que não vem claramente descrita no atual CPC, que deveria fazê-lo. Trata-se da alegação preliminar na peça contestatória, *preliminar de arbitragem*, em denominação mais atual, visando obstar a decisão de mérito, em face de uma cláusula compromissória.

Há observação importante que faz Renato Resende Beneduzzi (*A reforma da arbitragem*, 2016:286):

O art. 267 do CPC de 1973, no entanto, dispunha que "salvo o disposto no art. 267, V, a extinção do processo não obsta a que o autor intente de novo a ação" ao passo que o § 1º do art. 486 do CPC de 2015 vai muito mais longe ao determinar que "no caso de extinção em razão da litispendência e nos casos dos incisos I, IV, VI e VII do art. 485, a propositura da nova ação depende da correção do vício que levou à sentença sem resolução do mérito".

Assim aduz o autor, com razão: "No que interessa à arbitragem, este dispositivo cria uma hipótese de imutabilidade que aparentemente não existia antes: acolhida a exceção, a repropositura da demanda "depende da correção do vício que levou à sentença sem resolução do mérito". A seguir o autor deixa no ar duas perguntas. *O que quer dizer a lei exatamente com isto? Qual o alcance e qual a natureza desta imutabilidade?*

Parece-nos que somente o caso concreto nos responderá. Assim, imagine-se, como exemplo a hipótese de arbitragem com indicação viciosa dos árbitros, ou com compromisso arbitral incompleto ou irregular. Nessa hipótese as partes poderão repropor a ação com a correição desse vício. Lembre-se que, de qualquer modo, sempre a possibilidade de a petição inicial ser corrigida ou completada.

Por outro lado, o exame da coisa julgada material na sentença arbitral será sempre uma questão em aberto a ser examinada.

5. ARBITRAGEM DOMÉSTICA E INTERNACIONAL

A lei brasileira não distingue a arbitragem entre dois entes nacionais e aquela que tem como uma das partes entidade ou instituição estrangeira. Normalmente define-se a arbitragem como doméstica a que tem lugar em nosso país e a internacional a que se realiza fora de nossas fronteiras. Também terá elementos internacionais se ao menos um dos contratantes está sediado em país estrangeiro. Outros critérios de internacionalização podem ser levados em conta como a nacionalidade dos árbitros, das partes ou a localização e o fulcro do objeto litigioso. As legislações estrangeiras tomam vários critérios nessa matéria.

O essencial, porém, é que as partes definam perfeitamente o litígio, a legislação aplicável e o idioma prevalente, mormente quando há duas línguas sendo utilizadas.

É voz geral que a arbitragem é o meio mais utilizado no mundo para dirimir litígios em contratos de cunho internacional. As estatísticas da CCI (Câmara de Comércio Internacional), apenas para ficarmos nessa instituição, atesta essa afirmação.

As relações contratuais internacionais encontraram campo fértil e mais seguro na arbitragem, preferentemente a se arriscar em tribunais estatais despreparados ou deslocados na matéria. Nesse aspecto, a arbitragem afasta os tribunais estatais de ambas as partes litigantes. Ademais, como aqui expomos, são as próprias partes que escolhem a instituição julgadora, os árbitros, o procedimento, o direito aplicável etc. Por isso atualmente dispomos de um amplo aparato dirigido a esses conflitos. Cada vez mais as empresas brasileiras participam dessa atividade, algo que no passado era impossível pela inaplicabilidade da arbitragem entre nós.

Ademais, pela própria disposição de nossa lei arbitral, não existe diferença essencial entre arbitragem doméstica e internacional, o que é muito eficiente. Aplicam-se os princípios de nossa lei de arbitragem. Seguindo os mesmos princípios de Direito, diferentemente de outros países que possuem legislação diferente para uma ou outra modalidade de arbitragem.

Nossa lei se ocupa da sentença arbitral nacional e estrangeira. Não há tratamento diverso para sentença estrangeira. Assim, entre nós, "não há sentença arbitral internacional, assim como não há sentença judicial internacional: em ambos os casos há sentença estrangeira, que se submete às leis do país em que foi proferida e merece execução forçada em outro país se reconhecida de acordo com as leis deste último (Lobo, 2003:10).

Muitos já defendem a existência de uma ordem jurídica internacional própria para a arbitragem, algo que ainda exige certo amadurecimento (Gaillard, 2014:47).

Sob a ampla possibilidade de escolha dos envolvidos, as partes podem escolher qual o ordenamento jurídico que será aplicado, não se esquecendo que arbitragem realizada no Brasil deve atender o ordenamento brasileiro, no que for cogente, segundo o art. 9º de nossa lei de introdução. Atente-se, destarte, para o § 1º do art. 2º de nossa lei de arbitragem: "poderão as partes escolher, livremente, as regras de direito que serão aplicadas na arbitragem, desde que não haja violação aos bons costumes e à ordem pública". Ainda, ampliando essa liberdade de escolha pelos participantes da arbitragem, o § 2º desse dispositivo estampa: "Poderão, também, as partes, convencionar que a arbitragem se realize com base nos princípios gerais de direito, nos usos e costumes e nas regras internacionais de comércio".

Essa amplitude de autonomia pode, por vezes, mais confundir, do que esclarecer. A doutrina tateia sobre várias considerações a esse respeito. De qualquer forma, afigura-nos inconveniente que seja determinado aos árbitros a possibilidade de aplicar princípios jurídicos sob um arco-íris de normas, que vão abrir fendas para nulidades. Melhor sempre que se aplique, na arbitragem internacional, um ordenamento uno, conhecido dos árbitros. Essa ampla autonomia de vontade não se amolda simplesmente em arbitragens domésticas, embora existam opiniões em contrário. No entanto, a nosso ver, as partes devem sempre facilitar a atividade dos árbitros, fazendo-os cônscios, desde o início, sobre qual legislação irão transitar.

6. ARBITRAGEM INSTITUCIONAL E *AD HOC* (AVULSA)

Na arbitragem dita institucional as partes já se valem, na própria cláusula arbitral da indicação de um tribunal arbitral, entidade especializada, dentre as várias instituições que operam nessa área. São inúmeros os tribunais arbitrais de elevada capacidade técnica que podem ser escolhidos e indicados, por exemplo, CCI-Câmara Internacional de Comércio; Tribunal da FIESP-CIESP, Câmara de Comércio Brasil-Canadá; Câmara de Arbitragem Empresarial-Brasil (CAMARB), entre vários outros.

Adotado o tribunal arbitral, os envolvidos aderem e devem seguir o regulamento e procedimento institucionalizado pela entidade escolhida, podendo, em princípio dispor diferentemente, o que não é comum, nem conveniente. Como aponta Leonardo de Faria Beraldo, "a instituição arbitral exerce verdadeira função cartorária, como se fosse a secretaria de uma vara da Justiça Estatal. Além de cuidar do trâmite do processo arbitral, a câmara pode indicar o(s) árbitro(s)", documentando os fatos e atos da arbitragem (Beraldo, 2014:31).

Não se confunde a ampla atividade secretarial exercida pelo tribunal instituído, com o secretário do procedimento específico, geralmente indicado pelo árbitro presidente, o qual exerce importante atividade de assessoria e suporte aos julgadores e partes.

Na arbitragem avulsa ou *ad hoc*, que se torna rara porque inconveniente, prescinde-se da instituição. As partes escolhem o árbitro ou árbitros, que desempenharão sua atividade, não impedindo, antes se aconselhando, que se adote o procedimento regulamentado por um tribunal arbitral.

Por seu lado, a arbitragem *ad hoc* é totalmente organizada pelos interessados. Concorde-se que se torna uma tarefa árdua, passível de impropriedades e omissões, por mais técnicos que sejam os agentes que a instituem. É fato que a escolha por uma ou outra modalidade recebe a influência da natureza do litígio. Todavia, essa modalidade exige extrema colaboração das partes, algo que pode se tornar difícil em meio a um litígio. Vejam que as partes devem especificar como são escolhidos os árbitros, quais os prazos, quais os meios de prova admitidos etc. Uma cláusula vaga será de difícil cumprimento

Nossa lei de Arbitragem reporta-se às duas modalidades no art. 5º:

> Reportando-se as partes, na cláusula compromissória, às regras de algum órgão arbitral institucional ou entidade especializada, a arbitragem será instituída e processada de acordo com tais regras, podendo, igualmente, as partes estabelecer na própria cláusula, ou em outro documento, a forma convencionada para a instituição da arbitragem.

Sem a menor dúvida, a escolha de uma estrutura arbitral no modelo institucional apresenta muitas vantagens, oferecendo mais segurança e tranquilidade aos envolvidos, evitando problemas e nulidades. Decorre que o tribunal arbitral escolhido assume uma função fiscalizadora importante do procedimento. Nossas instituições brasileiras de arbitragem, mormente as citadas, já ganharam a confiança do meio empresarial. A escolha de uma instituição séria oferece maior segurança às partes. A escolha da instituição quando da redação da cláusula arbitral ou a posteriori é ato fundamental para os interessados. Lembre-se que há tribunais arbitrais mais afetos a determinadas contendas. Vários aspectos devem ser levados em consideração nessa escolha, como sua organização, corpo de árbitros, estrutura material etc.

7. ARBITRAGEM COMERCIAL E DE INVESTIMENTO

A denominada arbitragem de investimento é aquela que tem por finalidade proteger o investidor estrangeiro. Normalmente os litígios são decididos em local ou país neutro. Na arbitragem comercial ou empresarial maiormente aqui tratada, há geralmente uma cláusula compromissória a ser obedecida. Na arbitragem de investimento existirão certamente acordos internacionais entre países ou instituições supranacionais. O que estará em jogo na arbitragem de investimento é a conduta de um Estado perante o investidor estrangeiro.

No já distante ano de 1965 foi celebrada a Convenção de Washington, que se utilizou da terminologia "arbitragem de investimento". As questões financeiras de grande porte, como se pode imaginar, devem ficar a cargo de tribunais especialmente indicados e especializados no ramo.

A maior vantagem dessa convenção foi criar para o Estados signatários uma jurisdição arbitral neutra, suprindo decisões a litígios de extrema complexidade econômica e financeira. Seria extremamente problemático e injusto que uma empresa prejudicada por um governo tivesse que litigar no Estado envolvido. Essa possibilidade dá maior segurança ao investidor estrangeiro. Outro aspecto favorável à essa modalidade é a possibilidade de maior confidencialidade, assim como maior especialidade dos árbitros.

Muitos países, contudo, não aderiram a essa convenção, como o Brasil, e outros de lá saíram, mas não significa que não se utilizem desse modelo arbitral. Considera-se investimento sob o prisma do risco e da destinação dos investimentos financeiros.

8. ARBITRAGEM DE DIREITO E POR EQUIDADE

Conforme o art. 2º da Lei de Arbitragem, os envolvidos terão ampla autonomia para a escolha da forma da arbitragem: "A arbitragem poderá ser de direito ou de equidade, a critério das partes".

Em tese e em princípio, na arbitragem de direito o árbitro deve ficar e adstrito ao ordenamento jurídico positivo, às normas legais, como se isso pudesse ser magicamente possível. Há que se lembrar que na aplicação do Direito há regras de interpretação e integração, analogia, princípios gerais e, inclusive, a equidade.

Realce-se que o julgamento por equidade na arbitragem depende de autorização expressa dos interessados. Estes procuram excluir, como regra, a possibilidade de o julgamento ser por equidade, o que ordinariamente fazem, a nosso ver sem muita razão. As partes indicam e louvam-se em árbitros, nos quais confiam, mas duvidam, temem seu senso de justiça, que é o fulcro da aplicação da equidade. Em síntese, o temor parece estar nesses limites.

Equidade é forma de manifestação de justiça que tem o condão de atenuar, amenizar, dignificar a regra jurídica. Não significa julgar contra a lei, nem afrontá-la. A equidade, na concepção aristotélica, é a "justiça do caso concreto". O conceito, porém, admite profundas reflexões. A regra jurídica é geral e, em determinadas situações, pode não atender aos ideais de justiça no caso concreto. Como assevera Mario Bigotte Chorão (2000:95), a noção de equidade "aparece insistentemente no campo jurídico, mas envolta, com frequência, numa certa névoa de imprecisão e ambiguidade".

O conceito de equidade interliga-se ao conceito do próprio Direito, uma vez que enquanto o Direito regula a sociedade com normas gerais do justo e do equitativo, a equidade procura adaptar essas normas a um caso concreto. O termo provém de *aequitas, aequitatis*, derivado, por sua vez, de *aequus*, justo. O termo, em linguagem da nossa ciência e mesmo vulgar, vem sendo utilizado para significar igualdade e justiça, ou então, em significado mais restrito, *justiça aplicável a um caso concreto*.

São frequentes as situações com que se defronta o julgador ao ter que aplicar uma lei, oportunidade em que percebe que, no caso concreto, afasta-se da noção do que é justo. O trabalho de aplicação do Direito por equidade é de precipuamente aparar as arestas na aplicação da lei nua e crua, para que uma injustiça não seja cometida. A equidade é um trabalho de abrandamento da norma jurídica no caso concreto. A equidade flexibiliza a aplicação da lei. Por vezes, o próprio legislador, no bojo da norma, a ela se refere.

A equidade não é apenas um abrandamento da norma em caso específico, mas também deve ser um sentimento que brote do âmago do julgador. Seu conceito é filosófico e, como tal, dá margem, evidentemente, a várias concepções.

Nosso Código Civil de 1916 não se referiu diretamente à equidade, a qual não constitui propriamente uma fonte do Direito, mas um recurso, por vezes necessário, para que não ocorra o que Cícero já denominava *summum ius summa iniura*, isto é, que a aplicação cega e automática da lei leve a uma iniquidade. Esse Código não ignorava a equidade, pois a ela se referia no art. 1.040, IV, já permitindo que os árbitros no juízo arbitral pudessem decidir por *equidade*. No art. 1.456 também fora feita referência ao tratar da interpretação do contrato de seguro. É tradição do compromisso e do juízo arbitral que os árbitros possam ser autorizados a decidir por equidade, isto é, com o mais elevado senso de justiça, sem estarem amarrados estritamente à letra da lei, como consta de nossa atual lei sobre a matéria (Lei 9.307/96, art. 11, II). Na verdade, como está redigido o texto do art. 2º, as partes *vedam* a utilização de arbitragem aos árbitros. E o fazem redigindo geralmente no compromisso ou instituição da arbitragem: "a presente arbitragem será somente de Direito" ou "não será permitida a decisão por equidade".

Entenda-se, no entanto, que a equidade é, antes de mais nada, uma posição filosófica para a qual cada aplicador do Direito dará uma valoração própria, mas sempre com a finalidade do ajuste e abrandamento da norma. Como se nota, há muito de subjetivismo nesse aspecto, mas na equidade não se está autorizando o árbitro a afrontar o ordenamento jurídico.

O Código de 2002 não menciona a equidade como forma direta de aplicação do Direito, porém, esse atual diploma faz referência, em várias oportunidades, à fixação da indenização ou pagamento de forma equitativa, o que implica raciocínio por equidade por parte do legislador (arts. 413, 479, 738, 928, parágrafo único, 944, 953, parágrafo único).

Vejamos um desses dispositivos. Lembre-se de que, no sistema de 1916, o valor do prejuízo, na responsabilidade civil extracontratual, sempre foi tido como o valor a ser indenizado. Essa regra geral é exposta no vigente Código, no art. 944, *caput*: "A indenização mede-se pela extensão do dano." No entanto, o parágrafo único desse dispositivo estatui: "Se houver excessiva desproporção entre a gravidade da culpa e o dano, poderá o juiz reduzir, equitativamente, a indenização." Nesta hipótese, em síntese, o julgador estará utilizando a equidade. Assim também ocorre nos outros artigos de lei aqui mencionados.

O Código de Processo Civil dispõe no art. 140, parágrafo único (art. 127 do CPC/1973), que "o juiz só decidirá por equidade nos casos previstos em lei". Essa regra visa impedir que o julgador se transforme em legislador. Contudo, com muita frequência, a equidade participa imperceptivelmente do raciocínio do julgador, ainda que não o diga. Assim, já se decidiu que:

> a proibição de que o juiz decida por equidade salvo quando autorizado por lei, significa que não haverá de substituir a aplicação do direito objetivo por seus critérios pessoais de justiça. Não há de ser entendida, entretanto, como vedando que se busque alcançar a justiça no caso concreto, com atenção ao disposto no art. 5º da Lei de Introdução (RSTJ 83/168).

No âmbito do processo civil, podemos lembrar a hipótese do art. 85 do Código de Processo Civil (art. 20 do CPC/1973), quanto à fixação dos honorários de advogado nas causas de pequeno valor, nas de valor inestimável, naquelas em que não houver condenação ou em que for vencida a Fazenda Pública e nas execuções, embargadas ou não, "em que se delega ao prudente arbítrio do julgador a estipulação do quantum debeatur". Nos procedimentos de jurisdição voluntária, como é de se lembrar, o juiz não está obrigado a observar o critério da legalidade estrita, podendo adotar, em cada caso, a solução que reputar mais conveniente e oportuna (art. 723, parágrafo único, do CPC; art. 1.109 do CPC/1973). Trata-se de singela aplicação da equidade.

Em síntese, a equidade se traduz na busca constante e permanente do julgador pela melhor interpretação legal e da melhor decisão para o caso concreto. Trata-se, como se vê, de um raciocínio que procura a adequação da norma ao caso concreto. Em momento algum, porém, salvo quando expressamente autorizado por lei, o julgador pode decidir exclusivamente pelo critério do justo e do equânime, abandonando o texto legal, sob o risco de converter-se em legislador. Essa posição deve ser frontalmente combatida, mormente com relação àqueles que veem nessa prática o famigerado "direito alternativo", ponto de ilegalidade e de absoluta insegurança das relações sociais. A equidade pode e deve, destarte, ser entendida mais como um método de interpretação e integração do que como método criativo do Direito.

Conclui-se com Bigotte Chorão (2000:105) que a temperança e o cometimento integram o raciocínio da equidade:

> a equidade não é indício de uma sintomatologia patológica, mas, ao contrário, manifestação fisiológica de saúde jurídica, precisamente, um complemento exigido pela universalidade da lei e um meio necessário para ajustar a ordenação jurídica, na medida do possível, às circunstâncias mutáveis da vida social. A melhor doutrina procura conjugar equilibradamente as exigências da norma (justo legal) e do caso (justo concreto) e encontrar, enfim a justa via média entre o normativismo abstrato e o decisionismo casuístico.

Na arbitragem, a nosso sentir, a decisão por equidade pode ser extremamente útil, mormente em questões intrincadas nas quais a lei e os próprios contratos envolvidos são de extrema complexidade e difícil compreensão. O árbitro não estará inovando nos contratos, mas buscando a melhor integração. Esse temor da decisão por equidade na arbitragem e seu desuso entre nós não nos parece justificável, embora existam muitos doutrinadores que não concordam: se o direito é complexo e admite interpretações, o sentido de justiça comum pode aforar no julgador mais facilmente. A arbitragem por equidade, quando se trata de dar a cada um aquilo o que é seu ou seu melhor direito, não contraria os princípios fundamentais de justiça, pelo contrário, os aplica. Pior seria aplicar a letra fria da lei e praticar injustiça ou iniquidade. De qualquer forma, ficam em aberto questões difíceis de serem admitidas na equidade como por exemplo discussão sobre prescrição, juros entre tantas. Sobre a equidade na arbitragem há os que a sustentam e os que procuram somente realçar seus aspectos desfavoráveis, nada que contrarie a dialética do Direito. Em Direito, como na ciência em geral, o inefável é sempre um desafio.

BIBLIOGRAFIA E JULGADOS SELECIONADOS

ALMEIDA, Ricardo Ramalho (Coord.). *Arbitragem interna e internacional*. Rio de janeiro: Renovar, 2003.

BERALDO, Leonardo de Faria. *Curso de arbitragem*. São Paulo: Atlas, 2014

CAHALI, Francisco José. *Curso de arbitragem*. 8. ed. São Paulo: Ed. RT, 2020.

CARMONA, Carlos Alberto, LEMES, Selma Ferreira e MARTINS (Coord.). *20 anos da Lei de Arbitragem*. São Paulo: Gen-Atlas, 2017.

CHORÃO, Mário Bigotte. *Introdução ao direito*. Coimbra: Almedina. 2000. v.1.

DECCACHE, Antônio Carlos Fernandes. *Cláusulas de arbitragem nos contratos comerciais internacionais*. São Paulo: Gen-Atlas, 2015.

FIGUEIRA JR., Joel. *Arbitragem*. 3. ed. Rio de Janeiro: Gen-Forense, 2019.

GAILLARD, Emmanuel. *Teoria jurídica da arbitragem internacional*. São Paulo: Atlas, 2014.

GONÇALVES. Raphael Magno Vianna. *Arbitragem*. Rio de Janeiro: Lumen Juris, sem data.

GUILHERME, Luiz Fernando do Vale de Almeida. *Manual de arbitragem e mediação*. 4. ed. São Paulo: Saraiva, 2019.

JUNQUEIRA, Gabriel Herscovici. *Arbitragem brasileira na era da informática*. São Paulo: Atlas, 2015.

LEVY, Daniel e PEREIRA, Guilherme Setogutti J. (Coord.) *Curso de arbitragem*. 2. ed. São Paulo: Ed. RT, 2021.

MELO, Leonardo de Campos e BENEDUZZI, Renato Resende (Coord.). *A reforma da arbitragem*. Rio de Janeiro: Gen-Forense, 2016.

OHLROGGE, Leonardo. *Multi-party and multy-contract arbitration in Brazil*. São Paulo; Quartier Latin, 2020.

SCAVONE JUNIOR. *Manual de arbitragem*. 7. ed. São Paulo-Gen-Forense, 2016.

SESTER, Peter Christian. *Comentários à lei de arbitragem e à legislação extravagante*. São Paulo: Quartier Latin, 2020.

VENOSA, Sílvio de Salvo. *Direito Civil – obrigações e responsabilidade civil*. 21. ed. São Paulo: Gen-Atlas, 2021.

JULGADOS SELECIONADOS

Recurso especial. Processual civil. Ação de impugnação de sentença arbitral. Vícios formais. Ausência. (...) 5. No procedimento arbitral, é plenamente admitida a prorrogação dos prazos legalmente previstos por livre disposição entre as partes e respectivos árbitros, sobretudo em virtude da maior flexibilidade desse meio alternativo de solução de conflitos, no qual deve prevalecer, em regra, a autonomia da vontade. 6. Se a anulação da sentença proferida fora do prazo está condicionada à prévia notificação do árbitro ou do presidente do tribunal arbitral, concedendo-lhe um prazo suplementar de dez dias (art. 32, VII, da Lei de Arbitragem), não há motivo razoável para não aplicar a mesma disciplina ao pedido de esclarecimentos, que, em última análise, visa tão somente aclarar eventuais dúvidas, omissões, obscuridades ou contradições, ou corrigir possíveis erros materiais. 7. Sentença arbitral pautada em princípios basilares do direito civil, não importando se houve ou não referência expressa aos dispositivos legais que lhes conferem sustentação, não havendo como afirmar que houve julgamento por equidade, em desrespeito às condições estabelecidas no compromisso arbitral. (...) (STJ, REsp 1636102/SP, Rel. Ministro Ricardo Villas Bôas Cueva, Terceira Turma, j. em 13.06.2017, p. em 1º.08.2017).

Recurso especial. Processo civil. Ação de responsabilidade civil por perdas e danos cumulada com pedido de indenização por danos morais fundada na relação contratual existente entre as partes. Existência de cláusula compromissória no contrato social. Ajuizamento de anterior ação possessória que não implica renúncia ao compromisso assumido. Extinção do processo sem resolução do mérito. Recurso especial provido. 1. Cinge-se a controvérsia a definir se o juízo estatal é competente para processar e julgar ação de responsabilidade civil por perdas e danos cumulada com pedido de indenização por danos morais fundada na relação societária existente entre as partes, tendo em vista a existência de cláusula compromissória no contrato social objeto da demanda. 2. A pactuação de cláusula compromissória possui força vinculante, obrigando as partes da relação contratual a respeitar, para a resolução dos conflitos daí decorrentes, a competência atribuída ao árbitro. 3. É indiscutível nos autos a existência de cláusula compromissória que alcança a presente demanda e afasta a jurisdição estatal, já que as partes livremente acordaram que "todas as disputas, controvérsias ou reivindicações de qualquer tipo que surjam ou que estejam relacionadas com o presente contrato, seu objeto, sua violação, sua rescisão, sua invalidade" serão resolvidas por arbitragem. (...) 7. À vista da pactuação de cláusula compromissória, que implica a derrogação da jurisdição estatal, o presente processo deve ser extinto, sem resolução de mérito, nos termos do art. 485, VII, do CPC/2015 (CPC/73, art. 267, VII) (...) (REsp 1678667/RJ, Rel. Ministro Raul Araújo, Quarta Turma, julgado em 06.11.2018, DJe 12.11.2018).

Ação de rescisão contratual e de indenização por danos materiais e morais. Contrato de prestação de serviço. Elaboração de software. Extinção do feito por incompetência do juízo. Cláusula de mediação que não se confunde com cláusula compromissória de arbitragem. Discordância do autor com a solução consensual. Audiência de tentativa de conciliação infrutífera. Princípio da inafastabilidade da jurisdição. Sentença anulada. Recurso provido. (TJSP, Apelação Cível 1007290-35.2021.8.26.0577, Rel. Milton Carvalho, 36ª Câmara de Direito Privado, j. em 26.10.2021, p. em 26.10.2021).

(...) Compromisso de compra e venda. Rescisão, com previsão de cláusula compromissória. Extinção do processo sem julgamento do mérito, com fundamento no artigo 485, inciso VII do CPC. Competência do juízo arbitral para solução do litígio, que deve ser mantida. Convenção de arbitragem livremente pactuada entre as partes. Ausência de violação ao disposto no art. 5.º, inciso XXXV, da CF. Ausente qualquer impedimento para a incidência da cláusula. Sentença mantida. Embargos acolhidos (TJSP, Embargos de Declaração Cível 1009721-85.2019.8.26.0068, Rel. Coelho Mendes, 10ª Câmara de Direito Privado, j. em 31.08.2021, p. em 31.08.2021).

II
ARBITRAGEM INTERNACIONAL

Sofia Martins

Licenciada em Direito pela Faculdade de Direito da Universidade de Lisboa. Professora convidada na Faculdade de Direito da Universidade de Lisboa e na Faculdade de Direito da Universidade Nova de Lisboa. Sócia e Coordenadora da Área de Prática de Contencioso e Arbitragem na Miranda & Associados, Sociedade de Advogados. Advogada e Árbitro.

Leonor van Lelyveld

Mestre pela Faculdade de Direito da Universidade Católica Portuguesa, Escola de Lisboa. Licenciada em Direito pela Faculdade de Direito da Universidade de Lisboa. Associada na Área de Prática de Contencioso e Arbitragem na Miranda & Associados, Sociedade de Advogados. Advogada.

Sumário: Introdução – 1. Normas nacionais e internacionais (tratados e convenções) e os critérios para definição do caráter internacional da arbitragem – 2. A questão da sede na arbitragem internacional – 3. Interação com ordens estatais – 4. A importância do direito internacional – 5. O choque de culturas e a importância da prática internacional – *standards* jurídicos e *soft law* – Bibliografia.

INTRODUÇÃO

Já noutro local desta obra se abordou o conceito de arbitragem e os diferentes tipos de arbitragem, em particular no que diz respeito à distinção entre arbitragem dita doméstica (ou interna) e arbitragem internacional.

A necessidade de distinguir e autonomizar a arbitragem internacional da arbitragem doméstica surge do facto de, nos litígios arbitrais, surgirem cada vez mais elementos de "estraneidade", que implicam um tratamento diferente daquele que é dado às arbitragens puramente domésticas.

Exemplo típico de uma arbitragem doméstica seria o caso de duas empresas brasileiras, sem qualquer ligação ao exterior, cometerem a um árbitro ou árbitros a resolução de um litígio emergente de um contrato, sujeito ao direito brasileiro, executado no Brasil. Mas imaginemos que uma dessas empresas é afinal detida por uma empresa estrangeira, ou que uma dessas empresas é efetivamente uma empresa estrangeira. Aqui entra um novo elemento – o tal elemento de estraneidade – que impede a caraterização da arbitragem como puramente doméstica.

G. Born, de forma simples e bastante consensual, define a arbitragem comercial internacional como um meio através do qual disputas relacionadas com negócios internacionais podem ser definitivamente resolvidas, nos termos acordados pelas partes, por decisores não governamentais, independentes, escolhidos pelas partes ou para estas, aplicando procedimentos adjudicativos neutros que permitem às partes a oportunidade de serem ouvidas.[1]

Em Portugal, M. Barrocas definiu arbitragem internacional como "um meio jurisdicional privado e voluntário de dirimição de um litígio, de carácter contratual ou não, caracterizado pela existência de elementos de conexão envolvendo mais de um Estado, que é suscetível de ser resolvido pela via arbitral e relativa a interesses privados ou a interesses público-privados que não deva ser submetido, por disposição legal ou por convenção internacional, a tribunais específicos".[2]

A distinção entre arbitragem doméstica e arbitragem internacional tem um peso relevante na medida em que, por exemplo, os critérios para aferir a arbitrabilidade dos litígios no âmbito de uma arbitragem doméstica podem ser diferentes dos critérios para aferir essa mesma arbitrabilidade em caso de uma arbitragem internacional.

Ainda a título de exemplo, em alguns Estados os litígios emergentes de violação de normas de concorrência podem ser objeto de arbitragem internacional, mas não de arbitragem doméstica. Também alguns Estados permitem que o Estado ou outras entidades públicas/estaduais celebrem convenções de arbitragem válidas apenas no que respeita a arbitragens internacionais.

Assim, na esteira da Lei Modelo da UNCITRAL, e considerando que se podem aplicar considerações diferentes às arbitragens comerciais internacionais, vários Estados adotam diferentes regimes consoante se trate de arbitragem doméstica ou internacional, a qual não deve jamais confundir-se com arbitragem estrangeira. Efetivamente, uma arbitragem estrangeira será, para cada país, aquela cuja sede se situa fora desse país (conceito relevante na medida em que para poder ser aí executada terá, regra geral, de ser previamente reconhecida pelos tribunais judiciais desse país). Já uma arbitragem internacional será, como veremos em maior detalhe *infra*, para um dado país, uma arbitragem que tem sede nesse mesmo país, mas a que se aplica um regime diferente do que se aplica a arbitragens puramente domésticas.

O presente capítulo visa, assim, tratar especificamente o tema da arbitragem internacional, particularmente sobre cinco vertentes: (i) as normas nacionais e internacionais (tratados e convenções) e os critérios para definição do caráter internacional da arbitragem, (ii) a questão da sede na arbitragem internacional, (iii) a interação com ordens estatais, (iv) a importância do Direito Internacional, e (v) o choque de culturas e a importância da prática internacional - standards jurídicos e *soft law*.

Não cuidaremos da arbitragem de direito internacional público (entre sujeitos do *droit de gens*), nem da arbitragem de investimento, tratadas noutros capítulos da presente obra coletiva, mas da arbitragem comercial internacional, em que predomina o direito privado, embora também dela possam participar os Estados na qualidade de operadores do comércio internacional.

---

1. BORN, Gary B. *International Commercial Arbitration*. 3. ed. Kluwer Law International, 2021. p. 66.
2. BARROCAS, Manuel Pereira, *Manual de arbitragem*. 2. ed., LAV de 2011, rev. e atual. Almedina, 2013, p. 555 e 556.

1. NORMAS NACIONAIS E INTERNACIONAIS (TRATADOS E CONVENÇÕES) E OS CRITÉRIOS PARA DEFINIÇÃO DO CARÁTER INTERNACIONAL DA ARBITRAGEM

A noção de arbitragem internacional tem sido amplamente discutida e tratada de forma distinta em diferentes jurisdições, não existindo assim um conceito comum de arbitragem internacional transversal a todos os Estados.

De um modo geral, os critérios legislativos – e que não são uniformes – de distinção entre arbitragem doméstica e arbitragem internacional podem ser: (i) Subjetivos/formais – ligados à nacionalidade das partes e/ou domicílio destas; e/ou (ii) Objetivos/materiais – ligados à internacionalidade do litígio (à sua natureza).

A Lei Modelo da UNCITRAL sobre Arbitragem Comercial Internacional de 1985, com as alterações de 2006 (Lei Modelo), adota uma combinação de ambos os critérios e, no seu artigo 1º, ns. 3 e 4, define arbitragem internacional da seguinte forma:

3 – Uma arbitragem é internacional se:

(a) As partes num acordo de arbitragem tiverem, no momento da sua conclusão, as suas sedes comerciais em diferentes Estados; ou

(b) Um dos locais a seguir referidos estiver situado fora do Estado no qual as partes têm a sua sede:

(i) O local da arbitragem, se estiver fixado no acordo ou for determinável de acordo com este;

(ii) Qualquer local onde deva ser executada uma parte substancial das obrigações resultantes da relação comercial ou o local com o qual o objecto do litígio tenha maior ligação; ou

c) As partes tiverem convencionado expressamente que o objecto do acordo de arbitragem envolve mais do que um país.

4 – Para os fins do parágrafo 3º do presente artigo:

(a) Se uma das partes tiver mais do que uma sede, deve ser considerada a que tiver uma relação mais próxima com o acordo de arbitragem;

(b) Se uma das partes não tiver sede, releva para este efeito a sua residência habitual.

Quanto à Convenção de Nova Iorque, pese embora a mesma não defina o que deva entender-se por arbitragem internacional, a mesma estabelece, no seu artigo II, que cada Estado Contratante reconhece a convenção escrita pela qual as Partes se comprometem a submeter a uma arbitragem todos os litígios ou alguns deles que surjam ou possam surgir entre elas relativamente a uma determinada relação de direito, contratual ou não contratual, respeitante a uma questão suscetível de ser resolvida por via arbitral. Ora, o critério de arbitrabilidade a ter em conta nesta definição deve ser interpretado observando-se a presunção de validade da convenção de arbitragem internacional regulada pela Convenção de Nova Iorque.[3] Assim, embora as regras de não-arbitrabilidade sejam definidas em princípio pelo direito nacional, a melhor interpretação da Convenção de Nova Iorque será a que sujeita a aplicação da dou-

---

3. ICCA. Guia do ICCA sobre a interpretação da Convenção de Nova Iorque de 1958: um texto de referência para juízes. International Council for Commercial Arbitration, 2012, p. 65.

trina da não-arbitrabilidade pelos Estados Contratantes a limitações internacionais substantivas.

Estes limites deixam uma margem de manobra considerável para os Estados Contratantes aplicarem as políticas legislativas locais, mas exigem que tal seja feito de forma coerente com a estrutura e as premissas básicas da Convenção e com a exceção da não-arbitrabilidade.[4]

Consequentemente, nem todas as exceções de não-arbitrabilidade que seriam procedentes nos casos de arbitragem puramente doméstica poderão porventura ser invocadas em relação a convenções de arbitragem internacional. Não existe um critério universal para discernir entre exceções de não arbitrabilidade que possam ser indeferidas em casos internacionais, sendo que alguns ordenamentos se referem ao critério formal, da diversidade de nacionalidades, enquanto outros se referem a operações internacionais.[5]

No plano do ordenamento jurídico de cada Estado, muitas jurisdições contêm na sua Lei de Arbitragem uma definição do conceito de arbitragem internacional, consagrando regimes pelo menos parcialmente diferentes para arbitragens aí sediadas, mas que tenham natureza internacional (os chamados regimes dualistas – quando existe um regime ou mesmo legislação diferente – ou monistas mistos – quando existe uma única lei, mas com algumas disposições específicas aplicáveis apenas a arbitragens internacionais). As razões dessa distinção prendem-se, no essencial, com a vontade dos referidos Estados de criar um regime mais direcionado a partes que pretendam eleger uma determinada sede neutral, na qual possa contar com o regime mais flexível, que permita a adoção de *standards* internacionalmente reconhecidos.[6]

Veja-se, designadamente, o exemplo português.

Nos termos do Capítulo IX da Lei de Arbitragem Voluntária Portuguesa (Lei 63/2011, de 14 de dezembro, adiante LAV), aplicável a arbitragens com sede em Portugal,[7] sempre que esteja em causa uma arbitragem internacional (com sede em Portugal), existem algumas especificidades de regime, tais como a inoponibilidade de exceções baseadas no direito interno por uma parte que seja um Estado, uma organização controlada por um Estado ou uma sociedade por este dominada (artigo 50º[8]), a consagração de regras específicas respeitantes à validade substancial da convenção de arbitragem e

---

4. BORN, Gary B. *International Commercial Arbitration*. 3. ed. Kluwer Law International, 2021. p. 643.
5. ICCA. Guia do ICCA sobre a interpretação da Convenção de Nova Iorque de 1958: um texto de referência para juízes. International Council for Commercial Arbitration, 2012, p. 65.
6. DIAS, Aline Henriques. Os sistemas monista e dualista na arbitragem comercial. *Revista Brasileira de Arbitragem*, Comitê Brasileiro de Arbitragem CBAr & IOB, Kluwer Law International 2016, v. XIII, Issue 50, 2016, p. 97 e ss.
7. Sem prejuízo, *inter alia*, das disposições relativas ao reconhecimento e execução de sentenças estrangeiras, que naturalmente se aplicam a arbitragens com sede fora de Portugal.
8. "Quando a arbitragem seja internacional e uma das partes na convenção de arbitragem seja um Estado, uma organização controlada por um Estado ou uma sociedade por este dominada, essa parte não pode invocar o seu direito interno para contestar a arbitrabilidade do litígio ou a sua capacidade para ser parte na convenção de arbitragem, nem para de qualquer outro modo se subtrair às suas obrigações decorrentes daquela convenção".

ao critério de arbitrabilidade a ter em conta (artigo 51º, n. 1º), às regras de direito aplicáveis ao fundo da causa (artigo 52º[10]), ao regime de irrecorribilidade da sentença (artigo 53º[11]) e às eventuais consequências da violação da ordem pública internacional do Estado português (artigo 54º[12]). Veja-se, ainda, fora do Capítulo IX, o artigo 10º, n. 6, nos termos do qual quando compita a um tribunal judicial português designar um árbitro no âmbito de uma arbitragem internacional, deve ser tida em consideração a possível conveniência da nomeação de um árbitro de nacionalidade diferente da das partes.[13]

Para tanto, a LAV define, no seu artigo 49º, arbitragem internacional como segue:

1 – Entende-se por arbitragem internacional a que põe em jogo interesses do comércio internacional.

2. Salvo o disposto no presente capítulo, são aplicáveis à arbitragem internacional, com as devidas adaptações, as disposições da presente lei relativas à arbitragem interna.

Este conceito de arbitragem internacional da LAV é análogo ao conceito de arbitragem da lei que lhe antecedeu, datada de 1986, que por sua vez se inspirou no conceito estabelecido na lei francesa.[14] Portugal adotou assim um critério substantivo/económico, atendendo-se, essencialmente ao objeto do litígio.

Há, no entanto, diferentes opiniões sobre o que pode cair neste conceito, muito amplo. D. Moura Vicente entende, por exemplo, que o conceito inclui arbitragens cujas partes se encontrem estabelecidas em países diferentes (hipótese expressamente contemplada no artigo 1º, n. 3, alínea a) da Lei Modelo), mas também arbitragens que apresentam conexão com um só País mas que versam sobre litígios emergentes de operações económicas que envolvam a circulação de produtos, serviços ou capitais através

---

9. "Tratando-se de arbitragem internacional, entende-se que a convenção de arbitragem é válida quanto à substância e que o litígio a que ela respeita é suscetível de ser submetido a arbitragem se se cumprirem os requisitos estabelecidos a tal respeito ou pelo direito escolhido pelas partes para reger a convenção de arbitragem ou pelo direito aplicável ao fundo da causa ou pelo direito aplicável ao fundo da causa ou pelo direito português".
10. "1 – As partes podem designar as regras de direito a aplicar pelos árbitros, se os não tiverem autorizado a julgar segundo a equidade. Qualquer designação da lei ou do sistema jurídico de determinado Estado é considerada, salvo estipulação expressa em contrário, como designando diretamente o direito material deste Estado e não as suas normas de conflitos de leis. 2 – Na falta de designação pelas partes, o tribunal arbitral aplica o direito do Estado com o qual o objeto do litígio apresente uma conexão mais estreita. 3 – Em ambos os casos referidos nos números anteriores, o tribunal arbitral deve tomar em consideração as estipulações contratuais das partes e os usos comerciais relevantes".
11. "Tratando-se de arbitragem internacional, a sentença do tribunal arbitral é irrecorrível, a menos que as partes tenham expressamente acordado a possibilidade de recurso para outro tribunal arbitral e regulado os seus termos".
12. "A sentença proferida em Portugal, numa arbitragem internacional em que haja sido aplicado direito não português ao fundo da causa pode ser anulada com os fundamentos previstos no artigo 46º e ainda, caso deva ser executada ou produzir outros efeitos em território nacional, se tal conduzir a um resultado manifestamente incompatível com os princípios da ordem pública internacional".
13. "6 – Quando nomear um árbitro, o tribunal estadual competente tem em conta as qualificações exigidas pelo acordo das partes para o árbitro ou os árbitros a designar e tudo o que for relevante para garantir a nomeação de um árbitro independente e imparcial; tratando-se de arbitragem internacional, ao nomear um árbitro único ou um terceiro árbitro, o tribunal tem também em consideração a possível conveniência da nomeação de um árbitro de nacionalidade diferente da das partes".
14. VICENTE, Dário Moura (coautor). *Lei da Arbitragem Voluntária Anotada*. 5. ed. rev. e atual. Coimbra: Almedina, APA, 2021, p.199.

de fronteiras.¹⁵ Já de acordo com I. Magalhães Colaço, um litígio entre uma parte que reside habitualmente em Portugal e uma parte que reside habitualmente no estrangeiro pode só pôr em jogo os interesses do comércio local, designadamente se não estiver em causa qualquer transferência de valores através das fronteiras.¹⁶ Por outro lado, as partes numa arbitragem que coloca em jogo interesses do comércio internacional podem ter a sua residência num só Estado.

Também Angola e Moçambique, tomando outros exemplos de jurisdições lusófonas com consagração de regimes (parcialmente) diferentes consoante se esteja ante uma arbitragem doméstica ou internacional aí sediada, adotaram nas suas leis de arbitragem o conceito de estar "em jogo interesses de comércio internacional", embora aliem este conceito substantivo/económico a um conceito subjetivo/formal do domicílio das partes, bem como do local de execução das obrigações.

> Assim, a Lei de Arbitragem de Moçambique (Lei 11/99, de 8 de julho), estipula, no seu artigo 52º, o seguinte:
>
> 1. Para efeitos da presente Lei, uma arbitragem será de natureza internacional quando ponha em jogo interesses de comércio internacional e, designadamente. quando:
>
> a) as partes numa convenção arbitral tiverem, no momento da conclusão dessa convenção, o seu domicílio comercial em países diferentes; ou
>
> b) um dos lugares a seguir referidos estiver situado fora do país no qual as partes têm o seu estabelecimento:
>
> i. o lugar da arbitragem, se este estiver fixado na convenção de arbitragem ou for determinável de acordo com esta;
>
> ii. qualquer lugar onde deva ser executada uma parte substancial das obrigações resultantes da relação comercial ou o lugar com o qual o objecto do litígio se ache mais estritamente conexo; ou
>
> c) as partes tiverem convencionado expressamente que o objecto da convenção de arbitragem tem conexões com de um país.
>
> 2. Para efeitos do previsto no número anterior, se uma parte:
>
> a) tiver mais de um domicílio comercial, o domicílio a tomar em consideração é aquele que tem a relação mais estrita com a convenção de arbitragem;
>
> b) não tiver domicílio comercial, releva para este efeito a sua residência habitual.

Em termos de especificidades de regime, à semelhança de Portugal, consagra-se, no Capítulo VIII, regra diferente no que diz respeito à determinação do direito aplicável, à aferição da capacidade das partes para outorgar convenção de arbitragem, à possibilidade de escolha do idioma da arbitragem e à nomeação de árbitros.

Angola, na sua Lei sobre a Arbitragem Voluntária (Lei 16/03, de 25 de julho), define, no seu artigo 40º, o conceito de arbitragem internacional como segue:

---

15. VICENTE, Dário Moura (coautor). *Lei da Arbitragem Voluntária Anotada*. 5. ed. rev. e atual. Coimbra: Almedina, APA, 2021, p. 199 e 200.
16. COLLAÇO, Isabel de Magalhães. L'arbitrage international dans la récente loi portugaise sur l'arbitrage volontaire. *Droit international et droit communautaire*, 1991, p. 58-59.

1. Entende-se por arbitragem internacional a que põe em jogo interesses de comércio internacional, designadamente, quando:

   a) as partes numa Convenção de Arbitragem tiverem, no momento da conclusão da convenção, os seus estabelecimentos em Estados diferentes;

   b) o lugar da arbitragem, o lugar da execução de uma parte substancial das obrigações resultantes da relação jurídica de que emerge o conflito ou o lugar com o qual o objecto do litígio tenha uma relação mais estreita se encontre situado fora do Estado no qual as partes têm o seu estabelecimento;

   c) as partes tiverem convencionado expressamente que o objecto da Convenção de Arbitragem tem conexão com mais de um Estado.

2. Para efeitos do número anterior, entende-se que:

   a) se uma parte tiver mais do que um estabelecimento, é tomado em consideração aquele que tiver a relação mais estreita com a Convenção de Arbitragem;

   b) se uma parte não tiver estabelecimento releva para este efeito a sua residência habitual.

Em termos de especificidades de regime, à semelhança de Portugal e de Moçambique, consagra-se, no Capítulo VII, regra diferente no que diz respeito à determinação do direito aplicável, à possibilidade de escolha do idioma da arbitragem e ao regime de recorribilidade da sentença arbitral.[17]

Deixando as jurisdições lusófonas de parte, temos o exemplo de França, mais um regime dualista, que adotou claramente o conceito económico, definindo arbitragem internacional como aquela que envolve os interesses do comércio internacional, nos termos do artigo 1504 do Código de Processo Civil. Esta definição abrange designadamente transações que não ocorrem economicamente num único país, independentemente da nacionalidade das partes, da lei aplicável ao mérito da disputa, ou da sede do tribunal arbitral.

O regime de arbitragem internacional estabelecido na lei francesa rege os procedimentos de arbitragem internacional com sede em França, bem como o reconhecimento e a execução de sentenças arbitrais proferidas em França relativamente a um litígio internacional. Esta estrutura dupla permite ao legislador distinguir entre o regime de arbitragem internacional e a arbitragem doméstica, beneficiando a arbitragem internacional da aplicação de princípios mais liberais.[18]

No outro lado do globo, Singapura adotou também um regime jurídico distinto para a arbitragem doméstica e para a arbitragem internacional.

A arbitragem doméstica rege-se pela Lei de Arbitragem ("*Arbitraction Act*") que entrou em vigor a 1 de março de 2002 e foi promulgada para alinhar as leis aplicáveis à arbitragem doméstica com a Lei Modelo da UNCITRAL. Esta Lei de Arbitragem aplica-se a qualquer arbitragem em que o local de arbitragem seja Singapura e em que a Parte II da Lei de Arbitragem Internacional – o IAA – não se aplique.

---

17. Em Angola, em arbitragens domésticas, a regra é a da recorribilidade da sentença arbitral, contrariamente ao que sucede quanto a arbitragens internacionais sediadas no país.
18. CARDUCCI, Guido. The Arbitration Reform in France: Domestic and International Arbitration Law. In: PARK, William W. (Ed.). *Arbitration International*. The Author(s); Oxford University Press, v. 2, Issue 1, 2012, p. 148-149.

Para as convenções de arbitragem internacional, o estatuto aplicável é o IAA, que se aplica às arbitragens internacionais, bem como às arbitragens não internacionais em que as partes tenham um acordo escrito para que a Parte II do IAA ou a Lei Modelo se apliquem. O IAA atribui à Lei Modelo, com exceção do seu Capítulo VIII, a força da lei em Singapura. Nos termos do IAA, uma arbitragem é internacional se (i) pelo menos uma das partes tiver o seu local de atividade em qualquer outro Estado que não Singapura, no momento em que a convenção de arbitragem foi concluída; (ii) a sede acordada da arbitragem estiver situada fora do Estado em que as partes têm o seu local de atividade; (iii) qualquer lugar onde uma parte substancial da obrigação da relação comercial deva ser cumprida, ou o lugar ao qual o objeto do litígio esteja mais estreitamente ligado, esteja situado fora do Estado em que as partes têm o seu local de atividade; ou (iv) as partes acordaram expressamente que o objeto da convenção de arbitragem diz respeito a mais do que um Estado.

A distinção entre os dois regimes jurídicos reside principalmente no grau de intervenção do tribunal no processo arbitral e no respeito pela autonomia das partes. Singapura também promulgou recentemente o *Civil Law (Amendment) Act 2017*, juntamente com regulamentos associados, para permitir o financiamento de terceiros em arbitragens internacionais em Singapura. Fê-lo a fim de assegurar a sua competitividade como sede de arbitragem internacional, mantendo ao mesmo tempo a sua proibição contra o financiamento de terceiros para litígios ou arbitragens domésticas em Singapura.[19]

No outro espectro temos os países que adotaram um sistema monista.[20]

É o caso do Brasil, onde a Lei 9.307, de 23 de setembro de 1996, não estabelece diferenças de regime consoante se trate de arbitragem doméstica ou internacional.[21] É igualmente o caso do Reino Unido, onde a Lei de Arbitragem de 1996 não faz distinção entre as arbitragens domésticas e internacionais.

Em todo o caso, mesmo nos países que adotam sistemas monistas a doutrina e jurisprudência admitem o conceito de arbitragem internacional, associando-o ao tal elemento de estraneidade de um dado litígio.[22]-[23]

---

19. CHOONG, John, MANGAN, Mark, et al. 1. Arbitration in Singapore. *A Guide to the SIAC Arbitration Rules*, 2. ed., Oxford University Press, 2018, p. 3.
20. Sobre as razões, vantagens e desvantagens da adoção de sistemas monistas *vide* DIAS, Aline Henriques. Os sistemas monista e dualista na arbitragem comercial. *Revista Brasileira de Arbitragem*, Comitê Brasileiro de Arbitragem CBAr & IOB, Kluwer Law International 2016, v. XIII, Issue 50, 2016, p. 92 e ss..
21. DIAS, Aline Henriques. Os sistemas monista e dualista na arbitragem comercial. *Revista Brasileira de Arbitragem*, Comitê Brasileiro de Arbitragem CBAr & IOB, Kluwer Law International 2016, v. XIII, Issue 50, 2016, p. 93-94.
22. No caso do Brasil *vide* TJRS, Apelação 70023007396, 9ª Câmara Cível, Rel. Des. Odone Sanguine, Coraquim Indústria de Produtos Químicos e Representações Ltda. x TFL Itali S.P.A., J. 12.11.2008: "A arbitragem pressupõe, segundo o enfoque aqui dado à questão, relações jurídicas internacionais. Em outras palavras, para que dessa forma seja delineada, é necessário existir algum elemento de estraneidade, algum componente atípico na relação que a torne sujeita às regras de Direito Internacional Privado – ou subjetiva (ter as partes domicílio em países diferentes); ou objetivamente (local de cumprimento da obrigação)". *Vide*, ainda, BAPTISTA, Luiz Olavo. *Arbitragem comercial e internacional*. São Paulo: Lex Magister, 2011. p. 50.
23. RAWDING, Nigel, FULLELOVE Gregory Roy, MARTIN Penny Martin. Chapter 18: International Arbitration in England: A Procedural Overview. In: LEW, Julian D.M.; BOR, Harris et al. (Ed.). *Arbitration in England, with chapters on Scotland and Ireland*, Kluwer Law International, 2013, p. 361-362.

2. A QUESTÃO DA SEDE NA ARBITRAGEM INTERNACIONAL

A doutrina tradicional prescreve que a determinação da sede da arbitragem importará a conexão dessa arbitragem com o sistema jurídico de um determinado Estado. Esta doutrina estabelece uma ligação entre a lei da sede da arbitragem (*lex loci arbitri*) com a lei que rege a arbitragem (*lex arbitri*). Por outras palavras, esta doutrina estabelece que a lei de arbitragem do país da sede da arbitragem, quer seja escolhida pelas partes ou determinada pelo tribunal, deve reger a arbitragem. Este conceito tradicional e geralmente aceite está também patente na Convenção de Nova Iorque, que aplica os critérios do "país onde a arbitragem teve lugar" e do "país em que a sentença foi proferida", estabelecendo uma clara ligação territorial entre a sede da arbitragem e a *lex arbitri*.[24]

Consequentemente, a sede da arbitragem é o ponto focal da arbitragem. Dito isto, não se confunda o conceito de sede jurídica da arbitragem com o local físico em que a mesma tem lugar. Efetivamente, conforme consagrado na Lei Modelo,[25] em várias legislações nacionais[26] e em vários regulamentos institucionais,[27] não é necessário que todo o processo seja conduzido nesse local, podendo as audiências ser realizadas num país diferente e por vezes até no território de mais do que um Estado.

A arbitragem internacional adere geralmente ao princípio segundo o qual as próprias partes podem escolher livremente a sede da arbitragem. Caso assim não suceda, caberá geralmente, designadamente em arbitragens *ad hoc*, ao tribunal arbitral proceder a essa determinação.[28] Já no caso de arbitragens institucionais tal escolha caberá, tipicamente, à instituição arbitral eleita pelas partes para administrar o procedimento, seja a título definitivo,[29] ou a título provisório, com possibilidade de decisão diversa e definitiva pelo tribunal arbitral.[30]

Significa isto que ainda que as partes deixem de acordar na sede na convenção de arbitragem, existem normalmente mecanismos legais ou regulamentares para colmatar a falta de designação da sede pelas partes. E, nessa medida, uma tal convenção de arbitragem será eficaz.

Não obstante, a falta de escolha da sede pelas partes é altamente indesejável, em particular em cenários de arbitragem *ad hoc*. Veja-se o seguinte exemplo: estando previsto na convenção de arbitragem um tribunal arbitral composto por três elementos, sem que

---

24. BELOHLAVEK, Alexander. Importance of the Seat of Arbitration in International Arbitration: Delocalization and Denationalization of Arbitration as an Outdated Myth. *ASA Bulletin*, Association Suisse de l'Arbitrage; Kluwer Law International 2013, v. 31, Issue 2, p. 266.
25. Artigo 20, n. 2.
26. Assim, por exemplo, Artigo 31º, n. 2, da LAV portuguesa, Artigo 17º, n. 2, da lei angolana, Artigo 27º, n. 5, da lei moçambicana, ou Artigo 26º, n. 2, da lei espanhola.
27. Assim, por exemplo, Artigo 18º, n. 2, do Regulamento de Arbitragem da CCI ou Artigo 9º, n. 3, do Regulamento de Arbitragem do CAM-CCBC.
28. Assim, por exemplo, Artigo 31º, n. 1, da LAV portuguesa, Artigo 26º, n. 1, da lei espanhola, ou Artigo 176º, n. 3, da lei suíça.
29. Assim, por exemplo, Artigo 18º, n. 1, do Regulamento de Arbitragem da CCI ou artigo 16.2 do Regulamento do *London Court of International Arbitration*.
30. Assim, por exemplo, Artigo 9º, n. 2, do Regulamento de Arbitragem do CAM-CCBC.

esteja designada uma autoridade nomeadora, a parte demandante inicia a arbitragem, indicando árbitro, mas a parte demandada não designa árbitro. Tipicamente poderá recorrer ao tribunal judicial competente do país da sede. Mas não estando definida a sede, a quem pode a parte demandante recorrer em tal situação para impulsionar a constituição do tribunal arbitral?

Mesmo em arbitragens institucionais, a falta de acordo sobre a sede é indesejável, pois pode implicar um mau começo para o procedimento arbitral: se as partes estiverem em desacordo quanto à sede, o procedimento será desde logo entorpecido com a necessidade de apresentação de argumentação pelas partes, com o consequente atraso no desenrolar do procedimento: em vez de se começar a discutir o mérito do litígio, ambas as partes perderão tempo – e dinheiro – com argumentação destinada a convencer a instituição e/ou o tribunal do mérito da sua posição quanto à sede, sem garantias de sucesso.

A escolha da sede assume, assim, a maior importância prática no âmbito da arbitragem internacional, já que pode influenciar diretamente, como vimos, uma série de questões, tais como a validade formal da convenção de arbitragem[31] ou a arbitrabilidade do litígio.[32] Sobretudo, implica a determinação da lei adjetiva aplicável, com tudo o que isso acarreta.

Assim, e tomando o caso de Portugal como exemplo, a lei de arbitragem portuguesa aplicar-se-á apenas e tão só a arbitragens sediadas em Portugal (e naturalmente ao reconhecimento e execução de sentenças arbitrais proferidas em arbitragens localizadas no estrangeiro).[33] E é precisamente essa lei que determina, por exemplo, a possibilidade e regime da impugnação de uma sentença interlocutória sobre a competência do tribunal arbitral,[34] os fundamentos e regime de uma eventual ação de anulação,[35] o regime e procedimento para nomeação, recusa ou substituição de árbitros pelos tribunais judiciais, quando necessária,[36] a admissibilidade, requisitos e regime da tutela cautelar,[37] entre outros. Determina, da mesma forma, a eventual necessidade de reconhecimento da sentença em países distintos do da sede da arbitragem.

Devem, pois, as partes acordar na sede da arbitragem logo no convénio arbitral. Caso contrário, correm o risco de nem conseguir levar o procedimento arbitral para a frente ou que a sede da arbitragem seja determinada ao contrário das suas

---

31. Assim, e a título de exemplo, a lei francesa não exige forma escrita para a convenção de arbitragem internacional (Artigo 1507 do Código de Processo Civil francês), ao passo que em Portugal, por exemplo, a convenção de arbitragem tem sempre de revestir forma escrita (Artigo 2º, n. 1, da LAV).
32. Com vimos acima, em Portugal, por exemplo, a lei prevê, no seu Artigo 51º, que para efeitos de aferição da arbitrabilidade do litígio, deve ser tido em conta, em arbitragens nacionais sediadas em Portugal, não apenas o critério de arbitrabilidade previsto na lei portuguesa mas, alternativamente, os critérios de arbitrabilidade previstos no direito aplicável ao mérito do litígio ou no direito aplicável à convenção de arbitragem escolhido pelas partes. Já no caso de uma arbitragem sediada no Brasil, por exemplo, o critério de arbitrabilidade será apenas e tão só o previsto no ordenamento jurídico brasileiro.
33. Artigo 61º.
34. Artigo 18º, n. 9.
35. Artigo 46º.
36. Artigos 10º a 16º.
37. Artigos 20º a 29º.

expectativas, o que pode resultar em situações inesperadas, por exemplo, em termos de aplicação de regras processuais e problemas de reconhecimento e execução das sentenças arbitrais.[38]

Assim, e como recomendado, por exemplo, pela *International Bar Association* (IBA), na escolha da sede da arbitragem, as partes devem ter o cuidado de escolher: (i) uma sede que seja signatária da Convenção de Nova Iorque, sendo que esta escolha pode ter importância crítica para a força executória da sentença arbitral noutros países; (ii) uma sede cuja lei processual favoreça a arbitragem e permita a arbitragem sobre o objeto do contrato, contendo poucas disposições obrigatórias e permitindo às partes uma liberdade considerável para escolher os advogados para os representar e a composição do tribunal para decidir a sua disputa; (iii) uma sede cujos tribunais apoiem ativamente, em vez de interferirem, com o processo arbitral, sendo o papel dos tribunais reduzido ao mínimo indispensável para apoiar o processo arbitral e para ajudar, se necessário, com a execução da sentença; (iv) uma sede que respeite as intenções das partes quanto à escolha das regras processuais e da lei aplicável ao mérito do litígio; (v) uma sede que disponha dos recursos profissionais e estruturais necessários para um processo rápido, seguro e eficiente do ponto de vista jurídico; e (vi) cujos tribunais judiciais tenham um historial de proferir decisões imparciais em apoio ao processo arbitral, sendo aconselhável escolher um país que seja neutro para as partes.[39]

Outras considerações relevantes incluem aferir (i) se, na ausência de acordo entre as partes, é dada ao árbitro uma ampla liberdade para determinar as regras processuais aplicáveis ou as regras aplicáveis ao mérito; e (ii) se as leis nacionais da sede permitem ao árbitro a liberdade de decidir sobre a sua própria jurisdição com prioridade sobre qualquer tribunal nacional.

As leis processuais aplicáveis em centros favoráveis à arbitragem, tais como Londres, Paris, Singapura, São Paulo ou Lisboa, permitem a condução do processo arbitral tendo em consideração estas recomendações.

Em países menos favoráveis à arbitragem, os tribunais judiciais têm maiores poderes para assumir o controlo sobre litígios dentro da sua jurisdição e tendem a ser mais intervencionistas, particularmente se os litígios tiverem uma dimensão política. Certos Estados podem ainda permitir uma revisão relativamente extensa do mérito das sentenças arbitrais e dos procedimentos utilizados na arbitragem. Há também, por vezes, restrições à condução da arbitragem, tais como a exigência de utilizar advogados qualificados localmente e restrições sobre quem pode atuar como árbitros.

A escolha da sede em arbitragens internacionais não deve, pois, ser deixada a terceiros, devendo ser feito um verdadeiro exercício de *due dilligence* quando se contemple um determinado país para servir como sede de uma arbitragem internacional, de modo

---

38. BELOHLAVEK, Alexander. Importance of the Seat of Arbitration in International Arbitration: Delocalization and Denationalization of Arbitration as an Outdated Myth. *ASA Bulletin*, Association Suisse de l'Arbitrage; Kluwer Law International 2013, v. 31, Issue 2, p. 273.
39. BORN, Gary B. *International Commercial Arbitration*. 3. ed. Kluwer Law International, 2021. p. 2210-2212.

a não inquinar as vantagens da escolha deste método de resolução alternativa de litígios do comércio internacional.

3. INTERAÇÃO COM ORDENS ESTATAIS

Conforme decorre da secção anterior, para além das questões relacionadas com o reconhecimento das sentenças estrangeiras e com a eventual anulação da sentença arbitral, no final do procedimento, a escolha da sede poderá ainda ter relevância na interação com as ordens estatais durante o decurso do próprio procedimento arbitral.

Alguns tribunais estatais, embora não interfiram nos procedimentos arbitrais, estarão preparados para apoiar, se necessário, os procedimentos que são conduzidos localmente.

Um primeiro exemplo dessa assistência judicial pode incluir a assistência na constituição do tribunal arbitral, se as partes não tiverem chegado a acordo sobre uma autoridade investida do poder de nomeação. Em muitos casos, as partes estabelecem na convenção de arbitragem um mecanismo processual para a seleção do árbitro presidente ou único, quer expressamente, quer incorporando regras institucionais. O mecanismo contratual quase universal para a seleção de um árbitro é a designação de uma autoridade de nomeação neutra para escolher o árbitro, caso as partes ou os co-árbitros não cheguem a acordo. Esta autoridade de nomeação poderá ser, por exemplo, o próprio centro de arbitragem. No entanto, a não previsão de uma autoridade de nomeação numa convenção de arbitragem pode levar a que o processo de constituição do tribunal fique bloqueado e que, mais provavelmente e consoante a lei de arbitragem do Estado, um tribunal estatal seja chamado a designar o árbitro, naquele que é geralmente o mecanismo por defeito.

É também possível que os árbitros procurem a execução judicial das suas ordens nos tribunais estatais, sendo que muitas leis nacionais, incluindo a Lei Modelo da UNCITRAL, autorizam o tribunal arbitral e as partes a procurar assistência judicial na obtenção de material probatório que não tenha sido produzido voluntariamente perante o tribunal arbitral.

Os tribunais estatais podem ainda, no decurso da arbitragem ou antes do início da mesma, conceder medidas provisórias em auxílio da arbitragem ou assistir na execução de medidas provisórias decretadas pelo tribunal arbitral. As partes em processos de arbitragem internacionais que requerem medidas provisórias urgentes no início de um litígio, ou que requerem medidas provisórias contra terceiros, vêem-se frequentemente obrigadas a procurar a assistência dos tribunais estatais. Neste caso, o tribunal judicial, na sua decisão de conceder ou não medidas provisórias em auxílio de uma arbitragem internacional, terá em consideração: (a) a Convenção de Nova Iorque e outras convenções internacionais aplicáveis; (b) a legislação nacional de arbitragem aplicável; e (c) quaisquer regras institucionais de arbitragem aplicáveis, juntamente com outras disposições relevantes da convenção de arbitragem das partes. Estas fontes conferem aos tribunais nacionais poderes concomitantes para ordenar medidas provisórias em auxílio de uma arbitragem internacional, salvo acordo em contrário das partes.[40]

A disponibilidade de tal apoio judicial num determinado local pode tornar essa jurisdição um pouco mais atrativa como sede para o processo arbitral. Assim, é essencial selecionar uma sede arbitral onde a legislação nacional de arbitragem apoie e facilite o processo arbitral, em vez de o obstruir ou invalidar.

4. A IMPORTÂNCIA DO DIREITO INTERNACIONAL

No âmbito do Direito Internacional aplicável à arbitragem surge muitas vezes a questão teórica da existência de um direito transnacional, à moda da *Lex Mercatoria*, que possa suprir qualquer questão indesejável resultante da aplicação de um direito nacional.

Como indica C. Stoecker, a *Lex Mercatoria* tem sido definida por vários autores de forma distinta, sendo assim apresentada como um conjunto de princípios gerais e regras consuetudinárias espontaneamente referidas ou elaboradas no âmbito do comércio internacional sem referência a um sistema particular de direito nacional, e também, por outros, como um organismo internacional de direito, fundado em entendimentos comerciais e práticas contratuais de uma comunidade internacional composta principalmente de empresas mercantis, marítimas, de seguros e bancárias de todos os países.[41]

De acordo com os seus proponentes, a *Lex Mercatoria* aspirou à criação, ou reconhecimento, de um corpo jurídico internacional uniforme e adaptado às transações comerciais, em vez das imprevisibilidades resultantes da escolha de lei nacional – com o objetivo de facilitar o comércio internacional.[42]

Os críticos têm, no entanto, contestado o próprio conceito de uma ordem jurídica autónoma, desligada das leis nacionais ou dos tratados internacionais.[43]

Assim, quanto à qualificação de *Lex Mercatoria* como um corpo de leis, existem certos pré-requisitos para a existência do mesmo, como refere V. Wilkinson: (i) as normas devem ser verificáveis, sendo certo que não existe atualmente um conjunto uniforme e facilmente acessível de normas concretas identificadas como integrando a *Lex Mercatoria*; (ii) deve haver certeza das normas e do seu conteúdo, sendo que as normas identificadas como *Lex Mercatoria* são demasiado vagas e gerais para serem de alguma ajuda em questões comerciais internacionais complexas; (iii) a aplicabilidade, ou seja, não sendo reconhecida e aplicada pelos tribunais, não se pode dizer que a *Lex Mercatoria* seja lei; e (iv) autonomia, sendo que a *Lex Mercatoria* não é um corpo legal abrangente e autónomo capaz de reger todos os aspetos das transações comerciais internacionais.[44]

---

40. BORN, Gary B. *International Commercial Arbitration*. 3. ed. Kluwer Law International, 2021, p. 2712.
41. STOECKER, Christoph W. O. The Lex Mercatoria: To what Extent does it Exist? *Journal of International Arbitration*, Kluwer Law International 1990, v. 7, Issue 1, p. 105-106.
42. BORN, Gary B. *International Commercial Arbitration*. 3. ed. Kluwer Law International, 2021, p. 2973.
43. BORN, Gary B. *International Commercial Arbitration*. 3. ed. Kluwer Law International, 2021, p. 2973.
44. WILKINSON, Vanessa L.D. The New Lex Mercatoria Reality or Academic Fantasy? *Journal of International Arbitration*, Kluwer Law International, 1995, v. 12 Issue 2, p. 112 e 113.

As consequências práticas falam, pois, contra a possibilidade de a *Lex Mercatoria* constituir uma ordem jurídica autónoma. Os tribunais nacionais terão sempre influência nos processos arbitrais, dado que na maioria das arbitragens as partes ou os árbitros irão, a certa altura, procurar a assistência dos tribunais quer durante o processo, para, por exemplo, proceder à penhora de uma conta bancária ou qualquer outra medida cautelar considerada adequada ou, depois de uma sentença arbitral ter sido proferida, para anular tal sentença ou para proceder à sua execução. Os tribunais nacionais só atuarão na medida em que a arbitragem tenha sido conduzida segundo regras que estejam em conformidade com as leis nacionais dos respetivos tribunais.[45]

É assim difícil considerar a *Lex Mercatoria* como uma categoria autónoma de direito internacional, na medida em que não existe qualquer tratado internacional ou base de direito internacional consuetudinário para tal caracterização e, em vez disso, a lei normalmente aplicada às transações comerciais internacionais, tanto por escolha das partes como por decisão dos tribunais, acaba por ser o direito nacional.

De facto, observa-se que, na grande maioria das situações, as partes acordam, nas convenções de arbitragem que celebram, em cláusulas de escolha da lei específicas, selecionando leis nacionais, e que os tribunais arbitrais, longe de fugir à lei nacional, aplicam diligentemente as leis e tratados internacionais considerados imperativos numa dada jurisdição. Muito poucas sentenças arbitrais se baseiam, ou mesmo referem, noções de *Lex Mercatoria*, ou algo semelhante, e as convenções arbitrais praticamente nunca selecionam um tal corpo de regras.

Assim, e apesar da atenção que atraiu, a *Lex Mercatoria* permanece quase inteiramente como uma curiosidade académica, com pouca relevância quer para as empresas quer para o comércio internacional.

Na sua forma atual, a *Lex Mercatoria* carece do pormenor, da abrangência e da previsibilidade que as partes na maioria das transações comerciais exigem. Conferir maior estatuto à *Lex Mercatoria* do que a de um conjunto de princípios orientadores, escolhendo-a como direito aplicável numa transação comercial internacional, só será bem sucedido se não surgir qualquer disputa. Contudo, no caso de surgir um litígio, as partes confrontar-se-ão com um número mínimo de princípios vagos para resolver o seu litígio, com a inerente incerteza no que respeita aos resultados.[46] De mesma forma, e pelas várias razões já anteriormente assinaladas, e não obstante muitos países terem hoje leis de arbitragem semelhantes, designadamente as que seguem a Lei Modelo, dificilmente se poderá falar num direito arbitral internacional, ao estilo da *Lex Mercatoria*.

---

45. STOECKER, Christoph W. O. The Lex Mercatoria: To what Extent does it Exist? *Journal of International Arbitration*, Kluwer Law International 1990, v. 7, Issue 1, p. 115.
46. WILKINSON, Vanessa L.D. The New Lex Mercatoria Reality or Academic Fantasy? *Journal of International Arbitration*, Kluwer Law International, 1995, v. 12 Issue 2, p. 115.

5. O CHOQUE DE CULTURAS E A IMPORTÂNCIA DA PRÁTICA INTERNACIONAL – *STANDARDS* JURÍDICOS E *SOFT LAW*

Conforme noutro local tivemos oportunidade de mencionar, com o contínuo crescimento da arbitragem em litígios com natureza internacional e/ou transnacional, o referencial cultural das partes – e bem assim dos restantes intervenientes no processo arbitral – tem merecido crescente atenção. Isto porque o crescimento da prática arbitral reclama o desenvolvimento e a modernização do processo, os quais não têm estado alheios às idiossincrasias das partes, advogados, árbitros e mesmo peritos. No contexto da prática arbitral internacional é hoje frequente encontrarmos uma multiculturalidade, manifestada através de tribunais arbitrais compostos por árbitros de diferentes países e até continentes, o mesmo sucedendo com os mandatários das partes.[47]

Os modelos de pensamento têm um efeito imediato no processo de raciocínio, com influência no pensamento jurídico e nos processos e práticas por estes criados. Nessa medida, o pensamento jurídico – ou legal, se preferirmos – de um determinado grupo é influenciado ou mesmo determinado pelas caraterísticas essenciais da cultura popular desse grupo. Podemos assim definir cultura jurídica ou legal como o conjunto de valores, opiniões e comportamentos tidos em sociedade com relação à lei e ao sistema jurídico e às diferentes componentes do mesmo.[48]

No mundo do direito, em que se insere a arbitragem, têm sido tradicionalmente apontadas duas culturas, duas tradições jurídicas, com acentuadas diferenças. Referimo-nos naturalmente à tradicional distinção entre sistemas de *civil law* e de *common law*.

No que respeita à tradição processual, as diferenças mais assinaláveis entre estas duas matrizes jurídicas serão essencialmente as seguintes:

(a) Estruturação do caso – os civilistas tendem a proceder à análise dos factos e a aplicar aos mesmos as disposições e os princípios legais relevantes. Já os *common lawyers* começam por determinar os princípios legais relevantes aplicáveis ao objeto da disputa, sendo os factos relevantes identificados como consequência da determinação daqueles princípios;

(b) Redação de peças processuais – tradicionalmente os civilistas apresentam extensas peças processuais nas quais alegam toda a factualidade relevante, indicando igualmente a prova da mesma. Antes da audiência de produção de prova há lugar a amplas trocas de escritos entre as partes. Já os *common lawyers* tendem a iniciar a sua intervenção processual com a apresentação de um documento sucinto no qual descrevem apenas o essencial das bases do seu caso, o qual deverá ser apresentado oralmente e em detalhe ao tribunal apenas durante o julgamento (nomeadamente perante um júri);

(c) Papel do julgador – nos sistemas de matriz civilista, o juiz tem um papel mais ativo na condução e no saneamento do processo, nomeadamente através da identificação dos temas litigiosos, servindo o julgamento para tratar apenas destes. Já nos sistemas de *common law* o juiz tem por natureza um papel mais passivo, designadamente quanto ao saneamento do processo, desconhecendo em grande parte as especificidades do litígio, até ao julgamento;

---

47. MARTINS, Sofia, e SARAIVA, Ricardo. Diferenças culturais na arbitragem internacional: um verdadeiro problema? *Arbitragem Comercial* – Estudos Comemorativos dos 30 anos do Centro de Arbitragem Comercial da Câmara de Comércio e Indústria Portuguesa. Almedina, Junho 2019.
48. FRIEDMAN, Lawrence M., *Law and Society*: An Introduction. Pearson College Div, Ed. 1977, p. 77.

(d) Interrogatório de testemunhas – na tradição civilista é tipicamente o juiz quem coloca as perguntas às testemunhas, sendo aos advogados normalmente permitido pedir esclarecimentos.[49] Na tradição da *common law* é o inverso: os advogados conduzem o interrogatório, sendo ao juiz reservado um papel mais de espetador, com intervenção essencialmente quanto a questões processuais.

Num outro plano, conexo com este, são de assinalar ainda diferenças respeitantes a regras deontológicas. Com efeito, os advogados estão sujeitos a deveres deontológicos que muitas vezes diferem – no teor ou intensidade – consoante o lugar da sua proveniência. Tais deveres podem também influenciar, ou pelo menos impactar, a condução do processo arbitral. A este título é exemplo a diferença na amplitude permitida quanto a contactos entre o advogado e a testemunha, que em algumas jurisdições é quase total, noutras sendo muito restrita, praticamente vedada.

No âmbito da arbitragem, existe por vezes um choque entre estes sistemas, e particularmente entre advogados e árbitros que se veem confrontados a participar no mesmo processo arbitral, mas com interpretações díspares sobre a forma como o mesmo deve ser conduzido. É comum considerarmos que a maneira correta de fazer as coisas, é a "nossa" maneira. Assim, quando um advogado sem experiência em arbitragem internacional participa num procedimento arbitral internacional tem a tendência para assumir ou a expectativa – ainda que inconsciente – de que o processo será semelhante ao dos casos que acompanha e nos quais está acostumado a trabalhar. Um exemplo clássico é o do advogado, experiente em matéria de contencioso judicial, mas pouco conhecedor de arbitragem, que cai inevitavelmente na armadilha de mimetizar no processo arbitral o que faz ante os tribunais judiciais, regendo-se por (e querendo muitas vezes aplicar) as regras do processo civil – é aquele o seu referente cultural jurídico-processual. E mesmo que este advogado continue a desenvolver a sua prática também no domínio da arbitragem, enquanto se relacionar apenas com colegas de profissão da mesma matriz cultural é natural que tenha dificuldade em se libertar de certos hábitos e até mesmo dogmas da sua cultura jurídica. Este fenómeno é por vezes observado no contexto de arbitragens puramente domésticas, onde é vulgar encontrar-se uma prática arbitral doméstica própria, necessariamente "contaminada" pela cultura processual local, muito influenciada, naturalmente, pela prática judicial local.

Coloca-se então a questão de saber se as diferenças na cultura jurídico-legal dos intervenientes no processo arbitral internacional – nomeadamente dos advogados das partes – podem ter uma influência relevante no processo arbitral suscetível de desequilibrar os interesses em jogo ou se, pelo contrário, se esbatem e cedem perante uma cultura arbitral internacional, não chegando a afetar o procedimento arbitral. É neste contexto que têm surgido diversos instrumentos de *soft law* que providenciam regras que procuram, precisamente, uniformizar a prática entre sistemas de *common law* e *civil law* e amenizar o choque entre culturas.

---

49. Já não é bem assim, hoje, no processo civil português, por exemplo.

O choque de culturas começa, desde logo, com a prova documental, em particular quanto à obtenção de documentos em poder da parte contrária.

Este é, de facto, um dos aspetos talvez mais diferentes quando se confrontam advogados de *civil law* e de *common law*. Nos países de matriz de *common law* existe a chamada *discovery* (EUA) ou *disclosure* (RU). Nos EUA, consiste essencialmente num procedimento de troca de informações entre as partes, prévio ao procedimento judicial. As partes trocam informação entre si de modo a assim decidir quais as suas melhores opões: se avançar para o litígio ou antes tentar transigir. As partes são obrigadas a participar neste procedimento prévio, o que significa que se uma parte requerer à outra a entrega de documentos em seu poder que possam ser relevantes para o litígio, essa parte tem o dever de entregar à outra tal informação. Este procedimento é, assim, utilizado para se apurarem os factos do caso antes mesmo de a parte decidir se avança ou não para litigância e mesmo para definir a estratégia processual. No RU existe tradição semelhante, pese embora, por regra, o *disclosure* seja feito já durante o processo judicial, constituindo uma fase (inicial) deste. Na tradição de *common law* esta fase é considerada crucial pois é durante a mesma que as partes vão apurar factos e provas relevantes para o sustentar o seu caso.

Já nos sistemas de matriz processual civilista, para além de não existir – em regra – qualquer fase obrigatória de partilha de informação entre as partes, a possibilidade de obter documentos em poder da parte contrária é tradicionalmente muitíssimo mais limitada. De uma forma geral, a parte que decide avançar para litígio tem desde a primeira hora de apresentar o seu caso com base na prova que tem, pese embora possa solicitar ao tribunal que ordene à parte contrária (ou a terceiros) que junte algum documento, sendo que tal documento terá, por regra, de ser diretamente relevante para a causa de pedir.

É o que se passa precisamente no Brasil, de acordo com os artigos 396 e seguintes do CPC, muito semelhantes, de resto, às disposições análogas do CPC Português. De um modo geral, a parte que pretenda ter acesso a documento em poder da parte contrária tem de descrever o mais possível o documento (ou categoria de documentos) em causa, indicando ainda o que pretende provar com tal(is) documento(s) e por que razão entende que o(s) documento(s) está(ão) na posse da parte contrária.

É também por esta razão que, tradicionalmente, nos países de *common law* a petição inicial é um documento bastante mais simples daquilo a que estamos habituados na tradição processual civilista. Nesta, a parte que propõe a ação tem, tipicamente, logo na petição inicial, de indicar todos os factos e os fundamentos jurídicos do seu pedido e as provas em que se pretende basear para demonstrar a veracidade dos factos que alega. Já no RU, por exemplo, quem queira dar início a uma ação deverá apresentar um formulário indicando a natureza do litígio e o pedido, podendo ainda fornecer breves detalhes sobre o litígio. Nesse formulário ou em momento posterior o autor deverá apresentar os *particulars of claim*, que normalmente consistem num relato conciso dos factos e não num relato desenvolvido, como nos sistemas de *civil law*.

Desta brevíssima análise exemplificativa decorre ser fundamental que advogados de distintas tradições processuais definam, entre si e com o tribunal arbitral, quais vão ser as regras do jogo. Um advogado norte-americano pode, por exemplo, avançar para o litígio convicto que tem apenas de fazer uma indicação sumária do que pretende, e que depois terá acesso a toda a documentação que possa ser relevante para o seu caso, para assim apurar o que é relevante ou não e assim construir o seu caso, vindo a ser surpreendido por veemente oposição do advogado português ou brasileiro do outro lado. Dependendo da composição do tribunal, o campo pode ficar mais inclinado para um lado ou para o outro, se o tribunal também não levar em linha de conta, antes do início do procedimento, as diferenças culturais das partes.

No âmbito da arbitragem internacional merecem, assim, particular destaque as Regras da IBA sobre Produção de Prova em Arbitragem Internacional, hoje consideradas um instrumento muito útil e que tiveram a intenção – e o condão – de tentar mitigar as principais diferenças entre as matrizes processuais de *civil law* e *common law*, as quais podem ser adotadas, por acordo, no todo ou em parte, num caso concreto, podendo inclusive servir como mero guia para um tribunal arbitral colocado na posição de ter de decidir sobre questões de ordem processual.

De acordo com as Regras da IBA, e no que respeita à prova documental (Artigo 3º), cada parte deve apresentar os documentos em que sustenta o seu caso. Pode uma parte, ainda, apresentar ao tribunal arbitral um pedido para obtenção de documentos em poder da parte contrária, devendo tais documentos ser identificados de forma suficiente ou ser descrita uma categoria de documentos com detalhe suficiente e que razoavelmente se suponham existir. Deve ainda a parte requerente declarar por que motivo tais documentos são relevantes para o caso e materiais para o desfecho do mesmo. Deve, também, indicar que não está na posse dos documentos pretendidos e porque assume que os mesmos estarão na posse da parte contrária.

A parte contrária pode opor-se, cabendo em última análise ao tribunal arbitral a decisão.

Poder-se-á, pois, dizer que as Regras da IBA procuraram adotar uma solução de compromisso entre as duas tradições: permite-se que sejam solicitados documentos em poder da parte contrária (o que, de resto, também é permitido, como vimos, na tradição civilista), mas o escopo desse pedido não tem a latitude típica dos sistemas de *common law*, sendo a regra, enunciada logo no Artigo 3º, n. 1, a de que cada parte deve apresentar os documentos em que sustenta o seu caso. O sentido atribuído a estas disposições poderá depender igualmente do referente cultural das partes e seus advogados, e mesmo do tribunal arbitral, mas a verdade é que através das referidas Regras da IBA encontramos um mecanismo que permite esbater as diferenças na prática jurídica e, assim, equilibrar os interesses em jogo num dado procedimento arbitral.

Não obstante esta tentativa de compromisso manifestada através das Regras da IBA, persiste em pelo menos parte da comunidade arbitral internacional a ideia de que as mesmas denotam maior influência das soluções tradicionalmente mais próximas da prática dos *common lawyers*, designadamente dos advogados norte-americanos. Prova disso são as recentes Regras de Praga sobre a condução da obtenção de prova na arbitragem internacional, que pretendem ser uma alternativa às Regras da IBA e que, segundo enunciado pelos seus autores, têm maior influência da tradição civilista. Dito isto, e no que respeita à produção de documentos, não nos parece haver grandes diferenças, já que o artigo 4 das Regras de Praga prescreve que, de um modo geral, o tribunal deve evitar extensa produção de documentos em poder da parte contrária, incluindo *e-discovery*, embora deixe a decisão final sobre o âmbito da produção de documentos, tal com as Regras da IBA, nas mãos do tribunal arbitral. Ou seja, mesmo ao abrigo das Regras de Praga, o tribunal arbitral pode admitir produção de documentos extensa – tudo dependendo da avaliação que o mesmo fizer dos pedidos a este respeito formulados pelas partes.

A conclusão a retirar é a de que quaisquer diferenças na cultura jurídica das partes, advogados e mesmo do tribunal arbitral quanto a aspetos como a obtenção de documentos em poder da parte contrária devem ser suscitados no primeiro momento possível e discutidas conjuntamente com o tribunal arbitral. Pouco importará, porventura, se são mais adequadas e precisas as Regras da IBA ou as Regras de Praga. O que importa, sim, é que os advogados tenham presentes estas diferenças de abordagem resultantes de diferentes culturas jurídicas e, desde o primeiro momento, provoquem entre si e em conjunto com o tribunal a definição mais completa de todas as regras relevantes do concreto procedimento arbitral, seja recorrendo a conjuntos de regras pré-definidas, seja definido *ex novo* as regras que devem ter aplicação naquele caso concreto.

A mesma lição deve retirar-se quanto ao modo de produção da prova testemunhal, designadamente quanto à possibilidade de utilização de depoimentos escritos, outra diferença bastante assinalável entre as tradições jurídicas de *civil law* e de *common law*. Enquanto neste último sistema é habitual serem apresentados *affidavits* ou *witness statements*, na tradição civilista a produção de prova testemunhal dá-se, por regra, de forma oral, perante o juiz da causa.

Na prática da arbitragem internacional a utilização de depoimentos escritos tem vindo a generalizar-se cada vez mais, mesmo entre advogados oriundos de tradições civilistas. O que, aliás, bem compreendemos: através do recurso a depoimentos escritos poupa-se tempo na inquirição da testemunha pois ambas as partes (e o tribunal) já sabem de antemão sobre o que a testemunha vai depor. Por outro lado, ao entrevistar a testemunha para preparar o seu depoimento, o advogado também consegue perceber bem melhor que tipo de testemunha tem à sua frente, os detalhes do caso e, no limite, até pode decidir que se calhar é melhor nem indicar essa pessoa como testemunha, se, por exemplo, pouco ou nada souber acerca dos factos relevantes ou se, mesmo sabendo, tiver dificuldade de expressão perante um tribunal arbitral.

Sem prejuízo destas considerações, a verdade é que também a este respeito não há uma forma correta e outra incorreta de proceder, concluindo-se que ambos os meios de produção de prova têm diferentes benefícios em confronto. O importante será que as regras do processo, válidas igualmente para todas as partes do processo, sejam em pormenor definidas antecipada ou, pelo menos, atempadamente.

Assim, e quanto aos depoimentos escritos, por exemplo, deverá definir-se desde logo (i) se haverá lugar a depoimentos escritos; (ii) em caso afirmativo, em que momento devem os mesmos ser apresentados; (iii) sendo apresentados, se as testemunhas em causa podem ainda assim ser ouvidas na audiência final, e, nesse caso, qual o âmbito do seu depoimento.

De novo, as Regras da IBA abordam todas estas questões, designadamente no seu Artigo 4º, funcionando como um guia possível a adotar, total ou parcialmente, ou mesmo com adaptações, pelas partes e pelo tribunal. Também as Regras de Praga admitem a possibilidade de apresentação de depoimentos escritos, não se vendo uma vez mais diferenças assinaláveis no que diz respeito às Regras da IBA.

Uma das outras grandes diferenças entre as duas tradições jurídicas reside na condução do interrogatório: enquanto nos sistemas de *common law* o juiz pouca ou nenhuma intervenção tem, sendo o interrogatório deixado nas mãos dos advogados, intervindo o juiz apenas para decidir eventuais objeções colocadas por uma das partes ao modo de condução do interrogatório pela outra, na tradição civilista o interrogatório é geralmente conduzido pelo próprio juiz.[50]

A prática generalizada em arbitragem internacional é a de que cabe aos advogados conduzir o interrogatório, sem prejuízo da possibilidade de intervenção do tribunal para colocar perguntas ou impedir perguntas que entenda desadequadas ou impertinentes. Mais uma vez, as Regras da IBA abordam o tema, consagrando genericamente isto mesmo. Também mais uma vez, as Regras de Praga vêm abordar o tema e, apesar de apregoarem uma maior proximidade da tradição civilista, não prescrevem que seja o tribunal arbitral a conduzir o interrogatório: limitam-se a dizer que o interrogatório será realizado sob a direção e controlo do tribunal arbitral, que poderá rejeitar questões por irrelevantes ou duplicativas.

Quanto aos limites do contrainterrogatório, e apesar de se tratar de tema habitualmente indicado como diferente nas tradições civilistas e de *common law*, trata-se a nosso ver de falsa questão.

---

50. Sem prejuízo da evidente e inegável dicotomia entre jurisdições civilistas e de *common law* e, igualmente, a inegável existência de elementos diferenciadores tradicionalmente intrínsecos a cada uma daquelas culturas ou tradições jurídicas, situações existem em que determinadas jurisdições não seguem integralmente a tradição da sua matriz jurídica relativamente a determinadas práticas ou processos. Um exemplo paradigmático é o caso da prática portuguesa de condução de interrogatório de testemunhas, que se distancia do regime regra identificado na tradição civilista. Em Portugal, no âmbito do processo civil, quem conduz o interrogatório das testemunhas, durante a audiência de julgamento, é o advogado da parte que as ofereceu, sendo depois facultada ao advogado da parte contrária a possibilidade de solicitar esclarecimentos. No que respeita ao interrogatório de testemunhas a prática portuguesa está hoje, assim, mais próxima da tradição nas jurisdições de *common law*. Em França, por contraste, é raro proceder-se à inquirição de testemunhas. Mas quando as mesmas são ouvidas, é o juiz que conduz o interrogatório, podendo o mesmo ter lugar fora da audiência de julgamento, caso em que será lavrada ata do depoimento, onde ficarão consignados igualmente os comentários das partes.

Com efeito, nos EUA, por exemplo, a prática comum será a de o contrainterrogatório ser limitado àquilo que foi objeto de interrogatório direto e a eventuais questões relacionadas com a credibilidade da testemunha. No entanto, o juiz pode, na sua discricionariedade, admitir perguntas relativamente a outros temas não abrangidos pelo interrogatório direto. Em países como Portugal ou o Brasil, onde são os advogados a conduzir o interrogatório, o regime não será muito diferente: após perguntas pelo advogado que arrolou a testemunha, seguem-se as perguntas do advogado da parte contrária, cabendo ao juiz a decisão acerca da admissibilidade das perguntas, e detendo o juiz o poder de formular as perguntas que entender.

Apenas em países onde não exista a prática de serem os advogados a formular perguntas poderá, pois, haver dúvidas acerca do âmbito do contrainterrogatório. No entanto, mesmo para advogados oriundos desses países, tendo em conta que nos mesmos cabe ao juiz conduzir o interrogatório e que pode perguntar o que entender, parece que a conclusão natural é a de que, em última análise, a decisão sobre a admissibilidade de qualquer pergunta caberá sempre ao tribunal.

Em qualquer caso, e porque efetivamente haverá partes menos habituadas a contrainterrogatório do que outras, convém definir desde o início como o mesmo se deverá processar, clarificando-se se o contrainterrogatório está ou não limitado pelo depoimento direto (seja ele oral ou escrito), e quais os poderes do tribunal na admissão de perguntas que porventura estejam fora do âmbito do depoimento direto.

As Regras da IBA (Artigos 8º e 9º) poderão uma vez mais funcionar como guião, prevendo essencialmente que a parte que oferece a testemunha começa com o interrogatório, a parte contrária pode então contrainterrogar, podendo o tribunal limitar ou impedir certo tipo de perguntas e podendo o tribunal formular as perguntas que entenda a qualquer momento.

Aqui chegados, não nos parece que as várias diferenças culturais apontadas (a título exemplificativo) devam ser vistas como um problema. Pelo contrário, podem até ser enriquecedoras. Sobretudo, tendo em conta a característica de flexibilidade da arbitragem, e assim todas as partes envolvidas estejam despertas para a existência de diferenças, poderão moldar o procedimento arbitral de forma a eliminar – ou pelo menos mitigar – o eventual impacto de diferenças culturais.

Assim, no contexto da arbitragem internacional, o primeiro aspeto que o advogado não pode perder de vista é precisamente o da internacionalidade da arbitragem; sobretudo se estiver a trabalhar em equipa com advogados de outro país e/ou contra advogados de outro país ou se estiver a representar uma parte de outra nacionalidade. Como se viu, as diferenças culturais manifestam-se no relacionamento entre advogados – e mesmo entre advogados e os seus clientes – e resultam essencialmente da tendência acima referida que o advogado pode ter para encarar as diferentes práticas, procedimentos ou mesmo leis na perspetiva do seu referente cultural jurídico, ou do seu hábito de transpor para situações transnacionais os métodos e soluções puramente nacionais, ou mesmo tentar impô-los a intervenientes estrangeiros nas mais das vezes moldados por uma cultura jurídica totalmente diferente.

Daqui não decorre, no entanto, a nosso ver, que seja necessário (ou sequer recomendável) existirem regras de processo universais e iguais para todos os casos. A arbitragem tem intrinsecamente uma natureza algo moldável que comumente não é permitida nos processos judiciais, razão pela qual a multiculturalidade jurídica na arbitragem é suscetível de aceitação e harmonização desde que garantido um processo justo e equitativo, assim como a igualdade das partes. Na verdade, estes princípios são verticais e comuns a qualquer família jurídica pelo que, independentemente das diferenças culturais que possam surgir num processo de arbitragem internacional, a atuação de todos os intervenientes estará sempre balizada precisamente por aqueles princípios, que funcionam assim como os grandes referenciais de harmonização das diferentes culturas jurídicas porventura em conflito. Neste contexto, os instrumentos do *soft law* cima citados devem ser vistos apenas como uma ferramenta útil na medida em que, através da sua adoção, integral ou parcial, com ou sem adaptações, ou servindo como mero guião, pouparão às partes e ao tribunal arbitral a necessidade de, relativamente a cada procedimento, regulamentar cada aspeto processual de raiz, tendo ainda o condão de, em razão do seu conhecimento alargado pela comunidade arbitral, poderem servir de referencial em situações de existência de vincadas diferenças culturais.

BIBLIOGRAFIA

BAPTISTA, Luiz Olavo, *Arbitragem comercial e internacional*. São Paulo: Lex Magister, 2011.

BARROCAS, Manuel Pereira, *Manual de arbitragem*. 2. ed. LAV de 2011, Revisto e Atualizado. Almedina, 2013.

BELOHLAVEK, Alexander. Importance of the Seat of Arbitration in International Arbitration: Delocalization and Denationalization of Arbitration as an Outdated Myth. *ASA Bulletin*, Association Suisse de l'Arbitrage; Kluwer Law International 2013, v. 31, Issue 2.

BORN, Gary B. *International Commercial Arbitration*. 3. ed. Kluwer Law International, 2021.

CARDUCCI, Guido. The Arbitration Reform in France: Domestic and International Arbitration Law. In: PARK, William W. (Ed.). *Arbitration International*. The Author(s); Oxford University Press, v. 2, Issue 1, 2012.

CHOONG, John, MANGAN, Mark et al. 1. Arbitration in Singapore. *A Guide to the SIAC Arbitration Rules*. 2. ed. Oxford University Press, 2018.

COLLAÇO, Isabel de Magalhães. L'arbitrage international dans la récente loi portugaise sur l'arbitrage volontaire. *Droit international et droit communautaire*, 1991.

DIAS, Aline Henriques. Os sistemas monista e dualista na arbitragem comercial. *Revista Brasileira de Arbitragem*. Comitê Brasileiro de Arbitragem CBAr & IOB, Kluwer Law International 2016, v. XIII, Issue 50, 2016.

ICCA. *Guia do ICCA sobre a interpretação da Convenção de Nova Iorque de 1958*: um texto de referência para juízes. International Council for Commercial Arbitration, 2012.

FRIEDMAN, Lawrence M., *Law and Society*: An Introduction. Pearson College Div, Ed. 1977.

MARTINS, Sofia, e SARAIVA, Ricardo. Diferenças culturais na arbitragem internacional: um verdadeiro problema? *Arbitragem Comercial* – Estudos Comemorativos dos 30 anos do Centro de Arbitragem Comercial da Câmara de Comércio e Indústria Portuguesa. Almedina, Junho 2019.

RAWDING, Nigel, FULLELOVE Gregory Roy, MARTIN Penny Martin. Chapter 18: International Arbitration in England: A Procedural Overview. In: LEW, Julian D.M., BOR, Harris et al. (Ed.). *Arbitration in England, with chapters on Scotland and Ireland*. Kluwer Law International, 2013.

STOECKER, Christoph W. O. The Lex Mercatoria: To what Extent does it Exist? *Journal of International Arbitration*, Kluwer Law International 1990, v. 7, Issue 1.

WILKINSON, Vanessa L.D. The New Lex Mercatoria Reality or Academic Fantasy? *Journal of International Arbitration*. Kluwer Law International, 1995, v. 12, Issue 2.

VICENTE, Dário Moura (coautor). *Lei da Arbitragem Voluntária Anotada*. 5. ed., rev. e atual. Coimbra: Almedina, APA, 2021.

III
INVESTMENT ARBITRATION I

Yasmine Lahlou

Partner at Chaffetz Lindsey LLP in New York. The author is deeply grateful to Celine Yan Wang, associate at Chaffetz Lindsey, for her invaluable assistance.

Sumário: Introduction; 1. Jurisdictional matters; 1.1 Nationality requirements; 1.1.1 The nationality of natural persons; 1.1.2 The nationality of juridical persons; 1.1.2.1 Definition of Investment; 1.1.2.1.1 "Investment" under investment treaties; 1.1.2.1.2 "Investment" under the icsid convention; 1.1.2.1.3 "Investment" in non-icsid cases – 2. Applicable law; 2.1 Determining the applicable law; 2.1.1 Party agreement; 2.1.2 Lack of party agreement – 3. Subject matter; 3.1 No expropriation without prompt, proper, and due compensation; 3.1.1 Categories of expropriation; 3.1.1.1 Direct expropriation; 3.1.1.2 Indirect expropriation; 3.1.1.3 Lawful v. Unlawful expropriation; 3.1.1.4 Fair and equitable treatment; 3.1.1.4.1 Legitimate expectations of investors; 3.2 Denial of justice or due process; 3.2.1 Arbitrary harm to investments; 3.2.1.1 Abusive treatment of investments; 3.2.1.1.1 National treatment; 3.2.1.1.2 Investment case law: three-step analysis; 3.2.1.1.3 Exceptions to national treatment; 3.2.1.1.4 Most favored nation treatment; 3.2.1.1.5 Application of mfn: three-step analysis – 4. The position adopted by Brazil; Bibliography and case law.

INTRODUCTION

While the body of investment arbitration law has been dramatically developing and growing in complexity over the past three decades and has been the subject of extensive commentary and treatises, it rests on a few fundamental pillars grounded in general principles of international law.

While each investment agreement is different and overtime States have used their liberty to fashion and adapt their obligations towards foreign investors, investment agreements share some basic commonalities that govern investors' substantive rights as well as impose conditions on investors for seeking relief against States in arbitral or other fora. In this chapter, we provide readers with an overview of those basic principles, which concern: (1) questions of arbitral tribunals' jurisdiction, which evaluate the nationality of investors and the existence of their investment (or lack thereof); (2) the law that arbitral tribunals apply to investment disputes; and (iii) the substantive protections that States typically afford to foreign investors.

The modern model of protection afforded to foreign investors has involved, which unprecedentedly gives investors the green light on issues of standing to initiate arbitral proceedings against sovereigns. This is reflected in standing offers to arbitrate found in thousands of bilateral and multilateral investment treaties, which has been viewed as a means for States to stimulate foreign direct investment ("FDI"). In that nearly-universal consensus, Brazil stands out as an outlier in a sense that it has consistently attracted inflow of FDI but, in doing so, has managed to avoid adopting the near-universal model which gives investors the right to vindicate treaty protection through direct arbitration against the State. Instead, we will see at the end of the chapter that Brazil has avoided the main trend and sought to fashion its own foreign investment protection mechanism.

1. JURISDICTIONAL MATTERS

As the scope of protection of international investment agreements is limited to certain investors and investments, arbitral tribunals must as a threshold matter determine whether the investor and the investment meet the requirements of the applicable agreement, to decide whether they have jurisdiction. Where the claim has been brought before the International Center for the Settlement of Investment Disputes ("ICSID"), some additional conditions may attach, which do not exist if the claim is brought in another arbitral forum.

1.1 Nationality Requirements

1.1.1 The Nationality of Natural Persons

Under both international investment agreements and the ICSID Convention, only investors who qualify as "nationals" or "qualifying investors" of the other State in accordance with the terms of the agreement and/or the ICSID definition are entitled to protection.[1] Given the prerogatives that sovereigns have in determining and recognizing their own nationals under international law, most international investment agreements stipulate that the nationality of a natural person is should be determined under the applicable domestic law of the claimed State of nationality.[2] Accordingly, arbitral tribunals tend to give considerable deference to a State's grant of nationality to an individual in assessing an investor's nationality, even though it is ultimately a matter for the tribunal to decide.[3] The ICSID Convention, on the other hand, defines "national" as "any natural person who had the nationality of a Contracting State other than the State party to the dispute."[4]

An investor's dual nationality may be an obstacle to a tribunal's jurisdiction. Not only does the ICSID Convention not extend jurisdiction to claims by individuals who also possess the nationality of the State party to the dispute,[5] but some investment agreements restrict dual nationals' claims.[6] Where dual national claims may be permissible, arbitral

---

1. Franco Ferrari & D. Brian King, International Investment Arbitration in a Nutshell 139 (2019).
2. Ferrari & King, *supra* note 1, at 140.
3. Id.
4. ICSID, art. 25 (2), Mar. 18, 1965.
5. Id. (noting that "national of another Contracting State" does not include "any person who ... also had the nationality of the Contracting State party to the dispute" at the relevant times").
6. Ferrari & King, *supra* note 1, at 141-42. *See, e.g.,* Canada-Lebanon BIT (1997), art. 1(e) (precluding dual nationals from bringing a claim under the treaty because individuals with both Canadian and Lebanese citizenship "shall be considered Canadian citizens in Canada and Lebanese citizens in Lebanon").

tribunals often look for the investor's "effective nationality." As an example, in *Serafín García Armas v. Bolivarian Republic of Venezuela*, the Spain-Venezuela BIT did not contain an "effective nationality" requirement.[7] On this basis, the tribunal held that the investors—who were dual nationals of Venezuela and Spain – satisfied the nationality requirement, thus denying Venezuela's objection that the investors were "effective" Venezuelan nationals.[8]

1.1.2 The Nationality of Juridical Persons

Although there is no consensus among investment agreements as to the approach to determining the nationality of juridical persons (*i.e.*, corporate investors), they generally focus on three tests, either independently or cumulatively: 1) place of incorporation, 2) place of the seat; and 3) nationality of controlling shareholders.[9]

First, many international investment agreements adopt the approach that assigns a company's nationality to the place where it is incorporated.[10] For example, the El Salvador-United Kingdom (1999) defines a legal person covered by the treaty as follows:

"[I]n respect of the United Kingdom: ... corporations, firms and associations incorporated or constituted under the law in force in any part of the United Kingdom or in any territory to which this Agreement is extended in accordance with the provisions of Article 12.

[I]n respect of El Salvador: ... juridicial persons such as companies, public institutions, authorities, foundations, partnerships, firms, establishments, organizations, corporations or associations incorporated or constituted in accordance with the laws and regulations of El Salvador[.]"[11]

Where an investor is incorporated in a jurisdiction with which it has little or no relationship, host States have often argued that tribunals should look beyond the corporate veil of the investor to assess the nationality of the investor's actual owners or controlling shareholders.[12] However, tribunals have generally been reluctant to do so when the treaty in question solely refers to the place of incorporation.[13]

---

7. Serafín García Armas v. Bolivarian Republic of Venezuela, PCA Case N. 2013-3, Decision on Jurisdiction (Perm. Ct. Arb. 2014).
8. Id.
9. Ferrari & King, *supra* note 1, at 145.
10. Id.
11. El Salvador-United Kingdom (1999), art. 1(c).
12. Ferrari & King, *supra* note 1, at 150-51. *See, e.g.*, Saluka Invs. BV (The Netherlands) v. Czech Republic, Partial Award, ¶¶ 243-44 (Perm. Ct. Arb. 2006) (holding that the Dutch shell company met the jurisdiction requirement despite control by Japan's Nomura Group); Tokios Tokelés v. Ukraine, ICSID Case N. ARB/02/18, Decision on Jurisdiction, ¶ 71 (Apr. 29, 2004) (holding that the Lithuanian company had standing even though 99% of shareholders and 66% of management were Ukraine).
13. Ferrari & King, *supra* note 1, at 151. *See Tokios Tokelés v. Ukraine*, ICSID Case N. ARB/02/18, Decision on Jurisdiction (Apr. 29, 2004); Saluka Invs. BV (The Netherlands) v. Czech Republic, Partial Award, ¶ 241 (Perm. Ct. Arb. 2006).

Second, a corporation may be a national of the place of where it has its seat, for example, where its headquarter or management is located.[14] For instance, the China-Iran BIT (2000) defines "legal entities" as including "companies, corporations, associations, and other organizations incorporated and constituted under the laws and regulations of either Contracting Party and have their *seats* in the territory of that Contracting Party."[15] In particular, some treaties require that, in order to qualify as an investor, the juridical person should have its "effective management" take place in the territory of one of the contracting parties,[16] where the "substantial business activities"[17] or "real economic activities" of the juridical person occur.[18]

The third commonly used test examines the nationality of the juridical person's controlling shareholders or owners,[19] as "it has become more and more pertinent to look at the aspect of the control of a corporation when one wants to determine its nationality."[20] This "control" test is included in many treaties. As an example, the Switzerland-Iran BIT (1998) defines "investor" to include "legal entities not established under the law of that Contracting Party but effectively controlled by natural persons as defined in (a) above or by legal entities as defined in (b) above."[21]

The ICSID Convention does not provide any legal definition or test of nationality for juridical persons; it only provides that a qualifying national includes:

> [A]ny juridical person which had the nationality of a Contracting State other than the State party to the dispute on the date on which the parties consented to submit such dispute to conciliation or arbitration and any juridical person which had the nationality of the Contracting State party to the dispute on that date and which, because of foreign control, the parties have agreed should be treated as a national of another Contracting State for the purposes of this Convention.[22]

This does not give specific guidance on how to determine a legal person's nationality, but only "indicate[s] the outer limits within which disputes may be submitted to conciliation or arbitration under the auspices of the Centre with the consent of the parties thereto."[23] Therefore, the ICSID Convention leave the question of legal persons' nationality to be determined by the terms of the parties' agreements and/or the law of the respective contracting State.[24]

---

14. Ferrari & King, *supra* note 1, at 146.
15. China-Iran BIT (2000), art. 1(2)(b).
16. Ferrari & King, *supra* note 1, at 147. *See also* U.N. Conference on Trade and Dev., Scope and Definition, art 39, U.N. Doc. UNCTAD/ITE/IIT11 (vol. II), U.N. Sales No. E.99.II.D.9 (1999).
17. *See, e.g.*, Turkey-Ukraine BIT (2017), art. 1.2.
18. *See, e.g.*, Iran-Switzerland BIT (1998), art 1.1.
19. Ferrari & King, *supra* note 1, at 147.
20. E.C. Schlemmer, *Investment, Investor, Nationality and Shareholders*, *in* Oxford Handbook of International Investment Law 79 (Muchlinski, Ortino & Schreuer eds., 2008).
21. Switzerland-Iran BIT (1998), art. 1(1)(c).
22. ICSID Convention, art. 25(2)(b).
23. Aron Broches, The Convention on the Settlement of Investment Disputes between States and Nationals of Other States, 136 Recueil Des Cours 331, 359-60 (1972).
24. Ferrari & King, *supra* note 1, at 149; Ahmed Bakry, *Nationality of Investor*, Jus Mundi (Feb. 23, 2022), https://jusmundi.com/en/document/wiki/en-nationality-of-investor.

1.1.2.1 Definition of Investment

The 1959 Germany-Pakistan BIT, the first modern BIT, introduced the modern usages of "investment."[25] In order to have standing before arbitral tribunals, an investor's investment need to fall within the definition of "investment" provided in the applicable bilateral or multilateral treaty.[26] An "investment" is commonly understood as "an economic activity being carried out in the host State, which has a certain duration, involves a contribution of capital or know-how; includes the assumption of economic risk by the investor; and contributes to the host State's economic development."[27]

1.1.2.1.1 "Investment" Under Investment Treaties

The notion of "investment" is usually defined in BITs and multilateral investment treaties. Given a lack of a generally accepted definition, many investment treaties, in particular the new generation BITs,[28] define the term "investment" by a non-exhaustive list of protected "assets" – including movable and immovable property, shares, intellectual property rights, claim to money, and among other[29] – providing an extensive scope of coverage.[30] For instance, the Canada-European Union Comprehensive Economic and Trade Agreement (2016) broadly defines "investment" as "every kind of asset that an investor owns or controls, directly or indirectly, that has the characteristics of an investment, which includes a certain duration and other characteristics such as the commitment of capital or other resources, the expectation of gain or profit, or the assumption of risk," and provides a list of forms that an investment may take."[31]

1.1.2.1.2 "Investment" Under the ICSID Convention

Arbitral tribunals under the ICSID Convention typically apply a "double-barreled" test in determining whether a protected investment exists.[32] That is, the asset at issue must qualify as an "investment" under both the applicable investment treaty and Article 25 (1) of the ICSID Convention. Article 25 (1) of the ICSID Convention provides the following regarding "investment":

---

25. Ferrari & King, *supra* note 1, at 93.
26. Id. at 94.
27. Id. *See also* Salini Costruttori S.p.A. and Italstrade S.p.A. v. Kingdom of Morocco [I], ICSID Case N. ARB/00/4, Decision on Jurisdiction, 52 (July 31, 2001) ("The doctrine generally considers that investment infers: contributions, a certain duration of performance of the contract and a participation in the risks of the transaction .... In reading the Convention's preamble, one may add the contribution to the economic development of the host State of the investment as an additional condition").
28. Marie-France Houde, *Novel Features in Recent OECD Bilateral Investment Treaties*, *in* International Investment Perspectives 145 (2006). *See, e.g.*, U.S. Model BIT (2012); Dutch Model BIT (2018).
29. Id. at 95, 106-08.
30. Ferrari & King, *supra* note 1, at 108. *See, e.g.*, North American Free Trade Agreement (1993), art. 1139; United Kingdom-Argentina BIT (1990), art. 1(a).
31. Canada-European Union Comprehensive Economic and Trade Agreement (2016), art. 8.1.
32. Ferrari & King, *supra* note 1, at 105.

> The jurisdiction of the Centre shall extend to any legal dispute arising directly out of an investment, between a Contracting State (or any constituent subdivision or agency of a Contracting State designated to the Centre by that State) and a national of another Contracting State, which the parties to the dispute consent in writing to submit to the Centre ....[33]

In this regard, the ICSID Convention merely refers to, but does not attempt to define, "investment," and thus leave it to the contracting parties to define "investment."[34] Given this vacuum, arbitral tribunals rely on various factors as guideposts in determining whether an investment exists under Article 25(1) of the ICSID Convention. These factors include: 1) a certain duration of the performance of the contract, 2) regularity of profit and return, 3) risk, 4) a substantial commitment of capital and/or expertise, and 5) contribution to the host State's economic development.[35]

1.1.2.1.3 "Investment" in Non-ICSID Cases

The "double-barreled" does not apply in non-ICSID arbitration proceedings, *i.e.*, cases proceeded under the UNCITRAL or other commercial arbitration rules.[36] Instead, investors in such proceedings only need to satisfy the definition of "investment" contained in the applicable treaties.[37]

While outside the scope of this chapter, we note that investment disputes may give rise to jurisdictional conflicts between domestic and international proceedings. For example, where there is a contract between the investor and the State raises, such contract gives rise to its own rights and claims, which will be adjudicated before the host State's courts or arbitral fora, while the investor may also want to invoke the protection under the relevant BIT. The solution to such conflicts is generally found in the treaty, such as umbrella clauses, which typically establish a commitment on the part of the host State to respect its obligations regarding specific investments, for example, those arising from contractual arrangements.[38] Under umbrella clauses, the contracting States to an investment treaty promise to comply with obligations that they have undertaken towards a foreign investor or investment. Other treaties require investors to choose between domestic and international proceedings, for example through "fork in the road" provisions or waiver of alternative options once the arbitration has begun.

---

33. ICSID Convention, art. 25(1).
34. Ferrari & King, *supra* note 1, at 100-01.
35. Ferrari & King, *supra* note 1, at 105. *See, e.g.*, Salini Costruttori S.p.A. and Italstrade S.p.A. v. Kingdom of Morocco [I], ICSID Case N. ARB/00/4, Decision on Jurisdiction, ¶ 52 (July 31, 2001) ("The doctrine generally considers that investment infers: contributions, a certain duration of performance of the contract and a participation in the risks of the transaction .... In reading the Convention's preamble, one may add the contribution to the economic development of the host State of the investment as an additional condition").
36. Ferrari & King, *supra* note 1, at 133.
37. Id. *See, e.g.*, Petrobart v. Kyrgyz Republic, Stockholm Chamber Case N. 126/2003, Final Award (Mar. 29, 2005); Link-Trading v. Department for Customs of Republic of Moldova, UNCITRAL Arbitration, Award on Jurisdiction (Feb. 6, 2001); Eureko B.V. v. Republic of Poland, Partial Award on Liability (Aug. 19, 2005).
38. International Investment Agreements and Their Implications for Tax Measures: What Tax Policymakers Need To Know: A Guide based on UNCTAD's Investment Policy Framework for Sustainable Development, UNCTAD 5 (2021), https://unctad.org/system/files/official-document/diaepcbinf2021d3_en.pdf.

2. APPLICABLE LAW

2.1 Determining the Applicable Law

As arbitral tribunals often must grapple with the question as to what law should govern the arbitral proceeding on the merits, they usually look for guidance in a variety of legal sources, including party's agreement (*e.g.*, investment contract and investment treaty), international law, relevant arbitration rules (*e.g.*, rules under the ICSID Convention and the UNCITRAL Rules), or municipal law (*e.g.*, domestic arbitration law), among others.[39]

2.1.1 Party Agreement

Among the sources that tribunals rely on in determining the applicable law, parties' agreement on the matter takes precedence. Notably, in acknowledging party autonomy as one of the cornerstones of international arbitration, both the ICSID Convention and the UNCITRAL Rules recognize the parties' right to choose the law that will govern their dispute.[40] Specifically, Article 42 (1) of the ICSID Convention provides that, "the Tribunal shall decide a dispute in accordance with such rules of law as may be agreed by the parties."[41] Likewise, Article 35(1) of the UNCITRAL Arbitration Rules states that "the Tribunal shall apply the rules of law designated by the parties as applicable to the substance of the dispute ..."[42]

To establish such party agreement on the applicable law, the contracting parties may include a choice of law clause in their contract, which commonly designates the law of the host State.[43] In addition, the sovereigns States to bilateral and multilateral investment treaties may designate the applicable law by including choice of law provisions that may refer to a number of sources, such the base treaty, international law, and so on.[44] For example, Article 12(7) of the Canada-Venezuela BIT (1996) provides that "[a] Tribunal established under this Article shall decide the issues in dispute in accordance with this Agreement and applicable rules of international law."[45]

2.1.2 Lack of Party Agreement

If contracting parties do not agree on the applicable law in their contract or treaty, both the ICSID Convention and UNCITRAL Rules provide guidance under this circumstance.[46] Specifically, both sets of rules direct arbitral tribunals to look to

---

39. Ferrari & King, *supra* note 1, at 210-20.
40. Id. at 211-12.
41. ICSID Convention, art. 42(1).
42. UNCITRAL Arbitration Rules, art. 35(1).
43. Ferrari & King, *supra* note 1, at 212.
44. Id. at 213.
45. Canada-Venezuela BIT (1996), art. 12(7).
46. Ferrari & King, *supra* note 1, at 214.

international law, domestic law, or a combination of the two in resolving the dispute.[47] Article 42(1) of the ICSID Convention specifically states that "[i]n the absence of such agreement, the Tribunal shall apply the law of the Contracting State party to the dispute (including its rules on the conflict of laws) and such rules of international law as may be applicable."[48] Similarly, Article 35(1) of the UNCITRAL Rules provides that "failing such designation by the parties, the arbitral tribunal shall apply the law which it determines to be appropriate."[49]

International Law. International law often plays an important role in arbitral tribunals' adjudication of the dispute. When an investor bases its claim on an investment agreement, arbitral tribunals have often started with an analysis of the respective treaty provisions in the treaty itself, under the guidance of the Vienna Convention on the Law of Treaties.[50] However, if the treaties are not explicit, which is often the case, tribunals may turn to customary international law to interpret and apply the treaties.[51] Another source of international law that tribunals have relied on is general principles of law[52] examples including good faith, unjust enrichment, among others.[53] Further, arbitral tribunals have often complemented the above sources with prior arbitral awards as persuasive authority.[54]

Domestic Law. The standards of protection included in some treaties – such as "umbrella clauses" – often refer to or are often closely related to domestic law.[55] As a result, tribunals will have to evaluate the matter under the national law of the host State, for example those concerning contracting parties' rights and obligations, in assessing the nature of the claim before the international arbitral tribunal.[56] As an example, the lack of definition of the existence or scope of an investor's property rights under international law requires an analysis of such issue under the municipal law.[57] Another important implication for this is that under certain circumstances, violations of domestic law may otherwise trigger breaches of international law, for example, through an umbrella clause.[58]

---

47. Id. at 215-16.
48. ICSID Convention, art. 42(1).
49. UNCITRAL Arbitration Rules, art. 35(1).
50. Ferrari & King, *supra* note 1, at 216.
51. Id. at 216-17.
52. Id. at 217. *See also* Inceysa Vallisoletana, S.L. v. Republic of El Sal., ICSID Case N. ARB/03/26, Award, ¶ 227 (Aug. 2, 2006) (noting that general principles of law are "general rules on which there is international consensus to consider them as universal standards and rules of conduct that must always be applied and which, in the opinion of important commentators, are rules of law on which the legal systems of the States are based").
53. Ferrari & King, *supra* note 1, at 218.
54. Id.
55. Id. at 219.
56. Id.
57. Id. at 220.
58. Id.

3. SUBJECT MATTER

We now turn to the substantive standards of protection typically offered by investment treaties.

3.1 No Expropriation without Prompt, Proper, and Due Compensation

A vast majority of investment agreements protects investors against unlawful expropriation – an interference with an investment by the host State that does not comply with the rules set out in the agreement itself. Given the major importance of this substantive standard in investment law, expropriation provisions are commonly included in investment treaties.[59] As a good example, Article III of the U.S.-Bolivia BIT (1998) provides the following:

> 1. Neither Party shall expropriate or nationalize a covered investment either directly or indirectly through measures tantamount to expropriation or nationalization ("expropriation") except for a public purpose; in a non-discriminatory manner; upon payment of prompt, adequate and effective compensation; and in accordance with due process of law and the general principles of treatment provided for in Article II. paragraph 3.
>
> 2. Compensation shall be paid without delay; be equivalent to the fair market value of the expropriated investment immediately before the expropriatory action was taken ("the date of expropriation"); and be fully realizable and freely transferable. The fair market value shall not reflect any change in value occurring because the expropriatory action had become known before the date of expropriation.[60]

3.1.1 Categories of Expropriation

While there are various forms of interference with an investment that have been challenged before arbitral tribunals,[61] the two main types of expropriations are direct expropriation and indirect expropriation.[62]

3.1.1.1 Direct Expropriation

A direct expropriation consists of a mandatory transfer of the legal title to the property or its outright physical seizure from the investor to the State or a State-mandated third-party beneficiary.[63] To qualify as a direct expropriation, such interference with legal title not only must deprive the investor of the possibility to utilize or benefit from the investment,[64] but "an open, deliberate, and unequivocal intent" of the host State

---

59. See Expropriation: A Sequel, UNCTAD 5 (2012), https://unctad.org/system/files/official-document/unctad-diaeia2011d7_en.pdf [hereinafter UNCTAD].
60. U.S.-Bolivia BIT (1998), art. III.
61. Ferrari & King, *supra* note 1, at 247.
62. Id.
63. Id. at 247-48; UNCTAD, *supra* note 59, at 6.
64. Id.

to deprive the investor's assets must exist.[65] Today, overt acts of direct expropriations become relatively rare.[66]

3.1.1.2 Indirect Expropriation

Indirect expropriations – which are more common today – occur when measures short of an actual taking of the title or outright seizure result in the effective total or near-total loss of the investor's management, use, or control of the property.[67] In this way, the host State's interference that results in a substantial deprivation of the value of the assets of a foreign investor is "equivalent or tantamount to a direct taking."[68] For instance, the Canadian Model BIT (2004) provides that "[n]either Party shall nationalize or expropriate a covered investment either directly, or *indirectly* through measures having an effect equivalent to nationalization or expropriation..."[69] Most BITs, however, do not explicitly define the term "indirect expropriation;" contracting parties have used this concept interchangeably with other similar references, such as *de facto*, regulatory, consequential, or "tantamount to expropriation."[70] The *Starrett Housing* case provides classical definition:

> [I]t is recognized under international law that measures taken by a State can interfere with property rights to such an extent that these rights are rendered so useless that they must be deemed to have been expropriated, even though the State does not purport to have expropriated them and the legal title to the property formally remains with the original owner.[71]

Similarly, the tribunal in *Metalclad Corp. v. Mexico* gave the following definition of indirect expropriation under NAFTA:

> [E]xpropriation under NAFTA includes not only open, deliberate and acknowledged takings of property, such as outright seizure or formal or obligatory transfer of title in favor of the host State, but also covert or incidental interference with the use of property which has the effect of depriving the owner, in whole or in significant part, of the use or reasonably-to-be-expected economic benefit of property even if not necessarily to the obvious benefit of the host State.[72]

In practice, arbitral tribunals have adopted a fact-based test that examines the effects resulting from the measures that the host State has taken in determining whether there has been an indirect expropriation.[73] Specifically, arbitral tribunals usually consider various factors, including:[74] (1) the economic effect of the measure

---

65. UNCTAD, *supra* note 59, at 7.
66. Id.
67. Id.
68. *See id.*; Ferrari & King, *supra* note 1, at 248-50. *See also* Suez, Sociedad General de Aguas de Barcelona, S.A. and Vivendi Universal, S.A. v. Argentine Republic, ICSID Case N. ARB/03/19, Decision on Liability, sec. VI (July 30, 2010).
69. Canada Model BIT (2004), art. 13(1).
70. UNCTAD, *supra* note 59, at 11.
71. Starrett Housing v. Iran, Interlocutory Award No. ITL 32-24-1, (Dec. 19, 1983).
72. Metalclad Corp. v. The United Mexican States, ICSID CASE N. ARB(AF)/97/1, Award, ¶ 103 (Aug. 30, 2000).
73. Ferrari & King, *supra* note 1, at 249.
74. Id. at 251-61. *See, e.g.*, Técnicas Medioambientales Tecmed, S.A. v. The United Mexican States, ICSID Case N. ARB (AF)/00/2, Award, sec. E (I) (May 29, 2003).

on the investor;[75] (2) whether the investor lost the control over its investment;[76] (3) the duration of the measures;[77] (4) whether the host State's measures interfer with the investor's legitimate and reasonable investment-backed expectations;[78] (5) the character of the host State's conduct (*e.g.*, whether the measure is taken in good faith and in the public interest);[79] and (6) whether the measure at issue is proportional.[80]

3.1.1.3 Lawful v. Unlawful Expropriation

Expropriation is not unlawful *per se* under international law; only unlawful expropriation – that is conducted in unconformity with the relevant condictioins in the treaty – will be in breach of the treaty.[81] An expropriation is lawful if it is accomplished: (1) for a public purpose; (2) in a non-discriminatory manner and in accordance with due process of law; and (3) against the payment of compensation.[82]

Most legal systems and international law recognize that an expropriation must be made for a public purpose to be lawful.[83] The public purpose requirement may be satisfied when the expropriation of the investor's assets is for the purpose of pursuing legitimate public policies, as opposed to achieving purely private gains.[84]

In addition, an expropriation must be conducted on a non-discriminatory basis and comply with due process of law to be lawful.[85] In making such evaluation, arbitral tribunals have adopted a three-part analysis: 1) whether there exists similarly situated comparators, 2) whether the investor in question is treated differently from tis comparators, if there are any, and 3) whether the expropriation is reasonably justifiable.[86] For instance, tribunals have found violations of this requirement when the host State discriminated against foreign investors based on their nationality.[87]

Lastly, for an expropriation to be lawful, an investor must be properly compensated .[88] Among the various methods for evaluating compensation, many treaties have adopted

---

75. See UNCTAD, *supra* note 59, at 63.
76. *See, e.g.*, PSEG Global, Inc. v. Republic of Turkey, ICSID Case N. ARB/02/5, Award, ¶ 278 (Jan. 19, 2007).
77. See Ferrari & King, *supra* note 1, at 254.
78. See UNCTAD, *supra* note 59, at 73. *See also* Hulley Enters. Ltd. v. The Russian Fed'n, PCA Case N. AA 226, Final Award, ¶ 1578 (Perm. Ct. Arb. 2014).
79. Ferrari & King, *supra* note 1, at 256. *See, e.g.*, Saluka Invs. BV (The Netherlands) v. Czech Republic, Partial Award, ¶¶ 255 & 264 (Perm. Ct. Arb. 2006).
80. *See, e.g.*, Técnicas Medioambientales Tecmed, S.A. v. The United Mexican States, ICSID Case N. ARB (AF)/00/2, Award, ¶ 122 (May 29, 2003).
81. Ferrari & King, *supra* note 1, at 261.
82. UNCTAD, *supra* note 59, at xxi; Ferrari & King, *supra* note 1, at 261-68.
83. UNCTAD, *supra* note 59, at 28.
84. Id. at 28-29.
85. Ferrari & King, *supra* note 1, at 264.
86. Id. *See also* Electrabel S.A. v. Hungary, ICSID Case N. ARB/07/19, Award, ¶ 175 (Nov. 25, 2015).
87. *See, e.g.*, ADC Affiliate Limited and ADC & ADMC Management Limited v. The Republic of Hungary, ICSID Case N. ARB/03/16, Award, ¶¶ 441-43 (Oct. 2, 2006).
88. Ferrari & King, *supra* note 1, at 265.

the Hull standard, which requires "prompt, adequate, and effective compensation."[89] Specifically, compensation is prompt if it is paid without delay; adequate if it is equivalent to the fair market value of the investment concerned; and effective if it is paid in realizable and/or freely transferrable currency.[90]

3.1.1.4 Fair and Equitable Treatment

In simple terms, an investor may allege a breach of the Fair and Equitable Treatment ("FET") standard by a host State where an investment incurs harm due to some act or omission by the State.[91] The state action may be legislative, judicial, or executive in nature. There are several formulations of the FET standard, but the most typical wording is a standalone, unqualified duty for a State to provide fair and equitable treatment:

> All investments made by investors of one Contracting Party shall enjoy a fair and equitable treatment in the territory of the other Contracting Party.[92]

The inquiry whether an action is unfair or inequitable depends largely on a case's specific factual circumstances. While a strict legal standard remains amorphous, an evaluation of arbitral practice reveals the contours of state actions that may violate FET obligations. First, when a state action violates an investor's *legitimate expectations*;[93] second, when there is a *denial of justice or due process*;[94] third, when a state action *arbitrarily* harms an investment;[95] and lastly, when a state treats an investment *abusively*.[96] These facets of FET are nebulous and intertwined, and an investor may claim that a state's action violated FET based on one or all of them; and each is sufficient individually to establish a breach of FET. Thus, while these categories are useful to provide illustrations of potentially prohibited state behaviors, they do not represent strict divisions in a legal sense.

3.1.1.4.1 Legitimate Expectations of Investors

When an investor relies upon a host State's representations and forms legitimate expectations about the investment – and the host State then reneges on or changes those representations – it may be a violation of FET. Violations of an investor's legitimate expectations often arise from changes in a host State's legal framework. A host State makes a representation to an investor when it indicates that there are favorable conditions for

---

89. Id. at 265-66; UNCTAD, *supra* note 59, at 40.
90. UNCTAD, *supra* note 59, at 40; Ferrari & King, *supra* note 1, at 266. *See also* U.S. Model BIT (2012), art. 6(2).
91. United Nations Conference on Trade and Dev., Fair and Equitable Treatment 63 (2012).
92. Belgium-Luxembourg-Tajikistan BIT (2009), art. 3.
93. CMS Gas Transmission Co. v. Argentine Republic, ICSID Case N. ARB/01/8, Award (May 12, 2005). *See also* United Nations Conference on Trade and Dev., Fair and Equitable Treatment 62 (2012).
94. Petrobart Ltd. v. Kyrgyz Republic, Award (SCC 2005). *See also* United Nations Conference on Trade and Dev., Fair and Equitable Treatment 62 (2012).
95. Lemire v. Ukraine, ICSID Case N. ARB/06/18, Decision on Jurisdiction and Liability (Jan. 14, 2010). *See also* United Nations Conference on Trade and Dev., Fair and Equitable Treatment 62 (2012).
96. Desert Line Projects LLC v. Republic of Yemen, ICSID Case N. ARB/05/17, Award (Feb. 6, 2008). *See also* United Nations Conference on Trade and Dev., Fair and Equitable Treatment 62 (2012).

the investment. Representations may be specific, directed at a particular investment.[97] For example, when a host State's foreign investment committee approves an investment project, it may be making a representation that it considers that the investment complies with local law.[98] Representations may also be general, directed at investors as a group.[99]

When a State changes legislative or administrative policies applicable to investments, it creates a tension between the investor's expectation that a favorable legal framework will continue to exist and the State's prerogative to adjust its laws and regulations according to the public interest. However, not every change in a State's legal regime violates an investor's legitimate expectations and thus constitutes a breach of FET. Moreover, investors cannot legitimately expect that laws or policies will never change as circumstances evolve. Thus, arbitral tribunals have often qualified investors' legitimate expectations in two important ways – by noting that an investor should be aware of the general regulatory and socio-political environment in a host State, as well as by balancing investor expectations against a State's sovereign right to change its legal framework in the public interest.

First, tribunals may assume that investors are aware of the host State's regulatory environment applicable to its investment.[100] For example, industries subject to frequent regulatory changes based on public health information should expect a State to change its legal regime as new information becomes available.[101] A country's political environment and stage of development may also be a factor when assessing an investor's expectations.[102] For example, in the late 1990s, Lithuania was transitioning from a former Soviet Republic to a member of the European Union. A tribunal found that an investor should have expected that changes to the country's legal framework would accompany this transition, and invested in the country at its own risk.[103] Thus, investors' expectations may depend on the particular circumstances within a host state.

---

97. United Nations Conference on Trade and Dev., Fair and Equitable Treatment 69 (2012); Andrew Newcombe & Lluís Paradell, Law and Practice of Investment Treaties: Standards of Treatment 281-82 (2009). It is important to note the distinction between a state's representations and contractual obligations. When a state enters into a *contract* with a foreign investors, for example, to build a highway, a breach may give rise to a contractual claim, but does not necessarily equate to a breach of FET. See United Nations Conference on Trade and Dev., Fair and Equitable Treatment 70 (2012).
98. In *MTD v. Chile*, the tribunal found that the government's approval of a project through its foreign investor was a representation that a project was feasible. See MTD Equity Sdn. Bhd. v. Republic of Chile, ICSID Case N. ARB/01/7, Award, ¶¶ 41, 53, 81, 163, 165 (May 25, 2004). When the project could not be built because of the locality's zoning laws, it constituted a breach of FET. *Id.* ¶¶ 163-65. See also United Nations Conference on Trade and Dev., Fair and Equitable Treatment 70-71 (2012).
99. United Nations Conference on Trade and Dev., Fair and Equitable Treatment 69-70 (2012); Andrew Newcombe & Lluís Paradell, Law and Practice of Investment Treaties: Standards of Treatment 281-82 (2009).
100. United Nations Conference on Trade and Dev., Fair and Equitable Treatment 71-72 (2012). *See also* Andrew Newcombe & Lluís Paradell, Law and Practice of Investment Treaties: Standards of Treatment 288-89 (2009).
101. Methanex Corp. v. United States, Final Award, Part IV (D) ¶ 8-10 (NAFTA 2005) (applying the FET standard to alleged expropriation by the respondent). *See also* United Nations Conference on Trade and Dev., Fair and Equitable Treatment 71 (2012).
102. United Nations Conference on Trade and Dev., Fair and Equitable Treatment 71-72 (2012); Andrew Newcombe & Lluís Paradell, Law and Practice of Investment Treaties: Standards of Treatment 288 (2009).
103. Parkerings-Compagniet AS v. Republic of Lithuania, ICSID Case N. ARB/05/8, Award, ¶¶ 335-36 (Sept. 11, 2007). *See also* United Nations Conference on Trade and Dev., Fair and Equitable Treatment 71-72 (2012); Andrew Newcombe & Lluís Paradell, Law and Practice of Investment Treaties: Standards of Treatment 288 (2009).

Second, tribunals may balance an investor's legitimate expectations with a host State's sovereign right to change its legal regime in the public interest.[104] As one tribunal noted, "[i]n order to determine whether frustration of the foreign investor's expectations was justified and reasonable, the host State's legitimate right subsequently to regulate domestic matters in the public interest must be taken into consideration as well."[105] Thus, States have a sovereign right to change their legal regimes, without violating their duty to treat investments fairly and equitably, as circumstances require. There is a distinction, however, between a country's general legal framework and specific promises meant to induce investment.[106]

3.2 Denial of Justice or Due Process

A denial of justice or due process violation may result when irregularities in a host State's administrative or judicial processes harm a foreign investment. In the investment arbitration context, arbitral tribunals have found that a State violated FET by denying justice where: a court and executive official colluded to issue a ruling in favor of the State;[107] a municipality denied an investor's construction permit at a town council meeting without giving the investor notice to appear;[108] and an administrative agency subjected an investment to lengthy, unfair review proceedings.[109]

3.2.1 Arbitrary Harm to Investments

Arbitrary harm requires an analysis of the motivations (or lack thereof) underlying a State's action. When such action harms a foreign investment for no legitimate reason, it may be a violation of the FET duty to abstain from arbitrary harm.[110] One tribunal found a State's actions were arbitrary when it awarded the use of certain radio frequencies to one radio station over another, foreign-owned station for no apparent reason, and despite the fact that the winning station did not meet local language programming requirements set by law.[111]

Arbitrary harm is part-and-parcel with other facets of the FET standard. State actions that are discriminatory or violate due process may also be arbitrary, and an investor may allege both standards.[112]

---

104. United Nations Conference on Trade and Dev., Fair and Equitable Treatment 72-77 (2012); Andrew Newcombe & Lluís Paradell, Law and Practice of Investment Treaties: Standards of Treatment 288 (2009).
105. Saluka Invs. BV (The Netherlands) v. Czech Republic, Partial Award, ¶ 305 (Perm. Ct. Arb. 2006).
106. See Newcombe & Lluís Paradell, Law and Practice of Investment Treaties: Standards of Treatment 287-89 (2009).
107. Petrobart Ltd. v. Kyrgyz Republic, Award, at 28 (SCC 2005).
108. Metalclad Corp. v. United Mexican States, ICSID Case N. ARB(AF)/97/1, Award, ¶¶ 85-97 (Aug. 30, 2000).
109. See, e.g., Pope & Talbot Inc. v. Canada, Award on the Merits of Phase 2, ¶¶ 173, 176-81 (NAFTA 2001).
110. United Nations Conference on Trade and Dev., Fair and Equitable Treatment 78 (2012). See also Andrew Newcombe & Lluís Paradell, Law and Practice of Investment Treaties: Standards of Treatment 250 (2009). While some treaties contain wording explicitly prohibiting arbitrary harm, arbitrary harm to an investment also breaches a general FET standard.
111. Lemire v. Ukraine, ICSID Case N. ARB/06/18, Decision on Jurisdiction and Liability, ¶¶ 374-85 (Jan. 14, 2010).
112. United Nations Conference on Trade and Dev., Fair and Equitable Treatment 78-79 (2012); Andrew Newcombe & Lluís Paradell, Law and Practice of Investment Treaties: Standards of Treatment 250-51 (2009).

3.2.1.1 Abusive Treatment of Investments

Abusive measures are closely related to, or perhaps a subset of, arbitrary measures. State action is abusive when it unlawfully uses government mechanisms to harass, threaten, or pressure to force an investor to act in a certain way, or to deprive an investor of its rights or property.[113] This could be in the form of threats of physical violence, arbitrary arrest, economic coercion, or regulatory abuse, among others.[114]

3.2.1.1.1 National Treatment

States have typically included national treatment ("NT") provisions in international investment agreements to protect their nationals against discriminatory treatment. This substantive standard of protection requires that foreign investors be treated no less favorably than similarly situated national investors, and that host States refrain from adopting protectionist measures.[115] The obligation under national treatment is relative and contingent in nature – it does not confer upon investors a right to any particular standard of treatment; rather, the required standard of treatment is determined by the host State's conduct towards domestic or other foreign nationals:[116]

Similar languages of the NT protection are used in investment agreements.[117] As an example, Article 3 of the Model U.S. BIT (2012) provides the following:

> Each Party shall accord to investors of the other Party treatment no less favorable than that it accords, in like circumstances, to its own investors with respect to the establishment, acquisition, expansion, management, conduct, operation, and sale or other disposition of investments in its territory.[118]

3.2.1.1.2 Investment Case Law: Three-Step Analysis

While arbitral tribunals have not adopted a uniform approach in assessing claims arising NT clauses, they have generally applied a three-step test and considered: 1) whether an investor can satisfy the "like circumstances" requirement by identifying an appropriate domestic comparator, either in the same business or economic sector; 2) whether an investor can identify the treatment that was less favorable than that afforded to the host State's national counterparts; and 3) if there is less favorable treatment, whether the host State can show legitimate, non-discriminatory reasons for the different treatment.[119]

---

113. United Nations Conference on Trade and Dev., Fair and Equitable Treatment 82-83 (2012).
114. United Nations Conference on Trade and Dev., Fair and Equitable Treatment 82-83 (2012).
115. See Ferrari & King, *supra* note 1, at 376; Andrea K. Bjorklund, *National Treatment*, *in* Standards of Investment Protection 30 (August Reinisch ed., 2008).
116. See Bjorklund, *supra* note 115, at 29.
117. Ferrari & King, *supra* note 1, at 376.
118. U.S. Model BIT (2012), art. 3.
119. See Ferrari & King, *supra* note 1, at 379-80. See, e.g., S.D. Myers, Inc. v. Canada, UNCITRAL, First Partial Award, ¶ 252 (2000).

Step 1: "Like Circumstances." NT standard only prohibit discriminatory treatment of domestic and foreign investors in "like circumstances."[120] Therefore, in determining whether domestic and foreign investors or investments are similarly situated, arbitral tribunals typically consider if the foreign investor can identify the relevant domestic comparator – either a domestic investor or investment – that is sufficiently similar.[121] Tribunals have taken different approaches in determining the appropriate domestic comparator, taking either a narrow or an expansive view of "likeness."[122]

Step 2: "Less Favorable" Treatment. In addition to identifying the appropriate comparator, tribunals often examine whether the allegedly unfavorable treatment was *in fact* less favorable than that accorded to its own nationals.[123] In general, a breach can be either *de jure* or *de facto* discrimination.[124] *De jure* discrimination arises when the host State makes an explicit distinction between foreign and national investors, while *de facto* discrimination involves facially neutral governmental measures that have caused disproportionate and adverse impact on foreign investors.[125] Furthermore, proof of discriminatory or protectionist intent of the host State is neither necessary nor sufficient to prove a breach of the NT standard.[126] Rather, arbitral tribunals have focused on the practical impact of the difference in treatment.[127]

Step 3: Justification for Differential Treatment. Lastly, tribunals will investigate whether the host State's differential treatment of foreign investors was justifiable. Tribunals have found that justifiable grounds exist for differential treatment when the host State can show that the measures are reasonable..[128] Specifically, reasonable ground exists when regulatory measures for differential treatment are not for protectionist purposes [129] – *i.e.*, differences in treatment have "a reasonable nexus" to the host State's rational policies that "do not distinguish, on their fact or *de facto*, between foreign-owned and domestic companies" and that do not undermine the objectives of the treaties.[130]

---

120. Ferrari & King, *supra* note 1, at 380.
121. Id.
122. Id. *Compare* Occidental Exploration & Prod. Co. v The Republic of Ecuador, LCIA Case N. UN 3467, Final Award, ¶¶ 168, 173 (July 1, 2004) (adopting an expansive definition of "likeness" when found that two entities to be in like circumstances notwithstanding the lack of any competitive relationship between them), *with* Invesmart v. Czech Republic, UNCITRAL, Award, ¶ 415 (June 26, 2009) (taking a narrow approach to "likeness" by finding that investor's bank was not similarly situated to other Czech banks).
123. *See* Bjorklund, *supra* note 115, at 48; Ferrari & King, *supra* note 1, at 384.
124. Ferrari & King, *supra* note 1, at 384. *See, e.g.*, S.D. Myers, Inc. v. Canada, UNCITRAL, First Partial Award, ¶ 252 (2000).
125. Ferrari & King, *supra* note 1, at 384; United Nations Conference On Trade and Development, National Treatment 40 (2000), https://unctad.org/system/files/official-document/psiteiitd11v4.en.pdf [hereinafter UNCTAD National Treatment].
126. *See, e.g.*, S.D. Myers, Inc. v. Canada, UNCITRAL, First Partial Award, ¶ 254 (2000).
127. Ferrari & King, *supra* note 1, at 384-85.
128. Id. at 386-87.
129. Id. at 387.
130. *See, e.g.*, Pope & Talbot Inc. v. The Gov't of Canada, Award on the Merits of Phrase 2, ¶ 78 (NAFTA Ch. 11 Arb. Trib. Apr. 10, 2001).

Differential treatment may also pass muster when it is "plausibly connected with a legitimate goal of policy" and applied in a non-discriminatory manner.[131]

3.2.1.1.3 Exceptions to National Treatment

Investment agreements commonly contain "opt-outs," *i.e.*, express exceptions and exemptions, to limit the scope of the NT protection.[132] Contracting parties often carve out from the NT obligation certain industrial or economic sectors and activities[133] that have a particular economic, political, or social importance to the host State, such as those involving energy and natural resources, or national security, among others.[134]

3.2.1.1.4 Most Favored Nation Treatment

Most favored nation treatment ("MFN"), another core substantive protection standard often included in investment treaties, protects foreign investors against discrimination – whether *de jure* or *de facto* – by a host State based on nationality, by treating them or their investments at least as favorable as they treat investors or investments of any third State in like circumstances.[135] Similar to the NT standard, MFN treatment is a relative standard, which requires a comparison with the treatment afforded to other foreign investors.[136] Different from the NT standard, however, the MFN clause compares foreign investors to *other foreign investors*, rather than domestic investors.[137]

Potential claims for violations of the MFN treatment can result from the conduct or legislation of a host State, such as its taxation measures,[138] administrative and/or commercial regulations,[139] among others. Apart from that, a vast majority of investment cases concern certain provisions of BITs – such as substantive provisions and procedural provisions (*i.e.*, dispute resolution clauses) – entered into by the host State with other third States.[140] If the foreign investor is treated the same as other foreign investors, no matter how badly, then there will be no breach of the MFN treatment.

---

131. GAMI Invs., Inc. v. The Gov't of the United Mexican States, Final Award, ¶ 114 (NAFTA Ch. 11 Arb. Trib. Nov. 15, 2004).
132. Ferrari & King, *supra* note 1, at 392; UNCTAD National Treatment, *supra* note 125, at 43.
133. Ferrari & King, *supra* note 1, at 392.
134. Id. at 392-93.
135. Ferrari & King, *supra* note 1, at 394; United Nations Conference on Trade and Development, Most Favored Nation Treatment 5 (1999), https://unctad.org/system/files/official-document/psiteiitd10v3.en.pdf [hereinafter UNCTAD Most Favored Nation Treatment].
136. Ferrari & King, *supra* note 1, at 394-95.
137. Id. at 394.
138. *See, e.g.*, Paushok v. Mongolia, UNCITRAL, Award on Jurisdiction and Liability (Apr. 28, 2011).
139. *See, e.g.*, Parkerings-Compagniet AS v. The Republic of Lithuania, ICSID Arbitration Case N. ARB/05/8, Award, ¶¶ 363-64 (Sept. 11, 2007).
140. *See, e.g.*, Bayindir Insaat Turizm Ticaret Ve Sanayi A.S. v. Islamic Republic of Pakistan, ICSID Case N. ARB/03/29, Decision on Jurisdiction, ¶¶ 230-32 (Nov. 14, 2005); Emilio Agustín Maffezini v. The Kingdom of Spain, ICSID Case N. ARB/97/7, Decision of the Tribunal on Objections to Jurisdiction, ¶ 64 (Jan. 25, 2000).

3.2.1.1.5 Application of MFN: Three-Step Analysis

As with the NT protection, the same three-step test has been used by arbitral tribunals in evaluating MFN claims: 1) whether the foreign investor can identify a relevant comparator, *i.e.*, an investment owned by a foreign investor of a third State that is in like circumstances; 2) whether the foreign investor can show that the treatment accorded to it or its investment was less favorable than that accorded to the comparator; and 3) if there is less favorable treatment, whether the host State can establish a rational, non-discriminatory policy justification for the disparate treatment to avoid liability.[141]

MFN clauses have been frequently invoked by foreign investors to import more favorable provisions in other treaties that the host State entered into with other third countries.[142] In practice, it is generally accepted and thus less controversial when *substantive* provisions are "borrowed" from other BITs.[143] However, the question as to whether MFN provisions can be used to invoke more favorable *procedural* protections that are not expressly provided in the primary treaty, such as dispute settlement provisions, is highly disputed and arbitral tribunals are divided on the issue.[144] For example, foreign investors have attempted to invoke MFN clauses to import more favorable procedural provisions in other treaties,[145] such as to circumvent local court requirements,[146] to access alternate fora for dispute settlement,[147] or to expand the scope of disputes that are subject to arbitration.[148]

Like under the NT standard, most treaties permit States to derogate from its obligations under the MFN standard in certain circumstances by adding general and/or country-specific exceptions to the treaties.[149] Commonly, contracting parties limit the scope of application of the MFN standard for purposes of public order, health, national security, reciprocity, regional economic or trade integration, and so on.[150]

---

141. Ferrari & King, *supra* note 1, at 395. *See, e.g.*, Parkerings-Compagniet AS v. The Republic of Lithuania, ICSID Arbitration Case N. ARB/05/8, Award, ¶¶ 363-64 (Sept. 11, 2007).
142. Ferrari & King, *supra* note 1, at 398.
143. Id. *See, e.g.*, White Indus. Austl. Ltd. v. The Republic of India, Final Award, ¶¶ 11.2.1-11.2.9 (UNCITRAL Nov. 30, 2011) (permitting the investor to invoke an "effective means" clause from the BIT between India and Kuwait).
144. Ferrari & King, *supra* note 1, at 400.
145. Id. at 405.
146. *See, e.g.*, Emilio Agustín Maffezini v. The Kingdom of Spain, ICSID Case N. ARB/97/7, Decision of the Tribunal on Objections to Jurisdiction, ¶ 64 (Jan. 25, 2000) (allowing 18-month local court requirement to be avoided).
147. *See, e.g.*, Salini Costruttori S.p.A. and Italstrade S.p.A. v. The Hashemite Kingdom of Jordan, ICSID Case N. ARB/02/13, Decision on Jurisdiction, ¶¶ 97-119 (Nov. 9, 2004) (noting that the investor attempted to invoke the MFN provision in the base treaty to get access to arbitration rather than to use local remedies stipulated in the forum selection clause).
148. *See, e.g.*, Plama Consortium Limited v. Republic of Bulgaria, ICSID Case N. ARB/03/24, Decision on Jurisdiction, ¶ 227 (denying the investor's effort to evoke the MFN clause to access to broader arbitration provisions in other BITs).
149. Ferrari & King, *supra* note 1, at 412; UNCTAD Most Favored Nation Treatment, *supra* note 135, at 15-26.
150. *See, e.g.*, Energy Charter Treaty (1991), art. 24 (3) ("The provisions of this Treaty other than those referred to in paragraph (1) shall not be construed to prevent any Contracting Party from taking any measure which it considers necessary: (a) for the protection of its essential security interests including those ...; (b) relating to the implementation of national policies ...; or (c) for the maintenance of public order."); Romania-Kazakhstan BIT (2010) art. 3(3) (stipulating that advantages accorded related to "a customs, economic or monetary union, a common market or a free trade area" and taxation agreement are excluded under the MFN clause in the treaty).

Most investment treaties contain provisions granting foreign investors and their investments full protection and security ("FPS"). Although the exact wording of the FPS language can vary from treaty to treaty,[151] this standard is generally defined as follows:

> This standard imposes an obligation of vigilance and care by the State under international law comprising a duty of due diligence for the prevention of wrongful injuries inflicted by third parties to persons or property of aliens in its territory or, if not successful, for the repression and punishment of such injuries.[152]

Under this commonly accepted definition, the host State is obliged to take reasonable measures to safeguard foreign investments against harm, including those caused by third parties.[153] This obligation is not limited to refraining from causing damages. Rather, it also requires the host State to take measures of vigilance to prevent damages.

Despite the commonly accepted definition of FPS, arbitral tribunals are divided on the issue of the standard of liability under the FPS standard – whether due diligence (*i.e.*, a reasonable degree of vigilance) or strict liability is required from the host State.[154] There is a broad agreement that the FPS gives rise to a "due diligence" obligation rather than absolute liability.[155] For instance, the tribunal in *AAPL v. Sri Lanka* rejected the investor's argument that the FPS provision implicated a strict or absolute liability:

> [T]he Tribunal declares unfounded the Claimant's main plea aiming to consider the Government of Sri Lanka assuming strict liability under Article 2(2) of the Bilateral Investment Treaty, without any need to prove that the damages suffered were attributable to the State or its agents, and to establish the State's responsibility for not acting with "due diligence."[156]

Arbitral tribunals have also rendered different interpretations and conclusions as to the scope and extent of the host State's FPS obligations.[157] Not only many investment treaties expressly limit the FPS protection to the minimum standard under customary international law, but also some tribunals have seen FPS as merely part of this minimum standard.[158] For other tribunals, FPS imposes a standard of obligations higher than the international minimum standard.[159]

---

151. Ferrari & King, *supra* note 1, at 270.
152. Ulysseas, Inc. v. The Republic of Ecuador, Final Award, PCA Case N. 2009-19, ¶ 272 (Perm. Ct. Arb. 2012).
153. Ferrari & King, *supra* note 1, at 288. *See, e.g.*, Eastern Sugar v. The Czech Republic, SCC Case N. 088/2004, Partial Award, ¶¶ 204-07 (Mar. 27, 2007) (finding that the FPS standard protected investors against violence stemming from third parties).
154. Ferrari & King, *supra* note 1, at 296.
155. *See, e.g.*, Asian Agricultural Products Ltd. v. Republic of Sri Lanka, ICSID Case N. ARB/87/3, Final Award, ¶ 85 (June 27, 1990).
156. Id. ¶ 53.
157. Ferrari & King, *supra* note 1, at 288.
158. Id. at 289. *See, e.g.*, El Paso Energy Int'l Co. v. The Argentine Republic, ICSID Case N. ARB/03/15, Award, ¶¶ 522-23 (Oct. 31m 2011) (stating that a host State "must use 'due diligence' to prevent wrongful injuries to the person or property of aliens caused by third parties within their territory, and if they did not succeed, exercise at least due diligence to punish such injuries").
159. *See, e.g.*, Asian Agric. Prods. Ltd. v. Republic of Sri Lanka, ICSID Case N. ARB/87/3, Final Award, ¶ 50 (June 27, 1990)("In the opinion of the present Arbitral Tribunal, the addition of words like 'constant' or 'full' to strengthen

There also exists a split among arbitral tribunals as to the question whether the FPS standard requires legal protection of investments. Some tribunals have held that this standard applies exclusively or preponderantly to *physical*, rather than *legal*, protection of investments. For instance, the tribunal in *Saluka v. Czech Republic* held that FPS "is not meant to cover just any kind of impairment of the investor's investment, but to protect more specifically the physical integrity of an investment against interference by the use of force."[160] By contrast, other tribunals have given a broader application to the FPS standard by requiring both *physical* and *legal* protection from a host State.[161] Specifically, such standard of legal protection implicates both substantive and procedural protections to guarantee investors' rights.[162]

Under customary international law, sovereign States are entitled to restrict transfer of funds in the exercise of their monetary sovereignty in order to regulate and protect their financial and monetary systems.[163] As a result, in the absence of treaty provisions to the contrary, host States are not obliged to permit foreign investors to freely transfer funds into or out of the country, and imposing capital controls does not constitute an internationally wrongful act.[164] Therefore, International investment treaties often contain free transfer of funds clauses ("Transfer Clauses") – clauses that guarantee foreign investors the right to freely transfer funds related to their investments or in connection with investments and without delay in an out of host States' territories.[165] Investors covered by such treaties are thereby exempted from capital controls that host States may impose on transfer of funds.[166] These provisions typically contain an illustrative list of types of funds that are covered by the right to free transfer, such as

---

the required standards of 'protection and security' could justifiably indicate the Parties' intention to require within their treaty relationship a standard of 'due diligence' higher than the 'minimum standard' of general international law.").

160. Saluka Invs. BV (The Netherlands) v. Czech Republic, Partial Award, ¶ 484 (Perm. Ct. Arb. 2006). *See also* BG Grp. plc v. The Republic of Argentina, Final Award, ¶ 324 (UNCITRAL Dec. 24, 2007); Suez, Sociedad General de Aguas de Barcelona S.A. v. The Argentine Republic, ICSID Case N. ARB/03/19, Decision on Liability, ¶¶ 159, 165-69 (July 30, 2010).
161. *See, e.g.*, Nat'l Grid P.L.C. v. Argentine Republic, Award (UNCITRAL Nov. 3, 2008).
162. Christoph Schreuer, *Full Protection and Security*, 1 J. Int'l Dispute Settlement 353, 362 (2010). *See, e.g.*, Siemens A.G. v. The Argentine Republic, ICSID Case N. ARB/02./8, Award, ¶ 303 (Feb. 6, 2007).
163. *See* August Reinisch & Christoph Schreuer, International Protection of Investments: The Substantive Standards 976 (2020); Rudolf Dolzer & Christoph Schreuer, Principles of International Investment Law (2015); Veronika Lakhno, *Transfers*, ¶ 1, Jus Mundi (Apr. 15, 2022), https://jusmundi.com/en/document/wiki/en-transfers.
164. *See* Reinisch & Schreuer, *supra* note 163, at 978; Lakhno, *supra* note 163, 1.
165. Reinisch & Schreuer, *supra* note 163, at 978-79; Jonathan Bonnitcha, Lauge N. Skovgaard Poulsen & Michael Waibel, The Political Economy of the Investment Treaty Regime 16 (2017). *See, e.g.*, Argentina-Germany BIT (1991), art. 5 ("(1) Each Contracting Party shall guarantee to nationals or companies of the other Contracting Party the free transfer of payments in connection with an investment, including: (a) The capital and additional amounts to maintain or increase the investments; (b) The returns; (c) Repayment of loans defined in article 1, paragraph 1(c); (d) The proceeds from the sale of the whole or any part of the investment; (e) The compensation provided for by article 4. (2) The transfer shall be effected without delay at the rate of exchange applicable in each case and in accordance with the procedures established in the territory of each Contracting Party. Such exchange rate shall not differ substantially from the cross rate resulting from the exchange rate that the International Monetary Fund would apply if the currencies of the countries concerned were converted to special drawing rights on the date of payment").
166. Bonnitcha et al., *supra* note 165, at 16.

capital gains, profits, payments, dividends, returns, royalties, or income, interests, among others.[167] In addition, these provisions may stipulate other aspects, including convertibility, applicable exchange rates, time element, as well as any limitations on and exceptions to the free transfer.[168]

Jurisprudence on transfer clauses is limited.[169] In the aftermath of Argentina's 2001-2002 financial crisis when the Government of Argentina imposed restrictions on such cross-border transfers, foreign investors brought a number of investment arbitrations against the country alleging, among other things, violations of the free transfer protection under the applicable BITs.[170]

In a number of cases, arbitral tribunals have found breaches of the transfer provisions under several circumstances, including where the host State refused to release foreign currency for the transfer of profits to repay loans to foreign creditors, forced the investors to accept payments for goods in host States' national currencies and to exchange U.S. dollars to such currencies, and refused to release U.S. dollars earned by investors through the sale of goods.[171] In addition, tribunals have found violations when host States detained investors' physical assets (*e.g.*, vessels) that tribunal held also fell within "transfers related to investments."[172] Furthermore, violations of a

---

167. *See* Reinisch & Schreuer, *supra* note 163, at 976.
168. Christoph Schreuer, International Protection of Investments ¶ 76 (2017).
169. *See, e.g.*, Air Canada v. Bolivarian Republic of Venezuela, ICSID Case N. ARB(AF)/17/1, Award, ¶ 379 (Sept. 13, 2021) (holding that Venezuela's actions, such as refusing to release foreign currency to allow the investor to repay the loans and paying the investors for the goods in Venezuela's national currency, constitute breach of the transfer clauses under the BIT); Karkey Karadeniz Elektrik Uretim A.S. v. Islamic Republic of Pakistan, ICSID Case N. ARB/13/1, Award, ¶¶ 655-56 (Aug. 22, 2017) (holding violation of the transfer provision under the BIT when Pakistan detained investors' vessels and froze their bank accounts); AES Corporation and Tau Power B.V. v. Republic of Kazakhstan, ICSID Case N. ARB/10/16, Award, ¶¶ 423-27 (Nov. 1, 2013) (finding that Kazakhstan's policy requiring all returns to be reinvested breached the transfer provision); Achmea B.V. v. The Slovak Republic, Final Award, PCA Case N. 2008-13, ¶ 286 (Perm. Ct. Arb. 2012) (ruling that the host State's the ban on distribution of investor's profits violated the BIT's transfer provisions).
170. Reinisch & Schreuer, *supra* note 163, at 990; International Investment Law and Sustainable Development: Key Cases From 2000-2010, 52 (Nathalie Bernasconi-Osterwalder & Lise Johnson eds., 2010). *See, e.g.*, Pan American Energy LLC and BP Argentina Exploration Company v. The Argentine Republic, ICSID Case N. ARB/03/13, Decision on Preliminary Objections, ¶ 31 (July 27, 2006) (alleging the measures adopted by Argentina violated the Article V of the BIT which guarantees the "freedom of all transfers related to an investment in and out of the territory of a State Party, including returns, compensation, payments made in settlement of an investment dispute, and so on"); CMS Gas Transmission Company v. The Republic of Argentina, ICSID Case N. ARB/01/8, Decision on Objections to Jurisdiction, ¶ 32 (July 17, 2003) (noting that the Claimant "is not currently pursuing an earlier claim against Argentina related to restrictions on the transfer of funds introduced by Decree 1570/0118" and "has reserved the right to pursue that claim if damages are caused in the future in violation of Article V of the BIT'").
171. *See, e.g.*, Bernhard von Pezold and Others v. Republic of Zimbabwe, ICSID Case N. ARB/10/15, Award, ¶¶ 608-09 (July 28, 2015) (holding that Zimbabwe breached the transfer provision of the BIT in "refusing to release foreign currency to allow the Forrester Estate to repay the Loans to Elisabeth in 2001," in "forc[ing] the Claimants to be paid for tobacco in Zimbabwean Dollars," in "forc[ing] the Claimants to exchange US currency for Zimbabwean Dollars," and in failing to "release US Dollars earned through the sale of tobacco").
172. *See, e.g.*, Karkey Karadeniz Elektrik Uretim A.S. v. Islamic Republic of Pakistan, ICSID Case N. ARB/13/1, Award, ¶ 655 (Aug. 22, 2017) (holding that "Pakistan has also breached its obligation under Article IV(1) of the Treaty by depriving Karkey of the free disposal of its assets (*i.e.* Vessels) part of Karkey's investment under the Contract, including by violating Karkey's right to transfer assets related to its investment '*without unreasonable delay*'").

transfer provision have been established when host States prohibited the distribution of investors' profits.[173]

In most cases, however, arbitral tribunals rejected the claims for breach of transfer provisions. For example, in *Continental Casualty v. Argentina*, the American investor acquired interests in one of Argentina's leading insurance companies prior to the crisis, and because of this acquisition, the investor claimed to wholly own and control the Argentine subsidiary.[174] Prior to March 2001, the investment portfolio of its Argentine subsidiary "was primarily in assets denominated in Argentine pesos, which were at the time fully convertible to U.S. dollars at a one-to-one exchange rate."[175] In response to the financial crisis, the subsidiary "decided to invest assets within Argentina in low risk U.S.-denominated assets" to "hedge the risk of devaluation."[176] However, as Argentina had imposed restrictions on withdrawals from banks and transfers of funds out of its territory as a response to the financial crisis,[177] the investor claimed that such prohibition prevented it from "transferring to the U.S. at par free funds amounting to US$ 19, 000, 000,"[178] and violated the transfer clause under the Argentina-U.S. BIT.[179] The Tribunal dismissed that claim because the free transfer protection is "not without limit" and only applies to transfers that are "related to the investment".[180] Because the type of transfer at issue "was merely a change of type, location and currency of part of an investor's existing investment, namely a part of the freely disposable funds, held short term at its banks by [the subsidiary], in order to protect them from the impending devaluation, by transferring them to bank accounts outside Argentina," the Tribunal held that the intended transfer of funds did not fall within "transfers related to an investment" under Article V of the BIT.[181]

4. THE POSITION ADOPTED BY BRAZIL

This section examines the evolution of Brazil's policy towards investment agreement regime: from rejection of the investment arbitration regime to the adoption of CIFAs.

---

173. *See, e.g.*, Achmea B.V. v. The Slovak Republic, Final Award, PCA Case N. 2008-13, ¶ 286 (Perm. Ct. Arb. 2012) (holding that "ban on profits was inconsistent with Respondent's obligations under [article 5 of the treaty]. In principle, any losses arising from the application of that ban to Claimant would be recoverable in damages. In the present case, however, the facts are such that the violation and the injury arising from the temporary adoption of the ban on profits are subsumed within the violation and the injury arising from the breach of the 'fair and equitable treatment' obligation"); AES Corporation and Tau Power B.V. v. Republic of Kazakhstan, ICSID Case N. ARB/10/16, Award, ¶¶ 423-27 (Nov. 1, 2013) (ruling that Kazakhstan's "tariff in exchange for investment" policy requiring "all profits, defined as net revenue, to be reinvested" violated the free transfer provisions under the Energy Charter Treaty and the BIT").
174. Continental Casualty Company v. The Argentine Republic, ICSID Case N. ARB/03/9, Award, ¶ 16 (Sept. 5, 2008).
175. Id. at ¶ 18.
176. Id.
177. Id. at ¶ 237.
178. Id.
179. Id. at ¶ 20.
180. Id. at ¶ 240.
181. Id. at ¶ 241, 245.

Brazil's experience with investment agreements historically stands in sharp contrast to that of other countries, especially the majority of its Latin American neighbors.[182] At a time when most states were actively participating in the international investment regime, Brazil remained as "an attentive bystander"[183] and never became part of the "global web" of traditional BITs.[184] It never ratified any international investment agreement containing ISDS clauses,[185] nor did it adhere to the ICSID Convention.[186] The dispute settlement provisions in its two bilateral treaties on investment in force – both signed before the Germany-Pakistan BIT that inaugurated ISDS – are inter-state and non-compulsory.[187]

Brazil's reticence stemmed from among other things concerns regarding the constitutionality of the Government's consent to investment arbitration.[188] Despite such reticence, the country has remained consistently able to attract foreign direct investment without consenting to ISDS.[189]

Brazil's position, however, has shifted as the country's economy evolved over the past three decades, and Brazil became a major exporter of foreign direct investment, particularly to countries in Africa and Latin America.[190] This reignited the public debate concerning the importance of providing a framework to regulate the relationship between foreign investors and government. Starting in 2015, Brazil signed Cooperation and Facilitation Investment Agreements ("CIFAs") with six African and Latin American countries,[191] and an Economic and Trade Expansion Agreement with Peru. Brazil has described the goal of CIFAs is 'to create incentives for reciprocal investment through intergovernmental dialogue mechanisms', with the aim of establishing rights and obligations for investors and States alike and to provide an alternative institutional model for the prevention and settlement of disputes. CIFAs create a new regime for the protection of FDI, excluding ISDS and instead setting out a hybrid system of dispute prevention mechanisms and state-to-state arbitration. CIFAs establish a legal framework for the home government of investors to defend the interests of its nationals, negotiating

---

182. Geraldo Vidigal & Beatriz Stevens, Brazil's New Model of Dispute Settlement for Investment: Return to the Past or Alternative for the Future?, 19 J World Investment & Trade 475, 485 (2018); Trends In Investment Treaty Arbitration: A Perspective On Brazil, Allen & Overy (Nov. 7, 2017), https://www.allenovery.com/en-gb/global/news-and-insights/publications/trends-in-investment-treaty-arbitration-a-perspective-on-brazil.
183. Vidigal & Stevens, *supra* note 182, at 486.
184. Nathalie M-P Potin & Camila Brito de Urquiza, *The Brazilian Cooperation and Facilitation Investment Agreement: Are Foreign Investors Protected?*, Kluwer Arbitration Blog (Dec. 29, 2021), http://arbitrationblog.kluwerarbitration.com/2021/12/29/the-brazilian-cooperation-and-facilitation-investment-agreement-are-foreign-investors-protected/.
185. Between 1994 and 1999, Brazil signed a total of 14 BITs, but never ratified them.
186. Vidigal & Stevens, *supra* note 182, at 485.
187. Id. *See also* Brazil-Paraguay Treaty [Tratado Geral de Comércio e Investimentos entre a República dos Estados Unidos do Brasil e a República do Paraguai] (1957), http://www.planalto.gov.br/ccivil_03/decreto/1950-1969/D42918.htm; Investment Guaranty Agreement Between the Government of the United States of America and the Government of the United States of Brazil (1965).
188. Vidigal & Stevens, *supra* note 182, at 486.
189. Vidigal & Stevens, *supra* note 182, at 485; Potin & de Urquiza, *supra* note 184. Brazil ranked fourth worldwide among FDI recipients in 2014 and 2015.
190. *See* Potin & de Urquiza, *supra* note 184.
191. These countries are Mozambique, Angola, Malawi, Mexico, Colombia, and Chile.

directly with, or starting arbitral proceedings against, the government of the host state. Arbitration is explicitly aimed at ensuring compliance rather than providing investors with compensation for breach.

The biggest difference between CIFAs and most contemporary IIAs is that CIFAs do not feature an open invitation for foreign investors to arbitrate their grievances directly against the State. Rather, they establish a number of institutions and procedures aimed at preventing differences from escalating into full blown disputes.

BIBLIOGRAPHY AND CASE LAW

Franco Ferrari & D. Brian King, International Investment Arbitration in a Nutshell 139 (2019).

Serafín García Armas v. Bolivarian Republic of Venezuela, PCA Case N. 2013-3, Decision on Jurisdiction (Perm. Ct. Arb. 2014).

Saluka Invs. BV (The Netherlands) v. Czech Republic, Partial Award, ¶¶ 243-44 (Perm. Ct. Arb. 2006) (holding that the Dutch shell company met the jurisdiction requirement despite control by Japan's Nomura Group).

Tokios Tokelés v. Ukraine, ICSID Case N. ARB/02/18, Decision on Jurisdiction, 71 (Apr. 29, 2004).

E.C. Schlemmer, Investment, Investor, Nationality and Shareholders, in Oxford Handbook of International Investment Law 79 (Muchlinski, Ortino & Schreuer eds., 2008).

Aron Broches, The Convention on the Settlement of Investment Disputes between States and Nationals of Other States, 136 RECUEIL DES COURS 331, 359-60 (1972).

Salini Costruttori S.p.A. and Italstrade S.p.A. v. Kingdom of Morocco [I], ICSID Case N. ARB/00/4, Decision on Jurisdiction, 52 (July 31, 2001).

Marie-France Houde, Novel Features in Recent OECD Bilateral Investment Treaties, in INTERNATIONAL INVESTMENT PERSPECTIVES 145 (2006).

Salini Costruttori S.p.A. and Italstrade S.p.A. v. Kingdom of Morocco [I], ICSID Case N. ARB/00/4, Decision on Jurisdiction, ¶ 52 (July 31, 2001).

Petrobart v. Kyrgyz Republic, Stockholm Chamber Case N. 126/2003, Final Award (Mar. 29, 2005); Link-Trading v. Department for Customs of Republic of Moldova, UNCITRAL Arbitration, Award on Jurisdiction (Feb. 6, 2001).

Eureko B.V. v. Republic of Poland, Partial Award on Liability (Aug. 19, 2005).

International Investment Agreements and Their Implications for Tax Measures: What Tax Policymakers Need To Know: A Guide based on UNCTAD's Investment Policy Framework for Sustainable Development, UNCTAD 5 (2021).

Inceysa Vallisoletana, S.L. v. Republic of El Sal., ICSID Case N. ARB/03/26, Award, ¶ 227 (Aug. 2, 2006).

Suez, Sociedad General de Aguas de Barcelona, S.A. and Vivendi Universal, S.A. v. Argentine Republic, ICSID Case N. ARB/03/19, Decision on Liability, sec. VI (July 30, 2010).

Starrett Housing v. Iran, Interlocutory Award No. ITL 32-24-1, (Dec. 19, 1983).

Metalclad Corp. v. The United Mexican States, ICSID Case N. ARB(AF)/97/1, Award, ¶ 103 (Aug. 30, 2000).

Técnicas Medioambientales Tecmed, S.A. v. The United Mexican States, ICSID Case N. ARB (AF)/00/2, Award, sec. E (I) (May 29, 2003).

PSEG Global, Inc. v. Republic of Turkey, ICSID Case N. ARB/02/5, Award, ¶ 278 (Jan. 19, 2007).

Hulley Enters. Ltd. v. The Russian Fed'n, PCA Case N. AA 226, Final Award, ¶ 1578 (Perm. Ct. Arb. 2014).

Saluka Invs. BV (The Netherlands) v. Czech Republic, Partial Award, ¶¶ 255 & 264 (Perm. Ct. Arb. 2006).

Técnicas Medioambientales Tecmed, S.A. v. The United Mexican States, ICSID Case N. ARB (AF)/00/2, Award, ¶ 122 (May 29, 2003).

Electrabel S.A. v. Hungary, ICSID Case N. ARB/07/19, Award, ¶ 175 (Nov. 25, 2015).

ADC Affiliate Limited and ADC & ADMC Management Limited v. The Republic of Hungary, ICSID Case N. ARB/03/16, Award, ¶¶ 441-43 (Oct. 2, 2006).

CMS Gas Transmission Co. v. Argentine Republic, ICSID Case N. ARB/01/8, Award (May 12, 2005).

Petrobart Ltd. v. Kyrgyz Republic, Award (SCC 2005).

Lemire v. Ukraine, ICSID Case N. ARB/06/18, Decision on Jurisdiction and Liability (Jan. 14, 2010).

Desert Line Projects LLC v. Republic of Yemen, ICSID Case N. ARB/05/17, Award (Feb. 6, 2008).

MTD Equity Sdn. Bhd. v. Republic of Chile, ICSID Case N. ARB/01/7, Award, (May 25, 2004)

Andrew Newcombe & Lluís Paradell, Law and Practice of Investment Treaties: Standards of Treatment 281-82 (2009).

Methanex Corp. v. United States, Final Award, Part IV (D) ¶ 8-10 (NAFTA 2005).

Parkerings-Compagniet AS v. Republic of Lithuania, ICSID Case N. ARB/05/8, Award, ¶¶ 335-36 (Sept. 11, 2007).

Pope & Talbot Inc. v. Canada, Award on the Merits of Phase 2 (NAFTA 2001).

Occidental Exploration & Prod. Co. v The Republic of Ecuador, LCIA Case N. UN 3467, Final Award, ¶¶ 168, 173 (July 1, 2004).

Invesmart v. Czech Republic, UNCITRAL, Award, ¶ 415 (June 26, 2009).

Myers, Inc. v. Canada, UNCITRAL, First Partial Award, ¶ 252 (2000).

Pope & Talbot Inc. v. The Gov't of Canada, Award on the Merits of Phrase 2, ¶ 78 (NAFTA Ch. 11 Arb. Trib. Apr. 10, 2001).

GAMI Invs., Inc. v. The Gov't of the United Mexican States, Final Award, ¶ 114 (NAFTA Ch. 11 Arb. Trib. Nov. 15, 2004).

Parkerings-Compagniet AS v. The Republic of Lithuania, ICSID Arbitration Case N. ARB/05/8, Award, ¶¶ 363-64 (Sept. 11, 2007).

Bayindir Insaat Turizm Ticaret Ve Sanayi A.S. v. Islamic Republic of Pakistan, ICSID Case N. ARB/03/29, Decision on Jurisdiction, ¶¶ 230-32 (Nov. 14, 2005).

Emilio Agustín Maffezini v. The Kingdom of Spain, ICSID Case N. ARB/97/7, Decision of the Tribunal on Objections to Jurisdiction, ¶ 64 (Jan. 25, 2000).

White Indus. Austl. Ltd. v. The Republic of India, Final Award, ¶¶ 11.2.1-11.2.9 (UNCITRAL Nov. 30, 2011).

Salini Costruttori S.p.A. and Italstrade S.p.A. v. The Hashemite Kingdom of Jordan, ICSID Case N. ARB/02/13, Decision on Jurisdiction, ¶¶ 97-119 (Nov. 9, 2004).

Plama Consortium Limited v. Republic of Bulgaria, ICSID Case N. ARB/03/24, Decision on Jurisdiction.

Ulysseas, Inc. v. The Republic of Ecuador, Final Award, PCA Case N. 2009-19, ¶ 272 (Perm. Ct. Arb. 2012).

Astern Sugar v. The Czech Republic, SCC Case N. 088/2004, Partial Award, ¶¶ 204-07 (Mar. 27, 2007).

Asian Agricultural Products Ltd. v. Republic of Sri Lanka, ICSID Case N. ARB/87/3, Final Award, ¶ 85 (June 27, 1990).

El Paso Energy Int'l Co. v. The Argentine Republic, ICSID Case N. ARB/03/15, Award, ¶¶ 522-23 (Oct. 31m 2011).

BG Grp. plc v. The Republic of Argentina, Final Award, ¶ 324 (UNCITRAL Dec. 24, 2007).

Suez, Sociedad General de Aguas de Barcelona S.A. v. The Argentine Republic, ICSID Case N. ARB/03/19, Decision on Liability, ¶¶ 159, 165-69 (July 30, 2010).

Nat'l Grid P.L.C. v. Argentine Republic, Award (UNCITRAL Nov. 3, 2008).

Christoph Schreuer, Full Protection and Security, 1 J. INT'L DISPUTE SETTLEMENT 353, 362 (2010).

Siemens A.G. v. The Argentine Republic, ICSID Case N. ARB/02./8, Award, ¶ 303 (Feb. 6, 2007).

AUGUST REINISCH & CHRISTOPH SCHREUER, INTERNATIONAL PROTECTION OF INVESTMENTS: THE SUBSTANTIVE STANDARDS 976 (2020); RUDOLF DOLZER & CHRISTOPH SCHREUER, PRINCIPLES OF INTERNATIONAL INVESTMENT LAW (2015); Veronika Lakhno, Transfers, ¶ 1, JUS MUNDI (Apr. 15, 2022).

Air Canada v. Bolivarian Republic of Venezuela, ICSID Case N. ARB(AF)/17/1, Award, ¶ 379 (Sept. 13, 2021).

Karkey Karadeniz Elektrik Uretim A.S. v. Islamic Republic of Pakistan, ICSID Case N. ARB/13/1, Award, ¶¶ 655-56 (Aug. 22, 2017).

AES Corporation and Tau Power B.V. v. Republic of Kazakhstan, ICSID Case N. ARB/10/16, Award, ¶¶ 42327 (Nov. 1, 2013).

Achmea B.V. v. The Slovak Republic, Final Award, PCA Case N. 2008-13, ¶ 286 (Perm. Ct. Arb. 2012).

Pan American Energy LLC and BP Argentina Exploration Company v. The Argentine Republic, ICSID Case N. ARB/03/13, Decision on Preliminary Objections, ¶ 31 (July 27, 2006).

CMS Gas Transmission Company v. The Republic of Argentina, ICSID Case N. ARB/01/8, Decision on Objections to Jurisdiction, ¶ 32 (July 17, 2003).

Bernhard von Pezold and Others v. Republic of Zimbabwe, ICSID Case N. ARB/10/15, Award, ¶¶ 608-09 (July 28, 2015).

Karkey Karadeniz Elektrik Uretim A.S. v. Islamic Republic of Pakistan, ICSID Case N. ARB/13/1, Award, ¶ 655 (Aug. 22, 2017).

AES Corporation and Tau Power B.V. v. Republic of Kazakhstan, ICSID Case N. ARB/10/16, Award, ¶¶ 423-27 (Nov. 1, 2013).

Continental Casualty Company v. The Argentine Republic, ICSID Case N. ARB/03/9, Award, ¶ 16 (Sept. 5, 2008).

IV
EL ARBITRAJE BAJO EL SISTEMA CIADI

Fernando Mantilla-Serrano
Socio de la firma Latham & Watkins en París.

Esperanza Barrón Baratech[1]
Baratech es abogado senior del departamento de Arbitraje Internacional de la firma Latham & Watkins.

Sumário: Introducción: Presentación General; 1. Composición del Tribunal Arbitral; 1.1 Los requisitos procesales; 1.2 Los requisitos personales; 1.3 El nombramiento de árbitros por el Centro; 1.4 La recusación de los árbitros – 2. Los Poderes del tribunal arbitral – 3. El Derecho Aplicable; 4. Las medidas provisionales; 4.1 La naturaleza y el alcance de las medidas provisionales; 4.2 El objeto de las medidas solicitadas; 4.3 Las condiciones para la recomendación de medidas provisionales; 4.4 La consecuencia del incumplimiento de las medidas dictadas – 5. El Procedimiento arbitral; 5.1 Los plazos del procedimiento arbitral; 5.2 La Bifurcación del procedimiento arbitral – 6. El Laudo arbitral y su Contenido – 7. Recursos contra los laudos arbitrales; 7.1 Aclaración; 7.2 Revisión; 7.3 Anulación; 7.3.1 Incorrecta constitución del tribunal arbitral; 7.3.2 Extralimitación manifiesta de las facultades del tribunal arbitral; 7.3.3 Corrupción de alguno de los miembros del tribunal arbitral; 7.3.4 Quebrantamiento grave de una norma de procedimiento; 7.3.5 Falta de motivación del laudo; 7.4 El proceso de anulación y sus fases; 7.5 La Suspensión del reconocimiento y ejecución del laudo durante el trámite de la aclaración, revisión o anulación – 8. Reconocimiento y ejecución de laudos – Bibliografía y juzgados selecionados.

INTRODUCCIÓN: PRESENTACIÓN GENERAL

La resolución de controversias relativas al derecho internacional de las inversiones ha conocido un crecimiento importante durante las últimas décadas, en particular como resultado del creciente número de tratados bilaterales y multilaterales de inversión que prevén el recurso al arbitraje para la solución de controversias entre inversionistas y el estado receptor de la inversión mediante. Actualmente se encuentran en vigor más de 2.200 tratados que incluyen disposiciones relativas a la protección de las inversiones.[2] El auge del arbitraje de inversión se explica también por la expansión y evolución de los instrumentos de resolución de disputas instituidos por el Centro Internacional de Arreglo de Diferencias Relativas a Inversiones (el "CIADI" o el "Centro"). Creado en 1966, una vez

---

1. Los autores agradecen a Matías Zambrano por su apoyo en la preparación de este capítulo. El presente capítulo es fruto de un ejercicio puramente académico y pedagógico. Su contenido no refleja opinión alguna de sus autores, ni de la firma de abogados a la que se encuentran vinculados, ni mucho menos de los clientes que representan respecto de las cuestiones tratadas en este capítulo.
2. Conferencia de las Naciones Unidas sobre el Comercio y el Desarrollo, Investment Policy Hub, International Investment Agreements Navigator. Disponible en: https://investmentpolicy.unctad.org/international-investment-agreements. Consultado el: 1º mar. 2022.

entrado en vigor el Convenio de Washington de 1965 (el "Convenio CIADI"), el CIADI es hoy en día la institución líder en la administración de procedimientos arbitrales para la solución de disputas relativas a inversión. De hecho, desde los años 1970 hasta el día de hoy, el CIADI cuenta más de 600 arbitrajes concluidos administrados por el Centro.[3]

El sistema de arbitraje de inversión previsto por el CIADI está regido por el Convenio CIADI y el Reglamento de Arbitraje del Centro (el "Reglamento de Arbitraje"). Además, el CIADI propone una Lista de Árbitros nombrados por los Estados signatarios del Convenio. El sistema de arbitraje CIADI prevé que los laudos emitidos por tribunales arbitrales sean tratados como finales y vinculantes para las partes, ofreciendo garantías de eficacia en la fase de ejecución. No obstante, el Convenio también prevé una serie de recursos contra los laudos arbitrales, bajo circunstancias muy limitadas.

Si bien la actividad administrativa del CIADI concierne en particular disputas de inversión, el Centro también administra otro tipo de disputas. Del mismo modo, la actividad del Centro se extiende más allá de las controversias en las que se encuentran involucrados Estados signatarios del Convenio, ya que el Mecanismo Complementario, adoptado en 1978, ofrece servicios de resolución de controversias a Estados no signatarios del Convenio.[4]

El 3 de agosto de 2018, el CIADI presentó una propuesta de reforma a su Reglamento de Arbitraje, entre otros documentos. El objetivo general de la reforma o enmiendas consiste en perfeccionar la redacción del Reglamento y reducir el tiempo y los costos derivados de los procedimientos arbitrales.[5] Las propuestas del Centro fueron objeto de varias rondas de negociaciones y dieron origen a seis documentos de trabajo.[6] El Proyecto de Reglamento de Arbitraje Enmendado (el "Reglamento Enmendado") fue sometido al Consejo Administrativo del CIADI el 20 de enero de 2022. Estas enmiendas fueron aprobadas en marzo de 2022 y entrarán en vigor el 1 de julio de 2022.[7]

El presente capítulo ofrece un panorama general meramente descriptivo y no exhaustivo del arbitraje bajo el Convenio CIADI y el Reglamento de Arbitraje del CIADI, concentrándose en sus principales características de manera a permitir su fácil y rápida comprensión aún para el lector neófito. Después de abordar el mecanismo de composición del tribunal arbitral (Sección 2), y los poderes del tribunal (Sección 3), se expondrán las consideraciones relativas al derecho aplicable en el marco del arbitraje CIADI (Sección 4). A continuación se presentarán el mecanismo de medidas

---

3. CIADI, Base de datos de casos, Casos concluidos. Disponible en: https://icsid.worldbank.org/es/casos/concluidos. Consultado el: 1º mar. 2022.
4. CIADI, Reglamento del Mecanismo Complementario del CIADI. Disponible en: https://icsid.worldbank.org/es/recursos/reglamento/reglamento-mecanismo-complementario. Consultado el: 1º mar. 2022.
5. CIADI, Backgrounder on Proposals for Amendment of the ICSID Rules. Disponible en: https://icsid.worldbank.org/sites/default/files/publications/Amendment_Backgrounder.pdf. Consultado el: 1º mar. 2022).
6. CIADI, Propuestas de Enmiendas al Reglamento y a las Reglas del CIADI. Disponible en: https://icsid.worldbank.org/es/recursos/reglamento/enmendar-de-la-reglamento-y-el-reglas-del-ciadi-documentos-des-trabajo. Consultado el: 1º mar. 2022.
7. *Nota del autor*: A la fecha de redacción de este capítulo, las resoluciones de enmienda del Reglamento de Arbitraje del CIADI no habían sido votadas por el Consejo Administrativo del Centro.

provisionales (Sección 5) y las etapas y plazos del procedimiento arbitral (Sección 6). Por último, se detallarán las características de los laudos bajo el Convenio (Sección 7), los recursos disponibles contra los laudos, propios al sistema CIADI (Sección 8), así como las particularidades de la fase de reconocimiento y de ejecución de los laudos (Sección 9).

1. COMPOSICIÓN DEL TRIBUNAL ARBITRAL

El Centro dispone de una Lista de Árbitros, compuesta por árbitros designados por cada Estado parte al Convenio (un máximo de 4 candidatos por Estado) y 10 candidatos designados por el Presidente del Consejo Administrativo del CIADI. Sin embargo, las partes en el arbitraje tienen libertad para designar árbitros que no pertenezcan a la Lista de Árbitros (artículo 40(1) del Convenio).

Tanto el Convenio (artículos 37 a 40) como el Reglamento de Arbitraje (reglas 1 a 12) establecen las reglas de constitución del tribunal arbitral, de renuncia o recusación de los árbitros, y rigen las situaciones de vacancia. Estas disposiciones están guiadas por los principios de libre elección de los árbitros por las partes y de no-frustración, que buscan garantizar el pleno funcionamiento y desarrollo del arbitraje.[8] No obstante la primacía de la voluntad de las partes, tanto el Convenio como el Reglamento de Arbitraje imponen ciertos requisitos procesales (1) y personales (2) que rigen la fase de constitución del tribunal. Además, estos instrumentos prevén el método de nombramiento de miembros del tribunal por el CIADI cuando las partes no logran un acuerdo o cuando una de ellas se niega a participar en la constitución del tribunal (3). Del mismo modo, el Convenio y el Reglamento de Arbitraje rigen las medidas que deben ser tomadas en caso de renuncia por parte de un árbitro o de vacancia del tribunal (4).

1.1 Los requisitos procesales

Tanto el artículo 37(1) del Convenio[9] como la regla 1(1) del Reglamento de Arbitraje[10] indican que las partes deberán constituir el tribunal de forma diligente una vez notificado el acto de registro de la solicitud de arbitraje. El artículo 38 del Convenio establece para ello un plazo de noventa días después de la fecha de envío de la notificación del acto de registro de la solicitud de arbitraje o una fecha determinada por las partes. Una vez cumplido tal plazo, el Centro intervendrá para nombrar al árbitro o los árbitros que no hayan sido designados hasta el momento.

El Convenio también prevé que el tribunal deberá estar compuesto por un número impar de árbitros, con un límite de tres (artículo 37(2) del Convenio).

---

8. SCHREUER, Christoph, *The ICSID Convention*: A Commentary, Cambridge University Press, (2nda ed.), 2009, Art. 37, ¶ 2.
9. Convenio CIADI, Art. 37(1).
10. Reglamento de Arbitraje CIADI, Regla 1(1).

1.2 Los requisitos personales

El Convenio y el Reglamento de Arbitraje también abordan el criterio de nacionalidad de los árbitros. En virtud del artículo 39 del Convenio, la mayoría de los árbitros deberá ser de una nacionalidad distinta a la del Estado involucrado en el arbitraje y a la del Estado de origen de la parte Demandante, salvo que las partes hayan designado de común acuerdo a cada uno de los árbitros.

El Convenio también exige que los miembros del tribunal presenten ciertas características de idoneidad moral y de imparcialidad, así como competencias en las áreas del derecho, del comercio, de la industria o de las finanzas. Estos requisitos se extienden tanto a los árbitros que integran la Lista de Árbitros del Centro,[11] como a los árbitros que no hacen parte de ésta y que son nombrados por las partes.[12]

1.3 El nombramiento de árbitros por el Centro

El Convenio y el Reglamento garantizan la posibilidad de que, ante la ausencia de constitución del tribunal dentro del plazo de noventa días tras el envío de la notificación del acto de registro, el Presidente del Consejo Administrativo del Centro nombre a los miembros del tribunal faltantes, a solicitud de cualquiera de las partes.[13]

1.4 La recusación de los árbitros

Bajo el sistema de arbitraje CIADI, las partes disponen de la posibilidad de presentar solicitudes de recusación contra los árbitros que no cumplan con los requisitos exigidos para la conducción adecuada de su misión, que presenten un conflicto de intereses o que falten a su deber de independencia e imparcialidad.[14] La mayoría del tribunal analiza y decide acerca de la solicitud de recusación cuando ésta no concierne a la mayoría de árbitros. Cuando la solicitud se dirige contra un árbitro único o contra la mayoría de los miembros del tribunal, le incumbe al Presidente del Consejo Administrativo del Centro el análisis y la decisión sobre la recusación.[15] A la espera de la decisión sobre la solicitud de recusación, el Reglamento de Arbitraje prevé la suspensión del procedimiento.[16]

La práctica arbitral ha confirmado que el estándar para la descalificación de árbitros es elevado, en concordancia con las exigencias del artículo 57 del Convenio, al concentrarse en los elementos factuales y manifiestos que demuestren la pretendida falta de idoneidad de los árbitros en causa.[17]

---

11. Convenio CIADI, Art. 14(1).
12. Convenio CIADI, Art. 40(2).
13. Convenio CIADI, Art. 38; Reglamento de Arbitraje CIADI, Regla 4; Proyecto de Reglamento de Arbitraje Enmendado, Regla 18.
14. Convenio CIADI, Arts. 56 a 58; Reglamento de Arbitraje CIADI, Reglas 9 a 12; Proyecto de Reglamento de Arbitraje Enmendado, Reglas 22, 23 y 26.
15. Reglamento de Arbitraje CIADI, Regla 9.
16. Reglamento de Arbitraje CIADI, Regla 9(6).
17. *Compañía de Aguas del Aconquija S.A. y Vivendi Universal S.A. c. La República Argentina*, Caso CIADI N. ARB/97/3, Decision on the Challenge to the President of the Committee, ¶ 25; *OPIC Karimum Corporation c. La*

2. LOS PODERES DEL TRIBUNAL ARBITRAL

Los artículos 41 a 47 del Convenio CIADI rigen los poderes del tribunal, que dispone de las siguientes prerrogativas relacionadas con:

- la determinación de su competencia (artículo 41),
- el derecho aplicable (artículo 42),
- las órdenes sobre aportación y administración de la prueba (artículo 43),
- el desarrollo del procedimiento y la decisión sobre incidentes procesales (artículo 44),
- la falta de comparecencia de una de las partes al arbitraje (artículo 45),
- los reclamos incidentales, adicionales o reconvencionales que entren bajo el marco de su misión y de la jurisdicción del Centro (artículo 46), y
- la recomendación de eventuales medidas provisionales (artículo 47).

Tanto el Convenio – en particular bajo el artículo 44 – como el Reglamento otorgan al tribunal arbitral amplia discreción durante el desarrollo del procedimiento.[18] Sin embargo, ésta no es absoluta. Como lo han reconocido algunos tribunales, la misión de los árbitros y el margen discrecional del que disponen deben guiarse por los objetivos de eficiencia del procedimiento y de justicia.[19]

3. EL DERECHO APLICABLE

El Convenio prevé de manera expresa, en su artículo 42, las reglas que rigen el derecho aplicable al fondo de la disputa.[20] Las decisiones arbitrales y la doctrina concuerdan sobre el hecho que este artículo no tiene impacto alguno sobre la jurisdicción del tribunal, gobernada por el artículo 25 del Convenio, el cual no incluye ninguna regla relativa al derecho aplicable.[21]

En virtud del artículo 42(1) del Convenio, el derecho aplicable es, en principio, el derecho acordado por las partes, de forma implícita o explícita, en los contratos o tratados bilaterales de inversión que dan lugar al procedimiento arbitral.[22] A falta de acuerdo entre las partes, el artículo 42(1) del Convenio faculta al tribunal para "aplicar la legislación del Estado que se parte en la diferencia, incluyendo sus normas de derecho internacional privado, y aquellas normas de derecho internacional que pudieren ser aplicables". Esta disposición ha sido objeto de interpretaciones por parte de decisiones

---

República Bolivariana de Venezuela, Caso CIADI N. ARB/10/14, Decisión sobre la propuesta de descalificación del Pr. Philippe Sands, 5 de mayo de 2011, ¶¶ 44-45.
18. Reglamento de Arbitraje, Regla 19.
19. *Corn Products International, Inc. c.los Estados Unidos Mexicanos*, Caso CIADI N. ARB(AF)/04/1, Decisión sobre la Responsabilidad, 15 de enero de 2008, ¶ 19.8; *pac rilD Holding c. Hungría*, Caso CIADI N. ARB/13/34, Laudo, 9 de octubre de 2018, ¶ 566.
20. Convenio CIADI, Art. 42.
21. SCHREUER, Christoph, Art. 42, ¶ 4; *Philip Morris Brand SARL et al. c. La República Occidental de Uruguay*, Caso CIADI N. ARB/10/7, Decisión sobre Jurisdicción, 2 de julio de 2013, ¶ 30; *Pac Rim Cayman LLC c. La República del Salvador*, Caso CIADI No, ARB/09/12, Laudo, 14 de octubre de 2016, ¶ 5.68.
22. SCHREUER, Christoph, Art. 42, ¶¶ 22-23, 62-95.

arbitrales y doctrinantes que buscan identificar la preeminencia de las fuentes de derecho aplicables a los méritos de la controversia, entre el derecho internacional y el derecho doméstico.

La articulación entre el derecho internacional y el derecho nacional al momento de determinar el derecho aplicable a la controversia sometida a un arbitraje CIADI ha sido objeto de amplios análisis por tribunales arbitrales y comentaristas. Si bien en un primer tiempo las decisiones arbitrales se limitaron a una aplicación paralela del derecho internacional y del derecho doméstico, progresivamente la articulación entre ambos dio lugar a análisis más sofisticados por parte de los tribunales.[23] Posteriormente, los tribunales CIADI propusieron una aplicación correctiva del derecho internacional con respecto al derecho doméstico, buscando llenar las eventuales "lagunas" del derecho nacional.[24] Adicionalmente, los tribunales han aplicado de forma autónoma y simultánea el derecho internacional y el derecho doméstico para abordar las controversias sometidas ante ellos.[25]

De esta forma, se ha desarrollado un espectro de posiciones relativas al derecho aplicable bajo el artículo 42 del Convenio que se resume de la siguiente manera:

- *En primer lugar*, las decisiones arbitrales más tempranas en materia de contratos de inversión consideraron que el derecho doméstico debía aplicarse en prioridad, dándole cabida al derecho internacional en situaciones limitadas;[26]

- *En segundo lugar*, algunos autores han considerado que cuando la determinación del derecho aplicable figure en un contrato de inversión, el derecho doméstico debe prevalecer sobre el derecho internacional, e inversamente, cuando la controversia derive de un tratado de inversión, el segundo debe prevalecer sobre el primero;[27]

- *En tercer lugar*, una parte de la doctrina y decisiones arbitrales considera que el derecho aplicable puede ser libremente determinado por el tribunal, en función de la calificación de los problemas jurídicos presentados ante él.[28]

El segundo inciso del artículo 42 del Convenio establece la obligación del tribunal de pronunciarse sobre la controversia, incluso ante *"la oscuridad o silencio de la ley"*. Es ampliamente aceptado que los tribunales CIADI deben pronunciarse sobre todas las

---

23. SCHREUER, Christoph, Art. 42, ¶ 206.
24. SCHREUER, Christoph, Art. 42, ¶¶ 214-230.
25. SCHREUER, Christoph, Art. 42, ¶¶ 239-244.
26. *Klöckner c. Camerún*, Caso CIADI N. ARB/81/2, Laudo de 21 de octubre de 1983, ¶¶ 104-106; *Amco Asia Corporation et al. c. La República de Indonesia*, Caso CIADI N. ARB/81/1, Decisión de anulación, 16 de mayo de 1986 ¶¶ 20-22.
27. REISMAN Michael, ARSAJANI Manoush, 'Chapter 1: Applicable Law Under the ICSID Convention: The Tortured History of the Interpretation of Article 42', in M. Kinnear, G. R. Fischer et al. (Ed.). *Building International Investment Law: The First 50 Years of ICSID*, Kluwer Law International, 2015.
28. SASSON Monique, "Chapter 2: Article 42 of the ICSID Convention and the Relationship Between International Law and Municipal Law", *Substantive Law in Investment Treaty Arbitration: The Unsettled Relationship between International Law and Municipal Law* (Second Edition), International Arbitration Law Library, Volume 21, p. 70-71; GAILLARD Emmanuel, BANIFATEMI Yas, "The Meaning of "and" in Article 42(1), Second Sentence, of the Washington Convention: The Role of International Law in the ICSID Choice of Law Process", *ICSID Review* (2003).

cuestiones presentadas por las partes, sin poder oponer las eventuales incongruencias del derecho aplicable. De hecho, las reglas del derecho aplicable con base en el primer inciso del artículo 42 del Convenio son consideradas como suficientemente amplias para evitar que los tribunales se encuentren en una situación de carencia total de herramientas jurídicas aplicables a la controversia.[29]

El tercer inciso del artículo 42 del Convenio prevé la posibilidad de que el tribunal decida la controversia *ex aequo et bono*, siempre y cuando las partes así lo decidan expresamente. En otras palabras, el Convenio ofrece la posibilidad de que la disputa sea decidida con base en consideraciones equitativas, que no hagan formalmente parte del cuerpo de reglas jurídicas aplicables al litigio. Se admite que el acuerdo entre las partes de que la controversia sea decidida *ex aequo et bono* no cubra necesariamente la totalidad de la controversia y porte únicamente sobre ciertos aspectos.[30] Igualmente, la posibilidad de decidir *ex aequo et bono* tampoco le ofrece al tribunal una discreción absoluta sobre los principios aplicables a la controversia, ya que su decisión debe basarse en elementos objetivos y racionales.[31]

4. LAS MEDIDAS PROVISIONALES

Los tribunales constituidos bajo los auspicios del CIADI disponen de la potestad de recomendar medidas provisionales bajo el artículo 47 del Convenio[32] y la Regla 39 del Reglamento de Arbitraje.[33]

La práctica arbitral se ha encargado de especificar los contornos de la atribución de recomendación de medidas provisionales. Las decisiones arbitrales han determinado el alcance de las medidas provisionales cobijadas por el artículo 47 del Convenio, así como los criterios de su aplicación y el objeto de tales medidas. Además, algunos tribunales se han pronunciado sobre las consecuencias del incumplimiento de las medidas provisionales recomendadas.

El Reglamento Enmendado propone en su Regla 47 una reformulación de la actual Regla 39, especificando la naturaleza de las medidas provisionales que pueden ser solicitadas al tribunal, los criterios que deben ser tomados en cuenta por el tribunal para recomendar tales medidas y el procedimiento de solicitud de medidas provisionales.[34]

4.1 La naturaleza y el alcance de las medidas provisionales

El artículo 47 del Convenio y la Regla 39 del Reglamento de Arbitraje hacen referencia a la potestad de los tribunales de *recomendar* medidas provisionales. La

---

29. SCHREUER, Christoph, Art. 42, ¶ 247.
30. SCHREUER, Christoph, Art. 42, ¶¶ 256, 261.
31. SCHREUER, Christoph, Art. 42, ¶ 272.
32. Convenio CIADI, Art. 47.
33. Reglamento de Arbitraje CIADI, Regla 39.
34. Proyecto de Reglamento Enmendado, Art. 47. *Ver también* Secretaría del CIADI, *Propuesta de Enmiendas a las Reglas del CIADI*, v. 3, 2 de agosto de 2018, ¶¶ 476-492.

formulación de estos artículos fue objeto de debate entre los redactores del Convenio, quienes querían evitar que el ordenamiento de medidas provisionales fuese considerado como una restricción al poder soberano de los Estados demandados en el marco de un arbitraje bajo los auspicios del Convenio.[35]

Si bien los redactores del Convenio prefirieron conservar la referencia a las *recomendaciones* en materia de medidas provisionales, las decisiones arbitrales han interpretado las decisiones relativas a estas medidas como decisiones vinculantes para las partes al procedimiento arbitral. En efecto, los tribunales en los casos *Maffezini c. España*,[36] *Tokios Tokelés c. Ucrania*,[37] y *Occidental c. Ecuador*[38] confirmaron el carácter vinculante de las decisiones en materia de medidas provisionales. No obstante, puesto que las decisiones sobre medidas provisionales no son pronunciadas bajo la forma de laudos, su ejecución no está sujeta a las reglas de ejecución de los laudos previstas en la sección 6 del Convenio.[39]

Las medidas provisionales consideradas en el artículo 47 del Convenio tienen por objeto la salvaguarda de los derechos de las partes. En efecto, en virtud de la Regla 39(1) del Reglamento de Arbitraje, la solicitud de medidas provisionales debe indicar los derechos que la parte solicitante busca preservar por medio de éstas.

Si bien las partes que han recurrido al mecanismo de solicitud de medidas provisionales bajo el Convenio han fundado sus solicitudes en los derechos a salvaguardar que fueron anticipados por los redactores del Convenio, otros tipos de derechos han dado lugar a solicitudes de medidas provisionales, expandiendo así el alcance de las medidas provisionales en el marco del sistema de arbitraje CIADI. Entre los derechos presentados por las partes en sus solicitudes se encuentran el derecho a la no agravación de la controversia, el derecho a la no-frustración de la ejecución del eventual laudo, los derechos procesales y los derechos en juego en la disputa.[40]

Con respecto a las características de las medidas provisionales, éstas son, por definición, de naturaleza temporal, por lo que se recomienda que se otorguen por un período determinado. Además, por su naturaleza temporal, dejan de surtir efecto en el momento en el que el tribunal dicte un laudo u ordene la terminación del procedimiento arbitral. Tampoco tienen efectos de *res judicata*, pudiendo ser modificadas o revocadas en cualquier momento, tal como lo prevé el artículo 39(3) del Reglamento.[41]

---

35. SCHREUER, Christoph, Art. 47, ¶ 15.
36. *Emilio Agustín Maffezini c. El Reino de España*, Caso CIADI N. ARB/97/7, Decisión sobre medidas provisionales (Orden Procesal N. 2) del 28 de octubre de 1999, ¶ 9.
37. *Tokios Tokelés c. Ucrania*, Caso CIADI N. ARB/02/19, Orden Procesal N. 1 del 1 de julio de 2003, ¶ 4.
38. *Occidental Petroleum Corporation y Occidental Exploration and Production Company c. la República de Ecuador*, Caso CIADI N. ARB/06/11, Decisión sobre medidas provisionales del 17 de agosto de 2007, ¶ 58.
39. KAUFMANN-KOHLER Gabrielle, ANTONIETTI Aurélia, "Interim Relief in International Investment Agreements", in YANNACA-SMALL Katia (Ed.). *Arbitration under international investment agreements: a guide to key issues*, Oxford University Press, 2010, p. 546. Ver también, *RSM Production Corporation c. Santa Lucía*, Caso CIADI N. ARB/12/10, Decisión de anulación del 29 de abril de 2019, ¶ 174.
40. SCHREUER, Christoph, Art. 47, ¶ 75.
41. SCHREUER, Christoph, Art. 47, ¶¶ 58-59.

La Regla 47(1) del Proyecto de Reglamento Enmendado propone una lista no exhaustiva de medidas provisionales que pueden ser solicitadas por las partes, teniendo en cuenta los límites de ciertas medidas provisionales ante el poder soberano de los Estados parte a la disputa.[42]

4.2 El objeto de las medidas solicitadas

Ni el Convenio ni el Reglamento prevén el tipo de medidas que pueden ser solicitadas a título provisional. De este modo, las decisiones arbitrales ilustran una variedad de medidas que pueden ser clasificadas en las siguientes categorías en función de su objeto:

I) Asegurar la cooperación entre las partes al procedimiento y la administración de la prueba: Algunas solicitudes han buscado la preservación de documentos obtenidos por la parte demandada posteriormente a la nacionalización de una empresa de la demandante,[43] la obtención de garantías de acceso a documentos presentados a la contraparte[44] y de garantías de presentación de testimonios,[45] o la exhibición de documentos.[46]

ii) Asegurar la ejecución de un eventual laudo y la obtención de garantías financieras: En particular, algunas partes demandantes han buscado asegurar que su contraparte dispone de fondos suficientes para cubrir los montos que podría ser eventualmente condenada a pagar.[47] La solicitud de garantías financieras, especialmente las garantías de costas, también ha sido utilizada por las partes demandadas para intentar poner a prueba la solidez de los reclamos de la parte demandante.[48]

iii) Salvaguardar la jurisdicción del tribunal y prevenir o suspender los múltiples recursos ante diferentes foros con respecto a la misma controversia. Decisiones arbitrales han reconocido que la protección de su jurisdicción, cuya exclusividad está prevista en el artículo 26 del Convenio, puede ser el objeto de solicitudes de medidas provisionales, garantizando de ese modo la protección de los derechos procesales de las partes.[49] Con el fin de limitar los riesgos de decisiones contradictorias y, en particular, de respetar la exclusividad del arbitraje CIADI prevista en el artículo 26 del Convenio,

---

42. Proyecto de Reglamento Enmendado, Regla 47(1); Secretaría del CIADI, *Propuesta de Enmiendas a las Reglas del CIADI*, v. 3, 2 de agosto de 2018, ¶¶ 480-481.
43. *AGIP S.p.A. c. la República Popular del Congo*, Caso CIADI N. ARB/77/1, Laudo del 30 de noviembre de 1979, ¶¶ 7-9. Ver también, *Biwater Gauff (Tanzania) Limited c. Tanzania*, Caso CIADI N. ARB/05/22, Orden Procesal N. 1 del 31 de marzo de 2006.
44. *Vacuum Salt c. Ghana*, Caso CIADI N. ARB/92/1, Decisión sobre medidas provisionales del 14 de junio de 1993 y Laudo del 16 de febrero de 1994 ¶ 16.
45. *Sempra Energy International c. la República Argentina*, Caso CIADI N. ABR/02/16, Laudo del 28 de septiembre de 2007, ¶ 37.
46. *Biwater Gauff (Tanzania) Limited c. Tanzania*, Caso CIADI N. ARB/05/22, Orden Procesal N. 1 del 31 de marzo de 2006. ¶¶ 99-100.
47. *Atlantic Triton Company Limited c. la República Popular Revolucionaria de Guinea*, citado en SCHREUER, Christoph, *The ICSID Convention: A Commentary*, Artículo 47, ¶ 91.
48. *Emilio Agustín Maffezini c. el Reino de España*, Caso CIADI N. ARB/97/7, Orden Procesal N. 2 (Decisión sobre medidas provisionales) del 28 de octubre de 1999; *RSM Production Corporation c. Santa Lucía*, Caso CIADI N. ARB/12/10, Decisión sobre la solicitud de garantía de costas de Santa Lucía, 13 de agosto de 2014.
49. *Tokios Tokelés c. Ucrania*, Caso CIADI N. ARB/02/18, Orden Procesal N. 3 del 18 de enero de 2005, ¶ 7; *Burlington Resources, Inc. c. la República de Ecuador*, Caso CIADI N. ARB/08/5, Orden Procesal N. 1 del 29 de junio de 2009, ¶ 57; *CEMEX Caracas Investments B.V. y CEMEX Caracas II Investments B.V. c. la República Bolivariana de Venezuela*, Caso CIADI N. ABR/08/15, Decisión sobre la solicitud de medidas provisionales de la Demandante del 3 de marzo de 2010, ¶ 69; *Churchill Mining y Planet Mining Pty Ltd. c. la República de Indonesia*, Caso CIADI N. ARB/12/40 y 12/14, Orden Procesal N. 9 del 8 de julio de 2014, ¶ 83.

gran parte de las solicitudes de medidas provisionales versan sobre la prohibición, suspensión o terminación de procedimientos paralelos ante distintos foros.[50]

iv) Prevenir una agravación general de la situación por medio de actos unilaterales. Las medidas provisionales también han sido empleadas en el marco de procedimientos arbitrales para intentar evitar la agravación de la controversia. Por ejemplo, algunos tribunales han recomendado evitar la toma de decisiones que podrían contravenir a la ejecución del contrato objeto de la disputa,[51] o la publicación de artículos o anuncios en la prensa que podrían agravar o extender la disputa.[52]

v) Preservar la confidencialidad del procedimiento arbitral. Si bien en dos casos públicos fueron solicitadas medidas provisionales cuyo objetivo tendía a proteger la confidencialidad de los procedimientos, ambos tribunales concluyeron que ni el Convenio ni el Reglamento de Arbitraje prevén un principio general de confidencialidad que justifique medidas provisionales de dicha naturaleza.[53]

4.3 Las condiciones para la recomendación de medidas provisionales

Generalmente se considera que la recomendación de medidas provisionales está sujeta a la satisfacción de las siguientes condiciones:

i. la urgencia;

ii. la necesidad, resultado de un riesgo inminente de daño irreparable;

iii. la competencia *prima facie* del tribunal;

iv. la existencia *prima facie* de un derecho susceptible de ser protegido por medio de medidas provisionales.

A pesar de que el Convenio y el Reglamento de Arbitraje no presentan la urgencia y la necesidad como condiciones formales para las solicitudes de medidas provisionales, es usual en la práctica arbitral considerar la inminencia de un daño irreparable.

Algunos tribunales han establecido que la recomendación de medidas provisionales supone que las partes se encuentren en un escenario de urgencia ante un riesgo de daño inminente.[54] De manera general, los tribunales CIADI han adoptado una interpretación

---

50. *Maritime International Nominees Establishment (MINE) c. la República de Guinea*, Caso CIADI N. ARB/84/4, Laudo del 6 de enero de 1988; *CSOB c. la República de Eslovaquia*, Caso CIADI N. ARB/97/4, Orden Procesal No 4 del 11 de enero de 1999 y Orden Procesal N. 5 del 1 de marzo de 2000; *Perenco Ecuador Limited c. la República de Ecuador y la Empresa Estatal Petróleos del Ecuador*, Caso CIADI N. ABR/08/6, Decisión sobre medidas provisionales, 8 de mayo de 2009, ¶¶ 61-62; *Tokios Tokelés c. Ucrania*, Orden Procesal N. 1, 1 de julio de 2003, ¶ 1; *Plama Consortium Limited c. la República de Bulgaria*, Orden sobre medidas provisionales, 6 de septiembre de 2005, ¶ 2; *Duke Energy International Peru Investments c. la República de Perú*, Caso CIADI N. ARB/03/28, Decisión sobre jurisdicción, 1 de febrero de 2006, ¶¶ 15-18.
51. *Holiday Inns S.A. y otros c. el Reino de Marruecos*, Caso CIADI N. ARB/72/1, Decisión sobre medidas provisionales del 2 de julio de 1972, citado en SCHREUER, Christoph, *The ICSID Convention: A Commentary*, Artículo 47, ¶ 136.
52. *Amco Asia Corporation y otros c. la República de Indonesia*, Caso CIADI N. ABR/81/1, Decisión sobre medidas provisionales del 9 de diciembre de 1983, ¶ 1.
53. *World Duty Free Company c. la República de Kenya*, Caso CIADI N. ARB/00/7, Decisión sobre la solicitud de medidas provisionales de la Demandada del 25 de abril de 2001 citada en el Laudo del 4 de octubre de 2006, ¶ 16.
54. *Plama Consortium Limited c. la República de Bulgaria*, Caso CIADI No, ARB/03/24, Orden sobre medidas provisionales del 6 de septiembre de 2005, ¶ 38; *Perenco Ecuador Limited c. la República de Ecuador y la Empresa*

estricta del riesgo de un daño irreparable.[55] Ante la ausencia de una definición de la noción de urgencia, los tribunales han coincidido en afirmar que ésta debe ser analizada con respecto a las circunstancias específicas de cada caso.[56] En otros casos, se ha considerado que el criterio de urgencia se configura por el simple objeto de las medidas provisionales solicitadas. En efecto, algunos tribunales han considerado que el objetivo de prevención de la agravación de la disputa de la solicitud de medidas provisionales es suficiente para demostrar la existencia de la urgencia.[57]

La condición de necesidad ha sido apreciada por los tribunales con base en la existencia un riesgo inminente de daño irreparable. Las decisiones arbitrales han hecho recurrentemente referencia a la existencia de un riesgo inminente de daño, al considerar las solicitudes de medidas provisionales.[58] Incluso algunos tribunales han considerado que el riesgo de daño debe ser apreciado con respecto a los derechos de ambas partes.[59] En otro sentido, el tribunal en *City Oriente c. Ecuador* consideró que el riesgo inminente de un daño irreparable no suponía una condición para la recomendación de medidas provisionales.[60]

Además, en varias ocasiones, las medidas provisionales han sido solicitadas antes o durante el proceso de constitución del tribunal, o previamente a una decisión del tribunal sobre su jurisdicción.[61] Siguiendo las decisiones de la Corte Internacional de Justicia, los tribunales han considerado que la competencia *prima facie* sobre los méritos del caso es suficiente para confirmar sus poderes de recomendación de medidas provisionales.[62]

Estatal Petróleos del Ecuador, Caso CIADI N. ABR/08/6, Decisión sobre medidas provisionales del 8 de mayo de 2009, ¶ 43; *Victor Pey Casado y Fundación del Presidente Allende c. la República de Chile (I)*, Caso CIADI N. ARB/98/2, Decisión sobre medidas provisionales del 25 de septiembre de 2001, ¶ 5; *Occidental Petroleum Corporation y Occidental Exploration and Production Company c. la República de Ecuador*, Caso CIADI N. ARB/06/11, Decisión sobre medidas provisionales del 17 de agosto de 2007, ¶ 61.

55. KAUFMANN-KOHLER Gabrielle, ANTONIETTI Aurélia, "Interim Relief in International Investment Agreements", in YANNACA-SMALL Katia (ed.), *Arbitration under international investment agreements: a guide to key issues*, Oxford University Press, 2010, p. 541.
56. *Biwater Gauff (Tanzania) Limited c. Tanzania*, Caso CIADI N. ARB/05/22, Orden Procesal N. 1 del 31 de marzo de 2006, ¶ 76.
57. *City Oriente Limited c. la República de Ecuador y Empresa Estatal Petróleos del Ecuador*, Caso CIADI N. ARB/06/21, Decisión sobre medidas provisionales del 19 de noviembre de 2007, ¶ 69; *Burlington Resources, Inc. c. la República de Ecuador*, Caso CIADI N. ARB/08/5, Orden Procesal N. 1 del 29 de junio de 2009, ¶ 74.
58. *Tokios Tokelés c. Ucrania*, Caso CIADI N. ARB/02/18, Orden Procesal N. 3 del 18 de enero de 2005, ¶ 8; *Occidental Petroleum Corporation y Occidental Exploration and Production Company c. la República de Ecuador*, Caso CIADI N. Decisión sobre medidas provisionales de 17 de agosto de 2007, ¶¶ 92-94;
59. *Occidental Petroleum Corporation y Occidental Exploration and Production Company c. la República de Ecuador*, Decisión sobre medidas provisionales de 17 de agosto de 2007, ¶ 93.
60. *City Oriente Limited c. la República de Ecuador y Empresa Estatal Petróleos del Ecuador*, Caso CIADI N. ARB/06/21, Decisión sobre la revocación de medidas provisionales del 13 de mayo de 2008, ¶¶ 81-83.
61. SCHREUER, Christoph, Art. 47, ¶ 47.
62. *Military and Paramilitary Activities in and against Nicaragua (Nicaragua v. United States of America)*, Order – Request for the indication of provisional measures, 10 de mayo de 1984, ¶ 24; *Occidental c. Ecuador*, Decisión sobre medidas provisionales de 17 de agosto de 2007, ¶ 55; *Victor Pey Casado y Fundación del Presidente Allende c. la República de Chile (I)*, Caso CIADI N. ARB/98/2, Decisión sobre Medidas Provisionales, 25 de septiembre de 2001, ¶ 8.

Además de las condiciones mencionadas anteriormente, el análisis de proporcionalidad de las solicitudes de medidas provisionales ha sido considerado como un elemento determinante. Así, algunos tribunales han evaluado el impacto de las medidas provisionales solicitadas, que podrían interferir con el poder soberano de los Estados, particularmente con respecto a procedimientos penales o administrativos iniciados contra el inversionista en el plano doméstico.[63]

La regla 47(3) del Reglamento Enmendado expone las consideraciones que deben ser tomadas en cuenta por el tribunal al analizar la solicitud de medidas provisionales. Además, en virtud de la regla 47(2) del Proyecto de Reglamento Enmendado, el tribunal deberá considerar si las medidas son urgentes y necesarias, así como el efecto que puedan tener en cada una de las partes. Igualmente, este proyecto de artículo establece el procedimiento que deben seguir las partes y el tribunal para la solicitud de medidas provisionales y su determinación.

4.4 La consecuencia del incumplimiento de las medidas dictadas

Ni el Convenio ni el Reglamento de Arbitraje prevén consecuencias específicas por el incumplimiento de las medidas provisionales recomendadas por el tribunal. Sin embargo, los tribunales tienden a tomar en cuenta tal incumplimiento en la fase del análisis de los méritos del caso, expresa o tácitamente.[64] Por ejemplo, el tribunal en el caso *MINE c. Guinea* mencionó expresamente en su decisión sobre medidas provisionales las inferencias que haría derivadas del incumplimiento de las medidas provisionales recomendadas.[65]

Una amplia mayoría de tribunales han reconocido el valor vinculante de tales medidas, buscando garantizar así sus efectos, en una mayor o menor medida.[66]

5. EL PROCEDIMIENTO ARBITRAL

5.1 Los plazos del procedimiento arbitral

Una vez concluida la fase inicial, el procedimiento arbitral consiste generalmente en dos fases: una escrita y una oral.[67]

---

63. STERN Brigitte, "Chapter 45: Interim/Provisional Measures", in KINNEAR Meg, FISCHER Geraldine, et al. (Ed.). *Building International Investment Law: The First 50 Years of ICSID*, Kluwer Law International, 2015, p. 631-632.
64. SCHREUER, Christoph, Art. 47, ¶¶ 31-32.
65. *Maritime International Nominees Establishment (MINE) c. la República de Guinea*, Caso CIADI N. ARB/84/4, Decisión sobre medidas provisionales del 4 de diciembre de 1985, citado en SCHREUER, Christoph, *The ICSID Convention: A Commentary*, Artículo 47, ¶ 35.
66. *Emilio Agustín Maffezini c. El Reino de España*, Caso CIADI N. ARB/97/7, Decisión sobre medidas provisionales (Orden Procesal N. 2) del 28 de octubre de 1999, ¶ 9; *Tokios Tokelés c. Ucrania*, Orden Procesal N. 1 del 1 de julio de 2003, ¶ 4; *City Oriente Limited c. la República de Ecuador y Empresa Estatal Petróleos del Ecuador*, Caso CIADI N. ARB/06/21, Decisión sobre medidas provisionales del 19 de noviembre de 2007, ¶ 52; *Perenco Ecuador Limited c. la República de Ecuador y la Empresa Estatal Petróleos del Ecuador*, Caso CIADI N. ABR/08/6, Decisión sobre medidas provisionales del 8 de mayo de 2009, ¶ 74; *Valle Verde Sociedad Financiera S.L. c. la República Bolivariana de Venezuela*, Caso CIADI N. ARB/12/18, Decisión sobre medidas provisionales del 25 de enero de 2016, ¶ 75; *Hope Services c. Camerún*, Caso CIADI N. ARB/20/2, Orden procesal N. 4 del 12 de mayo de 2021, ¶ 28.
67. Reglamento de Arbitraje CIADI, Regla 29.

Estas dos fases del procedimiento suceden a la fase inicial que comprende el envío de la solicitud de arbitraje al Secretario General del Centro,[68] la constitución del tribunal y la primera sesión entre las partes y el tribunal.[69] Esta fase inicial se extiende generalmente durante 6 a 8 meses.

Durante la fase escrita del procedimiento, las partes generalmente intercambian escritos: un memorial de demanda de la demandante, un memorial de contestación de la demandada, un memorial de réplica de la demandante y un memorial de dúplica de la demandada.[70] Bajo el Reglamento de Arbitraje, los memoriales de réplica y de dúplica son únicamente incluidos en el calendario procesal si las partes así lo acuerdan o si el tribunal lo considera necesario. Sin embargo, el Reglamento Enmendado presenta una evolución con respecto al actual Reglamento de Arbitraje ya que impone, en principio, el intercambio de dichos memoriales, salvo acuerdo contrario de las partes.[71] Frecuentemente, el intercambio de escritos se reparte en dos rondas, entre las cuales se lleva a cabo un proceso de exhibición de documentos. La fase escrita tarda, generalmente, alrededor de 15 a 21 meses.

La fase oral del procedimiento comprende una o varias audiencias durante las cuales el tribunal oye a las partes, a sus abogados, y a los testigos y peritos.[72] Las audiencias son la oportunidad para las partes de poner a prueba la solidez de los testimonios y pruebas periciales presentados por la contraparte, a través de un contra-interrogatorio.

El Reglamento Enmendado propone la inclusión de un procedimiento arbitral expedito que no existe actualmente bajo el Reglamento de Arbitraje. El Capítulo XII del Proyecto de Reglamento Enmendado propone las reglas aplicables al procedimiento acelerado. En virtud de dicho capítulo, los procedimientos expeditos se rigen por plazos determinados y se prevé que su duración se extienda por cerca de 16 meses.

5.2   La Bifurcación del procedimiento arbitral

Ciertos eventos procesales pueden alargar en mayor o menor medida el calendario procesal. En particular, las excepciones procesales pueden dar lugar a un incremento de los plazos del procedimiento.[73]

Entre las excepciones preliminares autorizadas por el Reglamento de Arbitraje se encuentran las solicitudes de bifurcación del procedimiento por medio de las cuales las partes solicitan al tribunal tratar preliminarmente ciertas cuestiones de la controversia, antes de analizar otros aspectos de la misma. Generalmente las partes solicitan que la jurisdicción sea analizada durante una primera fase. En caso de declinar su competencia, el tribunal da por terminado el procedimiento. En caso contrario, el procedimiento

---

68. Convenio CIADI, Art. 36.
69. Ver Gráfica 1 *infra*. *Ver también* Proyecto de Reglamento de Arbitraje Enmendado, Regla 29.
70. Reglamento de Arbitraje CIADI, Regla 31.
71. Proyecto de Reglamento de Arbitraje Enmendado, Regla 30.
72. Reglamento de Arbitraje CIADI, Regla 32; Proyecto de Reglamento de Arbitraje Enmendado, Regla 32.
73. Reglamento de Arbitraje CIADI, Regla 41.

continúa en una segunda fase relativa a la responsabilidad y a los daños. Un análisis de las decisiones arbitrales recientes muestra que las solicitudes de bifurcación son usuales en los arbitrajes CIADI: entre el 1 de enero de 2016 y el 31 de diciembre de 2018, de los treinta y ocho casos en el marco de los cuales fue emitido un laudo, doce casos conocieron decisiones sobre solicitudes de bifurcación.[74] De hecho, el recurso a esta excepción preliminar dio lugar a la inclusión de la Regla 42 en el Proyecto de Reglamento Enmendado que dispone un procedimiento específico en caso de presentación de una solicitud de bifurcación.[75]

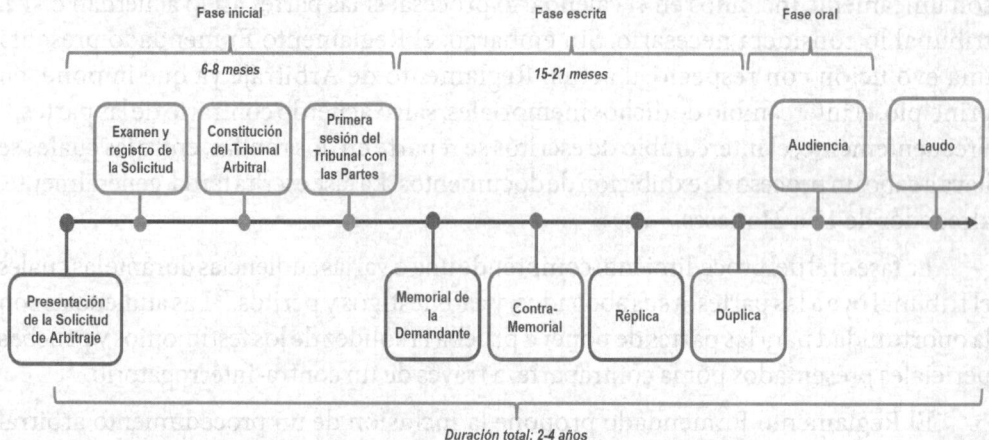

Gráfica 1 – Cronograma tipo de un procedimiento arbitral CIADI

6. EL LAUDO ARBITRAL Y SU CONTENIDO

El laudo arbitral es el acto con el que normalmente se pone fin al proceso. El artículo 53 del Convenio consagra la finalidad del laudo al disponer que éste "será obligatorio para las partes y no podrá ser objeto de apelación ni de cualquier otro recurso" y que "las partes lo acatarán y cumplirán en todos sus términos".[76]

El artículo 48 del Convenio dispone los requisitos formales que el laudo debe cumplir. De acuerdo con esta disposición, el laudo debe "dictarse por escrito y [llevar] la firma de los miembros del tribunal que hayan votado a su favor [...], la declaración sobre todas las pretensiones sometidas por las partes al tribunal y será motivado".[77] Además, la Regla 47 de del Reglamento amplía los requisitos generales contenidos en el Convenio, estableciendo una lista de requisitos formales que deben figurar en el laudo.[78] El laudo

---

74. GREENWOOD Lucy, Revisiting Bifurcation and Efficiency in International Arbitration Proceedings. *Journal of International Arbitration*, v. 36, n. 4, p. 424, 2019.
75. Proyecto de Reglamento de Arbitraje Enmendado, Regla 42. *Ver también*, Secretaría del CIADI, *Propuesta de Enmiendas a las Reglas del CIADI*, v. 3, 2 de agosto de 2018, ¶¶ 390-404.
76. Convenio CIADI, Art. 53.
77. Convenio CIADI, Art. 48.
78. Reglamento de Arbitraje CIADI, Regla 47. La propuesta de modificaciones al Reglamento de Arbitraje en CIADI no contempla mayores cambios en el contenido del laudo. Se incluye en el inciso h) que el tribunal debe incluir junto al breve resumen de las partes, las peticiones que éstas le hayan dirigido.

debe contener "un resumen del procedimiento" y un "resumen de los hechos, a juicio del tribunal". También debe contener un resumen de "las pretensiones de las partes" e incluir la "decisión [...] sobre cada cuestión que le haya sido sometida [al tribunal arbitral], junto con las razones en que funda su decisión" así como una decisión "sobre las costas procesales". Estos requisitos también deben cumplirse cuando una Comisión *ad hoc* dicta su decisión sobre una solicitud de anulación, como veremos más adelante en la sección 9.

Tanto el Convenio como el Reglamento de Arbitraje reconocen expresamente que los árbitros pueden emitir opiniones disidentes en caso que lo consideren pertinente.[79]

A diferencia de otros artículos del Convenio y del Reglamento de Arbitraje que permiten que las partes pacten en contrario, los artículos que regulan los requisitos del laudo arbitral son de aplicación obligatoria: dichos requisitos no pueden ser dispensados o modificados por las partes. El único aspecto sobre el cuál las partes pueden tomar alguna decisión es sobre la publicación del laudo.[80]

Cabe detenerse en algunos requisitos del laudo cuyo incumplimiento puede acarrear la nulidad. Como anticipamos, el artículo 48(3) del Convenio dispone que el laudo "contendrá declaración sobre todas las pretensiones sometidas por las partes al tribunal y será motivado".[81] Este inciso del artículo 48 contiene dos requisitos: (i) la obligación de responder a todas las pretensiones sometidas por las partes, y (ii) la obligación de dictar un laudo motivado.

Estos dos requisitos están entrelazados y su falta de cumplimiento es usualmente invocada como causal de nulidad de acuerdo con lo dispuesto en el Artículo 52(1) literales (e) y (d) del Convenio, que reza: "[c]ualquiera de las partes podrá solicitar la anulación del laudo [cuando] hubiere quebrantamiento grave de una norma de procedimiento [o] no se hubieren expresando en el laudo los motivos en que se funde".[82] No obstante, las Comisiones *ad hoc*, quienes están encargadss de resolver las solicitudes de anulación (artículo 52(3) del Convenio), han aclarado que la obligación de dictar un laudo motivado no significa que el tribunal deba responder todos y cada uno de los argumentos que las partes presenten durante el arbitraje. Lo que el tribunal debe hacer es decidir cada uno de los *reclamos* que le son presentados.[83] Por ejemplo, una Comisión *ad hoc* consideró, sin ambigüedad alguna, que "los tribunales no tienen la

---

79. Convenio CIADI, Art. 48(4).
80. Convenio CIADI, Art. 48(5).
81. Convenio CIADI, Art. 48(3).
82. Convenio CIADI, Art. 52.
83. REED Lucy, PAULSSON Jan, et.al, *Guide to ICSID Arbitration*: Kluwer Law International, 2010, p. 152; ver también *Infrastructure Services Luxembourg S.a.r.l. and Energía Termosolar B.V. c. el Reino de España*, Caso CIADI N. ARB/13/31, Decisión de Anulación del 30 de julio de 2021, ¶ 232 ("Further, the Committee accepts the Claimant's submissions that a tribunal is not required to state every reason explicitly, nor is it required to address all the parties' arguments individually. Rather, the Committee takes the same view as that in Teinver; that an award must be considered in its entirety when assessing whether the tribunal has provided reasons for its decisions").

obligación de abordar todos los argumentos, sino que deberían tratar los argumentos determinantes del resultado".[84]

El razonamiento del tribunal arbitral debe ceñirse a resolver las solicitudes que han sido presentadas por las partes y debe evitar la ausencia de razonamiento, un razonamiento contradictorio, insuficiente, inadecuado o frívolo, o un razonamiento implícito. En la siguiente sección se considerará en más detalle los motivos que se pueden invocar para anular un laudo cuando éste no cumpla con lo dispuesto por el artículo 48.

7. RECURSOS CONTRA LOS LAUDOS ARBITRALES

La Sección V del Convenio propone tres remedios o recursos que pueden presentarse frente a un laudo: la aclaración del laudo (8.1), su revisión (8.2) y su anulación (8.3).

7.1 Aclaración

El artículo 50 del Convenio CIADI dispone que "[s]i surgiere una diferencia entre las partes acerca del sentido o alcance del laudo, cualquiera de ellas podrá solicitar su aclaración".[85] El Convenio no estipula un plazo para la presentación de una solicitud de interpretación. El solicitante puede presentar la solicitud ante el Secretario General. La solicitud de interpretación deberá especificar los puntos que deben aclararse. El artículo 50 dispone que "[d]e ser posible, la solicitud deberá someterse al mismo tribunal que dictó el Laudo" y si no fuere posible, "se constituirá un nuevo tribunal".

7.2 Revisión

El artículo 51 del Convenio dispone que cualquiera de las partes puede solicitar que se revise o modifique un Laudo únicamente si se descubre "algún hecho que hubiera podido influir decisivamente en el laudo" y que "hubiere sido desconocido por el tribunal" al momento de dictar el laudo.[86] El solicitante debe demostrar que el hecho es efectivamente nuevo y que era desconocido para el tribunal y el solicitante. Además, debe demostrar que el desconocimiento del hecho no se debió a una negligencia. La solicitud de revisión debe incluir la solicitud específica de modificación que se pretende.[87]

Las partes pueden solicitar la revisión del laudo al Secretario General en un plazo de 90 días tras el descubrimiento del hecho y, en todo caso, de tres años tras la fecha del laudo. Al igual que en la solicitud de aclaración, la solicitud de revisión deberá someterse al mismo tribunal que dictó el laudo, de ser posible.

---

84. *Fábrica de Vidrios Los Andes, C.A. y Owens-Illinois de Venezuela, C.A. c. República Bolivaria de Venezuela*, Caso CIADI N. ARB/12/21, Decisión de Anulación del 22 de noviembre de 2019, ¶ 116.
85. Convenio CIADI, Art. 50.
86. Convenio CIADI, Art. 51.
87. REED, Lucy F., PAULSSON, Jan et.al. *Guide to ICSID Arbitration*: Kluwer Law International, 2010, p. 161.

7.3 Anulación

El proceso de anulación es una característica distintiva de los arbitrajes CIADI. Bajo otros reglamentos e instituciones, la revisión de un laudo usualmente debe tramitarse por tribunales estatales. No obstante, el artículo 52 del Convenio prevé un mecanismo de control interno del sistema del CIADI. El artículo 52 del Convenio dispone que "[c]ualquiera de las partes podrá solicitar la anulación del laudo mediante escrito dirigido al Secretario General"[88] fundamentándose en una o varias de las causas taxativas que enumeradas en el mismo artículo. A diferencia de las solicitudes de aclaración o revisión, las solicitudes de anulación no se someten al mismo tribunal que dictó el laudo, sino que deben presentare ante una "Comisión *ad hoc*" de tres miembros que se constituirá con el único fin de analizar la solicitud de anulación.

El artículo 52(1) del Convenio enumera de forma concisa las cinco causales por las que se puede anular un laudo. Estas causales son: (a) la incorrecta constitución del tribunal arbitral (8.3.1); (b) la extralimitación manifiesta del tribunal en sus facultades (8.3.2); (c) la corrupción de algún miembro del tribunal (8.3.3); (d) el quebrantamiento grave de una norma de procedimiento (8.3.4); o (e) la falta de motivación del laudo (8.3.5). La naturaleza taxativa de los motivos enunciados refuerza el principio de que el recurso de anulación es un recurso "extraordinario y estrechamente circunscrito".[89] Para preservar la eficiencia y la economía en el arbitraje de inversiones, la anulación se diseñó deliberadamente como un recurso limitado para salvaguardar los errores de procedimiento en el proceso de decisión.[90]

7.3.1 Incorrecta constitución del tribunal arbitral

El primer motivo del artículo 52 consiste en que "el tribunal se hubiere constituido incorrectamente". Esta causal trata de las situaciones en las que no se respete el acuerdo de las partes sobre el método de constitución del tribunal[91] o se incumplan los requisitos de

---

88. Convenio CIADI, Art. 52.
89. *Border Timber c. Zimbabwe*, Caso CIADI N. ARB/10/25, Decisión de Anulación del 21 de noviembre de 2018, ¶ 239 ("It is also clear from the language of Article 52, and it is well established in ICSID annulment partice, that annulment is an extraordinary remedy and not an appeal from the legal or factual findings of the arbitral tribunal"); ver también *Von Pezold y otros c. Zimbabwe*, Caso CIADI N. ARB/10/15, Decisión de Anulación del 21 de noviembre de 2018, ¶ 159.
90. SHIN, Hi-Taek, *Chapter 50: Annulment*, en KINNEAR Meg, FISCHER Geraldine et al. (Ed.). Buidling International Investment Law: The First 50 Years of ICSID: Kluwer Law International 2015, p. 699-700.
91. *Azurix Corp. c. la República Argentina (I)*, Caso CIADI N. ARB/01/12, Decisión de Anulación del 1 de septiembre de 2009, ¶ 279 ("Para ser más precisos, la causal de anulación del Artículo 52(1)(a) es que el tribunal se haya "constituido incorrectamente". El procedimiento para constituir el tribunal, incluido el procedimiento para recusar árbitros debido a la carencia manifiesta de las cualidades que exige el Artículo 14(1), está establecido por otras disposiciones del Convenio CIADI. Si los procedimientos establecidos por esas otras disposiciones del Convenio CIADI se han cumplido adecuadamente, el Comité considera que el tribunal ha sido correctamente constituido a los efectos del Artículo 52(1)(a)"); ver también EDF International S.A., SAUR International S.A. y León Participaciones Argentinas, S.A c. la República de Argentina, Caso CIADI N. ARB/03/23, Decisión de Anulación del 5 de febrero de 2016, ¶ 126.

nacionalidad o de otro tipo para que los árbitros puedan ser miembros del tribunal.[92] Sin embargo, no podrán invocar este causa de nulidad las partes que, aun teniendo conocimiento de una constitución indebida del tribunal, no plantean dicha cuestión oportunamente.[93]

El rol de la Comisión *ad hoc* no solo se limita a verificar si las disposiciones relativas a la constitución del tribunal se respetaron en el procedimiento original. También se extiende a cuestiones como la revisión de las decisiones de los tribunales sobre solicitudes de recusación de un miembro del tribunal arbitral.[94]

7.3.2 Extralimitación manifiesta de las facultades del tribunal arbitral

El alcance de las facultades de un tribunal se define a través del consentimiento de las partes, la ley aplicable y las cuestiones que las partes han sometido a la decisión de un tribunal. De acuerdo con el Convenio, sus redactores y las decisiones de anulación dictadas por las Comisiones *ad hoc*, un tribunal puede excederse en sus facultades en tres circunstancias. Primero, cuando el tribunal pretende ejercer una jurisdicción que no tiene o no ejerce la jurisdicción que sí tiene.[95] Segundo, cuando un tribunal no aplica la ley aplicable o acordada por las partes.[96] Tercero, cuando el tribunal decide acerca de cuestiones que no le han sido presentadas por las partes.[97] La extralimitación de facultades del tribunal debe ser "evidente por sí sola en lugar del producto de elaboradas interpretaciones en uno u otro sentido"[98] para que "la anulación sea un recurso disponible".[99]

---

92. *Victor Pey Casado y Fundación Presidente Allende c. la República de Chile (I)*, Caso CIADI N. ARB/98/2, Decisión de Anulación del 8 de enero de 2020, ¶ 189 et seq.
93. *Azurix Corp. c. República Argentina*, Caso CIADI N. ARB/01/12, Decisión de Anulación del 1 de septiembre de 2009, ¶ 291.
94. *Azurix Corp. c. República Argentina*, Caso CIADI N. ARB/01/12, Decisión de Anulación del 1 de septiembre de 2009, ¶¶ 272-284.
95. *Iberdrola Energía, S.A. c. República de Guatemala*, Caso CIADI N. ARB/09/05, Decisión de Anulación del 13 de enero de 2015, ¶ 80.
96. *SAUR International c. República de Argentina*, Caso CIADI N. ARB/04/4, Decisión de Anulación del 19 de diciembre de 2016, ¶ 167 ("*En primer lugar, tal como ha sido resumido por el Documento de Antecedentes sobre el Mecanismo de Anulación del CIADI, 'los redactores del Convenio del CIADI contemplaron la posibilidad de que se diera una extralimitación de facultades en la medida en que un Tribunal actuara más allá del alcance del acuerdo arbitral de las partes, resolviera sobre asuntos que las partes no hubieran sometido a su decisión, o no aplicara el derecho acordado por las partes'*"); *Gambrinus c. República Bolivariana de Venezuela*, Caso CIADI N. ARB/11/31, Decisión de Anulación del 3 de octubre de 2017, ¶ 163 ("*The ground of manifest excess of power is not merely limited to lack of jurisdicction. This ground of annulment is also applicable when the tribunal disregards the applicable law or grounds its decision in the award or a law other than the law applicable under Article 42 of the ICSID Convention*").
97. *Impregilo, S.P.A. c. República de Argentina*, Caso CIADI N. ARB/07/17, Decisión de Anulación del 24 de enero de 2014, ¶ 125 ("*El manifestó exceso de potestades podría ocurrir cuando un tribunal arbitral decide sobre cuestiones que no se le han planteado, cuando el tribunal no ha aplicado la ley correcta, o cuando no ha aplicado la ley que las partes han acordado. En estos casos debe considerarse que el exceso de potestades es 'manifiesto'*").
98. *Wena Hotels Ltd c. República Árabe de Egipto*, Caso CIADI N. ARB/98/4, Decisión de Anulación del 28 de enero de 2002, ¶ 25.
99. *CDC Group plc c. la República de Seychelles*, Caso CIADI N. ARB/02/14, Decisión de Anulación del 29 de junio de 2005, ¶ 41.

7.3.3 Corrupción de alguno de los miembros del tribunal arbitral

El artículo 52(1)(c) dispone que cualquiera de las partes podrá solicitar la anulación del laudo si "hubiere habido corrupción de algún miembro del tribunal".[100] A la fecha, esta causal no ha resultado en la anulación de ningún laudo.

7.3.4 Quebrantamiento grave de una norma de procedimiento

El concepto de quebrantamiento grave de una norma fundamental del procedimiento es un concepto amplio que incluye los principios básicos del debido proceso. Cuando las partes deciden invocar esta causal, deben indicar cuál es la norma fundamental afectada y definir con claridad cuál es el quebrantamiento grave que la Comisión *ad hoc* debe analizar.[101] Adicionalmente, este quebrantamiento debe cumplir con dos requisitos. Por un lado, debe ser grave y afectar una norma fundamental del procedimiento. Por otro lado, debe tener un impacto material sobre el resultado del laudo.[102]

Para que la invocación de esta causal sea exitosa, también es necesario que el solicitante haya reclamado la supuesta violación del procedimiento ante el tribunal tan pronto como surgió, a menos que no tuviera conocimiento de él o que no le fuera razonablemente posible invocarlo.[103]

7.3.5 Falta de motivación del laudo

El artículo 52(1)(e) del Convenio dispone que cualquiera de las partes podrá solicitar la anulación del laudo si el tribunal no expuso los motivos en los que basó su decisión. Las Comisiones *ad hoc* han considerado que, en un laudo fundamentado, las razones expuestas por el tribunal deben permitir a las partes seguir la línea de razonamiento. Se entiende entonces que los laudos no están motivados cuando el tribunal no expone las consideraciones en las que fundó su decisión, de tal modo que cualquier lector pueda comprenderlas y ceñirse a ellas.[104]

---

100. Convenio CIADI, Art. 52(1)(c).
101. *El Paso Energy International Company c. República de Argentina*, Caso CIADI N. ARB/03/15 Decisión de Anulación del 22 de septiembre de 2014, ¶¶ 267-268.
102. *Amco Asia Corporation, Pan American Devleopment Limited, y P.T. AMCO Indonesia (AMCO) c. República de Indonesia*, Caso CIADI N. ARB/81/1, Decisión sobre las Solicitudes de Anulación y Anulación Parcial del Laudo y de Anulación del Laudo Suplementario, 17 de diciembre de 1992, ¶¶ 9.05-9.10; ver también *El Paso Energy International Company c. República de Argentina*, Caso CIADI N. ARB/03/15 Decisión de Anulación del 22 de septiembre de 2014, ¶ 269.
103. *Perenco Ecuador Limited c. República de Ecuador*, Caso CIADI N. ARB/08/6, Decisión de Anulación del 28 de mayo de 2021, ¶ 139 ("The committee remarks that pursuant to Arbitration Rule 27, if a party is aware of a departure from a fundamental rule of procedure and does not positively oppose such violation, it waives its right to object it, and thereby to request the annulment on such basis. However, some violations of procedural rules may become visible only after the tribunal has rendered the award, and therefore, the concerned party is not estopped from requesting annulment on that basis").
104. *Teco Guatemala Holdings, LLC c. República de Guatemala*, Caso CIADI N. ARB/10/23, Decisión de anulación del 5 de abril de 2016, ¶ 87 ("Este comité considera que la anulación de un laudo por falta de motivación sólo

Es importante aclarar que este motivo de anulación "no puede invocarse para obtener la anulación sobre el fondo de un laudo por una motivación supuestamente incorrecta o poco convincente"[105] ya que esto implicaría que la Comisión *ad hoc* analice al fondo de la disputa y revise la decisión del tribunal, lo cual no es el objeto del recurso de anulación.

7.4 El proceso de anulación y sus fases

La parte interesada debe presentar la solicitud de anulación ante el Secretario General del CIADI dentro de los 120 días siguientes a la emisión del laudo. En los casos en los que se argumente que ha habido corrupción de algún miembro del tribunal, el plazo de 120 días "comenzará a computarse desde el descubrimiento del hecho", y en cualquier caso la solicitud "deberá presentarse dentro de los tres años siguientes a la fecha de dictarse el laudo".[106]

Luego de haberse registrado la solicitud, el Presidente del Consejo Administrativo debe constituir una Comisión *ad hoc* integrada por tres personas seleccionadas dentro de la Lista de Árbitros del CIADI.[107] Los miembros de la Comisión *ad hoc* deben cumplir con las cualidades generales necesarias para integrar la Lista de Árbitros[108] y además no podrán haber pertenecido al tribunal que dictó el laudo, ni ser de la misma nacionalidad que cualquiera de los miembros del tribunal o de las partes de la disputa. Tampoco podrán ser designadas por el Estado que sea parte en la diferencia o el Estado al que pertenezca el nacional que sea parte en la disputa.[109] Ninguna de estas personas puede haber actuado como conciliador en la misma disputa.[110]

Tras su constitución, la Comisión *ad hoc* aplicará, *mutatis mutandis*, las Reglas de Arbitraje para llevar a cabo el procedimiento de anulación.[111] Por lo tanto, existe una fase escrita en la que las partes intercambian escritos y posteriormente una audiencia oral que, por lo general, toma de uno a dos días y se limita a la presentación de argumentos orales.

---

puede ocurrir si el tribunal no expuso las consideraciones que fundaron su decisión de modo tal que cualquier lector pudiera comprenderlas y ceñirse a ellas").

105. *Teco Guatemala Holdings, LLC c. República de Guatemala*, Caso CIADI N. ARB/10/23, Decisión de anulación del 5 de abril de 2016, ¶ 87 citando a *Maritime International Nominees Establishment (MINE) c. Gobierno de Guinea*, Caso CIADI N. ARB/84/4, Decisión sobre Anulación Parcial del 22 de diciembre de 1989, ¶¶ 5.08-5.09 ("The Committee is of the opinion that the requirement that an award has to be motivated implies that it must enable the reader to follow the reasoning of the Tribunal on points of fact and law. It implies that, and only that. The adequacy of the reasoning is not an appropriate standard of review under paragraph (1)(e), because it almost inevitably draws an ad hoc Committee into an examination of the substance of the tribunal's decision, [...] In the Committee's view, the requirement to state reasons is satisfied as long as the award enables one to follow how the tribunal proceeded from Point A. to Point B. and eventually to its conclusion, even if it made an error of fact or of law").
106. Convenio CIADI, Art. 52.
107. Convenio CIADI, Arts. 12-16 y 52(3).
108. Convenio CIADI, Art. 14.
109. Convenio CIADI, Art. 52(3).
110. Convenio CIADI, Art. 52(3).
111. Reglamento de Arbitraje CIADI, Regla 53.

La Comisión *ad hoc* dispone de 120 días después de haber cerrado el procedimiento para emitir la decisión sobre la anulación.[112]

La Comisión *ad hoc* carece de jurisdicción para revisar el fondo del laudo original.[113] Por lo tanto, en su decisión la Comisión puede: (i) rechazar las causales de anulación; (ii) ratificar una o más causales de anulación respecto de una parte del lado, y en consecuencia anular parcialmente el laudo; (iii) ratificar una o más causales de anulación respecto de la totalidad del laudo, y por lo tanto, anular el laudo en su totalidad; o (iv) aplicar su poder discrecional de no anular a pesar de que se haya identificado un error.[114]

La Comisión *ad hoc* no puede emitir una decisión que sustituya la opinión del tribunal arbitral sobre el fondo del asunto. El efecto de la anulación es, sencillamente, el de "restablecer la página en blanco, dejando a las partes sólo la oportunidad de volver a arbitrar las mismas cuestiones ante un nuevo tribunal del CIADI".[115]

De acuerdo con las estadísticas publicadas por el CIADI en enero de 2022,[116] para la década de 2011 a 2020 se dictaron un total de 225 laudos. Se presentaron solicitudes de anulación contra 88 laudos, es decir alrededor de un 39% de los laudos dictados. De estas 88 solicitudes de anulación, 56 fueron rechazadas, 25 concluyeron sin decisión por acuerdo de las partes y 7 resultaron en la anulación parcial o total del laudo. En definitiva, menos de un 8% de las solicitudes de anulación planteadas en la última década conllevaron la anulación total o parcial del laudo.

Un estudio empírico de las decisiones de anulación identificó que los motivos más comunes de anulación son "extralimitación manifiesta de facultades", "desviación grave de una norma fundamental de procedimiento" y "falta de motivación del laudo".[117]

7.5 La Suspensión del reconocimiento y ejecución del laudo durante el trámite de la aclaración, revisión o anulación

Durante el proceso de aclaración, revisión o anulación, las partes pueden solicitar que "se suspenda [la] ejecución" del laudo.[118] Su efecto es sencillamente el de suspender la obligación de la parte perdedora de acatar y cumplir en todos sus términos el laudo.[119] Por lo tanto, se suspende tanto el reconocimiento como la ejecución del laudo, incluyendo su autoridad como *res judicata*. No obstante, la suspensión no afecta la validez jurídica intrínseca del laudo.[120]

---

112. Reglamento de Arbitraje CIADI, Reglas 38(1) y 46.
113. REED, Lucy F., PAULSSON, Jan, et.al, *Guide to ICSID Arbitration*: Kluwer Law International, 2010, p. 162.
114. Centro Internacional de Arreglo de Diferencias Relativas a Inversión (CIADI), *Documento actualizado de antecedentes sobre el mecanismo de anulación para el Consejo Administrativo del CIADI*, 5 de mayo de 2016, ¶ 62.
115. REED, Lucy F., PAULSSON, Jan, et.al, *Guide to ICSID Arbitration*: Kluwer Law International 2010, p. 162.
116. Centro Internacional de Arreglo de Diferencias Relativas a Inversión (CIADI), *Carga de Casos del CIADI-Estadísticas*, (Edición 2022-1), p. 16.
117. McBREARTY Sara, MARCHILI Silvia M., "Chapter 16: Annulment of ICSID Awards: Recent Trends", en BALTAG Crina, *ICSID Convention after 50 Years: Unsettled Issues*, Kluwer Law International, 2016, p. 439.
118. Convenio CIADI, Art. 53.
119. Convenio CIADI, Art. 53.
120. REED, Lucy F., PAULSSON, Jan, et.al, *Guide to ICSID Arbitration*: Kluwer Law International, 2010, p. 176.

La suspensión solamente será automática si, al momento de presentar su solicitud de aclaración, revisión o anulación, la parte solicitante también solicita expresamente la suspensión del efecto obligatorio del laudo. En ese caso, el Secretario General no puede rechazar la solicitud de suspensión inicial. La suspensión finalizará automáticamente cuando se constituya el tribunal o la Comisión *ad hoc*, salvo que el tribunal o la Comisión *ad hoc* la prorrogue, a petición de una de las partes, en un plazo de 30 días. Para los casos de aclaración y revisión del laudo, será el tribunal quien considere si las circunstancias exigen la suspensión de "la ejecución del laudo" hasta que se decida la aclaración o la revisión.[121] En el caso del procedimiento de anulación de un laudo, el artículo 52(5) del Convenio dispone que la Comisión ad hoc "podrá suspender la ejecución del laudo hasta que decida sobre la anulación" si las circunstancias lo exigen.[122]

Los tribunales y Comisiones *ad hoc* usualmente consideran una serie de factores para decidir sobre las solicitudes de suspensión, como, por ejemplo, si la parte que solicita la suspensión ha llevado a cabo prácticas dilatorias, si ha ofrecido una garantía y si proceder a la ejecución causaría un daño irreparable al deudor del laudo.[123]

8. RECONOCIMIENTO Y EJECUCIÓN DE LAUDOS

Como se anticipó en la sección 7, los laudos bajo el Convenio CIADI son "[obligatorios] para las partes y no podrá[n] ser objeto de apelación ni de cualquier otro recurso" y se aclara que "las partes lo[s] acatarán y cumplirán en todos sus términos".[124]

Por un lado, resulta fundamental reiterar que todo el sistema CIADI se basa en el cumplimiento voluntario de los laudos dictados por los tribunales.[125] El artículo 53 del Convenio dispone que las partes "acatarán y cumplirán [el laudo] en todos sus términos".[126] De hecho, el artículo 53 no hace referencia a la necesidad de llevar a cabo un procedimiento de ejecución para obtener el cumplimiento del laudo, por lo que se considera que los Estados acatarán y cumplirán voluntariamente con el laudo.[127] Es ampliamente aceptado que la gran mayoría de los Estados cumplen con las obligaciones pecuniarias impuestas por los tribunales cuando se les imputa responsabilidad.[128]

---

121. Convenio CIADI, Arts. 50-51.
122. Convenio CIADI, Art. 52(5).
123. REED, Lucy F., PAULSSON, Jan et.al, *Guide to ICSID Arbitration*: Kluwer Law International, 2010, p. 176.
124. Convenio CIADI, Art. 53.
125. TAWIL Guido, *Binding Force and Enforcement of ICSID Awards*: Untying Articles 53 and 54 of the ICSID Convention. In: VAN DEN BER Jan (Ed.). "50 Years of the New York Convention: ICCA International Arbitration Conference": ICCA Congress Series, v. 14, 2009, p. 328.
126. Convenio CIADI, Art. 53.
127. TAWIL Guido, *Binding Force and Enforcement of ICSID Awards*: Untying Articles 53 and 54 of the ICSID Convention. In: VAN DEN BER Jan (Ed) "50 Years of the New York Convention: ICCA International Arbitration Conference": ICCA Congress Series, v. 14, 2009, p. 328.
128. CARDOSI Joseph, *Precluding the Treasure Hunt*: How the World Bank Group Can Help Investors Circumnavigate Sovereign Immunity Obstacles to ICSID Award Execution, Pepperdine Law Review, v. 41, Issue 1, 2013, p. 124-125.

Por otro lado, el artículo 54 impone una obligación distinta a todos los Estados Parte del Convenio CIADI de reconocer los laudos dictados por tribunales bajo el Convenio.[129] Los Estados deben colaborar en el reconocimiento y ejecución de laudos que contengan obligaciones pecuniarias.[130] Es decir, el artículo 54 esencialmente contempla la situación en que el Estado parte del arbitraje decide incumplir su obligación de "acatar" y "cumplir" el laudo.[131]

De acuerdo con el artículo 54, los laudos deben ser tratados como una sentencia de un tribunal nacional. La parte interesada no necesita llevar a cabo un proceso de "reconocimiento" o "confirmación" para ejecutar el laudo directamente contra cualquier Estado signatario del Convenio CIADI. La obligación de ejecutar se limita a obligaciones pecuniarias.

A diferencia de otros laudos, los laudos dictados dentro del sistema CIADI no están sujetos al Convenio de Nueva York ni a otras normas internacionales y nacionales relativas a la ejecución de laudos. El Convenio CIADI está diseñado para funcionar como un sistema autónomo que permite el reconocimiento y la ejecución de los laudos CIADI sin necesidad de homologación ni del apoyo de otros instrumentos nacionales o internacionales. El laudo CIADI debe así ser tratado como una sentencia definitiva de las cortes del Estado Contratante.[132] De acuerdo con el artículo 54 este procedimiento resulta relativamente sencillo. La parte ejecutante debe presentar "ante los tribunales competentes o ante cualquier otra autoridad designados por [un Estado Contratante]" una copia del laudo "debidamente certificada por el Secretario General".[133] El órgano jurisdiccional competente se limitará a verificar la autenticidad del laudo y deberá ordenar su reconocimiento, de acuerdo con las normas sobre ejecución de sentencias que estén vigentes en su territorio. En todo caso, vale la pena aclarar que los tribunales o autoridades de los Estados no pueden examinar los laudos que están ejecutando, sino que deben limitarse a ordenar su ejecución. Sin embargo, la parte que solicite la ejecución del laudo deberá identificar los activos del Estado y asegurarse de que no se encuentran protegidos por la inmunidad soberana de ejecución.[134]

Otro mecanismo que las partes han utilizado para presionar a los Estados a ejecutar los laudos son las mismas plataformas del Banco Mundial. El efecto del incumplimiento sobre la calificación del riesgo-país de un Estado que no cumple con

---

129. TAWIL Guido, *Binding Force and Enforcement of ICSID Awards: Untying Articles 53 and 54 of the ICSID Convention*, en Albert Jan Van den Berg (ed), "50 Years of the New York Convention: ICCA International Arbitration Conference": ICCA Congress Series, v. 14, 2009, p. 330.; ver también, *History of the ICSID Convention*, reimpresa en el 2001, v. II-1, p. 272.
130. SCHREUER, Christoph, Art 54 ¶ 25 ; ALEXANDROV Stanimir, *Enforcement of ICSID Awards*: Articles 53 and 54 of the ICSID Convention: Transnational Dispute Management, Marzo 2009, p. 2.
131. SCHREUER, Christoph, Art 54 ¶ 29; ALEXANDROV Stanimir, *Enforcement of ICSID Awards*: Articles 53 and 54 of the ICSID Convention: Transnational Dispute Management, Marzo 2009 , p. 3.
132. CARDOSI Joseph, *Precluding the Treasure Hunt*: How the World Bank Group Can Help Investors Circumnavigate Sovereign Immunity Obstacles to ICSID Award Execution, Pepperdine Law Review, v. 41, Issue 1, 2013, p. 126.
133. Convenio CIADI, Art. 54(2).
134. CARDOSI Joseph, *Precluding the Treasure Hunt*: How the World Bank Group Can Help Investors Circumnavigate Sovereign Immunity Obstacles to ICSID Award Execution, Pepperdine Law Review, v. 41, Issue 1, 2013, p. 144.

un laudo CIADI constituye también un poderoso incentivo para que los laudos se cumplan voluntariamente.[135]

BIBLIOGRAFÍA Y JUZGADOS SELECIONADOS

ALEXANDROV Stanimir, *Enforcement of ICSID Awards: Articles 53 and 54 of the ICSID Convention*: Transantional Dispute Management, marzo de 2009.

BALTAG Crina, *ICSID Convention after 50 Years*: Unsettled Issues, Kluwer Law International, 2016.

CARDOSI Joseph, Precluding the Treasure Hunt: How the World Bank Group Can Help Investors Circumnavigate Sovereign Immunity Obstacles to ICSID Award Execution, Pepperdine Law Review, v. 41, Issue 1, 2013.

CENTRO INTERNACIONAL DE ARREGLO DE DIFERENCIAS RELATIVAS A INVERSIÓN (CIADI), *Carga de Casos del CIADI – Estadísticas*, (Edición 2022-1).

CENTRO INTERNACIONAL DE ARREGLO DE DIFERENCIAS RELATIVAS A INVERSIÓN (CIADI), *Documento actualizado de antecedentes sobre el mecanismo de anulación para el Consejo Administrativo del CIADI*, 5 de mayo de 2016.

GAILLARD Emmanuel, BANIFATEMI Yas. The Meaning of "and" in Article 42(1), Second Sentence, of the Washington Convention: The Role of International Law in the ICSID Choice of Law Process. *ICSID Review* (2003).

GREENWOOD Lucy, Revisiting Bifurcation and Efficiency in International Arbitration Proceedings. *Journal of International Arbitration*, v. 36, n. 4, 2019.

KAUFMANN-KOHLER Gabrielle, ANTONIETTI Aurélia. Interim Relief in International Investment Agreements. In: YANNACA-SMALL Katia (Ed.). *Arbitration under international investment agreements: a guide to key issues*, Oxford University Press, 2010.

McBREARTY Sara, MARCHILI Silvia M. Chapter 16: Annulment of ICSID Awards: Recent Trends. In: BALTAG Crina, *ICSID Convention after 50 Years*: Unsettled Issues, Kluwer Law International, 2016.

REED, Lucy F., PAULSSON, Jan, et.al. *Guide to ICSID Arbitration*, Kluwer Law International, 2010.

REISMAN Michael, ARSAJANI Manoush, Chapter 1: Applicable Law Under the ICSID Convention: The Tortured History of the Interpretation of Article 42. In: M. Kinnear, G. R. Fischer et al. (Ed.). *Building International Investment Law*: The First 50 Years of ICSID, Kluwer Law International, 2015.

SASSON Monique. Chapter 2: Article 42 of the ICSID Convention and the Relationship Between International Law and Municipal Law. *Substantive Law in Investment Treaty Arbitration*: The Unsettled Relationship between International Law and Municipal Law (Second Edition), International Arbitration Law Library, v. 21, 2010.

SCHREUER, Christoph, *The ICSID Convention*: A Commentary, Cambridge University Press, (2nda ed.), 2009.

SHIN, Hi-Taek, *Chapter 50*: Annulment. En KINNEAR Meg, FISCHER Geraldine et al. (Ed.). Buidling International Investment Law: The First 50 Years of ICSID: Kluwer Law International 2015.

STERN Brigitte. Chapter 45: Interim/Provisional Measures. In: KINNEAR Meg, FISCHER Geraldine et al. (Ed.). *Building International Investment Law*: The First 50 Years of ICSID, Kluwer Law International, 2015.

---

135. CARDOSI Joseph, *Precluding the Treasure Hunt*: How the World Bank Group Can Help Investors Circumnavigate Sovereign Immunity Obstacles to ICSID Award Execution, Pepperdine Law Review, v. 41, Issue 1, 2013, p. 151 et seq ("Many attribute the low noncompliance rate of ICSID awards to the fear of falling out of favor with the World Bank and the implications on access to future loans").

TAWIL Guido, *Binding Force and Enforcement of ICSID Awards*: Untying Articles 53 and 54 of the ICSID Convention. In: VAN DEN BER Jan (Ed.). 50 Years of the New York Convention: ICCA International Arbitration Conference: ICCA Congress Series, v. 14, 2009.

AGIP S.p.A. c. la República Popular del Congo, Caso CIADI N. ARB/77/1, Laudo del 30 de noviembre de 1979.

Amco Asia Corporation y otros c. la República de Indonesia, Caso CIADI N. ABR/81/1, Decisión sobre medidas provisionales del 9 de diciembre de 1983.

Amco Asia Corporation et al. c. La República de Indonesia, Caso CIADI N. ARB/81/1, Decisión de anulación, 16 de mayo de 1986.

Amco Asia Corporation, Pan American Devleopment Limited, y P.T. AMCO Indonesia (AMCO) c. República de Indonesia, Caso CIADI N. ARB/81/1, Decisión sobre las Solicitudes de Anulación y Anulación Parcial del Laudo y de Anulación del Laudo Suplementario, 17 de diciembre de 1992.

Azurix Corp. c. la República Argentina (I), Caso CIADI N. ARB/01/12, Decisión de Anulación del 1 de septiembre de 2009.

Biwater Gauff (Tanzania) Limited c. Tanzania, Caso CIADI N. ARB/05/22, Orden Procesal N. 1 del 31 de marzo de 2006.

Border Timber c. Zimbabwe, Caso CIADI N. ARB/10/25, Decisión de Anulación del 21 de noviembre de 2018.

Burlington Resources, Inc. c. la República de Ecuador, Caso CIADI N. ARB/08/5, Orden Procesal N. 1 del 29 de junio de 2009.

CDC Group plc c. la República de Seychelles, Caso CIADI N. ARB/02/14, Decisión de Anulación del 29 de junio de 2005.

CEMEX Caracas Investments B.V. y CEMEX Caracas II Investments B.V. c. la República Bolivariana de Venezuela, Caso CIADI N. ABR/08/15, Decisión sobre la solicitud de medidas provisionales de la Demandante del 3 de marzo de 2010.

Churchill Mining y Planet Mining Pty Ltd. c. la República de Indonesia, Caso CIADI N. ARB/12/40 y 12/14, Orden Procesal N. 9 del 8 de julio de 2014

City Oriente Limited c. la República de Ecuador y Empresa Estatal Petróleos del Ecuador, Caso CIADI N. ARB/06/21, Decisión sobre medidas provisionales del 19 de noviembre de 2007.

City Oriente Limited c. la República de Ecuador y Empresa Estatal Petróleos del Ecuador, Caso CIADI N. ARB/06/21, Decisión sobre la revocación de medidas provisionales del 13 de mayo de 2008.

Compañía de Aguas del Aconquija S.A. y Vivendi Universal S.A. c. La República Argentina, Caso CIADI N. ARB/97/3, Decision on the Challenge to the President of the Committee, *ICSID Review – FILJ*, 17 (2002): 180.

Corn Products International, Inc. c. los Estados Unidos Mexicanos, Caso CIADI N. ARB(AF)/04/1, Decisión sobre la Responsabilidad, 15 de enero de 2008.

CSOB c. la República de Eslovaquia, Caso CIADI N. ARB/97/4, Orden Procesal N. 4 del 11 de enero de 1999 y Orden Procesal N. 5 del 1 de marzo de 2000.

Duke Energy International Peru Investments c. la República de Perú, Caso CIADI N. ARB/03/28, Decisión sobre jurisdicción, 1 de febrero de 2006.

EDF International S.A., SAUR International S.A. y León Participaciones Argentinas, S.A c. la República de Argentina, Caso CIADI N. ARB/03/23, Decisión de Anulación del 5 de febrero de 2016.

El Paso Energy International Company c. República de Argentina, Caso CIADI N. ARB/03/15 Decisión de Anulación del 22 de septiembre de 2014.

Emilio Agustín Maffezini c. El Reino de España, Caso CIADI N. ARB/97/7, Decisión sobre medidas provisionales (Orden Procesal N. 2) del 28 de octubre de 1999.

Fábrica de Vidrios Los Andes, C.A. y Owens-Illinois de Venezuela, C.A. c. República Bolivaria de Venezuela, Caso CIADI N. ARB/12/21, Decisión de Anulación del 22 de noviembre de 2019.

Holiday Inns S.A. y otros c. el Reino de Marruecos, Caso CIADI N. ARB/72/1, Decisión sobre medidas provisionales del 2 de julio de 1972.

Hope Services c. Camerún, Caso CIADI N. ARB/20/2, Orden procesal N. 4 del 12 de mayo de 2021.

Gambrinus c. República Bolivariana de Venezuela, Caso CIADI N. ARB/11/31, Decisión de Anulación del 3 de octubre de 2017.

Iberdrola Energía, S.A. c. República de Guatemala, Caso CIADI N. ARB/09/05, Decisión de Anulación del 13 de enero de 2015.

Impregilo, S.P.A. c. República de Argentina, Caso CIADI N. ARB/07/17, Decisión de Anulación del 24 de enero de 2014.

Infrastructure Services Luxembourg S.a.r.l. and Energía Termosolar B.V. c. el Reino de España, Caso CIADI N. ARB/13/31, Decisión de Anulación del 30 de julio de 2021

Klöckner c. Camerún, Caso CIADI N. ARB/81/2, Laudo de 21 de octubre de 1983.

Maritime International Nominees Establishment (MINE) c. la República de Guinea, Caso CIADI N. ARB/84/4, Laudo del 6 de enero de 1988.

Maritime International Nominees Establishment (MINE) c. la República de Guinea, Caso CIADI N. ARB/84/4, Decisión sobre Anulación Parcial del 22 de diciembre de 1989.

Military and Paramilitary Activities in and against Nicaragua (Nicaragua v. United States of America), Order – Request for the indication of provisional measures, 10 de mayo de 1984.

Occidental Petroleum Corporation y Occidental Exploration and Production Company c. la República de Ecuador, Caso CIADI N. ARB/06/11, Decisión sobre medidas provisionales del 17 de agosto de 2007.

OPIC Karimum Corporation c. La República Bolivariana de Venezuela, Caso CIADI N. ARB/10/14, Decisión sobre la propuesta de descalificación del Pr. Philippe Sands, 5 de mayo de 2011.

Pac Rim Cayman LLC c. La República del Salvador, Caso CIADI N. ARB/09/12, Laudo, 14 de octubre de 2016.

Perenco Ecuador Limited c. la República de Ecuador y la Empresa Estatal Petróleos del Ecuador, Caso CIADI N. ABR/08/6, Decisión sobre medidas provisionales, 8 de mayo de 2009.

Perenco Ecuador Limited c. República de Ecuador, Caso CIADI N. ARB/08/6, Decisión de Anulación del 28 de mayo de 2021.

Philip Morris Brand SARL et al. c. La República Occidental de Uruguay, Caso CIADI N. ARB/10/7, Decisión sobre Jurisdicción, 2 de julio de 2013.

Plama Consortium Limited c. la República de Bulgaria, Orden sobre medidas provisionales, 6 de septiembre de 2005.

RSM Production Corporation c. Santa Lucía, Caso CIADI N. ARB/12/10, Decisión sobre la solicitud de garantía de costas de Santa Lucía, 13 de agosto de 2014.

RSM Production Corporation c. Santa Lucía, Caso CIADI N. ARB/12/10, Decisión de anulación del 29 de abril de 2019.

SAUR International c. República de Argentina, Caso CIADI N. ARB/04/4, Decisión de Anulación del 19 de diciembre de 2016.

Sempra Energy International c. la República Argentina, Caso CIADI N. ABR/02/16, Laudo del 28 de septiembre de 2007.

Teco Guatemala Holdings, LLC c. República de Guatemala, Caso CIADI N. ARB/10/23, Decisión de anulación del 5 de abril de 2016.

Tokios Tokelés c. Ucrania, Caso CIADI N. ARB/02/19, Orden Procesal N. 1 del 1 de julio de 2003.

Tokios Tokelés c. Ucrania, Caso CIADI N. ARB/02/18, Orden Procesal N. 3 del 18 de enero de 2005.

UP y CD Holding c. Hungría, Caso CIADI N. ARB/13/34, Laudo, 9 de octubre de 2018, ¶ 566.

Vacuum Salt c. Ghana, Caso CIADI N. ARB/92/1, Decisión sobre medidas provisionales del 14 de junio de 1993 y Laudo del 16 de febrero de 1994.

Valle Verde Sociedad Financiera S.L. c. la República Bolivariana de Venezuela, Caso CIADI N. ARB/12/18, Decisión sobre medidas provisionales del 25 de enero de 2016.

Victor Pey Casado y Fundación del Presidente Allende c. la República de Chile (I), Caso CIADI N. ARB/98/2, Decisión sobre medidas provisionales del 25 de septiembre de 2001.

Victor Pey Casado y Fundación Presidente Allende c. la República de Chile (I), Caso CIADI N. ARB/98/2, Decisión de Anulación del 8 de enero de 2020.

Von Pezold y otros c. Zimbabwe, Caso CIADI N. ARB/10/15, Decisión de Anulación del 21 de noviembre de 2018.

Wena Hotels Ltd c. República Árabe de Egipto, Caso CIADI N. ARB/98/4, Decisión de Anulación del 28 de enero de 2002.

World Duty Free Company c. la República de Kenya, Caso CIADI N. ARB/00/7, Decisión sobre la solicitud de medidas provisionales de la Demandada del 25 de abril de 2001 citada en el Laudo del 4 de octubre de 2006.

V
PRINCÍPIOS QUE GOVERNAM A ARBITRAGEM I

Andre Luis Monteiro

Doutor (2017) e Mestre (2012) em Direito pela Pontifícia Universidade Católica de São Paulo. Bacharel em Direito pela Universidade Federal do Rio de Janeiro. *Of Counsel* no escritório norte-americano Quinn Emanuel (filial de Londres). *Visiting Scholar* na *School of International Arbitration at Queen Mary – University of London* (2018-2019). *Junior Academic Visitor* na *University of Oxford* (*Commercial Law Centre – Harris Manchester College*, 2015-2016). E-mail: andremonteiro@quinnemanuel.com

---

Sumário: 1. Princípio da autonomia privada; 1.1 Esclarecimentos iniciais; 1.2 Breves noções sobre a autonomia privada; 1.3 A autonomia privada na arbitragem; 1.4 Limites à autonomia privada na arbitragem – 2. Princípio do favor arbitral – 3. Princípio da competência-competência; 3.1 Noções iniciais; 3.2 Conceito; 3.3 Efeitos da convenção de arbitragem v. efeitos do princípio da competência-competência; 3.4 Efeito positivo do princípio da competência-competência no Brasil; 3.5 Efeito negativo do princípio da competência-competência no Brasil – 4. Princípio da autonomia da convenção de arbitragem; 4.1 Noções gerais; 4.2 Consequências práticas; 4.3 "Necessariamente" e "alegação específica em relação à convenção" são as expressões-chaves para se entender o princípio da autonomia – 5. Princípio da flexibilidade – Bibliografia.

1. PRINCÍPIO DA AUTONOMIA PRIVADA[1]

1.1 Esclarecimentos iniciais

A doutrina brasileira de uma maneira geral, inspirada por discussões havidas no exterior,[2] tem se dedicado a distinguir os conceitos de norma, princípio e regra (e, algumas vezes, de preceito normativo). Na comunidade arbitral, internacional e brasileira, essa distinção não tem recebido a mesma atenção, talvez por conta da ausência de casos práticos em que essa diferença tenha sido de alguma forma determinante para o resultado alcançado. Neste texto, o autor não faz uso da distinção entre normas, princípios e regras,

---

1. Este item é inspirado, em parte, no conteúdo anteriormente escrito pelo autor, em coautoria, na seguinte obra: FICHTNER, José Antonio. MANNHEIMER, Sergio Nelson. MONTEIRO, Andre Luis. *Teoria geral da arbitragem*. Rio de Janeiro: Forense, 2019, p. 120-125.
2. Em especial pela obras seminais de Ronald Dworkin (*Taking rights seriously*) e Robert Alexy (*Theorie der Grundrechte*). Confira-se também: LARENZ, Karl. *Metodologia da ciência do direito*. 3. ed. Trad. José Lamego. Lisboa: Fundação Calouste Gulbenkian, 1997; CANARIS, Claus-Wilhelm. *Pensamento sistemático e conceito de sistema na ciência do direito*. Tradução de Antônio Menezes Cordeiro. Lisboa: Fundação Calouste Gulbenkian, 1989; CANOTILHO, J. J. Gomes. *Direito constitucional e teoria da constituição*. 7. ed. Coimbra: Almedina, 2003; GRAU, Eros Roberto. *Ensaio e discurso sobre a interpretação / aplicação do direito*. 5. ed. São Paulo: Malheiros, 2009; ÁVILA, Humberto. *Teoria dos princípios: da definição à aplicação dos princípios jurídicos*. 6. ed. São Paulo: Malheiros, 2006; BARROSO, Luís Roberto. O começo da história. A nova interpretação constitucional e o papel dos princípios no direito brasileiro. *Temas de direito constitucional*. Rio de Janeiro: Renovar, 2005, t. III, p. 13-20.

optando por adotar o termo princípio para simplesmente se referir a um comando com força normativa no ordenamento jurídico brasileiro.

Especificamente em relação à autonomia privada (*party autonomy*), vê-se outra distinção comum na doutrina brasileira, consistente em dar significado próprio às expressões autonomia privada, autonomia da vontade, liberdade contratual, liberdade de contratar e autodeterminação.[3] Novamente, o autor não pretende fazer uso dessas distinções, mas simplesmente usar a expressão autonomia privada como sinônimo de o poder concedido por lei aos indivíduos para estabelecer e moldar suas relações jurídicas com outros indivíduos, criando direitos, obrigações, ônus e sanções.[4] Alternativamente, o autor faz uso também do termo consenso (*consent*), pois é palavra também comumente utilizada pela doutrina internacional que estuda arbitragem.

As simplificações terminológicas adotadas neste texto se justificam, na visão do autor, porque não se identificou nenhuma diferença prática relevante neste texto que requeresse as mencionadas diferenciações. Prefere-se, pois, uma linguagem mais prática, didática e inclusiva, que possa ser melhor compreendida por todos e que, acima de tudo, evite falhas de comunicação ou discussões puramente acadêmicas sem maiores resultados concretos. Trata-se apenas de uma opção do autor, sem que isso de modo algum reduza a importância de trabalhos que pretendam discutir a fundo essas distinções.

O autor também procura usar no texto as primeira e terceira pessoas do singular, e não a primeira e terceira pessoas do plural. A explicação para tanto é que o autor é um indivíduo só, não um coletivo.[5]

O autor examina o presente tema considerando apenas contratos comerciais, assim entendidos contratos onerosos estabelecidos entre pessoas jurídicas para consecução de suas atividades empresariais. O autor, portanto, não trata do tema considerando contratos administrativos, civis, consumeristas ou trabalhistas.

Ao tratar da autonomia privada na arbitragem, o autor não trata da autonomia privada nos contratos ou relações comerciais que constituem o próprio mérito do caso submetido à arbitragem, mas sim em como a autonomia privada se manifesta nos institutos jurídicos tipicamente arbitrais (cláusula compromissória, termo de arbitragem, interpretação da vontade de arbitrar, convenção das partes sobre direitos e obrigações em relação à própria arbitragem etc.).

Por fim, em algumas circunstâncias, o autor trata do exercício da autonomia privada na arbitragem em situações que poderiam gerar divergência doutrinária em saber

---

3. Detalhado a esse respeito, confira-se o seguinte ensaio: RODRIGUES JUNIOR, Otavio Luiz. Autonomia da vontade, autonomia privada e autodeterminação. *Revista de Informação Legislativa*. Brasília: Editora do Senado, a. 41, n. 163, jul./set. 2004, p. 113-130.
4. Para maior aprofundamento terminológico, consulte-se: PONTES DE MIRANDA, Francisco Cavalcanti. *Tratado de direito privado*. Atualização de Marcos Bernardes de Mello e Marcos Ehrhardt Jr. São Paulo: Ed. RT, 2012. t. III, p. 111, e ROPPO, Enzo. *O contrato*. Trad. Ana Coimbra e M. Januário C. Gomes. Coimbra: Almedina, 2009, p. 128; FERRI, Luigi. *L'autonomia privata*. Milano: Giuffrè, 1959.
5. Excepcionalmente desta vez, toda a pesquisa para o presente texto foi conduzida pelo próprio autor, daí também o uso do singular.

se o objeto de estudo se enquadraria na noção de negócio jurídico de direito privado ou negócio jurídico processual (ou convenção processual, ou acordo processual etc.). O autor só faz uso dessa distinção quando há, na visão do autor, repercussões práticas relevantes naquilo que está sendo analisado.

1.2 Breves noções sobre a autonomia privada

Como se disse anteriormente, a autonomia privada é o poder concedido pelo ordenamento jurídico aos indivíduos para que eles possam estabelecer e moldar suas relações jurídicas com outros indivíduos, criando direitos, obrigações, ônus e sanções. Ao lado da obrigatoriedade dos contratos (*pacta sunt servanda*) e da relatividade dos contratos, a autonomia privada é um dos três princípios clássicos do Direito Contratual, criados sob a inspiração do liberalismo da Revolução Francesa.[6] Atualmente, na seara contratual brasileira, esses três princípios clássicos são ladeados pelos princípios da boa-fé objetiva, da função social do contrato, e do equilíbrio contratual.

Em sistemas de *Common Law* como Inglaterra (direito mais escolhido no mundo para reger contratos comerciais[7]) e Estados Unidos, esses princípios mais contemporâneos possuem diminuta relevância, em comparação com o Direito brasileiro, pois prevalece largamente a ideia de intervenção estatal mínima no contrato. Na Inglaterra, a boa-fé não é um princípio geral do Direito contratual.[8] No Direito do Estado de Nova Iorque, a boa-fé até é considerada uma obrigação implícita nos contratos (*implied cove-*

---

6. AZEVEDO, Antonio Junqueira de. Os princípios do atual direito contratual e a desregulação do mercado. In: *Estudos e pareceres de direito privado*. São Paulo: Saraiva, 2004. p. 140. Também enumerando estes três princípios clássicos, confira-se Sílvio de Salvo Venosa (VENOSA, Sílvio de Salvo. *Direito civil*. 13. ed. São Paulo: Atlas, 2013. p. 391-394) e Humberto Theodoro Júnior (THEO- DORO JÚNIOR, Humberto. *O contrato e sua função social*. 2. ed. Rio de Janeiro: Forense, 2004. p. 1-2). Alguns civilistas incluem um quarto princípio clássico, designado de "consensualismo", segundo o qual, em brevíssimo resumo, havendo consentimento é desnecessária qualquer formalização do contrato. Confiram-se, nesse sentido, Orlando Gomes (GOMES, Orlando. *Contratos*. Atual. Antonio Junqueira de Azevedo e Francisco Paulo de Crescenzo Marino. 26. ed. Rio de Janeiro: Forense, 2008. p. 37-38) e Carlos Roberto Gonçalves (GONÇALVES, Carlos Roberto. *Direito civil brasileiro*. 8. ed. São Paulo: Saraiva, 2001. v. 3, p. 46-47).
7. Nas estatísticas divulgadas pela ICC em 2020, informa-se que "The most frequently selected lex contractus was English law with 122 cases (13% of all cases registered), the laws of a US state (104 cases), followed by Swiss law (66 cases), French law (56 cases), and the laws of Brazil (42 cases)". Curiosamente, o Report mostra que as partes originárias de Inglaterra e País de Gales representam um percentual pequeno de usuarios: "Among the parties originating from North and West Europe (798), Spain led with 125 parties in 2020, followed by France (112), Italy (112), Germany (83), the United Kingdom (55) and Switzerland (48)". Isso mostra que o Direito inglês é o Direito escolhido para disputas que não tem como partes pessoas e companhias originárias do Reino Unido, ou seja, é o Direito mais escolhido para arbitragens internacionais, originárias de relações comerciais entre partes de diferentes países. No caso do Direito brasileiro, que até aparece em quinto lugar, as arbitragens são quase que exclusivamente domésticas, em casos em que todas as partes são brasileiras. Já segundo as estatísticas da LCIA, "English law remained the most-frequently chosen law, governing 78% of arbitrations, compared to 81% in 2019". Novamente, apenas 13,4% das partes das arbitragens eram incorporadas ou domiciliadas no Reino Unido.
8. É conhecida a passagem de Lord Ackner no caso Walford v Miles, julgado pela *House of Lords* (antiga Suprema Corte do Reino Unido) em 1992 no sentido de que "the concept of a duty to carry on negotiations in good faith is inherently repugnant to the adversarial position of the parties when involved in negotiations", pois "each party to the negotiations is entitled to pursue his (or her) own interest, so long as he avoids making misrepresentations".

nant of good faith and fair dealing),[9] mas não existe a possibilidade de excluir, modificar ou ignorar cláusulas contratuais com base na boa-fé, como no Brasil tem ocorrido em razão da aplicação da *supressio* e da *surrectio*. Também não se cogita impor um dever de renegociação não previsto no contrato com base na boa-fé objetiva, como se tem discutido no Direito brasileiro,[10] mesmo sem previsão legal específica.

A função social do contrato é desconhecida tanto na Inglaterra quanto nos Estados Unidos, onde o contrato só possui função econômica. O equilíbrio contratual é reconhecido em ambos os países, o que pode levar à extinção do contrato, mas não se outorga ao juiz (ou ao árbitro) a possibilidade de alterar o conteúdo do contrato e, ainda assim, mantê-lo em vigor contra a vontade de uma das partes, como ocorre no Direito brasileiro (*ex vi* dos arts. 478-480 do Código Civil, em que a doutrina brasileira, inspirada pela doutrina italiana, qualifica a possibilidade de o credor alterar o contrato para evitar a sua resolução como um poder a que o devedor estaria sujeito mesmo contra sua vontade[11]).

Privilegia-se, nesses Direitos, a segurança jurídica, partindo-se da premissa de que empresários preferem assumir o risco de sofrer um prejuízo em razão da má alocação dos riscos estabelecida no contrato do que estar sujeito a imprevisíveis intervenções judiciais (ou arbitrais) no contrato. Muitas vezes o risco associado à possível intervenção judicial (ou arbitral) no contrato é maior do que o risco inerente a qualquer falha na alocação de riscos, pois a intervenção judicial (ou arbitral) no contrato envolve a atuação de alguém que, em geral, (i) não é um especialista na indústria na qual se insere o contrato e, muitas vezes, (ii) pode estar sujeito a influências externas das mais diversas (desde *unconscious bias* à corrupção deliberada, passando por influências políticas e/ou econômicas não desejadas). A não intervenção judicial nos contratos é ainda mais relevante em contratos comerciais internacionais, em que há o natural sentimento da parte do país A de que o Poder Judiciário do país B vai beneficiar a parte desse mesmo país B.

Ademais, nesses Direitos, pensa-se no Direito Contratual de maneira sistêmica, e não individualizada, de modo que se sabe que a eventual intervenção judicial ou arbitral no contrato, ainda que bem intencionada para resolver um problema específico em um determinado contrato, vai gerar grande insegurança jurídica em todos os *players* do mercado, que passam a imaginar que também seus contratos podem estar sujeitos a qualquer tipo de "ajuste" não previamente negociado entre as partes, alterando-se, assim,

---

9. O Restatement (Second) of Contracts, no § 205, dispõe neste sentido: "Every contract imposes upon each party a duty of good faith and fair dealing in its performance and its enforcement." Na jurisprudência norte-americana, a título de exemplo: Wood v. Lucy, Lady Duff-Gordon, 222 N.Y. 88, 90-91 (1917); Metcalf Constr. Co. v. United States, 742 F.3d 984, 990 (Fed. Cir. 2014); 511 W. 232nd Owners Corp. v. Jennifer Realty Co., 98 N.Y.2d 144, 153 (2002); ELBT Realty, LLC v. Mineola Garden City Co., 144 A.D.3d 1083 (2d Dep't 2016); Transit Funding Associates LLC v. Capital One Taxi Medallion Finance, 149 A.D.3d 23 (1st Dep't 2017); Moran v. Erk, 11 N.Y.3d 452 (2008).
10. A esse respeito, confira-se: SCHREIBER, Anderson. *Equilíbrio Contratual e Dever de Renegociar*. 2. Ed. São Paulo: Saraiva, 2020.
11. Nesse sentido, Francisco Marino: "A única exegese que, efetivamente, possibilita ao credor 'evitar a resolução' é a que lhe atribui o poder de, unilateralmente, modificar (de modo equitativo) a relação contratual, sem que a isso o devedor possa se opor" (MARINO, Francisco Paulo De Crescenzo. *Revisão Contratual* (Coleção Teses). Edições Almedina. Kindle Edition).

a alocação de riscos imaginada para aquela relação contratual. Esse efeito sistêmico de insegurança jurídica aumenta o risco negocial e, assim, o custo de contratar.

É de se dizer que este perfil não é exclusividade dos sistemas de *Common Law*. O Direito Contratual suíço, nesse ponto, é semelhante ao Direito Contratual inglês.[12] Talvez não seja à toa que o Direito Contratual suíço é o Direito mais escolhido para reger contratos comerciais dentre os sistemas jurídicos de *Civil Law*. Dentre vários critérios – inclusive e em especial geopolíticos –, a prevalência quase absoluta da autonomia privada e a quase inexistente intervenção judicial (ou arbitral) nos contratos são fatores relevantes para fins de escolha do direito aplicável nas relações comerciais internacionais.

No Brasil, o texto original do Código Civil não possuía nenhum dispositivo especificamente dedicado à autonomia privada. No texto original, não havia nenhuma menção às expressões autonomia privada, autonomia da vontade, liberdade contratual, liberdade de contratar ou livre iniciativa. Indiretamente, previa-se que o negócio jurídico poderia ser anulado em caso de erro, dolo, coação, estado de perigo e lesão (art. 171, inciso II), todos vícios que pressupõem uma falha no exercício da autonomia privada (e, assim, também pressupõem a existência da própria autonomia privada), o que até poderia servir de fonte implícita da autonomia privada.

Em paralelo, a doutrina costumava citar o inciso II do art. 5º da Constituição Federal como fonte do princípio, segundo o qual "ninguém será obrigado a fazer ou deixar de fazer alguma coisa senão em virtude de lei". Citava-se também o *caput* do mesmo art. 5º, quando se garante a inviolabilidade do direito à liberdade. Ainda que seja possível extrair o princípio da autonomia privada da liberdade individual (e, também, da livre iniciativa – arts. 1º', IV, e 170 da Carta), a verdade é que nenhum dos dispositivos constitucionais é expresso em prever a autonomia privada, sendo que o inciso II do art. 5º só obriga indivíduos a fazer ou deixar de fazer alguma coisa em virtude de lei, silenciando em relação ao contrato. A verdade é que o Direito Contratual brasileiro não era abundante em expressas disposições pró-autonomia privada.[13]

O panorama legislativo brasileiro melhorou – na visão do autor – neste ponto com a edição da chamada Lei de Liberdade Econômica (Lei 13.874/2019 – Declaração de Direitos de Liberdade Econômica). Logo o art. 1º da Lei, em seu parágrafo segundo, estabelece que "interpretam-se em favor da liberdade econômica, da boa-fé e do respeito aos contratos, aos investimentos e à propriedade todas as normas de ordenação pública sobre atividades econômicas privadas". Em seguida, o inciso I do art. 2º da Lei prevê que "a liberdade como uma garantia no exercício de atividades econômicas". A autonomia privada na seara contratual é um corolário da liberdade econômica.

---

12. Interessante comparativo entre o Direito inglês e o Direito suíço pode ser encontrado em: DOS SANTOS, Caroline. DENISON, Robert. Impact of Radical Changes of Circumstances on Contractual Relationships Under Swiss Law and English Law: Tomato-Tomato? *Business Law Review*: The Hague, Kluwer Law, v. 44, 2023, issue 2.
13. Com interessante análise a este respeito, inclusive comparando o Direito contratual brasileiro com o Direito inglês, suíço e alemão, leia-se: SESTER, Peter. *Business and Investment in Brazil*. Oxford: OUP, 2022, p. 43-44, em especial item 2.16.

Além disso, o inciso V do art. 3º da Lei dispõe que é direito do indivíduo "gozar de presunção de boa-fé nos atos praticados no exercício da atividade econômica, para os quais as dúvidas de interpretação do direito civil, empresarial, econômico e urbanístico serão resolvidas de forma a preservar a autonomia privada, exceto se houver expressa disposição legal em contrário". Este dispositivo, não obstante a sua confusa redação, expressamente menciona a expressão autonomia privada, afirmando que a interpretação do direito privado deve observá-la.

O mesmo dispositivo, agora no inciso VIII, prevê também como direito do indivíduo "ter a garantia de que os negócios jurídicos empresariais paritários serão objeto de livre estipulação das partes pactuantes, de forma a aplicar todas as regras de direito empresarial apenas de maneira subsidiária ao avençado, exceto normas de ordem pública". A menção à livre estipulação das partes é também uma representação da autonomia privada.

Por fim, a Lei de Liberdade Econômica alterou o art. 421 e criou os parágrafos primeiro e segundo do art. 113 e também o art. 421-A do Código Civil, em todos os casos reforçando a autonomia privada, em especial ao dizer que as partes podem livremente pactuar regras de interpretação aplicáveis a seus negócios jurídicos. Especificamente o novo parágrafo único do art. 421 expressamente afirma que "nas relações contratuais privadas, prevalecerão o princípio da intervenção mínima e a excepcionalidade da revisão contratual". A seu turno, os incisos II e III do novo art. 421-A expressamente estatuem que "a alocação de riscos definida pelas partes deve ser respeitada e observada", bem como que "a revisão contratual somente ocorrerá de maneira excepcional e limitada". Esses dispositivos fortalecem a autonomia privada.

Muitas vezes o óbvio precisa ser dito, expressamente, palavra por palavra. Um dos benefícios trazidos pela Lei de Liberdade Econômica foi justamente esse, deixando claro que o Direito Contratual brasileiro privilegia a autonomia privada, o que se acredita será reconhecido com o passar dos anos e pode trazer repercussões práticas importantes, em especial criando uma clara distinção nos parâmetros para se interpretar contratos em que as partes estão em paridade (como ocorre em todos os contratos comerciais) e contratos em que isso não ocorre (é de se dizer, porém, que a nova lei perdeu uma ótima oportunidade de estabelecer parâmetros mais objetivos para que se possa distinguir com clareza relações jurídicas paritárias e não paritárias).

Em contratos comerciais, privilegiar a letra do contrato e reduzir o dirigismo contratual (intervencionismo judicial ou arbitral no contrato) não é pecado, não torna o país mais desigual, não representa apoio a nenhuma facção política, e não é inconstitucional[14]. É só o que, na visão do autor, faz mais sentido para esse tipo de relação jurídica, como as leis mais escolhidas no mundo para reger contratos comerciais evidenciam há décadas. Em contratos comerciais, o que as partes mais buscam é ampla autonomia privada e

---

14. Algumas destas críticas podem ser encontradas na obra denominada Lei de Liberdade Econômica e seus Impactos no Direito Brasileiro. SALOMÃO, Luis Felipe. CUEVA, Ricardo Villas Bôas. FRAZÃO, Ana (Coord.): São Paulo: Ed. RT, 2020. Outros textos na mesma obra reconhecem os benefícios trazidos pela Lei de Liberdade Econômica.

segurança jurídica, presumindo-se que aquilo que foi acordado entre elas é o justo (*qui dit contratuel dit just*), sem que haja demasiado espaço para intervenções judiciais (ou arbitrais) no contrato sob a muitas vezes não dita premissa de que juízes ou árbitros deveriam proteger as partes de suas próprias decisões comerciais.

Didaticamente, pode-se dizer que a autonomia privada no âmbito dos contratos comerciais pode ser sintetizada em três perguntas: a) contratar ou não contratar?; b) com quem contratar?; e c) o que contratar? Na arbitragem, estas três perguntas – e suas correspondentes respostas, obviamente – também dão o tom da autonomia privada, como se passa a analisar abaixo.

1.3 A autonomia privada na arbitragem

Como já se teve a oportunidade de defini-la em outra obra, a arbitragem é um método de heterocomposição de conflitos em que o árbitro, exercendo a cognição nos limites da convenção de arbitragem livremente estabelecida pelas partes, decide a controvérsia com autonomia e definitividade.[15] Qualquer conceituação de arbitragem, sob a égide do ordenamento jurídico brasileiro, deve fazer referência a quatro elementos fundamentais: (i) meio de solução de conflitos; (ii) autonomia privada das partes; (iii) terceiro imparcial com poder de decisão; e (iv) coisa julgada material. Como se vê, a autonomia privada é elemento nuclear do conceito de arbitragem.

Mais do que isso. A arbitragem possui duas fontes jurídicas fundamentais: (i) a lei, que, num campo mais abstrato, consagra o instituto em determinado ordenamento jurídico, e (ii) a autonomia privada, que, num campo mais concreto, fundamenta a existência e a validade da opção arbitral adotada pelas partes. Não existe arbitragem sem lei anterior que a consagre naquele determinado ordenamento jurídico. Igualmente, não existe arbitragem sem que as partes da disputa tenham exercido, livremente, suas autonomias privadas para eleger a arbitragem como método de resolução de disputas. A autonomia privada também é, pois, fonte jurídica *in concreto* da arbitragem.

Algumas leis de arbitragem são mais expressas do que outras em prever a autonomia privada. O *Arbitration Act*, que regula a arbitragem na Inglaterra e no País de Gales, estabelece como um dos seus *General Principles* que "the parties should be free to agree how their disputes are resolved, subject only to such safeguards as are necessary in the public interest" (art. 1(b)). A expressão "should be free to agree how their disputes are resolved" é o que concretiza a autonomia privada na arbitragem inglesa.

A Lei de Arbitragem brasileira não faz explícito uso da expressão autonomia privada, mas deixa evidente a sua importância. Logo no seu art. 1º, a Lei prevê que "as pessoas capazes de contratar *poderão* valer-se da arbitragem para dirimir litígios relativos a direitos patrimoniais disponíveis". Ademais, o art. 3º do mesmo diploma legal dispõe

---

15. Este item é inspirado, em parte, no conteúdo anteriormente escrito pelo autor em coautoria na seguinte obra: FICHTNER, José Antonio. MANNHEIMER, Sergio Nelson. MONTEIRO, Andre Luis. *Teoria geral da arbitragem*. Rio de Janeiro: Forense, 2019, p. 33.

que "as partes interessadas *podem* submeter a solução de seus litígios ao juízo arbitral mediante convenção de arbitragem, assim entendida a cláusula compromissória e o compromisso arbitral". A utilização do verbo "poder" nesses dispositivos deixa claro que o exercício da autonomia privada na arbitragem se dá, primeiramente, na opção (ou faculdade) que as partes detêm de celebrar ou não uma convenção de arbitragem e, assim, submeter seus conflitos à via arbitral.

Além disso, o art. 7º da Lei de Arbitragem prevê o que se passou a denominar "execução específica da cláusula compromissória", em que o Poder Judiciário, diante de uma cláusula compromissória que não permita diretamente o início da arbitragem, profere sentença preenchendo o conteúdo do pacto arbitral – nos estreitos limites do que seja necessário para que a cláusula compromissória possa permitir o início da arbitragem – e, assim, reforçando a autonomia privada das partes na arbitragem. Essa opção legislativa brasileira evita a solução pela inexistência, invalidade e/ou ineficácia da cláusula compromissória, privilegiando a autonomia privada na arbitragem.

Por fim, o inciso I do art. 32 da Lei de Arbitragem estabelece que "é nula a sentença arbitral se (...) for nula a convenção de arbitragem", o que engloba as hipóteses de inexistência, invalidade e ineficácia da convenção de arbitragem. Essas hipóteses, ainda que indiretamente, deixam clara a relevância da autonomia privada na arbitragem, pois se houver qualquer vício insanável no exercício da autonomia privada, a convenção de arbitragem (e também a sentença arbitral) será considerada viciada.

Primeiramente, as partes exercem sua autonomia privada na arbitragem ao decidirem se querem ou não celebrar uma convenção de arbitragem (cláusula compromissória ou compromisso arbitral). Trata-se da pergunta "a) contratar ou não contratar?" Essa opção está intrinsecamente relacionada à garantia de acesso à justiça.

Como corolário do princípio do acesso à justiça, os ordenamentos jurídicos de todos os países do mundo colocam à disposição de indivíduos e pessoas jurídicas cortes estatais capacitadas para ouvir e decidir suas disputas. Trata-se do Poder Judiciário. A maioria dos países, porém, também reconhece que as partes podem preferir ter as suas disputas analisadas e decididas fora da estrutura judiciária e, por isso, permite que as partes optem pela arbitragem como forma alternativa de acesso à justiça.

Não existe hierarquia entre Poder Judiciário e arbitragem, apenas diferentes características, que podem ser mais adequadas a um determinado tipo de litígio ou a outro. A relação entre o Poder Judiciário de um país e o tribunal arbitral constituído para julgar determinada causa deve ser semelhante à relação existente entre o Poder Judiciário de dois diferentes países. Não há hierarquia entre cortes estatais de países diversos. Também não há hierarquia entre o Poder Judiciário e o tribunal arbitral. Há, porém, cooperação entre cortes estatais de diferentes países (por exemplo, para efetivar uma citação), da mesma maneira que há cooperação entre Poder Judiciário e tribunal arbitral (por exemplo, para efetivar uma medida de urgência concedida pelo árbitro).

O único controle exercido pelo Poder Judiciário de um país em relação à atividade desenvolvida pelo Poder Judiciário de outro país é quando uma decisão judicial proferida pelo primeiro é homologada e executada no território do segundo. Trata-se do que também ocorre com a ação de homologação de decisão arbitral (para decisões arbitrais estrangeiras). Na relação entre Poder Judiciário e arbitragem, há ainda a hipótese de controle na via da ação de anulação da decisão arbitral (para decisões arbitrais domésticas). Essa é a relação que existe – e deve existir – entre Poder Judiciário e tribunal arbitral. O fato de o tribunal arbitral conduzir uma arbitragem sediada no território de determinado país não cria qualquer hierarquia entre o Poder Judiciário daquele país e o tribunal arbitral, devendo tanto um quanto o outro exercer a sua jurisdição nos limites definidos pelas leis de regência.

Em ambos os casos, tanto na esfera judicial quanto na esfera arbitral, as partes buscam acesso à justiça. A arbitragem não é uma exceção ao acesso à justiça. A arbitragem não representa renúncia ao acesso à justiça. A arbitragem é apenas uma outra opção posta à disposição das partes para a concretização dessa garantia constitucional de acesso à justiça. Trata-se de opção, não de exceção ou renúncia. Em votação no Superior Tribunal de Justiça, o então Ministro daquela casa Luiz Fux afirmou, com precisão, que "a adoção da via arbitral, por meio de cláusula compromissória, não viola o princípio da inafastabilidade de lesão ou ameaça de direito pelo poder judiciário (art. 5º, inciso XXXV, a Constituição Federal), mas ao contrário, o realiza, porquanto opção para a solução de controvérsias, adotada livremente pelas partes, em conflitos que versem acerca de direitos disponíveis".[16]

Essa consideração é fundamental para a correta interpretação da convenção de arbitragem e, assim, para o adequado respeito à autonomia privada. Muitas vezes, pautando-se na equivocada ideia de que a arbitragem representa uma exceção ou renúncia à garantia de acesso à justiça, o Poder Judiciário de determinados países opta por uma interpretação restritiva da convenção de arbitragem. Como a opção pela arbitragem não é uma exceção ou renúncia à garantia de acesso à justiça, mas apenas uma outra opção para concretizar essa garantia constitucional, a convenção de arbitragem não deve ser interpretada restritivamente, mas sim declarativamente, ou seja, exatamente conforme a manifestação de vontade expressa pelas partes.

Nos casos em que houver dúvida quanto ao conteúdo da manifestação de vontade das partes, deve-se privilegiar uma interpretação pró-arbitragem (favor arbitral), pois dificilmente empresários, bem assessorados, se referem de algum modo à arbitragem se não for para afirmativamente expressar a sua vontade de solucionar eventuais divergências por essa via. Essa visão pró-arbitragem encontra também fundamento no inciso V do art. 3º Lei de Liberdade Econômica (Lei 13.874/2019), na medida em que conceder interpretação adequada – e não restritiva – à convenção de arbitragem significa preservar a autonomia privada na interpretação do direito civil e empresarial.

Este primeiro aspecto da autonomia privada na arbitragem – contratar ou não contratar? – possui um desdobramento importante: não existe, e nem pode existir, arbitragem obrigatória no ordenamento jurídico brasileiro. Evidentemente que a

---

16. STJ, Corte, SEC n.º 854/EX, Min. Sidnei Beneti, j. 16.10.2013.

autonomia privada pode se manifestar na escolha pela arbitragem de várias formas, inclusive implícita ou tacitamente. Por exemplo, quando um acionista decide adquirir ações de uma companhia que possui uma cláusula compromissória em seu estatuto social, esse acionista está exercendo sua autonomia privada de optar pela arbitragem para solução de seus conflitos societários. Ele não é obrigado a adquirir ações. Ele não é obrigado a aquirir ações daquela específica companhia. Mas uma vez que ele tenha voluntariamente decidido adquirir aquelas ações, ele está também livremente optando por celebrar aquela cláusula compromissória estatutária – que sempre esteve presente naquele estatuto social, disponível para qualquer interessado examinar.

Da mesma forma, quando as partes iniciam negociações sobre um determinado contrato, discutem as cláusulas contratuais, incluem uma cláusula compromissória nas minutas, trocam minutas desse contrato e, finalmente, iniciam a execução desse contrato, pode-se dizer que as partes concordaram com aquela cláusula compromissória, mesmo que não tenham formalmente assinado a última minuta. Trata-se de consentimento por conduta, igualmente válido, já que a Lei de Arbitragem brasileira não exige que a cláusula compromissória seja expressamente assinada para que seja existente, válida e eficaz. Na forma da primeira parte do parágrafo primeiro do art. 4º da Lei, "a cláusula compromissória deve ser estipulada por escrito", o que não significa que ela precise estar formalmente assinada. A assinatura é apenas meio de prova, o que pode ser demonstrado via comportamento também.

O segundo aspecto da autonomia privada na arbitragem – com quem contratar? – diz respeito à faculdade de escolher com quem celebrar uma convenção de arbitragem. Assim, quando a parte A celebra uma convenção de arbitragem com a parte B, ambas estão exercendo suas autonomias privadas no sentido de que aceitam participar de uma arbitragem para solucionar disputas entre elas.

Em consequência, se uma parte C, de algum modo relacionada com o contrato celebrado entre as mencionadas partes A e B, resolve iniciar uma arbitragem contra a parte A, essa parte A tem, a princípio, o direito de se recusar a participar dessa arbitragem iniciada pela parte C. Esta situação pode acontecer também no meio de uma arbitragem entre as partes A e B, quando, por exemplo, a parte B decide trazer para a arbitragem a parte C, e aí surge a complexa questão em saber se a parte A poderia se opor à presença da parte C nessa arbitragem.

Esta é a razão pela qual muitos regulamentos de arbitragem já dispõem de regras sobre essas interações entre terceiros na arbitragem, consolidação de diferentes arbitragens etc., tudo a deixar claro de antemão como a autonomia privada das partes deve ser tratada nesses casos. A flexibilização da autonomia privada nesses casos se justifica pela relevância de evitar custos desnecessários, delongas desnecessárias e, mais importante, a ocorrência de possíveis decisões conflitantes em casos envolvendo matéria fática interrelacionada.[17] Desde que as partes estejam previamente cientes dessa flexibilidade para certas hipóteses, não há nenhuma violação à autonomia privada.

---

17. Neste sentido, leia-se: CLIFFORD KC, Philip. WADE, Shai. *A commentary on the LCIA Arbitration Rules*. 2. ed. London: Sweet & Maxwell, 2022, p. 348.

Assim, em relação à adição de terceiros à arbitragem, o Regulamento de Arbitragem de 2016 da SIAC estabelece, no art. 7.1, que o requerimento de integração de partes adicionais (*request for joinder*) poderá ser concedido (i) se a parte a ser adicionada estiver sujeita à convenção de arbitragem *e* (ii) se todas as partes, inclusive a parte a ser adicionada, concordarem com a integração dessa parte adicional à arbitragem. Como se observa, na forma do Regulamento de Arbitragem da SIAC, não existe a possibilidade de um terceiro ser adicionado à arbitragem sem que todas as partes estejam de acordo, de modo que basta que uma das partes envolvidas manifeste oposição para que o requerimento seja rejeitado.

O Regulamento de Arbitragem de 2022 do CAM-CCBC, no art. 18.2, determina que o requerimento de integração de partes adicionais poderá ser admitido (i) se houver consentimento de todas as partes envolvidas, *ou* (ii) se a parte adicional possuir relação com a questão controvertida submetida à arbitragem e puder, em análise *prima facie*, ser considerada vinculada à convenção arbitral. Assim, o Regulamento de Arbitragem do CAM-CCBC parece mais flexível, pois dispensa a concordância de todas as partes nessa segunda hipótese, mas desde que se possa entender que o terceiro está sujeito à convenção de arbitragem celebrada entre as partes da disputa.

A questão se torna mais complexa no que se costuma denominar consolidação (*consolidation*) de arbitragens. Segundo o art. 10 do Regulamento de Arbitragem de 2021 da ICC, a Corte pode determinar a consolidação de duas ou mais arbitragens em algumas hipóteses, sendo que uma delas é o caso em que, mesmo que uma das partes discorde da consolidação e as arbitragens não decorram da mesma convenção de arbitragem, os casos sejam travados entre as mesmas partes, as disputas sejam relacionadas à mesma relação contratual, e as convenções de arbitragem sejam compatíveis. Como se observa, a consolidação é possível, mas as arbitragens precisam envolver as mesmas partes, o que atende à autonomia privada. O mesmo raciocínio pode ser encontrado no Regulamento de Arbitragem de 2022 do CAM-CCBC (art. 19).

O Regulamento de Arbitragem de 2020 da LCIA é mais flexível nesse aspecto, pois não exige para a consolidação que as arbitragens estejam submetidas à mesma convenção de arbitragem e nem que possuam as mesmas partes, bastando que as convenções de arbitragem sejam compatíveis e as arbitragens decorram da mesma relação comercial (art. 22.7(ii) e art. 22.8(ii)).[18] O Regulamento de Arbitragem de 2016 da SIAC também parece adotar o mesmo racional (art. 8.1.c). Mesmo nesses casos mais flexíveis, como foram as partes que escolheram o regulamento de arbitragem a que as arbitragens seriam submetidas, a autonomia privada é respeitada.

A questão se torna ainda mais complexa quando se examina a possibilidade de cessão do crédito relacionado a um contrato que contenha a convenção de arbitragem ou, até mesmo, a alienação da própria pretensão ou objeto litigioso (*claim*), após o descumprimento do contrato ou até mesmo no curso da arbitragem. Esta problemáti-

---

18. Neste sentido, leia-se: CLIFFORD KC, Philip. WADE, Shai. *A commentary on the LCIA Arbitration Rules*. 2. ed. London: Sweet & Maxwell, 2022, p. 351.

ca está intrinsecamente relacionada a este segundo aspecto da autonomia privada na arbitragem – com quem contratar? –, pois surge a dúvida em saber se o cedido poderia se opor a essa alienação do *claim* entre o cedente e o cessionário, não sob o aspecto do Direito material, mas sob o aspecto da arbitragem (ou seja, poderia o cessionário iniciar uma arbitragem contra o cedido mesmo no caso de este último não ter consentido com a alienação do *claim* entre cedente e cessionário). Reserva-se este tópico para uma oportunidade futura.

Por fim, o terceiro aspecto da autonomia privada na arbitragem – c) o que contratar? – se manifesta particularmente na cláusula compromissória, no compromisso arbitral, no termo de arbitragem e, também, em alguns momentos no curso da arbitragem. Assim, as partes podem, por exemplo, definir consensualmente o alcance da convenção de arbitragem, de modo que ela abranja só uma parcela de determinado projeto, ou só disputas acima de determinado valor etc. A prática mostra que as partes, em geral, estabelecem convenções de arbitragem amplas e genéricas, abrangendo toda e qualquer disputa relacionada àquela relação comercial, o que é uma boa solução, pois evita disputas (algumas vezes pré-arbitrais) sobre o próprio conteúdo da convenção de arbitragem.

As partes podem também acordar sobre o direito aplicável à controvérsia, a sede da arbitragem, a instituição que vai administrar o processo arbitral, o idioma da arbitragem, o número de árbitros, a qualificação dos árbitros, a confidencialidade da arbitragem etc., tudo enquadrado nesse terceiro aspecto da autonomia privada na arbitragem. No próprio curso do processo arbitral, a autonomia privada pode se expressar, por exemplo, quando as partes acordam sobre o calendário processual da arbitragem. Enfim, são diversas as manifestações da autonomia privada na arbitragem.

1.4 Limites à autonomia privada na arbitragem

A autonomia privada na arbitragem possui – e deve mesmo possuir – um espaço amplíssimo de atuação. Não há razão, teórica ou filosófica, para que se queira limitar a autonomia privada na arbitragem, ressalvadas pouquíssimas exceções. O que está na base dessa afirmação é algo bastante simples: se as partes possuem ampla liberdade para negociar, transacionar, alterar e renunciar ao próprio direito material em disputa (como é a regra em disputas relacionadas a contratos comerciais), não faz sentido que elas não possuam a mesma ampla liberdade para moldar o método no qual esse direito material está sendo analisado. Trata-se, ademais, da única interpretação que se coaduna com o inciso V do art. 3º Lei de Liberdade Econômica (Lei 13.874/2019).

Evidentemente que, como se disse, há excepcionais limitações. Assim, por exemplo, a autonomia privada das partes na arbitragem é limitada, em primeiro lugar, pela lei de arbitragem da sede da arbitragem. A Lei de Arbitragem brasileira – que apenas se aplica às arbitragens com sede em alguma cidade no Brasil – cria algumas (bem poucas) limitações à autonomia privada das partes na arbitragem, uma de ordem geral e algumas outras específicas. De ordem geral, pode-se dizer que qualquer acordo ou convenção das partes na arbitragem está limitada pela ordem pública processual.

Além disso, a Lei 9.307/1996 estabelece que as partes só podem submeter à arbitragem "litígios relativos a direitos patrimoniais disponíveis" (art. 1º, *caput*), que as partes poderão escolher as regras aplicáveis à arbitragem "desde que não haja violação aos bons costumes e à ordem pública" (art. 2º, parágrafo primeiro), que a arbitragem com a Administração Pública "será sempre de direito e respeitará o princípio da publicidade" (art. 2º, parágrafo terceiro), que a cláusula compromissória "deve ser estipulada por escrito" (art. 4º, parágrafo primeiro), que os árbitros só poderão ser nomeados "em número ímpar" (art. 13, parágrafo primeiro), que a sentença arbitral "será expressa em documento escrito" (art. 24, *caput*), que, se não houver acordo entre os membros do tribunal arbitral, "prevalecerá o voto do presidente do tribunal arbitral" (art. 24, parágrafo primeiro), bem como que a sentença arbitral deverá conter relatório, fundamentação, dispositivo, data e lugar de prolação (art. 26).

Há algumas questões bem interessantes neste debate a respeito das limitações à autonomia privada na arbitragem.

Em primeiro lugar, será que as partes poderiam limitar o poder instrutório dos árbitros, por exemplo limitando a fase instrutória exclusivamente a provas documentais? Eu já tive a oportunidade de dizer, em outra obra, que as partes na arbitragem podem livremente limitar os meios de prova, bem como estabelecer amplamente outras convenções em matéria processual, cujo teor deve ser respeitado pelo árbitro, sob pena de viciar o processo arbitral e possibilitar a anulação da sentença arbitral com base no inciso IV do art. 32 da Lei de Arbitragem.[19]

Não se desconhece o preceito do *caput* do art. 22 da Lei de Arbitragem, segundo o qual "poderá o árbitro ou o tribunal arbitral tomar o depoimento das partes, ouvir testemunhas e determinar a realização de perícias ou outras provas que julgar necessárias, mediante requerimento das partes ou de ofício". A última parte desse dispositivo permite que o tribunal arbitral ordene a produção de provas *ex officio*, o que poderia dar a impressão de que o tribunal arbitral detém poderes *ex lege* para determinar a produção das provas que bem entender, pouco importando o que as partes pudessem ter convencionado a esse respeito.

Essa não é a correta interpretação do dispositivo, na minha visão. A correta interpretação desse dispositivo, à luz da ampla e necessária autonomia privada concedida às partes na arbitragem, é entender que poderá o tribunal arbitral determinar a realização das provas que julgar necessárias, inclusive de ofício, desde que não contrarie o convencionado pelas partes em matéria de prova. Ou seja, o poder concedido ao tribunal arbitral para determinar a produção de provas de ofício é amplíssimo em casos em que as partes não acordaram a respeito de nenhuma regra sobre meios de prova. Nas hipóteses, porém, em que as partes firmaram convenção processual em matéria de prova, o poder do tribunal arbitral para determinar a produção de provas *ex officio* estará limitado àquilo que as partes estabeleceram consensualmente.

---

19. FICHTNER, Jose Antonio. MANNHEIMER, Sergio Nelson. MONTEIRO, Andre Luis. Provas e autonomia das partes na arbitragem. *Novos temas de arbitragem*. Rio de Janeiro: FGV, 2014, p. 169-170.

Evidentemente que a convenção processual das partes a esse respeito deve respeitar a ordem pública processual. Assim, por exemplo, não podem as partes celebrar uma convenção processual sobre meios de prova admitindo na arbitragem a produção de uma prova ilícita ou de uma prova obtida por meios ilícitos. Nesses casos, o tribunal arbitral poderá ignorar a convenção processual a respeito de prova pois se trata de convenção processual nula. Ressalte-se que, na ausência de disposição legal ou convencional específica em sentido contrário, a jurisdição do tribunal arbitral se estende a toda matéria processual na arbitragem, inclusive no que tange ao controle, de ofício ou por provocação das partes, da legalidade das convenções processuais estabelecidas pelas partes. Não há necessidade de incluir expressamente essa possibilidade no objeto da arbitragem, pois os árbitros possuem jurisdição sobre matéria processual *ex lege*.

Ademais, o árbitro está igualmente autorizado a desconsiderar a convenção das partes a respeito de matéria instrutória quando identificar (i) que se trata de conluio das partes para esconder o produto de crimes, (ii) que se trata de conluio das partes para violar direitos de terceiros, (iii) que as partes pretendem se utilizar do processo arbitral para atingir fim ilícito, ou, ainda, (iv) quando a convenção processual alterar o regime das provas legais.

Com exceção desses casos, o tribunal arbitral deverá respeitar a convenção das partes em matéria de prova. Assim, caso o tribunal arbitral, diante de uma convenção processual limitando os meios de prova, sinta a necessidade de produzir uma nova prova não autorizada pela referida convenção, deverá ele se ater aos termos acertados pelas partes na convenção processual limitando os meios de prova e, dessa forma, decidir o caso com base nas regras de distribuição do ônus da prova (ou seja, cabe ao requerente provar os fatos constitutivos de seu direito, e ao requerido cabe provar os fatos impeditivos, modificativos ou extintivos do direito do requerente).

Em segundo lugar, será que as partes poderiam limitar o poder decisório dos árbitros, por exemplo estabelecendo que os árbitros somente poderão decidir A ou B naquela determinada arbitragem? O exemplo traz à tona o que se costuma designar de *baseball arbitration* (ou *pendulum arbitration* ou, ainda, *final offer arbitration*), em que, após a audiência de instrução do caso, cada parte oferece ao tribunal arbitral uma solução para o conflito (em geral, sugerindo um determinado valor a ser pago por uma parte à outra) e o tribunal arbitral está limitado a escolher entre uma delas, não podendo ignorá-las e decidir por uma terceira via. Também me parece que essa limitação ao poder decisório dos árbitros com base na autonomia privada das partes é plenamente válida, desde que essa limitação não represente nenhuma ofensa à ordem pública processual.

Em terceiro lugar, vale analisar a possibilidade de as partes renunciarem, consensualmente, à ação de anulação da sentença arbitral. Em outra oportunidade, eu cheguei à conclusão de que essa renúncia não poderia se dar antes da prolação da sentença arbitral, mas apenas após a sua prolação (o que, na prática, é quase impossível de ocorrer).[20] Re-

---

20. FICHTNER, Jose Antonio. MANNHEIMER, Sergio Nelson. MONTEIRO, Andre Luis. Questões concernentes à anulação de sentenças arbitrais domésticas. *Novos temas de arbitragem*. Rio de Janeiro: FGV, 2014, p. 339.

fletindo mais recentemente sobre o tema, eu decidi alterar a minha posição para passar a entender que, mesmo antes da prolação da sentença arbitral, as partes são livres para, na convenção de arbitragem (cláusula compromissória, compromisso arbitral e termo de arbitragem) ou mesmo durante o curso da arbitragem, renunciar ao direito de anular a futura sentença arbitral.

Essa renúncia prévia, porém, está limitada às causas do art. 32 da Lei de Arbitragem que estejam relacionadas ao poder de disposição das partes. Assim, as partes podem renunciar ao direito de anular (i) uma sentença arbitral viciada pela invalidade da convenção de arbitragem (mas não pela inexistência ou nulidade da convenção de arbitragem), (ii) uma sentença arbitral emanada por um árbitro impedido ou suspeito (ou seja, em conflito de interesses), (iii) uma sentença arbitral que não contenha relatório ou fundamentação (mas não uma sentença arbitral sem dispositivo), (iv) uma sentença arbitral que tenha extrapolado os limites da convenção de arbitragem, (v) uma sentença arbitral proferida além do prazo estipulado para sua prolação, bem como (vi) uma sentença arbitral que tenha infringido o princípio do contraditório, da igualdade das partes e do livre convencimento do árbitro.

Uma sentença arbitral, porém, que tenha decidido matéria inarbitrável pode ser anulada mesmo que as partes tenham renunciado previamente ao direito de anulá-la, pois inarbitrabilidade não é matéria sob livre disposição das partes. Evidentemente que este debate possui pouca repercussão prática, na medida em que as partes raramente se arriscam a renunciar ao direito de anular uma sentença arbitral que elas sequer tenham tido a oportunidade de examinar ainda. A renúncia prévia também gera um incentivo negativo para os árbitros, que passam a atuar sabendo que não existe mecanismo judicial de controle *a posteriori* de sua decisão, o que nem sempre pode gerar um resultado vantajoso para as partes.

A vantagem, por outro lado, é que a renúncia prévia exclui de antemão a supervisão judicial da arbitragem, o que, em algumas circunstâncias especiais, pode ser entendido como uma vantagem para as partes, em especial em países em que o Poder Judiciário é excessivamente intervencionista na arbitragem e/ou em países em que a ação de anulação da sentença arbitral acaba se transformando numa apelação, levando as partes a anos e anos de disputa na cortes, com indesejado desperdício de tempo e recursos financeiros, o que evidentemente não foi a vontade das partes ao originariamente optar pela via arbitral para solução de seus conflitos. Muitas vezes, as partes preferem assumir o risco de abrir mão da possibilidade de anular uma sentença arbitral equivocada do que estarem sujeitas a um eventual ineficiente e possivelmente pouco confiável processo de anulação de sentenças arbitrais perante as cortes estatais.

2. PRINCÍPIO DO FAVOR ARBITRAL

O princípio do favor arbitral é referido pela doutrina e jurisprudência por vários nomes, sendo os mais comuns *favor arbitratis, favor arbitrandum, favor arbitratus, favor arbitri, favor arbitrii* e, em inglês, *pro-arbitration presumption*.[21] Prefere-se neste trabalho o uso da expressão em Português, até porque não se tem absoluta certeza se todas essas expressões acima referidas poderiam, gramaticalmente, funcionar em Latim. Essas expressões são, na verdade, um neologismo em uma língua morta.

Não se conhece previsão legal específica conceituando e detalhando os contornos desse princípio, mas é possível identificá-lo na política legislativa de determinados Estados e também em disposições esparsas nas legislações de arbitragem pelo mundo que indicam um tratamento mais favorável à arbitragem, além de manifestações doutrinárias e jurisprudenciais.

O Direito brasileiro deixa clara sua política pró-arbitragem em diversas passagens, por exemplo, (i) ao estabelecer um conceito amplo de arbitrabilidade, permitindo inclusive que entes públicos resolvam suas disputas por arbitragem (art. 1º da Lei de Arbitragem), (ii) ao permitir a execução específica da cláusula compromissória (arts. 6º e 7º da Lei de Arbitragem), (iii) ao determinar a extinção do processo judicial diante de uma convenção de arbitragem (art. 485, VII, do Código de Processo Civil), (iv) ao criar um mecanismo específico de comunicação entre árbitros e juízes (carta arbitral – art. 237, IV, do Código de Processo Civil), (v) ao manter a confidencialidade convencionada na arbitragem no processo judicial (art. 189, IV, do Código de Processo Civil), (vi) ao possibilitar a interposição de recurso imediatamente contra a decisão que rejeitar a alegação de convenção de arbitragem (art. 1.015, III, do Código de Processo Civil), (vii) ao deixar claro que a sentença arbitral não depende de homologação judicial para produzir efeitos (art. 18 da Lei de Arbitragem), (viii) ao atribuir eficácia de título judicial à sentença arbitral (art. 515, VII, do Código de Processo Civil e art. 31 da Lei de Arbitragem), (ix) ao limitar consideravelmente as hipóteses em que se pode pedir a anulação de uma sentença arbitral, sendo certo que nenhuma delas permite o reexame de mérito da decisão (art. 32 da Lei de Arbitragem), (x) ao estabelecer uma ação própria para homologação de sentenças arbitrais estrangeiras (arts. 960-965 do Código de Processo Civil) etc. Todos esses dispositivos presentes no Direito brasileiro deixam clara uma política pública francamente pró-arbitragem.

Ademais, há que se destacar que o Brasil é signatário da Convenção de Nova Iorque de 1958 (Decreto 4.311/2002), segundo a qual, na forma de seu inciso I do art. VII, "as disposições da presente Convenção não afetarão a validade de acordos multilaterais ou bilaterais relativos ao reconhecimento e à execução de sentenças arbitrais celebrados pelos Estados signatários nem privarão qualquer parte interessada de qualquer direito que ela possa ter de valer-se de uma sentença arbitral da maneira e na medida permitidas pela lei ou pelos tratados do país em que a sentença é invocada". Trata-se do chamado

---

21. Lino Diamvutu, na provavelmente única tese especificamente dedicada ao tema, identifica os seguintes nomes para o que chama "favor arbitrandum": "favor arbitratus", "favor arbitrati", "favor arbitratis", "favor arbitrationis", "favor arbitralis", "favor arbitri", "favor arbitrii", "favor arbitrandi", "favor validatis", "favor validatis", "favorem validitatis", "favor arbitral", "favor pro-arbitraje", "faveur arbitrale", "principe de faveur", "pro-arbitration presumption", "pro-arbitration bias" ou "policy favoring arbitration" (DIAMVUTU, Lino. *O Favor arbitrandum* – ensaio de uma teorização. Coimbra: Almedina, 2021, p. 35).

princípio da "more-favourable-right provision", que, não obstante mencionando apenas a homologação de sentença arbitragem estrangeira, se aplica a todos os institutos típicos da arbitragem. Portanto, o Art. VII(1) da Convenção de Nova Iorque também consagra o favor arbitral no ordenamento jurídico brasileiro.

Como se não bastasse, o inciso V do art. 3º Lei de Liberdade Econômica (Lei 13.874/2019) ainda determina que a interpretação do direito civil e empresarial deve privilegiar a autonomia privada, o que também indica uma política pró-arbitragem na medida em que a autonomia privada é fonte fundamental da arbitragem. Apesar de inexistir um dispositivo específico estabelecendo que se deve interpretar os institutos típicos da arbitragem de forma pró-arbitragem, não me parece haver dúvida de que o favor arbitral está claramente presente no ordenamento jurídico brasileiro em diversos dispositivos, deixando clara a política pública brasileira nesse sentido.

Diego P. Fernández Arroyo e Ezequiel H. Vetulli explicam que o princípio "postula que, nos casos de dúvida, deve-se adotar uma solução mais favorável à arbitragem, podendo aplicar-se tanto às questões relativas à validade do acordo arbitral quanto ao seu alcance e execução".[22] Em minha visão, o princípio tem uma abrangência bem mais ampla, abrangendo todo e qualquer aspecto da arbitragem, em especial a interpretação sobre o alcance da convenção de arbitragem, a extensão do conceito de arbitrabilidade, a extensão do poder do árbitro para decidir sobre sua própria jurisdição com prioridade (*Kompetenz-Kompetenz*), a validade da sentença arbitral, e o reconhecimento e execução da sentença arbitral estrangeira.[23]

Em todos esses cenários, o princípio do favor arbitral indica que a interpretação dada por tribunais arbitrais e cortes judiciais deve favorecer a arbitragem, na ausência, obviamente, de disposição legal ou convencional expressa em sentido contrário. Um exemplo significativo do favor arbitral está na interpretação do alcance da convenção de arbitragem. Imagine-se, por exemplo, que as partes A e B tenham celebrado um contrato comercial contendo uma cláusula compromissória afirmando que todo e qualquer litígio relacionado àquele contrato deverá ser solucionado por arbitragem.

No curso desse contrato, porém, a parte B ingressa numa outra relação comercial com a parte C que, apesar de não representar nenhuma violação a qualquer cláusula específica do contrato celebrado com parte A, causa danos a essa parte A, dando ensejo a uma pretensão de indenização com base em responsabilidade civil extracontratual. A parte A, então, decide iniciar uma arbitragem em face da parte B, que, porém, arguiu que a cláusula compromissória presente naquele contrato somente cobriria pretensões embasadas em responsabilidade civil contratual. O princípio do favor arbitral indica que a melhor interpretação é aquela que considera que a cláusula compromissória presente

---

22. FERNÁNDEZ ARROYO, Diego P. VETULLI, Ezequiel H. Certezas e dúvidas sobre o novo Direito arbitral argentino. *Revista Brasileira de Arbitragem*. The Hague: Kluwer, v. 13, n. 49, p. 64.
23. Praticamente no mesmo sentido, confira-se: DIAMVUTU, Lino. *O Favor arbitrandum* – ensaio de uma teorização. Coimbra: Almedina, 2021, p. 49.

no contrato entre as partes A e B englobaria toda e qualquer disputa entre elas, pouco importando a base contratual ou extracontratual da pretensão indenizatória.

Imagina-se um outro exemplo em que, num contrato comercial, convivam uma cláusula compromissória e uma cláusula de eleição de foro judicial, sem nenhuma distinção quanto ao escopo de cada uma delas. Surgida a controvérsia, a parte A inicia arbitragem contra a parte B, que, em defesa, alega que a cláusula compromissória não é vinculante, pois a arbitragem seria apenas uma opção (sendo a outra o foro judicial), a exigir confirmação de ambas as partes quando do surgimento do litígio. Também nesse caso o princípio do favor arbitral apontaria para uma interpretação que favorecesse a arbitragem, entendendo-se que ambas as cláusulas seriam vinculantes, mas a cláusula de eleição de foro judicial somente se aplicaria àquelas disputas que não pudessem ser submetidas à arbitragem (disputas inarbitráveis, medidas de urgência pré-arbitrais, efetivação de medidas de urgência, execução da sentença arbitral etc.).

A *House of Lords*, no julgamento do caso *Fiona Trust*, estabeleceu a premissa interpretativa segundo a qual "the construction of an arbitration clause should start from the assumption that the parties, as rational businessmen, are likely to have intended any dispute arising out of the relationship into which they have entered or purported to enter to be decided by the same tribunal", de modo que "the clause should be construed in accordance with this presumption unless the language makes it clear that certain questions were intended to be excluded from the arbitrator's jurisdiction".[24] Trata-se de interpretação (designada na Inglaterra de "one-stop shop presumption") que aplica claramente o princípio do favor arbitral.

Como se disse anteriormente, não é só na interpretação da convenção de arbitragem que o princípio do favor arbitral se manifesta. Uma área rica para manifestação do favor arbitral é na homologação de sentença arbitragem estrangeira, em que o inciso I do Art. VII da Convenção de Nova Iorque claramente fornece uma interpretação pró-arbitragem. Interpretando a disposição convencional, a Corte de Apelação de Luxemburgo, em conhecida decisão na comunidade arbitral internacional, foi expressa ao dizer que "the principle of favor arbitrandum which permeates the Convention led its drafters to promote enforcement as much as possible".[25]

3. PRINCÍPIO DA COMPETÊNCIA-COMPETÊNCIA

3.1 Noções iniciais[26]

Há situações em que uma das partes do conflito não deseja submeter o caso à arbitragem, seja porque efetivamente há algum problema com a convenção de arbitragem,

---

24. Fiona Trust & Holding Corporation v Primalov [2007] UKHL 40, para 13.
25. Judgment of 28 January 1999, XXIV Y.B. Comm. Arb. 714, 722 (Luxembourg Cour d'Appel) (1999).
26. Este item é baseado na tese de doutorado do autor, ainda não publicada comercialmente: MONTEIRO, Andre Luis Quintas. *Princípio da competência-competência na arbitragem comercial: visão a partir do Brasil*. Tese de doutorado. Pontifícia Universidade Católica de São Paulo. Orientadora: Teresa Arruda Alvim. São Paulo: 2017, 456p.

seja porque esta parte antevê uma desvantagem estratégica em litigar na via arbitral. Nestas circunstâncias, a parte recalcitrante (= parte que não deseja se submeter à arbitragem) pode impugnar a jurisdição arbitral a partir de diversos fundamentos, como, por exemplo, inexistência da convenção de arbitragem, inarbitrabilidade do litígio, coação no momento da celebração do pacto arbitral etc. Em determinados casos, o próprio tribunal arbitral também pode examinar *ex officio* sua jurisdição.

A princípio, poder-se-ia imaginar que o exame da jurisdição arbitral deveria ser feito imediatamente pelo Poder Judiciário, pois é de certa forma contraintuitivo imaginar que os próprios árbitros devessem analisar a sua própria jurisdição. Ocorre que esse entendimento acabaria por incentivar manobras procrastinatórias, já que impugnar a jurisdição arbitral serviria para automaticamente deslocar o caso para o Poder Judiciário, o que causaria tumulto processual na arbitragem e impediria o seu regular desenvolvimento. Submeter questões relacionadas à jurisdição dos árbitros imediatamente ao Poder Judiciário não representa uma boa solução.

Diante disso, forjou-se na arbitragem o denominado princípio da competência-competência (muito conhecido pelas expressões em alemão *Kompetenz-Kompetenz* e em francês *competence-competence*). Não obstante se trate de um princípio bastante reconhecido internacionalmente, a verdade é que não há uniformidade na sua aplicação no mundo, em especial em relação ao efeito negativo do princípio da competência-competência. No direito estrangeiro, vê-se diversas versões deste princípio, até mesmo em países geograficamente próximos. É bastante fácil perceber, por exemplo, que a França e, em menor grau, Portugal adotam uma versão bastante liberal desse princípio, enquanto a Alemanha o aplica de modo mais conservador. Suíça e Inglaterra possuem versões moderadas, enquanto a China simplesmente não reconhece o princípio da competência-competência.

No Brasil, a Lei de Arbitragem brasileira prevê o efeito positivo do princípio da competência-competência, mas não trata do efeito negativo deste mesmo princípio. A promulgação do Código de Processo Civil de 2015 trouxe alguma luz sobre o tema, notadamente em razão da redação da parte final do inciso VII do art. 485. Neste item, procura-se examinar o princípio da competência-competência a partir de algumas noções gerais básicas. Fixadas essas premissas, pretende-se apresentar as principais características desse princípio à luz do Direito brasileiro.

3.2 Conceito

A conceituação do princípio da competência-competência feita pela doutrina normalmente não abrange todos os aspectos do instituto. É muito comum que a definição deste princípio tenha foco apenas no seu efeito positivo, ou seja, na atribuição de poder ao árbitro para decidir a respeito de sua própria jurisdição. O efeito negativo do princípio da competência-competência normalmente não é incluído na sua definição.

O princípio da competência-competência envolve a atribuição de poder ao tribunal arbitral para examinar, seja mediante provocação das partes, seja de ofício, com prioridade em relação ao Poder Judiciário, toda e qualquer matéria que possa, se acolhida, levar à extinção prematura da arbitragem. Assim, qualquer eventual vício afetando a existência, validade ou eficácia da convenção de arbitragem está coberto pelo princípio da competência-competência.

O princípio da competência-competência em sua concepção atual não garante aos árbitros o poder de analisar em definitivo a sua própria jurisdição. O princípio em estudo outorga aos árbitros o poder de analisar com prioridade cronológica a sua jurisdição, deixando sempre em aberto, porém, a possibilidade de controle posterior pelo Poder Judiciário. Ou seja, os árbitros examinam sua própria jurisdição com prioridade em relação ao Poder Judiciário, mas não possuem a última palavra a respeito da matéria, pois suas decisões a esse respeito estão em tese sujeitas a posterior controle pelo Poder Judiciário no âmbito da ação de anulação da sentença arbitral.

3.3 Efeitos da convenção de arbitragem v. efeitos do princípio da competência-competência

A convenção de arbitragem pode ser definida como o ato jurídico bilateral por meio do qual as partes, no exercício da autonomia privada, conferem a um terceiro imparcial o poder de julgar, em definitivo, os conflitos presentes e futuros decorrentes de uma determinada relação jurídica que as une. Assim como o princípio da competência-competência, a convenção de arbitragem também possui efeitos positivo e negativo, mas os efeitos positivo e negativo da convenção de arbitragem não se confundem com os efeitos positivo e negativo do princípio da competência-competência, não obstante muitas vezes isso não fique claro na doutrina e na jurisprudência.

É razoavelmente comum encontrar referências conjuntas aos efeitos (positivo e negativo) da convenção de arbitragem e aos efeitos (positivo e negativo) do princípio da competência-competência. Diz-se que os efeitos do princípio da competência-competência "são relacionados com a noção mais geral" dos efeitos da convenção de arbitragem.[27] Ou que os efeitos do princípio da competência-competência "anda[m] de mãos dadas" com os efeitos positivo e negativo da convenção de arbitragem,[28] ou, ainda, que os efeitos da convenção de arbitragem "reforçam" o princípio da competência-competência.[29]

Parece-me, porém, que estes efeitos devem ser bem identificados e tratados separadamente, até porque existem consequências teóricas e práticas relevantes nesta distinção, como, por exemplo, a fonte de cada um deles, bem como o Direito aplicável. O que se pode destacar como a principal distinção entre os efeitos da convenção de arbitragem

---

27. BORN, Gary B. *International Commercial Arbitration*. 2. ed. Kluwer: The Hague, 2014, p. 1.070.
28. FONSECA, Rodrigo Garcia da. O princípio competência-competência na arbitragem. Uma perspectiva brasileira. *Revista de arbitragem e mediação*. São Paulo: Ed. RT, 2006, a. 3, n. 9. Disponível em: http://www.revistadostribunais.com.br. Acesso em: 16 abr. 2023.
29. FONSECA, Rodrigo Garcia da. O princípio competência-competência na arbitragem. Uma perspectiva brasileira. *Revista de arbitragem e mediação*. São Paulo: Ed. RT, 2006, a. 3, n. 9. Disponível em: http://www.revistadostribunais.com.br. Acesso em: 16 abr. 2023.

e os efeitos do princípio da competência-competência é que enquanto aqueles dizem respeito ao *mérito da causa*, estes últimos estão relacionados à *jurisdição* dos árbitros.

Por um lado, o efeito positivo da convenção de arbitragem representa (i) o direito da parte signatária da convenção de arbitragem de ter o *mérito da causa* julgado pelo tribunal arbitral, (ii) a obrigação da parte contrária de se submeter ao julgamento de *mérito da causa* perante os árbitros, (iii) o poder do tribunal arbitral para julgar o *mérito da causa* e, por fim, (iv) a regra de hermenêutica pró-arbitragem (favor arbitral) no sentido de solucionar eventuais dúvidas em favor de atribuir aos árbitros o julgamento do *mérito da causa*.

O efeito negativo da convenção de arbitragem significa (i) a impossibilidade de o Poder Judiciário julgar o *mérito da causa* que estiver abrangido por convenção de arbitragem e (ii) a impossibilidade de o Poder Judiciário reexaminar *o mérito da causa* no âmbito da ação de anulação da sentença arbitral, da ação de homologação de decisões arbitrais estrangeiras, e da execução de decisões arbitrais. Em todos os aspectos, os efeitos da convenção de arbitragem, tanto o positivo quanto o negativo, dizem respeito ao *mérito da causa*.

Por outro lado, o efeito positivo do princípio da competência-competência prescreve (i) a atribuição ao tribunal arbitral do poder para decidir a respeito de sua própria *jurisdição*, (ii) a dispensabilidade de suspender a arbitragem diante de uma demanda judicial que pretenda questionar a *jurisdição* dos árbitros e (iii) a possibilidade de revisão judicial da decisão final dos árbitros sobre sua própria *jurisdição*.

O efeito negativo do princípio da competência-competência revela (i) a retirada, como regra geral, dos órgãos judiciais do poder para apreciar a *jurisdição* do tribunal arbitral antes que os próprios árbitros o façam e (ii) a possibilidade, em caráter excepcional, de examinar a *jurisdição* dos árbitros diante de vícios manifestos. Em todos os aspectos, os efeitos do princípio da competência-competência dizem respeito à *jurisdição dos árbitros*.

Em conclusão, pode-se dizer que enquanto os *efeitos da convenção de arbitragem* procuram desvendar quem deve julgar o *mérito da causa*, os *efeitos do princípio da competência-competência* objetivam responder à pergunta sobre quem deve examinar a *jurisdição dos árbitros*. Ambos lidam com o tema da divisão de poder entre tribunal arbitral e Poder Judiciário, mas cada qual em relação a um aspecto (mérito da causa v. jurisdição dos árbitros).

3.4 Efeito positivo do princípio da competência-competência no Brasil

O efeito positivo do princípio da competência-competência possui expressa previsão legal no Brasil. Segundo o parágrafo único do art. 8º da Lei de Arbitragem brasileira, "caberá ao árbitro decidir de ofício, ou por provocação das partes, as questões acerca da existência, validade e eficácia da convenção de arbitragem e do contrato que contenha a cláusula compromissória". O dispositivo legal claramente atribui ao árbitro o poder de examinar questões relacionadas à sua jurisdição.

Não obstante muitas vezes a atenção da doutrina e da jurisprudência se limite a este dispositivo, a verdade é que o efeito positivo do princípio da competência-competência também está previsto no *caput* do art. 20 da Lei 9.307/1996, conforme o qual "a parte que pretender arguir questões relativas à competência, suspeição ou impedimento do árbitro ou dos árbitros, bem como nulidade, invalidade ou ineficácia da convenção de arbitragem, deverá fazê-lo na primeira oportunidade que tiver de se manifestar, após a instituição da arbitragem". O comando legal didaticamente afirma que impugnações à jurisdição do árbitro devem ser feitas na arbitragem, ou seja, perante o tribunal arbitral.

A partir destes dispositivos, a doutrina brasileira reconhece a adoção do efeito positivo do princípio da competência-competência. Neste sentido, *inter plures*, vale citar a posição de Carlos Alberto Carmona, para quem o referido princípio significa a "competência do árbitro para decidir sobre sua própria competência, resolvendo as impugnações que surjam acerca de sua capacidade de julgar, da extensão de seus poderes, da arbitrabilidade da controvérsia, enfim, avaliando a eficácia e a extensão dos poderes que as partes lhe conferiram tanto por via de cláusula compromissória, quanto por meio do compromisso arbitral".[30]

Da mesma forma, a jurisprudência brasileira, salvo casos excepcionais, igualmente aplica o efeito positivo do princípio da competência-competência. A título exemplificativo, cumpre destacar decisão do Superior Tribunal de Justiça entendendo que "a constatação de previsão de convenção de arbitragem enseja o reconhecimento da competência do Juízo arbitral, que, com precedência ao Poder Judiciário, deve decidir, nos termos do art. 8º, parágrafo único, da Lei de Arbitragem (Lei 9.307/96), de ofício, ou por provocação das partes, as questões acerca da existência, validade e eficácia da convenção de arbitragem e do contrato que contenha a cláusula compromissória".[31]

O parágrafo único do art. 8º da Lei de Arbitragem brasileira, como visto acima, estatui que "caberá ao árbitro decidir de ofício, ou por provocação das partes, as questões acerca da existência, validade e eficácia da convenção de arbitragem e do contrato que contenha a cláusula compromissória". O *caput* do art. 20, a seu turno, prevê que "a parte que pretender arguir questões relativas à competência, suspeição ou impedimento do árbitro ou dos árbitros, bem como nulidade, invalidade ou ineficácia da convenção de arbitragem, deverá fazê-lo na primeira oportunidade que tiver de se manifestar, após a instituição da arbitragem".

No que diz respeito à expressão nulidade, invalidade ou ineficácia da convenção de arbitragem, presente no *caput* do art. 20 da Lei de Arbitragem brasileira, cumpre dizer que houve omissão legal em relação à inexistência da convenção de arbitragem. Como se não bastasse, o mesmo dispositivo legal se referiu aos vícios de nulidade e de invalidade, possivelmente querendo dizer nulidade e anulabilidade (ou, eventualmente, nulidade absoluta e nulidade relativa), todas espécies do gênero invalidade. A Lei de Arbitragem brasileira também não menciona o alcance (subjetivo e objetivo) da convenção de

---

30. CARMONA, Carlos Alberto. *Arbitragem e processo*. 3. ed. São Paulo: Atlas, 2009, p. 175.
31. STJ, 4. T., AgInt no REsp. 1.239.319/SC, Min. Raul Araújo, j. em 14.03.2017, D.J. de 27.03.2017.

arbitragem, nem no parágrafo único do art. 8º e nem no *caput* do art. 20. Entendemos, porém, que este tema está abrangido pela noção de existência, pois se a convenção de arbitragem não alcança em seus termos determinada matéria é porque ela é inexistente em relação a esta matéria.

A maioria das principais legislações de arbitragem do mundo não estabelece um prazo específico em dias para que a parte interessada apresente sua impugnação à jurisdição dos árbitros, ao contrário do que normalmente ocorre na seara judicial, em que os códigos de processo civil costumam estabelecer em detalhes quando e como as impugnações devem ser apresentadas. Normalmente, as regras legais na seara arbitral preveem apenas que as alegações referentes à inexistência, invalidade ou ineficácia da convenção de arbitragem devem ser feitas até o oferecimento da defesa de mérito da causa, ou seja, numa fase inicial da arbitragem.[32]

A Lei de Arbitragem brasileira trata da matéria no *caput* do art. 20, determinando que "a parte que pretender arguir questões relativas à competência, suspeição ou impedimento do árbitro ou dos árbitros, bem como nulidade, invalidade ou ineficácia da convenção de arbitragem, deverá fazê-lo na primeira oportunidade que tiver de se manifestar, após a instituição da arbitragem". A princípio, poder-se-ia imaginar que, de acordo com a lei brasileira, a parte interessada teria que impugnar a jurisdição dos árbitros na primeira manifestação, o que ocorreria, na generalidade dos casos, no momento de responder ao requerimento de instauração da arbitragem.

Uma análise mais atenta do dispositivo revela, porém, que em arbitragens com sede no Brasil, a parte interessada deve, em regra, impugnar a jurisdição dos árbitros na primeira oportunidade que surgir após o conhecimento do vício e depois de constituído o tribunal arbitral.

Caso a parte tenha ciência do vício e deixa de impugnar a jurisdição dos árbitros, haverá preclusão. Ocorre, porém, que essa preclusão só produz efeitos em relação às causas de impugnação à jurisdição dos árbitros que estejam sob a disponibilidade das partes. Em relação às demais, não há preclusão. A definição de quais causas estão ou não sujeitas à disponibilidade das partes será feita de acordo com o Direito aplicável a cada uma delas.

O parágrafo único do art. 8º da Lei de Arbitragem brasileira estatui que "caberá ao árbitro decidir de ofício, ou por provocação das partes, as questões acerca da existência, validade e eficácia da convenção de arbitragem e do contrato que contenha a cláusula compromissória". O dispositivo legal, como se observa, expressamente permite ao tribunal arbitral agir *ex officio* para analisar a existência, validade e eficácia do pacto arbitral. No meu entendimento, porém, o tribunal arbitral apenas pode examinar sua própria jurisdição *ex officio* a partir de causas que não estejam sob a disponibilidade das partes. Aquelas causas que estejam sob a disponibilidade das partes não podem

---

32. BLACKABY, Nigel. PARTASIDES, Constantine. REDFERN, Alan. HUNTER, Martin. *Redfern and Hunter on international arbitration*. 6. ed. The Hague: OUP, 2015, p. 344-345.

ser levadas em consideração *ex officio* pelo tribunal arbitral para analisar a convenção de arbitragem.

Desta forma, o tribunal arbitral pode examinar de ofício (i) a inarbitrabilidade da controvérsia e (ii) as hipóteses de nulidade da convenção de arbitragem. As demais hipóteses – em especial, os casos de anulabilidade da convenção de arbitragem – só podem ser examinadas pelos árbitros mediante provocação da parte interessada. Pensar o contrário é flertar com a possibilidade de o tribunal arbitral avançar sobre a esfera de disponibilidade das partes, o que se mostra inadmissível na esfera judicial e, *a fortiori*, na arbitragem.

O exame pelo tribunal arbitral de sua própria jurisdição é realizado a partir de cognição exauriente.[33] Não se trata de análise *prima facie*, sumária ou perfunctória, mas sim exauriente, profunda ou completa (*full review*). A cognição exauriente do tribunal arbitral a respeito de sua própria jurisdição independe de a questão ter sido suscitada pela parte interessada ou ter sido apreciada *ex officio*. Em ambos os casos, o tribunal arbitral analisa sua própria jurisdição em cognição exauriente.

No âmbito de o processo judicial, a decisão que examina a competência (absoluta ou relativa) do órgão judicial é sempre decisão interlocutória, pouco importando se se trata de decisão que acolhe a alegação de incompetência (negativa = não tem competência) ou de decisão que rejeita a impugnação (positiva = tem competência). No âmbito da arbitragem, a questão se mostra bem mais complexa. Se o tribunal arbitral acolhe a impugnação à sua jurisdição (decisão negativa), a decisão arbitral possui natureza de sentença terminativa (ou processual), pois extinguirá o processo arbitral sem o julgamento do mérito (= pedidos das partes).

No caso, porém, do tribunal arbitral confirmar sua jurisdição sobre a causa (decisão positiva), a decisão não teria o condão de extinguir o processo arbitral, razão pela qual, a princípio, dever-se-ia qualificá-la como uma decisão interlocutória arbitral (na prática arbitral, ordem processual).

Essa conclusão, porém, leva a três consequências complexas. Primeiramente, o pronunciamento do árbitro que acolhesse a impugnação à sua jurisdição (decisão negativa) não seria acobertado pela coisa julgada material, pois, consoante o entendimento tradicional no Brasil (ao contrário do que ocorre no direito processual alemão), o conteúdo das sentenças terminativas não se torna imutável e indiscutível pela coisa julgada material.

Em segundo lugar, o pronunciamento do árbitro que confirmasse sua jurisdição sobre a causa (decisão positiva) seria caraterizado como decisão interlocutória arbitral, o que, além de não se sujeitar à autoridade da coisa julgada, não poderia ser, literalmente, objeto da ação de anulação (*ex vi* dos arts. 32 e 33 da Lei de Arbitragem, dedicados à "declaração de nulidade da sentença arbitral"). Isso significa que a parte que tivesse impugnado a jurisdição do tribunal arbitral e tivesse tido o seu pedido rejeitado pelos

---

33. BORN, Gary B. *International Commercial Arbitration*. 2. ed. Kluwer: The Hague, 2014, p. 1.213.

árbitros, teria que aguardar todo o desenrolar do processo arbitral – inclusive a demorada e custosa fase instrutória – para somente após a prolação da sentença arbitral final arguir novamente esta matéria relacionada à jurisdição dos árbitros, mas agora perante o Poder Judiciário, no âmbito da ação de anulação da sentença arbitral final.

Em terceiro lugar, este pronunciamento arbitral confirmando a jurisdição dos árbitros sobre a causa (decisão positiva) também não estaria sujeito, a princípio, ao reconhecimento em outros países, pois não se trataria de sentença arbitral estrangeira de mérito, o que se exige em alguns ordenamentos jurídicos.

Diante dessas dificuldades, a doutrina estrangeira costuma caracterizar o pronunciamento do tribunal arbitral a respeito de sua jurisdição como uma sentença arbitral, terminativa ou parcial, a depender do resultado. Recentemente, em outra oportunidade acadêmica, defendi que "o provimento dos árbitros que confirma sua própria jurisdição tem natureza de sentença parcial, pois resolve em definitivo uma questão relevante da arbitragem e que produz efeitos externos ao processo arbitral (por exemplo, a impossibilidade de ingresso de demanda judicial ou outra arbitragem com o mesmo objeto)".[34] Também me parece que o provimento dos árbitros que acolhe a impugnação à sua jurisdição tem natureza de sentença.

Por um lado, o pronunciamento do tribunal arbitral que reconhece sua ausência de jurisdição sobre a causa (decisão negativa) tem natureza de sentença arbitral terminativa (ou processual). Por outro lado, o pronunciamento do tribunal arbitral que confirma jurisdição sobre a causa (decisão positiva) tem natureza de sentença arbitral parcial, razão pela qual está sujeita à ação de anulação prevista nos arts. 32 e 33 da Lei 9.307/1996, bem como ao reconhecimento em outros países na via da ação de homologação de sentença arbitral estrangeira.

A Lei de Arbitragem brasileira não estabelece expressamente o momento em que o tribunal arbitral deve decidir a respeito da impugnação à sua jurisdição. Apesar disso, não se pode dizer que a Lei é completamente omissa. Isso porque o parágrafo segundo do art. 20 da Lei de Arbitragem brasileira dispõe que "não sendo acolhida a arguição, terá normal prosseguimento a arbitragem, sem prejuízo de vir a ser examinada a decisão pelo órgão do Poder Judiciário competente, quando da eventual propositura da demanda de que trata o art. 33 desta Lei".

Ora, se a Lei de Arbitragem atesta que, no caso de decisão positiva dos árbitros (= decisão reconhecendo a jurisdição dos árbitros), "terá normal prosseguimento da arbitragem" é porque a Lei indica que esta decisão a respeito da jurisdição arbitral deve ser tomada no início do processo arbitral.[35] Do contrário, caso esta decisão fosse tomada no momento da prolação da sentença arbitral final, não haveria "normal prosseguimento da

---

34. FICHTNER, José Antonio. MONTEIRO, André Luís. *Comentários à Lei da Arbitragem Reformada*. ARRUDA ALVIM, Eduardo. DELFINO, Lúcio. RODRIGUES, Marco Antonio (Coord.). Prelo.
35. Interpretando corretamente o ordenamento jurídico brasileiro, Jan Kleinheisterkamp explica que "Brazilian law suggests that the arbitrators should rule on the plea as soon as it is voiced" (KLEINHEISTERKAMP, Jan. *International Commercial Arbitration in Latin America*. Oceana: New York, 2005, p. 241).

arbitragem", independentemente do teor da decisão a respeito da jurisdição arbitral. A regra geral, portanto, é a de que o tribunal arbitral deve examinar sua própria jurisdição, *ex officio* ou por provocação da parte interessada, logo no início da arbitragem, proferindo uma sentença arbitral terminativa (decisão negativa = caso em que o tribunal acolhe a impugnação e reconhece a sua ausência de jurisdição) ou uma sentença arbitral parcial (decisão positiva = caso em que o tribunal rejeita a impugnação e afirma sua jurisdição).

Além da indicação constante do parágrafo segundo do art. 20 da Lei 9.307/1996, esta regra geral se justifica por mais duas razões: (i) eliminar o mais breve possível a incerteza dentro do processo arbitral a respeito da jurisdição do tribunal arbitral e (ii) conceder à parte interessada, o mais breve possível, o direito de anular a decisão arbitral positiva dos árbitros a respeito de sua jurisdição. Excepcionalmente, quando o exame da jurisdição do tribunal arbitral envolver também o exame do mérito da causa, os árbitros, justificadamente, poderão deixar para analisar a matéria ao final da arbitragem.

A decisão do tribunal arbitral, no exercício do efeito positivo do princípio da competência-competência, possui diferentes consequências, a depender do seu teor.

No que diz respeito à decisão negativa (= caso em que o tribunal acolhe a impugnação e reconhece a sua ausência de jurisdição), a segunda parte do parágrafo primeiro do art. 20 da Lei de Arbitragem brasileira aduz que "reconhecida a incompetência do árbitro ou do tribunal arbitral, bem como a nulidade, invalidade ou ineficácia da convenção de arbitragem, serão as partes remetidas ao órgão do Poder Judiciário competente para julgar a causa".

Dúvida interessante consistente em saber se, diante de uma decisão do tribunal arbitral reconhecendo a sua ausência de jurisdição (decisão negativa), a parte interessada poderia ingressar com ação de anulação perante o Poder Judiciário pleiteando a anulação da sentença arbitral terminativa. No nosso ponto de vista, considerando o Direito brasileiro, esta hipótese de propositura de ação de anulação contra decisão do tribunal arbitral negando jurisdição sobre a causa (decisão negativa) enfrenta dificuldades *de lege lata*, especialmente em razão da literalidade do parágrafo primeiro e do parágrafo segundo do art. 20, bem como dos incisos I e IV do art. 32, todos da Lei de Arbitragem.

No que tange à decisão positiva (= caso em que o tribunal rejeita a impugnação e afirma sua jurisdição), o parágrafo segundo do art. 20 da Lei de Arbitragem brasileira prevê que "não sendo acolhida a arguição, terá normal prosseguimento a arbitragem, sem prejuízo de vir a ser examinada a decisão pelo órgão do Poder Judiciário competente, quando da eventual propositura da demanda de que trata o art. 33 desta Lei". Como se trata de sentença e não de decisão interlocutória (ordem processual), a decisão dos árbitros que confirma possuir jurisdição sobre a causa está sujeita ao controle judicial na via da ação de anulação da sentença arbitral, *ex vi* dos arts. 32 e 33 da Lei de Arbitragem brasileira.

A pergunta que se faz, então, é a seguinte: a ação de anulação da decisão arbitral que confirma a jurisdição dos árbitros deve ser proposta tão logo proferida a decisão ou apenas ao final, por ocasião do ajuizamento da ação de anulação contra a sentença final?

O parágrafo primeiro do art. 33 da Lei de Arbitragem, com a redação a ele conferida pela Reforma da Lei, auxilia nesta questão. Isso porque o mencionado dispositivo de lei estabelece que "a demanda para a declaração de nulidade da sentença arbitral, parcial ou final, seguirá as regras do procedimento comum, previstas na Lei no 5.869, de 11 de janeiro de 1973 (Código de Processo Civil), e deverá ser proposta no prazo de até 90 (noventa) dias após o recebimento da notificação da respectiva sentença, parcial ou final, ou da decisão do pedido de esclarecimentos".

Como se vê, o prazo decadencial de 90 (noventa) dias para o ajuizamento da ação de anulação do *decisum* arbitral se inicia a partir do recebimento da respectiva sentença, ou seja, a partir do recebimento da sentença parcial ou da sentença final, conforme for o caso. No caso da decisão que confirma a jurisdição arbitral sobre a causa, a parte interessada deverá propor a ação de anulação no prazo de 90 (noventa) dias a partir do recebimento da notificação desta sentença arbitral parcial, sob pena de decadência do direito de anular a decisão.

3.5 Efeito negativo do princípio da competência-competência no Brasil

O efeito negativo do princípio da competência-competência significa a impossibilidade, em regra, de o Poder Judiciário apreciar a jurisdição do tribunal arbitral antes que os próprios árbitros tomem uma decisão a este respeito.[36] A Lei 9.307/1996 não dedica nenhum dispositivo explícito ao efeito negativo do princípio da competência-competência. O único indicativo do efeito negativo do princípio da competência-competência na Lei de Arbitragem brasileira é a possibilidade de controle judicial da jurisdição arbitral na via da ação de anulação da sentença arbitral, *ex vi* dos arts. 32 e 33 da Lei, o que poderia sugerir a adoção de um modelo de controle judicial meramente *a posteriori* da jurisdição arbitral.

A maioria da doutrina brasileira se formou no sentido de que o árbitro detém a prioridade cronológica no exame de sua própria jurisdição. Expressamente neste sentido, Pedro A. Batista Martins, um dos coautores do anteprojeto da Lei de Arbitragem brasileira, ensina que "é o árbitro '*o primeiro juiz* a dizer sobre sua jurisdição", de modo que "o efeito negativo afasta, de plano, qualquer intervenção judicial que se pretenda para dirimir as questões acerca da existência, validade ou eficácia da convenção de arbitragem ou do contrato em que estiver contemplada".[37]

---

36. FOUCHARD, Philippe. GAILLARD, Emmanuel. GOLDMAN, Berthold. *International commercial arbitration*. GAILLARD, Emmanuel. SAVAGE, John (edited by). The Hague: Kluwer Law International, 1999, p. 406; BORN, Gary B. *International Commercial Arbitration*. 2. ed. Kluwer: The Hague, 2014, p. 1.069-1.070; CORDEIRO, António Menezes. *Tratado da arbitragem*. Coimbra: Almedina, 2015, p. 203; ERK, Nadja. *Parallel Proceedings in International Arbitration: A Comparative European Perspective*. The Hague: Kluwer, 2014, p. 27.

37. MARTINS, Pedro A. Batista. *Apontamentos sobre a lei de arbitragem*. Rio de Janeiro: Forense, 2008, p. 137. Idem: WALD, Arnoldo. Os meios judiciais do controle da sentença arbitral. *Revista de Arbitragem e Mediação*. São Paulo: Ed. RT, a. 1, v. 1, jan./abr. de 2004. Disponível em: http://www.revistadostribunais.com.br. Acessado em: 16.04.2023; DINAMARCO, Cândido Rangel. *A arbitragem na teoria geral do processo*. São Paulo: Malheiros, 2013, p. 94; CAHALI, Francisco José. *Curso de arbitragem*. 5. ed. São Paulo: Ed. RT, 2015, p. 249.

Seguindo-se esta linha, se formou ainda entendimento no sentido de que o Poder Judiciário somente poderia apreciar a existência, validade e eficácia da convenção de arbitragem excepcionalmente, exercendo cognição sumária (*prima facie*) sobre os vícios alegados. Neste sentido, Eleonora Coelho aduz que o Poder Judiciário pode "desconsiderar a convenção de arbitragem somente em casos excepcionalíssimos nos quais o seu vício seja patente ou possa ser verificado prima facie ou sem maior profundidade cognitiva".[38] Da mesma forma, Leonardo Beraldo explica "a tendência de se permitir que o Judiciário se manifeste, antes mesmo do juízo arbitral, acerca da existência, validade ou eficácia da convenção arbitral, se for possível a verificação do vício prima facie, isto é, sem dilação probatória".[39]

Após a edição do Código de Processo Civil de 2015, a questão passou a precisar ser analisada à luz da novidade estabelecida pela parte final do inciso VII do art. 485 do Código de Processo Civil. O mencionado dispositivo de lei conferiu bastante prestígio ao efeito negativo do princípio da competência-competência, incorporando ao sistema jurídico brasileiro um modelo semelhante ao francês. O mencionado dispositivo incorporou literalmente a regra da prioridade do tribunal arbitral para o exame de sua própria jurisdição (= vícios na convenção de arbitragem). A segunda parte do dispositivo de lei afirma expressamente que "o juiz não resolverá o mérito quando (...) o juízo arbitral reconhecer sua competência".

Como se não bastasse, o inciso V do art. 3º da Lei de Liberdade Econômica (Lei 13.874/2019), ao estabelecer que a interpretação do direito civil e empresarial deve privilegiar a autonomia privada, também fornece substrato jurídico para uma interpretação ampla do efeito negativo do princípio da competência-competência, na medida em que, ao exercerem suas autonomias privadas optando pela arbitragem, as partes não tinham em mente levar seus conflitos – inclusive sobre a existência, validade e eficácia da convenção de arbitragem – ao Poder Judiciário, mas sim a árbitros.

A partir disso, pode-se dizer que, antes da decisão do tribunal arbitral a respeito de sua jurisdição, a regra geral é a de que o Poder Judiciário não pode conhecer de vícios da convenção de arbitragem. Excepcionalmente, o Poder Judiciário pode conhecer de vícios manifestos, cognoscíveis a partir de cognição sumária (*prima facie review*), com base exclusivamente nas provas documentais trazidas pelas partes na petição inicial, contestação, réplica e tréplica à questão. Essa interpretação tem como base o respeito ao princípio da competência-competência, tal como disposto no parágrafo único do art. 8º e no *caput* do art. 20, ambos da Lei de Arbitragem, bem como no inciso VII do art. 485 do Código de 2015.

Em caso de processos paralelos (arbitral e judicial), cumpre questionar: após a decisão dos árbitros a respeito de sua jurisdição, o Poder Judiciário brasileiro deveria

---

38. PITOMBO, Eleonora C. Os efeitos da convenção de arbitragem – adoção do princípio Kompetenz-Kompetenz no Brasil. *Arbitragem*. LEMES, Selma Ferreira. CARMONA, Carlos Alberto. MARTINS, Pedro Batista. São Paulo: Atlas, 2007, p. 334.
39. BERALDO, Leonardo de Faria. *Curso de arbitragem*. São Paulo: Atlas, 2014, p. 196.

extinguir o processo judicial cujo objeto esteja abrangido por pacto arbitral sem realizar qualquer exame, a exemplo do que ocorre na França? Ou deveria, a exemplo de Portugal, extinguir o processo judicial a partir de cognição sumária (*prima facie review*) da convenção de arbitragem? Ou, ainda, tal como na Alemanha, deveria extinguir o processo judicial a partir de cognição exauriente (*full review*) do pacto arbitral?

Na minha opinião, a segunda parte do inciso VII do art. 485 do Código de Processo Civil estabelece no Brasil um modelo quase francês do princípio da competência-competência. Diante da decisão do tribunal arbitral reconhecendo sua jurisdição sobre a causa, o Poder Judiciário deverá extinguir o processo judicial paralelo sem qualquer exame sobre a decisão arbitral ou sobre a convenção de arbitragem, nem sumário (*prima facie review*) e nem profundo (*full review*), em termos semelhantes àquele aplicado na França.

A distinção entre os dois modelos é que no Direito francês o Poder Judiciário deve extinguir a arbitragem a partir de sua instituição, ou seja, a partir da mera constituição do tribunal arbitral, independentemente de haver ou não decisão arbitral confirmando jurisdição sobre a causa. O modelo brasileiro inaugurado pela segunda parte do inciso VII do art. 485 do diploma processual civil condiciona a extinção do processo judicial sem a resolução do mérito ao juízo arbitral reconhecer sua competência. Em outras palavras, o modelo brasileiro de efeito negativo do princípio da competência-competência exige decisão positiva do tribunal arbitral para que o Poder Judiciário possa extinguir o processo judicial sem a resolução do mérito. Daí porque se apelida o modelo brasileiro de modelo quase francês.

4. PRINCÍPIO DA AUTONOMIA DA CONVENÇÃO DE ARBITRAGEM

4.1 Noções gerais

O princípio da autonomia da convenção de arbitragem é um dos conceitos sagrados da arbitragem.[40] Costuma-se dizer que a primeira vez em que o princípio da autonomia da convenção de arbitragem foi reconhecido por uma corte superior foi no caso *Gosset v. Carapelli*, julgado pela *Cour de Cassation* francesa em 1963.[41]

O princípio significa que a convenção de arbitragem deve ser considerada como um contrato por si só, independente do contrato-base (ou contrato principal) a qual ela se refere.[42] Mesmo quando a convenção de arbitragem adote a forma de uma cláusula compromissória inserida dentre outras diversas cláusulas num único contrato-base, ela deve ser entendida e interpretada como um contrato separado.

---

40. Gary Born explica que "the separability presumption is one of the conceptual and practical cornerstones of international arbitration" (BORN, Gary B. *International Commercial Arbitration*. 3. ed. The Hague: Kluwer, 2022, item 3.01).
41. *Judgment of 7 May 1963, Ets Raymond Gosset v. Carapelli*, JCP G 1963, II, 13, ¶405 (French Cour de Cassation Civ. 1).
42. BLACKABY, Nigel. PARTASIDES, Constantine. REDFERN, Alan. *Redfern and Hunter on International Arbitration*. 7. ed. Oxford: OUP, 2023, item 2.107.

Em outras palavras, com base no princípio da autonomia da convenção de arbitragem, pode-se dizer que existem, de fato, dois contratos separados. O primeiro deles é o contrato-base, em que as partes definem seus direitos e obrigações de ordem material. O segundo deles é a convenção de arbitragem, em que as partes apenas decidem a respeito do método de resolução de controvérsias. Na maioria dos casos, o primeiro contrato é adequadamente cumprido e o segundo contrato sequer é performado. Caso, porém, surja uma disputa e esse segundo contrato tenha que ser acionado, ele constituirá uma relação contratual separada que conferirá às partes o direito de iniciar a arbitragem, provocar a instituição arbitral escolhida, nomear árbitros etc.[43]

A Lei de Arbitragem brasileira prevê expressamente o princípio da autonomia da convenção de arbitragem no *caput* do art. 8º da Lei. Segundo o dispositivo legal, "a cláusula compromissória é autônoma em relação ao contrato em que estiver inserida, de tal sorte que a nulidade deste não implica, necessariamente, a nulidade da cláusula compromissória".

O dispositivo tem alguns problemas redacionais. Primeiramente, o dispositivo se refere apenas à cláusula compromissória. É de se dizer que, na prática, é mesmo comum o uso da expressão princípio da autonomia da *cláusula compromissória* ou princípio da autonomia da *cláusula arbitral*, mas essa prática limita a aplicabilidade do referido princípio à cláusula compromissória. A verdade é que o princípio da autonomia se estende não apenas à cláusula compromissória, mas também ao compromisso arbitral e, ainda, ao termo de arbitragem (que possui, na verdade, natureza de um adendo ou emenda aos dois anteriores). Com efeito, a expressão mais adequada é princípio da autonomia da convenção de arbitragem e, assim, o *caput* do art. 8º da Lei deve ser lido como "a convenção de arbitragem é autônoma em relação ao contrato".

Na língua inglesa, costuma-se utilizar duas expressões para se referir ao princípio da autonomia da convenção de arbitragem: *principle of autonomy* (mais usada em países de *Civil law*) ou *principle of separability* (mais usada em países de *Common law*). Há quem diga que a expressão *principle of separability* seria mais adequada,[44] pois a verdade é que a convenção de arbitragem não é *totalmente* independente ou autônoma do contrato-base em que está inserida. Afinal, como uma cláusula de resolução de disputas, a convenção de arbitragem não existe por si só, ela sempre está de algum modo relacionada a uma outra relação jurídica material da qual pode emergir a disputa. Não obstante a distinção me pareça fazer sentido, a verdade é que no Brasil consolidou-se – inclusive na lei – o termo *autonomia*, e não parece haver necessidade prática de alterá-lo agora para o que poderia ser traduzido como princípio da separação ou separabilidade.

Além disso, o *caput* do art. 8º da Lei estatui que "a nulidade deste [contrato-base] não implica, necessariamente, a nulidade da cláusula compromissória". O dispositivo só faz menção ao vício de nulidade, o que é evidentemente insuficiente para explicar o

---

43. BLACKABY, Nigel. PARTASIDES, Constantine. REDFERN, Alan. *Redfern and Hunter on International Arbitration*. 7. ed. Oxford: OUP, 2023, item 2.107.
44. BORN, Gary B. *International Commercial Arbitration*. 3. ed. The Hague: Kluwer, 2022, itens 1.02 e 3.01.

princípio. O princípio da autonomia da convenção de arbitragem abrange todo e qualquer vício que possa afetar a existência, validade e eficácia da convenção de arbitragem. Assim, o dispositivo deve ser lido como "a cláusula compromissória é autônoma em relação ao contrato em que estiver inserta, de tal sorte que a inexistência, nulidade ou ineficácia deste não implica, necessariamente, na inexistência, nulidade ou ineficácia da cláusula compromissória".

O princípio da autonomia da convenção de arbitragem foi desenhado com uma finalidade essencialmente prática (e muito menos teórica do que se imagina): evitar manobras procrastinatórias ou situações em que, mesmo não sendo intencionalmente procratinatórias, pudessem levar à inviabilização prática da arbitragem. Isso porque em muitas disputas comerciais surgem discussões a respeito da existência, validade ou eficácia do contrato-base. Caso o princípio da autonomia da convenção de arbitragem não existisse, seria muito simples para a parte que quisesse escapar da arbitragem arguir que o vício que – alegadamente – atingiria o contrato-base também atingiria a convenção de arbitragem, pois essa seria apenas e tão-somente uma cláusula daquele, de modo que o conflito, então, não poderia ser submetido à arbitragem. Nesse sentido, confira-se a lição de Julian Lew, Loukas Mistelis e Stefan Kröll:

> If allegations of the non-existence, invalidity or termination automatically affect the jurisdiction of the tribunal they would be a powerful tool in the hands of parties who want to defeat an agreed submission to arbitration.[45]

Mesmo que não houvesse intenção procrastinatória, a verdade é que a questão suscitaria desafios lógico-jurídicos. Em muitos ordenamentos jurídicos, se a convenção de arbitragem fosse simplesmente uma parte do contrato-base e uma parte decidisse dissolver, terminar ou extinguir esse contrato-base, haveria uma dificuldade lógica em se alegar que a convenção de arbitragem, não obstante o término do contrato-base, teria sobrevivido e, assim, poderia servir de fonte para o início de uma arbitragem. Essa dificuldade lógico-jurídica, existente em alguns ordenamentos jurídicos, fica superada com a adoção do princípio da autonomia da convenção de arbitragem. O fato de o contrato-base ter sido dissolvido, terminado ou extinto não significa, necessariamente, que a convenção de arbitragem também tenha seguido esse mesmo caminho.[46]

Essa situação, consoante ensinam Julian Lew, Loukas Mistelis e Stefan Kröll, "would be contrary to what the parties had agreed in their arbitration agreement", pois "where the agreement provides that *any* or *all* disputes arising out of a contractual relationship should be referred to arbitration this also covers disputes as to the existence, validity and termination of the contract".[47] Em outras palavras, quando as partes firmam uma

---

45. LEW, Julian D. M. MISTELIS, Loukas A. KRÖLL, Stefan M. *Comparative International Commercial Arbitration*. The Hague: Kluwer, 2003, p. 103.
46. LEW, Julian D. M. MISTELIS, Loukas A. KRÖLL, Stefan M. *Comparative International Commercial Arbitration*. The Hague: Kluwer, 2003, p. 102.
47. LEW, Julian D. M. MISTELIS, Loukas A. KRÖLL, Stefan M. *Comparative International Commercial Arbitration*. The Hague: Kluwer, 2003, p. 102.

convenção de arbitragem, elas esperam que todas e quaisquer controvérsias relacionadas àquela relação comercial sejam solucionadas por arbitragem, simplesmente porque não faz nenhum sentido comercial – a menos que as partes tenham feito alguma ressalva expressa – que partes desejem resolver algumas parcelas de eventual disputa via arbitragem e outras parcelas dessa mesma eventual disputa pela via judicial.

4.2 Consequências práticas

O princípio da autonomia da convenção de arbitragem traz relevantes consequências práticas.

A principal e mais óbvia delas é o fato de que os vícios de inexistência, invalidade e ineficácia que eventualmente atinjam o contrato-base não, necessariamente, atingem a convenção de arbitragem. Mas não é só. Decorre também do princípio da autonomia da convenção de arbitragem que os vícios de inexistência, invalidade e ineficácia que eventualmente atinjam a convenção de arbitragem não, necessariamente, atingem o contrato-base. Trata-se, pois, de uma via de mão dupla.

Não se trata apenas de sobrevier aos vícios do contrato-base, mas também à própria dissolução, término ou extinção do contrato-base.[48] Assim, o princípio da autonomia da convenção de arbitragem garante que a dissolução, término ou extinção do contrato-base não leva, necessariamente, a dissolução, término ou extinção da convenção de arbitragem. Pouco importa, para esses fins, que a dissolução, término ou extinção do contrato-base tenha se dado legal ou ilegalmente, de acordo ou não com os termos contratuais, isso em nada afetará a vida da convenção de arbitragem e a sua habilidade de servir de fonte para instauração de uma arbitragem entre as partes daquele contrato-base.

Além disso, o princípio da autonomia da convenção de arbitragem indica que o direito aplicável ao contrato-base não é, necessariamente, o mesmo direito aplicável à convenção de arbitragem e vice-versa.[49] Esse aspecto ganha especial relevo nos casos em que as partes não tenham feito uma escolha expressa do direito aplicável nem para o contrato-base e nem para a convenção de arbitragem. Isso porque as regras de conflitos de leis no espaço aplicáveis a cada um deles pode ser diferente. Assim, na ausência de qualquer escolha das partes, a convenção de arbitragem será, em geral, regida pelo direito da sede da arbitragem, que pode não ser o direito que as regras de conflito de leis no espaço determinem que seja o aplicável ao contrato-base.

A doutrina, em regra, associa o princípio da autonomia da convenção de arbitragem ao princípio da competência-competência, dizendo que esse último é uma das consequências daquele primeiro. Muitas vezes essa associação ocorre porque as leis de arbitragem dispõem sobre ambos no mesmo dispositivo legal, como, de fato, ocorre na

---

48. BORN, Gary B. *International Commercial Arbitration*. 3. ed. The Hague: Kluwer, 2022, item 3.01.
49. BORN, Gary B. *International Commercial Arbitration*. 3. ed. The Hague: Kluwer, 2022, item 3.01.

Lei de Arbitragem brasileira, em que ambos são previstos no art. 8º, o que talvez justifique decisões do Superior Tribunal de Justiça também nesse sentido.⁵⁰

No meu ponto de vista, a relação entre o princípio da autonomia da convenção de arbitragem e o princípio da competência-competência deve ser entendida sob dois pontos de vista: teórico e prático. Sob o ângulo teórico, eu acredito que os mencionados princípios são completamente independentes, tanto isso é verdade que há ordenamentos jurídicos que acolhem apenas um deles (como a China, em que apenas o princípio da autonomia da convenção de arbitragem é reconhecido). Sob o ângulo prático, porém, o princípio da autonomia da convenção de arbitragem e o princípio da competência-competência acabam atuando de forma complementar, garantindo a possibilidade de o processo arbitral avançar até o julgamento de mérito não obstante a alegação de que o contrato-base esteja viciado.

4.3 "Necessariamente" e "alegação específica em relação à convenção" são as expressões-chaves para se entender o princípio da autonomia

Consoante se afirmou acima, a principal consequência prática do princípio da autonomia da convenção de arbitragem é o fato de que os vícios de inexistência, invalidade e ineficácia que eventualmente atinjam o contrato-base não necessariamente atingem a convenção de arbitragem. O princípio vale, ressalte-se, inclusive para o vício de inexistência do contrato-base, que certamente é o vício que causa maiores dificuldades na aplicação teórica e prática do princípio.

Assim, não é porque uma das partes alega que o contrato-base é inexistente que a convenção de arbitragem também será inexistente. Consoante lecionam Julian Lew, Loukas Mistelis e Stefan Kröll, "separability extends the effect of the arbitration clause to cover the subsequent termination of the main contract but also to *claims that the main contract* is void ab initio or *never came into existence*".⁵¹ Na mesma linha, Antonias Dimolitsa explica que "according to this conception of autonomy, the arbitration agreement remains unaffected by the fate of the main contract, that is the latter's nullity, resolution, termination, *or even its non-existence*".⁵²

Nesse sentido, o art. 7º do *Arbitration Act* inglês estatui que "unless otherwise agreed by the parties, *an arbitration agreement* which forms or was intended to form

---

50. STJ, 4. T., REsp. 1.278.852/MG, Min. Luis Felipe Salomão, j. em 21.05.2013, D.J. de 19.06.2013. Veja-se, também, os seguintes acórdãos: STJ, 3. T., REsp. 1.602.696/PI, Min. Moura Ribeiro, j. em 09.08.2016, D.J. de 16.08.2016; STJ, 3. T., REsp. 1.569.422/RJ, Min. Marco Aurélio Bellizze, j. em 26.04.2016, D.J. de 20.05.2016; STJ, 4. T., REsp. 1.327.619/MG, Min. Maria Isabel Gallotti, j. em 20.08.2013, D.J. de 28.08.2013; STJ, 4. T., REsp. 1.278.852/MG, Min. Luis Felipe Salomão, j. em 21.05.2013, D.J. de 19.06.2013; STJ, 3. T., REsp. 1.355.831/SP, Min. Sidnei Beneti, j. em 19.03.2013, D.J. de 22.04.2013; STJ, 3. T., REsp. 1.302.900/MG, Min. Sidnei Beneti, j. em 09.10.2012, D.J. de 16.10.2012; STJ, 3. T., REsp. 1.288.251/MG, Min. Sidnei Beneti, j. em 09.10.2012, D.J. de 16.10.2012.
51. LEW, Julian D. M. MISTELIS, Loukas A. KRÖLL, Stefan M. *Comparative International Commercial Arbitration*. The Hague: Kluwer, 2003, p. 102.
52. DIMOLITSA, Antonias C. *The Principle of Autonomy/separability*. ICCA Congress Series No. 9 (Paris 1998): Improving the Efficiency of Arbitration Agreements and Awards: 40 Years of Application of the New York Convention. Editor: VAN DEN BERG, Albert Jan. The Hague: Kluwer, 1999, p. 219.

part of another agreement (whether or not in writing) *shall not be regarded as* invalid, *non-existent* or ineffective because that *other agreement* is invalid, or *did not come into existence* or has become ineffective, and it shall for that purpose be treated as a distinct agreement". Como se observa, a lei inglesa é expressa ao dizer que nem mesmo a inexistência do contrato-base afeta a existência da convenção de arbitragem.

A Lei de Arbitragem brasileira não é assim expressa, mas se deve entender, como explicado acima, que quando o *caput* do art. 8º da Lei menciona "nulidade", ele quer, na verdade, se referir a inexistência, invalidade e ineficácia do contrato-base. Não faria sentido, nem teórico e nem prático, limitar o princípio da autonomia da convenção de arbitragem apenas ao vício de nulidade (em contradição, inclusive, com a enumeração prevista no próprio parágrafo único do mesmo art. 8º – tratou-se no *caput* do conhecido "cochilo do legislador", reconhecido em outras situações inclusive pela jurisprudência do STF[53] e do STJ[54]).

Isso não significa, porém, que a convenção de arbitragem *nunca* será afetada pela inexistência do contrato-base. O princípio significa apenas que a convenção de arbitragem não será *necessariamente* (ou *automaticamente*) afetada pela inexistência do contrato-base. A esse respeito, Julian Lew, Loukas Mistelis e Stefan Kröll explicam que "the effect of separability is limited to preventing the fate of the main contract *automatically* affecting the arbitration agreement".[55]

Tratando dos casos em que a convenção de arbitragem pode ser afetada pelos vícios do contrato-base, Gary Born leciona que "in cases where the underlying contract was never concluded (or formed), or where that contract never included a particular party, there will be serious questions whether the associated arbitration agreement was ever formed".[56] Nesses casos excepcionais de completa inexistência do contrato-base, o ponto central é analisar se as partes, não obstante não tenham chegado a formar qualquer contrato-base, chegaram a consentir com eventual convenção de arbitragem.

É relevante ressaltar que, mesmo nesses casos, a alegação de inexistência da convenção de arbitragem deve ser especificamente direcionada à convenção de arbitragem. Em outras palavras, o princípio da autonomia da convenção de arbitragem não será aplicado se o vício contaminar, de forma independente, a convenção de arbitragem e a parte interessada fizer essa alegação específica em relação à convenção de arbitragem, e não como uma decorrência automática dessa alegação em relação ao contrato-base. Nesse sentido, a *House of Lords*, no já mencionado caso *Fiona Trust*, explicitamente afirmou que "the arbitration agreement must be treated as a 'distinct agreement' and can be void or voidable *only on the grounds which relate directly to the arbitration clause*".[57]

---

53. Por exemplo: STF, Rcl 43618, Min. Gilmar Mendes, j. 20.10.2020.
54. Por exemplo: STJ, Ag n. 1.265.046, Min. João Otávio de Noronha, j. 07.10.2010.
55. LEW, Julian D. M. MISTELIS, Loukas A. KRÖLL, Stefan M. *Comparative International Commercial Arbitration*. The Hague: Kluwer, 2003, p. 102.
56. BORN, Gary B. *International Commercial Arbitration*. 3. ed. The Hague: Kluwer, 2022, item 3.01.
57. Fiona Trust & Holding Corporation v Primalov [2007] UKHL 40, para 17.

Em outras palavras, o eventual vício que afete a convenção de arbitragem precisa ser alegado especificamente em relação à convenção de arbitragem, com base numa matriz legal e factual própria. Assim, consoante ensina Gary Born, "under the separability presumption, the underlying factual allegations for any alleged contractual defect must be considered separately, from both factual and legal perspectives, to determine whether that defect impeaches the arbitration clause or the underlying contract".[58] Exemplos em que isso pode ocorrer são a ausência de capacidade civil, a falsidade de assinatura, a coerção para celebração do contrato-base que contém cláusula compromissória etc.

5. PRINCÍPIO DA FLEXIBILIDADE

No ordenamento jurídico brasileiro, o princípio da flexibilidade na arbitragem é composto (i) pela liberdade conferida às partes para, com prioridade, moldar o procedimento arbitral, e (ii) pela liberdade conferida aos árbitros para, subsidiariamente, estabelecer o procedimento arbitral. A Lei de Arbitragem brasileira expressamente prevê o princípio da flexibilidade no *caput* e parágrafo primeiro do art. 21, em que se diz que "a arbitragem obedecerá ao procedimento estabelecido pelas partes na convenção de arbitragem", bem como que "não havendo estipulação acerca do procedimento, caberá ao árbitro ou ao tribunal arbitral discipliná-lo".

A previsão legal não é exclusividade brasileira. O *Arbitration Act* inglês possui 110 dispositivos, expressamente divididos no *Schedule 1* da Lei entre cogentes (*mandatory provisions* – 25 dispositivos) e não cogentes (*non-mandatory provisions* – 85 dispositivos). O art. 1(b) da lei inglesa deixa claro que, com exceção dos dispositivos cogentes, a Lei "allow[s] the parties to make their own arrangements by agreement but provide rules which apply in the absence of such agreement". Diversos outros dispositivos da Lei inglesa se iniciam com a expressão "unless otherwise agreed by the parties", deixando evidente que as partes podem alterar, se quiserem, o conteúdo daquelas disposições.

O princípio da flexibilidade procedimental representa também uma das principais diferenças entre o processo judicial e o processo arbitral. No processo judicial, em regra, o procedimento é detalhado quase que integralmente na lei processual, restando pouco espaço para as partes e o julgador moldarem o procedimento às necessidades do caso concreto (sistema da legalidade). O lugar em que cada ato processual tem cabimento se encontra rigidamente preestabelecido em lei. No processo arbitral, em geral, o procedimento é moldado pelas partes e o julgador de acordo com as características da disputa (sistema da liberdade). Nesse sistema, não há uma ordem legal preestabelecida para a prática dos atos processuais, competindo aos sujeitos do processo determinar a cada momento qual o ato processual a ser praticado.[59]

---

58. BORN, Gary B. *International Commercial Arbitration*. 3. ed. The Hague: Kluwer, 2022, item 3.01.
59. A respeito da flexibilidade no processo judicial, confira-se: GAJARDONI, Fernando da Fonseca. *Flexibilização procedimental*: um novo enfoque para o estudo do procedimento em matéria processual. São Paulo: Altas, 2008. Na arbitragem, confira-se: CARMONA, Carlos Alberto. *Flexibilização do Procedimento Arbitral*. Kluwer: The Hague, 2009, v. VI, n. 24.

Como se disse acima, no ordenamento jurídico brasileiro a flexibilidade procedimental na arbitral garante que, prioritariamente, as partes moldem o procedimento arbitral (*caput* do art. 21). Na omissão das partes em criar disposições consensuais ou na ausência de consenso em como estabelecê-las, cabe ao tribunal arbitral, subsidiariamente, adaptar o procedimento arbitral às necessidades do caso (parágrafo primeiro do art. 21). Isso significa dizer que, caso as partes tenham acordado a respeito de determinado procedimento, não cabe aos árbitros ignorar o acordado pelas partes e adotar um outro procedimento que lhes pareça melhor. Se aos árbitros parece que há procedimento mais eficiente, cabe a eles, no máximo, sugerir às partes a alteração que lhes pareça melhor. Se as partes preferirem, porém, o procedimento que já tenham acordado, os árbitros estão vinculados a esse procedimento, ainda que o considerem menos eficiente.

A primeira parte do *caput* do art. 21 da Lei estabelece que "a arbitragem obedecerá ao procedimento estabelecido pelas partes na convenção de arbitragem". A expressão convenção de arbitragem precisa ser entendida em sentido amplo, abrangendo não apenas a cláusula compromissória e o compromisso arbitral mas também o termo de arbitragem e todo e qualquer acordo que as partes chegarem a respeito do procedimento arbitral, inclusive durante o curso da arbitragem.

A segunda parte do mesmo dispositivo estatui que as partes poderão se reportar "às regras de um órgão arbitral institucional ou entidade especializada". Isso significa que quando as partes elegem as regras de arbitragem de alguma instituição arbitral (por exemplo, ICC, LCIA, SIAC, CAM-CCBC etc.), elas estão adotando essas regras procedimentais como se tivessem escrito todas elas na convenção de arbitragem. As partes podem também, caso prefiram, se reportar a regras de arbitragem *ad hoc* para reger a sua arbitragem (por exemplo, às Regras de Arbitragem da Uncitral). Em todos esses casos, os árbitros estarão vinculados a essas regras, não podendo ignorá-las, salvo se as partes assim concordarem.

A terceira parte desse mesmo art. 21 dispõe que as partes podem também "delegar ao próprio árbitro, ou ao tribunal arbitral, regular o procedimento". A delegação de poder normativo pelas partes aos árbitros para estabelecer o procedimento arbitral pode se dar de maneira expressa ou implícita. Esse dispositivo trata da delegação de forma expressa, o que pode ser feito na cláusula compromissória, no compromisso arbitral, no termo de arbitragem ou em qualquer manifestação bilateral das partes no curso da arbitragem. O parágrafo primeiro do art. 21 da Lei trata da delegação de forma implícita, o que é expressamente previsto na própria lei e não depende de maiores interpretações sobre a vontade das partes. A simples omissão das partes em regular o procedimento arbitral leva à delegação, *ex lege*, de poder aos árbitros para estabelecer o procedimento arbitral.

É interessante ressaltar que, mesmo quando as partes expressa ou implicitamente conferem ao árbitro poder normativo para definir o procedimento arbitral, isso não significa passar um cheque em branco ao árbitro, que discricionariamente poderia impor às partes tudo aquilo que quisesse. A esse respeito, o parágrafo segundo da Lei de Arbitragem estatuí que "serão, sempre, respeitados no procedimento arbitral os princípios do contraditório, da igualdade das partes, da imparcialidade do árbitro e de seu livre convencimento". Da mesma forma, o inciso VIII do art. 31 da Lei dispõe que é nula a sentença arbitral se "forem desrespeitados os princípios de que trata o art. 21, § 2º, desta Lei", ou seja, contraditório, igualdade, imparcialidade e livre convencimento.

Assim, o árbitro não pode estabelecer um procedimento arbitral que viole o princípio do contraditório, por exemplo, não ouvindo umas das partes a respeito das alegações da outra. O árbitro também não pode infringir o princípio da igualdade, dando mais oportunidades de manifestação para uma das partes do que para a outra. O árbitro não pode estabelecer um procedimento arbitral que dê mais vantagens a uma das partes do que à outra, pois isso comprometeria a sua imparcialidade. Respeitados esses limites e na ausência de regras procedimentais estabelecidas pelas próprias partes, os árbitros são, em geral, livres para definir o procedimento arbitral.

BIBLIOGRAFIA

ÁVILA, Humberto. *Teoria dos princípios*: da definição à aplicação dos princípios jurídicos. 6. ed. São Paulo: Malheiros, 2006.

AZEVEDO, Antonio Junqueira de. Os princípios do atual direito contratual e a desregulação do mercado. *Estudos e pareceres de direito privado*. São Paulo: Saraiva, 2004.

BARROSO, Luís Roberto. O começo da história. A nova interpretação constitucional e o papel dos princípios no direito brasileiro. *Temas de direito constitucional*. Rio de Janeiro: Renovar, 2005. t. III.

BERALDO, Leonardo de Faria. *Curso de arbitragem*. São Paulo: Atlas, 2014.

BLACKABY, Nigel. PARTASIDES, Constantine. REDFERN, Alan. HUNTER, Martin. *Redfern and Hunter on international arbitration*. 6. ed. The Hague: OUP, 2015.

BLACKABY, Nigel. PARTASIDES, Constantine. REDFERN, Alan. *Redfern and Hunter on International Arbitration*. 7. ed. Oxford: OUP, 2023.

BORN, Gary B. *International Commercial Arbitration*. 2. ed. Kluwer: The Hague, 2014.

BORN, Gary B. *International Commercial Arbitration*. 3. ed. The Hague: Kluwer, 2022.

CAHALI, Francisco José. *Curso de arbitragem*. 5. ed. São Paulo: Ed. RT, 2015.

CANARIS, Claus-Wilhelm. *Pensamento sistemático e conceito de sistema na ciência do direito*. Trad. Antônio Menezes Cordeiro. Lisboa: Fundação Calouste Gulbenkian, 1989.

CANOTILHO, J. J. Gomes. *Direito constitucional e teoria da constituição*. 7. ed. Coimbra: Almedina, 2003.

CARMONA, Carlos Alberto. *Arbitragem e processo*. 3. ed. São Paulo: Atlas, 2009.

CARMONA, Carlos Alberto. *Flexibilização do Procedimento Arbitral*. Kluwer: The Hague, 2009. v. VI, n. 24.

CLIFFORD KC, Philip. WADE, Shai. *A commentary on the LCIA Arbitration Rules*. 2. ed. London: Sweet & Maxwell, 2022.

CORDEIRO, António Menezes. *Tratado da arbitragem*. Coimbra: Almedina, 2015.

DIAMVUTU, Lino. *O Favor arbitrandum* – ensaio de uma teorização. Coimbra: Almedina, 2021.

DIMOLITSA, Antonias C. *The Principle of Autonomy/separability*. ICCA Congress Series N. 9 (Paris 1998): Improving the Efficiency of Arbitration Agreements and Awards: 40 Years of Application of the New York Convention. Editor: VAN DEN BERG, Albert Jan. The Hague: Kluwer, 1999.

DINAMARCO, Cândido Rangel. *A arbitragem na teoria geral do processo*. São Paulo: Malheiros, 2013.

DOS SANTOS, Caroline. DENISON, Robert. Impact of Radical Changes of Circumstances on Contractual Relationships Under Swiss Law and English Law: Tomato-Tomato? *Business Law Review*: The Hague, Kluwer Law, v. 44, 2023, issue 2.

ERK, Nadja. *Parallel Proceedings in International Arbitration*: A Comparative European Perspective. The Hague: Kluwer, 2014.

FERNÁNDEZ ARROYO, Diego P. VETULLI, Ezequiel H. Certezas e dúvidas sobre o novo Direito arbitral argentino. *Revista Brasileira de Arbitragem*. The Hague: Kluwer, v. 13, n. 49.

FERRI, Luigi. *L'autonomia privata*. Milano: Giuffrè, 1959.

FICHTNER, Jose Antonio. MANNHEIMER, Sergio Nelson. MONTEIRO, Andre Luis. Provas e autonomia das partes na arbitragem. *Novos temas de arbitragem*. Rio de Janeiro: FGV, 2014.

FICHTNER, Jose Antonio. MANNHEIMER, Sergio Nelson. MONTEIRO, Andre Luis. Questões concernentes à anulação de sentenças arbitrais domésticas. *Novos temas de arbitragem*. Rio de Janeiro: FGV, 2014.

FICHTNER, José Antonio. MANNHEIMER, Sergio Nelson. MONTEIRO, Andre Luis. *Teoria geral da arbitragem*. Rio de Janeiro: Forense, 2019.

FICHTNER, José Antonio. MONTEIRO, André Luís. *Comentários à Lei da Arbitragem Reformada*. ARRUDA ALVIM, Eduardo. DELFINO, Lúcio. RODRIGUES, Marco Antonio (Coord.). Prelo.

FONSECA, Rodrigo Garcia da. O princípio competência-competência na arbitragem. Uma perspectiva brasileira. *Revista de arbitragem e mediação*. São Paulo: Ed. RT, 2006. a. 3, n. 9. Disponível em: http://www.revistadostribunais.com.br. Acessado em: 16 abr. 2023.

FOUCHARD, Philippe. GAILLARD, Emmanuel. GOLDMAN, Berthold. *International commercial arbitration*. GAILLARD, Emmanuel. SAVAGE, John (edited by). The Hague: Kluwer Law International, 1999.

GAJARDONI, Fernando da Fonseca. *Flexibilização procedimental*: um novo enfoque para o estudo do procedimento em matéria processual. São Paulo: Altas, 2008.

GOMES, Orlando. *Contratos*. Atual. Antonio Junqueira de Azevedo e Francisco Paulo de Crescenzo Marino. 26. ed. Rio de Janeiro: Forense, 2008.

GONÇALVES, Carlos Roberto. *Direito civil brasileiro*. 8. ed. São Paulo: Saraiva, 2001. v. 3.

GRAU, Eros Roberto. *Ensaio e discurso sobre a interpretação / aplicação do direito*. 5. ed. São Paulo: Malheiros, 2009.

KLEINHEISTERKAMP, Jan. *International Commercial Arbitration in Latin America*. Oceana: New York, 2005.

LARENZ, Karl. *Metodologia da ciência do direito*. 3. ed. Trad. José Lamego. Lisboa: Fundação Calouste Gulbenkian, 1997.

LEW, Julian D. M. MISTELIS, Loukas A. KRÖLL, Stefan M. *Comparative International Commercial Arbitration*. The Hague: Kluwer, 2003.

MARINO, Francisco Paulo De Crescenzo. *Revisão Contratual* (Coleção Teses). Edições Almedina. Kindle Edition.

MARTINS, Pedro A. Batista. *Apontamentos sobre a lei de arbitragem*. Rio de Janeiro: Forense, 2008.

MONTEIRO, Andre Luis Quintas. *Princípio da competência-competência na arbitragem comercial*: visão a partir do Brasil. Tese de doutorado. Pontifícia Universidade Católica de São Paulo. Orientadora: Teresa Arruda Alvim. São Paulo: 2017.

PITOMBO, Eleonora C. Os efeitos da convenção de arbitragem – adoção do princípio Kompetenz-Kompetenz no Brasil. *Arbitragem*. LEMES, Selma Ferreira. CARMONA, Carlos Alberto. MARTINS, Pedro Batista. São Paulo: Atlas, 2007.

PONTES DE MIRANDA, Francisco Cavalcanti. *Tratado de direito privado*. Atualização de Marcos Bernardes de Mello e Marcos Ehrhardt Jr. São Paulo: RT, 2012. t. III.

RODRIGUES JUNIOR, Otavio Luiz. Autonomia da vontade, autonomia privada e autodeterminação. *Revista de Informação Legislativa*. Brasília: Editora do Senado, a. 41, n. 163, jul./set. 2004.

ROPPO, Enzo. *O contrato*. Trad. Ana Coimbra e M. Januário C. Gomes. Coimbra: Almedina, 2009.

SALOMÃO, Luis Felipe. CUEVA, Ricardo Villas Bôas. FRAZÃO, Ana (Coord.). *Lei de Liberdade Econômica e seus Impactos no Direito Brasileiro*. São Paulo: Ed. RT, 2020.

SCHREIBER, Anderson. *Equilíbrio contratual e dever de renegociar*. 2. ed. São Paulo: Saraiva, 2020.

SESTER, Peter. *Business and Investment in Brazil*. Oxford: OUP, 2022.

THEODORO JÚNIOR, Humberto. *O contrato e sua função social*. 2. ed. Rio de Janeiro: Forense, 2004

VENOSA, Sílvio de Salvo. *Direito civil*. 13. ed. São Paulo: Atlas, 2013.

WALD, Arnoldo. Os meios judiciais do controle da sentença arbitral. *Revista de Arbitragem e Mediação*. São Paulo: Ed. RT, a. 1, v 1, jan./abr. de 2004. Disponível em: http://www.revistadostribunais.com.br. Acesso em: 16 abr. 2023.

VI
OS PRINCÍPIOS QUE GOVERNAM A ARBITRAGEM II

Júlio César Bueno

LL.M. (University of Cambridge, 1996). Doutor em Direito Processual Civil (FDUSP, 2001). Advogado em São Paulo.

Sumário: Introdução – 1. Devido processo legal – 2. Contraditório e ampla defesa – 3. Igualdade – 4. Imparcialidade do árbitro – 5. Livre convencimento do julgador e motivação das decisões – Conclusão – Bibliografia.

INTRODUÇÃO

Princípio (do latim "principium") significa a origem, a causa próxima, o início a essência de algum fenômeno. Trata-se de uma ideia ou regra básica que explica ou controla como algo acontece ou funciona. Princípio pode ser, ainda, sinônimo de valor indisputável, o elemento que compõe a noção básica sobre algo ou a abstração progressiva e generalizada percebida a partir de uma série de dados e fatos. Em um contexto mais amplo, princípio é o fundamento ou o requisito primordial instituídos como base ou alicerce de algo. Os juristas usam a expressão "princípio" em diferentes contextos: como elemento de uma disciplina (princípios do direito), como valor (princípio de correção ou promoção de um comportamento), como instrumento (princípio de contradição), mas sobretudo como regra abstrata aplicável instâncias concretas particulares.

Miguel Reale ensina que "[...] toda forma de conhecimento filosófico ou científico implica a existência de princípios, isto é: de certos enunciados lógicos admitidos como condição ou base de validade das demais asserções que compõe cada campo do saber".[1] Ainda, conceitua os princípios como "verdades ou juízos fundamentais, que servem de alicerce ou de garantia de certeza a um conjunto de juízos, ordenados em um sistema de conceitos relativos à dada porção da realidade" ou "certas proposições, que apesar de não serem evidentes ou resultantes de evidências, são assumidas como fundantes da validez de um sistema particular de conhecimentos, como seus pressupostos necessários".[2]

Reconhecendo o caráter dúplice do Direito, entendido tanto como ciência como filosofia, Miguel Reale conclui que "princípios jurídicos" representam, então, "enunciações normativas de valor genérico, que condicionam e orientam a compreensão do ordenamento jurídico, quer para a sua aplicação e integração, quer para a elaboração de

---
1. REALE, Miguel. *Lições Preliminares de Direito*. 27. ed. São Paulo: Saraiva, 2002. p. 216.
2. REALE, Miguel. *Filosofia do Direito*. 11. ed. São Paulo: Saraiva, 1986, p. 60.

novas normas."[3] Portanto, a existência, validade e força de um princípio jurídico são, ao mesmo tempo, instrumentos abstração, persuasão e padronização.

Um sistema jurídico pode ser chamado de complexo quando contém mais possibilidades do que pode realizar num dado momento. As possibilidades são tantas que o sistema vê-se obrigado a selecionar apenas algumas delas para poder continuar operando. O sistema não consegue dar conta de todas elas ao mesmo tempo. Quanto maior o número de elementos no seu interior, maior o número de relações possíveis entre eles que crescem de modo exponencial. O sistema torna-se, então, complexo quando não consegue responder imediatamente a todas as relações entre os elementos, e nem todas as suas possibilidades podem realizar-se.

A "teoria dos sistemas autopoiéticos", de Niklas Luhmann, considera que um sistema deve ser (i) autônomo (o ambiente não pode operar no sistema, nem o sistema pode operar no ambiente, que é o chamado *fechamento operacional*); e, ao mesmo tempo (ii) deve conseguir comunicar-se com o seu entorno (só é possível conhecer algo que nos é distinto, daí a necessária *abertura cognitiva*).[4] Na arbitragem, o *fechamento operacional* decorre da flexibilidade inerente de seu procedimento; e a *abertura cognitiva*, a partir da necessidade de observância – pelas partes e, sobretudo pelos árbitros –, de princípios processuais especificamente definidos.[5]

Pode-se depreender, assim, que os sistemas arbitral e processual estatal devem necessariamente dialogar, e a ponte dessa comunicação é justamente a submissão aos princípios constitucionais aplicáveis à arbitragem, sempre e na medida em que se apresentem compatíveis com os atributos essenciais do instituto.[6] Em outros termos: mesmo que sejam aplicáveis à arbitragem os princípios originários do processo estatal, a interpretação e aplicação deverá se dar de acordo com a lei de arbitragem, com regulamentos das câmaras arbitragem, bem como as normas procedimentais convencionadas pelos árbitros e partes.[7]

---

3. REALE, Miguel. *Lições Preliminares de Direito*. 27. ed. São Paulo: Saraiva, 2002. p. 216-217.
4. Para ele [Luhmann], a sociedade é dividida em sistemas e subsistemas baseados em características peculiares em termos de funcionalidade (como a economia, a política, educação etc.) vinculados entre si pela comunicação. É ela, a comunicação, um fio condutor entre os sistemas, em especial entre eles e a produção de efeitos perante a sociedade. [...] Considerando a complexidade e a não incidência direta ao direito no tocante a uma infinidade de conceitos, teorizações e controvérsias, para o que interessa aqui, importa apenas mencionar que essa grande teoria divide-se em duas fases. Muito sinteticamente, na primeira foi fixada a ideia de sistemas sociais. Na segunda, Luhmann agregou ao seu pensamento elementos da biologia, da chamada teoria da *autopoiese*. É nesta segunda fase que está o ponto principal de sua obra. Foi ali que nasceu a chamada *teoria dos sistemas autopoiéticos* e é a partir deste ponto que surge o principal interesse para o presente estudo". (PARENTE, Eduardo de Albuquerque. Processo Arbitral e Sistema. 2009. 382 f. Tese (Doutorado) – Curso de Direito, Universidade de São Paulo, São Paulo, 2009, p. 12).
5. ARAUJO, Yuri Maciel. *Arbitragem e devido processo legal*. São Paulo: Almedina, 2021, p. 87.
6. "[...] o processo arbitral não está isolado no ordenamento jurídico; pode - e deve - receber contribuições de outros ramos da Teoria Geral do Processo para implementar o devido processo legal, mas não será possível jamais descuidar das funções que desempenha e de sua natureza intrínseca" (ARAUJO, Yuri Maciel. *Arbitragem e devido processo legal*, São Paulo: Almedina, 2021, p. 91).
7. PARENTE, Eduardo. Existiria um Ordem Jurídica Arbitral? In: CARMONA, Carlos Alberto; LEMES, Selma Ferreira; MARTINS, Pedro Batista (Org.). *20 Anos da Lei de Arbitragem*: Homenagem a Petrônio R. Muniz. São Paulo: Atlas, 2017, p. 64.

A Constituição Federal de 1988 ("CF") é pródiga em princípios, elencando-os em um extenso rol de garantias individuais, do qual se extraem normas aplicáveis aos diferentes ramos do direito. A CF elencou ao menos dez princípios constitucionais diretamente aplicáveis ao processo civil, a saber: Princípio do devido processo legal (Art. 5º, LIV); Princípio do contraditório e da ampla defesa (Art. 5º, LV); Princípio da igualdade (Art. 5º, *caput*); Princípio da legalidade (Art. 5º, II); Princípio do amplo acesso à justiça e da inafastabilidade da jurisdição (Art. 5º, XXXV); Princípio do juiz natural (Art. 5º, LIII); Princípio da recorribilidade ou do duplo grau de jurisdição (Art. 5º, LV); Princípio da proibição de prova ilícita (Art. 5º, LVI); Princípio da publicidade do processo e dos atos processuais (Art. 5º, LX); e Princípio do livre convencimento do julgador e motivação das decisões (Art. 93, IX).

Tendo por base essa premissa, de haver um rol de princípios constitucionais aplicáveis ao processo civil, a Lei Brasileira de Arbitragem (Lei 9.307/1996 ou "LArb") selecionou os diretamente aplicáveis ao procedimento arbitral, assim enumerando-os no artigo 21, § 2º, da Larb:

> Art. 21. A arbitragem obedecerá ao procedimento estabelecido pelas partes na convenção de arbitragem, que poderá reportar-se às regras de um órgão arbitral institucional ou entidade especializada, facultando-se, ainda, às partes delegar ao próprio árbitro, ou ao tribunal arbitral, regular o procedimento. [...] § 2º Serão, sempre, respeitados no procedimento arbitral os princípios do contraditório, da igualdade das partes, da *imparcialidade do árbitro* e de seu livre convencimento.[8]

Os princípios elencados no Art. 21 atuam como fios condutores do procedimento arbitral com vistas ao seu resultado útil. Ainda, apresentam-se como questões de ordem pública,[9] vez que previstos no rol do artigo 32, VIII da LArb que trata dos casos de possível nulidade da sentença arbitral.[10] Ao tratar do tema, Carlos Alberto Carmona bem pontuou que os princípios elencados no art. 21 e confirmados como obrigatórios no art. 32 são "aqueles capazes de prestar às partes razoável garantia de um julgamento justo".[11] Isto posto, analisaremos, a seguir, sob a ótica da arbitragem, o princípio constitucional maior do devido processo legal e aspectos conceituais relacionados aos quatro únicos princípios expressamente referidos na LArb: Princípio do contraditório e da ampla defesa; Princípio da igualdade; Princípio da imparcialidade do árbitro; e Princípio do livre convencimento do julgador e motivação das decisões.

1. DEVIDO PROCESSO LEGAL

Desde sua positivação no artigo 28 da Magna Carta, firmada pelo rei João Sem Terra em 1215, na Inglaterra, o princípio do devido processo legal percorreu vários or-

---

8. BRASIL. Lei 9.307, de 23 de setembro de 1996. Dispõe sobre Arbitragem. Diário Oficial da União, Brasília, DF, 24 set. 1996.
9. ABBUD, André de Albuquerque Cavalcanti; LEVY, Daniel de Andrade et al. *The Brazilian Arbitration Act*: A Case Law Guide. The Netherlands: Kluwer Law International, 2019, p. 107-108.
10. BRASIL. Lei 9.307, de 23 de setembro de 1996. Dispõe sobre Arbitragem. Diário Oficial da União, Brasília, DF, 24 set. 1996.
11. CARMONA, Carlos Alberto. *Arbitragem e processo*: um comentário à Lei 9.307/96. 3. ed. São Paulo: Atlas, 2009, p. 293.

denamentos jurídicos, em uma trajetória de constante evolução histórica e importante grau de adaptabilidade, até alcançar o sentido amplo que atualmente lhe é conferido.[12]

Nessa trajetória, a cláusula do devido processo legal foi introduzida na Constituição dos Estados Unidos da América e lá vigora até hoje por meio das emendas V e XIV, respectivamente de 1791 e 1868.[13] Após a Segunda Guerra Mundial, na segunda metade do século XX, também ao menos quatro importantes tratados internacionais estipularam a cláusula do devido processo legal: a Convenção Europeia dos Direitos do Homem, de 1950, artigo 6º;[14] o Pacto Internacional de Direitos Civis e Políticos, de 1966 – Pacto de Nova York, artigo 14;[15] a Convenção Americana de Direitos Humanos, de 1969 – Pacto de São José da Costa Rica, artigo 8º;[16] e a Carta Africana dos Direitos Humanos e dos Povos, de 1981 – Carta de Banjul, artigo 6º.[17]

---

12. "Artigo 28. No free man shall be seized or imprisoned, or stripped of his rights or possessions, or outlawed or exiled, or deprived of his standing in any other way, nor will we proceed with force against him, or send others to do so, except by the lawful judgement of his equals or by the law of the land."
13. "V – No person shall be held to answer for a capital, or otherwise infamous crime, unless on a presentment or indictment of a Grand Jury, except in cases arising in the land or naval forces, or in the Militia, when in actual service in time of War or public danger; nor shall any person be subject for the same offense to be twice put in jeopardy of life or limb; nor shall be compelled in any criminal case to be a witness against himself, nor be deprived of life, liberty, or property, without due process of law; nor shall private property be taken for public use, without just compensation. [...] XIV – Section 1. All persons born or naturalized in the United States, and subject to the jurisdiction thereof, are citizens of the United States and of the State wherein they reside. No State shall make or enforce any law which shall abridge the privileges or immunities of citizens of the United States; nor shall any State deprive any person of life, liberty, or property, without due process of law; nor deny to any person within its jurisdiction the equal protection of the laws."
14. "Artigo 6. Qualquer pessoa tem direito a que a sua causa seja examinada, equitativa e publicamente, num prazo razoável por um tribunal independente e imparcial, estabelecido pela lei, o qual decidirá, quer sobre a determinação dos seus direitos e obrigações de carácter civil, quer sobre o fundamento de qualquer acusação em matéria penal dirigida contra ela. O julgamento deve ser público, mas o acesso à sala de audiências pode ser proibido à imprensa ou ao público durante a totalidade ou parte do processo, quando a bem da moralidade, da ordem pública ou da segurança nacional numa sociedade democrática, quando os interesses de menores ou a protecção da vida privada das partes no processo o exigirem, ou, na medida julgada estritamente necessária pelo tribunal, quando, em circunstâncias especiais, a publicidade pudesse ser prejudicial para os interesses da justiça."
15. "Artigo 14. Todas as pessoas são iguais perante os tribunais e as cortes de justiça. Toda pessoa terá o direito de ser ouvida publicamente e com as devidas garantias por um tribunal competente, independente e imparcial, estabelecido por lei, na apuração de qualquer acusação de caráter penal formulada contra ela ou na determinação de seus direitos e obrigações de caráter civil. A imprensa e o público poderão ser excluídos de parte ou da totalidade de um julgamento, quer por motivo de moral pública, de ordem pública ou de segurança nacional em uma sociedade democrática, quer quando o interesse da vida privada das Partes o exija, que na medida em que isso seja estritamente necessário na opinião da justiça, em circunstâncias específicas, nas quais a publicidade venha a prejudicar os interesses da justiça; entretanto, qualquer sentença proferida em matéria penal ou civil deverá tornar-se pública, a menos que o interesse de menores exija procedimento oposto, ou o processo diga respeito à controvérsias matrimoniais ou à tutela de menores."
16. "Artigo 8º. Toda pessoa tem direito a ser ouvida, com as devidas garantias e dentro de um prazo razoável, por um juiz ou tribunal competente, independente e imparcial, estabelecido anteriormente por lei, na apuração de qualquer acusação penal formulada contra ela, ou para que se determinem seus direitos ou obrigações de natureza civil, trabalhista, fiscal ou de qualquer outra natureza."
17. "Artigo 6º. Todo indivíduo tem direito à liberdade e à segurança da sua pessoa. Ninguém pode ser privado da sua liberdade salvo por motivos e nas condições previamente determinados pela lei. Em particular, ninguém pode ser preso ou detido arbitrariamente."

No Brasil a garantia do devido processo legal é conhecida desde o período colonial. Inspirado pela Magna Carta, o rei D. João VI (1767-1826), do Reino Unido de Portugal, Brasil e Algarves, promulgou o Decreto de 23 de maio de 1821, estipulando que ninguém poderia "ser privado da sua liberdade salvo por motivos e nas condições previamente determinados pela lei".[18] Já como reino independente e posteriormente no período republica, o Brasil teve sete constituições e ainda que o princípio do devido processo legal fosse reconhecido como implícito no ordenamento jurídico, ele somente foi explicitamente nominado no rol dos direitos e garantias fundamentais há 3 décadas, no artigo 5º, inciso LIV na Constituição Federal de 1988, ao dispor que "ninguém será privado da liberdade ou de seus bens sem o devido processo legal."

O princípio do devido processo legal consagra, assim, o conjunto de garantias processuais necessárias e suficientes – devendo ser observadas em conjunto – a assegurar um processo justo, em conformidade com a lei. Visa a garantir, no campo civil, que ninguém terá seus bens ou direitos restringidos a não ser mediante um processo legal, exercido no âmbito direto ou sob os olhar atento do Poder Judiciário, por meio de um juiz ou julgador natural. O princípio do devido processo legal é, ainda, instrumental para assegurar a plena observância de outros princípios derivados ou correlatos, tais como o do contraditório, da ampla defesa, igualdade, da imparcialidade do árbitro, do livre convencimento do julgador e da inescapável exigência de motivação das decisões.

Sendo o devido processo legal um "conjunto de garantias", sua transposição para a arbitragem deve ser feita considerando-se o fechamento operacional (flexibilidade do procedimento) e a abertura cognitiva (interpretação e princípios particulares do processo arbitral), previamente mencionados. Sobre isso:

> O devido processo legal é assim um princípio síntese, uma cláusula de fechamento, uma regra de encerramento, que congrega, resume, condensa em si, todos os demais princípios e garantias. Serve ele, portanto, como um guia, como um farol. Seria o gênero do qual todos os demais princípios são espécies. Devido processo legal não é seguir de forma estrita o procedimento instituído em lei. Se fosse isso, não poderia sequer ser discutida a flexibilidade procedimental. Devido processo legal é aquele que, seguindo o procedimento previsto em lei, ou sendo esse flexibilizado, respeita as balizas (limites, garantias mínimas) compostas pelos demais princípios processuais constitucionais, sempre tendo em vista as eventuais peculiaridades do direito material em disputa.[19]

Logo, a abrangência do devido processo legal não se limita apenas a assegurar que a sequência dos atos praticados na arbitragem seja feita em consonância com as regras procedimentais aplicáveis caso a caso, mas, de fato, visa estabelecer um conjunto de garantias para tutelar a relação jurídica dos sujeitos da arbitragem.[20]

---

18. "Hei por bem excitar, por a maneira mais eficaz e rigorosa, a observancia da mencionada legislação, ampliando-a, e ordenando, como por este Decreto Ordeno, que desde a sua data em diante nenhuma pessoa livre no Brazil possa jamais ser presa sem ordem por escripto do Juiz, ou Magistrado Criminal do territorio, excepto sómente o caso de flagrante delicto, em que qualquer do povo deve prender o delinquente."
19. MONTORO, Marcos André Franco. *Flexibilidade do Procedimento Arbitral*. 2010. 415 f. Tese (Doutorado) – Curso de Direito, Universidade de São Paulo, São Paulo, 2010, p. 218-219.
20. CAHALI, Francisco José. *Curso de arbitragem*: mediação; conciliação; tribunal multiportas. 8. ed. São Paulo: Thomson Reuters Brasil, 2020, p. 251.

Discorrer sobre o devido processo legal na arbitragem é, consequentemente, tratar do equilíbrio entre a flexibilidade da arbitragem e a garantia às partes de equitabilidade de tratamento em consonância com os preceitos constitucionais interpretados de acordo com o que propõe o instituto. É, assim, tarefa atribuída ao árbitro de agir como garantidor e devedor do devido processo legal,[21] observando: "(i) o controle das normas processuais a serem adotadas; (ii) o preenchimento de eventuais lacunas no procedimento; e (iii) a identificação de quais consequências advirão da transgressão de seus princípios informativos."[22] O árbitro deve fazê-lo por meio da postura ativa, evitando atrasos procedimentais e garantindo o cumprimento das regras processuais existentes.

Apesar da característica de maior liberdade, flexibilidade e consensualidade do procedimento arbitral, caberá aos árbitros, concretamente, garantir que o procedimento arbitral será válido e a sentença arbitral será plenamente exequível. Algumas das balizas que podem servir de guia, para tanto, são: a correta aplicação dos princípios constitucionais adequados à arbitragem; a correta aplicação da LArb; a observância dos bons costumes e da ordem pública; o respeito ao princípios do contraditório e ampla defesa, igualdade, imparcialidade e livre convencimento.[23]

Nesse diapasão, também as meras liberalidades procedimentais identificadas, que tenham tido por origem eventual renúncia de qualquer das partes, não devem ser consideradas como únicas e suficientes para efeitos de pretensão de anulação de uma sentença arbitral. Isto porque é plenamente aceitável que as partes realizem escolhas quanto ao ritmo e ao modo de condução do procedimento arbitral, até mesmo renunciando a posições jurídicas processuais de que seriam titulares, mas isso não deve ser compreendido como violação ao princípio do devido processo legal.

2. CONTRADITÓRIO E AMPLA DEFESA

O princípio do princípio do contraditório e da ampla defesa foi positivado no artigo 5º, LV, da Constituição Federal de 1988, ao estipular que "aos litigantes, em processo judicial ou administrativo, e aos acusados em geral são assegurados o contraditório e ampla defesa, com os meios e recursos a ela inerentes".

Mesmo que distintos, os conceitos de "contraditório" e "ampla defesa", devem ser observados como complementares a partir de suas evidentes singularidades. Contraditório é o binômio ação e reação, é a "ciência bilateral dos atos e termos do processo e possibilidade de contrariá-los",[24] garantindo-se, assim, às partes oportunidades recí-

---

21. LEE, João Bosco. Palestra transcrita. In: VALENÇA FILHO, Clávio; VISCONTE, Debora; NANNI, Giovanni Ettore. *Trabalhos do XVI Congresso Internacional de Arbitragem do Comitê Brasileiro de Arbitragem* – CBAr: Devido Processo Legal na Arbitragem. São Paulo: Comitê Brasileiro de Arbitragem, 2018, p. 10.
22. ARAUJO, Yuri Maciel. *Arbitragem e devido processo legal*. São Paulo: Almedina, 2021, p. 92, 93 e 95.
23. MONTORO, Marcos André Franco. *Flexibilidade do Procedimento Arbitral*. 2010. 415 f. Tese (Doutorado) – Curso de Direito, Universidade de São Paulo, São Paulo, 2010, p. 221.
24. Ver "[...] sabendo-se que em clássica definição proposta por Joaquim Canuto Mendes de Almeida o contraditório consiste no binômio representado pela 'ciência bilateral dos atos e termos do processo e possibilidade de con-

procas de manifestação.[25] Todo aquele potencialmente afetado por um determinado procedimento deve informado da sua existência, permitindo a sua reação, como entender necessário, nos limites da lei e das regras aplicáveis ao procedimento. Trata-se de elemento indissociável de um procedimento válido e vinculante no campo estatal ou privado, e é justamente na confirmação de sua observância que poderemos reconhecer a sua validade e higidez. De outro lado, ampla defesa é a garantia de que todas as partes – não apenas as requeridas – devem ser ouvidas, assim podendo exercer, plenamente, a defesa de seus interesses. O direito de defesa contempla, em seu âmbito de proteção tanto o processo estatal como o privado, sendo sempre assegurado às partes não apenas o direito de se manifestarem, mas, especialmente, de poderem demonstrar suas alegações por meio de provas e argumentos pertinentes.[26]

O princípio do contraditório e da ampla defesa atua, no sistema arbitral, tanto na criação de regras procedimentais – o efeito positivo –, quanto na limitação dessas regras - o efeito negativo.[27] Quanto ao efeito positivo, a possibilidade de construção de regras e prazos procedimentais pelo árbitro e pelas partes preenche o chamado contraditório participativo. O efeito negativo pode ser entendido como a vedação à surpresa processual, prevenindo e impedindo que haja decisões sem a participação das partes.[28]-[29]

Em caso recente o Superior Tribunal de Justiça enfrentou importante questão levantada por Petro Rio O&G Exploração e Produção de Petróleo Ltda. (atual denominação de HRT O&G Exploração e Produção de Petróleo Ltda.), que pretendia a anulação de sentença arbitral proferida em procedimento instaurado para definir a culpa e os consectários legais advindos da rescisão dos contratos estabelecidos com Tuscany Rig Leasing S.A. e Great Oil Perfurações Brasil Ltda.[30]

Alegou a Petro Rio: (1) cerceamento de defesa, uma vez que o Tribunal Arbitral havia se esquecido de deferir a prova pericial expressamente requerida e estranhamente ter afirmado na sentença que tal prova teria sido deferida e julgado procedente improcedentes os seus pedidos sob o fundamento de que Petro Rio "não teria se desincumbido do ônus de provar os fatos constitutivos do seu pedido, nem os fatos impeditivos, modificativos ou extintivos do direito da Tuscany"; e (2)| que o Tribunal Arbitral, a partir dessa confusão conceitual, havia articulado "um exótico sistema de presunções,

---

trariá-los'" (DINAMARCO, Cândido Rangel. *A Arbitragem na Teoria Geral do Processo*. São Paulo: Malheiros, 2013, p. 26).
25. CARMONA, Carlos Alberto. *Arbitragem e processo*: um comentário à Lei 9.307/96. 3. ed. São Paulo: Atlas, 2009, p. 295.
26. MONTORO, Marcos André Franco. *Flexibilidade do Procedimento Arbitral*. 2010. 415 f. Tese (Doutorado) – Curso de Direito, Universidade de São Paulo, São Paulo, 2010, p. 154.
27. MONTORO, Marcos André Franco. *Flexibilidade do Procedimento Arbitral*. 2010. 415 f. Tese (Doutorado) – Curso de Direito, Universidade de São Paulo, São Paulo, 2010, p. 152.
28. RAMINA DE LUCCA, Rodrigo. *Iura novit curia* nas arbitragens. *Revista Brasileira de Arbitragem*. v. 13, p. 72.
29. VISCONTE, Debora. *Iura Novit Curia* e o Contraditório. In: CARMONA, Carlos Alberto; LEMES, Selma Ferreira; MARTINS, Pedro Batista (Org.). *20 Anos da Lei de Arbitragem*: Homenagem a Petrônio R. Muniz. São Paulo: Atlas, 2017. p. 40.
30. BRAZIL, Superior Tribunal de Justiça. 3ª Turma. Recurso Especial 1.903.359 – RJ (2018/0320599-9). Relator Ministro Marco Aurélio Bellizze 11.05.2021.

absolutamente descabido de acordo com a lei brasileira, que resultou num igualmente descabido, e não menos ilegal, julgamento por equidade".

O Superior Tribunal de Justiça rejeitou as pretensões da Petro Rio e discorreu sobre a contraditório participativo, com conclusões importantes sobre o princípio do contraditório e da ampla defesa: (1) "o procedimento arbitral é regido, nessa ordem, pelas convenções estabelecidas entre as partes litigantes"; (2) "o rito da arbitragem guarda, em si, como característica inerente, a flexibilidade"; (3) "em relação à fase instrutória e às provas a serem produzidas no procedimento arbitral, registre-se não haver nenhuma determinação legal para que seja observado o estatuto de processo civil"; (4) "cabe ao árbitro, exclusivamente, definir, em um contraditório participativo, não apenas a pertinência de determinada prova para o deslinde da controvérsia, mas, em especial, o momento em que dará a sua produção"; (5) "salutar e conveniente interação entre as partes e o árbitro impede não apenas a prolação de uma 'decisão-surpresa', mas também obsta, por outro lado, que as partes apresentem comportamento e pretensões incoerentes; e (6) "concluída, assim, a fase instrutória, com a produção de todas as provas as quais as partes reputaram necessárias à comprovação de seus argumentos, o árbitro está autorizado a proferir sentença, valendo-se, inclusive, das regras de ônus probatório, sem, com isso, incorrer em nenhuma ofensa ao contraditório."

Esse caso é exemplo claro de como o princípio do contraditório e da ampla defesa atua na arbitragem por meio de medidas concretas dos árbitros. Não havendo uma moldura estatal rígida a ser aplicada, os árbitros poderão inovar, mas deverão garantir, sempre, que as partes poderão opinar, sugerir, justificar seus posicionamento favoráveis ou contrários a determinadas escolhas e acompanhar o efeito prático do quanto definido em termos de procedimento.[31]

3. IGUALDADE

O ensino aristotélico de que "devemos tratar igualmente os iguais e desigualmente os desiguais, na medida de sua desigualdade" é utilizado comumente para detalhar os efeitos do princípio da igualdade. Ele prevê a igualdade de aptidões e possibilidades a fim de que todos gozem de tratamento isonômico pela lei e seus intérpretes. Por meio desse princípio são vedadas diferenciações arbitrárias e absurdas, assim impondo limitação à atuação do legislador, do julgador, do intérprete, da autoridade pública e, até mesmo, do particular.

O princípio da igualdade atua em duas vertentes: perante a lei e na lei. Por igualdade *perante a lei* compreende-se o dever de aplicar o direito no caso concreto sem vieses discriminatórios e sem manter, criar ou estimular qualquer distinção entre situações iguais. Por igualdade *na lei* pressupõe-se que as normas jurídicas não devem estabelecer distinção entre situações iguais, exceto as constitucionalmente autorizadas, sendo vedado

---

31. MONTORO, Marcos André Franco. *Flexibilidade do Procedimento Arbitral*. 2010. 415 f. Tese (Doutorado) – Curso de Direito, Universidade de São Paulo, São Paulo, 2010, p. 159.

ao legislador, sob pena de flagrante inconstitucionalidade, editar leis que mantenham, criem ou estimulem tratamento desigual a situações iguais por parte da Justiça. Assim, o julgador, o intérprete, a autoridade política e o particular não podem aplicar as leis e atos normativos aos casos concretos de forma a criar ou aumentar desigualdades, provocar desigualdade processual ou pautar suas condutas em atos discriminatórios, preconceituosos, racistas ou sexistas.[32]

O tratamento isonômico é um dos pilares interpretativos das normas, sendo previsto tanto no artigo 3º, IV, como no artigo 5º, *caput* e inciso I, ambos da Constituição Federal de 1988.

> Art. 3º Constituem objetivos fundamentais da República Federativa do Brasil:
>
> IV – promover o bem de todos, sem preconceitos de origem, raça, sexo, cor, idade e quaisquer outras formas de discriminação.
>
> [...]
>
> Art. 5º Todos são iguais perante a lei, sem distinção de qualquer natureza, garantindo-se aos brasileiros e aos estrangeiros residentes no País a inviolabilidade do direito à vida, à liberdade, à igualdade, à segurança e à propriedade, nos termos seguintes:
>
> I – homens e mulheres são iguais em direitos e obrigações, nos termos desta Constituição.

Na arbitragem o princípio da igualdade é confirmado pela concessão às partes das mesmas oportunidades e condições de controle, participação, manifestação e defesa, sem privilégios.[33] Ainda que se possa partir da premissa de que as partes, ao voluntariamente escolherem a via arbitral como método de solução de suas controvérsias, já se encontram em patamar de igualdade para exercer a busca e defesa de seus direitos, isso nem sempre pode se mostrar verdadeiro. Assim, em havendo desigualdades materiais entre as partes, essa discrepância de posições deve ser necessariamente levada em consideração quando da criação, adaptação ou aplicação das regras procedimentais.[34] E essa é uma obrigação tanto das partes, quanto do árbitro, do órgão institucional arbitral (que eventualmente administra a arbitragem), e do juiz estatal (na forma do art. 7º da LArb).[35]

A igualitária oportunidade de controle, participação, manifestação e defesa, incluem, ainda, as mesmas oportunidades para a própria indicação dos árbitros que conduzirão o procedimento.[36] Em plena paridade de armas "os litigantes devem estar munidos de ferramentas muito parecidas (se não iguais), para que possam exercer

---

32. CARACIOLA, Andrea Boari; SOUZA, André Pagani de; FERNANDES, Luís Eduardo Simardi. Princípios Informadores do Direito Processual Civil. In: SOUZA, André Pagani de et al. *Teoria Geral do Processo Contemporâneo*. São Paulo: Atlas, 2021. p. 112.
33. CAHALI, Francisco José. *Curso de arbitragem*: mediação; conciliação; tribunal multiportas. 8. ed. São Paulo: Thomson Reuters Brasil, 2020, p. 253.
34. CARMONA, Carlos Alberto. *Arbitragem e processo*: um comentário à Lei 9.307/96. 3. ed. São Paulo: Atlas, 2009, p. 296.
35. MONTORO, Marcos André Franco. *Flexibilidade do Procedimento Arbitral*. 2010. 415 f. Tese (Doutorado) – Curso de Direito, Universidade de São Paulo, São Paulo, 2010, p. 173.
36. SCHMIDT, Gustavo da Rocha; FERREIRA, Daniel Brantes, OLIVEIRA, Rafael Carvalho Rezende. *Comentários à Lei de Arbitragem*. Rio de Janeiro: Forense; MÉTODO, 2021, p. 167.

exaustivamente o direito de defesa."[37]-[38] A Lei Modelo da Uncitral sobre Arbitragem Comercial Internacional, previu no artigo 11, ao tratar da "Nomeação de árbitros", que "as partes podem, por acordo, escolher livremente o processo de nomeação do árbitro ou dos árbitros"; já em seu artigo 18, ao tratar do tema do "Igualdade de tratamento das partes", estipulou que "as partes devem ser tratadas de forma igualitária e deve ser dada a cada uma delas plena possibilidade de expor seu caso". A paridade de armas, portanto, é o reflexo da igualdade constitucional aplicada à arbitragem, consideradas todas as suas particularidades.[39]

Mesmo que oferecidas as mesmas possibilidades de defesa às partes, a evolução dos mecanismos processuais, bem como os expressivos valores econômicos atribuídos às disputas arbitrais, levaram muitas vezes à adoção das chamadas "táticas de guerrilha" objetivando o êxito indevido nas disputas. Originárias de um contexto internacional, as *guerilla tatics* podem ser definidas como formas de obstrução, retardamento ou desvirtuamento do processo arbitral, submetendo-o aos interesses de uma parte em detrimento da outra.[40] Muitos são os exemplos ilegais de *guerilla tatics*: suborno, intimidação, métodos de controle de informação, fraude, práticas dilatórias, dentre outras.[41]

Na tentativa de solucionar as questões éticas e estabelecer que as partes de fato atuem igualitariamente nos processos arbitrais, a International Bar Association ("IBA") lançou, em 2013, as *IBA Guidelines on Party Representation*,[42] a qual, além de listar diversos problemas éticos que podem vir a ocorrer durante a arbitragem, conferem aos árbitros medidas para agirem contra condutas impróprias, obviamente, após o devido contraditório da parte que cometeria tal conduta.[43]

No âmbito doméstico, frise-se que aos árbitros não são conferidos os poderes coercitivos necessários para a imposição de medidas efetivas que possam de fato coibir as *guerilla tatics*. Nesse contexto, as instituições de arbitragem devem agir na elaboração de regras éticas claras que vinculem as partes, para que seja possível combater as táticas de guerrilha e garantir sempre a lisura dos processos arbitrais. Aos árbitros, especialmente, impõe-se o dever de controlar a própria convenção de arbitragem, a fim de que seja aferida a sua validade e eficácia, com o afastamento de regras que imponham injustificados

---

37. FERRARI, Franco; ROSENFELD, Friedrich Jakob. The Interplay Between the Post-award and the Pre-award Regimes with Respect to a Tribunal's Treatment of Evidentiary Issues In: FERRARI, Franco; ROSENFELD, Friedrich Jakob. *Handbook of Evidence in International Commercial Arbitration: Key Concepts and Issues*. The Netherlands: Kluwer Law International, 2022, p. 61.
38. VAUGHN, Gustavo Favero; ABBOUD, Georges. Princípios Constitucionais do Processo Arbitral. *Revista de Processo*. v. 327, p. 463, 2022.
39. VAUGHN, Gustavo Favero; ABBOUD, Georges. Princípios Constitucionais do Processo Arbitral. *Revista de Processo*. v. 327, p. 463, 2022.
40. CAMPELLO, Caio. Como Barrar as Táticas de Guerrilha em Arbitragens Internacionais? *Revista Brasileira de Arbitragem*. v. 45, 2015, p. 84.
41. CAMPELLO, Caio. Como Barrar as Táticas de Guerrilha em Arbitragens Internacionais? *Revista Brasileira de Arbitragem*. v. 45, 2015, p. 84-85.
42. Disponível em: https://www.ibanet.org/MediaHandler?id=17BA0784-36C8-40CF-B207-8B50409C5308.
43. CAMPELLO, Caio. Como Barrar as Táticas de Guerrilha em Arbitragens Internacionais? *Revista Brasileira de Arbitragem*. v. 45, 2015, p. 95.

tratamentos desiguais entre as partes. Ainda, quanto aos atos do procedimento, devem os árbitros refrear qualquer atuação das partes que se evidencie detrimentosa ao bom andamento do procedimento, assim garantindo o tratamento igualitário aos litigantes.[44]

4. IMPARCIALIDADE DO ÁRBITRO

O Direito Romano resumiu o dever do juiz se manter independente e imparcial no brocardo *"Nemo debet esse judex in propria causa"*, estipulando que ninguém pode ser juiz em causa própria.[45] Utilizando-se dessa lógica na arbitragem, a conclusão é a mesma: é da essência da arbitragem, como meio privado de solução de conflitos, possuir julgador ou julgadores escolhidos pelas próprias partes, impondo-lhes a necessária equidistância para com as partes.[46]-[47] Paulo Lucon bem sintetizou o conceito de imparcialidade aplicado à arbitragem: "Na arbitragem, poder-se-ia dizer que imparcialidade corresponde normalmente à inexistência de propensão à causa de uma das partes, por alguma noção preconcebida sobre as questões jurídicas".[48]-[49]-[50] À vista de concretizar o princípio em questão, o legislador brasileiro, por meio do artigo 13, § 6º da LArb,[51]

---

44. "Remedies for Misconduct 26. If the Arbitral Tribunal, after giving the Parties notice and a reasonable opportunity to be heard, finds that a Party Representative has committed Misconduct, the Arbitral Tribunal, as appropriate, may: (a) admonish the Party Representative; (b) draw appropriate inferences in assessing the evidence relied upon, or the legal arguments advanced by, the Party Representative; (c) consider the Party Representative's Misconduct in apportioning the costs of the arbitration, indicating, if appropriate, how and in what amount the Party Representative's Misconduct leads the Tribunal to a different apportionment of cost. In addressing issues of Misconduct, the Arbitral Tribunal should take into account: (a) the need to preserve the integrity and fairness of the arbitral proceedings and the enforceability of the award; (b) the potential impact of a ruling regarding Misconduct on the rights of the Parties; (c) the nature and gravity of the Misconduct, including the extent to which the misconduct affects the conduct of the proceedings; (d) the good faith of the Party Representative; (e) relevant considerations of privilege and confidentiality; and (f) the extent to which the Party represented by the Party Representative knew of, condoned, directed, or participated in, the Misconduct." (IBA Guidelines on Party Representation in International Arbitration Adopted by a resolution of the IBA Council 25 May 2013 International Bar Association).
45. CLAY, Thomas. *L'arbitre*. Paris: Dalloz, 2001, p. 233 e 234.
46. ONYEMA, Emilia. *International Commercial Arbitration and The Arbitrator's Contract*. New York and London: Taylor & Francis, 2012, p. 64.
47. "[...] o processo arbitral encontra um ambiente aberto à flexibilidade, o que não acontece em nossas abafadas cortes estatais. Esta flexibilidade procedimental, como é natural, torna os árbitros muito menos engessados que o juiz togado, permitindo-lhes experimentar novos e variados meios de descobrir fatos e aumentar sua capacidade de entender o direito que devem aplicar. Este ambiente de liberdade que permeia a arbitragem põe em realce seu protagonista: o árbitro" (CARMONA, CARMONA, Carlos Alberto. *Arbitragem e processo*: um comentário à Lei 9.307/96. 3. ed. São Paulo: Atlas, 2009, p. 9).
48. LUCON, Paulo Henrique dos Santos. Imparcialidade na Arbitragem e Impugnação aos Árbitros. *Revista de Arbitragem e Mediação*, v. 39, p. 40. 2013.
49. Pontua-se que as questões relacionadas à independência e à imparcialidade podem ser inclusive consideradas como matéria de ordem pública pelo fato de envolverem poderes jurisdicionais (Ver: LEMES, Selma Maria Ferreira. A independência e a imparcialidade do Árbitro e o dever de revelação. *Revista Brasileira de Arbitragem*, v. 06, n. 26, p. 23, abr./maio/jun. 2010).
50. CARMONA, Carlos Alberto. *Arbitragem e processo*: um comentário à Lei 9.307/96. 3. ed. São Paulo: Atlas, 2009, p. 297.
51. "Art. 13. Pode ser árbitro qualquer pessoa capaz e que tenha a confiança das partes. [...] § 6º No desempenho de sua função, o árbitro deverá proceder com imparcialidade, independência, competência, diligência e discrição (BRASIL. Lei 9.307, de 23 de setembro de 1996. Dispõe sobre Arbitragem. Diário Oficial da União, Brasília, DF, 24 set. 1996).

positiva uma série de deveres ao árbitro, quais sejam: imparcialidade, independência, competência, diligência e discrição. Vejamos como se comportam cada um deles no ordenamento jurídico brasileiro.

Primeiramente, em relação ao dever de imparcialidade, faz-se necessário destacar as palavras de Carlos Elias:

> [...] a imparcialidade relacionar-se-ia com o prejulgamento do litígio, ou seja, com uma *inclinação* ou *tendenciosidade* inadmissível do árbitro em relação a uma das partes ou à matéria em disputa. Essa *inclinação* ou *tendenciosidade* do árbitro para o favorecimento de uma das partes (tratada na língua inglesa, pelo termo "*bias*") teria outras origens que não a conexão ou relacionamento entre ambos, podendo ser fruto de preconcepções do árbitro a respeito das partes (preconcepções ligadas, por exemplo, à honestidade, etnia, nacionalidade ou orientação política destas) ou a respeito da matéria envolvida (preconcepções ligadas à predeterminação sincera do árbitro quanto à tese vencedora, sem a análise dos argumentos jurídicos ou dos fundamentos fáticos da pretensão, ou mesmo derivada de corrupção).[52]

Por outro lado, sobre independência, pode-se utilizar do conceito de Lew, Mistelis e Kröll para defini-la:

> Independência requer que não haja relações atuais ou passadas entre as partes e os árbitros que possam ensejar ou até aparentar afetar o livre julgamento do árbitro. Enquanto imparcialidade é necessária para assegurar que a justiça seja feita, a independência é necessária para assegurar que a justiça aparente ser feita. Em sistemas jurídicos nos quais tanto a imparcialidade quanto a independências são relevantes critérios para interpretação adotada que incorporem a maioria dos elementos dos dois conceitos.[53]

A respeito do dever de competência, frisa-se que as partes, ao escolherem um árbitro, usualmente, levam em consideração a capacidade técnica do possível julgador para decidir a suas demandas.[54] Verifica-se que o dever de competência nada mais é do que obrigação do árbitro de atuar com conhecimento, aptidão e capacidade;[55] em outras palavras: é mais um "contrapeso" que assegura a validade da liberdade das partes de escolherem o seu julgador atribuindo ao árbitro a necessidade de ter certa especialização e experiência na área do litígio.[56]

---

52. ELIAS, Carlos Eduardo Stefen. *Imparcialidade dos árbitros*. 2014. 252 f. Tese (Doutorado) – Curso de Direito, Faculdade de Direito, Universidade de São Paulo, São Paulo, 2014, p. 20-21.
53. No original: "Independence requires that there should be no such actual or past dependant relationship between the parties and the arbitrators which may or at least appear to affect the arbitrator's freedom of judgment. While impartiality is needed to ensure that justice is done, independence is needed to ensure that justice is seen to be done. In legal systems where either impartiality or independence is the relevant criterion the interpretation adopted incorporates most elements of both concepts." (LEW, Julian D. M.; MISTELIS, Loukas A.; KROLL, Stefan Michael. *Comparative International Commercial Arbitration*. The Netherlands: Kluwer Law International, 2003, p. 261).
54. CARMONA, Carlos Alberto. *Arbitragem e processo*: um comentário à Lei 9.307/96. 3. ed. São Paulo: Atlas, 2009, p. 243.
55. CARMONA, Carlos Alberto. *Arbitragem e processo*: um comentário à Lei 9.307/96. 3. ed. São Paulo: Atlas, 2009, p. 243.
56. MAGALHÃES, José Carlos de. Os Deveres do Árbitro. In: CARMONA, Carlos Alberto; LEMES, Selma Ferreira; MARTINS, Pedro Batista (Coord.). *20 anos da lei de arbitragem*: homenagem a Petrônio R. Muniz. São Paulo: Atlas, 2017. p. 223.

No que se trata dos deveres de diligência e discrição, o primeiro, logicamente, diz respeito "[...] à presteza e ao cuidado [do árbitro] na condução do processo arbitral [...]";[57] já o segundo é o papel do árbitro na solidificação da confidencialidade da arbitragem, é o agir de modo a não revelar os atos e fatos ligados à arbitragem.[58]

Por fim, cabe-nos uma breve digressão sobre o dever de revelação. O legislador brasileiro impôs ao árbitro esse dever no art. 14, §1º da LArb,[59] com a finalidade de assegurar não apenas o cumprimento do princípio da imparcialidade, mas, bem como os deveres de independência e imparcialidade:

> O dever de revelação tem o propósito de informar as partes fato que pode interferir com a confiança nele depositada, não obstante sua declaração de imparcialidade e de independência. A aparência, nesse caso, prevalece sobre a substância ao influir no requisito da confiança no árbitro, afetada pela imagem projetada pelo comportamento do árbitro durante o curso, ou mesmo após o término do procedimento arbitral.[60]

A expressão lacunosa – propositalmente[61] – escolhida para estabelecer o parâmetro do que deve e o que não deve ser revelado pelo árbitro ("dúvidas justificáveis"), dificulta observar uma hegemonia de entendimento das cortes nacionais do que deve ou não ser revelado pelo árbitro, nem o que de fato ensejaria uma quebra dos deveres de independência e imparcialidade, mesmo com a existência de instrumentos de *soft law* como as *IBA Guidelines on Conflicts of Interesting (2004)*.[62]

No Brasil, a questão da aferição de possível quebra do dever de revelação/parcialidade do árbitro tem sido alvo de turbulentas discussões no âmbito da relação arbitragem-Judiciário, em que recentemente demandas anulatórias de sentenças arbitrais fundamentadas na quebra do dever de revelação/possível parcialidade do árbitro tem causado grandes repercussões tanto no contexto nacional, quanto internacional.

---

57. MAGALHÃES, José Carlos de. Os Deveres do Árbitro. In: CARMONA, Carlos Alberto; LEMES, Selma Ferreira; MARTINS, Pedro Batista (Coord.). *20 anos da lei de arbitragem*: homenagem a Petrônio R. Muniz. São Paulo: Atlas, 2017. p. 224
58. CARMONA, Carlos Alberto. *Arbitragem e processo*: um comentário à Lei 9.307/96. 3. ed. São Paulo: Atlas, 2009, p 246.
59. "Art. 14. Estão impedidos de funcionar como árbitros as pessoas que tenham, com as partes ou com o litígio que lhes for submetido, algumas das relações que caracterizam os casos de impedimento ou suspeição de juízes, aplicando-se-lhes, no que couber, os mesmos deveres e responsabilidades, conforme previsto no Código de Processo Civil. § 1º As pessoas indicadas para funcionar como árbitro têm o dever de revelar, antes da aceitação da função, qualquer fato que denote dúvida justificada quanto à sua imparcialidade e independência" (BRASIL. Lei 9.307, de 23 de setembro de 1996. Dispõe sobre Arbitragem. Diário Oficial da União, Brasília, DF, 24 set. 1996).
60. MAGALHÃES, José Carlos de. Os Deveres do Árbitro. In: CARMONA, Carlos Alberto; LEMES, Selma Ferreira; MARTINS, Pedro Batista (Coord.). *20 anos da lei de arbitragem*: homenagem a Petrônio R. Muniz. São Paulo: Atlas, 2017. p. 229.
61. A escolha é proposital, com o intuito de não engessar a prática e respeitar as diferenças circunstanciais que existem nas diversas modalidades arbitrais, é uma das características dessa opção legislativa". DALMASO, Ricardo Tadeu. *O Dever de Revelação do Árbitro*. São Paulo: Almedina, 2018, p. 180.
62. *IBA Guidelines on Conflicts of Interesting*. Disponível em: https://www.ibanet.org/MediaHandler?id=e2fe5e-72-eb14-4bba-b10d-d33dafee8918.

Para ilustrar essa questão, em caso decidido em São Paulo,[63] sentença arbitral foi anulada pelo fato do Tribunal de Justiça ter considerado que o árbitro falhou no cumprimento do seu dever de revelação ao omitir das partes duas arbitragens sem similitude fática e jurídica entre elas. A Corte Paulista entendeu que os casos eram relacionados e que o árbitro fora exposto a argumentos que violariam a isonomia de tratamento entre partes. De qualquer forma, a reflexão sobre o dever de revelação e os parâmetros do que deve ou não ser revelado no contexto brasileiro ainda são incertos.

5. LIVRE CONVENCIMENTO DO JULGADOR E MOTIVAÇÃO DAS DECISÕES

É inerente ao papel do árbitro de julgador, o seu poder/dever de instruir a demanda para formar o seu convencimento quando da valoração das provas produzidas durante o procedimento, equiparando-se, novamente, ao juiz dos procedimentos estatais. Na legislação brasileira, a instrução probatória na arbitragem está positivada por meio do artigo 22 da Larb.[64] Neste mesmo artigo, estão previstos os chamados poderes/deveres instrutórios do árbitro, que são as obrigações impostas ao julgador de preparar a demanda para decisão, colhendo as provas úteis, necessárias e pertinentes para formar sua convicção.[65]

Numa perspectiva das partes, é notório que o livre convencimento abrange o sentido que não devem atribuir valores às provas que desejam produzir.[66] Aos árbitros, o livre convencimento é, então, "[...] a liberdade do julgador em avaliar e valorar a prova para a conclusão final de seu julgamento quanto à solução a ser dada ao conflito. Mas também contém o juízo de escolha no deferimento, determinação e oportunidade de produção de tais ou quais provas necessárias àquele procedimento".[67]

No entanto, a sistemática de valoração de provas no direito doutrinariamente divide-se em: (i) sistema da prova tarifada; (ii) sistema do livre convencimento puro; e (iii) sistema do livre convencimento motivado; este último prevalecendo no cenário jurídico

---

63. BRAZIL, Tribunal de Justiça de São Paulo. 1ª Câmara Reservada de Direito Empresarial. Apelação Cível 1056400-47.2019.8.26.0100. 11.08.2020.
64. "Art. 22. Poderá o árbitro ou o tribunal arbitral tomar o depoimento das partes, ouvir testemunhas e determinar a realização de perícias ou outras provas que julgar necessárias, mediante requerimento das partes ou de ofício; § 1º O depoimento das partes e das testemunhas será tomado em local, dia e hora previamente comunicados, por escrito, e reduzido a termo, assinado pelo depoente, ou a seu rogo, e pelos árbitros; § 2º Em caso de desatendimento, sem justa causa, da convocação para prestar depoimento pessoal, o árbitro ou o tribunal arbitral levará em consideração o comportamento da parte faltosa, ao proferir sua sentença; se a ausência for de testemunha, nas mesmas circunstâncias, poderá o árbitro ou o presidente do tribunal arbitral requerer à autoridade judiciária que conduza a testemunha renitente, comprovando a existência da convenção de arbitragem; § 3º A revelia da parte não impedirá que seja proferida a sentença arbitral; § 5º Se, durante o procedimento arbitral, um árbitro vier a ser substituído fica a critério do substituto repetir as provas já produzidas" (BRASIL. Lei 9.307, de 23 de setembro de 1996. Dispõe sobre Arbitragem. Diário Oficial da União, Brasília, DF, 24 set. 1996).
65. CARMONA, Carlos Alberto. *Arbitragem e processo*: um comentário à Lei 9.307/96. 3. ed. São Paulo: Atlas, 2009, p. 313.
66. CORRÊA, Fábio Peixinho Gomes. Limites Objetivos da Demanda na Arbitragem. *Revista Brasileira de Arbitragem*, v. 40, p. 58. 2013.
67. CAHALI, Francisco José. *Curso de arbitragem*: mediação; conciliação; tribunal multiportas. 8. ed. São Paulo: Thomson Reuters Brasil, 2020, p. 254.

brasileiro.[68] Por essa sequência de ideias, tem-se que o princípio do livre convencimento do árbitro é adjetivado pela necessidade de motivação das suas decisões.

Na esfera estatal, a motivação é consagrada na CF/88 em seu artigo 98, IX.[69] Nos processos estatais é o artigo 489, § 1º do Código de Processo Civil[70] que elenca o rol do que é uma sentença não fundamentada. Na arbitragem, a motivação, o fundamento, das decisões é também requisito obrigatório no Brasil da própria sentença arbitral, previsto no artigo 26, II da Larb.[71]

Seja qual for o método de resolução de conflitos escolhido pelas partes, é da fundamentação que se extrairá o racional das conclusões apresentadas julgador, bem como é dela que será tangível observar o cumprimento das garantias do julgamento justo e isonômico.[72] Entretanto, diferentemente dos processos estatais, a fundamentação na arbitragem possui subjetividade quanto aos seus limites do que deve ser motivado ou não. Por essa razão, coube ao Superior Tribunal de Justiça[73] tratar da matéria:

> Sobreleva notar, todavia, que, conforme jurisprudência do Superior Tribunal de Justiça: a) fundamentação contrária aos interesses das partes não é ausência de fundamentação; b) o fato de a sentença ser concisa não significa, tampouco, ausência de fundamentação; e c) a ausência de menção a dispositivos legais não significa que o julgamento foi realizado por equidade.[74]

---

68. SEREC, Fernando Eduardo. Provas na Arbitragem. In: CARMONA, Carlos Alberto; LEMES, Selma Ferreira; MARTINS, Pedro Batista (Coord.). *20 anos da lei de arbitragem*: homenagem a Petrônio R. Muniz. São Paulo: Atlas, 2017. p. 297.
69. "Art. 93. Lei complementar, de iniciativa do Supremo Tribunal Federal, disporá sobre o Estatuto da Magistratura, observados os seguintes princípios: [...] IX todos os julgamentos dos órgãos do Poder Judiciário serão públicos, e fundamentadas todas as decisões, sob pena de nulidade, podendo a lei limitar a presença, em determinados atos, às próprias partes e a seus advogados, ou somente a estes, em casos nos quais a preservação do direito à intimidade do interessado no sigilo não prejudique o interesse público à informação (BRASIL. Constituição da República Federativa do Brasil de 05 de outubro de 1988. Diário Oficial da União, Brasília, DF, 05 out. 1988).
70. "Art. 489. São elementos essenciais da sentença: [...] § 1º Não se considera fundamentada qualquer decisão judicial, seja ela interlocutória, sentença ou acórdão, que: I – se limitar à indicação, à reprodução ou à paráfrase de ato normativo, sem explicar sua relação com a causa ou a questão decidida; II – empregar conceitos jurídicos indeterminados, sem explicar o motivo concreto de sua incidência no caso; III – invocar motivos que se prestariam a justificar qualquer outra decisão; IV – não enfrentar todos os argumentos deduzidos no processo capazes de, em tese, infirmar a conclusão adotada pelo julgador; V – se limitar a invocar precedente ou enunciado de súmula, sem identificar seus fundamentos determinantes nem demonstrar que o caso sob julgamento se ajusta àqueles fundamentos; VI – deixar de seguir enunciado de súmula, jurisprudência ou precedente invocado pela parte, sem demonstrar a existência de distinção no caso em julgamento ou a superação do entendimento (BRASIL. Lei 13.105 de 16 de março de 2015. Código de Processo Civil. Diário Oficial da União, Brasília, DF, 15 mar. 2015).
71. "Art. 26. São requisitos obrigatórios da sentença arbitral: [...] II – os fundamentos da decisão, onde serão analisadas as questões de fato e de direito, mencionando-se, expressamente, se os árbitros julgaram por equidade" (BRASIL. Lei 9.307, de 23 de setembro de 1996. Dispõe sobre Arbitragem. Diário Oficial da União, Brasília, DF, 24 set. 1996).
72. SCHMIDT, Gustavo da Rocha; FERREIRA, Daniel Brantes, OLIVEIRA, Rafael Carvalho Rezende. *Comentários à Lei de Arbitragem*. Rio de Janeiro: Forense; MÉTODO, 2021, p. 247.
73. BRAZIL, Superior Tribunal de Justiça. 3ª Turma. Recurso Especial 1.636.102. 1º.08.2017; e BRAZIL, Superior Tribunal de Justiça. 3ª Turma. Agravo Interno no Agravo Interno no Agravo em Recurso Especial 1.143.608 – GO. 20.03.2019.
74. SCHMIDT, Gustavo da Rocha; FERREIRA, Daniel Brantes, OLIVEIRA, Rafael Carvalho Rezende. *Comentários à Lei de Arbitragem*. Rio de Janeiro: Forense; MÉTODO, 2021, p. 247.

CONCLUSÃO

Deontologicamente, os princípios são os pilares de toda e qualquer interpretação; são eles os norteadores da lógica e as bases do raciocínio jurídico. Na arbitragem, além de serem as bases interpretativas, vimos durante todo o estudo tamanha relevância dos princípios não apenas como limitadores da inerente flexibilidade procedimental da arbitragem e ponte de comunicação dos sistemas arbitral e processual estatal, mas, também, os princípios listados pelo legislador brasileiro quando da elaboração da LArb foram escolhidos propositalmente para formarem um conjunto mínimo de garantias para que as partes, desde o início do processo arbitral até a prolação da sentença, tenham seus direitos devidamente tutelados.

Ao examinarmos os princípios processuais aplicáveis à arbitragem devemos considerar as similaridade e distinções necessárias, sempre sob o regime e a força dos modelo constitucional do processo civil brasileiro. Nesse sentido cada um com as suas particulares, os princípios do artigo 21, § 2º da LArb, conferem plena força executória da sentença arbitral e legitimam a eficácia jurisdicional do instituto: (i) o devido processo legal, mais vasto, engloba os conceitos dos demais, assegura um processo justo; (ii) o contraditório e a ampla defesa conferem o direito de ação e reação em todas as fases do procedimento; (iii) o tratamento isonômico (a paridade de armas) assevera a igualitária posição entre os litigantes; (iv) a imparcialidade do árbitro certifica que o julgador esteja apto a cumprir com ofício que lhe fora designado; e (v) o livre convencimento motivado confirma a liberdade do árbitro de colher as provas que entender necessárias a formar seu convencimento, mas com a devida fundamentação/motivação de suas decisões, nos limites construídos pelo Superior Tribunal de Justiça ao longo dos anos.

BIBLIOGRAFIA

ABBUD, André de Albuquerque Cavalcanti; LEVY, Daniel de Andrade et al. *The Brazilian Arbitration Act*: A Case Law Guide. The Netherlands: Kluwer Law International, 2019.

ARAUJO, Yuri Maciel. *Arbitragem e devido processo legal*. São Paulo: Almedina, 2021.

BAPTISTA, Luiz Olavo. *Arbitragem Comercial e Internacional*. São Paulo: Lex Editora, 2011.

BRAZIL, Superior Tribunal de Justiça. 3ª Turma. Recurso Especial 1.636.102. 1º.08.2017.

BRAZIL, Superior Tribunal de Justiça. 3ª Turma. Agravo Interno no Agravo Interno no Agravo em Recurso Especial 1.143.608 – GO. 20.03.2019.

BRAZIL, Superior Tribunal de Justiça. 3ª Turma. Recurso Especial 1.903.359 – RJ (2018/0320599-9). 11.05.2021.

BRAZIL, Tribunal de Justiça de São Paulo. 2ª Vara Empresarial e Conflitos de Arbitragem. Decisão Interlocutória 1027596-98.2021.8.26.0100. 12.07.2021.

CAMPELLO, Caio. Como Barrar as Táticas de Guerrilha em Arbitragens Internacionais? *Revista Brasileira de Arbitragem*. v. 45, p. 82-107. 2015.

CARACIOLA, Andrea Boari; SOUZA, André Pagani de; FERNANDES, Luís Eduardo Simardi. Princípios Informadores do Direito Processual Civil. In: SOUZA, André Pagani de et al. *Teoria Geral do Processo Contemporâneo*. São Paulo: Atlas, 2021.

CARMONA, Carlos Alberto. *Arbitragem e processo*: um comentário à Lei 9.307/96. 3. ed. São Paulo: Atlas, 2009.

CAHALI, Francisco José. *Curso de arbitragem*: mediação; conciliação; tribunal multiportas. 8. ed. São Paulo: Thomson Reuters Brasil, 2020.

CORRÊA, Fábio Peixinho Gomes. Limites Objetivos da Demanda na Arbitragem. *Revista Brasileira de Arbitragem*, v. 40, p. 54-71. 2013.

CLAY, Thomas. *L'arbitre*. Paris: Dalloz, 2001.

DALMASO, Ricardo Tadeu. *O Dever de Revelação do Árbitro*. São Paulo: Almedina, 2018.

DINAMARCO, Cândido Rangel. *A Arbitragem na Teoria Geral do Processo*. São Paulo: Malheiros, 2013.

ELIAS, Carlos Eduardo Stefen. *Imparcialidade dos árbitros*. 2014. 252 f. Tese (Doutorado) – Curso de Direito, Faculdade de Direito, Universidade de São Paulo, São Paulo, 2014.

FERRARI, Franco; ROSENFELD, Friedrich Jakob. The Interplay Between the Post-award and the Pre-award Regimes with Respect to a Tribunal's Treatment of Evidentiary Issues In: FERRARI, Franco; ROSENFELD, Friedrich Jakob. *Handbook of Evidence in International Commercial Arbitration*: Key Concepts and Issues. The Netherlands: Kluwer Law International, 2022.

KURKELLA, Mattis S.; TURUNEN, Santtu. *Due process in international comercial arbitration*. 2. ed. Oxford University Press: New York, 2010.

LEE, João Bosco. Palestra transcrita. In: VALENÇA FILHO, Clávio; VISCONTE, Debora; NANNI, Giovanni Ettore. *Trabalhos do XVI Congresso Internacional de Arbitragem do Comitê Brasileiro de Arbitragem – CBAr: Devido Processo Legal na Arbitragem*. São Paulo: Comitê Brasileiro de Arbitragem, 2018.

LEMES, Selma Maria Ferreira. A independência e a imparcialidade do Árbitro e o dever de revelação. *Revista Brasileira de Arbitragem*, v. 06, n. 26, p. 27 a 34. abr./maio/jun. 2010.

LEW, Julian D. M.; MISTELIS, Loukas A.; KROLL, Stefan Michael. *Comparative International Commercial Arbitration*. The Netherlands: Kluwer Law International, 2003.

LUCON, Paulo Henrique dos Santos. Imparcialidade na Arbitragem e Impugnação aos Árbitros. *Revista de Arbitragem e Mediação*, v. 39, p. 39-51, 2013.

MAGALHÃES, José Carlos de. Os Deveres do Árbitro. In: CARMONA, Carlos Alberto; LEMES, Selma Ferreira; MARTINS, Pedro Batista (Coord.). *20 anos da Lei de Arbitragem*: homenagem a Petrônio R. Muniz. São Paulo: Atlas, 2017.

MONTORO, Marcos André Franco. *Flexibilidade do Procedimento Arbitral*. 2010. 415 f. Tese (Doutorado) – Curso de Direito, Universidade de São Paulo, São Paulo, 2010.

ONYEMA, Emilia. *International Commercial Arbitration and The Arbitrator's Contract*. New York and London: Taylor & Francis, 2012.

PARENTE, Eduardo de Albuquerque. *Processo Arbitral e Sistema*. 2009. 382 f. Tese (Doutorado) – Curso de Direito, Universidade de São Paulo, São Paulo, 2009.

PARENTE, Eduardo de Albuquerque. Existiria um Ordem Jurídica Arbitral? In: CARMONA, Carlos Alberto; LEMES, Selma Ferreira; MARTINS, Pedro Batista (Org.). *20 Anos da Lei de Arbitragem: Homenagem a Petrônio R. Muniz*. São Paulo: Atlas, 2017.

RAMINA DE LUCCA, Rodrigo. Iura novit curia nas arbitragens. *Revista Brasileira de Arbitragem*. v. 13, p. 54-78, 2016.

REALE, Miguel. *Lições Preliminares de Direito*. 27. ed. São Paulo: Saraiva, 2002.

SCHMIDT, Gustavo da Rocha; FERREIRA, Daniel Brantes, OLIVEIRA, Rafael Carvalho Rezende. *Comentários à Lei de Arbitragem*. Rio de Janeiro: Forense; Método, 2021.

SEREC, Fernando Eduardo. Provas na Arbitragem. In: CARMONA, Carlos Alberto; LEMES, Selma Ferreira; MARTINS, Pedro Batista (Coord.). *20 anos da lei de arbitragem*: homenagem a Petrônio R. Muniz. São Paulo: Atlas, 2017.

VAUGHN, Gustavo Favero; ABBOUD, Georges. Princípios Constitucionais do Processo Arbitral. *Revista de Processo*. v. 327, p. 453-490, 2022.

VISCONTE, Debora. *Iura Novit Curia* e o Contraditório. In: CARMONA, Carlos Alberto; LEMES, Selma Ferreira; MARTINS, Pedro Batista (Org.). *20 Anos da Lei de Arbitragem*: Homenagem a Petrônio R. Muniz. São Paulo: Atlas, 2017.

VII
A QUESTÃO DA CONFIDENCIALIDADE

Adriana Noemi Pucci

Doutora em Direito Econômico e Financeiro e Mestre em Integração da América Latina pela USP. Advogada em São Paulo. Árbitra.[1]

Sumário: 1. Um dever geral de confidencialidade?; 1,1 A confidencialidade na Lei Modelo da UNCITRAL; 1.2 A confidencialidade na legislação brasileira; 1.2.1 A [in] constitucionalidade do art. 189, IV, do Código de Processo Civil; 1.2.2 Agravo de Instrumento 2263639-76.2020.8.26.0000; 1.2.3 Apelação Cível 1031861-80.2020.8.26.0100; 1.3 Pela constitucionalidade do artigo 184, IV, do Código de Processo Civil – 2. O papel da vontade das partes: autonomia privada e regras institucionais; 2.1 Instituições internacionais; 2.1.1 Câmara de Comércio Internacional [CCI]; 2.1.2 London Court of International Arbitration [LCIA]; 2.1.3 Centro Internacional para a Resolução de Disputas (ICDR-AAA); 2.1.4 Stockholm Chamber of Commerce (SCC); 2.2 Instituições nacionais; 2.2.1 CAM-CCBC; 2.2.2 Câmara de Mediação e Arbitragem Empresarial (CAMARB); 2.2.3 Câmara de Conciliação, Mediação e Arbitragem CIESP/FIESP; 2.2.4 Câmara de Arbitragem do Mercado (CAM) e a Convenção de Arbitragem da Câmara de Comercialização de Energia Elétrica (CCEE); 2.3 Tendências – 3. Confidencialidade e privacidade: fixando conceitos; 3.1 Privacidade; 3.2 Confidencialidade – 4. Alcance subjetivo – 5. Alcance objetivo; 6. Algumas exceções ao dever de confidencialidade; 6.1 A transparência como regra nas arbitragens de investimento; 6.2 Arbitragem com a Administração Pública e o princípio da publicidade; 6.3 A publicação de informações sobre demandas arbitrais diante da Resolução CVM 80 – Bibliografia e julgados selecionados.

1. UM DEVER GERAL DE CONFIDENCIALIDADE?

A confidencialidade é uma qualidade importante da arbitragem, defendida mesmo como uma de suas características mais vantajosas. De maneira genérica, significa manter toda a arbitragem reservada aos sujeitos que dela participam, privando a divulgação de suas informações a terceiros não envolvidos no litígio. Poderá abranger todo o procedimento, compreendendo a existência da disputa em si, os valores em discussão, a documentação juntada aos autos, as provas produzidas, as informações referentes às partes do litígio, bem como a sentença arbitral e demais decisões proferidas pelos árbitros no curso do procedimento arbitral.

Não raro, a confidencialidade é apresentada como um dos maiores atrativos do instituto aos usuários da arbitragem,[2] ou, no mínimo, é por estes concebida como um atributo desejável.[3] Em geral, os usuários da arbitragem valorizam a possibilidade de

---

1. A autora agradece Ana Carolina do Amaral Gurgel e Kelson César Lacerda Pacífico pela colaboração na elaboração deste capítulo.
2. FOUCHARD, Phillippe; GAILLARD, Emmanuel; GOLDMAN, Berthould. *Fouchard, Gaillard and Goldman on International Commercial Arbitration*. GOLDMAN, Emmanuel; SAVAGE, John (Ed.). Kluwer Law International, 1999. p. 612.
3. LEMES, Selma Ferreira. *Arbitragem na concessão de serviços públicos* – arbitrabilidade objetiva. Confidencialidade ou publicidade processual. Disponível em: http://www.selmalemes.com.br. Acesso em: 12 jul. 2021.

afastar do conhecimento do público a existência e o resultado de suas disputas, bem como prezam pela garantia de que informações sensíveis, como segredos de indústria, juntamente a toda documentação dos autos, não serão divulgadas a terceiros, resguardando o caráter privado de todo o procedimento.[4]

Até o final dos anos 1980, questionamentos em torno da real existência de um dever geral de confidencialidade eram pouco levantados, sugerindo-se um vínculo direto entre a arbitragem e seu caráter confidencial. A percepção geral, até então, era de que a natureza privada da arbitragem implicitamente obrigaria os participantes a manter a confidencialidade do procedimento.[5]

A questão passou a ser objeto de maiores reflexões e contestação, todavia, a partir dos anos 1990. No período, de exponencial crescimento da arbitragem internacional, o debate a respeito da confidencialidade se intensificou, e cortes nacionais ao redor do mundo passaram a se pronunciar sobre o tema, em rejeição expressa à ideia de uma regra geral de confidencialidade na arbitragem, bem como regulamentos arbitrais e algumas leis passam a se posicionar, em maior medida, quanto à questão.

Ao buscar esclarecer o tema, até então pouco debatido, alguns julgamentos, em âmbito internacional, foram fundamentais. Em *Esso and others v. Plowman*,[6] as cortes australianas defenderam que a confidencialidade não seria um atributo essencial da arbitragem; bem como a suprema corte da Suécia defendeu a inexistência de um dever implícito de confidencialidade nas arbitragens comerciais internacionais em *Bulbank v. A.I. Trade Finance*.[7] No caso *Dolling Baker v. Merret*, as cortes Britânicas confirmaram que a privacidade e a confidencialidade seriam conceitos independentes.[8]

Neste mesmo período, a doutrina chegou a sustentar que o dever de confidencialidade não existiria nas arbitragens internacionais *de lege lata*, isto é, como uma lei posta e aplicável, mas, no máximo, como um dever *in statu nascendi*, quer dizer, como uma regra ainda em processo de desenvolvimento.[9]

Até o momento, há forte divergência na maneira conforme a qual a confidencialidade é tratada a depender do país da sede da arbitragem e, historicamente, a incerteza em torno de seu papel e escopo na arbitragem internacional é considerável, tanto nas leis nacionais que regulam arbitragens como nas decisões judiciais.[10] Vem ocorrendo uma proliferação de abordagens distintas pelas cortes nacionais de diferentes países no que concerne o escopo e a extensão da confidencialidade, de modo que não há uniformidade quanto ao tema internacionalmente, e se torna importante analisar a lei aplicável ao pro-

---

4. VILLAGI, Florencia; MARCHINI, Lucila et al., Chapter 9: Confidentiality of Arbitration in Argentina. In: FORTESE, Fabricio (Ed.). *Arbitration in Argentina*, Kluwer Law International, 2020. p. 175-204.
5. SMEUREANO, Illeana M. Chapter 1: Distinguishing Confidentiality from Privacy: A Possible Definition, in *Confidentiality in International Commercial Arbitration*, International Arbitration Law Library, v. 22, Kluwer Law International, 2011. p. 1-7.
6. AUSTRÁLIA. High Court of Australia. *Esso and others v. Plowman 128 A.L.R. 391*. 1995.
7. SUÉCIA. Suprema Corte. *Bulbank v. A.I. Trade Finance, case T1881-99*. 2000.
8. INGLATERRA. *Dolling Baker v. Merret*. 1WLR1205. 1990.
9. PAULSSON, Jan; RAWDING, Nigel. *The Trouble with Confidentiality*. LCIA, 1995. p. 303.
10. BORN, Gary. *International Commercial Arbitration* 3a ed., Kluwer Law International, 2021. p. 3001-3062.

cedimento para avaliar como a confidencialidade recairá sobre a arbitragem.[11] Ademais, mesmo nos países em que se pode identificar uma regra geral de confidencialidade, esta ainda estará sujeita a diversas exceções.

1.1 A confidencialidade na Lei Modelo da UNCITRAL

Com respeito às arbitragens internacionais, a confidencialidade não conta com previsão de proteção na maioria dos países, o que pode se justificar pelo fato que a Lei Modelo da UNCITRAL, adotada parcial ou integralmente em um grande número de nações, é silente quanto ao assunto. Nesta linha, os redatores da Lei Modelo já chegaram a justificar, quanto à publicação das sentenças arbitrais, que seria melhor deixar esta decisão às partes ou aos regulamentos escolhidos para reger o procedimento, vez que o tema seria controverso, havendo vantagens e desvantagens para tal publicação.[12]

Entre leis nacionais de arbitragem que não preveem um dever geral de confidencialidade, pode-se pontuar o *Federal Arbitration Act* dos Estados Unidos, o *English Arbitration Act 1996*,[13] a Lei Chinesa de Arbitragem, ou a Lei Brasileira de Arbitragem, que será tratada adiante com maior detalhamento.

Alguns países, todavia, chegaram a modificar suas versões da Lei Modelo da UNCITRAL, de modo a tratar expressamente da confidencialidade nos procedimentos arbitrais.[14] Nesse sentido, trazemos os exemplos das leis nacionais de arbitragem presentes na Espanha,[15] Nova Zelândia,[16] Peru[17] e Hong Kong.[18] No caso da França, o dever de confidencialidade passou a ser previsto para as arbitragens domésticas em 2011,[19] mas não para as arbitragens comerciais internacionais, a menos que haja concordância das partes.

---

11. VILLAGI, Florencia; MARCHINI, Lucila et al., Chapter 9: Confidentiality of Arbitration in Argentina. In: FORTESE, Fabricio (Ed.). *Arbitration in Argentina*, Kluwer Law International, 2020, p. 175-204.
12. UNCITRAL. *Report of the Secretary-General on Possible Features of a Model Law on International Commercial Arbitration*, U.N. Doc. A/CN.9/207, ¶17, 1981. BORN, Gary. *International Commercial Arbitration (Third Edition)*. Kluwer Law International, 2021. p. 3001-3062.
13. A *Law Comission*, instituição inglesa responsável pela modernização da legislação nacional, anunciou no dia 30 de novembro de 2021 que conduzirá uma revisão do *English Arbitration Act* de 1996. Na ocasião, divulgou-se que a confidencialidade e a privacidade na arbitragem estão entre as possíveis áreas a serem disciplinadas futuramente, como requisitado no âmbito do *14th Programme of Law Reform*.
14. BORN, Gary. *International Commercial Arbitration* (Third Edition). Kluwer Law International, 2021. p. 3001-3062.
15. ESPANHA. Ley de arbitraje española LA/2003: "Art. 24. 2. Los árbitros, las partes y las instituciones arbitrales, en su caso, están obligadas a guardar la confidencialidad de las informaciones que conozcan a través de las actuaciones arbitrales".
16. NOVA ZELÂNDIA. New Zealand Arbitration Act 1996: "Art. 14B.1. Every arbitration agreement to which this section applies is deemed to provide that the parties and the arbitral tribunal must not disclose confidential information".
17. PERU. Ley General de Arbitraje. 1996. "Art. 51 – Confidencialidad 1. Salvo pacto en contrario, el tribunal arbitral, el secretario, la institución arbitral y, en su caso, los testigos, peritos y cualquier otro que intervenga en las actuaciones arbitrales, están obligados a guardar confidencialidad sobre el curso de las mismas, incluido el laudo, así como sobre cualquier información que conozcan a través de dichas actuaciones, bajo responsabilidad (...)".
18. HONG KONG. Arbitration Ordinance. "Art. 18(1). "Unless otherwise agreed by the parties, no party may publish, disclose or communicate any information relating to – (a) the arbitral proceedings under the arbitration agreement; or (b) an award made in those arbitral proceedings".
19. FRANÇA. Code de Procédure Civil, Art. 1464 § 4: "Les parties et les arbitres agissent avec célérité et loyauté dans la conduite de la procédure. Sous réserve des obligations légales et à moins que les parties n'en disposent autrement, la procédure arbitrale est soumise au principe de confidentialité".

1.2 A confidencialidade na legislação brasileira

No caso do Brasil, a Lei Brasileira de Arbitragem não referencia de maneira expressa a confidencialidade. O artigo 13, parágrafo 6º do diploma, limita-se a mencionar que o árbitro deve proceder, no exercício de sua função, com "discrição".[20]

A exigência de atuar com discrição diferencia-se da obrigação de sigilo e confidencialidade. A discrição diz respeito ao comportamento naturalmente esperado do árbitro diante do ambiente de sobriedade em que atua. Espera-se que os árbitros se furtem a realizar comentários sobre as causas em que participam, ainda que as partes não tenham fixado expressamente um dever de segredo. Todavia, do dever de discrição não decorreria sigilo obrigatório nas arbitragens, sendo que os regulamentos de arbitragem é que tenderão a recobrir o procedimento arbitral pelo segredo.[21] Sob esta perspectiva, portanto, o termo discrição, trazido na Lei de Arbitragem, não deve ser interpretado como um dever geral de confidencialidade.

No direito brasileiro, as obrigações provêm apenas das leis ou dos contratos, não sendo possível impor o dever de confidencialidade a uma parte sem que este tenha sido convencionado ou conste em previsão legal.[22] Como estabelecido na Constituição Federal, Art. 5º, inciso II, "ninguém será obrigado a fazer ou deixar de fazer alguma coisa senão em virtude de lei."

A confidencialidade, assim, não seria uma *qualidade essencial* da arbitragem, inerente ao instituto, mas uma qualidade acessória. Isso porque depende de uma imposição para vigorar, seja por meio de uma lei estatal, ou pela via privada, como por um regulamento de arbitragem ou acordo expresso das partes.[23] A extensão da confidencialidade que incide no procedimento arbitral poderá ser maior ou menor, a depender da vontade das partes e das regras que se aplicarem àquela arbitragem.

Pela própria redação dos Artigos 189, IV, do CPC[24] e do Artigo 22-C, parágrafo único, da Lei de Arbitragem,[25] pode-se interpretar que, conforme o direito brasileiro, a confidencialidade não consistiria em um atributo intrínseco à arbitragem, mas exige estipulação específica prevendo sua incidência.[26] Isso porque o Artigo 189, IV, do CPC

---

20. BRASIL. Lei 9.306/96. Dispõe sobre a arbitragem. Art. 13, § 6º: "No desempenho de sua função, o árbitro deverá proceder com imparcialidade, independência, competência, diligência e discrição."
21. CARMONA, Carlos Alberto. *Arbitragem e processo*: um comentário à Lei 9.307/96. 3. ed. São Paulo: Atlas, 2009. p. 426.
22. FICHTNER, José Antonio; MANNHEIMER, Sergio Nelson; MONTEIRO, André Luis. *Teoria geral da arbitragem*. Rio de Janeiro: Forense, 2019. Capítulo 8.9.6.
23. BAPTISTA, Luiz Olavo. Confidencialidade na arbitragem. *V. Congresso do Centro de Arbitragem da Câmara de Comércio e Industria Português*, Centro de Arbitragem Comercial. Coimbra: Almedina, 2012.
24. BRASIL. *Lei 13.105/15*. Código de Processo Civil. Art. 189. "Os atos processuais são públicos, todavia tramitam em segredo de justiça os processos: [...] IV – que versem sobre arbitragem, inclusive sobre cumprimento de carta arbitral, desde que a confidencialidade estipulada na arbitragem seja comprovada perante o juízo".
25. BRASIL. *Lei 9.307/96*. Dispõe sobre a arbitragem. Art. 22-C, Parágrafo único: "No cumprimento da carta arbitral será observado o segredo de justiça, desde que comprovada a confidencialidade estipulada na arbitragem".
26. FICHTNER, José Antonio; MANNHEIMER, Sergio Nelson; MONTEIRO, André Luis. *Teoria geral da arbitragem*. Rio de Janeiro: Forense, 2019, Capítulo 8.9.6.

determina que os processos que versam sobre arbitragem tramitem em segredo de justiça "*desde que* a confidencialidade estipulada na arbitragem seja comprovada perante o juízo", bem como o Artigo 22-C, parágrafo único, da Lei de Arbitragem determina que o segredo de justiça será observado, no cumprimento da carta arbitral, "desde que comprovada a confidencialidade estipulada na arbitragem".

Conquanto não atinja a condição de atributo essencial, obrigatório, há de se reconhecer que, em maior ou menor medida, a confidencialidade prevalece nas arbitragens, tanto por conta de sua previsão nos regulamentos de arbitragem das principais instituições arbitrais nacionais e internacionais, como por sua previsão nas cláusulas compromissórias inseridas contratualmente.

1.2.1   A [in] constitucionalidade do art. 189, IV, do Código de Processo Civil

Como uma exceção à publicidade dos atos processuais, o Artigo 189, inciso IV, do CPC apregoa que os processos judiciais que versem sobre arbitragem devem tramitar em segredo de justiça, quando comprovada em juízo a confidencialidade estipulada na arbitragem.

A discussão quanto à constitucionalidade do referido dispositivo tem se intensificado principalmente em função de decisões judiciais recentes que se posicionam de maneira enfática pelo caráter inconstitucional do artigo.

Os argumentos apresentados contrariamente à constitucionalidade do art. 189, IV, pautam-se, primeiramente, na ideia de que o acordo das partes, e seu interesse particular, não poderiam se sobrepor à regra da natureza pública dos atos processuais, impondo seu sigilo. Ademais, sustenta-se que referido sigilo impediria a formação de jurisprudência, prejudicando a maior coerência no direito, e indo na contramão aos interesses sociais.

1.2.2   Agravo de Instrumento 2263639-76.2020.8.26.0000

Ao decidir pela anulação de uma sentença arbitral, a 1ª Câmara Reservada de Direito Empresarial do Tribunal de Justiça de São Paulo (TJ-SP), em março de 2021,[27] indeferiu a tramitação do processo em segredo de justiça, em razão da inconstitucionalidade do art. 189, IV, do CPC.

A corte entendeu que o dispositivo seria incompatível a Constituição Federal, notadamente com o artigo 5º, LX, segundo o qual a lei só poderá restringir a publicidade dos atos processuais "quando a defesa da intimidade ou o interesse social o exigirem", e com o art. 93, IX, que estabelece que "todos os julgamentos dos órgãos do Poder Judiciário serão públicos, e fundamentadas todas as decisões, sob pena de nulidade, podendo a lei limitar a presença, em determinados atos, às próprias partes e a seus advogados, ou

---

27. SÃO PAULO (Estado). Tribunal de Justiça. *Agravo de Instrumento 2263639-76.2020.8.26.0000*. Rel. Cesar Ciampolini. J. 02.03.2021.

somente a estes, em casos nos quais a preservação do direito à intimidade do interessado no sigilo não prejudique o interesse público à informação".

A publicidade só poderia sofrer restrições, conforme a análise do TJ-SP, para resguardar a intimidade ou o interesse social, e tais limitações deveriam ser interpretadas restritivamente. Em inobservância à Constituição, o artigo 189, IV, do CPC ampliaria o sigilo para além da intimidade e do interesse social, destinando-se à proteção de interesses puramente particulares, notadamente, do tribunal arbitral, que estabeleceria o sigilo dos procedimentos "genericamente", por "razões próprias", e das partes, que possuem interesse no segredo da disputa.

A regra do artigo 189, IV, do CPC também seria contrária ao interesse social. Ao impedir o conhecimento das orientações do Poder Judiciário, o dispositivo impediria a formação de jurisprudência e precedentes, e prejudicaria a segurança e previsibilidade das decisões proferidas. A falta de acesso aos processos jurisdicionais e aos procedimentos arbitrais representaria obstáculo ao conhecimento e controle de temas com relevância social.

1.2.3 Apelação Cível 1031861-80.2020.8.26.0100

Em 30 junho de 2021, novamente, o TJ-SP se pronunciou contra o sigilo das arbitragens em ação da Vale S.A. contra a B3 S.A. – Brasil, Bolsa, Balcão. Neste caso, sustentou-se que o sigilo das arbitragens seria pernicioso à transparência e à higidez do mercado de capitais e ao direito comercial.

Reiterou-se a regra da plena publicidade dos atos processuais, depreendida dos artigos 5º, LX, e 93, IX, da Constituição Federal, e que, ausente interesse público ou social a ser protegido, ou violação à esfera íntima das partes, deve-se afastar o segredo de justiça.

A decisão, ademais, defendeu o posicionamento de que a publicidade contribuiria para afastar o desvirtuamento das arbitragens decorrente das situações de "chapéu duplo", isto é, da possibilidade de que advogados, árbitros, pareceristas ou peritos apareçam com recorrência participantes de arbitragens em situações de conflito de interesse.

1.3 Pela constitucionalidade do artigo 184, IV, do Código de Processo Civil

Apesar dos posicionamentos jurisprudenciais mais recentes, são diversos os argumentos defendidos em prol da constitucionalidade do Artigo 184, IV, do CPC.

A racionalidade do dispositivo se alinha ao artigo 22-C, parágrafo único, da Lei de Arbitragem, incluído por ocasião de sua reforma, em 2015. A regra não parece ir na contramão do desenvolvimento do direito ou de qualquer preceito constitucional, mas parece representar, muito mais, uma tentativa de preservar o instituto da arbitragem e seus objetivos, como fruto da observação da prática arbitral e suas demandas.

Como visto, as recentes decisões jurisprudenciais colacionadas sustentam que a inconstitucionalidade do artigo se associa ao fato de que a publicidade só poderia ser limitada para resguardar a intimidade ou o interesse social, enquanto o sigilo da arbitragem, em regra, seria circunscrito aos interesses das partes envolvidas e árbitros. Este posicionamento desconsidera que há motivos legítimos para que a confidencialidade nas arbitragens seja vista como um grande atrativo do instituto pelos seus usuários.

Não raro, o sigilo da disputa se mostra plenamente válido e justificável na lógica comercial em que as controvérsias se inserem. A confidencialidade pode assegurar a proteção de segredos industriais, além de dados sensíveis e de valor estratégico, de uma exposição generalizada ao público, potencialmente danosa aos negócios e seu bom funcionamento.

O Superior Tribunal de Justiça [STJ], neste aspecto, já se posicionou favoravelmente ao processamento em segredo de justiça de ações envolvendo informações comerciais confidenciais e estratégicas. Em 2009, a Terceira Turma do STJ reconheceu que dados de caráter estratégico poderiam causar sérios prejuízos à empresa se chegassem ao conhecimento de terceiros, em especial de concorrentes.[28]

Como já reconhecido pelo STJ, ademais, as hipóteses de segredo de justiça trazidas no CPC não seriam taxativas,[29] de modo que não haveria óbice a incluir tais matérias sensíveis sob a proteção do CPC. Em última análise, seria possível concluir que a exceção provisionada no artigo 184, IV, do CPC está em harmonia com o raciocínio desenvolvido pela jurisprudência do Superior Tribunal de Justiça. Até decisões mais recentes proferidas pela corte, vale notar, respaldam-se no dispositivo, juntamente ao parágrafo único do art. 22-C da Lei de Arbitragem, para determinar o sigilo dos autos.[30]

Convém ainda ressaltar que a Lei de Arbitragem, em seu artigo 2º, parágrafo 3º, inclui ressalva com respeito à arbitragem que envolva a administração pública, determinando que "será sempre de direito e respeitará o princípio da publicidade" nessas hipóteses. Pode-se aferir, deste dispositivo, que as demais arbitragens não devem, forçosamente, seguir o regime de publicidade, admitindo-se a possibilidade da escolha pela confidencialidade do procedimento arbitral. Em última análise, concluir pela inconstitucionalidade do artigo 184, IV, do CPC implicaria reabrir a discussão da constitucionalidade da própria Lei de Arbitragem, matéria que já foi amplamente debatida após a promulgação do diploma, e que já obteve, no início dos anos 2000, o reconhecimento pelo Supremo Tribunal Federal[31] de que não representaria nenhuma ofensa à Constituição.[32]

---

28. BRASIL. Superior Tribunal de Justiça. *AgRg MC 14.949 – SP*. Rel. Min. Nancy Andrighi. DJe 18.05.2009.
29. BRASIL. Superior Tribunal de Justiça. REsp 605.687/AM. Rel. Min. Nancy Andrighi. DJe 20.06.2005, e reiterado em STJ, AgRg MC 14.949 – SP. Rel. Min. Nancy Andrighi. DJe 18.05.2009.
30. BRASIL. Superior Tribunal de Justiça. *PET no Recurso Especial 1921762 – RJ*. Rel. Min. Antonio Carlos Ferreira. Dje 28.05.2021.
31. BRASIL. Supremo Tribunal Federal. *AgRg. SE 5.206 – Espanha*. Rel. Min. Sepúlveda Pertence. J. 12.12.2001.
32. VERÇOSA, Haroldo Malheiros Duclerc. *Quebra judicial indiscriminada do sigilo na arbitragem*: análise da jurisprudência recente do TJ/SP. Fgv Blog de Arbitragem, 25 de março de 2021. Acesso em: 15 jul. 2022.

2. O PAPEL DA VONTADE DAS PARTES: AUTONOMIA PRIVADA E REGRAS INSTITUCIONAIS

Como visto, a Lei de Arbitragem não trata expressamente do tema da confidencialidade nas arbitragens, limitando-se a prescrever a discrição dos árbitros no desempenho de sua função, em seu artigo 13, § 6º.

Por outro lado, o Artigo 21 da Lei de Arbitragem expressa a possibilidade de escolhas diversas no procedimento arbitral.[33] É facultado às partes, como uma expressão de sua autonomia privada, que criem um procedimento voltado especialmente à solução de sua disputa, que se reportem a regras de uma instituição arbitral [ou regras processuais provenientes de determinada legislação], ou ainda que releguem aos árbitros a disciplina do procedimento. Se o primeiro critério e o último não são os mais usuais, o segundo, a saber, a adoção de regras institucionais, é amplamente utilizado pelos operadores da arbitragem, pela segurança conferida pelo método.[34]

Com isso, tem-se que além da relevância das disposições quanto ao tema da confidencialidade estipuladas pelas partes, seja no compromisso arbitral, no termo de arbitragem, ou qualquer outro documento livremente pactuado pelas partes, no exercício da autonomia privada, é também de suma importância examinar as regras institucionais escolhidas para reger uma determinada controvérsia, e o que dispõem quanto à confidencialidade do procedimento.

Em maior ou menor medida, as regras institucionais poderão oferecer previsões tratando da confidencialidade, e muitas instituições têm revisado suas regras sobre este assunto na última década. Porém, verifica-se que parte expressiva dos regramentos das principais instituições arbitrais não definem o escopo subjetivo da confidencialidade, isto é, os agentes submetidos a sua incidência, ou ainda se referem ao tema de forma demasiadamente genérica. A insuficiência dessas regras, ou imprecisão em suas definições pode, por vezes, obstaculizar a proteção aos interesses das partes.[35]

Abaixo, elencamos o que dispõem os regulamentos de algumas das principais instituições arbitrais no âmbito nacional e internacional quanto à confidencialidade da arbitragem.

---

33. BRASIL. Lei 9.307/96. Dispõe sobre a arbitragem. Artigo 21: "A arbitragem obedecerá ao procedimento estabelecido pelas partes na convenção de arbitragem, que poderá reportar-se às regras de um órgão arbitral institucional ou entidade especializada, facultando-se, ainda, às partes delegar ao próprio árbitro, ou ao tribunal arbitral, regular o procedimento."
34. CARMONA, Carlos Alberto. *Arbitragem e Processo* – Um Comentário À Lei 9.307/96. 3. ed. São Paulo: Atlas, 2009, p. 289-291.
35. HWANG, Michael; CHUNG, Katie et al. *Chapter 2*: Defining the Indefinable: Practical Problems of Confidentiality in Arbitration (Second Kaplan Lecture, 17 November 2008). In: Hong Kong International Arbitration Centre (Ed.). International Arbitration: Issues, Perspectives and Practice: Liber Amicorum Neil Kaplan, Kluwer Law International; Kluwer Law International, 2018. p. 21-78; e VILLAGI, Florencia; MARCHINI, Lucila et al. *Chapter 9: Confidentiality of Arbitration in Argentina*. In: FORTESE, Fabricio (Ed.). Arbitration in Argentina. Kluwer Law International, 2020. p. 175-204.

2.1 Instituições internacionais

2.1.1 Câmara de Comércio Internacional [CCI]

As Regras de Arbitragem da CCI, até sua última versão,[36] vinham sendo pouco específicas a respeito das condições de incidência da confidencialidade e suas ressalvas nos procedimentos arbitrais. Isso se deve tanto à dificuldade em se obter consenso quanto às hipóteses de exceção à confidencialidade, como, em parte, em razão das Regras da CCI serem adotadas por países diversos, sendo difícil desenvolver uma regra sobre o tema que não conflite com as legislações nacionais.[37]

Porém, chamam atenção as disposições incluídas na "Nota às Partes e aos Tribunais Arbitrais sobre a Condução da Arbitragem", cujo objetivo é oferecer aos árbitros e partes orientações práticas sobre condução de procedimentos conforme o Regulamento da CCI.[38]

O item IV – B de referida Nota versa sobre a publicação de informações sobre tribunais arbitrais, setor econômico e escritórios de advocacia envolvidos, e parece sinalizar tendências quanto à abordagem adotada internacionalmente a respeito do tema da confidencialidade na prática da arbitragem:

> A ampliação das informações disponibilizadas às partes, ao setor empresarial em geral e ao mundo acadêmico constitui um elemento-chave para garantir que a arbitragem continue a ser um instrumento de confiança para facilitar o fluxo de negócios. A transparência aumenta a confiança na arbitragem e ajuda a impedir que a arbitragem seja alvo de críticas inexatas ou feitas sem as devidas informações. Assim, a Corte envida esforços para tornar a arbitragem um procedimento mais transparente, sem colocar em risco as eventuais expectativas das partes quanto a sigilo.

Como reflexo de sua política, a CCI, salvo acordo em contrário entre as partes, publica em seu *website*, para arbitragens registradas a partir de 1º de janeiro de 2016: (i) os nomes dos árbitros, (ii) suas nacionalidades, (iii) suas funções no tribunal arbitral, (iv) o método da respectiva nomeação e (v) se a arbitragem está em curso ou já foi encerrada. Para arbitragens registradas a partir, inclusive, de 1º de julho de 2019, a CCI também publica (vi) o setor empresarial; e (vii) os advogados das partes na arbitragem.[39]

---

36. CÂMARA DE COMÉRCIO INTERNACIONAL (CCI) *Regulamento de Arbitragem*. 1º de janeiro de 2021. Disponível em: https://iccwbo.org/content/uploads/sites/3/2021/03/icc-2021-arbitration-rules-2014-mediation-rules-portuguese-version.pdf. Acesso em: 03 maio 2022.
37. HWANG, Michael; CHUNG, Katie et al. *Chapter 2*: Defining the Indefinable: Practical Problems of Confidentiality in Arbitration (Second Kaplan Lecture, 17 November 2008). In: Hong Kong International Arbitration Centre (Ed.). International Arbitration: Issues, Perspectives and Practice: Liber Amicorum Neil Kaplan, Kluwer Law International; Kluwer Law International, 2018. p. 21-78.
38. CÂMARA DE COMÉRCIO INTERNACIONAL (CCI). *Nota às Partes e aos Tribunais Arbitrais sobre a Condução da Arbitragem*, 1º de janeiro de 2021.
39. CÂMARA DE COMÉRCIO INTERNACIONAL (CCI). *Nota às Partes e aos Tribunais Arbitrais sobre a Condução da Arbitragem*. 2021. Item IV, C, parágrafos 35-36.

De modo semelhante, ao tratar da publicação de sentenças arbitrais, a Nota da CCI também revela tendências importantes no que concerne à confidencialidade na arbitragem:[40]

> 40. A publicação e a divulgação de informações sobre a arbitragem é um dos compromissos da CCI desde sua criação, além de representarem um fator instrumental para que seja facilitado o desenvolvimento de negócios no mundo todo.

De todo modo, a CCI concede às partes a possibilidade de contestar publicações ou exigir a anonimização, total ou parcial, de dados da sentença arbitral, bem como deixar de publicar as sentenças. Acordos de confidencialidade específicos a determinados aspectos em um procedimento arbitral também exigem o consentimento específico das partes para publicação de suas informações.[41] Desse modo, apesar de incentivar medidas em prol da transparência das arbitragens, ampliando as informações divulgadas com respeito aos procedimentos arbitrais, a CCI busca preservar as expectativas de confidencialidade que possam ser guardadas pelas partes. Tal preocupação é expressa pelo Regulamento de Arbitragem:

> Mediante requerimento de qualquer parte, o tribunal arbitral poderá proferir ordens relativas à confidencialidade do procedimento arbitral ou de qualquer outro assunto relacionado à arbitragem e poderá adotar quaisquer medidas com a finalidade de proteger segredos comerciais e informações confidenciais.[42]

Somando-se a isso, a confidencialidade é tratada no Estatuto da Corte Internacional de Arbitragem, o qual prevê a natureza confidencial dos trabalhos da Corte, a ser respeitada por todos os seus participantes, a qualquer título.[43] O Regulamento Interno da Corte também reitera o caráter confidencial dos trabalhos da CCI, mas admite ressalvas em algumas circunstâncias excepcionais:

> Os documentos apresentados à Corte, ou elaborados por ela ou pela Secretaria no âmbito dos procedimentos da Corte, serão comunicados exclusivamente aos membros da Corte, à Secretaria e àquelas pessoas autorizadas pelo Presidente para comparecer às sessões da Corte.
>
> O Presidente ou o Secretário-Geral da Corte poderá autorizar pesquisadores que realizem trabalhos de natureza acadêmica a tomar conhecimento de sentenças arbitrais e outros documentos de interesse geral, exceto memoriais, notas, declarações e documentos entregues pelas partes no âmbito do processo de arbitragem.

---

40. CÂMARA DE COMÉRCIO INTERNACIONAL. *Nota às Partes e aos Tribunais Arbitrais sobre a Condução da Arbitragem*, 1º de janeiro de 2021. Item IV, D, 40.
41. CÂMARA DE COMÉRCIO INTERNACIONAL. *Nota às Partes e aos Tribunais Arbitrais sobre a Condução da Arbitragem*, 1º de janeiro de 2021. Item IV, D, parágrafos 41-46.
42. CÂMARA DE COMÉRCIO INTERNACIONAL. *Regulamento de Arbitragem*. 1º de janeiro de 2021, art. 22 (3).
43. CÂMARA DE COMÉRCIO INTERNACIONAL (CCI). *Regulamento de Arbitragem*. 2021. Apêndice I – Estatutos da Corte Internacional de Arbitragem, art. 8º. "Os trabalhos da Corte têm caráter confidencial, que deve ser respeitado por todas as pessoas que deles participem, a qualquer título. A Corte definirá as condições sob as quais pessoas não autorizadas poderão participar de suas reuniões e ter acesso aos documentos relacionados aos trabalhos da Corte e de sua Secretaria".

Tal autorização não será concedida sem que o beneficiário se obrigue a respeitar o caráter confidencial dos documentos postos à sua disposição e a abster-se de fazer qualquer publicação baseada em qualquer informação neles contida sem antes submeter o texto à aprovação do Secretário-Geral da Corte.[44]

2.1.2 London Court of International Arbitration [LCIA]

A LCIA, em suas regras atualizadas em 2020, prevê como princípio geral a adoção, pelas partes e demais envolvidos na arbitragem, da confidencialidade de todas as sentenças, materiais e documentos produzidos no procedimento arbitral, excepcionando as hipóteses em que se encontrarem sob domínio público, e em que a divulgação for necessária, por exemplo, por determinações legais, ou para assegurar a execução de uma sentença arbitral perante autoridades competentes.

A LCIA, ademais, não publica sentenças arbitrais, em qualquer extensão, sem o consentimento escrito e prévio de todas as partes e do Tribunal Arbitral.[45]

2.1.3 Centro Internacional para a Resolução de Disputas (ICDR-AAA)

O Regulamento do ICDR-AAA[46] possui capítulo sobre a confidencialidade nas arbitragens internacionais. Todas as matérias relacionadas às arbitragens e a sentença arbitral devem ser mantidas confidenciais, exceto acordo das partes em contrário ou exigências legais. Tal exigência, todavia, é prevista apenas com relação aos árbitros e à instituição administradora, não havendo menção às partes ou demais participantes do procedimento.

Ainda, é prevista a possibilidade de o tribunal arbitral emitir decisões com respeito à confidencialidade na arbitragem, e adotar medidas para proteção de informações confidenciais e segredos de negócio. As sentenças arbitrais só serão publicadas com o consentimento das partes, exigências legais, ou na extensão em que a arbitragem se tornar pública.

O ICDR se reserva, ainda, o direito de publicar sentenças e demais decisões, preservando os nomes das partes e outros sinais de identificação, exceto se houver objeção das partes, por escrito, dentro de seis meses a contar da data da sentença arbitral.

No mais, o Regulamento prevê que as audiências serão privadas, exceto se as partes ou legislação dispuserem de forma diversa.[47]

---

44. CÂMARA DE COMÉRCIO INTERNACIONAL (CCI) *Regulamento de Arbitragem*. Apêndice II, Art. 1(4). 2021. Disponível em: https://iccwbo.org/content/uploads/sites/3/2021/03/icc-2021-arbitration-rules-2014-mediation-rules-portuguese-version.pdf. Acesso em: 03 maio 2022.
45. LONDON COURT OF INTERNATIONAL ARBITRATION (LCIA). *Arbitration Rules*, versão de 1º de outubro de 2020. Arts. 30.1; 30.2; 30.3.
46. CENTRO INTERNACIONAL PARA A RESOLUÇÃO DE DISPUTAS (ICDR). *International Dispute Resolution Procedures* – Amended and Effective. 2021. Art. 40 (1-4).
47. CENTRO INTERNACIONAL PARA A RESOLUÇÃO DE DISPUTAS (ICDR). *International Dispute Resolution Procedures* – Amended and Effective. 2021. Art. 26 (6).

2.1.4 Stockholm Chamber of Commerce (SCC)

As Regras de Arbitragem da SCC[48] preveem que, exceto acordo das partes em contrário, a instituição administradora da arbitragem, o Tribunal Arbitral e secretários administrativos devem manter a confidencialidade da arbitragem e da sentença arbitral, sem, contudo, endereçar este dever de confidencialidade expressamente às partes.

2.2 Instituições nacionais

2.2.1 CAM-CCBC

O Regulamento do CAM-CCBC aborda a temática da confidencialidade em suas disposições finais,[49] determinando expressamente que o procedimento arbitral é confidencial, ao mesmo tempo em que aborda ressalvas, como a exceção da confidencialidade diante da necessidade de preservar direitos de uma das partes:

> Artigo 39 – Confidencialidade
>
> 39.1 A arbitragem será confidencial, exceto nas hipóteses previstas em lei, em outras normas jurídicas aplicáveis ou por acordo expresso das partes.
>
> 39.1.1 Não configura violação de dever de sigilo a apresentação em processo jurisdicional de documentos relativos ao procedimento arbitral que se demonstre necessária à proteção de direito de parte envolvida na arbitragem.
>
> 39.2 Salvo objeção das partes, o CAM-CCBC poderá publicar a sentença e outras decisões proferidas nos procedimentos, sem mencionar as partes ou dados que permitam identificar as partes ou o caso.
>
> 39.3 É vedado aos membros do CAM-CCBC, aos árbitros, aos secretários de tribunal arbitral, aos peritos, às partes e aos demais intervenientes, divulgar quaisquer informações a que tenham tido acesso em decorrência de ofício ou de participação no procedimento arbitral.

Ademais, por meio da Resolução Administrativa 35/2019, o CAM-CCBC passou a determinar a divulgação de informações a respeito dos Tribunais Arbitrais, ainda que, em preservação ao sigilo da arbitragem, não sejam publicadas informações relacionadas à arbitragem, incluindo, mas não se limitando, ao número do procedimento arbitral, os nomes das partes e de seus advogados.[50]

2.2.2 Câmara de Mediação e Arbitragem Empresarial (CAMARB)

O Regulamento de Arbitragem da CAMARB[51] também atribui expressa natureza sigilosa aos procedimentos arbitrais, dirigindo-se aos árbitros, instituição arbitral e partes, apesar de tratar do dever de sigilo com respeito a terceiros:

---

48. STOCKHOLM CHAMBER OF COMMERCE (SCC). *Arbitration Rules of the Arbitration Institute of the Stockholm Chamber of Commerce*. 2023. Art. 3.
49. CAM-CCBC. *Regulamento de Arbitragem em vigor a partir de 1º de novembro de 2022*. 2022.
50. CAM-CCBC. RA 35/2019, de 07 de janeiro de 2019, art. 2º.
51. CAMARB. Regulamento de Arbitragem, 2019.

13.1 O procedimento arbitral será rigorosamente sigiloso, sendo vedado à CAMARB, aos árbitros, demais profissionais que atuarem no caso e às próprias partes, divulgar quaisquer informações a que tenham acesso em decorrência de seu ofício ou de sua participação no processo, sem o consentimento de todas as partes, ressalvados os casos em que haja obrigação legal de publicidade e o disposto no presente regulamento.

13.2 A CAMARB fica autorizada, pelas partes e árbitros, a divulgar trechos das sentenças arbitrais para fins acadêmicos e informativos, suprimindo os nomes das partes, dos árbitros e demais informações que permitam a identificação do caso.

2.2.3 Câmara de Conciliação, Mediação e Arbitragem CIESP/FIESP

O Regulamento da Câmara CIESP/FIESP trazia, em sua versão anterior, que o "procedimento arbitral é rigorosamente sigiloso, sendo vedado aos membros da Câmara, aos árbitros e às próprias partes divulgar quaisquer informações com ele relacionadas, a que tenham acesso em decorrência de ofício ou de participação no referido procedimento".[52] Tal previsão expressa, contudo, deixou de constar na versão atualmente vigente do Regulamento.[53] Pode-se aferir, ainda assim, que a confidencialidade na arbitragem atingirá árbitros, a Câmara e as partes:

10.6. É vedado aos membros da Câmara, aos árbitros e às partes divulgar informações a que tenham tido acesso em decorrência de ofício ou de participação no procedimento arbitral, salvo em atendimento à determinação legal.

20.4. Poderá a Câmara publicar em Ementário excertos da sentença arbitral, sendo sempre preservada a identidade das partes.

20.5. Quando houver interesse das partes e, mediante expressa autorização, poderá a Câmara divulgar a íntegra da sentença arbitral.

2.2.4 Câmara de Arbitragem do Mercado (CAM) e a Convenção de Arbitragem da Câmara de Comercialização de Energia Elétrica (CCEE)

Em suas disposições gerais, o Regulamento de Arbitragem da Câmara do Mercado, aplicável à solução de conflitos surgidos no âmbito das companhias cujas ações são listadas na B3, e, também, a outros conflitos desde que sejam referentes a direito empresarial, estabelece, por meio do item 9.1, que "o procedimento arbitral é sigiloso, devendo as partes, árbitros e membros da Câmara de Arbitragem abster-se de divulgar informações sobre seu conteúdo, exceto em cumprimento a normas dos órgãos reguladores, ou previsão legal".[54] Quanto aos terceiros que participarem do procedimento arbitral, o item 9.1.1 prescreve que esses deverão obedecer a idêntico dever de sigilo, limitando-se sua participação ao cumprimento de sua função específica na administração do procedimento.

---

52. CIESP/FIESP. Regulamento de Arbitragem da Câmara CIESP/FIESP. Versão vigente até 31.07.2013, art. 17.4.
53. CIESP/FIESP. Regulamento de Arbitragem da Câmara CIESP/FIESP. Versão de 1º de agosto de 2013, arts. 10.6, 20.4, 20.5.
54. CÂMARA DO MERCADO. Regulamento da Câmara do Mercado de 2011 (Arbitragem). 2011. Item 9.1.

Cumpre analisar, adiante, a relativização do sigilo do procedimento arbitral estabelecida pelo item 9.1.2 do Regulamento de Arbitragem da Câmara do Mercado, *ipsis litteris*: "A divulgação das informações na forma do item 7.10 não representará violação ao sigilo do procedimento arbitral".[55]

O item 7.10 do respectivo Regulamento, prescreve que a instituição publicará um ementário das sentenças arbitrais proferidas, agrupadas pelas respectivas temáticas, suprimindo-se, entretanto, qualquer elemento que permita a identificação do procedimento.[56] À luz do item 7.10, referido ementário poderá ser levado em consideração pelos árbitros, como simples referencial, para que orientem suas decisões.

A prescrição constante do Regulamento da Câmara do Mercado é particularmente interessante se comparado com o dispositivo contido na cláusula 16 da nova Convenção de Arbitragem da Câmara de Comercialização de Energia Elétrica,[57] que estabelece para todas as câmaras de arbitragem homologadas pela instituição o dever de disponibilizar em seus respectivos sítios eletrônicos o ementário de todas as sentenças proferidas em decorrência da referida convenção arbitral. O parágrafo único da cláusula 16 adiciona que o extrato deve conter entendimento sobre os temas litigiosos, contendo elementos mínimos e sintéticos e omitindo dados pessoais e comerciais das partes, devendo ser considerado para fins meramente informativos.

2.3 Tendências

O que se verifica é que, apesar da inexistência de um dever geral de confidencialidade, comumente, a confidencialidade será regra nas arbitragens por conta das previsões trazidas pelos principais regulamentos aplicáveis aos procedimentos arbitrais, tanto em âmbito internacional como nacional.

Por outro lado, observamos uma tendência global, por parte das instituições arbitrais, em buscar aumentar a transparência aos procedimentos arbitrais, reconhecendo benefícios na divulgação de informações a respeito das arbitragens sob seus auspícios. Cresceu, nos últimos anos, a inclusão de provisões determinando a possibilidade de divulgação, em maior ou menor extensão, dos procedimentos arbitrais, facilitando o acesso de informações à comunidade acadêmica e a diversos setores empresariais usuários da arbitragem, no intuito de contribuir para a maior transparência e confiança no instituto.

Ao mesmo tempo, porém, o respeito à vontade das partes no que concerne o sigilo do procedimento parece ainda imperar como palavra final à divulgação de informações pelas instituições de arbitragem.

---

55. CÂMARA DO MERCADO. Regulamento da Câmara do Mercado de 2011 (Arbitragem). 2011. Item 9.1.2.
56. CÂMARA DO MERCADO. Regulamento da Câmara do Mercado de 2011 (Arbitragem). 2011. Item 7.10.
57. AGÊNCIA NACIONAL DE ENERGIA ELÉTRICA (ANEEL). Anexo da Resolução Homologatória 3.173/2023. 2023.

3. CONFIDENCIALIDADE E PRIVACIDADE: FIXANDO CONCEITOS

No cenário internacional, pode-se afirmar que, até a década de 90, era comum a percepção de que confidencialidade e privacidade seriam conceitos equivalentes, ou interligados.

A base legal e o escopo dos dois conceitos eram pouco mencionados ou analisados, e eram vistos como "dois lados de uma mesma moeda". Defendia-se que não faria sentido um procedimento arbitral ocorrer de maneira privada, particularmente entre seus participantes, se estes não estiverem vinculados a uma obrigação de confidencialidade, ou poderiam, indiretamente, abrir as portas do procedimento ao público, revelando informações diversas sobre a arbitragem a terceiros não envolvidos no procedimento.[58]

Os procedimentos arbitrais seriam matéria particular entre partes e árbitros, sendo inferido que, como as audiências são privadas, as partes seriam proibidas de divulgar detalhes do procedimento a terceiros, alheios ao caso. O que era privado era, portanto, simultaneamente considerado confidencial.[59]

A tendência em se distinguir confidencialidade de privacidade possui, entre suas origens, o caso *Esso v. Plowman*,[60] decidido pela Suprema Corte da Austrália, em 1995.

No julgado, sustentou-se que o mero fato de que as partes de uma disputa concordarem, implícita ou explicitamente, em submeter sua disputa a um procedimento privado, não decorre nenhuma obrigação de não divulgação a terceiros de qualquer informação que tenha sido dita ou obtida como consequência da arbitragem.[61] Afinal, a arbitragem ser privada significaria apenas que não está aberta ao público, dirigindo-se ao direito de terceiros, que não sejam árbitros, partes, representantes e testemunhas, de participar das audiências e tomar conhecimento da arbitragem.[62]

A perspectiva da Corte Suprema da Austrália, de que da natureza privada da arbitragem não decorreria um inerente dever de confidencialidade, foi adotada em diversos lugares do mundo, tendo também a doutrina se debruçado sobre a distinção entre os dois conceitos, como se procurará expor a seguir.

3.1 Privacidade

A noção de privacidade diz respeito à vedação a que sujeitos alheios ao conflito, participem ou acessem, de alguma maneira, a arbitragem. Remete, portanto, ao direito

---

58. RITZ, Philipp. Privacy and Confidentiality Obligation on Parties in Arbitration under Swiss Law. *Journal of International Arbitration*, 2010, v. 27, n. 3. p. 221-245.
59. SMEUREANU, Ileana M. Chapter 1: Distinguishing Confidentiality from Privacy: A Possible Definition. *Confidentiality in International Commercial Arbitration*, International Arbitration Law Library, v. 22, Kluwer Law International; Kluwer Law International 2011, p. 1-7.
60. High Court of Australia, *Esso v. Plowman* (1995) 183 CLR 10.
61. SMEUREANU, Ileana M. Chapter 1: Distinguishing Confidentiality from Privacy: A Possible Definition, in *Confidentiality in International Commercial Arbitration*, International Arbitration Law Library, v. 22, Kluwer Law International; Kluwer Law International 2011, p. 1-7.
62. Expert Report of Dr.Julian D.M.Lew in *Esso v.Plowman*, supranote 13, at 285; e Id. at 146.

das partes de manter a privacidade da arbitragem com respeito a terceiros, estranhos à disputa.[63] Como sustentado por Thomas Clay, deriva da noção de privacidade o direito das partes de excluir pessoas alheias ao procedimento arbitral. Por esse motivo, a arbitragem não seria simplesmente uma justiça particular, mas uma justiça *proferida em particular*.[64]

Jan Paulsson explica que o conceito de privacidade possui dimensão mais restrita em relação à confidencialidade, na medida em que aquele diz respeito apenas à natureza particular das audiências, à fase oral do procedimento arbitral, enquanto a confidencialidade se estenderia para a natureza sigilosa dos documentos submetidos e produzidos na arbitragem, e à própria existência do procedimento arbitral.[65]

Assim, há ampla aceitação quanto à ideia de que a privacidade se associa ao momento em que se realizam audiências na arbitragem,[66] e não a todas as suas fases. A regra seria a exclusão de terceiros não participantes ao procedimento arbitral das audiências,[67] excetuando-se acordos em contrário.

3.2 Confidencialidade

Por sua vez, o conceito de confidencialidade remete a limitações na divulgação de informações obtidas no decurso de toda a arbitragem, antes e após as audiências, o que poderá abranger decisões, provas e documentos reunidos nos autos. Pode-se conceber a confidencialidade como um dever que os sujeitos da arbitragem impõem a si próprios,[68] por vezes concebida como uma obrigação posta a sujeitos definidos na arbitragem, e não a quaisquer terceiros.

A privacidade e a confidencialidade podem se sobrepor no contexto das audiências na arbitragem, e a privacidade pode até mesmo ser concebida como uma garantia extra de obediência à confidencialidade.[69] A distinção conceitual entre os dois termos, todavia, é conveniente, e possui amplo reconhecimento.

---

63. FICHTNER, José Antonio; MANNHEIMER, Sergio Nelson; Monteiro, Andre Luis. A confidencialidade na arbitragem *In Revista de Direito Privado*, n. 49, 2012. p. 232.
64. CLAY, Thomas. *L'arbitre*. Dallorz, 2001, para. 771. Apud SMEUREANU, Ileana M. Chapter 1: Distinguishing Confidentiality from Privacy: A Possible Definition, in *Confidentiality in International Commercial Arbitration*, International Arbitration Law Library, v. 22, Kluwer Law International; Kluwer Law International, 2011. p. 1-7.
65. PAULSSON, Jan. *Report on issues concerning confidentiality in international arbitration*. Department of Foreing Affairs and International Trade Canada. Disponível em: [www.international.gc.ca]. Acesso em 20.12.2011. Apud FICHTNER, José Antonio; MANNHEIMER, Sergio Nelson; Monteiro, Andre Luis. A confidencialidade na arbitragem *In Revista de Direito Privado*, n.49, 2012. p. 232.
66. SMEUREANU, Ileana M., *Confidentiality in International Commercial Arbitration*, International Arbitration Law Library, v. 22, Kluwer Law International, 2011, p. 9-25, rodapé 60; e Chapter 1: Distinguishing Confidentiality from Privacy: A Possible Definition. Idem, p. 1-7.
67. COLLINS, Michael. *Privacy and Confidentiality in Arbitration Proceedings*, Arbitration International v. 11, n. 3. 1995. p. 321-336.
68. FICHTNER, José Antonio; MANNHEIMER, Sergio Nelson; Monteiro, Andre Luis. A confidencialidade na arbitragem. *Revista de Direito Privado*, n. 49, p. 232. 2012.
69. SMEUREANU, Ileana M. Chapter 1: Distinguishing Confidentiality from Privacy: A Possible Definition. *Confidentiality in International Commercial Arbitration*, International Arbitration Law Library, v. 22, Kluwer Law International; Kluwer Law International 2011, p. 1-7.

A privacidade representa, em última análise, um direito dos participantes da arbitragem, e se associa à característica do procedimento arbitral como um processo particular, privado, sem o acesso de terceiros. A confidencialidade, por outro lado, limita o direito dos participantes da arbitragem, na medida em que restringe sua liberdade quanto à divulgação do conhecimento disponibilizado pelo procedimento arbitral, por previsão legal ou convenção, e impõe-lhes um dever de sigilo.

Se a confidencialidade, como atributo inerente à arbitragem, é tema controverso, a privacidade parece-nos, sim, ser qualidade intrínseca ao procedimento arbitral. Enquanto a confidencialidade deve ser prevista por convenção das partes, ou por determinação de regulamento ou lei aplicável, a privacidade será naturalmente aplicada na omissão das partes e da lei. Isso porque a arbitragem se trata de um procedimento privado, um método particular para solução de disputas, que apenas reunirá partes, árbitros, instituição arbitral, além de possíveis auxiliares, e em regra não aceitará o acesso de terceiros alheios ao conflito aos atos do procedimento arbitral.[70]

4. ALCANCE SUBJETIVO

Analisados os contornos gerais do dever de confidencialidade na arbitragem, mostra-se fundamental compreender quais são os sujeitos obrigados a observá-los, isto é, identificar o alcance subjetivo da confidencialidade.

Trata-se de complexo empreendimento, afinal, variáveis como a legislação aplicável ao procedimento arbitral, as regras institucionais escolhidas e a redação da cláusula contratual que institui o dever de confidencialidade são fundamentais para a determinação do alcance subjetivo.

É possível, entretanto, identificar um núcleo de atores que na maior parte das vezes poderão ser compelidos a cumprir com o dever de confidencialidade, mantendo sigilosos os fatos e as informações contidas nos documentos a que tiver acesso: as partes, seus procuradores legalmente constituídos, o tribunal arbitral e seus auxiliares. Quanto às testemunhas e aos terceiros alheios ao procedimento, questiona-se se estariam – e em que medida – responsáveis pela manutenção da confidencialidade.

Naturalmente, os destinatários essenciais do dever de confidencialidade são as partes do procedimento e seus representantes, que bilateralmente pactuaram pelo caráter sigiloso da resolução de seus conflitos por meio da cláusula compromissória ou do compromisso arbitral.[71] Assim, da mesma forma estão vinculados à observância da eventual confidencialidade conferida a um procedimento arbitral os advogados das partes. Nessa oportunidade, identifica-se o dever de confidencialidade dos advogados como possuidor de fundamento dúplice, afinal, fundamenta-se tanto no dever geral de

---

70. FICHTNER, José Antonio; MANNHEIMER, Sergio Nelson; Monteiro, Andre Luis. A confidencialidade na arbitragem. *Revista de Direito Privado*, n. 49, p. 232. 2012.
71. BORN, Gary. *International Commercial Arbitration (Third Edition)*. Kluwer Law International, 2021, p. 3027.

confidencialidade aplicável à arbitragem quanto na confidencialidade imposta sobre as relações advogado-cliente, constantemente reafirmada em diversas jurisdições.

Além das partes e seus advogados, também estão vinculados à confidencialidade de uma arbitragem os membros do tribunal arbitral e seus auxiliares, posto que a aceitação do cargo de árbitro impõe que se respeite o caráter sigiloso atribuído ao procedimento. Além disso, nota-se que diversos Códigos de Ética prescrevem a observância da confidencialidade por parte dos árbitros, entendendo-a como essenciais ao exercício da função. São exemplos disso as disposições do Cânon VI do *Code of Ethics for Arbitrators in Commercial Disputes,* da *American Arbitration Association*[72] e do art. 9 das *Rules of Ethics for International Arbitrators,* da *International Bar Association.*[73]

Na legislação arbitral brasileira, encontra-se, entre os deveres do árbitro, a discrição no desempenho de sua função. Interpretado pela doutrina como suficiente para respaldar a legítima expectativa das partes de que os árbitros apontados respeitarão a confidencialidade do procedimento, o dispositivo contido no art. 13, § 6º da lei de arbitragem poderia ter sido melhor formulado, substituindo o termo "discrição" por "sigilo" ou "confidencialidade".

Diante disso, entende-se que também os auxiliares do tribunal arbitral, como secretários, peritos e empregados da instituição que administra o procedimento arbitral, estão vinculados à observância da confidencialidade de uma arbitragem. Nesse sentido, há disposições expressas em grande parte dos regulamentos institucionais e ainda, a prática comum de que a admissão de auxiliares do tribunal seja precedida da formalização de termos de confidencialidade. Mesmo na falta de disposição expressa nas regras institucionais escolhidas ou de termo de confidencialidade individual, é legítimo que as partes requisitem ao tribunal arbitral que tome providências orientadas à proteção da confidencialidade do procedimento.

Embora seja justificável que as testemunhas arroladas pelas partes, assim como os árbitros e seus auxiliares, respeitem a confidencialidade inerente à arbitragem, não se pode olvidar que as testemunhas são pessoas distintas das compreendidas pela esfera de incidência das disposições normativas e/ou contratuais que instituem a confidencialidade. Assim, não é possível verificar a existência de um dever geral de confidencialidade aplicável as testemunhas apenas por serem chamadas a depor no procedimento. Note-se, porém, que a afirmação anterior não compreende as testemunhas que assumiram obrigações contratuais de confidencialidade perante a instituição arbitral ou qualquer das partes envolvidas, inclusas aquelas decorrentes de contrato de trabalho.

---

72. AMERICAN ARBITRATION ASSOCIATION. *Code of Ethics for Arbitrators in Commercial Disputes.* 2004. Canon VI: "An arbitrator should be faithful to the relationship of trust and confidentiality inherent in that office".
73. INTERNATIONAL BAR ASSOCIATION. *IBA Rules of Ethics for International Arbitrators.* 1987. Art. 9. Confidentiality of the Deliberations: "The deliberations of the arbitral tribunal, and the contents of the award itself, remain confidential in perpetuity unless the parties release the arbitrators from this obligation. An arbitrator should not participate in, or give any information for the purpose of assistance in, any proceedings to consider the award unless, exceptionally, he considers it his duty to disclose any material misconduct or fraud on the part of his fellow arbitrators."

Além disso, é importante que o debate acerca da observância da confidencialidade ou de sua falta pelas testemunhas não esteja dissociado da realidade prática da resolução alternativa de disputas, em que muitas vezes as testemunhas chamadas a depor comparecem de forma espontânea, sem a necessidade de intimação, e relacionam-se de maneira considerável com alguma das partes disputantes, de modo que seu comportamento – a aceitação da atribuição de prestar depoimento – ou relação com as partes evidenciam incontroversa aceitação dos deveres inerentes ao procedimento arbitral, incluso o de respeitar a confidencialidade.[74]

Por fim, estuda-se a situação dos terceiros quanto à confidencialidade da arbitragem. Compreendidos neste trabalho como todos aqueles que não expressaram sua vontade no ajuste do qual deriva a arbitragem e seu respectivo dever de confidencialidade, os terceiros intervenientes no processo arbitral – especialmente quando juntados na qualidade de partes – deverão observar os deveres gerais inerentes ao processo como um todo.

5. ALCANCE OBJETIVO

Após o estudo do alcance subjetivo da confidencialidade na arbitragem, importa analisar seu alcance objetivo, isto é, a sorte de informações, fatos e documentos que deverão ser mantidas em sigilo de acordo com a confidencialidade inerente ao procedimento arbitral. Analisando diversos regulamentos institucionais de arbitragem, inclusos o da UNCITRAL e o da CCI, observa-se que as audiências e as sentenças arbitrais costumam ser privadas e confidenciais.

Nesse sentido, dado o seu caráter privado, todos os depoimentos tomados pelo tribunal arbitral, bem como os debates travados e as informações apresentadas em audiência são sigilosos e resguardados pelo dever de confidencialidade. Quanto aos documentos dos quais se utilizam as partes para reforçar suas alegações, considera-se que o tratamento varia de acordo com suas qualidades específicas.

Primeiro, observa-se que os documentos elaborados especificamente para utilização no procedimento arbitral, como as submissões das partes, as atas de audiências, os termos de depoimentos e outros documentos igualmente elaborados unicamente para este fim, estão compreendidos pela incidência do dever de confidencialidade, devendo ser protegidos do conhecimento público. Também são confidenciais os documentos que forem produzidos ou apresentados por ordem do tribunal arbitral.[75]

Em seguida, nota-se que documentos não produzidos com a finalidade específica de utilização no procedimento, caso de correspondências, contratos e minutas, não são confidenciais apenas e tão somente por terem sido apresentados como evidência. Assim, o alcance do dever de confidencialidade apenas incidirá sobre esses documentos quando houver exigência em razão de sua natureza. Dessa forma, documentos públicos ou que

---

74. GAGLIARDI, Rafael Villar. *Confidencialidade na arbitragem comercial internacional*. São Paulo: Ed. RT, v. 10, n. 36, p. 95-135, jan./mar., 2013, p. 123.
75. GAGLIARDI, Rafael Villar. *Confidencialidade na arbitragem comercial internacional*. Op. cit., p. 126.

possuam informações de conhecimento geral não estão compreendidos pela confidencialidade da arbitragem, enquanto aqueles que possuem natureza sigilosa deverão ser protegidos e resguardados da apreciação pública.[76]

Nesse contexto, é interessante notar que a própria existência do procedimento arbitral pode estar compreendida pelo dever de confidencialidade. Em regra, a simples divulgação do litígio sem juízos de valor e com objetividade não fere o dever de confidencialidade em situações que justifiquem o compartilhamento dessa informação. Entretanto, note-se que encontram-se casos em que a existência da arbitragem é expressamente protegida pelo dever de confidencialidade. Exemplo disso se encontra nos procedimentos conduzidos de acordo com as regras da *World Intellectual Property Organization – WIPO*, que expressamente proíbem a divulgação da existência da disputa arbitral – ressalvadas as exigências legais – e se destacam pela seriedade com a qual tratam o dever de confidencialidade,[77] necessidade que surge diante dos direitos e interesses de natureza substancialmente confidenciais comumente envolvidos em disputas de propriedade intelectual.

6. ALGUMAS EXCEÇÕES AO DEVER DE CONFIDENCIALIDADE

Ainda que reconhecido o papel da autonomia das partes na determinação da confidencialidade do procedimento arbitral, há situações excepcionais em que a publicidade se impõe.

6.1 A transparência como regra nas arbitragens de investimento

Enquanto a existência de um dever de confidencialidade nas arbitragens comerciais gera certa disparidade de entendimentos, permanecendo o tema em uma "zona cinzenta",[78] há uma demanda mais expressiva por transparência nas disputas entre investidores e Estados, âmbito em que há forte tendência à abertura das informações do procedimento ao público. Pode-se até mesmo defender, atualmente, a existência de uma presunção de transparência nas arbitragens de investimento.[79]

---

76. GAGLIARDI, Rafael Villar. Idem, p. 126-127.
77. WORLD INTELLECTUAL PROPERTY ORGANIZATION (WIPO). *WIPO Arbitration Rules*. 2021. "Confidentiality of the Existence of the Arbitration. Art. 75: (a) Except to the extent necessary in connection with a court challenge to the arbitration or an action for enforcement of an award, no information concerning the existence of an arbitration may be unilaterally disclosed by a party to any third party unless it is required to do so by law or by a competent regulatory body, and then only: (i) by disclosing no more than what is legally required; and (ii) by furnishing to the Tribunal and to the other party, if the disclosure takes place during the arbitration, or to the other party alone, if the disclosure takes place after the termination of the arbitration, details of the disclosure and an explanation of the reason for it. (b) Notwithstanding paragraph (a), a party may disclose to a third party the names of the parties to the arbitration and the relief requested for the purpose of satisfying any obligation of good faith or candor owed to that third party".
78. VILLAGI, Florencia; MARCHINI, Lucila et al., Chapter 9: Confidentiality of Arbitration in Argentina, in FORTESE, Fabricio (Ed.). *Arbitration in Argentina*, Kluwer Law International, 2020, p. 175-204.
79. MILES, Wendy; GOH, Nelson. Transparency v Confidentiality: A Fork in the Road for Arbitration? In: BANERJI, Gourab; NAIR, Promod et al. (Ed.). *International Arbitration and the Rule of Law*: Essays in Honour of Fali Nariman, Permanent Court of Arbitration. 2021. p. 389-405.

Afinal, este tipo de procedimento, em regra, envolve a alegação de violações obrigacionais por parte de Estados, o que pode afetar o erário, e envolver uma gama diversa de matérias de interesse público. Disputas de investimento que abrangem questões ambientais, saúde pública, alegações de corrupção ou fraude por parte do Poder Público, ou mesmo que tratam diretamente de investimentos em serviços públicos, são exemplos de situações abordadas nas controvérsias investidor-Estado, e em que se justificaria a maior transparência e acesso às informações do caso pelo público, até mesmo porque o resultado de tais disputas pode impactar nos recursos do Estado, caso seja condenado ao pagamento de indenizações. A transparência na arbitragem torna-se, nessas situações, uma preocupação de interesse público.[80]

Nos últimos anos, a legitimidade das arbitragens de investimento sofreu críticas na comunidade internacional, em parte por se considerar que falta de transparência nestes procedimentos representaria riscos a princípios democráticos e de direito público dos Estados. Em resposta, Estados e instituições internacionais têm envidado esforços para ampliar a transparência das arbitragens de investimento, notadamente com as Regras da UNCITRAL sobre Transparência[81] e a Convenção das Maurícias,[82] as quais visam reafirmar a transparência nas arbitragens internacionais de investimento como um princípio geral.[83]

Em linhas gerais, as Regras da UNCITRAL sobre Transparência na Arbitragem consistem em regras procedimentais que se dirigem apenas às arbitragens de investimento e que, quando aplicáveis, asseguram que as disputas entre Estados e investidores privados sejam abertas e acessíveis ao público. Abordam, por exemplo, a exigência de audiências públicas e versam sobre a publicação de documentos relacionados aos procedimentos arbitrais. Vale notar que referidas regras entraram em vigor em 01 de abril de 2014, e que só seriam aplicáveis, a princípio, quando sua adoção fosse prevista nos tratados de investimento celebrados pelos Estados, e que preveem o uso da arbitragem, após esta data.

A Convenção das Maurícias, todavia, passou a permitir que as Regras da UNCITRAL sobre Transparência se estendessem também aos casos em que os tratados em discussão foram celebrados previamente a 1º de abril de 2014, desde que haja concordância das partes. O instrumento, que amplia o escopo de incidência das Regras de Transparência da UNCITRAL, tem o intuito de suplementar tratados de investimento existentes, no que concerne obrigações de transparência nas arbitragens investidor-Estado.

---

80. FODEN, Timothy Foden; REPOUSIS, Odysseas G. Giving away home field advantage: the misguided attack on confidentiality in international commercial arbitration. In: PARK, William W. (Ed.). Arbitration International, (© The Author(s); Oxford University Press, v. 35, Issue 4, 2019. v. 35 Issue 4) p. 401-418.
81. UNCITRAL. Regras da UNCITRAL sobre Transparência na Arbitragem. 2014.
82. NAÇÕES UNIDAS. Convenção das Nações Unidas sobre Transparência na Arbitragem Estado-Investidor Baseada em Tratado, ou "Convenção das Maurícias", em vigor desde 18 de outubro de 2017.
83. MONEKE, Enuma U. The Quest for Transparency in Investor-State Arbitration: Are the Transparency Rules and the Mauritius Convention Effective Instruments of Reform? In: BREKOULAKIS, Stavros (Ed.). *Arbitration*: The International Journal of Arbitration, Mediation and Dispute Management, Kluwer Law International; Kluwer Law International v. 86, Issue 2. p. 157-186. 2020.

Nesse sentido, a Regra 32(2) das Regras de Arbitragem do ICSID estabelece que os tribunais poderão permitir que outras pessoas que não as partes, seus procuradores, peritos, testemunhas e os auxiliares do Tribunal Arbitral compareçam ou observem as audiências, no todo ou em parte, salvo se houver objeção de alguma das partes. Note-se, entretanto, que o regulamento obriga o Tribunal Arbitral a estabelecer protocolos e procedimentos destinados a resguardar o sigilo de informações privilegiadas ou privadas.[84]

6.2 Arbitragem com a Administração Pública e o princípio da publicidade

Segundo o Art. 1º, § 3º da Lei 9.307/1996, as arbitragens que envolvam a Administração Pública deverão ser sempre de direito e respeitar o princípio da publicidade, representando exceção ao dever de confidencialidade. Destaca-se, entretanto, que o dispositivo acima referido não disciplinou a forma como a publicidade deve ser observada em procedimentos arbitrais com a Administração Pública. Face a isso, questiona-se quais seriam os atos e as informações da arbitragem que deverão ser disponibilizados à apreciação pública, quais haveriam de permanecer excepcionalmente confidenciais e, ainda, qual seria o procedimento para a divulgação dos respectivos feitos.

Diante disso, outros instrumentos normativos tratam de suprir a lacuna deixada pela lei de arbitragem e estabelecem as balizas sob as quais se efetivará a publicidade na arbitragem.

É o caso do Decreto 46.245/2018 do Estado do Rio de Janeiro, que estabelece serem públicos os atos do procedimento arbitral, ressalvadas as hipóteses legais de sigilo, de segredo de justiça e/ou de segredo industrial decorrentes da exploração direta de atividade econômica pelo Estado ou por pessoa física ou entidade privada que tenha qualquer vínculo com o Poder Público.[85] Por atos do processo arbitral, o referido decreto compreende as petições, os laudos periciais e as decisões de qualquer natureza dos árbitros. O Art. 13, § 3º, do ato normativo, por seu turno, estabelece que as audiências respeitarão o princípio da privacidade, "sendo reservada aos árbitros, seus auxiliares, partes, respectivos procuradores, testemunhas, assistentes técnicos, peritos, funcionários da instituição de arbitragem e demais pessoas previamente autorizadas pelo tribunal arbitral".

Quanto à forma para divulgação dos atos e das informações regidas pelo princípio da publicidade, o Decreto 46.245/2018 atribui à Procuradoria do Estado do Rio de Janeiro o mister de disponibilizar os atos do processo arbitral mediante requerimento de eventual interessado. Além disso, a instituição arbitral – quando consultada – poderá

---

84. ICSID. *Rules of Procedure for Arbitration Proceedings*. 2006. Rule 32(2): "Unless either party objects, the Tribunal, after consultation with the Secretary-General, may allow other persons, besides the parties, their agents, counsel and advocates, witnesses and experts during their testimony, and officers of the Tribunal, to attend or observe all or part of the hearings, subject to appropriate logistical arrangements. The Tribunal shall for such cases establish procedures for the protection of proprietary or privileged information".
85. RIO DE JANEIRO (Estado). *Decreto 46.245/2018*. Regulamenta a adoção da arbitragem para dirimir os conflitos que envolvam o Estado do Rio de Janeiro ou suas entidades. Art. 13, *caput*.

informar a terceiros sobre a existência do procedimento, a data do requerimento de arbitragem, o nome das partes e dos árbitros e o montante discutido.

No Estado de São Paulo, a matéria é disciplinada pelo Decreto 64.356/2019, que também estabelece a publicidade dos atos do procedimento arbitral com a Administração Pública, ressalvadas as hipóteses legais de sigilo ou de segredo de justiça, considerados atos da arbitragem as petições, os laudos periciais, o Termo de Arbitragem ou instrumento congênere e as decisões dos árbitros, sendo a Procuradoria Geral do Estado responsável por disponibilizar os atos do procedimento arbitral na internet. Além disso, menciona-se que o Decreto prevê a possibilidade de manter as audiências reservadas aos árbitros, secretários do Tribunal Arbitral, às partes e seus procuradores, às testemunhas, aos assistentes técnicos, aos peritos, aos funcionários da câmara arbitral e àqueles previamente autorizados pelo juízo arbitral.[86]

Em 15 de julho de 2021, o Estado do Rio Grande do Sul publicou o Decreto 55.996/2021, que dispõe sobre a utilização da arbitragem no âmbito de sua Administração Pública Direta e Indireta.[87] Na Seção IV do referido instrumento normativo, se prevê a publicidade dos atos do procedimento arbitral, ressalvados apenas aqueles que a legislação brasileira considere como sigilosos ou, ainda, aqueles necessários à preservação do segredo industrial ou comercial.

Na esfera federal, observa-se que a sistematização e a publicização das informações relativas a arbitragens que envolvem a União competem ao Núcleo Especializado em Arbitragem (NEA) da Advocacia-Geral da União, instituído pela Portaria AGU 320 de 13 de junho de 2019 (que substituiu a Portaria AGU 226, de 26 de julho de 2018).

Em seu portal, o NEA publica a Planilha de Arbitragens da União, que informa o setor da disputa, seu número de referência e sua câmara arbitral, o valor em disputa, a qualificação dos árbitros e das partes e a fase processual em que o procedimento se encontra. Além disso, em respeito ao princípio da publicidade, o Núcleo publica – na íntegra – termos de arbitragem, atas de missão, ordens processuais, decisões interlocutórias e sentenças arbitrais de caráter parcial e final.[88]

Menciona-se, ainda, que também as regras das principais instituições arbitrais brasileiras apresentam disposições que regulamentam a interpretação e a aplicação do princípio da publicidade na arbitragem com a Administração Pública. Nesse sentido, destacam-se a Resolução Administrativa 15/2016 do CAM-CCBC, a Resolução 9/2021 da Câmara de Conciliação, Mediação e Arbitragem CIESP/FIESP e o Capítulo XII do Regulamento de Arbitragem da CAMARB.

---

86. SÃO PAULO (Estado). *Decreto 64.356/2019*. Dispõe sobre o uso da arbitragem para resolução de conflitos em que a Administração Pública direta e suas autarquias sejam parte. Art. 12.
87. RIO GRANDE DO SUL. *Decreto 55.996/2021*. Dispõe sobre a utilização da arbitragem no âmbito da Administração Pública Direta e Indireta do Estado do Rio Grande do Sul.
88. ADVOCACIA GERAL DA UNIÃO. Núcleo Especializado em Arbitragem. *Casos de Arbitragem*. Disponível em: https://www.gov.br/agu/pt-br/composicao/cgu/cgu/neadir/casos-de-arbitragem-2. Acesso em: 26 abr. 2022.

6.3 A publicação de informações sobre demandas arbitrais diante da Resolução CVM 80

Outra situação excepcional em que a publicidade se sobrepõe ao dever geral de confidencialidade nas arbitragens decorre dos deveres de informação inerentes ao mercado de capitais e previstos pela Lei das Sociedades por Ações, cujo art. 157, § 4º estabelece: "os administradores da companhia aberta são obrigados a comunicar imediatamente à bolsa de valores e a divulgar pela imprensa qualquer [...] fato relevante ocorrido nos seus negócios, que possa influir, de modo ponderável, na decisão dos investidores do mercado de vender ou comprar valores mobiliários emitidos pela companhia".[89]

Alterando a regulamentação anterior sobre as regras que regem a publicação das informações acima mencionadas, que garantia considerável liberdade às companhias para divulgar ou não certas informações relativas a arbitragens que poderiam ser relevantes no âmbito do mercado e provocar impactos nas decisões de investimento de seus participantes,[90] editou-se a Resolução 80 da Comissão de Valores Mobiliários, que entrou em vigor no dia 2 de maio de 2022 e "dispõe sobre o registro e a prestação de informações periódicas e eventuais dos emissores de valores mobiliários admitidos à negociação em mercados regulamentados de valores mobiliários".[91]

No Anexo I do referido ato normativo, que prescreve o conteúdo mínimo a ser divulgado nos termos acima apresentados, inovou-se ao exigir a publicação de diversos atos relativos a procedimentos arbitrais: a apresentação de resposta, a celebração de termo de arbitragem ou documento equivalente que represente estabilização da demanda, as decisões sobre medidas cautelares ou de urgência, as decisões sobre jurisdição dos árbitros, as decisões sobre inclusão ou exclusão de partes e as sentenças arbitrais, parciais ou finais.[92] Além disso, qualquer acordo celebrado no curso da demanda deverá ser divulgado ao mercado, indicando valores, partes e outros aspectos que possam ser do interesse da coletividade dos acionistas.[93]

Por força do art. 1º, § 2º do Anexo I, obrigações decorrentes de convenções de arbitragem, de regulamentos de órgãos arbitrais institucionais ou entidades especializadas ou de qualquer outra convenção não eximem o emissor de valores mobiliários do cumprimento das obrigações de divulgação acima mencionadas, ressalvadas apenas as hipóteses protegidas por sigilo legal. Dessa forma, eventuais estipulações contratuais de confidencialidade acerca da resolução de disputas compreendida na esfera de aplicação da Resolução CVM 80 não poderiam ser sobrepostas às prescrições da mencionada Resolução.

---

89. BRASIL. *Lei 6.404/76*. Dispõe sobre as Sociedades por Ações.
90. BOCCARDO, Victor Cogliati. *Arbitragem e Deveres de Informação no Mercado de Capitais*. Comitê Brasileiro de Arbitragem, 2017. Disponível em: https://cbar.org.br/site/arbitragem-e-deveres-de-informacao-no-mercado-de-capitais/. Acesso em: 06 maio 2022.
91. COMISSÃO DE VALORES MOBILIÁRIOS. *Resolução CVM 80*. 2022. Art. 1º
92. COMISSÃO DE VALORES MOBILIÁRIOS. *Resolução CVM 80*. 2022. Anexo I, Art. 2º, III.
93. COMISSÃO DE VALORES MOBILIÁRIOS. *Resolução CVM 80*. 2022. Anexo I, Art. 2º, IV.

Em 2021, a temática objeto da Resolução fora levada em audiência pública pela CVM, objetivando o fortalecimento da proteção aos investidores e dos acionistas minoritários pela divulgação da existência e de informações acerca de procedimentos judiciais ou arbitrais que possam vir a afetá-los. Menciona-se, ainda, que as obrigações criadas pelo ato normativo estão alinhadas com as recomendações feitas pela OCDE em relatório intitulado "Private Enforcement of Shareholder Rights: A Comparison of Selected Jurisdictions and Policy Alternatives for Brazil",[94] de novembro de 2020.

BIBLIOGRAFIA E JULGADOS SELECIONADOS

ADVOCACIA GERAL DA UNIÃO. Núcleo Especializado em Arbitragem. *Casos de Arbitragem*. Disponível em: https://www.gov.br/agu/pt-br/composicao/cgu/cgu/neadir/casos-de-arbitragem-2. Acesso em: 26 abr. 2022.

AGÊNCIA NACIONAL DE ENERGIA ELÉTRICA (ANEEL). *Anexo da Resolução Homologatória 3.173/2023*. 2023.

AMERICAN ARBITRATION ASSOCIATION. *Code of Ethics for Arbitrators in Commercial Disputes*. 2004.

BAPTISTA, Luiz Olavo. Confidencialidade na arbitragem. *V. Congresso do Centro de Arbitragem da Câmara de Comércio e Industria Português*, Centro de Arbitragem Comercial. Coimbra: Almedina, 2012.

BRASIL. *Lei 6.404/76*. Dispõe sobre as Sociedades por Ações. 1976.

BRASIL. *Lei 9.307/96*. Dispõe sobre a arbitragem. 1996.

BRASIL. *Lei 13.105/2015*. Código de Processo Civil. 2015.

BOCCARDO, Victor Cogliati. *Arbitragem e Deveres de Informação no Mercado de Capitais*. Comitê Brasileiro de Arbitragem, 2017. Disponível em: https://cbar.org.br/site/arbitragem-e-deveres-de-informacao-no-mercado-de-capitais/. Acesso em: 06 maio 2022.

BORN, Gary. *International Commercial Arbitration*. 3. ed. Kluwer Law International, 2021.

CÂMARA DE ARBITRAGEM DO MERCADO. *Regulamento da Câmara do Mercado de 2011 (Arbitragem)*. 2011.

CÂMARA DE COMÉRCIO INTERNACIONAL (CCI). *Nota às Partes e aos Tribunais Arbitrais sobre a Condução da Arbitragem*. 2021.

CÂMARA DE COMÉRCIO INTERNACIONAL (CCI). *Regulamento de Arbitragem*. 2021. Disponível em: https://iccwbo.org/content/uploads/sites/3/2021/03/icc-2021-arbitration-rules-2014-mediation-rules-portuguese-version.pdf. Acesso em: 03 maio 2022.

CAMARB. *Regulamento de Arbitragem*. 2019.

CAM-CCBC. *RA 35/2019*, de 07 de janeiro de 2019.

CAM-CCBC. *Regulamento de Arbitragem com alterações aprovadas em 28 de abril de 2016*.

CARMONA, Carlos Alberto. *Arbitragem e processo: um comentário à Lei 9.307/96*, 3. ed. São Paulo: Atlas, 2009.

CENTRO INTERNACIONAL PARA A RESOLUÇÃO DE DISPUTAS (ICDR). *International Dispute Resolution Procedures – Amended and Effective*. 2021.

CIESP/FIESP. *Regulamento de Arbitragem da Câmara CIESP/FIESP*. Versão vigente até 31 de julho de 2013.

---

94. OCDE. *Private Enforcement of Shareholder Rights: A Comparison of Selected Jurisdictions and Policy Alternatives for Brazil*. 2020. Disponível em: https://www.oecd.org/corporate/shareholder-rights-brazil.htm. Acesso em: 06 maio 2022.

CIESP/FIESP. Regulamento de Arbitragem da Câmara CIESP/FIESP. Versão de 1º de agosto de 2013.

CLAY, Thomas. L'arbitre. Dallorz, 2001.

COMISSÃO DE VALORES MOBILIÁRIOS. *Resolução CVM 80*. 2022.

ESPANHA. *Ley de Arbitraje Española*. 2003.

FICHTNER, José Antônio; MANNHEIMER, Sergio Nelson; Monteiro, André Luís. A confidencialidade na arbitragem. *Revista de Direito Privado*, n. 49, 2012.

FICHTNER, José Antônio; MANNHEIMER, Sergio Nelson; MONTEIRO, André Luís. *Teoria geral da arbitragem*. Rio de Janeiro: Forense, 2019.

FODEN, Timothy Foden; REPOUSIS, Odysseas G. Giving away home field advantage: the misguided attack on confidentiality in international commercial arbitration. In: PARK, William W. (Ed.). *Arbitration International*, (© The Author(s); Oxford University Press, v. 35, Issue 4, 2019.

FOUCHARD, Phillippe; GAILLARD, Emmanuel; GOLDMAN, Berthould. *Fouchard, Gaillard and Goldman on International Commercial Arbitration*. GOLDMAN, Emmanuel; SAVAGE, John (Ed.). Kluwer Law International, 1999.

GAGLIARDI, Rafael Villar. *Confidencialidade na arbitragem comercial internacional*. São Paulo: Ed. RT, v. 10, n. 36, p. 95-135, jan./mar. 2013.

HONG KONG. *Arbitration Ordinance*. 2011.

HWANG, Michael; CHUNG, Katie et al. *Chapter 2: Defining the Indefinable: Practical Problems of Confidentiality in Arbitration (Second Kaplan Lecture, 17 November 2008)*. In: Hong Kong International Arbitration Centre (Ed.). International Arbitration: Issues, Perspectives and Practice: Liber Amicorum Neil Kaplan, Kluwer Law International; Kluwer Law International, 2018.

ICSID. *Rules of Procedure for Arbitration Proceedings*. 2006.

INTERNATIONAL BAR ASSOCIATION. *IBA Rules of Ethics for International Arbitrators*. 1987.

LEMES, Selma Ferreira. *Arbitragem na concessão de serviços públicos* – arbitrabilidade objetiva. Confidencialidade ou publicidade processual. Disponível em: http://www.selmalemes.com.br. Acesso em: 12 jul. 2021.

LONDON COURT OF INTERNATIONAL ARBITRATION (LCIA). *Arbitration Rules*. 2020.

MILES, Wendy; GOH, Nelson. Transparency v Confidentiality: A Fork in the Road for Arbitration? In: BANERJI, Gourab; NAIR, Promod et al. (Ed.). *International Arbitration and the Rule of Law*: Essays in Honour of Fali Nariman, Permanent Court of Arbitration. 2021.

MONEKE, Enuma U. The Quest for Transparency in Investor-State Arbitration: Are the Transparency Rules and the Mauritius Convention Effective Instruments of Reform? In: BREKOULAKIS, Stavros (Ed.). *Arbitration*: The International Journal of Arbitration, Mediation and Dispute Management, Kluwer Law International; Kluwer Law International v. 86, Issue 2. 2020.

NAÇÕES UNIDAS. Convenção das Nações Unidas sobre Transparência na Arbitragem Estado-Investidor Baseada em Tratado, ou "Convenção das Maurícias", em vigor desde 18 de outubro de 2017.

NOVA ZELÂNDIA. *New Zealand Arbitration Act*. 1996.

OCDE. *Private Enforcement of Shareholder Rights*: A Comparison of Selected Jurisdictions and Policy Alternatives for Brazil. 2020.

PAULSSON, Jan. *Report on issues concerning confidentiality in international arbitration*. Department of Foreing Affairs and International Trade Canada. Disponível em: www.international.gc.ca. Acesso em: 20 dez. 2011.

PAULSSON, Jan; RAWDING, Nigel. *The Trouble with Confidentiality*. LCIA, 1995.

PERU. Ley General de Arbitraje. 1996.

RIO DE JANEIRO (Estado). *Decreto 46.245/2018.* Regulamenta a adoção da arbitragem para dirimir os conflitos que envolvam o Estado do Rio de Janeiro ou suas entidades.

RIO GRANDE DO SUL. *Decreto 55.996/2021.* Dispõe sobre a utilização da arbitragem no âmbito da Administração Pública Direta e Indireta do Estado do Rio Grande do Sul.

RITZ, Philipp. Privacy and Confidentiality Obligation on Parties in Arbitration under Swiss Law. *Journal of International Arbitration*, v. 27, n. 3. p. 221-245, 2010.

SÃO PAULO (Estado). *Decreto 64.356/2019.* Dispõe sobre o uso da arbitragem para resolução de conflitos em que a Administração Pública direta e suas autarquias sejam parte.

SMEUREANO, Illeana M. Chapter 1: Distinguishing Confidentiality from Privacy: A Possible Definition, in *Confidentiality in International Commercial Arbitration*, International Arbitration Law Library, v 22, Kluwer Law International, 2011.

STOCKHOLM CHAMBER OF COMMERCE (SCC). *Arbitration Rules of the Arbitration Institute of the Stockholm Chamber of Commerce.* 2017.

UNCITRAL. Regras da UNCITRAL sobre Transparência na Arbitragem. 2014.

VERÇOSA, Haroldo Malheiros Duclerc. *Quebra judicial indiscriminada do sigilo na arbitragem: análise da jurisprudência recente do TJ/SP.* FGV Blog de Arbitragem, 25 de março de 2021. Acesso em: 15 jul. 2021.

VILLAGI, Florencia; MARCHINI, Lucila et al. Chapter 9: Confidentiality of Arbitration in Argentina, in FORTESE, Fabricio (Ed.). *Arbitration in Argentina,* Kluwer Law International, 2020.

WORLD INTELLECTUAL PROPERTY ORGANIZATION (WIPO). *WIPO Arbitration Rules.* 2021.

JULGADOS SELECIONADOS

AUSTRÁLIA. High Court of Australia. *Esso and others v. Plowman* 128 A.L.R. 391. 1995.

BRASIL. Superior Tribunal de Justiça. *AgRg MC 14.949 – SP.* Rel. Min. Nancy Andrighi. DJe 18.05.2009.

BRASIL. Superior Tribunal de Justiça. *PET no REsp 1921762 – RJ.* Rel. Min. Antonio Carlos Ferreira. Dje 28.05.2021.

BRASIL. Superior Tribunal de Justiça. *REsp 605.687/AM.* Rel. Min. Nancy Andrighi. DJe 20.06.2005, e reiterado em STJ, AgRg MC 14.949 – SP. Rel. Min. Nancy Andrighi. DJe 18.05.2009.

BRASIL. Supremo Tribunal Federal. *AgRg. SE 5.206 – Espanha.* Rel. Min. Sepúlveda Pertence. J. 12.12.2001.

INGLATERRA. *Dolling Baker v. Merret.* 1WLR1205. 1990.

SÃO PAULO (Estado). Tribunal de Justiça. *Agravo de Instrumento 2263639-76.2020.8.26.0000.* Rel. Cesar Ciampolini. J. 02.03.2021.

SUÉCIA. Suprema Corte. *Bulbank v. A.I. Trade Finance, case T1881-99.* 2000.

VIII
ARBITRABILIDADE

Aline Dias

Mestre em Direito Processual pela Universidade de São Paulo. Professora de arbitragem e mediação em cursos de pós-graduação. Coordenadora Regional do Comitê Brasileiro de Arbitragem (CBAr). Representante da América Latina do *Young Arbitrators Forum* da Câmara de Comércio Internacional (CCI). Membro do Conselho Consultivo do Canal Arbitragem. Advogada.

Mateus Assis

Bacharel em Direito pela Universidade Presbiteriana Mackenzie. Coordenador-adjunto do Grupo de Estudos em Arbitragem da Universidade Presbiteriana Mackenzie (GE-AMack). Autor e coautor de artigos e estudos publicados sobre arbitragem. Advogado.

Sumário: Introdução – 1. Arbitrabilidade objetiva; 1.1 Breves notas sobre a perspectiva internacional; 1.2 A perspectiva nacional; 1.2.1 Patrimonialidade do direito; 1.2.2 Disponibilidade do direito – 2. Arbitrabilidade subjetiva; 2.1 A perspectiva internacional; 2.2 A perspectiva nacional – 3. Exame de precedentes – 4. Conclusão: desenvolvimento do instituto da arbitragem e desafios em matéria de arbitrabilidade – Bibliografia e julgados selecionados.

INTRODUÇÃO

Define-se arbitrabilidade como a possibilidade jurídica de determinada controvérsia ser submetida pelas partes ao método da arbitragem, nos moldes do art. 1º da Lei 9.307, de 23 de setembro de 1996 (*"Lei de Arbitragem"*).

O conceito subdivide-se em duas vertentes: a arbitrabilidade subjetiva, que analisa a possibilidade de submissão do conflito à arbitragem à luz dos sujeitos envolvidos no caso (i.e., se determinada parte pode resolver o conflito via arbitragem), e a arbitrabilidade objetiva, que enfrenta o tema *vis-à-vis* a matéria em disputa (i.e., se determinados assuntos são passíveis de serem resolvidos pela via arbitral).[1]

---

1. "The question of the arbitrability of a dispute arises in two situations. The first is where certain individuals or entities are considered unable to submit their disputes to arbitration because of their status or function. This essentially concerns states, local authorities and other public entities. This is known as 'subjective arbitrability' or 'arbitrability *ratione personae*.' Although it has met with criticism from some authors, the concept of subjective arbitrability is now widely accepted. [...] The second situation where the question of the arbitrability of a dispute arises is where the subject-matter of the dispute submitted to arbitration is not one which can be resolved by arbitration. This is known as 'objective arbitrability,' or 'arbitrability ratione materiae.'" GAILLARD, Emannuel; FOUCHARD, Philippe; GOLDMAN; Berthold. Fouchard Gaillard Goldman on International Commercial Arbitration. Hague: Kluwer International, 1999, p. 312.

A pertinência do estudo da arbitrabilidade é justificada pelo fato de todos os Estados, em maior ou menor grau, instituírem exceções à suscetibilidade de determinadas disputas a arbitragem.²

Em linhas gerais, há pelo menos duas justificativas fundamentais por trás das vedações legais, correspondentes à reserva sobre matérias que apenas podem ser resolvidas pelo Poder Judiciário e à impossibilidade de vincular certos agentes a uma convenção arbitral.³

Importante pontuar que a arbitrabilidade guarda relação com o conceito de ordem pública – muito embora com ele não se confunda. Árbitros possuem o dever de aplicar as normas de ordem pública diretamente incidentes ao caso à luz da lei aplicável, bem como de levar em consideração aquelas que podem indiretamente impactar a execução da sentença arbitral.⁴ Desse modo, com bem nota a doutrina nacional e internacional, a problemática da inarbitrabilidade de determinados litígios não decorre propriamente

---

2. "Arbitration legislation or judicial decisions in many states provide that particular categories of disputes or subject matters are not capable of settlement by arbitration, or 'nonarbitrable'. In some jurisdictions, this defense is referred to as 'objective arbitrability,' or 'arbitrability ratione materiae,' while, in other jurisdictions, it is termed the "nonarbitrability" doctrine. Both international arbitration conventions (including the New York Convention) and national laws provide that agreements to arbitrate such 'nonarbitrable' matters need not be given effect, even if they are otherwise valid, and that arbitral awards concerning such matters also need not be recognized. The nonarbitrability doctrine has deep roots and a reasonably well-defined character, both historically and in different contemporary national legal systems." BORN, Gary B. International Commercial Arbitration. 3rd edition. Hague: Kluwer Law International, 2021, p. 1029.
3. "A similar theory underpins the inarbitrability of some intra-company disputes. Here, the main concern militating against the arbitrability of disputes regarding shareholders resolutions is that the decision of an arbitral tribunal, constrained by the boundaries of the arbitration agreement upon which it is based, would be binding only upon those shareholders that were parties to the arbitration agreement. By contrast, those shareholders not bound by an arbitration agreement would be left unaffected by the arbitral award. Thus, the dispute would in effect remain partially resolved, if submitted to an arbitral tribunal. Therefore, it is questionable whether arbitration is fit to deal with this type of intra-corporate disputes, which would be better addressed by national courts. Arbitration has a natural limitation to accommodate disputes that involve several parties. It would defeat the principle goal of arbitration, namely the effective resolution of commercial disputes, to have only some of the several claims submitted to arbitration and others to a different court. 'Inarbitrability' can thus be read 'inability of arbitration to provide for an effective resolution of a specific dispute'. In fact, this is a limitation that is not exclusively related to arbitration and arbitration agreements. It equally applies to jurisdiction (choice of courts) agreements. Similar issues, for example, would arise in relation to a jurisdiction agreement between a creditor and a debtor, who becomes insolvent. Or, in relation to a jurisdiction agreement binding some of the shareholders in an intra-company dispute. In such cases, the jurisdiction agreement would most likely be inoperative too, in favour of collective court proceedings." BREKOULAKIS, Stavros. On Arbitrability: Persisting Misconceptions and New Areas of Concern. In: MISTELIS, Loukas A.; BREKOULAKIS, Stavros. (Ed.). Arbitrability: International and Comparative Perspectives. Hague: Kluwer Law International, 2009, p. 34-35.
4. Além de visto pela doutrina como um dever geral do árbitro em razão do propósito final da existência dessa função (para uma discussão aprofundada sobre a origem e o escopo desse dever, confira-se, por todos: (HORVATH, Günther J. The Duty of the Tribunal to Render an Enforceable Award. *Journal of International Arbitration*, Hague: Kluwer Law International, 2001, Issue 2, p. 135-158), tal dever por vezes decorre do próprio regulamento de arbitragem aplicável. Veja-se, por exemplo, o art. 42 do Regulamento de Arbitragem da Câmara de Comércio Internacional ("CCI"): "[e]m todos os casos não expressamente previstos no Regulamento, a Corte e o tribunal arbitral deverão proceder em conformidade com o espírito do Regulamento, fazendo o possível para assegurar que a sentença arbitral seja executável perante a lei."

de uma incompatibilidade intrínseca entre a jurisdição arbitral e o exame de questões de ordem pública.⁵

Nada obstante, a delimitação feita por cada Estado aos contornos da arbitrabilidade deriva de uma definição interna de matérias e/ou entes em relação aos quais há relevantes considerações de interesse público que impõem a submissão de eventuais conflitos dali oriundos a juízes estatais.⁶ Essa delimitação, portanto, está diretamente relacionada aos conceitos domésticos de ordem pública, considerados como "o reflexo da filosofia sociopolítico-jurídica imanente no sistema jurídico estatal, que [...] representa a moral básica de uma nação e que protege as necessidades econômicas do Estado".⁷

Daí a pertinência da afirmação de que um dos fundamentos da arbitrabilidade é a reserva legal de matérias que apenas podem ser aplicadas pelo Poder Judiciário. Embora os árbitros, em tese, possam estar igualmente preparados para aplicar adequadamente

---

5. "In general, the proper application of public policy rules does not depend on the whims of the person applying the provision. For the public policy purpose to be attained, the decision maker is not required to be biased; they are required to correctly apply the relevant rules. In principle, rules can be correctly applied by both a person hired by a state (i.e. a judge) and a person hired by parties (i.e. an arbitrator). Therefore, it can be argued, that allegiance to a national state is not a condition precedent for the correct application of a public policy provision." (BREKOULAKIS, Stavros. Op. Cit., p. 29). No mesmo sentido: "[t]his distinction nevertheless finds some support in scholarly writing, and understandably so because the underlying notion contains a germ of truth, namely that arbitrators are not the guardians of public policy to whom one may go to remedy an illicit situation. Nevertheless, this objection is not insurmountable. An arbitrator who declares an illegal contract to be null does not usurp the role of guardian of the public order; he does not even sanction – in the sense of punishment – conduct he deems to be illicit. Rather, what he does is to recognise the illicitness as such, and likewise recognise the nullity which is its result; in sum, he only states the law, which is part of his normal duty" (MAYER, Pierre. Mandatory rules of law in international arbitration. In: Arbitration International, v. 2, Issue 4, Oxford: Oxford University Press, 1986, p. 277-278). Entre nós, Ricardo Aprigliano afirma que "a arbitragem convive tranquilamente com a ordem pública, devendo ser afastada qualquer conclusão no sentido de que, se a matéria envolver normas ou preceitos de ordem pública, não pode ser submetida à arbitragem." (APRIGLIANO, Ricardo. *A Ordem Pública no Direito Processual Civil*. 2010. Tese (Doutorado em Direito Processual) – Faculdade de Direito, Universidade de São Paulo, São Paulo, 2010, p. 52-53).
6. "As matérias patrimoniais sensíveis, ou seja, aquelas nas quais a disponibilidade dos direitos é incerta e onde a ordem pública tem uma forte tendência a intervir, são o barômetro do liberalismo do país em questão de arbitragem. De fato, quanto mais o país é reticente em relação à arbitragem, mais a arbitrabilidade destas matérias será restrita. Os países do Mercosul adotam posições diferentes em relação à arbitrabilidade dessas matérias. No Paraguai e no Uruguai, matérias como o direito societário, a propriedade intelectual, o direito à concorrência, a falência, o direito do consumidor não seriam a priori arbitráveis. [...] No que concerne ao domínio da arbitrabilidade, a cultura arbitral do país influi diretamente na arbitrabilidade de matérias patrimoniais sensíveis. No âmbito do Mercosul, a jurisprudência argentina tem aceito a arbitrabilidade de litígios envolvendo matérias complexas como o direito falimentar e o direito societário. O direito brasileiro também admite a arbitrabilidade de temas sensíveis como a propriedade intelectual. Em contrapartida, nos outros países, o domínio da arbitrabilidade continua a ser restrito." LEE, João Bosco. O conceito de arbitrabilidade nos países do Mercosul. *Revista de Direito Bancário e do Mercado de Capitais*, p. 357-358, São Paulo, abr./jun. 2000. No mesmo sentido: "The discussion of the various substantive rules on arbitrability reveals a clear tension: while it seems that many systems have been liberalised over the last thirty or forty years, there still remain some areas of controversy. On the one hand, national legal systems with developed and confident arbitration practice are liberal and lenient in their approach of the issue of arbitrability. On the other hand, countries which manifest a scepticism towards the private sector and the establishment and development of arbitration resort to "public policy" and introduce extensive restrictions to arbitration practice." MISTELIS, Loukas A. Fundamental Observations and Applicable Law. In: MISTELIS, Loukas A.; BREKOULAKIS, Stavros. (Ed.). Op. cit., p. 16.
7. DOLINGER, Jacob. TIBURCIO, Carmen. *Direito Internacional Privado*. Rio de Janeiro: Forense, 2020, p. 444.

normas de ordem pública, o limite dessa atuação em boa medida depende da opção legislativa adotada por cada Estado, o que, inevitavelmente, acaba por esbarrar em aspectos culturais e sociopolíticos particulares de cada nação.

A relação umbilical entre a inarbitrabilidade e a ordem pública fica também evidenciada pelo mecanismo instituído pelo art. V.2.(a) da Convenção de Nova Iorque sobre o Reconhecimento e a Execução de Sentenças Arbitrais Estrangeiras (recepcionada no Brasil pelo Decreto 4.311 de 23 de julho de 2002) ("*Convenção de Nova Iorque*"). Segundo o art. V.2.(a), os Estados são autorizados a invalidar ou negar exequibilidade a sentenças arbitrais cuja matéria não seja arbitrável "no país onde se busca reconhecimento ou execução", prestigiando a soberania nacional na decisão do que efetivamente pode ou não ser submetido ao método da arbitragem.

O outro fundamento para inarbitrabilidade – impossibilidade de vincular certos agentes a uma convenção arbitral – é por certo inerente à própria natureza consensual do instituto da arbitragem.

Dada a exigência de consentimento à convenção arbitral por todas as partes envolvidas,[8] é possível imaginar situações em que o uso da arbitragem seria inviável ou ineficiente. Nesse ponto, encontra-se na doutrina o exemplo de procedimentos relacionados à insolvência de empresas.[9] Em casos dessa natureza, as pretensões creditórias geralmente terão origem em contratos distintos, os quais poderão contar com diferentes métodos de resolução de disputas. Desse modo, seria praticamente impossível reunir todas essas demandas sob a jurisdição de um único tribunal arbitral. E ainda que assim

---

8. "A arbitragem pressupõe, sempre, o acordo de vontade das partes. Desse modo, é premissa fundamental de nosso estudo a de que não se pode, no Brasil, forçar uma parte a participar de uma arbitragem sem que tenha havido a respectiva manifestação de vontade, tampouco aceitar a participação de um terceiro à convenção de arbitragem sem o consentimento das efetivas partes." COUTINHO, Renato Fernandes. *Convenção de Arbitragem*: vinculação de não signatários. São Paulo: Almedina, 2020, p. 40.
9. "For example, an insolvency dispute would most likely involve several claims (some unsecured, some secured or preferred, some even contested) and several parties (for example, the insolvent, the trustee, several creditors). Invariably, the several claims would normally arise out of completely different contracts, which would have been concluded at different stages, and which would provide for different dispute resolution agreements. In such a scenario, it would be virtually impossible to bring all the several claims and the several parties involved in insolvency disputes under the jurisdiction of a single arbitral tribunal. If the several claims were allowed to be submitted to different bilateral proceedings (some before arbitral tribunals and some others before national courts), the outcomes of the several bilateral proceedings would most likely be incompatible, if not conflicting. A decision to satisfy one creditor would necessarily affect the legal position of another creditor. Given the fact that third-party proceedings are generally not accepted in arbitration, third-party creditors would not be able to take part in bilateral proceedings between the trustee or the administrator and one of the several creditors. Therefore, it would be very difficult to determine the order in which the several creditors would be paid, and the allocation of the available funds to the several creditors, especially if some of the claims are contested. Thus, the purpose of the insolvency legislation (namely, the allocation of the limited funds to the several creditors in accordance with the security that each of the creditors had originally obtained) might be defeated, because of the contractual limitations of arbitration. Therefore, national laws often provide that insolvency disputes will collectively be submitted to the exclusive jurisdiction of specially designated national courts. To the extent that insolvency disputes are considered inarbitrable, the rationale of the inarbitrability of insolvency disputes is exactly that the resolution of this type of disputes can more efficiently be achieved by collective litigation proceedings where all the relevant parties may be brought before the same court." BREKOULAKIS, Stavros. Op. cit., p. 32-37.

não fosse, os credores interessados ainda teriam grandes dificuldades em ingressar ou acompanhar demandas de terceiros contra a empresa insolvente.

Também por ocasião desta introdução, cumpre destacar que a inarbitrabilidade de determinado conflito não se confunde com invalidade da convenção arbitral que lhe dá origem. É possível que de uma mesma cláusula compromissória surjam tantos conflitos arbitráveis como inarbitráveis, de modo que o destino desses últimos não necessariamente afetará o destino dos primeiros.[10-11]

A análise acerca da arbitrabilidade da disputa deve ser considerada um passo preliminar à assunção de jurisdição pelo tribunal arbitral em cada caso. Por consequência, essa análise ocorre nos estágios iniciais do procedimento, podendo ser eventualmente feita inclusive mediante decisão administrativa de eventual órgão arbitral institucional, sujeita à confirmação dos árbitros, em linha com o princípio *Kompetenz-Kompetenz*,[12] positivado no art. 8º, parágrafo único, da Lei de Arbitragem.

Nada impede, ainda, que determinada disputa seja parcial ou integralmente tida como inarbitrável por sentença arbitral voltada a delimitar os contornos da jurisdição conferida aos árbitros.

Em qualquer cenário, o controle de arbitrabilidade feito pelos árbitros ainda poderá estar sujeito a exame judicial, em caso de eventual pedido de invalidação da sentença arbitral, em sede de ação própria ou cumprimento de sentença arbitral,[13] nos termos dos arts. 32, inciso IV, e 33, *caput* e § 3º, da Lei de Arbitragem.

Os tópicos subsequentes tratarão das principais questões que envolvem os conceitos específicos de arbitrabilidade subjetiva e objetiva, com certas distinções aplicáveis entre a perspectiva nacional e a perspectivas internacional.

---

10. Nesse sentido, pontua BREKOULAKIS: "When a particular claim is considered to be inarbitrable, the tribunal is prevented from assuming jurisdiction over the particular claim only. The inarbitrability of this claim would not render the arbitration agreement ab initio null and void. The same tribunal might well have jurisdiction to determine another claim falling under the same arbitration agreement. Indeed, as is accepted, different claims may arise out of the same dispute, some of which might be inarbitrable, whereas some others might perfectly be arbitrable." (Idem, p. 39).
11. Não se nega, por outro lado, a possibilidade de a inabitrabilidade, no caso concreto, contaminar *in totum* a convenção arbitral. Cogita-se, a título exemplificativo, de uma cláusula compromissória celebrada por incapaz ou compromisso arbitral que submete a arbitragem disputa sobre a ocorrência de crime. Nesses casos, tratando-se direito brasileiro, estar-se-ia diante de nulidade total do negócio jurídico (cf. art. 104, I e II do Código Civil).
12. Veja-se, por exemplo, o que dispõe o Regulamento de Arbitragem do CAM-CCBC: "4.5. Antes de constituído o Tribunal Arbitral, o Presidente do CAM-CCBC examinará objeções sobre a existência, validade ou eficácia da convenção de arbitragem que possam ser resolvidas de pronto, independentemente de produção de provas, assim como examinará pedidos relacionados a conexão de demandas, nos termos do artigo 4.20. Em ambos os casos, o Tribunal Arbitral, após constituído, decidirá sobre sua jurisdição, confirmando ou modificando a decisão anteriormente prolatada."
13. No âmbito internacional, cita-se o art. V.2.(a) da Convenção de Nova Iorque: "2. Recognition and enforcement of an arbitral award may also be refused if the competent authority in the country where recognition and enforcement is sought finds that: (a) The subject matter of the difference is not capable of settlement by arbitration under the law of that country".

1. ARBITRABILIDADE OBJETIVA

1.1 Breves notas sobre a perspectiva internacional

De um modo geral, a disciplina da arbitrabilidade no âmbito de arbitragens internacionais tende a ser mais ampla do que aquela dedicada à sua versão doméstica.[14] Assim, em países que, como o Brasil, adotam o sistema monista (i.e., sistema que não faz distinção legislativa formal entre arbitragens domésticas e internacionais), as características intrínsecas aos conflitos internacionais podem favorecer uma posição de maior abrangência quanto às matérias que podem ser submetidas à arbitragem.[15]

Dentre as razões determinantes para o tratamento distinto, destacam-se as incertezas para definição da corte estatal competente em um contexto multijurisdicional. Tirando-se a arbitragem de cena, a pergunta a ser respondida é: qual corte estatal possui jurisdição sobre a matéria? Não necessariamente há resposta óbvia – salvo se, por exemplo, as partes já tiverem pactuado um foro estatal exclusivo para resolução de disputas oriundas do contrato em questão.

Sob as rigorosas lentes do comércio internacional, a incerteza é a pior inimiga. Por essa razão, como forma de fomentar o desenvolvimento de seus próprios agentes econômicos, os Estados preferem trazer maior segurança aos contornos da arbitragem, notadamente considerando a probabilidade da opção pela arbitragem em transações internacionais.

Também milita em favor da arbitrabilidade de litígios internacionais a possibilidade de as cortes nacionais exercerem o chamado "*second-look*" sobre as questões de ordem pública que foram decididas pelos árbitros, em sede de execução ou invalidação da sentença arbitral, à luz do sistema de reconhecimento e execução de sentenças arbitrais instituído pela Convenção de Nova Iorque.[16]

---

14. Nesse sentido: "Preliminarily, it is essential in considering nonarbitrability issues to distinguish between matters which are nonarbitrable in a domestic context and those which are nonarbitrable in an international context. In many jurisdictions, the categories of disputes that are nonarbitrable are materially broader in domestic than in international matters. As the U.S. Supreme Court reasoned, in one early decision adopting a narrow view of nonarbitrability under the New York Convention, it is "necessary for national courts to subordinate domestic notions of arbitrability to the international policy favoring commercial arbitration." BORN, Gary B. Op. cit., p. 1.042-1.043.
15. GONÇALVES, Eduardo Damião. *Arbitrabilidade Objetiva*. 2008. Tese (Doutorado em Direito Internacional) – Faculdade de Direito, Universidade de São Paulo, São Paulo, 2008, p. 32-51.
16. "According to the principle of Kompetenz-Kompetenz, an arbitral tribunal is vested with the authority to decide upon its jurisdiction with respect to any given dispute. In making such a decision, it will review the respective arbitration agreement and it will consider general legal principles affecting its jurisdiction. This decision will inevitably include an assessment as to whether the dispute at hand is arbitrable. The arbitral tribunal's determination, however, is not necessarily final. It might be subject to judicial review. In a motion to set aside the tribunal's determination or during a challenge of the final award at the recognition and enforcement stage, a court may take a 'second look' at the arbitrability of a particular matter. The nature of such judicial review has been the subject of extensive scholarly debate in the past. The key point of this debate has been a conflict of interests with significant bearing on international arbitration as an institution. On the one hand, there are national concerns of public policy calling for the exclusive jurisdiction of state courts with respect to the adjudication of certain

Não se trata, aqui, de autorizar uma revisão do mérito da arbitragem, mas de resguardar os interesses de ordem pública mediante um controle posterior, sem com isso inviabilizar a instauração do procedimento arbitral.

A esse respeito, é relevante mencionar o paradigmático "Caso Mitsubishi",[17] julgado em 1985 pela Suprema Corte dos Estados Unidos. Na ocasião, o Poder Judiciário norte americano confirmou a arbitrabilidade de disputa envolvendo legislação concorrencial, também sob o fundamento de que seria possível realizar um controle *a posteriori* sobre o que foi decidido pelos árbitros, a fim de "assegurar que os legítimos interesses no cumprimento da legislação concorrencial foram observados".[18]

Em virtude das fortes raízes nacionais do conceito de arbitrabilidade, como já explorado no tópico 1. acima, não se encontram muitas pistas em tratados internacionais para se chegar a um conceito internacional de seu escopo. A Lei Modelo da UNCITRAL tampouco fornece subsídios nesse aspecto, limitando-se a remeter a questão às normas internas do país, tal qual faz a Convenção de Nova Iorque.[19]

No entanto, uma incursão em uma seleção de sistemas nacionais distintos evidencia a presença de alguns denominadores comuns, sujeitos a evolução com o decurso do tempo. Com isso, é sempre possível observar um núcleo duro de inarbitrabilidade objetiva, abarcando matérias que a maioria dos Estados não considera passível de ser submetida a arbitragem.

Nesse sentido, em sua tese de doutoramento, Eduardo Damião Gonçalves identificou no passado exemplos comuns de casos não-arbitráveis: (i) "litígios relacionados à capacidade, ao estado civil e ao direito pessoal da família", (ii) "litígios relacionados aos direitos personalíssimos", (iii) "os litígios relativos aos bens fora do comércio", (iv) "créditos da Fazenda Pública", (v) "litígios puramente criminais", (vi) "execuções de sentenças e de títulos executivos extrajudiciais", (vii) "litígios diretamente decorrentes da falência e institutos próximos", (viii) "litígios de direito administrativo", (xi) "alguns litígios do direito de concorrência".[20]

O estudo também revela que disponibilidade e patrimonialidade do direito (os critérios cumulativos usados adotados no Brasil, conforme se verá em mais detalhes

---

disputes, whereas, on the other hand, a more liberal and 'international' concept of arbitrability appears to be highly desirable for international trade, with a lesser degree of state control over private dispute resolution." BARON, Patrick M.; LINIGER, Stefan. A second look at arbitrability. *Arbitration International*. London: LCIA(Kluwer), v. 19, n. 1, p. 27-54, 2003.

17. Supreme Court of the United States. Mitsubishi Motors Corp. v. Soler Chrysler-Plymouth, Inc. 473 U.S. 614, 631 (1985)).
18. No original: "Having permitted the arbitration to go forward, the national courts of the United States will have the opportunity at the award-enforcement stage to ensure that the legitimate interest in the enforcement of the antitrust laws has been addressed".
19. "Art. 34 (2): An arbitral award may be set aside by the court specified in article 6 only if:
    (b) the court finds that:
    (i) the subject-matter of the dispute is not capable of settlement by arbitration under the law of this State"
20. GONÇALVES, Eduardo Damião. Op. cit., p. 191-193.

no tópico 2.2. abaixo) são os efetivos requisitos de arbitrabilidade objetiva encontrados com frequência em outras legislações.[21]

A despeito da existência, por vezes, de requisitos semelhantes, o tratamento heterogêneo que lhes é dado por cada Estado – inerente à própria amplitude de alguns dos termos empregados – reclama uma análise individual do entendimento adotado por cada ordenamento, sobretudo em casos mais sensíveis.[22]

Daí a relevância de se determinar a lei aplicável à avaliação sobre a presença ou não de arbitrabilidade. Em que pese a existência de aceso debate doutrinário,[23] a questão pode, em parte dos casos, ser simplificada ao seguinte raciocínio: em sede de exame preliminar pelos árbitros, deve-se levar em conta o provável local de execução da sentença arbitral, tendo em vista que a *lex fori* poderá ser responsável por definir a possibilidade de reconhecimento e execução da sentença arbitral no tocante à arbitrabilidade (art. V.2 da Convenção de Nova Iorque).[24]

1.2 A perspectiva nacional

Em sede nacional, o legislador brasileiro optou por condicionar a arbitrabilidade objetiva de determinado litígio a dois critérios cumulativos: a patrimonialidade e disponibilidade do litígio. É essa a redação do art. 1º da Lei de Arbitragem:

> Art. 1º As pessoas capazes de contratar poderão valer-se da arbitragem para dirimir litígios relativos a direitos patrimoniais disponíveis.

Em outras palavras, serão arbitráveis no Brasil todas as disputas que envolverem matérias sobre as quais as partes possam efetivamente dispor, e em relação aos quais seja possível realizar uma efetiva conversão em dinheiro, de modo a demonstrar o seu caráter estritamente patrimonial.

Nesse ponto, é também sempre relevante acrescentar o art. 852 do Código Civil, o qual veda celebração de compromisso arbitral também "para solução de questões de estado, de direito pessoal de família e de outras que não tenham caráter estritamente patrimonial". Cumpre, no entanto, mencionar corrente minoritária que defende, com

---

21. "Os critérios encontrados nos diferentes direitos positivos para definir a aptidão de um litígio ser decidido por árbitros são: (a) a natureza patrimonial dos direitos; (b) a disponibilidade de direitos; e (c) a competência exclusiva dos tribunais estatais, os quais podem às vezes ter aplicação conjunta, principalmente no caso dos dois primeiros. Uma coisa é certa, contudo: não há um critério que faça a unanimidade" GONÇALVES, Eduardo Damião. Op. cit., p. 170-188.
22. "As matérias patrimoniais sensíveis, ou seja, aquelas nas quais a disponibilidade dos direitos é incerta e onde a ordem pública tem uma forte tendência a intervir, são o barômetro do liberalismo do país em questão de arbitragem. De fato, quanto mais o país é reticente em relação à arbitragem, mais a arbitrabilidade destas matérias será restrita." LEE, João Bosco. Op. cit., p. 349.
23. Confira-se, a esse respeito, GONÇALVES, Eduardo Damião. Op. cit., p. 69-101.
24. "1. The provisions of the present Convention shall not affect the validity of multilateral or bilateral agreements concerning the recognition and enforcement of arbitral awards entered into by the Contracting States nor deprive any interested party of any right he may have to avail himself of an arbitral award in the manner and to the extent allowed by the law or the treaties of the country where such award is sought to be relied upon."

base nesse dispositivo do diploma civil, que, apesar da redação da Lei de Arbitragem, o ordenamento brasileiro só teria incorporado o critério da patrimonialidade do direito para fins de aferição da arbitrabilidade objetiva. Dentre os partidários dessa vertente, destacam-se José Antonio Fichtner, Sergio Nelson Mannheimer e André Luis Monteiro, para os quais "o Direito brasileiro adota exclusivamente, como regra geral, o critério da patrimonialidade para fins de definição da arbitrabilidade objetiva, pouco importando se a arbitragem em concreto tenha fonte em cláusula compromissória ou em compromisso arbitral".[25]

Segundo esses doutrinadores, o Código Civil teria derrogado a norma presente na Lei de Arbitragem, porque "a parte final do dispositivo não repete a fórmula dos 'direitos patrimoniais disponíveis', presente na Lei de Arbitragem, mas fala apenas de questões que "não tenham caráter estritamente patrimonial".[26] Embora o texto legal só se refira a compromisso arbitral (i.e., o negócio jurídico que submete à arbitragem conflitos já existentes, e não a eventuais conflitos futuros), tal corrente entende que o critério da mera patrimonialidade deveria se estender também à cláusula compromissória, considerando que inexiste distinção ontológica entre os dois tipos de convenção arbitral a justificar distintos regimes jurídicos.

A despeito da sofisticação do argumento, entendemos que essa interpretação encontra óbice no art. 2º, §§ 1º e 2º, da Lei de Introdução às normas do Direito Brasileiro (Decreto-Lei 4.657/43 – "*LINDB*"), que estabelece os critérios do nosso ordenamento para resolver antinomias entre leis posteriores e anteriores. Embora concordemos com a afirmação de que não há razão plausível para se conferir tratamento distinto às espécies de convenção arbitral, a ausência de regra específica no Código Civil a respeito das cláusulas compromissórias (ou, ainda, de uma regra geral que abarcasse todas as convenções arbitrais) é determinante para a solução do problema.

Com efeito, o art. 2º, § 1º, da LINDB estabelece que a lei posterior tacitamente revoga a anterior quando "seja com ela incompatível ou quando regule inteiramente a matéria de que tratava a lei anterior". Entende-se, portanto, militar uma presunção de compatibilidade entre a norma posterior e a anterior,[27] inclusive com vistas a blindar mudanças legais indesejadas causadas por técnica legislativa defeituosa.

---

25. FICHTNER, José Antonio; MANNHEIMER, Sergio Nelson; MONTEIRO, André Luis. *Teoria Geral da Arbitragem*. Rio de Janeiro: Forense, 2019, p. 250-251.
26. Id.
27. "Em suma: a incompatibilidade implícita entre duas expressões de direito não se presume; na dúvida, se considerará uma norma conciliável com a outra. O jurisconsulto Paulo ensinara que – as leis posteriores se ligam às anteriores, se lhes não são contrárias; e esta última circunstância precisa ser provada com argumentos sólidos: *Sed et posteriores leges ad priores pertinent, nisi contrarie sint idque multis argumentis probatur*.
Para a ab-rogação a incompatibilidade deve ser absoluta e formal, de modo que seja impossível executar a norma recente sem postergar, destruir praticamente a antiga; para a derrogação basta a inconciliabilidade parcial, embora também absoluta quanto ao ponto em contraste. Portanto a abolição das disposições anteriores se dará nos limites da incompatibilidade; o prolóquio a lei posterior derroga a anterior (*lex posterior derogat priori*) deve ser aplicado em concordância com o outro, já transcrito *leges posteriores ad priores pertinent*. Se em um mesmo trecho existe uma parte conciliável e outra não, continua em vigor a primeira" (MAXIMILIANO, Carlos. *Hermenêutica e Aplicação do Direito*. 23 ed. Rio de Janeiro: Forense, 2022, p. 339).

De um lado, a nova norma não é incompatível com a Lei de Arbitragem, à medida que as matérias mencionadas pelo art. 852 do Código Civil envolvem tanto indisponibilidade (cf. definição apresentada por Eduardo Talamini e adotada por estes autores, cf. subcapítulo 2.2.2. *infra*) como ausência de patrimonialidade. De outro, não regula inteiramente a matéria de que tratava a lei anterior porque silencia a respeito da cláusula compromissória, espécie mais comum de convenção arbitral.

Nesse sentido, o art. 852 do Código Civil se encaixa na hipótese do art. 2º, § 2º, da LINDB, segundo o qual, "[a] lei nova, que estabeleça disposições gerais ou especiais a par das já existentes, não revoga *nem modifica* a lei anterior" (ênfase acrescida). Subscrevemos, portanto, as palavras de Carlos Alberto Carmona, para quem "a edição do artigo em questão do Código Civil vigente nada acrescentou (e nada retirou) ao art. 1º da Lei de Arbitragem",[28] de modo que seguem vigentes os requisitos de patrimonialidade e disponibilidade.

1.2.1   Patrimonialidade do direito

Em linhas gerais, a patrimonialidade do direito é definida pela possibilidade de ter seu conteúdo aferido em pecúnia. Dito de outro modo, é a pretensão que pode ser quantificada em termos financeiros.[29]

De outro lado, temos os direitos extrapatrimoniais, que remetem a atributos da dignidade da pessoa humana e não têm conteúdo econômico. Nesse sentido, podem ser mencionados os direitos associados à personalidade, como o direito à honra ou à imagem.[30]

---

28. CARMONA, Carlos Alberto. *Arbitragem e processo*: um comentário à Lei 9.307/96. 3 ed. São Paulo: Atlas, 2009, p. 39.
29. "Importa, precipuamente, a divisão dos direitos subjetivos em patrimoniais e extrapatrimoniais, conforme suscetíveis, ou não, de apreciação pecuniária." GOMES, Orlando. Introdução ao direito civil. 22. ed. Rio de Janeiro: Forense, 2019, p. 82; "Patrimoniais são os direitos que têm um objeto avaliável pecuniariamente, e não patrimoniais os que escapam à possibilidade de avaliação econômica, como os direitos da personalidade e os pessoais de família. Os patrimoniais compõem o que se diz o patrimônio do indivíduo, caracterizado como o complexo de relações jurídicas economicamente apreciáveis" PEREIRA, Caio Mário da Silva. Instituições do direito civil. v. 1. 24. ed. Rio de Janeiro: Forense, 2011, p. 39; TEPEDINO, Gustavo; BARBOZA, Heloísa H.; MORAES, Maria Celina Bodin de. *Código Civil interpretado conforme a Constituição da República*. Rio de Janeiro: Renovar, 2007. v. II, p. 659.
30. "A oposição tradicional à existência conceitual dos Direitos da Personalidade, fundada em uma concepção patrimonialística do Direito Civil, além de questionar a natureza desses direitos, pois marcados essencialmente por valores existenciais, vacilava sobre o seu conteúdo e a extensão da sua disciplina jurídica. A crítica à existência dos direitos da personalidade sustenta ainda que, se personalidade for identificada com a titularidade de direitos, ela não poderia, ao mesmo tempo, ser considerada como objeto deles, sob pena de se entrar em uma contradição lógica. Para Savigny, que adotava essa via, que ora posiciona a pessoa humana como sujeito, ora como bem da personalidade, a admissão dos direitos da personalidade levaria à legitimação do suicídio ou à automutilação. Jellinek, ao seu turno, também foi um dos doutrinadores que objetaram a adoção da categoria dos direitos da personalidade, sob o argumento de que a vida, a saúde, a honra não se enquadram na categoria do ter, mas do ser, o que os tornariam incompatíveis com a noção de direito subjetivo, predisposto à tutela das relações patrimoniais e, em particular, do domínio." FACHIN, Luiz Edson. Análise Crítica, Construtiva e de Índole Constitucional da Disciplina dos Direitos da Personalidade no Código Civil Brasileiro: Fundamentos, Limites e Transmissibilidade. *Revista da EMERJ*, v. 8, n. 31, 2005, p. 52.

No âmbito da doutrina nacional, esse requisito gera pouca controvérsia. Em relação aos direitos extrapatrimoniais, apenas vale pontuar que, embora os direitos extrapatrimoniais não sejam em si arbitráveis, os eventuais aspectos econômicos que lhe forem derivados podem ser submetidos à arbitragem.[31] Cogita-se, por exemplo, uma arbitragem que tem como objeto a quantificação da indenização por danos morais causados ao requerente.

1.2.2 Disponibilidade do direito

O requisito de disponibilidade do direito é fonte de constante debate doutrinário e jurisprudencial. Para Carlos Alberto Carmona, enquadram-se nessa categoria os direitos "que podem ser livremente alienados ou negociados, por encontrarem-se desembaraçados, tendo o alienante plena capacidade jurídica para tanto".[32]

Além disso, a equiparação do conceito de disponibilidade à possibilidade de transação é bastante popular, tanto na doutrina,[33] como na jurisprudência.[34]

---

31. "Segundo este critério, apenas direitos ou interesses de caráter não patrimonial estariam afastados da possibilidade de submissão à arbitragem, tal como os direitos da personalidade, o estado civil das pessoas e, em regra, as controvérsias atinentes às relações familiares de natureza pessoal. Observe-se, em relação aos direitos da personalidade – nome, honra, imagem –, que as decorrências patrimoniais desses direitos são plenamente arbitráveis, por exemplo, uma demanda em que se pretenda indenização por danos morais por violação à honra objetiva de determinada pessoa física ou jurídica, bem como, v.g., uma ação de ressarcimento pela violação de um contrato de cessão de uso de imagem. O que não é possível é, por exemplo, submeter uma demanda de alteração do nome civil de determinado cidadão à arbitragem." FICHTNER, José Antonio; MANNHEIMER, Sergio Nelson; MONTEIRO, André Luis. Op. cit., p. 242.
32. CARMONA, Carlos Alberto. Op. cit., p. 38.
33. "Tampouco podem ser arbitrados direitos não disponíveis, isto é, direitos que não podem ser objeto de alienação, renúncia ou transação." MUNIZ, Joaquim de Paiva. Curso Básico de Direito Arbitral: Teoria e Prática. 3 ed. Curitiba: Juruá, 2015, p. 43; "A disponibilidade do direito se refere à possibilidade de seu titular ceder, de forma gratuita ou onerosa, estes direitos sem qualquer restrição. Logo, necessário terem as partes o poder de autorregulamentação dos interesses submetidos à arbitragem, podendo dispor sobre eles pelas mais diversas formas dos negócios jurídicos; são, pois, interesses individuais, passíveis de negociação, ou seja, podem ser livremente exercidos pela parte." CAHALI, Francisco José. Curso de Arbitragem, 5 ed., São Paulo: Revista dos Tribunais, 2015, Edição Digital; "A indisponibilidade diz com os bens fora do comércio e que, pela sua especificidade, não podem ser apropriados como um todo (v.g. mar, luz) ou, de alguma forma, não são passíveis de alienação (v.g. bens de família, bens de uso comum do povo – ruas e praças –, ou de uso especial – edifícios e terrenos destinados à administração pública)." MARTINS, Pedro A. Batista. Apontamentos sobre a Lei de Arbitragem. Rio de Janeiro: Forense, 2008. p. 3-4; "A definição dos direitos quanto à sua disponibilidade para os efeitos da lei brasileira de arbitragem pode ser dada como envolvendo aqueles direitos passíveis de serem renunciados ou constituírem objeto de transação, em suma, de disposição pelas partes. Inscrevem-se eles, quanto a sua indisponibilidade, entre aqueles a que a lei, expressamente, nega o caráter de livre disposição, ou os que se encontram dentre os direitos ou atos de natureza pública, que não comportam possibilidades ulteriores de disposição ou renúncia, ou, ainda, os de natureza cogente, a que, legalmente, as partes não podem renunciar nem dispor em termos negociais ou transacionais." GARCEZ, José Maria Rossani., Arbitrabilidade no direito brasileiro e internacional. Revista de Direito Bancário, do Mercado de Capitais e da Arbitragem, n. 12, p. 338. São Paulo: Ed. RT, abr.-jun. 2001.
34. "Recurso especial. Processual civil. Societário. Ação de execução específica de cláusula arbitral (lei 9.307/96). Acordo de acionistas. Previsão de solução alternativa de conflitos: resolução por mediação ou arbitragem. Compatibilidade. Cláusula compromissória (vazia). Existência. Força vinculante. Validade. Recurso parcialmente conhecido e desprovido. [...] 5. Apenas questões sobre direitos disponíveis são passíveis de submissão à arbitragem. Então, só se submetem à arbitragem as matérias sobre as quais as partes possam livremente transacionar. Se podem transacionar, sempre poderão resolver seus conflitos por mediação ou por arbitragem, métodos de

A equiparação, contudo, deve ser feita com cautela, à medida que a indisponibilidade do direito material subjacente não leva necessariamente à impossibilidade de submissão do litígio à arbitragem. Na verdade, como bem nota Antonio Sampaio Caramelo, "não há [...] qualquer analogia entre o contrato de transacção, em que as partes põem termo a um litígio mediante abandonos ou concessões recíprocas (o que implica que possam dispor dos direitos que daquela são objecto), e a convenção de arbitragem, mediante a qual as partes confiam a um decisor independente e imparcial, por elas directa ou indirectamente escolhido, a resolução de um litígio existente entre elas, de acordo com o direito ou com a equidade".[35]

No limite, conforme observam a Fichtner, Mannheimer e Monteiro, a utilização da livre disponibilidade do direito material como critério de arbitrabilidade levaria à seguinte conclusão (absurda): "se as partes não podem livremente dispor a respeito de uma nulidade absoluta, possivelmente não poderiam submeter esta questão à arbitragem, razão pela qual nenhuma disputa a respeito da nulidade de determinada cláusula contratual poderia ser objeto de processo arbitral".[36] Evidentemente, esse raciocínio não prospera, seja na teoria ou na prática arbitral.

A resposta mais satisfatória sobre o tema vem de Eduardo Talamini, para quem a indisponibilidade referida na Lei de Arbitragem "configura-se como proibição de espontaneamente se reconhecer que não se tem razão e se submeter voluntariamente ao direito alheio: apenas a Jurisdição poderá dizer quem tem razão e aplicar as consequências jurídicas cabíveis." Trata-se, portanto, de "'necessariedade de intervenção jurisdicional' ou indisponibilidade da pretensão de tutela judicial".[37]

---

solução compatíveis. [...] 7. Recurso especial conhecido em parte e desprovido." (STJ, REsp 1.331.100/BA, Quarta Turma, Rel. Min. Raul Araújo, j. 22.02.2016); "Recurso especial. Ação cautelar de arresto (incidente sobre bens de terceiros) c/c pedido de desconsideração da personalidade jurídica destinada a assegurar o resultado útil de vindoura sentença arbitral. [...] 3.3 É preciso atentar que, com exceção de questões relacionadas a direitos indisponíveis, qualquer matéria – naturalmente, afeta à relação contratual estabelecida entre as partes –, pode ser submetida à análise do Tribunal arbitral, que a decidirá em substituição às partes, com o atributo de definitividade. O pedido de desconsideração da personalidade jurídica não refoge a essa regra, a pretexto de atingir terceiros não signatários do compromisso arbitral." (STJ, REsp 1.698.730/SP, Terceira Turma, Rel. Min. Marco Aurélio Bellizze, j. 21.5.2018); "Processo civil. Juízo arbitral. Cláusula compromissória. Extinção do processo. Art. 267, VII, do CPC. Sociedade de economia mista. Direitos disponíveis. 1. Cláusula compromissória é o ato por meio do qual as partes contratantes formalizam seu desejo de submeter à arbitragem eventuais divergências ou litígios passíveis de ocorrer ao longo da execução da avença. Efetuado o ajuste, que só pode ocorrer em hipóteses envolvendo direitos disponíveis, ficam os contratantes vinculados à solução extrajudicial da pendência. 2. A eleição da cláusula compromissória é causa de extinção do processo sem julgamento do mérito, nos termos do art. 267, inciso VII, do Código de Processo Civil. 3. São válidos e eficazes os contratos firmados pelas sociedades de economia mista exploradoras de atividade econômica de produção ou comercialização de bens ou de prestação de serviços (CF, art. 173, § 1º) que estipulem cláusula compromissória submetendo à arbitragem eventuais litígios decorrentes do ajuste. 4. Recurso especial provido." (STJ, REsp 606.345/RS, Segunda Turma, Rel. Min. João Otávio de Noronha, j. 17.05.2007).

35. CARAMELO, António Sampaio. Critérios de arbitrabilidade dos litígios. Revisitando o tema. *Revista de Arbitragem e Mediação*. ano 7, v. 27, p. 129-161. São Paulo: Ed. RT, out.-dez. 2010.
36. FICHTNER, José Antonio; MANNHEIMER, Sergio Nelson; MONTEIRO, André Luis. Op. cit., p. 246.
37. TALAMINI, Eduardo. A (In)Disponibilidade do Interesse Público: Consequências Processuais (Composições em Juízo, Prerrogativas Processuais, Arbitragem, Negócios Processuais e Ação Monitória) – Versão Atualizada Para o CPC/2015. *Revista de Processo*. v. 264, p. 83-107. São Paulo: Ed. RT, fev. 2017.

Esse entendimento já foi adotado em sede judicial pela Terceira Turma do Superior Tribunal de Justiça, no julgamento do Recurso Especial de número 904.813/PR, envolvendo sociedade de economia mista e concessionária de serviço público. Conforme voto da Relatora Ministra Nancy Andrighi, "assim como a concessionária recorrente teria autonomia para resolver a controvérsia relativa ao equilíbrio econômico-financeiro do contrato celebrado com a recorrida sem precisar de autorização legislativa ou de recorrer ao Poder Judiciário, haja vista a disponibilidade dos interesses envolvidos, ela também tem autonomia para eleger um árbitro que solucione a controvérsia".[38]

Com esses contornos, a conceituação do critério da disponibilidade fornece um arcabouço sólido e adequado para definição do que pode ser objetivamente arbitrável, sobretudo para os casos envolvendo a Administração Pública, os quais protagonizam a maioria das discussões a respeito do tema.

2. ARBITRABILIDADE SUBJETIVA

2.1 A perspectiva internacional

Para a doutrina internacional especializada, os estudos de arbitrabilidade subjetiva englobam sobretudo a possibilidade de Estados e entidades estatais submeterem disputas à arbitragem.[39]

Cabe, no entanto, uma ressalva inicial: embora a arbitrabilidade subjetiva de entes privados frequentemente se confunda com sua capacidade de contratar[40] (sendo esse,

---

38. STJ, REsp 904.813/PR, Terceira Turma, Rel. Min. Nancy Andrighi, j. 20.10.2011.
39. "The question of the arbitrability of a dispute arises in two situations. The first is where certain individuals or entities are considered unable to submit their disputes to arbitration because of their status or function. This essentially concerns states, local authorities and other public entities. This is known as "subjective arbitrability" or "arbitrability ratione personae." Although it has met with criticism from some authors, the concept of subjective arbitrability is now widely accepted. [...] Subjective arbitrability, or arbitrability ratione personae, concerns in particular the entitlement of states and public entities to submit their disputes to arbitration." GAILLARD, Emannuel; FOUCHARD, Philippe; GOLDMAN; Berthold. Op. Cit., p. 313; "National statutes sometimes contain provisions which limit or exclude the submission of disputes to arbitration when the State or a public entity is a party. In some cases, they prohibit the recourse to arbitration, either in whole or in part. In other cases, they subordinate the validity of the arbitration agreement concluded by a State or a public entity to the obtention of a prior authorization. The issue of subjective arbitrability arises in particular when a State or a public entity which has signed an arbitration agreement subsequently avails itself of the above provisions to try to avoid the arbitration." HANOTIAU, Bernard. The law applicable to arbitrability. In: VAN DER BERG, Albert Jan. (Coord.). *Improving the Efficiency of Arbitration Agreements and Awards*: 40 Years of Application of the New York Convention, ICCA Congress Series, v. 9, Hague: Kluwer Law International, p. 148.
40. "Parties to a contract must have legal capacity to enter into that contract, otherwise it is invalid. The position is no different if the contract in question happens to be an arbitration agreement. The general rule is that any natural or legal person who has the capacity to enter into a valid contract has the capacity to enter into an arbitration agreement. Accordingly, the parties to such agreements include individuals, as well as partnerships, corporations, states, and state agencies. If an arbitration agreement is entered into by a party who does not have the capacity to do so, the provisions of the New York Convention (or the Model Law, where applicable) may be brought into operation, either at the beginning or at the end of the arbitral process. At the beginning, the requesting party asks the competent court to stop the arbitration on the basis that the arbitration agreement is

inclusive, o critério incorporado pela nossa Lei de Arbitragem, conforme exposto em detalhes no item 3.2. abaixo), a mesma lógica não é adequada para tratar da vinculação de Estados e entidades estatais no âmbito de arbitragens internacionais.

Isso porque, nesse último caso, não estão em jogo, de fato, a falta de capacidade ou a hipossuficiência do Estado (que concentra plenos poderes de administração de seus interesses), mas eventuais vedações domésticas específicas voltadas à proteção da ordem pública.[41]

No âmbito de arbitragens internacionais, aliás, vigora o entendimento consolidado de que Estados e entidades estatais não podem se arvorar nas próprias limitações estabelecidas por sua legislação doméstica para se desvincular de convenções arbitrais.[42] Essa constatação decorre, de um lado, da tendência permissiva dos Estados a fim de favorecer relevantes transações do comércio internacional, e, de outro, da intenção

---

void, inoperative, or incapable of being performed. At the end of the arbitral process, the requesting party asks the competent court to refuse recognition and enforcement of the award on the basis that one of the parties to the arbitration agreement is 'under some incapacity' under the applicable law. The rules governing capacity to contract can be found in the standard textbooks on the law of contract. They vary from state to state. In the context of an arbitration agreement, it is generally necessary to have regard to more than one system of law. In practice, the issue of capacity rarely arises in international arbitration. Nevertheless, it may be helpful to look briefly at the kind of questions that may arise, first in relation to individuals and corporate entities, and secondly – more importantly perhaps – in relation to states and state entities." BLACKABY, Nigel; PARTASIDES, Constantine; REDFERN, Alan; HUNTER, Martin. Redfern and Hunter on International Arbitration. 6 ed. Oxford: Oxford University Press, 2015, p. 81.

41. "The prohibition to enter into an arbitration agreement or the submission of the latter to previous authorizations are foreign to concerns of protection of a person who is presumed incapable of defending its interests. Rather, they should be treated as provisions of non-arbitrability motivated by public policy concerns. In other words, from a methodological point of view, when the arbitration clause appears prima facie valid – the subject matter of the dispute being arbitrable (objective arbitrability) – but the validity of the clause is challenged by a State or a State entity on the basis of national provisions pertaining to subjective arbitrability, the arbitral tribunal should normally resolve the matter as it would in any other case where it is confronted with national or foreign public policy rules." HANOTIAU, Bernard. The law applicable..., p. 148. No mesmo sentido: "Where a public entity is prohibited from entering into arbitration agreements, that prohibition cannot be explained in terms of capacity on the basis that the entity is incapable of judging where its own interests lie. In particular, it is unclear how one could reconcile such an explanation with a state's extensive powers to manage a country's interests. In international arbitration, the French Cour de cassation long considered that "the prohibition [formerly] imposed by Articles 83 and 1004 of the Code of Civil Procedure is not a matter of capacity within the meaning of Article 3, paragraph 3 of the Civil Code." That prohibition was in fact based on public interest considerations, entirely unconnected with the rationale behind the law on capacity, which is the need to protect those unable to defend their own interests. Laws preventing states and state-owned entities from validly entering into arbitration agreements are thus true examples of the non-arbitrability of disputes, founded on public policy. That basis should not be overlooked, even by those who consider that not all aspects of the existence and validity of the arbitration agreement should be determined by reference to substantive rules. The question of arbitrability should therefore be treated like any other international public policy issue: courts reviewing an arbitral award should apply the concepts of international public policy recognized in their own legal system, while arbitrators should determine themselves the requirements of truly international public policy." GAILLARD, Emannuel; FOUCHARD, Philippe; GOLDMAN; Berthold. Op. cit., p. 317.

42. "The rule that states and state-owned entities cannot rely on restrictive provisions of their own law to challenge the validity of an arbitration agreement into which they unreservedly entered is now firmly established. It is found in international conventions (a), in comparative law (b), in international arbitral case law (c) and in non-binding texts expressing the consensus of the international legal community (d)." GAILLARD, Emannuel; FOUCHARD, Philippe; GOLDMAN; Berthold. Op. cit., p. 322 e ss.

de se prestigiar os princípios gerais do direito de *pacta sunt servanda* e da vedação ao benefício da própria torpeza.[43]

Também na linha do que foi visto em relação à arbitrabilidade objetiva, as convenções internacionais e a Lei Modelo da UNCITRAL não buscam definir os limites substantivos da arbitrabilidade subjetiva, limitando-se a determinar que essa análise seja feita à luz da lei doméstica aplicável à pessoa em questão (art. V.1.a da Convenção de Nova Iorque e art. 36.1.a.i da Lei Modelo da UNCITRAL).

Essa remissão à lei doméstica é essencial, na medida em que seria inviável uniformizar critérios de incapacidade entre todos os países signatários da Convenção de Nova Iorque, sendo certo que a iniciativa esbarraria em questões sensíveis pertinentes a cada Estado. Esse é o caso, por exemplo, da definição do início da maioridade civil, relevante para aferição da capacidade de contratar, e evidentemente sujeita às opções legislativas de cada Estado soberano.

2.2 A perspectiva nacional

Como anotado, a Lei de Arbitragem brasileira dispõe, em seu art. 1º, que "[a]s pessoas capazes de contratar poderão valer-se da arbitragem para dirimir litígios relativos a direitos patrimoniais disponíveis".

A locução "capazes de contratar" nada mais é do que uma repetição do requisito genérico de capacidade necessário para se celebrar qualquer negócio jurídico, conforme art. 104, inciso I, do Código Civil.[44] Afinal, como bem recorda a doutrina, a convenção arbitral é espécie de negócio jurídico e, nessa qualidade, deve ser submetida às suas condições de existência, validade e eficácia.[45]

---

43. "There seems to be a reasonable consensus in the doctrine that concerns subjective arbitrability that the States may create limitations in the domestic scene, for the diverse state entities to participate in arbitrations. Such limitations, nevertheless, shall not be accepted in international arbitration then prevailing the general principle of pacta sunt servanda over the national public interests." CARMONA, Carlos Alberto. Subjective Arbitrability – A Brazilian Perspective. In: AFFAKI, Bachir Georges; NAÓN, Horacio Alberto Grigera (Ed.). *Jurisdictional Choices in Times of Trouble*. Dossiers of the ICC Institute of World Business Law, v. 12. p. 180-190. Paris: International Chamber of Commerce, 2015.
44. "A capacidade, como consequência lógica e natural da personalidade que o ordenamento jurídico reconhece a todos indistintamente, consiste na aptidão genérica de que as pessoas dispõem para adquirir direitos, contrair obrigações e exercê-los de modo específico. A capacidade contratual, necessária para a validade da convenção de arbitragem, e, de resto, para tudo mais que dela decorrer, outra coisa não é senão aquela capacidade jurídica de contrair obrigações. Todavia, esta aptidão geral a que se refere o ordenamento jurídico foi, de certo modo, limitada pelo art. 1º da LA, ao exigir que o agente, além de capaz de contrair obrigações, tenha (a) poderes de disposição sobre um (b) direito patrimonial em relação ao qual a sentença deva incidir." DE ANDRADE, Gustavo Fernandes. Arbitragem e administração pública: da hostilidade à gradual aceitação. In: MELO, Leonardo de Campos; BENEDUZI, Renato Resende (Coord.). *A Reforma da Arbitragem*. Rio de Janeiro: Forense, 2016, p. 417.
45. "De qualquer forma, é com esteio na autonomia privada que se forma o negócio jurídico voltado para a eleição da arbitragem como meio de resolução de disputas decorrentes de um contrato, no qual a cláusula compromissória está inserida ou a ela faz referência. Se o negócio jurídico tem por finalidade produzir uma consequência jurídica, quem o celebra deve querer gerar tal efeito, 21 que no caso concreto é submeter à jurisdição dos árbitros a solução das controvérsias em um determinado contrato." NANNI, Giovanni Ettore. *Direito Civil e Arbitragem*. São Paulo: Atlas, 2014, p. 13-14.

Esse requisito simples é suficiente, por si só, para cravar a arbitrabilidade subjetiva também de pessoas jurídicas de Direito Público. Como recorda Bruno Megna, "na medida em que no Brasil a arbitrabilidade subjetiva se afere da capacidade de contratar, afirmar a capacidade contratual da Administração Pública é também afirmar sua arbitrabilidade subjetiva, como de resto acontece com qualquer pessoa, física ou jurídica, de direito público ou direito privado".[46]

Isso não obstante, a controvérsia acerca da possibilidade de a Administração Pública se submeter à arbitragem ocupou boa parte do debate doutrinário desde antes da promulgação da Lei de Arbitragem. Nesse sentido, destaca-se o marcante precedente firmado com o julgamento do "Caso Lage".[47] Na ocasião, o Supremo Tribunal Federal reconheceu a possibilidade de a União participar de arbitragem previamente determinada via decreto-lei.

Embora importante, o precedente do Caso Lage não eliminou a discussão sobre se a Administração Pública gozava de capacidade genérica para firmar convenção arbitral ou se isso apenas seria possível mediante autorização legislativa específica. Paulatinamente, mediante decisões proferidas pelo Tribunal de Contas da União e por instâncias do Poder Judiciário, foi-se reconhecendo essa possibilidade genérica.[48] Hoje em dia, como cediço, a submissão da Administração Pública à arbitragem já foi inclusive prevista de forma expressa por ocasião da Reforma da Lei de Arbitragem em 2015,[49] com a edição do art. 1º, § 1º.

Além da arbitrabilidade subjetiva voltada à Administração Pública, merece menção a possibilidade de entes despersonalizados (como, por exemplo, condomínios, massas falidas ou espólios) firmarem convenção arbitral. Estes, embora careçam de personalidade jurídica, podem contratar mediante permissão específica. Desse modo, conforme

---

46. MEGNA, Bruno Lopes. *Arbitragem e Administração Pública*: fundamentos teóricos e soluções práticas. Belo Horizonte: Fórum, 2019, p. 127.
47. "Incorporação – Bens e direitos das empresas organização Lage e do espólio de Henrique Lage – Juízo arbitral – Cláusula de irrecorribilidade – Juros da mora – Correção Monetária. 1 – Legalidade do Juízo Arbitral, que o nosso Direito sempre admitiu e consagrou, até mesmo nas causas contra a Fazenda. Precedente Supremo Tribunal Federal. 2 – Legitimidade da cláusula de irrecorribilidade de sentença arbitral, que não ofende a norma constitucional. [...] 5 – Agravo de instrumento a que se negou provimento." (STF, Ag 52.181/GB, Tribunal Pleno, Rel. Min. Bilac Pinto, j. 14.11.1973).
48. "A jurisprudência nacional reconheceu a plena capacidade da Administração Pública para firmar a convenção de arbitragem, mesmo sem previsão em edital de licitação, sempre que se puder identificar, na relação jurídica subjacente, direitos sobre os quais ela tivesse poderes de disposição. Perceba-se que tal escolha se justifica, plenamente, em razão da necessidade de a Administração Pública observar outros princípios e valores constitucionais igualmente relevantes, como os da eficiência (art. 37, *caput*), da economicidade (art. 70, caput), da razoável duração do processo (art. 5º, LXXVIII) e da segurança jurídica (art. 1º), salvo se houver algum interesse indisponível da coletividade a desaconselhar a opção pela arbitragem. A referida Lei 13.129, de 26.05.2015, atenta à conhecida jurisprudência do Tribunal de Contas da União, que, a despeito dos avanços obtidos pela doutrina e jurisprudência, continuava a ser refratária à adoção da arbitragem nos casos em que não houvesse lei específica admitindo tal escolha, estabeleceu, no novo § 1º do art. 1º da LA, norma expressa: "A administração pública direta e indireta poderá utilizar-se da arbitragem para dirimir conflitos relativos a direitos patrimoniais disponíveis"." DE ANDRADE, Gustavo Fernandes. Op. cit., p. 421.
49. Art. 1º. § 1º A administração pública direta e indireta poderá utilizar-se da arbitragem para dirimir conflitos relativos a direitos patrimoniais disponíveis.

reconhece a doutrina especializada, também é possível que celebrem convenção arbitral, desde que especificamente autorizados para tanto.[50]

Questão mais sensível é a arbitrabilidade subjetiva de incapazes. De acordo com Giovanni Ettore Nanni, com quem concordamos, "[a arbitrabilidade subjetiva] deflui da capacidade de fato, que é a aptidão de utilizar e exercer direitos por si mesmo."[51] Desse modo, incapazes e relativamente incapazes não podem ser submetidos à arbitragem.

Não se ignora, contudo, a posição dos que defendem que incapazes não podem, por conta própria, firmar convenção arbitral, mas podem fazê-lo caso estejam devidamente representados ou assistidos.[52]

3. EXAME DE PRECEDENTES

Sem pretensão de apresentar pesquisa científica ou exaurir o tema, este capítulo trata de julgados nacionais selecionados para comentário prático sobre assuntos enfrentados em matéria de arbitrabilidade. A seleção de julgados aqui exposta compreende tanto decisões que examinaram a arbitrabilidade do litígio após a análise dos árbitros (seja em sede de ação anulatória ou de cumprimento de sentença arbitral), como decisões que realizaram análise *ex ante*, excepcionando o princípio *Kompetenz-Kompetenz*. Quando necessário, serão feitas as ressalvas aplicáveis à extensão das conclusões sobre o tema à luz dos diferentes momentos de análise.

---

50. "No que diz respeito aos entes despersonalizados, é de dizer que, sob o prisma do Direito Privado, como eles não detêm personalidade jurídica, também não deteriam, em tese, capacidade de direito e, por conseguinte, capacidade de fato. O ordenamento jurídico civil, porém, cria exceções, atribuindo a estes entes despersonalizados capacidade para contratar, desde que observados certos requisitos. Esta excepcionalidade repercute diretamente na arbitragem, justificando o porquê de a doutrina admitir que entes despersonalizados celebrem convenção de arbitragem. Trata-se dos casos de condomínio edilício, massa falida, espólio e sociedade em comum." FICHTNER, José Antonio; MANNHEIMER, Sergio Nelson; MONTEIRO, André Luis. Op. cit., p. 231; "Como se vê, os entes despersonalizados (universalidades dotadas de representação ativa e passiva como condomínios em edifícios, massas falidas, espólios, sociedades de fato), desde que autorizados, podem valer-se da arbitragem, eis que têm capacidade de ser parte e de estar em juízo, nada impedindo que disponham de seus direitos." CARMONA, Carlos Alberto. Arbitragem..., p. 37; "Assim, o espólio, com autorização judicial ao inventariante, pode celebrar convenção arbitral, tal qual o condomínio, pelo síndico com a autorização da assembleia de condôminos. A permissão, nestes casos, é um requisito essencial, ensejando sua falta à invalidade da convenção arbitral" CAHALI, Francisco José. Op. cit.; "Entes sem personalidade jurídica que tenham capacidade para contratar, tais como espólios e condomínios, podem participar de arbitragem, desde que devidamente autorizados." MUNIZ, Joaquim de Paiva. Op. cit., p. 42; "Os entes despersonalizados, que necessitam de permissão para dispor de direitos, também podem a cláusula compromissória." NANNI, Giovanni Ettore. Op. cit., p. 54.
51. NANNI, Giovanni Ettore. Op. cit., p. 53.
52. "Em nosso ponto de vista, pessoas incapazes podem celebrar convenção de arbitragem, desde que, além de representadas ou assistidas, o objeto da arbitragem possua natureza patrimonial e esteja abrangido pelos poderes de administração atribuídos aos representantes legais" FICHTNER, José Antonio; MANNHEIMER, Sergio Nelson; MONTEIRO, André Luis. Op. cit., p. 236; "Em qualquer das situações acima (limitação de exercício ou entes despersonalizados), a ressalva à utilização da arbitragem não se encontra na capacidade de firmar a convenção, pois podem contratar se assistidos ou representados (e conforme o caso com autorização judicial). A restrição à instituição do juízo arbitral decorre da indisponibilidade do direito que se vê nestas situações." CAHALI, Francisco José. Op. cit.

Em relação à arbitrabilidade subjetiva, como já adiantado, a jurisprudência brasileira admite a participação de entes de Administração Pública em arbitragens.[53] A respeito da discussão da arbitrabilidade subjetiva de incapazes, a controvérsia doutrinária parece ter acompanhado, em algum grau, a falta de definição da jurisprudência. Embora não se tenha notícia de um posicionamento do STJ sobre o tema, diversos tribunais estaduais já negaram validade a convenções arbitrais firmadas por menores, ainda que acompanhados de seus representantes legais.[54] Por outro lado, ainda parece restar em aberto a possibilidade de esse vício ser sanado posteriormente, mediante anuência tácita do indivíduo após atingir a maioridade. Ainda que em análise prévia ao exame pelo juízo arbitral, o TJSP já se manifestou nesse sentido, reconhecendo, ao menos em tese, a possibilidade de determinados atos indicarem aceitação posterior à convenção arbitral firmada por menor de idade, de modo a superar seu vício de origem.[55]

Em relação à arbitrabilidade objetiva, na linha do que se observa na doutrina, parece haver pouca discussão a respeito da definição de patrimonialidade do direito. A possibilidade de arbitrar disputas envolvendo indenização por danos morais é re-

---

53. STJ. CC 139519/RJ, 1ª Seção, Rel. Min. Napoleão Nunes Maia Filho, j. em 11.10.2017; STJ, REsp 904.813/PR, 3ª Turma, rel. Min. Nancy Andrighi, j. em 20.10.2011; TJMG, AI 0460897-04.2014.8.13.0000, 4ª Câmara Cível, Des. Rel. Duarte de Paula, j. em 25.09.2014.
54. Trecho de ementa: "O fato de a menor ter sido regularmente representada por sua genitora no contrato de locação não torna válida a cláusula arbitral, uma vez que a discussão aqui não guarda correlação com a possibilidade (ou não) de exercício pessoal, por representação ou por assistência, conforme a (in)capacidade da pessoa. O tema é outro: alude à obrigatoriedade da submissão dos interesses do absolutamente incapaz à tutela da jurisdição estatal, com a intervenção obrigatória do Ministério Público (art. 127 da CF e art. 178, II, do NCPC), tratando-se, pois, de hipótese de competência exclusiva do Judiciário e que por isso não pode ser derrogada por ato de manifestação de vontade das partes" (TJPR. AI 0005667-14.2021.8.16.0000, 17ª Câmara Cível, Des. Rel. Fernando Paulino da Silva Wolff Filho, j. em 31.5.2021 – ênfase acrescentada); Trecho de ementa: "*Presente no processo arbitral pessoa absolutamente incapaz e arguida a nulidade perante o Judiciário, escorreita a decisão que determina a suspensão do cumprimento de sentença arbitral.*" (TJGO, AI 5365698-31.2021.8.09.0000, 2ª Câmara Cível, Des. Rel. Leobino Valente Chaves, j. em 25.1.2022 – ênfase acrescentada); Trecho de ementa: "Autor incapaz ao tempo da celebração do ajuste. Vedação expressa contida no art. 1º, da Lei de Arbitragem. Restrições à representação legal" (TJSP, Apelação 1061331-30.2018.8.26.0100, 10ª Câmara de Direito Privado, Rel. Des. J.B. Paula Lima, j. em 03.12.2019); Trecho de ementa: "Interesse de menor – Direito patrimonial – Submissão da controvérsia ao Poder Judiciário – Intervenção do ministério público – Imprescindibilidade – Recurso desprovido" (TJSP, AI 5145303-25.2020.8.13.0000, 2ª Câmara Cível, Des. Rel. Raimundo Messias Júnior, j. em 22.09.2021)
55. "Agravo de Instrumento – Ação cautelar pré-arbitral – Decisão agravada que extinguiu o processo, sem resolução do mérito, em relação a duas das corrés, com fulcro no art. 487, VI, do CPC – Inconformismo da autora – Acolhimento – Decisão agravada fundamentada no fato de que *as corrés em questão eram relativamente incapazes quando da celebração do contrato em que prevista a cláusula arbitral, o que impediria que validamente consentissem com a arbitragem, nos termos do art. 1º, caput, da Lei 9.307/96 – Autora que, dentre outros argumentos, sustenta que referidas corrés, ao terem se beneficiado e permanecerem se beneficiando dos efeitos da avença depois de atingida a maioridade, teriam consentido, diretamente e já plenamente capazes, à cláusula compromissória nela contida* – Admissível, em tese, anuência tácita à cláusula arbitral – Argumentos da autora que são plausíveis e que, em exame prima facie, ensejam, no mínimo, dúvida razoável quanto à existência, validade e eficácia da cláusula arbitral em relação às referidas corrés, impondo-se a observância do princípio-competência – Questão a ser dirimida, com prioridade cronológica, pelo árbitro (arts. 8º, par. ún., e 20, da Lei 9.307/96) – Agravadas que, nesse contexto, são partes legítimas para a ação cautelar antecedente à arbitragem – Tutela cautelar propriamente dita que se sujeita ao decidido no AI n. 2185388-44.2020.8.26.0000, ora julgamento conjuntamente com este – Decisão agravada reformada – Recurso provido, com observação". (TJSP, AI 2097931-71.2020.8.26.0000, 2ª Câmara Reservada de Direito Empresarial, Rel. Des. Grava Brazil, j. em 29.09.2020 – ênfase acrescentada)

conhecida reiteradamente por tribunais estaduais.[56] De modo semelhante, disputas envolvendo apuração de haveres em dissolução de sociedade também são tidas como arbitráveis.[57]

Por outro lado, a arbitrabilidade de discussões acerca do exercício de direito de retirada – que comumente acompanham as pretensões de apuração de haveres, aliás – não é consolidada. Há decisões que entendem que o direito de retirada, por decorrer do direito constitucional de livre associação, não se enquadra na definição de direito patrimonial disponível para fins da Lei de Arbitragem.[58] Interessante notar, contudo, que a dissolução parcial de sociedade, quando associada à apuração de haveres, não costuma receber tratamento restritivo quanto à sua arbitrabilidade, embora possa também implicar análise do direito de retirada. Nesse particular, cogita-se que a evidente patrimonialidade nesses casos (já que a apuração de haveres, por definição, gerará uma liquidação de valores) contribua para que o Poder Judiciário reconheça a arbitrabilidade do litígio.

A confusão em torno do conceito de disponibilidade fica clara também quando se trata de litígios envolvendo a Administração Pública. Como já mencionado, o STJ já reconheceu a arbitrabilidade de disputa envolvendo o reequilíbrio econômico de contrato de concessão diante da possibilidade de o Poder Público reajustar o equilíbrio contratual sem intervenção judicial obrigatória.[59]

Frequentemente, porém, vê-se adotado o critério de disponibilidade do direito material subjacente, com a ajuda da distinção entre interesse público primário e secundário para aferição no caso concreto.[60] Nessa toada, já se entendeu que sanções administrativas (que decorrem do poder de polícia do Estado)[61] e eventual nulidade de contrato administrativo[62] não se sujeitam à convenção arbitral.

---

56. TJMG. Apelação 5038309-03.2017.8.13.0024, 18ª Câmara Cível, Des. Rel. Sérgio André da Fonseca Xavier, j. em 19.03.2019; TJSP, Apelação 1062958-45.2013.8.26.0100, 2ª Câmara Reservada de Direito Empresarial, Des. Rel. Ricardo Negrão, j. em 10.12.2014; TJSC, Apelação 0015836-58.2014.8.24.0008, 4ª Vara Cível, Des. Rel. José Agenor de Aragão, j. em 18.06.2020; TJSP, Apelação Cível 0036760-07.2007.8.26.0000, 1ª Câmara de Direito Privado, Des. Rel. Luiz Antonio de Godoy, j. em 10.01.2012; TJRS. Apelação 70047745054, 15ª Câmara Cível, Des. Rel. Otávio Augusto de Freitas Barcellos, j. em 16.05.2012.
57. TJSC, Apelação 2010.041134-5, Câmara Especial Regional de Chapecó, rel. Júlio César M. Ferreira de Melo, j. em 27.4.2015; TJSP, Apelação 1040867-65.2017.8.26.0602, 2ª Câmara Reservada de Direito Empresarial, Des. Rel. Araldo Telles, j. em 1.12.2020; TJSP, 1ª Câmara Reservada de Direito Empresarial, AI 2050159-78.2021.8.26.0000, j. 12.05.2021; TJDFT, 2ª Turma Cível, Apelação 0010197-41.2016.8.07.0015, j. e, 19.08.2020.
58. TJSP, Apelação 1002039-44.2019.8.26.0597, 1ª Câmara Reservada de Direito Empresarial, Des. Rel. Azuma Nishi, j. em 4.9.2019; TJSP, Apelação 0033878-23.2011.8.26.0068, 1ª Câmara Reservada de Direito Empresarial, Des. Rel. Pereira Calças, j. em 11.12.2012.
59. Trecho de ementa: "[a] controvérsia estabelecida entre as partes – manutenção do equilíbrio econômico financeiro do contrato – é de caráter eminentemente patrimonial e disponível, tanto assim que as partes poderiam tê-la solucionado diretamente, sem intervenção tanto da jurisdição estatal, como do juízo arbitral." (STJ. REsp 904.813/PR, 3ª Turma, rel. Min. Nancy Andrighi, j. em 20.10.2011).
60. TJSP. AI 0539082-35.2010.8.26.0000, 5ª Câmara de Direito Público, Des. Rel. Nogueira Diefenthaler, j. em 18.04.2011
61. TRF-4, MCI 0000091-19.2015.4.04.0000, 3ª Turma, Des. Rel. Salise Monteiro Sanchotene, j. em 20.05.2015.
62. STJ. REsp 1887864/SP, Rel. Min. Mauro Campbell Marques, decisão monocrática, j. em 1º fev. 2021.

4. CONCLUSÃO: DESENVOLVIMENTO DO INSTITUTO DA ARBITRAGEM E DESAFIOS EM MATÉRIA DE ARBITRABILIDADE

É célebre a previsão de Bernard Hanotiau no sentido de que "a inarbitrabilidade tende a se tornar, nos sistemas jurídicos e judiciais progressistas, um vestígio do passado".[63] Conquanto o prognóstico possa ser mais voltado a arbitragens internacionais,[64] entendemos que ainda há um longo caminho a trilhar no âmbito de arbitragens domésticas brasileiras, em particular no que se refere à arbitrabilidade objetiva dos litígios.[65]

Embora uma parte relevante dos procedimentos arbitrais domésticos não lide com sérias objeções quanto à arbitrabilidade da matéria – e o Judiciário brasileiro reconheça, com tranquilidade, a arbitrabilidade das disputas tradicionalmente levadas à arbitragem –, a ampliação do escopo de litígios que são (ou que se pretende que sejam) resolvidos via arbitragem tende a suscitar dúvidas. Isso porque ainda não se tem uma definição jurisprudencial clara e unívoca do que se entende por direitos patrimoniais *disponíveis*.

Como visto, tem-se, de um lado, a prevalente noção de que a disponibilidade equivale à possibilidade de renúncia ou transação do direito material subjacente. Além de possivelmente inadequada de um ponto de vista dogmático, essa definição por vezes não é suficiente para definir a solução do caso concreto, demandando a análise de outros conceitos jurídicos indeterminados.

De outro, tem-se visto uma forte iniciativa de utilizar a arbitragem como método de resolução de disputas para litígios em áreas não tradicionais e sensíveis, como para disputas tributárias, trabalhistas ou que envolvem propriedade intelectual ou direito concorrencial.

Para a aferição da arbitrabilidade, a boa definição do pedido formulado pelas partes é crucial. Um litígio pode envolver uma série de nuances de indisponibilidade e, ainda assim, ser arbitrável. Tudo pode depender, primordialmente, de um elemento: o pedido. É o pedido que delimita a jurisdição dos árbitros, e é igualmente ele que deverá nortear a análise quanto à arbitrabilidade ou não da matéria, inclusive quanto aos sujeitos que serão afetados pela demanda.

À guisa de conclusão, vimos até aqui que a arbitrabilidade é a capacidade de se submeter à arbitragem, seja em relação às pessoas envolvidas (arbitrabilidade subjetiva), seja em relação à matéria *sub judice* (arbitrabilidade objetiva). A despeito dos avanços, todos os Estados estabelecem algum tipo de limite à arbitrabilidade, justificando-se o estudo do tema.

---

63. HANOTIAU, Bernard. L'arbitrabilité. Separata do *Recueil des Cours de l'Académie de Droit International de la Haye* (RCADI), t. 296 (2002), The Hague/Boston/London: Martinus Nijhoff Publishers, 2003, p. 253 apud GONÇALVES, Eduardo Damião. Op. cit., p. iv. A tradução ao Português é de Eduardo Damião Gonçalves.
64. Essa opinião é partilhada por outros doutrinadores da arbitragem internacional, como Karim A. Youssef (Op. cit., p. 67).
65. Em relação à arbitrabilidade subjetiva, não ignoramos o famigerado julgamento proferido no Conflito de Competência 151.130/SP, que negou a vinculação da União, enquanto acionista controladora, à cláusula compromissória estatutária presente no estatuto da Petrobras. Embora reputemos esse precedente tecnicamente incorreto e lamentável para o desenvolvimento da arbitragem no país, consideramos, também, que o Superior Tribunal de Justiça possui longo histórico de julgados favoráveis à arbitrabilidade subjetiva de entes públicos, de modo que esse julgado mais nos parece um erro de percurso da Corte, cf. já exposto neste capítulo, e não um indicativo forte de futuros problemas nessa seara.

O exame da arbitrabilidade é um passo preliminar para que os árbitros possam assumir jurisdição sobre uma disputa específica e está sujeito à revisão de cortes estatais em sede de execução ou anulação da sentença arbitral. Como a questão da inarbitrabilidade guarda relação com conceitos domésticos, a Convenção de Nova Iorque e a Lei Modelo da UNCITRAL limitam-se a remeter o assunto a lei domésticas. Seja por isso, seja porque as arbitragens internacionais são tratadas distintamente pelos Estados, cabe analisar as perspectivas nacional e internacional de forma apartada.

No âmbito da arbitragem internacional, o regime da arbitrabilidade objetiva é tido como mais liberal que seu par doméstico. Sob a perspectiva do Direito Comparado, viu-se que há um núcleo-duro de inarbitrabilidade, seguido por grande parte dos países. Os requisitos domésticos são, por vezes, semelhantes, mas a diferença na sua interpretação impede que se obtenham parâmetros gerais nos casos sensíveis. Desse modo, é relevante determinar a lei aplicável à arbitrabilidade.

Em relação à arbitrabilidade objetiva sob a perspectiva nacional, há dois requisitos: patrimonialidade e disponibilidade do direito. O primeiro requisito gera pouco debate e representa, em última análise, que o direito discutido deve poder ser traduzido como um conteúdo econômico. O segundo requisito é fonte de interminável debate doutrinário e jurisprudencial, em constante evolução. Importante observar que é possível submeter à arbitragem aquelas disputas que não demandam necessariamente intervenção judicial e em relação às quais as partes podem reconhecer espontaneamente o direito da contraparte.

Em relação à arbitrabilidade subjetiva pela perspectiva internacional, tem-se que, independentemente das restrições internas à participação do Estado em arbitragens, deve ser reconhecida a sua vinculação em arbitragens internacionais. Em relação aos entes privados, internacionalmente, a Convenção de Nova Iorque equipara a arbitrabilidade subjetiva à capacidade, de acordo com a lei pessoal doméstica aplicável à parte.

Nossa Lei de Arbitragem condiciona a arbitrabilidade subjetiva à capacidade de contratar. Desse modo, restam plenamente incluídas nesse conceito as pessoas físicas e jurídicas de Direito Público ou Privado. Os entes despersonalizados poderão se valer da arbitragem desde que autorizados especificamente para tanto. Em relação aos incapazes, prevalece a opinião de que não podem, de forma alguma, firmar convenção arbitral.

BIBLIOGRAFIA E JULGADOS SELECIONADOS

DE ANDRADE, Gustavo Fernandes. Arbitragem e administração pública: da hostilidade à gradual aceitação. In: MELO, Leonardo de Campos; BENEDUZI, Renato Resende (Coord.). *A Reforma da Arbitragem*. Rio de Janeiro: Forense, 2016.

BLACKABY, Nigel; PARTASIDES, Constantine; REDFERN, Alan; HUNTER, Martin. *Redfern and Hunter on International Arbitration*. 6 ed. Oxford: Oxford University Press, 2015.

BORN, Gary B. *International Commercial Arbitration*. 3. ed. Hague: Kluwer Law International, 2021.

CARAMELO, António Sampaio. Critérios de arbitrabilidade dos litígios. Revisitando o tema. *Revista de Arbitragem e Mediação*. ano 7, v. 27, p. 129-161. São Paulo: Ed. RT, out.-dez. 2010.

BREKOULAKIS, Stavros; MISTELIS, Loukas A. (Ed.). *Arbitrability*: International and Comparative Perspectives. Hague: Kluwer Law International, 2009.

BREKOULAKIS, Stavros. Arbitrability and Conflict of Jurisdictions: The (Diminishing) Relevance of Lex Fori and Lex Loci Arbitri. In: FERRARI, Franco; KRÖLL, Stefan (Coord.). *Conflict of Laws in International Commercial Arbitration*. Huntington: JurisNet, 2019.

CARMONA, Carlos Alberto. *Arbitragem e processo*: um comentário à Lei 9.307/96. 3 ed. São Paulo: Atlas, 2009.

CARMONA, Carlos Alberto. Subjective Arbitrability – A Brazilian Perspective. In: AFFAKI, Bachir Georges; NAÓN, Horacio Alberto Grigera (Ed.). Jurisdictional Choices in Times of Trouble. *Dossiers of the ICC Institute of World Business Law*. Paris: International Chamber of Commerce, 2015. v. 12.

DIAMVUTU, Lino. *O favor arbitrandum* – ensaio de uma teorização. 2018. Tese de doutoramento – Faculdade de Direito da Universidade de Lisboa, 2018.

FICHTNER, José Antonio; MANNHEIMER, Sergio Nelson; MONTEIRO, André Luis. *Teoria Geral da Arbitragem*. Rio de Janeiro: Forense, 2019.

GAILLARD, Emannuel; FOUCHARD, Philippe; GOLDMAN; Berthold. *Fouchard Gaillard Goldman on International Commercial Arbitration*. Hague: Kluwer International, 1999.

GARCEZ, José Maria Rossani., Arbitrabilidade no direito brasileiro e internacional. *Revista de Direito Bancário, do Mercado de Capitais e da Arbitragem*. n. 12. São Paulo: Ed. RT, abr.-jun. 2001.

GONÇALVES, Eduardo Damião. *Arbitrabilidade Objetiva*. 2008. Tese (Doutorado em Direito Internacional) – Faculdade de Direito, Universidade de São Paulo, São Paulo, 2008.

HANOTIAU, Bernard. *L'arbitrabilité*. Separata do Recueil des Cours de l'Académie de Droit International de la Haye (RCADI), t. 296 (2002), The Hague/Boston/London: Martinus Nijhoff Publishers, 2003.

JARROSSON, Charles. La notion d'arbitrabilité. *Revista Brasileira de Arbitragem*. n. 0 (número especial de lançamento), p. 173-180. Porto Alegre: Síntese, Comitê Brasileiro de Arbitragem, 2003.

LEE, João Bosco. O conceito de arbitrabilidade nos países do Mercosul. *Revista de Direito Bancário e do Mercado de Capitais*. p. 346-358. São Paulo, abr./jun. 2000.

LEW, Julian D. M.; MISTELIS, Loukas A.; KROLL, Stefan M. *Comparative International Commercial Arbitration*. Kluwer Law International, 2003.

MAYER, Pierre. Mandatory rules of law in international arbitration. *Arbitration International*, v. 2, p. 277-278. Issue 4, Oxford: Oxford University Press, 1986.

MONTEIRO, André Luís; RODRIGUES, Marco Antonio. Arbitragem e cláusulas exorbitantes dos contratos administrativos. *Revista de Arbitragem e Mediação*, p. 51-94. São Paulo, jul.-set./2020.

PEREIRA, César Augusto Guimarães; TALAMINI, Eduardo (Coord.). *Arbitragem e Poder Público*. São Paulo: Saraiva, 2010.

PIRES, Catarina Monteiro; PEREIRA DIAS, Rui. *Manual de Arbitragem Internacional Lusófona*. Coimbra: Almedina, 2020.

RICCI, Edoardo F. Desnecessária conexão entre disponibilidade do objeto da lide e admissibilidade de arbitragem: reflexões evolutivas. In: LEMES, Selma Ferreira; CARMONA, Carlos Alberto; MARTINS, Pedro Batista (Coord.). *Arbitragem*: estudos em homenagem ao Prof. Guido Fernando da Silva Soares, in memoriam. São Paulo: Atlas, 2007.

ROQUE, André Vasconcelos. A evolução da arbitrabilidade objetiva no Brasil: tendências e perspectivas. *Revista de Arbitragem e Mediação*. p. 301-337. São Paulo, abr.-jun. 2012.

SALLES, Carlos Alberto de. *Arbitragem em contratos administrativos*. Rio de Janeiro: Forense; São Paulo: Método, 2011.

STEIN, Raquel. *Arbitrabilidade no Direito Societário*. Rio de Janeiro: Renovar, 2014.

TALAMINI, Eduardo. A (In)Disponibilidade do Interesse Público: Consequências Processuais (Composições em Juízo, Prerrogativas Processuais, Arbitragem, Negócios Processuais e Ação Monitória) – Versão Atualizada Para o CPC/2015. *Revista de Processo*. v. 264, p. 83-107. São Paulo: Ed. RT, fev. 2017.

JULGADOS SELECIONADOS

"Conflito de competência. Arbitragem ou jurisdição estatal. Cláusula compromissória. Art. 58 do estatuto social da Petrobras. Submissão da união a procedimento arbitral. Impossibilidade. Discussão acerca da própria condição de existência da cláusula ao ente público. Competência exclusiva da jurisdição estatal. Inexistência de autorização legal ou estatutária. Pleito indenizatório com fundamento na desvalorização das ações por impactos negativos da operação "lava jato". Pretensão que transcende ao objeto societário." (STJ, CC 151.130/SP, Segunda Seção, Rel. Min. Nancy Andrighi, j. 27.11.2019).

"Incorporação – Bens e direitos das empresas Organização Lage e do espólio de Henrique Lage – Juízo arbitral – Cláusula de irrecorribilidade – Juros da mora – Correção monetária. 1 – Legalidade do Juízo Arbitral, que o nosso Direito sempre admitiu e consagrou, até mesmo nas causas contra a Fazenda. Precedente Supremo Tribunal Federal. 2 – Legitimidade da cláusula de irrecorribilidade de sentença arbitral, que não ofende a norma constitucional. [...] 5 – Agravo de instrumento a que se negou provimento" (STF, Ag 52.181/GB, Tribunal Pleno, Rel. Min. Bilac Pinto, j. 14.11.1973).

"Conflito positivo de competência. Juízo arbitral e órgão jurisdicional estatal. Conhecimento. Arbitragem. Natureza jurisdicional. Meios alternativos de solução de conflito. Dever do estado. Princípio da competência-competência. Precedência do juízo arbitral em relação à jurisdição estatal. Controle judicial a posteriori. Convivência harmônica entre o direito patrimonial disponível da administração pública e o interesse público. Conflito de competência julgado procedente" (STJ, CC 139.519/RJ, Primeira Seção, Rel. Min. Napoleão Nunes Maia Filho, j. 14.12.2016).

"Processo civil. Recurso especial. Licitação. Arbitragem. Vinculação ao edital. Cláusula de foro. Compromisso arbitral. Equilíbrio econômico financeiro do contrato. Possibilidade. [...] 9. A controvérsia estabelecida entre as partes – manutenção do equilíbrio econômico financeiro do contrato – é de caráter eminentemente patrimonial e disponível, tanto assim que as partes poderiam tê-la solucionado diretamente, sem intervenção tanto da jurisdição estatal, como do juízo arbitral. 10. A submissão da controvérsia ao juízo arbitral foi um ato voluntário da concessionária. Nesse contexto, sua atitude posterior, visando à impugnação desse ato, beira às raias da má-fé, além de ser prejudicial ao próprio interesse público de ver resolvido o litígio de maneira mais célere. 11. Firmado o compromisso, é o Tribunal arbitral que deve solucionar a controvérsia. 12. Recurso especial não provido." (STJ, REsp 904.813/PR, Terceira Turma, Rel. Min. Nancy Andrighi, j. 28.2.2012).

"Processo civil. Juízo arbitral. Cláusula compromissória. Extinção do processo. Art. 267, vii, do CPC. Sociedade de economia mista. Direitos disponíveis. Extinção da ação cautelar preparatória por inobservância do prazo legal para a proposição da ação principal. 1. Cláusula compromissória é o ato por meio do qual as partes contratantes formalizam seu desejo de submeter à arbitragem eventuais divergências ou litígios passíveis de ocorrer ao longo da execução da avença. Efetuado o ajuste, que só pode ocorrer em hipóteses envolvendo direitos disponíveis, ficam os contratantes vinculados à solução extrajudicial da pendência. 2. A eleição da cláusula compromissória é causa de extinção do processo sem julgamento do mérito, nos termos do art. 267, inciso VII, do Código de Processo Civil. 3. São válidos e eficazes os contratos firmados pelas sociedades de economia mista exploradoras de atividade econômica de produção ou comercialização de bens ou de prestação de serviços (CF, art. 173, § 1º) que estipulem cláusula compromissória submetendo à arbitragem eventuais litígios decorrentes do ajuste. 4. Recurso especial parcialmente provido." (STJ, REsp 612.439/RS, Segunda Turma, Rel. Min. João Otávio de Noronha, j. 25.10.2005).

IX
LEIS, REGULAMENTOS E DIRETRIZES APLICÁVEIS À ARBITRAGEM

Eleonora Coelho

Mestre em Arbitragem, Contencioso e Modos Alternativos de Solução de Conflitos pela Universidade Paris II – Panthéon Assas. Advogada em São Paulo, sócia fundadora do escritório Eleonora Coelho Advogados.

Fabiana Leite

Pós-graduada em "Intervenções Sistêmicas para Resolução de Conflitos e Disputas em Diferentes Contextos" pela PUC-SP/COGEAE. Advogada em São Paulo, sócia do escritório Eleonora Coelho Advogados.

Sumário: Introdução – 1. Lei que governa a capacidade das partes – 2. Lei que governa a convenção arbitral – 3. Lei que governa o processo arbitral (*lex arbitri*) – 4. Lei aplicável ao mérito da disputa – 5. Lei que governa o reconhecimento e o cumprimento de sentenças arbitrais estrangeiras – 6. Determinação das leis aplicáveis pelo tribunal arbitral – Conclusões – Bibliografia e julgados selecionados.

INTRODUÇÃO

Considerando que um procedimento arbitral pode ter vários elementos de conexão com diferentes países e nacionalidades (por exemplo, uma parte pode ser do Líbano, outra do México, a sede da arbitragem ser na Inglaterra, a lei escolhida para reger o contrato a da França e a execução da sentença ser no Brasil), bem como a liberdade e flexibilidade inerentes à arbitragem, é possível que se tenha ao menos cinco leis diferentes para governar os diversos aspectos relativos à arbitragem, quais sejam: (i) a capacidade das partes; (ii) a convenção arbitral; (iii) o processo arbitral (a chamada *lex arbitri*); (iv) o mérito do litígio; (v) o reconhecimento e o cumprimento de sentenças arbitrais.

É o que passaremos a analisar a seguir.

1. LEI QUE GOVERNA A CAPACIDADE DAS PARTES

A convenção arbitral é um acordo pautado em manifestação de vontade das partes que deve ser sempre válida e eficaz. Para isso, é necessário que a parte (o sujeito), no momento em que manifesta a vontade[1] de pactuar a convenção arbitral, tenha personali-

---

1. Quanto ao momento de verificação da capacidade das partes, há entendimento de cortes da Itália, Estados Unidos, Rússia e Canadá no sentido que deve ser no momento da celebração da convenção arbitral (UNCITRAL

dade (jurídica ou física) e capacidade de contratar,[2] sendo, assim, um requisito subjetivo universal do ato jurídico.[3]

Não por acaso, logo no artigo 1º da Lei de Arbitragem há disposição que estabelece: as pessoas *capazes* de contratar[4] poderão valer-se da arbitragem para dirimir seus litígios.[5]

Na mesma linha, a Convenção sobre o Reconhecimento e Execução de Sentenças Arbitrais Estrangeiras, celebrada em 1958 em Nova Iorque e promulgada no Brasil pelo Decreto 4.311/2002 ("Convenção de Nova Iorque"), em seu Art. V, 1, *a*), estabelece como um dos requisitos para o reconhecimento e execução de sentenças arbitrais estrangeiras o da capacidade das partes.[6] Esta previsão também foi acolhida pela Lei de Arbitragem no Art. 38, I.[7]

A *capacidade*, nos termos da Convenção de Nova Iorque, pode englobar diversos atributos da parte ao contratar: não apenas quanto a "idade (maioridade ou menoridade), fatores físicos (toxicômanos) ou psicológicos",[8] como quanto à capacidade de uma pessoa jurídica ou um ente público contratar. Ademais, pode abranger também restrições à capacidade de contratar, como vícios da vontade, falta de consentimento informado e

---

Secretariat guide on the Convention on the Recognition and Enforcement of Foreign Arbitral Awards (New York, 1958). New York: United Nations, 2016. p. 140-141).

2. ABBUD, André de Albuquerque Cavalcanti. Homologação de Sentença Arbitral Estrangeira. In: LEVY, Daniel, PEREIRA, Guilherme Setoguti J. (Coord.). *Curso de Arbitragem*. São Paulo: Thomson Reuters Brasil, 2018. p. 469.
3. COELHO, Eleonora, STETNER, Renato Parreira. *A Convenção de Nova Iorque: ratificação pelo Brasil*. In: GUILHERME, Luiz Fernando do Vale de Almeida (Coord.). *Novos rumos da Arbitragem no Brasil*. São Paulo: Fiuza Editores, 2004. p. 318.
4. Tanto a Lei de Arbitragem (Art. 1º) quanto ao Código Civil Brasileiro (Art. 851) falam em capacidade para *contratar*. Contudo, como bem notam José Antonio Fichtner, Sergio Nelson Mannheimer e André Luís Monteiro, "*a análise até então feita parte do pressuposto de que a convenção de arbitragem teria natureza contratual* [...]. *A expressão legal 'pessoas capazes de contratar' significaria, assim, pessoas com capacidade de fato, na forma do Código Civil. É relevante destacar, porém, que há uma corrente de pensamento entendendo que a convenção de arbitragem, na verdade, não é negócio jurídico de direito privado, mas sim negócio jurídico processual, de modo que a capacidade mencionada na Lei 9.307/1996 não seria, exatamente, a capacidade de fato do Direito Privado, mas sim a capacidade de ser parte e a capacidade de estar em juízo da Teoria Geral do Processo*" (FICHTNER, José Antonio; MANNHEIMER, Sergio Nelson; MONTEIRO, André Luís. *Teoria Geral da Arbitragem*. Rio de Janeiro: Forense, 2019. p. 235).
5. "Condição *sine qua non* para a utilização da arbitragem é a capacidade dos contratantes, sem o que não pode ser firmada a convenção de arbitragem." (CARMONA, Carlos Alberto. *Arbitragem e processo*. 3. ed. São Paulo: Atlas, 2009. p. 37).
6. "Artigo V

    1. O reconhecimento e a execução de uma sentença poderão ser indeferidos, a pedido da parte contra a qual ela é invocada, unicamente se esta parte fornecer, à autoridade competente onde se tenciona o reconhecimento e a execução, prova de que:

    a) as partes do acordo a que se refere o Artigo II estavam, em conformidade com a lei a elas aplicável, de algum modo incapacitadas, ou que tal acordo não é válido nos termos da lei à qual as partes o submeteram, ou, na ausência de indicação sobre a matéria, nos termos da lei do país onde a sentença foi proferida; ou [...]".
7. "Art. 38. Somente poderá ser negada a homologação para o reconhecimento ou execução de sentença arbitral estrangeira, quando o réu demonstrar que:

    I – as partes na convenção de arbitragem eram incapazes; [...]".
8. CARMONA, Carlos Alberto. *Arbitragem e processo*. 3. ed. São Paulo: Atlas, 2009. p. 37.

irregularidade de representação.⁹ Assim, a depender das regras aplicáveis, *incapacidade* pode dizer respeito a condições legais não preenchidas e ou vícios que previnam uma parte de contratar em seu próprio nome e por conta própria.¹⁰

Além das noções básicas acima delineadas, o que se pretende discutir neste capítulo sobre o tema é questão mais complexa: qual lei será aplicável para definir a *capacidade* da parte, aferição esta que será tarefa do tribunal arbitral e/ou de órgão estatal responsável pelo reconhecimento e execução de sentenças arbitrais estrangeiras, a depender do momento em que o tema é trazido à discussão.¹¹

A Convenção de Nova Iorque simplesmente indica que a *capacidade* deve ser analisada conforme "a lei a elas [às partes] aplicáveis", sem indicar as regras de conflito de leis para identificação da lei aplicável.

Parte da doutrina nacional chegou a defender que a escolha da lei aplicável à capacidade das partes deveria seguir a mesma regra indicada pela Convenção de Nova Iorque para aferição da lei aplicável à convenção de arbitragem, qual seja, a "lei à qual as partes o submeteram, ou, na ausência de indicação sobre a matéria, nos termos da lei do país onde a sentença foi proferida".¹²

Contudo, a doutrina majoritária defende que a lei aplicável à capacidade não pode ser livremente disposta pelas partes,¹³ como é o caso da lei aplicável à convenção de arbitragem, e, assim, deve ser aplicada a lei que tutela a pessoa, a ser definida conforme as regras de conexão (ou de conflitos de leis) do local em que se analisará a questão.¹⁴

---

9. UNCITRAL Secretariat guide on the Convention on the Recognition and Enforcement of Foreign Arbitral Awards (New York, 1958). New York: United Nations, 2016. p. 137. Ainda: PETEFFI DA SILVA, Rafael, LIBERAL, Leandro Monteiro. Aferição da capacidade das partes no processo de homologação de sentença arbitral estrangeira pelo Superior Tribunal de Justiça: a ratificação da Convenção de Nova Iorque destituiu o Ius Domicili no Brasil? In: LEMES, Selma Ferreira, LOPES, Christian Sahb Batista (Coord.). *Arbitragem Comercial Internacional e os 60 anos da Convenção de Nova Iorque*. São Paulo: Quartier Latin, 2019. p. 628.
10. UNCITRAL Secretariat guide on the Convention on the Recognition and Enforcement of Foreign Arbitral Awards (New York, 1958). New York: United Nations, 2016. p. 136.
11. UNCITRAL Secretariat guide on the Convention on the Recognition and Enforcement of Foreign Arbitral Awards (New York, 1958). New York: United Nations, 2016. p. 140.
12. O entendimento é defendido em CARMONA, Carlos Alberto. *Arbitragem e processo*. 3. ed. São Paulo: Atlas, 2009. p. 466-467; BERALDO, Leonardo de Faria. *Curso de Arbitragem nos termos da Lei 9.307/96*. São Paulo: Atlas, 2014. P. 565.
13. Isso "porque retiraria um controle estatal mínimo sobre a deliberação das partes, que poderiam optar por ordenamentos completamente alheios à sua realidade apenas para driblar a incapacidade que teriam em seus próprios domicílios ou relativas às suas próprias nacionalidades." PETEFFI DA SILVA, Rafael, LIBERAL, Leandro Monteiro. Aferição da capacidade das partes no processo de homologação de sentença arbitral estrangeira pelo Superior Tribunal de Justiça: a ratificação da Convenção de Nova Iorque destituiu o Ius Domicili no Brasil? In: LEMES, Selma Ferreira, LOPES, Christian Sahb Batista (Coord.). *Arbitragem Comercial Internacional e os 60 anos da Convenção de Nova Iorque*. São Paulo: Quartier Latin, 2019, p. 636. No mesmo sentido: "Não é relevante, nesse ponto, a lei eleita pelas partes na convenção de arbitragem; afinal, elas não têm liberdade de disposição sobre a lei regente de sua própria capacidade, matéria atinente ao estado das pessoas" (ABBUD, André de Albuquerque Cavalcanti. Homologação de Sentença Arbitral Estrangeira. In: LEVY, Daniel, PEREIRA, Guilherme Setoguti J. (Coord.). *Curso de Arbitragem*. São Paulo: Thomson Reuters Brasil, 2018. p. 469-470).
14. BORN, Gary B. *International Commercial Arbitration*. 2. ed. The Netherlands: Kluwer Law International, 2014. v. I: International Arbitration Agreements, p. 627 e 629; BATISTA MARTINS, Pedro A. *Apontamentos sobre a Lei de Arbitragem*. Rio de Janeiro: Forense, 2008. p. 383; CAHALI, Francisco José. *Curso de Arbitragem*. 5. ed.

Tal entendimento é corroborado pelo *UNCITRAL Secretariat Guide on the Convention on the Recognition and Enforcement of Foreign Arbitral Awards*, o qual destaca que a lei que governa a capacidade das partes não se confunde com a lei que rege a convenção de arbitragem e que a intenção da Convenção de Nova Iorque era a de que cada Estado definisse internamente as suas regras de conflito para definir a lei que governa o estado pessoal de cada parte.[15]

Em geral, nos poucos casos enfrentados por Estados acerca do assunto, as regras de conexão utilizadas foram a da nacionalidade ou do domicílio ou residência permanente da parte, se física, ou do local de constituição da pessoa jurídica.[16]

O Superior Tribunal de Justiça brasileiro ("STJ") ainda não enfrentou a questão, mas a maior parte da doutrina[17] entende que a regra a ser aplicada no Brasil é a do domicílio da parte, nos termos do Art. 7º da Lei de Introdução às Normas do Direito Brasileiro: "Art. 7º A lei do país em que domiciliada a pessoa determina as regras sobre o começo e o fim da personalidade, o nome, a capacidade e os direitos de família".

O mesmo raciocínio acerca das regras de conexão de nacionalidade ou domicílio da parte é geralmente aplicado em decisões arbitrais.[18]

---

rev. e atual. São Paulo: Ed. RT, 2015. p. 456; PETEFFI DA SILVA, Rafael, LIBERAL, Leandro Monteiro. Aferição da capacidade das partes no processo de homologação de sentença arbitral estrangeira pelo Superior Tribunal de Justiça: a ratificação da Convenção de Nova Iorque destituiu o Ius Domicili no Brasil? In: LEMES, Selma Ferreira, LOPES, Christian Sahb Batista (Coord.). *Arbitragem Comercial Internacional e os 60 anos da Convenção de Nova Iorque*. São Paulo: Quartier Latin, 2019. p. 653-656; ABBUD, André de Albuquerque Cavalcanti. Homologação de Sentença Arbitral Estrangeira. In: LEVY, Daniel, PEREIRA, Guilherme Setoguti J. (Coord.). *Curso de Arbitragem*. São Paulo: Thomson Reuters Brasil, 2018. p. 470; GAMA E SOUZA JÚNIOR, Lauro da. Reconhecimento e execução de sentenças arbitrais estrangeiras. In: CASELLA, Paulo Borba (Coord.). *Arbitragem – A nova lei brasileira (9.307/96) e a praxe internacional*. São Paulo: LTr, 1999. p. 416.

15. "It is clear however from the text of article V (1)(a) that the law applicable to the capacity of a party is different from the law governing the validity of an arbitration agreement, as stated in the second part of the provision. As reflected in the travaux préparatoires to the Convention, the expression "law applicable to them" was meant to be determined "according to the law governing [a party's] personal status". The Convention is however silent on how to determine the applicable law" (UNCITRAL Secretariat guide on the Convention on the Recognition and Enforcement of Foreign Arbitral Awards (New York, 1958). New York: United Nations, 2016. p. 138-139). Tal conclusão reflete o entendimento de Fouchard Gaillard Goldman on International Commercial Arbitration 984, para. 1695 (E. Gaillard, J. Savage eds., 1999); Albert Jan van den Berg, The New York Arbitration Convention of 1958: Towards a Uniform Judicial Interpretation 277 (1981).

16. UNCITRAL Secretariat guide on the Convention on the Recognition and Enforcement of Foreign Arbitral Awards (New York, 1958). New York: United Nations, 2016. p. 139-140.

17. BATISTA MARTINS, Pedro A. *Apontamentos sobre a Lei de Arbitragem*. Rio de Janeiro: Forense, 2008. p. 383; CAHALI, Francisco José. *Curso de Arbitragem*. 5. ed. rev. e atual. São Paulo: Ed. RT, 2015. p. 456; PETEFFI DA SILVA, Rafael, LIBERAL, Leandro Monteiro. Aferição da capacidade das partes no processo de homologação de sentença arbitral estrangeira pelo Superior Tribunal de Justiça: a ratificação da Convenção de Nova Iorque destituiu o Ius Domicili no Brasil? In: LEMES, Selma Ferreira, LOPES, Christian Sahb Batista (Coord.). *Arbitragem Comercial Internacional e os 60 anos da Convenção de Nova Iorque*. São Paulo: Quartier Latin, 2019. p. 653-656; ABBUD, André de Albuquerque Cavalcanti. Homologação de Sentença Arbitral Estrangeira. In: LEVY, Daniel, PEREIRA, Guilherme Setoguti J. (Coord.). *Curso de Arbitragem*. São Paulo: Thomson Reuters Brasil, 2018. p. 470; GAMA E SOUZA JÚNIOR, Lauro da. Reconhecimento e execução de sentenças arbitrais estrangeiras. In: CASELLA, Paulo Borba (Coord.). *Arbitragem – A nova lei brasileira (9.307/96) e a praxe internacional*. São Paulo, LTr, 1999. p. 416.

18. BORN, Gary B. *International Commercial Arbitration*. 2. ed. The Netherlands: Kluwer Law International, 2014, v. I: International Arbitration Agreements, p. 628-629.

Contudo, em arbitragens internacionais, Gary Born sugere a aplicação de um princípio de validação (*validation principle*) que merece atenção. De acordo com o jurista, a decisão do Tribunal Arbitral deve sopesar a questão da capacidade sob a ótica das diversas leis nacionais dos países envolvidos (nacionalidades ou domicílios de ambas as partes, sede da arbitragem etc.) e decidir conforme o entendimento da lei aplicável que valide o contrato – e, neste caso, que considere a parte capaz. Isto é, por exemplo, se de acordo com a lei de domicílio de uma das partes e do país da sede da arbitragem, a parte sob análise é considerada capaz no momento da celebração da convenção de arbitragem, esta deve ser a conclusão sobre a sua capacidade, ainda que a lei nacional de seu próprio domicílio ou nacionalidade não a considere capaz.[19]

Trata-se de proposta que valoriza a neutralidade internacional que a arbitragem proporciona e torna efetiva a intenção das partes de resolver seus litígios por este meio.

2. LEI QUE GOVERNA A CONVENÇÃO ARBITRAL

É manifesto que um procedimento arbitral só pode existir se, entre as suas partes, há consentimento para que o seu litígio seja resolvido por arbitragem.[20] O consentimento deve observar requisitos objetivos de existência, validade e eficácia, os quais são definidos pela lei aplicável à convenção de arbitragem.

A Convenção de Nova Iorque estabelece na segunda parte de seu artigo V,1, *a*[21] que a convenção de arbitragem deve estar em conformidade com a lei estabelecida pelas

---

19. BORN, Gary B. *International Commercial Arbitration*. 2. ed. The Netherlands: Kluwer Law International, 2014, v. I: International Arbitration Agreements, p. 630-632.
20. "[...] one should not forget that consent is the fundamental pillar of the international arbitration" (HANOTIAU, Bernard. Non-Signatories in International Arbitration: Lessons From Thirty Years of Case Law. In: BERG, Albert Jan van den (Ed). *International Arbitration: Back to Basics?* ICCA Congress Series, n. 13, 2006, p. 341-358); "Since consent is the cornerstone of the notion and the regulation of arbitration, a fading requirement of consent, if proved a reality, would send out shockwaves, it would defy conventional dogma, an ubiquitous norm of national laws and the traditional concept of arbitration as justice by consent" (YOUSSEF, Karim. The Limits of Consent: The Right or Obligation to Arbitrate of Non-Signatories in Group of Companies. In: HANOTIAU, B.; SCHWARTZ, E. (Ed.). *Multiparty Arbitration*, Dossier VII, ICC Institute of World Business Law, ICC Publication, n. 701, set. 2010, p. 72-73).
21. "Artigo II
    1. Cada Estado signatário deverá reconhecer o acordo escrito pelo qual as partes se comprometem a submeter à arbitragem todas as divergências que tenham surgido ou que possam vir a surgir entre si no que diz respeito a um relacionamento jurídico definido, seja ele contratual ou não, com relação a uma matéria passível de solução mediante arbitragem.
    2. Entender-se-á por "acordo escrito" uma cláusula arbitral inserida em contrato ou acordo de arbitragem, firmado pelas partes ou contido em troca de cartas ou telegramas.
    3. O tribunal de um Estado signatário, quando de posse de ação sobre matéria com relação à qual as partes tenham estabelecido acordo nos termos do presente artigo, a pedido de uma delas, encaminhará as partes à arbitragem, a menos que constate que tal acordo é nulo e sem efeitos, inoperante ou inexequível."
    "Artigo V
    1. O reconhecimento e a execução de uma sentença poderão ser indeferidos, a pedido da parte contra a qual ela é invocada, unicamente se esta parte fornecer, à autoridade competente onde se tenciona o reconhecimento e a execução, prova de que:

partes ou, na sua ausência, com a lei onde a sentença foi proferida, ou seja, de acordo com a lei da sede da arbitragem.

Tal preceito foi igualmente refletido na Lei de Arbitragem, Art. 38, II, o qual estabeleceu que o reconhecimento e execução de sentença arbitral estrangeira poderá ser negada se "a convenção de arbitragem não era válida segundo a lei à qual as partes a submeteram, ou, na falta de indicação, em virtude da lei do país onde a sentença arbitral foi proferida".

Observa-se que as partes raramente estipulam expressa e especificamente a lei aplicável à convenção arbitral. Diante disso, há quem defenda que "a lei estabelecida pelas partes" é aquela escolhida para governar o contrato como um todo.[22] Ocorre que a convenção arbitral possui autonomia em relação ao resto do instrumento contratual e ambas possuem causas originárias diferentes,[23] de modo que, embora a lei do contrato possa ser um forte indício da lei escolhida para a convenção, não se pode pressupor que se trata da mesma lei que deve ser aplicada para interpretar a convenção de arbitragem.[24]

Como solução, a Convenção de Nova Iorque indica que a convenção deve ser interpretada conforme a lei da sede da arbitragem. Porém, esta solução não é imune a críticas: "O critério subsidiário adotado pela Convenção pode levar a resultados indesejados às partes contratantes. [...] Assim, um local escolhido por razões nada relacionadas ao

---

a) as partes do acordo a que se refere o Artigo II estavam, em conformidade com a lei a elas aplicável, de algum modo incapacitadas, ou que tal acordo não é válido nos termos da lei à qual as partes o submeteram, ou, na ausência de indicação sobre a matéria, nos termos da lei do país onde a sentença foi proferida; ou"

22. "A dúvida estará posta se não houver a indicação clara de qual lei se aplica à convenção. Muitos dirão que será a lei que governa o próprio contrato. Mas a doutrina não é pacífica quanto a esse posicionamento. Ao contrário, muitos entendem que a indicação deve ser expressa e que, na sua ausência, a intenção das partes foi exatamente a de excluir a lei aplicável ao contrato e não o inverso" (BATISTA MARTINS, Pedro A. *Apontamentos sobre a Lei de Arbitragem*. Rio de Janeiro: Editora Forense, 2008. p. 383).

23. De acordo com Carlos Alberto Carmona: "As partes, ao encartarem em determinado contrato uma cláusula arbitral, inserem nele relação jurídica diferente, manifestando vontade apenas no que se refere à solução de eventuais litígios pela via arbitral; esta vontade, portanto, não tem ligação (senão instrumental) com o objeto principal do negócio jurídico (uma compra e venda, uma associação, um contrato de prestação de serviços), de modo que eventual falha que importe nulidade da avença principal não afetará a eficácia da vontade das partes (que permanecerá válida para todos os efeitos) de ver resolvidas suas controvérsias (inclusive aquela relacionada à eventual nulidade do contrato e seus efeitos) pela via arbitral. Constata-se, em outros termos, que a causa do contrato principal é diversa daquela que leva as partes a estipularem a solução arbitral para futuras controvérsias" (CARMONA, Carlos Alberto. *Arbitragem e Processo*: um comentário à Lei 9.307/96. São Paulo: Atlas, 2009, p. 173-174). Da mesma forma, ensina Gary Born: "One of the most direct consequences of the separability presumption is the possibility that the parties' arbitration agreement may be governed by a different law than the one governing their underlying contract. That is, although the parties' underlying contract may be governed expressly, or impliedly, by the laws of State A, the associated arbitration clause is not necessarily governed by State A's laws, and may instead be governed by the laws of State B or by principles of international law. This result follows, almost inevitably, from the separability presumption, which postulates two separable agreements, which can in principle be governed by two different legal regimes. As one arbitral award observed, "an arbitration clause in an international contract may perfectly well be governed by a law different from that applicable to the underlying contract" (BORN, Gary. *International Commercial Arbitration*. 2. ed. Chapter 4: Choice of Law Governing International Arbitration Agreements. Kluwer Law International, 2014, p. 475).

24. Também nesse sentido: REDFERN, Alan, HUNTER, J. Martin. *Redfern and Hunter on International arbitration*. 6. ed. UK: Oxford, 2015, p. 165-171.

teor de sua legislação, poderá acabar tendo uma influência insuspeitada na aferição de validade da convenção arbitral".[25]

Dessa forma, entendemos, assim como alguns doutrinadores,[26] que a lei aplicável deve estar alinhada com a vontade e intenção das partes, a fim de se buscar a sua escolha – se não expressa – implícita, antes de, necessária e automaticamente, que se considere aplicável a lei nacional do contrato ou a da sede da arbitragem.[27]

Com efeito, verifica-se que as cortes judiciais, mesmo de países signatários da Convenção de Nova Iorque, têm dificuldade em definir a lei aplicável à convenção de arbitragem quando a lei da sede da arbitragem e a lei escolhida para governar o contrato possuem soluções em direções diferentes.[28-29]

---

25. COELHO, Eleonora, STETNER, Renato Parreira. A Convenção de Nova Iorque: ratificação pelo Brasil. In: GUILHERME, Luiz Fernando do Vale de Almeida (Coord.). *Novos rumos da Arbitragem no Brasil*. São Paulo: Fiuza Editores, 2004. p. 319. No mesmo sentido: CARMONA, Carlos Alberto. *Arbitragem e processo*. 3. ed. São Paulo: Atlas, 2009, p. 469-470.
26. De forma semelhante: BATISTA MARTINS, Pedro A. *Apontamentos sobre a Lei de Arbitragem*. Rio de Janeiro: Forense, 2008. p. 384; REDFERN, Alan, HUNTER, J. Martin. *Redfern and Hunter on International arbitration*. 6. ed. UK: Oxford, 2015, p. 165-171.
27. No que tange a interpretação de convenções arbitrais de arbitragens puramente internacionais, existe uma corrente francesa minoritária que defende a aplicação de princípios de direito internacional e de ordem pública internacional, em conformidade com a intenção das partes, ao invés de aplicar uma lei nacional específica. Sobre o assunto, ver: BORN, Gary B. *International Commercial Arbitration*. 2. ed. Kluwer Law International, 2014, p. 481 e 549-551; MARQUES, Ricardo Dalmaso. A lei aplicável à cláusula arbitral na arbitragem comercial internacional. *Revista Brasileira de Arbitragem*, v. XII, Issue 47, p. 24-32. 2015.
28. "In practice, courts and tribunals have encountered substantial difficulties determining what connection factors are decisive in selecting the law governing an arbitration agreement. In particular, it has proven difficult to choose in a principled manner between the law of the arbitral seat and the law selected by the parties to govern the underlying contract when these two formulae point in different directions. (...) Neither authority attempts, however, to explain why their favored solution – the law the arbitral seat or the law of the underlying contract – is 'closer' or 'more significant' then alternative options. In reality, that is because these sorts of abstract assessments of closeness and significance are arbitrary and unprincipled, ignoring the real objects of both international arbitration agreements and the international and national legal regimes that seek to enforce them" (BORN, Gary B. *International Commercial Arbitration*. 2. ed. Kluwer Law International, 2014, p. 521 e 523).
29. O STJ geralmente entende que a norma aplicada para interpretação da validade da convenção arbitral é aquela escolhida pelas partes ou a do país onde ela foi proferida (Cf. Pesquisa CBAr-ABEArb 2016, (6) Relatório Analítico – Homologação de Sentença Arbitral Estrangeira. Disponível em: http://cbar.org.br/site/pesquisa--cbar-abearb-2016/. Acesso em: 02 abr. 2021; e LEVY, Daniel de Andrade, ALVES, Rafael F., ABBUD, André de A. C. *Lei de arbitragem anotada*: a jurisprudência do STF e do STJ. São Paulo: Thomson Reuters Brasil – Revista dos Tribunais, 2019, p. 173). Foram apenas 4 as decisões do STJ que fugiram a esta regra e analisaram a validade da convenção com base na lei brasileira (Art. 4º da Lei de Arbitragem), porém, a razão por utilizarem a lei brasileira não foi claramente externada (São eles: STJ, SEC n. 885/EX, Corte Especial, Rel. Min. Francisco Falcão, julgado em 18.04.2012, DJe 13.08.2012; STJ, SEC n. 6365/EX, Corte Especial, Rel. Min. Eliana Calmon, julgado em 06.02.2013, DJe 28.02.2013; STJ, SEC 826-EX, acórdão unânime da Corte Especial, Rel. Min. Hamilton Carvalhido, julgado em 15.09.2010, DJe 14.10.2010; e STJ, SEC 11593/GB, Corte Especial, Rel. Min. Benedito Gonçalves, julgado em 16.12.2015, DJe 18.12.2015). Entendeu-se ou que a norma prevista na legislação nacional integrava a ordem pública ou sequer foram apresentadas justificativas para a aplicação da lei brasileira para interpretação da convenção de arbitragem (Cf. LEVY, Daniel de Andrade, ALVES, Rafael F., ABBUD, André de A. C.. *Lei de arbitragem anotada: a jurisprudência do STF e do STJ*. São Paulo: Thomson Reuters Brasil – Revista dos Tribunais, 2019. p. 173). Assim, considerando a ausência de fundamentação, eles não são utilizados como embasamento neste trabalho para de aferir as regras de escolha da lei aplicável à convenção arbitral.

A busca pela lei mais próxima à convenção de arbitragem e que esteja de acordo com a vontade das partes, ainda que tácita, ao invés de automaticamente aplicar a lei do contrato ou a lei da sede, também tem sido o entendimento das cortes inglesas em três casos paradigmáticos sobre o assunto.

O judiciário inglês estabeleceu uma regra para definir a lei aplicável à convenção arbitral, chamada de "3-limb test".[30] Nessa esteira, considerou-se que o direito aplicável à convenção de arbitragem é aquele expressamente escolhido pelas Partes e, no seu silêncio, é a lei com conexão mais próxima à convenção de arbitragem ("most closely connected to the arbitration agreement"). Esta, por sua vez, seria a lei expressamente escolhida pelas Partes para reger o contrato ou, na ausência de tal escolha, a lei da sede da arbitragem. Todavia, quando a lei escolhida pelas partes não é favorável ou benéfica à arbitragem, os julgadores tendem a se desviar de tal regra para definir a lei aplicável.

Em C v. D, julgado em 05.12.2007,[31] a Court of Appeal de Londres compreendeu que o direito mais próximo à convenção de arbitragem seria aquele da sede, a despeito das partes terem expressamente escolhido a lei de regência do contrato.

Em caso bastante conhecido para os brasileiros, o Sulamérica v. Enesa, julgado em 16.05.2012,[32] as partes haviam selecionado expressamente a lei aplicável ao contrato (a lei brasileira). Todavia, a Court of Appeal de Londres decidiu que, na realidade, o direito mais conectado à convenção de arbitragem seria o da sede da arbitragem (a lei inglesa), pois, no Brasil, haveria debate sobre a validade da cláusula compromissória, de acordo com o Art. 4º, § 2º, da Lei de Arbitragem.

Mais recentemente, em 09.10.2020, a Suprema Corte do Reino Unido proferiu decisão que se tornou célebre no caso Enka v. Chubb.[33] A Corte concluiu que a lei aplicável ao contrato seria a lei russa. Todavia, entendeu que a lei aplicável à convenção era a da sede da arbitragem. Isso, pois a lei russa seria desfavorável à arbitragem.

Diante de decisões como as citadas acima, há quem defenda que tal busca pela intenção das partes gera insegurança jurídica e, assim, deveria ser aplicada sempre a regra da lei da sede da arbitragem, na linha do que estabelece expressamente a Convenção de Nova Iorque.[34]

---

30. SINGARAJAH, Frederico. Has the English Court of Appeal changed its mind on the proper law of the arbitration agreement? In: LEE, João Bosco and MANGE, Flavia (Ed.). *Revista Brasileira de Arbitragem*, (© Comitê Brasileiro de Arbitragem CBAr & IOB; Kluwer Law International 2020, v. XVII Issue 67) p. 108-128. Disponível em: https://www.kluwerarbitration.com/document/kli-ka-rba-xvii-67-005-n?q=chubb&dateperiod=6. Acesso em: 25 nov. 2022.
31. C v D [2007] EWCA Civ 1282.
32. Sulamérica Cia Nacional de Seguros SA v Enesa Engenharia SA [2012] EWCA Civ 638.
33. Enka v Chubb [2020] UKSC 38.
34. MARQUES, Ricardo Dalmaso. A lei aplicável à cláusula arbitral na arbitragem comercial internacional. *Revista Brasileira de Arbitragem*, v. XII, Issue 47, p. 24-32. 2015; MARAVELA, Mihaela. Hold on to Your Seats, Again! Another Step to Validation in Enka v Chubb Russia? Kluwer Arbitration Blog, 05.05.2020. Disponível em: http://arbitrationblog.kluwerarbitration.com/2020/10/11/enka-v-chubb-revisited-the-choice-of-governing-law--of-the-contract-and-the-law-of-the-arbitration-agreement/. Acesso em: 25 nov. 2022; LIM, Steven. Time to Re-Evaluate the Common Law Approach to the Proper Law of the Arbitration Agreement. *Kluwer Arbitration Blog*, 05.07.2020; CHAN, Darius and YANG, Teo Jim. Ascertaining the Proper Law of an Arbitration Agreement:

Contudo, a nosso ver, adotar posição rígida nesse sentido pode ser contrário ao princípio *favor arbitralis* (ou seja, na dúvida, decide-se pró arbitragem) – exatamente como as cortes inglesas têm decidido – princípio esse que mantém a arbitragem em desenvolvimento pelo mundo:[35]

> The better view is to apply the pro-arbitration interpretativa rule regardless of the national law applicable to the parties' agreement to arbitrate. That is because, as discussed above, a pro-arbitration rule of interpretation is mandated by the New York Convention, Article II of which mandates giving effect to the parties' presumptive intentions. This uniform international rule applies regardless what law is applicable to the parties' agreement to arbitrate. Accordingly, as with Article II's rule of presumptive validity of international Arbitration agreements, the pro-arbitration interpretative canon applies regardless of the law applicable to the parties' Arbitration agreement.[36]

Inclusive, especificamente com relação a pedidos de reconhecimento e execução da convenção arbitral, em 2006 a UNCITRAL adotou a recomendação de que, diante de conflito de regras, deve ser adotada a lei mais favorável ao reconhecimento e validade da convenção arbitral, nos termos do seu artigo VII, 1 – o qual, embora seja aplicado ao reconhecimento e execução de sentenças arbitrais estrangeiras (questão que será abordada no item 6 abaixo), deve ser também aplicada ao reconhecimento e execução da convenção arbitral.[37]

Tal posicionamento corrobora o entendimento dessas autoras de que a lei aplicável à convenção arbitral deve ser aquela que é mais próxima à convenção e que esteja de acordo com a vontade das partes, em respeito ao princípio *favor arbitralis*.[38] É o que também entende Gary Born, ao defender a aplicação do que chama de *validation principle*, ou seja, se arbitrar foi realmente a intenção das partes, escolhe-se a lei mais próxima que reconheça a eficácia da convenção arbitral.[39]

The Artificiality of Inferring Intention When There is None. In: SCHERER, Maxi (Ed.). *Journal of International Arbitration*, (© Kluwer Law International; Kluwer Law International 2020, v. 37 Issue 5) p. 635-648. Disponível em: https://www.kluwerarbitration.com/document/kli-joia-370504?q=chubb&dateperiod=6. Acesso em: 25 nov. 2020. De forma similar: BRAGHETTA, Adriana. *A importância da sede da arbitragem*: visão a partir do Brasil. Rio de Janeiro: Renovar, 2010, p. 362-363.

35. "Na interpretação das convenções de arbitragem com vista a verificar a concreta atribuição da causa a um juízo arbitral, a regra de maior profundidade substancial é a da preferência a este, em detrimento da jurisdição do Estado, sempre que haja duas ou mais interpretações aceitáveis. Tal é o favor arbitral, verdadeiro dogma em tema de arbitragem e reiteradamente afirmado pela doutrina especializada, que se reporta ao slogan "na dúvida, pró arbitragem". O favor arbitralis é a expressão "de um princípio universal que presume a arbitrabilidade do conflito" (Nelson Eizirik). Presumir a arbitrabilidade é aceitá-la enquanto a inarbitrabilidade não vier a ser demonstrada (presunção relativa)" (DINAMARCO, Cândido Rangel. *Arbitragem na teoria geral do processo*. São Paulo: Malheiros, 2013, p. 93-94).
36. BORN, Gary B. *International Commercial Arbitration*. 2. ed. The Netherlands: Kluwer Law International, 2014, v. I: International Arbitration Agreements p. 1397.
37. UNCITRAL Secretariat guide on the Convention on the Recognition and Enforcement of Foreign Arbitral Awards (New York, 1958). New York: United Nations, 2016. p. 146 e 299.
38. Em sentido similar: OHLROGGE, Leonardo; SAYDELLES, Rodrigo Salton Rotunno. Lei aplicável à cláusula compromissória na arbitragem internacional. *Revista de Arbitragem e Mediação*, v. 67, p. 241-268, São Paulo, out./dez. 2020.
39. BORN, Gary B. *International Commercial Arbitration*. 2. ed. The Netherlands: Kluwer Law International, 2014, v. I: International Arbitration Agreements, p. 542-543.

3. LEI QUE GOVERNA O PROCESSO ARBITRAL (*LEX ARBITRI*)

Diante da autonomia da vontade das partes no processo arbitral, podem – e devem – as partes escolher a lei processual que regerá a existência e os atos procedimentais da arbitragem (a chamada *lex arbitri*[40]).

Tal exercício da autonomia privada na escolha das leis aplicáveis na arbitragem é de tamanha importância, que foi expressamente autorizado nos §§1º e 2º do Art. 2º da Lei 9.307/1996 ("Lei de Arbitragem"):

> Art. 2º. [...]
>
> § 1º Poderão as partes escolher, livremente, as regras de direito que serão aplicadas na arbitragem, desde que não haja violação aos bons costumes e à ordem pública.
>
> § 2º Poderão, também, as partes convencionar que a arbitragem se realize com base nos princípios gerais de direito, nos usos e costumes e nas regras internacionais de comércio.

Embora a Lei de Arbitragem não tenha identificado as modalidades de leis aplicáveis que podem ser objeto de escolha das partes (uma vez que fala apenas genericamente que as partes podem escolher as "regras de direito que serão aplicadas" na disputa), fato é que, há muito, é debatido e aceito pelas doutrinas nacional[41] e internacional[42] que tal conceito genérico engloba tanto a *lex arbitri* que regerá o processo arbitral, quanto a lei material aplicável à interpretação e execução do negócio jurídico (e que será analisada no item 5 deste Capítulo).

Outrossim, como se percebe do texto da lei brasileira, a escolha das partes quanto à lei aplicável não pode ocorrer de forma incondicional. O texto legal estabelece como "freios" à liberdade de escolha das partes o respeito aos bons costumes e à ordem pública, de modo que há vedação para eventual escolha que afronte os preceitos tidos como inafastáveis no território onde a sentença arbitral será cumprida e ou executada.[43]

---

40. "For the most part, modern laws of arbitration are content to leave parties and arbitrators free to decide upon their own particular, detailed rules of procedure, so long as the parties are treated equally. *Under these modern laws, it is accepted that the courts of law should be slow to intervene in an arbitration, if they intervene at all. Nevertheless, rules need the sanction of law if they are to be efetive and, in this context, the relevant law is the law of the place or seat of the arbitration. This is referred to as the lex arbitri*" (REDFERN, Alan. HUNTER, Martin; PARTASIDES, Constantine; BLACKABY, Nigel. *Redfern and Hunter on International Arbitration*. 6. ed. [© Kluwer Law International; Oxford University Press 2015] p. 156-157).
41. "Ponto fundamental da arbitragem é a liberdade dos contratantes ao estabelecer o modo pelo qual seu litígio será resolvido. Tal liberdade diz respeito ao procedimento a ser adotado pelos árbitros e ao direito material a ser aplicado na solução do litígio, de sorte que o dispositivo legal comentado, *ao referir-se no parágrafo primeiro a 'regras de direito', está-se reportando às regras de forma e de fundo, nos limites que serão mais adiante esclarecidos*" (CARMONA, Carlos Alberto. *Arbitragem e processo: um comentário à Lei 9.307/96*. 3 ed. São Paulo: Atlas, 2009, p. 64).
42. "An 'applicable law clause' will usually refer only to the 'substantive issues in dispute'. It will not usually refer in terms to disputes that might arise in relation to the arbitration agreement itself. It would therefore be sensible, in drafting an arbitration agreement, also to make clear what law is to apply to that agreement" (REDFERN, Alan. HUNTER, Martin; PARTASIDES, Constantine; BLACKABY, Nigel. *Redfern and Hunter on International Arbitration*. 6. ed. [© Kluwer Law International; Oxford University Press 2015] p. 159).
43. "Assim, o árbitro deve tomar sempre o cuidado de aferir se a escolha levada a efeito na convenção de arbitragem fere preceitos tidos como absolutamente inafastáveis no território onde a decisão arbitral deverá ser cumprida

Contudo, ainda que seja usual que as partes indiquem na convenção de arbitragem ou no contrato a lei material que deverá ser adotada pelo tribunal, o mesmo não ocorre em relação à *lex arbitri* que regerá o processo arbitral.[44]-[45] Tal fato se dá, como explica Fabiane Verçosa, muito provavelmente em razão de as partes presumirem que as disposições do regulamento da instituição arbitral suprirão todas as necessidades de cunho processual que surgirem no curso do procedimento, o que muitas vezes não é o caso.[46]

Assim, nos casos em que as controvérsias de cunho processual não são previstas na convenção de arbitragem das partes e ou no regulamento de arbitragem por elas eleito, muito se discute sobre qual seria, então, a *lex arbitri* que deveria ser aplicada para resolver determinados impasses. A dúvida é ainda maior em relação a arbitragens internacionais, que, invariantemente, congregam partes e ou elementos de diferentes jurisdições, culturas e ritos processuais.[47]

Como se vê, a questão é extremamente complexa. E, nestas situações, a doutrina propõe três principais teorias para que o tribunal arbitral, na ausência de escolha pelas partes, defina a *lex arbitri* aplicável: (i) uma subjetiva, de acordo com a intenção das

---

ou executada (e é preciso observar que muitas vezes uma mesma decisão deverá ser eficaz em diversos países diferentes, tendo-se em conta, por exemplo, a multiplicidade de estabelecimentos comerciais da devedora ou a existência de bens fora da sede da sociedade)" (CARMONA, Carlos Alberto. *Arbitragem e processo*: um comentário à Lei 9.307/96. 3 ed. São Paulo: Atlas, 2009, p. 70-71).

44. "For the most part, however, *it is unusual for parties to agree to choice-of-law clauses specifically applicable to their arbitration agreement, either in provisions within the arbitration agreement or otherwise*. Instead, international commercial contracts frequently *(in roughly 80% of cases) contain choice-of-law clauses which apply to the underlying contract generally, without specific reference to the arbitration clause associated with that contract*." (BORN, Gary B. *International Commercial Arbitration*. 2. ed. The Netherlands: Kluwer Law International, 2014. v. I: International Arbitration Agreements, p. 525-526).

45. "The reality is that commercial parties virtually never devote any particularized attention to the question whether a general choice-of-law provision applies to their arbitration agreement. As experienced commentators have observed, in agreeing to a general choice-of-law clause, "the parties will of course only very rarely have given thought to the law applicable to the arbitration agreement" (BORN, Gary B. *International Commercial Arbitration*. 2. ed. The Netherlands: Kluwer Law International, 2014, v. I: International Arbitration Agreements, p. 572).

46. "*Em se tratando de regras procedimentais aplicáveis à arbitragem, é muito comum pensar-se que, quando as partes escolhem uma entidade arbitral para administrar seu procedimento, restaria despiciendo eleger também um Direito processual para reger a arbitragem. Todavia, isto não é verdade. Isto porque o regulamento e uma entidade arbitral, seja ela qual for, jamais contempla todas as hipóteses que poderiam surgir no curso do procedimento, muitas das quais causam algum tipo de dificuldade prática do ponto de vista procedimental*." (...) É de se notar que, caso as partes não tenham feiro tal escolha, é o tribunal arbitral que vai determinar como será sanada a omissão do Regulamento no caso concreto. *Nestas circunstâncias, o tribunal pode escolher um Direito nacional para reger o procedimento arbitral ou quaisquer outras regras, mesmo que não oriundas de um Estado* (VERÇOSA, Fabiane. Arbitragem desnacionalizada, aplicação de lei processual diversa daquela do país da sede e a convenção de Nova Iorque. In: LEMES, Selma Ferreira, LOPES, Christian Sahb Batista (Coord.). *Arbitragem Comercial Internacional e os 60 anos da Convenção de Nova Iorque*. São Paulo: Quartier Latin, 2019. p. 832).

47. "*An international arbitration usually takes place in a country that is 'neutral', in the sense that none of the parties to the arbitration has a place of business or residence there. This means that, in practice, the law of the country in which territory the arbitration takes place – that is, the lex arbitri – will generally be different from the law that governs the substantive matters in dispute*. An arbitral tribunal with a seat in the Netherlands, for example, may be required to decide the substantive issues in dispute between the parties in accordance with the law of Switzerland or the law of the State of New York or some other law, as the case may be" (REDFERN, Alan. HUNTER, Martin; PARTASIDES, Constantine; BLACKABY, Nigel. *Redfern and Hunter on International Arbitration*. 6. Ed. [© Kluwer Law International; Oxford University Press 2015] p. 166).

partes e, assim, a análise de qual lei estatal tem conexão mais próxima ou relação mais significativa com os componentes que formam o contrato, como por exemplo, a lei escolhida pelas partes para reger o mérito da arbitragem, a da nacionalidade das partes, o do local de execução do contrato etc.; (ii) uma objetiva, que se refere ao local ou sede jurídica da arbitragem escolhida pelas partes, a qual implicaria na escolha indireta da lei de regência do processo arbitral; e (iii) uma mista, combinando a análise da intenção das partes e da sede da arbitragem.[48]-[49]

Há ainda uma outra teoria, adotada pelas cortes francesas, que é a da "deslocalização" ou transnacional, a qual defende que o processo arbitral puramente internacional deveria ser regido por normas transnacionais neutras ou de direito internacional, levando em consideração a intenção das partes, sem fazer necessariamente referência a uma lei estatal.[50]

A abordagem subjetiva, mencionada acima, nos parece acertada. Sendo as partes as grandes protagonistas da arbitragem, a lei processual que regerá o processo arbitral não pode ser outra que não aquela escolhida, ainda que indiretamente, por elas mesmas.

Obviamente, a aferição de tal escolha das partes não é uma tarefa simples, e, usualmente, exigirá análise sensível e cuidadosa por parte dos árbitros, que, como visto anteriormente, podem e devem se valer da aplicação do *validation principle*, a fim de perquirir a escolha mais adequada em prol da higidez e eficácia da vindoura sentença arbitral.

4. LEI APLICÁVEL AO MÉRITO DA DISPUTA

Como visto, uma das grandes vantagens da arbitragem é o poder das partes de escolher livremente as regras de direito material que serão aplicadas à solução do litígio. Tal escolha não se limita à *lex arbitri* aplicável ao procedimento arbitral, estendendo-se

---

48. De forma semelhante, o Professor Emmanuel Gaillard defende a existência de três teorias: a "monolocal", que considera a sede da arbitragem como fonte de legitimidade e de validade da jurisdição do árbitro; a "Westphalian", que considera a intenção das partes; e a "transnacional", descrita mais a frente neste artigo (GAILLARD, Emmanuel. "The Present – Commercial Arbitration as a Transnational System of Justice: International Arbitration as a Transnational System of Justice". In: BERG, Albert Jan Van den. *Arbitration: the next fifty years*. ICCA Congress Series, v. 16, Kluwer Law International, 2012, p. 68).
49. KAUFMANN-KOHLER, Gabrielle. Globalization of Arbitral Procedure. *Vanderbilt Journal of Transnational Law*, 2003, v. 36, p. 1315.
50. Como ensina o Professor Emmanuel Gaillard, "in this vision, the source of validity and legitimacy of the arbitral process is found in the collective normative activity of states. This representation also corresponds to international arbitrators' strong perception that they do not administer justice on behalf of any particular state, but that they play a judicial role for the benefit of the international community" (GAILLARD, Emmanuel. "The Present – Commercial Arbitration as a Transnational System of Justice: International Arbitration as a Transnational System of Justice". In: BERG, Albert Jan Van den. *Arbitration*: the next fifty years. ICCA Congress Series, v. 16, Kluwer Law International, 2012, p. 68). Ainda sobre o tema: BORN, Gary. *International Commercial Arbitration*. 2. ed. Chapter 4: Choice of Law Governing International Arbitration Agreements. Kluwer Law International, 2014, p. 549-551; MARQUES, Ricardo Dalmaso. A lei aplicável à cláusula arbitral na arbitragem comercial internacional. *Revista Brasileira de Arbitragem*, v. XII, Issue 47, p. 24-32. 2015.

também à lei material ou substancial que os árbitros deverão aplicar para resolver a matéria controvertida entre as partes.

Assim, ainda que as partes desejem que o local da arbitragem seja São Paulo, Brasil, por exemplo, elas podem determinar que as leis materiais para interpretação do contrato e aplicação dos remédios devidos são as leis da França.

Entretanto, há casos em que as partes não indicam a lei material que regerá a interpretação e execução do negócio jurídico em litígio, restando ao tribunal arbitral o poder de suprir a lacuna da vontade das partes e eleger a lei aplicável – o que, obviamente, também não é uma tarefa fácil.

Especialmente em contratos com um grau elevado de internacionalidade (com partes provenientes de diferentes nacionalidades que podem debater sobre a eleição de uma lei material "neutra" para compor o procedimento), aliados à liberdade e flexibilidade inerentes à arbitragem,[51] a escolha da lei aplicável pelo tribunal arbitral trará consequências relevantes para o desfecho do litígio e para eficácia da sentença arbitral por ele proferida.

Diante de tal problemática, depreende-se das legislações nacionais ao redor do mundo duas abordagens diferentes para a escolha da lei aplicável ao mérito da disputa pelos árbitros: a escolha de determinada regra de conflito, e, aplicando tais regras, a eleição da lei substantiva; ou, por outro lado, a escolha direta da lei material aplicável pelos árbitros.

Quanto à primeira hipótese, extrai-se as seguintes possiblidades: (i) escolha das regras de conflito conforme as leis nacionais da sede da arbitragem; ou (ii) escolha das regras de conflito da nacionalidade com maior conexão com o caso. Ainda, há a teoria que defende a possibilidade de aplicação cumulativa das regras de conflito de todos os Estados que têm conexão com a controvérsia entre as partes. Nesse sentido, os árbitros devem realizar um processo comparativo, levando em consideração todas as possíveis regras de conflito que circundam a controvérsia das partes.

De acordo com tal teoria, se há divergência nas regras de escolha da lei material aplicável, conforme as regras de conflito, por exemplo, inglesas (sede da arbitragem), francesas (lugar de execução do contrato) e alemãs (sede do comprador), caberá aos árbitros comparar os possíveis desfechos quanto à eleição de lei material, sob a égide de cada uma das regras de conflito destas jurisdições, para, então, definir qual elegerá a lei material aplicável ao caso concreto.[52]

Já em relação à hipótese de escolha direta da lei material pelos árbitros, as leis nacionais e doutrina especializada indicam como possibilidades a escolha: (i) da lei

---

51. "Arbitragem e liberdade caminham juntas, amalgamadas como causa e efeito. Liberdade é a própria gênese do instituto. O seu DNA comprova essa assertiva. A autonomia da vontade é da essência do instituto desde os seus primórdios. É a mola propulsora e indissociável da arbitragem" (BATISTA MARTINS, Pedro A. *Apontamentos sobre a Lei de Arbitragem*. Rio de Janeiro: Forense, 2008. p. 45).
52. RODRIGUEZ, José Antonio Moreno. *Direito aplicável e arbitragem internacional*. Trad. Frederico E. Z. Glitz./ Curitiba: Juruá: 2015, p. 167.

geralmente aplicada nas cortes locais da sede da arbitragem;[53] (ii) da lei de acordo com regras específicas previstas na *lex arbitri* da sede da arbitragem;[54] (iii) da lei material mais apropriada à luz do caso concreto; (iv) de leis materiais cogentes ("mandatory national law") específicas na matéria em litigio, tal como em disputas envolvendo legislações antitruste e/ou decorrentes de relações trabalhistas; (v) de princípios gerais de direito, ou regras decorrentes de convenções internacionais, como é o caso, por exemplo, das regras da Convenção das Nações Unidas para a Venda Internacional de Mercadorias – CISG; (vi) dos usos e costumes do comércio internacional e/ou *lex mercatória;* ou, por fim, (vii) da lei material indicada pelo regulamento da instituição arbitral que administra o procedimento.[55]

Com efeito, são muitas as possibilidades de escolha e, como bem aponta Gary Born,[56] inexiste um regime único e suficiente desenvolvido no âmbito internacional diante de conflito de tais leis, o que tende a criar um ambiente de insegurança jurídica no âmbito do processo arbitral internacional e, no fim do dia, é contrário ao objetivo principal do processo arbitral: trazer previsibilidade e segurança na solução do conflito entre as Partes.

Assim, entendemos que caberá aos árbitros mitigar, tanto quanto possível, tal ambiente de insegurança, mediante uma escolha razoável de lei substantiva, sempre em atenção às expectativas e intenções das partes.

5. LEI QUE GOVERNA O RECONHECIMENTO E O CUMPRIMENTO DE SENTENÇAS ARBITRAIS ESTRANGEIRAS

A lei que governa o reconhecimento e o cumprimento de sentenças arbitrais estrangeiras, em teoria, é a lei processual ou de arbitragem do local onde se busca tal reconhecimento e cumprimento.[57] Ocorre que a grande maioria dos países-membros

---

53. Gary Born cita o exemplo da Inglaterra, no qual as cortes inglesas, antes da promulgação da Lei de Arbitragem Inglesa de 1996, determinaram que os procedimentos arbitrais em que houve ausência de escolha da lei substancial pelas partes aplicassem a "lei de conflitos" inglesa. Nesse sentido, vide: BORN, Gary B. *International Arbitration: Law and Practice*. 3. ed. © Kluwer Law International; Kluwer Law International, 2021, p. 282.
54. Cita-se, a título exemplificativo, a abordagem da Lei Suíça de Relações Internacionais Privada (Art. 187[1], que prevê que, ausente consenso entre as partes, o tribunal deve eleger a lei com maior conexão com o caso. Vide: "[t]he arbitral tribunal shall decide the dispute according to the rules of law chosen by the parties *or, in the absence of such a choice, according to the rules of law with which the case has the closest connection*".
55. BORN, Gary B. *International Commercial Arbitration*. 3. ed. Chapter 19: Choice of Substantive Law in International Arbitration: Kluwer Law International, 2021, p. 2836-2843 e; BORN, Gary B. *International Arbitration: Law and Practice*. 3. ed. ©Kluwer Law International; Kluwer Law International, 2021, p. 282-283 e 288-289.
56. "At the same time, it is important to recognize that the choice of law analyses of existing authorities have often produced uncertainty and unpredictability, which is inconsistent with the objectives of the international arbitral process, and that a measure of rethinking is necessary" – (BORN, Gary B. *International Commercial Arbitration*, 3. ed. Chapter 19: Choice of Substantive Law in International Arbitration: Kluwer Law International, 2021, p. 2865).
57. "National Arbitration legislation typically regulates the recognition and enforcement of foreign awards, made outside the territory of the recognizing state. These statutory provisions set forth the substantive grounds for recognizing, or denying recognition to, foreign awards" (BORN, Gary B. *International Commercial Arbitration*. 2. ed. The Netherlands: Kluwer Law International, 2014. v. III: International Arbitral Awards, p. 2906).

da ONU[58] são signatários da Convenção de Nova Iorque, a qual visa justamente regulamentar o Reconhecimento e Execução de Sentenças Arbitrais Estrangeiras, a fim de (i) contribuir para relações comerciais mais harmônicas, (ii) estimular o desenvolvimento e comércio internacionais, (ii) aumentar a segurança jurídica nos níveis internacional e nacional e (iv) assegurar tratamento justo e igualitário quanto à resolução de disputas decorrentes de direitos e obrigações contratuais.[59]

Dessa forma, na prática, a Convenção de Nova Iorque é aquela que governa o reconhecimento e cumprimento de sentenças arbitrais estrangeiras.[60]-[61]

Tal convenção prevê em seu Art. IV requisitos formais para que se possa solicitar o reconhecimento e cumprimento da sentença,[62] bem como as hipóteses que, se provadas, podem ser fundamento para a sua recusa.[63]

---

58. Até a elaboração deste trabalho, observa-se que a ONU possui 193 países-membros (o número atualizado de países-membros da ONU pode ser consultado no link https://www.un.org/en/about-us), dos quais 169 são signatários da Convenção de Nova Iorque (o número atualizado de países signatários da Convenção de Nova Iorque pode ser acessado no link https://www.newyorkconvention.org/countries).
59. UNCITRAL Secretariat guide on the Convention on the Recognition and Enforcement of Foreign Arbitral Awards (New York, 1958). New York: United Nations, 2016. p. ix (*Preface*).
60. No mesmo sentido: ABBUD, André de Albuquerque Cavalcanti. Homologação de Sentença Arbitral Estrangeira. In: LEVY, Daniel, PEREIRA, Guilherme Setoguti J. (Coord.). *Curso de Arbitragem*. São Paulo: Thomson Reuters Brasil, 2018. p. 463-464. Ainda: "In developed jurisdictions, these standards [about the recognition of foreign awards] either incorporated by reference or repeat verbatim the pro-arbitration regime of the New York Convention (or other applicable international treaties)." (BORN, Gary B. *International Commercial Arbitration*. 2. ed. The Netherlands: Kluwer Law International, 2014, v. III: International Arbitral Awards p. 2906).
61. Como será visto mais adiantes neste capítulo, o Brasil incorporou quase que integralmente as regras da Convenção de Nova Iorque na Lei de Arbitragem, razão pela qual a Convenção é raramente mencionada pelo Superior Tribunal de Justiça nos processos de reconhecimento de sentenças arbitrais estrangeiras (Nesse sentido: ABBUD, André de Albuquerque Cavalcanti. Homologação de Sentença Arbitral Estrangeira. In: LEVY, Daniel, PEREIRA, Guilherme Setoguti J. (Coord.). *Curso de Arbitragem*. São Paulo: Thomson Reuters Brasil, 2018, p. 466).
62. "Artigo IV
 1. A fim de obter o reconhecimento e a execução mencionados no artigo precedente, a parte que solicitar o reconhecimento e a execução fornecerá, quando da solicitação:
 a) a sentença original devidamente autenticada ou uma cópia da mesma devidamente certificada;
 b) o acordo original a que se refere o Artigo II ou uma cópia do mesmo devidamente autenticada.
 2. Caso tal sentença ou tal acordo não for feito em um idioma oficial do país no qual a sentença é invocada, a parte que solicitar o reconhecimento e a execução da sentença produzirá uma tradução desses documentos para tal idioma. A tradução será certificada por um tradutor oficial ou juramentado ou por um agente diplomático ou consular."
63. "Artigo V
 1. O reconhecimento e a execução de uma sentença poderão ser indeferidos, a pedido da parte contra a qual ela é invocada, unicamente se esta parte fornecer, à autoridade competente onde se tenciona o reconhecimento e a execução, prova de que:
 a) as partes do acordo a que se refere o Artigo II estavam, em conformidade com a lei a elas aplicável, de algum modo incapacitadas, ou que tal acordo não é válido nos termos da lei à qual as partes o submeteram, ou, na ausência de indicação sobre a matéria, nos termos da lei do país onde a sentença foi proferida; ou
 b) a parte contra a qual a sentença é invocada não recebeu notificação apropriada acerca da designação do árbitro ou do processo de arbitragem, ou lhe foi impossível, por outras razões, apresentar seus argumentos; ou
 c) a sentença se refere a uma divergência que não está prevista ou que não se enquadra nos termos da cláusula de submissão à arbitragem, ou contém decisões acerca de matérias que transcendem o alcance da cláusula de submissão, contanto que, se as decisões sobre as matérias suscetíveis de arbitragem puderem ser separadas

Tais previsões foram refletidas quase que integralmente nos Arts. 37, 38 e 39 da Lei de Arbitragem. Isso, porque, embora a Convenção de Nova Iorque tenha sido adotada internacionalmente em 1958, ela passou a integrar o ordenamento jurídico brasileiro apenas em 2002 (ver item 2 supra). Assim, quando da promulgação da Lei de Arbitragem em 1996, houve a preocupação de (i) incorporar na Lei de Arbitragem a maior parte das regulamentações previstas na Convenção de Nova Iorque e (ii) prever que o reconhecimento e execução de sentenças arbitrais estrangeiras no Brasil respeitaria, em primeiro lugar, os tratados internacionais com eficácia no ordenamento interno e, em seguida, os termos da Lei de Arbitragem (Art. 34 da Lei de Arbitragem).

Outrossim, ainda que a Convenção de Nova Iorque seja, em geral, a lei que governe o reconhecimento e cumprimento das sentenças arbitrais estrangeiras, é preciso destacar o quanto previsto no seu Art. VII, 1:[64] o chamado *more-favourable-right-provision*.[65]

De acordo com tal regra, a Convenção de Nova Iorque confere primazia a outros acordos internacionais ou leis nacionais aplicáveis, os quais deverão ser cumpridos caso sejam mais favoráveis e benéficos à parte que busca[66] o reconhecimento e cumprimento da sentença arbitral estrangeira, sem que haja qualquer ofensa ou violação à Convenção.

Assim, por exemplo, caso a lei nacional ou acordo bi ou multilateral existente no lugar onde se busca o reconhecimento e cumprimento da sentença arbitral possua hipóteses menos rígidas para a sua recusa do que a Convenção de Nova Iorque, o órgão competente do país signatário deverá aplicar a lei local ou acordo existente em detrimento da Convenção.

---

daquelas não suscetíveis, a parte da sentença que contém decisões sobre matérias suscetíveis de arbitragem possa ser reconhecida e executada; ou

d) a composição da autoridade arbitral ou o procedimento arbitral não se deu em conformidade com o acordado pelas partes, ou, na ausência de tal acordo, não se deu em conformidade com a lei do país em que a arbitragem ocorreu; ou

e) a sentença ainda não se tornou obrigatória para as partes ou foi anulada ou suspensa por autoridade competente do país em que, ou conforme a lei do qual, a sentença tenha sido proferida.

2. O reconhecimento e a execução de uma sentença arbitral também poderão ser recusados caso a autoridade competente do país em que se tenciona o reconhecimento e a execução constatar que:

a) segundo a lei daquele país, o objeto da divergência não é passível de solução mediante arbitragem; ou

b) o reconhecimento ou a execução da sentença seria contrário à ordem pública daquele país."

64. "Artigo VII

1. As disposições da presente Convenção não afetarão a validade de acordos multilaterais ou bilaterais relativos ao reconhecimento e à execução de sentenças arbitrais celebrados pelos Estados signatários nem privarão qualquer parte interessada de qualquer direito que ela possa ter de valer-se de uma sentença arbitral da maneira e na medida permitidas pela lei ou pelos tratados do país em que a sentença é invocada."

65. Tal previsão é considerada como um dos maiores pilares da Convenção de Nova Iorque (UNCITRAL Secretariat guide on the Convention on the Recognition and Enforcement of Foreign Arbitral Awards (New York, 1958). New York: United Nations, 2016. p. 289).

66. UNCITRAL Secretariat guide on the Convention on the Recognition and Enforcement of Foreign Arbitral Awards (New York, 1958). New York: United Nations, 2016. p. 290-291.

6. DETERMINAÇÃO DAS LEIS APLICÁVEIS PELO TRIBUNAL ARBITRAL

Como visto nos itens anteriores, quando os árbitros têm a missão de determinar uma lei aplicável, não existe regra única ou amplamente estabelecida na arbitragem internacional para tanto.

Em verdade, são vários os métodos que, ao longo da história, são utilizados, isolados ou cumulativamente, para a determinação da lei aplicável. Contudo, eles podem ser resumidos em duas grandes competências dos árbitros: a *voie indirecte* e a *voie directe*.

A *voie indirecte* limita o tribunal arbitral a escolher apenas a regra apropriada de conflito de leis ao caso concreto, por meio da qual é determinada a lei aplicável. Podem ser, por exemplo, (i) as normas de conflito de leis da sede da arbitragem; (ii) a aplicação de outras normas nacionais de conflito conexas ao litígio que não a da sede; (iii) aplicação conjunta de todas as normas nacionais de conflito conexas ao litígio; e/ou (iv) princípios gerais ou regras de conflito previstas em convenções internacionais.

A *voie directe*, por sua vez, consiste na liberdade do tribunal arbitral de escolha da lei que entender mais apropriada ao caso concreto, sem que haja a escolha anterior ou obrigatoriedade de aplicação de uma regra de conflito de leis, a qual, então, definiria a lei substantiva aplicável.[67] Isso não significa que a decisão não seja fundamentada. Pelo contrário, os árbitros devem motivar as suas decisões de forma consistente e em respeito à legítima expectativa das partes.[68]

É preciso pontuar, ainda, que legislações modernas nacionais e regulamentos de instituições arbitrais relevantes adotam o método do *voie directe* na escolha da lei aplicável.[69-70]

A determinação da lei aplicável pela *voie directe* está de acordo com a teoria defendida pelas autoras ao longo deste trabalho de que a melhor forma para se determinar a lei aplicável é analisar a vontade das partes quando da formação do contrato ou da contratação da convenção arbitral, considerando, ainda, a racionalidade econômica do negócio e da escolha da arbitragem para solução de conflitos dele decorrentes, ao invés de necessariamente aplicar regras de conflitos específicas.

Igualmente nesse sentido:

> Afirma Gaillard que ainda que as regras de conflito da sede não estejam totalmente ausentes da fundamentação, diante desta perspectiva não constituiriam mais que uma das alternativas disponíveis aos

---

67. BORN, Gary. Chapter 1: Introduction. In: BORN, Gary. *International Commercial Arbitration*: Commentary and Materials. 2. ed. Kluwer Law International, 2001. p. 44; RODRÍGUEZ, José Antonio Moreno. *Direito aplicável e arbitragem internacional*. Trad. Frederico E. Z. Glitz. Curitiba: Juruá, 2015. p. 162-179.
68. RODRÍGUEZ, José Antonio Moreno. *Direito aplicável e arbitragem internacional*. Trad. Frederico E. Z. Glitz. Curitiba: Juruá, 2015. p. 172-173.
69. RODRÍGUEZ, José Antonio Moreno. *Direito aplicável e arbitragem internacional*. Trad. Frederico E. Z. Glitz. Curitiba: Juruá, 2015. p. 174-177 e 179.
70. Com relação a instituições arbitrais, citam-se, por exemplo: CAM-CCBC (2022, Art. 5.2); CMA CIESP/FIESP (2013, Art. 20.1); CCI (2021, Art. 19 e 21.1); AAA/ICDR (2021, Art. 34.1).

árbitros, *cuja tarefa principal é a de respeitar a vontade das partes e, na ausência de acordo das partes a respeito, de escolher eles mesmos as normas de direito aplicáveis ao mérito da controvérsia*.[71] (Destacamos)

Frise-se que a análise da racionalidade econômica das partes na formação do contrato e da convenção arbitral é de extrema importância, pois, como é sabido, a arbitragem surge no mundo como uma via apropriada para se ter acesso a foro neutro, com maior especialidade e segurança jurídica na solução de conflitos comerciais.[72] Tais características são consideradas essenciais para a continuidade e desenvolvimento do comércio internacional e nacional e, consequentemente, para o desenvolvimento social e econômicos dos países.

Assim, caso se verifique, por exemplo, que a intenção das partes era a de submeter seus litígios à arbitragem, deve-se escolher a lei ou leis aplicáveis ao caso que valide(m) tal intenção, se existentes – ao invés de apenas aplicar regras pré-concebidas e estáticas, que serão contrárias às partes e ao negócio, gerando insegurança jurídica.

CONCLUSÕES

Como visto ao longo deste capítulo, são vários os aspectos de uma arbitragem que podem ser regidos por leis completamente diversas entre si. Para fins deste trabalho, foram analisados cinco destes aspectos: (i) a capacidade das partes; (ii) a convenção arbitral; (iii), o processo arbitral (a chamada *lex arbitri*); (iv) o mérito do litígio; e (v) o reconhecimento e o cumprimento de sentenças arbitrais.

Quanto à lei aplicável à capacidade das partes, a doutrina majoritária defende que tal lei não pode ser livremente disposta pelas partes, devendo ser aplicada aquela que tutela a pessoa. Na maior parte das decisões jurisdicionais existentes sobre o assunto, entendeu-se que a lei com maior conexão à tutela da pessoa era a da sua nacionalidade ou a do seu domicílio ou residência permanente. A posição das autoras é a de não adotar regras rígida para a aferição da lei aplicável, a fim de proteger a neutralidade internacional oferecida pela arbitragem e tornar efetiva a intenção das partes de resolver seus litígios por este meio. Deste modo, se verificada que a intenção das partes foi de fato se submeter à arbitragem, recomenda-se analisar todas as leis conexas ao caso e aplicar aquela que considere o contrato válido – e, neste caso, que considere a parte capaz – se existente.

No que tange à lei aplicável à convenção de arbitragem, a regra é aplicar a lei estabelecida pelas partes. Ocorre que é rara a escolha expressa da lei aplicável à convenção de arbitragem. Na sua ausência, a Convenção de Nova Iorque e tantas outras leis nacionais

---

71. RODRÍGUEZ, José Antonio Moreno. *Direito aplicável e arbitragem internacional*. Trad. Frederico E. Z. Glitz. Curitiba: Juruá, 2015. p. 179.
72. "At bottom, international arbitration is much like democracy; it is nowhere close to ideal, but it is generally a good deal better than the alternatives. Litigation of complex international disputes in national courts is often distinctly unappealing – particularly where litigation occurs in courts that have not been selected in advance for their neutrality, integrity, competence and convenience. Indeed, the risks of corruption, incompetence, or procedural arbitrariness make litigation of commercial disputes in some national courts an unacceptable option" (BORN, Gary. *International Commercial Arbitration*: Commentary and Materials. 2. ed. Kluwer Law International, 2001. p. 16-17).

que seguem as suas disposições, como é o caso da Lei Brasileira de Arbitragem, indicam que a convenção deve ser interpretada conforme a lei da sede da arbitragem. Todavia, tal regra pode violar a intenção das partes de se submeter à arbitragem e a escolha tácita da lei a ser adotada. Diante disso, as autoras defendem seguir recomendação da UNCITRAL e o entendimento de diversos casos recentes paradigmáticos, no sentido de se adotar a lei mais favorável ao reconhecimento, validade e eficácia da convenção arbitral, caso esta tenha sido livre e intencionalmente pactuada, em respeito ao princípio *favor arbitralis*.

De modo similar, com relação à lei que governa o processo arbitral (*lex arbitri*), as partes têm plena autonomia para defini-la. Contudo, a sua definição expressa não é comum. Assim, quando necessário definir a lei processual aplicável pelo Tribunal Arbitral, as autoras defendem a aplicação de uma teoria subjetiva, que levará em consideração a intenção das partes e, diante disso, definir qual lei estatal tem conexão mais próxima ou relação mais significativa com os componentes que formam o contrato.

Quanto à lei aplicável ao mérito da disputa, ela também deve ser aquela eleita pelas partes. Na ausência de escolha expressa, verificam-se duas grandes abordagens para a sua definição: a escolha de determinada regra de conflito para eleição de lei substantiva ou a escolha direta da lei material aplicável pelos árbitros. Dentro de cada uma dessas abordagens, há inúmeras possibilidades de escolha da lei material, inexistindo um regime único e suficientemente desenvolvido no âmbito internacional no trato aos casos de conflito de tais leis, o que é contrário à previsibilidade, segurança jurídica e neutralidade que se busca na arbitragem. Assim, defende-se que caberá aos árbitros mitigar tal ambiente de insegurança, tanto quanto possível, mediante a utilização de critério razoável para escolha de lei substantiva, sempre em atenção às expectativas e à intenção das partes.

Com relação ao reconhecimento e cumprimento de sentenças arbitrais estrangeiras, a lei aplicável é, em tese, a lei processual ou de arbitragem do local onde se busca tal reconhecimento e cumprimento. Contudo, considerando que a grande maioria dos países é signatária da Convenção de Nova Iorque sobre o Reconhecimento e Execução de Sentenças Arbitrais Estrangeiras, na prática, é esta que governa o seu reconhecimento e cumprimento. É importante ressaltar, todavia, que a Convenção de Nova Iorque confere primazia a outros acordos internacionais ou leis nacionais aplicáveis que sejam mais favoráveis e benéficos ao reconhecimento e cumprimento da sentença arbitral estrangeira, sem que haja qualquer ofensa ou violação à Convenção.

Por fim, este capítulo também dedicou um item à missão do tribunal arbitral na determinação das leis aplicáveis à arbitragem. Verificou-se que há dois grandes caminhos: a *voie indirecte* e a *voie directe*. A *voie indirecte* limita o tribunal arbitral a escolher apenas a regra apropriada de conflito de leis ao caso concreto, por meio da qual é determinada a lei aplicável. Já a *voie directe* consiste na liberdade do tribunal arbitral de escolha da lei que entender mais apropriada ao caso concreto, sem que haja a escolha anterior ou obrigatoriedade de aplicação de uma regra de conflito de leis.

As legislações modernas nacionais e regulamentos de instituições arbitrais relevantes adotam o método do *voie directe* na escolha da lei aplicável, o qual consiste na concessão de liberdade de escolha da lei que o tribunal entender mais apropriada ao caso concreto, sem que haja a referência ou obrigatoriedade de aplicação de uma regra de conflito de leis. Tal método fornece maior liberdade para que o tribunal arbitral verifique (i) a vontade das partes quando da contratação da convenção arbitral e (ii) a racionalidade econômica do negócio e da escolha da arbitragem para solução de conflitos dele decorrentes, a fim de permitir a definição da lei mais apropriada ao caso.

BIBLIOGRAFIA E JULGADOS SELECIONADOS

ABBUD, André de Albuquerque Cavalcanti. Homologação de Sentença Arbitral Estrangeira. In: LEVY, Daniel, PEREIRA, Guilherme Setoguti J. (Coord.). *Curso de Arbitrage*m. São Paulo: Thomson Reuters Brasil, 2018.

BATISTA MARTINS, Pedro A. *Apontamentos sobre a Lei de Arbitragem*. Rio de Janeiro: Editora Forense, 2008.

BERALDO, Leonardo de Faria. *Curso de Arbitragem nos termos da Lei 9.307/96*. São Paulo: Atlas, 2014.

BORN, Gary B. *International Arbitration*: Law and Practice. 3. ed. The Netherlands: Kluwer Law International, 2021.

BORN, Gary B. *International Commercial Arbitration*: Commentary and Materials. 2. ed. The Netherlands: Kluwer Law International, 2001.

BORN, Gary B. *International Commercial Arbitration*. 2. ed. The Netherlands: Kluwer Law International, 2014. v. I: International Arbitration Agreements.

BORN, Gary B. *International Commercial Arbitration*. 2. ed. The Netherlands: Kluwer Law International, 2014. v. III: International Arbitral Awards.

BRAGHETTA, Adriana. *A importância da sede da arbitragem*: visão a partir do Brasil. Rio de Janeiro: Renovar, 2010.

CAHALI, Francisco José. *Curso de Arbitragem*. 5. ed. São Paulo: Ed. RT, 2015.

CARMONA, Carlos Alberto. *Arbitragem e processo*. 3. ed. São Paulo: Atlas, 2009.

CHAN, Darius; YANG, Teo Jim. Ascertaining the Proper Law of an Arbitration Agreement: The Artificiality of Inferring Intention When There is None. In: SCHERER, Maxi (Ed.). *Journal of International Arbitration*, Kluwer Law International, v. 37, issue 5, 2020, p. 635-648. Disponível em: https://www.kluwerarbitration.com/document/kli-joia-370504?q=chubb&dateperiod=6. Acesso em: 25 nov. 2021.

COELHO, Eleonora, STETNER, Renato Parreira. A Convenção de Nova Iorque: ratificação pelo Brasil. In: GUILHERME, Luiz Fernando do Vale de Almeida (Coord.). *Novos rumos da Arbitragem no Brasil*. São Paulo: Fiuza Editores, 2004.

DINAMARCO, Cândido Rangel. *Arbitragem na teoria geral do processo*. São Paulo: Malheiros, 2013.

FICHTNER, José Antonio; MANNHEIMER, Sergio Nelson; MONTEIRO, André Luís. *Teoria Geral da Arbitragem*. Rio de Janeiro: Forense, 2019.

GAILLARD, Emmanuel. The Present – Commercial Arbitration as a Transnational System of Justice: International Arbitration as a Transnational System of Justice. In: VAN DEN BERG, Albert Jan. *Arbitration*: the next fifty years. ICCA Congress Series, v. 16, Kluwer Law International, 2012.

GAILLARD, Emmanuel; SAVAGE, John (Ed.). *Fouchard Gaillard Goldman on international commercial arbitration*. The Hague: Kluwer Law International, 1999.

GAMA E SOUZA JÚNIOR, Lauro da. Reconhecimento e execução de sentenças arbitrais estrangeiras. In: CASELLA, Paulo Borba (Coord.). *Arbitragem* – A nova lei brasileira (9.307/96) e a praxe internacional. São Paulo, LTr, 1999.

HANOTIAU, Bernard. Non-Signatories in International Arbitration: Lessons From Thirty Years of Case Law. In: BERG, Albert Jan van den (Ed.). *International Arbitration*: Back to Basics? ICCA Congress Series, n. 13, p. 341-358, 2006.

KAUFMANN-KOHLER, Gabrielle. Globalization of Arbitral Procedure. *Vanderbilt Journal of Transnational Law*, v. 36, 2003.

LEVY, Daniel de Andrade, ALVES, Rafael F., ABBUD, André de A. C. *Lei de arbitragem anotada*: a jurisprudência do STF e do STJ. São Paulo: Ed. RT, 2019.

LIM, Steven. *Time to Re-Evaluate the Common Law Approach to the Proper Law of the Arbitration Agreement*. Kluwer Arbitration Blog, 05.07.2020. Disponível em: http://arbitrationblog.kluwerarbitration.com/2020/07/05/time-to-re-evaluate-the-common-law-approach-to-the-proper-law-of-the-arbitration-agreement/. Acesso em: 02 maio 2022.

MARQUES, Ricardo Dalmaso. A lei aplicável à cláusula arbitral na arbitragem comercial internacional. *Revista Brasileira de Arbitragem*, v. XII, n. 47, p. 24-32. 2015.

MARAVELA, Mihaela. *Hold on to Your Seats, Again!* Another Step to Validation in Enka v Chubb Russia? Kluwer Arbitration Blog, 05.05.2020. Disponível em: http://arbitrationblog.kluwerarbitration.com/2020/10/11/enka-v-chubb-revisited-the-choice-of-governing-law-of-the-contract-and-the-law-of-the-arbitration-agreement/. Acesso em: 25 nov. 2020.

OHLROGGE, Leonardo; SAYDELLES, Rodrigo Salton Rotunno. Lei aplicável à cláusula compromissória na arbitragem internacional. *Revista de Arbitragem e Mediação*, v. 67, p. 241-268, São Paulo, out./dez. 2020.

PETEFFI DA SILVA, Rafael; LIBERAL, Leandro Monteiro. Aferição da capacidade das partes no processo de homologação de sentença arbitral estrangeira pelo Superior Tribunal de Justiça: a ratificação da Convenção de Nova Iorque destituiu o Ius Domicili no Brasil? In: LEMES, Selma Ferreira, LOPES, Christian Sahb Batista (Coord.). *Arbitragem Comercial Internacional e os 60 anos da Convenção de Nova Iorque*. São Paulo: Quartier Latin, 2019.

REDFERN, Alan; HUNTER, J. Martin; PARTASIDES, Constantine; BLACKABY, Nigel. *Redfern and Hunter on International Arbitration*. 6. ed. Oxford: Oxford University Press, 2015.

RODRIGUEZ, José Antonio Moreno. *Direito aplicável e arbitragem internacional*. Trad. Frederico E. Z. Glitz. Curitiba: Juruá, 2015.

SILVA, Rafael Bittencourt; LUÍS, Daniel Tavela et al. *6. Relatório Analítico* – Homologação de Sentença Arbitral Estrangeira. Arbitragem e Poder Judiciário: Pesquisa CBAr-ABEArb 2016 (2008-2015). Disponível em: http://cbar.org.br/site/pesquisa-cbar-abearb-2016/. Acesso em: 02 abr. 2021.

SINGARAJAH, Frederico. Has the English Court of Appeal changed its mind on the proper law of the arbitration agreement? In: LEE, João Bosco; MANGE, Flavia (Ed.). *Revista Brasileira de Arbitragem*, v. XVII, n. 67, p. 108-128. 2020.

UNITED NATIONS COMMISSION ON INTERNATIONAL TRADE LAW (UNCITRAL). Secretariat guide on the Convention on the Recognition and Enforcement of Foreign Arbitral Awards (New York, 1958). New York: United Nations, 2016. Disponível em: https://uncitral.un.org/sites/uncitral.un.org/files/media-documents/uncitral/en/2016_guide_on_the_convention.pdf. Acesso em: 14 mar. 2022.

VAN DEN BERG, Albert Jan. *The New York Arbitration Convention of 1958*: towards a uniform judicial interpretation. Deventer; Boston: Kluwer Law and Taxation, 1981.

VERÇOSA, Fabiane. Arbitragem desnacionalizada, aplicação de lei processual diversa daquela do país da sede e a convenção de Nova Iorque. In: LEMES, Selma Ferreira, LOPES, Christian Sahb Batista (Coord.). *Arbitragem Comercial Internacional e os 60 anos da Convenção de Nova Iorque*. São Paulo: Quartier Latin, 2019.

YOUSSEF, Karim. The Limits of Consent: The Right or Obligation to Arbitrate of Non-Signatories in Group of Companies. In: HANOTIAU, B.; SCHWARTZ, E (Ed.). *Multiparty Arbitration*, Dossier VII, ICC Institute of World Business Law, ICC Publication, n. 701, set. 2010.

JULGADOS SELECIONADOS

BRASIL. Supremo Tribunal de Justiça. SEC 885/EX. Corte Especial, Rel. Min. Francisco Falcão, julgado em 18.04.2012, DJe 13.08.2012. Disponível em: https://processo.stj.jus.br/SCON/GetInteiroTeorDoAcordao?num_registro=200500348987&dt_publicacao=13/08/2012. Acesso em: 02 maio 2022.

BRASIL. Supremo Tribunal de Justiça. SEC n. 6365/EX, Corte Especial, Rel. Min. Eliana Calmon, julgado em 06.02.2013, DJe 28.02.2013. Disponível em: https://processo.stj.jus.br/SCON/GetInteiroTeorDoAcordao?num_registro=201101005990&dt_publicacao=28/02/2013. Acesso em: 02 maio 2022.

BRASIL. Supremo Tribunal de Justiça. SEC 826-EX, acórdão unânime da Corte Especial, Rel. Min. Hamilton Carvalhido, julgado em 15.09.2010, DJe 14.10.2010. Disponível em: https://processo.stj.jus.br/SCON/GetInteiroTeorDoAcordao?num_registro=200500313227&dt_publicacao=14/10/2010. Acesso em: 02 maio 2022.

BRASIL. Supremo Tribunal de Justiça. SEC 11593/GB, Corte Especial, Rel. Min. Benedito Gonçalves, julgado em 16.12.2015, DJe 18.12.2015. Disponível em: https://processo.stj.jus.br/SCON/GetInteiroTeorDoAcordao?num_registro=201401486741&dt_publicacao=18/12/2015. Acesso em: 02 maio 2022.

REINO UNIDO. Commercial Court. C V. D. 2007. Ewca Civ 1282. Caso N: A3/2007/1697. Disponível em: https://www.trans-lex.org/311360/_/c-v-d-%5B2007%5D-ewca-civ-1282/. Acesso em: 02 maio 2022.

REINO UNIDO. Commercial Court. Sulamerica Cia Nacional de Seguros S.A. V. Enesa Engenharia S.A. 2012. Ewca Civ 638. Case N: A3/2012/0249. Disponível em: https://www.trans-lex.org/311350/_/sulamerica-cia-nacional-deseguros-sa-v-enesa-engenharia-sa-%5B2012%5D-ewca-civ-638/. Acesso em: 02 maio 2022.

REINO UNIDO. The Supreme Court. Enka Insaat Ve Sanayi A.S. V. OOO Insurance Company Chubb. 2020. UKSC 38. Case Id: UKSC 2020/0091. Disponível em: https://www.supremecourt.uk/cases/docs/uksc-2020-0091-judgment.pdf. Acesso em: 02 maio 2022.

X
SOFT-LAW, RULES AND PARTY AUTONOMY

Amanda N. Sampaio

Dual-qualified Attorney in Brazil and New York. LL.M from Columbia Law School. Partner at Demarest Advogados in São Paulo, Brazil.

Sumário: Introduction – 1. Institutional rules – 2. Soft law – 3. Party autonomy and choice of the rules applicable to the arbitration; 3.1 Public policy and mandatory rules of law; 3.2 Potential conflicts between the chosen arbitration rules and public policy or mandatory rules of law: the 'outer limits' to party autonomy in designing their procedure; 3.2.1 Equality of treatment to choose the panel; 3.2.2 Limitation or immunity of institution's and/or tribunal's liability; 3.2.3 The limits to derogation of arbitration rules due to institutional mandatory provisions: the 'inner' limits to party autonomy in designing their procedure – Conclusion – Bibliography and case law.

INTRODUCTION

As Alexis Mourre stated in one of his speeches in Brazil, arbitration is "fundamentally an exercise of human freedom".[1]

Party autonomy is the cornerstone and guiding norm of arbitration, especially in an international or transnational context where different domestic laws and rules may apply. For cross-border disputes, relying upon party autonomy to allow parties to freely choose their applicable substantive and procedural laws and rules is widely known as more efficient and effective than leaving for the applicable choice-of-law rules – whatever they might be – to decide.

In terms of the rules governing the procedure, the arbitral tribunal is not bound by any sort of *lex fori*, but rather only to the *lex arbitri*. However, national arbitration laws of most countries (often based on the Model Law[2]) do not provide a fully detailed description of a procedure, such as domestic procedural laws normally do in relation to court proceedings. National arbitration laws normally contain provisions relating to the arbitration agreement; the composition of the tribunal and its jurisdiction, including for interim measures; the relationship between the arbitral tribunal and the national courts of the seat; the general conduct of the proceeding by the arbitrators, notably related to fundamental principles (most of a constitutional nature), such as the parties' rights to an equal treatment, to fully present their case and be heard (including questioning the court-appointed experts etc.), to a reasonable time to address the counter party's

---

1. MOURRE, Alexis. Soft law as a condition for the development of trust in international arbitration. *Revista Brasileira de Arbitragem*, v. XIII, issue 51, p. 83, Sep. 2016.
2. The UNCITRAL Model Law on International Commercial Arbitration. Available at https://uncitral.un.org/en/texts/arbitration/modellaw/commercial_arbitration. Accessed on March, 2, 2023.

arguments and to not be surprised by the tribunal's decisions. There are usually no specific timetables for submissions or rules of evidence to be applied, for instance.

Thus, parties are supposed to exercise their autonomy to freely elect the details of their proceeding by either designing the rules themselves, selecting a set of rules provided by an entity (an arbitral institution, a bar association or other authority) or deferring the procedural design to the arbitral tribunal.

All this considered, it is not a surprise that this amount of freedom may lead to procedural uncertainty.[3] However, people rarely make deals and negotiate contracts with the intention to litigate them in the future. Hence, parties are seldom preoccupied with procedural rules at the time of executing their arbitration agreement. Further on, this gap is highly unlikely to be filled by the parties on amicable terms once the dispute arises.

Hence the importance of predetermined high-level rules for parties to choose. Some degree of predictability in arbitral procedure is imperative to guarantee due process, so that to avoid "surprise decisions" and allow parties to present their case in a "level playing field".[4]

That said, this brief study focuses on establishing a relation between party autonomy and the selection of procedural institutional rules and soft law in international arbitration, arguing that arbitration practitioners and stakeholders desire a certain level of predictability in the procedure of their dispute. For doing so, the paper conveys an overview of institutional rules and soft law in international arbitration and debates on the limits imposed both *to* them (by applicable mandatory laws and public policy) and *by* them (given certain institutional provisions that parties are not allowed to derogate from once they have selected a given body of rules).

1. INSTITUTIONAL RULES

Many are the *laws* that somehow apply to an international arbitration context, and parties are allowed to choose directly or indirectly most (if not all) of them. First, the substantial law applicable to the contract and hence to the merits of the dispute. Second, the arbitration law that sets the general framework for the conduct of the arbitral proceeding (*lex arbitri*). Third, and often neglected,[5] the substantive law applicable to the arbitration agreement.

---

3. As Daniel Greineder put it (almost humorously) in relation to the discretion afforded to the tribunal: "*With the freedom to be creative comes the uncertainty what to do*". GREINEDER, Daniel. The Limitations of Soft Law Instruments and Good Practice Protocols in International Commercial Arbitration. In: SCHERER, Matthias (Ed.). *ASA Bulletin, Association Suisse de l'Arbitrage*, v. 36, issue 4, p. 907, Dec. 2018.
4. PICANYOL, Enric, Due Process and Soft Law in International Arbitration. *Spain Arbitration Review*. v. 2015, issue 24, p. 29-62, 2015, p. 32 ("[T]he inherent judicialization of today's international arbitration may require a greater degree of predictability in the conduct of the procedure than the one resulting from the bare concept of 'due process'").
5. For a discussion on such neglection and its consequences, See SAMPAIO, Amanda Nunes. The law governing the arbitration agreement: why we need it and how to deal with it. *Arbitration Committee Publications*,

Additionally, another extrinsic source that celebrates party autonomy in arbitration agreements is the choice of procedural *rules* applicable to the arbitration. Parties choose so by either designing those rules themselves, selecting a pre-existent set of rules (normally published by arbitral institutions that will often administer the proceedings according to their rules), or deferring the task to the arbitral tribunal. Although all situations are still subject to mandatory rules that apply to the proceeding (as we will see in topic 4.1 below), they celebrate party autonomy by allowing parties to decide upon their own rules of procedure. After all, even if the tribunal ends up deciding on the procedure, it will only be allowed so because the parties decided to defer such decision-making to their arbitrators.

Because of the broadness of what a party or tribunal-designed procedure can achieve (which explains, to some extent, why institutional arbitrations are more common as opposed to *ad hoc* arbitrations), we will focus on rules of arbitration provided by arbitral institutions.

It is noteworthy that, as far as *ad hoc* arbitrations are concerned, parties may still select existent institutional rules to apply,[6] although parties to an *ad hoc* arbitration will often resort to the UNCITRAL Rules of Arbitration.[7] As to institutional arbitrations, most cases will be subject to the rules issued by the institution that will administer them,[8] although parties are allowed to opt-out from or adapt a few provisions as they see fit. Hence, parties to an arbitration are more likely than not to be subject to institutional rules.

Therefore, one could consider that the existence of institutional rules serves the purpose of party autonomy in international arbitration in two fronts: *first*, the very opportunity to choose a predetermined set of rules and therefore avoid (or mitigate) the clash of legal systems in a cross-border dispute and somehow bridge the cultural gaps; *second*, the very possibility of derogating from part of the chosen set of rules and truly tailoring the procedure. This is party autonomy at its best.

As to their content, the rules of arbitration across most of the institutions usually cover the same aspects of a proceeding, and frequently on similar terms. They are not comprehensive nor detail oriented. On the contrary, they generally convey procedures for basic stages of the arbitration, such as the commencement of arbitration; nomination

---

International Bar Association. Nov. 2020. Available at https://www.ibanet.org/article/699fd751-0bd4-4a15-bf84-e2542a8219c9. Accessed on March 2, 2023.

6. Parties may select institutional rules to apply to their *ad hoc* arbitration, however, they will have to adapt a few of the privisions, mainly the ones that require administration by the institution provider of the rules, i.e., making appointments of arbitrators and deciding challenges to appointments, unless parties agree on engaging an institution as the appointing authority, for instance. One giant exception is the International Chamber of Commerce's International Court of Arbitration ("ICC"), which is "the only body authorized to administer arbitrations under the [ICC] Rules", according to Article 1(2) of the ICC Rules. Likewise, " [b]y agreeing to arbitration under the [ICC] Rules, the parties have accepted that the arbitration shall be administered by the [ICC] Court", according to Article 6(2) of the ICC Rules.
7. CLEIS, Maria Nicole. Ad hod Arbitration. *Jus Mundi*. Apr. 2022. Available at https://jusmundi.com/en/document/publication/en-ad-hoc-arbitration. Accessed on December 12, 2022.
8. The exception would virtually always be proceedings administered by an institution but under the UNCITRAL Rules.

of arbitrators and challenges to their appointment; provisions of whether parties and the tribunal are expected to execute terms of reference and/or hold a case management conference in the beginning of the proceeding;[9] whether parties may seek interim measures from the tribunal;[10] whether and under which circumstances different arbitral proceedings may be consolidated etc.

Truth is that most of these provisions give full discretion to the tribunals as to how to conduct the proceeding[11] as long as they respect basic principles of due process or the like[12] – which is virtually always applicable due to the *lex arbitri*, although the concepts of due process might very across jurisdictions.

The first conclusion to draw is that neither national arbitration laws nor institutional arbitration rules intend to provide a fully detailed description of a procedure, as one should expect from domestic procedural laws applicable to judicial court proceedings. They rather only comprise general and high-level steps for procedures under their norm. For that matter, it is noteworthy that institutional rules often provide that they are not to override applicable law – even if only for specific circumstances – especially mandatory provisions, as we will further discuss.[13]

Therefore, even if parties choose to apply a predetermined set of institutional rules to their arbitration, they will still enjoy a vast span of freedom to tailor the steps of it, including the precise timetable to submit their arguments, the number and order of submissions, the amount of discovery and other evidential aspects etc.

The institutions acknowledge, however, the importance to have the detailed rules defined in the early stage of the arbitration, even if that means giving discretion to the tribunal and the parties to design their procedure. The ICC, for instance, besides their well-known Terms of Reference executed at the outset of the arbitration (Article 23) and the parallel or following case management conference (Article 24), also encourages the tribunal to adopt procedural measures to "ensure effective case management" (Article 22(2)), even providing case management techniques in their Appendix IV. This indicates a preference for predictability, which does not necessarily threaten flexibility.

---

9. Articles 22(2), 23 and 24 of the International Chamber of Commerce ("ICC") Arbitration Rules.
10. Article 28 of the ICC Rules; Articles 25.1(iii), 25.2, 25.3 of the London Court of International Arbitration ("LCIA") Arbitration Rules; Article 26 of the United Nations Comission on International Trade Law ("UNCITRAL") Arbitration Rules; Article 27 of the International Centre for Dispute Resolution ("ICDR") Arbitration Rules; Article 23 of the Hong Kong International Arbitration Centre ("HKIAC") Arbitration Rules; Article 30 of the Singapore International Arbitration Centre ("SIAC") Rules; and Article 37 of the Stockholm Chamber of Commerce Arbitration Institute ("SCC") Rules.
11. Articles 22, 25 and 25 of the ICC Rules; Articles 14.2, 14.5 and 14.6 of the LCIA Rules; Article 22(1) of the ICDR Rules; Article 17(1) of the UNCITRAL Rules.
12. Article 22(4) of the ICC Rules; Article 14.1 of the LCIA Rules; Article 22(1) of the ICDR Rules; Article 17(1) of the UNCITRAL Rules.
13. A few examples are the UNCITRAL Rules (Article 1(3)), the ICC Rules (Articles 19 of the Rules and Article 7 of Appendix II); the LCIA Rules (Articles 14.2, 20.6, 20.8, 29.2, 30.6 of the Rules and Paragraph 1 of the Guidelines for the Authorised Representatives of the Parties); the ICDR Rules (Articles 34(5), 40(1) and 40(3)); the HKIAC Rules (Article 2.2) and the SIAC Rules (Article 27).

Finally, notwithstanding their high-level nature, once chosen by the parties, the institutional rules are deemed to have been incorporated into the parties' arbitration agreement and are supposed to fill any gaps that may be encountered there to the extent possible. Although these are rules of a contractual nature (as opposed to legal nature), which only apply insofar as the parties determined in their arbitration agreement, once chosen they are deemed to be "law between the parties" – although they are still subject to mandatory rules as we will discuss below.[14]

2. SOFT LAW

As seen, in arbitration parties enjoy from a vast amount of freedom to choose their rules in general, especially the procedural ones, which can even be tailored by parties. In international arbitration said freedom has been widely exercised due to the necessity to bridge the gap between parties from different jurisdictions, especially from civil and common law traditions. Commentators have generally related this latter aspect to the need of "levelling the playing field" in international arbitration not only among practitioners from different jurisdictions, but also considering new entrants.

These two elements – freedom and need to level the playing field – have contributed to the use of soft law in international arbitration, where it is usually advisable to avoid relying upon one party's national body of law to the detriment of the others.

The origins of the concept of "soft law" derive from after the Second World War due to the rapid developments that could not be dealt with by the primary sources of public international law – i.e., customs and treaties.[15] The instruments of soft law that arose by then concerned mostly human rights, with the declarations and resolutions of the United Nations General Assembly as their typical example.[16]

Later on, soft law has become popular in the context of private law as well, especially in international arbitration. Gabrielle Kaufmann-Kohler divided the concept of soft law into (i) norms whose "content (negotium) is too vague to be applied to specific facts", conveying the UNESCO Convention concerning the protection of the world cultural and natural heritage as an example and (ii) norms whose "*support (instrumentum) lacks binding character*", which would be the case of a recommendation or a code of conduct.[17]

---

14. BERMAN, George A., Ascertaining the Parties' Intention in Arbitral Design, *Penn St. Law* Review, v. 113, p, 1013-1029, 2009, p. 1025. ("It seems fair to suppose that the parties, in incorporating such rules into their arbitration agreement, mean for them to fill gaps in that agreement, subject to any mandatory rules of law of the place of arbitration that may apply").
15. DASSER, Felix. Chapter II: The Arbitrator and the Arbitration Procedure, Soft Law in International Commercial Arbitration – A Critical Approach. In: KLAUSEGGER, Christian; KLEIN, Peter et al. (Ed.). *Austrian Yearbook on International Arbitration 2019*, (© Manz'sche Verlags – und Universitätsbuchhandlung; Manz'sche Verlags – und Universitätsbuchhandlung 2019) p. 113, 2019.
16. LÜTH, Felix; WAGNER. Phillip K. Soft Law in International Arbitration – Some Thoughts on Legitimacy, *Heidelburg Student L. Rev.*, v. 3, p. 411, 2012.
17. KAUFMANN-KOHLER, Gabrielle. Soft Law in International Arbitration: Codification and Normativity. *Journal of International Dispute Settlement*, v. 1, issue 2, Oxford University Press, p. 284, 2010.

International arbitration deals mostly with the second category, which will be the one discussed in this article.

In the realm of international arbitration, soft law is generally referred to as one that is not to be enforced through the mechanisms offered by the State, irrespective of the body from which it emanates,[18] unless they are expressly agreed upon in the parties' arbitration agreement, situation in which they become binding as any other contractual provision.

Although some may disagree with the term "soft law" on the ground that all *laws* should be "hard", and some others have even coined different terms for the same phenomena,[19] the truth is that soft law has flourished in the private law realm, precisely the one that concerns international arbitration.

Differently from its origins in public international law, in international arbitration soft law instruments are usually drafted by private institutions that are supposed to represent the arbitration community. Hence, to be deemed legitimate by this community – i.e., practitioners and stakeholders in general – the process of drafting soft law needs to be carefully handled, calling on the community to contribute with their experience and inputs within reasonable timetables and being based on a transparency that allows the participants to understand the process and genuinely accept it.[20]

After all, these bodies of rules are comprised of guidelines that although not legally binding intend to inform a common practice and establish a predictability in the absence of government-enacted legal instruments – i.e., hard law. Hence, soft law instruments' lack of immediate *enforceability* does not lead to a complete lack of *normativity*.[21]

On the other hand, some commentators warn for the risks of affording soft law a too high degree of normativity to the extent that it reaches the threshold of *iura novit arbiter*, which could lead to the arbitrators' unconscious breach of the duty to know and apply the law given the existence of a myriad of guidelines that most practitioners are unaware of.[22]

Although this warning seems logical, we see it as unnecessary in practice. Simply put, practitioners may perceive soft law instruments as more or less normative according to their want for predictability, their respect for the authority of the institution that issues the soft law,[23] among other reasons. Hence, perceiving it as "more or less normative" does not mean in any way perceiving it as enforceable, let alone enforceable without the parties

---

18. ARIAS, David. Soft law Rules in International Arbitration: Positive Effects and Legitimation of the IBA as a Rule-Maker. *Indian Journal of Arbitration Law*, v. 6, issue 2, p 30, 2017.
19. As in "Para-regulatory texts". *See* FAVALLI, Daniele, The Sense and Non-sense of Guidelines, Rules, and other Para-regulatory Texts in International Arbitraton, ASA Special Series N. 37, Huntington, 2014.
20. DASSER. Op cit., ps. 117-118.
21. KAUFMANN-KOHLER, Op. Cit., p. 284 and 297 ("The fact that soft law cannot be enforced by public force does not mean that it necessarily lacks normativity (...) soft law enjoys some degree of normativity, which could be called soft normativity. This normativity may be considered soft because soft law exercises a certain influence and is regarded with deference without being perceived as mandatory in the classic sense of the word").
22. DASSER, Op. cit., p. 120.
23. Here a "law making" process that allows for legitimacy is paramount, as discussed above.

having previously either agreed upon them or deferred such decision to the tribunal, let alone enforceable to the extent to reach the threshold of *iura novit arbiter*.[24] It rather means only recognizing that such instruments indeed inform a common practice in an international context and thus choosing to either apply them or defer to the tribunal whether to consider them as a source in the absence of parties' definition regarding a given aspect of the dispute.

As to the degree of normativity of soft law, Gabrielle Kaufmann-Kohler discourses about the practical potential to enhance it by merely codifying it, given that codification is "a process whereby norms are organized into a logical and coherent structure" and "human nature has a natural tendency to favour easier solutions".[25] It is once again noteworthy that normativity should not be confused with enforceability, let alone with enforceability by discretion of the tribunal without prior deferral by the parties. The codification of soft law simply means the organization "into a logical and coherent structure" and not affording it any special authority that amounts to a mandate.

Therefore, the potential normative nature of soft law tends to – or should – be somehow bland, since their vital goal is not to be binding legal provisions, but rather to serve as a *toolkit* available for parties who, in the exercise of their liberty (their "human freedom"), choose to use them or not. On that note, the Swiss Federal Court has already used the term "instrument of work" when referring to a specific (and widely applied) instrument of soft law:[26]

> Such guidelines admittedly have no statutory value (Peter/Besson, ibid.); yet they are a precious instrument ["instrument de travail"], capable of contributing to harmonization and unification of the standards applied in the field of international arbitration to dispose of conflict of interests (Berger/Kellerhals, op. cit., n. 734 in fine) and such an instrument should not fail to influence the practice of arbitral institutions and tribunals (…).

Therefore, it should be clear by now that, in the context of arbitration, parties are allowed to design themselves all the rules for their specific proceeding, but for convenience they may choose an already set up body of guidelines which, once chosen, turn into rule between those parties for that specific proceeding.

---

24. For more content on the application of the principle of *iura novit curia* in arbitration – i.e., *iura novit arbiter* – the authors recommend FERRARI, Franco; CORDERO-MOSS, Giuditta (Ed.). *Iura Novit Curia in International Arbitration*. NYU – Center for Transnational Litigation, Arbitration and Commercial Law, New York, 2018.
25. KAUFMANN-KOHLER, Gabrielle. Op. cit., p. 297-298.
26. Federal Court decision 4A_506/2007, 20.03.2008. https://www.swissarbitrationdecisions.com/sites/default/files/20%20Mars%202008%204A%20506%202007.pdf. Accessed on July 24, 2022. ("Ces lignes directrices n'ont certes pas valeur de loi (Peter/Besson, ibid.); elles n'en constituent pas moins un instrument de travail précieux, susceptible de contribuer à l'harmonisation et à l'unification des standards appliqués dans le domaine de l'arbitrage international pour le règlement des conflits d'intérêts (Berger/Kellerhals, op. cit., n. 734 in fine), lequel instrument ne devrait pas manquer d'avoir une influence sur la pratique des institutions d'arbitrage et des tribunaux)". Original text in French in http://relevancy.bger.ch/php/aza/http/index.php?lang=fr&type=highlight_simple_query&page=1&from_date=&to_date=&sort=relevance&insertion_date=&top_subcollection_aza=all&query_words=4A_506/2007&rank=2&azaclir=aza&highlight_docid=aza%3A//20-03-2008-4A_506-2007&number_of_ranks=4. Accessed on July 24, 2022.

Hence, regardless of the term used to define them, these "soft law instruments" are norms that may or may not be adopted by the parties, who may also elect on their degree of enforceability, making them binding for that specific *arbitration agreement* – in which case the soft law becomes binding law for all disputes arisen from that agreement – or *dispute* – in which case only that specific arbitration proceeding will necessarily follow the elected body of soft law.

Nonetheless, as already discussed, soft law instruments that are perceived by the arbitration community as to carry a higher degree of normativity – probably the ones codified by an institution whose authority is respected by said community – may even be considered by the arbitral tribunal on their own discretion, if the tribunal considers that it has the authority to do so according to the parties' arbitration agreement and/or the applicable *lex arbitri* and doing so does not harm either any definition made by the parties and/or the applicable laws.

Well-known examples of soft law instruments are the ones published by the International Bar Association (IBA), namely the Rules on the Taking of Evidence in International Arbitration ("IBA Rules on Evidence"),[27] the Guidelines on Conflict of Interest in International Arbitration ("IBA Conflict Guidelines")[28] and, still under a bit of polemical discussions, the IBA Guidelines on Party Representation in International Arbitration ("IBA Guidelines on Party Representation").[29] The IBA purportedly calls upon arbitration practitioners from around the globe to discuss ideas of provisions that shall be codified into rule and guidelines, which should end up truly reflecting what is common practice in international arbitration.

The foregoing are examples of more or less detail-oriented procedural norms – mainly the IBA Rules on Evidence and IBA Conflict Guidelines, given that the IBA Guidelines on Party Representation arguably provide for substantial norms on counsel behavior – that fill in the gaps left by domestic arbitration laws and institutional rules.

Among them, the IBA Rules on Evidence are the most popular. The Survey on the Use of Soft Law Instruments in International Arbitration showed that more than 60% of respondents apply the IBA Rules on Evidence regularly and more than 12% do so always.[30] Although the number of respondents was so restricted to almost render the survey impractical (63), it at least showed a rank of popularity among the guidelines.

---

27. Text available on https://www.ibanet.org/MediaHandler?id=def0807b-9fec-43ef-b624-f2cb2af7cf7b. Accessed on July 24, 2022.
28. Text available on https://www.ibanet.org/MediaHandler?id=e2fe5e72-eb14-4bba-b10d-d33dafee8918. Accessed on July 24, 2022.
29. Text available on https://www.ibanet.org/MediaHandler?id=6F0C57D7-E7A0-43AF-B76E-714D9FE74D7F. Accessed on July 24, 2022. For more content on the polemical discussions on this specific instrument, see HODGES, Paula. Equality of Arms in International Arbitration: Who Is the Best Arbiter of Fairness in the Conduct of Proceedings?, in MENAKER, Andrea (Ed.). *International Arbitration and the Rule of Law*: Contribution and Conformity, ICCA Congress Series, v. 19, p. 599-633, 2017.
30. Available on http://arbitrationblog.kluwerarbitration.com/2014/06/06/results-of-the-survey-on-the-use-of-soft-law-instruments-in-international-arbitration/. Accessed on 24 July 2022.

The IBA Rules on Evidence aim at providing arbitrators with appropriate tools to establish a common ground between parties and counsel from different jurisdictions that may tackle certain aspects of production of evidence differently, especially when there is a common and civil law clash. Well-known examples of this clash are the degree and standard for discovery (broader under common law, having the United States as the broadest example); the level of preparation of factual and expert witnesses, including mock trials (while generally prohibited in countries under the civil law tradition, not prepping your witness in the United States may amount to malpractice); the usage of producing expert evidence through party-appointed experts as opposed to tribunal-appointed experts (civil law traditions may prefer the latter, although that generally does not prevent parties from appointing their own experts as assistants to the court-appointed one), among others.[31]

Hence, the IBA Rules on Evidence are helpful to arbitrators by providing a reference point on how to tackle these differences and creating a balance or even a compromise between both approaches. Although some commentators still find it somehow broadly drafted,[32] the rules have scored the bull's eye on some important issues while still leaving a significant amount of discretion to the arbitral tribunal especially on matters of expert evidence – whether to hear only party- or also tribunal-appointed experts. One example of a well-reached compromise is the Rules' Article 3 on documentary evidence and Requests to Produce in lieu of "compelling discovery", thereby defining the amount and format of disclosure expected in international disputes.[33]

The IBA Conflict Guidelines aims at ensuring the impartiality and independence of arbitrations by helping them to comply with their duty of disclosure. Bottom line, it is said that the Guidelines's final goal is to protect arbitral awards, which is achieved not only by ensuring their correctness, but also the fitness of the tribunal. The Guidelines provide what is called a Traffic Light System to clearly identify situations that should give rise to justifiable doubts as to the arbitrator's impartiality and independence and hence indicate when the potential arbitrator must refuse appointment or disclose a matter. In summary, they created 4 non-exhaustive lists of situations: a Non-Waivable

---

31. For more content on the differences between common law and civil law traditions on the production of evidence from a Brazilian perspective, see SAMPAIO, Amanda Nunes. A (as)simetria de informação entre os litigantes e o possível ganho de eficiência na adoção de técnicas liberais de produção de prova (discovery). *Revista de Processo*, v. 328/2022, p. 107-135, June/2022.
32. HODGES, Paula. Op. Cit, p. 611 ("The IBA Rules on the Taking of Evidence are often broadly drafted. For example, no definition is provided for what constitutes 'materiality' for the purposes of Requests to Produce documents, or what threshold would need to be met for production of documents to be 'unduly burdensome.'"). However, it appears not to be uncommon to see subjective concepts like "materiality" and "burdensome" in other rules or even in codified procedural laws applied to national courts. It appears not easy to achieve predetermined and objective concepts for when a piece of evidence shall be deemed material, for instance, and still keep the text generally applicable to every situation that the adjudicator may face. Likewise, preparing a well-established list of factual situations that would amount to those concepts would not solve the problem either due to the impossibility of covering all potential situations.
33. For more content on the compromise achieved by the IBA Rules on Evidence from an American perspective, see HEMMINGSEN, Lucila. LEVIN, Jonathan. SAMPAIO, Amanda Nunes. Discovery in Cross-Border Disputes: Choosing Between Domestic Litigation and International Arbitratrion. *New York Law Journal*, March 2018.

Red List, which highlights situations that must lead to refusal regardless of party waiver; a Waivable Red List, providing for situations that although very serious, may be waived by the parties after a disclosure of the fact by the potential arbitrator; an Orange List with situations that, although less serious that the Red List, may still justify doubts in the eyes of the parties depending on the circumstances and, hence, must always be disclosed by the arbitrator as a duty; finally, the Green List provides for situations in which the arbitrators are under no duty to disclose.

Although ranked in second at the Survey, the IBA Conflict Guidelines are widely used, since "no reasonable arbitrator would make a decision on a non-obvious disclosure issue without consulting the IBA Guidelines on Conflicts of Interest".[34]

All things considered, we may well say that soft law instruments may be applied (or consulted) by the parties, arbitral tribunals, courts and legislators. Parties may elect those instruments to design their own procedure, making them binding for that dispute. Arbitral tribunals may apply them where the tribunal's jurisdiction allows the discretion to do so or simply by reflecting their provisions on the terms of reference (or first procedural order after convening with the parties), which, once accepted by the parties, become the norm for that dispute. Courts, as seen in the Swiss Federal Court case, may consult and rely on them to reinforce the solution already reached or even as an attempt to understand the context in which parties made their decision in arbitration. Finally, even legislators may apply soft law instruments by turning their provisions into hard law, as it is the case for 85 states which based the enactment of their domestic arbitration laws on the UNCITRAL Model Law on International Commercial Arbitration.[35]

Notwithstanding all the above, there is a significant worldwide debate within the international community as to the appropriateness of soft law instruments in international arbitration.

As stated above, national arbitration laws are mostly and intentionally not comprehensive of all aspects of an arbitration proceeding. Under the auspices of party autonomy, States have left procedural matters in arbitration unregulated. Nonetheless, the truth is that this lack of regulation has not resulted in fewer rules, since practitioners organized in well-respected institutions – such as the IBA – have put together the more or less detail-oriented norms as seen above.

Hence, the most frequent critique is that the regulation arisen from soft laws, even if nonbinding, jeopardizes independent thinking, creativity and the flexibility of arbitration, culminating in a "judicialization" or over-regulation of arbitration.[36]

---

34. KAUFMANN-KOHLER, Gabrielle. Op. Cit, p. 296.
35. See the list on https://uncitral.un.org/en/texts/arbitration/modellaw/commercial_arbitration/status. Access on July 24, 2022.
36. PARK, William W. Chapter 7: The Procedural Soft Law of International Arbitration: Non-Governmental Instruments, in LOUKAS A. Mistelis; LEW, Julian D.M. (Ed.). *Pervasive Problems in International Arbitration*, p. 141-154, 2006, p. 146. Available at https://scholarship.law.bu.edu/cgi/viewcontent.cgi?article=3278&context=faculty_scholarship. Accessed on July 24, 2022.

What appears to be neglected in such commentaries is that this recent proliferation in soft law is a mere response to the lack of guidance left by States (through their national laws) and arbitral institutions (through their institutional rules) and indicates that parties want procedural predictability[37] in a context where they may select and tailor their own procedural rules as they see fit. Thus, interpreting this phenomenon as a jeopardy to flexibility seems to be a narrow-minded view that does not genuinely look at what the community calls for.

On top of that, truth is not all soft law instruments are afforded authority or even respect by the arbitration community, "considerable importance and influence attach only to a small number of instruments, themselves dependent on heavy institutional backing",[38] which brings us back to the legitimacy that arises from a participative and transparent drafting process.

We should not forget that arbitration is the privatization of the administration of Justice, and as such, it only survives if it is seen by its stakeholders as a fair, reliable, and predictable system of justice.[39]

Alexis Mourre assessed an economic study on the dichotomy between liberalization and regulation and applied it to the international arbitration context, concluding that:

> [T]he more arbitration is left to market forces, that is to party autonomy, the more it tends to generate rules and guidelines. In other words, the multiplication of guidelines, rules and codes can be seen as a measure of how much the market of arbitration has become autonomous from States. From that perspective, soft law can also be seen as a measure of the maturity of the market and of its ability to regulate itself.[40]

Finally, the predisposition of practitioners to adopt soft law instruments to tackle present-day issues in international arbitration was confirmed in the latest version of the QMUL survey, the *2021 International Arbitration Survey: Adapting arbitration to a changing world*.[41]

When practitioners were asked what measures should be used to reduce environmental impact in international arbitrators, the most selected answer (40%) was the adoption of soft law such as The Pledge for Greener Arbitrations, tying with carbon offsetting of flights and printing, specific directions from the tribunal on the matter and using electronic format for submissions, evidence and correspondence as opposed to hard copies. Likewise, when asked what measures should be used to protect the confidentiality

---

37. PARK. Op. cit., p. 149.
38. GREINEDER, Daniel; MEDVEDSKAYA, Anastasia, Beyond High Hopes and Dark Fears: towards a Deflationary View of Soft Law in International Arbitration. In: SCHERER, Matthias (Ed.). *ASA Bulletin*, Association Suisse de l'Arbitrage, v. 38, Issue 2, p. 435, 2020.
39. MOURRE, Alexis. Soft law as a condition for the development of trust in international arbitration, *Revista Brasileira de Arbitragem*, v. 13, issue 5, p. 84, 2016.
40. MOURRE. Op. cit., p. 86.
41. Available on https://arbitration.qmul.ac.uk/research/2021-international-arbitration-survey/#:~:text=The%20 2021%20International%20Arbitration%20Survey,the%20SIA%20Surveys%20to%20date. Accessed on July 24, 2022.

and security of electronically submitted data in international arbitraton, respondents selected the "adoption of soft law instruments and guidance, e.g., ICCA-New York City Bar – CPR Protocol on Cybersecurity in International Arbitration" 40% of the time, being ranked in 4th place out of 10 alternatives, behind only to "secure/professional email addresses for arbitrators rather than web-based email providers", "access controls, e.g., multi-factor authentication" and "guidance or protocols from institutions". This shows that despite the critics as to over-regulation in international arbitration, practitioners appear to be keen to soft law as a matter of guidance for recent issues.

3. PARTY AUTONOMY AND CHOICE OF THE RULES APPLICABLE TO THE ARBITRATION

Because arbitrating a dispute requires consent, party autonomy is the tenet of arbitration. However, as already advanced, all the freedom from party autonomy may lead to procedural uncertainty, which, if not appropriately addressed in a given proceeding, might collapse with due process and other relevant public policy rules that may render the award unenforceable.

We said that the institutional rules serve the purpose of party autonomy in two fronts: *first*, the very opportunity to choose a predetermined set of rules and therefore avoid (or mitigate) the clash of legal systems in a cross-border dispute and somehow bridge the cultural gap; *second*, the possibility of derogating from part of the chosen set of rules and truly tailor the procedure.

However, applicable public policy and mandatory rules that ultimately serve due process may hinder a full application of some rules, whereas the contractual nature of the rules may allow some institutions to restrict parties' ability to derogate from some of their provisions. These both aspects are what Carvelaris call respectively the "inner" and the "outer" limits to party autonomy.[42] We will discuss both in items 4.2 and 4.3 below. First, however, we shall briefly address public policy and mandatory rules of law that may have an impact on the chosen rules of procedure.

3.1 Public policy and mandatory rules of law

The importance of public policy and mandatory rules of law for the enforceability of arbitral awards is paramount. Because the scope of this paper is not to address the *laws* applicable to the dispute (either substantive or procedural), but rather only the *institutional rules* and *soft law* elected based on party autonomy, the Authors will attempt to briefly address the matter of public policy and mandatory rules only to the extent that they have an impact on these party-elected procedural rules, not laws.

---

42. CARLEVARIS, Andrea. Chapter 1: Limits to Party Autonomy and Institutional Rules. FERRARI, Franco. Limits to Party Autonomy in International Commercial Arbitration. NYU – Center for Transnational Litigation, Arbitration and Commercial Law, New York. 2016, p. 1-36.

First of all, it is important to remember that arbitrators have the duty to *issue an award that is enforceable*,[43] an obligation that is often reflected in institutional rules, e.g., Article 32(2) of the LCIA Rules states that the tribunal shall make every effort to ensure that awards are recognized and enforceable in the arbitral seat,[44] while Article 47 of the Stockholm Chamber of Commerce (SCC) Rules states the same obligation, just not mentioning the law of the seat[45] and, finally, Article 42 of the ICC Rules state that both the ICC Court and the arbitral tribunal "shall make every effort to make sure that the award is enforceable at law".

Since the enforceability of an award is to be judged by the court where recognition and enforcement is sought, the judges will virtually always consider their national public policy and mandatory rules when assessing the enforceabiliy of the award under scrutiny, as defined by the United Nations Convention on the Recognition and Enforcement of Foreign Arbitral Awards ("New York Convention")[46] and the UNCITRAL Model Law on International Commercial Arbitration ("Model Law").[47]

Ultimately, the practical success of an arbitration proceeding may depend on a national court's considerations of public policy.

These notions are also important before an award is made, given the likely consideration the arbitrators will give to mandatory rules and public policy of the seat[48] – especially concerning the procedure. Apart from the fact that by choosing the seat parties are deemed to have chosen the arbitration laws of that seat,[49] consideration

---

43. BORN, Gary B. International Commercial Arbitration, 2nd ed., 2014, p. 1992 ("One of the arbitrator's most significant obligations is to render an award that is enforceable").
44. "32.2. For all matters not expressly provided in the Arbitration Agreement, the LCIA Court, the LCIA, the Registrar, the Arbitral Tribunal and each of the parties shall act at all times in good faith, respecting the spirit of the Arbitration Agreement, and shall make every reasonable effort to ensure that any award is legally recognised and enforceable at the arbitral seat."
45. "Article 47 Enforcement: In all matters not expressly provided for in these Rules, the SCC, the Arbitral Tribunal and the parties shall act in the spirit of these Rules and shall make every reasonable effort to ensure that all awards are legally enforceable."
46. Article V(2)(b): *Recognition and enforcement of an arbitral award may also be refused if the competent authority in the country where recognition and enforcement is sought finds that: … (a) The subject matter of the difference is not capable of settlement by arbitration under the law of that country; or (b) The recognition or enforcement of the award would be contrary to the public policy of that country.*
47. Article 34(2)(b)(ii): "An arbitral award may be set aside by the court specified in article 6 only if: … the court finds that … the award is in conflict with the public policy of this State" and Article 36(1)(b)(ii): "Recognition or enforcement of an arbitral award, irrespective of the country in which it was made, may be refused only … if the court finds that … the recognition or enforcement of the award would be contrary to the public policy of this State".
48. SHORE, Laurence. Applying Mandatory Rules of Law in International Commercial Arbitration. In: BERMAN, George, MISTELIS, Loukas A. *Mandatory Rules in International Arbitration*. 2011, p. 131. ("It may be helpful to begin with first principles, even though these principles are not wholly uncontroversial. Arbitrators must apply mandatory rules of the seat of arbitration. This is, in most circles, accepted").
49. The Authors do not ignore the advocates of the delocalization theory, however, as respected commentators have assured, "[s]eductive as such theories might be, the reality is that the delocalization of arbitrations (…) is possible only if the local law (the lex arbitri) permits it." BLACKABY, Nigel et al. *Redfern and Hunter on International Arbitration*. 6. ed. Oxford: Oxford University Press, 2015, p. 182.

to mandatory rules and public policy of the seat is also rooted in the overall power that judicial courts at the seat enjoy over arbitrations taking place at that seat:

> (...) not only because an award set aside at the seat is likely to be largely worthless anywhere in the world, and not only because the courts at the seat have a residual power to permit, enjoin, or supervise the conduct of any local arbitration, but above all – although this might after all be nothing more than another way of saying the same thing – because the choice to arbitrate in a particular place corresponds to the presumed will of the parties to submit themselves to whatever legal regime happens to govern the arbitration process in that place.[50]

Not to mention that, if the public policy of the court before which enforcement of the award is sought will dictate the viability of the award, arbitrators may as well have a deference to the public policy of the seat, where the award is highly likely to be enforced – and this brings us back to the duty to issue an award that is enforceable. Deference to public policy and mandatpry laws has been expressly reflected in a few of the most relevant institutional rules, such as the UNCITRAL, the ICC, the LCIA, the ICDR, the HKIAC and the SIAC.[51]

But hence, it all leads to the question: what is public policy?

It is settled that there are truly international public policy rules, such as the prohibition of corruption, forced labor etc.,[52] which may be regarded in arbitration contexts.[53]

However, aside from the public policy and mandatory rules of the arbitral seat and of the place where enforcement of the award is sought, there are domestic public policy concepts arisen from the applicable law (which parties cannot contract out from) that necessarily impact arbitration. Unfortunately, even if this brief study had the ability to go through the notions of public policy in all nations in the world, it would still fail miserably, since the notions that are able to impact an arbitration and/or refuse recognition and enforcement of an award are not always (and not in all nations' laws) written.[54]

There are, however, well-known precedents that shed some light on the matter, as we will see below.

---

50. RAU, Allan Scott. The Arbitrator and "Mandatory Rules of Law". In: BERMAN, George; MISTELIS, Loukas A. *Mandatory Rules in International Arbitration*. 2011, p. 109.
51. *See* footnote 15 above.
52. A distinguished and apparently the first case that defined corruption as a matter os international public policy was the ICC Case N. 1110 of 1963, Final award, Yearbook XXI (1996) 47.
53. BLACKABY, Op. cit., p. 605, "[...] when considering a challenge to an award on grounds of a violation of 'due process', courts in Europe may well have regard to the safeguards contained in Article 6 of the European Convention on Human Rights".
54. In an event taking place at Paris-Panthéon-Assas University (Paris II) in Paris, the Justice of the Brazilian Superior Court of Justice Hon. Luis Felipe Salomão is deemed to have stated that "French jurisprudence aims at establishing objective criteria to define public policy (order publique), but it is essentially and open concept. Each case and their variable circumstances will define their conformity to public policy". Available at https://www.editorajc.com.br/seminario-franca-brasil-discute-os-desafios-da-arbitragem/?utm_source=Newsletter&utm_medium=email&utm_campaign=newsletter_aasp. Access on 24 July 2022.

3.2 Potential conflicts between the chosen arbitration rules and public policy or mandatory rules of law: the 'outer limits' to party autonomy in designing their procedure

As discussed, although international arbitration is a creature of consent and party autonomy, there are international and domestic public policy rules as well as domestic mandatory rules that will hinder parties from selecting certain provisions of rules of procedure and defining a totally flexible and informal proceeding.

On that note, relevant commentators in the field have stated the importance of some degree of ordered procedure in arbitration to ensure that it respects due process.[55] Most importantly, due process and a certain degree of ordered procedure is essential for parties to be able to duly present their case – therefore falling under the prerequisite imposed by the NY Convention for enforcement of awards.

However, the mere existence of rules that provide for an ordered procedure may not be sufficient. After all, procedural rules that end up allowing for violation of due process on a given jurisdiction will likewise lead to an unenforceable award. Hence, procedural soft laws and institutional rules must not violate generally accepted principles – besides the applicable domestic public policy and mandatory rules. There are important precedents that dealt with the matter.

3.2.1 Equality of treatment to choose the panel

Because arbitration is a creature of consent, active participation in the constitution of the arbitral tribunal is expected.

In that context, the internationally accepted Principle of Equality of Arms, as part of a due process, requires that parties have a procedurally equal position throughout any dispute resolution proceeding and are in equal position to be able to make their case.

Hence, the constitution of an arbitration panel of three adjudicators virtually always involves each party appointing one coarbitrator and both coarbitrators jointly appointing the third arbitrator who will preside the panel – i.e., the chairperson. One can easily conclude that equal participation in the panel construction is of paramount importance.

Because the notion of fair and equal treatment between the parties is a matter of public policy in most developed – or at least arbitration-friendly – countries, institutional rules that create an unbalance between parties' opportunity in the creation of the panel will be deemed contrary to public policy in these jurisdictions, jeopardizing recognition – or even ensuing the vacatur – of an award issued under these violating circumstances.

An unbalance between parties' participation in the panel's constitution may arise in multi-party arbitrations as well as consolidation of different proceedings and joinder of third parties when there is a tribunal already constituted.

---

55. PARK. Op. Cit.,, P. 153 ("most litigants anticipate a measure of ordered procedure as a prerequisite to equal treatment and due process").

The well-known *Dutco* case[56] illustrates the issue with a multi-party arbitration and ended up leading to significant changes in several institutional rules, notably the ones from the International Chamber of Commerce ("ICC").

When Dutco filed an ICC arbitration against its former consortium partners BKMI and Siemens, the latter two not only objected to the joint proceeding but also were unable to agree on the appointment of their coarbitrator. The ICC Court stated it would appoint an arbitrator on respondents' behalf should they not reach an agreement, while it would validate claimant's appointment, as the ICC Rules in force by that time allowed. Without alternative, BKMI and Siemens jointly appointed their arbitrator under protest and with all reservations. After constituted, the panel rendered an interim award confirming their own jurisdiction, which was challenged by BKMI and Siemens before the French Courts in a set aside proceeding. The award was first upheld by the Cour d'Appel, but ended up annulled by the Cour de Cassatión, which applied French public policy[57] to conclude that the unequal opportunity for the parties to appoint arbitrators violated equal treatment and hence public policy.

The most interesting take-away is the change in the landscape for institutional rules that the Dutco case entailed.[58] The ICC Rules then in place allowed the ICC Court to appoint the arbitrator on behalf of parties who, although on the same side, were unable to reach an agreement on appointment, but did not obligate the ICC Court to proceed the same way with the opposing party had they managed to appoint their coarbitrator. Hence, one side would be entitled to their appointment while the other would not, as it happened in the Dutco case. Following the annulment, the ICC modified the relevant provision of its rules to include the possibility that the Court appoints all members of the tribunal in case one side cannot reach an agreement on appointment.[59]

This is a clear example of an outer limit to party autonomy in designing their procedure: parties are not allowed to make use of rules that offend public policy and/or mandatory rules of the place where the future award will have to be recognized: either be the place of arbitration, which will hear any possible set aside or vacate claims, or the place of enforcement, which may be virtually any country.

---

56. *BKMI Industrienlagen GmbH & Siemens AG v. Dutco Construction*, Cour de Cassation (1er Chambre Civile), Pourvoi n. 89-18708 89-18726, 7 Janaury 1992, Revue de l'Arbitrage, (© Comité Français de l'Arbitrage; Comité Français de l'Arbitrage 1992, v. 1992 Issue 3) p. 470-472.
57. Op. cit., «[L]e principe de l'égalité des parties dans la désignation des arbitres est d'ordre public; qu'on ne peut y renoncer qu'après la naissance du litige».
58. BORN, Gary B., Op. cit., p. 2814 («In part as a reaction to the Dutco decision, most leading institutional rules have adopted provisions dealing with appointment of arbitrators in multi-party cases").
59. See Article 10(2) of the 1998 ICC Rules ("In the absence of such a joint nomination and where all parties are unable to agree to a method for the constitution of the Arbitral Tribunal, the Court may appoint each member of the Arbitral Tribunal and shall designate one of them to act as chairman. In such case, the Court shall be at liberty to choose any person it regards as suitable to act as arbitrator, applying Article 9 when it considers this appropriate"), whose wording remains virtually the same in Article 12(8) of the 2021 ICC Rules. For a comparison between the relevant ICC Rules, See https://library.iccwbo.org.

It is noteworthy that nowadays the most relevant institutional rules for international arbitration have established a procedure for appointment of arbitrators in multi-party proceedings similar to the ICC Rules.[60] However, the point taken is that even well-organized rules enacted by reputable institutions are subject to scrutiny by local courts that may consider them a violation of local mandatory laws and public policy to the extent that parties' autonomy in choosing said rules is mitigated, at a minimum.

Brazilian courts faced a very similar issue years later and decided likewise in the *Paranapanema* case.[61]

The Center for Arbitration and Mediation of the Chamber of Commerce Brazil-Canada ("CAM-CCBC") 1998 Rules did not provide for a specific mechanism for appointment in multi-party arbitrations in case one of the sides were unable to reach an agreement on who to appoint. Hence, when Banco Santander commenced arbitration in 2010 against both Banco BTG Pactual and Paranapanema, and the latter two were unable to jointly appoint their coarbitrator, the President of the CAM-CCBC applied the institution's general rule that, in the absence of appointment by any of the parties, the open position must be filled in by an appointment from the President. Therefore, the claimant (i.e., Banco Santander) had the opportunity to appoint its coarbitrator while respondents (i.e., Banco BTG Pactual and Paranapanema) had their coarbitrator appointed by the arbitral institution.

Both the São Paulo lower court and Appellate Court took the same approach as the Cour de Cassatión in the *Dutco* case, having found that the disparity in opportunity to appoint the arbitrators was a violation of public policy that justified the annulment of the award that had been rendered against Paranapanema's interest.

As in France, equal treatment between the parties is also a matter of public policy according to Brazilian arbitration law,[62] the violation of which is a ground for annulment of the award.[63] The São Paulo court stated that each respondent had the right to appoint their own arbitrator[64] and, if not possible due to the number of arbitrators defined in the arbitration agreement, the arbitral institution should have proceeded in a way to avoid harming the equal treatment between the parties, expressly suggesting that CAM-CCBC might have appointed both coarbitrators, who would then have appointed the chairperson.

One year prior to Paranapanema's set-aside proceeding, the CAM-CCBC had already enacted their 2012 Rules which provided for the institution's *obligation* to appoint

---

60. See Article 8(1) of the LCIA Rules, Article 12(5) of the ICDR Rules, Article 8.2(c) of the HKIAC Rules and Article 12 of the SIAC Rules.
61. Trial Court of the State São Paulo, Brazil, Parapanema S/A v. Baco Santander (Brasil) S/A and Baco BTG Pactual S/A, July 22, 2013, Case N. 0002163-90.2013.8.26.0100.
62. See Article 21. § 2º, Law N. 9.307/96.
63. See Article, 32(VIII), Law N. 9.307/96.
64. Similar to the *Dutco* case, respondents in the *Paranapanema* case did not share the same interests although they shared the same side in the dispute. This element was essential for the court to decide that each of them had the right to appoint their own arbitrator.

all members of the panel in case there is no "consensus on the format of appointment by the parties".[65]

It is noteworthy that although the new Rules empower the institution to appoint all members, it does not expressly state so for situations where the same group of parties does not *reach an agreement on the appointment*, but rather only when there is no consensus on the *format* of appointment. Therefore, one could argue that an arbitration clause that simply states that in multi-party arbitrations each side/group shall jointly appoint a coarbitrator satisfies the "*consensus on the format of appointment by the parties*", hence, the CAM-CCBC President would not be entitled to appoint all members of the panel just because one group/side was unable to follow the format they had chosen and jointly appoint an arbitrator. Of course, that would be a very strict interpretation of the Rules (the expression "on the format of appointment" would be given great relevance), since commentators in Brazil understand that the wording is in line with the principles of the *Dutco* case.[66] Nonetheless, it is worth to stay vigilant.

3.2.2 Limitation or immunity of institution's and/or tribunal's liability

A hot but frequently avoided topic on international arbitration is whether the tribunal and/or the arbitral institution shall be liable towards the parties for wrongdoings, especially the ones that may end up being confirmed in annulment or set aside proceedings before judicial courts.

It is not uncommon to find provisions in institutional rules limiting or even eliminating any liability on the part of the institution and/or the tribunal.[67] Here we

---

65. See Article 4.16 of the CAM-CCBC 2012 Rules, currently in place ("In arbitration cases with multiple parties as claimants and/or respondents, if there is no consensus *on the format* of appointment of an arbitrator by the parties, the President of the CAM-CCBC shall appoint all the members of the Arbitral Tribunal, designating one of them to act as President, with observance of the requirements of article 4.12 of these Rules").

66. STRAUBE, Frederico José; FINKELSTEIN, Cláudio e CASADO FILHO, Napoleão. The CAM-CCBC Arbitration Rules 2012: A Commentary, the Netherlands: Eleven International Publishing, 2016, pp 94-98. ("This is the principle framed by Article 4.16 of the CAM/CCBC Rules. It determines that, upon the presence of more than one party on either the claimants and/or the respondent's side, the parties will be given the option to agree in the appointment of the arbitrators. If such an agreement is not possible, it will then be incumbent on the President of the CAM/CCBC to appoint all the members of the tribunal, also indicating the one that will serve as President").

67. The ICC Rules, Article 41:
    The arbitrators, any person appointed by the arbitral tribunal, the emergency arbitrator, the Court and its members, the ICC and its employees, and the ICC National Committees and Groups and their employees and representatives shall not be liable to any person for any act or omission in connection with the arbitration, except to the extent such limitation of liability is prohibited by applicable law.
    The LCIA Rules, Article 31(1):
    31.1º None of the LCIA (including its officers, members and employees), the LCIA Court (including its President, Vice Presidents, Honorary Vice Presidents, former Vice Presidents and members), the LCIA Board (including any board member), the Registrar (including any deputy Registrar), any arbitrator, any Emergency Arbitrator, any tribunal secretary and any expert to the Arbitral Tribunal shall be liable to any party howsoever for any act or omission in connection with any arbitration, save: (i) where the act or omission is shown by that party to constitute conscious and deliberate wrongdoing committed by the body or person alleged to be liable to that party; or (ii) to the extent that any part of this provision is shown to be prohibited by any applicable law.
    The Hong Kong International Administered Arbitration Rules, Article 46.1:

are facing another common-civil law divide: common law jurisdictions are inclined to immunity of arbitrators (which generally extends to arbitral institutions), while civil law jurisdictions tend to subject both tribunals and institutions to claims before judicial courts based on contractual liability.[68]

On the one hand, one may conclude that this should be a matter for parties to decide upon, on the basis of party autonomy coupled with the disposable nature of the matter – depending on the applicable laws, it may be interpreted that entitlement to compensation based on the institution's and/or tribunal's liability constitutes a disposable right of the parties to the arbitration, who deliberately selected the rules that provide for immunity or limitation of liability.

On the other hand, one can easily imagine that provisions limiting and, especially, giving immunity to liability may not be welcomed by domestic mandatory rules applicable to a given case.

That was the situation in the *SNF* case, where the Paris Court of Appeals decided that full immunity from liability included in the 1998 ICC Rules was unlawful and thus null and void.[69]

Unsurprisingly, the wording of the ICC Rules on the matter have changed over time to include an exception to the immunity, which relates to the law applicable to the dispute at hand:

> *1998 ICC Rules, Article 34: Exclusion of Liability*
>
> Neither the arbitrators, nor the Court and its members, nor the ICC and its employees, nor the ICC National Committees shall be liable to any person for any act or omission in connection with the arbitration.
>
> *2012 ICC Rules, Article 40: Limitation of Liability*
>
> The arbitrators, any person appointed by the arbitral tribunal, the emergency arbitrator, the Court and its members, the ICC and its employees, and the ICC National Committees and Groups and their employees and representatives shall not be liable to any person for any act or omission in connection with the arbitration, except to the extent such limitation of liability is prohibited by applicable law.

The foregoing text of the 2012 ICC Rules has been maintained in the latest version of the rules (*see* FN 69).

None of the Council members of HKIAC nor any body or person specifically designated by it to perform the functions in these Rules, nor the Secretary-General of HKIAC or other staff members of the Secretariat of HKIAC, the arbitral tribunal, any emergency arbitrator, tribunal-appointed expert or tribunal secretary shall be liable for any act or omission in connection with an arbitration conducted under these Rules, save where such act was done or omitted to be done dishonestly.

The CAM-CCBC Rules, Article 10.7:

Nenhum dos árbitros, o CAM-CCBC ou as pessoas vinculadas à Câmara, são responsáveis perante qualquer pessoa por quaisquer atos, fatos ou omissões relacionados com a arbitragem.

68. TRIGO, Ana Coimbra; GOUVEIA Mariana França, Liability of arbitral institutions: a case law overview. In: BOSCO LEE, João; MANGE, Flavia (Ed.). *Revista Brasileira de Arbitragem*, v. 15, Issue 60) p. 62-66, 2018.
69. See TRIGO, Op. cit.

Although this potential conflict between institutional rules and mandatory laws concerning limitation/exemption of arbitrator/institution's liability does not seem to be harmful to the point to render an award unenforceable, the conflict still reflects an "inner limit" to party autonomy imposed by public policy that may not welcome parties' chosen rules or at least part of them.

3.2.3 The limits to derogation of arbitration rules due to institutional mandatory provisions: the 'inner' limits to party autonomy in designing their procedure

As Carlevaris correctly points out, the "notion of mandatory provisions of arbitration rules, or of an 'institutional public policy' is of course a misnomer".[70] After all, arbitration is a creature of consent and hence virtually all institutional rules are high-level provisions of a contractual nature that give parties a wide range of flexibility.

Nonetheless, the very contractual nature of the rules gives arbitral institutions the discretion to refuse to administer certain proceedings when the respective arbitration agreements derogate, amend or somehow alter provisions of their rules that they consider essential to their role as administrator of the proceeding.

A few provisions of institutional rules that parties may not override are the following:

- The ICC Court's power to confirm appointment of arbitrators (Article 13 of the Rules[71]).
- The ICC Court's power to scrutinize the award (Article 34 of the Rules[72]).
- The ICC Court's exclusive power to fix arbitrators' fees and expenses (Art. 2(4) of Appendix III[73])

It is almost paradoxical to conclude that, although they limit parties' ability to freely design their procedures, the foregoing rules also aim at protecting public policy norms that are common to virtually all domestic arbitration laws of arbitration-friendly countries.

After all, the arbitration laws of most countries require that arbitrators be impartial and independent, then justifying the ICC Court's control over confirmation of a tribunal. Most laws further will demand that awards be enforceable (this may be the case in a given country by simply ratifying the NY Convention), therefore justifying the scrutiny powers of the ICC Court, which aims at enhancing the enforceability of awards.

---

70. CARLEVARIS, Andrea. Op. cit., p. 22.
71. In Samsung v. Qimonda, the ICC Court refused to administer a dispute whose arbitration agreement excluded confirmation of arbitrators by the ICC Court. The refusal was upheld by the Paris Court of First Instance. See CARLEVARIS, Andrea. Op. cit., p. 34.
72. "Before signing any award, the arbitral tribunal shall submit it in draft form to the Court. The Court may lay down modifications as to the form of the award and, without affecting the arbitral tribunal's liberty of decision, may also draw its attention to points of substance. *No award shall be rendered by the arbitral tribunal until it has been approved by the Court as to its form.*"
73. "The arbitrator's fees and expenses shall be fixed exclusively by the Court as required by the Rules. *Separate fee arrangements between the parties and the arbitrator are contrary to the Rules.*"

Likewise, leaving arbitrators' fees to be privately arranged by the parties in an institutional arbitration may lead to significant discrepancy in payment between different tribunals under like circumstances. Although such a situation would unlikely jeopardize the enforceability of an award, the ICC's intention to ensure order, pattern and a mechanism of dispute resolution that is fair to all participants, including adjudicators, is clearly observed.

CONCLUSION

Arbitrators are not bound by any sort of *lex fori*, but rather only to a *lex arbitri*, the applicable law of arbitration. However, national arbitration laws of most countries do not provide a fully detailed description of a procedure, such as domestic procedural laws normally do in relation to judicial court proceedings.

Hence, because arbitration is a "creature of contract" built on the concept of party autonomy, parties have the freedom to design the procedural rules of their disputes. To aid parties in such endeavor, arbitral institutions issue rules that, although not comprehensive nor detail-oriented, govern the main aspects of the disputes under their administration. They serve the purpose of party autonomy in two fronts: *first*, the very opportunity to choose a predetermined set of rules and therefore avoid (or mitigate) the clash of legal systems in a cross-border dispute and somehow bridge the cultural gaps between counsel from different jurisdictions; *second*, the very possibility of derogating from part of the chosen set of rules and truly tailoring the procedure.

Because institutional rules only cover the main steps of arbitral proceedings and in a high-level manner, parties still enjoy a vast amount of freedom to design their specific dispute even in the context of an institutional arbitration. Hence, international arbitration borrowed the concept of "soft law" from international public law and turned to the use of guidelines and general rules that aim at levelling the playing field between counsel from different law traditions when it comes to procedural norms – especially when common law and civil law attorneys are counsel of record for the same dispute.

Although there is criticism to the high amount of soft law instruments that recently emerged in the context of international arbitration, very few of them are indeed followed by the arbitration practitioners, and solely when they recognize the issuer as legitimate as well as their drafting process as transparent and allowing for participation of the arbitration community. Moreover, proliferation in soft law seems to be a mere response to the lack of true guidance left by States (through their national laws) and arbitration institutions (through their institutional rules) and indicates that parties desire procedural predictability in a context where they may select and tailor their own procedural rules as they see fit.

Nonetheless, a recent survey on present-day issues in international arbitration demonstrates that the arbitration community is still predisposed to subject their disputes to soft law, in the belief that, although not perfect, it is still an appropriate means to bridge the gap among practitioners in international arbitration.

Notwithstanding all the above, party autonomy has its outer and inner limitations. The outer ones relate to applicable public policy and mandatory rules of law, commonly from the seat of arbitration and the place where enforcement of the award is sought. These may affect the selected rules and even render an award unenforceable in case arbitrators render a decision without prior attention to the potential applicable laws. The inner limits, on the other hand, concern the very limits imposed by arbitral institutions to parties when selecting the rules, laying down "mandatory" provisions that may not be derogated or altered by the parties, usually with the aim to ensure that general views of public policy common to virtually all jurisdictions are not neglected.

BIBLIOGRAPHY AND CASE LAW

ARIAS, David. Soft law Rules in International Arbitration: Positive Effects and Legitimation of the IBA as a Rule-Maker. *Indian Journal of Arbitration Law*, v. 6, issue 2, p 29-42, 2017.

BERMAN, George A., Ascertaining the Parties' Intention in Arbitral Design, *Penn St. Law* Review, v. 113, p. 1013-1029, 2009.

BLACKABY, Nigel et al. *Redfern and Hunter on International Arbitration*. 6. ed. Oxford: Oxford University Press, 2015.

BORN, Gary B. *International Commercial Arbitration*. 2. ed. 2014.

CARLEVARIS, Andrea. Chapter 1: Limits to Party Autonomy and Institutional Rules. In: FERRARI, Franco. *Limits to Party Autonomy in International Commercial Arbitration*. NYU – Center for Transnational Litigation, Arbitration and Commercial Law, New York. 2016.

CLEIS, Maria Nicole. Ad hod Arbitration. *Jus Mundi*. Apr. 2022. Available at https://jusmundi.com/en/document/publication/en-ad-hoc-arbitration. Accessed on December 12, 2022.

DASSER, Felix. *Chapter II*: The Arbitrator and the Arbitration Procedure, Soft Law in International Commercial Arbitration – A Critical Approach. In: KLAUSEGGER, Christian; FAVALLI, Daniele, The Sense and Non-sense of Guidelines, Rules, and other Para-regulatory Texts in International Arbitraton, *ASA Special Series*, N. 37, Huntington, 2014.

FERRARI, Franco; CORDERO-MOSS, Giuditta (Ed.). *Iura Novit Curia in International Arbitration*. NYU – Center for Transnational Litigation, Arbitration and Commercial Law, New York, 2018.

GREINEDER, Daniel. The Limitations of Soft Law Instruments and Good Practice Protocols in International Commercial Arbitration. In: SCHERER, Matthias (Ed.). *ASA Bulletin, Association Suisse de l'Arbitrage*, v. 36, issue 4, p. 907-912, Dec. 2018.

GREINEDER, Daniel; MEDVEDSKAYA, Anastasia, Beyond High Hopes and Dark Fears: towards a Deflationary View of Soft Law in International Arbitration,. In: SCHERER, Matthias (Ed.). *ASA Bulletin*, Association Suisse de l'Arbitrage, v. 38, Issue 2, p. 414-435, 2020.

HEMMINGSEN, Lucila. LEVIN, Jonathan. SAMPAIO, Amanda Nunes. Discovery in Cross-Border Disputes: Choosing Between Domestic Litigation and International Arbitratrion. *New York Law Journal*, Mar. 2018.

HODGES, Paula. Equality of Arms in International Arbitration: Who Is the Best Arbiter of Fairness in the Conduct of Proceedings? In: MENAKER, Andrea (Ed.). *International Arbitration and the Rule of Law*: Contribution and Conformity, ICCA Congress Series, v. 19, p. 599-633, 2017.

KAUFMANN-KOHLER, Gabrielle. Soft Law in International Arbitration: Codification and Normativity. *Journal of International Dispute Settlement*, v. 1, issue 2, Oxford University Press, p. 283-299, 2010.

KLEIN, Peter et al. (Ed.). *Austrian Yearbook on International Arbitration 2019*, (© Manz'sche Verlags- und Universitätsbuchhandlung; Manz'sche Verlags – und Universitätsbuchhandlung 2019) 2019.

KLUWER ARBITRATION BLOG. Survey on the Use of Soft Law Instruments in International Arbitration http://arbitrationblog.kluwerarbitration.com/2014/06/06/results-of-the-survey-on-the-use-of-soft-law-instruments-in-international-arbitration/. Accessed on 24 Jul. 2022.

LÜTH, Felix; WAGNER. Phillip K. Soft Law in International Arbitration – Some Thoughts on Legitimacy, *Heidelburg Student L. Rev.*, v. 3, p. 409-421, 2012.

MOURRE, Alexis. Soft law as a condition for the development of trust in international arbitration. *Revista Brasileira de Arbitragem*, v. XIII, issue 51, p. 82-98, Sep. 2016.

PARK, William W. Chapter 7: The Procedural Soft Law of International Arbitration: Non-Governmental Instruments. In: LOUKAS A. Mistelis; LEW, Julian D.M. (Ed.). *Pervasive Problems in International Arbitration*, p. 146, 2006.

PICANYOL, Enric. Due Process and Soft Law in International Arbitration. *Spain Arbitration Review*. issue 24, p. 29-62, 2015.

QUEEN MARY UNIVERSITY OF LONDON. The *2021 International Arbitration Survey*: Adapting arbitration to a changing world. Available on https://arbitration.qmul.ac.uk/research/2021-international-arbitration-survey/#:~:text=The%202021%20International%20Arbitration%20Survey,the%20SIA%20Surveys%20to%20date. Accessed on July 24, 2022.

RAU, Allan Scott. The Arbitrator and "Mandatory Rules of Law". In: BERMAN, George; MISTELIS, Loukas A. *Mandatory Rules in International Arbitration*. 2011.

SAMPAIO, Amanda Nunes. A (as)simetria de informação entre os litigantes e o possível ganho de eficiência na adoção de técnicas liberais de produção de prova (discovery). *Revista de Processo*, v. 328, p. 107-135, June 2022.

SAMPAIO, Amanda Nunes. The law governing the arbitration agreement: why we need it and how to deal with it. *Arbitration Committee Publications, International Bar Association*, Nov. 2020.

SHORE, Laurence. Applying Mandatory Rules of Law in International Commercial Arbitration. In: BERMAN, George, MISTELIS, Loukas A. *Mandatory Rules in International Arbitration*. 2011.

STRAUBE, Frederico José; FINKELSTEIN, Cláudio e CASADO FILHO, Napoleão. The CAM-CCBC Arbitration Rules 2012: A Commentary, the Netherlands: Eleven International Publishing, 2016.

TRIGO, Ana Coimbra; GOUVEIA Mariana França, Liability of arbitral institutions: a case law overview. *Revista Brasileira de Arbitragem*, v. 15, Issue 60, p. 59-79, 2018.

CASE LAW

BKMI Industrienlagen GmbH & Siemens AG v. Dutco Construction, Cour de Cassation (1er Chambre Civile), Pourvoi N. 89-18708 89-18726, 7 January 1992, Revue de l'Arbitrage, (© Comité Français de l'Arbitrage; Comité Français de l'Arbitrage 1992, v. 1992 Issue 3).

BRAZIL. Law N. 9.307/96: http://www.planalto.gov.br/ccivil_03/LEIS/L9307.htm. Accessed on March 5, 2022.

CAM-CCBC Rules: https://ccbc.org.br/cam-ccbc-centro-arbitragem-mediacao/en/arbitration/arbitration-rules-2022/. Accessed on March 5, 2022.

Federal Court decision 4A_506/2007, 20.3.2008. https://www.swissarbitrationdecisions.com/sites/default/files/20%20Mars%202008%204A%20506%202007.pdf. Accessed on July 24, 2022.

HKIAC Rules: https://www.hkiac.org/arbitration/rules-practice-notes/hkiac-administered-2018. Accessed on March 5, 2022.

ICC Case N. 1110 of 1963, Final award, Yearbook XXI (1996) 47.

ICC Rules: https://iccwbo.org/dispute-resolution-services/arbitration/rules-of-arbitration/. Accessed on March 5, 2022.

ICDR Rules: https://www.icdr.org/rules_forms_fees. Accessed on March 5, 2022.

LCIA Rules: https://www.lcia.org/Dispute_Resolution_Services/lcia-arbitration-rules-2020.aspx. Accessed on March 5, 2022.

SCC Rules: https://sccarbitrationinstitute.se/en/resource-library/rules-and-policies/scc-rules. Accessed on March 5, 2022.

SIAC Rules: https://siac.org.sg/siac-rules-2016 > Accessed on March 5, 2022.

The IBA Guidelines on Conflict of Interest in International Arbitration: https://www.ibanet.org/MediaHandler?id=e2fe5e72-eb14-4bba-b10d-d33dafee8918. Accessed on July 24, 2022.

The IBA Guidelines on Party Representation in International Arbitration: https://www.ibanet.org/MediaHandler?id=6F0C57D7-E7A0-43AF-B76E-714D9FE74D7F. Accessed on July 24, 2022.

The IBA Rules on the Taking of Evidence in International Arbitration: https://www.ibanet.org/MediaHandler?id=def0807b-9fec-43ef-b624-f2cb2af7cf7b. Accessed on July 24, 2022.

Trial Court of the State São Paulo, Brazil, Parapanema S/A v. Baco Santander (Brasil) S/A and Baco BTG Pactual S/A, July 22, 2013, Case N. 0002163-90.2013.8.26.0100.

UNCITRAL Rules: https://uncitral.un.org/en/texts/arbitration/contractualtexts/arbitration#:~:text=The%20UNCITRAL%20Arbitration%20Rules%20provide,as%20well%20as%20administered%20arbitrations. Accessed on March 5, 2022.

United Nations Convention on the Recognition and Enforcement of Foreign Arbitral Awards: https://uncitral.un.org/en/texts/arbitration/conventions/foreign_arbitral_awards#:~:text=The%20Convention's%20principal%20aim%20is,same%20way%20as%20domestic%20awards. Accessed on March 5, 2022.

XI
CONVENÇÃO ARBITRAL I

Sílvio de Salvo Venosa

Pós-graduado pela USP e pela PUC-SP. Foi juiz no Estado de São Paulo por 25 anos. Atuou como professor na Universidade de Ribeirão Preto (UNAERP), na FMU, na Faculdade de Direito de São Bernardo do Campo, nas Faculdades Integradas de Itapetininga e na UNIP. Autor de diversos livros sobre Direito: "Coleção Direito Civil", "Lei do Inquilinato Comentada", "Introdução ao Estudo do Direito: Primeiras Linhas, Introdução ao Estudo do Direito", "Código Civil Comentado, v. XII", "Código Civil Anotado", "Código Civil Interpretado", "Comentários ao Código Civil Brasileiro, v. XVI" e "Código Comercial e Legislação Empresarial". Organizador de "Novo Código Civil". Sócio Consultor de Demarest Advogados. Bacharel em Direito pela USP.

Sumário: 1. Conceito de convenção arbitral e seus tipos. Efeitos com relação a terceiros; 1.1 Cláusula contratual e compromisso arbitral; 1.2 Cláusula arbitral cheia e cláusula arbitral vazia. Cláusula patológica; 1.3 Cláusula escalonada; 1.4 Cláusula arbitral e cláusula de eleição de foro – 2. Convenção arbitral como negócio jurídico; 2.1 Consentimento; 2.2 Escopo; 2.3 Forma e prova da convenção arbitral; 2.3.1 A questão dos contratos de adesão – Bibliografia e julgados selecionados.

1. CONCEITO DE CONVENÇÃO ARBITRAL E SEUS TIPOS. EFEITOS COM RELAÇÃO A TERCEIROS

Em todos os contratos de direito privado, no âmbito do direito disponível das partes, podem estas estipular que quaisquer pendências ou questões emanadas do negócio jurídico sejam dirimidas por juízo arbitral. Por essa cláusula ou pacto compromissório, termo que deriva do *compromissum* do Direito Romano, conhecido na língua inglesa como *submission agreement*, as partes se comprometem a se submeter a um futuro julgamento arbitral.

Não se trata ainda de estabelecer compromisso; cuida-se da contratação preliminar, promessa de contratar. A relação contratual que se sujeita à arbitragem, pode ser denominada de *contrato-base*. Recorde-se que a arbitragem pode decorrer de vários contratos amalgamados, ditos coligados, que constituirão em princípio, esse contrato-base.

Nesse sentido, o art. 4º da Lei 9.307/96 define:

> A cláusula compromissória é a convenção através da qual as partes em um contrato comprometem-se a submeter à arbitragem os litígios que possam vir a surgir, relativamente a tal contrato.

O § 1º acrescenta que essa cláusula pode estar inserta no bojo do próprio contrato ou em documento à parte. Trata-se da chamada cláusula integrada, mais comumente utilizada. Pode advir de contratação apartada. Desse modo, a promessa de contratar arbitragem pode igualmente ser anterior, concomitante ou posterior ao contrato-base.

Não se deve esquecer que a cláusula arbitral pode se referir e se conectar a grupo de contratos, os chamados contratos coligados. A matéria é de exame dos casos concretos.

Destarte, a convenção arbitral é ordinariamente um contrato dentro de outro, ou, paralelo a outro. O negócio contratual arbitral deve ser analisado de per si, de molde que nem sempre ou em princípio, a nulidade do contrato-base implicará em nulidade da convenção arbitral e vice-versa.

Como regra, a contratação de arbitragem não pode atingir terceiros, embora, na prática, possam ocorrer situações de empresas, pessoas jurídicas ou naturais próximas, mormente por capital comum ou próceres, que sofrem seus efeitos. A prática da arbitragem já demonstrou esses aspectos, nem sempre de fácil deslinde.

A expressão "convenção arbitral" embora usual, pode ser evitada, porque é ambígua, referindo-se tanto à cláusula compromissória como ao próprio compromisso. Refere-se também ao negócio jurídico da arbitragem.

No primeiro capítulo desta obra já expusemos o sobre a principal razão do desuso entre nós da arbitragem e do compromisso arbitral. Nossa lei de arbitragem resolveu o principal entrave. Atribuindo execução específica à cláusula ou compromisso no seu art. 7º:

> Existindo cláusula compromissória e havendo resistência quanto á instituição da arbitragem, poderá a parte interessada requerer a citação da outra parte para comparecer em juízo a fim de lavrar-se o compromisso, designando o juiz audiência especial para tal fim.

Outra disposição importante trazida por essa lei foi estatuir que o procedimento arbitral interrompe a prescrição. Retroagindo à data do requerimento de sua instauração, ainda que extinta a arbitragem por ausência de jurisdição (§ 2º do art. 19).

Ao se estipular o compromisso arbitral, o compromitente transige sobre direitos renunciando à jurisdição estatal. Acentue-se, mais uma vez, o caráter negocial do instituto, no qual a autonomia da vontade é proeminente.

A cláusula arbitral tem em mira sempre questões futuras, relacionadas a um negócio ou vários negócios contratuais conjugados. O acordo para a disputa arbitral pode ser autorizado para alguns aspectos da contratação, ou para todos os negócios jurídicos aventados. A cláusula deve indicar com clareza seus objetivos e extensão para evitar discussões futuras. Destarte, exige-se o maior cuidado na confecção da cláusula quando seus objetivos não têm como mira toda contratação. Como se pode imaginar, bipartir a discussão entre o Poder Judiciário e a arbitragem se mostra sumamente inconveniente.

O art. 1º de nossa lei específica estatui de forma objetiva as matérias que podem ser objeto de arbitragem: direitos patrimoniais disponíveis. O ordenamento definirá o que se tem por direito disponível, conceituação que pode se alterar no tempo e no espaço.

Tendo em vista sua natureza, o pacto arbitral deve ser contratado obviamente por escrito (art. 4º, § 1º da lei). Trata-se de manifestação inequívoca do consentimento. Nenhuma outra manifestação de vontade é admitida, em princípio, fora do escrito, sob nosso ordenamento. É claro que se analisa a validade do contrato em si, como todos os negócios jurídicos, incluindo as respectivas assinaturas, hoje se admitindo a assinatura virtual. A necessidade de escrita também está expressa na Convenção de Nova Iorque.

Por vezes há situações que dizem respeito a efeitos da arbitragem com relação a terceiros, nos quais sente-se a tendência, por vezes, em admitir efeitos a quem não participou efetivamente da convenção arbitral. Um terceiro, que não participou da contratação, pode, ao tomar conhecimento da arbitragem, pedir seu ingresso no procedimento. Não se pode negar que os árbitros aferirão no caso concreto seu interesse jurídico para admiti-lo. Trata-se, sem dúvida, de exame de efeitos do contrato e principalmente necessidade de efeitos da coisa julgada. A esse respeito é oportuno o texto de Rafael Magno Viana Gonçalves:

> Os tribunais arbitrais consideram, frequentemente, que o consentimento implícito pode ser deduzido do comportamento das partes e que a assinatura do contrato que contém a cláusula compromissória não é a única forma de manifestação da vontade em recorrer à arbitragem. Esta solução, que tem o mérito de ser pragmática, implica, no entanto, uma análise escrupulosa das circunstâncias e especificidades de cada caso (2018:103).

Essa análise é perfeita: os efeitos da arbitragem para quem não a contratou devem ser admitidos de forma excepcional.

Nessa área de intervenção de terceiros, não se deve esquecer da possiblidade de desconsideração da pessoa jurídica, com fundamento no art. 50 do Código Civil. Essa desconsideração pode ser determinada assim como pelo juiz, também pelo árbitro. Há, porém, entendimentos em contrário.

1.1 Cláusula contratual e compromisso arbitral

A cláusula compromissória, como expusemos, pode ser considerada como um contrato dentro de outro ou, ao paralelo ao outro. Nada impede que já nessa cláusula inicial as partes estabeleçam o número de árbitros, escolham o tribunal arbitral, especifiquem outros aspectos etc.

No mais das vezes, o conteúdo arbitral é estabelecido em momento oportuno quando da instituição da arbitragem. Mais comumente a cláusula arbitral é genérica, apenas apontando a convenção da arbitragem, como negócio jurídico. Assim a clausula é preparatória e precursora do compromisso. Poderá o contrato-base estabelecer todo um procedimento para a resolução de litígio, já colocando a fase de negociação e conciliação como antecedentes obrigatórios da arbitragem. Todos estes aspectos serão mencionados a seguir.

O compromisso arbitral, embora seja um termo equívoco, é realizado pelas partes quando da instauração do litígio, na forma do art. 9º de nossa lei específica. Pode ser concluído com processo judicial em andamento, ou perante sua ausência, o que é mais usual. O art. 10 da Lei 9.307/1996 descreve o rol básico do que deve conter obrigatoriamente o compromisso: qualificação completa das partes, do árbitro ou dos árbitros, matéria a ser discutida e local onde será proferida a sentença arbitral. O art. 11 aponta questões facultativas que podem estar presentes no compromisso: local da arbitragem, possibilidade de julgamento por equidade, lei aplicável, prazos etc. O rol legal não esgota a matéria.

A escolha do idioma da arbitragem é faceta importante, assim como se houver tradução, deve ser especificado qual idioma irá preponderar em caso de conflito na versão traduzida. O papel dos advogados especialistas é fundamental para o bom curso do procedimento arbitral.

A via prévia de acesso ao compromisso arbitral é, sem dúvida, a cláusula compromissória. Nada impede, porém, que os interessados partam diretamente para o compromisso, ausente a cláusula prévia, pois estamos em sede de autonomia da vontade.

1.2 Cláusula arbitral cheia e cláusula arbitral vazia. Cláusula patológica

A cláusula arbitral *cheia* contém já no seu bojo todos os possíveis elementos de futura arbitragem: entidade que conduzirá o procedimento, âmbito da discussão, forma de escolha de árbitros, possibilidade de decisão por equidade etc. É evidente que por mais detalhada que seja a redação da cláusula, sempre ficarão questões em aberto a serem decididas, geralmente, na própria arbitragem. A cláusula cheia permite que as partes deem início ao processo arbitral, sem outra formalidade. Essa cláusula contém o mínimo para esse início.

A cláusula arbitral *vazia* (em branco ou aberta), mais comum, é aquela que apenas aponta que as partes recorrerão a arbitragem, sem outros esclarecimentos. Ocorre, porém, com frequência, que apenas alguns dados da futura eventual arbitragem já podem constar, como, por exemplo o tribunal arbitral escolhido, ou outros aspectos a serem seguidos. Daí podermos mencionar que se trata de uma cláusula mista.

Na forma do art. 6º da Lei 9.307/1996, perante essa cláusula, "a parte interessada manifestará à outra parte sua intenção de dar início à arbitragem, por via postal ou por outro meio qualquer de comunicação, mediante comprovação de recebimento, convocando-a para, em dia, hora e local certos, firmar o compromisso arbitral". Nessa atividade não há intervenção judicial. O compromisso arbitral complementará a cláusula.

Todas as cláusulas validamente contratadas, vazias, cheias ou mistas são admitidas e valem como manifestação contratual que devem ser obedecidas. Lembre-se que o art. 7º permite e aponta que o juiz instituirá a arbitragem nesse procedimento, na execução específica da cláusula arbitral. Também será o Judiciário que decidirá eventuais contrastes ou conflitos resultantes da interpretação dessas cláusulas.

Felipe Sperandio e vários autores lembram da cláusula *patológica*, aquela que é defeituosa ou com redação incerta, que pode obstar, dependendo do defeito, a instauração da arbitragem (Levy e Pereira, 2021: 117). A imprecisão da manifestação de vontade pode ser de tal monta que torne impossível ou inviável a arbitragem. O texto pode ser defeituoso, incoerente, incompleto ou contraditório. Analisa-se o seu conteúdo por exegese, na busca para torná-lo útil e eficaz. É claro que essa imprecisão poderá retardar ou impedir a instalação da arbitragem. Por isso, muitas entidades arbitrais fornecem modelos de cláusula para serem seguidos. É claro que esses modelos devem ser, quase sempre, adaptados aos casos concretos e necessidade das partes.

1.3 Cláusula escalonada

A cláusula arbitral pode, de início, ficar no meio termo de seu conteúdo, apontando alguns aspectos da arbitragem, referindo-se e postulando fase prévia de negociação e conciliação, enunciando alguns aspectos da arbitragem, como referência à tribunal arbitral escolhido, foro, ordenamento jurídico aplicável etc. e complementando os elementos necessários quando da instituição da arbitragem. A doutrina tem denominado a esse fenômeno como cláusula arbitral *escalonada* ou combinada.

Se a cláusula já indica a fase prévia de negociação e conciliação, devem estas necessariamente ocorrer, podendo apenas ser dispensadas por vontade comum das partes. Há autores que sustentam que nessa situação, se instalada a fase arbitral, sem a conciliação ou negociação, o caso é de extinção de arbitragem. Parece-nos um exagero, pois os árbitros, mediante provocação de uma ou ambas as partes, podem, a qualquer momento, suspender a arbitragem para que essa fase prévia ocorra. Certamente os árbitros não insistirão na instrução se uma das partes perseverar em conciliar ou mediar.

De qualquer forma, ainda que exista cláusula simples de arbitragem, nunca se excluirá fase preliminar para a solução de controvérsias. Se preferirem as partes, podem iniciar diretamente a arbitragem. Não se olvide que estamos perante um negócio jurídico no qual prepondera a vontade bilateral e contratual.

1.4 Cláusula arbitral e cláusula de eleição de foro

A escolha do foro contratual é autorizada pelo art. 63 do CPC vigente, assim como no estatuto processual anterior. Cuida-se de importante aspecto de autonomia da vontade contratual.

Assim, na arbitragem as partes podem escolher o foro do procedimento, sendo também aplicável às arbitragens internacionais, nas quais também é muito útil.

Há que se fazer uma importante observação de início neste tema: como, no entanto, toda abusividade deve ser coibida, nossos tribunais têm sufragado o entendimento que a escolha de foro abusiva, em prejuízo evidente para uma das partes, não pode ser admitida. Assim se faz quando há prejuízo para o hipossuficiente na esteira do Código de Defesa do Consumidor. O princípio também deve ser aplicado à arbitragem. Desse modo tem se decidido, por exemplo, que não pode prosperar a eleição de foro em prejuízo do franqueado, nos contratos de franquia. Cumpre que se examine o caso concreto.

A cláusula de eleição de foro se materializa em um compromisso prévio dos contratantes em indicar determinado foro ou órgão jurisdicional como competente para resolver eventuais litígios. O foro de eleição guarda mormente um efeito processual ou procedimental que complementa o negócio jurídico.

O art. 25 do CPC atual admite expressamente o foro de eleição internacional, quando dos contratos internacionais. Temos, portanto, uma regra explícita de afastamento da jurisdição brasileira, por vontade dos interessados.

A Súmula 335 do STF tem como válida a eleição de foro, nos contratos nacionais e internacionais.

Destarte, é admissível a eleição de foro, com a ressalva inicial que aqui fizemos, nos contratos que miram a arbitragens, sejam nacionais ou internacionais. Desse modo, há compatibilidade entre a cláusula arbitral e a eleição ou escolha de foro.

A questão de arbitragens em torno do Poder Público dependerá do exame de acordo internacionais, quando for o caso.

Conclui-se, porém, que a utilidade da eleição de forro na arbitragem é inafastável. A escolha da sede do juízo arbitral possui consequências jurídicas práticas para as partes, podendo indicar mudança de rumos no julgamento. Isto porque a sede, o local, a jurisdição na arbitragem têm vital importância para prevenir a correta atividade do órgão judiciário ou arbitral escolhido. Na arbitragem, a manifestação de vontade deve ser, sempre que possível, respeitada. Não há, portanto, incompatibilidade entre a cláusula compromissória e a de eleição de foro.

Já se sustenta, ademais, em algo a ser mais aprofundado, que nas arbitragens, ao lado das ordens jurídicas estatais. já existe uma ordem jurídica arbitral, mormente nas versões internacionais. Nessa seara, conclui Emmanuel Gaillard:

> Constata-se, assim que, pouco a pouco, as ordens jurídicas estatais abandonam progressivamente a ideia segundo a qual a sentença encontra, necessariamente, sua fonte de juridicidade na ordem pública da sede, concebida como um foro, ou em uma ordem jurídica qualquer, para se aproximar daquela que admite a existência de uma ordem jurídica arbitral (2014:59).

Essas palavras fazem sentido em muitas decisões judiciais e arbitrais que, embora sem essas exatas palavras, reconhecem direta ou indiretamente o fenômeno.

2. CONVENÇÃO ARBITRAL COMO NEGÓCIO JURÍDICO

2.1 Consentimento

É perfeitamente homogêneo na doutrina que a convenção arbitral decorre de um negócio jurídico bilateral, portanto de um contrato. Tanto que o compromisso arbitral se aproxima da transação, como já fazia o Código Civil de 1916. Como tal, submete-se às vicissitudes próprias dessa manifestação bilateral de vontade. E assim esse negócio deve ser examinado dentro da teoria geral dos negócios jurídicos e dos contratos. Suas particularidades se subsomem à lei geral de arbitragem e à legislação em geral, em torno dos negócios jurídicos.

Os pontos de contato da arbitragem com a jurisdição estatal são evidentes. Porém, o terceiro, ou terceiros, a quem as partes atribuem a prerrogativa de julgar é alguém fora do poder estatal. Trata-se do que se costuma denominar de modalidade de *heterocomposição* de solução de controvérsias. A autocomposição ocorre quando os próprios interessados chegam a uma solução entre si, ou com auxílio de terceiros na conciliação e negociação.

Na arbitragem, tal como no Poder Judiciário, a decisão proferida terá a mesma eficácia de coisa julgada. Os árbitros escolhidos atuam como juízes não togados, a estes equiparados, com todas as responsabilidades compatíveis.

O consentimento para os interessados se submeterem à arbitragem possui, como sempre enfatizamos, índole contratual. As partes acordam em não se submeter à justiça estatal. Destarte, todos os princípios gerais de direito contratual se aplicam a essa modalidade de consentimento. Nesse diapasão, a decantada *cláusula compromissória* antecede a qualquer litígio e se este não ocorrer, esvazia-se o seu objeto, quando da conclusão das obrigações do contrato indigitado. O *compromisso arbitral* é ordinariamente ultimado quando do início da arbitragem. Desse modo, cláusula compromissória e compromisso arbitral possuem compreensão muito próxima. As duas expressões constam, com esse sentido, no art. 3º da Lei 9.307/1996, lei que nos introduziu efetivamente no universo da arbitragem, concedendo execução específica para a cláusula compromissória, dispensando a equivocada necessidade de homologação judicial da decisão arbitral do passado. Convenção de arbitragem é o gênero a que pertencem as duas outras expressões, não impedindo que os interessados utilizem as três expressões como sinônimas.

2.2 Escopo

A convenção arbitral possui caráter híbrido porque apresenta aspectos contratuais e jurisdicionais. Trata-se, como acentuado, de um livre acordo firmado pelas partes. Nesse acordo de vontades os interessados escolhem não submeter litígios ao Poder Judiciário, sujeitando-se às normas procedimentais escolhidas, que ordinariamente se ligam ao uma instituição especializada. Desse modo, o caráter dúplice do fenômeno é acentuado.

A escolha negocial pela arbitragem possui caráter irrevogável e irretratável; somente um novo acordo de vontades, bilateral portanto, poderia suprimir esse escopo, fazendo as partes retornar ao Poder Judiciário. Eventual pedido de tutela cautelar, perante o poder estatal, não suprime a eficácia da cláusula arbitral que permanece incólume.

Sob o prisma arbitral, é perfeitamente assente que as partes escolham árbitros, instituição arbitral, lei aplicável, foro etc. A escolha da sede da arbitragem é fundamental, pois é o ordenamento judiciário dessa sede que decidirá eventuais questões emanadas do procedimento arbitral.

A manifestação de vontade e instrumentalidade do contrato-base, não se confunde com o exame das qualidades e da eficácia da cláusula. Há de se lembrar que a contratação do compromisso poderá estar no bojo das cláusulas do contrato principal ou surgir, de per si, como um negócio jurídico autônomo, como sempre o é. Autônomo, mas derivado do contrato-base, como é evidente.

Assim, eventual invalidade da cláusula arbitral não invalida o contrato-base e vice-versa. Portanto, ressaltando o aspecto da autonomia da cláusula, percebe-se claramente que há *duas relações jurídicas distintas* quando existe compromisso arbitral. Não fosse assim, contrato-base e cláusula arbitral estariam inseridas umbilicalmente no mesmo contrato, ideia que simplesmente inviabilizaria qualquer discussão em torno de um único negócio jurídico, com infindáveis e estéreis discussões.

Note que a validade da cláusula arbitral pode ser preventivamente submetida ao crivo do Poder Judiciário, o que recomenda aguardar sua decisão, antes de se iniciar a arbitral. Há opiniões conflitantes a esse respeito, tendo em vista que os árbitros podem decidir sobre a matéria, mas essa posição parece a mais lógica.

Já acentuamos, mormente no primeiro capítulo dessa obra, que a cláusula arbitral tem plena autonomia e, ainda que inserida em um contrato, no contrato-base, o exame de sua validade e eficácia independe deste último. Essa autonomia vem expressa no art. 8º da Lei 9.307/1996. Nos termos do parágrafo único desse mesmo artigo, "caberá ao árbitro decidir de ofício, ou por provocação das partes, as questões acerca da existência, validade e eficácia da convenção de arbitragem e do contrato que contenha a cláusula compromissória".

Desse modo, "ainda que o conflito verse sobre a competência do árbitro ou sobre a nulidade do próprio contrato ou da convenção de arbitragem, a controvérsia deverá ser decidida inicialmente pela arbitragem e não pelo Poder Judiciário, mesmo que as partes tenham resilido bilateralmente o contrato e a controvérsia verse sobre o distrato (Scavone Junior, 2016:100).

Daí decorre a chamada *competência-competência*, princípio fundamental para a eficácia da arbitragem, também aceita no direito comparado.

Daí se percebe que as consequências da inserção da clausula arbitral em contratos desempenha papel fundamental na estabilidade contratual e sua situação econômico-financeira.

2.3 Forma e prova da convenção arbitral

A compreensão fundamental da arbitragem é sua proximidade com a transação. Com o compromisso arbitral as partes renunciam à utilização do Poder Judiciário, em prol pela decisão de seus litígios por árbitros não togados. Desse modo, não se admite outra manifestação de vontade para a convenção arbitral que não a forma expressa e escrita. Não se admite renúncia tácita de direitos, que possa dar margem a dúvidas quanto à manifestação de vontades.

Os arts. 10 e 11 de nossa lei de arbitragem descrevem os requisitos obrigatórios e facultativos que devem e podem constar do compromisso arbitral. O art. 9º dispõe expressamente sobre a forma escrita. Pode ocorrer por termo nos autos de processo em curso e no compromisso extrajudicial, será firmado por escrito particular, com duas testemunhas ou por escritura pública.

Situações ambíguas nas quais o compromisso arbitral não fica muito claro, nas chamadas cláusulas arbitrais patológicas, devem ser resolvidas caso a caso, mas nunca se prescindirá da forma escrita. Quanto à sua validade e eficácia, veja-se o que se diz sobre a cláusula arbitral vazia e cheia.

2.3.1 A questão dos contratos de adesão

Na compreensão tradicional o contrato de adesão, ou contrato com cláusulas predispostas, se apresenta com todos os tópicos prelançados, de um contraente ao outro, que somente se limitará a aceitá-lo no todo ou não. Essa modalidade contratual não resiste a uma explicação perfeitamente técnica sob o prisma da autonomia de vontade contratual. O consentimento se manifesta por simples adesão às cláusulas apresentadas. As exigências da empresa moderna tornaram essa forma de contratar cada vez mais utilizada, estando presente na vida particular e empresarial.

Essa noção se entrosa e não conflita com as denominadas condições gerais dos contratos, algo a se examinar, mormente no âmbito do consumidor.

O art. 423 do Código Civil expressa regra de interpretação consagrada universalmente:

> Quando houver no contrato de adesão, cláusulas ambíguas ou contraditórias, dever-se-á adotar a interpretação mais favorável ao aderente.

O princípio é no sentido de que o redator da cláusula deve ser claro; se não o foi, a ambiguidade deve operar contra ele. A doutrina vem admitindo o princípio de forma geral, desde as tradicionais regras de interpretação de Pothier. Sob o mesmo diapasão, o Código de Defesa do Consumidor é expresso:

> Os contratos de adesão serão redigidos em termos claros e com caracteres ostensivos e legíveis, cujo tamanho da fonte não será inferior ao corpo 12, de modo a facilitar sua compreensão pelo consumidor (art. 54, § 3º).

E a seguir:

> As cláusulas que implicarem limitação de direito do consumidor deverão ser redigidas com destaque, permitindo sua imediata e fácil compreensão (Art. 54, § 4º).

Ainda que essas disposições tenham em mira o universo consumerista e que na arbitragem geralmente os contratos são paritários, não se dirigindo aos hipossuficientes, essas regras devem sempre estar na mente do julgador, mesmo se tratando de arbitragem. Com frequência, nas arbitragens há uma debilidade técnica ou econômica que deve sempre ser considerada no caso concreto. Por outro lado, é de se recordar que as lides consumeristas também podem ser submetidas à arbitragem.

Assim, o contrato de adesão ou por adesão, devem ser tratados da mesma forma e no âmbito de arbitragem cumpre que um maior cuidado seja dado a essas cláusulas. Os contratantes estarão sempre obrigados a seguir os princípios de boa-fé objetiva e probidade, atendendo sua função social, desde a conclusão do contrato até se encerramento (arts. 421 e 422 do Código Civil).

A Lei 13.784/2019, ao acrescentar o art. 421-A no estatuto civil, estatuiu que se presumem paritários e simétricos os contratos civis e empresariais, presunção essa evidentemente relativa, conforme o próprio texto legal.

Tudo isso, contudo, não impede que em qualquer contrato na relação de consumo ou não, a cláusula compromissória seja de adesão. A cláusula deve vir em destaque ou negrito, dentro de outro contrato e se for autônoma, é mais fácil verificar a autonomia da vontade. Importa em cada caso concreto verificar a autonomia da vontade pela escolha da arbitragem. A esse respeito narra o § 2º do art. 4º de nossa lei de arbitragem:

> Nos contratos de adesão, a cláusula compromissória só terá eficácia se o aderente tomar a iniciativa de instituir a arbitragem ou concordar expressamente, com a sua instituição, desde que por escrito em documento anexo ou em negrito, com a assinatura ou visto especialmente para essa cláusula.

O legislador foi detalhista nessa redação e cumprido seus requisitos, evitar-se-á discussões no Judiciário ou dentro da própria arbitragem. Sob o prisma da lei consumerista ou especificamente sob a lei arbitral, o cuidado maior disciplinado na legislação é essencial ao se estabelecer cláusula arbitral.

O importante é estabelecer que o compromisso ou a cláusula arbitral por adesão foi livre e inconcussamente aceita. Em se tratando de cláusula de adesão nos contratos digitais, cada caso exigirá o exame da manifestação de vontade. Destarte, em princípio, nada impede que a cláusula seja aceita por e-mail ou outra modalidade digital, desde que comprovada a inequívoca manifestação da vontade.

BIBLIOGRAFIA E JULGADOS SELECIONADOS

ALMEIDA, Ricardo Ramalho (Coord.). *Arbitragem interna e internacional*. Rio de janeiro: Renovar, 2003.

BERALDO, Leonardo de Faria. *Curso de arbitragem*. São Paulo: Atlas, 2014

CAHALI, Francisco José. *Curso de arbitragem*. 8. ed. São Paulo: Ed. RT, 2020.

CARMONA, Carlos Alberto, LEMES, Selma Ferreira e MARTINS (Coord.). *20 anos da lei de arbitragem*. São Paulo: Gen-Atlas, 2017.

CHORÃO, Mário Bigotte. *Introdução ao direito*. Coimbra: Almedina. 2000. v.1.

DECCACHE, Antônio Carlos Fernandes. *Cláusulas de arbitragem nos contratos comerciais internacionais*. São Paulo: Gen-Atlas, 2015.

FIGUEIRA JR., Joel. *Arbitragem*. 3. ed. Rio de Janeiro: Gen-Forense, 2019.

GAILLARD, Emmanuel. *Teoria jurídica da arbitragem internacional*. São Paulo: Atlas, 2014.

GONÇALVES. Raphael Magno Vianna. *Arbitragem*. Rio de Janeiro: Lumen Juris,

GUILHERME, Luiz Fernando do Vale de Almeida. *Manual de arbitragem e mediação*. 4. ed. São Paulo: Saraiva, 2019.

JUNQUEIRA, Gabriel Herscovici. *Arbitragem brasileira na era da informática*. São Paulo: Atlas, 2015.

LEVY, Daniel e PEREIRA, Guilherme Setogutti J. (Coord.). *Curso de arbitragem*. 2. ed. São Paulo: Ed. RT, 2021.

MELO, Leonardo de Campos e BENEDUZZI, Renato Resende (Coord.). *A reforma da arbitragem*. Rio de Janeiro: Gen-Forense, 2016.

OHLROGGE, Leonardo. *Multi-party and multy-contract arbitration in Brazil*. São Paulo: Quartier Latin, 2020.

SCAVONE JUNIOR. *Manual de arbitragem*. 7. ed. São Paulo-Gen-Forense, 2016.

SESTER, Peter Christian. *Comentários à lei de arbitragem e à legislação extravagante*. São Paulo: Quartier Latin, 2020.

VENOSA, Sílvio de Salvo. *Direito Civil* – obrigações e responsabilidade civil. 21. ed. São Paulo: Gen-Atlas, 2021.

JULGADOS SELECIONADOS

Agravo interno no recurso especial. Direito civil e processual civil. Arbitragem. Cláusula compromissória. Competência do juízo arbitral. Princípio kompetenz-kompetenz. Precedentes do STJ. 1. Contrato celebrado entre as partes com cláusula compromissória expressa, estabelecendo a arbitragem como instrumento para solução das controvérsias resultantes de qualquer disputa dele decorrente. 2. O princípio Kompetenz-Kompetenz, positivado no art. 8°, parágrafo único, da Lei n. 9.307/96, determina que a controvérsia acerca da existência, validade e eficácia da cláusula compromissória deve ser resolvida, com primazia, pelo juízo arbitral, não sendo possível antecipar essa discussão perante a jurisdição estatal. 3. Não fosse suficiente o referido princípio, com base em interpretação segundo a boa-fé e segundo o efeito útil e/ou prático, não se extrai da cláusula objeto de interpretação do acórdão recorrido a reconhecida alternatividade entre as jurisdições privada ou estatal. 4. Evidente destaque no contrato celebrado da cláusula compromissória, prevendo a instituição de arbitragem como instrumento para a solução dos conflitos, não bastando para afastar a regra do kompetenz--kompetenz a mera referência ao foro da Comarca de Novo Hamburgo após a expressa indicação do órgão arbitral em que a arbitragem deveria ser deflagrada. (...) (STJ, AgInt no REsp 1778196/RS, Rel. Ministro Paulo De Tarso Sanseverino, Terceira Turma, j. em 30.08.2021, p. em 02.09.2021).

Autonomia entre o ajuste contratual e a convenção de arbitragem nele inserta. (...) Inexistência de compromisso arbitral patológico, a autorizar o afastamento imediato da competência da jurisdição arbitral (...) Por expressa disposição legal (art. 8°, *caput*, da Lei 9.307/1996), a cláusula compromissória, por meio da qual as partes convencionam submeter eventuais e futuros litígios à arbitragem, é autônoma no tocante à relação contratual subjacente. Desse modo, o exame acerca da existência, validade e eficácia da convenção de arbitragem não se confunde com o do contrato a que se relaciona. Por consectário, eventual nulidade, ou mesmo inexistência jurídica, do contrato principal não tem nenhuma repercussão na convenção de arbitragem. (...) 4. Não se olvida, tampouco se dissuade de doutrina especializada, assim como da jurisprudência desta Corte de Justiça, que admite, excepcionalmente e em tese, que o Juízo estatal, instado naturalmente para tanto, reconheça a inexistência, invalidade ou ineficácia da convenção de arbitragem sempre que o vício que a inquina revelar-se, em princípio, claravidente (encerrando, assim, verdadeira cláusula compromissória arbitral patológica). 4.1 Na hipótese dos autos, todavia, a convenção arbitral ajustada pelas partes, por meio da cláusula compromissória (cheia) inserta no contrato de empreitada estabelecido entre as partes – devidamente referenciada na sentença extintiva –, não guarda, em si, nenhum vício detectável à primeira vista, passível de reconhecimento, de imediato, pelo Poder Judiciário. (...) (STJ, REsp 1699855/RS, Rel. Ministro Marco Aurélio Bellizze, Terceira Turma, j. em 1°.06.2021, p. em 08.06.2021).

Rescisão de contrato de compra e venda de imóvel. Cláusula compromissória. Arbitragem. Contrato de adesão. Anuência expressa do aderente. Necessidade. Cláusula claramente ilegal. Atuação do poder judiciário. Possibilidade. Precedentes do STJ. Agravo interno improvido. 1. A jurisprudência desta Corte possui entendimento no sentido de que "[o] Poder Judiciário pode, nos casos em que prima facie é identificado um compromisso arbitral 'patológico', i.e., claramente ilegal, declarar a nulidade dessa cláusula, independentemente do estado em que se encontre o procedimento arbitral" (REsp 1.602.076/SP, Rel. Ministra Nancy Andrighi, Terceira Turma, julgado em 15.09.2016, DJe 30.09.2016). 2. Na hipótese dos autos, (...) o contrato de adesão entabulado entre as partes não contou, especificamente em relação à cláusula compromissória arbitral, com a expressa aceitação da parte aderente, conforme determina o § 2º do art. 4º da Lei n. 9.307/1996, a autorizar, nos termos da jurisprudência do STJ, o reconhecimento, de plano, pelo Poder Judiciário, de sua invalidade. (...) (STJ, AgInt no REsp 1761923/MG, Rel. Ministro Marco Aurélio Bellizze, Terceira Turma, j. em 16.08.2021, p. em 19.08.2021).

Mútuo entre particulares. Ação de cobrança. Sentença que julgou a ação extinta sem resolução do mérito, nos termos do art. 485, VII, do CPC (existência de convenção de arbitragem). Insurgência da autora. Alegação de ressalva no contrato, no tocante à possibilidade de acionamento da jurisdição estatal em caso de inadimplemento da ré, bem como que a cláusula arbitral em questão seria "vazia". Sem razão. Cláusula arbitral "cheia", porquanto expressamente indicado o órgão arbitral para resolução das controvérsias oriundas do contrato, bem como a legislação aplicável à espécie. Situação descrita nos autos que não tem o condão de afastar a regra da Kompetenz-Kompetenz, por meio da qual cabe ao Juízo Arbitral decidir sobre os limites de sua própria competência, com prioridade sobre o Juiz Togado nesse sentido. (...) (TJSP, Apelação Cível 1012336-84.2020.8.26.0562, Rel. Alfredo Attié, 27ª Câmara de Direito Privado, j. em 26.10.2021, p. em 02.11.2021).

Jurisdição do tribunal arbitral; preliminar de ilegitimidade ativa; preliminar de inépcia da inicial e prescrição. Jurisdição do Tribunal Arbitral: Instrumento Contratual firmado entre Requerente Pessoa Física com a Requerida, com cláusula de foro, e outro Instrumento Contratual firmado entre Requerente Pessoa Jurídica e a Requerida, com cláusula compromissória, que embasou a instauração do procedimento arbitral. Sentença judicial que extinguiu a ação com base no art. 267, VII, do CPC. Reconhecimento, pelo Tribunal Arbitral de sua competência para decidir sobre sua jurisdição (art. 8º, parágrafo único, da Lei 9.307/96). Relações jurídicas distintas celebradas com partes diferentes, sob condições diversas. A solução de controvérsias por arbitragem requer a inserção de cláusula compromissória em contrato ou compromisso arbitral (art. 3º da Lei 9.307/96). O Contrato firmado com a Requerente Pessoa Física e a Requerida possui cláusula de foro, não modificada, nos diversos aditamentos. Ausência de jurisdição do Tribunal Arbitral para apreciar a controvérsia relativa a esse contrato (Ementa publicada na 2ª edição do ementário da CAM-B3 – 03.12.2019. Disponível em: https://www.camaradomercado.com.br/assets/pt-BR/3-edicao-ementario.pdf. Acesso em: 29 out. 2021).

XII
CONVENÇÃO ARBITRAL II: EFEITOS

Maurício Gomm F. dos Santos

Mestre em Arbitragem Comercial Internacional pela Queen Mary, University of London e em Direito Comercial Comparado pela University of Miami. Autor do projeto de criação do Miami Law Institute. Professor de módulos de arbitragem da PUC/PR. Advogado, sócio do escritório GST LLP. FCIArb, árbitro e mediador.

Ana Carolina Martins Santoro

Mestre em Arbitragem Internacional pela University of Miami School of Law. Professora assistente em módulos de arbitragem da PUC/PR. Advogada inscrita na Seccional da OAB/PR. ACIArb/BR.

Sumário: Introdução – 1. Efeitos positivos da convenção arbitral; 1.1 Do princípio da separabilidade; 1.2 Do princípio da competência-competência (kompetenz-kompetenz) – 2. Efeitos negativos da convenção arbitral – 3. Da ação visando a compelir a parte recalcitrante à arbitragem; 3.1 Da recalcitrância em contratos internacionais – 4. A questão das medidas antiarbitragem (*anti-suit injunctions*) – 5. Do conflito de competência – Conclusão – Bibliografia e julgados selecionados.

INTRODUÇÃO

A convenção arbitral é o gênero das espécies cláusula arbitral e compromisso. Pela convenção arbitral, as partes renunciam ao juízo estatal e submetem eventual – ou já existente – conflito ao árbitro,[1] cuja decisão ser-lhes-á vinculativa e definitiva.[2] Com a convenção arbitral, as partes, dentro do lídimo exercício da liberdade de contratar, retiram do juiz estatal o poder de conhecer e julgar controvérsias relacionadas à determinada relação jurídica. A faculdade de escolha[3] pela arbitragem, atribuída aos contratantes, e, sequencialmente, a liberdade na definição da sede jurídica, idioma, leis e regulamentos aplicáveis, número e forma de composição do tribunal arbitral e quaisquer outros tópicos que as partes julgarem adequado contemplar na convenção arbitral, tem sua pedra

---

1. Os autores usam a expressão "árbitro" de modo amplo, englobando diversidade de gênero, bem como tribunal arbitral constituído por um colegiado.
2. Embora incomum, as partes podem optar em criar um sistema de duplo grau arbitral na convenção arbitral. Há inclusive instituições arbitrais que começam a apresentar regulamento com possibilidade de recurso "intra-arbitral" no modelo *opt-in*. Um exemplo está nas regras da American Bar Association, intituladas *Optional Appellate Arbitration Rules*, aplicáveis a processos arbitrais processados tanto sob os auspícios da AAA quanto de seu braço internacional, desde que as partes tenham expressamente optado pela possibilidade da interposição de "recurso de uma sentença arbitral". Disponível em: https://www.adr.org/sites/default/files/AAA-ICDR_Optional_Appellate_Arbitration_Rules.pdf. Acesso em: 28 set. 2022.
3. Há ordenamentos jurídicos, ou leis esparsas dentro de um mesmo ordenamento, em que há a imposição da arbitragem como forma de resolução de determinados conflitos. A análise de tais hipóteses está excluída do presente trabalho.

angular no princípio da autonomia da vontade.[4] Todavia, o desconhecimento, desatenção ou ambiguidade na redação da convenção arbitral favorece o questionamento sobre a real intenção das partes, repercutindo, se surgido o conflito, no início e processamento da arbitragem.

As legislações modernas sobre arbitragem, baseadas – ou inspiradas – na Lei Modelo da UNCITRAL,[5] dentre as quais se inclui a brasileira, consagram a faculdade concedida aos interessados de pactuarem a arbitragem como método de solução de conflitos. De igual sorte, estabelecem princípios e instrumentos para não só obrigar as partes a honrar com o que contrataram, mas também ao juiz estatal para fazer valer tal avença, extinguindo (ou, dependendo do ordenamento jurídico, suspendendo) eventual ação que lhe chegar à mesa relacionada à controvérsia, cujo método escolhido tenha sido a arbitragem.

No mundo ideal, as partes contratam e cumprem o avençado; já no mundo real, as divergências surgem e, quando surgem, não raro, os contratantes revelam-se incapazes de solucioná-las direta e amigavelmente. As incertezas e desafios tendem a aumentar quando sequer concordam sobre a adequada interpretação e alcance da redação que emprestaram à convenção arbitral, fazendo emergir uma série de iniciativas – na própria arbitragem ou perante o Poder Judiciário – que acabam por desviar das razões que culminaram com a mútua decisão de socorrerem-se da arbitragem na hipótese de conflito.

O que e como fazer, para compelir à arbitragem uma parte que dela pretende afastar-se a despeito da existência do pacto arbitral? Quais as consequências se um dos contratantes ingressa, perante o juiz estatal, com medidas que visam a impedir o início – ou o curso – da arbitragem quando existente a convenção arbitral? E se a convenção arbitral, por si só, for ambígua, inexequível, inoperante ou incapaz de propiciar o regular início da arbitragem? Situações desafiadoras também surgem quando dois árbitros (ou árbitro e juiz), em processos adjudicatórios distintos, declaram-se competentes para conhecer e julgar da mesma matéria conflituosa. Em que pese o avançado estágio da arbitragem no Brasil, temas relacionados à convenção arbitral; mais especialmente, à redação da cláusula arbitral, e seus efeitos, permanecem instigantes e em contínua evolução.

A análise dos efeitos da convenção arbitral, neste singelo estudo, terá seu habitat na cláusula compromissória que representa a vasta maioria das convenções arbitrais, como registra Carbonneau:(2014, p. 50)[6]

> The arbitral clause is the most common form of the arbitration agreement. It generally contains simple, straightforward, standard language providing for the resolution of disputes through arbitration: "Any dispute arising under this contract shall be submitted to arbitration under the rules of [a chosen

---

4. Dependendo da natureza da relação jurídica, a exemplo de contratos de adesão ou contratos referente a relações de consumo, há ordenamentos que impõem determinadas condições para a inequívoca verificação da vontade da parte contratante em aderir à arbitragem, dispondo de critérios objetivos para fins de reconhecimento da (in)validade e (in)eficácia da convenção arbitral.
5. Sigla em inglês para Comissão das Nações Unidas para o Direito Comercial Internacional. Disponível em: https://uncitral.un.org/. Acesso em: 28 set. 2022.
6. CARBONNEAU, Thomas E. *The Law and Practice of Arbitration*. 5. ed. Nova Iorque: JurisNet, 2014. 691 p.

arbitral institution]." Ordinarily, the arbitral clause is a provision within a larger contract; it, however, can be a physically separate agreement. In such instances, the main contract should provide for the incorporation of the arbitration agreement and the latter, likewise, should contain an unambiguous declaration that it is part of the main contract.

Via de regra, na cláusula arbitral há menção ao regulamento de alguma instituição administradora. Tal convenção pode estar contida no próprio instrumento contratual ou em documento apartado contemplando a forma e meios de instituição do processo arbitral. O maior apelo por arbitragens processadas debaixo de regras institucionais se justifica; afinal, as entidades arbitrais de renome e presença no mercado, com acentuada vivência na condução de procedimentos, disponibilizam às partes sua estrutura de apoio e regulamentos, constantemente testados, revisados e aprovados.

A recomendação é simples: se as partes desejam ver eventual conflito solucionado por arbitragem, devem preocupar-se em estabelecer, de forma inequívoca, o caminho para que possa ser efetivamente iniciada e processada. A principal função das cláusulas-padrão oferecidas pelas instituições arbitrais é de antecipar (e neutralizar) dúvidas sobre o processamento da arbitragem no momento em que ela torna-se mais necessária: no surgimento do conflito.

O momento psicológico, emocional e estratégico de deflagrar a arbitragem é diferente daquele em que as partes negociaram o contrato. A negociação pós-conflito com vistas a buscar consenso sobre lacunas na cláusula arbitral, ajustar ambiguidades ou definir a metodologia a ser implementada para o início da arbitragem tende a ser mais desafiadora. Como obter consenso sobre sede, lei aplicável, número, composição e forma de constituição do tribunal arbitral em ambiente de ruptura contratual? Anedoticamente, costuma-se definir a arbitragem como um método de solução de conflitos onde não há advogados na fase de negociação da convenção arbitral e muitos advogados na sua fase de execução.

O presente trabalho visa a colocar luz sobre os efeitos da convenção arbitral; notadamente, da cláusula compromissória haja vista que, nas hipóteses de compromisso (arbitragem para solucionar conflito já existente) o questionamento sobre seu conteúdo ou a própria judicialização do debate tende a reduzir-se.

1. EFEITOS POSITIVOS DA CONVENÇÃO ARBITRAL

Pactuada, a convenção arbitral gera efeitos não só às partes contratantes, como também ao Poder Judiciário. Tal se dá quando uma das partes propõe uma ação judicial para discutir os mesmos temas acobertados pela convenção arbitral. Tradicionalmente, costuma-se classificar os efeitos da convenção arbitral em negativos e positivos. Enquanto nos primeiros, a mensagem destina-se ao juiz estatal para se abster de conhecer e julgar a causa; nos segundos, o recado recai sobre as próprias partes permitindo-lhes (pelo menos, a uma delas), quando surgido o conflito, dar início a demanda arbitral, cuja solução revelou-se incapaz de ser alcançada direta e consensualmente.

A redação da cláusula arbitral, se bem refletida, visa a atender as particularidades e anseios das partes trazendo-lhes, se surgido o conflito, importantes consequências pela opção eleita. A cláusula pode vir com uma redação simples ou recheada de detalhes. Pode também apresentar-se sob a forma escalonada, conhecida como *multi-tiered clause* (Garcez, 2022. p. 81),[7] demandando maior atenção na análise de seus efeitos (Lemes, 2010. p. 170).[8] Isto porque tal cláusula, dependendo de sua redação, impõe às partes, no momento conflituoso, o atendimento a uma etapa preliminar à arbitragem, normalmente via métodos autocompositivos. Exemplos de tais métodos são a negociação direta e a mediação. Se resolvido o conflito na fase antecedente, não se faz necessário dar o segundo passo; isto é, *escalonar* à etapa arbitral. Embora a ideia soe atrativa, pois se bem utilizado o método prévio, haverá redução de tempo e custos, a redação para o exercício e cumprimento dos passos escalonados demanda cautela adicional:

> Issues generally arise as a result of the manner in which these clauses are drafted. The main issue is generally the lack of specificity in the language used when drafting these types of clauses. If the clause is drafted in such a way that it is unclear whether the negotiation and/or mediation is mandatory or simply optional, parties may undergo extensive litigation to determine whether negotiation or mediation is a pre-condition to the commencement of arbitration proceedings. Additionally, parties are not always mindful in crafting unambiguous wording to define when one tier ends and when the next one commences. The lack of understanding about the characteristics of multi-tiered clauses may undermine the essential benefits of using them, which are cost and time efficiency.[9]

A cláusula arbitral pode vir de diversas formas e estilos, a exemplo de cláusulas institucionais e *ad-hoc*.[10] Extraída dos manuais institucionais ou customizada para atender as necessidades específicas, a cláusula arbitral produz relevantes efeitos não só às partes e ao Poder Judiciário, mas também, de uma forma mais ampla, para a própria preservação e desenvolvimento da arbitragem. Os efeitos da convenção arbitragem decorrem de dois princípios essenciais: autonomia *(severability* ou *separability)* da cláusula arbitral em relação ao contrato no qual esteja inserida, ou que a ele se refira, e o da competência-competência (*kompetenz-kompetenz*).

> [T]here are essentially two elements to the separability rule: first, that an arbitral tribunal can rule upon its own jurisdiction; and secondly, that, for this purpose, the arbitration clause is separate and

---

7. GARCEZ, José Maria Rossani. *Técnicas de Negociação. Resolução Alternativa de Conflitos: ADRS, Mediação, Conciliação e Arbitragem*. Rio de Janeiro, Editora Lumen Juris, 2002.
8. LEMES, Selma Ferreira. *Cláusula escalonada: mediação e arbitragem*. Arbitragem Internacional, UNIDROIT, CISG, e FINKELSTEIN, Cláudio; VITA, Jonathan B.; CASADO FILHO, Napoleão. *Direito Brasileiro*. São Paulo: Quartier Latin, 2010, p. 163-178.
9. SANTOS, Mauricio Gomm. The Role of Mediation in Arbitration: The Use and the Challenges of Multi-tiered Clauses in International Agreements. *Revista do Comitê Brasileiro de Arbitragem*, v. 38, , p. 9-10. Ed. Síntese, abr.-jun. 2013.
10. Arbitragem *ad hoc* é aquela realizada sem os auspícios de instituição arbitral. Está igualmente sujeita às regras cogentes da *lex arbitri*, porém permite maior liberdade às partes para estabelecerem as próprias regras de condução do procedimento. Tal meio demanda alto de cooperação e colaboração entre as partes e seus advogados pois inexiste regras institucionais previamente selecionadas bem como o apoio e assistência de *case manager* para tratar de assuntos administrativos e financeiros, inclusive honorários do Tribunal Arbitral, relacionados ao caso. Na prática internacional, arbitragens *ad hoc* usualmente têm como base a *UNCITRAL Arbitration Rules*. (Blackaby, Nigel et al., 2015, p. 42-43).

independent from the terms of the contract containing the transaction between the parties. Most countries, including those that have adopted the Model Law, embrace both propositions. However, the two are interrelated, not identical. To understand the real scope of an arbitrator's power in any given country, it is always important to check whether both propositions appear in its national law. (Blackaby, Nigel et al., 2015, p. 341).[11]

Com pouca margem de erro, pode-se afirmar que tais princípios estão presentes em todas as legislações modernas sobre arbitragem; sobretudo, as inspiradas na Lei Modelo da UNCITRAL.[12] A lei brasileira de arbitragem ("LAB")[13] não foge à regra, contemplando-os no *caput* e *parágrafo único* de seu artigo 8º.[14]

1.1 Do Princípio da Separabilidade

Pelo princípio da separabilidade, o contrato que contém a cláusula arbitral apresenta *dois* contratos separados com finalidades distintas. O primeiro (contrato principal) refere-se às obrigações substantivas das partes, enquanto que o segundo, ou *collateral contract*,[15] indica a obrigação para que eventual disputa seja resolvida por arbitragem.

O contrato colateral pode jamais ser acionado como, por exemplo, na hipótese em que as partes cumprem com suas obrigações terminando o contrato principal da forma originariamente pactuada. Logo, o contrato colateral fica numa posição de latência. Não sendo o contrato principal executado nos seus termos, ou havendo alegação de descumprimento, o contrato colateral será utilizado pela parte insatisfeita servindo de bússola para o início e processamento do método de solução do conflito que determinará os direitos e obrigações das partes relacionados ao contrato principal. Em outras palavras, se as obrigações forem mutuamente cumpridas, o contrato colateral não será deflagrado. Porém, na hipótese de ruptura entre as partes, o contrato colateral terá relevante protagonismo inicial. Diante de um impasse contratual, o primeiro

---

11. BLACKABY, Nigel; PARTASIDES, Constantine, REDFERN, Alan; HUNTER, Martin. *Redfern and Hunter on International Arbitration by Kluwer Law International*. 6. ed. Nova Iorque: Oxford University Press, 2015.
12. UNCITRAL Model Law on International Commercial Arbitration (1985), with amendments as adopted in 2006. Article 16. Competence of arbitral tribunal to rule on its jurisdiction "(1) The arbitral tribunal may rule on its own jurisdiction, including any objections with respect to the existence or validity of the arbitration agreement. For that purpose, an arbitration clause which forms part of a contract shall be treated as an agreement independent of the other terms of the contract. A decision by the arbitral tribunal that the contract is null, and void shall not entail *ipso jure* the invalidity of the arbitration clause." Disponível em: https://uncitral.un.org/sites/uncitral.un.org/files/media-documents/uncitral/en/19-09955_e_ebook.pdf. Acesso em: 23. set. 2022.
13. Brasil. Lei 9.307, de 23 de setembro de 1996 com as alterações nela introduzidas pela Lei 13.129 de 26 de maio de 2015. Dispõe sobre a arbitragem.
14. Brasil. Lei Federal 9.307/96. Art. 8º. "A cláusula compromissória é autônoma em relação ao contrato em que estiver inserta, de tal sorte que a nulidade deste não implica, necessariamente, a nulidade da cláusula compromissória. Parágrafo único: "Caberá ao árbitro decidir de ofício, ou por provocação das partes, as questões acerca da existência, validade e eficácia da convenção de arbitragem e do contrato que contenha a cláusula compromissória."
15. "The collateral agreement contained in the arbitration clause does not fit readily into a classification of contracts that are synallagmatic on the one hand or unilateral or "if" contracts on the other. It is an agreement between the parties as to what each of them will do if and whenever there occurs an event of a particular kind." in Bremer *Vulkan Schiffbau und Maschinenfabrik v. South India Shipping Corporation Ltda* [1981] A.C. 909, 982. Disponível em http://www.uniset.ca/other/cs3/1981AC909.html. Acesso em: 17 out. 2022.

ponto que vem à lume é a análise sobre redação, interpretação e efeitos da cláusula de resolução de conflitos.

Cláusula arbitral vazia é aquela que padece de elemento(s) imperioso(s) à instauração e/ou à condução do procedimento arbitral. Nas palavras de Born (2015, p. 336):

> a "blank clause" (*clause blanche*) is one which contains no indication, whether directly or by reference to arbitration rules or to an arbitral institution, as to how the arbitrators are to be appointed. This is the case where, for example, the clause merely states "Resolution of disputes: arbitration, Paris."[16]

Lado outro, cheia não significa cláusula longa; muito menos, recheada de detalhamentos. A cláusula cheia é aquela que se revela eficaz e eficiente para o fim a que se destina; qual seja, permitir o regular início e processamento da arbitragem. A sua redação contempla, de forma inequívoca, os elementos necessários para tal objetivo.

Se adotadas as regras institucionais, a arbitragem será instituída e processada de acordo com tais regras. Assim, a *simples* remissão à adoção das regras de determinada instituição faz importar para o corpo do *contrato colateral* todo o respectivo regramento arbitral. Deste modo, se torna imperioso conhecer a instituição, sua estrutura e custos, reputação e senso de perenidade.

As partes podem ainda identificar, na cláusula arbitral, temas.[17] áreas ou questões, cuja decisão pretendem sejam levadas à apreciação do juízo estatal, distinguindo daquelas atribuídas ao juízo arbitral. Note-se que o fato de um mesmo contrato prever cláusula de eleição de foro e cláusula compromissória não gera, incompatibilidade. Nas lições de Carmona (2007, p. 46):

> [N]ão há incompatibilidade entre a cláusula compromissória e a cláusula de eleição de foro. As duas avenças têm áreas de abrangência diferentes, não sendo razoável imaginar que a presença de uma invalide a eficácia da outra. Enganam-se, portanto, aqueles que veem alguma patologia por conta da inserção, num mesmo contrato, das duas cláusulas: a convivência de ambas é pacífica, não havendo necessidade de conceber artifícios interpretativos, muito menos de investigar eventuais intenções das partes para excluir uma ou outra avença.[18]

Embora a ideia, por diversas razões, possa ser compreensível, o risco desta *bifurcação* de temas pode acarretar problemas para o início e processamento da arbitragem, impactando na competência do árbitro, pois o conflito, sob os olhos das partes, não raro, revela-se *teimoso* com uma parte defendendo que pertence ao árbitro e a outra que está na esfera do juiz. Dúvida é tudo que a cláusula arbitral deve evitar.

---

16. BORN, Gary B. *International Arbitration: Cases and Materials*. 2. ed. Nova Iorque: Kluwer Law International, 2015. p. 336.
17. Por exemplo, questões envolvendo exclusivamente o uso da marca, caso surja o conflito ou término do contrato.
18. CARMONA, Carlos Alberto, LEMES, Selma F., CARMONA, Carlos Alberto e MARTINS, Pedro Batista (Coord.). Considerações sobre a Cláusula Compromissória e a Eleição de Foro. *Arbitragem, Estudos em Homenagem ao Prof. Guido da Silva Soares, In Memoriam*. São Paulo: Atlas, 2007, p. 33-46.

A relevância da autonomia da cláusula compromissória se justifica, pois, tanto dentro do prisma teórico-jurídico, quanto prático. Se uma das partes pudesse exitosamente argumentar que, diante de alegada rescisão, ou mesmo invalidade ou ineficácia do contrato principal, ocorreria, como consequência automática, a rescisão, invalidade ou ineficácia do contrato colateral, tal fato, faria surgir estratégias várias para obstar o início da arbitragem no momento em que ela mais seria necessária. Se desconsiderada fosse a autonomia da cláusula compromissória, a arbitragem, como método de solução de conflito, não teria espaço para desenvolver-se. Neste sentido, a reconhecida doutrina de Redfern e Hunter (Blackaby, Nigel et al., 2015, p. 104):

> Indeed, it would be entirely self-defeating if a breach of contract or a claim that the contract was voidable were sufficient to terminate the arbitration clause as well; this is one of the situations in which the arbitration clause is most needed.

Ademais, e dentro de uma análise econômica, o reconhecimento do princípio da autonomia da cláusula arbitral traz segurança e incentivo à contratação em investimentos sustentáveis, sejam domésticos ou internacionais. Colocada de forma simples e direta, a desconsideração do princípio da separabilidade da cláusula arbitral impediria o uso da arbitragem. Uma vez mais, nas lições de Redfern e Hunter (1991, p. 174):

> The concept of the "autonomy of the arbitration clause" is both interesting in theory and useful in practice. It means that an arbitration clause is considered as being separated from the contract of which it forms part, thereby ensuring its existence when for all other purposes the contract itself is effectively at an end.

Como se sabe, investidor zeloso não abre a porta da frente sem enxergar a porta dos fundos. Aliás, na seara internacional, por conta da obediência e reconhecimento dos princípios da separabilidade e da competência-competência, a arbitragem torna-se a regra, sendo exceção o uso da justiça estatal. Esta afirmação não tem como premissa uma crítica ao Poder Judiciário, mas decorre de uma natural e pirandeliana desconfiança (certa ou não) das partes quanto ao sistema judicial do país da contraparte.

1.2 Do Princípio da Competência-Competência (Kompetenz-Kompetenz)

O segundo princípio básico ao delineamento dos efeitos da convenção arbitral está consagrado no mencionado parágrafo único do Artigo 8º da LBA. Internacional e comumente denominado de *kompetenz-kompetenz* confere ao árbitro competência temporal prevalente sobre o Poder Judiciário para decidir as questões relativas à existência, à validade e à eficácia da convenção de arbitragem e do contrato que contenha a cláusula compromissória.[19]

---

19. STJ. Jurisprudência em Tese. Edição n. 122 publicada em 05.04.2019. "Tese 3. A previsão contratual de convenção de arbitragem enseja o reconhecimento da competência do Juízo arbitral para decidir com primazia sobre Poder Judiciário, de ofício ou por provocação das partes, as questões relativas à existência, à validade e à eficácia da convenção de arbitragem e do contrato que contenha a cláusula compromissória."

"[C]onstitui, em primeiro lugar, uma regra de prioridade cronológica. As jurisdições estatais, só podem intervir após o pronunciamento dos árbitros sobre estas questões."[20]

Malgrado críticas quanto a tal nomenclatura, fato é que assim se consagrou o instituto fazendo com que discussões puramente terminológicas ficassem desprovidas de efeitos práticos. Atualmente, é ponto pacífico no ordenamento jurídico brasileiro e alienígena o acolhimento de tal princípio.

No mesmo diapasão, o entendimento de que "[a] pactuação de cláusula compromissória possui força vinculante, obrigando as partes da relação contratual a respeitar, para a resolução dos conflitos daí decorrentes, a competência atribuída ao árbitro."[21]

Curioso observar que o princípio da competência-competência, cuja afirmação histórica esteve tradicionalmente vinculada à arbitragem, evoluiu e alastrou-se ao ponto de assumir:

... status de princípio da teoria geral do processo e do direito. Estende-se a qualquer autoridade (*rectius*: sujeito investido de poder decisório). Toda e qualquer autoridade é o juiz primeiro de sua própria competência. E a competência há de ser sempre definida à luz de critérios prévios, não mediante o indevido adiantamento do exame do mérito.

É a competência-competência que confere a qualquer autoridade inclusive o poder de declarar-se incompetente para um dado caso. Se não vigorasse o princípio, haveria uma impossibilidade lógica na prolação de decisões afirmativas da própria incompetência. (Talamini, 2016. p. 129)[22]

Ademais, segundo o entendimento firmado pelo Superior Tribunal de Justiça ("STJ"), embora o consentimento para arbitrar (face à renúncia à justiça estatal) deve ser inequívoco, embora exista um abrandamento quanto ao seu formalismo exacerbado:

Efetivamente, o substrato da arbitragem está na autonomia de vontade das partes que, de modo consciente e voluntário, renunciam à jurisdição estatal, elegendo um terceiro, o árbitro, para solver eventuais conflitos de interesses advindos da relação contratual subjacente.

(...)

Assim, em princípio e em regra, a cláusula de arbitragem somente pode produzir efeitos às partes que com ela formalmente consentiram. Este rigor formal, longe de encerrar formalismo exacerbado, tem, na verdade, o propósito de garantir e preservar a autonomia de vontade das partes, essência da arbitragem.

Esse consentimento à arbitragem, ao qual se busca proteger, pode apresentar-se não apenas de modo expresso, mas também na forma tácita, afigurando possível, para esse propósito, a demonstração,

---

20. BOISSESSON, Mathieu de. As Anti-suit Injunctions e o Princípio da Competência-Competência. *Revista de Arbitragem e Mediação*, São Paulo, a. 2, n. 7, out-dez 2005, p. 141.
21. STJ. REsp 1.678.667/RJ, Rel. Ministro Raul Araújo, Quarta Turma, DJe 12.11.2018. No mesmo sentido, ver ainda AgInt no REsp 1.778.196/RS, relator Ministro Paulo de Tarso Sanseverino, Terceira Turma, DJe de 02.09.2021, AgInt no AREsp 425955/MG, Rel. Ministro Ricardo Villas Bôas Cueva, Terceira Turma, Dje 1º.03.2019; Resp 1678667/RJ, Rel. Ministro Raul Araújo, Quarta Turma, DJe 12.11.2018; CC 150830/PA, Rel. Ministro Marco Aurélio Bellizze, Segunda Seção, DJe 16.10.2018; Rcl 36459/DF, Rel. Ministro Paulo de Tarso Sanseverino, DJe 05.10.2018; AGInstCC 156133/BA, Rel. Ministro Gurgel de Faria, Primeira Seção, DJe 21.09.2018; HDE 120/EX, Rel. Ministra Nancy Andrighi, Corte Especial, Dje 12.03.2019; SEC 12.781/EX, Corte Especial, DJe 18.08.2017.
22. TALAMINI, Eduardo. Competência-Competência e as medidas antiarbitrais pretendidas pela Administração Pública. *Revista de Arbitragem e Mediação*, São paulo, ano 13, v. 50, p. 129, jul./set. 2016.

por diversos meios de prova, da participação e adesão da parte ao processo arbitral, especificamente na relação contratual que o originou.

Veja-se, a esse propósito, que a qualidade de contratante e de signatário do compromisso arbitral resulta, não da simples denominação que as partes a ele atribuem no documento, mas da substância das relações que emergem do contrato.[23]

Portanto, a análise sobre o comportamento das partes, usualmente observada por árbitros em procedimentos internacionais, também tem sido enfrentada pelo Poder Judiciário brasileiro, visando a aferir a existência de consentimento para arbitrar. Assim, ainda que duvidosa a contratação ou inexistente a assinatura (elemento de prova robusto quanto à intenção de contratar), se iniciada a arbitragem por uma parte e não contestada pela requerida, cuja participação no procedimento vem a ser ativa, *sem* questionar vícios na cláusula, ausência de seu consentimento e competência do árbitro, a arbitragem passa a ser válida, assim como o poder deste para proferir decisão vinculativa às partes.[24]

Situação específica no direito brasileiro refere-se aos contratos de adesão. Tendo em vista a premissa legislativa quanto à acentuada disparidade de poder de barganha ou a ausência de condições de negociação, a LAB, em seu Artigo 4º. § 2º,[25] estabelece regra especial sobre a eficácia da cláusula arbitral. Ao interpretar o contido nesta norma, o STJ assim tem se manifestado:

> Quanto à situação específica dos contratos de adesão, a lei estabeleceu um requisito formal essencial para a eficácia da instituição da arbitragem: cláusula compromissória escrita em documento anexo ou em negrito com assinatura específica, conforme o art. 4º, § 2º, da Lei 9.307/1996. (...) Note-se que a lei estabeleceu como sanção a ineficácia da cláusula compromissória cuja formalidade seja descumprida.[26]

Portanto, no direito brasileiro, questões relacionadas aos efeitos da convenção de arbitragem passam, em algumas situações, pelo debate sobre a adesividade e natureza do contrato, se atrelado ou não a relação de consumo por força do estabelecido no Artigo 51, VII c/c Art. 54, § 4º, ambos do Código do Consumidor.[27]

Se os Estados Unidos são apontados como uma jurisdição em que o favorecimento à arbitragem foi erigido à categoria de política pública, recentes pressões sociais parecem

---

23. STJ. REsp 1.698.730/SP, relator Ministro Marco Aurélio Bellizze, Terceira Turma, DJe 21.05.2018. No mesmo sentido, veja SEC 11.593-EX, Relator Min. Benedito Gonçalves. Corte Especial. DJu 17.12.2015.
24. STJ. SEC 856/GB, relator Ministro Carlos Alberto Menezes Direito, Corte Especial, DJ 27.06.2005.
25. Brasil. Lei 9.307, de 23 de setembro de 1996 com as alterações nela introduzidas pela Lei 13.129 de 26 de maio de 2015. Art. 4º, § 2º Nos contratos de adesão, a cláusula compromissória só terá eficácia se o aderente tomar a iniciativa de instituir a arbitragem ou concordar, expressamente, com a sua instituição, desde que por escrito em documento anexo ou em negrito, com a assinatura ou visto especialmente para essa cláusula.
26. STJ. AgInt no AREsp 1.672.575/SP, relatora Ministra Maria Isabel Gallotti, Quarta Turma, DJe de 30.06.2022. O precedente que capitaneou tal entendimento do STJ foi o REsp 1.602.076-SP, sob a relatoria da Min. Nancy Andrighi, de cujo voto de extrai "Por força dessa regra específica, todos os contratos de adesão, mesmo aqueles que não consubstanciam relações de consumo, como os contratos de franquia, devem observar o disposto no art. 4º, § 2º, da Lei 9.307/96". STJ. REsp 1.602.076-SP. Relatora Min. Nancy Andrighi. 3ª Turma. DJu 30.09.2016.
27. STJ. AgInt no AREsp 1.846.488/GO, relator Ministro Marco Buzzi, Quarta Turma, DJe de 16.12.2021; AgInt no REsp 1.949.396/MT, relator Ministro Antonio Carlos Ferreira, Quarta Turma, DJe de 19.04.2022; e AgInt no AREsp 1192648/GO, Rel. Ministro Raul Araújo, Quarta Turma, DJe 04.12.2018.

estar causando a reavaliação legislativa da abrangência de tal liberdade contratual das partes. Até o momento da redação do presente trabalho, pende um projeto de lei, inicialmente denominado de *Arbitration Fairness Act* ("AFA"), cuja finalidade era de tornar inválidas cláusulas arbitrais inseridas em contratos de trabalho, franquia ou naqueles em que há clara diferença no poder de barganha entre as partes.[28] Diante da reação às consequências que tal lei poderia ocasionar à arbitragem nos Estados Unidos, o projeto do AFA sofreu alterações. Recentemente, o projeto de lei, então renomeado *Force Arbitration Injustice Repeal Act of 2022*, ou FAIR Act of 2022 [H.R. 963],[29] foi aprovado pela Câmara dos Deputados, pendendo de apreciação pelo Senado. Se o projeto passar pelas duas Casas e vier a ser sancionado, a lei federal de arbitragem americana recepcionará mais um *Chapter*[30] para excluir da arbitragem disputas relativas à relação de trabalho ou consumerista, bem como aquelas envolvendo violação a direitos civis ou discutindo medidas antitruste. Além disso, o projeto visa a coibir a renúncia antecipada ao direito de ajuizar *class actions*. Neste aspecto, o Bill HR 963 parece sugerir uma reação do legislativo às decisões da Suprema Corte americana que vem considerando válidas disposições de renúncia a direito de ações coletivas inseridas em contratos de trabalho.[31]

2. EFEITOS NEGATIVOS DA CONVENÇÃO ARBITRAL

Os efeitos negativos, como visto, fazem com que os positivos sejam oponíveis ao juiz togado, impondo-lhe, salvo situações excepcionais, a abstenção no conhecimento e julgamento das questões atinentes à validade e eficácia da convenção arbitral *antes* da respectiva apreciação pelo árbitro.

---

28. USA. *Bill HR 1374 – Arbitration Fairness Act of 2017*, introduced on 7 March 2017 aimed to "predispute arbitration agreement from being valid or enforceable if it requires arbitration of an employment, consumer, antitrust, or civil rights dispute. The validity and enforceability of an agreement to arbitrate shall be determined by a court, under federal law, rather than an arbitrator, irrespective of whether the party resisting arbitration challenges the arbitration agreement specifically or in conjunction with other terms of the contract containing such agreement." Disponível em: https://www.congress.gov/bill/115th-congress/house-bill/1374. Acesso em: 15 out. 2022.
29. USA. *Bill HR 963 FAIR Act of 2022*, passed on 17 March 2022 by the House of Representatives and received in the Senate by 21 Mar 2022, "prohibits a predispute arbitration agreement from being valid or enforceable if it requires arbitration of an employment, consumer, antitrust, or civil rights dispute." Disponível em: https://www.congress.gov/bill/117th-congress/house-bill/963?q=%7B%22search%22%3A%5B%22Forced+Arbitration+Repeal+Act%22%5D%7D&r=1&s=2. Acesso em: 15 out. 2022.
30. Em março de 2022, já foi inserido o *Chapter 4* à lei de arbitragem americana, com o sancionamento pelo Presidente de outro projeto de lei, banindo arbitragem compulsória em caso discutindo assédio sexual em relação de trabalho. O então denominado Ending Forced Arbitration of Sexual Assault and Sexual Harassment Act [H.R.4445 – Ending Forced Arbitration of Sexual Assault and Sexual Harassment Act of 2021] contou com apoio bipartidário em sua tramitação no Congresso, diferentemente do que ocorre com o FAIR of 2022. Disponível em https://www.congress.gov/bill/117th-congress/house-bill/4445/text. Acesso em: 16 out. 2022.
31. US Supreme Court. *AT&T Mobility LLC v. Concepcion*, 563 U.S. 333, 352 (2011); *Epic Sys. Corp. v. Lewis*, 138 S. Ct. 1612, 1632 (2018) e *Viking River Cruises, Inc., v. Angie Moriana*, 20-1573, U.S. 321, 337 (2022). Da decisão proferida neste último vale destacar "In AT&T Mobility LLC v. Concepcion, 563 U.S. 333 (2011), and Epic Systems Corp. v. Lewis, 138 S.Ct. 1612 (2018), this Court held that when parties agree to resolve their disputes by individualized arbitration, those agreements are fully enforceable under the Federal Arbitration Act ("FAA"). Courts are not free to disregard or "reshape traditional individualized arbitration" by applying rules that demand collective or representational adjudication of certain claims. Epic, 138 S.Ct. at 1623. The FAA allows the parties not only to choose arbitration but to retain the benefits of arbitration by maintaining its traditional, bilateral form." Disponível em: https://www.supremecourt.gov/opinions/21pdf/20-1573_8p6h.pdf. Acesso em: 15 out. 2022.

Confira-se, à guisa de ilustração, o recente julgado do STJ no Recurso Especial 1.699.855/RS, de relatoria do Ministro Marco Aurélio Bellizze:

> Como método alternativo de solução de litígios, o estabelecimento da convenção de arbitragem produz, de imediato, dois efeitos bem definidos. O primeiro, positivo, consiste na submissão das partes à via arbitral, para solver eventuais controvérsias advindas da relação contratual subjacente (em se tratando de cláusula compromissória). O segundo, negativo, refere-se à subtração do Poder Judiciário em conhecer do conflito de interesses que as partes, com esteio no princípio da autonomia da vontade, tenham reservado ao julgamento dos árbitros.
>
> Justamente para dar concretude a tais efeitos, a lei de regência confere ao Juízo arbitral a medida de competência mínima, veiculada no princípio da *Kompetenz-Kompetenz*, cabendo-lhe, assim, deliberar sobre a sua própria competência, precedentemente a qualquer outro órgão julgador, imiscuindo-se, para tal fim, sobre as questões relativas à existência, à validade e à eficácia da convenção da arbitragem e do contrato que contenha a cláusula compromissória.

Por expressa disposição legal (art. 8°, *caput*, da Lei 9.307/1996), a cláusula compromissória, por meio da qual as partes convencionam submeter eventuais e futuros litígios à arbitragem, é autônoma no tocante à relação contratual subjacente. Desse modo, o exame acerca da existência, validade e eficácia da convenção de arbitragem não se confunde com o do contrato a que se relaciona. Por consectário, eventual nulidade, ou mesmo inexistência jurídica, do contrato principal não tem nenhuma repercussão na convenção de arbitragem.[32]

Expressão clara do efeito negativo da convenção arbitral, no direito brasileiro, é a regra prevista no Artigo 485, VII do Código de Processo Civil.[33]

O já citado parágrafo único do Artigo 8° da LAB confere ao árbitro o poder de decidir as questões acerca da existência, validade e eficácia da convenção de arbitragem e do contrato que contenha a cláusula compromissória. Por sua vez, o artigo 20 da LAB enfatiza o princípio da competência-competência ao estipular que a parte deve arguir "questões relativas à competência" do árbitro ou a "nulidade, invalidade ou ineficácia da convenção de arbitragem" na primeira oportunidade que lhe couber manifestar após a instituição da arbitragem.[34]

O STJ, por sua vez, reforçou o reconhecimento dos efeitos negativos da cláusula arbitral, quando na edição 122 de sua "Jurisprudência em Teses"[35] consagrou a seguinte proposta sobre o tema:

---

32. STJ. REsp 1.699.855/RS, relator Ministro Marco Aurélio Bellizze, Terceira Turma, DJe de 08.06.2021.
33. Brasil. Lei 13.105 de 16 de março de 2015. Código de Processo Civil. "Art. 485. O juiz não resolverá o mérito quando: (...) VII - acolher a alegação de existência de convenção de arbitragem ou quando o juízo arbitral reconhecer sua competência."
34. Brasil. Lei Federal 9.307/96. "Art. 20. A parte que pretender arguir questões relativas à competência, suspeição ou impedimento do árbitro ou dos árbitros, bem como nulidade, invalidade ou ineficácia da convenção de arbitragem, deverá fazê-lo na primeira oportunidade que tiver de se manifestar, após a instituição da arbitragem."
35. Publicação periódica elaborada e disponibilizada pelo próprio STJ em sua *webpage*, que apresenta um conjunto de teses sobre determinada matéria, com os julgados mais recentes do Tribunal sobre a questão, selecionados até a data especificada. Disponível em: https://processo.stj.jus.br/SCON/jt/#:~:text=Publica%C3%A7%C3%A3o%20

Tese 1. A convenção de arbitragem, tanto na modalidade de compromisso arbitral quanto na modalidade de cláusula compromissória, uma vez contratada pelas partes, goza de força vinculante e de caráter obrigatório, definindo ao juízo arbitral eleito a competência para dirimir os litígios relativos aos direitos patrimoniais disponíveis, derrogando-se a jurisdição estatal.

Tanto a cláusula arbitral (vazia ou cheia) quanto o compromisso arbitral, na órbita legislativa pátria, *tende* a levar a extinção de processo judicial instaurado para conhecer da mesma questão prevista em uma das citadas formas de convenção arbitral. Isso porque, nos termos do Artigo 337[36] do referido *Codex*, incumbe ao réu alegar, antes de discutir o mérito, alegar a convenção de arbitragem. O efeito do acolhimento da alegação do réu será, no regime jurídico brasileiro, a extinção do processo judicial sem julgamento de mérito.

Outrossim, o Artigo 337, parágrafo 6º do CPC atribui força de manifestação volitiva ao silêncio da parte ré quando determina que "[a] ausência de alegação da existência de convenção de arbitragem, na forma prevista neste Capítulo, implica em aceitação da jurisdição estatal e renúncia ao juízo arbitral."[37] Ademais, o parágrafo 5º do mesmo dispositivo legal[38] expressamente consigna que matéria referente à incompetência do juízo estatal em razão da existência de convenção arbitral é questão de incompetência relativa, vez que não poderá ser conhecida de ofício.

No plano internacional, a Convenção sobre o Reconhecimento e Execução de Sentenças Arbitrais Estrangeiras ("Convenção de Nova Iorque")[39] não trata expressamente do princípio da competência-competência, mas seu Artigo II, (3), determina que o tribunal de um país signatário, quando de posse de ação sobre matéria com relação à qual as partes tenham estabelecido acordo nos termos do presente artigo [cláusula arbitral], a pedido de uma delas, encaminhará as partes à arbitragem a menos que constate que tal acordo é nulo e sem efeitos, inoperante ou inexequível.[40]

Recognizing the arbitrators' priority in the determination of their jurisdiction – consistent with Article II(3) of the New York Convention notwithstanding the absence of a specified standard of examination

---

peri%C3%B3dica%20que%20apresenta%20um,selecionados%20at%C3%A9%20a%20data%20especificada. Acesso em: 14 out. 2022.

36. Brasil. Lei 13.105/2015. Código de Processo Civil. "Art. 337. Incumbe ao réu, antes de discutir o mérito, alegar: (...) X. convenção de arbitragem."
37. Brasil. Lei 13.105/2015 "Art. 337. § 6º A ausência de alegação da existência de convenção de arbitragem, na forma prevista neste Capítulo, implica aceitação da jurisdição estatal e renúncia ao juízo arbitral."
38. Brasil. Lei 13.105/2015. "Art. 337. § 5º Excetuadas a convenção de arbitragem e a incompetência relativa, o juiz conhecerá de ofício das matérias enumeradas neste artigo."
39. Brasil. Decreto 4.311 de 23 de julho de 2002. Promulga a Convenção sobre o Reconhecimento e a Execução de Sentenças Arbitrais Estrangeiras.
40. Idem. "Artigo II (1) Cada Estado signatário deverá reconhecer o acordo escrito pelo qual as partes se comprometem a submeter à arbitragem todas as divergências que tenham surgido ou que possam vir a surgir entre si no que diz respeito a um relacionamento jurídico definido, seja ele contratual ou não, com relação a uma matéria passível de solução mediante arbitragem. (2) Entender-se-á por 'acordo escrito' uma cláusula arbitral inserida em contrato ou acordo de arbitragem, firmado pelas partes ou contido em troca de cartas ou telegramas. (3) O tribunal de um Estado signatário, quando de posse de ação sobre matéria com relação à qual as partes tenham estabelecido acordo nos termos do presente artigo, a pedido de uma delas, encaminhará as partes à arbitragem, a menos que constate que tal acordo é nulo e sem efeitos, inoperante ou inexequível."

in that provision – by no means suggests that domestic courts relinquish their power to review the existence and validity of an arbitration agreement. The acceptance by national legal systems – by way of rules incorporated in their arbitration statutes or in international conventions such as the New York Convention – that the courts refer the parties to arbitration simply means that the courts, when making a prima facie determination that there exists an arbitration agreement and that it is valid, leave it to the arbitrators to rule on tine question and recover their power of full scrutiny at the end of the arbitral process, after the award is rendered by the arbitral tribunal. The arbitrators' power to rule on their own jurisdiction would otherwise be, in practice, negated (GAILLARD. 2018, p. 261).[41]

Dentro do contexto brasileiro, em sua Edição 122, o STJ publicou a Tese 4:

> O Poder Judiciário pode, em situações excepcionais, declarar a nulidade de cláusula compromissória arbitral, independentemente do estado em que se encontre o procedimento arbitral, quando aposta em compromisso claramente ilegal.[42]

3. DA AÇÃO VISANDO A COMPELIR A PARTE RECALCITRANTE À ARBITRAGEM

A clara absorção dos princípios da autonomia da cláusula arbitral e da competência-competência, por si só, não impede a ocorrência de situações desafiadoras quanto aos efeitos da convenção arbitral. Por exemplo, o que fazer se a parte que firmou contrato contendo cláusula arbitral, após surgido o conflito, não toma a iniciativa de instituir a arbitragem e tampouco concorda com a sua instituição? Se tiver sido redigida de forma a claramente permitir o processamento da arbitragem, a eventual recalcitrância de uma das partes não impedirá a sua instituição e regular prosseguimento. De igual sorte, se, à luz do Artigo 5º da LAB, as partes fazem menção às regras de algum órgão arbitral institucional existente, "a arbitragem será instituída e processada de acordo com tais regras".

Nestas hipóteses, ainda que uma das partes se recuse a participar das etapas iniciais de nomear árbitro ou assinar o Termo de Arbitragem ou Ata de Missão (nos regulamentos que assim determinam) não há necessidade de se buscar arrimo junto ao Poder Judiciário para suprir qualquer ato de omissão, rebeldia ou recalcitrância.

Todavia, o cenário se altera quando a cláusula compromissória é tida como *vazia*; isto é, aquela em que embora inequivocamente preveja a arbitragem para solucionar conflitos decorrentes da relação jurídica a que se refere, não oferece meios para o seu início e processamento. Para esta hipótese, o direito brasileiro consagra a garantia da eficácia positiva por meio de tutela judicial, via ação de execução específica, prevista no Artigo 7º da LAB.[43] O objetivo da referida tutela serve para corrigir descuido das partes

---

41. GAILLARD, Emmanuel e BANIFATEMI, Yves. Negative Effect of Competence-Competence: The Rule of Priority in Favour of the Arbitrators. *Enforcement of Arbitration Agreements and International Arbitral Awards*. The New York Convention in Practice. n. 257.
42. STJ. Jurisprudência em Teses Edição 122 de 05-04-2019. Disponível em: https://scon.stj.jus.br/SCON/jt/toc.jsp. Acesso em: 23 set. 2022.
43. Brasil. Lei 9.307/96. Art. 7º "Existindo cláusula compromissória e havendo resistência quanto à instituição da arbitragem, poderá a parte interessada requerer a citação da outra parte para comparecer em juízo a fim de lavrar-se o compromisso, designando o juiz audiência especial para tal fim."

na adequada redação do *contrato colateral*, pois, segundo o legislador pátrio, se ausente a ferramenta judicial, a parte interessada de fazer valer a vontade prévia e mutuamente alcançada ficaria privada do uso da arbitragem.

Passado mais de um quarto de século da entrada em vigor da LAB, as cortes judiciais brasileiras foram chamadas inúmeras vezes para processar a ação prevista no Artigo 7º, cuja posição pode se resumir de julgado do Tribunal de Justiça de São Paulo assim assentado:

> Sem essa ação judicial, justamente porque a cláusula arbitral é vazia e não houve acordo entre as partes sobre os elementos faltantes e duvidosos, não era, e continua não sendo, possível instaurar a arbitragem.[44]

Porém, a ausência dos elementos que possibilitem a instauração da arbitragem não conduz a que o mérito da demanda seja julgado pelo Poder Judiciário. O Artigo 7º da LAB prevê a forma de intervenção necessária para dar guarida ao respeito sobre a avença das partes para resolver suas controvérsias, mediante um processo para levar ao compromisso arbitral. Nada mais, nada menos!

Diante da *timidez* redacional, impedindo o exercício direto visando ao início do procedimento pela parte interessada, o Poder Judiciário atua para substituir a vontade da parte recalcitrante, complementando a cláusula arbitral naquilo que lhe falta para fins de exequibilidade.[45]

Na dicção do citado dispositivo legal, a recusa da parte recalcitrante em comparecer à audiência para fins de condução "[d]as partes à celebração, de comum acordo, do compromisso arbitral",[46] ou mesmo a sua revelia, não impedirá que o juiz estatal supra a vontade da parte, indicando árbitro e estabelecendo todas as demais escolhas para que tenha início o procedimento arbitral.[47]

O STJ expressamente reconheceu que a ação de execução específica constitui exemplo claro de "apoio dos órgãos do Judiciário ao prestígio da arbitragem."[48]

---

44. TJSP. Piazza Hotel e Restaurante LTDA EPP et al. *vs*. Beatriz Maria Leão de Carvalho. Apelação Cível 1010684-03.2019.8.26.0292, Rel. Des. Grava Brasil. 2ª Câmara Reservada de Direito Empresarial, Data de publicação: 20.10.2021.
45. TJSP. FÁTIMA REGINA DE SOUZA vs. REGINA HELENA BELÍSSIMO. Apelação 9241147-93.2005.8.26.0000, Rel. Des. Milton Paulo de Carvalho Filho. J. 21.09.2011. Do voto se lê "[c]ompete ao Judiciário preservar a vontade das partes e da lei de arbitragem, apenas para ratificar o compromisso, mas não analisar o conteúdo do objeto da discussão arbitral, caso contrário estaria substituindo o árbitro, o que não se permite."
46. Brasil. Lei Federal 9.307/96. Art. 7º. "§ 2º Comparecendo as partes à audiência, o juiz tentará, previamente, a conciliação acerca do litígio. Não obtendo sucesso, tentará o juiz conduzir as partes à celebração, de comum acordo, do compromisso arbitral."
47. Brasil. Lei Federal 9.307/96. Art. 7º. "§ 3º Não concordando as partes sobre os termos do compromisso, decidirá o juiz, após ouvir o réu, sobre seu conteúdo, na própria audiência ou no prazo de dez dias, respeitadas as disposições da cláusula compromissória e atendendo ao disposto nos arts. 10 e 21, § 2º, desta Lei."
48. STJ. REsp 1.331.100/BA, Relatora Ministra Maria Isabel Gallotti, Relator para acórdão Ministro Raul Araújo, 4ª Turma, DJe de 22.02.2016. Tal colaboração não só concretiza a legitimidade da arbitragem, como também dá-lhe concretude e força executória, sendo bem vistas também nas jurisdições internacionais. Nas lições de Rozas, "Les relations de collaboration des tribunaux avec les arbitres sont clairement évidentes tant dans la Loi type Uncitral que dans la plupart des nouvelles lois étatiques sur l'arbitrage. Ces dispositions favorisent l'assistance

De qualquer sorte, e do ponto de vista da expectativa que as partes nutrem quando negociam a previsão pela via arbitral, o uso da referida ação judicial para fazer valer o acordo para arbitrar parece ser um *mal necessário* que, se não disponível, haveria de premiar o recalcitrante.[49] As cláusulas vazias acabam trazendo, diante de sua esterilidade para deflagrar o regular início do processo, incerteza quanto a custos e sobretudo quanto ao tempo; dois aspectos possivelmente definidores para a escolha pela arbitragem.

3.1 Da Recalcitrância em Contratos Internacionais

Não é objeto deste artigo enfrentar a definição de contrato internacional, embora a Lei Modelo da UNCITRAL assim o faça.[50] A LAB adotou o critério monista,[51] sendo aplicada tanto a contratos domésticos quanto internacionais, estes considerados aqui na sua acepção mais elementar em que as partes provêm de países distintos.

Em que pese a existência de várias formas de recalcitrância na seara internacional, merece registro, pois relacionado ao artigo 7º da LAB, o caso em que um dos autores esteve envolvido. A cláusula compromissória fazia menção à LAB como lei processual, mas indicava a sede jurídica no Panamá. Tratava-se de contrato firmado por partes brasileira e americana relacionado a arrendamento de equipamentos pesados para obras de infraestrutura. A despeito da mútua sofisticação econômica, o contrato colateral foi *poorly drafted*. Nele havia clara previsão à arbitragem, com alusão às leis brasileiras, tanto para o mérito quanto para o processo arbitral. Todavia, o contrato não fazia qualquer menção a regras institucionais, tampouco a meios para iniciar a arbitragem. Portanto, à primeira vista, estava-se diante de clara cláusula *vazia*, com o desafio adicional proveniente da internacionalidade da relação com possíveis (e prováveis) reflexos em eventual fase pós-arbitral.

---

judiciaire dans les procès arbitraux en matières relatives à la désignation et récusation d'arbitres, l'adoption et, particulièrement, l'exécution de mesures conservatoires, et la production de preuves, entre autres." (ROZAS, José Carlos Fernández. *Anti-Suit Injunctions et Arbitrage Commercial International: Mesures Adressées aux Parties et au Tribunal Arbitral*. Soberanía del Estado y Derecho Internacional – Homenaje al profesor Juan Antonio Carrillo Salcedo, Sevilla, ed: Servicio de Publicaciones de la Universidad de Sevilla, 2005, t. I. p. 575-586. p. 577).

49. Desde o julgamento, ainda pelo Supremo Tribunal Federal ("STF") da SEC 5.206 AgR, em 2001, na qual foi declarada incidentalmente a constitucionalidade dos artigos da Lei 9.307/96 ("LAB"), foi reconhecido que a solução adotada pelo legislado visa evitar fosse a parte recalcitrante 'premiada' por sua recalcitrância. Para ilustrar, veja-se extrato do voto da Min. Ellen Gracie: "Negar a possibilidade a que a cláusula compromissória tenha plena validade e que enseje execução específica importa em erigir em privilégio da parte inadimplente o furtar-se à submissão à via expedita de solução da controvérsia, mecanismo este pela qual optara livremente, quando da lavratura do conttrato original em que inserida a previsão. É dar ao recalcitrate o poder de anular condição que – dada a natureza dos interesses envolvidos – pode ter sido consideração básica à formação da avença. É inegável que, no mundo acelerado em que vivemos, ter, ou não, acesso a fórmulas rápidas de solução das pendências resultantes do fluxo comercial, constitui diferencial significativo no poder de barganha dos contratantes. (Gracie. p. 1147)." (SEC AgR 5.206, Sessão Plenária STF. Relator Min. Sepulveda Pertence. DJu 30.04.2004).
50. UNCITRAL Model Law. Art. 1 (3). Disponível em: https://uncitral.un.org/. Acesso em: 14 out. 2022.
51. A LAB define sentença arbitral brasileira sendo aquela proferida no território nacional, independentemente da nacionalidade das partes ou internacionalidade do contrato. Brasil. Lei Federal 9307/96. Art. 34, parágrafo único.

Surgido o conflito, e, considerando que a sede jurídica era a cidade do Panamá, a parte americana, apresentou demanda de arbitragem perante instituição arbitral local, baseando-se em ditames da lei panamenha de arbitragem (lei da sede), então vigente.

Comunicada, a empresa brasileira opôs-se à iniciativa ressaltando, desde logo, que não participaria do procedimento arbitral iniciado sob a égide de câmara arbitral com sede no Panamá. Na oportunidade, questionou a ausência de jurisdição dos árbitros caso viessem a ser nomeados. Por fim, ponderou que uma sentença proferida por tribunal arbitral constituído em violação à cláusula compromissória não seria reconhecida pela justiça brasileira, à luz do artigo V (1) (d) da Convenção de Nova Iorque, cuja redação está replicada na LAB.[52]

De seu lado, interpretando a lei processual do contrato como sendo a LAB, a parte brasileira anunciou o iminente ajuizamento perante o judiciário brasileiro da ação de execução específica a fim de que fosse lavrado o compromisso arbitral com pedido de, lavrado o compromisso, fossem as partes remetidas à arbitragem no Panamá, sua sede jurídica.

A infeliz redação do contrato colateral levou a uma dupla recalcitrância: uma parte frente ao processo arbitral instaurado no Panamá e outra frente ao processo judicial iniciado no Brasil; ambas processadas em paralelo, com clara possibilidade de ingresso de *anti-suit* ou *anti-arbitration injunctions*, sem contar, os riscos de ataques às decisões finais dali emanadas, em sede de anulação ou reconhecimento, independentemente de quem viesse a ter êxito.

Todavia, um detalhe importante parece ter passado inicialmente desapercebido por ambas as partes: a cláusula compromissória se referia a expressão *laws of Brazil*, tanto no capítulo contratual da lei aplicável quanto nas disposições sobre a lei processual. Uma interpretação razoável para a expressão *laws of Brazil* passa pela análise de tratados internacionais ratificados pelo Brasil e Estados Unidos da América,[53] bem como pelo Panamá. Os três países ratificaram a Convenção Interamericana sobre Arbitragem Comercial Internacional (Convenção do Panamá)[54] elaborada no âmbito dos Estados Membros da Organização dos Estados Americanos ("OEA").

A importância desta Convenção, para a situação ora comentada, está relacionada à execução da cláusula arbitral; mais especificamente, em seu Artigo 3º, cuja redação prevê que "[n]a falta de acordo expresso entre as Partes, a arbitragem será efetuada de acordo com as normas de procedimento da Comissão Interamericana de Arbitragem Comercial [CIAC]."[55] Vale ressaltar que tais normas seguem *ipsis litteris* as regras de

---

52. Brasil. Lei Federal 9.307/96. Art. 38. V.
53. A lei federal americana de arbitragem (Federal Arbitration Act – "FAA") em seu capítulo 3 traz a incorporação da Convenção do Panamá no regime jurídico arbitral americano. Curioso mencionar que quando há conflito das convenções de Nova Iorque e Panamá, prevalece a segunda em situação em que a maioria das partes provêm de países que assinaram à última. EUA. Federal Act of Arbitration. 9 USC Chapter 3: Inter-American Convention on International Commercial Arbitration. §305 (1).
54. Disponível em: https://treaties.un.org/doc/Publication/UNTS/Volume%201438/v1438.pdf. Acesso em: 23 set. 2022.
55. Brasil. Decreto 1.902 de 23 de julho de 2002. Promulga a Convenção Interamericana sobre Arbitragem Comercial Internacional de 30 de janeiro de 1975.

arbitragem da UNCITRAL que, por sua vez, contemplam formas de instituição de arbitragem e nomeação de árbitros.[56]

Trata-se de uma previsão única para um tratado internacional, conforme reconhecido por Albert Van Den Berg (1989, p. 225):

> A rather unusual treaty provision, which has no counterpart in the New York Convention, is to be found in Article 3 (...). The IACAC[57] Arbitration Rules, as amended in 1978, are virtually identical with the Arbitration Rules of the United Nations Commission on International Trade Law (UNCITRAL) of 1976.[58]

E, prossegue Van Den Berg:

> Article 3 establishes that the agreement of the parties on arbitration matters ranks first and that in the absence of such agreement the arbitration is to be conducted in accordance with the modern IACAC Rules which are specifically geared to international arbitration. In neither case, do the local rules of procedure apply since provisions in treaties prevail over them. It should be noted that the provisions of the IACAC Rules are not limited to the arbitral proceedings but also include provisions on the method of appointing arbitrators (Art. 6-8[59]).

No mesmo sentido está a informação contida na *webpage* da própria OEA:

> As of January 1, 1978, the Rules of Procedure are the official rules of the IACAC. They have the substantive provision of the UNCITRAL Arbitration Rules (developed by the United Nations Commission on International Trade Law and recommended by the General Assembly on December 15, 1976) and have been adapted to the institutional requirements of the Inter-American Commercial Arbitration Commission.[60]

No direito brasileiro os tratados internacionais depois de promulgados, ocupam posição hierárquica equivalente às leis ordinárias, nos termos do Art. 49, I c/c Art. 102, III (b), ambos da Constituição Federal/1988.[61]

---

56. UNCITRAL Arbitration Rules 2014, Art. 3 (1) & (2) and Articles 8-10. Disponível em: https://uncitral.un.org/sites/uncitral.un.org/files/media-documents/uncitral/en/21-07996_expedited-arbitration-e-ebook.pdf. Acesso em: 14 out. 2022.
57. "Inter-American Commercial Arbitration Commission", sigla em inglês para Comissão Interamericana de Arbitragem Comercial (CIAC).
58. VAN DEN BERG, Albert Jan. The New York Convention 1958 and Panama Convention 1975: Redundancy or Compatibility? *Arbitration International*, v. 5, n. 3, p. 225, set. 1989. Disponível em: https://doi.org/10.1093/arbitration/5.3.214. Acesso em: 23 set. 2022.
59. Disponível em: http://www.sice.oas.org/dispute/comarb/iacac/rop_e.asp.
60. Disponível em: http://www.sice.oas.org/dispute/comarb/iacac/iacac1e.asp. Acesso em: 26 set. 2022.
61. "O exame da vigente Constituição Federal permite constatar que a execução dos tratados internacionais e a sua incorporação à ordem jurídica interna decorrem, no sistema adotado pelo Brasil, de um ato subjetivamente complexo, resultante da conjugação de duas vontades homogêneas: a do Congresso Nacional, que resolve, definitivamente, mediante decreto legislativo, sobre tratados, acordos ou atos internacionais (CF, art. 49, I) e a do Presidente da República, que, além de poder celebrar esses atos de direito internacional (CF, art. 84, VIII), também dispõe – enquanto Chefe de Estado que é – da competência para promulgá-los mediante decreto. O iter procedimental de incorporação dos tratados internacionais – superadas as fases prévias da celebração da convenção internacional, de sua aprovação congressual e da ratificação pelo Chefe de Estado – conclui-se com a expedição, pelo Presidente da República, de decreto, de cuja edição derivam três efeitos básicos que lhe são inerentes: (a) a promulgação do tratado internacional; (b) a publicação oficial de seu texto; e (c) a executoriedade do ato internacional, que passa, então, e somente então, a vincular e a obrigar no plano do direito positivo interno." (ADI-MC 1.480-3. ReI. Min. Celso de Mello. DJU de 08.08.2001).

Neste sentido, cite-se o voto do Min. Celso de Melo quando do julgado pelo Tribunal Pleno do Supremo Tribunal Federal de pedido extradicional:[62]

> Sabemos todos que tratados e convenções internacionais - tendo-se presente o sistema jurídico existente no Brasil – guardam estrita relação de paridade normativa com as leis ordinárias.

Com efeito, os atos internacionais, uma vez regularmente incorporados ao direito interno, situam-se no mesmo plano de validade e eficácia das normas infraconstitucionais. Essa visão do tema foi prestigiada e decisão proferida pelo Supremo Tribunal Federal no julgamento RE 80.004-SE (RTJ 83/809) Rel. p/ acórdão Min. Cunha Peixoto, quando consagrou, entre nós, a tese – até hoje prevalente na jurisprudência da Corte – de que existe, entre tratados internacionais e leis internas brasileiras mera relação de paridade normativa.[63]

Trazido à mesa o previsto na Convenção do Panamá, as partes concordaram em extinguir tanto o pleito arbitral, inicialmente instituído no Panamá pela parte americana, quanto à desistência no ajuizamento de ação de execução específica pela parte brasileira, levando a controvérsia à arbitragem, com sede no Panamá, debaixo das regras da CIAC, administradas, por novo consenso, pelo International Centre for Dispute Resolution ("ICDR"), braço internacional da American Arbitration Association ("AAA"). E assim se sucedeu, sendo que, no curso do processo, chegaram a um acordo pondo fim ao mérito da controvérsia.

A análise do caso conduz a uma interessante reflexão sobre recalcitrância diante de cláusulas arbitrais *vazias* em contratos internacionais no âmbito da Convenção do Panamá. A grande maioria dos países membros da OEA ratificou a referida Convenção.[64] O seu Artigo 3º expressamente remete às regras da CIAC, as quais, por sua vez, seguem as regras de arbitragem da UNCITRAL. Logo, parece ser justificável afirmar que, diante de cláusula *vazia*, a solução se extrai da mencionada Convenção. Colocado de outra forma, no âmbito da Convenção do Panamá, inexiste cláusula *vazia*. Desta forma, não há a necessidade de recursos ao Poder Judiciário para fazer valer a mútua vontade anteriormente manifestada.

Consequentemente, em contratos com cláusula de arbitragem vazia, envolvendo partes integrantes da Convenção do Panamá, sendo a sede jurídica o Brasil, a parte interessada pode, salvo melhor juízo, desconsiderar o uso do artigo 7º da LAB, servindo-se,

---

62. STF. EXT 682-2 República do Peru. Rel. Min. Celso de Mello. Tribunal Pleno, DJu 30.05.1997. No mesmo sentido e do mesmo Relator, ver ADI 1347 MC/DF; Tribunal Pleno, DJu 1º.12.1995.
63. Desde o advento da Emenda Constitucional 45/2004, há uma exceção à regra da paridade normativa entre leis ordinárias e tratados internacionais, bem como quanto ao sistema de integração destes ao ordenamento pátrio. Neste sentido, ver a letra do Artigo 5º. "§ 3º Os tratados e convenções internacionais sobre direitos humanos que forem aprovados, em cada Casa do Congresso Nacional, em dois turnos, por três quintos dos votos dos respectivos membros, serão equivalentes às emendas constitucionais." Disponível em http://www.sice.oas.org/dispute/comarb/iacac/iacac1e.asp. Acesso em: 26 set. 2022.
64. Segundo informações fornecidas pela OEA e UNCITRAL, nem todos os 36 países que compõem o continente americano aderiram à Convenção do Panamá. Dentre aqueles que não assinaram e nem tampouco ratificaram a Convenção está o Canadá. O Brasil promulgou-a em 2002 através do Decreto 1902. Disponível em: http://www.sice.oas.org/dispute/comarb/intl_conv/caicpae.asp.

por força referida Convenção, diretamente das regras de arbitragem da CIAC. Em última análise, no âmbito da Convenção do Panamá parece-nos não haver cláusula *vazia*.

4. A QUESTÃO DAS MEDIDAS ANTIARBITRAGEM (*ANTI-SUIT INJUNCTIONS*)

Malgrado a presença de cláusula arbitral vazia, ambígua ou não, pode-se constatar a interferência[65] do Poder Judiciário, mediante as chamadas *anti-suit injunctions*. Para Julian Lew, "[a]nti-suit injunctions are court orders preventing a party from initiation or continuing with alternative proceedings abroad."[66] "This remedy originated in common law jurisdictions" (Arkins. 2001).[67] A noção das *anti-suit injunctions* está atrelada à suspensão de uma ação movida perante uma jurisdição considerada *incompetente* face o contido numa convenção de arbitragem.

> In the context of arbitration, anti-suit injunctions can be requested to protect or to prevent the jurisdiction of an arbitral tribunal. There is a bit of a misnomer; it might be preferable to call these injunctions, in that context, "anti-arbitration injunctions." Injunctions granted by national courts specifically focused on preventing arbitration proceedingsLew. 2006, p. 26).

Um dos debates mais emblemáticos de *anti-suit injunctions*, envolvendo parte brasileira, passou a ser conhecido como o caso *Jirau*. Neste caso, Energia Sustentável do Brasil S.A., Construções e Comércio Camargo Corrêa S.A. e ENESA Engenharia S.A., (conjuntamente "Seguradas") de um lado, e, de outro, Sul América Companhia Nacional de Seguros e Outras (conjuntamente "Seguradoras"), executaram contrato de seguro de riscos de engenharia visando à cobertura das obras da usina de Jirau.[68] Em dezembro de 2011, em decorrência de incidentes ocorridos em março de 2011, as Seguradas iniciaram ação judicial no Brasil contra as Seguradoras perante o foro da comarca de São Paulo/SP. ("Juízo singular de São Paulo").[69] Por seu turno, as Seguradoras, em Novembro de 2011, haviam iniciado a arbitragem em Londres contra as Seguradas perante a ARIAS – *The Insurance and Reinsurance Arbitration Society*, buscando em essência (i) declaração de não responsabilidade e (ii) ocorrência de alteração material em uma das cláusulas das respectivas Apólices.[70] Diante da notícia do início do procedimento arbitral, as Seguradas promoveram *anti-suit injunction* (teria sido melhor denominada como *anti-arbitration*

---

65. Diz-se interferência aqui em oposição à colaboração que se estabelece entre Cortes nacionais e Tribunais Arbitrais, colaboração essa comum e benéfica à toda evidência.
66. LEW, Julian D.M. Anti-Suit Injunctions Issued by National Courts to Prevent Arbitration Proceedings. Anti-Suit Injunctions in International Arbitration. *IAI Series on International Arbitration* n. 2. General Editor Emmanuel Gaillard, Juris Publishing Inc., p. 25.
67. ARKINS, Jonathan R.C. *Borderline Legal: Anti-Suit Injunctions in Common Law Jurisdictions*, 18 (6) J. INT'L ARB. 603 (2001).
68. Parte do Complexo do Rio Madeira, a 120 km de Porto Velho, capital do Estado de Rondônia no noroeste brasileiro.
69. TJSP. Energia Sustentável do Brasil S/A e Outros v. Sul América Companhia Nacional de Seguros S/A e Outros. Processo 583.00.2011.223943-3. 9ª Vara Cível do Foro Central Cível da Comarca de São Paulo.
70. Decisão do *High Court of Justice – Queen's Bench Division – Commercial Court. Case N.* 2011 Folio N. 1519. 19.01.2012. Mr. Justice Cook.

injunction) perante as cortes brasileiras visando à suspensão do procedimento arbitral até que a disputa fosse resolvida pelo judiciário local.[71]

Em dezembro de 2011, o Juízo singular de São Paulo denegou a concessão da tutela pleiteada pelas Seguradas sob o entendimento de que as apólices de seguro previam que litígios sobre a quantidade a ser paga, a título de indenização, deveriam ser submetidos à arbitragem. No mesmo mês, o Tribunal de Justiça de São Paulo ("TJSP") reverteu tal entendimento e, por decisão singular concessiva de liminar, determinou que as Seguradoras se abstivessem da instituição do procedimento arbitral em Londres.[72] Mais tarde, o mesmo TJSP confirmou em decisão colegiada a decisão singular concessiva, para que as Seguradoras não instituíssem a arbitragem enquanto o pleito das Seguradas não fosse resolvido perante as cortes brasileiras, sob pena de multa em caso de descumprimento da decisão.

O TJSP entendeu que (i) tratava-se de contrato de adesão, (ii) as Partes não teriam escolhido a arbitragem para enfrentar as disputas decorrentes dos contratos de seguro e que, ainda que assim o tivessem, (iii) pela ausência de anuência expressa das Seguradas à cláusula contratual de resolução de conflitos, o prosseguimento do procedimento arbitral violaria o contido no já referido Artigo 4º, § 2º, da LAB.

Em paralelo, a corte de primeira instância de Londres concedeu liminar[73] com objetivo de impedir as Seguradas de prosseguir com a ação judicial no Brasil face à presença da convenção de arbitragem no contrato de seguros. Tratou-se de uma *three-step measure*: (i) liminar concedida em ação judicial com vistas a impedir que uma das partes promova (ii) a ação judicial com objetivo de (iii) sustar a instituição ou prosseguimento da arbitragem. Tal instrumento passou a ser alcunhado de *anti-anti-suit injunction*.

Diante da decisão do TJSP, as Seguradoras ajuizaram ação, perante a *High Court of Justice*, buscando a continuação da cautelar *anti-anti-suit injunction*. A *High Court of Justice* londrina determinou a continuação da *injunction*, contra a qual as Seguradas apelaram, porém sem sucesso já que a *Court of Appeal* confirmou a decisão de primeiro grau após definir que lei aplicável à convenção de arbitragem seria a inglesa. Ao assim decidir, deu primazia à escolha de Londres como sede da arbitragem no lugar de coincidi-la com a lei de regência do mérito do contrato.[74]

---

71. "Cláusula 7: Lei e Foro – Fica estabelecido que esta Apólice será regida única e exclusivamente pelas leis do Brasil. Qualquer disputa nos termos desta Apólice ficará sujeita à exclusiva jurisdição dos tribunais do Brasil" em: TJSP. Agravo de Instrumento 0304979-49.2011.8.26.0000. Energia Sustentável do Brasil S.A., Construções e Comércio Camargo Corrêa S.A. e ENESA Engenharia S.A. v. SUL América Companhia Nacional de Seguros, Mapfre Seguros S.A., Allianz Seguros S.A. e Companhia de Seguros Aliança do Brasil S.A., Itaú-Unibanco Seguros Corporativos S.A., Zurich Brasil Seguros S.A. 19.04.2012. Rel. Des. Paulo Alcides Amaral Salles.
72. TJSP. Idem.
73. Decisão do *High Court of Justice – Queen's Bench Division – Commercial Court*. Case No 2011 FOLIO NO. 1519. 19.01.2012. Mr. Justice Cook, para. 54, Stadlen J, 13.12.2011, isto é, dois dias antes de ter sido proferido despacho de segundo grau da justiça brasileira concedendo o pleito cautelar e quatro meses antes do TJSP ter confirmado referida decisão. Ver: http://www.conjur.com.br/2011-dez-30/construtoras-jirau-aceitam-arbitragem-definir--seguro-obra.
74. Decisão do *Court of Appeal* (*Civil Division*) *Case N.* A3/2012/0249. [2012] EWCA Civ 638. 16.05.2012. Lord Justice Moore-Bick e Lady Justice Hallett.

Independentemente do conteúdo das decisões das justiças brasileira e inglesa, o caso *Jirau* ilustra um quadro indesejável de *anti-arbitration injunction* e *anti-anti arbitration injunction*. Tal cenário poderia ter sido evitado se a cláusula arbitral tivesse vindo com uma redação mais assertiva.

5. DO CONFLITO DE COMPETÊNCIA

A questão atinente ao cabimento, ou não, do conflito de competência entre tribunais arbitrais e poder judiciário possui respaldo constitucional, tendo sido analisada à luz do disposto pela Constituição da República, art. 105, I, "d", ou seja, analisou-se se um tribunal arbitral pode ser equiparado às cortes nacionais, para fins de exercício de poder jurisdicional.

O *leading case* foi o Conflito de Competência 111.230-DF,[75] julgado sob a relatoria da Min. Nancy Andrighi antes da entrada em vigor do atual Código de Processo Civil, com seu Artigo 3º, *caput* c/c parágrafo primeiro do mesmo dispositivo.[76] A controvérsia cingia-se na apuração de responsabilidade civil por prejuízos causados pelo rompimento de uma barreira construída pela Requerida – um consórcio de empresas – quando da execução de obra para a construção de uma pequena central hidrelétrica em Rondônia. O contrato de empreitada continha cláusula arbitral. Antes de instaurada a arbitragem, porém, a contratante ajuizou uma sequência de medidas cautelares, numa das quais houve o deferimento, pela 2ª Vara Empresarial do Rio de Janeiro, de medida liminar de arrolamento de bens. Na sequência, a própria contratante pediu a instauração da arbitragem, na qual foi assinado o respectivo Termo de Arbitragem. Foi, então, pedido pela contratada/suscitante ao juiz que reconsiderasse a medida liminar, o que foi negado. Após acurada análise sobre as divergências acerca do tema, a Relatora, liderando a maioria, votou pelo conhecimento do conflito.[77]

---

75. STJ. CC 111.230/DF, Rel. Ministra Nancy Andrighi, Segunda Seção, julgado em 08.05.2013, DJe 03.04.2014.
76. Brasil. Lei 13.105/2015. "Art. 3º Não se excluirá da apreciação jurisdicional ameaça ou lesão a direito. § 1º É permitida a arbitragem, na forma da lei."
77. Após o voto da Relatora, pediu vista o Min. Luis Salomão que assim se pronunciou: "Forçoso concluir, portanto, que o acesso formal aos órgãos judiciários, direito fundamental insculpido no art. 5, XXXV, da Constituição da República, não impede que o legislador ordinário possa fixar, como instância alternativa, um novo modelo de solução de litígios, com vistas à observância de outro imperativo de matriz constitucional – a resolução dos conflitos de interesses em tempo razoável (art. 5º, LXXVII) –, sem que isso importe o afastamento do acesso à justiça. (...) A interpretação desse dispositivo [Art. 22, § 4º revogado pela Lei 13.129/2015 que normatizou as tutelas cautelares pré-arbitragem], com base na melhor doutrina, é no sentido da consagração da inteira amplitude do poder jurisdicional do árbitro competente para decidir a matéria que lhe foi submetida pelas partes, lançando mão da instrução probatória que considere suficiente para a formação de seu convencimento, bem como da concessão de medidas cautelares ou coercitivas visando à preservação dos direitos das partes envolvidas na arbitragem, haja vista ser o juiz de fato e de direito da causa (art. 18 da LArb), detendo, portanto, a exclusividade na apreciação da lide, tanto que, se pleiteada a medida perante órgão jurisdicional estatal, deve ser extinto esse processo sem resolução de mérito." (CC 111.230/DF, Rel. Ministra Nancy Andrighi, Segunda Seção, julgado em 08.05.2013, DJe 03.04.2014. p. 30). Posteriormente, a Segunda Seção do STJ firmou posicionamento neste sentido. P. ex. veja voto do Min. Marco Aurélio Bellizze: "De início, importa consignar que, de acordo com o atual posicionamento sufragado pela Segunda Seção desta Corte de Justiça, compete ao Superior Tribunal de Justiça dirimir conflito de competência entre Juízo arbitral e Órgão jurisdicional estatal, partindo-se, naturalmente, do pressuposto de que a atividade desenvolvida no âmbito da arbitragem possui natureza jurisdicional." (CC.

Em uma clara reafirmação da natureza jurisdicional da arbitragem, recentemente o STJ consolidou entendimento de que é possível a apreciação de conflito de competência também entre dois tribunais arbitrais. Tratou o caso de conflito positivo de competência entre três tribunais arbitrais instaurados sob os auspícios da Câmara de arbitragem do Mercado ("CAM"), cujo regulamento "é absolutamente omisso em disciplinar a solução para o impasse criado entre os Tribunais arbitrais que proferiram, em tese, decisões irreconciliáveis entre si."[78]

Reconhecendo tratar de tema inédito na jurisprudência do STJ, o voto condutor afirmou a competência da Corte para o deslinde da controvérsia, fulcrando seu entendimento na análise da questão se "a equiparação do árbitro ao 'juiz de fato e de direito' (Lei 9.307/96, art. 18) o colocaria na condição de órgão passível de protagonizar conflito de competência nos moldes definidos no art. 66 do CPC e 105, I, d, da CF, dispositivo este inserido no capítulo da Constituição estruturante do Poder Judiciário." Além disso, registrou que não haveria uma relação de subordinação ou vinculação entre Tribunal arbitral e Judiciário (de primeira e segunda Instância), e consignou que "a solução para o conflito de competência entre Tribunais arbitrais vinculados à mesma Câmara de arbitragem haveria de ser disciplinado e solucionado pelo Regulamento da Câmara".[79] Uma alternativa para melhor enfrentar a questão é para as câmaras arbitrais implementarem

---

150.830-PA Rel. Ministro Marco Aurélio Bellizze, Segunda Seção, julgado em 10.10.2018, DJe 16.10.2018). Ver ainda AgInt no CC 156133/BA, Rel. Ministro Gurgel De Faria, Primeira Seção, julgado em 22.08.2018, DJe 21.09.2018: "1. O Superior Tribunal de Justiça tem firmado o entendimento de que 'a atividade desenvolvida no âmbito da arbitragem tem natureza jurisdicional, sendo possível a existência de conflito de competência entre juízo estatal e câmara arbitral' (CC 111.230/DF, Rel. Ministra Nancy Andrighi, Segunda Seção, julgado em 08.05.2013, DJe 03.04.2014)."

78. Idem.
79. "Ementa. Conflito de competência. Tribunais arbitrais que proferem decisões excludentes entre si. 1. Competência do superior tribunal de justiça para conhecer do conflito de competência entre tribunais arbitrais. Questão inédita, sobretudo após *leading case* cc 111.230/DF. 2. Conflito de competência. Caracterização. (...)
1. Competência do STJ para dirimir conflito de competência entre Tribunais arbitrais. Compete ao Superior Tribunal de Justiça, em atenção à função constitucional que lhe é atribuída no art. 105, I, d, da Carta Magna, conhecer e julgar o conflito de competência estabelecido entre Tribunais Arbitrais, que ostentam natureza jurisdicional, ainda que vinculados à mesma Câmara de Arbitragem, sobretudo se a solução interna para o impasse criado não é objeto de disciplina regulamentar.
1.1 Estabelecida a natureza jurisdicional da arbitragem, tem-se que a Segunda Seção do Superior Tribunal de Justiça, a partir do *leading case* – CC 111.230/DF – passou a reconhecer que o Tribunal arbitral se insere, indiscutivelmente, na expressão "quaisquer tribunais", constante no art. 105, I, d, da Constituição Federal. Segundo a compreensão adotada pela Segunda Seção, a redação constitucional não pressupõe que o conflito de competência perante o STJ dê-se apenas entre órgãos judicantes pertencentes necessariamente ao Poder Judiciário, podendo ser integrado também por Tribunal arbitral.
1.2 Não há como se admitir a subsistência de deliberações jurisdicionais exaradas por Tribunais arbitrais que se excluam mutuamente, como se houvesse um vácuo no ordenamento jurídico, negando-se às partes a definição do órgão (arbitral) efetivamente competente para resolver a causa posta em julgamento, conferindo-lhes instrumento processual eficaz a esse propósito, em manifesto agravamento da insegurança jurídica.
2. Configuração do Conflito de Competência.
(...)
7. Conflito de competência conhecido para declarar a competência do Tribunal Arbitral do Procedimento Arbitral CAM 186/2021." (CC 185.702/DF, relator Ministro Marco Aurélio Bellizze, Segunda Seção, DJe de 30.06.2022).

em seus regulamentos regras que permitam a solução de eventuais impasses referentes a conflitos de competência entre tribunais arbitrais.

CONCLUSÃO

Há duas décadas, a arbitragem quase não existia no Brasil. Quando empresas brasileiras eram chamadas a pactuar acordos arbitrais ou resolver conflitos por arbitragem, a quase totalidade se via diante de três únicas opções: Paris, Londres ou Nova York. Os árbitros, assim como os respectivos advogados, eram essencialmente norte-americanos e europeus, e o idioma utilizado se restringia ao inglês ou francês. Disputas com partes brasileiras eram processadas, discutidas e resolvidas em um ambiente basicamente europeu ou norte-americano. Este quadro mudou; hoje, o Brasil é um dos principais *players* da arbitragem, com uma comunidade acadêmica e profissional competente e atuante.

O país adotou moderna legislação obedecendo o consenso internacional, traduzido pela Lei Modelo da UNCITRAL e a Convenção de Nova Iorque, enquanto o Poder Judiciário, mediante a criação de varas especializadas, tem demonstrado adequado conhecimento sobre as características da arbitragem, dos princípios da autonomia da cláusula arbitral e da competência-competência, trazendo previsibilidade às decisões e elevando a segurança jurídica do país.

Não há como se imaginar um ambiente arbitral forte, sem a cooperação do Poder Judiciário. Todavia, quando vislumbram a utilização da arbitragem para solucionar futuros conflitos decorrentes ou relacionados à relação contratual que visam a pactuar, as partes não podem mais subestimar a relevância ímpar da convenção arbitral. Se os efeitos universalmente consagrados da convenção arbitral são uma realidade, a sensibilidade, atenção e dedicação na inequívoca e assertiva redação da cláusula se impõe. A essência da arbitragem está na liberdade de contratar. Porém, a liberdade não é apenas para quem quer (por ser um direito fundamental, todos hão de querer), mas sobretudo para quem dela sabe usar.

BIBLIOGRAFIA E JULGADOS SELECIONADOS

ARKINS, Jonathan R.C. *Borderline Legal*: Anti-Suit Injunctions in Common Law Jurisdictions, 18 (6) J. INT'L ARB. 603 (2001).

BACKSMANN, Till Alexander, CARRETEIRO, Mateus Aimoré et al. *Anti-suit Injunctionsin Arbitral Disputes in Brazil*, Arbitration in Brazil: An Introductory Practitioner's Guide. United Kingdow: Kluwer Law International. 2016.

BLACKABY, Nigel; PARTASIDES, Constantine, REDFERN, Alan; HUNTER, Martin. *Redfern and Hunter on International Arbitration* by Kluwer Law International. 6. ed. Nova Iorque: Oxford University Press, 2015.

BORN, Gary B. *International Commercial Arbitration*. 3. ed. Kluwer Law International BV, 2021.

BORN, Gary B. *International Arbitration*: Cases and Materials. 2. ed. Nova Iorque: Kluwer Law International, 2015.

CARBONNEAU, Thomas E. The *Law and Practice of Arbitration*. 5. ed. Nova Iorque: JurisNet, 2014.

CARMONA, Carlos Alberto, LEMES, Selma F., e MARTINS, Pedro Batista (Coord.). Considerações sobre a Cláusula Compromissória e a Eleição de Foro. *Arbitragem, Estudos em Homenagem ao Prof. Guido da Silva Soares, in memoriam*. São Paulo: Atlas, 2007.

GAILLARD, Emmanuel. Anti-suit injunctions et reconnaissance des sentences annulées au siège: une évolution remarquable de la jurisprudence américaine. *Journal du Droit International*, n. 4, p. 1112. 2003.

GAILLARD, Emmanuel e BANIFATEMI, Yves. Negative Effect of Competence-Competence: The Rule of Priority in Favour of the Arbitrators. *Enforcement of Arbitration Agreements and International Arbitral Awards*. The New York Convention in Practice. 2018. Chap. 8. p. 257-273. Disponível em https://www.shearman.com/~/media/Files/NewsInsights/Publications/2008/07/Negative%20Effect%20of%20CompetenceCompetence%20The%20Rule__/Files/View%20Full%20Text/FileAttachment/IA_070208_01.pdf. Acesso em: 30 set. 2022.

GARCEZ, José Maria Rossani. *Técnicas de Negociação*. Resolução Alternativa de Conflitos: ADRS, Mediação, Conciliação e Arbitragem. Rio de Janeiro: Lumen Juris, 2002. Disponível em: https://eprints.ucm.es/id/eprint/9265/1/ANTISUIT_INJUCTION_ET_ARBITRAGE_COMMERCIAL_INTERNATIONAL.pdf. Acesso em: 23 set. 2022.

LEMES, Selma Ferreira. Cláusula escalonada: mediação e arbitragem. In: FINKELSTEIN, Cláudio; VITA, Jonathan B.; CASADO FILHO, Napoleão (Coord.). *Arbitragem Internacional, UNIDROIT, CISG, e Direito Brasileiro*. São Paulo: Quartier Latin, 2010.

OLIVEIRA, Gustavo Schaffer de. O papel do Juiz no fortalecimento da Arbitragem: Efeito negativo da competência-competência v. Anti-suit injunctions. *Revista Brasileira de Arbitragem*. n. 60. p. 44-58. out./dez. 2018.

REDFERN, Alan, HUNTER, Martin and SMITH, Murray. *Law and Practice of International Commercial Arbitration*. 2. ed. United Kingdom: Sweet & Maxwell, 1991.

ROZAS, José Carlos Fernández. *Anti-Suit Injunctions et Arbitrage Commercial International*: Mesures Adressées aux Parties et au Tribunal Arbitral. Soberanía del Estado y Derecho Internacional – Homenaje al profesor Juan Antonio Carrillo Salcedo, T. I. Sevilla, ed: Servicio de Publicaciones de la Universidad de Sevilla, 2005.

SANTOS, Mauricio Gomm, BEIRÃO, Fernanda Giorgio. O Caso Jirau. *Revista de arbitragem e mediação*. v. 11, n. 40, p. 233-250. São Paulo: Ed. RT, jan./mar. 2014.

SANTOS, Mauricio Gomm. O Papel da Mediação na Arbitragem: O Uso e Desafios das Cláusulas Escalonadas nos Acordos Internacionais. *Revista do Comitê Brasileiro de Arbitragem*, v. 38, p. 7 (em inglês). Ed. Síntese, abr./jun. 2013.

SZURSKi, Tadeusz. Arbitration Agreement and Competence of the Arbitral Tribunal. *ICCA Congress Series*, Lausanne. n. 2. UNCITRAL's Project for a Model Law on Commercial Arbitration. 1984.

VAN DEN BERG, Albert Jan. The New York Convention 1958 and Panama Convention 1975: Redundancy or Compatibility? *Arbitration International*, v. 5, n. 3, p. 214-229, set. 1989.

JULGADOS SELECIONADOS

STJ. REsp 1.698.730/SP, relator Ministro Marco Aurélio Bellizze, Terceira Turma, DJe 21-05-2018.

SEC 11.593-EX, Relator Min. Benedito Gonçalves. Corte Especial. DJu 17.12.2015.

STJ. SEC 856/GB, relator Ministro Carlos Alberto Menezes Direito, Corte Especial, DJ 27.06.2005.

STJ. AgInt no AREsp n. 1.672.575/SP, relatora Ministra Maria Isabel Gallotti, Quarta Turma, DJe de 30.06.2022.

STJ. REsp 1.602.076-SP. Relatora Min. Nancy Andrighi. 3ª Turma. DJu 30.09.2016.

STJ. AgInt no AREsp 1.846.488/GO, relator Ministro Marco Buzzi, Quarta Turma, DJe de 16.12.2021.

STJ. AgInt no REsp 1.949.396/MT, relator Ministro Antonio Carlos Ferreira, Quarta Turma, DJe de 19.04.2022.

STJ. AgInt no AREsp 1192648/GO, Rel. Ministro Raul Araújo, Quarta Turma, DJe 04.12.2018.

STJ. REsp 1.678.667/RJ, Rel. Ministro Raul Araújo, Quarta Turma, DJe 12.11.2018.

STJ. AgInt REsp n. 1.778.196/RS, relator Ministro Paulo de Tarso Sanseverino, Terceira Turma, DJe de 02.09.2021.

STJ. AgInt no AREsp 425955/MG, Rel. Ministro Ricardo Villas Bôas Cueva, Terceira Turma, Dje 1º.03.2019.

STJ. Resp 1678667/RJ, Rel. Ministro Raul Araújo, Quarta Turma, DJe 12.11.2018.

STJ. CC 150830/PA, Rel. Ministro Marco Aurélio Bellizze, Segunda Seção, DJe 16.10.2018.

STJ. Rcl 36459/DF, Rel. Ministro Paulo de Tarso Sanseverino, DJe 05.10.2018.

STJ. AGInst CC 156133/BA, Rel. Ministro Gurgel de Faria, Primeira Seção, DJe 21.09.2018.

STJ. HDE 120/EX, Rel. Ministra Nancy Andrighi, Corte Especial, Dje 12.03.2019.

STJ. SEC 12.781/EX, Corte Especial, DJe 18.08.2017.

STJ. REsp 1.699.855/RS, relator Ministro Marco Aurélio Bellizze, Terceira Turma, DJe de 08.06.2021.

STJ. REsp 1.331.100/BA, Relatora Ministra Maria Isabel Gallotti, Relator para acórdão Ministro Raul Araújo, 4ª Turma, DJe de 22.02.2016.

STJ. CC 111.230/DF, Rel. Ministra Nancy Andrighi, Segunda Seção, julgado em 08.05.2013, DJe 03.04.2014.

STJ.CC 185.702/DF, relator Ministro Marco Aurélio Bellizze, Segunda Seção, julgado em 22.06.2022, DJe de 30.06.2022.

STF. ADI-MC 1.480-3. ReI. Min. Celso de Mello. DJU de 08.08.2001.

STF. SEC AgR 5.206, Sessão Plenária. Relator Min. Sepulveda Pertence. DJu 30.04.2004.

STF. EXT 682-2 República do Peru. Rel. Min. Celso de Mello. Tribunal Pleno, DJu 30.05.1997. No mesmo sentido e do mesmo Relator, ver ADI 1347 MC/DF; Tribunal Pleno, DJu 1º.12.1995.

TJSP. Piazza Hotel E Restaurante LTDA EPP et al. *vs.* Beatriz Maria Leão De Carvalho. Apelação Cível 1010684-03.2019.8.26.0292, Rel. Des. Grava Brasil. 2ª Câmara Reservada de Direito Empresarial, Data de publicação: 20.10.2021.

TJSP. Fátima Regina De Souza vs. Regina Helena Belíssimo. Apelação 9241147-93.2005.8.26.0000, Rel. Des. Milton Paulo de Carvalho Filho. J. 21.09.2011.

TJSP. Energia Sustentável do Brasil S/A e Outros v. Sul América Companhia Nacional de Seguros S/A e Outros. Processo 583.00.2011.223943-3. 9ª Vara Cível do Foro Central Cível da Comarca de São Paulo.

TJSP. Agravo de Instrumento 0304979-49.2011.8.26.0000. Energia Sustentável do Brasil S.A., Construções e Comércio Camargo Corrêa S.A. e ENESA Engenharia S.A. v. SUL América Companhia Nacional de Seguros, Mapfre Seguros S.A., Allianz Seguros S.A. e Companhia de Seguros Aliança do Brasil S.A., Itaú-Unibanco Seguros Corporativos S.A., Zurich Brasil Seguros S.A. 19.04.2012. Rel. Des. Paulo Alcides Amaral Salles.

US Supreme Court. *AT&T Mobility LLC v. Concepcion,* 563 U.S. 333, 352 (2011).

US Supreme Court. *Epic Sys. Corp. v. Lewis,* 138 S. Ct. 1612, 1632 (2018).

US Supreme Court. *Viking River Cruises, Inc., v. Angie Moriana,* 20-1573, U. S. 321, 337 (2022).

UK *High Court of Justice – Queen's Bench Division – Commercial Court. Case N.* 2011 FOLIO N. 1519. 19.01.2012. Mr. Justice Cook.

UK. *High Court of Justice – Queen's Bench Division – Commercial Court. Case N.* 2011 FOLIO N. 1519. 19.01.2012. Mr. Justice Cook, para. 54, Stadlen J, 13.12.2011.

UK. *Court of Appeal (Civil Division) Case No* A3/2012/0249. [2012] EWCA Civ 638. 16.05.2012. Lord Justice Moore-Bick e Lady Justice Hallett.

XIII
CONVENÇÃO ARBITRAL III: LIMITES OBJETIVOS E SUBJETIVOS, PROCESSOS COMPLEXOS E CONSOLIDAÇÃO

Paulo Macedo Garcia Neto

Doutor em Direito pela Universidade de São Paulo (USP), LL.M pela Universidade de Columbia (CUNY). Ex-assessor de Ministros do Superior Tribunal de Justiça e do Supremo Tribunal Federal. Advogado em São Paulo, Brasil. Sócio de Cescon Barrieu Advogados.

Sumário: Introdução – 1. Arbitragens multipartes e consentimento – 2. Terceiros; 2.1 Arbitragem e mercado de capitais – 3. Intervenção e *joinder*; 3.1 A constituição do Tribunal Arbitral e os marcos temporais para a intervenção de terceiros no processo arbitral; 3.2 Possibilidade de exclusão de partes da arbitragem – 4. "Extensão" subjetiva dos efeitos da convenção arbitral; 4.1 Teoria do grupo de empresas – 4.2 Desconsideração da personalidade jurídica – 5. "Extensão" objetiva dos efeitos da convenção arbitral; 5.1 Grupos de contratos; 5.2 Cessão da convenção arbitral e sub-rogação – 6. Arbitragens multicontratuais – 7. Procedimentos paralelos: litispendência, conexão e consolidação; 7.1 Litispendência – 7.2 Consolidação – Bibliografia e julgados selecionados.

INTRODUÇÃO

A natureza contratual da arbitragem[1] faz com que esse mecanismo de solução de controvérsias seja mais apto a lidar com disputas envolvendo apenas uma parte contra outra do que uma disputa envolvendo múltiplas partes.[2] Essa mesma natureza contratual forja a arbitragem como um método originalmente mais apto a lidar com disputas decorrentes de um único contrato e não de múltiplos contratos.

---

1. "De acordo com Carmona, *arbitragem* é "meio alternativo de solução de controvérsias através da intervenção de uma ou mais pessoas que recebem seus poderes de uma convenção privada, decidindo com base nela, sem intervenção estatal, sendo a decisão destinada a assumir a mesma eficácia da sentença judicial – é colocada à disposição de quem quer que seja para solução de conflitos relativos a direitos patrimoniais acerca dos quais os litigantes possam dispor. Trata-se de mecanismo privado de solução de litígios, por meio do qual um terceiro, escolhido pelos litigantes, impõe sua decisão, que deverá ser cumprida pelas partes. Esta característica impositiva da solução arbitral (meio heterocompositivo de solução de controvérsias) a distância da mediação e da conciliação, que são meios autocompositivos de solução de litígios, de sorte que não existirá decisão a ser imposta às partes pelo mediador ou pelo conciliador, que sempre estarão limitados à mera sugestão (que não vincula as partes)". CARMONA, Carlos Alberto. *Arbitragem e processo*: um comentário à Lei 9.307/96. 3. ed. rev. atual. e ampl. São Paulo: Atlas, 2009, p. 31-2. Para Charles Jarrosson, *arbitragem* "[...] est l'institution par laquelle un tiers, règle le différend qui oppose deux ou plusiers parties, exerçant la mission juridictionnelle que lui a été confiée par celles-ci". JARROSSON, Charles. *La Notion d'arbitrage*. Paris: Bibliothèque de Droit Prové, 1987, p. 372.
2. "*The arbitration model is best suited to bilateral disputes.* The reason for this is that the arbitration process is based entirely on the agreement of parties in the arbitration clause of the relevant contract, generally before any dispute has arisen. It is a consensual process" (JENKINS, Jane; STEBBINGS, Simon. *International Construction Arbitration*: Law. Nova York: Kluwer Law International, 2006, p. 152).

A despeito disso, a pluralidade de partes e a multiplicidade de contratos na arbitragem é bastante comum: contratos geram disputas complexas e muitas dessas disputas envolvem múltiplos contratos com pluralidade de partes, sejam elas expressamente signatárias da convenção arbitral, sejam elas indireta ou implicitamente relacionadas a esta convenção.

Os chamados *processos*[3] ou *relacionados* ou *paralelos*[4] consubstanciam-se na coexistência de (i) múltiplas disputas judiciais em diferentes tribunais; (ii) múltiplas arbitragens; e/ou (iii) múltiplas arbitragens e disputas judiciais.[5]

A relação entre demandas é um fato jurídico[6] processual.[7] O direito não constitui a relação entre as demandas. O direito apenas a reconhece e lhe atribui consequências.[8] Tais

---

3. De acordo com Carmona, há processo arbitral e não mero procedimento arbitral, uma vez que há exercício da jurisdição na arbitragem. CARMONA, Carlos Alberto. O processo arbitral. *Revista de Arbitragem e Mediação*, São Paulo, ano 1, n. 1, p. 22, jan.-abr. 2004.
4. Em relação ao tema dos processos paralelos, conf. AYMONE, Priscila Knoll. *A problemática dos procedimentos paralelos: os princípios da litispendência e da coisa julgada em arbitragem internacional*. 2011. Tese (Doutorado orientada pelo Professor Luiz Olavo Baptista em Direito Internacional) – Faculdade de Direito, Universidade de São Paulo, 2011. O fenômeno dos processos paralelos é intercambiável com a perspectiva processual sobre as *relações entre demandas*. De acordo com o Dinamarco: "Constitui fenômeno muito comum na vida das pessoas em sociedade a existência de relações jurídicas que se entrelaçam e se inter-relacionam ou interagem, apresentando elementos comuns capazes de gerar alguma dependência de uma relação a outra ou ao menos a conveniência de um coerente e harmonioso trato comum de todas elas. Essas relações entre direitos ou obrigações podem também gerar uma relação entre as demandas a serem propostas em sede contenciosa a seu propósito. Daí a riqueza do tema relações entre demandas, superiormente exposto por Calamandrei, sabendo-se que duas ou mais demandas se relacionam (a) porque as partes de uma e de outra são as mesmas, (b) porque o contexto de fatos é o mesmo na causa petendi de mais de uma demanda (c) ou porque coincide o concreto bem da vida pretendido. Se nenhum desses elementos for comum (partes, causa de pedir e pedido), elas são rigorosamente diferentes e, portanto, nenhuma relação há entre elas. Se todos coincidirem, a rigor não haverá uma relação entre elas, porque na pluralidade formal de demandas como ato de iniciativa residirá a unidade substancial de uma só e única pretensão (litispendência – CPC, art. 301, § 3º)". DINAMARCO, Cândido Rangel. *A arbitragem na teoria geral do processo*. São Paulo: Malheiros, 2013, p. 135.
5. MACEDO GARCIA, Paulo. *Arbitragem e Conexão*. Almedina, São Paulo, 2018.
6. Para Marcos Mello, "o mundo jurídico é formado pelos fatos jurídicos e estes, por sua vez, são o resultado da incidência da norma jurídica sobre o seu suporte fáctico quando concretizado no mundo dos fatos. Disto se conclui que a norma jurídica é quem define o fato jurídico e, por força de sua incidência, gera o mundo jurídico, possibilitando o nascimento de relações jurídicas com a produção de toda a sua eficácia, constituída por direitos, deveres, pretensões, obrigações, ações, exceções e outras categorias eficaciais". MELLO, Marcos Bernardes de. *Teoria do fato jurídico*: plano da existência. São Paulo: Saraiva, 2001, p. 19.
7. "Embora seja constatada a partir do exame do direito material deduzido em juízo, a conexão é fato jurídico processual, que produz relevantes efeitos: ao impor a reunião das causas no mesmo juízo, expurga julgamentos divergentes sobre a mesma situação jurídica material, prevenindo a iniquidade". DIDIER JR., Fredie. Parecer sobre ações concorrentes. Prejudicialidade e preliminaridade. Conexão. Suspensão do processo. Litispendência. Continência. Cumulação subsidiária de pedidos. Cumulação ulterior de pedidos. Honorários advocatícios, 2012, p. 16. Disponível em: http://www.frediedidier.com.br/wp-content/uploads/2012/02/parecer-conexao--preliminaridade.pdf. Acesso em: 23 dez. 2022.
8. De acordo com Dinamarco, "*Conexidade* é o atributo de dois ou mais seres que sejam conexos entre si, ou interligados. *Conexão* é o ato de ligar dois ou mais seres. O Código de Processo Civil, porém, na linha de um costume bastante arraigado, emprega o vocábulo *conexão* para designar a própria relação existente entre demandas. Esse uso não é incorreto, mas leva os menos preparados a confundir a própria relação de conexidade, ou conexão, com a reunião de duas ou mais causas em um só processo – quando essa reunião é uma consequência da conexidade, não a própria conexidade. É errado, pois, dizer que 'o juiz deferiu ou indeferiu a conexão pedida pela parte': o que é suscetível de deferimento ou indeferimento nesse caso é a *reunião de causas* (art. 105), porque o próprio nexo de conexidade é uma realidade que pode existir em cada caso mas não comporta qualquer decisão do juiz ou de quem quer que seja". DINAMARCO, Cândido Rangel. *Vocabulário do processo civil*. São Paulo: Malheiros, 2009, p. 99.

consequências possuem finalidades diversas, mas podem ser resumidas nas seguintes:[9] (i) risco de demora na solução da disputa; (ii) risco de aumento de custos; e/ou (iii) risco de serem produzidas soluções contraditórias e/ou conflitantes entre si.[10]

É sobre esses processos complexos e as soluções para os ruídos[11] decorrentes dessa complexidade que me debruçarei neste capítulo.

1. ARBITRAGENS MULTIPARTES E CONSENTIMENTO

Como na gramática, iniciaremos pelos sujeitos da arbitragem: as partes. E não há quem possa ser parte de uma disputa arbitral sem ter consentido[12] em renunciar à jurisdição estatal e consentir com a arbitragem:[13] afinal, "consent is the cornerstone of the notion and the regulation of arbitration".[14] A razão para isso é simples: enquanto juízes estatais são investidos do poder jurisdicional exclusivamente pela lei, a fonte de legitimação[15] do poder dos árbitros está na comunhão intelectual (*meeting of minds*)[16] das partes.

---

9. MACEDO GARCIA, Paulo. *Arbitragem e Conexão*. São Paulo: Almedina, 2018.
10. "La ratio legis de una consolidación es la siguiente: 1. Eficiencia: se busca evitar duplicidad o desperdicio de procedimientos arbitrales o etapas procesales, mismos que en arbitraje son onerosos; 2. Congruencia: evitar la posibilidad de que se presenten decisiones (sean laudos o sentencias) contradictorias". COSSIO, Francisco Gonzáles de. *Arbitraje*. México: Editorial Porrúa, 2011, p. 576.
11. "Quando médicos oferecem diferentes diagnósticos para um mesmo paciente, podemos estudar a discordância sem saber de que mal ele foi acometido. Quando executivos de um estúdio estimam o mercado para um filme, podemos examinar a variabilidade de suas respostas sem saber quanto o filme rendeu no final ou mesmo se foi de fato produzido [...]. para compreender o erro no julgamento, devemos compreender tanto o viés como o ruído". KAHNEMAN, Daniel; SIBONY, Olivier; e SUNSTEIN, Cass R. *Ruído*: uma falha no julgamento humano, Rio de Janeiro: Objetiva, 2021, p. 11.
12. "[...] one should not forget that *consent is the fundamental pillar of the international arbitration*". HANOTIAU, Bernard. Non-Signatories in International Arbitration: Lessons From Thirty Years of Case Law. In: BERG, Albert Jan van den (Ed.). *International Arbitration*: Back to Basics? ICCA Congress Series, n. 13, 2006, p. 341-58 (grifos nossos).
13. Quem vê um ornitorrinco pela primeira vez pode imaginar que se depara com uma lontra com bico de pato; quem maneja a arbitragem sem conhecimento pode pensar estar lidando com um processo igual àquele oferecido pelo Estado, que corre perante juízos privados. Duas imagens erradas, dois erros grosseiros. [...] *arbitration is diferent*. CARMONA, Carlos Alberto. Em torno do árbitro. *Revista de Arbitragem e Mediação*, v. 28, p. 47-63, São Paulo, 2011.
14. YOUSSEF, Karim. The Limits of Consent: The Right or Obligation to Arbitrate of Non-Signatories in Group of Companies. In: HANOTIAU, B.; SCHWARTZ, E. (Ed.). *Multiparty Arbitration*, Dossier VII, ICC Institute of World Business Law, ICC Publication, n. 701, p. 72-3 (our emphasis). set. 2010.
15. A partir da ideia de dominação legal-racional weberiana, o poder deve ser legítimo quanto ao título e legal quanto ao exercício. O poder, segundo essa visão, é legítimo pelo simples fato de ser legal, ou seja, a autoridade é fundada na obediência, que reconhece obrigações estatuídas por regras racionalmente estabelecidas. Weber, Max. *Economia e sociedade*. Trad. Gabriel Cohn. v. 2. Brasília: UnB, 2000. Legitimidade e legalidade seriam as duas faces que justificam o poder político. A legitimidade seria a qualidade do título do poder – no sentido da *tyrannia absque titulo* – e a legalidade seria a qualidade do exercício do poder na linha da *tyrannia quoad exercitium*. Weber procurou individualizar e descrever as formas históricas do poder legítimo (*Herrshaft*) – distinto da mera força (*Macht*) – como o poder capaz de "condicionar o comportamento dos membros de um grupo social emitindo comandos que são habitualmente obedecidos na medida em que seu conteúdo é assumido como máxima para o agir". Bobbio, Norberto. *Estado, governo, sociedade*: para uma teoria geral da política. Rio de Janeiro: Paz e Terra, 1986, p. 92. "A força vinculante dos negócios jurídicos tem origem e legitimidade na vontade livremente manifestada. [...] Tal é uma derivação da conhecida tese da *legitimação pelo procedimento*, lançada em sede de sociologia política e de valia em relação a todas áreas de exercício do poder (Niklas Luhmann). Na realidade, o que legitima os atos de poder não é a mera e formal observância dos procedimentos, mas a *participação* que mediante o correto cumprimento das normas procedimentais tenha sido possível aos destinatários. Melhor falar, portanto, em *legitimação pelo contraditório e pelo devido processo legal*". DINAMARCO, Cândido Rangel. Instituições de direito processual civil, op. cit., p. 220-1.
16. *Stolt-Nielsen S.A. v. Animal Feeds International Corp.*, 559 U.S. 662 (2010), p. 10.

Quando isso é feito de forma expressa por partes que claramente firmaram uma convenção arbitral, o assunto está resolvido tanto por nosso ordenamento jurídico como por nossos tribunais. A questão se torna mais desafiadora quando nos deparamos (e constantemente isso ocorre) com as chamadas "less-than-obvious parties".[17] Resolver esses casos difíceis demanda avaliar se o julgador está autorizado a navegar as águas turvas do consentimento implícito[18] (ou tácito).

Para tanto será preciso definir o que se admitirá como elemento de aferição da declaração de vontade das partes. Algumas jurisdições admitem como prova do consentimento elementos como as negociações da convenção da arbitragem. Outras limitam essa busca ao texto contratual, ou seja, à declaração volitiva das partes.[19]

O que é fundamental é que somente quem consentiu com a disputa seja obrigado a integrá-la, sob pena de tornar o procedimento como um todo nulo. A Convenção de Nova York ("CNY") é o principal guia para a interpretação do consentimento no contexto internacional.[20] De acordo com o art. V.1(d) da CNY,[21] pode ocorrer anulação ou não reconhecimento de laudos arbitrais se: "a composição da autoridade arbitral ou o processo

---

17. PARK, William. Non-Signatories and International Contracts: An Arbitrator's Dilemma. Disponível em: http://williamwpark.com/documents/Non-signatories.pdf. Acesso em: 02 maio 2022. Ver também: MACEDO GARCIA, Paulo. Arbitragem e Conexão. São Paulo: Almedina, 2018.
18. Texto original: "[a]rbitral jurisdiction based on implied consent involves a non-signatory that should reasonably expect to be bound by (or benefit from) an arbitration agreement signed by someone else, perhaps a related party". (tradução livre) Continua o autor: "In such circumstances, no unfairness results when arbitration rights and duties are inferred from behavior. Implied consent focuses on the parties' true intentions. Building on assumptions that permeate most contract law, joinder extends the basic paradigm of mutual assent to situations in which the agreement shows itself in behavior rather than words". PARK, William, op. cit.
19. Para Junqueira de Azevedo, "a vontade não é elemento do negócio jurídico; o negócio é somente a declaração de vontade. Cronologicamente, ele surge, nasce, por ocasião da declaração; sua existência começa nesse momento; todo o processo volitivo anterior não faz parte dele; o negócio todo consiste na declaração. Certamente, a declaração é o resultado do processo volitivo interno, mas, ao ser proferida, ela o incorpora, absorve-o, de forma que se pode afirmar que esse processo volitivo não é elemento do negócio. A vontade poderá, depois, influenciar a validade do negócio e às vezes também a eficácia, mas, tomada como *iter* do querer, ela não faz parte, existencialmente, do negócio jurídico; ela fica inteiramente absorvida pela declaração, que é o seu resultado. O fato de ela poder vir a influenciar a validade ou a eficácia do negócio não a transforma em parte dele, como, aliás, também ocorre com diversos outros requisitos e fatores de eficácia". AZEVEDO, Antonio Junqueira de. Negócio jurídico: existência, validade e eficácia. São Paulo: Saraiva, 2002, p. 82-3. Cf. MACEDO GARCIA, Paulo. *Arbitragem e Conexão*. Almedina, São Paulo, 2018, p. 30.
20. "In international law the basic theory of arbitration is simple and rather elegant. Arbitral jurisdiction is entirely consensual. [...] An arbitral award rendered within the framework of the common agreement of parties is itself part of the contract and hence binding on them. But an award which is produced in ways inconsistent with the shared contractual expectations of the parties is something to which they had not agreed". REISMAN, Michael. Systems of Control in International Adjudication and Arbitration. Breakdown and repair. Durban; Londres: Duke University Press, 1992, p. 6.
21. De acordo com Pierre Mayer, "Article V.1.d of the New York Convention mentions another obstacle: 'The composition of the arbitral authority or the arbitral procedure was not in accordance with the agreement of the parties [...]'. This situation can arise when there is consolidation – stricto sensu – of two arbitral tribunals into one, based on the fact that the two arbitrations are closely related but against the will of the parties". MAYER, Pierre. The effects of awards rendered in multiparty/multicontract situations. In: HANOTIAU & SCHWARTZ (Ed.). Multiparty Arbitration, Dossier VII, *ICC Institute of World Business Law*, n. 701, set. 2010, ICC Publication, p. 223-33, p. 224.

arbitral não se deu em conformidade com o acordado pelas partes, ou, na ausência de tal acordo, não se deu em conformidade com a lei do país em que a arbitragem ocorreu".

2. TERCEIROS

Analisada a premissa básica para ser parte em uma arbitragem – o consentimento – passaremos a analisar o papel do terceiro na arbitragem. O terceiro na arbitragem poder ser (i) signatário da cláusula arbitral (terceiro imperfeito); ou (ii) não signatário da convenção arbitral (terceiro absoluto).[22] A manifestação de vontade para vinculação à convenção de arbitragem pode se dar por signatários e não signatários da convenção de arbitragem, que de outro modo manifestaram o seu consentimento.[23]

No direito brasileiro, prevalece na interpretação do negócio jurídico e, portanto, na interpretação contratual, a interpretação pela vontade das partes.[24] De acordo com Antonio Junqueira:

> A forma mais adequada para se solucionar o problema da interpretação do negócio jurídico, especialmente no direito brasileiro, onde, por lei, é inegável a primazia da vontade, é, simplesmente aquele primeiro momento da operação interpretativa, em que se parte da declaração. Deve-se entender por declaração [...] não apenas o 'texto' do negócio, mas tudo aquilo que, pelas suas circunstâncias (pelo 'contexto'), surge aos olhos de uma pessoa normal, em virtude principalmente da boa-fé e dos usos e costumes, como sendo a declaração. A essência da declaração é dada por essas circunstâncias. Depois, então, pode-se passar a investigar a vontade real do declarante. A solução consiste, portanto, em primeiramente se interpretar a declaração, objetivamente, com base em critério abstrato, e, somente num segundo momento, investigar a intenção do declarante (critério concreto); parte-se, assim, do objetivo (a declaração como um todo) para o subjetivo (a vontade real do declarante). Com essas duas operações, uma boa parte das dúvidas estará afastada (especialmente se se tratar de atos unilaterais não receptícios). Entretanto, se ainda houver possibilidade (e isso em geral ocorrerá nos atos bilaterais e em atos unilaterais receptícios, já que, particularmente nos contratos,

---

22. COSTA, Guilherme Recena. *Partes e Terceiros na Arbitragem*. Tese de Doutorado apresentada à Faculdade de Direito da USP. São Paulo, 2015, p. 67.
23. A evolução e adaptação do conceito de consentimento tem sido discutida doutrinariamente, de maneira a abarcar complexidade da nova realidade das transações econômicas: "The constituents of consent in the various jurisdictions have not fundamentally changed. They have only been adapted in their application to new and more complex factual situations, to modern multiparty business transactions. Consequently, rather than referring to a marginalization of consent, I would suggest that it is more accurate to refer to a modern approach to consent; an approach that is more pragmatic, more focussed on an analysis of facts, which places more emphasis on commercial practice, economic reality, trade usages, and the complex and multifaceted dimensions of large projects involving groups of companies and connected agreements in multiparty multi-contract scenarios; an approach that is no longer restricted to express consent but that takes into consideration all its various expressions and tends to give much more importance than before to the conduct of the individuals or companies concerned". (HANOTIAU, Bernard. Consent to Arbitration: Do We Share a Common Vision? In: PARK, William W. (Ed.). *Arbitration International*, (© The Author(s); Oxford University Press 2011, v. 27 Issue 4) p. 539-554, destaques não originais).
24. Nesse sentido: MACEDO GARCIA, Paulo. *Arbitragem e Conexão*. São Paulo: Almedina, 2018, p. 115. Também: "[...] a interpretação deve partir do princípio da boa-fé das partes. A interpretação da convenção de arbitragem deve levar em consideração a vontade real das partes em sobreposição à vontade declarada, rejeitando-se assim o princípio da interpretação estrita. Tal princípio, tradicional na doutrina internacional, foi adotado pelo art. 112 do Código Civil brasileiro quanto às declarações de vontade em geral". GUERRERO, Luis Fernando. *Convenção de arbitragem e processo arbitral*. São Paulo: Atlas, 2009, p. 32.

as questões que normalmente dependem de interpretação são justamente aquelas que as partes não previram e sobre as quais, portanto, rigorosamente falando, não há intenção a procurar), deve-se utilizar, para completar o processo interpretativo, da vontade presumida, já, então, atendendo ao que in concreto se passou entre as partes e, principalmente, ao que razoavelmente se poderia supor que entre elas se passaria (interpretação integrativa).[25]

É esse alcance interpretativo que permite que, em determinadas circunstâncias, seja possível aferir o consentimento implícito[26] das partes com a cláusula compromissória. Nessa linha, Gary Born entende que: "Não há motivo [...] que um acordo autorizando (ou proibindo) [...] inclusão/intervenção não possa ser implícito [...] vários aspectos de uma convenção arbitral são rotineiramente implícitos (tais como confidencialidade, o poder de um tribunal de determinar medida liminar, a escolha de legislação aplicável e similares)".[27]

2.1 Arbitragem e mercado de capitais

Um dos terrenos mais férteis para a discussão sobre terceiros na arbitragem se dá na seara das disputas envolvendo mercado de capitais no Brasil. Nenhuma outra jurisdição tem um grau tão intenso de admissão (e, sob certo olhar, até imposição) da arbitragem como mecanismo de solução de controvérsias para disputas decorrentes do mercado de capitais:

> A opção brasileira de permitir o uso da arbitragem para resolver disputas envolvendo participantes do mercado de valores mobiliários (incluindo companhias abertas) não encontra amparo em outras jurisdições usualmente tidas como referências, como Alemanha, Itália, Israel e Suécia. Nesses países, de forma geral, a arbitragem é considerada inadequada para companhias abertas, e a discussão acerca do uso da arbitragem para resolver disputas societárias envolve outros tipos societários que não as sociedades anônimas. Em análise prima facie, de fato, nenhuma jurisdição com um sistema jurídico semelhante ao do Brasil (Civil Law) regulamentou o uso da arbitragem em disputas envolvendo ou relacionadas a companhias abertas.[28]

---

25. AZEVEDO, Antonio Junqueira de. *Negócio jurídico*: existência, validade e eficácia. São Paulo: Saraiva, 2002, p. 102-3.
26. De acordo com William Park, "[a]rbitral jurisdiction based on implied consent involves a non-signatory that should reasonably expect to be bound by (or benefit from) an arbitration agreement signed by someone else, perhaps a related party)". Continua o autor: "In such circumstances, no unfairness results when arbitration rights and duties are inferred from behavior. Implied consent focuses on the parties' true intentions. Building on assumptions that permeate most contract law, joinder extends the basic paradigm of mutual assent to situations in which the agreement shows itself in behavior rather than words". PARK, William. Non-Signatories and International Contracts: An Arbitrator's Dilemma, *Multiple Parties in International Arbitration*, Oxford, 2009, §1.12. Disponível em: http://www.arbitration-icca.org/media/0/12571271340940/park_joining_non-signatories.pdf. Acesso em: 05 maio 2022.
27. Texto original: "There is no reason [...] that an agreement authorizing (or forbidding) (…) joinder/intervention cannot be implied (…) various aspects of an arbitration agreement are routinely implied (such as confidentiality, a tribunal's power to order provisional relief, the choice of applicable law and the like)" (tradução livre). Continua Gary Born, afirmando que: "The same approach can, and indeed must, be taken to questions of consolidation and joinder/intervention. In turn, questions of implied agreement to consolidation and joinder/intervention turn in substantial part on the structure of the parties' contractual relations and the terms of their agreement to arbitrate". BORN, Gary B. *International Commercial Arbitration*. Alphen aan Den Rijn: Kluwer Law International, 2009, op. cit., p. 2083.
28. Disponível em: https://www.gov.br/cvm/pt-br/centrais-de-conteudo/publicacoes/estudos/fortalecimento--dos-meios-de-tutela-reparatoria-dos-direitos-dos-acionistas-no-mercado-de-capitais-brasileiro-relatorio--preliminar-cvm-ocde-spe-me-outubro-2019. Acesso em: 22 dez. 2022.

Concordamos nessa linha com Eduardo Munhoz, de acordo com quem o "caráter coletivo e plural dos conflitos societários não se compatibiliza facilmente com o instituto da arbitragem, cuja natureza contratual tem por pressuposto a anuência expressa da parte com respeito à cláusula compromissória".[29]

Com a acentuada baixa dos juros vivenciada desde o período que antecedeu à pandemia de COVID-19 e que se manteve após seu início, observou-se um crescimento vertiginoso e acentuado no volume de operações no mercado de capitais brasileiro. Isso se deu tanto pelo aumento de *Initial Public Offerings* ("IPOs")[30] como também pelo aumento do número de investidores na bolsa de valores.[31] Esse *boom* de *newcomers* no mercado de capitais brasileiro tende a ampliar o número de disputas nesse setor que tem tudo para se tornar a nova fronteira da arbitragem no Brasil.

Fato é que a jabuticaba brasileira da arbitragem (quase compulsória nos casos de empresas listadas no Nível 2 ou Novo Mercado da B3) em matéria de mercado de capitais é uma solução que não pode ser comprada pela metade. Sendo a arbitragem o meio definido como mecanismo para solução de disputas, abrir a porta judicial pode colocar em risco o sistema como um todo. Os desafios são enormes: custo da disputa, legitimidade ativa e passiva, limites e extensão da coisa julgada, bem como sigilo, são apenas alguns desses muitos problemas que devem ser enfrentados.

Por outro lado, na sociedade anônima, é a própria natureza do contrato plurilateral que impede que o direito de ação de todo acionista possa ser exercido, por uns, pela via judicial e, por outros, por meio da arbitragem – o que poderia gerar decisões contraditórias entre si.[32]

3. INTERVENÇÃO E *JOINDER*

De acordo com Nathalia Mazzonetto, "seja no âmbito do processo judicial, seja no âmbito do processo arbitral, a noção que se apreende de intervenção de terceiro é a mesma. Independentemente do nome que se atribua (*joinder, intervention*), envolve o ingresso numa relação processual pendente, fazendo-se parte, para parcela da doutrina

---

29. MUNHOZ, Eduardo Secchi, A Importância do Sistema de Solução de Conflitos para o Direito Societário: Limites do Instituto da Arbitragem. In: YARSHELL, Flávio Luiz e PEREIRA, Guilherme Setoguti J. (Coord.). *Processo Societário*. São Paulo: Quartier Latin, 2012, p. 88.
30. Disponível em: https://www.infomoney.com.br/mercados/bolsa-tem-maior-numero-de-ipos-desde-2007-e--onda-de-ofertas-deve-continuar-em-2021/. Acesso em: 05 maio 2022.
31. Disponível em: https://www.infomoney.com.br/onde-investir/apesar-da-pandemia-total-investido-no-brasil-por-pessoas-fisicas-atinge-recorde-de-r-37-tri-em-2020/. Acesso em: 05 maio 2022.
32. Veja-se, a esse respeito, a opinião de Munhoz: "O tratamento distinto entre acionistas sujeitos à cláusula compromissória e acionistas não sujeitos poderia ensejar uma série de dificuldades processuais, notadamente o risco de decisões (arbitrais e judiciais) antagônicas, o que na prática inviabilizaria que o instituto exercesse papel relevante para o desenvolvimento do direito societário. Pelo contrário, poderia contribuir para a introdução de ainda maior nível de insegurança e incerteza" (MUNHOZ, Eduardo Secchi, *A Importância do Sistema de Solução de Conflitos para o Direito Societário*: Limites do Instituto da Arbitragem, op. cit., p. 89).

(ainda que parte auxiliar secundária) e, para outra parcela, tornando-se tão somente coadjuvante da parte ou mesmo permanecendo terceiro".³³

Conforme leciona o professor Carlos Alberto Carmona, o interveniente será parte do mesmo Contrato e signatário da mesma cláusula:

> o terceiro que pleiteia ingresso no processo arbitral poderá estar ligado à convenção arbitral que vincula as partes: se a arbitragem for instaurada via cláusula compromissória inserida no contrato principal, o interveniente será parte do mesmo contrato e signatário da mesma cláusula (o que não ocorrerá se a arbitragem for instituída por força de compromisso arbitral), o que o colocará em direto contato com as partes; além disso, ocupará na relação jurídica de direito material posição jurídica igual ou equivalente à da parte envolvida na arbitragem.³⁴

Na prática, a inclusão de terceiros na arbitragem apresenta inúmeras questões: o que se fazer, por exemplo, quando interessar para uma das partes (e não a outra) a inclusão no processo arbitral de terceiro³⁵ que fizer parte da mesma convenção arbitral? Poderia o autor optar por iniciar uma arbitragem com uma das partes da convenção e outra nova arbitragem contra a outra parte? Segundo Bernard Hanotiau:

> if A, B and C have concluded a contract and a dispute arises, may A start two arbitrations, one against B and the other against C? This is quite unusual but such situations have happened in the past. Unless the obligations arising under the contract are clearly indivisible under the applicable law, with the potential consequence that all disputes should be brought before one single arbitral tribunal, nothing prevents A from starting two arbitral proceedings.³⁶

Não parece razoável, contudo, que se possa se fundar em eventual direito subjetivo do autor de escolher contra quem pretende litigar. Parece mais correto dizer que essa escolha já foi feita pelas partes quando admitiram contratualmente que mais de uma parte celebrasse a mesma convenção arbitral.

Há situações ainda mais limítrofes como aquelas que envolvem disputas indivisíveis ou litisconsórcio necessário. Diante de um litisconsorte necessário, não havendo o terceiro celebrado convenção arbitral com nenhuma das partes (terceiro absoluto), a arbitragem deverá extinta sem exame do mérito e a demanda terá de ir para o Judiciário.³⁷ No entanto, se o terceiro (terceiro imperfeito) fizer parte da convenção arbitral

---

33. Mazzonetto, Nathalia. *Partes e Terceiros na Arbitragem*. Dissertação de Mestrado (Universidade de São Paulo), 2012, p. 155.
34. CARMONA, C. A. *Arbitragem e processo*: um comentário à Lei 9.307/96. 3. ed. São Paulo: Atlas, 2009. p. 308.
35. "Although it is a private dispute resolute system, arbitration should not remain a closed system, exclusively reserved for those parties that are contractually bound by an arbitration agreement. Instead, arbitration should be a dispute resolution system which, under particular circumstances, is flexible and able to communicate with third parties that have legitimate interests in a dispute pending before a tribunal". BREKOULAKIS, Stavros L. The Relevance of the Interests of Third Parties in Arbitration: taking a closer look at the Elephant in the room. *Penn State Law Review*, v. 113:4, p. 1172. 2009.
36. HANOTIAU, Bernard. *Complex arbitrations: multiparty, multicontract, multi-issue and class actions*. The Hague: Kluwer Law International, 2005, p. 192.
37. Conf. nesse sentido Ada Pellegrini Grinover: "[...] havendo litisconsórcio necessário – quer pelo caráter unitário da relação jurídica de direito material, quer por força de disposição legal – e não estando todos os litisconsortes sujeitos ao juízo arbitral, forçoso será reconhecer a inviabilidade jurídica da própria arbitragem, visto que, como

que deu origem ao processo, então será possível incluí-lo na arbitragem mesmo diante de sua recusa.

No contexto transnacional, é preciso observar o que determina a lei aplicável à disputa, bem como a sua indivisibilidade. Como ensina Bernard Hanotiou: "The answer to this question (...) will generally depend upon the contents of the applicable law and the divisible or indivisible character of the dispute or the obligations involved therein".[38]

3.1 A constituição do Tribunal Arbitral e os marcos temporais para a intervenção de terceiros no processo arbitral

Na maior parte dos regulamentos, a questão temporal, ou seja, o momento processual em que a intervenção ou integração de terceiro é requerida, parece ser decisiva. Na maior parte das instituições, o Termo de Arbitragem ou Ata de Missão[39] constitui um importante marco temporal a respeito da possibilidade de se admitir a intervenção de terceiros.

Esse marco temporal será essencial para definir quem tem poderes para decidir sobre a própria arbitrabilidade nas diferentes fases do processo (aplicação do Competência-Competência).

Há dois momentos importantes aqui quanto à admissão de terceiros na arbitragem: antes e após a constituição do tribunal arbitral. Até a constituição do Tribunal Arbitral,

---

    já examinado à saciedade, só são atingidos pela eficácia da convenção de arbitragem e pela sentença do árbitro aqueles sujeitos que, expressa e voluntariamente, declararam sua vontade para tal finalidade". GRINOVER, Ada Pellegrini. Parecer – Arbitragem e Litisconsórcio Necessário. *Revista Brasileira de Arbitragem*, n. 10, p. 30-31. 2006. Cf. também Humberto Teodoro Jr. segundo o qual: "Como a arbitragem repousa nos vínculos contratuais entre as partes e entre estas e o árbitro, seus liames não se manifestam senão entre os contratantes. A legitimidade de parte para o procedimento arbitral, por isso, só se estabelece entre os sujeitos contratuais. A única via de legitimação, ativa ou passiva, para quem queira participar ou seja chamado a participar da arbitragem condiciona-se à própria convenção arbitral. Pouco importa, portanto, seja necessário ou facultativo o litisconsórcio. Sua formação só será admissível, de forma cogente, entre os que celebraram a convenção arbitral. Assim, se todos os que devem ser litisconsortes são aderentes à convenção arbitral, tudo se desenvolverá naturalmente dentro da força contratual. Se, contudo, o terceiro, que se deseja incluir no processo, não firmou o ajuste, sua inserção no litisconsórcio, ainda que necessário, somente se tornará possível se ele consentir em aderir ao compromisso. Havendo, pois, recusa de sua parte o árbitro não terá força para submetê-lo à relação processual. Se o caso for de litisconsórcio facultativo, o procedimento da arbitragem terá de prosseguir só com as partes vinculadas à convenção arbitral. Se for necessário o litisconsórcio, "só restará ao árbitro encerrar o procedimento sem julgamento de mérito, por falta de integração da convenção de arbitragem". Proferirá sentença terminativa na esfera arbitral, para que a lide possa ser resolvida pelo Poder Judiciário". Theodoro Jr., Humberto. Arbitragem e Terceiros: Litisconsórcio Fora do Pacto Arbitral – Outras Intervenções de Terceiros. In: MARTINS, Pedro Antônio Batista; GARCEZ, José Maria Rossani (Org.). *Reflexões sobre Arbitragem, In Memoriam do Desembargador Cláudio Vianna de Lima*. São Paulo: LTr, 2002, p. 227-260.

38. HANOTIAU, Bernard. *Complex arbitrations: multiparty, multicontract, multi-issue and class actions*. The Hague: Kluwer Law International, 2005, p. 191.
39. É o que afirma também Selma Lemes, "Realmente, O TDA [Termo de Arbitragem] tem na delimitação do objeto do litígio e do pedido das partes seus pontos mais importantes, que representam a estabilização da demanda. Ademais, apesar de ser a Convenção de Arbitragem o instrumento originário e vinculante da arbitragem, não se pode deixar de considerar que o TDA tem o condão de reiterar os termos da Convenção de Arbitragem, delimitar a controvérsia e ressaltar a missão do árbitro, que deverá ater-se às suas disposições, para não gerar motivos que ensejem a anulação da sentença arbitral" (LEMES, Selma. Convenção de Arbitragem e Termo de Arbitragem. Características, efeitos e funções. *Revista do Advogado*, ano XXVI, n. 87, p. 99. set. 2006).

cabe às instituições arbitrais em exame *prima facie*, avaliar a inclusão ou não de terceiros. Após a constituição do tribunal arbitral, a competência para decisão de inclusão de terceiro é exclusiva do Tribunal Arbitral.[40]

É necessário que qualquer terceiro ingressante no processo arbitral tenha a oportunidade de participar efetivamente da constituição do Tribunal Arbitral. No conhecido caso *Dutco*, a Corte de Cassação francesa julgou que diante de impasse entre os litisconsortes a respeito da nomeação do árbitro que lhe competiria nomear, os três árbitros integrantes do tribunal arbitral deveriam ser todos nomeados pelo órgão arbitral institucional (no caso, a Corte Internacional de Arbitragem da Câmara de Comércio Internacional – "CCI"), sob pena de ser violada a igualdade entre as partes. Assim, se um dos polos da relação processual tivesse tido a oportunidade de nomear um árbitro e esse mesmo direito não pôde ser exercido pelo outro polo da relação haveria afronta à igualdade das partes.[41]

Esse precedente teve como consequência direta a mudança das regras de arbitragem da CCI para contemplar a orientação do Judiciário francês.[42] Desde 1998 (assim como no Regulamento atual de 2021), o Regulamento da CCI passou a prever que, na ausência de nomeação conjunta de um árbitro pelas partes requeridas, a Corte da CCI nomeará todos os membros do Tribunal Arbitral. O mesmo dispositivo é hoje reproduzido no Regulamento CCI 2021 (artigo 12.8[43]).

---

40. "O *joinder* é uma questão de competência e, por isso, cabe ao tribunal arbitral decidir sobre o pedido. Uma vez constituído o Tribunal Arbitral, é com base no princípio Kompetenz-Kompetenz que será analisada a possibilidade de inclusão de um terceiro." VARGAS, Nathália Cristina Mello; ALMEIDA, Ricardo Ramalho. A integração de terceiros ao processo arbitral (*joinder*). In: VASCONCELOS, Ronaldo et al. *Análise prática das câmaras arbitrais e da arbitragem no Brasil*. São Paulo: Iasp, 2019, p. 350.
41. De acordo com Selma Lemes: "O conflito no caso julgado pela Corte de Cassação refere-se a um contrato de consórcio entre as empresas Dutco, construtora, e as empresas BKMI e Siemens para a edificação de uma indústria de fabricação de cimento em Dubai, em 1981. Surgido o conflito, foi iniciado procedimento arbitral na CCI. A cláusula compromissória estabelecia que a demanda fosse julgada por um tribunal arbitral de três árbitros, e, segundo o Regulamento da CCI, a indicação de árbitros em arbitragens multipartes determina que cada polo teria que indicar um árbitro, e, na ausência de consenso, o referido árbitro seria indicado pela CCI. As demandadas assim fizeram conjuntamente sob reservas e protestos da Siemens. Nas instâncias inferiores do Judiciário, foi decidido que a forma de indicação estava correta, mas a Corte de Cassação entendeu que, se a demandante teve o direito de indicar árbitro, as demandadas também teriam que ter o mesmo tratamento, ou seja, diante da impossibilidade e do impasse em um dos polos da arbitragem multiparte, todos os integrantes do tribunal arbitral teriam que ser indicados segundo idêntico procedimento, ou seja, nenhum polo indicaria árbitros, e os três árbitros seriam indicados pela CCI. O precedente é interessante por entender que o princípio da igualdade de tratamento se aplica também na forma de indicação de todos os árbitros e que segundo a legislação francesa é um preceito de ordem pública." (in *Cour de Cassation* – Seção Clássicos da Arbitragem, *Revista Brasileira de Arbitragem*, v. 29, 2011, p. 210-211).
42. De acordo com Olivier Caprasse, "o caso Dutco teve relevância para as instituições arbitrais e particularmente para a CCI, a qual modificou seu regulamento para prevenir quaisquer problemas". CAPRASSE, Olivier. A constituição do Tribunal Arbitral em Arbitragem Multiparte. *Revista Brasileira de Arbitragem*, v. 8, p. 93. 2005.
43. "Na falta de designação conjunta nos termos dos artigos 12(6) e 12(7) e não havendo acordo das partes a respeito do método de constituição do tribunal arbitral, a Corte poderá nomear todos os membros do tribunal arbitral, indicando um deles para atuar como presidente. Neste caso, a Corte terá liberdade para escolher qualquer pessoa que julgue competente para atuar como árbitro, aplicando o artigo 13, quando julgar apropriado".

Atualização trazida pelo Regulamento de Arbitragem da CCI de 2021 foi a autorização para que terceiros sejam incluídos na arbitragem mesmo após a constituição do tribunal arbitral.[44-45]

O Regulamento de Arbitragem o Centro de Arbitragem e Mediação da Câmara de Comércio Brasil Canadá ("CAM-CCBC") definiu em seu artigo 12.1: "no caso de arbitragem com múltiplas partes, como requerentes e/ou requeridas, não havendo consenso sobre a forma de indicação de árbitro pelas partes, a Presidência do CAM/CCBC, considerando os interesses perseguidos pelas partes na arbitragem, poderá nomear todos os membros do Tribunal Arbitral, indicando um deles para atuar como presidente". O mesmo entendimento é adotado pelo Regulamento da CAMARB, em seus artigos 4.7 e 4.8.[46]

Inexistente, assim, consenso sobre a forma de escolha de árbitros, a solução encontrada tem sido a nomeação institucional via instituição arbitral ou via Judiciário.

3.2 Possibilidade de exclusão de partes da arbitragem

Assim como é possível adicionar partes e terceiros ao procedimento arbitral, também é possível excluir partes do procedimento ou mesmo deixar de incluí-las até o momento de estabilização da demanda, que ocorre quando a estabilização da demanda nos procedimentos arbitrais ocorre quando da fixação do objeto do litígio e de seus pedidos, o que depende do regulamento arbitral eventualmente aplicável e das regras escolhidas pelas partes.[47]

---

44. "O novo Regulamento possibilita que o terceiro interessado solicite sua adesão ao procedimento mesmo depois da confirmação ou da nomeação de algum dos árbitros. Para tanto, é preciso que: (i) o tribunal arbitral, considerando todas as circunstâncias do caso concreto, concorde com tal inclusão e (ii) o terceiro aceite a constituição do tribunal assim como manifeste sua concordância com a ata de missão. Esta dinâmica traz maior flexibilização em comparação à regra anterior, na qual nenhum terceiro poderia participar do procedimento após a confirmação ou nomeação de qualquer um dos árbitros (salvo casos em que todas as partes concordassem com a inclusão). Por outro lado, é certo que a disposição deverá ser utilizada com cautela, de modo a permitir somente a inclusão de terceiros que tenham de fato relação direta com o litígio discutido." Disponível em: https://www.migalhas.com.br/depeso/340035/cci-tem-novas-regras-de-arbitragem. Acesso em: 19 dez. 2022.
45. Regulamento de Arbitragem da CCI 2021. Artigo 7(5). Qualquer Requerimento de Integração formulado após a confirmação ou nomeação de árbitro será decidido pelo tribunal arbitral, quando este for constituído, e ficará sujeito à aceitação da constituição do tribunal arbitral e da Ata de Missão pela parte adicional, quando aplicável. Ao decidir sobre um Requerimento de Integração, o tribunal arbitral levará em conta todas as circunstâncias pertinentes, as quais poderão incluir a competência prima facie do tribunal arbitral sobre a parte adicional, o momento da submissão do Requerimento de Integração, possíveis conflitos de interesses, e o impacto que a integração terá na arbitragem. Qualquer decisão de integrar uma parte adicional será sem prejuízo da decisão do tribunal arbitral sobre a sua competência em relação à parte em questão.
46. Conforme Regulamento de Arbitragem da CAMARB: "4.7 Salvo convenção em contrário, *quando mais de uma parte for requerente ou requerida e a controvérsia for submetida a três árbitros*, o requerente ou os múltiplos requerentes deverão indicar um árbitro, enquanto o *requerido ou os múltiplos requeridos deverão indicar outro árbitro*"; "4.8 Se nenhum dos múltiplos requerentes ou nenhum dos múltiplos requeridos se manifestar, a indicação será realizada pela Diretoria da CAMARB dentre os nomes da lista de árbitros da instituição. Caso apenas um dos múltiplos requerentes ou um dos múltiplos requeridos se manifeste, prevalecerá a indicação de árbitro feito por este. Havendo dissenso entre os múltiplos requerentes ou entre os múltiplos requeridos, a Diretoria da CAMARB nomeará os três integrantes do Tribunal Arbitral, dentre os nomes de sua lista, indicando quem exercerá a presidência".
47. "A definição da pretensão apresentada no litígio é sempre feita por um ato da parte. O que a lei pode eventualmente limitar – através das regras de estabilização da demanda – é até quando pode ser apresentada essa

O Termo de Arbitragem tem assim a relevante finalidade de delimitar o objeto litigioso[48] da arbitragem.[49] Após esse momento processual será bastante difícil incluir ou excluir partes na arbitragem sem grandes traumas ao processo.

4. "EXTENSÃO" SUBJETIVA DOS EFEITOS DA CONVENÇÃO ARBITRAL

Em paralelo ao debate sobre a intervenção de terceiros na arbitragem está o que se tem equivocadamente se denominado de extensão da cláusula compromissória.

De acordo com Cristina Jabardo: "[q]uando se fala em extensão da cláusula compromissória [...] pensa-se na ampliação de seu campo de incidência. [...] não se trata, propriamente, de estender os efeitos de uma convenção arbitral a quem não é parte dela, mas sim de definir quem com ela consentiu, ou seja, de determinar as pessoas que nela estão contidas, isto é, suas partes. A expressão 'extensão' é inadequada. [...] em verdade, tratamos da 'abrangência' da convenção arbitral e não se sua extensão".[50]

---

pretensão dentro de cada processo. Diferentemente dos procedimentos judiciais estatais, nos quais se prevê lugares específicos para a formulação do pedido – inicial, aditamento, reconvenção, contestação – na arbitragem existem diversos lugares diferentes, variadas formas mediante as quais as partes podem apresentar os seus pedidos. E isso exatamente em razão da flexibilidade do procedimento arbitral. Vai depender de uma série de fatores, das regras escolhidas pelas partes, do regulamento arbitral eventualmente aplicável, e mesmo do comportamento das partes na arbitragem". MONTORO, M. A. F. *Flexibilidade do procedimento arbitral*. Tese de doutorado em Direito – Universidade de São Paulo. São Paulo. 2010. p. 371. No mesmo sentido: "Tendo em vista as diferenças potenciais entre os procedimentos de diferentes arbitragens, Marcos André Franco Montoro indica que, como regra geral, 'não existe um lugar certo e específico, que valha para todas as arbitragens, no qual deva ser feito o pedido'. Com base em um roteiro bem organizado, o processualista afirma que diferentes escolhas procedimentais e estratégicas podem levar a diferentes caminhos. E, conclui que, embora em algum momento deva necessariamente ocorrer a estabilização da demanda na arbitragem, esse momento não pode ser preestabelecido, academicamente, para todas as arbitragens, devendo-se analisar, em cada caso, as regras do procedimento adotado e as escolhas realizadas pelas partes durante o processo arbitral". MARINONI, L. G.; LEITÃO, C. B. (Coord.); ABDO, C. F. M. (Org.). *Arbitragem e Direito Processual*. São Paulo: Thomson Reuters Brasil, 2021. RB-9.2.

48. O tema do objeto litigioso tem recebido grande atenção do estudo de direito processual, em especial a partir da teoria ultraprocessualista de Heinz Karl Schwab que consolidaria um longo debate sobre o tema do objeto litigioso iniciado pela teoria materialista de Friedrich Lent. Schwab defende que o objeto litigioso é "la petición de resolución judicial señalada en la solicitud". SCHWAB, Karl H. *El objeto litigioso en el proceso civil*. Buenos Aires, 1968. No direito brasileiro, dentre outros, José Rogerio Cruz e Tucci (TUCCI, José Rogério Cruz e. *A causa petendi no processo civil*. São Paulo: Revista dos Tribunais, 2001), Araken de Assis (ASSIS, Araken. *Cumulação de ações*. 4. ed. São Paulo: Ed. RT, 2002) e Fábio Peixinho Corrêa (CORRÊA, Fábio Peixinho Gomes. *O objeto litigioso no processo civil*, São Paulo: Quartier Latin, 2009) examinaram com profundidade o tema. Embora seja bastante relevante para o estudo sobre a relação entre demandas como um todo, esta tese partirá do ponto onde esses autores já avançaram, entendendo que maior aprofundamento do estudo sobre o objeto litigioso extrapola o objeto desta tese.

49. "O termo de arbitragem também tem por finalidade delimitar o objeto litigioso da arbitragem, que é composto pelas pretensões das partes. Também contém a qualificação das partes, de seus patronos, dos árbitros e do órgão administrador da arbitragem, além de outros aspectos processuais e procedimentais, como local em que deve ser proferida a sentença, idioma do procedimento, autorização para julgamento por equidade, regime de custeio do processo e de responsabilidade pelas despesas, entre outros". PEREIRA, G. S. J.; LEVY, D. (Coord.). *Curso de Arbitragem*. 2. ed. São Paulo: Ed. RT, 2021. RB-4.5.

50. JABARDO, Christina Saiz. *"Extensão" da cláusula compromissória na arbitragem comercial internacional: o caso dos grupos societários*. 2009. Dissertação (Mestrado em Direito Internacional) – Faculdade de Direito, Universidade de São Paulo, São Paulo, 2009, p. 70-1. No mesmo sentido, MUNHOZ, Eduardo Sechi. Arbitragem e

Jurisprudência e doutrina já assentaram a possibilidade do consentimento tácito como manifestação de vontade inequívoca, à luz do caso concreto:

> Nesse sentido, *a jurisprudência arbitral que permite a extensão dos efeitos de uma convenção arbitral a terceiros não signatários está, em verdade, afirmando a validade e a eficácia do consentimento tácito na arbitragem*. Ademais, a manifestação de vontade nem sempre se dá pela expressa assinatura da parte na cláusula compromissória, devendo se examinar também os comportamentos adotados pelas empresas, como no julgado no caso L'Aiglon (STJ, SEC 856), que considerou que a participação de empresa no procedimento arbitral importava em submetê-la à arbitragem, desde que não houvesse contestação de sua parte em momento oportuno, e desde que a sua conduta evidenciasse a sua vinculação ao negócio.[51]

Nesse ponto, a verificação da legitimidade passiva decorre especialmente de: (i) coligação contratual, (ii) grupo de companhias e (iii) abuso de personalidade jurídica.[52] teorias a seguir brevemente descritas, que embasam a existência do consentimento, ainda que implícito ou tácito.

O primeiro fenômeno de análise da medida da abrangência subjetiva da convenção arbitral será o da chamada "Teoria (ou Doutrina) do Grupo de Empresas".

4.1 Teoria do grupo de empresas

O agrupamento societário, seja em razão de direito ou percebido na prática, como um grupo de fato, pode servir de embasamento para a verificação do consentimento de mais de uma empresa pertencente ao grupo de companhias à cláusula compromissória firmada expressamente por uma ou mais empresas do grupo.

Pontue-se que a teoria do grupo societário é um elemento que, de fato, reforça a existência de uma rede contratual, pois as empresas que celebraram os diferentes negócios jurídicos são todas integrantes de um mesmo grupo econômico, o que, tomando na

---

Grupos de Sociedades. In: VERÇOSA, Haroldo Malheiros Duclerc (Org.). *Aspectos da arbitragem institucional: 12 anos da lei 9.307/96*. São Paulo: Malheiros, 2008, p. 177. (grifos nossos)

51. SCALETSCKY, Fernanda. A Teoria dos Grupos Societários e a Extensão da Cláusula Compromissória a Partes Não Signatárias. *Revista Brasileira de Arbitragem*, (© Comitê Brasileiro de Arbitragem CBAr & IOB; Kluwer Law International 2015, v. XII Issue 46) p. 20-47, destaques não originais.

52. "This Section provides an overview of the most popular theories on non-signatory parties in international arbitration, namely assignment, third-party beneficiary, apparent or ostensible authority, equitable estoppel, group of companies' doctrine or implied consent and alter ego and lifting the corporate veil." BREKOULAKIS, Stravos. 'Chapter 8: Parties in International Arbitration: Consent v. Commercial Reality'. In: BREKOULAKIS, Stravos; LEW, Julian David Mathew; et al. (Eds). *The Evolution and Future of International Arbitration*, International Arbitration Law Library, v. 37, Kluwer Law International, 2016, p. 122. Ainda: "Nesse contexto [vinculação da convenção de arbitragem a terceiros], costumam reunir-se situações muito díspares, tais como aquelas envolvendo: (i) sociedades não signatárias, porém integrantes do mesmo grupo de sociedades da signatária da convenção de arbitragem; (ii) contratos coligados; (iii) incorporação por referência; (iv) representação; (v) contrato em favor de terceiro; (vi) estoppel; (vii) desconsideração da personalidade jurídica; (viii) cessão de posição contratual; (ix) cessão de crédito; (x) assunção de dívida; e (xi) sub-rogação. A essas poder-se-iam agrupar, ainda, outras hipóteses menos usuais, tais como o interveniente anuente, o contrato com pessoa a declarar e o contrato com eficácia de proteção de terceiros". MARINO, Francisco Paulo de Crescenzo. Eficácia da convenção de arbitragem perante terceiros: o caso do terceiro beneficiário. In: BENETTI, Giovana et al. *Direito, cultura, método. Leituras da obra de Judith Martins-Costa*. Rio de Janeiro: GZ Editora, 2019, p. 859.

perspectiva que aqui se apresenta, reforça a rede contratual e a extensão de efeitos dos negócios jurídicos um sobre os outros, especialmente quanto aos efeitos jurisdicionais da cláusula compromissória.

Para a doutrina, o ponto chave para aplicação da chamada teoria do grupo de companhias, com o objetivo de verificar quem são as partes da arbitragem, é a formação de uma "realidade econômica única" pelo grupo.

Os juristas têm levado em consideração, na análise do comportamento da empresa não signatária para fins de vinculação à arbitragem, a teoria do grupo de companhias, de modo que "partes de um mesmo grupo empresarial que efetivamente atuaram na formação de um determinado contrato, mesmo que não tenham assinado esse expressamente, podem estar vinculadas aos termos da sua cláusula arbitral e figurar como partes do procedimento arbitral".[53]

Há notícia de um único, mas relevante precedente aceito pela jurisprudência brasileira da inclusão de partes não signatárias ao procedimento arbitral por conta da teoria do Grupo de Empresas. Foi esse o entendimento do Tribunal de Justiça de São Paulo no caso *Trelleborg*,[54] em que se decidiu pela inclusão de parte não-signatária do instrumento contendo a cláusula compromissória em virtude da relação jurídica existente entre as partes e da conduta da parte não-signatária ao longo da relação. Dito entendimento é reconhecido na jurisprudência internacional, com base no caso *Dow Chemical*, no qual foi reconhecida a inclusão de sociedade do mesmo grupo econômico da sociedade signatária.[55]

4.2 Desconsideração da personalidade jurídica

A aplicação de princípios de direito privado, incluindo a questão do abuso de personalidade, há tempos é considerada para fins de vinculação à arbitragem, ganhando especial relevância na atual jurisprudência internacional.

O abuso de personalidade, caracterizado pelo desvio de finalidade ou confusão patrimonial, pode servir não somente ao propósito do artigo 50, do Código Civil, isto é,

---

53. SCALETSCKY, Fernanda. A Teoria dos Grupos Societários e a Extensão da Cláusula Compromissória a Partes Não Signatárias. *Revista Brasileira de Arbitragem*, (© Comitê Brasileiro de Arbitragem CBAr & IOB; Kluwer Law International 2015, v. XII Issue 46) p. 20-47. No mesmo sentido: "A unidade do grupo transparece na elaboração e na execução de acordos celebrados por um de seus membros. Acontece, assim, de uma sociedade, outra que não a contratante, participar ativamente da operação econômica prevista no contrato. A verdadeira parte pode não ser aquela que após sua assinatura no acordo que originou o conflito (ou, pelo menos, não exclusivamente), mas sim a empresa que se encontrava 'na penumbra'. A jurisprudência, não raras vezes, como vimos, reconheceu a legitimidade da pretensão de abranger, como parte da convenção arbitral, pessoas que não assinaram o contrato litigioso. Levar diferentes protagonistas de uma mesma disputa ao mesmo juízo contribui para a boa e efetiva administração da justiça" (JABARDO, C. S. Extensão da cláusula compromissória na arbitragem comercial internacional: o caso dos grupos societários. Tese de Mestrado em Direito – Universidade de São Paulo. São Paulo. 2009. p. 66-67).
54. TJSP, 7ª Cam. Dir. Priv. Ap. Civ. 267.450.4/6-00, Rel. Des. Constança Gonzaga, j. 24.05.2006.
55. MEJIAS, Lucas Britto; OLIVEIRA, Diogo. Notas sobre a abrangência subjetiva da cláusula compromissória a outras sociedades em grupo empresarial. *Revista de Arbitragem e Mediação*, v. 55, p. 137-157. 2017.

para fins de desconsideração da personalidade jurídica, mas também como fundamento para vinculação de sujeito formalmente não signatário de cláusula compromissória.[56]

Desse modo, a desconsideração da personalidade jurídica é instituto que visa, justamente, coibir o mau uso da personalidade jurídica, sendo possível a sua utilização, na arbitragem,[57] a fim de verificar a vontade real das partes, por meio das provas apresentadas nos autos. Esse é o entendimento, dentre outros, de Arnold Wald:

> Não nos parece haver grande diferença entre a posição do juiz e a do árbitro, pois ambos aplicam a mesma lei e *o consensualismo que se exige na arbitragem não pode ser um meio de fraudar a vontade real e efetiva das partes*. No momento em que se admitiu a aceitação tácita da arbitragem é preciso que, no caso de fraude, ou má-fé, o processo seja contra o devedor real e não somente contra aquele que simulou ou que ocupou indevidamente o seu lugar para frustrar os direitos da outra parte. A jurisprudência dos tribunais tem, algumas vezes, alargado o sentido da desconsideração, aplicando-a sempre no caso de insolvência de uma das empresas do grupo, sem exigir a prova da má-fé ou da fraude, o que não é bom para o desenvolvimento do comércio e não é compatível com o espírito do direito mercantil. Não é a tendência da *jurisprudência arbitral, que não estende os efeitos da cláusula compromissória, mas a interpreta de acordo com os documentos que constam nos autos e os fatos neles evidenciados, a fim de verificar qual é a vontade real*, e não necessariamente a formal, das partes.[58]

5. "EXTENSÃO" OBJETIVA DOS EFEITOS DA CONVENÇÃO ARBITRAL

Nesse ponto, é preciso analisar tanto a extensão ou abrangência subjetiva, como também a extensão ou abrangência objetiva da convenção de arbitragem.

Muitas vezes, tem-se que, por meio da cláusula compromissória, as partes contratantes atestam a vontade de submeter à solução arbitral os litígios relacionados à sua relação jurídica:

---

56. "(...) in practice, of course, arguments on joinder overlap. A single fact pattern might lend itself both to disregard of the corporate form and to finding implied consent". PARK, William W. Non-Signatories and International Contracts: An Arbitrators Dilemma. In: HOUT, T. T. van den (Org.). *Multiparty Actions in International Arbitration*. Oxford University Press, 2008, p. 6.
57. Nesse sentido o voto proferido pelo relator Ministro Marco Aurélio Bellizze em julgamento de Recurso Especial 1.698.730 – SP: "Em tal circunstância, se prevalecer o entendimento de que o compromisso arbitral somente produz efeitos em relação às partes que formalmente o subscreveram, o processo arbitral servirá de escudo para evitar a responsabilização do terceiro que laborou em fraude, verdadeiro responsável pelas obrigações ajustadas e inadimplidas, notadamente se o instituto da desconsideração da personalidade jurídica – remédio jurídico idôneo para contornar esse tipo de proceder fraudulento – não puder ser submetido ao juízo arbitral". Na mesma linha lecionam Viviane Prado e Antonio Deccache: "Depreende-se daí que a jurisprudência internacional dominante filia-se à corrente doutrinária que admite a aplicação da teoria da desconsideração no âmbito da arbitragem, desde presentes os seus pressupostos. Não se pode esquecer que a teoria da desconsideração visa justamente a coibir o mau uso da pessoa jurídica caracterizado pelo desvio de finalidade ou confusão patrimonial, de modo que não parece razoável que a parte, tendo abusado da pessoa jurídica, ainda venha a dela poder se aproveitar para esquivar-se do cumprimento da obrigação de resolver seu conflito pela via arbitral". PRADO, Viviane Muller.; DECCACHE, Antonio. *Arbitragem e Desconsideração da Pessoa Jurídica*. Disponível em: http://www.publicadireito.com.br/artigos/?cod=f5496252609c43eb. Acesso em: 22 jul. 2022.
58. WALD, A. A desconsideração na arbitragem societária. *Revista de Arbitragem e Mediação*, v. 12, n. 44, p. 05, São Paulo, jan./mar. 2015.

Expressões pouco claras como 'litígios relacionados a determinado contrato' ou 'disputas decorrentes de certa relação jurídica' tendem a causar dúvidas interpretativas sobre a extensão objetiva da convenção de arbitragem. Tais dúvidas, em meu sentir, devem ser resolvidas no sentido de favorecer a arbitragem. Quem convenciona a solução arbitral para dirimir litígio não está, em princípio (a não ser que aja com reserva mental) imaginando fatiar a contenda para submeter parte das questões ao árbitro e parte ao Poder Judiciário. *A convenção arbitral é atestado de que existe vontade clara de submeter os litígios decorrentes, envolventes, relacionados, pertinentes, derivados ou resultantes de certa relação jurídica à solução de árbitros*. Se houver alguma excludente, parece razoável esperar que na convenção de arbitragem essa exclusão seja claramente marcada. *Na falta de uma exclusão clara, a interpretação da convenção deve envolver toda a relação jurídica*.[59]

A primeira hipótese de abrangência objetiva da convenção arbitral a ser examinada será a do grupo ou rede de contratos.[60]

5.1 Grupos de contratos

Os contratos coligados podem ser conceituados como "contratos que, por força de disposição legal, de natureza acessória de um deles ou do conteúdo contratual (expresso ou implícito), encontram-se em relação de dependência unilateral ou recíproca".[61]

O vínculo existente entre os contratos coligados pode ser *ex lege*, natural ou voluntário. De acordo com Marino: "O vínculo existente entre os contratos coligados pode ser instaurado por força de disposição legal, de natureza acessória de um dos contratos ou, o que é mais frequente, por meio de cláusula contratual expressa ou implícita. No primeiro caso, tem-se coligação *ex lege*. No segundo, é lícito falar em coligação natural. No terceiro, trata-se de coligação 'voluntária', que pode ser expressa ou implícita".[62]

Portanto, tais contratos devem ser considerados em conjunto para fins de aplicação da mesma cláusula compromissória, tendo em vista o seu objetivo comum e a realização de um único processo de resolução de disputas:

> verifica-se a coligação toda vez que as partes, no exercício de sua autonomia negocial, dão vida a diversos contratos distintos, os quais, caracterizando-se cada um em função da própria causa e conservando a individualidade própria de qualquer tipo negocial são, todavia, concebidos e queridos como funcionalmente coligados entre si e postos em relação de recíproca dependência, ou seja, um contrato teve sua origem no outro, é um complemento do outro ou é uma consequência necessária para a execução de atividades previstas de maneira genérica no outro. É possível afirmar inclusive

---

59. CARMONA, Carlos Alberto. *Arbitragem e processo:* um comentário a Lei 9.307/96. 3. ed. rev., atual. e ampl. São Paulo: Atlas, 2009. p. 84, destaques não originais.
60. Texto original: "[o]ne can distinguish two types of situations which may result in multiparty arbitration: a single contract with several parties, such as joint venture or consortia agreements, and a web of related or interdependent contracts between different parties" (tradução livre) Lew, Julian D. M.; Mistelis, Loukas A.; Kröll, Stefan M., op. cit., p. 377.
61. MARINO, Francisco Paulo De Crescenzo. *Contratos Coligados no Direito Brasileiro*. São Paulo: Saraiva, 2010, p. 99.
62. MARINO, Francisco Paulo De Crescenzo. *Contratos Coligados no Direito Brasileiro*. São Paulo: Saraiva, 2010, p. 103.

que há um negócio único que se desmembra em distintos contratos, os quais podem ou não ter sido pactuados pelas mesmas partes.[63]

Orlando Gomes define a coligação como um fenômeno de interdependência negocial, recíproca ou unilateral (na hipótese de submissão total de um negócio jurídico ao outro).[64]

Também para Francisco Marino, contratos coligados são contratos que, por força de lei, da relação entre eles ou do conteúdo contratual, possuem relação de *"dependência unilateral ou recíproca"*. De acordo com o autor, "[p]ara essa definição, há dois elementos essenciais da coligação contratual juridicamente relevante: (i) pluralidade de contratos, não necessariamente celebrados entre as mesmas partes; e (ii) vínculo de dependência unilateral ou recíproca".[65]

Assim, é certo que a coligação prescinde a mera celebração conjunta de instrumentos e alguma identidade de partes.

De acordo com Antonio Junqueira, "um dos principais efeitos da coligação é a necessidade de interpretar conjuntamente os contratos coligados".[66] De acordo com o autor: "o que 'move as partes integrantes de uma rede contratual é uma finalidade sistemática, supracontratual – normalmente a realização de uma única embora complexa operação econômica, a intenção das partes, seja a subjetiva seja a declarada, só poderá ser verdadeiramente compreendia mediante a leitura e interpretação do conjunto contratual. A interpretação de cada contrato individualmente considerado, como se existisse isolado no mundo, não permitirá a identificação da finalidade e causa sistêmica, configurando, portanto, interpretação deturpada da vontade das partes' [...]".[67]

Tem-se, assim, como principal efeito da coligação contratual a exigência de interpretação sistemática desses contratos.[68] São circunstâncias em que embora as partes tenham optado por uma pluralidade de contratos, há entre esses contratos vínculo de dependência recíproca que justifica que sejam examinados e julgados conjuntamente.[69]

---

63. ALPA, Guido. *Corso di Diritto Contrattuale*. Padova: Cedam, 2006, p. 61.
64. GOMES, Orlando. *Contratos*. Atual. Antônio Junqueira de Azevedo. 26. ed. Rio de Janeiro: Forense, 2009, p. 122.
65. MARINO, Francisco Paulo De Crescenzo. *Contratos coligados no direito brasileiro*. São Paulo: Saraiva, 2009, p. 99.
66. Azevedo, Antonio Junqueira de. *Novos estudos e pareceres de direito privado*. São Paulo: Saraiva, 2009, p. 246.
67. Azevedo, Antonio Junqueira de. *Novos estudos e pareceres de direito privado*. São Paulo: Saraiva, 2009, p. 246.
68. "[...] há ainda que reconhecer um importante efeito das redes de contratos coligados, qual seja a necessidade de interpretação sistemática destas, em oposição a uma interpretação isolada de cada contrato. Relevante aqui é o princípio básico de interpretação dos contratos, expresso no art. 112 do nosso Código Civil brasileiro, de que a intenção das partes deve prevalecer sobre o sentido literal das palavras. Como o que move as partes integrantes de uma rede contratual é uma finalidade sistêmica, supracontratual – normalmente a realização de uma única embora complexa operação econômica – a intenção das partes, consubstanciada nos diversos instrumentos contratuais, só poderá ser verdadeiramente compreendida mediante a leitura e interpretação do conjunto contratual." ENEI, José Virgilio Lopes. *Project Finance*: financiamento com foco em empreendimentos: (parcerias público-privadas, leveraged buy-outs e outras figuras afins). São Paulo: Saraiva, 2007, p. 301.
69. MACEDO GARCIA, Paulo. *Arbitragem e Conexão*: Almedina, São Paulo, 2018, p. 165.

5.2 Cessão da convenção arbitral e sub-rogação

Não é incomum que direitos e obrigações sejam transmitidos de um sujeito original de uma obrigação para terceiros. Há também os casos em que ocorre a transmissão tanto do contrato como da convenção arbitral.

De acordo com Paula Cardoso, "a transmissão de um contrato, seja por meio de cessão, sucessão ou sub-rogação implicará, em regra, na transmissão da convenção de arbitragem dele integrante".[70] Conforme ensina Guilherme Recena Costa, "Realizando-se a cessão de um crédito (CC arts. 286 et seq.), a maior parte dos sistemas jurídicos favorece a transferência 'automática', estabelecendo ao menos uma presunção de transmissão, da cláusula compromissória juntamente com o direito substancial subjacente".[71]

6. ARBITRAGENS MULTICONTRATUAIS

Diante (i) de processos arbitrais conexos decorrentes de múltiplas convenções arbitrais; ou (ii) de um único processo arbitral que contenha pedidos decorrentes e/ou relacionados a mais de uma convenção arbitral, um dos critérios chave para se determinar a consolidação (cumulação superveniente derivada de demandas) ou a admissibilidade de todos os pleitos em um único processo arbitral (cumulação originária) será a compatibilidade entre as convenções arbitrais relevantes.[72]

Para Francisco Cossi, determinar se as cláusulas são idênticas ou, ao menos, compatíveis, exige que sejam examinados os seguintes elementos: (i) se a sede da arbitragem é a mesma; (ii) se a *lex arbitri* é a mesma; (iii) se a instituição arbitral é a mesma; (iv) se o número de árbitros é o mesmo; e (v) se existem diferentes métodos de constituição do tribunal arbitral.[73] De acordo com Fouchard, Gaillard e Goldman, "é geralmente legítimo presumir-se que ao incluir cláusulas compromissórias idênticas nos diversos contratos relacionados, as partes pretendiam submeter toda a relação jurídica a um único tribunal arbitral".[74]

---

70. CARDOSO, Paula Butti. *Limites subjetivos da arbitragem*. Dissertação de Mestrado sob a orientação de Carlos Alberto Carmona aprovada na Faculdade de Direito da Universidade de São Paulo, p. 156.
71. COSTA, Guilherme Recena. *Partes e Terceiros na Arbitragem*. Tese de Doutorado apresentada à Faculdade de Direito da USP. São Paulo, 2015, p. 71-72.
72. MACEDO GARCIA, Paulo. *Arbitragem e Conexão*: Almedina, São Paulo, 2018, p. 197-199.
73. COSSIO, Francisco Gonzáles de. *Arbitraje*. México: Editorial Porrúa, 2011, p. 571.
74. Texto original: "it is generally legitimate to presume that by including identical arbitration clauses in the various related contracts, the parties intended to submit the entire operation to a single arbitral tribunal". (tradução livre). *Continuam os autores*: "The problem is aggravated where the arbitration clause differs from one contract to another. This occurs quite often in practice, in spite of the resulting difficulties. (…) In order to avoid two or more tribunals reaching conflicting decisions, one might be tempted to conclude that the better solution would be to appoint a single arbitral tribunal, or to consolidate the two or more arbitrations. The difficulties liable to occur in the event of two parallel arbitrations are illustrated in the situation where one party refuses to fulfill its obligations under one contract on the grounds that its co-contractor failed to fulfill its obligations under a second contract. In the absence of an agreement between the parties, neither the arbitral institution, nor the arbitral tribunal constituted on the basis of one or both arbitration clauses, will be entitled to resolve the whole dispute. Only where both arbitrations take place in a jurisdiction in which the courts are entitled to consolidate related actions, such as the Netherlands or where two proceedings refer to the same arbitration rules allowing consolidation, will it be possible to avoid the difficulties associated with having separate arbitral tribunals without futher exploring the tru intentions of the parties". FOUCHARD, Philippe; GAILLARD, Emmanuel; GOLDMAN, Berthold. *International Commercial Arbitration*. op. cit., p. 302-3.

Por outro lado, a incompatibilidade das convenções arbitrais, como ocorre quando há eleição de instituições arbitrais distintas, impede a admissibilidade de cumulação de pleitos em um único processo.[75]

7. PROCEDIMENTOS PARALELOS: LITISPENDÊNCIA, CONEXÃO E CONSOLIDAÇÃO

As demandas[76] podem se relacionar de formas diversas a depender dos "elementos concretos" que tenham em comum. As relações podem ser: "(a) de conexidade, (b) de continência, (c) de prejudicialidade, (d) de mera afinidade, (e) de principal a acessória, (f) de subsidiariedade e (g) de sucessividade".[77]

Nos diversos ordenamentos jurídicos, existiria, de acordo com Carnelutti, a (i) conexão material – a conexão resultante da identidade entre os elementos de duas ou mais demandas – a (ii) conexão instrumental – o julgamento de duas ou mais demandas deve depender dos mesmos instrumentos (mesma razão, mesma prova ou mesmos bens).[78]

---

75. No mesmo sentido: "[...], where the parties have entered into contracts containing differing dispute resolution provisions (including different arbitration provisions), then there will generally be little basis for concluding that the parties impliedly consented to consolidation or joinder/intervention. On the contrary, *by selecting different and incompatible arbitration procedures* (e.g., ICC Rules in one arbitration and CIETAC Rules in another), arbitral seats and/or appointing authorities, *the parties (wisely or unwisely) expressed their preference for incompatible dispute resolution mechanisms*, which ordinarily do not admit the possibility of mandatory consolidation. That has been the conclusion of most U.S. lower courts, which have declined to order consolidation of arbitrations under different institutional rules. (123) The same conclusion would follow where the parties' arbitration agreements provided for arbitration in different arbitral seats, before different numbers of arbitrators, or in different languages (...) It bears emphasis that the agreement for consolidation and joinder/intervention must be unanimous. It is not sufficient for the parties to one of several arbitrations to agree or to have agreed to consolidation, if those in the other arbitration(s) have not so agreed. Equally, it is not sufficient for the existing parties, but not the party to be joined, or the potential intervener, to agree to joinder/intervention. Rather, it is essential that all parties have agreed (or agree contemporaneously) to consolidation or joinder/intervention. *As noted above, 'parties may specify with whom they choose to arbitrate their disputes.' Unless all parties have agreed to arbitrate with one another, there is no basis for consolidation or joinder/intervention*". BORN, Gary B. *International Commercial Arbitration*. 3. ed. Kluwer Law International, 2021, p. 2759-2816. Destaques não originais.
76. "Ocorre que para o exercício do direito de ação é necessária a prática de um ato material, ato de natureza material este que é habitualmente chamado pela doutrina de demanda. Assim sendo se o vocábulo demanda nada mais significa do que pedir ou postular, a palavra demanda deve ser entendida juridicamente como o ato de movimentação ou de início do exercício do direito de ação". SILVA, Edward Carlyle. *Conexão de causas*. São Paulo: Revista dos Tribunais, 2006, p. 24. Dinamarco chama atenção para a necessidade de se utilizar adequadamente o termo demanda. De acordo com o autor: "É tempo, porém, de nos valermos dessa utilíssima palavra que bem servirá para a designação de fenômenos mal acomodados, segundo a linguagem vigente no Código de Processo Civil, nos vocábulos ação, pedido e até lide. [...]. Veja-se ainda a indecisão do Código, nos parágrafos do art. 301, quando fala uma vez em reprodução da mesma ação (§ 1º) e depois em ações idênticas (§ 2º): afinal, nos casos em que ocorre a tríplice identidade têm-se ações idênticas ou a mesma ação proposta duas vezes? Na realidade, uma só é a ação, mas tivemos duas demandas iguais, propostas sucessivamente (§ 2º). Multiplicar-se-iam os exemplos de aplicação do vocábulo em análise, se pensássemos na identificação das demandas (e não só das ações), em conexidade entre demandas (e não só entre ações) [...]". DINAMARCO, Cândido Rangel. *Vocabulário do processo civil*. São Paulo: Malheiros, 2009, p. 116-117.
77. DINAMARCO, Cândido Rangel. *Instituições de direito processual civil*. São Paulo: Malheiros, 2005, v. II, p. 148.
78. CARNELUTTI, Francesco. *Sistema de derecho procesal civil*. Buenos Aires: Uthea Argentina, 1944, v. 2. p. 19. Ver também COSTA, Susana Henriques da. *O processamento coletivo na tutela do patrimônio público e da moralidade administrativa*. São Paulo: Quartier Latin, 2009, p. 265.

Desse modo, o fundamento da conexidade instrumental[79] é a necessidade de formação única da convicção do juiz, seja (i) pelo julgamento conjunto dos processos por um único julgador;[80] seja (ii) pela reunião das demandas em um único processo.[81]

A modalidade de processos arbitrais paralelos que este artigo se dedica é aquela cujos elementos de inter-relação apontem para a conexidade. Essa conexidade abrange não só as situações de conexão por identidade de objeto ou causa de pedir como também as chamadas conexões por afinidade.

7.1 Litispendência

De acordo com grau de conexidade existente entre as demandas poderá haver litispendência ou não. A litispendência é a "identidade total dos elementos identificadores da demanda entre duas ou mais demandas [...] vista por seu enfoque negativo [...] constitui manifestação do princípio *bis de eadem re ne sit actio*".[82] Para Luiz Wambier e Eduardo Talamini, a "existência de um processo pendente entre A e B, baseado numa determinada causa de pedir, que resulta no pedido X, desempenha o papel de pressuposto processual negativo para um outro processo entre A e B, que tenha a mesma causa de pedir e em que se formule o mesmo pedido".[83] De acordo com Dinamarco:

> Litispendência é a pendência de um processo (pendência da lide). Um processo reputa-se pendente desde quando a demanda é apresentada ao Poder Judiciário (CPC, art. 263) até quando se torna irrecorrível a sentença que lhe põe termo com ou sem o julgamento do mérito (arts. 162, § 1º, 267, 269). [...] A pendência de um processo no Brasil (litispendência) produz certos efeitos substanciais e processuais em relação às partes e, em alguma medida, também perante terceiros [...]. A litispendência estrangeira não produz os efeitos processuais consistentes em prevenir o juízo, perpetuar a competência, estabilizar a demanda ou suspender outros processos em caso de prejudicialidade (art. 90, 1ª parte). É, porém razoável o entendimento de que a citação válida, ainda quando feita alhures, produz os efeitos substanciais de constituir o devedor em mora, interromper a prescrição ou tornar litigiosa a coisa [...].[84]

---

79. Para Paulo Roberto de Gouvêa Medina, "a conexão instrumental não é, propriamente, uma espécie distinta, senão um complemento da ideia de conexão. Ela apresenta-se, por isso, sempre entrelaçada à conexão material, de tal sorte que o fenômeno só adquirirá relevância no processo quando duas ou mais ações, além de terem um ou dois de seus elementos (*persona, res e causa petendi*), exigirem, ainda, os mesmos instrumentos para a sua composição (a mesma *razão*, no processo de conhecimento; o mesmo *bem*, no processo de execução). Essa interdependência entre as ações é que traduz, na sua integralidade, o fenômeno da conexão processual". MEDINA, Paulo Roberto de Gouvêa. A conexão de causas no processo civil. *Repro*, ano 28, n. 109, p. 63-70. São Paulo: Ed. RT, jan. mar. 2003.
80. MACEDO GARCIA, Paulo. *Arbitragem e Conexão*. São Paulo: Almedina, 2018, p. 47.
81. De acordo com o Artigo 103 do Código de Processo Civil, "reputam-se conexas duas ou mais ações, quando lhes for comum o objeto ou a causa de pedir". A interpretação atribuída por Cândido Dinamarco ao Artigo 103 do Código de Processo Civil é a de que a "parcial identidade de títulos" seria suficiente para o reconhecimento da conexão pela causa de pedir que, ao decidir sobre as demandas propostas, o juiz forme "*convicção única sobre os fundamentos de ambas, ou de todas*". DINAMARCO, Cândido Rangel. *Instituições de direito processual civil*, op. cit., p. 499-500.
82. LUCON, Paulo Henrique dos Santos, *Relação entre demandas*. 2015. Tese (Livre-Docência em Direito Processual) – Faculdade de Direito, Universidade de São Paulo, São Paulo, 2015, p. 88.
83. WAMBIER, Luiz Rodrigues; TALAMINI, Eduardo. *Curso avançado de processo civil*: teoria geral do processo e processo do conhecimento. 11. ed. São Paulo: Ed. RT, 2010, p. 212.
84. DINAMARCO, Cândido Rangel. *Instituições de direito processual civil*, op. cit., p. 49.

No contexto internacional,[85] a definição de litispendência é mais abrangente. Para James Fawcett: há litispendência nas "situações em que processos paralelos envolvendo as mesmas partes e a mesma causa de pedir estão em curso em diferentes jurisdições ao mesmo tempo".[86]

Por essa razão, não se recomenda a aplicação dos efeitos da litispendência na arbitragem.[87] Como ensina Marcelo Huck, embora seja "flagrante o risco de sentenças contraditórias em situações de litispendência, [...] o direito à interposição da respectiva exceção é controvertido no direito internacional".[88] Para Priscila Aymone, no caso de "arbitragens entre as mesmas partes ou entre partes não idênticas, mas intrinsecamente envolvidas nos casos como se partes fossem, e sobre controvérsias relacionadas, mas não idênticas, as Recomendações da ILA entendem que não se aplica a litispendência, mas deve-se buscar uma coordenação entre os procedimentos com base na boa administração da justiça (case management)".[89]

7.2 Consolidação

Como ensina José Carlos Barbosa Moreira, a conexão "não se trata de uma entidade, de algo que existe per se, mas de uma relação entre entidades".[90] Como esclarecem Greenberg, Ferris e Albanesi:

> No seu sentido mais amplo, alguns incluem nesta definição qualquer arbitragem em que pedidos ligeiramente não relacionados sejam ouvidos conjuntamente. Outros incluem na definição qualquer situação em que existam pedidos decorrentes de mais de um contrato, por exemplo, quando: (a) uma

---

85. De acordo com o *Report* do ILA sobre litispendência e coisa julgada: "Lis pendens literally means a 'law suit pending' (and lis alibi pendens, which is the phrase more often used in Common Law jurisdictions, means a 'law suit pending elsewhere')". Toronto Conference (2006), *International Law Association (ILA) Final Report on Lis Pendens and Arbitration*, p. 3.
86. Texto original: "situation in which parallel proceedings, involving the same parties and the same cause of action, are continuing in two different states at the same time". FAWCETT, James. Declining Jurisdiction in Private International Law, *Report to the XIVth Congress of the International Academy of Comparative Law, Athens*, 1994 (Oxford University Press, Oxford, 1995), p. 27. Conf. também em Toronto Conference (2006), *International Law Association (ILA) Final Report on Lis Pendens and Arbitration*, p. 3.
87. De acordo com as Recomendações 3 e 4 do *International Law Association* ("ILA"): "Recommendation 3: where parallel proceedings are pending before a court of jurisdiction at the place of arbitration, the arbitral tribunal should consider the law at the place of arbitration (lex arbitri), in particular in so far as the lex arbitri might contain provisions rendering the setting aside of the arbitral award possible in the evento f a conflict between the arbitral award and the court judgement; Recommendation 4: where parallel proceedings are pending before a court other than of the jurisdiction at the place of arbitration, the arbitral tribunal should proceed with the arbitration and determine its own jurisdiction in accordance with the principles of competence-competence, unless the party initiating the arbitration has effectivelly waived its right to rely on the arbitration agreement or save in other exceptional circumstances [...]". ILA Report on Lis Pendens, para. 5.9 e 5.13, Recomendações 3 e 4.
88. HUCK, Hermes Marcelo. *Sentença estrangeira e lex mercatoria* – Horizontes e fronteiras do comércio internacional. São Paulo: Saraiva, 1994, p. 10.
89. AYMONE, Priscila Knoll. *A problemática dos procedimentos paralelos: os princípios da litispendência e da coisa julgada em arbitragem internacional*. 2011. Tese (Doutorado orientada pelo Professor Luiz Olavo Baptista em Direito Internacional) – Faculdade de Direito, Universidade de São Paulo, 2011, p. 80-811.
90. BARBOSA MOREIRA, José Carlos. *A conexão de causas como pressuposto da reconvenção*. São Paulo: Saraiva, 1979, p. 119.

única arbitragem se inicia com base em mais de um contrato, ou (b) uma parte em uma arbitragem já existente apresenta um pedido contra outra parte com base em um contrato diferente daquele sob o qual se funda a jurisdição do tribunal arbitral.[91]

A consolidação de processos arbitrais relacionados não é uma tarefa simples, uma vez que se está diante da ponderação entre (i) a autonomia da vontade e consentimento das partes; (ii) competência-competência;[92] e (iii) o resultado útil da arbitragem e efetividade do processo, para ficarmos somente nos termos aparentes da discussão.[93]

No Brasil, os principais precedentes sobre consolidação de demandas arbitrais conexas foram (i) o que envolveu a construção da Usina Hidrelétrica Corumbá III;[94] e (ii) o que analisou a disputa entre a Vale S.A. e a B3.[95] No primeiro caso, examinou-se a possibilidade de se reunir três processos arbitrais[96] perante um único painel,[97] composto por três árbitros indicados pela Câmara FGV. No segundo caso, discutiu-se a possibilidade de serem reunidos dois processos arbitrais em curso perante a Câmara de Arbitragem do Mercado ("CAM B3").

A consolidação tem como grande objetivo garantir efetividade e consistência ao julgamento de demandas arbitrais relacionadas. Suas limitações devem ser ponderadas por critérios como (i) o consentimento das partes; (ii) o grau de conexidade entre as demandas; (iii) o risco de que decisões contraditórias/inconsistentes sejam proferidas, ou seja, a utilidade; (iv) o momento processual em que encontram as demandas arbitrais; e (v) a conveniência da consolidação, sendo este último critério caracterizado pela análise comparativa dos benefícios e malefícios gerados pela consolidação.[98]

Outro elemento que pode dificultar a consolidação de processos arbitrais é o envolvimento de múltiplas partes. Outros critérios adicionais devem ser observados nessas hipóteses, dentre os quais: (vi) a compatibilidade das convenções arbitrais; e (vii) um critério mais rigoroso para verificação do consentimento, ainda que implícito, das partes.[99]

---

91. "Há várias interpretações a respeito do significado do mecanismo procedimental 'consolidação', como é conhecido na arbitragem comercial internacional". ALBANESI, Christian; FERRIS, José Ricardo; GREENBERG, Simon. Consolidação, integração, pedidos cruzados (*cross claims*), arbitragem multiparte e multicontratual e recente experiência na Câmara de Comércio Internacional (CCI). *Revista de Arbitragem e Mediação*, v. 28, ano 8, p. 85-100. São Paulo, jan. 2011.
92. Aqui subtrai propositadamente a palavra princípio para não entrar no debate se estamos tratando de conflitos entre princípios ou entre princípios e regras. Tendo a dizer que são princípios, uma vez que ponderáveis e sopesáveis, mas o fato de o competência-competência estar presente na Lei de Arbitragem como regra poderia fazer com que o texto se desviasse de seu objetivo inicial.
93. MACEDO GARCIA, Paulo. *Arbitragem e Conexão*. São Paulo: Almedina, 2018, p. 273.
94. Apelação Cível 0301553-55.2010.8.19.0001, 19ª Câmara Cível do Tribunal de Justiça do Rio de Janeiro, Rel. Des. Guaraci de Campos Vianna, j. em 21.05.2013.
95. Apelação Cível 1031861-80.2020.8.26.0100, 1ª Câmara Reservada de Direito Empresarial do Tribunal de Justiça do Estado de São Paulo, Rel. Des. Cesar Ciampolini, j. em 1º.06.2021.
96. GONÇALVES, Eduardo Damião; MANGE, Flávia Foz. *Request for Consolidation of Parallel Arbitral Proceedings Led to Improper Intervention by the Courts*. Disponível em: http://uk.practicallaw.com/6=503-8194-?service-arbitration. Acesso em: 23 dez. 2022.
97. MARTINS, Pedro Antonio Batista. Consolidação de procedimentos arbitrais. *Revista de Arbitragem e Mediação*, v. 32, p. 251, jan. 2012.
98. MACEDO GARCIA, Paulo. *Arbitragem e Conexão*. São Paulo: Almedina, 2018, p. 272-273.
99. MACEDO GARCIA, Paulo. *Arbitragem e Conexão*. São Paulo: Almedina, 2018, p. 272-273.

Segue abaixo breve quadro que sintetiza os critérios e requisitos necessários para a consolidação de demandas arbitrais relacionadas ou conexas:

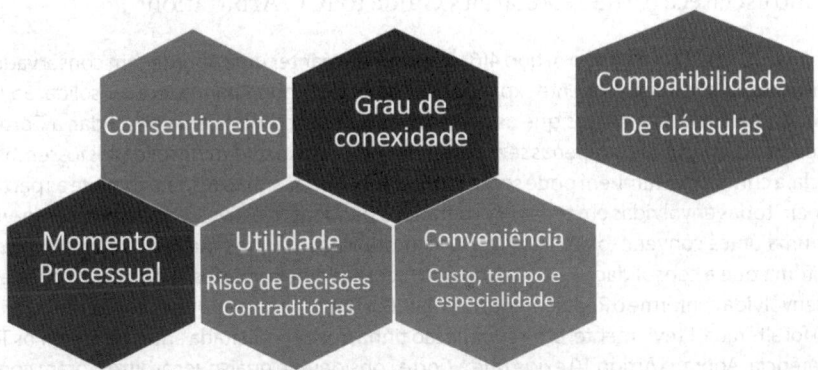

Quando um regulamento de arbitragem é adotado pelas partes na convenção arbitral, tais regras são incorporadas à convenção.[100] Se o regulamento escolhido tratar da consolidação de demandas arbitrais, as partes terão, então, consentido previamente com a consolidação nos termos estabelecidos por aquela instituição arbitral.

Para a CCI, por exemplo, a *consolidação* se configura nas hipóteses em que há pelo menos duas arbitragens CCI separadas e em curso e uma ou mais partes de uma das arbitragens quer que elas sejam consolidadas em um único processo.[101] De acordo com o Art. 10 do Regulamento CCI 2021 (e assim é desde o Regulamento CCI 2021):[102]

> A Corte poderá, a requerimento de uma das parte, consolidar duas ou mais arbitragens pendentes, submetidas ao Regulamento, em uma única arbitragem, quando: a) as partes tenham concordado com a consolidação; ou b) todas as demandas sejam formuladas com base na mesma convenção de arbitragem; ou c) as demandas não sejam formuladas com base na(s) mesma(s) convenção(ões) de arbitragem, mas as arbitragens envolvam as mesmas partes, as disputas nas arbitragens estejam relacionadas com a mesma relação jurídica, e a Corte entenda que as convenções de arbitragem são compatíveis.
>
> Ao decidir sobre a consolidação, a Corte deverá levar em conta quaisquer circunstâncias que considerar relevantes, inclusive se um ou mais árbitros tenham sido confirmados ou nomeados em mais de uma das arbitragens e, neste caso, se foram confirmadas ou nomeadas as mesmas pessoas ou pessoas

---

100. De acordo com Carmona, "a convenção de arbitragem tem um duplo caráter: como acordo de vontades, vincula as partes no que se refere a litígios atuais ou futuros, obrigando-as reciprocamente à submissão ao juízo arbitral; como pacto processual, seus objetivos são os de derrogar a jurisdição estatal, submetendo as partes à jurisdição dos árbitros". CARMONA, Carlos Alberto. *Arbitragem e processo*: um comentário à Lei 9.307/96. 3. ed. rev. atual. e ampl. São Paulo: Atlas, 2009, p. 89.
101. ALBANESI, Christian; FERRIS, José Ricardo; GREENBERG, Simon. Consolidação, integração, pedidos cruzados (*cross claims*), arbitragem multiparte e multicontratual e recente experiência na Câmara de Comércio Internacional (CCI), op. cit., p. 85-100.
102. "The ICC Rules permit the ICC Court to order consolidation at the request of any party to any dispute, even in the absence of consent from all other parties, where the claims arise under the same arbitration agreement, or where the arbitration are between the same parties, arise in connection with the same legal relationship, and the ICC Court finds that the arbitration agreements are compatible. (ICC Rules, Article 10)". DEBEVOISE; PLIMPTON. *Annotated Model Arbitration Clause for International Contracts*, 2011, p. 22. FRY, Jason; GREENBERG, Simon; MAZZA, Francesca, op. cit., p. 113-114.

diferentes. Quando arbitragens forem consolidadas, estas devem sê-lo na arbitragem que foi iniciada em primeiro lugar, salvo acordo das partes em sentido contrário.[103]

Como esclarece o The Secretariat's Guide to ICC Arbitration:

> O Artigo 10 substitui o antigo Artigo 4(6) e, apesar de manter uma abordagem conservadora para a consolidação, consideravelmente expande os poderes do Tribunal para fazer a consolidação. Conforme o antigo Artigo 4(6), a menos que as partes tivessem concordado em consolidar, a Corte poderia determinar a consolidação apenas se as partes dos processos a serem consolidados fossem as mesmas. Ainda, a cumulação também pode ser apropriada em outras situações, tais como se as partes, apesar de nem todas envolvidas em todas as arbitragens pendentes, estivessem, não obstante, vinculadas por uma única convenção arbitral [...]. Outra modificação é que o Artigo 10 agora explicitamente confirma que a consolidação pode ocorrer se acordado pelas partes, o que corresponde à prática desenvolvida conforme o Regulamento de 1998. Por fim, uma parte do teste conforme o antigo Artigo 4(6) foi alterada. Previamente, uma cumulação tinha que ser solicitada antes de redigir os Termos de Referência. Agora, o Artigo 10 exige que a Corte considere se quaisquer árbitros foram confirmados ou nomeados em qualquer uma das arbitragens.[104]

Assim, a partir do Regulamento CCI 2012 (assim como no atual de 2021) observa-se uma crescente preocupação em alocar mais poderes para as instituições arbitrais, que terão melhores condições para conduzir os processos arbitrais envolvendo multipartes.[105]

O que é fundamental aqui é garantir o *resultado útil da arbitragem*[106] sem que se ultrapasse a própria vontade das partes.[107]

---

103. "The Court may, at the request of a party, consolidate two or more arbitrations pending under the Rules into a single arbitration, where: a) the parties have agreed to consolidate; or b) all of the claims in the arbitrations are made under the same arbitration agreement; or c) where the claim in the arbitrations are made under more than one arbitration agreement, the arbitrations are between the same parties, the disputes in the arbitrations arise in connection with the same legal relationship, and the Court finds the arbitration agreements to be compatible. In deciding whether to consolidate, the Court may take into account any circumstances it considers to be relevant, including whether one or more arbitrators have been confirmed or appointed. When arbitrations are consolidated, they shall be consolidated into the arbitration that commenced first, unless otherwise agreed by all parties".
104. Texto original: "Article 10 replaces the former Article 4(6) and, despite maintaining a conservative approach to consolidation, considerably expands the Court's powers to consolidate. Under the former Article 4(6), unless the parties had agreed to consolidate, the Court could order consolidation only where the parties in the proceedings to be consolidated were the same. Yet, consolidation can also be appropriate in other situations, such as where parties, although not all involved in all of the pending arbitrations, are nonetheless bound by a single arbitration agreement (...). A further modification is that Article 10 now explicitly confirms that consolidation may occur if agreed by the parties, which corresponds to the practice developed under the 1998 Rules. Finally, one part of the test under the former Article 4(6) has been altered. Previously, consolidation had to be requested before drawing up the Terms of Reference. Now Article 10 rather requires the Court to give consideration to whether any arbitrators have been confirmed or appointed in any of the arbitrations" (tradução livre) FRY, Jason; GREENBERG, Simon; MAZZA, Francesca, op. cit., p. 111-2.
105. Texto original: "The 1998 rules did not refer to the consolidation of arbitrations, unlike article 10 of the new rules. By the fact of adopting the ICC's arbitration clauses, the parties accept the terms of the rules and therefore authorize the Court to consolidate according to the terms of article 10 of the new rules". (tradução livre) CREMADES, Bernardo. Multi-party Arbitration in the New ICC Rules, Spain Arbitration Review – *Revista del Club Español del Arbitraje*, Wolters Kluwer España, v. 14, p. 23-31. 2012.
106. Como ressalta Luiz Olavo Baptista, "[...] o princípio do efeito útil vem sendo adotado pela jurisprudência brasileira ao exarar decisões que convalidam e reiteram os efeitos de cláusulas compromissórias omissas, lacônicas ou contraditórias [...]". BAPTISTA, Luiz Olavo. *Arbitragem comercial e internacional*. São Paulo: Lex Magister, 2011, p. 142.
107. MACEDO GARCIA, Paulo. *Arbitragem e Conexão*: Almedina, São Paulo, 2018, p. 275.

BIBLIOGRAFIA E JULGADOS SELECIONADOS

ALBANESI, Christian; FERRIS, José Ricardo; GREENBERG, Simon. Consolidação, integração, pedidos cruzados (cross claims), arbitragem multiparte e multicontratual e recente experiência na Câmara de Comércio Internacional (CCI). *Revista de Arbitragem e Mediação*, v. 28, ano 8. p. 85-100, jan. 2011.

ALPA, Guido. *Corso di Diritto Contrattuale*. Padova: Cedam, 2006.

ASSIS, Araken. *Cumulação de ações*. 4. ed. São Paulo: Ed. RT, 2002.

AYMONE, Priscila Knoll. *A Problemática dos Procedimentos Paralelos*: os princípios da litispendência e da coisa julgada em arbitragem internacional. Tese de Doutorado orientada pelo Professor Luiz Olavo Baptista na Faculdade de Direito da USP, 2011.

AZEVEDO, Antônio Junqueira de. *Negócio jurídico*: existência, validade e eficácia. São Paulo: Saraiva, 2002.

AZEVEDO, Antônio Junqueira de. *Novos estudos e pareceres de direito privado*. São Paulo: Saraiva, 2009.

AZEVEDO, Antônio Junqueira de. *Conexão, identificação e conexão de causas no direito processual civil*. São Paulo: Salesiana, 1967.

BAPTISTA, Luiz Olavo. *Lições de direito internacional*: estudos e pareceres. Curitiba: Juruá, 2008.

BAPTISTA, Luiz Olavo. Parallel arbitrations – waivers and estoppels. In: CREMADES, Bernardo M.; LEW, Julian D. M. (Coord.). *Parallel State and Arbitral Procedures in International Arbitration*. Dossiers ICC Institute of World Business Law. ICC Publication, 2005.

BARBOSA MOREIRA, José Carlos. *A conexão de causas como pressuposto da reconvenção*. São Paulo: Saraiva, 1979.

BERG, Albert van den. *Improving the efficiency of arbitration agréments and awards*: 40 years of application of the New York Convention. Paris, 3-6 Mai 1998. Hague/London/Boston: Kluwer Law International, 1998. p. 25-34. (ICCA Congress series n. 9).

BORN, Gary B. *International commercial arbitration*. Alphen an den Rijn, Netherlands: Kluwer Law International; Frederick, MD, U.S.A, 2009.

BREKOULAKIS, Stavros L. The Relevance of the Interests of Third Parties in Arbitration: taking a closer look at the Elephant in the room. *Penn State Law Review*, v. 113:4, 2009.

BREKOULAKIS, Stavros L. The Notion of the Superiority of Arbitration Agreements over Jurisdiction Agreements: Time to Abandon It? *Journal of International Arbitration*, v. 24, n. 4. p. 341-364. Haia: Kluwer Law International, 2007.

BREKOULAKIS, Stavros L. *Third Parties in International Commercial Arbitration*. Inglaterra: Oxford, 2010.

Caprasse, Olivier. A constituição do Tribunal Arbitral em Arbitragem Multiparte. *Revista Brasileira de Arbitragem*, v. 8, 2005.

CARMONA, Carlos Alberto. *Arbitragem e processo*: um comentário à Lei 9.307/96. 3. ed. rev. atual. e ampl. São Paulo: Atlas, 2009.

CARMONA, Carlos Alberto. O processo arbitral. *Revista de Arbitragem e Mediação*. São Paulo, ano 1, n. 1. jan./abr. 2004.

CARMONA, Carlos Alberto. Em torno do árbitro. *Revista de Arbitragem e Mediação*, v. 28, p. 47-63, 2011.

CARMONA, Carlos Alberto. Flexibilização do Processo Arbitral. *Revista Brasileira de Arbitragem*, v. 24, p. 01-07, 2010.

CARMONA, Carlos Alberto. *Arbitragem*: Estudos em Homenagem ao Prof. Guido Fernando da Silva Soares. São Paulo: Atlas, 2007. v. 1

CARMONA, Carlos Alberto. Das boas relações entre os juízes e árbitros. *Revista do Advogado* v. 51, p. 17-24, São Paulo, 1997.

CARMONA, Carlos Alberto. Arbitragem internacional. *Revista Forense*, v. 91, p. 25-39, 1995.

CARMONA, Carlos Alberto. *A arbitragem no processo civil brasileiro*. São Paulo: Malheiros, 1993.

CARMONA, Carlos Alberto. Arbitragem e jurisdição. *Revista de Processo*, v. 58, p. 33-40, 1990.

CARNELUTTI, Francesco. *Instituições de processo civil*. São Paulo: Classic Book, 2000.

CARNELUTTI, Francesco. *Sistema de derecho procesal civil*. Buenos Aires: Uthea Argentina, 1944. v. 2.

CODICE DI PROCEDURA CIVILE, em vigor desde 2011.

CODE OF CIVIL PROCEDURE, *Book Four, Title VIII, Arbitration, Amended by Legislative Decree of 2 February 2006*, N. 40 in Jan Paulsson (Ed.). *International Handbook on Commercial Arbitration*, (Kluwer Law International 1984 Last updated: April 2007 Supplement N. 49).

CODE OF CIVIL PROCEDURE. Lite e processo (postilla). *Rivista di diritto processuale*. v. 5., arte I, 1928.

CORRÊA, Fábio Peixinho Gomes. *O objeto litigioso no processo civil*. São Paulo: Quartier Latin, 2009.

COSTA, Cezar Augusto Rodrigues. Tutela cautelar visando à reunião de três processos conexos de arbitragem decorrentes de contrato de fornecimento de bens e serviços para implantação da usina hidrelétrica Corumbá III e do sistema de transmissão associado. *Revista de Arbitragem e Mediação*, v. 32, p. 394-418, jan/2012, DTR\2012\2281.

COSTA, Guilherme Recena. *Partes e Terceiros na Arbitragem*. Tese de Doutorado apresentada à Faculdade de Direito da USP. São Paulo, 2015.

COSTA, Susana Henriques da. *O processamento coletivo na tutela do patrimônio público e da moralidade administrativa*. São Paulo: Quartier Latin, 2009.

CRAIG, W. Laurence; PARK, William W.; and PAULSSON, Jan Paulsson, *International Chamber of Commerce Arbitration*. 3. ed. Oceana, Nova Iorque, 2000.

CREMADES, Bernardo, CAIRNS, David J. A. Contract and treaty claims and choice of forum in foreign investment dispute. In: CREMADES, Bernardo M., LEW, Julian D. M. (Coord.). *Parallel State and Arbitral Procedures in International Arbitration*. Dossiers ICC Institute of World Business Law. ICC Publication, 2005.

CREMADES, Bernardo; MADALENA, Ignácio. Parallel Proceedings in International Arbitration. *Arbitration International*, v. 24, n. 4. 2008.

CUNIBERTI, Gilles. Parallel litigation and foreign investment dispute settlement. *ICSID Review*, v. 21, n. 2, p. 381-426, Fall 2006.

DERAINS, Yves e SCHWARTZ, Eric A. *A Guide to the New ICC Rules of Arbitration*, Netherlands: Kluwer, 1998.

DIDIER JÚNIOR, Fredie. *Direito Processual Civil*: Tutela Jurisdicional Individual e Coletiva. 5 ed. Salvador: Edições Jus Podivm, 2005. v. 1.

DIDIER JÚNIOR, Fredie. *Parecer sobre ações concorrentes*. Prejudicialidade e preliminaridade. Conexão. Suspensão do processo. Litispendência. Continência. Cumulação subsidiária de pedidos. Cumulação ulterior de pedidos. Honorários advocatícios, 2012. Disponível em: http://www.frediedidier.com.br/wp-content/uploads/2012/02/parecer-conexao-preliminaridade.pdf. Acesso em: 23 dez. 2015.

DINAMARCO, Cândido Rangel. Relativizar a coisa julgada material. *Revista Forense*. Rio de Janeiro, v. 97, n. 358, p. 11-32, nov./dez. 2001.

DINAMARCO, Cândido Rangel. *Intervenção de Terceiros*. 3. ed. São Paulo: Malheiros, 2002.

DINAMARCO, Cândido Rangel. *Instituições de Direito Processual Civil*. São Paulo: Malheiros, 2005. v. I-IV.

DINAMARCO, Cândido Rangel. *A Instrumentalidade do Processo*. 11. ed. São Paulo: Malheiros, 2003.

DINAMARCO, Cândido Rangel. *Fundamentos do Processo Civil Moderno*. 4. ed. São Paulo: Malheiros, 2001. t. I.

DINAMARCO, Cândido Rangel. *A Arbitragem na Teoria Geral do Processo*. São Paulo: Malheiros, 2013.

ENEI, José Virgílio Lopes. *Project Finance*: financiamento com foco em empreendimentos: (parcerias público-privadas, leveraged buy-outs e outras figuras afins). São Paulo: Saraiva, 2007.

FAWCETT, James. *Declining Jurisdiction in Private International Law*, Report to the XIVth Congress of the International Academy of Comparative Law, Athens, 1994 (Oxford University Press, Oxford, 1995).

FOUCHARD, Philippe; GAILLARD, Emmanuel; GOLDMAN, Berthold. *International Commercial Arbitration*. The Hague: Kluwer, 1999.

GAILLARD, Emmanuel. The consolidation of arbitral proceedings and court proceedings. *Complex Arbitrations* – Perspectives on their procedural implications. Special Supplement, ICC, p. 35-42, 2003.

GALLAGHER, Norah. Parallel Proceedings, Res Judicata and Lis Pendens. In: MISTELIS, Loukas; LEW, Julian D. M. (Ed.). *Pervasive problems in international arbitration*. Hague: Kluwer Law International, 2006.

GONÇALVES, Eduardo Damião; MANGE, Flávia Foz. Request for consolidation of parallel arbitral proceedings led to improper intervention by the courts. Disponível em: http://uk.practicallaw.com/6-503-8194?service=arbitration.

GREENBERG, Simon, Feris, José Ricardo, Albanesi Christian. Consolidation, Joinder, Cross-Claims, Multiparty and Multicontract Arbitrations: Recent ICC Experience. In: HANOTIAU & SCHWARTZ (Ed.), *Multiparty Arbitration, Dossier VII, ICC Institute of World Business Law*, ICC Publication n. 701, Sep. 2010.

GRINOVER, Ada Pellegini. Ações coletivas. Identidade total ou parcial. Conexão, continência e litispendência. A aparente diversidade no polo ativo. Conflito positivo de competência. Reunião de processos perante o juízo prevento. Critérios. *A marcha do processo*, Rio de Janeiro: Forense Universitária, 1998.

GRINOVER, Ada Pellegini. Ação civil pública e ação popular constitucional. Conexão e continência. Modificação e prevenção da competência. Desistência do recurso pelo MP. *O processo em evolução*, Rio de Janeiro: Forense, 1998.

GRINOVER, Ada Pellegini. Parecer – Arbitragem e Litisconsórcio Necessário. *Revista Brasileira de Arbitragem*, n. 10, 2006.

GUERRERO, Luis Fernando. *Convenção de arbitragem e processo arbitral*. São Paulo: Atlas, 2009.

HAUNOTIAU, Bernard. *Complex arbitrations*: multiparty – multi contract, multi-issue and class action. Hague: Kluwer Law International, 2005.

ILA – http://www.ila.hq.org/htm/layout_committee.htm

ILA. Final Report on lis pendens and arbitration. *Commentary to Recommendations*. Toronto Conference, 2006.

ILA. Interim Report on Res Judicata and Arbitration. Berlim Conference, 2004.

JABARDO, Cristina Saiz. *"Extensão" da Cláusula Compromissória na Arbitragem Comercial Internacional*: O caso dos grupos societários. Dissertação de Mestrado sob a orientação do Professor Luiz Olavo Baptista. Faculdade de Direito da Universidade de São Paulo, 2009.

JENKINS, Jane e STEBBINGS, Simon. *International Construction Arbitration Law*. New York: Kluwer Law International, 2006.

KING, Brian. Consistency of awards in cases of parallel proceedings concerning related subject matters. In: GAILLARD, Emmanuel (Ed.). *Towards a uniform international arbitration law?* Paris: Juris Publishing, 2005.

LADEIRA, Ana Clara Viola. *Conexão em Arbitragem*. Dissertação de Mestrado apresentada à Faculdade de Direito da USP. São Paulo, 2016.

LEMES, Selma. Convenção de Arbitragem e Termo de Arbitragem. Características, efeitos e funções. *Revista do Advogado*, ano XXVI, n. 87, set. 2006.

LEW, Julian D.M.; Mistelis, Loukas A., Kröll, Stefan M, *Comparative Internacional Commercial Arbitration*, Kluwer International, 2003.

LEW, Julian D.M. Concluding remarks – parallel proceedings in international arbitration – challenges and realities. In: CREMADES, Bernardo M., LEW, Julian D. M. (Coord.). *Parallel State and Arbitral Procedures in International Arbitration*. Dossiers ICC Institute of World Business Law. ICC Publication, 2005.

LOWENFELD, Andreas F. The two-way mirror: international arbitration as comparative procedure. *II Michigan Yearbook of International Legal Studies*, n. 187, p. 163, 1985.

LUCON, Paulo Henrique dos Santos. *Relação entre demandas*. 2015. Tese (Livre-Docência em Direito Processual) – Faculdade de Direito, Universidade de São Paulo, São Paulo, 2015.

MACEDO GARCIA, Paulo. *Arbitragem e Conexão*. São Paulo: Almedina, 2018.

MACEDO GARCIA, Paulo. The flipping side of the International Investment Treaties: Brazil as an Outward Direct Investor and the new South-south Relationship. In: GERDAU, Ana e PUCCI, Adriana. *Investment Arbitration in Brazil*. The Netherlands: Kluwer, 2014.

MAGALHÃES, José Carlos de. Arbitragem Multiparte, Constituição do Tribunal Arbitral, Princípio da Igualdade e Vinculação à Cláusula Compromissória. *Revista de Arbitragem e Mediação*, v. 38, p. 321-341, 2013.

MAGALHÃES, José Carlos de. BAPTISTA, L.O. *Arbitragem comercial*. Rio de Janeiro: Freitas Bastos, 1986.

MARINO, Francisco Paulo De Crescenzo. *Contratos coligados no direito brasileiro*. São Paulo: Saraiva, 2009

MARTINS, Pedro A. Batista. Consolidação de Procedimentos Arbitrais. *Revista de Arbitragem e Mediação*, v. 32, p. 251, jan. 2012, DTR\2012\2281.

MAZZONETTO, Nathalia. *Partes e Terceiros na Arbitragem*. Dissertação de Mestrado Universidade de São Paulo, 2012.

MAZZONETTO, Nathalia. Uma Análise Comparativa da Intervenção de Terceiros na Arbitragem sob a Ótica dos Ordenamentos Jurídicos Italiano e Brasileiro. *Revista Brasileira de Arbitragem*. n. 14. p. 45-60. São Paulo: CBAr, 2007.

MCLACHLAN, Cambell. *Lis pendens in international litigation*. Leiden: Haggue Academy of International Law, 2009.

MEDINA, Paulo Roberto de Gouvêa. A conexão de causas no processo civil. *Repro*, ano 28, n. 109, p. 63-70. São Paulo: Ed. RT, jan.-mar. 2003.

MEJIAS, Lucas Britto; OLIVEIRA, Diogo. Notas sobre a abrangência subjetiva da cláusula compromissória a outras sociedades em grupo empresarial. *Revista de Arbitragem e Mediação*, v. 55, 2017.

MONTORO, Marcos André Franco. *Flexibilidade do procedimento arbitral*. 2010. Tese (Doutorado em Direito Processual) – Faculdade de Direito, Universidade de São Paulo, São Paulo, 2010.

MOURRE, Alexis. L'intervention des tiers à l'arbitrage. *Revista Brasileira de Arbitragem*, v. 17, p 82. São Paulo: IOB-CBAr, 2007.

MUNHOZ, Eduardo Secchi. A Importância do Sistema de Solução de Conflitos para o Direito Societário: Limites do Instituto da Arbitragem. In: YARSHELL, Flávio Luiz e PEREIRA, Guilherme Setoguti J. (Coord.). *Processo Societário*. São Paulo: Quartier Latin, 2012.

MURPHY, Daniel et al. Parallel Proceedings and the Guiding Hand of Comity. *International Litigation*, The International Lawyer, v. 34, n. 2, p. 545-553, Summer 2000.

NEVES, Celso. Notas a propósito da conexão de causas. *Repro*, São Paulo, n. 36, p. 34-42, 1984.

OETIKER, Christian. The Principle of Lis Pendens in International Arbitration: the Swiss decision in *Fomento v. Colon. International Arbitration*, v. 18, n. 2, p. 137-146, 2002.

PAIR, Laura Michaela. *Consolidation in International Commercial Arbitration* – the ICC and Swiss Rules. Tese de Doutorado apresentada na *University of St. Gallen* sob a orientação do Professor Thomas Bieger e aprovada pelos Professores Ivo Schwander e Markus Muller-Chen, St. Gallen, 2011.

PARK, William. Non-signatories and International Contracts: an arbitrator's dilemma. *Multiple Parties in International Arbitration*, Oxford, 2009. Disponível em: http://www.arbitration-icca.org/media/0/12571271340940/park_joining_non-signatories.pdf.

PARK, William. Procedural evolution in business arbitration – Three studies in change. In: PARK, William W. *Arbitration of international business disputes*: studies in law and practice. Oxford: Oxford University Press, 2006.

PARK, William. Rectitude in International Arbitration. In: BEKKER, Pieter H. F.; DOLZER, Rudolf and WAIBEL, Michael. *Making Transnational Law Work in the Global Economy*: Essays in Honour of Detlev Vagts. Cambridge: Cambridge University Press, 2010.

PAULSSON, Jan. Delocalisation of International Commercial Arbitration: When and Why It Matters. *In The International and Comparative Law Quarterly*, v. 32, n. 1, p. 53-61, 1989.

PEREIRA, Luiz Cezar Ramos. A litispendência internacional no direito brasileiro. *Revista dos Tribunais*, v. 84, n. 711, p. 27-37, São Paulo, jan. 1995.

PERRET, François. Parallel actions pending before an Arbitral Tribunal and a State Court: the solution under Swiss Law. *International Arbitration*, v. 16, n. 3, p. 333-342, 2000.

PRADO, Viviane Muller.; DECCACHE, Antonio. *Arbitragem e Desconsideração da Pessoa Jurídica*. Disponível em: http://www.publicadireito.com.br/artigos/?cod=f5496252609c43eb. Acesso em: 22 jul. 2021.

RENNER, Moritz. Towards a hierarchy of norms in transnational law? *Journal of International Arbitration*, v. 26, n. 4, p. 534 e 537, 2009.

SALLES, Carlos Alberto de. *Processo civil e interesse público*: o processo como instrumento de defesa social. São Paulo: Ed. RT, 2003.

SALLES, Carlos Alberto de. *Arbitragem em Contratos Administrativos*. Rio de Janeiro: Forense; São Paulo: Método, 2011.

SCHWAB, Karl H. *El objeto litigioso en el processo civil*. Buenos Aires, 1968.

STRONG, S.I. Third Party Intervention and Joinder as of Right in International Arbitration: An Infringement of Individual Contract Rights or a Proper Equitable Measure? 31 Vand. J. Transnational Litigation, 1998.

THEODORO JR., Humberto. Arbitragem e Terceiros: Litisconsórcio Fora do Pacto Arbitral – Outras Intervenções de Terceiros. In: MARTINS, Pedro Antônio Batista; GARCEZ, José Maria Rossani (Org.). *Reflexões sobre Arbitragem, In Memoriam do Desembargador Cláudio Vianna de Lima*. São Paulo: LTr, 2002.

TUCCI, José Rogério Cruz e. Ações concorrentes, arbitragem, conexão e chamamento ao processo. *Revista do Advogado*, v. 33, p. 58-67, 2013.

TUCCI, José Rogério Cruz e. Garantias constitucionais do processo em relação aos terceiros. *Revista do Advogado*, v. 99, p. 62-79, São Paulo, 2008.

TUCCI, José Rogério Cruz e. *A causa petendi no processo civil*. São Paulo: Ed. RT, 2001.

VARGAS, Nathália Cristina Mello; ALMEIDA, Ricardo Ramalho. A integração de terceiros ao processo arbitral (*joinder*). In: VASCONCELOS, Ronaldo et al. *Análise prática das câmaras arbitrais e da arbitragem no Brasil*. São Paulo: Iasp, 2019.

WALD, Arnold. Competência do STJ para dirimir conflito entre juiz e árbitro. *Conjur*, Ago/2012. Disponível em: http://www.conjur.com.br/2012-ago-31/arnoldo-wald-competencia-stj-dirimir-conflito-entre--juiz-arbitro.

WAMBIER, Luiz Rodrigues; TALAMINI, Eduardo. *Curso avançado de processo civil*: teoria geral do processo e processo do conhecimento. 11. ed. São Paulo: Ed. RT, 2010.

WITESELL, Anne Marie, SILVA-ROMERO, Eduardo. Multiparty and multicontract arbitration: recent ICC experience. *ICC Special Supplement, Complex Arbitration*, 2003.

YOUSSEF, Karim. The Limits of Consent: the Right or Obligation to Arbitrate of Non-Signatories in Group of Companies. B. Hanotiau & E. Schwartz (Ed.). Multiparty Arbitration, Dossier VII, ICC Institute of World Business Law, *ICC Publication*, n. 701, set. 2010.

XIV
CONVENÇÃO ARBITRAL IV: FINANCIAMENTO POR TERCEIROS

Napoleão Casado Filho

Doutor e Mestre em Direito Internacional pela PUC-SP. Pesquisador visitante da Société de Législation Comparée de Paris. Fellow e membro da Faculty List do Chartered Institute of Arbitrators de Londres. Advogado.

João Victor Porto Jarske

Graduado em Direito pela Universidade Federal da Paraíba. Coach do Grupo de Estudos de Arbitragem e Comércio Exterior do Centro Universitário de João Pessoa – GEACE Unipê. Advogado.

Sumário: Introdução – 1. Histórico e atualidades do third party funding na arbitragem internacional – 2. O third party funding na arbitragem brasileira – 3. Contratos de third-party funding; 3.1 O TPF e os contratos de seguro; 3.2 O TPF e as instituições financeiras; 3.3 O TPF e suas possíveis modalidades contratuais; 3.3.1 Cessão de crédito; 3.3.2 Cessão fiduciária de créditos; 3.3.3 Outras modalidades contratuais; 3.3.4 Estruturação jurídico-econômica do contrato de TPF – Conclusão – Bibliografia e julgados selecionados.

INTRODUÇÃO

À medida em que as vantagens proporcionadas pela arbitragem vêm se consolidando, esse método de resolução de disputas fica cada vez mais popular, sendo utilizado nos mais diversos âmbitos das relações humanas. Embora hoje a arbitragem seja adotada predominantemente em conflitos comerciais, societários e de investimentos, já existe um intenso debate e modelos interessantíssimos para a arbitragem nas relações consumeristas, nos contratos de trabalho e mesmo no âmbito tributário.

Existe, contudo, uma preocupação que perpassa – e que, por vezes, obstaculiza – a percepção de vantajosidade da arbitragem em todos esses âmbitos: os seus custos. Um dos principais critérios examinados pelos contratantes ao escolherem o método de resolução de seus eventuais conflitos é, exatamente, o preço.[1] E comparando-se os custos de se arbitrar numa boa câmara arbitral, com os custos de levar a demanda ao Poder Judiciário, é bastante compreensível que a inarredável morosidade e – não tão rara – falta de técnica deste sejam mitigadas pelos elevados – e até mesmo restritivos – custos daquele.

---

1. QUEEN MARY UNIVERSITY. *Corporate Choices in International* Arbitration: Industry Perspectives. 2013. Disponível em: http://www.arbitration.qmul.ac.uk/research/2013/. Acesso em: 21 out. 2021.

É certo que, no decorrer da história, o preço da arbitragem diminuiu de maneira constante e gradual. Isso foi o resultado, justamente, da popularização desse método, à qual se seguiu o ingresso de novos agentes no mercado. Emergiram novos árbitros e novas câmaras arbitrais, proporcionando uma intensa, porém amistosa e comercialmente salutar, competição em prol da captação de um maior número de "clientes". Isso levou não apenas ao barateamento dos preços, mas também à melhoria da qualidade dos serviços oferecidos.[2] Os problemas advindos dos elevados custos da arbitragem, porém, estão longe de ser solucionados.

Um dos maiores problemas decorrentes dessa possível sobrecarga financeira proporcionada pela arbitragem está na seguinte questão: o que poderia ser feito quando uma parte não tem condições financeiras de iniciar ou conduzir, adequandamente, um procedimento arbitral?

Num cenário de impecuniosidade, a vinculância da convenção arbitral é colocada à prova, e é daí que surge a relevância substancial do financiamento por terceiros, ou *third party funding* (TPF, em sua nomenclatura inglesa): trata-se, essencialmente, de um tipo de financiamento no qual um terceiro, alheio à disputa, auxilia uma das partes no custeio da arbitragem. Em troca, combina-se uma remuneração, futura e incerta, usualmente condicionada à procedência dos pedidos e ao recebimento da indenização.[3]

Além de ser uma poderosa ferramenta de *hedge*, possibilitando à parte manejar os riscos intrínsecos de se litigar, o TPF também é extremamente útil para socorrer a parte que, embora esteja financeiramente debilitada, possui uma boa ação, com uma boa causa de pedir.

No Brasil, embora o financiamento por terceiros não seja proibido, essa ferramenta também não é regulamentada por nenhuma lei específica, tendo os contrantes bastante liberdade para dispor sobre os termos da avença. Internacionalmente, porém, está se tornando cada vez mais comum que alguns países estabeleçam regras e diretrizes particulares a respeito do TPF, especialmente para deixar claro o escopo em que este financiamento pode ser utilizado e os limites da atuação do financiador, ou *funder*.

Esse processo regulatório é importante porque, durante grande parte da história, o financiamento por terceiros foi rechaçado ou proibido, sendo visto como algo contrário à ordem pública por prejudicar o bom andamento da ação e o devido processo legal. A edição de leis que tratem a respeito o tema, então, tem o potencial de conferir legitimidade ao instituto, conferindo segurança à parte que deseja se utilizar dessa ferramenta.

Neste capítulo, discorreremos sobre a história e algumas atualidades a respeito do *third party funding*. Iremos estudar de onde esse instituto surgiu, como foi encarado à primeira vista, as principais doutrinas consoante as quais essa ferramenta era interpre-

---

2. RAOUF, Mohamed Abdel. Emergence of New Arbitral Centres in Asia and Africa: Competition, Cooperation and Contribution to The Rule of Law. In: BREKOULAKIS e outros (Ed.). *The Evolution and Future of International Arbitration*. Kluwer Law International, 2010. p. 323.
3. STEINITZ, Maya. Whose Claim Is This Anyway? Third-Party Litigation Funding. 95 Minn. L. Rev., p. 1275-1276. 2011.

tada e as principais razões para a sua proibição. Também, discorreremos sobre sua atual importância e utilidade, e sobre as novas tendências regulatórias.

Em seguida, estudaremos o *third party funding* sob a ótica da legislação brasileira. Avaliaremos como nosso direito trata o tema do acesso à justiça, examinaremos alguns casos célebres em que a impecuniosiade da parte foi contraposta à vinculância da convenção arbitral e também iremos discorrer sobre o que acreditamos ser a solução mais adequada para esse tipo de problema.

Por fim, abordaremos as formas de se contratar um financiamento por terceiros, avaliando as modalidades contratuais mais usadas – e as mais apropriadas – bem como algumas das cláusulas mais usadas nesse tipo de avença.

1. HISTÓRICO E ATUALIDADES DO THIRD PARTY FUNDING NA ARBITRAGEM INTERNACIONAL

Os brasileiros, em geral, têm acesso a um Poder Judiciário relativamente barato, sendo-nos, à primeira vista, surpreendente constatar que o financiamento por terceiros não surgiu no âmbito da arbitragem, mas sim na esfera Judicial. Afinal, é bem verdade que a justiça estatal pode ser extremamente cara, sobretudo nos países de *common law*. Em seus estágios mais embrionários, porém, países como a Inglaterra foram verdadeiramente hostis ao TPF, instituto bastante obstaculizado em razão das doutrinas da *maintenance*, *champerty* e *barratry*.

A *maintenance* e a *champerty* são institutos correlacionados: o primeiro consiste na assistência financeira prestada por um terceiro ao titular do caso, sem que haja qualquer outro tipo de conexão entre eles, nem mesmo interesse financeiro; a *champerty*, por sua vez, consiste numa variante da *maintenance*, com a diferença de que, nesse caso, o terceiro irá financiar o titular do caso com fins lucrativos, no ímpeto de angariar uma parcela dos ganhos eventualmente auferidos na ação. A *barratry*, enfim, constitui a prática reiterada da *champerty*.

Por volta do século XIX, no Reino Unido, essas três condutas eram vistas com reticência e hostilidade, pois eram tidas como uma afronta à ordem pública. Havia um temor (à época, justificado) de que pessoas nobres e economicamente poderosas – como os barões, por exemplo – pudessem usar de sua influência e de seu prestígio social para provocar turbulências no procedimento, exagerando os danos, suprimindo as evidências, ou ainda subornando as testemunhas. Isso, claro, causaria prejuízos ao livre convencimento do juiz e ao devido processo legal. Causas juridicamente fracas, ajuizadas por pessoas de baixo poderio econômico, poderiam ser compradas de maneira predatória por essas pessoas mais ricas, causando danos a todo o sistema jurisdicional.

Foi apenas em 1967, com a edição do Criminal Law Act, que a *champerty* e a *maintenance* foram descriminalizadas no Reino Unido. Até então, essas condutas poderiam ser tidas como um ilícito não apenas civil, mas também criminal. Entretanto, ideia de que a *champerty* representa uma conduta abusiva ficou tão sedimentada na cultura inglesa que, hoje, nessa jurisdição, utiliza-se o adjetivo *champertous* para se referir a um contrato abusivo de financiamento por terceiros.[4]

Durante muito tempo, permaneceu duvidosa a aplicabilidade das doutrinas da *champerty* e da *maintenance* para os métodos extrajudicias de resolução de disputas, a exemplo da arbitragem. Somente em 1998, após o julgamento do caso *Bevan Ashford c. Geoff Yeandle*,[5] ficou sedimentada a possibilidade da aplicação das teorias da *maintenance* e a da *champerty* na arbitragem. Ou seja, muito tempo depois desses princípios terem sido abolidos como ilícitos cíveis e penais, eles continuavam sendo utilizados como fundamento para fins de parametrizar – e, por vezes, dificultar ou impedir – os contratos de financiamento.

De fato, no caso *Factortame*,[6] 1990, o posicionamento da jurisprudência britânica se direcionou no sentido de que, embora tenha perecido como crime, a *champerty* teria sobrevivido como uma norma de ordem pública, sendo, portanto, aplicável, inclusive para tornar inexequível um contrato de financiamento por terceiros.

Hoje, no Reino Unido, grande parte dessa hostilidade já foi superada, havendo uma posição de relativa neutralidade quanto ao TPF: o instituto nem é elogiado, nem tão rechaçado como o fora antigamente. Bastante ilustrativa desse novo posicionamento foi a resposta do Lorde Keen, de Elie, aos questionamentos parlamentares que o inquiriram sobre o financiamento por terceiros. Segundo o jurista, o mercado do TPF seria relativamente novo, sendo despiciendo ao governo preocupar-se, de maneira específica, sobre o tema. Porém, acrescentou Lorde Keen, o TPF estaria sob o permanente escrutínio governamental, e seria investigado caso houvesse necessidade[7].

É interessante notar que, a despeito da indiferença do governo inglês, a Queen Mary University of London, tradicional universidade britânica, em parceria com o Internacional Council for Commercial Arbitration, publicou, em 2018, um extenso relatório sobre o financiamento por terceiros.[8] Alinhado com a tendência contemporânea de delimitar, mediante regras claras e específicas, as possibilidades e as restrições no âmbito dos contratos de TPF, esse relatório faz uma forte apologia ao dever de revelação, frisando-se, porém, a necessidade de conciliá-lo com as obrigações de confidencialidade, sobretudo quanto ao sigilo dos detalhes da contratação.

Alguns aspectos mais nebulosos dos contratos de financiamento por terceiro também foram endereçados por este relatório. Exemplificativamente, foi arguido que, em

---

4. CASADO FILHO, Napoleão. *Arbitragem Comercial Internacional e Acesso à Justiça*: o novo paradigma do third party funding. Tese de doutorado em Direito das Relações Econômicas Internacionais. Orientador: Prof. Dr. Cláudio Finkelstein. Pontifícia Universidade Católica de São Paulo, 2014. p. 116.
5. Caso Bevan Ashford v. Geoff Yeandle. 1998. 3 WLR 172.
6. Caso Factortame v. Secretary of State for Transport. QB381, 407-8.
7. BEECHEY, John. Overview of Recent Developments in Third-Party Funding. In: KALICKI, Jean Engelmayer; RAOUF, Mohamed Abdel (Ed.). *Evolution and Adaptation*: The Future of International Arbitration. ICCA Congress Series, v. 20, p. 03. Kluwer Law International.
8. INTERNATIONAL COUNCIL FOR COMMERCIAL ARBITRATION. *Report of the ICCA-Queen Mary Task Force on Third-Party Funding in International Arbitration*. 2018. Disponível em: https://cdn.arbitration-icca.org/s3fs-public/document/media_document/Third-Party-Funding-Report%20.pdf. Acesso em: 11 nov. 2021.

regra, a existência de um contrato de financiamento não seria relevante para efeitos de ressarcimento da parte vencedora das custas da arbitragem, tampouco para a determinação da ordem de *security for costs*.[9]

A Austrália é outro país com um histórico bastante proibicionista ante o TPF. Ainda hoje, a *maintenane* e a *champerty* são tecnicamente ilegais em alguns estados, como Queensland e Tasmania. No caso *Campbells Cash & Carry Pty Limited c. Fostif Pty Ltd*,[10] 2006, ficou definido que essas doutrinas ainda podem ser aplicadas em oito jurisdições.

Apesar disso, os contratos de financiamento não são tão raros nesse país. A *maintenance* e a *champerty* são mais aplicadas para proteger as partes mais vulneráveis de eventuais abusos perpetrados por terceiros financiadores, em prol do respeito ao devido processo legal e à ordem pública. Os juízes e tribunais irão analisar se há alguma irregularidade no TPF, apurando se o terceiro financiador excedeu, de algum modo, os limites de sua competência quanto ao controle do procedimento (que são relativamente amplos neste país), ou se o contrato de financiamento foi, de alguma forma, abusivo para a parte financiada.[11]

As doutrinas da *maintenance* e da *champerty* também foram aplicadas nos Estados Unidos, posto que foram importadas da *common law* inglesa ainda à época das treze colônias. Nessa jurisdição, porém, já existem diversos julgados em que se entende pela caducidade dessas teorias. É o que foi decidido, por exemplo, no caso *Saladini v Righellis*, em 1997, julgado pela Suprema Corte de Massachussetts,[12] e no caso *Osprey v. Cabana Limited Partnership*, decidido em 2000, pela Suprema Corte da Carolina do Sul,[13] nos quais ficou consolidado que a *maintenance* e a *champerty* não seriam mais necessárias para proteger a justiça de demandas especulativas ou frívolas, ou mesmo de turbações provocadas pelo poderio financeiro de um financiador poderoso.[14] Afinal, já existiriam ferramentas próprias ao direito civil para analisar e controlar eventuais abusos, como a lesão, a coação e a boa-fé.

Ressalve-se que, nos Estados Unidos, também existem julgados em que se proíbe, por completo, qualquer tipo de financiamento. Foi o que ocorreu no caso Rancman v. Interim Settlement Funding Corporation, julgado pela Suprema Corte de Ohio,[15] no qual o contrato de financiamento por terceiro foi anulado em sua integralidade, ante o argumento de que um processo não seria um instrumento de investimentos.

---

9. Trata-se do dever de que a parte financeiramente debilitada preste garantia a fim de assegurar o pagamento de uma eventual sucumbência.
10. Caso Campbells Cash & Carry Pty v. Fostif Pty. High Court of Australia.
11. CASADO FILHO, Napoleão. *Arbitragem Comercial Internacional e Acesso à Justiça*: o novo paradigma do third party funding. Tese de doutorado em Direito das Relações Econômicas Internacionais. Orientador: Prof. Dr. Cláudio Finkelstein. Pontifícia Universidade Católica de São Paulo, 2014. p. 118.
12. Caso Saladini v. Righellis. Massachussets Supreme Court.
13. Caso Osprey v. Cabana Limited Partnership. South Carolina Supreme Court.
14. CASADO FILHO, Napoleão. *Arbitragem Comercial Internacional e Acesso à Justiça*: o novo paradigma do third party funding. Tese de doutorado em Direito das Relações Econômicas Internacionais. Orientador: Prof. Dr. Cláudio Finkelstein. Pontifícia Universidade Católica de São Paulo, 2014. p. 119.
15. Caso Rancman v. Interim Settlement Funding Corporation. Ohio Supreme Court.

O mais comum, porém, é que a justiça americana encontre um meio termo, sendo relativamente permissiva quanto aos contratos de TPF, mas limitando condutas consideradas abusivas, que resultem em prejuízos extremos a uma das partes ou ao procedimento.

A Irlanda, por sua vez, ainda não se desvencilhou de sua tradição proibicionista. No caso Persona Digital Telephony Limited & Sigma Wireless Networks Limited vs. Ministro das Empresas Públicas, Irlanda e o Advogado Geral (The Minister for Public Enterprise, Ireland and the Attorney General),[16] a Suprema Corte da Irlanda manteve a proibição do financiamento por terceiros no âmbito judicial, sob o fundamento da *maintenance* e da *champerty*, isso em 2017.

Apesar de toda essa narrativa, não é certo dizer que a história do TPF é, necessariamente, uma história proibicionista. Em Hong Kong, por exemplo, região autônoma que, como os ingleses, se filiou a uma tradição de *common law*, tradicionalmente foram adotadas diversas exceções às regras da *maintenance* e da *champerty*, em nome do acesso à justiça e do interesse comum das partes. Essa tradição culminou, em 2017, com a edição de uma Emenda a sua Lei de Mediação e Arbitragem, a fim de incluir um capítulo exclusivamente sobre o TPF. Trata-se da Arbitration and Mediation Legislation (Third Party Funding) (Amendment) Ordinance 2017,[17] pela qual ficou expressamente consolidado que as doutrinas da *maintenance* e da *champerty* não poderiam ser usadas para proibir a celebração de contratos de financiamento.

Evidentemente, foram traçadas algumas limitações a esse tipo de contratação. Por exemplo, advogados que estejam atuando na causa não podem, concomitantemente, financiar a parte, sua cliente. O dever de revelação da parte que contrata um terceiro financiador também foi prestigiado, nos itens 98U e 98V dessa Emenda. Ademais, segundo o item 98Q, os contratos de financiamento por terceiros devem prever algumas especificações mínimas, a exemplo do grau de controle cabível ao terceiro financiador e as bases para o término contratual (que, conforme veremos adiante, é um instrumento bastante útil para que o *funder* exerça controle sobre o procedimento). Outro aspecto interessantíssimo é que os terceiros financiadores devem prestar contas a um órgão de fiscalização, indicado pelo Secretário de Justiça de Hong Kong.

Em 2018, também em Hong Kong, foi editado um Código de Conduta para os financiadores, estabelecendo algumas diretrizes a serem observadas pelos *funders*.[18] Dentre as determinações mais relevantes, destaca-se a obrigação de que o terceiro financiador demonstre ampla capacidade financeira, comprovando ter acesso a um capital

---

16. Caso Persona Digital Telephony Ltd Sigma Wireless Networks Ltd v Minister for Public Enterprise. Irish Supreme Court.
17. *In verbis*: "[a]n Ordinance to amend the Arbitration Ordinance and the Mediation Ordinance to ensure that third party funding of arbitration and mediation is not prohibited by the common law doctrines of maintenance and champerty (...)". HONG KONG. *Arbitration and Mediation Legislation (Third Party Funding) (Amendment) Ordinance 2017*. 2017. Disponível em: https://www.gld.gov.hk/egazette/pdf/20172125/es1201721256.pdf. Acesso em: 04 nov. 2021.
18. HONG KONG. *Code of Practice for Third Party Funding of Arbitration*. 2018. Disponível em: http://gia.info.gov.hk/general/201812/07/P2018120700601_299064_1_1544169372716.pdf. Acesso em: 04 nov. 2021.

mínimo de HK 20 milhões[19] (algo próximo a R$ 15 milhões). Merece destaque o fato de que, em 2021, ao lado de Londres, Hong Kong foi eleito um dos cinco melhores lugares do mundo para se arbitrar.[20]

Também a China também está em vias de estabelecer parâmetros para a contratação de financiamentos por terceiros. A China International Economic and Trade Arbitration Commission (CIETAC), uma das maiores instituições arbitrais do mundo, com sede em Pequim, facultou expressamente o uso do TPF, consoante suas Investment Arbitration Rules.

Em Singapura, outro país que compõe o rol dos cinco melhores lugares do mundo para se arbitrar, o TPF também foi expressamente permitido, ficando abolidos os ilícitos da *maintenance* e da *champerty*. Esse tipo de contratação, porém, só pode ser utilizado para as arbitragens internacionais,[21] e os financiadores devem comprovar acesso a, pelo menos, 5 milhões de dólares de singapura[22] (aproximadamente 20 milhões de reais).

Também na França, pode-se falar que não houve uma tradição tão restritiva ao financiamento por terceiros. Na verdade, nesse país, sequer foi destinada tanta atenção ao TPF como no Reino Unido, Austrália e Estados Unidos. Lá, o financiamento por terceiros é tratado como uma espécie de seguro (o seguro de despesas legais), sendo o segurado ressarcido das despesas legais, custas judiciárias e honorários advocatício, em troca do pagamento de um prêmio à seguradora (diferentemente dos contratos de financiamento por terceiros mais usuais, em que o terceiro financiador recebe uma porcentagem dos ganhos eventualmente auferidos no processo).

Ademais, na França, foi editada uma resolução pelo "Conselho de Ordem de Paris" (Paris Bar Council), na qual o financiamento por terceiros foi bastante elogiado, sendo enaltecido como uma ferramenta benéfica não apenas às partes, mas também aos advogados, desde que usada de maneira racional. Nesse sentido, foi enfatizado que o trabalho dos advogados consiste em representar a parte, e não o terceiro financiador, devendo ser evitado qualquer tipo de alinhamento estratégico entre *funder* e advogado, sem a participação da parte.

Fora do âmbito comercial, e adentrando na esfera dos investimentos internacionais, o financiamento por terceiros na ICSID também foi, historicamente, uma importantíssima ferramenta para o acesso à justiça, sobretudo porque o custo de se arbitrar nesta câmara é extremamente alto, e os Estados e as empresas que precisam acionar o sistema ICSID usualmente sofreram algum impacto em seus investimentos e estão numa situação financeiramente frágil.

---

19. Ibidem, item 2.5.2.
20. WHITE & CASE. *2021 International Arbitration Survey*: Adapting arbitration to a changing world. 2021. Disponível em: http://www.arbitration.qmul.ac.uk/media/arbitration/docs/LON0320037-QMUL-International-Arbitration-Survey-2021_19_WEB.pdf. Acesso em: 09 nov. 2021.
21. SINGAPURA. *Civil Law (Third-Party Funding) Regulations 2017*. Item 3. 2017. Disponível em: https://sso.agc.gov.sg/SL-Supp/S68-2017/Published/20170224?DocDate=20170224. Acesso em: 04 nov. 2021.
22. Ibidem, item 4.

Portanto, é certo que o financiamento por terceiros é uma ferramenta poderosa e, quando usada dentro de certos limites éticos e legais, extremamente útil e benéfico à parte financiada. Os receios que, antigamente, faziam sentido e motivavam uma justa restrição ao uso mais disseminado do TPF, não existem mais atualmente, ou, se existem, estão bastante mitigados, e podem ser resolvidos por institutos próprios ao direito civil. Fato é que, considerados os custos usualmente altos de se arbitrar uma disputa, a tendência a ser seguida é a de permitir o uso do TPF, sob pena de que a jurisdição proibicionista não seja considerada bom local para se arbitrar.

2. O THIRD PARTY FUNDING NA ARBITRAGEM BRASILEIRA

O direito brasileiro confere uma relevância notória ao princípio de acesso à justiça. Trata-se de uma preocupação política e legislativa que culminou, para além da ideia de inafastabilidade da jurisdição, no dever de que o Estado proveja "assistência jurídica integral e gratuita aos que comprovarem insuficiência de recursos".[23] Alguns doutrinadores arguem que o Estado deve garantir não apenas a facilidade e a acessibilidade ao Poder Judiciário, com a produção de resultados individual e socialmente justos,[24] mas também a métodos mais adequados de resolução de conflitos.[25]

Apesar disso, na arbitragem, instituto eminentemente privado, não é factível pleitear do Estado, muito menos das câmaras ou dos árbitros, a gratuidade do procedimento. Na arbitragem, ninguém tem a obrigação de acudir a uma parte que se encontra numa conjuntura financeiramente frágil. São as próprias contratantes que, gozando de plena liberdade, concordaram com os termos contratuais, inclusive com a convenção arbitral. Portanto, são elas que devem suportar as consequências de suas escolhas.[26]

Em regra, não importam, à arbitragem, discussões acerca da (in)capacidade econômica das partes.[27] O que importa é a apuração das suas manifestações de vontade, concretizadas, voluntariamente, na assinatura de uma cláusula arbitral. Existindo esse mútuo consenso, aferido pelo exame da convenção arbitral, a missão do árbitro é, unicamente, proferir uma decisão justa e imparcial, buscando sempre se ater à verdade dos fatos.

Portanto, não faz qualquer sentido anular uma convenção arbitral por razões, pura e simplesmente, de impecuniosidade. Afinal, os custos da arbitragem também já

---

23. BRASIL. *Constituição da República Federativa do Brasil*, art. 5º, LXXIV. Disponível em: http://www.planalto.gov.br/ccivil_03/constituicao/constituicaocompilado.htm. Acesso em: 14 dez. 2021.
24. CAPELLETTI, Mauro; GARTH, Bryant. *Acesso à justiça*. Trad. Ellen Gracie Northfleet. Porto Alegre: Fabris, 1988. p. 8.
25. TORRES, Ana Flávia Melo. *Acesso à Justiça*. Disponível em: https://ambitojuridico.com.br/cadernos/direito--constitucional/acesso-a-justica/. Acesso em: 19 out. 2021.
26. CASADO FILHO, Napoleão. *Arbitragem Comercial Internacional e Acesso à Justiça*: o novo paradigma do third party funding. Tese de doutorado em Direito das Relações Econômicas Internacionais. Orientador: Prof. Dr. Cláudio Finkelstein. Pontifícia Universidade Católica de São Paulo, 2014. p. 80 e 195.
27. CASADO FILHO, Napoleão; FREIRE JÚNIOR, Benedito Donato. Impecuniosidade Trabalhista: Garantia de Acesso Jurisdicional. In: *Arbitragem Trabalhista*. MUNIZ, Joaquim de Paiva; MARRA, Marianna Falconi; BRAGA, Julia de Castro Tavares; MENDES, Lucas Vilela dos Reis da Costa (Coord.). São Paulo: Migalhas, 2020.

são, ou, pelo menos, deveriam ser conhecidos pelas partes no momento da celebração do contrato, cabendo a elas ponderar sobre as possíveis dimensões financeiras de uma eventual disputa e avaliar, também com base nisso, a vantajosidade de inserir uma cláusula arbitral no ajuste.

É certo que existem decisões que rechaçam o compromisso arbitral quando uma das partes se encontra numa situação de impecuniosidade.[28] Por exemplo, o Tribunal de Justiça do Paraná, em 2016, negou eficácia a uma cláusula arbitral sob o fundamento de que a parte autora, beneficiária da justiça gratuita e financeiramente debilitada em razão da inadimplência dos réus, não teria condições de custear o procedimento arbitral. O caso dizia respeito a um contrato de compra e venda de imóvel no valor de R$ 120.000,00.

Fulcrar esclarecer, entretanto, que esse não foi o único fundamento usado pelo TJPR. O Tribunal, na verdade, entendeu ter havido vício de consentimento no momento da celebração da cláusula compromissória, haja vista que a autora, à data da celebração do contrato, já era pessoa idosa e não foi auxiliada por qualquer advogado. Ademais, o contrato teria sido elaborado pelos réus, e não houve a intermediação de uma imobiliária para essa avença. Para o TJPR, houve vício manifesto na manifestação da vontade, cabendo-lhe, portanto, examinar e negar validade à cláusula arbitral.

Entendemos, porém, que examinar a validade da cláusula arbitral à luz da capacidade financeira da parte, concluindo que a falta superveniente de recursos afronta ao princípio da indisponibilidade do Poder Judiciário, não é a maneira mais adequada de se proceder. Primeiro, porque a validade da cláusula arbitral deve ser apurada, apenas, com base na inadequação do negócio jurídico ao momento da celebração do contrato – se existem vícios de vontade, por exemplo – e não de acordo com sua viabilidade, aferida apenas posteriormente.

Permitir que uma suposta incapacidade financeira leve à completa ineficácia da cláusula compromissória abre as portas para decisões subjetivistas no âmbito jurisdicional. Merece destaque o fato de que a análise quanto à falta ou não de recursos financeiros é extremamente complexa, e está sujeita a inúmeros disfarces e maquiagens contábeis.[29] Autorizar esse tipo de julgamento colocaria em xeque a arbitragem, como instituto. Isso seria permitir uma inversão completa do que foi inicialmente aceito entre as partes, o que jamais deveria ser autorizado, salvo em casos absolutamente teratológicos.

Para ilustrar, essa teratologia da cláusula arbitral ocorreu num julgado alemão, no Caso dos Encanadores.[30] Esse precedente envolveu a prestação de serviços de encanador para a simples instalação de um banheiro. No contrato, porém, as partes acordaram

---

28. TJPR, 1ª C. Cível, Apelação Cível 143104-5, 11.05.2016 Rel. Min. Ruy Cunha Sobrinho julg. 30.08.2016. Também o caso Haendler & Natermann GmBH v. Janos Paczy, English Court of Appeals.
29. CASADO FILHO, Napoleão. *Arbitragem Comercial Internacional e Acesso à* Justiça: o novo paradigma do third party funding. Tese de doutorado em Direito das Relações Econômicas Internacionais. Orientador: Prof. Dr. Cláudio Finkelstein. Pontifícia Universidade Católica de São Paulo, 2014. p. 73. SACHS, Klaus. *La Protection de la Partie Faible em Arbitrage*. Gazette du Palais, n. 21, 2007. p. 24.
30. Bundesgerichtsof 14 sept 2000, III ZR 33/00 – Case 404.

numa cláusula arbitral. Ocorrendo uma disputa em relação ao momento em que os pagamentos seriam devidos, a parte que pretendeu acionar o mecanismo escolhido de resolução de disputas percebeu que as custas da arbitragem seriam superiores ao próprio bem jurídico pleiteado. Deu-se início, então, a um processo judicial.

Inicialmente, as cortes alemãs entenderam pela rejeição da demanda, remetendo as partes à arbitragem com base no art. 1.032 do Código de Processo civil alemão, que encontra paralelo no nosso Código de Processo Civil, no art. 485, VII. Em sede recursal, porém, o Tribunal Federal da Alemanha reverteu essa decisão, sob o fundamento de que a convenção arbitral, naquele caso, era impraticável.

Neste caso, a cláusula arbitral foi nitidamente objeto de pouquíssima reflexão. Foi algo impensado, pouco analisado e mal refletido. Não é o que ocorre nos casos mais usuais. O normal – e pernicioso – é que o argumento da impecuniosidade seja invocado pela parte que pretende fugir do compromisso arbitral, em afronta ao que fora inicialmente avençado.

Aliás, o próprio TJPR já reconheceu, em decisão proferida em 2012, que o desconhecimento quanto às custas da câmara arbitral eleita contratualmente não é fundamento suficiente para caracterizar o vício de consentimento e a nulidade da cláusula compromissória.[31] O TJSP[32] e o TJRJ[33] também têm decisões em sentido bastante semelhante.

Existe uma ampla gama de soluções para uma parte que deseja iniciar um procedimento arbitral, mas está financeiramente debilitada. Uma resposta bastante intuitiva para cenários em que a cláusula arbitral é inapropriada, levando-se em conta as dimensões financeiras do contrato, seria a adaptação da cláusula arbitral, de modo a torná-la compatível com a real necessidade das partes. Isso seria apropriado ao se entender que a impecuniosidade, embora não represente a invalidade da cláusula compromissória, pode acarretar sua ineficácia parcial superveniente, como se a cláusula arbitral se tornasse vazia ou patológica.[34]

Em tese, portanto, isso poderia autorizar a intervenção do judiciário, com fulcro nos arts. 6º e 7º da Lei de Arbitragem, não para invalidar a cláusula arbitral, mas para relativizá-la, adaptá-la, tornando-a mais adequada à situação econômica e à complexidade da disputa, de modo a viabilizar – e prestigiar – o procedimento arbitral.

A jurisprudência brasileira tem se direcionado no sentido de conferir certa liberdade ao magistrado para que ele transponha os óbices que impossibilitariam a cláusula arbitral de produzir efeitos, garantindo-lhe viabilidade, ao tempo em que, em essência, a vontade das partes é preservada.

---

31. TJPR, Apelação Cível 8.756/2011, 31.07.2012.
32. TJSP, Apelação Cível 0036760-07.2007.8.26.0000, 10.01.2012.
33. TJRJ, Apelação Cível 0031966-20.2010.8.19.0029, 11.06.2014.
34. CASADO FILHO, Napoleão. *Arbitragem Comercial Internacional e Acesso à Justiça*: o novo paradigma do *third party funding*. Tese de doutorado em Direito das Relações Econômicas Internacionais. Orientador: Prof. Dr. Cláudio Finkelstein. Pontifícia Universidade Católica de São Paulo, 2014. p. 78.

No caso Sagatiba e outros v. Bonagura Processamento de dados,[35] por exemplo, a cláusula arbitragem estava assim redigida: "As partes acordam que todas as disputas, controvérsias e questões direta ou indiretamente decorrentes do presente Contrato, não solucionadas de comum acordo entre as PARTES, serão submetidas a um juízo arbitral, na forma da legislação brasileira". Diante dessa cláusula vazia, e não havendo pedido das partes em relação à indicação de um ou mais árbitros, o Tribunal resolveu indicar o Tribunal Arbitral de São Paulo. Essa medida é plenamente factível para situações excepcionais, a exemplo dos casos em que a convenção arbitral é, claramente, mal redigida e obstaculiza o acesso à Justiça.

Uma outra solução, porém, ainda mais abrangente, seria a busca pelo financiamento de terceiros. Um contrato de financiamento possibilitaria que um terceiro, alheio ao processo, arcasse com as custas administrativas da câmara arbitral, com os honorários arbitrais e advocatícios e com outros gastos necessários à boa condução do procedimento.

O mais comum é que o terceiro financiador auxilie a parte requerente de uma arbitragem, recebendo, como contraprestação, seu investimento acrescido de juros, correção monetária e, usualmente, um percentual sobre a indenização eventualmente percebida. Entretanto, o TPF também pode ser extremamente útil para as partes requeridas num procedimento arbitral. Nesse caso, o financiador pode receber uma porcentagem entre a diferença da indenização pleiteada pelo requerente, e a condenação decidida pelo tribunal.[36] O financiamento da parte requerida também é bastante útil quando a ação diz respeito a um ativo que traz rendimentos que se protraem ao longo do tempo, como uma patente, hipótese em que a remuneração do *funder*, em troca de seu patrocínio na causa, poderá advir dos royalties.

Outro aspecto fundamental dos contratos de financiamento é que eles são contratos de risco: caso a parte financiada perca a ação, o investimento, normalmente, também é totalmente perdido. Aliás, não é raro que, a depender do que foi acordado, o financiador também tenha que arcar, parcial ou totalmente, com as verbas sucumbenciais. Uma parte que está financeiramente frágil, portanto, pode ser incrivelmente beneficiada por esse tipo de contratação, que funciona como verdadeira ferramenta garantidora do acesso à justiça, sobretudo à justiça arbitral.

Os recursos financeiros adicionais, alocados pelo terceiro financiador, conferem à parte financiada uma maior tolerância ao risco e possibilidade de "armar-se" adequadamente, com os melhores advogados e peritos, por exemplo. Tudo isso é importantíssimo para que a parte possa conduzir o procedimento da melhor forma possível, em paridade de armas com seu adversário.

Ressalte-se que a utilidade do TPF vai além de acudir as partes que passam por dificuldades financeiras. Na verdade, o TPF é um instrumento de controle e alocação

---

35. STJ, Agravo em Recurso Especial 0009467-81.2009.8.26.0068, 29.03.2017.
36. GOELER, Jonas Von. Chapter 2: The Various Forms of Third-Party Funding in International Arbitration. Third-Party Funding in International Arbitration and its Impact on Procedure. *International Arbitration Law Library*, v. 35, 2016, p. 18.

de riscos: é cediço que "litigar" não é a atividade principal de nenhuma empresa. As disputas – judiciais ou arbitrais – ocorrem, na verdade, quando há um negócio malsucedido. Antes de iniciar um procedimento, portanto, a empresa precisa analisar todos os possíveis riscos sobre a instauração do procedimento.

As empresas e fundos de investimentos que financiam o contencioso judicial e procedimentos arbitrais, porém, repartem o risco desse financiamento entre seus acionistas e investidores, mitigando os riscos intrínsecos de se litigar, e compartilhando isso com as empresas que a ela recorrem.

O TPF, portanto, tem uma multiplicidade de usos e utilidades, sendo um instrumento extremamente versátil e interessante para inúmeros cenários. Vejamos, então, como essa ferramenta se consubstancia numa contratação.

3. CONTRATOS DE THIRD-PARTY FUNDING

Consideradas as suas peculiaridades, os contratos de financiamento por terceiros são, usualmente, comparados com outras modalidades contratuais, a fim de facilitar sua compreensão e categorização. Os tipos contratuais tidos como mais próximos aos contratos de TPF são os contratos de seguro e os contratos desenvolvidos no âmbito das atividades bancária e financeira.

3.1 O TPF e os Contratos de Seguro

É fato que os contratos de seguro têm alguns pontos de intersecção com os contratos de financiamento por terceiros. Afinal, ambos são contratos de risco em que, ao final, a parte financiada busca se antecipar a um evento futuro e incerto. Algumas jurisdições, a exemplo da francesa, entendem, de fato, que há uma equivalência entre esses dois tipos de contrato. Parece-nos, entretanto, que essas duas modalidades são, tradicionalmente, bastante distintas.

Consoante o Código Civil Brasileiro, "[p]elo contrato de seguro, o segurador se obriga, mediante o pagamento do prêmio, a garantir interesse legítimo do segurado, relativo a pessoa ou a coisa, contra riscos predeterminados".[37] Nos contratos de seguro, portanto, a seguradora recebe o pagamento de um prêmio em razão do risco suportado. Afinal, o segurado está sujeito a um evento *danoso*, futuro e incerto. A concretização desse evento – chamada sinistro – é indesejável, posto que prejudica tanto a seguradora, que terá que cobrir, parcial ou totalmente, os prejuízos daí advindos, quanto o segurado, que sofreu o dano.

Nos contratos de financiamento por terceiros, porém, o investidor não recebe um prêmio por estar financiando uma das partes. Na verdade, seu investimento só é remunerado quando o evento, futuro, incerto e *desejável* é concretizado. Quando a parte

---

37. BRASIL. *Código Civil*. Disponível em: http://www.planalto.gov.br/ccivil_03/leis/2002/l10406compilada.htm. Acesso em: 14 dez. 2021.

financiada ganha a causa e recebe uma indenização, o terceiro financiador recebe seu investimento de volta, acrescido da remuneração contratualmente acordada.

O raciocínio econômico dos contratos de seguro também é diferente quando comparado ao do financiamento por terceiros. Nos contratos de seguro, o segurador busca, mediante um cálculo atuarial, pulverizar o risco dos eventos danosos, calculando a probabilidade de que o evento se concretize, de modo que os prêmios sejam suficientes tanto para cobrir os eventuais danos quanto para remunerar o negócio.

Nos contratos de financiamento por terceiros, porém, não é possível mitigar os riscos dessa forma. Não há o recebimento de um prêmio em periodicidade fixa. A análise de risco e retorno feita pelo financiador, embora igualmente complexa, está vinculada ao mérito da causa e aos elementos acessórios, como o custo da banca de advogados, dos peritos, dos honorários arbitrais, as taxas da câmara arbitral e elementos afins. Nos contratos de financiamento, os *funders* ficam responsáveis por conduzir uma extensa *due diligence* antes de fazer o investimento, avaliando, antecipadamente, as chances de procedência da ação, de modo a ponderar se o risco vale ou não a pena.

3.2   O TPF e as Instituições Financeiras

Embora esteja se tornando comum, Brasil afora, que os terceiros financiadores se constituam como Fundos de Investimento – no Brasil, categorizados como Fundos de Direitos Creditórios Não Padronizados – captando recursos de terceiros e utilizando-os para financiar o contencioso judicial e procedimentos arbitrais, não é em todo caso que o financiador atua como uma instituição financeira, intermediando pessoas que possuem um capital excedente, e o litigante, que precisa do dinheiro. É comum que o financiador trabalhe com recursos próprios, sendo o FIDC-NP mero veículo para o trânsito dos recursos.

3.3   O TPF e suas Possíveis Modalidades Contratuais

Em razão de sua versatilidade, o TPF se tornou um modelo de negócio bastante atípico, podendo ser desenhado de diversas maneiras. No Brasil, os modos mais usuais e mais apropriados são a cessão de crédito e a cessão fiduciária de crédito.

3.3.1   Cessão de crédito

A cessão de crédito está prevista no Código Civil, entre os arts. 286 e 298, sendo amplamente utilizada no âmbito negocial. Nos contratos de cessão de crédito, o cedente, credor da obrigação, transfere a um terceiro, cessionário, sua posição ativa na relação obrigacional. Em outras palavras, a parte financiada pode ceder, ao terceiro financiador, parte dos créditos eventualmente obtidos com o resultado do julgamento do procedimento arbitral.

O interessante desta modalidade contratual é que não é necessário fazer a cessão total do crédito. Também é possível que seja feita uma cessão meramente parcial, de modo a adequar-se com a prática de mercado do TPF, em que frações menores do que 50% do crédito são cobradas pelo *funder*.

Ademais, também vale destacar que a cessão de crédito no âmbito do TPF deve ser feita na modalidade *pro soluto*, para que o cedente responda, apenas, pela existência e legalidade do crédito, mas não pela solvência do devedor. Do contrário, caso fosse utilizada a modalidade *pro solvendo*, em que o devedor garante a existência, a legalidade e a solvência do devedor, desnaturar-se-ia o racional econômico do contrato de TPF.

3.3.2   Cessão fiduciária de créditos

A propriedade fiduciária é um instrumento interessantíssimo para garantir a efetivação de um negócio jurídico. Isso porque, nesse tipo de contrato, não se oferece uma mera garantia ao cumprimento de uma obrigação. Há, na verdade, a transferência da propriedade ao credor. A restituição do bem ao fiduciante ocorre apenas depois de atingido o objetivo do negócio. A propriedade, portanto, fica sujeita a uma condição resolutiva, sendo devolvida apenas quando concretizado o evento futuro e incerto. Nesse ínterim, o fiduciário terá todos os poderes dominiais sobre o bem.[38] Acrescente-se que a alienação fiduciária também está prevista no Código Civil, de modo que pode ser executada por entes que não são instituições financeiras.

Pois bem, colocada em prática, a parte que recebe o investimento do terceiro financiador será o devedor fiduciante; o *funder*, por sua vez, será o credor fiduciário. O devedor permanece com a propriedade do montante investido sob a condição resolutiva do término do procedimento arbitral – ou outra condição ajustada contratualmente.

Parece-nos que esta é uma bastante interessante para se celebrar um contrato de financiamento por terceiros, sobretudo porque traz uma maior garantia para o caso de falência da empresa financiada.

3.3.3   Outras modalidades contratuais

Também é possível pensar outras formas de se ajustar um contrato de financiamento por terceiros, embora menos recomendáveis. São elas a cessão de posição contratual e a estipulação em favor de terceiros.

Na cessão de posição contratual, ocorre uma substituição entre os sujeitos do contrato, sendo a posição do financiado (a parte que capta os investimentos do *funder*) substituída pela do financiador (o *funder*). Essa modalidade é menos adequada porque

---

38. FARIAS, Christiano Chaves de; ROSENVALD, Nelson. *Direitos Reais*. 4. ed. Rio de Janeiro: Lumen Juris, 2007. p. 45.

tanto os direitos quanto as obrigações contratuais são cedidas, não sendo razoável esperar que o *funder* assuma, também, os deveres eventualmente acordados.

A estipulação em favor de terceiros, por sua vez, é mais comum no âmbito dos contratos de seguro de vida, em que há três figuras principais: a seguradora, promitente; o segurando, estipulante; e o terceiro, beneficiário. As diferenças entre os contratos de seguro e os contratos de TPF já foram expostas neste capítulo. Acrescente-se, entretanto, que nos contratos de TPF, há o envolvimento de apenas duas pessoas na relação contratual: o financiador e um dos polos da arbitragem. A estipulação em favor de terceiros, portanto, também não se mostra completamente adequada a uma contratação de TPF.

3.3.4 Estruturação jurídico-econômica do contrato de TPF

Em qualquer tipo de contrato, antes de sua celebração, as partes fazem um cálculo de sua economicidade, buscando aferir se o ajuste lhe será vantajoso. Nos contratos de TPF, as análises feitas pelo financiador costumam ser bastante complexas. O *funder* age como um verdadeiro investidor, analisando tanto o cenário jurídico da disputa a ser financiada, quanto a conjuntura econômica da contratação. Avaliam-se a probabilidade de procedência da demanda, o benefício financeiro a ser possivelmente auferido pela parte, o valor necessário a ser investido, a duração do procedimento e da recuperação das verbas aplicadas, os advogados da parte financiada, a solvência da contraparte e vários outros critérios.[39]

Por conta disso, os contratos de TPF costumam ser estruturados e possuir cláusulas bastante específicas, para que sejam alinhados os interesses dos advogados, da parte e do terceiro financiador. Nesse sentido, é comum que o *funder* condicione o financiamento à escolha de uma banca de advogados que patrocine a causa com base no sucesso da demanda, e não nas horas trabalhadas. Isso tem, por corolário, uma possível minimização do montante a ser investido, além de simbolizar que os advogados que estão despendendo horas de trabalho na demanda também acreditam na juridicidade da causa. Sob a mesma ótica, vários fundos de investimento que atuam como terceiros financiadores exigem, de seus sócios, que apliquem recursos próprios no fundo, a fim de que os interesses individuais permaneçam coesos com os interesses societários.[40]

Cláusulas de prioridade são outra ferramenta bastante usual nos contratos de TPF. Através delas, fica estabelecida uma ordem específica segundo a qual as verbas obtidas com a procedência da demanda serão revertidas aos atores envolvidos. O mais comum é que, em primeiro lugar, o financiador seja ressarcido dos investimentos e dos retor-

---

39. GOELER, Jonas Von. Chapter 2: The Various Forms of Third-Party Funding in International Arbitration. Third-Party Funding in International Arbitration and its Impact on Procedure. *International Arbitration Law Library*, v. 35, 2016, p. 02.
40. Ibidem, p. 11 e 17.

nos financeiros combinados; em seguida, há o pagamento dos advogados; e, por fim, o pagamento à parte financiada.[41]

Outra característica importantíssima nos contratos de financiamento por terceiros diz respeito a se – e como – o financiador exercerá controle sobre a demanda. É fulcrar observar que, usualmente, o terceiro financiador não tem muita ingerência sobre o procedimento e, quando o possui, trata-se de um controle bastante sutil e tangencial. Não obstante, é bem possível, através de algumas estruturações contratuais, que o terceiro financiador possa participar de algumas decisões mais estratégicas.

Não é raro que o terceiro financiador queira opinar, por exemplo, com relação à indicação da banca de advogados que patrocinará a parte, sobre a sugestão do árbitro para compor o tribunal arbitral, ou mesmo questões relativas a acordos, renúncias, desistências e transações almejadas pela parte. Também não é estranho aos contratos de financiamento que haja o dever das partes e seus advogados de informar o *funder* acerca das decisões mais sensíveis e estratégicas, a serem tomadas no curso do procedimento.

As cláusulas de rescisão também funcionam como um instrumento de controle de risco dos terceiros financiadores. Através delas, pode-se especificar situações que ensejam o término do contrato, de modo que o financiador não se exponha a riscos com os quais ele não havia consentido, inicialmente. Nas rescisões sem justa causa, o mais comum é que seja autorizado à parte financiada permanecer com os investimentos feitos até o momento da rescisão; enquanto nas rescisões por justa causa, o *funder* pode exigir, da parte financiada, que lhe devolva as verbas até então investidas. O término contratual pode se dar por várias razões, desde uma escolha discricionária do financiador, até conjunturas concretas, como *material adverse changes*.

Outra cláusula interessante e bastante usual nos contratos de financiamento é a inserção de um compromisso arbitral. Isso porque, uma corte estatal localizada no Reino Unido, por exemplo, poderia ser mais propensa a invalidar um contrato de financiamento por terceiros do que um tribunal arbitral, sobretudo em razão dos fundamentos, ainda não completamente abandonados, da *maintenance* e da *champerty*.

Considerada essa instrumentalização dos contratos de financiamento por terceiros, é notório que o *funder* tem um amplo leque de opções para tentar balizar a condução do procedimento arbitral da parte financiada. O mais comum, entretanto, é que esse controle não seja incisivo, e que o financiador, a parte e os advogados permaneçam nos limites estritos de suas respectivas atuações. O que se busca, enfim, é que os interesses das partes, advogados e *funders* fiquem firmemente coesos e alinhados.

---

41. GOELER, Jonas Von. Chapter 2: The Various Forms of Third-Party Funding in International Arbitration. Third-Party Funding in International Arbitration and its Impact on Procedure. *International Arbitration Law Library*, v. 35, 2016, p. 17.

CONCLUSÃO

Ao longo deste capítulo, pudemos observar como os contratos de financiamento por terceiros são extremamente versáteis e, a despeito de seu histórico perpetrado de políticas jurisdicionais proibicionistas, trata-se de ajustes incrivelmente úteis ao mundo do Direito.

No primeiro tópico, estudamos essa história turbulenta do TPF, que, a despeito de ter sido inaugurado nos países de *common law*, encontrou aí os principais fundamentos que levaram a sua proibição: as doutrinas da *maintenance*, *champerty* e *barratry*. Foi apenas mais recentemente que países como a Inglaterra, a Austrália e os Estados Unidos começaram a autorizar, de maneira mais disseminada, a prática do financiamento por terceiros.

Apesar disso, também observamos que outros lugares, como Hong Kong, China e França, tiveram uma política mais permissiva quanto ao TPF. Hong Kong, inclusive, editou, recentemente, uma Emenda a sua Lei de Mediação e Arbitragem para, expressamente, permitir a contratação do *funder*, abandonando, de maneira derradeira, a *maintenance* e a *champerty*.

Em seguida, estudamos a importância do TPF para a jurisdição brasileira. Pudemos observar como a contratação de um *funder* pode ser extremamente útil para cenários de impecuniosidade, que, afinal, não devem ser considerados como fundamento para caracterizar a invalidade da cláusula arbitral. Também foram examinados alguns precedentes relevantes que trataram deste assunto, com destaque para os julgamentos do TJPR, do TJRJ e do TJSP.

Por último, exploramos as formas de contratação do financiamento por terceiros. Comparamos este instituto aos contratos de seguro e aos contratos firmados pelas instituições financeiras, delimitando suas principais semelhanças e diferenças; e analisamos as melhores formas de se proceder com esse tipo de contrato: a cessão de créditos e a cessão fiduciária de créditos. Também examinamos algumas das principais cláusulas usualmente inseridas nos contratos de financiamento por terceiros, que servem, justamente, para alinhar os interesses dos *funders*, dos advogados e da parte financiada.

O TPF é um instrumento extremamente importante e, ao mesmo tempo, bastante nebuloso na esfera jurídica. Trata-se de um instituto legítimo, porém, ainda bastante contestado. Apesar disso, não há dúvidas de que essa ferramenta deve ser estimulada, sobretudo para que seu uso se dê de maneira cada vez mais racional e ética. Países que desejam se tornar referência em arbitragem – e no comércio internacional – certamente terão que se debruçar sobre o TPF, delimitando o escopo de atuação dos *funders* e estabelecendo limites às partes e aos advogados nesse tipo de contratação.

BIBLIOGRAFIA E JULGADOS SELECIONADOS

BEECHEY, John. *Overview of Recent Developments in Third-Party Funding*. In: KALICKI, Jean Engelmayer; RAOUF, Mohamed Abdel (Ed.). Evolution and Adaptation: The Future of International Arbitration. *ICCA Congress Series*, v. 20, Kluwer Law International.

CAPELLETTI, Mauro; GARTH, Bryant. *Acesso à justiça*. Trad. Ellen Gracie Northfleet. Porto Alegre: Fabris, 1988.

CASADO FILHO, Napoleão. *Arbitragem Comercial Internacional e Acesso à Justiça*: o novo paradigma do third party funding. Tese de doutorado em Direito das Relações Econômicas Internacionais. Orientador: Prof. Dr. Cláudio Finkelstein. Pontifícia Universidade Católica de São Paulo, 2014.

CASADO FILHO, Napoleão; FREIRE JÚNIOR, Benedito Donato. Impecuniosidade Trabalhista: Garantia de Acesso Jurisdicional. In: MUNIZ, Joaquim de Paiva; MARRA, Marianna Falconi; BRAGA, Julia de Castro Tavares; MENDES, Lucas Vilela dos Reis da Costa (Coord.). *Arbitragem Trabalhista*. São Paulo: Migalhas, 2020.

FARIAS, Christiano Chaves de; ROSENVALD, Nelson. *Direitos Reais*. 4. ed. Rio de Janeiro: Lumen Juris, 2007.

GOELER, Jonas Von. Chapter 2: The Various Forms of Third-Party Funding in International Arbitration. Third-Party Funding in International Arbitration and its Impact on Procedure. *International Arbitration Law Library*, v. 35, 2016.

HONG KONG. *Arbitration and Mediation Legislation (Third Party Funding) (Amendment) Ordinance 2017*. 2017. Disponível em: https://www.gld.gov.hk/egazette/pdf/20172125/es1201721256.pdf. Acesso em: 04 nov. 2021.

HONG KONG. *Code of Practice for Third Party Funding of Arbitration*. 2018. Disponível em: http://gia.info.gov.hk/general/201812/07/P2018120700601_299064_1_1544169372716.pdf. Acesso em: 04 nov. 2021.

INTERNATIONAL COUNCIL FOR COMMERCIAL ARBITRATION. *Report of the ICCA-Queen Mary Task Force on Third-Party Funding in International Arbitration*. 2018. Disponível em: https://cdn.arbitration-icca.org/s3fs-public/document/media_document/Third-Party-Funding-Report%20.pdf. Acesso em: 11 nov. 2021.

QUEEN MARY UNIVERSITY. *Corporate Choices in International Arbitration*: Industry Perspectives. 2013. Disponível em: http://www.arbitration.qmul.ac.uk/research/2013/. Acesso em: 21 out. 2021.

RAOUF, Mohamed Abdel. Emergence of New Arbitral Centres in Asia and Africa: Competition, Cooperation and Contribution to The Rule of Law. In: Brekoulakis e outros (Ed.). *The Evolution and Future of International Arbitration*. Kluwer Law International, 2010.

SACHS, Klaus. *La Protection de la Partie Faible em Arbitrage*. Gazette du Palais, n. 21, 2007.

SINGAPURA. *Civil Law (Third-Party Funding) Regulations 2017*. Item 3. 2017. Disponível em: https://sso.agc.gov.sg/SL-Supp/S68-2017/Published/20170224?DocDate=20170224. Acesso em: 04 nov. 2021.

STEINITZ, Maya. Whose Claim Is This Anyway? Third-Party Litigation Funding. 95 Minn. *L. Rev.*, 2011.

TORRES, Ana Flávia Melo. *Acesso à Justiça*. Disponível em: https://ambitojuridico.com.br/cadernos/direito-constitucional/acesso-a-justica/. Acesso em: 19 de out. 2021.

WHITE & CASE. *2021 International Arbitration Survey*: Adapting arbitration to a changing world. 2021. Disponível em: http://www.arbitration.qmul.ac.uk/media/arbitration/docs/LON0320037-QMUL-International-Arbitration-Survey-2021_19_WEB.pdf. Acesso em: 09 nov. 2021.

JULGADOS SELECIONADOS

TJPR, 1ª C. Cível, Apelação Cível 143104-5, 11.05.2016 Rel. Min. Ruy Cunha Sobrinho julg. 30.08.2016.

TJPR, Apelação Cível 8.756/2011, 31.07.2012.

TJSP, Apelação Cível 0036760-07.2007.8.26.0000, 10.01.2012.

TJRJ, Apelação Cível 0031966-20.2010.8.19.0029, 11.06.2014.

STJ, Agravo em Recurso Especial 0009467-81.2009.8.26.0068, 29.03.2017.

Caso Bevan Ashford v. Geoff Yeandle. 1998. 3 WLR 172.

Caso Factortame v. Secretary of State for Transport. QB381, 407-8.

Caso Campbells Cash & Carry Pty v. Fostif Pty. High Court of Australia.

Caso Saladini v. Righellis. Massachussets Supreme Court.

Caso Osprey v. Cabana Limited Partnership. South Carolina Supreme Court.

Caso Rancman v. Interim Settlement Funding Corporation. Ohio Supreme Court.

Caso Persona Digital Telephony Ltd Sigma Wireless Networks Ltd v Minister for Public Enterprise. Irish Supreme Court.

Caso Haendler & Natermann GmBH v. Janos Paczy. English Court of Appeals.

Bundesgerichtsof 14 sept 2000, III ZR 33/00 – Case 404.

XV
OS ÁRBITROS I: QUEM PODE SER ÁRBITRO, DEVERES, FORMAÇÃO DO TRIBUNAL ARBITRAL, EXERCÍCIO DA JURISDIÇÃO, PRESTAÇÃO DE SERVIÇO, RESPONSABILIDADES

Gilberto Giusti

LL.M. (Master of Laws) pela Universidade da Califórnia – Berkeley. Bacharel pela Faculdade de Direito da Universidade de São Paulo. É Conselheiro do Centro de Arbitragem e Mediação da Câmara de Comércio Brasil-Canadá e Presidente da Comissão de Arbitragem da OAB/SP. Foi dirigente de diversas instituições arbitrais nacionais e estrangeiras, como American Arbitration Association, London Court of International Arbitration e International Institute for Conflict Prevention and Resolution. Escreveu dezenas de artigos e capítulos de livros, proferiu aulas e palestras e participou de diversos congressos e seminários sobre arbitragem e mediação, no Brasil e no exterior. Advogado em São Paulo.

Sumário: 1. Quem pode ser árbitro – 2. Requisitos para atuar como árbitro; 2.1 Capacidade civil; 2.2 Confiança das partes; 2.3 Deveres dos árbitros; 2.3.1 Independência e imparcialidade; 2.3.2 Competência e diligência; 2.3.3 Discrição; 2.3.4 Dever de revelação; 2.3.5 Impedimento e suspeição; 2.3.6 Pré-qualificação dos árbitros pelas partes – 3. Formação do tribunal arbitral; 3.1 Isonomia das partes; 3.2 Múltiplas partes; 3.3 Arbitragens coletivas; 3.4 Recusa e exceção; 3.5 Substituição de árbitro – 4. Jurisdição exercida pelos árbitros e prestação de serviços; 4.1 Natureza jurídica; 4.2 Equiparação do árbitro ao juiz estatal; 4.3 O árbitro como prestador de serviços; 4.4 Responsabilidade civil e penal do árbitro – Conclusão – o árbitro serve à parte – Bibliografia.

1. QUEM PODE SER ÁRBITRO

Assim como não existe o "direito arbitral" como área autônoma do Direito, também não existe – e nem deve existir – a "profissão de árbitro", ou a "carreira de árbitro". Os indivíduos que atuam como árbitros únicos ou que compõem um tribunal arbitral constituído para conduzir e decidir sobre determinada disputa não *são* árbitros, mas *estão* árbitros enquanto durar a jurisdição em que foram investidos e que é específica e limitada para aquela arbitragem determinada. A jurisdição dos árbitros emana da vontade das partes e existe pelo tempo que durar o procedimento arbitral. Nem mais, nem menos.

Na já robusta doutrina brasileira, é comum encontrar a expressão *a arbitragem vale o que vale o árbitro*, há muito propagada em várias jurisdições ao redor do mundo. Trata-se de afirmação verdadeira. Surgido o conflito e iniciado o processo arbitral, torna-se crucial a atenta e diligente escolha do árbitro ou dos árbitros, que, além de contarem com a confiança das partes, terão o papel fulcral de conduzir o procedimento de modo a assegurar o mais amplo conhecimento dos fatos e, nas arbitragens de direito, a mais fiel obediência à lei.

O árbitro não trabalha para si, mas sim para as partes que lhe concederam, por expressa manifestação de vontade, a investidura de julgador único e final, de cuja sentença não cabe recurso. Bem por isso, o árbitro, além dos requisitos de imparcialidade, independência, diligência e discrição que lhe são impostos por lei, deve atuar com atenção e respeito às partes e a seus advogados, de modo a conhecer todos os fatos que lhe são postos, valorar adequadamente a prova produzida, garantir o contraditório e proferir uma sentença que, para além de ser exequível, responda ao legítimo anseio das partes de que suas pretensões, providas ou não, foram exaustivamente apreciadas e julgadas de acordo com o direito aplicável.

Exatamente porque *a arbitragem vale o que vale o árbitro*, é inquestionável que a credibilidade do instituto e a sua aceitação por um número cada vez maior de jurisdicionados repousam sobremaneira na atuação do árbitro, seja na condução do procedimento, seja na qualidade do julgado dele resultante. Sim, a régua da qualidade do julgado arbitral é – e deve mesmo ser – altíssima. Do árbitro, mais do que do magistrado togado cujas decisões podem ser revistas por outra instância, espera-se primorosa dedicação, comprometimento, rigor técnico e, nas arbitragens de direito, fiel aplicação da lei.

Já de início, portanto, salta aos olhos que *pode ser árbitro* apenas aquele que entende a grandeza dessa responsabilidade, que avança para além dos interesses das partes envolvidas para atingir, cada vez mais, lugar de destaque na resolução dos conflitos patrimoniais e, consequentemente, na pacificação da vida em sociedade. A tanto, somam-se os requisitos e as qualidades a seguir tratados.

2. REQUISITOS PARA ATUAR COMO ÁRBITRO

2.1 Capacidade civil

O Artigo 13 da Lei 9.307, de 23 de setembro de 1996 ("Lei 9.307/96" ou "Lei de Arbitragem") estabelece que "[p]ode ser árbitro qualquer pessoa capaz e que tenha a confiança das partes". Por *capaz*, refere-se o legislador à capacidade civil, como nos confirma Carlos Alberto Carmona, membro do grupo de trabalho constituído em 5 de novembro de 1991 para elaborar o anteprojeto que viria a se tornar a Lei 9.307/96:

> A capacidade exigida para quem pretende exercer a função de árbitro é aquela prevista pelo Código Civil, de tal sorte que são excluídos tanto os relativamente incapazes [...], como os absolutamente incapazes de exercer pessoalmente os atos da vida civil [...].[1]

Em que pesem algumas opiniões contrárias, não pode uma pessoa jurídica atuar como árbitro. Baseada eminentemente na confiança da parte, como se verá a seguir, a lei impõe ao árbitro um conjunto de deveres (*e.g.*, imparcialidade, independência, discrição

---

1. CARMONA, Carlos Alberto. *Arbitragem e Processo*. 2. ed. São Paulo: Atlas, 2004, p. 201 – Nota do Autor: Os dispositivos do Código Civil que tratam da capacidade civil (Artigos 3º e 4º) foram alterados posteriormente à edição da obra citada, pela Lei 13.146, de 2015.

etc.) que, a nosso ver, são predicados exclusivos da pessoa humana, da pessoa natural. Desse modo, filiando-nos à doutrinária majoritária a esse respeito, nosso entendimento é no sentido de que pessoa jurídica não pode ser investida de poder jurisdicional na seara arbitral.

Distinta é a possibilidade, no caso de uma arbitragem *ad hoc*,[2] de as partes convencionarem a indicação de pessoa jurídica como uma autoridade nomeadora de árbitros, já que se trata de uma delegação de cunho administrativo. Nesse caso, a investidura na jurisdição arbitral dar-se-á nas pessoas físicas que forem indicadas pela autoridade nomeadora.

2.2 Confiança das partes

Além de capaz, o Artigo 13 da Lei 9.307/96 determina que pode ser árbitro aquele que "tenha a confiança da parte". Ao mesmo tempo em que configura o pilar fundamental da arbitragem, no qual se alicerçam todos os atributos, qualidades e deveres do árbitro, a *confiança da parte* constitui, também, a maior fonte de questionamentos a exigir cuidado e atenção máximos na formação de toda e qualquer estrutura contratual que eleja a arbitragem como método de resolução de disputas.

Confiança é crença e, como tal, impregnada de subjetividade. O grande desafio dos que atuam na área da arbitragem tem sido exatamente o de compatibilizar a confiança como atributo humano à necessidade de estabelecer critérios objetivos que garantam a eficiência, a credibilidade e a efetividade da solução arbitral.

O desafio é permanente e envolve a todos, partes, advogados, árbitros e instituições arbitrais, como se verá nos tópicos a seguir. O que não se pode perder de vista, porém, é que a confiança é da parte no árbitro, como não deixa dúvida o Artigo 13 já mencionado. A *parte* é, portanto, o protagonista dessa relação, o titular daquele interesse conflitado cuja resolução será final e definitiva, sem possibilidade de recurso. Nessa condição, a parte é a *proponente* do "contrato de árbitro"[3] (por vezes referido como "contrato de investidura"), que traz, como condição essencial, a confiança dela, parte, no árbitro contratado.

Como todo negócio jurídico, o contrato de árbitro deve ser negociado, firmado e executado à luz dos princípios de probidade e boa-fé.[4] Compete a ambos os contratantes, parte e árbitro, portanto, atuar em estrita observância a esses princípios, para que a correta aferição da confiança seja feita e estabelecida de modo a não infirmar a validade da arbitragem.

---

2. Assim entendida como a arbitragem que se processa da forma convencionada pelas partes, sem se reportarem às regras de algum órgão arbitral institucional ou entidade especializada.
3. O termo "contrato de árbitro" tem sido comumente adotado para retratar "o ajuste, expresso ou tácito, por meio do qual o árbitro se obriga a proferir uma sentença arbitral final e vinculante, que ponha termo à disputa entre as partes, mediante remuneração pela atividade" (PEREIRA, Mariana Gofferjé. O Contrato entre o Árbitro e as Partes no Direito Brasileiro. *Revista de Arbitragem e Mediação*, ano 17, v. 65, p. 229. São Paulo: Ed. RT, abr./jun. 2020).
4. Código Civil, Art. 422. Os contratantes são obrigados a guardar, assim na conclusão do contrato, como em sua execução, os princípios de probidade e boa-fé.

2.3 Deveres dos árbitros

O Artigo 13 da Lei 9.307/96, em seu parágrafo 6º, estabelece que, "[n]o desempenho de sua função, o árbitro deverá proceder com imparcialidade, independência, competência, diligência e discrição". Esses cinco elementos costumam ser chamados de qualidades ou atributos do árbitro. São, na verdade, deveres legalmente previstos.

2.3.1 Independência e imparcialidade

O árbitro, como sujeito investido na autoridade para dirimir a lide, coloca-se *super et inter partes*, ou seja, *acima* das partes no sentido de delas e/ou do próprio deslinde da controvérsia não depender para nada, seja em termos financeiros ou de qualquer outra natureza, e *entre* as partes, com a equidistância necessária para a formação de seu livre convencimento. Trata-se da independência e da imparcialidade de que nos fala o Professor José Carlos de Magalhães:[5]

> O primeiro [dever], comum a toda a atividade de julgar controvérsias entre terceiros, é o da imparcialidade, que impõe o dever de não proceder com tendenciosidade em favor de uma das partes.
>
> [...]
>
> Da mesma forma, a independência do árbitro não se limita aos aspectos econômicos. Pode ter outros componentes, como o acadêmico, religioso, social, profissional, financeiro ou de outra ordem.

A imparcialidade e a independência do julgador são garantias fundamentais que encontram guarida na Constituição Federal e não podem ser descuidadas seja no momento da escolha do árbitro, seja ao longo de todo o processo arbitral, sob pena de nulidade da sentença.[6] Bem por isso, como se verá mais adiante, a lei exige que a pessoa indicada para funcionar como árbitro deve revelar "qualquer fato que denote dúvida justificada *quanto à sua imparcialidade e independência*".[7]

Evidentemente que o árbitro, assim como o juiz, não é uma máquina. É uma pessoa que traz consigo todo um acervo social, cultural, profissional e quiçá religioso que pode, por vezes, incutir-lhe ideias, conceitos e opiniões próprias sobre aspectos que despontam da disputa para a qual é indicado, ou que possam surgir ao longo do processo. Isso não é exatamente um problema, desde que inexista qualquer risco de parcialidade em relação às partes ou de prejulgamento em relação ao objeto da controvérsia.

Deve o árbitro colocar-se e sentir-se permanentemente equidistante das partes, mesmo nos casos em que uma delas não atue de forma colaborativa, e por vezes se mostre

---

5. MAGALHÃES, José Carlos de. Os Deveres do Árbitro. In: CARMONA, Carlos Alberto; LEMES, Selma Ferreira; e MARTINS, Pedro Batista (Coord.). *20 Anos da Lei de Arbitragem* – Homenagem a Petrônio R. Muniz. São Paulo: Atlas, 2017, p. 227-228.
6. Lei de Arbitragem, Art. 32. É nula a sentença arbitral se; ... VIII – forem desrespeitados os princípios de que trata o art. 21, § 2º, desta Lei.

    Art. 21 ... § 2º Serão, sempre, respeitados no procedimento arbitral os princípios do contraditório, da igualdade das partes, da imparcialidade do árbitro e de seu livre convencimento.
7. Lei 9.307/96, Artigo 14, § 1º.

até agressiva durante o procedimento. Para esse tipo de conduta existem remédios apropriados, como, por exemplo, rateio de custas do procedimento por ocasião da sentença com base não apenas no grau de sucesso da parte, mas por vezes – e até primordialmente – no comportamento dos litigantes. O que não pode é o árbitro desgastar-se com qualquer das partes a ponto de afetar sua indispensável imparcialidade.

Do mesmo modo, não deve o árbitro permitir que sua convicção pessoal se transforme, principalmente nas arbitragens de direito,[8] em um prejulgamento da demanda em função de conceitos preestabelecidos em sua mente. O Artigo 21, § 2º da Lei de Arbitragem consagra o respeito, dentre outros, ao princípio do livre convencimento dos árbitros, e certamente assim deve ser. Tal garantia, porém, não exime o árbitro de, despindo-se de suas convicções pessoais e vaidades, analisar concreta e objetivamente os fatos, valorar adequada e detalhadamente a prova e proferir motivada sentença que resolva *aquela demanda específica* para a qual foi investido na jurisdição.

Os requisitos de independência e imparcialidade estão intimamente relacionados ao dever de revelação do árbitro. Isso porque, no mais das vezes, o reclamo de descumprimento desse dever tem a ver com a descoberta de ato ou fato que, na visão da parte, representaria a ausência desses requisitos. No entanto, mesmo na hipótese de se constatar que o árbitro, de fato, deixou de cumprir o dever de revelação, a anulação da sentença arbitral que tenha sido por ele proferida só deverá ocorrer se houver prova, ou ao menos indícios muito fortes, de que efetivamente a independência e/ou a imparcialidade foram comprometidas no caso concreto, conforme será exposto mais adiante.

2.3.2 Competência e diligência

Como se viu acima, o árbitro deve desfrutar da plena capacidade para praticar os atos da vida civil. Para além desse requisito, o Artigo 13, § 6º da Lei de Arbitragem requer que o árbitro atue com competência e diligência, a que chamamos de qualidades-deveres.

Não se trata de competência no sentido processual, mas verdadeiramente de preparo, conhecimento e habilidade, como bem ressaltam Olavo Augusto Ferreira, Matheus Lins Rocha e Débora Cristina Alves Ferreira:

> O árbitro também deve ter competência para julgar a causa. Vale esclarecer que a palavra 'competência', no parágrafo 6º, não possui o sentido empregado pelo direito processual civil, tendo, em verdade, o sentido de 'habilidade' ou aptidão técnica. Neste sentido, antes de assumir o processamento e julgamento de determinada causa, o árbitro deve verificar se possui conhecimento técnico específico que o torne apto para julgar a demanda.[9]

---

8. Assim entendidas as arbitragens em que inexiste autorização das partes para que os árbitros julguem por equidade (Lei de Arbitragem, Artigo 2º, *caput*, cc. Artigo 11, inciso II).
9. FERREIRA, Olavo Augusto Vianna Alves; ROCHA, Matheus Lins; FERREIRA, Débora Cristina Fernandes Ananias Alves. *Lei de Arbitragem Comentada*. 2. ed. São Paulo: JusPodivm, 2021, p. 254.

O conhecimento técnico específico é um dos motores da eficiência da arbitragem e por isso deve ser bem pensado pelas partes antes da indicação do árbitro e mais ainda por este antes de aceitar o encargo.

Já quanto à *diligência*, é legítima a expectativa das partes acerca da *disponibilidade* do árbitro para inteirar-se e manter-se inteirado de todos os atos e em todas as fases do procedimento arbitral, garantindo-lhe celeridade e eficiência. E que o árbitro o faça de maneira *proativa*.

No Brasil, desde a consolidação da prática da arbitragem há mais de duas décadas, corretamente cobra-se muito das partes e de seus advogados que atuem de boa-fé e espírito de colaboração. Critica-se-lhes, com razão, atitudes protelatórias, manejo inadequado de expedientes (como a impugnação infundada de árbitros), espírito demasiadamente beligerante, formulação deficiente de pleitos e inadequada irresignação diante de decisões definitivas (como o uso abusivo de pedidos de esclarecimentos).

E é muito salutar que assim seja, pois as críticas construtivas configuram elemento essencial para o continuado aprendizado das partes quanto à escolha e à boa contratação da convenção de arbitragem, bem como dos advogados que as representam em procedimentos arbitrais quanto ao correto encaminhamento dos interesses de seus constituintes de forma leal e colaborativa.

Mas voltemos ao tema desse texto, que é a figura do *árbitro*, de quem se espera rigorosamente a mesma obediência aos princípios da boa-fé e da colaboração, que podemos inserir no dever de *diligência* previsto no Artigo 13, § 6º da Lei 9.307/96. Pois aqui também há críticas que precisam igualmente ser enfrentadas de maneira serena e construtiva.

De fato, não é incomum ouvir-se críticas sobre a atuação pálida e meramente reativa de alguns árbitros, que deixam o procedimento correr sem que sejam dadas balizas às partes sobre como veem o desenvolvimento dos pleitos e das provas, quais os fatos que entendem carecer de maiores evidências, ou quais os argumentos que precisam ser melhor debatidos pelas partes.

O resultado, muitas vezes, são (i) julgamentos convertidos em determinação às partes para que realizem novas diligências, causando evidente frustração; (ii) a proliferação exagerada de sentenças parciais que acabam por eternizar o procedimento; ou, ainda pior, (iii) a prolação de sentenças que trazem verdadeiras "surpresas" às partes, que poderiam e deveriam ser evitadas caso os árbitros tivessem atuado de forma mais proativa e transparente na busca, junto às partes, de todos os elementos necessários à formação de seu convencimento. E esse quadro depõe contra os sempre alardeados benefícios da eficiência e celeridade da arbitragem, além de causar insegurança jurídica aos jurisdicionados.

Prazos demasiadamente longos, audiências designadas em datas distantes, delongas na apreciação e decisão de medidas de urgência, quando decorrem de falta de disponibilidade do árbitro, dificuldades de suas agendas ou simples desídia são fatores que não apenas afetam a qualidade do trabalho a que o árbitro se comprometeu a realizar ao firmar o contrato de árbitro com as partes, mas depõem contra a credibilidade do próprio instituto da arbitragem.

Há quem argumente que a atuação proativa do árbitro, auxiliando as partes na apresentação de seus pleitos com o objetivo de assegurar a plena e correta formação de seu convencimento, poderia representar um prejulgamento da demanda ou, ainda pior, beneficiar uma parte em detrimento da outra.

Trata-se de uma interpretação equivocada, que não condiz com a competência e a diligência esperadas do árbitro e com o alto grau de responsabilidade do árbitro de prestar um serviço cujo produto se equipara a uma decisão judicial transitada em julgado. Tampouco condiz com a moderna teoria do processo, que, para além das amarras dos tradicionais modelos adversativo e não adversativo (ou inquisitório), há muito superadas em jurisdições como a inglesa,[10] prestigia o *modelo cooperativo*, incorporado ao nosso Código de Processo Civil[11] exigindo que todos os sujeitos envolvidos, partes, julgadores e auxiliares da justiça, atuem com o objetivo comum de se obter um provimento justo e eficaz.

Na definição de Eduardo Talamini, "trata-se de reconhecer que – em que pesem as posições antagônicas, contrapostas, das partes; em que pese a distinção entre a posição do juiz (autoridade estatal) e das partes (jurisdicionados, sujeitos àquela autoridade) – todos os sujeitos do processo estão inseridos dentro de uma mesma relação jurídica (ou de um complexo de relações) e devem colaborar entre si para que essa relação, que é dinâmica, desenvolva-se razoavelmente até a meta para o qual ela é preordenada (a resposta jurisdicional final)".[12]

O autor lista ao menos quatro deveres de cooperação do juiz:[13] (i) *o dever de esclarecimento* ("cumpre ao juiz esclarecer-se quanto às manifestações das partes: questioná-las quanto a obscuridades em suas petições; pedir que esclareçam ou especifiquem

---

10. "A Inglaterra, até hoje aprisionada ao tradicional sistema adversarial (adversary system), com o juiz passivamente entronado acima das partes rivais, acaba de passar por nós no caminho à modernidade processual: na Part 1 do novo Civil Procedure Rules de 1998 está estabelecido como mais alto princípio que o juiz e as partes devem colaborar para que se alcance o objetivo de um processo justo, correto e econômico. A tarefa do juiz é, agora, "active case management" – isso significa, por exemplo, nos processos mais importantes ter uma case management conference, na qual são discutidos com as partes o curso do processo, as questões a serem esclarecidas sobre os fatos, sobre o direito, sobre as despesas e as possibilidades de um ajuste alternativo do conflito. Que o juiz deve trabalhar para a cooperação das partes está em primeiro lugar de suas obrigações." GREGER, Reinhard. Cooperação como princípio processual. Trad. Ronaldo Kochem. *Revista de Processo*. v. 37, n. 206, p. 123-134. São Paulo, abr. 2012.
11. CPC, Art. 4º As partes têm o direito de obter em prazo razoável a solução integral do mérito, incluída a atividade satisfativa.
    CPC, Art. 5º Aquele que de qualquer forma participa do processo deve comportar-se de acordo com a boa-fé.
    CPC, Art. 6º Todos os sujeitos do processo devem cooperar entre si para que se obtenha, em tempo razoável, decisão de mérito justa e efetiva.
12. TALAMINI, Eduardo. Cooperação no Novo CPC – Primeira-parte: Os deveres do juiz. *Informativo Migalhas*, ed. 1º.09.2015. Disponível em: https://www.migalhas.com.br/depeso/226236/. Acesso em: 11 set. 2022.
13. Idem.

requerimentos feitos em termos mais genéricos e assim por diante); (ii) *o dever de diálogo ou de consulta* ("estaria o juiz afetando sua imparcialidade, por estar adiantando aquilo que pretende decidir em seguida? Não, pelo contrário: ao permitir o debate, está reforçando sua imparcialidade. Mesmo porque, depois de ouvir as partes, pode vir a mudar sua inicial impressão"); (iii) *o dever de prevenção* ("o juiz deve ainda advertir as partes sobre os riscos e deficiências das manifestações e estratégias por elas adotadas, conclamando-as a corrigir os defeitos sempre que possível"); e (iv) *o dever de auxílio ou adequação* ("o juiz deve ajudar as partes, eliminando obstáculos que lhes dificultem ou impeçam o exercício das faculdades processuais").

Se assim é, ao menos teoricamente (já que sabemos das dificuldades dos magistrados diante do excessivo número de processos), na justiça estatal, com muito mais razão devem os árbitros participar ativamente de todos os momentos do processo arbitral, balizando o caminho para que se chegue a um provimento justo, correto, informado, célere e eficiente.

Não se está dizendo, obviamente, que o árbitro deve fazer o trabalho da parte ou de seus advogados, a quem compete, naturalmente, apresentar os fatos e subsumi-los ao direito aplicável, formular adequadamente o pleito e produzir as provas necessárias. O que se defende é que o árbitro não pode e não deve, sob a falsa preocupação de parecer parcial ou tendencioso, deixar de cumprir plenamente o seu papel que assumiu sob o contrato de árbitro.

E o papel do árbitro não é apenas o de conduzir o procedimento dando à parte plena oportunidade de apresentar suas posições, mas sim o de buscar esgotar o seu pleno conhecimento da causa e dar-se por satisfeito com a prova produzida para, então, formar seu livre e sustentado convencimento e proferir a sentença. Colocando de outro modo, o árbitro não tem a obrigação de proferir uma decisão "correta" no mérito, mas tem, sob o contrato de confiança que celebrou com as partes, a obrigação de proferir uma decisão ao fim e ao cabo de uma plena cognição dos fatos e exaustiva valoração da prova, com o mais alto rigor técnico. Uma decisão, nunca é demais lembrar, que será final e inapelável.

Não pode – e principalmente não deve – o árbitro sentir-se impossibilitado de perseguir proativamente todos os elementos necessários à formação de seu convencimento, por conta de receio de ser havido como parcial ou despido de independência. Como visto acima, a imparcialidade toca às partes e não aos seus pleitos. Desde que o árbitro garanta a paridade de armas às partes, a igual oportunidade de apresentarem suas posições e de se manifestarem a modo e tempo devidos sobre as posições da contraparte e, ainda, que não se deixe levar por convicções ou pré-conceitos pessoais a ponto de obnubilar sua capacidade de compreender de forma isenta os fatos e aplicar corretamente o direito, deve o árbitro atuar ativa e cooperativamente para o justo deslinde da controvérsia.

Como afirma Fredie Didier Jr., o modelo de processo cooperativo é o "adequado à cláusula do devido processo legal e ao regime democrático".[14] E os requisitos de competência e diligência só serão cumpridos pelo árbitro se sua atuação se inserir plenamente nesse modelo.

---

14. DIDIER JÚNIOR, Fredie. *Curso de direito processual civil*: introdução ao direito processual civil, parte geral e processo de conhecimento. 22. ed. rev. Salvador: JusPodivm, 2020. v. 1, p. 162.

2.3.3 Discrição

O requisito da discrição do árbitro costuma ser confundido com sua obrigação de garantir a confidencialidade do procedimento. Também é isso, mas não é só isso. Aliás, o dever do árbitro de manter a confidencialidade tem origem na natureza *intuitu personae* do contrato de árbitro, de que nos fala Giovanni Ettore Nanni:

> Com base no quanto exposto, o cerne da atuação do árbitro resta esclarecido, uma vez que respaldado na fisionomia fiducial, centrada na pessoalidade daquele que foi indicado para atuar em determinada disputa. Convergem, nesse fator, as assertivas de que o contrato de árbitro representa pacto de confiança, de natureza intuito personae.[15]

A indicação para atuar como árbitro advém da *confiança* que é a espinha dorsal do contrato de árbitro. Vale dizer que o dever pelo árbitro de manter a confidencialidade *surge* do contrato de árbitro, *independe* da existência ou não de previsão na cláusula compromissória e/ou no regulamento de arbitragem a que ela se reporta, e *precede* o requisito de "discrição" previsto na lei.

A nosso ver, portanto, a discrição constante da lei transcende o tema da confidencialidade e adentra a necessária conduta serena, discreta e respeitosa do árbitro para com todos os envolvidos no processo, dentro e fora "dos autos".

Não se trata, evidentemente, de impor aos árbitros a previsão autoritária e de certo modo anacrônica do Artigo 35, VIII, da Lei Complementar 35, de 14 de março de 1979 (Lei Orgânica da Magistratura Nacional): "São deveres do magistrado: ... VIII – manter conduta irrepreensível na vida pública e particular". Os árbitros são escolhidos pelas partes com base na confiança para o conhecimento e julgamento do caso específico e essa confiança não pode ser abalada por atos ou fatos da vida ou da conduta do árbitro que não afetem diretamente sua imparcialidade e independência para aquele caso.

Não obstante, é preciso estar sempre atento para evitar que a maior informalidade da solução arbitral e a maior proximidade entre partes, advogados e árbitros que a própria natureza privada do instituto proporciona afetem a *percepção de confiança* que deve perdurar por todo o processo arbitral. Não nos esqueçamos que os usuários finais, as partes contratantes da convenção arbitral e que estão com seus interesses sob julgamento, não são obrigadas a entender ou mesmo a conviver com manifestações exageradas dessa informalidade.

É legítimo, por exemplo, que o representante da parte, em uma audiência, sinta-se desconfortável com manifestações opulentas de amizade e compadrio entre o árbitro e o advogado da parte contrária, ou mesmo entre o árbitro e seu próprio advogado, ainda que isso não tenha nada a ver – e na esmagadora maioria dos casos não tem mesmo – com imparcialidade ou falta de independência. Mas o fato é que a cultura do brasileiro

---

15. NANNI, Giovanni Ettore. *Comitê Brasileiro de Arbitragem e a Arbitragem no Brasil* – Obra comemorativa ao 20º aniversário do CBAr. São Paulo: Almedina, 2022, p. 299.

é de historicamente levar seus conflitos para solução por uma autoridade *super et inter partes*, em um ambiente contido e com observância a ritos.

Certo ou errado, essa liturgia reforça na mente do jurisdicionado a sensação de equidistância do julgador em relação às partes que é, sim, um fator psicológico importante para quem está no meio de uma disputa que, muitas vezes, pode representar a recuperação ou a derrocada de seu negócio. Dito em outras palavras, a parte já tem preocupações e inseguranças suficientes com relação ao desfecho da controvérsia e não parece razoável que a elas venha a se acrescentar o desconforto que às vezes lhe é, sim, causado por um ambiente exageradamente informal e casual entre árbitros, advogados, peritos, administradores de instituições e até testemunhas.

O mesmo se diga com relação às aparências "fora dos autos". Não se trata de cortar a convivência social, suspender amizades ou isolar pessoas. Trata-se, simplesmente, da aplicação do bom-senso para se evitar leituras equivocadas, que podem afetar o compreensível componente psicológico que habita a mente dos jurisdicionados leigos: o de que não basta o julgador *ser* imparcial e independente, mas também *parecer* imparcial e independente enquanto ele *está* árbitro naquele caso. Nas sábias palavras de Cândido Rangel Dinamarco: "[é] como a mulher de César: não basta ser honesto, é preciso que [o árbitro] também projete sobre o espírito de todos a certeza de que é honesto".[16]

E isso se obtém exatamente por meio do requisito da *discrição* que a lei impõe ao árbitro.

2.3.4 Dever de revelação

Para que as partes possam avaliar se e em que extensão aquele que é indicado para atuar como árbitro atende aos requisitos e deveres tratados acima, é necessário que tenham conhecimento de toda e qualquer informação relevante para tal avaliação, notadamente no que pertine à imparcialidade e à independência. Daí decorre o dever de revelação do árbitro, previsto no Artigo 14, § 1º da Lei de Arbitragem:

> As pessoas indicadas para funcionar como árbitro têm o dever de revelar, antes da aceitação da função, qualquer fato que denote dúvida justificada quanto à sua imparcialidade e independência.

Desde os primórdios da vigência da Lei de Arbitragem, o dever de revelação do árbitro é tema constante do debate doutrinário no Brasil e, mais recentemente, alvo crescente de decisões do Poder Judiciário. É compreensível que assim seja, haja vista que o sistema legal pensado e aprovado no Brasil, como tratado até aqui, é baseado na confiança das partes no julgador privado escolhido.

Como se disse acima, a confiança é *da* parte *no* árbitro e, portanto, o objetivo da revelação é escoimar qualquer dúvida justificada que *a parte* possa ter acerca da imparcialidade e independência do árbitro. No cumprimento do dever de revelação, é obrigação

---

16. DINAMARCO, Cândido Rangel. *A arbitragem na teoria geral do processo*. São Paulo: Malheiros Editores, 2013, n. 6, p. 29.

do árbitro colocar-se *no lugar da parte*, ou *sob os olhos da parte*, e não se limitar às suas próprias crenças e convicções.

Se considerarmos que o indicado não *será* árbitro, mas *estará* árbitro naquele caso específico, é razoável esperar que cumpra esse dever com desvaidade e desprendimento, sem apego, e busque revelar o máximo possível de informações.

Sem prejuízo, não se deve desconsiderar os riscos que o excesso de informações de somenos importância pode representar ao eficiente e célere processamento da arbitragem, pois pode acabar dando margem a eventuais manobras protelatórias de uma parte que eventualmente queira retardar o processo arbitral. O risco do abuso, porém, não deve coibir o uso; no caso, o bom (e indispensável) uso das mais completas informações prestadas pelo árbitro para que às partes restem inquestionáveis a imparcialidade e a independência do árbitro.

Há, ainda, a preocupação manifestada por alguns autores de que não se pode levar o dever de revelação ao extremo, a ponto de banalizar o conceito de "dúvida justificada" e reduzi-lo ao de "qualquer dúvida" ou "dúvida mínima", o que restringiria sobremaneira as opções de profissionais gabaritados à disposição das partes.

De fato, acertou o legislador ao se referir a "dúvida justificada". Não se trata, porém, de preocupação em não se restringir as opções de árbitros capacitados; a uma, porque pode ser árbitro qualquer pessoa capaz e que desfrute da confiança das partes; a duas, porque felizmente há, em nosso país, uma plêiade de profissionais das mais variadas formações, faixas etárias e especializações que têm disponibilidade, capacidade e interesse em atuar como árbitros em disputas simples ou complexas.

O que efetivamente se deve evitar é o manejo de recusas de árbitros esdrúxulas, baseadas em dúvidas que não se justificam *à luz do caso concreto* para o qual, e nenhum outro, o candidato a árbitro está sendo chamado a atuar. Para subsidiar essa boa prática de separar o joio do trigo, as partes podem, cada vez mais, contar – além do sempre possível preestabelecimento de regras próprias na cláusula compromissória, do que se falará mais adiante – de diretrizes e orientações expedidas e periodicamente revistas por instituições de renome, as chamadas *soft rules*,[17] que contêm exercícios facilitadores para se identificar o que realmente é uma "dúvida justificada".

Recentemente, veio a lume na doutrina a defesa de um certo "dever de investigação" da parte, que imporia à parte o dever de buscar informações que possam lhe ser relevantes para análise da imparcialidade e independência do candidato a árbitro ou, se já no curso do procedimento, do árbitro. Deve-se, porém, ter muito cuidado com o que se pretende impor como "dever" à parte nesse particular.

---

17. Na perspicaz definição de André de Albuquerque Cavalcanti Abbud, *soft law*, em arbitragem, são "o corpo de atos não obrigatórios como diretrizes, protocolos, guias, regras, standards, práticas, códigos de conduta e recomendações, elaborados por órgãos não estatais como associações profissionais, câmaras de comércio e organismos supranacionais, para regular questões do processo arbitral internacional, desde que e na medida em que as partes e os árbitros assim queiram. É um instrumento de autorregulação da arbitragem". *Soft law e produção de provas na arbitragem internacional*. São Paulo: Atlas, 2014, p. 16.

Deve-se recordar que o *dever de revelação*, da maneira e para os fins e efeitos previstos na Lei 9.307/96, é *do árbitro*; frise-se: *exclusivamente seu*. O Artigo 14, § 1º da lei é claro nesse sentido.

E para cumprir fielmente esse dever de revelação, não basta que o árbitro informe às partes apenas os fatos e/ou circunstâncias que sejam do seu conhecimento no momento de sua indicação ou nomeação e que possam, a seu ver, causar dúvida justificada às partes sobre sua imparcialidade e independência. Essa é a primeira, mas nem sempre a única, etapa do dever de revelação.

Deve o árbitro ir além e diligentemente refletir se, dadas as características das partes e/ou do objeto da disputa no caso concreto, podem, além daqueles de seu conhecimento e lembrança imediatos, existir outros fatos ou circunstâncias – dada, por exemplo, sua atuação profissional pretérita – que valha serem levantados para compor o conjunto de informações que será disponibilizado às partes. Essas duas etapas em que se divide o cumprimento de dever de revelação do árbitro são abordadas por Judith Martins-Costa, Giovana Benetti, Rafael Branco Xavier e Pietro Webber:[18]

> Questão tormentosa diz respeito ao dever de revelar as circunstâncias pertinentes à sua [do árbitro] independência e imparcialidade. Um olhar analítico sobre o dever de revelar enseja dois desdobramentos: de um lado, tem-se o dever de comunicar as partes sobre todas as circunstâncias que são do conhecimento do árbitro e que, na sua avaliação, possam gerar dúvida razoável sobre sua independência ou imparcialidade; de outro, há circunstâncias que não são de seu [do árbitro] conhecimento, mas poderiam – ou não – vir a ser conhecidas se realizada investigação. *Pode-se distinguir, assim, entre o dever de revelar propriamente dito e o dever de investigar* (destacamos).

Vê-se, portanto, que o *dever de investigação* se insere no próprio dever de revelação do árbitro, a quem compete, por expressa disposição legal, *colocar-se no lugar da parte* e identificar quais fatos ou circunstâncias – quer sejam do seu imediato conhecimento, quer devam ser objeto de uma investigação por ele, árbitro – podem causar dúvida justificada às partes. Não se espera que o árbitro tenha uma bola de cristal para saber tudo o que poderá passar pela mente das partes, mas exige-se-lhe, sim, que atue com extrema diligência no cumprimento do dever legal de revelação.

Daí porque não é apropriado se falar em um "dever de investigação da parte", que pode levar ao entendimento equivocado, que não tem respaldo na lei, de uma obrigação da parte que se ombrearia ao dever de revelação do árbitro – esse sim emanado da lei e da natureza de fidúcia do contrato de árbitro – como se fosse um contraponto de equivalência ou fator de mitigação. Não é.

Isso não significa, evidentemente, que a parte possa ser negligente com a informação recebida, mormente com intuito de procrastinar ou plantar nulidades. A parte deve

---

18. MARTINS-COSTA, Judith; BENETTI, Giovana; XAVIER, Rafael Branco; WEBBER, Pietro. Deveres e Responsabilidade dos Árbitros: Entre o Status e o Contrato de Investidura. *Arbitragem e Processo* – Homenagem ao Professor Carlos Alberto Carmona. São Paulo: Quartier Latin, 2022, p. 157.

colaborar para que o indicado a árbitro ou o árbitro cumpra o dever de revelação.[19] Essa colaboração, porém, não configura um dever em si; é, sim, um dever colateral de boa-fé e de cooperação imposto aos contratantes em geral, como analisa de maneira impecável Véra Jacob de Fradera em sua excelente monografia "Informar ou não informar nos contratos, eis a questão!"[20]

Desse modo, a parte que indica um árbitro ou que deve analisar a indicação de árbitro pela contraparte ou instituição arbitral tem, sim, como qualquer parte contratante à luz do atual ordenamento jurídico, o ônus de colaborar para que o dever de revelação do árbitro (que seria a "contraparte" no âmbito do contrato de árbitro) seja cumprido de maneira eficaz. E tem a obrigação de manifestar qualquer dúvida ou mesmo motivo para recusar a indicação na primeira oportunidade que tiver para se manifestar.

Ao abordar o tema, Gustavo Tepedino e Rodrigo da Guia Silva referem-se, apropriadamente, ao *ônus* da parte de se informar:

> À luz dessas considerações, parece justificar-se o reconhecimento de que o dever de informar se conjuga diretamente a um *ônus de se informar*. Com isso pretende-se destacar que, em matéria de informação (tal como na generalidade das manifestações do fenômeno obrigacional), tão importante quanto a cooperação do devedor é a cooperação do credor. Incumbe ao credor, dentro das suas concretas possibilidades, o ônus de empreender esforço razoável para a obtenção – ou, ao menos, para a solicitação – das informações necessárias à formação do seu convencimento ou ao desempenho da prestação assumida no bojo do contrato. *Fala-se em ônus para se ressaltar que, embora não se constitua propriamente em dever juridicamente coercitivo, a postura diligente do credor apresenta-se como pressuposto para o legítimo exercício do seu direito à informação.* Com efeito, dificilmente poder-se-ia concluir que age conforme à boa-fé objetiva o credor que deixa de buscar – ou, ao menos, de solicitar – as informações às quais razoavelmente poderia ter acesso sem esforço desmesurado[21] (destacamos).

Essa é, igualmente, a posição dos autores Judith Martins-Costa, Giovana Benetti, Rafael Branco Xavier e Pietro Webber:[22]

> O fato de ser imputado ao árbitro estes deveres não dispensa, de modo algum, o *ônus jurídico das partes* de também agirem para esclarecer dúvidas suscitadas por investigação própria ou oriundas de certa revelação feita pelo árbitro. Inércia não é desculpa. As partes devem questionar as informações recebidas e diligenciar por informações adicionais. Por isso, terão de averiguar as informações fornecidas pelo árbitro no questionário sobre conflitos de interesse preenchido no início do procedimento arbitral. *Trata-se de ônus de investigar e diligenciar – e não necessariamente de dever –* pois

---

19. Conforme Enunciado 92 que integra os Enunciados de Arbitragem e Mediação aprovados na II Jornada de Prevenção e Solução Extrajudicial de Litígios: "Enunciado 92 – Cabe às partes *colaborar com o dever de revelação*, solicitando ao árbitro informações precisas sobre fatos que eventualmente possam comprometer sua imparcialidade e independência. O árbitro não está obrigado a revelar informações públicas". *Revista de Arbitragem e Mediação*, ano 19, v 72, p. 17 (destacamos). São Paulo: Ed. RT.
20. MARTINS-COSTA, Judith; FRADERA Véra Jacob de (Org.). *Estudos de Direito Privado e Processual Civil – Homenagem a Clóvis do Couto e Silva*. São Paulo: Ed. RT, 2014, p. 231.
21. SILVA, Rodrigo da Guia, TEPEDINO Gustavo. Dever de informar e ônus de se informar: A boa-fé objetiva como via de mão dupla. *Informativo Migalhas*, 09.06.2020. Disponível em: https://www.migalhas.com.br/depeso/328590/dever-de-informar-e-onus-de-se-informar--a-boa-fe-objetiva-como-via-de-mao-dupla. Acesso em: 11.09.2022.
22. Op. cit., p. 158.

a consequência será sofrida pelas partes: a falta de investigação e comunicação tempestiva pode conduzir à ineficácia do direito de impugnar o árbitro (destacamos).

Vê-se, pois, que para além de uma mera discussão de semântica, é importante deixar pontuado que o *dever de revelação do árbitro* não se modifica nem se mitiga em função do *ônus jurídico da parte* de agir diligentemente para ser bem-informada. As consequências de eventual descumprimento do primeiro é que podem depender do desempenho do segundo.

O dever colateral de boa-fé traduzido no ônus da parte de colaborar com o árbitro no cumprimento de seu dever de revelação é crucial para se evitar que a parte eventualmente insatisfeita com a sentença arbitral venha, posteriormente, alegar algum ato ou fato para cavar a nulidade do julgado com base na falta de imparcialidade ou independência do árbitro. Aqui, é importante perquirir se tal circunstância levantada a destempo pela parte representou, efetivamente, ausência de qualquer um desses requisitos do árbitro no caso concreto.

Em acórdão de 11 de agosto 2020, a 1ª Câmara Reservada de Direito Empresarial do Tribunal de Justiça de São Paulo, por votação unânime,[23] anulou sentença arbitral por entender que um dos árbitros teria descumprido o dever previsto no acima transcrito Artigo 14, § 1º, ocorrendo, portanto, a hipótese do Artigo 32, VIII, da mesma lei.[24]

No referido julgado, assentou-se que:

> [...] o árbitro é um particular e o vínculo derivado do contrato de investidura ostenta um caráter 'intuitu personae', de maneira que a suspeição pode e deve ser avaliada subjetivamente, como resultado da perda de confiança ensejada pela violação de um dos deveres de conduta peculiares à função.

Com todo respeito e acatamento, o julgado em questão deixou de apreciar se a não revelação – ainda que havida pelos magistrados como descumprimento do dever de revelação – teria, efetivamente, comprometido a imparcialidade ou independência do árbitro no caso concreto, o que nos parece indispensável para autorizar a anulação da sentença arbitral com base no Artigo 32, VIII, da Lei 9.307/96. Nesse sentido, o Enunciado 110 aprovado na já mencionada II Jornada de Prevenção e Solução Extrajudicial de Conflitos:

> Enunciado 110 – A omissão do árbitro em revelar às partes fato que possa denotar dúvida quanto à sua imparcialidade e independência não significa, por si só, que esse árbitro seja parcial ou lhe falte independência, devendo o juiz avaliar a relevância do fato não revelado para decidir ação anulatória.[25]

---

23. Apelação Cível 1056400-47.2019.8.26.0100, São Paulo, Relator Des. Fortes Barbosa, com votos vencedores dos Desembargadores Pereira Calças e Cesar Ciampolini.
24. Art. 32. É nula a sentença arbitral se: ... VIII – forem desrespeitados os princípios de que trata o art. 21, § 2º, desta Lei". O Artigo 21, por seu turno, estabelece em seu parágrafo segundo que "serão, sempre, respeitados no procedimento arbitral os princípios do contraditório, da igualdade das partes, da imparcialidade do árbitro e de seu livre convencimento".
25. Enunciados (op. cit.), p. 19.

Por fim, mas não menos importante, o dever de revelação, assim como o correspondente ônus de colaboração das partes, permanecem durante todo o processo arbitral, como pontua Ricardo Dalmaso Marques:

> E não obstante toda essa fase inicial, o dever de revelação não é estático, pois perdura durante todo o processo arbitral, como também a maioria das leis e regulamentos arbitrais estabelece. Caso surjam fatos novos que demandem revelação, caberá ao árbitro fazê-lo, independentemente da fase processual em que o feito se encontre até o encerramento da jurisdição arbitral. Assim como o árbitro deve ser equidistante durante todo o processo arbitral, nada mais razoável que o direito das partes a informações também seja continuamente assegurado. É o que prevê a Lei 9.307/96 quando diz que o árbitro pode ser impugnado quando "o motivo para a recusa do árbitro for conhecido posteriormente à sua nomeação.[26]

2.3.5 Impedimento e suspeição

Quando se trata dos deveres dos árbitros, a comparação com os do juiz togado é inevitável. Ambos exercem jurisdição, como se depreende do Artigo 18 da Lei de Arbitragem: "O árbitro é juiz de fato e de direito".

Ademais, o Artigo 14 da mesma lei não deixa dúvidas de que ao árbitro e ao juiz aplica-se o mesmo tratamento no tocante ao impedimento e à suspeição:

> Art. 14. Estão impedidos de funcionar como árbitros as pessoas que tenham, com as partes ou com o litígio que lhes for submetido, algumas das relações que caracterizam os casos de impedimento ou suspeição de juízes, aplicando-se-lhes, no que couber, os mesmos deveres e responsabilidades, conforme previsto no Código de Processo Civil.

Não obstante, nem sempre é possível fazer uma equivalência absoluta entre os deveres e responsabilidades do juiz e do árbitro. A arbitragem é um sistema que, apesar da investidura jurisdicional dos árbitros e de algumas claras conexões com o sistema judicial, rege-se por princípios próprios que encontram guarida no basilar princípio da autonomia da vontade das partes, hodiernamente referido como *autonomia privada*.[27] Aos árbitros, impõem-se atribuições até mais amplas, como a da disponibilidade de que falou acima, o que não se aplica ao magistrado pelo princípio do juiz natural.

No caso de impedimento, não só pode como deve o árbitro declinar da indicação. Em caso que possa configurar suspeição, deve a parte "arguir a respectiva exceção diretamente ao árbitro ou ao presidente do tribunal arbitral, deduzindo suas razões e apresentando as provas pertinentes" (Lei de Arbitragem, Art. 15). Se a exceção – em geral referida como *impugnação* – não é acolhida no âmbito do próprio tribunal arbitral, em geral a parte pode requerer a formação de um comitê especial, indicado de acordo com o regulamento institucional de arbitragem adotado, que apreciará o pedido.

---

26. MARQUES, Ricardo Dalmaso. *O Dever de Revelação do Árbitro*. São Paulo: Almedina, 2018, p. 133.
27. "Na verdade, a doutrina do direito privado já não fala mais em autonomia da vontade, mas sim em *autonomia privada*, ou seja, a autonomia da vontade do particular ainda remanesce, mas desde que exercida dentro dos limites impostos pelo sistema jurídico". BERALDO, Leonardo de Faria. *Curso de Arbitragem*. São Paulo: Ed. Atlas, 2014, p. 8.

O árbitro deve manter sua imparcialidade e independência durante toda a arbitragem e, consequentemente, seu dever de revelação persiste por todo o processo arbitral. Da mesma maneira, o direito das partes de arguir o impedimento ou a suspeição dos árbitros não se esvai até a conclusão da arbitragem, desde que fundado em fatos novos ou que, mesmo anteriores, comprovadamente não tenham sido dados ao conhecimento da parte ou lhe tenham sido omitidos sem que a parte tivesse motivos razoáveis de perquiri-los.[28]

2.3.6 Pré-qualificação dos árbitros pelas partes

Como se viu acima, não se pode discordar da máxima de que *a arbitragem vale o que vale o árbitro*. Sem prejuízo, é igualmente verdadeiro que a arbitragem só existe porque e na medida em que as partes a contrataram. A autonomia da vontade das partes é a gênese da arbitragem, manifestada na contratação da convenção de arbitragem através da cláusula compromissória e/ou do compromisso arbitral, conforme o disposto nos Artigos 3º e 4º da Lei 9.307/96:

> Art. 3º As partes interessadas podem submeter a solução de seus litígios ao juízo arbitral mediante convenção de arbitragem, assim entendida a cláusula compromissória e o compromisso arbitral.
>
> Art. 4º A cláusula compromissória é a convenção através da qual as partes em um contrato comprometem-se a submeter à arbitragem os litígios que possam vir a surgir, relativamente a tal contrato.

No momento da contratação, portanto, a autonomia das partes é plena, dentro dos limites da lei. No caso da convenção de arbitragem, podem as partes contratar tudo que o encontro de suas vontades permitir, desde que sejam respeitados os princípios basilares que instruem o processo heterocompositivo de resolução de conflitos.

Tais princípios decorrem dos direitos e garantias fundamentais inscritos no Artigo 5º da Constituição Federal, particularmente os atinentes ao devido processo, e que se encontram refletidos na Lei 9.307/96 na garantia inafastável da autonomia da vontade das partes, da igualdade das partes, do contraditório, da imparcialidade do árbitro e de seu livre convencimento. Acrescente-se, ainda, o princípio da competência-competência, insculpido no Artigo 8º, § 1º da lei especial.[29]

Malgrado a importância do momento da celebração da convenção de arbitragem, no Brasil não se costuma dar a devida atenção à boa negociação e redação da cláusula compromissória. No mais das vezes, o cuidado se limita, além da escolha da sede e da lei aplicável, aos requisitos mínimos para garantir sua validade e eficácia.

Por certo que a existência de excelentes instituições e regulamentos de arbitragem a que as partes podem simplesmente se reportar na cláusula compromissória contribui para que a redação do instrumento seja mais simples e prática. E é bom que seja assim,

---

28. Lei de Arbitragem, Art. 14, §§ 1º e 2º.
29. Lei de Arbitragem, Art. 8º... Parágrafo único. Caberá ao árbitro decidir de ofício, ou por provocação das partes, as questões acerca da existência, validade e eficácia da convenção de arbitragem e do contrato que contenha a cláusula compromissória.

pois, muitas vezes, cláusulas muito extensas e detalhadas se provam contraproducentes em termos de celeridade e eficiência na formação do juízo arbitral.

Sem prejuízo, é salutar que as partes e os advogados que eventualmente as assessoram na contratação do mecanismo de resolução de conflitos sob ou referente a determinado negócio jurídico – notadamente a convenção de arbitragem – debrucem-se com mais acuidade sobre questões importantes como, por exemplo, o perfil do árbitro que almejam para o conhecimento e solução de eventual disputa futura. Afinal, é no momento da contratação que os espíritos estão desarmados e é mais isenta e cooperativa a visão conjunta das partes sobre o tipo de arbitragem que melhor serve à natureza das eventuais controvérsias que podem surgir daquele contrato.

Não se pode fechar os olhos para a realidade de que, por vezes, a parte, já quando da formação do tribunal arbitral, sente-se desconfortável com o árbitro indicado pela parte contrária, ou mesmo com o árbitro escolhido para presidir o painel. No entanto, porque o motivo desse desconforto não se enquadra em previsões legais e/ou regulamentares de suspeição ou impedimento, acaba por aceitá-lo.

Mais adiante, quando do advento de uma sentença que lhe é desfavorável, aquele desconforto invariavelmente volta à mente da parte; ainda que o resultado do julgamento nada tenha a ver (e geralmente não tem mesmo) com esse desconforto, é algo que pode dificultar o convencimento da parte vencida quanto à legitimidade da sentença e prejudicar sua intenção de cumpri-la espontaneamente.

O melhor momento em que as partes devem conversar sobre isso é, exatamente, na contratação da cláusula compromissória. Se assim entenderem apropriado e conveniente, nada lhes impede de inserir determinadas pré-qualificações dos árbitros de modo a afastar todo e qualquer desconforto futuro, o que pode contribuir para reduzir a necessidade de impugnações que, conquanto não se enquadrem exatamente nos critérios legais ou consuetudinários, representam a vontade legítima e autônoma das partes.

Em outras palavras, para além das causas genéricas de impedimento e suspeição previstas no Artigo 14 da Lei 9.307/96, poderão as partes, já na cláusula compromissória, (a) especificá-las e/ou acordar a previsão de outras causas pelas quais qualquer das partes poderá recusar a indicação de árbitro, e/ou (b) estabelecer critérios de pré-qualificação, seja profissional ou pessoal, do árbitro ou árbitros.

As críticas à especificação ou predefinição, na própria cláusula compromissória, dos critérios de revelação e de qualificação que os indicados a árbitro devem atender repousam, em geral, na preocupação de que isso poderia restringir perigosamente o espectro de profissionais aptos a atuar nas disputas que possam surgir. No cenário atual, porém, em que a arbitragem se encontra consolidada no Brasil com grande número de competentes profissionais que já atuam ou têm disponibilidade para atuar como árbitros, essa preocupação não mais se justifica.

As partes têm o direito de, na cláusula compromissória, para além e sem prejuízo da adoção de regulamento institucional preexistente, acordar eficientes requisitos ou critérios adicionais para a escolha de árbitros que, com o evidente cuidado de não inviabilizarem a própria solução arbitral, muito provavelmente evitarão boa parte dos entraves que hoje se veem à formação célere e segura do juízo arbitral.

Nada há de "exótico" em se convencionar uma cláusula compromissória com tais características, desde que preservada sua validade. Pelo contrário, trata-se do mais puro e legítimo exercício do princípio basilar da autonomia da vontade das partes.

3. FORMAÇÃO DO TRIBUNAL ARBITRAL

3.1 Isonomia das partes

Como abordado acima, o Artigo 21, § 2º da Lei 9.307/96 estabelece que "[s]erão, sempre, respeitados no procedimento arbitral os princípios do contraditório, da igualdade das partes, da imparcialidade do árbitro e de seu livre convencimento". Na indicação do árbitro único ou na formação do tribunal arbitral, a igualdade traduz-se na paridade do direito das partes de escolherem árbitros de sua confiança.[30] Todas as partes devem confiar em todos os árbitros; caso contrário, não há arbitragem.

A arbitragem é um processo que se inicia na configuração de um conflito que é posto por uma parte à outra, ou concomitantemente por ambas, para resolução por um árbitro ou por um tribunal arbitral de acordo com o disposto na cláusula compromissória ou compromisso arbitral. Como processo, portanto, desde o primeiro momento há regras, por mínimas que sejam, que devem ser observadas para que o árbitro ou árbitros sejam nomeados e, a partir de então, tenha início a jurisdição arbitral.[31]

Em geral, as regras para nomeação dos árbitros vêm previstas expressamente na cláusula compromissória ou por referência nela feita ao regulamento de uma instituição arbitral, a quem também se delegam poderes administrativos para conduzir a etapa de indicação e nomeação dos árbitros. É o que dispõe o Artigo 5º da Lei 9.307/96:

> Art. 5º Reportando-se as partes, na cláusula compromissória, às regras de algum órgão arbitral institucional ou entidade especializada, a arbitragem será instituída e processada de acordo com tais regras, podendo, igualmente, as partes estabelecer na própria cláusula, ou em outro documento, a forma convencionada para a instituição da arbitragem.

Na grande maioria das contratações em que se prevê que o tribunal será composto por três árbitros, cada parte tem direito a indicar um árbitro e os dois, chamados de coárbitros, indicam conjuntamente o terceiro, que presidirá o painel. Por vezes, a indicação do presidente do tribunal pelos coárbitros conta com a participação, em maior ou menor grau, das próprias partes, sempre em pé de igualdade.

---

30. Lei de Arbitragem, Art. 13. Pode ser árbitro qualquer pessoa capaz e que tenha a confiança das partes. § 1º As partes nomearão um ou mais árbitros, sempre em número ímpar, podendo nomear, também, os respectivos suplentes.
31. Lei de Arbitragem, Art. 19. Considera-se instituída a arbitragem quando aceita a nomeação pelo árbitro, se for único, ou por todos, se forem vários.

3.2 Múltiplas partes

Independentemente do número de partes, *todas elas* têm o igual direito de indicar, direta ou indiretamente, um árbitro, e de se manifestar sobre (e eventualmente impugnar) a indicação dos demais árbitros, seja essa indicação feita pela parte contrária, pelos árbitros inicialmente indicados, ou pela instituição arbitral, sempre de acordo com as regras pactuadas na convenção de arbitragem.

No contexto de uma arbitragem simples para tutela de direitos individuais em que há dois polos e uma única parte em cada um deles, não há qualquer dificuldade e basta que se siga o quanto pactuado pelas partes para a escolha dos árbitros. E mesmo no caso em que um dos polos seja composto por duas partes ou mais e estas, pela convergência de interesses, estejam de acordo em nomear um árbitro, enquanto o outro polo (composto por uma única parte) nomeia um árbitro para que ambos nomeiem o terceiro, não é usual haver qualquer questionamento quanto ao atendimento ao princípio da isonomia das partes.

A dificuldade se apresenta nos casos em que duas ou mais partes que compõem o mesmo polo (em geral, o requerido) da arbitragem têm interesses divergentes entre si e não chegam a acordo quanto à indicação de árbitro, enquanto a parte que figura no outro polo pode nomear árbitro de sua livre escolha. Nesse caso, sequer se pode falar, muitas vezes, em apenas dois polos, tamanha é a divergência entre três ou mais partes.

São várias as situações que, em tese, podem dar origem a arbitragens multipartes com múltiplos interesses, como bem enumera Eduardo Grebler:[32]

> A existência de arbitragens multiparte pode se originar de distintas situações, das quais a mais frequente é aquela que se configura no nascedouro da relação contratual, quando duas ou mais partes signatárias da convenção de arbitragem assumem em conjunto obrigações perante a contraparte do contrato. Em decorrência dessa comunhão de interesses, devem comparecer juntas ao procedimento iniciado pela parte situada no outro polo do processo arbitral, caracterizando-se o litisconsórcio, que pode ser necessário-unitário se a decisão a ser proferida pelo tribunal arbitral houver de alcançar obrigatoriamente essas partes em conjunto.
>
> Formato semelhante pode também se dar quando múltiplas partes signatárias da convenção de arbitragem se situam na posição de contratante ou de contratado, porém com direitos e obrigações contraídos individualmente perante a contraparte do negócio, configurando um litisconsórcio facultativo.
>
> Ao lado dessas, outras situações de arbitragem multiparte se apresentam quando duas ou mais partes, não ligadas desde o início da relação jurídica e signatárias de distintas convenções de arbitragem, se encontram reunidas em um só procedimento arbitral por força da conexidade ou da prejudicialidade. [...]
>
> Outro desenho, ainda, se verifica quando a relação processual se inicia com formato bipolar mas, em momento subsequente, nela intervém um terceiro, cuja relação com uma ou com ambas as partes acarreta seu comparecimento ao procedimento arbitral para responder no polo passivo ou, eventualmente, como autor de um pedido contraposto.

---

32. GREBLER, Eduardo. Nomeação de Árbitros em Arbitragens Multiparte: Questão resolvida?" In: CARMONA, Carlos Alberto, LEMES, Selma Ferreira, MARTINS, Pedro Batista (Org.). *20 Anos da Lei de Arbitragem* – Homenagem a Petrônio R. Muniz. São Paulo: Atlas, 2017, p. 211-213.

Essa variedade de situações mostra o desafio de se compatibilizar a existência de múltiplas partes ao pressuposto do indispensável consentimento de todas elas à escolha dos árbitros, como exige o princípio da isonomia. O mesmo autor lembra, nesse passo, a mudança de perspectiva quanto ao tema causada pelo chamado *Caso Dutco*, no início dos anos 1990. Até então, os regulamentos arbitrais refletiam o entendimento generalizado de que as partes situadas em um só polo deveriam compartilhar a nomeação de um mesmo árbitro; se não o fizessem, considerar-se-ia que essas partes teriam renunciado ao direito de nomear diretamente o árbitro de sua escolha, passando à instituição arbitral a competência para nomear o árbitro em nome das partes que compunham o polo que não havia chegado a um consenso, mantendo-se o árbitro indicado pela outra parte.

Em ação anulatória de sentença arbitral proferida em uma arbitragem CCI travada entre, de um lado, a empresa *Dutco Consortium Construction Co.* e, de outro, as empresas *BKMI Industrie anlagen GmbH e Siemens AG*, a Corte de Cassação francesa, em janeiro de 1992, proferiu decisão em que reconheceu que essa regra, ainda que adotada pelas partes na convenção de arbitragem, violaria o princípio de ordem pública da igualdade das partes.

Com isso, a corte francesa anulou a sentença arbitral proferida por tribunal composto por coárbitro indicado por uma das partes e coárbitro indicado pela Corte da CCI em nome das partes que compunham o outro polo da demanda, a despeito de o regulamento da instituição à época assim permitir.

O resultado foi a alteração do regulamento de grande parte das instituições arbitrais ao redor do mundo, inclusive no Brasil, para inserir previsão de que, na situação retratada acima, pode a instituição arbitral nomear todos os membros do painel, ainda que em detrimento ao direito da parte que indicou diretamente o coárbitro. É o que atualmente se vê, por exemplo, nos Regulamentos de Arbitragem do Centro de Arbitragem e Mediação da Câmara de Comércio Brasil-Canadá – CAM/CCBC (Artigo 4.16), do Centro Brasileiro de Mediação e Arbitragem - CBMA (Artigo 6.1), da Câmara de Conciliação, Mediação e Arbitragem CIESP/FIESP (Artigo 3.1) e da Corte Internacional de Arbitragem da CCI (Artigo 12[8][9]).

A razão dessa posição é explicada por Letícia Barbosa e Silva Abdalla:[33]

> As instituições, em geral, concedem às partes integrantes do mesmo polo a prerrogativa de indicarem um árbitro de comum acordo, mas se não houver consenso nessa indicação ambos os polos perdem o direito à indicação unilateral, e os três integrantes do tribunal arbitral serão indicados pela própria instituição.
>
> A intenção é que todas as partes estejam em igualdade de posições, e que aquelas integrantes de um mesmo polo não sofram de forma desigual as consequências de estarem "do mesmo lado", muitas vezes compulsoriamente e defendendo interesses distintos.

---

33. ABDALLA, Letícia Barbosa e Silva. Processo de escolha e nomeação de árbitro. In: CARMONA, Carlos Alberto, LEMES, Selma Ferreira, MARTINS, Pedro Batista (Org.). *20 Anos da Lei de Arbitragem* – Homenagem a Petrônio R. Muniz. São Paulo: Atlas, 2017, p. 250.

Segundo Yves Derains e Erick A. Schwartz, quando essa regra foi adotada pela CCI, incialmente foi vista com reservas por alguns, por supostamente obstar a autonomia das partes em relação à constituição do tribunal arbitral.

Contudo, esse entendimento foi superado e atualmente se considera que a igualdade entre as partes é o bem maior a ser preservado, mantendo-se a autonomia das partes para definir um procedimento específico na cláusula compromissória, ou para aderir às regras institucionais que lhe sejam mais convenientes.

Não há solução perfeita, mas essa é a que nos parece a mais adequada para garantir o atendimento ao princípio maior da isonomia de todas as partes.

3.3 Arbitragens coletivas

Um dos temas mais palpitantes que se tem debatido na comunidade jurídica brasileira, nos últimos anos, é o da arbitrabilidade em demandas coletivas. O processo coletivo, mesmo judicial, ainda é objeto de um restrito arcabouço legal especial no Brasil, que contrasta com o viés predominantemente individualista do processo civil clássico.

Os avanços no tema, porém, são nítidos. Inspirados principalmente na *class arbitration* reconhecida desde o início dos anos 2000 nos Estados Unidos, diversos autores brasileiros têm se debruçado sobre a viabilidade e aplicabilidade de semelhante solução extrajudicial de conflitos que tocam, de forma coletiva, os interesses de determinada classe ou grupo de indivíduos ou empresas.

Importante passo nesse caminho foi dado em 2001 por meio da Lei 10.303/01, que introduziu o parágrafo terceiro ao Artigo 109 da Lei 6.404/76 ("Lei das S/A"):

> Art. 109. Nem o estatuto social nem a assembleia-geral poderão privar o acionista dos direitos de:
> [...]
> § 3º O estatuto da sociedade pode estabelecer que as divergências entre os acionistas e a companhia, ou entre os acionistas controladores e os acionistas minoritários, poderão ser solucionadas mediante arbitragem, nos termos em que especificar.

Posteriormente, a Lei 13.129, de 25.5.2015, que alterou a Lei de Arbitragem, introduziu o Artigo 136-A na Lei das S/A, pelo qual "[a] aprovação da inserção de convenção de arbitragem no estatuto social, observado o quórum do art. 136, obriga a todos os acionistas, assegurado ao acionista dissidente o direito de retirar-se da companhia mediante o reembolso do valor de suas ações, nos termos do art. 45".

Para fins deste trabalho, importa ressaltar o processo de formação do tribunal arbitral. Como visto nos capítulos anteriores, em uma disputa arbitral entre um número limitado de partes, o fluxo de informações ou "revelações" entre árbitros e partes para fins de aferição, por estas, da imparcialidade e independência daqueles, é relativamente fácil e não apresenta maiores problemas operacionais.

Nos procedimentos arbitrais para tutela de direitos de forma coletiva, porém, o questionamento que se coloca é como conciliar, de um lado, (i) a necessidade de se preservar o direito de cada uma e todas as partes da arbitragem de receber as informações necessárias do candidato a árbitro (ou do árbitro já investido que revele um fato novo no curso do procedimento) para que possa expressar ou não eventual "dúvida justificada" quanto à sua imparcialidade e independência; e, de outro (ii) a dificuldade e por vezes a impossibilidade de se determinar todas as dezenas ou centenas de titulares de direitos tutelados em uma arbitragem coletiva, de modo a que o indicado a árbitro possa avaliar a necessidade e a extensão do cumprimento de seu dever de revelação.

E mesmo logrando-se êxito em se fazer chegar a todos os titulares dos direitos coletivamente tutelados as informações sobre os árbitros, dando-se-lhes a oportunidade de expressar eventual dúvida justificada ou mesmo lançar mão de impugnação à indicação, será necessário acordar mecanismos que flexibilizem ou ao menos deem contornos mais claros à subjetividade que, como visto acima, permeia a relação árbitro-parte.

Um mesmo fato que em uma arbitragem individual entre duas ou pouco mais partes pode ser relevante a ponto de denotar dúvida justificada da parte quanto à imparcialidade e independência do árbitro, pode, no universo de uma arbitragem coletiva, não ter essa relevância ou tê-la tão extremamente dissipada no conjunto de partes que não represente "dúvida justificada" para efeito do Artigo 14, § 1º da Lei de Arbitragem.

À luz da lei brasileira, repita-se, trata-se de uma tarefa dificílima, mas não impossível, que tem dado azo a importantes e ricas reflexões de especialistas na matéria, que discorrem sobre formas de compatibilizar os inafastáveis atributos da imparcialidade e independência do árbitro com a multitude de partes envolvidas em uma demanda coletiva, a exigir uma maior flexibilização da matéria, como se tem posto na doutrina. Como anotam Joaquim Tavares de Paiva Muniz e Bruna Alcino Marcondes da Silveira:[34]

> Isso suscita uma questão: como se aferir a independência e imparcialidade do árbitro, em demanda coletiva com quantidade imensa de partes, muitas das quais com interesse econômico reduzido? Será que as mesmas regras das arbitragens usuais se aplicariam, sob o risco de não se encontrar profissional adequado, ou se deveria adotar interpretação mais flexível desses conceitos?

Evidentemente, por flexibilização não se deve entender um relaxamento da exigência de que o árbitro atue com imparcialidade e independência, atributos intrínsecos do julgador togado ou privado e que não comportam qualquer exceção. Do contrário, o julgamento da causa restará eivado de nulidade.

Em um contrato ou estatuto do qual possam surgir demandas com multitude de partes, o que se pode admitir – e provavelmente esse será o único caminho – é que, consultadas e com a concordância de todas as partes, ao menos daquelas já conhecidas no momento da celebração da convenção de arbitragem, nesta sejam previstos critérios menos restritivos para a aferição da imparcialidade e independência dos árbitros. Essa via nos parece possível porque comungamos da posição de que, à exceção das causas

---

34. MUNIZ, Joaquim Tavares de Paiva, SILVEIRA, Bruna Alcino Marcondes. Arbitragens Coletivas e Interpretação estrita das Regras de Independência e Imparcialidade para a Nomeação dos Árbitros. In: MONTEIRO, André Luís, PEREIRA, Guilherme Setoguti e BENEDUZI, Renato (Coord.). *Arbitragem Coletiva Societária*. São Paulo: Thomson Reuters Revista dos Tribunais, 2021, p. 231-254.

de impedimento com base no Código de Processo Civil, a aparência de imparcialidade e a avaliação da independência do árbitro estão no campo da autonomia privada, como pontua Ricardo Dalmaso Marques:[35]

> Analisando essa premissa sob o ponto de vista dos elementos ditadores da imparcialidade *lato sensu* pelos regulamentos arbitrais e pela doutrina, parece-nos claro que seria, sim, dado às partes renunciar ao direito de determinados elementos inseridos no campo da independência, que é instrumental e serve precípua e unicamente a evitar situações de parcialidade difíceis de se apurar no caso concreto. Por isso, *as partes podem concordar com a atuação de algum julgador que possui ou parece possuir algum tipo de dependência profissional, pessoal, acadêmica ou financeira (fora aquelas que são causas de impedimento), sob a premissa de que, informadas essas relações às partes envolvidas, entendesse-se que poderia ele ser imparcial a despeito de todas elas.* A dependência, por ser mais simples de se aferir, estaria no campo da disponibilidade das partes na arbitragem (destacamos).

O fundamental é que seja respeitada a vontade de todas as partes, tenham elas negociado a convenção de arbitragem individualmente ou por meio de entidade associativa que as represente, quanto aos critérios menos restritivos para a aferição da imparcialidade e independência dos árbitros. Do mesmo modo, partes que ingressem posteriormente na relação contratual devem igualmente concordar com tais critérios, sendo prudente que o façam expressamente, de modo a se evitar futuras impugnações.

Esses critérios menos restritivos devem, por certo, ser discutidos caso a caso, dependendo da natureza da disputa, da expertise técnica que se espera dos árbitros e do universo de partes envolvidas. Os autores Joaquim Muniz e Bruna Silveira fornecem alguns caminhos para que as partes, no caso concreto, estabeleçam critérios menos restritivos como, por exemplo, o da relevância econômica da disputa para esta ou aquela parte. Confira-se:[36]

> Se a causa de possível independência e imparcialidade for relativa ao relacionamento do árbitro com uma parte menos relevante sob o ponto de vista econômico na disputa, que não tenha posicionamento de direção no procedimento arbitral, pode-se defender eventual aceitação de árbitro em situação limítrofe, desde que, claro, se trate de situação que não possa ser enquadrada como causa de impedimento.

O fato é que, diante da perspectiva de surgimento de demandas arbitrais coletivas, deve-se considerar a possibilidade de, em uma futura revisão da Lei de Arbitragem, nela serem inseridos dispositivos sobre a matéria. Sem prejuízo, algumas instituições arbitrais têm feito incluir em seus regulamentos disposições a respeito, o que certamente será de grande valia para a elucidação do tema.

De qualquer forma, bom senso e razoabilidade, aliados à observância do princípio da autonomia privada deverão pautar a negociação da melhor e mais apropriada convenção de arbitragem nos casos que envolvam o conhecimento e solução arbitral de demandas coletivas.

---

35. MARQUES, Ricardo Dalmaso. *O Dever de Revelação do Árbitro*. São Paulo: Almedina, 2018, p. 116.
36. Op. cit., p. 231-254.

3.4 Recusa e exceção

Nos casos em que efetivamente a imparcialidade e a independência do árbitro não estejam presentes, quer porque se verifica o impedimento previsto no Artigo 14, *caput*, da Lei 9.307/96, quer porque são objeto de justificada dúvida de qualquer das partes, conforme disposto nos §§ 1º e 2º do mesmo dispositivo, estabelece o Artigo 20 que a parte que pretender arguir essas questões "deverá fazê-lo na primeira oportunidade que tiver de se manifestar, *após a instituição da arbitragem*".

O texto da lei pode gerar certa confusão, pois, a rigor, a arbitragem só se considera "instituída" após a investidura do árbitro único ou de todos os membros do tribunal, como preconiza o Artigo 19 da Lei 9.307/96. Por uma questão de boa-fé e celeridade, espera-se que a parte já manifeste sua eventual recusa à indicação de árbitros na fase administrativa de instituição da arbitragem que se inicia com o pedido enviado pela parte interessada seja diretamente à outra parte (arbitragens *ad hoc*) ou à instituição eleita na convenção de arbitragem.[37]

Na prática, isso é resolvido pelos regulamentos das instituições arbitrais, que preveem, corretamente, que eventuais recusas e/ou impugnações devem ser manejadas na primeira oportunidade, ainda na fase de escolha dos árbitros. A não ser, claro, que os fatos subjacentes da insurgência sejam posteriores e conhecidos no curso do procedimento, quando a parte deve apresentar sua impugnação tão logo deles tome conhecimento.

Por vezes, o próprio candidato a árbitro ou o árbitro já nomeado sensibiliza-se com a recusa ou exceção apresentada pela parte – que na maioria esmagadora dos casos nada têm a ver com a integridade pessoal do impugnado, mas sim com o contexto específico da disputa – e declina da sua indicação ou renuncia à sua investidura, conforme a fase do processo arbitral.

Outras vezes, a impugnação é processada de acordo com as regras pactuadas e uma decisão é proferida, cujos efeitos obrigam a todas as partes, inclusive e principalmente a parte impugnante nos casos em que a impugnação é rejeitada e o árbitro – ou candidato a árbitro – é confirmado. Deve o processo arbitral, assim, ter regular prosseguimento.

Sem prejuízo, o *direito da parte de não confiar* é irrenunciável, já que a confiança, como visto acima, é um atributo humano com alto grau de subjetividade. Desse modo, conquanto, repita-se, espera-se da parte impugnante que acate a decisão denegatória e prossiga no processo arbitral com espírito de colaboração, isso não poderá ser havido como renúncia ao direito da parte de, ainda que posteriormente por via judicial, vir a buscar a satisfação desse direito. É o que expressamente dispõe o Artigo 20, §2º da Lei 9.307/96:

> § 2º Não sendo acolhida a arguição, terá normal prosseguimento a arbitragem, *sem prejuízo de vir a ser examinada a decisão pelo órgão do Poder Judiciário competente, quando da eventual propositura da demanda de que trata o art. 33 desta Lei* (destacamos).

---

37. Lei de Arbitragem. Artigos 5º e 6º.

3.5 Substituição de árbitro

Nas hipóteses em que (i) o indicado a árbitro escusar-se da aceitação; ou (ii) o indicado que aceitou a nomeação ficar posteriormente impossibilitado de ser investido na jurisdição arbitral, seja por desistência, falecimento ou acolhimento de exceção; ou, ainda, (iii) o árbitro falecer, renunciar ou for afastado no curso do procedimento, assumirá seu lugar o substituto indicado no compromisso, se houver. Na ausência de um substituto anteriormente indicado, aplica-se o regulamento pactuado pelas partes, que em geral prevê que o substituto seja indicado da mesma forma que o substituído.[38]

Em última instância, constatando-se a inviabilidade de nomeação do substituto, pode a parte interessada ajuizar ação específica para esse fim, nos moldes previstos no Artigo 7º da Lei 9.307/96, a não ser que a convenção de arbitragem tenha previsto expressamente a vontade das partes de não aceitar substituto, hipótese em que o prosseguimento da arbitragem ficará prejudicado, devendo as partes socorrer-se ao Poder Judiciário para a integral apreciação e julgamento da disputa.

4. JURISDIÇÃO EXERCIDA PELOS ÁRBITROS E PRESTAÇÃO DE SERVIÇOS

4.1 Natureza jurídica

O Professor Francisco José Cahali nos recorda que a discussão a respeito da natureza jurídica da arbitragem é antiga e enumera as quatro teorias a respeito: "privatista (contratual), jurisdicionalista (publicista), intermediária ou mista (contratual-publicista) e a autônoma".[39] E registra que a adoção de uma ou outra depende, antes, do que se deve entender por jurisdição: se um poder exclusivo do Estado para, por intermédio do Judiciário, reconhecer e aplicar a lei no caso concreto, ou o poder de solucionar a controvérsia independente da qualidade (pública ou privada) do agente que exerce essa atribuição.

Alinhamo-nos, como o autor, ao entendimento de que jurisdição, antes de tudo, é dizer o direito (*jurisdictio, jus dicere*). Nesse sentido, a jurisdição é a expressão de uma das funções essenciais do Estado ligadas à vida e ao desenvolvimento da nação e dos indivíduos que a compõem em busca do *bem comum*, mais precisamente a *função jurídica* que compreende as providências para "disciplinar a cooperação entre os indivíduos e a dirimir os conflitos entre pessoas em geral".[40]

Sem prejuízo, também é função do árbitro, como visto ao longo deste texto, resolver conflitos entre pessoas; não "pessoas em geral", nem conflitos de qualquer natureza, mas *pessoas que o contrataram* para conhecer e decidir determinado conflito de natureza patrimonial, nos limites do quanto contratado.

---

38. Lei de Arbitragem, Artigo 16 e §§ 1º e 2º.
39. CAHALI, Francisco José. *Curso de Arbitragem*. 8. ed. São Paulo: Ed. RT, 2020, p. 129.
40. CINTRA, Antonio Carlos de Araújo; GRINOVER, Ada Pellegrini; DINAMARCO, Cândido Rangel. *Teoria Geral do Processo*. 24. ed. São Paulo: Malheiros Editores, 2008, p. 44.

Nessa linha, e voltando às quatro teorias acima mencionadas, parece-nos que se mostra mais consentâneo com a realidade posta pela Lei 9.307/96 admitir que a arbitragem desfruta de natureza jurídica mista, ou, como prefere Selma Lemes, "híbrida":

> A natureza híbrida, que em nosso entender melhor se coaduna com a arbitragem, ressalta ser ela contratual na fonte, mas jurisdicional no objeto.[41]

A compreensão do caráter híbrido da arbitragem é fundamental para que se delineie corretamente a função do árbitro como juiz e como prestador de serviço privado, como se passará a expor.

4.2 Equiparação do árbitro ao juiz estatal

A figura do juiz, assim entendido como sujeito imparcial do processo, investido de autoridade para dirimir a lide e que, para tanto, coloca-se *super et inter partes*, transformou-se substancialmente ao longo dos séculos. No passado, a função do juiz advinha eminentemente de sua posição na comunidade, seja pela sabedoria, ancianidade ou poderio político e religioso. Já na atualidade, a figura do juiz é fortemente vinculada ao princípio do juiz natural, ou seja, à existência de juízo adequado para o julgamento de determinada demanda, conforme as regras de fixação de competência, proibindo-se juízos extraordinários ou tribunais de exceção constituídos após os fatos.

É o que garante a Constituição Federal de 1988 em seu artigo 5º:

> Art. 5º Todos são iguais perante a lei, sem distinção de qualquer natureza, garantindo-se aos brasileiros e aos estrangeiros residentes no País a inviolabilidade do direito à vida, à liberdade, à igualdade, à segurança e à propriedade, nos termos seguintes:
> [...]
> XXXVII – não haverá juízo ou tribunal de exceção;
> [...]
> LIII – ninguém será processado nem sentenciado senão pela autoridade competente.

No mesmo sentido, o Artigo 8º da Convenção Americana de Direitos Humanos – da qual o Brasil é signatário[42] – preceitua que todo indivíduo tem o direito de ser ouvido por um "juiz ou tribunal competente, independente e imparcial, estabelecido anteriormente pela lei".

O juiz natural tradicionalmente é aquele que exerce, nos diferentes graus e instâncias, o monopólio estatal da jurisdição, onde o magistrado se insere por meio dos poucos e legalmente estabelecidos critérios de investidura, dentre os quais se destaca o concurso

---

41. LEMES, Selma, apud CAHALI, Francisco José, op. cit., p. 131.
42. Conforme Decreto 678, de 6 de novembro de 1992, que "promulga a Convenção Americana sobre Direitos Humanos (Pacto de São José da Costa Rica), de 22 de novembro de 1969".

público. Não há escolha direta e pontual do julgador pelos titulares dos interesses em conflito, já que o Estado lhes substitui para, imparcialmente e com base nas regras de competência, apontar a autoridade que dirimirá a disputa.

Já a arbitragem, como visto, tem natureza híbrida, mas nem por isso menos relevante, pois o árbitro exerce, sim, jurisdição nos limites e para os fins previstos na convenção de arbitragem contratada pelas partes, jurisdição essa que nasce no mundo jurídico "quando aceita a nomeação pelo árbitro, se for único, ou por todos, se forem vários".[43] Nesse momento, o árbitro se torna "juiz de fato e de direito", conforme previsto no Artigo 18 da Lei de Arbitragem:

> Art. 18. O árbitro é juiz de fato e de direito, e a sentença que proferir não fica sujeita a recurso ou a homologação pelo Poder Judiciário.

Em comentário a esse dispositivo da Lei de Arbitragem, Hermes Marcelo Huck e Rodolfo da Costa Manso Real Amadeo lembram que a expressão "juiz de fato e de direito" não é novidade em nosso ordenamento e por vezes dá azo a discussões. Mas reconhecem o claro propósito do legislador:

> A expressão 'juiz de fato e de direito' vem – de há muito – vinculada à arbitragem no direito brasileiro, figurando em diversos diplomas legais que trataram anteriormente da matéria. A busca de seu significado e consequências, contudo, não resulta tão claro, dando ensejo a discussões.
>
> ...
>
> Deixando de lado qual tenha sido o preciso significado que o legislador buscou atribuir à expressão que já vinha sendo utilizada na legislação pretérita, o que se tem claro é que, no sistema da Lei 9.307/1996, o fato de caracterizar o árbitro como 'juiz de fato e de direito' e isentar a sentença por ele proferida de qualquer controle recursal ou homologatório pelo Poder Judiciário significa atribuir ao árbitro cognição plena, exauriente e definitiva tanto em ralação às questões de fato, quanto em relação às questões de direito que lhe são submetidas pelas partes.[44]

O árbitro, portanto, é juiz. Não o juiz natural cuja investidura decorre da jurisdição como uma das funções do Estado, mas sim o juiz contratado, cuja investidura decorre da vontade expressa das partes, quando presentes os requisitos da arbitrabilidade subjetiva e objetiva.

O fato de ter sua investidura jurisdicional decorrente de negócio jurídico entabulado pelas partes não subtrai do árbitro a mesma autoridade e responsabilidade do juiz natural togado, conquanto não desfrute aquele dos poderes coercitivos – notadamente os de polícia – para os quais necessita do Poder Judiciário. Pelo contrário, do árbitro se espera, conforme detalhado acima, para além da posição *super et inter partes* de julgador, conhecimento técnico especializado para conhecer da matéria subjacente à disputa, haja vista que sua decisão será definitiva e não sujeita a recurso.

---

43. Lei de Arbitragem, Artigo 19.
44. HUCK, Hermes Marcelo, AMADEO, Rodolfo da Costa Manso Real, Árbitro: Juiz de Fato e de Direito. *Revista de Arbitragem e Mediação*. ano 11, v. 40, p. 183-185. São Paulo: Ed. RT, jan.-mar. 2014.

4.3 O árbitro como prestador de serviços

Além de juiz de fato e de direito no e para o caso concreto, com a autoridade e os deveres emanados da lei vistos acima, o árbitro é, também, um prestador de serviços sob as normas do direito privado. A origem contratual da jurisdição que exerce qualifica o árbitro como prestador de serviço com direitos e obrigações decorrentes do contrato de árbitro celebrado com as partes. Na definição, que ora se repete, de Mariana Gofferjé Pereira:[45]

> O contrato entre o árbitro e as partes consiste no ajuste, expresso ou tácito, por meio do qual o árbitro se obriga a proferir uma sentença arbitral final e vinculante, que ponha termo à disputa entre as partes, mediante remuneração pela atividade desempenhada. Trata-se de um acordo de vontades que se forma toda vez que as partes de um litígio escolhem livremente entre o universo de pessoas capazes e de sua confiança quem será o árbitro, isto é, quem adjudicará a disputa existente entre elas, recebendo, para tanto, os honorários correspondentes.

O árbitro tem o direito de ser remunerado pelo serviço prestado, bem como o de ser respeitado em sua função e acatado em suas decisões. Em contrapartida, a obrigação do árbitro é a de, cumprindo os deveres que lhe são impostos, proferir uma sentença que encerre definitivamente a disputa entre as partes e que constitua um título que reúna todas as condições para ser imediatamente executado por qualquer das partes em caso de não cumprimento espontâneo.

Trata-se de uma prestação de serviços de excelência, não no sentido de perfeição ou infalibilidade (inatingíveis), mas de extremo cuidado técnico e jurídico, já que o produto final entregue aos contratantes será uma sentença definitiva, não sujeita a recurso. A qualidade da sentença deve, portanto, estar à altura da enorme repercussão que terá na esfera pessoal e patrimonial das partes, notadamente na da que for vencida.

Como prestador de serviço de tamanha envergadura, o árbitro não está obrigado a decidir desta ou daquela maneira, mas está obrigado a decidir bem, após a formação de seu convencimento. Esse convencimento do árbitro não pode e não deve ficar guardado para si. Deve, isso sim, restar plenamente exposto, explicado e motivado na sentença arbitral, de modo a convencer as partes da justiça da decisão. Daí a importância da qualidade – cuja régua é altíssima – da sentença arbitral, como produto de uma prestação de serviços tão relevante.

4.4 Responsabilidade civil e penal do árbitro

Por ser mista a função do árbitro (contratual na origem e jurisdicional no objeto), o tema de sua responsabilidade civil tem sido objeto de interessante discussão, já que a Lei 9.307/96 não tem disposição específica a respeito, além do quanto disposto no Artigo 14, parte final, quanto à equiparação, *no que couber*, das responsabilidades de juízes e árbitros.

---

45. Op. cit., p. 229-230.

Como juiz, é inquestionável que o árbitro desfruta da imunidade própria de quem atua investido de jurisdição. No exercício do poder jurisdicional em que é investido, o árbitro responde civilmente por perdas e danos na mesma extensão em que respondem os magistrados, ou seja, quando proceder *com dolo ou fraude*, ou quando, após ser devidamente notificado pela parte, "recusar, omitir ou retardar, sem justo motivo, providência que deva ordenar de ofício ou a requerimento da parte".[46]

E nem poderia ser diferente, pois se trata do *status* de julgador "que leva à garantia da imunidade de que o árbitro deve dispor para o exercício de sua missão, sendo essa uma garantia indispensável para que tenha a tranquilidade necessária para resolver a disputa".[47]

Desse modo, não pode o árbitro ser responsabilizado civilmente por *errores in judicando*, ou mesmo por motivação pífia ou aplicação equivocada do direito. Nesses casos, como afirma Francisco José Cahali, "devem assumir as partes, diante de uma sentença com poucos méritos, a sua responsabilidade pela inadequada escolha dos árbitros".[48]

A divergência entre os doutrinadores surge quando se apura o ato antijurídico praticado pelo árbitro não no âmbito do exercício da jurisdição como juiz de fato e de direito, mas no âmbito do contrato de árbitro, ou seja, da prestação do serviço de proferir uma sentença não necessariamente correta, mas *válida*, assim entendida aquela proferida (a) por quem, efetivamente, podia ser árbitro, (b) em atendimento aos requisitos previstos no Artigo 26 da Lei 9.307/96; (c) dentro dos limites da convenção de arbitragem; (d) dentro do prazo previsto no regramento aplicável; e (e) em consonância com os princípios do contraditório, da igualdade das partes, da imparcialidade do árbitro e de seu livre convencimento.

Conquanto incomum, pode ocorrer que algum desses elementos essenciais não tenha sido atendido por ato ou omissão do árbitro, tornando a sentença nula. Se constatada, no âmbito da ação própria, que a antijuricidade desse ato ou omissão decorre de descumprimento culposo, pelo árbitro, de dever e/ou obrigação contratual intrínseca ao contrato de prestação de serviços de árbitro, e não do exercício de suas funções judicantes, não há por que ser afastado, *ab initio*, o regime da responsabilidade civil subjetiva que é a regra geral do Código Civil brasileiro

Quando o legislador quis conferir tratamento especial a determinada função, isentando-a das regras gerais da responsabilidade civil ou provendo-lhe uma quitação, fê-lo de forma expressa, como é o caso, por exemplo, do efeito liberatório do *quitus* dado aos administradores das sociedades anônimas pela Lei 6.404/1976; aliás, bastante criticado por renomados autores.[49]

---

46. CPC, Artigo 143, I e II.
47. MARTINS-COSTA Judith; BENETTI, Giovana; XAVIER, Rafael Branco; WEBBER, Pietro, Op. cit., p. 163.
48. Op. cit., p. 243.
49. Ver ADAMEK, Marcelo Vieira Von, *Responsabilidade Civil dos Administradores*: Causas Extintivas. São Paulo: Saraiva, 2009, p. 248-253.

Não é o que faz a Lei 9.307/96, que não contém qualquer disposição expressa sobre imunidade plena dos árbitros, a ponto de isentá-los da responsabilidade subjetiva prevista na lei civil também no contexto do contrato de árbitro firmado com a parte.

Como visto, há apenas referência, ao final do Artigo 14 da Lei de Arbitragem, à equiparação dos árbitros aos juízes, "quando couber", quanto às suas responsabilidades, mas isso não confere imunidade plena aos árbitros. O Artigo 18, também já mencionado, define que o árbitro é juiz de fato e de direito, mas, aqui também, não se extrai imunidade ampla ao árbitro, apenas aquela decorrente do exercício de suas funções judicantes, pelo qual respondem os árbitros, assim como os juízes, tão somente por dolo, sobre o que não há discussão.

Assim, entendemos que, em sua atuação como prestador de confiança de serviços à parte, pode o árbitro, sim, sujeitar-se eventualmente a responder por atos ou omissões antijurídicas no âmbito do contrato de árbitro, segundo o regramento da responsabilidade civil, que envolve o dolo e a culpa. Caso contrário, estar-se-ia condenando a parte que for prejudicada por inadimplemento culposo do árbitro de suas obrigações sob o contrato de árbitro a simplesmente não poder reclamar o ressarcimento que a lei civil lhe assegura. Algo, diga-se, que a mais autorizada doutrina rechaça até mesmo no âmbito do Poder Judiciário ao defender, ainda que poucas sejam as decisões e em geral associadas ao direito penal, a responsabilidade do Estado perante o jurisdicionado que sofre prejuízos por *errores in procedendo* dos magistrados.

Não há dúvida de que se trata de um tema sensível, mormente em razão da linha tênue entre a responsabilidade do árbitro como juiz e aquela decorrente do contrato de árbitro. Isso porque, em muitos casos, é difícil distinguir se o ato antijurídico praticado ou a omissão incorrida pelo árbitro está inserida no componente judicante, que corretamente lhe confere a mesma imunidade dos magistrados, ou no componente contratual de sua atuação perante as partes.

Esse, aliás, é um dos argumentos invocados pelos que defendem que o árbitro deve ser responsabilizado, em qualquer circunstância de sua atuação, apenas e tão somente em caso de dolo.

Não nos parece, porém, pelas razões expostas, que a eventual dificuldade de distinguir, de um lado, os *atos judicantes* e, de outro, os *atos sob o contrato de* árbitro tenham o condão de "estender" a imunidade de um lado a outro. Na prática, essa dificuldade pode resultar, o que é plenamente razoável, que apenas nos casos de *culpa grave* acabará ocorrendo a responsabilização do árbitro no âmbito de suas obrigações contratuais; ainda assim, como contratado para a prestação de um serviço, não há por que simplesmente isentá-lo da regra geral da responsabilidade civil há muito estabelecida em nosso ordenamento jurídico.

De igual forma, conquanto seja compreensível a preocupação de quem quer atuar como árbitro, não nos parece que a aplicação justa da lei possa levar a que árbitros capacitados passem a recusar indicações por receio de comprometimento de seu patrimônio pessoal.

A uma, porque, a princípio, não se deve analisar uma questão eminentemente jurídica a partir do resultado prático de sua aplicação. A duas, porque não existe a "profissão de árbitro", mas sim atuações pontuais decorrentes de convites feitos por partes interessadas a pessoas dentre um universo cada vez maior de profissionais aptos a exercer a função de árbitro. A três, porque sempre será possível contratar limites de responsabilidade, ou mesmo seguros profissionais (como é comum, por exemplo, entre os médicos).

Apenas se impõe a aplicação justa e correta da lei, de modo a não se comprometer o instituto da arbitragem pela responsabilização indevida de árbitros, assim como a não subtrair da parte eventualmente lesada por conduta antijurídica do árbitro o direito a indenização, o que também poderia acabar comprometendo a credibilidade do instituto.

Por fim, com relação à responsabilidade penal do árbitro, estabelece o Artigo 17 da Lei 9.307/96 que "os árbitros, quando no exercício de suas funções ou em razão delas, ficam equiparados aos funcionários públicos, para os efeitos da legislação penal". A intenção, aqui, é de proteção às partes nos casos de crimes contra a administração pública, como concussão, corrupção e prevaricação. E também de proteção aos árbitros nos casos de crimes praticados contra funcionários públicos, como por exemplo, corrupção ativa e desobediência.[50]

CONCLUSÃO

Falar do árbitro é falar da própria arbitragem. É na figura do árbitro que as partes depositam a confiança de lhe colocar nas mãos o poder de decidir causas que muitas vezes representam a sobrevivência de seu negócio ou a recuperação de um alto prejuízo.

Bem por isso, e em um exercício de resumo do que se expôs ao longo deste trabalho, do árbitro se espera que atue com independência e imparcialidade, sempre de acordo com os princípios éticos que regulam as relações humanas em geral e as de prestação jurisdicional, seja administrativa, judicial ou arbitral, em particular.

A esses atributos (deveres) do árbitro, a lei ainda acrescenta os da competência, diligência e discrição. A competência, para além do conhecimento da matéria litigiosa, inclui condição fundamental de que o profissional deve usufruir no momento de assumir a função de árbitro: disponibilidade, não apenas de tempo, mas de dedicação pessoal ao caso.

A discrição, por sua vez, para além do respeito à confidencialidade (seja esta acordada ou não no caso concreto), implica o respeito mínimo a uma certa liturgia da função de julgador, para que se evitem situações muitas vezes constrangedoras como, por exemplo, manifestações explícitas de compadrio e amizade entre árbitros e patronos das partes (ou ainda pior, de uma das partes) em audiências, principalmente na presença destas, confundindo-se informalidade com falta de sensibilidade.

---

50. CAHALI, Francisco José. Op. cit., p. 241.

Não menos importante, a diligência é o que toca o dever de revelação do árbitro. Entre outros pontos, engloba o cuidado daquele que se dispõe a ser árbitro de se colocar no lugar da parte e, em seguida, como se fosse um observador neutro e atento às boas práticas e aos melhores costumes, antecipar e avaliar a necessidade ou ao menos a conveniência de trazer a lume quaisquer fatos que possam gerar dúvidas justificadas à parte sobre aqueles dois primeiros atributos, o da imparcialidade e o da independência.

Na aferição da imparcialidade e independência do árbitro, espera-se que a parte, por seu turno, atue de forma colaborativa e sem qualquer tipo de reserva mental, o que implica não um "dever de investigação" como contraponto ou mesmo mitigador do dever legal e contratual de revelação do árbitro, mas o dever colateral de atuar com boa-fé de modo a não causar, deliberada ou negligentemente, situações de risco à integridade do processo arbitral, como o abuso do direito de recusar indicações ou, pior ainda, o manejo a destempo de impugnações oportunistas.

A natureza híbrida da arbitragem, contratual na origem e jurisdicional no objeto, impõe àquele que aceita o encargo de atuar como árbitro e pelo qual é remunerado na forma que livremente pactuou, as responsabilidades de julgador e de prestador de serviços. No primeiro caso, coberto pela mesma imunidade de que desfrutam os magistrados quanto à responsabilidade de seus atos jurisdicionais, limitada à conduta dolosa ou descumprimento flagrante, após devida notificação, de prazos fundamentais do processo. No segundo caso, sujeito ao regramento geral da responsabilidade civil, sempre com extremo rigor técnico na aferição da eventual culpa, de modo a evitar o comprometimento da própria função de julgar.

O ÁRBITRO SERVE À PARTE

A arbitragem vale o que vale o árbitro, mas a arbitragem só existe em função das partes e para que lhes seja prestado, em grau de excelência, o serviço de resolução definitiva da disputa relevante.

O papel das partes no processo arbitral não pode ser relevado a qualquer plano que não seja o do *protagonismo*, pois elas serão as titulares dos direitos constituídos pela sentença arbitral final, as detentoras do instrumento equivalente ao título com força judicial (executiva, quando condenatório) que resultar do processo arbitral. É esse o norte que deve guiar todos os participantes do processo: partes, árbitros e instituições administradoras, no esforço para que a sentença a ser proferida não acabe sujeita a uma ação anulatória que só será definitivamente decidida anos depois, geralmente nas instâncias superiores.

Em especial, devem os árbitros, e também os candidatos a árbitro, despir-se de suas próprias visões e opiniões pessoais, principalmente as de cunho acadêmico e doutrinário, para imbuir-se de maior *senso prático* para o alcance de uma sentença que seja imediatamente exequível pelas partes.

Desde que não conspurque seu livre convencimento quanto ao mérito da disputa, o árbitro deve buscar pautar a condução *do processo arbitral* com atenção ao quanto vem sendo decidido, especialmente pelos tribunais estaduais, quanto a *aspectos processuais* da arbitragem. Ainda que os árbitros não concordem, do ponto de vista acadêmico ou doutrinário, com determinada jurisprudência, devem ter o desprendimento de buscar acatá-la em consideração às partes, que contrataram a prolação de uma sentença que seja exequível *de imediato*, e não apenas depois de anos de tramitação de uma ação anulatória que em geral alcança os tribunais superiores.

É legítimo, por ser típico do estado de direito, que advogados, árbitros, doutrinadores e demais atores da prática arbitral busquem readequar essa ou aquela jurisprudência dos tribunais, quando estes exercem sua função de controle de legalidade das sentenças arbitrais, com a qual estejam discordantes. O caminho para tanto, porém, é o diálogo, a interação acadêmica e profissional, e não por meio de enfrentamento em casos concretos à custa das partes, notadamente a vencedora do processo arbitral, que poderá amargar anos de disputa judicial ao cabo de um processo arbitral que acreditara ser eficiente.

Que o árbitro jamais seja como o médico descrito por Piero Calamandrei em seu agradável "Eles, os Juízes, vistos por um Advogado":[51]

> Havia um médico que, quando era chamado à cabeceira de um enfermo, em vez de se pôr a observá-lo e a ouvi-lo pacientemente para diagnosticar seu mal, começava declamando certas dissertações filosóficas sobre a origem metafísica das doenças, que segundo se dizia, demonstravam serem supérfluas a auscultação do paciente e até mesmo a tomada da temperatura. Os parentes que esperavam o diagnóstico em torno da cama ficavam pasmos com tamanha sabedoria; e o doente, algumas horas depois, morria tranquilamente.

É nesse sentido que afirmamos que o árbitro, detentor da autoridade de julgador e a quem se deve o acatamento correspondente, *serve à parte*.

BIBLIOGRAFIA

ABBUD. André de Albuquerque Cavalcanti. *Soft law e produção de provas na arbitragem internacional*. São Paulo: Atlas, 2014.

ABDALLA, Letícia Barbosa e Silva. Processo de escolha e nomeação de árbitro. In: CARMONA, Carlos Alberto, LEMES, Selma Ferreira, MARTINS, Pedro Batista (Org.). *20 Anos da Lei de Arbitragem* – Homenagem a Petrônio R. Muniz. São Paulo: Atlas, 2017.

ADAMEK, Marcelo Vieira Von. *Responsabilidade Civil dos Administradores*: Causas Extintivas. São Paulo: Saraiva, 2009.

APELAÇÃO CÍVEL 1056400-47.2019.8.26.0100, São Paulo, Relator Des. Fortes Barbosa.

BERALDO, Leonardo de Faria. *Curso de Arbitragem*. São Paulo: Atlas, 2014.

CAHALI, Francisco José. *Curso de Arbitragem*. 8. ed. São Paulo: Ed. RT, 2020.

CALAMANDREI, Piero. *Eles, os Juízes, vistos por um Advogado*. São Paulo: Martins Fontes, 2019.

CARMONA, Carlos Alberto. *Arbitragem e Processo*. 2. ed. São Paulo: Atlas, 2004.

---

51. CALAMANDREI, Piero, *Eles, os Juízes, vistos por um Advogado*. São Paulo: Martins Fontes, 2019, p. 108.

CINTRA, Antonio Carlos de Araújo; GRINOVER, Ada Pellegrini; DINAMARCO, Cândido Rangel. *Teoria Geral do Processo*. 24. ed. São Paulo: Malheiros Editores, 2008.

DIDIER JÚNIOR, Fredie. *Curso de direito processual civil*: introdução ao direito processual civil, parte geral e processo de conhecimento. 22. ed. rev. Salvador: JusPodivm, 2020. v. 1.

DINAMARCO, Cândido Rangel. *A arbitragem na teoria geral do processo*. São Paulo: Malheiros Editores, 2013. n. 6.

FERREIRA, Olavo Augusto Vianna Alves; ROCHA, Matheus Lins; FERREIRA, Débora Cristina Fernandes Ananias Alves. *Lei de Arbitragem Comentada*. 2. ed. São Paulo: JusPodivm, 2021.

GREBLER, Eduardo. Nomeação de Árbitros em Arbitragens Multiparte: Questão resolvida?" In: CARMONA, Carlos Alberto, LEMES, Selma Ferreira, MARTINS, Pedro Batista (Org.). *20 Anos da Lei de Arbitragem* – Homenagem a Petrônio R. Muniz. São Paulo: Atlas, 2017.

GREGER, Reinhard. Cooperação como princípio processual. Trad. Ronaldo Kochem. *Revista de Processo*. v. 37, n. 206. São Paulo, abr. 2012.

HUCK, Hermes Marcelo, AMADEO, Rodolfo da Costa Manso Real, Árbitro: Juiz de Fato e de Direito. *Revista de Arbitragem e Mediação*. ano 11, v. 40. São Paulo: Ed. RT, jan./mar. 2014.

MAGALHÃES, José Carlos de. Os Deveres do Árbitro. In: CARMONA, Carlos Alberto; LEMES, Selma Ferreira; e MARTINS, Pedro Batista (Coord.). *20 Anos da Lei de Arbitragem* – Homenagem a Petrônio R. Muniz. São Paulo: Atlas, 2017.

MARQUES, Ricardo Dalmaso. *O Dever de Revelação do Árbitro*. São Paulo: Almedina, 2018.

MARTINS-COSTA Judith; BENETTI, Giovana; XAVIER, Rafael Branco; WEBBER, Pietro. Deveres e Responsabilidade dos Árbitros: Entre o Status e o Contrato de Investidura. *Arbitragem e Processo* – Homenagem ao Professor Carlos Alberto Carmona. São Paulo: Quartier Latin, 2022.

MARTINS-COSTA, Judith; FRADERA Véra Jacob de (Org.). *Estudos de Direito Privado e Processual Civil* – Homenagem a Clóvis do Couto e Silva. São Paulo: Ed. RT, 2014.

MUNIZ, Joaquim Tavares de Paiva, SILVEIRA, Bruna Alcino Marcondes. Arbitragens Coletivas e Interpretação estrita das Regras de Independência e Imparcialidade para a Nomeação dos Árbitros. In: MONTEIRO, André Luís, PEREIRA, Guilherme Setoguti e BENEDUZI, Renato (Coord.) *Arbitragem Coletiva Societária*. São Paulo: Thomson Reuters Revista dos Tribunais, 2021.

NANNI, Giovanni Ettore. *Comitê Brasileiro de Arbitragem e a Arbitragem no Brasil* – Obra comemorativa ao 20º aniversário do CBAr. São Paulo: Almedina, 2022.

PEREIRA, Mariana Gofferjé. O Contrato entre o Árbitro e as Partes no Direito Brasileiro. *Revista de Arbitragem e Mediação*, ano 17, v. 65, São Paulo: Ed. RT, abr./jun. 2020.

SILVA, Rodrigo da Guia, TEPEDINO Gustavo. Dever de informar e ônus de se informar: A boa-fé objetiva como via de mão dupla, *Informativo Migalhas*, 09.06.2020. Disponível em: https://www.migalhas.com.br/depeso/328590/dever-de-informar-e-onus-de-se-informar--a-boa-fe-objetiva-como-via-de-mao-dupla.

TALAMINI, Eduardo. Cooperação no Novo CPC – Primeira-parte: Os deveres do juiz *Informativo Migalhas*, ed. 1º.09.2015. Disponível em: https://www.migalhas.com.br/depeso/226236/. Acesso em: 11 set. 2022.

XVI
OS ÁRBITROS II: PODERES E DEVERES, RESPONSABILIDADE E REMUNERAÇÃO

Rodrigo Garcia da Fonseca

Presidente do Centro de Arbitragem e Mediação da Câmara de Comércio Brasil-Canadá (CAM-CCBC). Secretário-Geral da Comissão de Arbitragem da OAB/RJ. Advogado. Sócio de Fonseca e Salles Lima Advogados Associados (www.fsla.com.br). rodrigo@fsla.com.br.

Sumário: Introdução – 1. Poderes, deveres e direitos dos árbitros: considerações iniciais; 1.1 Dever de revelação; 1.2 Dever de diligência; 1.3 Dever de discrição; 1.4 Poder-dever de proferir sentença válida e eficaz; 1.5 Poder-dever de decidir sobre a própria competência; 1.6 Poder-dever de invocar a cooperação da jurisdição estatal; 1.7 Poderes-deveres instrutórios; 1.8 Poderes-deveres de integração da convenção arbitral; 1.9 Direitos dos árbitros – 2. Responsabilidade dos árbitros – 3. Remuneração dos árbitros – 4. Formas de manifestação dos árbitros (ordem processual, sentença arbitral parcial, final, complementar e medidas de urgência). – Comentários finais – Bibliografia e julgados selecionados.

INTRODUÇÃO

Como explicita a Lei Brasileira de Arbitragem (Lei 9.307/96), o árbitro (ou o Tribunal Arbitral) é juiz de fato e de direito, e a sentença condenatória que profere constitui título executivo judicial.[1]

A princípio, a sentença arbitral não pode ser revisada pelo Poder Judiciário em razão do seu mérito. O *error in judicando* não afeta a validade da sentença arbitral, apenas o *error in procedendo* pode ter tal efeito, como se verifica, na Lei Brasileira de Arbitragem, nas hipóteses de anulação da sentença contempladas no art. 32.[2]

Como se abordará com mais profundidade adiante, a missão primordial do árbitro, ao fim e ao cabo, é proferir uma sentença válida e exequível, que resolva em definitivo o litígio posto a julgamento. É julgar a causa segundo o seu melhor entendimento, solucionando a lide em caráter final, na medida em que o seu julgamento não está sujeito a

---

1. Lei 9.307/96, arts. 18 e 31.
2. Vide FONSECA, Rodrigo Garcia da. Impugnação da Sentença Arbitral. In: CARMONA, Carlos Alberto; LEMES, Selma Ferreira; MARTINS, Pedro Batista (Coord.). *20 Anos da Lei de Arbitragem. Homenagem a Petrônio Muniz.* São Paulo: Atlas, 2017, p. 659-660. Esta é a posição aceita tranquilamente na jurisprudência do Superior Tribunal de Justiça. Exemplificativamente, vide o julgado do AgInt no AgREsp 1.326.436-SP, da 4ª Turma, rel. Min. Marco Buzzi, DJe 21.11.2019, no qual a ementa consigna: "Na ação de invalidação/anulação de sentença arbitral, o controle judicial, exercido somente após a sua prolação, está circunscrito a aspectos de ordem formal. Precedentes. O indeferimento de realização de prova pericial pelo juízo arbitral não configura ofensa ao princípio do contraditório, mas consagração do princípio do livre convencimento motivado, sendo incabível portanto, a pretensão de ver declarada a nulidade da sentença arbitral com base em tal argumento, sob pena de configurar invasão do Poder Judiciário no mérito da decisão arbitral".

recurso. A arbitragem é um *one stop shop* – escolhe-se um Tribunal Arbitral e o que este decidir estará decidido definitivamente.

Do ponto de vista do sistema e da segurança jurídica, portanto, é mais importante que o Tribunal Arbitral profira uma sentença válida do que uma sentença necessariamente acertada no mérito. É evidente que todos querem uma sentença correta, mas o verdadeiro pesadelo da arbitragem é a prolação de uma sentença arbitral nula ou anulável. Todas as apregoadas vantagens da arbitragem, como a celeridade ou a especialidade, tudo se esvai, e o litígio deságua no Judiciário, numa disputa que pode trazer a causa à estaca zero, anos depois, com a invalidação da sentença, e para que se recomece a discutir tudo outra vez em um novo procedimento arbitral.

A arbitragem é uma escolha das partes e os árbitros são indicados pelas partes (ou por delegação delas, quando a indicação é de uma instituição arbitral eleita, por exemplo). As partes têm direitos processuais de ampla defesa e de contraditório, de observância do devido processo legal,[3] e os árbitros têm obrigação de respeitá-los, sob pena de não se desincumbirem da missão que receberam. Mas se os árbitros julgam mal, aplicam o direito erroneamente aos fatos, ou apreciam equivocadamente as provas, tanto pior. Isso faz parte do risco que as partes assumiram ao optarem pela arbitragem, que produz uma sentença não sujeita a recurso. E do risco que assumiram na escolha dos integrantes do Tribunal Arbitral.

Não por acaso diz-se que cada arbitragem vale tanto quanto o árbitro que a conduz.[4] A escolha dos árbitros é talvez o momento mais crucial da arbitragem, pois acaba sendo determinante do resultado final, e se aquele procedimento cumprirá as "promessas da arbitragem", de celeridade, especialidade, informalidade, adaptabilidade do procedimento etc.

Daí ser essencial, para a boa compreensão e prática do instituto da arbitragem, o estudo da figura do árbitro, dos seus poderes, deveres e direitos. Este é o objeto do ensaio que se segue.

1. PODERES, DEVERES E DIREITOS DOS ÁRBITROS: CONSIDERAÇÕES INICIAIS

Antes de mais nada, é importante rememorar que a Lei 9.307/96 adotou um sistema monista. Não se distingue a arbitragem doméstica da arbitragem internacional.[5] No sistema legal brasileiro, há apenas a arbitragem, que está em geral sujeita a um mesmo regime jurídico, sejam as partes brasileiras ou estrangeiras, seja o contrato em discussão puramente local ou tenha ele repercussões internacionais. O que a lei diferenciou,

---

3. Conforme o § 2º do art. 21 da Lei 9.307/96, "Serão, sempre, respeitados no procedimento arbitral os princípios do contraditório, da igualdade das partes, da imparcialidade do árbitro e de seu livre convencimento".
4. Trata-se de dito comum no meio arbitral internacional. Em francês se diz *tant vaut l'arbitre, tant vaut l'arbitrage*. Ou em inglês, *arbitration is only as good as the arbitrator*.
5. CAHALI, Francisco José. *Curso de Arbitragem*. 8. ed. São Paulo: Ed. RT, 2020, p. 498-491. MUNIZ, Joaquim de Paiva. *Curso básico de direito arbitral. Teoria e prática*. 4. ed. Curitiba: Juruá, 2017, p. 285.

apenas, foi a nacionalidade da sentença arbitral. As sentenças proferidas no Brasil são consideradas sentenças nacionais, ou domésticas, e como tal têm efeitos imediatos e comportam execução forçada junto à primeira instância. As sentenças arbitrais proferidas no exterior são consideradas sentenças arbitrais estrangeiras,[6] e estão sujeitas ao processo de homologação junto ao Superior Tribunal de Justiça para que produzam efeitos no Brasil e possam se tornar exequíveis aqui. A diferença é essencialmente quanto aos efeitos e ao modo de execução, mas não há propriamente um regime jurídico distinto para um ou outro processo arbitral, seja ele sediado no Brasil ou no exterior.

Outros países adotam o sistema chamado dualista, e têm um direito para as arbitragens domésticas e outro para as arbitragens internacionais. É o caso da França, por exemplo. Existem questões que podem ser arbitráveis numa arbitragem internacional e não numa doméstica, e os meios de impugnação à sentença arbitral não são os mesmos. Nesse contexto, existem dois tipos de arbitragem, marcadamente diferentes. Normalmente os direitos dualistas costumam definir arbitragens internacionais como aquelas que envolvem algum elemento internacional, como uma operação de comércio internacional, uma transação entre nacionais de mais de um país, ou cuja performance acontece em mais de um país. As arbitragens domésticas, por exclusão, são aquelas que não envolvem qualquer elemento de internacionalidade, e se restringem a um único país e a uma única ordem jurídica.[7]

Adotado o sistema monista, os poderes, deveres e direitos dos árbitros serão a princípio os mesmos, perante o direito brasileiro, em qualquer arbitragem, seja esta puramente doméstica ou internacional.

Isto posto, uma primeira questão que se coloca é se, sendo o árbitro – ou os árbitros – escolhido(s) pelas próprias partes, não haveria aí algum conflito com o princípio constitucional do juiz natural. Com efeito, pode parecer estranho falar em juiz natural na arbitragem, uma vez que é um procedimento no qual as partes escolhem os julgadores. Mas não há qualquer incompatibilidade, muito ao contrário.

Na realidade, a formação do Tribunal Arbitral, desde que legítima e em respeito ao que dispuser a convenção de arbitragem, assegura plenamente a obediência ao princípio do juiz natural. As partes, na convenção de arbitragem, diretamente ou por referência ao regulamento de alguma instituição, estabelecem as regras e a forma de escolha dos árbitros. Assim, há uma regra predefinida para como se dará a formação do Tribunal Arbitral, que deve ser obedecida.[8] Aliás, a formação do Tribunal Arbitral em desacordo

---

6. Cf. art. 34, parágrafo único da Lei 9.307/96. A norma tem inspiração na Convenção de Nova Iorque, que trata justamente da execução em um Estado das sentenças arbitrais proferidas em outros Estados, ou seja, incorporando uma noção de territorialidade. SESTER, Peter Christian. *Comentários à Lei e Arbitragem e à legislação extravagante*. São Paulo: Quartier Latin, 2020, p. 395.
7. Vide, exemplificativamente: SERAGLINI, Christophe; ORTSCHEIDT, Jérôme. *Droit de l'arbitrage interne et international*. Paris: Montchrestien, 2013, p. 37-43. MALAURIE, Philippe; AYNÈS, Laurent; GAUTIER, Pierre-Yves. *Droit des contrats spéciaux*. 11. ed. Paris: LGD, 2020, p. 669-671.
8. Não havendo regra definida para a escolha do árbitro, cabe ao juiz togado fazer a nomeação, através da ação do art. 7º, da Lei de Arbitragem.

com as regras estabelecidas pelas partes é motivo de invalidade da sentença arbitral, reforçando a noção de necessidade de absoluto respeito ao devido processo legal.[9]

Havendo a formação do Tribunal Arbitral de acordo com regras preestabelecidas, acordadas de antemão pelas partes, não há que se cogitar em violação ao princípio do juiz natural. Não há juízo de exceção. Ainda que escolhidos os julgadores pelas partes, há um procedimento a ser seguido, que garante que os árbitros investidos possam ser considerados como os juízes naturais daquela dada demanda.[10]

Outra garantia implícita ao juiz natural – e ao devido processo legal – e essencial na arbitragem, é a independência e a imparcialidade do julgador.[11] Os juízes estatais são funcionários públicos, protegidos pelas prerrogativas da magistratura, como a inamovibilidade e a irredutibilidade de vencimentos, sendo-lhes vedadas outras atividades, o que assegura a sua independência, e reduz muito o potencial de conflitos que possam gerar alguma parcialidade em relação aos litigantes. Já os árbitros são profissionais privados, frequentemente advogados, e que "estão" árbitros quando são indicados, mas não são exclusivamente árbitros, e normalmente têm uma série de outras atividades. Além disso, os juízes têm cargos permanentes e os casos lhes são atribuídos para julgamento normalmente por sorteio, enquanto os árbitros são escolhidos pelas partes para cada caso concreto. Tudo isso potencializa a possibilidade de conflitos com as partes, em razão das relações profissionais e comerciais dos árbitros, e não por acaso a questão da imparcialidade dos árbitros e das revelações que devem fazer é um dos temas mais "quentes" da arbitragem nos dias de hoje.[12]

Os árbitros exercem verdadeira jurisdição, mas o fazem por delegação contratual das partes, seja em decorrência da convenção de arbitragem ou do chamado "contrato de árbitro", sobre o qual mais se falará adiante.[13] Assim, eles detêm poderes, deveres e direitos legais e contratuais em relação a cada caso em que atuam, pontualmente, nas

---

9. Vide art. V, 1, "d" da Convenção de Nova Iorque, segundo o qual a execução da sentença pode ser indeferida se "a composição da autoridade arbitral (...) não se deu em conformidade com o acordado pelas partes, ou, na ausência de tal acordo, não se deu em conformidade com a lei do país em que a arbitragem ocorreu".
10. NERY JÚNIOR, Nelson. *Princípios do processo civil na Constituição Federal*. 6. ed. São Paulo: Ed. RT, 2000, p. 71.
11. A imparcialidade é elemento fundamental e atributo que deve ser inerente a qualquer julgador. Vide, por todos: ELIAS, Carlos, *Imparcialidade dos Árbitros*. São Paulo: Almedina, 2021, p. 23-26.
12. Vide art. 14 da Lei de Arbitragem. "Art. 14. Estão impedidos de funcionar como árbitros as pessoas que tenham, com as partes ou com o litígio que lhes for submetido, algumas das relações que caracterizam os casos de impedimento ou suspeição de juízes, aplicando-se-lhes, no que couber, os mesmos deveres e responsabilidades, conforme previsto no Código de Processo Civil. § 1º As pessoas indicadas para funcionar como árbitro têm o dever de revelar, antes da aceitação da função, qualquer fato que denote dúvida justificada quanto à sua imparcialidade e independência. § 2º O árbitro somente poderá ser recusado por motivo ocorrido após sua nomeação. Poderá, entretanto, ser recusado por motivo anterior à sua nomeação, quando: a) não for nomeado, diretamente, pela parte; ou b) o motivo para a recusa do árbitro for conhecido posteriormente à sua nomeação".
13. A natureza jurisdicional da arbitragem é hoje pacífica na doutrina e na jurisprudência brasileiras, mas trata-se de jurisdição que nasce de um contrato, a convenção de arbitragem. "O fato que ninguém nega é que a arbitragem, embora tenha origem contratual, desenvolve-se com a garantia do devido processo e termina com ato que tende a assumir a mesma função da sentença judicial". CARMONA, Carlos Alberto. *Arbitragem e Processo. Um Comentário à Lei 9.307/96*. 3. ed. São Paulo: Atlas, 2009, p. 27.

arbitragens em que "estão" árbitros. É essencial compreender a noção de que atuar como árbitro é uma função que se exerce caso a caso, mas não é uma profissão ou um cargo permanente. O advogado que é indicado para atuar como árbitro segue sendo um advogado, que momentaneamente "está" árbitro naqueles procedimentos em que for investido nessa condição. Mas ele deixa de "estar" árbitro em cada caso, na medida em que este se encerra e o Tribunal Arbitral passa à condição de *functus officio*. Por maior que seja o número de indicações, por mais que se exerça a função com frequência e em grande número de processos, ninguém "é" árbitro, mas apenas "está" árbitro. A condição de árbitro é por natureza transitória e eventual.

Por fim, vale observar que, de um modo geral, os direitos e deveres dos árbitros dentro de um Tribunal Arbitral são os mesmos, independentemente da origem da nomeação, se por uma ou outra parte, pelos coárbitros ou por uma instituição ou juiz togado. A independência do árbitro se sobrepõe à origem de sua indicação, ficando o julgador totalmente desvinculado de qualquer obrigação específica ou distinta em relação a quem o indicou.[14]

Colocadas estas premissas iniciais, serão analisados a seguir, em maior profundidade, alguns dos principais deveres, poderes e direitos dos árbitros.[15]

1.1 Dever de revelação

Como se observou acima, o dever de revelação vem expresso no § 1º, do art. 14 da Lei de Arbitragem, que menciona a obrigação do indicado a árbitro revelar, antes da aceitação encargo, "qualquer fato que denote dúvida justificada quanto à sua imparcialidade e independência".

A revelação prévia de quaisquer fatos que possam causar dúvida quanto à isenção do árbitro é importante elemento de preservação da validade do procedimento e da sentença arbitral que venha a ser proferida. Afinal, "se o fato foi revelado pelo árbitro indicado e a parte não o recusou, oportunamente, não pode fazê-lo ao final, em caso de eventual sentença desfavorável".[16]

A expressão-chave sobre o que deve ou não ser revelado é a "dúvida justificada". Não é qualquer fato banal que necessita ser revelado, mas apenas aquele fato que efe-

---

14. Vide: TERCIER, Pierre. A Ética dos Árbitros. In: KEUTGEN, Guy (Coord.). *A Ética na Arbitragem Jurídica.* Lisboa: Ed. Piaget, 2012, p. 40-41. O Presidente do Tribunal Arbitral tem algumas prerrogativas, o seu voto prevalece em caso de impasse e normalmente a sua remuneração é maior que a dos coárbitros. Mas como regra, em relação às partes, à instituição, aos advogados e demais atores da arbitragem, todos os árbitros têm os mesmos direitos e deveres.
15. Não se fará aqui a distinção entre o árbitro que decide o litígio e o chamado árbitro de emergência, existente em alguns regulamentos, como na CCI ou no CAM-CCBC, que decide apenas uma medida urgente antecedente à formação do Tribunal Arbitral. De um modo geral o árbitro de emergência tem os mesmos poderes, deveres e direitos dos demais árbitros, com a diferença significativa de que ele apenas decidirá o pedido de urgência, e não proferirá sentença arbitral. Aliás, normalmente, após a sua intervenção inicial, é vedada a participação do árbitro de emergência no Tribunal Arbitral que julgará o mérito da causa.
16. SCHMIDT, Gustavo da Rocha; FERREIRA, Daniel Brantes; OLIVEIRA, Rafael Carvalho Rezende. *Comentários à Lei de Arbitragem.* Rio de Janeiro: Ed. Método, 2021, p. 91-92.

tivamente possa suscitar um questionamento sério a respeito da independência e da imparcialidade do árbitro.

Por outro lado, a dúvida só pode ser realmente justificada naquelas situações em que o árbitro tenha algum tipo de interesse direto na causa, ou um relacionamento de tal ordem com uma parte que o impeça de agir com independência e imparcialidade (tais como uma relação familiar próxima ou um vínculo econômico ou profissional relevante). Neste sentido, relações sociais ou acadêmicas ordinárias, por exemplo, ou fatos passados há vários anos, sem qualquer repercussão presente, não podem ser utilizados como pretexto para atacar a independência e a imparcialidade do árbitro, e por extensão, para pretender ampliar o seu dever de revelação além do razoável.

Com efeito, a alegação de violação ao dever de revelação não pode ser empregada de maneira frívola pela parte que sai derrotada na arbitragem numa tentativa de "virar a mesa" e anular a sentença que lhe foi desfavorável. Trata-se de comportamento claramente violador da boa-fé.

Neste sentido, importante ressaltar que paralelamente ao dever de revelação do árbitro existe um dever de curiosidade das partes, que devem perguntar objetivamente aos árbitros aquilo que desejam ver revelado e investigar minimamente aquilo que entendam possa ser relevante. Neste sentido, por exemplo, embora os árbitros devam investigar se têm alguma relação com as partes do litígio, cabe a estas informar, por exemplo, sobre as suas composições acionárias, e sobre os eventuais interesses de terceiros, já que os árbitros normalmente sequer têm acesso a tais informações.[17] A parte não pode se insurgir tardiamente em relação a determinados fatos não revelados, apenas depois de ter um resultado negativo na arbitragem. A jurisprudência rejeita o que chama de "nulidade de algibeira", aquela circunstância que não é tratada quando deveria, e só é suscitada depois de uma derrota no mérito da arbitragem.[18]

A expressão "dever de curiosidade", como obrigação paralela da parte ao dever de revelação do árbitro, foi cunhada pela jurisprudência dos Tribunais Suíços, exigindo das partes um grau relevante de diligência para a averiguação de eventuais situações de dúvidas quanto à imparcialidade do árbitro, sob pena de perda do direito à impugnação posterior.[19] A parte não pode esperar o resultado da arbitragem, com uma "carta na manga", para somente depois investigar se há algo que poderia afetar a independência e imparcialidade do árbitro e "descobrir" uma nulidade.

---

17. Neste sentido: MARQUES, Ricardo Dalmaso. *O Dever de Revelação do Árbitro*. São Paulo: Almedina, 2018, p. 348. MAGALHÃES, José Carlos de. *Arbitragem. Sociedade Civil x Estado*. São Paulo: Almedina, 2020, p. 306.
18. LEMES, Selma Ferreira; CAVALCANTE, Andressa. O dever de revelação do árbitro e a jurisprudência brasileira. In: WALD Arnoldo; LEMES, Selma Ferreira (Coord.). *25 anos da Lei de Arbitragem (1996-2021). História, legislação, doutrina e jurisprudência*. São Paulo: Thomson Reuters RT, 2021, p. 381.
19. Vide: ARROYO, Manuel et al. *Arbitration in Switzerland. The Practitioner's Guide*. Alphen den Rijn: Wolter Kluwer, 2013, p. 94-95. Recentemente a extensão do dever de curiosidade foi discutida pelo Tribunal Federal Suíço em decisão de dezembro de 2020, na anulação da sentença arbitral do caso *WADA v. Sun Yang*, do CAS/TAS (Tribunal Arbitral do Esporte), em relação a *posts* que um dos árbitros havia feito em redes sociais.

Nesse mesmo sentido, a eventual ausência de revelação quanto a fatos públicos e notórios, constantes de documentos públicos ou de fácil acesso, como os passíveis de descoberta através de um simples clique no Google, como algo que esteja no currículo do árbitro disponível no *site* da câmara arbitral ou do seu escritório, por exemplo, não significa qualquer violação do dever do árbitro. Afinal, aquilo que já é de conhecimento geral já está "revelado" por definição.

A inexistência de uma relação exaustiva e fechada do que deve ser revelado, em virtude da impossibilidade prática de serem previstas todas as possibilidades nos casos concretos, não significa que o dever de revelação seja algo inteiramente discricionário. A legislação, os regulamentos e instrumentos de *soft law* indicam padrões geralmente aceitos internacionalmente e no mercado em relação ao que deve ou o que não precisa ser revelado. Neste sentido, além das situações de impedimento e suspeição aplicáveis aos juízes, conforme o Código de Processo Civil,[20] as regras e os Códigos de Ética das instituições arbitrais, além de outros documentos, como os conhecidos e muito referidos *IBA Guidelines*, ou Diretrizes da IBA,[21] fornecem elementos importantes para a apreciação da extensão do dever de revelar em cada caso concreto.

Assim, as Diretrizes da IBA, por exemplo, fornecem listas exemplificativas de situações classificadas por cores, sendo as da lista verde aquelas situações que sequer necessitam ser reveladas, as da lista laranja, que em princípio devem ser reveladas, mas não significam necessariamente uma situação de suspeição, e finalmente as da lista vermelha, aquelas que devem ser reveladas e efetivamente podem caracterizar justificadamente um conflito de interesses e autorizam a recusa da indicação do potencial árbitro.

É importante observar, no entanto, que a falta de revelação, por si só, não significa que o árbitro seja suspeito ou impedido. O que pode eventualmente macular o procedimento e caracterizar a invalidade da sua investidura é a natureza do fato omitido em si, e não a circunstância da não revelação, que tomada isoladamente é insuficiente para gerar qualquer nulidade.

Nesta linha, o Centro de Estudos Judiciários do Conselho da Justiça Federal, na II Jornada de Prevenção e Solução Extrajudicial de Litígios, aprovou acertadamente o Enunciado 110, segundo o qual "A omissão do árbitro em revelar às partes fato que possa denotar dúvida quanto à sua imparcialidade e independência não significa, por si só, que esse árbitro seja parcial ou lhe falte independência, devendo o juiz avaliar a relevância do

---

20. O artigo 14 da Lei de Arbitragem, ao tratar do impedimento e suspeição dos árbitros, e dos seus deveres e responsabilidades, é o único dispositivo da Lei 9.307/96 a fazer referência expressa à aplicação de normas do Código de Processo Civil à arbitragem.
21. *IBA Guidelines on Conflict of Interest in International Arbitration* (Diretrizes da *International Bar Association* para conflitos de interesses na arbitragem internacional). Texto disponível no original em inglês no sítio da IBA: https://www.ibanet.org/MediaHandler?id=e2fe5e72-eb14-4bba-b10d-d33dafee8918. As *IBA Guidelines* representam o mais completo documento sobre o que deve ou não ser revelado, e são internacionalmente aceitas como referência relevante nos casos concretos, tanto pelas instituições arbitrais como pelos tribunais judiciais. Para uma boa análise resumida das *IBA Guidelines*, vide: ELIAS, Carlos, op. cit., p. 66.72.

fato não revelado para decidir ação anulatória".²² Com efeito, "não é a falta de revelação, mas o fato não revelado que poderia ocasionar vícios na sentença arbitral proferida".²³

Por outro lado, a circunstância de revelar determinado fato não significa que o árbitro esteja conflitado, mas ao contrário, denota justamente aquela situação em que ele entende ser independente e imparcial, mas há fatos que poderiam gerar dúvida para as partes. Daí a revelação e a transparência, permitindo a todos ter ciência do que é relevante e podendo tomar decisões informadas sobre a formação do Tribunal Arbitral.

Em princípio, na dúvida sobre se deve ou não revelar um fato, recomenda-se que o árbitro faça a revelação. É preferível discutir abertamente se determinado fato causa algum problema ou não do que se omitir e permitir um eventual questionamento posterior. Mas a afirmação deve ser tomada *cum grano salis*. A ressalva a ser feita é que o dever de revelação não pode ser banalizado, e nem os seus padrões expandidos indefinida e exageradamente para abarcar uma universalidade desarrazoada de fatos, sejam quais forem. Do contrário, o árbitro estará sob o risco permanente de desrespeito ao dever de revelação, apenas por deixar de listar fatos absolutamente irrelevantes, colocando em risco a própria higidez do sistema arbitral, e dando margem a futuras alegações maliciosas de nulidade por falta de revelação.

1.2 Dever de diligência

O árbitro deve ser diligente. Esta obrigação, que seria até mesmo implícita independentemente de previsão legal, está expressa no § 6º do art. 13 da Lei de Arbitragem. No desempenho de sua função, o árbitro deverá proceder com diligência.

Na definição da doutrina, isto significa que o árbitro deve demonstrar interesse na solução da disputa, "com empenho na busca das provas, com esforço na busca da verdade, com zelo na decisão".²⁴ "O dever de diligência refere-se à presteza e o cuidado na condução do processo arbitral, com a tomada de decisões apropriadas e tempestivas, evitando delongas ou ausência de providências que lhe competem."²⁵ "Devido à complexidade dos casos submetidos à arbitragem, os árbitros não devem prender-se a julgamentos preconcebidos, mas sim julgar cada caso como se fosse único, considerando suas especificidades".²⁶

Logicamente, somente poderá ser diligente aquele árbitro que dispuser de disponibilidade para a causa, podendo dedicar o tempo necessário para processar e julgar o litígio submetido à arbitragem de forma competente.²⁷

---

22. Vide, Enunciados de Arbitragem e Mediação aprovados na II Jornada de Prevenção e Solução Extrajudicial de Litígios. *Revista de Arbitragem e Mediação*. ano 19, v. 72, p. 19. São Paulo, jan./mar. 2022.
23. LEMES, Selma Ferreira; CAVALCANTE, Andressa, op. cit., p. 382.
24. CARMONA, Carlos Alberto, op. cit., p. 244.
25. MAGALHÃES, José Carlos de, op. cit., p. 304.
26. SESTER, Peter Christian, op. cit. p. 220.
27. SCHMIDT, Gustavo da Rocha; FERREIRA, Daniel Brantes; OLIVEIRA, Rafael Carvalho Rezende, op. cit., p. 83-84.

Neste sentido, a competência e a disponibilidade se confundem até certo ponto com a diligência, pois cada uma destas características não será suficiente de *per si* e não se materializará concretamente para o bom desempenho da função sem a presença das outras.

Assim, pode-se dizer que a diligência tem uma vertente de preparação e dedicação do árbitro para garantir a qualidade técnica da decisão final e o bom andamento do caso, sem onerar as partes desnecessariamente e preservando a celeridade e a economicidade, que são "promessas" da arbitragem àqueles que recorrem a este método de solução de controvérsias. E tratando-se o Tribunal Arbitral de um órgão colegiado, não basta que um seja diligente, todos hão de sê-lo para que a arbitragem se desenvolva a contento.[28]

1.3 Dever de discrição

A confidencialidade é muitas vezes citada como um dos importantes atrativos para o uso da arbitragem em oposição ao litígio perante os tribunais judiciais, nos quais a publicidade é a regra.[29] Diversos são os motivos pelos quais as partes podem preferir um meio de resolução de controvérsias confidencial. A manutenção da disputa em sigilo muitas vezes permite a preservação da relação comercial entre os litigantes, o que seria mais difícil se o conflito viesse a público. Além disso, a confidencialidade protege informações sensíveis das empresas, tais como estratégias comerciais ou elementos de propriedade intelectual, dentre outros.[30]

---

28. Vide: CARMONA, Carlos Alberto, op. cit., p. 245.
29. "The confidentiality of both the proceedings and the award is of course one of the attractions of arbitration in the eyes of arbitration users". GAILLARD, Emmanuel; SAVAGE, John (Ed.). *Fouchard, Gaillard, Goldman on International Commercial Arbitration*. The Hague: Kluwer Law International, 1999, p. 773. ("A confidencialidade tanto do procedimento como da sentença é, evidentemente, um dos atrativos da arbitragem nos olhos dos usuários da arbitragem." – tradução livre). O comentário é virtualmente unânime na doutrina.
30. Sobre a matéria, com algumas outras referências, ver: FONSECA, Rodrigo Garcia da; CORREIA, André de Luizi. A Confidencialidade na Arbitragem. Fundamentos e Limites. In: LEMES, Selma Ferreira; BALBINO, Inês (Coord.). *Arbitragem. Temas Contemporâneos*. São Paulo: Quartier Latin, 2012, p. 417. Interessante notar que, embora bastante relevante, o peso que as partes dão à confidencialidade na hora da escolha do método de resolução de conflitos talvez não seja tão grande quanto a doutrina se acostumou a alardear. Em pesquisa promovida pelo Comitê Brasileiro de Arbitragem, entre usuários de arbitragem, a confidencialidade foi apontada por 28% dos pesquisados como um dos três principais atrativos para a opção pela arbitragem, mas apenas por 4% como sendo o mais importante (Arbitragem no Brasil. Pesquisa CBAr-Ipsos, Relatório de André de Albuquerque Cavalcanti Abbud, 2012, p. 11-13, disponível em: http://www.cbar.org.br/PDF/Pesquisa_CBAr-Ipsos-final.pdf). Pesquisa internacional semelhante, conduzida pela Queen Mary University of London e pelo escritório White and Case, em 2010, indicou que a confidencialidade é importante para os usuários da arbitragem, mas não é elemento essencial ou definitivo para essa opção, um resultado consistente com a constatação da pesquisa brasileira: "confidentiality in international arbitration is important to corporations but it is not the essential reason for recourse to arbitration". In: FRIEDLAND, Paul e MISTELIS, Loukas (Coord.). *2010 International Arbitration Survey*: Choices in International Arbitration, 2010, p. 29, disponível em: http://www.arbitration.qmul.ac.uk/docs/123290.pdf. ("confidencialidade na arbitragem internacional é importante, mas não é a razão essencial para o recurso à arbitragem" – tradução livre). Outros elementos, como a celeridade e a possibilidade de escolha de árbitros especialistas na matéria em discussão parecem ter mais peso. Nem por isso a confidencialidade deixa de ser um elemento relevante. As pesquisas confirmam ser o sigilo da arbitragem um traço valorizado desse meio de solução de controvérsias.

A questão ganha ainda maior relevo no Brasil, onde o princípio da publicidade do processo judicial tem caráter constitucional, e escopo muito mais amplo do que em outros países. Assim, é muito marcante o contraste entre a ampla exposição a que pode ser submetido o litígio objeto de um processo judicial e a possibilidade de sigilo permitida na solução da controvérsia pela via arbitral.[31]

A confidencialidade da arbitragem é muito debatida e comentada, como se observou acima. No entanto, a arbitragem não é necessariamente confidencial. Há uma falsa percepção, relativamente difundida, de que a confidencialidade seria um princípio inerente à arbitragem, o que não corresponde à realidade.[32] Com efeito, não há nada na Lei 9.307/96, ou na Convenção de Nova Iorque, por exemplo, que disponha sobre a confidencialidade do procedimento arbitral. Trata-se de matéria sobre a qual a legislação vigente no Brasil é simplesmente omissa.[33]

Não se discute que, por natureza, a arbitragem é uma forma privada de resolução de controvérsias, no sentido de ser conduzida pelas próprias partes e árbitros, quando muito com o concurso de uma instituição administradora do procedimento, a qual também é privada, no sentido de ser, via de regra, desvinculada do Poder Público. Assim, há uma "privacidade" que é, sim, inerente à arbitragem, privacidade esta com o sentido de o procedimento se desenvolver fora do espaço público, apenas entre os diretamente envolvidos. A privacidade é efetivamente uma característica relevante da arbitragem, mas não se confunde com a confidencialidade.[34]

A Lei 9.307/96 aborda matéria correlata quando lista, dentre os princípios norteadores da atuação do árbitro, ao lado da imparcialidade, da independência, da competência e da diligência, o dever de "discrição", conforme a disposição expressa do § 6º do art. 13. O dever de discrição, porém, é mais próximo da noção de privacidade do que de confidencialidade *stricto sensu*. Ademais, o dever legal de discrição vem imposto ao árbitro, mas não há referência na lei a um dever de discrição similar das partes e/ou da instituição administradora do procedimento arbitral.

Por dever de discrição deve se entender uma obrigação do árbitro de não comentar publicamente o caso em que atua ou atuou, em especial o que ocorre ou ocorreu no procedimento de forma privada. Significa que via de regra o árbitro não deve dar

---

31. Enquanto nos Estados Unidos, por exemplo, embora o processo seja ordinariamente público, as deliberações dos Tribunais são reservadas, no Brasil as deliberações e debates entre os julgadores são via de regra abertos a todos, hoje em dia até mesmo transmitidos pela televisão e pela internet.
32. A citada pesquisa da Queen Mary University of London e do White and Case, de 2010, observou que metade dos pesquisados achava, erroneamente, que a arbitragem era sempre confidencial, independentemente de uma cláusula contratual específica (op. loc. cit.).
33. "O sigilo no procedimento [arbitral] não está previsto em lei." CAHALI, Francisco José, op. cit., p. 220. Ao contrário, a recente reforma da Lei de Arbitragem, com a edição da Lei 13.129, de 26.05.2015, introduziu um novo § 3º ao art. 2º da Lei 9.307/96 estabelecendo explicitamente que a arbitragem envolvendo a administração pública deve respeitar o princípio da publicidade. Ou seja, hoje, a lei é silente sobre confidencialidade em geral e prevê expressamente uma hipótese de arbitragem necessariamente pública.
34. Sobre a discussão da privacidade do procedimento arbitral como diferente da confidencialidade, vide: FONSECA, Rodrigo Garcia da; CORREIA, André de Luizi, op. cit., p. 419-420.

conhecimento a terceiros de fatos sobre os quais teve conhecimento em decorrência da arbitragem. De um modo geral, o dever de discrição significa uma abstenção de tornar público aquilo que ocorreu num ambiente privado, ainda que não necessariamente confidencial.

Ser discreto é sobretudo uma questão de comportamento e de postura perante as participantes da arbitragem (partes, advogados, instituição, testemunhas etc.) e o ambiente externo.[35]

Isto não significa que o árbitro não possa falar num congresso ou escrever um artigo abordando algum aspecto técnico-jurídico de determinado caso sem identificação das partes ou das testemunhas, ou com um pouco mais de latitude se o caso for público (como casos que eventualmente tenham se tornado públicos em juízo, ou sejam públicos por natureza, como aqueles envolvendo a administração pública).

Deve ser observado, no entanto, que embora a legislação sobre a arbitragem não discipline especificamente a matéria de confidencialidade, a liberdade das partes para contratar neste campo é ampla. As partes podem dispor livremente sobre as regras aplicáveis ao mérito da disputa e sobre o procedimento, inclusive, se assim desejarem, incorporando regras institucionais. E é daí que surge, normalmente, a confidencialidade. A confidencialidade, ou sigilo, é característica frequentemente pactuada pelas partes em cada caso.[36]

Sendo uma criatura do contrato, fruto da liberdade de contratar, a extensão e a aplicabilidade do princípio da confidencialidade, em cada arbitragem, dependerão, caso a caso, da respectiva disposição contratual. Havendo pacto de confidencialidade da arbitragem, ao dever legal de discrição dos árbitros será acrescido o dever contratual de confidencialidade, num sentido mais amplo do que da mera discrição.[37]

Ao aceitar o encargo numa arbitragem confidencial, seja em razão do contrato ou do regulamento da instituição, o árbitro se obriga a mais do que a mera discrição, assumindo um dever mais amplo de confidencialidade.

Importante observar, porém, que não subsiste um dever de confidencialidade quanto a fatos que já se tornaram públicos por algum outro caminho. Assim, se uma

---

35. SCHMIDT, Gustavo da Rocha; FERREIRA, Daniel Brantes; OLIVEIRA, Rafael Carvalho Rezende, op. cit., p. 84.
36. Com efeito, é muito comum que os regulamentos de instituições de arbitragem prevejam o sigilo do procedimento, embora nem todos o façam. É fundamental que as partes conheçam bem os regulamentos das instituições antes de as indicarem nos seus contratos, para que tenham ciência efetiva daquilo que estão avençando, e das regras que disciplinarão uma futura arbitragem.
37. "L'obligation de confidentialité est pour beaucoup un engagement essentiellement contractuel, qu'il vaut mieux stipuler expréssement et qui sera sanctionné, en cas de violation, sur le terrain et selon les conditions de la responsabilité contractuelle". SERRAGLINI, Christophe; ORTSCHEIDT, Jérôme, op. cit., p. 54 ("A obrigação de confidencialidade e para muitos um compromisso essencialmente contratual, que é melhor estar estipulado expressamente, e que será sancionado, em caso de violação, no terreno e segundo as condições da responsabilidade contratual" – tradução livre). No mesmo sentido: LEMES, Selma M. Ferreira. Arbitragem na Concessão de Serviços Públicos. *Revista de Direito Bancário, do Mercado de Capitais e da Arbitragem*, n. 21, p. 407. São Paulo, out./dez. 2003.

arbitragem confidencial já tiver se tornado pública, por qualquer motivo, o dever de confidencialidade não mais será imposto ao árbitro, remanescendo apenas o dever de discrição, de alcance mais restrito.

1.4 Poder-dever de proferir sentença válida e eficaz

Como já se fez referência no início, a missão primordial do árbitro é proferir uma sentença válida e eficaz, ou seja, exequível, que resolva o litígio posto a julgamento.

Não há dúvida de que o árbitro tem o poder de proferir uma sentença válida e eficaz. A sentença arbitral é definitiva, na medida em que não está sujeita a recurso. Assim funciona o sistema e expressam especialmente os artigos 18 e 31 da Lei Brasileira de Arbitragem.

Do ponto de vista do dever, o árbitro tem uma obrigação de julgar a causa segundo o seu melhor entendimento, solucionando a lide que lhe foi colocada. Mas deve fazê-lo preservando a eficácia jurídica da sentença.

Um excelente resumo dessa obrigação do árbitro é feito pelo Prof. Allan Phillip, em termos perfeitamente aplicáveis ao Brasil: "It is the duty of the arbitrators in international arbitration to be independent of the parties and in an unbiased way and in accordance with due process and the applicable lex arbitri and arbitration rules to make themselves acquainted with the facts of the case and the claims, allegations and defences of the parties and, within a reasonably short period of time, to make a reasoned award, based upon the applicable law, which fulfils the requirements for the award to be enforceable".[38]

Como observa Luiz Olavo Baptista, "no tocante ao mérito, o árbitro não está obrigado a resolver a questão de uma forma ou de outra. A sua obrigação é de resolver a questão que lhe foi submetida para deslinde, dando uma sentença. Essa sentença, para que exista, não pode ser inquinada de nulidade (pois nula não existiria). E é essa a conduta que se pode exigir do árbitro".[39]

"Aquele que aceita o múnus deve manter a equidistância necessária das partes e da disputa, deve analisar os fatos e fundamentos para alcançar sua conclusão, conferindo às partes o verdadeiro contraditório. Deve proferir uma decisão justa e eficaz do litígio."[40] Ao proferir o seu julgamento e emitir a sentença, portanto, o árbitro cumpre uma obrigação de "melhores esforços", uma obrigação de agir no processo e julgar o caso da

---

38. PHILLIP, Allan. The Duties of an Arbitrator. In: NEWMAN, Lawrence W.; HIL, Richard D. (Ed.). *The Leading Arbitrators' Guide to International Arbitration*, Huntington: Juris Publishing, 2004, p. 67. Em tradução livre: "É dever dos árbitros, na arbitragem internacional, serem independentes das partes e, de forma isenta e de acordo com o devido processo, a *lex arbitri* aplicável e as regras da arbitragem, tomarem conhecimento dos fatos da causa e dos pedidos, alegações e defesas das partes, e num prazo relativamente curto de tempo, emitirem uma sentença fundamentada, baseada na lei aplicável, e que preencha os requisitos para que seja exequível".
39. BAPTISTA, Luiz Olavo. *Arbitragem Comercial Internacional*. São Paulo: LexMagister, 2011, p. 177.
40. MAGALHÃES, José Carlos de, op. cit., p. 317.

melhor maneira possível.[41] Essa é a expectativa das partes que escolhem a arbitragem, e esse é o dever do árbitro.

Nem sempre a tarefa de proferir uma sentença válida e exequível é simples, especialmente quando a eficácia da sentença pode depender da observância de mais de uma ordem jurídica.

As normas de ordem pública da sede da arbitragem devem ser sempre observadas pelos árbitros, na medida em que a eventual ação de nulidade da sentença arbitral poderá ser proposta no foro da sede.[42] Assim, a sentença deve ser válida e exequível de acordo com os critérios da sede.

Em alguns casos, porém, não será suficiente que sejam respeitadas as regras da sede, pois a sentença pode vir a ter que ser executada em outra jurisdição, onde o devedor tenha bens para responder por uma condenação. Nestas hipóteses, a sentença há de ser exequível e eficaz também no local da execução, que pode ter regras diferentes daquelas da sede. A situação é particularmente delicada em casos internacionais nos quais os árbitros sequer sabem de antemão quais serão os possíveis foros de uma execução futura (frequentemente nem as partes têm a exata noção dos possíveis foros de execução futura).

Assim, os árbitros devem ser extremamente cuidadosos para respeitar parâmetros aceitos internacionalmente, que em princípio não coloquem em risco a eficácia e exequibilidade da sentença em qualquer das jurisdições potencialmente relevantes para o caso.

A preocupação dos árbitros em preservar a validade do procedimento, e por conseguinte da sentença arbitral que vierem a proferir, porém, acaba gerando algumas vezes o que tem se convencionado chamar de paranoia do devido processo (*due process paranoia*). Muitas vezes há um excesso de zelo para evitar possíveis alegações de nulidade, o que acaba por alongar o procedimento com manifestações diligências e provas que poderiam ser desnecessárias para a solução do litígio. Este cuidado, porém, não pode servir de margem para que a parte que pretenda procrastinar o procedimento empregue as chamadas "táticas de guerrilha", e acabe eternizando a arbitragem criando incidentes infundados e com sucessivas ameaças de impugnação à futura sentença.

No entanto, podem ocorrer incidentes especialmente delicados, que colocam em risco a validade do procedimento – e consequentemente da futura sentença – e sobre os quais não há qualquer decisão que se possa garantir como 100% (cem por cento) segura.

Neste sentido, tome-se o exemplo da problemática das provas ilícitas, questão bastante tratada nos últimos tempos. A questão da prova ilícita, ou da prova obtida ilicitamente, coloca os árbitros em situação de uma verdadeira "Escolha de Sofia". Se o Tribunal Arbitral admite no processo a prova obtida ilicitamente, isso pode ser considerado um vício processual, e resultar na invalidade da sentença. Se por outro lado

---

41. ALVES, Rafael Franciso. *Árbitro e Direito. O julgamento do mérito na arbitragem*. São Paulo: Almedina, 2018, p. 86-87.
42. FONSECA, Rodrigo Garcia da. Reflexões sobre a Sentença Arbitral. *Revista de Arbitragem e Mediação*, ano 2, n. 6, p. 67-68. São Paulo, jul./set. 2005. Vide ainda o art. V, 1, da Convenção de Nova Iorque.

recusa a prova, isso também pode ser considerado um vício processual, por impedir uma parte de exercer plenamente o seu direito de defesa, resultando igualmente na anulabilidade da sentença final. Ou seja, a prova ilícita coloca a arbitragem em risco de anulabilidade ou inexequibilidade da sentença, qualquer que seja o seu tratamento. Além disso, determinada prova pode ser lícita segundo o ordenamento do local da sede, mas ilícita onde a sentença vier a ser executada, ou vice-versa.[43] Tudo isso adiciona um grande grau de complexidade para a preservação da eficácia das sentenças arbitrais em casos internacionais.

De qualquer modo, o árbitro deve preservar o contraditório e o devido processo, mas isto inclui a necessidade de ter coragem para indeferir pedidos e a prática de atos processuais inúteis ou que sirvam apenas para adiar o encerramento do caso. A obrigação de proferir uma sentença válida e eficaz é essencial, é a obrigação mais importante do árbitro e deve nortear o seu comportamento desde a indicação até a prolação da sentença, mas não pode acuá-lo ou deixá-lo permanentemente na defensiva. O árbitro deve decidir e impulsionar o procedimento de forma efetiva e diligente, afinal, a diligência é também dever do árbitro. O árbitro dever ter a coragem intelectual e moral e o desassombro de não temer desagradar a quem quer que seja com a sua atuação (e mesmo assumir o risco de desagradar alguém em caso de proferir determinada decisão, se isto for a coisa certa a fazer).[44]

1.5 Poder-dever de decidir sobre a própria competência

Os árbitros têm o poder (e o dever) de decidir sobre a própria competência. É o chamado princípio da competência-competência, ou *Kompetenz-Kompetenz*, como é conhecido internacionalmente a partir da doutrina alemã.

O tema vem expresso no parágrafo único do art. 8º da Lei 9.307/96, o qual estabelece que "caberá ao árbitro decidir de ofício, ou por provocação das partes, as questões acerca da existência, validade e eficácia da convenção de arbitragem e do contrato que contenha a cláusula compromissória". A regra é reforçada no art. 20, no qual se dispõe que a impugnação à competência do árbitro deve ser feita pela parte "na primeira oportunidade que tiver de se manifestar, após a instituição da arbitragem" (*caput*). Acolhida pelo árbitro a alegação de incompetência, extingue-se a arbitragem (§ 1º); rejeitada, prossegue o procedimento arbitral, sem prejuízo de futura rediscussão da matéria perante o Poder Judiciário, em eventual ação de nulidade da sentença (§ 2º).

A legislação brasileira da arbitragem foi expressa em atribuir ao próprio árbitro o poder de decidir em cada caso, inclusive de ofício, se a convenção de arbitragem existe juridicamente, e se é válida e eficaz. Ao fazê-lo, estará o árbitro decidindo sobre a sua

---

43. Sobre o tema, vide: FONSECA, Rodrigo Garcia da. A arbitragem e as provas ilícitas. Uma visão brasileira. In: MOREIRA, Ana Luiza B. M. Pinto; BERGER, Renato (Coord.). *Arbitragem e outros Temas de Direito Privado. Estudos Jurídicos em Homenagem a José Emílio Nunes Pinto*. São Paulo: Quartier Latin, 2021, p. 501-539.
44. LALIVE, Pierre. Du courage dans l'arbitrage international. *Revista de Arbitragem e Mediação*, a. 6, n. 21, p. 160. São Paulo, abr.-jun. 2009.

própria competência[45] para apreciar o mérito da demanda que lhe for submetida, pois o árbitro só pode julgar uma causa se as partes tiverem convencionado a solução da disputa por arbitragem, o que justamente se opera através de uma convenção de arbitragem. A arbitragem nasce da autonomia da vontade e do consentimento que se materializam, precisamente, na convenção de arbitragem.

A solução da Lei 9.307/96 é a adoção de uma precedência temporal. Quem primeiro decidirá a questão será o árbitro. Como afirmou Pedro Batista Martins, "é do árbitro o benefício da dúvida".[46] Conforme disciplina o já referido *caput* do art. 20 da Lei de Arbitragem, "a parte que pretender arguir questões relativas à competência (...) do árbitro ou dos árbitros, bem como nulidade, invalidade ou ineficácia da convenção de arbitragem, deverá fazê-lo na primeira oportunidade que tiver de se manifestar, após a instituição da arbitragem". Reconhecida a incompetência pelo próprio árbitro, as partes são remetidas para o Judiciário, pois lá deverão resolver o litígio, nos termos do § 1º do art. 20 da Lei 9.307/96.[47] Afirmada a competência do árbitro, por ele próprio, prosseguirá a arbitragem, sem prejuízo de que a questão venha a ser revisitada posteriormente perante o Judiciário em ação de nulidade.[48]

Na realidade, é fundamental que se entenda que o princípio competência-competência, na arbitragem, e o poder-dever de o árbitro apreciar a sua própria jurisdição, não retira do Judiciário a possibilidade de averiguar a extensão dos poderes e da competência do árbitro, analisando o teor e as características da convenção de arbitragem. Apenas lhe

---

45. Aqui se fala de "competência" do árbitro pois esta é a expressão corrente, normalmente empregada, tanto na lei como na maior parte das decisões judiciais. No entanto, o tecnicamente correto seria dizer "jurisdição". Ao decidir se pode julgar a causa, o árbitro decide se tem jurisdição. Ver MARTINS, Pedro Batista. Poder Judiciário. Princípio da Autonomia da Cláusula Compromissória. Princípio da Competência-Competência. Convenção de Nova Iorque. Outorga de poderes para firmar cláusula compromissória. Determinação da lei aplicável ao conflito. Julgamento pelo Tribunal Arbitral. Parecer. *Revista de Arbitragem e Mediação*, a. 2. n. 7. p. 177. São Paulo, out.-dez. 2005.
46. MARTINS, Pedro Batista, op. loc. cit.
47. A decisão sobre o mérito da questão só poderá voltar para o árbitro se a sua sentença terminativa reconhecendo a própria incompetência (*rectius*: falta de jurisdição) for ela mesma anulada ou decretada nula no Judiciário, na ação do art. 33 da Lei 9.307/96. Em tese, por exemplo, seria possível que um árbitro desse pela extinção da arbitragem por invalidade da convenção de arbitragem, e depois ficasse demonstrado, em ação de nulidade, que a decisão foi obtida mediante corrupção deste árbitro (Lei de Arbitragem, art. 32, VI). Em tal hipótese, a arbitragem poderia ser reiniciada, obviamente com outro árbitro.
48. A "incompetência" do árbitro, em suas várias facetas, é matéria passível de discussão em ação de nulidade de sentença arbitral doméstica e em homologação de sentença arbitral estrangeira. A Lei 9.307/96 é expressa em ressalvar a possibilidade de rediscussão da matéria em juízo, após a prolação da sentença arbitral, como se verifica do disposto no § 2º do art. 20. A jurisprudência do Superior Tribunal de Justiça, no entanto, parece indicar que a parte, para preservar o direito de discutir a incompetência do árbitro no Judiciário, deve levantar a questão perante o árbitro, no curso da arbitragem, sob pena de se verificar a sua anuência tácita. Conforme decisão da Corte Especial do STJ, "tem-se como satisfeito o requisito da aceitação da convenção de arbitragem quando a parte requerida, de acordo com a prova dos autos, manifestou a defesa no juízo arbitral, sem impugnar em nenhum momento a existência da cláusula compromissória" (SEC 856-EX, Rel. Min. Carlos Alberto Menezes Direito, *Revista de Arbitragem e Mediação*, São Paulo, a. 2, n. 6, jul.-set. 2005, p. 228). Trata-se de elogiável orientação jurisprudencial, que privilegia a boa-fé objetiva e a vedação ao comportamento contraditório (proibição do *venire contra factum proprium*).

cabe fazê-lo somente *a posteriori*, depois de o árbitro fazer esta avaliação em primeiro lugar.[49] Daí se falar em precedência temporal.[50]

Não sendo assim, haveria um risco permanente de interferência indevida do Judiciário nas arbitragens, pois bastaria à parte lançar uma alegação qualquer relativa à incompetência do árbitro para que se instaurasse um contencioso judicial, impedindo ou embaraçando a capacidade do árbitro de conduzir adequadamente o procedimento arbitral.

Alguns países não adotam o princípio competência-competência na forma abraçada pelo Brasil e permitem que o juiz decida, em primeiro lugar e definitivamente, se há ou não competência do árbitro. É o caso dos Estados Unidos, por exemplo, onde questões sobre a validade da convenção de arbitragem e a arbitrabilidade podem ser decididas inicialmente pelo juiz, salvo acordo das partes delegando expressamente a solução da questão para o árbitro.[51] Aqui, porém, como se viu, a legislação assegura a precedência temporal da decisão do árbitro.

Se antes de formado o Tribunal Arbitral for feita uma objeção ao prosseguimento da arbitragem, junto à instituição arbitral, ou levantada a preliminar de convenção de arbitragem, em juízo, sem que a arbitragem esteja instituída, a decisão deve se restringir à plausibilidade ou aparência da existência e eficácia da convenção de arbitragem. Sendo razoável a alegação de existência de convenção de arbitragem, diante dos documentos apresentados, a instituição arbitral deve determinar o prosseguimento do caso e a composição do Tribunal Arbitral, ou o juiz togado deve extinguir a ação.[52]

O prosseguimento da arbitragem só pode ser negado, ou a ação judicial ter prosseguimento, se a invalidade, a inexistência ou a ineficácia da convenção de arbitragem for

---

49. "Conclui-se, portanto, que, de acordo com o direito brasileiro, as autoridades judiciárias podem tão somente apreciar a validade, existência, aplicabilidade ou efetividade da convenção de arbitragem em momento posterior aos árbitros." WALD, Arnoldo. "A interpretação da Convenção de Nova Iorque no direito comparado." *Revista de Direito Bancário, do Mercado de Capitais e da Arbitragem*, São Paulo, a. 6, n. 22, out.-dez. 2003. p. 366.
"O que se impõe é o cumprimento da cláusula compromissória, ao menos em um primeiro momento, quando se dá a análise das nulidades e da jurisdição pelo árbitro, restando incólume a apuração da questão pelo Poder Judiciário, seja pela decisão terminativa do árbitro em função da inexistência de jurisdição, seja pela ação de nulidade, prevista no art. 33 da Lei." MARTINS, Pedro Batista, op. cit., p. 179.
50. "O princípio da 'competência-competência', em seu efeito negativo, constitui, em primeiro lugar, uma regra de 'prioridade cronológica'. As jurisdições estaduais só podem intervir após o pronunciamento dos árbitros sobre essas questões." BOISSESSON, Mathieu de. "As Anti-Suit Injunctions e o Princípio da 'Competência-Competência.'" *Revista de Arbitragem e Mediação*, a. 2, n. 7, p. 141. São Paulo, out.-dez. 2005.
51. Vide, exemplificativamente: BERMANN, George A. Jurisdiction: Courts vs. Arbitrators. In: CARTER, James H.; FELLAS, John (Ed.). *International Commercial Arbitration in New York*. Oxford: Oxford University Press, 2010, p. 147 e ss. A linha é seguida por alguns outros países, como a Suécia, por exemplo, e baseia-se numa concepção de economia processual, para evitando um esforço duplicado de tempo e custos, com a espera de todo o procedimento arbitral para que, no final, ele possa vir a ser anulado por falta de jurisdição, quando isso poderia ter sido determinado de imediato. Ver: FOUCHARD, Phillipe; GAILLARD, Emmanuel; GOLDMAN, Berthold, op. cit., p. 409-410. Países como o Brasil fizeram a opção de considerar mais importante a preservação da arbitragem em face de quaisquer ataques ou interferências que ela possa vir a sofrer em decorrência de ações judiciais. A questão é essencialmente de política legislativa.
52. FONSECA, Rodrigo Garcia da. Arbitragem. Matéria de jurisdição *prima facie*. In: WALD, Arnoldo; LEMES, Selma Ferreira (Coord.), op. cit., p. 365-366.

manifesta, perceptível *prima facie*, de modo flagrante, *ictu oculi*, independentemente da produção de qualquer dilação probatória.⁵³ Como já tive a oportunidade de exemplificar, "é a convenção de arbitragem firmada por menor de idade ou interditado, é a falsificação grosseira, é a convenção de arbitragem sobre matéria ostensivamente não arbitrável, como questões de estado das pessoas, é a inexistência pura e simples de uma convenção de arbitragem, enfim, situações aberrantes, totalmente fora do ordinário e que não comportam qualquer dúvida razoável".⁵⁴ Segundo Pedro Batista Martins, somente se justifica a pronúncia da nulidade da cláusula pelo Judiciário antes de manifestação do árbitro, em caso de "vício extravagante", "absurdo jurídico", "algo, enfim, teratológico".⁵⁵ Há de ser o "vício aferível *prima facie* pelo juiz togado, tal qual o contrato que tenha por objeto o jogo, a usura ou a prostituição, ou que tenha sido executado por criança, comprovável mediante a simples juntada de certidão de nascimento".⁵⁶

O afastamento da arbitragem somente é possível em cognição sumária, constando-se vício manifesto aferível mediante prova inequívoca e pré-constituída.⁵⁷ Não é possível a instauração de instrução probatória para a discussão dos eventuais vícios da convenção de arbitragem e não pode haver dúvida interpretativa razoável.⁵⁸

Importante observar que a jurisprudência pátria é uníssona em reconhecer que o princípio competência-competência impõe ao Judiciário uma verificação meramente *prima facie* quando do exame prévio da existência e eficácia da convenção de arbitragem.⁵⁹

---

53. CARMONA, Carlos Alberto, op. cit., p. 177. WALD, Arnoldo. Op. loc. cit.. MARTINS, Pedro Batista, op. cit., p. 181-183.
54. FONSECA, Rodrigo Garcia da. O princípio competência-competência na arbitragem. Uma perspectiva brasileira. *Revista de Arbitragem e Mediação*, a. 3, n. 9, p. 290-291. São Paulo, abr.-jun. 2006.
55. MARTINS, Pedro Batista. op. cit., p. 182.
56. MARTINS, Pedro Batista. *Apontamentos sobre a Lei de Arbitragem*. Rio de Janeiro: Forense, 2008, p. 140.
57. ALVES, Rafael Francisco. *A inadmissibilidade das medidas antiarbitragem no direito brasileiro*. São Paulo: Atlas, 2009, p. 193.
58. EIZIRIK, Nelson; BRAGA, Andrea; DUQUE, Giovanna Rennó. O princípio da competência-competência e a ação de responsabilidade civil contra o acionista controlador de sociedade de economia mista: Análise da decisão proferida pelo STJ no CC 151.130-SP. In: YARSHELL, Flávio; PEREIRA, Guilherme Setoguti J. *Processo Societário IV*, Ed. Quartier Latin, São Paulo, 2021, p. 988.
59. No STJ, vide acórdão no Recurso Especial 1.602.076-SP, 3ª T., rel. min. Nancy Andrighi, julg. 15.09.2016, afirmando a possibilidade de reconhecimento pelo Poder Judiciário apenas da ilegalidade clara, *prima facie*, de compromisso arbitral patológico. Na mesma linha, exemplificativamente: AgInt Recurso Especial 1.396.071-BA, 4ª T., rel. min. Antônio Carlos Ferreira, julg. 24.08.2020. Afirmando a precedência temporal do árbitro no julgamento da sua própria competência, em relação ao Judiciário, se não houver vício detectável à primeira vista: Conflito de Competência 159.162-AM, 2ª Seção, rel. min. Maria Isabel Gallotti, julg. 09.12.2020; Recurso Especial 1.699.855-RS, 3ª T., rel. min. Marco Aurélio Bellizze, julg. 1º.06.2021. Todos os julgados estão disponíveis na internet no sítio: www.stj.jus.br.
   Os Tribunais locais não discrepam desse entendimento e seguem os precedentes do STJ. Exemplificativamente, vide: TJSP, Apelação Cível 1006549-70.2019.8.26.0704, 2ª Câmara Reservada de Direito Empresarial, rel. des. Ricardo Negrão, julg. 04.08.2020; Apelação Cível 1037846-47.2018.8.26.0602, 1ª Câmara Reservada de Direito Empresarial, rel. des. Azuma Nishi, julg. 11.02.2021, acórdãos disponíveis na internet no sítio www.tjsp.jus.br. No TJRJ: Agravo de Instrumento 0010204-74.2018.8.19.0000, 25ª Câmara Cível, rel. des. Luiz Fernando de Andrade Pinto, julg. 11.04.2018; Apelações Cíveis 0010887-21.2015.8.19.0064 e 0007729-55.2015.8.19.0064, 1ª Câmara Cível, rel. des. Custódio de Barros Tostes, julg. 02.08.2018; Apelação Cível 0030263-80.2018.8.19.0001, 20ª Câmara Cível, rel. des. Mônica Sardas, julg. 03.04.2019, acórdãos disponíveis na internet no sítio www.tjrj.jus.br.

O Brasil seguiu, neste particular, um modelo similar ao francês, no qual a intervenção judicial inicial é limitada ao exame *prima facie* da convenção de arbitragem, mediante prova pré-constituída.[60] Apenas a nulidade ou inexistência manifesta da convenção de arbitragem autoriza o prosseguimento de ação judicial. A mera aparência da existência de convenção de arbitragem incidente na disputa é suficiente para aplicar o princípio competência-competência e remeter a questão para solução pelo árbitro.[61] A prioridade cronológica do árbitro para a análise de sua própria competência é quase absoluta, e só pode ser afastada em caso de vício manifesto, assim entendido a nulidade ou inaplicabilidade evidente e incontestável, que não pode ser colocada em dúvida por qualquer tipo de argumentação séria.[62]

Note-se que o texto da parte final do art. II, 3 da Convenção de Nova Iorque, ao dispor que "o tribunal (...) encaminhará as partes à arbitragem, a menos que constate que tal acordo é nulo e sem efeitos, inoperante ou inexequível", poderia dar a impressão de que o Poder Judiciário pode, se provocado, analisar a questão da competência do árbitro antes daquele, justamente para decidir se a convenção de arbitragem é "nula, sem efeitos, inoperante ou inexequível", como antecedente lógico para resolver se encaminha ou não as partes à arbitragem. Assim, poderia o magistrado togado não só dar andamento a uma ação proposta com relação ao objeto da convenção de arbitragem, se entendesse a mesma nula ou inaplicável por qualquer motivo, como poderia inclusive determinar a não instauração ou a interrupção de procedimento arbitral sobre a questão, mediante ordem que se conhece como *anti-suit injunction*.

A forma como o princípio competência-competência é tratado na Lei de Arbitragem Brasileira, porém, não é incompatível ou incongruente com o regramento da Convenção de Nova Iorque, e portanto, no Brasil, as normas se complementam. Diante de uma convenção de arbitragem, designe esta a sede da arbitragem no Brasil ou no exterior, o juiz brasileiro deve sempre ter em mente o princípio competência-competência, tal como adotado na Lei 9.307/96, somente deixando de remeter as partes à arbitragem em situações extremas.[63] Tanto é assim que vários outros países, tais como França, Suíça ou Espanha, por exemplo, consideram a análise apenas *prima facie* do juiz congruente com o disposto no artigo II.3 da Convenção de Nova Iorque.[64] Assim, a adoção modelo de

---

60. FOUCHARD, Phillipe; GAILLARD, Emmanuel; GOLDMAN, Berthold, op. cit., p. 411-413.
61. RACINE, Jean-Baptiste. *Droit de l'arbitrage*. Presses Universitaires de France, Paris, 2016, p. 272.
62. SERAGLINI, Christophe; ORTSCHEDIDT, Jérôme, op. cit., p. 190.
63. A legislação sobre arbitragem em vigor no Brasil há de ser interpretada sistematicamente. Os arts. 8º e 20 da Lei 9.307/96 devem ser conjugados com o art. 485, VII, do Código de Processo Civil e, se for o caso, com o art. II.3, da Convenção de Nova Iorque. Os dispositivos não são estanques e nem incompatíveis entre si, complementando-se uns aos outros.
64. ARMESTO. Juan Fernández. Artículo II.3: La remisión de las partes al arbitraje. In: TAWIL, Guido S.; Zuleta, Eduardo (Dir.) *El Arbitraje Comercial Internacional. Estudio de a Convención de Nueva York con motivo de su 50º aniversario*. Abeledo-Perrot, Buenos Aires, 2008, p. 299-300. Citando a jurisprudência do Tribunal Federal Suíço, o autor defende a interpretação segundo a qual a exceção do art. II.3 da Convenção de Nova Iorque, a respeito da nulidade, inoperância ou inexequibilidade da convenção de arbitragem, somente pode ser acolhida quando o defeito apareça evidente, sem necessidade de aprofundar a questão. Na mesma linha, e também citando jurisprudência internacional (decisões judiciais da Suíça, de Hong Kong, do Canadá e da França), Pedro Batista Martins defende a interpretação do texto do art. II.3 da Convenção de Nova Iorque em igual sentido: "Pode-se

aferição inicial da jurisdição *prima facie* adotado no Brasil, assegurando a precedência temporal da decisão sobre o tema ao árbitro, não conflita em absoluto com a Convenção de Nova Iorque.[65]

Destarte, em qualquer situação em que o ataque à convenção de arbitragem dependa de produção de prova não pré-constituída, ou de decisão acerca de matéria complexa, razoavelmente discutível, deve-se prestigiar a arbitragem, aplicando-se a regra de prioridade temporal decorrente do princípio competência-competência. Afinal, no Brasil, é do árbitro o benefício da dúvida, e o poder-dever de decidir sobre a sua própria competência, sem prejuízo do posterior controle judicial.

1.6 Poder-dever de invocar a cooperação da jurisdição estatal

O árbitro tem poderes jurisdicionais, pode decidir o mérito do litígio, pode proferir decisões cautelares e de urgência, pode expedir ordens de obrigação de fazer, determinar diligências etc. No entanto, o árbitro não tem poderes para executar forçosamente as suas decisões. Os poderes executórios e de coerção são reservados aos juízes togados.

A execução da sentença arbitral se dá perante o Poder Judiciário, mas esta é eventualmente pedida pela própria parte, em caso de descumprimento, após o encerramento da arbitragem, e sem intervenção do Tribunal Arbitral.

No curso do procedimento arbitral, porém, quando for necessário dar cumprimento forçado a uma decisão interlocutória do Tribunal Arbitral, ou quando for necessária a condução de uma testemunha para a audiência, por exemplo, o árbitro terá que solicitar e contar com o auxílio do Poder Judiciário.[66]

Na realidade, não existe arbitragem efetiva se não houver o apoio e a colaboração do Poder Judiciário.[67]

A Reforma da Lei de Arbitragem e o Novo Código de Processo Civil, ambos de 2015, criaram a importante figura da carta arbitral, o documento através do qual os

---

afirmar, destarte, não ser amplo ou ilimitado o exame pelo órgão judicial da ocorrência das hipóteses objeto da ressalva em questão. Ao reverso, a análise é adstrita, pois voltada a uma situação jurídica patente à primeira vista. Em outras palavras, há de se demonstrar a alegação de improcedência da sujeição ao rito arbitral com dados e elementos evidentes e convincentes a uma simples mirada. Estamos no campo de uma verossimilhança soberana". MARTINS, Pedro Batista. Arbitrabilidade e as ressalvas constantes do artigo II (3), da Convenção de Nova Iorque. In: WALD, Arnoldo; LEMES, Selma Ferreira (Coord.). *Arbitragem comercial internacional. A Convenção de Nova Iorque e o Direito Brasileiro*. São Paulo: Saraiva, 2011, p. 130.

65. Neste sentido: ABBUD, André de Albuquerque Cavalcanti. Convenção de Nova Iorque e o Princípio da Competência-Competência. In: LEMES, Selma Ferreira; LOPES, Christian Sahb Batista (Coord.) *Arbitragem Comercial Internacional e os 60 anos da Convenção de Nova Iorque*. São Paulo: Quartier Latin, 2019, p. 42-43.
66. Vide arts. 22, § 2º e 22-C da Lei 9.307/96.
67. O apoio do Judiciário é indispensável ao bom funcionamento da arbitragem. É o Judiciário que garante a eficácia da cláusula compromissória e da sentença arbitral, dando efetividade ao instituto em toda a sua extensão. Não por acaso, o crescimento da arbitragem no Brasil teve o seu grande impulso a partir de 2001, quando o Supremo Tribunal Federal reconheceu a constitucionalidade da Lei de Arbitragem, que ainda era questionada desde a edição da Lei 9.307, em 1996.

tribunais arbitrais podem se comunicar oficialmente com o Poder Judiciário invocando a sua cooperação.[68]

Pedida a colaboração do Judiciário pelo Tribunal Arbitral, em princípio não cabe ao juiz togado questionar a correção da medida solicitada, mas tão somente dar-lhe cumprimento.[69]

A cooperação do Judiciário é essencial para dar efetividade às decisões do Tribunal Arbitral e garantir o bom processamento da arbitragem. Assim, o árbitro não só pode como deve pedir o auxílio do juiz togado quando isso for necessário para a preservação do devido processo e para assegurar a eficácia da arbitragem.

Quando uma medida cautelar é deferida para a preservação de uma prova, para a manutenção do *status quo*, ou para a prestação de uma garantia que proteja a exequibilidade de uma futura sentença arbitral, dentre outras hipóteses, ou as partes cumprem a decisão voluntariamente ou caberá a solicitação de execução via colaboração do Poder Judiciário. Do contrário a decisão seria totalmente esvaziada e ineficaz, prejudicando as finalidades para as quais foi concedida.

Por outro lado, a possibilidade de cooperação do Poder Judiciário não pode ser utilizada pelas partes como meio de procrastinação do procedimento. Assim, por exemplo, o árbitro pode determinar a condução de uma testemunha para ser ouvida em audiência, mas só deve fazê-lo se o depoimento for efetivamente relevante e puder influenciar o julgamento da causa. Neste sentido, o pedido de cooperação com o Poder Judiciário deve ser ponderado com a obrigação de diligência, ou seja, deve ser feita a análise se a medida é realmente necessária e justifica a eventual delonga que pode causar ao procedimento.

1.7 Poderes-deveres instrutórios

O árbitro tem amplos poderes instrutórios. Na condição de destinatário da prova, cabe ao Tribunal Arbitral conduzir a instrução de modo a garantir a produção de todas as provas necessárias e úteis ao esclarecimento dos fatos relevantes ao julgamento.

Se por um lado o árbitro deve permitir a ampla defesa das partes, por outro é seu dever indeferir a produção de provas desnecessárias, inúteis ou meramente procrastinatórias.

---

68. Art. 22-C da Lei 9.307/96, com a redação da Lei 13.129/2015, e art. 260, § 3º do Código de Processo Civil. O CNJ aprovou a Resolução 421, de 29.09.2021, regulando a cooperação judiciária com tribunais arbitrais e a tramitação das cartas arbitrais.
69. "As partes que optaram pelo juízo arbitral têm o direito subjetivo perante o Estado-juiz de ver cumpridas as medidas cautelares e coercitivas solicitadas pelo árbitro que não afrontam os limites impostos pela lei e, em contrapartida, o Estado-juiz tem o deve de concedê-las sem adentrar no mérito da lide que está sendo ou foi submetida à jurisdição privada, sob pena de negativa e retardamento da prestação jurisdicional." COSTA, Nilton César Antunes da. *Poderes do Árbitro de acordo com a Lei 9.307/96*. São Paulo: Ed. RT, 2002, p. 115. Com efeito, o art. 267 do Código de Processo Civil disciplina as hipóteses de eventual negativa de cumprimento da carta arbitral, e dentre elas não figura a discordância do juiz executor com o mérito da medida solicitada pelo árbitro, mas apenas questões formais (falta de requisitos legais da carta, dúvida quanto à sua autenticidade, ou falta de competência do juiz deprecado).

Não há dúvidas sobre o poder-dever do Tribunal Arbitral para determinar a produção de provas *ex officio*, se entender que tais provas são essenciais à boa solução do litígio.

Da mesma forma como o juiz togado, ao determinar a produção de provas, a pedido das partes ou de ofício, o árbitro deve analisar se determinada prova é apta e necessária a demonstrar algo que seja relevante para o deslinde da controvérsia. Deve avaliar, ainda, qual a melhor forma de produzir certa prova (por exemplo, se uma questão técnica demanda uma perícia complexa ou se pode ser elucidada por pareceres de técnicos das partes, se uma testemunha que mora no exterior deve comparecer presencialmente ou pode depor por videoconferência etc.).

Assim, na condução da instrução probatória, o árbitro deve levar em conta a economicidade e a celeridade, evitando custos e atrasos evitáveis, de modo a que o procedimento arbitral seja o mais eficiente possível.

Destarte, no desempenho de seus poderes-deveres instrutórios, o árbitro deve ter em mente o dever de diligência, já mencionado, e também o dever de emitir uma sentença válida e eficaz.

A Lei de Arbitragem não deixa margem a discussões nesse tema, reconhecendo estes amplos poderes do árbitro, ao determinar, no *caput* do art. 22, que: "poderá o árbitro ou o tribunal arbitral tomar o depoimento das partes, ouvir testemunhas e determinar a realização de perícias ou outras provas que julgar necessárias, mediante requerimento das partes ou de ofício".

O árbitro julga a causa segundo o seu livre convencimento, mas este convencimento há de ser motivado. A boa fundamentação, evidentemente, depende de uma instrução probatória bem feita, que permita ao julgador expor as suas razões com base nos documentos, depoimentos ou laudos que comprovem aqueles fatos nos quais o raciocínio foi baseado. Desde que assegurado às partes o direito de apresentarem as suas defesas sem restrições desarrazoadas, o Tribunal Arbitral tem ampla latitude para determinar quais as provas que são necessárias e suficientes à formação do seu convencimento, e o indeferimento fundamentado da produção de provas não é por si só motivo para a anulação da sentença arbitral.

1.8 Poderes-deveres de integração da convenção arbitral

Disciplina o art. 19, § 1º, da Lei de Arbitragem, que, "instituída a arbitragem e entendendo o árbitro ou o tribunal arbitral que há necessidade de explicitar questão disposta na convenção de arbitragem, será elaborado, juntamente com as partes, adendo firmado por todos, que passará a fazer parte integrante da convenção de arbitragem."

Assim, a lei determina que eventuais lacunas, deficiências ou inconsistências da convenção e arbitragem que não tenham impedido a instauração do procedimento podem ser corrigidas ou supridas pelos árbitros, em conjunto com as partes.

Trata-se de importante medida para preservar a validade da sentença arbitral final, na medida em que o desrespeito à convenção de arbitragem é motivo que pode levar à sua anulação ou inexequibilidade.

Algumas vezes a convenção de arbitragem estabelece regras pouco práticas para o procedimento, ou prazos irreais para a prolação da sentença arbitral, ou deixa de mencionar questões relevantes sobre a arbitragem, e tudo isso pode ser corrigido ou explicitado de acordo com as peculiaridades de cada caso. Daí se falar na integração da convenção de arbitragem, pelos árbitros e pelas partes.

Sendo a convenção de arbitragem um documento firmado pelas partes, o Tribunal Arbitral não pode impor modificações, mas normalmente desempenha um papel importante de convencimento, explicando às partes os problemas e riscos que podem ser solucionados mediante a explicitação de tais elementos.

Na prática brasileira, a integração da convenção de arbitragem é frequentemente feita através do Termo de Arbitragem, figura que consta de praticamente todos os regulamentos nacionais, e é inspirada na Ata de Missão do Regulamento da CCI.[70] O Termo de Arbitragem serve para disciplinar em maior detalhe as regras procedimentais do caso, questões práticas de como serão apresentadas as manifestações, documentos etc., definir o cronograma e, ainda, corrigir quaisquer deficiências ou inadequações da cláusula arbitral e explicitar questões que não foram previstas.

Assim, o Termo de Arbitragem é o documento que define os contornos da controvérsia no caso concreto e detalha acordos processuais das partes para aquela demanda específica, que normalmente não constam da cláusula compromissória, pois esta costuma ser mais enxuta, e acordada apenas em tese para litígios futuros e potenciais.

1.9 Direitos dos árbitros

Ao lado dos seus deveres, os árbitros têm alguns direitos que são essenciais ao bom desenvolvimento da arbitragem. Aliás, muito se fala sobre os deveres dos árbitros, mas normalmente pouco se fala sobre os seus direitos.

Em primeiro lugar, os árbitros têm o direito de serem tratados com urbanidade e educação por todos os atores da arbitragem, partes, advogados, peritos, testemunhas, funcionários da câmara, tradutores etc. Pode parecer uma observação pouco relevante, mas não é. Muitas vezes ocorrem situações desagradáveis de manifestações mal educadas, ou de excessos de linguagem ou comportamento que não são justificáveis. Não se trata de reverência, ou qualquer tipo de tratamento especial, não se trata de ser chamado de excelência, ou qualquer outro título, pelo contrário. Mas os árbitros têm o direito a um tratamento cordial, respeitoso e profissional enquanto desempenham as suas funções.

Do ponto de vista do procedimento, de acordo com o que já se expôs acima, os árbitros têm o direito de decidirem o litígio de acordo com o seu livre convencimento. Têm ainda o direito (e o dever) de determinar a instrução da melhor maneira possível,

---

70. CARMONA, Carlos Alberto, op. cit. p. 280-281.

inclusive podendo determinar de ofício a produção de provas e indeferir diligências que entendam desnecessárias.[71]

Como se verá adiante, os árbitros têm também o direito à remuneração pelos serviços que prestam, de acordo com as regras aplicáveis a cada caso, além do adiantamento e/ou reembolso de suas despesas. Um capítulo específico sobre a remuneração segue mais à frente.

Finalmente, um dos direitos mais importantes dos árbitros, e que lhes garante a independência para proferirem decisões de modo isento e sem receio, é a imunidade pelos atos que praticam, salvo em situações de dolo ou culpa gravíssima. A imunidade do árbitro, no fundo, tal como a imunidade do juiz, é uma garantia não só do julgador, mas essencialmente das partes, pois a sua contrapartida é a possibilidade de ter um julgamento justo, sem que árbitro seja influenciado pelo eventual temor de uma responsabilização futura. Mais se falará sobre a imunidade dos árbitros em seguida.

2. RESPONSABILIDADE DOS ÁRBITROS

Como já se observou, a lei define o árbitro como juiz de fato e de direito da causa na qual funciona, conforme o art. 18 da Lei 9.307/96. No entanto, a expressão legal deve ser entendida *cum grano salis*. O árbitro é sem dúvida um julgador, equiparado ao juiz naquela causa em que atua. Mas o árbitro não é juiz no sentido estatutário, não é um funcionário público e exerce a sua atividade esporadicamente, somente quando indicado em casos específicos, e não por profissão permanente.

O art. 14 da Lei de Arbitragem, por sua vez, determina que os árbitros terão os mesmo deveres e responsabilidades dos juízes, no que couber. O art. 17 da Lei 9.307/96, por sua vez, equipara o árbitro aos funcionários públicos para efeitos da legislação penal.

Assim, do ponto de vista cível, os árbitros gozam de imunidade no exercício da jurisdição, da mesma forma como os juízes. A imunidade pela prática de atos processuais e jurisdicionais é garantia essencial da independência do julgador, como se mencionou, pois o ato de julgar não pode ser influenciado pelo eventual receio de desagradar a quem quer que seja ou de gerar algum tipo de responsabilidade pessoal do árbitro. É humano que o temor de uma possível responsabilização tire a isenção do julgador, e que este se preocupe com a sua autoproteção. "Para que possa completar o seu mandato integralmente, o árbitro deve estar desamarrado de influências externas e tensões".[72] Daí ser absolutamente indispensável a imunidade da responsabilidade civil do árbitro pela prática dos atos no exercício da jurisdição, ainda que privada.

Evidentemente a imunidade não é absoluta. Atos praticados com dolo ou culpa gravíssima, desde que devidamente comprovados os vícios, podem gerar a responsabi-

---

71. Conforme o já citado art. 22 da Lei de Arbitragem.
72. PEREIRA, Mariana Gofferjé. O contrato entre o árbitro e as partes no direito brasileiro. *Revista de Arbitragem e Mediação*, a. 17, v. 65, p. 264. São Paulo, abr./jun. 2020.

lização civil do árbitro por danos causados à parte ou à instituição arbitral.[73] Tais casos, porém, devem ser tratados como absolutamente excepcionais, e demandam prova cabal do dolo ou da culpa gravíssima do árbitro. Não basta uma avaliação subjetiva sobre uma conduta eventualmente reprovável para que se cogite da responsabilização civil; é preciso que árbitro pratique o ato viciado conscientemente, querendo o resultado danoso, ou assumindo deliberadamente o seu risco. Seria a situação do árbitro corrupto, que recebe suborno para dar determinada decisão, ou do árbitro que "desaparece" propositadamente para impedir o andamento do caso, não faz contato com os outros árbitros, não responde mensagens e se recusa a participar de deliberações.

Do ponto de vista penal, como estabelecido na legislação, a responsabilidade é equiparada a dos funcionários públicos. Assim, também responderá criminalmente o árbitro corrupto, por exemplo, e apesar de se tratar de um agente privado, a eventual pena será fixada como se ele fosse funcionário público. Com ainda mais razão do que a responsabilidade civil, a responsabilidade penal do árbitro não pode ser banalizada, e só poderá ser invocada nos casos extremos da malfeitos efetivamente criminosos (como o caso de corrupção), nunca em hipótese de mera má condução da arbitragem. O árbitro ruim não pode ser equiparado ao árbitro criminoso.

3. REMUNERAÇÃO DOS ÁRBITROS

Como já se observou anteriormente neste artigo, ainda que exercendo funções jurisdicionais, os árbitros são agentes privados. Como tal, não são funcionários públicos assalariados, são profissionais que recebem honorários pelos trabalhos que executam.

O árbitro é essencialmente um prestador de serviços, contratado para conduzir o procedimento arbitral com eficiência e de acordo com o devido processo legal, e para decidir o litígio mediante a emissão de uma sentença eficaz, como se observou acima. O "contrato de árbitro", ou "contrato para arbitrar", é uma avença tácita, que decorre do próprio sistema arbitral, e independe de um instrumento contratual específico, decorrendo da própria aceitação do encargo e instituição da arbitragem. O contrato de

---

73. "Os árbitros somente devem ser responsabilizados, no exercício de suas funções, quando incidirem em dolo ou fraude, bem como nas situações de recusa, omissão ou demora, sem motivo justo, na adoção de providência que deva adotar de ofício ou a requerimento da parte. (...) Desde que de boa-fé, os árbitros não respondem por erros *in judicando*, isto é, não podem ser responsabilizados por sentenças arbitrais de má qualidade." SCHMIDT, Gustavo da Rocha; FERREIRA, Daniel Brantes; OLIVEIRA, Rafael Carvalho Rezende, op. cit., p. 107.

"A responsabilidade civil dos árbitros somente se daria nos casos de dolo ou de culpa grave. Dolo é má-fé, expresso pela vontade deliberada de não obedecer aos comandos específicos dados, no caso, pela cláusula compromissória e pela Lei de Arbitragem, ou ainda, pela demonstração indubitável de que o árbitro agiu deliberadamente em favor de uma das partes, distante de qualquer base fática e/ou jurídica. Culpa grave pode ser definida como o quase dolo, nas situações em que o agente conscientemente assume o risco de causar dano." VERÇOSA, Haroldo Malheiros Duclerc. *Os Segredos da Arbitragem*. São Paulo: Ed. Saraiva, 2013, p. 78.

"A responsabilidade civil do árbitro (mesmo quando houver *error in procedendo*) deve ficar sempre adstrita às hipóteses de dolo ou de culpa grave, sob pena de submeter a injusta pressão o julgador, que ficaria encurralado na hipótese de algum órgão do Poder Judiciário acolher demanda de anulação de sentença arbitral (...) O fato de serem os árbitros verdadeiros e próprios juízes acarreta-lhes uma série de deveres e obrigações; é natural que, em contrapartida, seja-lhes garantido um certo grau de proteção." CARMONA, Carlos Alberto, op. cit., p. 265.

árbitro, ou negócio jurídico arbitral, é um contrato atípico ou *sui generis*, justamente em função do poder jurisdicional do árbitro, que decore da lei.[74] O objeto do contrato pode ser classificado como de empreitada de lavor, na qual a obra a ser entregue é a sentença.[75]

A remuneração dos árbitros, portanto, é de cunho contratual, devida pelas partes da arbitragem – ainda que o pagamento em concreto possa ser intermediado por uma câmara ou instituição arbitral, que recolhe os valores das partes e os repassa aos árbitros. O árbitro é "contratado" das partes do litígio, independentemente de por quem tenha sido indicado, pois o seu dever de independência se sobrepõe à relação inicial da indicação.[76]

Em qualquer hipótese a origem do direito à remuneração é contratual, em função da prestação dos serviços dos árbitros a partir da sua escolha pelas partes. Quando a arbitragem é regida por um regulamento de câmara, as partes e os árbitros aderem àquelas regras, inclusive as relativas às custas da instituição e aos honorários dos árbitros e a vinculação se aperfeiçoa com a indicação e a posterior aceitação do encargo pelo árbitro.

Há várias formas de remuneração de árbitros, e normalmente as regras de pagamento e os valores são disciplinados no regulamento da câmara designada pelas partes para administrar a arbitragem. Em algumas instituições os honorários dos árbitros são fixados de acordo com o valor do litígio,[77] enquanto em outras os honorários são devidos por horas trabalhadas.[78] A periodicidade dos pagamentos também varia de acordo com cada regulamento.[79] Em procedimentos *ad hoc*, os árbitros terão que negociar a sua remuneração e as condições de pagamento com as partes, caso a caso, o que representa uma das grandes desvantagens destes procedimentos não administrados, pelas dificuldades práticas que isto acarreta, e pelo certo constrangimento que uma negociação de honorários entre a parte e o seu futuro julgador pode gerar.

Em razão da necessidade de manutenção da independência e imparcialidade do árbitro, é absolutamente vedado qualquer acerto paralelo de remuneração entre o árbitro e uma das partes. A remuneração do árbitro deverá ser exclusivamente aquela prevista no regulamento aplicável, ou convencionada por todos no caso das arbitragens *ad hoc*.

Finalmente, deve ser observado que é perfeitamente aceitável que o árbitro receba os seus honorários através de pessoa jurídica. Embora a figura do árbitro seja normalmente uma pessoa física, nada impede que os seus honorários sejam recebidos através de sociedade da qual este participe. Trata-se de trabalho intelectual, naturalmente conduzido por pessoas físicas, mas que se beneficiam de estruturas societárias (auxiliares,

---

74. NANNI, Giovanni Ettore. *Direito Civil e Arbitragem*. São Paulo: Atlas, 2014, p. 5; BAPTISTA, Luiz Olavo, op. cit., p. 172.
75. BAPTISTA, Luiz Olavo, op. cit., p. 177.
76. BAPTISTA, Luiz Olavo, op. cit., p. 177.
77. É o caso do CAM-CCBC, da FIESP/CIESP, da Camarb, ou da CCI, por exemplo.
78. É o caso da Câmara do Mercado, no Brasil, ou do ICDR e da LCIA, no exterior, por exemplo.
79. Algumas câmaras liberam os honorários em certos percentuais de acordo com determinados eventos do procedimento. Outras pagam os honorários ao final, mas permitem pedidos de antecipação parcial pelos árbitros. Quando a cobrança é horária, há a apresentação de cobranças periódicas acompanhadas dos relatórios de horas trabalhadas. Cada regulamento ou regimento de custas disciplina a forma de pagamento dos honorários na respectiva câmara.

secretárias, equipamentos de informática etc.) para o seu bom desempenho. Da mesma forma como um advogado emite um parecer jurídico assinado individualmente e pode cobrar os honorários através da sua sociedade de advogados, o árbitro também pode faturar os seus honorários através do seu escritório, ainda que os atos processuais da arbitragem sejam assinados por ele pessoalmente.[80]

4. FORMAS DE MANIFESTAÇÃO DOS ÁRBITROS (ORDEM PROCESSUAL, SENTENÇA ARBITRAL PARCIAL, FINAL, COMPLEMENTAR E MEDIDAS DE URGÊNCIA)

O procedimento arbitral, tal como um processo judicial, desenvolve-se essencialmente por escrito. Embora a informalidade e a oralidade sejam características especialmente marcantes nas arbitragens, a forma escrita é essencial como registro da prática dos atos processuais.

Assim, o requerimento de arbitragem é um documento escrito, a resposta, o Termo de Arbitragem, tudo é feito por escrito, ainda que eletronicamente, sem vias físicas, como vem se tornando o padrão não só no Brasil como internacionalmente.[81]

Aliás, as audiências arbitrais são normalmente gravadas e transcritas na íntegra, mantendo-se tanto o registro eletrônico (áudio e vídeo, se for o caso), como um registro escrito de tudo o que ocorreu. Assim, mesmo atos praticados oralmente acabam sendo normalmente reduzidos também a uma forma escrita.

Sendo assim, as manifestações dos árbitros no âmbito da arbitragem são corporificadas via de regra em documentos escritos. Mesmo as decisões proferidas oralmente durante uma audiência – como uma decisão do Tribunal Arbitral sobre uma contradita a uma testemunha, por exemplo – acabam sendo registradas por escrito.

A Lei de Arbitragem disciplina a sentença arbitral, estabelecendo inclusive os requisitos do documento.[82] A sentença arbitral, portanto, é um documento que tem as suas características definidas em lei. Importante mencionar que, além da sentença arbitral final, que encerra o procedimento, os árbitros podem emitir uma ou mais sentenças ar-

---

80. A Receita Federal questionou em alguns casos o recebimento de honorários de árbitro através de escritório de advocacia, alegando que a função seria de caráter personalíssimo, e portanto a remuneração deveria ser paga à pessoa física. O Conselho Federal da OAB emitiu o Provimento 196/2020, que reconhece a remuneração da atividade de árbitro como honorários advocatícios que podem ser recebidos pela pessoa física ou pela sociedade da qual o árbitro seja sócio. Ademais, já há precedente do CARF admitindo como legítimo o recebimento de honorários de árbitro através de sociedade da qual este faça parte (vide: HIGÍDIO, José, "CARF permite tributação de honorários de árbitro na pessoa jurídica", 11.08.2021, sítio *Consultor Jurídico*, disponível em: https://www.conjur.com.br/2021-ago-11/carf-permite-tributacao-honorarios-arbitro-pessoa-juridica#:~:text=Carf%20permite%20tributa%C3%A7%C3%A3o%20de%20honor%C3%A1rios%20de%20%C3%A1rbitro%20na%20pessoa%20jur%C3%ADdica,-11%20de%20agosto&text=O%20servi%C3%A7o%20de%20%C3%A1rbitro%20est%C3%A1%20no%20escopo%20das%20atividades%20poss%C3%ADveis%20dos%20advogados).

81. A pandemia da Covid-19 acabou acelerando um movimento que já vinha ocorrendo no sentido da inteira digitalização dos procedimentos arbitrais. Hoje praticamente não há mais a circulação de vias físicas de manifestações, documentos, ordens processuais ou sentenças, tudo tramitando eletronicamente nas arbitragens.

82. Art. 26 da Lei de Arbitragem.

bitrais parciais, que decidam alguns aspectos do litígio definitivamente, deixando outros para decisão posterior.[83] A sentença arbitral (parcial ou final) decide definitivamente as questões tratadas e encerra a jurisdição do Tribunal Arbitral em relação àquilo que é objeto de julgamento.[84]

Pode ser proferida também uma sentença arbitral complementar, ou um adendo à sentença, quando o Tribunal Arbitral acolher um pedido de esclarecimentos que indique a omissão em decidir alguma matéria necessária (parágrafo único do art. 30 da Lei de Arbitragem), ou quando houver a decisão judicial em ação de nulidade que determine a prolação de uma nova sentença, como previsto no art. 33 § 2º da Lei de Arbitragem. No caso de uma sentença *infra petita*, por exemplo, o juiz determinará que o Tribunal Arbitral profira nova sentença, complementar, julgando o litígio por inteiro.

A sentença arbitral é o único tipo de manifestação dos árbitros cuja forma e o conteúdo estão regulados na Lei 9.307/96.[85] Não há previsão legal sobre como devem ser as demais manifestações dos árbitros.

De acordo com a prática, as decisões interlocutórias ou os despachos de mero expediente, para impulsionamento do procedimento, são normalmente corporificados em ordens processuais (ou procedimentais), ou algumas vezes em simples correspondência do Tribunal Arbitral para as partes. As ordens processuais e cartas ou mensagens eletrônicas do Tribunal Arbitral são frequentemente assinadas apenas pelo Árbitro Presidente, após consulta com os coárbitros.[86]

As ordens processuais habitualmente contam com considerandos, razões de decidir e as respectivas decisões (parte dispositiva). Algumas são bastante longas, quando a questão debatida é complexa. As ordens processuais costumam ser numeradas sequencialmente ao longo do procedimento, para facilitar a organização do procedimento e futuras referências das partes ou do próprio Tribunal Arbitral. Meras correspondências são muitas vezes mais simples, nem sempre numeradas, apenas concedendo prazo para

---

83. O § 1º do art. 23 da Lei de Arbitragem, introduzido na reforma de 2015, consignou expressamente que o Tribunal Arbitral pode proferir sentenças parciais. A sentença parcial pode ser muito útil quando há algumas questões maduras para julgamento e outra não, ou quando se pode proferir uma decisão sobre a responsabilidade das partes (*an debeatur*), mas ainda há necessidade de liquidação (*quantum debeatur*), já que a sentença arbitral final deve ser necessariamente líquida, para que possa ser exequível judicialmente. A sentença parcial pode ser importante instrumento de otimização do procedimento arbitral. Sobre o tema, ver: FONSECA, Rodrigo Garcia da. A arbitragem e a reforma processual da execução. Sentença parcial e cumprimento da sentença. Anotações em torno da Lei 11.232/2005. *Revista de Arbitragem e Mediação*. a. 4, n. 14, p. 30-47. São Paulo, jul.-set. 2007.
84. Os eventuais pedidos de esclarecimentos – a versão arbitral dos embargos de declaração –, previstos no art. 30 da Lei de Arbitragem, e na maioria dos regulamentos, só permitem a modificação do julgado em casos excepcionalíssimos.
85. Fala-se aqui nos requisitos de acordo com a lei brasileira. Em algumas jurisdições, como nos Estados Unidos, por exemplo, é possível a prolação de sentença arbitral imotivada. É discutível se uma sentença arbitral não fundamentada, exequível de acordo com o local em que foi proferida, seria passível de homologação no Brasil, ou se a exigência de motivação da sentença arbitral seria considerada uma questão de rodem pública. Vide: SCHMIDT, Gustavo da Rocha; FERREIRA, Daniel Brantes; OLIVEIRA, Rafael Carvalho Rezende, op. cit., p. 228.
86. Habitualmente as partes e o Tribunal Arbitral pactuam esta possibilidade de atuação do Árbitro Presidente no Termo de Arbitragem

resposta a uma determinada manifestação da outra parte, por exemplo, garantindo o contraditório antes de o Tribunal Arbitral proferir certa decisão.

Decisões sobre medidas de urgência são normalmente tomadas também na forma de ordens processuais, ou são chamadas de decisão sobre pedido de urgência ou pedido cautelar, mas essencialmente tomam a mesma forma de uma ordem processual, incluindo considerandos (ou um breve relatório), motivação e dispositivo.[87]

Discute-se a possibilidade de a decisão de pedidos cautelares ser tomada através de sentença arbitral. A principal razão para preferir uma sentença arbitral para a decisão de um pedido cautelar tem a ver com a eventual exequibilidade da decisão, especialmente em casos internacionais, tendo em vista que a Convenção de Nova Iorque se aplica à execução de sentenças arbitrais, mas não de decisões interlocutórias. Em princípio, a possibilidade de decisão de pedido cautelar por meio de sentença arbitral dependerá da *lex arbitri* e do regulamento aplicável, e a sua exequibilidade em outras jurisdições fora da sede da arbitragem dependerá também da lei local, mas a prática internacional demonstra a preponderância da utilização de ordens processuais, e não de sentenças arbitrais, para as decisões de medidas cautelares e de urgência.[88]

COMENTÁRIOS FINAIS

O árbitro é figura central da arbitragem. Sem o bom árbitro não haverá a boa arbitragem, pois como referido acima, a arbitragem vale tanto quanto o árbitro que a conduz.

Desempenhar bem as funções de árbitro é uma tarefa árdua e complexa, exige preparo, dedicação, experiência, conhecimento técnico, bom senso e várias outras qualidades. Exige ainda coragem, como já se observou acima.

Por tudo isso, a indicação para atuar como árbitro é uma honra, e é justo que a pessoa se sinta orgulhosa cada vez que é chamada para um caso e as partes decidem dar-lhe este encargo. Existe o que já se chamou de uma certa "magia da arbitragem", quando duas partes que estão em litígio e não conseguem concordar em mais nada, são capazes de chegar a um acordo para a formação do Tribunal Arbitral. O árbitro não ganha ou perde a causa. A enorme gratificação pessoal do árbitro vem do fato de que as partes confiam no seu discernimento e na sua capacidade não para defendê-las, mas para decidir o mérito do seu litígio.[89]

---

87. No caso do árbitro de emergência, os regulamentos normalmente disciplinam que a decisão seja tomada na forma de uma ordem processual. Neste sentido, por exemplo, o art. 6º do Adendo V do Regulamento da CCI.
88. Para a discussão do tema, ver: FONSECA, Rodrigo Garcia da. Como cumprir no Brasil a decisão arbitral estrangeira em medida de urgência? Ação de homologação, carta rogatória ou carta arbitral? In: LEMES, Selma Ferreira; LOPES, Christian Sahb Batista (Coord.). *Arbitragem Comercial Internacional e os 60 Anos da Convenção de Nova Iorque*. São Paulo: Ed. Quartier Latin, 2019, p. 284-286.
89. DRAETTA, Ugo. *The Dark Side of Arbitration*. Huntington: JurisNet, 2018, p. 381-383.

BIBLIOGRAFIA E JULGADOS SELECIONADOS

Além das obras e precedentes já referidos ao longo do texto, seguem algumas sugestões de materiais complementares para consulta e aprofundamento sobre os temas tratados:

CLAY, Thomas. *L'Arbitre*. Paris: Dalloz, 2001.

DERAINS, Yves; LÉVY, Laurent (Coord.). Is arbitration only as good as the arbitrator? Status, powers and role of the arbitrator. *Dossiers of the ICC Institute of Business Law*, v. VIII. Paris: ICC, 2011.

GUANDALINI, Bruno; ELIAS, Carlos Eduardo Stefen (Coord.) *A Função de Árbitro no Brasil*. São Paulo: Almedina, 2022.

LEMES, Selma Ferreira. *Árbitro. Princípios da Independência e Imparcialidade*. São Paulo: LTr, 2001.

ROSELL, José (Coord.). *Les Arbitres Internationaux*. Paris: Société de Législation Comparé, 2005.

JULGADOS SELECIONADOS

Suprema Corte do Reino Unido. Caso Halliburton v Chubb.

[2020] UKSC 48, j. 27.11.2020. *Revista Brasileira de Arbitragem*, São Paulo, a. XVIII, v. 71, jul.-ago. 2021, p. 144-189 (com comentários de BLAIR, Cherie; MONTANS, Ana Paula).

Superior Tribunal de Justiça (acórdãos disponíveis em www.stj.jus).

- Caso Andina. Sentença Estrangeira Contestada 4.837-EX, Corte Especial, rel. Min. Francisco Falcão, julg. 15.08.2012.
- Casos Samarco. Recurso Especial 1.302.900-MG, 3ª Turma, rel. Min. Sidnei Beneti, julg. 09.10.2012 e Recurso Especial 1.278.852-MG, 4ª Turma, rel. Min. Luís Felipe Salomão, julg. 21.05.2013.
- Caso Transcafé. Sentença Estrangeira Contestada 9.713-EX, Corte Especial, rel. Min. João Otávio de Noronha, julg. 30.06.2014.
- Caso Lorentzen. Recurso Especial 1.569.422-RJ, 3ª Turma, rel. para acórdão Min. Marco Aurélio Bellize, julg. 26.04.2016.
- Caso Chaval. Recurso Especial 1.500.667-RJ, 3ª Turma, rel. Min. João Otávio de Noronha, julg. 09.08.2016.
- Caso Abengoa. Sentença Estrangeira Contestada 9.412-US, Corte Especial, rel. para acórdão Min. João Otávio de Noronha, julg. 19.04.2017.
- Caso GSC. Recurso Especial 1.660.963-SP, 3ª Turma, rel. Min. Marco Aurélio Bellize, jul. 29.03.2019.

XVII
A DECLARAÇÃO DE INCONSTITUCIONALIDADE PELO ÁRBITRO

Marcelo José Magalhães Bonizzi

Pós-doutor pela Faculdade de Direito da Universidade de Lisboa. Doutor e Mestre em Direito Processual Civil pela Faculdade de Direito do Largo São Francisco da Universidade de São Paulo (USP), na qual é professor de graduação e de pós-graduação em direito processual civil. Procurador do Estado de São Paulo. Membro de listas referenciais de diversas Câmaras de Arbitragem.

Olavo Augusto Vianna Alves Ferreira

Doutor e Mestre em Direito do Estado pela PUC-SP (Subárea Direito Constitucional). Professor do Programa de Doutorado e Mestrado em Direito da UNAERP. Procurador do Estado de São Paulo. Membro de listas referenciais de diversas Câmaras de Arbitragem.

Sumário: Introdução – 1. Ato inconstitucional e sanção – 2. Controle de constitucionalidade; 2.1 Controle difuso; 2.2 Controle abstrato – 3. Arbitragem – 4. Declaração de inconstitucionalidade pelo árbitro; 4.1 Dever de o árbitro declarar a inconstitucionalidade; 4.2 Vedação ao árbitro de declarar a inconstitucionalidade; 4.3 Posição adotada – Conclusão – Bibliografia.

INTRODUÇÃO

Com o crescimento do emprego da arbitragem,[1] como forma de resolução de conflitos, algumas questões jurídicas merecem abordagem, entre elas a da possibilidade ou

---

1. Segundo pesquisa concluída em abril de 2017 pela advogada Selma Lemes, autoridade em arbitragem, na doutrina e na prática: "Em 2010, o número de arbitragens nas 6 câmaras pesquisadas era de 128 novos casos. Em 2016, foram 249 novas arbitragens, o que representa um aumento de quase 95% no número de procedimentos novos entrantes". Há tendência de aumento das arbitragens, inclusive com a Administração Pública: "Em 2016 houve 20 novos casos de arbitragens envolvendo a Administração Pública Direta ou Indireta em cinco das seis Câmaras pesquisadas (CAMARB, CAM-CCBC, CAMFIESP/CIESP, CAM-BOVESPA e CAM-FGV). Já no que se refere às arbitragens em curso em 2016, com a Administração Pública, foram 55 casos. Considerando que em 2016 o número total de arbitragens sendo processadas era de 609 casos, pode-se dizer que quase 9% (9,03%) dessas arbitragens tiveram em um dos polos a Administração Pública. Esse percentual provavelmente tenderá a subir nos próximos anos, haja vista a previsão expressa na Lei de Arbitragem (Lei 9.307/96 alterada pela Lei 13.129/2015) acerca de arbitragem com a Administração Pública nos contratos de PPP, concessões em geral e a Parceria Pública de Investimento – PPI (Lei 13.334/2016 e MP 752/2016) conforme *site*: http://selmalemes. adv.br/artigos/An%C3%A1lise-%20Pesquisa-%20Arbitragens%20Ns%20%20e%20Valores%20_2010%20 a%202016_.pdf. "Em 2005, primeiro ano em que foi realizada a pesquisa 'Arbitragem em números e valores', o levantamento mostrou que as cinco maiores câmaras do país cuidavam de 21 arbitragens sobre assuntos do dia a dia das empresas, como contratos de compra e venda de equipamentos e seguros, em disputas que envolviam pouco mais de R$ 247 milhões. Em 2013, nessas mesmas câmaras discutiu-se cerca de R$ 3 bilhões em 147 processos arbitrais. Os temas debatidos, hoje bem mais complexos, tratam principalmente de questões sobre

não da declaração de inconstitucionalidade pelo árbitro, assunto que conta com poucos trabalhos doutrinários específicos.[2]

Optamos pela divisão do desenvolvimento do trabalho em quatro partes, de modo que trataremos do ato inconstitucional e respectiva sanção; do controle de constitucionalidade nas suas duas modalidades: difuso e abstrato; da arbitragem; da declaração da inconstitucionalidade pelo árbitro, com as correntes existentes, adotando uma delas e externando as conclusões ao final.

O método dedutivo foi adotado, realizando a pesquisa bibliográfica e consistente na análise crítica sobre a doutrina nacional e estrangeira, visando consolidar entendimento para o desenvolvimento da problemática exposta.

1. ATO INCONSTITUCIONAL E SANÇÃO

Antes de tratarmos do objeto central deste estudo, algumas palavras são necessárias acerca da inconstitucionalidade e sua respectiva sanção. Cuida-se de vício que:

> Não se confunde, vale ressaltar, com a sanção de inconstitucionalidade, que é a consequência estabelecida pela Constituição para a sua violação: a providência prescrita pelo ordenamento para a sua restauração, a evolução do vício rumo à saúde constitucional. Caso essa evolução não se verifique espontaneamente ou dependa de intervenção coativa, far-se-á uso dos remédios constitucionais, ou seja, dos instrumentos de garantia compreendidos no chamado controle de constitucionalidade.[3]

Impende salientar que não há previsão expressa na Constituição da sanção cominada ao ato inconstitucional, o que caracteriza o princípio da nulidade[4] como implícito,[5] sendo extraído do controle difuso de constitucionalidade.[6]

---

disputas societárias e contratos de infraestrutura", Jornal Valor Econômico, 27 de janeiro de 2014. Disponível em: www.valor.com.br/legislacao/3407430/arbitragens-envolveram-r-3-bilhoes-em-2013.

2. Nesse sentido: TIBURCIO, Carmen. Controle de constitucionalidade das leis pelo árbitro: notas de direito internacional privado e arbitragem. *Revista de Direito Administrativo*. v. 266. Rio de Janeiro, 2014, p. 173. Da mesma forma salientam: SEGALL, Pedro Machado; ZOUARI, Thomas. Autonomia do procedimento arbitral em relação ao ordenamento estatal – a possibilidade de declaração de inconstitucionalidade de uma norma pelo árbitro. Comentários à decisão 804 du 28 juin 2011 (11-40.030) da corte de cassação francesa. *Revista de Arbitragem e Mediação*. v. 33, p. 435. abr./jun. 2012; e IUDICA, Giovanni. Arbitragem e questões relativas à constitucionalidade. *Revista de Arbitragem e Mediação*. n. 1, p. 79. jan./abr. 2004.
3. RAMOS, Elival da Silva. *A inconstitucionalidade das leis*: vício e sanção. São Paulo: Saraiva, 1994. p. 63-4.
4. Adotamos a lição do professor Celso Ribeiro Bastos que "toda a norma infringente da Constituição é nula" (BASTOS, Celso Ribeiro. *Curso de Direito Constitucional*. p. 389). No mesmo sentido é o entendimento do STF: RE-93173/SP, Relator Min. Firmino Paz, Julgamento 15.06.1982 – 2ª Turma; RE-56192/RN, Relator(a) Min. Cândido Motta, Julgamento 23.03.1965 – Primeira Turma (BRASIL. Supremo Tribunal Federal. Disponível em: www.lexml.gov.br/urn/urn:lex:br:supremo.tribunal.federal;turma.2:acordao;re:1982-06-15;93173-. Acesso em: 15 nov. 2016). ADIMC-1434/SP Ação Direta de Inconstitucionalidade – Medida cautelar, Relator Min. Celso de Mello; Julgamento 20.08.1996 – Tribunal Pleno; (BRASIL. Supremo Tribunal Federal. Disponível em: http://redir.stf.jus.br/paginadorpub/paginador.jsp?docTP=AC&docID=347055. Acesso em: 15.11.2016).
5. Não se pode olvidar que entre os princípios implícitos e os expressos "não se pode falar em supremacia". É dizer, ambos retiram fundamento de validade do mesmo texto jurídico, segundo lição de Paulo de Barros Carvalho (CARVALHO, Paulo de Barros. *Curso de Direito Tributário*. São Paulo: Saraiva. p. 90).
6. "O sistema de controle de constitucionalidade funciona como critério identificador da sanção de inconstitucionalidade acolhida pelo ordenamento. Assim, a sanção de nulidade exige a presença do controle via incidental,

Na doutrina[7] defende-se que a modalidade de controle de constitucionalidade adotada identifica a sanção:

> O sistema de controle de constitucionalidade funciona como critério identificador da sanção de inconstitucionalidade acolhida pelo ordenamento. Assim, a sanção de nulidade exige a presença do controle via incidental, apresentando a decisão que constata a incidência da sanção aparência de uma retroatividade radical, por redundar na negativa de efeitos ab initio ao ato impugnado. Já a sanção de anulabilidade aparece necessariamente associada ao controle concentrado, em que se produzam decisões anulatórias com eficácia erga omnes e não retroativas ou com retroatividade limitada.[8]

Canotilho concorda com os ensinamentos acima: "No caso do *judicial review* o efeito típico é o da nulidade e não simples anulabilidade".[9] E afirma: a sanção nulidade é típica do controle difuso. Convém lembrar que:

> A sanção de nulidade é tida como a mais eficiente no que diz respeito à preservação da supremacia das normas constitucionais, por impedir o ingresso do ato legislativo no plano da eficácia desde o seu nascedouro (*ab initio*), automaticamente (*pleno iure*).[10]

Acrescentamos que a Constituição Federal dispõe em cinco oportunidades[11] que a inconstitucionalidade é reconhecida por decisão declaratória e não podemos desprezar o termo empregado pelo Poder Constituinte Originário, já que não há palavras inúteis no texto da Lei Maior.[12] Esse fundamento reforça a tese da nulidade do ato inconstitu-

---

apresentando a decisão que constata a incidência da sanção aparência de uma retroatividade radical, por redundar na negativa de efeitos *ab initio* ao ato impugnado. Já a sanção de anulabilidade aparece necessariamente associada ao controle concentrado, em que se produzam decisões anulatórias com eficácia erga omnes e não-retroativas ou com retroatividade limitada" (RAMOS, Elival Silva. *A inconstitucionalidade das leis*. São Paulo: Saraiva, 1994. p. 94). Canotilho concorda com os ensinamentos acima: "No caso do judicial *review* o efeito típico é o da nulidade e não simples anulabilidade" (op. cit., p. 875). Vale lembrar que o ordenamento constitucional pátrio adotou o sistema híbrido ou misto, isto é, temos o controle difuso e concentrado.

7. RAMOS, Elival da Silva. Op. cit., p. 94.
8. Ibidem, p. 94.
9. CANOTILHO, J. J. Gomes. *Direito Constitucional*. 4. ed. Coimbra: Livraria Almedina. p. 875.
10. RAMOS, Elival da Silva. Op. cit., p. 128.
11. Constituição Federal: Artigo 52, X – "suspender a execução, no todo ou em parte, de lei *declarada inconstitucional por decisão definitiva do Supremo Tribunal Federal*"; e 103, § 2° "*Declarada a inconstitucionalidade por omissão* de medida para tornar efetiva norma constitucional, será dada ciência ao Poder competente para a adoção das providências necessárias e, em se tratando de órgão administrativo, para fazê-lo em trinta dias"; e Art. 102. "Compete ao Supremo Tribunal Federal, precipuamente, a guarda da Constituição, cabendo-lhe: I – processar e julgar, originariamente: a) a ação direta de inconstitucionalidade de lei ou ato normativo federal ou estadual e a *ação declaratória de constitucionalidade de lei ou ato normativo federal;* (...) III – julgar, mediante recurso extraordinário, as causas decididas em única ou última instância, quando a decisão recorrida:...b) *declarar a inconstitucionalidade de tratado ou lei federal*"; e Art. 97. "Somente pelo voto da maioria absoluta de seus membros ou dos membros do respectivo órgão especial poderão os tribunais *declarar a inconstitucionalidade de lei ou ato normativo do poder público*". BRASIL. Constituição (1988). Constituição da República Federativa do Brasil. *Diário Oficial da República Federativa do Brasil*. Brasília, DF, 5 out. 1988.
12. Lembramos que na Constituição não há palavras inúteis, já que aplicável a lição de Carlos Maximiliano: "interpretem-se as disposições de modo que não pareça haver palavras supérfluas e sem força operativa". (MAXIMILIANO, Carlos. *Hermenêutica e aplicação do Direito*. 7. ed. São Paulo: Editora Livraria Freitas Bastos S/A, 1961. p. 312).

cional, considerando que segundo a doutrina as decisões declaratórias[13] reconhecem atos nulos,[14] não anuláveis.[15]

Assim, pertence à tradição jurídica brasileira[16] a teoria da nulidade da lei inconstitucional, fundada no aforismo pelo qual "inconstitucional statute is not law at all".[17]

Firmou-se o dogma da nulidade da lei inconstitucional na doutrina e na jurisprudência do Supremo Tribunal Federal,[18] conferindo-se à declaração de inconstitucionalidade eficácia *ex tunc*. Como consequência, impõe-se o desfazimento no tempo de todos os atos passíveis de retroação que tiverem ocorrido durante a vigência do ato inconstitucional.

O Supremo Tribunal Federal entende que a apreciação da constitucionalidade do ato é matéria de ordem pública, tanto que o controle difuso deve ser exercido de ofício[19]

---

13. "O processo meramente declaratório visa apenas à declaração da existência ou inexistência da relação jurídica" (CINTRA, Antonio Carlos de Araújo; GRINOVER Ada Pellegrini e DINAMARCO, Cândido Rangel. Teoria Geral do Processo. 10. ed. São Paulo: Malheiros Editores, 1994. p. 302). Entendemos que é aplicável o conceito acima aos processos de controle abstrato, já que a inconstitucionalidade é uma relação jurídica.
14. Canotilho aponta: "Fala-se em efeito declarativo quando a entidade controlante se limita a declarar a nulidade pré-existente do acto normativo. O acto normativo é absolutamente nulo (*null and void*) e, por isso, o juiz ou qualquer outro órgão de controlo 'limita-se' a reconhecer declarativamente a sua nulidade. É o regime típico do controlo difuso" (op. cit., p. 875).
15. Sobre o tema vide FERREIRA, Olavo Augusto Vianna Alves. Controle de Constitucionalidade e seus efeitos. Salvador: JusPodivm, 2016, 3. edição. Walber de Moura Agra afirma que em alguns casos a decisão de inconstitucionalidade é constitutivo-negativa, "tornando-se o ato inconstitucional por vontade do Poder Judiciário, dimensionando-se o STF como um órgão legislativo negativo" (AGRA, Walber de Moura. Curso de Direito Constitucional, Rio de Janeiro: Forense, 2006. p. 495).
16. BARBOSA, Rui. Os atos inconstitucionais do Congresso e do executivo. *Trabalhos Jurídicos*. Rio de Janeiro: Casa de Rui Barbosa, 1962. p. 70.
17. Westel Woodbury Willoughby. The Constitutional Law of the United States. New York, 1910, v. 1, p. 9-10. Vale observar que consolidação do controle de constitucionalidade atribuiu-se à decisão proferida no caso Marbury vs. Madison, em 1803: "Ou a Constituição é a lei superior, intocável por meios ordinários, ou ela está no mesmo nível que os atos legislativos ordinários, e, como os outros atos, é alterável quando à legislatura aprouver alterá-los. Se a primeira parte da alternativa é verdadeira, então um ato legislativo contrário à Constituição não é lei; se a última é verdadeira, então as Constituições escritas são tentativas absurdas por parte do povo de limitar um poder por sua própria natureza ilimitável". Afirma ainda Cappelletti que "se é verdadeiro que hoje todas as constituições modernas do mundo ocidental tendem já a afirmar o seu caráter de constituições rígidas e não mais flexíveis, é também verdadeiro, no entanto que este movimento, de importância fundamental e de alcance universal, foi efetivamente, iniciado pela Constituição norte-americana de 1787 e pela corajosa jurisprudência que se aplicou" (CAPPELLETTI, Mauro. *O controle judicial de constitucionalidade das leis no direito comparado*. 2. ed. Porto Alegre: Fabris, 1992. p. 47-48).
18. Vide notas de rodapé 15 e 17 citando os autores e precedentes que acolheram o dogma da nulidade do ato inconstitucional.
19. "Ao Supremo Tribunal Federal, como guardião maior da Constituição, incumbe declarar a inconstitucionalidade de lei, sempre que esta se verificar, ainda que *ex officio*, em razão do controle difuso, independente de pedido expresso da parte", STF Pleno, Embargos Declaratórios no Recurso Extraordinário n. 219.934-SP, Relatora Min. Ellen Gracie, Informativo 365: "Concurso Público. Ressalva. Nomeação para cargo em comissão. Décimos da diferença entre remuneração do cargo de que seja titular o servidor e do cargo em função ocupado. Inconstitucionalidade. 1. A Constituição Federal prevê, em seu art. 37, II, *in fine*, a ressalva à possibilidade de "nomeações para cargo em comissão declarado em lei de livre nomeação", como exceção à exigência de concurso público. Inconstitucional o permissivo constitucional estadual apenas na parte em que permite a incorporação "a qualquer título" de décimos da diferença entre a remuneração do cargo de que seja titular e a do cargo ou função que venha a exercer. A generalização ofende o princípio democrático que rege o acesso aos cargos públicos. 2. Ao Supremo Tribunal Federal, como guardião maior da Constituição, incumbe declarar a inconstitucionalidade

e não admite desistência da ação direta.²⁰ Esse assunto será retomado, de forma mais detalhada, no item concernente à posição adotada neste estudo.

Verificada a premissa inicial no sentido da existência da sanção nulidade para a inconstitucionalidade no ordenamento pátrio, resta entrar no controle de constitucionalidade.

2. CONTROLE DE CONSTITUCIONALIDADE

O controle de constitucionalidade, no ordenamento pátrio, é híbrido,[21] existindo dois métodos ou sistemas de controle repressivo de constitucionalidade:[22] o concentrado (ou reservado, ou via de ação, ou direto); e o difuso (ou aberto, ou via de exceção ou defesa, ou descentralizado). Trataremos, brevemente, de cada um deles.

Antes, porém, da abordagem de cada espécie, necessário se faz destacar que não pode ser confundido o controle abstrato com concentrado, que são modalidades distintas.

No controle abstrato se faz presente a inexistência de partes, e pode ser instaurado "independentemente da demonstração da existência de um interesse jurídico específico",[23] configurando típico processo objetivo, cuja finalidade é a preservação da ordem jurídica. São ações do controle abstrato: a ação declaratória de constitucionalidade; a ação direta de inconstitucionalidade por ação e omissão; e a arguição de descumprimento de preceito fundamental.

Diversamente, o controle concentrado é exercido diretamente no Supremo Tribunal Federal,[24] e nem sempre é abstrato, abrangendo: a ação declaratória de constitucionalidade; a ação direta de inconstitucionalidade por ação e omissão; e a ação direta interventiva.

Conforme se pode verificar, a ação direta interventiva não pertence ao rol das ações do controle abstrato porque "não desencadeia um processo objetivo",[25] já que o "objeto

---

de lei, sempre que esta se verificar, ainda que *ex officio*, em razão do controle difuso, independente de pedido expresso da parte. 3. O Ministério Público atuou, no caso concreto. Não há vício de procedimento sustentado. 4. Embargos da Assembleia Legislativa do Estado de São Paulo e do Estado de São Paulo acolhidos em parte, para limitar a declaração de inconstitucionalidade dos art. 133 da Constituição e 19 do se ADCT, tão só, à expressão, 'a qualquer título', constante do primeiro dispositivo. Rejeitados, os do servidor, por não demonstrada a existência da alegada omissão e por seu manifesto propósito infringente".

20. STF: ADI 892 MC, Relator(a): Min. Celso de Mello, Tribunal Pleno, julgado em 27.10.1994, DJ 07.11.1997 PP-57230 EMENT VOL-01890-01 PP-00057; ADI 1971, Relator(a): Min. Celso de Mello, julgado em 01.08.2001, publicado em *DJ* 14.08.2001 PP-00229. Na doutrina vide: André Ramos Tavares, Tratado da arguição de preceito fundamental, op. cit., p. 356.
21. VELOSO, Zeno, *Controle Jurisdicional de Constitucionalidade*, p. 34.
22. O objeto desse controle pelo Judiciário são leis, ou atos normativos ou atos do poder público já editados. Vale lembrar que a doutrina trata do controle preventivo de constitucionalidade e dos órgãos controladores.
23. MENDES, Gilmar Ferreira, *A Ação Declaratória de Constitucionalidade: a inovação da Emenda Constitucional 3 de 1993*. São Paulo: Saraiva, 1994. p. 53.
24. Com exceção da Ação direta de inconstitucionalidade no âmbito estadual prevista no artigo 125, da Constituição Federal: "Os Estados organizarão sua Justiça, observados os princípios estabelecidos nesta Constituição"... "§ 2º Cabe aos Estados a instituição de representação de inconstitucionalidade de leis ou atos normativos estaduais ou municipais em face da Constituição estadual, vedada a atribuição da legitimação para agir a um único órgão".
25. CLÈVE, Clémerson Merlin, *A fiscalização abstrata da Constitucionalidade no Direito Brasileiro*. 2. ed. São Paulo: Ed. RT, 2000. p. 128.

do processo não é a declaração da inconstitucionalidade em tese de um ato estadual, mas antes a solução de um conflito entre a União e o Estado-membro que pode desembocar numa intervenção".[26]

2.1 Controle difuso

A doutrina aponta a origem do controle difuso de constitucionalidade no direito americano, no julgamento do caso *William Marbury vs. James Madison*. O Juiz da Suprema Corte John Marshall, em 1803, decidiu que na incompatibilidade entre a Lei e a Constituição, prevalece esta última.

Elival da Silva Ramos ressalta:

> Antes mesmo de a Suprema Corte firmar entendimento favorável ao controle, o que somente aconteceu em 1803, no célebre caso 'Marbury versus Madison', os Tribunais Federais de Apelação (Cortes de Circuito) já declaravam que um ato legislativo em contraste com uma norma constitucional deve ser apartado e rechaçado por incompatibilidade.[27]

Ronaldo Polletti acentua:

> A Justiça do Estado de New Jersey, em 1780, declarou nula uma lei por contrariar ela a Constituição do Estado. Desde 1782, os juízes da Virgínia julgavam-se competentes para dizer da constitucionalidade das leis. Em 1787, a Suprema Corte da Carolina do Norte invalidou lei pelo fato de ela colidir com os artigos da Confederação.[28]

O controle difuso tem como característica a potencialidade de ser encetado por qualquer juiz ou tribunal, diante de um determinado caso concreto.[29] Esse é o oposto do controle concentrado, no qual a fiscalização se concentra em um único órgão.[30]

---

26. Ibidem, p. 129.
27. A inconstitucionalidade das leis: vício e sanção, São Paulo: Saraiva, 1994. p. 103. Na nota de rodapé n. 223, o citado autor afirma: "Ghigliani menciona decisão de uma Corte Federal de Circuito datada de 1795 e relatada pelo Juiz Patterson, que à época também fazia parte da Suprema Corte", acrescentando outras decisões anteriores como no caso "Ware v. Hylton", no qual uma lei do Estado da Virgínia tinha sido declarada inconstitucional, p. 104, nota de rodapé 228.
28. Controle da Constitucionalidade das leis, Rio de Janeiro: Forense, 1985. p. 36. Sobre o assunto vide MOORE, Blaine Free. *The Supreme Court and unconstitutional legislation*: Studies in History, Economics and Public Law, v. LIV, n. 2, p. 13.
29. Na doutrina há quem defenda a tese da inidoneidade da ação civil pública como instrumento do controle difuso de constitucionalidade, "seja porque ela acabaria por instaurar um controle direto e abstrato no plano da jurisdição de primeiro grau, seja porque a decisão haveria de ter, necessariamente, eficácia transcendente das partes formais", conforme leciona MENDES, Gilmar Ferreira. *Direitos Fundamentais e Controle de Constitucionalidade: estudos de direito constitucional, p. 356*; da mesma forma entendeu o Supremo Tribunal Federal Reclamação n. 633-6/SP – Rel. Min. Francisco Rezek, Diário da Justiça, Seção I, 23 de setembro de 1996. p. 34945. Admitiu o Pretório Excelso apenas o controle de constitucionalidade na ação civil pública para tutelar direitos individuais homogêneos, considerando-se que os efeitos da decisão só irão alcançar o grupo de pessoas, Reclamação n. 663-6/SP – Rel. Min. Nelson Jobim, Diário da Justiça, Seção I, 13 de outubro de 1997, p. 51367. *Em sentido contrário ao entendimento* de Gilmar Mendes é a lição de NERY JÚNIOR, Nelson; NERY, Rosa Maria. *Código de Processo Civil Anotado*. p. 1504, nota n. 07; concordando com esta tese FARIAS, Paulo José Leite de. *Ação civil pública e controle de constitucionalidade*, publicado na internet, site não fornecido. Recente julgado do Supremo Tribunal Federal, RCL 1.733-SP (medida liminar), cujo Relator foi o Min. Celso de Mello, adotou este entendimento, "Controle Incidental de Constitucionalidade. Questão Prejudicial. Possibilidade. Inocorrência de usurpação

Impende ressaltar que não se pode confundir controle incidental com controle difuso. Há possibilidade de controle incidental no controle concentrado, por exemplo na Ação declaratória de constitucionalidade 1-1/DF. Antes de abordar o mérito da ação (constitucionalidade ou não de determinada norma), o Supremo Tribunal Federal declarou, em sede de controle incidental, a constitucionalidade da ação declaratória (prevista por Emenda Constitucional),[31] e somente depois apreciou o mérito.

No controle incidental "a inconstitucionalidade é suscitada incidentalmente em processo que tem por objeto uma questão diferente (a situação de vantagem alegada pelo autor), constituindo, na técnica processual, uma questão prejudicial, ou seja",[32] "questão de direito substantivo de que depende a decisão final a tomar no processo",[33] e que fará parte da motivação do *decisium*, em julgamento *incidenter tantum*. Tal modalidade (controle incidental) difere do controle em via principal, no qual o "objeto do processo é o próprio ato arguido de inconstitucional".[34]

Contudo, o controle difuso será sempre incidental,[35] já que a questão principal não poderá ser a questão constitucional, sob pena de ausência de interesse de agir (ausência do requisito necessidade da tutela jurisdicional, para solucionar o mal alegado), manifestada pela inexistência de um caso concreto.

Interessante observar que no controle difuso são sindicáveis: a ação, ou seja, os atos normativos; e a omissão, isto é, a ausência de conduta positiva determinada pela Lei Maior. Temos controle difuso das omissões, além do mandado de injunção,[36] em qualquer ação individual ou coletiva que se busca seja suprida uma omissão inconstitucional, como

---

da competência do Supremo Tribunal Federal. O Supremo Tribunal Federal tem reconhecido a legitimidade da utilização da ação civil pública como instrumento idôneo de fiscalização incidental de constitucionalidade, pela via difusa, de quaisquer leis ou atos do Poder Público, mesmo quando contestados em face da Constituição da República, desde que, nesse processo coletivo, a controvérsia constitucional, longe de identificar-se como objeto único da demanda, qualifique-se como simples questão prejudicial, indispensável à resolução do litígio principal. Precedentes. Doutrina". Concordamos com a tese do Pretório Excelso, que veda a utilização da ação civil pública como sucedâneo da ação direta de inconstitucionalidade. Em síntese a questão constitucional deverá ser alegada na causa de pedir, nunca como pedido exclusivo. Juliano Taveira Bernardes aponta: "Ocorre, todavia, que a tendência da jurisprudência do STF parece ser contrária ao controle concreto exercido em ações civis públicas fundadas em interesses coletivos ou difusos, "quando, então, a decisão teria os mesmos efeitos de uma ação direta, pois alçaria todos, partes ou não, na relação processual estabelecida na ação civil" (Cf. decisão na Reclamação 554/MG, Min. Maurício Corrêa, *DJU* de 26.11.1997, p. 61738), in Novas perspectivas de utilização da ação civil pública e da ação popular no controle concreto de constitucionalidade, publicado na *Revista Jurídica do Palácio do Planalto*, n. 52, de setembro de 2003, site www.planalto.gov.br/ccivil_03/revista/Rev_52/sumario52.htm. Sobre o tema vide BERNARDES, Juliano Taveira; FERREIRA, Olavo Augusto Vianna Alves. *Direito Constitucional*. op. cit., t. I, versão digital.

30. RAMOS, Elival da Silva, op. cit., p. 97.
31. STF – Pleno, Ação declaratória de constitucionalidade n. 1-1/DF, Rel. Moreira Alves, Diário da Justiça, Seção I, 5 de novembro de 1993, p. 23286, vencido o Min. Marco Aurélio.
32. RAMOS, Elival da Silva, op. cit., p. 98.
33. MIRANDA, Jorge, op. cit., p. 76.
34. RAMOS, Elival da Silva, op. cit., p. 98.
35. Jorge Miranda leciona: "A fiscalização difusa é concreta, predominantemente subjetiva e incidental", op. cit., p. 501.
36. Vide sobre o tema no tópico 1.3.2.4, que o diferenciamos da ação direta de inconstitucionalidade por omissão.

a questão incidental em ação civil pública com pedido principal diverso da declaração de inconstitucionalidade, mas uma sentença condenatória de obrigação de fazer:

> É lícito ao Judiciário impor à Administração Pública obrigação de fazer, consistente na promoção de medidas ou na execução de obras emergenciais em estabelecimentos prisionais para dar efetividade ao postulado da dignidade da pessoa humana e assegurar aos detentos o respeito à sua integridade física e moral, nos termos do que preceitua o art. 5º, XLIX, da Constituição Federal, não sendo oponível à decisão o argumento da reserva do possível nem o princípio da separação dos poderes.[37]

O controle difuso poderá, inclusive, ser exercido de ofício, consoante já decidiu o Pretório Excelso:

> Ao Supremo Tribunal Federal, como guardião maior da Constituição, incumbe declarar a inconstitucionalidade de lei, sempre que esta se verificar, ainda que *ex officio*, em razão do controle difuso, independente de pedido expresso da parte.[38]

Há precedente do Supremo que afastou o prequestionamento[39] (que decorre do art. 102, inciso III,[40] da Constituição Federal), adotando a causa de pedir aberta no recurso extraordinário,[41] com fundamento em que cabe ao Supremo a guarda da Constituição

---

37. STF Pleno, RE 592581, Relator(a): Min. Ricardo Lewandowski, Tribunal Pleno, julgado em 13.08.2015, Acórdão eletrônico repercussão geral – Mérito DJe-018 Divulg 29-01-2016 Public 1º.02.2016.
38. STF Pleno, Embargos Declaratórios no Recurso Extraordinário n. 219.934-SP, Relatora Min. Ellen Gracie, Informativo 365: "Concurso Público. Ressalva. Nomeação para cargo em comissão. Décimos da diferença entre remuneração do cargo de que seja titular o servidor e do cargo em função ocupado. Inconstitucionalidade. 1. A Constituição Federal prevê, em seu art. 37, II, *in fine*, a ressalva à possibilidade de "nomeações para cargo em comissão declarado em lei de livre nomeação", como exceção à exigência de concurso público. Inconstitucional o permissivo constitucional estadual apenas na parte em que permite a incorporação "a qualquer título" de décimos da diferença entre a remuneração do cargo de que seja titular e a do cargo ou função que venha a exercer. A generalização ofende o princípio democrático que rege o acesso aos cargos públicos. 2. *Ao Supremo Tribunal Federal, como guardião maior da Constituição, incumbe declarar a inconstitucionalidade de lei, sempre que esta se verificar, ainda que ex officio, em razão do controle difuso, independente de pedido expresso da parte.* 3. O Ministério Público atuou, no caso concreto. Não há vício de procedimento sustentado. 4. Embargos da Assembleia Legislativa do Estado de São Paulo e do Estado de São Paulo acolhidos em parte, para limitar a declaração de inconstitucionalidade dos art. 133 da Constituição e 19 do se ADCT, tão só, à expressão, "a qualquer título", constante do primeiro dispositivo. Rejeitados, os do servidor, por não demonstrada a existência da alegada omissão e por seu manifesto propósito infringente", grifo nosso.
39. No mesmo sentido: STF, RE 298.694/SP.
40. Neste sentido Nelson Nery Júnior e Rosa Maria Nery, CPC Anotado, p. 109, que afirmam: "Prequestionar significa provocar o tribunal inferior a pronunciar-se sobre a questão constitucional previamente à interposição do recurso".
41. Em obra em coautoria com Juliano Taveira Bernardes afirmamos: "julgamento do RE 420.816/PR, quando o Ministro Sepúlveda Pertence registrou que, em RE interposto contra decisão que declarara a inconstitucionalidade de tratado ou lei federal (letra "b" do inciso III do art. 102 da CF), o efeito devolutivo inerente ao recurso devolve ao STF 'toda a questão da constitucionalidade da lei, sem limitação aos pontos aventados na decisão recorrida'". Entretanto, "No RE 630.147/DF (caso Roriz), por maioria, o Plenário do STF não acatou a tese da causa de pedir aberta no recurso extraordinário. Ficaram vencidos, porém, os Ministros Dias Toffoli, Cezar Peluso, Gilmar Mendes e Marco Aurélio, que mantiveram entendimento quanto a ser cabível, em recurso extraordinário, a adoção de fundamento diverso do invocado pelas partes e, também, não abordado pelo acórdão recorrido. Porém, como tal precedente versava sobre caso bastante polêmico a envolver o ex-Governador do Distrito Federal, ainda parece cedo para afirmar que o STF tenha mesmo abandonado a tese da causa de pedir aberta em matéria de RE", *Direito Constitucional*. 5. ed. Salvador: JusPodivm, 2015. t. 1.

(art. 102, *caput* da Constituição Federal). Essa tese foi consagrada pelo Código de Processo Civil de 2015 no artigo 1.034.

Em síntese, para o Pretório Excelso o controle difuso poderá ser exercido de ofício, no recurso extraordinário, sem observância do prequestionamento, já que ele é o guardião da supremacia. Nessa situação é aplicável o artigo 10 do Código de Processo Civil de 2015 que prevê, em homenagem ao contraditório, verdadeira obrigação ao magistrado, sob pena de nulidade:[42]

> O juiz não pode decidir, em grau algum de jurisdição, com base em fundamento a respeito do qual não se tenha dado às partes oportunidade de se manifestar, ainda que se trate de matéria sobre a qual deva decidir de ofício.

Em todas as modalidades de controle de constitucionalidade a motivação da declaração de inconstitucionalidade é imprescindível, ante a exigência inscrita no artigo 93, inciso IX,[43] da Constituição Federal, como é cediço.

Geraldo Ataliba, acerca do dever de motivar o julgamento no controle difuso, preleciona: "para que a decisão judicial não pareça arbitrária – ela não é, mas para que não pareça – então tenho que dizer: 'eu declaro esta lei inconstitucional, por isso não a aplico'",[44] afastando, desta forma, a presunção de constitucionalidade da lei.

A importância do controle difuso é acentuada por José Afonso da Silva, o qual esclarece que somente o controle concentrado "não seria suficiente para a organização de um sistema eficaz de proteção aos direitos humanos, pois tal competência" já cabia ao Supremo Tribunal Federal, "no regime das Constituições anteriores, e não raro, lamentavelmente, suas decisões sustentaram o arbítrio do regime militar".[45]

Marcelo Figueiredo leciona:

> A grande virtude do controle difuso de constitucionalidade está exatamente na sua coerência e simplicidade. A possibilidade de qualquer juiz negar aplicação à lei ordinária que confronte a constituição é admirável. Possibilita que todo o Judiciário analise e confronte a constitucionalidade da lei e dos demais atos normativos.[46]

---

42. Nesse sentido: NERY JÚNIOR, Nelson; NERY, Rosa Maria de Andrade. *Comentários ao Código de Processo Civil*. São Paulo: Ed. RT, 2015. p. 215 e 218.
43. Constituição Federal, "Art. 93. Lei complementar, de iniciativa do Supremo Tribunal Federal, disporá sobre o Estatuto da Magistratura, observados os seguintes princípios:... IX – todos os julgamentos dos órgãos do Poder Judiciário serão públicos, e fundamentadas todas as decisões, sob pena de nulidade, podendo a lei limitar a presença, em determinados atos, às próprias partes e a seus advogados, ou somente a estes, em casos nos quais a preservação do direito à intimidade do interessado no sigilo não prejudique o interesse público à informação; (Redação dada pela Emenda Constitucional 45, de 2004)".
44. Regime Tributário e Estado de Direito, *Regime Tributário e Estado de Direito*, site oficial do Tribunal Regional Federal da 3ª Região: www.trf3.gov.br/palestra03.htm, p. 2.
45. *Proteção constitucional dos direitos humanos no Brasil: Evolução histórica e direito atual. Revista da Procuradoria Geral do Estado de São Paulo*, edição especial em comemoração dos 10 anos da Constituição Federal, setembro de 1998. p. 173.
46. *O controle de constitucionalidade – Algumas Notas e Preocupações. In:* TAVARES, André Ramos e ROTHENBURG, Walter Claudius (Coord.). *Aspectos Atuais do Controle de Constitucionalidade no Brasil, Recurso Extraordinário e Arguição de Descumprimento de Preceito Fundamental*, no prelo, p. 10.

O controle difuso pode ser exercido em qualquer ação, até os instrumentos da chamada "jurisdição constitucional da liberdade",[47] que são "meios processuais constitucionais que objetivam o amparo dos direitos humanos";[48] ou em ação de competência originária, por exemplo, mandado de segurança, mandado de injunção, *habeas corpus*, ação originária (por exemplo as previstas no art. 102, I, alíneas "e", "f" e "n").

2.2 Controle abstrato

No controle abstrato de constitucionalidade, diferentemente, procura-se obter a declaração de inconstitucionalidade de um ato normativo[49] em tese, nesse caso por ação ou por omissão,[50] independentemente da existência de uma lide. Já nessa via de controle, o próprio pedido da ação intentada será a inconstitucionalidade do ato, que deverá ser declarada no dispositivo da decisão, em julgamento *principaliter*.

Os processos de controle abstrato têm a natureza objetiva. Não têm partes e "podem ser instaurados independentemente da demonstração de um interesse jurídico específico".[51] Diversamente do controle concreto,[52] no qual devem "existir dois sujeitos que discutam sobre direitos subjetivos".[53]

No controle abstrato temos: a ação declaratória de constitucionalidade; a ação direta de inconstitucionalidade por ação e omissão;[54] e a arguição de descumprimento de preceito fundamental autônoma. Considerando-se que não constitui o objeto principal do presente, não teceremos considerações sobre essas ações.[55]

3. ARBITRAGEM

Antes de entrarmos diretamente no ponto central deste trabalho, necessárias são algumas considerações acerca da arbitragem.

---

47. São eles o *habeas corpus*, o mandado de segurança, a ação popular, o mandado de injunção, o *habeas-data*, e a ação civil pública.
48. SILVA, José Afonso. *Proteção constitucional dos direitos humanos no Brasil: Evolução histórica e direito atual*. Revista da Procuradoria Geral do Estado de São Paulo. Edição Especial em comemoração dos 10 anos da Constituição Federal, setembro de 1998. p. 175.
49. E, da mesma forma, ato do poder público, via arguição de descumprimento de preceito fundamental.
50. Inconstitucional, logicamente.
51. MENDES, Gilmar Ferreira. *Ação Declaratória de Constitucionalidade*. MARTINS, Ives Gandra da Silva; MENDES, Gilmar Ferreira (Coord.). São Paulo: Saraiva, 1994. p. 53.
52. Vale reiterar que na ação direta de inconstitucionalidade interventiva há controle concentrado concreto, conforme salientamos no item 1.2.
53. MENDES, Gilmar Ferreira, *A Ação Declaratória de Constitucionalidade*. MARTINS, Ives Gandra da Silva; MENDES, Gilmar Ferreira (Coord.). São Paulo: Saraiva, 1994, p. 53.
54. A qual não foi conferido efeito vinculante, entendido como força obrigatória geral ou força de lei, motivo pelo qual não será abordada neste.
55. Sobre o tema vide: FERREIRA, Olavo A. V. Alves. *Controle de Constitucionalidade e seus efeitos*. 3. ed. Salvador: JusPodivm, 2017.

Um dos maiores desafios, após a vigência da Constituição de 1988, constitui a celeridade na prestação jurisdicional,[56] lembrando que "justiça atrasada não é justiça, senão injustiça qualificada e manifesta", conforme salientava Rui Barbosa.[57] Nesse contexto da necessidade de criar um mecanismo de solução de lides, mais célere[58] do que o Judiciário,[59] surgiu em 1996, no direito pátrio,[60] a arbitragem,[61] que prevê vantajosa[62] modalidade alternativa de solução de controvérsias sobre direitos patrimoniais disponíveis, por meio da participação de uma ou mais pessoas (árbitros), que recebem poderes de uma convenção de arbitragem, decidindo com fundamento nesta, sem participação estatal, certo que a decisão tem os mesmos atributos de uma sentença judicial.

A Lei de Arbitragem prevê expressamente que "o árbitro é juiz de fato e de direito" (art. 18 da Lei 9.307/1996). Essa previsão da atividade do árbitro remonta, no Brasil, a 1850 no art. 457 do Regulamento 737: "os arbitros julgarão de facto e de direito, conforme a legislação commercial (Cap. I do Tit. I) e clausulas do compromisso" e foi reiterada:

56. "A morosidade processual no Poder Judiciário é a reclamação de quase metade dos cidadãos que procuram a Ouvidoria do Conselho Nacional de Justiça (CNJ)", fonte site CNJ: www.cnj.jus.br/noticias/cnj/62126-morosidade-da-justica-e-a-principal-reclamacao-recebida-pela-ouvidoria-do-cnj. Acesso em: 24 maio 2017.
57. Trecho de Oração aos Moços, *Obras Completas de Rui Barbosa*, v. 48, t. 2, 1921.
58. "A arbitragem mostra já ter conquistado espaço definitivo como forma de solução de conflitos em contratos comerciais, no Brasil. Algumas variáveis importantes conduziram a essa resultante, dentre elas – e inegavelmente – a morosidade do Judiciário, seu despreparo para o trato com negócios mais sofisticados, bem como a possibilidade de sigilo no processo arbitral". HUCK, Hermes Marcelo e AMADEO, Rodolfo da Costa Manso Real. Árbitro: juiz de fato e de direito. *Revista de Arbitragem e Mediação*, v. 40, p. 181-192, jan./mar. 2014.
59. O prazo para a sentença arbitral ser proferida é de seis meses, caso não tenha sido outro convencionado pelas partes, art. 23 da Lei de Arbitragem, contado da instituição da arbitragem ou da substituição do árbitro". O Conselho Nacional de Justiça publicou uma pesquisa que concluiu que entre a distribuição até a baixa do processo, quanto a todos os casos pendentes em 31.12.2015, a média é de duração de 6 anos e 10 meses, na Justiça Estadual Cível, com exclusão dos juizados especiais, cf. Relatório da Justiça em Números 2016, CNJ: Brasília. Disponível em: www.cnj.jus.br/files/conteudo/arquivo/2016/10/b8f46be3dbbff344931a933579915488.pdf. Acesso em: 20 jul. 2017.
60. Sobre a origem da arbitragem vide BUZAID, Alfredo. Do juízo arbitral, *Doutrinas Essenciais Arbitragem e Mediação*, v. 1, p. 635, set. 2014: "O instituto do Juízo arbitral é conhecido e praticado desde a mais remota antiguidade. Nossa investigação começa, porém, no Direito Romano, onde a matéria, foi regulada com precisão no "Digesto", Liv. IV, tít. 8, no Código. Liv. II, tít. 55, sob a epígrafe 'De Receptis'. Os documentos relativos ao período mais antigo deitam pouca luz e a sua invocação tem um valor muito relativo".
61. Por meio da Lei 9.307/1996.
62. "Pode-se dizer que as empresas entenderam as vantagens em utilizar a arbitragem. Podem resolver com mais brevidade (em comparação com o Judiciário) demandas contratuais e, seja qual for o resultado (não obstante esperam sair vitoriosos em seus pleitos), retirar de suas demonstrações financeiras (balanço contábil) esse contingenciamento. Na linguagem econômica, reduzem-se os custos de transação. A decisão em optar pela arbitragem é tanto econômica como jurídica", conforme site *Consultor Jurídico*. Disponível em: www.conjur.com.br/2016-jul-15/solucoes-arbitragem-crescem-73-seis-anos-mostra-pesquisa. Acesso em: 26 jul. 2017. "As vantagens geralmente atribuídas à arbitragem incluem a celeridade, a economia, o conhecimento específico do prolator da decisão, a privacidade, a maior informalidade e a definitividade da decisão sem possibilidade de recurso", Marcus Sherman, Complex litigation, St. Paul (Minn.), West Publ., 1992. p. 988. Candido Rangel Dinarmaco acrescenta outra vantagem extraída da doutrina de Carnelutti: "não sem uma gota de cinismo, também se aponta entre as vantagens da arbitragem a defesa contra possíveis riscos fiscais da publicidade dos negócios e da contabilidade das partes". *A arbitragem na teoria geral do processo*. São Paulo: Malheiros, 2013. p. 32.

i) No art. 1.041 do CC/1916: "os árbitros são juízes de fato e de direito, não sendo sujeito seu julgamento a alçada, ou recurso, exceto se o contrário convencionarem as partes"; e

ii) No art. 1.078, do Código de Processo Civil de 1973 (revogado pela Lei de Arbitragem): "o árbitro é juiz de fato e de direito e a sentença que proferir não fica sujeita a recursos, salvo se o contrário convencionarem as partes".

Portanto, neste trabalho é adotada a tese no sentido de que o legislador, ao expressar que o "árbitro é juiz de fato e de direito" (art. 18 da Lei 9.307/1996), acolheu a natureza jurisdicional da arbitragem:[63]

Cabe acrescentar que os impedimentos e suspeições previstos para os juízes no Código de Processo Civil são aplicáveis aos árbitros (art. 14, *caput*, da Lei da Arbitragem), corroborando a natureza jurisdicional da arbitragem.[64]

---

63. Carlos Alberto Carmona afirma: "É possível que o legislador, ao empregar a consagrada expressão 'juiz de fato e de direito', tenha tido em mente a ideia de que em alguns juízos separam-se as decisões de fato e de direito (como ocorre com o julgamento do júri, onde apenas os fatos são submetidos aos jurados, enquanto toca ao juiz togado aplicar o direito), querendo deixar consolidada a ideia de que no juízo arbitral não se fará tal separação; talvez tenha o legislador querido ressaltar que, por conta de sua investidura privada, os árbitros são juízes de fato (privados), mas sua decisão produz a mesma eficácia da decisão estatal (daí serem também juízes de direito); talvez tenha o legislador querido ressaltar que o árbitro lidará tanto com as questiones facti quanto com as questiones iuris. Seja como for, resulta claro desta fórmula, verdadeiramente histórica, que o intuito da lei foi o de ressaltar que a atividade do árbitro é idêntica à do juiz togado, conhecendo o fato e aplicando o direito" (*Arbitragem e processo*: um comentário à Lei 9.307/96. 3. ed. São Paulo: Atlas, 2009. p. 268-269). No mesmo sentido: "O texto normativo expressa, sim, a essência jurisdicional devotada pelo legislador à atividade arbitral. Volta-se para os elementos intrínsecos da função exercida pelo árbitro. Função essa eminentemente jurisdicional. É nesse particular que a atividade arbitral se embrica com a do juiz togado. Ambos *exercem munus publicum*, a despeito da temporariedade dos poderes do árbitro. Ambos são chamados a resolver uma controvérsia, não obstante o caráter privado da nomeação do árbitro. Ambos manejam as questões de fato e de direito. Árbitros e juízes ordinários aplicam o direito ao caso concreto, componente maior da expressão da jurisdição (*iudicium*), muito embora não detenha o árbitro os poderes de coerção e de execução. Daí por que o árbitro é, sem dúvida, juiz de fato e de direito. Ao menos no que toca aos elementos intrínsecos da sua atividade" (MARTINS, Pedro A. Batista. *Apontamentos sobre a Lei de Arbitragem*. Rio de Janeiro: Forense, 2008. p. 218-219)."Admitida e reconhecida a jurisdicionalidade da atividade arbitral, a relevância do debate, nos dias de hoje, está muito mais na percepção da limitação dos poderes dos árbitros no exercício de sua função jurisdicional, em face das disposições da Lei n. 9.307/1996. E esse debate, por seu turno, leva a uma questão de enorme relevância para o desenvolvimento da arbitragem em nosso país e que será tratada a seguir: a verdadeira 'cooperação' que deve ditar o relacionamento entre juízes e árbitros, dada a limitação de poderes destes, para que se cumpra a missão unívoca da pacificação social, mediante a resolução célere e eficaz dos conflitos (...). Assim é que o árbitro exerce atividade cognitiva plena, cabendo-lhe estudar o caso, investigar os fatos, colher as provas que entender cabíveis e aplicar as normas legais apropriadas (*notio*). Do mesmo modo, tem o árbitro poder convocatório das partes, sem necessidade qualquer auxílio judicial, sendo certo que as partes vinculam-se a todos os atos do procedimento arbitral. Por fim, é inquestionável que, ao árbitro, compete proferir julgamento final que, no ordenamento atual, reveste-se da mesma eficácia da sentença judicial", GIUSTI, Gilberto, O árbitro e o juiz: da função jurisdicional do árbitro e do juiz. RBA 5/10-12. Candido Rangel Dinarmarco também defende a natureza jurisdicional da arbitragem, já que a caracterização da jurisdição deve ser feita não pelos sujeitos que a exercem, mas pela natureza e escopos da atividade exercida", op. cit., p. 40-41.
64. Comentando o Código Civil de 1973, Nelson Nery e Rosa Nery afirmam: "A natureza jurídica da arbitragem é de jurisdição. O árbitro exerce jurisdição porque aplica o direito ao caso concreto e coloca fim à lide que existia entre as partes. A arbitragem é instrumento de pacificação social. Sua decisão é exteriorizada por meio de sentença, que tem qualidade de título executivo judicial (CPC 475-N IV), não havendo necessidade de ser homologada pela jurisdição estatal. A execução da sentença arbitral é aparelhada por título judicial, sendo

Ademais, a sentença arbitral produz os mesmos efeitos da sentença proferida pelos órgãos do Poder Judiciário (art. 31 da Lei da Arbitragem), configura título executivo judicial (art. 515, VII do Código de Processo Civil de 2015[65] e art. 31, da Lei da Arbitragem), sujeito a impugnação ao cumprimento de sentença, nos termos do art. 525 e seguintes do Código de Processo Civil de 2015, conforme prevê o art. 33, § 3º da Lei de Arbitragem.

Acrescentamos que o Código de Processo Civil equiparou a carta arbitral[66] à carta precatória feita pelo juiz (arts. 237, IV, 260 e 267), corroborando a natureza jurisdicional da arbitragem, defendida por Carnelutti.[67]

4. DECLARAÇÃO DE INCONSTITUCIONALIDADE PELO ÁRBITRO

Definida a natureza jurisdicional da arbitragem, resta ingressar no tema específico do presente estudo, qual seja, se constitui dever ou faculdade do árbitro a declaração de inconstitucionalidade, mesmo na arbitragem com fundamento na equidade,[68] a qual os árbitros decidirão de acordo com o que lhes pareça mais justo, razoável ou equânime.

4.1 Dever de o árbitro declarar a inconstitucionalidade

Os adeptos dessa corrente fundamentam sua tese no sentido de que o árbitro é juiz de fato e de direito e, como tal, deverá[69] apreciar, de forma incidental, a constitucionalidade,[70] nesse sentido Nelson Nery Júnior:

---

passível de impugnação ao cumprimento de sentença com fundamento no CPC 475-L, segundo a LArb 33 § 3º", Op. cit., coment. 1, art.18 da Lei de Arbitragem, p. 1531.
65. Este artigo repete a previsão do art. 475-N, IV, do CPC de 1973.
66. A carta arbitral, criada pelo Código de Processo Civil de 2015, é expedida para que "para que órgão do Poder Judiciário pratique ou determine o cumprimento, na área de sua competência territorial, de ato objeto de pedido de cooperação judiciária formulado por juízo arbitral, inclusive os que importem efetivação de tutela provisória" (art. 237, IV, do CPC/2015). Esta novidade tem por fim estimular a cooperação entre árbitro e juiz na distribuição da justiça com celeridade e eficiência, já que não são foros antagônicos, nesse sentido José Antonio Fichtner, Sergio Nelson Mannheimer e André Luis Monteiro, Cinco pontos sobre a arbitragem no Projeto do Novo Código Processo Civil, Revista de Processo 205/307. São exemplos de providências a serem solicitadas na carta arbitral intimação por meio de oficial de justiça ou cumprimento de liminar.
67. CARNELUTTI, Francesco. *Instituciones del Proceso Civil*. Trad. Santiago Sentis Melendo. 5. ed. italiana. Buenos Aires: Ed. Jurídicas Europa-America, 1989. v. I, p. 109-114.
68. Merece transcrição a conclusão de Carlos Alberto Carmona, sobre a arbitragem julgada com fundamento na equidade no sentido de que "sujeitam as partes a sérios riscos, pois o que parece justo a elas pode não parecer ao árbitro (e vice-versa). Assim, podendo ser negligenciadas limitações leais e regras de direito material, a decisão assemelha-se a um verdadeiro barril de pólvora, sobre o qual placidamente resolvem sentar-se as partes!", op. cit., p. 67.
69. Carmem Tiburcio afirma que: "em uma arbitragem com sede no Brasil e com aplicação da lei substantiva brasileira, o árbitro pode deixar de aplicar determinada lei por considerá-la inconstitucional, realizando o controle incidental. O árbitro aplica o direito brasileiro na sua integralidade e tem o dever de examinar a constitucionalidade da lei aplicável ao caso", op. cit., p. 173. Neste estudo a doutrinadora conclui que: "não é possível a adoção de um critério uniforme quanto ao controle da constitucionalidade das leis pelo árbitro. É preciso analisar caso a caso o conflito para então definir se tal controle se encontra dentro das competências do árbitro. Para simplificar, podemos dividir os possíveis cenários em dois grandes grupos – o da arbitragem doméstica e o da arbitragem estrangeira –, os quais se subdividem conforme a lei aplicada", p. 184.
70. Tal como ocorre na Argentina, NAÓN, Horacio A. Grigera. Arbitration and Latin America. In: LEW, Julian; MISTELIS, Loukas. *Arbitration insights*: twenty years of the annual lecture of the school of international arbi-

Ressalta-se que o controle da constitucionalidade das leis pode ser feito pelo juiz estatal e pelo árbitro, *incidenter tantum*, valendo apenas para o caso concreto. O que árbitro não possui em abstrato sobre a constitucionalidade de lei, porque neste caso a decisão teria eficácia erga omnes, transcendendo os limites do compromisso, restrito às partes.[71]

No sentido da possibilidade de o árbitro declarar a inconstitucionalidade de forma incidental, no exercício do controle difuso são as lições de Eduardo Albuquerque Parente:

> Essa atividade de verificação da ordem constitucional de maneira difusa é inerente à atividade jurisdicional, da qual o árbitro não escapa. A análise, por ser difusa, ocorre *incidenter tantum*. A inconstitucionalidade sempre surgirá como questão de direito controvertida. O árbitro a apreciará nas razões de decidir sobre determinado pedido.[72]

Da mesma forma, Georges Abboud salienta que o árbitro exerce função jurisdicional e, ao se deparar com a situação de inconstitucionalidade, deverá realizar o controle difuso de constitucionalidade,[73] mesmo nas arbitragens por equidade, já que os "dispositivos constitucionais são, por excelência, matérias de ordem pública".[74]

Essa corrente é aceita pela doutrina majoritária argentina:

> De qualquer modo, a solução majoritária aceita que os árbitros não só possam decidir sobre a constitucionalidade de uma lei, senão que, devido ao sistema de controle de constitucionalidade difuso imperante na Argentina, estão obrigados a fazê-lo.[75]

Convém salientar que a ordem pública[76] deverá ser respeitada em toda e qualquer arbitragem (art. 2º, § 1º da Lei de Arbitragem) e a homologação para execução de sentença arbitral estrangeira será denegada pelo Superior Tribunal de Justiça se a decisão ofende a ordem pública nacional (art. 39, II da Lei de Arbitragem).[77]

4.2 Vedação ao árbitro de declarar a inconstitucionalidade

A corrente que defende a existência de vedação ao árbitro de declarar a inconstitucionalidade tem repercussão em outros países, não repercutindo entre os doutrinadores brasileiros.

---

tration, International Arbitration Law Library, v. 16, 2007, p. 440.
71. NERY JUNIOR, Nelson. *Princípios do Processo na Constituição Federal*. 10. ed. São Paulo: Ed. RT, 2010. p. 161.
72. PARENTE, Eduardo de Albuquerque. *Processo arbitral e sistema*. São Paulo: Atlas, 2012. p. 282.
73. ABBOUD, Georges. *Processo Constitucional Brasileiro*. São Paulo: Ed. RT, 2016. p. 617.
74. Op. cit., p. 624.
75. ARROYO, Diego P. Fernández, e VETULLI, Ezequiel H., *Certezas e Dúvidas sobre o Novo Direito Arbitral Argentino*, RBA n. 49, p. 71. jan./mar. 2016.
76. Sobre o conceito de ordem pública, Carmem Tiburcio afirma: "A expressão designa um conceito do tipo aberto, que não se encontra formulado em qualquer diploma legal. Nada obstante, é possível identificá-la como o conjunto de valores ou opções políticas fundamentais dominantes em uma determinada sociedade em determinado momento histórico, em geral positivados na Constituição e na legislação vigente, sobretudo em países de tradição romano-germânica, como é o caso do Brasil", op. cit., p. 177.
77. Camem Tiburcio aponta: "Em virtude do referido dispositivo legal (art. 2º, § 1º LA), pode-se afirmar que o árbitro no Brasil também deve respeitar a ordem pública brasileira, o que significa dizer que o árbitro deve verificar a adequação da lei estrangeira aos princípios fundamentais da Constituição brasileira", op. cit., p. 177.

No direito francês, que tem como característica um controle concentrado,[78] apenas ao árbitro é vedado decidir sobre a inconstitucionalidade,[79] bem como é vedado encaminhar o incidente de controle da constitucionalidade ao Conselho Constitucional:[80]

> Os árbitros não pertencem ao órgão jurisdicional nacional e, como tal, não estão sob a autoridade de nenhum estado. O resultado lógico é que eles não podem solicitar ao Conselho Constitucional a indicação sobre a conformidade das disposições estatutárias com o direito constitucional francês.

Já na Itália, também adepta ao controle concentrado exclusivo, a Suprema Corte[81] admitiu que o árbitro remetesse a questão àquela Corte, tal como um juiz de direito, mas persiste a vedação ao árbitro em declarar a inconstitucionalidade.

---

78. "A partir da desconfiança do povo francês para com seus juízes, em virtude dos abusos ocorridos no período que antecedeu a Revolução de 1789, o controle de constitucionalidade na França é conferido apenas a um órgão político, chamado Conselho Constitucional. Até recentemente, o controle de constitucionalidade das leis era aceito somente na modalidade preventiva, exaurindo-se com a promulgação da lei. Assim, as decisões do Conselho Constitucional consistiam, basicamente, em sobrestar a votação de projetos legislativos inconstitucionais, condicionando-a a uma prévia reforma constitucional. Já se admitia controle repressivo, mas só de decretos editados pelo Presidente da República (Constituição francesa, artigo 37.2). A partir de julho de 2008, reformas constitucionais ampliaram a competência do Conselho Constitucional, permitindo-lhe fiscalizar, repressivamente, a constitucionalidade das leis. Esse controle repressivo, porém, depende de exceção de inconstitucionalidade (exception d'inconstitutionnalité) a ser suscitada pelo Conselho de Estado ou pela Corte de Cassação", BERNARDES, Juliano Taveira Bernardes e FERREIRA, Olavo Augusto Vianna Alves. *Direito Constitucional*. 7. ed. Salvador: JusPodivm, 2017, t. 1, versão digital.

79. "Um tribunal arbitral não deve ser levado a decidir sobre a conformidade de um estatuto com uma lei constitucional francesa, uma vez que a Constituição prevê que o Conselho Constitucional é a única entidade habilitada a fazê-lo", MAYER, Pierre. L'arbitre international et la hiérarchie des normes. *Revue de l'arbitrage*: Bulletin du Comité français de l'arbitrage n. 2, 2011, p. 361-384.

80. cf. KLEIMAN, Elie e SALEH, Shaparak, Arbitrators Cannot Seek a Ruling on The Constitutionality of Statutory Provisisons, Newsletters, International Law Office, disponível em: www.internationallawoffice.com/Newsletters/Arbitration-ADR/France/Freshfields-Bruckhaus-Deringer-LLP/Arbitrators-cannot-seek-a-ruling-on-the--constitutionality-of-statutory-provisions?redir=1. Acesso em: 19.07.2017, que apontam: "De acordo com a Lei 2009-1523, desde 1 de março de 2010, os tribunais franceses comuns podem contestar a constitucionalidade de um estatuto ou disposição estatutária através de um procedimento específico chamado 'a questão prioritária de constitucionalidade' (QPC), que pode ser traduzido como 'uma decisão de prioridade Sobre a constitucionalidade'. (1) A reforma permitiu que o Supremo Tribunal, se solicitado por uma parte, exercer seu poder discricionário para solicitar uma decisão do Conselho Constitucional sobre a conformidade de uma disposição estatutária com a Constituição. Da mesma forma, o artigo 23-1 da Ordem 58-1067, que implementa uma lei organizacional sobre o Conselho Constitucional (conforme alterada pela lei de 2009) permitiu que os tribunais inferiores franceses 'cumpram a jurisdição do Supremo Tribunal'. Se solicitado por uma parte, pedir a esse tribunal que considere se o Conselho Constitucional deve ser obrigado a tomar tal decisão. No entanto, a reforma ficou em silêncio sobre a questão de saber se os tribunais arbitrais gozam de direitos semelhantes para pedir ao Supremo Tribunal que encaminhe uma questão ao Conselho Constitucional. Em uma decisão de 28 de junho de 2011, o Supremo Tribunal não considerou que tais direitos fossem permitidos aos árbitros. O tribunal decidiu que o árbitro nomeado pelo chefe do Baralho de Paris (conhecido como 'bâtonnier') em uma disputa entre um advogado e um escritório de advocacia não tinha o direito de solicitar ao Conselho Constitucional que se pronuncie sobre a conformidade de uma disposição estatutária Com o direito constitucional francês. (2) No caso relatado, o tribunal tratou do regime específico de arbitragem pelo bâtonnier. No entanto, o tribunal considerou que os árbitros não podiam referir um QPC ao Conselho Constitucional", tradução livre.

81. Corte constituzionale, 22 novembre 2001, n. 376, pres. Ruperto; rel. Marini – Consorzio Ricostruzione (CO.RI) c. Comune di Napoli. Disponível em: www.giurcost.org/decisioni/2001/0376s-01.html. Acesso em: 20 jul. 2017.

Ana Carolina Weber[82] comenta precedente da Corte Constitucional Italiana,[83] que não se aplica ao nosso sistema jurídico, diante do sistema de controle concentrado exclusivo lá adotado:

> Desta feita, o que a Corte Constitucional italiana consagrou foi a exata equiparação dos árbitros aos juízes de direito, permitindo aos primeiros, nos moldes do sistema italiano, suspender o procedimento arbitral para ter eventual questão constitucional decidida por aquela Corte.
>
> Entretanto, o sistema de controle de constitucionalidade brasileiro não é idêntico ao italiano. No Brasil, vigem, com as suas particularidades, tanto o sistema do controle concentrado como do controle difuso de constitucionalidade. Assim, os juízes brasileiros não possuem o mesmo dever dos juízes italianos.

Concluindo:

> Acrescente-se, ainda, que, no caso brasileiro, não se poderia aplicar, anteriormente mencionado precedente da Corte Constitucional Italiana. A Constituição brasileira assentou que somente terão legitimidade para promover o controle concentrado de constitucionalidade aqueles que se encontram elencados no artigo 103, dentre os quais não se incluem o juiz togado de primeira instância, nem os árbitros.
>
> Apesar de o sistema brasileiro apresentar a modalidade concentrada do controle de constitucionalidade, ela não foi estruturada nos mesmos moldes do controle exercido pela Corte Constitucional Italiana.

Portanto, os doutrinadores estrangeiros adeptos da tese que veda aos árbitros a declaração de inconstitucionalidade baseiam-se em sistemas jurídicos distintos do brasileiro, que adotam o controle concentrado de constitucionalidade exclusivo,[84] razão pela qual esta tese não encontra defensores no Brasil, já que a adoção de institutos estrangeiros deve se adequar ao nosso sistema constitucional, tal como alertava Saulo Ramos,[85] evitando-se a importação de teorias, conceitos, princípios e regras.[86]

4.3 Posição adotada

Reiteramos que não temos dúvida de que o árbitro atua como juiz (tal como concluímos no item 2), e acrescentamos que figura entre os seus deveres a declaração de inconstitucionalidade, tal como o juiz no controle difuso.

---

82. WEBER, Ana Carolina. O controle de constitucionalidade no procedimento arbitral. *Revista Jurídica da Faculdade de Direito/Faculdade Dom Bosco*, v. I, n. 4, ano III, p. 21, jul./dez. 2008.
83. Corte Constitucional Italiana, caso 376, depositada em 28.11.2001.
84. Carmem Tiburcio conclui: "Em países onde se adota o controle concentrado, já se questionou se o Tribunal Constitucional pode apreciar o pedido de análise da constitucionalidade de lei surgida no âmbito de um caso concreto em arbitragem", op. cit., p. 75.
85. "Aos brasileiros impõe-se grande cuidado na adoção de institutos estrangeiros, porque... caímos na imitação inajustável às nossas características", RAMOS, Saulo. Efeito vinculante de decisões dos Tribunais Superiores. *Revista Brasileira de Ciências Criminais* n. 13, publicação do Instituto Brasileiro de Ciências Criminais, 2002, p. 153.
86. Vírgilio Afonso da Silva afirma: "Não é difícil perceber que a doutrina jurídica recebe de forma muitas vezes pouco ponderadas as teorias desenvolvidas no exterior. E, nesse cenário, a doutrina alemã parece gozar de uma posição privilegiada, já que, por razões desconhecidas, *tudo* o que é produzido na literatura jurídica germânica parece ser encarado como revestido de uma aura de cientificidade e verdade indiscutíveis", SILVA, Vírgilio Afonso da. Interpretação Constitucional e Sincretismo Metodológico. *Interpretação Constitucional*, 2005, São Paulo: Malheiros, p. 116. Propugna o autor pela criação de uma teoria constitucional brasileira, a qual pode e deve aproveitar-se da discussão internacional, mas esta não pode ser encarada como ponto de chegada, op. cit., p. 143.

Não se coaduna com o Estado Democrático de Direito a possibilidade de que a supremacia da Lei Maior seja desconsiderada por quem detém o poder de aplicar o Direito, em manifesto prejuízo à segurança jurídica.

Canotilho corrobora a afirmação acima: "É nesta supremacia normativa da lei constitucional que o 'primado do direito' do estado de direito encontra uma primeira e decisiva expressão".[87]

Portanto, a supremacia da Lei Maior é inafastável, consoante já decidiu o Supremo Tribunal Federal:

> Sabemos que a supremacia da ordem constitucional traduz princípio essencial que deriva, em nosso sistema de direito positivo, do caráter eminentemente rígido de que se revestem as normas inscritas no estatuto fundamental.
>
> Nesse contexto, em que a autoridade normativa da Constituição assume decisivo poder de ordenação e de conformação da atividade estatal – que nela passa a ter o fundamento de sua própria existência, validade e eficácia –, nenhum ato de Governo (Legislativo, Executivo e Judiciário) poderá contrariar-lhe os princípios ou transgredir-lhe os preceitos, sob pena de o comportamento dos órgãos do Estado incidir em absoluta desvalia jurídica.[88]

José Maria Roca Martínez aponta que os árbitros são encarregados de proferirem a decisão em conformidade com o ordenamento jurídico e, em consequência, à Constituição. Essa lição se aplica, também, ao árbitro que julga por equidade, que se encontra "igualmente submetido aos princípios constitucionais".[89]

Visando a assegurar a supremacia do Texto Fundamental, temos o controle de constitucionalidade que:

> É o corolário lógico da supremacia constitucional, seu instrumento necessário, o requisito para que a superioridade constitucional não se transforme em preceito moralmente platônico e a Constituição em simples programa político, moralmente obrigatório, um repositório de bons conselhos, para uso esporádico ou intermitente do legislador, que lhe pode vibrar, impunemente, golpes que a retalham e desfiguram.[90]

Verificada a importância do princípio da supremacia da Constituição como uma das vigas mestras do Estado Democrático de Direito adotado pela Constituição de 1988, importante reiterar que não há previsão expressa na Constituição da sanção cominada ao ato inconstitucional, o que caracteriza o princípio da nulidade como implícito,[91] extraído do controle difuso de constitucionalidade e das previsões na Constituição Federal que estabelecem que a inconstitucionalidade é reconhecida por decisão declaratória, reafirmando a nulidade do ato inconstitucional.

---

87. CANOTILHO, J. J. Gomes. *Direito constitucional*. 4. ed. Coimbra: Almedina. p. 245.
88. ADIn 2.215-PE (Medida Cautelar), Rel. Min. Celso de Mello, Brasília, 17 de abril de 2001.
89. MARTÍNEZ, José Maria Roca. *Arbitraje e instituciones arbitrales*. Barcelona: J. M. Bosch Ed., 1992. p. 166.
90. HORTA, Raul Machado. *Direito constitucional*. 2. ed. Belo Horizonte: Del Rey, 1999. p. 130.
91. Não se pode olvidar que entre os princípios implícitos e os expressos "não se pode falar em supremacia". É dizer, ambos retiram fundamento de validade do mesmo texto jurídico, segundo lição de CARVALHO, Paulo de Barros. *Curso de direito tributário*. São Paulo: Saraiva, 1996. p. 90.

Entendemos que o "princípio da nulidade da lei inconstitucional tem hierarquia constitucional"[92] e, segundo a doutrina, foi preservada "a orientação que considera nula *ipso jure* e *ex tunc* a lei inconstitucional".[93]

Convém repetir que o controle de constitucionalidade do ato é matéria de ordem pública,[94] segundo o Supremo Tribunal Federal, tanto que o controle difuso deve ser exercido de ofício[95] e não se admite a desistência da ação direta de inconstitucionalidade.[96]

No sentido de que o controle de constitucionalidade é matéria de ordem pública, Osiris Vargas Pellanda afirma:

> Violar uma norma constitucional é, em última análise, violar a ordem pública, uma vez que é na Constituição que se encontram os princípios e regras que refletem os valores mais importantes para uma nação.
>
> O Código Bustamante – código de direito internacional privado resultante de tratado internacional do qual o Brasil é Estado-parte – estabelece em seus arts. 4° e 5° quais as normas que por natureza são consideradas de ordem pública, e inclui entre estas as administrativas e políticas de proteção

---

92. MENDES, Gilmar Ferreira. *Jurisdição constitucional*. p. 255. O citado autor, em nota de rodapé, menciona julgado do Supremo Tribunal Federal, no RE 103.619, Rel. Min. Oscar Corrêa, publicado na *RDA* 160/80. No mesmo sentido Clèmerson Merlin Clève, op. cit., p. 246. Ressalte-se que recentemente Gilmar Ferreira Mendes mudou de entendimento, concluindo que a "lei inconstitucional não seria, portanto, nula *ipso iure*, mas apenas anulável". *Controle concentrado de constitucionalidade: comentários à Lei 9868*, de 10.11.1999, p. 314.
93. MENDES, Gilmar Ferreira. Op. cit., p. 256. Acrescenta o citado autor que tal posição tem base constitucional: "O princípio do Estado de Direito, fixado no artigo 1°, a aplicação imediata dos direitos fundamentais, consagrada no § 1°, do artigo 5°, a vinculação dos órgãos estatais aos princípios constitucionais, que daí resulta, a imutabilidade dos princípios constitucionais, no que concerne aos direitos fundamentais e ao processo especial de reforma constitucional, reforçam a supremacia da Constituição" (op. cit., mesma página).
94. Nesse sentido: MELLO, Rogério Licastro Torres de. *Atuação de ofício em grau recursal*. São Paulo: Saraiva, 2010. p. 256-257; MENDES, Gilmar Ferreira. *Direitos fundamentais e controle de constitucionalidade*: estudos de direito constitucional. São Paulo: Celso Bastos Editor, 1999. p. 373; e SLAIBI FILHO, Nagib. *Ação declaratória de constitucionalidade*. Rio de Janeiro: Forense, 1994. p. 141.
95. "Ao Supremo Tribunal Federal, como guardião maior da Constituição, incumbe declarar a inconstitucionalidade de lei, sempre que esta se verificar, ainda que *ex officio*, em razão do controle difuso, independente de pedido expresso da parte", STF Pleno, Embargos Declaratórios no Recurso Extraordinário n. 219.934-SP, Relatora Min. Ellen Gracie, Informativo 365: "Concurso público. Ressalva. Nomeação para cargo em comissão. Décimos da diferença entre remuneração do cargo de que seja titular o servidor e do cargo em função ocupado. Inconstitucionalidade. 1. A Constituição Federal prevê, em seu art. 37, II, *in fine*, a ressalva à possibilidade de "nomeações para cargo em comissão declarado em lei de livre nomeação", como exceção à exigência de concurso público. Inconstitucional o permissivo constitucional estadual apenas na parte em que permite a incorporação "a qualquer título" de décimos da diferença entre a remuneração do cargo de que seja titular e a do cargo ou função que venha a exercer. A generalização ofende o princípio democrático que rege o acesso aos cargos públicos. 2. Ao Supremo Tribunal Federal, como guardião maior da Constituição, incumbe declarar a inconstitucionalidade de lei, sempre que esta se verificar, ainda que *ex officio*, em razão do controle difuso, independente de pedido expresso da parte. 3. O Ministério Público atuou, no caso concreto. Não há vício de procedimento sustentado. 4. Embargos da Assembleia Legislativa do Estado de São Paulo e do Estado de São Paulo acolhidos em parte, para limitar a declaração de inconstitucionalidade dos art. 133 da Constituição e 19 do se ADCT, tão só, à expressão, 'a qualquer título', constante do primeiro dispositivo. Rejeitados, os do servidor, por não demonstrada a existência da alegada omissão e por seu manifesto propósito infringente".
96. STF: ADI 892 MC, Relator(a): Min. Celso de Mello, Tribunal Pleno, julgado em 27.10.1994, *DJ* 07.11.1997 PP-57230 EMENT VOL-01890-01 PP-00057; ADI 1971, Relator(a): Min. Celso de Mello, julgado em 01/08/2001, publicado em *DJ* 14.08.2001 PP-00229. Na doutrina vide André Ramos Tavares, Tratado da arguição de preceito fundamental, op. cit., p. 356.

individual e coletiva, bem como as constitucionais. Carla Pinheiro[97] afirma que a noção de ordem pública se ajusta à noção mesma de direitos fundamentais, uma vez que se trata de um reflexo da ordem social naquilo que lhe é essencial à sua existência e à manutenção do bem-estar e da paz social.[98]

Há precedente do Superior Tribunal de Justiça no sentido de que as normas constitucionais são matéria de ordem pública.[99] Da mesma forma ensina Maria Helena Diniz.[100]

O Código de Direito Internacional Privado, aprovado na Sexta Conferência Internacional Americana pela Convenção de Havana em 20.02.1928, ratificado pelo Brasil, e introduzido no direito positivo interno brasileiro por Resolução do Congresso Nacional, aprovada pelo Decreto 5.647, de 08.01.1929, e cuja execuçao é determinada pelo Decreto 18.871, de 13.08.1929, contém disposição com o seguinte teor: "Art. 4º Os preceitos constitucionaes são de ordem publica internacional". (redação original)

Ana Luiza Nery sintetiza de forma lapidar o que se entende por ordem pública:

> Examinar a ordem pública é atentar aos aspectos relativos à constitucionalidade do ato ou negócio, que engloba matérias como as garantias constitucionais, a forma federativa do Estado, o Estado Democrático de Direito, a sociedade pluralista, ou seja, aspectos jurídicos cuja violação descaracterizaria o próprio modelo de organização de valores determinados pela Constituição Federal.[101]

Conclui Ana Luiza Nery:

> Em nenhuma hipótese é admissível decisão arbitral *contra constitutionem*, na medida em que os dispositivos constitucionais são, por excelência, matérias de ordem pública.[102]

No sentido da obrigatoriedade da observância da ordem pública, dentre elas as normas constitucionais, pelo árbitro são as lições de Carmem Tiburcio:

> Note-se, porém, que a Lei de Arbitragem brasileira parece exigir também a observância da ordem pública brasileira, caso a arbitragem tenha sede no Brasil. Isso é o que determina o art. 2º, § 1º, da Lei de Arbitragem: 'Poderão as partes escolher, livremente, as regras de direito que serão aplicadas na arbitragem, desde que não haja violação aos bons costumes e à ordem pública'. Por outro lado, o art. 32 da LA, ao enumerar os fundamentos para a nulidade do laudo, não incluiu expressamente a contrariedade à ordem pública brasileira.
>
> Em virtude do referido dispositivo legal (art. 2º, § 1º LA), pode-se afirmar que o árbitro no Brasil também deve respeitar a ordem pública brasileira, o que significa dizer que o árbitro deve verificar a adequação da lei estrangeira aos princípios fundamentais da Constituição brasileira.[103]

---

97. PINHEIRO, Carla. *Direito internacional e direitos fundamentais*. São Paulo: Atlas, 2001. p. 125.
98. O controle de constitucionalidade no direito internacional privado, site da Advocacia Geral da União: www.agu.gov.br/page/download/index/id/531679.
99. SEC 802/US, Rel. Ministro José Delgado, Corte Especial, julgado em 17.08.2005, *DJ* 19.09.2005. p. 175.
100. *Lei de Introdução ao Código Civil Brasileiro interpretada*. 5. ed. São Paulo: Saraiva, 1999, p. 368.
101. NERY, Ana Luiza. *Arbitragem coletiva*. São Paulo: Ed. RT, 2016. p. 96.
102. Op. cit., p. 274.
103. Op. cit.

Fixada esta premissa no sentido de que o controle de constitucionalidade constitui dever do árbitro, caracterizando-se entre as matérias de ordem pública, resta apreciar as consequências do descumprimento de tal dever.

A decisão proferida em arbitragem que contraria a Constituição, aplicando ato inconstitucional, isto é, sem a realização do imprescindível controle de constitucionalidade, é nula, já que essa é a sanção cominada ao ato inconstitucional. Essa previsão decorre diretamente da Lei Maior, prescindindo qualquer previsão na Lei de Arbitragem, mas que merece abordagem, visando à apreciação de todos os fundamentos possíveis em defesa da posição ora adotada.

Embora a Lei de Arbitragem preveja que as partes poderão "escolher, livremente, as regras de direito que serão aplicadas na arbitragem, desde que não haja violação aos bons costumes e à ordem pública" (art. 2º, § 1º), não consta a violação à ordem pública no rol das hipóteses que ensejam a nulidade da sentença arbitral (art. 32 da Lei em comento).

Temos que o rol do art. 32 da Lei de Arbitragem, quando elenca as hipóteses que ensejam a nulidade da arbitragem, comporta intepretação sistemática,[104] acrescentando a violação à ordem pública (art. 2º, § 1º da Lei 9.307/96), como fundamento para a nulidade da sentença arbitral, já que não existem na Lei palavras inúteis,[105] não podendo o intérprete desprezar o texto da Lei que veda a violação à ordem pública pela decisão do árbitro, que será preservada com a declaração de inconstitucionalidade. Por conseguinte, nessa hipótese cabível a ação de nulidade da sentença arbitral,[106] prevista no art. 33 da Lei de Arbitragem, conforme lecionam Carlos Alberto Carmona[107] e Cândido Rangel Dinamarco.[108]

Corroborando a tese ora defendida, acrescentamos que a homologação para o reconhecimento ou a execução da sentença arbitral estrangeira será denegada se o Superior Tribunal de Justiça constatar que a decisão ofende a ordem pública nacional (art. 39, II da Lei de Arbitragem[109]).

---

104. Como bem ressaltou Eros Roberto Grau: "Não se interpreta o direito em tiras", explicando que "não se interpretam texto de direito, isoladamente, mas sim o direito, no seu todo", Ensaio sobre a interpretação/aplicação do direito. São Paulo: Malheiros, 2002. p. 113.
105. "Não se presume a existência de expressões supérfluas", MAXIMILIANO, Carlos. Hermenêutica e Aplicação do Direito. 16. ed. Rio de Janeiro: Forense, 1997. p. 251.
106. Descartamos o cabimento do recurso extraordinário, já que incompatível com o "sistema do processo arbitral", conforme Eduardo de Albuquerque Parente, op. cit., p. 282.
107. Op. cit., p. 418. Em sentido contrário Eduardo de Albuquerque Parente afirma que o rol do art. 32 é taxativo, não prevendo tal possibilidade, o que afasta o cabimento da ação de nulidade da sentença arbitral, ressalvando a possibilidade de defesa que o vício estaria na fundamentação da decisão e, portanto, tornando-a anulável (art. 26, II, e art. 32, III), op. cit., p. 283.
108. "A ação anulatória é o único meio possível para afastar tais transgressões constitucionais, sendo por isso imperiosa a interpretação integrativa proposta, sob pena de permitir que as inconstitucionalidades permaneçam", op. cit., p. 242.
109. A Convenção Interamericana sobre Arbitragem Comercial Internacional (Convenção do Panamá), no seu art. 5º 2, "b", determina a impossibilidade de se reconhecer e executar uma sentença arbitral que seja contrária à ordem pública. No mesmo sentido, dispõe a Convenção Sobre o Reconhecimento e a Execução de Sentenças Arbitrais Estrangeiras de Nova Iorque, no Art. V, 2, "b". A Convenção Interamericana sobre a eficácia Extraterritorial das Sentenças e Laudos Arbitrais Estrangeiros (Montevidéu, 1979) prevê que as decisões arbitrais somente terão

Carlos Alberto Carmona conclui sobre o tema:

> Concluo que não teria cabimento que o legislador se preocupasse em repelir ataques à ordem pública vindos de laudos proferidos no exterior, mantendo aberto o flanco às sentenças arbitrais nacionais...
> O sistema arbitral brasileiro é coerente, de modo que tanto as sentenças arbitrais nacionais quanto as sentenças arbitrais estrangeiras estão sujeitas à mesma condição geral de validade, qual seja, não atentar contra a ordem pública.[110]

Portanto, tanto a arbitragem internacional como a nacional não podem ofender a ordem pública nacional, conforme os artigos 39, II e 2º, § 1º, da Lei 9.307/96, motivo pelo qual deve o árbitro, seja na arbitragem nacional, seja na arbitragem internacional,[111] exercer o controle de constitucionalidade, evitando que a decisão aplique norma inconstitucional, o que acarretará na nulidade, passível de declaração via de ação de nulidade da sentença arbitral, prevista no art. 33 da Lei de Arbitragem.

CONCLUSÃO

O árbitro atua como juiz, de modo que como o juiz de direito em sede de controle difuso, tem o dever de declarar a inconstitucionalidade. Não se coaduna com o Estado Democrático de Direito a possibilidade de que a supremacia da Lei Maior seja desconsiderada por quem detém, em substituição ao magistrado, o poder de aplicar o Direito, em manifesto prejuízo à segurança jurídica.

Não declarada a inconstitucionalidade pelo árbitro, temos uma sentença que também será inconstitucional, portanto nula, como todo ato inconstitucional.

Embora a Lei de Arbitragem preveja que as partes poderão "escolher, livremente, as regras de direito que serão aplicadas na arbitragem, desde que não haja violação aos bons costumes e à ordem pública" (art. 2º, § 1º), não consta a violação à ordem pública no rol das hipóteses que ensejam a nulidade da sentença arbitral (art. 32 da Lei em comento).

O rol do art. 32 da Lei de Arbitragem, quando elenca as hipóteses que ensejam a nulidade da arbitragem, comporta interpretação sistemática, acrescentando a violação à ordem pública (art. 2º, § 1º da Lei 9.307/96), como fundamento para a nulidade da

---

eficácia extraterritorial se não contrariarem manifestamente os princípios e as leis de ordem pública no Estado em que se pedir o reconhecimento ou cumprimento, art. 2, "h". A Lei-Modelo da Comissão das Nações Unidas para o desenvolvimento do comércio internacional (UNCITRAL) sobre arbitragem comercial internacional (Viena, 1985) prevê, no art. 34, hipóteses que o Judiciário poderá anular a sentença arbitral, dentre elas, no art. 2, "b", ii, a sentença contraria a ordem pública do presente Estado". Esse rol foi extraído da obra de CARMONA, Carlos Alberto. *Arbitragem e processo*: um comentário à Lei 9.307/96, 3. ed., São Paulo: Atlas, 2009. p. 417.

110. Op. cit., p. 418.
111. Carmem Tiburcio conclui: "Assim, o STJ pode deixar de homologar o laudo arbitral proferido no exterior que tenha aplicado a lei brasileira de forma contrária a normas fundamentais da Constituição brasileira. Com relação a essa hipótese, podem-se admitir duas situações distintas, que levam à mesma conclusão: a solução dada ao caso, no mérito, fere a Constituição ou a lei brasileira aplicada ao caso é inconstitucional. Note-se que não se trata de verificar se a lei brasileira foi corretamente aplicada pelo árbitro no exterior, pois isso seria uma verdadeira revisão de mérito, o que não é admitido, mas uma verificação da conformidade da decisão estrangeira com os princípios fundamentais da Constituição brasileira, o que se admite no âmbito da ordem pública brasileira, como já se viu", op. cit., p. 85.

sentença arbitral, já que não existem na Lei palavras inúteis, não podendo o intérprete desprezar o texto da Lei que veda a violação à ordem pública pela decisão do árbitro, que será preservada com a declaração de inconstitucionalidade. Por conseguinte, nessa hipótese cabível a ação de nulidade da sentença arbitral, prevista no artigo 33 da Lei de Arbitragem.

BIBLIOGRAFIA

ARROYO, Diego P. Fernández, e VETULLI, Ezequiel H. Certezas e Dúvidas sobre o Novo Direito Arbitral Argentino. *RBA* n. 49 – jan./mar. 2016.

ASSIS, Araken de. *Processo civil brasileiro*. São Paulo: Ed. RT, 2015. v. I: parte geral: fundamentos e distribuição de conflitos.

BARROSO, Luís Roberto Barroso. *Interpretação e aplicação da Constituição*. São Paulo: Saraiva, 1996.

ABBOUD, Georges. *Processo Constitucional Brasileiro*. São Paulo: Ed. RT, 2016.

BARBOSA, Rui. *Oração aos Moços*. Obras Completas de Rui Barbosa. 1921. v. 48, t. 2.

BASTOS, Celso Ribeiro. *Hermenêutica e Interpretação Constitucional*. São Paulo: Celso Bastos Editor, 1997.

BASTOS, Celso Ribeiro. *Curso de Direito Constitucional*. 21. ed. São Paulo: Saraiva, 2000.

BASTOS, Celso Ribeiro. O Incidente de Inconstitucionalidade: Matéria Jurídica. *Revista Jurídica Virtual*, n. 27, ago. 2001. Disponível em: www.planalto.gov.br/ccivil/03/revista/Rev27/Revista27.htm.

BERNARDES, Juliano Taveira. Arguição de Descumprimento de Preceito Fundamental. *Revista Jurídica Virtual*, n. 08, Brasília, jan. 2000. Disponível em: www.planalto.gov.br/CCIVIL/revista/Rev08/arg/descump/Juliano.htm.

BERNARDES, Juliano Taveira Bernardes; FERREIRA, Olavo Augusto Vianna Alves. *Direito Constitucional*. 7. ed. Salvador: Juspodivm, 2017. t. 1.

BIANCHI, Roberto A. Competência arbitral para decidir sobre la constitucionalidade. *Rev.* JA 2003-IV-75.

BIENBOJM, Gustavo. *A nova jurisdição constitucional brasileira*: legitimidade democrática e instrumentos de realização. Rio de Janeiro: Renovar, 2001.

BUZAID, Alfredo. *Do juízo arbitral, Doutrinas Essenciais Arbitragem e Mediação*. São Paulo Ed. RT, set. 2014. v. 1.

CAIVANO, Roque J. Planteos de inconstitucionalidad en el arbitraje. *Revista Peruana de Arbitraje*, p. 107-153. Lima, 2006.

CANOTILHO, J. J. Gomes. *Direito Constitucional*. 4. ed. Coimbra: Livraria Almedina.

CANOTILHO, J. J. Gomes. *Manual de direito constitucional*. 2. ed. Coimbra: Coimbra Editora, 1988.

CANOTILHO, J. J. Gomes; MOREIRA, Vital. *Constituição da república portuguesa anotada*. 3. ed. Coimbra: Coimbra Editora, 1993.

CARMONA, Carlos Alberto. *Arbitragem e processo*: um comentário à Lei 9.307/96. 3. ed. São Paulo: Atlas, 2009.

CARVALHO, Paulo de Barros. *Curso de Direito Tributário*. 9. ed. São Paulo: Saraiva, 1996.

CLÈVE, Clèmersom Merlin. *A fiscalização abstrata da Constitucionalidade no Direito Brasileiro*. 2. ed. São Paulo: Ed. RT, 2000.

DIDIER JR, Fredie. e outros. *Curso de Direito Processual Civil*: teoria da prova, direito probatório, ações probatórias, decisão, precedente, coisa julgada e antecipação dos efeitos da tutela. 10. ed. Salvador: JusPodivm. 2015. v. 2.

DINARMARCO, Candido. *A arbitragem na teoria geral do processo*. São Paulo: Malheiros, 2013.

ENGISCH, Karl. *Introdução ao pensamento jurídico*. 6. ed. Lisboa: Fundação Gulbenkian, 1995.

FERRARI, Regina Maria Macedo Nery. *Efeitos da Declaração de Inconstitucionalidade*. 4. ed. São Paulo: Ed. RT, 1999.

FERREIRA, Olavo Augusto Vianna Alves. *Controle de constitucionalidade e seus feitos*. 3. ed. Salvador: Juspodivm, 2016.

GARCIA, Maria. Arguição de Descumprimento: direito do cidadão. *Caderno de Direito Constitucional e Internacional*. ano 8, n. 32, p. 99-106. São Paulo: Ed. RT, jul./set. 2000.

GIUSTI, Gilberto. O árbitro e o juiz: da função jurisdicional do árbitro e do juiz. *RBA* 5/10-12.

GRAU, Eros Roberto. Sobre a produção legislativa e sobre a produção normativa do direito oficial: o chamado "efeito vinculante". *Revista Trimestral de Direito Público*, n. 16. São Paulo: Malheiros, 1996.

GRIMBERG, Carl. História Universal: *O império das pirâmides*. Trad. Jorge B. de Macedo. São Paulo: Azul, 1989. v. 2.

GRINOVER, Ada Pellegrini. Controle da constitucionalidade. *Revista Forense*, v. 341.

HUCK, Hermes Marcelo; AMADEO, Rodolfo da Costa Manso Real, Árbitro: juiz de fato e de direito. *Revista de Arbitragem e Mediação*, v. 40, p. 181-192, São Paulo: Ed. RT, jan.-mar. 2014.

IUDICA, Giovanni. Arbitragem e questões relativas à constitucionalidade. *Revista de Arbitragem e Mediação*. n. 1. São Paulo: Ed. RT, jan./abr. 2004.

KLEIMAN, Elie; SALEH, Shaparak. *Arbitrators Cannot Seek a Ruling on The Constitutionality of Statutory Provisisons, Newsletters, International Law Office*. Disponível em: www.internationallawoffice.com/Newsletters/Arbitration-ADR/France/Freshfields-Bruckhaus-Deringer-LLP/Arbitrators-cannot-seek-a-ruling-on-the-constitutionality-of-statutory-provisions?redir=1.

LEMES, Selma. Arbitragem em Números e Valores. Disponível em: http://selmalemes.adv.br/artigos/An%-C3%A1lise-%20Pesquisa-%20Arbitragens%20Ns%20%20e%20Valores%20_2010%20a%202016_.pdf.

LIMA, Gérson Marques de. *O Supremo Tribunal Federal na Crise Institucional Brasileira*. Fortaleza: ABC Editora, 2001.

MAYER, Pierre. L'arbitre international et la hiérarchie des normes. *Revue de l'arbitrage*: Bulletin du Comité français de l'arbitrage n. 2, 2011.

MARTÍNEZ, José Maria Roca. *Arbitraje e Instituciones Arbitrales*. Barcelona, J. M. Bosch Ed., 1992.

MARTINS, Ives Gandra da Silva. Eficácia das decisões do Supremo Tribunal Federal. *Revista de Processo*. Publicação oficial do IBDP – Instituto Brasileiro de Direito Processual, ano 25, n. 97, p. 241-250, jan./mar. 2000.

MARTINS, Ives Gandra da Silva; BASTOS, Celso Ribeiro. *Comentários à Constituição do Brasil*. São Paulo: Saraiva, 1997. v. 4.

MARTINS, Ives Gandra da Silva; MENDES, Gilmar Ferreira (Coord.). *Ação declaratória de constitucionalidade*. São Paulo: Saraiva, 1994.

MARTINS, Pedro A. Batista. *Apontamentos sobre a Lei de Arbitragem*. Rio de Janeiro: Forense, 2008.

MAXIMILIANO, Carlos. *Hermenêutica e aplicação do Direito*. 7. ed. São Paulo: Livraria Freitas Bastos, 1961.

MEDEIROS, Rui. *A decisão de inconstitucionalidade*. Lisboa: Universidade Católica Editora, 1999.

MELLO, Rogério Licastro Torres de. *Atuação de ofício em grau recursal*. São Paulo: Saraiva, 2010.

MENDES, Gilmar Ferreira. *Jurisdição Constitucional*. 2. ed. São Paulo: Saraiva, 1998.

MENDES, Gilmar Ferreira. O efeito vinculante das decisões do Supremo Tribunal Federal nos processos de controle abstrato de normas. *Revista Jurídica Virtual*, n. 4, ago. 1999. Disponível em: www.planalto.gov.br/ccivil/revista/rev04/efeitovinculante.htm.

MENDES, Gilmar Ferreira. *Direitos Fundamentais e Controle de* Constitucionalidade: estudos de Direito Constitucional. 2. ed. São Paulo: Celso Bastos Editor, 1999.

MENDES, Gilmar Ferreira. Anteprojeto de lei sobre processo e julgamento da ação direta de inconstitucionalidade e da ação declaratória de constitucionalidade. *Revista dos Tribunais. Caderno de Direito Constitucional e Ciência Política,* ano 7, n. 29, p. 24-36, out./dez. 1999.

MENDES, Gilmar Ferreira. *Controle de Constitucionalidade* – Aspectos jurídicos e políticos. São Paulo: Saraiva, 1990.

MENDES, Gilmar Ferreira; MARTINS, Ives Gandra da Silva. *Controle Concentrado de Constitucionalidade* – Comentários à Lei 9.868 de 10.11.1999. São Paulo: Saraiva, 2001.

MIRANDA, Jorge. *Manual de direito Constitucional.* 2. ed. Coimbra, 1983.

MIRANDA, Jorge. *Teoria do Estado e da Constituição.* Rio de Janeiro: Forense, 2002.

MOORE, Blaine Free. The Supreme Court and unconstitutional legislation. *Studies in History, Economics and Public Law,* v. LIV, n. 2.

MORELLO, Augusto. "¿Pueden los árbitros declarar la inconstitucionalidad de las leyes?". ED 198-467, 2002.

MORAIS, Carlos Blanco de. *Justiça Constitucional.* Coimbra: Coimbra Editora, 2002. t. 1.

NAÓN, Horacio A. Grigera. Arbitration and Latin America. In: LEW, Julian; MISTELIS, Loukas. *Arbitration insights*: twenty years of the annual lecture of the school of international arbitration, International Arbitration Law Library, v. 16, 2007.

NERY, Ana Luiza. *Arbitragem coletiva.* São Paulo: Ed. RT, 2016.

NERY JÚNIOR, Nelson; NERY, Rosa Maria Andrade. *Código de Processo Civil Comentado.* 4. ed. São Paulo: Ed. RT, 1999.

NERY JÚNIOR, Nelson; NERY, Rosa Maria Andrade. *Comentários ao Código de Processo Civil.* São Paulo: Ed. RT, 2015.

NERY JÚNIOR, Nelson. *Princípios do Processo na Constituição Federal.* 10. ed. São Paulo: Ed. RT, 2010.

PALU, Oswaldo Luiz. *Controle de constitucionalidade*: conceitos, sistemas e efeitos. 2. ed. São Paulo: Ed. RT, 2001.

PARENTE, Eduardo de Albuquerque. *Processo arbitral e sistema.* São Paulo: Atlas, 2012.

POLLETI, Ronaldo. *Controle da Constitucionalidade das leis.* Rio de Janeiro: Forense, 1985.

RAMOS, Elival da Silva. *A inconstitucionalidade das leis.* São Paulo: Saraiva, 1994.

RAMOS, Saulo. Efeito vinculante de decisões dos Tribunais Superiores. *Revista Brasileira de Ciências Criminais* n. 13, publicação do Instituto Brasileiro de Ciências Criminais, 2002.

ROGIERO, Nuno. *A Lei Fundamental da República Federal da Alemanha.* Coimbra: Coimbra Editora, 1996.

SAMPAIO, José Adércio Leite. *A constituição reinventada pela jurisdição constitucional.* Belo Horizonte: Del Rey, 2002.

SAMPAIO, José Adércio Leite; CRUZ, Álvaro Ricardo de Souza. *Hermenêutica e jurisdição constitucional.* Belo Horizonte: Del Rey, 2001.

SARMENTO, Daniel. *A eficácia temporal das decisões no controle de constitucionalidade, Hermenêutica e jurisdição constitucional.* Belo Horizonte: Del Rey, 2001.

SEGALL, Pedro Machado; ZOUARI, Thomas. Autonomia do procedimento arbitral em relação ao ordenamento estatal – A Possibilidade de declaração de inconstitucionalidade de uma norma pelo árbitro. Comentários à decisão 804 DU 28 JUIN 2011 (11-40.030) da Corte de cassação francesa. *Revista de Arbitragem e Mediação.* v. 33, abr./jun. 2012.

SHERMAN, Marcus. *Complex litigation,* St. Paul (Minn.), West Publ., 1992.

SILVA, José Afonso da. *Curso de Direito Constitucional Positivo*. 11. ed. São Paulo: Malheiros, 1996.

SILVA, José Afonso da. Da jurisdição constitucional no Brasil e na América Latina. *Revista da Procuradoria Geral do Estado de São Paulo*, v. 13-15.

SILVA, José Afonso da. Proteção constitucional dos direitos humanos no Brasil: Evolução histórica e direito atual. *Revista da Procuradoria Geral do Estado de São Paulo*, edição especial em comemoração dos 10 anos da Constituição Federal, setembro de 1998.

SILVA, Virgílio Afonso da. Interpretação Constitucional e Sincretismo Metodológico. *Interpretação Constitucional*. São Paulo: Malheiros, 2005.

SILVA, José de Anchieta da. *A súmula do efeito vinculante amplo no direito brasileiro*: um problema e não uma solução. Belo Horizonte: Del Rey, 1998.

SIQUEIRA JÚNIOR, Paulo Hamilton. *Controle de Constitucionalidade*. São Paulo: Editora Juarez de Oliveira, 2001.

TAVARES, André Ramos. *Tribunal e Jurisdição Constitucional*. São Paulo: Celso Bastos Editor, 1998.

TAVARES, André Ramos. *Súmula de Efeito Vinculante,* As tendências do direito público no limiar de um novo milênio. São Paulo: Saraiva, 2000.

TAVARES, André Ramos; ROTHENBURG, Walter Claudius (Org.). *Arguição de Descumprimento de preceito constitucional fundamental*: análises à luz da Lei n. 9882/99. São Paulo: Atlas, 2001.

TAVARES, André Ramos. *Tratado da* arguição *de preceito constitucional fundamental*: (Lei 9.868/99 e Lei 9882/99). São Paulo: Saraiva, 2001.

TEMER, Michel. *Elementos de Direito Constitucional*. 12. ed. São Paulo: Malheiros, 1996.

TIBURCIO, Carmen. Controle de constitucionalidade das leis pelo árbitro: notas de direito internacional privado e arbitragem. *Revista de Direito Administrativo*. v. 266. Rio de Janeiro, 2014.

THEODORO JÚNIOR, Humberto. *Curso de Direito Processual Civil*. 18. ed. Rio de Janeiro: Forense, 1996.

WEBER, Ana Carolina. O controle de constitucionalidade no procedimento arbitral. *Revista Jurídica da Faculdade de Direito/Faculdade Dom Bosco*, v. I, n. 4, ano III, jul./dez. 2008.

VELOSO, Zeno. *Controle Jurisdicional de Constitucionalidade*. 2. ed. Belo Horizonte: Del Rey, 2000.

ZAVASCKI, Teori Albino Zavascki. *Eficácia das sentenças na jurisdição constitucional*. São Paulo: Ed. RT, 2001.

XVIII
INSTITUIÇÕES ARBITRAIS: REGIME JURÍDICO E FUNÇÃO

Silvia Rodrigues Pachikoski

Vice-presidente do CAM-CCBC, coordenadora da Comissão de Assuntos Legislativos do CBARm Membro da Comissão de Juristas para Reforma da Lei de Arbitragem, conselheira eleita e diretora da AASP – Associação dos Advogados de São Paulo. Tem atuado como árbitra em diversos procedimentos nacionais e internacionais, membro da lista de árbitros das principais câmaras do mercado. Advogada formada pela Universidade de São Paulo, com quase 30 anos de experiência, sócia de L.O. Baptista Advogados.

Sumário: Introdução – 1. Distinção entre arbitragens *ad hoc* e institucionais – 2. O regime jurídico das instituições arbitrais – 3. A função das câmaras arbitrais – 4. A relevância das instituições arbitrais – 5. A escolha das instituições arbitrais – Conclusões – Bibliografia e julgados selecionados.

INTRODUÇÃO

O instituto da arbitragem é um método já consagrado de resolução de disputas e a cada ano vem se fortalecendo como a forma mais adequada para os grandes conflitos societários e empresariais.

No Brasil, desde 1835, a arbitragem faz parte do nosso ordenamento jurídico[1] e alguns grandes casos foram emblemáticos, tais como a disputa do Amapá,[2] Parque Lage,[3] Trelleborg,[4] Abengoa,[5] Paranapanema[6] e Têxtil União.[7]

Com a disseminação da arbitragem e o aumento do número de casos, o mercado passou a demandar, cada vez mais, a atuação de entidades especializadas para assegurar o bom desenvolvimento dos procedimentos, de modo a garantir celeridade e eficiência, dois dos maiores atributos da arbitragem.

Por via de consequência, no mesmo caminhar do cenário internacional, ao longo dos últimos 30 anos, diversas câmaras arbitrais foram criadas no Brasil, principalmen-

---

1. O primeiro registro permissivo do emprego da arbitragem envolvendo a administração é o Decreto 24, de 16 de setembro de 1835, que regulava o regime de concessões de navegação e construção de obras de infraestrutura na época do Império.
2. Em 10.04.1897, após intensas disputas nas regiões fronteiriças entre o território brasileiro e o da Guiana Francesa, Brasil e França assinaram uma convenção arbitral, que nomeou o Conselho Federal Suíço, Sr. Walter Hauser, como árbitro, a fim de que restassem definitivamente demarcadas as áreas em conflito. A sentença arbitral foi proferida em 01.12.1900, a favor do Estado Brasileiro, que posteriormente ficou conhecida como "Laudo Suíço".
3. STF. Agravo de Instrumento 52.181, Rel. Min. Bilac Pinto, j. 14.11.1973.
4. TJSP. Apelação 267-450-4/6, 7ª Câmara de Direito Privado, Rel. Des. Costança Gonzaga, j. 24.05.2006.
5. STJ. SEC 9.412 – US (2013/0278872-5). Rel. Min. João Otávio de Noronha, j. 21.10.2015.
6. STJ. REsp 1639035-SP, Rel. Min. Paulo de Tarso Sanseverino, j. 15.10.2018.
7. STJ. SEC 856-EX (2005/00313430-2), Rel. Min. Carlos Alberto Menezes Direito, j. 18.05.2005.

te após a promulgação da Lei de Arbitragem (Lei 9.307, de 23 de setembro de 1996), adquirindo relevância no cenário nacional e internacional para o desenvolvimento do instituto da arbitragem propriamente dito.

Ao longo desse período, o papel das instituições arbitrais, que inicialmente era meramente administrativo, foi incrementado, passando a ter um relevante protagonismo no cenário brasileiro e mundial.

O suporte que, anteriormente, limitava-se ao apoio logístico e fornecimento de infraestrutura, evoluiu de modo que a escolha da instituição passou a ser considerada como decisão estratégica para a condução dos casos. O apoio das instituições arbitrais ao estudo da arbitragem, ao fomento ao desenvolvimento acadêmico, e no auxílio na criação de novos profissionais, revelou-se pilar de sustentação do segmento no Brasil.

Importante lembrar que, até a constituição do tribunal arbitral, diversas decisões relevantes podem ser tomadas pelas câmaras nos procedimentos arbitrais. As instituições arbitrais são responsáveis por disciplinar as soluções decorrentes de eventuais impasses surgidos nas arbitragens submetidas à sua administração, os quais podem estar relacionados à nomeação de árbitros na falta de consenso das partes; à tomada de providências relacionadas aos procedimentos emergenciais prévios à constituição do tribunal arbitral competente, inclusão *prima facie* de terceiros, dentre outras situações.

A despeito de sua relevância para a garantia da segurança jurídica daqueles que optam por submeter suas disputas à jurisdição arbitral, muito pouco se fala sobre as instituições arbitrais e seu ofício. É o que ora se pretende no presente trabalho, sem a menor pretensão de exaurimento do tema.

Inicialmente, será fornecida uma visão global sobre a atuação das câmaras arbitrais, a distinção entre procedimentos *ad hoc* e institucionais, e a análise do regime jurídico das referidas entidades. Ato contínuo, analisar-se-á suas funções. E, por fim, serão endereçados pontos de atenção no momento de escolha da instituição responsável pela administração do litígio a ser dirimido pela via arbitral.

1. DISTINÇÃO ENTRE ARBITRAGENS *AD HOC* E INSTITUCIONAIS

A distinção entre arbitragens institucionais e *ad hoc* encontra previsão expressa na Lei de Arbitragem, em seus artigos 5º[8] e 21.[9]

São chamados procedimentos *ad hoc* aqueles que não possuem administração institucional, ou seja, não estão sob supervisão de um centro de arbitragem, sendo as

---

8. Art. 5º. "Reportando-se as partes, na cláusula compromissória, às regras de algum órgão arbitral institucional ou entidade especializada, a arbitragem será instituída e processada de acordo com tais regras, podendo, igualmente, as partes estabelecer na própria cláusula, ou em outro documento, a forma convencionada para a instituição da arbitragem".
9. Art. 21. "A arbitragem obedecerá ao procedimento estabelecido pelas partes na convenção de arbitragem, que poderá reportar-se às regras de um órgão arbitral institucional ou entidade especializada, facultando-se, ainda, às partes delegar ao próprio árbitro, ou ao tribunal arbitral, regular o procedimento".

próprias partes litigantes responsáveis pelo estabelecimento das regras procedimentais aplicáveis especificamente ao caso concreto,[10] discussão muitas vezes árdua a considerar o nível de beligerância e resistência das partes no início da disputa.

Por não estarem submetidas aos regulamentos de instituições arbitrais, é comum, em casos de arbitragens *ad hoc*, a adoção de regras procedimentais para regulamentarem o procedimento, como as regras da Comissão das Nações Unidas sobre o Direito Comercial Internacional ("UNCITRAL"), órgão criado pela Organização das Nações Unidas para a harmonização e unificação do direito comercial internacional.[11]

Em contrapartida, as arbitragens institucionais, cujo crescimento tem sido expressivo nas últimas décadas,[12] são aquelas em que as partes confiam a administração do litígio à uma determinada câmara arbitral, ficando submetidas ao conjunto de regras da entidade escolhida.

Em que pese caiba às partes definir a maneira como o procedimento arbitral será processado – se *ad hoc* ou institucional –, é certo que, dada a segurança jurídica conferida pelas instituições arbitrais, essa modalidade tende a ser, principalmente no Brasil, a via eleita pelas partes. E, de fato, motivos para tanto não faltam.

2. O REGIME JURÍDICO[13] DAS INSTITUIÇÕES ARBITRAIS

O ordenamento jurídico pátrio – no qual se insere, por óbvio, a Lei de Arbitragem – não impôs quaisquer formalidades para a fundação ou gestão de câmaras arbitrais. Portanto, ausentes quaisquer condições e requisitos, leciona Alexandre Freitas Câmara que "tais entidades podem ser de qualquer natureza".[14]

---

10. "Ad hoc arbitration is where the arbitration mechanism is established specifically for the particular agreement or dispute. Where parties are silent and have not selected an institutional arbitration, the arbitration will be ad hoc. When agreeing on ad hoc arbitration the parties often also agree on the arrangements for initiating the procedure, selecting the arbitrators and determining the procedural rules. When the parties fail to agree on these issues, e.g. they have agreed only "arbitration" or "arbitration in [a nominated city]", usually default provisions of the law of the place of arbitration will be applicable". LEW, Julian D. M.; MISTELIS, Loukas A.; KRÖLL, Stefan M. Comparative international commercial arbitration. The Hague: Kluwer, 2003. In: FICHTNER, José Antonio; MANHEIMER, Sérgio Nelson; MONTEIRO, André Luis. *Teoria Geral da Arbitragem*. Rio de Janeiro: Forense, 2019, p. 32.
11. Nesse sentido, leciona Gary Born que "for international commercial disputes, the United Nations Commission on International Trade Law ("UNCITRAL") has published a commonly-used set of rules, the UNCITRAL Arbitration Rules". BORN, Gary B. *International commercial arbitration*. 2. ed. The Hague: Kluwer, 2014, p. 169.
12. "However, in the last twenty years there has been a significant shift. Many major users of arbitration services now appear to clearly prefer institutional arbitration (save perhaps for the shipping industry) and this well-documented shift (not least from a series of Queen Mary University of London arbitration surveys since 2005) can be traced back to a number of reasons". MISTELIS, Loukas Foreword. In: GERBAY, Remy. *The functions of Arbitral Institutions*. Kluwer Law International, 2016.
13. Relevante ressalvar que, para este estudo, partiu-se da premissa que o regime jurídico deve ser entendido como a classificação dada à constituição da instituição arbitral objeto de análise.
14. CÂMARA, Alexandre Freitas. *Arbitragem*. 3. ed. Rio de Janeiro: Lumen Juris, 2002, p. 48. No mesmo sentido, leciona Gustavo Schmidt "é possível a adoção de qualquer roupagem jurídica por parte da entidade privada. Admite-se a instituição de pessoa jurídica de direito privado, com ou sem fins lucrativos, para administração de procedimentos arbitrais, inexistindo no ordenamento jurídico exigências legais específicas para instituição das câmaras arbitrais". SCHMIDT, Gustavo da Rocha; FERREIRA, Daniel Brantes; OLIVEIRA, Rafael Carvalho Rezende. *Comentários à Lei de Arbitragem*. Rio de Janeiro: Forense; Método, 2021, p. 71.

Em razão disso, para alcançar o objeto do presente texto – exame do regime jurídico e a função das instituições arbitrais – revela-se oportuna a análise dos regimentos e regulamentos de câmaras.

Para tanto, foram eleitas as seis principais câmaras em funcionamento no Brasil. São elas: o Centro de Arbitragem e Mediação da Câmara de Comércio Brasil-Canadá ("CAM-CCBC"); a Câmara de Conciliação, Mediação e Arbitragem CIESP/FIESP ("CMA-CIESP/FIESP"); a Corte Internacional de Arbitragem ("CCI"); a Câmara FGV de Mediação e Arbitragem ("Câmara FGV"), a Câmara de Mediação e Arbitragem Empresarial ("CAMARB") e a Câmara de Arbitragem do Mercado ("CAM B3").

O CAM-CCBC, entidade líder[15] na administração de procedimentos arbitrais no Brasil, foi criado em 1979,[16] inicialmente sob a denominação de Comissão de Arbitragem da CCBC, sendo uma instituição independente, mantida pelo setor privado e sem fins lucrativos.

A CMA-CIESP/FIESP, por sua vez, foi instituída em 1995 pelo Centro das Indústrias do Estado de São Paulo ("CIESP"), então denominada Câmara de Mediação e Arbitragem de São Paulo, que conta com o apoio da Federação das Indústrias do Estado de São Paulo ("FIESP"),[17] e teve seu regulamento modificado em 2013, mantendo-se como uma instituição privada, sem personalidade jurídica própria, mas com gestão autônoma e independente.

A terceira entidade em análise é a Corte Internacional de Arbitragem ("CCI") vinculada ao *International Chamber of Commerce*, que está em funcionamento no Brasil desde 2017, sob a forma de sociedade simples limitada.

A Câmara FGV foi criada pela Fundação Getúlio Vargas em 2002,[18] uma instituição de caráter técnico-científico e educativo, pessoa jurídica de direito privado, de natureza filantrópica e sem fins lucrativos,[19] como órgão integrante da sua estrutura organizacional,[20] sem personalidade jurídica própria.[21]

A Câmara de Mediação e Arbitragem Empresarial ("CAMARB") foi fundada em 1998, com o nome de Câmara de Arbitragem de Minas Gerais, sendo, à época, vincu-

---

15. Conforme *ranking* divulgado pelo Grupo Leaders League, disponível em: https://www.leadersleague.com/pt/rankings/resolucao-de-conflitos-ranking-2021-camaras-de-arbitragem-brasil. Acesso em: 18 fev. 2022.
16. CENTRO DE ARBITRAGEM E MEDIAÇÃO DA CÂMARA DE COMÉRCIO BRASIL-CANADÁ. Sobre o CAM-CCBC. Um pouco sobre a nossa história. [s.l.] [s.d.]. Disponível em: https://ccbc.org.br/cam-ccbc-centro-arbitragem-mediacao/sobre-cam-ccbc/. Acesso em: 22 dez. 2022.
17. CENTRO DE ARBITRAGEM E MEDIAÇÃO DA CÂMARA DE ARBITRAGEM CIESP/FIESP. A Câmara. [s.l.] [s.d.]. Disponível em: http://www.camaradearbitragemsp.com.br/pt/camara.html. Acesso em: 22 dez. 2022.
18. FUNDAÇÃO GETÚLIO VARGAS. Portaria 10/2002. Criação da Câmara FGV de Conciliação e Arbitragem, de 04 de março de 2002. Disponível em: https://camara.fgv.br/sites/camara.fgv.br/files/artigos/p10-2002_-_criacao_da_camara.pdf. Acesso em: 22 dez. 2022.
19. FUNDAÇÃO GETÚLIO VARGAS. Estatuto da Fundação Getúlio Vargas. Disponível em: https://emap.fgv.br/sites/emap.fgv.br/files/u19/estatuto_fgv.pdf. Acesso em: 22 dez. 2022.
20. Preâmbulo e Artigo Primeiro do Regulamento de Arbitragem da FGV.
21. FGV CÂMARA DE MEDIAÇÃO E ARBITRAGEM. Apresentação da Câmara FGV. [s.l.] [s.d.]. Disponível em: https://camara.fgv.br/quem-somos. Acesso em: 22 dez. 2022.

lada à Federação das Indústrias do Estado de Minas Gerais ("FIEMG"). Em 2000, com o apoio de entidades empresariais e acadêmicas, tornou-se uma associação, de modo que passou a ter autonomia e independência funcional.[22]

E, por fim, a Câmara de Arbitragem do Mercado ("CAM B3"), parte da estrutura da B3 S.A. – Brasil, Bolsa, Balcão, não tem personalidade jurídica própria e é mantida pelas custas pagas pelas partes dos procedimentos arbitrais. Criada em 2001, pode também receber recursos da então BM&F Bovespa, hoje B3.[23]

Veja-se, assim, que, não foram necessários critérios legais específicos para a criação e condução de câmaras arbitrais, bastando a lei civil para que as diversas entidades buscassem o formato jurídico adequado para si.

Para o mercado, a solidez institucional, a autonomia administrativa da câmara, as regras de seus regulamentos e seus dirigentes são os principais fatores que determinam a escolha das entidades, não sendo relevante o formato societário adotado.

3. A FUNÇÃO DAS CÂMARAS ARBITRAIS

Conforme já endereçado, as arbitragens institucionais são aquelas em que as partes optam por submeter a administração de seus litígios a um organismo arbitral, nos ditames do regulamento da própria instituição.[24]

Nesse sentido, surge a relevância da análise e da compreensão da função exercida pelas instituições arbitrais, tanto para formar um entendimento quanto à existência ou não de uma faceta jurisdicional em suas atribuições, quanto para compreender sua atuação e as contribuições prestadas para o desenvolvimento do mercado.

É certo que as câmaras arbitrais não participam das decisões dos árbitros e sua função é organizacional e de preservação da higidez do procedimento até a constituição do tribunal arbitral.

Nesse sentido, Thiago Marinho Nunes, Eduardo Silva da Silva e Luís Fernando Guerreiro caracterizam as instituições arbitrais como sociedades de caráter administrativo-organizacional, criadas com a finalidade de administrar os procedimentos arbitrais com base em regras vinculantes, cuja atuação não conta com qualquer elemento de jurisdicionalidade.[25]

---

22. CÂMARA DE ARBITRAGEM EMPRESARIAL. Nossa História. [s.l.] [s.d.] Disponível em: Nossa História – CAMARB /. Acesso em: 06 mar. 2022.
23. CÂMARA DE ARBITRAGEM DO MERCADO. Regimento Interno da Câmara de Arbitragem do Mercado. Disponível em: https://www.b3.com.br/data/files/9C/64/E6/20/2437E41015F7F6E492D828A8/regimentoInterno.pdf. Acesso em: 22 dez. 2022.
24. Com relação às instituições arbitrais, Gustavo Schmidt leciona que "são pessoas jurídicas de direito privado instituídas para *administrar as arbitragens, na forma das normas previstas nos seus respectivos regulamentos*, que deverão ser observados pelas partes, árbitros e pela própria entidade arbitral". SCHMIDT, Gustavo da Rocha; FERREIRA, Daniel Brantes; OLIVEIRA, Rafael Carvalho Rezende. *Comentários à Lei de Arbitragem*. Rio de Janeiro: Forense; Método, 2021, p. 71 (grifos nossos).
25. NUNES, Thiago Marinho; SILVA, Eduardo Silva da; GUERREIRO, Luis Fernando. O Brasil como sede de arbitragens internacionais: a capacitação técnica das câmaras arbitrais brasileiras. *Revista de Arbitragem e Mediação*, ano 9, v. 34, São Paulo: Ed. RT, jul./set. 2012.

Na contramão deste entendimento, José Antonio Fichtner, Sérgio Nelson Manheimer e André Luis Monteiro defendem que na atuação das instituições arbitrais há, sim, elementos de jurisdicionalidade, uma vez que estas também proferem decisões, geralmente provisórias, as quais, no seu entender, extrapolam a natureza meramente administrativa.[26]

A questão que se impõe é o limite da possibilidade de tomada de decisões pelas instituições arbitrais, o caráter provisório destas decisões, bem como os seus reflexos nos procedimentos sob sua administração, em decorrência dos poderes que lhe são concedidos por meio de seus regulamentos.

Depreende-se dos estatutos e regulamentos das instituições ora escolhidas que, na sua totalidade, disciplinou-se o exercício da mesma função, qual seja, a administração dos procedimentos arbitrais que lhes são submetidos.

Não há na Lei de Arbitragem e em nenhum dos regulamentos e regimentos internos analisados, qualquer menção, ou mesmo exceção, disciplinando o exercício de atividade jurisdicional para os centros de arbitragem. O que se nota dos regulamentos analisados é a certeza de que compete ao árbitro único ou ao tribunal arbitral a resolução das disputas ou, ainda, a previsão no sentido de que a instituição não é responsável pela solução do conflito. A administração é do centro de arbitragem e a jurisdição é dos árbitros.

A exemplo disso, a Câmara FGV,[27] o CAM-CCBC,[28] a CAMARB[29] e a CAM B3[30] preveem que os litígios serão dirimidos por árbitros, seja árbitro único, seja tribunal arbitral, a quem as partes conferem, por sua livre escolha, a atividade jurisdicional. Já os regulamentos da CMA-CIESP/FIESP e da CCI, nos artigos 1.3[31] e 1.2,[32] respectivamente, estabelecem que as referidas instituições não resolverão as disputas a elas submetidas, sendo responsáveis apenas pela administração dos litígios, que serão dirimidos pelos árbitros.

---

26. "Destaque-se, porém, que as instituições de arbitragem também proferem decisões, normalmente de natureza provisória, cuja natureza não é meramente administrativa, por exemplo, decisões preliminares a respeito da existência, validade e eficácia da convenção de arbitragem, que depois deverão ser confirmadas, alteradas e revogadas pelo tribunal arbitral. O escrutínio da sentença arbitral, também característico das arbitragens submetidas ao Regulamento da Câmara de Comércio Internacional, também é uma prova disso, pois a Corte Internacional de Arbitragem exerce um juízo, ainda que formal, que extrapola a natureza puramente administrativa. A corte pode determinar a correção de aspectos determinados da sentença arbitral pelos árbitros". FICHTNER, José Antonio; MANHEIMER, Sergio Nelson; MONTEIRO, André Luís. *Teoria Geral da Arbitragem*. Rio de Janeiro: Forense, 2019, p. 88.
27. Arts. 15 e 16 do Regulamento de Arbitragem da FGV.
28. Art. 5 do Regulamento de Arbitragem do CAM-CCBC.
29. Art. 1.1 do Regulamento de Arbitragem da CAMARB.
30. Art. 3.1 do Regulamento de Arbitragem da CAM B3.
31. 1.3. "A Câmara não resolve por si mesma as controvérsias que lhe são submetidas, administrando e zelando pelo correto desenvolvimento do procedimento arbitral, indicando e nomeando árbitro(s), quando não disposto de outra forma pelas partes".
32. 2 "A Corte não soluciona ela própria os litígios. Compete-lhe administrar a resolução de litígios por tribunais arbitrais, de acordo com o Regulamento de Arbitragem da CCI (o "Regulamento"). A Corte é o único órgão autorizado a administrar arbitragens submetidas ao Regulamento, incluindo o exame prévio e a aprovação de sentenças arbitrais proferidas de acordo com o Regulamento. Compete à Corte aprovar o seu próprio regulamento interno, previsto no Apêndice II (o "Regulamento Interno")".

O entendimento do Superior Tribunal de Justiça ("STJ"), grande aliado na pavimentação do instituto da arbitragem no Brasil, não é diverso. Os julgamentos que se debruçaram sobre a questão confirmaram a interpretação de que os órgãos arbitrais institucionais têm natureza essencialmente administrativa, razão pela qual sua atuação não abrange quaisquer atos jurisdicionais, os quais são restritos aos árbitros indicados e nomeados pelas partes.

Também por essa razão, o STJ determinou que as câmaras não têm interesse processual ou legitimidade para figurar no polo passivo de ações anulatórias de sentenças arbitrais.[33] Se não possuem jurisdição, não participam da decisão e, portanto, não há nexo causal ou motivo para que a elas seja endereçada qualquer ação de reponsabilidade em relação ao conteúdo da sentença arbitral ou ordem procedimental.

Mister destacar o entendimento de determinados autores brasileiros no sentido de que a função exercida pelas instituições arbitrais deve ser caracterizada como prestação de serviços, para quem "as funções das entidades arbitrais são predominantemente administrativas, englobando não apenas a prestação de serviços de secretaria, com alguma semelhança com um cartório judicial (...)".[34]

---

33. "Recurso Especial. Ação Anulatória De Procedimento Arbitral. Polo Passivo. Órgão Arbitral Institucional. Câmara Arbitral. Natureza Essencialmente Administrativa. Legitimidade Passiva. Interesse Processual. Ausência. 1. A instituição arbitral, por ser simples administradora do procedimento arbitral, não possui interesse processual nem legitimidade para integrar o polo passivo da ação que busca a sua anulação. 2. Recurso especial provido." STJ, REsp 1.433.940/MG, Rel. Min. Ricardo Villas Boas Cueva.

    "Processual Civil. Conflito de Competência. Não configuração de quaisquer das hipóteses previstas no art. 66 do CPC/2015. Precedente específico. Impossibilidade de sua utilização como sucedâneo recursal. Precedente. Conflito não conhecido". STJ, CC 148.085/CE, Rel. Min. Paulo de Tarso Sanseverino.

    No mesmo sentido, o Tribunal de Justiça do Estado do Rio de Janeiro, no Agravo de Instrumento n. 2005.002.15963, decidiu que: "Processo Civil. Agravo de Instrumento: arbitragem. Ação declaratória de nulidade da sentença arbitral. Ilegitimidade passiva. Somente as partes que submeteram a solução do litígio ao juízo arbitral e se sujeitam aos efeitos da decisão proferida devem integrar a lide em que se postula a anulação do procedimento ou da decisão arbitral. *Como simples organizadora, a corte arbitral carece de legitimidade para compor o polo passivo na ação de nulidade de sentença arbitral fundada em parcialidade do árbitro*" (grifos nossos).

34. SCHMIDT, Gustavo da Rocha; FERREIRA, Daniel Brantes; OLIVEIRA, Rafael Carvalho Rezende. *Comentários à Lei de Arbitragem*. Rio de Janeiro: Forense; Método, 2021, p. 71.

    A mesma posição é adotada por Cristina Mastrobuono; Marçal Justen Filho, Carlos Henrique Soares, Daniela Silva Lima e Luciana Aguiar S. Furtado de Toledo. Cristina Mastrobuono leciona que "a atividade desempenhada pelas câmaras tem natureza de prestação de serviços: secretariado, disposição de espaço e profissionais para o suporte que se fizer necessário, enfim, a disponibilização de todas as medidas exigidas para o bom andamento do procedimento arbitral" (MASTROBUONO, Cristina. A escolha das Câmaras de Arbitragem nas disputas com a Administração Pública. In: DOURADO, Ruy Janoni; VAUGHN, Gustavo Favero, MONTEIRO DE BARROS, Vera, NASCIMBENI, Astrubal Franco (Coord.). *Atualidades da Arbitragem Comercial. Estudos dos membros da Comissão de Arbitragem e do Comitê de Coordenação da Câmara de Mediação, Conciliação e Arbitragem da Câmara de Comércio Brasil-Canadá*. São Paulo: Quartier Latin do Brasil, inverno de 2021, p. 92).

    Também converge com este entendimento Marçal Justen Filho, o qual afirma que "a atuação da câmara arbitral não é orientada, portanto, a fornecer uma utilidade autônoma à parte litigante. Não se trata de disponibilizar instalações físicas, serviços de assessoramento ou qualquer outro benefício destinado à utilização pela parte no desempenho de suas atividades próprias. Toda e qualquer atuação da câmara, mesmo quando dela usufrua a parte, é um meio para assegurar o desenvolvimento satisfatório da função arbitral. Portanto, pode-se afirmar (...) que uma câmara de arbitragem *presta serviços às partes*". (grifos nossos). (JUSTEN FILHO, Marçal. *Administração Pública e Arbitragem*: O vínculo com a câmara de arbitragem e os árbitros. Justen, Pereira, Oliveira & Talamini. Disponível em: https://www.justen.com.br/pdfs/IE110/IE%20110%20-%20MJF%20-%20Escolha%20de%20

O fato de ser delimitada a faceta administrativa das instituições arbitrais, de forma alguma, mitiga a importância de seus atos e suas contribuições para o instituto. Além da sua atuação na administração dos procedimentos, estas entidades atuam em outras frentes, tais como desenvolvimento acadêmico, defesa da diversidade e da transparência, assuntos em voga no cenário internacional e, também, nacional.[35]

4. A RELEVÂNCIA DAS INSTITUIÇÕES ARBITRAIS

Pode-se dizer que os atos administrativos praticados pelas instituições arbitrais visam, em sua maioria, garantir a integridade dos procedimentos arbitrais. Esses atos, refletidos nos regulamentos das instituições, como já mencionado, influenciam na escolha das partes em relação à entidade a ser eleita para administrar o procedimento.

A esse respeito, a propósito, ao pactuar uma cláusula compromissória, é de suma relevância a definição de regras institucionais aplicáveis à arbitragem, ou seja, qual regulamento deve ser aplicado ao procedimento ou, ao menos, fazer referência a um mecanismo de indicação de árbitro e de formação do tribunal arbitral.

Caso contrário, a cláusula compromissória pode ser patológica, o que dará ensejo à indesejada ação judicial fundamentada no artigo 7º da Lei de Arbitragem,[36] para que seja possível dar início à arbitragem. Diz-se indesejada, pois seu ajuizamento e conclusão podem tomar anos de discussão até que o procedimento arbitral tenha um

---

Institui%C3%A7%C3%B5es%20e%20%C3%81rbitros%20e%20a%20Lei%20de%20Licita%C3%A7%C3%B5es.pdf. Acesso em: 21 dez. 2022.

Do mesmo modo, Carlos Henrique Soares, Daniela Silva Lima e Luciana Aguiar S. Furtado de Toledo: "Nesse último caso, a câmara arbitral, devido à sua especialização em administrar procedimentos arbitrais, seria uma prestadora de serviços de natureza singular (...). O serviço da câmara arbitral pode ser entendido como especializado devido a toda expertise e experiência que possui em conduzir os procedimentos arbitrais. Trata-se, portanto, de um serviço particularizado e diferenciado devido ao fato de as câmaras possuírem regulamentos próprios, criando singularidades caracterizadoras e um serviço técnico altamente estruturado" (SOARES, Carlos Henrique; LIMA, Daniela Silva; TOLEDO, Luciana Aguiar S. Furtado de. (Des)Necessidade de processo licitatório para escolha de câmara arbitral. *Revista CEJ*, Brasília; CEJ, v. 16, n. 58, p. 44, set-dez, 2012).

35. A título exemplificativo, tem-se a recente política, adotada a partir de janeiro de 2019, pela Câmara de Comércio Internacional (CCI), no sentido de publicar as sentenças, na íntegra, sem qualquer omissão quanto à identificação das partes e da controvérsia, no prazo mínimo de dois anos após a sua prolação (Nota às Partes e aos Tribunais Arbitrais sobre a condução da arbitragem conforme o regulamento de arbitragem da CCI. "D- Publicação de sentenças arbitrais. [...] 41. As partes e os árbitros em arbitragens da CCI aceitam que sejam publicadas as sentenças da CCI, bem como votos dissidentes ou votos concordantes, prolatadas a partir, inclusive, de 1º de janeiro de 2019, em conformidade com as disposições adiante contidas").

Disponível em: https://cms.iccwbo.org/content/uploads/sites/3/2017/03/icc-note-to-parties-and-arbitral-tribunals-on-the-conduct-of-arbitration-portuguese.pdf. Acesso em: 17 fev. 2022.

Em direção análoga, o CAM-CCBC, em conjunto com a Faculdade de Direito do Largo São Francisco, compôs grupo de estudo para pesquisar sobre publicidade de sentenças arbitrais, e avaliar a conveniência e riscos da publicidade de sentenças. Por certo há um longo caminho a ser percorrido. Contudo, esse é apenas um exemplo de outra função das instituições arbitral além de seus atos administrativos, que, assim como outros, está calcado no interesse de contribuir para o desenvolvimento do instituto.

36. "Art. 7º Existindo cláusula compromissória e havendo resistência quanto à instituição da arbitragem, poderá a parte interessada requerer a citação da outra parte para comparecer em juízo a fim de lavrar-se o compromisso, designando o juiz audiência especial para tal fim."

tribunal arbitral constituído, ao contrário do que ocorre quando se trata de cláusula compromissória cheia.[37]

Nesses casos, uma vez eleita a instituição arbitral na cláusula compromissória e requerida a instauração do procedimento, as partes se vinculam às regras do órgão nomeado, havendo, por óbvio, a possibilidade de realizar modificações para adaptar o procedimento às suas conveniências, desde que observados os limites da instituição escolhida.[38]

Muito embora no contexto geral, os regulamentos das mais renomadas instituições brasileiras aparentem ser semelhantes, a atuação das instituições arbitrais muito se distingue a depender da fase em que se encontra o procedimento, podendo ser segregado da seguinte forma: *(i)* fase pré-arbitral; *(ii)* fase administrativa; *(iii)* fase arbitral.

A primeira, demasiadamente relevante, refere-se às questões relativas ao momento precedente ao requerimento de instauração do procedimento. É certo que muito pouco, ou quase nada, é previsto nos regulamentos das instituições a respeito desta fase, haja vista que as medidas cautelares ou preparatórias foram, até muito pouco tempo, endereçadas ao Poder Judiciário.

Todavia, quer por opção de jurisdição neutra, ou porque muitas vezes o Poder Judiciário não responde na velocidade desejada, quer em decorrência da própria especialidade da matéria, ou em decorrência da influência da prática das principais câmaras internacionais,[39] há alguns anos, as instituições nacionais passaram a adotar em seus regulamentos a previsão do "árbitro de emergência", cuja atuação se dá antes de requerida a instauração do procedimento principal.

De acordo com esse dispositivo dos regulamentos, as medidas preparatórias anteriormente destinadas ao Poder Judiciário podem ser requeridas em procedimento arbitral, com a nomeação de um árbitro para atuar preventiva e celeremente.

A esse respeito, o CAM-CCBC, por meio da Resolução Administrativa 32, datada de julho de 2018,[40] passou a admitir a possibilidade de as partes, caso necessitem de

---

37. "Ora, a cláusula compromissária em questão é denominada 'cheia: pois os contratantes elegeram o órgão arbitral e se obrigaram a aceitar as normas por ele impostas, todas preexistentes e do seu pleno conhecimento. Aplica-se, portanto, o art. 5º da Lei 9.307, de 23/9/96, segundo o qual 'reportando-se as partes, na cláusula compromissária, às regras de algum órgão arbitral institucional ou entidade especializada, a arbitragem será (negrito do relator) instituída e processada de acordo com tais regras, podendo, igualmente, as partes estabelecer na própria cláusula ou em outro documento, a forma convencionada para a instituição da arbitragem'. Desnecessária, em consequência, a intervenção judicial prevista no art. 7º do mesmo diploma legal, para firmar o conteúdo do compromisso arbitral, ou seja, este dispositivo vale para a chamada cláusula compromissária 'vazia', que só prevê a arbitragem como meio de solução de controvérsias, sem definir o órgão arbitral e a submissão às suas regras, de que os autos não cuidam". TJSP. Apelação Cível 296.036-4/4. Rel. Des. Sousa Lima. DJ 17. 12.2003.
38. A título exemplificativo, o CAM-CCBC obsta a modificação ou exclusão de determinadas cláusulas de seu regulamento, consideradas "cláusulas pétreas". Nesse sentido, o Enunciado 1 da referida instituição estabelece que: "A minuta padrão de termo de arbitragem deve ser observada, dentro do possível, pelas partes e árbitros, sendo que especificamente os itens 11 e 12, que dizem respeito unicamente a condução administrativa dos trabalhos do CAM/CCBC e pagamento de custos, não podem ser alterados, nos termos do artigo 1.2 do regulamento e em atendimento ao certificado ISSO 9001:2008".
39. Tais como International Centre for Dispute Resolution (ICDR), CCI e London Court of International Arbitration.
40. CENTRO DE ARBITRAGEM E MEDIAÇÃO DA CÂMARA DE COMÉRCIO BRASIL-CANADÁ. Resolução Administrativa 32/2018 referente ao Procedimento do Árbitro de Emergência. Disponível em: https://ccbc.org.

medidas de urgência antes da constituição do tribunal arbitral, pleitearem a designação de um árbitro de emergência. Em sentido análogo é a Resolução 4, datada de janeiro de 2019 da CMA-CIESP/FIESP,[41] assim como a seção IV do Regulamento da CAMARB.[42]

Para que esse procedimento específico alcance seu objetivo – qual seja, uma decisão provisória proferida com a celeridade necessária – o papel da instituição arbitral é de suma relevância, uma vez que a escolha e nomeação do árbitro de emergência caberá à presidência da câmara, que deverá, ainda, contar com agilidade administrativa para transmitir as manifestações e os documentos dentro do menor prazo possível.

No Brasil, a adoção desse procedimento é recente. É importante que as instituições mantenham em seus registros a forma de atuação dos árbitros nomeados para esse encargo, a fim de que não se frustrem as expectativas das partes em obter a urgente tutela jurisdicional.

A fase administrativa, por sua vez, conta com participação relevante das instituições. A íntegra dos regulamentos das instituições arbitrais analisados disciplina as regras aplicáveis a essa fase, compreendida entre o requerimento de instauração do procedimento até a instituição do tribunal arbitral.[43]

Não obstante todas as previsões regulamentares relativas a essa fase – como, por exemplo, aquelas que disciplinam a documentação e requisitos necessários para a instauração de novos casos[44] – destaca-se outras medidas essenciais para garantir a higidez do procedimento, notadamente, *(i)* a edição de questionário de conflito de interesses e disponibilidade do árbitro indicado; *(ii)* a nomeação de árbitros em casos multipartes; *(iii)* a prolação de decisões *prima facie* para avaliar questões relacionadas à existência, à validade, à eficácia, ao escopo da convenção de arbitragem ou à conexão entre demandas.

Cumpre lembrar que a imparcialidade dos árbitros é pilar para a segurança jurídica daqueles que optam por submeter suas disputas à arbitragem e a atuação das instituições arbitrais tem protagonismo na salvaguarda do dever de revelação, decorrente do quanto previsto no art. 14 da Lei 9.307/1996.[45]

---

br/cam-ccbc-centro-arbitragem-mediacao/resolucao-de-disputas/resolucoes-administrativas/ra-32-2018-ref-procedimento-do-arbitro-de-emergencia/. Acesso em: 18 fev. 2022.

41. CENTRO DE ARBITRAGEM E MEDIAÇÃO DA CIESP/FIESP. Regimento Interno, publicado em 06 de outubro de 2011. Disponível em: https://www.camaradearbitragemsp.com.br/pt/res/docs/Regimento_Interno-ago16.pdf. Acesso em: 22 dez. 2022.
42. Artigos 9.1 a 9.7 do Regulamento da CAMARB.
43. Art. 19. "Considera-se instituída a arbitragem quando aceita a nomeação pelo árbitro, se for único, ou por todos, se forem vários."
44. Seção I do Capítulo Segundo do Regulamento de Arbitragem da FGV; art. 4º do Regulamento de Arbitragem do CAM-CCBC; Artigo 2 do Regulamento de Arbitragem da CAM-CIESP/FIESP; Artigo 4 do Regulamento de Arbitragem da CCI; Artigo 2.1 do Regulamento de Arbitragem da CAM B3.
45. Art. 14. "Estão impedidos de funcionar como árbitros as pessoas que tenham, com as partes ou com o litígio que lhes for submetido, algumas das relações que caracterizam os casos de impedimento ou suspeição de juízes, aplicando-se-lhes, no que couber, os mesmos deveres e responsabilidades, conforme previsto no Código de Processo Civil."

Algumas medidas que buscam por essa tutela são primordiais. Como, por exemplo, exigir-se quando da indicação de cada árbitro, que sejam levados ao procedimento arbitral e, consequentemente, ao conhecimento das partes quaisquer circunstâncias que possam comprometer sua independência e sua imparcialidade.[46] Dessa forma, garante-se o dever de revelação, reduzindo o risco de impugnação futura de árbitros e questionamento de decisões e sentenças.

Do mesmo modo, menciona-se a forma como cada qual analisa a arguição de impugnação de um ou mais árbitros. Em arbitragens administradas pela FGV,[47] por exemplo, eventuais impugnações são decididas por seu Diretor Executivo, ouvida a Comissão de Arbitragem. Já os presidentes tanto da CAM-CCBC[48] quanto da CMA-FIESP/CIESP,[49] quanto da CAMARB,[50] devem constituir Comitês Especiais, com três profissionais de seus respectivos Corpos de Árbitros para deliberar se há motivos para a impugnação ou se trata de frívolo questionamento.

A CCI, por sua vez, submete à Corte de Arbitragem[51] a decisão acerca da imparcialidade e independência do árbitro, enquanto a CAM B3[52] estabelece que esses casos serão decididos por seus Presidente e Vice-Presidente, em conjunto.

Tão importante quanto a ferramenta e os procedimentos estabelecidos pelas instituições para aferir a imparcialidade e independência dos árbitros é o papel desempenhado nas arbitragens multipartes.[53]

Para que a arbitragem seja considerada multiparte, basta que o litígio envolva duas ou mais pessoas (físicas ou jurídicas) no mesmo polo. Contudo, não são raras as vezes em que a pluralidade do polo não atinge consenso sobre a indicação do árbitro, ou que apesar de estarem do mesmo lado da contenda as partes possuem interesses conflitantes.

O sucesso de um procedimento arbitral para as partes inicia-se com a escolha do árbitro para o seu caso. A possibilidade de eleger o seu julgador é uma das características mais importantes da arbitragem, oportunidade em que as partes buscam o melhor especialista para a disputa em pauta. Com a pluralidade de partes, esta decisão é transferida

---

46. Seção II do Capítulo Segundo do Regulamento de Arbitragem da FGV; Artigo 4.6.1 do Regulamento de Arbitragem do CAM-CCBC; Artigo 7.2 do Regulamento de Arbitragem da CAM-CIESP/FIESP; Artigo 11 do Regulamento de Arbitragem da CCI, Artigos 3.10 e 3.10.1 do Regulamento de Arbitragem da CAM B3.
47. Artigo 19, parágrafo segundo do Regulamento de Arbitragem da FGV.
48. Artigo 14.2 do Regulamento de Arbitragem do CAM-CCBC.
49. Artigo 7.3 do Regulamento de Arbitragem da CAM-CIESP/FIESP.
50. Artigo 5.3 do Regulamento de Arbitragem da CAMARB.
51. Artigo 14.3 do Regulamento de Arbitragem da CCI.
52. Artigo 3.12 do Regulamento de Arbitragem da CAM B3.
53. Por meio da alteração legislativa ocorrida em 2015, a Lei de Arbitragem passou a prever que as questões envolvendo arbitragens multiparte sejam disciplinadas pelos regulamentos das instituições arbitrais responsáveis pela condução dos procedimentos (Art. 13. § 4º. "As partes, de comum acordo, poderão afastar a aplicação de dispositivo do regulamento do órgão arbitral institucional ou entidade especializada que limite a escolha do árbitro único, coárbitro ou presidente do tribunal à respectiva lista de árbitros, autorizado o controle da escolha pelos órgãos competentes da instituição, sendo que, *nos casos de impasse e arbitragem multiparte, deverá ser observado o que dispuser o regulamento aplicável*" (grifos nossos).

para um terceiro, qual seja, competirá à instituição nomear o tribunal arbitral, conforme previsto nos regulamentos da CCI,[54] da CMA-CIESP/FIESP[55] e da CAMARB.[56]

Outras medidas extremamente relevantes das instituições na fase administrativa do procedimento concernem às questões relacionadas à existência, validade e escopo da convenção de arbitragem, bem como sobre a conexão de demandas e a extensão da cláusula compromissória. Tais decisões, por óbvio, possuem caráter provisório, uma vez que compete ao tribunal arbitral, quando constituído, mantê-las ou revogá-las.

Tais medidas encontram-se previstas expressamente na grande maioria dos regulamentos das instituições arbitrais analisadas, a exemplo da CMA-FIESP/CIESP,[57] CAM-CCBC[58] e CCI.[59] A CAMARB, por sua vez, estabelece que qualquer questão relativa à existência, validade, eficácia e escopo da convenção de arbitragem será dirimida pelo tribunal arbitral após a sua constituição.[60]

Nomeado o árbitro único ou formado o tribunal arbitral, a condução do procedimento passa a ser de competência dos árbitros, cabendo às câmaras acompanhar a assinatura do termo de arbitragem,[61] "o manual de instruções" do procedimento arbitral, denominado também, pela CCI, de "Ata de Missão", momento em que, geralmente, a demanda é estabilizada, com a apresentação dos pedidos das partes. Ademais, a partir da instauração da arbitragem, eventuais pedidos de urgência não devem mais ser encaminhados ao Poder Judiciário, mas sim ao tribunal arbitral.

Pois bem, uma vez instituída a arbitragem, ao longo de todo o curso do procedimento arbitral, as instituições têm como função (i) o intermédio das trocas de comunicações

---

54. 8 "Na falta de designação conjunta nos termos dos artigos 12(6) e 12(7), e não havendo acordo de todas as partes a respeito do método de constituição do tribunal arbitral, a Corte poderá nomear todos os membros do tribunal arbitral, indicando um deles para atuar como presidente. Em tais casos, a Corte terá liberdade para escolher qualquer pessoa que julgue competente para atuar como árbitro, aplicando o artigo 13, quando julgar apropriado."
55. 3.1. "Quando forem vários demandantes ou demandados (arbitragem de partes múltiplas), as partes integrantes do mesmo polo no processo indicarão de comum acordo um árbitro, observando-se o estabelecido nos itens 2.1 a 2.5. Na ausência de acordo, o Presidente da Câmara nomeará todos os árbitros que integrarão o Tribunal Arbitral."
56. 4.8. "(...) Havendo dissenso entre os múltiplos requerentes ou entre os múltiplos requeridos, a Diretoria da CAMARB nomeará os três integrantes do Tribunal Arbitral, dentre os nomes de sua lista, indicando quem exercerá a presidência."
57. 4.1. "Caberá ao Presidente da Câmara examinar em juízo preliminar, ou seja, prima facie, antes de constituído o Tribunal Arbitral, as questões relacionadas à existência, à validade, à eficácia e ao escopo da convenção de arbitragem, bem como sobre a conexão de demandas e a extensão da cláusula compromissória, cabendo ao Tribunal Arbitral deliberar sobre sua jurisdição, confirmando ou modificando a decisão da Presidência".
58. 4.5. "Antes de constituído o Tribunal Arbitral, o Presidente do CAM-CCBC examinará objeções sobre a existência, validade ou eficácia da convenção de arbitragem que possam ser resolvidas de pronto, independentemente de produção de provas, assim como examinará pedidos relacionados a conexão de demandas, nos termos do artigo 4.20. Em ambos os casos, o Tribunal Arbitral, após constituído, decidirá sobre sua jurisdição, confirmando ou modificando a decisão anteriormente prolatada".
59. 4 "Em todos os casos submetidos à Corte, de acordo com o artigo 6(3), esta deverá decidir se, e em que medida, a arbitragem deverá prosseguir. A arbitragem deverá prosseguir se, e na medida em que, a Corte esteja prima facie convencida da possível existência de uma convenção de arbitragem de acordo com o Regulamento".
60. Art. 3.11 do Regulamento da CAMARB.
61. Art. 27 do Regulamento de Arbitragem da FGV; art. 4.17 do Regulamento de Arbitragem do CAM-CCBC; Artigo 5.1 do Regulamento de Arbitragem da CAM-CIESP/FIESP; Artigo 23 do Regulamento de Arbitragem da CCI; Seção VI do Regulamento de Arbitragem da CAMARB; Artigo 4.2 do Regulamento de Arbitragem da CAM B3.

entre as partes e o tribunal arbitral,[62] e *(ii)* o controle e cobrança dos pagamentos[63] a serem realizados pelas partes, a título de despesas e da própria administração do procedimento. Ao fim de cada um dos casos, devem encaminhar às partes a sentença arbitral.[64]

A CCI, adicionalmente, realiza o "exame prévio" do laudo arbitral, antes do encaminhamento às partes. Esse escrutínio, nos termos da própria instituição, dá a ela a prerrogativa de "prescrever modificações quanto aos aspectos formais da sentença" e, também, de "chamar atenção para pontos relacionados com o mérito do litígio".[65]

Sobre esse exercício da Corte, convém ressaltar que tal exame dá o direito à instituição de realizar modificações formais – e não de mérito – na sentença, circunstância em que a instituição pode apenas "chamar atenção" para o mérito – o que não altera o posicionamento de que as atividades das câmaras estão restritas à uma natureza administrativa, e nunca jurisdicional.

5. A ESCOLHA DAS INSTITUIÇÕES ARBITRAIS

Quando do advento da Lei de Arbitragem, e enquanto a adoção do instituto ainda era incipiente no Brasil, a escolha da instituição responsável pela administração das demandas arbitrais era dirigida quase que automaticamente àquelas mais conhecidas no mercado. Entretanto, com a expansão da adoção do mecanismo no Brasil, uma reflexão mais aprofundada sobre a escolha da câmara passou a ganhar lugar.[66]

Isso porque o mercado de instituições arbitrais brasileiras – ou mesmo o próprio funcionamento no Brasil – é relativamente recente.[67] Tanto assim que metade das insti-

---

62. Art. 30, parágrafo único do Regulamento de Arbitragem da FGV; art. 6; 7.3 do Regulamento de Arbitragem do CAM-CCBC, Artigo 9.3 do Regulamento de Arbitragem da CAM-CIESP/FIESP; Artigo 3 do Regulamento de Arbitragem da CCI; Seção II do Regulamento de Arbitragem da CAMARB, Artigo 3 do Regulamento de Arbitragem da CAM B3.
63. Art. 5º (i); 50 e Anexo ao Regulamento de Arbitragem da FGV; art. 12 do Regulamento de Arbitragem do CAM-CCBC; Artigo 19 do Regulamento de Arbitragem da CAM-CIESP/FIESP; Apêndice III do Regulamento de Arbitragem da CCI; Seção XI do Regulamento de Arbitragem da CAMARB; Artigo 8 do Regulamento de Arbitragem da CAM B3.
64. Seção V do Capítulo Segundo do Regulamento de Arbitragem da FGV; art. 10.5.1 do Regulamento de Arbitragem do CAM-CCBC; Artigo 15.7 do Regulamento de Arbitragem da CAM-CIESP/FIESP; Artigo 35.1 do Regulamento de Arbitragem da CCI; Seção X do Regulamento de Arbitragem da CAMARB; Artigo 7.6 do Regulamento de Arbitragem da CAM B3.
65. Artigo 34. "Exame prévio da sentença arbitral pela Corte Antes de assinar qualquer sentença arbitral, o tribunal arbitral deverá apresentá-la sob a forma de minuta à Corte. A Corte poderá prescrever modificações quanto aos aspectos formais da sentença e, sem afetar a liberdade de decisão do tribunal arbitral, também poderá chamar a atenção para pontos relacionados com o mérito do litígio. Nenhuma sentença arbitral poderá ser proferida pelo tribunal arbitral antes de ter sido aprovada quanto à sua forma pela Corte".
66. MASTROBUONO, Cristina M. Wagner. *A Escolha da Câmara de Arbitragem nas Disputas com a Administração Pública in Atualidades da Arbitragem Comercial*. Estudos dos Membros da Comissão de Arbitragem e do Comitê de Coordenação da Câmara de Mediação, Conciliação e Arbitragem da OAB/SP. São Paulo: Quartier Latin do Brasil, inverno de 2021, p. 89.
67. MASTROBUONO, Cristina M. Wagner. *A Escolha da Câmara de Arbitragem nas Disputas com a Administração Pública in Atualidades da Arbitragem Comercial*. Estudos dos Membros da Comissão de Arbitragem e do Comitê de Coordenação da Câmara de Mediação, Conciliação e Arbitragem da OAB/SP. São Paulo: Editora Quartier Latin do Brasil, inverno de 2021, p. 89.

tuições arbitrais que tiveram regulamentos analisados para o presente trabalho foram fundadas após a edição da Lei de Arbitragem brasileira – nesse sentido, a CAMARB foi iniciada em 1998; a Câmara FGV foi instituída em 2002, a CAM B3 em 2013 e o escritório em São Paulo da CCI foi inaugurado em 2017.

Denota-se, portanto, que muito mais que a estrutura física da instituição, outros pontos devem ser observados pelas partes no momento de escolha de uma instituição arbitral, tais como: os regulamentos e suas atualizações, a *expertise* da equipe, domínio de idiomas, corpo de árbitros e formas de indicação e manutenção ou não da confidencialidade sobre os casos.

Não resta dúvida, portanto, da relevância dos regulamentos das instituições, uma vez que, ao submeterem seus litígios a determinado organismo, as partes consentem em se submeter às suas regras.

Por essa razão, a modernização e adaptação dos regulamentos devem ser medidas constantes, de modo que seu arcabouço jurídico reflita sempre as necessidades e padrão de mercado.

Importante lembrar que a Lei de Arbitragem é a norma mãe e contém o arcabouço necessário para o regular processamento e controle dos procedimentos arbitrais. Subsidiariamente, cada instituição arbitral estabelece, em seu regulamento, as especificidades da sua gestão e administração dos casos. São eles que devem ser atualizados e revisitados na medida do necessário. E é das partes e de seus patronos a autonomia da escolha. Cabe a eles definir qual o melhor regulamento, qual câmara eleger, além também de tantas outras condições que podem ser definidas previamente no contrato na própria clausula de arbitragem.[68]

As partes devem considerar, ainda, ao escolher a entidade, o conjunto de serviços prestados pela instituição,[69] envolvendo o secretariado da câmara, a logística, estrutura física, como salas de audiência, salas para partes e testemunhas, dando-se preferência às instituições que possam prestar todos os serviços necessários para a administração do procedimento arbitral.

A *expertise* e idoneidade de seus dirigentes e equipe também são pontos importantes, pois serão estes os responsáveis pelas trocas de comunicações entre as partes, contagem de prazos, decisões prévias à instituição do tribunal arbitral e o saneamento de eventuais dúvidas acerca da interpretação dos regulamentos das instituições.

Mais importante ainda e que não se pode deixar de examinar é a forma de indicação dos árbitros, qual o critério de escolha *default*, qual o critério em arbitragens multipartes, como funciona a substituição do árbitro, se necessário.

---

68. Número de árbitros, forma de escolha dos árbitros, prazos para o procedimento arbitral, lei aplicável etc.
69. DOURADO, Ruy Janoni, BARROS, Vera Cecília Monteiro de, NASCIMBENI, Asdrúbal Franco. *Atualidades da Arbitragem Comercial*: Estudos dos Membros da Comissão de Arbitragem e do Comitê de Coordenação da Câmara de Mediação, Conciliação e Arbitragem da OAB/SP. São Paulo: Quartier Latin do Brasil, inverno de 2021, p. 90.

Adicionalmente, o corpo de árbitros da instituição é outro ponto a ser observado. A despeito do fato de que a indicação de profissionais para condução e julgamento das disputas não está restrito à referida lista, ela pode funcionar como norte para as partes na escolha. A lista de árbitros, de certa forma, certifica os profissionais dela constantes, validando a sua capacidade e conhecimento para atuar como árbitro.[70] Deve ser observado, adicionalmente, o procedimento em caso de inadimplemento de custas, contagem de prazos, forma de notificação das partes.

É de se lembrar, também, que no ambiente internacional, advindo da globalização, o aumento das disputas entre sujeitos de diferentes nacionalidades, requer o domínio de idiomas pela equipe da instituição arbitral.

Por fim, o tratamento dado pela instituição arbitral à confidencialidade, característica dos grandes contratos e da arbitragem, bem como a existência de um código de ética, devem ser sopesados no momento da escolha de determinada entidade.

CONCLUSÕES

A posição de destaque ocupada pelas instituições arbitrais no cenário atual do mercado de resolução de disputas é evidente.

Enquanto responsáveis pela administração de um sem-número de procedimentos arbitrais submetidos à sua supervisão, referidos organismos têm o poder-dever de garantir que as boas práticas sejam empregadas e respeitadas, de modo a assegurar a imparcialidade, eficácia e celeridade em cada um dos casos.

Para tanto, as câmaras arbitrais editam regras – as quais as partes litigantes aderem sempre que lhes confiam a administração dos casos –, que disciplinam e organizam a gestão dos procedimentos, desde a apresentação do requerimento de arbitragem, até a prolação da sentença arbitral final.

Por todos os motivos aqui expostos, é de suma recomendação aos usuários da arbitragem (sejam as partes ou seus patronos) que a escolha da instituição arbitral seja incluída em pauta como parte relevante da estruturação do contrato, uma vez que a função da câmara arbitral, em que pese não seja jurisdicional, vai além da mera prestação de serviços administrativos.

---

70. Neste sentido, Carlos Alberto Carmona defende que: "Sob a perspectiva de segurança para a entidade arbitral, a utilização de listas fechadas (todos os árbitros que comporão o painel devem ser escolhidos dentre aqueles constantes de uma lista pré-aprovada pelo órgão que administra o processo) é certamente o critério mais confortável: o órgão arbitral trabalhará apenas com os árbitros de sua confiança, já testados, capazes de proferir boas decisões em prazos razoáveis. Neste sistema fechado, naturalmente o órgão arbitral terá maior controle sobre os árbitros, no sentido de poder melhor administrar os custos, a qualidade da decisão e a duração do processo arbitral, o que contentará as partes e funcionará como eficiente marketing, seja porque as partes divulgarão no mercado a qualidade a eficiência do serviço prestado, seja porque as estatísticas que serão publicadas pela entidade mostrarão a capacidade de administrar procedimento com celeridade e com custo controlado. Teoricamente, pode ser uma boa perspectiva; na prática, poderem, poucas entidades conseguirão sucesso com tal fórmula, na medida em que não será fácil convencer os litigantes sobre as vantagens de permitir-lhes uma escolha muito limitada de julgadores". CARMONA, Carlos Alberto. *As listas de Árbitros*. Arbitragem e Mediação: a reforma da legislação brasileira. São Paulo: Atlas, 2015, p. 76.

BIBLIOGRAFIA E JULGADOS SELECIONADOS

BORN, Gary B. *International commercial arbitration*. 2. ed. The Hague: Kluwer, 2014.

BRASIL. Lei 9.307/1996 de 23 de setembro de 1996. Dispõe sobre a Arbitragem. Diário Oficial da União, 24 de set. de 1996.

CÂMARA DE ARBITRAGEM DO MERCADO. Regimento Interno da Câmara de Arbitragem do Mercado. Disponível em: https://www.b3.com.br/data/files/9C/64/E6/20/2437E41015F7F6E492D828A8/regimentoInterno.pdf. Acesso em: 22 dez. 2022.

CÂMARA DE ARBITRAGEM DO MERCADO. Regulamento de Arbitragem, datado de 20 de setembro de 2011, entra em vigor em 26 de outubro de 2011. Disponível em: https://cbar.org.br/site/wp-content/uploads/2018/04/regulamento-da-camara-de-arbitragem-do-mercado.pdf. Acesso em: 22 dez. 2022.

CÂMARA DE ARBITRAGEM FGV. Regulamento de Arbitragem. Disponível em: Versão de 2016 (Vigente) | FGV Câmara, em vigor desde 2016. Acesso em: 22 dez. 2022.

CÂMARA DE MEDIAÇÃO E ARBITRAGEM EMPRESARIAL-BRASIL. *Nossa História*. [s.l.] [s.d.] Disponível em: Nossa História – CAMARB / Acesso em: 06 mar. 2022.

CÂMARA DE MEDIAÇÃO E ARBITRAGEM EMPRESARIAL-BRASIL. Regulamento de Arbitragem – Versão de 12 de agosto de 2019. Disponível em: regulamento-de-arbitragem-camarb-2019_atualizado2019.pdf. Acesso em: 07 mar. 2022.

CÂMARA, Alexandre Freitas. *Arbitragem*. 3. ed. Rio de Janeiro: Lumen Juris, 2002.

CAM-CCBC. CENTRO DE ARBITRAGEM E MEDIAÇÃO DA CÂMARA DE COMÉRCIO BRASIL-CANADÁ. Regulamento de Arbitragem e Mediação da Câmara de Comércio Brasil-Canadá. Em vigor desde 1º jan. 2012. Disponível em: https://ccbc.org.br/cam-ccbc-centro-arbitragem-mediacao/resolucao-de-disputas/arbitragem/regulamento-2012/. Acesso em: 22 dez. 2022.

CARMONA, Carlos Alberto. *As listas de Árbitros*. Arbitragem e Mediação: a reforma da legislação brasileira. São Paulo: Atlas, 2015.

CENTRO DE ARBITRAGEM E MEDIAÇÃO DA CÂMARA DE ARBITRAGEM CIESP/FIESP. A Câmara. [s.l.] [s.d.]. Disponível em: http://www.camaradearbitragemsp.com.br/pt/camara.html. Acesso em: 22 dez. 2022.

CENTRO DE ARBITRAGEM E MEDIAÇÃO DA CÂMARA DE ARBITRAGEM CIESP/FIESP. Regulamento de Arbitragem, datado de 29 de novembro de 2021, em vigor a partir de 1º de agosto de 2013. Disponível em: Regulamento – Câmara de Conciliação, Mediação e Arbitragem Ciesp/Fiesp (camaradearbitragemsp.com.br). Acesso em: 22 dez. 2022.

CENTRO DE ARBITRAGEM E MEDIAÇÃO DA CÂMARA DE COMÉRCIO BRASIL-CANADÁ. Código de Ética. Disponível em: Código Ética – Centro de Arbitragem e Mediação Brasil-Canadá (ccbc.org.br). Acesso em: 07 mar. 2022.

CENTRO DE ARBITRAGEM E MEDIAÇÃO DA CÂMARA DE COMÉRCIO BRASIL-CANADÁ. Estrutura Organizacional. [s.l.] [s.d.] Disponível em: Estrutura Organizacional – Centro de Arbitragem e Mediação Brasil-Canadá (ccbc.org.br). Acesso em: 21 dez. 2022.

CENTRO DE ARBITRAGEM E MEDIAÇÃO DA CÂMARA DE COMÉRCIO BRASIL-CANADÁ. Resolução Administrativa 32/2018 referente ao Procedimento do Árbitro de Emergência. Disponível em: https://ccbc.org.br/cam-ccbc-centro-arbitragem-mediacao/resolucao-de-disputas/resolucoes-administrativas/ra-32-2018-ref-procedimento-do-arbitro-de-emergencia/. Acesso em: 18 fev. 2022.

CENTRO DE ARBITRAGEM E MEDIAÇÃO DA CIESP/FIESP. Regimento Interno, publicado em 06 de outubro de 2011. Disponível em: https://www.camaradearbitragemsp.com.br/pt/res/docs/Regimento_Interno-ago16.pdf. Acesso em: 22 dez. 2022.

DOURADO, Ruy Janoni, BARROS, Vera Cecília Monteiro de, NASCIMBENI, Asdrúbal Franco. *Atualidades da Arbitragem Comercial*: Estudos dos Membros da Comissão de Arbitragem e do Comitê de Coordenação da Câmara de Mediação, Conciliação e Arbitragem da OAB/SP. Editora Quartier Latin do Brasil: São Paulo, inverno de 2021.

FGV CÂMARA DE MEDIAÇÃO E ARBITRAGEM. Apresentação da Câmara FGV. [s.l.] [s.d.]. Disponível em: https://camara.fgv.br/quem-somos. Acesso em: 22 dez. 2022.

FICHTNER, José Antonio; MANHEIMER, Sergio Nelson; MONTEIRO, André Luís. *Teoria Geral da Arbitragem*. Rio de Janeiro: Forense, 2019.

FUNDAÇÃO GETÚLIO VARGAS. Estatuto da Fundação Getúlio Vargas. Disponível em: https://emap.fgv.br/sites/emap.fgv.br/files/u19/estatuto_fgv.pdf. Acesso em: 22 dez. 2022.

FUNDAÇÃO GETÚLIO VARGAS. Portaria 10/2002. Criação da Câmara FGV de Conciliação e Arbitragem, de 04 de março de 2002. Disponível em: https://camara.fgv.br/sites/camara.fgv.br/files/artigos/p10-2002_-_criacao_da_camara.pdf. Acesso em: 22 dez. 2022.

ICC INTERNATIONAL CHAMBER OF COMMERCE. Young Arbitrators Forum (YAF). International Chamber of Commerce (ICC). [s.l.] [s.d.]. Disponível em: Young Arbitrators Forum (YAF) – ICC – International Chamber of Commerce (iccwbo.org). Acesso em: 23 dez. 2022.

ICC. INTERNATIONAL CHAMBER OF COMMERCE. Nota às Partes e aos Tribunais Arbitrais sobre a Condução da Arbitragem conforme o Regulamento de Arbitragem da CCI. Disponível em: https://cms.iccwbo.org/content/uploads/sites/3/2017/03/icc-note-to-parties-and-arbitral-tribunals-on-the--conduct-of-arbitration-portuguese.pdf. Acesso em: 18. fev. 2022.

ICC. INTERNATIONAL CHAMBER OF COMMERCE. Regulamento de Arbitragem e de Mediação da CCI, publicado em 2014. Disponível em: https://iccwbo.org/content/uploads/sites/3/2021/03/icc-2021-arbitration-rules-2014-mediation-rules-portuguese-version.pdf /. Acesso em: 22 dez. 2022.

INTERNATIONAL CHAMBER OF COMMERCE. Dispute Resolution Online Training. Comprehensive Training in ICC Arbitration and the Application of the 2017 ICC Rules. [s.l.] [s.d.]. Disponível em: Dispute resolution online training – ICC – International Chamber of Commerce (iccwbo.org). Acesso em: 23 dez. 2022.

INTERNATIONAL CHAMBER OF COMMERCE. ICC Dispute Resoution Library. [s.l.] [s.d.]. Disponível em: ICC Dispute Resolution Library – ICC – International Chamber of Commerce (iccwbo.org). Acesso em: 23 dez. 2022.

JUSTEN FILHO, Marçal. *Administração Pública e Arbitragem*: O vínculo com a câmara de arbitragem e os árbitros. Justen, Pereira, Oliveira & Talamini. Disponível em: https://www.justen.com.br/pdfs/IE110/IE%20110%20-%20MJF%20-%20Escolha%20de%20Institui%C3%A7%C3%B5es%20e%20C%C3%81rbitros%20e%20a%20Lei%20de%20Licita%C3%A7%C3%B5es.pdf. Acesso em: 21 dez. 2022.

LEW, Julian D. M.; MISTELIS, Loukas A.; KRÖLL, Stefan M. Comparative international commercial arbitration. The Hague: Kluwer, 2003. In: MANHEIMER, Sérgio Nelson; MONTEIRO, André Luis; FICHTNER, José Antonio. *Teoria Geral da Arbitragem*. Rio de Janeiro: Forense, 2019.

MASTROBUONO, Cristina M. Wagner. *A Escolha da Câmara de Arbitragem nas Disputas com a Administração Pública in Atualidades da Arbitragem Comercial*. Estudos dos Membros da Comissão de Arbitragem e do Comitê de Coordenação da Câmara de Mediação, Conciliação e Arbitragem da OAB/SP. Editora Quartier Latin do Brasil: São Paulo, inverno de 2021.

MISTELIS, Loukas. Foreword in: GERBAY, Remy. *The functions of Arbitral Institutions*. Kluwer Law International, 2016.

NUNES, Thiago Marinho. Instituição de Arbitragem. In: SILVA, Eduardo Silva da; GUERRERO, Luis Fernando; NUNES, Thiago Marinho. *Regras da Arbitragem Brasileira*: comentários aos regulamentos das câmaras de arbitragem. São Paulo: Marcial Pons, CAM-CCBC, 2015.

NUNES, Thiago Marinho; SILVA, Eduardo Silva da; GUERREIRO, Luis Fernando. O Brasil como sede de arbitragens internacionais: a capacitação técnica das câmaras arbitrais brasileiras. *Revista de Arbitragem e Mediação*, São Paulo: Ed. RT, ano 9, v. 34, jul./set. 2012. Disponível em: www.revistadostribunais.com.br. Acesso em: 20 dez. 2022.

RANKING 2021 de Câmaras de Arbitragem no Brasil. Disponível em: Brasil – Melhores Câmaras de Arbitragem – 2021 – Leaders League. Acesso em: 18 fev. 2022.

SCHMIDT, Gustavo da Rocha; FERREIRA, Daniel Brantes; OLIVEIRA, Rafael Carvalho Rezende. *Comentários à Lei de Arbitragem*. Rio de Janeiro: Forense; Método, 2021.

SOARES, Carlos Henrique; LIMA, Daniela Silva; TOLEDO, Luciana Aguiar S. Furtado de. (Des)Necessidade de processo licitatório para escolha de câmara arbitral. *Revista CEJ*, v. 16, n. 58. Brasília; CEJ, set./dez, 2012.

JULGADOS SELECIONADOS

STF. Agravo de Instrumento 52.181, Rel. Min. Bilac Pinto, j. 14.11.1973.

STJ, CC 148.085/CE, Rel. Min. Paulo de Tarso Sanseverino.

STJ, REsp 1.433.940/MG, Rel. Min. Ricardo Villas Boas Cueva.

STJ. REsp 1639035-SP, Rel. Min. Paulo de Tarso Sanseverino, j. 15.10.2018.

STJ. SEC 856-EX (2005/00313430-2), Rel. Min. Carlos Alberto Menezes Direito, j. 18.05.2005.

STJ. SEC 9.412 – US (2013/0278872-5). Rel. Min. João Otávio de Noronha, j. 21.10.2015.

TJSP. Apelação Cível 296.036-4/4, Rel. Des. Sousa Lima. DJ 17. 12.2003.

TJSP. Apelação 267-450-4/6, Rel. Des. Costança Gonzaga, j. 24.05.2006.

XIX
O PROCEDIMENTO ARBITRAL I

Rafael Villar Gagliardi

Doutor e Mestre em Direito pela Pontifícia Universidade Católica de São Paulo. Pesquisador Visitante da London School of Ecnonomics and Political Science. Fellow do Chartered Institute of Arbitrators (CIArb). Professor convidado no curso de Arbitragem da Pós-Graduação Latu do COGEAE-PUC/SP e do Instituto Brasileiro de Direito de Energia – IBDE. Sócio de Xavier Gagliardi Inglez Verona Schatter Advogados.

Carlo de Lima Verona

Mestre em Arbitragem Internacional pela Queen Mary e Westfield College, University of London. Sócio de Xavier Gagliardi Inglez Verona Schaffer Advogados.

Júlio César Bueno

Doutor em Direito pela Universidade de São Paulo. Mestre em Direito pela Cambridge University. Fellow do Chartered Institute of Arbitrators (CIArb). Sócio de Pinheiro Neto Advogados.

Caio Tabet

Bacharel em Direito pela Pontifícia Universidade Católica do Rio de Janeiro. Membro do Comitê Brasileiro de Arbitragem (CBAr). Advogado de Xavier Gagliardi Inglez Verona Schaffer Advogados.

Sumário: Introdução: processo ou procedimento? – 1. Flexibilidade, formalismo elástico ou informalidade ordenada – 2. Celeridade, eficácia e justiça do procedimento arbitral – 3. Regras procedimentais – 4. O papel da legislação processual – 5. Instituição do procedimento – 6. Interrupção da prescrição – 7. Termo de arbitragem – 8. Organização e condução do procedimento – 9. As fases do procedimento arbitral – Bibliografia e julgados selecionados.

INTRODUÇÃO: PROCESSO OU PROCEDIMENTO?

Ao usuário da arbitragem que recorre a essa forma de solução de disputas, em geral, não lhe importa se o faz por meio de um processo ou de um procedimento. Importa-lhe, sim, saber quais os passos a seguir a fim de que, ao final de uma marcha que perceba como justa e, portanto, legítima, tenha as suas razões corretamente apreciadas, sejam elas apresentadas em forma de demanda ou de defesa. Aliás, não são raras as vezes em que a escolha pela arbitragem é motivada, ainda que em parte, pelo desejo de, tanto quanto possível, escapar dos rigores formais da lide forense.[1]

---

1. O ponto da flexibilidade do procedimento arbitral é retomado mais adiante neste capítulo.

Já do ponto de vista científico, com profundas implicações práticas, convém determinar se a articulação de atos desde o pedido de instauração até a sentença arbitral, incluída aí a decisão que aprecia pedido de esclarecimentos, é apenas um procedimento ou pode ser também enquadrado como um processo. Nesse mister, a nomenclatura consagrada pela prática brasileira não traz muito alento, dado que, de um lado, fala-se mais comumente em "procedimento arbitral" do que em "processo arbitral", de outro, tribunais arbitrais soem emitir "ordens processuais", não assim, "ordens procedimentais". A confusão não reduz a importância da indagação. Pelo contrário, aumenta-a, dado que, como nos lembra abalizada doutrina, "sabido que as palavras são símbolos destinados a levar ao espírito do interlocutor as ideias daquele que as emite, é sempre indispensável que aquele que a emite escolha as palavras adequadas".[2] E, no campo da ciência, seja ela jurídica ou não, a linguagem tende a ser mais técnica e mais precisa onde existir um grau mais profundo de conhecimento e uma estrutura de conhecimento mais cristalizada.[3]

É da sua teoria geral que o Estado exerce seu poder, tido como uno e indivisível, por meio de três funções principais, nomeadamente, legislativa, executiva e jurisdicional. A função jurisdicional, então, enquanto manifestação desse poder, deve ser disciplinada, ordenada e limitada, a fim que que o seu exercício ocorra de forma civilizada, legítima e justa. O vocábulo "processo", em uma de suas acepções,[4] define o método de trabalho ou sistema de atuação da função jurisdicional. Nesse sentido, Cândido Rangel Dinamarco afirma ser o processo o método de trabalho referente ao exercício da jurisdição pelo julgador e dos poderes inerentes às demais partes, isto é, à ação e à defesa, pelos sujeitos envolvidos no conflito.[5] A definição desse método é encontrada nos princípios e no direito positivo que, somados, criam um modelo imposto aos envolvidos na disputa, cuja observância tende a garantir o respeito às exigências impostas pela Constituição Federal e pela legislação infraconstitucional.

Ao sistematizar e ordenar o exercício da função jurisdicional por meio de uma sequência de atos com vistas a uma finalidade específica a serem praticados no âmbito de uma relação estabelecida entre sujeitos também específicos, isto é, o julgador e as partes, o processo revela ao intérprete os seus dois pilares: o procedimento e a relação jurídico-processual, o que já motivou a afirmação de que o processo é uma relação entre atos e uma relação entre sujeitos.[6] Nesses termos, o processo é um percurso formado

---

2. DINAMARCO, Cândido Rangel. *Instituições de direito processual civil*. 9. ed. São Paulo: Malheiros, 2017, v. I, p. 125.
3. Idem, ibidem.
4. Essa mesma acepção do vocábulo "processo" também em THEODORO JÚNIOR, Humberto. *Custo de direito processual civil*. 57. ed. Rio de Janeiro: Forense, 2016, v. I, p. 130. Segundo Cândido Rangel Dinamarco, o vocábulo pode ser utilizado em três acepções "muito próximas e intimamente entrelaçadas, a saber, (a) o processo como sistema de princípios e normas constitucionais e legais coordenados por uma ciência específica, (b) o processo como modelo imposto pelos princípios e normas e (c) o processo como realidade fenomenológica." (DINAMARCO, Cândido Rangel. *Instituições de direito processual civil*. 7. ed. São Paulo: Malheiros, 2017, v. II, p. 25).
5. DINAMARCO, Cândido Rangel. *Instituições de direito processual civil*. 7. ed. São Paulo: Malheiros, 2017, v. II, p. 24.
6. LIEBMAN, Enrico Tulio. *Manual de direito processual civil*. Trad. Cândido Rangel Dinamarco. 3. ed. São Paulo: Malheiros, 2005, v. 1, p. 65.

pelo desenho interligado e coordenado de atos cujo objetivo consiste em ver produzida a tutela jurisdicional (idealmente justa), atos estes realizados no exercício de situações ativas (poderes e faculdades) – ou ao menos na possibilidade de tal exercício –, ou em cumprimento a situações passiva (deveres ou ônus).[7]

Esse conjunto ordenado de atos nada mais é do que o procedimento, que constitui a exteriorização, manifestação visível do processo, por meio do qual o julgador exerce a jurisdição e as partes exercem a defesa de seus interesses, na forma das situações jurídicas em que se encontrem. As normas que o definem estabelecem quais atos devem ser praticados, quando e em que ordem devem sê-lo, por quem e sob qual forma, tudo para que a marcha processual siga adiante, como um roteiro preestabelecido, e atinja a finalidade desejada. Estabelece-se, por isso, a interdependência entre os atos, de modo que os anteriores não produzem efeito sem os posteriores que, de seu turno, devem sua validade à dos atos antecedentes.[8] Por isso, o desrespeito a essas regras, em princípio, macula a legitimidade do próprio procedimento e das garantias ofertadas pela ordem jurídica aos sujeitos envolvidos na disputa.

Já o conjunto de situações jurídicas ativas e passivas estabelecidas entre os sujeitos envolvidos na disputa constitui a chamada relação jurídico-processual, elemento interno do processo, de caráter abstrato, mas nem por isso menos importante. De fato, o exercício da função jurisdicional pressupõe, além da atividade intelectiva do julgador e dos poderes inerentes à sua posição, também o elemento participativo, isto é, o exercício da ação, pela parte autora (ou requerente) e da defesa, pela parte ré (ou requerida), com os poderes, faculdades, deveres e ônus inerentes às situações jurídicas ocupadas por tais sujeitos em casa momento da marcha processual. O conjunto dessas situações jurídicas que vinculam os sujeitos do processo é que constitui o núcleo da relação jurídico-processual e é marcado pelo exercício do contraditório, garantido pelo já mencionado elemento participativo e postulado inafastável da democracia. Enfim, todo procedimento, para que constitua um processo, deve ser pautado pelo contraditório.[9]

Na instância arbitral, o julgador exerce função jurisdicional. É certo que a jurisdição arbitral possui certas especificidades. A primeira e mais evidente delas, o fato de encontrar a sua origem e fundamento numa declaração de vontade, isto é, no consentimento manifestado à convenção de arbitragem. A segunda, a ausência de poder de império que autorize constrição sobre pessoas ou bens, o que se reserva aos juízes. A terceira é que a inevitabilidade da jurisdição arbitral é mitigada, uma vez que surge apenas mediante a prévia aceitação da parte, por meio da adesão à convenção de arbitragem e se manifesta nas eficácias positiva e negativa de tal convenção. Nada obstante, constitui jurisdição, dado que as distinções não são tantas e nem tão profundas como para justificar uma distinção de

---

7. DINAMARCO, Cândido Rangel. *Instituições de direito processual civil*. 7. ed. São Paulo: Malheiros, 2017, v. II, p. 25-26.
8. DINAMARCO, Cândido Rangel. *Instituições de direito processual civil*. 7. ed. São Paulo: Malheiros, 2017, v. II, p. 521.
9. DINAMARCO, Cândido Rangel e LOPES, Bruno Vasconcelos Carrilho. *Teoria geral do novo processo civil*. 2. ed. São Paulo: Malheiros, 2017, p. 123-124.

gênero.[10] Sua atuação visa à solução de um litígio, isto é, a dizer o direito no caso concreto (escopo jurídico), com força imperativa e em substituição à vontade das partes, reafirmando o poder estatal de solucionar litígios (escopo político) com a vocação para a pacificação (escopo social) mediante a entrega de tutela jurídica tendente à justeza e mediante os ditames constitucionais e legais aplicáveis. A própria Lei de Arbitragem, Lei 9.307/1996, deixa claro esse caráter jurisdicional em diversas passagens. Em seu art. 18, equipara o árbitro ao juiz e prevê que a sentença arbitral não fica sujeita a recurso ou a homologação pelo Poder Judiciário.[11] Mais adiante, em seu art. 31, equipara a eficácia da sentença arbitral à judicial.[12] É isso, também, que vem corroborando o c. Superior Tribunal de Justiça em diversos precedentes,[13] embora enxergando como fundamento para tal o princípio competência-competência, previsto no art. 8º e parágrafo único, da Lei de Arbitragem.[14]

Ademais, essa atuação jurisdicional ocorre no âmbito de uma relação jurídico-processual estabelecida entre julgador e partes, relação esta formada pelo conjunto de situações jurídicas ativas e passivas inerentes à posição ocupada por cada sujeito em cada momento do *iter*. Tanto é assim que, nos termos do art. 19, da Lei de Arbitragem, a arbitragem só estará constituída quando tiver havido a aceitação da nomeação pelo árbitro único ou por todos os membros do tribunal, se vários forem.[15] Ou seja, em outras palavras, só existe arbitragem quando, presentes as partes requerente(s) e requerida(s), tiver sido formada a relação jurídico-processual, de caráter tripartite, com o órgão julgador em seu vértice. Antes desse momento, existe apenas procedimento arbitral.[16]

Por tudo isso, existe, sim, um processo arbitral, exteriorizado por meio de um procedimento e realizado no âmbito de uma relação jurídico-processual. O processo arbitral é dotado de caráter jurisdicional, ainda que tal jurisdição possua características específicas, e se desenvolve dentro dos ditames de um modelo de processo que bebe da fonte dos grandes princípios constitucionais, a exemplo da garantia do devido processo legal e da ampla defesa. É assim que, a partir da própria previsão do art. 21, § 2º, da Lei de Arbitragem,[17] deve ser entendida a referência à inserção da arbitragem na teoria geral

---

10. Idem, p. 79.
11. Art. 18, Lei de Arbitragem. "O árbitro é juiz de fato e de direito, e a sentença que proferir não fica sujeita a recurso ou a homologação pelo Poder Judiciário."
12. Art. 31, Lei de Arbitragem. "A sentença arbitral produz, entre as partes e seus sucessores, os mesmos efeitos da sentença proferida pelos órgãos do Poder Judiciário e, sendo condenatória, constitui título executivo".
13. STJ, AgInt nos EDcl no AgInt no CC 170.233/SP, Rel. Min. Moura Ribeiro, Segunda Seção, j. em 14.10.2020; STJ, REsp n. 1.735.538/SP, Rel. Min. Marco Aurélio Bellizze, Terceira Turma, j. em 06.10.2020; STJ, SEC 9.412/EX, Rel. Min. Felix Fischer, relator para acórdão Ministro João Otávio de Noronha, Corte Especial, j. em 19.04.2017.
14. Art. 8º, Lei de Arbitragem. "A cláusula compromissória é autônoma em relação ao contrato em que estiver inserta, de tal sorte que a nulidade deste não implica, necessariamente, a nulidade da cláusula compromissória. Parágrafo único. Caberá ao árbitro decidir de ofício, ou por provocação das partes, as questões acerca da existência, validade e eficácia da convenção de arbitragem e do contrato que contenha a cláusula compromissória."
15. "Art. 19, Lei de Arbitragem. "Considera-se instituída a arbitragem quando aceita a nomeação pelo árbitro, se for único, ou por todos, se forem vários."
16. PARENTE, Eduardo de Albuquerque. Processo arbitral e sistema. São Paulo: Atlas, 2012, p. 53.
17. "Art. 21. A arbitragem obedecerá ao procedimento estabelecido pelas partes na convenção de arbitragem, que poderá reportar-se às regras de um órgão arbitral institucional ou entidade especializada, facultando-se, ainda, às partes delegar ao próprio árbitro, ou ao tribunal arbitral, regular o procedimento.

do processo.[18] Não assim como uma abertura para a sua sujeição aos ditames da praxe forense ou à aplicação automática do Código de Processo Civil (exceto quando por referência expressa da própria Lei de Arbitragem[19] ou quando resultante da escolha partes). Enfim, relembrando a lição sempre oportuna de Luiz Olavo Baptista, não há de ser uma oportunidade para transformar a arbitragem numa "Disneyworld de processualistas".[20]

Estabelecidas essas premissas, conclui-se que a referência ao procedimento arbitral, a rigor, estará correta apenas enquanto referida exclusivamente à sequência de atos que exterioriza o processo arbitral, sendo preferível, contudo, a expressão processo arbitral, muito embora o uso da expressão procedimento arbitral, já arraigada na prática brasileira deva, por isso mesmo, ser tolerada.

1. FLEXIBILIDADE, FORMALISMO ELÁSTICO OU INFORMALIDADE ORDENADA

O ponto de partida para as considerações sobre a dinâmica do procedimento arbitral é a sua flexibilidade. Quando comparada ao processo judicial,[21] a arbitragem é menos rígida e está menos sujeita a eventos preclusivos. Isso quer dizer que, de um lado, dá-se mais poder às partes para que disciplinem o procedimento da forma que entenderem mais adequado, bem como que, se não o fizerem, o Tribunal Arbitral terá mais poderes para fazê-lo. De outro, significa a menor resistência a alterações ou mitigações da marcha processual inicialmente estabelecida ou esperada, naturalmente, observados certos critérios, em especial os princípios constitucionais aplicáveis.[22]

Sob a primeira acepção, a flexibilização configura um maior poder às partes para que, por meio da convenção de arbitragem – hipótese menos comum – ou, ainda, por meio da referência a conjuntos de regras institucionais e/ou a standards de práticas

---

(...)
§ 2º Serão, sempre, respeitados no procedimento arbitral os princípios do contraditório, da igualdade das partes, da imparcialidade do árbitro e de seu livre convencimento."

18. A isso se refere Cândido Rangel Dinamarco quando escreve que "hoje prepondera fortemente a atribuição de *caráter jurisdicional* ao processo arbitral, com o reconhecimento de que nele o árbitro exerce a *jurisdição*, e as partes a *ação* e a *defesa* – tudo segundo normas disciplinadoras de um *processo* modelado segundo os grandes princípios constitucionais. O processo arbitral está contido, pois, no âmbito da teoria geral do processo" (*Instituições de direito processual civil*. 9. ed. São Paulo: Malheiros, 2017, v. I, p. 118. Destaques no original). Segundo o autor, a teoria geral do processo "contenta-se (...) em elaborar e coordenar ela própria, mediante esforços de síntese, os grandes conceitos, os grandes princípios, as grandes estruturas do sistema processual." (Idem, ibidem).
19. Vide arts. 14, 33, 36 e 37 da Lei de Arbitragem. A este ponto também se retornará ao longo deste capítulo.
20. BAPTISTA, Luiz Olavo. Arbitragem: aspectos práticos, in *Revista Brasileira de Arbitragem*, número especial de lançamento, jul./out. 2003. São Paulo: Ed. Síntese, p. 218.
21. Muito embora essa ainda seja uma distinção clara entre as instâncias judicial e arbitral, vale notar que essa distinção vem diminuindo com o tempo. Com efeito, a partir do crescimento da noção de instrumentalidade das formas, que vem ganhando relevância e encontrou seu ápice no Código de Processo Civil de 2015, o processo judicial civil vem experimentando um incremento de flexibilidade, seja na acepção de possibilidade de regulação pelas partes – lembre-se, aí, da noção do negócio jurídico processual previsto no art. 190 do CPC/2015 – seja, ainda, na possibilidade de o juiz impor alterações processuais – citando-se, então, o disposto no art. 139, I, do mesmo diploma.
22. DINAMARCO, Cândido Rangel. *A arbitragem na teoria geral do processo*. São Paulo: Malheiros, 2013, p. 56-60.

aceitos internacionalmente – como sói ocorrer na prática, quando as partes, na convenção de arbitragem, fazem referência à aplicação do regulamento de alguma instituição arbitral e/ou, ainda, à aplicação de peças de *soft law* como as diretrizes da *International Bar Association* – IBA. Isto quer dizer, na prática, que o procedimento a ser obedecido na arbitragem pode ser moldado pelas partes – seja na convenção arbitragem, no termo de arbitragem ou até no decorrer do procedimento –, o que ainda é considerado um dos principais atrativos comerciais deste método de resolução de disputas.[23-24-25]

Tida como uma vantagem apreciável da arbitragem, em essência, a flexibilidade, é chancelada pela Lei de Arbitragem, em primeiro lugar, pela postura econômica do legislador quanto à estipulação de regras sobre o próprio rito a ser obedecido, matéria à qual, por opção, dedicou apenas dois artigos, nomeadamente, os arts. 21 e 22.[26] Em

---

23. Conforme leciona Francisco José Cahali: "Ainda, pode-se apontar a flexibilidade do procedimento na arbitragem como um dos pontos positivos deste método. O procedimento arbitral, realmente, é pragmático. Com efeito, pela sua abrangência a toda e qualquer situação, as regras estabelecidas no Código de Processo Civil, e procedimentos cartorários no Judiciário, geram a necessidade da prática de uma série de atos, protocolos, providências, cumprindo inúmeras formalidades, até para segurança do jurisdicionado. Já na arbitragem, o foco maior é a solução da matéria de fundo, e, assim, há maior informalidade nas providências para se alcançar o objetivo: solucionar a controvérsia" (CAHALI, Francisco José. *Curso de arbitragem [livro eletrônico]*: mediação, conciliação, tribunal multiportas. 8. ed. São Paulo: Thomson Reuters Brasil, 2022). "Na arbitragem, pode-se entender que os indivíduos optam pela renúncia da jurisdição estatal em detrimento das vantagens que o procedimento arbitral pode-lhe proporcionar, tais como a celeridade, especialidade técnica do julgador, sigilo dos atos processuais, autonomia das partes e flexibilidade do procedimento" (RESKE, Rafael Henrique; MALIKOSKI, Vitor Henrique. A eficiência da tutela provisória de urgência antecedente no procedimento arbitral. In: MARINONI, Luiz Guilherme; LEITÃO, Cristina Bichels (Coord.). *Arbitragem e direito processual [livro eletrônico]*. São Paulo: Thomson Reuters Brasil, 2021).
24. "[o] processo arbitral ainda ostenta grau significativamente maior de flexibilidade: nele, ao contrário do que ocorre no âmbito judicial, as partes têm total liberdade para conformar o procedimento, podendo criá-lo integralmente, incumbir o árbitro dessa função ou se reportar aos regulamentos de instituições arbitrais, devendo apenas obedecer às garantias mínimas do devido processo" (ARAUJO, Yuri Maciel. *Arbitragem e devido processo legal*. São Paulo: Almedina, 2021, p. 53).
25. Conforme aponta Karl-Heinz Bockstiegel: "There are many ways of managing case efficiently, and it is one of the advantages of arbitration over court litigation that arbitral tribunals can shape a tailor-made procedure that takes into account the many particularizes of each case. (...) Although it is important to clarify the rules of the game as early as possible, it is also important to leave room for flexibility later in the proceedings (.)". (BOCKSTIEGEL, Karl-Heinz. Presenting evidence in international arbitration. *ICSID Review: Foreign Investment Law Journal*, v. 16, n. 1, p. 1-9. Washington, 2001).
26. Art. 21, Lei de Arbitragem. A arbitragem obedecerá ao procedimento estabelecido pelas partes na convenção de arbitragem, que poderá reportar-se às regras de um órgão arbitral institucional ou entidade especializada, facultando-se, ainda, às partes delegar ao próprio árbitro, ou ao tribunal arbitral, regular o procedimento.
§ 1º Não havendo estipulação acerca do procedimento, caberá ao árbitro ou ao tribunal arbitral discipliná-lo.
§ 2º Serão, sempre, respeitados no procedimento arbitral os princípios do contraditório, da igualdade das partes, da imparcialidade do árbitro e de seu livre convencimento.
§ 3º As partes poderão postular por intermédio de advogado, respeitada, sempre, a faculdade de designar quem as represente ou assista no procedimento arbitral.
§ 4º Competirá ao árbitro ou ao tribunal arbitral, no início do procedimento, tentar a conciliação das partes, aplicando-se, no que couber, o art. 28 desta Lei.
Art. 22, Lei de Arbitragem. "Poderá o árbitro ou o tribunal arbitral tomar o depoimento das partes, ouvir testemunhas e determinar a realização de perícias ou outras provas que julgar necessárias, mediante requerimento das partes ou de ofício.
§ 1º O depoimento das partes e das testemunhas será tomado em local, dia e hora previamente comunicados, por escrito, e reduzido a termo, assinado pelo depoente, ou a seu rogo, e pelos árbitros.

segundo lugar, pelo regramento favorável ao empoderamento das partes e, na ausência de consenso, ao árbitro, já desde seu capítulo inicial dedicado às disposições gerais, até seus capítulos sobre convenção de arbitragem e seus efeitos, árbitros e procedimento arbitral. Alguns exemplos dessa chancela podem ser vistos nos seguintes arts.: (i) art. 2º, § 1º[27] – permite-se que as partes escolham se a arbitragem será de direito ou de equidade, bem como as regras de direito a ela aplicáveis; (ii) art. 5º[28] – prevê a adoção, pelas partes, de regras institucionais por meio de referência na cláusula compromissória ou em documento apartado; (iii) art. 11, IV[29] – autoriza-se que as partes, no compromisso arbitral, indiquem as regras aplicáveis à arbitragem; (iv) art. 13, § 4º[30] – admite-se que as partes afastem dispositivos de regulamento de arbitragem que limitem sua escolha de árbitros; e (iv) art. 21[31] – disciplina-se que a arbitragem obedecerá ao estipulado pelas partes na convenção de arbitragem.

Na sua segunda acepção, a flexibilidade implica a possibilidade de modificação da marcha processual originalmente estabelecida ou esperada pelas partes ou, ainda, de desconsideração ou mitigação das consequências do não atendimento de terminados requisitos ou exigências aplicáveis para a prática de atos processuais, flexibilizando, assim, as regras pactuadas originalmente.[32] Tal possibilidade, não é demais lembrar, deve se dar de maneira sempre parcimoniosa e com a observância dos princípios positivados no art. 21, §2º, da Lei de Arbitragem, de modo a evitar a ocorrência de prejuízo processual, em especial qualquer violação ao contraditório ou ao devido processo legal.

---

§ 2º Em caso de desatendimento, sem justa causa, da convocação para prestar depoimento pessoal, o árbitro ou o tribunal arbitral levará em consideração o comportamento da parte faltosa, ao proferir sua sentença; se a ausência for de testemunha, nas mesmas circunstâncias, poderá o árbitro ou o presidente do tribunal arbitral requerer à autoridade judiciária que conduza a testemunha renitente, comprovando a existência da convenção de arbitragem.

§ 3º A revelia da parte não impedirá que seja proferida a sentença arbitral.

(REVOGADO)

§ 5º Se, durante o procedimento arbitral, um árbitro vier a ser substituído fica a critério do substituto repetir as provas já produzidas."

27. Art. 2º, Lei de Arbitragem. "A arbitragem poderá ser de direito ou de equidade, a critério das partes. § 1º Poderão as partes escolher, livremente, as regras de direito que serão aplicadas na arbitragem, desde que não haja violação aos bons costumes e à ordem pública".

28. Art. 5º, Lei de Arbitragem. "Reportando-se as partes, na cláusula compromissória, às regras de algum órgão arbitral institucional ou entidade especializada, a arbitragem será instituída e processada de acordo com tais regras, podendo, igualmente, as partes estabelecer na própria cláusula, ou em outro documento, a forma convencionada para a instituição da arbitragem."

29. Art. 11, Lei de Arbitragem. "Poderá, ainda, o compromisso arbitral conter: (...) IV – a indicação da lei nacional ou das regras corporativas aplicáveis à arbitragem, quando assim convencionarem as partes".

30. Art. 13, Lei de Arbitragem. "Pode ser árbitro qualquer pessoa capaz e que tenha a confiança das partes. (...) § 4o As partes, de comum acordo, poderão afastar a aplicação de dispositivo do regulamento do órgão arbitral institucional ou entidade especializada que limite a escolha do árbitro único, coárbitro ou presidente do tribunal à respectiva lista de árbitros, autorizado o controle da escolha pelos órgãos competentes da instituição, sendo que, nos casos de impasse e arbitragem multiparte, deverá ser observado o que dispuser o regulamento aplicável".

31. Art. 21, Lei de Arbitragem. "A arbitragem obedecerá ao procedimento estabelecido pelas partes na convenção de arbitragem, que poderá reportar-se às regras de um órgão arbitral institucional ou entidade especializada, facultando-se, ainda, às partes delegar ao próprio árbitro, ou ao tribunal arbitral, regular o procedimento".

32. MONTORO, Marcos André Franco. Flexibilidade no procedimento arbitral. Tese de doutorado. São Paulo: Faculdade de Direito da Universidade de São Paulo, 2010, p. 71-72.

Fica evidente, nesses termos, que a flexibilidade permeia todas as fases do procedimento arbitral, valendo "para a instauração da arbitragem, a escolha dos árbitros, alegações iniciais e defesa das partes, instrução do processo e produção de provas, e, claro, à sentença arbitral".[33] Permite, por exemplo, que as partes estabeleçam prazos de comum acordo e selecionem julgadores especialistas na matéria objeto da disputa,[34] assim como faculta aos árbitros que sugiram formas e atos do procedimento, para facilitar a apuração dos fatos e a aplicação do direito[35]. Ademais, a flexibilidade também se opera na possibilidade de as partes alterarem as regras procedimentais antes acordadas, de modo a adequarem o procedimento às suas necessidades contemporâneas.[36] Trata-se, assim, de verdadeiro formalismo elástico ou informalidade ordenada.

A flexibilização do procedimento arbitral consagra a maximização da autonomia da vontade das partes, de modo que, sob o eficaz escrutínio dos árbitros, possam estabelecer as regras do jogo o mais cedo possível, permitindo que o curso do procedimento arbitral se dê de forma menos rígida, menos apegada a limites de cunho processual. Essa característica tem sido reconhecida e aplicada nos Tribunais Estaduais, que recorrentemente têm dado relevo à flexibilidade do procedimento arbitral. Confira-se:

> Inexiste nos autos demonstração explícita de desrespeito aos princípios que regeram o procedimento arbitral, cuja característica é sua flexibilidade, diante da possibilidade das próprias partes, em conjunto com os árbitros indicados, estipularem as regras do procedimento, nos termos do art. 21 da Lei de Arbitragem.[37]

> O procedimento arbitral não possui o mesmo rigor do processo judicial, de forma que o controle exercido pelo Poder Judiciário sobre a sentença arbitral não deve considerar o formalismo exigido ao processo civil, sob pena de transformar o procedimento arbitral em um simulacro de processo judicial e maculando a própria razão de existência da arbitragem, que objetiva conferir uma maior flexibilidade, agilidade e celeridade para a resolução dos conflitos.[38]

No mesmo sentido, o Superior Tribunal de Justiça já estabeleceu ser "plenamente admitida a prorrogação dos prazos legalmente previstos por livre disposição entre as

---

33. BERALDO, Leonardo de Faria. *Curso de arbitragem*: nos termos da Lei 9.307/96. São Paulo: Atlas, 2014, p. 273.
34. NUNES, Thiago Marinho. Arbitragem como método adequado de resolução de conflitos nos contratos. *Revista Brasileira de Arbitragem*. v. XVI Issue 62, p. 60. Comitê Brasileiro de Arbitragem CBAr & IOB, Kluwer Law International 2019.
35. CARMONA, Carlos Alberto. Flexibilização do Procedimento Arbitral. *Revista Brasileira de Arbitragem*. v. VI, Issue 24, p. 21. Comitê Brasileiro de Arbitragem CBAr & IOB 2009.
36. "Por exemplo, as partes podem perfeitamente prever na cláusula compromissória que a arbitragem será julgada por tribunal formado por três árbitros e que o procedimento será confidencial, mas, no termo de arbitragem, modificar tais regras, estipulando julgamento por árbitro único e procedimento não confidencial. A rigor, elas podem modificar as regras procedimentais inclusive já com a arbitragem instituída e após a celebração do termo de arbitragem (não há preclusão), em colaboração com os árbitros e, no caso de arbitragem institucionais, respeitando as regras do regulamento do órgão administrador" (PEREIRA. Guilherme Setoguti J. Procedimento I. In: LEVY, Daniel e PEREIRA, Guilherme Setoguti J. (Coord.). *Curso de arbitragem [livro eletrônico]*. 2. ed. São Paulo: Thomson Reuters Brasil, 2021).
37. TJRJ, Apelação 04045293820138190001, 21ª Câmara Cível, Rel. Andre Emilio Ribeiro Von Melentovytch, j. em 06.06.2017.
38. TJSP, Apelação 1104647-59.2019.8.26.0100, Rel. Maria Laura Tavares, 5ª Câmara de Direito Público, j. em 05.07.2021.

partes e respectivos árbitros, sobretudo em virtude da maior flexibilidade desse meio alternativo de solução de conflitos".[39] Recentemente, ainda, consignou que "o rito da arbitragem guarda, em si, como característica inerente, a flexibilidade, o que tem o condão, a um só tempo, de adequar o procedimento à causa posta em julgamento, segundo as suas particularidades, bem como às conveniências e às necessidades das partes".[40]

2. CELERIDADE, EFICÁCIA E JUSTIÇA DO PROCEDIMENTO ARBITRAL

Outros atrativos do procedimento arbitral são a celeridade, a eficácia e justiça. Muitas vezes, a arbitragem entrega às partes uma prestação jurisdicional em menos tempo e de modo mais eficaz e justo que o Poder Judiciário. É o que Francisco Cahali denomina de benefício econômico-financeiro:

> Em um primeiro momento, os valores para se instaurar um procedimento arbitral poderiam desencorajar o uso do instituto, mas o resultado, medido a partir do custo-benefício (por exemplo, a própria confidencialidade, tecnicidade do árbitro ou a insegurança das decisões judiciais), bem como, e especialmente, a celeridade.[41]

Esses aspectos têm sido valorizados pela doutrina e pelos usuários da arbitragem, especialmente no cenário atual de desenvolvimento dos negócios, de sofisticação das relações comerciais e do crescimento da importância da arbitragem nas operações empresariais. É essa a percepção de Arnoldo Wald: esse panorama de evolução da arbitragem elevou os níveis de celeridade e eficiência nas disputas. Veja-se:

> Ela passou a ser utilizada não somente para a solução dos litígios pelos árbitros, mas também como meio de induzir demandantes e demandados a fazerem acordos ou criar melhores condições para que alcançassem um acordo, que é um elemento-chave nos negócios comerciais para manter o equilíbrio econômico-financeiro dos contratos, sejam eles administrativos, sejam privados, garantindo a celeridade e eficiência dos litígios.[42]

Na mesma orientação, José Emilio Nunes Pinto, ao tecer considerações sobre a prática arbitral no Brasil nos 25 anos da Lei de Arbitragem, assinala que o desenvolvimento da arbitragem se deve à busca por eficiência, economicidade e celeridade:

> Desnecessário dizer que, nesse período, o Brasil incorporou, de forma inequívoca e efetiva, a arbitragem aos meios alternativos (rectius: extrajudiciais) de solução de controvérsias, criando, sempre que possível, mecanismos capazes de dirimir conflitos que possam surgir entre partes. No entanto, esse processo de incorporação da arbitragem requereu um esforço hercúleo para que se pudesse levar a noção teórica da arbitragem à prática efetiva, fazendo com que as diversas disposições se projetassem do texto frio da lei para cada caso concreto. Num mercado eminentemente marcado pela prática

---

39. STJ, REsp 1.636.102/SP, Rel. Min. Ricardo Villas Bôas Cueva, Terceira Turma, j. em 13.06.2017.
40. STJ, REsp 1.903.359/RJ, Rel. Min. Marco Aurélio Bellizze, Terceira Turma, j. em 11.05.2021.
41. CAHALI, Francisco José. *Curso de arbitragem [livro eletrônico]*: mediação: conciliação: tribunal multiportas. 8. ed. São Paulo: Thomson Reuters Brasil, 2022.
42. WALD, Arnoldo. A evolução da doutrina de arbitragem no Brasil. In: WALD, Arnoldo; LEMES, Selma Ferreira (Coord.). *25 anos da lei de arbitragem (1996-2021) [livro eletrônico]*: história, legislação, doutrina e jurisprudência. São Paulo: Thomson Reuters Brasil, 2021.

processual, a formatação do modelo arbitral viu-se tentada, na mais das vezes, importar conceitos e práticas do Código de Processo Civil ("CPC"). Nada obstante a sua natureza jurisdicional e adversarial, a arbitragem foi, aos poucos, desenvolvendo os contornos de sua própria prática, informada que foi pela busca da eficiência, economicidade e celeridade.[43]

Nesse contexto, cumpre destacar que dados recentes mostram a celeridade na prática: de acordo com o relatório "Fatos e Números de 2020-2021" do CAM-CCBC, a duração média de arbitragens iniciadas entre 2017 e 2020 e encerradas em 2020 é de 18,21 meses, enquanto as arbitragens que começaram entre 2018 e 2021 e terminaram em 2021 duraram 16,60 meses, considerando o período entre o Termo de Arbitragem e o encerramento do procedimento.[44]

Na mesma direção, as estatísticas da Câmara de Arbitragem do Mercado ("CAM-B3") de 2021 marcaram o tempo médio dos procedimentos arbitrais encerrados em 2021 em 22 meses (do requerimento de arbitragem até a sentença ou pedido de esclarecimentos) e em 16 meses (se contados do Termo de Arbitragem até a sentença).[45]

A pesquisa "Arbitragem em Números", realizada por Selma Lemas, concluiu que os procedimentos arbitrais administrados por 8 das principais câmaras arbitrais do país[46] ficaram 4% mais rápidos em comparação a 2020, alcançando a média de duração de 18,41 meses (isto é, pouco mais de 1 ano e meio).[47]

Outro exemplo dessa tendência é o fato de que as arbitragens expeditas, que oferecem um procedimento ainda mais célere, têm ganhado maior espaço, por e já possuem tratamento específico em diversas câmaras de arbitragem nacionais e internacionais.[48]

3. REGRAS PROCEDIMENTAIS

Elemento fundamental na arbitragem, a autonomia da vontade das partes exerce papel fundamental na escolha das regras que disciplinam cada procedimento arbitral.[49]

---

43. NUNES PINTO, José Emílio. Um voo rasante sobre a prática arbitral brasileira. In: WALD, Arnoldo; LEMES, Selma Ferreira (Coord.). *25 anos da lei de arbitragem (1996-2021) [livro eletrônico]*: história, legislação, doutrina e jurisprudência. São Paulo: Thomson Reuters Brasil, 2021.
44. Disponível em: https://ccbc.org.br/cam-ccbc-centro-arbitragem-mediacao/fatos-e-numeros-de-2020-2021/. Acesso em: 23 ago. 2022.
45. Disponível em: https://www.camaradomercado.com.br/assets/pt-BR/2021-estatisticas-camara-do-mercado-versao-final.pdf. Acesso em: 23 ago. 2022.
46. As câmaras de arbitragem objeto da pesquisa foram: CAM-AMCHAM, CAM-CCBC, CAM-CIESP-FIESP, CAM-B3, CCI, CAM-FGV, CBMA e CAMARB.
47. Disponível em: https://www.linkedin.com/feed/update/urn:li:activity:6967908458700398592/. Acesso em: 23 ago. 2022.
48. Nesse sentido, menciona-se os Regulamentos de Arbitragem Expedita da CAMARB (Disponível em: https://camarb.com.br/arbitragem/regulamento-de-arbitragem-expedita/. Acesso em: 15 jul. 2022), do CAM-CCBC (Disponível em: https://ccbc.org.br/cam-ccbc-centro-arbitragem-mediacao/ra-46-2021-regulamento-de-arbitragem-expedita/. Acesso em: 15 jul. 2022) e da CCI (Disponível em: https://iccwbo.org/content/uploads/sites/3/2021/03/icc-2021-arbitration-rules-2014-mediation-rules-portuguese-version.pdf. Acesso em: 15 jul. 2022).
49. STRAUBE, Frederico José. A vinculação das partes e dos árbitros ao regulamento de arbitragem. In: CARMONA, Carlos Alberto; LEMES, Selma Ferreira; MARTINS, Pedro Batista (Coord.). *20 anos da lei de arbitragem*: homenagem a Petrônio R. Muniz. São Paulo: Atlas, 2017. p. 383.

Nas palavras de Nelson Nery Júnior, "As partes é que escolhem as regras processuais e procedimentais que serão utilizadas na arbitragem para a solução do conflito".[50]

Isso foi cristalizado na Lei de Arbitragem, que, por meio dos arts. 2º, § 1º, 5º, 11, IV, 19, 1º e 21, consagrou a liberdade de as partes criarem e modularem as regras da arbitragem, cabendo ao árbitro ou tribunal arbitral fazê-lo apenas quando as partes não o tiverem feito (art. 21, § 1º).[51]

O art. 2º, § 1º, da Lei de Arbitragem,[52] estabelece que as partes podem escolher, livremente, as regras de direito que serão aplicadas na arbitragem, desde que não haja violação aos bons costumes e à ordem pública. Na esfera internacional, a doutrina ressalta a mesma orientação.[53] Na sequência, o art. 5º[54] permite que as partes escolham regras de uma câmara de arbitragem para reger o procedimento arbitral, seja na convenção de arbitragem ou em qualquer outra oportunidade.[55] Mais adiante, ao tratar especificamente do compromisso arbitral, o art. 11[56] autoriza que nele as partes indiquem as regras aplicáveis à arbitragem. Já no art. 19, § 1º, a Lei de Arbitragem concede a possibilidade de partes e tribunal arbitral elaborarem regras adicionais, que passarão a ser parte integrante da convenção de arbitragem. Por fim, o art. 21 arremata que a arbitragem obedecerá ao procedimento estabelecido pelas partes na convenção de arbitragem, e, quando não havendo estipulação acerca de tal procedimento, os árbitros podem discipliná-lo.

---

50. NERY JUNIOR, Nelson. *Leis Processuais Civis comentadas e anotadas* [livro eletrônico]. São Paulo: Thomson Reuters Brasil, 2019.
51. PEREIRA. Guilherme Setoguti J. Procedimento I. In: LEVY, Daniel e PEREIRA, Guilherme Setoguti J. (Coord.).*Curso de arbitragem [livro eletrônico]*. 2. ed. São Paulo: Thomson Reuters Brasil, 2021. Conforme Gustavo Schmidt: "Deve prevalecer sempre a autonomia da vontade das partes na escolha das regras aplicáveis ao procedimento, cabendo ao árbitro, na hipótese de omissão, fixar o procedimento, sempre com respeito à garantia do devido processo legal. As partes e os árbitros – repita-se – devem observar as especificidades de cada disputa ao disciplinarem o procedimento arbitral" (SCHMIDT, Gustavo da Rocha; FERREIRA, Daniel Brantes; OLIVEIRA, Rafael Carvalho Rezende. *Comentários à Lei de Arbitragem*. Rio de Janeiro: MÉTODO, 2021, p, 160).
52. Art. 2º, Lei de Arbitragem. "A arbitragem poderá ser de direito ou de equidade, a critério das partes. § 1º Poderão as partes escolher, livremente, as regras de direito que serão aplicadas na arbitragem, desde que não haja violação aos bons costumes e à ordem pública".
53. "An international arbitration may be conducted in many different ways; there are few fixed rules. Institutional and ad hoc rules of arbitration often provide an outline of the various steps to be taken, but detailed regulation of the procedure to be followed is established either by agreement of the parties, or by directions from the arbitral tribunal, or a combination of the two. (...) [h]owever, the freedom of the parties to dictate the procedure to be followed in an international arbitration is not unrestricted. The procedure that they establish must comply with any mandatory rules and public policy requirements of the law of the juridical seat of the arbitration. It must also take into account he provisions of international conventions on arbitration ..." (REDFERN, Alan; HUNTER, Martin, BLACKABY, Nigel and PARTASIDES QC, Constantine. *Redfern and Hunter on international arbitration*. 6. ed. Oxford: Oxford University Press, 2015, p. 353-354).
54. Art. 5º, Lei de Arbitragem. "Reportando-se as partes, na cláusula compromissória, às regras de algum órgão arbitral institucional ou entidade especializada, a arbitragem será instituída e processada de acordo com tais regras, podendo, igualmente, as partes estabelecer na própria cláusula, ou em outro documento, a forma convencionada para a instituição da arbitragem".
55. SCHMIDT, Gustavo da Rocha; FERREIRA, Daniel Brantes; OLIVEIRA, Rafael Carvalho Rezende. *Comentários à Lei de Arbitragem*. Rio de Janeiro: MÉTODO, 2021, p. 71.
56. Art. 11, Lei de Arbitragem. "Poderá, ainda, o compromisso arbitral conter: IV – a indicação da lei nacional ou das regras corporativas aplicáveis à arbitragem, quando assim convencionarem as partes".

Em outras palavras, a determinação das regras aplicáveis ao procedimento arbitral "pode ser feito diretamente pelas partes, em diversas situações (compromisso, cláusula ou, mesmo já durante a arbitragem, através de termos conjuntos), ou pela indicação da entidade arbitral, cujo regulamento conterá as regras a serem observadas)".[57]

Essa sistemática tem sido validada pelo Superior Tribunal de Justiça:

> O procedimento arbitral é, pois, regido, nessa ordem, *pelas convenções estabelecidas entre as partes litigantes – o que se dá tanto por ocasião do compromisso arbitral ou da assinatura do termo de arbitragem, como no curso do processo arbitral –*, pelo regulamento do Tribunal arbitral eleito e pelas determinações exaradas pelo árbitro.[58-59]

Na prática, as regras procedimentais são, como lembram Alan Redfern, Martin Hunter e outros, em lição já transcrita, o procedimento a ser seguido na arbitragem pode ser estipulado pelas partes mediante estipulação em convenção de arbitragem ou mediante referência a um regulamento institucional. Por outro lado, o árbitro ou tribunal arbitral poderá estabelecer tais regras, seja na ausência de consenso entre as partes ou em caráter complementar. Geralmente, é o que ocorre em cada caso concreto, em que comumente as regras procedimentais são fruto de consenso entre partes e árbitro ou tribunal arbitral. Interessante a metáfora utilizada pelos autores, para quem a arbitragem seria como um navio de propriedade das partes e cuja operação diária é por elas transferida ao capitão. As partes poderão, a qualquer momento, destituir o capitão de suas funções se assim desejarem, mas sempre haverá alguém a bordo no comando do navio. Em razão desse delicado equilíbrio, embora o controle vá paulatinamente passando ao capitão, isto é, ao árbitro ou tribunal arbitral, a dinâmica estabelecida no mais das vezes é de busca de um consenso e, quando este não se mostrar possível, de aderência a práticas comuns na esfera internacional ou doméstica, se for o caso, bem como de respeito rigoroso aos ditames constitucionais e exigências da ordem pública.[60]

4. O PAPEL DA LEGISLAÇÃO PROCESSUAL

O papel da legislação processual, em especial, o CPC, na arbitragem é assunto recorrente nos procedimentos arbitrais e na academia, dividindo opiniões. Atualmente, a doutrina e jurisprudência parecem pender para a posição de que, em princípio, na ausência de estipulação das partes e/ou tribunal arbitral, o CPC não se aplica automaticamente à arbitragem.[61] Nessa linha, Thiago Marinho Nunes tece as seguintes considerações:

---

57. CAHALI, Francisco José. *Curso de arbitragem [livro eletrônico]*: mediação: conciliação: tribunal multiportas. 8. ed. São Paulo: Thomson Reuters Brasil, 2022.
58. STJ, CC 185702/DF, Rel. Min. Marco Aurélio Bellizze, 2ª Seção, j. em 22.06.2022.
59. No mesmo sentido: STJ, REsp 1.903.359/RJ, Rel. Ministro Marco Aurélio Bellizze, Terceira Turma, j. em 11.05.2021.
60. REDFERN, Alan; HUNTER, Martin, BLACKABY, Nigel and PARTASIDES QC, Constantine. *Redfern and Hunter on international arbitration*. 6. ed. Oxford: Oxford University Press, 2015, p. 354.
61. Nas lições de Carlos Alberto Carmona: "Tenho insistido – para espanto de muitos, especialmente daqueles que não estudam o Direito processual com a necessária profundidade – que o Código de Processo Civil não se aplica à arbitragem. Parece heresia. Não é. Se os princípios do processo civil orientam e permeiam o processo

Em suma, reconhecer o caráter processual da arbitragem não significa obrigá-la a seguir o processo estatal. O CPC, repita-se, não se aplica à arbitragem. Seus dispositivos são próprios da máquina judiciária estatal e, à exceção dos seus princípios gerais, não se aplicam a qualquer arbitragem.[62]

Sobre o assunto, Guilherme Setoguti dá ênfase à inexistência de disposição na Lei de Arbitragem para a aplicação do CPC:

> A posição mais acertada parece ser a de que, exceto se as partes ou, supletivamente, os árbitros quiserem transpor as regras do CPC a um determinado processo arbitral, este não é automaticamente regido pelo Código. Inexiste qualquer dispositivo na Lei de Arbitragem que determine tal aplicação, de modo que, à míngua de disposição das partes nesse sentido, essa transposição não é automática.[63]

Reforçando esse ponto, Peter Christian Sester aduz que a aplicação do CPC "depende de uma referência específica na Lei de Arbitragem", uma vez que "[n]a Lei de Arbitragem, quando o procedimento arbitral deva obedecer, pontualmente, ao Código de Processo Civil, o legislador utiliza a técnica de referir-se de forma específica aos seus artigos".[64]

Nessa linha, o Superior Tribunal de Justiça, quando do julgamento do Recurso Especial 1.903.359, decidiu que em relação à fase instrutória e às provas a serem produzidas no procedimento arbitral "não haver[ia] nenhuma determinação legal para que seja observado o estatuto de processo civil, ainda que, porventura, se esteja diante de uma lacuna, uma situação não preestabelecida pelas partes ou pelo regulamento disciplinador da arbitragem". Isso porque "o procedimento arbitral é regido, nessa ordem, "pelas convenções estabelecidas entre as partes litigantes (...), pelo regulamento do Tribunal arbitral eleito e pelas determinações exaradas pelo árbitro".[65]

Mais recentemente, essa Corte Superior reacendeu essa discussão, por ocasião do julgamento do Conflito de Competência 185702/DF. O acórdão reforçou o entendimento até então vigente, de que o CPC não se aplica automaticamente à arbitragem, em razão da inexistência de regramento legal:

> O árbitro não se encontra, necessariamente, adstrito ao procedimento estabelecido na Lei adjetiva civil, inexistindo regramento legal algum que determine, genericamente, sua aplicação, nem sequer

---

arbitral (como também permeiam o processo constitucional, o processo administrativo, o processo tributário) o Código de Processo Civil tem utilização bem mais restrita e deve ser consultado no âmbito dos tribunais estatais. Princípio é uma coisa, lei é outra, de modo que os princípios gerais do processo são aplicáveis, é claro, a todos os processos, entre eles o arbitral, sem que haja necessidade de recorrer às normas processuais codificadas que regem o processo estatal. (...)" (CARMONA, Carlos Alberto. Em torno do árbitro. *Revista de Arbitragem e Mediação*. p. 47-63. São Paulo, jan./mar. 2011).

62. NUNES, Thiago Marinho. *Arbitragem, dispositivos e princípios do Código de Processo Civil*. 26 de novembro de 2019, Arbitragem Legal, Migalhas. Disponível em: https://www.migalhas.com.br/coluna/arbitragem-legal/315855/arbitragem--dispositivos-e-principios-do-codigo-de-processo-civil. Acesso em: 15 jul. 2022.
63. PEREIRA. Guilherme Setoguti J. Procedimento I. In: LEVY, Daniel e PEREIRA, Guilherme Setoguti J. (Coord.). *Curso de arbitragem [livro eletrônico]*. 2. ed. São Paulo: Thomson Reuters Brasil, 2021.
64. SESTER, Peter Christian. *Comentários à Lei de Arbitragem e à Legislação Extravagante*. São Paulo: Quartier Latin, 2020, p. 267.
65. STJ, REsp 1.903.359/RJ, rel. Ministro Marco Aurélio Bellizze, Terceira Turma, j. em 11.05.2021.

subsidiária, à arbitragem. Aliás, a Lei de Arbitragem, nos específicos casos em que preceitua a aplicação do diploma processual, assim o faz de maneira expressa.[66]

Contudo, a Ministra Nancy Andrighi, em seu voto, defendeu aplicação subsidiária e excepcional das normas do CPC à arbitragem, quando não houver regras específicas no regulamento de arbitragem da câmara escolhida pelas partes sobre a situação em disputa:

> 8. Inexistindo, no entanto, como na hipótese dos autos, qualquer previsão nesse sentido no referido Regulamento, competiria, data máxima venia, ao ordenador administrativo responsável pela Câmara de Arbitragem ou a órgão equivalente, aplicar, de forma subsidiária e excepcional, as normas do Código de Processo Civil para fixar o juízo arbitral competente uma vez não instituídas regras próprias para esse mister. 9. A aplicação subsidiária das normas do CPC à arbitragem, aliás, já é prevista, expressamente no art. 14 da Lei 9307/1996 (Lei da Arbitragem), no que diz respeito às hipóteses de impedimento e suspeição dos árbitros, nada impedindo que, no silêncio do Regulamento das Câmaras Arbitrais, se faça uso do Diploma Processual para dirimir outras questões procedimentais.[67]

No âmbito internacional, a doutrina enfatiza com mais vigor a inaplicabilidade das regras concebidas para disciplina do processo judicial estatal. Alan Redfern, Martin Hunter, Nigel Blackaby e Constantin Partasides, QC, em obra clássica já referida neste capítulo, após enfatizarem as diversas variáveis presentes na questão da regulação do procedimento da arbitragem internacional, afirmam que:

> [t]he only certainty is that the parties' counsel should not bring with them the rulebooks from their home courts: the rules of civil procedure that govern proceedings in national courts have no place in arbitrations unless the parties expressly agree to adopt them.[68]

5. INSTITUIÇÃO DO PROCEDIMENTO

Nos termos do *caput* do art. 19 da Lei de Arbitragem, o procedimento arbitral é instituído "quando aceita a nomeação pelo árbitro, se for único, ou por todos, se forem vários".[69] Essa tem sido a leitura de grande parte da doutrina: a arbitragem começa quando da aceitação pelo último árbitro, sendo este o momento do início da jurisdição do tribunal arbitral, e não qualquer outro marco, como o termo de arbitragem. Veja-se:

> O artigo 19 da Lei de Arbitragem define de forma clara o início de arbitragem, que se considera instituída quando o árbitro único ou o último árbitro de um tribunal arbitral aceita a sua nomeação. Portanto, a celebração do termo de arbitragem, regulada no § 1º do artigo 19, apesar de certamente importante para o procedimento, é apenas um ato complementar, não essencial para a instituição de arbitragem.[70]

---

66. STJ, CC 185702/DF, Rel. Min. Marco Aurélio Bellizze, 2ª Seção, j. em 22.06.2022.
67. STJ, CC 185702/DF, Voto da Min. Nancy Andrighi, 2ª Seção, j. em 22.06.2022.
68. Op. cit., p. 353.
69. Art. 19, Lei de Arbitragem. "Considera-se instituída a arbitragem quando aceita a nomeação pelo árbitro, se for único, ou por todos, se forem vários".
70. SESTER, Peter Christian. *Comentários à Lei de Arbitragem e à Legislação Extravagante*. São Paulo: Quartier Latin, 2020, p. 243-244.

O art. 19 da LArb dispõe que a arbitragem se considera instituída "quando aceita a nomeação pelo árbitro, se for único, ou por todos, se forem vários", sendo, inclusive, essa a razão pela qual eventuais medidas de urgência devem ser pleiteadas ao Poder Judiciário (LArb, art. 22-A), até então inexiste jurisdição arbitral.[71]

Tal interpretação também tem sido seguida na jurisprudência,[72] inclusive do Superior Tribunal de Justiça. Nesse sentido, destaca-se os Embargos de Declaração no Recurso Especial 1.297.974, em que as partes divergiam quanto ao momento da instituição da arbitragem: enquanto a embargante defendia ser a data da aceitação do último árbitro do tribunal arbitral, a embargada, por sua vez, sustentava que a arbitragem estaria instaurada na data da assinatura da ata de missão (outra nomenclatura para o termo de arbitragem). Diante dessa disputa, a Corte consignou que "deve-se entender instituído o Tribunal Arbitral em 26.03.2010, data em que o último árbitro aceitou o encargo", com base no art. 19 da Lei de Arbitragem.[73] Mais recentemente, a Corte já registrou entendimento na mesma linha.[74]

É importante assinalar que a Lei de Arbitragem não exige formalidade para marcar a aceitação dos árbitros, o que, no âmbito das arbitragens institucionais, normalmente varia de acordo com os regulamentos de arbitragem das câmaras arbitrais.[75]

Nesse contexto, inclusive, destaca-se que o tratamento da matéria varia nos regulamentos de arbitragem de diversas câmaras. Por exemplo, o item 16.2 do regulamento de arbitragem do CAM-CCBC considera "instituída a arbitragem e constituído o tribunal arbitral na data em que for recebida pela secretaria o(s) termo(s) de independência

---

71. PEREIRA. Guilherme Setoguti J. Procedimento I. In: LEVY, Daniel e PEREIRA, Guilherme Setoguti J. (Coord.). *Curso de arbitragem [livro eletrônico]*. 2. ed. São Paulo: Thomson Reuters Brasil, 2021.
72. "Ainda que formulado o requerimento da arbitragem, a mencionada solicitação não se confunde com a instituição do procedimento, a qual se dará, na forma do art. 19, Lei 9.307/96, quando "aceita a nomeação pelo árbitro, se for único, ou por todos, se forem vários" (TJSP, Agravo de instrumento 2179679-04.2015.8.26.0000, Rel. Donegá Morandini, 3ª Câmara de Direito Privado, j. em 02.02.2016).
73. "Processo civil. Embargos de declaração. Erro material e obscuridade. Acolhimento, mas sem efeitos infringentes. Arbitragem. Instituição. Momento. (...) 2. Nos termos do art. 19 da Lei 9.307/96, considera-se instituída a arbitragem quando aceita a nomeação pelo árbitro, se for único, ou por todos, se forem vários. 3. Embargos de declaração parcialmente acolhidos, sem efeitos modificativos" (STJ, Edcl no REsp 1.297.974, Min. Nancy Andrighi, j. em 28.08.2012).
74. "Nesse passo, veja-se que o capítulo IV da Lei 9.307/1996 trata sobre o procedimento arbitral, iniciando, consoante disposto no art. 19, pela instituição da arbitragem, após a aceitação do encargo pelo árbitro único ou "pelo último dos árbitros do colégio" (STJ, CC 151130 SP 2017/0043173-8, Rel. Ministra Nancy Andrighi, j. em 27.11.2019).
75. Nesse ensejo, Carlos Alberto Carmona leciona que "competirá às partes (e, nas arbitragens institucionais, aos entes encarregados de administrar o desenvolvimento da arbitragem) zelar para que se tenha demonstração segura da aceitação pelos árbitros do encargo que se lhes atribui, sob pena de alegarem estes não estarem obrigados a proferir laudo, escapando inclusive às responsabilidades do art. 17 da Lei. 2 Mas a aceitação do encargo prova-se por todos os meios admitidos em direito, e pode ser inclusive tácita: o árbitro que dá início aos procedimentos, mesmo sem ter declarado aceitar a nomeação, acaba por atestar implicitamente sua concordância" (CARMONA, Carlos Alberto. *Arbitragem e processo*: um comentário à Lei 9.307/96. 3. ed. rev., atual. e ampl. São Paulo: Atlas, 2009, p. 279).

firmado(s) pelo(s) árbitro(s) indicado(s)",[76] ao passo que o regulamento de arbitragem da CAMARB aponta que a aceitação dos árbitros se dá exclusivamente com a assinatura ao termo de arbitragem.[77]

Contudo, apesar de posição aparentemente consolidada em doutrina e jurisprudência, há reflexões recentes no sentido de que a aceitação da nomeação pelo árbitro lhe confere jurisdição "ainda provisória, pois submetida à exceção de recusa do nomeado e impugnações",[78] sendo, na realidade, "a confirmação definitiva dos árbitros que comporão o Tribunal Arbitral" o que "torna, na prática, a arbitragem devidamente instituída".[79]

6. INTERRUPÇÃO DA PRESCRIÇÃO

Com a instituição da arbitragem, há a interrupção da prescrição, a qual retroage à data do requerimento de instauração de arbitragem, mesmo que extinta a arbitragem por ausência de jurisdição do tribunal arbitral.[80] Trata-se do § 2º do art. 19 da Lei de Arbitragem,[81] que foi introduzido pela Lei 13.129/2015. A partir deste momento, passou-se a ter previsão legal expressa de que a instituição de procedimentos arbitrais são causa de interrupção da prescrição,[82] o que levou a uma

---

76. Disponível em: https://ccbc.org.br/cam-ccbc-centro-arbitragem-mediacao/resolucao-de-disputas/arbitragem/regulamento-de-arbitragem-2022/. Acesso em: 1º mar. 2023.
77. Item 6.3, regulamento de arbitragem da CAMARB. "A arbitragem será considerada instituída e iniciada a jurisdição arbitral quando aceita a nomeação pelo árbitro, se for único, ou por todos, se forem vários. A aceitação do árbitro dar-se-á exclusivamente por meio de sua assinatura no Termo de Arbitragem". Disponível em: https://camarb.com.br/arbitragem/regulamento-de-arbitragem/. Acesso em: 1º mar. 2023.
78. CAHALI, Francisco José. *Curso de arbitragem [livro eletrônico]: mediação*: conciliação: tribunal multiportas. 8. ed. São Paulo: Thomson Reuters Brasil, 2022.
79. GUERRERO, Luis Fernando; BINNIE, Patrícia Paoliello Lamaneres. Instauração da Arbitragem. In: VASCONCELLOS, Ronaldo; MALUF, Fernando; SANTOS, Giovani Ravagnani e LUÍS, Daniel Tavela (Coord.). *Análise prática das câmaras arbitrais e da arbitragem no Brasil*. São Paulo: IASP, 2019, p. 81.
80. "Hoje, uma vez instituída a arbitragem, com a aceitação do encargo pelos árbitros, tem-se a prescrição por interrompida, em caráter retroativo à data da apresentação do requerimento de arbitragem, ainda que eventualmente os árbitros posteriormente acolham eventual objeção de jurisdição" (SCHMIDT, Gustavo da Rocha; FERREIRA, Daniel Brantes; OLIVEIRA, Rafael Carvalho Rezende. *Comentários à Lei de Arbitragem*. Rio de Janeiro: MÉTODO, 2021, p. 148).
81. Art. 19, § 2º, Lei de Arbitragem. "Considera-se instituída a arbitragem quando aceita a nomeação pelo árbitro, se for único, ou por todos, se forem vários. § 2º A instituição da arbitragem interrompe a prescrição, retroagindo à data do requerimento de sua instauração, ainda que extinta a arbitragem por ausência de jurisdição".
82. "antes da alteração da Lei de Arbitragem, inexistia dispositivo legal específico, tampouco consenso na doutrina a respeito da possibilidade de o árbitro declarar ou não a ocorrência da prescrição de ofício (...) Diante dessa constatação, a Comissão de Juristas discutiu o tema e propôs a adição do parágrafo 2o ao já existente art. 19 da Lei de Arbitragem, determinando que a prescrição seria interrompida com a instituição da arbitragem, retroagindo à data do pedido de instituição, ainda que a arbitragem fosse extinta por ausência de jurisdição. A despeito do dissenso doutrinário sobre o tema, no Congresso Nacional a previsão teve aceitação pacífica e não sofreu alterações durante o processo legislativo. Em 2015, foi promulgada a Lei 13.129, consolidando a inclusão do § 2º ao art. 19" (COELHO, Eleonora; OLIVEIRA, Louise Maia de. Arbitragem e Prescrição. In: NANNI, Giovanni Ettore; RICCIO, Karina; DINIZ, Lucas de Medeiros (Coord.). *Comitê Brasileiro de Arbitragem e a Arbitragem no Brasil*: obra comemorativa ao 20º aniversário do CBAr. São Paulo: Almedina, 2022, p. 165-167).

mudança jurisprudencial para se reconhecer e aplicar a prescrição somente após a inserção deste dispositivo.⁸³

Há, portanto, dois marcos temporais específicos para que se aplique a interrupção da prescrição: (i) a instituição da arbitragem, que, como visto, de acordo com o art. 19 da Lei de Arbitragem, ocorre com a aceitação da nomeação pelo árbitro único ou presidente de um tribunal arbitral; e (ii) a apresentação do requerimento de arbitragem pela(s) parte(s) requerente(s). No primeiro marco, se reconhece a interrupção da prescrição, a qual começa a operar da data do segundo marco.⁸⁴ Quanto ao segundo marco, Adriana Braghetta e Silvia Pachikoski destacam que o requerimento de arbitragem "é o momento que as partes conseguem controlar (e não propriamente quando os árbitros aceitarão seus encargos)".⁸⁵

De acordo com Nelson Nery Júnior, a razão de ser desta regra é a comprovação do exercício regular do direito processual da parte bem como do acesso à justiça:

> O ato de distribuição do pedido de instauração da arbitragem comprova o regular exercício de um direito, dando início a uma ação equivalente à que se faz no meio judicial; além disso, tanto na arbitragem como no processo judicial, deve-se obedecer à garantia constitucional de acesso à justiça e, como a arbitragem exclui o ingresso na jurisdição estatal, não poderia prescindir do efeito de interromper a prescrição.⁸⁶

Para além disso, Peter Christian Sester defende que este dispositivo aumentou a segurança jurídica quanto aos efeitos da instituição da arbitragem e conferiu vantagem competitiva à arbitragem em relação ao Poder Judiciário. Veja-se:

> O artigo 19, § 2º, foi inserido na Lei de Arbitragem por ocasião da reforma de 2015. Com sua redação clara, o dispositivo aumentou a segurança jurídica quanto aos efeitos da instituição da arbitragem. Segundo o § 2º, a instituição da arbitragem interrompe a prescrição *ipso iure* e retroativamente. O uso do termo técnico "interrupção" faz referência ao artigo 202 do Código Civil, segundo o qual

---

83. Nesse sentido, já se posicionou o STJ: "Quanto ao instituto da prescrição no âmbito do processo arbitral, anoto que, ao tempo da apresentação da notificação arbitral pela ora agravante (02.12.2003), não havia regramento legal específico dispondo acerca dos efeitos da prescrição. Apenas com o advento da Lei 13.129/2015, que modificou a Lei de Arbitragem (Lei 9.307/1996), passou a existir no ordenamento jurídico pátrio expressa previsão acerca da instituição do procedimento arbitral como causa de interrupção da prescrição" (STJ, AREsp 640.815/PR, Rel. Ministro Gurgel de Faria, Primeira Turma, j. em 07.12.2017). Na mesma direção, destaca-se: "considerando a alteração legislativa promovida em 2015 pela Lei 13.129, é inaplicável ao caso concreto o disposto no artigo 19, § 2º da Lei 9.307/1996, utilizado pelo magistrado a quo quando da fundamentação para afastar a prescrição arguida. Defende que somente com a prova da aceitação da nomeação pelo árbitro que se suspende o prazo prescricional, o que não se verifica nos autos, vez que não há provas da instauração da arbitragem. Requer que seja reconhecida a ocorrência de prescrição. Realmente, o fundamento utilizado pelo magistrado a quo deve ser afastando, porquanto não há que se falar em retroatividade da lei de 2015, não se aplicando ao caso concreto" (TJPR, Apelação 0033727-72.2013.8.16.0001, Juíza Substituta de 2ºGrau Luciane Bortoleto, 18ª Câmara Cível, j. em 29.05.2019).
84. ZAKIA, José Victor Palazzi. Um panorama geral da reforma da Lei de Arbitragem: o que mudou com a Lei Ordinária 13.129/2015. *Revista Brasileira de Arbitragem*, v. XIII, Issue 51, p. 60-61.
85. BRAGHETTA, Adriana; PACHIKOSKI, Silvia Rodrigues. As novidades da Lei 13.129/2015 no panorama da Arbitragem Brasileira. In: WALD, Arnoldo; LEMES, Selma Ferreira (Coord.). *25 anos da lei de arbitragem (1996-2021) [livro eletrônico]*: história, legislação, doutrina e jurisprudência. São Paulo: Thomson Reuters Brasil, 2021.
86. NERY JUNIOR, Nelson. *Leis Processuais Civis comentadas e anotadas [livro eletrônico]*. São Paulo: Thomson Reuters Brasil, 2019.

a prescrição interrompida recomeça a contar da data do ato que a interrompeu, ou do último ato do processo para a interromper. Caso o tribunal arbitral entenda que não possui jurisdição sobre o feito, e, em seguida, extinga o procedimento, o efeito da interrupção ainda assim não será extinto. Em outras palavras, não se desconsidera a renovação da contagem do prazo prescricional ocorrida com a instituição da arbitragem. Ao determinar a interrupção da prescrição quando da instituição da arbitragem, mesmo após o tribunal reconhecer sua ausência de jurisdição, tal dispositivo da Lei de Arbitragem desempenha papel fundamental na equiparação dos efeitos da instituição da arbitragem aos efeitos do despacho do juiz no início do processo judicial. (...) Dado que no Brasil as partes tipicamente escolhem a arbitragem institucional, a interrupção da prescrição acontece com protocolo do requerimento na câmara de arbitragem e não depende do momento em que o árbitro emite o primeiro despacho. A antecipação do efeito da interrupção da prescrição é uma vantagem competitiva da arbitragem frente ao Poder Judiciário.[87]

7. TERMO DE ARBITRAGEM

Ainda, no âmbito do artigo 19 da Lei de Arbitragem, tem-se o § 1º, que dispõe que "[i]nstituída a arbitragem e entendendo o árbitro ou o tribunal arbitral que há necessidade de explicitar questão disposta na convenção de arbitragem, será elaborado, juntamente com as partes, adendo firmado por todos, que passará a fazer parte integrante da convenção de arbitragem".

A doutrina entende que este dispositivo fundamenta o termo de arbitragem no direito brasileiro, sendo um instrumento muito comum na prática arbitral.[88]

Nas lições de José Carlos de Magalhães, o propósito do termo de arbitragem é "estabelecer os princípios e normas que governarão o processo arbitral, com a previsão de regras de procedimento, como a definição de prazos para alegações e respostas, a responsabilidade pelas custas e outros elementos necessários à condução do processo".[89] Na mesma linha, Carlos Alberto Carmona leciona que o referido instrumento perfaz um "útil mecanismo de especificação da convenção de arbitragem", cujo requisito formal é "apenas a necessidade de elaboração conjunta pelo árbitro e pelas partes, devendo constar do termo em questão a assinatura de todos eles".[90]

Tal entendimento já foi também chancelado pelo Superior Tribunal de Justiça, por ocasião do Recurso Especial 1.389.763/PR, notadamente ao se deparar com uma alegação de invalidade do procedimento arbitral em razão de a cláusula compromissória ter sido substancialmente alterada pelo termo de arbitragem. Ao examinar a questão, a Corte Superior registrou que o termo de arbitragem (i) encontra respaldo

---

87. SESTER, Peter Christian. *Comentários à Lei de Arbitragem e à Legislação Extravagante*. São Paulo: Quartier Latin, 2020, p. 248-249.
88. A título de exemplo, veja-se: SESTER, Peter Christian. *Comentários à Lei de Arbitragem e à Legislação Extravagante*. São Paulo: Quartier Latin, 2020, p. 245; e SCHMIDT, Gustavo da Rocha; FERREIRA, Daniel Brantes; OLIVEIRA, Rafael Carvalho Rezende. *Comentários à Lei de Arbitragem*. Rio de Janeiro: MÉTODO, 2021, p. 145.
89. MAGALHÃES, José Carlos de. Vícios na constituição do tribunal arbitral. Sentença arbitral extra petita. Ausência de jurisdição do tribunal arbitral: cláusula de foro judicial. *Revista de Arbitragem e Mediação*, v. 39, p. 175-192, 2013.
90. CARMONA, Carlos Alberto. *Arbitragem e processo*: um comentário à Lei 9.307/96. 3. ed. rev., atual. e ampl. São Paulo: Atlas, 2009, p. 280-281.

legal no antigo parágrafo único do artigo 19 da Lei de Arbitragem (cuja redação é a mesma do atual §1º do mesmo artigo); (ii) sendo "instrumento processual organizador da arbitragem ", pelo qual se confere aos árbitros e às partes mais uma possibilidade de acordarem a respeito de especificidades e da delimitação da controvérsia"; e (iii) podendo "ser alterada inteiramente o que anteriormente estipulado na convenção arbitral".[91]

É importante assinalar que, apesar de sua importância prática, a doutrina entende que o termo de arbitragem não é ato processual obrigatório. Isto é, a arbitragem pode muito bem ser regulada com base na convenção de arbitragem, por exemplo. Nesse sentido, Guilherme Setoguti sintetiza:

> Se a cláusula compromissória é suficiente, isto é, contém todos os elementos necessários à instituição da arbitragem – e, sobretudo, se faz remissão a algum corpo normativo que indica elementos acidentais do procedimento –, o termo de arbitragem é prescindível (embora, torna-se a dizer, na prática ele seja muito empregado).[92]

Ocorre que, na prática brasileira, a celebração desse instrumento é regra, muito em razão de as cláusulas compromissórias raramente disciplinarem todas as questões procedimentais da arbitragem,[93] restringindo-se às questões mais básicas, como a definição da câmara de arbitragem, bem assim do idioma e da lei aplicável ao mérito da disputa, pelo que se faz necessária a assinatura de um termo de arbitragem que disponha sobre as demais questões relevantes, tais como o calendário procedimental, o escopo da disputa, a contagem de prazos, entre outros.

Nesse contexto, destaca-se que diversas câmaras de arbitragem incorporaram em seus regulamentos disposições específicas sobre o termo de arbitragem e seus requisitos, inserindo-o no curso regular – e praticamente onipresente – dos procedimentos arbitrais. A título de exemplo, menciona-se os itens 4.17[94] e 4.18[95] do regulamento de arbitragem

---

91. STJ, REsp 1.389.763/PR, Rel. Ministra Nancy Andrighi, Terceira Turma, j. em 12.11.2013.
92. PEREIRA. Guilherme Setoguti J. Procedimento I. In: LEVY, Daniel e PEREIRA, Guilherme Setoguti J. (Coord.). *Curso de arbitragem [livro eletrônico]*. 2. ed. São Paulo: Thomson Reuters Brasil, 2021.
93. BAPTISTA, Luiz Olavo. *Arbitragem comercial e internacional*. São Paulo: Lex Editora, 2011, p. 215.
94. Item 23.1, regulamento de arbitragem do CAM-CCBC. "Instituída a arbitragem, conforme previsto no artigo 16.2, a secretaria notificará as partes e os árbitros para que, juntamente com representante do CAM-CCBC e duas testemunhas, firmem o Termo de Arbitragem em até 30 (trinta) dias". Disponível em https://ccbc.org.br/cam-ccbc-centro-arbitragem-mediacao/resolucao-de-disputas/arbitragem/regulamento-de-arbitragem-2022/. Acesso em: 1º mar. 2023.
95. Item 23.2, regulamento de arbitragem do CAM-CCBC.
O Termo de Arbitragem conterá: (a) nome e qualificação das partes e dos árbitros; (b) sede da arbitragem; (c) a transcrição da convenção de arbitragem; (d) se for o caso, a autorização para que os árbitros julguem por equidade (ex aequo et bono); (e) idioma em que será conduzida a arbitragem; (f) objeto do litígio; (g) lei aplicável; (h) os pedidos de cada uma das partes; (i) valor em disputa na arbitragem; (j) calendário inicial do procedimento; e (k) a expressa aceitação de responsabilidade pelo pagamento dos custos de administração do procedimento, despesas, honorários de peritos e dos árbitros à medida em que forem solicitados pelo CAM--CCBC"". Disponível em https://ccbc.org.br/cam-ccbc-centro-arbitragem-mediacao/resolucao-de disputas/arbitragem/regulamento-de-arbitragem-2022/. Acesso em: 1º mar. 2023.

do CAM-CCBC, os itens 23.1[96] e 23.2[97] do regulamento de arbitragem da CAM-B3 e o art. 23[98] do regulamento de arbitragem da CCI.

Peter Christian Sester traça um panorama do que considera como "prática estandardizada" nas arbitragens institucionais no Brasil, cujo conteúdo se reproduz abaixo:

> (i) "A câmara de arbitragem disponibiliza aos árbitros uma minuta padronizada, por ela elaborada com base no seu regulamento e na sua experiência com a administração dos casos. A minuta é permanentemente atualizada (por exemplo, à luz da evolução da jurisprudência).
>
> (ii) Os árbitros fazem uma primeira análise do documento e eventualmente incluem adaptações. Em seguida, o árbitro presidente encaminha a minuta às partes.
>
> (iii) Antes da audiência – ou teleconferência – cujo objetivo único é a celebração do Termo de Arbitragem e o estabelecimento do calendário do procedimento, as partes complementam a minuta, especificando os pedidos e a causa. Às vezes, nesse momento elas tentam resolver pontos controversos de forma bilateral, isto é, sem a intermediação dos árbitros.
>
> (iv) Em relação às divergências que não conseguem resolver antes da audiência, o tribunal arbitral tenta primeiro conciliar as partes, e, caso essa tentativa não seja bem-sucedida, a pedido das partes, decide a respeito".[99]

Oportuno destacar, ainda, que a prática arbitral doméstica brasileira, nesse quesito, difere daquela observada em arbitragens internacionais. Isso porque, no âmbito internacional, o documento conhecido como termo de arbitragem ou *terms of reference* ou, ainda, na linguagem da Câmara de Comércio Internacional, ata de missão, registra

---

96. Item 4.1, regulamento de arbitragem da CAM-B3. "*Termo de Arbitragem*. Após a nomeação dos árbitros, o Tribunal Arbitral, em conjunto com as partes, elaborará o Termo de Arbitragem, que deverá conter os seguintes pontos: i. qualificação completa das partes e dos árbitros, bem como indicação de quem será o Presidente do Tribunal; ii. resumo das pretensões das partes, que será elaborado em seções distintas, conforme a entendimento de cada parte; iii. valor estimado do litígio; iv. regras aplicáveis ao procedimento arbitral; v. se os árbitros deverão solucionar o conflito segundo as regras de direito ou por equidade, quando possível; vi. lugar de apresentação da sentença arbitral; vii. estimativa dos honorários do Tribunal Arbitral; viii. idioma em que será conduzido o procedimento arbitral; ix. responsabilidade pelo pagamento dos honorários dos peritos, dos árbitros e dos advogados, e de outras despesas processuais; e x. prazo para prolação da sentença arbitral". Disponível em https://www.camaradomercado.com.br/pt-br/arbitragem.html. Acesso em: 15 jul. 2022.
97. Item 4.2, regulamento de arbitragem da CAM-B3. "As partes serão intimadas a comparecerem perante a Câmara de Arbitragem para audiência preliminar, na qual, juntamente com os árbitros, firmarão o Termo de Arbitragem". Disponível em https://www.camaradomercado.com.br/pt-br/arbitragem.html. Acesso em: 15 jul. 2022.
98. Art. 23, regulamento de arbitragem da CCI. "Ata de Missão. 1. Tão logo receba os autos da Secretaria, o tribunal arbitral elaborará, fundamentado em documentos ou na presença das partes e à luz das suas mais recentes alegações, documento que defina a sua missão. Esse documento deverá conter os seguintes elementos: a) nome ou denominação completo, qualificação, endereço e qualquer outro dado para contato de cada parte e de cada pessoa que esteja representando uma parte na arbitragem; b) os endereços para os quais poderão ser enviadas as notificações e comunicações necessárias no curso da arbitragem; c) resumo das demandas das partes e dos seus pedidos, incluídos os valores de qualquer demanda que esteja quantificada e, se possível, uma estimativa do valor monetário das demais demandas; d) a menos que o tribunal arbitral considere inadequado, uma relação dos pontos controvertidos a serem resolvidos; e) os nomes completos, os endereços e qualquer outro dado para contato de cada árbitro; f) a sede da arbitragem; e g) as regras processuais aplicáveis e, se for o caso, a referência aos poderes conferidos ao tribunal arbitral para atuar como amiable compositeur ou para decidir ex aequo et bono. (...)" Disponível em: https://iccwbo.org/content/uploads/sites/3/2021/03/icc-2021-arbitration-rules--2014-mediation-rules-portuguese-version.pdf. Acesso em: 15 jul. 2022.
99. SESTER, Peter Christian. *Comentários à Lei de Arbitragem e à Legislação Extravagante*. São Paulo: Quartier Latin, 2020, p. 246.

apenas os dados cartoriais da arbitragem, tais como a composição do tribunal arbitral, as partes e seus representantes, os pedidos deduzidos e as defesas articuladas.[100] As regras procedimentais, o roteiro a ser seguido como guia da marcha processual até a entrega da prestação jurisdicional, vem estabelecido na chamada Procedural Order 1, ou simplesmente PO 1. Esta, por sua vez, é geralmente também fruto de discussão e consenso entre partes e árbitro ou tribunal arbitral. Contudo, uma vez atingido o consenso ou, não atingido, uma vez decidida a questão, a ordem é emitida pelo árbitro ou tribunal arbitral, sem que seja subscrita pelas partes, como ocorre com o termo de arbitragem. Este procedimento sepulta de vez qualquer alegação de impossibilidade de o árbitro ou tribunal arbitral alterar, sem consentimento de todas as partes, alguma regra pactuada no termo de arbitragem.

8. ORGANIZAÇÃO E CONDUÇÃO DO PROCEDIMENTO

Instituída a arbitragem, assinado o termo de arbitragem, o procedimento arbitral segue, devendo o Tribuna Arbitral organizar e conduzir o procedimento com base nas regras acordadas pelas partes. Nesse momento, aduz Thiago Marinho Nunes, os árbitros são personagens fundamentais para a garantia da eficácia da solução do litígio: "[a]os árbitros, os quais são dotados de poderes jurisdicionais, compete o controle do procedimento".[101] Essa postura é incentivada por regulamentos de câmaras arbitrais e instrumentos de *soft law*.

No âmbito dos Regulamentos de câmaras arbitrais, menciona-se o art. 24 do regulamento de arbitragem da CCI, que estimula que o tribunal arbitral realize conferências com as partes sobre a condução do procedimento e estabeleça um cronograma da arbitragem:

> 1. Durante ou logo após a elaboração da Ata de Missão, o tribunal arbitral deverá convocar uma conferência sobre a condução do procedimento para consultar as partes sobre medidas procedimentais que poderão ser adotadas nos termos do art. 22(2). 2 Durante essa conferência, ou logo que possível após a sua realização o tribunal arbitral deverá fixar o cronograma do procedimento que pretenda seguir para a condução eficaz da arbitragem.[102]

Em caráter semelhante, as Regras de Praga, que se destinam a aumentar a eficiência de procedimentos arbitrais, encorajam que os árbitros tenham uma postura ativa na

---

100. GAILLARD, Emanuel e SAVAGE, John. Fouchard, Gaillard, Goldman on international arbitration. The Hague: Kluwer Law International, 1999, p. 666. Os autores lembram que a tradição de utilização do termo de arbitragem remonta a antigas regras do direito europeu continental, inclusive francês, que exigiam a confirmação, por ocasião do surgimento da disputa, do consentimento originalmente manifestado à convenção de arbitragem, sob pena de ineficácia. (Idem, ibidem).
101. NUNES, Thiago Marinho. A conduta ética na arbitragem sob a perspectiva do árbitro e seus auxiliares. In: WALD, Arnoldo; LEMES, Selma Ferreira (Coord.). *25 anos da lei de arbitragem (1996-2021) [livro eletrônico]*: história, legislação, doutrina e jurisprudência. São Paulo: Thomson Reuters Brasil, 2021.
102. Disponível em: https://iccwbo.org/content/uploads/sites/3/2021/03/icc-2021-arbitration-rules-2014-mediation-rules-portuguese-version.pdf. Acesso em: 15 jul. 2022.

condução de arbitragens, com a realização de conferência de gestão do procedimento para se discutir calendário processual e os fundamentos e pedidos de cada parte. Veja-se:

> 2.1. Após receber o processo, o Tribunal Arbitral deverá, sem atrasos injustificados, realizar uma conferência de gestão do processo. 2.2. Durante a conferência de gestão do processo, o Tribunal Arbitral, se o julgar apropriado, deverá: i. discutir com as partes um calendário processual; ii. esclarecer com as Partes as respetivas posições em relação: a. ao pedido formulado pelas partes; b. aos fatos que não estão em disputa entre as partes e os fatos que são contestados; e c. aos fundamentos jurídicos nos quais as Partes baseiam as suas posições.[103]

Nessa linha, insere-se também o guia do *The Chartered Institute of Arbitrators* ("CIArb") sobre condução de arbitragens e elaboração de ordens processuais, o qual orienta que os árbitros realizem conferências sobre condução e sobre o progresso do procedimento, além de definirem um calendário procedimental com as partes. Além disso, o referido guia também sugere medidas para que os árbitros evitem comportamentos disruptivos das partes, como a explicação do estilo de advocacia aceitável no procedimento e das consequências de descumprimentos de ordens processuais.[104]

9. AS FASES DO PROCEDIMENTO ARBITRAL

Como visto nos itens anteriores, a Lei de Arbitragem não detalha o procedimento a ser adotado. Esse procedimento é tratado usualmente na convenção de arbitragem ou no regulamento da câmara de arbitragem escolhido pelas partes,[105] cabendo às partes e ao tribunal arbitral definir suas particularidades. Não se encontra na lei, por exemplo, uma cronologia mandatória de um procedimento a ser seguido, como ordem de manifestações, produção de prova ou audiência. Nesse contexto, Francisco Cahali – fazendo menção a Fouchard, Gaillard e Goldman, e ciente da flexibilidade do procedimento arbitral –, propõe serem três momentos distintos para se efetivar a arbitragem no aspecto procedimental: (i) instauração da arbitragem; (ii) organização da arbitragem; e (iii) desenvolvimento da arbitragem.[106]

Sobre a primeira fase, o autor assenta que é o momento em que ocorrem as providências pré-processuais, extrajudiciais, judiciais ou de acordo com o regulamento da instituição arbitral eleita, para a instauração do juízo arbitral.[107] Trata-se do procedimento prévio que envolve a apresentação do requerimento de arbitragem pela parte

---

103. Disponível em: https://praguerules.com/upload/medialibrary/1ce/1ceb209403ed5145d6b85c632489bf56.pdf . Acesso em: 15 jul. 2022.
104. Disponível em: https://ciarb-brazil.org/wp-content/uploads/2020/12/guideline-6-managing-arbitrations-and-procedural-orders-2015.pdf. Acesso em: 15 jul. 2022.
105. BAPTISTA, Luiz Olavo. *Arbitragem comercial e internacional*. São Paulo: LexMagister, 2011, p. 209-210.
106. CAHALI, Francisco José. *Curso de arbitragem [livro eletrônico]*: mediação, conciliação, tribunal multiportas. 8. ed. São Paulo: Thomson Reuters Brasil, 2022.
107. CAHALI, Francisco José. *Curso de arbitragem [livro eletrônico]*: mediação, conciliação, tribunal multiportas. 8. ed. São Paulo: Thomson Reuters Brasil, 2022.

requerente, com a notificação da parte requerida para que possa se defender e participar da formação do tribunal arbitral, até a aceitação da nomeação por todos os árbitros.[108]

No tocante à segunda fase, "há o importante momento de organização do procedimento, no qual se estabelecem quais, como e quando os atos serão praticados, fixa-se o objeto do conflito, e assim se faz a "estabilização da demanda".[109]

Em relação à fase do desenvolvimento da arbitragem, tem-se "a prática dos atos postulatórios, instrutórios e decisórios, sob a autoridade do árbitro, mas com a cooperação, em algumas hipóteses isoladas, do Poder Judiciário".[110] Em razão da maior flexibilidade observada na seara arbitral, deve-se considerar que há certo grau de maleabilidade no tipo de atividade passível de ser desenvolvida no decorrer do procedimento arbitral, assim como, também, há a possibilidade de retorno da marcha processual ou alterações de curso, como já tratado, sempre e quando respeitados o contraditório, o devido processo legal e a paridade de armas ou isonomia, evitando-se, outrossim, a prática de decisões surpresa.

Na mesma linha, pode-se citar a esquematização proposta por Renato Stephan Grion, sem qualquer pretensão exauriente, mas representativa de um *iter* processual ordinariamente utilizado em arbitragens, mas com alguns acréscimos ora sugeridos:

i. Requerimento de arbitragem;

ii. Resposta ao requerimento de arbitragem;

iii. Indicação do árbitro único ou constituição do tribunal arbitral;

iv. Termo de arbitragem;

v. Calendário do procedimento;

vi. Alegações iniciais;

vii. Resposta às alegações iniciais;

viii. Pedido de produção de documentos, resposta e decisão;

viii. Réplica;

ix. Tréplica;

x. Audiência para oitiva de testemunhas;

xi. Alegações finais;

xii. Comprovação dos custos da arbitragem; e

xiii. Sentença[111]

xiii. Pedido de esclarecimentos e respectiva decisão[112]

---

108. SCHMIDT, Gustavo da Rocha; FERREIRA, Daniel Brantes; OLIVEIRA, Rafael Carvalho Rezende. *Comentários à Lei de Arbitragem*. Rio de Janeiro: Método, 2021, p. 141.
109. CAHALI, Francisco José. *Curso de arbitragem [livro eletrônico]*: mediação, conciliação, tribunal multiportas. 8. ed. São Paulo: Thomson Reuters Brasil, 2022.
110. CAHALI, Francisco José. *Curso de arbitragem [livro eletrônico]*: mediação, conciliação, tribunal multiportas. 8. ed. São Paulo: Thomson Reuters Brasil, 2022.
111. GRION, Renato Stephan. Procedimento II. *Curso de arbitragem [livro eletrônico]*. In: LEVY, Daniel e PEREIRA, Guilherme Setoguti J. (Coord.). 2. ed. São Paulo: Thomson Reuters Brasil, 2021.
112. Etapa não referida na obra citada como referência para o quadro transcrito.

BIBLIOGRAFIA E JULGADOS SELECIONADOS

ARAUJO, Yuri Maciel. *Arbitragem e devido processo legal*. São Paulo: Almedina, 2021.

BAPTISTA, Luiz Olavo. Arbitragem: aspectos práticos. *Revista Brasileira de Arbitragem*, número especial de lançamento. São Paulo: Ed. Síntese, jul./out. 2003.

BAPTISTA, Luiz Olavo. *Arbitragem comercial e internacional*. São Paulo: Lex Editora, 2011.

BERALDO, Leonardo de Faria. *Curso de arbitragem: nos termos da Lei no 9.307/96*. São Paulo: Atlas, 2014.

BOCKSTIEGEL, Karl-Heinz. Presenting evidence in international arbitration. *ICSID Review: Foreign Investment Law Journal*, v. 16, n. 1, Washington, 2001.

BRAGHETTA, Adriana; PACHIKOSKI, Silvia Rodrigues. As novidades da Lei 13.129/2015 no panorama da Arbitragem Brasileira. In: WALD, Arnoldo; LEMES, Selma Ferreira (Coord.). *25 anos da lei de arbitragem (1996-2021) [livro eletrônico]*: história, legislação, doutrina e jurisprudência. São Paulo: Thomson Reuters Brasil, 2021.

CAHALI, Francisco José. *Curso de arbitragem [livro eletrônico]*: mediação, conciliação, tribunal multiportas. 8. ed. São Paulo: Thomson Reuters Brasil, 2022.

CARMONA, Carlos Alberto. Flexibilização do Procedimento Arbitral. *Revista Brasileira de Arbitragem*. Comitê Brasileiro de Arbitragem CBAr & IOB 2009, v. VI Issue 24.

CARMONA, Carlos Alberto. Em torno do árbitro. *Revista de Arbitragem e Mediação*. São Paulo, jan./mar. 2011.

CARMONA, Carlos Alberto. In: NANNI, Giovanni Ettore; RICCIO, Karina; DINIZ, Lucas de Medeiros (Coord.). *Arbitragem e processo*: um comentário à Lei 9.307/96. 3. Ed. ver., atual. e ampl. São Paulo: Atlas, 2009.

COELHO, Eleonora; OLIVEIRA, Louise Maia de. Arbitragem e Prescrição. *Comitê Brasileiro de Arbitragem e a Arbitragem no Brasil*: obra comemorativa ao 20° aniversário do CBAr. São Paulo: Almedina, 2022.

GRION, Renato Stephan. Procedimento II. In: LEVY, Daniel e PEREIRA, Guilherme Setoguti J. (Coord.). *Curso de arbitragem* [livro eletrônico]. 2. ed. São Paulo: Thomson Reuters Brasil, 2021.

DINAMARCO, Cândido Rangel. *Instituições de direito processual civil*. 9. ed. São Paulo: Malheiros, 2017. v. I.

GAILLARD, Emanuel e SAVAGE, John. *Fouchard, Gaillard, Goldman on international arbitration*. The Hague: Kluwer Law International, 1999.

GUERRERO, Luis Fernando; BINNIE, Patrícia Paoliello Lamaneres. Instauração da Arbitragem. In: VASCONCELLOS, Ronaldo; MALUF, Fernando; SANTOS, Giovani Ravagnani e LUÍS, Daniel Tavela (Coord.). *Análise prática das câmaras arbitrais e da arbitragem no Brasil*. São Paulo: IASP, 2019.

LIEBMAN, Enrico Tulio. *Manual de direito processual civil*. Trad. Cândido Rangel Dinamarco. 3. ed. São Paulo: Malheiros, 2005. v. 1.

MAGALHÃES, José Carlos de. Vícios na constituição do tribunal arbitral. Sentença arbitral extra petita. Ausência de jurisdição do tribunal arbitral: cláusula de foro judicial. *Revista de Arbitragem e Mediação*, v. 39, p. 175-192. 2013.

MONTORO, Marcos André Franco. *Flexibilidade no procedimento arbitral*. Tese de doutorado. São Paulo: Faculdade de Direito da Universidade de São Paulo, 2010.

NERY JUNIOR, Nelson. *Leis Processuais Civis comentadas e anotadas* [livro eletrônico]. São Paulo: Thomson Reuters Brasil, 2019.

NUNES PINTO, José Emílio. Um voo rasante sobre a prática arbitral brasileira. In: WALD, Arnoldo; LEMES, Selma Ferreira (Coord.). *25 anos da lei de arbitragem (1996-2021) [livro eletrônico]*: história, legislação, doutrina e jurisprudência. São Paulo: Thomson Reuters Brasil, 2021.

NUNES, Thiago Marinho. Arbitragem como método adequado de resolução de conflitos nos contratos. *Revista Brasileira de Arbitragem*. v. XVI, Issue 62. Comitê Brasileiro de Arbitragem CBAr & IOB, Kluwer Law International 2019.

NUNES, Thiago Marinho. A conduta ética na arbitragem sob a perspectiva do árbitro e seus auxiliares. In: . In: WALD, Arnoldo; LEMES, Selma Ferreira (Coord.). *25 anos da lei de arbitragem (1996-2021) [livro eletrônico]*: história, legislação, doutrina e jurisprudência. São Paulo: Thomson Reuters Brasil, 2021.

NUNES, Thiago Marinho. Arbitragem, dispositivos e princípios do Código de Processo Civil. 26 de novembro de 2019, Arbitragem Legal, *Migalhas*. Disponível em: https://www.migalhas.com.br/coluna/arbitragem-legal/315855/arbitragem--dispositivos-e-principios-do-codigo-de-processo-civil.

PARENTE, Eduardo de Albuquerque. *Processo arbitral e sistema*. São Paulo: Atlas, 2012.

PEREIRA. Guilherme Setoguti J. Procedimento I. In: LEVY, Daniel e PEREIRA, Guilherme Setoguti J. (Coord.). *Curso de arbitragem [livro eletrônico]*. 2. ed. São Paulo: Thomson Reuters Brasil, 2021.

REDFERN, Alan; HUNTER, Martin, BLACKABY, Nigel and PARTASIDES QC, Constantine. *Redfern and Hunter on international arbitration*. 6. ed. Oxford: Oxford University Press, 2015.

RESKE, Rafael Henrique; MALIKOSKI, Vitor Henrique. A eficiência da tutela provisória de urgência antecedente no procedimento arbitral. In: MARINONI, Luiz Guilherme; LEITÃO, Cristina Bichels (Coord.). *Arbitragem e direito processual [livro eletrônico]*. São Paulo: Thomson Reuters Brasil, 2021.

SCHMIDT, Gustavo da Rocha; FERREIRA, Daniel Brantes; OLIVEIRA, Rafael Carvalho Rezende. *Comentários à Lei de Arbitragem*. Rio de Janeiro: MÉTODO, 2021.

SESTER, Peter Christian. *Comentários à Lei de Arbitragem e à Legislação Extravagante*. São Paulo: Quartier Latin, 2020.

STRAUBE, Frederico José. A vinculação das partes e dos árbitros ao regulamento de arbitragem. In: CARMONA, Carlos Alberto; LEMES, Selma Ferreira; MARTINS, Pedro Batista (Coord.). *20 anos da lei de arbitragem*: homenagem a Petrônio R. Muniz. São Paulo: Atlas, 2017.

THEODORO JÚNIOR, Humberto. *Custo de direito processual civil*. 57. ed. Rio de Janeiro: Forense, 2016. v. I.

WALD, Arnoldo. A evolução da doutrina de arbitragem no Brasil. In: WALD, Arnoldo; LEMES, Selma Ferreira (Coord.). *25 anos da lei de arbitragem (1996-2021) [livro eletrônico]*: história, legislação, doutrina e jurisprudência. São Paulo: Thomson Reuters Brasil, 2021.

ZAKIA, José Victor Palazzi. Um panorama geral da reforma da Lei de Arbitragem: o que mudou com a Lei Ordinária 13.129/2015. *Revista Brasileira de Arbitragem*, v. XIII, Issue 51.

JULGADOS SELECIONADOS

TJRJ, Apelação 04045293820138190001, 21ª Câmara Cível, Rel. Andre Emilio Ribeiro Von Melentovytch, j. em 06.06.2017.

TJSP, Apelação 1104647-59.2019.8.26.0100, Rel. Maria Laura Tavares, 5ª Câmara de Direito Público, j. em 05.07.2021.

TJSP, Agravo de instrumento 2179679-04.2015.8.26.0000, Rel. Donegá Morandini, 3ª Câmara de Direito Privado, j. em 02.02.2016.

TJPR, Apelação 0033727-72.2013.8.16.0001, Juíza Substituta de 2º Grau Luciane Bortoleto, 18ª Câmara Cível, j. em 29.05.2019.

STJ, Edcl no REsp 1.297.974, Min. Nancy Andrighi, j. em 28.08.2012.

STJ, REsp 1.389.763/PR, Rel. Ministra Nancy Andrighi, Terceira Turma, j. em 12.11.2013.

STJ, REsp 1.636.102/SP, Rel. Min. Ricardo Villas Bôas Cueva, Terceira Turma, j. em 13.06.2017.

STJ, AREsp 640.815/PR, Rel. Ministro Gurgel de Faria, Primeira Turma, j. em 07.12.2017.

STJ, SEC 9.412/EX, Rel. Min. Felix Fischer, relator para acórdão Ministro João Otávio de Noronha, Corte Especial, j. em 19.04.2017.

STJ, CC 151130 SP 2017/0043173-8, Rel. Ministra Nancy Andrighi, j. em 27.11.2019.

STJ, REsp 1.735.538/SP, Rel. Min. Marco Aurélio Bellizze, Terceira Turma, j. em 06.10.2020.

STJ, AgInt nos EDcl no AgInt no CC 170.233/SP, relator Ministro Moura Ribeiro, Segunda Seção, j. em 14.10.2020.

STJ, REsp 1.903.359/RJ, Rel. Min. Marco Aurélio Bellizze, Terceira Turma, j. em 11.05.2021.

STJ, CC 185702/DF, Voto da Min. Nancy Andrighi, 2ª Seção, j. em 22.06.2022.

STJ, CC 185702/DF, Rel. Min. Marco Aurélio Bellizze, 2ª Seção, j. em 22.06.2022.

XX
O PROCEDIMENTO ARBITRAL II

Ricardo de Carvalho Aprigliano

Livre-Docente, Doutor, Mestre, e Bacharel em Direito Processual pela Faculdade de Direito da Universidade de São Paulo (USP). Vice-Presidente do Centro de Arbitragem e Mediação da Câmara de Comércio Brasil-Canadá CAM/CCBC. Advogado e árbitro.

Lilian Patrus Marques

Mestre e Doutoranda em Direito Processual pela Faculdade de Direito da Universidade de São Paulo (USP). *Master of Laws* (LL.M) pela University of Chicago Law School. Advogada.

Sumário: Introdução – 1. Revelia e seus efeitos – 2. A distribuição do ônus da prova em arbitragem – 3. Produção de prova em arbitragem; 3.1 Prova documental; 3.2 Exibição de documentos e seus efeitos; 3.3 Prova técnica; 3.4 Prova oral; 3.4.1 Depoimento pessoal; 3.4.2 Depoimento de testemunhas; 3.5 Inspeções; 3.6 Cooperação judicial na produção de provas – 4. Organização e realização de audiências – 5. Bifurcação do procedimento; 5.1 Hipóteses que justificam ou recomendam a bifurcação do procedimento; 5.2 Limites à bifurcação do procedimento; 5.3 Decisão que encerra as fases do procedimento bifurcado – 6. Arbitragem expedita – 7. Custos da arbitragem; 7.1 Custas e despesas na arbitragem: noções gerais e distinções; 7.2 Regime de antecipação dos custos com a arbitragem; 7.3 Reembolso de custas e despesas, fixado pelo tribunal arbitral na sentença; 7.4 Honorários advocatícios: previsão normativa; 7.5 Honorários advocatícios contratuais; 7.6 Honorários advocatícios sucumbenciais – Bibliografia e julgados selecionados.

INTRODUÇÃO

A Lei 9.307/1996 ("Lei de Arbitragem") se refere em muitas passagens ao procedimento arbitral. Não alude, em termos expressos, ao processo arbitral.[1] Mas em algumas das vezes a que se refere ao procedimento arbitral, está, na verdade, a tratar da relação processual, não meramente do procedimento do processo arbitral.[2]

Para o que interessa ao presente estudo, importante consignar desde logo que o processo arbitral, diferentemente do que ocorre quanto ao processo estatal, tem um procedimento pouquíssimo regulado na lei, e essa é uma escolha proposital do legislador, que optou por conferir às partes a liberdade de estabelecer os parâmetros do procedimento que melhor se adeque às suas disputas particulares. E na ausência de combinações

---

1. A expressão "processo" é usada na Lei de Arbitragem apenas duas vezes. No artigo 7º, quando alude ao processo judicial pelo qual a parte veicula pretensão de firmar compromisso arbitral, diante de cláusula compromissória vazia, e ao "processo de escolha dos árbitros, no artigo 13, § 3º.
2. Como por exemplo, no artigo 21, § 2º, segundo o qual 'serão, sempre, respeitados no procedimento arbitral os princípios do contraditório, da igualdade das partes, da imparcialidade do árbitro e de seu livre convencimento'. O mesmo quanto ao §3º do mesmo artigo ou ao art. 38, III.

específicas entre as partes, os árbitros determinarão as regras do procedimento, por delegação das partes.

Essa liberdade quanto às regras do procedimento não desdiz nem contradiz o fato de que, estruturalmente, o processo arbitral se assemelha às demais manifestações e tipologias de processos reguladas no ordenamento brasileiro. A jurisdição arbitral é inerte, se instaura mediante provocação;[3] a parte autora submete uma demanda, que possui elementos e estrutura semelhantes à demanda judicial;[4] o requerido é convidado a apresentar sua resposta, que abrange a contestação e eventual pedido reconvencional; na resposta, exceto se for convencionado em sentido diverso, regra geral será aplicar os parâmetros de concentração da defesa e ônus de impugnação específica; o processo arbitral igualmente se estrutura em fases, que salvo combinação diversa, igualmente repetirão os padrões de todo e qualquer processo: à fase de postulação se segue uma fase instrutória, que antecede (logicamente) a fase de decisão. Nesse modelo, concluída a fase postulatória, haverá em geral um momento para que as partes especifiquem as (outras) provas que desejam produzir, seguindo-se de decisão dos árbitros acerca da sua admissibilidade e ordem de realização.

Temos, portanto, dois planos que convivem harmonicamente. De um lado, o processo arbitral, processo que é, se estrutura como uma relação jurídica entre seus sujeitos, que desempenham posições ativas e passivas, possuem direitos, deveres, ônus, faculdades.[5] Essa estrutura geral, essa verdadeira espinha dorsal, seguirá parâmetros inerentes aos processos jurisdicionais. De outro lado, porque é inerente à própria ideia de arbitragem e porque há expressa previsão legal, o conjunto dos atos processuais, sua sequência procedimental, seu modo, tempo e lugar, enfim, tudo que diz respeito ao procedimento arbitral, é deixado à escolha das partes e, na sua omissão, à regulamentação pelos árbitros.[6]

Essa premissa, de um modo geral, será aplicável a todos os pontos abordados nesse estudo, como se verá nos tópicos seguintes.

1. REVELIA E SEUS EFEITOS

A única menção feita na Lei de Arbitragem à revelia está no artigo 22, §3º, que assim dispõe: "A revelia da parte não impedirá que seja proferida a sentença arbitral".

No direito processual civil, entende-se por revelia a situação de ausência de contestação ou mesmo de qualquer manifestação do réu no prazo que lhe é concedido para resposta, após ter sido validamente citado.[7]

---

3. FICHTNER, José Antonio; MANNHEIMER, Sergio Nelson e MONTEIRO, André Luis. *Teoria Geral da Arbitragem*. Rio de Janeiro, Forense, 2019, p. 188.
4. LADEIRA, Ana Clara Viola. *Conexão na Arbitragem*. Dissertação (Mestrado) – Faculdade de Direito da Universidade de São Paulo. São Paulo, 2016, p. 18.
5. DINAMARCO, Cândido Rangel. *A Arbitragem na Teoria Geral do Processo*. São Paulo, Malheiros, 2013, p. 19.
6. MONTORO, Marcos. *Flexibilidade do Procedimento Arbitral*. Tese (doutorado) – Faculdade de Direito da Universidade de São Paulo. São Paulo, 2010.
7. Nesse sentido: CRUZ E TUCCI, José Rogério. *Comentários ao Código de Processo Civil*. São Paulo: Saraiva, 2016, item 127, v. VII, p. 247; THEODORO JÚNIOR, Humberto. *Curso de Direito Processual Civil*. 56. ed. Rio de

Todavia, esse conceito não pode ser transportado para a arbitragem sem algumas adaptações. Afinal, a formação do processo arbitral é bem mais complexa que a do processo estatal[8] e, desse modo, a resposta do requerido aos pedidos do requerente não é seu primeiro ato no processo arbitral, como ocorre, em regra, no processo judicial. Inicialmente, é oportunizado ao requerido responder o requerimento de instauração da arbitragem, que não corresponde propriamente à formulação da demanda, como ocorre no processo estatal. Em seguida, após o recolhimento de custas pertinentes, as partes são convidadas a indicar árbitro (em conjunto com a parte requerente ou não, dependendo da composição do tribunal arbitral). Apenas depois, quando aceita a nomeação pelo árbitro ou pelos árbitros, é considerada instituída a arbitragem (Lei de Arbitragem, art. 19). A efetiva resposta do requerido só deve ser apresentada após todos esses atos, conforme procedimento que será fixado conjuntamente ou, ausente tal combinação, pelo tribunal arbitral.

Nesse contexto, surgem dúvidas quanto ao que se entende por revelia na arbitragem e, caso seu conceito seja próximo ao do direito processual civil, quando ela se materializaria. Bastaria a ausência da primeira manifestação da parte, de qualquer manifestação, ou a revelia seria restrita à não apresentação de resposta às alegações iniciais ou de resposta ao pedido contraposto?

Carlos Alberto Carmona pontua que "o legislador utilizou o conceito de revelia para apontar situação diferente daquela vislumbrada no processo judicial"[9] e que a presença do termo no art. 22, §3º da Lei de Arbitragem seria atécnica. Segundo ele, revelia na arbitragem equivaleria "tanto à situação de total alheamento de uma das partes (a começar pela falta de colaboração na constituição do tribunal arbitral) como a falta de participação ativa em qualquer um dos atos do processo".[10]

A doutrina, de um modo geral, reconhece que a expressão "revelia", tal qual utilizada na Lei de Arbitragem, não descreve propriamente o fenômeno previsto no processo estatal. Regula, na realidade, um comportamento processual de ausência absoluta de participação da parte no procedimento arbitral, que pode se dar tanto em relação ao autor, como ao réu. A Lei de Arbitragem cuida, nesse sentido, do fenômeno processual da contumácia e o faz com o específico objetivo de proclamar a viabilidade da continuidade do procedimento e a prolação de decisão, mesmo diante da recusa de alguma das partes de participar.[11]

Janeiro: Forense, 2015, item 613, v. I, p. 809; DINAMARCO, Cândido Rangel. *Instituições de Direito Processual Civil*. 7. ed. São Paulo: Malheiros, 2017, item 1307, v. III, p. 604-605; NEVES, Daniel Amorim Assumpção. *Manual de Direito Processual Civil*. 13. ed. Salvador: JusPodivm, 2021, item 18.1, p. 675.

8. Essa observação é feita por Cândido Rangel Dinamarco em sua obra *Instituições de Direito Processual Civil*. 7. ed. São Paulo: Malheiros, 2017, v. II, p. 68.
9. CARMONA, Carlos Alberto. *Arbitragem e processo*: um comentário à Lei 9.307/96. 3. ed. São Paulo: Atlas, 2009, p. 330.
10. CARMONA, Carlos Alberto. *Arbitragem e processo*: um comentário à Lei 9.307/9, p. 331.
11. CAHALI, Francisco José. *Curso de arbitragem* [livro eletrônico]: mediação: conciliação tribunal multiportas. 7. ed. São Paulo: Thomson Reuters Brasil, 2020, p. 226. Em sentido contrário: VIEIRA, Bruno Batista da Costa. O tratamento da revelia no procedimento arbitral. *Revista Brasileira de Arbitragem*. n. 31, p. 7-28. São Paulo, 2011.

De fato, considerando o teor do mencionado § 3º do art. 22, parece que o legislador quis se referir à contumácia das partes e não propriamente à revelia como é entendida no direito processual civil, pois a norma ressalva que a atitude negativa da parte não será um fator impeditivo da prolação da sentença arbitral, sem prever qualquer consequência para essa omissão. Assim, tudo que o legislador pretendeu ao se referir à revelia foi resguardar os poderes dos árbitros para julgar a controvérsia mesmo que a parte escolha ficar alheia ou se ausentar de atos do processo. Como a arbitragem tem como um dos princípios basilares a autonomia da vontade, a recusa de uma das partes de participar do procedimento poderia, eventualmente, ser utilizada como manobra – ainda que absurda – para alegar ausência de submissão da parte à jurisdição arbitral ou eventual invalidade da decisão.

Portanto, a revelia referida na Lei de Arbitragem trata da ausência de qualquer uma das partes a atos do processo arbitral, seja ela pontual seja generalizada. Com efeito, considerando a interpretação do art. 22, § 3º ora defendida, não é incorreto afirmar que, no processo arbitral, a revelia "pode ser de qualquer das partes", pois, quando há no processo pedidos contrapostos, cada uma delas é, ao mesmo tempo, autor e réu.[12-13]

Quanto aos efeitos da revelia, diante da ausência de previsão na Lei de Arbitragem, discute-se se se aplicam na arbitragem as consequências previstas no Código de Processo Civil.[14] Entre elas, especial ênfase pode ser dada à presunção de veracidade das alegações de fato, dada a sua relevância para a dinâmica do procedimento.

Em termos práticos, observa-se uma razoável cautela na adoção automática de semelhante consequência na arbitragem, sendo mais recorrentes as situações em que o tribunal arbitral, mesmo diante da ausência de impugnação específica, investiga a plausibilidade das alegações e, entendendo necessário, determina a produção adicional de provas. De outro lado, como regra, o tribunal arbitral determinará que a parte contumaz seja intimada de todos os atos processuais, evitando alegação futura de violação ao contraditório.

A possibilidade de julgamento antecipado do mérito é de escassa aplicação, porque, pelas mesmas razões, em geral, os tribunais arbitrais concedem um prazo para apresentação de alegações finais pelas partes, fixado imediatamente após o encerramento da instrução processual. Outras consequências específicas para a não participação das partes em atos pontuais também podem estar previstas nos regulamentos das institui-

---

12. CARMONA, Carlos Alberto. *Arbitragem e processo*, p. 330-331.
13. No que se refere ao requerente, obviamente, ele deve ao menos requerer a instauração do processo arbitral, pois, caso contrário, este sequer existirá. Todavia, é possível que, após o requerimento de arbitragem, ele deixe de comparecer a audiências, não formule pedido e não produza provas, por exemplo.
14. Cândido Rangel Dinamarco defende posição contrária, no sentido de que, diante do silêncio da Lei de Arbitragem sobre "como prosseguirá o processo arbitral" e quanto ao "tratamento que será dado ao réu que se fizer revel", "é preciso pois transportar ao processo arbitral – naturalmente com as necessárias adaptações ao seu sistema – o que a propósito da revelia e do efeito da revelia dispõe o Código de Processo Civil. No tocante ao trato a ser dado ao réu revel, ou seja, ao réu que simplesmente não oferece defesa no momento adequado, diferença alguma se dá em relação ao processo civil estatal". *A arbitragem na teoria geral do processo*. São Paulo: Malheiros, 2013, item 54, p. 153.

ções arbitrais, como, por exemplo, a escolha dos árbitros pelo presidente da instituição se uma ou ambas as partes se omitirem. Essas consequências são referendadas pelas partes quando escolhem, na convenção de arbitragem, se submeterem às regras de determinada instituição.

De toda forma, ainda que os efeitos da revelia na arbitragem não sejam aqueles previstos para o processo estatal, diante da recusa do requerido em participar do processo arbitral e, não obstante as cautelas que possam ser adotadas pelos árbitros, fato é que, se o requerido não se opuser à versão dos fatos narrada pelo requerente e se essa versão for plausível e verossímil, dificilmente o tribunal arbitral terá elementos para não a acolher. Afinal, o contraditório tem uma dimensão não apenas garantista, como princípio derivado do devido processo legal, mas também fortemente ligada ao princípio democrático e ao princípio da cooperação, no sentido de que as partes têm o poder de influenciar a decisão do órgão jurisdicional.[15] Portanto, ausente o contraditório por escolha do requerido, na prática, é mais provável que a versão dos fatos do requerente seja acolhida.

A mesma observação, no entanto, dificilmente se aplicará ao requerente caso ele deixe de apresentar resposta ao pedido contraposto do requerido, na medida em que sempre haverá uma contraposição entre as alegações iniciais do requerente e o pedido contraposto do requerido. Como observa Cândido Rangel Dinamarco, "essa contraposição implanta uma efetiva situação de controvérsia, responsável pela necessidade de provar, sem presumir a veracidade dos fatos alegados".[16]

2. A DISTRIBUIÇÃO DO ÔNUS DA PROVA EM ARBITRAGEM

Em matéria de ônus da prova, aplica-se à arbitragem a regra da teoria geral do processo, segundo a qual compete à parte provar os fatos que alega. A máxima "quem alega, prova", em linguagem legal, é elaborada em termos tais que ao autor compete provar os fatos constitutivos do seu direito e ao réu compete provar fatos modificativos, impeditivos e extintivos do direito do autor. Dessa distinção, decorre uma outra, de que as defesas podem ser diretas – quando apenas se negam os fatos constitutivos – ou indiretas – quando se afirmam outros fatos, que modificam, extinguem ou impedem o direito da contraparte.

Esse quadro repercute diretamente nas atividades probatórias das partes, porque, também na arbitragem, cada parte deverá provar suas alegações e, no momento do julgamento da causa, os árbitros poderão eventualmente aplicar as regras de ônus da prova sobre determinadas circunstâncias fáticas que não tenham ficado suficientemente esclarecidas. Afinal, a parte que aduz determinado fato como base da sua demanda ou exceção deve buscar os meios necessários para convencer o órgão julgador de sua

---

15. Trata-se da dimensão substancial do princípio do contraditório, segundo Fredie Didier Jr. em sua obra *Curso de Direito Processual Civil*, 23. ed. Salvador: JusPodivm, 2021, v. I, p. 122-123.
16. DINAMARCO, Cândido Rangel. *A arbitragem na teoria geral do processo*, p. 154.

veracidade, pois "o interesse na demonstração da efetiva ocorrência de um fato controvertido entre as partes é sempre daquela a quem o reconhecimento dessa ocorrência beneficiará, recaindo, portanto, sobre ela o ônus de provar esse fato sob pena de ser havido por inexistente".[17]

A despeito dessa regra geral, as partes podem convencionar inversão do ônus da prova quanto a alguns ou todos os fatos controvertidos. Se no processo estatal essa convenção processual é amplamente admitida (CPC, art. 373, § 3º), em sede de arbitragem tal ajuste encontra campo muito mais fértil, considerando a grande flexibilidade do processo arbitral e sua elevada capacidade de adaptação às circunstâncias de cada caso.

Além disso, como o árbitro tem amplos poderes em matéria probatória, que lhe permitem, nos termos do art. 22 da Lei de Arbitragem, determinar a produção de todas as provas que entender necessárias para o julgamento da causa, também pode inverter o ônus da prova, se apresentado requerimento nesse sentido por uma das partes.

Todavia, eventual medida dessa ordem deve ser tomada tão somente se propiciar maior eficiência no esclarecimento dos fatos controvertidos, a partir de uma ponderação quanto à posição das partes e qual delas reúne melhores condições para produzir a prova.[18] O árbitro deve ainda ter cautela para não impor a uma das partes o ônus de produzir a chamada prova diabólica, ou seja, de dificílima ou até mesmo impossível realização.

Pontue-se ainda que essa decisão, além de ser motivada, deve ser precedida da oitiva das partes quanto à inversão, seja para que possam se manifestar sobre a possibilidade de produção da prova, seja para que fiquem advertidas quanto à imposição desse ônus e possam orientar sua conduta ao logo do processo arbitral.

É cediço que as partes orientam suas ações no processo (tanto arbitral como estatal) com base em seus ônus e consequências decorrentes. Assim, considerando a garantia do devido processo legal, é importante que sejam alertadas quanto à necessidade de produzir determinada prova para avaliarem a conveniência dessa atividade diante dos custos e tempo necessários, bem como das chances de sucesso em determinada disputa, em comparação com os benefícios de eventual solução consensual. Essa premissa decorre da perspectiva admitida há certo tempo de que as regras do ônus da prova não têm apenas caráter objetivo, entendidas como *regras de julgamento*; mas também tem natureza subjetiva, voltadas a orientar a conduta das partes, inclusive quanto à perspectiva de sucesso no litígio.[19]

Deve ser vista com reservas a inversão de ofício do ônus da prova em sede de arbitragem, pois, nessa seara, está-se diante de direitos disponíveis, partes maiores e capazes e que ostentam posição de igualdade (até mesmo porque, se assim não fosse,

---

17. DINAMARCO, Cândido Rangel; BADARÓ, Gustavo Henrique Righi Ivahi; LOPES, Bruno Vasconcelos Carrilho. *Teoria Geral do Processo*. 32. ed. São Paulo: Malheiros, 2020, p. 434.
18. Nesse sentido: DINAMARCO, Cândido Rangel. *Arbitragem na teoria geral do processo*, p. 161-162.
19. Nesse sentido: YARSHELL, Flávio Luiz. Produção de prova no processo arbitral brasileiro: estamos no rumo certo? In: YARSHELL, Flávio Luiz; PEREIRA, Guilherme Setoguti J. (Org.). *Processo Societário III*. 3. ed. São Paulo: Quartier Latin, 2018, p. 173-184.

poder-se-ia questionar a validade da convenção de arbitragem). Outrossim, a arbitragem é um método de solução de disputas em que impera a vontade das partes. Logo, eventual iniciativa do árbitro quanto à inversão do ônus da prova deve ser excepcionalíssima, sob pena de comprometer sua posição equidistante, independente e imparcial.

No que se refere ao ônus da prova como regra de julgamento, não necessariamente seu descumprimento gerará situação de desvantagem ao seu titular. A despeito de certa prova não ter sido realizada, ou de certo fato não ter sido demonstrado, do conjunto dos demais fatos e demais provas pode resultar o julgamento favorável à parte que não conseguiu se desincumbir do seu ônus. Por esse motivo, o ônus da prova é entendido como um ônus imperfeito.[20] Mas, em todo caso, trata-se de uma técnica de julgamento inerente ao modelo processual brasileiro, que impõe ao julgador que decida a causa, independentemente do aporte suficiente de elementos de convicção.

3. PRODUÇÃO DE PROVA EM ARBITRAGEM

As provas na arbitragem consistem no meio pelo qual se investigam e se demonstram os fatos relevantes para o deslinde das controvérsias. As partes gozam de amplo direito à prova, que, no mais, decorre da garantia constitucional do devido processo legal. A atividade probatória, deixada primordialmente à iniciativa das partes, pode também ser realizada de ofício (Lei de Arbitragem, art. 22), seja por meios típicos, seja por meios atípicos.

Impõe-se às partes evidenciar a pertinência e a utilidade das provas requeridas, pois mesmo diante de um teórico direito amplo às provas, em termos concretos, a eficiência e economia processuais impõem a racionalização desta atividade, que ficará adstrita à demonstração de fatos cujo esclarecimento seja necessário para o julgamento da disputa. O cuidado com o devido processo legal não pode prevenir árbitros de indeferir provas impertinentes. O termômetro será a efetiva necessidade das provas, o que não se verifica se fatos são afirmados por uma parte e admitidos pela outra.[21]

No momento de proferir a sentença, questões relacionadas à avaliação das provas produzidas e à ausência de prova de determinado fato controvertido, em respeito ao sistema de valoração de provas, deverão ser decididas com fundamentação adequada e racional. A Lei de Arbitragem expressamente menciona alguns dos princípios processuais que lhe são aplicáveis, entre eles o do livre convencimento motivado (art. 21, § 2º). Esta expressão deixou de ser adotada no sistema do Código de Processo Civil de 2015, mas, mesmo no regime revogado do Código de 1973, não representava verdadeiramente o

---

20. APRIGLIANO, Ricardo de Carvalho. *Comentários ao Código de Processo Civil* – artigos 369 a 404: das provas: disposições gerais. São Paulo, Saraiva, 2020, v. 3, t. I p. 160-161.
21. O Superior Tribunal de Justiça já pontuou que "o indeferimento de realização de prova pericial pelo juízo arbitral não configura ofensa ao princípio do contraditório, mas consagração do princípio do livre convencimento motivado, sendo incabível, portanto, a pretensão de ver declarada a nulidade da sentença arbitral com base em tal argumento, sob pena de configurar invasão do Judiciário no mérito da decisão arbitral" (STJ, 3ª Turma, REsp 1.500.667/RJ, Rel. Min. João Otávio de Noronha, j. 09.08.2016).

fenômeno que explica a valoração da prova. O legislador brasileiro adota para todos os processos decisórios, de natureza jurisdicional ou administrativa, o princípio da fundamentação das decisões, da sua persuasão racional. No tocante às provas, os árbitros devem indicar as razões do seu convencimento, à luz do quadro probatório produzido.

Todo esse arcabouço de conceitos e parâmetros deve ser observado no processo arbitral e não impacta ou prejudica a liberdade que partes e árbitros têm de organizar livremente o procedimento da produção das provas na arbitragem. Assim como é possível e comum que ocorra a bifurcação do procedimento (vide item 6 abaixo), no tocante às provas, é possível organizar a ordem da sua produção da forma mais adequada ao caso concreto. Por exemplo, é possível e recomendável que perícias sejam realizadas por profissionais indicados pelas partes, que possa ser feita apenas com laudos apresentados pelas partes – sem o recurso a um perito do tribunal. Da mesma forma, não há limitações ou restrições ao número de testemunhas, cujos depoimentos podem ser antecipados e apresentados por escrito. Além disso, é possível que as partes sejam autorizadas a pedir seus próprios depoimentos – que não terão, ademais, a função precípua de obter a confissão, mas a de esclarecer os árbitros quanto aos fatos da causa.

Enfim, o campo para a autonomia privada é enorme, porque todas estas circunstâncias dizem respeito ao procedimento arbitral, que é deixado à regulação das partes e dos árbitros. É sob essas premissas que os tópicos seguintes explorarão com maior detalhamento os diferentes meios de prova.

3.1 Prova documental

A prova documental é, ordinariamente, produzida diretamente pelas partes, sem que haja um pronunciamento prévio da autoridade julgadora acerca da sua admissibilidade. Diferentemente do que ocorre em relação aos demais meios de prova, em que, normalmente, a sequência de atos observada é a de requerimento, admissibilidade, produção e valoração da prova, no caso da prova documental, ocorre a sua produção, seguida de eventual impugnação (e, neste caso, sua admissibilidade) e, por fim, sua valoração.

As partes, em geral, iniciam a produção da prova documental desde o requerimento de instauração da arbitragem e respectiva resposta, apresentando, no mínimo, o contrato que contenha a convenção de arbitragem e documentos que demonstrem a necessidade da instauração do processo arbitral. A produção da prova documental segue com as manifestações principais da fase postulatória, que, na prática arbitral, são denominadas de alegações iniciais, resposta, réplica e tréplica, mas não se limita a estas manifestações. Na medida em que prevalece a liberdade das partes, devem ser objeto de combinação entre elas eventuais limitações à juntada de documentos. Se a convenção de arbitragem nada dispuser a respeito, será no Termo de Arbitragem que os limites devem ser estabelecidos.

Um parâmetro importante, como sempre, será o do contraditório. Assim, independentemente das etapas combinadas entre as partes, qualquer juntada de documentos, em qualquer momento do processo, deve ensejar oportunidade para que contraparte se manifeste. Mas isso não significa que o contraditório assegurará às partes a prerrogativa de juntar documentos a qualquer tempo do procedimento. Mesmo que de forma menos nítida e rigorosa, o processo arbitral se pauta por etapas preclusivas e se movimenta sempre em direção à decisão de mérito. A apresentação tardia e injustificada de documentos pode ensejar sua inadmissibilidade, a depender da etapa do procedimento.

Outro cuidado que normalmente se adota é o de proibir a apresentação de documentos no ato da audiência. Normalmente se fixa algum prazo com razoável antecedência para que as demais partes possam se preparar para explorar o conteúdo do documento na audiência. Com isso, assegura-se o contraditório e evitam-se surpresas. Partes, testemunhas e peritos só poderão debater e ser questionados sobre documentos previamente juntados aos autos; conhecidos, portanto, de todos os sujeitos do processo.

Não há particulares distinções no que diz respeito à força probante dos documentos, sua admissibilidade em geral. Documentos podem ser públicos ou particulares, podem ser originais ou cópias, simples ou autênticas.[22] Podem ser unilaterais ou bilaterais, pré-constituídos ou produzidos já no contexto do processo arbitral (por exemplo, nas declarações escritas de testemunhas). Admite-se, igualmente, a produção de atas notariais para a demonstração de circunstâncias fáticas cujo registro exija um grau adicional de autenticidade ou veracidade. É inegável a importância da prova documental, sobretudo porque versará, no mais das vezes, sobre documentos produzidos de forma contemporânea à relação jurídica e ao litígio. Por esse motivo, sustenta-se a prevalência da prova documental sobre a oral, eis que testemunhas depõem sobre fatos ocorridos no passado e em geral após entrevistas e preparações com os advogados da causa.[23]

Questionamentos quanto ao conteúdo dos documentos e ao seu significado redundam na valoração das provas, que serão examinadas em conjunto. Já impugnações quanto a validade e autenticidade fazem surgir incidentes sobre a própria admissibilidade da prova, o que deverá ser endereçado pelos árbitros em etapa logicamente anterior. Sendo inadmissíveis, os documentos serão excluídos do processo e não poderão ser utilizados para qualquer finalidade.

Um debate sempre presente diz respeito à possibilidade de juntada de pareceres jurídicos, mesmo após o encerramento da instrução processual. A despeito de certa polêmica, prevalece a ideia de que pareceres jurídicos são parte da argumentação jurídica das partes, manifestações que mais se assemelham às próprias petições, do que a documentos. Nessa perspectiva, pode ser admitida sua juntada até mesmo com as alegações finais das partes, sem a necessidade de oitiva da parte contrária a respeito. Sob outra perspectiva, é razoável considerar que, independentemente do tempo da sua juntada do parecer, será sempre necessário permitir à contraparte prazo para manifestar-se,

---

22. A respeito da prova documental, ver, amplamente, Leite, Clarisse Frechiani Lara. *Comentários ao Código de Processo Civil*São Paulo, Saraiva, 2021. v. VIII, t. II.
23. Conduct of the Proceedings. In: BLACKABY, Nigel; PARTASIDES, Constatine; REDFERN, Alan and HUNTER, Martin. *Redfern and Hunter on International Arbitration*. New York, Oxford University Press, 2015, p. 363-437, p. 387, item 6.97.

inclusive juntar pareceres em sentido diverso. Essa medida, sem dúvida, alongará o procedimento, mas é prudente que assim seja feito, para não ameaçar o devido processo legal e a isonomia entre as partes.

A regra de ouro para se prevenir impasses desse tipo será a de se combinar a respeito da juntada de pareceres no início do procedimento e, uma vez estabelecido algum limite temporal para tanto, ou mesmo para a apresentação de documentos, esse limite deverá ser observado. Apenas excepcionalmente se admitirá a juntada tardia de documentos ou pareceres e, em qualquer caso, essas condutas deverão ser levadas em consideração pelos julgadores no momento de proferir a sentença.

Pontue-se, por fim, que, em determinadas relações jurídicas, por suas características e pelo vulto dos negócios, as respectivas convenções de arbitragem podem prever que eventual litígio entre elas seja resolvido por arbitragem, na qual será apenas admitida a prova documental (*document only arbitrations*). Sob a perspectiva da autonomia privada já mencionada, a combinação é válida e deve ser respeitada. Nessas situações, os esforços probatórios das partes devem se concentrar na juntada de documentos, sendo vedada a realização de prova técnica ou oral. Não é comum esta prática nas arbitragens domésticas brasileiras, preferindo-se adotar outras técnicas para conferir eficiência e racionalidade de custos aos processos arbitrais, como arbitragens expeditas ou a eleição de árbitro único. A escolha deve ser feita com muito critério, porque a parte que, depois, pretender produzir provas por meios que ela próprio voluntariamente restringiu, enfrentará sérias dificuldades.

3.2 Exibição de documentos e seus efeitos

No Direito brasileiro, não há qualquer previsão acerca da possibilidade de uma parte solicitar à outra, ou a terceiros, a exibição de documentos no contexto de um processo arbitral. Também esse aspecto do procedimento arbitral foi deixado à combinação das partes mas, em termos gerais, nem as convenções de arbitragem nem os termos de arbitragem costumam regulamentá-lo. Nos ordenamentos jurídicos de *Common Law*, essa possibilidade é vista com maior amplitude e naturalidade, ao passo que os ordenamentos de *civil law* admitem a exibição de documentos de forma mais limitada.[24] Nestes comentários, focaremos nossa atenção nas arbitragens domésticas e no exame do tema à luz do ordenamento brasileiro.

Independentemente de eventual regulação legal sobre este tema, pode-se dizer que a possibilidade de uma pessoa deter documentos que interessam a terceiros é inerente à realidade da vida e dos negócios. Sempre será possível que uma prova não esteja em poder da parte a quem ela aproveite.[25] Basta pensar em contratos de engenharia, em que

---

24. OHLROGEE, Leonardo. BORCHARDT, Bernardo. Aspectos Práticos sobre Pedidos de Exibição de Documentos em Arbitragens Internacionais à Luz das Regras da IBA. *Revista Brasileira de Arbitragem*. v. 70. p. 46-78, p. 50. São Paulo, 2021.
25. Também admite a exibição de documentos no contexto de um processo arbitral: PINTO, José Emilio Nunes. Anotações práticas sobre a produção da prova na arbitragem. *Revista Brasileira de Arbitragem*. v. 25. p. 15. São Paulo, 2010.

o construtor se obriga a produzir documentos ao final das obras, com o detalhamento dos projetos executados, materiais utilizados, manuais de instrução de equipamentos etc. Se, por qualquer razão, o construtor se nega a apresentá-los para o contratante, a sua exibição pode vir a ser necessária em demanda futura, em que esteja em discussão, por exemplo, o modo de funcionamento dos equipamentos. Essa medida também se faz necessária nas hipóteses em que as versões finais de contratos permaneçam em poder apenas de uma das partes.

A questão que se põe, portanto, é se existe um direito à exibição de documentos no contexto do processo arbitral, ou se ele inexiste pela falta de previsão legal. A questão é meramente retórica, porque a possibilidade de exibição de documentos em poder da contraparte ou de terceiros é uma decorrência do modelo de devido processo legal adotado pela ordem jurídica brasileira. A omissão da Lei de Arbitragem não significa vedação, mas apenas que, decorrendo essa possibilidade do ordenamento jurídico genericamente considerado, seria redundante a sua previsão na Lei de Arbitragem.

É evidente, portanto, que o árbitro pode ordenar que a parte exiba documento ou coisa que se encontre em seu poder (CPC, art. 396). O incidente de exibição necessariamente discutirá a existência do documento, a circunstância dele estar ou não na posse da outra parte, a extensão do pedido e a pertinência da exibição do documento. Ausente previsão, os árbitros deverão regular o procedimento a ser seguido para este incidente de exibição de documentos. No âmbito do ordenamento brasileiro, a exibição será sempre limitada, longe dos parâmetros internacionais de *disclosure* ou *discovery*.[26]

Assim, independentemente de previsões legais específicas, a exibição de documentos terá lugar e, nas arbitragens regidas pelo direito brasileiro, a parte interessada na exibição deverá especificar a classe de documentos que pretende, a finalidade da prova e a pertinência em relação ao objeto da disputa. A parte acusada de possuir os documentos poderá discutir não apenas se os possui, mas, os possuindo, se está obrigada a apresentá-los. Razões de ordem legal ou contratual (como a confidencialidade de certos contratos, o sigilo profissional de certas relações profissionais), ou motivos de proteção da intimidade são compreendidos em nosso ordenamento como justificadores da recusa na exibição de documentos. Caberá aos árbitros, em última análise, decidir acerca da extensão dessas escusas.

Vale o registro que esta questão é bastante comum nas arbitragens internacionais, tendo sido inclusive desenvolvido um método para facilitar o debate acerca dos documentos a serem exibidos, denominado *Redfern Schedule*. Trata-se de um controle, uma planilha, na qual se lançam a especificação dos documentos pretendidos, as razões da parte que pretende sua exibição, as razões contrárias e, na coluna final, a decisão dos árbitros acerca do dever de exibir ou não os documentos.[27]

---

26. PESSOA, Fernando José Breda. A Produção Probatória na Arbitragem. *Revista Brasileira de Arbitragem*. v. 13. São Paulo, 2007.
27. DERAINS, Yves. A Arbitragem internacional: custo e duração. *Revista de Arbitragem e Mediação*. v. 20, p. 180. 2009.

No plano da arbitragem internacional, ausente previsão legal sobre a consequência do descumprimento de uma ordem para exibição de documentos, a solução muitas vezes adotada é a da inferência negativa, que corresponde ao juízo feito pelos árbitros acerca do comportamento da parte e pode redundar no reconhecimento de circunstâncias fáticas desfavoráveis à parte que se recusou a apresentar documentos. No sistema brasileiro, o Código de Processo Civil prevê que será considerada provada a alegação fática que se pretendia demonstrar com a apresentação do documento, constituindo-se a exibição, portanto, em um ônus da parte, que pode lhe acarretar uma situação de desvantagem em caso de descumprimento.

Por fim, caso o documento esteja em posse de terceiro, a parte interessada na sua exibição poderá formular este pedido, admitindo-se até mesmo que o tribunal arbitral oficie o terceiro solicitando a exibição. Contudo, havendo resistência, deverá ser proposta a ação judicial prevista nos artigos 400 e seguintes do Código de Processo Civil perante o juízo estatal, uma vez que o terceiro, não sendo parte da convenção de arbitragem, não poderá ser demandado por esta via.

3.3 Prova técnica

A Lei de Arbitragem se refere à prova técnica no artigo 22, ao dispor que o árbitro poderá 'determinar a realização de perícias'. Também quanto a este ponto, não há outras previsões ou detalhamentos. Os regulamentos das instituições arbitrais também não costumam trazer previsões específicas acerca dos meios de prova. Em geral, limitam-se a prever que serão determinadas provas necessárias e úteis ao deslinde da controvérsia. A regulamentação será feita, portanto, caso a caso, pelas partes e pelos árbitros.

A prova pericial é necessária para dirimir questões de ordem técnica, que exigem conhecimentos que ultrapassam mera interpretação e aplicação de normas legais. O substrato fático, sobre o qual os julgadores farão o trabalho de subsunção, só pode ser dirimido com o auxílio de opiniões técnicas, que são exaradas com base em exames, vistorias, inspeções. As perícias ocorrem para auxiliar os árbitros na definição de vícios, inadimplementos, quantificação de danos e qualquer questão técnica controvertida. Podem ter natureza diversa, sendo que as perícias de contabilidade, engenharia e econômicas são as mais comuns.

Quanto à sua complexidade, pode haver perícias simples, que se limitem ao comparecimento de experts em audiência para prestar esclarecimentos técnicos sobre determinada matéria, ou perícias mais intricadas, que se realizam no modelo tradicional de nomeação de um profissional pelos julgadores, para elaboração de um laudo. Se as questões objeto da prova forem tão complexas ao ponto de exigir perícias multidisciplinares, em geral serão executadas por empresas de perícias, compostas por equipes com diferentes especialidades. Assim, por exemplo, perícias de engenharia e contabilidade ou perícias ambientais e de engenharia.

Quanto aos formatos para a sua realização, há também múltiplas alternativas. As partes podem optar, desde a convenção de arbitragem, por dispensar peritos do tribunal, assumindo o ônus de produzir laudos técnicos diretamente, que serão examinados pelos árbitros. Podem, outrossim, adotar um formato mais tradicional, de peritos indicados pelo tribunal arbitral, cujos trabalhos serão secundados por assistentes técnicos contratados pelas partes; daí resultando um laudo com resposta a quesitos (iniciais e suplementares). Na prática internacional, é comum a adoção do "Protocolo Sachs", que consiste na indicação, pelas partes, de uma lista de possíveis profissionais, dos quais serão escolhidos dois, um de cada uma das listas, e estes dois profissionais atuarão conjuntamente, na condição de peritos do tribunal arbitral.[28]

No Brasil, a prática arbitral de indicação consensual de peritos inspirou, inclusive, a modificação das regras do processo estatal, que passou a prever essa possibilidade de nomeação consensual pelas partes (CPC, art. 471). Entretanto, do ponto de vista cultural, ainda prevalece certa dificuldade nesse mecanismo, daí resultando que, muitas vezes, as partes não chegam a acordo sobre qual profissional indicar e relegam aos árbitros esta tarefa.

A prova pericial, sobretudo em perícias complexas, representa um importante gargalo do processo arbitral, no que tange à sua eficiência. Um adequado *case management* será essencial, sendo desejável que as partes e os árbitros organizem estas etapas desde o primeiro momento possível, no início do procedimento. Casos complexos, sobre matérias técnicas, necessariamente requerem provas periciais. Não faz sentido aguardar o final da fase postulatória para só então se cogitar da seleção destes profissionais. O tempo de duração da perícia será muito maior, porque somente após a decisão deferindo as provas é que tais profissionais serão selecionados, a esta altura já com suas agendas comprometidas no curto prazo. Dessas dificuldades vem resultando, em termos práticos, o alongamento do tempo de duração da fase pericial e, consequentemente, do tempo total de duração dos procedimentos.

Em termos procedimentais, realizada a prova técnica, com apresentação do laudo, as partes e seus assistentes técnicos terão oportunidade de se manifestar. É bastante comum que a audiência de instrução se realize após a perícia, reservando-se uma parte dela para a apresentação dos laudos pelos experts, seguindo-se inquirição pelos advogados. Pode ser convencionado, ou fixado pelo tribunal arbitral, a realização de inquirição conjunta dos peritos e assistentes técnicos (*hot tubbing*), o que é, no mais das vezes, muito útil para o completo esclarecimento das questões mais controvertidas do laudo.

3.4 Prova oral

A lei de arbitragem autoriza o tribunal arbitral a "tomar o depoimento das partes, ouvir testemunhas" (art. 22) e, a exemplo do que faz com as demais questões processuais e procedimentais, não traz outras especificações. Mas como já observado, a possibilidade

---

28. SACHS, Klaus, SCHMIDT-AHRENDTS, Nils, Protocol on Expert Teaming: A New Approach to Expert Evidence. In: BERG, Albert Jan van den (Ed.). *Arbitration Advocacy in Changing Times*, ICCA Congress Series, 2010 Rio. Kluwer Law International 2011, p. 144.

de ampla produção probatória é inerente ao modelo do processo jurisdicional brasileiro, inspirado nas normas constitucionais que asseguram a ampla defesa, o contraditório e o devido processo legal. A prova oral se subdivide no depoimento pessoal das partes e na oitiva de testemunhas.

3.4.1 Depoimento pessoal

Como as convenções de arbitragem não costumam regular em detalhes questões probatórias, é recomendável que os termos de arbitragem o façam. As partes deverão estabelecer se (i) o depoimento pessoal pode ser requerido pelas próprias partes, por seus litisconsortes ou apenas por partes integrantes do polo oposto, (ii) se o objetivo do depoimento se limita a obter confissão, ou se servirá ao esclarecimento dos fatos em geral, (iii) se as partes poderão acompanhar a oitiva umas das outras, se nenhuma delas poderá acompanhar ou se, após uma delas ser ouvida, esta poderá acompanhar a oitiva da que falará depois e, por fim, (iv) como se dará a dinâmica da inquirição, durante a audiência.

Quanto à primeira parte, sobre quem pode requerer o depoimento pessoal, a tradição processual brasileira, e ainda hoje positivada no Código de Processo Civil, proíbe que a parte requeira o seu próprio depoimento, sendo esta uma iniciativa da contraparte ou do julgador. Entende-se que a parte fala por meio de suas petições, por seus advogados, não sendo necessário ou conveniente que ela possa pedir o seu próprio testemunho.

Se estas restrições parecem anacrônicas para o processo estatal atual, o que dirá para o processo arbitral, no qual, além da flexibilidade procedimental que lhe é inerente, há o elemento de que se busca uma única decisão de mérito, irrecorrível, para toda a disputa decorrente de um mesmo conjunto de fatos. Todas as investigações probatórias devem ser admitidas, para que se alcance a versão mais verossímil dos fatos e com isso permita-se aos árbitros proferir um melhor julgamento. Nesse sentido, a solução mais correta parece ser a que admite amplamente os depoimentos pessoais, requeridos pela própria parte, por seu litisconsorte ou pelas partes contrárias, em um modelo mais compatível com os objetivos e a natureza do processo arbitral.[29]

No mesmo contexto, o depoimento das partes não deve ser entendido apenas como uma forma de obter a sua confissão. A legislação brasileira contém provisões que distorcem o significado e a extensão da confissão, que só pode ser entendida como uma declaração da parte acerca de um fato que lhe é desfavorável. Mas a parte não se limita a declarar fatos desfavoráveis, nem seu depoimento pode ser utilizado apenas para essa finalidade. Em muitas situações, as declarações das partes sobre o contexto da disputa, do contrato, do litígio, são muito úteis para a compreensão geral da disputa por parte dos árbitros. É evidente que uma parte, quando declara um fato que lhe desfavorece, tende a ser mais sincera do que quando declara fatos favoráveis. Trata-se de uma máxima de

---

29. No âmbito do processo estatal, ainda de forma minoritária, um dos autores deste estudo já manifestou a admissibilidade de a parte pedir seu próprio depoimento. APRIGLIANO, Ricardo de Carvalho. *Comentários ao CPC*: Das Provas, disposições gerais, p. 293-294.

experiência, de um senso comum, mas que nem por isso serve para desqualificar todos os fatos não desfavoráveis que sejam objeto do depoimento.

No mínimo, ao estabelecer narrativas fáticas coincidentes, porque objeto de depoimento das duas (ou mais) partes, os árbitros podem estabelecer certos consensos fáticos, que servirão de parâmetro para sua decisão. E, em qualquer caso, é no plano da valoração da prova que os depoimentos serão ponderados, utilizados e se tornarão relevantes. O que não se deve admitir, sobretudo nos processos arbitrais, é que o único objetivo a ser almejado com o depoimento pessoal seja obter confissão. A Lei de Arbitragem, neste particular, não só não contempla a confissão, como propõe um modelo mais aprimorado, ao determinar que, "em caso de desatendimento, sem justa causa, da convocação para prestar depoimento pessoal, o árbitro ou o tribunal arbitral levará em consideração o comportamento da parte faltosa, ao proferir sua sentença" (art. 22, § 2º).

Na verdade, seja na hipótese de ausência da parte para prestar o seu depoimento, seja na hipótese de o depoimento ser prestado, o que farão os árbitros é levar em consideração o depoimento das partes, globalmente considerados, podendo sim atribuir pesos diferentes às declarações de fato favoráveis ou desfavoráveis. O que não poderão fazer é basear seu julgamento exclusivamente nessas declarações, ou fundar a decisão apenas no não comparecimento da parte para depor, porque isso corresponderia a desprezar o restante do conjunto probatório, composto por documentos e eventuais depoimentos de testemunhas ou laudos periciais. A persuasão racional impõe que todas as provas sejam examinadas e que se estabeleçam as razões por que certa narrativa fática prevaleça sobre outra, não sendo suficiente que a decisão se baseie apenas em declarações das partes.

Quanto à dinâmica da audiência, ordens processuais anteriores costumam regular seus termos. As partes devem ser convidadas a acordar sobre estes aspectos e, inexistente tal acordo, os árbitros fixarão permissão ou vedação para que uma parte acompanhe a oitiva da outra. Entendemos que ou bem todas podem assistir os demais depoimentos, ou ninguém pode assistir o depoimento da outra. Estes dois modelos preservam de forma mais intensa a paridade de armas no processo arbitral.

A inquirição normalmente é feita com perguntas iniciadas pelos advogados da contraparte, admitindo-se reperguntas dos advogados do próprio depoente. Excepcionalmente, pode ser franqueada uma terceira rodada de perguntas à contraparte. Tudo dependerá da regulamentação fixada pelos árbitros.

3.4.2 Depoimento de testemunhas

Em qualquer processo, tenha natureza jurisdicional ou não, testemunhas são terceiros, estranhos às partes da causa, que conhecem fatos relacionados à disputa e comparecem com o objetivo de esclarecer tais fatos. Têm um dever legal de dizer a verdade, cujo descumprimento é sancionado no Código Penal como crime de falso testemunho. Essa realidade se verifica também nos processos arbitrais, não obstante a própria Lei de Arbitragem não contenha previsões sobre isso, sobre os requisitos das testemunhas, o momento da sua indicação ou qualquer outro parâmetro.

Inexistente convenção das partes, a admissibilidade e o procedimento para a oitiva das testemunhas serão decididos pelos árbitros. Os aspectos que merecem destaque são (i) possibilidade de declarações escritas das testemunhas, (ii) momento e especificação do objeto dos seus depoimentos, (iii) requisitos específicos sobre quem pode ser testemunha, (iv) possibilidade e momento para impugnação da testemunha e, por fim, (v) como se dará a dinâmica da inquirição, durante a audiência.[30]

Na prática arbitral internacional, é muito comum que as partes apresentem declarações escritas de testemunhas, juntamente com suas manifestações iniciais. Essa modalidade adiciona previsibilidade ao processo, pois sabe-se de antemão sobre o que versa o depoimento da testemunha.[31] Em geral, permite-se que depoimentos contrários sejam apresentados em um segundo momento, além de se estabelecer que a contraparte pode pretender a oitiva dos declarantes na audiência. Quando a parte assim o faz, a inquirição da testemunha consiste em um *cross examination*, iniciando-se pela parte contrária, com o objetivo de questionar e colocar em dúvida o teor das declarações. Nesse modelo, discute-se a respeito da abrangência da inquirição. No Brasil, parece não haver dúvida de que o depoimento na audiência não deve ficar limitado ao contido na declaração, porque isso representaria uma limitação indevida à produção da prova oral, contrariando a amplitude da investigação probatória que adotamos, e inclusive o princípio da aquisição da prova.[32]

O modelo tradicional da praxe forense brasileira, retratado na norma processual geral, é o da inquirição das testemunhas diretamente na audiência. Perde-se em previsibilidade, ganha-se em espontaneidade dos depoimentos, porque ainda que as testemunhas sejam previamente ouvidas pelos advogados, entende-se que isso não equivale às entrevistas feitas para a preparação das declarações escritas.

Sem que seja combinado ou determinada a apresentação de declarações escritas, os árbitros provocarão as partes, ao término da fase postulatória, para a especificação das provas. Quanto às testemunhas, o mais comum é que determinem a apresentação de rol, com um resumo do objeto dos respectivos depoimentos (quais dos pontos controvertidos da disputa serão endereçados por cada testemunha). A flexibilidade do procedimento não impõe limitações à quantidade de testemunhas. O caso concreto é que dirá se são necessárias muitas ou poucas. A partir do número total, os árbitros determinarão a duração total da audiência. Em casos muito complexos, elas podem ocupar mais de uma semana, ininterrupta.

---

30. No âmbito de uma arbitragem internacional, o universo de questões que árbitros e partes precisam regular se amplia. Ver a respeito, LÉVY, Laurent and REED, Lucy. Managing Fact Evidence in International Arbitration. In: BERG, Albert Jan van den (Ed.). *International Arbitration 2006*: Back to Basics? ICCA Congress Series, 2006 Montreal v. 13 (Kluwer Law International 2007) p. 633-644, em especial, p. 642.
31. MIRANDA, Daniel Chacur de. A Produção da Prova Testemunhal na Arbitragem à Luz da Flexibilidade e da Previsibilidade na Prática Internacional. *Revista Brasileira de Arbitragem*. v. 38, p. 37. São Paulo, 2013.
32. Em sentido contrário, entendendo que a inquirição é limitada ao escopo da declaração escrita, José Emilio Nunes Pinto. Anotações práticas sobre a produção da prova na arbitragem.

Na audiência, a praxe é que as testemunhas sejam primeiro inquiridas pela parte que as arrolou, depois pela contraparte. A essas duas rodadas costumam-se agregar outras duas, de reperguntas, limitadas ao que foi perguntado/respondido na rodada imediatamente anterior.

A Lei de Arbitragem não regula quem pode ou não ser testemunha. O ponto central é que testemunhas devem ser desinteressadas da causa, porque se espera que as testemunhas informem a verdade sobre os fatos que conhecem e que são pertinentes para a disputa, sem distorcer o conteúdo do que sabem com vistas a favorecer uma das partes. Os parâmetros da lei processual geral, que, a exemplo do que faz com relação aos juízes, classifica as restrições às testemunhas em causas de impedimento e de suspeição, parecem ser aplicáveis ao processo arbitral. Afinal, a liberdade ou flexibilidade do procedimento arbitral não podem conduzir à situação em que amigos íntimos, cônjuges, descendentes ou pessoas que tenham interesse econômico na disputa sejam ouvidos e seus depoimentos sejam normalmente considerados. Não é que, em certas situações, essas pessoas não possam ser ouvidas, mas é impossível dissociar essa condição de potencial interesse em proteger uma das partes da disputa, seja no tocante à admissão dos depoimentos, seja quanto à sua valoração.

As pessoas cujos depoimentos são tomados, mas que tenham potencial interesse na disputa, ou relações com as partes que permitam questionar sua isenção, se qualificam como informantes. A legislação processual autoriza, excepcionalmente, seus depoimentos, determinando que o julgador leve tais relações em consideração no momento da valoração do testemunho. Na arbitragem não é diferente. Talvez, com até mais razão, se possa dizer que os árbitros tendem a admitir mais depoimentos do que juízes togados, seja porque lhes interessa investigar mais a fundo a solução do caso, porque é esta a prestação de serviço a que se obrigaram, ou ainda porque a irrecorribilidade da decisão quanto ao mérito aumenta a responsabilidade do julgador.

As testemunhas são advertidas, no começo de seu depoimento, do dever de dizer a verdade e das sanções legais a que se sujeitam, caso prestem falso testemunho. Em teoria, informantes são dispensados deste compromisso, mas isso não pode significar que tenham algum tipo de autorização para faltar com a verdade. A advertência deve ser igualmente feita, porque só se admitem depoimentos de pessoas que, independentemente de sua qualificação jurídica, estejam dispostas a cooperar com os árbitros, fornecer informações verdadeiras e assim colaborar para a obtenção da melhor decisão para o caso.

Nesse contexto, as partes e os árbitros devem combinar o procedimento para a impugnação das testemunhas, o que pode se dar logo após a apresentação do respectivo rol, ou na própria audiência. Em regra, repete-se o modelo do processo estatal, de contraditas das testemunhas imediatamente antes do depoimento. As partes então debatem a respeito, a testemunha pode ser perguntada sobre os alegados vínculos que a impediriam de depor e o tribunal arbitral decide sobre a admissibilidade do depoimento de forma imediata.

Admitida a oitiva, mesmo que sob a qualificação de informante, a inquirição se dará por perguntas diretamente feitas pelos advogados das partes – método adotado desde sempre nos procedimentos arbitrais, o que certamente influenciou a modificação da regra nos processos estatais. Tanto as testemunhas, como as partes e até os peritos costumam ser arguidos de forma mais aprofundada, e não raro com a visualização de documentos relevantes, que sejam objeto das perguntas.

3.5 Inspeções

Na teoria geral do processo, e na teoria geral das provas, elas se classificam em provas típicas e atípicas. O traço distintivo fundamental é a sua regulamentação legal. Serão provas típicas aquelas que o ordenamento jurídico não apenas contempla, mas que regula o respectivo procedimento. As provas atípicas podem nem mesmo ser mencionadas pela lei, mas sua produção será admitida com base no amplo direito à prova, que pode ser exercitado por diferentes meios, desde que aderentes aos padrões de legalidade e moralidade. Assim, todas as provas devem ser moralmente idôneas, sendo que algumas delas terão previsão legal específica, outras não.[33] A atipicidade é própria dos meios de prova que não tem um procedimento previamente determinado para a sua produção.

Pois bem, examinada a Lei de Arbitragem, isoladamente, talvez se devesse dizer que todos os meios de prova são atípicos, porque o procedimento para a sua produção não é ali regulado. As inspeções feitas pelos árbitros nem mesmo são expressamente mencionadas na Lei. Ocorre que a norma processual geral – o Código de Processo Civil – contempla a inspeção como um dos meios de prova típicos, assim como faz com a prova oral, a pericial, a documental. Daquele diploma se podem extrair parâmetros referenciais importantes quanto aos fundamentos de cada um dos meios de prova, permitindo-se às partes e aos árbitros que disciplinem livremente o procedimento para a sua colheita.

Fato é que, independentemente de qualquer previsão na Lei de Arbitragem, nos Regulamentos ou mesmo na convenção de arbitragem, é de se entender como amplamente admissível a possibilidade de os árbitros realizarem inspeções de pessoas ou coisas, no contexto da atividade instrutória do processo. Uma vez mais convém observar que, no processo arbitral, a amplitude da investigação probatória deve ser até maior, porque se trata de jurisdição privada, em que profissionais especializados são pagos para obter a decisão mais justa possível acerca de questões usualmente complexas, e de cuja decisão não cabe recurso quanto ao mérito. Todos esses aspectos recomendam um detalhamento, aprofundamento das atividades que se realizam no bojo do processo arbitral.

Assim, se o tema em discussão envolve apurar a necessidade de reparos urgentes em determinada obra ou planta industrial, os árbitros poderão determinar a inspeção do local, como meio mais efetivo de realizar certas constatações acerca do estado das obras. Se as características de certa atividade podem ser aferidas ou melhor percebidas em vistoria presencial, é recomendado que isso seja feito, apreendendo de forma ime-

---

33. APRIGLIANO, Ricardo de Carvalho. *Comentários ao CPC: Das Provas, disposições gerais*, p. 75.

diata informações que, em situações normais, seriam aportadas ao processo apenas por meio da perícia.

O respeito ao contraditório é o elemento fundamental. A inspeção deve ser informada com antecedência, para permitir a participação das partes, seus advogados e eventuais peritos, se for o caso. Por ordem processual anterior à vistoria, os árbitros devem organizar os atos que serão realizados, estabelecer a sequência, a forma da sua documentação. Após, as conclusões da vistoria devem igualmente ser objeto de debates e manifestação das partes.

3.6 Cooperação judicial na produção de provas

No artigo 22 da Lei de Arbitragem, que reúne os aspectos essenciais do procedimento arbitral, determina-se, no § 2º, que em caso de desatendimento da testemunha à convocação para prestar depoimento, "poderá o árbitro ou o presidente do tribunal arbitral requerer à autoridade judiciária que conduza a testemunha renitente, comprovando a existência da convenção de arbitragem".

Esta disposição é, por assim dizer, o embrião do que depois veio a ser sistematizado sob a forma da carta arbitral, figura introduzida na Lei de Arbitragem em sua reforma de 2015 e igualmente adicionada ao Código de Processo Civil. A Carta Arbitral é o meio pelo qual árbitros solicitam a cooperação do Poder Judiciário para atos que devam ser praticados no bojo do processo arbitral, mas para os quais falte o elemento de coerção aos próprios árbitros.

Não obstante detenha jurisdição, no curso do processo arbitral, o árbitro não possui a força que é inerente ao desempenho das funções do Estado. Não tem essa força no plano legal, nem dispõe da estrutura estatal de órgãos auxiliares, como oficiais de justiça, policiais, escrivães etc. Assim, a solução legal foi de autorizar o árbitro a solicitar esse auxílio ao Poder Judiciário, de forma que, diante de uma testemunha devidamente intimada e que se mostre renitente, é possível que, com o auxílio do Judiciário, ela seja conduzida coercitivamente para prestar depoimento.

A parte arrola a testemunha, requer sua intimação. O órgão arbitral ou a instituição arbitral encarregada de administrar o procedimento podem expedir intimações para o comparecimento da testemunha, as quais terão força legal equiparada à intimação que seria feita no processo estatal. Terceiros devem colaborar com a atividade jurisdicional, seja ela promovida diretamente pelo Estado, seja por delegação a entidades e atores privados, como é o caso da arbitragem.

No dia da audiência, a testemunha que, devidamente intimada, não comparece, pode ensejar as seguintes providências pela parte interessada. Se a parte pretende insistir, o ato deverá ser remarcado, com antecedência suficiente para que seja expedida a Carta Arbitral e solicitada a cooperação do órgão estatal, para intimar a testemunha e, no dia da audiência, conduzi-la coercitivamente, se isto se mostrar efetivamente necessário. Pode ocorrer – e não raro é exatamente o que acontece – que a parte termine por desistir da oitiva desta testemunha, se do restante do conjunto probatório lhe parecer que os fatos controvertidos estão suficientemente demonstrados.

Fato é que o processo arbitral pode ser ajudado mediante mecanismos de cooperação com o Poder Judiciário. Isso se dá pela Carta Arbitral, que tanto pode abranger a condução coercitiva de testemunhas, como a expedição de ofícios para autoridades, a obtenção de informações etc. Havendo resistência ao atendimento de ordens determinadas diretamente pelos órgãos arbitrais – mediante simples ofícios – a cooperação judicial surge como alternativa subsidiária.

O cenário ideal é que terceiros, como testemunhas, órgãos públicos, como Juntas Comerciais, cartórios de imóveis, ou mesmo privados, como instituições financeiras, atendam diretamente a comandos e solicitações dos órgãos arbitrais. Diante de alguma resistência, a cooperação judicial surgirá como elemento indispensável para a realização de tais atividades.

4. ORGANIZAÇÃO E REALIZAÇÃO DE AUDIÊNCIAS

A oralidade tem destacada importância na arbitragem, em que é comum a realização de audiências não só para colheita de prova oral, mas também para apresentação e debate do caso entre as partes e ainda como ato da prova pericial, como acontece na técnica de *hot tubbing*, por exemplo.

Nesse contexto, é de crucial importância a organização prévia da audiência para que sua realização transcorra de maneira eficiente, sem percalços, no menor tempo possível, dispensando debates quanto a questões que poderiam ter sido resolvidas previamente e tendo por objeto atos e provas estritamente necessários para a solução da causa.

Caso a audiência envolva apenas a apresentação do caso, normal será que os árbitros estabeleçam previamente o tempo que cada parte terá para expor seus argumentos e, eventualmente, para responder os argumentos da parte contrária.

Por outro lado, se a audiência se destinar à colheita de provas, é desejável que seja precedida da solução de questões preliminares e prejudiciais ao mérito, da delimitação das questões de fato de direito controvertidas, bem como da definição de todos os aspectos relevantes para a subsequente fase instrutória.

Quanto à primeira providência, pode ser necessário decidir questões preliminares ao mérito, como, por exemplo, enquadramento dos pedidos nos limites da convenção de arbitragem, alegação de que algum pedido já foi decidido em processo judicial ou arbitral anterior, interesse da parte em deduzir determinada pretensão, dentre outras.

Nesse momento, poderá ser oportuno também apreciar, em sentença parcial, eventual alegação de decadência ou prescrição, caso a solução da prejudicial não envolva questões de fato, evitando assim atividade probatória despicienda.

Recomenda-se ainda que sejam delimitadas as questões de fato e de direito controvertidas, de modo a orientar a atividade probatória das partes, impedindo que dediquem tempo para tratar de questões incontroversas ou eminentemente jurídicas. Inclusive, é desejável que as partes participem da delimitação dessas questões, seja através de uma proposta conjunta de pontos controvertidos, ou da simples indicação individualizada das questões que, no seu entendimento, devam ser objeto das provas produzidas, para consideração do tribunal arbitral.

Como "o árbitro é o juiz de fato e de direito" (Lei de Arbitragem, art. 18)[34] e diante do princípio *iura novit curia*[35] caso o tribunal arbitral vislumbre ser relevante para o julgamento da causa questão jurídica não abordada pelas partes, deverá, desde logo, convocá-las para se manifestarem a respeito.

Nesse momento, será oportuno ainda que o tribunal arbitral decida eventuais pedidos de inversão do ônus da prova e de exibição de documentos, de modo que possam ser utilizados pelas partes na audiência.

Terá lugar também, antes da audiência de instrução, a organização dos depoimentos das testemunhas arroladas por cada parte, com a definição do objeto da sua oitiva. Para tanto, faz-se necessário que o tribunal arbitral determine às partes a indicação, no rol de testemunhas, dos fatos que serão abordados por cada uma em seus depoimentos. Isso permitirá organizar a ordem da sua oitiva, o que pode inclusive se dar por bloco de tema controvertido.

Em resumo, as providências preparatórias das audiências são essenciais para o bom desenrolar do ato, com o melhor aproveitamento do tempo dos árbitros e das partes.

5. BIFURCAÇÃO DO PROCEDIMENTO

Como já dito, a Lei de Arbitragem, a exemplo de diplomas estrangeiros, regula muito pouco do procedimento arbitral. Esta omissão é deliberada, porque é pelo procedimento – entendido como o conjunto concatenado de atos do processo – que se determina o ritmo em que o caso se desenvolverá. Pelo procedimento se determinam quais os atos serão praticados, sua forma, seu tempo e lugar, e as leis que regulam o procedimento de forma detalhada e extensa tendem a produzir modelos mais longos, mais burocráticos, mais rígidos.

Sem negar que pode haver vantagens em se regular antecipadamente certos aspectos do procedimento, fato é que no processo arbitral os litígios são particulares, devem ser decididos de forma individualizada. As partes, ao optarem pela arbitragem, manifes-

---

34. Como já decidiu o Superior Tribunal de Justiça: "uma vez convencionado pelas partes cláusula arbitral, o árbitro vira juiz de fato e de direito da causa, e a decisão que então proferir não ficará sujeita a recurso ou à homologação judicial, segundo dispõe o artigo 18 da Lei 9.307/96, o que significa categorizá-lo como equivalente jurisdicional, porquanto terá os mesmos poderes do juiz togado, não sofrendo restrições na sua competência" (STJ, 1ª Seção, MS 11.308/DF, Rel. Min. Luiz Fux, j. 09.04.2008).
35. O princípio *iura novit cúria* aplica-se à arbitragem tal qual incide no processo estatal: "Aplica-se à arbitragem, à semelhança do processo judicial, a teoria da substanciação, segundo a qual apenas os fatos vinculam o julgador, que poderá atribuir-lhes a qualificação jurídica que entender adequada ao acolhimento ou à rejeição do pedido" (STJ, 3ª Turma, REsp 1.636.102/SP, Rel. Min. Ricardo Villas Bôas Cueva, j. 13.06.2017).

tam sua intenção de se afastar daquele modelo detalhado e rígido, genérico, de que se vale o processo estatal. E é razoável que cada tipo de processo trabalhe com parâmetros diferentes, porque a necessidade de absorver uma massa de litígios e lhes dar solução uniforme exige que o processo estatal seja regulado de forma mais extensa.

Na arbitragem, ao contrário, as necessidades são de outra natureza, os litígios são individualizados e devem receber uma regulação sob medida, como forma de adequar o método de solução do conflito a ele próprio. Há casos que se satisfazem com um procedimento curto, com poucas etapas, com reduzida atividade probatória. Outros, mais complexos, podem exigir muito mais fases, e podem ser mais efetivos se elas ocorrem em sequência diversa. Por exemplo, primeiro uma apresentação geral das provas que as partes queiram produzir, para depois permitir a adequada formulação dos pleitos (modelo comum em litígios internacionais altamente complexos).

Diante desta realidade é que as legislações sobre arbitragem deixam à autonomia das partes a regulação do procedimento de suas disputas e, subsidiariamente, outorgam aos árbitros o poder de estabelecer as regras do caso concreto. Uma das possíveis manifestações concretas desta liberdade procedimental é a bifurcação do procedimento, que corresponde à sua divisão em duas ou mais fases, concentrando-se em cada uma delas a discussão sobre certos aspectos da disputa. As hipóteses, parâmetros, limites, vantagens e desvantagens da bifurcação serão examinados nos tópicos subsequentes.

5.1 Hipóteses que justificam ou recomendam a bifurcação do procedimento

A falta de regras específicas sobre o procedimento arbitral exige que, em cada caso, sejam fixadas as etapas do procedimento e os respectivos prazos. A lei de arbitragem não regula prazos ou a prática de atos específicos do procedimento e os regulamentos costumam prever os prazos principais (apresentação das alegações iniciais e resposta), mas, em termos práticos, as Partes e o Tribunal Arbitral regulam, ao ensejo da assinatura do Termo de Arbitragem, um conjunto mais amplo de atos, como alegações iniciais, resposta, réplica, especificação de provas etc. A experiência, amplamente adotada nas arbitragens, inspirou inclusive a previsão do artigo 191 do Código de Processo Civil.

Se não são fixados no Termo de Arbitragem, estes prazos são estabelecidos pelos árbitros na Ordem Processual 01, que consiste em uma primeira decisão de natureza interlocutória que disciplina diversos aspectos do procedimento. No Brasil, o conjunto das regras procedimentais costuma ser endereçado no Termo de Arbitragem, ao passo que na prática internacional, o Termo de Arbitragem (ou Ata de Missão) costuma ter conteúdo menor, pois é assinado ao mesmo tempo em que é proferida esta Ordem Processual 01. Caso haja aspectos do procedimento não regulados desde esta etapa inicial, será dos árbitros a tarefa de estabelecer seus parâmetros.

Esta liberdade de fixar um procedimento sob medida para cada disputa concreta faz com que, em termos práticos, muitas vezes a disputa seja subdividida em duas ou mais etapas. Partindo de um exemplo comum, é possível que uma mesma disputa tenha uma primeira fase dedicada aos debates em torno da jurisdição do tribunal arbitral, uma segunda fase concentrada nos debates acerca do inadimplemento contratual e, por fim, uma terceira, dedicada à quantificação dos danos em favor da parte que, na etapa anterior, tiver obtido o reconhecimento do seu direito violado.

O objeto da bifurcação pode, portanto, ser tanto de natureza processual, como material. E mesmo dentro de cada um destes universos, há múltiplas opções que podem ocorrer. Nem sempre a questão versará sobre a inexistência absoluta de jurisdição dos árbitros, mas pode dizer respeito à abrangência desta mesma jurisdição. De ordem subjetiva, quando se discute a vinculação de partes não signatárias, ou de ordem objetiva, quando se discute se certas relações jurídicas podem ser examinadas pelos árbitros e podem ser objeto de suas decisões (em contratos coligados, por exemplo, que contenham diferentes métodos de solução de conflitos).

Nestes e em outros casos, a bifurcação do procedimento pode ser a alternativa mais adequada, visando a otimizar os atos do procedimento, pois, se há dúvidas acerca da existência de jurisdição para o julgamento da causa, não faz sentido que as partes dirijam seus esforços em relação ao mérito desde logo. Melhor que aguardem a decisão do Tribunal Arbitral sobre a sua própria competência, para em fase subsequente endereçarem as questões quanto ao mérito.[36]

Há outros temas preliminares que podem ensejar a bifurcação. As questões processuais atreladas às condições da ação – legitimidade e interesse de agir – e aos pressupostos processuais – competência, representação, inexistência de coisa julgada ou litispendência etc. – podem ser enfrentadas pelos árbitros em uma etapa inicial do procedimento. A lógica de um processo eficiente, a busca por economia processual são parâmetros de todo e qualquer processo jurisdicional, e com maior razão, devem ser buscados na jurisdição privada. Se alguém se opõe à jurisdição dos árbitros, é recomendável que este tema seja examinado primeiro, isentando o litigante de se submeter a uma longa e complexa disputa sobre o mérito sem efetiva necessidade.

A bifurcação é também possível para a fragmentação de temas relacionados ao mérito, isto é, mesmo que não haja disputas ou dúvidas acerca da jurisdição dos árbitros. Aqui, os exemplos dirão respeito ao que a doutrina costume denominar de prejudicial de mérito, como a prescrição e a decadência. É conveniente que as partes concentrem esforços argumentativos sobre estes temas antes de tratar do restante do mérito, porque estas questões têm um potencial de eliminar ou restringir o objeto do processo.

Dentro da esfera de liberdade das partes, a fragmentação do objeto do processo em sucessivas etapas de debates e decisões deve ser amplamente admitida. Isso se aplicará tanto para questões que dizem respeito a certas parcelas da controvérsia, como a questões de índole mais geral, que podem afetar a disputa como um todo. A condição de acionistas dos requerentes é uma premissa necessária para disputas entre acionistas e sociedades. A admissibilidade de certos meios de prova ou a extensão do direito que

---

36. APRIGLIANO, Ricardo de Carvalho. Regras gerais do procedimento arbitral: o termo de arbitragem. In: NASCIMBENI, Asdrubal Frano et al (Coord.). *Temas de Mediação e Arbitragem IV*. São Paulo: LEX, 2020, p. 247.

uma parte tem à exibição de documentos pela contraparte podem ser elementos cuja definição é necessária para a própria conformação da disputa.

Outro tema recorrente em processos arbitrais envolve tutela provisória. As partes podem ter iniciado a disputa com medidas antecedentes perante o Poder Judiciário, antes da constituição do tribunal arbitral. Estabelecida a jurisdição dos árbitros, tais aspectos lhes serão submetidos, para obter, confirmar, revogar ou modificar a tutela urgente pretendida. Pode ser conveniente – no mínimo sob a perspectiva da urgência – que as partes concentrem os debates iniciais sobre esta tutela provisória, obtenham dos árbitros um posicionamento a respeito, e só depois passem a debater os aspectos do mérito da controvérsia.

5.2 Limites à bifurcação do procedimento

A liberdade procedimental será e se manterá útil na medida em que seja utilizada para conferir eficiência ao procedimento, para permitir que se obtenha a decisão de mérito com maior agilidade e qualidade. O procedimento típico, em que todas as questões são trazidas pelo requerente a um só tempo, depois respondidas de forma concentrada pelo requerido, foi assim estabelecido porque apresenta inúmeras vantagens. Além de previsível, favorece o desenvolvimento do processo em um sentido único, na direção da decisão de mérito. Permitir retrocessos pode representar uma instabilidade e um perigo desnecessário. Quando se modificam estes parâmetros, deve-se ter clareza quanto à utilidade destas modificações.

Os temas objeto destas subdivisões devem guardar autonomia, independência. Em termos processuais, é possível cogitar de bifurcação para endereçar capítulos autônomos da decisão, como os exemplos já citados das questões relativas à jurisdição dos árbitros. Mas não só esta autonomia deve ser identificada, mas também o ganho procedimental. Porque a cada etapa, é provável que as partes apresentem manifestações específicas (em duas ou quatro rodadas de petições) e que ela se conclua com uma decisão do tribunal arbitral. Seja ela uma sentença parcial ou uma ordem processual, será uma decisão naturalmente mais longa, complexa, e que consumirá tempo para ser prolatada.

Valerá a pena a bifurcação se se vislumbrar ganhos de eficiência, pela eliminação de dúvidas que tenham um potencial de prejudicar o desenvolvimento do procedimento. Assim, as partes que entendem não estarem vinculadas à cláusula compromissória devem receber uma decisão a este respeito, antes que tenham que dedicar seus esforços aos debates quanto ao mérito, à produção probatória relacionada à existência dos direitos perseguidos na demanda. Porque toda essa atividade pode se revelar inútil se, ao final, os árbitros reconhecerem ausência de jurisdição.

A bifurcação não deve, portanto, ser adotada como método para fragmentação do procedimento, se o objeto de cada etapa estiver relacionado com a subsequente, sem que se vislumbrem vantagens em termos de eficiência. É mais nítida a conveniência em de bifurcar se há questões preliminares de natureza processual, cuja solução é prejudicial ao desenvolvimento do mérito da disputa. Menos nítida é a utilidade em bifurcar o próprio mérito. Ainda que haja capítulos autônomos, como por exemplo os relacionados a pleitos de perdas e danos e lucros cessantes, não é a mera autonomia entre eles que justifica sua decisão em momentos separados. Ao contrário, o parâmetro normal será o julgamento conjunto. Mas especificamente no caso de demanda principal e reconvencional, com imputações recíprocas de inadimplemento e pedidos que são naturalmente excludentes, parece mais eficiente apurar, primeiro, qual das partes tem culpa, para então se apurar os danos apenas em favor da parte inocente. Este método evitar que se quantifiquem danos que, ao final, não serão indenizáveis.

5.3 Decisão que encerra as fases do procedimento bifurcado

Outro tema que merece comentários é sobre qual o tipo de decisão que deve ser proferida, como etapa final de um procedimento bifurcado. Tratando-se de decisão sobre um capítulo autônomo da demanda – de natureza processual ou de mérito – é possível sustentar que estas etapas devem ser encerradas com sentenças parciais. Porque se decidirá, em termos definitivos, sobre uma parcela da relação jurídica deduzida.[37]

De outro lado, porque o procedimento continuará, ou terá a aptidão de continuar, mesmo após uma primeira fase, é igualmente razoável se considerar que a decisão tem, efetivamente, natureza de decisão interlocutória, porque possui conteúdo decisório, mas não extingue o processo.

No sistema processual brasileiro, as sentenças finais são aquelas que decidem em termos definitivos o processo. Isso pode se dar por decisões de natureza processual, quando se extingue o processo sem resolução de mérito, ou por decisões de mérito, quando se decide a respeito do bem da vida (ou de todos os bens da vida) objeto da disputa. Quanto às sentenças finais, é possível estabelecer um paralelo entre as sentenças judiciais e arbitrais. No caso das sentenças parciais, a dificuldade aumenta, porque a lei de arbitragem as admite mas não as define. Em que situações deve ser proferida uma sentença arbitral parcial? A chave para a qualificação de uma decisão como sentença é a definitividade do seu conteúdo. O tema objeto da decisão será examinado pelos árbitros naquela decisão e, uma vez proferida, encerra-se aquela etapa perante os árbitros. Não pode ser qualificada como sentença arbitral, final ou parcial, uma decisão que possa vir a ser objeto de nova deliberação pelos árbitros.[38]

Esse aspecto, como dito, pode dizer respeito a questões processuais ou de mérito. A este respeito, vale lembrar o Regulamento da Corte de Arbitragem da CCI, que

---

37. Sobre a noção de sentença arbitral, ver ALVES, Rafael Francisco. Sentença Arbitral. Curso de Arbitragem. LEVY, Daniel. PEREIRA, Guilherme Setoguti J (Coord.). São Paulo: Thomson Reuters, 2018, p. 255-278. Disponível em: https://thomsonreuters.jusbrasil.com.br/doutrina/secao/1199122325/7-sentenca-arbitral-curso-de-arbitragem-ed-2019.
38. REsp 1.519.041/RJ, 1º de setembro de 2016, Termopernambuco S.A. c/ Companhia Pernambucana de Gás Copergás. Da decisão, extrai-se que: "é de suma relevância reconhecer que a questão decidida pela sentença arbitral parcial encontrar-se-á definitivamente julgada, não podendo ser objeto de ratificação e muito menos de modificação pela sentença arbitral final, exigindo-se de ambas, por questão de lógica, naturalmente, cocrência, tão somente".

qualifica como sentenças parciais as decisões acerca de jurisdição. Perde relevância se, por seu conteúdo, a decisão extingue ou não o processo, porque é a vontade das partes, indiretamente manifestada pela adoção do regulamento CCI, que estabelece a natureza da decisão a ser proferida. Mas essa definição do Regulamento não contradiz o parâmetro legal brasileiro, porque mesmo quando se rejeita a alegação de inarbitrabilidade do litígio, a decisão será definitiva quanto a este tema, daí porque pode ser qualificada como uma sentença parcial, e não como uma ordem processual.

Dessa forma, será uma sentença parcial a decisão sobre a jurisdição dos árbitros em relação às partes, seja para reconhecê-la ou negá-la, ou a que decide acerca da vinculação de partes não signatárias à cláusula compromissória, enfim, a decisão que verse sobre a existência, validade e eficácia da convenção de arbitragem.[39] Nas decisões quanto ao mérito, será uma sentença parcial a decisão que reconhece a ocorrência de prescrição, porque quanto a esta parcela do pedido, a decisão será final e definitiva. Mas será uma simples ordem processual (decisão interlocutória) a decisão que rejeita a alegação de prescrição.[40]

Na medida em que, no sistema processual brasileiro, as decisões são qualificadas conforme o seu conteúdo e a sua aptidão em encerrar partes do processo, ou encerrá-lo como um todo, este critério classificatório deve igualmente ser aplicado ao processo arbitral, fazendo que com, a depender do objeto da bifurcação e do conteúdo da decisão obtida, ela seja qualificada como uma sentença parcial ou como uma ordem processual.

A fim de prevenir dúvidas e conferir maior previsibilidade ao procedimento arbitral, é recomendável que as partes e os árbitros, ao decidirem acerca da bifurcação, desde logo definam se a decisão a ser proferida será qualificada como sentença parcial ou como ordem processual, atentando-se ao conteúdo da decisão. Isto previne discussões de índole processual, que devem sempre ser evitadas pois, com razão, já se decidiu que as partes ou os árbitros não podem artificialmente atribuir a natureza e a estrutura de ordem processual a uma decisão que tem natureza de sentença, como forma de evitar o controle judicial pela via da ação anulatória.[41]-[42] A clareza quanto às regras do jogo é um elemento importante e deve ser buscada pelos litigantes, sobretudo em um processo cujo regramento pode ser feito segundo sua ampla autonomia.

---

39. SANCHEZ, Guilherme Cardoso. *Sentenças Parciais no Processo Arbitral*. Dissertação (Mestrado) – Faculdade de Direito da Universidade de São Paulo. São Paulo, 2013, p. 13.
40. DINAMARCO, Cândido Rangel. *A Arbitragem na Teoria Geral do Processo*, São Paulo, Malheiros, 2013, p. 174.
41. FICHTNER J.A., MONTEIRO A.L., Temas de arbitragem, Renovar 2010, espec. p. 176-179 In SILVEIRA, Gustavo Scheffer da. A sentença sobre a Competência Arbitral: Natureza e Regime de Controle de Anulação. In: *Revista Brasileira de Arbitragem*, Ed. 63 2019. CBAR. P. 56. Disponível em: https://www.tauilchequer.com.br/-/media/files/perspectives-events/publications/2019/10/revista-brasileira-de-arbitragem--pg-07--57p-df-corrigido.pdf.
42. SILVEIRA, Gustavo Scheffer da. A sentença sobre a Competência Arbitral: Natureza e Regime de Controle de Anulação. *Revista Brasileira de Arbitragem*, Ed. 63 2019. CBAR. P. 57. Disponível em: https://www.tauilchequer.com.br/-/media/files/perspectives-events/publications/2019/10/revista-brasileira-de-arbitragem--pg-07--57p-df-corrigido.pdf.

6. ARBITRAGEM EXPEDITA

A arbitragem expedita é um procedimento previsto nos regulamentos de algumas instituições arbitrais, que, se comparado ao procedimento arbitral ordinário comumente adotado pelas mesmas instituições, é simplificado, mais célere e possui custos reduzidos. É utilizado, em regra, para solução de disputas de menor valor e complexidade, bem como para outras em que a solução célere é essencial.

Mencionem-se, por exemplo, disputas surgidas no curso de operação de compra e venda de participação societária, entre a assinatura do contrato e o fechamento, que precisam ser resolvidas rapidamente para não comprometerem a operação;[43] ou ainda disputas no âmbito do agronegócio, em que as transações são orientadas pelo período da safra comercializada. Disputas entre franqueador e franqueado também podem ser adequadas para a arbitragem expedita, considerando os enormes danos para o negócio causados por um litígio demorado, que se arraste por anos no Poder Judiciário.[44]

Ademais, a arbitragem expedida propicia redução de custos em comparação com a arbitragem tradicional e se constitui em modalidade de arbitragem mais apropriada para negócios de valor intermediário, logo, pode contribuir para a difusão da arbitragem como método de solução de controvérsias.

Os fatores determinantes para submissão da disputa à arbitragem expedita são o valor envolvido e a vontade das partes. A depender do regulamento da instituição arbitral, esses requisitos devem estar presentes isolada ou cumulativamente.

Alguns regulamentos, como, por exemplo, o do Centro de Arbitragem e Mediação da Câmara de Arbitragem Brasil Canadá (CAM-CCBC), dispõem que toda e qualquer controvérsia administrada pela instituição, que envolva até determinado valor, será submetida às disposições da arbitragem expedita, mesmo que não exista manifestação expressa das partes nesse sentido. Todavia, as partes podem optar por excluir a aplicação desse procedimento simplificado ou a Presidência do CAM-CCBC pode considerá-lo inadequado ao caso.[45]

Para o Centro Brasileiro de Mediação e Arbitragem (CBMA) e a Câmara de Arbitragem Empresarial – Brasil (CAMARB), por sua vez, não basta que as partes tenham optado por essas instituições para administrar o procedimento arbitral e que o valor da controvérsia seja limitado a determinado montante. Exigem, outrossim, expresso consentimento das partes quanto à adoção do procedimento da arbitragem expedita.[46]

Outras instituições, como a Câmara de Comércio Internacional (CCI) e a Câmara de Conciliação, Mediação e Arbitragem CIESP/FIESP (FIESP), além do que preveem

---

43. Nesse sentido: ORTIZ, Alejandro López. M&A arbitration and expedited procedures: a need for speed? *NYSBA – New York Dispute Resolution Lawyer*, v. 11, n. 1, 2018.
44. Esse exemplo é dado por Andressa Murta Rocha Cavalcante, Arbitragem expedita: solução em tempos de crise? *Revista de Arbitragem e Mediação*, p. 69-84. São Paulo, 2021.
45. Cf. arts. 36 e 37, e em especial o artigo 36.2 do Regulamento de Arbitragem de 2022.
46. Cf. art. 1.1 do Procedimento de Arbitragem Expedita do CBMA e art. 1.2 do Regulamento de Arbitragem Expedita da CAMARB.

a CBMA e a CAMARB, permitem que as partes optem por submeter qualquer disputa, independentemente do valor envolvido, à arbitragem expedita.[47]

Em geral, todas as instituições analisadas e mencionadas no parágrafo anterior apresentam, no que concerne à regulamentação da arbitragem expedita, as seguintes características comuns: *(i)* diminuição de custos; *(ii)* nomeação de árbitro único; *(iii)* redução de prazos e etapas e *(iv)* restrições probatórias.[48]

As restrições probatórias e redução de etapas normalmente envolvem a supressão da prova pericial e, em alguns casos, até mesmo da prova oral. Algumas instituições, como a CBMA, por exemplo, admitem uma perícia simplificada, com a apresentação de laudos e pareceres por assistentes técnicos das partes, ou ainda sua oitiva em audiência.[49] Boa parte dos regulamentos limita o número de audiências a apenas uma ou simplesmente exclui essa possibilidade. Desta exemplificação, constata-se que a própria ideia de um procedimento simplificado, mais rápido e mais barato, está naturalmente associada a litígios com menor complexidade, cuja solução possa ser obtida com igual qualidade, mas com a prática de menos atos procedimentais.

Tais restrições probatórias e redução de etapas não significam violação ou mitigação das garantias de contraditório e ampla defesa, pois, se a prova ou o ato procedimental for necessário, o procedimento expedito poderá ser convertido para o procedimento regular. Todos os regulamentos analisados resguardam à instituição arbitral ou ao tribunal nomeado pelas partes, por sua iniciativa ou mediante solicitação de uma ou ambas as partes, a decisão de processar a arbitragem de acordo com o procedimento tradicional, considerando a complexidade da matéria e a necessidade de provas adicionais ou mais profundas, circunstância incompatível com a celeridade esperada do procedimento expedito.

Essa faculdade conferida ao Tribunal Arbitral ou à Câmara chama atenção para o poder institucional de alterar a convenção de arbitragem. Esse paradoxo entre a vontade das partes e os regulamentos das instituições pode ocorrer também quanto a outros aspectos procedimentais ou ligados ao tribunal arbitral. Mencione-se, por exemplo, a situação em que as partes optam por tribunal arbitral composto por três árbitros, mas o regulamento da arbitragem expedita fala em árbitro único. Nesse caso, a convenção de arbitragem poderia ser modificada pela instituição para ajustá-la às regras da arbitragem expedita?

Há quem diga que, ao optarem por determinadas normas institucionais, as partes aceitariam todos os seus dispositivos, incluindo aqueles que são mandatórios e, portanto, não podem ser afastados. Por conseguinte, a instituição teria a prerrogativa de modificar alguns aspectos da convenção de arbitragem para adaptá-la ao procedimento.[50] O regu-

---

47. Cf. Art. 30(2) of the Rules of Arbitration of ICC e art. 1.5 da Resolução 7/2021 da Fiesp.
48. Características pontuadas também por Mateus Aimoré Carreteiro. Ad hoc and institutional arbitration in Brazil: a practical approach. Till Alexander Backsmann et al. *International arbitration in Brazil*: an introductory practitioner's guide. Netherlands, Kluwer Law International, 2016.
49. Cf. art. 1.1(c) Procedimento de Arbitragem Expedita do CBMA.
50. Nesse sentido: BERGER, Klaus Peter. Institutional arbitration: harmony, disharmony and the "party autonomy paradox". *Revista de Arbitraje Comercial y de Inversiones*, v. 11, issue 2, 2018. p. 349-361. Ainda que o autor defenda a possibilidade de a instituição arbitral afastar aspecto da convenção de arbitragem naquilo que seja

lamento da CCI tem norma expressa nesse sentido, o artigo 30.1: "ao convencionarem uma arbitragem de acordo com o Regulamento, as partes acordam que o presente artigo 30 e as Regras da Arbitragem Expedita previstas no Apêndice VI (conjuntamente, as "Disposições sobre a Arbitragem Expedita") prevalecerão sobre qualquer estipulação em contrário na convenção de arbitragem".[51]

A solução, todavia, não é simples, principalmente se o regulamento da instituição não contiver norma expressa quanto a essa prerrogativa do órgão. Não se pode perder de vista ainda que eventual incerteza quanto à prevalência da vontade das partes ou do regulamento da instituição poderia prejudicar a celeridade desejada com a arbitragem expedita, lançando dúvidas, inclusive, sobre a validade do título por ocasião do cumprimento da futura sentença arbitral.

Por esses motivos, a alternativa mais segura parece ser diversa: converter o procedimento expedito em regular caso as partes não cheguem a um consenso quanto aos aspectos do procedimento e à composição do tribunal arbitral, afastando-se a arbitragem sumária.

Em resumo, a arbitragem expedita tem potencial para ampliar sua aplicação, pois garante solução rápida e adequada para o conflito a custos reduzidos. Todavia, à luz das considerações acima, é essencial que as partes conheçam o regulamento da instituição escolhida para verificar sua adequação ao caso, evitando frustrações e percalços no curso do procedimento.

7. CUSTOS DA ARBITRAGEM

Como o processo arbitral tem natureza privada, é importante compreender como se disciplina o custeio do processo arbitral. Quais os custos normalmente envolvidos, quem é responsável por seu adiantamento e seu reembolso. Tratando-se de um mecanismo privado, é importante reconhecer que se trata de verdadeira justiça "pré-paga", em que não se aplicam mecanismos de financiamento público ou a possibilidade de requerer e litigar sob os auspícios da gratuidade.

No Brasil, o modelo mais comum é o das arbitragens institucionais, mas não se pode perder de vista que um processo arbitral pode se desenvolver *ad hoc*, sem a intervenção de uma instituição. De um lado, os custos envolvidos diminuem. De outro, a sua regulação se torna muito mais complexa, justamente pela ausência de um regulamento aplicável e de uma instituição que administra o processo.

---

incompatível com normas mandatórias do regulamento, menciona decisões em sentido contrário das Cortes de Singapura, que anularam sentença arbitral proferida por árbitro único, sendo que as partes haviam escolhido tribunal formado por três árbitros. O autor defende ainda que as partes sejam expressas na convenção de arbitragem afastando normas das instituições que lhes permitam ajustar a convenção ao regulamento quando houver incongruência entre eles.

51. A tensão entre consentimento das partes e regulamento das instituições em sede de arbitragem expedita é também mencionada por Andressa Murta Rocha Cavalcante, Arbitragem expedita: solução em tempos de crise? p. 69-84.

A legislação brasileira pouco regula o tema dos custos do processo arbitral. Apenas dispõe que no compromisso arbitral as partes podem estipular regras sobre as despesas da arbitragem e fixar os honorários dos árbitros (art. 11, V e VI), que os árbitros têm poderes para determinar o adiantamento de verbas para despesas (art. 13, §7º) e, ao final, que "a sentença arbitral decidirá sobre a responsabilidade das partes acerca das custas e despesas com a arbitragem, bem como sobre verba decorrente de litigância de má-fé, se for o caso, respeitadas as disposições da convenção de arbitragem, se houver" (art. 27).

Portanto, o panorama legal é bastante lacunoso, porque é silente quanto a determinar que haja o reembolso de custas e despesas, ou mesmo em distinguir tais noções. Remete, em termos gerais, às combinações das partes, contidas na convenção de arbitragem. Também quanto a este aspecto, reforça-se a importância da convenção de arbitragem, que não deve se limitar a escolher a arbitragem como método, ou a indicar uma instituição, mas idealmente, regular diversos outros aspectos do futuro processo arbitral.[52] E isso se torna ainda mais relevante porque os regulamentos das principais instituições arbitrais também não fornecem regras seguras acerca desta disciplina.

7.1 Custas e despesas na arbitragem: noções gerais e distinções

Na falta de regras legais ou regimentais, as partes deverão criar suas próprias combinações, na convenção de arbitragem ou, uma vez instituído o tribunal arbitral, diretamente em cooperação com os árbitros, no termo de arbitragem ou outro momento procedimental. Persistindo a omissão, será dos árbitros a prerrogativa de decidir a respeito (art. 21, § 1º).

O que deve ser objeto de combinação? Primeiro, se há distinção entre as noções de despesas e custas processuais, para os efeitos do seu reembolso. O termo despesa processual costuma designar um gênero, que abrange as custas processuais e as despesas propriamente ditas. Trata-se de um conceito teórico e que é também encampado pela legislação processual geral, servindo, portanto, como parâmetro interpretativo das disposições do processo arbitral. Mas certos regulamentos arbitrais qualificam uma ou outra despesa como integrante (ou não) do conjunto de verbas cujo reembolso será contemplado na sentença arbitral. Assim, a escolha da instituição arbitral importará aceitação desta regra específica, exceto se outra combinação for estabelecida entre as partes.[53]

---

52. "Most institutional rules expressly grant arbitral tribunals the power to award the costs of legal representation. In addition, arbitration agreements sometimes specifically address the issue of the costs of legal representation. Virtually all modern arbitration legislation gives effect to the provisions of institutional rules and the parties' arbitration agreement concerning the tribunal's power to make an award of legal costs and the amount of such award." (BORN, Gary B. Chapter 23: Form and Contents of International Arbitral Awards in *International Commercial Arbitration*. 2. ed. Kluwer Law International, 2014, p. 3093.
53. Por exemplo, a CCI contempla entre as despesas os honorários e despesas dos árbitros, as despesas administrativas da CCI, os honorários e despesas de peritos e "as despesas razoáveis incorridas pelas partes para a sua representação na arbitragem".

Regra geral, as despesas de cada parte constituem os gastos que realizam para sua própria defesa, com honorários de advogados e assistentes técnicos, pareceres jurídicos, gastos com deslocamento de partes e testemunhas, com a preparação dos materiais (desde simples petições até apresentações em vídeo, maquetes, *power points* etc.). No processo arbitral, esse tipo de gasto normalmente não é passível de reembolso, porque não há previsão legal a este respeito na Lei de Arbitragem e, em arbitragens domésticas, a tendência é que se repitam os parâmetros aplicáveis ao processo estatal, em que estas despesas não são, via de regra, reembolsáveis.[54-55]

Por sua vez, as custas processuais são aquelas gastas para o desenvolvimento do processo arbitral. Compõem-se dos honorários dos árbitros, das taxas cobradas pela instituição arbitral para a administração do procedimento, honorários de peritos. Esse conjunto de gastos é objeto da decisão dos árbitros, determinando-se o reembolso à parte vencedora, como será detalhado adiante.

7.2 Regime de antecipação dos custos com a arbitragem

No início do processo arbitral, a instituição que administra o procedimento realiza a cobrança de adiantamento dos valores que serão incorridos, abrangendo seus próprios honorários e os honorários dos árbitros. Trata-se de providência tomada bem no início do procedimento, até mesmo antes da constituição do tribunal arbitral. O parâmetro é próprio de cada instituição e constitui uma parte do seu posicionamento comercial. Há instituições que cobram mais e se propõem a uma prestação de serviços mais completa, com instalações amplas e modernas; há instituições que adotam, em relação aos árbitros, um modelo de remuneração por hora trabalhada, ao passo que outras fixam valores a partir dos montantes em disputa. As melhores práticas são as que antecipam tais pagamentos, garantindo assim a fluidez do procedimento.

É comum que se exija, ainda, um pagamento a título de antecipação de despesas, que serão utilizadas com a contratação de serviços agregados, como de aluguel de salas de audiência, tecnologia, estenotipia, gravação das audiências etc. O regulamento das instituições disciplinará tais aspectos e as suas páginas eletrônicas em geral indicam a tabela de custos, que em geral guardará relação com o valor envolvido na disputa.

A experiência demonstra que se tais valores não são arrecadados de forma antecipada, poderão surgir problemas para o recebimento de tais valores ao final, sobretudo se a decisão é proferida e entregue às partes. O(a) perdedor(a) terá poucos incentivos

---

54. Não obstante, há previsão legal quanto a alguns tipos de despesas, determinado o CPC que a sentença condenará o vencido a pagar ao vencedor as despesas que antecipou (art. 82, § 2º) e que as despesas abrangem as custas dos atos do processo, a indenização de viagem, a remuneração do assistente técnico e a diária de testemunha (art. 84).
55. Ainda que sem aplicação direta no ordenamento brasileiro, a Lei Modelo da Uncitral é outro importante parâmetro acerca da disciplina de alocação de custas no procedimento arbitral. Diz o artigo 40.2 que as custas na arbitragem abrangem os honorários dos árbitros, despesas que tenham realizado, inclusive com viagens, custos com peritos e assistentes técnicos, gastos com viagens de testemunhas (desde que aprovados pelo Tribunal Arbitral), outras despesas das Partes relacionadas com o procedimento e, por fim, honorários e despesas da autoridade judiciária eventualmente envolvida na constituição do tribunal arbitral (*appointing authority*).

a arcar com tais despesas após receber a decisão desfavorável. No que diz respeito aos honorários das instituições arbitrais, a relação é contratual. Já quanto aos honorários dos árbitros, não obstante ostentem também esta natureza, eles se configuram em remuneração pelo exercício de atividade jurisdicional, atribuindo-lhe a lei de arbitragem um *status* assemelhado ao de outras custas processuais e autorizando a sua cobrança por meio de execução de título extrajudicial (art. 11, parágrafo único).

Em todos os cenários, as despesas que são objeto de antecipação são pagas à instituição arbitral, que funciona como depositária dos valores devidos aos árbitros e, se for o caso, aos peritos. Quando as regras institucionais dividem a cobrança no começo e final do procedimento, a parcela final será arrecadada antes da prolação da decisão, a qual somente será publicada após o pagamento integral de tais valores.

Quanto à divisão deste adiantamento entre as partes, a regra usualmente estabelecida nos regulamentos arbitrais é a de que cada parte (ou polo) deve arcar com metade das custas e despesas com o procedimento arbitral. E esta divisão se aplica mesmo que apenas uma das partes seja a requerente, isto é, formule pedidos em face da outra, e a outra parte seja apenas requerida. Seja como for, se uma das partes não efetuar o pagamento da sua metade das custas, os regulamentos costumam prever que a outra parte será convidada a suprir e completar os pagamentos. Não efetuados os pagamentos, pela parte originalmente obrigada, ou pela contraparte, a consequência será a suspensão e, em última análise, a extinção do procedimento sem julgamento do mérito.

A condição de requerente ou requerido é relevante neste particular, porque as consequências do inadimplemento são diversas. Se o requerente não realizar o pagamento e/ou não suprir o pagamento que deixou de ser feito pelo requerido, seus pedidos não serão processados e o processo será extinto. Há um impacto direto em seu direito de ação, que no processo arbitral, só é assegurado efetivamente a quem dispõe de recursos para o pagamento dos custos com o procedimento. Caso seja o requerido a não realizar o pagamento, seu direito de defesa não é afetado. Ele poderá seguir atuando no procedimento nas mesmas condições. Em termos práticos, a parte adere a uma convenção de arbitragem que a obriga a custear metade de uma disputa, mesmo que ela não venha a formular pedidos, e se muda de ideia e decide não assumir tais despesas, este comportamento pode ser valorado pelo tribunal arbitral ao julgar a demanda. Mas não há impactos na amplitude do seu direito de defesa.

Quando a Administração Pública é parte, é possível que se estabeleçam regras diferentes. Por exemplo, a legislação que regulamenta a participação dos Governos do Rio de Janeiro e de São Paulo, bem como da Municipalidade de São Paulo em demandas arbitrais determina que todas as custas dos processos arbitrais serão integralmente adiantadas pelo particular, afastando-se assim eventual regra do Regulamento que contemple a divisão meio a meio.[56]

---

56. Decreto do Estado do Rio de Janeiro 46.245/2018; Decreto do Estado de São Paulo 64.356, de 31 de julho de 2019' Decreto Municipal de São Paulo 59.963, de 7 de dezembro de 2020.

Há dois comentários adicionais que convém fazer. O primeiro diz respeito à possibilidade de parcelamento dos custos com a arbitragem. Como visto, tratando-se de relação privada e de natureza contratual, o parcelamento poderá ou não ser deferido pelos credores, isto é, pela instituição arbitral e pelos árbitros. Por vezes, a parte solicita a diluição dos pagamentos, hipótese em que a instituição arbitral consulta os árbitros e autoriza algum tipo de parcelamento. O objetivo é o de equilibrar a garantia de recebimento dos valores pelos serviços que serão prestados com as possibilidades financeiras das partes.

Ainda que se possa dizer que, ao contratar a arbitragem, as partes sabiam – ou deveriam saber – os custos envolvidos, é de se ressaltar que ao tempo da cláusula compromissória, o que se pode antever é o valor do contrato, mas não necessariamente o valor do litígio. Em qualquer caso, dificuldades financeiras supervenientes podem ocorrer, a justificar o deferimento destes parcelamentos, de forma a permitir o desenvolvimento do processo arbitral, sem maiores inconvenientes ou prejuízos.

O segundo comentário deriva do primeiro, e diz respeito à superveniente impossibilidade de a parte assumir os custos do processo arbitral, o que é tratado no plano doutrinário como impecuniosidade. Ao tempo da celebração da convenção de arbitragem, a parte reunia condições financeiras de arcar com o processo, mas ao tempo da disputa, tais condições se modificaram tão drasticamente que já não é possível a antecipação destas despesas. Tratando-se de uma modalidade de prestação jurisdicional privada e "pré-paga", não se aplicam aqui quaisquer mecanismos de gratuidade, que são específicos e próprios do processo estatal.

Mas o problema persiste, porque a inviabilidade de demandar, por falta de recursos, pode ser interpretada como uma negativa de acesso à justiça, uma vez que a parte, desprovida de recursos, nem por isso pode ser considerada dispensada da via arbitral, ou pode ser autorizada a litigar perante o Poder Judiciário. A superveniente impossibilidade financeira não afeta a validade do negócio jurídico processual consistente na convenção de arbitragem, nem pode permitir o afastamento dos seus efeitos característicos, que são os de obrigar as partes a se submeter à arbitragem e vedar aos órgãos do Poder Judiciário a apreciação daquela disputa.

Para a parte impecuniosa, algumas possibilidades se abrem. Em primeiro lugar, buscar consenso com a contraparte para a revogação da convenção da arbitragem (que pode ser total, ou limitada à disputa específica surgida) ou para a modificação dos seus termos (mudança de três árbitros para árbitro único, mudança de instituição arbitral ou mesmo para a modalidade *ad hoc*). A parte pode ainda tentar obter financiamento de terceiros para a disputa. É ainda possível – tendo ou não sido exauridas as alternativas anteriores – ajuizar demanda perante o Poder Judiciário, com a expectativa de que a contraparte não suscite a preliminar de existência da convenção de arbitragem, hipótese em que a jurisdição estatal se restabelece para aquela disputa específica (CPC, arts. 337, X e 485, VII). Nesta última alternativa, há o risco de que o réu se insurja, insista na disputa pela via arbitral, o que imporá a extinção do processo sem resolução de mérito, com a condenação do autor nas custas e honorários advocatícios. A estratégia precisa ponderar todos estes aspectos.

Há poucos precedentes sobre o afastamento dos efeitos da convenção de arbitragem por motivos de impossibilidade financeira.[57] A tendência é pela compreensão de que se trata de efeito inerente à escolha feita, não se podendo impor à contraparte uma disputa perante o Poder Judiciário motivada por dificuldade financeira.

7.3 Reembolso de custas e despesas, fixado pelo Tribunal Arbitral na sentença

Como visto, nem a lei nem os regulamentos arbitrais trazem regras claras acerca do regime de fixação e de alocação das custas e despesas com o processo arbitral. Se as partes não estipularem suas condições particulares, os árbitros decidirão a respeito, observados estes mínimos parâmetros legais e regimentais.

Em termos resumidos, a sentença arbitral deverá definir quais as rubricas serão abrangidas em sua disciplina, qual o critério de distribuição e atribuição da responsabilidade das Partes por tais despesas. No Brasil, a prática é a de se observar o critério da sucumbência, para se atribuir às partes a responsabilidade pelas custas e despesas, na proporção com que tiveram reconhecidas as suas pretensões.[58] Mas poucos regulamentos efetivamente explicitam esta regra, de forma que caberá aos árbitros e às partes definir sua aplicação aos casos concretos, e esta combinação em geral é feita no termo de arbitragem.

A partir desta regra, de aplicação tradicional nos processos jurisdicionais brasileiros, a parte arcará com as despesas na proporção da sua sucumbência, e havendo sucumbência recíproca, os árbitros estabelecerão o percentual que cada parte assumirá. Não obstante não haver regra específica, é também comum a atribuição integral das custas a apenas uma das partes, se ela sucumbiu na maior parte dos pedidos.

Para que possa definir adequadamente as despesas que devem ser reembolsadas, os árbitros precisam ter acesso a estas informações. As custas incorridas diretamente junto à instituição arbitral são de acesso mais fácil. Mas quanto às despesas pagas diretamente pelas partes, como honorários de assistentes técnicos ou de advogados, a recomendação é que os árbitros, antes de proferir a decisão, solicitem a comprovação destes gastos. As

---

57. Para um panorama dessas poucas decisões nos tribunais estaduais, v. CABRAL, Thiago Dias Delfino. *Impecuniosidade e arbitragem*. São Paulo: Quartier Latin, 2019, p. 120-135.
58. Como afirmou um dos autores, em estudo anterior: "Verifica-se, portanto, que diferentemente do sistema do processo civil estatal, não prevalece no plano puramente legislativo da arbitragem a aplicação da regra mais geral da causalidade, a determinar que o vencido reembolse ao vencedor as custas e os honorários em que este incorreu. De outro lado, também não prevalece opção oposta, que afaste esse mesmo princípio. A ausência de parâmetros será necessariamente suprida por disposições do termo de arbitragem e, se a omissão persistir, pelo próprio tribunal arbitral, à luz das regras de direito aplicáveis ao julgamento da causa". APRIGLIANO, Ricardo de Carvalho. Alocação de Custas e Despesas e a condenação em Honorários Advocatícios Sucumbenciais em Arbitragem. In: CARMONA, Carlos Alberto; LEMES, Selma Ferreira e MARTINS, Pedro Batista (Coord.). *20 anos da Lei de Arbitragem*: Homenagem a Petrônio R. Muniz. São Paulo, Atlas, 2017, p. 667-688, p. 674.

Partes apresentarão suas respectivas contas, sobre a qual deve haver a manifestação da contraparte. O reconhecimento do direito ao reembolso das despesas pode não significar a restituição integral dos valores, pois caberá sempre ao tribunal controlar se são razoáveis os valores cobrados. Com esta metodologia, a sentença poderá ser proferida de forma líquida, evitando, a um só tempo, que este tipo de liquidação seja relegado à fase de cumprimento judicial da sentença ou que se realize tal etapa perante os árbitros, após a prolação da decisão.[59]

A sentença deverá indicar todas as rubricas que devem ser objeto de pagamento ou reembolso, além de definir os consectários legais e a data a partir da qual incidem. Deve também fixar a data ou o prazo para que tais pagamentos sejam feitos (art. 26, III, parte final). São elementos importantes para conferir certeza ao comando contido nas sentenças arbitrais, facilitando o seu cumprimento, voluntário ou forçado.

7.4 Honorários advocatícios: previsão normativa

A Lei de Arbitragem não cuida dos honorários advocatícios. Não obstante certo debate doutrinário sobre a inclusão do reembolso de honorários contratuais na ideia mais geral de custas e despesas com a arbitragem, que é defendida por alguns autores, prevalece a compreensão de que tais verbas, para serem contempladas na decisão, exigem combinação das partes ou, quando menos, pedido expresso da parte.[60]-[61]

A Lei de Arbitragem alude a honorários apenas para se referir aos honorários dos árbitros, que, como já dito, podem ser fixados no compromisso arbitral, e que, não pagos,

---

59. "A questão prática que se põe é a exigência de demonstração dos custos incorridos pelas partes antes da prolação da sentença arbitral, para que tais itens sejam incluídos desde logo na decisão. Não há espaço para a liquidação da sentença arbitral perante o juiz togado, nem é recomendável que, após a sentença quanto a questão de fundo, reste aos árbitros a tarefa de proferir uma decisão final, ficando concretamente os valores de reembolso e desembolso de parte a parte". APRIGLIANO, Ricardo de Carvalho. Alocação de Custas e Despesas e a condenação em Honorários Advocatícios Sucumbenciais em Arbitragem. In: CARMONA, Carlos Alberto; LEMES, Selma Ferreira e MARTINS, Pedro Batista (Coord.). *20 anos da Lei de Arbitragem*: Homenagem a Petrônio R. Muniz. São Paulo, Atlas, 2017, p. 682.
60. Gustavo Tepedino e José Emílio Nunes Pinto entendem que os honorários advocatícios contratuais estão englobados no conceito mais geral das "custas e despesas com a arbitragem" aludido no artigo 27 da LArb. TEPEDINO, Gustavo; PINTO, José Emilio Nunes. Notas sobre o ressarcimento de despesas em honorários de advogado em procedimentos arbitrais, *Arbitragem doméstica e internacional*: estudos em homenagem ao prof. Theóphilo de Azeredo Santos. Rio de Janeiro: Forense, 2008. Concordam com tal raciocínio José Antonio José Antonio Fichtner, Sergio Nelson Mannheimer e André Luis Monteiro, em aprofundado estudo sobre a distribuição do custo do processo na sentença arbitral FICHTER, José Antonio; MANNHEIMER, Sergio Nelson; MONTEIRO, André Luis. Op. cit., p. 246.
61. Como afirmado em outro estudo: "Assim, se o artigo 27 da lei de arbitragem não contemplou especificamente a figura dos honorários advocatícios, é mais razoável considerar que o legislador se omitiu a respeito, e não que, adotando técnica incomum e assistemática, optou por incluir a figura dos honorários dentro da categoria geral das custas com a arbitragem. A reforçar esse argumento, observa-se que os regulamentos das instituições arbitrais e os termos de arbitragem comumente firmados seguem tratando os honorários advocatícios como categoria jurídica autônoma, com previsões próprias. Fossem mero desdobramento das custas da arbitragem, não seria necessário prever itens exclusivamente para regular a incidência dos honorários". APRIGLIANO, Ricardo de Carvalho. *Alocação de Custas e Despesas e a condenação em Honorários Advocatícios Sucumbenciais em Arbitragem*, p. 683.

constituem título executivo extrajudicial (art. 11, V e VI e §único). Alguns regulamentos institucionais contemplam os honorários advocatícios entre as despesas passíveis de endereçamento na sentença, mas em geral prevalece um panorama regulamentar de omissão acerca desse tema.

O fato de não haver previsão legal não pode ser interpretado como uma vedação à sua fixação. Primeiro, pela razão teórica básica de que a Lei de Arbitragem, inserida no ordenamento brasileiro, não contém nela mesma todos os institutos jurídicos de que se vale o processo arbitral. A lei não é suficiente para regular todos os aspectos do processo arbitral, nem deveria sê-lo. Seria até mesmo redundante que a lei de arbitragem estipulasse regras sobre honorários contratuais e de sucumbência, porque tais matérias são disciplinadas em outros diplomas legais.[62] Segundo, pela razão prática de que na maioria dos procedimentos arbitrais os honorários são objeto de fixação, o que significa dizer que as partes formulam pedidos desta natureza e os árbitros os analisam. Excluir os honorários, por conta da omissão da Lei de Arbitragem, equivaleria a se adotar uma postura de negação, incompreensível e desatrelada da realidade.[63]

Nos regulamentos de algumas instituições brasileiras, há algum tipo de previsão sobre honorários advocatícios, como por exemplo no artigo 15.6 da CMA-FIESP[64] e artigo 7.4 da B3.[65] A menção a honorários advocatícios serve apenas para se determinar que a sentença os fixe, sem especificar, contudo, a sua natureza contratual ou de sucumbência. Outros regulamentos são silentes a respeito, sendo certo que as regras da CAM-FIEP contemplam de forma expressa os honorários de sucumbência.[66]

---

62. Aprigliano e Yarshell: "Caso se entenda que o reembolso de honorários contratuais se insere na disciplina do artigo 27, teríamos as seguintes consequências. Primeiro, a regra deveria ser aplicada em todos os casos, havendo ou não pedido. Segundo, ocorreria, por força da lei de arbitragem, o afastamento da disciplina prevista no Código Civil, notadamente nos artigos 389, 395 e 404. De acordo com tais preceitos legais, os honorários advocatícios integram o conteúdo da indenização que pode ser devida ao credor, em caso de inadimplemento das obrigações, da mora e das perdas e danos. Não se crê que a Lei de Arbitragem introduziu semelhante antinomia em relação ao Código Civil". APRIGLIANO, Ricardo de Carvalho. YARSHELL, Flávio Luiz. Honorários de Sucumbência e Honorários Contratuais em Arbitragem. In: MACHADO FILHO, José Augusto Bitencourt; QUINTANA, Guilherme Enrique Malosso; RAMOS, Gustavo Gonzalez; BAQUEDANO, Luis Felipe Ferreira; BIOZA, Daniel Mendes, e PARIZOTTO, Pedro Teixeira Mendes (Coord.). *Arbitragem e Processo Homenagem ao Prof. Carlos Alberto Carmona*. São Paulo: Quartier Latin, no prelo.
63. "Com os honorários advocatícios não pode ser diferente. O fato de não haver previsão legal específica na legislação arbitral a respeito não pode ser entendido como a proibição da sua incidência. Tanto que a doutrina que se dedicou ao tema caminha no sentido oposto, de reconhecer a possibilidade de fixação dos honorários advocatícios na arbitragem, amparada em princípio jurídico mais geral da vedação ao enriquecimento ilícito, ou da recomposição patrimonial da vítima". APRIGLIANO, Ricardo de Carvalho. YARSHELL, Flávio Luiz. Honorários de Sucumbência e Honorários Contratuais em Arbitragem. *Arbitragem e Processo Homenagem ao Prof. Carlos Alberto Carmona*.
64. CMA-FIESP, Art. 15.6: Da sentença arbitral constará, também, a fixação dos encargos, das despesas processuais, dos honorários advocatícios, bem como o respectivo rateio.
65. CAM-Bovespa, Art. 7.4: A sentença arbitral será reduzida a termo pelo Presidente do Tribunal Arbitral, e deverá conter: (...)
 (iv) a decisão sobre o modo de pagamento e a responsabilidade das partes pelas custas da Câmara de Arbitragem e pelos honorários dos árbitros, dos peritos e dos advogados;
66. CAM-FIEP, art. 20.5: Ressalvada a hipótese de Sentença Parcial, da Sentença Arbitral constará, ainda, a fixação das Custas da Arbitragem, dos Honorários de Sucumbência e Honorários dos Peritos, se for o caso, bem como o respectivo rateio entre as Partes, respeitando-se o contido na Convenção de Arbitragem e no Termo

Tais disposições, se não chegam a contemplar regras completas acerca da disciplina dos honorários, ao menos têm o mérito de forçar as partes e o tribunal arbitral a especificar a sua natureza e o critério para a sua fixação, no termo de arbitragem. As dúvidas acerca deste tema fazem com que, atualmente, as próprias minutas dos termos de arbitragem, enviadas para discussão e complementação pelas partes, já as provoquem para que decidam se concordam com o reembolso de honorários contratuais e/ou a condenação em honorários sucumbenciais. Porque ainda que haja dissenso, ele fica caracterizado no termo de arbitragem e os árbitros, no momento oportuno, decidirão acerca da incidência de tais verbas e, em caso positivo, da sua quantificação.

A observação prática indica que, muitas vezes, as cláusulas modelo propostas pelas instituições excluem o reembolso de honorários contratuais, afirmando que cada parte arcará com os honorários de seus próprios advogados. Estabelecem, de outro lado, a atribuição para que o tribunal arbitral fixe honorários advocatícios devidos pela parte vencida, o que costuma ser entendido como os honorários de sucumbência. Mas como dito, neste aspecto a autonomia privada se manifesta em sua máxima potência, podendo e devendo as partes combinar o que entenderem mais adequado para seu processo.

7.5 Honorários advocatícios contratuais

De forma resumida, pode-se dizer que os honorários advocatícios constituem a remuneração dos advogados pelos serviços profissionais que prestam, de natureza consultiva ou contenciosa. No direito brasileiro, eles são previstos em diferentes diplomas jurídicos, todos com alguma influência sobre o processo arbitral. Entre suas características mais gerais, destaca-se, entre outras, a sua natureza alimentar, impenhorabilidade e a equiparação aos créditos trabalhistas para fins falimentares.[67] O Código Civil os prevê como rubrica nos dispositivos acerca do inadimplemento das obrigações (art. 389), da mora (art. 395) e das perdas e danos (art. 404), que o credor pode pleitear no contexto da sua pretensão indenizatória. Não obstante essa rubrica integre a noção de reparação integral, pelo fato de no Brasil serem previstos os honorários de sucumbência, prevaleceu no Superior Tribunal de Justiça o entendimento de que tais verbas não podem ser cumuladas, no processo judicial.[68]

No processo arbitral, contudo, pode ser determinado o reembolso de honorários advocatícios (razoáveis), mesmo que em cumulação com os sucumbenciais, eis que cada categoria atende a pressupostos diferentes e tem sujeitos ativos diferentes. A ideia de os árbitros limitarem o valor do reembolso a parâmetros razoáveis aproxima a prática

---

de Arbitragem e vedada a compensação de Honorários de Sucumbência. Caberá ao Tribunal Arbitral, ainda, fixar eventual condenação em litigância de má-fé decorrente de conduta dilatória da Parte, descumprimento de medida de urgência ou ordem emanada pelo Tribunal, inclusive em relação à produção de provas.

67. "Honorários Advocatícios", trabalho desenvolvido pelo Centro de Estudos da Associação dos Advogados de São Paulo, dez. 2014. Disponível em: http://www.aasp.org.br/aasp/servicos/centrodeestudos/honorarios/index.asp.
68. STJ, 3ª Turma, REsp 1.027.797/MG, Rel. Min. Nancy Andrighi, j. 17.02.2011.

brasileira da prática internacional e, se por um lado pode representar a negação de uma reparação integral, de outro, evita distorções e desequilíbrios entre as partes.

Como não integram a ideia de despesas, pleiteá-lo ou não é decisão da parte, titular do direito, que delimita o objeto do processo e decide se pretende ou não tal reparação. Não se aplica aqui a ideia de pedido implícito, que os árbitros devem examinar mesmo sem formulação expressa.[69]

7.6 Honorários advocatícios sucumbenciais

Há intensos debates acerca da incidência dos honorários sucumbenciais no processo arbitral.[70] Um ponto de partida necessário é o de delimitar a discussão para os casos de arbitragens domésticas, cujas sentenças devam ser proferidas em território nacional, que indiquem o direito brasileiro como aplicável e que, em termos concretos, se desenvolvam com a participação de advogados brasileiros representando todas as partes. É fato que a lei de arbitragem não exige a atuação de advogados, mas é igualmente fato que, em termos práticos, há sempre a sua participação, o que atrai a incidência das normas legais que disciplinam a remuneração dos profissionais que atuam em processos de natureza jurisdicional nos quais sejam aplicados o direito brasileiro.

Como um dos coautores já afirmou em estudos anteriores, mais do que as disposições do Código de Processo Civil, é a aplicação do Estatuto da Advocacia que explica a incidência de honorários de sucumbência ao processo arbitral (Lei 8.904/94, arts. 22 e 23). Cuida-se de uma verba de natureza remuneratória,[71] sem qualquer elemento sancionatório. Da mesma forma, configura-se norma de direito material, daí porque, sendo aplicado o direito brasileiro, não há por que excluir tais verbas. A forma de sua exclusão se dá pela via consensual, sendo oportuno – e até recomendável – que as convenções de arbitragem disciplinem a não incidência desta verba. Mas no silêncio da convenção de arbitragem, ela será devida.

---

69. "Ao contrário, tratando-se de um componente indenizatório, é da parte a iniciativa de incluir o ressarcimento dos honorários de advogado em seu pedido. Não o fazendo, a correlação entre pedido e sentença impedem que o julgador estipule tal condenação".
70. Entendem não ser aplicáveis os honorários de sucumbência à arbitragem, entre outros, Carlos Eduardo Stefen Elias, Honorários advocatícios de sucumbência na arbitragem regida pela lei brasileira. *Revista de Arbitragem e Mediação*. v. 68. ano 18. p. 81-114. São Paulo: Ed. RT, jan./mar. 2021; NOGUEIRA, Daniel Jacob. A mais doce das jabuticabas: os honorários de sucumbência na arbitragem comercial brasileira. *Direito internacional e arbitragem* – estudos em homenagem ao Prof. Cláudio Finkelstein. São Paulo: Quartier Latin, 2019, p. 521-538; José Roberto Castro Neves, José Rogério Cruz e Tucci, Thiago Marinho Nunes e Mariana Gofferjé Pereira (em coautoria).
71. "Para a finalidade de conferir o adequado enquadramento à sanção em exame é desnecessário mencionar todas as espécies de sanções existentes. Basta considerar que, além das sanções de natureza punitiva, o ordenamento jurídico prevê sanções compensatórias, mediante as quais se busca indenizar um dano. É o caso dos honorários advocatícios, pois a sanção prevista no art. 20 do Código de Processo Civil tem cunho indenizatório, com o pagamento de quantia para remunerar o trabalho do advogado da parte adversa àquela que deu causa ao processo". Cf. LOPES, Bruno Vasconcelos Carrilho. *Honorários advocatícios no processo civil*. São Paulo: Saraiva, 2008, p. 19-20.

Há duas premissas fundamentais para explicar essa posição. A primeira é de que, sendo aplicável o direito brasileiro à disputa, será aplicável o Estatuto da Advocacia. A segunda é que, como suas disposições contêm disciplina sobre os honorários sucumbenciais, será despicienda a discussão sobre a aplicação de dispositivos do Código de Processo Civil à arbitragem.[72] Em outras palavras, ainda que se sustente que nenhuma disposição do Código de Processo Civil pode ser aplicada ao processo arbitral, os honorários sucumbenciais serão, mesmo assim, aplicados, pelas disposições contidas na Lei 8.904/94.[73]

O artigo 22 contempla os honorários de sucumbência como categoria própria e autônoma, que independe do Código de Processo Civil.[74] Do artigo 23, extrai-se que a sentença (sem se limitar à judicial) faz surgir o direito à remuneração, que pertence ao advogado. É fato, de outro lado, que o Estatuto da Advocacia não traz a especificação acerca dos percentuais ou sobre a base de cálculo. Caso se entenda que as disposições do Código de Processo Civil são aplicáveis, será mais fácil estabelecer a impossibilidade da sua compensação em caso de sucumbência recíproca, ou os critérios para a sua fixação equitativa (complexidade, duração etc.). E mesmo que não se considere aplicáveis aquelas regras, ainda assim elas poderão ser usadas de forma supletiva, diante do silêncio do Estatuto da Advocacia.

Um último aspecto merece comentário. Há quem entenda que, ao estipular honorários de sucumbência, a sentença arbitral estaria decidindo fora dos limites da convenção de arbitragem, por dispor sobre verba que tem como destinatário um terceiro, não signatário. Trata-se de um falso problema. Em primeiro lugar, porque mesmo quando as partes decidem pela sua incidência já na cláusula compromissória, os advogados não firmam

---

72. Aprigliano e Yarshell observam: "É preciso compreender bem este ponto. Se estamos diante de um caso no qual se aplica o direito brasileiro, é preciso responder a esta indagação: o Estatuto da Advocacia será aplicável? Se se admite inicialmente que sim, para depois negar-lhe eficácia porque ele depende de complementações do CPC, que não é aplicável, parece-me que o argumento se torna circular. Porque, ao se negar a norma complementar (CPC), afasta-se a norma principal (Estatuto da Advocacia) sem propriamente se descartar sua aplicação. Preferível é o raciocínio oposto. Se para aplicar a norma principal (Estatuto da Advocacia) é necessário recorrer à norma complementar (CPC), então, neste caso e para esta finalidade, a norma complementar deve ser aplicada. E isto tudo, sempre a partir da premissa de que advogados brasileiros, atuando em processos de natureza jurisdicional no Brasil, em que seja aplicável o direito brasileiro, têm direito à remuneração consistente nos honorários de sucumbência, que é paga pela parte vencida. Esta é a regra geral, que, na ausência de regra particular excluindo-a, deve ser aplicada na generalidade dos casos". APRIGLIANO, Ricardo de Carvalho. YARSHELL, Flávio Luis. Honorários de Sucumbência e Honorários Contratuais em Arbitragem. *Arbitragem e Processo Homenagem ao Prof. Carlos Alberto Carmona*.
73. Artigo 22. A prestação de serviço profissional assegura aos inscritos na OAB o direito aos honorários convencionados, aos fixados por arbitramento judicial e aos de sucumbência.
    Artigo 23. Os honorários incluídos na condenação, por arbitramento ou sucumbência, pertencem ao advogado, tendo este direito autônomo para executar a sentença nesta parte, podendo requerer que o precatório, quando necessário, seja expedido em seu favor.
74. Segundo Aprigliano e Yarshell, "por hipótese, se o artigo 85 do CPC/15 fosse revogado, não se modificaria esse panorama, no qual esta modalidade de remuneração é assegurada aos profissionais do direito". Posição contrária é defendida por Thiago Marinho Nunes e Mariana Gofferjé Pereira Custos e despesas na arbitragem doméstica e internacional. *Direito internacional e arbitragem* – estudos em homenagem ao Prof. Cláudio Finkelstein. São Paulo: Quartier Latin, 2019, p. 539-552 e p. 548.

o contrato, não são signatários da cláusula. Haveria, ainda assim, a impossibilidade da fixação destes honorários? Admitir que sim corresponde a concluir que os árbitros, por este fundamento, deveriam desrespeitar a própria convenção de arbitragem, o que, aí sim, ensejaria potencial anulabilidade. Em segundo lugar, porque não apenas os advogados são afetados por decisões do processo arbitral, como outros sujeitos, igualmente não signatários. Os próprios árbitros são outro exemplo, assim como testemunhas, peritos. Há remunerações pagas a tais profissionais, no contexto do processo arbitral, e nem por isso se sustenta que estes pagamentos não poderiam ser feitos, por extrapolar os limites da convenção de arbitragem.

BIBLIOGRAFIA E JULGADOS SELECIONADOS

ALVES, Rafael Francisco. Sentença Arbitral. In: LEVY, Daniel. PEREIRA, Guilherme Setoguti J (Coord.). *Curso de Arbitragem*. São Paulo: Thomson Reuters, 2018.

APRIGLIANO, Ricardo de Carvalho. Alocação de Custas e Despesas e a condenação em Honorários Advocatícios Sucumbenciais em Arbitragem. In: CARMONA, Carlos Alberto; LEMES, Selma Ferreira e MARTINS, Pedro Batista (Coord.). *20 anos da Lei de Arbitragem*: Homenagem a Petrônio R. Muniz. São Paulo, Atlas, 2017.

APRIGLIANO, Ricardo de Carvalho. *Comentários ao Código de Processo Civil* – artigos 369 a 404: das provas: disposições gerais. São Paulo, Saraiva, 2020. v. 3. t. I.

APRIGLIANO, Ricardo de Carvalho. Regras gerais do procedimento arbitral: o termo de arbitragem. In: NASCIMBENI, Asdrubal Frano et al (Coord.). *Temas de Mediação e Arbitragem IV*. São Paulo: LEX, 2020.

APRIGLIANO, Ricardo de Carvalho. YARSHELL, Flávio Luis. Honorários de Sucumbência e Honorários Contratuais em Arbitragem. *Arbitragem e Processo Homenagem ao Prof. Carlos Alberto Carmona*.

BERGER, Klaus Peter. Institutional arbitration: harmony, disharmony and the "party autonomy paradox". *Revista de Arbitraje Comercial y de Inversiones*, v. 11, issue 2, 2018.

BLACKABY, Nigel; PARTASIDES, Constatine; REDFERN, Alan and HUNTER, Martin. *Redfern and Hunter on International Arbitration*. New York, Oxford University Press, 2015.

BORN, Gary B. Chapter 23: Form and Contents of International Arbitral Awards in *International Commercial Arbitration*. 2. ed. Kluwer Law International, 2014.

CABRAL, Thiago Dias Delfino. *Impecuniosidade e arbitragem*. São Paulo: Quartier Latin, 2019.

CAHALI, Francisco José. *Curso de arbitragem* [livro eletrônico]: mediação: conciliação tribunal multiportas. 7. ed. São Paulo: Thomson Reuters Brasil, 2020.

CARMONA, Carlos Alberto. *Arbitragem e processo:* um comentário à Lei 9.307/96. 3. ed. São Paulo: Atlas, 2009.

CAVALCANTE, Andressa Murta Rocha. Arbitragem expedita: solução em tempos de crise? Arbitragem expedita: solução em tempos de crise? *Revista de Arbitragem e Mediação*. São Paulo, 2021.

CRUZ E TUCCI, José Rogério. *Comentários ao Código de Processo Civil*. São Paulo: Saraiva, 2016. v. VII.

DERAINS, Yves. A Arbitragem internacional: custo e duração. *Revista de Arbitragem e Mediação*. V. 20, 2009.

DIDIER JR, Fredie. *Curso de Direito Processual Civil*. 23. ed. Salvador: JusPodivm, 2021. v. I.

DINAMARCO, Cândido Rangel; BADARÓ, Gustavo Henrique Righi Ivahi; LOPES, Bruno Vasconcelos Carrilho. *Teoria Geral do Processo*. 32. ed. São Paulo: Malheiros, 2020.

DINAMARCO, Cândido Rangel. *A Arbitragem na Teoria Geral do Processo*. São Paulo: Malheiros, 2013.

DINAMARCO, Cândido Rangel. *Instituições de Direito Processual Civil*. 7. ed. São Paulo: Malheiros, 2017. v. III.

ELIAS, Carlos Eduardo Stefen. Honorários advocatícios de sucumbência na arbitragem regida pela lei brasileira. *Revista de Arbitragem e Mediação*. v. 68. ano 18. p. 81-114. São Paulo: Ed. RT, jan./mar. 2021.

FICHTNER, José Antonio; MANNHEIMER, Sergio Nelson e MONTEIRO, André Luis. *Teoria Geral da Arbitragem*. Rio de Janeiro: Forense, 2019.

LADEIRA, Ana Clara Viola. *Conexão na Arbitragem*. Dissertação (Mestrado) – Faculdade de Direito da Universidade de São Paulo. São Paulo, 2016.

LEITE, Clarisse Frechiani Lara. *Comentários ao Código de Processo Civil*. São Paulo: Saraiva, 2021. v. VIII, t. II.

LÉVY, Laurent and REED, Lucy. Managing Fact Evidence in International Arbitration. In: BERG, Albert Jan van den (Ed.). *International Arbitration 2006*: Back to Basics? ICCA Congress Series, 2006 Montreal. v. 13 (Kluwer Law International 2007).

LOPES, Bruno Vasconcelos Carrilho. *Honorários advocatícios no processo civil*. São Paulo: Saraiva, 2008

MONTORO, Marcos. *Flexibilidade do Procedimento Arbitral*. Tese (doutorado) – Faculdade de Direito da Universidade de São Paulo. São Paulo, 2010.

MIRANDA, Daniel Chacur de. A Produção da Prova Testemunhal na Arbitragem à Luz da Flexibilidade e da Previsibilidade na Prática Internacional. *Revista Brasileira de Arbitragem*. v. 38. São Paulo, 2013.

NEVES, Daniel Amorim Assumpção. *Manual de Direito Processual Civil*. 13. ed. Salvador: JusPodivm, 2021.

NOGUEIRA, Daniel Jacob. A mais doce das jabuticabas: os honorários de sucumbência na arbitragem comercial brasileira. *Direito internacional e arbitragem* – estudos em homenagem ao Prof. Cláudio Finkelstein. São Paulo: Quartier Latin, 2019.

OHLROGEE, Leonardo. BORCHARDT, Bernardo. Aspectos Práticos sobre Pedidos de Exibição de Documentos em Arbitragens Internacionais à Luz das Regras da IBA. *Revista Brasileira de Arbitragem*. v. 70. São Paulo, 2021.

ORTIZ, Alejandro López. M&A arbitration and expedited procedures: a need for speed? *NYSBA – New York Dispute Resolution Lawyer*, v. 11, n. 1, 2018.

PESSOA, Fernando José Breda. A Produção Probatória na Arbitragem, *Revista Brasileira de Arbitragem*, v. 13. São Paulo, 2007.

PINTO, José Emilio Nunes. Anotações práticas sobre a produção da prova na arbitragem. *Revista Brasileira de Arbitragem*. v. 25, p. 15. São Paulo, 2010.

SACHS, Klaus, SCHMIDT-AHRENDTS, Nils, *Protocol on Expert Teaming*: A New Approach to Expert Evidence. In: BERG, Albert Jan van den (Ed.). *Arbitration Advocacy in Changing Times*, ICCA Congress Series, 2010 Rio, Kluwer Law International, 2011.

SANCHEZ, Guilherme Cardoso. *Sentenças Parciais no Processo Arbitral*. Dissertação (Mestrado) – Faculdade de Direito da Universidade de São Paulo. São Paulo, 2013.

SILVEIRA, Gustavo Scheffer da. A sentença sobre a Competência Arbitral: Natureza e Regime de Controle de Anulação. *Revista Brasileira de Arbitragem*, Ed. 63 2019. CBAR.

TILL, Alexander Backsmann et al. *International arbitration in Brazil*: an introductory practitioner's guide. Netherlands, Kluwer Law International, 2016.

TEPEDINO, Gustavo; PINTO, José Emilio Nunes. Notas sobre o ressarcimento de despesas com honorários de advogado em procedimentos arbitrais, *Arbitragem doméstica e internacional*: estudos em homenagem ao prof. Theóphilo de Azeredo Santos. Rio de Janeiro: Forense, 2008.

THEODORO JÚNIOR, Humberto. *Curso de Direito Processual Civil*. 56. ed. Rio de Janeiro: Forense, 2015. v. I.

VIEIRA, Bruno Batista da Costa. O tratamento da revelia no procedimento arbitral. *Revista Brasileira de Arbitragem*. n. 31, p. 7-28. São Paulo, 2011.

YARSHELL, Flávio Luiz. Produção de prova no processo arbitral brasileiro: estamos no rumo certo? In: YARSHELL, Flávio Luiz; PEREIRA, Guilherme Setoguti J. (Org.). *Processo Societário III*. 3. ed. São Paulo: Quartier Latin, 2018.

JULGADOS SELECIONADOS

STJ, 3ª Turma, REsp n. 1.500.667/RJ, Rel. Min. João Otávio de Noronha, j. 09.08.2016.

STJ, 3ª Turma, REsp 1.027.797/MG, Rel. Min. Nancy Andrighi, j. 17.02.2011.

STJ, 1ª Seção, MS 11.308/DF, Rel. Min. Luiz Fux, j. 09.04.2008.

STJ, 3ª Turma, REsp 1.636.102/SP, Rel. Min. Ricardo Villas Bôas Cueva, j. 13.06.2017.

STJ, 3ª Turma, REsp 1.519.041/RJ, Rel. Min. Marco Aurelio Bellizze, j. 1º.09.2015.

XXI
TUTELAS DE URGÊNCIA E COOPERAÇÃO JUDICIAL

Joaquim de Paiva Muniz

LL.M, University of Chicago. Fundador do Curso Prático de Arbitragem e professor de arbitragem em pós-graduação da FGV-RJ e PUC-RJ. Advogado e Professor. Sócio de Trench, Rossi e Watanabe.

Sumário: 1. Tutelas de urgência antecedentes à formação do tribunal arbitral; 1.1 Destino da disputa judicial iniciada. Reapreciação pelo tribunal arbitral quando formado – 2. O árbitro de emergência – 3. Tutelas de urgência no curso da arbitragem; 3.1 Restrições convencionais ao poder do tribunal arbitral de apreciar tutelas de urgência – 4. Cooperação judicial e a carta arbitral; 4.1 Recusa de cumprimento de carta arbitral; 4.2 Carta arbitral em arbitragens com sede no exterior; 4.3 Confidencialidade da carta arbitral – 5. Execução direta de títulos extrajudiciais e o regime de defesa do executado – 6. Exceção de arbitragem no código de processo civil – 7. Produção antecipada da prova – Bibliografia e julgados selecionados.

1. TUTELAS DE URGÊNCIA ANTECEDENTES À FORMAÇÃO DO TRIBUNAL ARBITRAL

Desde a entrada em vigor da Lei de Arbitragem, sempre houve certo consenso que, antes da instituição da arbitragem, a parte poderia ir ao Poder Judiciário para pleitear medidas coercitivas ou de urgência, sem que isso configurasse ofensa ou renúncia à escolha do foro arbitral.[1] Trata-se de aplicação do princípio constitucional do livre acesso ao Poder Judiciário,[2] em conjunto com o princípio processual *quando est periculum in mora incompetentia non attenditur*, ou seja, que se deve afastar as regras de competência (neste caso, jurisdição) quando houver algum obstáculo impedindo o acesso ao juízo originariamente competente. Pode-se fazer, para fins didáticos, analogia a uma parte que precisa de medida de urgência durante um plantão; a propositura no foro que esteja disponível obviamente não implica na renúncia a eventual foro de eleição.

A Reforma da Lei de Arbitragem[3] consolidou normativamente esse entendimento, inserindo um novo art. 22-A,[4] cujo *caput* contém a seguinte redação: "antes de instituída

---

1. Confira-se, por exemplo: STJ, REsp 1698730/SP, 3ª Turma, Rel. Ministro Marco Aurélio Bellizze, j. 08.05.2018; STJ, REsp 1297974/RJ, 3ª Turma, Rel. Ministra Nancy Andrighi, j. 12.06.2012; STJ, REsp. 1586383/MG, 4ª Turma, Rel. Ministra Maria Isabel Galotti, j. 05.12.2017.
2. Art. 5º, XXXV, da Constituição Federal.
3. Lei 13.105/2015.
4. "Art. 22-A. Antes de instituída a arbitragem, as partes poderão recorrer ao Poder Judiciário para a concessão de medida cautelar ou de urgência. Parágrafo único. Cessa a eficácia da medida cautelar ou de urgência se a parte interessada não requerer a instituição da arbitragem no prazo de 30 (trinta) dias, contado da data de efetivação da respectiva decisão", da Lei 9.607/1996.

a arbitragem, as partes poderão recorrer ao poder judiciário para a concessão de medidas cautelares ou de urgência".

Uma questão interessante refere-se à possibilidade de pedido de medida cautelar ou de urgência perante órgão judicial brasileiro antes da constituição do tribunal arbitral, se a arbitragem tiver sede no exterior. A esse respeito, por um lado o supracitado art. 22-A da Lei de Arbitragem não impõe como requisito para uso do Poder Judiciário que a arbitragem tenha sede aqui. Mas, por outro lado, pode-se pensar como um princípio geral da arbitragem que o Poder Judiciário da sede funcione como o órgão de apoio.[5]

Ainda que se trate de questão controversa, a II Jornada de Prevenção e Solução Extrajudicial de Litígios registrou o entendimento no sentido de que, "independentemente do local da sede da arbitragem, o Poder Judiciário brasileiro pode conhecer de pedido de tutela cautelar pré-arbitral, uma vez presente uma das hipóteses de exercício da jurisdição brasileira, na forma do art. 21 do CPC."

A conclusão parece-me razoável. O art. 21 do CPC[6] contempla as hipóteses de competência concorrente da autoridades judiciárias brasileiras. Ausente vedação expressa na Lei de Arbitragem para que as medidas cautelares ou de urgência relativas a procedimentos sediados no exterior sejam aqui propostas – ou seja, ausente na lei brasileira essa previsão do Judiciário da sede como único competente para apoiar arbitragem – aplica-se a regra geral. Ainda mais à luz do igualmente supracitado princípio constitucional do livre acesso ao Poder Judiciário. Se o legislador reputou os eventos mencionados no art. 21 do CPC como relevantes o suficiente para ensejar jurisdição estatal no Brasil, não se deve privar dela a parte necessitada de medida cautelar ou de urgência.

Embora a Reforma da Lei de Arbitragem tenha tramitado no Congresso contemporaneamente ao Código de Processo Civil ("CPC") de 2015 e tenha sido sancionada no mesmo ano, a terminologia utilizada baseou-se ainda no CPC de 1973. Por conseguinte, utiliza-se do termo "medidas cautelares ou de urgência", ao passo que o CPC de 2015 trata, dentre a classe das tutelas provisórias, a tutela de urgência como gênero,[7] cujas espécies são a tutela de urgência acautelatória (medida idônea para asseguração do direito) e a tutela de urgência antecipada (medida antecipando os efeitos da decisão de mérito).[8] Assim, a princípio, bastaria usar o termo "*medida de urgência*", que será adotado daqui em diante como gênero.

---

5. Ou, como bem dizem os professores Jacob Dolinger e Carmen Tiburcio "o tribunal judicial que poderá vir a ter jurisdição sobre o processo estatal, caso uma intervenção se faça necessária." (DOLINGER, Jacob; TIBÚRCIO, Carmen. *Direito Internacional Privado*: Arbitragem Comercial Internacional. Rio de Janeiro: Renovar, 2003. p. 91).
6. "Art. 21 do Código de Processo Civil. Compete à autoridade judiciária brasileira processar e julgar as ações em que: I – o réu, qualquer que seja a sua nacionalidade, estiver domiciliado no Brasil; II – no Brasil tiver de ser cumprida a obrigação; III – o fundamento seja fato ocorrido ou ato praticado no Brasil. Parágrafo único. Para o fim do disposto no inciso I, considera-se domiciliada no Brasil a pessoa jurídica estrangeira que nele tiver agência, filial ou sucursal.".
7. Artigos 300 a 310, Código de Processo Civil.
8. Como bem ensina Joel Figueira Jr., as duas tutelas se distinguem pelo seguinte "as ações cautelares (tutela de urgência acautelatória) são aquelas que têm por escopo garantir a incolumidade do bem objeto da demanda principal (vg., arresto, sequestro) ou a relação contratual propriamente dita (vg. produção antecipada de

O Poder Judiciário poderá deferir uma tutela de urgência antecipada, se a jurisdição do mérito couber à arbitragem? A resposta é sim, salvo se houver risco de irreversibilidade, hipótese na qual incide inquestionavelmente a regra geral do art. 300, § 3º, do CPC de 2015: "a tutela de urgência de natureza antecipada não será concedida quando houver perigo de irreversibilidade dos efeitos da decisão". Esse dispositivo possui especial relevância se houver cláusula compromissória, pois, caso contrário, haveria desrespeito frontal à escolha pela partes de um sistema jurisdicional significativamente distinto.[9]

O regime do CPC de 2015 determinou que uma tutela antecipada proferida pelo Poder Judiciário torna-se estável, se da decisão que a conceder não for interposto o respectivo recurso.[10] Essa regra não se aplica contudo à arbitragem, pois da decisão não cabe necessariamente recurso já que, por expressa previsão legal, instituída a arbitragem, caberá aos árbitros manter, modificar ou revogar a medida cautelar ou de urgência concedida pelo Poder Judiciário.[11] Não há se de cogitar em estabilização, se a própria lei permite revisão.[12]

1.1 Destino da disputa judicial iniciada. Reapreciação pelo Tribunal Arbitral quando formado

De acordo com a Lei de Arbitragem, "cessa a eficácia da medida cautelar ou de urgência se a parte interessada não requerer a instituição da arbitragem no prazo de 30 (trinta) dias, contados da data de efetivação da respectiva decisão". Essa redação transpunha para arbitragem da regra do Código de Processo Civil de 1973, então em vigor, segundo o qual "cabe à parte propor a ação, no prazo de 30 (trinta) dias, contados da data da efetivação da medida cautelar". A jurisprudência então entendia se tratar de prazo decadencial.[13-14]

---

provas); antecipa-se a cautelaridade, não a satisfatividade perseguida. Diversamente, se a medida antecipa os efeitos materiais da decisão do mérito da procedência do pedido, verifica-se a execução incidental provisional; a execução, mesmo que provisória, significa efetivação e satisfação, portanto, não acautela." (FIGUEIRA JR., Joel. *Arbitragem*. 3. ed. Rio de Janeiro: Forense, 2019. p. 295).

9. Pelo mesmo motivo, não pode o Poder Judiciário decidir liminarmente uma tutela provisória de evidência, mesmo nos casos em que é admitida liminarmente (art. 311, II, do Código de Processo Civil, se "A tutela da evidência será concedida, independentemente da demonstração de perigo de dano ou de risco ao resultado útil do processo, quando: (...) II – as alegações de fato puderem ser comprovadas apenas documentalmente e houver tese firmada em julgamento de casos repetitivos ou em súmula vinculante"), caso as partes tenham avençado a jurisdição estatal, cabendo ao tribunal arbitral, quando constituído, analisar esse tipo de pedido".

10. Art. 304, Código de Processo Civil.
11. Art. 22-B, Lei 9.607/1996.
12. Confira-se, neste sentido: TALAMINI, Eduardo. Arbitragem e tutela provisória no Código de Processo Civil de 2015. *Revista de Arbitragem*, v. 12, n. 46, jul./set. de 2015; FICHTNER, José Antonio; MONTEIRO, André Luis. Tutela Provisória na Arbitragem e Novo Código de Processo Civil: tutela antecipada e tutela cautelar, tutela de urgência e tutela da evidência, tutela antecedente e tutela incidental. In: CARMONA, Carlos Alberto; LEMES, Selma; MARTINS, Pedro Batista (Coord.). *20 Anos da Lei de Arbitragem*: homenagem à Petrônio R. Muniz. São Paulo: Atlas, 2017. p. 502.
13. "processual civil. Recurso especial. Cautelar preparatória. Prazo decadencial para ajuizamento da ação principal (CPC, art. 806). Data da efetivação da liminar. Exclusão do nome da autora do cadastro do Sisbacen. Recurso provido. 1) O prazo decadencial de trinta dias, previsto no artigo 806 do CPC, para o ajuizamento da ação principal é contado a partir da data da efetivação da liminar ou cautelar, concedida em procedimento preparatório." (REsp 869.712, 4ª Turma, relator ministro Raul Araujo, j. 28.02.2012).
14. Art. 22-A, parágrafo único, Lei 9.607/1996.

Contudo, o CPC de 2015 alterou significativamente o sistema anterior relativo a medidas cautelares e de urgência, a começar, como visto acima, pela terminologia, sendo mais correto referir-se a tutelas de urgência, que podem ser acautelatórias ou antecipadas. Os prazos processuais passaram a ser contados em dias úteis.[15] Além disso, para ações judiciais, não mais se precisa propor "ação principal", mas sim aditar o pedido, em caso de tutela antecipada,[16] ou formular pedido principal,[17] o que a doutrina denomina de sincretismo processual, com o processo sendo único. E, como constata Cahali, o CPC de 2015 "estabelece prazo diverso para esta providência, a depender da tutela provisória pretendida: se antecedente antecipada, o prazo é de 15 dias (art. 303, § 1º, I, do CPC/2015); se antecedente cautelar, o prazo é de 30 dias (art. 308 do CPC/2015).[18]

Isso gera a dúvida se o prazo para propositura da arbitragem continuaria sendo decadencial, por ser relacionar ao direito de ação, ou se passou a ser apenas mais um prazo processual para aditamento ou formulação de pedido. Alguns julgados relativos a processo judicial reputam esse prazo como decadencial, o que afastaria a regra do CPC de cômputo em dias úteis,[19] enquanto que outros o consideram processual, contando-o em dias úteis.[20] A mesma discussão pode surgir para o requerimento da instituição da arbitragem. Contudo, diante da necessidade de propor a ação arbitral, neste caso o processo não passou a ser "sincrético", o que reforça o argumento da natureza decadencial.

A Reforma da Lei de Arbitragem esclareceu que, instituída a arbitragem, caberá aos árbitros manter, modificar ou revogar a medida cautelar ou de urgência concedida pelo Poder Judiciário,[21] posição essa que já era majoritária na doutrina anteriormente,[22] por mais que pudesse parecer estranho a alguns que um juiz privado (o árbitro) pudesse rever decisões de um juiz togado. Há de se lembrar, contudo, que de acordo com a própria Lei de Arbitragem, no exercício da função o árbitro é juiz de fato e de direito[23] – e, nesse caso específico, ele é o juiz com jurisdição para julgamento do mérito, ao passo que o juiz togado desempenha função análoga a de um juízo de plantão.

Nesse ponto, atenta contra a redação expressa do Art. 22-B da Lei de Arbitragem qualquer entendimento no sentido de que a decisão do juiz togado sobre a tutela de ur-

---

15. Art. 212 do CPC/2015.
16. Art. 303, parágrafo primeiro, I, do CPC/2015.
17. Art. 318 do CPC/2015.
18. CAHALI Francisco. CAHALI, Francisco José. *Curso de Direito Arbitral*. 9. ed. São Paulo: Ed. RT, 2022, p. 329.
19. "3. Na vigência do CPC/2015, mantem-se a orientação pela natureza decadencial do prazo de 30 dias para a formulação do pedido principal (art. 308 do CPC/2015), razão pela qual deve ser contado em dias corridos, e não em dias úteis, regra aplicável somente para prazos processuais (art. 219, parágrafo único)." STJ, AgInt no REsp 1.982.986/MG, 1ª Turma, Rel. Min. Benedito Gonçalves, j. 20.06.2022.
20. 1. O prazo de 30 (trinta) dias para apresentação do pedido principal, nos mesmos autos da tutela cautelar requerida em caráter antecedente, previsto no art. 308 do CPC/2015, possui natureza processual, portanto deve ser contabilizado em dias úteis" STJ, REsp 1763736/RJ, 4ª Turma, Rel. Min. Antonio Carlos Ferreira, j. 21.06.2022.
21. Art. 22-B, Lei 9.607/1996.
22. Confira-se, por exemplo: CARMONA, Carlos Alberto. *Arbitragem e Processo*. 3. ed. São Paulo: Atlas, 2009. p. 326.
23. "Art. 18 da Lei 9.607/1996. O árbitro é juiz de fato e de direito, e a sentença que proferir não fica sujeita a recurso ou a homologação pelo Poder Judiciário".

gência seria objeto de preclusão, se o réu não recorreu ou houve julgamento de segunda instância. Ora, não há de se falar em preclusão, se a norma prevê categoricamente a possibilidade de se submeter a matéria à jurisdição arbitral, depois de instituída a arbitragem.

E após instituída a arbitragem, o que ocorre com o processo judicial relativo à tutela de urgência? Ele deverá ser extinto, pois a jurisdição passa a ser arbitral. Algumas varas adotaram a boa prática de encaminhar os autos do processo para o tribunal arbitral, o que de certa forma deixou de ter maiores efeitos para procedimentos não cobertos por segredo de justiça, em vista da digitalização do processo judicial. Como, por sua vez, a arbitragem é um procedimento privado, incumbe às partes informar ao Poder Judiciário a instituição do procedimento arbitral, para que ocorra o fim da jurisdição estatal.

2. O ÁRBITRO DE EMERGÊNCIA

Certas entidades arbitrais, especialmente as internacionais como a CCI (Câmara de Comércio Internacional) e a ICDR (International Centre for Disputation Resolution), preveem a figura de um "árbitro de emergência", com poderes para proferir liminares antes da instituição da arbitragem, vale dizer, previamente à investidura dos árbitros "definitivos". Não deverá haver dúvidas que esse julgador ocupa a função de árbitro,[24] detendo os mesmos poderes e prerrogativas.

O sistema do árbitro de emergência demorou a obter tração no Brasil, por um sentimento de que o recurso ao Poder Judiciário seria mais rápido e prático, não obstante o trabalho de instituições pioneiras como a CAM-CCBC (Câmara de Comércio Brasil-Canadá) e o CBMA (Centro Brasileiro de Mediação e Arbitragem) em divulgar essa opção. Outro motivo de resistência está no fato de que a decisão desse "árbitro de emergência", se não for voluntariamente cumprida, deverá ser executada pelo Poder Judiciário, tal como se fosse uma medida de urgência do árbitro "definitivo". Além disso, em algumas regras o árbitro de emergência não pode proferir medidas *inaudita altera pars*.

Por outro lado, a escolha do árbitro de emergência pode ser justificada por diversos motivos, tais como preocupações com neutralidade de foro e assegurar um julgamento por alguém com expertise específica sobre a matéria. Além disso, o uso do árbitro de emergência serve de certa forma como teste de como os argumentos das partes ressoarão no tribunal arbitral, que tenderá a possuir perfil semelhante.

---

24. Ressalte-se que se trata de árbitro, independentemente de como as regras aplicáveis o denominar. Nesse sentido, ensina Silveira Lobo que "[n]ão obstante a denominação propositalmente neutra, parece-nos que esse 'terceiro ordenador' seria considerado um árbitro para fins de direito brasileiro, porque ele representa uma pessoa física à qual as partes conferem o poder de decidir uma controvérsia. Sua diferença principal para um árbitro ordinário é que os poderes do 'terceiro ordenador' estão limitados em escopo (decidir a medida cautelar pleiteada) e tempo (até a instituição da arbitragem e nomeação de árbitros definitivos)". (SILVEIRA LOBO, Carlos Augusto. O procedimento cautelar pré-arbitral da CCI. In: FERRAZ, Rafaella; MUNIZ, Joaquim de Paiva (Coord.). *Arbitragem Doméstica e Internacional*: estudos em homenagem ao Prof. Theóphilo de Azeredo Santos. Rio de Janeiro: Forense, 2008). Vale apena, ainda, confererir: GRION, Renato Stephan. Árbitro de Emergência: perspectiva brasileira à luz da experiência internacional. In: CARMONA, Carlos Alberto; LEMES, Selma; MARTINS, Pedro Batista (Coord.). *20 Anos de Lei de Arbitragem*: homenagem à Petrônio R. Muniz. Sao Paulo, Atlas, 2017. p. 403-448.

No passado, muitas regras de árbitros de emergência eram "*opt-in*", só incidindo caso as partes assim previssem. Atualmente a maioria das regras são "*opt-out*", isto é, aplicam-se salvo se as partes expressamente a excluírem. Logo, as partes devem ter especial cuidado se incluírem no contrato, além de cláusula compromissória, escolha de foro judicial para medidas de urgência antes da instituição da arbitragem, para que a redação seja clara se isso implica ou não em renúncia ao sistema do árbitro de emergência. A resposta variará caso a caso, dependendo da real intenção comum das partes e da redação contratual.

Em certas normas, tais como o Regulamento de Arbitragem da CCI, a figura do árbitro de emergência não é obrigatória e as partes podem, antes da instituição da arbitragem, requerer diretamente perante o Poder Judiciário medidas de urgência. E se ambas as partes pleitearem medidas de urgência conexas antes da instituição da arbitragem, mas uma delas (e.g., a requerente) o fizer perante o juízo estatal e a outra (e.g., a requerida) perante o "árbitro de emergência"?

Deve-se aplicar o que dispuser a respeito da convenção arbitral ou o regulamento escolhido pelas partes. A questão se torna especialmente tormentosa em caso de omissão. Se for aplicada a regra processual brasileira, o julgador que primeiro determinou a citação, seja ele juiz ou árbitro, poderia, de ofício ou a pedido de qualquer das partes, determinar a reunião das ações.[25] Não se poderia reunir uma arbitragem com uma ação judicial, mas se poderia entender que a discussão da tutela de urgência deveria ocorrer na jurisdição em que ocorreu a primeira citação. Não se está aqui defendendo uma aplicação direta do CPC, mas sim por analogia para suprir lacuna, caso a convenção arbitral e as regras arbitrais aplicáveis forem silentes.

3. TUTELAS DE URGÊNCIA NO CURSO DA ARBITRAGEM.

A princípio, após instituída a arbitragem, a tutela de urgência deverá ser requerida diretamente aos árbitros,[26] o que inclui tanto tutela antecipada quanto cautelar. Isso se deve ao fato de o árbitro deter a cognição. Quem pode mais (julgar a lide), pode menos (conceder medida de urgência). Como bem ensina Pedro Batista Martins, "quando os compromitentes firmam o compromisso, derrogando a jurisdição estatal, conferem ao árbitro a competência e o poder para resolver todas as questões atinentes à espécie, assumindo este o dever de zelar para que as partes não sejam prejudicadas nos seus direitos, o que inclui, obviamente, a competência para determinar medidas cautelares e coercitivas".[27]

A esse respeito, carece de sentido maiores questionamentos sobre os limites poderes dos árbitros com relação a medidas cautelares e coercitivas, pois a Lei de Arbitragem

---

25. Artigos 105 e 106, Código de Processo Civil.
26. Art. 22-B, parágrafo único, Lei 9.607/1996.
27. MARTINS, Pedro Batista. Da ausência de poderes coercitivos e cautelares do árbitro. In: MARTINS, Pedro Batista; LEMES, Selma Ferreira; CARMONA, Carlos Alberto (Coord.) *Aspectos fundamentais da Lei de Arbitragem*. Rio de Janeiro: Forense, 1999. p. 363.

delineia claramente a questão: cabe ao árbitro decidir (art. 22-B[28] e parágrafo único[29]) e ao Poder Judiciário praticar ou determinar o cumprimento (art. 22-C[30]).

Quais seriam os requisitos para um árbitro deferir tutela de urgência? Dependerão das regras aplicáveis, que poderão ser escolhidas pelas partes na convenção arbitral. Caso a sede da arbitragem localize-se no Brasil e as regras sejam silentes, considerando ser o árbitro juiz de fato e de direito, presume-se que teria poderes para conceder tutela de urgência diante de *fumus boni iuris* e *periculum in mora*, tal qual um juiz togado no processo judicial.[31] A questão mostra-se mais complexa, contudo, se a arbitragem tiver elementos de conexão com outros ordenamentos jurídicos, tal como escolha de direito material estrangeiro para reger o mérito.

Presumindo-se a aplicação do CPC, uma maneira de evitar eventual questionamento quanto a tutelas antecipadas satisfativas, quando existe manifesta urgência de decisão, estaria em aproveitar a flexibilidade do procedimento arbitral e realizar um procedimento sumaríssimo, emitindo sentença parcial especificamente sobre esse pedido.

Pode-se indagar, com relação às tutelas provisórias, se além das tutelas de urgência, o árbitro poderia proferir tutela de evidência.[32] Não vejo qualquer óbice, se a sede for no Brasil, não houver aplicação de direito processual estrangeiro e isso não for incompatível com as regras arbitrais. De novo, como o árbitro é juiz de fato e de direito, ele poderá, salvo convenção entre as partes em sentido diverso, conceder as mesmas tutelas conferidas a um membro do Poder Judiciário.

3.1 Restrições convencionais ao poder do tribunal arbitral de apreciar tutelas de urgência

A cláusula compromissória pode estabelecer que, mesmo após a constituição da arbitragem, tutelas de urgência continuarão a ser apreciadas pelo Poder Judiciário e não pelo tribunal arbitral.

---

28. Art. 22-B, *caput*, Lei 9.607/1996 "Instituída a arbitragem, caberá aos árbitros manter, modificar ou revogar a medida cautelar ou de urgência concedida pelo Poder Judiciário."
29. Art. 22-B, parágrafo único, Lei 9.607/1996 " Estando já instituída a arbitragem, a medida cautelar ou de urgência será requerida diretamente aos árbitros."
30. Art. 22-C, *caput*, Lei 9.607/1996. "O árbitro ou o tribunal arbitral poderá expedir carta arbitral para que o órgão jurisdicional nacional pratique ou determine o cumprimento, na área de sua competência territorial, de ato solicitado pelo árbitro.
31. "Art. 300 do Código de Processo Civil. "A tutela de urgência será concedida quando houver elementos que evidenciem a probabilidade do direito e o perigo de dano ou o risco ao resultado útil do processo".
32. Confira-se as hipóteses de tutela de evidência no CPC: "Art. 311 do Código de Processo Civil, cabe A tutela da evidência será concedida, independentemente da demonstração de perigo de dano ou de risco ao resultado útil do processo, quando: I – ficar caracterizado o abuso do direito de defesa ou o manifesto propósito protelatório da parte; II – as alegações de fato puderem ser comprovadas apenas documentalmente e houver tese firmada em julgamento de casos repetitivos ou em súmula vinculante; III – se tratar de pedido reipersecutório fundado em prova documental adequada do contrato de depósito, caso em que será decretada a ordem de entrega do objeto custodiado, sob cominação de multa; IV – a petição inicial for instruída com prova documental suficiente dos fatos constitutivos do direito do autor, a que o réu não oponha prova capaz de gerar dúvida razoável."

Apesar da estipulação nesse sentido não seguir a regra geral da arbitragem de que o tribunal teria o *cognitio*, não vejo qualquer óbice a esse arranjo, por diversos motivos.

Em primeiro lugar, a regra geral, insculpida inclusive no art. 5º, XXXV do texto constitucional, é de amplo acesso ao Poder Judiciário, sendo a jurisdição arbitral aplicável excepcionalmente. Nesse contexto, nada impede que as partes decidam reduzir o escopo dessa jurisdição arbitral, dela excluindo tutelas de urgência.

Além disso, pode existir uma avaliação prévia de conveniência pelas partes da escolha da jurisdição estatal para tutelas de urgência, considerando, como já discutido, que o árbitro não tem poderes para executar determinadas medidas de força, precisando, para tanto, da cooperação do Poder Judiciário. Em cada caso concreto, as partes podem preferir, diante disso, pleitear a medida diretamente ao juízo estatal.

Não obstante, restringir o poder do tribunal arbitral de apreciar tutelas de urgência mostra-se de certa forma contraditório com o fato de o árbitro deter a cognição da causa. Nessa hipótese, pende o risco de o Poder Judiciário deferir medida de urgência que não esteja alinhada com a visão do árbitro sobre o mérito, ou deixe de conceder medida coercitiva necessária à instrução da causa e/ou ao alcance da decisão arbitral.

4. COOPERAÇÃO JUDICIAL E A CARTA ARBITRAL

O árbitro é juiz de fato e de direito,[33] vale dizer, exerce função jurisdicional.[34] Porém, o árbitro não pode implementar certos atos de força, que são privativos do Poder Judiciário.[35] Trata-se de uma dualidade: o árbitro detém a cognição, mas não o império. Por esse motivo, torna-se necessária a cooperação constante entre os tribunais arbitrais e os juízes togados para implementação desses atos de força, inclusive quando se referirem a tutelas de urgência no curso da arbitragem.

Quando da sua edição, a Lei de Arbitragem previa em seu art. 22, § 4º, que, caso necessárias medidas coercitivas ou cautelares, os árbitros poderiam solicitá-las ao órgão do Poder Judiciário originariamente competente para julgar a causa. Não estabelecia, contudo, o procedimento aplicável a essa solicitação. Pendia a dúvida, assim, se o tribunal arbitral deveria expedir ofício ao Poder Judiciário ou mesmo propor medida judicial.[36]

---

33. Art. 18, parágrafo único, Lei 9.607/1996.
34. Segundo Francisco Cahali, "o que fazem as partes é eleger uma ou mais pessoas, direta ou indiretamente, como previsto na Lei de Arbitragem, para essa atribuição – decidir a controvérsia, no pressuposto de que a jurisdição arbitral já terá sido previamente outorgada. É da lei, também, que deriva o poder de julgar; as partes desafiam a jurisdição quando instauram o procedimento. Daí ser inegável a natureza jurisdicional da arbitragem." (CAHALI, Francisco José. *Curso de Direito Arbitral*. Op. cit. p. 135-136).
35. Nesse sentido, explica José Figueira Jr. que "o que o árbitro ou tribunal arbitral não detém é o poder de *imperium*, na medida em que o sistema não lhe autoriza o uso da força para executor esta ou aquela providência, seja interna ou definitiva. Nesse particular, seus poderes são limitados e não se comparam aos poderes de um juiz togado" (FIGUEIRA JR., Joel. *Arbitragem*. 3. ed. Rio de Janeiro: Forense, 2019, p. 121).
36. Para entendimento da questão existente antes da reforma da Lei de Arbitragem, favor conferir: CARMONA, Carlos Alberto. *Arbitragem e Processo*. 3. ed. São Paulo: Atlas, 2009. p. 322 e ss.

Para dirimir a questão, quando da tramitação no Congresso Nacional do atual Código de Processo Civil, um grupo de estudos da PUC-SP liderado pelo Professor Francisco Cahali, com apoio da OAB/RJ, propôs a criação de uma carta arbitral, que seria o meio de comunicação entre árbitros e o Poder Judiciário. O racional é que as *"cartas"* representariam o meio previsto no direito processual brasileiro para comunicação entre juízes (por exemplo, cartas rogatória e precatória). Como o juiz equivale ao árbitro em suas funções jurisdicionais, faria sentido que a comunicação fosse feita por uma carta específica, qual seja, essa nova "carta arbitral".

Tal proposta acabou incorporada no CPC de 2015.[37] Aplica-se à carta arbitral os mesmos requisitos das demais cartas, quais sejam (i) indicação dos julgadores de origem (neste caso os árbitros) e de cumprimento do ato (neste caso o órgão do Poder Judiciário); (ii) o inteiro teor da petição, do despacho e do instrumento do mandato conferido ao advogado; (iii) a menção do ato processual que lhe constitui o objeto; e (iv) a assinatura do árbitro,[38] que pode ser eletrônica. A carta arbitral demanda dois requisitos adicionais, decorrentes das peculiaridades da arbitragem: (v) a convenção arbitral, para demonstrar a jurisdição do árbitro e a vinculação da parte, bem como (vi) a prova de nomeação do árbitro e da sua aceitação, para demonstrar que aquelas pessoas poderiam proferir aquela decisão.[39]

Além disso, ao regular a carta arbitral, o CNJ requereu, ainda, (vii) número do procedimento arbitral e identificação da entidade administradora, em caso de arbitragem institucional,[40] (viii) qualificação das partes,[41] (xi) cópia das procurações outorgadas aos advogados das partes[42] e (x) documento que ateste a confidencialidade do procedimento, quando cabível.[43] Tal qual o juiz togado com relação às demais cartas, o árbitro deverá fixar na carta arbitral prazo para o seu cumprimento,[44] devendo intimar as partes do ato de expedição.[45]

Expedida a carta, as partes acompanharão o cumprimento da diligência perante o juízo destinatário, ao qual compete a prática dos atos de comunicação.[46] Interessante notar que na arbitragem a parte não precisa estar representada por advogado. Contudo, para acompanhamento do cumprimento de carta arbitral, como esta representa pro-

---

37. O projeto resultante no Código de Processo Civil correu contemporaneamente à reforma da Lei de Arbitragem de 2015, o que ensejou a inclusão do Art. 22-C no diploma legal, segundo o qual "o árbitro ou o tribunal arbitral poderá expedir carta arbitral para que o órgão jurisdicional nacional pratique ou determine o cumprimento, na área de sua competência territorial, de ato solicitado pelo árbitro." Assim, o sistema da carta arbitral passou a vigorar em nosso ordenamento jurídico, com suporte não apenas no CPC, como também na Lei de Arbitragem.
38. Art. 260, *caput* e § 3º, Código de Processo Civil.
39. Art. 260, § 3º, Código de Processo Civil.
40. Resolução CNJ 421 de 29.09.2021, Art. 3º, § 1º, IV.
41. Resolução CNJ 421 de 29.09.2021, Art. 3º, § 1º, IV.
42. Resolução CNJ 421 de 29.09.2021, Art. 3º, § 2º.
43. Resolução CNJ 421 de 29.09.2021, Art. 3º, § 2º.
44. Art. 261, *caput*, Código de Processo Civil.
45. Art. 261, § 1º, Código de Processo Civil.
46. Art. 262, § 2º, Código de Processo Civil.

cedimento judicial – apesar de acessório à arbitragem –, em regra faz-se necessário a representação por advogado.

4.1 Recusa de cumprimento de carta arbitral

Embora a carta arbitral represente o meio pelo qual o árbitro pede ao Poder Judiciário que pratique ou determine o cumprimento de determinado ato, nem toda a ordem dos árbitros às partes ou a terceiros necessariamente enseja a emissão desse instrumento. Quando o tribunal arbitral determina que uma parte pratique certo ato ele pode e, na medida do possível, deve, fazê-lo voluntariamente no âmbito do processo arbitral. Apenas se a parte indicar de alguma forma que não a cumprirá de modo espontâneo que o tribunal arbitral terá interesse de agir para requerer a cooperação do Poder Judiciário, mediante a carta arbitral. Da mesma forma, como o árbitro é juiz de fato e de direito, o tribunal arbitral pode, por exemplo, emitir intimação para testemunhas deporem em audiência ou enviar ofícios para órgãos públicos e privados prestarem esclarecimentos. Só em caso de potencial ou real renitência que se deve usar a ferramenta da carta arbitral.[47]

O Poder Judiciário está obrigado a cumprir a carta arbitral, a princípio só podendo recusar-se, e ainda assim em decisão motivada, se (i) não estiverem revestidas dos requisitos legais; (ii) faltar ao juiz competência em razão da matéria ou hierarquia ou (iii) o juiz tiver dúvida acerca da sua autenticidade.[48]

Não há menção legal expressa acerca da possibilidade de recusa de cumprimento por falta de jurisdição do tribunal arbitral. Contudo, pelo § 3º do Art. 260 do Código de Processo Civil,[49] a carta arbitral deve ser instruída com a convenção de arbitragem e as provas da nomeação do árbitro e de sua aceitação da função, o que permitiria uma análise da questão pelo juízo estatal. A meu ver, o juiz estatal pode e deve recusar a carta arbitral, na hipótese de manifesta inexistência ou inaplicabilidade de convenção arbitral e/ou de o árbitro manifestamente não estar investido na função para aquele caso, se houver indício de fraude ou má-fé ou na hipótese de erro grosseiro.

Isso porque o § 3º do Art. 260 do Código de Processo Civil deve ser lido além de um requisito meramente formal, devendo acarretar em consequência prática. De nada serve o juiz estatal receber a suposta convenção arbitral e termo de nomeação, se não puder fazer qualquer análise, mesmo que *prima facie*. Além disso, a jurisdição do juiz estatal advém da jurisdição do tribunal arbitral. Se este manifestamente inexistir, o juiz estatal não se pode dar seguimento à ordem. Por mais que se aprecie o sistema arbitral, deve-se cuidar para não se corroborar com situações teratológicas. Todavia, essa análise

---

47. Nessa direção, a II Jornada de Prevenção e Solução Extrajudicial de Litígios do Conselho da Justiça Federal concluiu, em seu Enunciado 94 que "No cumprimento de concessão de medida cautelar ou de urgência expedida por árbitro único ou tribunal arbitral para suspensão ou cancelamento de protesto de títulos, não é necessária a expedição de carta arbitral."
48. Art. 267, Código de Processo Civil.
49. "Art. 260 do Código de Processo Civil. São requisitos das cartas de ordem, precatória e rogatória: (…) § 3º A parte a quem interessar o cumprimento da diligência cooperará para que o prazo a que se refere o *caput* seja cumprido".

só pode se dar no campo da existência ou manifesta inaplicabilidade, e ainda se for *prima facie*, não podendo abarcar qualquer discussão de validade ou eficácia, ou mesmo necessidade de cognição para se apurar aplicabilidade da convenção arbitral, em vista tanto do princípio da "competência-competência", quanto da própria competência dos órgãos judiciais.

4.2 Carta Arbitral em arbitragens com sede no exterior

Outra questão interessante refere-se ao cabimento de carta arbitral perante o Poder Judiciário brasileiro se a sede da arbitragem não está localizada no Brasil.

O Código de Processo Civil estabelece, em mais de um artigo que a decisão interlocutória estrangeira, inclusive a concessiva de tutela de urgência, só poderá ser executada no Brasil por meio de carta rogatória.[50] Portanto, para fins de cabimento, só pode ser objeto de carta arbitral decisão interlocutória proferida no Brasil. A questão passa a ser, portanto, se uma arbitragem com sede no exterior pode ensejar decisão interlocutória proferida nesse país – se puder, a princípio cabe carta arbitral.

A Lei de Arbitragem não diferencia arbitragem doméstica da arbitragem internacional,[51] apenas distinguindo a sentença estrangeira, prolatada no exterior, em contraposição à doméstica, proferida no Brasil.[52] Trata-se, portanto, de critério geográfico e territorialista, aplicável porém à sentença e não a outros atos do procedimento arbitral, como as decisões interlocutórias. Mais do que isso, há permissivo legal de que atos se desenvolvam em locais diferentes do "local da arbitragem",[53] o qual pode ser interpretado como autorizando que decisão interlocutória de arbitragem no exterior seja proferida no Brasil. À primeira vista, essa ideia pode causar estranhamento, por parecer contrária à noção do Poder Judiciário do local de prolação da sentença como juízo de apoio à arbitragem (como dito pela doutrina francesa, "*juge d'appui*").[54] Isso pode suscitar o entendimento – aliás equivocado – de que seria o órgão estatal da sede deveria poder

---

50. "Art. 960. (...) §1º A decisão interlocutória estrangeira poderá ser executada no Brasil por meio de carta rogatória"; "Art. 962. É passível de execução a decisão estrangeira concessiva de medida de urgência.

    § 1º A execução no Brasil de decisão interlocutória estrangeira concessiva de medida de urgência dar-se-á por carta rogatória".

51. Confira-se, nesse sentido: DOLINGER, Jacob; TIBÚRCIO, Carmen. *Direito Internacional Privado*: Arbitragem Comercial Internacional. Rio de Janeiro: Renovar, 2003. p. 91-94. Em sentido minoritário, entendendo haver uma diferenciação entre arbitragem interna e internacional para fins de escolha de lei aplicável, ver: VERÇOSA, Fabiane. Arbitragem Interna vs. Arbitragem Internacional: breves contornos da distinção e sua repercussão no ordenamento jurídico brasileiro face ao princípio da autonomia da vontade. In: TIBÚRCIO, Carmen; BARROS, Luís Roberto (Org.). *O Direito Internacional Contemporâneo*: Estudos em homenagem ao Professor Jacob Dolinger. Rio de Janeiro: Renovar, 2006. p. 421-449.

52. "Art. 34 (...) parágrafo único da Lei 9.307/96. Considera-se sentença arbitral estrangeira a que tenha sido proferida fora do território nacional".

53. "Art. 11 da Lei 9.307/96. Poderá, ainda, o compromisso arbitral conter: I – local, ou locais, onde se desenvolverá a arbitragem"

54. Confira-se, a respeito: MARINHO, Thiago. *O Poder Judiciário da Sede da Arbitragem: o* "Juge D'Appui". *Migalhas*, 2019. Disponível em: https://www.migalhas.com.br/coluna/arbitragem-legal/305034/o-poder-judiciario-da-sede-da-arbitragem--o--juge-d-appui. Acesso em: 02 ago. 2022.

controlar toda e qualquer decisão arbitral. Além disso, pode soar contraditório que o juízo brasileiro execute decisões de procedimentos arbitrais sediados no exterior, sem uso de instrumento de cooperação internacional como carta rogatória.

Contudo, parte da doutrina aceita que, como juízes de fato e de direito, os membros do Tribunal Arbitral situado no exterior também possam proferir carta rogatória sobre suas decisões interlocutórias diretamente ao Poder Judiciário brasileiro, sem que antes passem pelo Judiciário local[55] – salvo se a legislação do local de prolação da sentença exigir a intervenção judicial. Nessa linha, o STJ já concedeu *exequatur* a algumas cartas rogatórias emitidas por tribunal arbitral no exterior, sem intervenção do Poder Judiciário local.[56-57] Assim, as decisões arbitrais sobre medidas de urgência e/ou coercitivas arbitral nem sempre estão sujeitas a controle do juízo estatal do local de prolação da sentença. Por sinal, a própria Lei de Arbitragem autoriza expressamente um ato de cooperação internacional sem a necessidade de carta rogatória: a citação no procedimento arbitral pelo método previsto na convenção arbitral, inclusive por via postal.[58]

Diante de todo esse contexto, se a própria Lei de Arbitragem permite certa flexibilização do uso de carta rogatória, não vejo óbices para se adotar essa solução criativa, de sorte a viabilizar o árbitro no exterior a proferir medida coercitiva ou de urgência por carta arbitral. Melhor seria se essa possibilidade esteja prevista na cláusula arbitral, no compromisso ou no termo de arbitragem, para conferir maior segurança jurídica.

4.3 Confidencialidade da carta arbitral

O Art. 189, IV, do CPC autoriza que tramitem em segrego de justiça (ou, usando termo mais que vem se popularizando na doutrina, "*publicidade restrita*") os processos sobre cumprimento de carta arbitral, desde que a confidencialidade estipulada na arbitragem seja comprovada perante o juízo.

Nessa linha, ao regular as cartas arbitrais, o CNJ previu que, desde que a confidencialidade do procedimento arbitral seja demonstrada, os pedidos de cooperação judiciária entre juízos arbitrais e órgãos do Poder Judiciário deverão observar o segredo de justiça.[59-60]

---

55. Confira-se, nesse sentido: POTSCH, Bernard. O reconhecimento e a execução por carta rogatória da decisão cautelar arbitral estrangeira no Brasil. *Revista Brasileira de Arbitragem*, Kluwer Law International, v. XIII, n. 51, p. 22-38, 2016.
56. CR 5.424, AR (2010/0205473-7), Relator Min. Ari Pargendler, j. 03.03.2011; CR 5.384 AR (2010/0191228-8), Relator Min. Ari Pargendler, j. 15.04.2011.
57. Cumpre elucidar, em países nos quais a legislação local não obriga a interferência do juízo estatal para a rogatória.
58. "Art. 39 (...) parágrafo único da Lei 9.307/96. Não será considerada ofensa à ordem pública nacional a efetivação da citação da parte residente ou domiciliada no Brasil, nos moldes da convenção de arbitragem ou da lei processual do país onde se realizou a arbitragem, admitindo-se, inclusive, a citação postal com prova inequívoca de recebimento, desde que assegure à parte brasileira tempo hábil para o exercício do direito de defesa".
59. Resolução CNJ 421 de 29.09.2021, Art. 4º.
60. Corroborando essa posição, a II Jornada de Prevenção e Solução Extrajudicial de Litígios do Conselho da Justiça Federal concluiu em sua súmula 23 que "[o] art. 189, IV, do Código de Processo Civil é constitucional, devendo o juiz decretar segredo de justiça em processos judiciais que versem sobre arbitragem, desde que a confidencialidade estipulada na arbitragem seja comprovada perante o juízo".

No entanto, há precedentes de segunda instância[61] no sentido de que a decisão sobre o segredo de justiça em anulatórias de sentenças arbitrais sujeitas confidencialidade (raciocínio este que se aplicaria *mutatis mutandis* a cartas arbitrais) deve ser deferida dependendo das circunstâncias do caso concreto, inexistindo obrigação de concessão automática. Segundo esse ponto de vista, o deferimento automático arrostaria o princípio constitucional da publicidade dos atos judiciais.[62] Discordo por vários motivos.

Em primeiro lugar, o princípio constitucional da publicidade dos atos judiciais não é absoluto em seus próprios termos, ao estipular que "a lei só poderá restringir a publicidade dos atos processuais quando a defesa da intimidade ou o interesse social o exigirem". Não poderia ser diferente, por ser a intimidade também protegida constitucionalmente.[63] Tanto a "defesa da intimidade" como o "interesse social" representam conceitos abertos, a serem regulados pela lei. O Poder Judiciário só poderia declarar inconstitucional essa lei se não houver justificativa razoável para a escolha propositalmente do legislador de proteger aquela hipótese sobre o manto de defesa de intimidade e interesse social. E, no caso em questão, existe sim justificativa. As partes decidiram método de resolução de conflitos privado, dentre outros motivos, porque reputaram existir questão sensível envolvida, atinente a sua intimidade, que merecia ser resguardada.

Além disso, existe sim um "interesse social" (usando o termo constitucional) na previsão de publicidade restrita de arbitragens sujeitas à confidencialidade: fornecer aos jurisdicionados um meio de solução de conflitos que não seja público, para que temas delicados possam ser debatidos sem constrangimentos.

De mais a mais, se houver interesse público em flexibilizar a confidencialidade, o Poder Judiciário terá sempre alguma ferramenta para resolver o problema. Por exemplo, ao verificar indício de crime de ação por uma das partes ao compulsar os autos da carta arbitral, o juiz estatal poderá informar ao Ministério Público.[64]

5. EXECUÇÃO DIRETA DE TÍTULOS EXTRAJUDICIAIS E O REGIME DE DEFESA DO EXECUTADO

O CPC prevê a possibilidade de execução judicial de títulos executivos extrajudiciais.[65] Pode-se inserir cláusula compromissória em contratos que contenham obrigações

---

61. TJSP, 1ª Câmara Reservada de Direito Empresarial, Agravo de Instrumento 2263639-76.2020.8.26.0000, j. 02.03.2021; TJSP, voto do Desembargador Azuma Nishi, Apelação Cível 1048961-82.2019.8.26.0100, j. 15.03.2021.
62. Artigo 5º, LX, Constituição Federal.
63. Artigo 5º, X da Constituição Federal: "são invioláveis a intimidade, a vida privada, a honra e a imagem das pessoas, assegurado o direito a indenização pelo dano material ou moral decorrente de sua violação".
64. "Art. 40 do Código de Processo Penal. Quando, em autos ou papéis de que conhecerem, os juízes ou tribunais verificarem a existência de crime de ação pública, remeterão ao Ministério Público as cópias e os documentos necessários ao oferecimento da denúncia"
65. "Art. 784. São títulos executivos extrajudiciais: I – a letra de câmbio, a nota promissória, a duplicata, a debênture e o cheque; II – a escritura pública ou outro documento público assinado pelo devedor; III – o documento particular assinado pelo devedor e por 2 (duas) testemunhas; IV – o instrumento de transação referendado pelo Ministério Público, pela Defensoria Pública, pela Advocacia Pública, pelos advogados dos transatores

líquidas e certas, que configurem títulos executivos extrajudiciais. Nessa hipótese, como o árbitro não possui poderes executivos, a parte teria a opção de execução diretamente perante o Poder Judiciário, o que já foi reconhecido inclusive pelo STJ:

> a cláusula compromissória objetiva submeter a processo arbitral apenas questões indeterminadas e futuras, que possam surgir no decorrer da execução do contrato. Dessa forma, não se pode prever que tipo de conflito surgirá, por descumprimento das (em alguns casos, várias) obrigações contratuais. Alguns litígios, podem ensejar a imediata propositura da demanda executiva, fundada no título executivo extrajudicial, enquanto outros exigem uma cognição a respeito da existência da obrigação, dos respectivos limites e/ou do seu (des)cumprimento, o que importa na instauração da arbitragem. Ocorrendo tal situação, a existência da cláusula compromissória não impede que o credor proponha a demanda executiva, visto que ele possui, também, um título executivo extrajudicial.[66]

Ressalte-se a existência de decisões reconhecendo que a existência de cláusula compromissória não desnatura o instrumento como título executivo extrajudicial.[67]

Daí decorre a dúvida sobre a jurisdição para julgar matérias usualmente objeto de embargos.[68] Aqui cabe fazer uma diferenciação, reconhecida pela doutrina, entre embargos sobre matéria de mérito e embargos sobre questões processuais.[69] Humberto Theodoro equipara os embargos sobre matéria de mérito a ações de cognição incidental de caráter constitutivo.[70] Com tais, estariam cobertos pela jurisdição arbitral. Isso porque a mesmíssima matéria poderia ser objeto de uma ação de conhecimento, hipótese na qual indubitavelmente deveria ser processada em arbitragem. Carece de lógica só porque uma das partes tentou executar uma obrigação contratual, não obstante a existência de uma defesa ensejadora de processo de cognição, que a jurisdição para a ser exclusivamente judicial.

---

ou por conciliador ou mediador credenciado por tribunal; V – o contrato garantido por hipoteca, penhor, anticrese ou outro direito real de garantia e aquele garantido por caução; VI – o contrato de seguro de vida em caso de morte; VII – o crédito decorrente de foro e laudêmio; VIII – o crédito, documentalmente comprovado, decorrente de aluguel de imóvel, bem como de encargos acessórios, tais como taxas e despesas de condomínio; IX – a certidão de dívida ativa da Fazenda Pública da União, dos Estados, do Distrito Federal e dos Municípios, correspondente aos créditos inscritos na forma da lei; X – o crédito referente às contribuições ordinárias ou extraordinárias de condomínio edilício, previstas na respectiva convenção ou aprovadas em assembleia geral, desde que documentalmente comprovadas; XI – a certidão expedida por serventia notarial ou de registro relativa a valores de emolumentos e demais despesas devidas pelos atos por ela praticados, fixados nas tabelas estabelecidas em lei; XII – todos os demais títulos aos quais, por disposição expressa, a lei atribuir força executiva", do Código de Processo Civil.

66. STJ, SEC 1.210, Corte Especial, Rel. Ministro Fernando Gonçalves, j. 20.06.2007.
67. STJ, REsp 944.917/SP, 3ª Turma, Rel. Ministra Nancy Andrighi, j. 18.09.2008; REsp 1.373.710/MG, 3ª Turma, Rel. Ministro Villas Bôas Cueva, j. 21.12.2000.
68. "Art. 917. Nos embargos à execução, o executado poderá alegar: I – inexequibilidade do título ou inexigibilidade da obrigação; II – penhora incorreta ou avaliação errônea; III – excesso de execução ou cumulação indevida de execuções; IV – retenção por benfeitorias necessárias ou úteis, nos casos de execução para entrega de coisa certa; V – incompetência absoluta ou relativa do juízo da execução; VI – qualquer matéria que lhe seria lícito deduzir como defesa em processo de conhecimento", do Código de Processo Civil.
69. DINAMARCO, Cândigo Rangel. *Instituições de direito processual civil*. 2. ed. São Paulo: Malheiros, 2005. p. 689-690.
70. THEODORO JR., Humberto. *Processo de execução e cumprimento de sentença*. 29. ed. São Paulo: Universitária de Direito, 2017. p. 61.

Há precedentes do STJ determinando a competência do foro arbitral,[71] por envolverem matéria de cognição, para o qual deve prevalecer a escolha prévia da via arbitral. Não obstante, em determinadas circunstâncias específicas, o próprio STJ determinou que a análise de embargos sobre certos temas, específicos do processo de execução, prosseguisse na via judicial.[72] Há de se refletir se a melhor solução não seria que determinadas hipóteses de embargos, relativas a questões intrínsecas da execução, não deveriam realmente ser julgadas pelo Poder Judiciário.

Essa foi a solução adotada na I Jornada de Prevenção e Solução Extrajudicial de Litígios, a qual recomendou que "[a] existência de cláusula compromissória não obsta a execução de título executivo extrajudicial, reservando-se à arbitragem o julgamento das matérias previstas no art. 917, incs. I e VI do CPC/2015". Referido inciso I concerne inexequibilidade do título ou inexigibilidade da obrigação, ao passo que o aludido inciso VI atine matéria que lhe seria lícito deduzir como defesa em processo de conhecimento.

Cabe, ademais, analisar a consequência de o executado propor embargos na sede judicial, nos casos em que deveria ter submetido a questão a arbitragem. Não se está diante de hipótese de incompetência absoluta, pois incumbe o réu, em sua defesa, alegar a convenção arbitral,[73] sob pena de preclusão. Pode-se alegar, assim, que o resultado seria, tal como outras circunstâncias de incompetência relativa, a remessa dos autos à jurisdição competente,[74] neste caso o tribunal arbitral.

Além dos embargos de execução, a jurisprudência tem reconhecido a possibilidade de exceção de pré-executividade. Trata-se de instrumento de defesa, que pode ser apresentado por mera petição, para que o executado alegue nulidade do título, desde que a matéria não demande produção de prova. Mostra-se de muita valia, especialmente em execuções fiscais, por permitir defesa independentemente de garantia do juízo. Como reconhecido pelo STJ:

> [A]s matérias passíveis de ser alegadas em Exceção de Pré-Executividade não são somente as de ordem pública, mas também os fatos modificativos ou extintivos do direito do exequente, desde que comprovados de plano, sem necessidade de dilação probatória.[75]

Pela própria natureza da exceção de pré-executividade, que em tese deveria dispensar prova e, portanto, cognição, a maioria da doutrina entende não estar coberta pela jurisdição arbitral.[76]

---

71. STJ, REsp 944.917/SP, 3ª Turma, Rel. Ministra Nancy Andrighi, j. 18.09.2008.
72. STJ, REsp 1.373.710/MG, 3ª Turma, Rel. Ministro Ricardo Villas Bôas Cueva, j. 07.04.2015.
73. Art. 337, X, Código de Processo Civil.
74. Art. 64, § 3º, X, Código de Processo Civil.
75. STJ, REsp 827.883/RS, 2ª Turma, Rel. Ministro Castro Meira, j. 12.12.2006.
76. Confira-se, nesse sentido: ARMELIN, Donaldo. Processo Civil. Possibilidade de execução de título que contém cláusula compromissória. Exceção de Pré-executividade afastada. Condenação em honorários devida. *Revista de Arbitragem e Mediação*, v. 23, p. 169-193, São Paulo, out-dez. 2009; SANTOS, Bruno Watermann et al. Os Efeitos da Convenção de Arbitragem no Título Executivo Extrajudicial. *Brazilian Journal of Development*, v. 6, n. 10, p. 78638-78656, Curitiba, out. 2020.

6. EXCEÇÃO DE ARBITRAGEM NO CÓDIGO DE PROCESSO CIVIL

No Código de Processo Civil a existência de convenção arbitral apresenta-se como uma preliminar da contestação.[77] Trata-se de matéria sobre a qual o juiz não poderá conhecer de ofício.[78]

Durante a tramitação legislativa tanto do CPC de 2015 quanto da reforma da Lei de Arbitragem realizada na mesma época, surgiram propostas para que a existência de convenção arbitral pudesse ser suscitada antes da contestação, por questão de economia processual.[79] Faria todo o sentido, pois o julgamento relativo à existência de convenção arbitral, em geral, não demandaria instrução e evitaria que o réu tivesse que contestar toda a inicial, já adiantando os argumentos do mérito, além de acabar com o processo em seu nascedouro. Contudo, a proposta não foi incluída porque alegadamente iria contra o conceito do Código de 2015 de concentrar na contestação, além das preliminares e das defesas de mérito, todos os outros incidentes, exceções e até mesmo eventual reconvenção.

Alguns autores, liderados por José Antonio Fichtner, Sergio Mannheimer e André Luís Monteiro,[80] cogitam como opção uma "exceção de arbitragem", por meio de petição simples anterior à contestação alegando a existência de convenção arbitral e requerendo extinção do processo. Essa medida inspira-se na exceção de pré-executividade, na qual a jurisprudência tem admitido se alegar determinadas matérias mesmo antes dos embargos à execução. A comunidade arbitral mostra-se simpática à ideia, embora ainda exista temor de que o Poder Judiciário entenda, em alguns casos, que isso gere preclusão consumativa o que, a meu ver, seria uma posição deveras formalista e contrária ao princípio constitucional da razoável duração do processo.[81]

A meu ver, caberia essa exceção de arbitragem em casos mais simples, que demandem pouca instrução, tais como quando o réu consiga comprovar a ausência de jurisdição estatal com a mera apresentação do contrato com convenção arbitral. Seria irrazoável punir com preclusão consumativa a parte que diligenciou para encerrar o quanto antes processo que nunca deveria ter começado.

O Fórum Permanente de Processualista Civis encontrou solução engenhosa para questão, editando enunciado no sentido de ser "admissível o negócio processual estabelecendo que a alegação de existência de convenção de arbitragem será feita por simples petição, com a interrupção ou suspensão do prazo para contestação". Ou seja,

---

77. Art. 337, X, Código de Processo Civil.
78. Art. 337, §5º, Código de Processo Civil.
79. Quadro comparativo do Código de Processo Civil. Projeto de Lei do Senado 166, de 2010. Ver em "Da Alegação de Convenção de Arbitragem", Artigos 345 a 349, p. 257-259. Disponível em: https://www.conjur.com.br/dl/mudancas-cpc-integral.pdf. Acesso em: 27 maio 2022.
80. FITCHNER, José Antonio et al. Alegação da Convenção de Arbitragem, Negócio Jurídico Processual e Princípio da Competência-Competência na Arbitragem Comercial Brasileira. *Revista de Arbitragem e Mediação*, v. 60, p. 113-130, jan./mar. 2019.
81. "Art. 5º (...) XXVIII da Constituição federal – a todos, no âmbito judicial e administrativo, são assegurados a razoável duração do processo e os meios que garantam a celeridade de sua tramitação".

a convenção arbitral permitiria expressamente a "exceção de arbitragem". Porém, na prática, raramente as partes entrarão nesse nível de detalhe na convenção arbitral.

7. PRODUÇÃO ANTECIPADA DA PROVA

O Art. 381 do CPC de 2015 alterou a sistemática da produção antecipada de provas, que deixou de ser um procedimento cautelar típico, conforme o anterior regime do CPC de 1973, e passou a ser uma ação autônoma, admitida não só nas hipóteses de urgência, mas também quando ou "a prova a ser produzida seja suscetível de viabilizar a autocomposição ou outro meio adequado de solução de conflito" ou "o prévio conhecimento dos fatos possa justificar ou evitar o ajuizamento de ação".[82]

Como elucidam os Professores Arruda Alvim e Clarissa Diniz Guedes:

> na produção antecipada de prova em caráter autônomo não há a necessidade de indicação de um processo atual ou futuro ou do risco de perecimento da prova. Há quem a compreenda como uma modalidade de exercício do direito de ação, o que se afigura correto. Nesse caso, o conteúdo da pretensão não seria de direito material, mas de direito processual. A pretensão consistiria no exercício do direito autônomo à prova.[83]

Diante de sua natureza de direito de ação autônoma, processada perante o Poder Judiciário, pode-se indagar como a produção antecipada de provas se conforma quando a disputa subjacente está sujeita a uma convenção arbitral e, portanto, esse conteúdo probatório destina-se ao árbitro, e não o Poder Judiciário.[84] Aqui há de se distinguir diversas hipóteses.

A *primeira hipótese* ocorre quando a cláusula compromissória proibir expressamente a ação judicial de produção antecipada de provas. Nesse caso, há um negócio jurídico processual, autorizado pelo Art. 190 do CPC de 2015. Não vejo qualquer óbice de ordem pública para renúncia dessa ação autônoma.[85]

A *segunda hipótese* acontece se a cláusula compromissória não veda a ação de produção antecipada de provas e a parte alega urgência.[86] Embora ela não seja mais

---

82. "Art. 381. A produção antecipada da prova será admitida nos casos em que: I – haja fundado receio de que venha a tornar-se impossível ou muito difícil a verificação de certos fatos na pendência da ação; II – a prova a ser produzida seja suscetível de viabilizar a autocomposição ou outro meio adequado de solução de conflito; III – o prévio conhecimento dos fatos possa justificar ou evitar o ajuizamento de ação", do Código de Processo Civil.
83. ALVIM, Arruda; GUEDES, Clarissa Diniz. Produção Antecipada de Provas e Juízo Arbitral. *Revista dos Tribunais*, v. 1008, p. 25-40, 2019.
84. "Art. 22. Poderá o árbitro ou o tribunal arbitral tomar o depoimento das partes, ouvir testemunhas e determinar a realização de perícias ou outras provas que julgar necessárias, mediante requerimento das partes ou de ofício", da Lei 9.307/96.
85. Nesse sentido: MEIRELES, Carolina Costa. Produção antecipada de provas e arbitragem uma análise sobre competência. *Revista de Processo*, v. 303, p. 451, maio 2020.
86. E se vedar mesmo no caso de urgência? Neste caso, dependeria das circunstâncias. Por um lado, se houvesse previsão de adoção obrigatória de árbitro de urgência, também não vejo obstáculo. Por outro lado, simplesmente impossibilitar essa medida nas cortes estatais em caso de urgência, sem dar outra opção, iria contra o princípio constitucional do livre acesso ao Poder Judiciário.

um requisito obrigatório geral dessa ação judicial, por expressa previsão legal urgência continua sendo, por outras palavras, um dos possíveis fundamentos dessa medida, sob as vestes do "fundado receio de que venha a tornar-se impossível ou muito difícil a verificação de certos fatos".[87] Se verificado o risco de não se poder futuramente verificar o fato – o que é uma espécie de *periculum in mora* – e, ademais, se a arbitragem não estiver ainda instituída, a meu ver não se pode afastar o acesso ao Poder Judiciário. Até porque, com relação a outras tutelas de urgência, o Art. 22-A da Lei da Arbitragem autoriza o recurso ao Poder Judiciário para tomada das medidas cabíveis – ou seja, o recurso ao Poder Judiciário não é um tabu. Portanto, cabe ação de produção antecipada de provas perante o Poder Judiciário quando houver urgência e a arbitragem não estiver instituída.

Entendo que, nesse caso, não incide o ônus de propositura da ação principal dentro de 30 dias, sob pena de perda da eficácia.[88] Isso porque a ação de produção antecipada de provas é autônoma e está sujeita regime específico, no qual não se exige "ação principal". Pelo contrário, ela pode servir para "evitar o ajuizamento da ação".[89]

Após a instituição da arbitragem, os árbitros assumem o controle das provas, esperando-se que a produção probatória específica para aquela disputa seja feita no âmbito do processo arbitral.[90]

A *terceira hipótese* seria a produção antecipada de provas que não tiver como fundamento o risco de impossibilidade de verificação futura dos fatos (ou seja, *periculum in mora*) e nas quais a cláusula compromissória seja silente sobre a possibilidade desse tipo de ação judicial. De um lado, a redação do art. 381 do CPC de 2015 é clara ao prever essa ação para "viabilizar (...) meio adequado de solução de conflito"[91] ou para "justificar ou evitar o ajuizamento de ação".[92] Ora, a arbitragem representa tanto um meio adequado de solução de conflito, quanto um tipo de ação. Por conseguinte, além de não haver vedação legal, pode-se sustentar até que existe autorização legal para ações de produção antecipada de prova antes da arbitragem.

Além disso, faltam aos árbitros certos poderes de império, o que pode ocasionar obstáculos para a produção de certas provas no âmbito da arbitragem, justificando a opção da via estatal.

---

87. "Art. 381. (...) I do Código de Processo Civil – A produção antecipada da prova será admitida nos casos em que: I – haja fundado receio de que venha a tornar-se impossível ou muito difícil a verificação de certos fatos na pendência da ação".
88. "Art. 22-A. (...) Parágrafo único da Lei 9.307/69. Cessa a eficácia da medida cautelar ou de urgência se a parte interessada não requerer a instituição da arbitragem no prazo de 30 (trinta) dias, contado da data de efetivação da respectiva decisão", da Lei 9.307/69.
89. Art. 381, III, Código de Processo Civil.
90. Como a ação de produção antecipada de provas não precisa apontar uma ação principal específica, a prova nela produzida pode ter escopo mais amplo do que o objeto da arbitragem. Nesse caso, é possível que parte da prova seja feita em arbitragem e outra parte continue em ação judicial.
91. Art. 381, II, Código de Processo Civil.
92. Art. 381, III, Código de Processo Civil.

De mais a mais, a arbitragem tende a ser mais cara do que o processo perante o Poder Judiciário e o procedimento judicial de produção antecipada de provas é relativamente expedito, o que pode fazer com que essa ação específica possa ser atraente.

Quatro considerações adicionais de cunho processual reforçariam o cabimento da ação judicial de produção antecipada de provas. Primeiro, ela representa ação autônoma, cujo objeto é a produção da prova em si, independentemente do uso que se dará a essa prova. Portanto, pode não ser possível garantir que essa prova não vai ser utilizada para fim diferente da arbitragem. Segundo, a prova pode, pelo menos em tese, vir a afetar terceiro interessado não vinculado à jurisdição arbitral. Assim, não há como se assegurar a futura jurisdição arbitral. Terceiro, o CPC proíbe que o juiz da ação se pronuncie sobre a ocorrência ou a inocorrência do fato ou sobre as respectivas consequências jurídicas,[93] limitando sua jurisdição. Quarto, a ação de produção antecipada de provas não faz coisa julgada, podendo o árbitro guiar-se pela sua própria instrução.[94]

Por esses motivos, alguns autores defendem o cabimento da ação de produção antecipada de provas,[95] mesmo se o litígio estiver coberto por convenção arbitral e inexistir urgência.

Por outro lado, a principal crítica a essa conclusão está no fato de que a ação judicial pode invadir a jurisdição do árbitro. Como o árbitro possui jurisdição privativa para julgamento do mérito e toda a prova a ele se destina, pode ser inadequado permitir instrução probatória sem a sua supervisão, salvo em casos de urgência. A jurisdição arbitral inclui a instrução processual. Vale transcrever trecho de artigo de Carolina Costa Meireles sumarizando essa linha de raciocínio:

> Há, portanto, clara atividade jurisdicional no procedimento da produção antecipada de prova, de forma que a competência deve ser do juízo arbitral. Veja-se que, ao firmar uma convenção de arbitragem, as partes renunciam à jurisdição estatal, transferindo a competência para a arbitragem. Essa competência, por sua vez, não se limita à decisão final sobre a controvérsia. Não se pode pensar que a atividade exercida pelo árbitro se resume à tomada da decisão final quanto à controvérsia. O julgamento envolve toda a condução do procedimento até a decisão final. Assim, é competente o árbitro para decidir acerca de todas as questões, inclusive o direito da parte de produzir prova e sua validade. Não faz sentido pensar que sua competência está adstrita somente à 'matéria de fundo', ou seja, à decisão do direito material. As partes, ao escolherem a jurisdição arbitral para dirimir suas controvérsias, estão abarcando todas as controvérsias, ainda que potencial, sejam materiais, sejam processuais.[96]

---

93. Art. 382, § 2º, Código de Processo Civil.
94. MAZZOLA, Marcelo. Temas contemporâneos na arbitragem: do clássico ao circuito alternativo e alguns "curtas-metragens". *Revista de Processo*, v. 291, p. 427-466, 2019.
95. Confira-se, por exemplo: ZAKIA, José Victor; VINCONTI, Gabriel Caetano. Produção antecipada de provas em arbitragem e jurisdição. Revista de arbitragem e mediação, v. 59, p. 195-211, out-dez/2018 e ARSUFFI, Arthur Ferrari. Produção Antecipada de Prova: Eficiência e Organização do Processo. Dissertação de Mestrado. Orientadora: Thereza Celina Diniz de Arruda Alvim. São Paulo. Pontifícia Universidade Católica de São Paulo. 2018. p. 163-168.
96. MEIRELES, Carolina Costa. Produção antecipada de provas e arbitragem uma análise sobre competência. *Revista de Processo*, v. 303, p. 455, maio 2020.

Na mesma linha, advertem Flavio Yarshall et al:

> Assentada a premissa do caráter jurisdicional das atividades engendradas para a antecipação da prova, dúvida nenhuma pode haver acerca da possibilidade de tal procedimento ser conduzido por árbitros que, afinal, são juízes de fato e de direito (LArb, art. 18), e, pois, também exercem atividade jurisdicional. (...) Assim, inexistindo distinção entre a tutela alcançada em um e outro âmbito, não faz sentido retirar o procedimento de produção antecipada da prova do rol de atribuições do árbitro, a menos que se entenda que estaria ele a exercer apenas uma jurisdição parcial.[97]

Nessa linha, alguns autores ressaltam que a previsão de arbitragem configuraria uma renúncia à jurisdição estatal, salvo nas hipóteses de urgência.[98]

Atente-se, ademais, para o risco desse tipo de ação pode ensejar estratagemas processuais, de modo que uma parte a proponha não para viabilizar, justificar ou evitar arbitragem, mas sim para fazer a prova segundo o procedimento típico do Poder Judiciário, usualmente distinto do procedimento arbitral. Apesar de o árbitro ter direito a realizar sua própria instrução probatória, não estando vinculado pelo resultado produção antecipada de provas judicial, seria ingênuo crer que esta não poderia influenciar aquela, o que pode gerar desconforto. Além disso, há uma questão de interesse processual, de se fazer a mesma prova duas vezes, uma em cada jurisdição.

A esse respeito, há decisão do STJ no sentido de que só poderia haver a ação de produção de provas perante o Poder Judiciário em caso de urgência, transferindo-se, nas demais hipóteses, a jurisdição para arbitragem:

> [a] estipulação de compromisso arbitral atrai inarredavelmente competência do tribunal arbitral para conhecer a ação de produção antecipada de provas. Urgência, 'que dita impossibilidade prática de a pretensão aguardar a constituição da arbitragem' é a única exceção à competência dos árbitros. (..) Ausente esta situação de urgência, única capaz de autorizar a atuação provisória da Justiça estatal em cooperação, nos termos do art. 22-A da Lei de Arbitragem, toda e qualquer pretensão – até mesmo a relacionada ao direito autônomo à prova, instrumentalizada pela ação de produção antecipada de provas, fundada nos incisos II e II do art. 381 do CPC/2015 – deve ser submetida ao Tribunal arbitral, segundo a vontade externada pelas partes contratantes.[99]

Com efeito, percebe-se em outras decisões do Poder Judiciário uma preocupação grande em verificar a urgência, para se deferir produção antecipada de provas.[100]

---

97. YARSHELL, Flávio Luiz., RODRIGUES, Viviane Siqueira, BECERRA, Eduardo de Carvalho e MARQUES. Produção Antecipada de Prova Desvinculada da Urgência na Arbitragem: Requiém? In: YARSHELL, Flávio Luiz e PEREIRA, Guilherme Setoguti (Coord.). *Processo Societário IV*. São Paulo: Quartier Latin, 2021, p. 455-472.
98. Confira-se, nessa linha de raciocínio, FORBES, Carlos Suplicy de Figueiredo, GASPARETTI, Marco Vanin e MELO, Marina Couto Falconi. Produção Antecipada de Provas no Judiciário e na Arbitragem. In: NANNI, Giovanni Ettore; RICCIO, Karina; DINIZ, Lucas de Medeiros. *Comitê Brasileiro de Arbitragem e a Arbitragem no Brasil*: obra comemorativa ao 20º aniversário do CBAr. São Paulo : Almedina, 2022, p. 451.
99. STJ, REsp 2.2023.615/SP, 3. Turma, Rel. Marco Aurélio Belizze, j. 14.03.2023.
100. Por exemplo: TJSP, 1ª Câmara de Direito Privado, Apelação Cível 1004160-81.2019.8.26.0100, Rel. Desembargador Gilson Delgado Miranda, j. 11.12.2019; TJSP, 29ª Câmara de Direito Privado, Agravo de Instrumento 2119783-88.2019.8.26.0000, Rel. Desembargador Vianna Cotrim, j. 29.08.2019.

Eduardo Talamini defende uma posição intermediária, segundo a qual, na falta de urgência, a produção antecipada da prova para fins não cautelares seja feita em processo arbitral específico para tal fim, mas com determinadas exceções, como (i) quando a prova definirá os contornos da pretensão, inclusive se seria hipótese de jurisdição arbitral; (ii) diante de resistência de uma parte à produção probatória, sendo mais eficiente processar no Poder Judiciário, pela necessidade de medidas coercitivas; e (iii) se a medida for singela e poder ser resolvida mais eficientemente pela corte estatal.[101]

Vale aqui uma última reflexão. A hipótese de produção antecipada de provas no CPC 2015, que não seja por urgência, fundamenta-se ou em suposta busca de autocomposição ou em providência para evitar ajuizamento da ação. Mas, na prática, frequentemente logo em seguida o caso deriva para arbitragem. Ou seja, a medida acaba não servindo nem para autocomposição, nem para evitar litígio, frustrando seu propósito, o que pode justificar uma certa resistência do Poder Judiciário, refletida na citada decisão do STJ.

BIBLIOGRAFIA E JULGADOS SELECIONADOS

ALVIM, Arruda; GUEDES, Clarissa Diniz. *Produção Antecipada de Provas e Juízo Arbitral*. Revista dos Tribunais, v. 1008, p. 25-40, 2019.

ARMELIN, Donaldo. Processo Civil. Possibilidade de execução de título que contém cláusula compromissória. Exceção de Pré-executividade afastada. Condenação em honorários devida. *Revista de Arbitragem e Mediação*. v. 23, p. 169-193, São Paulo, out-dez. 2009.

ARSUFFI, Arthur Ferrari. *Produção Antecipada de Prova: Eficiência e Organização do Processo*. Dissertação de Mestrado. Orientadora: Thereza Celina Diniz de Arruda Alvim. São Paulo. Pontifícia Universidade Católica de São Paulo. 2018.

CAHALI, Francisco José. *Curso de Direito Arbitral*. 9. ed. São Paulo: Ed. RT, 2022.

CARMONA, Carlos Alberto. *Arbitragem e Processo*. 3. ed. São Paulo: Atlas, 2009.

CR 5.384 AR (2010/0191228-8), Relator Min. Ari Pargendler, j. 15.04.2011.

CR 5.424, AR (2010/0205473-7), Relator Min. Ari Pargendler, j. 03.03.2011.

DINAMARCO, Cândido Rangel. *Instituições de direito processual civil*. 2. ed. São Paulo: Malheiros, 2005.

DOLINGER, Jacob; TIBÚRCIO, Carmen. *Direito Internacional Privado*: Arbitragem Comercial Internacional. Rio de Janeiro: Renovar, 2003.

FICHTNER, José Antonio; MONTEIRO, André Luis. Tutela Provisória na Arbitragem e Novo Código de Processo Civil: tutela antecipada e tutela cautelar, tutela de urgência e tutela da evidência, tutela antecedente e tutela incidental. In: CARMONA, Carlos Alberto, LEMES, Selma; MARTINS, Pedro Batista (Coord.). *20 Anos de Lei de Arbitragem*: homenagem à Petrônio R. Muniz. São Paulo, Atlas, 2017.

FIGUEIRA JR., Joel. *Arbitragem*. 3. ed. Rio de Janeiro: Forense, 2019.

FITCHNER, José Antonio et al. Alegação da Convenção de Arbitragem, Negócio Jurídico Processual e Princípio da Competência-Competência na Arbitragem Comercial Brasileira. *Revista de Arbitragem e Mediação*. v. 60, p. 113-130, jan./mar. 2019.

FORBES, Carlos Suplicy de Figueiredo, GASPARETTI, Marco Vanin e MELO, Marina Couto Falconi. Produção Antecipada de Provas no Judiciário e na Arbitragem. In: NANNI, Giovanni Ettore; RICCIO,

---

101. TALAMINI, Eduardo. Produção Antecipada de Prova no Código de Processo Civil de 2015. *Revista de Processo*, v. 260, p. 75-101, out. 2016.

Karina; DINIZ, Lucas de Medeiros (Coord.). *Comitê Brasileiro de Arbitragem e a Arbitragem no Brasil*: obra comemorativa ao 20º aniversário do CBAr. São Paulo: Almedina, 2022.

GRION, Renato Stephan. Árbitro de Emergência: perspectiva brasileira à luz da experiencia internacional. In: CARMONA, Carlos Alberto; LEMES, Selma; MARTINS, Pedro Batista (Coord.). *20 Anos de Lei de Arbitragem*: homenagem à Petrônio R. Muniz. São Paulo, Atlas, 2017.

MARINHO, Thiago. *O Poder Judiciário da Sede da Arbitragem*: o "Juge D'Appui". Migalhas, 2019. Disponível em: https://www.migalhas.com.br/coluna/arbitragem-legal/305034/o-poder-judiciario-da-sede-da-arbitragem--o--juge-d-appui. Acesso em: 02 ago. 2022.

MARTINS, Pedro Batista. Da ausência de poderes coercitivos e cautelares do árbitro. In: MARTINS, Pedro Batista. LEMES, Selma Ferreira. CARMONA, Carlos Alberto (Coord.). *Aspectos fundamentais da Lei de Arbitragem*. Rio de Janeiro: Forense, 1999.

MAZZOLA, Marcelo. Temas contemporâneos na arbitragem: do clássico ao circuito alternativo e alguns "curtas-metragens". *Revista de Processo*, v. 291, p. 427-466, 2019.

MEIRELES, Carolina Costa. Produção antecipada de provas e arbitragem uma análise sobre competência. *Revista de Processo*, v. 303, p. 451, maio 2020.

POTSCH, Bernard. O reconhecimento e a execução por carta rogatória da decisão cautelar arbitral estrangeira no Brasil. *Revista Brasileira de Arbitragem*, Kluwer Law International, v. XIII, n. 51, p. 22-38, 2016.

REsp 1.373.710/MG, 3ª Turma, Rel. Ministro Villas Bôas Cueva, j. 21.12.2000.

SANTOS, Bruno Watermann et al. Os Efeitos da Convenção de Arbitragem no Título Executivo Extrajudicial. *Brazilian Journal of Development*, v. 6, n. 10, p. 78638-78656, Curitiba, out. 2020.

SILVEIRA LOBO, Carlos Augusto. O procedimento cautelar pré-arbitral da CCI. In: FERRAZ, Rafaella; MUNIZ, Joaquim de Paiva (Coord.). *Arbitragem Doméstica e Internacional*: estudos em homenagem ao Prof. Theóphilo de Azeredo Santos. Rio de Janeiro: Forense, 2008.

STJ, REsp 1.373.710/MG, 3ª Turma, Rel. Ministro Ricardo Villas Bôas Cueva, j. 07.04.2015.

STJ, REsp 1297974/RJ, 3ª Turma, Rel. Ministra Nancy Andrighi, j. 12.06.2012.

STJ, RESp 1698730/SP, 3ª Turma, Rel. Ministro Marco Aurélio Bellizze, j. 08.05.2018.

STJ, REsp 827.883/RS, 2ª Turma, Rel. Ministro Castro Meira, j. 12.12.2006.

STJ, REsp 944.917/SP, 3ª Turma Rel. Ministra Nancy Andrighi, j. 18.09.2008.

STJ, REsp 944.917/SP, 3ª Turma, Rel. Ministra Nancy Andrighi, j. 18.09.2008.

STJ, REsp. 1586383/MG, 4ª Turma, Rel. Ministra Maria Isabel Galotti, j. 05.12.2017.

STJ, REsp 2.2023.615/SP, 3ª Turma, Rel. Marco Aurélio Belizze, j. 14.03.2023.

STJ, SEC 1.210, Corte Especial, Rel. Ministro Fernando Gonçalves, j. 20.06.2007.

TALAMINI, Eduardo. *Arbitragem e tutela provisória no Código de Processo Civil de 2015*. Revista de Arbitragem, v. 12, n. 46, jul./set. 2015.

TALAMINI, Eduardo. Produção Antecipada de Prova no Código de Processo Civil de 2015. *Revista de Processo*, v. 260, p. 75-101, out. 2016.

THEODORO JR., Humberto. *Processo de execução e cumprimento de sentença*. 29. ed. São Paulo: Universitária de Direito, 2017.

TJSP, 1ª Câmara de Direito Privado, Apelação Cível 1004160-81.2019.8.26.0100. Rel. Desembargador Gilson Delgado Miranda, j. 11.12.2019.

TJSP, 1ª Câmara Reservada de Direito Empresarial, Agravo de Instrumento 2263639-76.2020.8.26.0000, j. 02.03.2021.

TJSP, 29ª Câmara de Direito Privado, Agravo de Instrumento 2119783-88.2019.8.26.0000, Rel. Desembargador Vianna Cotrim, j. 29.08.19.

TJSP, voto do Desembargador Azuma Nishi, Apelação Cível 1048961-82.2019.8.26.0100, j. 15.03.2021.

VERÇOSA, Fabiane. Arbitragem Interna vs. Arbitragem Internacional: breves contornos da distinção e sua repercussão no ordenamento jurídico brasileiro face ao princípio da autonomia da vontade. In: TIBÚRCIO, Carmen; BARROS, Luís Roberto (Org.). *O Direito Internacional Contemporâneo*: Estudos em homenagem ao Professor Jacob Dolinger. Rio de Janeiro: Renovar, 2006.

YARSHELL, Flávio Luiz., RODRIGUES, Viviane Siqueira, BECERRA, Eduardo de Carvalho e MARQUES. Produção Antecipada de Prova Desvinculada da Urgência na Arbitragem: Requiém? In: YARSHELL, Flávio Luiz e PEREIRA, Guilherme Setoguti (Coord.). *Processo Societário IV*. São Paulo: Quartier Latin, 2021.

ZAKIA, José Victor; VINCONTI, Gabriel Caetano. Produção antecipada de provas em arbitragem e jurisdição. *Revista de arbitragem e mediação*, v. 59, p. 195-211, out-dez 2018.

XXII
SENTENÇA ARBITRAL I

Lucas Vilela dos Reis da Costa Mendes

LL.M. Queen Mary, University of London (merits). Graduado em Direito pela Pontifícia Universidade Católica (Rio de Janeiro). Idealizador, coordenador e professor do Curso Prático de Arbitragem. Advogado. FCIArb.

Luísa Maria Filgueiras Hidalgo

Mestranda em Direito Civil na Pontifícia Universidade Católica de São Paulo. Pós-graduada em Direito Público pela Fundação Getúlio Vargas (Rio de Janeiro). Graduada em Direito pela Pontifícia Universidade Católica do Rio de Janeiro. Advogada.

Sumário: 1. Conceito de sentença arbitral – 2. Equiparação da sentença arbitral à sentença estatal – 3. Ordem processual não é sentença arbitral – 4. Tipos de sentença arbitral; 4.1 Parcial ou final; 4.2 Complementar; 4.3 Doméstica ou estrangeira; 4.4 Sentença arbitral homologatória de acordo – 5. Deliberações – 6. Prazo para a prolação de sentença arbitral – 7. Requisitos da sentença arbitral – 8. Remédios à disposição dos árbitros; 8.1 Tutela específica; 8.2 Danos; 8.3 Restituição; 8.4 Tutela declaratória; 8.5 Adaptação contratual (negocial) e preenchimento de lacunas; 8.6 Atualização monetária; 8.7 Juros – 9. Alocação da responsabilidade decorrente da sucumbência no procedimento; 9.1 Custas e despesas; 9.2 Litigância de má-fé; 9.3 Honorários advocatícios; 9.3.1 Contratuais; 9.3.2 Sucumbenciais – Bibliografia e julgados selecionados.

1. CONCEITO DE SENTENÇA ARBITRAL

Sentença arbitral é o ato que põe fim a uma parte ou à totalidade do procedimento arbitral. Na hipótese de dar fim à totalidade do procedimento, extingue a jurisdição dos árbitros. Este é o conceito extraído da Lei de Arbitragem brasileira (Lei 9.307/1996) que, em seu artigo 29, faz referência expressa ao conceito *finalístico* da sentença arbitral: "proferida a sentença arbitral, dá-se por finda a arbitragem".[1] Por sua vez, o parágrafo primeiro do artigo 32 do mesmo diploma legal autoriza expressamente que sejam proferidas sentenças arbitrais parciais, não deixando dúvidas de que o encerramento da disputa pode ocorrer em etapas.[2]

---

1. Em texto anterior à reforma da Lei de Arbitragem, o professor Carlos Alberto Carmona já falava sobre o conceito finalista da sentença arbitral na lei brasileira (CARMONA, Luiz Alberto. Ensaio sobre a sentença arbitral parcial. *Revista Autônoma de Processo*. n. 5. p. 105-110. Curitiba: Juruá, 2008).
2. Não se deve presumir que tal conceito seja o mesmo em todas as jurisdições. A Lei Modelo da Uncitral, por exemplo, identifica a sentença como *uma das formas* de extinguir o processo. O assunto se encontra tratado na literalidade do artigo 32 (1) da Uncitral Model Law – e logo na sequência, no artigo 32 (3), a Lei Modelo explicita que o "mandato do tribunal arbitral se extingue com o encerramento do procedimento arbitral". (Lei Modelo da UNCITRAL sobre Arbitragem Comercial Internacional. Comitê Brasileiro de Arbitragem, [s.d]. Disponível em: https://cbar.org.br/site/wp-content/uploads/2012/05/Lei_Modelo_Uncitral_traduzida_e_revisada_versao_final.pdf. Acesso em: 31 jul. 2022).

2. EQUIPARAÇÃO DA SENTENÇA ARBITRAL À SENTENÇA ESTATAL

O conceito de sentença arbitral é equivalente ao de sentença judicial. A antiga redação contida no Código de Processo Civil de 1973 era literal ao descrever a sentença como "o ato pelo qual o juiz põe termo ao processo, definindo ou não o mérito da causa" (art. 162, § 1º, CPC 73).[3] O novo Código de Processo Civil, de maneira mais precisa, porém mantendo a mesma linha de raciocínio, definiu a sentença como "o pronunciamento por meio do qual o juiz (...) põe fim à fase cognitiva do procedimento comum, bem como extingue a execução". Ou seja, segundo o conceito atual, a sentença judicial põe fim a uma determinada etapa do processo, mas não o encerra como um todo – uma generalização de fato excessiva, como muito bem apontado pela doutrina.[4]

Já a equiparação entre juiz e árbitro é feita pela própria Lei de Arbitragem (art. 18, LArb). Com isso, o legislador equiparou a natureza da sentença judicial a da sentença arbitral: ambas possuem natureza *jurisdicional*. Mais do que isso, consta da literalidade do referido diploma que "a sentença arbitral produz os mesmos efeitos da sentença proferida pelos órgãos do Poder Judiciário", constituindo título que pode ser executado por meio de cumprimento de sentença (art. 31, LArb).

A despeito das equivalências, a sentença arbitral se diferencia profundamente da sentença judicial ao, *de facto*, encerrar a função jurisdicional dos árbitros – pessoas físicas que *momentaneamente* foram investidos com poderes jurisdicionais pelas partes. A sentença judicial encerra apenas uma fase do exercício jurisdicional em um determinado feito, permanecendo o juiz investido de seu cargo.

Contudo, ao contrário da sentença judicial, não cabe recurso contra a sentença arbitral. Ela é *definitiva*, faz coisa julgada: *res iudicata*. Prescinde de homologação para que surtam os seus efeitos (art. 18, LArb). Tais características, na prática, diferenciam o procedimento arbitral do processo judicial: a ausência de meios para recorrer da decisão gera incentivos a uma instrução detalhada e a um maior conhecimento do caso pelas partes e pelos julgadores.[5]

3. ORDEM PROCESSUAL NÃO É SENTENÇA ARBITRAL

No curso de um procedimento arbitral são proferidas decisões que garantem o seu regular prosseguimento. Mesmo que, em alguns casos, essas decisões tenham o condão de encerrar questões procedimentais, ainda assim não são sentenças arbitrais. São as denominadas "ordens processuais", proferidas e ordenadas em sequência numérica crescente ("Ordem Processual 1", "Ordem Processual 2" e assim por diante). As ordens

---

3. Não se ignora que a Lei 11.232/2005 qualificou a sentença como "o ato do juiz que implica alguma das situações previstas nos arts. 267 e 269 desta Lei".
4. O tema é bem elucidado pelo professor Carlos Alberto Carmona no artigo referido anteriormente (CARMONA, Carlos Alberto. Op. cit., p. 105-110).
5. Diversos outros fatores incentivam o tratamento detalhado do feito, destacando-se (i) o fato de os árbitros serem indicados pelas partes, (ii) a disponibilidade de tempo dos julgadores para atuarem no caso e (iii) a importância econômica das disputas submetidas à arbitragem.

processuais equivalem aos despachos e às decisões interlocutórias,[6] contudo, em se tratando de um procedimento arbitral, não há possibilidade de interpor recurso ou de pedir a sua anulação.[7] Dito de outro modo, não cabe recurso ou o ajuizamento de ação anulatória visando desconstituir decisão que, por exemplo, defere ou indefere a produção de prova pericial ou que determina a oitiva de uma testemunha.[8]

Contudo, não basta que um determinado ato seja denominado como "sentença arbitral" ou como "ordem processual" para a sua caracterização. O conteúdo do documento deve ser analisado, servindo como principal critério o encerramento de pedido levado à jurisdição do tribunal arbitral – mesmo que tal pedido se refira à própria ausência de jurisdição do tribunal, como, por exemplo, no caso de uma das partes pedir a extinção da arbitragem sem julgamento do mérito por indevida constituição do tribunal –, hipótese em que se estará diante de uma sentença arbitral.[9]

4. TIPOS DE SENTENÇA ARBITRAL

4.1 Parcial ou final

Uma sentença arbitral é considerada *final*, quando resolve todas, a única ou a última controvérsia objeto da disputa. É igualmente *final* a sentença arbitral que decide pela completa ausência de jurisdição do tribunal arbitral.

---

6. Em artigo sobre a matéria, Letícia Badday, utilizando respeitada doutrina: "c) ordem processual: fala-se em ordem processual quando a determinação provém exclusivamente do árbitro, ou tribunal, ou mesmo da instituição arbitral, como explica Marcos André Franco Montoro: "A ordem processual da arbitragem é um tipo de decisão similar às decisões interlocutórias dos processos judiciais estatais brasileiros, apesar de que, às vezes, as ordens processuais podem ter conteúdo que mais se assemelhe aos despachos. As ordens processuais são as decisões, preferidas na arbitragem, que impulsionam o procedimento, que resolvem as questões processuais etc. Ora, um tipo de questão que pode ser resolvida por meio de uma ordem processual é fixar-se (criar-se) determinada regra procedimental" (BADDAUY, Letícia de Souza. A construção do procedimento arbitral. *Revista Jurídica da Escola*. Superior de Advocacia da OAB/PR, ano 2, n. 3, p. 43-68. Curitiba: OABPR, 2017. Disponível em: http://revistajuridica.esa.oabpr.org.br/wp-content/uploads/2017/12/19122017_revista_esa_5_dezembro_3.pdf. Acesso em: 31 jul. 2022).

7. Há interessantes julgados afirmando a impossibilidade de impetração de mandado de segurança contra atos dos árbitros. O repositório de jurisprudências arbitrais traz uma série de casos neste sentido: "Descabimento de impetração de mandado de segurança contra árbitro. Não equiparação do árbitro a "pessoas naturais no exercício de atribuições do poder público" (Lei 12.019/09, art. 1º, § 1º). Procedimento cabível para exame da nulidade de sentença arbitral é o do art. 33". (RANZOLIN, Ricardo (org.). Comentários à Lei Brasileira de Arbitragem. Arbipedia, Porto Alegre, 2022. Disponível em: https://www.arbipedia.com/conteudo-exclusivo/598-descabimento-DE-impetracao-DE-MANDADO-DE-seguranca-contra-arbitro-nao-equiparacao-do-arbitro-a-pessoas-naturais-no-exercicio-DE-atribuicoes-do-poder-publico-lei-12-019-09-art-1-1-procedimento-cabivel-para-exame-da-nulidade--DE-sentenca-arbitral-e-o-do-art-33.html?highlight=WyJtYW5kYWRvIiwiZGUiLCJnZGUiLCJzZWdlcmFu-XHUwMGU3YSIsIm1hbmRhZG8gZGUiLCJtYW5kYWRvIGRlIHNlZ. Acesso em: 1º de agosto de 2022).

8. Os poderes de condução do procedimento arbitral pelo tribunal arbitral se encontram no artigo 21, § 1º, da Lei de Arbitragem.

9. Vale destacar que a jurisprudência internacional já lidou com o assunto. Em artigo publicado na Global Arbitration Review em 19.10.2021, os barristers Roger ter Haar QC, Crispin Winser QC and Maurice Holmes, trataram do tema e indicaram os principais julgados ingleses sobre a matéria. (TER HAAR, Roger; WINSER, Crispin; HOLMES, Maurice. *Awards*. Global Arbitral Review, 2021. Disponível em: https://globalarbitrationreview.com/guide/the-guide-construction-arbitration/fourth-edition/article/awards. Acesso em: 31 jul. 2022).

A sentença arbitral será *parcial* quando os árbitros resolverem apenas uma parte da disputa sem que a integralidade da controvérsia que lhes foi submetida seja encerrada. É possível, inclusive, que a decisão trate apenas de matéria procedimental como, por exemplo, na situação em que é declarada a validade da cláusula arbitral.

A sentença parcial não se confunde com as decisões cautelares, liminares ou precárias de qualquer natureza por ser uma decisão *definitiva* em relação ao seu objeto. A lei, diga-se, é expressa ao autorizar a ação anulatória e a execução da sentença parcial (art. 33, § 1º, Larb).

Trata-se, em verdade, de uma faculdade potencialmente útil a ser exercida pelo tribunal arbitral.[10] Afinal, em uma disputa de engenharia, por exemplo, é mais racional que primeiro seja definido "se" e "quem" é o culpado por determinada responsabilidade, resolvendo-se esta parte da lide; e, em uma etapa posterior, fixar a quantificação dos danos. Tal fatiamento – ou bifurcação – tem por finalidade poupar recursos das partes. No exemplo colocado acima, caso se entenda que inexiste o dever de indenizar, as partes não precisarão alocar tempo e recursos para quantificação dos danos. Por outro lado, sem a bifurcação, o que ocorreria é que, em um único julgamento, seriam produzidas provas relativas a todos os elementos da responsabilidade contratual, mesmo aquelas relacionadas à etapa de quantificação que, na eventualidade de se verificar a ausência de responsabilidade, sequer seriam necessárias. A utilização de sentenças parciais também facilita a aproximação das partes para a celebração de acordos.

Por outro lado, o uso excessivo de sentenças parciais pode acabar se mostrando não tão benéfico para as partes. Fato é que uma sentença parcial pode importar em sensível atraso ao procedimento na medida em que, na maior parte das vezes, pressupõe uma rodada de alegações finais escritas, além de uma rodada de pedidos de esclarecimentos e do tempo gasto pelo tribunal arbitral com deliberações e com a redação da decisão.[11]

---

10. O artigo de Carlos Alberto Carmona acima referido – clássico sobre a matéria – indica a utilidade do manejo de sentenças arbitrais na prática (CARMONA, Carlos Alberto. Op. cit., p. 112-114).
11. Vale atenção às conclusões de Peter Sester sobre a utilização de sentenças parciais no Brasil: "A bifurcação do processo arbitral é uma decisão complexa, com implicações que vão muito além da eficiente organização do processo. Já a eficiência pode até piorar por causa da bifurcação (e.g. dupla troca de alegações finais e duas vezes o prazo para proferir as sentenças). Também, existe o risco de as próprias partes criarem 'incentivos inversos ou contra produtivos' no contexto da sentença parcial.[38] Além disso, surge o risco da dupla ação anulatória, contra a sentença parcial e a final, e uma impugnação do(s) árbitro(s) no meio do caminho. O risco de causar um tumulto processual é, no Brasil, mais alto do que em outras grandes sedes de arbitragem, porque a nossa ação anulatória (três instâncias e processo comum) é demorada. Todavia, não queremos descartar a utilidade da sentença parcial no Brasil, apenas alertar que a escolha da bifurcação deverá ser pensada com cuidado redobrado. Mesmo com toda a devida diligência, não dá para afastar todos os riscos de impugnação ou anulação. Isto faz parte da vida dos árbitros, especialmente em culturas com alta litigiosidade" (SESTER, Peter. Bifurcação do Procedimento Arbitral – Riscos e Benefícios da Sentença Arbitral Parcial. *Revista Eletrônica da Ordem dos Advogados do Brasil*, Seccional do Rio de Janeiro. 2022. Disponível em: https://revistaeletronica.oabrj.org.br/?artigo=bifurcacao-do-procedimento-arbitral-riscos-e-beneficios-da-sentenca-arbitral-parcial&HTML. Acesso em: 31 jul. 2022).

4.2 Complementar

É caracterizada como "complementar" a sentença arbitral prolatada pelo tribunal arbitral para arrematar uma sentença arbitral que não decidiu "todos os pedidos submetidos à arbitragem" (art. 33, § 4º, LArb). Isso ocorre quando o Poder Judiciário, em sede de anulação de sentença arbitral, declara que a sentença originalmente proferida pelo tribunal é *infra petita*. Nesta hipótese, a jurisdição do tribunal arbitral será estendida para que seja proferida uma decisão complementar.[12] Após a sentença complementar, uma nova rodada de pedidos de esclarecimentos deve ser facultada às partes e, em seguida, começará a correr um novo prazo para (eventual) anulação da sentença arbitral complementar.

4.3 Doméstica ou estrangeira

A Lei de Arbitragem diferencia a sentença arbitral entre doméstica e estrangeira, cada qual com características importantes.

Sentença arbitral doméstica é aquela proferida em território nacional. Serve para tal caracterização o *local* em que a sentença foi proferida, pouco importando a nacionalidade das partes, o local de cumprimento das obrigações contratuais, o local de realização de audiências ou a sede da instituição arbitral responsável pela administração do procedimento.[13] Trata-se de questão *formal*, devendo ser observado o local indicado no instrumento da sentença – e não o local em que os árbitros se encontram no momento de assinatura (muitas vezes virtual) do documento.

A sentença arbitral doméstica deve ser anulada no Poder Judiciário brasileiro (art. 33, LArb) e não requer homologação para que seja executada em território nacional (art. 18, LArb).

Sentença arbitral estrangeira, por outro lado, é aquela proferida fora do território nacional (art. 34, LArb). A anulação da sentença arbitral estrangeira deve ser realizada em sua sede[14] – e, portanto, não no Brasil (Convenção de Nova Iorque, V.1."e"). Para

---

12. Há artigo que denomina a sentença complementar, dada a sua raridade e especificidade, como o "ovo do ornitorrinco". Recomenda-se a leitura do mesmo para fins de aprofundamento da hipótese. (MALUF, Fernando; RODRIGUES, Júlia Teixeira. Sentença Arbitral Complementar: o ovo do ornitorrinco. In: FERREIRA, Olavo Augusto Vianna Alves; LUCON, Paulo Henrique dos Santos (Coord.). *Arbitragem*: 5 anos da Lei 13.129, de 26 de maio de 2015. Ribeirão Preto: *Migalhas*, 2020. p. 299-322).
13. "Isso implica afirmar que, quando proferida fora do território nacional, a sentença arbitral adquire caráter de sentença estrangeira. Pouco importa se as partes possuíam a mesma nacionalidade e que o procedimento arbitral tenha ocorrido em solo brasileiro. Sendo a sentença proferida e assinada em território estrangeiro, mesmo tendo o processo arbitral sido desenvolvido no Brasil, para fins legais, a sentença será sempre considerada estrangeira. A sentença arbitral, contudo, não será reputada estrangeira, se proferida em território brasileiro, ainda que por intermédio de uma instituição que não possua sede no Brasil (CCI, por exemplo), o que, aliás, já foi decidido pelo Superior Tribunal de Justiça ("STJ")". (NUNES, Thiago Marinho. Arbitragem doméstica *vs.* arbitragem internacional. Migalhas, 2019. Disponível em: https://www.migalhas.com.br/coluna/arbitragem-legal/303150/arbitragem-domestica-vs--arbitragem-internacional. Acesso em: 31 jul. 2022).
14. A convenção de Nova Iorque não faz referência expressa ao conceito de "sede" da arbitragem. Diversas legislações nacionais o fazem - excluído o Brasil.

que a sentença estrangeira seja executada no Brasil, ela deve ser homologada perante o Superior Tribunal de Justiça (art. 35, LArb). Tal homologação deve observar o rito contido na Resolução 9 de 04 de maio de 2005 do STJ.

Os critérios para anulação da sentença arbitral doméstica e para não homologação da sentença arbitral estrangeira são parecidos, mas não idênticos. A principal diferença, vale dizer, é a expressa possibilidade de denegação de exequibilidade à sentença estrangeira por ofensa à ordem pública nacional, ao passo que nada é dito a este respeito em relação à sentença doméstica (art. 32, LArb).[15]

4.4 Sentença arbitral homologatória de acordo

É caracterizada como sentença arbitral a decisão que homologa um acordo celebrado entre as Partes. Após homologado, o acordo é caracterizado como um título executivo judicial (art. 28, LArb).[16]-[17] A decisão de homologação deve conter os requisitos constantes do artigo 26 da Lei de Arbitragem.

5. DELIBERAÇÕES

Inexistem regras específicas para guiar a deliberação dos árbitros. A principiologia aplicável ao procedimento deve ser respeitada, assim como a manutenção da independência e da imparcialidade dos julgadores. A despeito de inexistir regras, na prática, os árbitros dedicam horas – senão dias[18] – às deliberações do caso. Via de regra, caberá ao

---

15. O tema será tratado em outro capítulo da obra.
16. Sobre o assunto, Joaquim Muniz ressalta que "a principal vantagem da homologação arbitral do acordo consiste no fato de que, em caso de inadimplemento, a parte prejudicada teria um título executivo judicial, passível de cumprimento de sentença, procedimento mais célere e com hipóteses de impugnação mais restritas do que, por exemplo, a execução judicial de instrumento de transação firmado por duas testemunhas, que configuraria título executivo extrajudicial" (MUNIZ, Joaquim de Paiva. *Curso básico de Direito Arbitral*: teoria e prática. 3. ed. Curitiba: Juruá, 2015. p. 223).
17. Neste sentido: "A sentença homologatória de acordo produz coisa julgada. Somente pode ser questionada por meio de ação de nulidade ou impugnação ao cumprimento de sentença se já houver execução, sem possibilidade de revisão de mérito. Descabimento de ações judiciais a respeito da mesma controvérsia ou a esta relacionadas" (RANZOLIN, Ricardo (Org.). *Arbipedia*. Comentários à Lei Brasileira de Arbitragem. Arbipedia, Porto Alegre, 2022. Disponível em: https://www.arbipedia.com/conteudo-exclusivo/808-a-sentenca-arbitral-homologatoria-de-acordo-produz-coisa-julgada-somente-pode-ser-questionada-por-meio-de-acao-de-nulidade-ou-impugnacao-ao-cumprimento-de-sentenca-se-ja-houver-execucao-sem-possibilidade-de-revisao-de-merito-descabimento-DE-acoes-judiciais-a-respeito-da-mesma-controversia-ou-a-esta-relacionadas.html?highlight=WyJzZW50ZW5cdTAwZTdhIiwiYXJiaXRyYWwiLCJhcmJpdHJhbCciLCJhcmJpdHJhbC1-dcdTIwMWQiLCJhcmJpdpd. Acesso em: 31 jul. 2022).
18. A observação é feita pelo professor Thiago Marinho Nunes: "O processo deliberatório não é simples. Não é uma simples reunião em que o(a) presidente do tribunal arbitral tece a sua opinião acerca dos pontos litigiosos e obtém um automático "de acordo" dos demais componentes do painel. Ao revés: o processo deliberatório é um processo intelectual, com ampla interação entre os árbitros e pode durar horas ou dias, a depender do caso. A intelectualidade do processo de deliberação se justifica pela profundidade das questões normalmente postas a julgamento e na importância de que a sentença seja proferida à unanimidade, o que só se consegue mediante estudo profundo dos autos, autoridade para fazer valer sua posição, saber ouvir opiniões diversas e saber abrir mão de determinadas posições e, mediante harmonia, estabelecer consenso. Tais atos tomam tempo, mas são necessários para a construção do consenso nas deliberações" (NUNES, Thiago Marinho. Os bastidores da ati-

árbitro que está na função de presidente do tribunal arbitral a organização dos trabalhos e a elaboração de minutas.

As deliberações são sigilosas e, na prática, salvo o conteúdo da sentença arbitral em si, nada mais chega ao conhecimento das partes.

6. PRAZO PARA A PROLAÇÃO DE SENTENÇA ARBITRAL

A Lei de Arbitragem estipula que, no silêncio das partes, a sentença arbitral deve ser proferida no prazo de seis meses contados da instituição da arbitragem (ou da substituição do árbitro) (art. 23, LArb). Trata-se de regra raramente utilizada pois, em geral, as instituições arbitrais fixam o prazo para prolação da sentença arbitral em outros termos. Tal solução é mais aconselhável, pois o prazo de seis meses a partir da constituição do tribunal é, na maior parte das vezes, exíguo para analisar e dar solução às complexas disputas que são submetidas à arbitragem.

O artigo 10.1 do regulamento do Centro de Arbitragem e Mediação da Câmara de Comércio Brasil-Canadá ("CAM/CCBC"), por exemplo, determina que o tribunal arbitral possuirá o prazo de sessenta dias contados da apresentação das alegações finais pelas partes para proferir a sentença arbitral, podendo tal prazo ser dilatado pelo presidente do tribunal arbitral por mais trinta dias adicionais. O artigo 10.1 do regulamento de arbitragem da Câmara de Mediação e Arbitragem Empresarial – Brasil ("CAMARB") possui redação semelhante, e autoriza o tribunal arbitral a prorrogar o prazo para que seja proferida a sentença por mais sessenta dias adicionais.

De todo modo, o mero transcurso *in albis* do prazo para que seja proferida a sentença arbitral não é causa suficiente para a sua anulação. O artigo 32, IV, da Lei de Arbitragem estabelece que o prazo de dez dias mencionado no artigo 12, III, precisa ser respeitado para que então possa se cogitar a anulação da sentença. Em outras palavras, transcorrido o prazo legal ou o prazo estipulado pelas partes, deve o tribunal arbitral ser provocado para que, no prazo de dez dias, profira a sentença. Apenas na hipótese de descumprimento deste prazo adicional poderá a parte requerer a nulidade da sentença arbitral.

A Lei de Arbitragem brasileira diverge da prática internacional ao fixar a perda do prazo para prolação da sentença como uma hipótese de anulação. A lei modelo da Uncitral, além de não qualificar isto como uma hipótese de anulação (art. 34.2), é expressa ao determinar que, diante de uma tentativa de anulação por ausência de prolação da sentença, o Poder Judiciário deve dar ao tribunal arbitral a "*oportunidade de encerrar o procedimento arbitral*" (art. 34.4).

A lei brasileira, no entanto, não deve ser tratada como excessivamente rigorosa. Além de o próprio legislador estabelecer o prazo de dez dias para *curar* a entrega da sentença, a lei tinha por objetivo incentivar a condução de procedimentos eficientes. Não

---

vidade do árbitro na fase arbitral: a fase decisória. *Migalhas*, 2020. Disponível em: https://www.migalhas.com.br/coluna/arbitragem-legal/337809/os-bastidores-da-atividade-do-arbitro-na-fase-arbitral--a-fase-decisoria. Acesso em: 31 jul. 2022).

se pode ignorar que a Lei de Arbitragem foi desenvolvida com o intuito de viabilizar e desenvolver o instituto da arbitragem no país.[19] Também não se pode ignorar a existência de jurisprudência defensiva afirmando que a simples perda do prazo de prolação, sem a existência de efetivo prejuízo às partes, não é suficiente para justificar a anulação.[20]

7. REQUISITOS DA SENTENÇA ARBITRAL

É requisito obrigatório da sentença arbitral (i) o relatório, que conterá o nome das partes e um resumo do litígio, (ii) os fundamentos da decisão, onde serão analisadas as questões de fato e de direito, mencionando-se, expressamente, se os árbitros julgaram por equidade, (iii) o dispositivo, em que os árbitros resolverão as questões que lhes foram submetidas e estabelecerão o prazo para o cumprimento da decisão, se for o caso; e (iv) a data e o lugar em que foi proferida (art. 26, LArb).

A sentença deve ser escrita (art. 24, LArb) e estar assinada por todos os árbitros, cabendo ao presidente do Tribunal Arbitral certificar a ausência de assinatura de algum dos árbitros (art. 26, PU, LArb).

8. REMÉDIOS À DISPOSIÇÃO DOS ÁRBITROS

8.1 Tutela específica

Assim como os juízes, os árbitros também possuem poderes para aplicar diferentes remédios jurídicos às disputas que lhes são submetidas. Trata-se de uma consequência da equiparação entre a sentença judicial e a arbitral.[21] A aplicação de tais remédios –

---

19. NEVES, Flávia Bittar. Entrevista com Luiz Alberto Carmona. In: NEVES, Flávia Bittar; NETO, Francisco Maia; MUNIZ, Joaquim de Paiva e RANZOLIN, Ricardo (Coord.). *Memórias do desenvolvimento da Arbitragem no Brasil*. Brasília: OAB, Conselho Federal, 2018. p. 27-58. Livro disponível no link: https://drive.google.com/file/d/15j_4b9zsbrh3a293hSDLM478ZYkLQNrl/view?usp=sharing. Acesso em: 31 jul. 2022.

20. Veja-se: "Impugnação de cumprimento de sentença arbitral. Alegação de que a sentença arbitral foi prolatada fora do prazo e de ilegitimidade ativa quanto à cobrança dos custos da arbitragem, que configuraria excesso de execução. Improcedência da impugnação porque o PRAZO para prolação de sentença arbitral não é peremptório ("é impróprio") e *não houve prejuízo às partes*. Ademais, como a sentença arbitral expressamente estabelece que "deverão ser ressarcidos pelos requeridos [executados] à requerente [exequente]", não há ilegitimidade ativa nem excesso de execução na cobrança dos honorários arbitrais e da taxa de registro". (TJSP, Agravo de Instrumento 2118121-31.2015.8.26.0000, 33ª Câmara de Direito Privado, Des. Relator. Mario A. Silveira, julgado em 29 de junho de 2015. Disponível em: https://www.arbipedia.com/conteudo-exclusivo/2211-impugnacao-de-cumprimento-de-sentenca-ARBITRAL-alegacao-de-que-a-sentenca-ARBITRAL-foi-prolatada-fora-do-PRAZO-e--de-ilegitimidade-ativa-quanto-a-cobranca-dos-custos-da-arbitragem-que-configuraria-excesso-de-execucao--improcedencia-da-impugnacao-porque-o-PRAZO-para-prolacao-de-sentenca-ARBITRAL-nao-e-peremptorio-e-improprio-e-nao-houve-prejuizo-as-partes-ademais-como-a-sentenca-ARBITRAL-expressamente--estabelece-que-deverao-ser-ressarcidos-pelos-requeridos-executados-a-requerente-exequente-nao-ha-ilegitimidade-ativa-nem-excesso-de-execucao-na-cobranca-dos-honorarios-arbitrais-e-da-taxa-de-registro.html?highlight=WyJzZW50ZW5cdTAwZTdhIiwiYXJiaXRyYWwiLCJhcmJpdHJhbCciLCJhcmJpdHJhbC-dcdTIwMWQiLCJhcmJpdHJhbHb. Acesso em: 31 jul. 2022.

21. "The prevailing view is that every remedy that is available in litigation should be available in arbitration as well" (LEW, J. D. M, MISTELLIS, L. A, KROLL, S. M. Comparative International Commercial Arbitration. *Kluwer Law International*, p. 649, 2003).

tema dos mais interessantes, diga-se – é matéria que habita a zona intermediária entre o direito material e o direito processual,[22] amplamente influenciada por práticas nacionais e pela própria tradição de *civil law* em que nos encontramos.[23]

O Código de Processo Civil é explícito ao fixar a *tutela específica* como remédio preferencial no sistema jurídico pátrio, especialmente em relação às prestações de fazer, não fazer e entregar coisa (art. 497 a 501 CPC). Sabe-se, no entanto, que referido diploma não se aplica subsidiária e automaticamente à arbitragem.[24]

A este respeito é importante destacar que o Código de Processo Civil foi elaborado considerando a existência de todo um sistema recursal (inexistente na arbitragem), além de uma estrutura estatal para a administração dos feitos (o Poder Judiciário), estrutura essa que é financiada sobretudo por recursos do contribuinte, normatizada pelo Poder Legislativo[25-26] e dependente do funcionalismo público para a sua gestão – todas características diametralmente opostas à arbitragem.[27] São sistemas independentes.

A preferência do sistema normativo pela aplicação da tutela específica também pode ser extraída pela leitura conjunta dos artigos 395, PU, 401, inciso I, e 947 do Código Civil, valendo destacar o teor desse último, que aduz que "se o devedor não puder cumprir a prestação na espécie ajustada, substituir-se-á pelo seu valor, em moeda corrente".[28]

Aliás, é importante frisar que a tutela específica tende a ser o remédio preferencial nos sistemas de *civil law*, ao passo que os sistemas de *common law* tendem a preferir o sistema indenizatório, que se passará a tratar na sequência.[29] Longe de questões puramente

---

22. O tema é importante inclusive para fins de determinação da lei aplicável, pois a lei aplicável ao mérito pode ser diferente da lei processual aplicável à arbitragem (LEW, J. D. M, MISTELLIS, L. A, KROLL, S. M. Op. cit., p. 649). A análise neste trabalho é focada em arbitragem brasileira.
23. Os professores Lew, Mistellis, Kroll inclusive ressaltam que "various tribunals have ordered specific performance and their decisions have been upheld by state courts also in common law countries" (LEW, J. D. M, MISTELLIS, L. A, KROLL, S. M. Op. cit., p. 650).
24. O tema parece majoritariamente superado no Brasil. Por exemplo, em todas as referências trazidas abaixo, relacionadas à controversa aplicação de honorários sucumbenciais à arbitragem, as obras dos autores aqui referidos partem da premissa da não aplicação subsidiária do CPC à arbitragem.
25. Afinal, o CPC foi elaborado pelo Congresso Nacional, obviamente em contato com a sociedade civil. O processo legislativo, no entanto, é diferente daquele praticado para a arbitragem, o qual, por exemplo, possui a lei modelo da UNCITRAL e a Convenção de Nova Iorque para auxiliar na condução das legislações nacionais. Não se ignora que a lei de arbitragem brasileira foi elaborada seguindo a partir, fundamentalmente, a legislação espanhola.
26. Outro assunto relevante é a importância das *softlaws* – a maioria delas de origem internacional – para a arbitragem, inclusive a doméstica.
27. Sobre o tema vale a leitura de FERRAZ JUNIOR, Tercio Sampaio. Regulamentação Privada ou Pública da Ética: o juiz e o árbitro. *RARB – Revista de Arbitragem e Mediação*, v. 50, jul./set. 2016.
28. O tema é apresentado pela professora Renata Carlos Steiner em duas de suas *newsletters* publicadas no AGIRE | Direito Privado em Ação. (STEINER, Renata Carlos. *Descumprimento contratual: cumprimento específico da obrigação (I)*. Agire. 2022. Disponível em: #8. Descumprimento contratual: cumprimento específico da obrigação (I). Acesso em: 31 jul. 2022 e STEINER, Renata Carlos. *Descumprimento contratual*: cumprimento específico da obrigação (II). Agire. 2022. Disponível em: https://agiredireitoprivado.substack.com/p/agire17. Acesso em: 31 jul. 2022).
29. Vale, no entanto, a interessante observação que diplomas híbridos, negociados por países de ambas as tradições, como a CISG, se esforçam em não adotar um ou outro sistema. Sobre o tema vale a aula de Milena Donato Oliva para o curso de Direito Civil Aplicado: Contratos no Mundo Globalizado, disponível neste link: https://youtu.be/hG3M34sKWiA?t=2914 (OLIVA, Milena Donato. *Contratos no mundo globalizado*. inadimplemento e Término Contratual. Aula 03. YouTube, 21 de Julho de 2022).

teóricas, os remédios jurídicos aplicáveis, na prática, são essenciais ao arbitralista, seja pela frequente *internacionalidade* dos casos, seja pela complexidade das disputas e a necessidade de identificação dos remédios juridicamente adequados e concretamente factíveis ao feito.

8.2 Danos

A tutela indenizatória é utilizada com frequência em arbitragens domésticas brasileiras. É o remédio "natural" em arbitragens internacionais.[30] Na legislação brasileira é aplicável para as responsabilidades contratual e aquiliana (art. 944, CC) e traz solução para uma vasta gama de situações reais, como no frequente caso de disputas de engenharia em que o atraso de uma obra é imputável ao contratante, a quem caberá a indenização dos sobrecustos indiretos do empreiteiro. Igualmente, será conferida uma tutela indenizatória no caso de o credor, por culpa do devedor, "enjeitar" a prestação por perda do seu interesse útil na prestação (art. 395, PU, CC).

A quantificação dos danos é etapa sensível em grande parte das disputas arbitrais, sendo este um importante tema de estudo para profissionais que atuam com contencioso complexo em geral. Afinal de contas, ao mesmo tempo em que o Código Civil estabelece o princípio da indenização integral, também nega a indenização por danos puramente hipotéticos (art. 944, CC). Mais do que isso, a prática contenciosa demonstra a complexidade de cláusulas penais com diferentes naturezas (compensatória, não compensatória ou moratória), além da utilização cada vez mais frequente de cláusulas limitativas ao dever de indenizar.[31]

8.3 Restituição

A tutela indenizatória pode ser distinguida da tutela restituitória na medida em que a primeira serve para "reparar o dano causado" enquanto a outra serve para "restituir o indevidamente subtraído do patrimônio do credor" – tutela típica na hipótese enriquecimento sem causa (art. 884, CC) ou de anulação do negócio jurídico (art. 182, CC).[32]-[33]

8.4 Tutela declaratória

Há muito a doutrina sepultou qualquer dúvida que a sentença arbitral pode ter efeitos condenatórios, constitutivos ou declaratórios. A própria literalidade do artigo

---

30. LEW, J. D. M, MISTELLIS, L. A, KROLL, S. M. Op. cit., p. 651.
31. MARTINS-COSTA, Judith. O árbitro e o cálculo do montante da indenização. In: CARMONA, Alberto; LEMES, Selma Ferreira; MARTINS, Pedro Batista (Coord.). *20 anos da Lei de Arbitragem*. Homenagem a Petrônio Muniz. São Paulo: Atlas, 2017. p.608.
32. MARTINS- COSTA, Judith. Op. cit., p.608.
33. As importantes diferenças entre as tutelas indenizatórias e restitutivas mereceriam muito mais do que um parágrafo. Todavia, atendendo-se aos limites deste trabalho, recomenda-se a leitura da tese de doutorado da professora Renata Carlos Steiner. (STEINER, Renata Carlos. *Interesse Positivo e interesse negativo: a reparação de danos no Direito Privado Brasileiro*. Tese (Doutorado). Faculdade de Direito, Universidade de São Paulo, São Paulo, 2016. Disponível em: https://teses.usp.br/teses/disponiveis/2/2131/tde-20082016-121314/publico/Renata_Carlos_Steiner_INTEGRAL.pdf. Acesso em: 31 jul. 2022).

31 da Lei de Arbitragem, ao fazer a equiparação com a sentença judicial, ressalta que, "sendo condenatória", a sentença arbitral constitui título executivo.

Em dissertação de mestrado sobre o tema, Maurício Morais Tonin assevera, inclusive, que é possível "conferir eficácia executiva à sentença arbitral declaratória, que reconheça a existência de obrigação de fazer, não fazer, entregar coisa ou pagar quantia".[34] O autor faz, no entanto, a importante observação que "para a eficácia executiva plena é imprescindível a sua liquidez", devendo os árbitros determinar o *quantum debeatur* e "evitar o processo judicial de liquidação".[35]

8.5 Adaptação contratual (negocial) e preenchimento de lacunas

Um importante limite à atuação do árbitro é a restrição ao conteúdo normativo objeto da disputa. O artigo 2º da Lei de Arbitragem permite ao árbitro, desde que autorizado pelas partes, resolver a disputa por *equidade*. Trata-se de conceito complexo que em muito supera as finalidades deste capítulo. De maneira simplificada, a decisão por equidade outorga poderes ao árbitro decidir "conforme a sua consciência",[36] segundo um critério mais amplo de "sentimento de justiça".[37]

Não se trata – e essa reserva é essencial – de resolução da disputa de maneira alheia ao direito. Pelo contrário, a utilização da equidade resulta em um "entrelaçamento de uma enorme quantidade de meios de interpretação e de decisão colocada à disposição do árbitro, de critérios variados que poderá utilizar e que lhe pareçam corretos e convenientes para decidir o litígio, ou seja, alargam os poderes do árbitro na maneira de entender o litígio".[38]

O ponto, no entanto, é outro. Se autorizado pelas partes, o árbitro pode decidir fora da letra do contrato e dar soluções intermediárias à disputa.[39] Por outro lado, sem

---

34. TONIN, Maurício Morais. *Eficácia Executiva das Sentenças Declaratórias*. Dissertação (Mestrado em Direito) Faculdade de Direito, Universidade de São Paulo, São Paulo, 2012, p. 128.
35. TONIN, Maurício Morais. Op. cit., p. 128.
36. A expressão é utilizada por Selma Lemes em artigo sobre o tema (LEMES, Selma F. A arbitragem e a Decisão por Equidade no Direito Brasileiro e Comparado. *Arbitragem*: estudos em homenagem ao Prof. Guido Fernando Silva Soares. São Paulo, Atlas, 2007, p. 227).
37. A expressão é conhecida e originada na obra Traité de l'Arbitrage Commercial International de Fouchard, Gaillard e Goldman e é referida por Thiago Marinho Nunes em artigo sobre o tema: "No entanto, é preciso consignar que as partes podem autorizar os árbitros a julgar por equidade, fazendo valer, como ratio decidendi, o sentimento de justiça" (NUNES, Thiago Marinho. Decisão por equidade da arbitragem: impossibilidade de revisão de mérito pelo juiz estatal. *Migalhas*, 2021. Disponível em: https://www.migalhas.com.br/coluna/arbitragem-legal/345995/decisao-por-equidade-da-arbitragem. Acesso em: 31 jul. 2022).
38. LEMES, Selma F. Op. cit., p. 227.
39. A ideia de "solução intermediária" é especialmente útil, pois, muitas vezes, a fase de quantificação de danos é complexa e a decisão por equidade pode ser útil. Trata-se, inclusive, da situação concreta em um caso do Tribunal de Justiça de São Paulo que anulou uma sentença arbitral justamente pelo exercício da equidade pelo tribunal arbitral. O caso foi comentado por Thiago Marinho Nunes em artigo referido anteriormente: NUNES, Thiago Marinho. Decisão por equidade da arbitragem: impossibilidade de revisão de mérito pelo juiz estatal. Migalhas, 2021. Disponível em: https://www.migalhas.com.br/coluna/arbitragem-legal/345995/decisao-por-equidade--da-arbitragem. Acesso em: 31 jul. 2022.

a autorização das partes para que a disputa seja resolvida por *equidade*, o árbitro não pode decidir ignorando o que prevê o contrato e as normas legais aplicáveis.

Efeito de tal assertiva é a ausência de poderes dos árbitros para adaptar o contrato. Tais poderes – negociais, derivados da autonomia da vontade – podem ser exercidos exclusivamente pelas partes. Ao árbitro cabe a aplicação do Direito. Se assim não fizer, estaria proferindo sentença potencialmente passível de anulação nos termos do artigo 32, IV, da Lei de Arbitragem.[40]

Adaptar o contrato, no entanto, é diferente da tutela revisional. Veja-se: a lei civil estabelece hipóteses de revisão contratual (art. 479, CC, por exemplo), as quais não representam uma adaptação pura e simples do pacto, mas a aplicação do direito pátrio, um *exercício jurisdicional* às mãos do árbitro – a ser exercido com cautela e nos estritos limites da lei, evitando-se violação ao artigo 2º da Lei de Arbitragem.

Tratamento similar deve ser conferido ao preenchimento de lacunas contratuais. Em obra sobre o assunto, Guilherme Carneiro Nietzsche diferencia as lacunas contratuais verdadeiras daquelas que não passam de "pseudo" lacunas. De maneira resumida, seriam lacunas verdadeiras apenas aquelas que, concomitantemente, (i) não foram especificamente tratadas pelas partes na disciplina contratual – hipótese frequente – e (ii) a lei não dá tratamento por meio de normas específicas ou por soluções derivadas de princípios mais amplos – daí a raridade na efetiva concretização de lacunas verdadeiras.

Nas hipóteses de efetiva lacuna contratual, o referido professor afirma que a construção da regra deve perpassar um método de "*compatibilidade*" das soluções apresentadas pelas partes ao considerar o "*contexto verbal*", o "*contexto situacional*" e o "*fim do negócio*".[41]-[42] É, por exemplo, a hipótese do arbitramento do preço no contrato de prestação de serviços, para a qual a lei outorga uma considerável discricionariedade ao julgador fixar o valor, atendidos determinados critérios (art. 596 CC). A pergunta, no entanto, segue: estaria o árbitro criando um direito ao preencher tal lacuna, ou tratar-se-ia de mera construção do direito posto no caso concreto a partir de derivações de normas mais amplas e com o apoio no próprio artigo 19 da Lei de Arbitragem, que equipara a sentença arbitral à estatal? A pergunta é interessante e a resposta parece segura.

Acreditamos tratar-se da segunda hipótese. Ao preencher lacunas legais ou contratuais, o árbitro não "cria" o Direito. Ele deriva regras abstratas para aplicação concreta segundo a lógica normativa aplicável ao mérito da disputa. Em outras palavras, realiza típico exercício *jurisdicional* – e, de forma alguma, legisla ou constrói novas obrigações. A situação, no entanto, é sensível. Os limites não podem se perder: o conteúdo contratual

---

40. O tema é sensível, pois a situação, no mais das vezes, configuraria má-aplicação do Direito, que, como se sabe, não é hipótese de anulação da sentença arbitral.
41. NITSCHKE, Guilherme Carneiro. *Lacunas Contratuais e Interpretação*: história, conceito e método. São Paulo: Quartier Latin, 2019.
42. O autor tratou do tema em aula ministrada no curso de Direito Civil Aplicado: Contratos no Mundo Globalizado (Interpretação e integração contratual): disponível neste *link*: https://www.youtube.com/watch?v=Jn1cCgHb-J5I&t (NITSCHKE, Guilherme Carneiro. *Contratos no mundo globalizado*. Interpretação e integração. Aula 02. YouTube, 19 jul. 2022).

não deve ser alterado pelo árbitro, tampouco normas legais podem ser afastadas sob pena de possível violação ao artigo 32, IV, da Lei de Arbitragem.

8.6 Atualização monetária

A correção monetária é assunto da maior importância em disputas nacionais. Em arbitragens internacionais o tema é relegado a segundo plano – situação que pode vir a mudar com a recente escalada inflacionária a nível global desde o início da pandemia da Covid-19. O artigo 78 da Convenção das Nações Unidas sobre Contratos de Compra e Venda Internacional de Mercadorias ("Convenção de Viena"), por exemplo, trata sob a única denominação de "*interests*" tanto temas de juros quanto de correção monetária. Situação equivalente é encontrada nos Princípios Unidroit Relativos aos Contratos Comerciais Internacionais ("Princípios Unidroit").[43]

A atualização monetária tem por finalidade recompor a perda de poder aquisitivo da própria moeda. Serve, portanto, para garantir que a obrigação seja paga no valor correto, a despeito do distanciamento temporal entre a precificação da obrigação e o efetivo pagamento. Trata-se de um conceito de simples compreensão aos operadores do direito brasileiro.

A correção monetária é medida por índices, normalmente oficiais.[44]-[45] Cada índice segue uma metodologia de acompanhamento da inflação: o Índice Nacional de Preços ao Consumidor Amplo (IPC-A), medido pelo IBGE, acompanha o valor dos itens de consumo de famílias entre 1 e 40 salários mínimos em treze capitais brasileiras; já o Índice Geral de Preços do Mercado (IGP-M), medido pela Fundação Getúlio Vargas, é um "índice de índices" composto pelo IPCA, pelo Índice Nacional da Construção Civil (INCC), e o pelo Índice de Preços ao Produtor Amplo (IPA), esses dois últimos também medidos pela Fundação Getúlio Vargas.

A consequência de cada índice ser composto por uma determinada "carteira de bens e serviços" é que eles podem variar sensivelmente entre si – como visto no decorrer da pandemia, quando os índices IPA, INCC e, por conseguinte, IGP-M foram largamente influenciados pelo aumento de custos atrelados às cadeias globais de valor e ao aumento do dólar, enquanto o IPC-A foi afetado de maneira menos direta.

---

43. *Article 7.4.9* (*Imputation of payments*) (UNIDROIT Principles of International Commercial Contracts 2016. Disponível em: https://www.unidroit.org/wp-content/uploads/2021/06/Unidroit-Principles-2016-English-bl.pdf. Acesso em: 17 abr. 2023).
44. Os índices de preços podem diferir de várias maneiras. Por exemplo, é possível ter índices de preços ao consumidor, índices de preços ao produtor, índices de custos de produção etc., a depender do objetivo. (Índice de preços. Banco Central, Disponível em: https://www.bcb.gov.br/controleinflacao/indicepreco. Acesso em: 31 jul. 2022).
45. Vale pontuar ainda que, de acordo com o artigo 2º da Lei 10.192/2001, um índice pode ser composto de qualquer coisa, o que abre um leque infindável de potenciais formas de correção monetária a diferentes indústrias e em diferentes contratos, o que garantiria, sob o aspecto teórico, correção mais precisa do que pela utilização de índices gerais de correção. É o caso do IVAR, índice criado recentemente pela Fundação Getúlio Vargas para medir a variação dos aluguéis residenciais em quatro principais cidades brasileiras (São Paulo, Rio de Janeiro, Belo Horizonte e Porto Alegre).

De todo jeito, os poderes dos árbitros para a determinação de atualização monetária são incontroversos,[46] ficando os julgadores atrelados ao índice de correção estabelecido no contrato. Apenas no caso de silêncio, devem os árbitros, à luz do caso concreto, determinar o índice aplicável.

8.7 Juros

Inexiste consenso na arbitragem internacional sobre a aplicação de juros. As soluções são aplicadas segundo as leis locais, que variam consideravelmente.[47] No Brasil os juros podem ter natureza remuneratória ou moratória – tema de grande importância prática. Juros remuneratórios são aqueles que servem ao custeio pela utilização de capital de terceiro: são, por exemplo, os juros incidentes sobre um Certificado de Recebível do Agronegócio – CRA emitido por uma usina sucroalcooleira. Juros moratórios são aqueles a serem pagos no caso de mora no cumprimento de uma obrigação.

Assim como ocorre com a correção monetária, os árbitros também estão vinculados aos índices de juros fixados pelas partes no instrumento contratual. Mas há considerável controvérsia sobre os juros moratórios aplicáveis no caso de silêncio das partes. O artigo 406 do Código Civil estabelece que, na ausência de índice, deve ser fixada "a taxa que estiver em vigor para a mora do pagamento de impostos devidos à Fazenda Nacional".

Nesse sentido, vale dizer que há julgamento pendente no Superior Tribunal de Justiça sobre a matéria.[48] Historicamente, referida Corte aplica a Selic como uma taxa híbrida de juros e de correção monetária –[49] muito embora tenham se avolumado as críticas no sentido de a taxa Selic ser uma taxa referencial de juros e desconsiderar correção monetária em seu conceito –[50] muito embora, sim, a taxa Selic tenha por finalidade controlar a inflação e a deflação. Diversos tribunais estaduais, por outro lado, utilizam uma taxa de juros de 1% ao mês a partir da vigência do Código Civil (e 0,5% ao mês para o período anterior) em suas calculadoras oficiais.

---

46. Em trabalho de organização de doutrina e jurisprudência denominado Arbipedia, Ricardo Ranzolin identifica que há, inclusive, julgado no sentido de que correção monetária e juros são devidos mesmo quando a sentença arbitral é omissa sobre o tema: "correção monetária, juros e multa são devidos mesmo quando omissa a sentença arbitral. Correção desde o desembolso, Juros desde a prolação da sentença" (TJSP, Agravo de Instrumento 0030082-34.2011.8.26.0000, 8ª Câmara de Direito Privado, Des. Relator. Ribeiro da Silva, julgado em 24 de agosto de 2011. Disponível em: https://www.arbipedia.com/conteudo-exclusivo/1394-correcao-monetaria--juros-e-multa-sao-devidos-mesmo-quando-omissa-a-sentenca-arbitral-correcao-desde-o-desembolso-juros-desde-a-prolacao-da-sentenca.html?highlight=WyJqdXJvcyIsImNvcnJlXHUwMGU3XHUwMGUzbyIsIm1vbmV0YXJpYSIsImNvcnJlY2FvIG1vbmV0YXJpYSJd. Acesso em: 31 jul. 2022).
47. LEW, J. D. M, MISTELLIS, L. A, KROLL, S. M. Op. cit., p. 656.
48. STJ, REsp 1.081.149/RS, Quarta Turma, Relator Ministro Luis Felipe Salomão e STJ, REsp 1.795.982/SP, Corte Especial, Relator Ministro Luis Felipe Salomão.
49. STJ, REsp 1.102.552/CE, Primeira Turma, Relator Min. Teori Albino Zavascki, Disponibilizado no Diário Oficial em 06 de abril de 2009.
50. O tema foi, inclusive, abordado pela professora Renata Steiner em webinar realizado pelo IBERC – Instituto Brasileiro de Estudos de Responsabilidade Civil realizado em 25 de março de 2021 e disponível neste link: https://www.youtube.com/watch?v=rhgHft1FuFg&t (STEINER, Renata Carlos. *Webinar IBERC #23*. Qual é a Taxa de Juros Legal no Direito Brasileiro? YouTube, 25 mar. 2021).

9. ALOCAÇÃO DA RESPONSABILIDADE DECORRENTE DA SUCUMBÊNCIA NO PROCEDIMENTO

A Lei de Arbitragem não é expressa ao incorporar o princípio da sucumbência em seu texto.[51] Ela não fixa honorários sucumbenciais como o Código de Processo Civil faz em seus artigos 85 e seguintes. Por outro lado, como se passa a ver, a lei e os principais regulamentos de arbitragem abrem espaço para que os árbitros façam a alocação dos custos da arbitragem entre as partes, o que, na prática, chega a ser semelhante ao regramento contido no CPC, mas com pontos de importante divergência.[52]

9.1 Custas e despesas

Consta do artigo 27 da Lei de Arbitragem que "a sentença arbitral decidirá sobre a responsabilidade das partes acerca das custas e despesas com a arbitragem". Referido artigo faz a importante ressalva de que eventuais acordos na convenção de arbitragem, aí incluído o termo de arbitragem e o regulamento da instituição arbitral, precisam ser respeitados.

Veja-se, a este respeito, o artigo 10.4.1 do regulamento de arbitragem da CCBC, o qual, em linha com a previsão legal, estabelece que constará da sentença o *"rateio"* dos "custos administrativos, honorários de árbitros, despesas, e honorários advocatícios".[53] Trata-se, no silêncio das partes, de decisão *discricionária* do tribunal arbitral, a qual levará em conta a "proporção de sucumbência de cada um",[54] inexistindo fórmula matemática a estabelecer percentuais rígidos.[55]

---

51. Na opinião de Carlos Alberto Carmona, trazida por Aprigliano, tal referência seria *"desnecessária, diga-se"* (APRIGLIANO, Ricardo de Carvalho. Alocação de custas e despesas e a condenação em honorários advocatícios sucumbenciais em arbitragem. In: CARMONA, Carlos Alberto; LEMES, Selma Ferreira; MARTINS, Pedro Batista (Coord.). *20 anos da Lei de Arbitragem*. Homenagem a Petrônio Muniz. São Paulo: Atlas, 2017. p.679).
52. Trata-se, no ponto de vista de Joaquim Muniz "costumeiro na cultura arbitral" (MUNIZ, Joaquim de Paiva. *Curso básico de Direito Arbitral*: teoria e prática. 3. ed. Curitiba: Juruá, 2015. p. 221).
53. Há interessante precedente do Tribunal de Justiça de São Paulo em que não apenas a distribuição das custas e despesas foi permitida como também foram fixados "honorários advocatícios de 10%". O acórdão, inclusive, autorizou que a instituição arbitral executasse os valores em seu favor a despeito de concessão de gratuidade de justiça, na impugnação ao cumprimento de sentença, à parte perdedora na arbitragem: "Execução dos honorários em favor de Instituição Arbitral conferidos em sentença arbitral. Concessão do benefício da justiça gratuita, em sede de impugnação judicial ao seu cumprimento, que não isenta parte vencida na arbitragem de arcar com as custas e despesas daquele procedimento. Questão acobertada pela coisa julgada arbitral" (TJSP, Agravo de instrumento 2055956-06.2019.8.26.0000, 28ª Câmara de Direito Privado, Des. Relator Dimas Rubens Fonseca, julgado em 08 de maio de 2019. Disponível em: https://www.arbipedia.com/conteudo-exclusivo/6648-execucao-dos-honorarios-em-favor-de-instituicao-arbitral-conferidos-em-sentenca-arbitral-concessao-do-beneficio-da-justica-gratuita-em-sede-de-impugnacao-judicial-ao-seu-cumprimento-que-nao-isenta-a-parte-vencida-na-arbitragem-de--arcar-com-as-CUSTAS-e-DESPESAS-daquele-procedimento-questao-acobertada-pela-coisa-julgada-arbitral.html?highlight=WyJjdXN0YXMiLCJkZXNwZXNhcyJd. Acesso em: 31 jul. 2022).
54. Ricardo Aprigliano analisou o banco de sentenças arbitrais organizados pelo Comitê Brasileiro de Arbitragem e concluiu que "observa-se que o critério mais utilizado nas decisões é o da partilha de responsabilidade pelas custas e despesas do processo arbitral entre as partes, na proporção da sucumbência de cada um" (APRIGLIANO, Ricardo de Carvalho. Op. cit. p. 674).
55. Joaquim Muniz qualifica, acompanhado de outros, tratar-se de decisão "balizando-se por critérios de proporcionalidade, razoabilidade e equidade" (MUNIZ, Joaquim de Paiva. Op. cit. p. 221).

9.2 Litigância de má-fé

O artigo 27 da Lei de Arbitragem também autoriza o tribunal arbitral a fixar "verba decorrente de litigância de má-fé". Mas, ao contrário do Código de Processo Civil, não fixa critérios ou valores para a sua mensuração. Considerando que, conforme disposto acima, o Código de Processo Civil não se aplica subsidiária e automaticamente à arbitragem, a solução deve ser construída a partir da principiologia e características próprias da arbitragem.[56]

A primeira pergunta que se faz é se o tribunal arbitral poderia fixar um valor independente para a litigância de má-fé, assim como faz o CPC: 1 a 10% do valor da causa (art. 81, CPC). Uma *"punição"* – o valor não possui uma relação direta com os danos sofridas pela parte inocente – à parte pela postura indevida na condução do procedimento arbitral. Veja-se que a situação é sensível, pois de um lado inexiste diploma normativo a fixar tal "punição" (a Lei de Arbitragem é silente sobre o tema) e o Código Civil não autoriza danos punitivos contra o devedor (art. 944, CC).

Quer dizer que, como argumentado acima no tocante às lacunas contratuais, o preenchimento da lacuna contida no artigo 27 da Lei de Arbitragem deverá ser realizada de maneira a não "criar" novos direitos – ou "alterar" direitos postos.

Daí a solução preferencial da *alocação dos custos e despesas* em desfavor da parte que agiu de maneira desleal.[57] Há um exemplo, amplamente comentado em aulas e eventos, cuja formalização em textos é desconhecida a estes autores, que bem elucida o tratamento da litigância em arbitragem. Em um procedimento multimilionário a parte requerida se negou a pagar as custas do procedimento por entender que os pedidos do requerente seriam risíveis. O requerente foi obrigado a financiar a integralidade do procedimento e, de fato, sucumbiu. O tribunal, no entanto, entendeu que a postura de se negar ao pagamento das despesas processuais por conta da qualidade das teses da parte contrária não era legítima, aplicou a penalidade de litigância de má-fé e determinou que a requerida arcasse com a integralidade dos custos do procedimento – invertendo, assim, a lógica sucumbencial por conta da referida atitude e evitando a criação de uma verba punitiva autônoma, sem previsão legal expressa.[58]

---

56. As quais, diga-se, podem levar à mesma solução contida no *codice* – não sendo esta a hipótese que se passa a tratar.
57. Trata-se de solução em linha com os artigos 26 e 27 da IBA Guidelines on Party Representation in International Arbitration (IBA Guidelines on Party Representation in International Arbitration. International Bar Association, 2013. Disponível em: https://www.ibanet.org/MediaHandler?id=6F0C57D7-E7A0-43AF-B76E-714D9FE-74D7F. Acesso em: 31 jul. 2022).
58. Veja-se que o exemplo reflete, inclusive, a prática internacional que considera a conduta das partes na alocação dos custos: "In any event, in allocating legal costs the arbitration tribunal will take into account any prior agreement between the parties *as well as their behaviour during the proceedings*" (LEW, J. D. M, MISTELLIS, L. A, KROLL, S. M. Op. cit., p. 655).

9.3 Honorários advocatícios

9.3.1 Contratuais

A Lei de Arbitragem não é expressa quanto aos poderes do árbitro para determinar o ressarcimento de honorários contratuais celebrados entre as partes e seus advogados. A questão não apresenta maiores dificuldades uma vez que o Código Civil, ao fixar os efeitos da mora no artigo 389, é expresso ao acrescer os *"honorários de advogado"* às verbas devidas ao credor. O mesmo regramento é encontrado nos artigos 395, 404 e 418 do referido diploma legal. Não se trata aqui de sucumbência,[59] mas de verba indenizatória cujo objetivo é que "a parte vencedora seja restabelecida ao seu status quo ante".[60]

Quer dizer que, via de regra, em uma disputa sujeita à aplicação do direito brasileiro, inexistem dúvidas quanto à possibilidade de os árbitros fixarem verba indenizatória *razoável* relativa a honorários contratuais. Sobre o assunto, Ricardo Aprigliano faz a importante observação que "o tribunal deverá exigir a demonstração dos termos da contratação antes de proferir a decisão",[61] podendo *"adequar a verba a parâmetros razoáveis"*[62] – denotando, ao lado de outros doutrinadores,[63] a discricionariedade dos julgadores na fixação do valor dos honorários.

9.3.2 Sucumbenciais

Situação diversa ocorre em relação aos honorários sucumbenciais. Inexiste regramento no Código Civil a lhes dar suporte. Existe, por outro lado, o regramento contido no Código de Processo Civil, que, como visto, não se aplica subsidiariamente à arbitragem.

O primeiro questionamento é sobre a legalidade de sua estipulação pelas partes na própria cláusula arbitral – ou mais frequentemente no termo de arbitragem. Trata-se de derivação do princípio da legalidade, segundo o qual "ninguém será obrigado a fazer ou deixar de fazer alguma coisa senão em virtude de lei".[64] A lei não restringe a contratação de honorários sucumbenciais.

Há, no entanto, itens de necessária atenção. O principal deles diz respeito aos poderes do advogado para negociar, sem a expressa autorização do cliente, obrigação que estabeleça honorários sucumbenciais, situação frequente na celebração do termo

---

59. Relembrando-se que os honorários sucumbenciais são dirigidos aos próprios patronos da causa e não à parte.
60. MUNIZ, Joaquim de Paiva. Op. cit., p. 222.
61. Joaquim Muniz apresenta uma importante observação: "De qualquer maneira, para ter direito a esse reembolso, a parte deverá comprovar sua contratação de honorários, não podendo os honorários, entretanto, requerer informações que possam violar o sigilo profissional, tais como cópias de relatórios dos serviços prestados à parte com nível abusivo de detalhamento" (MUNIZ, Joaquim de Paiva. Op. cit., p. 222).
62. APRIGLIANO, Ricardo de Carvalho. Op. cit. p. 685.
63. Joaquim Muniz afirma que "a prática internacional, muitas vezes abraçada pelas regras arbitrais de entidades domésticas, consiste em condenar a parte vencida a reembolsar a parte vencedora das despesas razoavelmente incorridas com os advogados da causa" (MUNIZ, Joaquim de Paiva. Op. cit., p. 222).
64. Artigo 5º, inciso II, da Constituição Federal (BRASIL. Constituição (1988). Constituição da República Federativa do Brasil. Brasília, DF: Senado Federal: Centro Gráfico, 1988).

de arbitragem. E a razão é simples: trata-se de hipótese de *conflito de interesse* entre o procurador e a parte representada. Afinal, se ganhar a causa, o advogado é beneficiado pelos honorários sucumbenciais; se perder, o cliente arca com o ônus – *i.e.*, o advogado não assume qualquer risco, apenas o cliente. Assim, para que o advogado possa incluir a possibilidade de honorários sucumbenciais em arbitragem são necessários poderes específicos,[65] sob pena de necessidade de *"ratificação"* pelo mandante (art. 665 CC).[66]

O segundo questionamento é mais sensível. E se as partes não fixarem a aplicação de honorários sucumbenciais, poderia o tribunal arbitral fazê-lo? O artigo 22 do Estatuto da Ordem dos Advogados do Brasil (Lei 8.906/94) parece fornecer um argumento em favor ao estabelecer que "a prestação de serviço profissional assegura aos inscritos na OAB o direito aos honorários convencionados, aos fixados por arbitramento judicial e aos de sucumbência", o que garantiria aos advogados brasileiros o direito à sucumbência.

Esta posição é sustentada por juristas como Cândido Rangel Dinamarco, Carlos Alberto Carmona e Ricardo Aprigliano.[67-68]

Entretanto, não é a única. A posição contrária foi exposta, poucas páginas antes, na mesma obra em que Ricardo Aprigliano publicou o artigo acima referido. A não aplicação é defendida por José Roberto Castro Neves, que utiliza como premissa o fato de que, na sua opinião, os honorários sucumbenciais não possuem mera natureza indenizatória, mas efeitos *"punitivos"*, representando, em suas palavras, verdadeira *"sanção"*. Daí decorreria a necessidade de previsão legal expressa – inexistente na Lei de Arbitragem – ou de contratação específica pelas partes, recomendando, nesta hipótese, a "identificação de critérios concretos" à sua aplicação.[69]

Há, na esteira do argumento, a constatação de que o Estatuto da Ordem dos Advogados do Brasil não determina que os advogados brasileiros recebam honorários

---

65. Tem-se notícias que a prática de se requerer poderes específicos para a contratação de honorários sucumbenciais no termo de arbitragem teve início na Câmara de Comércio Internacional – CCI, tendo, nos últimos anos, se espalhado para instituições brasileiras.
66. Outra questão que merece atenção é o fato de se tratarem os honorários sucumbenciais de uma prática brasileira, não muito comum na prática internacional.
67. As posições de Cândido Rangel Dinamarco e Carlos Alberto Carmona são resumidas por Ricardo Aprigliano, que concorda com os poderes dos árbitros para fixar honorários sucumbenciais, mas entende que os critérios não devem ser aqueles estabelecidos no código de processo civil: "A explicação para a alocação de honorários advocatícios sucumbenciais nos processos arbitrais em parâmetros estranhos ao CPC é mais técnica e mais simples. Não há a automática aplicação daqueles parâmetros às sentenças arbitrais. O sistema dos honorários sucumbenciais no processo arbitral é, em certa medida, próprio". (APRIGLIANO, Ricardo de Carvalho. Op. cit., p. 685-687).
68. O próprio Aprigliano traz a posição de Rodrigo Garcia da Fonseca sobre o tema: "o autor não considera aplicável diretamente o dispositivo do CPC acerca dos honorários de sucumbência, 'mas na ausência de pacto específico entre as partes, tais normas podem vir a ser utilizadas como parâmetro analógico pelos árbitros, se estes assim entenderem razoável no caso concreto'". O trecho é interessante pela utilização análoga – mas não subsidiária – do CPC e por reforçar os poderes dos árbitros fixarem o montante "razoavelmente". A despeito de não se concordar com o posicionamento do autor a rica construção do raciocínio merece atenção (APRIGLIANO, Ricardo de Carvalho. Op. cit., p. 685).
69. CASTRO NEVES, José Roberto de. Os Honorários de Advocatícios de Sucumbência na Arbitragem. In: CARMONA, Alberto; LEMES, Selma Ferreira; MARTINS, Pedro Batista (Coord.). *20 anos da Lei de Arbitragem.* Homenagem a Petrônio Muniz. São Paulo: Atlas, 2017. p. 643.

sucumbenciais. O Estatuto, pelo contrário, apenas elenca esta como uma das verbas devidas à classe, verba a qual pertence exclusivamente ao advogado. Não se extrai do texto a sua *obrigatoriedade*.

Embora se trate, sobretudo, de análise a ser realizada em concreto, caso a caso, não se pode ignorar que a Lei de Arbitragem e o Código Civil nada dispõem a esse respeito, e que referido ônus representa, inclusive, valor expressivo a ser arcado pelas partes. Mais do que isso, vale destacar que a arbitragem é um instituto de origem supranacional, não sendo praticados, no âmbito internacional, os honorários sucumbenciais.[70]

De fato, os honorários de sucumbência são uma importante verba para o advogado brasileiro. Fazem parte da cultura jurídica do país. Estes elementos, no entanto, não passam de inércia a ser supcrada pela construção, pouco a pouco, da arbitragem como um sistema com lógica e principiologia próprias. Assim, diante da ausência de regramento específico e do fato de não se tratar de verba indenizatória, se conclui pela ausência de poderes dos árbitros para estabelecerem, no silêncio das partes, honorários sucumbenciais.

BIBLIOGRAFIA E JULGADOS SELECIONADOS

APRIGLIANO, Ricardo de Carvalho. Alocação de custas e despesas e a condenação em honorários advocatícios sucumbenciais em arbitragem. In: CARMONA, Carlos Alberto; LEMES, Selma Ferreira; MARTINS, Pedro Batista (Coord.). *20 anos da Lei de Arbitragem*. Homenagem a Petrônio Muniz. São Paulo: Atlas, 2017.

BADDAUY, Letícia de Souza. A construção do procedimento arbitral. *Revista Jurídica da Escola Superior de Advocacia da OAB/PR*, ano 2, n. 3, p. 43-68. Curitiba: OABPR, 2017. Disponível em: http://revista-juridica.esa.oabpr.org.br/wp-content/uploads/2017/12/19122017_revista_esa_5_dezembro_3.pdf. Acesso em: 31 jul. 2022.

BRASIL. Constituição (1988). Constituição da República Federativa do Brasil. Brasília, DF: Senado Federal: Centro Gráfico, 1988.

CASTRO NEVES, José Roberto de. Os Honorários de Advocatícios de Sucumbência na Arbitragem. In: CARMONA, Alberto; LEMES, Selma Ferreira; MARTINS, Pedro Batista (Coord.). *20 anos da Lei de Arbitragem*. Homenagem a Petrônio Muniz. São Paulo: Atlas, 2017.

CARMONA, Luiz Alberto. Ensaio sobre a sentença arbitral parcial. *Revista Autônoma de Processo* n. 5, p. 105-110. Curitiba: Juruá, 2008.

---

70. Há, inclusive, jurisprudência afirmando a impossibilidade de revisão da decisão sobre honorários de sucumbência pelo Poder Judiciário, veja-se: "O reclamo contra a condenação em honorários de sucumbência não se subsume às hipóteses de nulidade previstas, vez que não se vislumbra julgamento fora dos limites da convenção de arbitragem. Impossibilidade de reapreciação do mérito e das provas produzidas no procedimento arbitral" (TJSP, Apelação 0030242-71.2012.8.26.0114, 30ª Câmara de Direito Privado, Rel. Desembargador Orlando Pistoresi, julgado em 16 de abril de 2014. Disponível em: https://www.arbipedia.com/conteudo-exclusivo/2279-o-reclamo-contra-a-condenacao-em-honorarios-DE-SUCUMBENCIA-nao-se-subsume-as-hipoteses-DE-nulidade-previstas-vez-que-nao-se-vislumbra-julgamento-fora-dos-limites-da-convencao-DE-arbitragem-impossibilidade-DE-reapreciacao-do-merito-e-das-provas-produzidas-no-procedimento-arbitral.html?highlight=WyJob25vclx1MDBlMXJpb3MiLCJkZSIsIidkZSIsInN1Y3VtYmVuY2lhIiwiaG9ub3Jhcmlvcy BkZSIsImhvbm9yYXJpb3Jpb3MiXSJpb3Jpb3Mi. Acesso em: 31 jul. 2022).

FERRAZ JUNIOR, Tercio Sampaio. Regulamentação Privada ou Pública da Ética: o juiz e o árbitro. *RARB – Revista de Arbitragem e Mediação*, v. 50, jul./set. 2016.

IBA Guidelines on Party Representation in International Arbitration. International Bar Association, 2013. Disponível em: https://www.ibanet.org/MediaHandler?id=6F0C57D7-E7A0-43AF-B76E-714D9FE-74D7F. Acesso em: 31 jul. 2022.

LEI MODELO DA UNCITRAL sobre Arbitragem Comercial Internacional. Comitê Brasileiro de Arbitragem, [s.d]. Disponível em: https://cbar.org.br/site/wp-content/uploads/2012/05/Lei_Modelo_Uncitral_traduzida_e_revisada_versao_final.pdf. Acesso em: 31 jul. 2022.

LEMES, Selma F. A arbitragem e a Decisão por Equidade no Direito Brasileiro e Comparado *Arbitragem*: estudos em homenagem ao Prof. Guido Fernando Silva Soares. São Paulo: Atlas, 2007.

LEW, J. D. M, MISTELLIS, L. A, KROLL, S. M. Comparative International Commercial Arbitration. *Kluwer Law International*, p. 649. 2003.

MALUF, Fernando; RODRIGUES, Júlia Teixeira. Sentença Arbitral Complementar: o ovo do ornitorrinco. In: FERREIRA, Olavo Augusto Vianna Alves; LUCON, Paulo Henrique dos Santos (Coord.). *Arbitragem*: 5 anos da Lei 13.129, de 26 de maio de 2015. Ribeirão Preto: Migalhas, 2020.

MARTINS-COSTA, Judith. O árbitro e o cálculo do montante da indenização. In: CARMONA, Alberto; LEMES, Selma Ferreira; MARTINS, Pedro Batista (Coord.). *20 anos da Lei de Arbitragem*. Homenagem a Petrônio Muniz. São Paulo: Atlas, 2017.

MUNIZ, Joaquim de Paiva. *Curso básico de Direito Arbitral*: teoria e prática. 3. ed. Curitiba: Juruá, 2015.

NEVES, Flávia Bittar. Entrevista com Luiz Alberto Carmona. In: NEVES, Flávia Bittar; NETO, Francisco Maia; MUNIZ, Joaquim de Paiva e RANZOLIN, Ricardo (Coord.). *Memórias do desenvolvimento da Arbitragem no Brasil*. Brasília: OAB, Conselho Federal, 2018. p. 27-58. Livro disponível no link: https://drive.google.com/file/d/15j_4b9zsbrh3a293hSDLM478ZYkLQNrl/view?usp=sharing. Acesso em: 31 jul. 2022.

NUNES, Thiago Marinho. Decisão por equidade da arbitragem: impossibilidade de revisão de mérito pelo juiz estatal. *Migalhas*, 2021. Disponível em: https://www.migalhas.com.br/coluna/arbitragem-legal/345995/decisao-por-equidade-da-arbitragem. Acesso em: 31 jul. 2022.

NUNES, Thiago Marinho. Decisão por equidade da arbitragem: impossibilidade de revisão de mérito pelo juiz estatal. *Migalhas*, 2021. Disponível em: https://www.migalhas.com.br/coluna/arbitragem-legal/345995/decisao-por-equidade-da-arbitragem. Acesso em: 31 jul. 2022.

NUNES, Thiago Marinho. Arbitragem doméstica *vs.* arbitragem internacional. *Migalhas*, 2019. Disponível em: https://www.migalhas.com.br/coluna/arbitragem-legal/303150/arbitragem-domestica-vs--arbitragem-internacional. Acesso em: 31 jul. 2022.

OLIVA, Milena Donato. *Contratos no mundo globalizado*. Inadimplemento e término contratual. Aula 03. YouTube, 21 jul. 2022.

RANZOLIN, Ricardo (Org.). *Arbipedia*. Comentários à Lei Brasileira de Arbitragem. Arbipedia: Porto Alegre, 2022.

SESTER, Peter. Bifurcação do Procedimento Arbitral – Riscos e Benefícios da Sentença Arbitral Parcial. *Revista Eletrônica da Ordem dos Advogados do Brasil*, Seccional do Rio de Janeiro. 2022. Disponível em: https://revistaeletronica.oabrj.org.br/?artigo=bifurcacao-do-procedimento-arbitral-riscos-e-beneficios-da-sentenca-arbitral-parcial&HTML. Acesso em: 31 jul. 2022.

STEINER, Renata Carlos. *Webinar IBERC #23. Qual é a Taxa de Juros Legal no Direito Brasileiro?*. YouTube, 25 de março de 2021.

STEINER, Renata Carlos. I*nteresse Positivo e interesse negativo: a reparação de danos no Direito Privado Brasileiro*. Tese (Doutorado). Faculdade de Direito, Universidade de São Paulo, São Paulo, 2016. Disponível em: https://teses.usp.br/teses/disponiveis/2/2131/tde-20082016-121314/publico/Renata_Carlos_Steiner_INTEGRAL.pdf. Acesso em: 31 jul. 2022.

STEINER, Renata Carlos. *Descumprimento contratual*: cumprimento específico da obrigação (II). Agire. 2022. Disponível em: https://agiredireitoprivado.substack.com/p/agire17. Acesso em: 31 jul. 2022.

STEINER, Renata Carlos. *Descumprimento contratual*: cumprimento específico da obrigação (I). Agire. 2022. Disponível em: #8. Descumprimento contratual: cumprimento específico da obrigação (I). Acesso em: 31 jul. 2022.

STJ, REsp 1.081.149/RS, Quarta Turma, Relator Ministro Luis Felipe Salomão.

STJ, REsp 1.102.552/CE, Primeira Turma, Relator Min. Teori Albino Zavascki, Disponibilizado no Diário Oficial em 06 de abril de 2009.

TER HAAR, Roger; WINSER, Crispin; HOLMES, Maurice. *Awards*. Global Arbitral Review, 2021. Disponível em: https://globalarbitrationreview.com/guide/the-guide-construction-arbitration/fourth-edition/article/awards. Acesso em: 31 jul. 2022.

TJSP, Agravo de Instrumento 2118121-31.2015.8.26.0000, 33ª Câmara de Direito Privado, Des. Relator. Mario A. Silveira, julgado em 29 de junho de 2015. Disponível em: https://www.arbipedia.com/conteudo-exclusivo/2211-impugnacao-de-cumprimento-de-sentenca-ARBITRAL-alegacao-de--que-a-sentenca-ARBITRAL-foi-prolatada-fora-do-PRAZO-e-de-ilegitimidade-ativa-quanto-a-cobranca-dos-custos-da-arbitragem-que-configuraria-excesso-de-execucao-improcedencia-da-impugnacao-porque-o-PRAZO-para-prolacao-de-sentenca-ARBITRAL-nao-e-peremptorio-e-improprio--e-nao-houve-prejuizo-as-partes-ademais-como-a-sentenca-ARBITRAL-expressamente-estabelece--que-deverao-ser-ressarcidos-pelos-requeridos-executados-a-requerente-exequente-nao-ha-ilegitimidade-ativa-nem-excesso-de-execucao-na-cobranca-dos-honorarios-arbitrais-e-da-taxa-de-registro.html?highlight=WyJzZW50ZW5cdTAwZTdhIiwiYXJiaXRyYWwiLCJhcmJpdHJhbCciLCJhcmJpdHJhbCdcdTIwMWQiLCJhcmJpdHJhb. Acesso em: 31 jul. 2022.

TJSP, Agravo de Instrumento 0030082-34.2011.8.26.0000, 8ª Câmara de Direito Privado, Des. Relator. Ribeiro da Silva, julgado em 24 de agosto de 2011. Disponível em: https://www.arbipedia.com/conteudo-exclusivo/1394-correcao-monetaria-juros-e-multa-sao-devidos-mesmo-quando-omissa-a-sentenca-arbitral--correcao-desde-o-desembolso-juros-desde-a-prolacao-da-sentenca.html?highlight=WyJqdXJvcyIsImNvcnJlXHUwMGU3XHUwMGUzbyIsIm1vbmV0YXJpYSIsIm5vcnJlY2FvIG1vbmV0YXJpYSJd. Acesso em: 31 jul. 2022.

TJSP, Agravo de instrumento 2055956-06.2019.8.26.0000, 28ª Câmara de Direito Privado, Des. Relator Dimas Rubens Fonseca, julgado em 08 de maio de 2019. Disponível em: https://www.arbipedia.com/conteudo-exclusivo/6648-execucao-dos-honorarios-em-favor-de-instituicao-arbitral-conferidos-em--sentenca-arbitral-concessao-do-beneficio-da-justica-gratuita-em-sede-de-impugnacao-judicial-ao--seu-cumprimento-que-nao-isenta-a-parte-vencida-na-arbitragem-de-arcar-com-as-CUSTAS-e-DESPESAS-daquele-procedimento-questao-acobertada-pela-coisa-julgada-arbitral.html?highlight=WyJjdXN0YXMiLCJkZXNwZXNhcyJd. Acesso em: 31 jul. 2022.

TONIN, Maurício Morais. *Eficácia Executiva das Sentenças Declaratórias*. Dissertação (Mestrado em Direito) Faculdade de Direito, Universidade de São Paulo, São Paulo, 2012.

UNIDROIT Principles of International Commercial Contracts 2016. Disponível em: https://www.unidroit.org/wp-content/uploads/2021/06/Unidroit-Principles-2016-English-bl.pdf. Acesso em: 17 abr. 2023.

XXIII
SENTENÇA ARBITRAL II

Flávia Bittar Neves

Especializada em Direito Arbitral e Direito Comercial Internacional pela Università degli Studi di Milano (Itália). Pós-graduada em Gestão de Negócios pela Fundação Dom Cabral. Graduada pela Faculdade de Direito Milton Campos. Presidente da Câmara de Arbitragem Empresarial – Brasil (CAMARB), Ex-presidente da Seccional de Minas Gerais do CESA – Centro de Estudos de Sociedades de Advogados. Ex-presidente do Comitê Brasileiro de Arbitragem (CBAr). Advogada. Sócia-fundadora do escritório Flávia Bittar Advocacia.

Victoria da Silveira e Silva

Mestranda em Direito, especialização em Direito e Tecnologia (2022). Graduada em Direito pela Pontifícia Universidade Católica de Minas Gerais (2019). Foi coordenadora do Grupo de Estudos em Arbitragem (GEArb) da PUC Minas e da Comissão Organizadora da Competição Nacional de Arbitragem e Mediação Empresarial da CAMARB. Atualmente compõe a diretoria do CAMARB Alumni. Advogada.

Sumário: Introdução – 1. Efeitos da sentença arbitral; 1.1 Coisa julgada na arbitragem; 1.2 Efeitos da sentença arbitral perante terceiros – 2. Notificação da sentença arbitral – 3. Pedido de esclarecimentos; 3.1 Objeto e alcance do pedido de esclarecimentos; 3.2 Correção de erro material; 3.3 Esclarecimento de obscuridade, dúvida, contradição ou omissão – 4. Encerramento da jurisdição arbitral – Conclusão – Bibliografia e julgados selecionados.

INTRODUÇÃO

O verdadeiro propósito da busca pela jurisdição arbitral é obter uma solução efetiva da controvérsia, capaz de surtir os efeitos decorrentes do resultado consubstanciado na sentença arbitral. Todas as etapas da arbitragem, desde a fase pré-arbitral que surge com a opção das partes por este mecanismo, são percorridas com esta finalidade. O presente capítulo tem por objetivo tratar, eminentemente, destes almejados efeitos da prestação jurisdicional no contexto da arbitragem, à luz de suas particularidades.

A questão será abordada, inicialmente, sob os aspectos da coisa julgada no âmbito do juízo arbitral e dos limites subjetivos da produção dos efeitos da sentença arbitral; ou seja, a partir de quando e para quem se torna vinculante. Traçadas essas premissas, serão tratados os aspectos relacionados à divulgação da sentença arbitral, seus efeitos e as hipóteses que permitem sua correção ou modificação antes que se torne definitiva, levando ao encerramento da jurisdição arbitral.

Não se pretende, com este trabalho, tratar com profundidade cada um dos ricos temas aqui abordados, muito menos esgotar o assunto, diante da limitação do espaço a ele dedicado nesta obra coletiva. O objetivo é trazer um panorama geral desta importante matéria, sob um ponto de vista prático e objetivo, baseado na melhor doutrina especializada e na experiência vivenciada ao longo desses 26 anos da Lei 9.307/96 ("Lei de Arbitragem").

1. EFEITOS DA SENTENÇA ARBITRAL

A eficácia da sentença arbitral representa um dos pilares da espinha dorsal que sustenta o instituto da arbitragem, principalmente à luz de sua natureza de título executivo, equivalente às sentenças proferidas pelo Poder Judiciário.[1] Contudo, diferentemente destas, da sentença arbitral não cabem recursos e seus efeitos são produzidos de forma mais célere, eficiente e objetiva. Tais efeitos serão refletidos na capacidade da decisão de se fazer valer e modificar o contexto na qual está inserida, afetando e vinculando as partes diretamente envolvidas na controvérsia e, eventualmente, terceiros.

Diante disso, é muito importante compreender o marco temporal que torna a decisão apta a produzir seus efeitos e a extensão destes no mundo jurídico. Nesta análise, duas questões fundamentais se apresentam: a materialização da coisa julgada na arbitragem e os limites subjetivos do seu alcance, como se verá a seguir.

1.1 Coisa julgada na arbitragem

O instituto da coisa julgada é um fenômeno processual de eficácia preclusiva, destinado a conferir segurança jurídica às partes,[2] ao tornar estável uma decisão de mérito e afastar a possibilidade de proposição de novas ações que envolvam causas conflitantes.[3] Alçada à categoria de garantia constitucional pela Constituição Federal de 1988 – na medida em que seu artigo 5º, inciso XXXVI, prevê que "a lei não prejudicará o direito adquirido, o ato jurídico perfeito e a coisa julgada" – a coisa julgada deve ser respeitada para assegurar a estabilidade da prestação jurisdicional. Uma vez verificados os efeitos da coisa julgada, não se pode mais discutir a matéria objeto da decisão da qual não caibam recursos.

Característica originalmente conferida às sentenças judiciais, a partir da edição da Lei 9.307/96 ("Lei de Arbitragem"), passa a sentença arbitral também gozar de tais efeitos, por força dos artigos 18 e 31 desta legislação.[4] Portanto, a segurança jurídica trazida

---

1. LEMES, Selma. A Sentença Arbitral. *Doutrinas Essenciais Arbitragem e Mediação*. set. 2014. v. 3, p. 829.
2. É do supremo interesse da ordem social que se garanta, pela eficaz aplicação do princípio da autoridade da coisa julgada, a certeza da estabilidade das relações da vida jurídica, como condição essencial à marcha evolutiva dos estados e das nações (sic). GUSMÃO, Manoel Aureliano de. *Coisa julgada*: no cível, no crime e no direito internacional. 2. ed. São Paulo: Livraria Acadêmica, Saraiva & C. – Editores, 1922. p. 8-9.
3. "Até porque fatos impeditivos, modificativos ou extintivos anteriores à sentença arbitral ficam excluídos de qualquer discussão, em qualquer sede judicial – operando-se aí intensa eficácia preclusiva da coisa julgada arbitral" (DINAMARCO, Cândido Rangel. *Instituições de Direito Processual Civil*. 9 ed. São Paulo: Malheiros, 2013, v. 1, p. 183).
4. Lei 9.307/96. Art. 18. O árbitro é juiz de fato e de direito, e a sentença que proferir não fica sujeita a recurso ou a homologação pelo Poder Judiciário (BRASIL, 1996).

pela coisa julgada é efeito inerente da solução dada pelo árbitro ou Tribunal Arbitral à determinada controvérsia, sobre a qual não cabe mais recurso.⁵

Tendo em vista que no sistema processual da arbitragem não há o duplo grau de jurisdição que permite a interposição de recursos, é comum concepção de que, uma vez proferida a sentença arbitral, dar-se-á por finda a jurisdição arbitral. Contudo, a mera prolação de sentença não implica na verificação imediata da *res judicata*. Isto pois, segundo a Lei de Arbitragem, a sentença ainda é apta a ser esclarecida, emendada ou corrigida pela decisão do pedido de esclarecimentos manejado pelas partes, conforme autorizado pelo artigo 30 desta legislação.⁶

A doutrina diferencia a coisa julgada material e a formal. A coisa julgada material qualifica-se na imutabilidade de uma decisão que não está mais sujeita a nenhum tipo de verificação, seja pelo poder judiciário, seja pelo Tribunal Arbitral. A coisa julgada material está condicionada à coisa julgada formal, ou seja, ao decurso do lapso temporal necessário para que se atinja a preclusão.⁷

Seguindo essa lógica, é a coisa julgada formal que impede que se rediscuta no mesmo procedimento o que nele restou decidido, enquanto a coisa julgada material impede que a discussão ocorra em outro processo.⁸ Desse modo, após transcorrido o prazo para eventuais pedidos de esclarecimentos, tendo em vista a natureza irrecorrível da sentença arbitral, a decisão passa a ser protegida pelo véu da coisa julgada material.

Insta salientar ainda que no âmbito da arbitragem, assim como ocorre na jurisdição estatal, a coisa julgada deve observar limites objetivos e subjetivos. O limite objetivo perpassa a matéria discutida no procedimento, estando limitada aos contornos dados pelo Tribunal Arbitral no dispositivo da sentença.⁹ O limite subjetivo se refere aos sujeitos que se tornarão vinculado aos ditames da decisão: via de regra, apenas as partes

---

Lei 9.307/96. Art. 31. A sentença arbitral produz, entre as partes e seus sucessores, os mesmos efeitos da sentença proferida pelos órgãos do Poder Judiciário e, sendo condenatória, constitui título executivo. (BRASIL, 1996).

5. MAGALHÃES, José Carlos de. PALMA, Tania F. Rodrigues. A Coisa Julgada na Arbitragem. *Revista de Arbitragem e Mediação*, v. 63, p. 121-135, out./dez. 2019.
6. Lei 9.307/96. Art. 30. No prazo de 5 (cinco) dias, a contar do recebimento da notificação ou da ciência pessoal da sentença arbitral, salvo se outro prazo for acordado entre as partes, a parte interessada, mediante comunicação à outra parte, poderá solicitar ao árbitro ou ao tribunal arbitral que:

I – corrija qualquer erro material da sentença arbitral;

II – esclareça alguma obscuridade, dúvida ou contradição da sentença arbitral, ou se pronuncie sobre ponto omitido a respeito do qual devia manifestar-se a decisão (BRASIL, 1996).

Neste sentido: *Nessa mesma linha de raciocínio, tem-se que, proferida a sentença arbitral e transcorrido o prazo sem terem as partes apresentado pedido de esclarecimentos ou, se apresentados, tenha o árbitro ou o tribunal arbitral proferido decisão, transitará em julgado a sentença arbitral e a decisão que a complementou, se for o caso.* (MAGALHÃES; PALMA, op. cit., p. 121-135).

7. NERY JUNIOR, Nelson. *Princípios no Processo na Constituição Federal* – Processo civil, penal e administrativo. 11. ed. São Paulo: Ed. RT, 2012, n. 4.1, p. 56; e MAGALHÃES; PALMA, op. cit.
8. RE 102.382-MG, Min. CARLOS MADEIRA, j. 20.05.1986, RTJ 123/569.

LIEBMAN, Enrico Tulio. *Eficácia e autoridade da sentença e outros escritos sobre a coisa julgada*. 4. ed. Rio de Janeiro: Forense, 2006, p. 38.

9. NERY JUNIOR, op. cit., p. 66.; e PARENTE, Eduardo de Albuquerque. *Processo arbitral e sistema*. 2010. Tese (Doutorado em Direito Processual) – Faculdade de Direito, Universidade de São Paulo, São Paulo, 2010.

são abrangidas, embora seja possível que a coisa julgada decorrente da sentença arbitral seja ampliada para operar em relação a terceiros, excepcionalmente.[10]

Assim, o efeito negativo da coisa julgada, seja de uma sentença arbitral ou judicial, atinge a propositura da arbitragem, vez que torna ineficaz a convenção de arbitragem relacionada à conflito que já foi objeto de discussão e decisão jurisdicional definitiva.[11]

No tocante às sentenças arbitrais estrangeiras, uma vez reconhecida e homologada pelo Superior Tribunal de Justiça, conforme previsto pela Lei de Arbitragem,[12] a decisão faz coisa julgada em território nacional, ao igualmente se tornar um título executivo.

1.2 Efeitos da sentença arbitral perante terceiros

Nos termos do art. 31 da Lei de Arbitragem, os efeitos produzidos pela sentença arbitral equivalem àqueles produzidos pela sentença proferida no âmbito do processo judicial, vinculado as partes e seus sucessores.[13] Dessa forma, é inconteste que os sucessores das partes, ainda que não tenham participado do procedimento arbitral, sofrerão os efeitos da sentença proferida pelos árbitros.

Contudo, não se pode dizer o mesmo quando se trata da produção de efeitos perante terceiros cuja relação com a matéria objeto da controvérsia não é patente. Para que a sentença arbitral atinja os interesses de terceiros, outros importantes aspectos hão de ser considerados.[14]

Portanto, é necessário delimitar os efeitos diretos e reflexos da sentença arbitral, a fim de compreender o seu alcance perante terceiros que não tenham integrado a relação processual na arbitragem.

Apesar de estar inserida em um sistema que não é regido pelas regras do Código de Processo Civil,[15] considera-se possível aplicar na arbitragem o mesmo racional que

---

10. SCHINEMANN, Caio César Bueno. *Coisa Julgada Arbitral*: A Natureza Jurídica da Sentença Arbitral Imutável. *Revista de Arbitragem e Mediação*, v. 65, p. 189-207, abr./jun. 2020.
    RANZOLIN, Ricardo. Controle Judicial da Arbitragem. Rio de Janeiro: GZ Editora, 2011, 244 p.
11. "O efeito negativo da coisa julgada consiste, em síntese, na proibição de se voltar a discutir, ou decidir, o que consta do dispositivo da sentença de mérito irrecorrível em face das mesmas partes, qualquer que seja a ação futura. E, considerando-se a função jurisdicional do árbitro, a "ação futura" pode ser judicial ou arbitral, de sorte que seria inválido o compromisso arbitral cujo objeto fosse relação jurídica já anteriormente decidida pelo juiz togado ou por outro órgão arbitral". CARMONA, Carlos Alberto. *Arbitragem e processo*: um comentário à Lei 9.307/96. 3. ed. São Paulo: Atlas, 2009, p. 56-57.
12. Lei 9.307/96. Art. 35. Para ser reconhecida ou executada no Brasil, a sentença arbitral estrangeira está sujeita, unicamente, à homologação do Superior Tribunal de Justiça. (BRASIL, 1996).
13. Art. 31. A sentença arbitral produz, entre as partes e seus sucessores, os mesmos efeitos da sentença proferida pelos órgãos do Poder Judiciário e, sendo condenatória, constitui título executivo (BRASIL, 1996).
14. Como ensina Selma Lemes, "[a] eficácia da sentença arbitral pode repercutir perante terceiros, mas para eles não se torna imutável; aliás, idênticas consequências são verificadas na sentença judicial". Cf. LEMES, Selma. A Sentença Arbitral. *Doutrinas Essenciais Arbitragem e Mediação*. set. 2014. V. 3, p. 829-840.
15. VALLE, Martin Della. Considerações sobre os Pressupostos Processuais em Arbitragens. *Revista Brasileira de Arbitragem*, issue 12, 2006, p. 9.;
    CAHALI, Francisco José. *Curso de arbitragem: mediação*: conciliação: tribunal multiportas. 7. ed. São Paulo: Thomson Reuters, Revista dos Tribunais, 2018. p. 2773

permite, no judiciário, a ampliação dos limites subjetivos da coisa julgada, em casos excepcionais.[16] Neste sentido, ao analisar a extensão da coisa julgada perante terceiros, é necessário verificar a relação jurídica dele com as partes envolvidas, sua participação da solução da lide e seu interesse fático com o objeto da controvérsia.

Diante da natureza consensual da arbitragem, bem como da necessidade de se assegurar o exercício do contraditório e da ampla defesa durante todo o procedimento arbitral para garantir o resultado hígido da arbitragem,[17] não há que se falar na aplicação das teorias de valor absoluto da sentença ou eficácia *erga omnes* da decisão, que pressupõem o poder coercitivo estatal, ausente no âmbito da arbitragem.[18]

Dessa forma, o alcance dos efeitos da sentença arbitral à terceiros torna-se aceitável apenas em caráter excepcional, quando houver correlação destes à relação jurídico-processual das partes da arbitragem, ou seja, a sentença não pode atingir os interesses jurídicos de sujeitos a ela estranhos.[19] Nestes casos, admite-se que a coisa julgada surta efeitos perante o terceiro interessado, que pode sofrer ou exigir a materialização dos seus efeitos.[20]

Tal situação pode ocorrer em se tratando de arbitragens societárias, em que podem ser tomadas decisões que inevitavelmente afetarão terceiros que não participaram do procedimento arbitral, tendo em vista o caráter indivisível da situação jurídica. Com efeito, diante da complexidade da dinâmica societária, é possível que haja inúmeros

---

MAGALHÃES, José Carlos de, A ordem das provas. In: BERTASI, Maria Odete Duque; CORRÊA NETTO, Oscavo Cordeiro (Coord.). *Arbitragem e desenvolvimento*. São Paulo: Quartier Latin, 2009, p. 52 ss.

CARMONA, Carlos Alberto. Flexibilização do Procedimento Arbitral. *Revista Brasileira de Arbitragem*, ano VI, n. 24, p. 9. out./dez. 2009.

MARINONI, Luiz Guilherme. Arbitragem e coisa julgada sobre questão. *Revista de Arbitragem e Mediação*, v. 58, p. 99-117. São Paulo, jul./set. 2018.

PARENTE, Eduardo de Albuquerque. Op. cit., p. 306-307.

16. CARMONA, op. cit., p. 393.
17. Art. 21, § 2º Serão, sempre, respeitados no procedimento arbitral os princípios do contraditório, da igualdade das partes, da imparcialidade do árbitro e de seu livre convencimento (BRASIL, 1996).
18. COSTA, Guilherme Recena. *Partes e terceiros na arbitragem*. Tese (Doutorado em Direito). São Paulo: Faculdade de Direito da Universidade de São Paulo. 293 p. 2015.
19. "Ora, se o collateral estoppel favorece terceiro contra a parte vencida, e essa é quem confere ao árbitro – juntamente com o seu adversário – poder para resolver o conflito e decidir a questão prejudicial, obviamente não há qualquer diferença ou problema em admitir o collateral estoppel em favor de terceiro com base em sentença arbitral". MARINONI, op. cit., 2018, p. 99-117.

"A lógica que fundamenta a opção do CPC em estender a coisa julgada a terceiros quando esta lhes for favorável é a vedação da rediscussão de questão já exaurida definitivamente, sendo indiferente, para tanto, se a questão é suscitada entre as mesmas partes ou por partes distintas. O parâmetro é o exercício de ampla defesa e contraditório pela parte prejudicada na formação da coisa julgada anterior. Essa racionalidade é replicável na arbitragem". In: SCHINEMANN, op. cit., 2020, p. 189-207.

"Isto não significa que os terceiros não são de algum modo atingidos pela sentença, inclusive nas suas relações jurídicas com as partes que participaram do processo. Por exemplo, um Banco titular de crédito contra A é atingido em seu interesse econômico se, em disputa judicial com B, A perder parte de seu patrimônio. Um dos pontos-chave para a compreensão dessa questão específica repousa no conceito de interesse jurídico, que não se confunde com um interesse qualquer, de cunho econômico, sentimental, relacional etc." RANZOLIN, op. cit., 2011, p. 244.

20. Idem, SCHINEMANN, 2020, p. 189-207.

sujeitos legitimados a impugnar deliberações, mas não há a obrigatoriedade da participação de todos no procedimento arbitral para que sofra os efeitos da sentença arbitral, que não pode surtir efeitos para uns e não para outros.[21] Este é o caso, por exemplo, de decisão que anule os efeitos de uma assembleia geral, que deverá atingir todos os sócios, independentemente da sua participação na arbitragem, seja pela extensão dos efeitos da coisa julgada,[22] ou pelo resultado da decisão, que sendo procedente afetará a todos os sócios; mas, sendo improcedente, vinculará apenas as partes do procedimento, pois a declaração de ausência de direito do sócio litigante não pode atingir os demais, que podem ainda exercer seu direito de ação.[23]

Tem-se, portanto, que a extensão dos efeitos da sentença arbitral deve ser avaliada de modo criterioso à luz dos princípios basilares que regem o instituto da arbitragem e do devido processo legal, a fim de proteger os interesses daqueles que efetivamente reunirem os requisitos necessários à vinculação do resultado da prestação jurisdicional na esfera do juízo arbitral, principalmente diante de sua natureza eminentemente consensual.

2. NOTIFICAÇÃO DA SENTENÇA ARBITRAL

Para que a sentença arbitral surta seus efeitos, além de observar os requisitos formais abordados anteriormente nessa obra, o conteúdo da decisão alcançada pelos árbitros deve ser levado a conhecimento das partes. Assim prevê o artigo 29 da Lei de Arbitragem,[24] ao disciplinar o dever dos árbitros de comunicar as partes sobre o proferimento da sentença por quaisquer meios que permitam a comprovação de seu recebimento.

---

21. "O litisconsórcio, apesar de unitário, é facultativo. Nesses casos, há uma pluralidade de legitimados concorrentes para discutir relação jurídica incindível, isto é, a decisão tem que ser a mesma para todos os sócios, há vários colegitimados para litigar e a lei permite que um sócio ou grupo de sócios o faça sozinho" ABBUD, André de Albuquerque Cavalcanti, e ARAGÃO, Paulo Cezar. Arbitragem Societária: Autoridade da Sentença Arbitral e a Regra sobre Informação e Participação dos Interessados nas Disputas sobre Relações Incidentais. In: YARSHELL, Flávio Luiz e PEREIRA, Guilherme Setogut J. (Coord.). *Processo Societário IV*. São Paulo: Quartier Latin, 2021, p. 78-79

22. "Uma primeira corrente, de base tradicional e com relevante adesão na doutrina brasileira, entende que a sentença que julga procedente ou improcedente o pedido de impugnação da deliberação social tem força de coisa julgada sobre todos os sócios, independentemente de terem ou não participado do processo. Os adeptos dessa corrente baseiam-se especialmente na inviabilidade lógica e prática de se darem decisões diferentes para partes diversas, em conflitos atinentes a esse ato jurídico indivisível, e na insegurança derivada da possibilidade não apenas de outros sócios legitimados moverem demandas paralelas ou sucessivas com o mesmo objeto, como também de que tais demandas resultem em julgados contraditórios suscitando ainda a tradicional dúvida sobre qual julgado prevaleceria nesse caso". Ibidem, p. 84.

23. No caso de acolhimento da impugnação de um sócio, é a deliberação anulada para todos, não porque se tenha uma extensão da coisa julgada além dos seus limites subjetivos, mas tão somente porque o efeito extintivo da sentença arbitral não pode ser parcial, por causa da natureza e estrutura incindível do ato impugnado, que só pode permanecer ou cair por completo. Permanece, todavia, objeto do pronunciamento judicial, somente a ação do sócio que propôs a impugnação, de modo que, no caso de rejeição, não tem a sentença outro conteúdo que o de declarar a inexistência da ação proposta, sem prejudicar nem impedir as ações dos outros sócios que não foram deduzidas em juízo". Id. LIEBMAN, 1984, p. 99-100.

24. Lei 9.307/96. Art. 29. Proferida a sentença arbitral, dá-se por finda a arbitragem, devendo o árbitro, ou o presidente do tribunal arbitral, enviar cópia da decisão às partes, por via postal ou por outro meio qualquer de comunicação, mediante comprovação de recebimento, ou, ainda, entregando-a diretamente às partes, mediante recibo (BRASIL, 1996).

A inclusão desse dispositivo revela a preocupação do legislador com a garantia da efetiva comunicação da decisão às partes interessadas.[25] Além da natural importância de dar conhecimento às partes do resultado útil da prestação jurisdicional, a notificação também exerce um relevante papel processual, eis que dispara o gatilho para o exercício dos direitos assegurados pela Lei de Arbitragem para o questionamento da sentença arbitral. Com efeito, a partir da notificação da decisão às partes, dá-se início à contagem dos prazos para a apresentação dos pedidos de esclarecimentos, dirigidos aos próprios árbitros, ou para o ingresso da ação anulatória, perante o poder judiciário – instrumentos previstos nos artigos 30 e 33, §1º da Lei de Arbitragem.[26]

A relevância, não só da notificação, mas da comprovação da comunicação às partes da sentença arbitral para conferir validade e eficácia ao ato jurisdicional foi reconhecida pelo Superior Tribunal de Justiça, quando do julgamento RESP 2019/1854483, que considerou nula a sentença cuja notificação foi constatada inválida, diante da ausência de assinatura do executado no comprovante de recebimento da decisão.

No contexto das arbitragens institucionais, a disciplina em torno da questão é encontrada nos regulamentos das instituições eleitas pelas partes na convenção de arbitragem,[27] que vinculam as partes e os árbitros, tornando-se obrigatórias.

---

25. CARMONA, op. cit., 2009.
26. Lei 9.307/96. Art. 30. No prazo de 5 (cinco) dias, a contar do recebimento da notificação ou da ciência pessoal da sentença arbitral, salvo se outro prazo for acordado entre as partes, a parte interessada, mediante comunicação à outra parte, poderá solicitar ao árbitro ou ao tribunal arbitral que: I – corrija qualquer erro material da sentença arbitral; II – esclareça alguma obscuridade, dúvida ou contradição da sentença arbitral, ou se pronuncie sobre ponto omitido a respeito do qual devia manifestar-se a decisão. (BRASIL, 1996).

    Lei 9.307/96. Art. 33. § 1º A demanda para a declaração de nulidade da sentença arbitral, parcial ou final, seguirá as regras do procedimento comum, previstas na Lei no 5.869, de 11 de janeiro de 1973 (Código de Processo Civil), e deverá ser proposta no prazo de até 90 (noventa) dias após o recebimento da notificação da respectiva sentença, parcial ou final, ou da decisão do pedido de esclarecimentos. (BRASIL, 1996).
27. 10.7 Proferida a sentença pelo Tribunal Arbitral e encaminhada à Secretaria da CAMARB no prazo previsto no item 10.1, a Secretaria encaminhará a cada uma das partes uma via original, com comprovação de recebimento. A Secretaria manterá em seus arquivos cópia de inteiro teor da sentença, junto aos autos (CAMARB, 2019).

    35. Notificação, depósito e caráter executório da sentença Arbitral:

    1 Após ter sido proferida uma sentença arbitral, a Secretaria notificará as partes do texto assinado pelo tribunal arbitral, desde que os custos da arbitragem tenham sido integralmente pagos à CCI pelas partes ou por uma delas.

    2 Cópias adicionais autenticadas pelo Secretário-Geral serão entregues exclusivamente às partes sempre que assim o solicitarem.

    3 Por força da notificação feita em conformidade com o artigo 35(1), as partes renunciam a qualquer outra forma de notificação ou depósito por parte do tribunal arbitral.

    4 Uma via original de cada sentença arbitral proferida nos termos do Regulamento deverá ser depositada na Secretaria da Corte.

    5 O tribunal arbitral e a Secretaria deverão auxiliar as partes no cumprimento de quaisquer formalidades adicionais consideradas necessárias.

    6 Toda sentença arbitral obriga as partes. Ao submeter o litígio à arbitragem segundo o Regulamento, as partes comprometem-se a cumprir a sentença arbitral sem demora e renunciam a todos os recursos a que podem validamente renunciar (CCI, 2021).

    30.7 O presidente do tribunal arbitral enviará a sentença à secretaria do CAM-CCBC que, após a verificação de que todas as custas (CAM CCBC 2022).

As normas de tais regulamentos, assim como a própria Lei de Arbitragem, refletem a prática que se consolidou de exigir a notificação das partes por meio do envio de vias físicas de cópias originais da sentença. No caso das arbitragens administradas pela Corte Internacional de Arbitragem da Câmara Internacional de Comércio ("CCI"), a questão encontra regramento nas "Notas às Partes e aos Tribunais Arbitrais sobre a Condução da Arbitragem conforme o Regulamento de Arbitragem da CCI" ("Notas") que previa, até 2021, a obrigação do Tribunal em fornecer as vias originais, sendo expresso que eventual cópia enviada por e-mail não teria o condão de dar início aos prazos subsequentes ao proferimento da sentença.[28]

Contudo, o advento da Pandemia da COVID-19 e as imposições de isolamento colocadas em prática ao redor do mundo acarretaram uma sensível modificação de todo o sistema de condução dos procedimentos arbitrais, inclusive a forma de comunicação da sentença às partes. A partir dessa circunstância, abriu-se o precedente para a realização de atos procedimentais de maneira totalmente virtual, privilegiando as comunicações eletrônicas.[29]

Nesse contexto, a CCI editou a "Nota de Medidas de Mitigação dos Efeitos do COVID-19 da Corte da CCI"[30] para orientar partes e árbitros sobre a condução dos procedimentos no ambiente virtual, na qual verifica-se o encorajamento da Corte para que as notificações das sentenças arbitrais sejam feitas eletronicamente.[31] Ademais, a Corte também alterou suas Notas com as orientações às partes e árbitros, autorizando a notificação da sentença por meio eletrônico.[32] As instituições arbitrais domésticas, também emitiram resoluções administrativas para tratar e mitigar os efeitos da Pandemia na condução dos procedimentos arbitrais, incluindo a possibilidade de notificações dos atos processuais, inclusive da sentença arbitral, por meio eletrônico.[33]

---

28. Veja-se: "175. A Secretaria também enviará por e-mail às partes, como cortesia, uma via assinada original de sentenças arbitrais, adenda e decisões, em formato PDF. O envio dessa via de cortesia por e-mail não define o início da contagem de prazos com base no Regulamento de Arbitragem da CCI" (ICC, 2019, s/p).
29. CERIONE, Clara. Novas regras para arbitragem da CCI reforçam segurança e transparência. *JOTA*, 15 fev. 2021.
30. Nota de Medidas de Mitigação dos Efeitos do COVID-19 da Corte da CCI.
31. Veja-se: "B – 15. [...] As partes são encorajadas a acordar, sempre que possível, com a notificação eletrônica da sentença arbitral. A Secretaria, a princípio, não procederá com uma notificação eletrônica da sentença arbitral, a menos que explicitamente acordada pelas partes" (ICC, 2022, s.p).
32. 199. Sob ressalva das exigências aplicáveis de lei impositiva, as partes poderão consentir no seguinte: (1) que a sentença arbitral seja assinada pelos membros do tribunal arbitral em mais de uma via, e/ou (2) que as referidas vias sejam reunidas num único arquivo eletrônico, com transmissão pela Secretaria às partes por e-mail ou qualquer outra forma de telecomunicação que permita um registro do respectivo envio, nos termos do artigo 35. Em Notas às Partes e aos Tribunais Arbitrais sobre a Condução da Arbitragem conforme o Regulamento de Arbitragem CCI.
33. "A notificação eletrônica substitui, para todos os fins, as comunicações, notificações ou intimações realizadas por carta, fax ou qualquer outro meio equivalente.
    Eventuais pedidos de exceção à notificação eletrônica das partes requeridas deverão acompanhar justificativas e serão apreciados e decididos pela Secretaria Geral do CAM-CCBC." Em Resolução Administrativa RA 40/2020 Do Centro de Arbitragem e Mediação da Câmara de Comércio Brasil Canadá.
    3. Os protocolos deverão ser realizados apenas eletronicamente, observado também o que foi estabelecido no Termo de Arbitragem, ou pelo Tribunal Arbitral em cada caso. Em Resolução Administrativa 08/20 da Câmara de Mediação e Arbitragem Empresarial Brasil (CAMARB).

Em recente caso julgado pela Corte de Apelação de Paris,[34] Boralex Energie France v. Innovent, foi discutida a possibilidade da assinatura virtual da sentença, questão que tangencia o debate a respeito da validade dos atos processuais realizados por meio virtual. Na hipótese, devido à decretação do *lockdown* na França, os árbitros não puderam se encontrar presencialmente para assinar um só documento e a solução encontrada foi o envio de uma cópia do inteiro teor da sentença, e em separado, as páginas de assinatura do Tribunal Arbitral.[35] Diante disto, a Sasu Boralex Energie France questionou a sentença arbitral sob o argumento de que era incerta a data da decisão, bem como que o fato de ter havido assinaturas em documentos separados não permitia apurar se houve deliberação colegiada, se foi tomada uma decisão unânime majoritária ou que assinaram a mesma sentença.[36] A Corte não deu razão à apelante, tendo considerado que as regras do regulamento aplicável (no caso, as da CCI) permitiam que o Tribunal Arbitral privilegiasse a eficiência do procedimento arbitral e que a situação fática à época exigia que tal hermenêutica fosse feita.[37]

Como visto, a questão da notificação da sentença arbitral tem fundamental importância no contexto da produção dos efeitos da sentença arbitral, devendo-se observar a disciplina aplicável a cada caso concreto, que deve acompanhar os desafios impostos pelas circunstâncias do momento em que é proferida e evoluir para que atender as

---

Art. 1º Ficam suspensos, provisoriamente, os protocolos de vias físicas de manifestações dos Procedimentos de Arbitragem e Mediação, devendo o cumprimento de prazos ser atendido via e-mail. Resolução 1/2020 da FGV Câmara de Mediação e Arbitragem.

11. Durante o Período de Suspensão, as Sentenças Arbitrais serão encaminhadas às Partes eletronicamente pela Secretaria da Câmara e as vias físicas serão enviadas oportunamente por correio com aviso de recebimento. Resolução 2/2020 da Câmara de Conciliação, Mediação e Arbitragem CIESP/FIESP.

34. Paris Court of Appeal.
35. BRAULOTTE, Tara. Paris Court of Appeal Confirms Reluctance to Invalidate Lockdown Awards. *Kluwer Arbitration Blog*. 10 mar. 2022.
36. Boralex, lembrando que a sentença deverá ser assinada por todos os árbitros, alega que a sentença é nula com o fundamento de que o documento final não foi assinado pelo três árbitros, tendo o primeiro coárbitro assinado apenas a última página de documentos extrínsecos datas diferentes, o que não permite que seja dada uma determinada data, que o processo utilizado não pode ser regularizado, vez que a sentença por não ter sido assinada em várias vias distintas, mas apenas em uma, e que não houve acordo dos árbitros sobre este processo [...] (ICC, 2021). [Tradução nossa]. Do original: "La société Boralex, rappelant que la sentence doit être signée par tous les arbitres, soutient que la sentence est nulle au motif que le document final n'a pas été signé par les trois arbitres, ceux-ci ayant signé juste la dernière page sur des documents extrinsèques à des dates différentes, ce qui ne permet pas de lui conférer date certaine, que le procédé utilisé ne peut être régularisé, la sentence n'ayant pas été signée en plusieurs exemplaires distincts, mais en un seul, et qu'il n'existait aucun accord des parties sur ce procédé, le fait que l'acte de mission ait pu être signé selon ces modalités étant inopérant pour la régularité de la signature de la sentence".
37. No entanto, como lembrado acima, as regras da CCI, escolhidas pelas partes, permitem que o tribunal arbitral gerencie o procedimento em prol da eficiência, respeitando o contraditório, e adotando a procedimentais que julgar convenientes. O tribunal arbitral é livre para adaptar a providências processuais que ele decidir sobre a utilidade que elas apresentam para o tribunal arbitral (ICC, 2021). [Tradução nossa]. Do original: "Ce faisant, le tribunal a modifié l'organisation de l'audience. Toutefois, comme rappelé ci-dessus, le règlement CCI, choisi par les parties, permet au tribunal arbitral de gérer la procédure dans un souci d'efficacité, dans le respect du contradictoire, et d'adopter les mesures procédurales qu'il juge appropriées. Le tribunal arbitral est libre d'adapter les mesures procédurales qu'il décide à l'utilité qu'elles présentent pour le tribunal arbitral".

necessidades dos usuários da arbitragem, cujo propósito final é obter uma prestação jurisdicional validade e eficaz.

3. PEDIDO DE ESCLARECIMENTOS

3.1 Objeto e alcance do pedido de esclarecimentos

A notificação da sentença arbitral não gera a produção dos seus efeitos de imediato; é preciso que, uma vez comunicada, ela se torne definitiva e imutável. O sistema processual da arbitragem não admite que a sentença arbitral seja desafiada por meio de recursos, mas oferece às partes a oportunidade de buscar a sua correção, caso se verifique na decisão erro material, obscuridade, contradição ou omissão, nos termos do art. 30[38] da Lei de Arbitragem.

Assim, a imutabilidade da sentença arbitral se encontra condicionada ao transcurso do prazo de solicitação de esclarecimentos, que será aquele disciplinado no regulamento de arbitragem aplicável ao procedimento ou, na ausência deste, o previsto na Lei de Arbitragem. É possível, ainda, que este prazo seja convencionado de modo diverso no Termo de Arbitragem ou na Ata de Missão assinados no início do procedimento arbitral, privilegiando-se a autonomia da vontade das partes neste particular. Contudo, não se admite que as partes renunciem ao direito de pedir os esclarecimentos à sentença arbitral para sanar algum vício, se presentes as hipóteses elencadas na Lei de Arbitragem.

Uma curiosidade importante de ser registrada é que foi apenas em 2015, com a redação dada pela Lei 13.129, de 2015, que alterou o art. 33 da Lei de Arbitragem,[39] que surgiu a expressão "pedido de esclarecimentos" na legislação. Por sua semelhança com seu dito correspondente no judiciário, passou a ser intitulado por muitos como "embargos arbitrais".[40]

Contudo, diferentemente dos Embargos de Declaração previstos no Código de Processo Civil, o legislador não conferiu ao pedido de esclarecimentos da sentença arbitral o mesmo propósito formal de prequestionar as matérias que poderão ser discutidas em

---

38. Art. 30. No prazo de 5 (cinco) dias, a contar do recebimento da notificação ou da ciência pessoal da sentença arbitral, salvo se outro prazo for acordado entre as partes, a parte interessada, mediante comunicação à outra parte, poderá solicitar ao árbitro ou ao tribunal arbitral que: I – corrija qualquer erro material da sentença arbitral; II – esclareça alguma obscuridade, dúvida ou contradição da sentença arbitral, ou se pronuncie sobre ponto omitido a respeito do qual devia manifestar-se a decisão (BRASIL, 1996).
39. Art. 33. § 1º A demanda para a declaração de nulidade da sentença arbitral, parcial ou final, seguirá as regras do procedimento comum, previstas na Lei 5.869, de 11 de janeiro de 1973 (Código de Processo Civil), e deverá ser proposta no prazo de até 90 (noventa) dias após o recebimento da notificação da respectiva sentença, parcial ou final, ou da decisão do pedido de esclarecimentos (BRASIL, 1996).
40. "Anteriormente, na ausência de um termo legal, a doutrina costumava referir-se a tal pedido de esclarecimentos como 'embargos arbitrais', pela *semelhança* que tal remédio tem com os conhecidos 'embargos de declaração' do processo civil, embora, na verdade, não tenha havido *coincidência* total entre os dois institutos". ALVES, Rafael Francisco. Sentença Arbitral. In: LEVY, Daniel; PEREIRA, Guilherme Setoguti J. (Coord.). *Curso de Arbitragem*. Thomson Reuters, Revista dos Tribunais. [S. L.: s. n.]: 2018, p. 276.

segundo grau de jurisdição, uma vez que não cabe recurso contra sentença arbitral.[41] O pedido de esclarecimentos tem como exclusiva função a correção de erro material e/ou o esclarecimento de omissões, contradições ou obscuridades, sendo essas as hipóteses previstas no artigo 30 da Lei de Arbitragem, cujo rol é taxativo.[42]

Contudo, entende-se que, caso não haja a interposição de pedidos de esclarecimentos questionando aspectos e decisões que na visão das partes devam ser objeto de correção na sentença arbitral, torna-se descabida a arguição de tais questões no âmbito de uma ação anulatória perante o juízo estatal.[43] Assim, em se tratando das questões que podem ser objeto de pedidos de esclarecimentos, eminentemente relacionadas às hipóteses de *error in procedendo*, deve-se dar aos árbitros a oportunidade de sanar eventual vício neste particular, antes de levar a discussão ao poder judiciário, em sede de ação anulatória.[44]

Importante, pois, que se tenha em mente que a previsão do pedido de esclarecimento na Lei de Arbitragem, ao contrário de se destinar à abertura de uma via recursal na arbitragem, teve o objetivo de priorizar a eficácia da sentença arbitral em razão de equívoco do árbitro, permitindo sua correção pelo juízo arbitral.[45] A solução dada pelo

---

41. "Como quer que seja, o pedido de esclarecimentos no processo arbitral não se destina a nada prequestionar, pois, a sentença arbitral não é passível de recurso. Por isso deveria ter, como foco, os temas expressos na lei, ou seja, o de suprir omissão, corrigir erro material, ou esclarecer dúvidas ou contradições". MAGALHÃES e PALMA, op. cit., 2019, p. 121-135; No mesmo sentido, "Um último aspecto que tem sido discutido é se os embargos arbitrais poderiam/deveriam funcionar como os embargos de declaração do processo estatal para o fim de prequestionar a matéria a ser submetida a uma futura demanda visando a anulabilidade. Não nos parece ser o caso, pois não é para prequestionar que o remédio está vocacionado. E, afinal, não se pode expandir uma preclusão para além dos limites do próprio processo". PARENTE, op. cit., 2010, p. 306-307.
42. "Na realidade, não há espaço para se admitir, nos embargos arbitrais, a pretendida revisão ampla. Esta estará balizada, apenas e tão somente, pelo limite estreito contido nas hipóteses previstas no art. 30 da Lei, e só nesses casos, a saber: erro material, obscuridade, dúvida ou contradição, além, é claro, de pronunciamento quanto a ponto omitido e sobre o qual deveria o árbitro haver-se manifestado." (PINTO, José Emílio Nunes. Anulação de sentença arbitral infra petita, extra petita ou ultra petita. In: JOBIM, Eduardo; MACHADO, Rafael Bicca (Coord.). *Arbitragem no Brasil*: aspectos jurídicos relevantes. São Paulo: Quartier Latin, 2008, p. 254).
43. "Não poderão as partes invocar, perante as cortes estatais, como causa de anulação da sentença arbitral, motivos passíveis de correção, pela utilização desse remédio, se não os tiverem apresentado ao árbitro, no momento apropriado". In: LEE, João Bosco; VALENÇA FILHO, Clávio de Melo. *A Arbitragem no Brasil*. Brasília: Confederação das Associações Comerciais do Brasil, 2002.
    "Não poderão as partes invocar, perante as cortes estatais, como causa de anulação da sentença arbitral, motivos passíveis de correção, pela utilização desse remédio, se não os tiverem apresentado ao árbitro, no momento apropriado". In: YARSHELL, Flávio Luiz. Caráter Subsidiário da Ação Anulatória de Sentença Arbitral. *Revista de Processo*, v. 20, p. 13-23, maio 2012.
44. "(...) diante da omissão, é indispensável que a parte maneje o pedido de esclarecimentos, para que o órgão arbitral tenha a oportunidade de suprir a omissão e, assim, afastar o *error in procedendo*. Do contrário, há que se entender que a jurisdição estatal não pode rever o ato" (YARSHELL, Flávio. Ainda sobre o caráter subsidiário do controle jurisdicional estatal da sentença arbitral. *Revista de Arbitragem e Mediação*, v. 50, p. 155-163, jul.-set. 2016).
45. "Não se argumente, por outro lado, que com esta providência estar-se-ia criando uma instância recursal no âmbito da arbitragem ou que se transfere para a arbitragem a processualística judicial (que se impõe evitar), mas observar que esta providência prioriza a eficácia da sentença arbitral final, diante de flagrante equívoco cometido pelo árbitro" (Ibidem, LEMES, 2005, p. 37-53).

legislador brasileiro segue a prática internacional,[46] sendo da natureza da arbitragem o descabimento de recursos contra a sentença arbitral para questionar o mérito da decisão alcançada pelos árbitros, mas que pode estar sujeita a correção pelos próprios julgadores, se presentes certos vícios passíveis de serem sanados ainda no âmbito da jurisdição arbitral.

Entretanto, pode ser que, ao sanar tais vícios, sejam conferidos efeitos infringentes aos pedidos de esclarecimentos, quando a sua decisão acabar por modificar de algum modo o conteúdo final do julgado.[47] Por isto, é de fundamental importância conferir

---

46. Neste sentido, veja-se o item 205 da Nota às Partes e ao Tribunais Arbitrais sobre a Condução da Arbitragem Conforme o Regulamento de Arbitragem CCI: "As partes precisam ter em mente a abrangência restrita do disposto no artigo 36(2), que não permite revisão nem alteração das determinações finais da sentença arbitral."
"As a result, arbitration rules generally contain provisions enabling the arbitral tribunal itself, subject to certain time-limits and to compliance with the requirements of due process, to correct any clerical errors which arise". Part 4: Chapter IV – The Arbitral Award'. In: GAILLARD, Emmanuel and SAVAGE, John (Ed.). *Fouchard Gaillard Goldman on International Commercial Arbitration*, (© Kluwer Law International; Kluwer Law International 1999) p. 735-780.
"All the provisions on post-award arbitral motions serve a useful, although limited, purpose. Nonetheless, arbitrators must exercise care to ensure that parties do not use the provisions to mount appeals against the substance of their awards. The provisions were not designed for this purpose". VOLLMER, Andrew N. and BEDFORD, Angela J. 'Post-Award Arbitral Proceedings', *Journal of International Arbitration*, (© Kluwer Law International; Kluwer Law International 1998, v. 15 Issue 1) p. 37-50.
Artigo 33º
Rectificação e interpretação da sentença; sentença adicional
1 – Nos trinta dias seguintes à recepção da sentença, a menos que as partes tenham acordado um outro prazo:
(a) Uma das partes pode, notificando a outra parte, pedir ao tribunal arbitral que rectifique no texto da sentença qualquer erro de cálculo ou tipográfico ou qualquer erro de natureza idêntica.
(b) Se as partes assim acordarem, uma delas pode, notificando a outra, pedir ao tribunal arbitral que interprete um ponto ou uma passagem específica da sentença.
Se o tribunal arbitral considerar o pedido justificado, faz a rectificação ou interpretação nos 30 dias seguintes à recepção do pedido. A interpretação passa a fazer parte integrante da sentença.
2 – O tribunal arbitral pode, por sua iniciativa, rectificar qualquer erro do tipo referido na alínea a) do parágrafo 1.º do presente artigo, nos 30 dias seguintes à data da sentença.
3 – Salvo acordo das partes em contrário, uma das partes pode, notificando a outra, pedir ao tribunal arbitral que, nos 30 dias seguintes à recepção da sentença, profira uma sentença adicional sobre certos pontos do pedido expostos no decurso do processo arbitral mas omitidos na sentença. Se julgar o pedido justificado, o tribunal arbitral profere a sentença adicional dentro de 60 dias.
4 – O tribunal arbitral pode prolongar, se for necessário, o prazo de que dispõe para rectificar, interpretar ou completar a sentença, nos termos dos parágrafos 1º ou 3º do presente artigo.
5 – As disposições do artigo 31º aplicam-se à rectificação ou à interpretação da sentença, ou à sentença adicional.(UNCITRAL. Lei Modelo da Uncitral Sobre Arbitragem Comercial Internacional 1985: Com as alterações adoptadas em 2006. Ministério da Justiça: Direcção-Geral da Política de Justiça, abril 2011).
47. "Seria o caso, por exemplo, de ter deixado de acatar a prescrição alegada pela parte. O árbitro, neste caso, teria deixado de considerar preceito legal imperativo e ao reformular o seu entendimento anterior, estaria observando, inclusive, o disposto no art. 2º, § 2º da Lei de Arbitragem (ordem pública)" (LEMES, op. cit., 2005, p. 37-39).
"Cabe consignar que este procedimento [os embargos arbitrais] poderá levar à modificação da própria sentença arbitral, na medida em que a omissão sobre o ponto em que a decisão deveria ter se manifestado determinar, após a sua respectiva apreciação, como consequência [sic] lógica, uma modificação na parte dispositiva da sentença" (PINHEIRO CARNEIRO, Paulo Cezar. Aspectos processuais da nova lei de arbitragem. In: CASELLA, Paulo Borba (Coord.). *Arbitragem*: a nova lei brasileira (9.307/1996) e a praxe internacional. São Paulo: LTr, 1996. p. 150).
No mesmo sentido: PARENTE, op. cit. 2010, p. 306; e CARMONA, op. cit. 2009, p. 384.

o contraditório no âmbito do processamento dos pedidos de esclarecimentos, permitindo-se o debate das partes a respeito das questões que podem ensejar correção ou, excepcionalmente, modificação da sentença arbitral.

Por fim, a Lei de Arbitragem não trata da quantidade de pedidos de esclarecimentos que podem ser apresentados no procedimento arbitral, ao contrário do que ocorre com o tratamento conferido aos embargos de declaração pelo CPC. Considerando que um dos propósitos da arbitragem é permitir uma solução eficiente e célere à controvérsia, é razoável concluir que o legislador não vislumbrou conferir múltiplas oportunidades às partes para pedir reiterados esclarecimentos à sentença arbitral.

Tem-se verificado, em alguns casos, certo abuso no manejo desse remédio, não só no que se refere às repetidas interposições, mas principalmente quanto ao conteúdo dos pedidos de esclarecimentos, suscitando-se argumentações impróprias e descabidas, extrapolando os limites impostos pelo artigo 30 da Lei de Arbitragem. O que se nota é que, em tais situações, os pedidos de esclarecimentos vêm sendo utilizados como uma espécie de preparação para futuras ações anulatórias da sentença arbitral, pela parte insatisfeita com seu conteúdo.

Para buscar proteger a sentença arbitral de eventuais ataques com base em alegação de cerceamento de defesa, a tendência tem sido conhecer e apreciar os pedidos de esclarecimentos, mesmo que para negá-los em sua integralidade, tecendo comentários voltados a não deixar dúvidas ou a reforçar a fundamentação. Esta realidade, apesar de distante do ideal, parece ser decorrente da cultura beligerante que permeia o exercício da advocacia no Brasil, que muitas vezes impede o litigante de se ater aos reais propósitos buscados ao eleger a arbitragem como forma de solução eficiente do conflito, prolongando uma discussão que deveria se encerrar com a sentença arbitral.[48] Uma forma de coibir abusos e desincentivar o uso aleatório ou descabido dos pedidos de esclarecimentos pode ser a cobrança de despesas adicionais para viabilizar o seu processamento, prática recentemente adotada pela CCI,[49] que pode servir de exemplo para as demais instituições arbitrais e alterar a prática que se tem verificado quanto ao manejo deste instrumento, para que se atenha aos propósitos originais.

Apresentadas as considerações gerais a respeito do propósito e do alcance dos pedidos de esclarecimentos, passa-se a tratar das hipóteses que permitem a sua apre-

---

48. "A contrariedade dos que se defrontam com uma decisão de mérito adversa tem dado azo a que busquem na tentativa de anulação do procedimento arbitral um meio de reverter uma posição de inconformismo, isso sem mencionar a circunstância de, em algumas oportunidades, se servirem dos embargos arbitrais como se estes tivessem sido cunhados com o objetivo de permitir a revisão ampla da decisão de mérito adversa". PINTO, op. cit. In: JOBIM; MACHADO(Coord.), 2008, p. 254.
49. 10 No caso de um requerimento apresentado nos termos dos artigos 36(2) ou 36(3) do Regulamento, ou de devolução de sentença arbitral nos termos do artigo 36(5) do Regulamento, a Corte poderá fixar uma provisão para cobrir honorários e despesas adicionais do tribunal arbitral, bem como despesas administrativas adicionais da CCI, e poderá condicionar o envio de tal requerimento ao tribunal arbitral ao pagamento da provisão à CCI de maneira total e antecipada. Ao aprovar a decisão do tribunal arbitral, a Corte fixará discricionariamente os custos do procedimento em razão de um requerimento ou de uma devolução de sentença arbitral, os quais incluirão os eventuais honorário (CCI, 2021).

sentação no ordenamento jurídico brasileiro, taxativamente elencadas pelo art. 30 da Lei de Arbitragem.

3.2 Correção de erro material

A hipótese de erro material, prevista no inciso I do art. 30 da Lei de Arbitragem, permite não apenas que as partes ingressem com pedido de esclarecimento voltado à sua correção, mas que os próprios árbitros, de ofício, procedam à retificação da sentença, independentemente de provocação das partes.[50]

Embora os exemplos mais comuns sejam àqueles relacionados à números ou grafia,[51] entendidos também como enganos de digitação ou de cálculo, o erro material configura qualquer outra espécie de desacerto patente na manifestação do entendimento dos árbitros,[52] que não se confunde com a impropriedade na análise dos fatos e/ou na aplicação do direito, quando se verifica o chamado erro de julgamento".[53]

3.3 Esclarecimento de obscuridade, dúvida, contradição ou omissão

Ao contrário do erro material, na ocorrência das hipóteses elencadas no inciso II do art. 30 da Lei de Arbitragem, cabe às partes a iniciativa de buscar o esclarecimento da sentença.

A obscuridade e a dúvida são conceitos muito próximos, verificando-se quando não for possível extrair a verdadeira inteligência dos árbitros ao apresentarem a fundamentação das questões controvertidas da lide ou mesmo ao consignarem a decisão no dispositivo, prejudicando a interpretação da sentença, por ausência de clareza que dificulte a compreensão da racionalidade da decisão.[54]

A contradição, por sua vez, para que seja apta a ensejar a apresentação de pedido de esclarecimentos deve ser observada dentro dos próprios limites da sentença arbitral. Trata-se da contradição interna do julgado, que não se confunde com a divergência entre a sentença e a lei, em caso de julgamento contrário ao que impõe a legislação aplicável, que configuraria erro de julgamento, o qual não enseja a propositura de

---

50. "Outra questão prática que se apresenta para o árbitro, diante de erro material, como, por exemplo, diante de raciocínio matemático incorreto ou redação equivocada, se poderia retificar espontaneamente a sentença arbitral. Com efeito, na linha do acima exposto, afigura-se pertinente a retificação imediata, mesmo que as partes não a tenham solicitado" (LEMES, op. cit., 2005, p. 37).
51. Ibidem, p. 38.
52. "Referido erro caracteriza-se por uma situação de dissonância flagrante entre a vontade do julgador e a sua exteriorização; um defeito mínimo de expressão, que não interfere no julgamento da causa e na ideia nele veiculada (por exemplo, 2 + 2 = 5). E não há ninguém melhor do que o próprio prolator da decisão para ajustar o seu texto àquilo que pensou por ocasião da sua elaboração (interpretação autêntica)".
53. DIAS, Handel Martins. Cabimento dos Embargos de Declaração para a Correção de Erro Material do Juiz: Oportunidade para se Rediscutir a Natureza Jurídica do Pedido Aclaratório. In: MIRANDA, Gilson Delgado. PIZZOL, Patricia Miranda. Os Embargos de Declaração e o Aprimoramento da Atividade Jurisdicional. *Revista de Processo*, v. 326, p. 257-279, abr. 2022.
54. BONDIOLI, op. cit., 2012, p. 181-207.

pedidos de esclarecimentos.⁵⁵ Assim, ainda que a decisão posta na sentença contrarie o direito aplicável, ou mesmo as provas produzidas no curso da instrução, isto não pode ser usado como fundamento para arguir contradição em sede de pedidos de esclarecimentos.

Por outro lado, a sentença arbitral é omissa quando deixa de apreciar matéria sobre a qual os árbitros deveriam ter se manifestado ou de consignar determinada decisão no dispositivo. Trata-se da ausência de exame da pretensão ou argumentos trazidos por uma parte que poderiam ter infirmado ou resultado no acolhimento de determinado pleito.⁵⁶ Nestes casos, se procedente o pedido da parte, caberá aos árbitros suprir a omissão por meio de uma decisão de caráter integrativo-retificador.

Verificadas as hipóteses aqui tratadas e mediante provocação das partes, confere-se aos árbitros a oportunidade de fazer a interpretação de suas próprias sentenças, se assim entenderem adequado ou necessário, tal como previsto na Lei Modelo da Comissão das Nações Unidas sobre Arbitragem Comercial Internacional,⁵⁷ cujas premissas nortearam a legislação brasileira. Se for considerada oportuna e necessária, a interpretação será consubstanciada em uma decisão que integrará a sentença arbitral, como um adendo. Entretanto, é possível que, após o recebimento desse pedido, os árbitros se recusem a interpretar a sentença e emitam uma decisão nesse sentido.⁵⁸

4. ENCERRAMENTO DA JURISDIÇÃO ARBITRAL

A jurisdição arbitral tem origem no acordo de vontades das partes, por meio da pactuação da convenção de arbitragem,⁵⁹ inicia-se com a instituição da arbitragem⁶⁰ e subsiste até que a arbitragem esteja propriamente encerrada.⁶¹

---

55. "(...) a contradição remete à incoerência, à discordância, à desarmonia entre afirmações constantes do pronunciamento do julgador. É importante registrar que a contradição autorizadora dos embargos declaratórios é a que se manifesta internamente, na própria decisão, e não aquela decorrente de um confronto do julgado com elementos externos (por exemplo, outra decisão)". Ibidem, p. 181-207.
56. Ibidem, p. 181-207.
57. Artigo 33. Ratificação e Interpretação da Sentença e Sentença Adicional.
    1 – Nos trinta dias seguintes à recepção da sentença, a menos que as partes tenham convencionado outro prazo;
    b) se as partes assim convencionarem, uma pode, notificando a outra, pedir ao tribunal arbitral que interprete um ponto ou passagem precisa da sentença.
    Se o tribunal arbitral considerar o pedido justificado, fará a retificação ou interpretação nos trinta dias subsequentes à recepção do pedido. A interpretação fará parte integrante da sentença.
    UNCITRAL. *Lei Modelo da Uncitral Sobre Arbitragem Comercial Internacional 1985*: Com as alterações adoptadas em 2006. Ministério da Justiça: Direcção-Geral da Política de Justiça, abril 2011.
58. BAPTISTA, Luiz Olavo. *Correção e Esclarecimento de Sentenças Arbitrais*. Revista Brasileira de Arbitragem, Comitê Brasileiro de Arbitragem CBAr & IOB; Comitê Brasileiro de Arbitragem CBAr & IOB 2010, v. VII, Issue 26, p. 7-20.
59. Art. 3º As partes interessadas podem submeter a solução de seus litígios ao juízo arbitral mediante convenção de arbitragem, assim entendida a cláusula compromissória e o compromisso arbitral. (BRASIL. *Lei n. 9.307 de 23 de setembro de 1996*. Dispõe sobre a arbitragem. Brasília: DF, 1996).
60. Art. 19. Considera-se instituída a arbitragem quando aceita a nomeação pelo árbitro, se for único, ou por todos, se forem vários. (BRASIL. *Lei 9.307 de 23 de setembro de 1996*. Dispõe sobre a arbitragem. Brasília: DF, 1996).
61. DINAMARCO, op. cit., 2017, p. 185.

Via de regra, a sentença arbitral final é o marco que encerra a jurisdição arbitral. Esta sentença pode encerrar o procedimento arbitral com ou sem o julgamento do mérito da controvérsia. Com efeito, é possível que, mesmo antes de se enfrentar a discussão de mérito, seja suscitada uma questão jurisdicional preliminar e os árbitros, ao apreciá-la, entendam que lhes falta a devida competência para julgar a matéria que lhes fora submetida.

Pode ocorrer, ainda, que a jurisdição arbitral se encerre antecipadamente com relação a determinadas matérias e subsista quanto a outras, na hipótese de proferimento de sentenças arbitrais parciais, cuja possibilidade foi sistematizada com a reforma na Lei de Arbitragem, promovida pela Lei 13.129/15, que incluiu no artigo 23 a autorização expressa para proferimento de sentenças arbitrais parciais,[62] refletindo o entendimento consolidado da doutrina e da jurisprudência.

Contudo, conforme explicitado acima, a jurisdição arbitral não se encerra de modo automático a partir da notificação da sentença às partes, mas tão somente após o transcurso do prazo para a apresentação do pedido de esclarecimentos ou da decisão destes.

Ademais, verifica-se uma excepcionalidade ao fim da jurisdição arbitral, quando os poderes dos árbitros forem eventualmente reestabelecidos por força de decisão judicial que determinar aos árbitros que profiram nova sentença ou a complementem, conforme previsto nos parágrafos 2º e 4º do artigo 33 da Lei de Arbitragem.[63] Tal situação passou a ser prevista expressamente na Lei de Arbitragem a partir da revisão ocorrida em 2015, ainda não integrada à prática que se tem verificado desde então.

CONCLUSÃO

A imutabilidade da sentença arbitral e seus efeitos imediatos constituem um dos principais elementos que levaram à consolidação do instituto da arbitragem no Brasil e que são primordialmente levados em consideração por aqueles que optam pela jurisdição privada. Por isto, é extremamente importante que esses pilares do sistema arbitral se mantenham íntegros e não se deixem abalar por tentativas de se desvirtuar os propósitos do arcabouço legal muito bem estruturado em nosso ordenamento jurídico.

A confirmação da produção dos efeitos da coisa julgada nas sentenças arbitrais traz a necessária segurança jurídica às partes envolvidas no procedimento ou que tenham relação direta e indissociável com o litígio, em situações específicas.

O mecanismo previsto pela Lei de Arbitragem somente para permitir a correção de erros materiais ou vícios formais, os chamados *erros in procedendo,* ausente a pos-

---

62. Art. 23 § 1º Os árbitros poderão proferir sentenças parciais. (BRASIL. *Lei n. 9.307 de 23 de setembro de 1996.* Dispõe sobre a arbitragem. Brasília: DF, 1996).
63. Art. 33, § 2º A sentença que julgar procedente o pedido declarará a nulidade da sentença arbitral, nos casos do art. 32, e determinará, se for o caso, que o árbitro ou o tribunal profira nova sentença arbitral.
§ 4º A parte interessada poderá ingressar em juízo para requerer a prolação de sentença arbitral complementar, se o árbitro não decidir todos os pedidos submetidos à arbitragem.
(BRASIL. *Lei 9.307 de 23 de setembro de 1996.* Dispõe sobre a arbitragem. Brasília: DF, 1996).

sibilidade de rediscussão do mérito da decisão, está em consonância com as soluções encontradas em âmbito internacional, colocando a prática da arbitragem doméstica no mesmo patamar da arbitragem internacional. Com isto, assegura-se a almejada celeridade do procedimento arbitral e protege o provimento jurisdicional final e definitivo de táticas protelatórias, garantindo-se a efetividade da arbitragem como meio mais adequado de solução de conflitos.

BIBLIOGRAFIA E JULGADOS SELECIONADOS

ABBUD, André de Albuquerque Cavalcanti, e ARAGÃO, Paulo Cezar. Arbitragem Societária: Autoridade da Sentença Arbitral e a Regra sobre Informação e Participação dos Interessados nas Disputas sobre Relações Incidentais. In: YARSHELL, Flávio Luiz e PEREIRA, Guilherme Setogut J. (Coord.). *Processo Societário IV*. São Paulo: Quartier Latin, 2021.

BAPTISTA, Luiz Olavo. Correção e Esclarecimento de Sentenças Arbitrais. *Revista Brasileira de Arbitragem*, v. VII, Issue 26, p. 7-20. Comitê Brasileiro de Arbitragem CBAr & IOB; Comitê Brasileiro de Arbitragem CBAr & IOB 2010.

BONDIOLI, Luis Guilherme Aidar. Embargos de Declaração e Arbitragem. *Revista de Arbitragem e Mediação*, v. 34/2012, p. 181-207, jul.-set. 2012.

BONDIOLI, Luiz Guilherme A.; FONSECA, João Francisco N. da. *Comentários ao Código de Processo Civil*. São Paulo: Saraiva, 2016. v. XX.

BRASIL. *Lei 9.307 de 23 de setembro de 1996*. Dispõe sobre a arbitragem. Brasília: DF, 1996. Disponível em: http://www.planalto.gov.br/ccivil_03/leis/l9307.htm. Acesso em: 09 maio 2022.

BRAULOTTE, Tara. Paris Court of Appeal Confirms Reluctance to Invalidate Lockdown Awards. *Kluwer Arbitration Blog*. 10 mar. 2022. Disponível em: http://arbitrationblog.kluwerarbitration.com/2022/03/10/paris-court-of-appeal-confirms-reluctance-to-invalidate-lockdown-awards-2/. Acesso em: 09 maio 2022.

CAMARB – CÂMARA DE MEDIAÇÃO E ARBITRAGEM EMPRESARIAL – BRASIL. *Regulamento de Arbitragem*. [S. l.: s. n.], 2019. Disponível em: https://camarb.com.br/wpp/wp-content/uploads/2019/10/regulamento-de-arbitragem-camarb-2019_atualizado2019.pdf. Acesso em: 09 maio 2022.

CARMONA, Carlos Alberto. *Arbitragem e processo*: um comentário à Lei 9.307/96. 3. ed. São Paulo: Atlas, 2009.

CERIONE, Clara. Novas regras para arbitragem da CCI reforçam segurança e transparência. *JOTA*, 15 fev. 2021. Disponível em: https://www.jota.info/coberturas-especiais/seguranca-juridica-investimento/regra-arbitragem-cci-seguranca-transparencia-15022021 Acesso em: 09 maio 2022.

COSTA, Guilherme Recena. *Partes e terceiros na arbitragem*. Tese (Doutorado em Direito). São Paulo: Faculdade de Direito da Universidade de São Paulo, 2015.

DE SOUZA, Antônio Pedro Garcia; FIGUEIREDO, Raphael Rodrigues da Cunha. Árbitro de emergência: conceito, desenvolvimento e adequação, em João Bosco Lee e Flavia Mange, *Revista Brasileira de Arbitragem*, v. XVI, ed. 63, p. 77-95, © Comitê Brasileiro de Arbitragem CBAr & IOB; Kluwer Law International 2019.

DIAS, Handel Martins. Cabimento dos Embargos de Declaração para a Correção de Erro Material do Juiz: Oportunidade para se Rediscutir a Natureza Jurídica do Pedido Aclaratório. Revista de Processo, v. 306/2020, p. 225-244, ago. 2020.

DINAMARCO, Cândido Rangel. *Instituições de Direito Processual Civil*. 9 ed. São Paulo: Malheiros, 2017. v. 1.

DE LY, Filip; SHEPPARD, Audley William. ILA Recommendations on Lis Pendens and Res Judicata and Arbitration. *Arbitration International*, v. 25, n. 1, p. 83-86, 2009. Disponível em: https://academic.oup.com/arbitration/article-lookup/doi/10.1093/arbitration/25.1.83. Acesso em: 23 maio 2022.

GUSMÃO, Manoel Aureliano de. *Coisa julgada*: no cível, no crime e no direito internacional. 2. ed. São Paulo: Livraria Acadêmica, Saraiva & C. – Editores, 1922.

INTERNATIONAL CHAMBER OF COMMERCE. *Arbitration Rules*. [S. l.: s. n.], 2017. Disponível em: https://jusmundi.com/en/document/rule/en-international-chamber-of-commerce-2017-icc-2017. Acesso em: 20 maio 2022.

INTERNATIONAL CHAMBER OF COMMERCE. ICC. Cour d'appel de Paris. N. RG 20/10166 – N. Portalis 35L7-V-B7E-CCC7R. 30 nov. 2021. Disponível em: https://innovent.fr/wp-content/uploads/2021/12/arret-de-la-Cour-dappel.pdf. Acesso em: 09 maio 2022.

INTERNATIONAL CHAMBER OF COMMERCE. ICC. *Nota às Partes e aos Tribunais Arbitrais sobre a Condução da Arbitragem Conforme o Regulamento de Arbitragem da ICC*. [S. l.: s. n.], jan. 2019. Disponível em: https://cms.iccwbo.org/content/uploads/sites/3/2017/03/icc-note-to-parties-and-arbitral-tribunals-on-the-conduct-of-arbitration-portuguese.pdf. Acesso em: 20 maio 2022.

JACOMINI, Fernanda Perez; MERLUSSI, Natália Parmigiani. Da investidura ao encerramento da jurisdição arbitral. *Revista de Direito Empresarial*, v. 3, 2014.

NERY JUNIOR, Nelson. *Princípios no Processo na Constituição Federal* – Processo civil, penal e administrativo. 11. ed. São Paulo: Ed. RT, 2012.

KNUTSON, R. D. A. A interpretação de sentenças arbitrais – Quando uma sentença final não é final? Revista de Arbitragem Internacional, v. 11, n. 2, 1994.

LEE, João Bosco; VALENÇA FILHO, Clávio de Melo. *A Arbitragem no Brasil*. Brasília: Confederação das Associações Comerciais do Brasil, 2002.

LEMES, Selma Ferreira. Os "Embargos Arbitrais" e a Revitalização da Sentença Arbitral. *Revista de Arbitragem e Mediação*, v. 6, p. 37-39, jul.-set. 2005.

LEMES, Selma. Pedido de Esclarecimentos – Entendimento e Abrangência. In: MOREIRA, Ana Luíza; BERGER, Renato. *Arbitragem e outros temas de Direito Privado*. Homenagem a José Emílio Nunes Pinto. São Paulo: Quartier Latin, 2021.

LEMES, Selma. A Sentença Arbitral. *Doutrinas Essenciais Arbitragem e Mediação*. São Paulo, set. 2014. v. 3.

LEW, Julian D. M; MISTELIS, Loukas A; KRÖLL, Stefan M. *Comparative International Commercial Arbitration*. Países Baixos: Kluwer Law International, 2003.

LIEBMAN, Enrico Tullio. *Manual de Direito Processual Civil*. 3 ed. São Paulo: Malheiros, 2005. v. I.

LIEBMAN, Enrico Tulio. *Eficácia e autoridade da sentença e outros escritos sobre a coisa julgada*. 4. ed. Rio de Janeiro: Forense, 2006.

MAGALHÃES, José Carlos de. PALMA, Tania F. Rodrigues. A Coisa Julgada na Arbitragem. *Revista de Arbitragem e Mediação*, v. 63, p. 121-135, out./dez. 2019.

MIRANDA, Gilson Delgado. PIZZOL, Patricia Miranda. Os Embargos de Declaração e o Aprimoramento da Atividade Jurisdicional. *Revista de Processo*, v. 326, p. 257-279, abr. 2022.

MARINONI, Luiz Guilherme. Arbitragem e coisa julgada sobre questão. *Revista de Arbitragem e Mediação*, v. 58, p. 99-117, São Paulo, jul.-set. 2018.

NAGAO, Paulo Issamu. In: GRINOVER, Ada Pellegrini e WATANABE, Kazuo (Coord.). *Do Controle Judicial da Sentença Arbitral*. Brasília: Gazeta Jurídica. 2013.

PARENTE, Eduardo de Albuquerque. *Processo arbitral e sistema*. 2010. Tese (Doutorado em Direito Processual) – Faculdade de Direito, Universidade de São Paulo, São Paulo, 2010. Disponível em: doi:10.11606/T.2.2010.tde-02042013-165242. Acesso em: 17 maio 2022.

PINTO, José Emílio Nunes. Anulação de sentença arbitral infra petita, extra petita ou ultra petita. In: JOBIM, Eduardo; MACHADO, Rafael Bicca (Coord.). *Arbitragem no Brasil*: aspectos jurídicos relevantes. São Paulo: Quartier Latin, 2008.

PEREIRA, Cesar; QUINTÃO, Luísa. *Arbitragem Coletiva no Brasil*: a atuação de entidades representativas (art. 5º, XXI, da Constituição Federal). Disponível em: [www.justen.com.br/pdfs/IE103/Arbitragem_coletiva.pdf].

SCHINEMANN, Caio César Bueno. Coisa Julgada Arbitral: A Natureza Jurídica da Sentença Arbitral Imutável. *Revista de Arbitragem e Mediação*, v. 65, p. 189-207, abr./jun. 2020.

SZKLAROWSKY, Leon Frejda. A Arbitragem – Uma Visão Crítica. *Revista de Processo*, v. 212, p. 203-278, out. 2012.

UNCITRAL. *Lei Modelo da Uncitral Sobre Arbitragem Comercial Internacional 1985*: Com as alterações adoptadas em 2006. Ministério da Justiça: Direcção-Geral da Política de Justiça, abril 2011. Disponível em: https://dgpj.justica.gov.pt/Portals/31/Edi%E7%F5es%20DGPJ/Lei-modelo_uncitral.pdf. Acesso em: 10 maio 2022.

VALÉRIO, Marco Aurélio Gumieri. Homologação de sentença arbitral estrangeira. *Revista de Informação Legislativa*. n. 186, p. 01-17. Brasília, abr.-jun. 2010

YARSHELL, Flávio. Ainda sobre o caráter subsidiário do controle jurisdicional estatal da sentença arbitral. *Revista de Arbitragem e Mediação*, v. 50, p. 155-163, jul.-set. 2016.

XXIV
AÇÃO ANULATÓRIA

Newton Coca Bastos Marzagão

Doutor e Mestre em Direito Processual pela Universidade de São Paulo (USP). Advogado.

Júlia Teixeira Rodrigues

Mestre em Direito Constitucional pela Pontifícia Universidade Católica de São Paulo (PUC-SP). Graduada pela Faculdade de Direito da Pontifícia Universidade Católica de São Paulo (PUC-SP) e em Filosofia pela Faculdade de Filosofia, Letras e Ciências Humanas da Universidade de São Paulo (FFLCH-USP). Autora de capítulos de livros e artigos jurídicos. Advogada do Demarest Advogados.

Sumário: 1. Hipóteses de anulação da sentença arbitral; 1.1 Nulidade da convenção de arbitragem (art. 32, I, da Lei de Arbitragem); 1.2 Sentença proferida por quem não poderia ser árbitro (art. 32, II, da Lei de Arbitragem); 1.3 Sentença que não contém os requisitos do art. 26 (Art. 32, III, da Lei de Arbitragem); 1.4 Sentença proferida fora dos limites da convenção de arbitragem (art. 32, IV, da Lei de Arbitragem); 1.5 Sentença proferida por prevaricação, concussão ou corrupção passiva (art. 32, VI, da Lei de Arbitragem); 1.6 Sentença proferida fora do prazo do art. 12, Inciso III (art. 32, VII, da Lei de Arbitragem); 1.7 Sentença que desrespeita os princípios do art. 21, § 2º (art. 32, VIII, da Lei de Arbitragem); 1.8 Art. 32, V, da Lei de Arbitragem – 2. Tipos de impugnação judicial da sentença arbitral; 2.1 Impugnação ao cumprimento de sentença; 2.1.1 Legitimidade; 2.1.2 Competência; 2.1.3 Rito; 2.1.4 Tutela de urgência; 2.1.5 Prazo decadencial; 2.2 Ação anulatória de sentença arbitral; 2.2.1 Objeto e hipóteses de cabimento; 2.2.2 Efeitos da sentença – 3. Ação pleiteando a prolação de sentença arbitral complementar; 3.1 Objeto e hipótese de cabimento; 3.2 Efeitos da sentença – Bibliografia e julgados selecionados.

1. HIPÓTESES DE ANULAÇÃO DA SENTENÇA ARBITRAL

Pode-se afirmar, sem medo de errar, que a eficiência e a celeridade se apresentam como atributos impulsionadores da arbitragem no Brasil. Ainda que nas disputas internacionais tais características nem sempre sejam o foco daqueles que buscam a solução pela via arbitral, em um país onde o Judiciário se encontra reconhecidamente assoberbado,[1] o prospecto de obter decisões céleres e em um procedimento eficiente é visto por muitos como uma grande vantagem.

Entre outros fatores, contribui para essa almejada celeridade a particularidade de a sentença arbitral não estar, em princípio, sujeita a rediscussão de seu mérito.[2] Se ine-

---

1. De acordo com mais recente levantamento do Conselho Nacional de Justiça, o Poder Judiciário brasileiro contava, no final de 2021, com mais de 77,3 (setenta e sete vírgula três) milhões de processos em trâmite, dispondo de apenas 18.035 (dezoito mil e trinta e cinco) juízes para dar conta de todo esse acervo. Referimo-nos, aqui, ao *Justiça em números 2021* (ano-base de 2020). Disponível em: https://www.cnj.jus.br/wp-content/uploads/2022/09/justica-em-numeros-2022-1.pdf. Acesso em: 11 abr. 2023.
2. "As partes podem, perfeitamente, pactuar que a sentença arbitral estará sujeita a recurso semelhante ao de apelação do processo civil estatal – de modo a permitir uma revisão ampla da sentença em grau recursal" (WLADECK,

xiste, como regra, o direito de as partes rediscutirem, endoprocessualmente, o mérito da decisão proferida em sede arbitral, e se a arbitragem é um método heterocompositivo completo e hermético, por óbvio as hipóteses de anulação (ou nulidade) da sentença arbitral jamais poderiam se confundir ou equivaler às que disponham sobre o acerto ou desacerto da decisão arbitral em si.[3]

A ideia que pretendemos transmitir, com o precedente parágrafo, é a de que a ação anulatória do artigo 32 da Lei de Arbitragem (Lei 9.307/96) não foi projetada, pelo legislador, para funcionar como sucedâneo de apelação. Não está o Judiciário, pois, autorizado, pelo citado dispositivo, a revisitar o mérito das sentenças arbitrais, mas apenas realizar o controle quando houver a violação à ordem pública[4] ou desrespeito a princípios estruturantes[5] do procedimento. Justamente por isso o rol de hipóteses para anulação da sentença arbitral é tão restrito.

O presente artigo se propõe, em primeiro lugar, a analisar os principais aspectos das hipóteses de anulação[6] previstas no rol do artigo 32 da Lei de Arbitragem, enfrentando as questões que atualmente se apresentam como mais polêmicas. Na segunda parte do estudo, discorreremos sobre os veículos processuais dos quais podem se valer as partes para obter, em Juízo, a decretação da anulação (ou a declaração da nulidade) da sentença arbitral.

1.1 Nulidade da Convenção de Arbitragem (art. 32, I, da Lei de Arbitragem)

O primeiro item do rol do artigo 32 diz respeito à nulidade da convenção de arbitragem em si.

Felipe Scripes. *Impugnação da sentença arbitral*. São Paulo: JusPodivm, 2014, p. 85). Ainda que as partes possam convencionar um sistema de recurso na arbitragem, tal medida não é, na prática, muito usual.

3. Compartilhando desse posicionamento, o Professor Flávio Yarshell: "parece lícito partir da premissa de que a sentença do árbitro só está sujeita a controle jurisdicional estatal por vícios que configurem *error in procedendo*, ficando excluídas as hipóteses de controle sobre eventual *error in iudicando*" (YARSHELL, Flávio Luiz. Ação anulatória de julgamento arbitral e ação rescisória. *Revista de Arbitragem e Mediação*, n. 5, p. 97-98, abr.-jun. 2005).
4. Sobre o assunto, indicamos:
   OLIVEIRA, Humberto Santarosa de. *Anulação da sentença arbitral nacional por violação da ordem pública*. Disponível em: https://www.academia.edu/37822124/ANULA%C3%87%C3%83O_DA_SENTEN%C3%87A_ARBITRAL_NACIONAL_POR_VIOLA%C3%87%C3%83O_DA_ORDEM_P%C3%9ABLICA?pop_sutd=false. Acesso em: 13 out. 2022.
   NERY JR, Nelson. Ação anulatória de sentença arbitral – violação à ordem pública e caracterização de cerceamento de defesa. *Revista dos Tribunais*, v. 5, p. 151-184, set. 2014.
5. Sobre o sentido dos princípios estruturantes, indicamos a famosa obra do Professor Humberto Ávila: *Teoria dos princípios*: da definição à aplicação dos princípios jurídicos. 20. ed. São Paulo: Malheiros, 2021, p. 155.
6. Durante esse enxuto artigo, utilizaremos o termo "anulação" quando nos referirmos à generalidade das hipóteses do artigo 32, pois é assim que a doutrina nacional vem se referindo ao tema. Faremos uso do vocábulo "nulidade" quando o texto legal assim dispuser. Convém, contudo, destacar que na opinião dos autores desta resenha os incisos do aludido dispositivo veiculam hipóteses de nulidade, anulabilidade e inexistência. Nesse sentido, apenas a título exemplificativo, o escólio do juiz NAGAO, Paulo Issamu. *Do controle judicial da sentença arbitral*. Brasília: Gazeta Jurídica, 2013, p. 273-275 e do Professor CARMONA, Carlos Alberto. *Arbitragem e processo*: um comentário à Lei 9.307/96. 3. ed. São Paulo: Atlas, 2009, p. 398. Sobre a diferenciação entre atos nulos, anuláveis e inexistentes: MARZAGÃO, Newton Coca Bastos. Visão contemporânea da garantia do contraditório: correção de defeitos processuais. *Revista dos Tribunais*, v. 996, p. 513-543, 2018.

A redação original do mencionado dispositivo, alterada pela Lei 13.129, de 2015, previa a possibilidade de se buscar a declaração de nulidade da sentença arbitral em caso de vício do compromisso arbitral. A alteração, como é o caso para muitas das novidades introduzidas por intermédio da Lei de 2015, veio para deixar a previsão legal mais acurada, do ponto de vista técnico. Isto porque, como bem sabemos, o compromisso arbitral é apenas uma das espécies do gênero "convenção de arbitragem", que engloba também, por exemplo, a cláusula arbitral.

Ainda a título de introito, importante destacar que as hipóteses de nulidade da convenção de arbitragem podem ser encontradas não só na Lei de Arbitragem em si, mas também no Código Civil. Com efeito, sendo a convenção de arbitragem indubitavelmente um negócio jurídico, ela se submete às disposições da lei civil e não só ao quanto estatuído pela Lei de Arbitragem.

O primeiro grupo de invalidades previsto na Lei de Arbitragem em si pode ser encontrado no artigo 4º, §§ 1º e 2º, e nos artigos 9º e 10[7] e está mais voltado aos aspectos formais que devem ser observados pelas partes quando da manifestação de vontades. Os referidos dispositivos fixam os requisitos mínimos para que a cláusula arbitral e o compromisso sejam válidos: tratam, em suma, da obrigatoriedade de que se estabeleça por escrito o compromisso de submissão do litígio ao método arbitral, das peculiaridades a serem observadas na cláusula inserta em contratos por adesão e das informações mínimas que devem constar da convenção. Ausentes os requisitos contidos nos supracitados dispositivos, a cláusula arbitral ou o compromisso serão nulos, abrindo-se o caminho para a ação anulatória.

Para além desse grupo inicial, também será nula a convenção arbitral que não respeitar a previsão do artigo 1º da Lei de Arbitragem, ou seja, que venha a estabelecer a arbitragem de assunto relativo a direito não patrimonial não disponível.[8]

---

7. "Art. 4º A cláusula compromissória é a convenção através da qual as partes em um contrato comprometem-se a submeter à arbitragem os litígios que possam vir a surgir, relativamente a tal contrato.
§ 1º A cláusula compromissória deve ser estipulada por escrito, podendo estar inserta no próprio contrato ou em documento apartado que a ele se refira.
§ 2º Nos contratos de adesão, a cláusula compromissória só terá eficácia se o aderente tomar a iniciativa de instituir a arbitragem ou concordar, expressamente, com a sua instituição, desde que por escrito em documento anexo ou em negrito, com a assinatura ou visto especialmente para essa cláusula.
(...)
Art. 9º O compromisso arbitral é a convenção através da qual as partes submetem um litígio à arbitragem de uma ou mais pessoas, podendo ser judicial ou extrajudicial.
§ 1º O compromisso arbitral judicial celebrar-se-á por termo nos autos, perante o juízo ou tribunal, onde tem curso a demanda.
§ 2º O compromisso arbitral extrajudicial será celebrado por escrito particular, assinado por duas testemunhas, ou por instrumento público.
Art. 10. Constará, obrigatoriamente, do compromisso arbitral:
I – o nome, profissão, estado civil e domicílio das partes;
II – o nome, profissão e domicílio do árbitro, ou dos árbitros, ou, se for o caso, a identificação da entidade à qual as partes delegaram a indicação de árbitros;
III – a matéria que será objeto da arbitragem; e
IV – o lugar em que será proferida a sentença arbitral".
8. "Art. 1º As pessoas capazes de contratar poderão valer-se da arbitragem para dirimir litígios relativos a direitos patrimoniais disponíveis".

Por fim, também serão causas de anulação ou nulidade as hipóteses previstas no Código Civil, estabelecidas pelos artigos 166 e 171. Os referidos dispositivos também cominam as sanções da anulabilidade e da nulidade a vícios meramente formais, como se observa, por exemplo, dos incisos IV e V do artigo 166,[9] mas aumentam o leque de possibilidades, incluindo questões relacionadas à capacidade dos agentes contratantes,[10] ao estado anímico das partes na formação do negócio[11] e aos objetivos e motivos com os quais o negócio foi firmado.[12]

1.2 Sentença proferida por quem não poderia ser árbitro (art. 32, II, da Lei de Arbitragem)

Estará impedido de ser árbitro aquele que for absoluta ou relativamente incapaz, nos termos dos artigos 3º e 4º do Código Civil, sendo as partes autorizadas a recorrer ao Poder Judiciário para obter a invalidação da sentença arbitral eventualmente proferida nesses casos. Uma exceção ao elenco dos impedidos constante dos citados dispositivos poderia ser feita aos pródigos, que são considerados relativamente incapazes pela lei civil, mas cuja condição não necessariamente afeta sua capacidade para ser árbitro.[13]

Também estão impedidos de serem árbitros aqueles que incorrerem em alguma das hipóteses de impedimento e suspeição do Código de Processo Civil,[14] por previsão expressão do artigo 14 da Lei de Arbitragem.[15]

---

9. Tais incisos estabelecem a ausência da forma prescrita em lei ou de alguma das solenidades estabelecidas em lei, bem como a proibição legal da sua prática, como motivos para nulidade do negócio jurídico.
10. Os incapazes não podem celebrar convenção de arbitragem, tendo em vista que isto torna o negócio jurídico nulo ou anulável, nos termos dos artigos 166 (para os absolutamente incapazes) e 171 (para os relativamente incapazes).
11. Os negócios jurídicos firmados sob erro, dolo, coação ou estado de perigo, previstos nos artigos 138 a 156, do Código Civil, são anuláveis, nos termos do artigo 171 do mesmo diploma.
12. São considerados nulos os negócios jurídicos firmados com objeto ilícito, impossível ou indeterminável ou cujo motivo determinante seja ilícito. São ainda nulos os negócios que tenham por escopo fraudar lei imperativa.
13. "Por seu turno, como relativamente incapazes, temos: a) os maiores de 16 e menores de 18 anos; b) os ébrios habituais (alcoólatras) e os viciados em tóxicos; c) as pessoas que, por causa transitória ou definitiva, não puderem exprimir sua vontade; d) os pródigos, previsão que parece não ter incidência sobre o árbitro" (TARTUCE, Flávio; TARTUCE, Gracileia Monteiro. Da impugnação da sentença arbitral nacional no Brasil. Análise do rol do art. 32 da Lei de Arbitragem Brasileira. In: Olavo A. V. Alves Ferreira e Paulo Henrique dos Santos Lucon (Org.). *Arbitragem*: 5 anos da Lei 13.129, de 26 de maio de 2015. Ribeirão Preto: Migalhas, 2020, p. 201-202.
14. "Art. 144. Há impedimento do juiz, sendo-lhe vedado exercer suas funções no processo: I – em que interveio como mandatário da parte, oficiou como perito, funcionou como membro do Ministério Público ou prestou depoimento como testemunha; II – de que conheceu em outro grau de jurisdição, tendo proferido decisão; III – quando nele estiver postulando, como defensor público, advogado ou membro do Ministério Público, seu cônjuge ou companheiro, ou qualquer parente, consanguíneo ou afim, em linha reta ou colateral, até o terceiro grau, inclusive; IV – quando for parte no processo ele próprio, seu cônjuge ou companheiro, ou parente, consanguíneo ou afim, em linha reta ou colateral, até o terceiro grau, inclusive; V – quando for sócio ou membro de direção ou de administração de pessoa jurídica parte no processo; VI – quando for herdeiro presuntivo, donatário ou empregador de qualquer das partes; VII – em que figure como parte instituição de ensino com a qual tenha relação de emprego ou decorrente de contrato de prestação de serviços; VIII – em que figure como parte cliente do escritório de advocacia de seu cônjuge, companheiro ou parente, consanguíneo ou afim, em linha reta ou colateral, até o terceiro grau, inclusive, mesmo que patrocinado por advogado de outro escritório; IX – quando promover ação contra a parte ou seu advogado.
Art. 145. Há suspeição do juiz: I – amigo íntimo ou inimigo de qualquer das partes ou de seus advogados; II – que receber presentes de pessoas que tiverem interesse na causa antes ou depois de iniciado o processo, que

Questão relevante, que tem dado azo a reiteradas ações anulatórias, diz respeito ao inadequado (ou incompleto) exercício de revelação que deve ser realizado pelo árbitro, constante do § 1º do referido artigo 14. Como já mencionamos em outra oportunidade,[16] o árbitro deve, na dúvida, pecar pelo excesso, relevando todo e qualquer fato que tenha relação com as partes,[17] com os advogados que atuam no caso, com os escritórios de advocacia envolvidos e com o tema da arbitragem, sob pena de justificar o intento anulatório. A falha no dever de revelação tem levado a reiteradas demandas anulatórias no Judiciário brasileiro tanto em primeiro grau,[18] como perante o Superior Tribunal de Justiça (em sede de homologação de sentença estrangeira),[19] sendo, também, assunto de ações perante as mais altas Cortes estrangeiras.[20]

---

aconselhar alguma das partes acerca do objeto da causa ou que subministrar meios para atender às despesas do litígio; III – quando qualquer das partes for sua credora ou devedora, de seu cônjuge ou companheiro ou de parentes destes, em linha reta até o terceiro grau, inclusive; IV – interessado no julgamento do processo em favor de qualquer das partes.

15. "Art. 14. Estão impedidos de funcionar como árbitros as pessoas que tenham, com as partes ou com o litígio que lhes for submetido, algumas das relações que caracterizam os casos de impedimento ou suspeição de juízes, aplicando-se-lhes, no que couber, os mesmos deveres e responsabilidades, conforme previsto no Código de Processo Civil.

§ 1º As pessoas indicadas para funcionar como árbitro têm o dever de revelar, antes da aceitação da função, qualquer fato que denote dúvida justificada quanto à sua imparcialidade e independência.

§ 2º O árbitro somente poderá ser recusado por motivo ocorrido após sua nomeação. Poderá, entretanto, ser recusado por motivo anterior à sua nomeação, quando:

a) não for nomeado, diretamente, pela parte; ou

b) o motivo para a recusa do árbitro for conhecido posteriormente à sua nomeação".

16. MARZAGÃO, Newton Coca Bastos. DIAS, Rodrigo Yves Favoretto. O dever de revelação do árbitro: aspectos essenciais para o seu adequado exercício. In: VASCONCELOS, Ronaldo; MALUF, Fernando; SANTOS, Giovani Ravagnani; LUÍS, Daniel Tavela. (Org.). *Análise prática das Câmaras Arbitrais e da arbitragem no Brasil*. São Paulo: IASP, 2019, v. 1, p. 103-130.

17. Assim entendidas não apenas as pessoas (jurídicas ou físicas) formalmente listadas como partes na arbitragem, mas também eventuais empresas coligadas, controladoras e pertencentes ao mesmo grupo econômico. Obviamente, esse dever de revelação, no tocante a essas "pessoas vinculadas", pressupõe uma conjugação de esforços entre partes e árbitro, pois nem sempre o árbitro indicado tem como saber, de antemão, que a empresa X ou Y é controlada pelo grupo A ou B ou a ela coligada. O Código de Ética para os Árbitros Internacionais, elaborado pela IBA (*International Bar Association*), serve de ótimo referencial para saber o que se deve revelar.

18. Citamos, como exemplo, o mais recente e famoso caso em trâmite na Justiça paulista: https://www1.folha.uol.com.br/mercado/2021/08/arbitro-deixa-processo-que-prometia-encerrar-briga-de-jf-e-paper-excellence--por-controle-da-eldorado.shtml.

19. SEC (Sentença Estrangeira Contestada) 9.412-US:

"Homologação de sentenças arbitrais estrangeiras. Apreciação do mérito. Impossibilidade, salvo se configurada ofensa à ordem pública. Alegação de parcialidade do árbitro. Pressuposto de validade da decisão. Ação anulatória proposta no estado americano onde instaurado o tribunal arbitral. Vinculação do STJ à decisão da justiça americana. Não ocorrência. Existência de relação credor/devedor entre escritório de advocacia do árbitro presidente e o grupo econômico integrado por uma das partes. Hipótese objetiva passível de comprometer a isenção do árbitro. Relação de negócios, seja anterior, futura ou em curso, direta ou indireta, entre árbitro e uma das partes. Dever de revelação. Inobservância. Quebra da confiança fiducial. Suspeição. Valor da indenização. Previsão da aplicação do direito brasileiro. Julgamento fora dos limites da convenção. Impossibilidade" (Corte Especial, votação por maioria, j. 19.04.2017, DJe 30.05.2017).

20. Cour de Cassation 14-26279. Decisão de 16.12.2015 que confirmou o quanto decidido pela Cour d'appel de Paris de 14.10.2014. Abaixo o trecho que interessa para compreensão da discussão sobre o dever de revelação:

"Attendu que l'arrêt constate qu'en septembre 2009, l'arbitre unique avait souscrit une déclaration d'indépendance affirmant que le cabinet Fasken Martineau, au sein duquel il exerçait sa profession d'avocat, ne dispensait pas

Uma outra questão polêmica relacionada ao assunto atine à possibilidade de anulação de sentença proferida de forma unânime por painel no qual apenas um dos árbitros se encontrava impedido ou suspeito. Embora haja precedente no sentido de que o voto não determinante de membro do Tribunal impedido não torna nulo todo o julgamento,[21] ousamos discordar. Com as devidas vênias, parece a estes autores que o processo de convencimento em órgãos colegiados é retroalimentado, ou seja, muitas vezes o próprio debate entre os membros do painel facilita, conduz ou até mesmo induz à conclusão final. Sendo assim, a presença de árbitro impedido ou suspeito, na linha da figura da *fruit from a poisonous tree*, macula o painel por completo e, por consequência, a decisão tomada.

O mesmo racional se aplica para a sentença proferida em sentido contrário à do árbitro suspeito ou impedido, ou seja, no caso em que a maioria vote de forma destoante ao árbitro impedido/suspeito. Ainda que o voto do árbitro impedido de atuar também não tenha sido estritamente definidor do resultado nesse caso, da mesma forma em que na situação anterior, os comentários, opiniões e outras manifestações do julgador podem ter influído na decisão dos demais, ainda que para consolidá-la em sentido contrário ao seu, de modo que em nosso pensar a decisão final seria anulável. A despeito disto, importante ressaltar que há posição relevante da doutrina em sentido contrário, ou seja, no sentido de que nesse caso a sentença não ficaria maculada pelo voto divergente do árbitro impedido ou suspeito.[22]

1.3 Sentença que não contém os requisitos do art. 26 (art. 32, III, da Lei de Arbitragem)

A hipótese de anulação por falta dos requisitos do artigo 26, da Lei de Arbitragem, apesar de bastante autoexplicativa e direta, trouxe à tona a discussão sobre a possibilidade de anulação de sentença que, a despeito de inegavelmente incorrer em tal vício, não gere nenhum prejuízo para as partes ou para seu cumprimento. A doutrina parece ter se pacificado no sentido de que, na linha do brocado *pas de nullité sans grief*, também

---

actuellement de conseils à la société Leucadia National Corporation ; qu'il retient que, le 15 décembre 2010, le site internet de ce cabinet avait publié l'information, reprise en janvier 2011 par un magazine d'affaires destiné aux avocats, selon laquelle la société Leucadia National Corporation avait vendu sa participation dans une mine de cuivre canadienne, qu'elle était assistée, dans cette opération engagée depuis 2005, par une équipe de trois avocats du cabinet Fasken Martineau et que les débats, devant M. X..., étaient clos depuis le mois d'août 2010 et l'affaire mise en délibéré à la date à laquelle l'existence de ce rôle de conseil avait été rendue publique ; qu'ayant ainsi fait ressortir que l'arbitre n'en avait pas fait état dans sa déclaration d'indépendance, que le fait n'était pas notoire pour la société AGI avant le début de l'arbitrage, qu'en cours d'instance arbitrale, l'obligation de se livrer à des investigations sur l'indépendance de M. X... ne pesait pas sur cette dernière, compte tenu des garanties qu'il avait fournies lors de sa déclaration, et que celui-ci n'avait pas révélé une opération manifestement importante pour le cabinet, au regard de l'ample publicité donnée par ce dernier, la cour d'appel en a exactement déduit que, ces circonstances ignorées de la société AGI étant de nature à faire raisonnablement douter de l'indépendance et l'impartialité de l'arbitre, le tribunal arbitral était irrégulièrement constitué ; que le moyen, qui, en sa première branche, critique un motif erroné mais surabondant de l'arrêt, ne peut être accueilli".

21. TJRJ, 20ª Câmara Cível, Apelação Cível 0093502-39.2010.8.19.0001, Rel. Des. Letícia de Faria Sardas, julgado em 24.09.2014.
22. CAHALI, Francisco José. *Curso de arbitragem, mediação, conciliação, tribunal multiportas*. 7. ed. São Paulo: Thompson Reuters Brasil, 2018, p. 412.

deve ser demonstrado o prejuízo causado à parte em decorrência da falta dos requisitos do artigo 26, da Lei de Arbitragem.[23]

Assim, não parece plausível que se admita, por exemplo, uma anulatória de sentença arbitral baseada no fato de o relatório não registrar o nome das partes, com base no inciso I do artigo 26, contanto que estas estejam devidamente identificadas por outros elementos da sentença, entre outras situações que claramente interessariam apenas à parte vencida levantar, em tentativa de obter reversão da decisão.

Hipótese totalmente diversa, obviamente, é daquela sentença carente de fundamentação[24] (inciso II do artigo 26) ou desprovida de dispositivo (inciso III). Tanto em um caso, como no outro, plenamente cabível e justificável a propositura de ação visando à anulação da sentença arbitral.

1.4 Sentença proferida fora dos limites da convenção de arbitragem (art. 32, IV, da Lei de Arbitragem)

A convenção de arbitragem dá os contornos sobre o que poderá ser objeto de enfrentamento por parte do futuro árbitro ou tribunal arbitral. Nesse sentido, a sentença *extra* (que decida pretensão não posta pelas partes) ou *ultra petita* (que vá além dos pedidos e objeto do procedimento arbitral) são, como se pode inferir, passíveis de ações anulatórias.

Assim como no Judiciário, a maioria da doutrina[25] entende que apenas a sentença *extra petita* deverá ser integralmente anulada, sendo que a sentença *ultra petita* deverá ser parcialmente anulada, apenas no que concerne o conteúdo que extrapolou os limites do pedido e objeto dispostos na convenção de arbitragem. A sentença *infra petita*, por

---

23. "Faz-se necessária a demonstração pelo interessado da relevância na identificação do vício para determinado fim específico, apontando o prejuízo decorrente do efeito de forma" (CAHALI, Francisco. *Curso de arbitragem*. São Paulo: Ed. RT, 2011, p. 390).

    "Quartamente, lembremos que não existe nulidade sem prejuízo, logo, sempre que possível, deverá ser mantida a sentença arbitral. Nesse sentido, cumpre-nos transcrever as corretas palavras do ministro Sálvio de Figueiredo Teixeira, que, mesmo antes de a atual LA ter sido publicada, afirmou em brilhante decisão que 'a exemplo do que se dá em relação ao processo jurisdicionalizado, não se deve declarar a invalidade do juízo arbitral quando ele alcança o seu objetivo, não obstante a ocorrência de irregularidades formais'" (BERALDO, Leonardo de Faria. *Curso de arbitragem*: nos termos da Lei 9.307/96. São Paulo: Atlas, 2014, p. 482).

24. Nesse sentido, há recente precedente do Tribunal de Justiça paulista: Processo 1048961-82.2019.8.26.0100. Maiores detalhes em: https://www.conjur.com.br/2021-mar-17/tj-sp-anula-parte-sentenca-arbitral-falta-fundamentacao. Acesso em: 1º mar. 2022. A título de Direito Comparado, podemos dizer que na Itália encontramos entendimentos semelhante ao aqui defendido: "il lodo è impugnabile solo se l'arbitro non palesa le raggione della decisione, non anche se le ragioni palesate non sono convincenti" (LUISO, Francesco Paolo. *Diritto Processual Civile*. Giuffrè, 1997, p. 356). O referido autor também comenta que as causas de nulidade do procedimento arbitral, constante do art. 829, I, do CPC italiano, são muito similares ao art. 32 da Lei de Arbitragem.

    Sabemos, contudo, que existem jurisdições que aceitam a prolação de sentenças arbitrais não fundamentadas: caso dos Estados Unidos (nesse sentido, a título exemplificativo, a R-42 do Regulamento de Arbitragem Comercial da *American Arbitration Association* e o art. 27(2) do Regulamento de Arbitragem Internacional do *International Centre for Dispute Resolution*). No mesmo sentido, o artigo 31(2) da Lei Modelo da Uncitral.

25. SCAVONE JUNIOR, Luiz Antonio. *Manual de arbitragem: mediação e conciliação*. 6. ed. Rio de Janeiro: Forense, 2015, p. 225.

    PARENTE, Eduardo de Albuquerque. *Processo arbitral e sistema*. São Paulo: Atlas, 2012, p. 274.

sua vez, recentemente recebeu tratamento diferenciado pela Lei de Arbitragem, não sendo mais passível de anulação, como será abordado mais à frente.

1.5 Sentença proferida por prevaricação, concussão ou corrupção passiva (art. 32, VI, da Lei de Arbitragem)

O Código Penal define os crimes de prevaricação, concussão e corrupção passiva nos artigos 316, 317 e 319. Todos os mencionados tipos penais exigem que ao menos um dos agentes envolvidos no cometimento dos tais delitos seja funcionário público. Entretanto, para fins de anulação com base na Lei de Arbitragem, se considera que os árbitros, por exercerem função análoga à função pública de administração da justiça, fazem as vezes do funcionário público.

Dito isto, mencionados tipos penais podem ser resumidos em:

- Concussão: árbitro que exige vantagem indevida para si ou para terceiros, direta ou indiretamente, ainda que antes de ter se tornado árbitro do caso ou depois de deixar de sê-lo, mas em razão de tal fato;[26]

- Corrupção passiva: árbitro que solicita ou recebe vantagem indevida para si ou para terceiros, direta ou indiretamente, ainda que antes de ter se tornado árbitro do caso ou depois de deixar de sê-lo, mas em razão de tal fato;[27] e

- Prevaricação: árbitro que, para satisfazer interesse pessoal, "retardar ou deixar de praticar, indevidamente, ato de ofício, ou praticá-lo contra disposição expressa de lei".[28]

Nesse caso, assim como na hipótese do vício relativo ao inciso II do artigo 32, poderia haver dúvida com relação à validade da sentença proferida por painel de árbitros se apenas um dos julgadores tiver incorrido em alguma das condutas descritas acima. Ainda que seja salutar que a questão seja analisada no caso a caso, ponderando o impacto real do vício na formação do convencimento do painel, parece a estes autores que não há como validar uma sentença arbitral que contou com a participação de árbitro tão gravemente corrompido, seja qual tenha sido seu papel na formação do resultado final.

---

26. "Concussão
    Art. 316. Exigir, para si ou para outrem, direta ou indiretamente, ainda que fora da função ou antes de assumi-la, mas em razão dela, vantagem indevida:
    Pena: reclusão, de 2 (dois) a 12 (doze) anos, e multa".
27. "Corrupção passiva
    Art. 317. Solicitar ou receber, para si ou para outrem, direta ou indiretamente, ainda que fora da função ou antes de assumi-la, mas em razão dela, vantagem indevida, ou aceitar promessa de tal vantagem:
    Pena: reclusão, de 2 (dois) a 12 (doze) anos, e multa.
    § 1º A pena é aumentada de um terço, se, em consequência da vantagem ou promessa, o funcionário retarda ou deixa de praticar qualquer ato de ofício ou o pratica infringindo dever funcional.
    § 2º Se o funcionário pratica, deixa de praticar ou retarda ato de ofício, com infração de dever funcional, cedendo a pedido ou influência de outrem:
    Pena: detenção, de três meses a um ano, ou multa".
28. "Prevaricação
    Art. 319. Retardar ou deixar de praticar, indevidamente, ato de ofício, ou praticá-lo contra disposição expressa de lei, para satisfazer interesse ou sentimento pessoal:
    Pena: detenção, de três meses a um ano, e multa".

1.6 Sentença proferida fora do prazo do art. 12, inciso III (art. 32, VII, da Lei de Arbitragem)

A Lei de Arbitragem, na esteira das considerações que fizemos a título de introito com relação à relevância da celeridade e eficiência, houve por bem estabelecer a possibilidade de as partes convencionarem, no compromisso arbitral, prazo para apresentação da sentença arbitral.[29] A importância conferida à tal previsão foi tamanha que o transcurso do prazo previsto, contanto que a parte tenha notificado o tribunal arbitral e este tenha se quedado inerte por mais de 10 (dez) dias, gera a extinção do compromisso arbitral, nos termos do inciso III, do artigo 12.[30]

Além disso, a Lei de Arbitragem também estabeleceu hipótese específica de nulidade, para sentença proferida fora do prazo acima mencionado, contato que o tribunal arbitral tenha, também aqui, sido notificado e tenha se quedado inerte por mais 10 (dez) dias.[31]

Na prática, a hipótese não é muito utilizada, a uma em razão do fato de que a necessidade de prévia notificação dos árbitros acaba por suprir muitos dos casos em que seria aplicável, a duas porque as partes obviamente entendem que, em casos complexos, a extrapolação de prazos por parte do árbitro ou do tribunal arbitral mostra-se mais do que razoável (a função de julgar não é mecanizada e, portanto, pode demandar um prazo maior do que aquele estabelecido aprioristicamente pelo legislador).

1.7 Sentença que desrespeita os princípios do art. 21, § 2º (art. 32, VIII, da Lei de Arbitragem)

A última hipótese para anulação da sentença arbitral está relacionada ao desrespeito aos princípios estabelecidos pelo § 2º, do artigo 21,[32] quais sejam, os conhecidos (e fundamentais) princípios do devido processo legal: contraditório, igualdade das partes, imparcialidade do árbitro e seu livre convencimento.

Como já tivemos oportunidade de anotar anteriormente,[33] "qualquer procedimento que incorra em violação ao contraditório e da ampla defesa, por exemplo, deve ser con-

---

29. "Art. 11. Poderá, ainda, o compromisso arbitral conter: (...) III – o prazo para apresentação da sentença arbitral".
30. "Art. 12. Extingue-se o compromisso arbitral: (...) III – tendo expirado o prazo a que se refere o art. 11, inciso III, desde que a parte interessada tenha notificado o árbitro, ou o presidente do tribunal arbitral, concedendo-lhe o prazo de dez dias para a prolação e apresentação da sentença arbitral".
31. A jurisprudência aceita de forma pacífica a necessidade de notificação do árbitro ou tribunal arbitral:
    Tribunal de Justiça de São Paulo, Apelação 0002141-18.2013.8.26.0428, Acórdão 8087769, Campinas, 1ª Câmara de Direito Privado, Relator Desembargador Paulo Eduardo Razuk, j. 09.12.2014, DJe 16.12.2014.
    Superior Tribunal de Justiça, REsp 1.636.102/SP, 3ª Turma, Relator Ministro Ricardo Villas Boas Cueva, DJe 1º.08.2017.
32. "Art. 21. A arbitragem obedecerá ao procedimento estabelecido pelas partes na convenção de arbitragem, que poderá reportar-se às regras de um órgão arbitral institucional ou entidade especializada, facultando-se, ainda, às partes delegar ao próprio árbitro, ou ao tribunal arbitral, regular o procedimento".
    (...) § 2º Serão, sempre, respeitados no procedimento arbitral os princípios do contraditório, da igualdade das partes, da imparcialidade do árbitro e de seu livre convencimento".
33. MARZAGÃO, Newton Coca Bastos; ROSSONI, Igor Bimkowski. Nulidades no procedimento arbitral. *Contraponto jurídico*: posicionamentos divergentes sobre grandes temas do Direito. São Paulo: Thomson Reuters – Revista dos Tribunais, 2018, p. 89.

siderado nulo. O próprio art. 21 da LAB, em seu § 2º, por exemplo, dispõe ser 'sempre' necessário respeitar 'no procedimento arbitral os princípios do contraditório, da igualdade das partes, da imparcialidade do árbitro e de seu livre convencimento'. E não poderia ser diferente, pois, como bem salienta a mais autorizada doutrina, 'a arbitragem está sujeita aos superiores ditames do direito processual constitucional',[34] 'o que importa considerar seus institutos à luz dos superiores princípios e garantias endereçados pela Constituição a todos os institutos processuais e particularmente àqueles de caráter jurisdicional'".[35]

Importante ressaltar que, na linha do que já vinha sendo decidido no âmbito do Poder Judiciário, o árbitro ou tribunal arbitral tem discricionariedade para avaliar as provas que devem ser produzidas no âmbito dos procedimentos, sendo que há decisão do Superior Tribunal de Justiça expressa no sentido de que indeferimento de pedido de realização de prova pericial não é motivo para anulação da sentença arbitral com base no mencionado artigo.[36]

1.8 Art. 32, V, da Lei de Arbitragem

Por fim, impossível não mencionar a hipótese do antigo inciso V do artigo 32 da Lei de Arbitragem, revogada pela alteração de 2015, que estabelecia a nulidade da sentença que "não decidir todo o litígio submetido à arbitragem". Com a alteração legislativa, foi introduzida a possibilidade de ser proferida sentença parcial, o que tornou mencionado dispositivo incompatível com a lei. Sem prejuízo, a sentença arbitral ainda pode ser incompleta, ou seja, deixar de decidir todo o litígio de forma não proposital, o que também carece de remédio próprio, tema que será abordado em detalhes a seguir.

2. TIPOS DE IMPUGNAÇÃO JUDICIAL DA SENTENÇA ARBITRAL

Finalizada a análise, ainda que perfunctória, das hipóteses legais autorizadoras da anulação da sentença arbitral, passaremos, nesta segunda parte desse breve artigo, a tratar dos mecanismos disponíveis para a impugnação judicial da sentença arbitral. Ainda que haja uma discussão sobre cabimento da ação rescisória contra sentença arbitral, bem como da *querela nullitatis insanabilis*,[37] no presente artigo circunscreveremos nossa análise à impugnação ao cumprimento de sentença arbitral e à ação anulatória, dada a limitação espacial inerente a obras coletivas e levando-se em conta serem esses dois instrumentos os mais utilizados na prática.

---

34. LOPES, Bruno Vasconcelos Carrilho; DINAMARCO, Cândido Rangel. *Teoria geral do novo Processo Civil*. São Paulo: Malheiros, 2016, p. 151.
35. DINAMARCO, Cândido Rangel. *A arbitragem na teoria geral do processo*. São Paulo: Malheiros, 2013, p. 23-24.
36. Superior Tribunal de Justiça, REsp 1.500.667/RJ, 3ª Turma, Relator Ministro João Otávio de Noronha, DJe 19.08.2016.
37. "(...) a sentença arbitral, supostamente nula (e não anulável), depois de transcorrido o prazo decadencial para anulá-la, torna-se definitiva no ordenamento jurídico, não podendo mais ser alterada ou invalidada, salvo se se tratar de vício gravíssimo, hipótese em que poderá ser atacada pela *querela nullitatis insanabilis*, existindo alguns exemplos disso". BERALDO, Leonardo de Faria. *Curso de arbitragem*: nos termos da Lei 9.307/96. São Paulo: Atlas, 2014. p. 481.

2.1 Impugnação ao cumprimento de sentença

Finalizado o procedimento arbitral e não atendida voluntariamente as disposições da sentença, deverá a parte vitoriosa lançar mão do incidente de cumprimento de sentença arbitral para exigir, coativamente, o desempenho da obrigação determinada ou o pagamento da quantia reconhecida como devida. A parte instada a cumprir o comando arbitral em Juízo pode resistir à execução do julgado valendo-se da impugnação ao cumprimento de sentença arbitral, prevista no § 3º, do artigo 33, da Lei de Arbitragem,[38] à qual, por disposição expressa, se aplicam as regras do artigo 525 e seguintes do Código de Processo Civil.

2.1.1 Legitimidade

O artigo 33 da Lei de Arbitragem, que traz o parágrafo que estabelece a possibilidade de impugnação ao cumprimento de sentença fala apenas na possibilidade de a "parte interessada" ajuizar a ação anulatória de sentença arbitral. No que toca à impugnação ao cumprimento de sentença, o legitimado não pode ser ninguém mais e ninguém menos do que o executado. Afinal, a parte que não constar no polo passivo do cumprimento de sentença arbitral carecerá de interesse de agir para apresentar impugnação.

2.1.2 Competência

A questão da competência para analisar e decidir a impugnação ao cumprimento de sentença arbitral também se resolve pelas regras do Código de Processo Civil. Isto porque o artigo 525 estabelece que o executado poderá apresentar "nos próprios autos" a impugnação.

Em outras palavras, o juízo competente para presidir a impugnação ao cumprimento de sentença arbitral será o próprio juízo do cumprimento de sentença arbitral, estabelecido respeitando as normas de processo civil para fixação de competência, ou seja, o juízo que seria competente para a ação de conhecimento equivalente à arbitragem que deu origem à sentença executada.

2.1.3 Rito

O rito da impugnação ao cumprimento de sentença arbitral, por previsão expressa do § 3º, do artigo 33, da Lei de Arbitragem é o rito aplicável ao cumprimento de sentença judicial, estabelecido e detalhado pelo artigo 525 e seguintes do Código de Processo Civil.

Uma relevante diferença que merece ser pontuada é que enquanto no cumprimento de sentença judicial a parte simplesmente é intimada para pagamento, nos termos do

---

38. "§ 3º A decretação da nulidade da sentença arbitral também poderá ser requerida na impugnação ao cumprimento da sentença, nos termos dos arts. 525 e seguintes do Código de Processo Civil, se houver execução judicial".

artigo 523, do Código de Processo Civil,[39] tendo em vista que o executado, via de regra, já possui advogado constituído nos autos, no cumprimento de sentença arbitral é necessário que o executado seja citado.[40]

2.1.4 Tutela de urgência

Na impugnação ao cumprimento de sentença arbitral – da mesma forma que ocorre com a impugnação ao cumprimento de sentença judicial – é permitido ao executado formular pedido de suspensão de alguns atos do processo executivo, com base no §6º, do artigo 525, do Código de Processo Civil.[41]

Para tanto, o executado também deverá garantir o juízo com "penhora, caução ou depósito suficientes", bem como demonstrar que seus fundamentos são "relevantes" e que o prosseguimento da execução poderá causar "grave dano de difícil ou incerta reparação".[42]

2.1.5 Prazo decadencial

A polêmica existente no tocante ao prazo decadencial diz respeito à possibilidade de o executado poder arguir, em sede de impugnação ao cumprimento de sentença, as nulidades/anulabilidades constantes do artigo 32 da Lei de Arbitragem se a tal impugnação vier a ser manejada após o prazo de 90 (noventa) dias. Tendo passado o prazo decadencial do artigo 33, § 1º, poderia o executado, por via transversa (leia-se: impugnação ao cumprimento de sentença), se valer das matérias constantes dos incisos do artigo 32?

A questão parece ter se pacificado no sentido de que, passados os 90 dias previstos no §1º, o executado ainda poderá apresentar impugnação ao cumprimento de sentença, mas estará limitado às matérias para impugnação previstas no Código de Processo Civil,

---

39. "Art. 523. No caso de condenação em quantia certa, ou já fixada em liquidação, e no caso de decisão sobre parcela incontroversa, o cumprimento definitivo da sentença far-se-á a requerimento do exequente, sendo o executado intimado para pagar o débito, no prazo de 15 (quinze) dias, acrescido de custas, se houver".
40. "Quando o título executivo, contudo, for a sentença arbitral (art. 475-N, IV), haverá algumas mudanças que merecem ser apontadas. A primeira é a necessidade de que o executado seja citado, e, não, intimado, conforme se extrai do parágrafo único do art. 475-N do CPC" (BERALDO, Leonardo de Faria. *Curso de arbitragem*: nos termos da Lei 9.307/96. São Paulo: Atlas, 2014, p. 454-455). Importante ressaltar que o próprio Beraldo, logo na sequência, menciona que há posicionamento divergente na doutrina, no sentido de que o executado não precisa ser citado, mas sim intimado, tendo em vista que não se trata de medida autônoma.
41. "Artigo. 525 (...) § 6º A apresentação de impugnação não impede a prática dos atos executivos, inclusive os de expropriação, podendo o juiz, a requerimento do executado e desde que garantido o juízo com penhora, caução ou depósito suficientes, atribuir-lhe efeito suspensivo, se seus fundamentos forem relevantes e se o prosseguimento da execução for manifestamente suscetível de causar ao executado grave dano de difícil ou incerta reparação".
42. "agravo de instrumento. Compra e venda imobiliária. Rescisão contratual. Insurgência contra decisão que deferiu a tutela de urgência para suspender o cumprimento de sentença arbitral. Ausência dos requisitos do art. 300 do Código de Processo Civil. Não se revela, no caso em apreço, a probabilidade do direito da agravada porque não há indícios da alegada coação durante a audiência de arbitragem, uma vez que as partes dispensaram a assistência de advogados, ainda que recomendada pela árbitra, e subscreveram o termo. Suspensão descabida. Regular prosseguimento do cumprimento de sentença arbitral. Recurso provido" (Tribunal de Justiça de São Paulo, Agravo de Instrumento 2245003-33.2018.8.26.0000; Relator J.B. Paula Lima; 10ª Câmara de Direito Privado; j. 31.01.2019).

não podendo mais levantar a nulidade da sentença com base na Lei de Arbitragem como causa para impugnação.[43]

2.2 Ação anulatória de sentença arbitral

O segundo instrumento disponível às partes para buscar a anulação de sentenças arbitrais que incorrem em alguma das hipóteses do artigo 32, da Lei de Arbitragem, é a ação anulatória, prevista no artigo 33, da Lei de Arbitragem.

2.2.1 Objeto e hipóteses de cabimento

Não é necessário discorrer muito sobre o objeto da ação anulatória de sentença arbitral: o próprio artigo 33 da Lei de Arbitragem já indica que tal pedido poderá ser apresentado "nos casos previstos nesta Lei", ou seja, nos casos em que as sentenças arbitrais incorram nas hipóteses do artigo 32.

Como já vimos, mencionado artigo possui rol taxativo, sendo que cada uma de suas hipóteses foi analisada nos precedentes capítulos.

Uma questão que poderia ser discutida com relação ao tema é a possibilidade de ajuizamento de ação anulatória de sentença arbitral estrangeira. Sobre o assunto, estes autores entendem que não há muito espaço para conjecturas, como, inclusive, ressalta

---

43. "Desse modo, passado o prazo decadencial de 90 dias para a anulação da sentença arbitral, previsto no art. 33, § 1º, da LA, não se pode mais arguir, na impugnação ao cumprimento de sentença, nenhuma das hipóteses de nulidade elencadas no art. 32 da LA, salvo se for vício de inexistência ou de ineficácia" (BERALDO, Leonardo de Faria. *Curso de arbitragem: nos termos da Lei no 9.307/96*. São Paulo: Atlas, 2014, p. 459).

"Processual civil. Recurso especial. Ação de cumprimento de sentença arbitral ajuizada após o decurso do prazo decadencial para ajuizamento da ação declaratória de nulidade de sentença arbitral. Impugnação. Alegação de nulidade da sentença arbitral. Possibilidade limitada às matérias do art. 525, § 1º, do CPC/15. julgamento: CPC/15.

1. Recurso especial interposto em 19.06.2019 e distribuído ao gabinete em 06.10.2020. Julgamento: CPC/15.
2. O propósito recursal consiste em decidir acerca da aplicação do prazo decadencial de 90 (noventa) dias, previsto no art. 33, § 1º, da Lei 9.307/96, à impugnação ao cumprimento de sentença arbitral.
3. A declaração de nulidade da sentença arbitral pode ser pleiteada, judicialmente, por duas vias: (i) ação declaratória de nulidade de sentença arbitral (art. 33, § 1º, da Lei 9.307/96) ou (ii) impugnação ao cumprimento de sentença arbitral (art. 33, § 3º, da Lei 9.307/96).
4. Se a declaração de invalidade for requerida por meio de ação própria, há também a imposição de prazo decadencial. Esse prazo, nos termos do art. 33, § 1º, da Lei de Arbitragem, é de 90 (noventa) dias. Sua aplicação, reitera-se, é restrita ao direito de obter a declaração de nulidade devido à ocorrência de qualquer dos vícios taxativamente elencados no art. 32 da referida norma.
5. Assim, embora a nulidade possa ser suscitada em sede de impugnação ao cumprimento de sentença arbitral, se a execução for ajuizada após o decurso do prazo decadencial da ação de nulidade, a defesa da parte executada fica limitada às matérias especificadas pelo art. 525, § 1º, do CPC, sendo vedada a invocação de nulidade da sentença com base nas matérias definidas no art. 32 da Lei 9.307/96.
6. Hipótese em que se reputa improcedente a impugnação pela decadência, porque a ação de cumprimento de sentença arbitral foi ajuizada após o decurso do prazo decadencial fixado para o ajuizamento da ação de nulidade de sentença arbitral e foi suscitada apenas matéria elencada no art. 32 da Lei 9.307/96, que não consta no § 1º do art. 525 do CPC/2015. 7. Recurso especial conhecido e não provido" (REsp 1900136/SP, Relatora Ministra Nancy Andrighi, 3ª Turma, j. 06.04.2021, DJe 15.04.2021).

doutrina nacional.⁴⁴ A sentença arbitral estrangeira está sujeita ao controle do Superior Tribunal de Justiça, no momento da homologação. Sua anulação, se cabível, deverá ser requerida no local onde foi proferida, que, inclusive, poderá ter critérios diversos da justiça brasileira para anulação.

2.2.2 Efeitos da sentença

Os efeitos da sentença que acolhe o pedido de anulação da sentença arbitral são a anulação da sentença e determinação que tribunal arbitral ou árbitro, se o caso, profiram nova sentença, nos termos do § 2º, do artigo 33.⁴⁵

Sobre o assunto, o dispositivo deixa bem claro que o "árbitro ou o tribunal" deverá proferir a nova sentença, o que parece estar alinhado com a eficiência que se espera do instituto da arbitragem. Isto porque formar um novo tribunal é caro e custoso e proferir uma sentença adequada já fazia parte do encargo aceito por aquele tribunal arbitral original. Sem prejuízo, em caso de impedimento do árbitro ou tribunal originais (como, por exemplo, em casos de anulação por suspeição ou impedimento dos árbitros), nada impede que as partes procedam à nova seleção, para que a outra sentença possa ser proferida.

3. AÇÃO PLEITEANDO A PROLAÇÃO DE SENTENÇA ARBITRAL COMPLEMENTAR

A possibilidade da sentença arbitral complementar foi formalizada com a alteração à Lei de Arbitragem de 2015.⁴⁶

Antes da mencionada reforma da Lei de Arbitragem, o destino da sentença arbitral incompleta (*infra* ou *cita petita*) era a anulação, por previsão expressa do artigo 32, V, da Lei de Arbitragem. Mencionado dispositivo foi revogado com a alteração de 2015 (solução que, diga-se de passagem, parece acertada a estes autores, tendo em vista que anular o todo por deficiência na apreciação de um ponto específico não parece se coadunar com a eficiência que é própria da arbitragem) e o remédio incorporado em seu lugar foi estabelecido pelo artigo 33, § 4º, qual seja, a ação para complementação da sentença arbitral.

---

44. BERALDO, Leonardo de Faria. *Curso de arbitragem*: nos termos da Lei 9.307/96. São Paulo: Atlas, 2014, p. 478-479.
    MARTINS, Pedro A. Batista. Sentença arbitral estrangeira. Incompetência da Justiça brasileira para anulação. Competência exclusiva do STF para apreciação da validade em homologação. *Revista de Arbitragem e Mediação*, v. 1, p. 159-160. São Paulo: Ed. RT, 2004.
45. "Art. 33. (...) § 2º A sentença que julgar procedente o pedido declarará a nulidade da sentença arbitral, nos casos do art. 32, e determinará, se for o caso, que o árbitro ou o tribunal profira nova sentença arbitral".
46. A coautora deste artigo já teve a oportunidade de tratar do assunto em: MALUF Fernando; e RODRIGUES, Júlia Teixeira. Sentença arbitral complementar: o "Ovo do Ornitorrinco". in: Olavo A. V. Alves Ferreira e Paulo Henrique dos Santos Lucon (Org.). *Arbitragem*: 5 anos da Lei 13.129, de 26 de maio de 2015. Ribeirão Preto: Migalhas, 2020.

3.1 Objeto e hipótese de cabimento

Antes mesmo da mencionada alteração, a sentença arbitral parcial já era aceita, o que fazia com que árbitros já tivessem cautela de declarar expressamente quando a sentença era parcial, para que não fosse equivocadamente tomada por incompleta.

A sentença parcial não se confunde com a incompleta. Enquanto a primeira propositalmente decide apenas parte do litígio e relega outra parte para momento subsequente da arbitragem, a segunda deixa de decidir parte do que foi submetido ao órgão arbitral, sem nenhuma intenção de complementação posterior.[47]

Nesse sentido, apenas a sentença incompleta poderá ser objeto da ação para complementação da sentença arbitral, ou seja, a sentença que se propõe a resolver todo o litígio, mas não o faz.[48]

3.2 Efeitos da sentença

Os efeitos da sentença que acolhe o pedido de complementação da sentença arbitral, assim como os efeitos da sentença da ação anulatória, envolvem a determinação de que seja proferida nova sentença, nesse caso complementar.

Nesse caso, diferentemente da previsão relacionada à ação anulatória, o dispositivo não deixa claro quem deverá proferir a nova sentença, dando margem a discussões sobre qual seria o órgão competente para tal tarefa. Uma comparação entre os dois dispositivos em questão deixa claro o problema:

> § 2º A sentença que julgar procedente o pedido declarará a nulidade da sentença arbitral, nos casos do art. 32, e determinará, se for o caso, que *o árbitro ou o tribunal* profira nova sentença arbitral.
>
> § 4º A parte interessada poderá ingressar em juízo para requerer a *prolação de sentença arbitral complementar*, se o árbitro não decidir todos os pedidos submetidos à arbitragem.

Sem prejuízo da mencionada imprecisão técnica, parece a estes autores inviável que o órgão judicial se encarregue de complementar a sentença incompleta, tendo em vista que as partes, voluntariamente, decidiram por submeter a questão à arbitragem, o que exclui qualquer possibilidade de análise de mérito pelo Poder Judiciário. Assim, a diferença de redação entre os dois dispositivos acima parece decorrer mais de um lapso

---

47. Como leciona Arnoldo Wald: "a sentença infra petita não se confunde com a parcial, uma vez que esta não encerra a Arbitragem" (A validade da sentença arbitral parcial nas arbitragens submetidas ao regime da CCI. *Revista de Direito Bancário e do Mercado de Capitais*, v. 17, p. 329-341, jul./set. 2002).
48. Como mais bem explorado no artigo abaixo, parece desnecessário exigir que a sentença arbitral tenha sido objeto de pedido de esclarecimentos anterior, para que se permita o ajuizamento do pedido de complementação. Tal posição inclusive encontra paralelo no processo civil, tendo em vista que não se exige a oposição de embargos de declaração para que possa ser proposta ação rescisória: MALUF Fernando e RODRIGUES, Júlia Teixeira. Sentença arbitral complementar: o "Ovo do Ornitorrinco". Olavo A. V. Alves Ferreira e Paulo Henrique dos Santos Lucon (Org.). *Arbitragem*: 5 anos da Lei 13.129, de 26 de maio de 2015. Ribeirão Preto: Migalhas, 2020. A despeito disto, o artigo também explora posição contrárias, que entendem que a falta de apresentação de pedido de esclarecimentos representaria óbice ao ajuizamento do pedido de complementação da sentença arbitral.

de técnica legislativa e menos de uma intenção do julgador de que seja dada solução diversa às duas hipóteses.

Sendo assim, as mesmas considerações feitas acima com relação aos responsáveis por proferir nova sentença após anulação também se aplicam para este caso.

BIBLIOGRAFIA E JULGADOS SELECIONADOS

ÁVILA, Humberto. *Teoria dos princípios*: da definição à aplicação dos princípios jurídicos. 20. ed. São Paulo: Malheiros, 2021.

BERALDO, Leonardo de Faria. *Curso de arbitragem*: nos termos da Lei 9.307/96. São Paulo: Atlas, 2014.

CAHALI, Francisco José. *Curso de arbitragem, mediação, conciliação, tribunal multiportas*. 7. ed. São Paulo: Thompson Reuters Brasil, 2018.

CAHALI, Francisco José. *Curso de arbitragem*. São Paulo: Ed. RT, 2011.

CARMONA, Carlos Alberto. *Arbitragem e processo*: um comentário à Lei 9.307/96. 3. ed. São Paulo: Atlas, 2009.

DINAMARCO, Cândido Rangel. *A arbitragem na teoria geral do processo*. São Paulo: Malheiros, 2013.

LOPES, Bruno Vasconcelos Carrilho; DINAMARCO, Cândido Rangel. *Teoria geral do novo Processo Civil*. São Paulo: Malheiros, 2016.

LUISO, Francesco Paolo. *Diritto Processual Civile*. Giuffrè, 1997.

MALUF Fernando e RODRIGUES, Júlia Teixeira. Sentença arbitral complementar: o "Ovo do Ornitorrinco". In: FERREIRA, Olavo A. V. Alves e LUCON, Paulo Henrique dos Santos (Org.). *Arbitragem: 5 anos da Lei 13.129, de 26 de maio de 2015*. Ribeirão Preto: Migalhas, 2020.

MARTINS, Pedro A. Batista. Sentença arbitral estrangeira. Incompetência da Justiça brasileira para anulação. Competência exclusiva do STF para apreciação da validade em homologação. *Revista de Arbitragem e Mediação*, v. 1. São Paulo: Ed. RT, 2004.

NAGAO, Paulo Issamu. *Do controle judicial da sentença arbitral*. Brasília: Gazeta Jurídica, 2013.

NERY JR, Nelson. Ação anulatória de sentença arbitral – violação à ordem pública e caracterização de cerceamento de defesa. *Revista dos Tribunais*, v. 5, p. 151-184, set. 2014.

MARZAGÃO, Newton Coca Bastos. Visão contemporânea da garantia do contraditório: correção de defeitos processuais. *Revista dos Tribunais*, v. 996, p. 513-543, 2018.

MARZAGÃO, Newton Coca Bastos e DIAS, Rodrigo Yves Favoretto. O dever de revelação do árbitro: aspectos essenciais para o seu adequado exercício. In: VASCONCELOS, Ronaldo; MALUF, Fernando; SANTOS, Giovani Ravagnani; LUÍS, Daniel Tavela. (Org.). *Análise prática das Câmaras Arbitrais e da arbitragem no Brasil*. São Paulo: IASP, 2019. v. 1.

MARZAGÃO, Newton Coca Bastos e ROSSONI, Igor Bimkowski. Nulidades no procedimento arbitral. *Contraponto jurídico: posicionamentos divergentes sobre grandes temas do Direito*. São Paulo: Thomson Reuters – Revista dos Tribunais, 2018.

OLIVEIRA, Humberto Santarosa de. *Anulação da sentença arbitral nacional por violação da ordem pública*. Disponível em: https://www.academia.edu/37822124/ANULA%C3%87%C3%83O_DA_SENTEN%C3%87A_ARBITRAL_NACIONAL_POR_VIOLA%C3%87%C3%83O_DA_ORDEM_P%C3%9ABLICA?pop_sutd=false. Acesso em: 13 out. 2021.

PARENTE, Eduardo de Albuquerque. *Processo arbitral e sistema*. São Paulo: Atlas, 2012.

SCAVONE JUNIOR, Luiz Antonio. *Manual de arbitragem*: mediação e conciliação. 6. ed. Rio de Janeiro: Forense, 2015.

TARTUCE, Flávio; TARTUCE, Gracileia Monteiro. Da impugnação da sentença arbitral nacional no Brasil. Análise do rol do art. 32 da Lei de Arbitragem Brasileira. In: Olavo A. V. Alves Ferreira e Paulo Henrique dos Santos Lucon (Org.) *Arbitragem: 5 anos da Lei 13.129, de 26 de maio de 2015*. Ribeirão Preto: Migalhas, 2020.

WALD, Arnoldo. A validade da sentença arbitral parcial nas arbitragens submetidas ao regime da CCI. *Revista de Direito Bancário e do Mercado de Capitais*, v. 17, p. 329-341, jul./set. 2002.

WLADECK, Felipe Scripes. *Impugnação da sentença arbitral*. São Paulo: JusPodivm, 2014.

YARSHELL, Flávio Luiz. Ação anulatória de julgamento arbitral e ação rescisória. *Revista de Arbitragem e Mediação*, n. 5, p. 97-98, abr./jun. 2005.

JULGADOS SELECIONADOS

STJ, SEC 9.412-US.

STJ, REsp 1.636.102/SP.

STJ, REsp 1.500.667/RJ.

STJ, REsp 1900136/SP.

COUR DE CASSATION 14-26279.

TJRJ, Apelação Cível 0093502-39.2010.8.19.0001.

TJSP, Apelação 0002141-18.2013.8.26.0428.

TJSP, Agravo de Instrumento 2245003-33.2018.8.26.0000.

XXV
CUMPRIMENTO DA SENTENÇA ARBITRAL

Silas Dias de Oliveira Filho

Doutor em Direito Processual Civil (USP). Mestre em Direito Processual Civil (USP). Especialista em Direito Civil e Processual Civil (Damásio) e em Direito Notarial e Registral (Anhanguera-UNIDERP). Bacharel em Direito (USP). Juiz de Direito (TJSP). Ex-Juiz de Direito (TJMG).

Sumário: 1. Requisitos para cumprimento da sentença arbitral – 2. Rito a ser seguido para cumprimento da sentença arbitral; 2.1 Cumprimento da sentença arbitral declaratória, constitutiva ou executiva em sentido lato; 2.2 Cumprimento da sentença arbitral que condena ao pagamento de quantia certa; 2.3 Cumprimento da sentença arbitral que impõe o cumprimento de obrigação de fazer ou não fazer; 2.4 Cumprimento da sentença arbitral que determina a entrega de coisa; 2.5 Cumprimento da sentença arbitral proferida contra a Fazenda Pública – 3. Impugnação por parte do devedor; 3.1 Prazo; 3.2 Matérias arguíveis em defesa; 3.2.1 Necessidade de observância do prazo decadencial para matérias listadas no art. 32, da Lei 9.307/96; 3.3 Efeitos da impugnação; 3.4 Prosseguimento do cumprimento mediante prestação de caução – Bibliografia e julgados selecionados.

1. REQUISITOS PARA CUMPRIMENTO DA SENTENÇA ARBITRAL

Em razão de se tratar de método heterocompositivo utilizado em comum acordo pelos litigantes que elegem o árbitro de sua confiança, tido por ambos como capaz para decidir a disputa, de forma técnica, imparcial e justa, bem como diante de fatores de ordem moral decorrentes dos efeitos deletérios, perante outros agentes do mercado, da insubordinação à sentença arbitral, o contexto esperado é o de observância espontânea do quanto decidido em sede de arbitragem.[1]

Porém, ainda que se considere jurisdicional a natureza da atividade realizada pelo árbitro,[2] este é desprovido de competência funcional para promover, coercitivamente, o cumprimento da sentença arbitral, de modo que, verificado o indesejado estado de

---

1. Cfr. CAHALI, Francisco José. *Curso de arbitragem*. 9. ed. São Paulo: Ed. RT, 2022, p. 385-386; SCAVONE JUNIOR, Luiz Antonio. *Manual de arbitragem*: mediação e conciliação. 8. ed., rev. e atual. Rio de Janeiro: Forense, 2018. p. 218-219; SILVA, João Paulo Hecker da. Execução e cumprimento de sentença arbitral. In: LEVY, Daniel; PEREIRA, Guilherme Setoguti J. (Coord.). *Curso de arbitragem*. São Paulo: Ed. RT, 2018, p. 347-348.
2. Cfr. ALVIM NETTO, José Manoel Arruda. Sobre a natureza jurisdicional da arbitragem. In: CAHALI, Francisco José; RODOVALHO, Thiago; FREIRE, Alexandre (Org.). *Arbitragem*: estudos sobre a Lei 13.129, de 26-5-2015. São Paulo: Saraiva, p. 133-144, 2015; CAHALI, Francisco José. *Curso de arbitragem*. 9. ed. São Paulo: Ed. RT, 2022, p. 131-137; CARMONA, Carlos Alberto. Arbitragem e jurisdição. *Revista de Processo*. v. 58, p. 33-40. São Paulo: Ed. RT, abr./jun. 1990; DINAMARCO, Cândido Rangel. *Instituições de Direito Processual Civil*. 9. ed., rev. e atual. São Paulo: Malheiros, 2017, v. I, p. 488-489; GRINOVER, Ada Pellegrini. *Ensaio sobre a processualidade*: fundamentos para uma nova teoria geral do processo. Brasília: Gazeta Jurídica, 2016, p. 62 e 69; SALLES, Carlos Alberto de. O consenso nos braços do Leviatã: os caminhos do Judiciário brasileiro na implantação de mecanismos adequados de solução de controvérsias. *RJLB*. Lisboa: FDUL, ano 4, n. 3, p. 233-234. 2018.

ausência de adimplemento espontâneo pelo devedor, deverá o credor buscar perante a jurisdição estatal a concretização do comando arbitral.[3]

Pode ser objeto de cumprimento tanto a sentença final quanto a parcial,[4] sendo desnecessária a homologação pelo Poder Judiciário (art. 18, da Lei 9.307/96),[5] já que a sentença arbitral possui natureza de título executivo judicial (art. 515, VII, do CPC; art. 31, da Lei 9.307/96). Deve ter por conteúdo o reconhecimento da existência de uma obrigação, pela qual uma parte (devedor) se sujeita a uma prestação em favor de outra (credor), dotada das qualidades de certeza, liquidez e exigibilidade.[6]

Caso a sentença arbitral seja ilíquida, é possível cogitar-se de duas soluções. Pela primeira delas, deverá, necessariamente, ser submetida a processo judicial de liquidação, com a citação do devedor e a prolação de sentença, pelo juiz estatal, definindo o *quantum debeatur* (art. 515, § 1º, do CPC).[7] Pela segunda, a competência para a respectiva liquidação será do próprio árbitro e não do juiz estatal, considerando-se a decisão que definiu o *an debeatur* como sentença arbitral parcial (art. 23, § 1º, da Lei 9.307/96),[8] com o consequente prosseguimento da arbitragem para a apuração do valor devido.[9]

A materialização coercitiva da sentença arbitral é realizada, em regra,[10] por meio de processo de execução de sentença arbitral, devendo a pretensão ser veiculada por petição

---

3. Cfr. CUNHA, Leonardo Carneiro da. Justiça multiportas: mediação, conciliação e arbitragem no Brasil. *Revista ANNEP de Direito Processual*. v. 1, n. 1, p. 145, jan./jun. 2020.
4. Cfr. CARMONA, Carlos Alberto. Ensaio sobre a sentença arbitral parcial. *Revista Autônoma de Processo*. n. 5, p. 105-127. Curitiba: Juruá, jul./dez. 2008; FONSECA, Rodrigo Garcia. A arbitragem e a reforma processual da execução. Sentença parcial e cumprimento de sentença. Anotações em torno da Lei 11.232/2005. *Revista de Arbitragem e Mediação*. ano 4, n. 14, p. 30-47. São Paulo: Ed. RT, jul./set. 2007, p.32-39.
5. Cfr. DINAMARCO, Cândido Rangel. *A arbitragem na teoria geral do processo*. São Paulo: Malheiros, 2013, p. 210-211.
6. Cfr. ANDRADE, Marcus Vinícius dos Santos. Considerações sobre a arbitragem e o cumprimento da sentença arbitral. *Revista de Arbitragem e Mediação*. ano 4, n. 15, p. 41-48. São Paulo: Ed. RT, out./dez. 2007; SILVA, João Paulo Hecker da. Execução e cumprimento de sentença arbitral. In: LEVY, Daniel; PEREIRA, Guilherme Setoguti J. (Coord.). *Curso de arbitragem*. São Paulo: Ed. RT, 2018, p. 345.
7. A solução é criticada por GUERRERO, para quem a liquidação, por se tratar de matéria que exige intensa atividade cognitiva, deveria ser realizada pelo árbitro, restaurando-se a jurisdição arbitral ao se verificar a iliquidez do título (cfr. GUERRERO, Luiz Fernando. Cumprimento da sentença arbitral e a Lei 11.232/2005. *Revista de Arbitragem e Mediação*. ano 4, n. 15, p. 107-108. São Paulo: Ed. RT, out./dez. 2007).
8. Cfr. SCAVONE JUNIOR, Luiz Antonio. *Manual de arbitragem: mediação e conciliação*. 8. ed., rev. e atual. Rio de Janeiro: Forense, 2018, p. 218 e 220; SILVA, João Paulo Hecker da. Execução e cumprimento de sentença arbitral. In: LEVY, Daniel; PEREIRA, Guilherme Setoguti J. (Coord.). *Curso de arbitragem*. São Paulo: Ed. RT, 2018, p. 345-346 e 366-369.
9. PINHO e MAZZOLA admitem que, em regra, a cognição arbitral seja fracionada, com a prolação de sentença parcial definindo o *an debeatur* e sentença final fixando o *quantum debeatur*. Porém, aceitam a possibilidade de liquidação judicial caso as partes, expressamente, tenham optado, em convenção, por excluir da jurisdição arbitral a definição do montante devido (cfr. PINHO, Humberto Dalla Bernardina de; MAZZOLA, Marcelo. Aspectos controvertidos da sentença arbitral e da respectiva ação anulatória. ano 7, n. 3, p. 948. *RJLB*, 2021); v. tb. LEÃO, Fernanda Gouveia. *Arbitragem e execução*. 2012. 140 f. Dissertação (Mestrado em Direito Processual) – Faculdade de Direito. Universidade de São Paulo, São Paulo, 2012, p. 64-66.
10. Há quem sustente que, na hipótese de sentença arbitral com conteúdo executivo *lato sensu*, a concretização prescinde do processo de execução, sendo as medidas de apoio destinadas a tal finalidade impostas por meio de cooperação com o Poder Judiciário, via carta arbitral (cfr. CAHALI, Francisco José. *Curso de arbitragem*. 9. ed. São Paulo: Ed. RT, 2022, p. 390-391 e 396-397).

inicial, observando-se os requisitos que lhe são próprios (art. 319, do CPC), perante o órgão jurisdicional competente (art. 516, III, e parágrafo único, do CPC), bem como haver citação pessoal do devedor para que cumpra a obrigação (art. 515, § 1º, do CPC).[11]

No caso de sentença arbitral estrangeira, ou seja, proferida por juízo arbitral com sede fora do território nacional, a execução deverá ocorrer nos termos das normas internas e internacionais das quais o Brasil seja signatário.[12] Nessas situações, imprescindível a homologação pelo Superior Tribunal de Justiça (art. 105, I, "i", da CF; art. 35, da Lei 9.307/96),[13] devendo a execução ser promovida junto ao juízo federal de primeiro grau (art. 109, X, da CF).

A execução da sentença arbitral será definitiva, pois, em regra, não é ato dotado de recorribilidade que enseje revisão do julgamento por órgão diverso (art. 30, II, da Lei 9.307/96).[14] Nessa linha, a coisa julgada material se forma no momento em que o árbitro profere a última decisão, com o encerramento da arbitragem, não havendo espaço para se cogitar em execução provisória da sentença arbitral.[15]

2. RITO A SER SEGUIDO PARA CUMPRIMENTO DA SENTENÇA ARBITRAL

A sentença arbitral pode ter como conteúdo: (i) condenação do vencido nas obrigações de pagar quantia certa, de entregar coisa certa ou incerta e de fazer ou não fazer; (ii) a declaração acerca de determinada relação jurídica, eliminando a dúvida existente; (iii) a alteração de determinada situação jurídica, criando, modificando ou extinguindo direitos.

Em regra, somente haverá cumprimento nas situações envolvendo condenação (locução utilizada aqui como inclusiva das tutelas "executiva *lato sensu*" e "mandamen-

---

11. Cfr. ANDRADE, Marcus Vinícius dos Santos. Considerações sobre a arbitragem e o cumprimento da sentença arbitral. *Revista de Arbitragem e Mediação*. São Paulo: Ed. RT, ano 4, n. 15, p. 46, out./dez. 2007; CAHALI, Francisco José. *Curso de arbitragem*. 9. ed. São Paulo: Ed. RT, 2022, p. 389; DINAMARCO, Cândido Rangel. *A arbitragem na teoria geral do processo*. São Paulo: Malheiros, 2013, p. 259-260; SCAVONE JUNIOR, Luiz Antonio. *Manual de arbitragem*: mediação e conciliação. 8. ed., rev. e atual. Rio de Janeiro: Forense, 2018, p. 220.
12. Cfr. CUNHA, Leonardo Carneiro da. Justiça multiportas: mediação, conciliação e arbitragem no Brasil. *Revista ANNEP de Direito Processual*. v. 1, n. 1, p. 145, jan./jun. 2020; ANDRADE, Marcus Vinícius dos Santos. Considerações sobre a arbitragem e o cumprimento da sentença arbitral. *Revista de Arbitragem e Mediação*. ano 4, n. 15, p. 39. São Paulo: Ed. RT, out./dez. 2007.
13. Em se tratando de sentença arbitral estrangeira proferida em países integrantes do MERCOSUL, por força do art. 19, do Protocolo de Las Leñas (incorporado ao direito interno via Decreto Legislativo 55/95 e Decreto 2.067/96), o procedimento de homologação é simplificado, ocorrendo mediante carta rogatória (cfr. MAGALHÃES, José Carlos de. O protocolo de Las Leñas e a eficácia extraterritorial das sentenças e laudos arbitrais proferidos nos países do Mercosul. *Revista de Informação Legislativa*. a. 36, n. 144, p. 281-291. Brasília, out./dez. 1999). Confira-se o AgR na CR 7613/AT, STF, Pleno, Rel. Min. Sepúlveda Pertence, j. 03.04.1997.
14. SILVA assevera, contudo, que "em casos excepcionais, nos quais se prevê no processo arbitral um verdadeiro grau recursal ou elemento procedimental de revisão arbitral da sentença proferida pelos árbitros, evidentemente esse raciocínio deve ser temperado para o que foi disposto no caso concreto pelas partes, seja na convenção de arbitragem, no regulamento do órgão arbitral, seja no termo de arbitragem, em que for escolhido pelas partes o procedimento a ser seguido, com base na autonomia da vontade" (cfr. SILVA, João Paulo Hecker da. Execução e cumprimento de sentença arbitral. In: LEVY, Daniel; PEREIRA, Guilherme Setoguti J. (Coord.). *Curso de arbitragem*. São Paulo: Ed. RT, 2018, p. 363-364).
15. Cfr. DINAMARCO, Cândido Rangel. *A arbitragem na teoria geral do processo*. São Paulo: Malheiros, 2013, p. 266-267.

tal", para quem admite sua existência como categoria própria[16]), eis que a efetivação do comando arbitral depende do comportamento do devedor.

A depender da hipótese concreta, ou seja, da obrigação imposta ao vencido, deverá ser observado rito apropriado para a promoção do respectivo cumprimento de sentença, seguindo-se as regras delineadas pelo Código de Processo Civil,[17] seja por meio de técnicas de execução indireta (medidas coercitivas destinadas a influenciar a vontade do devedor recalcitrante para que cumpra a obrigação) ou de execução forçada (medidas sub-rogatórias, como penhora e alienação do bem, visando à satisfação do direito).[18]

2.1 Cumprimento da sentença arbitral declaratória, constitutiva ou executiva em sentido lato

Trata-se de tutelas jurisdicionais arbitrais que, em tese, não exigiriam a instauração de um processo de execução perante a jurisdição estatal para sua concretização. As duas primeiras (declaratória e constitutiva), de fato, prescindem de qualquer atividade complementar pelo Poder Judiciário. Em relação à última (executiva em sentido lato), porém, a situação é um tanto quanto mais complexa.

As sentenças arbitrais declaratória e constitutiva – à semelhança do que ocorre com suas correlatas estatais – prescindem de ulterior cumprimento, pois são capazes de, por si sós, irradiar todos os efeitos necessários à eliminação da crise de direito material.[19]

A sentença arbitral declaratória afasta a dúvida acerca da relação jurídica sobre cuja existência controvertiam as partes, independentemente da promoção de qualquer ato subsequente por parte do demandante ou do demandado.[20]

A sentença arbitral constitutiva atribui à relação jurídica mantida entre as partes novo *status,* apresentando-se como título hábil à formalização, perante o órgão competente, da criação, modificação ou extinção da relação material em tela, não ficando subordinada ao comportamento do demandado.[21]

---

16. É conhecido o debate entre processualistas que sustentam, de um lado, a classificação ternária (critério da crise de direito material a ser solucionada) e, de outro, a quinária (critério do modo de efetivação a ser empregado) da tutela jurisdicional. Escapa ao objeto deste breve estudo aprofundamento sobre o tema, que será abordado apenas quanto ao estritamente necessário para o desenvolvimento das ideias apresentadas.
17. Cfr. ARENHART, Sérgio Cruz. Breves observações sobre o procedimento arbitral. *Academia Brasileira de Direito Processual.* Disponível em: http://www.abdpc.org.br/abdpc/artigos/Sergio%20Arenhart%20-%20 formatado.pdf. Acesso em: 13 jun. 2022; CARMONA, Calos Alberto. Ensaio sobre a sentença arbitral parcial. *Revista Autônoma de Processo.* n. 5, p. 123-124. Curitiba: Juruá, jul./dez. 2008; DINAMARCO, Cândido Rangel. *A arbitragem na teoria geral do processo.* São Paulo: Malheiros, 2013, p. 259.
18. Cfr. PROTO PISANI, Andrea. *Lezione di diritto processuale civile.* Napoli: Jovene, 1999, p. 757.
19. Cfr. BEDAQUE, José Roberto dos Santos. Cognição e decisões do juiz no processo executivo. In: FUX, Luiz; NERY JR., Nelson; WAMBIER, Teresa Arruda Alvim (Coord.). *Processo e Constituição*: estudos em homenagem ao professor José Carlos Barbosa Moreira. São Paulo: Ed. RT, 2006, p. 358-360.
20. Cfr. SILVA, João Paulo Hecker da. Execução e cumprimento de sentença arbitral. In: LEVY, Daniel; PEREIRA, Guilherme Setoguti J. (Coord.). *Curso de arbitragem.* São Paulo: Ed. RT, 2018, p. 348.
21. Cfr. BERALDO, Leonardo de Faria. A eficácia das decisões do árbitro perante o registro de imóveis. *Revista de Arbitragem e Mediação*. n. 58, p. 171-180. São Paulo: Ed. RT, jul./set. 2018. Confira-se, ainda, o Enunciado 9, da I Jornada "Prevenção e Solução Extrajudicial de Litígios", *in verbis*: "A sentença arbitral é hábil para ins-

Contudo, para que sejam alcançados plenamente os objetivos contidos no comando arbitral, é possível que se faça necessária a prática de atos materiais extrajudiciais, como a averbação ou o registro da carta de sentença arbitral junto à serventia extrajudicial ou ao órgão público competente.

Nessas situações, caso o terceiro destinatário recuse-se a dar cumprimento à sentença arbitral declaratória ou constitutiva, deverão ser utilizados os mecanismos cabíveis para que a questão seja submetida à análise do Judiciário,[22] seja em sede administrativa (v.g., dúvida registral – art. 204, da Lei 6.015/73) ou jurisdicional (v.g., mandado de segurança – Lei 12.016/09), já que o árbitro é desprovido de poderes coercitivos.

A seu turno, para quem admite sua existência enquanto espécie autônoma do gênero "tutela jurisdicional", a "tutela executiva em sentido lato", apresentaria como traço distintivo, em relação à "tutela condenatória", a possibilidade de prática de atos tendentes à sua implementação sem a necessidade de instauração de processo de execução, constituindo-se em tutela jurisdicional dotada de autoexecutividade. Exemplos são a ação de despejo e a ação possessória.

Entretanto, com o advento da Lei 11.232/05, a distinção proposta parece ter perdido relevância, na medida em que os atos de execução da "tutela condenatória" também passaram a ser realizados na mesma relação jurídica processual, sem solução de continuidade entre as etapas cognitiva e executiva, prescindindo-se do ajuizamento de ação de execução e do início de novo processo.

No âmbito da arbitragem, a classificação em tela perde relevo ainda com maior intensidade, pois falece competência ao árbitro para a promoção coercitiva do cumprimento de suas decisões, de modo que, havendo inadimplemento, sempre seria necessário o concurso da jurisdição estatal para concretização do comando arbitral,[23] tudo a revelar a ausência de diferença substancial entre a tradicional "tutela condenatória" e a "tutela executiva *lato sensu*".[24]

---

crição, arquivamento, anotação, averbação ou registro em órgão de registros públicos, independentemente de manifestação do Poder Judiciário" (BRASIL. Conselho da Justiça Federal. *I Jornada "Prevenção e Solução Extrajudicial de Litígios"*. Brasília, 22 e 23 de agosto de 2016. Disponível em: https://cbar.org.br/site/wp-content/uploads/2021/11/enunciados-i-jornada.pdf. Acesso em: 17 jun. 2022).

22. Cfr. LEÃO, Fernanda Gouveia. *Arbitragem e execução*. 2012. 140 f. Dissertação (Mestrado em Direito Processual) – Faculdade de Direito. Universidade de São Paulo, São Paulo, 2012, p. 44; SILVA, João Paulo Hecker da. Execução e cumprimento de sentença arbitral. In: LEVY, Daniel; PEREIRA, Guilherme Setoguti J. (Coord.). *Curso de arbitragem*. São Paulo: Ed. RT, p. 345-391, 2018, p. 351.

23. Sobre o tema, CAHALI assevera que "[e]m qualquer situação – imposição de obrigação de pagar, dar, fazer e não fazer, há sentença arbitral condenatória, considerada título executivo judicial, apto a permitir o acesso ao Poder Judiciário diante da resistência do vencido em cumprir o que lhe foi imposto pelo juízo arbitral. A condenação contida na sentença arbitral, então, é analisada em sentido amplo – imposição de uma obrigação cuja exigência de cumprimento exige poder coercitivo. Impertinente para tanto a aplicação de qualquer das teorias a respeito das classificações das sentenças" (cfr. CAHALI, Francisco José. *Curso de arbitragem*. 9. ed. São Paulo: Ed. RT, 2022, p. 389).

24. Crítico da "classificação quinária", BEDAQUE é incisivo ao asseverar que "[a]s construções teóricas somente têm sentido se apresentarem utilidade prática. No campo do processo esse resultado deve corresponder a algum benefício para a efetividade da tutela jurisdicional. Do contrário, é melhor ficarmos com o que

De todo modo, há quem considere que, em se tratando de "tutela executiva em sentido lato" não seria necessária a instauração do processo de execução de sentença arbitral, podendo seu cumprimento ocorrer mediante expedição de carta arbitral ao juízo estatal (art. 22-C, da Lei 9.307/96; art. 237, IV, do CPC).[25]

Ocorre que o Superior Tribunal de Justiça, ao analisar demanda envolvendo pretensão de despejo, adotou o entendimento de que não é possível seja instaurada arbitragem versando demanda que tenha por objeto "tutela executiva *lato sensu*", sob o fundamento de que o poder de coerção sobre a vontade do devedor é monopólio estatal, sendo inadmissível conferir à sentença arbitral força executiva em si própria.[26]

Com a devida vênia, trata-se de solução radical, pois, partindo de concepção fundada em tênue linha diferenciadora entre "tutela condenatória" e "tutela executiva em sentido lato", torna inarbitráveis pretensões que, em tese, poderiam sê-lo, ao menos em relação ao acertamento do direito, resguardando-se a prática de atos executivos à jurisdição estatal, seja via processo de execução ou carta arbitral, e prestigiando-se a autonomia privada dos litigantes.[27]

2.2 Cumprimento da sentença arbitral que condena ao pagamento de quantia certa

A sentença arbitral que impõe ao vencido a obrigação de pagar quantia certa deve ser concretizada perante a jurisdição estatal, na hipótese de ausência de adimplemento voluntário. Contudo, ao contrário de sua correlata estatal, cujo cumprimento ocorre em fase ulterior de processo já instaurado, será necessário ao credor ajuizar

---

temos, sob pena de complicar-se ainda mais aquilo que poucos conseguem compreender" (cfr. BEDAQUE, José Roberto dos Santos. *Efetividade do processo e técnica processual*. 3. ed. São Paulo: Malheiros, 2010, p. 580). Conforme se verá adiante, ao analisar-se decisão do Superior Tribunal de Justiça, a construção que apresenta a "tutela executiva *lato sensu*" tem significativo potencial de produção de efeitos deletérios à efetividade da tutela jurisdicional arbitral, a evidenciar a importância do alerta realizado pelo professor titular das Arcadas.

25. Cfr. CAHALI, Francisco José. *Curso de arbitragem*. 9. ed. São Paulo: Ed. RT, 2022, p. 390-391 e 396-397; SILVA, João Paulo Hecker da. Execução e cumprimento de sentença arbitral. In: LEVY, Daniel; PEREIRA, Guilherme Setoguti J. (Coord.). *Curso de arbitragem*. São Paulo: Ed. RT, 2018, p. 365.
26. REsp 1.481.644-SP, STJ, 4ª T., Rel. Min. Luis Felipe Salomão, j. 11.05.2021, DJe 19.08.2021.
27. Quanto ao ponto, cumpre trazer proposta defendida por BUENO, que parece superar a discussão existente entre a classificação ternária ou quinária das tutelas jurisdicionais, com vantagens práticas ao sistema processual. Realizando a análise sob o prisma da eficácia da sentença, o processualista apresenta duas espécies de tutela jurisdicional: executiva e não executiva. Na tutela executiva, "o reconhecimento do direito coincide com a satisfação pretendida", categoria que corresponderia às tutelas constitutiva e declaratória; na tutela não executiva, "a despeito do reconhecimento do direito – que sequer precisa ser estatal –, faz-se necessária a atuação jurisdicional *também* para sua satisfação", grupo que abarcaria as tutelas condenatória, mandamental e executiva *lato sensu* (cfr. BUENO, Cassio Scarpinella. *Manual de direito processual civ*il. 5. ed. São Paulo: Saraiva, 2019, v. único, p. 139). Adotada a concepção do professor, não haveria restrição à arbitrabilidade do litígio, fundada exclusivamente nos efeitos a serem irradiados pela sentença arbitral. Caso se trate de sentença arbitral *executiva*, o próprio reconhecimento do direito será suficiente para a satisfação da pretensão; tratando-se de sentença arbitral *não executiva*, havendo inadimplemento, deverá o respectivo cumprimento ser promovido perante a jurisdição estatal.

ação de execução, dando início a novo processo, com a citação pessoal do devedor para pagamento.[28]

A petição inicial deverá conter os requisitos do art. 319, do CPC, bem como estar acompanhada do título executivo (sentença arbitral) e de demonstrativo do débito atualizado, sendo promovida perante o juízo cível que seria competente para a causa originária (art. 516, III, do CPC), ou, ainda, perante o juízo do atual domicílio do executado ou do local onde se encontrem os bens sujeitos à execução (art. 516, parágrafo único, do CPC).[29]

Estando a petição inicial em ordem, o juiz determinará a citação pessoal do executado para que, em 15 (quinze) dias, pague o valor devido, sob pena de incidência de multa e de honorários advocatícios, ambos no patamar de 10% (art. 523, § 1º, do CPC).[30]

Aqui três questões surgem, relacionadas a (i) possibilidade de intimação do devedor na pessoa de seu advogado; (ii) possibilidade de fixação, pelo árbitro, de prazo de cumprimento diverso; e (iii) possibilidade de fixação, pelo árbitro, de multa diversa em caso de descumprimento da sentença.[31]

Em relação à primeira delas, há necessidade de citação pessoal do executado,[32] não sendo cabível sua intimação por intermédio do advogado constituído para patrocinar seus interesses na arbitragem. Isto porque o mandato então existente se esgota com o encerramento do processo arbitral, devendo ser outorgada nova procuração para o processo de execução perante a jurisdição estatal.[33]

Quanto à fixação de prazo de cumprimento pelo árbitro, a possibilidade é contemplada pelo art. 26, III, da Lei 9.307/96. Contudo, trata-se de prazo que não se confunde com aquele previsto no art. 523, *caput*, do CPC. As disposições em tela convivem em harmonia e incidem em momentos distintos, sendo lícito ao árbitro fixar prazo para o cumprimento da sentença, durante o qual o devedor poderá adimplir espontaneamente a obrigação e o credor não poderá iniciar a execução, diante da inexigibilidade da obrigação. Findo o prazo estipulado pelo árbitro, o credor poderá ajuizar a execução, em cujo processo o devedor será citado para pagamento, no prazo legal de 15 (quinze) dias. Trata-se, portanto, de prazos diferentes, que se referem a situações próprias e cujo

---

28. Cfr. CAHALI, Francisco José. *Curso de arbitragem*. 9. ed. São Paulo: Ed. RT, 2022, p. 397; DINAMARCO, Cândido Rangel. *A arbitragem na teoria geral do processo*. São Paulo: Malheiros, 2013, p. 259-260.
29. Cfr. CAHALI, Francisco José. *Curso de arbitragem*. 9. ed. São Paulo: Ed. RT, 2022, p. 397; SCAVONE JUNIOR, Luiz Antonio. *Manual de arbitragem*: mediação e conciliação. 8. ed., rev. e atual. Rio de Janeiro: Forense, 2018, p. 220.
30. REsp 1.102.460-RJ, STJ, Corte Especial, Rel. Min. Marco Buzzi, j. 17.06.2015, Dje de 23.09.2015.
31. Cfr. CAHALI, Francisco José. *Curso de arbitragem*. 9. ed. São Paulo: Ed. RT, 2022, p. 399.
32. Cfr. SCAVONE JUNIOR, Luiz Antonio. *Manual de arbitragem*: mediação e conciliação. 8. ed., rev. e atual. Rio de Janeiro: Forense, 2018, p. 222; SILVA, João Paulo Hecker da. Execução e cumprimento de sentença arbitral. In: LEVY, Daniel; PEREIRA, Guilherme Setoguti J. (Coord.). *Curso de arbitragem*. São Paulo: Ed. RT, 2018, p. 359.
33. CAHALI apresenta a possibilidade de o mandato conter cláusula expressa autorizando o patrono a receber citação na execução judicial, asseverando que, mesmo nessa situação, haveria citação por intermédio do procurador habilitado e não mera intimação, dada a necessidade de integração do devedor à relação jurídica processual instaurada (cfr. CAHALI, Francisco José. *Curso de arbitragem*. 9. ed. São Paulo: Ed. RT, 2022, p. 403-404).

descumprimento acarreta consequências específicas,[34] de modo que sua incidência sucessiva não representa *bis in idem*, sendo perfeitamente admissível.[35]

Em relação à fixação de multa pelo árbitro, trata-se de situação que enseja reflexões, diante da ausência de competência funcional do árbitro para estabelecer sanções processuais relacionadas ao cumprimento de sentença.

De início, afasta-se a possibilidade de o árbitro excluir ou reduzir a multa prevista no art. 523, § 1º, do CPC, por se tratar de disposição inerente ao exercício de poder coercitivo, de atribuição exclusiva do juiz estatal e, nessa medida, inarbitrável.

Contudo, entende-se, ainda que de forma excepcional, admissível que o árbitro fixe multa pela ausência de adimplemento espontâneo da obrigação, desde que expressamente prevista a possibilidade na convenção de arbitragem. Nessa situação, a multa arbitral apresenta-se como desdobramento da própria condenação, ou seja, como consequência pecuniária para a hipótese de inobservância do prazo fixado pelo árbitro para o cumprimento da obrigação, integrando o título executivo. Não se confunde, assim, com a multa prevista na fase de cumprimento de sentença, alheia ao título executivo e que decorre do não cumprimento, pelo devedor, da obrigação no prazo legalmente previsto, independentemente de requerimento ou autorização das partes, podendo ambas serem aplicadas conjuntamente sem que haja *bis in idem*.[36]

Registre-se, no mais, a existência do entendimento diverso, pelo qual o árbitro não possui competência para fixação de multa em caso de descumprimento da obrigação, matéria atinente, exclusivamente, ao cumprimento de sentença, devendo incidir, tão-somente, em caso de ausência de adimplemento espontâneo, a sanção processual prevista no art. 523, § 1º, do CPC, sob pena de inadmissível dupla penalidade em decorrência do mesmo fato.[37]

Havendo pagamento, extingue-se a execução, pelo cumprimento da obrigação. Não verificado o adimplemento, o processo tem seguimento, com a prática de atos constritivos e expropriatórios até que seja satisfeita integralmente a dívida.

---

34. Cfr. CAHALI, Francisco José. *Curso de arbitragem*. 9. ed. São Paulo: Ed. RT, 2022, p. 399-401; SILVA, João Paulo Hecker da. Execução e cumprimento de sentença arbitral. In: LEVY, Daniel; PEREIRA, Guilherme Setoguti J. (Coord.). *Curso de arbitragem*. São Paulo: Ed. RT, 2018, p. 361-362.
35. Registre-se o entendimento divergente de SCAVONE, para quem o prazo de 15 (quinze) dias para pagamento voluntário é observado ainda no âmbito do processo arbitral. Não havendo o adimplemento, o devedor ajuizará a execução, apresentando planilha de cálculo já contemplando a multa e os honorários, ambos de 10% (dez por cento) (cfr. SCAVONE JUNIOR, Luiz Antonio. *Manual de arbitragem*: mediação e conciliação. 8. ed., rev. e atual. Rio de Janeiro: Forense, 2018, p. 221-222); v. tb. MARINONI, Luiz Guilherme; ARENHART, Sérgio Cruz; MITIDIERO, Daniel. *Novo Curso de Direito Processual Civil*. 3. ed. em e-book, São Paulo: Ed. RT, 2017, v. 3, p. 426.
36. Cfr. CAHALI, Francisco José. *Curso de arbitragem*. 9. ed. São Paulo: Ed. RT, 2022, p. 401-403; SILVA, João Paulo Hecker da. Execução e cumprimento de sentença arbitral. In: LEVY, Daniel; PEREIRA, Guilherme Setoguti J. (Coord.). *Curso de arbitragem*. São Paulo: Ed. RT, p. 345-391, 2018, p. 361-362.
37. Cfr. GIUSTI, Gilberto. As garantias do cumprimento da sentença arbitral. *Revista do Advogado*. n. 119. ano XXXIII, p. 49-53. São Paulo: AASP, 2013; LATGÉ, Bernardo da Silveira. Notas sobre o cumprimento de sentença arbitral. In: CARNEIRO, Paulo Cezar Pinheiro; GRECO, Leonardo; DALLA, Humberto (Org.). *Temas controvertidos na arbitragem à luz do Código de Processo Civil de 2015*. Rio de Janeiro: Editora GZ, 2020. v. II.

Registre-se a possibilidade de o credor levar a sentença arbitral a protesto independentemente de autorização do juiz estatal que preside o processo de execução (art. 517, do CPC), bem como a viabilidade de o devedor, no caso de ajuizamento de ação anulatória ou de oferecimento de impugnação ao cumprimento de sentença que tenha idêntico conteúdo (artigos 32 e 33, *caput*, e § 3º, da Lei 9.307/96), averbar, às suas custas, à margem do protesto tal informação (art. 517, § 3º, do CPC).[38]

2.3 Cumprimento da sentença arbitral que impõe o cumprimento de obrigação de fazer ou não fazer

À semelhança do que ocorre com o cumprimento da obrigação de pagar quantia certa, não existindo adimplemento espontâneo da obrigação de fazer ou de não fazer, deverá o credor buscar seu cumprimento forçado junto ao Poder Judiciário, ajuizando a respectiva ação de execução.

Deverá, necessariamente, haver a citação do devedor, para que seja devidamente incluído na relação jurídica processual.[39]

Compete ao árbitro definir o prazo para cumprimento da obrigação (art. 26, III, da Lei 9.307/96), observando tratar-se de atividade inserta no bojo do processo cognitivo, compreendida entre as providências que assegurem a tutela específica ou a obtenção de resultado prático equivalente (art. 497, *caput*, do CPC). Contudo, caso não seja fixado prazo pelo árbitro, deverá o juiz estatal estabelecê-lo.[40]

Escoado o interregno assinalado e permanecendo inerte o devedor, serão passíveis de incidência medidas de apoio destinadas a dobrar a vontade do executado recalcitrante, tais como imposição de multa, busca e apreensão, remoção de pessoas e coisas, desfazimento de obras e o impedimento de atividade nociva, entre outras (art. 536, § 1º, do CPC).

Registre-se que o árbitro possui competência funcional para fixar multa para a hipótese de descumprimento de sua decisão, eis que é expressamente prevista a possibilidade de sua estipulação na "fase de conhecimento" (art. 537, *caput*, do CPC),[41] tratando-se, ainda, de medida compreendida entre as providências destinadas à obtenção da tutela específica ou do resultado prático equivalente (art. 497, *caput*, do CPC).[42]

---

38. Cfr. SILVA, João Paulo Hecker da. Execução e cumprimento de sentença arbitral. In: LEVY, Daniel; PEREIRA, Guilherme Setoguti J. (Coord.). *Curso de arbitragem*. São Paulo: Ed. RT, 2018, p. 360.
39. Cfr. ANDRADE, Marcus Vinícius dos Santos. Considerações sobre a arbitragem e o cumprimento da sentença arbitral. *Revista de Arbitragem e Mediação*. ano 4, n. 15, p. 52. São Paulo: Ed. RT, out./dez. 2007; CAHALI, Francisco José. *Curso de arbitragem*. 9. ed. São Paulo: Ed. RT, 2022, p. 412-413; DINAMARCO, Cândido Rangel. *A arbitragem na teoria geral do processo*. São Paulo: Malheiros, 2013, p. 259-260.
40. Cfr. SCAVONE JUNIOR, Luiz Antonio. *Manual de arbitragem*: mediação e conciliação. 8. ed., rev. e atual. Rio de Janeiro: Forense, 2018, p. 222; SILVA, João Paulo Hecker da. Execução e cumprimento de sentença arbitral. In: LEVY, Daniel; PEREIRA, Guilherme Setoguti J. (Coord.). *Curso de arbitragem*. São Paulo: Ed. RT, 2018, p. 364.
41. Cfr. CAHALI, Francisco José. *Curso de arbitragem*. 9. ed. São Paulo: Ed. RT, 2022, p. 413-414.
42. Cfr. DINAMARCO, Cândido Rangel. *A arbitragem na teoria geral do processo*. São Paulo: Malheiros, 2013, p. 228.

No mais, o juiz estatal poderá fixar multa caso o árbitro não a tenha estipulado, bem como majorar ou reduzir o valor da multa arbitral ou até mesmo excluí-la (art. 537, § 1º, do CPC), desde que haja fatos supervenientes a indicar a necessidade da medida, sopesando-se os princípios da efetividade da execução e do menor sacrifício do devedor.[43]

A multa é devida desde o dia em que se tiver verificado o descumprimento da decisão e incidirá até que a obrigação seja cumprida (art. 537, § 4º, do CPC), tendo como credor o exequente (art. 537, § 2º, do CPC) e sendo passível de cumprimento provisório, com levantamento de valores postergado para após o trânsito em julgado da decisão (art. 537, § 3º, do CPC).

O descumprimento injustificado da obrigação após a imposição das medidas de apoio pelo juízo da execução poderá caracterizar litigância de má-fé e crime de desobediência (art. 536, § 3º, do CPC), eis que a partir do momento em que há a intervenção da jurisdição estatal está-se diante de ordem judicial dotada de coercitividade.

2.4 Cumprimento da sentença arbitral que determina a entrega de coisa.

O cumprimento da sentença arbitral que reconheça a obrigação de entregar coisa é realizado de forma semelhante à execução da sentença que determina a obrigação de fazer ou não fazer.

Cabe ao árbitro, no exercício de sua competência funcional no processo cognitivo, estabelecer prazo para que a coisa seja entregue, bem como, tratando-se de coisa determinada pelo gênero e pela quantidade, fixar lapso temporal para que, cabendo a escolha ao réu, este a faça (art. 498, *caput*, do CPC; art. 26, III, do CPC).[44] Não o fazendo o árbitro, o prazo será fixado pelo juiz no processo de execução.[45]

Imprescindíveis a instauração de processo de execução, com a citação do devedor para que, no prazo assinalado pelo árbitro, entregue a coisa certa ou promova a escolha, em se tratando de coisa determinada pelo gênero e pela quantidade.[46]

Decorrido *in albis* o prazo sem cumprimento da obrigação, o juiz estatal determinará a expedição de mandado de busca e apreensão (coisa móvel) ou de imissão na posse (coisa imóvel), em favor do credor (art. 538, *caput*, do CPC).

---

43. Cfr. CAHALI, Francisco José. *Curso de arbitragem*. 9. ed. São Paulo: Ed. RT, 2022, p. 415; SILVA, João Paulo Hecker da. Execução e cumprimento de sentença arbitral. In: LEVY, Daniel; PEREIRA, Guilherme Setoguti J. (Coord.). *Curso de arbitragem*. São Paulo: Ed. RT, 2018, p. 366.
44. Cfr. CAHALI, Francisco José. *Curso de arbitragem*. 9. ed. São Paulo: Ed. RT, 2022, p. 415-416.
45. Cfr. SCAVONE JUNIOR, Luiz Antonio. *Manual de arbitragem*: mediação e conciliação. 8. ed., rev. e atual. Rio de Janeiro: Forense, 2018, p. 222; SILVA, João Paulo Hecker da. Execução e cumprimento de sentença arbitral. In: LEVY, Daniel; PEREIRA, Guilherme Setoguti J. (Coord.). *Curso de arbitragem*. São Paulo: Ed. RT, 2018, p. 364.
46. Cfr. ANDRADE, Marcus Vinícius dos Santos. Considerações sobre a arbitragem e o cumprimento da sentença arbitral. *Revista de Arbitragem e Mediação*. ano 4, n. 15, p. 52. São Paulo: Ed. RT, out./dez. 2007; CAHALI, Francisco José. *Curso de arbitragem*. 9. ed. São Paulo: Ed. RT, 2022, p. 416; DINAMARCO, Cândido Rangel. *A arbitragem na teoria geral do processo*. São Paulo: Malheiros, 2013, p. 259-260.

Aplicam-se, ademais, no que couber, as disposições referentes ao cumprimento de obrigação de fazer ou de não fazer (art. 538, § 3º, do CPC).

2.5 Cumprimento da sentença arbitral proferida contra a Fazenda Pública

O cumprimento da sentença arbitral proferida contra a Fazenda Pública promove-se nos mesmos termos do cumprimento da sentença estatal,[47] com a especificidade de ser necessária a instauração de um processo de execução.

Em se tratando de obrigação de pagar quantia, a Fazenda Pública será citada para, em 30 (trinta) dias, apresentar impugnação (art. 535, *caput*, do CPC), sem incidência da multa prevista no art. 523, § 1º, do CPC, sendo que a consequência para a hipótese de inércia é determinação de expedição do ofício precatório ou requisitório, a depender do valor da obrigação (art. 535, § 3º, do CPC).[48]

Entretanto, vem ganhando fôlego corrente doutrinária que sustenta a viabilidade de realização do pagamento sem que se recorra ao regime de precatórios/requisitórios, fundada, principalmente, nas seguintes premissas: (i) a utilização do regime de precatórios contraria os princípios norteadores e os escopos da arbitragem, por submeter seus resultados práticos a procedimento moroso e ineficiente; (ii) a Fazenda Pública concordou com a utilização da arbitragem, não sendo admissível que, posteriormente, valha-se de empecilhos para a efetivação da sentença arbitral; (iii) na arbitragem, a Fazenda Pública não ostenta prerrogativas que lhe são previstas em sua atuação em Juízo; (iv) o art. 100, da CF, faz menção expressa apenas a "sentença judiciária", do que se extrai não alcançar a "sentença arbitral", pois embora título executivo judicial não é emanada pelo Poder Judiciário; (v) possibilidade legal de o contrato administrativo prever a instituição de um fundo garantidor para assegurar o cumprimento das obrigações.[49]

---

47. Cfr. TONIN, Mauricio Morais. *Solução de controvérsias e poder público*: negociação e arbitragem. 2016. 237 f. Tese (Doutorado em Direito Processual) – Faculdade de Direito. Universidade de São Paulo, São Paulo, 2016, p. 215.
48. Cfr. CUNHA, Leonardo Carneiro da. Justiça multiportas: mediação, conciliação e arbitragem no Brasil. In: *Revista ANNEP de Direito Processual*. v. 1, n. 1, p. 151, jan./jun. 2020; FONSECA, Rodrigo Garcia. A arbitragem e a reforma processual da execução. Sentença parcial e cumprimento de sentença. Anotações em torno da Lei 11.232/2005. *Revista de Arbitragem e Mediação*. ano 4, n. 14, p. 46. São Paulo: Ed. RT, jul./set. 2007; SILVA, João Paulo Hecker da. Execução e cumprimento de sentença arbitral. In: LEVY, Daniel; PEREIRA, Guilherme Setoguti J. (Coord.). *Curso de arbitragem*. São Paulo: Ed. RT, 2018, p. 376; TONIN, Mauricio Morais. *Solução de controvérsias e poder público*: negociação e arbitragem. 2016. 237 f. Tese (Doutorado em Direito Processual) – Faculdade de Direito. Universidade de São Paulo, São Paulo, 2016, p. 215.
49. Cfr. GOBBI, Anna Paula Sena de. Execução de sentença arbitral em face da Administração Pública: panorama geral e problemática. *Revista do Portal Jurídico Investidura*. ed. 417, ano IX. Florianópolis, abr. 2022. Disponível em: https://investidura.com.br/biblioteca-juridica/artigos/direito-administrativo/338775-execucao-de-sentenca-arbitral-em-face-da-administracao-publica-panorama-geral-e-problematica. Acesso em: 21 jun. 2022; LOURENÇO, Haroldo. A onda evolutiva da arbitragem envolvendo o poder público no Brasil. *Revista dos Tribunais*. São Paulo: Ed. RT, set. 2018; OLIVEIRA, Rafael Carvalho Rezende. A arbitragem nos contratos da Administração Pública e a Lei 13.129/2015: novos desafios. *Revista Brasileira de Direito Público – RBDP*. ano 13, n. 51, p. 73-74, Belo Horizonte, out./dez. 2015; SCHMIDT, Gustavo da Rocha. *A arbitragem nos conflitos envolvendo a Administração* Pública: uma proposta de regulamentação. 140 p. Dissertação (Mestrado). Escola de Direito do Rio de Janeiro da Fundação Getúlio Vargas, 2016.

Não obstante a relevância dos argumentos, não parece viável afastar a sistemática constitucional de pagamentos, sob pena de grave afronta à isonomia entre os credores da Fazenda Pública e ofensa ao princípio da impessoalidade.[50]

O cumprimento de sentença de obrigação de fazer ou de não fazer e de obrigação de entregar coisa contra a Fazenda Pública segue o mesmo tratamento conferido aos particulares.[51]

Registre-se que a sentença arbitral contra a Fazenda Pública não é submetida ao reexame necessário,[52] não se lhe aplicando a indigitada condição de eficácia (art. 496, do CPC).

3. IMPUGNAÇÃO POR PARTE DO DEVEDOR.

Tratando-se de título executivo judicial, o instrumento processual previsto para o devedor apresentar sua discordância em relação à pretensão executiva é a impugnação ao cumprimento de sentença (art. 525, do CPC).

Porém, é admissível que seja manejada, também, a exceção de pré-executividade, desde que a matéria deduzida não exija dilação probatória e seja de ordem pública, cognoscível de ofício, ou consista em razão relevante com aptidão para neutralizar a eficácia do título executivo judicial, em contexto de situação excessivamente gravosa ao devedor.[53]

3.1 Prazo

A oportunidade para dedução da impugnação é regida pelas regras referentes às respectivas modalidades de cumprimento de sentença previstas no Código de Processo Civil.[54]

---

50. Cfr. LATGÉ, Bernardo da Silveira. Notas sobre o cumprimento de sentença arbitral. In: CARNEIRO, Paulo Cezar Pinheiro; GRECO, Leonardo; DALLA, Humberto (Org.). *Temas controvertidos na arbitragem à luz do Código de Processo Civil de 2015*. Rio de Janeiro: Editora GZ, 2020, v. II; MAIA, Alberto Jonathas. Fazenda Pública, arbitragem e execução. *Revista de Processo*. v. 307, ano 45, p. 413-415. São Paulo: Ed. RT, set. 2020; TONIN, Mauricio Morais. *Solução de controvérsias e poder público*: negociação e arbitragem. 2016. 237 f. Tese (Doutorado em Direito Processual) – Faculdade de Direito. Universidade de São Paulo, São Paulo, 2016, p. 215.
51. Cfr. CAHALI, Francisco José. *Curso de arbitragem*. 9. ed. São Paulo: Ed. RT, 2022, p. 416-417; TONIN, Mauricio Morais. *Solução de controvérsias e poder público*: negociação e arbitragem. 2016. 237 f. Tese (Doutorado em Direito Processual) – Faculdade de Direito. Universidade de São Paulo, São Paulo, 2016, p. 217.
52. Cfr. CUNHA, Leonardo Carneiro da. Justiça multiportas: mediação, conciliação e arbitragem no Brasil. In: *Revista ANNEP de Direito Processual*. v. 1, n. 1, p. 151, jan./jun. 2020; LATGÉ, Bernardo da Silveira. Notas sobre o cumprimento de sentença arbitral. In: CARNEIRO, Paulo Cezar Pinheiro; GRECO, Leonardo; DALLA, Humberto (Org.). *Temas controvertidos na arbitragem à luz do Código de Processo Civil de 2015*. Rio de Janeiro: Editora GZ, v. II, 2020; LOURENÇO, Haroldo. A onda evolutiva da arbitragem envolvendo o poder público no Brasil. *Revista dos Tribunais*. v. 995, p. 27-49. São Paulo: Ed. RT, set. 2018; OLIVEIRA, Rafael Carvalho Rezende. A arbitragem nos contratos da Administração Pública e a Lei 13.129/2015: novos desafios. *Revista Brasileira de Direito Público – RBDP*. ano 13, n. 51, p. 73-74, Belo Horizonte, out./dez. 2015.
53. Cfr. DINAMARCO, Cândido Rangel. *A arbitragem na teoria geral do processo*. São Paulo: Malheiros, 2013, p. 273-274; GUERRERO, Luiz Fernando. Cumprimento da sentença arbitral e a Lei 11.232/2005. *Revista de Arbitragem e Mediação*. ano 4, n. 15, p. 109-110. São Paulo: Ed. RT, out./dez. 2007; SILVA, João Paulo Hecker da. Execução e cumprimento de sentença arbitral. In: LEVY, Daniel; PEREIRA, Guilherme Setoguti J. (Coord.). *Curso de arbitragem*. São Paulo: Ed. RT, 2018, p. 388.
54. Cfr. DINAMARCO, Cândido Rangel. *A arbitragem na teoria geral do processo*. São Paulo: Malheiros, 2013, p. 271.

No cumprimento de sentença que tenha por objeto obrigação de pagar quantia certa, o prazo para oferecimento da impugnação é de 15 (quinze) dias, tendo início após o decurso do prazo para pagamento voluntário (art. 525, *caput*, do CPC) – que também é de 15 (quinze) dias (art. 523, *caput*, do CPC).[55]

No caso de cumprimento de sentença que reconheça a exigibilidade de obrigação de fazer ou de não fazer, deve ser aplicado, no que couber, as regras da impugnação ao cumprimento de sentença versando obrigação de pagar quantia certa (art. 536, § 4º, do CPC). Assim, tendo o juiz fixado prazo para cumprimento voluntário da obrigação de fazer ou de não fazer, a partir do escoamento deste inicia-se o interregno de 15 (quinze) dias para oposição da impugnação pelo devedor.

Idêntica solução se aplica ao prazo para apresentação da impugnação ao cumprimento de sentença que reconheça a exigibilidade de obrigação de entregar coisa. Aqui, devem ser observadas, no que couber, as disposições sobre o cumprimento de obrigação de fazer ou não fazer (art. 538, § 3º, do CPC). Assim, o prazo de 15 (quinze) dias para impugnação se inicia no dia útil subsequente ao escoamento do interregno assinalado para cumprimento voluntário da obrigação.

Tratando-se de obrigação de pagar quantia certa pela Fazenda Pública, considerando que, em regra, não há espaço para se cogitar em pagamento voluntário, diante da necessidade de observância do regime constitucional de adimplemento (art. 100, do CF), o ente público será citado para, em 30 (trinta) dias, apresentar impugnação (art. 535, *caput*, do CPC). Se inerte o devedor, segue-se à expedição do respectivo ofício precatório ou requisitório, a depender do valor da obrigação (art. 535, § 3º, do CPC).

3.2 Matérias arguíveis em defesa

Não obstante se trate de título executivo judicial, as matérias passíveis de dedução pelo devedor, em sede de impugnação ao cumprimento de sentença, não se limitam àquelas previstas no art. 525, § 1º, do CPC, abarcando, também, as hipóteses tipificadas no art. 32, da Lei 9.307/96, relativas à invalidade da sentença arbitral.[56] Em razão dessa característica, há, inclusive, quem sustente que a sentença arbitral deveria compor categoria própria, denominada "título executivo semijudicial".[57]

Segundo o art. 525, § 1º, do CPC, o devedor poderá alegar: (i) falta ou nulidade da citação se, na fase de conhecimento o processo correu à revelia; (ii) ilegitimidade de parte; (iii) inexequibilidade do título ou inexigibilidade da obrigação; (iv) penhora

---

55. Cfr. SCAVONE JUNIOR, Luiz Antonio. *Manual de arbitragem*: mediação e conciliação. 8. ed., rev. e atual. Rio de Janeiro: Forense, 2018, p. 220.
56. Cfr. CAHALI, Francisco José. *Curso de arbitragem*. 9. ed. São Paulo: Ed. RT, 2022, p. 406-407; DINAMARCO, Cândido Rangel. *A arbitragem na teoria geral do processo*. São Paulo: Malheiros, 2013, p. 269; PINHO, Humberto Dalla Bernardina de; MAZZOLA, Marcelo. Aspectos controvertidos da sentença arbitral e da respectiva ação anulatória. *RJLB*, ano 7, n. 3, p. 961, 2021.
57. Cfr. ARENHART, Sérgio Cruz. Breves observações sobre o procedimento arbitral. In: *Academia Brasileira de Direito Processual*. Disponível em: http://www.abdpc.org.br/abdpc/artigos/Sergio%20Arenhart%20-%20formatado.pdf. Acesso em: 13 jun. 2022.

incorreta ou avaliação errônea; (v) excesso de execução ou cumulação indevida de execuções; (vi) incompetência absoluta ou relativa do juízo da execução; (vii) qualquer causa modificativa ou extintiva da obrigação, como pagamento, novação, compensação, transação ou prescrição, desde que supervenientes à sentença.

Destacam-se três pontos.

Em primeiro lugar, a ausência ou a nulidade da notificação do réu para participar da arbitragem, tendo esta sido conduzida à revelia, por representar violação ao princípio do contraditório pode caracterizar, também, fundamento para a ação autônoma de nulidade (artigos 21, § 2º, e 33, VIII, ambos da Lei 9.307/96).[58] Tem vez, principalmente, na hipótese em que o compromisso arbitral é estatuído pelo juiz estatal, em ação própria diante da resistência de uma das partes na instituição da arbitragem (art. 7º, da Lei 9.307/96).[59]

O segundo é relativo à necessidade de que a ilegitimidade de parte diga respeito a fato superveniente à formação do título executivo (*v.g.*, sucessão, cessão ou sub-rogação do crédito).[60] A questão da legitimidade das partes no processo arbitral encontra-se superada, por força da prolação da respectiva decisão de mérito, não podendo ser rediscutida em sede de cumprimento de sentença. Entendimento contrário implicaria desrespeito aos efeitos preclusivos da coisa julgada e à autonomia da arbitragem, ensejando, por vias transversas, indevida revisão da sentença arbitral.[61]

Em terceiro, é controvertida a possibilidade de reconhecimento da inexequibilidade da obrigação, por força de decisão do Supremo Tribunal Federal considerando inconstitucional, em controle concentrado ou difuso de constitucionalidade, dispositivo normativo sobre o qual se fundou a sentença arbitral (art. 525, § 12).[62] Sustenta-se, entretanto, que, se a decisão proferida pelo Supremo Tribunal Federal se apresentar anterior ao trânsito em julgado da decisão exequenda, será possível reconhecer sua inexequibilidade, nos termos do art. 525, § 14, do CPC. Não se trata de expediente que altera o conteúdo do produto da jurisdição arbitral, mas apenas reconhece que a decisão não se mostra exequível por contrariedade à Constituição Federal, assim reconhecida pelo órgão jurisdicional incumbido de sua guarda. Porém, se a decisão do Supremo for proferida após o trânsito em julgado da decisão exequenda, não será viável o reconhe-

---

58. Cfr. DINAMARCO, Cândido Rangel. *A arbitragem na teoria geral do processo*. São Paulo: Malheiros, 2013, p. 269-270.
59. Cfr. ANDRADE, Marcus Vinícius dos Santos. Considerações sobre a arbitragem e o cumprimento da sentença arbitral. *Revista de Arbitragem e Mediação*. ano 4, n. 15, p. 49. São Paulo: Ed. RT, out./dez. 2007.
60. Cfr. CARMONA, Calos Alberto. Ensaio sobre a sentença arbitral parcial. *Revista Autônoma de Processo*. Curitiba: Juruá, n. 5, p. 125, jul./dez. 2008.
61. Cfr. DINAMARCO, Cândido Rangel. *A arbitragem na teoria geral do processo*. São Paulo: Malheiros, 2013, p. 270; LEÃO, Fernanda Gouveia. *Arbitragem e execução*. 2012. 140 f. Dissertação (Mestrado em Direito Processual) – Faculdade de Direito. Universidade de São Paulo, São Paulo, 2012, p. 79.
62. Cfr. CAHALI, Francisco José. *Curso de arbitragem*. 9. ed. São Paulo: Ed. RT, 2022; LEÃO, Fernanda Gouveia. *Arbitragem e execução*. 2012. 140 f. Dissertação (Mestrado em Direito Processual) – Faculdade de Direito. Universidade de São Paulo, São Paulo, 2012; SCAVONE JUNIOR, Luiz Antonio. *Manual de arbitragem*: mediação e conciliação. 8. ed., rev. e atual. Rio de Janeiro: Forense, 2018; SILVA, João Paulo Hecker da. Execução e cumprimento de sentença arbitral. In: LEVY, Daniel; PEREIRA, Guilherme Setoguti J. (Coord.). *Curso de arbitragem*. São Paulo: Ed. RT, 2018. p. 345-391.

cimento judicial de eventual inexequibilidade, eis que, não obstante possa fundamentar ação rescisória (art. 525, § 15, do CPC), a hipótese não se encontra entre as situações que autorizam a desconstituição da sentença arbitral (art. 32, da Lei 9.307/96).

De acordo com o art. 32, da Lei 9.307/96, são hipóteses de invalidade da sentença arbitral: (i) nulidade da convenção de arbitragem; (ii) ausência de capacidade ou impedimento do árbitro; (iii) ausência de requisitos obrigatórios da sentença arbitral (relatório, fundamentação, dispositivo, data e lugar e assinatura do árbitro); (iv) desrespeito aos limites da convenção de arbitragem; (v) prevaricação, concussão ou corrupção passiva do árbitro; (vi) desrespeito ao prazo para prolação da sentença arbitral; (vii) desrespeito aos princípios do contraditório, da igualdade das partes, da imparcialidade do árbitro e de seu livre convencimento.

Verifica-se que as hipóteses de invalidade da sentença arbitral dizem respeito tanto ao direito material quanto ao processual, bem como a elementos externos e internos à arbitragem, envolvendo a convenção de arbitragem, o árbitro, o procedimento arbitral e a sentença arbitral.[63]

Trata-se, ademais, de rol taxativo, não podendo as partes ampliar ou reduzir as hipóteses ensejadoras da invalidade da sentença arbitral, havendo, contudo, quem admita a possibilidade de renúncia ao direito de ajuizar a ação anulatória, desde que respeitado o disposto no art. 21, § 2º, da Lei 9.307/96.[64]

Cumpre trazer considerações quanto à possibilidade de manejo da resistência à execução pela via incidental da impugnação (art. 33, § 3º, da Lei 9.307/96) ou pela via principal da ação constitutiva negativa (art. 33, *caput,* da Lei 9.307/96).[65]

Não tendo sido iniciada a fase de cumprimento de sentença, mostra-se, logicamente, inviável apresentar impugnação. Assim, cabe ao devedor, tão-somente, ajuizar a ação de invalidação, no prazo decadencial de 90 (noventa) dias após o recebimento da notificação da sentença (final ou parcial) ou da decisão do respectivo pedido de esclarecimentos (art. 33, § 1º, da Lei 9.307/96).

Iniciada a fase de cumprimento de sentença sem que tenha sido ajuizada a ação desconstitutiva, haverá, em princípio, concorrência entre os dois meios de impugnação.[66]

---

63. Cfr. CAHALI, Francisco José. *Curso de arbitragem.* 9. ed. São Paulo: Ed. RT, 2022, p. 424.
64. Cfr. PINHO, Humberto Dalla Bernardina de; MAZZOLA, Marcelo. Aspectos controvertidos da sentença arbitral e da respectiva ação anulatória. *RJLB,* ano 7, n. 3, p. 950-951. 2021.
65. Embora o art. 33 § 1º, da Lei 9.307/96, faça expressa menção a "demanda para a declaração de nulidade", a razão está com CAHALI e DINAMARCO que identificam, com precisão, a natureza desconstitutiva na pretensão versando invalidade da sentença arbitral. Busca-se, com a tutela jurisdicional, nova situação jurídica advinda da eliminação da sentença arbitral do mundo jurídico, em situação análoga à verificada em relação à ação rescisória de sentença judicial (cfr. CAHALI, Francisco José. *Curso de arbitragem.* 9. ed. São Paulo: Ed. RT, 2022, p. 423; DINAMARCO, Cândido Rangel. *A arbitragem na teoria geral do processo.* São Paulo: Malheiros, 2013, p. 236-237).
66. Parte-se do pressuposto de que ambas as medidas são dotadas de tempestividade, sendo que a questão envolvendo os reflexos do prazo previsto no art. 33, § 1º, da Lei 9.307/96, sobre as matérias dedutíveis em sede de cumprimento de sentença serão abordados em tópico subsequente.

Contudo, admitir a plena liberdade de escolha pelo devedor não se mostra solução adequada. Isto porque a impugnação ao cumprimento de sentença é meio mais simples e célere, sendo dotada de aptidão para alcançar a finalidade pretendida pelo devedor, com menor dispêndio de recursos públicos e das próprias partes. Sua utilização deve ser considerada como prioritária,[67] de modo que, estando ainda em curso o prazo para apresentação da impugnação ao cumprimento de sentença, o devedor careceria de interesse processual no ajuizamento da ação autônoma.[68]

De toda sorte, acatada a concorrência entre os meios, com possibilidade de escolha imotivada de qualquer deles pelo devedor, a questão se resolveria pela litispendência ou pela continência, considerando-se que o objeto da impugnação ao cumprimento de sentença é mais amplo que o da ação constitutiva negativa.[69]

É possível, ainda, que o cumprimento de sentença seja iniciado após o ajuizamento da ação de invalidação. Nessa situação, se as matérias deduzidas na impugnação ao cumprimento de sentença e na ação constitutiva negativa forem diversos, ambos os instrumentos processuais seguirão seu curso próprio, culminando com a prolação da decisão cabível. Porém, se existir exata identidade entre as matérias deduzidas, haverá litispendência (art. 337, §§ 1º e 3º, do CPC), devendo ter prosseguimento apenas a ação desconstitutiva, ajuizada anteriormente, com a consequente rejeição da impugnação. Por fim, se a matéria deduzida na impugnação for mais ampla e abranger a demanda veiculada na ação constitutiva negativa já ajuizada, os processos deverão ser reunidos para julgamento conjunto,[70] em razão da continência (artigos 57 e 58, do CPC).

A seu turno, promovido o cumprimento de sentença depois de decidida a ação desconstitutiva, com sentença de mérito transitada materialmente em julgado, não poderá ser arguida, em sede de impugnação, a mesma matéria veiculada no processo anterior, em respeito à coisa julgada.[71]

3.2.1 Necessidade de observância do prazo decadencial para matérias listadas no art. 32, da Lei 9.307/96

Conforme visto, há duas vias processuais concorrentes para que seja veiculada, perante o juízo estatal, contrariedade à sentença arbitral: (i) ação de invalidação (art. 33, § 1º, da Lei 9.307/96); (ii) impugnação ao cumprimento de sentença (art. 33, § 3º, da Lei 9.307/96).[72]

---

67. Cfr. OLIVEIRA FILHO, Silas Dias de. *Interesse processual e acesso à ordem jurídica justa*. Rio de Janeiro: Lúmen Juris, 2022, p. 110-115.
68. Cfr. SCAVONE JUNIOR, Luiz Antonio. *Manual de arbitragem*: mediação e conciliação. 8. ed., rev. e atual. Rio de Janeiro: Forense, 2018, p. 246.
69. Cfr. CAHALI, Francisco José. *Curso de arbitragem*. 9. ed. São Paulo: Ed. RT, 2022, p. 408-409.
70. Cfr. SCAVONE JUNIOR, Luiz Antonio. *Manual de arbitragem*: mediação e conciliação. 8. ed., rev. e atual. Rio de Janeiro: Forense, 2018, p. 246.
71. Cfr. ANDRADE, Marcus Vinícius dos Santos. Considerações sobre a arbitragem e o cumprimento da sentença arbitral. *Revista de Arbitragem e Mediação*. ano 4, n. 15, p. 52. São Paulo: Ed. RT, out./dez. 2007.
72. Cfr. CAHALI, Francisco José. *Curso de arbitragem*. 9. ed. São Paulo: Ed. RT, 2022, p. 406-407 e 429.

Diante disso, surgiu relevante questão sobre o tema, consistente em definir se na hipótese de impugnação ao cumprimento de sentença arbitral também deveria ser observado o prazo decadencial de 90 (noventa) dias, previsto no art. 32, da Lei 9.307/96, para o ajuizamento da ação desconstitutiva.

Na doutrina, é possível identificar a formação de três correntes: uma entendendo pela necessidade de observar o prazo decadencial;[73] outra sustentando que seu decurso apenas obstaria a utilização da via autônoma, não repercutindo sobre o manejo da impugnação;[74] e a última sustentando a aplicabilidade do prazo decadencial apenas às hipóteses de nulidade relativa, eis que, no caso de nulidade absoluta, a demanda seria declaratória, não estando sujeita a prescrição ou decadência.[75]

A 3ª Turma do Superior Tribunal de Justiça, ao julgar o Recurso Especial 1.928.951-TO, de relatoria da Ministra Nancy Andrighi, definiu que a

> escolha entre a ação de nulidade e a impugnação ao cumprimento de sentença em nada interfere na cristalização ou não da decadência, de modo que, escoado o prazo de 90 (noventa) dias para o ajuizamento da ação de nulidade, não poderá a parte suscitar as hipóteses de nulidade previstas no art. 32 da Lei de Arbitragem pela via da impugnação, pois o poder formativo já haverá sido fulminado pela decadência, instituto que pertence ao Direito Material.

Trata-se de solução acertada, por prestigiar a efetividade do processo arbitral e a autonomia entre o direito processual e o direito material, sem vulnerar garantias inerentes ao devido processo legal, uma vez que, mesmo no cenário em que o cumprimento de sentença é iniciado pelo credor após o decurso do prazo decadencial em tela, tem o devedor plena possibilidade de, por iniciativa própria, ajuizar, tempestivamente, a demanda anulatória visando a atacar os vícios que entende presentes na sentença arbitral, evitando a consumação da decadência.[76]

---

73. Cfr. CAHALI, Francisco José. *Curso de arbitragem*. 9. ed. São Paulo: Ed. RT, 2022, p. 410-411; CARMONA, Calos Alberto. Ensaio sobre a sentença arbitral parcial. *Revista Autônoma de Processo*. n. 5, p. 122. Curitiba: Juruá, jul./dez. 2008; DINAMARCO, Cândido Rangel. *A arbitragem na teoria geral do processo*. São Paulo: Malheiros, 2013, p. 270-272; LATGÉ, Bernardo da Silveira. Notas sobre o cumprimento de sentença arbitral. In: CARNEIRO, Paulo Cezar Pinheiro; GRECO, Leonardo; DALLA, Humberto (Org.). *Temas controvertidos na arbitragem à luz do Código de Processo Civil de 2015*. Rio de Janeiro: Editora GZ, 2020, v. II; LEÃO, Fernanda Gouveia. *Arbitragem e execução*. 2012. 140 f. Dissertação (Mestrado em Direito Processual) – Faculdade de Direito. Universidade de São Paulo, São Paulo, 2012, p. 96; PINHO, Humberto Dalla Bernardina de; MAZZOLA, Marcelo. Aspectos controvertidos da sentença arbitral e da respectiva ação anulatória. *RJLB*, ano 7, n. 3, p. 961-962, 2021; WALD, Arnoldo. Os meios judiciais de controle da sentença arbitral. *Revista de Arbitragem e Mediação*. ano I, n. 1. São Paulo: Ed. RT, jan./abr. 2004.
74. Cfr. ARENHART, Sérgio Cruz. Breves observações sobre o procedimento arbitral. *Academia Brasileira de Direito Processual*. Disponível em: http://www.abdpc.org.br/abdpc/artigos/Sergio%20Arenhart%20-%20formatado.pdf. Acesso em: 13 jun. 2022; GAJARDONI, Fernando da Fonseca. Aspectos fundamentais do processo arbitral e pontos de contato com a jurisdição estatal. *Revista de Processo*. v. 106. São Paulo: Ed. RT, abr. 2002; GUERRERO, Luiz Fernando. Cumprimento da sentença arbitral e a Lei 11.232/2005. *Revista de Arbitragem e Mediação*. ano 4, n. 15, p. 114. São Paulo: Ed. RT, out./dez. 2007; WLADECK, Felipe Scripes. O pleito de anulação da sentença arbitral nacional em sede de execução. *Revista de Arbitragem*. v. 16. São Paulo: Ed. RT, jan./mar. 2008.
75. Cfr. SCAVONE JUNIOR, Luiz Antonio. *Manual de arbitragem*: mediação e conciliação. 8. ed., rev. e atual. Rio de Janeiro: Forense, 2018, p. 242-244 e 248-250.
76. Sobre o ponto, DINAMARCO ilustra que entendimento diverso traria excessivo ônus ao credor. Confira-se: "Pôr-se-ia sobre a cabeça do credor uma verdadeira *espada de Dâmocles*, ficando ele no diabólico dilema entre

3.3 Efeitos da impugnação

A impugnação não tem, por si só, o condão de obstar o prosseguimento da execução, inclusive com expropriação de bens, salvo se, diante de fundamentos relevantes e risco de prejuízo irreparável ou de difícil reparação ao executado, o juiz atribuir-lhe efeito suspensivo (art. 525, § 6º, do CPC).[77]

A concessão do efeito suspensivo, contudo, é interpretada restritivamente: aplica-se apenas à parcela da execução que é objeto da impugnação (art. 525, § 8º, do CPC), não aproveita a coexecutados se o fundamento deduzido disser respeito exclusivamente ao impugnante (art. 525, § 9º, do CPC) e não impede atos de substituição, de reforço ou de redução da penhora e de avaliação dos bens (art. 525, § 7º, do CPC).

3.4 Prosseguimento do cumprimento mediante prestação de caução

Por fim, mesmo tendo sido concedido efeito suspensivo à impugnação, é facultado ao exequente oferecer e prestar caução suficiente e idônea, arbitrada pelo juiz, como forma de ser viabilizado o prosseguimento da execução (art. 525, § 10, do CPC). Assim, assegura-se, de um lado, a efetividade da execução e, de outro, a preservação dos interesses do devedor, cujos eventuais prejuízos experimentados serão integralmente ressarcidos pela caução prestada.

BIBLIOGRAFIA E JULGADOS SELECIONADOS

ALVIM NETTO, José Manoel Arruda. Sobre a natureza jurisdicional da arbitragem, in CAHALI, Francisco José; RODOVALHO, Thiago FREIRE, Alexandre (Org.). *Arbitragem*: estudos sobre a Lei 13.129, de 26.05.2015. São Paulo: Saraiva, 2015.

ANDRADE, Marcus Vinícius dos Santos. Considerações sobre a arbitragem e o cumprimento da sentença arbitral. *Revista de Arbitragem e Mediação*. ano 4, n. 15, p. 19-64. São Paulo: Ed. RT, out./dez. 2007.

ARENHART, Sérgio Cruz. Breves observações sobre o procedimento arbitral. *Academia Brasileira de Direito Processual*. Disponível em: http://www.abdpc.org.br/abdpc/artigos/Sergio%20Arenhart%20-%20formatado.pdf. Acesso em: 13 jun. 2022.

BEDAQUE, José Roberto dos Santos. Cognição e decisões do juiz no processo executivo. In: FUX, Luiz; NERY JR., Nelson; WAMBIER, Teresa Arruda Alvim (Coord.). *Processo e Constituição*: estudos em homenagem ao professor José Carlos Barbosa Moreira. São Paulo: Ed. RT, 2006.

BEDAQUE, José Roberto dos Santos. *Efetividade do processo e técnica processual*. 3. ed. São Paulo: Malheiros, 2010.

BERALDO, Leonardo de Faria. A eficácia das decisões do árbitro perante o registro de imóveis. *Revista de Arbitragem e Mediação*. n. 58, p. 171-180. São Paulo: Ed. RT, jul./set. 2018.

---

propor a execução, abrindo flanco à anulação da sentença arbitral, e *não propô-la*, resignando-se ao estado de insatisfação de seu direito" (cfr. DINAMARCO, Cândido Rangel. *A arbitragem na teoria geral do processo*. São Paulo: Malheiros, 2013, p. 272).

77. Cfr. ANDRADE, Marcus Vinícius dos Santos. Considerações sobre a arbitragem e o cumprimento da sentença arbitral. *Revista de Arbitragem e Mediação*. ano 4, n. 15, p. 52. São Paulo: E. RT, out./dez. 2007.

BRASIL. Conselho da Justiça Federal. *I Jornada "Prevenção e Solução Extrajudicial de Litígios"*. Brasília, 22 e 23 de agosto de 2016. Disponível em: https://cbar.org.br/site/wp-content/uploads/2021/11/enunciados-i-jornada.pdf. Acesso em: 17 jun. 2022.

BRASIL. SUPERIOR TRIBUNAL DE JUSTIÇA (STJ). *Recurso Especial 1.928.951-TO*, 3ª T., Rel. Min. Nancy Andrighi, j. 08.02.2022, DJe de 18.02.2022, v. u.

BRASIL. SUPERIOR TRIBUNAL DE JUSTIÇA (STJ). *Recurso Especial 1.481.644-SP*, 4ª T., Rel. Min. Luis Felipe Salomão, j. 11.05.2021, DJe 19.08.2021, v. u.

BRASIL. SUPERIOR TRIBUNAL DE JUSTIÇA (STJ). *Recurso Especial 1.102.460-RJ*, Corte Especial, Rel. Min. Marco Buzzi, j. 17.06.2015, Dje de 23.09.2015, v. u.

BRASIL. SUPREMO TRIBUNAL FEDERAL (STF). *AgR na CR 7613/AT*, Pleno, Rel. Min. Sepúlveda Pertence, j. 03.04.1997.

BUENO, Cassio Scarpinella. *Manual de direito processual civil*. 5. ed. São Paulo: Saraiva, 2019. v. único.

CAHALI, Francisco José. *Curso de arbitragem*. 9. ed. São Paulo: Ed. RT, 2022.

CARMONA, Carlos Alberto. Arbitragem e jurisdição. *Revista de Processo*. v. 58, p. 33-40. São Paulo: Ed. RT, abr./jun. 1990.

CARMONA, Calos Alberto. Ensaio sobre a sentença arbitral parcial. *Revista Autônoma de Processo*. n. 5, p. 105-127. Curitiba: Juruá, jul./dez. 2008.

CUNHA, Leonardo Carneiro da. Justiça multiportas: mediação, conciliação e arbitragem no Brasil. *Revista ANNEP de Direito Processual*. v. 1, n. 1, p. 140-162, jan./jun. 2020.

DINAMARCO, Cândido Rangel. *A arbitragem na teoria geral do processo*. São Paulo: Malheiros, 2013.

DINAMARCO, Cândido Rangel. *Instituições de Direito Processual Civil*. 9. ed., rev. e atual. São Paulo: Malheiros, 2017. v. I.

FONSECA, Rodrigo Garcia. A arbitragem e a reforma processual da execução. Sentença parcial e cumprimento de sentença. Anotações em torno da Lei 11.232/2005. *Revista de Arbitragem e Mediação*. ano 4, n. 14, p. 30-47. São Paulo: Ed. RT, jul./set. 2007.

GAJARDONI, Fernando da Fonseca. Aspectos fundamentais do processo arbitral e pontos de contato com a jurisdição estatal. *Revista de Processo*. v. 106. São Paulo: Ed. RT, abr. 2002.

GIUSTI, Gilberto. As garantias do cumprimento da sentença arbitral. *Revista do Advogado*. São Paulo: AASP, n. 119. ano XXXIII, 2013.

GOBBI, Anna Paula Sena de. Execução de sentença arbitral em face da Administração Pública: panorama geral e problemática. *Revista do Portal Jurídico Investidura*. ed. 417, ano IX, Florianópolis, abr. 2022. Disponível em: https://investidura.com.br/biblioteca-juridica/artigos/direito-administrativo/338775-execucao--de-sentenca-arbitral-em-face-da-administracao-publica-panorama-geral-e-problematica. Acesso em: 21 jun. 2022.

GRINOVER, Ada Pellegrini. *Ensaio sobre a processualidade*: fundamentos para uma nova teoria geral do processo. Brasília: Gazeta Jurídica, 2016.

GUERRERO, Luiz Fernando. Cumprimento da sentença arbitral e a Lei 11.232/2005. *Revista de Arbitragem e Mediação*. ano 4, n. 15, p. 102-116. São Paulo: Ed. RT, out./dez. 2007.

LATGÉ, Bernardo da Silveira. Notas sobre o cumprimento de sentença arbitral. In: CARNEIRO, Paulo Cezar Pinheiro; GRECO, Leonardo; DALLA, Humberto (Org.). *Temas controvertidos na arbitragem à luz do Código de Processo Civil de 2015*. Rio de Janeiro: Editora GZ, 2020. v. II.

LEÃO, Fernanda Gouveia. *Arbitragem e execução*. 2012. 140 f. Dissertação (Mestrado em Direito Processual) – Faculdade de Direito. Universidade de São Paulo, São Paulo, 2012.

LOURENÇO, Haroldo. A onda evolutiva da arbitragem envolvendo o poder público no Brasil. *Revista dos Tribunais*. v. 995, p. 27-49. São Paulo: Ed. RT, set. 2018.

MAGALHÃES, José Carlos de. O protocolo de Las Leñas e a eficácia extraterritorial das sentenças e laudos arbitrais proferidos nos países do Mercosul. *Revista de Informação Legislativa*. a. 36, n. 144, p. 281-291. Brasília, out./dez. 1999.

MAIA, Alberto Jonathas. Fazenda Pública, arbitragem e execução. *Revista de Processo*. v. 307, ano 45, p. 401-420. São Paulo: Ed. RT, set. 2020.

MARINONI, Luiz Guilherme; ARENHART, Sérgio Cruz; MITIDIERO, Daniel. *Novo Curso de Direito Processual Civil*. 3. ed. em e-book, São Paulo: Ed. RT, 2017. v. 3.

OLIVEIRA, Rafael Carvalho Rezende. A arbitragem nos contratos da Administração Pública e a Lei 13.129/2015: novos desafios. *Revista Brasileira de Direito Público – RBDP*. ano 13, n. 51, p. 59-79. Belo Horizonte, out./dez. 2015.

OLIVEIRA FILHO, Silas Dias de. *Interesse processual e acesso à ordem jurídica justa*. Rio de Janeiro: Lúmen Juris, 2022.

PINHO, Humberto Dalla Bernardina de; MAZZOLA, Marcelo. Aspectos controvertidos da sentença arbitral e da respectiva ação anulatória. *RJLB*, ano 7, n. 3, p. 929-966, 2021.

PROTO PISANI, Andrea. *Lezione di diritto processuale civile*. Napoli: Jovene, 1999.

SALLES, Carlos Alberto de. O consenso nos braços do Leviatã: os caminhos do Judiciário brasileiro na implantação de mecanismos adequados de solução de controvérsias. *RJLB*. ano 4, n. 3, p. 215-241, Lisboa: FDUL, 2018.

SCAVONE JUNIOR, Luiz Antonio. *Manual de arbitragem: mediação e conciliação*. 8. ed., rev. e atual. Rio de Janeiro: Forense, 2018.

SCHMIDT, Gustavo da Rocha. *A arbitragem nos conflitos envolvendo a Administração Pública*: uma proposta de regulamentação. Dissertação (Mestrado). Escola de Direito do Rio de Janeiro da Fundação Getúlio Vargas, 2016.

SILVA, João Paulo Hecker da. Execução e cumprimento de sentença arbitral. In: LEVY, Daniel; PEREIRA, Guilherme Setoguti J. (Coord.). *Curso de arbitragem*. São Paulo: Ed. RT, 2018.

TONIN, Mauricio Morais. *Solução de controvérsias e poder público*: negociação e arbitragem. 2016. 237 f. Tese (Doutorado em Direito Processual) – Faculdade de Direito. Universidade de São Paulo, São Paulo, 2016.

WALD, Arnoldo. Os meios judiciais de controle da sentença arbitral. *Revista de Arbitragem e Mediação*. ano I, n. 1. São Paulo: Ed. RT, jan./abr. 2004.

WLADECK, Felipe Scripes. O pleito de anulação da sentença arbitral nacional em sede de execução. *Revista de Arbitragem*. v. 16. São Paulo: Ed. RT, jan./mar. 2008.

XXVI
RECONHECIMENTO E CUMPRIMENTO DA SENTENÇA ARBITRAL ESTRANGEIRA NO BRASIL

Cláudio Finkelstein

Doutor e livre docente pela PUC-SP. Mestre pela Universidade de Miami e Pós-Doutorando pela Universidade Bucerius, de Hamburgo. Coordenador da subárea de Direito Internacional do PPG, da PUC-SP. Coordenador da área de Arbitragem e Comércio Internacional da Extensão da PUC-SP e editor da Revista Brasileira de Direito Constitucional e Internacional. E-mail: cfinkelstein@pucsp.br. O autor agradece a acadêmica de Direito, Maria Eduarda Vieitas, pela pesquisa e compilação de material.

Sumário: Introdução: princípios gerais que informam o reconhecimento e o cumprimento – 1. A arbitragem internacional na visão brasileira – 2. Diferença entre reconhecimento e cumprimento – 3. Métodos de reconhecimento e cumprimento – 4. O sistema da convenção de Nova Iorque de 1958; 4.1 Razões para recusa do reconhecimento; 4.1.1 Incapacidade das partes ou invalidade da convenção arbitral; 4.1.2 Inexistência de prova de notificação da parte e violação ao devido processo legal; 4.1.3 Sentença arbitral proferida fora do escopo da convenção arbitral; 4.1.4 Composição do tribunal arbitral ou condução do procedimento em desacordo com os termos da convenção arbitral ou da lei aplicável; 4.1.5 Sentença arbitral não definitiva, suspensa ou anulada por autoridade competente; 4.1.6 Inarbitrabilidade do objeto da divergência segundo a lei do país receptor da sentença arbitral; 4.1.7 Violação à ordem pública – 5. O sistema da Lei 9.307/96 – 6. Aspectos procedimentais da homologação da sentença arbitral estrangeira no Brasil; 6.1 Legitimidade; 6.2 Atuação do Superior Tribunal de Justiça: objeto e limites; 6.3 Requisitos para homologação da sentença arbitral estrangeira no Brasil; 6.4 Rito a ser obedecido perante o Superior Tribunal de Justiça; 6.5 Consequências da recusa do reconhecimento da sentença arbitral estrangeira; 6.6 A fase de cumprimento da sentença arbitral estrangeira homologada – Bibliografia e julgados selecionados.

INTRODUÇÃO: PRINCÍPIOS GERAIS QUE INFORMAM O RECONHECIMENTO E O CUMPRIMENTO

A arbitragem é um método de resolução de controvérsias cuja eficácia e popularidade se consolida exponencialmente no âmbito do comércio global. Uma das principais razões para este ser amplamente considerado o foro natural em questões internacionais, além da inexistência de um tribunal internacional com jurisdição sobre entes privados, é justamente a matéria a ser tratada pelo presente artigo: a possibilidade da sentença arbitral estrangeira ser reconhecida e executada uniforme e facilmente em diversos estados signatários da Convenção de Nova Iorque sobre o Reconhecimento e a Execução de Sentenças Arbitrais Estrangeiras de 1958 ("Convenção de Nova Iorque" ou "Convenção"), o que não ocorre com a sentença judicial estrangeira, em função da inexistência de algum amplo tratado multilateral que verse sobre a questão.

Essa foi a conclusão de pesquisa empírica realizada pela universidade 'Queen Mary', em 2018, que constatou que 64% dos entrevistados acreditavam que a característica mais valiosa da arbitragem seria a execução extraterritorial da sentença arbitral, e que 11% dos entrevistados escolhem a sede da arbitragem com base na sua tradição de cumprimento de convenções de arbitragem e de sentenças arbitrais.[1]

Tal característica da arbitragem internacional se deve à altíssima aderência dos Estados[2] à mencionada Convenção de Nova Iorque, ratificada pelo Brasil e incorporada à ordem jurídica nacional em 2002, através do Decreto 4.311/02.

A Convenção de Nova Iorque possui como princípio fundamental a eficácia máxima, conforme se extrai do seu artigo VII(1).[3] Esse princípio consiste na presunção de favorecimento à execução da sentença arbitral, de forma que, mesmo quando um tribunal nacional estiver analisando os requisitos de recusa à execução da sentença arbitral, esta proporciona uma margem de discricionariedade para o juízo ponderar esses princípios de forma favorável à execução da sentença arbitral.[4] Levando esse princípio em consideração, a legislação interna de nenhum país signatário deve possuir dispositivos mais restritivos à execução da sentença arbitral estrangeira do que aqueles estabelecidos pela Convenção. Assim, a maior parte dos países signatários acaba adotando uma legislação mais liberal que a própria Convenção de Nova Iorque para o reconhecimento e execução das sentenças arbitrais estrangeiras.[5]

Outros dos relevantes princípios que lastreiam o reconhecimento e a execução das sentenças arbitrais estrangeiras são: a autonomia da vontade das partes, o devido processo legal e a observância à ordem pública, como será analisado mais detalhadamente ao longo deste artigo.

1. A ARBITRAGEM INTERNACIONAL NA VISÃO BRASILEIRA

Como o reconhecimento e a execução da sentença arbitral estrangeira estão intrinsecamente conectados com o conceito da internacionalidade da arbitragem, faz-se necessário definir primeiramente o instituto da arbitragem internacional na perspectiva do ordenamento jurídico brasileiro para posteriormente adentrar em um estudo mais amplo dos mecanismos de reconhecimento e execução da sentença arbitral em si.

O Brasil não adota qualquer critério para definir internacionalidade de procedimentos arbitrais. Em realidade, convencionou-se denominar arbitragens com vínculo de estraneidade de arbitragem internacional, independente de onde seja sediada, o que

---

1. QUEEN MARY UNIVERSITY OF LONDON. *2018 International Arbitration Survey*: The Evolution of International Arbitration. Disponível em: https://arbitration.qmul.ac.uk/media/arbitration/docs/2018-International-Arbitration-Survey---The-Evolution-of-International-Arbitration-(2).PDF. Acesso em: 22 dez. 2021.
2. Atualmente, 169 Estados são signatários da Convenção de Nova Iorque. UNITED NATIONS INFORMATION CENTER. Disponível em: https://unis.unvienna.org/unis/en/pressrels/2021/unisl323.html. Acesso em: 23 dez. 2021.
3. FINKELSTEIN, Cláudio. Capítulo VI: Da Homologação de Decisão Estrangeira e da Concessão do Exequatur à Carta Rogatória. In: BUENO, Cassio Scarpinella (Coord.). *Comentários ao Código de Processo Civil*. Arts. 926 a 1.072 – Parte Especial. 2017, p. 157.
4. BORN, Gary B. *International Commercial Arbitration*. 3. ed. Kluwer Law International, 2021, p. 3722-3726.
5. Ibidem, p. 3722-3726.

para nós deveria ser denominada arbitragem estrangeira quando sediada no exterior, em virtude de inexistir uma categorização legalmente fixada para determinar a internacionalidade da arbitragem comercial entre entes de direito privado.

Reiterada a ressalva inicial de que, para o Brasil, em função da inexistência de qualificação ou regência normativa distintiva, o procedimento arbitral doméstico em si não se distingue do estrangeiro, independente da nacionalidade, sede principal dos negócios ou domicílio das partes, da lei aplicável a obrigação, da sede do procedimento, moeda ou idioma da obrigação principal ou da jurisdição para a performance da totalidade ou parte das obrigações comerciais, vez que o Brasil não adotou a lei modelo da UNCITRAL nem criou em sua normativa interna qualquer critério distintivo. Tais modelos são denominados 'dualista' quando há uma lei interna para arbitragens doméstica e outra legislação (normalmente baseadas no modelo UNCITRAL) para definir e reger arbitragens internacionais. *Contrariu sensu*, o modelo 'monista' é composto por jurisdições que edificam toda sua estrutura numa única lei, que estabelece no mesmo diploma legal as distinções entre arbitragem doméstica e internacional.

O Brasil adota um modelo monista atípico e uniforme, pois ele não distingue e, ao contrário, equipara ambas as formas de procedimentos (doméstico ou internacional). Assim, prazos, requisitos mínimos, definições dos institutos, foro judicial para apoio e procedimentos ancilares são os mesmos quando a arbitragem for conduzida e concluída em território nacional.

Todavia, ainda assim podemos afirmar que um procedimento interno pode ter diversas características de internacionalidade instadas pelas partes ou reconhecida pelo próprio tribunal ou então pela instituição que administra o mesmo. Os institutos jurídicos que integram e definem o procedimento são os mesmos da arbitragem puramente interna, mas a adoção de critérios internacionais quando cabível pode [e deve] ser implementada pela vontade das partes ou por determinação do tribunal, trazendo características distintivas a tais procedimentos, que podem incluir condução dos trabalhos em outro idioma e, sob outra lei de regência, práticas e/ou critérios baseados em *guidelines* internacionais ou mesmo sujeição a regras de processo alienígenas.

Com relação à 'arbitragem internacional', ou seja, aquela cursada fora do Brasil e que, ao final, edita uma sentença arbitral estrangeira, esta sim reconhecida pela nossa Lei de Arbitragem, existem diversos diplomas de direito internacional que regulam seu curso, seja ativo ou passivo. O tratado mais importante que regula internamente alguns aspectos do procedimento em si é a Convenção de Nova Iorque sobre o Reconhecimento e a Execução de Sentenças Arbitrais Estrangeiras de 1958 (Convenção de Nova Iorque), ratificada pelo Brasil, mas somente incorporado à ordem jurídica nacional em 2002, através do Decreto 4.311/2002.

A citada Convenção suplantou a também mencionada Convenção de Genebra de 1927, relativa ao Reconhecimento e Execução de Sentenças Arbitrais Estrangeiras, e a Convenção Interamericana sobre Arbitragem Comercial Internacional (Convenção do

Panamá de 1975). O Brasil é signatário desses dois Tratados,[6] mas eles foram praticamente substituídos pela Convenção de Nova Iorque, vez que poucos Estados incluíram cláusulas compromissórias em seus contratos internacionais nos termos desses tratados, até porque a Convenção de Nova Iorque dispõe de provisões muito mais atuais e melhor elaboradas, distinguindo a cláusula compromissória do compromisso arbitral, e afirmando que ambos possuem o efeito de retirar a competência do Poder Judiciário para dirimir a controvérsia.[7] À propósito, tais regras foram incorporadas pela Lei de Arbitragem, pelo CPC e pelo Regimento Interno do STJ.

No tocante à legislação aplicável ao mérito de tais procedimentos, no silêncio das partes, para os Estados Europeus que são signatários da Convenção de Roma sobre a Lei Aplicável aos Contratos Internacionais de 1980, nos termos do art. 4º da Convenção, aplicar-se-á a lei do país que estiver mais proximamente conectada à obrigação (most closely connected). Já para os demais Estados-Parte, nos termos da Convenção de Viena sobre Compra e Venda Internacional de 1980 ("CISG"), exatamente pela liberdade outorgada pela Convenção às partes, inclusive no tocante a escolha da lei a ser aplicada aos contratos internacionais, estes estarão automaticamente vinculados a esta (modelo *opt-out*) ou poderão eleger qualquer outro sistema legal não atentatório à respectiva ordem pública.[8]

Feitas tais considerações iniciais sobre a arbitragem internacional, é importante tecer a relação desta com a Lei Modelo da UNCITRAL sobre Arbitragem Comercial Internacional amplamente reconhecida e adotada no exterior[9] (ou domesticamente, em conjunto com as Regras de Arbitragem da UNCITRAL, quando as partes de um contrato optam por tais normativas), a qual define que uma arbitragem comercial internacional é aquela em que (a) as partes de uma convenção de arbitragem têm, no momento da celebração do referido acordo, os seus locais de negócios em diferentes Estados; ou (b) um

---

6. O Brasil recepcionou no seu ordenamento jurídico interno a Convenção de Genebra, em 1932, e a Convenção do Panamá, em 1995.
7. CARMONA, Carlos Alberto. *Arbitragem e processo*: um comentário à Lei 9.307/96. 3. ed. São Paulo: Atlas, 2009, p. 97-99.
8. Paulo Nalin e Renata Steiner explicam que o Brasil é signatário da CISG, e que esta Convenção foi recepcionada como lei federal ordinária no ordenamento jurídico brasileiro por meio do Decreto Presidencial 8.327/2014. A CISG, norteada pelo princípio da autonomia da vontade das partes, possui a sua aplicação automática a todos os contratos de compra e venda internacionais de bem, de acordo com o seu artigo 1, quando este contrato for celebrado por diferentes países signatários da Convenção, desde que esses não tenham realizado uma reserva expressa no contrato derrogando a aplicação da Convenção como um todo ou apenas parte desta, nos termos do artigo 6. NALIN, Paulo; STEINER, Renata C. *Compra e venda internacional de mercadorias*: a Convenção das Nações Unidas sobre compra e venda internacional de mercadorias (CISG). Belo Horizonte: Fórum, 2016, p. 44-68. SCHLECHTRIEM, Peter; SCHWENZER, Ingeborg. *Commentary on the UN Convention on the International Sale of Goods (CISG)*. 2. ed. Oxford 2005, p. 82-92.
9. Até o presente momento, 85 Estados, em um total de 118 jurisdições, adotaram uma legislação de arbitragem baseada na Lei Modelo da UNCITRAL, dentre os quais se destacam: Austrália, Federação Russa, Singapura, alguns estados dos Estados Unidos (como Califórnia, Texas e Illinois), e alguns estados do Canadá (como Ontário e Quebec). A lista com todos os Estados e jurisdições que adotaram a Lei Modelo está presente no seguinte site: UNICITRAL. Status: UNCITRAL Model Law on International Commercial Arbitration (1985), with amendments as adopted in 2006. Disponível em: https://uncitral.un.org/en/texts/arbitration/modellaw/commercial_arbitration/status. Acesso em: 02 jul. 2021.

dos seguintes lugares está situado fora do Estado em que as partes têm os seus locais de atividade: (i) o local da arbitragem, se determinado em, ou de acordo com, a convenção de arbitragem; (ii) qualquer local onde deva ser cumprida uma parte substancial das obrigações resultantes da relação comercial ou o local com o qual o objeto da disputa tenha vínculos mais estreitos; ou (iii) as partes tiverem convencionado expressamente que o objeto da convenção de arbitragem envolve mais de um país.

Em síntese, pode-se depreender que, respeitados os limites das barreiras impostas por normas de ordem pública (interna ou internacional), é lícito às partes submeterem suas transações a toda e qualquer lei ou princípios nacionais, sem que, com isso, se viole a ordem instituída e aceita por elas.

Feita a necessária introdução e respectivas ressalvas ao conceito de arbitragem internacional é importante reafirmar que o legislador brasileiro não inseriu nos textos legais que definem o instituto distinções entre a arbitragem nacional e internacional, estabelecendo, apenas, um processo diferenciado para a homologação de laudos arbitrais que foram emitidos fora do território nacional.

Nesse sentido, para o direito brasileiro, o critério para a determinação da internacionalidade da sentença arbitral é o geográfico, pois qualquer que seja a decisão emitida fora do território brasileiro esta será estrangeira, independente da nacionalidade ou domicílio das partes, local do cumprimento ou assinatura da obrigação, natureza do contrato, relevância ao comércio internacional, idioma, valor ou moeda do negócio jurídico.

2. DIFERENÇA ENTRE RECONHECIMENTO E CUMPRIMENTO

Tanto na Lei Brasileira de Arbitragem como na Convenção de Nova Iorque, os termos "reconhecimento e execução das sentenças arbitrais" são inseridos juntos, como se ambos os institutos possuíssem o mesmo significado e as partes sempre optassem por se valer deles de forma unificada. Entretanto, não é o que ocorre na prática, e por isso é preciso diferenciá-los como, inclusive, foi a intenção do Secretariado ao elaborar a Convenção de Nova Iorque.[10]

O reconhecimento da sentença arbitral estrangeira consiste em equiparar a decisão arbitral estrangeira, em termos da produção de efeitos, validade, e eficácia, à decisão judicial doméstica da jurisdição em que se busca executá-la.[11] Seria o procedimento necessário para trazer eficácia interna a uma decisão existente e válida no estrangeiro. Nacionalizá-la, por assim dizer.

---

10. United Nations Commission On International Trade Law. *UNCITRAL Secretariat Guide on the Convention on the Recognition and Enforcement of Foreign Arbitral Awards*. New York, 1958. 2016 Edition, p. 09-10. Disponível em: https://uncitral.un.org/sites/uncitral.un.org/files/media-documents/uncitral/en/2016_guide_on_the_convention.pdf. Acesso em: 23. Nov. 2021.
11. CARMONA, Carlos Alberto. *Arbitragem e processo*: um comentário à Lei 9.307/96. 3. ed. Sao Paulo: Atlas, 2009, p. 438.

A necessidade do reconhecimento da sentença arbitral estrangeira no Brasil surge para incorporá-la ao ordenamento jurídico do Estado, uma vez que a sentença arbitral estrangeira depende de leis domésticas e tratados internacionais para possuir força em outro país, por isso o procedimento de reconhecimento da sentença arbitral estrangeira depende da regulamentação do referido país.[12] Ademais, o reconhecimento prescinde da execução, pois pode ser empreendido isoladamente, vez que pode ser o objetivo do requerente valer-se exclusivamente da proteção da coisa julgada para preservar direitos ou instruir novos pleitos autônomos.

Já o cumprimento ou "execução" da sentença arbitral estrangeira pressupõe que esta já tenha sido validada na origem [ou em outro estado signatário] – logo, não há execução da sentença sem o seu reconhecimento – e consiste na garantia de que o Poder Judiciário desse país irá realizar o cumprimento da sentença por meio da imposição das sanções e dos remédios legais previstos na sentença,[13] desde que em consonância com os princípios legais vigentes na jurisdição em que se busca sua eficácia.

Assim, a execução da sentença arbitral possui caráter coercitivo[14] e visa assegurar o adimplemento do direito ou crédito da parte vencedora.[15] Do mesmo modo, passa a ser automática para a execução o prévio reconhecimento da decisão, na mesma prestação jurisdicional.

Por fim, para melhor ilustrar a diferenciação desses conceitos, nos valemos da analogia exposta pela doutrina de Alan Redfern e Martin Hunter, que compara o reconhecimento da sentença a um escudo e a execução a uma espada. Isso se dá justamente porque o reconhecimento atribuiu a força de coisa julgada à sentença arbitral e assim bloqueia, como um escudo, o surgimento de novas demandas no país estrangeiro que já foram decididas pela referida sentença. Enquanto a execução visa compelir a parte vencida a cumprir a decisão contida na sentença por meio da aplicação de medidas coercitivas, funcionando, portanto, como uma espada.[16]

3. MÉTODOS DE RECONHECIMENTO E CUMPRIMENTO

Conforme exposto no tópico anterior, os métodos para o reconhecimento e execução da sentença arbitral estrangeira variam de acordo com a legislação do país em que a sentença será reconhecida, bem como os tratados internacionais que regulamentam tal matéria.[17]

---

12. GAILLARD, Emmanuel; SAVAGE, John (Ed.). *Fouchard Gaillard Goldman on International Commercial Arbitration.* Kluwer Law International, 1999. Part 6 – Court Review of Arbitral Awards, p. 885-886.
13. REDFERN, Alan; HUNTER, Martin. In: BLACKABY, Nigel; PARTASIDES, Constantine et al. *Redfern and Hunter on International Arbitration.* 6. ed. Kluwer Law International, Oxford University Press, 2015. Chapter 11. Recognition and Enforcement of Arbitral Awards, p. 610-612.
14. CARMONA, Carlos Alberto. *Arbitragem e processo*: um comentário à Lei 9.307/96. 3. ed. São Paulo: Atlas, 2009, p. 438.
15. BERALDO, Leonardo de Faria. *Curso de Arbitragem.* São Paulo: Atlas, 2014, p. 552-553.
16. REDFERN, Alan; HUNTER, Martin. In: BLACKABY, Nigel; PARTASIDES, Constantine et al. *Redfern and Hunter on International Arbitration.* 6. ed. Kluwer Law International, Oxford University Press, 2015. Chapter 11. Recognition and Enforcement of Arbitral Awards, p. 614-615.
17. Ibidem, p. 614-615.

Essa diferenciação para os procedimentos de reconhecimento e execução do laudo arbitral estrangeiro nas diferentes jurisdições em que se busca a sua execução se deve à necessidade de verificação do conteúdo decisório para incorporá-lo na ordem jurídica do país em questão, sendo lógico, portanto, que esses métodos e procedimentos sejam diferentes em cada um deles.[18]

No Brasil, o método previsto para o reconhecimento é a homologação da decisão arbitral estrangeira, sendo regulamentado pela Convenção de Nova Iorque e demais tratados internacionais sobre o assunto como sua principal fonte, e subsidiariamente pela Lei Brasileira de Arbitragem, nos seus arts. 34-40.[19] Assim que a sentença arbitral estrangeira for homologada no Brasil, isto é, incorporada e reconhecida pelo seu ordenamento jurídico, ela poderá passar pelo processo de execução de títulos executivos judiciais em conformidade com o CPC[20] para que o seu conteúdo decisório seja cumprido no território nacional.

Contudo, deve-se fazer um adendo no sentido de afirmar que a ratificação da Convenção de Nova Iorque pelo Brasil não impede que a sentença estrangeira passe pelo processo de homologação em seu território para posteriormente ser executada, contrário ao procedimento estipulado para a sentença arbitral doméstica. Isso ocorre porque a competência originária do STJ para apreciar a homologação de decisões estrangeiras decorre de norma constitucional[21] englobando tanto aquelas judiciais quanto arbitrais e, portanto, não pode ser revogada por tratado internacional. Logo, a homologação pelo STJ da sentença arbitral estrangeira se faz necessária para que seja averiguado se esta contém os requisitos mínimos para produzir efeitos no ordenamento jurídico brasileiro, sendo esses requisitos de aspectos formais, posto que é vedado ao STJ analisar o mérito da decisão.[22] Assim, ainda que uma decisão estrangeira seja válida e existente, sua eficácia interna somente será concedida após o escrutínio do STJ.

Ademais, cabe ressaltar que o procedimento de homologação da sentença arbitral estrangeira no Brasil possui natureza jurisdicional contenciosa, pois ocorre a caracterização da lide, vez que as partes apresentam interesses contrapostos, sobre a presença

---

18. GAILLARD, Emmanuel; SAVAGE, John (Ed.). *Fouchard Gaillard Goldman on International Commercial Arbitration*. Kluwer Law International, 1999. Part 6 – Court Review of Arbitral Awards, p. 885-886.
19. É o que dispõe o art. 34, *caput* da Lei Brasileira de Arbitragem: "Art. 34. A sentença arbitral estrangeira será reconhecida ou executada no Brasil de conformidade com os tratados internacionais com eficácia no ordenamento interno e, na sua ausência, estritamente de acordo com os termos desta Lei".
20. O procedimento de execução dos títulos executivos judiciais é regulamentado pelo CPC, Parte Especial, Livro I "*Do processo de conhecimento e do cumprimento da sentença*", Título II "*Do cumprimento da sentença*", arts. 513-538. Os incisos VII e VIII, do art. 515, reconhecem respectivamente a sentença arbitral e a sentença estrangeira homologada pelo Superior Tribunal de Justiça como títulos executivos judiciais, estende-se esse entendimento, portanto, à sentença arbitral estrangeira homologada pelo STJ.
21. Constituição Federal: "Art. 105. Compete ao Superior Tribunal de Justiça: (...) I – processar e julgar, originariamente: (...) i) a homologação de sentenças estrangeiras e a concessão de exequatur às cartas rogatórias; (...)".
22. LEMES, Selma. *O Superior Tribunal de Justiça – STJ e o Reconhecimento de Sentença Arbitral Estrangeira à Luz da Convenção de Nova Iorque de 1958*. Disponível em: http://selmalemes.adv.br/artigos/O%20STJ%20e%20o%20Rec.%20Sent.%20Arb.%20Estrangeira%20e%20a%20CNI.pdf. Acesso em: 22 jul. 2023.

ou ausência dos requisitos de homologabilidade da sentença.[23] Sendo assim, cabe ao STJ decidir pela homologação total ou parcial da sentença arbitral.[24] Destacamos que os demais requisitos procedimentais de homologabilidade serão devidamente explorados no tópico 7 deste capítulo.

Por fim, é imperioso lembrar que não há mais a necessidade de duplo *exequatur* no ordenamento jurídico brasileiro, ou seja, a sentença arbitral não precisa ser previamente reconhecida pelo Judiciário da sede arbitral para posteriormente passar por procedimento de homologação no território brasileiro, garantindo-se o igual tratamento da sentença judicial estrangeira à sentença arbitral doméstica. Essa consiste em uma inovação da Lei Brasileira de Arbitragem de 1996, posto que anteriormente o tal diploma, os laudos arbitrais estrangeiros, para alcançarem a natureza de sentença estrangeira, tinham de ser homologados pelo Judiciário do país de origem da decisão antes de ser homologados no Brasil.

No início da vigência da Lei 9.307/96, a questão do tratamento a ser dado ao instituto da arbitragem acendeu uma discussão que se tornou um verdadeiro *leading case* no Brasil, no processo de contestação da Sentença Judicial Estrangeira SE-5206, cuja sentença foi proferida em 12 de dezembro de 2001 pelo Supremo Tribunal Federal ("STF"). O processo versava a respeito do reconhecimento e execução de uma decisão arbitral estrangeira, proferida na Espanha, por solicitação de uma parte estrangeira.[25]

O Tribunal analisou os requisitos aplicáveis ao reconhecimento e execução das decisões estrangeiras de acordo com a legislação brasileira e também uma questão incidental, de aferir se a lei de arbitragem brasileira foi promulgada em conformidade com a CF/88.

Naquela ocasião, o STF decidiu que a legislação não era inconstitucional, uma vez que não impedia as partes de levarem suas disputas para os tribunais, um direito constitucional fundamental. Como o STF afirmou, a lei permitia a utilização de uma *outra* opção para a resolução das disputas através de meios privados de decisão, por meio da escolha expressa das partes em assim proceder, uma eleição de via, por assim dizer. O conflito só seria arbitrável se tivesse por objeto um direito patrimonial disponível, não interferindo, portanto, com a competência exclusiva do Judiciário, expressa na Constituição, para processar e julgar conflitos de monopólio do Estado para fins de mantença do interesse público, tais quais os de natureza criminal, previdenciário e familiar e outros, indisponíveis por determinação do legislador.

Foi no contexto deste julgamento "que o papel desempenhado pelo STF alterou todo o curso da história da arbitragem no Brasil e colocou o país no mapa como uma respeitável potência no mundo da arbitragem".[26]

---

23. BERALDO, Leonardo de Faria. *Curso de Arbitragem*. São Paulo: Atlas, 2014, p. 553-556.
24. Ibidem, p. 553-556.
25. FINKELSTEIN, Cláudio. Limitações à confidencialidade na arbitragem comercial: publicidade e transparência. In: NASCIMBENI, Asdrubal Franco; BERTASI, Maria Odete Duque; RANZOLIN, Ricardo Borges (Org.). *Temas de Mediação e Arbitragem II*. 2. ed. São Paulo: Lex Editora, 2018, v. 1, p. 77-93.
26. FINKELSTEIN, Cláudio; ZANELATO, Thiago. A Constitucionalidade da Arbitragem: O julgamento da SE 5.206. In: FUX, Luiz. Os Grandes Julgamentos do Supremo. GZ Editora, 2020, p. 64.

4. O SISTEMA DA CONVENÇÃO DE NOVA IORQUE DE 1958

A Convenção de Nova Iorque possui dois objetivos: garantir internacionalmente o cumprimento das convenções de arbitragem e o reconhecimento e execução das sentenças arbitrais estrangeiras no território dos países signatários, de forma padronizada. Referida Convenção cumpre o seu segundo objetivo – objeto de estudo deste artigo – ao apresentar um reduzido número de dispositivos que regulamenta de forma prática a execução das sentenças arbitrais, retirando maiores empecilhos para tanto presentes em convenções que a antecederam, como é o caso do duplo exequatur, que inexiste na Convenção de Nova Iorque, e assim garante que a sentença arbitral possa ser executada em qualquer Estado-Parte sem que esta tenho sido confirmada ou executada previamente no seu país de origem (sede do procedimento arbitral).[27] Portanto, conclui-se que a Convenção de Nova Iorque visa garantir a efetividade da arbitragem internacional ao propiciar que as sentenças arbitrais transcendam fronteiras e possam ser executadas nas demais jurisdições.

No entanto, cabe ressaltar que o escopo da Convenção de Nova Iorque é apenas estabelecer requisitos para a execução das sentenças arbitrais estrangeiras, de modo a deixar a critério da legislação de cada país signatário a sua regulamentação,[28] distinguindo, ou não, o procedimento internacional do doméstico. Alguns países adotam a Lei Modelo da UNCITRAL, que regulamenta esse procedimento distinguindo a decisão do procedimento internacional do adotado para sentenças oriundas de arbitragens puramente domésticas, enquanto outros apresentam um procedimento próprio, como é o caso do Brasil,[29] com o seu procedimento de homologação da sentença arbitral pelo STJ, conforme afirmado no tópico anterior. Isso acaba sendo um dos problemas da Convenção e alvo de críticas, uma vez que esta depende da acepção das cortes nacionais para atingir o seu objetivo.[30]

Independentemente disto, o mecanismo de execução das sentenças arbitrais estrangeiras da Convenção de Nova Iorque permanece sendo uma das principais vantagens da arbitragem internacional. A eficácia desse mecanismo se dá devido a sua simplicidade e a alocação do ônus da prova, de forma que a parte que deseja executar a sentença deve apenas demonstrar *prima facie* que esta segue os requisitos dos artigos III e IV da Convenção, enquanto a parte que deseja recusar o reconhecimento e execução da sentença arbitral possui um ônus maior de provar a irregularidade da sentença arbitral.[31] Esses requisitos serão analisados no próximo tópico.

---

27. PAULSSON, Marike R. P. *The 1958 New York Convention in Action*. Kluwer Law International, 2016. Chapter 1: Essential Features, p. 12-13.
28. Ibidem, p. 1-3.
29. Importante afirmar que o Brasil não adotou a Lei Modelo e nem distingue, na Lei 9.307/96, procedimentos internacionais dos domésticos, adotando o princípio geográfico unicamente para caracterizar a sentença estrangeira.
30. PAULSSON, op. cit., p. 13-14.
31. PAULSSON, Marike R. P. *The 1958 New York Convention in Action*. Kluwer Law International, 2016. Chapter 1: Essential Features, p. 12-13.

4.1 Razões para recusa do reconhecimento

A parte que deseja obstar o reconhecimento e a execução da sentença arbitral estrangeira deve demonstrar perante os tribunais do foro a desconformidade da sentença com os requisitos elencados no artigo V(1) da Convenção de Nova Iorque. Contudo, caso a sentença apresente violação aos requisitos de arbitrabilidade ou ofensa à ordem pública, a autoridade competente do foro pode decidir de ofício pela recusa do seu reconhecimento e execução, com base no artigo V(2) da Convenção.[32] No entanto, nada impede que a parte contrária ao reconhecimento da sentença arbitral invoque os requisitos do artigo V(2) da Convenção para tanto. Diante disso, será apresentado a seguir os motivos para recusa do reconhecimento da sentença arbitral estrangeira à luz dos requisitos elencados nos artigos V(1) e V(2) da Convenção de Nova Iorque.

4.1.1 Incapacidade das partes ou invalidade da convenção arbitral

O primeiro motivo para a recusa do reconhecimento da sentença arbitral que pode ser invocado pela parte que se opõe a esta é a invalidade da convenção arbitral ou a incapacidade das partes que a celebraram, nos termos do artigo V(1)(a) da Convenção de Nova Iorque.[33] Esse requisito encontra fundamento no princípio básico da arbitragem: o válido consentimento das partes.[34]

O artigo V(1)(a) deve ser interpretado conjuntamente com o artigo II da Convenção, justamente porque tal artigo trata do reconhecimento da convenção de arbitragem.[35] Embora exista uma discussão sobre a interpretação desses dois artigos de forma conjunta, vez que o artigo V(1)(a) afirma que a convenção de arbitragem deve ser interpretada de acordo com a lei aplicável,[36] a lógica da própria Convenção de Nova Iorque pressupõe que esses artigos devem ser interpretados conjuntamente. Isso se dá porque a finalidade

---

32. Ibidem, p. 19.
33. Convenção de Nova Iorque, Decreto 4.311/2002: "Artigo V. 1. O reconhecimento e a execução de uma sentença poderão ser indeferidos, a pedido da parte contra a qual ela é invocada, unicamente se esta parte fornecer, à autoridade competente onde se tenciona o reconhecimento e a execução, prova de que: a) as partes do acordo a que se refere o Artigo II estavam, em conformidade com a lei a elas aplicável, de algum modo incapacitadas, ou que tal acordo não é válido nos termos da lei à qual as partes o submeteram, ou, na ausência de indicação sobre a matéria, nos termos da lei do país onde a sentença foi proferida".
34. BORN, Gary B. *International Commercial Arbitration*. 3. ed. Kluwer Law International, 2021, p. 3765-3766.
35. Convenção de Nova Iorque, Decreto 4.311/2002: "Artigo II. 1. Cada Estado signatário deverá reconhecer o acordo escrito pelo qual as partes se comprometem a submeter à arbitragem todas as divergências que tenham surgido ou que possam vir a surgir entre si no que diz respeito a um relacionamento jurídico definido, seja ele contratual ou não, com relação a uma matéria passível de solução mediante arbitragem. 2. Entender-se-á por 'acordo escrito' uma cláusula arbitral inserida em contrato ou acordo de arbitragem, firmado pelas partes ou contido em troca de cartas ou telegramas. 3. O tribunal de um Estado signatário, quando de posse de ação sobre matéria com relação à qual as partes tenham estabelecido acordo nos termos do presente artigo, a pedido de uma delas, encaminhará as partes à arbitragem, a menos que constate que tal acordo é nulo e sem efeitos, inoperante ou inexequível".
36. PAULSSON, Marike R. P. *The 1958 New York Convention in Action*. Kluwer Law International, 2016. Chapter 1: Essential Features, p. 182-184.

da Convenção é justamente servir como um instrumento único que garante internacionalmente a execução das convenções e das sentenças arbitrais.[37]

Por isso é importante notar que suscitar uma objeção ao reconhecimento da sentença arbitral com base na invalidade da convenção de arbitragem exige um critério severo e consistente de provas, de acordo com os termos da lei aplicável e do artigo II da Convenção, vez que a prolação da sentença arbitral pressupõe que a validade da convenção de arbitragem tenha sido previamente analisada pelo tribunal arbitral, que tem o poder de decidir sobre a própria competência,[38] como dispõe o princípio da *kompetenz-kompetenz*. Entretanto, como o tribunal nacional que receberá a sentença arbitral pode recusar o seu reconhecimento com base na invalidade da convenção arbitral, a palavra final sobre a competência do árbitro acaba sendo do Poder Judiciário.[39]

Além disso, é importante notar que o ônus da prova de demonstrar a invalidade da convenção de arbitragem é da parte que se opõe ao reconhecimento da sentença arbitral estrangeira. Isso, como se verá ao longo deste tópico, é o que ocorre com todas as objeções suscitadas ao reconhecimento da sentença à luz da Convenção de Nova Iorque. O ônus da prova está alocado dessa forma, de modo a se diferenciar do procedimento normalmente exigido para demonstrar a validade de um acordo de arbitragem no Poder Judiciário (em que se espera que o requerente demonstre a sua existência, validade e eficácia), justamente porque a sentença arbitral já foi proferida, o que gera uma presunção de que a validade da convenção de arbitragem foi previamente aferida pelo tribunal arbitral de forma correta.[40] Nesse sentido, a parte que busca o reconhecimento e a execução da sentença arbitral apenas precisa apresentar prova documental acerca da existência da convenção de arbitragem em conformidade com o artigo IV da Convenção de Nova Iorque,[41] gerando um ônus probatório maior acerca da sua invalidade que deve ser imposto sobre a parte que se opõe à invalidade deste.

Para finalizar este tópico, cabe tecer breves notas sobre a capacidade das partes de acordo com o artigo V(1)(a) da Convenção de Nova Iorque. Essa questão, além de pressupor a intepretação conjunta com o artigo II, consiste na capacidade das partes de celebrar uma convenção de arbitragem vinculante no tempo da celebração de tal contrato. Dessa forma, a capacidade das partes deve ser verificada no tempo que se celebrou a convenção arbitral e não durante o procedimento arbitral propriamente dito.[42]

---

37. BORN, op. cit., p. 3765-3766.
38. Ibidem, p. 3772.
39. PAULSSON, op. cit., p. 180.
40. BORN, Gary B. *International Commercial Arbitration*. 3. ed. Kluwer Law International, 2021, p. 3767-3771.
41. Convenção de Nova Iorque: "Artigo IV.1. A fim de obter o reconhecimento e a execução mencionados no artigo precedente, a parte que solicitar o reconhecimento e a execução fornecerá, quando da solicitação: a) a sentença original devidamente autenticada ou uma cópia da mesma devidamente certificada; b) o acordo original a que se refere o Artigo II ou uma cópia do mesmo devidamente autenticada. 2. Caso tal sentença ou tal acordo não for feito em um idioma oficial do país no qual a sentença é invocada, a parte que solicitar o reconhecimento e a execução da sentença produzirá uma tradução desses documentos para tal idioma. A tradução será certificada por um tradutor oficial ou juramentado ou por um agente diplomático ou consular".
42. BORN, op. cit., p. 3818.

O principal óbice que surge deste artigo é identificar a correta lei aplicável para analisar a capacidade das partes,[43] uma vez que a Convenção de Nova Iorque se refere apenas à lei aplicável às partes. Para equacionar essa celeuma, a Convenção impõe a aplicação dos princípios da neutralidade e da não discriminação, em conformidade com o seu artigo II, de forma que a questão da capacidade das partes seja vista de forma "pró-arbitragem" e não fique extremamente restrita às diversas interpretações que as cortes nacionais poderão fazer a seu respeito.[44]

4.1.2 Inexistência de prova de notificação da parte e violação ao devido processo legal

O segundo requisito para a recusa do reconhecimento e da execução da sentença arbitral estrangeira à luz da Convenção de Nova Iorque é se a parte, contra qual a sentença é executada, não foi notificada acerca da nomeação do árbitro ou do início do procedimento arbitral, ou se esta parte sofreu alguma espécie de afronta ao devido processo legal.[45]

Este artigo trata basicamente da observância ao princípio do devido processo legal ao longo do procedimento arbitral, de modo que a inexistência da devida notificação à parte do início do procedimento arbitral ou da nomeação do árbitro compromete o direito desta parte de apresentar devidamente os seus argumentos e, logo, o procedimento arbitral já nasce com uma violação do devido processo legal.[46]

A observância às regras do devido processo legal estabelecidas por este artigo devem ser interpretadas à luz da *lex arbitri*, isto é, a lei que regulamentou o procedimento arbitral. Essa interpretação se dá porque os legisladores entenderam que o devido processo legal à luz da *lex fori*, ou seja, a lei do local em que a sentença será executada, também deverá ser observado para o reconhecimento e execução da sentença arbitral estrangeira, contudo esse critério será analisado especificamente pelo subitem V. 2. (b), no que tange à ordem pública.[47] Ou seja, o legislador reconhece a importância da análise do devido processo legal à luz da *lex arbitri* e à luz da *lex fori*, só que em momentos diferentes.

O Judiciário alemão proferiu uma decisão em 2000, que seguiu exatamente este racional, em um caso no qual foi aplicada a *lex arbitri* para analisar a conformidade da sentença arbitral ao critério do devido processo legal. Nesse caso, foi considerado que houve violação ao devido processo legal, uma vez que a parte requerente (que pleiteava

---

43. A questão da capacidade das partes também pode ser considerada como uma questão de arbitrabilidade subjetiva, como se verá no item 5.vi deste artigo.
44. BORN, op. cit., p. 3815-3818.
45. Convenção de Nova Iorque, Decreto 4.311/2002 "Artigo V 1. O reconhecimento e a execução de uma sentença poderão ser indeferidos, a pedido da parte contra a qual ela é invocada, unicamente se esta parte fornecer, à autoridade competente onde se tenciona o reconhecimento e a execução, prova de que: (...) b) a parte contra a qual a sentença é invocada não recebeu notificação apropriada acerca da designação do árbitro ou do processo *de* arbitragem, ou lhe foi impossível, por outras razões, apresentar seus argumentos".
46. PAULSSON, Marike R. P. *The 1958 New York Convention in Action*. Kluwer Law International, 2016, p. 182-184.
47. Ibidem, p. 182-184.

a execução da sentença) não apresentou provas suficientes de que o requerido fora devidamente notificado sobre o início do procedimento arbitral. Dessa forma, o procedimento arbitral foi instaurado sem a notificação do requerido, sem que o requerente tenha demonstrado que realizou a devida diligência para apurar o verdadeiro endereço do requerido, e tampouco sem nenhuma prova de que este havia de fato recebido a notificação de arbitragem.[48]

No entanto, o *standard* de violação do devido processo legal por parte dos árbitros na condução do procedimento arbitral nem sempre é fácil de provar, porque os árbitros possuem discricionariedade para conduzi-lo.[49] Assim, alguns exemplos de situações em que as cortes consideraram que houve violação ao devido processo legal foram verdadeiros casos de denegação de justiça, exemplificadamente: (i.) considerou-se a intimação de comparecimento à audiência em 1 (um) mês a uma parte, prazo insuficiente para que esta pudesse apresentar a sua defesa, uma vez que o território em que a parte requerida estava estabelecida havia sofrido um terremoto de grande magnitude; (ii.) restou demonstrado que o tribunal arbitral não concedeu oportunidade à parte requerida para que se manifestasse em relação ao relatório do perito nomeado pelo tribunal arbitral. Ou seja, verdadeiras afrontas ao *due process*.

A partir desses exemplos, percebe-se que há um elevado ônus da prova imposto à parte que pretende que a sentença arbitral não seja reconhecida, demonstrando que houve violação ao devido processo legal pela conduta do tribunal arbitral, de modo que apenas situações extremas (incluindo caso fortuito ou força maior) ou bem justificadas o admitiriam. Desse modo, há uma extensa jurisprudência que negou a violação de devido processo legal, em fase de reconhecimento e execução de sentença arbitral estrangeira, quando o tribunal arbitral restringiu o reexame (*cross-examination*) de uma testemunha, ou quando o tribunal arbitral também fundamentou a sentença arbitral com argumentos que não foram trazidos pelas partes.[50]

Portanto, conclui-se que o standard de violação ao devido processo legal deve ser arguido pela parte que recusa o reconhecimento e execução da sentença arbitral estrangeira com base na *lex arbitri* e em atenção ao entendimento jurisprudencial de tais tribunais, uma vez que a condução do procedimento arbitral pelos árbitros ocorre com certa discricionariedade, lícita.

4.1.3 Sentença arbitral proferida fora do escopo da convenção arbitral

O artigo V (1) (c) da Convenção de Nova Iorque estipula que o reconhecimento da sentença arbitral pode ser negado se for demonstrado que a decisão dos árbitros

---

48. Court of Appeal of Bavaria, 2000. *Seller vs. Buyer. Yearbook Commercial Arbitration XXXVII*, 2002, Germany n. 53, p. 445-450.
49. INTERNATIONAL COUNCIL FOR COMMERCIAL ARBITRATION (ICCA). Request for the Recognition and Enforcement of an Arbitral Award. *ICCA's Guide to the Interpretation of the 1958 New York Convention*: A Handbook for Judges. ICCA & Kluwer Law International, 2011, p. 68-111.
50. Ibidem, p. 89-91.

ultrapassou os limites fixados na convenção de arbitragem e pela vontade das partes.[51] A bem da verdade, a delimitação do escopo de atuação do árbitro será traçada com a assinatura do Termo de Arbitragem.[52] Nesse sentido, considera-se que o Termo de Arbitragem desempenha um papel fundamental na delimitação do objeto do litígio e na estabilização da demanda,[53] de modo que a extrapolação do poder dos árbitros conferido por este Termo pode ter como consequência a recusa ao reconhecimento e execução da sentença arbitral.

Diante disso, percebe-se que tal artigo tem as suas raízes no princípio fundamental da arbitragem: o consentimento das partes, vez que os árbitros apenas podem decidir sobre as questões que as partes concordaram em trazer para a disputa, e, dessa forma, conclui-se que este artigo visa coibir o excesso de autoridade dos árbitros.[54]

Contudo, é importante distinguir o âmbito de aplicação deste artigo – V(1)(c) – com o artigo V(1)(a) da Convenção, conforme exposto anteriormente. A principal diferença entre esses dois artigos é que o V(1)(c) trata do excesso de autoridade e jurisdição desempenhado pelo árbitro sobre determinada matéria, e não na falta de jurisdição do árbitro para atuar na disputa, conforme determinado pelo artigo V(1)(a).[55]

Ademais, é importante ressaltar que esse requisito de recusa ao reconhecimento e execução da sentença não permite que o tribunal local analise e decida sobre o mérito da sentença para conferir se o árbitro atuou fora dos seus poderes ao realizar erros decisórios. Este artigo apenas permite que seja negado o reconhecimento da sentença, caso seja verificado excessos no exercício da jurisdição do árbitro.[56]

Entretanto, não é fácil para a parte que se opõe ao reconhecimento e execução da sentença arbitral, em quem está alocado o ônus da prova, demonstrar que houve uma extrapolação do poder de decisão do árbitro, uma vez que os tribunais, no geral, adotam uma presunção de que o árbitro atuou no escopo da sua jurisdição conferida pelas partes na convenção de arbitragem.[57] Sendo assim, estas interpretam o escopo da convenção de arbitragem de maneira ampla, o que torna difícil elas aceitarem uma alegação de que o árbitro excedeu o seu mandato, que é interpretado de maneira estrita.[58]

No mais, é importante distinguir a sentença arbitral que é proferida *extra petita* e a que é *infra petita*. A sentença *extra petita* é aquela proferida fora do escopo de atuação

---

51. Convenção de Nova Iorque: "Artigo V. 1. (...) c) a sentença se refere a uma divergência que não está prevista ou que não se enquadra nos termos da cláusula de submissão à arbitragem, ou contém decisões acerca de matérias que transcendem o alcance da cláusula de submissão, contanto que, se as decisões sobre as matérias suscetíveis de arbitragem puderem ser separadas daquelas não suscetíveis, a parte da sentença que contém decisões sobre matérias suscetíveis de arbitragem possa ser reconhecida e executada".
52. PAULSSON, Marike R. P. *The 1958 New York Convention in Action*. Kluwer Law International, 2016, p. 187-188.
53. LEMES, Selma Ferreira. *Convenção de arbitragem e termo de arbitragem*. Características, efeitos e funções. Disponível em: www.selmalemes.com.br/artigos/artigo_juri07.pdf. Acesso em: 09 jul. 2021.
54. BORN, Gary B. *International Commercial Arbitration*. 3. ed. Kluwer Law International, 2021, p. 3881-3882.
55. Ibidem, p. 3881-3882.
56. Ibidem, p. 3882.
57. BORN, Gary B. *International Commercial Arbitration*. 3. ed. Kluwer Law International, 2021, p. 3882-3885.
58. PAULSSON, Marike R. P. *The 1958 New York Convention in Action*. Kluwer Law International, 2016, p. 188.

dos árbitros delimitado pelo Termo de Arbitragem, em que os árbitros foram além de sua delegação de competências e, portanto, se enquadra na possibilidade de recusa do reconhecimento da sentença em conformidade com esse artigo.[59] Já a sentença *infra petita* é aquela em que o árbitro não decidiu certas parcelas da demanda na forma convencionada pelas partes. Contudo, é extremamente raro e difícil que este segundo tipo de sentença se configure no escopo do artigo V(1)(c) da Convenção, porque os árbitros, após analisar as questões apresentadas, geralmente inserem provisões genéricas nas sentenças que determinam que todas as demandas não mencionadas especificamente na sentença foram rejeitadas.[60] O que pode ocorrer é a sentença *infra petita* ser enquadrada no escopo do artigo V(1)(d) da Convenção, o qual determina que o Tribunal Arbitral conduziu o procedimento em desacordo com os termos da convenção de arbitragem.[61]

De qualquer forma, cabe ressaltar que, caso um tribunal local determine que os árbitros decidiram apenas uma matéria em específico fora do escopo do Termo de Arbitragem, a sentença arbitral pode ser executada parcialmente, de acordo com a atuação dos árbitros dentro dos limites conferidos pelas partes.[62]

4.1.4 Composição do tribunal arbitral ou condução do procedimento em desacordo com os termos da convenção arbitral ou da lei aplicável

O artigo V(1)(d) da Convenção de Nova Iorque estabelece que pode ser um requisito de recusa para o reconhecimento e execução da sentença estrangeira uma irregularidade na composição do tribunal arbitral ou na condução do procedimento em si, que este foi contrário ao acordado pelas partes.[63] Esse artigo protege o princípio da autonomia da vontade das partes[64] explícita ou implícita (por meio da adoção das regras do procedimento arbitral na cláusula compromissória).

Uma vez exposto o conteúdo básico desse artigo, percebe-se logo que ele é bastante similar ao artigo V(1)(b) da Convenção, que trata sobre o devido processo legal. A principal diferença entre eles é que o artigo V(1)(d) foca no cumprimento expresso das normas e princípios acordados pelas partes, o que não ocorre no artigo V(1)(b), que trata da observância ao devido processo legal e aos princípios da justiça e eficiência de modo geral.[65] Nesse sentido, este artigo determina a estrita aplicação das previsões acordadas pelas partes, sejam elas as mais eficientes ou não.[66]

---

59. Ibidem, p. 187-188.
60. BORN, op. cit., p. 3899-3900.
61. Ibidem, p. 3899-3900.
62. PAULSSON, 2016, loc. cit.
63. Convenção de Nova Iorque "Artigo V.1 (...) d) a composição da autoridade arbitral ou o procedimento arbitral não se deu em conformidade com o acordado pelas partes, ou, na ausência de tal acordo, não se deu em conformidade com a lei do país em que a arbitragem ocorreu".
64. PAULSSON, Marike R. P. *The 1958 New York Convention in Action*. Kluwer Law International, 2016, p. 191-192.
65. BORN, Gary B. *International Commercial Arbitration*. 3. ed. Kluwer Law International, 2021, p. 3902-3903.
66. Ibidem, p. 3903-3904.

Contudo, este artigo possui difícil aplicação prática e deve ser analisado com cautela pelo Tribunal da jurisdição em que a sentença será reconhecida, porque o tribunal arbitral (e a câmara arbitral, no exercício atípico da *Kompetenz* e dentro de suas respectivas esferas de alçada) possuem discricionariedade para interpretar a vontade das partes e a lei do procedimento arbitral escolhida por elas.[67] Logo, o tribunal que recebe a sentença para reconhecimento ou execução não possui competência para analisar cada escolha tomada pelos árbitros em questões de matéria procedimental, em consonância com o regulamento de arbitragem, exceto em caso de abuso ou flagrante desrespeito às normas aplicáveis.

Diante disso, para que seja negado o reconhecimento a uma sentença arbitral com base no artigo V(1)(d) é necessário que a parte que se opõe ao reconhecimento demonstre a violação do tribunal arbitral à vontade das partes, bem como o prejuízo material causado pela sua violação.[68] Assim, como o ônus da prova é extremamente severo para situações contempladas por esse artigo, apenas violações sérias à vontade das partes podem ser suscitadas, tais como, exemplificadamente: escolha das regras do procedimento arbitral, escolha da sede de arbitragem, escolha da língua em que a arbitragem será conduzida e escolha do número de árbitros. Por outro lado, se a parte apontar somente violações à escolha dos dias da audiência, ordem do depoimento das testemunhas e escopo do dever de revelação do árbitro, a alegação de violação ao artigo V(1)(d) da Convenção de Nova Iorque dificilmente será acatada.[69]

4.1.5 Sentença arbitral não definitiva, suspensa ou anulada por autoridade competente

O artigo V(1)(e) da Convenção de Nova Iorque determina que a parte que se opõe ao reconhecimento e execução da sentença arbitral estrangeira pode evitar esse procedimento se demonstrar que: (i.) a sentença ainda não se tornou obrigatória e vinculante para as partes; (ii.) a sentença arbitral foi suspensa por autoridade competente da sede da arbitragem; (iii.) a sentença arbitral foi anulada por autoridade competente da sede da arbitragem.[70] Como visto, em virtude do princípio pró-execução das sentenças arbitrais, a Convenção alocou o ônus da prova da falta dos requisitos desse artigo na parte que se opõe à execução.[71]

A intenção dos legisladores da Convenção de Nova Iorque, com o requisito da sentença ainda não ter se tornado obrigatória ou vinculante para as partes, foi eliminar

---

67. Ibidem, p. 3905-3907.
68. Ibidem, p. 3907.
69. BORN, Gary B. *International Commercial Arbitration*. 3. ed. Kluwer Law International, 2021, p. 3908-3910.
70. Convenção de Nova Iorque: "Artigo V. 1. O reconhecimento e a execução de uma sentença poderão ser indeferidos, a pedido da parte contra a qual ela é invocada, unicamente se esta parte fornecer, à autoridade competente onde se tenciona o reconhecimento e a execução, prova de que: (...) e) a sentença ainda não se tornou obrigatória para as partes ou foi anulada ou suspensa por autoridade competente do país em que, ou conforme a lei do qual, a sentença tenha sido proferida".
71. PAULSSON, Marike R. P. *The 1958 New York Convention in Action*. Kluwer Law International, 2016, p. 194-195.

a exigência do duplo exequatur, exigida pelas convenções que a antecederam. O duplo exequatur exigia que a parte que quisesse executar a sentença deveria demonstrar que esta havia se tornado final e vinculante para as partes no seu país de origem (sede da arbitragem), o que criava muitos obstáculos para a execução da sentença arbitral estrangeira,[72] até porque algumas jurisdições não autorizavam tal intento.

Ao eliminar essa exigência, a Convenção de Nova Iorque estabelece no seu artigo V(1)(e) que a sentença arbitral seja apenas *binding*, o que pode ser traduzido por obrigatória e vinculante, retirando assim o requisito da sentença ter sido final (isto é, ter sido esgotada a possibilidade e todos os recursos oriundos de ação anulatória da sentença) na sede da arbitragem,[73] possibilidade esta que extrapola aquela do duplo exequatur e adentra a questão da autonomia da jurisdição arbitral em questões internacionais, assim como da "criatividade"[74] de algumas jurisdições, ao adotar critérios próprios para anulação de sentenças, o que levou Jan Paulsson a cunhar o termo '*padrões locais de execução*'.

Dessa forma, a Convenção de Nova Iorque retirou o requisito da finalidade da sentença arbitral e transferiu o ônus da prova de demonstrar que esta não é vinculante para a parte que se opõe à execução.[75]

O segundo critério que pode levar à recusa à execução da sentença arbitral é a sentença ter sido suspensa por autoridade competente no seu país de origem. Contudo, esse requisito é pouco utilizado, uma vez que as cortes nacionais geralmente impedem as partes de iniciarem uma ação anulatória à sentença arbitral com o único intuito de suspender o seu procedimento de execução em um outro Estado.[76] Nesse sentido, a Convenção conferiu à corte que aprecia o procedimento de reconhecimento e execução a discricionariedade de decidir se a sentença arbitral foi suspensa no seu país de origem pela parte que recusa a execução apenas com intuito protelatório; e, caso a assertiva seja positiva, o tribunal poderia decidir prosseguir com a execução da sentença arbitral no país em que esta produzirá os seus efeitos.[77]

Por fim, o terceiro critério que pode levar à recusa do reconhecimento da sentença arbitral estrangeira é se esta foi anulada pela autoridade competente na sede arbitral. Esse critério causa bastante polêmica e preocupação na comunidade internacional, uma vez que seria prejudicial à eficácia da arbitragem se uma sentença fosse anulada na sua sede apenas por questões internas de ordem pública que não poderiam obstar a execução desta sentença em um outro território.[78] Acerca dessa problemática, pode-se considerar que a Convenção buscou equacioná-la de maneira neutra, uma vez que esta não exige que o reconhecimento da sentença anulada se dê de qualquer forma, e

---

72. BORN, Gary B. *International Commercial Arbitration*. 3. ed. Kluwer Law International, 2021, p. 3956.
73. BORN, Gary B. *International Commercial Arbitration*. 3. ed. Kluwer Law International, 2021, p. 3957.
74. PAULSSON, Jan. *Enforcing Arbitral Awards Notwithstanding a Local Standard Annulment (LSA)*, 9 ICC Bull. 14, 19 (n. 1, 1998).
75. BORN, op. cit., p. 3958.
76. PAULSSON, Marike R. P. *The 1958 New York Convention in Action*. Kluwer Law International, 2016, p. 194-195.
77. Ibidem, p. 203-204.
78. Ibidem, p. 194-195.

tampouco impede que o reconhecimento da sentença seja negado por esse motivo.[79] Portanto, aqui reaparece a questão da discricionariedade dos tribunais do país em que a sentença será reconhecida ou executada, assim como a operacionalidade discricionária do termo "*poderá*" contida no *caput* do Art. 5(1)(e).

4.1.6 Inarbitrabilidade do objeto da divergência segundo a lei do país receptor da sentença arbitral

O primeiro requisito de recusa ao reconhecimento da sentença arbitral estrangeira que pode ser invocado pela autoridade competente do foro local é a inarbitrabilidade do objeto da disputa submetida à arbitragem, nos termos do artigo V.2.a da Convenção de Nova Iorque. Esse motivo para a recusa pode ser invocado de ofício pelos tribunais nacionais, justamente porque trata de matéria de ordem pública do ordenamento jurídico em que a sentença será executada. Logo, a arbitrabilidade da disputa deve ser analisada à luz da lei do foro em que a sentença será executada.[80]

Contudo, é importante ressaltar que a Convenção separou as questões de arbitrabilidade (art. V.2.a) das questões de ordem pública (art. V.2.b) justamente para restringir o escopo da exceção de ordem pública, de modo a não deixá-la muito ampla e suscetível de ser invocada com frequência, como será visto no próximo tópico. Assim, a principal intenção dos legisladores, ao adicionar tal requisito, foi de impedir que as partes façam *fórum shopping* e escolham uma sede de arbitragem em que a matéria objeto da disputa seja arbitrável, mas que pretendam executar essa sentença posteriormente em um outro país em que tais questões não sejam arbitráveis.[81] Portanto, a interpretação da Convenção de Nova Iorque preconiza que seja feito um controle de arbitrabilidade do objeto da disputa para reconhecimento da convenção de arbitragem e para a sentença arbitral.[82]

Reiteramos que o conceito de arbitrabilidade é dividido em dois vieses: (i.) arbitrabilidade subjetiva e (ii.) arbitrabilidade objetiva. A arbitrabilidade subjetiva regula a capacidade e possibilidade das partes – sejam pessoas físicas, jurídicas ou entidades públicas – de submeterem uma disputa à arbitragem, enquanto a arbitrabilidade objetiva trata da natureza da matéria controversa e se ela é passível de ser submetida à arbitragem.[83] O artigo V.2.a da Convenção de Nova Iorque trata especificamente da arbitrabilidade objetiva, uma vez que o seu artigo V.1.a lida especificamente com essa matéria ao tratar da capacidade das partes.[84]

---

79. GAILLARD, Emmanuel. Enforcement of Awards Set Aside in the Country of Origin: The French Experience. In: BERG, Albert Jan Van den (Ed.). *Improving the Efficiency of Arbitration Agreements and Awards*: 40 Years of Application of the New York Convention. ICCA Congress Series, v. 9. Kluwer Law International, 1999, p. 519.
80. PAULSSON, Marike R. P. *The 1958 New York Convention in Action*. Kluwer Law International, 2016, p. 219-220.
81. Ibidem, p. 219-220.
82. HANOTIAU, Bernard; CAPRASSE, Olivier. Arbitrability, Due Process, and Public Policy Under Article V of the New York Convention. *Journal of International Arbitration*. Kluwer Law International, 2008, v. 25, Issue 6, p. 726.
83. HANOTIAU, Bernard; CAPRASSE, Olivier. Arbitrability, Due Process, and Public Policy Under Article V of the New York Convention. *Journal of International Arbitration*. Kluwer Law International, 2008, v. 25, Issue 6, p. 724-725.
84. Ibidem, p. 724-725.

No que tange à arbitrabilidade subjetiva, a Lei Brasileira de Arbitragem explicita no seu art. 1º, *caput*, que podem se submeter à arbitragem as pessoas "capazes de contratar".[85] Após a sua reforma pela Lei 13.129/2015, esta passou, inclusive, a prever expressamente a possibilidade da Administração Pública se submeter à arbitragem, nos seus arts. 1º, §§1º e 2º,[86] e 2º, § 3º.[87] Que a Administração Pública poderia participar como parte da arbitragem já era reconhecida pela doutrina e jurisprudência antes da referida reforma, mas com a sua previsão legal não restam dúvidas.[88]

Já a arbitrabilidade objetiva é definida pela Lei Brasileira de Arbitragem como aquela condição de versar sobre "direitos patrimoniais disponíveis". Por direitos patrimoniais disponíveis entende-se os direitos que possuem expressão econômica, sobre os quais a parte pode dele dispor livremente,[89] sem óbices derivados da cogência e imperatividade da norma.[90] No entanto, o debate de quais disputas seriam oriundas de direitos patrimoniais disponíveis é bastante controverso no Brasil, principalmente nas matérias de direito tributário, direito do consumidor, família e algumas disputas em que a Administração Pública está envolvida.

A possibilidade de questões trabalhistas serem submetidas à arbitragem no Brasil, ainda que limitada, foi propiciada pela alteração a Consolidação das Leis do Trabalho (CLT) pela Lei 13.467/2017, que inseriu o art. 507-A,[91] visando conceder maior poder à vontade das partes,[92] que, se presentes os requisitos listados em tal dispositivo legal, poderão optar pela arbitragem.[93]

---

85. Lei Brasileira de Arbitragem: "Art. 1º As pessoas capazes de contratar poderão valer-se da arbitragem para dirimir litígios relativos a direitos patrimoniais disponíveis".
86. Lei Brasileira de Arbitragem: "Art. 1º (...) § 1º A administração pública direta e indireta poderá utilizar-se da arbitragem para dirimir conflitos relativos a direitos patrimoniais disponíveis. § 2º A autoridade ou o órgão competente da administração pública direta para a celebração de convenção de arbitragem é a mesma para a realização de acordos ou transações".
87. Lei Brasileira de Arbitragem: "Art. 2º (...) § 3º A arbitragem que envolva a administração pública será sempre de direito e respeitará o princípio da publicidade".
88. FINKELSTEIN, Cláudio; ESCOBAR, Marcelo Ricardo. Arbitragem na Administração Pública. *Revista Comercialista*, v. 7, n. 17, p. 38. 2017.
89. PEREIRA, Cesar Guimarães. Arbitragem e Administração. In: CAMPILONGO, Celso Fernandes; GONZAGA, Alvaro de Azevedo e FREIRE, André Luiz (Coord.). *Enciclopédia jurídica da PUC-SP*. Tomo: Direito Administrativo e Constitucional. Vidal Serrano Nunes Jr., Maurício Zockun, Carolina Zancaner Zockun, André Luiz Freire (coord. de tomo). São Paulo: Pontifícia Universidade Católica de São Paulo, 2017. Disponível em: https://enciclopediajuridica.pucsp.br/verbete/155/edicao-1/arbitragem-e-administracao. Acesso em: 20 dez. 2022.
90. FINKELSTEIN, Cláudio. Capítulo 1: Lei modelo de arbitragem da UNCITRAL e lei brasileira de arbitragem – Uma análise comparativa. In: FINKELSTEIN, Cláudio (Org.). *Arbitragem e Direito*: estudos pós-graduados. Belo Horizonte, São Paulo: D'Plácido, 2021, p. 17-59.
91. Consolidação das Leis do Trabalho: "Art. 507-A. Nos contratos individuais de trabalho cuja remuneração seja superior a duas vezes o limite máximo estabelecido para os benefícios do Regime Geral de Previdência Social, poderá ser pactuada cláusula compromissória de arbitragem, desde que por iniciativa do empregado ou mediante a sua concordância expressa, nos termos previstos na Lei 9.307, de 23 de setembro de 1996".
92. MUNIZ, Joaquim de Paiva. Arbitragem no direito do trabalho. *Revista de Arbitragem e Mediação*, v. 56, p. 179, jan.-mar., 2018.
93. FINKELSTEIN, Cláudio. Capítulo 1: Lei modelo de arbitragem da UNCITRAL e lei brasileira de arbitragem – Uma análise comparativa. In: FINKELSTEIN, Cláudio (Org.). *Arbitragem e Direito*: estudos pós-graduados. Belo Horizonte, São Paulo: D'Plácido, 2021, p. 17-59.

As controvérsias relacionadas ao direito do consumidor também são, em tese, arbitráveis no Brasil, devido à sua natureza patrimonial disponível.[94] Contudo, o debate acerca desse tema se faz mais acirrado ao tratar-se do consentimento do consumidor para arbitrar, uma vez que essas demandas geralmente são originárias de contratos de adesão,[95] nos quais o aderente deve expressar claramente o seu consentimento para arbitrar, conforme disposto no art. 4º, § 2º da Lei Brasileira de Arbitragem.[96]

Por fim, quando a Administração Pública está envolvida como parte, em alguns casos a doutrina brasileira diverge acerca da disponibilidade dos direitos submetidos à arbitragem, uma vez que haveria um conflito com o interesse público, que é sempre indisponível. Contudo, tem-se que o interesse público não é um empecilho para que a Administração Pública direta ou indireta submeta uma disputa à arbitragem, desde que esta seja livre para escolher os meios de solução de litígios referentes a tal matéria, e não seja obrigada por lei a submeter o objeto da disputa em questão ao Poder Judiciário.[97]

4.1.7 Violação à ordem pública

A despeito de possivelmente a exceção de inarbitrabilidade se enquadrar também como ofensiva à ordem pública *latu senso*, tem-se que o segundo requisito que poderá ser invocado pelo próprio tribunal em que se busca o reconhecimento e execução da sentença arbitral estrangeira é a violação à ordem pública *per se*. Até por ser este um conceito aberto, é costumeiramente trazido pela parte que se opõe à execução da sentença arbitral para impedi-la a qualquer custo. Diante disso, a Convenção de Nova Iorque adota uma definição estrita de ordem pública para que este requisito não seja usado pelas partes de forma injustificada.[98]

Apesar do histórico legislativo e da aplicação jurisprudencial deste artigo exigirem a aplicação de um conceito mais estrito de ordem pública, a Convenção de Nova Iorque não possui uma definição de tal conceito. Dessa forma, extrai-se do histórico legislativo

---

94. Francisco Cahali explica que o art. 6º, VII, do Código de Defesa do Consumidor, não é excludente em relação à escolha pela arbitragem como meio de solução de controvérsias. Além disso, ele expõe que as controvérsias oriundas das relações de consumo se encaixariam no conceito de direitos patrimoniais disponíveis, por serem de cunho pecuniário e transacionáveis, excluindo-se os reflexos penais desses direitos tipificados como delitos no CPC (CAHALI, Francisco José; TEODORO, Viviane Rosolia. A resolução de litígios on-line da União Europeia em contraste com a arbitragem nos contratos de consumo no Brasil. *Revista de Direito do Consumidor*, v. 131, p. 385-415, set.-out., 2020).
95. FINKELSTEIN, 2021, loc. cit.
96. Lei Brasileira de Arbitragem: "Art. 4º (...), § 2º Nos contratos de adesão, a cláusula compromissória só terá eficácia se o aderente tomar a iniciativa de instituir a arbitragem ou concordar, expressamente, com a sua *instituição, desde que por escrito em documento anexo ou em negrito, com a assinatura ou visto especialmente para essa cláusula*".
97. PEREIRA, Cesar Guimarães. Arbitragem e Administração. In: CAMPILONGO, Celso Fernandes; GONZAGA, Alvaro de Azevedo e FREIRE, André Luiz (Coord.). *Enciclopédia jurídica da PUC-SP*. Tomo: Direito Administrativo e Constitucional. Vidal Serrano Nunes Jr., Maurício Zockun, Carolina Zancaner Zockun, André Luiz Freire (coord. de tomo). São Paulo: Pontifícia Universidade Católica de São Paulo, 2017. Disponível em: https://enciclopediajuridica.pucsp.br/verbete/155/edicao-1/arbitragem-e-administracao. Acesso em: 26 abr. 2022.
98. PAULSSON, Marike R. P. *The 1958 New York Convention in Action*. Kluwer Law International, 2016, p. 223-224.

desse artigo que o sentido atribuído pelos redatores a essa expressão seria de proteger os princípios fundamentais da lei, quando aplicados a controvérsias internacionais.[99]

Em trabalhos anteriores, concluímos que não existe uma definição exata de ordem pública, e o conteúdo desta vai variar de acordo com os valores fundamentais erigidos em cada jurisdição.[100] Contudo, ela pode ser caracterizada com base nos seguintes pontos essenciais: (i.) relatividade e instabilidade, uma vez que tal conceito varia de acordo com a sociedade; (ii.) contemporaneidade, vez que a sua aplicação varia de acordo com os valores jurídicos do momento em que a decisão é adotada; e (iii.) fator exógeno, posto que a ordem pública do foro não se confunde necessariamente com o ordenamento jurídico como um todo do respectivo território.[101] Incontroverso é que são regras que as partes, enquanto tuteladas daquele direito, obrigatoriamente devem se sujeitar a elas.

Além dessa caraterização, também é importante distinguir a ordem pública interna da ordem pública internacional. A primeira consiste em um conjunto de normas imperativas do ordenamento jurídico de um determinado Estado, aplicável no seu território em específico ou em uma relação privada internacional que tenha optado por seguir essa determinada legislação.[102] Por outro lado, a segunda consiste em regras que limitam a aplicabilidade de certas normas estrangeiras, devido a sua incompatibilidade com os princípios fundamentais do ordenamento jurídico do foro.[103] A partir dessa distinção, infere-se que o artigo V(2.b) da Convenção de Nova Iorque se refere ao conceito de ordem pública internacional, uma vez que insere essa exceção à ordem pública em relação aos princípios e normas do foro em que a sentença arbitral estrangeira será reconhecida e executada. Isto não significa que a ordem pública interna não seja um óbice à eficácia de uma decisão estrangeira, pois nos termos do Art. 17 da LINDB, esta efetivamente o é, ainda que não expressamente contemplada pela Convenção de Nova Iorque.

Por fim, é importante mencionar que por mais que a análise da violação à ordem pública do foro em que a sentença arbitral seja executada pressuponha a análise dos princípios e normas cogentes desta jurisdição, isso não significa que o Poder Judiciário poderá rever o mérito da sentença arbitral, de forma a interferir ou alterar o seu conteúdo decisório.[104] A bem da verdade, ocorrerá de fato uma verificação superficial do mérito da sentença arbitral, unicamente porque é impossível realizar essa análise de conformidade sem adentrar nas normas aplicadas ao mérito da decisão. Entretanto, essa verificação será apenas superficial (*prima facie*) e nunca poderá reformar a decisão estrangeira, mas

---

99. Ibidem, p. 223-224.
100. FINKELSTEIN, Cláudio. A homologabilidade da decisão arbitral e a exceção de ofensa à ordem pública frente ao Direito Internacional Privado Brasileiro. In: ARANA, Josycler; CACHAPUZ, Rozane da Rosa (Coord.). *Direito Internacional*. Seus tribunais e meios de solução de conflitos. Curitiba: Juruá, 2007, p. 99-101.
101. Ibidem, p. 102-103.
102. SANTOS, António Marques dos. *Direito Internacional Privado*. Associação Acadêmica da Faculdade de Direito. Lisboa, 1987, p. 183.
103. Ibidem, p. 183.
104. PAULSSON, Marike R. P. *The 1958 New York Convention in Action*. Kluwer Law International, 2016, p. 223-224.

apenas decidir se há ou não uma violação à ordem pública do foro na referida sentença, de forma que nenhuma modificação poderá ser feita no conteúdo da decisão.[105]

Todavia, no Brasil, para negar eficácia a uma decisão estrangeira, a ordem pública correntemente é mitigada pelo quesito da relevância da eventual ofensa, o que se tornou necessário com a adoção do termo "manifestamente", terminologia tolerante introduzida pelo CPC, em 2015, visando coadunar as diversas ordens jurídicas existentes no globo.

Tal se dá em virtude do texto do Art. 26, § 3º *in verbis:* 'Na cooperação jurídica internacional não será admitida a prática de atos que contrariem ou que produzam resultados incompatíveis com as normas fundamentais que regem o Estado brasileiro.' E o Art. 39. 'O pedido passivo de cooperação jurídica internacional será recusado se configurar *manifesta* ofensa à ordem pública', termo repetido no Art. 963, VI, quando trata da homologação da decisão estrangeira.

Desta feita, não se trata mais de contrariar a ordem pública *latu sensu* para se denegar uma homologação, pois o indeferimento se dará somente numa situação que a conduta ofensiva internamente não se adequar àquela conduta lícita e vigente no exterior, unicamente quando for '*manifesta*' a incompatibilidade a ponto de ambas não poderem, no Brasil, conviver pacificamente, tratando-se então de relevante violação à ordem pública. Em havendo a efetiva incompatibilidade, a exceção de ordem pública implicará na não recepção daquela decisão.

É sabido que o conjunto dos princípios e leis existentes, válidos e eficazes constitui a ordem pública interna, e funciona como limite à adoção de qualquer decisão ou conduta contrária a ela, seja esta estrangeira ou doméstica. O critério da manifesta ofensa à ordem pública como impeditivo de eficácia introduziu um permissivo para recepcionar atos e fatos jurídicos que não tem o condão de conflitar com o núcleo duro de nosso sistema. Introduz a tolerância como critério de coexistência pacífica entre ordens jurídicas.

Um exemplo de indeferimento à homologação (parcial) da decisão arbitral estrangeira no Brasil por violação à ordem pública foi o caso "*Ferrocarriles e CAF vs. Supervia*",[106] em que a sentença arbitral estrangeira previa a cumulação da correção monetária com a variação cambial, o que era absolutamente incompatível com o ordenamento jurídico brasileiro, que, por isso, culminou na não recepção da sentença arbitral.

Outro exemplo, em conformidade com o entendimento mais recente do STJ, foi o "Alstom Brasil vs. Mitsui Sumitomo Seguros S.A.",[107] em que se aplicou o critério da ofensa manifesta à ordem pública. Nesse caso, definiu-se o conceito de violação à ordem pública para fins de homologação de sentença internacional, como sendo a existência de uma incompatibilidade entre a sentença estrangeira e a norma interna que regula-

---

105. FINKELSTEIN, Cláudio. A homologabilidade da decisão arbitral e a exceção de ofensa à ordem pública frente ao Direito Internacional Privado Brasileiro. In: ARANA, Josycler; CACHAPUZ, Rozane da Rosa (Coord.). *Direito Internacional*. Seus tribunais e meios de solução de conflitos. Curitiba: Juruá, 2007, p. 107.
106. STJ. SEC 2410-EX, acórdão por maioria da Corte Especial, Rel. Min. Felix Fischer, voto vencedor de Nancy Andrighi, j. 18.12.2013.
107. STJ, Corte Especial. SEC 14930/EX, j. 15.05.2019.

menta a matéria no ordenamento jurídico pátrio, desde que essa norma interna seja "fundante, ou seja, deve consistir em dispositivo essencial à própria ideia internalizada de direito no Brasil".

No referido caso, a discussão era se o fato de a sentença arbitral estrangeira ter reconhecido a transmissão da cláusula arbitral à requerida por meio da sub-rogação era manifestamente incompatível com alguma norma fundante do ordenamento jurídico brasileiro. A conclusão da Corte foi que não havia incompatibilidade absoluta, porque não há norma que vede expressamente este instituto no ordenamento jurídico brasileiro, além de parte da doutrina e da jurisprudência aprovarem tal instituto. Diante disso, a sentença foi homologada.

5. O SISTEMA DA LEI 9.307/96

O sistema adotado pela Lei Brasileira de Arbitragem de reconhecimento e execução da sentença arbitral estrangeira foi previamente apresentado no tópico 4 deste artigo, sendo ele a necessidade de homologação do laudo arbitral pelo STJ antes de prosseguir-se com a sua execução em território nacional. Entretanto, antes de adentrar nos aspectos procedimentais da homologação, faz-se necessário definir o critério de internacionalidade dos procedimentos arbitrais adotado pela referida lei e os seus impactos no reconhecimento e cumprimento de sentença arbitral estrangeira no Brasil.

O Brasil adota um modelo monista atípico e uniforme, pois ele não distingue, ao contrário, equipara o procedimento arbitral doméstico ao internacional. Diferenciando-se, portanto, do sistema da Lei Modelo da UNCITRAL, que institui um modelo dualista, porque pressupõe a existência de uma lei interna para arbitragens doméstica e outra legislação (normalmente baseadas no modelo UNCITRAL) para definir e reger arbitragens internacionais.

Nesse sentido, um dos principais pontos de divergência entre a Lei Brasileira de Arbitragem e a Lei Modelo da UNCITRAL é que a primeira estabeleceu procedimentos diferentes para a execução das sentenças arbitrais proferidas dentro ou fora do território nacional. Diante disso, extrai-se que o critério para a determinação da internacionalidade da sentença arbitral é o geográfico, pois qualquer que seja a decisão emitida fora do território brasileiro, esta será estrangeira, independente da nacionalidade ou domicílio das partes, local do cumprimento ou assinatura da obrigação, natureza do contrato, relevância ao comércio internacional, idioma, declaração de vontade das partes, valor ou moeda do negócio jurídico.

Em decisão proferida pela Min. Nancy Andrighi, o STJ afirmou que a Convenção de Nova Iorque permite aos tribunais nacionais determinar seus próprios critérios de internacionalidade da arbitragem, vez que indiscutivelmente o Brasil adotou o critério geográfico, não para o procedimento em si, mas para o provimento final deste, – a sentença arbitral. Usando os precedentes da SEC-894 UY (2008); SEC 611-US (2006) e SE 1.305-FR (2008), o Tribunal afirmou que, embora uma arbitragem tenha sido realizada perante a Câmara de Comércio Internacional (CCI) no âmbito das suas regras, sua sede foi no Brasil, e, portanto, aqueles critérios "não podem alterar a nacionalidade brasileira do laudo arbitral."

Logo, a consequência da adoção do critério geográfico para a internacionalidade da decisão será a necessidade da prévia homologação pelo STJ da sentença arbitral estrangeira, que deverá observar os aspectos procedimentais expostos no tópico a seguir.

6. ASPECTOS PROCEDIMENTAIS DA HOMOLOGAÇÃO DA SENTENÇA ARBITRAL ESTRANGEIRA NO BRASIL

6.1 Legitimidade

A Lei Brasileira de Arbitragem dispõe no seu art. 37, *caput*,[108] que a legitimidade para propor ação de homologação da sentença arbitral estrangeira é da parte interessada. Nesse mesmo sentido, o art. 216-C do Regimento Interno do STJ[109] estabelece que cabe à parte requerente a propositura de tal ação.

Não há grandes polêmicas que permeiam esse tema, assim resta claro que podem propor a ação de homologação de decisão arbitral estrangeira qualquer pessoa que tiver a sua esfera jurídica afetada pela homologação da sentença, sendo parte do procedimento arbitral ou não.[110]

Nesse sentido, foi o entendimento do STJ no caso *"Paladin vs. Molnar"*, em que foi reconhecida a legitimidade da parte para propor a homologação da sentença arbitral em seu nome e no nome da sociedade do qual era sócia, mesmo que a parte não possuísse o poder de gestão da referida sociedade, porque a parte era interessada nos efeitos da sentença arbitral estrangeira, o que por si só já é suficiente para a propositura do seu pedido de homologação.[111]

6.2 Atuação do Superior Tribunal de Justiça: objeto e limites

A atuação do Superior Tribunal de Justiça na homologação da sentença arbitral estrangeira possui como único objeto a análise dos requisitos procedimentais mínimos exigidos para a incorporação da decisão estrangeira no ordenamento jurídico brasilei-

---

108. Lei Brasileira de Arbitragem: "Art. 37. *A homologação de sentença arbitral estrangeira será requerida pela parte interessada*, devendo a petição inicial conter as indicações da lei processual, conforme o art. 282 do Código de Processo Civil, e ser instruída, necessariamente, com: (...)". (destacamos)
109. Regimento Interno do STJ: *"Art. 216-C. A homologação da decisão estrangeira será proposta pela parte requerente*, devendo a petição inicial conter os requisitos indicados na lei processual, bem como os previstos no art. 216-D, e ser instruída com o original ou cópia autenticada da decisão homologanda e de outros documentos indispensáveis, devidamente traduzidos por tradutor oficial ou juramentado no Brasil e chancelados pela autoridade consular brasileira competente, quando for o caso". (destacamos)
110. MOREIRA, José Carlos Barbosa. *Comentários ao Código de Processo Civil*. 17ª ed. v. V. Rio de Janeiro: Ed. Forense, 2013, p. 85.
111. STJ. SEC 8847, acórdão unânime do tribunal Especial, Rel. Min. João Otávio de Noronha, j. 20.11.2013.

ro,[112] de acordo com a Convenção de Nova Iorque, a Lei Brasileira de Arbitragem e a Resolução STJ 9 de 04.05.2005.

Logo, a principal limitação da atuação do STJ é a impossibilidade de rever o mérito da sentença arbitral estrangeira a ser homologada.[113] Dessa forma, o STJ pode apenas decidir sobre o "mérito" do procedimento homologatório em si, mas nunca sobre o mérito da decisão a ser homologada.[114]

A única ressalva para essa limitação do STJ é quando o tribunal precisar analisar se a sentença estrangeira viola a ordem pública brasileira. Contudo, nesse cenário, o STJ apenas pode analisar o mérito de forma tangencial e em cognição não exauriente,[115] visando apenas detectar a existência de alguma manifesta ofensa à ordem pública, mas nunca poderá modificar a decisão em relação ao mérito, como, aliás, já foi discutido no tópico 5.vii deste artigo.

6.3 Requisitos para homologação da sentença arbitral estrangeira no Brasil

O Código de Processo Civil de 2015 (CPC)[116] estabelece a seguinte hierarquia de aplicação das normas que devem reger o procedimento de homologação de sentença arbitral estrangeira no Brasil: (i.) tratados de direito internacional sobre o assunto (Convenção de Nova Iorque); (ii.) lei especial (Lei Brasileira de Arbitragem); (iii.) lei de caráter geral (CPC); (iv.) normas infralegais aplicáveis (Regimento Interno do STJ).[117]

Logo, em tese, apenas se aplicariam as disposições da Lei Brasileira de Arbitragem, do CPC e do Regulamento Interno do STJ, de forma subsidiária à Convenção de Nova Iorque (ou outras Convenções Internacionais, se aplicáveis), nas matérias procedimentais não regulamentadas por tal Convenção. Contudo, na realidade, percebe-se que: i.) o STJ prefere fundamentar as suas decisões de homologação da sentença arbitral estrangeira na Lei Brasileira de Arbitragem e no seu regimento interno do que na própria Convenção de Nova Iorque;[118] ii.) é forçoso constatar que os dispositivos da Lei Brasileira de Arbitragem, do CPC e do Regimento Interno do STJ são basicamente iguais aos da Convenção de Nova Iorque.

---

112. FINKELSTEIN, Cláudio. Capítulo VI: Da Homologação de Decisão Estrangeira e da Concessão do Exequatur à Carta Rogatória. In: BUENO, Cassio Scarpinella (Coord.). *Comentários ao Código de Processo Civil*. Arts. 926 a 1.072 – Parte Especial. 2017, p. 156.
113. BERALDO, Leonardo de Faria. *Curso de Arbitragem*. São Paulo: Atlas, 2014, p. 583-584.
114. ARAUJO, Nadia de; ALMEIDA, Ricardo Ramalho. O Código de Processo Civil de 2015 e a homologação de laudos arbitrais estrangeiros. In: CARMONA, Carlos Alberto; LEMES, Selma Ferreira; MARTINS, Pedro Batista. *20 Anos da Lei de Arbitragem*: homenagem a Petrônio R. Muniz. São Paulo: Atlas, 2017, p. 691.
115. Ibidem, p. 691.
116. Código de Processo Civil. "Art. 13. A jurisdição civil será regida pelas normas processuais brasileiras, ressalvadas as disposições específicas previstas em tratados, convenções ou acordos internacionais de que o Brasil seja parte".
117. ARAUJO, Nadia de; ALMEIDA, Ricardo Ramalho. O Código de Processo Civil de 2015 e a homologação de laudos arbitrais estrangeiros. In: CARMONA, Carlos Alberto; LEMES, Selma Ferreira; MARTINS, Pedro Batista. *20 Anos da Lei de Arbitragem*: homenagem a Petrônio R. Muniz. São Paulo: Atlas, 2017, p. 692-693.
118. COMITÊ BRASILEIRO DE ARBITRAGEM (CBAr). *Relatório Analítico Homologação de Sentença Arbitral Estrangeira*, 2016, p. 53. Disponível em: https://cbar.org.br/site/wp-content/uploads/2018/04/6-relatoriohomologacacc83o-de-sentenccca7as-arbitrais-estrangeiras-03-08.pdf. Acesso em: 23 dez. 2021.

Diante disso, faz-se necessário analisar em conjunto os requisitos formais de todos esses instrumentos para a homologação da sentença arbitral estrangeira no Brasil:

Requisitos para a homologação da sentença arbitral estrangeira no Brasil	
Convenção de Nova Iorque	"Art. IV. 1. A fim de obter o reconhecimento e a execução mencionados no artigo precedente, a parte que solicitar o reconhecimento e a execução fornecerá, quando da solicitação: a) a sentença original devidamente autenticada ou uma cópia da mesma devidamente certificada; b) o acordo original a que se refere o Artigo II ou uma cópia do mesmo devidamente autenticada. 2. Caso tal sentença ou tal acordo não for feito em um idioma oficial do país no qual a sentença é invocada, a parte que solicitar o reconhecimento e a execução da sentença produzirá uma tradução desses documentos para tal idioma. A tradução será certificada por um tradutor oficial ou juramentado ou por um agente diplomático ou consular".
Lei Brasileira de Arbitragem	"Art. 37. A homologação de sentença arbitral estrangeira será requerida pela parte interessada, devendo a petição inicial conter as indicações da lei processual, conforme o art. 282 do Código de Processo Civil, e ser instruída, necessariamente, com: I – o original da sentença arbitral ou uma cópia devidamente certificada, autenticada pelo consulado brasileiro e acompanhada de tradução oficial; II – o original da convenção de arbitragem ou cópia devidamente certificada, acompanhada de tradução oficial."
Código de Processo Civil	–
Resolução STJ 9 de 04.05.2005	"Art. 3º A homologação de sentença estrangeira será requerida pela parte interessada, devendo a petição inicial conter as indicações constantes da lei processual, e ser instruída com a certidão ou cópia autêntica do texto integral da sentença estrangeira e com outros documentos indispensáveis, devidamente traduzidos e autenticados." *** "Art. 5º Constituem requisitos indispensáveis à homologação de sentença estrangeira: (...) IV – estar autenticada pelo cônsul brasileiro e acompanhada de tradução por tradutor oficial ou juramentado no Brasil."

Percebe-se que os requisitos procedimentais para o reconhecimento da sentença arbitral estrangeira no Brasil são essencialmente os mesmos em todos esses dispositivos legais, sendo eles: a versão original (ou certidão autenticada) da sentença arbitral e da convenção de arbitragem, bem como a tradução oficial de ambos.

Similarmente, os requisitos para a recusa ao reconhecimento da sentença arbitral estrangeira de todos esses instrumentos são essencialmente os mesmos, com algumas pequenas diferenças:

Requisitos para a recusa da homologação da sentença arbitral estrangeira no Brasil			
Convenção de Nova Iorque	Lei Brasileira de Arbitragem	Código de Processo Civil	Regimento Interno do STJ
Art. V. 1. O reconhecimento e a execução de uma sentença poderão ser indeferidos, a pedido da parte contra a qual ela é invocada, unicamente se esta parte fornecer, à autoridade competente onde se tenciona o reconhecimento e a execução, prova de que: a) as partes do acordo a que se refere o Artigo II estavam, em conformidade com a lei a elas aplicável, de algum modo incapacitadas, ou que tal acordo não é válido nos termos da lei à qual as partes o submeteram, ou, na ausência de indicação sobre a matéria, nos termos da lei do país onde a sentença foi proferida; ou	Art. 38. Somente poderá ser negada a homologação para o reconhecimento ou execução de sentença arbitral estrangeira, quando o réu demonstrar que: I – as partes na convenção de arbitragem eram incapazes; II – a convenção de arbitragem não era válida segundo a lei à qual as partes a submeteram, ou, na falta de indicação, em virtude da lei do país onde a sentença arbitral foi proferida;	–	–

Requisitos para a recusa da homologação da sentença arbitral estrangeira no Brasil			
Convenção de Nova Iorque	Lei Brasileira de Arbitragem	Código de Processo Civil	Regimento Interno do STJ
Art. V.1.b) a parte contra a qual a sentença é invocada não recebeu notificação apropriada acerca da designação do árbitro ou do processo de arbitragem, ou lhe foi impossível, por outras razões, apresentar seus argumentos; ou	Art. 38 "III – não foi notificado da designação do árbitro ou do procedimento de arbitragem, ou tenha sido violado o princípio do contraditório, impossibilitando a ampla defesa".	"Art. 963. Constituem requisitos indispensáveis à homologação da decisão: II – ser precedida de citação regular, ainda que verificada a revelia".	"Art. 5º Constituem requisitos indispensáveis à homologação de sentença estrangeira: II – terem sido as partes citadas ou haver-se legalmente verificado a revelia".
Art. V.1. c) a sentença se refere a uma divergência que não está prevista ou que não se enquadra nos termos da cláusula de submissão à arbitragem, ou contém decisões acerca de matérias que transcendem o alcance da cláusula de submissão, contanto que, se as decisões sobre as matérias suscetíveis de arbitragem puderem ser separadas daquelas não suscetíveis, a parte da sentença que contém decisões sobre matérias suscetíveis de arbitragem possa ser reconhecida e executada; ou	Art. 38, IV – a sentença arbitral foi proferida fora dos limites da convenção de arbitragem, e não foi possível separar a parte excedente daquela submetida à arbitragem;	–	–
Art. V.1. d) a composição da autoridade arbitral ou o procedimento arbitral não se deu em conformidade com o acordado pelas partes, ou, na ausência de tal acordo, não se deu em conformidade com a lei do país em que a arbitragem ocorreu; ou	Art. 38, V – a instituição da arbitragem não está de acordo com o compromisso arbitral ou cláusula compromissória;	Art. 963, I – ser proferida por autoridade competente;	"Art. 5, I – haver sido proferida por autoridade competente".
Art. V.1. e) a sentença ainda não se tornou obrigatória para as partes ou foi anulada ou suspensa por autoridade competente do país em que, ou conforme a lei do qual, a sentença tenha sido proferida.	Art. 38, VI – A sentença arbitral não se tenha, ainda, tornado obrigatória para as partes, tenha sido anulada, ou, ainda, tenha sido suspensa por órgão judicial do país onde a sentença arbitral for prolatada.	Art. 963, III – ser eficaz no país em que foi proferida;	Art. 5º, III – ter transitado em julgado;
Art. V. 2. O reconhecimento e a execução de uma sentença arbitral também poderão ser recusados caso a autoridade competente do país em que se tenciona o reconhecimento e a execução constatar que: a) segundo a lei daquele país, o objeto da divergência não é passível de solução mediante arbitragem; ou	Art. 39. A homologação para o reconhecimento ou a execução da sentença arbitral estrangeira também será denegada se o Superior Tribunal de Justiça constatar que: I – segundo a lei brasileira, o objeto do litígio não é suscetível de ser resolvido por arbitragem;	–	–
Art. V.2. b) o reconhecimento ou a execução da sentença seria contrário à ordem pública daquele país.	Art. 39, II – a decisão ofende a ordem pública nacional.	Art. 963, IV – não ofender a coisa julgada brasileira; *** VI – não conter manifesta ofensa à ordem pública.	Art. 6º Não será homologada sentença estrangeira ou concedido exequatur a carta rogatória que ofendam a soberania ou a ordem pública.

A partir dessa tabela comparativa, conclui-se que não há nenhuma diferença significativa entre os requisitos de homologação e recusa à homologação impostos pela Convenção de Nova Iorque e pela Lei Brasileira de Arbitragem. Contudo, há certas diferenças entre as referidas disposições e as normas do CPC e do Regimento Interno do STJ, vez que essas últimas se aplicam à homologação das sentenças estrangeiras como um todo e, por isso, não possuem especificidades e adaptações para o caso do procedimento arbitral.

Nesse sentido, a primeira diferença marcante entre eles é que há uma inversão do ônus da prova no CPC e no Regimento Interno do STJ. Nestes últimos instrumentos, a parte que deseja homologar a sentença arbitral possui o ônus de demonstrar, juntamente com a apresentação dos requisitos de forma, os requisitos taxativos enumerados em seu rol: a sentença foi proferida por autoridade competente; precedida de citação regular; eficaz no país em que foi proferida; não ofendeu a coisa julgada brasileira; não contém manifesta ofensa à ordem pública. Por outro lado, como discutido intensamente no tópico 4 deste artigo, a parte que deseja executar a sentença arbitral estrangeira deve apenas demonstrar a presença dos requisitos formais citados pela Convenção de Nova Iorque, de modo que ônus de comprovar a ausência de algum requisito material de homologação recai sobre a parte que se opõe à sua execução, devido ao princípio da máxima eficácia da execução.

A segunda diferença entre os requisitos elencados pela Convenção de Nova Iorque e o CPC sobre a execução das sentenças arbitrais é que o último impõe o requisito da sentença "ser eficaz no país em que foi proferida". Como visto, essa terminologia foi propositalmente deixada de lado pela Convenção e pela Lei Brasileira de Arbitragem, visando eliminar o duplo exequatur, e, para isso, se valendo da expressão "ter se tornado obrigatória para as partes".

A terceira principal diferença é que o CPC utiliza o qualificador "manifesta" violação à ordem pública, o que não ocorre na Convenção de Nova Iorque e tampouco na Lei Brasileira de Arbitragem. Isso se dá para impor um padrão mais rigoroso de recusa à execução da sentença estrangeira lastreada em ofensa à ordem pública.[119] Embora esse entendimento não esteja explícito na letra da Convenção e nem na Lei Brasileira de Arbitragem, ele pode ser extraído da sua aplicação jurisprudencial e doutrinária.[120]

6.4 Rito a ser obedecido perante o Superior Tribunal de Justiça

Como anteriormente afirmado, a parte que deseja realizar a homologação da decisão arbitral estrangeira deve, em primeiro lugar, apresentar um pleito ao STJ, seguindo

---

119. ARAUJO, Nadia de; ALMEIDA, Ricardo Ramalho. O Código de Processo Civil de 2015 e a homologação de laudos arbitrais estrangeiros. In: CARMONA, Carlos Alberto; LEMES, Selma Ferreira; MARTINS, Pedro Batista. *20 Anos da Lei de Arbitragem*: homenagem a Petrônio R. Muniz. São Paulo: Atlas, 2017, p. 695.
120. No relatório analítico de homologação de sentença arbitral estrangeira conduzido pelo CBAR ficou constatado que das 11 decisões de homologação em que a parte requerida opôs o requisito de violação à ordem pública, em apenas 1 caso a recusa da homologação da sentença com base na violação à ordem pública foi acatada pelo STJ, em 2 casos a recusa foi parcialmente acatada, e nos outros 8 casos restantes a recusa foi completamente indeferida. COMITÊ BRASILEIRO DE ARBITRAGEM (CBAr). *Relatório Analítico Homologação de Sentença Arbitral Estrangeira*, 2016. Disponível em: https://cbar.org.br/site/wp-content/uploads/2018/04/6-relatoriohomologacacc83o-de-sentenccca7as-arbitrais-estrangeiras-03-08.pdf. Acesso em: 23 dez. 2021.

as disposições do art. 282 do CPC, e preenchendo os requisitos de forma indicados nos artigos 37 da Lei Brasileira de Arbitragem, IV da Convenção de Nova Iorque e 3º do Regimento Interno do STJ.

Posteriormente, o ministro relator pode proferir despacho intimando a requerente a apresentar emenda à inicial caso falte o preenchimento de algum requisito formal ou a apresentação de algum documento solicitado nos artigos anteriormente mencionados.

Após o preenchimento dos requisitos que eventualmente faltarem, o ministro relator intimará a parte requerida para ter ciência da instauração do procedimento, ou para apresentar contestação, no prazo de 15 dias úteis, se desejar. Na contestação, o réu poderá suscitar quaisquer dos requisitos de forma listados no art. 37 da Lei Brasileira de Arbitragem e no art. IV da Convenção, além das disposições de conteúdo do art. 38 da Lei Brasileira de Arbitragem e do artigo V da Convenção de Nova Iorque, que poderiam impedir o reconhecimento da sentença. Caso sejam suscitados os requisitos deste último grupo de artigos, o ônus da prova da presença de cada um deles é da parte requerida,[121] como demonstrado ao longo deste artigo.

Em seguida, o Ministério Público terá vista aos autos, podendo opinar pela procedência da mesma ou suscitar impugnação à homologação da sentença no prazo de 10 dias, como dispõe o art. 10 da Resolução STJ 9 de 4/5/2005.[122]

Após a apreciação das referidas manifestações, o STJ irá proferir acórdão que pode: (i.) extinguir o processo sem resolução de mérito devido a falta do preenchimento de algum requisito formal (nesse caso, a parte requerente poderá iniciar um novo processo após sanar o vício); (ii.) deferir integral ou parcialmente o pedido de homologação; ou (iii.) indeferir integralmente o pedido de homologação.[123] A parte vencida deverá pagar as custas processuais, os honorários advocatícios e verbas sucumbenciais.

Acerca das verbas sucumbenciais, cabe breve parênteses, posto que a concessão destes não ocorre de forma pacificada. De acordo com o relatório CBAR sobre a homologação das sentenças arbitrais estrangeiras, na maior parte dos casos houve a fixação de um valor fixo dos honorários sucumbenciais para a parte vencida, que variou entre R$ 1.000,00 e R$ 50.000,00, em contraposição a uma minoria de casos, que fixou os honorários de sucumbência com base em um percentual do valor da causa.[124] No primeiro caso, geralmente os honorários são fixados pelo relator sem apresentar muitas justificativas acerca da forma que o seu valor foi arbitrado, de tal modo que, no caso em que os honorários foram arbitrados em R$ 1.000,00, não houve nenhuma justificativa;[125] enquanto no caso em que os honorários foram fixados em R$ 50.000,00, a justificativa

---

121. STJ. Corte Especial, SEC 3.660/GB, Rel. Min. Arnaldo Esteves Lima, j. 28.05.2009, DJe 25.06.2009.
122. Resolução STJ 9 de 04.05.2005: "Art. 10. O Ministério Público terá vista dos autos nas cartas rogatórias e homologações de sentenças estrangeiras, pelo prazo de dez dias, podendo impugná-las".
123. BERALDO, Leonardo de Faria. *Curso de Arbitragem*. São Paulo: Atlas, 2014, p. 561.
124. CBAr. Relatório Analítico de Homologação de Sentença Arbitral Estrangeira, 2016.
125. "Ante o exposto, julgo procedente o pedido de homologação de sentença estrangeira, condenando a parte requerida ao montante sucumbencial de R$ 1.000,00". STJ, Corte Especial. SEC 3.892/EX, rel. Min. Humberto Martins, j. 19.11.2014.

limitou-se a "relevância da causa, trabalho desenvolvido e valores questionados".[126] No segundo caso, tampouco houve qualquer justificativa para o arbitramento dos honorários sucumbenciais em 0,5% do valor atualizado da causa.[127]

Por fim, é objeto de intensa discussão no meio arbitral a possibilidade de interposição de recurso extraordinário em face da decisão que indeferiu o pedido de homologação da sentença arbitral estrangeira. A doutrina se posiciona de forma favorável a esta possibilidade, uma vez que, se estiverem presentes os requisitos listados na CF, art. 102, III, é cabível recurso extraordinário.[128] Contudo, na prática, o STF inviabilizou por completo a admissibilidade do recurso extraordinário contra decisão de homologação de sentença arbitral estrangeira, devido à dificuldade do preenchimento de todos os requisitos de admissibilidade na prática e da limitação das matérias constitucionais de defesa mencionadas ao longo da homologação.[129]

Um exemplo recente ocorreu no caso Abengoa, no qual a sentença arbitral estrangeira não foi homologada pelo STJ, devido à violação do dever de revelação do árbitro, e, após essa sentença, a parte perdedora interpôs recurso extraordinário para o STF, o qual não foi conhecido, pois este incorria em análise de legislação infraconstitucional e reexame dos fatos e provas, o que foge da competência do STF em sede de recurso extraordinário.[130] Essa mesma justificativa foi utilizada para negar provimento ao recurso extraordinário em face de decisão homologatória de sentença arbitral estrangeira no caso "*Clemerson de Araujo Soares vs. Al-Gharafa*",[131] e no caso "*Nuclebras vs. Winterthur Gas & Diesel Ag*".[132]

6.5 Consequências da recusa do reconhecimento da sentença arbitral estrangeira

A decisão do STJ em sede de homologação, seja pelo deferimento ou indeferimento do pedido, forma coisa julgada material, de modo que não é possível a interposição de

---

126. "Com essas considerações, defiro o pedido de homologação, condenando a requerida ao pagamento de honorários advocatícios, que, em face da relevância da causa, do trabalho desenvolvido e dos valores questionados, ficam fixados em R$ 50.000,00". STJ, Corte Especial. SEC 3.709/EX, rel. Min. Teori Albino Zavascki, j. 14.06.2012.
127. "Voto, por isso, no sentido de deferir o pedido de homologação de sentença estrangeira, condenando o requerido ao pagamento de honorários de advogado, no valor de 0,5% (meio por cento) sobre o valor atualizado da causa (...)". STJ, Corte Especial. S 5692/EX, rel. Min. Ari Pargendler, j. 20.08.2014.
128. BERALDO, Leonardo de Faria. *Curso de Arbitragem*. São Paulo: Atlas, 2014, p. 607-608.
129. COMITÊ BRASILEIRO DE ARBITRAGEM (CBAr). *Relatório Analítico Homologação de Sentença Arbitral Estrangeira*, 2016, p. 25. Disponível em: https://cbar.org.br/site/wp-content/uploads/2018/04/6-relatoriohomologacacc83o-de-sentenccca7as-arbitrais-estrangeiras-03-08.pdf. Acesso em: 23 dez. 2021.
130. STF. ARE 1136287/DF, rel. Min. Luís Roberto Barroso, j. 11.12.2018.
131. "Agravo regimental no recurso extraordinário. Direito internacional privado. Homologação de sentença arbitral estrangeira. Cláusula contratual. Natureza jurídica. Fatos e provas. Reexame. Impossibilidade. Legislação infraconstitucional. Ofensa reflexa. Precedentes." STF, 2ª Turma. Ag. Reg. no RE 915.341/DF, Rel. Min. Dias Toffoli, J. 29.09.2017.
132. "Agravo regimental no recurso extraordinário com agravo. Direito internacional privado. Homologação de sentença arbitral estrangeira. Fatos e provas. Cláusulas contratuais. Reexame. Impossibilidade. Legislação infraconstitucional. Ofensa reflexa. Precedentes." STF, Plenário. Ag. Reg. no RE com Agravo 1.213.816, Rel. Min. Dias Toffoli, j. 16.08.2019.

nova ação homologatória no futuro sobre a mesma decisão arbitral estrangeira. Contudo, o art. 40 da Lei Brasileira de Arbitragem[133] apresenta duas exceções a essa regra.

A primeira exceção é quando o STJ profere sentença de extinção do processo de homologação sem decisão de mérito, o que ocorre devido à falta de um dos pressupostos processuais para instaurar a demanda.[134] Esses pressupostos processuais devem ser necessariamente aqueles listados no artigo IV da Convenção de Nova Iorque, e no artigo 37 da Lei Brasileira de Arbitragem, de modo que só podem ser falhas nos documentos necessários apresentados ou a ausência de apresentação de algum deles. Nesse caso, a decisão do STJ não é definitiva e, por isso, a parte pode propor no futuro nova demanda de homologação relacionada a mesma sentença arbitral se forem sanados tais vícios processuais.[135] Inclusive, essa disposição da Lei Brasileira de Arbitragem está alinhada com o art. 486 do CPC.[136]

A segunda exceção é quando o STJ proferiu sentença que indeferiu o pedido de homologação devido ao pressuposto previsto no art. 38, VI, da Lei Brasileira de Arbitragem, ou seja, quando a sentença arbitral ainda não tiver se tornado obrigatória para as partes. Nessa hipótese, caberá a propositura de uma nova ação homologatória se a sentença – depois do trâmite da ação de anulação ou do fim do período de suspensão – passar a ser obrigatória e final para as partes. Ou seja, nesse caso, não há que se falar em hipótese de exceção à formação de coisa julgada material pela decisão do STJ no procedimento de homologação.

6.6 A fase de cumprimento da sentença arbitral estrangeira homologada

Após o pedido de homologação da sentença arbitral estrangeira ter sido deferido integral ou parcialmente pelo STJ, cabe à parte vencedora iniciar um processo de execução de título executivo judicial (cumprimento de sentença) perante o Juízo Federal competente, nos termos do art. 965 CPC[137] e do art. 109, X, da Constituição Federal.[138]

A ação de cumprimento de sentença instaurada pela parte vencida deve seguir o rito comum de cumprimento de sentença dos demais títulos executivos judiciais,

---

133. Lei Brasileira de Arbitragem: "Art. 40. A denegação da homologação para reconhecimento ou execução de sentença arbitral estrangeira por vícios formais, não obsta que a parte interessada renove o pedido, uma vez sanados os vícios apresentados".
134. CARMONA, Carlos Alberto. *Arbitragem e processo*: um comentário à Lei 9.307/96. 3. ed. São Paulo: Atlas, 2009, p. 483.
135. CARMONA, Carlos Alberto. *Arbitragem e processo*: um comentário à Lei 9.307/96. 3. ed. São Paulo: Atlas, 2009, p. 483.
136. Código de Processo Civil de 2015: "Art. 486. O pronunciamento judicial que não resolve o mérito não obsta a que a parte proponha de novo a ação (...)".
137. Código de Processo Civil: "Art. 965. O cumprimento de decisão estrangeira far-se-á perante o juízo federal competente, a requerimento da parte, conforme as normas estabelecidas para o cumprimento de decisão nacional. Parágrafo Único. O pedido de execução deverá ser instruído com cópia autenticada da decisão homologatória ou do exequatur, conforme o caso".
138. Constituição Federal: "Art. 109. Aos juízes federais compete processar e julgar: (...) X – os crimes de ingresso ou permanência irregular de estrangeiro, a execução de carta rogatória, após o 'exequatur', e de sentença estrangeira, após a homologação, as causas referentes à nacionalidade, inclusive a respectiva opção, e à naturalização (...)".

previsto nos arts. 960 a 960 do CPC, porque, após homologada a sentença estrangeira, é equiparada a uma sentença nacional, nos termos do art. 515, VIII, do CPC,[139] sendo a esta conferida a eficácia então faltante.

A principal especificidade do cumprimento de sentença arbitral estrangeira homologada é que este procedimento deve seguir o princípio da eficácia do laudo arbitral previsto na Convenção de Nova Iorque, e, por isso, deve ser seguido um viés "pró-execução".[140] Sendo assim, não pode ser suscitada impugnação ou objeção de não executividade ao cumprimento de sentença lastreados nos itens do art. 963 do CPC, dos arts. 38 e 39 da Lei Brasileira de Arbitragem, ou dos artigos IV e V da Convenção de Nova Iorque, que já tenham sido suscitados no processo de homologação no STJ. Isso se dá porque a decisão de homologação da sentença arbitral estrangeria consiste em coisa julgada material.[141]

Dessa forma, o único requisito do art. 963 do CPC que poderia ser suscitado seria a ausência ou nulidade de citação da parte, no seu inciso II, mas desde que se refira à citação da parte no próprio processo de homologação e não no procedimento arbitral em si.[142]

BIBLIOGRAFIA E JULGADOS SELECIONADOS

ARAUJO, Nadia de; ALMEIDA, Ricardo Ramalho. O Código de Processo Civil de 2015 e a homologação de laudos arbitrais estrangeiros. In: CARMONA, Carlos Alberto; LEMES, Selma Ferreira; MARTINS, Pedro Batista. *20 Anos da Lei de Arbitragem*: homenagem a Petrônio R. Muniz. São Paulo: Atlas, 2017.

BERALDO, Leonardo de Faria. *Curso de Arbitragem*. São Paulo: Atlas, 2014.

BORN, Gary B. *International Commercial Arbitration*. 3. ed. Kluwer Law International, 2021.

CAHALI, Francisco José; TEODORO, Viviane Rosolia. A resolução de litígios on-line da União Europeia em contraste com a arbitragem nos contratos de consumo no Brasil. *Revista de Direito do Consumidor*, v. 131, set.-out. 2020.

CARMONA, Carlos Alberto. *Arbitragem e processo*: um comentário à Lei 9.307/96. 3. ed. São Paulo: Atlas, 2009.

CBAr. Relatório Analítico de Homologação de Sentença Arbitral Estrangeira, 2016.

Court of Appeal of Bavaria, 2000. Seller vs. Buyer. *Yearbook Commercial Arbitration XXXVII*, n. 53, p. 445-450. Germany, 2002.

FINKELSTEIN, Cláudio. Limitações à confidencialidade na arbitragem comercial: publicidade e transparência. In: NASCIMBENI, Asdrubal Franco; BERTASI, Maria Odete Duque; RANZOLIN, Ricardo Borges (Org.). *Temas de Mediação e Arbitragem II*. 2. ed. São Paulo: Lex Editora, 2018.

FINKELSTEIN, Cláudio. Capítulo 1: Lei modelo de arbitragem da UNCITRAL e lei brasileira de arbitragem – Uma análise comparativa. In: FINKELSTEIN, Cláudio (Org.). *Arbitragem e Direito*: estudos pós-graduados. Belo Horizonte, São Paulo: D'Plácido, 2021.

---

139. THEODORO JÚNIOR, Humberto. *Curso de Direito Processual Civil*. ed. Rio de Janeiro: Forense, 2021, v. III. 54, p. 47-48.
140. FINKELSTEIN, Cláudio. Capítulo VI: Da Homologação de Decisão Estrangeira e da Concessão do Exequatur à Carta Rogatória. In: BUENO, Cassio Scarpinella (Coord.). *Comentários ao Código de Processo Civil*. Arts. 926 a 1.072 – Parte Especial. 1. ed., 2017, p. 157.
141. BERALDO, Leonardo de Faria. *Curso de Arbitragem*. São Paulo: Atlas, 2014, p. 615.
142. Ibidem, p. 615.

FINKELSTEIN, Cláudio; ESCOBAR, Marcelo Ricardo. Arbitragem na administração pública. *Revista Comercialista*, v. 7, n. 17, 2017.

FINKELSTEIN, Cláudio. A homologabilidade da decisão arbitral e a exceção de ofensa à ordem pública frente ao Direito Internacional Privado Brasileiro. In: ARANA, Josycler; CACHAPUZ, Rozane da Rosa (Coord.). *Direito Internacional.* Seus tribunais e meios de solução de conflitos. Curitiba: Juruá, 2007.

FINKELSTEIN, Cláudio. Capítulo VI: Da Homologação de Decisão Estrangeira e da Concessão do Exequatur à Carta Rogatória. In: BUENO, Cassio Scarpinella (Coord.). *Comentários ao Código de Processo Civil.* Arts. 926 a 1.072 – Parte Especial. 2017.

GAILLARD, Emmanuel; SAVAGE, John (Ed.). *Fouchard Gaillard Goldman on International Commercial Arbitration.* Kluwer Law International, 1999.

GAILLARD, Emmanuel. Enforcement of Awards Set Aside in the Country of Origin: The French Experience. In: BERG, Albert Jan Van den (Ed.). *Improving the Efficiency of Arbitration Agreements and Awards*: 40 Years of Application of the New York Convention. ICCA Congress Series, v. 9, Kluwer Law International, 1999.

HANOTIAU, Bernard; CAPRASSE, Olivier. Arbitrability, Due Process, and Public Policy Under Article V of the New York Convention. *Journal of International Arbitration*, v. 25, Issue 6. Kluwer Law International, 2008.

INTERNATIONAL COUNCIL FOR COMMERCIAL ARBITRATION (ICCA). Request for the Recognition and Enforcement of an Arbitral Award. *ICCA's Guide to the Interpretation of the 1958 New York Convention*: A Handbook for Judges. ICCA & Kluwer Law International, 2011.

LEMES, Selma. *O Superior Tribunal de Justiça – STJ e o Reconhecimento de Sentença Arbitral Estrangeira à Luz da Convenção de Nova Iorque de 1958.* Disponível em: http://selmalemes.adv.br/artigos/O%20STJ%20e%20o%20Rec.%20Sent.%20Arb.%20Estrangeira%20e%20a%20CNI.pdf. Acesso em: 23 nov. 2021.

MOREIRA, José Carlos Barbosa. *Comentários ao Código de Processo Civil.* 17. ed. Rio de Janeiro: Ed. Forense, 2013. v. V.

MUNIZ, Joaquim de Paiva. Arbitragem no direito do trabalho. *Revista de Arbitragem e Mediação*, v. 56, jan.-mar., 2018.

NALIN, Paulo; STEINER, Renata C. *Compra e venda internacional de mercadorias*: a Convenção das Nações Unidas sobre compra e venda internacional de mercadorias (CISG). Belo Horizonte: Fórum, 2016.

PAULSSON, Marike R. P. *The 1958 New York Convention in Action.* Kluwer Law International, 2016.

PEREIRA, Cesar Guimarães. Arbitragem e Administração. In: CAMPILONGO, Celso Fernandes; GONZAGA, Alvaro de Azevedo e FREIRE, André Luiz (Coord.). *Enciclopédia jurídica da PUC-SP.* 1 São Paulo: Pontifícia Universidade Católica de São Paulo, 2017. Tomo: Direito Administrativo e Constitucional. Vidal Serrano Nunes Jr., Maurício Zockun, Carolina Zancaner Zockun, André Luiz Freire (coord. de tomo). Disponível em: https://enciclopediajuridica.pucsp.br/verbete/155/edicao-1/arbitragem-e-administracao. Acesso em: 26 abr. 2022.

QUEEN MARY UNIVERSITY OF LONDON. *2018 International Arbitration Survey*: The Evolution of International Arbitration. Disponível em: https://arbitration.qmul.ac.uk/media/arbitration/docs/2018-International-Arbitration-Survey---The-Evolution-of-International-Arbitration-(2).PDF. Acesso em: 22 dez. 2021.

REDFERN, Alan; HUNTER, Martin. In: BLACKABY, Nigel; PARTASIDES, Constantine et al. *Redfern and Hunter on International Arbitration.* 6th ed. Kluwer Law International, Oxford University Press, 2015.

SANTOS, António Marques dos. *Direito Internacional Privado.* Associação Acadêmica da Faculdade de Direito. Lisboa, 1987.

SCHLECHTRIEM, Peter; SCHWENZER, Ingeborg. *Commentary on the UN Convention on the International Sale of Goods (CISG).* 2. ed. Oxford 2005.

SUPERIOR TRIBUNAL DE JUSTIÇA (STJ), Corte Especial. SEC 3.660/GB, Rel. Min. Arnaldo Esteves Lima, j. 28.05.2009, DJe 25.06.2009.

SUPERIOR TRIBUNAL DE JUSTIÇA (STJ), Corte Especial. SEC n. 8847, acórdão unânime do tribunal Especial, Rel. Min. João Otávio de Noronha, j. 20.11.2013.

SUPERIOR TRIBUNAL DE JUSTIÇA (STJ), Corte Especial. SEC 3.892/EX, Rel. Min. Humberto Martins, j. 19.11.2014.

SUPERIOR TRIBUNAL DE JUSTIÇA (STJ), Corte Especial. SEC 3.709/EX, Rel. Min. Teori Albino Zavascki, j. 14.06.2012.

SUPERIOR TRIBUNAL DE JUSTIÇA (STJ), Corte Especial. SEC 5692/EX, Rel. Min. Ari Pargendler, j. 20.08.2014.

SUPERIOR TRIBUNAL DE JUSTIÇA (STJ), Corte Especial. SEC 2410-EX, Rel. Min. Felix Fischer, voto vencedor de Nancy Andrighi, j. 18.12.2013.

SUPERIOR TRIBUNAL DE JUSTIÇA (STJ), Corte Especial. SEC 14930/EX, j. 15.05.2019.

SUPREMO TRIBUNAL FEDERAL (STF). ARE 1136287/DF, Rel. Min. Luís Roberto Barroso, j. 11.12.2018.

SUPREMO TRIBUNAL FEDERAL (STF), 2ª Turma. Ag. Reg. no RE n. 915.341/DF, Rel. Min. Dias Toffoli, J. 29.09.2017.

SUPREMO TRIBUNAL FEDERAL (STF), Plenário. Ag. Reg. no RE com Agravo 1.213.816, Rel. Min. Dias Toffoli, j. 16.08.2019.

THEODORO JÚNIOR, Humberto. *Curso de Direito Processual Civil*. 54. ed. Rio de Janeiro: Forense, 2021. v. III.

UNITED NATIONS COMMISSION ON INTERNATIONAL TRADE LAW. *UNCITRAL Secretariat Guide on the Convention on the Recognition and Enforcement of Foreign Arbitral Awards*. New York, 1958. 2016. Disponível em: https://uncitral.un.org/sites/uncitral.un.org/files/media-documents/uncitral/en/2016_guide_on_the_convention.pdf. Acesso em: 23 nov. 2021.

UNITED NATIONS INFORMATION CENTER. Iraq accedes to Convention on the Recognition and Enforcement of Foreign Arbitral Awards. Disponível em: https://unis.unvienna.org/unis/en/pressrels/2021/unisl323.html. Acesso em: 23 dez. 2021.

PARTE ESPECIAL

I
PAPEL DO SUPERIOR TRIBUNAL DE JUSTIÇA NO DESENVOLVIMENTO E NA CONSOLIDAÇÃO DA ARBITRAGEM BRASILEIRA

Paulo de Tarso Vieira Sanseverino

Doutor e Mestre pela Faculdade de Direito da Universidade Federal do Rio Grande do Sul. Autor dos livros "Responsabilidade Civil no Código do Consumidor e a Defesa do Fornecedor" (São Paulo: Saraiva, 2007, 2. ed.), "Contratos Nominados II" (São Paulo: Ed. RT, 2005) e "Princípio da reparação integral – Indenização no Código Civil" (São Paulo: Saraiva, 2010), além de diversos artigos publicados em revistas jurídicas. Foi Ministro do Superior Tribunal de Justiça desde 2010 e Professor de Direito Civil.

Sumário: Introdução – 1. Desenvolvimento da arbitragem na jurisprudência dos tribunais superiores; 1.1 Período anterior à Lei de Arbitragem; 1.2 Período imediatamente posterior à Lei de Arbitragem; 1.3 Período posterior à edição da Emenda Constitucional 45/2004 – 2. Consolidação da arbitragem na jurisprudência do STJ; 2.1 Respeito ao princípio da kompetenz-kompetenz; 2.2 Rigor com as ações anulatórias de sentenças arbitrais; 2.3 Diferentes formas de conflito envolvendo juízos arbitrais – Conclusão – Julgados selecionados.

INTRODUÇÃO

A arbitragem começou a se consolidar no Brasil a partir da sua positivação pela Lei 9.307/96, de 23.09.1996, aprimorada pela Lei 13.129/2015, podendo ser observada, ao longo desse período de quase três décadas, uma interessante evolução da posição da jurisprudência brasileira acerca da arbitragem, especialmente do Superior Tribunal de Justiça.

O Poder Judiciário passou de uma postura inicial, na década de noventa, de um misto de antipatia, ceticismo e desconfiança para uma posição de grande simpatia, respeito e confiança pela arbitragem, como um método alternativo fundamental para solução de determinadas controvérsias, que, em muitos casos, mostra-se mais adequado do que a jurisdição tradicional prestada pelo juízo estatal, especialmente nas hipóteses de conflitos na área empresarial ou para solução de problemas gerados por contratos internacionais.

Esse fenômeno pode ser observado com clareza na evolução da jurisprudência do STJ, desde sua criação pela Constituição Federal de 1988 (CF/88) e sua instalação em 1989, podendo ser desdobrado em quatro grandes fases: (a) período anterior à edição da Lei 9.307/96; (b) período imediatamente posterior à edição da Lei 9.307/96; (c) período posterior à edição da Emenda Constitucional 45/2004; (d) período de consolidação da jurisprudência do STJ.

O exame dessas quatro fases será desdobrado em duas partes, sendo a primeira dedicada à análise do desenvolvimento da arbitragem na jurisprudência dos tribunais superiores, enquanto a segunda abordará a sua consolidação na jurisprudência do Superior Tribunal de Justiça (STJ).

1. DESENVOLVIMENTO DA ARBITRAGEM NA JURISPRUDÊNCIA DOS TRIBUNAIS SUPERIORES

A análise desse período de desenvolvimento da arbitragem na jurisprudência dos tribunais superiores, especialmente do STJ, será desdobrada em três tópicos: (a) período anterior à edição da Lei 9.307/96; (b) período imediatamente posterior à edição da Lei 9.307/96; (c) período posterior à edição da Emenda Constitucional 45/2004.

1.1 Período anterior à Lei de Arbitragem

Nesse primeiro período, logo após a criação STJ pela Constituição Federal de 1988 e de sua instalação em maio de 1989, anterior à edição da Lei 9.307/96, encontram-se poucas decisões na jurisprudência da nova corte, embora bastante interessantes, acerca da arbitragem, merecendo destaque dois acórdãos proferidos em 1990 e em 1991 em que se discutiam irregularidades formais, que restaram devidamente superadas, com fundamento no art. 244 do CPC/73, por terem os atos atingido a sua finalidade.[1]-[2]

1.2 Período imediatamente posterior à Lei de Arbitragem

O segundo período, iniciado com a edição da Lei 9.307/96, de 23.09.1996, positivando a arbitragem no Direito brasileiro, é claramente um período de antipatia, desconfiança e ceticismo com o instituto por parte dos Magistrados em geral, com reflexos na jurisprudência dos tribunais superiores, inclusive do Supremo Tribunal Federal (STF).

O principal precedente jurisprudencial desse período, que reflete claramente esse sentimento inicial da Magistratura brasileira, ocorreu no âmbito do Supremo Tribunal

---

1. "Cláusula de arbitragem em contrato internacional. Regras do Protocolo de Genebra de 1923. 1. Nos contratos internacionais submetidos ao protocolo, a cláusula arbitral prescinde do ato subsequente do compromisso e, por si só, é apta a instituir o juízo arbitral. 2. Esses contratos têm por fim eliminar as incertezas jurídicas, de modo que os figurantes se submetem, a respeito do direito, pretensão, ação ou exceção, à decisão dos árbitros, aplicando-se aos mesmos a regra do art. 244, do CPC, se a finalidade for atingida. 3. Recurso conhecido e provido. Decisão por maioria." (STJ, REsp. 616/RJ, Rel. Min. Claudio Santos, relator p/ Acórdão Min. Gueiros Leite, Terceira Turma, j. em 24.04.1990, DJ 13.08.1990, p. 7647).
2. "Processo civil. Juízo arbitral. Irregularidades formais. Impugnação recursal. Âmbito de apreciação. CPC, arts. 95 e 1100. Recurso não conhecido. I – instituto sem maior incidência na prática e sem o prestígio internacional da arbitragem, ordenado e vigiado pelo estado, o juízo arbitral tem seu procedimento previsto na lei processual. Limitada, no entanto, é a intervenção do estado pelos seus órgãos jurisdicionais. II – a exemplo do que se dá em relação ao processo jurisdicionalizado, não se deve declarar a invalidade do juízo arbitral quando ele alcança o seu objetivo não obstante a ocorrência de irregularidades formais" (STJ, REsp 15.231/RS, relator Min. Sálvio de Figueiredo Teixeira, Quarta Turma, j. 12.11.1991, DJ 09.12.1991, p. 18043).

Federal (STF), com um profundo debate acerca da própria constitucionalidade da então nova Lei de Arbitragem.

Relembre-se que, na época, o STF ainda detinha a competência para a homologação de sentenças estrangeiras, tarefa somente atribuída ao STJ com a edição da Emenda Constitucional 45/2004.

Em um processo envolvendo a homologação de uma sentença arbitral estrangeira (SE 5.206), o STF teve oportunidade de discutir incidentalmente a constitucionalidade de diversos institutos da Lei de Arbitragem em face do disposto no art. 5º, inciso XXXV, da Constituição Federal.

A decisão final da Suprema Corte, em 2001, foi no sentido de reconhecer a constitucionalidade do juízo arbitral, com a homologação da sentença arbitral estrangeira, mas com vários votos vencidos, com destaque ao fato de que alguns Ministros, à época, defendiam a inconstitucionalidade da própria cláusula compromissória, entendida como a manifestação da vontade da parte em submeter um litígio ao juízo arbitral, questão já muito superada.[3]

---

3. "Ementa: 1. Sentença estrangeira: laudo arbitral que dirimiu conflito entre duas sociedades comerciais sobre direitos inquestionavelmente disponíveis – a existência e o montante de créditos a título de comissão por representação comercial de empresa brasileira no exterior: compromisso firmado pela requerida que, neste processo, presta anuência ao pedido de homologação: ausência de chancela, na origem, de autoridade judiciária ou órgão público equivalente: homologação negada pelo Presidente do STF, nos termos da jurisprudência da Corte, então dominante: agravo regimental a que se dá provimento, por unanimidade, tendo em vista a edição posterior da L. 9.307, de 23.09.1996, que dispõe sobre a arbitragem, para que, homologado o laudo, valha no Brasil como título executivo judicial. 2. Laudo arbitral: homologação: Lei da Arbitragem: controle incidental de constitucionalidade e o papel do STF. A constitucionalidade da primeira das inovações da Lei da Arbitragem – a possibilidade de execução específica de compromisso arbitral – não constitui, na espécie, questão prejudicial da homologação do laudo estrangeiro; a essa interessa apenas, como premissa, a extinção, no direito interno, da homologação judicial do laudo (arts. 18 e 31), e sua consequente dispensa, na origem, como requisito de reconhecimento, no Brasil, de sentença arbitral estrangeira (art. 35). A completa assimilação, no direito interno, da decisão arbitral à decisão judicial, pela nova Lei de Arbitragem, já bastaria, a rigor, para autorizar a homologação, no Brasil, do laudo arbitral estrangeiro, independentemente de sua prévia homologação pela Justiça do país de origem. Ainda que não seja essencial à solução do caso concreto, não pode o Tribunal – dado o seu papel de "guarda da Constituição" – se furtar a enfrentar o problema de constitucionalidade suscitado incidentemente (v.g. MS 20.505, Néri). 3. Lei de Arbitragem (L. 9.307/96): constitucionalidade, em tese, do juízo arbitral; discussão incidental da constitucionalidade de vários dos tópicos da nova lei, especialmente acerca da compatibilidade, ou não, entre a execução judicial específica para a solução de futuros conflitos da cláusula compromissória e a garantia constitucional da universalidade da jurisdição do Poder Judiciário (CF, art. 5º, XXXV). Constitucionalidade declarada pelo plenário, considerando o Tribunal, por maioria de votos, que a manifestação de vontade da parte na cláusula compromissória, quando da celebração do contrato, e a permissão legal dada ao juiz para que substitua a vontade da parte recalcitrante em firmar o compromisso não ofendem o artigo 5º, XXXV, da CF. Votos vencidos, em parte – incluído o do relator – que entendiam inconstitucionais a cláusula compromissória – dada a indeterminação de seu objeto – e a possibilidade de a outra parte, havendo resistência quanto à instituição da arbitragem, recorrer ao Poder Judiciário para compelir a parte recalcitrante a firmar o compromisso, e, consequentemente, declaravam a inconstitucionalidade de dispositivos da Lei 9.307/96 (art. 6º, parágrafo único; 7º e seus parágrafos e, no art. 41, das novas redações atribuídas ao art. 267, VII e art. 301, inciso IX do C. Pr. Civil; e art. 42), por violação da garantia da universalidade da jurisdição do Poder Judiciário. Constitucionalidade – aí por decisão unânime, dos dispositivos da Lei de Arbitragem que prescrevem a irrecorribilidade (art. 18) e os efeitos de decisão judiciária da sentença arbitral (art. 31)." (STJ, SE 5.206 AgR, relator Min. Sepúlveda Pertence, Tribunal Pleno, j. 12.12.2001, DJ 30.04.2004 PP-00029 EMENT VOL-02149-06 PP-00958).

Essa decisão do STF foi um importante marco para a consolidação do instituto, pois afirmou plenamente a constitucionalidade da Lei de Arbitragem.

No ano seguinte, em 2002, ocorreu finalmente a ratificação pelo Brasil da Convenção de Nova York, de 1958, versando acerca do reconhecimento e execução de sentenças arbitrais estrangeiras, embora, na prática, boa parte de suas estatuições já estivessem contempladas na Lei 9.307/96.

Passou-se a discutir, nessa época, no Superior Tribunal de Justiça (STJ), algumas questões relevantes, como a aplicabilidade imediata da Lei de Arbitragem em relação a contratos celebrados anteriormente à sua vigência.

O primeiro acórdão que enfrentou a questão não admitiu a imediata aplicabilidade seja das normas de direito material, seja de direito processual da então nova Lei de Arbitragem.[4]

Posteriormente, porém, houve uma inversão dessa orientação, culminando com a edição da Súmula 485/STJ ("A Lei de Arbitragem aplica-se aos contratos que contenham cláusula arbitral, ainda que celebrados antes da sua edição"), devidamente fundamentada em diversos julgados da Corte.[5]-[6]

---

4. "Direito Civil e Direito Processual Civil. Contrato. Cláusula compromissória. Lei 9.307/96. Irretroatividade. I – A Lei 9.307/96, sejam considerados os dispositivos de direito material, sejam os de direito processual, não pode retroagir para atingir os efeitos do negócio jurídico perfeito. Não se aplica, pois, aos contratos celebrados antes do prazo de seu art. 43. II – Recurso especial conhecido, mas desprovido". (STJ, REsp 238.174/SP, relator Min. Antônio De Pádua Ribeiro, Terceira Turma, j. 06.05.2003, DJ 16.06.2003, p. 333).
5. "Sentença estrangeira – Juízo arbitral – Contrato Internacional Assinado Antes Da Lei De Arbitragem (9.307/96). 1. Contrato celebrado no Japão, entre empresas brasileira e japonesa, com indicação do foro do Japão para dirimir as controvérsias, é contrato internacional. 2. Cláusula arbitral expressamente inserida no contrato internacional, deixando superada a discussão sobre a distinção entre cláusula arbitral e compromisso de juízo arbitral (precedente: REsp 712.566/RJ). 3. *As disposições da Lei 9.307/96 têm incidência imediata nos contratos celebrados antecedentemente, se neles estiver inserida a cláusula arbitral. 4. Sentença arbitral homologada.*" (STJ, SEC 349/JP, relatora Ministra Eliana Calmon, Corte Especial, j. 21.03.2007, DJ 21.05.2007, p. 528).
6. "processual civil. Embargos de declaração. Art. 535 do CPC. Ausência dos pressupostos. Homologação de sentença arbitral estrangeira. Lei 9.307/96. Aplicação imediata. Constitucionalidade. Utilização da arbitragem como solução de conflitos. Ausência de violação à ordem pública. Impossibilidade de análise do mérito da relação de direito material. Ofensa ao contraditório e à ampla defesa. Inexistência. Fixação da verba honorária. Art. 20, § 4º do CPC. embargos de declaração rejeitados. I – Os embargos de declaração devem atender aos seus requisitos, quais sejam, suprir omissão, contradição ou obscuridade, não havendo qualquer um desses pressupostos, rejeitam-se os mesmos. *II – A sentença arbitral e sua homologação é regida no Brasil pela Lei 9.307/96, sendo a referida Lei de aplicação imediata e constitucional, nos moldes como já decidido pelo Supremo Tribunal Federal.* III – Consoante entendimento desta Corte, não viola a ordem pública brasileira a utilização de arbitragem como meio de solução de conflitos. IV – O controle judicial da homologação da sentença arbitral estrangeira está limitado aos aspectos previstos nos artigos 38 e 39 da Lei 9.307/96, não podendo ser apreciado o mérito da relação de direito material afeto ao objeto da sentença homologanda. Precedentes. V – Não resta configurada a ofensa ao contraditório e à ampla defesa se as requeridas aderiram livremente aos contratos que continham expressamente a cláusula compromissória, bem como tiveram amplo conhecimento da instauração do procedimento arbitral, com a apresentação de considerações preliminares e defesa. VI – O ato homologatório da sentença estrangeira limita-se à análise dos seus requisitos formais. Isto significa dizer que o objeto da delibação na ação de homologação de sentença estrangeira não se confunde com aquele do processo que deu origem à decisão alienígena, não possuindo conteúdo econômico. É no processo de execução, a ser instaurado após a extração da carta de sentença, que poderá haver pretensão de cunho econômico. VII – Em grande parte dos processos de homologação de sentença estrangeira – mais especificamente aos que se referem a sentença arbitral – o valor atribuído à causa corresponde ao conteúdo econômico da sentença arbitral, geralmente de

1.3 Período posterior à edição da Emenda Constitucional 45/2004

A terceira fase, superado esse período inicial de antipatia, desconfiança e ceticismo, tem como marco a edição da Emenda Constitucional 45/2004, que, ao alterar o enunciado normativo do art. 105 da CF/88, atribuiu ao STJ a competência para apreciação dos pedidos de homologação das sentenças arbitrais estrangeiras.

Pode ser observada claramente, a partir desse momento, além de um aprofundamento maior da jurisprudência do STJ no exame do instituto, uma significativa mudança no sentimento dos Ministros da Corte, passando a denotar respeito, confiança e simpatia pela arbitragem.

O curioso nesse período de "namoro" do STJ com a arbitragem é o desenvolvimento de uma jurisprudência conceitual acerca dos principais institutos afetos à arbitragem, com a definição da cláusula compromissória[7] e a sua distinção para o compromisso arbitral.[8]

---

grande monta. Assim, quando for contestada a homologação, a eventual fixação da verba honorária em percentual sobre o valor da causa pode mostrar-se exacerbada. VIII – Na hipótese de sentença estrangeira contestada, por não haver condenação, a fixação da verba honorária deve ocorrer nos moldes do art. 20, § 4º do Código de Processo Civil, devendo ser observadas as alíneas do §3º do referido artigo. Ainda, consoante o entendimento desta Corte, neste caso, não está o julgador adstrito ao percentual fixado no referido § 3º. IX – O julgador não está obrigado a responder a todos os questionamentos formulados pelas partes, competindo-lhe, apenas, indicar a fundamentação adequada ao deslinde da controvérsia, observadas as peculiaridades do caso concreto, como ocorreu *in casu*, não havendo qualquer omissão ou obscuridade no julgado embargado. X – Embargos de declaração rejeitados." (STJ, EDcl na SEC 507/GB, relatora Min. Gilson Dipp, Corte Especial, j. 06.12.2006, DJ 05.02.2007, p. 173).

7. "Processo civil. Juízo arbitral. Cláusula compromissória. Extinção do processo. Art. 267, VII, do CPC. Sociedade de economia mista. Direitos disponíveis. 1. Cláusula compromissória é o ato por meio do qual as partes contratantes formalizam seu desejo de submeter à arbitragem eventuais divergências ou litígios passíveis de ocorrer ao longo da execução da avença. Efetuado o ajuste, que só pode ocorrer em hipóteses envolvendo direitos disponíveis, ficam os contratantes vinculados à solução extrajudicial da pendência. 2. A eleição da cláusula compromissória é causa de extinção do processo sem julgamento do mérito, nos termos do art. 267, inciso VII, do Código de Processo Civil. 3. São válidos e eficazes os contratos firmados pelas sociedades de economia mista exploradoras de atividade econômica de produção ou comercialização de bens ou de prestação de serviços (CF, art. 173, § 1º) que estipulem cláusula compromissória submetendo à arbitragem eventuais litígios decorrentes do ajuste. 4. Recurso especial provido." (STJ, REsp 606.345/RS, relator Min. João Otávio De Noronha, Segunda Turma, j. 17.05.2007, DJ 08.06.2007, p. 240).

8. "Sentença arbitral estrangeira. Homologação. Requisitos. Lei 9.307/96 e Resolução 9/2005 do STJ. Contrato de compra e venda. Convenção de arbitragem. Existência. Cláusula compromissória. Análise de controvérsia decorrente do contrato. Juízo arbitral. Possibilidade. Mérito da decisão arbitral. Análise no STJ. Impossibilidade. Ausência de violação à ordem pública. Precedentes do STF E STJ. 1. As regras para a homologação da sentença arbitral estrangeira encontram-se elencadas na Lei 9.307/96, mais especificamente no seu capítulo VI e na Resolução 9/2005 do STJ. 2. As duas espécies de convenção de arbitragem, quais sejam, a cláusula compromissória e o compromisso arbitral, dão origem a processo arbitral, porquanto em ambos ajustes as partes convencionam submeter a um juízo arbitral eventuais divergências relativas ao cumprimento do contrato celebrado. 3. A diferença entre as duas formas de ajuste consiste no fato de que, enquanto o compromisso arbitral se destina a submeter ao juízo arbitral uma controvérsia concreta já surgida entre as partes, a cláusula compromissória objetiva submeter a processo arbitral apenas questões indeterminadas e futuras, que possam surgir no decorrer da execução do contrato. 4. Devidamente observado o procedimento previsto nas regras do Tribunal Arbitral eleito pelos contratantes, não há falar em qualquer vício que macule o provimento arbitral. 5. O mérito da sentença estrangeira não pode ser apreciado pelo Superior Tribunal de Justiça, pois o ato homologatório restringe-se à análise dos seus requisitos formais. Precedentes do STF e do STJ.6. Pedido de homologação deferido." (STJ, SEC 1.210/GB, relator Min. Fernando Gonçalves, Corte Especial, j. 20.0662007, DJ 06.08.2007, p. 444).

2. CONSOLIDAÇÃO DA ARBITRAGEM NA JURISPRUDÊNCIA DO STJ

A arbitragem, após conquistar o pleno respeito e confiança dos Ministros do Superior Tribunal de Justiça, apresenta uma fase atual de consolidação da jurisprudência, passando a ser discutidas, com grande profundidade, questões interessantes e complexas acerca de diferentes temas que aportam ao tribunal mediante diferentes instrumentos processuais (recursos especiais, conflitos de competência, pedidos de homologação de sentença estrangeira) para serem submetidos ao julgamento por seus diversos órgãos jurisdicionais (Turmas, Sessões, Corte Especial).

Três das principais questões debatidas bem denotam a confiança da jurisprudência do STJ em relação à arbitragem, como (a) o respeito ao princípio da *Kompetenz-Kompetenz*, (b) o rigor com as ações anulatórias de sentenças arbitrais e (c) as diferentes possibilidades de conflitos envolvendo juízos arbitrais. Vejamos.

2.1 Respeito ao princípio da Kompetenz-Kompetenz

A jurisprudência do STJ tem sido bastante rigorosa no reconhecimento da plena aplicação do princípio da *Kompetenz-Kompetenz*, constituindo essa orientação um ponto fundamental para afirmação da autonomia da jurisdição arbitral perante a jurisdição estatal.

Relembre-se a importância do princípio da *Kompetenz-Kompetenz*, significando que as discussões acerca da existência, validade e eficácia da cláusula compromissória devem ser resolvidas, com primazia, pelo juízo arbitral, não sendo possível antecipar essa discussão perante a jurisdição estatal. Tendo as partes acordado que a resolução de seus conflitos será feita mediante arbitragem, inserindo cláusula compromissória em um negócio jurídico, a autonomia de vontade dos contratantes deve ser respeitada.

Assim, a primeira forma de se respeitar a manifestação de vontade das partes, expressa no negócio jurídico em que pactuada, é o reconhecimento da autonomia da cláusula compromissória (princípio da autonomia da cláusula compromissória). Com isso, mesmo que se possa discutir a existência, a validade ou a eficácia do próprio negócio jurídico em que inserida a cláusula compromissória, é reconhecida a autonomia dessa cláusula.

Como consectário lógico, consagra-se também o princípio da *Kompetenz-Kompetenz* de modo que qualquer discussão a respeito da existência, validade e eficácia da cláusula compromissória deve ser resolvida, com primazia, pelo próprio juízo arbitral.

A Lei 9.307/96, em seu art. 8º, positivou claramente tanto o princípio da autonomia da cláusula compromissória, como da *Kompetenz-Kompetenz*. No seu "caput", o art. 8º estabelece expressamente que "a cláusula compromissória é autônoma em relação ao contrato em que estiver inserta, de tal sorte que a nulidade deste não implica, necessariamente, a nulidade da cláusula compromissória", sendo complementado pelo enunciado normativo do parágrafo único com a estatuição de que "caberá ao árbitro decidir de ofício, ou por provocação das partes, as questões acerca da existência, validade e eficácia da convenção de arbitragem e do contrato que contenha a cláusula compromissória".

A jurisprudência do STJ é firme no sentido da aplicação desses dois princípios fundamentais do Direito Arbitral tanto nas Turmas da Seção de Direito Privado,[9] como nas Turmas da Seção de Direito Público.[10]

Naturalmente, o procedimento arbitral poderá ser objeto de controle posterior pela jurisdição estatal, consoante previsto pela própria Lei de Arbitragem (artigos 32 e 33), ressaltando-se, porém, como já aludido, que as questões anteriores, especialmente as atinentes à existência, à validade ou à eficácia da própria cláusula arbitral, devem ser solvidas, com primazia, pelo juízo arbitral.

A Terceira Turma do STJ teve oportunidade de julgar um interessante caso em que se discutia a legitimidade da parte autora para a propositura de uma ação de instituição do juízo arbitral. Após longo debate, prevaleceu a orientação no sentido de que, mesmo essa questão processual, deveria ser analisada com primazia pelo juízo arbitral.[11]

---

9. "Agravo interno no recurso especial. Direito civil e processual civil. Arbitragem. Cláusula compromissória. Competência do juízo arbitral. Princípio kompetenz-kompetenz. Precedentes do STJ. 1. Contrato celebrado entre as partes com cláusula compromissória expressa, estabelecendo a arbitragem como instrumento para solução das controvérsias resultantes de qualquer disputa dele decorrente. 2. O princípio Kompetenz-Kompetenz, positivado no art. 8º, parágrafo único, da Lei 9.307/96, determina que a controvérsia acerca da existência, validade e eficácia da cláusula compromissória deve ser resolvida, com primazia, pelo juízo arbitral, não sendo possível antecipar essa discussão perante a jurisdição estatal. 3. Não fosse suficiente o referido princípio, com base em interpretação segundo a boa-fé e segundo o efeito útil e/ou prático, não se extrai da cláusula objeto de interpretação do acórdão recorrido a reconhecida alternatividade entre as jurisdições privada ou estatal. 4. Evidente destaque no contrato celebrado da cláusula compromissória, prevendo a instituição de arbitragem como instrumento para a solução dos conflitos, não bastando para afastar a regra do kompetenz-kompetenz a mera referência ao foro da Comarca de Novo Hamburgo após a expressa indicação do órgão arbitral em que a arbitragem deveria ser deflagrada. 5. Doutrina e jurisprudência do STJ acerca do tema. 6. Agravo interno desprovido" (STJ, AgInt no REsp 1.778.196/RS, relator Min. Paulo de Tarso Sanseverino, Terceira Turma, j. em 30.08.2021, DJe 02.09.2021).
10. "Processual civil e administrativo. Agravo interno no agravo em recurso especial. Ausência de prequestionamento. Revisão contratual. Cláusula de arbitragem. Princípio do Kompetenz-kompetenz. 1. A alegação de violação dos arts. 267, VII, do Código de Processo Civil de 1973 e 423 do Código Civil e as teses a eles relacionadas não foram analisadas pelo Tribunal de origem, bem como não foram opostos embargos de declaração contra o respectivo acórdão. Dessa forma, impõe-se o não conhecimento do recurso especial por ausência de prequestionamento, entendido como o necessário e indispensável exame da questão pela decisão atacada, apto a viabilizar a pretensão recursal com base no art. 105, III, a, da Constituição. 2. A jurisprudência do STJ se firmou no sentido de que, segundo o princípio do kompetenz-kompetenz, previsto no art. 8º da Lei 9.307/1996, cabe ao juízo arbitral, com precedência sobre qualquer outro órgão julgador, deliberar a respeito de sua competência para examinar as questões que envolvam a existência, validade e eficácia da convenção de arbitragem e do contrato que tenha cláusula compromissória. 3. Agravo interno a que se nega provimento." (STJ, AgInt no AREsp 1.276.872/RJ, relator Min. Og Fernandes, Segunda Turma, j. 1º.12.2020, DJe 30.06.2021).
11. "Processual civil. Recursos especiais. Ação de instituição de juízo arbitral. Arbitragem. Princípio do kompetenz-kompetenz. Direito disponível. Competência do juízo arbitral. 2. Cuida-se de ação de instituição de juízo arbitral. 3. É firme a jurisprudência do STJ no sentido de que não há ofensa ao art. 1.022, do CPC/15, quando o Tribunal de origem, aplicando o direito que entende cabível à hipótese, soluciona integralmente a controvérsia submetida à sua apreciação, ainda que de forma diversa daquela pretendida pela parte. Precedentes. 4. Na hipótese, não há discussão sobre interpretação do contrato e da convenção de arbitragem que embasaram o procedimento, pois se define somente qual é o juízo competente para deliberar sobre a legitimidade processual da parte que invoca cláusula compromissória de arbitragem. 5. Para o ajuizamento de ação de instituição do juízo arbitral, são indispensáveis a existência de cláusula compromissória e a resistência de uma das partes à

A Quarta Turma do STJ, por sua vez, apreciou outra interessante questão referente à situação de uma ação de execução de título extrajudicial, extraído a partir de contrato com cláusula compromissória, ajuizada perante o juízo estatal diante da falta de poder de coerção do juízo arbitral, mas impugnada pela parte executada. Diante da limitação da cognição do juízo estatal em relação a questões que somente poderiam ser apreciadas com primazia pelo juízo arbitral, a solução foi a suspensão do processo judicial até o seu enfrentamento pelos árbitros, aplicando a regra do art. 313, V, letra "a", do CPC.[12]

Outra questão bastante interessante, enfrentada com certa frequência pelo STJ, tem sido os efeitos de decisões proferidas pelo juízo estatal, em sede de ações cautelares antecedentes à instauração do juízo arbitral, após o momento da sua instalação. A solução tem sido no sentido de reconhecer, com fundamento no princípio da *Kompetenz-Kompetenz*, a transferência da competência para o juízo arbitral, pois, "a partir desse momento, em razão do princípio da competência-competência, os autos devem ser encaminhados ao Árbitro a fim de que este avalie a procedência ou improcedência da pretensão cautelar e,

---

sua instituição, requisitos presentes na hipótese (art. 7º da Lei 9.307/96). 6. A ação de instituição de arbitragem só pode ser extinta sem resolução de mérito conforme o que determina o art. 07, §5º, da Lei 9.307/96. 7. A jurisprudência desta Corte, com fundamento no princípio da competência-competência, orienta que a discussão relativa a existência, validade, eficácia e extensão da cláusula compromissória deve, em regra, ser submetida, em primeiro lugar, ao juízo arbitral. Precedentes. 8. Cumpre ao árbitro, primordialmente, dirimir controvérsias sobre a legitimidade das partes envolvidas em função de eventual subjetividade de cláusula arbitral pactuada. 9. Recurso especial de Alstom Brasil Energia e Transporte Ltda e outra conhecido e provido. 10. Recurso especial de Companhia Cearense de Transportes Metropolitanos (METROFOR) prejudicado." (STJ, REsp 1.972.512/CE, relatora Min. Nancy Andrighi, Terceira Turma, j. 24.05.2022, DJe 30.05.2022).

12. "Recurso especial. Título executivo extrajudicial. Contrato de mútuo. Previsão de cláusula arbitral. Execução judicial do título. Impugnação de questões referentes à existência do próprio título. Suspensão da execução até decisão do juízo arbitral acerca da matéria impugnada. 1. A cláusula arbitral, uma vez contratada pelas partes, goza de força vinculante de caráter obrigatório, definindo o Juízo Arbitral como competente para dirimir conflitos relativos a direitos patrimoniais, disponíveis, derrogando-se, nessa medida, a jurisdição estatal. 2. Todavia, a existência de cláusula compromissória não obsta a execução de título extrajudicial no Juízo Estatal quando for certo, líquido e exigível, uma vez que os árbitros não possuem poder coercitivo direto, necessário à determinação de atos executivos. 3. Na ação de execução lastreada em contrato com cláusula arbitral, apresentada impugnação pelo executado, o Juízo Estatal estará materialmente limitado a apreciar a defesa, não sendo de sua competência a resolução de questões que digam respeito ao próprio título ou às obrigações nele consignadas. 4. Nos casos em que a impugnação disser respeito à existência, constituição ou extinção do crédito objeto do título executivo ou às obrigações nele consignadas, sendo incompetente o Juízo Estatal para sua apreciação, revela-se inviável o prosseguimento da execução, dada a imperativa necessidade de solução pelo Juízo Arbitral de questão de mérito que antecede à continuidade da ação instaurada. 5. O art. 313, V, a, do CPC orienta que, quando um acontecimento voluntário, ou não, acarretar a paralisação da marcha dos atos processuais e a paralisação temporária for suficiente à garantia de retorno regular do feito, por razões de ordem lógica, o processo deve ser suspenso, e não extinto. 6. Entre a ação de execução e outra ação que se oponha aos atos executivos ou possa comprometê-los, há evidente laço de conexão, a determinar, em nome da segurança jurídica e da economia processual, a reunião dos processos. A suspensão acontecerá nos casos em que não for possível a reunião dos processos, seja porque se encontram em graus de jurisdição distintos, seja porque o juízo não é competente para ambos os feitos, até mesmo por serem diversas as jurisdições.

7. No caso concreto, a execução do título extrajudicial com cláusula arbitral deve ser suspensa e nesse estado permanecerá até que ultimado o procedimento arbitral, que decidirá pela validade ou não do Termo de Cessão do Crédito exequendo, essencial à higidez do próprio título. 8. Recurso especial a que se nega provimento." (STJ, REsp 1.949.566/SP, relator Min. Luis Felipe Salomão, Quarta Turma, j. 14.09.2021, DJe 19.10.2021).

fundamentadamente, esclareça se a liminar eventualmente concedida deve ser mantida, modificada ou revogada".[13]

Eventualmente surgem situações especiais em que podem ser abertas exceções ao princípio da *Kompetenz-Kompetenz*, com fundamento nos demais princípios do sistema de Direito Privado, como a boa-fé objetiva, como em um caso em que a parte demandada em ação monitória, após a propositura de duas ações judiciais contra a parte demandante, invocou a cláusula compromissória em seu favor. Essa pretensão foi afastada, no caso concreto, com "a aplicação da 'teoria dos atos próprios', como concreção do princípio da boa-fé objetiva, sintetizada no brocardo latino *'venire contra factum proprium'*, segundo a qual ninguém é lícito pretender fazer valer um direito em contradição com a sua conduta anterior na mesma relação negocial".[14]

2.2 Rigor com as ações anulatórias de sentenças arbitrais

A Lei 9.307/96 estatuiu as duas principais formas de controle judicial "a posteriori" pelo juízo estatal das decisões proferidas pelo juízo arbitral, como (a) a ação anulatória de sentença arbitral (artigos 32 e 33, § 1º) ou (b) a possibilidade de impugnação no curso da execução de sentença arbitral (art. 33, § 3º).

A Terceira Turma do STJ teve oportunidade de apreciar um caso em que se discutia se, na hipótese de ultrapassado o prazo decadencial de noventa dias para

---

13. "Processual civil. Recurso especial. Ação cautelar. Pretensão de assegurar resultado útil de procedimento arbitral futuro. Cabimento até a instauração da arbitragem. A partir desse momento, os autos devem ser remetidos para o juízo arbitral. Recurso especial prejudicado. 2. A ação cautelar proposta na Justiça Comum para assegurar o resultado útil da arbitragem futura só tem cabimento até a efetiva instauração do procedimento arbitral. 3. A partir desse momento, em razão do princípio da competência-competência, os autos devem ser encaminhados ao Árbitro a fim de que este avalie a procedência ou improcedência da pretensão cautelar e, fundamentadamente, esclareça se a liminar eventualmente concedida deve ser mantida, modificada ou revogada. 4. No caso, a discussão travada no recurso especial, relativa à composição do polo passivo da ação cautelar, ficou prejudicada, porque definitivamente instaurado procedimento arbitral competente, sem impugnações, cumprindo ao Árbitro dirimir a controvérsia assinalada com a legitimidade passiva das partes envolvidas em função da extensão subjetiva da cláusula arbitral pactuada. 5. Recurso especial prejudicado." (STJ, REsp 1.948.327/SP, relator Min. Moura Ribeiro, Terceira Turma, j. 14.09.2021, DJe 20.09.2021).
14. "Recurso especial. Direito civil e processual civil. Ação monitória. Convenção de arbitragem. Alegação pela parte demandada que anteriormente havia proposto duas ações judiciais contra a demandante. Impossibilidade de invocação da cláusula compromissória. Vedação derivada do "venire contra factum proprium". Concreção do princípio da boa-fé objetiva. Dever de coerência do contratante com seus atos anteriores. 1. Controvérsia em torno da validade e eficácia da cláusula compromissória constante de contrato de prestação de serviços de afretamento de embarcações para o transporte fluvial de minério de ferro a granel, tendo a outra parte proposto, anteriormente, ação cautelar de sustação de protesto referente às faturas cobradas na presente ação monitória seguida de ação declaratória de inexigibilidade da dívida. 2. Conduta contraditória da parte recorrida, que, anteriormente, apesar da existência de cláusula compromissória, havia proposto duas demandas conexas perante o Poder Judiciário. 3. Impossibilidade desse contratante invocar a existência da cláusula arbitral, requerendo a extinção de ação monitória proposta pela outra parte, com fundamento no art. 485, VII, do CPC/2015. 4. Aplicação da 'teoria dos atos próprios', como concreção do princípio da boa-fé objetiva, sintetizada no brocardo latino 'venire contra factum proprium', segundo a qual ninguém é lícito pretender fazer valer um direito em contradição com a sua conduta anterior na mesma relação negocial. 5. Precedentes do STJ. 6. Recurso especial provido. (STJ, REsp 1.894.715/MS, relator Min. Paulo De Tarso Sanseverino, Terceira Turma, j. 17.11.2020, DJe 20.11.2020).

o ajuizamento da ação anulatória de sentença arbitral, previsto pelo art. 33, § 1º, da Lei 9.307/96, as matérias previstas no seu art. 32 – que trata das hipóteses de nulidade da sentença arbitral – poderiam ser arguidas por ocasião da impugnação ao cumprimento da sentença arbitral perante o juízo estatal. Entendeu-se que, como essas matérias não poderiam mais ser arguidas na ação de nulidade, pois fulminadas pela decadência, a defesa da parte executada era restrita à "arguição das matérias defensivas típicas da impugnação ao cumprimento de sentença previstas no § 1º do art. 525 do CPC, entre elas a falta ou nulidade da citação", não submetida ao prazo decadencial de 90 (noventa) dias previsto no § 1º do art. 33 Lei 9.307/96. No caso específico, porém, não foi admitida a alegação de nulidade da citação por já ter sido essa questão suscitada em anterior ação de nulidade, estando coberta pelo manto da coisa julgada.[15]

Na mesma linha, a decisão da Terceira Turma acerca do implemento do prazo decadencial de noventa dias, a escolha dos remédios processuais previstos na Lei de Arbitragem – a impugnação ao cumprimento de sentença (art. 33, § 3º, da Lei 9.307/96) ou a ação de nulidade (art. 33, § 1º, da Lei 9.307/96) – e a impossibilidade de arguição de determinadas matérias fulminadas pela decadência.[16]

---

15. "Recurso especial. Processual civil. Arbitragem. Cumprimento de sentença arbitral. Impugnação. Alegação de nulidade da sentença arbitral. Incidência do prazo decadencial de noventa dias. Falta ou nulidade da citação. Alegação em impugnação ao cumprimento de sentença arbitral. Não incidência do prazo de noventa dias. Anterior ação de nulidade. Coisa julgada caracterizada. Alegação de idêntica tese em impugnação ao cumprimento de sentença. Impossibilidade. 2 – O propósito recursal consiste em dizer se: a) o prazo decadencial de 90 (noventa) dias disposto no § 1º do art. 33 da Lei 9.307/96 se aplica à hipótese de nulidade de sentença arbitral arguida em impugnação ao cumprimento de sentença; b) a alegação, em impugnação ao cumprimento de sentença, de nulidade ou inexistência de citação para integrar o procedimento arbitral se submete ao prazo decadencial de 90 (noventa) dias disposto no § 1º do art. 33 da Lei 9.307/96; e c) é possível arguir, em impugnação, a nulidade de sentença arbitral após o trânsito em julgado de anterior ação de nulidade com idêntico fundamento. 3 – Se a declaração de nulidade com fundamento nas hipóteses taxativas previstas no art. 32 da Lei de Arbitragem for pleiteada por meio de ação própria, impõe-se o respeito ao prazo decadencial de 90 (noventa) dias, contado do recebimento da notificação da respectiva sentença, parcial ou final, ou da decisão do pedido de esclarecimentos. 4 – Escoado o prazo de 90 (noventa) dias para o ajuizamento da ação de nulidade, não poderá a parte suscitar as hipóteses de nulidade previstas no art. 32 da Lei de Arbitragem pela via da impugnação, pois o poder formativo já haverá sido fulminado pela decadência. 5 – A arguição das matérias defensivas típicas da impugnação ao cumprimento de sentença previstas no § 1º do art. 525 do CPC – entre elas a falta ou nulidade da citação – não se submete ao prazo decadencial de 90 (noventa) dias previsto no § 1º do art. 33 Lei 9.307/96. 6 – O defeito ou inexistência da citação opera-se no plano da existência da sentença, caracterizando vício transrescisório, que pode ser suscitado a qualquer tempo por meio (a) de ação rescisória, (b) de ação declaratória de nulidade, (c) de impugnação ao cumprimento de sentença ou (d) de simples petição. Precedentes. 7 – Uma vez eleita a via processual para a arguição da falta ou nulidade da citação, não é facultado à parte, posteriormente, utilizar outro instrumento processual com idêntico objetivo, notadamente naquelas hipóteses em que a referida questão encontrar-se encoberta pelo manto protetor da coisa julgada. 8 – Na hipótese dos autos, não poderiam as recorrentes, em virtude da preclusão consumativa e sob pena de ofensa à coisa julgada, veicular idêntica alegação relativa à falta ou nulidade da citação já deduzida em anterior ação de nulidade agora em sede impugnação ao cumprimento de sentença. 9 – Recurso especial não provido." (STJ, REsp 2.001.912/GO, relatora Min. Nancy Andrighi, Terceira Turma, j. 21.0.2022, DJe 23.06.2022).

16. "Recurso especial. Processual civil. Arbitragem. Ação de cumprimento de sentença arbitral. Impugnação. Alegação de nulidade da sentença arbitral. Incidência do prazo decadencial de noventa dias. 2 – O propósito recursal consiste em dizer se: a) as hipóteses de nulidade da sentença arbitral previstas no art. 32 da Lei

Outra questão interessante enfrentada pela Terceira Turma referiu-se à possibilidade de, em sede de impugnação à execução da sentença arbitral que condenara empresas consorciadas a pagar, indistintamente, o valor reconhecido no título, buscarem a individualização das obrigações contraídas, segundo a participação de cada uma das executadas, sustentando a tese de que a solidariedade passiva deveria estar expressamente prevista no contrato. A conclusão do colegiado foi no sentido de que "a pretendida especificação das obrigações assumidas por cada consorciada, somente deduzida perante o juízo estatal, haveria de ser arguida no âmbito da própria arbitragem, o que, pelo que se pode depreender dos autos, não foi levada a efeito, nem sequer por ocasião do pedido de esclarecimentos subsequente à sentença arbitral. Tal pretensão redunda na própria modificação do mérito da sentença arbitral (especificamente no conteúdo da obrigação reconhecida no título arbitral, objeto de execução), providência, é certo, que o Poder Judiciário não está autorizado a proceder".[17]

---

de Arbitragem, quando arguidas em impugnação ao cumprimento de sentença, devem respeitar o prazo decadencial de 90 (noventa) dias, previsto no § 1º, do art. 33, da referida lei; e b) se a pactuação posterior de compromisso arbitral torna válida a sentença arbitral que homologou acordo celebrado entre as partes. 3 – As vias predispostas para impugnar sentenças arbitrais são, sobretudo, duas, a saber: a) a impugnação ao cumprimento de sentença (art. 33, § 3º, da Lei 9.307/96); e b) a ação de nulidade (art. 33, § 1º, da Lei 9.307/96). 4 – Se a declaração de nulidade com fundamento nas hipóteses taxativas previstas no art. 32 da Lei de Arbitragem for pleiteada por meio de ação própria, impõe-se o respeito ao prazo decadencial de 90 (noventa) dias, contado do recebimento da notificação da respectiva sentença, parcial ou final, ou da decisão do pedido de esclarecimentos. 5 – A escolha entre a ação de nulidade e a impugnação ao cumprimento de sentença em nada interfere na cristalização ou não da decadência, de modo que, escoado o prazo de 90 (noventa) dias para o ajuizamento da ação de nulidade, não poderá a parte suscitar as hipóteses de nulidade previstas no art. 32 da Lei de Arbitragem pela via da impugnação, pois o poder formativo já haverá sido fulminado pela decadência, instituto que pertence ao Direito Material. 6 – Na hipótese, o executado tomou ciência da respectiva sentença arbitral em 07.02.2015 e a impugnação ao cumprimento de sentença foi proposta apenas em 04.05.2017, após, portanto, o transcurso do prazo decadencial de 90 (noventa) dias fixado para o ajuizamento da ação de nulidade de sentença arbitral, encontrando-se fulminado pela decadência o direito de pleitear a nulidade. 7 – Recurso especial provido. (STJ, REsp 1.928.951/TO, relatora Min. Nancy Andrighi, Terceira Turma, julgado em 15.02.2022, DJe 18.02.2022).

17. "Recurso especial. Impugnação à execução de título arbitral. Veiculação de pretensão destinada a anular a sentença arbitral, com base nas matérias vertidas no art. 32 da lei de arbitragem, após o prazo nonagesimal. Impossibilidade. Decadência do direito. Reconhecimento. Pretensão de afastar a responsabilidade solidária das empresas consorciadas, estabelecida no título arbitral. Impossibilidade. Recurso especial improvido. 1. A controvérsia posta no presente recurso especial centra-se em saber, em resumo: i) se o prazo decadencial de 90 (noventa) dias previsto no art. 33, § 1º, da Lei de Arbitragem aplica-se ou não à impugnação ao cumprimento de sentença arbitral, para o propósito de suscitar as matérias vertidas no art. 32 da referida lei (hipóteses de nulidade da sentença arbitral); ii) se seria possível, em impugnação à execução da sentença arbitral que condenou as empresas consorciadas a pagar, indistintamente, o valor ali reconhecido, buscar a individualização das obrigações contraídas, segundo a participação de cada uma das executadas, sob a tese de que a solidariedade deve estar expressamente prevista no contrato. 2. Sob o signo da celeridade, da efetividade e da segurança jurídica especialmente perseguidas pelas partes signatárias de um compromisso arbitral, a pretensão de anular a sentença arbitral deve ser intentada de imediato, sob pena de a questão decidida tornar-se imutável, porquanto não mais passível de anulação pelo Poder Judiciário, a obstar, inclusive, que o Juízo arbitral profira nova decisão sobre a matéria. 2.1 A Lei de Arbitragem, atenta a essa premência, estabelece, para tal desiderato, o manejo de ação anulatória (art. 33, caput) e, em havendo o ajuizamento de execução de sentença arbitral (art. 33, § 3º), de impugnação ao seu cumprimento, desde que observado, em ambos os casos, o prazo decadencial nonagesimal. Sem respaldo legal, e absolutamente em descompasso com a inerente celeridade do procedimento arbitral, supor que a parte sucumbente, única interessada em infirmar a validade da sentença arbitral, possa, apesar de não promover a ação anulatória no prazo de 90

A Terceira Turma teve também oportunidade de apreciar o cabimento de exceção de pré-executividade, rejeitada pelas instâncias de origem, apresentada pela parte executada, em sede de execução de sentença arbitral, na qual o tribunal arbitral, ao se declarar incompetente para julgar a causa, o condenara ao pagamento de honorários sucumbenciais. Após longo debate acerca do cabimento da exceção de pré-executividade, a solução do caso concreto culminou por ser unânime, apesar de diferentes fundamentos, com a aplicação do princípio da causalidade, sobretudo à vista da utilização indevida da arbitragem naquele caso concreto.[18] Essa conclusão adotada pelo STJ acaba desestimular a instauração indevida de procedimentos arbitrais e, assim, valorizar o instituto, evitando, ao máximo, a sua banalização.

Ainda, na Corte Especial do STJ, são apreciados os pedidos de homologação de sentença estrangeira desde a promulgação da Emenda Constitucional 45/2004, aí incluídas as sentenças arbitrais estrangeiras, sendo também bastante rigorosa a jurisprudência no

---

(noventa) dias, manejar a mesma pretensão anulatória, agora em impugnação à execução ajuizada em momento posterior a esse lapso, sobretudo porque, a essa altura, o direito potestativo (de anular) já terá se esvaído pela decadência. Precedente específico desta Terceira Turma. 3. A pretensão postulada em juízo de especificar a responsabilidade individual de cada consorciada refoge do mérito decidido pelo Tribunal arbitral, que acabou por firmar a responsabilidade solidária das consorciadas, requeridas no procedimento arbitral. 3.1 A responsabilidade solidária das requeridas constou na sentença arbitral, seja em seu introito, em que se reportou ao contrato de constituição do consórcio, no qual há expressa previsão de solidariedade entre as consorciadas; seja em sua parte dispositiva, sobre a qual recaem os efeitos da coisa julgada, em que há a condenação das requeridas, sem nenhuma especificação. 3.2 A pretendida especificação das obrigações assumidas por cada consorciada, somente deduzida perante o juízo estatal, haveria de ser arguida no âmbito da própria arbitragem, o que, pelo que se pode depreender dos autos, não foi levada a efeito, nem sequer por ocasião do pedido de esclarecimentos subsequente à sentença arbitral. Tal pretensão redunda na própria modificação do mérito da sentença arbitral (especificamente no conteúdo da obrigação reconhecida no título arbitral, objeto de execução), providência, é certo, que o Poder Judiciário não está autorizado a proceder. 3.3 Esta constatação – absolutamente autorizada pelo efeito devolutivo do recurso especial, na extensão e na profundidade da matéria trazida ao conhecimento desta Corte de Justiça – é suficiente para reconhecer a intangibilidade da sentença arbitral, o que esvazia o alegado malferimento do art. 278 da Lei 6.404/1976. 4. Recurso especial improvido. (STJ, REsp 1.862.147/MG, relator Min. Marco Aurélio Bellizze, Terceira Turma, j. 14.09.2021, DJe 20.09.2021).

18. "Recurso especial. Processual civil. Sentença arbitral. Execução de honorários sucumbenciais. Ausência de prequestionamento. Súmula 282/STF. Exceção de pré-executividade. Cabimento, precedente. Sucumbência do recorrente. Princípio da causalidade. Manutenção do acórdão recorrido por diferentes fundamentos. 1. Recurso especial interposto contra acórdão em agravo de instrumento manejado contra decisão de rejeição de exceção de pré-executividade apresentada pelo recorrente em execução de sentença arbitral que o condenou ao pagamento de honorários sucumbenciais. 2. Controvérsia em torno do cabimento da exceção de pré-executividade quando a questão a ser dirimida diz respeito a requisito de validade do título executivo judicial, ou seja, a verificação se o juízo arbitral detinha ou não jurisdição para fixar os honorários advocatícios. 3. Entendimento, ainda, no sentido de que "a discussão acerca da possibilidade de o juízo arbitral fixar honorários advocatícios sucumbenciais na sentença em que se declara incompetente, (...) não está relacionada à validade ou invalidade do próprio título executivo, mas ao acerto ou desacerto da decisão, não se amoldando, ademais, a qualquer das hipóteses de cabimento da exceção de pré-executividade" (Ministra Nancy Andrighi). 4. Entretanto, admitida ou não a exceção de pré-executividade no presente caso, não pode ser afastada a condenação ao pagamento dos honorários sucumbenciais, pois a causalidade deve ser analisada sob o ponto de vista da utilização indevida da arbitragem, pois o juízo arbitral entendeu que não teria jurisdição para julgar a causa. 5. Recurso Especial desprovido." (STJ, REsp 1.720.121/RJ, relator Min. Paulo de Tarso Sanseverino, Terceira Turma, j. 14.09.2021, DJe 15.10.2021).

seu exame, restrito aos requisitos formais do processo, sem adentar na análise do mérito do julgamento, o que demonstra a confiança e o respeito ao instituto.[19-20]

2.3 Diferentes formas de conflito envolvendo juízos arbitrais

Nas Seções do STJ, especialmente na Segunda Seção que congrega as duas Turmas de Direito Privado, têm surgido com frequência interessantes conflitos de competência envolvendo os juízos estatal e arbitral, e, até mesmo, entre os próprios juízos arbitrais.

A jurisprudência tem sido reiteradamente firme, procedendo à concreção do princípio *Kompetenz-Kompetenz*, no sentido da prevalência do juízo arbitral sobre o estatal, inclusive para julgamento do conflito positivo de competência instaurado entre a justiça estatal e a arbitral.[21]

Têm surgido, porém, algumas questões novas e cada vez mais complexas para serem dirimidas pelo colegiado, como um conflito de competência entre o juízo trabalhista e o arbitral referente a um contrato de franquia, com cláusula compromissória, em que se discutia também a existência de relação de emprego entre as partes. A solução encontrada foi a seguinte: "verificada a impossibilidade de reunião dos processos em um mesmo juízo e havendo inegável vínculo de prejudicialidade entre eles, a questão deve ser resolvida mediante aplicação da regra prevista no art. 313, V, do Código de Processo Civil de 2015, que determina a suspensão do processo quando a sentença de mérito depender da declaração de existência ou de inexistência de relação jurídica que constitua o objeto principal de outro processo pendente." Com isso, o conflito foi conhecido para declarar a competência do juízo trabalhista "para decidir acerca da existência ou não de

---

19. "Agravo interno na homologação de decisão estrangeira. Processual civil. Sentença arbitral proferida pela corte internacional de arbitragem da câmara do comércio internacional de paris. Aplicação do artigo 216-c, do RISTJ, e do artigo 37, incisos i e ii, da lei de arbitragem brasileira. Requisitos legais atendidos. Alegação de ofensa à ordem pública por falta de fundamentação da sentença homologanda e necessidade de produção de prova pericial. Juízo de delibação. Impossibilidade de análise do mérito da sentença homologanda. Precedentes. Agravo interno a que se nega provimento. (STJ, AgInt na HDE 4.201/EX, relator Min. Paulo de Tarso Sanseverino, Corte Especial, j. 26.10.2021, DJe 04.11.2021).

20. "Agravo interno na homologação de decisão estrangeira. Sentença arbitral proferida pela câmara de arbitragem dos estados unidos (Estado do Texas). Alegação de ofensa à ordem pública. Produção de provas. Juízo de delibação. Impossibilidade de exame de matéria de mérito. 1. O sistema judicial brasileiro, no que tange à homologação de decisão estrangeira, observa, via de regra, os requisitos puramente formais do processo, sendo vedado o exame de questões de mérito ou que redundem em sua efetiva análise. Precedentes específicos da Corte Especial do STJ. 2. Agravo interno a que se nega provimento." (STJ, AgInt na HDE 3.233/EX, relator Min. Paulo de Tarso Sanseverino, Corte Especial, j. 12.04.2022, DJe 20.04.2022).

21. "Conflito de competência. Juízo arbitral e justiça comum. Cláusula arbitral. Análise de eficácia e validade. Princípio competência-competência. Conflito conhecido para se declarar a competência do juízo arbitral. 2. A existência de dois processos estabelecidos, um perante a Câmara do Comércio Internacional, instaurado em 2.6.2014, embora suspenso por decisão judicial, e outro em trâmite perante a Justiça Comum do Amazonas, configura o conflito positivo de competência. 3. Nos termos da jurisprudência desta Corte Superior, conforme o princípio competência-competência, cabe ao juízo arbitral decidir, com prioridade ao juiz togado, a respeito de sua competência para avaliar existência, validade e eficácia da cláusula compromissória celebrada entre as partes. 4. Conflito conhecido para declarar a competência da Câmara Internacional de Comércio de Paris." (STJ, CC 159.162/AM, relatora Min. Maria Isabel Gallotti, Segunda Seção, j. 09.12.2020, DJe 18.12.2020).

relação de emprego em todo o período reclamado, mantida a suspensão do procedimento arbitral por ele já determinada".[22]

Um dos casos mais interessantes apreciados pela Segunda Seção foi um conflito de competência arguido envolvendo dois tribunais arbitrais vinculados à mesma câmara arbitral. Após longo debate, foi reconhecida a competência do STJ para dirimir esse curioso conflito de competência, como consequência do reconhecimento da natureza jurisdicional da arbitragem, e também em homenagem ao princípio da segurança jurídica.[23]

---

22. "Conflito positivo de competência. Juízo trabalhista e juízo arbitral. Contrato de franquia. Existência ou não de vínculo empregatício. Relação de prejudicialidade. Suspensão do procedimento arbitral. Necessidade. Art. 313, V, DO CPC/2015. 1. Resume-se a controvérsia a definir a competência para o julgamento de demandas distintas, a primeira instaurada perante juízo arbitral e a segunda ajuizada na Justiça trabalhista, envolvendo relação jurídica anterior e posterior à celebração de contrato de franquia no qual se estabeleceu a arbitragem como forma de composição de litígios. 2. A jurisprudência desta Corte se firmou no sentido de que é possível, diante da conclusão de que a atividade arbitral tem natureza jurisdicional, que exista conflito de competência entre Juízo arbitral e órgão do Poder Judiciário, cabendo ao Superior Tribunal de Justiça seu julgamento. 3. Hipótese em que a franqueadora busca, por meio de procedimento arbitral, o reconhecimento de que a rescisão do contrato foi motivada por justa causa, por culpa da franqueada, e o pagamento da respectiva multa contratual, ao passo que a representante técnica da franqueada, por meio de reclamatória trabalhista, busca o reconhecimento de vínculo empregatício em todo o período de relacionamento, antes e depois da celebração do contrato de franquia. 4. Verificada a impossibilidade de reunião dos processos em um mesmo juízo e havendo inegável vínculo de prejudicialidade entre eles, a questão deve ser resolvida mediante aplicação da regra prevista no art. 313, V, do Código de Processo Civil de 2015, que determina a suspensão do processo quando a sentença de mérito depender da declaração de existência ou de inexistência de relação jurídica que constitua o objeto principal de outro processo pendente. 5. Conflito conhecido para declarar a competência do Juízo da 83ª Vara do Trabalho DE São Paulo para decidir acerca da existência ou não de relação de emprego em todo o período reclamado, mantida a suspensão do procedimento arbitral por ele já determinada. Embargos de declaração prejudicados." (STJ, CC 184.495/SP, relator Min. Ricardo Villas Bôas Cueva, Segunda Seção, j. 22.06.2022, DJe 1º.07.2022).
23. "Conflito de competência. Tribunais arbitrais que proferem decisões excludentes entre si. 1. Competência do superior tribunal de justiça para conhecer do conflito de competência entre tribunais arbitrais. Questão inédita, sobretudo após *leading case* CC 111.230/DF. 2. Conflito de competência. Caracterização. 3. Procedimentos arbitrais promovidos por acionistas minoritários, destinado a responsabilização civil dos controladores, com base no art. 246 da Lei 6.404/1976, em legitimidade extraordinária (ação social de responsabilidade dos controladores *ut singili*), a despeito de a companhia ter, anteriormente, convocado assembleia geral extraordinária para deliberar sobre as ações de responsabilização civil contra controladores e administradores, com adoção de medidas cautelares para garantir a higidez da votação, sem a participação dos controladores. Ausência de condição para o legítimo exercício do direito de agir dos acionistas minoritários. Verificação. Posterior procedimento arbitral promovido pela própria companhia, em legitimidade ordinária, nos termos da autorização assemblear (ação social de responsabilidade dos administradores, ex-administradores e controladores – *ut universi*). Prolação de decisões inconciliáveis entre si. Verificação. 4. Conflito de competência conhecido para declarar competente o tribunal arbitral do procedimento arbitral instaurado pela companhia lesada. 1. Competência do STJ para dirimir conflito de competência entre Tribunais arbitrais. Compete ao Superior Tribunal de Justiça, em atenção à função constitucional que lhe é atribuída no art. 105, I, d, da Carta Magna, conhecer e julgar o conflito de competência estabelecido entre Tribunais Arbitrais, que ostentam natureza jurisdicional, ainda que vinculados à mesma Câmara de Arbitragem, sobretudo se a solução interna para o impasse criado não é objeto de disciplina regulamentar. 1.1 Estabelecida a natureza jurisdicional da arbitragem, tem-se que a Segunda Seção do Superior Tribunal de Justiça, a partir do leading case – CC 111.230/DF – passou a reconhecer que o Tribunal arbitral se insere, indiscutivelmente, na expressão "quaisquer tribunais", constante no art. 105, I, d, da Constituição Federal. Segundo a compreensão adotada pela Segunda Seção, a redação constitucional não pressupõe que o conflito de competência perante o STJ dê-se apenas entre órgãos judicantes pertencentes necessariamente ao Poder Judiciário, podendo ser integrado também por Tribunal arbitral. 1.2 Não há como se admitir a subsistência de deliberações jurisdicionais exaradas por Tribunais arbitrais que se excluam mutuamente, como se houvesse um vácuo no ordenamento jurídico, negando-se às partes a definição do órgão (arbitral) efetivamente competente para resolver a causa posta em julgamento, conferindo-lhes instrumento processual eficaz a esse propósito, em manifesto agravamento da insegurança jurídica.

2. Configuração do Conflito de Competência. 2.1 Na hipótese, tem-se, de um lado, procedimentos arbitrais (CAM 93-110) promovidos por acionistas minoritários (ação social de responsabilidade de controladores *ut singili*), em legitimação extraordinária, a despeito das providências anteriormente levadas a efeito pela titular do direito lesado que é a companhia, em especial a convocação de assembleia geral para deliberar justamente sobre as medidas judiciais/arbitrais de responsabilização civil contra os controladores, administradores e ex--administradores, em conjunto, pelos fatos ilícitos reconhecidos nos acordos estabelecidos com o Ministério Público. De outro vértice, apresenta-se o procedimento arbitral instaurado pela própria companhia (ação social de responsabilidade de administradores e controladores *ut universi*) – CAM 186/2021 –, em legitimação ordinária, pelos mesmos fatos, promovido tempestivamente (dentro dos três meses da deliberação assemblear) e nos exatos termos em que se deu a deliberação (inclusive sem a participação dos controladores) com a escolha, em comum acordo com a parte adversa, dos árbitros integrantes do painel arbitral. 2.2 O Tribunal Arbitral do Procedimento Arbitral CAM 186-21, de modo expresso, reconheceu a prevalência dos efeitos da coisa julgada da sentença arbitral que vier a ser ali proferida a respeito da responsabilidade civil dos controladores, administradores e ex-administradores, com esteio nos art. 159 e 246 da Lei 6.404/1976 pelos danos advindos dos ilícitos indicados nos acordos de delação premiada e de leniência estabelecidos com o Ministério Público Federal, sobrepondo-se, inclusive, ao que vier a ser decidido, caso não venham a ser extintos, nos Procedimentos Arbitrais 93-110, os quais, indiscutivelmente, cuidam da responsabilização pelos mesmos fatos (ilícitos confessados em tais acordos). Reconheceu o Tribunal Arbitral do Procedimento Arbitral CAM 186-21, inclusive, o esvaziamento da legitimidade extraordinária exercida pelos acionistas minoritários pelo ajuizamento da ação pela própria companhia, sobretudo porque não houve inércia da legitimada ordinária e porque seria indispensável a autorização assemblear, pressuposto não observado pelos acionistas minoritários. 2.3. Por sua vez, o Tribunal arbitral dos Procedimentos arbitrais CAM 93-110, contrariamente, decidiu que o feito ali em tramitação não deixaria de subsistir pelo ajuizamento posterior da ação de responsabilidade pela companhia, produzindo efeitos da coisa julgada às partes, inclusive à companhia, substituída processual.

Compreendeu que a ação de responsabilidade dos controladores, com esteio no art. 246 da Lei 6.404/1976, promovida pelos acionistas minoritários, não pressupõe autorização assemblear, tampouco a constatação de inércia por parte da companhia, que é a titular do direito. 2.4 Do cotejo das decisões proferidas pelos Tribunais arbitrais suscitados é de reconhecer, inequivocamente, a prolação de deliberações diametralmente opostas e inconciliáveis entre si, a caracterizar conflito de competência, a ser dirimido, como visto, no tópico antecedente, por esta Corte de Justiça.

3. Solução do Conflito. 3.1 Em regra, a ação de reparação de danos causados ao patrimônio social por atos dos administradores, assim como dos controladores, deverá ser proposta, em princípio, pela companhia diretamente lesada, que é, naturalmente, a titular do direito material em questão. A chamada ação social de responsabilidade civil dos administradores e/ou dos controladores, deve ser promovida, prioritariamente, pela própria companhia lesada (ação social *ut universi*). Em caso de inércia da companhia (a ser bem especificada em cada caso), a lei confere, subsidiariamente, aos acionistas, na forma ali discriminada, legitimidade extraordinária para promover a ação social em comento (ação social de responsabilidade *ut singuli*). 3.2 A deliberação da companhia para promover ação social de responsabilidade do administrador e/ou do controlador dá-se, indiscutivelmente, por meio da realização de assembleia geral. A caracterização da inércia da companhia depende, pois, da deliberação autorizativa e, passados os três meses subsequentes, a titular do direito não ter promovido a medida judicial/ arbitral cabível; ou, mesmo da deliberação negativa, termos a partir dos quais é possível cogitar na abertura da via da ação social *ut singuli*. 3.3 Argumentação expendida pelos interessados que coloca em descrédito, sobretudo em razão da possível ingerência dos controladores no exercício do seu poder de voto, a iniciativa da companhia para convocar a assembleia para deliberar sobre a responsabilização destes, e, uma vez convocada, a própria deliberação autorizativa. A preocupação externada mostra-se meramente retórica, pois, no caso, por iniciativa de acionista minoritário detentor de mais de 5% do capital social, cuja representatividade é qualificada pela lei de regência, não apenas provocou a convocação da assembleia geral, como a votação foi favorável à responsabilização dos controladores e dos administradores por meio de ação a ser promovida pela companhia, o que se efetivou no prazo legal. 3.3.1 A despeito da insubsistência do argumento, é certo que a Lei 6.404/1976 confere aos acionistas minoritários, na forma ali discriminada, entre outras garantias destinadas justamente a fiscalizar a gestão de negócios e o controle exercido, o direito de promover a convocação da assembleia geral, sobretudo para os casos que guardam manifesta gravidade, como o é o tratado nos presentes autos. Quanto ao suposto risco de os controladores interferirem na própria deliberação assemblear – no caso dos autos, absolutamente neutralizado pelas medidas levadas a efeito pelo acionista minoritário BNDES –, a lei põe à disposição dos acionistas minoritários, na forma da lei, a possibilidade de ajuizar ação social (subsidiariamente).

CONCLUSÃO

O exame da jurisprudência do Superior Tribunal de Justiça, especialmente após a edição da EC 45/2004, quando aumentaram significativamente os casos apreciados pelo tribunal, é de uma significativa alteração do sentimento da Corte pela arbitragem, passando de um ceticismo inicial para uma plena confiança no instituto por parte de seus integrantes, manifestada pela reiterada aplicação do princípio *Kompetenz-Kompetenz*, pelo rigor no exame das ações anulatórias de sentenças arbitrais e na homologação de sentenças arbitrais estrangeiras, e, ainda, pelas soluções encontradas para dirimir os conflitos envolvendo os próprios juízos arbitrais.

Em suma, pode-se afirmar que a jurisprudência do Superior Tribunal de Justiça procura observar e respeitar os princípios básicos desse instituto, de forma a não apenas garantir a sua plena efetividade, como também honrar a vontade das partes que o elegeram para solucionar os seus conflitos.

Essa evolução do estado de espírito da jurisprudência tem sido um fator fundamental para o estágio alcançado pela arbitragem no Brasil, inclusive com o reconhecimento internacional do Professor holandês Albert Jan van den Berg, que, em palestra proferida, em 2012, no Superior Tribunal de Justiça, após afirmar que a Justiça brasileira se tornou um exemplo para o mundo, concluiu: "O Brasil tornou-se, nos últimos dez anos, o melhor aluno da classe em matéria de arbitragem"!

---

4. Mostra-se imperiosa a adoção de interpretação consentânea com os arts. 159 e 246 da LSA, tal como já se posicionou esta Corte de Justiça (REsp 1.214.497/RJ e Resp 1.207.956/RJ), com um pequeno ajuste. 4.1 Em sendo a deliberação autorizativa, caso a companhia não promova a ação social de responsabilidade de administradores e/ou de controladores nos três meses subsequentes, qualquer acionista poderá promover a ação social *ut singili* (ut § 3º do art. 159). 4.2 Se a assembleia deliberar por não promover a ação social, seja de responsabilidade de administrador, seja de responsabilidade de controlador, acionistas que representem pelo menos 5% (cinco por cento) do capital social poderão promover a ação social *ut singili*, com fulcro no § 4º do art. 159 e no art. 246 da LSA. 4.3 Tem-se, todavia, que, nessa última hipótese, no caso de a assembleia deliberar por não promover ação social, em se tratando de responsabilidade do controlador, seria dado também a qualquer acionista, com base no § 1º, a, do art. 246, promover a ação social *ut singili*, desde que preste caução pelas custas e honorários de advogado devidos no caso de vir a ação ser julgada improcedente. 4.4 Em todo e qualquer caso, portanto, a ação social de responsabilidade de administrador e/ou de controlador promovida por acionista minoritário (*ut singuli*) em legitimação extraordinária, por ser subsidiária, depende, necessariamente, da inércia da companhia, titular do direito lesado, que possui legitimidade ordinária e prioritária no ajuizamento de ação social.
5. Na hipótese dos autos, sem incorrer em nenhum comportamento inerte, é fato incontroverso que a Companhia, assim que obteve autorização assemblear (AGE/2020), promoveu, de imediato (dentro dos três meses da deliberação autorizativa) e nos exatos termos ali estabelecidos e em conformidade com o Comitê independente ad hoc formado, o procedimento arbitral destinado a apurar, pelos mesmos e específicos fatos, a responsabilidade não só dos controladores, como também dos administradores e ex-administradores. Ressai claro, portanto, que os acionistas minoritários, aqui interessados, ao promoverem os procedimentos arbitrais 93-110 (ação social ut singili) antes do exaurimento do prazo legal para que a companhia, titular do direito em questão, promovesse ação social de responsabilidade dos administradores e controladores, não ostentavam, para tanto, legitimidade. 6. A eficácia subjetiva da vindoura sentença arbitral legitima-se justamente na confiança depositada pelas partes, não apenas na Câmara de arbitragem eleita para dirimir seu litígio, mas, principalmente, nos específicos e determinados árbitros escolhidos em comum acordo para o julgamento da causa posta. 7. Conflito de competência conhecido para declarar a competência do Tribunal Arbitral do Procedimento Arbitral CAM 186/2021. (STJ, CC 185.702/DF, relator Min. Marco Aurélio Bellizze, Segunda Seção, j. 22.06.2022, DJe 30.06.2022).

JULGADOS SELECIONADOS

STJ, REsp. 616/RJ, Rel. Min. CLAUDIO SANTOS, relator. p/ Acórdão Min. Gueiros Leite, Terceira Turma, j. em 24.04.1990, DJ 13.08.1990.

STJ, REsp 15.231/RS, relator Min. Sálvio De Figueiredo Teixeira, Quarta Turma, j. 12.11.1991, DJ 09.12.1991.

STJ, SE 5.206 AgR, relator Min. Sepúlveda Pertence, Tribunal Pleno, j. 12.12.2001, DJ 30.04.2004.

STJ, REsp 238.174/SP, relator Min. Antônio De Pádua Ribeiro, Terceira Turma, j. 06.05.2003, DJ 16.06.2003.

STJ, SEC 349/JP, relatora Min. Eliana Calmon, Corte Especial, j. 21.03.2007, DJ 21.05.2007.

STJ, EDcl na SEC 507/GB, relator Min. Gilson Dipp, Corte Especial, j. 06.12.2006, DJ 05.02.2007.

STJ, REsp 606.345/RS, relator Min. João Otávio De Noronha, Segunda Turma, j. 17.05.2007, DJ 08.06.2007.

STJ, SEC 1.210/GB, relator Min. Fernando Gonçalves, Corte Especial, j. 20.06.2007, DJ 06.08.2007.

STJ, AgInt no REsp 1.778.196/RS, relator Min. Paulo De Tarso Sanseverino, Terceira Turma, j. em 30.08.2021, DJe 02.09.2021.

STJ, AgInt no AREsp 1.276.872/RJ, relator Min. Og Fernandes, Segunda Turma, j. 1º.12.2020, DJe 30.06.2021.

STJ, REsp 1.972.512/CE, relatora Ministra Nancy Andrighi, Terceira Turma, j. 24.05.2022, DJe 30.05.2022.

STJ, REsp 1.949.566/SP, relator Min. Luis Felipe Salomão, Quarta Turma, j. 14.09.2021, DJe 19.10.2021.

STJ, REsp 1.948.327/SP, relator Min. Moura Ribeiro, Terceira Turma, j. 14.09.2021, DJe 20.09.2021.

STJ, REsp 1.894.715/MS, relator Min. Paulo De Tarso Sanseverino, Terceira Turma, j. 17.11.2020, DJe 20.11.2020.

STJ, REsp 2.001.912/GO, relatora Min. Nancy Andrighi, Terceira Turma, j. 21.06.2022, DJe 23.06.2022.

STJ, REsp 1.928.951/TO, relatora Min. Nancy Andrighi, Terceira Turma, j. 15.02.2022, DJe 18.02.2022.

STJ, REsp 1.862.147/MG, relator Min. Marco Aurélio Bellizze, Terceira Turma, j. 14.09.2021, DJe 20.09.2021.

STJ, REsp 1.720.121/RJ, relator Min. Paulo De Tarso Sanseverino, Terceira Turma, j. 14/9/2021, DJe 15.10.2021.

STJ, AgInt na HDE 4.201/EX, relator Min. Paulo De Tarso Sanseverino, Corte Especial, j. 26.10.2021, DJe 04.11.2021.

STJ, AgInt na HDE 3.233/EX, relator Min. Paulo De Tarso Sanseverino, Corte Especial, j. 12.04.2022, DJe 20.04.2022.

STJ, CC 159.162/AM, relatora Min. Maria Isabel Gallotti, Segunda Seção, j. 09.12.2020, DJe 18.12.2020.

STJ, CC 184.495/SP, rel. Min. Ricardo Villas Bôas Cueva, Segunda Seção, j. 22.06.2022, DJe 1º.07.2022.

STJ, CC 185.702/DF, rel. Min. Marco Aurélio Bellizze, Segunda Seção, j. 22.06.2022, DJe 30.06.2022.

II
O FUTURO DA ARBITRAGEM NO BRASIL

José Emilio Nunes Pinto

Graduado em 1972 pela Universidade do Estado da Guanabara (atualmente Universidade do Estado do Rio de Janeiro – UERJ). Atua como árbitro e parecerista em arbitragens domésticas e internacionais, comerciais e de investimento. Membro da Corte da London Court of International Arbitration – LCIA e ex-Vice-Presidente da Corte Internacional de Arbitragem da Câmara de Comércio Internacional – CCI e Associado Honorário do Comitê Brasileiro de Arbitragem. Advogado.

Ao tomar conhecimento do tema que me havia sido atribuído para sobre ele discorrer, representando a participação nesta obra coletiva, a minha primeira reação foi de perplexidade. Mas é preciso que eu explique o que senti e como me desincumbi desse desafio.

Não resta a menor dúvida de que não pode existir tema melhor por criar condições para que a imaginação alce voo alto e descompromissado, fazendo com que se projetem os olhos no futuro como se fossem uma lente grande angular. Há diversas etapas visíveis desse futuro, do mais próximo ao mais longínquo, como se fosse qual uma palheta de cores em gradiente de cor. A lente grande angular permite que os olhos foquem no evento central e naqueles que lhe são circunstantes, dando lugar a essa visão bastante ampla.

Por mais estranho que possa parecer, não basta olhar e ver. Os dados percebidos devem ser interpretados de forma a que a visão não seja distorcida e represente mais o que se deseja venha a ser do que como na realidade será.

Nada obstante, a par desse trabalho que tem sabor de um exercício de arte, fica para o futurólogo jejuno o compromisso de prever com os pés firmes no presente e os olhos no futuro, coletando e interpretando dados e depurando-os de imprecisão da lente. Isso demonstra o contorno da responsabilidade que se espera de quem se lança nessa tarefa.

E assim será...

De partida, é importante que se deixe bastante bem assentado que ao falarmos do futuro da arbitragem no Brasil isso não significará, de forma alguma, que poderemos nos limitar a uma análise que se circunscreva às fronteiras geográficas do País. Se assim procedêssemos, faríamos um mau uso de nossa lente grande angular, vendo, apenas e tão somente, parte dos traços que pontuam o futuro. E bem sabemos que o futuro não está limitado por fronteiras geográficas.

Isso se deve à globalização. Dentre os muitos impactos já fartamente discutidos (e não menos criticados), a globalização deu lugar a que os negócios jurídicos se vissem impregnados de um traço de internacionalidade, na medida em que testemunhamos um fluxo relevante de recursos transfronteiras, seja como aporte de recursos para o desenvolvimento de projetos relevantes, seja, ainda, para a efetivação de investimentos diretos em setores produtivos.

Muitas são as razões pelas quais isso acontece. De um lado, os investidores finais do exterior são companhias cujas ações se encontram negociadas em Bolsas de Valores e que devem, em razão das regras de *compliance*, prestar informações às autoridades dos locais onde suas ações são cotadas. Por outro, os aportes de recursos para a viabilização de projetos se fazem por meio de estruturas bastante sofisticadas em que, sendo autossustentáveis, a receita por eles gerada é a fonte primeira para a liquidação do principal aportado e do serviço da dívida.

Por tudo isso, referimo-nos a risco em suas mais diversas categorias e matizes. As estruturas utilizadas para esses tipos de operações e projetos buscam identificar, alocar e mitigar riscos. Por tudo isso, o processo de captação de recursos no mercado externo e/ou interno pelos financiadores para aporte nos projetos não poderá prescindir de uma classificação de riscos, exigência dos investidores e tarefa atribuída a agências especializadas.

Tudo isso justifica a afirmativa de que não se pode circunscrever a análise às fronteiras geográficas.

Posicionando-se a lente grande angular e olhando para o futuro, muito se pode, de imediato, facilmente identificar o que esse futuro guarda para a arbitragem.

Deve-se reconhecer que, nos dias atuais, ainda nos defrontamos com várias iniciativas que buscam ampliar o escopo de utilização da arbitragem para áreas que são tradicionalmente desempenhadas pelo Poder Judiciário. Devido à trajetória de sucesso da arbitragem, desenvolveu-se um desejo de que possa ser ela estendida a outras categorias de conflitos. Isso, neste momento, está obscuro e pesquisemos no futuro para ver como essas iniciativas se posicionaram.

É de conhecimento público, haja vista que tenho alardeado aos quatro ventos, que me filio conscientemente a uma visão minimalista da arbitragem. Desde sempre me insurgi contra a que se chamasse a arbitragem de método alternativo de solução de controvérsias, tendo explicado que, a meu ver, além de ser um equívoco, essa denominação trazia em seu bojo uma postura pretensiosa e arrogante (quando comparado o escopo de aplicação com o universo das matérias privativas do Poder Judiciário) e, ao mesmo tempo, desmerece o instituto que tem função bastante definida e escopo limitado, não tendo surgido para ser alternativa ao que quer que seja. É e continuará sendo um método extrajudicial de solução de controvérsias.

Portanto, a escolha pela arbitragem não se pode fazer por conveniência. Se assim for, a tendência será o descontentamento frente a um resultado adverso. Encontra-se nisso, em grande parte dos casos, o nascedouro das denominadas "táticas de guerrilha" e que estão se proliferando na arena arbitral, seja nacional, seja internacional.

Quanto maior for a tentativa de se expandir o escopo da arbitragem para outras áreas atendidas primordialmente pelo Poder Judiciário, a tendência poderá ser de se optar pela arbitragem e, insisto, não se podendo descartar a influência decorrente do sucesso do instituto em casos comerciais e empresariais.

Mas não é assim que as coisas ocorrerão no futuro. Se, para efeito comparativo, fizermos uma análise retrospectiva da arbitragem, deixando de lado por um momento a lente grande angular e fixando-nos no espelho retrovisor, seremos forçados a constatar que vivemos distintas fases. A primeira delas foi a da aprendizagem e convivência prática com o instituto, seguindo-se aquela em que vivemos uma época da mais perfeita ebulição, onde a arbitragem experimentou um crescimento espantoso, passando a ser adotada em questões empresariais da mais vária natureza, sem esquecer o envolvimento de advogados e árbitros brasileiros em procedimentos internacionais.

Como fato marcante nessa época de ebulição, pudemos constatar as primeiras iniciativas para a expansão do escopo da arbitragem, na busca de nela enquadrar outros setores. Nessa direção, surgiram iniciativas em prol da arbitragem com a Administração Pública, arbitragem trabalhista, arbitragem tributária e, ainda, arbitragem consumerista.

Tenho a mais firme convicção de que se deve evitar essa atividade e que bem se enquadra no conceito de "*fast and furious*", este de fonte cinematográfica. As iniciativas pululam com a elaboração de anteprojetos destinados a regular cada modalidade pretendida. Em muitas delas, quando os anteprojetos eram examinados à luz da Lei de Arbitragem, forçoso era reconhecer que as regras desta não se aplicavam às novas modalidades que compunham um corpo próprio de normas. A prática pretendida com um perfil próximo da arbitragem, não se podia qualificar como tal. Era um outro mecanismo que se propunha e que deveria conviver com o Poder Judiciário.

Entretanto, o que mais preocupava era antever que o desenvolvimento desses mecanismos então imaginados (prefiro chamá-los assim a métodos extrajudiciais de solução de controvérsias) em sua aplicação poderiam afetar o crescimento e consolidação da arbitragem comercial brasileira e a sua imagem que havia sido muito bem recepcionada no exterior.

É importante deixar claro que, em nenhuma hipótese, me oponho à criação de métodos que contribuam para a solução de controvérsias para restaurar a paz social, tendo seu próprio perfil, seus limites bastante bem delineados e um corpo normativo próprio para a sua regulação. Nada obstante, contra o que me insurjo é pretender colocar todas essas hipóteses debaixo do *nomen iuris* de arbitragem, merecendo cada uma delas denominação própria e que independam (como deve ser) de outro instituto que com elas guardam a similitude de ser um método que funciona extrajudicialmente.

Feita essa digressão, voltemos à lente grande angular para vermos o que o futuro nos reserva. Depois de alguma turbulência e discussões acaloradas no Parlamento, a arbitragem brasileira apresenta um escopo limitado depurada das iniciativas de expansão, retornando-se à arbitragem "raiz" e à preservação da Lei de Arbitragem rimando com a Lei Modelo UNCITRAL. A Lei de Arbitragem, tal qual foi concebida, foi um dos pilares do desenvolvimento do instituto no Brasil e continuará sendo. As sucessivas alterações de seu texto no passado com intuito de solucionar questões pontuais cederam lugar à estabilidade de seu texto e aprimoramento da prática.

Uma outra novidade percebida nesse olhar sobre o futuro é o fato de a prática arbitral ter evoluído satisfatoriamente no sentido de pôr fim à utilização simultânea de um modelo dito doméstico e fundado basicamente nos procedimentos judiciais e outro consentâneo com a prática arbitral internacional. Assim sendo, há de aclamar-se a adoção de um modelo que é por todos conhecido e que insere com maior facilidade a arbitragem brasileira (tão bem-sucedida), sobretudo por ser a utilização de dois modelos distintos de difícil explicação quando se trata de uma lei monista. No passado, sempre se dizia que o tempo haveria de fazer com que as barreiras fossem vencidas e esses dois modelos acabariam por se fundir e dar lugar à adoção do modelo internacional. E as coisas não se passaram de forma diferente. Um grande ganho para a arbitragem brasileira!

O futuro nos mostra um grande envolvimento de advogados e árbitros jovens envolvidos em procedimentos arbitrais. É uma enorme satisfação poder constatar que os jovens alcançaram posição relevante na arbitragem. Ouviram, sem qualquer dúvida, aos conselhos dos mais velhos de que a progressão nessa área dedicação, diligência e muito estudo.

Os jovens deram-se conta de que não bastaria estudar o direito arbitral para progredir. Se bem que conhecer o direito arbitral é dever dos árbitros, o mais relevante, todavia, é o conhecimento do direito material que há de servir como a principal ferramenta para a solução do conflito entre as partes. Os jovens estudaram, leram e acabaram por acumular conhecimento que os credencia para atuar como árbitros.

Não se pode deixar de ressaltar que ao longo dessa trajetória os jovens puderam contar com o suporte das instituições arbitrais, seja na formação, seja na criação de oportunidades para que pudessem vir a atuar. Afinal, ficou patente a importância das iniciativas que assegurassem a trajetória da Próxima Geração. Não resta dúvida de que a perenidade do instituto dependerá sempre da incorporação de sangue novo e oxigênio que podem trazer os jovens.

Constatou-se, ainda, que a tão alegada subjetividade do termo "*jovem*" encontrou seu equacionamento nesse processo, levantando-se uma barreira existente e que se fundava na alegada falta de maturidade daqueles que não tivessem atingido faixa etária mais elevada. Isso jamais correspondeu à realidade, haja vista que não necessariamente o passar do tempo implica necessariamente maior maturidade quando se vê jovens de idade que nos surpreendem com a sua maturidade. O bom é que isso deixou de ser um empecilho e as portas se abriram.

Num determinado ponto do passado, podia-se observar determinada tensão no mercado arbitral brasileiro em razão dos sucessivos recursos apresentados ao Poder Judiciário em função de sentenças arbitrais proferidas assim como pedidos de anulação. Era curioso notar que se invocavam esses casos de anulação como se fossem em número muito elevado. E não era assim. Havia casos paradigmáticos, é bem verdade, mas em pequeno número sobretudo quando considerado o volume de procedimentos então em curso. Por outro lado, não se pode olvidar que o acesso ao Poder Judiciário é direito da parte e pode ela, sentindo-se prejudicada, buscar a proteção estatal. Isso é bastante legítimo. Faltaria legitimidade à parte se buscasse ela essa proteção com base em motivos frívolos ou fúteis, que, no jargão arbitral, conhecia-se pela expressão *"táticas de guerrilha"*.

Podia-se testemunhar no passado que as discussões giravam em torno das questões societárias envolvendo a companhia, seus administradores e seus acionistas e bastante focadas em companhias abertas, levando, inclusive, à atuação do órgão regulador – Comissão de Valores Mobiliários – para assegurar a publicidade dos procedimentos.

No futuro, no entanto, verifica-se uma mudança bastante notável em relação à solução dessas questões societárias. As Varas Empresariais e as Câmaras Empresariais dos Tribunais estaduais brasileiros capacitaram-se, em termos de recursos humanos e materiais, para ser uma alternativa efetiva e eficaz para a solução dessas controvérsias.

As partes podem recorrer seja à solução por arbitragem, seja no âmbito do Poder Judiciário. É curioso constatar que, neste ponto no futuro, nossa lente grande angular aponta para uma prevalência de casos dessa natureza junto ao Poder Judiciário quando comparados os números com os afetos à arbitragem.

Muitos esforços deverão ter sido despendidos para permitir que as coisas se passassem dessa maneira, na medida em que a grande maioria das companhias brasileiras estavam jungidas a cláusulas compromissórias que afastavam fatalmente o Poder Judiciário. Mas isso foi resolvido com a flexibilização do uso exclusivo da arbitragem por companhias negociadas em Bolsas de Valores ou mercado de balcão, podendo a parte escolher para onde se dirigir em busca de proteção e solução de seus conflitos.

Deparamo-nos neste passo no futuro com um sistema de solução de controvérsias predominantemente judicial. O desempenho das Varas Empresariais e de Câmaras Empresariais atraiu de volta para si essas questões. Pode-se dizer que aqui no futuro as questões societárias se decidem no Poder Judiciário a exemplo do que ocorre na Court of Chancery, de Delaware, nos Estados Unidos.

Não se veja nisso um desprestígio para o instituto da arbitragem. Jamais. A arbitragem e o Poder Judiciário compartilham algumas atividades voltadas para o mesmo fim, qual seja o de solucionar as controvérsias e, dentre elas as questões envolvendo as companhias. O fato de as Varas Empresariais e as Câmaras Empresariais terem sido equipadas com os recursos necessários fez com que a atividade se consolidasse nesse nível.

Registre-se que, nada obstante essa alteração, a arbitragem continua crescendo e com grande sucesso. Os contratos de fusões e aquisições, contratos comerciais, contratos de construção, contratos de operações de infraestrutura, de compra e venda de commodities e fornecimento de energia elétrica e gás natural estão presentes e bastante ativos no universo arbitral brasileiro.

Destarte, com isso se comprova que há no espírito das partes uma preferência pelo modo pelo qual se devem decidir as suas controvérsias. Comprova-se ainda mais aquilo que se dizia no passado e que era tão vocalizado por Pedro Batista Marins: "os advogados devem ressaltar para as partes que a arbitragem é uma *bala de prata* e que não comporta recurso".

O que surge de análise acurada é que as partes escolhem, aqui no futuro, a arbitragem por convicção e não por conveniência ou modismo. Portanto, salvo situações que justifiquem e sejam legítimas, elas aceitam o julgamento proferido pelo Tribunal Arbitral. Isso faz com que as ações anulatórias de sentenças arbitrais se resumam àqueles casos que divirjam da prática.

Outro ganho importante para a arbitragem brasileira no futuro é o equacionamento da questão relativa ao exercício do dever de revelação dos candidatos e árbitros. No passado, na fase imediata a que se seguiu a de ebulição, a tensão e fricção existentes quanto à questão de revelação pelos árbitros causou inúmeras renúncias e deu lugar a impugnações e um contencioso pesado.

Em face de todos os ganhos alcançados pela arbitragem, há no futuro um entendimento claro sobre o que deve ser revelado e o que a parte espera que o seja. A maturidade dos árbitros e das partes e dos advogados permitiu que a revelação passasse, como deveria ter sido sempre, a ser mais um evento no procedimento, encarado importante por todos, mas cujo exercício deixou de ser traumático.

Conhecer o mercado, conhecer as pessoas e ter à disposição a lista de revelações que permitam a adequada avaliação leva fatalmente à eliminação de tensões desnecessárias que atrasam o procedimento e afetam as razões que determinaram que as partes escolhessem a arbitragem para solução de seus conflitos. Nunca será demasiado lembrar que a cláusula compromissória integra a equação econômico-financeira do contrato.

Enfim, o que se pode afirmar é que o futuro da arbitragem brasileira, tal qual pudemos percebê-lo com o auxílio inestimável da lente grande angular, é animador. A arbitragem firmou-se no cenário, passou a ser escolhida por aqueles que efetivamente a querem para solucionar suas controvérsias e permite que o investidor estrangeiro encontre nela a segurança jurídica para problemas que venha a enfrentar no cumprimento de contratos firmados ou perturbações decorrentes de eventos de natureza exógena.

Ao abdicarmos da lente grande angular, defrontamo-nos com o presente. Se problemas há, certamente de volta ao futuro nos permitiu constatar que há soluções e que o quadro atual poderá ser revertido naquilo que não contribua para a arbitragem.

Não diria, de forma alguma, que este é um artigo como talvez o desejassem os coordenadores desta Obra que eu fizesse. Este texto é, na realidade, uma coleção de ideias sobre fatos presentes com a pretensão de fornecer tratamento específico para superar os males. Tratamento não invasivo e de administração no tempo.

Assim, passados os anos, caso o quadro então existente me desminta em tudo o que enxerguei através da lente grande angular poderá ter sido causado por qualquer disfunção ocular que não me tenha permitido ver claramente as imagens, mas jamais miopia.

Não há problemas irreversíveis. Tudo poderá ser ajustado bastando que se tenha dedicação e diligência e se pretenda realmente obter o resultado. Por isso, essas ideias coligidas não são produto de um sonho ou da imaginação. São elas metas palatáveis que podem ser atingidas.

A mensagem final: arregacemos as mangas e mãos à obra na volta para o Futuro.

III
O "DIREITO" DAS PARTES DE NOMEAR OS ÁRBITROS E A DISCRIÇÃO DA INSTITUIÇÃO EM DECIDIR SE DEVE CONFIRMAR

Alexis Mourre

Árbitro internacional e advogado, sócio fundador do escritório Mourre García Chessa Arbitration. Foi presidente da Corte Internacional de Arbitragem da CCI entre 2015 e 2021. O autor agradece a Alexander Fessas por seus valiosos comentários.

A arbitragem é fruto do reconhecimento da autonomia e livre arbítrio das partes para organizar a melhor forma de resolver suas disputas com respeito às matérias sobre as quais elas podem dispor livremente. A prática da arbitragem nos últimos anos tem visto um aumento consistente no número de arbitragens institucionais nas quais as partes, exercendo precisamente esta liberdade, confiam a administração da arbitragem a uma instituição arbitral e se submetem às suas regras assim como às decisões de seus órgãos. Este texto traz uma breve reflexão sobre a articulação que ocorre, dentro das arbitragens institucionais, entre um aspecto considerado como uma das características mais fundamentais da arbitragem, o chamado direito das partes de nomear os árbitros que decidirão a disputa, e o poder discricionário que as instituições arbitrais se reservam para confirmar ou não os árbitros nomeados pelas partes.

Pouca atenção tem sido dada na literatura jurídica ao significado da exigência institucional de uma confirmação dos árbitros nomeados pelas partes. A confirmação de árbitros nomeados pelas partes é, no entanto, uma característica comum de muitas regras institucionais de arbitragem. O regulamento de arbitragem da CCI (Regulamento CCI),[1] as regras do *Hong Kong International Arbitration Centre* (HKIAC),[2] as regras do *Singapore International Arbitration Centre* (SIAC),[3] as regras do *Swiss Arbitration Centre* (Regras Suíças),[4] e muitas outras, preveem que uma nomeação feita por uma parte está sujeita à confirmação pela instituição. Sob as regras da *London Court of International Arbitration* (LCIA), mesmo quando uma parte nomeia um árbitro, nenhum indivíduo se torna árbitro até que seja designado pela instituição.[5] Apenas algumas instituições, como o *International Centre for Dispute Resolution* (ICDR) e o Centro Internacional para Resolução de Disputas sobre Investimentos (ICSID), não preveem a confirmação, o que

---

1. Regulamento CCI, art. 13(2).
2. Regras HKIAC, art. 9.1.
3. Regras SIAC, art. 9.3.
4. Regras Suíças, art. 8.
5. Regras LCIA, art. 5.7.

significa que a instituição não exerce controle sobre as nomeações das partes, deixando às partes a possibilidade de impugnar o árbitro que foi nomeado pela outra parte.

Contudo, nenhuma dessas regras institucionais estabelece com clareza o significado exato dos termos "nomeação" e "confirmação", e nenhuma fornece qualquer explicação quanto à natureza distinta de uma nomeação e uma confirmação, ou quanto às diferenças na avaliação institucional de uma objeção à confirmação e de uma impugnação.

As regras da CCI preveem nos artigos 4.3(g) e 5.1(e) que o pedido de arbitragem e a resposta devem conter a "designação" de um árbitro. O artigo 11.2 distingue entre nomeações e confirmações, estabelecendo que "antes da sua nomeação ou confirmação, a pessoa proposta como árbitro deverá assinar declaração de aceitação, disponibilidade, imparcialidade e independência", enquanto o artigo 11.4 estabelece que "as decisões da Corte em relação à nomeação, confirmação, impugnação ou substituição de um árbitro serão irrecorríveis". Com relação à constituição do tribunal arbitral, os artigos 12.2 e 12.4 estabelecem que, sempre que a disputa for resolvida por três árbitros, cada parte deverá "designar" um árbitro, sob pena de que este seja nomeado pela Corte. No caso de um árbitro único, as partes podem, "em comum acordo, designá-lo para confirmação" (artigo 12.3). Da mesma forma, de acordo com os artigos 12.5 e 12.6, as partes podem concordar em nomear o presidente do tribunal, mas tal nomeação "ficará sujeita a confirmação nos termos do artigo 13". O artigo 13 trata do papel da Corte na "nomeação e confirmação dos árbitros", e o artigo 16 diz que os autos serão transmitidos ao tribunal "tão logo este tenha sido constituído", mas as regras não dizem explicitamente em que momento o tribunal é de fato constituído. Na ausência de uma disposição em sentido contrário, entretanto, o tribunal é considerado como constituído uma vez que todos os árbitros tenham sido nomeados ou confirmados.

As regras da CCI, portanto, estabelecem dois procedimentos diferentes para investir[6] um indivíduo designado como árbitro: sua nomeação por uma ou mais partes, seguida de sua confirmação pela instituição, ou sua designação pela instituição. Como o tribunal não está constituído até que todos os árbitros tenham sido confirmados ou designados, segue-se que nenhum indivíduo se torna um árbitro até que ele ou ela tenha sido designado ou confirmado. Em ambos os casos, investir qualquer indivíduo como um árbitro supõe uma decisão institucional. Isto significa que as nomeações das partes não podem ter o efeito de investir um indivíduo como árbitro: é a instituição, e somente a instituição, que pode fazê-lo.

Ainda assim, as regras da CCI não definem os termos "nomeação" e "confirmação". Embora o termo "designação" tenha o significado claro de designar alguém para um cargo, o significado legal de uma "nomeação" e de uma "confirmação" não é tão claro.

O dicionário de Cambridge define *nomeação* como sendo o ato de sugerir oficialmente alguém para uma eleição, cargo, posição ou honra. Uma nomeação é, portanto, uma sugestão, em nosso caso, uma sugestão feita por uma parte para a instituição. O

---

6. A literatura jurídica francesa utilizaria o termo "*investiture*".

mesmo dicionário define *sugestão* como uma possível ação que cabe à outra pessoa, neste caso a instituição, considerar: a instituição decidirá se aceita ou não um possível árbitro proposto por uma das partes.

Quanto à confirmação, o dicionário de Cambridge define este termo como um acordo formal para aprovar algo oficialmente. Em nosso caso, o que precisa ser aprovado é a proposta feita por uma parte sob a forma de uma nomeação. O termo confirmação, como é conhecido, tem também um significado religioso. Para os católicos, o sacramento reforça a adesão de um indivíduo à Igreja, que foi dada pelo batismo. Mas um indivíduo se torna cristão assim que é batizado, não no momento da confirmação. Diferentemente do significado religioso do termo, a confirmação de um árbitro é fundamental: um indivíduo batizado que não tenha sido confirmado permanece cristão desde o momento de seu batismo, já um possível árbitro que não tenha sido confirmado não é e nunca foi um árbitro no caso em questão. Este ponto foi claramente afirmado por Stephen Bond já em 1991: "ninguém pode se tornar um árbitro sem ser confirmado ou designado pela Corte de Arbitragem".[7] O uso dos termos "designações de partes" (*"party appointments"*) é, portanto, nesse contexto, equivocado. As "designações de parte" não existem nas regras da CCI: o direito de nomear é o direito de fazer uma proposta, e não implica o direito de ter essa proposta aceita pela instituição.

Igualmente equivocada, pela mesma razão, é a ideia de que sob o Regulamento CCI, as partes teriam o direito de selecionar seu "próprio" árbitro. De acordo com o Regulamento CCI, não só a Corte da CCI pode rejeitar a nomeação feita por uma parte e exigir que essa parte faça outra proposta, como também pode, caso uma parte não fizer uma nomeação adequada, decidir designar um árbitro de sua escolha. O artigo 12 do Regulamento CCI, para esse fim, prevê que se uma parte não nomear o árbitro, este "será nomeado pela Corte". A falta de nomeação, neste sentido, abrange não apenas a situação em que nenhuma nomeação é feita, mas também, em casos mais raros, a situação em que uma parte falharia repetidamente em fazer uma nomeação adequada.

Surge então a questão de saber se as partes podem renunciar à exigência estabelecida pelas regras da CCI segundo a qual os árbitros nomeados pelas partes devem ser confirmados pela Corte. Alguns autores endossaram essa opinião, com base no fato de que, exceto por um número limitado de regras da "ordem pública", que certamente incluem o escrutínio do projeto da sentença e a aplicação obrigatória da tabela de honorários da CCI, as regras da CCI são dispositivas.[8] Nós, pessoalmente, discordamos desse ponto de vista e consideramos que a exigência de que os árbitros nomeados por uma parte sejam confirmados pela Corte vai ao cerne do papel da instituição na supervisão e controle do processo de constituição do tribunal arbitral.

Isto posto, a questão passa a ser o nível de discrição de que a instituição goza ao decidir se rejeita ou não a nomeação feita pealas partes. As recusas para confirmar

---

7. *ICC Court Bulletin*, supp. junho 1991, ICC Publ. p. 472.
8. POUDRET Jean François et BESSON Sébastien, *Comparative Law on International Arbitration*, Thomson – Sweet & Maxwell, 2007, p. 395.

continuam sendo bastante raras, porém não são ocorrências excepcionais.[9] A situação mais frequente é a de uma declaração de aceitação qualificada (ou seja, incluindo uma revelação) seguida de uma objeção. Neste caso, a Corte tem que considerar estas objeções, e a situação é então bastante semelhante à de uma impugnação, em que a Corte tem que aceitar ou rejeitar. Também pode ocorrer, entretanto, que sejam feitas revelações que não sejam contestadas por nenhuma das partes, ou que nenhuma revelação seja feita por um possível árbitro. Neste caso, a instituição pode decidir não confirmar? A resposta é sim, embora estes casos sejam muito raros, eles já ocorreram e podem ocorrer novamente.

Primeiro, há conflitos que, como ilustrado pela lista vermelha das Diretrizes da IBA sobre Conflitos de Interesses em Arbitragem Internacional, podem ser considerados como não passíveis de serem tolerados. Embora a natureza não renunciável de certas situações possa ser debatida, como ilustrado por uma decisão do Supremo Tribunal Inglês de 16 de dezembro de 2015,[10] existem conflitos que uma instituição pode considerar como inaceitáveis mesmo que não sejam contestados por nenhuma das partes, em particular em casos que podem envolver fatos de corrupção, fraude ou lavagem de dinheiro.

Em segundo lugar, pode haver casos em que um possível árbitro não tenha revelado fatos que são de conhecimento da instituição, porém desconhecidos pelas partes. A prática normal em tais casos seria a instituição exigir que o possível árbitro fizesse tal revelação. Mas pode ser que o possível árbitro se recuse a fazê-lo. Em tal caso, a instituição teria todo o direito de recusar a confirmação. Em terceiro lugar, pode ser que surjam questões de disponibilidade, que a instituição considere ser de tal importância que justifique uma não confirmação. O possível árbitro pode, por exemplo, ter revelado uma agenda sobrecarregada, sem que nenhuma das partes tenha se oposto a ela. Enquanto nesse caso a prática normal seria tratar isso como uma aceitação, em situações extremas a instituição pode decidir não confirmar, apesar do acordo das partes. Também poder ser que a instituição saiba por seus próprios registros que um possível árbitro emitiu suas decisões com um atraso inaceitável em outros casos, o que as partes presumivelmente ignoram. Aqui novamente, a instituição pode decidir não confirmar apesar da ausência de qualquer objeção das partes.

Portanto, a instituição goza, na fase de confirmação, de mais discrição do que ao considerar uma impugnação, quando o tribunal já está constituído. Embora aceitar uma impugnação resulte na remoção e substituição de um árbitro em um processo pendente, afetando assim potencialmente o direito da parte de ver o árbitro de sua escolha sentado no tribunal, a recusa em confirmar não afeta esse direito da mesma forma porque não há direito à confirmação e as nomeações estão inerentemente sujeitas à discrição da instituição de decidir se deve confirmar ou não. Em outros termos, como as decisões sobre confirmações são tomadas antes que o tribunal seja constituído, elas não podem

---

9. Em 2020, a Corte decidiu não confirmar um total de 26 árbitros nomeados (43 em 2019, 47 em 2018, 38 em 2017 e 47 em 2016), em comparação com 1135 confirmações em 2020.
10. High Court of Justice, Queen's Bench Division, Commercial Court, W. Ltd v. M SDN BHD, Case CL-2015-000344. [2016] EWHC 422 (Comm).

ter por efeito afetar as expectativas das partes quanto ao trabalho e dinâmica do tribunal. Além disso, embora ao decidir uma impugnação a instituição deve, como questão de processo devido, basear sua decisão nos argumentos apresentados pelas partes, não existe tal restrição no caso de uma confirmação, onde uma não confirmação pode ser baseada em razões que não tenham sido apresentadas pelas partes e que permanecerão desconhecidas para elas.

Uma primeira consequência importante do precedente é que uma impugnação de um árbitro com base em objeções que já foram levantadas sem sucesso na fase de confirmação deve ser admissível. Se a Corte decidir não confirmar, este é, naturalmente, o fim da história, pois as decisões tomadas sobre a confirmação, bem como sobre as contestações, são definitivas e não estão abertas a qualquer recurso.[11] Se, no entanto, a Corte decidir confirmar, uma vez que o árbitro já tenha assumido suas funções, a parte que levantou objeções na fase de confirmação deverá ter o direito de levantar essas mesmas objeções novamente no contexto de uma impugnação subsequente. A razão disto é que a decisão de confirmar e a decisão tomada em uma contestação são de natureza diferente, a primeira fazendo parte do processo de constituição do tribunal e a segunda tendo natureza disciplinar e aplicando-se aos árbitros já investidos: uma decisão de confirmação institui o árbitro sob o Regulamento CCI e está, portanto, inerentemente sujeita à discrição da instituição, enquanto a decisão da instituição de aceitar uma impugnação sanciona uma violação dos deveres do árbitro sob o Regulamento CCI, resultando em seu afastamento. Como consideração adicional, rejeitar uma impugnação como inadmissível por ser esta baseada em fundamentos que já foram considerados pela Corte na fase de confirmação, derrotaria a política de transparência adotada pela Corte, pois privaria a parte impugnante de obter a fundamentação da Corte, ou produziria o resultado indesejável de dissuadir as partes de se oporem à confirmação com o objetivo de manter a oportunidade de obter a fundamentação da Corte na fase de uma impugnação subsequente.[12]

Uma segunda consequência importante da discrição inerente da Corte ao decidir sobre objeções à confirmação é que essas decisões não são, e não devem ser, fundamentadas. Como é conhecido, a Corte da CCI alterou o Regulamento de arbitragem em 2017 para permitir que algumas de suas decisões fossem fundamentadas, mediante solicitação de qualquer parte. Estas decisões são aquelas tomadas sobre impugnações, decisões jurisdicionais *prima facie* da Corte (se, na presença de uma objeção, um acordo de arbitragem é considerado à primeira vista como existente), decisões tomadas sobre consolidações, bem como decisões para substituir um árbitro e decisões tomadas sobre o recém adoptado artigo 12.9 do Regulamento CCI. Foi então levantada a questão de saber se as decisões tomadas sobre confirmações também deveriam ser fundamentadas, e a Corte decidiu de forma negativa. Como dito acima, no caso de uma decisão de

---

11. Regulamento CCI, art. 11(4).
12. O que levantaria então a questão adicional da oportunidade – e portanto, novamente, da admissibilidade – de uma impugnação sob o Regulamento.

confirmação, uma parte insatisfeita ainda pode apresentar uma impugnação e obter as razões da Corte para decidir sobre a impugnação. No caso de uma decisão de não confirmar, no entanto, a parte que realizou a nomeação não saberá as razões pelas quais seu candidato foi rejeitado. A lógica desta política é preservar a discrição inerente das instituições na decisão de confirmar ou não, discrição esta que seria indevidamente restringida caso tivesse que justificar razões.

BIBLIOGRAFIA

HIGH COURT OF JUSTICE, Queen's Bench Division, Commercial Court, W. Ltd v. M SDN BHD, Case CL-2015-000344. [2016] EWHC 422 (Comm).

ICC Court Bulletin, supp. junho 1991, ICC Publ.

POUDRET Jean François et BESSON Sébastien, *Comparative Law on International Arbitration*, Thomson – Sweet & Maxwell, 2007.

IV
ARBITRAGEM E ADMINISTRAÇÃO PÚBLICA NO BRASIL

Cristina M. Wagner Mastrobuono FCIArb

LLM-Master of Laws pela University of Chicago. Especialização em direito societário na FGV e Curso de International Commercial Arbitration pela Columbia University – NYC. Graduada pela Universidade de São Paulo – USP. Árbitra em disputas relacionadas a infraestrutura, direito financeiro e societário. É certificada como *Fellow* pelo Chartered Institute of Arbitrators – CIArb. Foi Procuradora do Estado de São Paulo por 27 anos, com ampla experiência em projetos de concessão e parcerias público privadas. Advogada.

Antonio Carlos (Tonico) Monteiro da Silva Filho

Mestre em Direito Processual Civil pela Universidade de São Paulo – USP. Graduado pela mesma faculdade. *Fellow* pelo Chartered Institute of Arbitrators. Sócio da área de arbitragem do escritório L.O. Baptista, em São Paulo. Advogado.

Sumário: Introdução – 1. O histórico legislativo e a evolução do uso do instituto da arbitragem na seara dos contratos públicos – 2. O posicionamento do STJ e STF; 2.1 A arbitrabilidade subjetiva nas arbitragens envolvendo a administração; 2.2 A arbitrabilidade objetiva nas arbitragens envolvendo a administração pública – Conclusão – Bibliografia.

INTRODUÇÃO

Historicamente o Poder Público tem sido um dos maiores contratantes no Brasil. Como responsável pela prestação de serviços públicos e por orientar o desenvolvimento econômico do país, o Estado brasileiro, seja diretamente, seja por meio de uma de suas empresas públicas ou sociedades de economia mista, movimenta grande parte da economia por meio dos contratos públicos.

Em especial no que diz respeito aos contratos relacionados ao desenvolvimento da infraestrutura que envolvem a realização de obras de engenharia e aquisição de bens que serão utilizados nos serviços, e, ainda, a prestação dos serviços em regime de autorização ou concessão, as contratações do Estado abrangem matérias complexas e, na maior parte das vezes, altos valores envolvidos.

Estudo realizado pelo IPEA,[1] considerando as contratações públicas da União, Estados e Municípios efetuadas de 2006 a 2017, demonstra que nesse período *o tamanho*

---

1. Estudo conduzido por RIBEIRO, Cássio Garcia e INÁCIO JR., Edmundo. *O mercado de compras governamentais brasileiro (2006-2017)*: mensuração e análise. Disponível em: http://repositorio.ipea.gov.br/bitstream/11058/9315/1/td_2476.pdf. Acesso em: 29 nov. 2022.

médio do mercado de compras governamentais brasileiro foi da ordem de 12,5 do PIB, no montante total de R$ 5.994 bilhões, dos quais a maior parcela cabe à União (6,8%).

Sendo um mercado tão grande, de altos valores envolvidos e com parcela de fornecedores estrangeiros, tratava-se de questão de tempo para que a arbitragem, como meio de resolução de disputas, fosse admitida nos contratos públicos.

Atualmente, a arbitragem tendo como uma das partes ente da administração pública no Brasil já é uma realidade inquestionável. Os procedimentos arbitrais nos quais um ente público é parte têm aumentado de maneira expressiva,[2] sendo que pesquisa conduzida pela Prof. Selma Lemes constata que das novas arbitragens processadas em 2019 nas câmaras analisadas, quase 17% têm um ente público como parte.[3]

No entanto, num passado recente o tema estava envolto em grande polêmica.

A resistência era fundada em três razões principais: De um lado, o direito constitucional ao livre acesso à justiça[4] – baseado numa interpretação que concede exclusividade jurisdicional ao Poder Judiciário, em relação ao qual a administração pública não poderia dispor. De outro o princípio constitucional da legalidade[5] que rege a administração pública, que se considerava violado por não haver autorização legal expressa para que o Poder Público se sujeitasse a tal meio alternativo de solução de disputas. Uma terceira razão frequentemente invocada seria a impossibilidade de submeter a uma "justiça privada" questões que envolvem interesse público. Como abordaremos abaixo, tais entendimentos foram superados, e a alteração da Lei Federal de Arbitragem – 9.307/1996, trazida pela Lei Federal 13.129, de 2015–, veio afastar eventuais dúvidas que ainda poderiam existir.

No estudo da evolução da arbitragem pelo poder público é possível constatar que seu crescimento tem estreita ligação com o desenvolvimento da infraestrutura no país, por meio de um regime que envolve a participação do setor privado, seja por meio de concessões, seja por meio de contratos de parcerias público privadas. Em qualquer desses modelos contratuais, que exigem o comprometimento de vultosos recursos pelo setor privado, a escolha da arbitragem como meio de solução de conflitos surge como uma expectativa do mercado, quase que uma condição para atrair um maior número de investidores no processo de licitação para a escolha do contratado. Também os contratos

---

2. Pesquisa da Câmara de Arbitragem e Mediação da Câmara de Comércio Brasil-Canadá, o CAM-CCBC, indica que até dezembro de 2018 já haviam sido administrados 39 procedimentos arbitrais envolvendo entes da Administração Pública Direta ou Indireta, somando o expressivo montante de R$ 23 bilhões. Disponível em: http://www.ccbc.org.br. Acesso em: 25 fev. 2022.
3. São essas as principais conclusões do estudo conduzido pela renomada professora, no que diz respeito à arbitragem com a administração pública: "Em 2019 houve a participação da Administração Pública Direita e Indireta em 48 novos procedimentos arbitrais em sete das oito Câmaras indicadas. Considerando que em 2019 o número total de arbitragens processadas nas sete Câmaras foi de 277 casos novos, pode-se dizer que quase 17% (16,66%) das arbitragens novas entrantes tinham a Administração Pública Direta e Indireta em um dos polos. Considerando que em 2018 esse percentual era de 9,93%, pode-se concluir que houve um aumento de quase 7% (6,73%) da participação da Administração Pública Direita e indireta nos novos casos de 2019". Disponível em: http://selmalemes.adv.br/artigos/Analise-Pesquisa-ArbitragensNseValores-2020.pdf. Acesso em: 16 fev. 2022.
4. Art. 5º, inciso XXXV da Constituição Federal do Brasil.
5. Art. 5º, inciso II e art. 37 *caput* da Constituição Federal do Brasil.

de obras e de aquisição de sistemas e equipamentos relativos a serviços de atendimento da população, como transporte coletivo ou voltados a projetos de saneamento – dentre outros –, cujos recursos tenham sido financiados por organismos multilaterais de financiamento escolhem quase que de maneira unânime esse método de resolução de controvérsias.

A motivação é a mesma que se aplica ao uso da arbitragem em contratos celebrados entre partes privadas: uma resolução da disputa em tempo menor do que aquele levado pelo Poder Judiciário, a expertise dos árbitros e uma decisão mais "neutra", ou seja, sem qualquer interferência política, que poderia, eventualmente, ser exercida em relação aos juízes estatais, esse último aspecto reforçado nas relações contratuais internacionais.

1. O HISTÓRICO LEGISLATIVO E A EVOLUÇÃO DO USO DO INSTITUTO DA ARBITRAGEM NA SEARA DOS CONTRATOS PÚBLICOS

Alguns textos legislativos já no século XIX fazem referência ao uso da arbitragem em contratos públicos brasileiros. No entanto, o sentido e alcance da atuação dos árbitros em tais diplomas legais é diverso daquele aplicado atualmente. Por exemplo, dispõe o Decreto 1.664, de 1855, que regulamenta as desapropriações para a construção de obras e serviços das estradas de ferro, que cabe a árbitros escolhidos pelo setor privado e pelo governo estabelecer o valor da indenização relativa às áreas expropriadas, em conjunto ao juiz estatal.

Também no Século XX é possível localizar várias referências legislativas nos estados da federação e algumas emitidas pela União. É o caso do Decreto-Lei 300, de 1932, que regula a concessão de isenção e redução de direitos aduaneiros, no qual se vê uma clara alusão a *decisão arbitral*.

Na legislação recente que rege os atos públicos, especificamente no que diz respeito à disciplina dos atos e contratos administrativos, a primeira referência à arbitragem localizada nos textos legais[6] do Brasil, no atual período legislativo, é aquela que expressamente veda o seu uso pela administração pública, prevista no parágrafo único do artigo 45 do Decreto-lei 2.300, de 21 de novembro de 1986.[7] Tal texto legal foi alterado após um curto espaço de tempo pelo Decreto-lei 2.348, de 24 de julho de 1987, em inserção que passou a permitir o juízo arbitral nas concorrências internacionais para a aquisição de bens ou serviços cujo pagamento seja feito com o produto de financiamento concedido por organismo internacional de que o Brasil fosse parte, e nos contratos com empresa

---

6. Para um detalhado histórico legislativo, ver JUNQUEIRA, André Rodrigues. *Arbitragem nas Parcerias Público-Privadas* – Um estudo de caso. Belo Horizonte : Fórum, 2019.
7. Antes disso, cabe mencionar que o Decreto-lei 1.312, de 15 de fevereiro de 1974 já autorizava no artigo 11º o uso do *arbitramento*: "O Tesouro Nacional contratando diretamente ou por intermédio de agente financeiro poderá aceitar as cláusulas e condições usuais nas operações com organismos financiadores internacionais, sendo válido o compromisso geral e antecipado de dirimir por arbitramento todas as dúvidas e controvérsias derivadas dos respectivos contratos". Tal autorização, no entanto, deve ser lida restritivamente ao contexto disciplinado pela lei – contratação pelo Tesouro Nacional de créditos em moeda estrangeira, e não tinha e nem tem aplicação à administração pública em geral.

estrangeira, para a compra de equipamentos fabricados e entregues no exterior, desde que tenha havido a autorização do Presidente da República.

Tal medida claramente teve o intuito de permitir o desenvolvimento do comércio internacional e a participação de empresas estrangeiras em licitações brasileiras, considerando a preferência pelo uso da arbitragem por parte de grupos econômicos atuantes em nível internacional.

Em 1993 a disciplina dos atos e contratos administrativos brasileiros passou a ser regida pela Lei federal 8.666, de 21 de junho de 1993, que foi silente com relação ao uso da arbitragem, e estabeleceu a necessidade de que o contrato indique o foro (judicial) competente para dirimir qualquer questão contratual, do que se infere a exclusividade do Poder Judiciário para decidir as disputas dali advindas. A lei, tal qual o regramento anterior, prevê a exceção para os casos de contratações com recursos originários de organismos internacionais.[8]

A Nova Lei de Licitações e Contratos Administrativos, Lei 14.133/2021, veio afastar quaisquer dúvidas que poderiam existir ao admitir no artigo 154 a arbitragem, juntamente com a mediação, a conciliação e o comitê de resolução de disputas, nos contratos públicos, como *meios alternativos de prevenção e resolução de controvérsias* passíveis de utilização nas contratações objeto de sua disciplina.

No que diz respeito à legislação específica sobre arbitragem, o Brasil teve a sua Lei Federal 9.307 publicada em 23 de setembro de 1996, e que veio a ser chamada de Lei Geral de Arbitragem. O texto original não contava com dispositivo específico direcionado ao setor público e a ausência de referência expressa foi interpretada em algumas esferas como sendo uma vedação implícita.

De acordo com uma interpretação restrita do princípio constitucional da legalidade, ao qual se sujeita a administração pública, esta somente poderia se utilizar da arbitragem com fundamento em um permissivo legal expresso. Isso veio a ocorrer em 2015, com a redação trazida pela Lei federal 13.129/2015, autorizando a Administração Pública a se valer da arbitragem em quaisquer contratos, para dirimir conflitos relativos a direitos patrimoniais disponíveis, não importando a espécie contratual utilizada. Veja-se que a própria lei já tratou de afastar possíveis críticas quanto à (eventual) violação ao princípio da indisponibilidade do interesse público, ao delimitar a arbitrabilidade objetiva às matérias de cunho patrimonial e a direitos disponíveis. Ou seja, atos que encerrem direitos indisponíveis do Estado, como o poder de polícia, por exemplo, não se sujeitam ao crivo de um painel arbitral.

Como já mencionado a título de introdução, o envolvimento da administração pública com o tema veio em estreita relação com o desenvolvimento de projetos de infraestrutura. Assim, embora a Lei Geral de Arbitragem traga o permissivo legal, é importante mencionar que legislações específicas anteriores já autorizavam o seu uso em

---

8. Art. 32 § 6º e art. 42 § 5º da Lei 8.666/1993.

alguns modelos contratuais, o que gerou um número substancial de contratos públicos remetendo os conflitos ao meio alternativo de solução de disputas.

Essa legislação está relacionada ao conjunto de alterações estruturais implementadas no país ao final da década de 1990, num processo de desestatização e descentralização da prestação dos serviços públicos. Um bom exemplo é a Lei 9.478, de 6 de agosto de 1997, dispondo sobre a política energética nacional, que autoriza expressamente o uso da arbitragem internacional para a solução de controvérsias, a ser inserida nos contratos de concessão. Do mesmo modo, mas não de maneira tão explícita, a Lei Geral de Telecomunicações 9.474, de 16 de julho de 1997, estipula que os contratos de concessão – a serem concedidos pela União Federal, deverão indicar em seus contratos "o foro e o modo para solução extrajudicial das divergências contratuais".[9]

A disciplina geral de concessões públicas para a prestação de serviços públicos por entes privados já havia sido introduzida pela Lei 8.987/1995, sem, contudo, prever o uso da arbitragem, o que veio a ser alterado pela Lei 11.196, de 2005. Em período pouco anterior, havia sido editada a Lei 11.079/2004, que introduziu no país os contratos de parcerias público privadas. Numa simplificação muito grande, trata-se de concessões que demandam uma contrapartida do ente público para se tornarem viáveis financeiramente. O artigo 11, III da lei faz referência direta ao uso da arbitragem, *a ser realizada no Brasil e em língua portuguesa*, delimitações que foram posteriormente reproduzidas pela Lei Geral de Arbitragem (na redação dada pela Lei 13.129/2015).

Importante mencionar que o debate jurídico que ocorreu no Brasil após 1997, com a edição da Lei Geral de Arbitragem, não se restringiu à sua aplicação em relação à administração pública, mas à própria constitucionalidade do uso da arbitragem como meio alternativo de solução de disputas, que afastava a atuação do Poder Judiciário. Apenas em 2001, com o pronunciamento do Supremo Tribunal Federal em um caso de homologação de sentença estrangeira (SE 5.206) ficou sedimentado o entendimento de que o direito de acesso ao Poder Judiciário, garantido pela Constituição Federal de 1988 não representa a exclusividade jurisdicional àquele poder. Nos termos da decisão, podem as partes renunciar a seu direito de recorrer à justiça estatal, quando em discussão direitos patrimoniais.

Essa decisão paradigmática não estendeu a discussão quanto à sua aplicação aos órgãos públicos, no entanto, a referência aos *direitos patrimoniais* sujeitos à arbitragem já permitiu antever que quando atuante o Estado na seara de direitos obrigacionais com expressão patrimonial, nenhum óbice constitucional relativo ao direito de acesso à justiça poderia ser invocado para afastar o uso da arbitragem nos contratos públicos.

A partir de 2015 muitos são os textos legais que fazem referência expressa ao uso da arbitragem, como a Lei Federal 13.448/2017,[10] que autoriza a prorrogação e relicitação

---

9. Art. 93, inciso XV da Lei federal 9.472/1997.
10. Trata-se da Lei 13.448, de 5 de junho de 2017, que permite e define a forma do procedimento de extinção amigável do contrato de parceria e a realização de nova licitação, com um novo contrato e novas condições. Referida lei

de contratos de parceria definidos em lei específica, nos setores rodoviário, ferroviário e aeroportuário da administração pública federal. É possível entender, por um lado, que tais referências são desnecessárias para efeito de permitir a escolha pela arbitragem – eis que já existe autorização legal expressa na Lei Geral de Arbitragem, enquanto a repetição em novos textos legais pode gerar várias discussões caso a referência trazida em lei específica ostente inconsistências ou redações diversas daquela utilizada no texto da Lei Geral de Arbitragem.

Por outro lado, um novo texto legal pode trazer referências importantes, como no caso da já citada Lei Federal 13.448/2017, ao definir no art. 31, § 4º[11] o que se considera como "direito patrimonial disponível". Essa legislação passou a ser uma referência aos demais órgãos no que se refere à identificação de matérias arbitráveis nos contratos públicos.

No desenvolvimento da arbitragem no Brasil verifica-se, portanto, que os grandes contratos envolvendo obras e projetos públicos, parecem ser aqueles ao qual o uso da arbitragem melhor se destina: contratos de valores vultosos, de longo prazo, com multiplicidade de matérias envolvidas e especificidades técnicas, que requerem decisões especializadas e mais expeditas.[12]

Não se pode esquecer, porém, de um outro fator que é determinante para a sua utilização, que é o objetivo de aumentar o nível de atratividade do contrato para o setor privado, e que vai influenciar diretamente no resultado da concorrência da licitação posta ao mercado. Ou seja, o maior incentivo ao uso da arbitragem pela administração pública é o fato de que aos olhos dos potenciais interessados em obter o direito à adjudicação do contrato público esse é um fator decisivo para a tomada de decisão em participar do processo licitatório. Especialmente no que toca ao mercado de investidores estrangeiros,[13] ávidos por identificar projetos que garantam uma rentabilidade satisfatória por um longo período, os contratos têm uma melhor avaliação quando indicam a arbitragem como mecanismo de solução de disputas.

---

foi editada a partir do reconhecimento da necessidade de serem ajustados contratos de concessão já celebrados, constatada a dificuldade de serem cumpridas as obrigações contratuais ou financeiras da concessionária.

11. Art. 31. As controvérsias surgidas em decorrência dos contratos nos setores de que trata esta Lei após decisão definitiva da autoridade competente, no que se refere aos direitos patrimoniais disponíveis, podem ser submetidas a arbitragem ou a outros mecanismos alternativos de solução de controvérsias.
(...)
§ 4º Consideram-se controvérsias sobre direitos patrimoniais disponíveis, para fins desta Lei:
I – as questões relacionadas à recomposição do equilíbrio econômico-financeiro dos contratos;
II – o cálculo de indenizações decorrentes de extinção ou de transferência do contrato de concessão; e
III – o inadimplemento de obrigações contratuais por qualquer das partes.

12. Com isso não se está menosprezando a competência e qualidade do Poder Judiciário, e sim, reconhecendo a enorme sobrecarga de trabalho imposta aos magistrados, o que dificulta a dedicação exclusiva a um ou alguns casos apenas, a serem decididos em curto espaço de tempo.

13. Segundo reportagem do site infomoney, o Brasil subiu da sexta para a quarta colocação entre os principais destinos de investimentos estrangeiros no mundo em 2019, de acordo com o relatório divulgado pela Conferência das Nações Unidas para o Comércio e Desenvolvimento (Unctad). Uma das razões seria o programa de privatização de empresas federais. Disponível em: http://www.infomoney.com.br. Acesso em: 25 fev. 2022.

Entende-se que a perspectiva de que eventuais disputas surgidas no contrato sejam submetidas a um juízo arbitral, e não a um juízo estatal, proporciona segurança jurídica e implica uma redução dos riscos inerentes ao contrato, consequentemente, tornando-o mais competitivo. Nesse sentido, o uso da arbitragem nos contratos públicos seria um atrativo ao empresário,[14] a ser considerado na tomada de decisão sobre a participação ou não em uma determinada licitação. O mercado alvo também deve ser analisado, e, quando se trata de uma concorrência internacional, com o objetivo de atrair investidores estrangeiros, tem-se que a inserção de cláusula arbitral é quase que obrigatória.[15]

As peculiaridades dos contratos de infraestrutura geram uma discussão quanto ao uso da convenção de arbitragem também em outros países. Em artigo relacionado ao tema, Robert H. Smit,[16] analisando o contexto dos Estados Unidos, ressalva como aspectos positivos ao uso da arbitragem, entre outros, a especialidade do julgador, a perspectiva de maior rapidez na solução da disputa; e a confidencialidade dos procedimentos.

Essa acurada análise, no entanto, merece ajustes quando aplicada à administração pública no Brasil, considerando as peculiaridades do direito público que impactam a arbitragem, especialmente no que diz respeito à confidencialidade dos procedimentos, considerando que deve ser dada publicidade à arbitragem quando uma das partes é ente público.

2. O POSICIONAMENTO DO STJ E STF

Muito embora exista já uma orientação política pela aplicação da arbitragem nos contratos públicos, bem como uma legislação de regência abordando as principais características do instituto, ainda há uma série de aspectos e dúvidas quanto à sua implementação que somente surgem na prática, seja pelo lado do setor público, seja pelo lado privado. Fator que dificulta a necessária segurança jurídica para afastar possíveis questionamentos *a posteriori* a uma decisão arbitral, é o fato de que o Poder Judiciário não se manifesta com a velocidade desejada, havendo sempre um espaço temporal entre questões de ordem prática a serem enfrentadas e a orientação jurisprudencial consolidada. Vários são os tópicos que poderiam se enquadrar nessa categoria, cabendo destaque para a questão da arbitrabilidade subjetiva e objetiva.

---

14. CARNAÚBA. Cesar Augusto Martins. Adequação da Arbitragem aos Litígios Envolvendo o Poder Público. *Revista Brasileira de Arbitragem*. n. 58, p. 7-27, Curitiba, abr./jun. 2018.
15. A arbitragem continua sendo a opção preferencial em contratos de obras, conforme pesquisa realizada junto à Corte da ICC, de acordo com o exposto no artigo "Suitability of Arbitration Rules for Construction Disputes", por David Kiefer e Adrian Cole: "Arbitration continues to be the preferred method of dispute resolution for construction disputes. With many large infrastructure projects being financed, developed, supplied and constructed by companies from countries other than the one where the project sits, international arbitration is the most attractive option for resolving disputes among the interested parties". *GAR – Global Arbitration Review*. Disponível em: http:// www.globalarbitrationreview.com. Acesso em: 04 mar. 2022.
16. SMIT, Robert H. *International Arbitration of Infrastructure Project Disputes and The Enforcement Regime under The New York Convention*. June 6, 2003. Disponível em: http://www.stblaw.com. Acesso em: 04 mar. 2022.

Digna de nota, ainda, é a discussão acerca do detalhamento que a cláusula compromissória deve ter no que tange à delimitação da arbitrabilidade objetiva, tema que será abordado em item seguinte.

2.1 A arbitrabilidade subjetiva nas arbitragens envolvendo a administração

Embora superada atualmente por farta legislação que dá amparo ao uso da arbitragem pela administração pública, cabe a lembrança de que até recentemente essa era a grande polêmica que cercava o tema. A questão da arbitrabilidade subjetiva é bastante presente nos processos judiciais que versam sobre a arbitragem com o Poder Público. Fazemos referência a dois casos emblemáticos: o Caso Lage (AI 52.181) e o dos acionistas minoritários da Petróleo Brasileiro S.A. – Petrobras (CC 151.130).

O caso Lage[17] funciona como uma demonstração da aceitação da arbitragem como mecanismo apto à resolução de disputas do Poder Público desde antes do surgimento da Lei de Arbitragem[18] e de suas posteriores alterações.

A disputa envolvia o valor de bens expropriados em 1942, que se justificou pelo estado de guerra em que o país se encontrava.

A arbitragem, proposta pelo advogado do espólio ao Presidente da República, foi instituída pelo Decreto-Lei 9.521 de 1946,[19] tendo por objeto estabelecer a indenização devida pela incorporação dos bens e direitos pela União. Proferida a decisão pelo Tribunal Arbitral, foi no momento de solicitação de abertura de crédito especial para pagamento do valor em questão que surgiu o questionamento sobre a possibilidade de ter a União se submetido à arbitragem. O Procurador-Geral da Fazenda (PGF), já em nova gestão, opinou pela inconstitucionalidade do Tribunal Arbitral e solicitou o cancelamento da mensagem de abertura dos créditos. O parecer foi acolhido pelo Congresso, que rejeitou e arquivou o pedido de emissão de créditos. Nesse contexto é que o caso foi levado à apreciação do Supremo Tribunal Federal, após os trâmites em primeira e segunda instância, que haviam sido favoráveis ao espólio, autor da ação. Em sede de julgamento ao agravo de instrumento contra o indeferimento do processamento do recurso da União, o STF acolheu a tese da arbitrabilidade subjetiva por unanimidade. No voto do relator Ministro Bilac Pinto, dentre os principais entendimentos consolidados, vale ressaltar a compreensão de que o juízo arbitral sempre foi admitido e consagrado na tradição do direito brasileiro até nas causas contra a Fazenda Pública, a impossibilidade de restringir a autonomia contratual do Estado no sentido de usar o mencionado mecanismo e o afastamento da caracterização da arbitragem como foro privilegiado ou tribunal de exceção.

---

17. BRASIL. Supremo Tribunal Federal. Agravo de Instrumento 52.181. Relator Min. Bilac Pinto. Brasília – DF, 14 de novembro de 1973 (Julgamento). Data de publicação no Diário de Justiça: 15 fev. 1974.
18. BRASIL. Lei 9.307, de 23 de setembro de 1996. Dispõe sobre a arbitragem. Brasília, DF: Presidência da República, 1996.
19. BRASIL. Decreto-lei 9.521, de 26 de julho de 1946. Modifica os Decretos-leis 4.648, de 02 de setembro de 1942, e 7.024, de 06 de novembro de 1944, regula o destino dos bens deixados por Henrique Lage, e dá outras providências. Rio de Janeiro, RJ: Presidência da República, 1946.

Não obstante esse entendimento expresso do STF, em recente caso o Superior Tribunal de Justiça se valeu de uma linha mais restrita de análise. Trata-se do caso CC 151.130/SP,[20] que envolve os acionistas minoritários da Petrobras, julgado pelo STJ em 27 de novembro de 2019, que analisou o alcance da cláusula compromissória contida no estatuto da Petrobras à União.

Havia sido instaurado procedimento arbitral proposto por acionistas minoritários buscando indenização pela desvalorização de ativos, a partir da responsabilização da União pela escolha equivocada dos dirigentes da Petrobras e pela ausência da fiscalização devida, na condição de acionista controlador.

Diante desse contexto, a União ajuizou ação no sentido de se ver desobrigada a participar do procedimento arbitral, o que levou ao julgamento do conflito de competência em pauta pelo STJ. Apesar de a relatora (Ministra Nancy Andrighi) haver declarado a competência do Tribunal Arbitral para julgar a disputa, seus argumentos não foram acolhidos pela maioria.

O entendimento divergente se deu nos termos do voto do Ministro Luis Felipe Salomão e levou à declaração da competência do Juízo Federal. Apesar de ressaltar a possibilidade da adoção da arbitragem pelo Poder Público, no voto vencedor, apontou-se que essa possibilidade não autoriza a extensão dos efeitos da cláusula arbitral à União enquanto acionista controladora, não sendo possível atingir esta enquanto terceira não vinculada.

Esse entendimento foi justificado por duas razões principais: a impossibilidade de extrair essa autorização a partir da cláusula estatutária, que não alcançaria os atos impugnados pelos minoritários, e a inexistência de norma autorizativa para estender o procedimento arbitral ao sócio-controlador, principalmente por se tratar da União, ao tempo em que referida cláusula foi inserida no estatuto social da Petrobrás (previamente à Lei 13.129/2015).

2.2 A arbitrabilidade objetiva nas arbitragens envolvendo a administração pública

Trata-se de tema que suscita grandes discussões e, não poucas vezes, a tentativa do ente público em excluir a disputa do crivo dos árbitros. A polêmica decorre do fato de que a Lei Geral de Arbitragem, ao autorizar que a administração pública se utilize desse meio de solução de disputas, limita seu uso para divergências em relação a direitos patrimoniais disponíveis. Contudo, nem sempre há clareza quanto à abrangência desse conceito.

Essa discussão foi repetida em vários julgados do Superior Tribunal de Justiça, sendo que queremos chamar a atenção para o julgamento do MS 11.308/DF e do agravo

---

20. BRASIL. Superior Tribunal de Justiça. Conflito de Competência 151.130. Relatora Min. Nancy Andrighi. Brasília, 27 de novembro de 2019 (Julgamento). Publicação no Diário de Justiça em 1º fev. 2020.

dele extraído (AgRg 11.38/DF), ocorridos em em 28 de junho de 2006 e 09 de abril de 2008, respectivamente. Tratou-se de disputa entre a União e a Nuclebrás Equipamentos Pesados S/A (NUCLEP),[21] contra a concessionária TMC Terminal Multimodal de Cora Grande SPE S/A que tinha por objeto a rescisão contratual promovida pelas primeiras sem a utilização do juízo arbitral, como previa o contrato.

O argumento da impossibilidade de levar a discussão para a arbitragem foi pautada na alegação de que era indisponível o bem sobre o qual versava o contrato de arrendamento da disputa (ou seja, o porto, cuja exploração se daria por serviço público com regulação específica), não podendo se submeter ao tribunal que não fosse o estatal.

O voto condutor, do Min FUX, então integrante do STJ, discorreu sobre o tema, acolhendo a doutrina do Prof. Eros Grau[22] (que posteriormente passou a integrar a Corte Suprema), que se pautou na distinção entre o interesse público primário do interesse público secundário, este, sim, passível de ser arbitrado, por ser fortemente patrimonial e, portanto, disponível.

Em termos legislativos, o Decreto federal 10.025/2019 veio jogar luzes sobre o tema, definindo que *direitos patrimoniais disponíveis* envolvem as questões ligadas ao reequilíbrio econômico-financeiro do contrato, ao cálculo das indenizações decorrentes de extinção ou de transferência do contrato de parceria, e ao inadimplemento das obrigações contratuais das partes, incluindo a incidência de penalidades e o seu cálculo. Esse último aspecto tem grande importância, pois afasta qualquer discussão que poderia vir a existir sobre a arbitrabilidade das multas aplicadas. Como estas envolvem a aplicação de sanções pela administração pública e, assim, poderes inerentes à atuação estatal, poderia haver discussão quanto à legalidade de serem envolvidas em disputas arbitrais, o que o decreto veio afastar. De fato, quer nos parecer que a aplicação de sanção com base em previsão contratual não se insere na atividade fiscalizatória decorrente do poder de polícia do ente público.

Não obstante a ausência de dúvida em relação a alguns temas contratuais, há vários aspectos que podem surgir na execução do contrato administrativo que ensejam questionamento quanto à possibilidade e/ou conveniência em submetê-los ao tribunal arbitral. São questões que ficam na zona cinzenta ou área de sobreposição entre direitos das partes e normas de ordem pública, que afetam o poder dever ou o poder inerente ao administrador de tomar as decisões considerando elementos outros, que extrapolam o âmbito do contrato. Em especial quando houver a participação de órgãos reguladores, cujos atos – que podem gerar disputas – têm caráter de execução de políticas públicas, com reflexos para terceiros administrados e população em geral. Caso paradigmático em relação a tal tema, em nosso sentir, é o do chamado "Parque das Baleias", envolvendo disputa iniciada pela Petrobrás em face da Agência Nacional de Petróleo – ANP, contra

---

21. Uma sociedade de economia mista pertencente à União.
22. GRAU, Eros. Da arbitrabilidade de litígios envolvendo sociedades de economia mista e da interpretação de cláusulas compromissória. In: WALD, Arnoldo (Coord.) *Revista de Direito Bancária e do Mercado de Capitais e da Arbitragem*. ano 5. São Paulo: Ed. RT, out./dez. 2002.

a RD 69/2014 que alterava limites de campos de petróleo licitados. Foi suscitado pela ANP conflito de competência perante o Poder Judiciário, tendo em vista tratar-se de matéria regulatória, inerentes aos poderes da agência, e cujo resultado afetaria terceiros, no caso, o Estado do Espírito Santo. O Superior Tribunal de Justiça, aplicando o princípio da competência-competência, remeteu a decisão ao tribunal arbitral, sem decidir quanto à arbitrabilidade da matéria. A solução veio em abril de 2019, quando as partes celebraram acordo, encerrando a controvérsia.[23]

Outrossim, o tema da arbitrabilidade objetiva tem estreita relação com a limitação do escopo da arbitragem, que pode ser estabelecida na convenção arbitral. Ou seja, pode o administrador público, ao redigir a cláusula arbitral da minuta do contrato que acompanha o edital de licitação, optar por restringir as matérias que poderão ser levadas à arbitragem. Tal prática, que, por um lado pode evitar disputas sobre a arbitrabilidade de determinada matéria, contudo, deve ser considerada com ressalvas, sob pena de ser produzida uma cláusula patológica, de difícil implementação, sujeita a questionamentos judiciais. O risco que se mostra é que, na tentativa de delinear o campo das matérias não arbitráveis, a administração se utilize de termos abrangentes demais ou dúbios, esvaziando a própria opção pela arbitragem e a esperada eficiência dela decorrente.

Interessante observar que, não obstante os riscos acima mencionados, a necessidade de indicação, na cláusula de arbitragem, de matérias que devem ficar fora do alcance jurisdicional do tribunal arbitral, tem sido utilizada como fundamento em algumas decisões recentes. Nesse sentido, veja-se o caso 611, em curso perante a Câmara de Conciliação, Mediação e Arbitragem CIESP/FIESP, que tem por partes a Sagua – Soluções Ambientais de Guarulhos S/A (Requerente) e o Serviço Autônomo de Água e Esgoto de Guarulhos – SAAE e o Município de Guarulhos[24] (Requeridas). Um dos temas submetidos ao tribunal foi a decretação de caducidade do contrato pelo Município de Guarulhos, procurando a Requerente a sua reversão. As requeridas alegaram que a caducidade e a intervenção municipal constituiriam matérias que se inserem dentre os direitos indisponíveis da administração, atos praticados com base no princípio da supremacia do interesse público e, portanto, não revestidos da característica da *disponibilidade*. Em sua decisão – que afastou o argumento de inarbitrabilidade da matéria – o tribunal arbitral fez, dentre outros aspectos que também foram considerados, uma análise da cláusula arbitral e das exceções materiais nela indicadas,[25] para concluir que a caducidade não estava entre as matérias explicitamente afastadas da arbitragem pelo contrato. Nesse sentido, as próprias partes *disponibilizaram* referido interesse. Não se

---

23. Análise completa sobre a decisão do STJ é feita por Eliana B. Baraldi no texto "Caso Parque das Baleias, Superior Tribunal de Justiça. 1ª Sessão. Conflito de Competência 139.519/RJ. Ministro Relator Napoleão Nunes Maia Filho. J. 11.10.2017". *Revista Brasileira de Arbitragem*. n. 58, p. 93-163, Curitiba, abr.-jun. 2018.
24. Disponível em: https://www.guarulhos.sp.gov.br/sites/default/files/CMA611-19-JCA_20210219_Sentenc%C-C%A7a_Arbitral_Parcial_0.pdf. Acesso em: 15 jan. 2022.
25. A cláusula arbitral assim versava: 49.3 "Exceção feita ao disposto na subcláusula 49.4 abaixo, as controvérsias que vierem a surgir entre a SAAE, a Concessionária e o Município e/ou a AGRU durante a execução deste CONTRATO serão submetidas à arbitragem perante o Centro de Arbitragem e Mediação da Câmara de Conciliação, Mediação e Arbitragem CIESP/FIESP".

pretende adentrar no acerto ou não da mencionada argumentação, mas apenas chamar a atenção para o entendimento ali abraçado acerca da necessidade de referência expressa como exceção à arbitrabilidade na convenção de arbitragem, para assim ser considerada pelo tribunal arbitral.

CONCLUSÃO

Tema ainda não definido e que certamente será objeto de muitas discussões no futuro é o que pode ou não ser incluído no rol das matérias arbitráveis. Exemplo recente da divergência de entendimentos foi exposto pelo Tribunal de Contas da União, no relatório emitido acerca da concessão dos trechos das rodovias federais BR-153/TO/GO e BR-80/414/GO, que estão sendo estruturadas pela Agência Nacional de Transportes Terrestres (ANTT). O Relatório TC 016.936/2020-5 analisou a minuta do contrato que integra os documentos da licitação, considerando o teor da Resolução 5.845/219, que dispõe sobre as regras procedimentais para arbitragem no âmbito da ANTT, e o Decreto federal 10.025/2019. A partir desse cotejo verificou a Corte de Contas que algumas matérias consideradas arbitráveis pela minuta do contrato não constam do rol daquelas previstas do regulamento federal e, portanto, no entender do TCU, não podem ser consideradas como arbitráveis pela minuta contratual. É o caso, por exemplo, das "controvérsias advindas da execução e garantias", eis que não está expressamente prevista no rol das matérias constantes do Decreto federal 10.025/2019. Ao assim entender, no entanto, o Tribunal de Contas desconsiderou o fato de que o rol trazido pelo referido decreto não é taxativo, uma vez que o parágrafo único artigo 2º[26] deixa clara a possibilidade de outras matérias serem incluídas na definição do que se considera direito patrimonial disponível.

Não obstante, o TCU conclui o relatório *determinando* à ANTT que restrinja, na minuta contratual e nas normas aplicáveis, as hipóteses de utilização de arbitragem, excluindo do rol, "controvérsias advindas da execução de garantias". Tal comando foi atendido pela ANTT, que emitiu a Resolução 5.960, de 05.02.2022, inserindo alterações na sua regulamentação anterior.

Outra matéria que recebeu a *recomendação* de ser excluída das matérias passíveis de arbitragem é a questão da obtenção de financiamento. A partir da constatação de que tal matéria está sendo objeto de várias arbitragens em curso envolvendo a ANTT e as concessionárias de rodovias federais, concluiu o TCE que deve ser restringida pelo contrato sua arguição pela concessionária, que seriam meramente protelatórias, "contrárias

---

26. Art. 2º Poderão ser submetidas à arbitragem as controvérsias sobre direitos patrimoniais disponíveis.
Parágrafo único. Para fins do disposto neste Decreto, consideram-se controvérsias sobre direitos patrimoniais disponíveis, *entre outras*:
I – as questões relacionadas à recomposição do equilíbrio econômico-financeiro dos contratos;
II – o cálculo de indenizações decorrentes de extinção ou de transferência do contrato de parceria; e
III – o inadimplemento de obrigações contratuais por quaisquer das partes, incluídas a incidência das suas penalidades e o seu cálculo.

à frágil resolução de indicada situação de inviabilidade contratual". Trata-se, a nosso de ver de indevida interferência da Corte de Contas, a partir de uma incorreta interpretação dos fundamentos da arbitragem. Por ser um mecanismo de garantia de acesso à justiça, é necessário zelar para que a arbitragem não sofra restrições de conteúdo e forma que possam levar a argumentos de limitação do exercício desse direito. Portanto, exceções a serem incluídas na cláusula de arbitragem devem ser objeto de criteriosa análise para não impedir o acesso à justiça e evitar maiores conflitos e discussões sobre a arbitrabilidade da matéria, retirando a agilidade que se pretende imprimir com o uso do instituto.

BIBLIOGRAFIA

BARROCAS, Manuel Pereira. Igualdade das Partes no Direito de Escolha dos Árbitros e a Complexidade do seu Exercício. *Revista Brasileira de Arbitragem*. n. 58, p. 48-53. Curitiba, abr./jun. 2018.

CARNAÚBA. Cesar Augusto Martins. Adequação da Arbitragem aos Litígios Envolvendo o Poder Público. *Revista Brasileira de Arbitragem*. n. 58, p. 7-27, Curitiba, abr./jun. 2018.

ELIAS, Carlos. O Árbitro. In: LEVY, Daniel. PEREIRA, Guilherme Setoguti J. (Org.). *Curso de Arbitragem*. São Paulo: Thomson Reuters Brasil, 2018.

JUNQUEIRA, André Rodrigues. *Arbitragem nas parcerias público-privadas*: um estudo de caso. Belo Horizonte: Fórum, 2019.

JUNQUEIRA, André Rodrigues. Arbitragem e Administração Pública. In: LEVY, Daniel; PEREIRA, Guilherme Setoguti J. (Org.). *Curso de Arbitragem*. São Paulo: Thomson Reuters Brasil, 2018.

JUNQUEIRA, André Rodrigues. A formalidade do procedimento como garantia da boa execução do contrato de PPP. In MASTROBUONO, Cristina M. W. (Org.). Parcerias Público Privadas. *Revista da Procuradoria Geral do Estado de São Paulo*. v. II, n. 89, p. 1-24, jan./jun. 2019.

JUSTEN FILHO, Marçal. *A revolução secreta nos contratos públicos*. Disponível em: https://www.jota.info/opiniao-e-analise/colunas/publicistas/a-revolucao-secreta-nos-contratos-publicos-24092019. Acesso em: 25 fev. 2020.

KIEFER, David; COLE, Adrian. Suitability of Arbitration Rules for Construction Disputes. *GAR – Global Arbitration Review*. Disponível em: http:// www.globalarbitrationreview.com. Acesso em: 04 mar. 2020.

MASTROBUONO, Cristina M. Wagner. O desenvolvimento do uso da arbitragem nos contratos de infraestrutura: Questões práticas enfrentadas pelo Estado de São Paulo. In: TAFUR, Diego Jacome Valois; JURKSAITIS, Guilherme Jardim; ISSA Rafael Hamze (Coord.). *Experiências Práticas em Concessões e PPP*: Estudos em homenagem aos 25 anos da Lei de concessões. São Paulo: Quartier Latin, 2021. v. I – Estruturação e Arbitragem.

MEGNA, Bruno Lopes. *Arbitragem e Administração Pública*: fundamentos teóricos e soluções práticas. Belo Horizonte: Fórum, 2019.

OLIVEIRA, Gustavo Justino de. As arbitragens e as parcerias público-privadas. In: SUNDFELD, Carlos Ari (Org.). *Parcerias Público-Privadas*. São Paulo: Malheiros, 2005.

SMIT, Robert H. *International Arbitration of Infrastructure Project Disputes and The Enforcement Regime under The New York Convention*. June 6, 2003. Disponível em: http://www.stblaw.com. Acesso em: 04 mar. 2020.

SPERANDIO, Felipe Vollbrecht. Convenção de Arbitragem. In: LEVY, Daniel. PEREIRA, Guilherme Setoguti J. (Org.) *Curso de Arbitragem*. São Paulo: Thomson Reuters Brasil, 2018.

V
ARBITRAGEM E INSOLVÊNCIA

Guilherme Fontes Bechara

Mestre em Direito Civil pela Pontifícia Universidade Católica de São Paulo. LLM em *Corporate Governance and Practice* pela Stanford Law School. As opiniões expressadas pelo autor nesse capítulo não refletem necessariamente a posição do seu escritório ou dos seus clientes. Sócio do Demarest Advogados.

Matheus Bastos Oliveira

LLM pela Universidade de Virginia. Inscrito na OAB-RJ 199.682. As opiniões expressadas pelo autor nesse capítulo não refletem necessariamente a posição do seu escritório ou dos seus clientes. Advogado no Freshfields Bruckhaus Deringer US LLP, em Washington/DC.

Sumário: Introdução – 1. A jurisdição do tribunal arbitral no contexto da arbitragem e insolvência brasileiras – 2. Insolvência e arbitragem em jurisdições distintas; 2.1 Insolvência estrangeira e arbitragem brasileira; 2.2 Insolvência brasileira e arbitragem estrangeira – Conclusão – Bibliografia e julgados selecionados.

INTRODUÇÃO

Não é de hoje que a interação entre a arbitragem e a insolvência chama a atenção daqueles que se deparam com os seus pontos de interseção. É difícil que fosse diferente. Tipicamente, a arbitragem tem natureza contratual e foi concebida para tutelar interesses patrimoniais privados, com alicerces na autonomia da vontade, liberdade contratual, e na solução descentralizada de litígios. A insolvência, ao contrário, é um status legal orientado pelo interesse de tutelar, de forma centralizada e coletiva, interesses públicos e privados relativos à empresa insolvente.[1] Não por acaso, a relação entre ambas ficou conhecida como um "conflito de extremos polares".[2]

São diversas as questões materiais e processuais que podem surgir da interação entre a insolvência e a arbitragem.[3] Este capítulo se destina a enfrentar uma delas: os efeitos do início de procedimentos de insolvência sobre a jurisdição do tribunal arbitral. A análise

---

1. O termo "insolvência" é utilizado em seu sentido amplo para compreender as empresas em crise econômico-financeira submetidas ao procedimento de recuperação judicial ou falência.
2. "There will be occasion where a dispute involving both the Bankruptcy Code... and the Arbitration Act... presents a conflict of near polar extremes: bankruptcy policy exerts an inexorable pull towards centralization while arbitration policy advocates a decentralized approach towards dispute resolution" (ESTADOS UNIDOS DA AMÉRICA. In re United States Lines Inc. 197 F.3d 631, 640 (2d Cir. 1999).
3. Cite-se, entre outras, a representação da parte insolvente na arbitragem, a sua capacidade financeira para participar do procedimento arbitral e a relativização da confidencialidade da arbitragem.

está dividida em duas seções: (i) a insolvência e arbitragem no Brasil; (ii) a insolvência no Brasil e a arbitragem em jurisdições distintas. A divisão tem como premissas a aplicação da lei da sede da arbitragem à convenção arbitral[4] e a inclinação dos tribunais arbitrais em aplicar a lei de insolvência e as decisões judiciais da sede da arbitragem, já que o seu descumprimento pode prejudicar a validade da sentença arbitral.[5]

Como demonstrado a seguir, o início de procedimentos de insolvência no Brasil não impede, por si só, o prosseguimento de arbitragens sediadas em território nacional, mas pode afetar a arbitrabilidade de certos litígios derivados diretamente do procedimento de insolvência ou que tenham efeitos negativos sobre o patrimônio da empresa insolvente.

Quando a arbitragem ou a insolvência não estão no Brasil, mecanismos de reconhecimento da insolvência ou a perspectiva de execução da sentença arbitral na jurisdição da sede da insolvência adquirem mais relevância. Nesse sentido, a Lei de Recuperações e Falências (LRF),[6] tal como recentemente modificada pela Lei 14.112/2005, ao incorporar um capítulo específico sobre a insolvência transfronteiriça, estabeleceu que o reconhecimento de um processo de insolvência estrangeiro principal não impacta o direito de os credores iniciarem processos arbitrais (ou nele prosseguirem) de natureza condenatória ou que visem o reconhecimento e liquidação de créditos, ainda que medidas executórias fiquem suspensas.[7] Da mesma forma, é improvável que procedimentos de insolvência brasileiros afetem a arbitrabilidade de arbitragens estrangeiras, mas não se pode descartar a sua influência sobre o reconhecimento de sentenças arbitrais estrangeiras no Brasil.

1. A JURISDIÇÃO DO TRIBUNAL ARBITRAL NO CONTEXTO DA ARBITRAGEM E INSOLVÊNCIA BRASILEIRAS

A jurisdição arbitral está embasada essencialmente em duas premissas: a capacidade da pessoa para contratar a convenção arbitral e a arbitrabilidade do litígio. A primeira, também denominada arbitrabilidade subjetiva, é pressuposto de validade da manifestação da vontade da parte de submeter certa disputa à jurisdição arbitral.[8] A

---

4. A arbitrabilidade de uma disputa pode variar de acordo com lei aplicável à convenção arbitral. Vide BORN, Gary. *International Commercial Arbitration*. 3. ed. Kluwer Law International, 2021, p. 1096.
5. "The forum country's *lex arbitri* builds the fundamental framework of any arbitration, and the parties' autonomy is restricted by its boundaries. The rules of the *lex fori* of the seat come into play [...] at subsequent set-aside proceedings before national courts of the forum. Hence, arbitral tribunals are well-advised to consider the law at the seat in order to [...] minimize the risk of a set-aside of the award" (VORBURGER, Simon. *International Arbitration and Cross-Border Insolvency*: Comparative Perspectives, International Arbitration Law Library. Kluwer Law International, 2014, p. 48). Vide também: FOUCHARD, Philippe. Arbitrage et Faillite. *Rev. Arb.*, p. 480. 1998.
6. Lei 11.101/2005.
7. Vide art. 167-M, § 2º, da LRF.
8. O termo "arbitrabilidade subjetiva" também pode ser usado para denominar os requisitos de validade da convenção arbitral segundo a capacidade geral da parte, mas o seu conceito mais tradicional se refere à capacidade da parte de submeter uma determinada disputa à arbitragem. Vide FOUCHARD, Philippe. GAILLARD, Emmanuel. GOLDMAN, Berthold. *International commercial arbitration*. Kluwer Law International, 1999. p. 311; HANOTIAU, Bernard. The law applicable to arbitrability. In: BERG, Albert Jan Van Den (Ed.). *Improving the Efficiency of Arbitration Agreements and Awards*: 40 Years of Application of the New York Convention, ICCA Congress Series, v. 9. ICCA & Kluwer Law International, 1999, p. 147-148. A inexistência de impedimentos para

segunda, a arbitrabilidade objetiva, decorre da possibilidade jurídica de submissão de uma certa disputa à arbitragem.[9] O art. 1º da Lei de Arbitragem (LArb)[10] dispõe sobre a arbitrabilidade subjetiva e objetiva no Brasil ao estabelecer que as "pessoas capazes de contratar poderão valer-se da arbitragem para dirimir litígios relativos a direitos patrimoniais disponíveis".[11]

Esta seção se dedica a observar como o início de procedimentos de insolvência sob a LRF pode afetar a arbitrabilidade em arbitragens sediadas no Brasil.

A falência objetiva otimizar a utilização produtiva dos bens e a liquidação célere de empresas inviáveis.[12] Para atender a essas finalidades, a decretação da falência tem uma série de repercussões sobre o empresário falido, a empresa e terceiros que com ele se relacionam. Dentre outros efeitos, a falência afasta o empresário do controle das atividades empresariais e lhe retira o poder de disposição sobre bens e direitos da empresa. Estes passam a compor um ente jurídico específico – a massa falida, cuja tutela cabe ao administrador judicial.[13]

A decretação da falência também suspende as execuções em face do patrimônio da massa falida e estabelece um juízo universal para "conhecer todas as ações sobre bens, interesses e negócios do falido", com algumas ressalvas.[14] A partir da decretação da falência, execuções ou outras medidas contra o patrimônio da massa falida são deslocadas à competência do juízo universal, isto é, da corte falimentar.[15] Essa reunião de demandas é denominada *vis attractiva* da jurisdição falimentar e está amparada principalmente no interesse público de assegurar tratamento isonômico aos credores perante o conjunto de bens e direitos que compõem a massa.[16]

A recuperação judicial, por sua vez, busca sobretudo "a preservação da empresa, sua função social e o estímulo à atividade econômica".[17] Diferentemente da falência, na recuperação judicial o empresário continua à frente da administração da empresa e preserva os

---

contratar sobre determinados bens ou interesses é denominada legitimidade ou legitimação. Vide VENOSA, Sílvio de S. *Direito Civil*: Parte Geral. São Paulo: Grupo GEN, 2021, v. 1, p. 337.

9. Em geral, além da inarbitrablidade decorrente da definição das matérias arbitráveis (ex. direitos patrimoniais disponíveis), a inarbitrabilidade pode decorrer de expressa exclusão legal. Vide BLACKABY, Nigel. PARTASIDES, Constantine. *Redfern and Hunter on International Arbitration*. 6. ed. Oxford University Press & Kluwer Law International. 2015, p. 110-112.
10. Lei 9.307/1996.
11. Uma análise mais detalhada dos critérios estabelecidos pela LArb pode ser encontrada em FICHTNER, José A.; MANNHEIMER, Sergio N.; MONTEIRO, André L. *Teoria Geral da Arbitragem*. São Paulo: Grupo GEN, 2018, p. 243.
12. LRF, art. 75.
13. Para mais detalhes dos efeitos da decretação de falência, vide CAMPINHO, Sergio. *Curso de direito comercial*: falência e recuperação de empresa. 11. ed. São Paulo: Saraiva, 2020, p. 304-347.
14. LRF, art. 76. Vide NEGRÃO, Ricardo. *Curso de direito comercial e de empresa*. São Paulo: Saraiva, 2019, v. 3, recuperação de empresas, falência e procedimentos concursais administrativos, p. 332-333.
15. SACRAMONE, Marcelo B. *Comentários à Lei Recuperação de Empresas e Falência*. 3. ed. São Paulo: Saraiva Educação, 2022, p. 418. Vide também BRASIL. Superior Tribunal de Justiça (Segunda Seção). Conflito de Competência 137.178/MG, Rel. Min. Marco Buzzi. Brasília, 28 set. 2016.
16. JUNIOR., Waldo F. *Lei de Falência e Recuperação de Empresas*. São Paulo: Grupo GEN, 2019, p. 47.
17. LRF, art. 47.

poderes gerais de gestão, ressalvadas certas limitações quanto à disposição de alguns bens empresariais.[18] O processamento da recuperação judicial suspende as execuções de créditos sujeitos aos efeitos da recuperação judicial pelo prazo de 180 dias (também denominado *stay period*).[19] Essa suspensão está relacionada sobretudo ao princípio da preservação da empresa e à concursalidade dos créditos sujeitos ao plano de recuperação judicial.[20]

É controversa a existência de *vis attractiva* na recuperação judicial,[21] mas a jurisprudência caminha em direção semelhante à aplicada na falência. Sob os fundamentos da preservação da empresa e da viabilidade do plano de recuperação judicial, decisões do Superior Tribunal de Justiça prescrevem que "a competência para promover atos de execução do patrimônio da empresa recuperanda é do juízo em que se processa a recuperação judicial, evitando-se, assim, que medidas expropriatórias prejudiquem o cumprimento do plano de soerguimento".[22]

Com o processamento da recuperação judicial, deslocam-se à competência da corte de insolvência os atos de constrição do patrimônio da empresa em recuperação.[23] Isso

---

18. LRF, art. 66.
19. Atos constritivos praticados em execuções de créditos anteriores ao processamento da recuperação judicial podem ser desfeitos. Vide BRASIL. Superior Tribunal de Justiça (Terceira Turma). Conflito de Competência 130.994/SP, Rel. Min. Nancy Andrighi. Brasília, 13 ago. 2014.
20. AYOUB, Luiz R. CAVALLI, Cássio. *A Construção Jurisprudencial da Recuperação Judicial de Empresas*. Rio de Janeiro: Forense, 2021, p. 129. SACRAMONE, Marcelo B. Op. cit., p. 95.
21. AYOUB, Luiz R. CAVALLI, Cássio. Op. cit., p. 128. MAMEDE, Gladston. *Falência e Recuperação de Empresas*: Direito Empresarial Brasileiro. São Paulo: Grupo GEN, 2021, p. 71; JÚNIOR, Waldo F. Op. cit., p. 42.
22. Enunciado 09 da Secretaria de Jurisprudência do STJ. Jurisprudência em Teses I, n. 35, Brasília, 2015. Tais atos são mais frequentemente praticados no âmbito de execuções fiscais, mas também podem ocorrer em execuções trabalhistas, de quantia certa ou extrajudiciais, além de ações possessórias. Vide BRASIL. Superior Tribunal de Justiça (Segunda Seção). Conflito de Competência 159.771/PE, Rel. Min. Luis Felipe Salomão. Brasília, 24 fev. 2021; BRASIL. Superior Tribunal de Justiça (Terceira Turma). Recurso Especial 1.639.029/RJ, Rel. Min. Nancy Andrighi. Brasília, 06 dez. 2016; BRASIL. Superior Tribunal de Justiça (Segunda Seção). Conflito de Competência 130.674/SP, Rel. Min. Luis Felipe Salomão. Brasília, 26 ago. 2015; BRASIL. Superior Tribunal de Justiça (Segunda Seção). Conflito de Competência 148.536/GO, Rel. Min. Maria Isabel Gallotti, Brasília, 15 mar. 2017; BRASIL. Superior Tribunal de Justiça (Segunda Seção). Conflito de Competência 120.642/RS, Rel. Min. João Otávio de Noronha. Brasília, 22 out. 2014; BRASIL. Superior Tribunal de Tribunal (Segunda Seção). Conflito de Competência 118.424/RJ, Rel. Min. Marco Buzzi. Brasília, 16 nov. 2021. Vide também BRASIL. Superior Tribunal de Justiça (Segunda Seção). Conflito de Competência 119.949/SP, Rel. Min. Luis Felipe Salomão. Brasília, 12 set. 2012 (consignando que a ação de despejo, por possuir natureza executória *lato sensu*, também se desloca à competência da corte de insolvência). Em sentido contrário, vide BRASIL. Superior Tribunal de Justiça (Segunda Seção). Conflito de Competência 123.116/SP. Rel. Min. Raúl Araújo. Brasília, 03 nov. 2014.
23. Inclui-se nesse rol os atos executórios fundamentados em créditos não sujeitos à recuperação judicial. Vide também BRASIL. Superior Tribunal de Justiça (Terceira Turma). Conflito de Competência 159.799/SP. Rel. Min. Nancy Andrighi. Brasília, 18 jun. 2021; BRASIL. Superior Tribunal de Justiça (Segunda Seção). Conflito de Competência 161.400/GO, Rel. Min. Luis Felipe Salomão. Brasília, 18 mar. 2020; BRASIL. Superior Tribunal de Justiça (Segunda Seção). Conflito de Competência 141.719/MG, Rel. Min. João Otávio de Noronha. Brasília, 27 abr. 2016; BRASIL. Superior Tribunal de Justiça (Segunda Seção). Conflito de Competência 126.894/SP, Rel. Min. Luis Felipe Salomão. Brasília, 26 nov. 2014. Segundo o Superior Tribunal de Justiça, também compete ao juízo da recuperação judicial apreciar situações pertinentes ao art. 49, §§ 3º e 4º da LRF (Vide BRASIL. Superior Tribunal de Justiça (Segunda Seção). Conflito de Competência 153.473/PR, Rel. Min. Luis Felipe Salomão. Brasília, 16 out. 2017); Vide também, BRASIL. Superior Tribunal de Justiça (Segunda Seção). Conflito de Competência 113.228/GO, Rel. Min. Luis Felipe Salomão. Brasília, 14 dez. 2011; BRASIL. Superior Tribunal de Justiça (Segunda Seção). Conflito de Competência 127.629/MT, Rel. Min. João Otávio de Noronha. Brasília, 23 abr. 2014.

foi reforçado com o advento da Lei 14.112/2020, que positivou a competência do juízo recuperacional para (i) determinar a suspensão dos atos de constrição decorrentes de créditos extraconcursais que recaiam sobre bens de capital essenciais à manutenção da atividade empresarial durante o *stay period*,[24] e (ii) determinar a substituição dos atos de constrição determinados em execuções fiscais que recaiam sobre bens de capital essenciais à manutenção da atividade empresarial até o encerramento da recuperação judicial.[25]

Desde a reforma da LRF em 2020, questões outrora pertinentes a respeito da continuidade da arbitragem em paralelo a procedimentos de insolvência foram minimizadas. Com a edição da redação do *caput* do art. 6º e a inclusão do seu respectivo parágrafo 9º, está claro que a decretação da falência ou o processamento da recuperação judicial não autorizam o administrador judicial a recusar a eficácia da convenção de arbitragem e não impedem o início ou o prosseguimento das arbitragens.[26]

Sob o ponto de vista da arbitrabilidade subjetiva, o início de procedimentos de falência ou recuperação judicial não deve ensejar questões relevantes. Em regra, capacidade das partes para contratar a convenção arbitral é aferida no momento da contratação.[27] A perda superveniente da capacidade do falido para contratar em relação aos bens e direitos que passam a compor a massa falida não afeta a validade e eficácia da convenção arbitral por ele firmada anteriormente à quebra.[28] O mesmo se aplica à recuperação judicial, onde o devedor é mantido na administração da empresa com capacidade plena de contratação, ressalvado o seu poder de onerar bens ou direitos do seu ativo não circulante.[29] A decretação da falência ou o processamento da recuperação judicial também não impede que sejam firmadas novas convenções de arbitragem pelo administrador judicial na falência ou pelo devedor em recuperação judicial, ainda que a prévia autorização judicial possa ser necessária na falência.[30]

---

24. Art. 6º, § 7º-A, da LRF.
25. Art. 6º, § 7º-B, da LRF.
26. A interpretação dos dispositivos da LRF antes da reforma já subscrevia esse entendimento, mas suscitava algumas questões. Vide MORAES, Felipe F. M. Arbitragem e falência. In: CARMONA, Carlos A. LEMES, Selma F. MARTINS, Pedro B. (Org.). *20 Anos da Lei de Arbitragem*: Homenagem a Petrônio R. Muniz. São Paulo: Grupo GEN, 2017, p. 760; FICHTNER, José A. MANNHEIMER, Sergio N. MONTEIRO, André L. Op. cit. São Paulo: Grupo GEN, 2018, p. 459; vide SACRAMONE, Marcelo Barbosa. Op. cit., p. 419.
27. Firmada a convenção arbitral, tem-se ato jurídico perfeito e acabado. Vide RAMOS, André de C. GRAMSTRUP, Erik F. *Comentários à Lei de Introdução às Normas do Direito Brasileiro*: LINDB. São Paulo: Saraiva, 2021, p. 108); Vide ALMEIDA, José Gabriel L. P. de; RAMALHO, Matheus S. *A Compatibilidade da Arbitragem com a Falência e a Recuperação Judicial*. Florianópolis: CONPEDI, 2021, p. 126.
28. BRASIL. Superior Tribunal de Justiça (Terceira Turma). Medida Cautelar 14.295/SP, Rel. Min. Nancy Andrighi. Brasília, 13 jun. 2020. Há também outros argumentos a corroborar a validade e eficácia da convenção arbitral. Vide TOLEDO, Paulo F. C. S. Arbitragem e insolvência. *Revista de Arbitragem e Mediação*, ano 5, v. 20, p. 6-7. São Paulo: Ed. RT, jan./mar. 2009; Vide também CARNAÚBA, César A. M. Arbitragem e Insolvência. In: VASCONCELOS, Ronaldo. MALUF, Fernando. SANTOS, Guivani R. et al. (Org.). *Análise Prática das Câmaras Arbitrais e da Arbitragem no Brasil*. São Paulo: IASP, 2019, p. 510.
29. LRF, art. 66.
30. Na falência, há certa divergência quanto à necessidade de autorização judicial e/ou do Comitê de Credores e do falido para o administrador judicial firmar convenção arbitral em nome da massa falida. O falido, em contrapartida, apesar de manter a sua capacidade para contratar, não pode fazê-lo em relação aos bens e direitos

A princípio, é possível dizer que a arbitrabilidade objetiva também não é afetada pelo início dos procedimentos de insolvência. Primeiro, a falência e a recuperação judicial não alteram a natureza patrimonial disponível dos bens e direitos sujeitos à insolvência.[31] Segundo, os efeitos da *vis attrativa* da corte falimentar – ou da sua versão aplicada à recuperação judicial – não atinge as arbitragens. O procedimento arbitral tem natureza cognitiva e tribunais arbitrais não tem jurisdição para executar o patrimônio da parte insolvente.[32] Deferido o processamento da recuperação judicial ou decretada a falência, aplica-se às arbitragens o mesmo entendimento reservado às ações judiciais de conhecimento, preservando-se a jurisdição originária sobre os litígios envolvendo a empresa insolvente.[33]

Isso significa que o início de procedimentos de insolvência não deve afetar a jurisdição do tribunal arbitral para conhecer e julgar matérias contratuais, incluindo-se a sua existência, validade, eficácia, a sua resolução ou revisão, a aplicação de multas ou a fixação de indenização por perdas e danos decorrentes do seu inadimplemento. Nesse sentido, ao decidir conflito de competência envolvendo a rescisão de contrato de fornecimento de energia elétrica sujeito à arbitragem, no qual empresa em recuperação judicial figurava como compradora, a Segunda Seção do Superior Tribunal de Justiça decidiu que "A discussão no Juízo arbitral limita-se a validade e eficácia de contrato de fornecimento de energia elétrica, nada tratando de falta de pagamento. Inexiste na presente lide a prática de qualquer ato de execução que se refira à disposição dos bens da empresa em recuperação, a fim de justificar a competência do Juízo universal".[34] Ratifica-se, assim, a coexistência entre a jurisdição arbitral e o juízo recuperacional, respeitadas as respectivas competências.

O início de procedimentos de insolvência também não deve afetar a resolução de disputas societárias entre quotistas ou acionistas da empresa em falência ou recuperação

---

que compõem a massa falida. Na recuperação judicial, não há afetação da capacidade geral do devedor para contratar e devedor continua à frente das atividades (cf. LRF, art. 64). Apesar de o devedor não poder onerar bens ou direitos do seu ativo não circulante, entende-se que a celebração de convenção arbitral não importa oneração desses ativos. Vide SOUZA FILHO, Mario L. de. Os Reflexos da Decretação de Falência no Procedimento Arbitral. *Revista Semestral de Direito Empresarial*, n. 25, p. 140. Rio de Janeiro: Renovar, 2021; Vide também CRIPPA, Carla de V. Recuperação Judicial, Falência e Arbitragem. *Revista de Arbitragem e Mediação*. v. 29, p. 183. São Paulo: Ed. RT, 2011. Vide TOLEDO, Paulo F. C. S. Op. cit., p. 6-8.

31. Vide BRASIL. Superior Tribunal de Justiça (Terceira Turma). Recurso Especial 1.953.212/RJ, Rel. Min. Nancy Andrighi. Brasília, 26 out. 2021.
32. TOLEDO, Paulo F. C. S. de. Arbitragem e insolvência. *Revista de Arbitragem e Mediação*. ano 5, v. 20, São Paulo: Ed. RT, jan./mar. 2009; MARTINS, Pedro A. B. *O poder judiciário e a arbitragem*: quatro anos da Lei 9.307/96. *Revista de Direito Bancário, do Mercado de Capitais e da Arbitragem* 10/338. São Paulo: Ed. RT, 2000. Para um breve distinção sobre a natureza cognitiva, executiva e/ou cautelar da jurisdição, vide GRECO, Leonardo. *Instituições de Processo Civil*: Introdução ao Direito Processual Civil. 5. ed. São Paulo: Grupo GEN, 2015, p. 86-87.
33. BRASIL. Superior Tribunal de Justiça. Recurso Especial 1.953.212/RJ, Op. cit.; BRASIL. Superior Tribunal de Justiça (Quarta Turma). Recurso Especial 1.471.615/SP, Rel. Min. Marco Buzzi. Brasília, 16 set. 2014; BRASIL. Superior Tribunal de Justiça (Segunda Seção). Conflito de Competência 164.118/DF, Rel. Min. Antonio Carlos Ferreira. Brasília, 1º out. 2019; BRASIL. Superior Tribunal de Justiça (Quarta Turma). Conflito de Competência 152.348/GO, Rel. Min. Luis Felipe Salomão. Brasília, 13 dez. 2017.
34. BRASIL. Superior Tribunal de Justiça. Conflito de Competência 164.118/DF, Op. cit.

judicial.³⁵ Caso uma decisão arbitral reconheça um crédito em desfavor da empresa insolvente, caberá a sua habilitação na insolvência ou a sua execução imediata, conforme se trate de crédito concursal ou crédito extraconcursal respectivamente.³⁶ A definição da natureza concursal ou extraconcursal do crédito é matéria de jurisdição exclusiva da corte de insolvência, mas não deve influir na jurisdição do tribunal arbitral para adjudicar a disputa.³⁷ Igualmente, entende-se que as repercussões das decisões do tribunal arbitral sobre o procedimento de insolvência (eg. a invalidade do plano de recuperação judicial) está sob jurisdição exclusiva da corte falimentar.³⁸

Essa convivência harmônica entre a jurisdição arbitral e estatal em casos de insolvência é frequentemente corroborada pelo Superior Tribunal de Justiça. De um lado, a jurisprudência da corte superior ratifica a aplicação do princípio do *kompetenz-kompetenz* e a exclusividade da jurisdição arbitral para conhecer e julgar disputas cobertas por convenção arbitral.³⁹ De outro, a corte ressalva que tutelas executivas estão sempre reservadas à tutela judicial, "haja vista que o árbitro é desprovido de poderes coercitivos".⁴⁰ Assim, em regra, a linha divisória entre a jurisdição arbitral e estatal é traçada à luz da

---

35. TEPEDINO, Ricardo. O direito societário e a recuperação judicial. In: VENANCIO FILHO, Alberto; LOBO, Carlos A. da S. ROSMAN, Luiz A. C. (Org.). *Lei das S.A em seus 40 anos*. Rio de Janeiro: Forense, 2017, p. 584.
36. SALOMÃO, Luis F. DOS SANTOS, Paulo P. *Recuperação Judicial, extrajudicial e falência*: teoria e prática. 6. ed. Rio de Janeiro: Forense, 2012. p. 238.
37. BRASIL. Superior Tribunal de Justiça (Quarta Turma). Conflito de Competência 178.571/MG, Rel. Min. Luis Felipe Salomão. Brasília, 20 abr. 2022. RIO DE JANEIRO. Tribunal de Justiça do Estado do Rio de Janeiro. Agravo de Instrumento 0016509-16.2014.8.19.0000, Rel. Des. Horácio dos Santos, Rio de Janeiro, 22 jul. 2014. BRASIL. Superior Tribunal de Justiça (Segunda Seção). Conflito de Competência 162.066/CE, Rel. Min. Luis Felipe Salomão. Brasília, 15 maio 2019; BRASIL. Superior Tribunal de Justiça. Recurso Especial 1.953.212/RJ, Op. cit. ("não é a natureza do crédito (concursal ou extraconcursal) que define a competência para julgamento de ações (etapa cognitiva) propostas em face de empresa em recuperação judicial, mas sim as regras ordinárias dispostas na legislação processual").
38. BRASIL. Superior Tribunal de Justiça. Conflito de Competência 152.348/GO, Op. cit. (decisão monocrática confirmando a jurisdição do árbitro sobre a disputa societária, mas estabelecendo que cabe ao juízo da recuperação judicial "avaliar eventual repercussão da sentença arbitral que conclua ter havido ilícitos societários por parte da TCI e de seus gestores"). Semelhante conclusão foi alcançada no Conflito de Competência 157.099, no qual o Superior Tribunal de Justiça decidiu, por maioria, que disputas relacionadas a atos societários para implementação plano de recuperação judicial podem ser submetidas à jurisdição arbitral, pois não se confundem com a avaliação de legalidade do plano de recuperação judicial ou com os efeitos decorrentes do seu descumprimento, que são de competência exclusiva do juízo da recuperação judicial. O assunto, todavia, não é unânime no STJ. Vide BRASIL. Superior Tribunal de Justiça (Segunda Seção). Conflito de Competência 148.728/RJ, Rel. Min. Marco Buzzi. Brasília, 20 set. 2016.
39. Por exemplo: BRASIL. Superior Tribunal de Justiça (Terceira Turma). Recurso Especial 1.818.982/MS, Rel. Min. Nancy Andrighi. Brasília, 06 fev. 2020; BRASIL. Superior Tribunal de Justiça (Terceira Turma). Recurso Especial 1.656.643/RJ, Rel. Min. Nancy Andrighi. Brasília, 12 abr. 2019.
40. BRASIL. Superior Tribunal de Justiça (Terceira Turma). Recurso Especial 1.820.621/RJ, Rel. Min. Nancy Andrighi. Brasília, 20 set. 2021; BRASIL. Superior Tribunal de Justiça (Terceira Turma). Recurso Especial 1.373.710/MG, Rel. Min. Ricardo Cueva. Brasília, 07 abr. 2015; BRASIL. Superior Tribunal de Justiça (Quarta Turma). Recurso Especial 1.465.535/SP, Rel. Min. Luis Felipe Salomão. Brasília, 21 jun. 2016. Havendo alguma controvérsia sobre o contrato (o que seria objeto de embargos à execução), caberá ao início de arbitragem para delas conhecer. Contudo, vide BRASIL. Superior Tribunal de Justiça (Terceira Turma). Recurso Especial 1.717.677/PR, Rel. Min. Nancy Andrighi. Brasília, 19 nov. 2019. Vide também CARMONA, Carlos Alberto. Considerações Sobre a Cláusula Compromissória e a Cláusula de Eleição de Foro. In: CARMONA, Carlos Alberto; LEMES, Selma F.; MARTINS, Pedro B. (Org.). *Arbitragem*: Estudos em Homenagem ao Prof. Guido Fernando da Silva Soares. São Paulo: Atlas, 2007, p. 43.

distinção entre seus poderes cognitivos e executivos, respectivamente. Por exemplo, o Superior Tribunal de Justiça já decidiu que por se tratar de pretensão executória, o requerimento de falência é incompatível com a jurisdição arbitral. Em regra, um requerimento de falência fundamentado em duplicatas oriundas de contrato com cláusula arbitral é de competência da corte falimentar.[41]

Essa linha, contudo, nem sempre é tão nítida. Discussão interessante surge, por exemplo, na hipótese em que a falência é elidida pelo depósito a que alude o art. 98, parágrafo único da LRF. Em tal hipótese, a natureza de execução coletiva deixa de existir, ganhando o feito contornos de ação de conhecimento – o resultado prático da vitória do credor não é o decreto de falência e sim o levantamento do valor depositado. Como exposto pelo Superior Tribunal de Justiça, com o depósito elisivo da falência "[e]lide-se o estado de insolvência presumida, de modo que a decretação da falência fica afastada, mas o processo converte-se em verdadeiro rito de cobrança, pois remanescem as questões alusivas à existência e exigibilidade da dívida cobrada".[42]

Em sendo *rito de cobrança* voltado à discussão de matérias sujeitas à arbitrabilidade objetiva, poder-se-ia cogitar que, elidida a falência, as partes deveriam ser remetidas à arbitragem. Contudo, o Superior Tribunal de Justiça aponta em sentido contrário:

> o fato de a recorrente, no curso da presente ação, ter efetuado depósito elisivo, nos moldes do art. 98, parágrafo único, da Lei 11.101/2005, o que inviabiliza a decretação da falência, é irrelevante para remover a competência do Poder Judiciário, uma vez que, a partir do depósito elisivo, o processo se transforma em ação de cobrança e segue pela via executiva comum, o que de todo modo seria inviável no juízo arbitral. Isso porque, como já se disse, a execução forçada do patrimônio do devedor não poderia ser satisfeita por meio do procedimento arbitral.[43]

Com o devido acato, a decisão não está imune a críticas. Segundo jurisprudência do próprio Superior Tribunal de Justiça,[44] as matérias afetas à defesa do executado contra execução derivada de contrato com cláusula compromissória não se confundem com a pretensão executiva. Estão, portanto, ordinariamente submissas à jurisdição arbitral.

Há, igualmente, outras zonas cinzentas. Em diversas oportunidades, o Superior Tribunal de Justiça confirmou a jurisdição arbitral para apreciar demandas de natureza cautelar, já que a execução da respectiva decisão arbitral estaria, em todo caso, sujeita ao crivo da corte falimentar. Esse fator foi determinante no REsp 1.297.974, quando a corte corroborou a jurisdição arbitral para "processar e julgar pedido cautelar formulado pelas partes, limitando-se, porém, ao deferimento da tutela, estando impedido de

---

41. BRASIL. Superior Tribunal de Justiça (Terceira Turma). Recurso Especial 1.277.725/AM, Rel. Min. Nancy Andrighi. Brasília, 12 mar. 2013; BRASIL. Superior Tribunal de Justiça (Terceira Turma). Recurso Especial 1.735.538/SP, Rel. Min. Marco Aurélio Bellizze. Brasília, 6 out. 2020.
42. BRASIL. Superior Tribunal de Justiça (Quarta Turma). Recurso Especial 1.433.652/RJ, Rel. Min. Luis Felipe Salomão. Brasília, 29 out. 2014.
43. BRASIL. Superior Tribunal de Justiça (Quarta Turma). Recurso Especial 1.733.685/SP, Rel. Min. Raul Araújo. Brasília, 06 nov. 2018.
44. A título de exemplo: BRASIL. Superior Tribunal de Justiça (Terceira Turma). Recurso Especial 425.931/MG, Rel. Min. Ricardo Cueva. Brasília, 15 out. 2018.

dar cumprimento às medidas de natureza coercitiva [que] deverão ser executadas pelo Poder Judiciário".[45] Semelhante conclusão foi aplicada no CC 111.230, quando a corte confirmou a jurisdição arbitral sob a observação de que os árbitros "poderão deferir a medida [cautelar], com imediata delegação ao Poder Judiciário da respectiva efetivação".[46]

Em outros casos, contudo, a apreciação de requerimentos com potencial efeito negativo sobre patrimônio da empresa insolvente – como medidas cautelares voltadas a assegurar a efetividade de futura execução – foi reservada à competência da corte de insolvência, apesar da ausência de poderes do tribunal arbitral para executa-las. É o que ocorreu, por exemplo, no âmbito do CC 153.498. O Superior Tribunal de Justiça concluiu que "apesar da determinação do juízo arbitral não se referir a ato constritivo em sentido estrito, inegável que a exigência de apresentação de carta de fiança para garantia de dívida refletirá no patrimônio da sociedade recuperanda".[47] A corte também destacou que "a atribuição de exclusividade ao juízo universal evita que medidas expropriatórias possam prejudicar o cumprimento do plano de recuperação judicial".[48] A definição da jurisdição sob o ponto de vista dos efeitos (e não da natureza) da decisão arbitral parece ir na contramão do critério estabelecido pela jurisprudência e pela LRF para definição dos limites da jurisdição arbitral e estatal.

Menos dúvidas sobressaem da relação à jurisdição para conhecer e julgar matérias relativas ao cerne da recuperação judicial e falência. A jurisprudência do Superior Tribunal de Justiça prescreve que a corte falimentar tem competência exclusiva para dirimir algumas questões relacionadas intrinsecamente ao procedimento de insolvência, como a sucessão de responsabilidade do adquirente de ativos no âmbito da insolvência, ou a extensão da responsabilidade civil do devedor aos seus sócios.[49] Outros possíveis exemplos são: o deferimento do processamento da recuperação judicial, o descumprimento do plano de recuperação judicial e a decretação de falência.[50]

Em resumo, a decretação de falência ou o processamento da recuperação judicial não acarretam, por si só, a inarbitrabilidade subjetiva ou objetiva de uma disputa.

---

45. BRASIL. Superior Tribunal de Justiça (Terceira Turma). Recurso Especial 1.297.974/RJ, Rel. Min. Nancy Andrighi. Brasília, 28 ago. 2012.
46. BRASIL. Superior Tribunal de Justiça (Terceira Turma). Conflito de Competência 111.230/DF, Rel. Min. Nancy Andrighi. Brasília, 08 maio 2013. A matéria também foi inicialmente debatida no julgamento do CC 148.932, com divergências exaradas nos termos do voto dos Min. Ricardo Cueva e Min. Maria Isabel Gallotti. Entretanto, o conflito entre o tribunal arbitral e a corte de recuperação judicial restou prejudicado. Vide BRASIL. Superior Tribunal de Justiça (Segunda Seção). Conflito de Competência 148.932/RJ, Rel. Min. Ricardo Cueva. Brasília, 13 dez. 2017.
47. BRASIL. Superior Tribunal de Justiça. Conflito de Competência 153.498/RJ, Rel. Min. Luis Felipe Salomão. Brasília, 13 dez. 2017.
48. Ibid. Semelhante entendimento foi adotado no CC 125.184, no qual o Superior Tribunal de Justiça declarou competente o juízo da recuperação judicial para apreciar medida cautelar de arresto fundamentada em créditos extraconcursais (BRASIL. Superior Tribunal de Justiça. Conflito de Competência 125.184/SP, Rel. Min. Paulo de Tarso Sanseverino, Brasília, 10 mar. 2015).
49. BRASIL. Superior Tribunal de Justiça (Segunda Seção). Conflito de Competência 112.638/RJ, Rel. Min. João Otávio de Noronha. Brasília, 19 ago. 2011; BRASIL. Superior Tribunal de Justiça (Terceira Turma). Conflito de Competência 118.183/MG, Rel. Min. Nancy Andrighi. Brasília, 09 nov. 2011.
50. SALOMÃO, Luis F.; SANTOS, Paulo P. Op. cit., p. 238.

A rigor, a interação entre os procedimentos de insolvência e a arbitragem segue o regime tradicionalmente aplicado às demais ações de conhecimento sobre direitos patrimoniais disponíveis, isto é, a arbitragem tem prosseguimento até que o tribunal arbitral julgue o mérito da disputa. Há, contudo, possíveis ressalvas. Na medida em que decisões arbitrais tenham efeitos adversos sobre o patrimônio da parte insolvente, notadamente no âmbito da adoção de medidas cautelares voltadas à assegurar o cumprimento de futura decisão arbitral, é possível a atração da competência da corte da insolvência graças à primazia conferida pelas cortes brasileiras ao juízo universal da falência e da recuperação judicial. Em qualquer caso, segundo a jurisprudência do Superior Tribunal de Justiça, a execução forçada de decisões arbitrais contra a parte insolvente deve ocorrer perante a corte de insolvência, a quem cabe avaliar, nas recuperações judiciais, se a execução frustrará a preservação da empresa e/ou a viabilidade do plano de recuperação judicial.

2. INSOLVÊNCIA E ARBITRAGEM EM JURISDIÇÕES DISTINTAS

Quando o procedimento de insolvência e a arbitragem estão em distintas jurisdições, os procedimentos de reconhecimento da insolvência estrangeira e a perspectiva de execução da decisão arbitral na jurisdição sede da insolvência adquirem maior relevância. Esses dois fatores são abordados a seguir sob os pontos de vista da relação entre a arbitragem brasileira com a insolvência estrangeira e vice-versa.

2.1 Insolvência estrangeira e arbitragem brasileira

A LRF incorporou substancialmente o regime de reconhecimento de insolvências estrangeiras proposto pela *UNCITRAL Model Law on Cross-Border Insolvency* (Lei Modelo).[51] A adoção da Lei Modelo inaugurou no Brasil o procedimento de reconhecimento de insolvências estrangeiras, agora disciplinado na Seção III do Capítulo VI-A da LRF.[52] O procedimento objetiva estender ao Brasil os efeitos do regime da insolvência declarada em outro país, investindo jurisdição a uma corte brasileira para tutelar os interesses do devedor, credores e terceiros interessados no Brasil.[53]

Os efeitos da decisão de reconhecimento da insolvência estrangeira sobre as arbitragens sediadas em território nacional se identificam, primeiramente, pela sua semelhança com a decisão de processamento da recuperação judicial no Brasil. Assim

---

51. A Lei Modelo foi criada com o objetivo de auxiliar Estados na previsão mecanismos legais de cooperação internacional para atribuição de efeitos extraterritoriais a insolvências, tendo sido adotada por 50 países até o momento. Disponível em: https://uncitral.un.org/sites/uncitral.un.org/files/media-documents/uncitral/en/1997-model-law-insol-2013-guide-enactment-e.pdf. Acesso em: 8 dez. 2021.
52. Antes da adoção da Lei Modelo, não havia mecanismo de reconhecimento de procedimentos de insolvência estrangeira. A lacuna legal suscitava recorrentes conflitos de jursidição entre cortes de insolvência brasileira e estrangeira, notadamente no âmbito de pedidos de recuperação judicial ajuizados por sociedades estrangeiras no Brasil e no exterior. Exemplos emblemáticos desses conflitos de jurisdição são as recuperações judiciais do Grupo OGX (processo 0377620-56.2013.8.19.0001) e do Grupo Oi (processo 0203711-65.2016.8.19.0001).
53. LRF, art. 167-O.

como nas recuperações judiciais, a decisão de reconhecimento de uma insolvência estrangeira não enseja a suspensão automática de procedimentos arbitrais,[54] mas investe jurisdição a uma corte brasileira para tutelar, no Brasil, o patrimônio da empresa insolvente.[55] Como visto acima, isso pode afetar a arbitrabilidade objetiva de algumas questões ordinariamente sujeitas à arbitragem.

Em particular, decisões arbitrais que tenham repercussão negativa sobre os bens da parte insolvente podem estar sujeitas à competência da corte falimentar brasileira onde se processa o reconhecimento da insolvência estrangeira, ensejando possíveis conflitos de jurisdição entre o tribunal arbitral e a corte de insolvência. A princípio, não se veem elementos no procedimento de reconhecimento capazes de alterar a jurisprudência do Superior Tribunal de Justiça nesses conflitos de jurisdição, comentados na seção anterior.

Semelhanças à parte, o procedimento de reconhecimento de insolvência estrangeira também guarda características próprias que podem repercutir nas arbitragens sediadas no Brasil. Uma das principais características da Lei Modelo e dos procedimentos de reconhecimento de insolvência estrangeira em geral é o estabelecimento de um regime de cooperação e coordenação entre a jurisdição nacional e estrangeira, com o intuito de melhor preservar o patrimônio da empresa insolvente e o tratamento isonômico de credores. Os artigos 167-A e 167-P da LRF dispõem que o procedimento de reconhecimento de insolvências estrangeiras deve ser orientado a promover a cooperação internacional entre juízes, a administração justa e eficiente de processos de insolvência transnacionais, a maximização do valor dos ativos do devedor e a preservação da empresa.[56] Embora a LRF confira autonomia às cortes brasileiras[57] essa autonomia deve ser conjugada com o dever de cooperação com as cortes estrangeiras.

Em certos casos, a observância desse dever pode ter consequências práticas às arbitragens sediadas no Brasil. Por exemplo, não é raro que legislações de insolvência estrangeiras determinem ou autorizem que a corte de insolvência suspenda ações em face o devedor, incluindo-se as arbitragens, como forma de proteger o patrimônio do devedor após o início do procedimento de insolvência.[58] Essa suspensão pode se estender até a ocorrência de um ato específico na insolvência (como na França[59] ou Holanda[60])

---

54. LRF, art. 167-M, I, § 2º. Apesar de o dispositivo citar que "[O]s credores conservam o direito de ajuizar quaisquer processos judiciais e arbitrais [...]", não se vê razões para se concluir que também o devedor ou o representante estrangeiro não estariam legitimados a fazê-lo.
55. LRF, artigos 167-L e 167-N.
56. Os artigos 26 e 27 do Código de Processo Civil também contêm regras aplicáveis à cooperação jurídica internacional, permitindo, por exemplo, a concessão de medida judicial de urgência, a assistência jurídica internacional e qualquer outra medida judicial ou extrajudicial não proibida pela lei brasileira.
57. LRF, artigos 167-N, V e 167-O, § 2º.
58. Essa é, inclusive, a regra contida na Lei Modelo (UNCITRAL. Model Law on Cross-Border Insolvency with Guide to Enactment and Interpretation, Vienna: United Nations, 2014, p. 82-84).
59. IBA. Toolkit on Insolvency and Arbitration Questionnaire. National Report of France. 2021, p. 3.
60. IBA. Toolkit on Insolvency and Arbitration Questionnaire. National Report of Netherlands. 2021, p. 10-11.

ou até a sua revisão pela corte de insolvência (como nos Estados Unidos,[61] Canadá,[62] Inglaterra[63] e Singapura[64]).

Iniciado o procedimento de reconhecimento de insolvências estrangeiras no Brasil, é possível que cortes brasileiras sejam instadas a adotar essas e outras medidas tomadas por cortes de insolvência estrangeiras em relação a arbitragens com sede no Brasil. É o que ocorreu, por exemplo, em processo de reconhecimento de insolvência estrangeira perante a corte de insolvências do Rio de Janeiro. Reconhecida a insolvência iniciada em Singapura, a corte brasileira estendeu ao território brasileiro os efeitos de um "Scheme of Arrangement" aprovado na insolvência estrangeira, o que se entendeu semelhante a um plano de recuperação judicial.[65] A pertinência e adequação da extensão ao território brasileiro dos efeitos de decisões da corte de insolvência estrangeira – especialmente quando contrárias ao tratamento da matéria pela LRF – devem ser cuidadosamente examinadas à luz da lei brasileira e dos limites impostos pela ordem pública nacional.[66] A depender do caso, os efeitos da decisão estrangeira podem ou não ser aplicados em território nacional.

A revisão e eventual adoção pelas cortes brasileiras de decisões de cortes estrangeiras também pode ocorrer em virtude da aplicação das normas brasileiras de direito privado internacional. Em particular, pela leitura conjunta do artigos 7º e 11º da LINDB, as regras do país de constituição das sociedades estabelecem a sua capacidade para contratar no Brasil.[67] No caso das pessoas jurídicas, essa capacidade é definida segundo a lei do seu local de incorporação.[68] Isso significa que a capacidade para contratar no Brasil de uma empresa estrangeira que tenha iniciado uma insolvência no seu local de domicílio pode ser afetada pela lei do local da insolvência.[69]

Hipótese semelhante ocorreu ao menos uma vez em outra jurisdição, no caso *Vivendi v. Elektrim*. Nesse caso, o tribunal arbitral sediado na Suíça declinou a sua jurisdição

---

61. IBA. Toolkit on Insolvency and Arbitration Questionnaire. National Report of United States. 2021, p. 2-6.
62. LALONDE, Marc. ALEXEEV, Lev. National Report for Canada 2018. In: BOSMAN, Lise (Ed.). *ICCA International Handbook on Commercial Arbitration*, suppl. n. 116. ICCA & Kluwer Law International, 2021, p. 12-13.
63. IBA. Toolkit on Insolvency and Arbitration Questionnaire. National Report of England and Wales. Inglaterra. 2021, p. 3, 12-14.
64. IBA. Toolkit on Insolvency and Arbitration Questionnaire. National Report of Singapore. 2021, p. 2-3.
65. BRASIL. Tribunal de Justiça do Rio de Janeiro (3ª Vara Empresarial). Processo 0129945-03.2021.8.19.0001. Juiz Luiz Alberto Carvalho Alves, 14 dez. 2021.
66. LRF, art. 167-A, § 4º. Vide também o art. 26, § 3º do Código de Processo Civil.
67. Decreto-Lei 4.657/1942, art. 11. "As organizações destinadas a fins de interesse coletivo, como as sociedades e as fundações, obedecem à lei do Estado em que se constituírem".
68. TIBURCIO, Carmen. *A disciplina legal da pessoa jurídica à luz do direito internacional e brasileiro*. Rio de Janeiro: Revista Semestral de Direito Empresarial 8, 2011, p. 186-187; RAMOS, André de C. GRAMSTRUP, Erik F. Op. cit., p. 229-230.
69. A hipótese admite, contudo, algumas variáveis. Em particular, a aplicação da lei do domicílio da parte pode, em tese, ser afastada pela vontade das partes ao elegerem outra lei aplicável à convenção de arbitragem, o que pode levar a diferentes resultados segundo o(s) regime(s) de conflito de leis aplicável(is). Vide LEMES, Selma; ALBUQUERQUE, Felipe. Convenção de Nova York e a Lei de Arbitragem: Algumas Considerações sobre a Lei Aplicável ao Consentimento das Partes. In: Vide LEMES, Selma; CARMONA, Carlos A.; MARTINS, Pedro B. (Org.). Op. cit., p. 679-683.

após uma das partes iniciar processo de insolvência na Polônia. Segundo o tribunal, a lei da sede da arbitragem e a regulação do Conselho Europeu 1346/2000 determinavam que a capacidade da parte para contratar deveria ser aferida pela lei do país no qual estava constituída – *in casu*, a Polônia – segundo a qual a parte insolvente havia perdido a sua capacidade para contratar. Com esse fundamento, o tribunal declinou a sua jurisdição porque a convenção de arbitragem havia perdido a sua validade.[70] Curiosamente, em outra arbitragem envolvendo a mesma parte insolvente, um tribunal arbitral sediado na Inglaterra deu continuidade à arbitragem sob o entendimento de que a lei inglesa e a regulação do Conselho Europeu 1346/2000 não impediam o prosseguimento de arbitragens pendentes no momento do início da insolvência.[71]

Na maioria das legislações de insolvência, a parte insolvente preserva a sua capacidade para contratar, ainda que de forma limitada, resguardando-se a validade das convenções de arbitragem.[72] Por exemplo, em outra arbitragem com sede na Suíça, o tribunal arbitral confirmou a sua jurisdição após uma das partes ter iniciado procedimento de insolvência em Portugal, já que a lei de insolvência portuguesa não impõe tal restrição automática sobre a capacidade da parte insolvente.[73] O mesmo posicionamento tem sido adotado por tribunais arbitrais e cortes em outras jurisdições.[74] Considerados,

---

70. SUÍÇA, Suprema Corte Suíça. DTF 4A_ 428/2009.
71. *LCIA:* Interim Award, Elektrim SA v. Vivendi Universal SA. Polônia. 2008. A decisão também foi confirmada pelas cortes inglesas em INGLATERRA, High Court of Justice (2155). Syska v. Vivendi Universal S.A., 02 fev. 2008 e INGLATERRA, Court of Appeal (Civil Division – 677). Syska v. Vivendi Universal S.A., 09 jul. 2009. Para mais detalhes, vide VIDAL, Dominique. Arbitration and Insolvency Proceedings: Comments on ICC Awards and Other Recent Decisions. *ICC International Court of Arbitration Bulletin*, v. 20, issue 1, p. 61-63, 2009; vide NATER-BASS, Gabrielle. YOUSEFF, Omar A., The Award and Courts: Effects of Foreign Bankruptcy on International Arbitration. In: PITKOWITS, Nikolaus. PETSCHE, Alexander. KREMSLEHNER, Florian. (Ed.). *Austrian Yearbook on International Arbitration*. Vienna: Manz'sche Verlags und Universitätsbuchhandlung, 2011, p. 164-167.
72. A própria lei polonesa foi alterada em 2015 para resguardar a validade da cláusula arbitral após o início da insolvência, ressalvadas poucas exceções. Semelhante dispositivo também foi adotado na lei de arbitragem espanhola em 2011, com a ressalva de que a corte de insolvência ainda está autorizada a suspender os efeitos da convenção de arbitragem quando esta importar prejuízo à tramitação da insolvência. Vide KOS, Rafał; GASIOROWSKI, Kuba. *The Elektrim era comes to an end. International Law Office, Arbitration & ADR*. Polônia. 2015. Vide também IBA. Toolkit on Insolvency and Arbitration Questionnaire. National Report of Singapore. Singapura. 2021, p. 3. Note-se, contudo, que cláusulas de arbitragem podem perder a sua eficácia parcial ou totalmente a depender da extensão da jurisdição conferida à corte de insolvência (*vis attractiva*) e/ou do poder conferido ao administrador judicial ou a parte insolvência para terminar convenções de arbitragem ou contratos com convenção arbitral. Vide KRÖLL, Stefan M. Arbitration and Insolvency Proceedings: Selected Problems. In: MISTELIS, Loukas A. LEW, Julian D. M. (Ed.). *Pervasive Problems in International Arbitration, International Arbitration Law Library*. Kluwer Law International, 2006, p. 370-374; VICENTE, Dário M. L. de, National Report for Portugal, 2018-2022. In: BOSMAN, Lise (Ed.). *ICCA International Handbook on Commercial Arbitration*. ICCA & Kluwer Law International, 2020, p. 13.
73. SUÍÇA. Suprema Corte Suíça. DTF 4A_50/2012. Vide também NAEGELI, Georg. VORBURGER, Simon. The Award and the Courts, When a Party to an International Arbitration Goes Bankrupt: A Swiss Perspective. In: KLAUSEGGER, Christian. KLEIN, Peter. KREMSLEHNER, Florian (Ed.). *Austrian Yearbook on International Arbitration*. Vienna: Manz'sche Verlags und Universitätsbuchhandlung, 2016, p. 148-151.
74. Vide, por exemplo, MERCERAU, Ana G. de B. Note: Société Aéronautique et technologies embarqués (ATE) v. Companies Airbus helicopters and Airbus Helicopters Deutschland, Court of Cassation of France, First Civil Law Chamber, Case N. 15-19389, 13 July 2016. In: LEE, João B. LEVY Daniel de A. (Ed.). *Revista Brasileira de Arbitragem*, v. XIV, issue 55, p. 149-155. CBAr & IOB, Kluwer Law International, 2017. No caso ICC Award N.

entretanto, os artigos 7º e 11 da LINDB, não se pode ignorar o potencial efeito da legislação do local da insolvência sobre a validade das convenções arbitrais firmadas no Brasil.

As hipóteses tratadas acima têm em comum o início do procedimento de reconhecimento da insolvência estrangeira perante as cortes brasileiras, conforme previsto na LRF. Nesses casos, a apreciação de requerimentos direcionados à adoção de medidas no Brasil em consequência da insolvência estrangeira são, *a priori*, de competência exclusiva da corte perante a qual se processa o reconhecimento do procedimento de insolvência estrangeira.[75] A não observância de decisões tomadas pelas cortes de insolvência pelos tribunais arbitrais com sede no Brasil pode ensejar um conflito de jurisdição, como tratado acima, e/ou implicar na anulação da sentença arbitral.[76]

É preciso conceber, entretanto, um cenário no qual o procedimento de reconhecimento do processo de insolvência estrangeira não seja iniciado, seja porque não há interesse em estender os seus efeitos de forma *erga omnes* no Brasil, seja porque não houve tempo suficiente para fazê-lo. Na ausência de um procedimento de reconhecimento de processo estrangeiro, é possível – e até comum – que requerimentos fundamentados no início do processo de insolvência estrangeira sejam endereçados diretamente ao tribunal arbitral. Em certos casos, a suspensão do procedimento arbitral ou a adoção de outras medidas pelo tribunal arbitral podem ter sido expressamente determinadas pela corte de insolvência estrangeira.[77]

Em tese, por não estarem vinculados a decisões proferidas por cortes de outras jurisdições, a adoção de medidas por tribunais arbitrais em consideração a insolvências estrangeiras é o resultado do seu livre convencimento, isto é, da sua discricionariedade.[78] Na prática, tribunais arbitrais podem estar mais inclinados a adotar medidas que estejam em consonância com a lei da sede da arbitragem, com o intuito de preservar a validade do procedimento e da sentença arbitral – ou seja, a sua não anulação pelas

---

6192, o tribunal arbitral distinguiu a celebração e a execução do acordo de arbitragem, destacando que não havia que se considerar a incapacidade da parte insolvente de execução da cláusula arbitral firmada antes do início da insolvência (Reportada em MANTILLA-SERRANO, Fernando. *International Arbitration and Insolvency Proceedings*. Arbitration International, v. 11, n. 1, LCIA, 1995, p. 64-65).

75. O art. 167-D da LRF determina a competência do principal estabelecimento do devedor no Brasil e, assim, é análogo ao art. 3º da mesma lei. Assim, não se veem razões que ensejem interpretação distinta ao art. 167-D quanto à competência da corte de insolvência para reconhecer a insolvência estrangeira. Vide NETO, Geraldo F. de B. *Reforma da Lei de Recuperação Judicial e Falência*: Comentada e Comparada. São Paulo: Grupo GEN, 2021, p. 208; JÚNIOR, Waldo F. Op. cit., p. 43-44.

76. FICHTNER. José A. MANNHEIMER, Sergio N. MONTEIRO, André L. Questões Concernentes à Anulação de Sentenças Arbitrais Domésticas. In: MUNIZ, Joaquim de P. VERÇOSA, Fabiane. PANTOJA, Fernanda M. et al. (Org.) *Arbitragem e Mediação*: Temas Controvertidos. São Paulo: Grupo GEN, 2014, p. 227. O mesmo se aplica a arbitragens sediadas em outras jurisdições. Vide KOVACS, Robert B. A Transnational Approach to the Arbitrability of Insolvency Proceedings in International Arbitration. *Norton Journal of Bankruptcy Law and Practice*, 2012, p. 26.

77. Vide, por exemplo, INGLATERRA. Court of Appeal (Civil Division – 632). Harms Offshore AHT 'Taurus' GmbH and Co KG v Bloom & Ors, 26 jun. 2009 (conforme comentada em PLC FINANCE. *English court may prevent a creditor enforcing an overseas court order*. Inglaterra: Westlaw, 2009).

78. VORBURGER, Simon. Op. cit., p. 46, 52-53. BORN, Gary. Op. cit., p. 1092. Há quem defenda a obrigação do tribunal arbitral em reconhecer o status de insolvente da parte e adotar as medidas cabíveis na arbitragem, notadamente diante de princípios de ordem pública internacional. Vide VIDAL, Dominique. Op. cit., p. 68-69.

cortes da sede da arbitragem.[79] Providências que busquem preservar o devido processo legal, respeitar a lei de insolvência e/ou normas de ordem pública da sede da arbitragem estão mais propícias a serem implementadas por tribunais arbitrais apesar da ausência de um procedimento de insolvência na sede da arbitragem.[80]

No caso ICC 12907, por exemplo, o tribunal arbitral sediado na Inglaterra reconheceu os efeitos da insolvência iniciada por uma das partes no Egito e conferiu legitimidade ao administrador judicial para representar a parte insolvente na arbitragem. Não havia procedimento de reconhecimento da insolvência egípcia na Inglaterra.[81] Em outra arbitragem, com sede em Luxemburgo, o tribunal arbitral negou requerimento para que a parte insolvente apresentasse caução na arbitragem, por entender que a medida violaria o tratamento isonômico entre credores. O tribunal, contudo, acolheu o pedido de caução dos custos da arbitragem, uma vez que esses valores não estavam submetidos aos efeitos do procedimento de insolvência estrangeiro.[82] Também não havia procedimento de insolvência iniciado na sede da arbitragem.

Em contrapartida, tribunais arbitrais estão geralmente menos propensos a acolher requerimentos direcionados a encerrar a arbitragem, adiá-la indefinidamente ou que possam de outra forma infirmar a sua eficácia.[83] Salvo hipóteses extraordinárias, pedidos de suspensão ou descontinuação da arbitragem com base em insolvências estrangeiras são rejeitados.[84] Esse foi o entendimento, por exemplo, de um tribunal arbitral sediado

---

79. KRÖLL, Stefan M. Op. cit., p. 374. JONES, Douglas S. Insolvency and Arbitration: An Arbitral Tribunal's Perspective. In: O'REILLY, Michael (Ed.). *Arbitration*: The International Journal of Arbitration, Mediation and Dispute Management, v. 78, issue 2, p. 126. Chartered Institute of Arbitrators (CIArb). Sweet & Maxwell. 2012. Vide, por exemplo, IBA. Toolkit on Insolvency and Arbitration Questionnaire. National Report of England and Wales. 2021, p. 31 ("Arbitrators sitting in England and Wales will be obliged to comply with any moratorium that is imposed in England and Wales as a result of the recognition of any foreign main proceedings"); IBA. Toolkit on Insolvency and Arbitration Questionnaire. National Report of France. 2021, p. 30 ("an award which does not respect the effects of insolvency provided by the relevant regime on the jurisdiction of the arbitral award will be set aside as such non-compliance can be considered a violation of international public policy"); IBA. Toolkit on Insolvency and Arbitration Questionnaire. National Report of United States. 2021, p. 02 ("An award issued in contravention of a stay may be declared void and vacated or denied enforcement by United States ("U.S.") courts"). IBA. Toolkit on Insolvency and Arbitration Questionnaire. National Report of Germany. 2021, p. 16 ("If a German-seated tribunal ignores the effects of the insolvency on the arbitration, this leads to the risk of the annulment of the award or its non-enforceability").
80. "The arbitral tribunal has to take into account, however, that the insolvency administrator assumes the authority to dispose of the insolvent estate, in consequence also entering into the role as respondent in an arbitration proceeding. It therefore has to take the necessary measures to ensure that the insolvency administrator has sufficient time and information to adequately prepare the defence. The exact nature and extent of these measures is at the discretion of the tribunal, but failure to do so in the appropriate manner may well be considered a violation of the right to a fair hearing and would as such constitute ground for the reversal of an arbitrational award" (IBA. Toolkit on Insolvency and Arbitration Questionnaire. National Report of Germany. 2021, p. 24).
81. Partial Award in Case 12907 (Extract), *ICC International Court of Arbitration Bulletin*, v. 20, issue 1, p. 98. 2009. Também no caso ICC Award 5877, o tribunal arbitral com sede na Inglaterra reconheceu a insolvência iniciada no Japão e a legitimidade do do administrador judicial para representar a parte insolvente na arbitragem. Vide também MANTILLA-SERRANO, Fernando. Op. cit., p. 66-67.
82. Vide ICC Award 6697, reportada em MANTILLA-SERRANO, Fernando. Op. cit., p. 70.
83. VIDAL, Dominique. Op. cit., p. 54; BORN, Gary. Op. cit., p. 1094-1095.
84. MADAAN, Ishaan PRAKHAR, Chauhan. *A Dialogue on International Arbitration and Insolvency*. Kluwer Arbitration Blog, 2020; MANTILLA-SERRANO, Fernando. Op. cit., p. 58-60; e BAIZEAU, Domitille. Arbitration

em Paris, após uma das partes ter iniciado procedimento de reestruturação (*Chapter 11*) nos Estados Unidos. Embora a lei americana determine a suspensão automática de arbitragens contra o devedor, o tribunal arbitral determinou a continuação da arbitragem, sob o entendimento de que as decisões das cortes estrangeiras não tinham efeito na sede da arbitragem.[85] Semelhante fundamento foi adotado por tribunal sediado em Tokyo, ao negar a suspensão da arbitragem após uma das partes ter iniciado procedimento de insolvência nos Estados Unidos.[86] Outro tribunal, desta vez sediado em Geneva, igualmente recusou a suspensão automática da arbitragem a despeito de tal previsão na lei de insolvência tailandesa, onde uma das partes havia sido iniciado procedimento de insolvência.[87]

Em arbitragens sediadas no Brasil, a lei brasileira de arbitragem (especialmente os seus artigos 21, § 2º e 32), a LRF e as normas de ordem pública brasileiras podem exercer papel relevante no convencimento do tribunal arbitral. Mais particularmente, a anuência das partes, a boa-fé da parte sujeita a um processo de insolvência, o estágio do procedimento arbitral, a gravidade da medida postulada para a eficácia da arbitragem, bem como as razões que motivam a ausência do procedimento de reconhecimento do processo de insolvência estrangeiro no Brasil são alguns dos elementos potencialmente decisivos ao convencimento do tribunal arbitral. Nesse sentido, conforme exposto no tópico inicial, mesmo o reconhecimento, no Brasil, de um processo estrangeiro principal não impediria o início ou a continuidade de uma arbitragem aqui sediada, regime esse consistente com os efeitos do *stay* em recuperações judiciais.

O segundo fator que pode ser considerado por tribunais arbitrais ao apreciar requerimentos fundamentados em processos de insolvência estrangeiros é a possibilidade de cumprimento (ou exequibilidade) da sentença arbitral no local onde as partes estão domiciliadas. Frequentemente, esse é o principal (se não o único) local de satisfação da sentença arbitral e também o local onde se processa o processo de insolvência da parte.[88] Nesses casos, é possível que tribunais arbitrais considerem os desdobramentos à satisfação da sentença arbitral na jurisdição onde se processa o processo de insolvência.

Sob essa perspectiva, por exemplo, um tribunal arbitral com sede em Paris conferiu às partes a oportunidade de apresentar pareceres sobre eventuais requisitos a serem

---

and Insolvency: Issues of Applicable Law. In: MULLER, Christoph. RIGOZZI, Antonio. *New Developments in International Commercial Arbitration*. Zurich: Schulthess, 2009, p. 106.

85. ROSELL, José. PRAGER, Harvey. *International Arbitration and Bankruptcy*: United States, France and the ICC. Journal of International Arbitration, v. 18, issue 4, p. 424-426. Kluwer Law International, 2001. Vide também ICC Award N. 12993, *ICC International Court of Arbitration Bulletin*, v. 20, issue 1, 2009 (considerando, *inter alia*, que a lei de insolvência estrangeira não tinha efeitos extraterritoriais); ICC Awards No. 6057, 5996 e 5954, conforme reportadas por MANTILLA-SERRANO, Fernando. Op. cit, p. 58.
86. Vide ESTADOS UNIDOS DA AMÉRICA. Fotochrome, Inc. v. Copal Co., 517 F.2d 512 (2d Cir. 1975).
87. ICC Award N. 11028, reportada em BADEL, Francoise. *Faillite et arbitrage international*, ASA Bull. 2007, p. 45. Vide também ICC Award N. 10507 e 16369 em BERG, Albert J. V. D. *Yearbook Commercial Arbitration*, ICCA & Kluwer Law International, v. 39, 2014.
88. ROSELL, José. PRAGER, Harvey. Op. cit., p. 428-429, vide também IBA. Toolkit on Insolvency and Arbitration Questionnaire. National Report of France. 2021, p. 31; IBA. Toolkit on Insolvency and Arbitration Questionnaire. National Report of Singapore. 2021, p. 14.

cumpridos pela sentença arbitral para a sua execução na Itália, onde uma das partes havia iniciado procedimentos de insolvência.[89] Em contrapartida, em outro caso, o tribunal arbitral se negou a encerrar a arbitragem sob o argumento da parte de que, segundo a lei de insolvência estrangeira, a disputa havia se tornado inarbitrável em sua jurisdição.[90] Portanto, tribunais arbitrais sediados no Brasil podem considerar a exequibilidade da sentença arbitral perante as cortes de insolvência estrangeiras, sendo certo que a melhor solução deve observar as peculiaridades de cada caso. Em todo caso, na ausência de um procedimento de reconhecimento do procedimento estrangeiro de insolvência no Brasil, a arbitrabilidade da disputa não é diretamente afetada e o tribunal arbitral conserva, em regra, o seu poder discricionário para empregar as medidas que julgue adequadas na arbitragem em consideração à insolvência iniciada em outra jurisdição.

2.2 Insolvência brasileira e arbitragem estrangeira

Os regimes de recuperação judicial e falência disciplinados na LRF têm seus efeitos limitados ao território brasileiro, ou seja, bens do devedor situados em outras jurisdições não estão ordinariamente sujeitos aos efeitos dos processos de insolvência brasileiros. A extensão ou não desses efeitos a outras jurisdições está sujeita à legislação falimentar estrangeira.

Há principalmente dois modelos aplicáveis à extensão da insolvência brasileira a outras jurisdições: o modelo territorial e o modelo universal condicionado.[91] Ambos se assemelham por conferir jurisdição exclusiva às cortes nacionais para declarar a insolvência no seu respectivo território, seja mediante o início de um procedimento de insolvência autônomo (modelo territorial),[92] ou de um procedimento específico para o reconhecimento da insolvência estrangeira (modelo universal condicionado).[93] Em qualquer caso, a arbitrabilidade de disputas submetidas à arbitragem em outras jurisdições é essencialmente influenciada pela respectiva lei da sede da arbitragem.[94]

Apesar de as arbitragens estrangeiras não estarem imediatamente sujeitas à lei brasileira, decisões proferidas nessas arbitragens podem vir a ser examinadas à luz da lei e das decisões proferidas pelas cortes falimentares brasileiras quando apresentadas

---

89. ICC Award N. 10687, *ICC International Court of Arbitration Bulletin*, v. 20, issue 1, p. 77. 2009.
90. JONES, Douglas S. Op. cit., p. 125-126.
91. Não será abordado o conceito universal puro, com maior notoriedade entre os países membros da União Europeia. Segundo o modelo universal, adotado na Regulação (EU) 848/2015, o início de um procedimento de insolvência em algum Estado Membro da EU, no qual seja o centro empresarial do devedor (*center of main interest* – COMI), tem efeitos imediatos e deve ser reconhecido automaticamente por todos os demais Estados Membros.
92. É o caso da França, por exemplo, onde o reconhecimento de insolvências estrangeiras (salvo insolvências iniciadas em Estados Membros da UE) está sujeito ao regime geral de reconhecimento de decisões judiciais estrangeiras (*exequatur*) ou ao início de um procedimento autônomo de insolvência na França. Vide IBA. Toolkit on Insolvency and Arbitration Questionnaire. National Report of France. 2021, p. 26.
93. O regime universal condicionado é o regime disposto na Lei Modelo e adotado em países como Estados Unidos, Inglaterra, Singapura, Australia, Japão , Coreia do Sul e, como visto acima, o Brasil.
94. Vide KOVACS, Robert B. Op. cit., p. 26; BAIZEAU, Domitille. Op. cit., p. 103-106. Reitera-se, contudo, que as partes podem acordar a lei aplicável à convenção arbitral.

para reconhecimento e execução no Brasil. O reconhecimento de decisões arbitrais estrangeiras em território brasileiro é de competência do Superior Tribunal de Justiça e está sujeito aos tratados internacionais firmados pelo Brasil,[95] aplicando-se, subsidiariamente, a lei doméstica brasileira.[96] Dentre esses tratados, destaca-se a Convenção sobre o Reconhecimento e Execução de Sentenças Arbitrais Estrangeiras (Convenção de Nova Iorque), que objetiva facilitar a circulação e satisfação internacional de sentenças arbitrais estrangeiras. A Convenção estabelece que todos os países signatários devem reconhecer e executar sentenças arbitrais emitidas em outro país signatário,[97] salvo se verificada uma das hipóteses previstas no seu art. V.

Em particular, as duas hipóteses contidas no art. V(2) podem ter especial relevância quando sentenças arbitrais estrangeiras são apresentadas para reconhecimento e execução contra uma parte em regime de insolvência no Brasil.[98] Segundo o art. V(2)(a), o reconhecimento e execução da sentença arbitral estrangeira podem ser negados se a respectiva disputa for inarbitrável à luz da lei do país onde se busca o seu reconhecimento ou execução – isto é, a lei brasileira.[99] Em geral, os limites da arbitrabilidade são usualmente delineados por elementos de ordem pública de cada país, segundo aspectos sociais, econômicos e políticos locais.[100] Por isso, a delimitação exata do rol de disputas arbitráveis varia em cada legislação. A análise de arbitrabilidade conduzida no momento da execução da sentença arbitral à luz da lei do local da execução (*in casu*, a LRF) pode destoar daquela realizada pelo tribunal arbitral à luz da lei da sede da arbitragem, trazendo problemas para o seu reconhecimento e execução no Brasil.[101]

Em regra, isso não deveria ocorrer. Primeiro, segundo o Superior Tribunal de Justiça, o reconhecimento da sentença estrangeira tem natureza constitutiva e, portanto, não se confunde com execução e não implica a constrição do patrimônio da empresa

---

95. Vide art. 34 da LArb e art. 960, § 3º do CPC.
96. Vide art. 34 da LArb e os artigos 960 a 964 do Código de Processo Civil e do art. 216-C do Regulamento Interno do STJ. Note-se que, apesar da primazia legal dos tratados internacionais, decisões de reconhecimento e execução de sentenças arbitrais estrangeiras no Brasil se fundamentam principalmente na legislação doméstica (e.g. artigos 38 e 39 da LArb) e raramente citam os tratados internacionais firmados pelo Brasil. Em todo caso, dada a semelhança material entre esses instrumentos jurídicos, a questão não traz, em regra, repercussões práticas relevantes. Vide SILVA, Rafael B., LUÍS, Daniel T. et al. *Arbitragem e Poder Judiciário*: Pesquisa CBAr-ABEArb 2016 (2008-2015), CBAr & IOB, 2017. Vide também ARAÚJO, Nádia de. ALMEIDA, Ricardo Ramalho. O Código de Processo Civil de 2015 e a Homologação de Laudos Arbitrais Estrangeiros. In: CARMONA, Carlos A. LEMES, Selma F. MARTINS, Pedro B. Op. cit.
97. Article III. "[e]ach Contracting State shall recognize arbitral awards as binding and enforce them".
98. O art. V(1)(a) dispõe que a incapacidade da parte ou invalidade da convenção arbitral pode fundamentar o não reconhecimento da sentença arbitral estrangeira. No entanto, considerando que os procedimentos de insolvência no Brasil não invalidam convenções arbitrais, a hipótese é menos relevante para o contexto brasileiro. Para uma visão mais abrangente de como a insolvência pode afetar o reconhecimento e execução de sentenças estrangeiras sob a Convenção de Nova Iorque, vide VORBURGER, Simon, Op. cit., p. 201-241.
99. Vide também o art. 39, I, da LArb.
100. BLACKABY, Nigel. CONSTANTINE, Partasides. Op. cit., p. 111.; KRÖLL, Stefan M. Op. cit., p. 367; Vide também UNCITRAL. Secretariat Guide on the Convention on the Recognition and Enforcement of Foreign Arbitral Awards. Vienna: United Nations, 2016, p. 231-236.
101. Para maior análise dos limites da arbitrabilidade em cada país, vide FICHTNER, José A.; MANNHEIMER, Sergio N.; MONTEIRO, André L. Op. cit., p. 227-229.

insolvente no Brasil.[102] Segundo, a corte também já declarou que "o disposto no art. 6º da Lei 11.101/2005 não alcança os processos que tramitam em juízos estrangeiros", razão pela qual não é automaticamente obstado o seu prosseguimento em paralelo aos procedimentos de insolvência brasileira.[103] Ainda que assim não o fosse, a corte superior também manifestou o seu entendimento de que o *stay period* na recuperação judicial não obsta o andamento de arbitragens estrangeiras porque esses procedimentos pleiteiam quantias ilíquidas, ou seja, se enquadram na exceção do art. 6º, § 1º.[104] Portanto, o início de procedimentos de insolvência não deve, por si só, perturbar a arbitrabilidade em arbitragens estrangeiras ou o reconhecimento de sentenças estrangeiras no Brasil.

Não obstante, há, novamente, zonas cinzentas. Segundo o art. V(2)(b) da Convenção de Nova Iorque, a rejeição do reconhecimento e execução de sentenças arbitrais estrangeiras também pode ocorrer quando isso for contrário à ordem pública do país onde se busca o seu reconhecimento e a execução. O mesmo se tira do art. 39, II da LArb e do art. 963 do CPC, que, ademais, dispõe que a decisão estrangeira deve "ter sido proferida pela autoridade competente".[105]

Assim como a arbitrabilidade, a definição e aplicação do conceito de ordem pública é fluido e comporta nuances derivadas de noções próprias à ordem jurídica de cada país.[106] No contexto internacional, por exemplo, a suprema corte francesa já negou reconhecimento à sentença arbitral estrangeira por entender que, segundo a lei de insolvência francesa, a suspensão da arbitragem na pendência de procedimento de insolvência na França é mandatória e considerada parte das normas de ordem pública francesa.[107] Diferente solução foi adotada pelas cortes americanas em *Fotochrome*, no qual concluíram que a continuação de procedimentos arbitrais com sede fora dos Estados Unidos apenas enseja uma violação à ordem pública americana se a corte americana tiver jurisdição

---

102. BRASIL. Superior Tribunal de Justiça (Corte Especial). Homologação de Sentença Estrangeira 3.518/EX, Rel. Min. Laurita Vaz. Brasília, 22 abr. 2021 ("não subsiste a pretensão da Requerida de se imiscuir na questão acerca da identificação dos créditos que estão ou não sujeitos ao plano de recuperação judicial [...] são matérias atinentes à execução, não a este procedimento homologatório do título judicial estrangeiro"). Vide também BRASIL. Superior Tribunal de Justiça (Corte Especial). Homologação de Sentença Estrangeira 1.808/EX, Rel. Min. Maria Thereza de Assis Moura. Brasília, 08 abr. 2019; BRASIL. Superior Tribunal de Justiça (Corte Especial). Homologação de Sentença Estrangeira 1.809/EX, Rel. Min. Raul Araújo. Brasília, 22 abr. 2021.
103. BRASIL. Superior Tribunal de Justiça (Corte Especial). Sentença Estrangeira 12.574/EX, Rel. Min. Francisco Falcão. Brasília, 19 abr. 2017.
104. BRASIL. Superior Tribunal de Justiça (Corte Especial). Sentença Estrangeira Contestada 14.408/EX, Rel. Min. Luis Felipe Salomão. Brasília, 21 jun. 2017. Vide também BRASIL. Superior Tribunal de Justiça (Corte Especial). Sentença Estrangeira Contestada 14.518/EX, Rel. Min. OG Fernandes. Brasília, 05 abr. 2017; BRASIL. Superior Tribunal de Justiça (Corte Especial). Sentença Estrangeira Contestada 12.781/EX, Rel. Min. João Otávio de Noronha. Brasília, 07 jun. 2017; BRASIL. Superior Tribunal de Justiça (Corte Especial). Sentença Estrangeira Contestada 6.948/EX, Rel. Min. Nancy Andrighi, Brasília, 17 dez. 2012.
105. Art. 963, I e VI do CPC. No mesmo sentido, a jurisprudência do Superior Tribunal de Justiça: BRASIL. Superior Tribunal de Justiça (Corte Especial). Sentença Estrangeira 14.679/EX, Rel. Min. OG Fernandes. Brasília, 07 jun. 2017.
106. Vide MADDEN QC, Penny. KNOEBEL, Ceyda. *Arbitrability and Public Policy Changes*. Global Arbitration Review, 2021, p. 3-4.
107. BERG, Albert J V. D., *Yearbook Commercial Arbitration*, ICCA & Kluwer Law International, v. 35, p. 353-355. 2010. Vide também IBA. Toolkit on Insolvency and Arbitration Questionnaire. National Report of France. 2021, p. 8.

sobre ambas as partes envolvidas na arbitragem.[108] Em outro caso, cortes alemãs concluíram que a suspensão das ações contra o devedor era parte da ordem pública alemã, mas apenas as normas de ordem pública internacional alemã poderiam ensejar o não reconhecimento e execução de uma sentença arbitral estrangeira.[109]

Em geral, o Superior Tribunal de Justiça adota interpretação restritiva da ordem pública brasileira, favorecendo o reconhecimento de decisões estrangeiras. A jurisprudência da corte superior prescreve que, em regra, a pendência de procedimento judicial no Brasil com o mesmo objeto da arbitragem estrangeira não impede o reconhecimento da respectiva sentença arbitral sob o fundamento de violação da ordem pública.[110] Há, contudo, ao menos três condições: a decisão judicial brasileira não tenha transitada em julgado, a matéria não esteja subsumida à exclusiva da jurisdição brasileira e a autoridade estrangeira tenha competência (ou jurisdição) para adjudicar a disputa.[111]

Decisões com efeitos negativos sobre o patrimônio de empresa insolvente no Brasil não estão inseridas no rol de competência exclusiva do art. 23 do Código de Processo Civil. Ademais, segundo o art. 962, § 3º desse diploma, o juízo sobre a urgência de medidas cautelares compete exclusivamente à autoridade jurisdicional prolatora da decisão estrangeira. Não obstante, seguindo-se a linha adotada pelo Superior Tribunal de Justiça quanto ao juízo universal da insolvência, e considerando-se a sua competência funcional absoluta derivada do art. 3º da LRF, é possível que a apreciação de matérias reservadas à competência das cortes de insolvência brasileiras – ou matérias cobertas pelo trânsito em julgado de decisões proferidas por essas cortes – prejudiquem o reconhecimento de sentença arbitral estrangeira no Brasil. O fundamento para essa conclusão seria, em tese, a violação da ordem pública, seja sob a Convenção de Nova Iorque, seja com base na lei brasileira.[112] Outra possível consequência é a conformação entre o reconhecimento da sentença arbitral estrangeira e a submissão de seus efeitos ao respectivo regime de insolvência em trâmite no Brasil.

---

108. ESTADOS UNIDOS DA AMÉRICA. Fotochrome, Inc., Op. cit. Em outro caso, no âmbito do reconhecimento de uma insolvência estrangeira nos Estados Unidos (*Chapter 15*), a corte americana destacou que a suspensão automática de ações contra o devedor está limitada aos bens localizados nos Estados Unidos, e, portanto, não teria efeito sobre arbitragem sediada na Suíça (ESTADOS UNIDOS DA AMÉRICA. In re JSC BTA Bank, 434 B.R. 334, 343 (Bankr. S.D.N.Y. 2010).
109. ALEMANHA, Oberlandesgericht Karlsruhe, Sch 02/09, decisão de 4 jan. 2012.
110. BRASIL. Superior Tribunal de Justiça (Corte Especial). Sentença Estrangeira 6.335/EX, Rel. Min. Felix Fischer. Brasília, 12 abr. 2012; BRASIL. Superior Tribunal de Justiça (Corte Especial). Sentença Estrangeira 854/EX, Rel. Min. Massami Uyeda, Brasília, 16 out. 2013; BRASIL. Superior Tribunal de Justiça (Corte Especial). Sentença Estrangeira 853/EX, Rel. Min. Jorge Mussi. Brasília, 25 maio 2021.
111. Vide, por exemplo, BRASIL. Superior Tribunal de Justiça (Corte Especial). Sentença Estrangeira 9.531/EX, Rel. Min. Mauro Campbell Marques. Brasília, 19 nov. 2014; BRASIL. Superior Tribunal de Justiça (Corte Especial). Homologação de Sentença Estrangeira 710/EX, Rel. Min. Laurita Vaz. Brasília, 04 dez. 2019; BRASIL. Superior Tribunal de Justiça (Corte Especial). Homologação de Sentença Estrangeira 328/EX, Rel. Min. Felix Fischer, Corte Especial, Brasília, 12 fev. 2019; BRASIL. Superior Tribunal de Justiça (Corte Especial). Sentença Estrangeira 14.519/EX, Rel. Min. Francisco Falcão. Brasília, 17 maio 2017.
112. MOREIRA, José C. B. *Comentários ao Código de Processo Civil*. Rio de Janeiro: Forense, 2013, v. V, arts. 476 a 565, p. 95-97 ("já não será possível obter-se a homologação de sentença alienígena que também haja decidido a lide. Com efeito, seja qual for o conteúdo dessa decisão, coincidente ou não com o da brasileira, a sua eventual homologação, tornando-a eficaz em nosso país, importaria ofensa à *res iudicata* da sentença nacional").

Nesse sentido, o Superior Tribunal de Justiça indeferiu o reconhecimento de sentença estrangeira (ainda que não arbitral) proferida em processo de falência estrangeira de sociedade detentora de participação societária majoritária em empresa brasileira em recuperação judicial. Na decisão, o Superior Tribunal de Justiça ponderou que o reconhecimento da sentença estrangeira seria incompatível com o art. 47 da LRF, o qual refletiria matéria de ordem pública, além de resultar em falência parcial do grupo econômico, cujo reconhecimento seria de competência absoluta e exclusiva das cortes brasileiras, nos termos do art. 3º da LRF.[113]

Por outro lado, o Superior Tribunal de Justiça também já reconheceu que "É irrelevante para o exame do pedido de homologação de decisão estrangeira o fato de a sociedade empresária requerida encontrar-se submetida a processo de recuperação judicial no Brasil. Afinal, somente após a eventual homologação será possível à requerente deduzir qualquer pretensão executiva perante o Judiciário brasileiro. E, nessa outra fase procedimental, é que eventualmente poderão incidir os ditames da Lei 11.101/2005, caso venha a ser o crédito submetido ao processo do juízo recuperacional". Ou seja, a sentença arbitral estrangeira foi devidamente reconhecida, dada a inexistência de óbices para tanto, muito embora a sua exequibilidade tenha ficado sujeita à eventual incidência das restrições previstas na LRF.[114]

Deste modo, a análise do caso concreto, notadamente os impactos da sentença arbitral estrangeira no procedimento de insolvência brasileiro é essencial para a verificação de possíveis entraves ao reconhecimento em si da sentença arbitral estrangeira, ou, ainda, de sua exequibilidade no Brasil.

CONCLUSÃO

A arbitrabilidade é pressuposto da jurisdição arbitral. A sua afetação pela insolvência de uma das partes pode ter consequências sobre o início e o desenvolvimento do procedimento arbitral. Em certas jurisdições, o início de procedimentos de insolvência pode acarretar a inarbitrabilidade de certas disputas, ou apenas a suspensão do procedimento arbitral, seja de forma indefinida, seja até o acontecimento de algum ato na insolvência ou até a autorização da corte de insolvência. Em outras, como no Brasil, arbitragens podem ter seu curso normal, mas as decisões arbitrais podem estar sujeitas ao crivo da respectiva corte falimentar.

Quando a insolvência e a arbitragem estão na mesma jurisdição, tribunais arbitrais estão mais inclinados a observar a lei de insolvência e as decisões das cortes falimentares com o intuito de preservar a validade da sentença arbitral. No âmbito das arbitragens e insolvências com sede no Brasil, nota-se o tratamento favorável da LRF às arbitragens, confirmado pela reforma da lei em 2020. Não obstante, a jurisprudência nacional quanto

---

113. BRASIL. Superior Tribunal de Justiça (Corte Especial). Sentença Estrangeira Contestada 11.277/EX, Rel. Min. Maria Thereza de Assis Moura. Brasília, 15 jun. 2016.
114. BRASIL. Superior Tribunal de Justiça. Homologação de Sentença Estrangeira 1.809/EX, Op. cit.

à *vis attractiva* das cortes falimentares ainda enseja discussões quanto aos limites da jurisdição do tribunal arbitral para apreciar medidas que, embora não sejam executadas pelo tribunal arbitral, representam efeito negativo sobre o patrimônio da empresa insolvente. Em certos casos, o Superior Tribunal de Justiça reservou a apreciação de medidas cautelares à jurisdição da corte falimentar, em que pese a existência de convenção arbitral.

Quando a insolvência e a arbitragem estão em jurisdições distintas, já não há a mesma inclinação dos tribunais arbitrais para dar cumprimento à lei de insolvência ou às decisões das cortes falimentares – isto é, das cortes estrangeiras. Não obstante, essa inclinação pode ser alterada se a insolvência estrangeira for reconhecida na sede da arbitragem e/ou se houver expectativa de execução da sentença arbitral na jurisdição da insolvência. Com relação às insolvências estrangeiras reconhecidas no Brasil, é possível que o dever de cooperação previsto na LRF enseje a adoção de medidas atípicas pelas cortes falimentares brasileiras, com potencial efeito negativo às arbitragens sediadas em território nacional. Por outro lado, considerando-se o tratamento favorável da LRF às arbitragens, é improvável que procedimentos de insolvência no Brasil tenham efeitos sobre arbitragens sediadas em outros países. Isso não afasta, contudo, o risco de sentenças arbitrais estrangeiras não serem reconhecidas ou executadas no Brasil, novamente provocadas por algumas incertezas quanto aos limites da jurisdição das cortes falimentares para apreciar disputas envolvendo a empresa insolvente.

BIBLIOGRAFIA E JULGADOS SELECIONADOS

ALEMANHA, Oberlandesgericht Karlsruhe, Sch 02/09, decisão de 4 jan. 2012.

ALMEIDA, José Gabriel L. P. de; RAMALHO, Matheus S. *A Compatibilidade da Arbitragem com a Falência e a Recuperação Judicial*. Florianópolis: CONPEDI, 2021.

ARAÚJO, Nádia de. ALMEIDA, Ricardo Ramalho. O Código de Processo Civil de 2015 e a Homologação de Laudos Arbitrais Estrangeiros. In: CARMONA, Carlos A. LEMES, Selma F. MARTINS, Pedro B (Org.). *20 Anos da Lei de Arbitragem*: Homenagem a Petrônio R. Muniz. São Paulo: Grupo GEN, 2017.

AYOUB, Luiz R. CAVALLI, Cássio. *A Construção Jurisprudencial da Recuperação Judicial de Empresas*. Rio de Janeiro: Forense, 2021.

BADEL, Francoise. *Faillite et arbitrage international*, ASA Bull. 2007.

BAIZEAU, Domitille. Arbitration and Insolvency: Issues of Applicable Law. In: MULLER, Christoph. RIGOZZI, Antonio. *New Developments in International Commercial Arbitration*. Zurich: Schulthess, 2009.

BERG, Albert J V. D. Yearbook Commercial Arbitration, *ICCA & Kluwer Law International*, v. 35, 2010.

BERG, Albert J V. D. Yearbook Commercial Arbitration, *ICCA & Kluwer Law International*, v. 39, 2014.

BLACKABY, Nigel. PARTASIDES, Constantine. *Redfern and Hunter on International Arbitration*. 6. ed. Oxford University Press & Kluwer Law International. 2015.

BRASIL. Superior Tribunal de Justiça (Corte Especial). Homologação de Sentença Estrangeira 328/EX, Rel. Min. Felix Fischer. Brasília, 12 fev. 2019.

BRASIL. Homologação de Sentença Estrangeira 1.808/EX, Rel. Min. Maria Thereza de Assis. Brasília 08 abr. 2019.

BRASIL. Homologação de Sentença Estrangeira 710/EX, Rel. Min. Laurita Vaz. Brasília, 04 dez. 2019.

BRASIL. Homologação de Sentença Estrangeira 1.809/EX, Rel. Min. Raul Araújo. Brasília 22 abr. 2021.

BRASIL. Homologação de Sentença Estrangeira 3.518/EX, Rel. Min. Laurita Vaz, Brasília 22 abr. 2021.

BRASIL. Sentença Estrangeira 6.335/EX, Rel. Min. Felix Fischer. Brasília, 12 abr. 2012.

BRASIL. Sentença Estrangeira 854/EX, Rel. Min. Massami Uyeda. Brasília, 16 out. 2013.

BRASIL. Sentença Estrangeira 9.531/EX, Rel. Min. Mauro Campbell. Brasília, 19 nov. 2014.

BRASIL. Sentença Estrangeira 12.574/EX, Rel. Min. Francisco Falcão. Brasília 19 abr. 2017.

BRASIL. Sentença Estrangeira 14.519/EX, Rel. Min. Francisco Falcão. Brasília, 17 maio 2017.

BRASIL. Sentença Estrangeira 14.679/EX, Rel. Min. OG Fernandes. Brasília, 07 jun. 2017.

BRASIL. Sentença Estrangeira 853/EX, Rel. Min. Jorge Mussi. Brasília, 25 maio 2021.

BRASIL. Sentença Estrangeira Contestada 6.948/EX, Rel. Min. Nancy Andrighi. Brasília 17 dez. 2012.

BRASIL. Sentença Estrangeira Contestada 11.277/EX, Rel. Min. Maria Thereza de Assis Moura. Brasília, 15 jun. 2016.

BRASIL. Sentença Estrangeira Contestada 14.518/EX, Rel. Min. OG Fernandes. Brasília 05 abr. 2017.

BRASIL. Sentença Estrangeira Contestada 12.781/EX, Rel. Min. João Otávio de Noronha. Brasília 07 jun. 2017.

BRASIL. Sentença Estrangeira Contestada 14.408/EX, Rel. Min. Luis Felipe Salomão. Brasília 21 jun. 2017.

BRASIL. Superior Tribunal de Justiça (Quarta Turma). Recurso Especial 1.471.615/SP, Rel. Min. Marco Buzzi. Brasília, 16 set. 2014.

BRASIL. Recurso Especial 1.433.652/RJ, Rel. Min. Luis Felipe Salomão. Brasília, 29 out. 2014.

BRASIL. Recurso Especial 1.465.535/SP, Rel. Min. Luis Felipe Salomão. Brasília, 21 jun. 2016.

BRASIL. Conflito de Competência 152.348/GO, Rel. Min. Luis Felipe Salomão. Brasília, 13 dez. 2017.

BRASIL. Conflito de Competência 153.498/RJ, Rel. Min. Luis Felipe Salomão. Brasília, 13 dez. 2017.

BRASIL. Conflito de Competência 178.571/MG, Rel. Min. Luis Felipe Salomão. Brasília, 20 abr. 2022.

BRASIL. Recurso Especial 1.733.685/SP, Rel. Min. Raul Araújo. Brasília, 06 nov. 2018.

BRASIL. Superior Tribunal de Justiça (Segunda Seção). Conflito de Competência 120.642/RS, Rel. Min. João Otávio de Noronha. Brasília, 22 out. 2014.

BRASIL. Conflito de Competência 123.116/SP. Rel. Min. Raúl Araújo. Brasília, 03 nov. 2014.

BRASIL. Conflito de Competência 126.894/SP, Rel. Min. Luis Felipe Salomão. Brasília, 26 nov. 2014.

BRASIL. Conflito de Competência 157.099/RJ, Rel. Min. Marco Buzzi. Brasília, 10 out. 2018.

BRASIL. Conflito de Competência 125.184/SP, Rel. Min. Paulo de Tarso Sanseverino, Brasília, 10 mar. 2015.

BRASIL. Conflito de Competência 112.638/RJ, Rel. Min. João Otávio de Noronha. Brasília, 19 ago. 2011.

BRASIL. Conflito de Competência 113.228/GO, Rel. Min. Luis Felipe Salomão. Brasília, 14 dez. 2011.

BRASIL. Conflito de Competência 119.949/SP, Rel. Min. Luis Felipe Salomão. Brasília, 12 set. 2012.

BRASIL. Conflito de Competência 127.629/MT, Rel. Min. João Otávio de Noronha. Brasília, 23 abr. 2014.

BRASIL. Conflito de Competência 130.674/SP, Rel. Min. Luis Felipe Salomão. Brasília, 26 ago. 2015.

BRASIL. Conflito de Competência 141.719/MG, Rel. Min. João Otávio de Noronha. Brasília, 27 abr. 2016.

BRASIL. Conflito de Competência 148.728/RJ, Rel. Min. Marco Buzzi. Brasília, 20 set. 2016.

BRASIL. Conflito de Competência 137.178/MG, Rel. Min. Marco Buzzi. Brasília, 28 set. 2016.

BRASIL. Conflito de Competência 148.536/GO, Rel. Min. Maria Isabel Gallotti, Brasília, 15 mar. 2017.

BRASIL. Conflito de Competência 153.473/PR, Rel. Min. Luis Felipe Salomão. Brasília, 16 out. 2017.

BRASIL. Conflito de Competência 148.932/RJ, Rel. Min. Ricardo Cueva. Brasília, 13 dez. 2017.

BRASIL. Conflito de Competência 162.066/CE, Rel. Min. Luis Felipe Salomão. Brasília, 15 maio 2019.

BRASIL. Conflito de Competência 164.118/DF, Rel. Min. Antonio Carlos Ferreira. Brasília, 1º out. 2019.

BRASIL. Conflito de Competência 161.400/GO, Rel. Min. Luis Felipe Salomão. Brasília, 18 mar. 2020.

BRASIL. Conflito de Competência 159.771/PE, Rel. Min. Luis Felipe Salomão. Brasília, 24 fev. 2021.

BRASIL. Conflito de Competência 118.424/RJ, Rel. Min. Marco Buzzi. Brasília, 16 nov. 2021.

BRASIL. Superior Tribunal de Justiça (Terceira Turma). Conflito de Competência 118.183/MG, Rel. Min. Nancy Andrighi. Brasília, 09 nov. 2011.

BRASIL. Recurso Especial 1.297.974/RJ, Rel. Min. Nancy Andrighi. Brasília, 28 ago. 2012.

BRASIL. Recurso Especial 1.277.725/AM, Rel. Min. Nancy Andrighi. Brasília, 12 mar. 2013.

BRASIL. Conflito de Competência 111.230/DF, Rel. Min. Nancy Andrighi. Brasília, 08 maio 2013.

BRASIL. Conflito de Competência 130.994/SP, Rel. Min. Nancy Andrighi. Brasília, 13 ago. 2014.

BRASIL. Recurso Especial 1.373.710/MG, Rel. Min. Ricardo Cueva, Brasília, 07 abr. 2015.

BRASIL. Recurso Especial 1.639.029/RJ, Rel. Min. Nancy Andrighi. Brasília, 06 dez. 2016.

BRASIL. Conflito de Competência 159.799/SP. Rel. Min. Nancy Andrighi. Brasília, 18 jun. 2021.

BRASIL. Medida Cautelar 14.295/SP, Rel. Min. Nancy Andrighi. Brasília, 13 jun. 2020.

BRASIL. Recurso Especial 425.931/MG, Rel. Min. Ricardo Cueva. Brasília, 15 out. 2018.

BRASIL. Recurso Especial 1.656.643/RJ, Rel. Min. Nancy Andrighi. Brasília, 12 abr. 2019.

BRASIL. Recurso Especial 1.717.677/PR, Rel. Min. Nancy Andrighi. Brasília, 19 nov. 2019.

BRASIL. Recurso Especial 1.818.982/MS, Rel. Min. Nancy Andrighi. Brasília, 06 fev. 2020.

BRASIL. Recurso Especial 1.735.538/SP, Rel. Min. Marco Bellizze. Brasília, 6 out. 2020.

BRASIL. Recurso Especial 1.820.621/RJ, Rel. Min. Nancy Andrighi. Brasília, 20 set. 2021

BRASIL. Recurso Especial 1.953.212/RJ, Rel. Min. Nancy Andrighi. Brasília, 26 out. 2021.

BORN, Gary. *International Commercial Arbitration*. 3. ed. Kluwer Law International. 2021.

CAMPINHO, Sergio. *Curso de direito comercial*: falência e recuperação de empresa. 11. ed. São Paulo: Saraiva, 2020.

CARMONA, Carlos Alberto. Considerações sobre a cláusula compromissória e a cláusula de eleição de foro. In: CARMONA, Carlos Alberto; LEMES, Selma F.; MARTINS, Pedro B. (Org.). *Arbitragem*: Estudos em homenagem ao Prof. Guido Fernando da Silva Soares. São Paulo: Atlas, 2007.

CARNAÚBA, César A. M. Arbitragem e Insolvência. In: VASCONCELOS, Ronaldo. MALUF, Fernando. SANTOS, Guivani R. et al. (Org.). *Análise Prática das Câmaras Arbitrais e da Arbitragem no Brasil*. São Paulo: IASP, 2019.

CRIPPA, Carla de V. Recuperação Judicial, Falência e Arbitragem. *Revista de Arbitragem e Mediação*. v. 29. São Paulo: Ed. RT, 2011.

DE BARROS NETO, Geraldo F. *Reforma da Lei de Recuperação Judicial e Falência*: Comentada e Comparada. São Paulo: Grupo GEN, 2021.

ESTADOS UNIDOS DA AMÉRICA. Fotochrome, Inc. v. Copal Co., 517 F.2d 512 (2d Cir. 1975).

ESTADOS UNIDOS DA AMÉRICA. In re JSC BTA Bank, 434 B.R. 334, 343 (Bankr. S.D.N.Y. 2010).

ESTADOS UNIDOS DA AMÉRICA. In re United States Lines Inc. 197 F.3d 631, 640 (2d Cir. 1999).

FICHTNER. José A. MANNHEIMER, Sergio N. MONTEIRO, André L. Questões Concernentes à Anulação de Sentenças Arbitrais Domésticas. In: MUNIZ, Joaquim de P. VERÇOSA, Fabiane. PANTOJA, Fernanda M. et al. (Org.). *Arbitragem e Mediação*: Temas Controvertidos. São Paulo: Grupo GEN, 2014.

FICHTNER, José A.; MANNHEIMER, Sergio N.; MONTEIRO, André L. *Teoria Geral da Arbitragem*. São Paulo: Grupo GEN, 2018.

FOUCHARD, Philippe. Arbitrage et Faillite. *Rev. Arb.*, 1998.

FOUCHARD, Philippe; GAILLARD, Emmanuel; GOLDMAN, Berthold. *International commercial arbitration*. Kluwer Law International, 1999.

GRECO, Leonardo. *Instituições de Processo Civil*: Introdução ao Direito Processual Civil. 5. ed. São Paulo: Grupo GEN, 2015.

HANOTIAU, Bernard. The law applicable to arbitrability. In: BERG, Albert Jan Van Den (Ed.). *Improving the Efficiency of Arbitration Agreements and Awards*: 40 Years of Application of the New York Convention, ICCA Congress Series, ICCA & Kluwer Law International, 1999. v. 9.

IBA. Toolkit on Insolvency and Arbitration Questionnaire. National Report of England and Wales. Inglaterra. IBA, 2021.

IBA. Toolkit on Insolvency and Arbitration Questionnaire. National Report of England and Wales. 2021.

IBA. Toolkit on Insolvency and Arbitration Questionnaire. National Report of France. 2021.

IBA. Toolkit on Insolvency and Arbitration Questionnaire. National Report of Germany. 2021.

IBA. Toolkit on Insolvency and Arbitration Questionnaire. National Report of Netherlands. 2021.

IBA. Toolkit on Insolvency and Arbitration Questionnaire. National Report of Singapore. 2021.

IBA. Toolkit on Insolvency and Arbitration Questionnaire. National Report of United States. 2021.

ICC, Case 12907 (Extract), *ICC International Court of Arbitration Bulletin*, v. 20, n. 1, 2009.

ICC, *International Court of Arbitration Bulletin*, v. 20, n. 1. 2009.

INGLATERRA. Court of Appeal (Civil Division – 632). Harms Offshore AHT 'Taurus' GmbH and Co KG v Bloom & Ors, 26 jun. 2009.

INGLATERRA, Court of Appeal (Civil Division – 677). Syska v. Vivendi Universal S.A., 09 jul. 2009.

INGLATERRA, High Court of Justice (2155). Syska v. Vivendi Universal S.A., 02 fev. 2008.

JONES, Douglas S. Insolvency and Arbitration: An Arbitral Tribunal's Perspective. In: O'REILLY, Michael (Ed.). *Arbitration*: The International Journal of Arbitration, Mediation and Dispute Management. Chartered Institute of Arbitrators (CIArb). Sweet & Maxwell. 2012. v. 78, issue 2.

JUNIOR., Waldo F. *Lei de Falência e Recuperação de Empresas*. São Paulo: Grupo GEN, 2019.

KOS, Rafał; GASIOROWSKI, Kuba. *The Elektrim era comes to an end*. International Law Office, Arbitration & ADR. Polônia. 2015.

KOVACS, Robert B. A Transnational Approach to the Arbitrability of Insolvency Proceedings in International Arbitration. *Norton Journal of Bankruptcy Law and Practice*, 2012.

KRÖLL, Stefan M. Arbitration and Insolvency Proceedings: Selected Problems. In: MISTELIS, Loukas A. LEW, Julian D. M. (Ed.). *Pervasive Problems in International Arbitration, International Arbitration Law Library*. Kluwer Law International, 2006.

LALONDE, Marc. ALEXEEV, Lev. National Report for Canada 2018. In: BOSMAN, Lise (Ed.). *ICCA International Handbook on Commercial Arbitration*, suppl. n. 116. ICCA & Kluwer Law International, 2021.

LEMES, Selma; ALBUQUERQUE, Felipe. Convenção de Nova York e a Lei de Arbitragem: Algumas Considerações sobre a Lei Aplicável ao Consentimento das Partes. In: LEMES, Selma; CARMONA, Carlos A.; MARTINS, Pedro B. *20 Anos da Lei de Arbitragem*: Homenagem a Petrônio R. Muniz. São Paulo: Grupo GEN, 2017.

MADAAN, Ishaan. PRAKHAR, Chauhan. *A Dialogue on International Arbitration and Insolvency*. Kluwer Arbitration Blog, 2020.

MADDEN QC, Penny. KNOEBEL, Ceyda. *Arbitrability and Public Policy Changes*. Global Arbitration Review, 2021.

MAMEDE, Gladston. *Falência e Recuperação de Empresas*: Direito Empresarial Brasileiro. São Paulo: Grupo GEN, 2021.

MANTILLA-SERRANO, Fernando. *International Arbitration and Insolvency Proceedings*. Arbitration International, v. 11, n. 1, LCIA, 1995.

MARTINS, Pedro A. B. O poder judiciário e a arbitragem: quatro anos da Lei 9.307/96. *Revista de Direito Bancário, do Mercado de Capitais e da Arbitragem*, v. 10/338. São Paulo: Ed. RT, 2000.

MERCERAU, Ana G. de B. Note: Société Aéronautique et technologies embarqués (ATE) v. Companies Airbus helicopters and Airbus Helicopters Deutschland, Court of Cassation of France, First Civil Law Chamber, Case No. 15-19389, 13 July 2016. In: LEE, João B. LEVY Daniel de A. (Ed.). *Revista Brasileira de Arbitragem*, v. XIV, issue 55. CBAr & IOB, Kluwer Law International, 2017.

MORAES, Felipe F. M. Arbitragem e falência. In: CARMONA, Carlos A. LEMES, Selma F. MARTINS, Pedro B. (Coord.). *20 Anos da Lei de Arbitragem*: Homenagem a Petrônio R. Muniz. São Paulo: Grupo GEN, 2017.

NAEGELI, Georg. VORBURGER, Simon. The Award and the Courts, When a Party to an International Arbitration Goes Bankrupt: A Swiss Perspective. In: KLAUSEGGER, Christian. KLEIN, Peter. KREMSLEHNER, Florian (Ed.). *Austrian Yearbook on International Arbitration*. Vienna: Manz'sche Verlags und Universitätsbuchhandlung, 2016.

NATER-BASS, Gabrielle. YOUSEFF, Omar A., The Award and Courts: Effects of Foreign Bankruptcy on International Arbitration. In: PITKOWITS, Nikolaus. PETSCHE, Alexander. KREMSLEHNER, Florian. (Ed.). *Austrian Yearbook on International Arbitration*. Vienna: Manz'sche Verlags und Universitätsbuchhandlung, 2011.

NEGRÃO, Ricardo. *Curso de direito comercial e de empresa*. São Paulo: Saraiva, 2019. v. 3: recuperação de empresas, falência e procedimentos concursais administrativos

RAMOS, André de C. GRAMSTRUP, Erik F. *Comentários à Lei de Introdução às Normas do Direito Brasileiro*: LINDB. São Paulo: Editora Saraiva, 2021.

RIO DE JANEIRO. Tribunal de Justiça do Estado do Rio de Janeiro. Agravo de Instrumento 0016509-16.2014.8.19.0000, Rel. Des. Horácio dos Santos, Rio de Janeiro, 22 jul. 2014.

ROSELL, José. PRAGER, Harvey. International Arbitration and Bankruptcy: United States, France and the ICC. *Journal of International Arbitration*, v. 18, issue 4, Kluwer Law International, 2001.

SACRAMONE, Marcelo B. *Comentários à Lei Recuperação de Empresas e Falência*. 3. ed. São Paulo: Saraiva Educação, 2022.

SALOMÃO, Luis F. DOS SANTOS, Paulo P. *Recuperação Judicial, extrajudicial e falência*: teoria e prática. 6. ed. Rio de Janeiro: Forense, 2012.

SILVA, Rafael B., LUÍS, Daniel T. et al. *Arbitragem e Poder Judiciário*: Pesquisa CBAr-ABEArb 2016 (2008-2015), CBAr & IOB, 2017.

SOUZA FILHO, Mario L. de. Os Reflexos da Decretação de Falência no Procedimento Arbitral. *Revista Semestral de Direito Empresarial*, n. 25, Rio de Janeiro: Renovar, 2021.

SUÍÇA, Suprema Corte Suíça. DTF 4A_ 428/2009.

SUIÇA. Suprema Corte Suíça. DTF 4A_50/2012.

TEPEDINO, Ricardo. O direito societário e a recuperação judicial. In: VENANCIO FILHO, Alberto; LOBO, Carlos A. da S. ROSMAN, Luiz A. C. (Org.). *Lei das S.A em seus 40 anos*. Rio de Janeiro: Forense, 2017.

TIBURCIO, Carmen. A disciplina legal da pessoa jurídica à luz do direito internacional e brasileiro. Rio de Janeiro: *Revista Semestral de Direito Empresarial* 8, 2011.

TOLEDO, Paulo F. C. S. Arbitragem e insolvência. *Revista de Arbitragem e Mediação*. v. 20. São Paulo: Ed. RT, 2009.

UNCITRAL. Model Law on Cross-Border Insolvency with Guide to Enactment and Interpretation, Vienna: United Nations, 2014.

UNCITRAL. Secretariat Guide on the Convention on the Recognition and Enforcement of Foreign Arbitral Awards. Vienna: United Nations, 2016.

VICENTE, Dário M. L. de. National Report for Portugal, 2018-2022. In: BOSMAN, Lise (Ed.). *ICCA International Handbook on Commercial Arbitration*. ICCA & Kluwer Law International, 2020.

VIDAL, Dominique. Arbitration and Insolvency Proceedings: Comments on ICC Awards and Other Recent Decisions. *ICC International Court of Arbitration Bulletin*, v. 20, issue 1, 2009.

VENOSA, Sílvio de S. *Direito Civil*: Parte Geral. São Paulo: Grupo GEN, 2021. v. 1.

VORBURGER, Simon. *International Arbitration and Cross-Border Insolvency*: Comparative Perspectives, International Arbitration Law Library. Kluwer Law International, 2014.

VI
ARBITRAGEM TRIBUTÁRIA, AUSÊNCIA DE NECESSIDADE DE LEI COMPLEMENTAR PARA SUA INSTITUIÇÃO E DISTANCIAMENTO DE EMPECILHOS INEXISTENTES PARA SUA INSTITUIÇÃO

Marcelo Ricardo Wydra Escobar

Doutor (PUC/SP) e Mestre (Mackenzie) em Direito. *Visiting Scholar* na *Columbia Law School*. Professor de Arbitragem no LLM de Arbitragem do IBMEC e da Extensão em Arbitragem da PUCSP/COGEAE. *Fellow* do *Chartered Institute of Arbitrators*. Foi Juiz do TIT/SP e Conselheiro Julgador do CMT/SP. Diretor e Cofundador do IBAT. Diretor do CIArb Brazil. Árbitro e Advogado.

Sumário: Introdução – 1. Classificação proposta da arbitragem tributária – 2. Latência da arbitragem tributária no Brasil – 3. Quebra de paradigmas: Brasil, realmente um país de *civil law*? – 4. Constatação do óbvio: a lba versa sobre arbitragem *lato sensu* – 5. Indissociabilidade da exitosa experiência da arbitragem internacional e o papel do regulamento modelo de arbitragem da Uncitral – 6. Previsões de suspensão e exclusão do crédito tributário pela arbitragem no bojo do CTN – 7. Ainda tem lugar a discussão da (in)disponibilidade do crédito tributário? – 8. Como adaptar as lições da arbitragem internacional para a arbitragem tributária no Brasil e a força dos regulamentos de arbitragem, e o possível papel de protagonismo da agu e da CCAF – Conclusões – Bibliografia e julgados selecionados.

INTRODUÇÃO

Indicamos o conceito de arbitragem[1] como sendo uma tecnologia jurídica de afastamento do controle jurisdicional estatal[2] por vontade expressa das partes,[3] que

---

1. ESCOBAR, Marcelo Ricardo. *Arbitragem Tributária no Brasil*. São Paulo: Almedina, 2017, p. 48-49.
2. Tal como decidido pelo STF quando do julgamento do Agravo Regimental na Sentença Estrangeira 5.206-7 – Reino da Espanha, assim ementada: "[...] 3. Lei de Arbitragem (L. 9.307/96): constitucionalidade, em tese, do juízo arbitral; discussão incidental da constitucionalidade de vários dos tópicos da nova lei, especialmente acerca da compatibilidade, ou não, entre a execução judicial específica para a solução de futuros conflitos da cláusula compromissória e a garantia constitucional da universalidade da jurisdição do Poder Judiciário (CF, art. 5º, XXXV). Constitucionalmente declarada pelo plenário, considerando o Tribunal por maioria de votos, que a manifestação de vontade da parte na cláusula compromissória, quando da celebração do contrato, e a permissão legal dada ao juiz para que substitua a vontade da parte recalcitrante em firmar o compromisso não ofendem o artigo 5º XXXV, da CF. Votos vencidos, em parte – incluindo o do relator – que entendiam inconstitucionais a cláusula compromissória – dada a indeterminação de seu objeto – e a possibilidade de a outra parte, havendo resistência quanto à instituição da arbitragem, recorrer ao Poder Judiciário para compelir a parte recalcitrante a firmar o compromisso, e, consequentemente, declaravam a inconstitucionalidade de dispositivos da Lei 9.307/96 (art. 6º, parágrafo único; 7º e seus parágrafo único; 7º e seus parágrafos e, no art. 42, das novas redações atribuídas ao art. 267, VII e art. 301, inciso IX do C. Pr. Civil; e art. 42), por violação da garantia da universalidade da jurisdição do Poder Judiciário. [...]".
3. Lei 9.307/96, arts. 3º e 4º: "as partes interessadas podem submeter a solução de seus litígios ao juízo arbitral mediante convenção de arbitragem, assim entendida a cláusula compromissória e o compromisso arbitral; a

outorgam a particulares[4] ou a instituições[5] poderes para dirimir conflitos decorrentes de direitos patrimoniais e disponíveis,[6] com a finalidade de obter uma decisão escrita,[7] final,[8] irrecorrível,[9] que, sendo condenatória, constituirá título executivo,[10] com força de título executivo judicial.[11]

Arbitragem tributária vai muito além da mera resolução de conflitos entre particular e a Administração Pública no âmbito do Direito Tributário, uma vez que[12] o direito tributário deve se aproximar das "especulações da arbitragem, vez que vários dos casos mais citados e rumorosos dos últimos tempos tem tratado, de maneira direta e indireta, da matéria tributária",[13] pois os tributos são uma forma de acrescer artificialmente os custos de uma transação, e caso delas surja uma arbitragem, desses desentendimentos, alguma forma de tributação incidiu ou incidirá.[14]

Essas afirmações possuem respaldo, pois, tal como será abordado a seguir, as formas indiretas de se deparar com a arbitragem tributária acrescem o rol de utilização do instituto no âmbito tributário.

A primeira modalidade reside na formatação material da decisão arbitral para mitigação do seu impacto tributário.

A doutrina já exemplificou essa possibilidade no caso de o laudo arbitral não determinar o pagamento de lucros cessantes – onde haveria incidência de imposto de renda –, para em seu lugar deferir o pagamento de danos morais – sobre os quais não incidirá tributação.[15]

Em relação a essa possibilidade, ressalta o autor o limite jurídico-tributário do que chama de "bi-implicação", explicando ser a "impossibilidade de se ter uma conduta elisiva ou, mesmo, evasiva por parte dos árbitros, transformando algo que sob o ponto

---

    cláusula compromissória é a convenção através da qual as partes em um contrato comprometem-se a submeter à arbitragem os litígios que possam vir a surgir, relativamente a tal contrato".

4. Lei 9.307/96, art. 13: "pode ser árbitro qualquer pessoa capaz e que tenha a confiança das partes".
5. Lei 9.307/96, art. 5º: "reportando-se as partes, na cláusula compromissória, às regras de algum órgão arbitral institucional ou entidade especializada, a arbitragem será instituída e processada de acordo com tais regras, podendo, igualmente, as partes estabelecer na própria cláusula, ou em outro documento, a forma convencionada para a instituição da arbitragem"; e Lei 9.307/96, art. 13, § 3º: "as partes poderão, de comum acordo, estabelecer o processo de escolha dos árbitros, ou adotar as regras de um órgão arbitral institucional ou entidade especializada".
6. Lei 9.307/96, art. 1º: "as pessoas capazes de contratar poderão valer-se da arbitragem para dirimir litígios relativos a direitos patrimoniais disponíveis".
7. Lei 9.307/96, art. 24: "a decisão do árbitro ou dos árbitros será expressa em documento escrito".
8. CF/88, art. 5º, XXXI: "a lei não prejudicará o direito adquirido, o ato jurídico perfeito e a coisa julgada".
9. Lei 9.307/96, art. 18: "o árbitro é juiz de fato e de direito, e a sentença que proferir não fica sujeita a recurso ou a homologação pelo Poder Judiciário".
10. Lei 9.307/96, art. 31: "a sentença arbitral produz, entre as partes e seus sucessores, os mesmos efeitos da sentença proferida pelos órgãos do Poder Judiciário e, sendo condenatória, constitui título executivo".
11. CPC, art. 475-N, inciso IV: "são títulos executivos judiciais [...]; a sentença arbitral".
12. Vide: ESCOBAR, Marcelo Ricardo. *Arbitragem Tributária no Brasil*. São Paulo: Almedina, 2017, p. 266-275.
13. VITA, Jonathan Barros. *Arbitragem Comercial e de Investimentos e o Direito Tributário*. São Paulo: No prelo, 2015, p. 4.
14. Op. cit., p. 4-5.
15. Op. cit., p. 8.

de vista da substância econômica se enquadra em uma determinada categoria de renda em outra".¹⁶

Outra forma indireta de aplicação da arbitragem tributária é a utilização do Direito Tributário como forma de pressão sobre investidores para expropriar valores.

Há também a possibilidade de utilização de alterações tributárias que reproduzirão distorções econômicas determinantes da revisão do equilíbrio econômico-financeiro dos contratos internacionais.

Seria o caso das eventuais – a serem detalhadamente debatidas e estudadas – alterações tributárias advindas com a 1980 United Nations Convention on Contracts for the International Sale of Goods ("CISG") – Convenção das Nações Unidas sobre Contratos de Compra e Venda Internacional de Mercadorias de 1980, promulgada pelo Decreto 8.327, de 16 de outubro de 2014.

Ocorre que, sob a nossa ótica, o conceito de "mercadoria" contido no art. 3º da CISG distorce o conceito interno para fins de incidência do ICMS – cuja regra geral é a incidência sobre os bens objeto de mercancia.

Referido artigo ostenta a seguinte redação:¹⁷

> Artigo 3º: (1) Serão considerados contratos de compra e venda os contratos de fornecimento de mercadorias a serem fabricadas ou produzidas, salvo se a parte que as encomendar tiver de fornecer parcela substancial dos materiais necessários à fabricação ou à produção.
>
> (2) Não se aplica esta Convenção a contratos em que a parcela preponderante das obrigações do fornecedor das mercadorias consistir no fornecimento de mão de obra ou de outros serviços.¹⁸

Em que pese o seu item (2) afastar a aplicabilidade da convenção nos casos em que o fornecimento de mão de obra e serviços corresponder a parcela preponderante¹⁹ do

---

16. Idem.
17. GLEBER, Eduardo; RADAEL, Gisely. *Tradução da Convenção das Nações Unidas sobre Contratos de Compra e Venda Internacional de Mercadorias.* Disponível em: http://www.cisg-brasil.net/doc/egrebler2.pdf. Acesso em: 26 jul. 2022.
18. O texto original, em inglês encontra-se assim redigido: "Article 3 (1) Contracts for the supply of goods to be manufactured or produced are to be considered sales unless the party who orders the goods undertakes to supply a substantial part of the materials necessary for such manufacture or production. (2) This Convention does not apply to contracts in which the preponderant part of the obligations of the party who furnishes the goods consists in the supply of labour or other services". Disponível em: http://www.uncitral.org/pdf/english/texts/sales/cisg/V1056997-CISG-e-book.pdf. Acesso em: 26 jul. 2022.
19. A CISG não define o que deve ser considerado por parcela preponderante, todavia, o entendimento é o de que para o contrato estar fora do campo de aplicação da CISG, a prestação de serviços deve corresponder a grande parte das obrigações do contrato, refletindo-se, através da comparação entre o montante econômico das obrigações relativas à entrega dos bens. Vide comentários da PACE University: "The 'preponderant part' is not defined in the CISG, nor does it identify its referent, for example costs, price or value. Legal scholars have mostly been in opinion that in order for the contract to be excluded from the CISG, the provision of labour and services must form a major part of the obligations under the contract. Sometimes this seems merely to refer to the comparison between the economic value of the obligations regarding the delivery of the goods, which means that the sale price of the goods to be delivered should be compared with the fee for labour and services,

valor do contrato, é cediço que esse conceito pode abarcar quantidade significativa de serviços.[20]

Assim, tomemos por base a aquisição por meio de importação de uma máquina hospitalar, onde haja o fornecimento tanto da máquina quanto do *software* – operações que comumente são formalizadas através de dois contratos conexos, um prevendo a venda do bem e o outro abarcando a cessão da licença do *software* e o serviço de suporte correspondente.

Partamos também da premissa que o valor da compra do equipamento superou o do fornecimento da licença e o da prestação dos serviços, que seriam implementados através da subsidiária brasileira, detentora do *know-how* em âmbito local.

A análise desse contrato apenas no âmbito interno, antes do advento da CISG, levaria à tributação da aquisição do equipamento pelo ICMS, e a prestação de serviços seria tributada pelo ISS, uma vez que previstos em contratos distintos.

Ocorre que, com o advento da CISG, poderá se questionar a incidência do imposto estadual sobre toda a operação, gerando não apenas um risco tributário, mas também a oneração excessiva do contrato, que certamente não previu a incidência tributária integral pelo imposto estadual.

Esse descompasso poderia, ainda, causar transtornos quanto ao inadimplemento contratual pelo disposto nos artigos 79 e 80 da própria CISG.[21]

Por fim, a doutrina ainda registra a utilização da arbitragem tributária internacional como forma de planejamento tributário, pela implementação da denominada *cross-border tax arbitrage*, através da qual os contribuintes estruturam operações visando

---

as if two separate contracts had been made". *Scope of the CISG*. Disponível em: http://www.jus.uio.no/pace/international_trade_in_finland_the_applicable_rules.tuula_ammala/3.html#_16. Acesso em: 22 jul. 2022.

20. Reportamos a uma decisão proferida no caso *Switzerland 7 May 1993 District Court Laufen, Canton Berne (Automatic storage system case)*, onde o tribunal considerou que as partes tinham celebrado contratos de fornecimento matéria-prima para fabricação de bens e, portanto, deviam ser consideradas vendas nos termos do artigo 3 (1) CISG, posto que, embora o vendedor tenha fornecido diversos serviços, estas obrigações não foram preponderantes nos termos do artigo 3 (2) da CISG. Por isso, o tribunal considerou que a Convenção era aplicável por força do artigo 1 (1) (b) CISG. Disponível em: http://cisgw3.law.pace.edu/cases/930507s1.html. Acesso em: 22 jul. 2022.

21. "Artigo 79 (1) Nenhuma das partes será responsável pelo inadimplemento de qualquer de suas obrigações se provar que tal inadimplemento foi devido a motivo alheio à sua vontade, que não era razoável esperar fosse levado em consideração no momento da conclusão do contrato, ou ainda, que fossem evitadas ou superadas suas consequências. (2) Se o inadimplemento de uma das partes for devido à falta de cumprimento de terceiro por ela incumbido da execução total ou parcial do contrato, esta parte somente ficará exonerada de sua responsabilidade se: (a) estiver exonerada do disposto no parágrafo anterior; e (b) o terceiro incumbido da execução também estivesse exonerado, caso lhe fossem aplicadas as disposições daquele parágrafo. (3) A exclusão prevista neste artigo produzirá efeito enquanto durar o impedimento. (4) A parte que não tiver cumprido suas obrigações deve comunicar à outra parte o impedimento, bem como seus efeitos sobre sua capacidade de cumpri-las. Se a outra parte não receber a comunicação dentro de prazo razoável após o momento em que a parte que deixou de cumprir suas obrigações tiver ou devesse ter tomado conhecimento do impedimento, esta será responsável pelas perdas e danos decorrentes da falta de comunicação. (5) As disposições deste artigo não impedem as partes de exercer qualquer outro direito além da indenização por perdas e danos nos termos desta Convenção. Artigo 80. Uma parte não poderá alegar o descumprimento da outra, na medida em que tal descumprimento tiver sido causado por ação ou omissão da primeira parte."

reduzir ou eliminar o impacto fiscal de suas operações, utilizando-se da pluralidade das leis em dois ou mais países.[22]

Os exemplos de utilização da *cross-border tax arbitrage* constam da doutrina internacional, ressaltando-se a sua importância atual se comparada a um passado recente.[23]

Elenca casos ocorridos na Nova Zelândia e conhecidos por "*bank conduit*", nos quais a disputa tributária envolveu 2,4 bilhões de dólares neozelandeses,[24] o que, convertido para reais da época, equivalia a mais de R$ 3 bilhões, e atualmente montaria a mais de R$ 6,2 bilhões.[25]

As formas práticas conhecidas são: (i) o "*double-dip leasing*", ou arrendamento mercantil internacional – quando dois países que permitam a dedução ou o creditamento de impostos disciplinam de forma diversa sobre a propriedade do bem, beneficiando o proprietário com a dedutibilidade de despesas como a depreciação acelerada[26] –; (ii) as "*dual resident companies*", ou empresas com dupla residência – benefício advindo da criação de empresas com residência em países diversos, com a finalidade de considerar uma simples despesa como uma dupla dedução[27] –; e (iii) as entidades híbridas — quan-

---

22. BEDANI, Rebeca Soraia Gaspar. Técnicas de Planejamento Tributário e a Arbitragem Tributária Internacional. *Âmbito Jurídico*, Rio Grande, XVIII, n. 139, ago. 2015. Disponível em: http://www.ambito-juridico.com.br/site/?n_link=revista_artigos_leitura&artigo_id=16294. Acesso em: 22 jul. 2022.
23. Do original em ingles: "Cross-border tax arbitrage plays a much more significant role in tax planning today than formerly". In: WHITTINGTON, Stephen A; PREBBLE John. *Cross-Border Tax Arbitrage and convergence of Tax Systems*: a Law and Economics Approach. Wellington: Faculty of Law – Victoria University of Wellington, 2012, p. 4.
24. Op. cit., p. 4-5.
25. Considerando o dólar neozelandês na cotação de 1,26457 em 31.12.2009, e a cotação de 2,5975 em 17.01.2016, segundo conversão efetuada pelo sistema do Banco Central do Brasil. Disponível em: http://www4.bcb.gov.br/pec/conversao/conversao.asp. Acesso em: 26 jul. 2022.
26. Do original: "O arrendamento mercantil internacional conhecido como double-dip leasing, segundo Ring (2002) ocorre quando há um contrato de arrendamento mercantil internacional e duas jurisdições diversas especificam de modo diferente quem é considerado o proprietário do bem arrendado, ou seja, um Estado entende que o proprietário do bem é o arrendatário e o outro o arrendador. Segundo Oliveira (2009, p. 64): 'O que irá determinar ou não a ocorrência da arbitragem tributária internacional, nesse caso, será a possibilidade de haver, nesses dois Estados legislação que permita a dedução ou o creditamento em relação àquele que é tido como proprietário do bem.' Assim, os contribuintes poderão ser beneficiados com a depreciação acelerada do bem quanto às deduções ou com a obtenção de créditos referentes ao investimento e tais fatores viabilizaram a dedução do montante do imposto de renda devido". In: BEDANI, Rebeca Soraia Gaspar. Técnicas de Planejamento Tributário e a Arbitragem Tributária Internacional. *Âmbito Jurídico*, Rio Grande, XVIII, n. 139, ago. 2015. Disponível em: http://www.ambito-juridico.com.br/site/?n_link=revista_artigos_leitura&artigo_id=16294. Acesso em: 26 jul. 2022.
27. Nas palavras da autora: "a dual resident companies (empresas com dupla residência) tem como fundamento critérios de residência utilizados pelos Estados, envolve questões relativas a grupos empresariais, cujas empresas tenham se fixado em mais de um país. Assim, empresas com dupla residência favorecem as demais empresas do grupo no que tange à redução ou eliminação relativa ao imposto renda devido por essas empresas. Segundo Oliveira (2009, p. 66) para melhor entendimento é importante exemplificar o que ocorre com a dupla residência: 'A fim de uma empresa do Reino Unido adquira uma empresa americana ela deve, primeiramente, criar uma subsidiária com dupla residência (EUA e Reino Unido) nos EUA, que financie a aquisição da empresa alvo nos EUA. De tal forma que o débito dessa subsidiária gerado pela aquisição da empresa nos EUA deve produzir, por sua vez, grandes deduções. Como tanto os EUA quanto o Reino Unido têm normas que permitem a consolidação ou o agrupamento de impostos e perdas com as empresas filiais residentes nestes Estados, o gasto na aquisição por parte da subsidiária poderá ser usado para compensar os impostos, tanto da filial dos Estados

do uma mesma sociedade controlada localiza-se em país de tributação favorecida e a controladora não, quando os lucros observados no paraíso fiscal podem deixar de serem disponibilizados na forma de dividendos, diferindo-se o impacto tributário através de reinvestimentos.[28]

1. CLASSIFICAÇÃO PROPOSTA DA ARBITRAGEM TRIBUTÁRIA

A arbitragem tributária não apenas é possível no Brasil, mas também já é uma realidade, mesmo que restrita e carente de regulamentação procedimental quanto à sua subsunção entre determinados órgãos públicos.

Essa possibilidade, contudo, certamente será ampliada no futuro por conta dos precedentes exitosos de aplicação no direito comparado.

Assim, passaremos a abordar a questão de forma hipotética visando estruturar as formas de arbitragem tributária que identificamos.

A doutrina internacional já elencou as categorias da arbitragem fiscal, não a estruturando como ora proposto, mas dividindo-a em três categorias: (i) controvérsias tributárias decorrentes de relações negociais; (ii) acordos para evitar a dupla tributação; e (iii) disputas fiscais entre um investidor estrangeiro e o país investido.[29]

As categorias acima, em nossa ótica, apenas distinguem as disputas tributárias quanto mérito e abrangência, carecendo de análise em relação ao tempo.

A justificativa para a classificação advém de um paralelo com o Direito Civil, para o qual um mandato pode ser considerado um contrato unilateral, gratuito, simplesmente consensual, e *"intuitu personae"*.[30]

Unidos como da operação da filial do Reino Unido. O resultado seria a conversão de uma simples despesa em uma dupla dedução (*double-dip*)'". Idem.

28. Do original: "As entidades híbridas compõem outra possibilidade de arbitragem tributária internacional e referem-se quando uma mesma entidade é classificada de modos diferentes. [...] Tôrres (2001, p. 125) trata o tema como operações entre controladas e controladoras: 'Como os dividendos são tributados somente quando disponibilizados (princípio de caixa), sendo esse o regime de vários países, caso a empresa controlada encontre-se em um país com tributação favorecida que não tribute ou tribute com uma alíquota muito baixa os lucros ali produzidos, o controlador ou acionista obterá uma ótima economia de tributos sobre esses lucros produzidos pela sociedade controlada, evitando a disponibilização sob a forma de dividendos e diferindo o pagamento dos tributos para o futuro, mediante reinvestimentos.'". Ibidem.
29. Nas palavras do autor: "The amenability of tax disputes to arbitration remains highly fact-intensive, however. Even if no hard-and-fast rule prohibits all tax arbitration per se, many arbitration claims related to fiscal matters will (and should) fail. In some instances, the claim may not be rip for adjudication because the government has not yet rules on the amount of tax (if any) payable. In other cases, the relevant treaty may remove entirely certain types of tax controversies from the arbitrators' adjudicatory power. Distinctions should be drawn among three broad categories of fiscal arbitration: 1. Tax controversies arising from business relationships; 2. Overlapping tax on one transaction by two or more countries; and 3. disputes implication tax issues between a foreign investor and the host state; (...)". PARK, William W. Tax Arbitration and Investor Protection. In: ROGERS, Catherine A.; ALFORD, Roger P. (Coord.). *The Future of Investment Arbitration*. New York: Oxford University Press, 2009, p. 231.
30. GOMES, Orlando. *Contratos*. Rio de Janeiro: Forense, 1978, p. 415.

Da mesma maneira, entendemos que a arbitragem tributária também carece de uma classificação mais ampla e estruturada.

Baseando-se nas lições de Orlando Gomes, para quem a utilidade da classificação dos contratos decorre do seu agrupamento em diversas categorias, suscetíveis, isoladamente, de subordinação a regras idênticas ou afins, bem como nas particularidades dessa distinção, é de considerável interesse prático – inclusive, mas não se limitando a – a simplificação da tarefa legislativa.[31]

Sendo certa, portanto, a vacância parcial da legislação quanto ao tema, entendemos que a arbitragem tributária deva ser classificada não de forma excludente, mas complementar quanto ao tempo do litígio, em relação ao mérito, e por sua abrangência.

Esquematicamente teríamos a classificação da arbitragem tributária quanto:

(i) ao tempo:

(*i.a*) preliminar e preventivamente à constituição do crédito tributário; ou

(*i.b*) subsequente à constituição do crédito tributário;

(ii) ao mérito:

(*ii.a*) direta – analisando diretamente as questões tributárias; ou

(*ii.b*) indireta – quando dos laudos arbitrais surge um novo fato jurídico tributário;

(iii) à abrangência:

(*iii.a*) interna – entre os próprios entes federativos pátrios, ou entre Administração e contribuintes nacionais;

(*iii.b*) internacional estatal – para dirimir questões envolvendo acordos destinados a evitar a dupla tributação; ou

(*iii.c*) internacional mista — quando envolver um Estado e um ente privado estrangeiro (acordos de investimento).

No que tange ao aspecto temporal, como suscitado acima, ela pode ocorrer anteriormente à constituição do crédito tributário, ou mesmo após a sua constituição.[32]

Priscila Faricelli de Mendonça, ao tratar da arbitragem tributária preventiva, a considera um campo fértil na medida em que incentivará o "diálogo entre fisco e contribuinte e, ademais, a decisão [...] vinculará ambas as partes".[33]

A possibilidade de a arbitragem tributária ser iniciada após a concretização da divergência não decorre de mera análise teórica, mas sim do caso concreto. Ocorre que o Parecer PGFN/CAT 195/2009 aponta, como critério temporal da arbitragem de ques-

---

31. Op. cit., p. 85.
32. Nesse sentido, a interpretação de Heleno Torres: "Formas alternativas para resolução de conflitos em matéria tributária podem ser desenvolvidas e aplicadas tanto de um modo preventivo, para aquelas situações antecedentes a contenciosos formalmente qualificados, como para as que se encontrem já na forma de lides, servindo de objeto para processos administrativos ou judiciais em curso". TORRES, Heleno. Transação, Arbitragem e Conciliação Judicial como Medidas Alternativas para Resolução de Conflitos entre Administração e Contribuintes – Simplificação e Eficiência Administrativa. *Revista Fórum de Direito Tributário*, ano 1, n. 2, mar./abr. 2003 (versão digital). São Paulo: Dialética, 2003, p. 8.
33. MENDONÇA, Priscila Faricelli de. *Arbitragem e transação tributárias*. Brasília: Gazeta Jurídica, 2014, p. 115

tões tributárias, que esta deve ser utilizada somente após a decisão final administrativa tributária, a ser instalada apenas no caso de permanecer a controvérsia.

Assim, uma vez que esse parecer também foi aprovado pelo Advogado Geral da União, e publicado, nos moldes preconizados pela LC 73/1993, possui, assim, efeito vinculativo.

Ocorre, entretanto, que a doutrina já suscitou uma questão importante quanto à instituição após a constituição do crédito tributário, qual seja, se essa opção poderá ocorrer durante a discussão no âmbito administrativo tributário, e quais os efeitos dessa opção, traçando um paralelo entre a concomitância da arbitragem tributária, sua discussão em âmbito administrativo e a previsão contida no parágrafo único do art. 38 da Lei de Execuções Fiscais[34] – prevendo-se a renúncia da esfera administrativa caso o contribuinte opte por discutir o tributo judicialmente –, e conclui que, "na arbitragem, do mesmo modo, a opção por firmar o compromisso arbitral acarreta na renúncia da adoção de solução judicial estatal para o conflito".

Assim, a conclusão que se extrai desse comentário, do qual somos partidários, é bifurcada.

Quando as partes resolverem optar por levar uma questão que ainda se encontra no âmbito de discussão administrativa tributária para a arbitragem, renunciariam não só à esfera administrativa, mas também à sua discussão perante o Judiciário.

Todavia, quando as partes já estiverem discutindo judicialmente uma questão tributária, isso não implicará a renúncia à arbitragem, uma vez que a lei permite textualmente a celebração do compromisso arbitral judicial.[35]

Quanto às matérias a serem submetidas à arbitragem, Heleno Torres indica ser um caminho para uma maior aproximação da verdade material, relacionando exemplos extraídos de conceituações subjetivas, como preço de mercado, valor venal, valor da terra nua, como potenciais.[36]

Vejamos a outra classificação proposta, agora em relação ao mérito.

Quanto ao mérito, a arbitragem tributária direta é aquela que resolve diretamente a questão relativa aos tributos.

---

34. "Art. 38. A discussão judicial da Dívida Ativa da Fazenda Pública só é admissível em execução, na forma desta Lei, salvo as hipóteses de mandado de segurança, ação de repetição do indébito ou ação anulatória do ato declarativo da dívida, esta precedida do depósito preparatório do valor do débito, monetariamente corrigido e acrescido dos juros e multa de mora e demais encargos. Parágrafo único. A propositura, pelo contribuinte, da ação prevista neste artigo importa em renúncia ao poder de recorrer na esfera administrativa e desistência do recurso acaso interposto."

    Nos termos do art. 9º, § 1º da Lei 9.307/96: "o compromisso arbitral judicial celebrar-se-á por termo nos autos, ~~pe~~rante o juízo ou tribunal, onde tem curso a demanda".

    ~~TOR~~RES, Heleno. Transação, Arbitragem e Conciliação Judicial como Medidas Alternativas para Resolução ~~de Co~~nflitos entre Administração e Contribuintes – Simplificação e Eficiência Administrativa. *Revista Fórum* ~~de Dire~~*ito Tributário*, ano 1, n. 2, mar./abr. 2003 (versão digital). São Paulo: Dialética, 2003.

Há um pequeno ilhéu onde a arbitragem tributária direta poderia já funcionar no Brasil, quando da solução de controvérsias tributárias oriundas dos seus entes federativos, mas, como ressaltado anteriormente,[37] apesar da previsão da arbitragem, resta à AGU regulamentar o seu procedimento para a sua pronta validade no sistema interno.

Será considerada indireta quando dos laudos arbitrais surge um novo fato jurídico tributário, ou seja, a formatação material da decisão arbitral para a mitigação do seu impacto tributário, a utilização do Direito Tributário como forma de pressão para expropriar valores de investidores externos, alterações tributárias que reproduzam distorções econômicas determinantes da revisão do equilíbrio econômico-financeiro dos contratos internacionais, e a utilização da arbitragem internacional – *cross-border tax arbitrage* – como ferramenta de planejamento tributário.

Por fim, vejamos a arbitragem tributária quanto à abrangência.

Será considerada interna a arbitragem instaurada entre os próprios entes federativos pátrios ou entre Administração e contribuintes nacionais.

Alocamos como arbitragem tributária internacional estatal as para dirimir questões, como as envolvendo acordos destinados a evitar dupla tributação.

Por fim, consideramos como arbitragem internacional mista os casos envolvendo um país e um ente privado estrangeiro, como, por exemplo, nos acordos de investimento.

2. LATÊNCIA DA ARBITRAGEM TRIBUTÁRIA NO BRASIL

Com a discussão do tema no âmbito do Senado Federal em decorrência dos Projetos de Lei do Senado 4.257/19, de autoria do Senador Antonio Anastasia – que propõe alterações na Lei de Execuções Fiscais, para que dela conste expressamente a possibilidade da adoção da arbitragem tributária –, bem como do Projeto de Lei 4.468/20, de autoria da Senadora Daniella Ribeiro que cria a "Arbitragem Especial Tributária",[38] o debate em relação a arbitragem tributária tomou lugar de destaque.[39]

Desnecessário digressionar quanto a imprescindibilidade do exegeta lançar mão de uma interpretação não apenas sistemática, mas multidisciplinar, de forma a extrair com precisão as conclusões afetas a cada ramo do Direito.

E com base nestas premissas, pretendemos lançar um olhar crítico a temas acadêmicos tidos por verdades absolutas, de forma a vencermos os óbices que impedem o fluxo de evolução das ditas verdades, e a partir dessas novas premissas, focarmos na experi-

---

37. Vide: ESCOBAR, Marcelo Ricardo. *Arbitragem Tributária no Brasil*. São Paulo: Almedina, 2017.
38. Vide comentários ao Projeto de Lei 4.468/20 em: ESCOBAR, Marcelo Ricardo; Um devaneio noturno, o PL 4.468/20 e a 'arbitragem' especial tributária. *Consultor Jurídico*. Opinião, 04 de setembro de 2020. Disponível em: https://www.conjur.com.br/2020-set-04/marcelo-escobar-arbitragem-especial-tributaria. Acesso em: 28 set. 20.
39. Adaptado de: ESCOBAR, Marcelo Ricardo. Viabilização da Arbitragem Tributária por ato administrativo: indissociáveis lições da experiência internacional do regulmento UNCITRAL e a latência do papel protagonista da AGU e da CCAF. *Revista de Arbitragem e Mediação*. v. 67. p. 117 142. 2020.

ência já sedimentada da exitosa arbitragem comercial, para dela extrair os princípios e ideias que já passaram pelo escrutínio do Pretório Excelso, como forma de vislumbrar caminhos análogos que, por tomarem as mesmas premissas, não tenham sabor de total novidade – e cuja legalidade e constitucionalidade não mais se discute.

O resultado das presentes linhas é indicar que inobstante os atuais projetos de lei, esta visão multidisciplinar e empírica é indissociável do debate acadêmico, que deve ser a via de junção de ambos os projetos com acréscimos e supressões necessárias para que o instituto ganhe força e seja dilapidado, e não polarizado e esvaziado.

3. QUEBRA DE PARADIGMAS: BRASIL, REALMENTE UM PAÍS DE *CIVIL LAW*?

Feitos os registros iniciais, dentre os temas que raramente são objeto de questionamento, contestamos o suposto fato do Brasil ser um país de *civil law*,[40] posto que na realidade brasileira, tanto em questões relativas à arbitragem, quanto em matérias relacionadas ao Direito Tributário temos um fenômeno recorrente, consubstanciado na eficácia da norma condicionar-se a um julgamento posterior pelo Pretório Excelso.

Partindo desta premissa inicial, e com o intuito de se aprofundar nas possibilidades de arbitragem tributária já presentes no vigente arcabouço legislativo brasileiro, imperioso ao menos registrarmos uma segunda premissa – posto não ser o objeto maior das presentes linhas –, como já o fizemos com a devida profundidade em outras oportunidades,[41]-[42] que a Administração Pública pode se submeter à arbitragem para dirimir questões relativas a direitos patrimoniais e disponíveis.

Essa conclusão já podia ser extraída pela leitura menos afoita no *caput* do art. 1º da Lei Brasileira de Arbitragem – Lei 9.307/96 ("LBA") – onde consta que: "as pessoas capazes de contratar poderão valer-se da arbitragem para dirimir litígios relativos a direitos patrimoniais disponíveis", sendo, portanto, em nossa ótica, desnecessários os acréscimos advindos com a Lei 13.129/15, uma vez que o trecho em questão, presente desde a promulgação da LBA em 1996 já ostentava a máxima de que aqueles capazes de contratar poderiam valer-se da arbitragem, e não há dúvidas que a Administração Pública, sendo capaz de contratar, já poderia se submeter ao instituto.

Todavia, os ranços acadêmicos presentes desde a redescoberta, em 1088 na cidade de Bologna na Itália, de parte do "*Corpus Iuris Civilis*" de Justiniano (que data de 533,

---

40. Para uma análise mais aprofundada da questão vide: ESCOBAR, Marcelo Ricardo. Arbitragem Tributária no existente arcabouço legislativo brasileiro – Sistema brasileiro da 'UnCommon Law'. In: PISCITELLI, Tathiane; MASCITTO, Andréa; MENDONÇA, Priscila Faricelli. *Arbitragem tributária*: desafios institucionais brasileiros e a experiência portuguesa. São Paulo: Thomson Reuters Brasil, 2018, p. 217-224.
41. ESCOBAR, Marcelo Ricardo. Possibilidades Latentes e Vigentes de Arbitragem Tributária no Brasil. In: HOLDANA, Flávia (Coord.) *Métodos extrajudiciais de resolução de conflitos empresariais*: adjudicação, *dipute boards*, mediação e arbitragem. São Paulo: IOB SAGE, 2017, p. 159-173.
42. ESCOBAR, Marcelo Ricardo; e CASELLA, Paulo Borba. Arbitragem Tributária e a Câmara de Conciliação e Arbitragem da Administração Federal. In: SCHOUERI, Luis Eduardo; BIANCO, João Francisco (Coord.); CASTRO, Leonardo Freitas de Moraes e; DUARTE FILHO, Paulo César Teixeira (Org.). *Estudos de Direito Tributário em Homenagem ao Prof. Gerd Willi Rothmann*. São Paulo: Quartier Latin, 2016, p. 739-757.

e baseou-se nas Institutas de Gaio do Século II a.c), e que dado à grande peregrinação para acesso ao conhecimento originou a primeira universidade da Europa, estruturada praticamente da mesma forma como as hodiernamente existentes, fazem com que parcela significativa dos operadores do Direito deixem de questionar premissas, pois, tidas por imutáveis, apenas e tão somente porque repetidas nos bancos da academia.

Neste sentido, também já indicamos, baseando-nos nas lições do jurista dinamarquês Alf Ross, que o Direito depende do sistema onde se encontra inserido, e as interpretações para extração do *mínimo irredutível da mensagem deôntica* dependem da determinação dos significados das diretivas, indicando sob quais circunstâncias deverão ser aplicadas, e em sendo, como o juiz deverá se comportar.[43]

Os problemas do método jurídico, segundo o doutrinador dinamarquês, assumem formas diversas no caso de se estar diante de um sistema de *common law* – onde a jurisprudência constitui fonte predominante do direito – ou de *civil law* – onde a legislação é sua fonte principal.[44]

No que se refere aos problemas do método jurídico interpretativo aplicado aos sistemas de *common law*, estatui o autor que o juiz não se encontra diante de uma formulação revestida da autoridade de uma regra geral de direito. O problema do método, portanto, consiste em como extrair uma regra geral dos precedentes existentes e aplicá-la ao caso a ser decidido. A situação se complica pelo fato da regra geral com frequência se alterar no curso desse desenvolvimento de um caso para outro. Haver continuidade ou alteração dependerá do juiz, ao examinar as semelhanças e as diferenças entre o caso presente e o precedente, entender que os fatos relevantes podem ser classificados segundo os mesmos conceitos pressupostos no precedente, ou em outras palavras, decidir que é mister introduzir uma distinção com o auxílio de outros conceitos. O *raciocínio jurídico* (método jurídico) num sistema como esse é raciocínio por via de exemplos, e a técnica de argumentação exigida por esse método visa a mostrar as semelhanças e diferenças exibidas pelos casos e asseverar que as diferenças são ou não são relevantes.[45]

Já no que tange aos problemas do método quando deparado em sistemas de *civil law*, assevera que "possui o caráter de intepretação de um texto provido de autoridade" em que a atenção se concentra na relação existente entre uma "dada relação linguística e um complexo específico de fatos", visando descobrir o significado da lei e a sustentar que os fatos dados são abarcados por ele ou não.[46]

E partindo da premissa de que dependendo do sistema em que determinado ordenamento jurídico está inserido, as bases interpretativas, e, consequentemente, as

---

43. ESCOBAR, Marcelo Ricardo; LEITE, Yuri Pedroza. Article 13 – Interpretation. In: STRAUBE, Frederico; FINKELSTEIN, Claudio; CASADO FILHO, Napoleão. *The CAM-CCBC Arbitration Rules 2012: A Commentary*. The Hage: Eleven International Publishing. p. 206-208.
44. ROSS, Alf. *Direito e Justiça*. Bauru : EDIPRO, 2000, p. 138.
45. Idem.
46. Idem.

conclusões lógico-jurídicas serão diversas, questionamos se o Brasil se enquadraria nas definições estativas de um sistema de *civil law* ou de *common law*.

Ressalvando que o presente estudo não visa se aprofundar na conceituação e definição dos sistemas existentes,[47] partimos da premissa de que a diferenciação entre ambos reside na fonte do direito, pois, enquanto o sistema da *civil law* adota a lei como fonte primeira do direito; o modelo da *common law* adota a jurisprudência como sua fonte primordial.[48]

Pensando na realidade brasileira, tanto em questões relativas à arbitragem, quanto em matérias relacionadas ao Direito Tributário temos um fenômeno recorrente, consubstanciado na eficácia da norma condicionar-se a um julgamento posterior pelo Pretório Excelso.

No tocante à arbitragem, a LBA foi publicada em 23 de setembro de 1996, todavia, somente passou a ter eficácia plena após o julgamento da ADI pelo STF, que reconheceu sua constitucionalidade em decisão datada de 12 de dezembro de 2001, quando do julgamento do Agravo Regimental na Sentença Estrangeira 5.206-7, proveniente do Reino da Espanha.[49]

---

47. Para tanto, vide: ALEXY, Robert. *Los derechos fundamentales en el estado constitucional democrático. Los fundamentos de los derechos fundamentales*, Madrid: Trotta, 2001; DAVID, René. *Os grandes sistemas do direito contemporâneo*. Lisboa: Meridiano, 1978; LOPES, José Reinaldo de Lima. *O direito na história*: lições introdutórias. São Paulo: Atlas, 2012; NOGUEIRA, Gustavo Santana. *Stare decisis et non quieta movere*: a vinculação aos precedentes no direito comparado e brasileiro. Rio de Janeiro: Lumen Juris, 2011; e RADBRUCH, Gustav. *Lo spirito del diritto inglese*. Trad. Alessandro Baratta. Milão: Giuffrè, 1962.
48. OLIVEIRA, Ana Carolina Borges de. Diferenças e semelhanças entre os sistemas da *Civil Law* e da *Common Law*. Constituição, Economia e Desenvolvimento. *Revista da Academia Brasileira de Direito Constitucional*. v. 6, n. 10, p. 53. Curitiba, jan./jun. 2014.
49. Ementa: (...) 2. Laudo arbitral: homologação: Lei da Arbitragem: controle incidental de constitucionalidade e o papel do STF. A constitucionalidade da primeira das inovações da Lei da Arbitragem – a possibilidade de execução específica de compromisso arbitral – não constitui, na espécie, questão prejudicial da homologação do laudo estrangeiro; a essa interessa apenas, como premissa, a extinção, no direito interno, da homologação judicial do laudo (arts. 18 e 31), e sua consequente dispensa, na origem, como requisito de reconhecimento, no Brasil, de sentença arbitral estrangeira (art. 35). A completa assimilação, no direito interno, da decisão arbitral à decisão judicial, pela nova Lei de Arbitragem, já bastaria, a rigor, para autorizar a homologação, no Brasil, do laudo arbitral estrangeiro, independentemente de sua prévia homologação pela Justiça do país de origem. Ainda que não seja essencial à solução do caso concreto, não pode o Tribunal – dado o seu papel de "guarda da Constituição" – se furtar a enfrentar o problema de constitucionalidade suscitado incidentemente (v.g. MS 20.505, Néri). 3. Lei de Arbitragem (L. 9.307/96): constitucionalidade, em tese, do juízo arbitral; discussão incidental da constitucionalidade de vários dos tópicos da nova lei, especialmente acerca da compatibilidade, ou não, entre a execução judicial específica para a solução de futuros conflitos da cláusula compromissória e a garantia constitucional da universalidade da jurisdição do Poder Judiciário (CF, art. 5º, XXXV). Constitucionalidade declarada pelo plenário, considerando o Tribunal, por maioria de votos, que a manifestação de vontade da parte na cláusula compromissória, quando da celebração do contrato, e a permissão legal dada ao juiz para que substitua a vontade da parte recalcitrante em firmar o compromisso não ofendem o artigo 5º, XXXV, da CF. Votos vencidos, em parte – incluído o do relator – que entendiam inconstitucionais a cláusula compromissória – dada a indeterminação de seu objeto – e a possibilidade de a outra parte, havendo resistência quanto à instituição da arbitragem, recorrer ao Poder Judiciário para compelir a parte recalcitrante a firmar o compromisso, e, consequentemente, declaravam a inconstitucionalidade de dispositivos da Lei 9.307/96 (art. 6º, parágrafo único; 7º e seus parágrafos e, no art. 41, das novas redações atribuídas ao art. 267, VII e art. 301, inciso IX do C. Pr. Civil; e art. 42), por violação da garantia da universalidade da jurisdição do Poder Judiciário. Constitucionalidade – aí por decisão unânime, dos dispositivos da Lei de Arbitragem que prescrevem a irrecorribilidade (art. 18) e os efeitos de decisão judiciária da sentença arbitral (art. 31). (SE 5206 AgR, Relator(a): Min. Sepúlveda Pertence, Tribunal Pleno, julgado em 12.12.2001, DJ 30.04.2004 PP-00029 EMENT VOL-02149-06 PP-00758).

Das razões de decidir, retiramos breve trecho do voto do Ministro Nelson Jobim, que extraindo em suas palavras "o núcleo normativo da norma"[50] contida no art. 5º, inciso XXXV da CF/88, extraiu a faculdade de a permissão para que o cidadão recorra ao Judiciário não ser uma obrigação, configurando uma proibição constitucional ao legislador vedar esse direito.[51]

O fez o Ministro através da técnica de Fran Von Liszt quanto "aos mecanismos de lógica de ôntica e dos âmbitos de validez ou aquilo que se chamaria o conteúdo normativo"[52] conclui que o caráter da norma em relação à composição de conflitos é proibitivo, mas o destinatário da norma é o Poder Legislativo e não cidadão.[53]

Já em matéria de Direito Tributário, inúmeros são os exemplos que podemos utilizar para demonstrar o período de instabilidade e certeza entre a publicação da norma, e sua plena eficácia depender do julgamento pelo STF.

Exemplificadamente trazemos à baila a revogação da isenção da CONFIS prevista em Lei Complementar, por lei ordinária posterior.

Referimo-nos a isenção das sociedades civis que tinham por objetivo a prestação de serviços profissionais relativos ao exercício de profissão legalmente regulamentada, contida na Lei Complementar 70, de 30 de dezembro de 1991,[54] que foi revogada pelos arts. 55 e 56[55] da Lei Ordinária 9.430, de 27 de dezembro de 1996, tida pelo STF como lei "materialmente complementar".[56]

---

50. Trecho do voto do Ministro Nelson Jobim, nos autos da SE 5.206-AgR, p. 1.021.
51. ESCOBAR, Marcelo Ricardo. *Arbitragem Tributária no Brasil*. São Paulo: Almedina, 2017, p. 177-179.
52. Idem.
53. "(...) em primeiro, a referência constitucional. Diz o texto da Constituição que a lei não excluirá da apreciação do Poder Judiciário lesão ou ameaçada a direito. Em primeiro lugar, examinando o dispositivo constitucional através da perspectiva de seu núcleo normativo, e verificando o caráter desse dispositivo, vemos, desde logo, que o dispositivo é proibitivo da existência ou da criação de mecanismos que excluam da apreciação do Poder Judiciário lesão a direito ou ameaça a direito. Leio "A lei não excluirá à apreciação do Poder Judiciário lesão ou ameaça a direito". Portanto, se o destinatário da norma é o legislador, preservou-se ao cidadão o direito de opção e não a obrigatoriedade do cidadão de compor os seus conflitos fora da área do Poder Judiciário. Vetou-se ao legislador que impedisse o exercício pelo cidadão da faculdade de recorrer ao Poder Judiciário. Logo, não é uma obrigação do cidadão compor os seus conflitos no Poder Judiciário, é uma faculdade. É permitido recorrer ao Judiciário como é permitido não recorrer ao Poder Judiciário. O que é proibido é impedir essa faculdade. É por isso que foi assegurado o direito de opção ao cidadão através da possibilidade de optar pelo Poder Judiciário ou não. Como se assegurou essa faculdade, esse direito ao cidadão? Assegurou-se essa faculdade proibindo constitucionalmente a lei que vede o exercício da alternativa. (...)". Trecho do voto do Ministro Nelson Jobim, nos autos da SE 5.206-AgR, p. 1.019-1.021.
54. Artigo 6º São isentas da contribuição: (...) II – as sociedades civis de que trata o artigo 1º do Decreto-Lei 2.397 de 21 de dezembro de 1987.
55. Artigo 55. As sociedades civis de prestação de serviços profissionais relativos ao exercício de profissão legalmente regulamentada de que trata o artigo 1º do Decreto-lei 2.397, de 21 de dezembro de 1987, passam, em relação aos resultados auferidos a partir de 1º de janeiro de 1997, a ser tributadas pelo imposto de renda de conformidade com as normas aplicáveis às demais pessoas jurídicas.
    Artigo 56. As sociedades civis de prestação de serviços de profissão legalmente regulamentada passam a contribuir para a seguridade social com base na receita bruta da prestação de serviços, observadas as normas da Lei Complementar 70, de 30 de dezembro de 1991.
    Parágrafo único. Para efeito da incidência da contribuição de que trata este artigo, serão consideradas as receitas auferidas a partir do mês de abril de 1997.
56. Vide ementa do RE 677589 AgR, que sumariza a questão: Ementa: agravo regimental no recurso extraordinário. Constitucional. Tributário. Sociedade civil de prestação de serviços de profissão legalmente regulamentada.

Tanto no exemplo da LBA quanto na questão tributária, em que pese a edição, publicação e validade das normas, estas somente tiveram eficácia plena, após sua declaração de constitucionalidade por parte do Supremo Tribunal Federal.

O que chamamos atenção é para o vasto interstício de tempo entre a validade e vigência da norma, e sua eficácia plena, causando não apenas insegurança jurídica, mas também desvirtuando a premissa de que no sistema do *civil law* a lei seria fonte primordial do direito, posto que somente após a chancela judicial do Tribunal Superior é que os jurisdicionados passam a gozar de certeza quanto à utilização dos institutos em debate.

Esta intersecção entre os dois sistemas jurídicos não tem sabor de novidade, posto que já apontada na doutrina nacional,[57] motivo pelo qual entendemos que o sistema

---

Contribuição social sobre o faturamento – Cofins. Isenção. Artigo 6º, II, da Lei Complementar 70/91. Revogação. Art. 56 da lei 9.430/96. Constitucionalidade. Modulação de efeitos. Impossibilidade. Acórdão recorrido em consonância com o entendimento desta corte. 1. A constitucionalidade do artigo 56 da Lei 9.430/96, que revogou a isenção da COFINS concedida às sociedades civis prestadoras de serviços profissionais pelo art. 6º, II, da Lei Complementar 70/91, foi reconhecida pelo Plenário do Supremo Tribunal Federal, no julgamento dos REs 377.457 e 381.864, ambos da Relatoria do Ministro Gilmar Mendes. Na oportunidade, rejeitou-se pedido de modulação de efeitos da decisão e permitiu-se a aplicação do artigo 543-B do CPC. A ementa dos referidos julgados restou consignada nos seguintes termos, verbis: "Ementa: Contribuição social sobre o faturamento - COFINS (CF, art. 195, I). 2. Revogação pelo art. 56 da Lei 9.430/96 da isenção concedida às sociedades civis de profissão regulamentada pelo art. 6º, II, da Lei Complementar 70/91. Legitimidade. 3. Inexistência de relação hierárquica entre lei ordinária e lei complementar. Questão exclusivamente constitucional, relacionada à distribuição material entre as espécies legais. Precedentes. 4. A LC 70/91 é apenas formalmente complementar, mas materialmente ordinária, com relação aos dispositivos concernentes à contribuição social por ela instituída. ADC 1, Rel. Moreira Alves, RTJ 156/721. 5. Recurso extraordinário conhecido mas negado provimento." 2. Ainda nesse sentido, os seguintes precedentes de ambas as Turmas desta Corte: AI 551.597-AgR-terceiro, Relator o Ministro Ricardo Lewandowski, 2ª Turma, DJe de 19.12.11; RE 583.870-AgR, Relator o Ministro Ayres Britto, 2ª Turma, DJe de 1º.06.2011; RE 486.094-AgR, Relator o Ministro Dias Toffoli, 1ª Turma, DJe de 22.11.10; RE 511.916-AgR, Relator o Ministro Marco Aurélio, 1ª Turma, DJe de 09.10.09; RE 402.098-AgR-ED-ED, Relator o Ministro Cezar Peluso, 2ª Turma, DJe de 30.04.09; RE 515.890 – AgR, 1ª Turma, Relatora a Ministra Cármen Lúcia, DJe de 06.02.2009; RE 558.017-AgR, 2ª Turma, Relatora a Ministra Ellen Gracie, DJe de 24.04.09; RE 456.182-AgR, Relator o Ministro Joaquim Barbosa, 2ª Turma, DJe de 05.12.08, entre outros. 3. As decisões tomadas pelo Plenário do Supremo Tribunal Federal não possuem, por si, eficácia geral e vinculante, no entanto, formam orientação jurisprudencial dominante, pois são prolatadas pela expressão maior do princípio da colegialidade do órgão que ocupa a posição central no sistema jurisdicional. Vale dizer, as decisões proferidas pelo Plenário do Supremo Tribunal Federal, em controle difuso de constitucionalidade, têm densidade normativa suficiente para autorizar o julgamento monocrático, nos termos do art. 557 do Código de Processo Civil (cf., em reforço, o art. 101 do RISTF)" (RE 518.672-AgR, Relator o Ministro Joaquim Barbosa, 2ª Turma, DJe de 19.06.09). 4. *In casu*, o acórdão originariamente recorrido assentou: "Ementa: Constitucional. Tributário. Sociedade civil de prestação de serviços profissionais. Cofins. Isenção. Art. 6º, II. L. C. 70/91. Revogação. Art. 56, Lei 9.430/96. Legitimidade. Ausência de hierarquia entre lei complementar e ordinária. Precedentes. STF. 1. Dispensável a lei complementar para veicular a instituição de Cofins conforme assentado na ADC 1/DF, Rel. Min. Moreira Alves, j. 1º.12.1993). 2. A isenção conferida pelo art. 6º da LC 70/91 pode, validamente, ser revogada, como o foi, pelo art. 56 da Lei 9.430/96, independentemente de ofensa aos princípios constitucionais, vez que ausente hierarquia entre lei complementar e lei ordinária, atuando, tais espécies normativas em âmbitos diversos. Precedentes. 3. Apelo improvido." 5. Agravo regimental a que se nega provimento.

(RE 677589 AgR, Relator(a): Min. Luiz Fux, Primeira Turma, julgado em 29.05.2012, Acórdão Eletrônico DJe-125 Divulg 26.06.2012 Public 27.06.2012).

57. "A polimerização destes dois sistemas jurídicos, que exercem uma mútua influência na seara jurídica brasileira, que considera as normas, costumes, jurisprudências, valores morais e princípios como elementos constitutivos de direitos e imprescindíveis para a atividade jurisdicional, é algo de vital importância para o evoluir da hermenêutica jurídica, que prima pela defesa dos direitos da sociedade. Todavia, o espectro híbrido adquirido pela

brasileiro não seria propriamente um simples sistema de *civil law*, e evidentemente também não poderia ser meramente configurado como *common law*.

Sistemas com supremacia legislativa que adotaram após a Segunda Guerra a conjugação dos poderes legislativo e judiciário para a interpretação da norma com o intuito de equilibrar e harmonizar tais poderes, receberam a denominação de *modelo dialógico de jurisdição constitucional*, ou cláusulas derrogatórias (*notwithstanding clause*), como nos casos do canadense,[58] e israelense.[59]

No modelo dialógico de jurisdição constitucional canadense, por exemplo, previsto na seção 33 da Constituição canadense de 1982,[60] tentou-se criar um diálogo institucional-conciliatório-democrático entre o legislativo e o judiciário, todavia registra-se a dificuldade em seu êxito, posto registrar-se que "o legislativo apenas acata a declaração de inconstitucionalidade de uma norma por parte do poder judiciário".[61]

Voltando os olhos para a realidade brasileira, temos ela também não se enquadraria no modelo dialógico de jurisdição constitucional, bem como que as formas de controle

---

Civil Law sob a influência da Common Law no ordenamento jurídico brasileiro, sofre, tais como os dois sistemas primordiais, a influência do paradigma do Estado Democrático de Direito, e, sobretudo, do Neoconstitucionalismo; que hasteiam uma nova visão da atividade jurídica, suas acepções e finalidades. Sob este prospecto, a Constituição se torna a pedra angular, devendo toda a ordem jurídica de delimitar pelos traçados que esta estabelece, posto que é ela a responsável por refletir os anseios sociais, e os valores cultuados pela sociedade em que se insere. Desta forma, tanto as leis quanto as decisões jurídicas devem observância às determinações constitucionais, e devem prezar pela guarda e asseguração dos Direitos e Garantias Fundamentais expressos no texto constitucional. Sob tal lábaro, que forma a estrutura constitucional da sociedade, e que estabelece indicação acerca do caminho a ser trilhado, a atuação jurisdicional que conta com características de ambos os sistemas jurídicos, é preciso voltar os olhos para as decisões pretéritas, analisando o que já foi dirimido na história legal, jurisprudencial e constitucional, não para que sejam cegamente usadas, mas para que se tornem uma fonte de inspiração para o julgo e preservação de direitos fundamentais, que detenha um acurado senso interpretativo, de modo a retratar a moralidade política brasileira. Ainda sob este pendão observa-se que não há uma posição e/ou definição derradeira, havendo sempre um novo elemento a ser considerado, e uma nova posição a ser defendida, face às particularidades do caso concreto, às alterações nos interesses sociais, e ao contexto das novas circunstâncias, situações e eventos que compõe a tecitura das decisões judiciais; honrando sempre a coerência com os ditames da Justiça." CASTRO, Guilherme Fortes Monteiro de; GONÇALVES, Eduardo da Silva. A aplicação da common law no Brasil: diferenças e afinidades. *Âmbito Jurídico*, Rio Grande, XV, n. 100, maio 2012. Disponível em: http://www.ambito-juridico.com.br/site/?artigo_id=11647&n_link=revista_artigos_leitura. Acesso em: 26 jul. 2022.

58. FERREIRA, Ruan Espíndola. *O controle de constitucionalidade no Direito comparado*: uma discussão entre a Legitimidade para exercer a jurisdição constitucional. p. 12. Disponível em: http://www.egov.ufsc.br/portal/sites/default/files/o_controle_de_constitucionalidade_no_direito_comparado.pdf. Acesso em: 26 jul. 2022.

59. "É peculiaridade do direito constitucional canadense, embora tenha similar em Israel, que previu a possibilidade de o Parlamento desconsiderar limitação à liberdade de ocupação, que se não justificasse constitucionalmente, vale dizer, pela cláusula de restrição legítima (seção 4ª). Essa previsão foi introduzida em 1994 na Lei Fundamental, inspirando-se no modelo canadense (NAVOT, Suzie. The Constitutional Law of Israel. Alphen aan den Rijn : Kluwer Law International, 2007, p. 206)". In: SAMPAIO, José Adércio Leite. *A cláusula notwithstanding*, Disponível em: http://domtotal.com/artigo.php?artId=2647. Acesso em: 26 jul. 2022.

60. "33. (1) O Parlamento ou a legislatura de uma província poderá promulgar uma lei onde se declare expressamente que a lei ou uma das suas disposições terá vigor independentemente de qualquer disposição incluída no artigo 2 ou nos artigos 7 a 15 da presente Carta". Tradução constante em: http://brazilians.ca/faq_direitos.htm. Acesso em: 26 jul. 2022.

61. FERREIRA, Ruan Espíndola. *O controle de constitucionalidade no Direito comparado*: uma discussão entre a Legitimidade para exercer a jurisdição constitucional. p. 12. Disponível em: http://www.egov.ufsc.br/portal/sites/default/files/o_controle_de_constitucionalidade_no_direito_comparado.pdf. Acesso em: dez. 2017.

de constitucionalidade vigentes criam uma prática diferenciada, uma vez que até que uma norma seja declarada constitucional pelo STF sua eficácia plena resta contida, e este longínquo interstício reflete uma situação extremamente inusitada, pinçando hipóteses tanto do modelo da *civil law*, quanto da *common law*, configurando um sistema inusual, o *uncommon law* tupiniquim.

E é deste atípico sistema – que tipifica ao extremo –, que devemos expelir os mais diversos preceitos que já gozam de plena eficácia, para que, através de uma interpretação sistemática,[62] possamos encontrar um desfecho diverso daquele restrito à leitura de singular ou restrita a poucos diplomas.

Uma vez registrada a realidade brasileira, cuja excessiva judicialização das normas faz com que até que haja pronunciamento definitivo quanto a constitucionalidade de diplomas emanados através de um processo bicameral de representantes eleitos de forma legítima e democrática, traz não apenas uma dificuldade de lidar com tais normas até que esse percurso se encerre, mas também um custo financeiro imensurável atrelado a essa peculiaridade.

Desta feira, de rigor reiterar que a LBA já passou por esse escrutínio judicial, sendo, desde 2001, inquestionavelmente é uma opção segura e devidamente constitucionalizada para a solução adequada de controvérsias.

4. CONSTATAÇÃO DO ÓBVIO: A LBA VERSA SOBRE ARBITRAGEM *LATO SENSU*

Da constatação do final do tópico anterior, outra que parece óbvia, faz-se necessária, qual seja, a de que a LBA não é um diploma que dispõe sobre arbitragem comercial, mas sim sobre arbitragem *lato sensu*, tanto que define, dentre outras questões, a convenção de arbitragem e seus efeitos, o mesmo fazendo em relação aos árbitros, ao procedimento de arbitragem, a sentença arbitral e suas hipóteses de anulação.

A LBA não restringe sua utilização às *arbitragens comerciais*, de forma que outros segmentos do Direito que não a utilizavam até recentes alterações legislativas, quando inseridas as devidas autorizações legais, passaram a fazê-lo como forma de dirimir suas controvérsias, haja vista o acréscimo do art. 507-A na CLT.[63] Ressaltamos o exemplo trabalhista, posto que não vacilou – e para que arbitragem fosse, não poderia fazê-lo de outra maneira –, ao prever na legislação base (CLT) a permissão pela adoção do instituto, que evidentemente remete as diretrizes já sedimentadas da LBA, sendo que o procedimento, por conta de suas peculiaridades, foi customizado pelas instituições.[64]

---

62. ESCOBAR, Marcelo Ricardo. *Arbitragem Tributária no Brasil*. São Paulo: Almedina, 2017, p. 31-39.
63. Art. 507-A. Nos contratos individuais de trabalho cuja remuneração seja superior a duas vezes o limite máximo estabelecido para os benefícios do Regime Geral de Previdência Social, poderá ser pactuada cláusula compromissória de arbitragem, desde que por iniciativa do empregado ou mediante a sua concordância expressa, nos termos previstos na Lei 9.307, de 23 de setembro de 1996 (Incluído pela Lei 13.467, de 2017).
64. Vide Regulamento de Arbitragem Trabalhista da AMCHAM, da CAMARB, e diretrizes emanadas pelo CONIMA.

A prática demonstra que as instituições arbitrais recebem pedidos de instauração de procedimentos nos termos da LBA, e como há a possibilidade da mesma instituição ostentar regulamentos diferentes para tipos diversos de arbitragens (comercial, trabalhista, dentre outras), com base na vinculação constante na convenção arbitral, direciona-se o conflito para o regulamento correspondente, ou seja, utiliza-se o regulamento UNCITRAL em casos de disputas comerciais, ou lança-se mão do regulamento específico para demandas trabalhistas, para causas dessa natureza.

E os motivos pelos quais as grandes Câmaras de todo o globo utilizam o regulamento da UNCITRAL merece um parêntese, pois, será desta excelência que retiraremos o exemplo histórico para o advento da arbitragem tributária no Brasil.

5. INDISSOCIABILIDADE DA EXITOSA EXPERIÊNCIA DA ARBITRAGEM INTERNACIONAL E O PAPEL DO REGULAMENTO MODELO DE ARBITRAGEM DA UNCITRAL

Depois de um hiato provocado pela Segunda Guerra Mundial, retomou-se o desenvolvimento pró-arbitragem em relações comerciais internacionais, destacando-se a assinatura da Convenção de Nova Iorque em 1958, a promulgação das Regras de Arbitragens da Comissão das Nações Unidas para o Direito Comercial Internacional ("UNCITRAL"[65]) em 1976, e a adoção da Lei Modelo da UNCITRAL em 1985.[66]

Esses dois últimos exemplos são os elos da similitude das legislações que tratam de arbitragem ao redor do mundo, bem como das regras procedimentais das mais renomadas Câmaras arbitrais, que refletem a tendência de internacionalização das relações comerciais mundiais.[67]

A UNCITRAL propôs, em 1973, o ambicioso projeto de elaboração de um regulamento de arbitragem modelo, criando um paradigma híbrido que funcionasse nos países de *common law*, *civil law* e quaisquer outros sistemas, com um cenário procedimental unificado, previsível e ao mesmo tempo estável para arbitragens internacionais, sem retirar o seu caráter de informalidade e flexibilidade.[68] As regras procedimentais modelo da UNCITRAL foram promulgadas pela Resolução UN Doc A/Res/31/98, aprovada pela Assembleia Geral da ONU em 15 de dezembro de 1976, recomendando o uso das regras "na resolução de litígios decorrentes das relações comerciais internacionais".[69]

Da mesma maneira que agiu com a elaboração das regras procedimentais modelo, a UNCITRAL, visando facilitar a arbitragem comercial internacional e garantir o seu

---

65. Sigla decorrente do nome em inglês: *United Nations Commission on International Trade Law*.
66. ESCOBAR, Marcelo Ricardo. *Arbitragem Tributária no Brasil*. São Paulo: Almedina, 2017, p. 58-61.
67. CASELLA, Paulo Borba. Efetividade da nova lei. In: CASELLA, Paulo Borba (Coord.). *Arbitragem – a nova lei brasileira e a praxe internacional*. São Paulo: LTr, 1997, p. 13-20.
68. BORN, Gary. *International Commercial Arbitration*. Alphen aan den Rijn: Kluwer Law International, 2009, v. I, p. 151.
69. BROCHES, Aron. *Selected essays*: World Bank, ICSID, and other subjects of public and private international law. Dordrecht: Martinus Nijhoff Publishers, 1994, p. 375.

pleno funcionamento e reconhecimento, tomou por base os defeitos identificados nas legislações de diversos países.

Percebe-se, portanto, que tanto o fato de vários Estados basearem suas leis de arbitragem nos trabalhos da UNCITRAL quanto de as principais Câmaras adotarem-nos como parâmetro tais trabalhos, em nada lhes tira o brilhantismo: uma de suas grandes virtudes é justamente replicar e adaptar modelos intensa e amplamente debatidos para funcionar nos diversos sistemas jurídicos, fazendo com que quem os utilize se insira num contexto atual, globalizado e maduro.

O fruto desses trabalhos, que foram e são colhidos na medida em que cada país e cada Câmara adota os modelos sugeridos pela UNCITRAL, trazem segurança aos atores da arbitragem que se deparam com leis e regulamentos de seu amplo conhecimento em qualquer país ou instituição do mundo.

Fechando o parêntese, parece-nos que esse exemplo através do qual um modelo híbrido de regulamento de arbitragem foi adotado pelas principais câmaras de arbitragem do mundo, fazendo com que o próprio mercado se auto regulamentasse exaltando as instituições que replicaram o modelo, e deixando às margens as que optaram por sua conta e risco formularem suas próprias propostas de regulamentos de arbitragem.

Assim, caso se evolua para replicar a exitosa experiência do regulamento UNCITRAL para demandas comerciais, adaptando seu exemplo e evidentemente customizando-o para as peculiaridades das disputas tributárias, antes de vislumbrarmos em âmbito local qual autoridade poderia centralizar a questão em âmbito nacional como a ONU o fez, e qual o braço técnico equiparado a UNCITRAL poderia desenvolver o rascunho de um regulamento de arbitragem tributária, imprescindível que rompamos as últimas barreiras, ao analisarmos a possibilidade da utilização da arbitragem tributária no arcabouço legislativo existente no Brasil, bem como a disponibilidade do crédito tributário.[70]

6. PREVISÕES DE SUSPENSÃO E EXCLUSÃO DO CRÉDITO TRIBUTÁRIO PELA ARBITRAGEM NO BOJO DO CTN

Quanto ao primeiro aspecto, da previsão de utilização da arbitragem tributária na legislação existente, tendemos a reconhecer que a arbitragem é hipótese clara tanto de suspensão, quanto de extinção do crédito tributário, já previstas no bojo do próprio CTN.

A simplicidade do argumento também reside em suas justificativas, reiterando a necessidade do distanciamento dos ranços acadêmicos e da leitura sistêmica dos normativos sobre o tema.

---

70. Para um aprofundamento da questão, vide: ESCOBAR, Marcelo Ricardo. Arbitragem Tributária no existente arcabouço legislativo brasileiro – Sistema brasileiro da 'UnCommon Law'. In: PISCITELLI, Tathiane; MASCITTO, Andréa; MENDONÇA, Priscila Faricelli. *Arbitragem tributária*: desafios institucionais brasileiros e a experiência portuguesa. São Paulo: Thomson Reuters Brasil, 2018, p. 217-254.

Quanto à previsão de extinção do crédito tributário pela sentença arbitral, imperioso chamarmos atenção para o fato de que os arts. 141[71] e 156, inciso X do CTN preceitua a extinção do crédito tributário pela "*decisão passada em julgado*". Sistemicamente temos a inequívoca equiparação da sentença arbitral à hipótese prevista no art. 156, X, do CTN, pois, tanto a LBA (art. 31[72]), quanto o CPC (515, inciso VII[73]), equiparam a sentença arbitral ao título executivo judicial, ou seja, à decisão judicial transitada em julgado.

Partindo-se da premissa de que a expressão "trânsito em julgado" é uma consequência da legitimidade das decisões jurisdicionais,[74] em sendo legítima a sentença arbitral, esta é um título executivo judicial, ou, nos termos do inciso X, do art. 156 do CTN, ou seja, configura hipótese de extinção do crédito tributário já inserida em legislação complementar, nos termos do art. 146, inciso II, da CF/88.[75]

O mesmo raciocínio se aplica a previsão de suspensão do crédito tributário por sentença arbitral, nos termos do art. 151, V, do CTN,[76] posto que elegeu a expressão: "a concessão de medida liminar ou de tutela antecipada, em outras espécies de ação judicial", sendo certo, contudo, que além do raciocínio já utilizado para a extinção do crédito tributário, há que se pontuar que o art. 31 da LBA[77] estipula que "a sentença arbitral produz, entre as partes e seus sucessores, os mesmos efeitos da sentença proferida pelos órgãos do Poder Judiciário", ou seja, ao prever a hipótese de suspensão do crédito tributário "em outras espécies de ação judicial", o CTN contemplou a sentença arbitral dentre as hipóteses de suspensão haja vista a previsão em lei ordinária afirmando que a "sentença arbitral produz (...) os mesmos efeitos da sentença proferida pelos órgãos do Poder Judiciário".

Encerrando o tópico referente à previsão em lei complementar da arbitragem em matéria tributária, vale ressaltar que o inciso V do art. 151 foi acrescido quando da promulgação da LC 104/01, justamente por conta da necessidade de ampliação da interpretação da previsão contida no inciso IV do mesmo artigo que restringia a suspensão apenas quando concedida "medida liminar em mandado de segurança". Desta maneira, ao ampliar as hipóteses de suspensão da exigibilidade do crédito tributário, optou o legislador a inserir dispositivo amplo, permitindo a suspensão tanto em concessão de

---

71. Art. 141. O crédito tributário regularmente constituído somente se modifica ou extingue, ou tem sua exigibilidade suspensa ou excluída, nos casos previstos nesta Lei, fora dos quais não podem ser dispensadas, sob pena de responsabilidade funcional na forma da lei, a sua efetivação ou as respectivas garantias.
72. Art. 31. A sentença arbitral produz, entre as partes e seus sucessores, os mesmos efeitos da sentença proferida pelos órgãos do Poder Judiciário e, sendo condenatória, constitui título executivo.
73. Art. 515. São títulos executivos judiciais, cujo cumprimento dar-se-á de acordo com os artigos previstos neste Título: (...) VII – a sentença arbitral;
74. SOARES, Carlos Henrique. Novo Conceito de Trânsito em Julgado – The new concept of transit in rem judicatam. *Revista CEJ*, Brasília, ano XIV, n. 51, p. 85-88, out./dez. 2010.
75. Art. 146. Cabe à lei complementar: (...) III – estabelecer normas gerais em matéria de legislação tributária, especialmente sobre: (...)
76. Art. 151. Suspendem a exigibilidade do crédito tributário: (...) V – a concessão de medida liminar ou de tutela antecipada, em outras espécies de ação judicial; (Incluído pela LCP 104, de 2001).
77. Art. 31. A sentença arbitral produz, entre as partes e seus sucessores, os mesmos efeitos da sentença proferida pelos órgãos do Poder Judiciário e, sendo condenatória, constitui título executivo.

medidas liminares ou tutelas antecipadas em "outras espécies de ação judicial", sendo despiciendo digressionar sobre a reiteração prática da concessão de decisões deste tipo em procedimentos arbitrais, diante da dicção do parágrafo único do art. 22-B da LBA[78] que permite aos árbitros, inclusive, "manter, modificar ou revogar a medida cautelar ou de urgência concedida pelo Poder Judiciário".

Também registramos que caso haja interesse comum entre a Fazenda Pública e o contribuinte, antevemos a submissão de conflitos tributários à arbitragem através da formalização de negócio jurídico processual nos termos dos arts. 190[79] e 191[80] do CPC, por exemplo, nos autos de uma ação declaratória ou mesmo de uma execução fiscal.

Sedimentada a questão da previsão normativa para utilização da arbitragem no âmbito tributário, nos debruçaremos na segunda questão proposta antes de passarmos para a adaptação do regulamento UNCITRAL das arbitragens comerciais para um regulamento híbrido e norteador no âmbito da seara tributária, qual seja, a disponibilidade do crédito tributário.

7. AINDA TEM LUGAR A DISCUSSÃO DA (IN)DISPONIBILIDADE DO CRÉDITO TRIBUTÁRIO?

Quanto à disponibilidade do crédito tributário, requisito imprescindível para sua arbitrabilidade, nos termos do art. 1º da LBA, também não vislumbramos maiores óbices para vencer esta última barreira.

Pela leitura do CTN extraímos que o crédito tributário é constituído pelo procedimento administrativo tendente a verificar o fato gerador, também determinado de lançamento,[81] e que pode ser modificado, inclusive quanto sua extensão e efeitos.[82] Especialmente no que concerne à hipótese de modificação do lançamento, o CTN também é claro ao prever que este pode ser alterado através da resistência do contribuinte exercida através do procedimento administrativo tributário.[83]

Desta forma, o que ocorre na prática é o aperfeiçoamento do lançamento através do procedimento administrativo tributário, até que por seu intermédio, se aprimore e se constitua o crédito tributário. Denominamos aperfeiçoamento o ato que tem início com a fiscalização, culmina em eventual autuação fiscal, podendo ser impugnada e ob-

---

78. Art. 22-B. Instituída a arbitragem, caberá aos árbitros manter, modificar ou revogar a medida cautelar ou de urgência concedida pelo Poder Judiciário (Incluído pela Lei 13.129, de 2015).
79. Art. 190. Versando o processo sobre direitos que admitam autocomposição, é lícito às partes plenamente capazes estipular mudanças no procedimento para ajustá-lo às especificidades da causa e convencionar sobre os seus ônus, poderes, faculdades e deveres processuais, antes ou durante o processo. Parágrafo único. De ofício ou a requerimento, o juiz controlará a validade das convenções previstas neste artigo, recusando-lhes aplicação somente nos casos de nulidade ou de inserção abusiva em contrato de adesão ou em que alguma parte se encontre em manifesta situação de vulnerabilidade.
80. Art. 191. De comum acordo, o juiz e as partes podem fixar calendário para a prática dos atos processuais, quando for o caso.
81. Art. 142 do CTN.
82. Art. 139 do CTN.
83. Art. 145 do CTN.

jeto de recurso por parte dos contribuintes, resistências estas que serão analisadas em primeira e segunda instância administrativas, que poderão manter o auto de infração, reduzi-lo ou até mesmo cancelá-lo.

Ora, se no processo de aperfeiçoamento do lançamento não há que se falar em crédito tributário efetivamente constituído, mas meramente em expectativa por parte da administração consubstanciada em um trabalho fiscal que será objeto de revisão por parte das autoridades administrativas julgadoras, não se pode falar em indisponibilidade, posto que sequer está-se diante de algo já concretizado, mas em processo de apuramento, melhora, evolução.

O auto de infração que reflete apenas o início do processo de lançamento – que é aperfeiçoado ao longo do procedimento administrativo tributário – reflete mera expectativa por parte da Administração Pública, uma vez que o trabalho fiscal é passível de erros, de excessos, ou imperfeições.

Neste momento, discutir sobre a disponibilidade do crédito tributário retira (*lexis*) do debate qualquer emoção (*timia*), configurando verdadeira hipótese de alexitimia, posto não se estar sequer diante de algo materializado – tanto que pode ser revisto e até excluído –, quiçá indisponível.

Analisada a disponibilidade do "*crédito tributário*" até a conclusão do seu lançamento, o próximo questionamento residiria se essa disponibilidade também estaria presente posteriormente à inscrição do crédito em dívida ativa (arts. 201 a 204 do CTN).

Sem maiores delongas posto que desnecessárias, devolve-se o questionamento acima na figura dos denominados *parcelamentos especiais*, como o Programa de Recuperação Fiscal ("REFIS"), instituído pela Lei 9.964, de 10 de abril de 2000; o Parcelamento Especial ("PAES"), disposto na Lei 10.684, de 30 de maio de 2003; o Programa de Regularização Tributária ("PERT" ou "Novo REFIS") – previsto na Lei 13.496, de 24 de outubro de 2017, dentre outros, inclusive nos âmbitos estaduais e municipais.

Ou seja, inclusive depois da efetiva constituição do crédito tributário a própria Administração Pública dispõe do crédito nos exemplos dos parcelamentos acima referidos sempre que edita diploma normativo específico, sendo que antes de sua constituição, também há exemplo notório de disposição de parcela significativa dos tributos pela Administração, quando da instituição do Simples, que reduz significativamente a carga tributária abarcando diversos tributos com redução substancial de alíquotas.

Uma pá de cal foi recentemente colocada nessa discussão, quando publicada a Lei 13.988/20, que ao prever a transação de litígios de natureza tributária retirou qualquer sabor quanto a discussão da disponibilidade do crédito tributário, pois, se transacionável é, arbitrável também será, sendo a transação tributária como porta de entrada da arbitragem tributária, pois, passa a ser indisputável que ao transacionar qualquer tributo estará a Administração Pública dispondo de parcela dele.

Ainda para que não se cogite ausência de indicação da autoridade competente, de rigor relembrar que o parágrafo único do art. 171 do CTN já indicava quando da sua promulgação que a "lei" indicaria a autoridade competente para autorizar a transação, sendo que essa lacuna foi preenchida desde 2015 pela inserção do § 2º ao art. 1º da LBA, quando das alterações advindas com a Lei 13.129, de 2015, que "a autoridade ou o órgão competente da administração pública direta para a celebração de convenção de arbitragem é a mesma para a realização de acordos ou transações". Como dito acima a lei de transação tributária (Lei 13.988/20), cinco anos após a alteração da LBA ora indicada, tornou a tratar da suposta lacuna da autoridade competente em seu art. 13.[84]

8. COMO ADAPTAR AS LIÇÕES DA ARBITRAGEM INTERNACIONAL PARA A ARBITRAGEM TRIBUTÁRIA NO BRASIL E A FORÇA DOS REGULAMENTOS DE ARBITRAGEM, E O POSSÍVEL PAPEL DE PROTAGONISMO DA AGU E DA CCAF

Vencidas as barreiras acima vislumbradas, vejamos agora a forma de adaptação do exitoso exemplo do regulamento UNCITRAL para a confecção de um regulamento customizado para a arbitragem tributária.

Ressaltamos, novamente, que deve haver um procedimento específico de arbitragem tributária, dada sua singular particularidade, e chamamos atenção para o fato de que as normas que estabelecem as regras procedimentais nas arbitragens estão, integralmente, previstas em leis.

A LBA prevê a arbitragem institucionalizada em seu art. 5º,[85] prevendo que contendo previsão neste sentido na convenção de arbitragem "a arbitragem será instituída e processada de acordo com tais regras" da instituição eleita pelas partes.

E é justamente das regas das instituições que se extrai questões de seriedade tamanha para a condução e desfecho dos procedimentos arbitrais, sendo que a tão alardeada confidencialidade da arbitragem aplicável aos procedimentos privados, não decorre de previsão legal posto que a LBA nada versa sobre o sigilo dos procedimentos, sendo que este decorre de regra estampada nos regulamentos das instituições.

Outro ponto que ressalta a força dos regulamentos de arbitragem, decorre do êxito de sua oposição contra pretensão da própria Receita Federal do Brasil (RFB"), na oportunidade em que Câmaras de Arbitragem[86] recorreram ao Judiciário em

---

84. Art. 13. Compete ao Procurador-Geral da Fazenda Nacional, diretamente ou por autoridade por ele delegada, assinar o termo de transação realizado de forma individual.
85. Art. 5º Reportando-se as partes, na cláusula compromissória, às regras de algum órgão arbitral institucional ou entidade especializada, a arbitragem será instituída e processada de acordo com tais regras, podendo, igualmente, as partes estabelecer na própria cláusula, ou em outro documento, a forma convencionada para a instituição da arbitragem.
86. CBMA, CAM-CCBC, e CAMARB.

2013[87]-[88] para obstar as fiscalizações deflagradas pela RFB exigindo informações dos procedimentos arbitrais que administravam – solicitou-se o envio dos nomes das partes e montantes em disputa –, contando com posicionamento recente emanado pelo TRF da 2ª Região reconhecendo a inexistência de obrigação das associações que prestam serviços de arbitragem de fornecer informações de terceiros ao fisco por não estarem elencadas no rol das entidades obrigadas a apresenta-las, ressaltando que tal pretensão extrapolaria os termos do art. 197 do CTN.[89]

---

87. Vide processo 0017682-42.2013.4.02.5101, que originalmente tramitou perante a 28ª Vara Federal do Rio de Janeiro, e atualmente encontra-se junto a 4ª Turma do TRF da 2ª região, que em julgamento ocorrido em 13.02.2020 deu provimento à apelação interposta por Centro Brasileiro de Mediação e Arbitragem – CBMA reconhecendo a inexistência de obrigação das associações que prestam serviços de arbitragem de fornecer informações de terceiros ao fisco, em acórdão assim ementado: "Tributário. Apelação em mandado de segurança. Reformada sentença que julgou processo extinto, sem resolução do mérito. Questão de direito. Súmula 625 do STF. Julgamento do mérito. Art. 513, § 3º, DO CPC/73. *Inexistência de obrigação das associações que prestam serviço de arbitragem de fornecer informações de terceiros ao fisco.* Reserva legal. Inocorrência de previsão no rol do art. 197 do CTN ou em outro diploma legal. Inaplicabilidade de ato infralegal. Apelação provida. (...) 3. O princípio da legalidade é um cânone do direito tributário em um Estado Democrático de Direito, só devendo a Administração atuar quando a legislação expressamente a permita. O intuito é conferir segurança jurídica aos administrados, impondo limites claros e precisos à atuação do Estado, principalmente quando se pretende restringir bens e direitos, como ocorre na atuação do fisco em cobrar e instituir tributos. 4. A Constituição Federal, art. 146, III, impõe reserva legal em relação a determinados temas em sede tributária, exigindo Lei Complementar, como é o caso das normas gerais em matéria de legislação tributária. Recepção do Código Tributário Nacional como a Lei Complementar que dispõe sobre a matéria. 5. O art. 197 do CTN lista rol de entidades e pessoas que estão obrigadas, sempre terceiros. O art. 197, VII do CTN exige lei para que o fisco possa requisitar, de quaisquer outras entidades ou pessoas, informações de terceiros. Dessa forma, inaplicáveis são as disposições de atos normativos infralegais que ampliam dito rol ou contrariam as normas gerais supracitadas, sob pena de ofensa ao art. 197 do CTN, ao art. 146 da Constituição Federal, ao princípio da segurança jurídica e da reserva legal. 6. Os centros de arbitragem não são instituições que estão previstas no rol do art. 197 do CTN, ou em qualquer outro diploma legal, como exige o art. 197, VII do CTN. Dessa forma, a prestação de informações de terceiros só pode ser imposta às pessoas físicas e jurídicas expressas no art. 197 do CTN ou em lei, não podendo ser estendida pelas demais normas que compõem a legislação tributária, como decretos e regulamentos normativos. Discussão sobre a existência de dever legal de sigilo pelas entidades que realizam a arbitragem se revela irrelevante no presente caso, já que a análise do art. 197 do CTN basta para solver a controvérsia. 7. Decreto 3.000, Regulamento do Imposto de Renda – RIR, não constitui base normativa apta a obrigar que o Centro Brasileiro de Mediação e Arbitragem cumpra com o Termo de Intimação que determina a entrega de cópia de sentenças ou acordos exarados nos processos arbitrais de janeiro de 2008 a dezembro de 2011, assim como dos honorários daqueles que contrataram os serviços de mediação ou arbitragem. 8. Concessão da segurança, em sede de apelação, para desobrigar a CBMA de prestar quaisquer informações ou entregar documentos pertinentes a terceiros envolvidos nos processos de arbitragem que lhe tenham sido submetidos, devendo a União Federal se abster de lhe impor qualquer penalidade pecuniária ou sanção administrativa por deixar de apresentar à SRFB as cópias das sentenças ou acordos exarados nos processos arbitrais que lhe foram submetidos no período de janeiro de 2008 a dezembro de 2011, bem como as informações concernentes aos valores envolvidos e natureza/objeto das demandas, conforme exigido através do "Termo de Intimação Fiscal", referente ao MPF 07.1.08.00-2012-03551-9, recebido em 15.03.2013. 9. Apelação da impetrante provida. Segurança concedida".
88. Vide Processo 0011011-83.2013.403.6100, perante a 22ª Vara Cível Federal de São Paulo.
89. Art. 197. Mediante intimação escrita, são obrigados a prestar à autoridade administrativa todas as informações de que disponham com relação aos bens, negócios ou atividades de terceiros: I – os tabeliães, escrivães e demais serventuários de ofício; II – os bancos, casas bancárias, Caixas Econômicas e demais instituições financeiras; III – as empresas de administração de bens; IV – os corretores, leiloeiros e despachantes oficiais; V – os inventariantes; VI – os síndicos, comissários e liquidatários; VII – quaisquer outras entidades ou pessoas que a lei designe, em razão de seu cargo, ofício, função, ministério, atividade ou profissão. Parágrafo único. A obrigação prevista neste artigo não abrange a prestação de informações quanto a fatos sobre os quais o informante esteja legalmente obrigado a observar segredo em razão de cargo, ofício, função, ministério, atividade ou profissão.

Retomando o raciocínio, demonstramos que o êxito da arbitragem decorreu da centralização e tecnicidade de uma respeitada instituição – a ONU, através do seu braço técnico, a UNCITRAL – que realizou um trabalho híbrido, apto a funcionar nos mais diferentes sistemas como *common law* e *civil law*, tal paradigma consubstanciou-se fundamentalmente – para o presente estudo – em duas plataformas: (i) uma lei modelo de arbitragem; e (ii) um regulamento modelo de arbitragem destinado às instituições.

Transpondo esse exemplo operante em grande parte do mundo globalizado para o sistema brasileiro com foco na viabilização da arbitragem tributária, devemos perquirir qual instituição teria, no âmbito nacional, o protagonismo que a ONU desempenhou através do seu braço técnico, a UNCITRAL.

Por se tratar de uma questão de interesse geral, entendemos que no Brasil, o papel centralizador deva ser desempenhado pela União Federal, e, da mesma maneira com que a ONU contou com seu braço especializado, a União Federal também ostenta em sua estrutura um órgão de extrema relevância, técnica e respeito, hábil de protagonizar o papel unificador no que concerne à elaboração de um regulamento de arbitragem tributária.

Referimo-nos à Advocacia Geral da União, que por sua vez, também possui a estrutura organizacional necessária e apta a lidar com a tecnicidade necessária para o fim almejado.

Indicamos o papel principal que pode ser desempenhado pela AGU, haja vista sua estrutura conta com mecanismos vinculantes de toda a Administração direta e indireta, desde que observados os requisitos para tanto.

O diploma que rege a AGU, traz peculiaridades tamanhas no bojo da LC 73/1993, posto que há previsão expressa entre seus arts. 39 a 44, de que o parecer do Advogado Geral da União, quando aprovado pelo Presidente da República e posteriormente publicado, vincula os órgãos e as entidades da Administração Pública Federal, que ficam obrigadas a lhe dar fiel cumprimento.

Com base nestas peculiaridades, temos que o paradigma pretendido para a regulamentação da arbitragem tributária no âmbito da AGU, deve perquirir o histórico de criação, competência e atuação da Câmara de Conciliação e Arbitragem da Administração Federal ("CCAF"), onde divergências entre a própria Administração Pública têm lugar há anos, inclusive em matéria tributária.[90]

Ressaltamos que apesar de constar arbitragem em seu nome, a CCAF não administra procedimentos de arbitragem,[91] todavia, o que se coloca não é a ideia da Câmara desempenhar um papel que é de conhecimento notório não exercer, mas sim protagonizar o debate, através da discussão técnica com os atores interessados – como fez o a UNCITRAL – idealizando e estruturando um regulamento de arbitragem tributária híbrido e apto a encampar os anseios dos entes federativos já permitidos no âmbito da

---

90. Vide Parecer AGU/SRG 01 de 2007.
91. Tal como expressamente consignado no Parecer 0001/2019/CCAF/CGU/AGU.

conciliação,[92] que estariam vinculados caso o resultado dos trabalhos ainda fosse objeto de parecer do órgão com a consequente chancela do Chefe do Executivo.

Senão, vejamos.

Pode-se dizer que o marco legal que abriu caminho para o posterior surgimento da CCAF consubstancia-se na da Lei Complementar 73, de 10 de fevereiro de 1993 – art. 4º,[93] incisos X,[94] XI,[95] XII,[96] XIII[97] e § 2º[98] –, e, posteriormente, da Medida Provisória 2.180-35, de 24 de agosto de 2001, em especial pelo teor de seus art. 3º – que acrescentou o art. 8º-C à Lei 9.028/1995[99] –, e art. 11.[100]

Referido art. 11 da MP 2.180-35/2001 estabelece ser dever do Advogado Geral da União lançar mão de todas as providências necessárias para resolver em sede administrativa as controvérsias de natureza jurídica existentes entre entidades da Administração Federal indireta, ou entre esses entes e a União.

Quase seis anos após a promulgação da MP 2.180-35/2001, o Advogado Geral da União editou a Portaria 118 de 1º de fevereiro de 2007, que, dentre outras disposições, trouxe a possibilidade de instalação de câmaras de conciliação *ad hoc* até que se instalasse a câmara permanente,[101] bem como, com nítido objetivo de capacitação de seus integrantes, determinou que a Escola da Advocacia-Geral da União "promoverá cursos visando capacitar integrantes da Instituição e de seus órgãos vinculados para participarem de câmaras de conciliação".[102]

---

92. Nos termos da Portaria AGU 1.099, de 28.07.2008, que dispõe sobre a conciliação, em sede administrativa e no âmbito da Advocacia-Geral da União, das controvérsias de natureza jurídica entre a Administração Pública Federal e a Administração Pública dos Estados ou do Distrito Federal, bem como do art. 18, inciso III, do Decreto 7.392/2010; e da Portaria 481, de 06.04.2009.
93. Art. 4º São atribuições do Advogado-Geral da União: [...]
94. X – fixar a interpretação da Constituição, das leis, dos tratados e demais atos normativos, a ser uniformemente seguida pelos órgãos e entidades da Administração Federal.
95. XI – unificar a jurisprudência administrativa, garantir a correta aplicação das leis, prevenir e dirimir as controvérsias entre os órgãos jurídicos da Administração Federal [...].
96. XII – editar enunciados de súmula administrativa, resultantes de jurisprudência iterativa dos Tribunais [...].
97. XIII – exercer orientação normativa e supervisão técnica quanto aos órgãos jurídicos das entidades a que alude o Capítulo IX do Título II desta Lei Complementar [...].
98. § 2º O Advogado-Geral da União pode avocar quaisquer matérias jurídicas de interesse desta, inclusive no que concerne a sua representação extrajudicial.
99. Art. 8º-C. O Advogado-Geral da União, na defesa dos interesses desta e em hipóteses as quais possam trazer reflexos de natureza econômica, ainda que indiretos, ao erário federal, poderá avocar, ou integrar e coordenar, os trabalhos a cargo de órgão jurídico de empresa pública ou sociedade de economia mista, a se desenvolverem em sede judicial ou extrajudicial.
    Parágrafo único. Poderão ser cometidas, à Câmara competente da Advocacia-Geral da União, as funções de executar a integração e a coordenação previstas neste artigo.
100. Art. 11 da MP 2.180-35/01: "Estabelecida controvérsia de natureza jurídica entre entidades da Administração Federal indireta, ou entre tais entes e a União, os Ministros de Estado competentes solicitarão, de imediato, ao Presidente da República, a audiência da Advocacia-Geral da União"; e Parágrafo único: "Incumbirá ao *Advogado*-Geral da União adotar todas as providências necessárias a que se deslinde a controvérsia em sede administrativa".
101. Art. 1º da Portaria 118/07.
102. Art. 6º da Portaria 118/07.

Passados sete meses da supramencionada norma complementar superveniente, foi editado[103] o Ato Regimental 05 de 27 de setembro de 2007, estabelecendo no art. 17 as competências da CCAF,[104] e no art. 18 atribuindo o desempenho de tais competências para a 1ª e 2ª Coordenações-Gerais de Conciliação e Arbitragem.[105]

O deslinde, em sede administrativa, de controvérsias de natureza jurídica entre órgãos e entidades da Administração federal foi previsto no mesmo dia, através da Portaria 1.281, de 27 de setembro de 2007.[106]

---

103. Fazemos ainda registro ao Memorando Circular 8, de 15 de junho de 2007, proveniente do Consultor-Geral da União, explicitando os requisitos essenciais para a instalação das Câmeras de Conciliação.
104. Art. 17. Compete à Câmara de Conciliação e Arbitragem da Administração Federal – CCAF:
    I – identificar os litígios entre órgãos e entidades da Administração Federal;
    II – manifestar-se quanto ao cabimento e à possibilidade de conciliação;
    III – buscar a conciliação entre órgãos e entidades da Administração Federal; e
    IV – supervisionar as atividades conciliatórias no âmbito de outros órgãos da Advocacia-Geral da União.
    Art. 18. Integram a CCAF a 1ª e a 2ª Coordenações-Gerais de Conciliação e Arbitragem, às quais incumbe desempenhar as competências estabelecidas no caput.
105. Art. 18. Integram a CCAF a 1ª e a 2ª Coordenações-Gerais de Conciliação e Arbitragem, às quais incumbe desempenhar as competências estabelecidas no *caput*.
106. Portaria 1.281, de 27 de setembro de 2007 [...]
    Art. 1º O deslinde, em sede administrativa, de controvérsias de natureza jurídica entre órgãos e entidades da Administração Federal, por meio de conciliação ou arbitramento, no âmbito da Advocacia-Geral da União, far-se-á nos termos desta Portaria.
    Art. 2º Estabelecida controvérsia de natureza jurídica entre órgãos e entidades da Administração Federal, poderá ser solicitado seu deslinde por meio de conciliação a ser realizada:
    I – pela Câmara de Conciliação e Arbitragem da Administração Federal – CCAF;
    II – pelos Núcleos de Assessoramento Jurídico quando determinado pelo Consultor-Geral da União;
    III – por outros órgãos da Advocacia-Geral da União quando determinado pelo Advogado-Geral da União.
    Parágrafo único. Na hipótese dos incisos II e III do caput, as atividades conciliatórias serão supervisionadas pela CCAF.
    Art. 3º A solicitação poderá ser apresentada pelas seguintes autoridades:
    I – Ministros de Estado,
    II – dirigentes de entidades da Administração Federal indireta,
    III – Procurador-Geral da União, Procurador-Geral da Fazenda Nacional, Procurador-Geral Federal e Secretários-Gerais de Contencioso e de Consultoria.
    Art. 4º A solicitação deverá ser instruída com os seguintes elementos:
    I – indicação de representante(s) para participar de reuniões e trabalhos;
    II – entendimento jurídico do órgão ou entidade, com a análise dos pontos controvertidos; e
    III – cópia dos documentos necessários ao deslinde da controvérsia.
    Art. 5º Recebida a solicitação pela CCAF, será designado conciliador para atuar no feito.
    Art. 6º O conciliador procederá ao exame preliminar da solicitação.
    Parágrafo único. Na hipótese de cabimento, será dada ciência da controvérsia ao órgão ou entidade apontado pelo solicitante, para que apresente os elementos constantes do art. 4º.
    Art. 7º Instruído o procedimento, o conciliador manifestar-se-á sobre a possibilidade de conciliação.
    Parágrafo único. Aprovada a manifestação, o conciliador, se for o caso, designará data para o início das atividades conciliatórias, cientificando os representantes indicados.
    Art. 8º O conciliador poderá, em qualquer fase do procedimento:
    I – solicitar informações ou documentos complementares necessários ao esclarecimento da controvérsia;
    II – solicitar a participação de representantes de outros órgãos ou entidades interessadas;

Como demonstrado, se não apenas a instituição da CCAF mas o seu regulamento adveio de um ato administrativo no âmbito da AGU, esta poderia, seguindo as mesmas bases, editar – ouvindo a sociedade civil, entidades representantes dos contribuintes e representantes dos entes federativos – um regulamento específico para reger a arbitragem tributária, e, sendo esse regulamento objeto de parecer com o devido trâmite, logo de início vincularia toda a Administração direta e indireta, ao menos no âmbito federal, nos termos dos já mencionados arts. 39 a 44 da LC 73/1993.

De se destacar o teor da Portaria CGU 14, de 11 de julho de 2014,[107] que recomenda às Consultorias Jurídicas da União nos Estados "a instalação das Câmaras Locais de Conciliação possibilitando a instauração e a condução de procedimentos conciliatórios, com o objetivo de solucionar controvérsias entre órgãos e entidades da Administração Pública Federal, bem como entre esses e a Administração Pública dos Estados, do Distrito Federal, e dos Municípios",[108] para atuarem conforme as orientações da CCAF.[109]

No que se refere aos demais entes federativos, tal como as diretrizes da UNICTRAL não vinculam internamente os diversos Estados – que não obstante em sua maioria seguem seu modelo –, em tese, os Estados e os Municípios igualmente não se vinculam ao regramento da AGU – o qual será certamente considerado com vistas a não apenas unificar os procedimentos em âmbito nacional, mas também evitar a judicialização de suas diretrizes discordes com os modelos locais.

III – sugerir que as atividades conciliatórias sejam realizadas por Núcleo de Assessoramento Jurídico ou por outros órgãos da Advocacia-Geral da União.

Art. 9º O conciliador e os representantes dos órgãos e entidades em conflito deverão, utilizando-se dos meios legais e observados os princípios da Administração Pública, envidar esforços para que a conciliação se realize.

Art. 10. Havendo a conciliação, será lavrado o respectivo termo, que será submetido à homologação do Advogado-Geral da União.

Parágrafo Único. O termo de conciliação lavrado pelos órgãos referidos nos incisos II e III do art. 1º e homologado pelo Advogado-Geral da União será encaminhado à CCAF.

Art. 11. A Consultoria-Geral da União, quando cabível, elaborará parecer para dirimir a controvérsia, submetendo-o ao Advogado-Geral da União nos termos dos arts. 40 e 41 da Lei Complementar 73, de 10 de fevereiro de 1993.

Art. 12. A Escola da Advocacia-Geral da União promoverá cursos objetivando capacitar integrantes da Instituição e de seus órgãos vinculados a participarem de atividades conciliatórias.

Art. 13. Poderão ser designados conciliadores:

I – os integrantes da Consultoria-Geral da União, por ato do Consultor-Geral da União;

II – os integrantes da Advocacia-Geral da União, por ato do Advogado-Geral da União.

Art. 14. O Consultor-Geral da União poderá expedir normas complementares para o desempenho das atividades conciliatórias.

Art. 15. Esta Portaria entra em vigor na data de sua publicação.

Art. 16. Fica revogada a Portaria 118, de 1º de fevereiro de 2007.

José Antonio Dias Toffoli.

107. Que recomenda às Consultorias Jurídicas da União nos Estados a instalação das Câmaras Locais de Conciliação possibilitando a instauração e a condução de procedimentos conciliatórios, com o objetivo de solucionar controvérsias entre órgãos e entidades da Administração Pública Federal, bem como entre esses e a Administração Pública dos Estados, do Distrito Federal, e dos Municípios.

108. Art. 1º da Portaria 14, de 11 de julho de 2014.

109. Art. 2º da Portaria 14, de 11 de julho de 2014.

A presente sugestão, além de pretender indicar um modelo unificado – ou ao menos com grande parte de premissas semelhantes –, visa evitar o verdadeiro caos tributário, pois, se cada Município e Estado resolver legislar sobre arbitragem, bem como sobre arbitragem tributária, Alfredo Augusto Becker muito possivelmente psicografaria em substituição ao célebre "*Carnaval Tributário*", uma nova versão intitulada "Manicômio Jurídico Tributário".

Além de homogeneizar o instituto da arbitragem tributária nos âmbitos federal, estadual, municipal e distrital, observando a forma sugerida através de atos administrativos emanados pela AGU, estar-se-ia também em plena consonância com o sistema tributário brasileiro: o próprio CTN elenca em seus arts. 96[110] e 100, inciso I, como normas complementares das leis, dos tratados, e das convenções internacionais e dos decretos: "os atos normativos expedidos por autoridades administrativas".

Veja-se que o CTN não utilizou a grafia autoridades administrativas *tributárias*, mas sim apenas e tão somente autoridades administrativas, não apenas validando a presente sugestão, mas também a inserindo no sistema tributário vigente exemplos como a criação da CCAF por ato administrativo da AGU, e dando plena legalidade e constitucionalidade não apenas ao regulamento de mediação da CCAF, mas também a um eventual e futuro regulamento de arbitragem a ser customizado pela AGU, submetido à análise e parecer vinculativo nos termos dos arts. 39 a 44 da LC 73/1993.

CONCLUSÕES

Diante de todo o exposto, resumimos a presente sugestão – observada uma lei ordinária no âmbito nacional versando sobre questões mais restritas relativas à arbitragem tributária, como arbitrabilidade objetiva, requisitos e regras para cadastramento de Câmaras Arbitrais, observância do regulamento ora proposto, dentre outras – levando em consideração uma ampla interpretação sistemática através dos inúmeros atos e normas que regem a questão, quais sejam: arts. 96 e 100, I, do CTN + art. 4º, 39 a 44 da LC 73/93 + art. 8º-C, da Lei 9.028/95 + art. 11 da MP 2.108-35/01 + Ato Regimental AGU 5/07 + Portaria AGU 1.281/07 + Parecer AGU/SGR 01/2007 + Portaria AGU 1.099/08 + Parecer PGFN/CAT 195/2009 + Decreto 7.392/10; restando apenas a edição das regras procedimentais da arbitragem tributária por ato administrativo no âmbito da CCAF.

Também como já ressalvado acima, não se trata de pretensão de fazer com que a CCAF administre os procedimentos arbitrais tributários, posto já haver parecer da AGU em sentido contrário, sendo que não administrar procedimentos não significa que não pode criar ou propor regras que servirão como modelo reconhecido e híbrido para arbitragem tributária, tal como a UNCITRAL o fez com o regulamento para arbitragens comerciais, deixando para que as câmaras já existentes replicassem seu regulamento

---

110. Art. 96. A expressão "legislação tributária" compreende as leis, os tratados e as convenções internacionais, os decretos e as normas complementares que versem, no todo ou em parte, sobre tributos e relações jurídicas a eles pertinentes.

modelo específico para os casos de arbitragem tributária, na mesma linha como já se faz nas arbitragens comerciais e trabalhistas.

Desta maneira, se evitaria não apenas gastos públicos desnecessários por parte dos entes federativos para que instituíssem e mantivessem câmaras arbitrais próprias – expertise esta que sabidamente não detêm, devendo esse encargo recair sobre as instituições já existentes e consolidadas, que contam com orçamentos e pessoal próprio e especializado –, como também evitar-se-ia a corrida desordenada de confecções de legislações específicas e que tem sérias chances de preverem questões já sedimentadas pela LBA – o que deve ser evitado a todo custo, posto que certamente seriam novamente levadas ao crivo do STF diante do nosso sistema único, que potencializa a judicialização de todo e qualquer novo diploma normativo.

A crítica se estende para desnecessidade da rediscussão da constitucionalidade de pilares já consagrados na LBA, ultrapassando para afastar também a teimosia frenética e dispensável mania de inserir na lei questões que já se encontram pacificadas e presentes no sistema vigente, evitando interpretações tóxicas para a arbitragem *lato sensu*, – tal como ocorreu quando da inserção, em 2015, do trecho específico prevendo a possiblidade da adoção da arbitragem pela administração direta e indireta no § 1º ao art. 1º da LBA[111] – o que deve ser repelido com veemência, pois, já nos deparamos com alterações legislativas desnecessárias no âmbito da arbitragem, que não tardaram a refletir em decisões completamente diversas das que vinham sedimentando o instituto ao longo dos anos.[112]-[113]

Diante do exposto, somos partidários do entendimento que o sistema proposto, além dos benefícios ora descritos – em especial mas não se limitando a ampla jornada para sua eficácia plena após decisão terminativa do STF –, ainda afastaria a confecção de uma legislação própria conflitante com a LBA, ao nosso ver desnecessária para a arbitragem tributária, pois, caso se opte por esse caminho através de lei específica e geral, não se poderá dizer que teremos arbitragem tributária no Brasil, posto que ao desvincular as questões tributárias do âmbito da LBA, os sistema próprio no âmbito tributário, arbitragem não será.

Desta feita, diante da existência de dois projetos de lei sobre o mesmo tema tal como destacado no introito, advoga-se a sugestão de tentativa de reunião de ambos com

---

111. Alterações advindas com a lei 13.129/2015.
112. Vide crítica no primeiro parágrafo do artigo disponível em: ESCOBAR, Marcelo Ricardo; TOLEDO, José Eduardo Tellini. Fatos e Fakes sobre arbitragem tributária. *Migalhas de Peso*, 03 de junho de 2020. Disponível em: https://www.migalhas.com.br/depeso/328174/fatos-e-fakes-sobre-arbitragem-tributaria. Acesso em: 25 jul. 2020.
113. Vide voto do Ministro Luis Felipe Salomão proferido no julgamento de 27.11.2019 – fls. 55/56 do acórdão do Conflito de Competência 151.130 - SP (2017/0043173-8): "(...) Nesse sentido, muito embora se alegue, no caso, a possibilidade da submissão do ente público à arbitragem, mesmo antes da edição da Lei 13.129/2015 – e até mesmo antes da edição da lei 9.306/97 –, penso que tal não autoriza a utilização e extensão do procedimento arbitral à União na condição de sua acionista controladora, seja em razão da ausência de lei autorizativa, seja em razão do próprio conteúdo da norma estatutária, a partir da qual não se pode inferir a referida autorização (...)".

as adaptações necessárias, acrescendo-se sugestões dos diversos setores interessados, de forma a criar um único e forte diploma, que atenda a necessidade do instituto, sem que haja polarização de ideias e o consequente esvaziamento da intenção, tão próxima de se tornar realidade. Da mesma forma, pelo fato de um projeto tratar da arbitragem tributária apenas antes da constituição do crédito tributário, e outro restringi-la à fase de execução fiscal, indaga-se por qual motivo em eventual junção de esforços e trabalhos também não se acresceria a possibilidade da inserção a arbitragem tributária durante a discussão do processo administrativo tributário.

Uma última ponderação se faz necessária, de forma a ressaltar que a presente crítica é feita em relação a pretensão dos entes federativos criarem leis próprias sobre arbitragem abarcando questões já contidas e sedimentadas na LBA, sendo que em nenhum momento se advoga tese que limitaria suas competências tributárias, que caso entendam necessário editar leis específicas indicando as autoridades competentes para assinar as convenções arbitrais, limitar aos temas que poderão se submeter à arbitragem – arbitrabilidade objetiva –, certamente andarão na mão da história trazendo segurança jurídica aos seus contribuintes.

BIBLIOGRAFIA E JULGADOS SELECIONADOS

BORN, Gary. *International Commercial Arbitration*. Alphen aan den Rijn: Kluwer Law International, 2009. v. I.

BROCHES, Aron. Selected essays: *World Bank, ICSID, and other subjects of public and private international law*. Dordrecht: Martinus Nijhoff Publishers, 1994.

CASELLA, Paulo Borba. Efetividade da nova lei. In: CASELLA, Paulo Borba (Coord.). *Arbitragem* – a nova lei brasileira e a praxe internacional. São Paulo: LTr, 1997.

ESCOBAR, Marcelo Ricardo. *Arbitragem Tributária no Brasil*. São Paulo: Almedina, 2017.

ESCOBAR, Marcelo Ricardo. Arbitragem Tributária no existente arcabouço legislativo brasileiro – Sistema brasileiro da 'UnCommon Law'. In: PISCITELLI, Tathiane; MASCITTO, Andréa; MENDONÇA, Priscila Faricelli. *Arbitragem tributária: desafios institucionais brasileiros e a experiência portuguesa*. São Paulo: Thomson Reuters Brasil, 2018.

ESCOBAR, Marcelo Ricardo; TOLEDO, José Eduardo Tellini. Fatos e Fakes sobre arbitragem tributária. *Migalhas de Peso*, 03 de junho de 2020. Disponível em: https://www.migalhas.com.br/depeso/328174/fatos-e-fakes-sobre-arbitragem-tributaria. Acesso em: 25 jul. 2020.

ESCOBAR, Marcelo Ricardo; Um devaneio noturno, o PL 4.468/20 e a 'arbitragem' especial tributária. *Consultor Jurídico*. Opinião, 04 de setembro de 2020. Disponível em: https://www.conjur.com.br/2020-set-04/marcelo-escobar-arbitragem-especial-tributaria. Acesso em: 28 set. 2020.

SOARES, Carlos Henrique. Novo Conceito de Trânsito em Julgado – The new concept of transit in rem judicatam. *Revista CEJ*, ano XIV, n. 51, p. 85-88, Brasília, out./dez. 2010.

VII
ARBITRAGEM NO SETOR ELÉTRICO

Rafael Villar Gagliardi

Doutor e Mestre em Direito pela Pontifícia Universidade Católica de São Paulo. Pesquisador Visitante da London School of Ecnonomics and Political Science. *Fellow do Chartered Institute of Arbitrators* (CIArb). Professor convidado no curso de Arbitragem da Pós-Graduação Latu do COGEAE-PUC/SP e do Instituto Brasileiro de Direito de Energia – IBDE. Sócio de Xavier Gagliardi Inglez Verona Schaffer Advogados.

Oscar Hatakeyama

Especialista em Direito Administrativo pela Pontifícia Universidade Católica de São Paulo. Advogado da área de Energia do Demarest Advogados.

Laura Isabelle Guzzo

Especialista em Direito Administrativo pela Faculdade de Direito da Fundação Getúlio Vargas. Advogada da área de Energia do Demarest Advogados.

Sumário: Introdução – 1. Contextualização histórica do atual modelo do setor elétrico – 2. Fundamentos da arbitragem no setor elétrico – 3. Uso da arbitragem no setor elétrico; 3.1 O ambiente e contratação regulada de energia elétrica; 3.2 O ambiente de contratação livre de energia elétrica; 3.3 Uso da arbitragem pela ANEEL; 3.4 A convenção arbitral da CCEE; 3.4.1 Breve histórico; 3.4.2 Âmbito de aplicação e aspectos formais; 3.4.3 A pluralidade de câmaras arbitrais; 3.4.4 A proteção ao mercado; 3.4.5 Alguns aspectos procedimentais; 3.4.6 Notificação a terceiros, repositório jurisprudencial e confidencialidade; 3.4.7 Vedação ao julgamento por equidade, idioma, sede e lei aplicável; 3.4.8 Penalidades – Conclusões e expectativas – Bibliografia e julgados selecionados.

INTRODUÇÃO

O objetivo deste artigo consiste em, sem qualquer pretensão exauriente, traçar um panorama da evolução e do atual estágio da arbitragem como mecanismo de solução de disputas no setor de energia no Brasil, em especial do setor elétrico.

A relevância do tema reside em que a arbitragem segue, essencialmente, desempenhando o papel de forma principal de solução de disputas no setor, altamente regulado, dependente de pesados investimentos e com um número crescente de agentes. E essa circunstância se dá a despeito dos inúmeros fatores externos que influenciam a dinâmica do setor, tais como ventos políticos, inovações tecnológicas, questões ambientais, dentre outras.

O uso da arbitragem tem lugar de destaque em grande parte das atividades típicas do setor elétrico, seja no âmbito das operações realizadas pela Câmara de Comercialização de Energia Elétrica ("CCEE"), seja no âmbito dos contratos firmados dos ambientes livre e regulado. Tem, ainda, papel primordial nas contratações que gravitam em torno das atividades do setor, como é o caso dos grandes contratos de implantação dos empreendimentos de geração e transmissão ou, ainda, nos grandes contratos de fornecimento de equipamentos para tais empreendimentos.

Descortina-se, assim, um sem-número de relações jurídicas, estabelecidas por um número crescente de agentes e num ambiente de elevada complexidade técnica e normativa, nos quais o fio condutor deita raízes na temática da energia, cujas especificidades justificam o estudo da arbitragem nesse campo e, portanto, também a escolha do tema em questão.

1. CONTEXTUALIZAÇÃO HISTÓRICA DO ATUAL MODELO DO SETOR ELÉTRICO

Até a década de 1990, o planejamento do setor elétrico foi de certo modo incipiente, mas progressivo. O período foi caracterizado por intenso intervencionismo, levado a cabo pela mão do Estado principalmente por meio de diversas empresas estaduais de energia atundo nos setores de geração, transmissão e distribuição.

Ocorre que, por volta de 1990, esse modelo marcadamente estatal do setor elétrico entrou em crise em razão da drástica redução da capacidade de investimento do Estado, aliada às dificuldades de obtenção de financiamento para o setor, em especial para concessionárias de energia em crise financeira, e da crise econômica enfrentada pelo país em razão de fatores externos – como a crise do Petróleo.[1]

Diante dessa crise, em 1996, durante a gestão do então presidente Fernando Henrique Cardoso, a secretaria do Ministério de Minas e Energia ("MME") deu início a um Projeto de Reestruturação do Setor Elétrico (conhecido como "Re-SEB"), com o apoio da consultoria Coopers & Lybrand, que auxiliou o governo a conceber um novo desenho para o mercado de energia.

Uma das recomendações da consultoria foi a criação do chamado Mercado Atacadista de Energia ("MAE"), que seria responsável pela operacionalização das transações

---

1. "O Brasil teve, após a segunda crise do petróleo de 1979, dificuldades cada vez maiores com sua balança de pagamentos, além de necessidades consideráveis de investimento para completar a infraestrutura e planos de desenvolvimento dos anos de 1970. As vigorosas taxas de crescimento que o país apresentou nessa década começaram a cair. A explosão na taxa de juros norte-americana levou a uma grave crise de nossa dívida externa e afetou fortemente o financiamento do setor elétrico. De um lado, como o país apresentava um crescimento econômico débil, os mercados elétricos planejados não se realizavam, ocasionando sobras de energia e receitas menores que as previstas. Por outro lado, nos anos de 1980, no plano interno de funcionamento do setor, a política tarifária constituiu-se no mais grave dos problemas, visto que os preços da eletricidade eram sistematicamente contidos em nome do combate à inflação. Como consequência houve a queda da remuneração média do setor, que ficou muito abaixo da remuneração legal1 permitida pelo "serviço pelo custo". A essa situação juntou-se o uso das empresas elétricas estatais como instrumento de cobertura de déficits da balança de pagamentos, obrigando-as a captar recursos no exterior para a cobertura das altas faturas da "conta petróleo", provocadas pela crise de 1979." (GOLDENBERG, José; PRADO, Luiz Tadeu Siqueira. Reforma e crise do setor elétrico no período FHC. *Tempo social*, v. 15, p. 222, 2003).

de compra e venda de energia no país e que permitiria a introdução de um ambiente competitivo para comercialização de energia:

> O MAE, como proposto pela Coopers & Lybrand, irá substituir o antigo sistema de comando regulatório na fixação das tarifas e dos termos dos contratos de energia elétrica existentes. O MAE será o foro para a fixação de um preço de referência para a energia vendida através de contratos bilaterais entre gencos e empresas distribuidoras ou relacionados a um IPP e seus consumidores livres. O MAE irá também estabelecer um preço à vista da energia que irá refletir o custo adicional de curto prazo da geração de energia marginal; esse preço à vista será determinado pelas empresas de serviços públicos e o regulamentador. O preço à vista irá refletir apenas os custos de geração, com o pagamento em separado dos custos de transmissão pela empresa de distribuição.[2]

Além disso, previu-se a desverticalização das atividades de energia, com a separação entre as atividades de geração e transmissão das atividades de distribuição e o incentivo à prestação dos serviços de energia por meio da iniciativa privada.

Criou-se, também, o Operador Nacional do Sistema ("ONS"),[3] que passou a ser responsável pelas atividades de coordenação e controle da operação da geração e transmissão de energia elétrica nos sistemas interligados.

Ainda como fruto do Re-SEB, deu-se a criação da Agência Nacional de Energia Elétrica ("ANEEL"), pela Lei Federal 9.427/1996, como agência reguladora e fiscalizadora do setor.

O Estado, então, deixava de ser o investidor e atos principal do setor e passaria a assumir a função de regulador dos serviços públicos de energia.

Entre os anos de 2000 e 2003, o país passou por uma nova crise, agora no abastecimento de energia elétrica, também conhecida como a "crise do apagão", época em que quase 90% da matriz energética brasileira era proveniente de geração hídrica[4] e que foi marcada por racionamento de energia e contratação de usinas termelétricas.

Como forma de solucionar esta crise, houve a instituição do chamado "Novíssimo Modelo do Setor Elétrico", atualmente vigente. Este modelo foi desenhado e implementado entre os anos de 2003 e 2004 com base nos pilares da (i) expansão da oferta de energia; (ii) modicidade tarifária; e (iii) universalização do serviço público de energia. As principais normas que o caracterizam são as Leis Federais 10.847/2004 e 10.848/2004

Assistiu-se, então, a criação de mais duas relevantes instituições para o setor: a Empresa de Pesquisa Energética ("EPE"), com a finalidade prestar serviços na área de estudos e pesquisas destinadas a subsidiar o planejamento do setor energético; e da Câmara de Comercialização de Energia Elétrica ("CCEE"), sucessora do Mercado

---

2. FERREIRA, Carlos Kawall Leal. *Privatização do setor elétrico no Brasil*. 2000. p. 199.
3. O ONS substituiu o Grupo Coordenador das Operações Interligadas ("GCOI"), que havia sido criado pela Lei 5.899/1973 para a coordenação operacional dos sistemas interligados das Regiões Sudeste e Sul.
4. Em 2022, a fonte de geração de energia hídrica representa aproximadamente 60%, seguida da térmica, com 22%, eólica com 13%, solar com 4%, e nuclear, 1% (números aproximados segundo dados ONS).

Atacadista de Energia ("MAE") e que atua na viabilização da comercialização de energia elétrica no país.[5]

Por fim, nesse momento foi formatada a existência de dois ambientes diferentes de contratação de energia elétrica, os quais serão abordados mais adiante, mas que já devem ser nomeados, a saber, o Ambiente de Contratação Regulada ("ACR") e o Ambiente de Contratação Livre ("ACL"). Nesses ambientes são formalizadas e operacionalizadas as operações de compra e venda de energia.

Em suma, ao cabo das grandes reformas iniciadas nos anos 1990, havia no setor elétrico brasileiro quatro atividades marcadamente distintas, a saber, geração, transmissão, distribuição e comercialização. Naquelas em que há maior propensão à existência de monopólios naturais, passou-se a ver uma maior atuação estatal sobre tarifas, como no caso da distribuição e da transmissão, por meio da ANEEL e do nos.[6]

Já nas áreas de geração e comercialização, o fomento a esta última criou as condições para estabelecimento de um ambiente dinâmico e saudável de concorrência. Para tanto, foram criados os ambientes livre e regulado de contratação. Este dedicado ao atendimento da demanda de distribuidoras e marcado pela aquisição por meio de leilões organizados pela ANEEL. Aquele, destinado à livre contratação, para suprimento das demandas de mercado, inclusive de consumidores livres. As sobras dessas operações, isto é, consumo ou vendas a maior do que a respectiva cobertura contratual, passaram a ser liquidadas no Mercado de Curto Prazo ("MCP") ou mercado de diferenças, gerido pela CCEE.

2. FUNDAMENTOS DA ARBITRAGEM NO SETOR ELÉTRICO

Nesse Novíssimo Modelo do Setor Elétrico, além da complexa gestão das operações físicas do sistema elétrico nacional, que envolve a operação coordenada de 179,3 mil quilômetros de linhas de transmissão e mais de 181 GW de potência em usinas de energia, dos quais 60,2% advindos de fonte hídrica,[7] cada vez mais impactadas pelas mudanças climáticas, os aspectos financeiros e regulatórios do setor representam um adicional desafio.

---

5. A CCEE atualmente gere financeiramente as operações do setor que, em 2022, movimentou mais de R$ 12 bilhões de reais, somente no Mercado de Curto Prazo ("MCP").

6. "Ao tempo em que toda atividade era vista como indivisível, sempre se tratava a entrega de energia elétrica como um serviço público monopolizado, que não comportaria uma competição, posto que haveria impossibilidade física ou inviabilidade econômica.

Percebeu-se, no entanto, que, por exemplo, na geração de energia existe a possibilidade de se introduzir de imediato, a competição, que, por sua vez, ainda é inviável na administração das redes, tanto de transmissão quanto de distribuição. Surgiu o desafio de o Estado lidar com a ausência de competição nesses segmentos, tidos como monopólios naturais.

Ao lado da possibilidade de competição pela geração de energia, se reconheceu, também, a possibilidade de comercialização da energia elétrica gerada em diversas fontes. Fragmentou-se o ciclo econômico em quatro etapas distintas – geração, transmissão, distribuição e comercialização" (SOUTO, Marcos Juruena Villela. Breve apresentação do novo marco regulatório do Setor Elétrico Brasileiro. In: LANDAU, Elena (Coord.). *Regulação jurídica do setor elétrico*. Rio de Janeiro: Lumen Juris, 2006, p. 239.

7. Fonte: www.ons.org.br.

A CCEE é a instituição responsável pela viabilização da comercialização de energia elétrica no país, gerindo financeiramente as operações do setor que, em 2022, movimentou mais de R$ 12 bilhões de reais,[8] somente no MCP.

As operações financeiras do setor elétrico estão interligadas entre os atuais 14.554 mil agentes da CCEE.[9] Por exemplo, em razão do princípio regulatório do rateio de inadimplências (*loss sharing*), a inadimplência de um dado agente no âmbito das MCP é rateada entre os agentes credores do mercado.[10]

A natureza multilateral das operações realizadas pela CCEE se verifica em diversos mecanismos, como no mecanismo de compartilhamento do risco hidrológico – MRE entre as usinas participantes, no mecanismo de ajuste do registro de contratos que impõe a equalização das vendas de energia na proporção do lastro apresentado, nos subsídios cruzados, entre outros.

Trata-se, afinal, de mercado de soma zero, no qual toda a energia gerada e despejada no sistema é destinada a algum agente e necessariamente consumida, dada a impossibilidade de armazenamento. Tal consumo ocorre tenha ou não lastro em algum negócio jurídico antecedente, isto é, seja ele fruto de uma operação contratada pelas partes ou situada no MCP, o mercado das diferenças. Para tanto, a CCEE, detendo dados de medição e das contratações de todos os agentes, efetua os processos de contabilização e liquidação, apontando agentes com exposições positiva e negativa, para que cada um possa pagar ou receber o que lhe é devido num dado mês. Essa complexidade operacional dá a exata noção do grau de interconexão do setor.[11]

É fácil perceber que nesse ecossistema contábil interconectado operado pela CCEE, uma eventual decisão jurisdicional – seja ela judicial ou arbitral – que venha a isentar um agente de determinada obrigação financeira tem o condão de realocar essa obrigação para outros agentes, gerando o chamado efeito cascata, não raro contrariando os fundamentos e a *mens legis* da disciplina regulatória aplicável.

Nesse contexto idealizou-se a adoção da arbitragem como meio específico para a solução de controvérsias sofisticadas, com elevado caráter técnico e cujos resultados poderiam ter efeitos sistêmicos, a serem concentradas em um mecanismo específico de resolução.

---

8. Fonte: www.ccee.org.br.
9. Fonte: https://www.ccee.org.br/web/guest/nossos-associadoswww.ccee.org.br, dados de março junho de 2023.
10. Conforme Artigo 37, inciso IV, da Convenção de Comercialização, aprovada pela Resolução Normativa ANEEL ("REN") 957/2021.
11. "[C]ada uma dessas atividades são dependentes uma da outra. De nada adianta que a energia elétrica seja produzida se não for adequadamente transmitida e/ou distribuída. Da mesma forma, para que a distribuição de energia ocorra, mostra-se imprescindível que se tenha produzido energia suficiente para o atendimento da demanda. Por outro lado, pouco eficiente será a existência de uma Câmara de Comercialização de Energia Elétrica se não há energia suficiente a ser comercializada, ou (o que é pior) se não se produz a energia que já foi comercializada.

    Toda essa estrutura fez com que o setor de energia elétrica se tornasse uma das áreas mais complexas e, consequentemente, propícias para a utilização de formas alternativas de solucionar conflitos, tais como a conciliação, a mediação e a arbitragem" (RIBEIRO, Diogo Albaneze Gomes. Arbitragem no setor de energia elétrica. São Paulo: Almedina, 2017, p. 18).

O primeiro passo para tanto foi dado com a edição da Lei 10.848, de 15 de março de 2004 ("Lei 10.848/2004"), que não só autorizou a criação da CCEE,[12] como declarou que as regras de solução de disputas entre agentes da Câmara deveriam tratar de arbitragem.[13] Ademais, de forma redundante, mas talvez salutar, dada a resistência histórica por setores da Administração Pública, autorizou empresas públicas e sociedades de economia mista, suas subsidiárias ou controladas, titulares de concessão, permissão e autorização a aderir à convenção arbitral da CCEE.[14] Por fim, ainda em tom redundante, declarou disponíveis os direitos relativos a créditos e débitos decorrentes das operações realizadas no âmbito da CCEE.[15]

Ato contínuo, a ANEEL editou a Resolução Normativa 109, de 26 de outubro de 2004 ("ReN 109/2004"), instituindo a Convenção de Comercialização de Energia Elétrica da CCEE.[16] A ReN 109/2004 traçou, naquele momento, as regras cardeais da comercialização de energia no país e previu a celebração de uma convenção arbitral vinculante para todos os agentes da CCEE.[17] Trouxe, ademais, a definição de conflitos arbitráveis.[18] Posteriormente, em cumprimento ao disposto na ReN 109/2004, a ANEEL

---

12. "Art. 4º Fica autorizada a criação da Câmara de Comercialização de Energia Elétrica – CCEE, pessoa jurídica de direito privado, sem fins lucrativos, sob autorização do Poder Concedente e regulação e fiscalização pela Agência Nacional de Energia Elétrica – ANEEL, com a finalidade de viabilizar a comercialização de energia elétrica de que trata esta Lei."
13. "Art. 4º (...)
    § 5º As regras para a resolução das eventuais divergências entre os agentes integrantes da CCEE serão estabelecidas na convenção de comercialização e em seu estatuto social, que deverão tratar do mecanismo e da convenção de arbitragem, nos termos da Lei 9.307, de 23 de setembro de 1996."
14. "Art. 4º (...)
    § 6º As empresas públicas e as sociedades de economia mista, suas subsidiárias ou controladas, titulares de concessão, permissão e autorização, ficam autorizadas a integrar a CCEE e a aderir ao mecanismo e à convenção de arbitragem previstos no § 5º deste artigo."
15. "Art. 4º (...)
    § 7º Consideram-se disponíveis os direitos relativos a créditos e débitos decorrentes das operações realizadas no âmbito da CCEE."
16. A Convenção de Comercialização de Energia Elétrica vigente foi instituída pela Resolução Normativa ANEEL 957, de 7 de dezembro de 2021 ("ReN 957/2021").
17. Consta do rol de definições da ReN 109/2004: "Convenção Arbitral – instrumento a ser firmado pelos Agentes da CCEE e pela CCEE, por meio do qual estes se comprometem a submeter os Conflitos à Câmara de Arbitragem." Além disso, no art. 17, inc. VII, previu que ser dever de qualquer agente da CCEE: "VII – aderir à Convenção Arbitral".
18. "Art. 58. Os Agentes da CCEE e a CCEE deverão dirimir, por intermédio da Câmara de Arbitragem, todos os conflitos que envolvam direitos disponíveis, nos termos da Lei 9.307, de 23 de setembro de 1996, nas seguintes hipóteses:
    I – Conflito entre dois ou mais Agentes da CCEE que não envolva assuntos sob a competência direta da ANEEL ou, na hipótese de tratar, já tenha esgotado todas as instâncias administrativas acerca do objeto da questão em tela;
    II – Conflito entre um ou mais Agentes da CCEE e a CCEE que não envolva assuntos sob a competência direta da ANEEL ou, na hipótese de tratar, já tenha esgotado todas as instâncias administrativas acerca do objeto da questão em tela; e
    III – sem prejuízo do que dispõe cláusula específica nos CCEARs, conflito entre Agentes da CCEE decorrente de Contratos Bilaterais, desde que o fato gerador da divergência decorra dos respectivos contratos ou de Regras e Procedimentos de Comercialização e repercuta sobre as obrigações dos agentes contratantes no âmbito da CCEE."

editou a Resolução Homologatória 531, de 7 de agosto de 2007, pela qual ratificou e deu eficácia à Convenção Arbitral da CCEE.

Importante mencionar que, no ano de 2005, por meio da edição da Lei 11.196/2005, foi alterada a Lei 8.987/1995, que dispõe sobre o regime de concessão e permissão da prestação de serviços públicos, regulamentando o artigo 175 da Constituição Federal. Uma das alterações foi justamente a introdução da previsão expressa da possibilidade de pactuar arbitragem nos contratos de que trata a lei, o que se fez por meio do artigo 23-A.[19]

Em 2021, a ANEEL instituiu nova Convenção de Comercialização de Energia Elétrica, por meio da ReN 957/2021, na qual foi mantido o dever dos agentes da CCEE de adesão à Convenção Arbitral,[20] bem como, em essência, a definição dos conflitos arbitráveis no âmbito da dita Convenção.[21] Previu-se, ademais, ser a Convenção Arbitral parte integrante da Convenção de Comercialização instituída pela ReN 957/2021[22], o que visa a tornar o sistema mais coeso. Por fim, estipulou-se a necessidade de a(s) câmara(s) de arbitragem(ns) autorizadas a receber arbitragens sob os auspícios da Convenção Arbitral da CCEE a instituir processo de mediação, visando a fomentar a cultura da autocomposição.[23]

Já em 14 de fevereiro de 2023, a ANEEL publicou a Resolução Homologatória 3.173/2023, por meio da qual ratificou e deu eficácia à Convenção Arbitral atualmente vigente no âmbito da CCEE e sobre a qual se falará em tópico específico deste trabalho.[24]

---

19. "Art. 23-A. O contrato de concessão poderá prever o emprego de mecanismos privados para resolução de disputas decorrentes ou relacionadas ao contrato, inclusive a arbitragem, a ser realizada no Brasil e em língua portuguesa, nos termos da Lei 9.307, de 23 de setembro de 1996."
20. "Art. 37. Os Agentes da CCEE deverão cumprir as seguintes obrigações, sem prejuízo de outras estabelecidas na legislação e em regulação específica da ANEEL:
    (...)
    VII – aderir à Convenção Arbitral;"
21. "Art. 44. Os Agentes da CCEE e a CCEE deverão dirimir, por intermédio da Câmara de Arbitragem, todos os conflitos que envolvam direitos disponíveis, nos termos da Lei 9.307, de 23 de setembro de 1996, nas seguintes hipóteses:
    I – conflito entre dois ou mais Agentes da CCEE que não envolva assuntos sob a competência direta da ANEEL ou, na hipótese de tratar, já tenha esgotado todas as instâncias administrativas acerca do objeto da questão em tela;
    II – conflito entre um ou mais Agentes da CCEE e a CCEE que não envolva assuntos sob a competência direta da ANEEL ou, na hipótese de tratar, já tenha esgotado todas as instâncias administrativas acerca do objeto da questão em tela; e
    III – sem prejuízo do que dispõe cláusula específica nos CCEARs, conflito entre Agentes da CCEE decorrente de Contratos Bilaterais, desde que o fato gerador da divergência decorra dos respectivos contratos ou de Regras e Procedimentos de Comercialização e repercuta sobre as obrigações dos agentes contratantes no âmbito da CCEE."
22. "Art. 44 (...)
    Parágrafo único. A Convenção Arbitral é parte integrante desta Convenção de Comercialização, bem como obrigatória a todos os agentes da CCEE e à CCEE, conforme disposto nos §§ 5º, 6º e 7º do art. 4º da Lei 10.848, de 2004."
23. "Art. 45. Fica obrigada a Câmara de Arbitragem a instituir processo de mediação com o objetivo de promover, no âmbito privado e de forma prévia ao procedimento arbitral, uma solução amigável de Conflitos."
24. Vide item IV.4 infra.

Militaram em favor da escolha da arbitragem como meio de solução de disputas de destaque no setor elétrico a possibilidade de escolha de árbitros com especialização nas matérias objeto da discussão, a liberdade para determinação de regras específicas para a solução das disputas e que sejam mais adequadas ao tipo de litígio (cite-se, aqui, as vantagens da existência da convenção arbitral da CCEE, sobre a qual se falará adiante) e a rapidez esperada para a solução de cada caso, em razão da inexistência de instância recursal.[25]

O crescimento e importância das arbitragens nas últimas décadas deve-se, portanto, não somente ao seu reconhecido potencial de "desafogar" o Poder Judiciário, mas também às qualidades que fazem desse mecanismo uma forma bastante adequada de solução de litígios nessa área, em especial à luz da especificidade da matéria e das exigências do setor. Como resultado, busca-se a redução dos custos de transação e a maior eficiência na obtenção de soluções às querelas surgidas entre os agentes.

3. USO DA ARBITRAGEM NO SETOR ELÉTRICO

Traçado o panorama evolutivo do setor elétrico brasileiro e da inserção da arbitragem como mecanismo de solução de controvérsias de maior destaque no setor, passa-se a aprofundar as formas de utilização da arbitragem no setor para, em seguida, tratar da Convenção Arbitral da CCEE e do uso de arbitragem pela ANEEL.

3.1 O ambiente e contratação regulada de energia elétrica

O atual modelo do setor elétrico brasileiro, denominado internacionalmente como *Brazilian Hybrid Model*, coordena, como se viu, a coexistência de dois mercados, ambos regulados pela ANEEL, sendo as operações contábeis e financeiras operados pela CCEE.

Um é essencialmente regulado e ditado pelas regras e princípios do direito público. O outro, marcado pela livre negociação e competição estatuídos pelo direito privado e relações contratuais. Dá-se ao primeiro o nome de ACL e, ao segundo, de ACR.[26] Ao lado desses ambientes, situa-se o MCP, onde são liquidadas as diferenças entre geração ou cobertura contratual e consumo ou obrigações de venda para cada agente, sendo assim apurada a posição (credora/devedora) de cada um perante o restante do mercado.

O ACR, é o ambiente onde as distribuidoras de energia elétrica adquirem energia elétrica por meio de leilões públicos, conforme sua necessidade. Essa energia é distri-

---

25. "O objetivo primordial da adoção de meios específicos de solução de conflitos nesses segmentos essenciais do setor elétrico e a ampliação da eficiência das atividades neles desenvolvidas, com reflexos na atuação dos agentes do setor e na análise de medidas que possibilitem seu desenvolvimento mais sustentável, com maior segurança jurídica." (DAVID, Solange. A arbitragem e a comercialização de energia elétrica no Brasil. In: ROCHA, Fabio Amorim da (Coord.). *Temas relevantes no direito de energia elétrica*. Rio de Janeiro: Synergia, 2012, p. 49).
26. COSTA, Maria D'Assunção. Arbitragem nos contratos de comercialização de energia elétrica. In: ROCHA, Fábio Amorim da. *Temas relevantes no direito de energia elétrica*. Rio de Janeiro, Synergia, 2022, t. IX, p. 291.

buída aos consumidores brasileiros, que as remuneram por meio de tarifa públicas de energia, homologada pela ANEEL.

Nesse ambiente há necessária atuação do Estado enquanto responsável pela prestação serviço público, devendo zelar pelo interesse público, pela continuidade e qualidade da prestação do serviço e pela modicidade tarifária.

Com essas razões, o Estado, representado pelo MME, atua intensamente no planejamento, por meio da definição das fontes de energia a serem licitadas, preços e prazos para entrega da energia etc. Já a ANEEL regula esse ambiente, definindo as tarifas aplicáveis, regras de fornecimento das distribuidoras para seus consumidores e a matriz de risco contratual dessas distribuidoras para com seus fornecedores.

O objetivo da criação do ACR foi centralizar a oferta de energia para as distribuidoras e criar um ambiente de ampla concorrência entre os agentes vendedores (geradores e comercializadores de energia), reduzindo o custo de aquisição de energia pelas distribuidoras e garantindo a modicidade tarifária para os consumidores cativos. Sua marca distintiva é a obrigatoriedade de licitação para a compra de energia elétrica por parte dos agentes de distribuição.[27]

Os contratos firmados nesse ambiente, denominados Contratos de Comercialização de Energia Elétrica no Ambiente Regulado ("CCEAR") ou Contratos de Energia de Reserva ("CER"), são regulados pela ANEEL e sua minuta é parte integrante dos editais de licitação promovida pela agência reguladora.

3.2 O ambiente de contratação livre de energia elétrica

Na via paralela, há o chamado ACL, caracterizado pela livre negociação da energia elétrica. Neste ambiente, preço, garantias e demais condições contratuais podem ser livremente negociadas. Trata-se do "segmento do mercado no qual se realizam as operações de compra e venda de energia, objeto de contratos bilaterais livremente negociados entre agentes concessionários, permissionários e autorizados de geração, comercializadores, importadores, exportadores de energia, consumidores livres e consumidores especiais".[28]

A despeito da necessidade de obediência da regulação, dos procedimentos técnicos e contábeis do setor, os agentes participantes do ACL negociam livremente os seus contratos, sob critérios técnicos, econômicos e financeiros próprios, sem submissão a tarifas públicas.

Essas operações são formalizadas por meio dos Contratos de Comercialização de Energia no Ambiente de Contratação Livre ("CCEALs"), os quais somente são perfectibilizados e contabilizados após seu registro nos sistemas da CCEE. Confira-se entendimento da doutrina especializada a respeito:

---

27. TOLMASQUIM, Mauricio Tiommo. *Novo modelo do setor elétrico brasileiro*. Rio de Janeiro: Synergia, 2011, p. 116.
28. TOLMASQUIM, Mauricio Tiommo. Op. cit., p. 148.

Os integrantes do ACL exercitam, dentro de certos limites, sua liberdade contratual. Dentre tais limites estão, por exemplo, obrigações de aderir à CCEE e de se submeter às suas regras e procedimentos de contabilização (liquidação necessária de sobras e déficits de energia segundo essas regras e procedimentos); exigência de contratação, pelos consumidores participantes, da totalidade de suas previsões de consumo por meio dos contratos bilaterais; exigência de contratação de garantias; imposição de certas formas e procedimentos relativos às contratações bilaterais (registro do contrato na CCEE) e mesmo prescrição de conteúdo mínimo, dentre outras. De modo simplificado, temos que, para cada contrato no ACL, as partes são livres para a.) decidir com quem contratar; b.) quando contratar; c.) quanto contratar; d.) como contratar e, sobretudo, e.) a que preço contratar energia elétrica. E podemos dizer também que estamos diante de negócios e de sujeitos em face dos quais se aplicam os preceitos clássicos que regem a celebração, a execução e a interpretação dos contratos (arts. 421 e segs. do CCB e não, prima facie, a legislação consumerista).[29]

Nesse mercado, o CCEAL possui uma função característica, qual seja, a de garantir a entrega física da energia *no preço contratado ao comprador*. A efetiva entrega da energia, o chamado serviço de fio, não é de responsabilidade da parte vendedora e, por isso, não integra a alocação típica de riscos contratuais. Possui natureza financeira e, como numa operação de *hedge*, garante (ou "trava") o preço da energia vendida, a despeito das variações do mercado. Opera, assim, como um instrumento de mitigação do risco da volatilidade típica do mercado, que é refletida nas abruptas variações do preço utilizado nas operações do mercado de curto prazo, isto é, o Preço de Liquidação de Diferenças ("PLD").[30]

O amadurecimento do setor e a evolução da regulação permitiram o que se convencionou chamar de "Abertura do Mercado Livre" com a redução gradual do limite mínimo para adesão de um número crescente de novos consumidores.

Inicialmente, com o advento da Lei 9.074/1995, foram criadas as figuras do Consumidor Livre de Energia e do Produtor Independente de Energia, ocupantes de papel central na modernização do setor elétrico, por meio do fomento à competição na geração e à atividade de comercialização.[31] Ademais, foram autorizados a comprar energia elétrica no ACL os consumidores com demanda maior ou igual a 10.000 kW. No cenário atual os consumidores com demanda igual ou maior a 500 kW já podem aderir ao mercado livre, conforme Portaria MME 514/2018.

Já em 27 de setembro de 2022, o MME editou a Portaria Normativa 50/GM/MME, pela qual se autorizou que, a partir de 2024, os consumidores atendidos pelas distribuidoras de energia do chamado grupo "A", possam participar do mercado livre de comercialização de energia elétrica.

São classificados como consumidores do grupo "A" os que possuem tensão igual ou superior a 2,3 kV, e representam atualmente mais de 106 mil unidades consumidoras.[32]

---

29. LOUREIRO, Gustavo Kaercher. Contratos de energia no ambiente livre de comercialização: pressupostos de compreensão. FGV CERI – Centro de Estudos em Regulação e Infraestrutura, 2021, p. 29.
30. COSTA, Maria D'Assunção. Op. cit., p. 304-305.
31. COSTA, Maria D'Assunção. Op. cit., p. 290.
32. Portaria do MME permite que consumidores tenham liberdade de escolha e melhores preços. Ministério de Minas e Energia, 28 set. 2022. Notícias. Disponível em: https://www.gov.br/mme/pt-br/assuntos/noticias/portaria-do-
-mme-permite-que-consumidores-tenham-liberdade-de-escolha-e-melhores-precos. Acesso em: 05 fev. 2023.

A propósito de dimensionar a transição e evolução do mercado livre de energia, em 2016 a comercialização livre de energia contava com 5.655 agentes. Em junho de 2023 já existiam 14.554 agentes associados à CCEE e, com a abertura do mercado, o número de agentes da CCEE deve aumentar exponencialmente.

Nesse contexto, e em razão da inquestionável importância de uma solução técnica para os conflitos entre os agentes da CCEE, ou entre esses e a CCEE, a Arbitragem segue ocupando espaço de destaque como mecanismo de solução de disputas de energia.

3.3 Uso da arbitragem pela ANEEL

A possibilidade do uso de arbitragem nos contratos de concessão foi prevista no artigo 23-A da Lei 8.987/1995, que dispõe sobre as concessões de serviços públicos em geral.

A Lei 10.233/2001, que dispõe sobre a reestruturação dos transportes aquaviário e terrestre também trouxe essa previsão, ao estabelecer em seu art. 35, XVII que os contratos de concessão do setor devem ter cláusulas relativas "a regras sobre solução de controvérsias relacionadas com o contrato e sua execução, inclusive a conciliação e a arbitragem".

Adicionalmente, em 2015 foi editada a Lei Federal 13.129/2015, que promoveu alterações na Lei 9.307/1996 ("Lei de Arbitragem"), para reforçar a permissão, agora de forma expressa e específica, para que a Administração Pública direta e indireta se utilize da arbitragem para dirimir conflitos relativos a direitos patrimoniais disponíveis.

Ainda, o Decreto Federal 10.025/2019, regulamentando disposição da Lei 10.233/2001, autorizou a utilização de arbitragens para a solução de conflitos envolvendo a Administração Pública Federal nos setores portuário e de transporte rodoviário, ferroviário, aquaviário e aeroportuário.

Ou seja, o uso de Arbitragem pela Administração Pública, sobretudo em setores de infraestrutura, não é novidade. Por exemplo, já vinha prevista na legislação setorial de infraestrutura de transporte terrestre,[33] aquaviário[34] e no setor de óleo e gás,[35] dentre outros.

Mesmo diante desse cenário, mesmo sendo fartamente utilizada no setor elétrico e mesmo prevento a Lei 10.848/2002 a possibilidade de atuação subsidiária da ANEEL em casos de homologação de recomposição tarifária extraordinária de distribuidoras de energia, a arbitragem não era adotada pela ANEEL.

---

33. Vide: ÁVILA, Natália Resende Andrade; NASCIMENTO, Priscila Cunha do. A Arbitragem nas concessões federais de infraestrutura de transportes terrestres: uma análise das cláusulas compromissórias. *Concessões e Parcerias Público-Privadas*: políticas públicas para provisão de infraestrutura. Brasília: IPEA, 2022, v. p. 337-367.
34. A previsão sobre o uso de arbitragem nesse setor foi instituída pelo § 2º, do art. 62 da Lei 12.815/2013 ("Lei de Portos"), regulamentada pelo Decreto 8.465/2015.
35. Vide: SCHMIDT, Gustavo da Rocha. A arbitragem no setor de óleo e gás. Considerações sobre as cláusulas compromissórias inseridas nos contratos de concessão celebrados pela ANP. *Revista de Arbitragem e Mediação*, 2016 RArb, v. 50, jul./set. 2016.

Essa realidade mudou em 10 de setembro de 2021, quando a diretoria da ANEEL autorizou, de forma inédita, a celebração de Termo de Compromisso Arbitral pela Agência com uma concessionária do serviço público de transmissão de energia elétrica para a avaliação do pleito da empresa de reequilíbrio econômico-financeiro de seu Contrato de Concessão[36].

Amparada nessa legislação, a diretoria colegiada da ANEEL autorizou a celebração de Termo de Compromisso Arbitral para a solução do caso. A discussão no caso concreto remonta a uma ação judicial por meio da qual se buscava a extinção de um Contrato de Concessão e a respectiva indenização em razão das dificuldades no licenciamento ambiental necessário à consecução do objeto do contrato.

Tendo havido divergência de posições da ANEEL e do MME com relação à extinção do contrato, foi formulado pleito administrativo para o reequilíbrio do Contrato de Concessão cujo resultado não atendeu os interesses do concessionário que, assim, manteve o seu interesse no prosseguimento da ação judicial.

Nesse cenário, avaliou-se a proposta de arbitragem para solução da controvérsia nos termos do supracitado artigo 6º do Decreto 10.025/2019, mediante a extinção da ação judicial e amparada na análise da conveniência do processo arbitral sob a ótica do interesse público e as vantagens que apresentava:

> 43. No caso concreto ora em análise, a decisão pelo caminho arbitral deve ser motivada na análise da vantajosidade técnica e econômica da solução da avença, sob a ótica do interesse público. Dessa forma, a despeito da decisão administrativa transitada em julgado na Agência, a União, através do MME, como Poder Concedente e entidade central de planejamento do setor elétrico e como parte na ação judicial, avaliou a proposta de arbitragem em aspectos que transcendem as análises técnicas da matéria.
>
> (...) 66. Principalmente em contratos complexos firmados pela Administração Pública, a adoção de arbitragem como instrumento para composição de conflitos deve ser precedida da análise das vantagens e desvantagens de endereçar o conflito à solução arbitral, apresentando motivação alinhada com a política pública que se pretende executar.[37]

O precedente inaugura, portanto, uma possibilidade há muito tempo defendida pelos juristas e militantes do setor elétrico: a de solução de conflitos por meio de arbitragem, inclusive em matérias de competência da ANEEL. No precedente, a ANEEL aborda os aspectos jurídicos relacionados à adoção de arbitragem e o fato de que, naquele então, a agência nunca ter optado por esse mecanismo de solução de controvérsia:

> 129. Vale destacar que, embora haja previsão legal, a via arbitral nunca foi experimentada pela ANEEL. Apesar de a solução arbitral ser prevista nos contratos de concessão de uso de bem público das usinas estruturantes, a efetiva instauração de um procedimento arbitral é inédita na Agência. (...)

---

36. Despacho ANEEL nº. 2.812, de 10.9.2021.
37. ANEEL. Processo 48500.004361/2019-39. Diretora Relatora: Diretora Elisa Bastos Silva. Proposta de solução arbitral da controvérsia sobre a viabilidade da execução do Contrato de Concessão 003/2012-ANEEL, firmado pela Transnorte Energia S.A. – TNE. 8 de setembro de 2021. p. 13.

130. Diante desse fato, a Procuradoria Federal junto à ANEEL destacou que, embora a arbitragem em contratos de concessão de serviço público de transmissão seja algo inédito, isso não deve ser um obstáculo à solução arbitral, 'na medida em que, para além do respaldo no novo paradigma consensual da Administração, de cunho mais pragmático, existe também previsão normativa que autoriza o uso do instituto (Lei 13.129/2015)'.[38]

Convêm, ainda, destacar que a Procuradoria Geral Federal editou, recentemente, a Portaria 15/2022, que instituiu a Equipe Nacional Especializada em Arbitragens ("ENARB"), vinculada ao Departamento de Consultoria da Procuradoria-Geral Federal.

Além de promover o conhecimento e boas práticas sobre a resolução extrajudicial, a ENARB visa à especialização da atuação dos procuradores federais e a sistematização das teses de defesa utilizadas pelas autarquias e fundações públicas federais nas arbitragens.

É de se reconhecer, portanto, que as arbitragens têm demonstrado ser o meio de solução de conflitos sofisticados mais aderentes aos interesses dos envolvidos até mesmo do ponto de vista das instituições públicas, tendo ganhado espaço relevante na solução desses conflitos, seja na esfera privada na esfera pública.

3.4 A Convenção Arbitral da CCEE

Como visto, a criação da CCEE e da atividade de comercialização de energia foram pontos centrais para a restruturação do setor elétrico brasileiro. Essas medidas criaram as condições para o incremento da liberdade de iniciativa e de concordância no mercado e, como tais, mostraram-se fundamentais para aumento de sua eficiência, dinamismo e aumento da liquidez.

Foram, também, responsáveis por parte substancial do aumento das relações negociais do setor,[39] que constituem o solo fértil para desenvolvimento da arbitragem como mecanismo de solução de disputas de energia.

Por isso, não estranha que a atividade de comercialização tenha funcionado como porta de entrada da arbitragem para o setor elétrico, a parir da edição da Lei 10.848/2004.[40]

---

38. Idem, p. 27.
39. "Essas mudanças deixaram o setor elétrico mais dinâmico, competitivo e, consequentemente, fizeram com que se multiplicassem as relações contratais. Enquanto havia, basicamente, apenas um concessionário executando todas as etapas dos serviços de energia elétrica, após essa reforma regulatória passaram a existir contratos específicos com geradores, transmissores, distribuidores e comercializadores." (RIBEIRO, Diogo Albaneze Gomes. Op. cit., p. 18). No mesmo sentido, mas referindo-se ao aumento do número de agentes, em especial da iniciativa privada, Solange David destaca: "Com a convivência da participação estatal e da iniciativa privada no setor elétrico, a partir da década de 1990, o tema assumiu contornos mais relevantes quando se observa a suscetibilidade do surgimento de conflitos decorrentes do processo de comercialização, que envolve as instituições setoriais, centenas [hoje, milhares] de agentes, inúmeras normas, regras e procedimentos, diversos direitos e obrigações, milhares de contratos e bilhões de reais". (DAVID, Solange. Op. cit., p. 54).
40. "Foi justamente no setor de comercialização que a arbitragem foi efetivamente introduzida no setor, passando a ser, em alguns casos, compulsória entre os agentes da Câmara de Comercialização de Energia Elétrica – CCEE, sejam empresas privadas, públicas ou sociedades de economia mista (incluindo suas subsidiárias ou controladas)." (Idem, p. 19-20). No mesmo sentido, DAVID, Solange, op. cit., p. 56; COSTA, Maria D'Assunção. Op. cit., p. 292.

3.4.1 Breve histórico

A adoção da arbitragem no setor de comercialização de energia tem sido discutida desde a existência do MAE. Sua criação, por meio da Lei 9.648/1998, estabelecia que as transações de compra e venda de energia elétrica seriam realizadas mediante Acordo de Mercado a ser firmado entre os interessados, o qual deveria prever a forma de solução das divergências entre os integrantes.

Embora inicialmente não tenha sido prevista expressamente a adoção de arbitragem, a Lei 10.433/2002 a previu ao estabelecer em seu art. 2º, § 3º que "a forma de solução das eventuais divergências entre os agentes integrantes do MAE, será estabelecida na Convenção de Mercado e no estatuto, que contemplarão e regulamentarão mecanismo e convenção de arbitragem". Nesse sentido, o tema também foi objeto de discussão perante a ANEEL:

> 23. Em face do exposto, admite-se que é legítimo o pleito dos Agentes de Mercado em instituir uma Câmara de Arbitragem externa para dirimir as controvérsias multilaterais decorrentes das atividades exercidas no MAE, conforme inscrito no § 3º e do art. 2º da Lei 10.433, de 2002, pelo fato de não haver nada na lei que impeça tal ato. 24. A arbitragem não poderá interferir naquilo que for de esfera regulada, ficando adstrita nas seguintes hipóteses: (i) toda controvérsia entre interesses privados de dois ou mais Agentes de Mercado; (ii) toda controvérsia entre interesses privados de um ou mais Agentes de Mercado e o MAE; (iii) toda controvérsia que não for interseccionáveis com a competência direta da ANEEL, sendo "competência direta" todos os atos regulares da Agência inscritos em lei e/ou que não necessitem de motivação prévia dos Agentes de Mercado para que se realizem, e; (iv) toda controvérsia que seja interseccionáveis com a competência direta da ANEEL, desde' que já tenham sido esgotadas todas as instâncias administrativas acerca do objeto da questão em tela.[41]

Quando da edição da Lei 10.848/2004, que autorizou a criação da CCEE, a previsão de adoção de arbitragem foi estendida para a então nova instituição responsável por viabilizar a comercialização de energia:

> Art. 4º, § 5º As regras para a resolução das eventuais divergências entre os agentes integrantes da CCEE serão estabelecidas na convenção de comercialização e em seu estatuto social, que deverão tratar do mecanismo e da convenção de arbitragem, nos termos da Lei 9.307, de 23 de setembro de 1996. § 6º As empresas públicas e as sociedades de economia mista, suas subsidiárias ou controladas, titulares de concessão, permissão e autorização, ficam autorizadas a integrar a CCEE e a aderir ao mecanismo e à convenção de arbitragem previstos no § 5º deste artigo.

Quando de sua edição, o normativo[42] gerou polêmica e foi objeto da Ação Direta de Inconstitucionalidade ("ADI") 3.100. Um dos dispositivos impugnados foi o § 5º, do art. 4º. Argumentou-se que, ao impor o uso da arbitragem para a resolução de conflitos no âmbito da CCEE seria inconstitucional por suposta violação ao princípio da inafastabilidade da jurisdição (art. 5º, XVIII, Constituição). Além disso, estaria configurada indevida interferência estatal nos assuntos associativos (art. 5º, XVIII, Constituição). Argumentou-se, ainda, que a norma seria de direito processual, matéria que não po-

---
41. ANEEL. Documento 48516.064438/2002-00. Parecer 287/2002-PGE-ANEEL. 04 dez. 2002.
42. A previsão esteve inicialmente na Medida Provisória 144/2002, convertida na Lei 10.848/2004.

deria ser objeto de medida provisória, nos termos do art. 62, § 1º, b, Constituição. Os argumentos foram rejeitados, conforme decisão do Ministro Gilmar Mendes, ao decidir o pedido liminar deduzido no âmbito da ADIn:[43]

> a alegação de inconstitucionalidade do art. 4º, § 4º, também não me parece plausível. Note-se que a análise de tal dispositivo, na parte que transfere à convenção de comercialização as regras para a solução de controvérsias, fica prejudicada em face da suspensão do art. 1º, IV. Todavia, ainda que desconsiderada a convenção de comercialização, remanesce no dispositivo comando útil, a permitir que tais regras venham definidas no estatuto da Câmara de Comercialização de Energia Elétrica – CCEE. Nessa parte, não vejo plausibilidade na alegada inconstitucionalidade. Há três fundamentos para a impugnação. O primeiro é baseado no art. 5º, XXXV (que veda que a lei exclua da apreciação do Judiciário quanto à lesão ou ameaça a direito). Alega-se que a MP estaria impondo o uso da arbitragem para a resolução de conflitos entre os membros da CCEE, 'sem que eles manifestem previamente sua concordância'. Não vejo plausibilidade em tal argumento, sobretudo a partir da remissão, existente no final do dispositivo, à Lei 9.307. Diz a disposição que 'as regras para a resolução de eventuais divergências entre os agentes integrantes da CCEE serão estabelecidas na convenção de comercialização e em seu estatuto social, que deverão tratar do mecanismo e da convenção de arbitragem, nos termos da Lei 9.307, de 23.09.1996'. Ora, nesse primeiro exame, vê-se que a disciplina da arbitragem deverá ter como paradigma os termos da Lei 9.307. Ao menos nesse juízo cautelar, não vislumbro tal inconstitucionalidade. O segundo argumento tem por base o art. 5º, XVIII, da CF/1988 (LGL\1988\3). Alega-se que o dispositivo promove intervenção indevida do Poder Público em associação de caráter privado. Não vejo plausibilidade em tal argumento pelas mesmas razões que apontei quanto às normas relativas ao MAE e ao ONS. O terceiro argumento é no sentido de que a MP teria disciplinado matéria relativa a processo civil. Não vejo consistência no argumento. Ainda que se considere a arbitragem como tema afeto ao processo civil, não se vê na disposição impugnada uma disciplina para a arbitragem, mas apenas uma previsão no sentido de que tal mecanismo de solução de controvérsias será adotado nos termos da Lei 9.307.[44]

Tendo a Lei reservado a regulamentação da matéria à ANEEL, a agência editou, em outubro de 2004, a Convenção de Comercialização de Energia Elétrica (pela REN 109/2004) para regulamentação das competências e funcionamento da CCEE, garantindo a possibilidade de solução de conflitos por meio de arbitragem. Na ocasião, a Procuradoria Federal da ANEEL confirmou o respaldo no ordenamento jurídico para homologação da Convenção:

> 23. Tendo em conta que a CCEE operacionaliza relações financeiras entre os agentes o setor elétrico, entendemos que em princípio, todas as cláusulas econômicas dos contratos celebrados no âmbito dos Ambientes de Contratação Livre e Regulada poderiam ser enquadradas como disponíveis. 24. A patrimonialidade, por sua vez, não traz maiores perplexidades no que tange a sua conceituação. Temos por patrimoniais os direitos passíveis de quantificação econômica, aqueles cujo conteúdo financeiro é preponderante. Assim, e de forma meramente exemplificativa, pode-se ter como litígio versando sobre direito patrimonial aqueles advindos sobre o valor da energia comercializada do inadimplemento de cláusulas contratuais entre agentes do setor ou mesmo sobre o modo de cumprimento dos contratos que não digam respeito à prestação do serviço público de energia elétrica. 25. Nesse diapasão, vê-se que a adoção da arbitragem para a solução de eventuais litígios entre os agentes operadores da CCEE encontra respaldo no disposto no artigo 4º, § 5º da Lei 10.848/2004. 26.

---

43. No mérito, o pedido da ADIn foi julgado improcedente.
44. STF. Med. Caut. Em ADI 3.100-DF. Min. Relator Gilmar Mendes. Tribunal Pleno. 11.10.2006.

Uma vez aprovada pela ANEEL a Convenção de Mercado da CCEE com previsão expressa e compulsória da arbitragem como solução de litígios, a adesão de novos agentes à câmara servirá, por si só, como manifestação de consentimento à convenção arbitral. No que tange aos agentes já afiliados à CCEE, entende esta Procuradoria Federal ser conveniente a coleta de declarações expressas e individuais no que toca à adesão à clausula compromissória da CCEE.[45]

Foi assim que, em janeiro de 2005, foi aprovado o texto da Convenção Arbitral por intermédio da 32ª Assembleia-Geral Extraordinária da CCEE que, por sua vez, foi homologado pela ANEEL em 7 de agosto de 2007, por meio da Resolução Homologatória ANEEL ("REH") 531/2007.

A partir de então, a Convenção Arbitral passou a vincular todos os agentes da CCEE em solução de controvérsias *entre agentes da CCEE* ou *entre esses e a própria CCEE*.

Quase 15 anos após a instituição da Convenção Arbitral da CCEE e seu pleno vigor, em 19 de outubro de 2021 os agentes da CCEE aprovaram na 68ª Assembleia Geral Extraordinária, um novo texto para a Convenção Arbitral ("Convenção Vigente"), com mudanças importantes para a evolução do mercado.

A Convenção Vigente foi homologada pela ANEEL em 14 de fevereiro de 2023, por meio da REH 3.173/2023 e representa relevante avanço e adequabilidade ao contexto de abertura do mercado livre de comercialização de energia elétrica. Sobre ela, alguns destaques devem ser feitos.

Em suma, a função essencial da Convenção Arbitral da CCEE consiste em tornar viável um sistema de solução de disputas que, embora lastreado na vontade, como o é a arbitragem, também atenda às exigências inerentes a um mercado de soma zero, cujas operações, em última análise, apresentam elevado grau de interligação.

De fato, de nada adiantaria estipular a arbitragem como forma de resolução de disputas no âmbito da CCEE para, ao mesmo tempo, utilizar o caráter pessoal da manifestação da vontade (manifestação do princípio da relatividade dos negócios jurídicos) para restringir a participação de terceiros em um dado procedimento em razão do qual possa sofrer impactos.

A Convenção de Arbitragem da CCEE estabelece, assim, a espinha dorsal das regras a serem observadas pelos agentes da CCEE no que tange aos conflitos arbitráveis de que trata o art. 44 da Convenção de Comercialização de Energia Elétrica, instituída pela ReN 957/2021.

Passar-se, então, a discorrer sobre os principais pontos dessa espinha dorsal, suas vértebras, se se preferir, mas não sem uma advertência prévia: em lugar de seguir pari passu a ordem de artigos da Convenção Vigente, procurou-se aglutinar alguns assuntos por afinidade temática e lógica.

---

45. ANEEL. Documento 48516.001643/2007-00. Parecer 201/2007-PF/ANEEL. 28 maio 2007.

3.4.2 Âmbito de aplicação e aspectos formais

Em seu primeiro artigo, a Convenção Vigente trata sobre o seu próprio âmbito de aplicação, referindo, em primeiro lugar, à definição prevista no artigo 44 da Convenção de Comercialização de Energia Elétrica.[46] Para facilidade de referência, são três os tipos de conflitos identificados na aludida normativa:

> I – conflito entre dois ou mais Agentes da CCEE que não envolva assuntos sob a competência direta da ANEEL ou, na hipótese de tratar, já tenha esgotado todas as instâncias administrativas acerca do objeto da questão em tela;
>
> II – conflito entre um ou mais Agentes da CCEE e a CCEE que não envolva assuntos sob a competência direta da ANEEL ou, na hipótese de tratar, já tenha esgotado todas as instâncias administrativas acerca do objeto da questão em tela; e
>
> III – sem prejuízo do que dispõe cláusula específica nos CCEARs, conflito entre Agentes da CCEE decorrente de Contratos Bilaterais, desde que o fato gerador da divergência decorra dos respectivos contratos ou de Regras e Procedimentos de Comercialização e repercuta sobre as obrigações dos agentes contratantes no âmbito da CCEE.

Vale destacar que, nas hipóteses dos incisos I e III acima transcritos, eventual disputa deverá ser submetida à Câmara Arbitral eleita pelas partes na cláusula compromissória inserida no instrumento que lastrear a relação em questão.[47] Já no que diz respeito à hipótese do inciso II, a escolha será feita pela parte interessada em iniciar a arbitragem e deverá ser exercida dentre as câmaras homologadas pela CCEE. Tal instituição deverá, então, receber todo e qualquer procedimento referente à mesma relação contratual,[48] conceito que, em princípio, parece ser mais amplo do que simplesmente fazer referência ao *mesmo contrato*.

O texto segue, então, esclarecendo hipóteses específicas que fogem à sua aplicação. Dentre elas, destacam-se, desde logo, os conflitos de interesses exclusivamente bilaterais – e que, portanto, não repercutam nas operações da CCEE e não impactem o direito de terceiros –, não estariam submetidos à Convenção Vigente.[49]

Nesses tipos de conflitos estritamente bilaterais caberá exclusivamente aos agentes envolvidos a escolha da forma de solução do seu conflito, assumindo os riscos e ônus de sua escolha.

---

46. "Cláusula 1ª. Nos termos da legislação e regulamentação vigentes, são considerados conflitos ("CONFLITOS") passíveis de resolução através da Arbitragem aqueles definidos na Convenção de Comercialização vigente."

47. "Cláusula 2ª. (...)
    Parágrafo 1º. Para os conflitos previstos no Artigo 44, I e III da Convenção de Comercialização, a câmara de arbitragem será aquela, dentre o rol de câmaras homologadas pela CCEE, eleita pelas partes no competente instrumento contratual."

48. "Parágrafo 2º. Para os conflitos previstos no Artigo 44, II da Convenção de Comercialização, caberá à parte interessada em iniciar a arbitragem escolher, dentre o rol homologado pela CCEE, a câmara de arbitragem que regulamentará e administrará o procedimento, que passará a ser a câmara competente para regulamentar e administrar todas as disputas arbitrais referentes à mesma relação contratual."

49. "Cláusula 1ª. (...)
    Parágrafo 1º. Esta Convenção não se aplica a conflitos entre Agentes da CCEE, decorrentes de contratos bilaterais, que não afetem direitos de terceiros estranhos ao negócio jurídico objeto do conflito e, por consequência, não repercutem nas operações da CCEE."

A Convenção Vigente tampouco se aplica aos conflitos entre signatários e a própria ANEEL,[50] hipótese na qual, geralmente, faz-se necessário o recurso à Justiça Federal.

Por fim, a terceira exclusão trazida pela cláusula 1ª da Convenção Vigente diz respeito "às demandas em que a CCEE exija valores inadimplidos de agentes ou não agentes, incluindo penalidades, as quais são promovidas exclusivamente perante o Poder Judiciário". Nessas hipóteses, a Convenção Vigente prevê-se que, ao ajuizar tais demandas, a CCEE age na condição de substituta processual da coletividade.[51]

A Convenção Vigente ainda retorna a tal matéria em sua cláusula 25ª, § 2º, para tornar expressa a ratificação das partes à exclusividade do Poder Judiciário para conhecer das demandas de cobrança ora mencionadas e decidi-las, fazendo-se referência explícita à legitimidade de tal prática "desde o início da vigência da Convenção Arbitral anterior".[52]

Ou seja, nas demandas em que a CCEE pretenda reaver montantes devidos por agentes ou ex-agentes, isto é, aqueles agentes que tenham sofrido desligamento, inclusive no que tange a penalidades aplicadas com base na regulamentação do setor elétrico, a CCEE age como substituta processual, sendo o Poder Judiciário o titular da jurisdição para processar e decidir a demanda.

Ainda no que tange à aplicabilidade, mas agora em termos temporais, previu-se expressamente que a Convenção Vigente passa a ser aplicável aos procedimentos arbitrais instituídos a partir da entrada em vigor do instrumento associativo.[53]

Essa nova redação, que foi aprovada pela unanimidade dos agentes da CCEE, votantes na 68ª Assembleia Geral Extraordinária. O objetivo evidente é evitar que o agente ou ex-agente, uma vez demandado em juízo, possa por mero oportunismo, deduzir exceção

---

50. "Parágrafo 2º. Esta Convenção não se aplica aos eventuais conflitos entre os SIGNATÁRIOS e a ANEEL."
51. "Parágrafo 4º. Com base no art. 113, § 2º, e no art. 421-A, I, Código Civil, as partes declaram que a CCEE, ao exigir valores inadimplidos, age na condição de substituta processual da coletividade, com base nos arts. 18, Código de Processo Civil, art. 4º, Lei n. 10.848/2004, art. 2º, VII, do Decreto 5.177/2004, art. 3º do Decreto 5.163/2004; art. 47, §2º, da Resolução Normativa/ANEEL 957/2021; em razão disso, as respectivas ações serão propostas perante o Poder Judiciário."
52. "Cláusula 25. (...)
Parágrafo 2º. As Partes ratificam a exclusividade do Poder Judiciário para as demandas descritas no parágrafo 3º e 4º da Cláusula 1ª, prática legítima desde o início da vigência da Convenção Arbitral anterior e que se mantém com a vigência da presente Convenção."
53. Cláusula 7ª. Cada um dos Signatários declara ter ciência que os regulamentos das Câmaras de Arbitragem homologadas pela CCEE estão disponíveis nos sítios eletrônicos das respectivas instituições, com os quais declaram plena concordância.
Parágrafo 1º. A presente Convenção entra em vigor a partir da publicação do ato da ANEEL que homologar suas disposições.
Parágrafo 2º. A presente Convenção será aplicável a todos os procedimentos arbitrais instituídos a partir da data indicada no parágrafo anterior. "Cláusula 25. A presente Convenção foi aprovada pela 68ª Assembleia Geral Extraordinária da CCEE, realizada em 19/10/2021, entrando em vigor a partir da data da publicação do respectivo instrumento homologatório a ser emitido pela ANEEL."
"Cláusula 25. (...)
Parágrafo 1º. A presente Convenção não será aplicada aos procedimentos arbitrais instituídos antes da vigência desta Convenção."

de arbitragem, com o único intuito de procrastinar e encarecer os esforços de cobrança daquilo que deve ao mercado como um todo, representado pela CCEE.

A ausência de referência expressa a essa questão na Convenção anterior ensejava dúvidas a respeito, as quais acabaram por ser endereçadas de forma exaustiva pelo texto vigente.

Fato é que, mesmo diante da convenção anterior, não se tem notícia de nenhuma iniciativa de cobrança desses montantes pela CCEE pela via arbitral. Pelo contrário, foram inúmeras demandas intentadas perante a via judicial. Por isso, a ratificação dessa praxe – ajuizamento de ações de cobrança pela CCEE – pela unanimidade dos agentes da CCEE vem em boa hora para tratar de oferecer maior previsibilidade a todos.

Evidentemente, além das hipóteses de não incidência da Convenção Vigente, são também aqui aplicáveis aqueles espaços reservados ainda à jurisdição estatal, em especial no que diz respeito à fase de cumprimento e impugnação[54] da sentença arbitral e da obtenção de medidas urgentes pré-arbitrais.[55]

Quanto a estas últimas, a Convenção Vigente estabeleceu que, para os conflitos arbitráveis, as tutelas de urgência devem ser requeridas perante o foro da Comarca da Capital do Estado de São Paulo quando a CCEE for figurar como parte no procedimento arbitral.[56]

Prosseguindo nas questões de forma, a Convenção Vigente estabelece, em sua cláusula 8ª, a declaração de cada agente da correta representação do respectivo signatário.[57] Além disso, prevê a possibilidade de alteração de seus próprios termos para acomodação de alterações ocorridas na Convenção de Comercialização e/ou do Estatuto Social, o que se dará mediante instrumento próprio aprovado pela Assembleia Geral da CCEE, dispositivo este, a rigor, desnecessário.[58]

---

54. "Cláusula 5ª. Para efeito de execução de sentença arbitral proferida pelo árbitro único ou pelo Tribunal Arbitral, conforme o caso, não cumprida voluntariamente, aplicar-se-ão as disposições constantes do Código de Processo Civil vigente."
55. "Cláusula 4ª. Para a obtenção de tutelas cautelares e de urgência em relação aos conflitos objeto desta Convenção, os Signatários observarão o disposto na Lei de Arbitragem." Nesse sentido, vide artigos 22-A e 22-B, da Lei 9.307/1996:
"Art. 22-A. Antes de instituída a arbitragem, as partes poderão recorrer ao Poder Judiciário para a concessão de medida cautelar ou de urgência.
Parágrafo único. Cessa a eficácia da medida cautelar ou de urgência se a parte interessada não requerer a instituição da arbitragem no prazo de 30 (trinta) dias, contado da data de efetivação da respectiva decisão.
Art. 22-B. Instituída a arbitragem, caberá aos árbitros manter, modificar ou revogar a medida cautelar ou de urgência concedida pelo Poder Judiciário.
Parágrafo único. Estando já instituída a arbitragem, a medida cautelar ou de urgência será requerida diretamente aos árbitros."
56. "Cláusula 4ª. (...)
Parágrafo único. Os Signatários elegem o foro da Comarca da Capital do Estado de São Paulo para a obtenção de tutelas cautelares e de urgência sempre que a CCEE for figurar como parte no procedimento arbitral."
57. "Cláusula 8ª. Cada um dos Signatários declara e garante, ainda, mediante a apresentação de procuração específica ou documento societário pertinente, que tem a competência necessária para adesão à presente Convenção."
58. "Cláusula 9ª. Fica desde já justo e acordado entre os Signatários que a presente Convenção poderá ser modificada a qualquer tempo, com observância da Lei de Arbitragem, da Convenção de Comercialização e do Estatuto

A cláusula 22 da Convenção Vigente estipula o único dispositivo próximo a uma regra interpretativa, declarando que os termos por ela não definidos terão o significado estipulado na Convenção de Comercialização, se ali definidos, estipulando, ainda, a prevalência dos termos da própria Convenção Vigente sobre o disposto no regulamento da câmara de arbitragem aplicável ao conflito.[59]

Nos dispositivos seguintes, a Convenção Vigente regula a vinculação dos signatários e da CCEE, bem como de seus respectivos sucessores a qualquer título,[60] determinando, ainda, que a adesão de novos agentes seja formalizada por meio de documento específico, conforme definido pela CCEE.[61] Tal formalização é levada a cabo por meio da assinatura, pelo agente postulante aos quadros da CCEE, do termo de adesão à convenção arbitral.

3.4.3   A pluralidade de câmaras arbitrais

A Convenção Vigente autoriza o uso de uma pluralidade de Câmaras Arbitrais para administração dos litígios a ela sujeitos,[62] rompendo a exclusividade da Câmara FGV de Mediação e Arbitragem, existente na convenção anterior. Em complemento, estabelece a ciência dos signatários de que os regulamentos das instituições arbitrais homologadas pela CCEE estarão disponíveis nos seus respectivos sítios eletrônicos.[63]

A possibilidade de os agentes da CCEE optarem por uma entre diversas Câmaras Arbitrais permite, em primeiro lugar, a instauração de ambiente competitivo também entre as instituições arbitrais, o que tende a beneficiar os usuários tanto em termos de preço, quanto de qualidade do serviço prestado. Afinal, permite-se que atuem as forças típicas do mercado e da livre concorrência.

Essa pluralidade também cria as condições para que haja mais flexibilidade e otimização de custos com o litígio. Do ponto de vista econômico, permite a escolha de instituições mais adequadas a certos tipos de disputa, em especial aquelas com valores de custas menores em casos ou contratos que sejam também de menor valor.

Social da CCEE, mediante instrumento próprio aprovado em Assembleia Geral da CCEE, que determinará a consolidação da presente Convenção."

59. "Cláusula 22. Os termos não definidos nesta Convenção têm o significado a eles atribuídos na Convenção de Comercialização. Na hipótese de Conflito entre os termos desta Convenção e do regulamento da Câmara de Arbitragem competente, prevalecerá o disposto nesta Convenção."
60. "Cláusula 23. Pela presente Convenção obrigam-se os Signatários, aqueles que posteriormente vierem a aderir à presente Convenção, a CCEE e seus sucessores, a qualquer título."
61. "Cláusula 24. A adesão de novos Signatários a esta Convenção será formalizada em apartado, pela via física ou digital, conforme vier a ser definido pela CCEE."
62. "Cláusula 2ª. Conforme resultado da 68ª Assembleia Geral Extraordinária, qualquer conflito arbitrável, nos termos do Artigo 44 da Convenção de Comercialização deve ser dirimido por arbitragem a ser regulamentada e administrada por uma das câmaras de arbitragem homologadas pela CCEE segundo critérios por esta estabelecidos."
63. "CLÁUSULA 7ª. Cada um dos Signatários declara ter ciência que os regulamentos das Câmaras de Arbitragem homologadas pela CCEE estão disponíveis nos sítios eletrônicos das respectivas instituições, com os quais declaram plena concordância."

A ampliação do rol de câmaras arbitrais vem em boa hora em razão da Abertura do Mercado Livre, que tende a alterar o perfil dos agentes entrantes no mercado, aumentando o número de consumidores com cargas e demandas menores. Por isso, além do aumento do número de casos, espera-se, também, que muitos dos novos conflitos arbitrais envolva valores menores, sem que, com isso, percam em complexidade ou relevância para as partes.

As novas câmaras arbitrais deverão ser previamente homologadas pela CCEE, seguindo o Procedimento de Arbitragem aprovado na 1.256ª Reunião Extraordinária do Conselho de Administração da CCEE, em 12 de abril de 2022.[64]

Segundo o Procedimento de Arbitragem, as câmaras arbitrais postulantes à homologação e credenciamento junto à CCEE devem atender certos requisitos, dentre os quais se destacam: (i) estar em regular funcionamento, no Brasil ou exterior, no mínimo há 3 anos; (ii) responsabilizar-se pelo atendimento de todos os dispositivos e prazos previsos na Convenção Vigente, Convenção de Comercialização e regulamentos aplicáveis à matéria; (iii) instituir processo de mediação previamente ao procedimento arbitral; (iv) comprovar ter administrado, no mínimo 15 processos arbitrais nos últimos 12 meses, sendo que pelo menos um deles tenha o valor da causa superior a R$ 20 milhões; e (v) obrigar-se a receber garantias financeiras eventualmente apresentadas no curso das arbitragens que venham a administrar.

Além disso, é importante registrar que se assegurou ao Conselho de Administração da CCEE a possibilidade de promover o descredenciamento das câmaras arbitrais em caso (i) de notório de descumprimento dos requisitos de credenciamento; (ii) mediante provocação de agentes, quando constatado o não atendimento dos requisitos de credenciamento; ou (iii) por pedido da própria câmara arbitral, mediante aviso prévio de 30 dias.

Nesse particular, o Procedimento de Arbitragem da CCEE estabelece, também, que o descredenciamento superveniente de uma câmara arbitral não obsta a sua utilização (caso já tenha sido formalmente escolhida) e não afeta os procedimentos arbitrais que administre e estejam em curso. Ou seja, o descredenciamento de uma câmara arbitral apenas a exclui do rol das credenciadas da CCEE para novos procedimentos.

3.4.4 A proteção ao mercado

Uma relevante alteração na Convenção Vigente consiste no reconhecimento expresso de que, a despeito das intrincadas relações que formam o setor elétrico, as decisões proferidas nas arbitragens regidas pelo texto em questão vincularão apenas as partes e seus sucessores.[65]

Isto é, via de regra, não havendo a intervenção de quaisquer terceiros no procedimento, a sentença será eficaz e vinculante apenas e tão somente para quem dele

---

64. Trata-se do Procedimento de Arbitragem – Módulo 1 – Homologação e Credenciamento de Câmaras Arbitrais, disponível em: https://www.ccee.org.br/mercado/procedimentos-de-comercializacao.
65. "Cláusula 3º. Nos termos do art. 31 da Lei de Arbitragem, qualquer decisão e/ou a sentença arbitral a ser proferida durante o curso da arbitragem, somente obrigarão as respectivas partes e seus sucessores."

tiver participado. exigência de garantias no âmbito do Tribunal Arbitral na hipótese de prolação de decisões que possam impactar terceiros não envolvidos no conflito.[66]

Como visto na introdução deste artigo, as operações do setor elétrico e, especialmente as operações financeiras no âmbito da CCEE, ocorrem em um ecossistema interligado e com efeitos multilaterais. É usual, por exemplo, que os efeitos de um contrato de compra e venda de energia elétrica tenha repercussão em cascata, já que há diversos "revendedores" da mesma energia até o consumidor final.

O espírito da disposição consiste em "bilateralizar" os efeitos dos conflitos arbitrais do setor, evitando-se os impactos sistêmicos ou multilaterais inerentes às operações da CCEE. Tal medida é consistente com as próprias limitações estruturais inerentes ao sistema arbitral, em razão da exigência de consentimento.

Nesse sentido, ao passo em que a Convenção Vigente estabelece ser obrigação da CCEE, uma vez devidamente oficiada pela autoridade competente, operacionalizar os comandos derivados de decisões e/ou sentenças arbitrais que vierem a ser proferidas, estipula que tal se dará "observados os limites definidos na presente Convenção."[67]

Também atribui à CCEE a faculdade de, identificando que a operacionalização de uma dada decisão impactará terceiros, ou seja, outros agentes, interagir com o Tribunal Arbitral "requerendo efetiva prestação de garantia idônea no valor integral da exposição".[68] A rigor, a figura se aproxima de um dever-poder, invocando o conceito jurídico de função, dado que exercido em prol dos interesses do mercado.

Sujeito às peculiaridades do caso concreto, a serem apreciadas pelo Tribunal Arbitral, a garantia deve ser exigida na forma de depósito bancário da quantia controversa. Embora não o diga expressamente a Convenção Vigente, essa é a solução que melhor assegura a integridade do sistema de comercialização de energia elétrica e a sua harmonia, à luz do disposto nas Regras de Comercialização editadas pela CCEE, módulo "Garantias Financeiras".

Ainda que de forma discreta, a Convenção de Comercialização de Energia Elétrica da CCEE aprovada pela REN 951/2021, cujo texto foi reproduzido da REN 552/2002, já busca restringir os efeitos irradiantes das decisões judiciais (ou arbitrais) ao prever que "a suspensão da exigibilidade prevista no caput alcançará somente o Agente de Mercado que houver obtido a respectiva medida judicial (...)".

---

66. Cláusula 3ª, Parágrafo 2º: "Na hipótese de ser verificado que a operacionalização da decisão proferida pelo Tribunal Arbitral impactará outros agentes, a CCEE poderá informar tal situação ao Tribunal Arbitral requerendo efetiva prestação de garantia idônea no valor integral da exposição."
67. "Cláusula 3ª. (...)
    Parágrafo 1º. É obrigação da CCEE, após oficiada pela autoridade competente, operacionalizar as decisões e/ou sentenças arbitrais, observados os limites definidos na presente Convenção."
68. "Parágrafo 2º. Na hipótese de ser verificado que a operacionalização da decisão proferida pelo Tribunal Arbitral impactará outros agentes, a CCEE poderá informar tal situação ao Tribunal Arbitral requerendo efetiva prestação de garantia idônea no valor integral da exposição."

A intenção evidente do mecanismo previsto na Convenção Vigente consiste em proteger o mercado, evitando que, ainda que inadvertidamente, Tribunais Arbitrais possam proferir decisões que, a pretexto de evitar danos irreparáveis ou mesmo de aplicação da legislação de regência, causem impactos a terceiros, transferindo-lhes ônus financeiros que deveriam, a rigor, ser suportados por ao menos uma das partes do procedimento em que exarada a decisão.

Dito isto, cabe destacar que o próprio texto da Convenção Vigente estipula caber ao Tribunal Arbitral a decisão quanto a, em última análise, exigir ou não a prestação de garantia à luz das condições concretas do litígio submetido à sua autoridade. Segundo a Lei 9.307/1996, no exercício de suas funções, o árbitro (i.e., os membros do Tribunal Arbitral) é juiz de fato e de direito[69] e suas decisões possuem dignidade equivalente à de decisões judiciais.[70]

Evidentemente, a atuação da CCEE exercendo a faculdade prevista pela Convenção Vigente no sentido de instar Tribunais Arbitrais a exigir a prestação de garantias certamente auxiliará na prevenção ou minimização dos efeitos multilaterais das decisões arbitrais. Nesse particular a CCEE, como instituição responsável pelas operações, certamente desempenhará papel auxiliar imprescindível nas arbitragens.

3.4.5 Alguns aspectos procedimentais

Em outra série de dispositivos, a Convenção Vigente contém diversas regras procedimentais a serem observadas nas arbitragens sujeitas aos seus ditames.

A cláusula 10 dispõe sobre revelia e, repetindo o regramento já presente em regulamentos de arbitragem de câmaras nacionais e estrangeiras, estabelece que a ausência injustificada da parte requerida não impedirá o prosseguimento da arbitragem. A regra tem origem no artigo 22, § 3º, da Lei 9.307/1996.[71]

Para parte da doutrina especializada, a regra em questão traduz mais adequadamente o regramento da contumácia, isso é, do abandono do procedimento e existe para resguardar a marcha processual dos efeitos danosos de dita conduta.[72] De outro lado, há quem sustente ser pertinente a aplicação dos efeitos da revelia tais como previstos no Código de Processo Civil, nomeadamente, a presunção de veracidade dos fatos alegados pela parte demandante.[73]

---

69. "Art. 18. O árbitro é juiz de fato e de direito, e a sentença que proferir não fica sujeita a recurso ou a homologação pelo Poder Judiciário."
70. "Art. 31. A sentença arbitral produz, entre as partes e seus sucessores, os mesmos efeitos da sentença proferida pelos órgãos do Poder Judiciário e, sendo condenatória, constitui título executivo."
71. Art. 22. Poderá o árbitro ou o tribunal arbitral tomar o depoimento das partes, ouvir testemunhas e determinar a realização de perícias ou outras provas que julgar necessárias, mediante requerimento das partes ou de ofício.
   (...)
   § 3º A revelia da parte não impedirá que seja proferida a sentença arbitral."
72. CARMONA, Carlos Alberto. *Arbitragem e processo*: um comentário à Lei 9.307/96. 3ed. São Paulo: Atlas, 2009, 330-331; CAHALI, Francisco José. *Curso de arbitragem*. 6. ed. São Paulo: Ed. RT, 2017, p. 271-272.
73. DINAMARCO, Cândido Rangel. *Arbitragem na teoria geral do processo*. São Paulo: Malheiros, 2013, p. 151-155. PEREIRA, Guilherme Setoguti J. e CABRAL, Thiago Dias Delfino. Preclusão e revelia na arbitragem. In: MACHADO FILHO, José Augusto Bitencourt et al. (Org.). *Arbitragem e processo*. Homenagem ao Professor Carlos Alberto Carmona, v. 1, p. p. 619-626.

Não cabe nos limites deste artigo ingressar na polêmica, que decorre da divergência de concepções teórico-filosóficas a respeito da teoria da arbitragem. A primeira corrente vislumbra uma maior autonomia do instituto, ao passo que a segunda concebe a sua inserção na teoria geral do processo, daí extraindo uma maior influência dos princípios processuais e de regramentos inspirados na legislação processual civil.

Nesta oportunidade, pontuar que a divergência se atenua pois, mesmo aqueles que sustentam a aplicação da presunção de veracidade dos fatos alegados – o que fazem com base na existência de um ônus de responder – reconhecem que a presunção é relativa, não impede a parte revel de participar do procedimento e de produzir provas nem conduz necessariamente à procedência do pedido.[74]

As cláusulas seguintes são dedicadas aos árbitros, que deverão ser pessoas físicas residentes no país, fluentes no idioma português (por ser o idioma obrigatório das arbitragens) que tenham a confiança das partes e preencham os requisitos da Lei 9.307/1996 e do regulamento da câmara aplicável.[75]

O árbitro, portanto, deve possuir plena capacidade jurídica, a teor do disposto no artigo 5º, do Código Civil,[76] bem como ser tributário da confiança das partes. Tudo isso decorre do disposto na cláusula 11 da Convenção Vigente e do artigo 13, *caput*, da Lei 9.307/1996.[77]

Nesse mister, o dever de revelação[78] adquire importância singular na manutenção da legitimidade do sistema arbitral. Afinal, como o diz a própria Lei 9.307/1996, existe para que sejam trazidas à luz quaisquer fatos que denote *dúvida* justificada à parte. Como quem confia, não duvida, por expressa dicção legal, o dever de revelação é mecanismo de tutela da confiança das partes, de que o árbitro deve ser merecedor.

Na mesma linha, Eliana Baraldi e Paula Akemi Taba Vaz[79] afirmam que "o dever de revelação do árbitro, previsto no §1º do art. 14 da LArb é um dos pilares da transparência

---

74. DINAMARCO, Cândido Rangel, op. cit., p. 155; PEREIRA, Guilherme Setoguti J. e CABRAL, Thiago Dias Delfino, op. cit., p. 622-625.
75. "Cláusula 11. Os árbitros a serem indicados pelas Partes deverão ser todos pessoas físicas, residentes no país, fluentes no idioma português, que tenham a confiança das Partes e preencham os requisitos constantes da Lei de Arbitragem e do Regulamento da Câmara de Arbitragem competente."
76. "Art. 5º A menoridade cessa aos dezoito anos completos, quando a pessoa fica habilitada à prática de todos os atos da vida civil.

    Parágrafo único. Cessará, para os menores, a incapacidade:

    I – pela concessão dos pais, ou de um deles na falta do outro, mediante instrumento público, independentemente de homologação judicial, ou por sentença do juiz, ouvido o tutor, se o menor tiver dezesseis anos completos;

    II – pelo casamento;

    III – pelo exercício de emprego público efetivo;

    IV – pela colação de grau em curso de ensino superior;

    V – pelo estabelecimento civil ou comercial, ou pela existência de relação de emprego, desde que, em função deles, o menor com dezesseis anos completos tenha economia própria."
77. "Art. 13. Pode ser árbitro qualquer pessoa capaz e que tenha a confiança das partes."
78. Conforme Lei 9.307/1996, artigo 14, §1º: "§ 1º As pessoas indicadas para funcionar como árbitro têm o dever de revelar, antes da aceitação da função, qualquer fato que denote dúvida justificada quanto à sua imparcialidade e independência".
79. Comentário ao artigo 14. In: WEBER, Ana Carolina e LEITE, Fabiana de Cerqueira (Coord.). *Lei de Arbitragem Comentada*. São Paulo: Ed. RT, 2023, p. 179.

da arbitragem, que, quando exercido de forma salutar, permite à parte aferir confiança e se há, quer no momento de sua indicação, quer no decorrer do procedimento arbitral, a imparcialidade e a independência compatíveis com a relevância da função que o árbitro exerce no ordenamento jurídico brasileiro."

Assim, de um lado, não se devem admitir objeções frívolas ou oportunistas. Por outro, tampouco se deve fazer ouvidos moucos às preocupações manifestadas por uma parte com aspectos que possam, aos seus olhos, influenciar a imparcialidade e a independência do potencial árbitro. Deve se avaliar a pertinência da alegação de que um dado fato ou circunstância poderia, razoavelmente, levar à perda da confiança no árbitro. Não assim, se num dado caso concreto, acredita-se que a pessoa impugnada seria de fato influenciada.

Ademais, convém sempre verificar se o regulamento da câmara arbitral aplicável à disputa prevê a preferência por árbitros integrantes da lista da instituição, bem como o conteúdo de códigos de ética e de conduta que porventura sejam incorporados por referência a tais regulamentos, a fim de verificar eventuais pontos adicionais a serem considerados por ocasião da composição do Tribunal Arbitral.[80]

No tópico da imparcialidade e da independência, não se pode deixar de mencionar a cláusula 13 da Convenção Vigente. O dispositivo estabelece, em primeiro lugar, serem aplicáveis as hipóteses da Lei 9.307/1996, isto é, aquelas referidas em seu artigo 14,[81] que importa para a arbitragem *as situações* referidas no Código de Processo Civil como de impedimento e de suspeição, respectivamente, artigos 144[82] e 145.[83]

---

80. Conforme ELIAS, Carlos. O Árbitro. In: LEVY, Daniel e PEREIRA, Guilherme Setoguti J. (Coord.). *Curso de Arbitragem*. 2. ed. São Paulo: Ed. RT, 2021, p. 132-133.
81. "Art. 14. Estão impedidos de funcionar como árbitros as pessoas que tenham, com as partes ou com o litígio que lhes for submetido, algumas das relações que caracterizam os casos de impedimento ou suspeição de juízes, aplicando-se-lhes, no que couber, os mesmos deveres e responsabilidades, conforme previsto no Código de Processo Civil."
82. "Art. 144. Há impedimento do juiz, sendo-lhe vedado exercer suas funções no processo:
   I – em que interveio como mandatário da parte, oficiou como perito, funcionou como membro do Ministério Público ou prestou depoimento como testemunha;
   II – de que conheceu em outro grau de jurisdição, tendo proferido decisão;
   III – quando nele estiver postulando, como defensor público, advogado ou membro do Ministério Público, seu cônjuge ou companheiro, ou qualquer parente, consanguíneo ou afim, em linha reta ou colateral, até o terceiro grau, inclusive;
   IV – quando for parte no processo ele próprio, seu cônjuge ou companheiro, ou parente, consanguíneo ou afim, em linha reta ou colateral, até o terceiro grau, inclusive;
   V – quando for sócio ou membro de direção ou de administração de pessoa jurídica parte no processo;
   VI – quando for herdeiro presuntivo, donatário ou empregador de qualquer das partes;
   VII – em que figure como parte instituição de ensino com a qual tenha relação de emprego ou decorrente de contrato de prestação de serviços;
   VIII – em que figure como parte cliente do escritório de advocacia de seu cônjuge, companheiro ou parente, consanguíneo ou afim, em linha reta ou colateral, até o terceiro grau, inclusive, mesmo que patrocinado por advogado de outro escritório;
   IX – quando promover ação contra a parte ou seu advogado.
   § 1º Na hipótese do inciso III, o impedimento só se verifica quando o defensor público, o advogado ou o membro do Ministério Público já integrava o processo antes do início da atividade judicante do juiz.
   § 2º É vedada a criação de fato superveniente a fim de caracterizar impedimento do juiz."
83. "Art. 145. Há suspeição do juiz:
   I – amigo íntimo ou inimigo de qualquer das partes ou de seus advogados;

Em segundo lugar, alude às hipóteses previstas no regulamento da câmara arbitram que vier a ser aplicável, se houver. Já em seus incisos, traz motivos específicos que caracterizam a suspeição, conceito reforçado no parágrafo único do dispositivo. Assim, será considerada suspeito quem (i) for empregado, funcionário ou que exerça cargo de direção ou de administração em quaisquer das Partes no Conflito, ou, ainda, da própria CCEE; (ii) for acionista controlador de uma das Partes ou empregado, funcionário, dirigente ou administrador da empresa que controlar quaisquer das Partes; (iii) tenha tomado conhecimento do Conflito na qualidade de procurador, testemunha, perito, consultor ou assistente técnico de uma das Partes; (iv) for cônjuge, parente, consanguíneo ou afim, em linha reta ou colateral, até o terceiro grau, de controlador de uma das Partes ou de dirigente ou administrador de quaisquer das Partes; (v) for cônjuge, parente, consanguíneo ou afim, em linha reta ou colateral, até o segundo grau, de qualquer procurador constituído ou que tenha alguma atuação em favor de qualquer das Partes no Conflito; (vi) tiver qualquer interesse em que o resultado do Conflito beneficie quaisquer das Partes e/ou outro Agente da CCEE; (vii) for credor ou devedor de uma das Partes ou de pessoa que controle ou exerça cargo de direção ou de administração de uma das Partes; (viii) receber dádiva de empregado, funcionário ou de pessoa que exerça cargo de direção ou de administração de uma das Partes antes, durante ou depois de iniciado o Conflito; (ix) aconselhar alguma das Partes ou pessoa que exerça a direção ou administração de uma das Partes acerca do objeto do Conflito; (x) tiver atuado como mediador ou conciliador, antes da instituição da arbitragem, naquele Conflito; ou (xi) for ex-contratado, ex-prestador de serviço em caráter permanente ou temporário ou ex-consultor, nos últimos 6 (seis) meses, de quaisquer das Partes no Conflito.

O dispositivo em questão corresponde essencialmente à cláusula 12 da Convenção anterior, com o esclarecimento de que as ali situações descritas constituem hipótese de suspeição, não de impedimento.

Especificamente quanto às hipóteses previstas nos incisos da cláusula 13, há casos redundantes, como o do inciso (iii), equivalente ao inciso I, do artigo 144 do Código de Processo Civil. Também há casos em que a grande distinção é a inserção da CCEE ou de qualquer outro agente da CCEE dentre os agentes causadores da suspeição. É o caso do inciso (vi) da cláusula 13, que repete o regramento do artigo 145, IV, do Código de Processo Civil e vai além, estipulando também haver suspeição do árbitro interessado que o resultado da disputa beneficie "outro Agente da CCEE".

II – que receber presentes de pessoas que tiverem interesse na causa antes ou depois de iniciado o processo, que aconselhar alguma das partes acerca do objeto da causa ou que subministrar meios para atender às despesas do litígio;

III – quando qualquer das partes for sua credora ou devedora, de seu cônjuge ou companheiro ou de parentes destes, em linha reta até o terceiro grau, inclusive;

IV – interessado no julgamento do processo em favor de qualquer das partes.

§ 1º Poderá o juiz declarar-se suspeito por motivo de foro íntimo, sem necessidade de declarar suas razões.

§ 2º Será ilegítima a alegação de suspeição quando:

I – houver sido provocada por quem a alega;

II – a parte que a alega houver praticado ato que signifique manifesta aceitação do arguido."

Contudo, o inciso mais relevante do rol previsto na cláusula 13 da Convenção Vigente é o de número (xi). Segundo tal dispositivo, considera-se suspeito quem "for ex-contratado, ex-prestador de serviço em caráter permanente ou temporário ou ex--consultor, nos últimos 6 (seis) meses, de quaisquer das Partes no Conflito".

Trata-se de evolução vis-à-vis a Convenção anterior, que, além de prever o prazo de 2 (dois) anos, estendia a suspeição não só às partes do conflito, mas a qualquer agente da CCEE e à própria CCEE. O regramento atual, como se vê, reduz o âmbito de incidência da hipótese de suspeição para ex-contratados das partes nos últimos 6 (seis) meses. Diante do silêncio da Convenção Vigente, tal prazo deve contar do encerramento do vínculo.

A cláusula 12 da Convenção Vigente dispõe sobre a composição dos Tribunais Arbitrais, que poderá ser uma ou trina, respeitadas as disposições da cláusula compromissória aplicável e, ainda, da própria Convenção Vigente. Prevalecerá a composição trina do Tribunal Arbitral sempre que não houver acordo a respeito da composição, uma una ou trina, ou, ainda, quanto à indicação de árbitro único.[84]

3.4.6 Notificação a terceiros, repositório jurisprudencial e confidencialidade

Ainda em razão das peculiaridades das relações negociais no âmbito do setor elétrico, em especial da comercialização, a Convenção Vigente estabelece dois mecanismos típicos, a saber, a notificação a terceiros para manifestação de interesse no ingresso e o repositório de jurisprudência.

Tendo em vista que, em princípio, existe uma gama enorme de procedimentos cuja solução pode, ao menos em tese, o potencial para causar impactos a terceiros.

Por isso, a Convenção Vigente prevê que, em até 10 dias úteis a contar do recebimento, a câmara de arbitragem circule aos signatários cópia do requerimento de arbitragem. Caberá aos terceiros manifestar, no prazo de 5 dias úteis, intenção de integrar qualquer dos polos da arbitragem.[85]

Para tornar possível o cumprimento dessa obrigação, a Convenção Vigente determina à CCEE que mantenha junto às câmaras a relação atual de seus signatários, com endereço e representante credenciado.[86]

---

84. "Cláusula 12. Os Conflitos submetidos à Câmara de Arbitragem serão resolvidos por um árbitro único ou Tribunal Arbitral de composição trina, independentemente do número de Partes envolvidas em cada polo do Conflito, conforme acordado entre as PARTES, respeitadas as disposições contidas nesta Convenção.
Parágrafo único. Caso não haja acordo entre as PARTES quanto ao número de árbitros que irá resolver o Conflito, será instituído Tribunal Arbitral de composição trina, o mesmo ocorrendo quando não houver acordo em relação à indicação do árbitro único."
85. "Cláusula 14. Ao receber o requerimento de arbitragem, e mantendo a confidencialidade de informações, quando requerido expressamente pelo Agente, a Câmara de Arbitragem enviará a todos os Signatários cópia do requerimento de arbitragem, no prazo de 10 (dez) dias úteis a contar de seu recebimento, para que os interessados, no prazo de 5 (cinco) dias úteis a contar de seu recebimento, manifestem a intenção de integrar um dos polos da relação arbitral."
86. "Parágrafo único. A CCEE deverá manter junto à Câmara a relação atualizada dos Signatários, com respectivos endereços e representante credenciado."

A Convenção Vigente também determina a obrigatoriedade de as Câmaras Arbitrais criarem um repositório público de ementas de decisões arbitrais definitivas, respeitada a confidencialidade do procedimento.[87]

Para tanto, cada câmara deve, em até 15 dias a contar da disponibilização às partes, inserir o extrato da sentença proferida em arbitragem sujeita à Convenção Vigente no repositório. O extrato deve conter o entendimento sobre o tema litigioso, emitidos dados pessoais e comerciais das partes.

Trata-se de uma clara evolução quando comparada à previsão contida na convenção anterior, pela qual caberia à Câmara FGV entregar ao Tribunal Arbitral um sumário de decisões relevantes. Tal sistemática não logrou, nem mesmo em pequena medida, aumentar o conhecimento das questões técnicas típicas ventiladas nas arbitragens de energia.

Em sua nova versão, esse repertório, que deve ser disponibilizado no sítio eletrônico de cada uma das câmaras homologadas, será um grande avanço no intuito de fomentar a criação de um corpo jurisprudencial coeso, a partir de uma massa crítica de decisões.

Para tanto, embora a Convenção Vigente não o diga, é ideal que exista uma consolidação dos repositórios ou ementários ou, ainda, que as decisões de procedimentos administrados por uma câmara sejam também disponibilizadas nos repositórios ou ementários das demais, evitando, dessa forma, a fragmentação da informação.

A pandemia de COVID-19 ofereceu um exemplo claro em que o conhecimento das sentenças proferidas em arbitragens sujeitas à Convenção vigente e mesmo à convenção anterior seria salutar.

De fato, a pandemia gerou uma onda de arbitragens, em especial iniciadas por compradoras de determinados montantes de energia elétrica em contratos na modalidade de "*take or pay*". Tais partes viram-se diante da redução de consumo causada pela redução brusca da atividade econômica e também da obrigação de aquisição de montantes pré-acordados de energia, aos quais não dariam vazão. Diversos procedimentos arbitrais discutindo a mesma tese jurídica acabaram tendo desfechos distintos, o que poderia ter sido ao menos mitigado na hipótese de haver um repositório jurisprudencial atualizado e bem conhecido à disposição de todos os envolvidos.

Sem prejuízo da notificação a terceiros e do repositório de jurisprudência, a Convenção Vigente estipula a confidencialidade a ser observada nas arbitragens por ela disciplinadas.[88] Tal confidencialidade estende-se aos atores envolvidos no procedimento (árbitros, testemunhas, integrantes da câmara arbitral) e incide sobre documentos, dados e informações a que se tenha tido acesso em razão da participação na arbitragem.

---

87. "Cláusula 16. As Câmaras de Arbitragem homologadas deverão, no prazo de até 15 (quinze) dias após a data na qual forem disponibilizadas às Partes a decisão arbitral definitiva, disponibilizar em seus respectivos sítios eletrônicos o ementário de todas as sentenças proferidas em decorrência desta Convenção."
88. "Cláusula 18. As Partes e quaisquer outros envolvidos em um determinado procedimento arbitral, inclusive os árbitros, testemunhas e membros da Câmara Arbitral, deverão abster-se de comunicar, revelar ou disponibilizar a terceiros, no todo ou em parte, os documentos, dados e informações a que tiverem acesso em razão de tal procedimento arbitral, salvo se houver autorização escrita, prévia e expressa de todas as PARTES envolvidas."

Não serão tratadas como confidenciais informações caídas em domínio público ou acessadas por outras vias.[89] Ademais, a confidencialidade cederá por exigência legal, ordem governamental ou, ainda, por exigência de autoridade competente, mediante a competente intimação, hipótese em que a divulgação deverá estar limitada ao quanto necessário e acompanhada da informação quanto à confidencialidade da informação divulgada.[90]

3.4.7 Vedação ao julgamento por equidade, idioma, sede e lei aplicável

Uma das principais características da arbitragem é a possibilidade de as partes escolherem o direito que será aplicado para o julgamento da controvérsia, conforme determina o art. 2º na Lei de Arbitragem.

Diferentemente da convenção arbitral anterior, a Convenção Vigente proíbe o julgamento por equidade nos procedimentos arbitrais sob seu regime.[91]

Muito embora também veiculasse a proibição, como uma regra geral, a convenção arbitral anterior, permitia que o compromisso arbitral autorizasse o julgamento da causa por equidade, desde que convencionado em compromisso arbitral.

O novo texto, portanto, privilegia o direito positivo, não apenas em relação a normas legais, mas também as regulatórias, impedindo que as partes convencionem o julgamento por equidade, como permite a Lei de Arbitragem, *lato sensu*, ao autorizar que as partes podem escolher as regras de direito que serão aplicadas na arbitragem.

No ponto, José Fichtner esclarece que a adoção da equidade tem caráter excepcional no sistema arbitral:

> O instituto também não conta com apoio unânime. No Brasil, Carlos Alberto Carmona entende que na arbitragem de equidade podem "ser negligenciadas limitações legais e regras de direito material", razão pela qual "a decisão assemelha-se a um verdadeiro barril de pólvora, sobre o qual placidamente resolvem sentar-se as partes".
>
> O que é importante destacar é que se trata de uma exceção no sistema arbitral, razão pela qual os árbitros somente poderão julgar por equidade quando a *lex arbitri* assim admitir e as partes expressamente autorizarem. Conforme afirmam Alan Redfern e Martins Hunter, "for an 'equity clause' to be effective, there are, in principle, two basic requirements: first, that the parties have expressly agreed to it; and secondly, that it should be permitted by the applicable law".

---

89. "Parágrafo 1º Não serão consideradas informações confidenciais aquelas que qualquer uma das PARTES possa comprovar serem de domínio público. As informações serão consideradas de domínio público se tiverem sido obtidas de outra fonte que não através do procedimento arbitral em questão e desde que não seja violado acordo de confidencialidade a que estiverem vinculadas as Partes."
90. "Parágrafo 2º Não obstante o acima exposto, referidas informações confidenciais poderão ser divulgadas por exigência das leis aplicáveis ou por ordem, decreto, regulamento ou norma governamental ou, ainda, conforme exigido por qualquer intimação legal ou outro procedimento atinente a processos judiciais, administrativos ou arbitrais, sendo que, em qualquer caso, a revelação aqui tratada estará limitada, tão-somente, às informações que sejam expressa e legalmente exigíveis, nos precisos termos da lei, devendo a parte receptora da informação ser comunicada a respeito da natureza confidencial de qualquer informação que vier a revelar."
91. "Cláusula 15. Não será permitido o julgamento por equidade nos procedimentos instaurados em decorrência da presente Convenção."

No caso do Brasil, a Lei de Arbitragem explicitamente admite a arbitragem de equidade no *caput* do art. 2º. As partes, contudo, devem optar expressamente pela arbitragem de equidade, tal como se extrai da interpretação do inciso II do art. 11 e do inciso II do art. 26 da Lei de Arbitragem, sendo certo que o desrespeito a estas previsões pode levar à anulação da sentença arbitral, a teor do inciso IV do art. 32 da mesma Lei. Apenas a expressa manifestação de vontade de ambas as partes permite entender que se trata de arbitragem de equidade, o que defluirá do caso concreto. Na omissão das partes, portanto, deve-se entender que se trata de arbitragem de direito.[92]

Apesar da expressa vedação ao julgamento por equidade na Convenção Vigente, nas hipóteses de omissão legislativa e regulatória, entende-se que permanece aplicável o art. 4º da Lei de Introdução às Normas de Direito Brasileiro (Decreto-Lei 4.657/1942 – "LINDB").[93] O referido artigo da LINDB estabelece que, *quando a lei for omissa*, o juiz decidirá o caso com a analogia, os costumes e os princípios gerais de direito, fazendo uso do baluarte da equidade, portanto, sem que tal disposição configure um conflito com o texto da Convenção Vigente.

Da mesma forma, o que se veda por meio do dispositivo em questão é a existência do tipo específico de arbitragem denominada de arbitragem por equidade. Isso não quer dizer, contudo, que o Tribunal Arbitral não possa julgar com equidade, isto é, aplicar o direito aos fatos concretos com parcimônia, sabedoria e com os olhos voltados ao atingimento de uma decisão justa, meritória.

Pois bem, após estipular a obrigatoriedade de julgamento segundo as regras de direito, vedando a aplicação pura da equidade, a Convenção vigente traça uma espécie de hierarquia, embora algo irregular, dos conjuntos de regras e princípios aplicáveis às arbitragens em que for aplicável. Privilegia, assim, o texto da própria convenção sobre o regulamento das câmaras e prevê a aplicação subsidiária da "Lei de Arbitragem e regulamentação vigentes".[94]

As arbitragens sujeitas à Convenção vigente serão em português[95] e terão a sua sede no local indicado na convenção arbitral aplicável ou, no silêncio, no local a ser designado pelo Tribunal Arbitral, mas sempre em território nacional.[96] Sendo parte a CCEE, a arbitragem terá sede em São Paulo, Estado de São Paulo.[97]

---

92. FICHTNER, José A.; MANNHEIMER, Sergio N.; MONTEIRO, André L. Teoria Geral da Arbitragem. Grupo GEN, 2018. E-book. ISBN 9788530982881. Disponível em: https://integrada.minhabiblioteca.com.br/#/books/9788530982881/. Acesso em: 05 mar. 2023.
93. Art. 4º Quando a lei for omissa, o juiz decidirá o caso de acordo com a analogia, os costumes e os princípios gerais de direito.
94. "Cláusula 15. (...)
Parágrafo único. A arbitragem será regida conforme princípios estabelecidos por esta Convenção e de acordo com o procedimento estabelecido no Regulamento Interno da Câmara de Arbitragem competente, naquilo que não conflitar com o disposto na presente Convenção, aplicando-se subsidiariamente a Lei de Arbitragem e regulamentação vigentes."
95. "Cláusula 19. O idioma aplicável ao procedimento de arbitragem previsto neste regulamento será o português."
96. "Cláusula 20. O local de cada procedimento de arbitragem deverá ser indicado na Convenção de Arbitragem assinada pelas Partes ou, caso as Partes não entrem em acordo, no local designado pelo Tribunal Arbitral, desde que em território nacional."
97. "Parágrafo único. Sempre que a CCEE figurar como parte, o procedimento arbitral terá sede na cidade de São Paulo, Estado de São Paulo, onde será proferida a sentença."

3.4.8   Penalidades

A cláusula 17 da Convenção Vigente estipula a obrigatoriedade de cumprimento da sentença arbitral proferida, no tempo e modo ali indicados, sob pena de aplicação de multa diária em montante equivalente a, no mínimo, 0,1% (um décimo percentual) da condenação e limitada ao montante da condenação.[98]

A execução da multa ocorre sem prejuízo de outras penalidades eventualmente cabíveis e do cumprimento forçado na forma prevista na legislação processual civil. Contudo, sua incidência pressupõe a previsão em termo de arbitragem ou documento equivalente,[99] não podendo o Tribunal Arbitral determinar a sua aplicação à míngua de tal estipulação convencional.

CONCLUSÕES E EXPECTATIVAS

O setor elétrico está em constante e, mais especificamente nos últimos anos, intensa evolução. Tanto a regulação tem evoluído para absorver uma demanda cada vez maior por energia renovável, como tem buscado soluções para problemas estruturais e intrínsecos do país, como a alta dependência às usinas hidrelétricas (cerca de 63%) e sujeição ao risco hidrológico.

Igualmente, tem buscado o aumento da concorrência e da liberdade, mediante medidas como a redução das barreiras ao mercado livre de energia, para dar autonomia contratual ao consumidor que até então era atendido pela distribuidora local e apenas realizava o controle de seu consumo e pagamento de uma tarifa pública homologada pela ANEEL.

Esse cenário indica, por um lado, a tendência de elevação da complexidade técnica dos conflitos típicos do setor de energia. Por outro, o aumento do número de disputas no setor, dado o incremento esperado do número de agentes no mercado livre e do crescimento exponencial das relações negociais sujeitas a alguma forma de convenção de arbitragem.

Espera-se da arbitragem que possa acompanhar essa evolução, para seguir ocupando lugar de destaque entre os meios de solução das disputas do setor e funcionar como um vetor de segurança e integridade para o mercado, objetivo para o qual o engajamento de operadores do direito, árbitros, instituições setoriais, em especial a ANEEL, CCEE e ONS e associações de classe seguirá sendo primordial.

---

98. "Cláusula 17. As Partes ficam obrigadas a cumprir a sentença arbitral, tal como proferida, na forma e nos prazos consignados.
    Parágrafo 1º. Na hipótese de descumprimento da sentença arbitral, caberá aplicação de multa a ser fixada no Termo de Arbitragem ou documento equivalente, sem prejuízo do exercício das medidas cabíveis para execução da sentença arbitral e de outras penalidades aplicáveis.
    Parágrafo 2º. A multa de que trata o parágrafo anterior será de, no mínimo, 0,1% (um décimo por cento) ao dia sobre o valor da condenação, que incidirá a partir da data da configuração da inexecução da sentença e estará limitada ao valor da condenação."
99. Conforme cláusula 17, parágrafo 1º.

BIBLIOGRAFIA E JULGADOS SELECIONADOS

ANEEL. Documento 48516.001643/2007-00. Parecer 201/2007-PF/ANEEL. 28 de maio de 2007.

ANEEL. Documento 48516.064438/2002-00. Parecer 287/2002-PGE-ANEEL. 4 de dezembro de 2002.

ANEEL. Processo 48500.004361/2019-39. Diretora Relatora: Diretora Elisa Bastos Silva. Proposta de solução arbitral da controvérsia sobre a viabilidade da execução do Contrato de Concessão 003/2012-ANEEL, firmado pela Transnorte Energia S.A. – TNE. 8 de setembro de 2021..

ÁVILA, Natália Resende Andrade; NASCIMENTO, Priscila Cunha do. A Arbitragem nas concessões federais de infraestrutura de transportes terrestres: uma análise das cláusulas compromissórias. *Concessões e Parcerias Público-Privadas*: políticas públicas para provisão de infraestrutura. Brasília: IPEA, 2022.

BARALDI, Eliana e VAZ, Paula Akemi Taba. Comentário ao artigo 14. In: WEBER, Ana Carolina e LEITE, Fabiana de Cerqueira (Coord.). *Lei de Arbitragem Comentada*: Lei 9.307/1996. São Paulo: Ed. RT, 2023.

CAHALI, Francisco José. *Curso de arbitragem*. 6. ed. São Paulo: Ed. RT, 2017.

CARMONA, Carlos Alberto. *Arbitragem e processo*: um comentário à Lei 9.307/96. 3. ed. São Paulo: Atlas, 2009.

COSTA, Maria D'Assunção. Arbitragem nos contratos de comercialização de energia elétrica. In: ROCHA, Fábio Amorim da. *Temas relevantes no direito de energia elétrica*. Rio de Janeiro, Synergia, 2022. t. IX.

DAVID, Solange. A arbitragem e a comercialização de energia elétrica no Brasil. In: ROCHA, Fabio Amorim da (Coord.). *Temas relevantes no direito de energia elétrica*. Rio de Janeiro: Synergia, 2012.

ELIAS, Carlos. O Árbitro. In: LEVY, Daniel e PEREIRA, Guilherme Setoguti J. (Coord.). *Curso de Arbitragem*. 2. ed. São Paulo: Ed. RT, 2021.

FERREIRA, Carlos Kawall Leal. *Privatização do setor elétrico no Brasil*. 2000.

FICHTNER, José A.; MANNHEIMER, Sergio N.; MONTEIRO, André L. *Teoria Geral da Arbitragem*. Grupo GEN, 2018. E-book. ISBN 9788530982881. Disponível em: https://integrada.minhabiblioteca.com.br/#/books/9788530982881/. Acesso em: 05 mar. 2023.

GOLDENBERG, José; PRADO, Luiz Tadeu Siqueira. Reforma e crise do setor elétrico no período FHC. *Tempo social*, v. 15, p. 219-235, 2003.

KELMAN, Jerson. *Relatório da Comissão de Análise do Sistema Hidrotérmico de Energia Elétrica*. Brasília, 2001. p. 63.

LOUREIRO, Gustavo Kaercher. *Contratos de energia no ambiente livre de comercialização: pressupostos de compreensão*. FGV CERI – Centro de Estudos em Regulação e Infraestrutura, 2021.

PEREIRA, Guilherme Setoguti J. e CABRAL, Thiago Dias Delfino. PRECLUSÃO E REVELIA NA ARBITRAGEM. In: MACHADO FILHO, José Augusto Bitencourt et al. (Org.). *Arbitragem e processo*: Homenagem ao Professor Carlos Alberto Carmona. São Paulo: Quartier Latin, 2022. v. 1.

MINISTÉRIO DE MINAS E ENERGIA. Portaria do MME permite que consumidores tenham liberdade de escolha e melhores preços. Ministério de Minas e Energia, 28 set 2022. Notícias. Disponível em: https://www.gov.br/mme/pt-br/assuntos/noticias/portaria-do-mme-permite-que-consumidores-tenham-liberdade-de-escolha-e-melhores-precos. Acesso em: 05 fev. 2023.

RIBEIRO, Diogo Albaneze Gomes. *Arbitragem no setor de energia elétrica*. São Paulo: Almedina, 2017.

SCHMIDT, Gustavo da Rocha. A arbitragem no setor de óleo e gás. Considerações sobre as cláusulas compromissórias inseridas nos contratos de concessão celebrados pela ANP. *Revista de Arbitragem e Mediação*, v. 50, jul./set. 2016.

SOUTO, Marcos Juruena Villela. Breve apresentação do novo marco regulatório do Setor Elétrico Brasileiro. In: LANDAU, Elena (Coord.). *Regulação jurídica do setor elétrico*. Rio de Janeiro: Jumen Juris Editora, 2006.

SUPERIOR TRIBUNAL DE JUSTIÇA. AgInt no CC: 164118 DF 2019/0057580-9, Relator: Ministro ANTONIO CARLOS FERREIRA, Data de Julgamento: 01/10/2019, S2 - SEGUNDA SEÇÃO, Data de Publicação: DJe 08.10.2019.

SUPERIOR TRIBUNAL DE JUSTIÇA. CC 186210. Relator: Ministro Luis Felipe Salomão. Decisão liminar de 09.03.2022.

SUPERIOR TRIBUNAL DE JUSTIÇA. REsp 1169841/RJ, Rel. Ministra Nancy Andrighi, Terceira Turma, julgado em 06.11.2012, DJe 14.11.2012.

SUPREMO TRIBUNAL FEDERAL. Med. Caut. Em ADI 3.100-DF. Min. Relator Gilmar Mendes. Tribunal Pleno. 11.10.2006.

TOLMASQUIM, Mauricio Tiommo. *Novo modelo do setor elétrico brasileiro*. Rio de Janeiro: Synergia, 2011.

VIII
ARBITRAGEM NO SETOR DE PETRÓLEO BRASILEIRO: A ATUAÇÃO DO ÁRBITRO ENTRE A PUBLICIDADE E A CONFIDENCIALIDADE

Marcelo Gandelman
Pós-graduado em Propriedade Intelectual pela Fundação Getúlio Vargas. Advogado.

Cássio Monteiro Rodrigues
Doutorando e Mestre em Direito Civil pela Universidade do Estado do Rio de Janeiro – UERJ. Especialista em Responsabilidade Civil e Direito do Consumidor pela Escola de Magistratura do Estado do Rio de Janeiro – EMERJ. Professor Substituto de Direito Civil da Faculdade Nacional de Direito – UFRJ. Advogado.

Sumário: Introdução – 1. Arbitragem no setor de petróleo no Brasil – 2. Aparente conflito entre confidencialidade e publicidade nas arbitragens de petróleo – 3. O dever de discrição do árbitro frente ao interesse público envolvido: é possível falar em flexibilização da confidencialidade? – Conclusão – Bibliografia e julgados selecionados.

INTRODUÇÃO

Após 25 anos de sua regulamentação legal no ordenamento brasileiro, a arbitragem se mostra cada vez mais consolidada e elegida pelos agentes econômicos de variados mercados como meio alternativo para solução de controvérsias contratuais complexas. E no ramo de exploração de petróleo e gás não é diferente.[1]

Os agentes – privados ou públicos – envolvidos na cadeia de produção de petróleo optam litigar em um ambiente mais célere, especializado e, inclusive, confidencial, o que implica em especial atenção por parte do árbitro para julgar as diversas situações advindas de uma disputa contratual neste ramo, que podem dizer, devido ao seu objeto, simultaneamente, ao interesse dos contratantes e ao interesse público.

Como se sabe, os princípios da publicidade e da indisponibilidade do interesse público pautam o Direito Público, a atuação de seus agentes, bem como as relações jurídicas que envolvem seus bens. O aparente conflito que se revelaria entre a adoção de um procedimento arbitral confidencial por um agente público ou pelo Estado e o

---

[1] Veja-se, a propósito, TIBURCIO, Carmen. MEDEIROS, Suzana. Arbitragem na indústria do petróleo no direito brasileiro. *Revista de Direito Administrativo*, n. 241, p. 53-91, jul./set.-2005.

princípio da publicidade se encontra superado, tendo em vista que a reforma legislativa da Lei 9.307/96 ("Lei de Arbitragem") passou a prever expressamente em seu artigo 1º, parágrafo 1º, que a "administração pública direta e indireta poderá utilizar-se da arbitragem para dirimir conflitos relativos a direitos patrimoniais disponíveis".

Por outro lado, indaga-se se questões constantes de arbitragens no setor do petróleo que envolvam o interesse público – para além daquelas estritamente atinentes aos interesses disponíveis das partes que são objeto do contrato –, tais como apresentação nos autos de informações que tenham que ser investigadas pela Administração Pública para exercício do Poder de Polícia, não poderiam estar relegadas ao total sigilo pelo simples fato de ter sido feita escolha pelo procedimento arbitral, eis que não existe direito absoluto e a coerência lógica do ordenamento brasileiro, à luz dos princípios da segurança jurídica, primazia do interesse público e da publicidade, podem demandar que o sigilo ceda lugar em certas ocasiões.

Nesse cenário, qual o juízo de merecimento de tutela que deve ser feito pelo árbitro sobre qual interesse deve prevalecer? Teria ele o papel de comunicar a organismos competentes fatos e informações relevantes e de interesse público, caso identifique violações jurídicas que demandem investigação e exercício do Poder de Polícia?

Assim, o presente estudo se propõe, então, a analisar, incialmente, a utilização da arbitragem como meio de solução de controvérsia no setor do petróleo, tomando como base os contratos de concessão de exploração, para, em um segundo momento, tratar do aparente conflito entre confidencialidade e publicidade que se revela em um procedimento arbitral no qual participa a Administração Pública e se discute a concessão de exploração de atividade exclusiva da União, para, por fim, analisar o papel do árbitro perante o conflito sobre o que deve prevalecer no caso concreto, a fim de dizer se há um dever de divulgação de certas informações ou fatos revelados no processo arbitral mas que possam ter implicações na consecução do interesse público e que tenham de ser conhecidas pelo Estado ou terceiros.

1. ARBITRAGEM NO SETOR DE PETRÓLEO NO BRASIL

O setor de petróleo se caracteriza pela complexidade e pluralidade de suas operações, que muitas das vezes envolve agentes de nacionalidades diferentes, englobando as mais diversas atividades de exploração, passando pela produção, refino, comercialização, dentre outras, de modo que essa ampla gama de situações demanda expertise ímpar dos julgadores, que são exigidos não apenas juridicamente, mas sob aspectos do próprio *business* e suas especificidades.

As peculiaridades que envolvem a contratação e exploração do petróleo, aliadas à necessidade de solução célere e altamente técnica dos eventuais conflitos que surjam durante sua execução, contribuem diretamente para a consagração da utilização da arbitragem como meio de solução de controvérsias no âmbito do setor de petroleiro.

Enraizada na autonomia privada[2] e nas práticas de comércio internacional,[3] natural que os agentes do mercado de petróleo buscassem meios alternativos de solução de controvérsias, que atendessem aos anseios dos contratantes, devido à necessidade de lidar com questões de usos e costumes comerciais, bem como de qual seria a legislação aplicável ao caso concreto, a fim de garantir segurança e estabilidade aos negócios jurídicos firmados nesse mercado.

No tocante ao cenário brasileiro, inegável o crescimento da arbitragem e de sua utilização, que se tornou prática comum, seja em contratações nacionais como internacionais, inclusive com a participação do Estado no procedimento arbitral, principalmente nos casos em que se discute o cumprimento de contratos de concessão para exploração de petróleo.[4]

As características inerentes à arbitragem contribuem para sua proliferação no setor de petróleo, dentre elas: a confidencialidade, que permite às partes se resguardarem de exposição pública; neutralidade e celeridade[5] na solução do conflito, julgado por terceiro neutro e especializado, sem a interferência estatal e a morosidade do Judiciário; e eficácia e facilidade de execução da sentença arbitral, pois em um mercado internacionalizado, com *players* de diversas nacionalidades, a existência de tratados internacionais que permitem a execução facilitada de sentença arbitral é um atrativo grande, que permite, na maioria dos casos, impacto mínimo na continuidade dos serviços dos contratantes.

Por certo, a arbitragem no setor de petróleo possui peculiaridades, em especial por causa de seu objeto,[6] um bem da União e atividades reservadas ao monopólio estatal, realizadas pelo particular em regime de concessão, estando superada a discussão da possibilidade de a Administração Pública figurar em arbitragens,[7] desde que não se

---

2. CARREIRA ALVIM, José Eduardo. *Direito Arbitral*. 2. ed. Rio de Janeiro: Forense, 2004, p. 118.
3. Prova disso é a menção a chamada *lex petrolea*, como sendo a *lex mercatoria* específica à indústria do petróleo, utilizada por laudos arbitrais como fonte de solução de controvérsias, conforme SCOTON, Samira. Arbitragem nos contratos da indústria do petróleo: a utilização de cláusula compromissória em contratos envolvendo o Estado. *Revista dos estudantes de direito da UNB*, 2017, p. 190-205.
4. "A doutrina internacional já classifica as concessões de petrolíferas como concessões sui generis, de natureza apenas assemelhada àquela em que ocorre uma efetiva delegação do poder público quanto a serviços a serem prestados, na forma da lei, aos particulares, mediante licitação e contrato." (BUCHEB, José Alberto. *A arbitragem internacional nos contratos da indústria do petróleo*. Rio de Janeiro: Editora Lumen Juris, 2002, p. 11.)
5. Destaca-se posicionamento na doutrina de que a escolha pela arbitragem, em si, já privilegia o interesse público, em razão da sua celeridade e redução dos custos totais dos contratos discutidos, evitando-se também perdas econômicas decorrentes do litigar no Judiciário. (PEREIRA, Ana Lúcia Pretto, GIOVANNI, Ana Elisa Pretto Pereira. Arbitragem na administração pública brasileira e indisponibilidade do interesse público. *Revista Quaestio Iuris*, v. 10, n. 2 p. 1146-1161, Rio de Janeiro, 2017. Disponível em: https://www.e-publicacoes.uerj.br/index.php/quaestioiuris/article/ view/23491. Acesso em: 10 maio 2022.)
6. DOLINGER, Jacob; TIBURCIO, Carmen. *Direito Internacional Privado* – Parte Especial: Arbitragem Comercial Internacional. Rio de Janeiro: Renovar, 2003, p. 213-232.
7. TIBURCIO, Carmen; PIRES, Thiago Magalhães. Arbitragem envolvendo a administração pública: notas sobre as alterações introduzidas pela Lei 13.129/2005. *Revista de Processo*, v. 254, p. 2-4, 2016.

esteja tratando de direito indisponível,[8] e que corrobora leitura contemporânea da doutrina que afirma a perda de sentido da separação entre direito público e direito privado.[9]

No tocante ao ordenamento brasileiro e a normativa aplicada ao petróleo, a Constituição de 1988, em seu artigo 20, V e IX, estabeleceu que recursos minerais são bens da União e as atividades de lavra seriam de monopólio federal, sendo passível de exploração pelo particular por meio do regime de concessão (artigo 177, § 1º, da Constituição), por meio da celebração de contratos pela ANP – Agência Nacional de Petróleo, Gás e Hidrocarbonetos, conforme o artigo 21 da Lei do Petróleo.

Mesmo antes da promulgação da Lei de Arbitragem o instituto já era utilizado na indústria do petróleo pelo Governo Federal,[10] mas obteve previsão expressa no ordenamento com o advento da Lei 9.478/97 ("Lei do Petróleo"), que regula os contratos firmados sob o regime de concessão para exploração de petróleo e gás, e previu hipóteses de arbitragem doméstica e internacional para dirimir conflitos nesses contratos, "com a finalidade de oferecer segurança jurídica aos concessionários e favorecer a atração de investimentos estrangeiros nas atividades de exploração e produção, bem como a competitividade no setor de petróleo e gás natural".[11]

Em relação a Lei do Petróleo, vale destacar a previsão constante do artigo 43, inciso X, que afirma ser cláusula essencial em contrato de concessão para exploração de petróleo a estipulação de "regras sobre solução de controvérsias, relacionadas com o contrato e sua execução, inclusive a conciliação e a arbitragem internacional". Essa disposição

---

8. "A indisponibilidade dos interesses públicos significa que, sendo interesses próprios da coletividade – internos ao setor público – não se encontram à livre disposição de quem quer que seja, por inapropriáveis. O próprio órgão administrativo que os representa não tem disponibilidade sobre eles, no sentido de que lhe incumbe apenas curá-los – o que é também um dever – na estrita conformidade do que dispuser a intentio legis." (MELLO, Celso Antônio Bandeira de. *Curso de direito administrativo*. 13 ed. São Paulo, Malheiros, 2001, p. 34.); "(...) algumas controvérsias em torno do tema chegaram ao Superior Tribunal de Justiça, que considerou, em dois cenários diferentes, não haver óbice à submissão à arbitragem de questões envolvendo sociedades de economia mista ou empresas públicas. Em primeiro lugar, quando se tratar de atividade econômica; ou, e essa a segunda hipótese, no caso de empresa estatal prestadora de serviço público, desde que a controvérsia envolva de direitos patrimoniais, ou seja, que a questão seja de cunho econômico". (TIBURCIO, Carmen. Arbitragem e Administração Pública. *Valor Econômico*. Disponível em: http://cbar.org.br/site/blog/noticias/valor-economico-arbitragem--e-administracao-publica. Acesso em: 09 maio 2022). Vale salientar que o fato de se tratar de interesse público não quer dizer que esse estará relegado à indisponibilidade automaticamente. Diogo de Figueiredo MOREIRA NETO salienta que o interesse público subdivide-se em interesse público primário, aquele que está relacionado à segurança e bem-estar social, que estão fora do mercado e sob o manto da indisponibilidade absoluta, e o secundário, que possui natureza instrumental, existem para satisfazer os interesses públicos primários e têm expressão patrimonial. MOREIRA NETO, Diogo de Figueiredo. Arbitragem nos Contratos Administrativos. *Revista de Direito Administrativo*, 218/84, jul./set. 1997.
9. SCHREIBER, Anderson. Direito Civil e Constituição. *Revista Trimestral de Direito Civil*. v. 48. Rio de Janeiro: Padma, out-dez/2012.
10. Nesse sentido, vide TIBURCIO, Carmen. MEDEIROS, Suzana. Arbitragem na indústria do petróleo no direito brasileiro. *Revista de Direito Administrativo*, n. 241, p. 53-91, jul./set.-2005; ANDRADE, Calos Cezar Borromeu de. *A experiência da arbitragem na indústria do petróleo*. 2013. Disponível em: https://oabpe.org.br/a-experiencia-da-arbitragem-na-industria-do-petroleo/. Acesso em: 09 maio 2022.
11. MAGALHÃES, Bernardo de Paula. O Impacto da Cláusula Arbitral nos Contratos Domésticos de Exploração de Hidrocarbonetos. *UFF*, 2016, p. 51.

incentiva o uso de meios não judiciais de solução de conflitos, tal como a arbitragem, mas sem excluir a via judicial ou outros meios de solução de controvérsia.

A cláusula arbitral tida como essencial nos contratos de concessão, inclusive, já foi objeto de análise pelo Superior Tribunal de Justiça, no Conflito de Competência 139519, que tratou de conflito entre a ANP e a Petrobras, em caso que esta alegou que a ANP alterou, sem consentimento ou oportunidade de manifestação, o contrato de concessão de exploração referente ao "bloco de exploração BC-60". Apesar da previsão de cláusula compromissória no contrato, a ANP aduziu que a questão deveria ser solucionada pelo Judiciário, gerando o citado Conflito de Competência, no qual o STJ entendeu que o tribunal arbitral seria competente para apreciar e julgar o caso.[12]

Ou seja, as arbitragens no setor do petróleo, inegavelmente, tem como objeto recursos (bens) que são da União, envolvem um agente da Administração Pública ou concessionário, e está revestida de arbitrabilidade objetiva e subjetiva, não havendo motivo para negar-lhe admissão, o que, por outro lado, implica em admitir que existem outros princípios e normas a serem observadas pelo árbitro quando da análise de um conflito nessa seara, tais como a publicidade e a prevalência do interesse público, que são flexibilizados,[13] não podendo ser tomados como absolutos, em razão do reconhecimento da concretização da publicidade como *accountability*, como será demonstrado.[14]

De fato, a Lei de Arbitragem não representa um microcosmo isolado, imune às demais normas constitucionais e processuais, e suas disposições devem ser lidas sempre à luz da Constituição, para possuírem legitimidade na legalidade constitucional.[15]

Fica evidente que há certo campo de flexibilidade para que os árbitros decidam questões sensíveis e interlocutórias em relação ao que deve prevalecer no caso concreto, ou seja, quais fatos e informações estarão acobertadas pela confidencialidade e sigilo arbitral, e quais devem ser publicizadas, em atendimento ao interesse público relevante.

---

12. Disponível em https://stj.jusbrasil.com.br/jurisprudencia/181167305/conflito-de-competencia-cc--139519-rj2015-0076635-2. Acesso em: 09 maio 2022.
13. "A possibilidade conferida por lei para adoção da arbitragem como forma de solução de conflitos, nesse passo, indica o sentido da evolução do direito administrativo brasileiro como favorável à solução célere e eficaz de conflitos pela via consensual. Isso, aliás, com clara flexibilização do rigor do princípio da indisponibilidade do interesse público na versão da doutrina clássica. Com isso, rompe-se com a visão estreita da relação de verticalidade entre a Administração Pública e os particulares de modo a acolher a existência de relações jurídicas horizontais." (NOGUEIRA, Erico Ferrari. A Arbitragem e Sua Utilização na Administração Pública. *Debates em Direito Público*, v. ano 9, p. 25-38, 2011.)
14. Na lição de PINHO e SACRAMENTO, "accountability encerra a responsabilidade, a obrigação e a responsabilização de quem ocupa um cargo em prestar contas segundo os parâmetros da lei, estando envolvida a possibilidade de ônus, o que seria a pena para o não cumprimento desta diretiva" (PINHO, José Antônio Gomes de; SACRAMENTO, Ana Rita Silva. Accountability: já podemos traduzi-la para o Português? *Revista de Administração Pública*. n. 43, a. 6, p. 1343-1368. Rio de Janeiro, nov./dez. 2009).
15. TEPEDINO, Gustavo. Premissas metodológicas para a constitucionalização do direito civil. RDE. *Revista de Direito do Estado*, v. 2, p. 37-53, 2006; e, TEPEDINO, Gustavo. *O Código Civil, os Chamados Microssistemas e a Constituição*: Premissas para uma Reforma Legislativa. Problemas de Direito Civil-Constitucional. Rio de Janeiro: Renovar, 2000, p. 1-17.

Faz-se necessário, então, estabelecer mínimos parâmetros seguros, que servirão de norte ao julgador na tarefa de decidir sobre o merecimento de tutela[16] do interesse público. Para tanto, deve-se realizar breve incursão sobre a abrangência da confidencialidade na arbitragem e o impacto que o princípio da publicidade possui nos procedimentos em que a Administração Pública está envolvida, tais como aqueles referentes ao setor do petróleo.

2. APARENTE CONFLITO ENTRE CONFIDENCIALIDADE E PUBLICIDADE NAS ARBITRAGENS DE PETRÓLEO

Como se sabe, a Lei de Arbitragem exige em seu artigo 1º duas coisas das partes para que possam se valer da arbitragem: capacidade e que o objeto em discussão se trate de direitos patrimoniais disponíveis.

Para fins desse estudo, interessa observar o que se denomina arbitrabilidade objetiva, ou seja, o objeto da arbitragem, qual seja, que a demanda trate de um direito patrimonial disponível,[17] pois certo que o Estado possui capacidade para contratar (principalmente por meio dos sujeitos que compõem a Administração indireta).[18]

Esse requisito, em se tratando de arbitragem envolvendo a Administração Pública, tais como aquelas do setor do petróleo em que se discuta as obrigações decorrentes do contrato de concessão, impede que o Poder Público se envolva, em tese, em uma disputa arbitral que verse sobre direito indisponível, como, por exemplo, direitos da personalidade, direito de família, direito do trabalho, entre outros.

Contudo, o que importa destacar, é que isso não significa que todo e qualquer interesse decorrente dessas relações seja indisponível, o que deve ser tomado em consideração é a possibilidade de a Administração Pública dispor do bem que será objeto da arbitragem. Caso o bem possa ser apropriado, cedido ou alienado, passível de receber valor pecuniário, a doutrina entende ser possível a sua discussão na seara arbitral, com base na já citada divisão entre interesse público primário e secundário.[19] De outro lado,

---

16. Acerca da definição de merecimento de tutela, confira-se, por todos: SOUZA, Eduardo Nunes. Merecimento de tutela: a nova fronteira da legalidade no direito civil. *Revista de Direito Privado*, n. 58, p. 75-107. São Paulo: Ed. RT, abr./jun. 2014.
17. Veja-se a lição de CARMONA: "Diz-se que um direito é disponível quando ele pode ser ou não exercido livremente pelo seu titular, sem que haja norma cogente impondo o cumprimento do preceito, sob pena de nulidade ou anulabilidade do ato praticado com sua infringência. Assim, são disponíveis (do latim disponere, dispor, pôr em vários lugares, regular) aqueles bens que podem ser livremente alienados ou negociados, por encontrarem-se desembaraçados, tendo o alienante plena capacidade jurídica para tanto" (CARMONA, Carlos Alberto. *Arbitragem e Processo*: um comentário à lei 9.307/96. 3. ed. rev. atual. ampl. São Paulo: Atlas, 2009, p. 38).
18. RIBEIRO, Diogo Albaneze Gomes. Arbitragem e Poder Público. *Revista Brasileira de Infraestrutura*, ano 2, n. 3, p. 157-188. Belo Horizonte jan./jun. 2013.
19. Vide nota 7 deste trabalho e OLIVEIRA, Larissa Alderete Betio de. A arbitragem na administração pública: possibilidades e desafios após a Lei 13.129/2015. *Revista da Procuradoria-Geral do Estado de Mato Grosso do Sul*, n. 17, dez./2021, p. 132-150; ROCHA, Caio Cesar Vieira. Arbitragem e Administração Pública: Nova disciplina normativa após a lei 13.129/2015. *Revista de Arbitragem e Mediação*, v. 49, p. 103-126, abr./jun. 2016. Disponível em: www.academia.edu.documents/58280473/arbitragem_e_administracao_publica_nova_disciplina_normativa_apos_a_Lei_13.1292015.pdf. Acesso em: 10 maio 2022.

não se pode, então, admitir que seja objeto de decisão pelo árbitro questões referentes a atos de autoridade ou império do Poder Público, mas apenas aquelas quanto aos atos de gestão daquilo que é disponível.[20]

Com efeito, aquele grupo de interesses públicos que formam relações patrimoniais disponíveis, ou seja, que podem ser objeto de contratação pelo Estado,[21] exatamente como ocorre com a concessão para exploração de petróleo, podem ser objeto de arbitragem,[22] resguardada a máxima de que a disposição de bens públicos deve realizar e satisfazer, em primeiro lugar, o interesse público – que como afirmado, nesse tipo de contratação, é o desenvolvimento econômico.

Ou seja, os contratos que possuem como objeto a prestação de serviço ou exploração de bem público passível de delegação ou concessão ao particular, de exploração econômica, poderá ser objeto de arbitragem, caso as partes assim decidam no exercício de sua autonomia privada. Nessa linha, veja-se a lição de Selma Lemes:

> O Estado, para atingir as atividades-fim, tutela interesses extremamente relevantes para a sociedade, posto que relacionados ao bem-estar, saúde, segurança em que o ordenamento legal os classifica de afetos ao "interesse público". Os interesses que tutelam são considerados supremos e indisponíveis. Mas essa indisponibilidade, apesar de ser regra, comporta relativização. A indisponibilidade pressupõe a inegociabilidade, que só pode ocorrer por vias políticas e na forma legal. Mas para executar as atividades meio, a indisponibilidade é relativa, pode ser negociada e recai sobre os "interesses públicos derivados (...) Os interesses públicos primários são indisponíveis e, por sua vez, os interesses públicos derivados têm natureza instrumental e existem para operacionalizar aqueles, com características patrimoniais e, por isso, são disponíveis e suscetíveis de apreciação arbitral. Esta conclusão, portanto, traz à tona a solução com referência à matéria suscetível de ser submetida à arbitragem: os interesses públicos derivados, de natureza instrumental e com características patrimoniais dispostos em contrato.[23]
>
> Neste sentido pode-se dizer que todas as questões disciplinadas no contrato de concessão que gravitam em torno dos interesses patrimoniais do contrato são suscetíveis de solução arbitral. Todas as matérias que versarem sobre disponibilidade de direitos patrimoniais, poderão estar sob à égide arbitral. (...) Assim, nos contratos de concessão de serviço público, tudo que diga respeito, tenha reflexo patrimonial e esteja relacionado ao equilíbrio econômico financeiro do contrato será suscetível de ser dirimido por arbitragem. Seja quando o objeto do contrato de concessão referira-se a

---

20. "Assim, por exemplo, é nula a cláusula que confia à decisão de árbitros a determinação da natureza da corrente elétrica, ou seja, se ela deve ser contínua ou alternada porque, estabelecido pericialmente que a corrente alternada é perigosa, não se pode admitir que os árbitros declarem que ela convém e deve prestar-se" (BIELSA, Rafael. *Estudios de Derecho Publico*. Buenos Aires, Depalma, 1949, p. 290).
21. Cabe aqui destacar a importante distinção entre direitos patrimoniais disponíveis e indisponibilidade do interesse público, na lição de FURTADO: "(...) o fato de a Lei 9.307/96 somente admitir a utilização do juízo arbitral para questões relativas a direitos patrimoniais disponíveis em nada afeta a disponibilidade ou a indisponibilidade do interesse público. A disponibilidade do interesse público é medida em razão do que dispõe o ordenamento jurídico. O juízo do administrador no sentido de que o interesse público será mais bem realizado com a utilização do juízo arbitral, ou com a sua vedação, é irrelevante. É necessário verificar em que hipóteses o Direito Administrativo admite a utilização desse sistema de composição de lides." (FURTADO, Lucas Rocha. *Curso de Direito Administrativo*. 4. ed. Belo Horizonte: Fórum, 2013, p. 939-940).
22. CARVALHO FILHO, José dos Santos. *Manual de direito administrativo*. Rio de Janeiro: Atlas, 2014, p. 449.
23. LEMES, Selma Ferreira. *Arbitragem na Administração Pública*: fundamentos jurídicos e eficiência econômica. São Paulo: Quartier Latin, 2007, p. 130-131.

obras de construção civil ou à prestação de serviços públicos (efeitos patrimoniais). Por outro lado, as disposições classificadas como regulamentares e atinentes à Administração, previstas no contrato, estariam fora da zona de direito disponível e, portanto, sujeitas à dirimência da jurisdição estatal.[24]

Nota-se, então, que nas arbitragens do setor do petróleo que envolvem matérias de interesse público vão atrair, via de regra, as questões de direito público, a serem observadas pelo árbitro quando do seu julgamento. A arbitragem não opõe ao interesse público e o árbitro não pode dele dispor. Ao contrário, o árbitro tem o papel de resguardar a realização do interesse público, com base em critérios objetivos que permitam o melhor atendimento à publicidade e à discrição a ele imposta por lei e qual deve prevalecer no caso concreto.

Estabelecida essas premissas, os princípios da primazia do interesse público e da publicidade, que incidem nas arbitragens decorrentes dos contratos de concessão de exploração do petróleo, podem, a princípio, revelar ao jurista uma incompatibilidade lógica com a característica da confidencialidade, que se aplicaria aos árbitros, às partes e a terceiros intervenientes.[25]

Como se sabe, muitos agentes do mercado do petróleo optam pelo procedimento privado da via arbitral devido à confidencialidade inerente[26] a ele que, apesar de não ser característica obrigatória (depende de convenção das partes para ser exigido), representa vantagem em relação ao processo judicial, muitas vezes preservando a imagem das empresas perante seus parceiros comerciais, investidores e consumidores, a evitar que seus erros ou má conduta se tornem de conhecimento público.

Contudo, embora o procedimento arbitral seja normalmente confidencial, para as arbitragens que tem por objeto contratos de concessão de exploração de petróleo (*rectius*, para as arbitragens que envolvam a Administração Pública), deve-se destacar que a Lei 13.129/2015 alterou o artigo 2º da Lei de Arbitragem e acrescentou que a "arbitragem que envolva a administração pública será sempre de direito e respeitará o princípio da publicidade".

Em nosso Estado Democrático de Direito, a publicidade se justifica como opção legislativa de garantia a todo cidadão e órgãos de controle de fiscalizar e de acessar as informações relacionadas à gestão pública, a possibilitar o exercício dos instrumentos de controle e responsabilização.

No procedimento arbitral que envolve a Administração Pública, a doutrina destaca que a publicidade possui dois impactos: o primeiro, relativo à publicidade administra-

---

24. LEMES, Selma Ferreira. Arbitragem na Concessão de Serviços Públicos – Arbitrabilidade Objetiva. Confidencialidade ou Publicidade Processual? *Revista de Direito Bancário do Mercado de Capitais e da Arbitragem*, v. 21, p. 387-407, São Paulo, 2003.
25. PINTO, José Emílio Nunes. A confidencialidade na arbitragem. In: WALD, Arnoldo (Coord.). *Revista de Arbitragem e Mediação*. n. 6, p. 25-36, São Paulo, jul./set. 2005.
26. A posição tradicional da doutrina afirma que a privacidade do procedimento implica no dever de confidencialidade. Nesse sentido, vide LAZAREFF, Serge. Confidentiality and Arbitration: Theoretical and Philosophical Reflections, Special Supplement 2009: *Confidentiality in Arbitration*: Commentaries ora Roles, Statutes, Case law and Practice (2009), p. 84.

tiva – nos termos do artigo 37 da Constituição – para divulgação da opção pela solução de conflito pela arbitragem, sendo dever da Administração adotar conduta proativa na divulgação das informações e conteúdo dos compromissos arbitrais firmados; o segundo, mais específico, referente à publicidade do procedimento arbitral em si, nos termos do artigo 2º, § 3º, da Lei de Arbitragem, de modo que os atos praticados e as informações contidas em um procedimento arbitral que envolva a Administração Pública não serão, via de regra, confidenciais.

Essa faceta da publicidade, que demanda aos agentes públicos divulgarem informações relevantes referentes a arbitragens a órgãos de controle (como o CADE) ou a tribunais de contas, não implica que a publicidade incida sobre qualquer toda informação ou documento apresentado ao árbitro. Em outras palavras, a publicidade estipulada pela Lei de Arbitragem deve ser orientada à divulgação apenas suficiente e necessária ao atendimento da prestação de contas que cabe ser feita pela Administração, sem a divulgação ou revelação de informações sensíveis das partes envolvidas na arbitragem, tais como segredos de negócio e dados bancários.[27]

Nesse sentido, Yamamoto[28] afirma que "a publicidade determinada pela lei se destina à prestação de contas e informações necessárias pelos administradores públicos aos Tribunais de Contas, para que se permita a devida fiscalização pelo órgão de controle" (e, no limite, da própria sociedade).[29]

Como, então, se dá a conciliação da confidencialidade arbitral com os princípios da publicidade e transparência, para fins de controle legal? Tais questões devem ser, idealmente, reguladas pelas partes nas cláusulas e compromissos arbitrais firmados (ou em outros documentos), eis que a Lei da Arbitragem não regulamenta a confidencialidade, apenas exige discrição do árbitro, nos termos do artigo 13, 6º, da Lei de Arbitragem, de modo que deverá ser mantida pelas partes e pelo árbitro, salvo consentimento em sentido contrário.

---

27. "especialmente em determinados ramos de negócios, a publicidade em torno dos litígios pode representar uma mácula para a reputação da companhia envolvida afetando o seu desempenho empresarial no mercado. Finalmente, a confidencialidade permite manter em segredo elementos imateriais importantes das atividades da empresa, como práticas comerciais, invenções ou políticas internas que eventualmente sejam objeto de discussão no correr do litígio" (FONSECA, Rodrigo Garcia da, e CORREIA, André de Luizi. (A Confidencialidade na Arbitragem: Fundamentos e Limites. In: LEMES, Selma Ferreira; BALBINO, Inez (Coord.). *Arbitragem*: Temas Contemporâneos. São Paulo: Quartier Latin, 2012, p. 417).
28. YAMAMOTO, Ricardo. *Arbitragem e administração pública*: uma análise das cláusulas compromissórias em contratos administrativos. Dissertação de mestrado. *FGV-SP*, 2018, p. 68.
29. "As regras de confidencialidade constantes de regulamento arbitral escolhido pelas partes não vinculam a Administração Pública. Por outro lado, em observância ao princípio da publicidade, deve o ente público revelar apenas e tudo aquilo que for estritamente necessário para prestar contas aos órgãos de controle e dar transparência às suas atividades, devendo eventuais excessos ser coibidos pelo tribunal arbitral e pelo Poder Judiciário. (...) O respeito ao princípio da publicidade significa que os entes da Administração Pública deverão se submeter aos órgãos de controle e fiscalização, sem poder invocar eventual confidencialidade do processo, disponibilizando todas as informações necessárias para prestar contas à população". MARTINS, André Chateaubriand. Arbitragem e Administração Pública. In: CAHALI, Francisco José; RODOVALHO, Thiago; FREIRE, Alexandre (Org.). *Arbitragem*: estudos sobre a Lei 13.129. São Paulo: Saraiva, 2016, p. 79.

A confidencialidade poderá ser flexibilizada ou mitigada quando se estiver lidando com questões relacionadas à Administração Pública e à realização do interesse público. Pode-se afirmar que a publicidade na arbitragem que envolve a Administração Pública "não afasta a confidencialidade e o sigilo de atos e documentos que possam colocar em risco a segurança da sociedade ou do Estado ou que envolvam informações pessoais relacionadas à intimidade, vida privada, honra e imagem das pessoas".[30]

Mais especificamente em relação aos contratos de concessão no setor do petróleo (gerados após processo licitatório), a publicidade demanda que não somente os resultados da arbitragem mas, caso haja interesse relevante merecedor de tutela, que documentos ou informações cheguem ao conhecimento geral ou, ao menos, aos órgãos de controle competentes,[31] pois poderão ter seu sigilo afastado por exigência legal, determinação judicial ou algum outro procedimento administrativo.

Dessa forma, não se pode afirmar existir uma regra rígida e intocável relacionada à confidencialidade na arbitragem que discuta um contrato que a Administração Pública faz parte, pois, mesmo que não se negue sua aplicabilidade e incidência, deverá ser valorada à luz do interesse público e da publicidade inerentes à Administração,[32] em atenção aos ditames mais atuais da transparência e responsabilidade administrativa (*accountability*[33]), para prevalecer.

O atendimento à publicidade não pode servir de desculpas para a não observância da proteção da confidencialidade,[34] bem como não vai implicar em disponibilização não criteriosa das informações relativas ao litígio arbitral pelo ente público, apenas significa que deverá ser revelado aquilo estritamente necessário a garantir a devida prestação

---

30. OLIVEIRA, Rafael Carvalho Rezende. A arbitragem nos contratos da Administração Pública e a Lei 13.129/2015: novos desafios. BDA – *Boletim de Direito Administrativo*, ano 33, n. 1, p. 25-38, São Paulo, NDJ, jan. 2017.
31. LEMES, Selma Ferreira. Arbitragem na Concessão de Serviços Públicos – Arbitrabilidade Objetiva. Confidencialidade ou Publicidade Processual? *Revista de Direito Bancário do Mercado de Capitais e da Arbitragem*, v. 21, p. 387-407, São Paulo, 2003; vide, também, SCHMIDT, Gustavo da Rocha. Reflexões sobre a arbitragem nos conflitos envolvendo a Administração Pública (arbitrabilidade, legalidade, publicidade e a necessária regulamentação). In: DUBEUX, Bruno Teixeira; MANNHEIMER, Sergio Nelson (Org.). *Revista de Direito da Associação dos Procuradores do Estado do Rio de Janeiro*, v. XXVI: Arbitragem na Administração Pública, , p. 163-210. Rio de Janeiro, APERJ, 2016.
32. "O princípio da publicidade estará devidamente observado e satisfeito na medida em que se reportem as informações quanto ao andamento do procedimento arbitral envolvendo pessoa jurídica de direito público ou, ainda que de direito privado, mas integrante da Administração, como as sociedades de economia mista, aos órgãos de controle interno e de controle externo da Administração, neste último caso, os Tribunais de Contas. Assim sendo, o princípio da publicidade não elimina a privacidade que caracteriza os atos do procedimento arbitral, os quais continuam restritos aos que dele participam. (...) não se exige que os órgãos de controle participem dos atos de negociação de contratos envolvendo o Estado e empresas estatais, já que a lei determina sim que os termos finais sejam reportados a esses órgãos para fins de controle e preservação do interesse público, seria descabido negar a aplicabilidade da privacidade em procedimentos arbitrais de que participem o Estado e suas empresas." (PINTO, José Emílio Nunes. A confidencialidade na arbitragem. In: WALD, Arnoldo (Coord.). *Revista de Arbitragem e Mediação*. São Paulo, n. 6, p. 25-36, julho-setembro 2005).
33. SALLES, Carlos Alberto de. *Arbitragem em contratos administrativos*. Rio de Janeiro, Forense, São Paulo, Método, 2011, p. 80.
34. GODOY, Luciano de Souza. Arbitragem nas lides de relações público-privadas. In: COUTINHO, Diogo; ROCHA, Jean-Paul Veiga da; SCHAPIRO, Mario G. (Coord.). *Direito Econômico Atual*. Rio de Janeiro: Método, 2015, p. 121-137.

de contas e transparência junto aos órgãos de controle da sociedade "devendo eventuais divergências na relação com terceiros ser dirimidas pelo órgão judicial competente ou, no que se limitar à relação jurídico-material das partes vinculadas à convenção de arbitragem, pelo próprio tribunal arbitral".[35]

A confidencialidade não justifica que o árbitro ou tribunal arbitral deixe de atender aos ditames da publicidade e do interesse público, para eventual divulgação de informações, seja por força de lei, convenção ou decisão judicial, que se mostrem relevantes e devam chegar aos órgãos de controle, quando assim demandar o caso concreto. O julgador deverá, quando muito, aplicar os princípios e normas gerais materiais e processuais para decidir eventual conflito entre publicidade e confidencialidade, pois possui o dever de decidir e de zelar pelo interesse público também, como agente no exercício da jurisdição.

3. O DEVER DE DISCRIÇÃO DO ÁRBITRO FRENTE AO INTERESSE PÚBLICO ENVOLVIDO: É POSSÍVEL FALAR EM FLEXIBILIZAÇÃO DA CONFIDENCIALIDADE?

Como afirmado no tópico anterior, tradicionalmente, atribui-se à arbitragem a característica da confidencialidade, em função do fato de que os procedimentos arbitrais são privados, e dela decorreria um dever de sigilo a ser observado pelas partes e pelo árbitro. Esse entendimento doutrinário e jurisprudencial se alterou após o final da década de 1990, para indicar que a confidencialidade não é um elemento essencial da arbitragem[36] ou um dever que decorre da sua eleição como meio de solução de controvérsia, existindo tão somente caso previsto pelas partes ou pelo regulamento da câmara arbitral elegida, podendo ser afastado "pelo acordo das partes; por determinação judicial ou para atender ao interesse público na obtenção de certas informações".[37]

A Lei de Arbitragem não traz determinação legal de observância de confidencialidade pelas partes, sendo sabido que algumas instituições arbitrais estipulam esse dever às partes por meio de seus regulamentos.[38] Porém, há importante disposição que a dou-

---

35. MARTINS, André Chateaubriand. A Administração Pública na reforma da Lei de Arbitragem. In: ROCHA, Caio Cesar Vieira; SALOMÃO, Luis Felipe (Org.). *Arbitragem e mediação*: a reforma da legislação brasileira. 2. ed. São Paulo: Atlas, 2017, p. 30.
36. SESTER, Peter Christian. *Comentários à Lei de Arbitragem e à Legislação Extravagante*. São Paulo: Quartier Latin, 2020, p. 128.
37. ANDRADE, Gustavo Fernando. Arbitragem e administração pública: da hostilidade à gradual aceitação. In: MELO, Leonardo de Campos; BENEDUZI, Renato Rezende (Coord.). *A reforma da arbitragem*. Rio de Janeiro: Forense, 2016, p. 430-431.
38. Como exemplos, os regulamentos da CAM/CCBC ("ARTIGO 14 – SIGILO 14.1. O procedimento arbitral é sigiloso, ressalvadas as hipóteses previstas em lei ou por acordo expresso das partes ou diante da necessidade de proteção de direito de parte envolvida na arbitragem. 14.1.1. Para fins de pesquisa e levantamentos estatísticos, o CAM/CCBC se reserva o direito de publicar excertos da sentença, sem mencionar as partes ou permitir sua identificação. 14.2. É vedado aos membros do CAM/CCBC, aos árbitros, aos peritos, às partes e aos demais intervenientes divulgar quaisquer informações a que tenham tido acesso em decorrência de ofício ou de participação no procedimento arbitral.") e da CAMARB ("CAMARB XII – Das disposições finais 12.1 O procedimento arbitral será rigorosamente sigiloso, sendo vedado à CAMARB, aos árbitros e às próprias partes divulgar quaisquer informações a que tenham acesso em decorrência de seu ofício ou de sua participação no processo, sem o consentimento de todas as partes, ressalvados os casos em que haja obrigação legal de publicidade").

trina afirma atribuir esse dever ao árbitro, pois o artigo 13, § 6º, da citada lei determina que "No desempenho de sua função, o árbitro deverá proceder com imparcialidade, independência, competência, diligência e discrição".

Verifica-se que a lei apenas exige dos árbitros – sob a expressão "discrição" – o respeito à privacidade,[39] o que implica no sigilo e não divulgação de informações quanto ao procedimento arbitral e conteúdo de seus atos e documentos,[40] preservando a confidencialidade da arbitragem, sem a divulgação de suas provas e particularidades a terceiros.

Como dito acima, contudo, a confidencialidade não é absoluta, de modo que a discrição do árbitro também não deve ser exercida de maneira extremada, seja em um excesso de sigilo ou de publicidade, a violar o interesse público protegido e envolvido nas discussões referentes aos contratos de concessão no ramo do petróleo.[41] Deve-se buscar um equilíbrio, à luz do caso concreto, entre confidencialidade e publicidade, para se eleger o que melhor contempla o interesse público envolvido, de modo que "o limite da informação situa-se onde o interesse público passa a ser sobretudo o interesse do público".[42]

Mais especificamente e em atenção à necessária incidência da publicidade nas arbitragens da Administração Pública, e ao atendimento do interesse público, a confidencialidade contratual irá ceder espaço[43] em virtude das demais normas do ordenamento, para atender a interesses além daqueles privados envolvidos, realizando sua função social.[44]

Inclusive, vale ressaltar, a publicidade dos atos processuais determinada pelo artigo 37 da Constituição não impõe ao árbitro a adoção de postura ativa em divulgar o conteúdo dos documentos e atos da arbitragem, mas tão somente o autoriza para tanto, na medida em que interessados façam esse requerimento de informações ou assim determine a lei. O árbitro não está fora do âmbito de incidência da norma da publicidade do referido dispositivo constitucional, que recai sobre a Administração Pública, pois no

---

39. CRETELLA NETO, José. Quão sigilosa é a arbitragem? *Revista de Arbitragem e Mediação*, ano 7, n. 25, p. 43-70, São Paulo, abr./jun. 2010, p. 65; vide, também, ARAÚJO NETO, Pedro Irineu de Moura. A confidencialidade do procedimento arbitral e o princípio da publicidade. *Revista de Informação Legislativa: RIL*, v. 53, n. 212, p. 139-154, out./dez. 2016. Disponível em: https://www12.senado.leg.br/ril/edicoes/53/212/ril_v53_n212_p139.pdf. Acesso em: 12 maio 2022.
40. PINTO, José Emílio Nunes. A confidencialidade na arbitragem. In: WALD, Arnoldo (Coord.). *Revista de Arbitragem e Mediação*. São Paulo, n. 6, p. 25-36, jul./set. 2005.
41. SEREC, Fernando Eduardo; COES, Eduardo Rabelo Kent. Confidencialidade de arbitragem é relativizada. *Conjur*. Disponível em: http://www.conjur.com.br/2010-set-13/confidencialidade-arbitragemrelativizada-mercado. Acesso em: 11 maio 2022.
42. JÚDICE, José Miguel. Confidencialidade e publicidade. Reflexão a propósito da reforma da Lei de Arbitragem. In: CAHALI, Francisco José; RODOVALHO, Thiago; FREIRE, Alexandre (Org.). *Arbitragem*: estudos sobre a Lei 13.129. São Paulo: Saraiva, 2016, p. 302.
43. "Assim é que, embora o processo arbitrai prestigie o sigilo, não se há de cogitar de processo arbitrai sigiloso envolvendo a Administração, por força da publicidade de que obrigatoriamente se revestem todos os atos que envolvam a gestão de interesses coletivos" (ZIMMERMANN, Dennys. Alguns aspectos sobre a arbitragem nos contratos administrativos à luz dos princípios da eficiência e do acesso à justiça: por uma nova concepção do que seja interesse público. *Revista de Arbitragem e Mediação*, v. 12, p. 69-93, jan.-mar. 2007).
44. TEPEDINO, Gustavo. Premissas metodológicas para a constitucionalização do direito civil. RDE. *Revista de Direito do Estado*, v. 2, p. 37-53, 2006.

exercício de sua função, fica equiparado aos funcionários públicos, conforme o artigo 17 da Lei de Arbitragem.

Até porque o árbitro, no exercício da função jurisdicional, deverá decidir todas as questões que lhe são impostas e a ponderação de princípios e direitos não foge à essa regra, mesmo em se tratando de arbitragens que envolvam contratos feitos pela Administração Pública e que demandem alguma revelação de informação necessária – com a ressalva já feita de respeito à intimidade e segredos comerciais das partes.

José Emilio Nunes Pinto sustenta que a Lei de Arbitragem "confere ao árbitro a qualidade de juiz de fato e de direito da controvérsia submetida a arbitragem", impondo a ele diversos deveres também imputáveis aos magistrados, tais como imparcialidade, diligência e discrição, sendo certo que também o árbitro "precisa e deve decidir":[45]

> o decidir parece impor responsabilidade maior do que a imensa responsabilidade imposta ao árbitro por Lei. A função de decidir, num julgamento privado, é tão importante quanto àquela de que está imbuído o juiz estatal. Não há diferença alguma. Essa imensa responsabilidade está implícita no fato de alguém ser tido como o juiz de fato e de direito. (...) Ser árbitro representa a assunção de prerrogativas do juiz de fato e de direito, mas, sobretudo, de deveres e responsabilidades. Mas ser árbitro significa o dever e a obrigação de decidir e deslindar a controvérsia. Esta é a razão mesma da arbitragem, sem a qual ela não existiria.

Nesse sentido, vale destacar o Enunciado 4 da I Jornada de "Prevenção e Solução Extrajudicial de Litígios" do Centro de Estudos Judiciários (CEJ) do Conselho da Justiça Federal: "(n)a arbitragem, cabe à Administração Pública promover a publicidade prevista no art. 2º, § 3º, da Lei 9.307/1996, observado o disposto na Lei 12.527/2011, podendo ser mitigada nos casos de sigilo previstos em lei, a juízo do árbitro". Afirma que cabe à Administração Pública, e não a outro sujeito, a promoção da publicidade, mas que ela poderá "ser mitigada nos casos de sigilo previstos em lei, a juízo do árbitro".

Cabe ao árbitro, então, quando provocado, ponderar o merecimento de tutela da confidencialidade, sempre à luz das circunstâncias do caso concreto e dos interesses em jogo, em especial do interesse público inerente aos contratos de concessão para exploração da atividade no setor do petróleo, que poderá ser flexibilizada em diferentes hipóteses. Dessa forma, a preocupação que caberá ao árbitro ou tribunal arbitral é a de determinar se há necessidade de divulgação de determinada informação a terceiros (notadamente, órgãos de controle, como o Ministério Público) à luz do princípio da publicidade, de modo a entregar a melhor prestação jurisdicional.

---

45. PINTO, José Emilio Nunes. O árbitro deve decidir. *Migalhas*. 2003. Disponível em: https://www.migalhas.com.br/dePeso/16,MI2457,61044-O+arbitro+deve+decidir. Acesso em: 11 maio 2022. O Autor complementa neste texto que "antes de mais nada, devemos examinar quem é o árbitro. Estatui a Lei que ele é um juiz privado, o juiz de fato e de direito da controvérsia. Por outro lado, deve o árbitro ser pessoa capaz e gozar da confiança das partes. (...), caso o árbitro não se veja como o único juiz de fato e de direito da controvérsia, dificilmente decidirá, o que o levará a buscar o conforto no Poder Judiciário para questões que se inserem no escopo de sua missão, o que vale dizer de sua competência. O desenvolvimento da arbitragem, seu fortalecimento e maior utilização dependem e muito da prática reiterada e contínua. O decidir as questões é fator preponderante e fundamental nesse processo. O importante é que, passado o tempo, se possa afirmar com convicção de que o título deste Artigo não passa de mera tautologia".

É essencial o correto juízo de ponderação[46] dos diversos interesses envolvidos,[47] para que o árbitro realize a correta compatibilização entre publicidade e confidencialidade, a fim de que apenas o efetivamente necessário seja divulgado para fins de controle e fiscalização da Administração Pública.

Isso porque o árbitro pode se deparar com diversas situações que, mesmo com o dever legal de discrição, vão demandar a revelação de informações obtidas no curso do procedimento arbitral, como, por exemplo, notícia de cometimento de crime ambiental, infrações administrativas das quais o CADE ou a ANP devam ser notificadas, dentre outras. E, por certo, a divulgação de informações nesse cenário, após a devida ponderação de interesses e mediante decisão justificada e fundamentada, não representará violação à confidencialidade arbitral, desde que não haja abuso de direito e a divulgação de algo desnecessário e não solicitado pelos respectivos interessados.[48]

Por fim, aliada à discussão acima, o objeto e as informações do procedimento arbitral que envolvam a Administração Pública também podem ser objeto de segredo de justiça legal, caso preenchidos seus requisitos, restringindo-se a publicidade do procedimento às partes.

O árbitro, pelo exposto, possui o dever de restringir o acesso às informações constantes do procedimento arbitral apenas às partes a ele vinculadas, bem como de não divulgar informações obtidas em decorrência do exercício de sua função, a menos que haja determinação legal ou decisão judicial ou dos órgãos de controle da Administração Pública.[49] A confidencialidade no tocante ao árbitro, então, nas arbitragens que envolvem a Administração Pública, revela-se no dever de discrição a ele imposto pela Lei de

---

46. "Numa primeira cogitação, parece certo que, se o ato tiver sido unilateralmente produzido pela Administração Pública (decretos, portarias, regulamentos), o aspecto subjetivo e objetivo se confundem, e não há maiores dúvidas de que o princípio da publicidade se aplica tal qual se apresenta no regime jurídico administrativo. Em contrapartida, quando o ato apresentar natureza bilateral, por reportar a entendimento e interesses tanto do agente privado quanto da Administração Pública (o próprio contrato de concessão, prestações pecuniárias, avaliações sobre a realização da obra ou prestações do serviço), o princípio da publicidade pode encontrar uma significação diferente daquela que lhe é dada no regime jurídico administrativo, pois, para esses casos, há uma justaposição de interesses que, ao contrário do que afirma tradicional doutrina administrativa (MELLO, 2015, p. 60; MEIRELLES, 2001. p. 43), nem sempre é solucionada pela prevalência do interesse púbico sobre o interesse privado (BINENBOJM, 2008, p. 106-107). Nesses casos, portanto, devem-se pesquisar as normas que definem previamente qual dos interesses deve prevalecer (regras jurídicas)" (ARAÚJO NETO, Pedro Irineu de Moura. A confidencialidade do procedimento arbitral e o princípio da publicidade. *Revista de Informação Legislativa*: RIL, v. 53, n. 212, p. 139-154, out./dez. 2016. Disponível em: https://www12.senado.leg.br/ril/edicoes/53/212/ril_v53_n212_p139.pdf. Acesso em: 12 maio 2022).
47. "Feita essa consideração, devem-se buscar regras jurídicas que tutelem o interesse do agente privado e que permitam, portanto, a confidencialidade dessas informações em detrimento de uma publicidade que a elas seria dada se aplicado o princípio da publicidade de forma irrestrita" (ARAÚJO NETO, Pedro Irineu de Moura. A confidencialidade do procedimento arbitral e o princípio da publicidade. *Revista de Informação Legislativa*: RIL, v. 53, n. 212, p. 139-154, out./dez. 2016. Disponível em: https://www12.senado.leg.br/ril/edicoes/53/212/ril_v53_n212_p139.pdf. Acesso em: 12 maio 2022.)
48. FONSECA, Rodrigo Garcia da, e CORREIA, André de Luizi. (A Confidencialidade na Arbitragem: Fundamentos e Limites. In: LEMES, Selma Ferreira; BALBINO, Inez (Coord.). *Arbitragem*: Temas Contemporâneos. São Paulo: Quartier Latin, 2012, p. 421.
49. PINTO, José Emílio Nunes. A arbitrabilidade de controvérsias nos contratos com o Estado e empresas estatais. *Revista brasileira de arbitragem*, v. 1, n. 1, p. 9-26, jan./mar. 2004.

Arbitragem, de modo que o procedimento arbitral mantém sua característica atrativa e distintiva da publicidade de um processo judicial, o que não significa, conforme visto, que essa confidencialidade vá excluir por completo a eficácia do princípio da publicidade como *accountability*.[50]

CONCLUSÃO

A arbitragem no setor petroleiro configura consolidado mecanismo alternativo de solução de controvérsias na experiência brasileira, com evoluções legislativa, doutrinária e jurisprudencial importantes, principalmente para litígios que envolvam as atividades decorrentes dos contratos de concessão para exploração de petróleo cujos contratos possuem a cláusula arbitral como cláusula essencial, nos termos do artigo 43, X, da Lei do Petróleo.

Como afirmado, um dos principais atrativos que justificam o sucesso e receptibilidade da arbitragem no setor do petróleo é a confidencialidade, que representa verdadeira vantagem corporativa em relação ao processo judicial, apesar de, atualmente, a doutrina entender que ela não é obrigatória ou inerente ao procedimento arbitral, ante à ausência de previsão legal, mas sim depende de estipulação pelas partes ou pelo regulamento do tribunal arbitral elegido, sendo garantido às partes apenas a privacidade, decorrente do dever de discrição imposto ao árbitro pelo artigo 13, § 6º, da Lei de Arbitragem.

Por outro lado, as arbitragens que têm como objeto contratos de concessão ou a participação de entes públicos envolvidos na exploração do petróleo atraem a incidência dos princípios da publicidade e da primazia do interesse público, normas de natureza constitucional, que podem formar conflito aparente com a almejada confidencialidade do procedimento arbitral, que poderá ser flexibilizada se, após ponderação dos interesses envolvidos e das circunstâncias do caso concreto, assim o interesse público exigir, naquilo que for estritamente necessário para a consecução da função de controle e fiscalização da Administração Pública.

Ou seja, confidencialidade e publicidade convivem sistematicamente nos procedimentos arbitrais que envolvam entes da Administração Pública ou seus contratos. O aperfeiçoamento da confidencialidade arbitral nesses casos se dá, justamente, pela seleção do interesse merecedor de tutela no caso concreto, sendo certo que ela não afasta interesses legítimos de sujeitos a quem o ordenamento atribui o papel de controle e de fiscalização da Administração Pública e realizar a publicidade na sua concepção como *accountability*.

Do mesmo modo, o dever de discrição imposto ao árbitro não poderá configurar óbice à concretização da publicidade no procedimento arbitral com participação da Administração Pública, não sendo uma escusa para impedir eventual divulgação de

---

50. ARAÚJO NETO, Pedro Irineu de Moura. A confidencialidade do procedimento arbitral e o princípio da publicidade. *Revista de Informação Legislativa: RIL*, v. 53, n. 212, p. 139-154, out./dez. 2016. Disponível em: https://www12.senado.leg.br/ril/edicoes/53/212/ril_v53_n212_p139.pdf. Acesso em: 12 maio 2022.

informações relevantes e necessárias aos órgãos de controle e fiscalização (à própria sociedade), tais como ilícitos ambientais ou administrativos revelados durante a instrução arbitral, pois presentes os elementos para tanto, o procedimento arbitral poderá ter sua confidencialidade flexibilizada para realização do interesse público.

O árbitro deverá, então, para decidir sobre a flexibilização da confidencialidade, se valer, principalmente, da técnica da ponderação, sendo prudente a determinação de manifestação das partes, a fim de resguardar os valores da segurança jurídica e contraditório.

BIBLIOGRAFIA E JULGADOS SELECIONADOS

AMARAL, Paulo Osternack. *Arbitragem e Administração Pública*: Aspectos processuais, medidas de urgência e instrumentos de controle. Belo Horizonte: Forum, 2012.

ANDRADE, Calos Cezar Borromeu de. *A experiência da arbitragem na indústria do petróleo*. 2013. Disponível em: https://oabpe.org.br/a-experiencia-da-arbitragem-na-industria-do-petroleo/. Acesso em: 09 maio 2022.

ANDRADE, Gustavo Fernando. Arbitragem e administração pública: da hostilidade à gradual aceitação. In: MELO, Leonardo de Campos; BENEDUZI, Renato Rezende (Coord.). *A reforma da arbitragem*. Rio de Janeiro: Forense, 2016.

ARAÚJO NETO, Pedro Irineu de Moura. A confidencialidade do procedimento arbitral e o princípio da publicidade. *Revista de Informação Legislativa*: RIL, v. 53, n. 212, p. 139- 154, out./dez. 2016. Disponível em: https://www12.senado.leg.br/ril/edicoes/53/212/ril_v53_n212_p139.pdf. Acesso em: 12 maio 2022.

ARAÚJO, Nádia de. Contratos Internacionais: *Autonomia da Vontade, Mercosul e Convenções Internacionais*. 4. ed. Rio de Janeiro: Renovar, 2009.

BAPTISTA, Luiz Olavo. *Contratos Internacionais*. São Paulo: Lex Magister, 2011.

BASTOS, Celso Ribeiro; MARTINS, Ives Gandra. *Comentários à Constituição do Brasil*. São Paulo: Saraiva, 1989. v. 2.

BERALDO, Leonardo de Faria. *Curso de Arbitragem* – Nos termos da Lei 9307/96. São Paulo: Atlas, 2014.

BIELSA, Rafael. *Estudios de Derecho Publico*. Buenos Aires, Depalma, 1949.

BLACKABY, Nigel; PARTASIDES Constantine; REDFERN, Alan; HUNTER, Martin. *Redfern and Hunter on International Arbitration*. New York. Oxford University Press. 2009.

BORN, Gary B. *International Arbitration*: Law and Practice. The Netherlands: Kluwer Law International BV, 2012.

BORN, Gary. *International Commercial Arbitration*. 2 ed. Netherlands: Wolters Kluwer Law International, 2001.

BRANDÃO, Clarissa. Lex Petrolea. *Revista Brasileira de Direito do Petróleo, Gás e Energia*. v. 2. Universidade do Estado do Rio de Janeiro, Faculdade de Direito. Set. 2006.

BUCHEB, José Alberto. *A Arbitragem Internacional nos Contratos da Indústria do Petróleo*. Rio de Janeiro: Lumen Juris, 2002.

CARMONA, Carlos Alberto. *Arbitragem e processo*: um comentário à Lei 9.307/96. 3. ed. São Paulo: Atlas, 2009.

CARMONA, Carlos Alberto. O Processo Arbitral. *Revista de Arbitragem e Mediação*. v. 1, n. 1. São Paulo: Ed. RT, jan./abr. 2004.

CARREIRA ALVIM, José Eduardo. *Direito Arbitral*. 2. ed. Rio de Janeiro: Forense, 2004.

CARVALHO FILHO, José dos Santos. *Manual de direito administrativo*. Rio de Janeiro: Atlas, 2014.

COUTO, Jeanlise Velloso. *Árbitro e Estado*: Interesses divergentes? São Paulo: Atlas, 2010.

CRETELLA NETO, José. *Comentário à Lei de Arbitragem brasileira*. Rio de Janeiro: Forense, 2007, p. 173.

CRETELLA NETO, José. Quão sigilosa é a arbitragem? *Revista de Arbitragem e Mediação*. ano 7, n. 25, p. 43-70. São Paulo, abr./jun. 2010.

DA COSTA, Rui Miguel Pereira Matos. *Arbitragem, acesso à justiça e democracia no espaço transnacional*. Dissertação (Mestrado em Direito). Universidade do Estado do Rio de Janeiro. Rio de Janeiro, 2015.

DIDIER JR., Fredie. *Curso de Direito Processual Civil*. 19. ed. Salvador: JusPodivm, 2017. v. 1.

DOLINGER, Jacob; TIBURCIO, Carmen. *Direito Internacional Privado* – Parte Especial: Arbitragem Comercial Internacional. Rio de Janeiro: Renovar, 2003.

FONSECA, Rodrigo Garcia da, e CORREIA, André de Luizi. A Confidencialidade na Arbitragem: Fundamentos e Limites. In: LEMES, Selma Ferreira; BALBINO, Inez (Coord.). *Arbitragem*: Temas Contemporâneos. São Paulo: Quartier Latin, 2012.

FURTADO, Lucas Rocha. *Curso de Direito Administrativo*. 4. ed. Belo Horizonte: Fórum, 2013.

FUX, Luiz. *Curso de direito processual civil*. 3. ed. Rio de Janeiro: Forense, 2005.

GODOY, Luciano de Souza. Arbitragem nas lides de relações público-privadas. In: COUTINHO, Diogo; ROCHA, Jean-Paul Veiga da; SCHAPIRO, Mario G. (Coord.). *Direito Econômico Atual*. Rio de Janeiro: Método, 2015.

HARTLEY, Trevor C. *International Commercial Litigation* – Text, cases and materials on private international law. Cambridge University Press, 2009.

JÚDICE, José Miguel. Confidencialidade e publicidade. Reflexão a propósito da reforma da Lei de Arbitragem. In: CAHALI, Francisco José; RODOVALHO, Thiago; e FREIRE, Alexandre (Org.). *Arbitragem*: estudos sobre a Lei 13.129. São Paulo: Saraiva, 2016.

LAZAREFF, Serge. *Confidentiality and Arbitration*: Theoretical and Philosophical Reflections, Special Supplement 2009: Confidentiality in Arbitration: Commentaries ora Roles, Statutes, *Case law and Practice* (2009).

LEMES, Selma Ferreira. *Arbitragem na Administração Pública*: fundamentos jurídicos e eficiência econômica. São Paulo: Quartier Latin, 2007.

LEMES, Selma Ferreira. Arbitragem na Concessão de Serviços Públicos –Arbitrabilidade Objetiva. Confidencialidade ou Publicidade Processual? *Revista de Direito Bancário do Mercado de Capitais e da Arbitragem*, v. 21, p. 387-407, São Paulo, 2003.

LOBO, Carlo Augusto da Silveira. Uma Introdução A Arbitragem Comercial Internacional. In: ALMEIDA, Ricardo Ramalho (Coord.). *Arbitragem Interna e Internacional*: questões de doutrina e da prática. Rio de Janeiro: Renovar, 2003.

MAGALHÃES, Bernardo de Paula. *O Impacto da Cláusula Arbitral nos Contratos Domésticos de Exploração de Hidrocarbonetos*. UFF, 2016.

MARTINS, André Chateaubriand. A Administração Pública na reforma da Lei de Arbitragem. In: ROCHA, Caio Cesar Vieira; SALOMÃO, Luis Felipe (Org.). *Arbitragem e mediação*: a reforma da legislação brasileira. 2. ed. São Paulo: Atlas, 2017.

MARTINS, André Chateaubriand. Arbitragem e Administração Pública. In: CAHALI, Francisco José; RODOVALHO, Thiago; FREIRE, Alexandre (Org.). *Arbitragem*: estudos sobre a Lei 13.129. São Paulo: Saraiva, 2016.

MARTINS, Pedro A. Batista. *Arbitragem no Direito Societário*. São Paulo: Quartier Latin, 2012.

MEDEIROS, Suzana Domingues. Algumas questões sobre a arbitragem envolvendo a administração pública no direito brasileiro. *Revista Trimestral de Direito Civil*. Rio de Janeiro: Padma, 2000. v. 17, jan./mar. 2004.

MELLO, Celso Antônio Bandeira de. *Curso de direito administrativo.* 13 ed. São Paulo, Malheiros, 2001.

MOREIRA NETO, Diogo de Figueiredo. Arbitragem nos Contratos Administrativos. *Revista de Direito Administrativo,* 218/84, jul./set. 1997.

MOREIRA NETO, Diogo de Figueiredo. *Curso de direito administrativo.* 14. ed. Rio de Janeiro: Forense, 2005.

NOGUEIRA, Erico Ferrari. A arbitragem e sua utilização na Administração Pública. *Debates em Direito Público,* v. ano 9, p. 25-38, 2011.

OLIVEIRA, Larissa Alderete Betio de. A arbitragem na administração pública: possibilidades e desafios após a Lei 13.129/2015. *Revista da Procuradoria-Geral do Estado de Mato Grosso do Sul,* n. 17, p. 132-150. dez. 2021.

OLIVEIRA, Rafael Carvalho Rezende. A arbitragem nos contratos da Administração Pública e a Lei 13.129/2015: novos desafios. *BDA – Boletim de Direito Administrativo,* ano 33, n. 1, p. 25-38, São Paulo, NDJ, jan. 2017.

PEREIRA, Ana Lúcia Pretto, GIOVANNI, Ana Elisa Pretto Pereira. Arbitragem na administração pública brasileira e indisponibilidade do interesse público. *Revista Quaestio Iuris,* v. 10, n. 2 p. 1146-1161, Rio de Janeiro, 2017. Disponível em: https://www.e-publicacoes.uerj.br/index.php/quaestioiuris/article/view/23491. Acesso em: 10 maio 2022.

PINHO, José Antônio Gomes de; SACRAMENTO, Ana Rita Silva. Accountability: já podemos traduzi-la para o Português? *Revista de Administração Pública.* n. 43, a. 6, p. 1343-1368. Rio de Janeiro, nov./dez. 2009.

PINTO, José Emilío Nunes. A arbitrabilidade de controvérsias nos contratos com o Estado e empresas estatais. *Revista brasileira de arbitragem,* v. 1, n. 1, p. 9-26, jan.-mar./2004.

PINTO, José Emilío Nunes. A confidencialidade na arbitragem. In: WALD, Arnoldo (Coord.). *Revista de Arbitragem e Mediação.* n. 6, p. 25-36, São Paulo, jul./set. 2005.

PINTO, José Emilío Nunes. O árbitro deve decidir. *Migalhas.* 2003. Disponível em: https://www.migalhas.com.br/dePeso/16,MI2457,61044-O+arbitro+deve+decidir. Acesso em: 14 jan. 2020.

RECHSTEINER, Beat Walter. *Direito Internacional Privado* – Teoria e Prática. 15. ed. São Paulo: Saraiva, 2012.

REDONDO, Bruno Garcia. Eficiência da prestação jurisdicional e flexibilização do procedimento pelo juiz e pelas partes. *Revista Jurídica UNIGRAN.* v. 15. n. 30. Dourados, MS. jul./dez. 2013.

RIBEIRO, Diogo Albaneze Gomes. Arbitragem e Poder Público. *Revista Brasileira de Infraestrutura,* ano 2, n. 3, p. 157-188, Belo Horizonte, jan./jun. 2013.

RIBEIRO, Marilda Rosado de Sá. *Direito do Petróleo*: as joint ventures na indústria do petróleo. 2. ed. Rio de Janeiro: Renovar, 2003.

ROCHA, Caio Cesar Vieira. Arbitragem e Administração Pública: Nova disciplina normativa após a lei 13.129/2015. *Revista de Arbitragem e Mediação,* v. 49/2016, p. 103-126, abr./jun. 2016. Disponível em: www.academia.edu.documents/58280473/arbitragem_e_administracao_publica_ nova_disciplina_normativa_apos_a_Lei_13.1292015.pdf. Acesso em: 10 maio 2022.

SALLES, Carlos Alberto de. *Arbitragem em contratos administrativos.* Rio de Janeiro, Forense, São Paulo, Método, 2011.

SCAVONE JUNIOR, Luiz Antonio. *Manual de Arbitragem.* 5. ed. Rio de Janeiro: Forense, 2014.

SCHAEFFER, T. Evan. *Compulsory consolidation of commercial arbitration disputes.* Imprenta: Saint Louis, Saint Louis University, School of Law, 1966. Referência: v. 33, n. 2, p. 495-513, Winter, 1989.

SCHMIDT, Gustavo da Rocha. Reflexões sobre a arbitragem nos conflitos envolvendo a Administração Pública (arbitrabilidade, legalidade, publicidade e a necessária regulamentação). In: DUBEUX, Bruno Teixeira; MANNHEIMER, Sergio Nelson (Org.). *Revista de Direito da Associação dos Procuradores do Estado do Rio de Janeiro,* v. XXVI: Arbitragem na Administração Pública, , p. 163-210. Rio de Janeiro, APERJ, 2016.

SCHREIBER, Anderson. *Manual de direito civil contemporâneo*. São Paulo: Saraiva, 2018.

SCOTON, Samira. Arbitragem nos contratos da indústria do petróleo: a utilização de cláusula compromissória em contratos envolvendo o Estado. *Revista dos estudantes de direito da UNB*, p. 190-205. 2017.

SEREC, Fernando Eduardo; COES, Eduardo Rabelo Kent. Confidencialidade de arbitragem é relativizada. *Conjur*. Disponível em: http://www.conjur.com.br/2010-set-13/confidencialidade-arbitragemrelativizada-mercado. Acesso em: 11 maio 2022.

SESTER, Peter Christian. *Comentários à Lei de Arbitragem e à Legislação Extravagante*. São Paulo: Quartier Latin, 2020.

SOUZA, Eduardo Nunes. Merecimento de tutela: a nova fronteira da legalidade no direito civil. Revista de Direito Privado, n. 58. São Paulo: *Revista dos Tribunais*, abr.-jun./2014, p. 75-107.

TEPEDINO, Gustavo. *O Código Civil, os Chamados Microssistemas e a Constituição*: Premissas para uma Reforma Legislativa. Problemas de Direito Civil-Constitucional. Rio de Janeiro: Renovar, 2000.

TEPEDINO, Gustavo. Premissas metodológicas para a constitucionalização do direito civil. *RDE. Revista de Direito do Estado*, v. 2, p. 37-53, 2006.

TIBURCIO, Carmen. A arbitragem envolvendo a Administração Pública: REsp 606.345/RS. *Revista de Direito do Estado*. n. 6. Rio de Janeiro: Renovar, 2006, abr./jun. 2007.

TIBURCIO, Carmen. Arbitragem e Administração Pública. *Valor Econômico*. Disponível em: http://cbar.org.br/site/blog/noticias/valor-economico-arbitragem-e-administracao-publica. Acesso em: 09 maio 2022.

TIBURCIO, Carmen. MEDEIROS, Suzana. Arbitragem na indústria do petróleo no direito brasileiro. *Revista de Direito Administrativo*, n. 241, p. 53-91, jul./set.-2005.

TIBURCIO, Carmen; PIRES, Thiago Magalhães. Arbitragem envolvendo a administração pública: notas sobre as alterações introduzidas pela Lei 13.129/2005. *Revista de Processo*, v. 254, 2016.

YAMAMOTO, Ricardo. *Arbitragem e administração pública*: uma análise das cláusulas compromissórias em contratos administrativos. Dissertação de mestrado. FGV-SP, 2018.

ZIMMERMANN, Dennys. Alguns aspectos sobre a arbitragem nos contratos administrativos à luz dos princípios da eficiência e do acesso à justiça: por uma nova concepção do que seja interesse público. *Revista de Arbitragem e Mediação*, v. 12, p. 69-93, jan./mar. 2007.

IX
ARBITRAGEM NO SETOR DA CONSTRUÇÃO: ÁRBITRO-ESPECIALISTA, ARBITRAGENS COMPLEXAS E PRODUÇÃO DA PROVA TÉCNICA PELAS PARTES

Marcelo A. Botelho de Mesquita

Mestre em Direito pela Universidade Federal de Santa Catarina (2017). *Fellow* do Chartered Institute of Arbitrators (FCIArb). Autor da obra Contratos Chave na Mão (Turnkey) e EPC (Engineering, Procurement and Construction). Vice-Presidente do Instituto Brasileiro de Direito da Construção (IBDiC). Advogado.

Sumário: Introdução: arbitragem e construção – 1. A escolha do árbitro e o árbitro-especialista; 1.1 Considerações gerais; 1.2 Árbitro-especialista – 2. Arbitragem multiparte e multicontrato; 2.1 Consentimento; 2.2 Soluções contratuais – 3. Prova técnica e inquirição conjunta; 3.1 *Experts* indicados pelas partes; 3.2 Reuniões prévias; 3.3 Inquirição conjunta (*hot-tubbing*) – Conclusão – Bibliografia e julgados selecionados.

INTRODUÇÃO: ARBITRAGEM E CONSTRUÇÃO

Aqueles que se dedicam a atuar nas áreas da engenharia pesada e de edificações conhecem uma inexorável realidade: há nos contratos de construção uma lógica diferente da que pauta os contratos de outros setores. O ordinário em uma contratação é que as condições sejam formuladas e negociadas na expectativa de se manterem estáveis, de serem cumpridas sem mudanças. No ramo da construção, o comum é o oposto. Razões de ordem prática, econômica e técnica levam a que o contrato receba habituais aditamentos ao longo dos trabalhos.

Em parte, isso se dá devido às incertezas endêmicas da atividade construtiva. Não raro, as características precisas da obra são conhecidas somente durante a sua execução. A concepção do empreendimento outras vezes ocorre em paralelo com sua construção (*fast track*). E há, ainda, uma típica incompletude contratual nos contratos de obra, a exigir um constante exercício de renegociar, a ponto de ser neles natural o *ius variandi*.[1] Realmente, o princípio da imutabilidade contratual, aqui, sofre verdadeira inflexão,

---

1. A incompletude natural dos contratos de construção é hoje reconhecida pelos mais modernos modelos contratuais que, pela constante necessidade de integração contratual, além constituírem um instrumento de alocação de riscos, contêm intrincados mecanismos para regular as questões sobrevindas ao longo das obras. Daí também atualmente se considerar os comitês de solução de disputa (*dispute boards*) métodos de integração contratual, o que já se designou de contrataçao *ex tempore* (cf. VERSTEIN, Andrew. Ex Tempore Contracting. *William & Mary Law Review*, v. 55, n. 5, p. 1869-1932, Maio 2014).

possuindo um dos contratantes a prerrogativa de impor alterações ao outro, quer no modo de execução da obra, quer na própria entidade objetiva da prestação.[2]

Com tudo isso, os litígios em contratos de obra constituem uma realidade universal e, para resolvê-los, o setor da construção recorre majoritariamente à arbitragem, entendida como um método eficiente de solução final de disputas, dada a possibilidade de escolha de indivíduos com experiência no direito e nas práticas da indústria e com disponibilidade para se dedicar ao estudo do caso concreto, comumente complexo e com elevado número de evidências e de pormenores fáticos.[3]

Em nosso País, há ainda o benefício de uma justiça rápida, em oposição à jurisdição estatal, que, na prática, não se mostra a sede mais adequada para solução de conflitos do setor da construção. Uma demanda judicial de construção, após regular trâmite, pode ter seu trânsito em julgado em prazo superior a 8-10 anos, realidade que, em grande parte, não atende aos interesses das partes e do setor.[4]

A arbitragem favorece a solução de disputas de construção também por conta de sua adaptabilidade procedimental. Em termos gerais, na maior parte dos regulamentos institucionais, há bastante liberdade para que partes e árbitros adequem o procedimento. Por exemplo: é necessária uma visita ao local; serão úteis audiências intermediárias de exposição dos fatos e argumentos; um maior prazo para manifestação das partes é indicado? Todos esses aspectos costumam ser considerados tanto no início como ao longo do procedimento para moldá-lo às necessidades do caso.

Apesar de suas elevadas vantagens, a arbitragem também possui limitações para a solução de disputas de construção. Por demandar um tempo médio superior ao de muitos empreendimentos, dificilmente pode ser utilizada com sucesso para decidir uma controvérsia ao longo da obra antes de seu término. Por outro lado, diante do alto custo dos procedimentos arbitrais, parcela das pretensões termina por ser abandonada dado ser antieconômico arbitrar. Por isso, já há uma arraigada compreensão de que, para cada tipo de litígio, há um método adequado, o que é assegurado mediante a previsão contratual de novos mecanismos de solução de disputa, movimento alcunhado de

---

2. O direito de o dono da obra variar os trabalhos, encontrado universalmente nas legislações e nos contratos de obra, constitui uma constante a ponto de ser julgado parte da *lex constructionis* (v. MOLINEAUX, Charles. Moving Toward a Construction Lex Mercatoria – a Lex Constructionis. *Journal of International Arbitration*, v. 14, n. 1, p. 64, 1997).
3. Ano a ano, a construção figura como um dos temas mais discutidos nas arbitragens processadas nas principais instituições arbitrais, quer em âmbito nacional, quer internacional. Nesse sentido, a mais recente (e já tradicional) pesquisa "Arbitragem em Números" registra que, no Brasil, o setor da construção foi responsável pelos maiores valores envolvidos em arbitragens em 2019 e ocupa a terceira posição em número de arbitragens entrantes (LEMES, Selma Ferreira. *Arbitragem em Números e Valores*. 2020, p. 4). No plano internacional, indica a *International Court of Arbitration* ("ICC"), que as disputas oriundas dos setores da construção e energia historicamente geram o maior número de arbitragens processadas pela instituição, tendência confirmada em 2020 (ICC. *Dispute Resolution 2020 Statistics*, p. 17).
4. Em sentido análogo, PECCORARO, Eduardo. Arbitragem nos Contratos de Construção. In: SILVA, Leonardo Toledo da. *Direito e Infraestrutura*. São Paulo: Saraiva, 2012. p. 232; e BITTAR, Flávia, *Arbitragem e Construção Civil*, Editora FISCOSOFT, 2003, p. 1.

"contratualização da justiça".⁵ Seja como for, é inegável que a arbitragem continua como a melhor via para solução final e definitiva dos complexos conflitos de obra.

A doutrina nacional já conta com relevantes contribuições práticas acerca da arbitragem dos litígios de construção.⁶ Afora esses estudos, o profissional que se dedica à arbitragem em contratos de obra tem hoje ao dispor detalhadas recomendações e diretrizes práticas, como as elaboradas sob os auspícios da Corte Internacional de Arbitragem da Câmara Internacional de Comércio (ICC) por árbitros, advogados e engenheiros com expertise sobre o tema.⁷

Conforme se pode notar dessas contribuições doutrinárias e recomendações, é extensa a gama de particularidades das arbitragens de construção. Dentre as diversas questões que despertam aceso debate, dado o limitado e não exauriente escopo desse trabalho, concentraremos a atenção em três delas: (a) a escolha do árbitro, em especial do árbitro-especialista; (b) as soluções contratuais para as arbitragens multiparte e multicontrato; e (c) a produção da prova técnica pelas partes e a inquirição conjunta de experts.

1. A ESCOLHA DO ÁRBITRO E O ÁRBITRO-ESPECIALISTA

1.1 Considerações gerais

Diferente da justiça comum, em que a parte não pode ser culpada pela escolha dos julgadores, na arbitragem, via de regra, as partes não têm ninguém a quem culpar pelos árbitros que decidirão o caso, senão elas próprias. Embora não exista consenso sobre a melhor qualificação daqueles que comporão o painel arbitral em conflitos de construção, constata-se uma uniformidade: os árbitros devem ter entendimento da matéria envolvida no litígio e disponibilidade.⁸

---

5. HÖK, Götz-Sebastian. Alternative Dispute Resolution and Dispute Adjudication in Civil Law Countries: Hype or Substance? *Revista de Mediação e Arbitragem*, v. 34, p. 299-300. São Paulo: Ed. RT, 2012. Após um primeiro movimento de fuga do Poder Judiciário, constata-se mundialmente anseios de "fuga da arbitragem", entendida como a última *ratio* pelas partes, que paulatinamente se voltam para os *dispute boards*, a adjudicação e a mediação (cf. FIGUEIREDO, Augusto Barros de; SALLA, Ricardo Medina. Manual de Dispute Boards. São Paulo: Quartier Latin, 2021, passim; e permita-se remeter o leitor ainda a BOTELHO DE MESQUITA, Marcelo Alencar. Adjudicação de Conflitos na Construção. In: MARCONDES, Fernando. *Temas de Direito da Construção*. São Paulo, Pini, 2015, p. 105-120).
6. Entre outros, confira-se os artigos de Eduardo Peccoraro e Flávia Bittar, "Arbitragem nos Contratos de Construção" e a "Arbitragem e Construção Civil", citados na nota 4, acima, assim como aquele de Wanderley Fernandes, "Arbitragem e Construção" (In: LEVY, Daniel; PEREIRA, Guilherme Setoguti J. *Curso de Arbitragem*. São Paulo: Ed. RT, 2021. p. 665-702).
7. A primeira versão dessas recomendações data de 2001 (ICC. Final Report on Construction Industry Arbitrations. *ICC International Court of Arbitration Bulletin*, v. 12, n. 2, 2001). Recentemente, em 2019, essas mesmas recomendações receberam uma atualização, preservando-se, porém, muito do trabalho original (ICC. *Commission Report – Construction Industry Arbitrations Recommended Tools and Techniques for Effective Management 2019 Update*, 2019). A maioria dos participantes que redigiram as recomendações proveem de países de *common law*, mas suas considerações são de bastante utilidade para as arbitragens de construção em geral.
8. Por todos, *v.* ICC, *Final Report*...cit., §14; e ICC, *Comission Report*...cit., §2.1 sobre a necessidade de conhecimento de contratos de construção e sua interpretação.

Disputas de construção são frequentemente mais complexas do ponto de vista fático e mais difíceis de conduzir e resolver. Os projetos de engenharia desenvolvem-se por anos, desde a sua concepção até a colocação em funcionamento das obras, com documentação sendo criada diariamente por dezenas de participantes do empreendimento. Isso leva à produção de uma enorme quantidade de dados que deve ser revista e valorada como prova.[9] Por essa razão, a disponibilidade, aliás, é considerada uma das principais exigências do árbitro de litígios de construção pela *Construction Industry Arbitrations – Recommended Tools and Techniques for Effective Management* da ICC, de 2019, uma inovação em relação à edição das mesmas recomendações de 2001.[10] Realmente, sem a disponibilidade do árbitro, haverá a reprodução dos problemas do Poder Judiciário que se deseja evitar.

Em paralelo a isso, litígios envolvendo aspectos de prazo, custo e qualidade das obras dão ensejo à necessidade de avaliar intrincadas questões técnicas, tal como análises de cronograma, defeitos advindos dos projetos ou da construção das obras, quantificação de prejuízos, entre diversas outras matérias que vão exigir do árbitro um conhecimento do direito e da prática da indústria. O árbitro deve, assim, possuir minimamente um conhecimento do fluxo normal de uma contratação desde a fase de proposta, com aptidão para identificar o nível de maturidade dos documentos da contratação, até a conclusão das obras. É recomendável, também, que seja capaz de compreender os documentos de controle dos trabalhos (*v.g.*, histograma, cronograma, curva "S", matriz de responsabilidade e interface), bem como ter ciência das regras básicas de *forensic analysis* para avaliar atrasos concorrentes, improdutividade e quantificação de danos em contratos de obra. Deve, ainda, estar familiarizado com os arranjos e modelos de contratação normalmente praticados, de modo a identificar os desvios e as deturpações frequentemente neles realizados, além de entender os usos e costumes do setor. A título de exemplo, ainda que as regras de interpretação contratual se apliquem de modo quase que uniforme em contratos de outros segmentos, o setor da construção possui conhecidos usos, cuja compreensão é essencial para entender o negócio realizado, como a de que o fluxo de caixa é vital para a implementação dos empreendimentos.[11]

---

9. O volume de documentos chega a tornar o uso de cópias físicas muitas vezes proibitivo. Por essa razão, as Recomendações de 2019 da ICC indicam que os árbitros devem ter familiaridade com sistemas de informática disponíveis de modo a lidar com manifestações, documentos e outras provas, que são armazenados e acessados por meio eletrônico (BROWN, Nicholas A. Brown; CHAN, Yong Neng. *The ICC Commission Report, Construction Industry Arbitrations Recommended Tools and Techniques for Effective Management (2019 Update)*, International Construction Law Review (ICLR), 2019, Informa Law, p. 461). Essa exigência de conhecimentos para lidar com documentos eletrônicos tornou-se ainda mais imprescindível durante a pandemia do COVID-19, em que as arbitragens passaram a se desenvolver integralmente em meio eletrônico.
10. ICC. *Comission Report*...cit., §2.1. *Vide* ainda BROWN; CHAN, *The ICC Commission Report*...cit., p. 461.
11. Da forma análoga, José Emílio Nunes Pinto menciona a habitual necessidade de definir o conceito indeterminado de "melhores práticas da indústria", comumente empregado em contratos de engenharia de grande porte (Reflexões Indispensáveis sobre a Utilização da Arbitragem e de Meios Extrajudiciais de Solução de Controvérsia. In: LEMES, Selma; CARMONA, Carlos Alberto; MARTINS, Pedro Batista. *Estudos em Homenagem ao Prof. Guido Fernando da Silva Soares in Memoriam*. São Paulo: Atlas, 2007, p. 317). Consoante esclarece, há um verdadeiro critério científico na escolha de árbitros com experiência prática e jurídica no setor econômico do litígio, pois o envolvimento do especialista traz segurança para as partes na medida em que detenha o mesmo conhecimento destas, em verdadeira simetria informacional (idem, p. 322).

Em última análise, portanto, é essencial o conhecimento da operação econômica inerente ao contrato. Não basta ao árbitro uma qualificação acadêmica; é preciso que conheça a rotina da construção e as particularidades do mercado.[12] Daí a recomendação de que a escolha do árbitro recaia em profissionais atuantes na indústria da construção e que tenham capacidade de compreender as questões jurídico-contratuais e técnicas envolvidas no conflito. Nesse contexto, então, é que se discute a nomeação do árbitro-especialista.

1.2 Árbitro-especialista

A solução de litígios de construção pela via arbitral propicia às partes usufruir de um dos diferenciais originais da arbitragem: indicar profissionais não advogados que atuem no ramo do negócio subjacente à disputa, como engenheiros, arquitetos, geólogos e demais profissionais técnicos que participem da execução das obras.

Tradicionalmente, nos locais onde a arbitragem mais se desenvolveu, o comum era que engenheiros, arquitetos e orçamentistas (*quantity surveyors*) fossem árbitros e contassem com assessores legais durante o procedimento.[13] As raízes da arbitragem de construção, inclusive, estão estabelecidas em procedimentos com painéis contendo técnicos do setor e, não, advogados, adotando-se um viés menos legalista e mais voltado a uma decisão justa, de acordo com os padrões da indústria. Ao longo do tempo, houve uma transformação da arbitragem, que passou cada vez mais a se parecer com o processo judicial, tornando-se custosa e demorada.[14] Ainda hoje, no entanto, reconhece-se que um tribunal de três membros composto de um ou dois especialistas, engenheiros ou arquitetos, e um advogado pode ser altamente eficiente ao lidar com as questões em causa.[15]

Apesar de ainda pouco habituais em nosso País, em que a arbitragem foi adotada não só por seus méritos próprios, mas também pelas crônicas deficiências do Poder Judiciário, não se podem dizer excepcionais as arbitragens com engenheiros no painel de árbitros.[16] Nota-se, inclusive, uma crescente indicação de árbitros-especialistas, o que se reflete no incremento de trabalhos doutrinários sobre o tema e na busca de aperfeiçoamento desses profissionais para atuar nos procedimentos arbitrais.[17]

---

12. Cf. MARCONDES, Fernando. A experiência dos painéis mistos nas arbitragens de construção. *Revista Brasileira de Mediação e Arbitragem*, v. 19, São Paulo: Ed. RT, jan. 2009. Em sentido análogo, FERNANDES, *Arbitragem e Construção*...cit., p. 670 e 693.
13. HAMILTON (Lord), Arthur. *Litigation or Arbitration Options for Resolution or Construction Law Disputes*. Society of Construction Law (SCL) Paper n. 54, nov. 1995, p. 3.
14. ANDERSON, Eric. *Construction Industry Expert Arbitrators*. Dispute Resolution Journal, v. 74, n. 3, 2019, p. 149-150, relatando as tradições americanas (EUA) da arbitragem no setor da construção. Para a tradição europeia, consulte-se GENTON, Pierre; SCHWAB, Yves A. *The Role of the Engineer in Disputes Related More Specifically to Industrial Projects*. Journal of International Arbitration, v. 17, n. 4, 2000, p. 6.
15. Nessa linha, *vide* GIOVANNINI, Teresa. *Delivering Infrastructure: International Best Practice - Arbitration: Best Practice*. Society of Construction Law (SCL) Paper n. D020, agosto 2020, p. 1; JENKINS, Jane; STEBBINGS, Simon. *International Construction Law*. 2. ed. London: Kluwer Law International, 2006, p. 147.
16. Trata-se de uma realidade universal, como se verifica em GENTON; SCHWAB. *The Role of the Engineer*...cit., p. 6.
17. Cf. MARCONDES, Fernando. A experiência dos painéis mistos nas arbitragens de construção. *Revista Brasileira de Mediaçao e Arbitragem*, v. 19, São Paulo: Ed. RT, jan. 2009; e GALVÃO NETO, Octávio; CARVALHO

A presença de um engenheiro ou outro profissional técnico do setor da construção possui algumas vantagens, como a noticiada maior ênfase conferida ao mérito da causa e a correspondente redução de formalidades, tendendo os advogados a se portar com menos atenção a questões puramente procedimentais. Aliado a isso, um profissional com experiência prática nos aspectos não-jurídicos da disputa permite ao painel uma análise dos fatos mais adequada. A esse respeito, entretanto, julga-se também relevante menos o conhecimento acadêmico-científico e mais a vivência prática no dia a dia das obras, a engenharia em movimento.[18]

Mas a maior vantagem da presença do árbitro-especialista no painel arbitral é o auxílio que pode fornecer aos demais membros do tribunal para avaliar os resultados da perícia ou dos pareceres e demais informações técnicas apresentadas por experts nomeados pelas partes. O arbitro-especialista será muito útil para se comunicar com esses profissionais e entender melhor os aspectos técnicos da causa. Sua atuação pode trazer uma perspectiva que leve a uma decisão equilibrada e justa, constituindo excelente salvaguarda para os demais árbitros e para as partes de que haverá plena compreensão do tribunal do problema *sub examine*.

Diferente do que podem acreditar aqueles sem familiaridade com disputas de construção, que nutrem a equivocada ideia de que a arbitragem girará em torno de complexas questões de direito, a controvérsia muitas vezes concentra-se em resolver questões técnicas de fato.[19] Disso pode surgir certa dependência dos árbitros da opinião de experts e, com isso, uma discutível delegação da decisão, quando houver a indicação de um perito pelo tribunal, ou a dificuldade de os árbitros distinguirem opiniões técnicas tendenciosas, quando se tratar de prova produzida por técnicos vinculados às partes, tema mais adiante aprofundado. A presença de um árbitro-especialista, nessa conjuntura, adequa-se à feição da arbitragem de mecanismo voltado à solução de questões sobretudo técnicas de acordo com os padrões da indústria, e não só um método preferível à justiça estatal, dada a sua agilidade.

Tema de maior repercussão quando se discute a participação de um árbitro-especialista no painel refere-se à dispensa da prova pericial por esse mesmo árbitro quando possuir conhecimentos técnicos sobre o assunto em causa. Existem recomendações práticas e posições doutrinárias no sentido de que a presença no tribunal arbitral de um expert tornaria dispensável a prova técnica,[20] havendo até quem diga que, se a expertise

---

NETO, Renato Torres de. Conduta do Árbitro Especialista. In: MAIA NETO, Francisco; FIGUEIREDO, Flavio Fernando de. *Perícias em Arbitragem*. São Paulo: Universitária de Direito, 2012. p. 49-64.
18. Em igual sentido, MARCONDES, *A experiência dos painéis mistos*...cit., p. 2; GALVÃO NETO; CARVALHO NETO. *Conduta do Árbitro Especialista*...cit., p. 58.
19. Essa também é a constatação de MADEIRA FILHO, Victor. Perícias Técnicas em Arbitragens de Construção no Brasil. In: DOURADO, Ruy Janoni et al. *Atualidades da arbitragem comercial*: estudos dos membros da Comissão de Arbitragem e do Comitê de Coordenação da Câmara de Mediação, Conciliação e Arbitragem da OAB/SP. São Paulo: Quartier Latin, 2021. p. 357. Em âmbito internacional, *vide* ELKINGTON, Guy; TAPLIN, Paul. *Expert Evidence in Construction Disputes*: Expert Witness Perspective. The Guide to Construction Arbitration. 4. ed. London: Law Business Research, 2021, p. 212.
20. Cf. ICC. *Final Report*...cit., § 58; e ICC. *Comission Report*... cit., §18.7, ambos no sentido de que o fato de haver um expert nomeado como árbitro normalmente pode tornar prescindível a prova técnica.

do árbitro-especialista permitir, é desejável que cumule as funções de perito.[21] Trata-se de uma questão tormentosa, todavia, tanto do ponto de vista prático como do ponto de vista jurídico.

Do ponto de vista prático, não são poucas as dificuldades para que o árbitro acumule as funções de perito, a começar pelo fato, bem identificado por experientes engenheiros com atuação em tribunais arbitrais, de que esta não é a função do árbitro-especialista, que não é pago para isso.[22] Isso fica evidente em arbitragens complexas, nas quais o volume das provas (e o número delas) é elevado. Ainda que o árbitro tenha expertise para produzir um parecer técnico, a tarefa pode ser inviável em concreto, ainda mais se considerarmos que o árbitro deve trabalhar de maneira individual, não contando com uma equipe de auxiliares, como pode um perito ou um expert da parte possuir. Nem sempre, por outro lado, os árbitros escolhidos possuem especialidade no assunto em discussão, razão pela qual, mesmo os painéis constituídos somente por engenheiros não têm dispensado a perícia.[23]

Pelo lado jurídico, é conhecida a impossibilidade de o juiz da causa exercer as funções de perito para dirimir questão técnica. Com raras exceções, não se admite, ante as repercussões sobre o contraditório e a ampla defesa, que o julgador estatal também faça as vezes de perito, o que, em última análise, além de permitir o uso de seus conhecimentos pessoais, privaria as partes de participar ativamente na produção da prova.[24] Por essas razões, os tribunais brasileiros possuem consolidada orientação no sentido de impedir que o magistrado, mesmo se detentor de conhecimentos técnicos, deles se utilize para o julgamento do litígio.[25] Consoante noticia a doutrina, essa aparenta ser uma preocupação também em outras jurisdições.[26]

---

21. GALVÃO NETO; CARVALHO NETO, *Conduta do Árbitro Especialista*...cit., p. 58-59.
22. V. GENTON; SCHWAB. *The Role of the Engineer*...cit., p. 6.
23. MARCONDES, *A experiência dos painéis mistos*...cit., p. 2; GONÇALVES, Eduardo Damião; SILVA, Rafael Bittencourt. A perícia na Arbitragem. *Revista do Advogado*, n. 119, p. 38, abr. 2013; e, ainda, em âmbito internacional, BROWN; CHAN. *The ICC Commission Report*...cit., p. 480.
24. A doutrina nacional é firme no sentido de que papel do juiz encontra-se bem definido no processo, não se admitindo que atue simultaneamente como perito e julgador. Se houver fatos controvertidos que exijam conhecimento técnico para sua apuração, não se dispensa a nomeação de perito (cf., entre muitos, ARRUDA ALVIM, Teresa Wambier et al. *Primeiros Comentários ao Novo Código de Processo Civil*. 2. ed. São Paulo: Ed. RT, 2016, p. 342; e OLIVEIRA NETO, Olavo de; SANTOS, Renato dos. In: BUENO, Cassio Scarpinella. *Comentários ao Código de Processo Civil*. São Paulo: Saraiva, 2017, p. 668). Há no processo judicial, realmente, uma distinção entre o auxiliar da justiça que produzirá a prova (e, neste sentido, pode pedir documentos, fazer inspeções, investigar) e o juiz, que procura ter um papel mais neutro. A prova pericial é ainda acompanhada pela parte, que pode comentá-la e inquirir o perito em audiência, inclusive para desacreditá-lo e solicitar uma segunda perícia. Contra, Celso Agrícola Barbi, para quem a perícia constituiria inútil formalismo se o juiz possuir conhecimentos técnicos, porque este último não acolherá seus resultados se em desacordo com sua convicção pessoal (*Comentários ao Código de Processo Civil*. Rio de Janeiro: Forense, 2002, p. 451).
25. Nesse sentido, veja-se, a título ilustrativo, STJ, REsp 1.49.510/RJ, DJe 04.03.2006; e STJ Ag. REsp. 1.976.846, DJe 21.02.2022; TJ-SP Ap. Cív. 0172241-54.2012.8.26.0100, j. 25.02.2015; e TJ-SP Ap. Cív. 1017803-23.2019.8.26.0451, j. 08.07.2020.
26. Cf. BROWN; CHAN. *The ICC Commission Report*...cit., p. 463. Para a vedação no direito italiano, veja-se ANSANELLI, Vicenzo. La consulenza tecnica. In: TARUFFO, Michelle. *La prova nel Processo Civile*. Milano. Guiffrè, 2012, p. 1013-1017.

Na arbitragem, no entanto, fundada e norteada primordialmente pela autonomia das partes, não se descarta que estas, se assim desejarem, possam conferir poderes aos árbitros (ou a um deles) para efetuar apurações e levantamentos técnicos. As partes, em larga medida, são senhoras do procedimento e, se julgarem conveniente, por questões econômicas, técnicas ou de qualquer sorte, que o julgador, por seu conhecimento, decida as questões técnicas controvertidas, podem fazê-lo, com a mesma liberdade que possuem de escolher o direito aplicável ou até mesmo adotar a pura equidade para resolver o conflito. No caso de deliberarem que o árbitro-especialista também avalie e opine sobre as questões técnicas do litígio, porém, será necessário observar algumas cautelas para assegurar os princípios constitucionais do processo justo.

Em primeiro lugar, o tribunal com um expert precisará discutir com as partes a decisão de não indicar um perito, de forma a evitar que o árbitro-especialista nomeado por uma delas suplante a prova técnica que a outra parte entendesse preferível.[27] Além disso, os demais árbitros também deverão estar confortáveis com a realização da prova técnica pelo árbitro-especialista, tanto do ponto de vista da independência deste último como com relação à sua competência.

Especial atenção se exigirá, ainda, para que não haja uma influência indevida do árbitro-especialista sobre os demais. Como indicam os próprios árbitros-especialistas, a perícia é recomendável em painéis multidisciplinares por conferir maior equilíbrio à atuação dos membros do tribunal, além de ampliar os horizontes do debate e trazer maiores subsídios à decisão.[28] Se qualquer das partes ou dos demais membros do tribunal preferir a produção da prova técnica por um perito, esse deve ser o caminho a seguir.

E, como última cautela e talvez a mais importante delas, as opiniões e conclusões técnicas do árbitro-especialista que suplantar a perícia precisarão sempre ser comunicadas às partes para debate, de modo que essas tenham a oportunidade de lidar com tais informações, submetendo provas ou manifestações. É essencial que as partes participem ativamente da produção da prova pericial e, em última análise, da formação do convencimento do julgador.[29] Como já se acentuou, existe na atualidade uma tendência geral no sentido de assegurar às partes oportunidades efetivas de participar da prova pericial, e essa prerrogativa constitui elemento essencial do processo justo,[30] que, se não assegurado, poderá levar à anulação da sentença arbitral.

Uma consideração final parece ser relevante sobre a participação de profissionais não advogados como árbitros. A complexidade em conflitos de contrato de construção torna hoje difícil e pouco proveitoso que alguém seja envolvido em arbitragens caso tal pessoa não possua "capacidade jurídica" mínima, assim entendida a condição de avaliar provas, determinar os pontos controvertidos e conhecer de direito contratual e arbitral,

---

27. Em igual sentido, ICC. *Comission Report*...cit., § 18.7.
28. Cf. GALVÃO NETO; CARVALHO NETO, *Conduta do Árbitro Especialista*...cit., p. 60 e 62.
29. Com orientação similar, veja-se GALVÃO NETO; CARVALHO NETO, *ibidem*, os quais recomendam que o árbitro produza um relatório de suas observações quando houver alguma diligência, permitindo a apreciação dos aspectos que serão considerados na decisão.
30. A propósito, *v.* TARUFFO, Michele. *A prova*. São Paulo: Marcial Pons, 2014. p. 94.

de forma a proferir uma decisão motivada.[31] Em âmbito internacional, em vista das dificuldades inerentes ao ofício de árbitro, treinamentos avançados foram e são ministrados para preparar engenheiros, arquitetos e orçamentistas para atuar em arbitragens.[32] Em nosso País, como dito, os procedimentos com engenheiros no painel ainda representam uma minoria. Há muitas explicações para isso, como questões estratégicas das partes, mas não se pode descurar que os árbitros-especialistas recebam preparação adequada para solução de disputas e suas questões inerentes. A disponibilidade de árbitros não advogados para atuar somente enriquece e enriquecerá a indústria da construção.

2. ARBITRAGEM MULTIPARTE E MULTICONTRATO

2.1 Consentimento

A implantação de um empreendimento, normalmente, pode envolver diversas partes e uma rede contratual de ajustes coligados. Na prática, não é comum que um único empreiteiro possua expertise para atuar em todas as frentes. Em arranjos contratuais com um ponto único de responsabilidade, com um contrato do tipo *design build*, *turn-key* ou EPC, para ilustrar, exige-se do construtor atividades nem sempre desempenhadas por seu próprio pessoal, como a concepção das obras e o fornecimento de equipamentos. Assim, é técnica e financeiramente eficiente que o empreiteiro subcontrate parcelas das obras ou que forme consórcios para execução do empreendimento.

Dado o largo número de negócios relacionados, as disputas que ocorrem na implantação de um projeto podem ter repercussões em mais de uma relação contratual e dar origem a arbitragens paralelas entre diferentes partes sobre o mesmo fato. Uma disputa comum entre o dono da obra e o empreiteiro pode envolver defeitos ou atrasos de certo subcontratado ou o inadimplemento atribuível a somente um dos consorciados, caso em que existe a possibilidade de decisões incongruentes, como, por exemplo, em uma segunda arbitragem entre o empreiteiro e seu subcontratado ou entre os integrantes do consórcio para responsabilização do culpado. Não se descarta, então, ser do interesse dos envolvidos que um único tribunal arbitral decida as disputas decorrentes da mesma circunstância de modo homogêneo para todas as partes. Nessa hipótese, haverá o que se costuma designar de arbitragem complexa, entendida como aquela que envolva múltiplos centros de interesse, convergentes ou divergentes, e, como é típico em litígios de construção, partes que firmaram convenções de arbitragem distintas.[33]

---

31. BUNNI, Nael Georges. Recent Developments in Construction Disputology. *Journal of International Arbitration*, [s. l], v. 17, n. 4, p. 105-116, jan. 2000; p. 115. *Vide* também STEPHENSON, Douglas A, *Arbitration Practice in Construction Contracts*. Londres. Blackwell, 2001, p. 42; ICC. *Final Report*...cit., § 15; e MARCONDES, *A experiência dos painéis mistos*...cit., p. 2-3.
32. NEEDHAM, Michael. *Is There a Future for Constructions Arbitration*. Society of Construction Law (SCL) Paper n. 95, p. 12, mar. 1999.
33. V. HANOTIAU, Bernard. *Complex Arbitrations*: Multi-party, Multi-contract and Multi-issue. 2. ed. The Netherlands: Kluwer Law International, 2020; e, no direito brasileiro, em especial, GARCIA NETO, Paulo Macedo. *Arbitragem e Conexão*. São Paulo: Almedina, 2018.

O objetivo das arbitragens complexas é evitar a multiplicação de procedimentos e, com isso, (i) reduzir custos, com a concentração de demandas, ainda que o feito único tenha sua complexidade elevada; e, (ii) ter uma solução universal para o mesmo problema, normalmente algo de extrema utilidade para o empreiteiro, que pode ficar sujeito a pressões antagônicas, entre o dono da obra, de um lado, e os seus subcontratados, de outro.[34] Para alcançar esses objetivos, dois são os instrumentos mais utilizados no âmbito arbitral: a consolidação de procedimentos e a integração de partes adicionais em um dado procedimento. Trata-se de mecanismos, contudo, cuja utilização depende, via de regra, do consentimento dos envolvidos.

A regra geral em qualquer arbitragem é a de que dela podem participar somente aqueles que figuraram como partes da convenção arbitral. Em uma rede contratual complexa no setor da construção, todavia, o normal é que as partes dos diferentes contratos derivados relação principal entre dono da obra e empreiteiro, como subempreiteiros, fornecedores, ou as consorciadas em seu termo de constituição de consórcio, tenham firmado outra convenção de arbitragem para discutir os conflitos surgidos entre si, muito embora prevendo termos similares, senão idênticos. Assim, mais do que terceiros em relação à convenção de arbitragem entre o dono da obra e o empreiteiro, tais outras partes celebraram uma convenção distinta para seus litígios. Surge, então, o intrincado problema do consentimento para consolidação de procedimentos ou para integração de partes adicionais.

Atualmente, ainda que existam posições no sentido de que possa ser extraído um consentimento implícito à consolidação de procedimentos ou à integração de partes adicionais quando partes diferentes em contratos coligados pactuaram cláusulas compromissórias similares, essa orientação não configura uma unanimidade.[35] A abordagem padrão, ao contrário, é a de que a arbitragem se encontra baseada no consenso e, nas hipóteses em que a mesma convenção não vincular todas as partes ou o regulamento institucional eventualmente eleito não o prever, fica vedada a integração compulsória de terceiros não signatários da convenção ou a consolidação de arbitragens, ainda que fundadas em convenções compatíveis, mas que contenham partes distintas.[36] Esse entendimento, comporta algumas ressalvas, como nos casos em que a jurisdição estatal possui orientação favorável à reunião de procedimentos, como já ocorreu em casos específicos e excepcionais em nosso País.[37]

---

34. CARLEVARIS, Andrea. *Multi-party arbitration under institutional rules*. Transnational Construction Arbitration. London: Informa Law, 2018, p. 63; e JENKINS; STEBBINGS. *International Construction Law*...cit., p. 155.
35. Por todos, cf. GARCIA NETO, *Arbitragem e Conexão*...cit., p. 146-147 e 199, que registra a orientação doutrinária de que um consentimento expresso não seria necessário, podendo dessumir-se, em certas circunstâncias, de convenções de arbitragem idênticas.
36. Nesse sentido, veja-se KONDEV, Dimitar. *Multi-Party and Multi-Contract Arbitration in the Construction Industry*. London, Wiley-Blackwell, 2017, p. 21; ANDREWS, Neil. Arbitration and the expanding circle of consenting parties: joinder of additional parties and consolidation of related claims. *Transnational Construction Arbitration*. London: Informa Law, 2018, p. 48; NICKLISCH, Fritz. *Multi-Party Arbitration-Typical Multi-Party Disputes and Civil Court Proceedings*. International Construction Law Review (ICLR), 1995, Informa Law, p. 428-428; JENKINS; STEBBINGS. *International Construction Law*...cit., p. 152; e MCGUINNESS, John. *The Law and Management of Building Subcontracts*. 2 ed. London: Wiley-Blackwell, 2008, p. 484.
37. A exceção mais contundente a essa orientação encontra-se nos EUA, onde a consolidação de arbitragens é admitida com mais frequência pelas cortes estatais (cf. BRUNER, Phillp L. Dual Track Proceedings in Arbitrarion and Litigatian: Reducing the Peril of Double Jeopardy by Consolidation, Joinder and Appellate Arbitration.

Em regra, a simples existência de uma convenção de arbitragem com termos idênticos ou substancialmente similares não seria suficiente para presumir que houve consentimento com a arbitragem com múltiplas partes e envolvendo múltiplos contratos. A possibilidade de indicação dos árbitros, de um lado, e a confidencialidade, de outro, constituiriam elementos essenciais que, salvo consentimento expresso, não permitiriam que as partes de diferentes convenções arbitrais fossem compelidas a arbitrar em conjunto, ainda que tenham escolhido a mesma instituição arbitral, o mesmo local e o mesmo direito aplicável para dirimir o litígio. O silêncio da convenção sobre esse tema ou do regulamento da instituição arbitral eleita para administrar o procedimento, isto sim, constituiria uma presunção forte de que não houve acordo com a arbitragem complexa, que, aliás, parece ser afastada com as cláusulas de que não há relação entre donos de obra e subcontratados, típicas nos contratos de construção para empreendimentos de infraestrutura.[38]

Comumente, em um típico arranjo contratual de obra, procura-se excluir qualquer relação direta entre o dono da obra e os subcontratados. Essa ausência de relação é normalmente aliada às chamadas condições *back-to-back*, como nos modelos de subcontrato da FIDIC (*International Federation of Consulting Engineers*), lançados em 2011 e, mais recentemente, em 2019.[39] Embora as condições *back-to-back* garantam harmonia entre o contrato e os subcontratos, não se pode assumir, para ilustrar, que o dono da obra tenha implicitamente concordado com a consolidação de sua arbitragem para responsabilizar o empreiteiro pelo atraso das obras com uma arbitragem já em andamento entre o empreiteiro e o subempreiteiro sobre esse mesmo atraso. Nem o inverso: presumir que o subempreiteiro possa ser compelido a discutir tal atraso em uma arbitragem sem indicar seus árbitros se não houve expressa convenção nesse sentido.

Essa parece ser a posição adotada pela ICC. O pedido de integração é tratado como um novo requerimento de arbitragem e possui os mesmos efeitos.[40] Antes da nomeação dos árbitros, o Regulamento da ICC prevê a possibilidade de integração de outras partes da mesma convenção de arbitragem (presumida a aceitação pela participação de todas as partes na mesma cláusula compromissória ou compromisso). Caso se trate de terceiros não integrantes da convenção, como na hipótese de subempreiteiros e fornecedores de

---

International Construction Law Review (ICLR), 2014, Informa Law, passim; e, ainda, GARCIA NETO *Arbitragem e Conexão*...cit., p. 239). Em nosso País, há casos em que, excepcionalmente, foi determinada a reunião de procedimentos mesmo sem previsão contratual, anuência posterior de todas as partes ou previsão expressa no regulamento de arbitragem da câmara escolhida, como nas arbitragens relativas a contratos de construção da Usina Hidrelétrica Corumbá III (TJ-RJ, Ap. Civ., 0301553-55.2010.8.19.0001, j. 21.05.2013). Para comentários e críticas a essa consolidação imposta pelo Poder Judiciário, vide GARCIA NETO, Op. cit., p. 289 e ss. Mais recentemente, o Superior Tribunal de Justiça determinou a suspensão e consolidação forçada de arbitragens societárias, em tutela de urgência, mesmo após reconhecer a ausência de prévio acordo ou previsão no regulamento da instituição arbitral eleita pelas partes (*vide* CC 185702/DF, em decisão monocrática de 25.02.2022).

38. Com igual entendimento, *vide* KONDEV, Dimitar. *Multi-Party and Multi-Contract Arbitration*...cit., p. 21.
39. Cf. FIDIC. *Conditions of Subcontract for Construction*: for Building and Engineering Works Designed by the Employer, 2011; e FIDIC. *Conditions of Subcontract for Plant and Design-Build*, 2019.
40. *V.* FRY, Jason; GREENBERG, Simon; MAZZA, Francesca. *The Secretariat's Guide to ICC Arbitration*. Paris: ICC Publications, 2012, §3-290 e §3-292.

equipamentos, no entanto, a integração fica condicionada ao acordo de todas as partes da arbitragem (na pratica um adendo à convenção existente).[41] O mesmo se passa com relação à consolidação de arbitragens, que pode ocorrer na hipótese de procedimentos baseados em convenções distintas desde que as arbitragens a consolidar possuam as mesmas partes; do contrário, haverá igualmente a necessidade de consentimento de todas as participantes dos procedimentos.[42]

Por conta dessa profunda dependência da consensualidade, bem como do fato de a eleição dos árbitros e a confidencialidade serem típicas da arbitragem, é que se indica ser a justiça comum o melhor local para um processo com intervenção de terceiros e a consequente solução universal para litígios conexos.[43] Tradicionalmente, aliás, as convenções e os regulamentos de arbitragem são redigidos sob a premissa de que o procedimento não terá mais do que duas partes.[44]

Caso, ainda assim, seja do interesse dos figurantes de um dado empreendimento que as controvérsias conexas entre si sejam decididas uniformemente e em um procedimento único, partindo do pressuposto de que a consolidação e a integração de terceiros não signatários da convenção sujeitam-se ao consentimento de todas as partes, o ideal é que esse mesmo consentimento ocorra antes de a controvérsia ocorrer. A não ser assim, haverá sempre a possibilidade de alguma das partes ter interesses divergentes a respeito do tema após instalado o conflito ou intentar manobras para evitar a realização de uma arbitragem multiparte e multicontrato.[45]

2.2 Soluções contratuais

Os modelos contratuais mais utilizados em nosso País para implantação de um empreendimento são aqueles produzidos pela FIDIC, a saber o *Conditions of Contract for EPC/Turnkey Projects* e o *Conditions of Contract of Construction (for Building and Engineering Works Designed by the Employer)*, que não contemplam soluções para arbitragens multiparte e multicontrato. Tanto as versões de 1999 como as recentes edições de 2017 desses modelos contratuais, endereçados todos para reger a relação entre donos de obra e empreiteiros, não contam com mecanismos para integração de partes adicionais

---

41. Regulamento ICC, arts. 6.4(ii) e 7.1. Sobre a necessidade de consentimento de todas as partes caso se trate de uma convenção de arbitragem diferente, *v.* FRY; GREENBERG; MAZZA. *The Secretariat's Guide*...cit., § 3-321; e, ainda, HANOTIAU, *Complex Arbitrations*...cit., p. 329.
42. Regulamento de Arbitragem ICC, art. 10; e FRY; GREENBERG; MAZZA. *The Secretariat's Guide*...cit., §3-356-3-357.
43. Nesse sentido, por exemplo, NEEDHAM. *Is There a Future*...cit., p. 7.
44. SEPPALA, Christopher R.; GOGEK, Daniel. *Multi-Party Arbitration under I.C.C. Rules*. International Construction Law Review (ICLR), 1990, Informa Law, p. 358. *Vide*, ainda, GARCIA NETO, *Arbitragem e Conexão*...cit., 183.
45. Assim orientam KONDEV, Dimitar. *Multi-Party and Multi-Contract Arbitration*...cit., p. 264-265; e, também, BREKOULAKIS, Stavros; EL FAR, Ahmed. Subcontracts and Multiparty Arbitration in Construction Disputes. In: BREKOULAKIS, Stavros; THOMAS, David Brynmor. *The Guide to Construction Arbitration*. 2. ed. London: Law Business Research, 2018. p. 143. Caso um regulamento de instituição tenha sido eleito e estabeleça regras para consolidação ou integração sem exigência de consentimento expresso, pode haver uma flexibilização dessa exigência (*v.* ANDREWS, Neil. *Arbitration and the expanding circle*...cit., p. 49-50).

ou para consolidação. Esclareceu a FIDIC, em ambas as oportunidades, que condições prevendo arbitragens multiparte podem ser discutidas na negociação contratual, mas caberá às partes contar com auxílio especializado para redigi-las, com a advertência de se tratar de cláusulas que demandam uma "redação cuidadosa, tendo habitualmente de ser preparadas caso a caso".[46]

No plano dos fatos, o posicionamento adotado pela FIDIC alinha-se à realidade dos donos de obra. É pouco usual que estes se interessem por ter arbitragens multiparte e multicontrato, sobretudo para evitar contato com subcontratados. Como normalmente os donos de obra desejam possuir uma relação exclusiva com o empreiteiro, eventual arbitragem que envolva também os subcontratados pode parecer um gratuito e desnecessário aumento da complexidade do procedimento, com dificuldades adicionais em audiências, na instrução probatória, e nas demais questões ligadas à condução do feito.[47]

A possível conexão entre as disputas de um empreendimento, contudo, não deixou de ser considerada como um todo pela FIDIC. Em seus modelos voltados para reger a subcontratação dos trabalhos, previu-se um procedimento especial, embora alternativo, para solução de "disputas relacionadas", assim entendidas aquelas entre o empreiteiro e o subcontratado que possuam ligação com controvérsias existentes no âmbito do contrato principal. Não se trata, é verdade, de um mecanismo para condução de arbitragens multiparte e multicontrato, o que gerou críticas à FIDIC, pois, se a intenção fosse economizar tempo e dinheiro e garantir a uniformidade nas decisões, dever-se-ia estabelecer um procedimento arbitral único.[48]

A solução alternativa proposta pela FIDIC consta de seu "Guia para Preparação de Condições Particulares de Subcontrato" e consiste em um complexo clausulado para garantir que decisões de arbitragens entre o dono da obra e o empreiteiro sobre disputas relacionadas sejam vinculantes ao subcontratado. Para isso, faculta-se ao empreiteiro que ingresse com uma arbitragem contra o dono da obra perseguindo também os direitos do subcontratado, cujo resultado será vinculante para este último, mesmo se ele for impedido de participar do procedimento.[49] Afora o fato de que, em

---

46. FIDIC. *Guidance for the Preparation of Particular Conditions of Contract for EPC/Turnkey Projects*, 1999, p. 22. A mesma indicação consta também na versão de 2017 de referido guia (cf. FIDIC. *Guidance for the Preparation of Particular Conditions of Contract for EPC/Turnkey Projects*, 2017, p. 55).
47. Como indicam BREKOULAKIS; EL FAR, os donos das obras possuem pouco interesse em arbitragens multiparte, já que estas não implicam em uma garantia adicional e de outro lado exigem que se defendam de duas fontes de acusações e lidem com questões procedimentais levantadas por duas partes (*Subcontracts and Multiparty Arbitration*...cit., p. 142-143). No mesmo sentido, KONDEV, *Multi-Party and Multi-Contract Arbitration*...cit., p. 30 e 168; JENKINS; STEBBINGS. *International Construction Law*...cit., p. 155; NICKLISCH, *Multi-Party Arbitration-Typical*...cit., p. 427. Sobre o aumento de complexidade do procedimento, veja-se, ainda, GARCIA NETO, *Arbitragem e Conexão*...cit., p. 107 e 111.
48. Sobre as críticas mencionadas, vide BREKOULAKIS; EL FAR, *Subcontracts and Multiparty Arbitration*...cit., p. 146.
49. Cf. a "Segunda Alternativa" à Cláusula 20, constante em FIDIC. *Guidance for the Preparation of Particular Conditions of Subcontract for Construcion (for Building and Engineering Works Designed by the Employer)*, 2011, p. 30. Quando do seu lançamento, em 2011, essa alternativa foi apresentada como um teste ("*trial basis*") (idem, p. 24). Em 2019, no *Guidance for the Preparation of Particular Conditions of Subcontract for Plant and Design Build*, a solução sugerida pela FIDIC já possui caráter definitivo, ainda que se mantenha como uma alternativa (*vide*, p. 30).

uma arbitragem em face do dono da obra, os direitos exercidos serão exclusivamente aqueles do próprio empreiteiro ante a ausência de qualquer relação contratual entre o dono da obra e o subcontratado, a solução proposta pela FIDIC é questionável por implicar o não exercício do direito à tutela jurisdicional pelo subcontratado contra o seu próprio contratante.

Não se podendo contar com cláusulas de arbitragem multiparte e multicontrato nos modelos normalmente utilizados em nosso País, vale verificar algumas soluções adotadas na indústria da construção internacional para garantir que uma arbitragem complexa possa ocorrer.

Cláusulas de consolidação ou de integração podem ser dispostas, primeiramente, em acordos guarda-chuva, também chamados de *stand-alone-protocol* ou *master arbitration agreement*.[50] Embora pouco comuns, esses acordos são cabíveis quando uma das partes tenha condições de exigir a adesão a eles pelos múltiplos participantes do projeto, como no caso de donos da obra em contratos do tipo DBB (*design-bid-build*), EPC-M (*engineering, procurement and construction management*) ou em contratações de empreendimentos que tipicamente contam com a fragmentação de parcela das obras.[51] Outra solução é a previsão nos diversos contratos de cláusulas que regulem a realização de arbitragens multiparte, envolvendo o contrato principal, os subcontratos ou outras avenças conexas.

Esse é o caminho escolhido, por exemplo, pela *ENAA – Engineering Advancement Association of Japan*, em sua edição de 2010 do modelo *International Contract for Process Plant*, que, no âmbito do contrato principal, estipula um prévio acordo de modo a permitir a integração de subcontratados nas arbitragens entre o dono da obra e o empreiteiro que compreendam questões atinentes ao trabalho ou a fatos relacionados aos subcontratados, sendo o tribunal arbitral competente para decidir também a disputa entre o empreiteiro e o subcontratado. Esse acordo no contrato principal é refletido e desdobrado nos subcontratos do projeto, cuja cláusula compromissória especificará que: (i) havendo disputas entre o empreiteiro e o subcontratado conexas com alguma disputa existente no âmbito do contrato principal, o empreiteiro poderá integrar tal subcontratado em um procedimento arbitral entre ele e o dono da obra; (ii) a introdução dessa disputa poderá se dar independente do estágio em que se encontre a arbitragem entre o empreiteiro e o subcontratado, salvo se uma audiência sobre o mérito da causa tiver ocorrido; (iii) o tribunal nomeado na arbitragem entre o dono da obra e o empreiteiro terá competência para solução da disputa entre o empreiteiro e subcontratado; (iv) eventual arbitragem entre o empreiteiro e o subcontratado em curso será extinta e os custos dela serão suportados pelo empreiteiro em um primeiro momento e, depois, submetidos à

---

50. Cf. GARCIA NETO, *Arbitragem e Conexão*...cit., p. 128.
51. Um exemplo de acordo do tipo guarda-chuva é incluído em HANOTIAU, *Complex Arbitrations*...cit., p. 521. É possível ainda verificar uma cláusula ampla unindo todas as partes do projeto (dono da obra, empreiteiro, subcontratados, projetistas, instituições financeiras e seguradores) no AAA. *Guide to Drafting Alternative Dispute Resolution Clauses for Construction Contracts*, 2015, p. 15.

consideração do tribunal arbitral formado para resolver a disputa no âmbito do contrato principal, que deliberará sobre a responsabilidade pelo seu pagamento.[52]

Outros modelos estabelecem soluções para os casos em que o dono da obra se oponha a incluir, no contrato principal, uma anuência à integração de subcontratados ou a consolidação de arbitragens, como o *Blue Form*, um modelo de subcontrato publicado pela *Civil Engineering Contractors Association*.[53] De modo similar à cláusula sugerida pela ENAA para as convenções de arbitragem com os subcontratados, também se prevê que o empreiteiro possua a prerrogativa de exigir do subcontratado que sua disputa, se relacionada com o contrato principal, seja incluída em arbitragem com o dono da obra. Mas caso, em tal arbitragem, isso não seja consentido pelo dono da obra (que não se obrigou previamente), estabelece-se que o procedimento arbitral entre o empreiteiro e o subcontratado seja realizado simultaneamente e com os mesmos árbitros da arbitragem com o dono da obra.[54]

A solução de nomear os mesmos árbitros para uma segunda arbitragem é usualmente indicada como medida para contornar a ausência de consentimento por uma das partes com a integração de partes adicionais ou a consolidação de arbitragens.[55] Evidentemente, porém, possui algumas complicações. Exige, em primeiro lugar, um poder de barganha para ser clausulada antecipadamente. Um dono de obra dificilmente aceitará que não possa escolher seus árbitros por conta da existência de uma arbitragem conexa em andamento entre o empreiteiro e seu subcontratado. Não se descartam, ainda, problemas de sigilo e confidencialidade, dada a comunicação que existirá entre as arbitragens.[56] Na hipótese de serem nomeados somente alguns dos árbitros que participem da arbitragem conexa, haverá, ainda, problemas de imparcialidade e igualdade das partes, já que nem todos os julgadores na segunda arbitragem possuirão idêntico conhecimento dos fatos.[57]

Atualmente, embora a elaboração de convenções de arbitragem prevendo a integração e consolidação de partes distintas de contratos de construção exija cautelosa redação, já se conta com exemplos empregados pela indústria, com diretrizes internacionais e com recomendações práticas específicas para redação de cláusulas de arbitragem mul-

---

52. As cláusulas de resolução de controvérsia do modelo *ENAA – International Contract for Process Plant* podem ser consultadas em KONDEV, *Multi-Party and Multi-Contract Arbitration*...cit., p. 355-356; ou obtidas eletronicamente junto à própria associação, cujos modelos contratuais contam com a redação de consultores internacionais, sobretudo atuantes no sistema do *common law*.
53. Cf. KONDEV, *Multi-Party and Multi-Contract Arbitration*...cit., p. 353-354.
54. Ibidem.
55. HANOTIAU, *Complex Arbitrations*...cit., p. 383, que sugere também a nomeação dos mesmos peritos (*experts*) (idem, p. 387).
56. BREKOULAKIS; EL FAR, *Subcontracts and Multiparty Arbitration*...cit., p. 144 e 148.
57. Cf. BISHOP, Doak; REED, LUCY REED. Practical guidelines for interviewing, selecting and challenging party appointed arbitrators in international commercial arbitration. *Arbitration International*, v. 14, p. 422. Kluwer Law International, 1998. Para contornar esse problema, seria necessário haver uma grande transparência de modo que as partes de ambas as arbitragens possam discutir a integralidade dos fatos capazes de influenciar na decisão do seu caso (VAN HOUTTE, H. The Rights of Defence in Multi-Party Arbitration. *International Construction Law Review (ICLR)*, 1989, Informa Law, p. 397 e 399).

tiparte.⁵⁸ A esse propósito, entre as mais importantes orientações, as seguintes merecem especial atenção: (a) não há uma cláusula modelo que possa atender a todas as situações; (b) para permitir a consolidação ou integração de parte adicional, recomenda-se que todos os contratos tenham cláusulas compromissórias elegendo a mesma câmara, bem como uma coincidência de local, idioma, número de árbitros e legislação aplicável; (c) a convenção de arbitragem deve ser coordenada com a legislação aplicável e com o regulamento institucional, se eleita câmara para administrar o litígio; (d) a previsão de arbitragem multiparte e multicontrato necessita estar presente em todas as cláusulas compromissórias dos contratos conexos entre as diferentes partes (ou em acordo guarda-chuva); (e) deve-se verificar eventuais condições precedentes nos diferentes contratos (v.g., cláusulas escalonadas) e prever que os requisitos ou as etapas prévias possam ser afastados pelos árbitros em prol da consolidação ou da integração; (f) uma notificação deve ser enviada para as partes de outros contratos informando que uma arbitragem foi iniciada e nela se discute uma disputa relacionada; (g) o requerimento de arbitragem, sua resposta e os pedidos de integração não devem conter a indicação de árbitros, cuja nomeação deve ser postergada até a definição das partes que irão participar da arbitragem; (h) um número máximo de partes deve ser estabelecido.⁵⁹

Em nosso País, com o crescente emprego da arbitragem para a solução de disputas do setor da construção, é esperado que passe a ser mais comum a integração de partes adicionais e a consolidação das arbitragens. Cabe às partes em contratos de obra, então, estipular corretamente os mecanismos para lidar com arbitragens multiparte e multicontrato, de modo a evitar a ingerência em suas escolhas, sobretudo caso as consolidações e a reunião de procedimentos mesmo sem o consentimento de todos os envolvidos torne-se uma tendência nos tribunais brasileiros e não uma exceção.

3. PROVA TÉCNICA E INQUIRIÇÃO CONJUNTA

3.1 *Experts* indicados pelas partes

As arbitragens de conflitos da construção exigem, senão sempre, em sua grande maioria, a produção de prova técnica. A solução da disputa, como dito, liga-se muitas vezes mais a complexas questões de fato do que a questões jurídicas de elevada indagação. Até recentemente, os profissionais atuantes no cenário litigioso nacional encontravam-se habituados tão-só à produção da prova técnica por um perito nomeado pelo juízo, comprometendo-se esse expert a atuar com imparcialidade e independência, junto a assistentes técnicos de confiança das partes, mas sem os mesmos compromissos do perito. Com o

---

58. Cf. HANOTIAU, *Complex Arbitrations*...cit., 521 e ss.; KONDEV, *Multi-Party and Multi-Contract Arbitration*... cit., p. 167-252, 304- e 337 a 355. Veja-se, ainda, IBA. *Guidelines for Drafting International Arbitration Clauses*, 2010.
59. Para um detalhamento dessas orientações, consulte-se KONDEV, *Multi-Party and Multi-Contract Arbitration*... cit., p 273 e ss., em que o autor traz um verdadeiro guia sobre a redação de convenções de arbitragem prevendo a integração e consolidação de procedimentos em disputas de construção.

emprego da arbitragem para solução de conflitos no setor da construção, tornou-se cada vez mais frequente recorrer ao modelo utilizado em procedimentos arbitrais internacionais, haurido do *common law*: a nomeação de experts exclusivamente pelas próprias partes (*party-appointed experts*), também designados de testemunhas técnicas (*expert witnesses*).[60]

Levantamento recente indica que, em nosso País, são em menor percentual as arbitragens cuja solução das questões técnicas conta somente com experts indicados pelas partes. Na maioria dos feitos, em algum momento, há a nomeação de perito pelo tribunal arbitral, mesmo que para resolver questões em aberto após os pareceres dos experts.[61] Ainda assim, não hesitam aqueles que atuam em arbitragens de construção a enfatizar que o método de indicação de experts pelas próprias partes é usual, senão o mais indicado para obtenção da prova técnica.[62]

A lógica da prova produzida pelas próprias partes é a de que seus advogados podem melhor instruir a causa quando possuem controle sobre a indicação do expert, tendo condições de nomear alguém que confiem possuir aptidão e competência.[63] Cuida-se de um método que acompanha o sistema adversarial de produção probatória típico do *common law*, pelo qual, também para prova técnica, cada parte apresenta as evidências favoráveis à sua pretensão, sendo os experts submetidos à inquirição como se de testemunhas de fato se tratassem.

---

60. Sobre a evolução da metodologia de produção da prova técnica nas arbitragens domésticas em nosso País, v. GONÇALVES; SILVA, *A perícia na Arbitragem*...cit., p. 36-37; e MASTROBUONO, Cristina M. Wagner. Pesquisa: Regras de Imparcialidade e Independência da Produção de Provas na Arbitragem. *Revista Brasileira de Arbitragem*. v. 17, n. 67, p. 42. São Paulo: Kluwer Law International, 2020. Historicamente, o sistema de perito apontado pela parte já foi adotado em nosso País entre 1946 e 1973, mediante uma alteração do Código de Processo Civil de 1939, que afastou o sistema de perito ordinariamente indicado pelo juiz e com assistentes técnicos escolhidos pelas partes e instalou um regime pelo qual era possível as partes nomearem um perito conjunto ou peritos individuais, que poderiam apresentar laudo único ou laudos separados (cf. Decreto-Lei 8.570/1946). Ao juiz da causa, cabia nomear um perito desempatador caso não se contentasse com um dos laudos dos peritos nomeados pelas partes (CPC 1939, art. 129). O perito, ainda que indicado pela parte, possuía um dever de prestar informações verdadeiras, ficando sujeito a penalidades impostas pelo juiz da causa em caso de descumprimento desse dever (*idem*, art. 131). Atualmente, o Código de Processo Civil, por influência da arbitragem, passou a permitir que a perícia seja substituída por pareceres apresentados pelas partes (art. 472) ou que as partes nomeiem, de comum acordo, perito de sua confiança (art. 471).
61. Cf. MASTROBUONO, *Pesquisa*...cit., p. 59. Segundo indica, somente 10% das provas técnicas em arbitragem são conduzidas unicamente por experts indicados pelas partes. Em 90% dos casos, a prova técnica contou com a participação, em algum momento, de perito indicado pelo tribunal. No mesmo sentido, MADEIRA FILHO registra que as perícias em arbitragem ainda são majoritariamente conduzidas com a nomeação de um expert pelo tribunal arbitral (*Perícias Técnicas*...cit., p. 359). No âmbito internacional, esse percentual inverte-se e 90% das arbitragens contam com prova técnica somente via experts indicados pelas partes (JONES, Doug. Party Appointed Experts in International Arbitration – Asset or Liability? *The International Journal of Arbitration, Mediation and Dispute Management*. v. 86, n. 1, p. 8. 2020). A nomeação de um expert pelo tribunal arbitral em arbitragens internacionais é exceção e geralmente ocorre somente quando uma das partes o solicite ou se trate de assunto que os árbitros não possuam familiaridade (cf. VOSER, Nathalie; BELL, Katharine. Expert Evidence in Construction Disputes. In: BREKOULAKIS, Stavros; THOMAS, David Brynmor. *The Guide to Construction Arbitration*. 2. ed. London: Law Business Research, 2018. p. 171).
62. Cf. MARTINS, André Chateaubriand. Deveres de Imparcialidade e Independência dos Peritos em Arbitragem: uma reflexão sobre sob a perspectiva da prática internacional. *Revista de Arbitragem e Mediação*, v. 39. São Paulo: Ed. RT, 2013; e GONÇALVES; SILVA, *A perícia na Arbitragem*...cit., p. 38.
63. JONES, *Party Appointed Experts*...cit., p. 3.

Mediante essa figura, julga-se haver maior controle sobre a prova técnica do que se teria com um perito judicial, que, embora seguramente independente, não se sabe ao certo se possui a qualificação necessária. Previne-se, ainda, o risco de que, nas disputa cuja solução dependa de avaliação técnica ou científica, o julgador fique de tal modo vinculado do laudo produzido, que o perito se torne um "quarto árbitro".[64] Realmente, por mais que o perito seja sujeito a controles de independência e imparcialidade, não é ele o julgador escolhido pela parte, uma das características essenciais da arbitragem.[65]

Se há vantagens na produção da prova por experts escolhidos pelas partes, incluindo a possibilidade de maior interação e debate com o expert, há igualmente severas críticas a esse método, como a de que, muitas vezes, os laudos possuem conclusões diametralmente opostas ou são irreconciliáveis, dificultando qualquer tomada de decisão pelos árbitros.[66] A mais importante delas é de que os técnicos nomeados pelas partes atuam como "advogados das partes"[67] ou mesmo "mercenários" (*hired-guns*), contratados não por serem os mais credenciados e, sim, por sua disponibilidade em favorecer a parte que empregue seus serviços, existindo até um mercado de experts.[68] As testemunhas técnicas seriam tendenciosas, inclusive por se reputar natural que se sintam comprometidas, conscientemente ou não, com a parte que os remunera.[69]

Para contornar esses problemas, em certos países de *common law*, a apresentação de provas por meio de experts das partes foi dotada de salvaguardas de modo a que esses profissionais possuam maior vinculação ao tribunal. Na Inglaterra, mediante reformas legislativas adotadas em 1998, estabeleceu-se legalmente um compromisso com o julgador por parte do expert, que prevalece sobre aquele mantido para com a parte que o nomeou.[70] As mesmas reformas foram empreendidas na Austrália, onde também havia a preocupação com o viés tendencioso dos experts; e a proibição de atuarem em

---

64. Cf. KANTOR, Mark. A Code of Conduct for Party-Appointed Experts in International Arbitration - Can One be Found? *Arbitration International*. v. 26, n. 3, p. 336. 2010.
65. VOSER; BELL. *Expert Evidence*...cit., p. 170. Em sentido análogo, GONÇALVES; SILVA, *A perícia na Arbitragem*...cit., p. 39; PUCCI, Adriana. *Perito do Tribunal, Hot Tubbing e Sachs Protocol*. In: MAIA NETO, Francisco; FIGUEIREDO, Flavio Fernando de. Perícias em Arbitragem. 2. ed. São Paulo: Universitária de Direito, 2019. p. 168.
66. GONÇALVES; SILVA, *A perícia na Arbitragem*...cit., p. 38; e MARTINS, *Deveres de Imparcialidade*...cit.
67. KENNEDY-GRANT, Tómas. Expert Evidence in Construction and Engineering Cases. *International Construction Law Review (ICLR)*, 2003, p. 401-402, relata queixas sobre a atuação de experts como advogados na Grã-Bretanha no século XIX.
68. Cf. TARUFFO, *A Prova*...cit., p. 90, sobre as testemunhas técnicas nos EUA.
69. V. JONES, *Party Appointed Experts*...cit., p. 2. Entre nós, veja-se GONÇALVES; SILVA, *A perícia na Arbitragem*...cit., p. 38.
70. O *Civil Procedure Rules* inglês estabelece que o técnico nomeado pela parte tem como dever auxiliar o juízo com assuntos de sua expertise (*Rule* 35.3-1) e que esse dever suplanta qualquer obrigação para com a pessoa de quem o expert recebeu instruções ou de quem receberá seu pagamento (*Rule* 35.3-2). Essas regras são complementadas por Diretrizes Práticas (*Practice Direction*), pelas quais se prevê que a prova técnica deve ser um produto independente do expert, isenta de influências pelas pressões do litígio (*Practice Direction* 35, §2.1), bem como que o expert deve auxiliar o juízo por meio de opiniões objetivas, sem vieses, em matérias de sua expertise, não devendo assumir o papel de um advogado (idem, §2.2). Sobre as reformas empreendidas na Inglaterra com o objetivo, entre outros, de maximizar a imparcialidade e a eficiência desse método de produção da prova, cf. JONES, *Party Appointed Experts*...cit., p. 4-5.

prol daquele que os empregar encontra-se hoje presente também no Canadá e na Nova Zelândia.[71]

A mesma preocupação sobre a independência e a imparcialidade dos experts nomeados pelas partes existe na arbitragem internacional, razão pela qual o tema é objeto de diretrizes e protocolos, como aqueles produzidos pela *International Bar Association* (IBA) e pelo *Chartered Institute of Arbitrators* (CIArb). Em suas Regras sobre Produção de Provas em Arbitragem Internacional de 2010 e 2020, por exemplo, a IBA exige uma declaração do expert de sua independência (art. 5.2, 'c'). Essa exigência não existia na versão de 1999 de tais regras e é exatamente a mesma feita para os peritos do tribunal (art. 6.2).[72] As regras da IBA sobre produção de prova, apesar de não exaustivas, dado o seu amplo escopo, são testadas e experimentadas o suficiente para conferir segurança aos árbitros e às partes que delas fizerem uso.

O *Protocol for the Use of Party-Appointed Experts Witnesses in International Arbitration*, elaborado pelo CIArb em 2007, é ainda mais específico e enfatiza a importância de independência da testemunha técnica, exigindo que sua opinião seja imparcial, objetiva, não tendenciosa e não influenciada pelas partes ou pela pressão da disputa. Para tanto, propõe diversas salvaguardas, cabendo aos experts, quando adotado o protocolo, declarar formalmente sua imparcialidade e o dever absoluto de auxiliar o tribunal arbitral, bem como informar as bases de sua remuneração (arts. 4º e 8º).

Em nosso País, o uso de testemunhas técnicas foi importado sem qualquer dessas salvaguardas e, com frequência, seu conceito é confundido com o de assistente técnico.[73] Se com aquelas proteções se questiona a independência do expert indicado pela parte, sem elas é improvável que qualquer independência possa ser garantida. Em realidade, o que existe em nosso ambiente local não são propriamente testemunhas técnicas e, sim, consultores das partes, cujos pareceres devem ser encarados como tal e não como laudos de experts independentes que tenham alguma vinculação com o tribunal arbitral. Daí se poder falar, de modo rente à realidade, em perícia realizada pelos assistentes técnicos.[74]

Adotou-se entre nós, aparentemente, um modelo similar ao norte americano (EUA), que não possui regras processuais proibindo a atuação do expert em prol da parte que o nomeou (*advocacy*), nem exigência de imparcialidade ou independência, e onde os

---

71. DELANY, Jim. *Expert Witnesses and Lawyers: Managing the Relationship*. International Construction Law Review (ICLR), 2005, Informa Law, p. 390. A respeito dos deveres de independência do expert nos demais países de *common law*, consulte-se, ainda, STEWART, Janine *et al.*, *Tensions Between Lawyers and Experts*. International Construction Law Review (ICLR), 2019, Informa Law, p. 242; e JONES, *Party Appointed Experts*...cit., p. 5.
72. Para uma crítica sobre a confusão feita entre independência e imparcialidade, bem como sobre o fato de que as Regras do IBA não indicam como um expert que trabalha desde o início do caso com a parte e dela recebe sua remuneração possa ser independente com relação a essa mesma parte, veja-se KANTOR, *A Code of Conduct*... cit., p. 329.
73. Em sentido correto, Beatriz Vidigal Xavier da Silveira Rosa e Renato Herz indicam na proposta de "Código de Ética do Peritos e do Assistentes Técnicos em Processos" que a testemunha técnica deve ter imparcialidade e independência e não pode pactuar o recebimento de honorários de êxito (art. 6º, V) (*Revista Brasileira de Arbitragem*, v. 70, n. 18, p. 210, 2021).
74. PUCCI, *Perito do Tribunal*...cit., p. 169; e MADEIRA FILHO, passim.

experts são considerados parte do "time" de defesa (*litigation team*).[75] Entre nós, assim, são altamente apropriadas as Recomendações da ICC de 2019 de que os árbitros precisarão diferenciar os consultores das partes, que as auxiliam desde o começo do litígio e podem apresentar pareceres e prestar depoimento em audiência, das testemunhas técnicas, para corretamente valorar as provas técnicas produzidas.[76]

De qualquer maneira, a existência de tais regramentos e salvaguardas no ambiente internacional não vem se mostrando de todo suficiente, havendo louváveis iniciativas para contornar o problema de parcialidade e ineficiência da prova produzida por experts das partes.[77] Cuida-se de um tema diversas vezes debatido nos últimos anos, tendo em conta o reconhecimento da utilidade desse modelo de produção da prova técnica[78] e a compreensão de que a instrução probatória em litígios de construção é um dos pontos mais sensíveis da apresentação do caso, inclusive por ser um dos aspectos mais custosos da demanda.[79]

Nesse sentido, é importante conhecer os esforços e as ferramentas que têm sido desenvolvidas no ambiente de *common law* e da arbitragem internacional para conferir maior efetividade a esse modelo probatório. Entre essas ferramentas, duas delas, de caráter eminentemente colaborativo, possuem maior interesse por objetivar a uma só volta contornar os problemas de parcialidade dos experts das partes, otimizar essa forma de produção de prova e reduzir os custos da arbitragem.[80]

3.2 Reuniões prévias

A primeira dessas ferramentas trata-se da reunião entre os experts previamente à audiência, que pode ocorrer mediante encontros antes ou após a elaboração dos seus pareceres e deve resultar, ao final, na preparação de um relatório conjunto sobre os pontos de acordo e de divergência entre os experts.

---

75. STEWART et al. *Tensions Between Lawyers e Experts*...cit., p. 242 e 248. Nos EUA, entretanto, cabe ao expert declarar a sua remuneração (idem).
76. ICC. *Comission Report*...cit., §18.3.
77. Como registra KANTOR, *A Code of Conduct*...cit., p. 335-336, exigências de imparcialidade em protocolos, juramentos ou códigos de conduta não são suficientes para impedir que sejam nomeados experts que, convincentemente, aparentem ser objetivos e imparciais, enquanto, na realidade, advogam para a parte que os remunera, e, mesmo com as alterações de legislação empreendidas no *common law*, persiste a discussão sobre serem os experts meramente mercenários ("*hired guns*").
78. Segundo MASTROBUONO, *Pesquisa*...cit., p. 59-61, grande parte dos entrevistados (76%) julgam viável a existência da figura do perito indicado pela parte, e a maioria (55%) é favorável à inclusão de orientações como as do CIArb e da IBA no termo de arbitragem para regular a produção da prova.
79. Em uma arbitragem de construção envolvendo discussões sobre atraso, alteração de escopo de defeitos, os custos com experts podem facilmente envolver de 30% a 60% do total despendido (ELKINGTON; TAPLIN, *Expert Evidence*...cit., p. 212).
80. Entre as iniciativas, não se cuidará nessa oportunidade do chamado *Sachs Protocol*, cujo emprego, embora igualmente almeje uma maior eficiência no procedimento, implica em um aumento de custos e não encerra propriamente uma produção da prova pelos experts das partes, mas por peritos do tribunal selecionados entre as sugestões das partes. Para um exame detalhado desse protocolo, consulte-se SACHS, Klaus; AHRENDTS-SCHMIDT, Nils. Protocol on Expert Teaming: A new Approach to Expert Evidence. In: VAN DEN BERG, Albert Jan. *Arbitration Advocacy in changing times*: ICCA Congress Series n. 15. Kluwer Law International, The Netherlands, p. 145-148. Entre nós, *v.* PUCCI, *Perito do Tribunal*...cit., p. 173 e ss.; MARTINS, *Deveres de Imparcialidade*...cit.; e GONÇALVES; SILVA, *A perícia na Arbitragem*...cit., p. 40-41.

A prática dessas reuniões, do ponto de vista histórico, inicia-se em 1981 nas cortes inglesas, que, a partir de 1986, passam a poder determiná-las mesmo sem o acordo entre as partes.[81] As normas processuais inglesas atualmente possuem detalhado regramento para reunião entre os experts, prevendo que o julgador exija a realização de encontros para identificar pontos incontroversos e que os experts resumam a razão de suas divergências, podendo o magistrado, inclusive, indicar os pontos que deseja sejam debatidos.[82] Com exceção dos EUA, grande parte dos países de *common law* (*v.g.*, Canadá, Austrália e Nova Zelândia) permite a imposição às testemunhas técnicas dessas reuniões e da submissão por elas de relatórios previamente à audiência.[83]

O objetivo principal das reuniões é que os experts consigam uma maior compreensão das questões técnicas, identifiquem melhor as razões das suas divergências e, na medida do possível, alcancem acordos ou, quando isso não for possível, ao menos relacionem precisamente os pontos controvertidos, diminuindo o tempo de audiência e concentrando o foco no que realmente importa, para auxiliar os julgadores. Espera-se que haja uma discussão franca entre os experts e uma colaboração com o tribunal, tendo em conta o compromisso dos primeiros de auxiliar, acima de tudo, os julgadores.[84]

A realização de reuniões entre os experts, inclusive por determinação do tribunal arbitral é prática já adotada com alguma frequência nas arbitragens internacionais de disputa de construção, dado o reconhecimento de que experts de uma mesma disciplina conseguem facilmente indicar os pontos e as razões de divergência entre suas opiniões. É prática igualmente comum, ainda, que haja a produção de um relatório sobre tais pontos, a fim de que na audiência seja possível concentrar-se somente nas questões controvertidas.[85]

Essas reuniões são contempladas pelas Regras sobre Produção de Provas em Arbitragem Internacional de 2010 e 2020 da IBA (art. 5.4), que preveem a sua realização por ordem do tribunal arbitral, assim como a produção pelos experts de uma lista de pontos incontroversos e as razões das suas divergências. São igualmente indicadas pelas Recomendações da ICC para arbitragens de construção, tanto de 2001 como de 2019,[86]

---

81. KENNEDY-GRANT, *Expert Evidence*...cit., p. 410.
82. *CPR, Rule* 35.12.
83. STEWART *et al.*, *Tensions Between Lawyers e Experts*...cit., p. 252.
84. HORNE, Robert; MULLEN, John. *The Expert Witness in Construction*. Oxford: Wiley & Sons, 2013, p. 237-238. Segundo o TCC. *Technology and Construction Court guide*. 2. ed. Rev. 5. HM Courts & Tribunals Service, outubro 2005, aspira-se com as reuniões prévias que: (i) possa ser encaminhada ao expert qualquer questão técnica pelas partes que desejem seja respondida por escrito; (ii) os detalhes sobre uma questão técnica levantada por uma das partes seja comunicada a outra; (iii) sejam eliminadas confusões e falta de informação por um expert sobre a questão técnica levantada pela outra parte; (iii) identifiquem-se as questões sobre as quais os experts produzirão prova; (iv) diminuam os pontos de divergência ou se alcance um acordo sobre as questões técnicas na máxima extensão possível; (v) auxilie-se o magistrado providenciando uma agenda de questões a serem debatidas em audiência, de modo a diminuir o escopo e a duração dessa (§13.5.1). Em sentido análogo, consulte-se ainda a *Practice Direction* 35, §9.2.
85. STEWART *et al.*, *Tensions Between Lawyers e Experts*...cit., p. 252; VOSER; BELL. *Expert Evidence*...cit., p. 174; JENKINS; STEBBINGS. *International Construction Law*...cit., p. 271; e HORNE; MULLEN, *The Expert Witness in Construction*...cit., p. 234.
86. Cf. ICC. *Final Report*...cit., §61 e ICC. *Comission Report*...cit., §18.4.

e pelas Regras de Praga sobre a Condução Eficiente de Procedimentos em Arbitragem Internacional de 2018 (art. 6.7). Como registrado no relatório específico da ICC sobre a melhor eficiência dos procedimentos arbitrais, "tempo e custo podem ser economizados se os experts elaborarem uma lista registrando as questões sobre as quais concordam e aquelas em que há discordância".[87]

Em seu *Protocol for the Use of Party-Appointed Experts*, o CIArb vai mais longe e determina, como regra, que os técnicos irão se reunir para definir as questões sobre as quais deverão dar uma opinião, assim como para definir testes e análises, ou seja, as diligências e avaliações que deverão ser feitas (art. 6.1, 'a', 'i' e 'ii'). E, como regra, deverão os experts enviar às partes e ao tribunal a relação das questões sobre as quais suas conclusões coincidem e divergem, juntamente com um resumo das razões das divergências (art. 6.1, 'b').

No contexto de nossas arbitragens domésticas, quando a prova técnica é conduzida por experts nomeados pela parte, o comum não é o encontro entre os experts para estreitar diferenças ou estabelecer pontos de convergência entre suas opiniões.[88] Ainda assim, cuida-se de ferramenta recomendada, especialmente em casos complexos, para aumentar a eficiência na instrução probatória do feito.[89]

As reuniões podem se dar de qualquer forma, sendo preferíveis, porém, as reuniões presenciais; e o número de reuniões variará de acordo com a complexidade do caso.[90]

Definição relevante a efetuar é se as reuniões ocorrerão antes da apresentação dos pareceres dos experts ou depois. Tradicionalmente, as reuniões ocorrem posteriormente à apresentação dos pareceres finais pelos experts.[91] Apesar de pouco usual no âmbito arbitral, no entanto, a realização de discussões entre as testemunhas técnicas em momento prévio é entendida como o mais recomendável.[92] Múltiplos são os benefícios que militam a favor de os experts se reunirem antes de elaborar seus pareceres ou ao menos antes da entrega da versão final: (a) os pareceres ficam concentrados nos pontos de divergência, evitando despender tempo e dinheiro com assuntos sobre os quais há consenso; (b) assegura-se que os experts possuam a mesma documentação e que as mesmas questões serão tratadas em seus pareceres, acordando-se, ainda, a metodologia das análises, de forma a que não sejam produzidos pareceres irreconciliáveis; (c) permite-se definir a condução de testes e diligências em conjunto; e (d) há maiores chances de que

---

87. ICC. *Commission Report – Controlling Time and Costs in Arbitration*, 2018, §67.
88. MADEIRA FILHO, *Perícias Técnicas*...cit., p. 363.
89. Da mesma forma, GONÇALVES; SILVA, *A perícia na Arbitragem*...cit., p. 40 sugerem a conferência dos experts, inclusive sem os advogados, com o que considerável tempo será economizado em audiência, assim como nas manifestações sobre os laudos e nas análises do tribunal, permitindo, ainda, sentenças parciais sobre os pontos incontroversos.
90. HORNE; MULLEN, *The Expert Witness in Construction*...cit., p. 234 e 236.
91. Ibidem, p. 241.
92. Segundo JONES, *Party Appointed Experts*...cit., os pareceres somente devem ser apresentados depois do procedimento de identificação das questões, reunião dos experts e verificação de pontos convergentes (p. 10).

os experts, por não terem se comprometido em parecer final, encontrem mais facilidade para convergir ou alterar sua posição, caso convencidos.[93]

Essa é a orientação do CIArb, que adota a prática de reuniões prévias ao parecer, o qual deverá endereçar somente as questões sobre as quais os experts divergirem,[94] e constitui também a posição adotada pelas Recomendações da ICC e pelas Regras da IBA.[95]

Para condução das reuniões prévias, duas alternativas, em especial, devem ser consideradas. A primeira delas consiste em deixar para os próprios experts a definição das questões técnicas controvertidas, sistemática adotada pelo CIArb *Protocol for the Use of Party-Appointed Experts* (art. 6.1, 'a', 'i'). Uma alternativa, mais recentemente sugerida, é que as partes se reúnam para tentar um acordo sobre os tópicos principais e proponham uma lista de questões técnicas a serem debatidas pelos experts, uma espécie de quesitos comuns, cuja elaboração contará também com a participação do tribunal arbitral.[96]

Questão mais polêmica se refere à possibilidade de os advogados serem afastados das reuniões entre as testemunhas técnicas ou até impedidos de contatá-las até a emissão do relatório conjunto. Essa não participação do advogado representa um mecanismo para diminuir eventual viés tendencioso ou partidário possuído pelos experts. A praxe nos países que praticam regularmente as reuniões prévias e na arbitragem internacional é a de que os experts não sejam acompanhados por advogados nesses encontros, de modo a terem mais liberdade para convergir nas questões técnicas, tal como entenderem adequado, já que seu dever é fundamentalmente com o juízo (ou com o tribunal arbitral).[97] Segundo as Recomendações da ICC, "normalmente não haveria nenhuma razão para que as reuniões contassem com a presença de qualquer outra pessoa [além dos experts]".[98]

Há, contudo, oponentes dessa não participação dos patronos das partes, com o entendimento de que qualquer restrição nesse sentido, afinal, importa em que a produção da prova seja efetuada, em parte, de maneira oculta.[99] Em nosso País, cuida-se realmente de questão que pode conturbar o procedimento, sobretudo pelas prerrogativas

---

93. HORNE; MULLEN, *The Expert Witness in Construction*...cit., p. 239-242; e JONES, *Party Appointed Experts*... cit., p. 11. Para ENNIS, Christopher. *Hot-tubbing, presentations and other gimmicks*: How not to manage expert evidence. Society of Construction Law (SCL) Paper n. D193, outubro 2016, p. 6-7, as reuniões antes dos pareceres diminuem a sua extensão e concentram o foco somente nas divergências. Será muito mais difícil, por outro lado, que um expert faça concessões após a entrega do seu parecer, sofrendo pressões dos advogados e clientes (idem).
94. CIARB. *Protocol for the Use of Party-Appointed Experts*...cit., art. 6.1, 'a' e 'd'.
95. Desde 2001, as Recomendações da ICC são no sentido de que os experts discutam previamente entre si antes de preparar a versão final de seus pareceres (v. ICC. *Final Report*...cit., §61). As Recomendações de 2019 são no mesmo sentido (ICC. *Comission Report*...cit., §18.4). As Regras sobre Produção de Provas da IBA, por sua vez, indicam que as reuniões podem ser determinadas pelos árbitros, antes ou depois da apresentação do parecer dos experts (art. 5.4).
96. JONES, *Party Appointed Experts*...cit., p. 11 e 15. No mesmo sentido, KRAUSE, Kate. *Hot Tubbing and Expert Conferences: using concurrent expert evidence to streamline construction arbitration*. Dispute Resolution Journal. v. 74, n. 3, 2019, p. 114-115.
97. JONES, *Party Appointed Experts*...cit., p. 11; e KRAUSE, *Hot Tubbing and Expert Conferences*...cit., p. 83, 112-113.
98. ICC. *Comission Report*...cit., §18.4. A consideração não se encontra nas Recomendações de 2001.
99. Cf. KRAUSE, *Hot Tubbing and Expert Conferences*...cit., p. 90 e, em especial, nota 27.

asseguradas ao advogado. Ainda assim, na prática, mesmo no modelo tradicional de produção da prova pericial, são comuns os encontros e contatos entre peritos e assistentes técnicos sem a participação dos advogados, com a diferença, porém, de que os assistentes não emitirão um relatório conjunto listando seus pontos de acordo. Em todo caso, não há unanimidade sobre a participação ou não dos advogados. As legislações variam no *common law*, ainda que o consenso entre os participantes seja o de que o procedimento será mais bem sucedido quando os advogados não estejam presentes, pelo que se recomenda que, quando acompanhem as reuniões, sua atuação se limite a esclarecimentos legais e de fato.[100]

Por último, é importante considerar que, para terem êxito em atender todos seus objetivos, as reuniões prévias dependem de os experts terem alguma independência. Em lugares onde a cooperação entre experts não é a norma, os resultados nem sempre possuem o mesmo nível de sucesso em reduzir os pontos controvertidos.[101] Ainda assim, as reuniões reputam-se excelentes mecanismos para que haja um amadurecimento da posição dos experts, que poderão melhor compreender e esclarecer as questões em discussão. A experiência prática, além disso, indica que a posterior audiência entre partes e árbitros costuma ter menos duração com os relatórios gerados nas reuniões conjunta.[102]

3.3 Inquirição conjunta (*Hot-Tubbing*)

A segunda das ferramentas para aumentar a eficiência da produção da prova técnica por experts nomeados pelas partes é a inquirição conjunta, também chamada de *witness conferencing* ou *hot-tubbing*. Nesse tipo de inquirição, os técnicos são questionados em audiência ao mesmo tempo, têm condições de debater os pontos de divergência e até dirigir perguntas um ao outro.

Não se trata, a rigor, de uma acareação, conhecida e presente em nossa legislação, mas de um esforço conjunto para produção da prova técnica, por meio de um diálogo estruturado que ocorrerá em audiência e cuja preparação inicia-se antes dela, com reuniões prévias entre os experts para registrar quais são as divergências entre si. Depois disso, realiza-se então a oitiva conjunta, conduzida pelos árbitros, pelos advogados ou pelos próprios experts. A ideia da inquirição conjunta é também a de uma ferramenta colaborativa, por meio da qual, sem as restrições de uma

---

100. Cf. KRAUSE, *Hot Tubbing and Expert Conferences*...cit., p. 114, esclarecendo que, enquanto as regras procedimentais das cortes inglesas estabelecem que as reuniões entre os experts devem se dar sem a presença dos advogados, e, se presentes, estes devem se limitar a prestar esclarecimentos solicitados pelos experts e a ponderações de cunho legal, no Canadá a participação dos advogados é permitida, sendo essa participação a prática também nas cortes americanas (EUA).
101. HORNE; MULLEN, *The Expert Witness in Construction*...cit., p. 252. Atualmente, há quem entenda que as reuniões prévias não são tidas como o melhor método para reduzir os pontos controvertidos, pois raramente os experts mudarão as conclusões de seus pareceres ou farão concessões significativas. (KRAUSE, *Hot Tubbing and Expert Conferences*...cit., p. 91-94).
102. KRAUSE, *Hot Tubbing and Expert Conferences*...cit., loc. cit.

inquirição normal, o julgador terá o benefício de ouvir as opiniões de ambos os experts ao mesmo tempo.[103]

A inquirição conjunta é considerada como tendo origem na Austrália, em 1970, em procedimentos judiciais. Dado o sucesso granjeado, passou a ser praticada em outros países, como na Inglaterra, que a partir de 2013 efetuou uma alteração de suas normas processuais e introduziu, para os litígios cíveis, a apresentação conjunta de evidência técnica.[104]

Na conjuntura das arbitragens internacionais, a inquirição conjunta reputa-se um procedimento especialmente útil em arbitragens complexas de construção para discutir atrasos, modificações de escopo, defeitos de obra, quando há numerosas questões técnicas, e a prova em audiência possa ser dividida por assuntos, contando cada uma as partes com múltiplos experts. Nessas circunstâncias, a inquirição tradicional, de forma linear e consecutiva, pode não ser o método mais esclarecedor para o tribunal arbitral.[105]

As Regras da IBA para produção de prova, desde sua edição de 2010, já contam a previsão da inquirição conjunta de testemunhas, inclusive as técnicas (art. 8.4, 'f'). A crescente popularidade do uso dessa ferramenta levou a ICC a tratar do tema em suas Recomendações de 2019 para arbitragens de construção, considerando-a uma técnica útil e que deva ser conhecida.[106] Pelas mesmas razões, também em 2019, o CIArb editou um protocolo específico para o planejamento e a realização da inquirição conjunta, com uma listagem dos pontos-chave a serem considerados na organização do procedimento.[107]

São numerosas as vantagens reportadas com a inquirição conjunta das testemunhas técnicas.[108] Em primeiro lugar, na medida em que os experts não estão limitados a responder as perguntas dos advogados da parte contrária (muitas vezes fechadas), podem livremente explicar a diferença entre suas opiniões, ao mesmo tempo em que há

---

103. DAN, Octavian. *A Tale About Experts: From Bracton's Matrons to Hot Tubbing*. International Construction Law Review (ICLR), 2017, Informa Law, p. 119.
104. Para a origem e o desenvolvimento do instituto, veja-se KRAUSE, *Hot Tubbing and Expert Conferences*...cit., p. 84-85; DAN, *A Tale About Experts*...cit., p. 127; e JACKSON, Rupert (Lord Justice). *Concurrent Expert Evidence – A Gift from Australia*: Lecture at the London Conference of the Commercial Bar Association of Victoria on 29th june 2016. Disponível em: https://www.judiciary.uk/wp-content/uploads/2016/06/lj-jackson-concurrent-expert-evidence.pdf., p. 1. Acerca das alterações na legislação processual inglesa, *vide Practice Direction* 35, §11.1.
105. JONES, *Party Appointed Experts*...cit., p. 12. Com o mesmo registro, STEWART et al., *Tensions Between Lawyers e Experts*...cit., p. 252; e BROWN; JACKSON, *Concurrent Expert Evidence*...cit., p. 2 e KRAUSE, *Hot Tubbing and Expert Conferences*...cit., p. 104; e CHAN, *The ICC Commission Report*...cit., p. 481, notando que a inquirição conjunta nos últimos anos se tornou uma prática comum na arbitragem internacional para oitiva de experts. Há ainda quem aponte que, em arbitragens internacionais, na maioria dos casos há a inquirição conjunta (ENNIS, *Hot-tubbing, presentations and other gimmicks*...cit., p. 1).
106. Cf. ICC. *Commission Report*...cit., §18.4; e BROWN; JACKSON, *Concurrent Expert Evidence*...cit., p. 2.
107. Cf. CIARB. *Guidelines on Witness Conferencing*, 2019.
108. Em relação às vantagens da inquirição conjunta, ver, entre muitos, KRAUSE, *Hot Tubbing and Expert Conferences*...cit., p. 89, 96-98 e 100; HORNE; MULLEN, *The Expert Witness in Construction*...cit., p. 303; JONES, *Party Appointed Experts*...cit., p. 12; JACKSON, *Concurrent Expert Evidence*...cit., p. 2; VOSER; BELL. *Expert Evidence*...cit., p. 176; DAN, *A Tale About Experts*...cit., p. 119 e 127; e CIARB. *Guidelines on Witness Conferencing*...cit., p. 13-14. Na doutrina brasileira, consulte-se em especial PUCCI, *Perito do Tribunal*...cit., p. 170; e MADEIRA FILHO, *Perícias Técnicas*...cit., p. 366.

a possibilidade de comentarem as conclusões dos outros técnicos inquiridos. Torna-se, assim, mais simples a comparação das diferentes opiniões e perspectivas. Enquanto na inquirição tradicional, os experts ficam excessivamente preocupados em não permitir que os advogados desacreditem a prova produzida ou a manipulem para tirar dela uma conclusão enganosa, na oitiva conjunta, com uma atmosfera de menos embate, a prova se torna mais esclarecedora para o tribunal.

Por outro lado, pelo fato de os experts serem ouvidos ao mesmo tempo, entende-se haver uma tendência de que ajam de forma mais independente e objetiva, na medida em que um testemunho abertamente partidário pode ser facilmente corrigido pelos outros participantes no ato. A qualidade da prova técnica, assim, seria melhorada na medida em que as testemunhas técnicas estarão menos inclinadas a fazer afirmações incorretas ou questionáveis ao lado do expert da parte contrária. Daí se entender que inquirição conjunta teria o condão de devolver o papel adequado dos experts das partes: o de ajudar o julgador a decidir.

Sem a inquirição cruzada, além disso, noticia-se que os experts têm maiores chances de adotar uma postura colaborativa e de fazer concessões nos pontos que entenderem pertinentes. A inquirição conjunta permitiria, então, um estreitamento dos pontos técnicos controvertidos e seria um significativo redutor do tempo de audiência. Por último e não de menor importância, diminui-se a chance de haver provas técnicas irreconciliáveis, que não tenham pontos de contato. Em vista de todas essas razões, pesquisa inglesa de 2016 aponta que a inquirição conjunta, segundo a percepção dos julgadores, importou melhora na prova técnica (84%), e a unanimidade deles considerou ter havido maior facilidade no processo decisório.[109]

Procedimentalmente, por ser uma ferramenta ainda nova, cabe aos árbitros estabelecer diretrizes claras para que os patronos das partes e os inquiridos entendam como funcionará a oitiva. Nesse sentido é aconselhável uma reunião pré-audiência e que o tribunal não permita que as testemunhas técnicas se manifestem fora de ordem ou se tornem agressivas. É inegável que a inquirição conjunta não pode ocorrer de improviso. Aliás, sem a correta preparação, há elevado risco de uma audiência tumultuada, em que não se tenha o direcionamento de todos os pontos controvertidos e muito menos qualquer esclarecimento para o tribunal arbitral.

Para a inquirição conjunta, recomenda-se efetuar primeiro uma reunião entre os experts com a produção de uma lista dos assuntos sobre as quais pairam divergências técnicas, incluindo um resumo das razões da divergência com referência aos pareceres apresentados. Essa se tornará a proposta de agenda da inquirição e é por ela que o tribunal arbitral e os advogados das partes deliberarão quais assuntos serão abordados

---

[109]. Cf. KRAUSE, *Hot Tubbing and Expert Conferences*...cit., p. 98. A pesquisa referida, "*Concurrent Expert Evidence and 'Hot-Tubbing' in English Litigation Since The 'Jackson Reforms' A Legal and Empirical Study*" pode ser obtida em: https://www.judiciary.uk/wp-content/uploads/2011/03/cjc-civil-litigation-review-hot-tubbing-report-20160801.pdf.

em audiência e a sua ordem.[110] Em certa medida, o procedimento pode ser encarado como uma continuidade das reuniões entre os experts. A técnica das reuniões prévias e da inquirição conjunta, todavia, embora tenham objetivos similares, são distintas, especialmente se tais reuniões ocorrerem previamente à elaboração dos pareceres finais pelas testemunhas técnicas.

Da mesma forma como indicado com relação às reuniões prévias, a participação dos advogados nas reuniões entre os experts para preparar a agenda de questões a serem debatidas em audiência é algo polêmico e que, por isso, sugere-se seja objeto de discussão entre as partes e o tribunal arbitral.[111]

Adicionalmente, junto com as partes, os árbitros deverão definir (i) quem conduzirá a inquirição conjunta; (ii) a consolidação das questões a serem debatidas; (iii) o número de experts que serão inquiridos (iv) a ordem e forma dos debates (*v.g.*, dividido por pleitos ou por disciplina dos experts); (v) a alocação de tempo entre os experts, entre os demais assuntos típicos da organização da audiência.[112]

Para inquirição conjunta, a despeito de a ferramenta permitir múltiplas conformações, comumente três arranjos são previstos em função da condução dos trabalhos, ainda que seja o tribunal arbitral quem mais lidere o debate na maioria dos casos.[113] Quando conduzida pelo tribunal arbitral, a inquirição é realizada de modo a permitir que cada uma das testemunhas técnicas tenha oportunidade de dar sua opinião sobre determinado ponto controvertido, passando-se, depois, a ouvir as considerações das demais, seguidas de ponderações alternadas até o esclarecimento do tribunal arbitral. O procedimento de inquirição conjunta é para ser desenvolvido como uma conversa entre os experts e os julgadores. Quando concluída essa conversa, é dada a palavra aos advogados para efetuarem perguntas sobre o tópico em discussão, sem, contudo, adiantar o debate de questões da agenda ainda não endereçadas. Embora a melhor prática seja

---

110. *Vide* CIARB. *Guidelines on Witness Conferencing*...cit., p. 18 e 35. De acordo com referido protocolo, o tribunal, ao ordenar a realização de reuniões conjuntas para preparação da agenda da inquirição conjunta pelos experts, com seus pontos de divergência e convergência, deve indicar: (a) a forma como essas discussões serão realizadas (*v.g.*, telefone, por e-mail presencialmente); (b) o período durante o qual os experts deverão se reunir; (c) a participação e grau de envolvimento dos advogados nessas reuniões; (d) a vinculação das partes ao discutido e acordado nas reuniões e o que pode, nelas tratado, ser usado na audiência de inquirição conjunta; (e) a possibilidade de os experts buscarem orientação do tribunal arbitral ou das partes para superar dificuldades práticas na elaboração do relatório conjunto ou da lista de pontos da inquirição conjunta (agenda) (idem, p. 47-49). Sobre a preparação da agenda da inquirição conjunta, consulte-se ainda HORNE; MULLEN, *The Expert Witness in Construction*...cit., p. 302 e 306. Segundo KRAUSE, *Hot Tubbing and Expert Conferences*...cit., p. 82-83, a preparação de referida lista não faz parte da essencial do procedimento da inquiriação conjunta, que pode ocorrer sem ela. De fato, se tiverem sido efetuadas as reuniões prévias discutida acima, haverá uma agenda já possível de ser utilizada. Do contrário, como dito, a experiência pessoal do autor é a de que, sem qualquer preparação prévia, há elevadas chances de o procedimento não funcionar adequadamente.
111. No mesmo sentido, *v.* CIARB. *Guidelines on Witness Conferencing*...cit., p. 18.
112. CIARB. *Guidelines on Witness Conferencing*...cit., p. 26-45. Veja-se, ainda, PUCCI, *Perito do Tribunal*...cit., p. 172. No que respeita ao número de experts, há experiências em juízo em que mais de uma dezena deles foi inquirida conjuntamente. No âmbito arbitral, há relatos de oitivas bem sucedidas com até 7 experts simultaneamente (KRAUSE, *Hot Tubbing and Expert Conferences*...cit., p. 105).
113. CIARB. *Guidelines on Witness Conferencing*...cit., p. 20 e ss. Sobre a frequente coordenação pelo tribunal arbitral, cf. VOSER; BELL. *Expert Evidence*...cit., p. 175.

permitir a inquirição cruzada pelos advogados após a oitiva conjunta, como alternativa pode-se efetuar primeiro a inquirição dos experts no modo tradicional e depois a oitiva conjunta para esclarecer questões ainda em aberto.[114]

Evidentemente, na inquirição conjunta não pode o árbitro ser um mero espectador. O julgador deve estar familiarizado e ter pleno conhecimento das questões técnicas controvertidas, especialmente quando for coordenar o debate. Do contrário, o diálogo estruturado não irá funcionar.[115] Em realidade, por maior que seja o trabalho de preparação para a oitiva conjunta, o método nada mais faz do que eventualmente antecipar a atividade do julgador de se debruçar com profundidade sobre a prova técnica.

A oitiva conjunta pode ainda ser conduzida pelas próprias testemunhas técnicas e pelos advogados. As oitivas coordenadas pelos próprios experts são recomendáveis quando estes possuam experiência na produção de provas em audiência ou quando haja também um perito nomeado pelo próprio tribunal, que poderá organizar os debates, permitindo a comparação entre as suas posições e a dos assistentes técnicos. Nesse modelo, espera-se um fluxo mais livre de informações entre as testemunhas técnicas, sem tanta intervenção dos árbitros e advogados.[116]

Já na inquirição coordenada pelos advogados, poderão esses efetuar perguntas às suas testemunhas técnicas ou estabelecer que suas perguntas sejam efetuadas ao expert da parte contrária, podendo o próprio expert complementar a resposta na sequência de modo a se promover um debate pelos especialistas. Trata-se de um método que confere maior controle da audiência aos advogados. Apesar disso, o objetivo é possuir também um diálogo e não um procedimento adversarial conflituoso.[117]

Em juízo, não há uniformidade quanto à necessidade de concordância das partes para realização da inquirição conjunta. Enquanto essa anuência é exigida na Australia, na Inglaterra relata-se casos em que o juiz determina a inquirição conjunta independente da oposição das partes (10-14%). Igualmente, com relação ao momento em que se determina o procedimento, a experiência judicial é difusa. Nos EUA, relata-se que alguns juízes preferem surpreender as partes e advogados, informando somente na data da audiência a realização da inquirição conjunta para evitar testemunhos excessivamente ensaiados; na Inglaterra, por sua vez, a inquirição conjunta foi determinada somente no dia da audiência em 35% dos casos em que realizada.[118]

Por conta do caráter primordial e norteador que a autonomia das partes possui na arbitragem, é preferível que estas sejam comunicadas o quanto antes da adoção da oitiva conjunta,

---

114. De acordo com STEWART et al., *Tensions Between Lawyers e Experts*...cit., p. 252, na visão de alguns experts seria preferível somente efetuar a inquirição conjunta ao final da audiência, ao passo que muitos advogados preferem vê-la realizada previamente a qualquer inquirição cruzada.
115. A advertência é unânime. Veja-se, por todos, VOSER; BELL. *Expert Evidence*...cit., p. 176; e MADEIRA FILHO, *Perícias Técnicas*...cit., p. 367.
116. CIARB. *Guidelines on Witness Conferencing*...cit., p. 58.
117. CIARB. *Guidelines on Witness Conferencing*...cit., p. 62; e KRAUSE, *Hot Tubbing and Expert Conferences*...cit., p. 124.
118. Sobre os dados da experiência judicial, cf. KRAUSE, Op. cit., p. 103 e 107.

tanto para participarem do planejamento como para que levantem eventuais objeções à sua realização. Por outro lado, ainda que o tribunal arbitral possa determinar a inquirição conjunta com base nos poderes de organizar o feito, inclusive de ofício, o procedimento funcionará melhor se todos os envolvidos estiverem de acordo com sua realização.[119]

Alguns cuidados especiais, por fim, precisam ser adotados. Um dos principais riscos da oitiva conjunta é o de que o expert se porte como advogado, adote postura hostil ou faça prevalecer sua posição somente por força de uma melhor retórica. Muitas vezes, a postura e a personalidade de um expert podem influenciar a percepção da prova, fazendo que sua oratória sobressaia sobre os aspectos técnicos. E pode o diálogo estruturado ser prejudicado pelo fato de a testemunha técnica possuir uma postura pouco colaborativa. O tribunal arbitral, contudo, terá condições de contornar essas dificuldades se assegurar que ambos os experts possuirão ampla oportunidade de comunicar suas conclusões, levar em conta a diferença de personalidade dos experts e coibir posturas agressivas.[120]

Finalmente, é válido o registro de que a expressiva maioria das recomendações seja no sentido de não se indicar o procedimento quando houver problemas muito sérios de competência ou credibilidade do expert. Nesses casos, por mais que a inquirição conjunta sirva para contornar eventual viés partidário de alguma das testemunhas técnicas, torna-se pouco efetivo usá-la, ante a improvável contribuição para avaliar a competência dos demais experts e comparar as provas.[121]

CONCLUSÃO

As arbitragens envolvendo conflitos da indústria da construção estão entre as mais complexas e difíceis de conduzir. Não há dúvida, porém, de que pelas características próprias e inerentes à arbitragem, reputa-se esse o método mais adequado para se obter uma decisão final das controvérsias do setor construtivo. Cabe os árbitros e advogados possuir um conhecimento sobre os aspectos jurídicos da construção e sobre as peculiaridades, ferramentas e técnicas para melhor julgar os conflitos surgidos na execução de uma obra. Com isso, espera-se que a atração da arbitragem e a confiança que nela depositam aqueles que atuam no setor da engenharia e das edificações sejam mantidas, e os procedimentos arbitrais continuem a produzir decisões justas e rentes à realidade, segundo os padrões da indústria.

Nesse estudo, especial atenção mereceram a nomeação do árbitro-especialista, as arbitragens multiparte e multicontrato e as técnicas para aumentar a eficiência da prova técnica produzida por experts das próprias partes, temas que, bem compreendidos, podem auxiliar, na prática, os profissionais que atuam nos procedimentos arbitrais.

---

119. Como se verifica das Regras sobre Produção de Provas da IBA de 2010 e 2020, o tribunal arbitral possui poderes de determinar a oitiva conjunta sem prévia consulta às partes (art. 8.4, 'f').
120. As dificuldades e riscos inerentes à inquirição conjunta por conta da personalidade dos experts é um dos pontos mais sensíveis dessa técnica, como se pode verificar em DAN, *A Tale About Experts*...cit., p. 128; HORNE; MULLEN, *The Expert Witness in Construction*...cit., p. 305; ENNIS, *Hot-tubbing, presentations and other gimmicks*... cit., 5 e 10, entre muitos outros.
121. Por todos, indicando ser essa posição uma unanimidade, veja-se KRAUSE, *Hot Tubbing and Expert Conferences*...cit., p. 102.

BIBLIOGRAFIA E JULGADOS SELECIONADOS

ANDERSON, Eric. Construction Industry Expert Arbitrators. *Dispute Resolution Journal*, v. 74, n. 3, 2019.

ANDREWS, Neil. Arbitration and the expanding circle of consenting parties: joinder of additional parties and consolidation of related claims. *Transnational Construction Arbitration*. London: Informa Law, 2018.

ARRUDA ALVIM, Teresa Wambier et al. *Primeiros Comentários ao Novo Código de Processo Civil*. 2. ed. São Paulo: Ed. RT, 2016.

BARBI, Celso Agrícola. *Comentários ao Código de Processo Civil*. Rio de Janeiro: Forense, 2002.

BITTAR, Flávia. *Arbitragem e Construção Civil*. Editora FISCOSOFT, 2003.

BISHOP, Doak; REED, LUCY REED. Practical guidelines for interviewing, selecting and challenging party appointed arbitrators in international commercial arbitration. *Arbitration International*, v. 14. Kluwer Law International, 1998.

BOTELHO DE MESQUITA, Marcelo Alencar. *Adjudicação de Conflitos na Construção*. In: MARCONDES, Fernando. *Temas de Direito da Construção*. São Paulo: Pini, 2015.

BREKOULAKIS, Stavros; EL FAR, Ahmed. Subcontracts and Multiparty Arbitration in Construction Disputes. In: BREKOULAKIS, Stavros; THOMAS, David Brynmor. *The Guide to Construction Arbitration*. 2. ed. London: Law Business Research, 2018.

BROWN, Nicholas A. Brown; CHAN, Yong Neng. The ICC Commission Report, Construction Industry Arbitrations Recommended Tools and Techniques for Effective Management (2019 Update). *International Construction Law Review* (ICLR), Informa Law, 2019.

BRUNER, Phillp L. Dual Track Proceedings in Arbitrarion and Litigatian: Reducing the Peril of Double Jeopardy by Consolidation, Joinder and Appellate Arbitration. *International Construction Law Review* (ICLR), 2014.

BUNNI, Nael Georges. Recent Developments in Construction Disputology. *Journal of International Arbitration*, [s. l], v. 17, n. 4, p. 105-116, jan. 2000.

CARLEVARIS, Andrea. Multi-party arbitration under institutional rules. *Transnational Construction Arbitration*. London: Informa Law, 2018

DAN, Octavian. A Tale About Experts: From Bracton's Matrons to Hot Tubbing. *International Construction Law Review* (ICLR), Informa Law, 2017.

DELANY, Jim. Expert Witnesses and Lawyers: Managing the Relationship. *International Construction Law Review* (ICLR), Informa Law, 2005.

ELKINGTON, Guy; TAPLIN, Paul. *Expert Evidence in Construction Disputes: Expert Witness Perspective*. The Guide to Construction Arbitration. 4. ed. London: Law Business Research, 2021

FERNANDES, Wanderley. Arbitragem e Construção. In: LEVY, Daniel; PEREIRA, Guilherme Setoguti J. *Curso de Arbitragem*. São Paulo: Ed. RT, 2021.

FIDIC. Conditions of Subcontract for Construction: for Building and Engineering Works Designed by the Employer, 2011.

FIDIC. *Conditions of Subcontract for Plant and Design-Build*, 2019.

FIGUEIREDO, Augusto Barros de; SALLA, Ricardo Medina. *Manual de Dispute Boards*. São Paulo: Quartier Latin, 2021.

FRY, Jason; GREENBERG, Simon; MAZZA, Francesca. *The Secretariat's Guide to ICC Arbitration*. Paris: ICC Publications, 2012.

GALVÃO NETO, Octávio; CARVALHO NETO, Renato Torres de. Conduta do Árbitro Especialista. In: MAIA NETO, Francisco; FIGUEIREDO, Flavio Fernando de. *Perícias em Arbitragem*. São Paulo: Universitária de Direito, 2012.

GARCIA NETO, Paulo Macedo. *Arbitragem e Conexão*. São Paulo: Almedina, 2018.

GENTON, Pierre; SCHWAB, Yves A. The Role of the Engineer in Disputes Related More Specifically to Industrial Projects. *Journal of International Arbitration*, v. 17, n. 4, 2000.

GIOVANNINI, Teresa. Delivering Infrastructure: International Best Practice – Arbitration: Best Practice. *Society of Construction Law* (SCL) Paper D020, ago. 2020.

HANOTIAU, Bernard. *Complex Arbitrations*: Multi-party, Multi-contract and Multi-issue. 2. ed. The Netherlands: Kluwer Law International, 2020.

HAMILTON (Lord), Arthur. Litigation or Arbitration Options for Resolution or Construction Law Disputes. *Society of Construction Law* (SCL) Paper n. 54, nov. 1995.

HORNE, Robert; MULLEN, John. *The Expert Witness in Construction*. Oxford: Wiley & Sons, 2013

HÖK, Götz-Sebastian. Alternative Dispute Resolution and Dispute Adjudication in Civil Law Countries: Hype or Substance? *Revista de Mediação e Arbitragem*, v. 34. São Paulo: Ed. RT, 2012.

ICC. Final Report on Construction Industry Arbitrations. *ICC International Court of Arbitration Bulletin*. v. 12, n. 2, 2001.

ICC. *Commission Report* – Construction Industry Arbitrations Recommended Tools and Techniques for Effective Management 2019 Update, 2019.

ICC. *Commission Report* – Controlling Time and Costs in Arbitration, 2018.

JACKSON, Rupert (Lord Justice). *Concurrent Expert Evidence* – A Gift from Australia: Lecture at the London Conference of the Commercial Bar Association of Victoria on 29th june 2016. Disponível em: https://www.judiciary.uk/wp-content/uploads/2016/06/lj-jackson-concurrent-expert-evidence.pdf.

JENKINS, Jane; STEBBINGS, Simon. *International Construction Law*. 2. ed. London: Kluwer Law International, 2006.

JONES, Doug. Party Appointed Experts in International Arbitration – Asset or Liability? *The International Journal of Arbitration, Mediation and Dispute Management*. v. 86, n. 1, 2020.

KANTOR, Mark. A Code of Conduct for Party-Appointed Experts in International Arbitration – Can One be Found? *Arbitration International*. v. 26, n. 3, 2010.

KENNEDY-GRANT, Tómas. Expert Evidence in Construction and Engineering Cases. *International Construction Law Review* (ICLR), 2003.

KONDEV, Dimitar. *Multi-Party and Multi-Contract Arbitration in the Construction Industry*. London, Wiley-Blackwell, 2017.

KRAUSE, Kate. Hot Tubbing and Expert Conferences: using concurrent expert evidence to streamline construction arbitration. *Dispute Resolution Journal*. v. 74, n. 3, 2019.

MADEIRA FILHO, Victor. Perícias Técnicas em Arbitragens de Construção no Brasil. In: DOURADO, Ruy Janoni et al. *Atualidades da arbitragem comercial*: estudos dos membros da Comissão de Arbitragem e do Comitê de Coordenação da Câmara de Mediação, Conciliação e Arbitragem da OAB/SP. São Paulo: Quartier Latin, 2021.

MARCONDES, Fernando. A experiência dos painéis mistos nas arbitragens de construção. *Revista Brasileira de Mediação e Arbitragem*. v. 19, São Paulo: Ed. RT, jan. 2009.

MARTINS, André Chateaubriand. Deveres de Imparcialidade e Independência dos Peritos em Arbitragem: uma reflexão sobre sob a perspectiva da prática internacional. *Revista de Arbitragem e Mediação*. v. 39. São Paulo: Ed. RT, 2013.

MASTROBUONO, Cristina M. Wagner. Pesquisa: Regras de Imparcialidade e Independência da Produção de Provas na Arbitragem. *Revista Brasileira de Arbitragem*. v. 17. São Paulo: Kluwer Law International, 2020.

MCGUINNESS, John. *The Law and Management of Building Subcontracts*. 2. ed. London: Wiley-Blackwell, 2008.

MOLINEAUX, Charles. Moving Toward a Construction Lex Mercatoria – a Lex Constructionis. *Journal of International Arbitration*, v. 14, n. 1, 1997.

NEEDHAM, Michael. *Is There a Future for Constructions Arbitration*. Society of Construction Law (SCL) Paper n. 95, mar. 1999.

NICKLISCH, Fritz. Multi-Party Arbitration-Typical Multi-Party Disputes and Civil Court Proceedings. *International Construction Law Review* (ICLR), 1995.

NUNES PINTO, José Emílio. Reflexões Indispensáveis sobre a Utilização da Arbitragem e de Meios Extrajudiciais de Solução de Controvérsia. In: LEMES, Selma; CARMONA, Carlos Alberto; MARTINS, Pedro Batista. *Estudos em Homenagem ao Prof. Guido Fernando da Silva Soares in Memoriam*. São Paulo: Atlas, 2007.

OLIVEIRA NETO, Olavo de; SANTOS, Renato dos. In: BUENO, Cassio Scarpinella. *Comentários ao Código de Processo Civil*. São Paulo: Saraiva, 2017.

PECCORARO, Eduardo. Arbitragem nos Contratos de Construção. In: SILVA, Leonardo Toledo da. *Direito e Infraestrutura*. São Paulo: Saraiva, 2012.

PUCCI, Adriana. Perito do Tribunal, *Hot Tubbing* e *Sachs Protocol*. In: MAIA NETO, Francisco; FIGUEIREDO, Flavio Fernando de. *Perícias em Arbitragem*. 2. ed. São Paulo: Universitária de Direito, 2019.

SACHS, Klaus; AHRENDTS-SCHMIDT, Nils. Protocol on Expert Teaming: A new Approach to Expert Evidence. In: VAN DEN BERG, Albert Jan. *Arbitration Advocacy in changing times*: ICCA Congress Series n. 15. Kluwer Law International, The Netherlands, 2011.

SEPPALA, Christopher R.; GOGEK, Daniel. Multi-Party Arbitration under I.C.C. Rules. *International Construction Law Review* (ICLR), Informa Law, 1990.

STEPHENSON, Douglas A, *Arbitration Practice in Construction Contracts*. Londres. Blackwell, 2001.

STEWART, Janine *et al.*, *Tensions Between Lawyers and Experts*. International Construction Law Review (ICLR), Informa Law, 2019.

TARUFFO, Michele. *A prova*. São Paulo: Marcial Pons, 2014.

VAN HOUTTE, H. The Rights of Defence in Multi-Party Arbitration. *International Construction Law Review* (ICLR), Informa Law, 1989.

VERSTEIN, Andrew. Ex Tempore Contracting. *William & Mary Law Review*, v. 55, n. 5, p. 1869-1932, maio 2014.

VOSER, Nathalie; BELL, Katharine. Expert Evidence in Construction Disputes. In: BREKOULAKIS, Stavros; THOMAS, David Brynmor. *The Guide to Construction Arbitration*. 2. ed. London: Law Business Research, 2018.

XAVIER, Beatriz Vidigal da Silveira Rosa; HERZ, Renato. Código de Ética do Peritos e do Assistentes Técnicos em Processos. *Revista Brasileira de Arbitragem*, v. 70, n. 18, 2021.

JULGADOS SELECIONADOS

STJ, REsp 1.49.510/RJ, DJe 04.03.2006.

STJ Ag. REsp. 1.976.846, DJe 21.02.2022.

STJ, CC 185702/DF, decisão monocrática de 25.02.2022.

TJ-SP Ap. Civ. 0172241-54.2012.8.26.0100, j. 25.02.2015.

TJ-SP Ap. Civ. 1017803-23.2019.8.26.0451, j. 08.07.2020.

TJ-RJ, Ap. Civ., 0301553-55.2010.8.19.0001, j. 21.05.2013.

X
ALGUMAS QUESTÕES DE MÉRITO EM ARBITRAGENS DECORRENTES DE *M&AS*

Ana Carolina Weber

Doutora em Direito Comercial pela Universidade de São Paulo (USP). Mestre em Direito Internacional pela Universidade do Estado do Rio de Janeiro (UERJ). Atua como árbitra, em procedimentos arbitrais nacionais e internacionais, e como advogada, registrada na Ordem dos Advogados do Brasil secionais São Paulo e Rio de Janeiro.[1]

Sumário: Introdução – 1. Considerações preliminares – 2. *Pre-signing* – 3. Entre o *signing* e o *closing*; 3.1 Condições precedentes; 3.2 Cláusulas de evento material adverso; 3.3 *"Representations and warranties"*; 3.3.1 Cláusulas utilizadas em complementação a R&W – 4. *Closing* e *post-closing*; 4.1 Preço; 4.1.1 Ajuste de preço; 4.1.2 Contas gráficas e *escrow accounts*; 4.1.3 *Earn-out* – Conclusão – Bibliografia e julgados selecionados.

INTRODUÇÃO

A expressão *Mergers and Acquisitions* (*M&A*), originária do direito anglo-saxão, em sua tradução simples, significa *fusões e aquisições*, termos que interpretados literalmente poderiam levar ao entendimento de que seu objeto seria, exclusivamente, a operação típica de fusão (Lei 6.404/1976, artigo 228) e a transferência de participação acionária.

No entanto, *M&A* refere-se a um conjunto amplo de operações societárias, por meio das quais se adotam medidas de combinação de negócios e reestruturações societárias, visando ao crescimento externo ou compartilhado de uma sociedade. Os *M&As* podem consistir não só na união de duas ou mais sociedades para formar uma nova ou na compra e venda de ações ou quotas de emissão de determinada sociedade. Na verdade, podem englobar operações de aquisição de ativos empresariais, formação de grupos societários, constituição de sociedades de propósito específico, formação de consórcios, incorporação de sociedades ou de ações.[2]

Em virtude da limitação espacial deste artigo, efetuou-se um corte temático e as considerações a seguir expostas terão por base operações de *M&As* por meio das quais o vendedor aliena para o comprador participação acionária em uma sociedade investida. Trata-se dos denominados *share deals*, os quais têm em conta a aquisição por um terceiro de ações ou quotas de emissão de determinada sociedade, resultando na transferência de

---

1. A Autora agradece o apoio dos jovens advogados Paula Dischinger Miranda e João Henrique Macarini com pesquisas e com a revisão formal do presente texto.
2. BOTREL, Sérgio. *Fusões & Aquisições*. 5. ed. São Paulo: Saraiva, 2017. p. 23.

participação pelo alienante e não propriamente a entrega dos bens que possam compor o patrimônio da investida (caso em que estaríamos diante dos chamados *asset deals*).[3]

Como teremos oportunidade de examinar, aspectos como disparidades informacionais, diferentes apreensões sobre o valor da participação acionária, complexas métricas de determinação do preço, a existência superveniente de contingências na sociedade investida, fazem com que a arquitetura, o desenvolvimento e os efeitos de um *M&A* gerem especial atenção do aplicador do direito.

A esse respeito, é importante destacar que a riqueza e a diversidade de questões econômicas e jurídicas que envolvem um *M&A* majoram a possibilidade de litígios que dele podem decorrer, os quais, normalmente, são solucionados por meio de procedimentos arbitrais.[4] De fato, conforme indicam as estatísticas de instituições arbitrais, a arbitragem tem sido eleita pelas partes contratantes de *M&As* como o meio adequado para solucionar disputas que nele tiverem fundamento.[5]

A utilização da via arbitral para solucionar disputas relativas a *M&As* decorre, de modo geral, (i) da especialidade dos árbitros, os quais, em razão de prévias experiências, práticas ou acadêmicas, têm conhecimento específico sobre essas modalidades de negócios;[6] (ii) da celeridade do procedimento arbitral, em comparação com a duração de um processo judicial; (iii) da possibilidade de atribuição de sigilo ao procedimento arbitral, o qual assegura a confidencialidade de segredos de negócio e informações fi-

---

3. MONTEIRO, Antonio Pinto; PINTO, Paulo Mota. Compra e venda de empresa: a venda de participações sociais como venda de empresa (share deal). *RLJ*, ano 137, n. 3947, 2007. p. 76.
4. "M&A transactions generate a large number of disputes, many of which are procedurally complex". KLÄSENER, Amy. *The Guide to M&A Arbitration*. Second Edition. United Kingdom: Law Business Research Ltd: London, 2020. p. 1. No mesmo sentido, FERRO, Marcelo Roberto; SOUZA, Antonio Pedro Garcia de. Post M&A Arbitration. In: SESTER, Peter (Ed.). *International Arbitration: Law and Practice in Brazil*. Oxford: Oxford University Press, 2020. p. 406.
5. Conforme divulgado em suas estatísticas anuais, em relação ao ano de 2020, 69% dos procedimentos arbitrais administrados pela Câmara do Mercado diziam respeito à matéria societária e 18% a contratos em geral. Já na Câmara de Conciliação, Mediação e Arbitragem CIESP/FIESP, 38% das disputas submetidas à arbitragem eram relacionadas a matérias societárias e 33% a contratos empresariais em geral. Na London Court of International Arbitration, por sua vez, 20% dos casos submetidos à arbitragem diziam respeito a *Shareholders'/Share Purchase/Joint VentureAgreements*.

    Ademais, em estudo conduzido por Selma Lemes, apurou-se, com relação ao ano de 2019, que as matérias societárias e relativas a contratos empresarias constituíam a maior parte dos litígios submetidos à arbitragens administradas por instituições arbitrais atuantes no Brasil: "(i) no CAM-CCBC 47,72% das arbitragens referem-se às matérias societárias; (ii) na CCI 50,34% das arbitragens referem-se às matérias de construção civil e energia; (iii) na CAM-CIESP/FIESP 54,3% referem-se a litígios resultantes de contratos empresariais; (iv) na AMCHAM 48% dos casos referem-se a controvérsias em contratos empresariais; (v) na CAM/BOVESPA 92,60% dos litígios referem-se a questões societárias; (vi) na CAM/FGV 43% referem-se a conflitos na área de energia; (vii) na CAMARB 31,58% da arbitragens referem-se a contratos empresariais (compra e venda de imóveis, contratos de franquia e contratos de cessão de direitos minerários); e (viii) no CBMA 36% referem-se a arbitragens de direito desportivo". LEMES, Selma Ferreira. *Arbitragem em Números e Valores*. Período de 2018 a 2019, 2020. Disponível em: http://www.selmalemes.adv.br/artigos/Analise-Pesquisa-ArbitragensNseValores-2020.pdf. Acesso em: 17 jan. 2022.
6. "Se, por um lado, o juiz é generalista por definição, por outro, as partes costumam esperar do árbitro um conhecimento específico do objeto de disputa. Esperam que ele seja um expert no assunto controvertido". ALVES, Rafael Francisco. *Árbitro e Direito: o julgamento de mérito na arbitragem*. São Paulo: Almedina, 2018. p. 23.

nanceiras sensíveis que costumam ser debatidos em tais disputas; e (iv) da maleabilidade do procedimento, em especial, no que diz respeito à produção de provas, conferindo maior liberdade às partes para definirem, por exemplo, a forma de produzir documentos ou como será estruturada uma perícia para examinar contingências que impactam eventual ajuste de preço do *M&A*.[7]

O objetivo do presente artigo consiste justamente em examinar as operações de *M&A* com vistas a identificar as questões que podem ensejar litígios e, assim, serem submetidas à via arbitral. Tendo em mira essas finalidades, nosso estudo está focado nas questões de mérito que costumam ser resolvidas pelos árbitros quando julgam controvérsias decorrentes de operações de *M&A*. Nesse propósito, foi feita uma prévia seleção – não exaustiva – das previsões contratuais e legais aplicáveis a um *M&A* (em sua manifestação de transferências de participação acionária na sociedade investida), que, recorrentemente, consistem no cerne da disputa levada à arbitragem.

Considerando que uma operação de *M&A* constitui uma complexa e prolongada transação, não limitada à celebração de um instrumento contratual, visando a melhor estruturar nosso estudo e contribuir para a compreensão ordenada do leitor das questões a seguir apresentadas, buscou-se dividi-las com base nas fases do *M&A*: (i) *pre-signing*, (ii) *signing* e *closing* e (iii) *post-closing*.

É importante, desde já, esclarecer que, em razão de um *M&A* não constituir um ato instantâneo, mas sim um conjunto de atos complexos que vão sendo desenvolvidos ao longo de um período considerável, alguns temas, ainda que situados, para fins de organização deste estudo, em uma determinada fase da operação, podem produzir efeitos ou terem controvérsias a eles relativos originadas somente em um momento posterior na cadeia temporal do *M&A*.

1. CONSIDERAÇÕES PRELIMINARES

Algumas das questões sobre os *M&A*, que serão aqui examinadas, têm sua regulação, eminentemente, estabelecida pelas partes nos instrumentos contratuais a ele relacionadas. De fato, características e previsões relativas a essas operações foram desenvolvidas e determinadas em sistemas jurídicos da *common law*, especialmente o norte-americano, nos quais a lei não tem por tradição dispor sobre tipos contratuais e, muitas vezes, para que certa previsão seja considerada como parte do contrato, é necessária uma certeza muito grande de que as partes quiseram tratá-la como seu verdadeiro conteúdo.[8]

---

7. STUBER, Adriana Maria Gödel. The Advantages of Arbitration for International M&A Transactions in Brazil. *IBA Arbitration Newsletter*, v. 14, n. 1, 2009; e GUERREIRO, Luis Fernando. Breves Considerações sobre o Processo Arbitral em Compra e Venda de Empresas (M&A). In: DOURADO, Ruy Janoni; VAUGHN, Gustavo Favero; DE BARROS, Vera Cecilia Monteiro; NASCIMBENI, Asdrubal Franco (Coord.). *Atualidades da Arbitragem Comercial*: estudos dos membros da Comissão de Arbitragem e do Comitê de Coordenação da Câmara de Mediação, Conciliação e Arbitragem da OAB/SP. São Paulo: Quartier Latin, 2019. p. 190-192.
8. GREZZANA, Giacomo. *A Cláusula de Declarações e Garantias em Alienação de Participação Societária*. São Paulo: Quartier Latin, 2019. p. 21.

Em vista desse cenário, os instrumentos contratuais relativos ao *M&A*, tradicionalmente, disciplinam de forma detalhada diversos aspectos do negócio jurídico que materializam, estabelecendo, por exemplo, definições, obrigações para as partes contratantes, efeitos de descumprimento, regras relativas a fatores externos ao contrato, condições a que a conclusão da operação se submete, elementos para a definição e pagamento do preço.[9]

Embora as regras contratuais sejam fundamentais quando se estuda uma operação de *M&A*, especialmente em países de tradição romano-germânica, deve-se também atentar para as interações entre a regulação decorrente da vontade das partes e os institutos disciplinados em lei. Assim, o exame de alguns elementos dos contratos relativos ao *M&A* também pressupõe a verificação das regras e institutos previstos pelo legislador (em especial, no âmbito do direito civil) e a forma como se submetem ou se sobrepõem à vontade dos contratantes.

De antemão, cabe destacar que, mesmo que não tenha inovado em diversos temas que pretendeu disciplinar, a Lei 13.874/2019 (Lei da Liberdade Econômica) veiculou uma intenção do legislador brasileiro de privilegiar a livre manifestação de vontade dos contratantes, a ser respeitada mesmo diante de regulação legal expressa. Nesse sentido, vale mencionar que o inciso VIII do artigo 3º da Lei da Liberdade Econômica previu como "direito de toda pessoa, natural ou jurídica, essenciais para o desenvolvimento e o crescimento econômico do País (...) ter a garantia de que os negócios jurídicos empresariais paritários serão objeto de livre estipulação das partes pactuantes, de forma a aplicar todas as regras de direito empresarial apenas de maneira subsidiária ao avençado, exceto normas de ordem pública".

Ademais, a Lei 13.874/2019, mediante alterações no Código Civil, estabeleceu, no parágrafo único do artigo 421 desse diploma, que "nas relações contratuais privadas, prevalecerão o princípio da intervenção mínima e a excepcionalidade da revisão contratual". E, do mesmo modo, a Lei da Liberdade Econômica incluiu o artigo 421-A à Lei 10.406/2002, estabelecendo o respeito e a observância à alocação de riscos prevista pelos contratantes, assim como reiterando que a revisão contratual somente poderá ocorrer de forma excepcional e limitada.

Ainda que se trate de previsões legais aplicáveis aos contratos em geral, em razão de as operações de *M&A* serem, fundamentalmente, disciplinadas por instrumentos contratuais, as finalidades do legislador, consubstanciadas na Lei 13.874/2019, podem servir como norte interpretativo para situações em que a vontade das partes, por exemplo, se choca com eventual instituto jurídico previsto em lei, potencialmente aplicável à operação.

---

9. "Following Anglo-American practices, the resulting contractual provisions are extensive and detailed. The aim is to form a standalone regime with foreseeable outcomes so as to avoid relying on statutory provisions and/or case law of a given legal system". FERRO, Marcelo Roberto; SOUZA, Antonio Pedro Garcia de. Post M&A Arbitration. In: SESTER, Peter (Ed.). *International Arbitration*: Law and Practice in Brazil. Oxford: Oxford University Press, 2020. p. 408.

De fato, operações de *M&A* costumam envolver partes não vulneráveis, altamente qualificadas, que contam com apoio de assessores jurídicos e financeiros na elaboração dos contratos que materializam a vontade relativa aos diversos aspectos da operação. Em vista disso, é natural que, em operações com tais características, privilegie-se a disciplina contratual e a regulação legal seja utilizada, de forma supletiva, quando houver lacunas e estas não puderem ser integradas pela avaliação sistemática dos interesses contratualmente regulados.[10]

2. PRE-SIGNING

Designa-se como "*pre-signing*" a fase que antecede a assinatura do contrato por meio do qual o *M&A* é materializado, normalmente denominado *Share Purchase Agreement* (*SPA*). Trata-se do momento em que comprador e vendedor se aproximam e começam a negociar a operação. Neste período, em vista do desbalanceamento informacional, em especial sobre a sociedade investida, são fornecidas ao potencial adquirente informações a respeito de tal sociedade e dos negócios por ela desenvolvidos.

Vale dizer: ainda que o comprador possa ter interesse em adquirir participação acionária ou combinar seus negócios com os do vendedor, ou os da sociedade de cujas ações este último seja titular, o adquirente, como regra, desconhece diversos fatos da vida e das atividades da sociedade-alvo. Por conta disso, além de negociar aspectos, como o preço e a forma como a operação será efetivada, na fase do "*pre-signing*" há uma intensa troca de informações entre as partes envolvidas.

Nesse sentido, no "*pre-signing*", costuma ser conduzida a *due diligence*,[11] que consiste em um procedimento, conduzido por assessores jurídicos e financeiros das partes, com o objetivo de revisar e examinar uma série de informações e documentos relativos à sociedade investida. Seu objetivo primordial é estabelecer a viabilidade da operação (em especial, do ponto de vista econômico) e apurar eventuais contingências que possam afetar a definição do preço final do *M&A*.[12]

---

10. Examinando a questão à luz do direito português, Catarina Monteiro Pires esclarece: "Sempre que haja regulação contratual, em princípio, dentro dos limites da lei e depois de interpretado o contrato, os tribunais aplicarão o regime contratual e, havendo lacunas, estas deverão ser integradas em primeira linha em harmonia com a própria disposição de interesses contratualmente regulada". PIRES, Catarina Monteiro. *Aquisições de Empresas e de Participações Acionistas*. Coimbra: Almedina, 2018. p. 12.
11. Diz-se "costuma-se", uma vez que, nem sempre, a troca de informações ocorre de maneira tão extensa ou completa. Como destaca Catarina Monteiro Pires, "a imposição de um dever de auditoria poderá revelar-se desadequada. Pode mesmo suceder que a informação disponibilizada pelo vendedor ou o caráter reduzido do preço e dos riscos envolvidos na aquisição permitam dispensar qualquer investigação mais profunda". PIRES, Catarina Monteiro. *Aquisições de Empresas e de Participações Acionistas*. Coimbra: Almedina, 2018. p. 37.
12. BRANDÃO, Caio; HANSZMANN, Felipe; MAFRA, Ricardo. Contingências Ocultas em Contratos de M&A: Vícios Redibitórios, Evicção e Declarações e Garantias. In: BARBOSA, Henrique; DA SILVA, Jorge Cesa Ferreira (Coord.). *A Evolução do Direito Empresarial e Obrigacional: 18 anos do Código* Civil – obrigações & contratos. São Paulo: Quartier Latin, 2021. v. 2, p. 149; e ROCHA, Dinir Salvador Rio da. Visão Geral da Due Diligence: Breves Aspectos Teóricos e Práticos. In: ROCHA, Dinir Salvador Rios da; QUATTRINI, Larissa Teixeira (Coord.). *Fusões, Aquisições, Reorganizações Societárias e Due Diligence* (Série GVLAW). São Paulo: Saraiva, 2012. p. 49.

É possível identificar as seguintes funções da *due diligence* que antecede a celebração dos instrumentos contratuais relativos ao *M&A*: (i) precisar circunstâncias e riscos que podem influenciar a decisão sobre a continuidade da operação; (ii) identificar circunstâncias e riscos que, caso se prossiga com o *M&A*, deverão ser regulados em contrato, por meio das chamadas *representations and warranties*; (iii) estabelecer os riscos e as contingências relevantes para a definição do preço da operação – e estrutura de seu pagamento; e (iv) formar um acervo de informações que poderão servir de prova em futuras disputas acerca de fatos anteriores à conclusão do *M&A*.[13]

Como se percebe, o resultado da *due diligence* pode ser determinante para o prosseguimento da operação, produzindo efeitos em relação à definição do preço e às disposições dos contratos a serem celebrados no *signing*, como as *representations and warranties* e cláusulas de indenização.

Ainda sobre o "*pre-signing*", embora seja uma etapa marcada por negociações e pela troca de informações, os contratantes costumam celebrar alguns instrumentos já em seu início ou durante seu curso. Cabe destacar que muitos desses instrumentos não estabelecem obrigações de "fechar" a operação, não tendo efeitos vinculantes em relação à vontade de conclusão do *M&A*. Na maioria das vezes, esses contratos buscam disciplinar aspectos relativos à fase inicial de aproximação dos atores do *M&A*, tratando, por exemplo, de questões sobre a confidencialidade das informações trocadas e da exclusividade da negociação.

Um primeiro instrumento celebrado no "*pre-signing*" consiste nos acordos de confidencialidade (*non-disclosure agreement*),[14] em que os futuros signatários do *SPA* procuram assegurar que a sua intenção de combinar negócios não será levada a conhecimento público, seja porque a operação, por exemplo, envolve companhias abertas com ações negociadas em bolsa, que se submetem a deveres informacionais específicos no âmbito do mercado de capitais, seja porque a divulgação da operação, antes de concluída, poderia despertar o interesse de terceiros que, mediante ofertas concorrentes ou negociações paralelas, poderiam frustrar o *M&A*.

Além disso, os contratos de confidencialidade têm por finalidade proteger o intercâmbio de informações que ocorre por ocasião da *due diligence*.[15] Por exemplo, ainda que o vendedor de uma participação acionária se comprometa a compartilhar informações acerca da sociedade investida com o potencial comprador, ele deve assegurar que o adquirente não fornecerá essas informações a terceiros ou delas fará uso para fins estranhos ao *M&A*, inclusive, porque a operação pode não se concretizar.

---

13. PIRES, Catarina Monteiro. *Aquisições de Empresas e de Participações Acionistas*. Coimbra: Almedina, 2018. p. 32 e 33; BOTREL, Sérgio. *Fusões & Aquisições*. 3. ed. São Paulo: Saraiva, 2014. p. 219.
14. BOTREL, Sérgio. *Fusões & Aquisições*. 5. ed. São Paulo: Saraiva, 2017. p. 276-277.
15. ROCHA, Dinir Salvador Rio da. Visão Geral da Due Diligence: Breves Aspectos Teóricos e Práticos. In: ROCHA, Dinir Salvador Rios da; QUATTRINI, Larissa Teixeira (Coord.). *Fusões, Aquisições, Reorganizações Societárias e Due Diligence* (Série GVLAW). São Paulo: Saraiva, 2012. p. 56-58.

Em paralelo, costuma-se, no "*pre-signing*", celebrar acordos de exclusividade, os quais podem beneficiar tanto comprador como o vendedor. Para o adquirente, estabelecer que, até que se conclua por "fechar" ou não a operação, o vendedor não poderá negociar a sua participação na sociedade investida com terceiros permite-lhe não desperdiçar recursos e tempo num negócio que poderia ser frustrado pela intervenção de um comprador concorrente. Além disso, confere-lhe mais estabilidade para examinar, com a profundidade e o tempo necessários, as informações acerca do vendedor, da sociedade investida ou do negócio que pretende implementar, de modo a tomar uma decisão mais informada e refletida na salvaguarda de seus interesses.

Para o vendedor, exigir do comprador a exclusividade, assegura-lhe que o adquirente está examinando aquela oportunidade de negócio de forma específica e não fazendo uma seleção entre diversos negócios concorrentes que o adquirente possa ter interesse em comprar.

Vale ainda destacar que, ao longo do período de "*pre-signing*" e antes do fechamento da operação, as partes costumam celebrar instrumentos, como os "Memorando de Entendimentos" (*memorandum of understanding – MOU*), "*letter of intent*" ou os "*term sheets*", que visam a disciplinar aspectos macro e fixar as condições base que, caso o *M&A* venha a ser efetivado, as partes entendem que deverão ser regulados.[16] Além disso, é possível que, em tais instrumentos, as partes disponham sobre temas cujo consenso já tenha sido alcançado, estabelecendo cláusulas fundamentais que deverão constar dos contratos definitivos da operação, na hipótese de o *M&A* ser concluído, assim como fixando algumas premissas para a definição de aspectos ainda em negociação.

No entanto, os referidos instrumentos, como regra, não preveem a obrigação de as partes concluírem o *M&A*, isto é, a assunção da obrigação de celebrar os contratos principais da operação (até porque, como já dito, no "*pre-signing*" ainda estão sendo examinadas diversas informações que contribuirão para a tomada de decisão sobre a efetivação da operação). Em vista disso, o *MOU*, a *letter of intent* e o *term sheet*, normalmente, não são equiparáveis aos contratos preliminares, regulados no Código Civil nos artigos 462 e seguintes,[17] os quais efetivamente obrigam a celebração do contrato principal.[18]

Nos instrumentos mencionados, é comum que as partes incluam uma cláusula compromissória, pois litígios podem ser iniciados com base neles. De fato, quando não

---

16. ROCHA, Dinir Salvador Rio da; NUNES, Marcelo Galiciano. *Term Sheet* e contrato de compra e venda de ações ou quotas. In: ROCHA, Dinir Salvador Rios da; QUATTRINI, Larissa Teixeira (Coord.). *Fusões, Aquisições, Reorganizações Societárias e Due Diligence*. São Paulo: Saraiva, 2012. (Série GVLAW), p. 71; e BOTREL, Sérgio. *Fusões & Aquisições*. 5. ed. São Paulo: Saraiva, 2017. p. 273-276 e 279-283.
17. "Artigo 462. O contrato preliminar, exceto quanto à forma, deve conter todos os requisitos essenciais ao contrato a ser celebrado.
    Artigo 463. Concluído o contrato preliminar, com observância do disposto no artigo antecedente, e desde que dele não conste cláusula de arrependimento, qualquer das partes terá o direito de exigir a celebração do definitivo, assinando prazo à outra para que o efetive".
18. TEPEDINO, Gustavo; KONDER, Carlos Nelson; BANDEIRA, Paula Greco. *Fundamentos do Direito Civil*. 2. ed. Rio de Janeiro: Forense, 2021. v. 3 – Contratos, p. 99.

se chega ao fechamento da operação, por exemplo, pelo descumprimento de obrigação de exclusividade, uma das partes poderá querer pleitear reparação fundamentada nos efeitos do inadimplemento de tal obrigação. Ou ainda: a parte que vê a conclusão do *M&A* não efetivada, em razão de não aprovação da operação pelo conselho de administração do adquirente, poderá ter interesse em discutir os efeitos das obrigações assumidas nos referidos instrumentos. É possível ainda que, frustrado o fechamento do *M&A*, as partes pretendam debater a alocação dos custos dispendidos na fase do *"pre-signing"* ou ainda os significados das manifestações de vontade expressadas ao longo das tratativas.

Assim, é grande o leque de controvérsias que podem surgir do fracasso das negociações e obrigações assumidas ao longo do *"pre-signing"*, razão pela qual a previsão da cláusula compromissória nos instrumentos que disciplinam essa fase é medida de cautela, para que as vantagens dessa via de solução de disputas (em relação a litigar perante o Poder Judiciário) também sejam asseguradas para a decisão de disputas referentes ao *"pre-signing"*.

Pactuar arbitragem como mecanismo de resolução de conflitos, nesse momento, também se mostra recomendável, pois, caso confirmados os interesses das partes na operação e a viabilidade de sua conclusão, os instrumentos de fechamento do *M&A* costumam prever a solução de disputas pela arbitragem. Dessa forma, é aconselhável que, tanto para as controvérsias que se refiram ao *"pre-signing"*, quanto para aquelas que decorram dos instrumentos de fechamento da operação, o mesmo mecanismo de resolução de litígios seja escolhido, inclusive, estabelecendo-se, de forma uniforme, aspectos como a lei aplicável ao mérito, a instituição administradora do procedimento, a forma de designação dos árbitros e a sede do procedimento.

Agindo dessa forma, os contratantes podem evitar inúmeras discussões sobre os efeitos da cláusula compromissória em uma futura disputa. Por exemplo, havendo uma cláusula compromissória uniforme em todos os instrumentos relativos ao *M&A* (inclusive, ao *"pre-signing"*), protege-se contra questionamentos sobre os poderes de um tribunal arbitral, que venha a ser constituído para examinar litígio relativo à operação, para analisar questões fáticas que antecederam a celebração dos instrumentos no *closing*, como algumas relativas à fase de *due diligence*.

3. ENTRE O *SIGNING* E O *CLOSING*

Finalizadas as tratativas e concluída a *due diligence* de forma satisfatória para as partes, prossegue-se ao momento do *"signing"*. Trata-se de etapa em que são firmados os instrumentos contratuais que materializam o *M&A*. Vale dizer: no *signing*, as partes expressam sua vontade quanto à efetivação do *M&A*, celebrando contratos que regulam a operação e as vinculam a promover a transferência da participação acionária e a efetuar o pagamento do preço.

Diversos são os instrumentos que podem ser celebrados nesse momento. Por exemplo, na aquisição de participação acionária em uma sociedade investida, as partes firmam o já referido *Share Purchase Agreement*. Nessas operações, na hipótese de o vendedor, previamente, desempenhar funções na gestão da sociedade-alvo ou ter conhecimento aprofundado das atividades por ela desenvolvidas e vir a se retirar por completo da sociedade, é comum a celebração de um pacto de não concorrência.

Por outro lado, se estamos diante de uma combinação de negócios, por meio da qual os contratantes passarão a ser cotitulares de participação em determinada sociedade, é costumeira a assinatura de acordo de acionistas ou de quotistas. Nesse caso, também é usual a adoção de um novo modelo de estatuto ou contrato social, que reflita a estrutura acionária e o poder de cada um dos contratantes sobre a sociedade investida decorrentes da efetivação do *M&A*.

Além disso, é corriqueira a celebração de instrumentos com finalidades financeiras. Por exemplo, contratos com instituições financeiras que irão administrar conta na qual parcela do preço seja depositada para posterior liberação em benefício do vendedor. Ou ainda: quando o comprador de determinada participação acionária não tem, de imediato, os recursos para efetuar o pagamento devido ao vendedor, celebram-se contratos de empréstimos com bancos.

Cabe destacar que, mesmo que seja possível, no momento da assinatura dos principais contratos do *M&A*, já estarem presentes todas as circunstâncias para a conclusão da operação, é muito comum haver uma etapa posterior ao *signing*, ao fim da qual a operação produzirá integralmente seus efeitos: trata-se do *closing*.

Por conta do período que pode transcorrer entre o *signing* e o *closing* e buscando-se precaver de um eventual arrependimento da contraparte, alguns *SPAs* estabelecem a denominada "*breakup fee*".[19]

Também designada como "taxa de insucesso", a "*breakup fee*" consiste em um pagamento fixo a ser efetuado pela parte signatária do contrato que descumprir determinadas condições preestabelecidas, resultando na frustração da operação almejada.[20]

A propósito, seja para beneficiar o adquirente, seja o alienante (hipótese em que costuma ser designada como *reverse breakup fee*), as seguintes situações podem ensejar a obrigação de pagamento previstas na *breakup fee*: (i) não aprovação da conclusão do *M&A* por parte conselho de administração de uma das partes; (ii) rejeição da operação pela assembleia de acionistas de um dos contratantes; (iii) aceitação de uma oferta concorrente; (iv) não obtenção de financiamento pelo comprador essencial ao pagamento do preço pretendido; e (v) não fechamento do *M&A* até a data acordada pelas partes.[21]

---

19. TARBERT, Heath Price. Merger Breakup Fees: A Critical Challenge to Anglo-American Corporate Law. *Law and Policy in International Business*, v. 34, n. 3, p. 639-640. 2003.
20. ROCHA, Dinir Salvador Rios da; NUNES, Marcelo Galiciano. *Term sheet* e contrato de compra e venda de ações ou quotas. In: ROCHA, Dinir Salvador Rios da; QUATTRINI, Larissa Teixeira Quattrini (Coord.). *Direito societário*: Fusões, aquisições, reorganizações societárias e *due diligence* (Série GVLAW). São Paulo: Saraiva, 2012. p. 106.
21. TUCKER, Darren S.; YINGLING, Kevin L. Keeping the Engagement Ring: Apportioning Antitrust Risk with Reverse Breakup Fees. *Antitrust*, v. 22, n. 3, p. 71. Summer, 2008.

Muitas vezes, a incidência da *breakup fee*, quando o *M&A* é desfeito entre o *signing* e o *closing*, é levada à apreciação de tribunais arbitrais, que terão que enfrentar e decidir acerca da configuração *in concreto* de seus pressupostos, assim como sobre o montante nela pactuado ser em sua integralidade devido ou ainda se deveria ser complementado por verbas indenizatórias, eventualmente, fundamentadas em disposições legais.

3.1 Condições precedentes

Como referido, é usual o transcurso de tempo entre o *signing* e o *closing* do *M&A*, o qual pode ser necessário para que determinadas providências sejam adotadas. As chamadas condições precedentes consistem em disposições contratuais pactuadas pelas partes que, por um lado, podem suspender a plena produção de efeitos do contrato (por exemplo, impedindo a realização do pagamento do preço e da transferência das ações ou quotas) até que sejam satisfeitas certas condições, e, por outro, podem implicar o desfazimento do negócio caso não sejam observadas.

Tal como outras disposições dos contratos relativos a um *M&A*, as condições precedentes foram importadas dos sistemas da *common law*. Em que pese a importância da qualificação desta modalidade de cláusula, muitas vezes, a disciplina contratual encerra o conteúdo e os efeitos que decorrerão da satisfação ou não das condições precedentes.

Nesse sentido, é comum que o *SPA* estabeleça, por exemplo, um prazo para que as condições precedentes sejam satisfeitas, regulando as consequências de sua não observância, que poderão ser (a) a não conclusão do *M&A* e a fixação de verbas a serem pagas em decorrência do desfazimento do vínculo contratual, (b) a obrigação de as partes retomarem as negociações para fixarem uma alternativa à condição não satisfeita, ou ainda (c) a reserva do direito à parte, a quem a condição interessava, de dispensar (*waiver*) a sua observância e, assim, dar continuidade ao fechamento da operação.[22]

Há grande diversidade no conteúdo das condições precedentes, podendo quaisquer das partes envolvidas no *M&A* obrigar-se quanto a seu adimplemento. A propósito, a prestação que o contratante assume pode dizer respeito a atos que ele próprio deverá praticar ou a atos que necessitarão da colaboração de terceiros (como é usual quando a operação está sujeita à autorização prévia de autoridade governamental).

A título de exemplo, é comum constar como condição precedente: (i) a obtenção de licença junto a órgão governamental (como licenças ambientais, autorizações para funcionamento de determinada atividade desempenhada pela sociedade investida etc.);

---

22. "A rigor, não basta que o contrato indique os atos a serem praticados para que o negócio gere os efeitos planejados: é preciso que as partes convencionem um prazo para a prática dos atos condicionantes ao fechamento, assim como as consequências para a inexecução desses atos. O contrato poderá prever que, uma vez não implementadas as condições de fechamento dentro do prazo convencionado, o negócio será desfeito (resolvido), sendo comum, ainda, a previsão de que se o não cumprimento das condições de fechamento ocorrer em virtude de conduta dolosa ou culposa de uma das partes, a parte lesada terá direito de receber uma multa (cláusula penal), sem prejuízo das perdas e danos apuradas a tempo e modo próprios." BOTREL, Sérgio. *Fusões & Aquisições*. 5. ed. São Paulo: Saraiva, 2017. p. 23.

(ii) submissão da operação a uma autoridade estatal, tal como o Conselho Administrativo de Defesa Econômica, que examina combinações de negócios sob a perspectiva da concorrência, ou como o Banco Central do Brasil, no desempenho de sua função fiscalizadora de instituições financeiras; (iii) a contratação de empréstimo por parte do adquirente da participação acionária; (iv) a conclusão de reorganizações em controladas ou coligadas da sociedade investida; (v) a obtenção do consentimento de terceiros que possam ser afetados pela implementação do M&A, como bancos de financiamento ou detentores de títulos de dívida de emissão da sociedade-alvo, em cujos contratos – celebrados com a sociedade – exija-se a anuência prévia em relação a operações de M&A em que ela esteja envolvida; e (vi) a liberação de ônus e gravames que recaiam sobre a participação acionária que vier a ser transferida ou de garantias reais ou fidejussórias que gravem bens estratégicos para o desenvolvimento do negócio.

Além disso, costuma-se verificar, no âmbito das "condições precedentes", a assunção pelo vendedor da obrigação de manter o curso regular dos negócios da sociedade-investida até a conclusão do M&A, de modo a preservar, até a transferência definitiva da participação acionária, as circunstâncias fáticas que foram levadas em consideração para a definição dos termos contratuais (em especial, o estabelecimento do preço).[23]

A esse respeito, é importante mencionar que, muitas vezes, as partes não fixam parâmetros para definir o que seria o "curso regular dos negócios", o que pode ensejar debates significativos em um eventual litígio arbitral acerca das obrigações do alienante em relação à sociedade investida até o fechamento da operação. De fato, procurando antever as potenciais controvérsias que decorrerão do M&A, é recomendado o aprofundamento – tendo em vista as principais atividades desempenhadas pela sociedade-alvo – da identificação dos atos que estejam englobados no conceito de "curso regular dos negócios", delimitando, por exemplo, modalidades de empréstimos que podem ser contratados, acordos com fornecedores que podem ser firmados ou medidas extraordinárias que sejam ou não admitidas (inclusive, estabelecendo se o comprador poderia ter direito de veto em relação a elas).

A depender da extensão do período entre o *signing* e o *closing* e das circunstâncias que envolvem o negócio, o adimplemento da obrigação de manter o "curso regular dos negócios" pode se mostrar de difícil satisfação. Por conta disso, em diversas oportunidades, essa espécie de condição precedente é acompanhada das chamadas cláusulas de "efeito adverso relevante", cujo conteúdo examinaremos na sequência.

3.2 Cláusulas de evento material adverso

Como visto, a plena produção de efeitos dos contratos de M&A é, normalmente, postergada no tempo para que determinadas condições precedentes possam ser satisfeitas. Em razão deste lapso temporal (*interim period*), é possível que eventos fora do controle das partes venham a ocorrer, gerando um quadro fático distinto daquele considerado

---

23. PIRES, Catarina Monteiro. *Aquisições de Empresas e de Participações Acionistas*. Coimbra: Almedina, 2018.

pelos contratantes no *signing*, o qual pode, por sua vez, afetar a intenção das partes de efetivar o M&A ou levá-las a ajustar algumas previsões a ele relativas.[24]

As cláusulas de *Material Adverse Change* (*MAC*) ou *Material Adverse Effect* (*MAE*)[25] situam-se no âmbito das discussões sobre a força obrigatória dos contratos e da possibilidade de alteração de certas disposições de contratos de trato sucessivo.

Com efeito, segundo o princípio do *pacta sunt servanda*, as convenções equiparam-se, para as partes contratantes, à própria lei, de modo que elas não podem se furtar ao seu adimplemento. No entanto, em contratos de longa duração ou cujos efeitos sejam protraídos no tempo, a cláusula *rebus sic stantibus* garante ao contratante a subordinação dos efeitos do negócio jurídico à continuação do estado de fato vigente ao tempo de sua estipulação.

As cláusulas *MAC* ou *MAE* colocam-se justamente entre essas duas figuras: busca-se, por meio de previsão extraída da vontade das partes, facultar a extinção do contrato (ou a adoção de outros remédios), caso ocorra alguma mudança que gere efeitos materiais adversos para os negócios e/ou as finanças da sociedade-alvo da operação.[26]

Embora constituam previsão contratual válida e autônoma, as cláusulas *MAC* ou *MAE*, em diversas oportunidades, são comparadas com institutos jurídicos que regulam situações de alteração de circunstâncias fáticas dos negócios jurídicos.

Nesse sentido, a cláusula *MAC* é, muitas vezes, confrontada com (i) a resolução por onerosidade excessiva, prevista no artigo 478 do Código Civil,[27] que tem por fundamento a desproporção excessiva entre as prestações contratuais, causada por eventos extraordinários e imprevisíveis que afetem o contrato de execução continuada; (ii) a revisão de prestações de pagamento, disciplinadas no artigo 317 da Lei 10.406/2002,[28] incidente quando motivos imprevisíveis geram uma desproporção manifesta entre o

---

24. "Essa finalidade é alocar riscos atinentes a eventos não controláveis pelas partes, relacionados à alteração – no chamado 'interim period' – do quadro fático pressuposto pelos contratantes ao conformarem o conteúdo contratual. Seu pressuposto está em que a determinação do preço e o consentimento para a realização do negócio tiveram em vista premissas econômico-financeiras que, se modificadas substancialmente, poderiam afetar a intenção das partes de realizar o negócio ou diminuir-lhe o preço". MARTINS-COSTA, Judith; COSTA E SILVA, Paula. *Crise e Perturbações no Cumprimento da Prestação*: estudo de direito comparado luso-brasileiro. São Paulo: Quartier Latin, 2020. p. 127-128.
25. "As cláusulas MAC e MAE são, normalmente, tratadas de forma semelhante pois diferem basicamente em sua terminologia, não em suas consequências." EIZIRIK, Nelson; HENRIQUES, Marcus de Freitas. Notas sobre a revisão dos contratos. In: ESTEVEZ, André Fernandes; e JOBIM, Marcio Felix (Org.). *Estudos de Direito Empresarial*: homenagem aos 50 anos de docência do Professor Peter Walter Ashton. São Paulo: Saraiva, 2012. p. 235.
26. LALFARYAN, Narine. Material Adverse Change uncertainty: costing a fortune if not corporate lives. *Journal of Corporate Law Studies*. v. 21, issue 2, 2020. Disponível em: https://doi.org/10.1080/14735970.2020.1781484.
27. "Artigo 478. Nos contratos de execução continuada ou diferida, se a prestação de uma das partes se tornar excessivamente onerosa, com extrema vantagem para a outra, em virtude de acontecimentos extraordinários e imprevisíveis, poderá o devedor pedir a resolução do contrato. Os efeitos da sentença que a decretar retroagirão à data da citação."
28. "Artigo 317. Quando, por motivos imprevisíveis, sobrevier desproporção manifesta entre o valor da prestação devida e o do momento de sua execução, poderá o juiz corrigi-lo, a pedido da parte, de modo que assegure, quanto possível, o valor real da prestação."

valor da prestação devida e aquele apurado no momento em que for executada; (iii) a exoneração de responsabilidade decorrente de casos fortuitos ou eventos de força maior, prevista no artigo 393 do Código Civil,[29] caracterizados como fatos necessários, cujos efeitos não seria possível evitar ou impedir; (iv) a impossibilidade das prestações, regulada nos artigos 234, 238, 248 e 250 da Lei nº 10.406/2002,[30] que poderá implicar a resolução do contrato; (v) a configuração de um evento estranho ao controle dos contratantes, que, na forma do artigo 421 do Código Civil,[31] possa frustrar a finalidade do negócio pactuado; e (vi) a quebra da base objetiva do negócio, que, inspirada em disposições de outras ordens jurídicas e no Código de Defesa do Consumidor brasileiro, autorizaria a revisão contratual quando o contexto fático, no qual o contrato originalmente se fundamentou, foi objetiva e involuntariamente modificado (sem qualquer contribuição das partes).

A sobreposição entre a previsão das cláusulas *MAC* ou *MAE* e as hipóteses de incidência das figuras jurídicas acima descritas é fonte de controvérsias em sede de procedimentos arbitrais, em disputas a respeito de eventos que ocorrem no *interim period* e que afetam o próprio negócio desenvolvido pela sociedade investida ou determinadas prestações a serem adimplidas pelas partes no *closing*. De fato, a depender da providência que o contratante vise a obter do tribunal arbitral – resolução do contrato, revisão das prestações, verbas indenizatórias – procura-se afastar ou argumentar a incidência da disposição contratual ou do remédio legal.

Em vista disso, para conferir maior segurança às partes do *M&A* e evitar desgastantes debates em sede arbitral, deve-se ter cautela na redação das cláusulas *MAC* ou *MAE*, assim como deve ser dispensada atenção às consequências contratuais que se pretenda conferir aos fatos que provoquem "*efeitos adversos relevantes*" às prestações previstas no contrato ou às atividades da sociedade-alvo.

Nesse sentido, as cláusulas *MAC* ou *MAE* costumam alocar sob a esfera de riscos assumidos pelo comprador aqueles que sejam exógenos ao contrato: por exemplo, oscilações econômicas ou políticas ocorridas entre o *signing* e o *closing* não seriam capazes de afastar a obrigatoriedade das prestações assumidas pelo adquirente, como a de

---

29. "Artigo 393. O devedor não responde pelos prejuízos resultantes de caso fortuito ou força maior, se expressamente não se houver por eles responsabilizado.
    Parágrafo único. O caso fortuito ou de força maior verifica-se no fato necessário, cujos efeitos não era possível evitar ou impedir."
30. "Artigo 234. Se, no caso do artigo antecedente, a coisa se perder, sem culpa do devedor, antes da tradição, ou pendente a condição suspensiva, fica resolvida a obrigação para ambas as partes; se a perda resultar de culpa do devedor, responderá este pelo equivalente e mais perdas e danos.
    Artigo 238. Se a obrigação for de restituir coisa certa, e esta, sem culpa do devedor, se perder antes da tradição, sofrerá o credor a perda, e a obrigação se resolverá, ressalvados os seus direitos até o dia da perda.
    Artigo 248. Se a prestação do fato tornar-se impossível sem culpa do devedor, resolver-se-á a obrigação; se por culpa dele, responderá por perdas e danos.
    Artigo 250. Extingue-se a obrigação de não fazer, desde que, sem culpa do devedor, se lhe torne impossível abster-se do ato, que se obrigou a não praticar."
31. "Artigo 421. A liberdade contratual será exercida nos limites da função social do contrato."

pagamento do preço no fechamento do *M&A*.³² Por outro lado, riscos endógenos, como falhas no desempenho interno da sociedade-investida, são normalmente atribuídos ao vendedor, de modo que, ainda que impliquem o dispêndio de recursos extraordinários durante o *interim period*, não poderão ser repassados para o comprador.³³

Na alocação dos riscos que poderão ser assumidos por cada uma das partes do *M&A*, de modo geral, identificam-se três modalidades de cláusula: (i) a que define o que são *efeitos adversos relevantes*;³⁴ (ii) a que, além de tal definição, estabelece determinados fatos que, à primeira vista, poderiam impactar significativamente as obrigações dos contratantes, mas que são por eles expressamente afastados do referido conceito (os denominados *carve outs*³⁵);³⁶ e (iii) aquela que, além de definir *efeito adverso relevante* e prever exceções, cria determinadas métricas ou parâmetros em que os *carve outs* não são aplicados – isto é, mesmo enquadráveis nas exceções, configuram *efeitos adversos relevantes*.³⁷

Além de conceituar os fatos que podem ensejar sua incidência, as cláusulas *MAC* ou *MAE* devem dispor sobre as consequências das referidas circunstâncias adversas para o contrato. Os efeitos que, muitas vezes, são consagrados em tais disposições referem-se à possibilidade de extinção do contrato: vale dizer, materializado o efeito adverso

---

32. MARTINS-COSTA, Judith; COSTA E SILVA, Paula. *Crise e Perturbações no Cumprimento da Prestação*: estudo de direito comparado luso-brasileiro. São Paulo: Quartier Latin, 2020. p. 129.
33. MARTINS-COSTA, Judith; COSTA E SILVA, Paula. *Crise e Perturbações no Cumprimento da* Prestação: estudo de direito comparado luso-brasileiro. São Paulo: Quartier Latin, 2020. p. 129.
34. Cite-se como exemplo de cláusula *MAC* que se restringe a definir *efeito adverso relevante*: "Efeito Adverso Relevante significa qualquer fato, mudança ou evento que tenha efeito nos negócios, condição financeira ou resultados da Companhia". Previsões com esse nível de generalidade e indefinição de conceitos, muitas vezes, são fonte de significativa divergência no âmbito de disputas submetidas à arbitragem.
35. Constituem, conforme ensina a doutrina, circunstâncias "que não poderão ser consideradas para deflagrar os efeitos da Cláusula MAC". MARTINS-COSTA, Judith; COSTA E SILVA, Paula. *Crise e Perturbações no Cumprimento da* Prestação: estudo de direito comparado luso-brasileiro. São Paulo: Quartier Latin, 2020. p. 129. No mesmo sentido: CRUZ, Pedro Santos. A Cláusula MAC (Material Adverse Change) em Contratos de M&A no Direito Comparado (EUA e Reino Unido). *Revista de Direito Bancário e do Mercado de Capitais*, v. 45, p. 149-182, jul./set., 2009; e BOTREL, Sérgio. Breves Apontamentos sobre as Cláusulas MAC nos Contratos de M&A. In: BARBOSA, Henrique; DA SILVA, Jorge Cesa Ferreira (Coord.). *A Evolução do Direito Empresarial e Obrigacional*: 18 anos do Código Civil – obrigações & contratos. São Paulo: Quartier Latin, 2021. v. 2, p. 174.
36. Cite-se como exemplo de cláusula MAC que define *efeito adverso relevante* e estabelece *carve outs*: "Efeito Adverso Relevante significa qualquer fato, mudança ou evento que tenha efeito nos negócios, condição financeira ou resultado da Companhia. Nenhum dos itens a seguir deve ser considerado como Efeito Adverso Relevante: (i) mudanças nas condições econômicas, comerciais ou regulatórias gerais do País, (ii) mudanças nas condições políticas globais ou nacionais (incluindo a eclosão de guerra, desastres naturais, pandemias ou atos de terrorismo)".
37. Como exemplo dessa modalidade de cláusula, vale citar: "'Efeito Adverso Relevante' significa qualquer alteração, efeito, evento que é ou seria razoavelmente esperado que fosse (...) um efeito adverso relevante sobre (a) os ativos, negócios, propriedades, resultados de operações ou condições financeiras da Companhia ou (b) a capacidade do Vendedor de consumar as Transações; desde que, um efeito adverso relevante da Companhia não abarque (...): (i) qualquer alteração de Lei após a data deste Contrato; (ii) qualquer alteração resultante de condições que afetam indústrias ou mercados em que a Companhia opera; (iii) qualquer alteração resultante de mudanças nas condições de negócios em geral (incluindo qualquer alteração resultante de calamidade, desastre natural, guerra ou ataque militar ou terrorista): (...) a menos que, qualquer Efeito mencionado nos itens (i) a (iii) acima impacte desproporcionalmente a Companhia em relação a outros participantes em setores semelhantes aos negócios".

relevante e não configurada hipótese prevista no *carve out*, assegura-se que a parte, a quem tal efeito prejudicou, possa denunciar o contrato (*walk away right*), sem que lhe seja imposta qualquer penalidade.[38]

Entretanto, em razão da autonomia da vontade reconhecida aos contratantes, é também possível que seja previsto, como consequência do efeito adverso relevante, a extinção somente de algumas das obrigações previstas nos instrumentos contratuais do *M&A* (e não da operação como um todo) ou ainda a obrigação de as partes renegociarem as cláusulas contratuais de modo a assegurar a continuidade do negócio.[39]

Por fim, é importante mencionar que, além de serem utilizadas para disciplinar as consequências para o contrato de fatos que ocorram durante o *interim period*, as cláusulas *MAC* ou *MAE* podem ser aplicadas no âmbito das declarações e garantias prestadas pelas partes.[40] Por exemplo, é comum que tais disposições sejam utilizadas para que uma parte afirme que (i) desde uma determinada data ou evento, não ocorreu nenhuma alteração material adversa aos negócios; ou (ii) determinada declaração é verdadeira e precisa, e que uma eventual imprecisão não acarretará uma mudança material adversa nos negócios da empresa (hipótese em que a cláusula *MAC* é empregada como qualificadora de uma declaração). Nesses casos, as consequências contratuais da materialização do efeito adverso relevante ou da falsidade, imprecisão ou incompletude da declaração prestada dependerão da disciplina das declarações e garantias, a qual examinaremos a seguir.

3.3 *"Representations and Warranties"*

Outra disposição que os contratos de *M&A* estabelecem consiste nas chamadas *representations and warranties* (*R&W*). Ainda que muitos dos litígios relativos a essa modalidade de cláusula surjam após o *closing*, incluímos seu estudo nesse momento, pois tais disposições decorrem das negociações do *pre-signing* e são incluídas nos instrumentos contratuais no momento do *signing*. Além disso, em diversas oportunidades, os contratantes preveem que as *R&Ws* deverão se manter verdadeiras entre o *signing* e o *closing*, podendo sua falsidade ou a alteração dos fatos em que se baseiam, no momento do fechamento, resultar em obstáculo ao pagamento do preço e à transferência da participação acionária.

---

38. "O que se busca com essas disposições contratuais é facultar o desfazimento do contrato caso, após a sua celebração, mas antes do fechamento da transação, ocorra alguma mudança que gere efeitos materiais para os negócios e/ou finanças da empresa alvo da operação". BOTREL, Sérgio. Breves Apontamentos sobre as Cláusulas MAC nos Contratos de M&A. In: BARBOSA, Henrique; DA SILVA, Jorge Cesa Ferreira (Coord.). *A Evolução do Direito Empresarial e Obrigacional*: 18 anos do Código Civil – obrigações & contratos. São Paulo: Quartier Latin, 2021. v. 2, p. 171.
39. MARTINS-COSTA, Judith; COSTA E SILVA, Paula. *Crise e Perturbações no Cumprimento da Prestação*: estudo de direito comparado luso-brasileiro. São Paulo: Quartier Latin, 2020. p. 133-134.
40. BOTREL, Sérgio. Breves Apontamentos sobre as Cláusulas MAC nos Contratos de M&A. In: BARBOSA, Henrique; DA SILVA, Jorge Cesa Ferreira (Coord.). *A Evolução do Direito Empresarial e Obrigacional*: 18 anos do Código Civil – obrigações & contratos. São Paulo: Quartier Latin, 2021. v. 2, p. 171-173.

Tal como outras cláusulas de *SPAs*, até agora examinadas, as *R&Ws* (em português, declarações e garantias) têm origem no direito da *common law*, no qual as figuras de *representation* e *warranties* apresentam distinção que merece ser pontuada. As *representations* consistem em afirmativas, feitas pelo vendedor ou pelo comprador, relativas a fatos pretéritos ou presentes referentes aos contratantes, à sociedade-alvo ou às ações ou quotas objeto da operação.[41] Como regra, tais declarações não consagram obrigações contratuais em sentido técnico, pois as meras afirmativas acerca de um fato não consubstanciam prestações de dar, fazer ou não fazer.[42] Por outro lado, as *warranties* expressam uma promessa de que um fato é ou será verdadeiro, tendo, assim, por objeto fatos presentes ou futuros.[43] Normalmente, por meio das *warranties,* os contratantes asseguram que determinado fato, no momento do *signing*, do *closing* ou até durante um determinado período após o fechamento, corresponde ou corresponderá à realidade.[44] Por conta desse caráter assecuratório, diferentemente da declaração, o descumprimento de uma *warranty* pode configurar o inadimplemento de uma obrigação contratual, ensejando a aplicação de remédio para a transgressão contratual.

Ainda que na origem do sistema da *common law,* especialmente no norte-americano, a distinção entre *representation* e *warranties* fosse relevante e a conjugação dessas cláusulas fosse essencial para que a falsidade das declarações prestadas pelas partes pudesse ser objeto de tutela, há quem sustente não haver uma diferença material entre tais previsões, sendo também destacado que, em razão da rotineira

---

41. "The representations (or, as they are usually referred to, the representations and warranties) are a way of the seller (or the buyer) saying: 'Here is what my business is all about, at this particular moment in time'. In the vernacular of financial statements, representations constitute essentially a static balance sheet approach, as contrasted with the motion implicit in a statement of income showing results of operations; the photographic analogy would be to a snapshot, as distinguished from a movie.". FREUND, James. C. Anatomy of a Merger: Strategies and Techniques for Negotiating Corporate Acquisitions. New York: *Law Journal Press*. 1975. No mesmo sentido: ADAMS, Kenneth A. What's up with 'representations and warranties'? *Business Law Today*, v. 15, n. 2, p. 33. nov./dez. 2005; STARK, Tina L. Another View on Reps and Warranties. *Business Law Today*, v. 15, n. 3, jan./feb, 2006. p. 1; BRANDÃO, Caio; HANSZMANN, Felipe; MAFRA, Ricardo. Contingências Ocultas em Contratos de M&A: Vícios Redibitórios, Evicção e Declarações e Garantias. In: BARBOSA, Henrique; DA SILVA, Jorge Cesa Ferreira (Coord.). *A Evolução do Direito Empresarial e* Obrigacional: 18 anos do Código Civil – obrigações & contratos. São Paulo: Quartier Latin, 2021. v. 2, p. 161.
42. MARTINS-COSTA, Judith. Contrato de Compra e Venda de Ações. Declarações e Garantias. Responsabilidade por Fato de Terceiro. Inadimplemento, Pretensão, Exigibilidade, Obrigação. Práticas do Setor e Usos do Tráfego Jurídico. Parecer. In: DE CASTRO, Rodrigo Rocha Monteiro; AZEVEDO, Luis Andre; HENRIQUES, Marcus de Freitas (Coord.) *Direito Societário, Mercado de Capitais, Arbitragem e Outros Temas: Homenagem a Nelson Eizirik*. São Paulo: Quartier Latin, 2020. v. I, p. 787.
43. "As garantias correspondem às *warranties* inglesas (e às *Garantien* alemãs), isto é, à promessa de que um estado de coisas existe, através da fixação de características ou qualidades de um certo bem, ou conjunto de bens, de certo negócio ou de certa situação jurídica, conferindo ao comprador direitos adicionais em relação ao catálogo legal". PIRES, Catarina Monteiro. *Aquisição de Empresas e de Participações Acionistas* – problemas e litígios. Coimbra: Almedina, 2018. p. 63.
44. "Em sentido estrito as 'representations' distinguem-se das 'warranties': ao passo que as primeiras constituem fundamentalmente declarações que atestam o estado de facto da empresa societária à data da conclusão do contrato, as últimas visam criar obrigações recíprocas entre as partes relativamente a um conjunto de matérias ou aspectos dessa empresa após aquela conclusão". PERERA, A. Carrasco. Representaciones y Garantías. AAVV. *Régimen Jurídico de las Adquisiciones de Empresas*. Aranzadi: Pamplona, 2001. p. 191-236.

utilização em conjunto destas cláusulas, elas deveriam ser lidas como uma previsão contratual única.[45]

As *R&Ws* desempenham importante função na dinâmica do *M&A*. Como visto, é natural que, nas operações, haja uma assimetria informacional entre o comprador e o vendedor. Por conta disso, uma primeira função que se confere às *R&Ws* é a de promover a paridade de informações entre adquirente e alienante, permitindo que o primeiro seja esclarecido acerca dos negócios da sociedade-alvo e que lhe sejam asseguradas informações probas.[46] Além de preencher lacunas do conhecimento do comprador, tais cláusulas também se prestam a alocar o risco referente às informações que sejam descobertas ou reveladas (ou até aquelas que ainda não se tenha conhecimento).[47] Vale dizer: por meio delas, o comprador pode assumir riscos relativos à sua regular constituição ou à titularidade de montante suficiente de recursos para conclusão do *M&A*. Por outro lado, o vendedor pode assegurar que a situação financeira da sociedade-investida é estável, que tal sociedade não tem passivos acima de uma determinada quantia, ou ainda que não há quaisquer ônus ou garantias que recaiam sobre as ações ou quotas a serem transferidas.

Como se percebe, tanto o adquirente quanto o alienante podem prestar declarações e garantias, sendo que, em relação ao último, é muito comum que o faça também com relação à sociedade-investida. Por consequência, o conjunto das declarações e garantias prestadas pelo vendedor, na maioria das vezes, costuma ser mais extenso e complexo do que o do comprador.

O conteúdo das *R&Ws* varia de acordo com as particularidades do *M&A*, mas se observa um certo conteúdo mínimo que se exige da contraparte declarar e garantir. A título de exemplo, vale citar: (i) constituição, existência e regularidade da sociedade, (ii) estrutura do capital social da sociedade investida, (iii) obrigações legais e vinculantes relativas à operação, (iv) conformidade com as normas ambientais, fiscais e trabalhistas, (v) existência de passivos e contingências, (vi) demonstrações financeiras elaboradas em observância à lei e às normas contábeis, (vii) domínio da propriedade intelectual, (viii) condução das atividades sociais em conformidade com a lei, (ix) capacidade financeira para arcar com as obrigações contratuais e (x) poderes regulares daqueles que firmam o *SPA* em nome do comprador e do vendedor.[48]

---

45. WALD, Arnoldo. Dolo acidental do vendedor e violação das garantias prestadas. *Revista dos Tribunais*, v. 103, n. 949, São Paulo, 2014. p. 95; GREZZANA, Giacomo. *A Cláusula de Declarações e Garantias em Alienação de Participação Societária*. São Paulo: Quartier Latin, 2019. p. 53.
46. WALD, Arnoldo. Dolo acidental do vendedor e violação das garantias prestadas. *Revista dos Tribunais*, v. 103, n. 949, p. 95-103. São Paulo, 2014.
47. PERELMAN, Murray (ed.) *Model Stock Purchase Agreement with Commentary*. 2. ed. Chicago: American Bar Association, 2010. v. I – Stock Purchase Agreement, p. 78; GREZZANA, Giacomo. *A Cláusula de Declarações e Garantias em Alienação de Participação Societária*. São Paulo: Quartier Latin, 2019. p. 77-78.
48. FERRO, Marcelo Roberto; SOUZA, Antonio Pedro Garcia de. Post M&A Arbitration. In: SESTER, Peter (Ed.). *International Arbitration*: Law and Practice in Brazil. Oxford: Oxford University Press, 2020. p. 410; BRANDÃO, Caio. HANSZMANN, Felipe; MAFRA, Ricardo. Contingências Ocultas em Contratos de M&A: Vícios Redibitórios, Evicção e Declarações e Garantias. In: BARBOSA, Henrique; DA SILVA, Jorge Cesa Ferreira (Coord.). *A Evolução do Direito Empresarial e Obrigacional*: 18 anos do Código Civil – obrigações & contratos. São Paulo: Quartier Latin, 2021. v. 2, p. 161; ABLA, Maristela Sabbag. Sucessão Empresarial: Declarações e

3.3.1 Cláusulas utilizadas em complementação a R&W

Com o intuito de modular e estabelecer os efeitos das declarações e garantias que são prestadas, é possível que as partes também pactuem cláusulas complementares. Sem a pretensão de exaurir o tema, em razão de serem, muitas vezes, objeto de controvérsias em procedimentos arbitrais, é importante tratar das cláusulas (i) "de melhor conhecimento do vendedor", (ii) da fixação e limitação das perdas indenizáveis pelo descumprimento das *R&W*, e (iii) de *sandbagging*.

A cláusula de melhor conhecimento do vendedor (*sellers best knowledge*) consiste em um mecanismo contratual de modulação dos riscos assumidos pelo alienante ao prestar informações sobre a sociedade investida.[49] Com efeito, ainda que seja titular de participação em tal sociedade, o vendedor pode não ter conhecimento integral acerca dos fatos e obrigações por ela contraídas. Em vista disso, visando a limitar a responsabilidade pelas informações que venha a declarar e cuja veracidade venha a garantir, o alienante estabelece o seu melhor conhecimento sobre a situação como uma fronteira aos dados e esclarecimentos prestados ao adquirente.[50] Em outras palavras: "o vendedor promete que, de acordo com o seu melhor conhecimento – ou de acordo com o conhecimento de um conjunto de pessoas relacionadas com a sua esfera –, um certo estado de coisas existe".[51]

Questão fundamental na interpretação e aplicação da referida previsão, especialmente para apurar os limites das garantias conferidas pelo vendedor com determinada *R&W*, consiste em definir o parâmetro do "melhor conhecimento". Seria esse o do vendedor especificamente no caso concreto ou o do vendedor médio, apurável com base num padrão de diligência esperado de contratantes de complexas operações como as de *M&A*?[52]

Outra questão que se coloca nas cláusulas de *"sellers best knowledge"* refere-se ao diálogo entre a disposição contratual e os comportamentos culposos, repreendidos pela ordem jurídica. Com efeito, havendo uma declaração e garantia prestada pelo vendedor sobre a adequação das contas da sociedade-alvo aos preceitos contábeis, combinada com a cláusula de *"sellers best knowledge"*, se for apurada, por exemplo, uma falsidade nas demonstrações financeiras da sociedade investida, costuma-se debater se o vendedor poderia se amparar na cláusula de "melhor conhecimento" para

---

Garantias – o Papel da *Legal Due Diligence*. In: CASTRO, Rodrigo R. Monteiro de; ARAGÃO, Leandro Santos de (Coord.). *Reorganização Societária*. São Paulo: Quartier Latin, 2005. p. 110.

49. "A further expedient used in M&A transactions to limit the seller's liability are knowledge qualifier provision, such as 'to the best knowledge of sellers' clauses. These clauses establish the presumption that the seller, at the time of the agreement, was not aware of any factor condition that contradicted any statements it had made". FERRO, Marcelo Roberto; SOUZA, Antonio Pedro Garcia de. Post M&A Arbitration. In: SESTER, Peter (Ed.). *International Arbitration*: Law and Practice in Brazil. Oxford: Oxford University Press, 2020. p. 414.
50. MARTINS-COSTA, Judith. Os regimes do dolo civil no direito brasileiro: dolo antecedente, vício informativo por omissão e por comissão, dolo acidental e dever de indenizar. *Revista dos Tribunais*. v. 923, p. 9. set. 2012.
51. PIRES, Catarina Monteiro. *Aquisições de Empresas e de Participações Acionistas*. Coimbra: Almedina, 2018. p. 78.
52. PIRES, Catarina Monteiro. *Aquisições de Empresas e de Participações Acionistas*. Coimbra: Almedina, 2018. p. 78.

se isentar de responsabilidade ou se poderia ser penalizado por um comportamento negligente acerca da obtenção de informações contábeis e de seu compartilhamento com o comprador.[53]

Se para o vendedor o uso da cláusula de *"sellers best knowledge"* pode limitar sua responsabilidade sobre o conhecimento dos fatos objeto das declarações e garantias, para o comprador, a cláusula de *sandbagging* (ou *cláusula de irrelevância da ciência prévia do adquirente sobre contigências da sociedade-alvo*) procura regular o seu eventual direito de reclamar indenização do alienante em decorrência do descumprimento de *R&W*, exercível mesmo na hipótese em que o comprador já tinha ciência de que a situação fática objeto da declaração e garantia não condizia com aquela apresentada pelo vendedor.[54] Com efeito, a cláusula de *sandbagging* autoriza o adquirente a obter ressarcimento pela declaração inverídica do vendedor, ainda que soubesse, no momento da assinatura do contrato, que a "garantia" do alienante seria incorreta.[55]

Considerando que o comprador poderá ter conhecimento de inverdades existentes nas declarações e garantias prestadas pelo vendedor, as partes podem pactuar cláusulas *"pró-sandbagging"* ou *"anti-sandbagging"*.[56] Na primeira, é assegurado o direito de o adquirente reclamar a indenização pela falsidade da *R&W*, mesmo tendo dela prévio conhecimento. Já na segunda, as partes afastam o direito reparatório do comprador, pois não lhe seria devido reclamar perdas que, de antemão, teria conhecimento que poderiam se materializar pela inverdade na situação fática declarada e garantia.

---

53. "Insista-se que a presunção de boa-fé subjetiva dos vendedores destina-se a regular o ônus da prova quanto a informações relativas a fatos cuja ciência, por parte da vendedora, não era inequívoca. Parece evidente, afinal, diante de todos os princípios contratuais acima invocados, não merecer tutela uma cláusula que autorizasse a malícia, isentando de responsabilidade o vendedor por afirmações capciosas, que soubesse inverídicas." TEPEDINO, Gustavo. *Novos princípios contratuais e a teoria da confiança: a exegese da cláusula to the best knowledge of the sellers*. Disponível em: https://edisciplinas.usp.br/pluginfile.php/1730703/mod_resource/content/1/Novos%20Princ%C3%ADpios%20Contratuais%20e%20Teoria%20da%20Confian%C3%A7a%20a%20exegese%20da%20cl%C3%A1usula%20to%20the%20best%20knowledge%20of%20the%20sellers%20-%20Gustavo%20Tepedino%20.pdf. Último acesso em: 22.02.2022.
54. "No mundo das fusões e aquisições (M&A), *sandbagging* é a possibilidade de o adquirente de participação societária exigir os remédios que lhe são atribuídos pelo contrato ou pela lei, em virtude da existência de um passivo ou outro defeito da sociedade-alvo anterior à aquisição, do qual já tinha conhecimento antes de adquiri-la". GREZZANA, Giacomo. Cláusula de irrelevância da ciência prévia do adquirente sobre contingências da sociedade-alvo em alienações de participação societária (cláusula de irrelevância da ciência prévia – "*Sandbagging Provisions*"). *Revista de Direito das Sociedades e dos Valores Mobiliários*, n. 11, p. 105. São Paulo, maio 2020.
55. KALANSKY, Daniel; SANCHEZ, Rafael Biondi. Sandbagging Clauses nas Operações de Fusões e Aquisições (M&A). In: BARBOSA, Henrique; GREZZANA, Giacomo. Cláusula de irrelevância da ciência prévia do adquirente sobre contingências da sociedade-alvo em alienações de participação societária (cláusula de irrelevância da ciência prévia – "*Sandbagging Provisions*"). *Revista de Direito das Sociedades e dos Valores Mobiliários*, n. 11, p. 105-132. São Paulo, maio 2020; BOTREL, Sérgio (Org.). *Novos Temas de Direito e Corporate Finance*. São Paulo: Quartier Latin, 2019, v. 1, p. 146; e PIRES, Catarina Monteiro. *Aquisições de Empresas e de Participações Acionistas*. Coimbra: Almedina, 2018. p. 80.
56. GLENN D. WEST.; SHAH KIM M. Debunking the myth of the sandbagging buyer: when sellers ask buyers to agree to anti-sandbagging clauses, who is sandbagging who? *The M&A lawyer*, v. 11, n. 1, 2007. p. 5. No mesmo sentido: FERRO, Marcelo Roberto; SOUZA, Antonio Pedro Garcia de. Post M&A Arbitration. In: SESTER, Peter (Ed.). *International Arbitration*: Law and Practice in Brazil. Oxford: Oxford University Press, 2020. p. 415; e PIRES, Catarina Monteiro. *Aquisições de Empresas e de Participações Acionistas*. Coimbra: Almedina, 2018. p. 80.

As cláusulas de *sandbagging* têm gerado debates em litígios que envolvem *M&As* sujeitos à legislação brasileira, pois se discute se tais previsões seriam admissíveis à luz de preceitos do Código Civil. Há entendimentos doutrinários que sustentam que as cláusulas de *sandbagging* ofenderiam as previsões legais sobre os defeitos e vícios das coisas, as quais seriam aplicáveis, por analogia, às transferências de participações acionárias.[57]

A propósito, argumenta-se que, a disciplina dos vícios redibitórios e da evicção prevista no Código Civil impede que o comprador da coisa (no caso, da participação acionária), ciente do vício ou contingência sobre o bem que resolve adquirir, reclame perdas dele decorrentes.[58] Além disso, reforça-se o não cabimento das cláusulas de *sandbagging*, no direito brasileiro, com fundamento na boa-fé objetiva, consagrada no artigo 422 do Código Civil, pois não seria leal, da parte do comprador, cobrar por contingências que já conhecia e, do lado do vendedor, deixar de informar sobre contingências antes da celebração do *M&A*, pois responderia por elas em qualquer hipótese.[59]

Por outro lado, encontram-se posições doutrinárias que buscam refutar o não cabimento das cláusulas de *sandbagging* à luz do direito civil brasileiro, indicando que as regras anteriormente mencionadas seriam dispositivas e poderiam validamente ser superadas pela autonomia da vontade. Além disso, procura-se demonstrar que tal cláusula não incentivaria comportamentos torpes do vendedor ou do comprador, uma vez que a cláusula de *sandbagging* (i) não afastaria a disciplina contratual e legal aplicável ao alienante, quando, voluntariamente, omite determinada informação (ii) tampouco faria com que o comprador fosse negligente com relação à indicação das contingências por ele conhecidas que, futuramente, viesse a cobrar do alienante.[60]

Outra modalidade de cláusula que, diversas vezes, é conjugada com as *R&Ws* é aquela que limita o dever reparatório na hipótese de descumprimento das declarações e garantias, por meio da estipulação de um teto (*cap*) para a obrigação de pagamento de perdas, normalmente definido com base no preço do contrato ou como um percentual dele.[61]

---

57. GREZZANA, Giacomo. Cláusula de irrelevância da ciência prévia do adquirente sobre contingências da sociedade-alvo em alienações de participação societária (cláusula de irrelevância da ciência prévia – "*Sandbagging Provisions*"). *Revista de Direito das Sociedades e dos Valores Mobiliários*, n. 11, p. 112-114. São Paulo, maio 2020.
58. "Artigo 443. Se o alienante conhecia o vício ou defeito da coisa, restituirá o que recebeu com perdas e danos; se o não conhecia, tão-somente restituirá o valor recebido, mais as despesas do contrato."
"Artigo 457. Não pode o adquirente demandar pela evicção, se sabia que a coisa era alheia ou litigiosa."
59. "Argumenta-se, de um lado, que a cláusula valeria como um salvo-conduto ou ao menos um incentivo para o alienante omitir informações do adquirente, já que responderia pelas contingências mesmo se as informasse. De outro lado, tem-se dito que o adquirente não poderia receber a informação e ainda assim cobrar por uma contingência que supostamente teria aceitado". GREZZANA, Giacomo. Cláusula de irrelevância da ciência prévia do adquirente sobre contingências da sociedade-alvo em alienações de participação societária (cláusula de irrelevância da ciência prévia – "*Sandbagging Provisions*"). *Revista de Direito das Sociedades e dos Valores Mobiliários*, n. 11, p. 120. São Paulo, maio 2020.
60. GREZZANA, Giacomo. Cláusula de irrelevância da ciência prévia do adquirente sobre contingências da sociedade-alvo em alienações de participação societária (cláusula de irrelevância da ciência prévia – "*Sandbagging Provisions*"). *Revista de Direito das Sociedades e dos Valores Mobiliários*, n. 11, p. 122. São Paulo, maio 2020.
61. PIRES, Catarina Monteiro. *Aquisições de Empresas e de Participações Acionistas*. Coimbra: Almedina, 2018. p. 79.

Conforme aponta Judith Martins-Costa, no direito brasileiro, é lícito às partes em contratos empresariais, entre partes economicamente paritárias, estabelecer limites à obrigação de indenizar eventuais danos causados pelo inadimplemento.[62] Em vista disso, a utilização originária da *common law* de um teto indenizatório, estabelecido de comum acordo pelas partes no *SPA*, também costuma ser verificada em *M&As* envolvendo partes brasileiras e a aplicação do direito brasileiro.

Essa previsão busca conferir previsibilidade aos contratantes sobre o *quantum* que poderão vir a ser obrigados a ressarcir na hipótese de descumprimento de *R&Ws*. Em outras palavras: trata-se de mecanismo que confere materialidade aos riscos que são assumidos, tanto pelo vendedor quanto pelo comprador, quando prestam declarações e garantias nos contratos de um *M&A*.

No entanto, questão que é corriqueiramente debatida em procedimentos arbitrais diz respeito à prevalência da tal disposição quando se está diante de falsidade da *R&W* causada por comportamento doloso de uma das partes.[63] Vale dizer: se estivermos diante de uma declaração e garantia que se mostrou falsa, durante o período em que a parte assegurou a sua veracidade, e se tal inverdade tem origem na atuação consciente da parte em induzir ou manter a contraparte em estado de representação errônea da realidade, a responsabilidade pelas perdas poderia estar limitada pelo teto contratual?[64]

Além das cláusulas de "*sellers best efforts*", "*sandbagging*" e de limitação à reparação de perdas relacionadas às *R&Ws*, as partes costumam consagrar períodos durante os quais a veracidade das declarações e garantias deve ser mantida. Nesse sentido, usualmente, estabelece-se que as *R&Ws* são verdadeiras no momento do *signing* e assim devem se manter até o momento do *closing*. Além disso, é possível prever que determinada declaração e garantia deverá continuar verdadeira por um período após o *closing*, o que pode ocorrer, por exemplo, com relação à inexistência de certa contingência ou ao não descumprimento de legislação especificamente incidente sobre a atividade desenvolvida pela sociedade-alvo.

---

62. Martins-Costa, Judith. *Comentários ao novo Código Civil: do inadimplemento das obrigações*. 2. ed. Rio de Janeiro: Forense, 2009. v. V, t. II, p. 158-159; PIRES, Catarina Monteiro. *Aquisições de Empresas e de Participações Acionistas*. Coimbra: Almedina, 2018. p. 79. Este também tem sido o entendimento da doutrina no direito português: LEITÃO, Luís Menezes. *Direito das Obrigações*. Lisboa: Almedina, v. II, p. 289 e OLIVEIRA, Nuno Pinto, *Cláusulas acessórias ao contrato*: cláusulas de exclusão e de limitação do dever de indenizar e cláusulas penais. Coimbra: Almedina, 2008, p. 41 ss.
63. "Dolo é o artifício ou o expediente astucioso, empregado para induzir alguém à prática de um acto jurídico, que o prejudica, aproveitando ao autor do dolo ou a terceiro". PONTES DE MIRANDA, Francisco Cavalcanti. *Tratado de direito privado*. Rio de Janeiro: Borsói, 1954. t. IV, p. 326.
64. Para Judith Martins-Costa, "a eficácia da cláusula de limitação à responsabilidade não alcança os prejuízos oriundos do dolo antecedente à formação do vínculo, tanto porque o dolo igualmente vicia a vontade das partes no tocante à disposição contratual restritiva dos remédios jurídicos disponíveis à parte lesada relativamente ao objeto da mentira, como porque a tentativa de afastar as sanções jurídicas para a enganação contratual encontra limite nos princípios da probidade e boa-fé consagrados pelo art. 422 do CC/2002 (LGL\2002\400), norma de ordem pública inderrogável pela vontade das partes". MARTINS-COSTA, Judith. Os regimes do dolo civil no direito brasileiro: dolo antecedente, vício informativo por omissão e por comissão, dolo acidental e dever de indenizar. *Revista dos Tribunais*, v. 923, p. 115-143, set. 2012.

Os períodos em que a veracidade das *R&Ws* deve ser mantida são, muitas vezes, fontes de controvérsias submetidas a procedimentos arbitrais. Nessas hipóteses, discute-se, por exemplo, os marcos iniciais e finais em que as declarações e garantias devem continuar verdadeiras, se o fato gerador de eventual falsidade na *R&W* estaria englobado pelo referido período ou ainda, nos casos em que a veracidade deve subsistir ao *closing*, se o comprador contribuiu ou não para a infração à declaração assegurada.

4. *CLOSING* E *POST-CLOSING*

Tendo as partes finalizado as providências necessárias para a transferência da participação acionária e o pagamento do preço, considera-se atingido o marco definido, nos contratos de *M&A*, como *closing*.[65] Trata-se do momento almejado desde o início das tratativas e que levou as partes a percorrer todos as fases de *due diligence*, negociações, trocas de minutas, obtenção de empréstimos e de autorizações de entidades governamentais.

Diferentemente das modalidades de contratos que exaurem a produção de seus efeitos com a entrega do bem e com o pagamento do preço, os *M&As*, especialmente em razão de seu objeto consistir na participação em sociedade, cujos negócios estão em constante mutação, acabam gerando efeitos mesmo após o *closing*. Isso ocorre, por exemplo, quando as partes pactuam o diferimento do pagamento de parcela do preço. Ademais, é comum que os contratantes estabeleçam que determinadas declarações e garantias deverão permanecer verdadeiras por um período após a entrega das ações ou quotas ao adquirente.

A fase do *post-closing*, além de rica em consequências do negócio jurídico para além do adimplemento das prestações principais, costuma ser o momento em que muitos litígios são instaurados entre as partes da operação.[66] De fato, é com o recebimento da participação acionária que o comprador passa a ter conhecimento da real situação das atividades, finanças e estrutura da sociedade-alvo. Seja na hipótese em que adquire participação que lhe confere poderes de controle, seja quando adquire participação minoritária, o adquirente poderá exercer prerrogativas decorrentes do direito de informação dos acionistas, as quais lhe permitirão validar se as premissas que fundamentaram sua decisão de realizar o *M&A* realmente eram verdadeiras.[67] Por conta disso, é no

---

65. HORTA, João Carlos Mascarenhas. Considerações sobre Operações de Reorganização Societária no Contexto de Transações de Fusões e Aquisições. In: ROCHA, Dinir Salvador Rios da; QUATTRINI, Larissa Teixeira (Coord.). *Fusões, Aquisições, Reorganizações Societárias e Due Diligence* (Série GVLAW). São Paulo: Saraiva, 2012. p. 235.
66. "As many practitioners know, the closing is not the end of the transaction". FERRO, Marcelo Roberto; SOUZA, Antonio Pedro Garcia de. Post M&A Arbitration. In: SESTER, Peter (Ed.). *International Arbitration*: Law and Practice in Brazil. Oxford: Oxford University Press, 2020. p. 409.
67. "The purchaser now owns and has the sole responsibility for the seller's business. Short of discovering that the seller made misrepresentations which would give rise to a claim for indemnification, the purchaser has no recourse if his acquisition turns out to be a lemon, and the seller is entitled to hang on to what he received as consideration". FREUND, James C. Anatomy of a Merger: strategies and techniques for negotiating corporate acquisitions. *Law Journal Press*: Nova Iorque, 1975. p. 203.

post-closing que surgem inúmeras discussões que são levadas a procedimentos arbitrais, como a falsidade de declarações e garantias, a regularidade da limitação de verba retida para fins de pagamento de contingências da sociedade-alvo ou o cabimento ou não de pagamento da parcela do preço designada *earn-out*.

4.1 Preço

Aspecto central da operação de *M&A* consiste na determinação, fixação da estrutura e pagamento do preço. Um *SPA*, por consistir em modalidade de contrato de compra e venda de bem móvel,[68] tem como prestações fundamentais assumidas pelas partes a entrega da participação acionária pelo alienante e o pagamento do preço pelo adquirente.[69]

A importância do preço é confirmada por todas as etapas anteriores que são conduzidas pelas partes que têm o objetivo de promover uma adequada e verossímil avaliação da sociedade-alvo. Do mesmo modo, sua relevância é ratificada pelo dispêndio financeiro e de tempo que as partes têm na condução da fase da *due diligence*, a qual visa a conferir ao comprador as informações mais completas sobre a sociedade-alvo, as quais contribuirão para definir, com mais precisão, o quanto deverá pagar pela participação a ser adquirida.

Há diferentes métodos e estratégias para estabelecer o preço do *M&A*. Muitas vezes, em sua proposta não vinculante, consubstanciada nos documentos iniciais da operação (os já referidos *MOU* e *letter of intent*), o comprador indica uma ordem de grandeza relativa ao que estaria disposto a pagar pela participação detida pelo vendedor. Ao longo do período de *pre-signing*, o adquirente colhe informações que possam lhe auxiliar em precisar o chamado *"entreprise value"*, que se fundamenta na avaliação da capacidade da sociedade-alvo de gerar receitas e lucros no futuro. Durante essa fase, o comprador também examina elementos que lhe deem conhecimento do endividamento líquido da sociedade investida, mediante a verificação de mútuos contraídos, processos judiciais, arbitrais e administrativos que possam resultar em perdas para a sociedade e demais modalidades de negócios jurídicos que venham a gerar passivos para tal pessoa jurídica.[70]

---

68. Sobre esse ponto, há diversos debates na doutrina, nacional e estrangeira, acerca do objeto da aquisição efetuada no âmbito do M&A. Especialmente quando se examinam os efeitos das cláusulas de declarações e garantias, discute-se se elas consistem em declarações relativas às ações ou quotas de emissão da sociedade-alvo ou se representam declarações referentes aos bens de titularidade de tal sociedade. Sobre o tema, ver PIRES, Catarina Monteiro. *Aquisições de Empresas e de Participações Acionistas*. Coimbra: Almedina, 2018. p. 110.
69. "O contrato de aquisição de participação societária é um contrato de compra e venda de bem móvel – com especificidades decorrentes da natureza jurídica do bem alienado ou adquirido. Logo, o elemento preço é núcleo central dessa operação de M&A". CASTRO, Rodrigo R. Monteiro de; ARAÚJO, Leonardo Barros C. de. Cláusula de ajuste de preço, *locked box* e garantias em operações de M&A. In: BARBOSA, Henrique; BOTREL, Sérgio (Coord.). *Novos temas de direito e corporate finance*. São Paulo: Quartier Latin, 2019. p. 116.
70. BRANDÃO, Caio; HANSZMANN, Felipe; MAFRA, Ricardo. Contingências Ocultas em Contratos de M&A: Vícios Redibitórios, Evicção e Declarações e Garantias. In: BARBOSA, Henrique; DA SILVA, Jorge Cesa Ferreira (Coord.). *A Evolução do Direito Empresarial e Obrigacional*: 18 anos do Código Civil – obrigações & contratos. São Paulo: Quartier Latin, 2021. v. 2 p. 149.

Estes são apenas aspectos iniciais considerados na definição do preço, o qual será depurado pelo comprador, em conjunto com seus assessores financeiros,[71] e será previsto, em definitivo, na versão assinada do *SPA*.

Em algumas operações, o pagamento integral do preço coincide com o *closing* do *M&A*,[72] mas, dadas as peculiaridades de tais negócios, pode haver a postergação de parte de seu pagamento ou ainda podem ser efetuados ajustes, decorrentes de alterações na sociedade-alvo ocorridas entre o momento em que o contrato foi assinado e o seu fechamento. Trata-se das figuras chamadas de "ajuste de preço" e "*earn-out*", as quais passamos a analisar.

4.1.1 Ajuste de preço

O denominado ajuste de preço consiste em cláusula do *SPA* que procura adaptar o preço que tenha sido fixado no *signing* a certas circunstâncias que ocorram até o *closing*. Como visto, muitas vezes, há um período entre a data da assinatura do *SPA* e o momento em que a transferência da participação é efetivada e, consequentemente, o preço é pago. Durante esse interregno, podem sobrevir determinadas circunstâncias, que afetem as atividades e finanças da sociedade-alvo. Por conta disso, os contratantes procuram, de antemão, estabelecer certas variáveis que deverão ser consideradas para a fixação da quantia que efetivamente será entregue ao vendedor no fechamento da operação.[73]

Além disso, é muito comum que, para o *closing*, o comprador exija a elaboração de uma demonstração financeira específica, por exemplo, um balanço de fechamento, o qual tem por objetivo validar os números considerados quando do *signing*. Considerando a possibilidade de divergências entre tais demonstrações, ainda que na assinatura do *SPA* seja previsto um montante a título de preço, resguarda-se a possibilidade de sua redução, ou até majoração, por ocasião do fechamento do *M&A*.[74]

---

71. "No entanto, a determinação exata do preço está longe de ser simples, sendo bastante tormentoso o processo de avaliação do valor de uma sociedade. Isto porque, para o ajuste do preço, a avaliação da sociedade-alvo passa pela ponderação de diversas variáveis, muitas vezes subjetivas e externas, como, por exemplo, seus aspectos econômicos e tecnológicos, o setor em que atua no mercado, o seu público-alvo, seu desempenho e projeções futuras etc." MÜSSNICH, Francisco Antunes Maciel. A Cláusula de *Earn-Out* na Aquisição de Sociedades: Solução ou Postergação do Problema? In: DE CASTRO, Rodrigo Rocha Monteiro; AZEVEDO, Luis Andre; HENRIQUES, Marcus de Freitas (Coord.) *Direito Societário, Mercado de Capitais, Arbitragem e Outros Temas*: Homenagem a Nelson Eizirik. São Paulo: Quartier Latin, 2020. v. II, p. 977.
72. "Most acquisition transactions are complete as of the closing. The seller's assets or stock are transferred to the purchaser irrevocably, or a merger is effected that accomplishes the same end by operation of law; and the purchase price is axed and paid, whether in cash, stock or notes. FREUND, James C. Anatomy of a Merger: strategies and techniques for negotiating corporate acquisitions. *Law Journal Press*: Nova Iorque, 1975, p. 203.
73. "[A]o pactuar um ponto de partida para o preço, um montante inicial, que poderá variar, por força de ajustes eventualmente justificados em razão de fatos observados durante o curso da relação obrigacional, simplifica-se a contratação, deslocando para momento futuro a definição da cifra final". CASTRO, Rodrigo R. Monteiro de; ARAÚJO, Leonardo Barros C. de. Cláusula de ajuste de preço, locked box e garantias em operações de M&A. In: BARBOSA, Henrique; BOTREL, Sérgio (Coord.). *Novos temas de direito e corporate finance*. São Paulo: Quartier Latin, 2019. p. 119.
74. FERRO, Marcelo Roberto; SOUZA, Antonio Pedro Garcia de. Post M&A Arbitration. In: SESTER, Peter (Ed.). *International Arbitration*: Law and Practice in Brazil. Oxford: Oxford University Press, 2020. p. 421-

Aspecto que diferencia as cláusulas de ajuste de preço de outras figuras utilizadas na estruturação do preço de SPAs, como o *earn-out*, consiste em o ajuste não se tratar de previsão de pagamento diferido. Com efeito, o ajuste de preço consubstancia uma variação do preço previamente fixada pelas partes, em decorrência da alteração em algumas variáveis pactuadas, as quais têm o potencial de afetar aspectos financeiros da sociedade-alvo.

Alguns elementos são corriqueiramente levados em consideração para a definição da fórmula por meio da qual será calculado o ajuste de preço, sendo eles: (i) EBITDA (*Earnings Before Interest and Taxes Depreciation and Amortization*); (ii) aumento ou redução do capital de giro; e (iii) receita ou dívida líquida.[75]

Embora a cláusula de ajuste de preço seja um mecanismo para tratar dos efeitos do transcurso do tempo entre o *signing* e o *closing*, muitas vezes, ela também é fonte de litígios.[76] Aspectos como a falta de clareza na fixação da fórmula para o ajuste do preço, a utilização de conceitos imprecisos para o cálculo do preço final, o emprego de critérios contábeis que sejam objeto de divergências em sua aplicação, levam à resistência, por exemplo, da parte vendedora em aceitar determinada redução no preço pactuado no momento do *signing* ou da compradora em pagar a parcela faltante.[77]

As disputas também se originam nas hipóteses em que as partes estabelecem o levantamento do balanço de fechamento ou conferem a um terceiro a função de realizar os cálculos do ajuste de preço na hipótese de não consenso entre elas. No primeiro caso, há disputas que se referem à definição da entidade responsável pela realização do balanço e sua auditoria (previsões genéricas como as que atribuem competência a "empresas de auditoria de primeira linha" podem criar grandes divergências entre os contratantes). Na segunda hipótese, além de questões acerca da definição do terceiro e dos parâmetros que ele deverá utilizar para determinar o correto ajuste de preço, tem-se ainda a

---

422; AGAOGLU, Cahit. *Arbitration in Merger and Acquisition Transactions* – Problem of Consent in Parallel Proceedings and in the Transfer of Arbitration Agreements in Merger and Acquisition Arbitration. 2012. 292 f. (Thesis for the degree of doctor of philosophy) – Queen Mary University of London School of International Arbitration, London, 2012. p. 91-92.

75. FERRO, Marcelo Roberto; SOUZA, Antonio Pedro Garcia de. Post M&A Arbitration. In: SESTER, Peter (Ed.). *International* Arbitration: Law and Practice in Brazil. Oxford: Oxford University Press, 2020. p. 422; GUERRERO, Luis Fernando. Breves Considerações sobre o Processo Arbitral em Compra e Venda de Empresas (M&A). In: DOURADO, Ruy Janoni; VAUGHN, Gustavo Favero; DE BARROS, Vera Cecilia Monteiro; NASCIMBENI, Asdrubal Franco (Coord.). *Atualidades da Arbitragem Comercial*: estudos dos membros da Comissão de Arbitragem e do Comitê de Coordenação da Câmara de Mediação, Conciliação e Arbitragem da OAB/SP. São Paulo: Quartier Latin, 2019. p. 179.

76. SCHLAEPFER, Anne Véronique; MAZURANIC, Alexandre. *Drafting Arbitration Clauses in M&A Agreements*. In: KLÄSENER, Amy. *The Guide to M&A Arbitration*. Second Edition. United Kingdom: Law Business Research Ltd: London, 2020. p. 7.

77. AGAOGLU, Cahit. *Arbitration in Merger and Acquisition Transactions* – Problem of Consent in Parallel Proceedings and in the Transfer of Arbitration Agreements in Merger and Acquisition Arbitration. 2012. 292 f. (Thesis for the degree of doctor of philosophy) – Queen Mary University of London School of International Arbitration, London, 2012. p. 91.

possibilidade de não se tratar de uma decisão definitiva, a qual poderá ser questionada em sede arbitral ou judicial.[78]

4.1.2 Contas Gráficas e Escrow Accounts

Ainda em relação a situações em que as partes já estabeleceram o preço no *SPA*, mas em que a quantia fixada não é transferida para o vendedor no momento do *closing*, é importante tratar das contas gráficas e *escrow accounts*.

As primeiras consistem em um mecanismo contratual por meio do qual as partes procuram solucionar os impactos que determinados passivos da sociedade-alvo possam ter no preço. Como visto, um dos aspectos considerado na determinação do preço constitui o montante das dívidas da sociedade-alvo, em específico, os passivos que podem decorrer de processos administrativos, judiciais e arbitrais. Com efeito, é possível que, entre o *signing* e o *closing* – ou, até mesmo, após o fechamento da operação – as contas da sociedade-alvo sofram reveses em razão da aplicação de uma multa por autoridade ambiental, da perda de uma ação tributária em que seja imposta obrigação de pagamento pelo fisco ou de disputa arbitral em que ex-administrador reclama verbas remuneratórias que não lhe tenham sido pagas pela sociedade investida.

Muitas dessas situações são examinadas ao longo do período de *due diligence* e são consideradas como redutoras do preço que o adquirente pretende pagar. No entanto, algumas delas ainda que sejam conhecidas, pode-se não ter certeza acerca da materialização. Outras poderão ter o fato gerador ocorrido antes do *closing,* mas somente passam a ser de conhecimento do comprador após o recebimento da participação acionária.

Por conta disso, em vez de promover a redução antecipada do preço, as partes podem pactuar que, do montante total que o comprador estaria disposto a pagar, uma parcela ficará retida e será liberada em conformidade com a materialização de perdas listadas em uma conta gráfica. Nesta, são previstos processos administrativos, judiciais ou arbitrais cujas perdas não se podia determinar no *signing* ou que se iniciem a partir desse marco temporal. Em complementação à conta gráfica, as partes podem estabelecer outros momentos, a fim de que, com a implementação ou não da perda, as parcelas retidas sejam – ou não – liberadas em favor do vendedor.

Outro mecanismo que é utilizado em *M&As*, quando parcela do preço já determinada no *signing* não deve ser liberada no *closing* para o vendedor, consiste nas chamadas *escrow accounts*.[79] Trata-se de uma conta vinculada ao preço da operação, que somente pode ser movimentada com a autorização do adquirente e do alienante. Nela, é normal

---

78. BERGER, Renato. Arbitramento e Arbitragem em Contratos de M&A. In: MOREIRA, Ana Luiza B.M. Pinto, BERGER, Renato (Coord.). *Arbitragem e Outros Temas de Direito Privado*: Estudos Jurídicos em Homenagem a José Emilio Nunes Pinto. São Paulo: Quartier Latin, 2021. p. 467; e MARINO, Francisco Paulo de Crescenzo. Arbitramento, arbitragem e dispute boards: o papel do terceiro na determinação do preço em opção de venda de ações, *Revista Brasileira de Arbitragem*, v. XIV, issue 54, p. 7-27. 2017.
79. "An escrow has been technically defined as an instrument which by its terms, imports a legal obligation, and which is deposited by the grantor with a third party to be kept by the depositary until the performance of a condition, or the happening of a certain event; and then to be delivered to the grantee". INGRAHAM JR., William

serem depositados os montantes que visem a fazer frente a determinadas perdas e passivos que ainda não se materializaram. Além disso, podem ser depositados percentuais do preço que estejam relacionados à parte do negócio que somente será concluída se obtida autorização de entidade governamental – como a do CADE no caso de concentração de mercado.

Esses mecanismos, embora procurem tratar de peculiaridades dos negócios objeto do M&A, em diversas ocasiões, acabam resultando também em disputas. Assim, questões como a gestão da conta gráfica, os parâmetros e as datas de corte para inclusão de passivos na conta gráfica, a forma de remuneração da *escrow account* e a distribuição de seus frutos são usualmente submetidas à apreciação de tribunais arbitrais.

4.1.3 Earn-out

Dando sequência ao exame de elementos relativos ao preço do *M&A*, mecanismo que é, comumente, utilizado nestas operações consiste na postergação de pagamento de parcela do preço, ainda indeterminada no momento do *signing* e sujeita a eventos futuros e incertos. O *earn-out,* também designado como cláusula de determinação contingente do preço ou cláusula de complemento do preço, tem origem nas distintas expectativas sobre o valor da participação a ser adquirida:[80] por um lado, o comprador tende a assumir uma postura mais conservadora com relação às características e à possibilidade de geração de receitas e lucros pela sociedade-alvo; por outro, o vendedor, em razão da confiança que tem nas expectativas e nos resultados de seu negócio, acredita que ele é mais valioso.[81]

A falta de entendimento dos contratantes quanto à valoração da participação objeto do *M&A* e à fixação do preço constitui a base da cláusula de *earn-out*, que visa a superar essa divergência e a permitir a conclusão da operação.[82] De fato, em situações em que, por exemplo, a sociedade-alvo encontra-se em expansão ou crescimento ou cujos negócios não tenham se mostrado, nos últimos tempos, tão lucrativos, o comprador

---

A. *Escrow Agreements*. University of *Miami Law Review*, v. 8, n. 1, p. 75-83, 1953, p. 75. Disponível em: https://repository.law.miami.edu/cgi/viewcontent.cgi?article=3855&context=umlr. Acesso em: 03 mar. 2022.

80. "[B]uyers and sellers often do not share common expectations concerning the business future". GILSON, Ronald J. Value creation by business lawyers. *Yale Law Journal*, v. 94, 1984. p. 262. No mesmo sentido, QUINN, Brian J.M. Putting your money where your mouth is: the performance of earnouts in corporate acquisitions. *University of Cincinnati Law Review*, v. 81, issue 1, 2013. p. 136; BUSCHINELLI, Gabriel Saad Kik. *Compra e venda de participações societárias de controle*. São Paulo: Quartier Latin, 2018. p. 216.

81. MARTINS-COSTA, Judith. Contrato de cessão e transferência de quotas. Acordo de sócios. Pactuação de parcela variável do preço contratual denominada *earn out*. Características e função ("causa objetiva") do *earn out*. *Revista de Arbitragem e Mediação*, v. 42, p. 153-188. jul./set. 2014.

82. "By creating uniform expectations with respect to any one of a number of uncertainties, the earnout mechanism permits parties to normalize their joint expectations about the future and thus agree on a pricing formula for the seller where, in the absence of uniform joint expectation, parties might not be able to reach agreement. PENNA, Paulo Eduardo; PINHO, Luisa Shinzato de. Preço Contingente em Operações de Fusões e Aquisições (M&A): a Cláusula de *Earn-Out*. In: HANSZMANN, Felipe (Org.). *Atualidades em Direito Societário e mercado de capitais*. Rio de Janeiro: Lumen Juris, 2017. v. II, p. 363; QUINN, Brian J.M. Putting your money where your mouth is: the performance of earnouts in corporate acquisitions. *University of Cincinnati Law Review*, v. 81, issue 1, 2013. p. 164.

e o vendedor poderão se socorrer da cláusula de *earn-out* a fim de que uma parte do preço, vinculada a esses frutos dos negócios sociais, seja postergada e paga somente se o resultado lucrativo for realmente apurado.[83]

Pode-se conceituar a cláusula de *earn-out* como "uma forma de pagamento pelo qual parcela do preço de determinado bem é remetida para o futuro, estando sujeita em sua existência e determinação a certas condições previamente estabelecidas pelas partes contratantes, em regra ao cumprimento de metas empresariais e financeiras futuras e predefinidas".[84]

Como se percebe, dois são os elementos que identificam o *earn-out*: (a) a indeterminação de parcela do preço no momento do *closing*, e (ii) a submissão do pagamento de tal parcela a eventos futuros e incertos.

As características da cláusula de *earn-out* permitem qualificá-la como um mecanismo de alocação de risco do negócio, o qual passa a ser compartilhado entre as partes.[85] De fato, ao adiar o pagamento de parcela do preço, evita-se, para o comprador, o risco de pagar por algo que não venha a ser materializar (o que também se revela favorável a ele, pois, caso verificadas as premissas do *earn-out*, o adquirente dispenderá recursos, mas será beneficiado com os lucros que a sociedade-alvo lhe distribuir). Do lado do vendedor, ainda que não receba imediatamente parcela do preço, se a sua expectativa acerca da qualidade dos negócios da sociedade de que era acionista e de seu potencial lucrativo realmente se concretizar, ele irá receber por esses resultados.[86]

Além de ser empregada como forma de superar a falta de consenso sobre parcela do preço, o *earn-out* também pode ser utilizado na hipótese em que o adquirente não tem, no momento do fechamento da operação, recursos suficientes para entregar em contraprestação ao recebimento da participação acionária. Nessa hipótese, a postergação do pagamento da parcela do preço funciona como espécie de financiamento da operação: utilizam-se os lucros produzidos pela sociedade-alvo durante o período de *earn-out* para a liquidação da parte faltante do preço.[87]

---

83. PENNA, Paulo Eduardo; PINHO, Luisa Shinzato de. Preço Contingente em Operações de Fusões e Aquisições (M&A): a Cláusula de *Earn-Out*. In: HANSZMANN, Felipe (Org.). *Atualidades em Direito Societário e mercado de capitais*. Rio de Janeiro: Lumen Juris, 2017. v. II, p. 360.
84. MARTINS-COSTA, Judith. Contrato de cessão e transferência de quotas. Acordo de sócios. Pactuação de parcela variável do preço contratual denominada *earn out*. Características e função ("causa objetiva") do *earn out*. *Revista de Arbitragem e Mediação*, v. 42, p. 153-188. São Paulo, jul./set., 2014; LAGORIO-CHAFKIN, Christine. *How to structure an earn-out*. Disponível em: www.inc.com/guides/earn-out-structuring.html. Acesso em: 18 fev. 2022.
85. KALANSKY, Daniel; SANCHEZ, Rafael Biondi. *Earn Out* nas Operações de Fusões e Aquisições (M&A). In: BOTREL, Sérgio; BARBOSA, Henrique (Coord.). *Finanças Corporativas* – Aspectos Jurídicos e Estratégicos. São Paulo: Atlas, 2016.
86. "A lógica por trás do *earn-out* é que o vendedor permaneça recebendo valores (*earn*), ainda que deixe formalmente o controle da sociedade (*out*), se esta apresentar resultados condizentes com as suas expectativas". BUSCHINELLI, Gabriel Saad Kik. *Compra e venda de participações societárias de controle*. São Paulo: Quartier Latin, 2018. p. 76.
87. MÜSSNICH, Francisco Antunes Maciel. A Cláusula de Earn-Out na Aquisição de Sociedades: Solução ou Postergação do Problema? In: DE CASTRO, Rodrigo Rocha Monteiro; AZEVEDO, Luis Andre; HENRIQUES, Marcus de Freitas (Coord.) *Direito Societário, Mercado de Capitais, Arbitragem e Outros Temas*: Homenagem a Nelson Eizirik. São Paulo: Quartier Latin, 2020. v. II, p. 983.

Embora costume veicular obrigação de pagamento por parte do adquirente (vertente positiva), o qual deverá efetuar o pagamento de determinada quantia quando os eventos futuros e incertos, previamente estabelecidos, ocorrerem, é possível que os contratantes pactuem o *earn-out* em sua vertente negativa (*reverse earn-out*),[88] hipótese em que é previsto que, se determinado evento condicionante não se materializar, o alienante deverá devolver ao comprador uma parcela do preço, pago integralmente no momento do *closing*.[89]

As condições usadas pelas partes para que o *earn-out* seja devido podem variar de acordo com o objeto do *M&A* e com as atividades desenvolvidas pela sociedade-alvo, mas, muitas vezes, são utilizados como gatilhos dessa parcela do preço (i) o atingimento de metas de lucros pela sociedade-alvo; (ii) a produção de determinado faturamento; (iii) a obtenção de aprovações ou registros por autoridades governamentais; (iv) a permanência, por determinado período, de executivos ou clientes-chave na sociedade investida; (v) a realização de uma oferta inicial de ações; ou ainda (vi) o lançamento ou desenvolvimento de um produto.[90]

Especialmente em relação a condições que se referem a lucros, geração de receitas ou diminuição de dívidas, a fim de que se evitem disputas futuras, é essencial para o sucesso da cláusula de *earn-out* que as partes estabeleçam, entre outros aspectos, (i) o indicador ou a norma contábil que servirá de base para a sua apuração; (ii) se serão aferidas a partir do resultado das atividades da sociedade-alvo, se englobarão as sociedades por ela controladas ou se será considerado somente parte do negócio da sociedade; e (iii) se a apuração incluirá ou não investimentos efetuados pelo adquirente caso este assuma a gestão da sociedade investida.[91]

---

88. "Nestes casos, o vendedor, ao ver reduzido o preço pela verificação ou não verificação de determinado facto, está a garantir a existência de um determinado estado de coisas, obrigando-se, ainda que sobre condição, a devolver parte do preço pago". SÁ, Fernando Oliveira e. A determinação contingente do preço de aquisição de uma empresa através de cláusulas *earn-out*. In: CÂMARA, Paulo; BASTOS, Miguel (Org.). *Aquisição de empresas*. Coimbra: Almedina, 2011. p. 404.
89. MÜSSNICH, Francisco Antunes Maciel. A Cláusula de Earn-Out na Aquisição de Sociedades: Solução ou Postergação do Problema? In: DE CASTRO, Rodrigo Rocha Monteiro; AZEVEDO, Luis Andre; HENRIQUES, Marcus de Freitas (Coord.) *Direito Societário, Mercado de Capitais, Arbitragem e Outros Temas*: Homenagem a Nelson Eizirik. São Paulo: Quartier Latin, 2020. v. II, p. 979.
90. "Dentre as condições normalmente previstas, o atingimento de lucros concretos ou de determinado faturamento é a mais corrente, podendo-se citar, também, condições vinculadas (i) à obtenção de aprovações e registros por agências governamentais; (ii) à permanência de empresários ou clientes chaves na empresa; e (iii) ao lançamento ou desenvolvimento de um produto". MÜSSNICH, Francisco Antunes Maciel. A Cláusula de *Earn-Out* na Aquisição de Sociedades: Solução ou Postergação do Problema? In: DE CASTRO, Rodrigo Rocha Monteiro; AZEVEDO, Luis Andre; HENRIQUES, Marcus de Freitas (Coord.) *Direito Societário, Mercado de Capitais, Arbitragem e Outros Temas*: Homenagem a Nelson Eizirik. São Paulo: Quartier Latin, 2020. v. II, p. 980. No mesmo sentido, PIVA, Luciano Zordani. *O earn-out na compra e venda de empresas*. São Paulo: Quartier Latin, 2019, p. 199.
91. "Earnout agreements have become a source of litigation because often they fail to define the income, expenses, and products on which the earnout amount is calculated." LYNN, Michael P. A Survey Of Cases Analyzing Earnout Agreements. September 14, 2010. White paper. Disponível em: www.lynnllp.com/WhitePapers/WhitePapers. asp. Acesso em: 28.08.2022. No mesmo sentido, PENNA, Paulo Eduardo; PINHO, Luisa Shinzato de Pinho. Preço Contingente em Operações de Fusões e Aquisições (M&A): a Cláusula de *Earn-Out*. In: HANSZMANN, Felipe (Org.). *Atualidades em Direito Societário e mercado de capitais*. Rio de Janeiro: Lumen Juris, 2017. v. II, p. 368.

Independentemente das condições que sirvam de fundamento para o *earn-out*, é indispensável prever um período para sua apuração, sob pena de o direito de o vendedor de receber parcela do preço (na vertente positiva) ficar sujeito à exclusiva vontade do comprador. Assim, é necessário estabelecer um lapso temporal, no qual os resultados que não se tinha certeza no momento do *signing* possam ser efetivamente apurados.[92]

Além de ser mecanismo para a superação das divergências entre adquirente e alienante acerca do preço, contribuindo para a conclusão imediata do negócio combinada com a postergação de pagamento de parcela do preço, identificam-se algumas outras vantagens da cláusula de *earn-out*: (i) permite que o valor da sociedade-alvo seja apurado com base no efetivo faturamento ou resultado produzido e não com fundamento em estimativas ou expectativas das partes; (ii) implica a diminuição da assimetria informacional entre os contratantes; e (iii) pode constituir uma forma de incentivar o crescimento dos negócios e, por consequência, a majoração do valor da sociedade investida.[93]

Esta última vantagem costuma ser verificada quando se combina o mecanismo do *earn-out* com a manutenção do vendedor na administração da sociedade. Muitas vezes, pela *expertise* do alienante sobre o negócio ou pela qualidade da gestão que vinha desenvolvendo, é interesse do comprador que vendedor continue a exercer cargo na administração da investida. Por conta disso, a fim de incentivá-lo a gerir a sociedade de modo a que ela produza lucros, o adquirente pode atrelar parte do preço ao desempenho futuro da sociedade-alvo.

Nesse caso, é importante também a cautela na redação da cláusula de *earn-out* para evitar que o vendedor, mantido na administração da investida, não desempenhe as funções exclusivamente com o intuito de majorar lucros, o que poderia fazer com que ele negligenciasse oportunidades de investimento na própria sociedade ou opções de negócios que, em última instância, no período para o pagamento do *earn-out*, não implicassem lucros significativos para a sociedade, mas que, no longo prazo, poderiam ser benéficos para as suas atividades.[94]

Essa, aliás, costuma ser uma fonte de inúmeros litígios no que diz respeito ao *earn-out*.[95] Muitas vezes, o comprador querendo evitar o pagamento de tal parcela do

---

92. "In general, the term of the earnout provision should be long enough to resolve the uncertainty that caused the fundamental disagreement over valuation". QUINN, Brian J.M. Putting your money where your mouth is: the performance of earnouts in corporate acquisitions. *University of Cincinnati Law Review*, v. 81, issue 1, p. 136. 2013.
93. Em suma, o mecanismo permite que compradores e vendedores celebrem um negócio de aquisição proveitoso para ambos, diminuindo ou limitando os riscos mútuos, o que explica "a utilidade ou função econômica da cláusula Earn Out". MARTINS-COSTA, Judith. Contrato de cessão e transferência de quotas: acordo de sócios: pactuação de parcela variável do preço contratual denominada *earn out*: características e função ("causa objetiva") do *earn out*. *Revista de Arbitragem e Mediação*, ano 11, v. 42, p. 153-188, São Paulo, jul./set. 2014.
94. Como acentua a doutrina norte-americana: "[B]ecause of the challenges in negotiating and drafting earnout provisions that encompass all possible variables and earnouts' inherent vulnerability to manipulation by the buyer or the seller, the calculation and payout of earnouts commonly result in post-acquisition disputes". MORDAUNT, Jeffrey; PIERCE, Kevin. *Earnout: short-term fix or long-term problem?* Disponível em: https://www.stout.com/en/insights/article/earnout-short-term-fix-or-long-term-problem. Acesso em: 22 fev. 2022.
95. "[A]n earn-out often converts today's disagreement over price into tomorrow's litigation over the outcome". ESTADOS UNIDOS DA AMÉRICA. Court of Chancery of the State of Delaware. *Airborne Health, Inc. v.*

preço ou reduzi-la, procura levar às disputas arbitrais argumentos como o vendedor ter conduzido os negócios da sociedade-alvo exclusivamente visando à produção do faturamento ensejador do *earn-out*, deixando de lado a salvaguarda dos interesses sociais.[96]

Da mesma forma, diversas controvérsias acerca do *earn-out* surgem quando se pactua essa postergação de parte do preço e o alienante não permanece na administração da sociedade. Nessas hipóteses, o vendedor não terá mais acesso direto às informações da investida e, muitas vezes, não terá condições de verificar, na prática, se as variáveis eleitas para o pagamento do *earn-out* foram realmente satisfeitas. Por conta disso, providência essencial em tais situações é, em conjunto com a cláusula de *earn-out*, definir, de forma precisa, o fluxo de informações acerca dos elementos necessários para a validação do montante que integrará essa parcela do preço.[97]

A propósito, no julgamento da Apelação 0125493-61.2012.8.26.0100, o Tribunal de Justiça de São Paulo assegurou ao alienante de quotas, excluído da administração da sociedade objeto da operação, o direito de obter documentos e informações sobre as atividades por ela desempenhadas, a fim de que ele pudesse verificar se as variáveis ensejadoras do *earn-out* efetivamente foram atingidas.[98]

Há ainda precedentes, nacionais e internacionais, em que o vendedor que não permaneceu na administração da sociedade investida procura majorar a parcela do *earn-out* que lhe foi paga, argumentando que o comprador, ao assumir a gestão da sociedade, atuou no sentido de diminuir o lucro da sociedade no período de apuração do *earn-out*. Nesse sentido, vale citar julgado da Suprema Corte do Estado de Delaware (EUA), *Winshall v. Viacom Int'l Inc.*, em que se pedia o aumento do montante do *earn-out*, pois, no entendimento dos alienantes, o adquirente não teria gerido a sociedade no sentido de diminuir determinadas taxas, o que impactaria positivamente o valor do *earn-out*. O tribunal entendeu que não havia, no contrato firmado pelas partes, qual-

---

Squid Soap, LP. C.A. n. 4410-VCL, j. 23.11.2009. Disponível em: https://www.potteranderson.com/media/experience/434_Airborne_20Health.pdf. Acesso em: 22 fev. 2022.

96. "A opção pelas parcelas variáveis vinculadas ao desempenho futuro da empresa gera dilemas infindáveis. O vendedor argumenta que o resultado por ele projetado só pode ser alcançado se a empresa continuar a ser comandada por ele, e de acordo com o planejamento por ele realizado, e que a instalação de uma nova estrutura organizacional, com a adoção de novas práticas, impedirá a curto prazo se verifique o crescimento planejado. O comprador, por outro lado, teme que o negócio seja conduzido pelo vendedor de maneira irresponsável, com o único objetivo de serem alcançadas as projeções realizadas". BOTREL, Sérgio. *Fusões e Aquisições.* 3. ed. São Paulo: Saraiva, 2014. p. 265.

97. "Para dirimir tal situação, o comprador pode oferecer o envio de informações periódicas da sociedade e até mesmo estabelecer limites para sua gestão durante o período de apuração do Earn Out, como limites para endividamento bancário e para a realização de operações societárias envolvendo a sociedade, a manutenção das práticas de gestão e contábeis anteriormente utilizadas pelo vendedor, entre outras.". KALANSKY, Daniel; SANCHEZ, Rafael Biondi. *Earn Out* nas Operações de Fusões e Aquisições (M&A). In: BOTREL, Sérgio; BARBOSA, Henrique (Coord.). *Finanças Corporativas – Aspectos Jurídicos e Estratégicos.* São Paulo: Atlas, 2016.

98. BRASIL. Tribunal de Justiça do Estado de São Paulo (TJSP). Apelação 0125493-61.2012.8.26.0100, da 1ª Câmara Reservada do TJSP. Relator: Des. Francisco Loureiro, j. em 02.10.2012.

quer previsão que tutelasse os vendedores e pressupusesse a atuação do comprador no sentido de majorar o *earn-out*.⁹⁹

CONCLUSÃO

Como mencionado, o presente artigo não teve por objetivo exaurir a temática das arbitragens envolvendo disputas fundamentadas em contratos de M&A. Na verdade, buscou-se identificar aspectos e efeitos de tais operações que costumam ser levados à decisão dos árbitros, fazendo um estudo mais detalhado das questões de direito material que delas decorrem.

Nesse sentido, procurou-se, dentre das limitações espaciais do artigo e da amplitude de debates que cada um dos temas gera, analisar como previsões contratuais e legais dialogam e oferecer aos debates indicativos de soluções a serem alcançadas. Para tanto, perpassou-se os distintos momentos do M&A, desde sua fase inicial, em que comprador e vendedor se encontram e iniciam os processos de tratativas e *due diligence*, até o *closing* e *post-closing*, com as suas tão conhecidas controvérsias relativas às declarações e garantias – e cláusulas complementares – e ao preço (e seus ajustes e os eventos futuros e incertos que o impactam).

BIBLIOGRAFIA E JULGADOS SELECIONADOS

ABLA, Maristela Sabbag. Sucessão Empresarial: Declarações e Garantias – o Papel da Legal Due Diligence. In: CASTRO, Rodrigo R. Monteiro de; ARAGÃO, Leandro Santos de (Coord.). *Reorganização Societária*. São Paulo: Quartier Latin, 2005.

ADAMS, Kenneth A. What's up with 'representations and warranties'? *Business Law Today*, v. 15, n. 2, nov./dez. 2005.

AGAOGLU, Cahit. *Arbitration in Merger and Acquisition Transactions* – Problem of Consent in Parallel Proceedings and in the Transfer of Arbitration Agreements in Merger and Acquisition Arbitration. 2012. 292 f. (Thesis for the degree of doctor of philosophy) – Queen Mary University of London School of International Arbitration, London, 2012.

ALVES, Rafael Francisco. *Árbitro e Direito*: o julgamento de mérito na arbitragem. São Paulo: Almedina, 2018.

BENETTI, Giovana. Dever de informar *versus* ônus de autoinformação na fase pré-contratual. In: BARBOSA, Henrique; SILVA, Jorge Cesa Ferreira da (Coord.). *A Evolução do Direito Empresarial e Obrigacional*: 18 anos do Código Civil: Obrigações e Contratos. São Paulo: Quartier Latin, 2021. v. 2.

---

99. "The implied covenant of good faith and fair dealing cannot properly be applied to give the plaintiffs contractual protections that 'they failed to secure for themselves at the bargaining table'. As the Court of Chancery found: '[T]he implied covenant is not a license to rewrite contractual language just because the plaintiff failed to negotiate for protections that, in hindsight, would have made the contract a better deal. Rather, a party may only invoke the protections of the covenant when it is clear from the underlying contract that "the contracting parties would have agreed to proscribe the act later complained of ... had they thought to negotiate with respect to that matter'". Estados Unidos da América. Supreme Court of the State of Delaware. *Winshall v. Viacom Int'l Inc.* N. 39. C.A. N. 6074, j. 07.10.2013. Disponível em: https://courts.delaware.gov/opinions/download.aspx?ID=195810. No mesmo sentido, ver ESTADOS UNIDOS DA AMÉRICA. United States District Court for the District of Massachusetts. *Fireman v. News America Marketing In-Store, Inc.* C.A. N. 05-11740-MLW, j. em 26.09.2009.

BENETTI Giovana. *Dolo no Direito Civil*: Uma Análise da Omissão de Informações. São Paulo: Quartier Latin, 2019.

BERGER, Renato. Arbitramento e Arbitragem em Contratos de M&A. In: MOREIRA, Ana Luiza B.M. Pinto, BERGER, Renato (Coord.). *Arbitragem e Outros Temas de Direito Privado*: Estudos Jurídicos em Homenagem a José Emilio Nunes Pinto. São Paulo: Quartier Latin, 2021.

BOTREL, Sérgio. Breves Apontamentos sobre as Cláusulas MAC nos Contratos de M&A. In: BARBOSA, Henrique; SILVA, Jorge Cesa Ferreira da (Coord.). *A Evolução do Direito Empresarial e Obrigacional*: 18 anos do Código Civil: Obrigações e Contratos. São Paulo: Quartier Latin, 2021. v. 2.

BOTREL, Sérgio. *Fusões & Aquisições*. 5. ed. São Paulo: Saraiva, 2017.

BRANDÃO, Caio; HANSZMANN, Felipe; MAFRA, Ricardo. Contingências Ocultas em Contratos de M&A: Vícios Redibitórios, Evicção e Declarações e Garantias. In: BARBOSA, Henrique; SILVA, Jorge Cesa Ferreira da (Coord.). *A Evolução do Direito Empresarial e Obrigacional*: 18 anos do Código Civil: Obrigações e Contratos. São Paulo: Quartier Latin, 2021. v. 2.

BUSCHINELLI, Gabriel Saad Kik. *Compra e venda de participações societárias de controle*. São Paulo: Quartier Latin, 2018.

CASTRO, Rodrigo R. Monteiro de; ARAÚJO, Leonardo Barros C. de. Cláusula de ajuste de preço, locked box e garantias em operações de M&A. In: BARBOSA, Henrique; BOTREL, Sérgio (Coord.). *Novos temas de direito e corporate finance*. São Paulo: Quartier Latin, 2019.

COSTA, Cláudia Gruppi; PEREIRA, Guilherme Setoguti J. Dolo Acidental em Contratos de Compra e Venda de Participação Societária: Critérios para a Quantificação dos Danos. In: YARSHELL, Flávio Luiz; PEREIRA, Guilherme Setoguti J. *Processo Societário IV*. Quartier Latin, 2020.

CRUZ, Pedro Santos. A Cláusula MAC (Material Adverse Change) em Contratos de M&A no Direito Comparado (EUA e Reino Unido). *Revista de Direito Bancário e do Mercado de Capitais*, v. 45, jul./set. 2009.

DE LIMA, Francisco Rohan. Operação de M&A – Aquisição de Controle – Passivos Supervenientes e a Teoria da Vontade Contratual. In: DE CASTRO, Rodrigo Rocha Monteiro; AZEVEDO, Luis Andre, HENRIQUES, Marcus de Freitas. *Direito societário, mercado de capitais, arbitragem e outros temas*. Homenagem a Nelson Eizirik. São Paulo: Quartier Latin, 2021. v. III.

EIZIRIK, Nelson; HENRIQUES, Marcus de Freitas. Notas sobre a revisão dos contratos. In: ESTEVEZ, André Fernandes; e JOBIM, Marcio Felix (Org.). *Estudos de Direito Empresarial*: homenagem aos 50 anos de docência do Professor Peter Walter Ashton. São Paulo: Saraiva, 2012.

FERRO, Marcelo Roberto; SOUZA, Antonio Pedro Garcia de. Post M&A Arbitration. In: SESTER, Peter (Ed.). *International Arbitration: Law and Practice in Brazil*. Oxford: Oxford University Press, 2020.

FREUND, James. C. Anatomy of a Merger: Strategies and Techniques for Negotiating Corporate Acquisitions. New York: *Law Journal Press*. 1975.

GILSON, Ronald J. Value creation by business lawyers. *Yale Law Journal*, v. 94, 1984.

GLENN D. WEST.; SHAH KIM M. Debunking the myth of the sandbagging buyer: when sellers ask buyers to agree to anti-sandbagging clauses, who is sandbagging who? *The M&A lawyer*, v. 11, n. 1, 2007.

GREZZANA, Giacomo. *A Cláusula de Declarações e Garantias em Alienação de Participação Societária*. São Paulo: Quartier Latin, 2019.

GREZZANA, Giacomo. Cláusula de irrelevância da ciência prévia do adquirente sobre contingências da sociedade-alvo em alienações de participação societária (cláusula de irrelevância da ciência prévia – "Sandbagging Provisions"). *Revista de Direito das Sociedades e dos Valores Mobiliários*, n. 11, São Paulo, 2020.

GUERREIRO, Luis Fernando. Breves Considerações sobre o Processo Arbitral em Compra e Venda de Empresas (M&A). In: DOURADO, Ruy Janoni; VAUGHN, Gustavo Favero; DE BARROS, Vera Cecilia Monteiro; NASCIMBENI, Asdrubal Franco (Coord.). *Atualidades da Arbitragem Comercial*: estudos

dos membros da Comissão de Arbitragem e do Comitê de Coordenação da Câmara de Mediação, Conciliação e Arbitragem da OAB/SP. São Paulo: Quartier Latin, 2019.

HORTA, João Carlos Mascarenhas. Considerações sobre Operações de Reorganização Societária no Contexto de Transações de Fusões e Aquisições. In: ROCHA, Dinir Salvador Rios da; QUATTRINI, Larissa Teixeira (Coord.). *Fusões, Aquisições, Reorganizações Societárias e Due Diligence* (Série GVLAW). São Paulo: Saraiva, 2012.

INGRAHAM JR., William A. Escrow Agreements. *University of Miami Law Review*, v. 8, n. 1, p. 75-83, 1953. Disponível em: https://repository.law.miami.edu/cgi/viewcontent.cgi?article=3855&context=umlr.

KALANSKY, Daniel; SANCHEZ, Rafael Biondi. Earn Out nas Operações de Fusões e Aquisições (M&A). In: BOTREL, Sérgio; BARBOSA, Henrique (Coord.). *Finanças Corporativas* – Aspectos Jurídicos e Estratégicos. São Paulo: Atlas, 2016.

KALANSKY, Daniel; SANCHEZ, Rafael Biondi. Sandbagging Clauses nas Operações de Fusões e Aquisições (M&A). In: BARBOSA, Henrique; BOTREL, Sérgio (Org.). *Novos Temas de Direito e Corporate Finance*. São Paulo: Quartier Latin, 2019.

KLÄSENER, Amy. *The Guide to M&A Arbitration*. 2. ed. United Kingdom: Law Business Research Ltd: London, 2020.

LAGORIO-CHAFKIN, Christine. *How to structure an earn-out*. Disponível em: www.inc.com/guides/earn-out-structuring.html.

LALFARYAN, Narine. Material Adverse Change uncertainty: costing a fortune if not corporate lives. *Journal of Corporate Law Studies*. v. 21, issue 2, 2020. Disponível em: https://doi.org/10.1080/14735970.2020.1781484.

LEMES, Selma Ferreira. *Arbitragem em Números e Valores*. Período de 2018 a 2019, 2020. Disponível em: http://www.selmalemes.adv.br/artigos/Analise-Pesquisa-ArbitragensNseValores-2020.pdf.

LYNN, Michael P. *A Survey Of Cases Analyzing Earnout Agreements*. September 14, 2010. White paper. Disponível em: www.lynnllp.com/WhitePapers/WhitePapers.asp.

MARINO, Francisco Paulo de Crescenzo. Arbitramento, arbitragem e dispute boards: o papel do terceiro na determinação do preço em opção de venda de ações. *Revista Brasileira de Arbitragem*, v. XIV, issue 54, 2017.

MARTINS-COSTA, Judith. *Comentários ao novo Código Civil*: do inadimplemento das obrigações. 2. ed. Rio de Janeiro: Forense, 2009. v. V, t. II.

MARTINS-COSTA, Judith. Contrato de cessão e transferência de quotas. Acordo de sócios. Pactuação de parcela variável do preço contratual denominada *earn out*. Características e função ("causa objetiva") do *earn out*. *Revista de Arbitragem e Mediação*, São Paulo, v. 42, jul./set., 2014.

MARTINS-COSTA, Judith. Contrato de Compra e Venda de Ações. Declarações e Garantias. Responsabilidade por Fato de Terceiro. Inadimplemento, Pretensão, Exigibilidade, Obrigação. Práticas do Setor e Usos do Tráfego Jurídico. Parecer. In: DE CASTRO, Rodrigo Rocha Monteiro; AZEVEDO, Luis Andre; HENRIQUES, Marcus de Freitas (Coord.). *Direito Societário, Mercado de Capitais, Arbitragem e Outros Temas*: Homenagem a Nelson Eizirik. São Paulo: Quartier Latin, 2020. v. I.

MARTINS-COSTA, Judith. Os Regimes do Dolo Civil no Direito Brasileiro: dolo antecedente, vício informativo por omissão e por comissão, dolo acidental e dever de indenizar. *Revista dos Tribunais*, v. 923, 2012.

MARTINS-COSTA, Judith; COSTA E SILVA, Paula. *Crise e Perturbações no Cumprimento da Prestação*: estudo de direito comparado luso-brasileiro. Quartier Latin, 2020.

MONTEIRO, Antonio Pinto; PINTO, Paulo Mota. Compra e venda de empresa: a venda de participações sociais como venda de empresa (share deal). *RLJ*, ano 137, n. 3947, 2007.

MORDAUNT, Jeffrey; PIERCE, Kevin. *Earnout*: short-term fix or long-term problem? Disponível em: https://www.stout.com/en/insights/article/earnout-short-term-fix-or-long-term-problem.

MÜSSNICH. Francisco Antunes Maciel. Cláusula de *Earn-Out* na Aquisição de Sociedades: Solução ou Postergação do Problema? In: DE CASTRO, Rodrigo Rocha Monteiro; AZEVEDO, Luis Andre, HENRIQUES, Marcus de Freitas. *Direito societário, mercado de capitais, arbitragem e outros temas*. Homenagem a Nelson Eizirik. Quartier Latin: São Paulo, 2020. v. II.

OLIVEIRA, Nuno Pinto. *Cláusulas acessórias ao contrato*: cláusulas de exclusão e de limitação do dever de indenizar e cláusulas penais. Coimbra: Almedina, 2008.

PENNA, Paulo Eduardo; PINHO, Luisa Shinzato de. Preço Contingente em Operações de Fusões e Aquisições (M&A): a Cláusula de Earn-Out. In: HANSZMANN, Felipe (Org.). *Atualidades em Direito Societário e mercado de capitais*. Rio de Janeiro: Lumen Juris, 2017. v. II.

PERELMAN, Murray (Ed.) *Model Stock Purchase Agreement with Commentary*. 2. ed. Chicago: American Bar Association, 2010. v. I – Stock Purchase Agreement.

PIRES, Catarina Monteiro. *Aquisições de Empresas e de Participações Acionistas*. Coimbra: Almedina, 2018.

PIVA, Luciano Zordani. *O earn-out na compra e venda de empresas*. São Paulo: Quartier Latin, 2019.

PONTES DE MIRANDA, Francisco Cavalcanti. *Tratado de direito privado*. Rio de Janeiro: Borsói, 1954. t. IV.

QUINN, Brian J.M. Putting your money where your mouth is: the performance of earnouts in corporate acquisitions. *University of Cincinnati Law Review*, v. 81, issue 1, 2013.

ROCHA, Dinir Salvador Rios da; NUNES, Marcelo Galiciano. Term sheet e contrato de compra e venda de ações ou quotas. In: ROCHA, Dinir Salvador Rios da; QUATTRINI, Larissa Teixeira Quattrini (Coord.). *Direito societário*: Fusões, aquisições, reorganizações societárias e *due diligence*. São Paulo: Saraiva, 2012. Série GVLAW.

ROCHA, Dinir Salvador Rio da. Visão Geral da Due Diligence: Breves Aspectos Teóricos e Práticos. In: ROCHA, Dinir Salvador Rios da; QUATTRINI, Larissa Teixeira (Coord*.*). *Fusões, Aquisições, Reorganizações Societárias e* Due Diligence. São Paulo: Saraiva, 2012. Série GVLAW.

SÁ, Fernando Oliveira e. A determinação contingente do preço de aquisição de uma empresa através de cláusulas *earn-out*. In: CÂMARA, Paulo; BASTOS, Miguel (Org.). *Aquisição de empresas*. Coimbra: Almedina, 2011.

SCHLAEPFER, Anne Véronique; MAZURANIC, Alexandre. Drafting Arbitration Clauses in M&A Agreements. In: KLÄSENER, Amy. *The Guide to M&A Arbitration*. 2. ed United Kingdom: Law Business Research Ltd: London, 2020.

STARK, Tina L. Another View on Reps and Warranties. *Business Law Today*, v. 15, n. 3, jan./feb. 2006.

STUBER, Adriana Maria Gödel. The Advantages of Arbitration for International M&A Transactions in Brazil. *IBA Arbitration Newsletter*, v. 14, n. 1, 2009.

TARBERT, Heath Price. Merger Breakup Fees: A Critical Challenge to Anglo-American Corporate Law. *Law and Policy in International Business*, v. 34, n. 3, 2003.

TEPEDINO, Gustavo; KONDER, Carlos Nelson; BANDEIRA, Paula Greco. *Fundamentos do Direito Civil*. 2. ed. Rio de Janeiro: Forense, 2021. v. 3 – Contratos.

TEPEDINO, Gustavo. *Novos princípios contratuais e a teoria da confiança*: a exegese da cláusula to the best knowledge of the sellers. Disponível em: https://edisciplinas.usp.br/pluginfile.php/1730703/mod_resource/content/1/Novos%20Princ%C3%ADpios%20Contratuais%20e%20Teoria%20da%20Confian%C3%A7a%20a%20exegese%20da%20cl%C3%A1usula%20to%20the%20best%20knowledge%20of%20the%20sellers%20-%20Gustavo%20Tepedino%20.pdf.

TUCKER, Darren S.; YINGLING, Kevin L. Keeping the Engagement Ring: Apportioning Antitrust Risk with Reverse Breakup Fees. *Antitrust*, v. 22, n. 3, Summer, 2008.

WALD, Arnoldo. Dolo acidental do vendedor e violação das garantias prestadas. *Revista dos Tribunais*, v. 103, n. 949, São Paulo, 2014.

XI
ARBITRAGEM NO MERCADO DE CAPITAIS: O PASSADO, O PRESENTE E OS CASOS DIFÍCEIS

Celso Caldas Martins Xavier

Mestre (LL.M.) em Direito pela Stanford Law School (2005). Bacharel em Direito pela Pontifícia Universidade Católica de São Paulo (1999). Vice-chair do Comitê Latino-Americano de Resolução de Disputas do Lex Mundi Institute (2012-2016). Advogado. Árbitro. Sócio de Xavier Gagliardi Inglez Verona Schaffer Advogados.

Daniel Kaufman Schaffer

Mestre (LL.M.) com distinção em Contencioso e Métodos Alternativos de Resolução de Disputas pela University College London (2017) e Alumini do Cross-Border Dispute Resolution Program, realizado pelo Lex Mundi Institute (2019). Pós-graduado (lato sensu) em Direito da Infraestrutura pela Escola de Direito de São Paulo da Fundação Getúlio Vargas (2015). Extensão Universitária em Direito Administrativo pela Escola de Direito de São Paulo da Fundação Getúlio Vargas (2013). Bacharel em Direito pela Universidade Presbiteriana Mackenzie (2011). Membro do Chartered Institute of Arbitrators. Advogado. Sócio de Xavier Gagliardi Inglez Verona Schaffer Advogados.

Sumário: Introdução e delimitação do objeto – 1. A evolução do mercado de capitais brasileiro: breve retrospecto – 2. Arbitragem nos segmentos especiais de listagem da B3; 2.1 As alegadas vantagens da arbitragem – 3. Os casos difíceis e as suas inescapáveis controvérsias; 3.1 Convenção de arbitragem; 3.2 Comprovação da vinculação à convenção de arbitragem; 3.3 Árbitros; 3.4 Reunião, conexão e conflito de competência; 3.5 A tal "arbitragem coletiva societária" – Considerações Finais – Bibliografia e julgados selecionados.

INTRODUÇÃO E DELIMITAÇÃO DO OBJETO

São ainda escassos os trabalhos publicados que se debruçam exclusivamente ao tema da arbitragem no Brasil. E quando o fazem, raramente enfrentam o tema de forma sistematizada, reunindo em um só lugar a miríade de áreas e setores em que a arbitragem está de alguma forma inserida e, bem assim, as suas especificidades. Os Professores Sílvio de Salvo Venosa e Rafael Villar Gagliardi, com o auxílio de Caio Tabet, em seu primoroso trabalho de coordenação, que se concretiza neste *Tratado de Arbitragem*, inovam e disponibilizam à comunidade arbitral uma obra coletiva à frente do seu tempo. Deram-nos a grata oportunidade de tratar de um assunto do momento, bastante discutido na academia e na prática pelos mais variados atores, que deve, por seus meandros e por suas conclusões, contagiar, em alguma medida, tudo o que interessa ao sistema arbitral.

Trataremos, aqui, de externar algumas reflexões sobre a *arbitragem no mercado de capitais*, com mira voltada aos casos difíceis e a alguns dos problemas daí advindos que estão sendo enfrentados neste momento por árbitros e que já bateram ou tendem a bater, cedo ou tarde, às portas do Judiciário. O objetivo será colocar o dedo em algumas feridas e discutir questões delicadas, que, por certo, comportam debate.

Não obstante a análise que se seguirá possa ser valiosa, em muitos aspectos, ao exame mais detido de outros setores que também empregam a arbitragem – alguns dos quais serão inclusive tratados com mais profundidade nesta obra coletiva –, este trabalho tem como foco de atenção apenas o *mercado de capitais*, em especial os segmentos especiais de listagem da bolsa de valores. É essa, destarte, a sua primeira limitação, mas não a única. Este estudo estará também voltado exclusivamente à realidade brasileira, apesar de se reconhecer que experiências estrangeiras possam ser, em certa medida, úteis ao debate, mesmo que seja para se concluir pela inaplicabilidade de certos conceitos alienígenas ou pela inviabilidade de importá-los automaticamente ao ordenamento nacional.

Para facilitar a compreensão do leitor, antecipamos que, buscando uma melhor didática, este trabalho está dividido em cinco tópicos. Após esta introdução (item 1), o primeiro tópico se prestará a apresentar os contornos gerais da evolução do mercado de capitais (item 2). O segundo buscará explicitar como se deu a intersecção entre a arbitragem e o mercado de capitais (item 3). O terceiro tratará de alguns temas que tem sido objeto de controvérsia em arbitragens no mercado de capitais (item 4). Finalmente, serão congregadas as conclusões deste trabalho e apresentados breves e derradeiros comentários finais (item 5).

Confessadamente, frisa-se, o estudo não se propõe a esgotar o seu objeto, que se sabe é bastante amplo e denso, mas, a partir de um corte vertical deliberado, apenas a servir de estímulo a outras e melhores reflexões críticas, que possam contribuir para o seu desenvolvimento.

1. A EVOLUÇÃO DO MERCADO DE CAPITAIS BRASILEIRO: BREVE RETROSPECTO

O Brasil é um país indiscutivelmente complexo, seja do ponto de vista político, social, econômico ou mesmo jurídico.[1-2] Formado por aproximadamente 214 milhões de habitantes,[3] espalhados pelo seu vasto território de dimensões continentais, o País

---

1. Ao longo do último século, o Brasil cresceu e se modificou. A fisionomia do País mudou substancialmente. A população brasileira se multiplicou e a economia cresceu a passos largos. Para mais informações, ver: GREMAUD, Amaury Patrick et. al. *Economia brasileira contemporânea*. 8. ed. São Paulo: Atlas, 2017.
2. Sobre a citada complexidade no Judiciário, remetemos o leitor aos apontamentos feitos por um dos autores deste artigo em "Jurimetria, Tecnologia e Processo" (In: BRITTO, Carlos Augusto Ayres de Freitas (Coord.). *Supremo 4.0*, 2022, p. 353-574).
3. Conforme estimativa populacional oficial do Instituto Brasileiro de Geografia e Estatística – IBGE. Disponível em: https://www.ibge.gov.br/apps/populacao/projecao/index.html. Acesso em: 17 jun. 2022.

conta atualmente com uma única bolsa de valores em operação, a B3 S.A. – Brasil, Bolsa, Balcão ("B3"), localizada em São Paulo.[4-5]

A origem da B3 tal como hoje existente remonta aos idos de 1840, ano em que foi fundada a primeira bolsa de valores no Rio de Janeiro. Desde então, as operações de bolsa estão presentes no Brasil sob diferentes regimes jurídicos. Neste sentido, embora tenham precedido qualquer ato de regulamentação governamental, por muito tempo, tanto a atividade dos corretores de valores assumia o caráter de ofício público, quanto as próprias bolsas eram ligadas ao Estado, como é o caso da Bolsa Oficial de Valores de São Paulo, que teve origem, em 1935, a partir da antiga Bolsa de Fundos Públicos, subordinando-se à Secretaria da Fazenda estadual.[6]

O impulso inicial do mercado de capitais no Brasil se deu a partir da década de 1960, sob a égide do então chamado Plano de Ação Econômica do Governo, pelo qual a União buscou aperfeiçoar a disciplina legislativa do mercado. Neste contexto, foram editadas a Lei 4.595/1964, que instituiu o Sistema Financeiro Nacional e o Banco Central do Brasil ("BACEN") e conferiu ao Conselho Monetário Nacional ("CMN") a competência para disciplinar a atividade das bolsas de valores e dos corretores, e a Lei 4.728/1965, que dispôs sobre o mercado de capitais e estabeleceu medidas para o seu desenvolvimento.

Logo em seguida, em 1967, foi fundada a Bolsa de Valores do Estado de São Paulo ("Bovespa"), sob a forma de associação civil, sem fins lucrativos, mesma época em que foi criado o Índice Bovespa, também conhecido por apenas Ibovespa, que tem por finalidade básica servir como indicador médio do comportamento do mercado. Em 1976, por sua vez, a estruturação caminhou com a edição da Lei 6.385/1976, reguladora do mercado de valores mobiliários e criadora da Comissão de Valores Mobiliários ("CVM"), e da Lei 6.404/1976, instituidora do então novo e ainda atual regime para as sociedades por ações ("Lei das S.A.").

Entretanto, apesar dos avanços propiciados pelo arcabouço legal bastante sofisticado para a época e pela posterior criação da Bolsa de Mercadorias e Futuros ("BM&F"), principal ambiente de negociação de derivativos, a realidade econômica brasileira representou um verdadeiro entrave ao desenvolvimento do mercado de capitais. Naquele período, havia falta de compradores, ausência de demanda, alta concentração de poder e renda e reduzida proteção legal aos investidores.

---

4. Nas palavras de Ary Oswaldo Mattos Filho, as bolsas de valores "exercem uma atividade privada, de sua competência originária, a qual, entretanto, é autorizada, fiscalizada e, dentro de determinados limites estabelecidos pela lei, regrada pelo CMN e pela CVM" (A natureza jurídica das atividades das bolsas de valores. *Revista de Administração de Empresas*. v. 26, p. 12, 1986).

5. A origem das bolsas de valores se situa em variado quadrante histórico. De acordo com Oscar Barreto Filho, costuma-se referir a existência do *emporium* entre os gregos e do *collegium mercatorum* entre os romanos, que reuniam comerciantes para o exercício da mercancia. Todavia, é comum se identificar nas cidades europeias da alta idade média a origem das bolsas, como lugar onde se realizavam negócios entre comerciantes. Porém, a primeira bolsa de caráter internacional teria sido fundada na Antuérpia, em 1531, sendo sucedida outras como a Bolsa de Londres, de 1570 (Natureza jurídica das bolsas de valores no direito brasileiro. *Revista de direito bancário e do mercado de capitais*. v. 12. São Paulo: Ed. RT, 2001, p. 243 e ss.).

6. PINHEIRO, Juliano Lima. *Mercado de capitais* (ebook). 9. ed. São Paulo: Atlas, 2019, p. 474-501.

Diante de um cenário de estagnação, em 2000, a Bovespa criou[7] o chamado "Novo Mercado", um segmento diferenciado de listagem de companhias que desejavam promover a abertura de seu capital através da negociação de valores mobiliários em mercado de bolsa e que estavam dispostas a adotar regras diferenciadas e padrões de governança corporativa não previstos na legislação da época. Tratava-se de uma tentativa de reaquecer o mercado secundário de ações para que este pudesse oferecer ao mercado primário oportunidades para novas captações.[8]

No mesmo ano, a Bovespa comandou um bem-sucedido acordo de integração das nove bolsas de valores brasileiras, por meio do qual se concentrou a negociação das ações de companhias abertas e dos títulos privados em geral em São Paulo. A medida, vale dizer, foi seguida pelo aperfeiçoamento da Lei das S.A.[9] e da Lei 6.385/1976,[10] o que teve o condão de inaugurar uma nova era para as companhias abertas.[11-12]

De lá para cá, duas importantes operações asseguraram a reserva absoluta de mercado à B3. Em 2008, houve a fusão entre a Bovespa e a BM&F, criando a BM&FBovespa.[13] Em 2017, foi então anunciada uma nova fusão, desta vez entre a BM&FBovespa e a CETIP S.A., a maior central de registro e depósito de produtos de renda fixa e captação bancária da região.[14] Essas operações resultaram no que hoje é considerada a maior bolsa de valores da América Latina e uma das maiores do mundo.[15]

Diversamente da natureza jurídica inicial das suas predecessoras, a B3 foi desde o início constituída sob a forma de sociedade anônima, que se dedica, com a expressa auto-

---

7. Por meio das Resoluções 264/2000 e 265/2000.
8. CHIODARO, Renato. Novo Mercado e Governança Corporativa. *Revista de Direito Bancário, de Mercado de Capitais e da Arbitragem*. ano 5, n. 16, p. 298. São Paulo: Ed. RT, abr./jun. 2002.
9. Destacam-se aqui as reformas importantes da Lei das S.A., promovidas, entre outras, pela Lei 10.303/2001 e a Lei 13.129/2015, as quais resultaram na inclusão do artigo 109, § 3º (que permitiu o estabelecimento de cláusulas compromissórias estatutárias para dirimir conflitos entre acionistas e a companhia ou entre os acionistas controladores e os acionistas minoritários) e do artigo 136-A (que previu a vinculação de todos os acionistas à cláusula compromissória estatutária e garantiu o direito de recesso aos acionistas dissidentes).
10. Chama-se a atenção para a edição das Leis 10.303/2001, 10.411/2002 11.076/2004 e do Decreto 3.995/2001, os quais alteraram o regime jurídico de regência da CVM, ampliaram os poderes, as funções e as competências da autarquia, e estenderam o conceito de valor mobiliário a todos os contratos futuros, de opções e derivativos, às cotas de fundos de investimento em valores mobiliários, às notas comerciais, aos certificados de depósito agropecuário – CDA, às letras de crédito do agronegócio – LCA, aos certificados de recebíveis do agronegócio – CRA, entre outros. Ver também a Lei 4.728/1965.
11. RANGEL DE MORAES, Luiza. As companhias abertas e o mercado de valores mobiliários no Século XXI. Evolução e novos desafios. In: CANTIDIANO, Maria Lucia; MUNIZ, Igor; CANTIDIANO, Isabel (Coord.). *Sociedades Anônimas, Mercado de Capitais e Outros Estudos*: Homenagem a Luiz Leonardo Cantidiano. São Paulo: Quartier Latin, 2019, v. 2, p. 89-122.
12. Como medida de estímulo, o Governo Federal escolheu a Bovespa para realizar os leilões de blocos de ações que representam o controle das empresas estatais a serem privatizadas no contexto do programa brasileiro de privatização.
13. Para mais informações, ver Ato de Concentração 08012.005300/2008-13 perante o Conselho Administrativo de Defesa Econômica ("CADE").
14. Para mais informações, ver Ato de Concentração 08700.004860/2016-11 perante o CADE.
15. FERNANDES, Flávia Mouta; CULLER, Lucas Matuyama; PEREIRA, Anderson Felipe Aedo. O novo mercado e o mercado de capitais brasileiro – uma história indissociável. In: CANTIDIANO, Maria Lucia; MUNIZ, Igor; CANTIDIANO, Isabel (Coord.). *Sociedades Anônimas, Mercado de Capitais e Outros Estudos*: Homenagem a Luiz Leonardo Cantidiano. São Paulo: Quartier Latin, 2019, v. 1, p. 455-456.

rização e sob a supervisão da CVM, entre outras atividades, à estruturação, manutenção e fiscalização de mercados organizados de valores mobiliários, ou seja, à administração de espaço destinado à negociação ou ao registro de operações com valores mobiliários.

A organização e o funcionamento da B3 seguiram e seguem as regras da legislação que disciplina o mercado de valores mobiliários. Tanto o seu estatuto social como os regramentos por ela expedidos para a regulação dos diferentes segmentos de listagem de companhias abertas receberam a aprovação da CVM, como exige a legislação.

Quem compra e/ou vende valores mobiliários são os investidores, sempre com a intermediação de uma corretora autorizada pela CVM e pelo BACEN, com permissão de acesso ao correspondente mercado outorgada pela B3. Apesar de fornecer a infraestrutura necessária, a B3 não é parte propriamente dita das operações realizadas nos mercados que administra.

A concentração das atividades de negociação, compensação, liquidação, depósito e registro para todas as principais classes de ativos nas mãos da B3 foi acompanhada do amadurecimento do mercado brasileiro, da tendência de abertura do capital de empresas frente a um reaquecimento da economia e do aprimoramento da disciplina legal e regulamentar.[16]

Entretanto, as estatísticas reunidas pelo Núcleo de Estudos em Mercado e Investimento da Escola de Direito de São Paulo da Fundação Getúlio Vargas, reproduzidas em artigo de lavra de Ary Oswaldo Mattos Filho,[17] indicam que o cenário alvissareiro do mercado de capitais não ficou completamente imune às recentes crises.

- *Número de companhias listadas na B3*: 343 companhias eram listadas em 2005; esse número subiu para 404 em 2007 e voltou a cair para 344 companhias em 2017. Ou seja, no período de mais de uma década, a B3 acrescentou tão somente uma sociedade anônima à lista de ações lá cotadas. A explicação para o incremento de apenas uma companhia ao longo de uma década é que, nesse período, 92 companhias saíram do mercado, fruto de cancelamento pela B3 e pela CVM, cancelamento pela própria companhia ou por incorporação.

- *As ofertas públicas*: entre 2005 e 2017, segundo a B3, 157 companhias realizaram ofertas primárias, destacando-se a excepcional quantidade de 65 ofertas realizadas apenas em 2007. No total, foram feitas 265 ofertas públicas de ações nesse período, sendo 231 delas superiores a R$ 350 milhões. Ou seja, apenas 34 ofertas envolveram valores até R$ 349 milhões, o que evidencia que somente as companhias muito grandes vêm a mercado em busca de recursos de capital. Dentre esse universo, 74,11% das ofertas foram subscritas por investidores institucionais, ao passo que 17,35% por instituições financeiras ou a ela coligadas, tudo a reforçar uma enorme concentração e restrição do mercado.

- *O mercado secundário*: das 344 companhias listadas em 2017, 25 delas concentravam cerca de dois terços das negociações da B3. Isso permite concluir que a grande maioria das companhias não

---

16. VIEIRA, Jorge Hilário Gouvêa. Comissão de Valores Mobiliários. In: VENANCIO FILHO, Alberto; LOBO, Carlos Augusto da Silveira; ROSMAN, Luiz Alberto Colonna (Coord.). *Lei das S.A. em seus 40 anos*. Rio de Janeiro: Forense, 2017, p. 430-448.
17. MATTOS FILHO, Ary Oswaldo. Perplexidades do mercado de valores mobiliários. In: CANTIDIANO, Maria Lucia; MUNIZ, Igor; CANTIDIANO, Isabel (Coord.). *Sociedades Anônimas, Mercado de Capitais e Outros Estudos*: Homenagem a Luiz Leonardo Cantidiano. São Paulo: Quartier Latin, 2019, v. 1, p. 189-204.

tem qualquer negociação, mesmo considerando o período de uma semana de pregão. Em outras palavras, um universo muito reduzido de companhias listadas apresenta efetiva liquidez.

Feito um necessário retrospecto sobre a evolução do mercado de capitais brasileiro, cabe detalhar como a arbitragem foi eleita o mecanismo de solução de disputas para um seleto grupo de empresas integrantes desse importante setor da economia.

2. ARBITRAGEM NOS SEGMENTOS ESPECIAIS DE LISTAGEM DA B3

A relação entre a arbitragem e o mercado de capitais se confunde não apenas com a própria evolução do sistema arbitral brasileiro, mas também com o desenvolvimento da bolsa de valores e do que hoje é a própria B3.

Desde o seu surgimento, a arbitragem é um método heterocompositivo de resolução de disputas. Privada, voluntária e consensual por essência, a arbitragem sempre esteve calcada na autonomia da vontade das partes, que consentem em submeter seus conflitos a um ou mais indivíduos independentes e imparciais,[18] alçados provisória e temporariamente à posição de árbitros,[19-20] que definirão, sem possibilidade de recurso, questões de mérito e também como o processo arbitral[21] será conduzido à luz de balizas preestabelecidas.[22]

---

18. Sobre o tema da imparcialidade, ver: MARZAGÃO, Newton Coca Bastos; DIAS, Rodrigo Yves Favoretto. O dever de revelação do árbitro: aspectos essenciais para o seu adequado exercício. In: VASCONCELOS, Ronaldo et al. (Org.). *Análise prática das Câmaras Arbitrais e da arbitragem no Brasil*. São Paulo: IASP, 2019, p. 103-130.
19. A indicação de árbitros é sem dúvida uma das fases mais críticas de qualquer arbitragem. Não há um único critério a ser seguido e fatores subjetivos dos mais variados são usualmente levados em conta pelas partes e seus advogados. Não por acaso, diz-se que a qualidade de uma determinada arbitragem depende essencialmente da qualidade dos árbitros (cf. GUPTA, Rishab; LIMOND, Katrina. Who is the most influential arbitrator in the world. *Global Arbitration Review*, 14 jan. 2016).
20. Para que não haja dúvidas, conforme registra Ricardo Dalmaso Marques, "ninguém é árbitro de forma permanente". Não se está referindo a uma profissão, mas a um indivíduo que está transitoriamente atuando nessa condição. "Atua-se como – ou, na linguagem coloquial, "está-se" – árbitro em uma determinada causa, quando investido pelas partes ou por autorização delas para atuar naquela condição em um caso específico" (*O dever de revelação do árbitro*. São Paulo: Almedina, 2018, p. 31 e 44).
21. Considerando o entendimento praticamente pacífico em torno da jurisdicionalidade da arbitragem e da aplicação, no sistema arbitral, dos princípios informativos da jurisdição, adota-se, para os fins deste trabalho, os termos "processo arbitral" e "sistema arbitral" (cf. PARENTE, Eduardo de Albuquerque. *Processo arbitral e sistema*. São Paulo: Atlas, 2012, p. 89-94). Quando relevante para as notas que serão doravante apresentadas, apontar-se-á as diferenças entre o processo arbitral e o processo estatal/judicial. Antecipa-se, porém, que, dentro do processo arbitral, há também "procedimentos", como aqueles de troca de submissões das partes após a assinatura do termo de arbitragem, nomeação de árbitro, de impugnação de árbitro ou mesmo de liquidação de sentença arbitral. Falar-se-á de procedimentos, portanto, no sentido de "uma combinação de atos de efeitos jurídicos causalmente ligados entre si" dentro do processo arbitral (cf. CARNELUTTI, Francesco. *Teoria geral do direito*. Trad. Antonio Carlos Ferreira. São Paulo: LEJUS, 1999, p. 505). Registra-se, por oportuno, que não se olvida dos amplos debates em torno da possibilidade ou não de as expressões "processo arbitral" e "procedimento arbitral" serem empregadas como sinônimos (cf. NUNES, Thiago Marinho. *Arbitragem e Prescrição*. São Paulo: Atlas, 2014, p. 3). Contudo, não é objetivo deste trabalho tratar da distinção sugeridas entre tais conceitos, pois em nada contribuirá ao resultado deste estudo.
22. Cf. BLACKABY, Nigel et. al. *Redfern and Hunter on International Arbitration*. 6. ed. Oxford University Press, 2015, p. 2; GAILLARD, Emmanuel; SAVAGE, John (Coord.). *Fouchard Gaillard Goldman on International Commercial Arbitration*. 2. ed. Kluwer Law International, 1999, p. 1-2; e LEW, Julian; MISTELIS, Loukas; KRÖLL, Stefan. *Comparative International Commercial Arbitration*, Kluwer Law International, 2003, p. 2-9.

Embora desde o ano de 1996 o ordenamento brasileiro conte com uma lei que positive a arbitragem, mais especificamente a Lei 9.307/1996[23] ("Lei de Arbitragem"),[24] e desde ao menos 2000, com a criação do Novo Mercado, exista um incentivo deliberado para a utilização da arbitragem no mercado de capitais, apenas em um passado mais recente se viu uma proliferação de processos arbitrais, sejam eles domésticos ou internacionais.

De fato, a criação do Novo Mercado, em dezembro de 2000, foi a pedra fundamental para o emprego da arbitragem no mercado de capitais. Naquela ocasião, foram criados os segmentos especiais da então Bovespa (a atual B3) para fomentar a listagem segundo um conjunto de normas de conduta para companhias abertas, administradores e controladores, consideradas importantes para a valorização das ações e de outros ativos.

Para atender aos diferentes perfis de empresas quanto à governança, foram inicialmente criados três segmentos (i.e. Novo Mercado, Nível 2 e Nível 1), aos quais, posteriormente, somaram-se outros dois voltados a empresas de pequeno e médio porte (i.e. Bovespa Mais e Bovespa Mais Nível 2).[25] A premissa era a de que a adoção de boas práticas de governança corporativa seria – e é – capaz de permitir a redução da percepção de risco por parte dos investidores.[26]

Assim, o mercado de capitais brasileiro fez um movimento inédito rumo à arbitragem, sem qualquer precedente no País afora, conforme reconhecido por um renomado Grupo de Trabalho instituído conjuntamente pela CVM, OCDE e outras autoridades.[27]

Certo ou errado, o que não convém aqui ser discutido, decidiu-se à época que, como parte dos requisitos mínimos de governança corporativa a serem observados nos segmentos especiais, todas as companhias ali listadas deveriam estabelecer a arbitragem em seus estatutos sociais como método único de solução de controvérsias. Mais do que isso, decidiu-se que essas arbitragens deveriam ser exclusivamente administradas pela recém-criada Câmara de Arbitragem do Mercado ("CAM"), um órgão integrante da então Bovespa e que segue até hoje sob a tutela da B3.

Como admitido por Marcelo Fernandez Trindade, ex-diretor e presidente da CVM, a escolha pela arbitragem não foi profundamente discutida à época, inclusive porque o

---

23. Alterada recentemente pela Lei 13.129/2015.
24. Registra-se que a arbitragem no Brasil remonta às Ordenações Filipinas (Livro III, Título XVI), e veio a ser suportada em alguma medida pela Constituição do Império de 1824 (artigo 160), o Regulamento 737/1850 (artigos 411 a 475), o Código Civil de 1916 (artigos 1.037 a 1.408) e os Códigos de Processo Civil de 1939 (artigos 1.031 a 1.046 – "CPC/39") e de 1973 (artigos 1.072 a 1.102, na redação original – "CPC/73"). Sobre o histórico da arbitragem no País, ver: FIUZA, César. *Teoria geral da arbitragem*. Belo Horizonte: Del Rey, 1995, p. 171-174; FIGUEIRA JR., Joel Dias. *Arbitragem, jurisdição e execução*. São Paulo: Ed. RT, 1999, p. 32-33; e MORAES, Márcio André Medeiros. *Arbitragem nas relações de consumo*. Curitiba: Juruá, 2008, p. 150-156.
25. Em termos de rigor, temos a seguinte ordem (do menor para o maior): Bovespa Mais Nível 2, Bovespa Mais, Nível 1, Nível 2 e Novo Mercado. Os segmentos especiais de listagem da B3 se contrapõem ao chamado nível básico de listagem.
26. Conforme indicado pela própria B3 em seu website. Disponível em: https://www.b3.com.br/pt_br/regulacao/regulacao-de-emissores/atuacao-normativa/revisao-dos-regulamentos-dos-segmentos-especiais-de-listagem.htm. Acesso em: 17 jun. 2022.
27. Cf. CVM, OCDE, SPE, ME. *Relatório Preliminar*: Fortalecimento dos meios de tutela reparatória dos direitos dos acionistas no mercado de capitais brasileiro, out. 2019, p. 20.

tema estava muito longe dos holofotes em comparação aos dias de hoje. Independentemente disso, ainda na visão de Trindade, a decisão foi estratégica e contou com a chancela da CVM e, sobretudo, dos investidores, nacionais e estrangeiros, que enxergavam na lentidão do Poder Judiciário um dos fatores de desestímulo para o investimento no mercado de capitais brasileiro.[28]

Dentro deste contexto, e como parte do *Regulamento do Novo Mercado,* criou-se um mecanismo de adesão compulsória à arbitragem dentro da CAM, no qual o aderente não tem oportunidade de discutir ou negociar o conteúdo das cláusulas contratuais, podendo tão somente aceitar ou rejeitar a contratação em sua totalidade – o que foi e é objeto de críticas.[29]

De lá para cá, porém, a arbitragem na CAM demorou a pegar, como se diz no jargão popular. O primeiro processo arbitral foi instaurado perante aquela Câmara somente em janeiro de 2010, quase uma década depois da sua criação.[30] Mesmo nos anos subsequentes, houve uma curva de crescimento bastante lenta. Apenas entre 2017 e 2021, as coisas realmente mudaram e o número histórico de arbitragens na CAM simplesmente dobrou em quatro anos. Hoje, a CAM conta com um total de pouco mais de 200 arbitragens sob a sua administração, com processos arbitrais que discutem valores multibilionários.[31]

O momento pelo qual passou e atualmente passa a economia e o mercado de capitais brasileiro e, sobretudo, a atuação recente de determinados *players* parecem explicar a maior atenção dada ao tema e a evolução acima relatada.[32] O reconhecimento da constitucionalidade da Lei de Arbitragem pelo Supremo Tribunal Federal[33] ("STF"), o amadurecimento do mercado de capitais brasileiro tratado no tópico precedente e o aprimoramento das normas de regência deram o conforto necessário à utilização da arbitragem no mercado de capitais. Por outro lado, a atuação de certos *players* voltada ao ativismo de minoritários foi outro fator decisivo para o aumento exponencial dos processos arbitrais.

---

28. Ver: CIArb – Brazil. *A arbitragem no mercado de capitais* (webinar). 13 ago. 2020. 00:14:06-00:15:31. Disponível em: https://www.youtube.com/watch?v=DJhhoNJJfls. Acesso em: 17 jun. 2022.
29. Sobre o tema, Haroldo Malheiros Duclerc Verçosa sustenta que "a exigência estabelecida quanto a uma determinada e exclusiva câmara de arbitragem caracteriza-se como ilícita, por estabelecer um monopólio contrário à ordem econômica" (A arbitragem e o mercado de capitais. *Revista de Direito Mercantil, Industrial, Econômico e Financeiro*, v. 46, p. 155-164, abr./jun. 2007). Com relação às críticas ao Regulamento de Arbitragem de 2001 da CAM, ver: MUNHOZ, Eduardo Secchi. Arbitragem e novo mercado. In: MATTOS FILHO; VEIGA FILHO; MARREY JR.; QUIROGA ADVOGADOS (Ed.). *Arbitragem no Brasil*. São Paulo: Impressão Régia, 2010; VIEIRA, Maíra de Melo et al. Arbitragem nos conflitos societários, no mercado de capitais e a reforma do Regulamento da Câmara de Arbitragem do Mercado (CAM) da BM&FBovespa. *Revista de Arbitragem e Mediação*, v. 40, p. 193-231, jan./mar. 2014.
30. DA COSTA, Roberto Teixeira. *Valeu a pena! Mercado de capitais*: passado, presente e futuro. São Paulo: Editora FGV, 2018, p. 107-110.
31. CERBINO, Grasiela; VÉRAS, Felipe Sebhastian Caldas. Câmara de Arbitragem do Mercado: passado, presente e futuro. In: WALD, Arnoldo; LEMES, Selma Ferreira (Coord.). *25 Anos da Lei de Arbitragem (1996-2021)*. São Paulo: Ed. RT, 2022.
32. A imprensa local também repercutiu o assunto: https://valorinveste.globo.com/mercados/renda-variavel/bolsas-e-indices/noticia/2020/07/29/disputas-de-arbitragem-na-b3-batem-recordes.ghtml. Acesso em: 17 jun. 2022.
33. Ver: STF, AgRg SEC 5.206-7/ES, Rel. Min. Sepulveda Pertence, Pleno, j. 12 dez. 2001, DJ. 30 abr. 2004.

Atualmente, de um total de mais de 400 companhias abertas listadas na B3, 244 estão em segmentos que impõem a inclusão de cláusula de arbitragem no estatuto social, especialmente o Novo Mercado (que conta com 204).[34] Além disso, ao longo dos anos, tem se verificado uma clara tendência de migração das companhias para os segmentos mais rigorosos – aqueles que exigem cláusula de arbitragem obrigatória no estatuto social.[35]

2.1 As alegadas vantagens da arbitragem

Invariavelmente, (i) a independência e a imparcialidade dos árbitros, (ii) a especialidade do julgador, (iii) a privacidade e a confidencialidade, (iv) a flexibilidade procedimental e a celeridade nos julgamentos foram invocados como fatores que tornaram a arbitragem bastante propícia para a resolução de conflitos empresariais ao longo dos últimos anos.[36]

Em que pese os efeitos do uso da arbitragem por companhias abertas ainda não tenham sido totalmente analisados no Brasil, conforme reconhecido por estudo coordenado pela CVM, OCDE e outras autoridades,[37] pode-se afirmar, sem sombra de dúvidas, que muitos enxergaram e seguem enxergando na arbitragem o remédio para solucionar grande parte dos gargalos e das deficiências do sistema estatal, o que explica a defesa praticamente inconteste do instituto.

Entretanto, ao lado do compreensível êxtase em torno da arbitragem, do qual compartilhamos evidentemente, não se pode perder de vista que as premissas que nortearam a escolha (confessadamente pouco debatida) pelo seu emprego no mercado de capitais estão sendo colocadas à prova neste momento. Apenas a título ilustrativo, a tão propagada lentidão do Poder Judiciário não é mais uma realidade ao menos nas Varas Empresariais e de Conflitos Relacionados à Arbitragem instaladas em São Paulo, cuja celeridade e especialização dos magistrados ali lotados são dignas dos mais efusivos elogios.[38] Não obstante o exame dessa matéria escape aos limites do presente artigo, é importante fazer este registro para reflexão.

---

34. Cf. informações disponibilizadas pela B3. Ver: https://www.b3.com.br/pt_br/produtos-e-servicos/negociacao/renda-variavel/empresas-listadas.htm. Acesso em: 17 jun. 2022.
35. Trata-se de uma tendência. Para números relativos ao ano de 2018, ver: CVM, OCDE, SPE, ME. *Relatório Preliminar*: Fortalecimento dos meios de tutela reparatória dos direitos dos acionistas no mercado de capitais brasileiro, out. 2019, p. 6.
36. Nesse sentido, ver as recentes pesquisas publicadas pela *Queen Mary University of London,* em parceria com os escritórios White & Case e Pinsent Masons, respectivamente, cf. *2018 International Arbitration Survey*: The Evolution of International Arbitration, 2018, p. 3-7; e *2019 International Arbitration Survey* – Driving Efficiency in International Construction Disputes, nov. 2019, p. 22. De igual modo, ver: CVM, OCDE, SPE, ME. *Relatório Preliminar*: Fortalecimento dos meios de tutela reparatória dos direitos dos acionistas no mercado de capitais brasileiro, out. 2019, p. 5-10.
37. Cf. CVM, OCDE, SPE, ME. *Relatório Preliminar*: Fortalecimento dos meios de tutela reparatória dos direitos dos acionistas no mercado de capitais brasileiro, out. 2019, p. 20.
38. A instalação de varas especializadas em São Paulo se deu a partir de estudos jurimétricos realizados pela Associação Brasileira de Jurimetria (*Estudo sobre varas empresariais na Comarca de São Paulo*, 28 nov. 2016). Posteriormente, eventos e notícias veiculadas na imprensa local salientaram o acerto da decisão. Ver: https://www.tjsp.jus.br/Noticias/Noticia?codigoNoticia=50958; https://www.conjur.com.br/2019-ago-15/eficiente-vara-empresarial-absorve-processos-outras-areas; https://www.conjur.com.br/2018-fev-13/opiniao-varas-

3. OS CASOS DIFÍCEIS E AS SUAS INESCAPÁVEIS CONTROVÉRSIAS

Como nos chamou a atenção Fábio Ulhoa Coelho em seus memoráveis estudos sobre a matéria e a quem rendemos nossas homenagens nesta passagem, a reconfiguração dos princípios jurídicos se apresenta como um fenômeno inescapável.[39] De vagas diretrizes externas ao ordenamento jurídico destinadas a tão somente suprir lacunas – tal como eram vistos anteriormente –, os princípios passaram a ser entendidos como uma das espécies de norma jurídica, com importância crescente na aplicação do direito.[40]

Compartilhamos, assim, da visão de que a reconfiguração dos princípios decorreu da necessidade de se enfrentar uma quantidade cada vez maior de "casos difíceis". O aumento da complexidade nas relações econômicas e sociais é não apenas inexorável como também um dos fatores que resultou numa curva exponencial dos litígios de difícil solução. As situações inéditas invariavelmente potencializaram os desafios associados à necessária entrega da efetiva prestação jurisdicional, prevista no art. 5º, inc. XXXI, da Constituição Federal. De fato, estamos cada vez mais nos deparando com eventos que nunca aconteceram no passado e que provavelmente não tornarão a se repetir tão cedo.

As disputas inseridas no mercado de capitais há certo tempo deixaram de ser triviais – e isso há de ser dito e reconhecido. O vasto espectro de temas controvertidos perpassa desde (i) a eleição de administradores, diretores e conselheiros, (ii) aprovação de contas, (iii) ofertas públicas, (iv) *tag along*, (v) diluição de acionistas, (vi) distribuição de dividendos, (vii) mudança de bloco controlador, (viii) transações com partes relacionadas, (ix) incorporação, (x) anulação de assembleias, (xi) disputa entre acionistas, (x) responsabilização de controladores e/ou administradores, (xi) abuso da minoria (i.e. inobservância do princípio majoritário), até mesmo (xi) pedidos atípicos de indenização contra companhia, desprovidos de qualquer amparo legal.

Na seara arbitral então, essas matérias ganharam ainda mais debate, mormente em razão das amarras que o sistema arbitral possui e que devem ser preservadas, invariavelmente associadas à autonomia privada e ao consentimento. Afinal, se o processo arbitral representa a exclusão da jurisdição estatal, então é realmente preciso que sua formação e seu desenvolvimento sejam fruto da válida manifestação de vontade pelas partes e de suas escolhas, as quais, no nosso sentir, devem ser sempre interpretadas restritivamente.

O quadro acima nos leva a situações efetivamente complexas, o que não se nega. Entretanto, ainda que decorram de circunstâncias inéditas ou que envolvam questões controvertidas igualmente inovadoras, os casos difíceis devem ser decididos à luz dos ditames da lei. Não há razão para que as regras aplicáveis aos processos arbitrais sejam solenemente ignoradas ou mesmo flexibilizadas em alguma medida ou extensão, sob

---

-empresariais-tj-sp-sao-avanco-brasil; https://www.jota.info/opiniao-e-analise/artigos/varas-empresariais--sucesso-05082019. Acesso em: 17 jun. 2022.
39. Sobre o tema, remetemos o leitor aos apontamentos feitos por Ronald Dworkin (*Levando os direitos a sério*. Trad. Nelson Boeira. São Paulo: WMFMartins Fontes, 2011, p. 127-203), invocados por Fábio Ulhoa Coelho.
40. ALEXY, Robert. *Teoria dos direitos fundamentais*. Trad. Virgílio Afonso da Silva. São Paulo: Malheiros, 2015, p. 86-91.

pena de se retroceder a um *ambiente de absoluta desordem*, verdadeira *anarquia*. Eis o perigo que se está a enfrentar.

Nos próximos subtópicos, passamos a discorrer sobre algumas situações com as quais nos deparamos em casos difíceis e que suscitaram e seguem suscitando intensas discussões. Como antecipado ainda na introdução do presente trabalho, não temos a pretensão de exaurir o tema, mas tão somente apresentar algumas provocações que se prestam a enriquecer o debate.

3.1   Convenção de arbitragem

Como bem observado por Joaquim de Paiva Muniz, o sucesso de uma arbitragem depende muito de uma convenção de arbitragem[41] bem escrita, pois dela advirão decisões cruciais, tais como as regras aplicáveis, a forma de escolha do árbitro e a sede.[42]

Inexistem dúvidas de que a base da arbitragem é a declaração de vontade das partes.[43] A convenção de arbitragem é um ato de declaração da vontade privada. Logo, os indivíduos têm ampla liberdade para fazer "tudo que a lei não proíbe"[44] – e "somente a lei pode criar regras jurídicas (Rechtsgesetze), no sentido de interferir na esfera jurídica dos indivíduos de forma inovadora".[45] Ou seja, a jurisdição arbitral é limitada ao que foi conferido pelas partes e desde que esteja em consonância com a lei.

Neste ponto, porém, surgem os primeiros grandes desafios para a arbitragem no mercado de capitais. Afinal, como exposto nos tópicos precedentes, as companhias abertas listadas nos segmentos especiais da B3, especificamente *Novo Mercado, Nível 2, Bovespa Mais Nível 2 e Bovespa Mais*, necessariamente devem incluir em seus estatutos sociais a cláusula compromissória padrão de utilização *mandatória* prevista nos respectivos *Regulamentos de Listagem*.

A simples imposição da cláusula compromissória por parte da B3, com adesão compulsória à CAM e ao seu regulamento de arbitragem, perfaz o primeiro ponto de atenção, uma vez que se contrapõe a um dos fatores elementares da arbitragem que é a voluntariedade. A par disso, não se pode perder de vista que os termos e as condições da referida cláusula compromissória estão longe do ideal. Basta ler para ver:

---

41. Gênero da qual cláusula compromissória e do compromisso arbitral são espécies.
42. MUNIZ, Joaquim de Paiva. Guia Politicamente Incorreto da arbitragem: visão crítica de cinco anos de reforma da Lei. In: FERREIRA, Olavo A. V. Alves e LUCON, Paulo Henrique dos Santos (Coord.). *Arbitragem*: 5 anos da Lei 13.129, de 26 de maio de 2015 (ebook). Ribeirão Preto, SP: Migalhas, 2020, p. 399.
43. CARMONA, Calos Alberto. *A Arbitragem e Processo*: um comentário a Lei 9.037/96. São Paulo: Malheiros, 1998, p. 102
44. BANDEIRA DE MELLO, Celso Antônio. *Curso de direito administrativo*. 32. ed. São Paulo: Malheiros Editores, 2015, p. 108.
45. CANOTILHO, J. J. Gomes; MENDES, Gilmar Ferreira; SARLET, Ingo Wolfgang; STRECK, Lenio Luiz (Coord.). *Comentários à Constituição do Brasil*. São Paulo: Saraiva: Almedina, 2013, p. 244; art. 5º, inciso II, da Constituição Federal ("ninguém será obrigado a fazer ou deixar de fazer alguma coisa senão em virtude da lei").

Regulamento de Listagem do Novo Mercado

Seção XII: Arbitragem. Art. 39 O estatuto social deve contemplar cláusula compromissória dispondo que a companhia, seus acionistas, administradores, membros do conselho fiscal, efetivos e suplentes, se houver, obrigam-se a resolver, por meio de arbitragem, perante a Câmara de Arbitragem do Mercado, na forma de seu regulamento, qualquer controvérsia que possa surgir entre eles, relacionada com ou oriunda da sua condição de emissor, acionistas, administradores e membros do conselho fiscal, e em especial, decorrentes das disposições contidas na Lei 6.385/76, na Lei 6.404/76, no estatuto social da companhia, nas normas editadas pelo CMN, pelo BCB e pela CVM, bem como nas demais normas aplicáveis ao funcionamento do mercado de valores mobiliários em geral, além daquelas constantes deste regulamento, dos demais regulamentos da B3 e do contrato de participação no Novo Mercado.[46]

Regulamentos de Listagem do Nível 2, Bovespa Mais Nível 2 e Bovespa Mais

'Cláusula Compromissória' consiste na cláusula de arbitragem, mediante a qual a Companhia, seus acionistas, Administradores, membros do conselho fiscal e a BM&FBOVESPA obrigam-se a resolver, por meio de arbitragem, perante a Câmara de Arbitragem do Mercado, toda e qualquer disputa ou controvérsia que possa surgir entre eles, relacionada com ou oriunda, em especial, da aplicação, validade, eficácia, interpretação, violação e seus efeitos, das disposições contidas na Lei das Sociedades por Ações, no estatuto social da Companhia, nas normas editadas pelo Conselho Monetário Nacional, pelo Banco Central do Brasil e pela Comissão de Valores Mobiliários, bem como nas demais normas aplicáveis ao funcionamento do mercado de valores mobiliários em geral, além daquelas constantes deste Regulamento de Listagem, do Regulamento de Arbitragem, do Regulamento de Sanções e do Contrato de Participação no [Nível 2 de Governança Corporativa] [ou] [Bovespa Mais – Nível 2] [ou] [Bovespa Mais].[47]

Com efeito, basta um passar de olhos nas cláusulas transcritas acima para se constatar que a linguagem padrão imposta pela B3 não é rica em detalhes, havendo espaço para um maior detalhamento a respeito de alguns elementos, como sede, número de árbitros, idioma, medidas legais pré-arbitrais, responsabilidade pelos custos do processo arbitral, litisconsórcio multitudinário, processos arbitrais paralelos, honorários de advogados, inclusive de sucumbência, entre outros aspectos.

A preocupação se exacerba quando se constata que os *Regulamentos de Listagem da B3* dão pouca margem de discricionariedade, não conferindo às companhias abertas outra alternativa senão realizarem um verdadeiro "copia e cola" do que lhes é imposto, conforme bem salienta Gustavo Machado Gonzalez, ex-diretor da CVM[48] – sendo que o não cumprimento dessa obrigação sujeita as companhias abertas ao risco de sanções que vão desde a advertência por escrito até a saída compulsória do respectivo segmento especial de listagem.

Portanto, antes tarde do que nunca, há que se repensar no modelo de convenção de arbitragem compulsória tal como hoje existente no mercado de capitais brasileiro. Porém, enquanto isso não é feito, para o bem e para o mal, na arbitragem deve valer o

---

46. Cf. B3. *Regulamento de Listagem do Novo Mercado*, versão 30 out. 2017, em vigor a partir de 02 jan. 2018.
47. Cf. B3. *Regulamento de Listagem e de Aplicação de Sanções Pecuniárias do Nível 2*, versão 31 jan. 2022; B3. *Regulamento de Listagem e de Aplicação de Sanções Pecuniárias do Bovespa Mais*, versão 31 jan. 2022; e B3. *Regulamento de Listagem e de Aplicação de Sanções Pecuniárias do Bovespa Mais Nível 2*, versão 31 jan. 2022.
48. Ver: CIArb – Brazil. *A arbitragem no mercado de capitais* (webinar). 13 ago. 2020. 00:59:01-01:00:42. Disponível em: https://www.youtube.com/watch?v=DJhhoNJJfls. Acesso em: 17 jun. 2022

que está escrito. No nosso sentir, isso cria a responsabilidade para as partes, os árbitros e a própria CAM se atentarem para a letra fria da convenção arbitral, inclusive do ponto de vista econômico, sob pena de completo e irremediável desvirtuamento do sistema.

3.2 Comprovação da vinculação à convenção de arbitragem

Outro aspecto relevante em processos arbitrais e que, por vezes, é olvidado consiste na premente necessidade de as partes comprovarem a sua vinculação à convenção de arbitragem. No contexto do mercado de capitais e a partir daquilo que foi exposto no subtópico precedente em relação à convenção de arbitragem, a matéria ganha especial relevo, apresentando-se como condição *necessária, fundamental* e *precedente* à admissão de qualquer pedido de instauração.

No nosso sentir, o ônus de demonstrar a vinculação subjetiva à convenção arbitral pertence exclusivamente àquele que pretende dela se valer. Uma vez que a arbitragem resulta na exclusão da jurisdição estatal, a vinculação deve ser objetiva e materialmente comprovada. Jamais presumida ou mesmo inferida a partir do silêncio, daquilo que não está escrito e, portanto, não foi convencionado pelas partes.

Casos recentes envolvendo pleitos formulados por supostos acionistas em desfavor de companhias abertas ressaltaram a necessidade de cautela a essa questão elementar, mormente diante de uma (intencional ou inconsciente) confusão entre a "praticidade" e a "informalidade" do processo arbitral e questões de ordem pública, mais especificamente relacionadas ao preenchimento (ou não) das condições e dos pressupostos mínimos para a regular validade e desenvolvimento dos procedimentos.

Para que uma pessoa, natural ou jurídica, se vincule a uma convenção de arbitragem e, a partir dela, instaure um processo arbitral, é necessário que ela seja um dos agentes descritos na própria convenção. Em se tratando de cláusula compromissória estatutária como aquela imposta pelos *Regulamentos de Listagem da B3*, a única maneira de se comprovar, ainda que *prima facie*, a existência de convenção de arbitragem capaz de vincular a companhia ao acionista é justamente a juntada de documentos que atestem a condição de acionista da parte.

A condição de acionista, vale dizer, é algo personalíssimo e que deve ser comprovado justamente pelo agente que invoca essa condição. Mesmo que sequer precisasse ser dito, não pode haver divergência alguma entre o efetivo acionista e aquele que pretende se valer dessa condição. De fato, deve haver absoluta identidade de nome ou razão social, de cadastro da pessoa natural ou jurídica junto à Receita Federal (i.e. CPF e CNPJ), de cadastro na CVM, de endereço, entre outros aspectos. Ou se é acionista e está vinculado à convenção de arbitragem; ou não é e, portanto, não há arbitrabilidade, tampouco legitimidade para postular na seara arbitral.

Para não cair em descrédito, o sistema arbitral brasileiro deve prezar pelo rigor em matéria de vinculação à convenção de arbitragem. Afinal, não se justifica custear o desenvolvimento de um processo que não reúna condições básicas de existência, constituição e validade.

3.3 Árbitros

Diz-se que a arbitragem vale o que vale o árbitro. Ninguém tende a discordar também que uma das vantagens da arbitragem reside na possibilidade de escolher os julgadores mais apropriados ao caso concreto. Entretanto, diversamente do que pode parecer, a parte não tem tanto controle sobre a definição dos membros do tribunal arbitral, pois não sabe tudo a respeito do seu árbitro, não seleciona o árbitro da contraparte, nem eventual presidente. Daí pode surgir natural desconforto sobre a independência, imparcialidade ou mesmo qualificação dos árbitros escolhidos.[49]

O resultado é que o Brasil parece figurar como um território aparte em matéria de impugnações de árbitros. Algumas vezes por conta da cultura arreigada de litigar por tudo, outras para se ganhar tempo, mas em diversas ocasiões com certa razão. Afinal, o árbitro deve ter a confiança das partes (Lei de Arbitragem, art. 13) e há casos em que o "pé atrás" se justifica, como se diz no jargão popular.[50]

Trata-se de um tema de especial relevância nos dias atuais, em que o Judiciário brasileiro – tão amigo da arbitragem – tem sido instado, com mais frequência do que o usual, a examinar a validade de sentenças arbitrais à luz de objeções em torno da falta de independência e imparcialidade de árbitros ou mesmo de um fenômeno ao qual o Tribunal de Justiça de São Paulo usualmente se refere como *revolving door* ou *porta giratória*.[51]

No mercado de capitais, a preocupação em torno do tema se exacerba quando se denota um movimento que, no nosso respeitoso sentir, parece caminhar na contramão de um dos pilares da arbitragem, o *dever objetivo de revelação*.[52] Em outras palavras, um movimento que busca flexibilizar esse dever diante das alegadas particularidades do mercado de valores mobiliários – algo com o qual não podemos discordar.

---

49. MUNIZ, Joaquim de Paiva. *Guia* Politicamente Incorreto da arbitragem: visão crítica de cinco anos de reforma da Lei. In: FERREIRA, Olavo A. V. Alves e LUCON, Paulo Henrique dos Santos (Coord.). *Arbitragem*: 5 anos da Lei 13.129, de 26 de maio de 2015 (ebook). Ribeirão Preto, SP: Migalhas, 2020, p. 403. No mesmo sentido, LEMES, Selma Ferreira. A credibilidade na arbitragem. In: CANTIDIANO, Maria Lucia; MUNIZ, Igor; CANTIDIANO, Isabel (Coord.). *Sociedades Anônimas, Mercado de Capitais e Outros Estudos*: Homenagem a Luiz Leonardo Cantidiano. São Paulo: Quartier Latin, 2019, v. 1, p. 589-595.
50. Ibidem.
51. In verbis: "O caso em exame remete àquilo que, em doutrina estrangeira, se convencionou depreciativamente denominar revolving door (porta giratória): situação, frequente no mundo da arbitragem, de uma pequena quantidade de pessoas passar a ocupar (como advogados, árbitros, testemunhas técnicas, pareceristas, dirigentes de Câmara Arbitral) todas as cadeiras, a desempenhar todos os papéis" (TJSP, Agravo de Instrumento 2166470-26.2019.8.26.0000, Rel. Des. Fortes Barbosa, voto do Des. Cesar Ciampolini, j. 09 out. 2019, DJe. 22 out. 2019).
52. Nesse sentido, remetemos o leitor: CRUZ E TUCCI, José Rogério. Dever de revelação na arbitragem coletiva. In: MONTEIRO, André Luís; PEREIRA, Guilherme Setoguti J.; BENEDUZI, Renato (Coord.). *Arbitragem coletiva societária* (ebook). São Paulo: Thomson Reuters Brasil, 2021 ("É evidente que, nestas situações, o dever de revelação deve ser interpretado *cum grano salis*, isto é, não se pode exigir revelação a ponto de inviabilizar o normal desenvolvimento do processo arbitral. Nessa direção, não há se cogitar de dever de revelação de qualquer árbitro quando, por exemplo, for ele correntista de uma entidade financeira que figura como parte no processo coletivo em que ele atua como árbitro. Nem mesmo está ele sujeito a declinar que possui ações de uma companhia de capital aberto que é litigante na respectiva arbitragem").

Neste contexto, cabe esclarecer, primeiramente, que a independência e a imparcialidade do árbitro são traços fundamentais da arbitragem. São pré-requisitos para o exercício da jurisdição e, por isso, apresentam-se como garantias constitucionais indispensáveis às partes e direcionadas ao julgador, insculpidas, entre outros, no art. 5º, caput e incisos XXXV, XXXVII, LIII, LIV e LV, da CF.

A Lei de Arbitragem é clara na imposição do dever de os árbitros procederem com *imparcialidade, independência* e *discrição*, sob pena de nulidade da sentença arbitral, conforme estabelecem os arts. 13, § 6º, 21, § 2º, e 32, incisos II e VIII.

E aqui vale frisar que o sistema de arbitragem nacional é pautado pelo chamado *dever de revelação*. Cabe ao árbitro revelar tudo aquilo que, aos olhos das partes, poderá trazer alguma conotação sobre sua falta de independência ou imparcialidade, na forma do art. 14, *caput* e § 1º, da Lei de Arbitragem e das Diretrizes relativas a Conflitos de Interesses em Arbitragem Internacional da *International Bar Association – IBA*.[53]

O árbitro deve ser o mais transparente, abrangente e fidedigno possível. Nas corretas palavras de Carlos Elias, o exercício do dever de revelação equivale à *"demonstração de que o árbitro não tem nada a ocultar ou esconder"*.[54] Afinal, somente o árbitro sabe o que se passa na sua vida. Ele, com maior facilidade, sabe identificar tais circunstâncias com precisão. E assim deve fazê-lo, sem meias-revelações, meias-verdades e nem por meio de linguagem propositalmente imprecisa.[55]

Não por acaso, o Regulamento de Arbitragem da CAM (como visto, de incidência mandatória nas arbitragens nos segmentos especiais de listagem da B3) e os regramentos dos principais centros de arbitragem no País afora não deixam qualquer dúvida a respeito da obrigação de revelação do árbitro, assim como de ser e se manter independente e imparcial em relação às partes e ao processo arbitral.

Assim o fazem corretamente. Isso porque o dever de revelação é o único caminho destinado a aferir a independência e imparcialidade de um árbitro, devendo ser exercido em sua maior plenitude e extensão, seja espontaneamente pelo árbitro, seja pela provocação da parte por meio de pedidos de esclarecimento.

De outro modo, o sistema arbitral não é – e não pode ser – alicerçado em um dever de investigação da parte. Uma vez exercido corretamente o dever objetivo de revelação, cabe às partes assumirem que as informações trazidas à tona pelo árbitro são fidedignas.

---

53. Nas palavras de Pedro A. Batista, "não tem o árbitro a faculdade de informar, mas sim a obrigação, pois inexiste qualquer álea de discricionariedade que o autorize a omitir o fato, sob pena violar preceito dos mais caros ao instituto da arbitragem e, consequentemente, viciar o procedimento arbitral; e, por suposto, a decisão que vier a ser proferida. Isso porque, faltando ao dever de revelação, torna-se o árbitro *judex inhabilis* para o julgamento da demanda" (Dever de revelar do árbitro. *Revista de Arbitragem e Mediação*, v. 36, p. 219-229, 2013).
54. ELIAS, Carlos. O Árbitro. In: LEVY, Daniel; PEREIRA, Guilherme Setoguti J. (Coord.). *Curso de arbitragem*. São Paulo: Thomson Reuters Brasil, 2018, p. 157.
55. Como decidido pelo Superior Tribunal de Justiça, trata-se da "pedra de toque neste jogo de confiança-desconfiança" que vivenciam as partes e os árbitros (Sentença Estrangeira Contestada 9.412/EX, Rel. Ministro Felix Fischer, Rel. para Acórdão Ministro João Otávio de Noronha, Corte Especial, j. 19 abr. 2017).

Há uma *presunção de veracidade* em torno das revelações porventura feitas pelo árbitro. Presume-se a boa-fé. Jamais o contrário.

Não cabe e nem se deve exigir de qualquer das partes que vasculhe a vida de árbitros, das partes contrárias e de seus patronos, a fim de colocar em xeque as informações porventura reveladas ou mesmo buscar uma relação entre esses atores. Isso é muito custoso, demorado, inexato, e colocaria na parte um ônus desproporcional, inclusive desnaturando a própria equação econômico-financeira da convenção arbitral.

Mesmo cientes de que não há uma fórmula mágica para vacinar os processos arbitrais contra árbitros que não satisfazem e não irão satisfazer os requisitos de independência e imparcialidade, entendemos que, de uma vez por todas, deve-se tratar o dever de revelação com a seriedade que o assunto requer.

Mais do que nunca, "devem ser divulgados não apenas fatos que comprometam a independência do árbitro, mas que possam levar a parte a questionar se não haveria abalo desta".[56] "*In dubio pro revelare*", conforme brocardo em latim criado pelo Desembargador José Ricardo Negrão Nogueira.[57]

Somente dessa forma os processos arbitrais, em especial aqueles do mercado de capitais que versam sobre questões de inegável importância à economia brasileira, seguirão gozando da credibilidade que a muito custo lhes foi conferida. Não há espaço para retrocessos.

3.4 Reunião, conexão e conflito de competência

Outro tema bastante tormentoso e ainda em aberto nas arbitragens no mercado de capitais reside na tramitação simultânea de processos arbitrais relativos ao mesmo objeto, apta a ensejar a prolação de decisões contraditórias e inconciliáveis entre si. A questão não é nada simples e exige uma confluência de fatores por vezes rara para permitir a sua ocorrência. De toda forma, como o presente trabalho se propõe a tratar dos "casos difíceis", essa é mais uma questão que demanda reflexão.[58]

Diante do vasto leque de questões passíveis de disputa no mercado de capitais que têm o condão de interferir (direta ou indiretamente) na esfera de direitos de diferentes *players*, deve-se pressupor a possibilidade de mais de um processo arbitral tratar rigorosamente do mesmo objeto, em maior ou menor escala. A nossa experiência revela que isso não é apenas possível como mais recorrente do que se poderia imaginar, mormente diante da verificada iniciativa concomitante de legitimados ordinários e de *pseudos* ou mesmo *efetivos* legitimados extraordinários, na forma da Lei das S.A.

---

56. STJ, SEC 9.412/US, Rel. Min. Felix Fischer, Rel. p/ acórdão Min. João Otávio de Noronha, Corte Especial, j. 19 abr. 2017.
57. CIArb-Brazil. *Arbitragem em juízo*: dever de revelação (webinar), 02 jun. 2022.
58. Sobre o tema, remetemos o leitor aos apontamentos feitos por um dos autores deste artigo em "Consolidação de procedimentos arbitrais: a prática das câmaras de arbitragem brasileiras e estrangeiras" (In: VASCONCELOS, Ronaldo et al. (Coord.). *Análise prática das câmaras arbitrais e da arbitragem no Brasil*. São Paulo: IASP, 2019, p. 391-417).

Como se sabe, o sistema processual – qualquer que seja ele – repudia a ideia de atividade jurisdicional redundante sobre uma mesma controvérsia. Para os fins da arbitragem, não se trata propriamente de uma garantia legal que se possa extrair do Código de Processo Civil (cuja aplicação não é automática), mas de uma prerrogativa que decorre do postulado do devido processo legal, em seu sentido formal e substancial: a pendência de dois processos sobre basicamente o mesmo objeto, além de irracional, estabelece *ônus não razoável* e, assim, *desproporcional* a todos os envolvidos. Nesta toada, seja no sistema estatal, seja no sistema arbitral, a redundância deve ser combatida.

A rigor, o Regulamento da CAM – como dito, de incidência mandatória nas arbitragens nos segmentos especiais de listagem da B3 – prevê um possível caminho para tentar acomodar esse tipo de situação colidente, consubstanciado na consolidação ou na mera reunião de processos arbitrais simultâneos. Certo ou errado, existe um regramento relativamente detalhado sobre o tema, algo pouco usual em outras câmaras no País afora.

Especificamente no seu item 6.2 e nos respectivos subitens, está prevista a hipótese de consolidação e reunião pelo Presidente da CAM de processos antes dos tribunais arbitrais terem sido formados, observadas as circunstâncias e o progresso de cada feito. O mesmo dispositivo permite a consolidação/reunião posterior à constituição do tribunal apenas se as partes do processo arbitral mais novo concordarem com a composição do primeiro tribunal.

Não sendo possível, antes de formado qualquer tribunal, a consolidação/reunião por conta das circunstâncias e do progresso dos processos arbitrais ou mesmo, depois de formado algum tribunal, em razão da ausência de consenso em relação aos árbitros, surge um problema insolúvel no âmbito da CAM e que, no nosso sentir, não pode ficar sem guarida. Abre-se, então e em tese, caminho ao Judiciário.

Aqui e alhures, porém, a comunidade dos profissionais que atuam na arbitragem é compreensivelmente sensível a qualquer forma – ou simples possibilidade – de intervenção do Poder Judiciário que possa de alguma forma prejudicar a autonomia desse mecanismo de solução de conflitos. A preocupação é essencialmente a de que a providência desconsidere a autonomia dos tribunais arbitrais e a deferência que devem receber. Isso, como dito, é mais do que justificado.

Entretanto, não havendo mecanismo interno da arbitragem que permita – de forma eficiente e segura – a superação do impasse, parece-nos imprescindível que se viabilize o acesso ao Judiciário, com espeque na garantia da inafastabilidade do controle jurisdicional. E, aqui, entendemos que existem duas situações distintas que comportam remédios igualmente distintos.

Em primeiro lugar, num cenário em que não há ainda tribunal arbitral formado em qualquer dos processos arbitrais reputados conexos, defendemos o entendimento de que seria possível às partes se socorrerem do juízo estatal de primeira instância para eventualmente revisitar a deliberação do Presidente da CAM, mormente porque, enquanto ato de natureza administrativa, ele não está imune ao imediato controle judicial de constitucionalidade e de legalidade.[59] Não obstante a matéria siga *sub judice*, os autores deste trabalho têm conhecimento de ao menos um precedente, de lavra do Dr. Eduardo Palma Pellegrinelli, reconhecendo o cabimento de pretensão dessa natureza.

Em segundo lugar, num cenário em que já existem dois ou mais tribunais arbitrais formados, sem relação de hierarquia e subordinação entre si, e que tenham validamente proferido decisões conflitantes sobre o mesmo objeto, defendemos o entendimento de que o único remédio cabível seria a instauração de conflito de competência perante o Superior Tribunal de Justiça. A outorga dessa competência – no caso, ao órgão de cúpula da Justiça comum no País –, além de não colocar em risco a autonomia da arbitragem, tem amparo constitucional (no art. 105, inciso I, alínea 'd'). Afinal, compete ao STJ julgar conflitos de competência entre "quaisquer tribunais", incluídos tribunais arbitrais, os quais, segundo entendimento consagrado pela 2ª Seção,[60] exercem autêntico poder jurisdicional. Novamente, aqui, há precedente suportando o entendimento ora defendido.[61]

Em qualquer um dos cenários acima, o postulado do controle posterior da arbitragem por ocasião da sentença arbitral cede espaço à "interferência judicial prévia diante de vícios evidentes, manifestos, aberrantes, verificáveis prima-facie, que saltam aos olhos".[62] A intervenção imediata do Judiciário parece ser não apenas possível como mandatória nesses casos, porque o art. 32 da Lei de Arbitragem não prevê expressamente o cabimento

---

59. Em recente decisão, o então decano do Supremo Tribunal Federal, Ministro Celso de Mello, foi categórico ao afirmar que "ninguém, nem mesmo o Chefe do Poder Executivo da União, está acima da autoridade da Constituição e das leis da República" (STF, Pet 8.802/DF, Rel. Min. Celso de Mello, decisão monocrática, j. 27 abr. 2020). Sem qualquer desprestígio e com todo respeito àqueles que pensam de forma diversa, parece-nos que a mesma lógica pode e deve ser aplicada ao Presidente da CAM. Essa orientação, além de estar prevista na festejada Convenção de Nova Iorque sobre o Reconhecimento e a Execução de Sentenças Arbitrais Estrangeiras (artigo II do Decreto 4.311/200236), em nosso sentir, tem o beneplácito da jurisprudência do Superior Tribunal de Justiça e do Tribunal de Justiça de São Paulo, que tem mostrado um certo abrandamento do princípio da competência-competência, como se denota dos seguintes precedentes: (i) STJ, REsp 1.602.076/SP, Rel. Min. Nancy Andrighi, 3ª Turma, j. 15 set. 2016, DJe. 30 set. 2016 ("O Poder Judiciário pode, nos casos em que prima facie é identificado um compromisso arbitral 'patológico', i.e., claramente ilegal, declarar a nulidade dessa cláusula, independentemente do estado em que se encontre o procedimento arbitral"); (ii) STJ, CC 151.130/SP, Rel. Min. Nancy Andrighi, Rel. designado Min. Luis Felipe Salomão, 2ª Seção, j. 27 nov. 2019 ("a regra kompetenz-kompetenz não resolve o caso em tela, porquanto a discussão envolve a análise pretérita da própria existência da cláusula compromissória, e, nesta linha, a subtração à Jurisdição estatal excepcionaria uma das garantias fundamentais, que é a inafastabilidade da jurisdição estatal, prevista no art. 5º, inciso XXXV, da Constituição, sendo necessário, portanto, adotar interpretação consentânea aos interesses envolvidos no litígio. Por certo, a Lei de Arbitragem não pode apresentar-se como um sistema derrogatório de questões de ordem pública; mas, ao contrário, determinadas questões devem ficar reservadas ao juízo estatal"); e (iii) TJSP, Agravo de Instrumento 2014116-79.2020.8.26.0000, Rel. Des. Vito Guglielmi, 6ª Câmara de Direito Privado, j. 17 abr. 2020 ("Capacidade, na condição de pressuposto de validade do negócio jurídico, que precede a instauração da jurisdição do juízo arbitral. Excepcionalidade ao princípio da "competência-competência" que orienta a arbitragem. Convenção de Nova Iorque de 1958 sobre a arbitragem que autoriza o juízo estatal o conhecimento do feito no caso de ser constado que a cláusula de arbitragem é nula e sem efeitos, inoperante ou inexequível (artigo ii, item 3). Regra excepcional que se aplica ao caso presente").
60. Ver: (i) STJ, Segunda Seção, CC 111.230/DF, Rel. Min. Nancy Andrighi, DJe. 03 abr. 2014; e (ii) STJ, Segunda Seção, CC 146.939/PA, Rel. Min. Marco Aurélio Bellizze, DJe. 30 nov. 2016.
61. Nesse sentido, ver: STJ, CC 185.702/DF, Rel. Min. Marco Aurélio Bellizze, liminar, DJe. 11 mai. 2022.
62. MEJIAS, Lucas Britto. *Controle da atividade do árbitro*. São Paulo: Ed. RT, 2015, p. 114-115.

de ação anulatória contra decisões conflitantes proferidas por dois diferentes tribunais arbitrais, sobretudo no curso dos respectivos procedimentos.

Portanto, a intervenção do Judiciário não pode ser tida como desdouro ou ameaça à arbitragem; como não foi e não é nas hipóteses em que a controvérsia surge entre os próprios órgãos judiciais. Pelo contrário, tal excepcional e cirúrgica intervenção estatal apenas ratifica o reconhecimento da atuação jurisdicional dos árbitros, que seguem soberanos no exercício do poder de aplicar o direito aos casos concretos que lhe são submetidos. Essa pontual e limitada intervenção do Judiciário apenas evidencia a indispensável cooperação entre os sistemas arbitral e estatal, de sorte a preservar a coerência e a unidade no exercício da jurisdição, sem que competências sejam desconsideradas ou usurpadas.

3.5 A tal "arbitragem coletiva societária"

Um último tema que se encontra em voga e que merece a atenção do presente trabalho é a tal arbitragem coletiva societária, fruto de uma ficção jurídica e que, por isso, não detém uma única e universal definição do seu conceito.[63]

De fato, como dito em recente oportunidade, a expressão tem sido empregada sem maiores cuidados, em diferentes contextos, seja para fazer alusão a processos arbitrais iniciados por associações civis, sem fins lucrativos, na qualidade de pretensos substitutos ou representantes processuais de um universo de pessoas naturais e/ou jurídicas, seja, ainda, para se referir a processos arbitrais multiparte em que se cogita a existência de algum tipo de discussão sobre direitos transindividuais.

Para os restritos fins deste trabalho, a expressão arbitragem coletiva societária se referirá exclusivamente a processos arbitrais iniciados por associações civis, na qualidade de substitutas processuais de investidores no mercado de valores mobiliários, para a defesa de direitos reputados como transindividuais.

Sem previsão no ordenamento jurídico brasileiro,[64-65] a arbitragem coletiva societária veio à tona em um passado recente, por iniciativa bastante ousada (por assim dizer)

---

63. Sobre o tema, remetemos o leitor aos apontamentos feitos por um dos autores deste artigo em "Arbitragem coletiva societária: notas críticas sobre o seu emprego à luz do regime da substituição processual" (In: YARSHELL, Flávio Luiz; PEREIRA, Guilherme Setoguti J. (Coord.). *Processo societário*. São Paulo: Quartier Latin, 2021, v. IV, p. 1.007-1.045).
64. Registra-se, essa falta de regramento específico foi detalhada por recente trabalho produzido por Eleonora Coelho, que veio a ser veiculado no volume III desta renomada obra coletiva, sob a coordenação dos Professores Flávio Yarshell e Guilherme Setoguti Julio Pereira (cf. COELHO, Eleonora. "A necessidade de criação de regulamentos adaptados para arbitragens coletivas no mercado de capitais". In: YARSHELL, Luiz Flávio e PEREIRA, Guilherme Setoguti J. (Coord.), *Processo societário*. São Paulo: Quartier Latin, 2018, v. III, p. 115-145).
65. De fato, até hoje, temos conhecimento de apenas duas únicas experiências desenvolvidas no exterior por instituições responsáveis pela administração de processos arbitrais para tratar de algo similar (mas não idêntico) ao que aqui chamamos de arbitragem coletiva societária. Primeiro, a iniciativa da *American Arbitration Association*, que, nos idos de 8 out. 2003, tornou pública as *Supplementary Rules for Class Arbitration*. Segundo, a iniciativa (não tão diferente na essência) da JAMS (também conhecida no passado como *Judicial Arbitration and Mediation Services, Inc.*), que, em 1º mai. 2009, tornou público os *JAMS Class Action Procedures*. Tanto a

de um distinto grupo de atores, envolvendo precipuamente advogados, associações, investidores profissionais e, a reboque, acionistas minoritários de companhias abertas listadas na B3.[66] Essas iniciativas, acredita-se, reaqueceram o debate em torno do tema, que envolve inegável complexidade.

Grosso modo, o grupo de defensores da arbitragem coletiva societária tem buscado transpor para o sistema arbitral brasileiro uma combinação bastante seletiva de determinadas soluções jurídicas estrangeiras e regras processuais do que se convencionou chamar de microssistema de tutela coletiva, sem, contudo, se atentar às particularidades do contexto em que tais soluções e regras estão inseridas. Ao assim proceder, pretendem que uma associação arrogue para si o extraordinário direito de ser substituto processual de uma coletividade em processo arbitral que invariavelmente trata de aspectos do mercado de capitais.

Em termos de inspiração estrangeira, esses atores têm se arvorado nas chamadas *class arbitrations*, difundidas em especial nos sistemas legais norte-americano e canadense.[67] Olvidam-se, contudo, que tais experiências não versam sobre mercado de capitais, tampouco com ele guardam alguma relação. Com efeito, e como será detalhado em outro estudo que integra a presente obra coletiva, os precedentes norte-americanos e canadenses que são invariavelmente invocados, citados e repisados em debates sobre o tema, em realidade, não tratam de conflitos societários. Isso é muito importante ser enfatizado.

Por outro lado, em termos de microssistema de tutela coletiva, os defensores da arbitragem coletiva societária invocam disposições de natureza eminentemente processual estabelecidas para *processos estatais*, desde a Lei 7.347/1985 ("Lei das ACPs"), o Código de Defesa do Consumidor, a Lei 7.913/1989 até mesmo o Código de Processo Civil. Há aqui, porém, mais um erro de premissa, porque essas regras processuais – quaisquer que sejam elas – não têm aplicação automática no sistema arbitral. Ao revés, dependem de expressa escolha das partes na convenção de arbitragem, no termo de arbitragem, por meio de remissão ao regulamento de uma instituição arbitral ou, ainda, por delegação ao árbitro para que ele estabeleça o procedimento aplicável (cf. Lei de Arbitragem, artigo 21, *caput* e § 1º).[68]

---

primeira quanto a segunda iniciativa foram fortemente inspiradas no regime das *class actions* norte-americanas, que conta com um arcabouço legal próprio e bastante específico, como, entre outros, o *Federal Rule of Civil Procedure 23 class action protocol*. Salvo essas duas experiências alienígenas, há apenas um regulamento no Brasil que busca endereçar o tema, mais especificamente do Centro de Mediação e Arbitragem da Câmara Portuguesa de Comércio no Brasil, o qual, porém, não parece ter sido aplicado em qualquer caso concreto até o momento.

66. A existência de processos arbitrais coletivos por substituição foi revelada a partir do censurável vazamento de informações sigilosas.
67. Alguns doutrinadores também fazem referência para as chamadas *collective arbitrations* e *mass arbitrations*, as quais, não obstante, sejam bastante empregadas em conjunto com a expressão *class arbitration*, têm definição e aplicação prática distinta. Outros, por sua vez, referem-se a essas três espécies de processo arbitral como simplesmente *class action arbitration*.
68. Cf. MONTORO, Marcos André Franco. *Flexibilidade do procedimento arbitral*, tese de doutorado apresentada no programa da pós-graduação da Faculdade de Direito da USP, 2010, p. 115-116 ("deve ficar claro que é errado concluir que, havendo omissão das regras eleitas pelas partes, aplicam-se as regras do Código de Processo Civil. A doutrina tem defendido com razão, que o CPC não se aplica em casos de omissão das partes. (...) A Lei

É a partir dessas premissas, portanto, que a arbitragem coletiva societária deve e é neste trabalho criticamente examinada. E, nesse sentido, enxergamos inúmeros óbices intransponíveis para a aplicação pretendida no sistema arbitral brasileiro, em especial em matérias afetas ao mercado de valores mobiliários, os quais são seguir brevemente expostos.

O primeiro deles é a falta de autorização legislativa para o exercício *irrestrito* de legitimação extraordinária em arbitragem. De fato, salvo as excepcionalíssimas ressalvas constantes dos arts. 159 e 246 da Lei das S.A., as quais devem ser interpretadas restritivamente,[69] não há no ordenamento brasileiro nada que justifique a possibilidade de legitimação extraordinária de quem quer que seja em arbitragem.[70]

Ainda que arbitragens coletivas societárias estivessem em alguma medida previstas no ordenamento brasileiro, o que não é o caso, vemos com bastante ressalva a possibilidade de uma associação tomar a iniciativa de iniciar qualquer processo arbitral por substituição para a defesa dos interesses de investidores no mercado de valores mobiliários. Isso por uma razão simples: a lei não prevê tal hipótese sequer para ações coletivas judiciais, muito menos para processos arbitrais. De fato, os únicos sujeitos legitimados pela lei brasileira para defenderem coletivamente direitos e interesses de acionistas são o Ministério Público e a CVM. Essa autorização legal advém da Lei 7.913/1989, que acaba de ser alterada pela Lei 14.195/2021 e "dispõe sobre a ação civil pública de responsabilidade por danos causados aos investidores no mercado de valores mobiliários".

---

de Arbitragem é clara em determinar que as partes podem criar as regras procedimentais. E na omissão delas, a mesma lei determina que cabe ao árbitro fixar o procedimento. (...) Não está previsto que quando as partes deixam de criar a regra procedimental, aplica-se o CPC. E essa 'omissão' da Lei de Arbitragem foi proposital, em razão de que, se constasse qualquer referência à eventual aplicação subsidiária do CPC na arbitragem, isso estaria em conflito com outros dispositivos da mesma Lei 9.637/96, que preveem que: (i) as partes têm ampla autonomia para fixar as regras procedimentais, em decorrência do previsto nos arts. 2º, § 1º, 11, inciso IV, 19, parágrafo único, e 21, caput e §§ 1º e 2º, todos da Lei 9.637/96 (...), nos quais inclusive se apontou os modos através dos quais as partes podem escolher regras procedimentais, como a eleição do regulamento de um órgão institucional arbitral"). Ver também: DOLINGER, Carmem Tiburcio. *Direito internacional privado*: arbitragem comercial internacional. Rio de Janeiro: Renovar. 2003, p. 286; e PARENTE, Eduardo de Albuquerque. *Processo arbitral e sistema*. São Paulo: Atlas, 2012, p. 43.

69. Neste ponto, remetemos o leitor ao brocado jurídico *"exceptiones sunt strictissimoe interpretationis"* (i.e., interpretam-se as exceções estritissimamente), o qual também pode ser conjugado com outros dois, a saber: *"in claris cessat interpretativo"* (i.e., perante a clareza da lei, cessa a interpretação) e *"verba cum effectu sunt accipienda"* (i.e., não se presumem, na lei, palavras inúteis). Sobre o tema, ver: MAXIMILIANO, Carlos. *Hermenêutica e aplicação do direito*. Rio de Janeiro: Forense, 1996, p. 234 ("Parece oportuna a generalização da regra exposta acerca de determinadas espécies de preceitos, esclarecer como se estende e aplica uma norma excepcional. É de Direito estrito; reduz-se à hipótese expressa: na dúvida, segue-se a regra geral. Eis porque a exceção confirma a regra nos casos não excetuados"); e HONSEL, Heinrich. "Einleitung zum BGB". In: *Staudinger, Eckpfeiler des Zivilrechts*. Berlin: Sellier – de Gruyter, 2005, p. 30 ("uma interpretação extensiva, de acordo com a doutrina majoritária, não deve ser permitida quando se trata de exceção à regra geral. Esse raciocínio é corroborado pelo brocado de Papiniano singularia non sunt extenda, segundo o qual preceitos excepcionais não podem ser estendidos, ou seja, devem ser interpretados restritivamente").

70. No Brasil, salvo expressa apenas o titular de um direito material é que pode pleiteá-lo perante a autoridade considerada competente. Cf. Celso Agrícola Barbi, "a regra é correta, porque, na verdade, é mais conveniente que o legislador deixe a cada pessoa a iniciativa de reclamar em juízo os seus direitos. O titular de um direito é que melhor sabe se lhe convém reclamá-lo e o momento que deve fazê-lo" (*Comentários ao código de processo civil*. 13. ed. Rio de Janeiro: Forense, 2008, v. 1, p. 71).

Como se vê, a legitimação extraordinária para defender interesse de investidores foi conferida apenas e exclusivamente a dois entes neutros. As associações não estão investidas de tais poderes e, por consequência, entendemos que não podem pleitear tutela coletiva ligada aos direitos de investidores. Parece-nos que essa limitação legal tem sua razão de ser: buscou o legislador evitar que associações, utilizando-se da tutela coletiva, sejam criadas por acionistas minoritários com a finalidade de atrapalhar os negócios da companhia aberta (i.e., *strike suits*[71]) ou burlar as regras das ações sociais previstas na Lei das S.A.

Não se olvida que os defensores da arbitragem coletiva societária sugerem que a Lei das ACPs deveria ser aplicada subsidiariamente à Lei 7.913/1989, mormente em função da referência constante do seu artigo 3º.[72] Em nosso sentir, porém, a tese não prospera.

Primeiro, porque a Lei 7.913/1989 é mais nova e mais específica do que a Lei das ACPs e, portanto, observado o princípio da especialidade,[73] aquela deve prevalecer sobre a norma geral.[74] Segundo, porque, como visto, a Lei 7.913/1989 dispõe específica

---

71. As *strike suits* também são conhecidas pela doutrina como medidas propostas por acionista, usualmente minoritário de participação irrisória, contra uma companhia aberta com o objetivo de obter um acordo em benefício particular, cujo valor seria igual ou inferior ao custo estimado para defesa dos réus no processo. Como salienta Marcelo Vieira von Adamek, *strike suits* também são consideradas investidas de acionistas minoritários que se inserem "no contexto de táticas obstrucionistas e, assim, encorpar uma mui nefasta modalidade de abuso – pela qual o sócio almeja, através da obtenção de liminares com espectros os mais diversos, da impugnação aos atos dos gestores e do ataque a atos assembleares hígidos, apenas causar embaraços à sociedade, aos demais sócios e aos administradores e demais titulares de órgãos – (...) ações cujo propósito imediato é paralisar ou dificultar o bom andamento dos negócios sociais para, de forma mediata, conseguir o sócio hostil uma vantagem indevida qualquer: ter suas participações adquiridas sob condições vantajosas, ou comprar barato a parte dos demais; guindar-se à posição de titular de órgão; sujeitar a sociedade à sua política de negócios ou à sua visão de mundo etc. – vencer, em qualquer caso, pelo cansaço" (cf. *Abuso de minoria em direito societário*. São Paulo: Malheiros, 2014, p. 204-205).
72. A título ilustrativo, ver: PRADO, Viviane Muller; DECCACHE, Antonio. Arbitragem coletiva e companhias abertas. *Revista de Arbitragem e Mediação*. v. 52, p. 99-122, jan.-mar. 2017, DTR\2017\506.
73. Cf. artigo 2º, § 1º, do Decreto-Lei 4.657/1942, também retratado na conjugação dos brocardos "*lex specialis derogat legi generali*" (lei especial derroga leis genéricas) e "*lex posterior generalis non derogat priori speciali*" (a lei geral posterior não derroga a lei especial precedente). Sobre o tema, a lição de Norberto Bobbio é bastante esclarecedora: "Conflito entre o critério de especialidade e o cronológico: esse conflito tem lugar quando uma norma anterior-especial é incompatível com uma norma posterior-geral. Tem-se conflito porque, aplicando o critério de especialidade, dá-se preponderância à primeira norma e aplicando o critério cronológico, dá-se prevalência à segunda. Também aqui foi transmitida uma regra geral, que soa assim: *lex posterior generalis non derogat priori speciali*. Com base nessa regra, o conflito entre o critério de especialidade e o critério cronológico deve ser resolvido em favor do primeiro: a lei geral sucessiva não tira do caminho a lei especial precedente. O que leva uma posterior exceção ao princípio *lex posterior derogat priori*: esse princípio falha, não só quando a lex posterior é inferior, mas também quando é *generalis* (e a *lex prior* é *specialis*)" (cf. *Teoria do ordenamento jurídico* Trad. Maria Celeste C. J. Santos. 10. ed. Brasília: Universidade de Brasília, 1999, p. 108). Sem destoar, é o sentido no qual a jurisprudência tem caminhado. Ver: (i) TJSP, Agravo de Instrumento 2008835-84.2016.8.26.0000, Rel. Des. Hélio Nogueira, 22ª Câmara de Direito Privado, j. 03 mar. 2016 ("Agravo de Instrumento. Cumprimento de sentença. Ação monitória. Pedido de parcelamento. Regra própria que afasta a aplicação subsidiária reservada à hipótese de lacuna") e (ii) TJSP, AI 2156825-16.2015.8.26.0000, Rel. Des. Maria Lúcia Pizzotti, 30ª Câmara de Direito Privado, j. 27 jan. 2016 ("não bastasse a distinção dos ritos, a aplicação das regras de um ao outro, prevista no artigo 475-R, do Código de Processo Civil, é subsidiária; ou seja, utilizada na hipótese excepcional em que houver lacuna no procedimento introduzido pela Lei 11.232").
74. Neste ponto, aliás, entendemos que o Código de Defesa do Consumidor, mesmo sendo posterior à Lei 7.913/1989 não tem o condão de alterar a conclusão acima exposta, mormente porque, como já esclarecido em tópico

e expressamente sobre a matéria de legitimidade ativa *ad causam*, tendo sido recentemente alterada pelo Congresso Nacional, tudo a evidenciar que se está diante de uma opção deliberada do legislador brasileiro em restringir o universo de potenciais autores/requerentes.

A par desses aspectos, não se pode perder de vista outros dois fatores que tornam inviável o manejo da arbitragem coletiva societária tal como tem sido proposta aqui e acolá. Primeiro, pode-se dizer, sem medo de errar, que a cláusula compromissória padrão imposta pelos *Regulamentos de Listagem da B3* não faz qualquer menção ou mesmo referência a associações, do que se extrai de pronto a inarbitrabilidade subjetiva. Além disso, eventual conflito relacionado à proteção de direitos transindividuais de investidores via substituição processual transcende o objeto da convenção de arbitragem, o qual, em todo e qualquer caso, jamais comportaria a tutela arbitral, porquanto indisponível. Assim, também sob a perspectiva objetiva, a iniciativa se mostra inarbitrável em nosso sentir.

Portanto, não obstante se reconheça a preocupação e o desejo de certos atores com formas de coletivizar determinados litígios arbitrais,[75] sendo esta uma das questões centrais nos debates que se desenrolam na comunidade arbitral atualmente, parece-nos que o anseio em questão não pode suplantar as balizas que há muito custo foram erguidas para respaldar o sistema como concebido.

CONSIDERAÇÕES FINAIS

Não desconhecemos a polarização de certa forma que permeia os debates em torno da arbitragem no mercado de capitais brasileiro. Para além do ambiente acadêmico, há intensas disputas nas arbitragens reais. Nos tais *casos difíceis* – mencionados ao longo do presente trabalho – interesses financeiros vultosos estão em jogo, de modo que, inevitavelmente, o debate acaba sendo contaminado. Cada uma das torcidas tenta jogar a favor do seu time. Isso é sabido e deve ser levado em conta.

Porém, dado o devido desconto à parcialidade própria da atuação profissional que busca amealhar e reservar mercado, o que não é uma exclusividade da advocacia, há uma fundada e justa preocupação de que o instituto da arbitragem não seja desprestigiado. Por essa razão, por intermédio deste trabalho, tentamos jogar luz sobre alguns problemas concretos que existem nas disputas envolvendo o mercado de capitais brasileiros. Pontos que reputamos nevrálgicos e, mais cedo ou mais tarde, aparecerão. Isso, vale dizer, já está ocorrendo. Não dá para tapar o sol com a peneira, fingindo que esses problemas não existem ou tentando minimizar a sua importância. Na pureza do ambiente acadêmico, espera-se que os argumentos sejam discutidos, enfrentados e, quiçá, solucionados em alguma medida ou extensão.

---

precedente, a legislação consumerista não é aplicável para relações entre acionistas investidores e a sociedade anônima, havendo, pois, regra especial que trata expressamente do tema.

75. Ver, por exemplo, OECD. *Private enforcement of shareholder rights*: A comparison of selected jurisdictions and policy alternatives for Brazil, 18 nov. 2020. Disponível em: http://www.oecd.org/corporate/shareholder-rights-brazil.htm. Acesso em: 17 jun. 2022.

Cientes da posição daqueles que respeitosamente pensam de forma diversa, o presente trabalho não se furtou a colocar o dedo em feridas, naquilo que efetivamente pode (em potência) prejudicar a opção do Brasil como referência para arbitragens, com graves implicações não apenas jurídicas, mas também econômicas. É uma preocupação que, aliás, tende a crescer na proporção em que se multiplicam as arbitragens envolvendo o mercado de capitais, com todos os aspectos sensíveis que elas potencial ou efetivamente trazem consigo.

BIBLIOGRAFIA E JULGADOS SELECIONADOS

AAA (*American Arbitration Association*). *Supplementary Rules for Class Arbitration*, 8 out. 2003. Disponível em: https://www.adr.org/sites/default/files/Supplementary_Rules_for_Class_Arbitrations.pdf. Acesso em: 17 jun. 2022.

ABJ. *Estudo sobre varas empresariais na Comarca de São Paulo*, 28 nov. 2016. Disponível em: https://abj.org.br/pdf/ABJ_varas_empresariais_tjsp.pdf. Acesso em: 17 jun. 2022.

ADAMEK, Marcelo Vieira von. *Abuso de minoria em direito societário*. São Paulo: Malheiros, 2014.

ALEXY, Robert. *Teoria dos direitos fundamentais*. Trad. Virgílio Afonso da Silva. 2. ed. 4. tir. São Paulo: Malheiros, 2015.

B3. *Empresas listadas* (website). Disponível em: https://www.b3.com.br/pt_br/produtos-e-servicos/negociacao/renda-variavel/empresas-listadas.htm. Acesso em: 17 jun. 2022.

B3. *Regulamento de Listagem do Novo Mercado*, versão 30 out. 2017, em vigor a partir de 02 jan. 2018. Disponível em: https://www.b3.com.br/data/files/A0/67/76/4E/BC1BE71092ECAAE7AC094EA8/Regulamento%20do%20Novo%20Mercado%20-%2003.10.2017%20(San%C3%A7%C3%B5es%20pecuni%C3%A1rias%202022).pdf. Acesso em: 17 jun. 2022.

B3. *Revisão dos regulamentos dos segmentos especiais de listagem* (website), versão 31 jan. 2022. Disponível em: https://www.b3.com.br/pt_br/regulacao/regulacao-de-emissores/atuacao-normativa/revisao-dos-regulamentos-dos-segmentos-especiais-de-listagem.htm. Acesso em: 17 jun. 2022.

B3. *Regulamento de Listagem e de Aplicação de Sanções Pecuniárias do Nível 2* (website), versão 31 jan. 2022.

B3. *Regulamento de Listagem e de Aplicação de Sanções Pecuniárias do Bovespa Mais* (website), versão 31 jan. 2022. Disponível em: https://www.b3.com.br/data/files/4C/14/56/40/4D1BE71092ECAAE7AC094EA8/Regulamento%20de%20Listagem%20do%20Bovespa%20Mais%20-%202%C2%AA%20fase%20(San%C3%A7%C3%B5es%202022).pdf. Acesso em: 17 jun. 2022.

B3. *Regulamento de Listagem e de Aplicação de Sanções Pecuniárias do Bovespa Mais Nível 2* (website), versão 31 jan. 2022. Disponível em: https://www.b3.com.br/data/files/CE/D2/27/EB/2D1BE71092ECAAE-7AC094EA8/Regulamento%20de%20Listagem%20do%20N%C3%ADvel%202%20(San%C3%A7%-C3%B5es%202022).pdf. Acesso em: 17 jun. 2022.

BANDEIRA DE MELLO, Celso Antônio. *Curso de direito administrativo*. 32. ed. São Paulo: Malheiros Editores, 2015.

BARBI, Celso Agrícola. *Comentários ao código de processo civil*. 13. ed. Rio de Janeiro: Forense, 2008. v. I.

BARRETO FILHO, Oscar. Natureza jurídica das bolsas de valores no direito brasileiro. *Revista de direito bancário e do mercado de capitais*. v. 12, p. 243. São Paulo: Ed. RT, 2001.

BLACKABY, Nigel; PARTASIDES, Constantine; REDFERN, Alan; and HUNTER, Martin. *Redfern and Hunter on International Arbitration*. 6. ed. Oxford University Press, 2015.

BOBBIO, Norberto. *Teoria do ordenamento jurídico*. Trad. Maria Celeste C. J. Santos. 10. ed. Brasília: Universidade de Brasília, 1999.

BRASIL. IBGE – Instituto Brasileiro de Geografia e Estatística – IBGE. *Projeções e estimativas da população do Brasil e das Unidades da Federação*. Disponível em: https://www.ibge.gov.br/apps/populacao/projecao/index.html. Acesso em: 17 jun. 2022.

BRASIL. TJSP. *Em palestra, presidente do TJSP expõe benefícios das varas empresariais* (notícia). Disponível em: https://www.tjsp.jus.br/Noticias/Noticia?codigoNoticia=50958. Acesso em: 17 jun. 2022.

CÂMARA PORTUGUESA. Regulamento Suplementar para Arbitragens Coletivas do Centro de Mediação e Arbitragem da Câmara Portuguesa de SP. Disponível em: https://www.camaraportuguesa.com.br/centro-de-mediacao-e-arbitragem/. Acesso em: 17 jun. 2022.

CANOTILHO, J. J. Gomes; MENDES, Gilmar Ferreira; SARLET, Ingo Wolfgang; STRECK, Lenio Luiz (Coord.). *Comentários à Constituição do Brasil*. São Paulo: Saraiva: Almedina, 2013.

CARMONA, Calos Alberto. A *Arbitragem e Processo*: um comentário a Lei 9.037/96. São Paulo: Malheiros, 1998.

CARNELUTTI, Francesco. *Teoria geral do direito*. Trad. Antonio Carlos Ferreira. São Paulo: LEJUS, 1999.

CERBINO, Grasiela; VÉRAS, Felipe Sebhastian Caldas. *Câmara de Arbitragem do Mercado*: passado, presente e futuro. In: WALD, Arnoldo; LEMES, Selma Ferreira (Coord.). *25 Anos da Lei de Arbitragem (1996-2021)*. São Paulo: Ed. RT, 2022.

CHIODARO, Renato. Novo Mercado e Governança Corporativa. *Revista de Direito Bancário, de Mercado de Capitais e da Arbitragem*. ano 5, n. 16, abr./jun. São Paulo: Ed. RT, 2002.

CIArb-Brazil. *A arbitragem no mercado de capitais* (webinar). 13 ago. 2020. Disponível em: https://www.youtube.com/watch?v=DJhhoNJJfls. Acesso em: 17 jun. 2022

CIArb-Brazil. *Arbitragem em juízo*: dever de revelação (webinar), 02 jun. 2022.

COELHO, Eleonora. A necessidade de criação de regulamentos adaptados para arbitragens coletivas no mercado de capitais. In: YARSHELL, Luiz Flávio e PEREIRA, Guilherme Setoguti J. (Coord.). *Processo societário*. São Paulo: Quartier Latin, 2018. v. III.

CONJUR. *Mais eficiente, vara empresarial de SP atrai litigiosidade que não existia* (artigo), 15 ago. 2019. Disponível em: https://www.conjur.com.br/2019-ago-15/eficiente-vara-empresarial-absorve-processos-outras-areas. Acesso em: 17 jun. 2022.

CONJUR. Varas empresariais criadas pelo TJ-SP são avanço para o Brasil (artigo), 13 fev. 2018. Disponível em: https://www.conjur.com.br/2018-fev-13/opiniao-varas-empresariais-tj-sp-sao-avanco-brasil. Acesso em: 17 jun. 2022.

CRUZ E TUCCI, José Rogério. Dever de revelação na arbitragem coletiva. In: MONTEIRO, André Luís; PEREIRA, Guilherme Setoguti J.; BENEDUZI, Renato (Coord.). *Arbitragem coletiva societária* (ebook). São Paulo: Thomson Reuters, 2021.

CVM, OCDE, SPE, ME. *Relatório Preliminar*: Fortalecimento dos meios de tutela reparatória dos direitos dos acionistas no mercado de capitais brasileiro, out. 2019. Disponível em: https://www.gov.br/cvm/pt-br/centrais-de-conteudo/publicacoes/estudos/fortalecimento-dos-meios-de-tutela-reparatoria--dos-direitos-dos-acionistas-no-mercado-de-capitais-brasileiro-relatorio-preliminar-cvm-ocde-s-pe-me-outubro-2019/view. Acesso em: 17 jun. 2022.

DA COSTA, Roberto Teixeira. *Valeu a pena*! Mercado de capitais: passado, presente e futuro. São Paulo: Editora FGV, 2018.

DOLINGER, Carmem Tiburcio. *Direito internacional privado*: arbitragem comercial internacional. Rio de Janeiro: Renovar. 2003.

DWORKIN, Ronald. *Levando os direitos a sério*. Trad. Nelson Boeira. São Paulo: WMFMartins Fontes, 2011.

ELIAS, Carlos. *O Árbitro*. In: LEVY, Daniel; PEREIRA, Guilherme Setoguti J. (Coord.). *Curso de arbitragem*. São Paulo: Thomson Reuters Brasil, 2018.

FERNANDES, Flávia Mouta; CULLER, Lucas Matuyama; PEREIRA, Anderson Felipe Aedo. O novo mercado e o mercado de capitais brasileiro – uma história indissociável. In: CANTIDIANO, Maria Lucia; MUNIZ, Igor; CANTIDIANO, Isabel (Coord.). *Sociedades Anônimas, Mercado de Capitais e Outros Estudos*: Homenagem a Luiz Leonardo Cantidiano.. São Paulo: Quartier Latin, 2019. v. 1.

FIGUEIRA JR., Joel Dias. *Arbitragem, jurisdição e execução*. São Paulo: Ed. RT, 1999.

FIUZA, César. *Teoria geral da arbitragem*. Belo Horizonte: Del Rey, 1995.

GAILLARD, Emmanuel; SAVAGE, John (Coord.). *Fouchard Gaillard Goldman on International Commercial Arbitration*. 2. ed. Kluwer Law International, 1999.

GREMAUD, Amaury Patrick et. al. *Economia brasileira contemporânea*. 8. ed. São Paulo: Atlas, 2017.

GUPTA, Rishab; LIMOND, Katrina. Who is the most influential arbitrator in the world. *Global Arbitration Review*, 14 jan. 2016. Disponível em: https://globalarbitrationreview.com/article/who-the-most-influential-arbitrator-in-the-world. Acesso em: 17 jun. 2022.

HONSEL, Heinrich. Einleitung zum BGB. *Staudinger, Eckpfeiler des Zivilrechts*. Berlin: Sellier – de Gruyter, 2005.

JAMS. *JAMS Class Action Procedures*, 1º maio 2009. Disponível em: https://www.jamsadr.com/rules-class-action-procedures/. Acesso em: 13 ago. 2020.

JOTA. *Um ano e meio das varas empresariais de São Paulo: uma iniciativa de sucesso* (artigo), 05 ago. 2019. Disponível em: https://www.jota.info/opiniao-e-analise/artigos/varas-empresariais-sucesso-05082019. Acesso em: 17 jun. 2022.

LEMES, Selma Ferreira. A credibilidade na arbitragem. In: CANTIDIANO, Maria Lucia; MUNIZ, Igor; CANTIDIANO, Isabel (Coord.). *Sociedades Anônimas, Mercado de Capitais e Outros Estudos*: Homenagem a Luiz Leonardo Cantidiano. São Paulo: Quartier Latin, 2019. v. 1.

LEW, Julian; MISTELIS, Loukas; KRÖLL, Stefan. *Comparative International Commercial Arbitration*. Kluwer Law International, 2003.

MARQUES, Ricardo Dalmaso. *O dever de revelação do árbitro*. São Paulo: Almedina, 2018.

MARTINS, Pedro A. Batista. Dever de revelar do árbitro. *Revista de Arbitragem e Mediação*, v. 36, p. 219-229, 2013.

MARZAGÃO, Newton Coca Bastos; DIAS, Rodrigo Yves Favoretto. O dever de revelação do árbitro: aspectos essenciais para o seu adequado exercício. In: VASCONCELOS, Ronaldo et al. (Org.). *Análise prática das Câmaras Arbitrais e da arbitragem no Brasil*. São Paulo: IASP, 2019,.

MATTOS FILHO, Ary Oswaldo. A natureza jurídica das atividades das bolsas de valores. *Revista de Administração de Empresas*. v. 26, p. 12. 1986.

MATTOS FILHO, Ary Oswaldo. Perplexidades do mercado de valores mobiliários. In: CANTIDIANO, Maria Lucia; MUNIZ, Igor; CANTIDIANO, Isabel (Coord.). *Sociedades Anônimas, Mercado de Capitais e Outros Estudos: Homenagem a Luiz Leonardo Cantidiano*. São Paulo: Quartier Latin, 2019. v. 1.

MAXIMILIANO, Carlos. *Hermenêutica e aplicação do direito*. Rio de Janeiro: Forense, 1996.

MEJIAS, Lucas Britto. *Controle da atividade do árbitro*. São Paulo: Ed. RT, 2015.

MONTORO, Marcos André Franco. *Flexibilidade do procedimento arbitral*, tese de doutorado apresentada no programa da pós-graduação da Faculdade de Direito da USP, 2010.

MORAES, Márcio André Medeiros Moraes, *Arbitragem nas relações de consumo*. Curitiba: Juruá, 2008.

MUNHOZ, Eduardo Secchi. *Arbitragem e novo mercado*. In: MATTOS FILHO; VEIGA FILHO; MARREY JR.; QUIROGA ADVOGADOS (Ed.). *Arbitragem no Brasil*. São Paulo: Impressão Régia, 2010.

MUNIZ, Joaquim de Paiva. Guia Politicamente Incorreto da arbitragem: visão crítica de cinco anos de reforma da Lei. In: Olavo A. V. Alves Ferreira e Paulo Henrique dos Santos Lucon (Coord.). *Arbitragem*: 5 anos da Lei 13.129, de 26 de maio de 2015 (ebook). Ribeirão Preto, SP: Migalhas, 2020.

NUNES, Thiago Marinho. *Arbitragem e Prescrição*. 1. ed. São Paulo: Atlas, 2014.

OECD. *Private enforcement of shareholder rights*: A comparison of selected jurisdictions and policy alternatives for Brazil, 18 nov. 2020. Disponível em: http://www.oecd.org/corporate/shareholder-rights-brazil.htm. Acesso em: 17 jun. 2022.

PARENTE, Eduardo de Albuquerque. *Processo arbitral e sistema*. São Paulo: Atlas, 2012.

PINHEIRO, Juliano Lima. *Mercado de capitais* (ebook). 9+ ed. São Paulo: Atlas, 2019.

PRADO, Viviane Muller; DECCACHE, Antonio. Arbitragem coletiva e companhias abertas. *Revista de Arbitragem e Mediação*. v. 52, p. 99-122, jan.-mar. 2017, DTR\2017\506.

RANGEL DE MORAES, Luiza. As companhias abertas e o mercado de valores mobiliários no Século XXI. Evolução e novos desafios. In: CANTIDIANO, Maria Lucia; MUNIZ, Igor; CANTIDIANO, Isabel (Coord.). *Sociedades Anônimas, Mercado de Capitais e Outros Estudos*: Homenagem a Luiz Leonardo Cantidiano. São Paulo: Quartier Latin, 2019. v. 2.

SCHAFFER, Daniel Kaufman. Jurimetria, Tecnologia e Processo – Uma breve análise a partir da experiência do Supremo Tribunal Federal. In: BRITTO, Carlos Augusto Ayres de Freitas (Coord.). *Supremo 4.0*: Constituição e tecnologia em pauta. São Paulo: Thomson Reuters, 2022.

SCHAFFER, Daniel Kaufman; MALUF, Fernando; NOGUEIRA, Ana Carolina. Consolidação de procedimentos arbitrais: a prática das câmaras de arbitragem brasileiras e estrangeiras. In: VASCONCELOS, Ronaldo et. al. (Coord.). *Análise prática das câmaras arbitrais e da arbitragem no Brasil*. São Paulo: IASP, 2019.

VASCONCELOS, Ronaldo; MARZAGÃO, Newton Coca Bastos. Arbitragem coletiva societária: notas críticas sobre o seu emprego à luz do regime da substituição processual. In: YARSHELL, Flávio Luiz; PEREIRA, Guilherme Setoguti J. (Coord.). *Processo societário*. São Paulo: Quartier Latin, 2021. v. IV.

QMUL, *2018 International Arbitration Survey*: The Evolution of International Arbitration, 2018. Disponível em: https://www.whitecase.com/sites/whitecase/files/files/download/publications/qmul-international--arbitration-survey-2018-19.pdf. Acesso em: 17 jun. 2022.

QMUL, 2019 *International Arbitration Survey* – Driving Efficiency in International Construction Disputes, nov. 2019. Disponível em: https://www.pinsentmasons.com/thinking/special-reports/international--arbitration-survey. Acesso em: 17 jun. 2022.

VALOR INVESTE. *Disputas de arbitragem na B3 batem recordes* (notícia), 29 jul. 2020. Disponível em: https://valorinveste.globo.com/mercados/renda-variavel/bolsas-e-indices/noticia/2020/07/29/disputas-de--arbitragem-na-b3-batem-recordes.ghtml. Acesso em: 17 jun. 2022.

VERÇOSA, Haroldo Malheiros Duclerc. A arbitragem e o mercado de capitais. *Revista de Direito Mercantil, Industrial, Econômico e Financeiro*, v. 46, p. 155-164, abr./jun. 2007.

VIEIRA, Jorge Hilário Gouvêa. *Comissão de Valores Mobiliários*. In: VENANCIO FILHO, Alberto; LOBO, Carlos Augusto da Silveira; ROSMAN, Luiz Alberto Colonna (Coord.). *Lei das S.A. em seus 40 anos*. Rio de Janeiro: Forense, 2017.

VIEIRA, Maíra de Melo, et al. Arbitragem nos conflitos societários, no mercado de capitais e a reforma do Regulamento da Câmara de Arbitragem do Mercado (CAM) da BM&FBovespa. *Revista de Arbitragem e Mediação*, v. 40, p. 193-231, jan./mar. 2014.

XII
CLASS ARBITRATION NA EXPERIÊNCIA ESTADUNIDENSE

Julie Bédard

Master of Laws (LL.M.) e Doctor of the Science of Law (J.S.D.) pela Columbia University School of Law. Sócia do Grupo de Arbitragem Internacional em Skadden, Arps, Slate, Meagher & Flom. Bachelor of Civil Law (B.C.L) e Bachelor of Laws (LL.B., common law) pela McGill University Faculty of Law. As visões e opiniões manifestadas neste artigo são exclusivamente dos autores e não representam necessariamente as visões e opiniões do escritório ou de seus clientes.

Caio Pazinato Ramos

Master of Laws (LL.M.) em International Economic Law, Business & Policy pela Stanford Law School. Bacharel em Direito e Mestre em Direito das Relações Econômicas Internacionais pela Pontifícia Universidade Católica de São Paulo. Associado do Grupo de Arbitragem Internacional em Skadden, Arps, Slate, Meagher & Flom. As visões e opiniões manifestadas neste artigo são exclusivamente dos autores e não representam necessariamente as visões e opiniões do escritório ou de seus clientes

Sumário: Introdução: escopo e considerações terminológicas – 1. Visão geral das *class actions* nos estados unidos – 2. *Class arbitration* nos estados unidos; 2.1 *Green tree financial corp v. Bazzle*: o marco inicial; 2.2 Os casos da suprema corte pós *bazzle*: interpretação do silêncio e ambiguidade, cláusulas de renúncia e a questão sobre quem decide; 2.3 Resultado da evolução dos casos da suprema corte: algumas consequências da limitação da arbitragem de classe; 2.4 *Class arbitration* na arbitragem internacional? – Conclusões – Bibliografia e julgados selecionados.

INTRODUÇÃO: ESCOPO E CONSIDERAÇÕES TERMINOLÓGICAS

O presente artigo busca oferecer um panorama geral sobre a arbitragem de classe (ou *class arbitration*) na experiência estadunidense. Para tanto, teceremos breves considerações terminológicas, seguidas de uma visão geral sobre as ações de classe judiciais (ou *class actions*) no país, seus principais objetivos e regime jurídico (item 1).

Estes temas servirão de base para a compreensão do modelo de *class arbitration* existente nos Estados Unidos, cujo estudo se iniciará com a análise dos antecedentes históricos que levaram ao paradigmático caso *Green Tree Financial Corp. v. Bazzle*, por meio do qual a Suprema Corte deu asas à arbitragem de classe no país (item 2.1), e prosseguirá com a análise dos diversos precedentes subsequentes por meio dos quais a Corte foi aos poucos moldando o instituto e limitando sua aplicabilidade (itens 2.2 e 2.3). Por fim, abordaremos a questão das *class arbitrations* na arbitragem internacional (item 2.4), para então tecer algumas considerações conclusivas.

O termo "arbitragem de classe" é, juntamente com o termo "arbitragem coletiva" (*collective arbitration*), espécie de um gênero que se pode chamar de "arbitragem de grupo", e que alguns autores denominam "arbitragem de larga escala".[1] Essa terminologia, vale destacar, é bastante particular dos Estados Unidos, de modo que outras jurisdições podem utilizar termos semelhantes para descrever fenômenos distintos.

Por arbitragem de classe entende-se, grosso modo, o procedimento arbitral iniciado por uma ou mais partes similarmente situadas, pleiteando direitos em nome próprio e em nome de membros ausentes de uma determinada classe, os quais estarão vinculados à sentença arbitral ao menos que optem por se retirar do procedimento (*opt-out*). Trata-se de procedimento que replica, em grande medida, o modelo de *class action* existente nos Estados Unidos.

O termo "arbitragem coletiva", por seu turno, possui sentido residual, dizendo respeito a procedimentos arbitrais que, embora envolvam uma multiplicidade de partes, não congregam elementos típicos das *class actions*, tais como a representação de uma classe de membros ausentes, e vinculam apenas as partes que optam por aderir ao procedimento (*opt-in*).

O foco desse artigo, como adiantado, são as arbitragens de classe. Para todos os fins, os termos "ação de classe" e "arbitragem de classe" serão utilizados como tradução dos termos *class action* e *class arbitration*, respectivamente.

1. VISÃO GERAL DAS *CLASS ACTIONS* NOS ESTADOS UNIDOS

Para melhor compreender o fenômeno da arbitragem de classe nos Estados Unidos, importa analisar brevemente (i) as principais políticas subjacentes a procedimentos dessa natureza; e (ii) o regime jurídico das *class actions* no Direito estadunidense.

De forma bastante simplificada, *class action* é o procedimento por meio do qual se litiga individualmente um caso que envolve pleitos comuns a toda uma classe, abarcando inclusive indivíduos ausentes e não identificados. Na qualidade de representante da classe, caberá ao autor (que pode ser um indivíduo, uma pessoa jurídica, ou um grupo reduzido de indivíduos ou pessoas jurídicas), também chamado de *leading plaintiff* ou *named plaintiff*, conduzir o processo em nome de todo o grupo, o qual mesmo não participando da disputa, ficará vinculado ao resultado, seja ele favorável ou desfavorável.

Nos Estados Unidos, autores e seus advogados costumeiramente se valem do mecanismo das *class actions* para agregar pleitos difusos que seriam pequenos demais para serem ajuizados de forma individual, permitindo que o Poder Judiciário decida, em um único processo, uma multiplicidade de disputas que poderiam vir a ser ajuizadas separadamente, como ocorre nos clássicos exemplos de disputas consumeristas, trabalhistas e de antitruste.

---

1. Para uma análise aprofundada sobre essa e outras questões terminológicas, ver: STRONG, S.I. *Class, mass, and collective arbitration in national and international law*. Nova York: Oxford University Press, 2013, p. 6-19.

O ponto de partida para o estudo do regime jurídico aplicável às ações de classe no âmbito federal[2] é a *Rule 23* das *Federal Rules of Civil Procedure* (FRCP), a qual estabelece os pré-requisitos e espécies de *class actions*, além de noções basilares tais como a certificação da classe (*class certification*) e a notificação dos membros ausentes, dentre outros pontos.[3] Teceremos a seguir, sem qualquer pretensão de esgotar o tema, algumas considerações sobre os contornos fundamentais das ações de classe no Direito estadunidense.

Os pré-requisitos de uma *class action*, elencados de forma cumulativa no item (a) da Regra 23, podem ser denominados como numerosidade, comunalidade, tipicidade, e representatividade adequada.[4] Os dois primeiros estão relacionados aos membros ausentes, ao passo que os dois últimos dizem respeito à qualificação esperada do representante da classe.

Ao tratar do requisito da *numerosidade*, a Regra 23(a)(1) demanda que a classe seja tão numerosa que a reunião de todos os seus membros seja impraticável. O requisito da *comunalidade*, por seu turno, impõe que haja questões de fato ou de direito comuns à classe, como prevê a Regra 23(a)(2). Já o requisito da *tipicidade*, trazido pela Regra 23(a)(3), estabelece que os pleitos e defesas do representante devem ser típicos da classe representada. Por derradeiro, ao estabelecer o requisito da *representatividade adequada*, a Regra 23(a)(4) determina que o representante da classe proteja os interesses desta de forma justa e adequada.

Há, ainda, dois pré-requisitos comumente considerados pelas cortes que não constam expressamente da Regra 23(a), quais sejam (i) que exista uma classe passível de ser definida; e (ii) que os representantes sejam efetivamente membros da classe.[5]

Diante de tudo isso, tem-se que o conteúdo da Regra 23(a) indica, como enfatizado pela Suprema Corte no voto vencedor do caso *Wal-Mart Stores, Inc., v. Dukes*, que o seu principal objetivo é assegurar que os "named plaintiffs are appropriate representatives of the class whose claims they wish to litigate",[6] evidenciando a abordagem criteriosa e estrita da Corte com relação ao preenchimento dos requisitos legais.

Cumpridos todos esses pré-requisitos, o segundo passo para a viabilidade de uma *class action* é verificar se o caso se encaixa em alguma das três categorias previstas no item (b) da Regra 23, denominadas pelas FRCP como "tipos" de ação de classe.

---

2. A maioria dos estados adota regras análogas à *Rule 23* para regulamentar o ajuizamento de *class actions* no âmbito estadual.
3. Além da Rule 23, que é a principal fonte de regulamentação das *class actions*, há ainda o *Class Action Fairness Act* (CAFA), que, em linhas gerais, expandiu a jurisdição de cortes federais sobre ações de classe. Aspectos específicos desta lei e de seus correlatos desdobramentos judiciais não integram o objeto deste artigo.
4. Ou, em inglês: numerosity, commonality, typicality e adequate representation (ESTADOS UNIDOS. Supreme Court of the United States. *Wal-Mart Stores, Inc., v. Betty Dukes et al.* 564 US 338 (2011). Relator: Antonin Scalia, 20 de junho de 2011, p. 349).
5. KANE, Mary Kay. § 1759 Prerequisites for Bringing a Class Action – In General. In: WRIGHT, Charles Alan. MILLER, Arthur R. *Federal Practice and Procedure*. 4. ed. Eagan: Thomson West, 2021 (atualizada, nov.), v. 7A. § 1759. Disponível em: https://1.next.westlaw.com.
6. ESTADOS UNIDOS. Supreme Court of the United States. *Wal-Mart Stores, Inc., v. Betty Dukes et al.* 564 US 338 (2011). Relator: Antonin Scalia, 20 jun. 2011, p. 349.

A primeira categoria, prevista pela Regra 23(b)(1), busca tutelar casos nos quais há um risco substancial de que ações individuais sejam ajuizadas separadamente na ausência da propositura da ação de classe, disso resultando um risco de decisões díspares ou inconsistentes com relação aos membros da classe, as quais poderiam acabar, por seu turno, estabelecendo padrões de conduta incompatíveis para a parte oposta à classe.

A segunda categoria, insculpida na Regra 23(b)(2), se verifica quando a parte contrária à classe pratica ato ou incorre em omissão que seja genericamente aplicável à classe como um todo, mostrando-se justificado o provimento de tutela jurisdicional mandamental ou declaratória em favor da integralidade da classe.

Essas duas categorias preveem o cabimento da *class action* com base no tipo ou nos efeitos da tutela pleiteada,[7] sendo utilizadas quando se buscam remédios como execução específica, tutelas inibitórias, ou declaratórias (*equitable relief*).[8] Ilustrativamente, a segunda categoria costuma ser utilizada em ações que têm por objeto a reinvindicação de direitos civis e políticos.

A terceira categoria, trazida pela Regra 23(b)(3), é cabível quando a corte determina que (i) as questões de fato ou de direito comuns aos membros da classe predominam sobre questões que afetem apenas membros individualmente considerados; e (ii) a *class action* se mostra superior a outros métodos disponíveis para adjudicar a controvérsia de forma justa e eficiente.[9] Trata-se de categoria desenhada para permitir que um grande número de pessoas que possui pleitos de pequena monta ajuíze suas ações de forma coletiva,[10] sendo portanto normalmente utilizada quando se pleiteia o pagamento de uma indenização (*money damages*).[11]

O simples ajuizamento não basta para que a demanda seja considera uma *class action*, fazendo-se necessário que a corte emita uma ordem certificando que o caso cumpre os requisitos acima esmiuçados. É dizer: o autor primeiro ajuíza uma ação de classe "putativa" (*putative class action*), indicando quem são os autores nominais (*named plaintiffs*) que estão representando a potencial classe, e só depois apresenta uma moção

---

7. KANE, Mary Kay. § 1777 Class Actions in Which Common Questions Predominate Over Individual Questions – In General. In: WRIGHT, Charles Alan. MILLER, Arthur R. Federal Practice and Procedure. 4 ed. Eagan: Thomson West, 2021 (atualizada, nov.), v. 7A. § 1777. Disponível em: https://1.next.westlaw.com.
8. SOLOVY, Jerold S. MARMER, Ronald L. CHORVAT, Timothy J. et al. § 23.40 – Rule 23(b) Establishes Three Categories of Class Actions. In: MOORE, James William. *Moore's Federal Practice* – Civil Chapter. Nova York: Matthew Bender, 2021 (atualização, set.), v. 5. § 23.40. Disponível em: https://advance.lexis.com.
9. O dispositivo esclarece, ainda, que os fatores que devem ser levados em consideração pela corte para essa determinação são (A) o interesse de membros da classe em controlar individualmente a prossecução ou defesa em ações separadas; (B) a extensão e natureza de quaisquer outros litígios relativos à controvérsia já iniciados por ou em face de membros da classe; (C) a conveniência ou não de concentrar o litígio naquele foro em particular; e (D) as potenciais dificuldades de gerenciamento da ação de classe.
10. KANE, Mary Kay. § 1777 Class Actions in Which Common Questions Predominate Over Individual Questions – In General. In: WRIGHT, Charles Alan. MILLER, Arthur R. *Federal Practice and Procedure*. 4 ed. Eagan: Thomson West, 2021 (atualizada, nov.), v. 7, § 1777. Disponível em: https://1.next.westlaw.com.
11. SOLOVY, Jerold S. MARMER, Ronald L. CHORVAT, Timothy J. et al. § 23.44 Rule 23(b)(3): Money Damages Cases in Which Common Questions Predominate and Class Action Is Superior to Individual Actions. In: MOORE, James William. Moore's *Federal Practice* – Civil Chapter. v. 5. Nova York: Matthew Bender, 2021 (atualização, set.), § 23.44. Disponível em: https://advance.lexis.com.

requerendo a certificação da demanda como uma *class action*. A esse procedimento se dá o nome de *class certification*.

A certificação da classe não é um processo simples. Como a Suprema Corte já teve a oportunidade de enfatizar em mais de uma oportunidade, a certificação somente deve ocorrer se a corte de piso estiver "satisfied, after a rigorous analysis, that the prerequisites of Rule 23(a) have been satisfied",[12] devendo o mesmo rigor analítico ser observado para definir se a ação se enquadra em uma das categorias previstas pela Regra 23(b).[13]

Caso a corte entenda por deferir a certificação, caber-lhe-á então definir a classe, seus pleitos, questões, ou defesas, bem como nomear o advogado representante, como ordena a Regra 23(c)(1)(B). Feito isso, terá vez o processo de notificação dos membros da classe, o qual também deve observar uma série de requisitos específicos.

A necessidade de notificação varia de acordo com o tipo de *class action*. Nas duas primeiras categorias acima mencionadas,[14] a corte possui discricionariedade para decidir se é o caso de notificar a classe, o que deve ser feito com cuidado, após se avaliar o custo benefício da medida.[15] Na terceira categoria,[16] por outro lado, a corte deve enviar aos membros da classe "the best notice that is practicable under the circumstances, including individual notice to all members who can be identified through reasonable effort", devendo a notificação obedecer a uma série de requisitos específicos.[17]

Cumpridos os trâmites de notificação, e desde que preenchidos os requisitos legais, as partes poderão pedir o julgamento antecipado da lide (*summary judgment*) no todo ou em parte, ou prosseguir para a fase instrutória, que poderá culminar com um julgamento pelo magistrado (*bench trial*) ou por um tribunal do júri (*juri trial*), a depender das circunstâncias. A *class action* também poderá resultar em um acordo, desistência do autor, ou compromisso entre as partes, sendo que qualquer uma dessas hipóteses

---

12. ESTADOS UNIDOS. Supreme Court of the United States. *Wal-Mart Stores, Inc., v. Betty Dukes et al.* 564 US 338 (2011). Relator: Antonin Scalia, 20 jun. 2011, p. 350-351.
13. ESTADOS UNIDOS. Supreme Court of the United States. *Comcast Corporation et al.., v. Caroline Behrend et al.* 569 US 27 (2011). Relator: Antonin Scalia, 27 mar. 2013, p. 34.
14. Ou seja, aquelas previstas nas Regras 23(b)(1) e 23(b)(2).
15. Regra 23(c)(2)(B), e respectivo comentário do Advisory Committee. Disponível em: https://www.law.cornell.edu/rules/frcp/rule_23. Acesso em: 15 nov. 2021.
16. Prevista na Regra 23(b)(3).
17. Tudo nos termos da Regra 23(c)(2)(B), segundo a qual a notificação deve ser clara e expressar em linguagem simples, concisa e de fácil compreensão: (i) a natureza da ação; (ii) a definição da classe certificada; (iii) os pleitos, questões ou defesas da classe; (iv) que o membro da classe pode se apresentar nos autos por seu advogado, caso deseje; (v) que a corte excluirá da classe qualquer membro que assim requeira; (vi) o tempo e forma para que se solicite a exclusão; e (vii) o efeito vinculante do julgamento sobre os membros da classe. A discricionariedade para decidir sobre a notificação no caso das duas primeiras categorias se dá porque (a) nelas não costuma haver a cobrança de indenização (apenas pedidos mandamentais ou declaratórios), de modo que a notificação se torna menos premente e exigi-la poderia inviabilizar o prosseguimento da ação; e (b) nesses casos a certificação é mandatória, não havendo o direito de os membros se retirarem da classe, o que por outro lado é permitido no caso terceira categoria, que funciona em um regime de *opt-out* (SOLOVY, Jerold S. MARMER, Ronald L. CHORVAT, Timothy J. (et al.) § 23.100 Court May, but Is Not Required to, Give Notice of Certification in Class Actions Certified Under Rule 23(b)(1) and (b)(2). In: MOORE, James William. *Moore's Federal Practice* – Civil Chapter. Nova York: Matthew Bender, 2021 (atualização, set.), v. 5. § 23.100. Disponível em: https://advance.lexis.com).

dependerá da prévia aprovação judicial, e, em alguns casos, de prévia intimação dos membros da classe e de uma nova oportunidade para que se retirem da classe, dentre outros pontos.[18]

Independentemente do resultado, a decisão final deverá, em regra (i) no caso das classes certificadas sob os itens (b)(1) e (b)(2) da Regra 23 (duas primeiras categorias), incluir e descrever aqueles que a corte considera membros da classe; e (ii) no caso da terceira categoria (classe certificada sob o item b(3) da Regra 23), incluir, especificar e descrever os destinatários da notificação que não requereram a sua exclusão e que a corte entenda serem membros da classe.[19]

Os efeitos de uma decisão final de mérito são geralmente vinculantes aos membros da classe, desde que observado o devido processo legal, o que abarca por exemplo a necessidade de que os membros ausentes tenham sido adequadamente representados e, no caso das classes certificadas sob a terceira categoria da Regra 23(b), devidamente notificados da oportunidade de se retirar da classe, sujeito a certas exceções a serem verificadas no caso concreto.

A exposição acima, ainda que feita de forma bastante resumida, evidencia se tratar de uma questão complexa e repleta de nuances. Há, vale lembrar, uma infinidade de outros pontos importantes para o estudo das *class actions*, bem como extensas discussões jurisprudenciais e doutrinárias sobre a interpretação de cada um dos requisitos acima expostos, os quais naturalmente não integram o objeto deste artigo.

Esse arcabouço jurídico, no entanto, influencia diretamente – e é parte verdadeiramente indissociável – do estudo da arbitragem de classe na experiência estadunidense, integrando o substrato mínimo de conceitos necessários para a plena compreensão do tema, especialmente considerando que o Federal Arbitration Act (FAA) é silente com relação à matéria.[20]

Class action e *class arbitration* são, portanto, "dois mecanismos inextricavelmente ligados",[21] devendo, ao nosso ver, serem enxergados dessa forma. É sob esse prisma, vale dizer, que a questão vem se desenvolvendo no direito estadunidense, tendo a Suprema Corte mostrado peculiar interesse em analisar se e em que circunstâncias o instituto da arbitragem pode ser combinado com o mecanismo da ação de classe.[22]

---

18. Regra 23(e).
19. Regra 23(c)(3).
20. O FAA foi promulgado em 1925, muito antes dos mecanismos modernos de *class action* judicial, de modo que não endereça o cabimento de arbitragem de classe (KENT, Rachel. STRING, Marik. Availability of class arbitration under US Law. In: VAN DEN BERG, Albert Jan (Ed.) *Legitimacy*: Myths, Realities, Challenges. Haia: Kluwer Law International, 2015. (ICCA Congress Series), v. 18, p. 855).
21. STRONG, S.I. Class, mass, and collective arbitration in national and international law, Op. cit., p. 7.
22. KUCK, Lea Haber. LITT, Gregory A. International class arbitration. In: KARLSDOGT, Paul (Ed.). *World class actions: a guide to group and representative actions around the globe*. Oxford: Oxford University Press, 2012, p. 700.

2. *CLASS ARBITRATION* NOS ESTADOS UNIDOS

2.1 *Green Tree Financial Corp v. Bazzle*: o marco inicial

A história da arbitragem de classe nos Estados Unidos teve início há aproximadamente quarenta anos, no começo da década de 1980.[23] Até então, as cortes estadunidenses vinham consistentemente decidindo pela impossibilidade de arbitragens de classe, por entenderem que o procedimento arbitral somente poderia vincular as partes do contrato, sendo portanto inviável que uma arbitragem prosseguisse em forma de classe, vinculando terceiros não parte.[24]

Em 1982, a Suprema Corte da Califórnia decidiu o caso que é considerado o primeiro reconhecimento do cabimento de uma arbitragem de classe: *Keating v. Superior Court*.[25] Em suma, o caso envolvia várias disputas iniciadas, individualmente e em forma de classe, por franqueados de lojas de conveniência em face do franqueador, que por sua vez defendia que cada uma das disputas deveria ser submetida individualmente a arbitragem, por força da cláusula compromissória contida nos contratos de franquia. Os franqueados contestaram a exequibilidade da cláusula arbitral, por se tratar de contrato de adesão, e defenderam subsidiariamente que caso a questão fosse submetida a arbitragem, isso deveria ocorrer em forma de classe, e não individualmente.[26]

A Suprema Corte da Califórnia concluiu que o fato de se tratar de contratos de adesão não deveria ensejar, por si só, a inexequibilidade da cláusula arbitral, bem como que pelas circunstâncias do caso concreto as cláusulas eram de fato vinculantes e exequíveis.[27] Nada obstante, ponderou que o pedido subsidiário dos franqueados (*i.e.*, que a corte de primeiro grau certificasse a classe e a arbitragem então prosseguisse dessa forma) demandava uma análise dos "special problems of unfair advantage which may appear in an adhesion setting when individual arbitration agreements are invoked to block an otherwise appropriate class action".[28]

Ao conduzir esta análise, a corte notou já ter enfatizado repetidamente em outras oportunidades a importância do mecanismo da *class action* "for vindicating rights asserted by large groups of persons", bem como que contratos de adesão envolvendo consumidores ou franquias apresentam um cenário ideal para ações de classe.[29] As-

---

23. Para uma análise mais aprofundada sobre as origens da arbitragem de classe nos Estados Unidos, ver: STRONG, S.I. Class, mass, and collective arbitration in national and international law, Op. cit., p. 6-14; KUCK, Lea Haber. LITT, Gregory A. International class arbitration, Op. cit., p. 701-720; BORN, Gary B. International Commercial Arbitration. 3. ed. Haia: Kluwer Law International, 2021, p. 1622-1642; KENT, Rachel. STRING, Marik. Availability of class arbitration under US Law. In: VAN DEN BERG, Albert Jan (Ed.) *Legitimacy*: Myths, Realities, Challenges. Haia: Kluwer Law International, 2015. (ICCA Congress Series). v. 18.
24. BORN, Gary B. International Commercial Arbitration. Op. cit., p. 1623.
25. ESTADOS UNIDOS. California Supreme Court. *Keating v. Superior Court*. 31 Cal.3d. 584 (Cal. 1982). Relator: Joseph Grodin, 10 jun. 1982.
26. Idem, p. 590-591.
27. Idem, p. 595.
28. Idem, p. 608-609.
29. Idem, p. 609.

severou, ademais, que se o direito de ter uma disputa decorrente de um contrato de adesão resolvida em forma de classe pudesse ser afastada pela simples inclusão de uma cláusula arbitral no contrato "the potential for undercutting these class action principles, and for chilling the effective protection of interests common to a group, would be substantial".[30]

Nesse contexto, a corte se viu diante do que chamou de um "dilema": decidir que uma cláusula arbitral não pode impedir a realização de uma *class action* judicial, ou determinar que a arbitragem em si prossiga em forma de classe. Ao optar pela segunda alternativa,[31] a corte entendeu que seria menos prejudicial à vontade das partes ordenar a realização de uma arbitragem de classe no âmbito de um contrato de adesão, já que todas as partes estariam sujeitas a contratos com as mesmas previsões (inclusive a cláusula arbitral), bem como que partes insatisfeitas (seja com o representante da classe, com a escolha do árbitro, ou por qualquer outra razão) estariam livres para se retirarem da classe (*opt-out*) e perseguir seus direitos individualmente.[32]

Embora tenha reconhecido que uma arbitragem de classe acarretaria complexidades significativas, a corte parece ter partido do pressuposto de que o Poder Judiciário atuaria mais ativamente para prestar apoio ao procedimento de classe, performando tarefas como certificação e notificação da classe, além da supervisão do processo para garantir a proteção dos membros ausentes.[33] Assim, a corte entendeu, por maioria,[34] que se a única alternativa for forçar centenas de franqueados a individualmente resolverem suas disputas em face do franqueador em arbitragens separadas "then the prospect of classwide arbitration, for all its difficulties, may offer a better, more efficient, and fairer solution".[35] Diante disso, ordenou que o caso fosse remetido ao juiz de primeiro grau, a quem caberia avaliar se era ou não o caso de ordenar que a arbitragem prosseguisse em forma de classe.[36]

---

30. Idem, p. 609. A Corte destacou, ainda, que embora a arbitragem em si não seja opressiva nem prejudique as expectativas razoáveis das partes, isso pode ocorrer quando a cláusula arbitral é utilizada para insular o estipulante do contrato de adesão de quaisquer procedimentos de classe, já que neste caso muitas demandas individuais poderiam acabar sendo barradas por completo (Idem, p. 610).
31. A Corte afastou a primeira solução por entender que a legislação e as respectivas políticas subjacentes, ambas favoráveis à arbitragem, impõem que este tipo de resultado seja evitado sempre que for possível dar efetividade à vontade das partes no sentido de arbitrar (Idem, p. 610).
32. Idem, p. 610-613.
33. Idem, p. 613.
34. O voto divergente, de lavra do Ministro Frank Richardson, ponderou em conclusão que "class procedures would tend to make arbitration inefficient instead of efficient, lengthy instead of expeditious, and procedural instead of informal", bem como que "because of the complications resulting from continued judicial monitoring, the imposition of class action procedures on the arbitration process would be self-defeating" (Idem, p. 623-624).
35. Idem, p. 613.
36. A Corte orientou que, ao avaliar o cabimento da arbitragem de classe, caberia ao juízo de piso verificar não apenas os fatores normalmente relevantes à certificação da classe, como também as características especiais da arbitragem, incluindo o impacto que a necessária supervisão judicial teria em um eventual procedimento arbitral de classe, além da possibilidade de consolidação de procedimentos como um meio alternativo de assegurar uma solução mais justa. Além disso, também caberia ao juízo de piso analisar se a decisão prejudicaria interesses legítimos do estipulante do contrato de adesão (Idem, p. 613-614).

Na esteira da decisão do caso *Keating*, outras cortes estaduais seguiram enfrentando o tema. De um lado, estados como Pensilvânia e Carolina do Norte passaram a admitir arbitragens de classe, ao passo que de outro, estados como Alabama, Delaware e Washington expressamente rejeitaram o seu cabimento,[37] postura que também foi adotada pelas cortes federais no curso da década de 1990.[38] Sobreveio, então, o caso paradigma: *Green Tree Financial Corp. v. Bazzle*,[39] decidido pela Suprema Corte dos Estados Unidos em 2003.

A disputa surgiu quando Lynn e Burt Bazzle, Daniel Lackey, e George e Florine Buggs, todos clientes da Green Tree Financial, instituição financeira do ramo de crédito hipotecário, ajuizaram duas *class actions* perante as cortes da Carolina do Sul alegando violações a seus direitos consumeristas no âmbito de contratos de empréstimo celebrados com a Green Tree.[40]

Os Bazzle buscaram a certificação da classe, ao passo que a Green Tree requereu que a corte compelisse as partes a arbitrar. A corte então certificou a classe e remeteu as partes a arbitragem, tendo a Green Tree selecionado o árbitro único com o consentimento dos Bazzle, tal como previsto na convenção de arbitragem. Na outra ação, iniciada por Lackey e pelos Buggs, a corte também compeliu as partes a arbitrar, tendo a certificação da classe ficado a cargo do árbitro que, vale dizer, era o mesmo da arbitragem entre Green Tree e os Bazzle.

Em ambos os casos, o árbitro condenou a Green Tree a pagar cerca de US$ 10 milhões a cada uma das classes, tendo as sentenças arbitrais sido confirmadas judicialmente. A Green Tree recorreu da decisão, alegando dentre outros pontos que uma arbitragem de classe seria "legally impermissible".[41] A Suprema Corte da Carolina do Sul consolidou os casos após retirá-los da Court of Appeals e avocá-los para si, tendo decidido que os contratos eram silentes sobre o assunto já que não faziam menção a arbitragem de classe, o que autorizaria a realização de arbitragem de classe no caso concreto. A corte pontuou, ademais, que as arbitragens no caso concreto haviam sido corretamente conduzidas como arbitragens de classe.[42]

A Suprema Corte dos Estados Unidos concedeu *certiorari* para determinar se a decisão era consistente com o FAA,[43] tendo o julgamento resultado em quatro declara-

---

37. STRONG, S.I. Class, mass, and collective arbitration in national and international law, Op. cit., p. 9-10.
38. Sobre a posição das cortes federais, ver: KUCK, Lea Haber. LITT, Gregory A. International class arbitration, Op. cit., p. 705-707. Ainda sobre o tema, S. I. Strong destaca que a divergência jurisprudencial então existente nas cortes federais sobre a possibilidade de consolidação não consensual de procedimentos arbitrais sugere que uma divergência a respeito do cabimento de arbitragem de classe estava prestes a surgir, mas foi estancada pela decisão da Suprema Corte no caso *Bazzle*, adiante analisado (STRONG, S.I. Class, mass, and collective arbitration in national and international law, Op. cit., p. 10).
39. ESTADOS UNIDOS. Supreme Court of the United States. *Green Tree Financial Corp., v. Bazzle et al.* 539 US 444 (2003). Relator: Stephen Gerald Breyer, 23 jun. 2003.
40. Idem, p. 447-449.
41. Idem, p. 449.
42. Idem, p. 450.
43. Idem, p. 447

ções de voto distintas, nenhuma delas dotada da maioria de cinco votos necessária para que a decisão se qualificasse como uma *majority opinion* e assim adquirisse natureza de precedente vinculante. Os Ministros Breyer, Scalia, Souter e Ginsburg entenderam, em sua *plurality opinion*, que se fazia necessário analisar, em caráter preliminar, se a decisão de que o contrato era silente sobre o cabimento arbitragem de classe poderia ter sido tomada pelo Poder Judiciário, ou se deveria ter sido deixada ao árbitro.

Se atendo aos termos da cláusula compromissória, entenderam os ministros que caberia ao árbitro decidir a questão, na medida em que as partes haviam submetido a arbitragem "[a]ll disputes, claims, or controversies arising from or relating to this contract or the relationship which results from this contract",[44] o que incluiria disputas sobre se a convenção de arbitragem proíbe ou não a realização de uma arbitragem de classe.

Essa decisão, vale destacar, teve como estofo precedentes da Suprema Corte que tratam de outro tema também amplamente debatido, o chamado "who decides issue", o qual consiste em definir quais questões preliminares (ou "threshold issues") devem ser decididas pelos árbitros e quais devem ficar a cargo do Poder Judiciário (os chamados "gateway issues").[45]

A *plurality opinion* decidiu que, em sendo a arbitragem "a matter of contract",[46] e não se estando diante de uma discussão sobre se as partes efetivamente quiseram arbitrar, mas sim sobre o escopo das questões sujeitas a arbitragem ("scope of arbitrable issues"), essa dúvida deveria ser dirimida "in favor of arbitration".[47] De acordo com o voto, portanto, a questão não seria considerada um "gateway issue" substantivo – tal como a validade da convenção de arbitragem ou a sua aplicabilidade à disputa, caso em que sua resolução caberia ao Poder Judiciário –, mas sim uma discussão procedimental sobre "what kind of arbitration proceeding the parties agreed to",[48] estando os árbitros "well situated to answer that question".[49]

Por ter a decisão sobre o cabimento da arbitragem de classe sido tomada pelo Poder Judiciário no caso dos Bazzle, e ao menos influenciada pelo Poder Judiciário no caso Lackey, haveria, na visão da *plurality opinion*, uma forte probabilidade de que a decisão arbitral tenha meramente refletido a decisão judicial e não a interpretação do próprio

---

44. Idem, p. 451.
45. Essa interessante questão, que vem há décadas dando ensejo a diversas manifestações da Suprema Corte e a uma vasta produção acadêmica correlata, não integra diretamente o objeto deste artigo. Sobre o tema, ver, dentre muitos trabalhos: BERMANN, George A. The "Gateway" Problem in International Commercial Arbitration. *Yale Law Journal*. v. 37. Issue 1. 2012.
46. Tal como decidido no caso *First Options of Chicago, Inc. v. Kaplan* (ESTADOS UNIDOS. Supreme Court of the United States. *First Options of Chicago, Inc. v. Kaplan*. 514 US 938 (1995). Relator: Stephen Breyer, 22 maio 1995, p. 943).
47. Tal como assentado no caso *Mitsubishi Motors Corp. v. Soler Chrysler-Plymouth, Inc.* (ESTADOS UNIDOS. Supreme Court of the United States. *Mitsubishi Motors Corp. v. Soler Chrysler-Plymouth, Inc.* 473 US 614 (1985). Relator: Harry Blackmun, 2 jul. 1985, p. 626).
48. O que segundo a Corte seria dado ao árbitro decidir (*Green Tree Financial Corp., v. Bazzle*, p. 452), conforme estabelecido no caso *Howsam v. Dean Witter Reynolds, Inc.* (ESTADOS UNIDOS. Supreme Court of the United States. *Howsam v. Dean Witter Reynolds, Inc.* 537 US 79 (2002). Relator: Stephen Breyer, 10 dez. 2002).
49. *Green Tree Financial Corp., v. Bazzle*, p. 453.

árbitro sobre o assunto.⁵⁰ Por conta disso, os quatro ministros votaram, acompanhados pelo Ministro Stevens apenas com relação ao resultado, para afastar a decisão da Suprema Corte da Carolina do Sul e permitir que o árbitro decidisse sobre a interpretação da convenção arbitral.⁵¹

A decisão da Suprema Corte "opened the floodgates for class arbitration", já que pareceu retirar das cortes, em favor do árbitro, o poder de decidir se uma cláusula arbitral comporta ou não arbitragem de classe.⁵² Embora a decisão tenha sido tomada por pluralidade de votos e não por maioria, ficou a impressão de que cinco dos nove ministros teriam aceitado que o árbitro teria autoridade para interpretar a cláusula arbitral e decidir se esta autorizava ou não a arbitragem de classe, ainda que não houvesse previsão expressa nesse sentido.⁵³

Nesse contexto, instituições arbitrais como a *American Arbitration Association* (AAA) e a *Judicial Arbitration and Mediation Services* (JAMS) se apressaram em preencher o vácuo, promulgando regulamentos arbitrais específicos sobre arbitragem de classe,⁵⁴ aplicáveis de imediato e com efeito retroativo a disputas que as elegessem.⁵⁵ Esses regulamentos não apenas preveem uma fase inicial, durante a qual os árbitros devem determinar se a cláusula compromissória autoriza ou não a arbitragem de classe, como também regulam os estágios posteriores do procedimento, observadas todas as complexidades típicas das *class arbitrations*, tais como a certificação da classe, a notificação aos membros ausentes, e os requisitos de julgamento e autocomposição,⁵⁶ eliminando por

---

50. Idem, p. 454.
51. Idem, p. 453. Os demais votos proferidos no caso foram os seguintes: o Ministro Stevens proferiu voto em separado (*concurring opinion*), concordando com o julgamento exclusivamente para evitar uma situação na qual não haveria maioria com relação ao resultado, mas deixando claro que em seu entendimento a decisão de determinar a realização de arbitragem de classe estava correta, de maneira que bastaria confirmar o posicionamento da Suprema Corte da Carolina do Sul (Idem, p. 454-455). O Ministro Thomas, por seu turno, apresentou voto dissidente, favorável à manutenção da decisão, por entender que o FAA não se aplica a procedimentos perante cortes estaduais (Idem, p. 460). Por fim, os Ministros Renquist, O'Connor e Kennedy divergiram por entenderem que a questão deveria caber ao Poder Judiciário e não ao árbitro, bem como que embora a cláusula arbitral não proibisse expressamente a realização de arbitragem de classe, esse tipo de procedimento necessariamente violaria a cláusula de escolha dos árbitros constante daquele contrato específico, o que seria vetado pelo FAA, que demanda que uma convenção de arbitragem seja executada de acordo com seus próprios termos. Esses ministros pontuaram, por fim, que o FAA não proíbe que as partes concordem em arbitrar enquanto classe, mas que não foi isso o que ocorreu na cláusula compromissória em questão (Idem, p. 455-459).
52. KUCK, Lea Haber. LITT, Gregory A. International class arbitration. Op. cit., p. 709.
53. KENT, Rachel. STRING, Marik. Availability of class arbitration under US Law. Op. cit., p. 857.
54. As versões correntes dos regulamentos da AAA e da JAMS para arbitragem de classe podem ser acessadas, respectivamente, por meio dos seguintes links: https://www.adr.org/ClassArbitration e https://www.jamsadr.com/rules-class-action-procedures/. Acesso em: 03 dez. 2021.
55. KUCK, Lea Haber. LITT, Gregory A. International class arbitration. Op. cit., p. 709.
56. Mais especificamente, como explica Jeffrey Waincymer, as regras da AAA preveem três etapas distintas para a iniciação de uma arbitragem coletiva: (i) o tribunal arbitral analisa a convenção de arbitragem e profere um "clause construction award" determinando se o acordo das partes autoriza uma arbitragem de classe; (ii) uma vez que esta decisão é proferida, o procedimento é suspenso para permitir que qualquer parte busque a revisão judicial dessa decisão; e (iii) o tribunal arbitral então determina se a arbitragem deve prosseguir como classe, o que é análogo ao processo de *class certification* existente nas ações judiciais de classe, devendo analisar fatores similares àqueles que se analisa no bojo do processo judicial. Após isso, ocorre a notificação da classe e a dis-

completo a necessidade de participação das cortes estatais para esses fins.[57] Além disso, a AAA também instituiu uma base de dados pública contendo todas as sentenças arbitrais, de modo a permitir que as arbitragens de classe fossem monitoradas e estudadas.[58]

A decisão do caso *Bazzle* e a consequente regulamentação da arbitragem de classe pelas instituições arbitrais fizeram com que o foco, tanto das cortes como da doutrina, mudasse de uma versão de *common law* da arbitragem de classe, tal como desenvolvida no caso *Keating*, para um modelo de arbitragem de classe baseada nos regulamentos das instituições.[59]

O número de arbitragens de classe não deixa qualquer dúvida sobre a ampla utilização do mecanismo nos anos subsequentes ao caso *Bazzle*. Apenas a título ilustrativo, consta da base de dados da AAA que foram administradas 282 arbitragens até a decisão, em 2010, do caso *Stolt-Nielsen*, que como se verá adiante foi o primeiro de uma série de casos da Suprema Corte limitando a aplicabilidade da arbitragem de classe.

A ampla demanda pela arbitragem de classe, aliada ao fato de que a AAA permitiu que os procedimentos prosseguissem em forma de classe em praticamente todos os casos, fez com que muitas empresas buscassem evitar arbitragens de classe, o que foi efetivado por meio da inclusão, em seus contratos, de renúncias expressas ao direito de formular pleitos em forma de classe, as chamadas *class arbitration waivers*.[60] O objetivo destas cláusulas de renúncia era exatamente resolver a análise proposta pela *plurality opinion* do caso *Bazzle* antes mesmo que ela começasse, ou seja, estabelecer claramente que, pelo acordo das partes, a arbitragem de classe não seria aceita.[61]

As *class action waivers*, bem como outros argumentos em face da impossibilidade de se ordenar a arbitragem de classe no caso de cláusulas compromissórias silentes ou ambíguas, passaram a ser testadas pelas cortes de todo o país na esteira do caso *Bazzle*, até que sete anos após chegaram à Suprema Corte,[62] como se verá a seguir.

---

puta prossegue para a discussão do mérito (WAINCYMER, Jeffrey M. *Procedure and Evidence in International Arbitration*. Haia: Kluwer Law International, 2012, p. 585).

57. KUCK, Lea Haber. LITT, Gregory A. International class arbitration. Op. cit., p. 709.
58. A base de dados pode ser acessada por meio do seguinte link: https://www.adr.org/ClassArbitration. Acesso em: 03 dez. 2021.
59. STRONG, S.I. Class, mass, and collective arbitration in national and international law. Op. cit., p. 11.
60. KUCK, Lea Haber. LITT, Gregory A. International class arbitration. Op. cit., p. 712. Nesse mesmo sentido, Rachel Kent e Marik String destacam que muitas das arbitragens iniciadas na esteira do caso *Bazzle* foram autorizadas a prosseguir como arbitragens de classe mesmo diante do silêncio da cláusula arbitral a esse respeito. Isso se mostrava contrário à intenção de muitas empresas ao optarem pela arbitragem, que era justamente evitar os riscos associados aos litígios judiciais nos Estados Unidos, incluindo a enorme exposição gerada por *class actions* judiciais, de modo que permitir a arbitragem de classe retiraria, na visão dessas empresas, o benefício da opção pela arbitragem em si (KENT, Rachel. STRING, Marik. Availability of class arbitration under US Law, Op. cit., p. 857-858).
61. KUCK, Lea Haber. LITT, Gregory A. International class arbitration. Op. cit., p. 712-713.
62. Corroborando essa ideia, Christopher Drahozal aponta que os casos da Suprema Corte adiante estudados são um resultado direto do crescimento da quantidade de casos de arbitragem de classe no país (DRAHOZAL, Christopher R. Chapter 2. Class arbitration in the Unites States. In: HANOTIAU, Bernard. SCHWARTZ, Eric (Ed.). Class and Group Actions in Arbitration, *Dossiers of the ICC Institute of World Business Law*. Haia: Kluwer Law International, 2016, v. 14. p. 24).

2.2 Os casos da Suprema Corte pós *Bazzle*: interpretação do silêncio e ambiguidade, cláusulas de renúncia e a questão sobre quem decide

A primeira manifestação da Suprema Corte sobre arbitragem de classe após o caso *Bazzle* se deu no caso *Stolt-Nielsen SA v. AnimalFeeds International Corp.*, decidido em 2010.[63] A Corte concedeu *certiorari* para analisar se "impor arbitragem de classe a partes cuja cláusula arbitral é 'silente' sobre o assunto seria consistente com o Federal Arbitration Act".[64] A resposta, como se verá adiante, foi negativa, causando impacto bastante adverso ao desenvolvimento da arbitragem de classe no país.[65]

A Stolt-Nielsen é empresa de transporte marítimo que atua no ramo de *parcel tankers*, embarcações com múltiplos compartimentos separados ofertados a clientes que desejam efetuar o transporte de líquidos em pequenas quantidades. Em 2003, a AnimalFeeds iniciou uma *class action* putativa em face da Stolt-Nielsen, com quem possuía um contrato de afretamento marítimo (*charter party*), buscando representar uma classe de clientes que teriam sido afetados por um esquema de fixação de preços envolvendo a Stolt-Nielsen e outras empresas, revelado em investigação criminal conduzida pelo *Department of Justice*.[66] O contrato de afretamento, vale destacar, possuía cláusula arbitral.

Outros clientes também iniciaram demandas judiciais separadas, as quais acabaram sendo voluntariamente consolidadas em um único procedimento arbitral, iniciado pela AnimalFeeds perante a AAA no ano de 2005.[67] Nessa época, lembre-se, a Suprema Corte já havia decidido o caso *Bazzle* e a AAA, que já havia instituído seu regulamento específico para arbitragens de classe, vinha administrando um crescente número de *class arbitrations*.

Ambos os polos da arbitragem concordaram que a cláusula compromissória era "silente" sobre a arbitragem de classe e manifestaram ao painel arbitral o entendimento conjunto de que isso não significava simplesmente a ausência de referência expressa à arbitragem de classe, mas sim a inexistência de acordo entre as partes com relação ao tema.[68] Seguindo o procedimento da AAA, os árbitros proferiram o *Clause Construction Award* interpretando a cláusula arbitral no sentido de permitir que o procedimento

---

63. ESTADOS UNIDOS. Supreme Court of the United States. *Stolt-Nielsen S.A. v. AnimalFeeds Int'l Corp.* 559 US 662 (2010). Relator: Samuel Alito, 27 de abril de 2010.
64. Idem, p. 666.
65. A conclusão de que a decisão freou o desenvolvimento da arbitragem de classe no país é compartilhada por diversos autores: KUCK, Lea Haber. LITT, Gregory A. International class arbitration, Op. cit., p. 714; CARTER, James H. Chapter 1. Class Arbitration in the Unites States: Life After Death? In: HANOTIAU, Bernard. SCHWARTZ, Eric (Ed.). Class and Group Actions in Arbitration, *Dossiers of the ICC Institute of World Business Law*. Haia: Kluwer Law International, 2016, v. 14. p. 14; WAINCYMER, Jeffrey M. Procedure and Evidence in International Arbitration. Haia: Kluwer Law International, 2012, p. 585; MARTÍNEZ, Silvia. El futuro incierto de las class arbitrations. *Revista del Club Español del Arbitraje*. v. 2010. Issue 8. p. 183-188. Wolters Kluwer España, 2010.
66. ESTADOS UNIDOS. Supreme Court of the United States. *Stolt-Nielsen S.A. v. AnimalFeeds Int'l Corp.* 559 US 662 (2010). Relator: Samuel Alito, 27 de abril de 2010, p. 666-667.
67. Idem, p. 668.
68. Idem, p. 668-669.

prosseguisse em forma de classe.⁶⁹ O painel então suspendeu o procedimento para que a Stolt-Nielsen pudesse buscar a revisão judicial da decisão arbitral, o que culminou com o afastamento desta pela Suprema Corte em meados de 2010, por maioria de cinco votos a três.⁷⁰

O voto vencedor pontuou que o painel arbitral, persuadido pela ideia de que após o caso Bazzle existiria um consenso geral entre árbitros no sentido de que a arbitragem de classe seria benéfica em diversos cenários, teria se limitado a perquirir se haveria alguma boa razão para não aderir a esse consenso.⁷¹ Partindo daí, a Corte considerou que os árbitros procederam como se tivessem "the authority of a common-law court to develop what it viewed as the best rule to be applied in such situation". Na visão do voto vencedor, isso configuraria excesso de poder na medida em que o painel teria "imposed its own policy choice" sobre se a arbitragem de classe seria ou não desejável, ao invés de analisar se o Direito aplicável conteria alguma regra autorizando a arbitragem de classe na ausência de consentimento expresso.⁷²

Afastada a decisão arbitral, os ministros entenderam que ao invés de remeter o caso aos árbitros para que proferissem nova decisão, poderiam eles mesmos analisar a questão que lhes havia sido originalmente submetida, já que haveria um único resultado possível diante dos fatos.⁷³ Nessa toada, pontuaram que o caso *Bazzle* não formou maioria com relação a nenhuma das questões analisadas pela Corte naquela ocasião,⁷⁴ bem como que a decisão proferida no caso *Bazzle* pode ter acabado por confundir as partes e os árbitros do caso *Stolt-Nielsen*. A Corte entendeu, contudo, que não seria necessário revisitar a decisão do caso *Bazzle* sobre se caberia ao árbitro ou ao juiz togado interpretar o silêncio da cláusula arbitral, já que no caso *Stolt-Nielsen* as partes estipularam expressamente que isso caberia ao árbitro. Assim, restaria à Corte decidir tão somente qual seria "the rule to be applied in deciding whether class arbitration is permitted".⁷⁵

Ao fazê-lo, o voto da maioria iniciou destacando que o propósito do FAA, quando instituído em 1925, era garantir que convenções de arbitragem fossem executadas de acordo com os seus próprios termos, bem como que a jurisprudência da Suprema Corte se desenvolveu ao longo dos anos no sentido de dar efeito à vontade contratual das partes,

---

69. A decisão, vale dizer, foi tomada após os árbitros terem tido a oportunidade de considerar os argumentos das partes e as provas produzidas no procedimento, o que incluiu testemunhos técnicos sobre os costumes da arbitragem e os usos do comércio marítimo (Idem, p. 669).
70. A Ministra Sotomayor não participou do julgamento, pois esteve envolvida no caso na instância inferior.
71. Idem, p. 674.
72. Idem, p. 674-677.
73. Idem, p. 677.
74. O voto vencedor do caso *Stolt-Nielsen* entendeu que essas questões seriam: (i) se cabe ao Poder Judiciário ou ao árbitro decidir se os contratos em questão eram silentes sobre arbitragem de classe; (ii) qual seria o critério a ser aplicado pelo julgador ao determinar se um contrato autoriza ou não a arbitragem de classe; e (iii) se no caso em questão a realização de arbitragem de classe havia sido corretamente ordenada ou não. Ainda de acordo com o voto vencedor, a primeira questão foi decidida apenas pela *plurality opinion* do caso *Bazzle*, ao passo que as duas últimas foram objeto apenas do voto separado do Ministro Stevens, não tendo nenhuma delas, portanto, angariado maioria de votos (Idem, p. 677-679).
75. Idem, p. 681.

que por sua vez são geralmente livres para estruturar suas cláusulas arbitrais como bem entenderem, seguindo a lógica há muito estabelecida de que a arbitragem "is a matter of consent, not coercion".[76]

Partindo dessa premissa, a Corte asseverou que inferir do silêncio da cláusula arbitral que as partes teriam concordado com uma arbitragem de classe estaria "fundamentally at war with the foundational FAA principle that arbitration is a matter of consent".[77] O voto reconheceu que, muito embora seja possível presumir que as partes de uma cláusula arbitral tenham implicitamente concordado com alguns termos, a arbitragem de classe não seria um desses termos, na medida em que "class-action arbitration changes the nature of arbitration to such degree that it cannot be presumed the parties consented to it by simply agreeing to submit their disputes to an arbitrator".[78]

Na visão dos ministros que aderiram ao voto vencedor, a opção pela arbitragem envolve abrir mão do rigor processual e da possibilidade de recurso em busca de benefícios como o menor custo, maior eficiência, celeridade, e escolha de julgadores especializados, o que não seria próprio de uma arbitragem de classe.[79] Assim, a mudança de uma arbitragem bilateral para uma arbitragem de classe acarretaria "*fundamental changes*", já que a segunda implicaria em um procedimento (i) com uma quantidade enorme de disputas entre centenas ou milhares de partes, (ii) desprovido de confidencialidade e (iii) com uma sentença que surtiria efeitos sobre partes que não integram a disputa, tudo isso sujeito a (iv) "*comercial stakes*" similares aos de uma *class action* judicial, porém com um escopo de revisão judicial significativamente reduzido.[80]

Por todas essas razões, o voto da maioria entendeu que as diferenças entre uma arbitragem bilateral e uma arbitragem de classe seriam grandes demais para que um painel arbitral presumisse que o silêncio das partes poderia ser interpretado como consentimento no sentido de arbitrar disputas em forma de classe.[81] Nas palavras da Corte: "a party may not be compelled under the FAA to submit to class arbitration unless there is a contractual basis for concluding that the party *agreed* to do so".[82]

A notável mudança de rumo da Suprema Corte quando se compara o resultado do caso *Bazzle* com o do caso *Stolt-Nielsen* pode ser explicada por algumas peculiaridades processuais do caso, além de mudanças na composição da Corte.[83] Embora o

---

76. Idem, p. 681-683.
77. Idem, p. 684.
78. Idem, p. 684-685.
79. Idem, p. 685.
80. Idem, p. 685-687.
81. Idem, p. 686-687.
82. Idem, p. 684 (grifo no original).
83. Nesse sentido, a Ministra Sotomayor, que substituiu o Ministro Souter (um dos integrantes da *plurality opinion* do caso *Bazzle*), não participou do julgamento, como já dito acima. Além disso, o fato de o caso *Stolt-Nielsen* tramitar perante as cortes federais permitiu que o Ministro Thomas votasse sobre o pano de fundo da questão, ao invés de entender que o FAA não se aplica a ações judiciais estaduais, tal como havia feito no caso *Bazzle*, no qual a decisão recorrida advinha da Suprema Corte da Carolina do Sul. Por fim, o Ministro Scalia, que havia votado com a pluralidade dos Ministros no caso Bazzle, aderiu à posição da maioria no caso *Stolt-Nielsen*, a qual se fiou fortemente na estipulação expressa das partes de que o silêncio da cláusula arbitral significava, *in casu*,

voto vencedor não tenha chegado a dizer categoricamente que o silêncio jamais pode ser interpretado como anuência, deixou claro que uma cláusula arbitral deve, quando interpretada de acordo com princípios contratuais gerais, evidenciar alguma forma de consentimento com a arbitragem de classe.

O voto divergente, de lavra da Ministra Ginsburg, acompanhada pelos Ministros Stevens e Breyer, entendeu que o voto vencedor (i) errou ao anular a decisão arbitral com fundamento em um suposto excesso de poder, especialmente diante das limitações impostas pelo FAA a esse tipo de medida; e (ii) errou ainda mais por substituir a decisão dos árbitros –experientes, escolhidos pelas partes e devidamente autorizados por elas a decidir a questão – pela decisão da Corte, ao invés de permitir que os próprios árbitros apreciassem a questão novamente e com isso sanassem eventual erro.[84]

A Ministra Ginsburg ofereceu uma leitura limitante da decisão da maioria, pontuando algumas questões que chamou de "stopping points", quais sejam: (i) o voto vencedor não insistiu em um consentimento expresso, permitindo que se ordene a realização de uma arbitragem de classe desde que haja uma "base contratual" para concluir que as partes concordaram em se submeter a esse tipo de procedimento; e (ii) por se tratar, *in casu*, de partes sofisticadas em uma indústria com costume estabelecido, o voto vencedor não abarcaria contratos de adesão do estilo "pegar ou largar".[85]

A decisão da Suprema Corte diminuiu significativamente o fluxo das arbitragens de classe, embora não as tenha eliminado por completo, já que a questão sobre se uma cláusula arbitral é de fato silente (que era incontroversa no caso *Stolt-Nielsen*) nem sempre é evidente. Isso fez com que os holofotes se voltassem para outra questão que, embora já viesse sendo debatida nas instâncias inferiores, ainda não havia sido decidida pela Corte: as *class arbitration waivers*.

Foi assim que, exatamente um ano após o caso *Stolt-Nielsen*, a Suprema Corte decidiu o caso *AT&T Mobility LLC v. Concepcion*,[86] cujo ponto central era justamente uma renúncia à arbitragem de classe. A disputa se deu em torno de uma demanda ajuizada por Vincent e Liza Concepcion, consumidores da companhia telefônica AT&T, alegando que seria fraudulenta a oferta de um aparelho móvel anunciado como gratuito, na medida em que a companhia cobrava dos consumidores imposto sobre a venda (*sales tax*) com base no valor do aparelho.

A cláusula arbitral, tal como originalmente redigida, previa que quaisquer disputas entre as partes deveriam ser resolvidas por arbitragem, sendo que eventuais pleitos deveriam ser trazidos pelas partes em sua "individual capacity, and not as a plaintiff or

---

a inexistência de um acordo entre as partes. Com isso, não restaria nenhuma questão de fato a ser aferida pelo tribunal arbitral, o que autorizou os ministros a entenderem que se tratava de uma questão puramente jurídica e portanto passível de decisão imediata.

84. Idem, p. 688-699.
85. Idem, p. 699.
86. ESTADOS UNIDOS. Supreme Court of the United States. *AT&T Mobility LLC v. Vincent Concepcion*. 563 US 333 (2011). Relator: Antonin Scalia, 27 abr. 2011.

class member in any purported class or representative proceeding".⁸⁷ A cláusula autorizava ainda que a AT&T fizesse alterações unilaterais, o que a companhia de fato fez em determinado momento, para instituir um modelo de procedimento arbitral precedido por tentativas de resolução amigável da disputa e custeado integralmente pela própria empresa, dentre outras características.⁸⁸

A demanda dos Concepcion foi posteriormente consolidada com uma *class action* putativa que alegava, dentre outros pontos, que a conduta da AT&T constituiria propaganda falsa e fraude. Em resposta, a companhia buscou compelir a realização de arbitragem nos termos do contrato, o que foi rejeitado pelo Poder Judiciário da Califórnia com base na chamada *Discover Bank Rule*, uma regra estabelecida pela Suprema Corte da Califórnia para determinar as hipóteses nas quais uma *class action waiver* pode ser declarada inexequível de plano com base na noção de unconscionability (abusividade).⁸⁹

Em resumo, a *Discover Bank Rule* previa que embora nem todas as *class action waivers* sejam inviáveis, uma renúncia (i) contida em um contrato de adesão e de consumo, (ii) em um cenário no qual disputas entre as partes previsivelmente envolvam pequenos valores e (iii) quando se alega que a parte com superior poder de barganha levou a cabo um esquema para deliberadamente enganar um grande número de consumidores; então essa renúncia acarreta, na prática, a isenção dessa parte de responsabilidade por sua própria fraude ou lesão intencional à outrem ou ao patrimônio de outrem, o que torna a renúncia "unconscionable" (abusiva), e portanto inexequível, à luz do Direito californiano.⁹⁰

Nesse contexto, a questão a ser decidida pela Suprema Corte dos Estados Unidos era se a *Discover Bank Rule*, uma regra estadual, estaria impedida (*preempted*) pelo § 2º do FAA, uma regra federal. O artigo em questão prevê que uma convenção de arbitragem será válida, irrevogável e exequível, "save upon such grounds as exist at law or in equity for the revocation of any contract". Os Concepcion alegaram que (i) a *Discover Bank Rule* tem fundamento na noção de unconscionability e nas políticas do Direito californiano contrárias à exculpação de responsabilidade, sendo portanto uma regra aplicável para a

---

87. Idem, p. 336.
88. Segundo a descrição do voto vencedor, as alterações da cláusula previam o seguinte: "The revised agreement provides that customers may initiate dispute proceedings by completing a one-page Notice of Dispute form available on AT&T's Web site. AT&T may then offer to settle the claim; if it does not, or if the dispute is not resolved within 30 days, the customer may invoke arbitration by filing a separate Demand for Arbitration, also available on AT&T's Web site. In the event the parties proceed to arbitration, the agreement specifies that AT&T must pay all costs for nonfrivolous claims; that arbitration must take place in the county in which the customer is billed; that, for claims of $10,000 or less, the customer may choose whether the arbitration proceeds in person, by telephone, or based only on submissions; that either party may bring a claim in small claims court in lieu of arbitration; and that the arbitrator may award any form of individual relief, including injunctions and presumably punitive damages. The agreement, moreover, denies AT&T any ability to seek reimbursement of its attorney's fees, and, in the event that a customer receives an arbitration award greater than AT&T's last written settlement offer, requires AT&T to pay a $7,500 minimum recovery and twice the amount of the claimant's attorney's fees" (Idem, p. 336-337).
89. Idem, p. 338.
90. ESTADOS UNIDOS. California Supreme Court. *Discover Bank v. Superior Court*. 36 Cal.4ᵗʰ 148 (Cal. 2005). Relator: Carlos R. Moreno, 27 jun. 2005, p. 162-163.

revogação de todo e qualquer contrato; e (ii) mesmo que a Suprema Corte interpretasse a *Discover Bank Rule* como uma proibição de renúncia a demandas coletivas ao invés de uma simples aplicação da noção de unconscionability, a regra ainda assim seria aplicável a todo e qualquer contrato, já que a Califórnia também proíbe *class action waivers*.

Mais uma vez, a questão foi decidida por maioria de cinco votos a quatro.[91] Em resumo, o voto vencedor se valeu de outros precedentes para estabelecer a premissa de que mesmo uma defesa contratual geral (como por exemplo coação ou unconscionability) pode ser considerada impedida pelo FAA quando sua aplicação se der de uma forma que prejudique a arbitragem. A Corte então entendeu que exigir a realização de uma arbitragem de classe "interferes with fundamental attributes of arbitration and thus creates a scheme inconsistent with the FAA".[92]

Ao tratar do que seriam esses "atributos fundamentais da arbitragem", o Ministro Scalia pontuou que o princípio central do FAA é permitir a execução de convenções de arbitragem de acordo com seus próprios termos, ou seja, propiciar que as partes tenham discricionariedade para delinear o seu próprio procedimento arbitral. O propósito disso, na visão do voto vencedor, é permitir "efficient, streamlined procedures tailored to the type of dispute".[93]

Diante disso, a Corte entendeu que a *Discover Bank Rule* frustra os atributos da arbitragem e com isso está impedida (*preempted*) pelo FAA. Para construir esse raciocínio, o voto vencedor se valeu das ponderações que já havia feito no caso *Stolt-Nielsen* para justificar a proposição de que a *class arbitration* em si é contraria aos propósitos vislumbrados pelo FAA, e ainda foi além para tecer críticas adicionais ao mecanismo de classe.[94] Nessa toada, asseverou que muito embora a *Discover Bank Rule* não requeira a

---

91. O Ministro Scalia lavrou o acordão pela Corte, tendo o Ministro Thomas aderido à maioria com declaração de voto em separado (*concurring opinion*), e o Ministro Breyer apresentou voto divergente, acompanhado pelas Ministras Ginsburg, Sotomayor e Kagan.
92. ESTADOS UNIDOS. Supreme Court of the United States. *AT&T Mobility LLC v. Vincent Concepcion.* 563 US 333 (2011). Relator: Antonin Scalia, 27 de abril de 2011, p. 344.
93. Idem, p. 344-345.
94. Nesse sentido, a Corte foi além do posicionamento já expressado no caso *Stolt-Nielsen*, aduzindo que a arbitragem de classe requer formalidades processuais similares às das *class actions* (como por exemplo certificação da classe, notificação, representatividade adequada, dentre outros), formalidades essas que muito embora possam ser alteradas de comum acordo, estão longe de serem óbvias, já que uma informalidade excessiva ou mal planejada pode levar a problemas como a ausência de vinculação de membros ausentes. Além disso, o voto vencedor pontuou que a arbitragem de classe eleva os riscos dos réus, já que a informalidade do procedimento combinada com a ausência de uma revisão em múltiplas instâncias torna mais provável que eventuais erros não sejam corrigidos. Esse risco, na visão do voto, é aceito pelas partes de uma arbitragem comum, já que os impactos são limitados ao tamanho da disputa específica e presumivelmente superados pela economia decorrente da não submissão da disputa ao Poder Judiciário. Na arbitragem de classe, por outro lado, o risco de erro passa a não ser tolerado, e pode acabar pressionando empresas a fazerem acordos com os autores mesmo diante de pleitos questionáveis, tendo em vista o risco de perdas devastadoras. Para o voto, o risco de acordos "in terrorem" gerado pelas *class actions* se aplicaria de igual forma na arbitragem de classe. Para além desses pontos, a Corte ponderou que o mecanismo da arbitragem é muito pouco adequado para os "high stakes" de um litígio de classe, no qual há a possibilidade de recurso não apenas contra a decisão de certificação da classe, mas também contra a decisão final, sendo permitida a revisão de questões fáticas por erros claros e a revisão *de novo* de questões jurídicas. Na arbitragem, por outro lado, mesmo que as regras da instituição autorizem eventual recurso interlocutório em face da decisão de certificação, as hipóteses e grau de cognição da revisão judicial, seja com relação a essa decisão

realização de uma arbitragem de classe, ela permite que qualquer parte de um contrato de adesão demande sua realização *ex post* —o que pode ser feito sem maiores dificuldades, já que no entender do voto o segundo requisito da regra é "toothless and malleable" e o terceiro requisito "has no limiting effect, as all that is required is an allegation".[95] Com esteio nesses fundamentos, a Suprema Corte então revogou a *Discover Bank Rule* por constituir um "obstacle to the accomplishment and execution of the full purposes and objectives of Congress".[96-97]

Cerca de dois anos após o caso *Concepcion*, a Suprema Corte julgou mais um caso sobre o tema, dessa vez para analisar uma tentativa de evitar uma renúncia a procedimento de classe contida em uma cláusula arbitral. Trata-se do caso *American Express Co. v. Italian Colors Restaurant*, decidido por maioria de cinco votos a três[98] em junho de 2013.[99]

A disputa surgiu quando comerciantes ajuizaram uma *class action* contra a American Express e uma subsidiária integral por violações à legislação federal de antitruste, alegando que a companhia se valeu do seu monopólio de mercado para forçar comerciantes a aceitaram cartões de crédito com taxas de cobrança 30% maiores do que as taxas oferecidas por cartões de crédito concorrentes. O contrato possuía cláusula arbitral, a qual por sua vez continha uma renúncia a ações de classe nos seguintes termos: "there shall be no right or authority for any Claims to be arbitrated on a class action basis".[100]

---

ou com relação à sentença final, serão necessariamente mais limitados. Por fim, o voto majoritário concluiu: "we find it hard to believe that defendants would bet the company with no effective means of review, and even harder to believe that Congress would have intended to allow state courts to force such a decision" (Idem, p. 348-350).
95. Idem, p. 346-347.
96. Idem, p. 352.
97. Diferentemente do voto vencedor, o voto divergente entendeu, em resumo, que a *Discover Bank Rule* estava em harmonia com o FAA, na medida em que estabelece certas circunstâncias nas quais *class action waivers* devem ser consideradas inexequíveis em qualquer contrato. Além disso, entendeu que a regra seria sim compatível com a redação e com os objetivos precípuos do FAA, e que portanto não constituiria qualquer tipo de obstáculo, na medida em que decorreria da mera interpretação de duas previsões do Código Civil da Califórnia e, ao invés de criar uma política geral contrária às *class action waivers*, simplesmente representa uma aplicação do princípio da vedação à abusividade das cláusulas (*unconscionability*). Destacou, ainda, que cortes aplicando essa regra confirmaram a validade de *class action waivers* em diversos casos nos quais a renúncia não havia sido considerada *unconscionable*. Demais disso, o voto divergente parece ter sugerido que o principal propósito subjacente ao FAA seria garantir a validade e exequibilidade judicial de cláusulas arbitrais, já que diversas cortes se mostravam hostis à arbitragem antes da instituição do FAA, bem como que, embora o Congresso tenha reconhecido que algumas vantagens processuais da arbitragem são relevantes (tais como custo e eficiência processual), estas não seriam os objetivos primários do FAA. Assim, no entender do voto, a Corte deveria agir com mais cautela antes de invalidar regras de direito estadual que, tal como a *Discover Bank Rule*, colocam cláusulas arbitrais "upon the same footing" que outras cláusulas de resolução judicial de disputas. Por fim, a dissidência questionou a conclusão do voto vencedor de que a modalidade individual, mas não a modalidade de classe, seria um atributo fundamental do instituto da arbitragem, dentre outras razões porque o FAA teria sido concebido primordialmente para permitir a resolução de disputas entre comerciantes nas quais não havia diferença entre o poder de barganha das partes. (Idem, p. 357-367).
98. O voto vencedor foi lavrado pelo Ministro Scalia e acompanhado pelos Ministros Roberts, Kennedy e Alito, tendo o Ministro Thomas proferido *concurring opinion*. O voto divergente foi proferido pela Ministra Kagan, acompanhada pelos Ministros Breyer e Ginsburg. A Ministra Sotomayor não participou da decisão.
99. ESTADOS UNIDOS. Supreme Court of the United States. *American Express Co. v. Italian Colors Restaurant*. 570 US 228 (2013). Relator: Antonin Scalia, 20 jun. 2013.
100. Idem, p. 231.

A American Express buscou compelir a realização de uma arbitragem individual, tendo os autores respondido, com base no parecer de um economista, que o custo de perseguir o pleito judicialmente poderia ultrapassar a casa dos milhões de dólares, ao passo que o valor de uma indenização individualmente considerada seria de 12 a 40 mil dólares, no máximo.[101] A corte de primeiro grau compeliu a realização de arbitragem, mas o juízo revisor reverteu a decisão por entender que os comerciantes haviam demonstrado que incorreriam em "prohibitive costs if compelled to arbitrate under the class action waiver", de maneira que a renúncia seria inexequível e a arbitragem não poderia prosseguir.[102] Após algumas idas e vindas,[103] a Suprema Corte conferiu *certiorari* para decidir se o FAA permite que cortes invalidem cláusulas arbitrais "on the ground that they do not permit class arbitration of a federal law claim".[104]

Os autores argumentaram que briga-los a arbitrar individualmente (i) contrariaria as políticas subjacentes à legislação concorrencial federal, bem como (ii) impediria a "effective vindication" de um direito federal criado por lei, na medida em que não haveria nenhum incentivo econômico para perseguir os pleitos de antitruste em arbitragens individuais.[105] O voto vencedor rejeitou ambos os argumentos.

Com relação ao primeiro ponto, entendeu que a legislação concorrencial não garante um caminho processual economicamente acessível para a reivindicação de todo e qualquer pleito, tampouco proíbe a pactuação de uma renúncia a um procedimento de classe, inclusive porque a Regra 23 das FRCP sequer existia quando essa legislação (*i.e.*, o Shearman Antitrust Act de 1890 e o Clayton Antitrust Act de 1914) foi instituída. Além disso, o voto asseverou que a Regra 23 não confere uma prerrogativa no sentido de que todo e qualquer direito federal previsto em lei (*federal statutory right*) seja postulado em forma de classe.[106]

Com relação ao segundo ponto, a Corte entendeu que "the fact that it is not worth the expense involved in *proving* a statutory remedy does not constitute the elimination of the *right to pursue* that remedy",[107] bem como que "the class-action waiver merely limits arbitration to the two contracting parties. It no more eliminates those parties' right to pursue their statutory remedy than did federal law before its adoption of the class action for legal relief in 1938".[108] Por fim, a Corte asseverou que a decisão do caso *Concepcion* já teria resolvido a controvérsia por completo, tendo rejeitado ainda o argumento de que

---

101. Idem, p. 231.
102. Idem, p. 232.
103. A Suprema Corte inicialmente reverteu a decisão, pedindo que o juízo *a quo* a reconsiderasse à luz dos casos *Stolt-Nielsen* e *Concepcion*, o que o juízo *a quo* se recusou a fazer em mais de uma oportunidade, com base em distintos fundamentos, tendo ao cabo mantido a posição de não compelir as partes a arbitrarem individualmente, fazendo com que o caso retornasse novamente à Suprema Corte (Idem, p. 232).
104. Idem, p. 232.
105. Idem, p. 233.
106. Idem, p. 233-234.
107. Idem, p. 236 (grifos no original).
108. Idem, p. 236.

"class arbitration was necessary to prosecute claims "that might otherwise slip through the legal system"".[109-110]

Na mesma época em que decidiu o caso *Italian Colors*, a Suprema Corte analisou outro caso referente a arbitragem de classe, porém não especificamente à questão da renúncia. Trata-se do caso *Oxford Health Plans LLC v. Sutter*,[111] que assim como os casos *Bazzle* e *Stolt-Nielsen*, envolveu a questão do consentimento para arbitrar em forma de classe.

John Sutter, médico pediatra que prestava serviços a segurados da operadora de planos de saúde Oxford, propôs uma ação de classe em face da companhia por mora no pagamento dos honorários médicos. As cortes de New Jersey compeliram a realização de arbitragem e as partes concordaram que caberia ao árbitro analisar se o contrato autorizava ou não a realização de arbitragem de classe. O árbitro decidiu afirmativamente, levando a Oxford a buscar a anulação da decisão por suposto excesso de autoridade, o que foi rejeitado pelas cortes de primeiro e segundo grau.[112] A arbitragem então teve prosseguimento e, durante seu curso, a Suprema Corte decidiu o caso *Stolt-Nielsen*, o que motivou a Oxford a pedir a reconsideração da decisão arbitral que confirmara o cabimento da arbitragem de classe.[113] O árbitro então proferiu nova decisão reconfirmando sua posição e distinguindo o caso *Stolt-Nielsen*, na medida em que (i) no caso *Sutter* as partes disputaram o significado da cláusula arbitral e solicitaram que o árbitro a interpretasse, ao invés de concordarem quanto ao seu significado; e (ii) no entendimento do árbitro do caso *Sutter*, "the arbitration clause unambiguously evinced an intention to allow class arbitration".[114] Diante disso, a Oxford desafiou a decisão novamente, renovando seu pedido anulatório ao Poder Judiciário pelo mesmo fundamento, o que foi novamente negado pelas cortes inferiores e mantido pela Suprema Corte, no que veio a ser a primeira manifestação unânime em um caso envolvendo a arbitragem de classe.[115]

Partindo da fundação estabelecida no caso *Stolt-Nielsen*, a Corte do caso *Sutter* reforçou que a anulação por excesso de autoridade com base no §10(a)(4) do FAA "be-

---

109. Idem, p. 238.
110. O voto divergente, por seu turno, entendeu, em apertada síntese, que a renúncia tornaria inviável a tentativa dos comerciantes de perseguir seus direitos em face da American Express, de modo que se a cláusula arbitral fosse executada para obrigar as partes a arbitrarem individualmente, a American Express seria isolada por completo de qualquer responsabilidade por violação às leis de antitruste, mesmo que essa violação tivesse de fato ocorrido. Na visão do voto divergente, isso permitiria que o detentor de um monopólio se valha do seu poder monopolista para insistir em termos contratuais que em última análise inviabilizam os recursos jurídicos da contraparte, o que violaria o mecanismo de "effective-vindication" que a Corte estabeleceu em outros precedentes para impedir que a arbitragem seja utilizada como um obstáculo à persecução de direitos estabelecidos pelo Congresso, tais como a legislação antitruste. Segundo o voto divergente, a aplicação do mecanismo de effective-vindication ao caso concreto impediria que a cláusula arbitral retirasse dos comerciantes o direito de perseguirem seus pleitos, evitando portanto que a arbitragem fosse utilizada para frustrar a legislação federal (Idem, p. 240-253).
111. ESTADOS UNIDOS. Supreme Court of the United States. *Oxford Health Plans LLC v. John Ivan Sutter*. 569 US 564 (2013). Relator: Elena Kagan, 10 de junho de 2013.
112. Idem, p. 566-567.
113. Idem, p. 567.
114. Idem, p. 567-568.
115. Idem, p. 568.

ars a heavy burden", de modo que a mera demonstração de que teria ocorrido um erro não seria suficiente. A questão sujeita à revisão judicial, no entender da Corte, era tão somente se o árbitro de fato interpretou o contrato entre as partes, e não se essa interpretação se deu com acerto.[116]

Nesse sentido, a Corte entendeu que o árbitro efetivamente analisou o contrato e decidiu, com foco no próprio texto da cláusula, se a intenção das partes foi ou não autorizar a realização de uma arbitragem de classe.[117] A Corte parece ter dado grande importância ao fato de que o caso *Sutter* apresentava uma situação diferente do caso *Stolt-Nielsen*, pois naquele caso o painel arbitral teria "abandoned their interpretive role",[118] o que não teria acontecido no caso *Sutter*.

Vale destacar, por fim, que a Suprema Corte sugeriu, em uma nota de rodapé, que o desfecho do caso poderia ter sido diferente se a Oxford tivesse argumentado em primeiro grau que a possibilidade de se realizar uma arbitragem de classe seria uma questão a ser decidida pelo Poder Judiciário, ao invés de ter concordado que essa decisão caberia ao árbitro. A Corte sinalizou, nesse tocante, que conforme já havia pontuado no caso *Stolt-Nielsen*, a questão sobre se cabe ao árbitro ou ao juiz togado decidir pela viabilidade de uma arbitragem de classe permanece aberta, não tendo sido assentada pelo caso *Bazzle*.[119-120]

Cerca de dois anos e meio após decidir os casos *Italian Colors* e *Sutter*, a Suprema Corte analisou mais uma disputa envolvendo uma cláusula de renúncia à arbitragem de classe, qual seja o caso *Directv, Inc. v. Imburgia* et al.,[121] decidido por maioria de 6 votos a 3.[122] O caso teve início como uma ação de classe putativa ajuizada em face da DirecTV nas cortes estaduais da Califórnia, buscando ressarcimento por perdas e danos em de-

---

116. Idem, p. 568-569.
117. A cláusula arbitral foi assim redigida: "No civil action concerning any dispute arising under this Agreement shall be instituted before any court, and all such disputes shall be submitted to final and binding arbitration in New Jersey, pursuant to the rules of the American Arbitration Association with one arbitrator". Conforme descrito no voto da Corte, o árbitro considerou que a intenção das partes teria sido delegar ao juízo arbitral tudo aquilo que foi retirado do Poder Judiciário, de modo que uma ação de classe seria apenas uma das possíveis formas de ação civil que poderia ser iniciada judicialmente (Idem, p. 565-567 e p. 569-570).
118. Idem, p. 570-572.
119. Idem, p. 569-570.
120. O Ministro Alito apresentou *concurring opinion*, acompanhado pelo Ministro Thomas. Os ministros concordaram que não caberia à Suprema Corte julgar o acerto da decisão arbitral, mas pontuaram que se fosse esse o caso, teriam concluído sem demora que o árbitro errou ao inferir consentimento implícito das partes no sentido de arbitrar em forma de classe, à revelia do caso *Stolt-Nielsen*. Os ministros colocaram em dúvida se os membros ausentes da classe estariam vinculados pela decisão arbitral, sugerindo que a distribuição de notificações em regime de *opt-out* (ao invés de em regime de *opt-in*) seria insuficiente para vincular membros ausentes. Por fim, os ministros criticaram a postura da Oxford em conceder que caberia ao árbitro interpretar a cláusula arbitral e advertiram que, na ausência deste tipo de concessão, o Poder Judiciário dever pensar duas vezes em submeter a questão da viabilidade de uma arbitragem de classe ao juízo arbitral (Idem, p. 575).
121. ESTADOS UNIDOS. Supreme Court of the United States. *Directv, Inc. v. Imburgia et al.* 577 US 47 (2015). Relator: Stephen Breyer, 14 de dezembro de 2015.
122. O voto vencedor foi lavrado pelo Ministro Breyer, acompanhado pelos Ministros Roberts, Scalia, Kennedy, Alito e pela Ministra Kagan. O Ministro Thomas proferiu voto divergente mantendo a posição já esposada em casos anteriores de que o FAA não se aplica a casos perante cortes estaduais. A Ministra Ginsburg também proferiu voto divergente, embora por outras razões, acompanhada pela Ministra Sotomayor.

corrência de taxas de rescisão antecipada cobradas pela empresa em alegada violação a certas leis consumeristas.[123]

A cláusula arbitral continha uma renúncia à arbitragem de classe e previa que se "the law of your state" tornasse a renúncia à arbitragem de classe inexequível, então a cláusula arbitral em sua integralidade também seria inexequível.[124] Importa destacar, nesse tocante, que quando o contrato em disputa foi celebrado, a *Discover Bank Rule* ainda não havia sido derrogada pela decisão da Suprema Corte no caso *Concepcion*, decisão essa que sobreveio no curso do caso *Imburgia*. Ao julgar o caso *Imburgia*, o Judiciário californiano reconheceu que a *Discover Bank Rule* foi afastada pela Suprema Corte dos Estados Unidos, mas mesmo assim entendeu que a *class arbitration waiver* no caso seria inexequível a luz do Direito californiano, com base nos mesmos dispositivos de lei que serviram de base para a regra judicial revogada.

Ademais, as cortes californianas entenderam que, com base na mesma liberdade que permite às partes sujeitarem sua cláusula arbitral ao direito de outros estados ou nações, as partes poderiam sujeitá-la ao que seria o Direito californiano caso a Suprema Corte dos Estados Unidos não houvesse invalidado a *Discover Bank Rule*, já que (i) o termo "law of your state" seria específico em comparação a outras previsões sujeitando a cláusula ao direito federal; e (ii) em qualquer caso, eventual ambiguidade deveria ser interpretada de forma contrária ao interesse da parte que redigiu o contrato, no caso a DirecTV.[125]

Ao analisar o caso, a Suprema Corte ponderou primeiramente se a frase "law of your state" poderia incluir uma regra invalidada. Por se tratar de uma questão de interpretação contratual a Corte agiu com a deferência costumeiramente conferida ao direito estadual para a resolução desse tipo de questão, entendendo serem as cortes da Califórnia, em última análise, as detentoras de autoridade para decidir sobre o tema. Assim, a Suprema Corte passou a analisar se, mesmo assumindo que a decisão estivesse correta, a lei californiana nesse ponto específico seria consistente com o FAA, isto é, se colocaria a cláusula arbitral "on equal footing with all other contracts" como manda a legislação federal.[126]

O resultado dessa análise foi que, no entender da Corte Suprema, a interpretação californiana desfavoreceria cláusulas arbitrais comparativamente a outros contratos, violando portanto o FAA. Dentre outros pontos, a Corte entendeu que não haveria ambiguidade, devendo o termo "law of your state" ser interpretado de acordo com seu significado ordinário – ou seja, "valid state law" – especialmente porque não foi apresentado nenhum precedente em sentido contrário, seja da Califórnia ou de qualquer outro estado.[127] Além disso, a Suprema Corte entendeu que mesmo assumindo

---

123. Idem, p. 50.
124. Idem, p. 50.
125. Idem, p. 50-53.
126. Idem, p. 53-54.
127. Idem, p. 55.

que a interpretação estivesse correta, nada na decisão recorrida sugeriria que uma corte californiana interpretaria o termo "law of your state" da mesma maneira em qualquer outro contexto que não em matéria de arbitragem.[128] Por fim, entendeu o voto vencedor que a interpretação levada a cabo pela decisão recorrida, segundo a qual a *Discover Bank Rule* reteria sua força mesmo após ter sido invalidada pela Suprema Corte, dificilmente seria aceita pelas cortes em caráter geral, tampouco aplicada em outros contextos.[129] Assim, por todas essas razões, a Corte reverteu a decisão recorrida, remetendo o caso à origem para que fosse devidamente executada a convenção de arbitragem.[130]

Em meados de 2018, a Suprema Corte decidiu mais uma disputa em matéria de arbitragem de classe, qual seja o caso *Epic Systems Corporation v. Lewis*,[131] novamente por apertada maioria de 5 votos a 4.[132] O caso envolvia diferentes disputas de natureza trabalhista decorrentes de contratos que continham cláusula arbitral. Em suma, os empregados alegaram que determinadas leis trabalhistas federais lhes garantiriam direitos de resolução coletiva de disputas trabalhistas ou de envolvimento em atividades conjuntas com o objetivo de assegurar direitos trabalhistas. Por conta disso, no entender dos empregados, (i) cláusulas arbitrais compelindo a resolução de controvérsias em caráter individual violariam os direitos assegurados por essas leis federais, o que deveria permitir aos empregados adjudicar essas disputas perante o Poder Judiciário; e (ii) essas leis federais indicariam uma vontade do legislador em excepcionar o FAA, permitindo a realização de arbitragens de classe e a consequente desconsideração de *class action waivers*.

O voto vencedor decidiu em favor dos empregadores, reforçando as decisões dos casos anteriores sobre a matéria e pontuando que "courts may not allow a contract defense to reshape traditional individualized arbitration by mandating classwide arbitration procedures without the parties' consent".[133] No entender da Corte, a tentativa de afastar a realização de arbitragem individual devidamente pactuada se valendo das aludidas leis federais significaria justamente criar novos mecanismos e fórmulas para interferir com o cumprimento da vontade das partes no sentido de arbitrar, o que estaria em desacordo com o FAA, cujo objetivo é justamente garantir a exequibilidade de convenções de arbitragens de acordo com seus próprios termos.[134]

---

128. Idem, p. 56.
129. Idem, p. 57.
130. Idem, p. 58.
131. ESTADOS UNIDOS. Supreme Court of the United States. *Epic Systems Corporation v. Jacob Lewis*. 138 S.Ct. 1612 (2018). Relator: Neil Gorsuch, 21 de maio de 2018.
132. O voto vencedor foi lavrado pelo Ministro Gorsuch, acompanhado pelos Ministros Roberts, Kennedy, Thomas e Alito. O Ministro Thomas apresentou *concurring opinion*, e a Ministra Ginsburg lavrou voto divergente, acompanhada pelas Ministras Sotomayor e Kagan.
133. Idem, p. 1623.
134. Idem, p. 1623. A corte pontuou, nesse sentido, que seria necessário um "clear and manifest wish" por parte do Congresso para afastar o Federal Arbitration Act com relação aos pleitos em tela (Idem, p. 1624).

O último e mais recente julgado da Suprema Corte sobre o tema da arbitragem de classe adveio do caso *Lamps Plus Inc. v. Varela*,[135] o qual assentou, novamente de forma não unânime,[136] uma questão que havia sido deixada em aberto pelos casos *Stolt-Nielsen* e *Sutter*. Naqueles casos, restou assentado que o julgador não deveria interpretar o silêncio da cláusula arbitral como anuência à arbitragem de classe. No caso *Lamps Plus*, por seu turno, a Corte analisou se o mesmo tratamento deveria ser concedido a cláusulas ambíguas.[137]

Frank Varela foi alvo de fraude após seus dados tributários terem sido revelados por um empregado da Lamps Plus a um hacker. Varela iniciou, em seu nome e em nome de cerca de outros 1300 funcionários que também tiveram suas informações vazadas, uma *class action* putativa em face da Lamps Plus. A companhia buscou compelir a realização de arbitragens individuais, tendo as cortes de primeiro grau rejeitado o pedido e determinado a realização de uma arbitragem de classe. A decisão foi mantida em segundo grau, tendo o tribunal entendido que, por se tratar de uma discussão sobre ambiguidade e não silêncio, o caso Stolt-Nielsen não seria aplicável. Diante disso, a corte se valeu da regra *contra proferentem* para resolver a ambuiguidade em desfavor da Lamps Plus, entendendo se tratar de regra interpretativa aplicável a todos os contratos, portanto não discriminatória à arbitragem.[138]

Antes de analisar o desfecho do caso, vale destacar que a questão chegou à apreciação da Suprema Corte por um ângulo distinto dos casos anteriores, já que no caso *Lamps Plus* não houve uma decisão do tribunal arbitral sobre o cabimento ou não de arbitragem de classe. Assim, a revisão da Corte no caso *Lamps Plus* não ficou limitada à questão do excesso de autoridade, como havia ocorrido nos casos *Stolt-Nielsen* e *Sutter*. Ao invés disso, a Corte se voltou às premissas já estabelecidas nos casos *Stolt-Nielsen*, *Concepcion* e *Epic Systems*, para asseverar que, ao buscar dar efetividade à vontade das partes de uma convenção de arbitragem, o julgador deve sempre ter em mente as fundamentais diferenças entre a arbitragem de classe e o modelo tradicional de arbitragem individual previsto pelo FAA, evitando compelir a realização de uma arbitragem de classe a não ser que haja uma base contratual para concluir que as partes concordaram com isso.[139] Isso porque, no entender da maioria, há significativas diferenças entre arbitrar individualmente e arbitrar em forma de classe, na medida em que a segunda opção desnatura os propósitos vislumbrados pelo FAA.

---

135. ESTADOS UNIDOS. Supreme Court of the United States. *Lamps Plus Inc. et al. v. Frank Varela*. 139 S.Ct. 1407 (2019). Relator: John Roberts, 24 de abril de 2019.
136. O voto vencedor foi lavrado pelo Ministro Roberts, acompanhado pelos ministros Alito, Gorsuch e Kavanaugh. O Ministro Thomas apresentou *concurring opinion*, e a Ministra Ginsburg lavrou voto divergente, acompanhada pelos Ministros Breyer e Sotomayor, que também apresentaram votos divergentes separados. A ministra Kagan também apresentou voto divergente, acompanhada pelos Ministros Ginsburg e Breyer, e em parte pela Ministra Sotomayor.
137. Idem, p. 1412.
138. Idem, p. 1410.
139. Idem, p. 1412.

Transpondo essa moldura para o caso concreto, a Corte entendeu que a ambiguidade deveria receber o mesmo tratamento conferido ao silêncio, já que também não oferece uma base contratual suficiente para concluir que as partes tiveram a intenção de sacrificar as principais vantagens da arbitragem ao escolherem arbitrar em forma de classe.[140] Assim, nas palavras do voto vencedor, o FAA "requires more than ambiguity to ensure that the parties actually agreed to arbitrate on a class wide basis."[141]

Nesse esteio, entendeu a Corte que o tribunal *a quo* chegou a uma conclusão diametralmente oposta ao decidir que ambiguidades deveriam ser interpretadas de acordo com a regra *contra proferentem*. Na visão do voto vencedor, a regra somente pode ser utilizada em último caso, quando o significado da previsão se mantiver ambíguo mesmo exauridos todos os métodos ordinários de interpretação contratual.[142] Isso porque a regra *contra proferentem* se baseia em princípios de justiça e interesse público, bem como em considerações equitativas sobre o poder de barganha das partes, ao invés de princípios de interpretação contratual propriamente ditos. Nas palavras da Corte, "unlike contract rules that help to interpret the meaning of a term, and thereby uncover the intent of the parties, *contra proferentem* is by definition triggered only after a court determines that it cannot discern the intent of the parties".[143] Logo, no entendimento da maioria, valer-se dessa regra para definir a intenção das partes seria contrário ao FAA.[144]

Por fim, o voto vencedor considerou que ainda que a regra *contra proferentem* tenha aplicabilidade geral (e portanto não seja, em princípio, discriminatória à arbitragem), regras gerais que prejudicam a escolha das partes pela arbitragem através de métodos mais sutis, como por exemplo por interferir com atributos fundamentais da arbitragem, não encontram guarida no FAA, a exemplo do caso *Concepcion*, que rejeitou a utilização de uma defesa geral (unconscionability) porque o efeito de sua aplicação seria justamente forçar as partes a arbitrarem sem o necessário consentimento.[145]

2.3 Resultado da evolução dos casos da Suprema Corte: algumas consequências da limitação da arbitragem de classe

A gama de precedentes acima analisados evidencia o grande interesse da Suprema Corte por disputas envolvendo a arbitragem de classe ao longo das duas últimas décadas. O debate, como se viu, é marcado por decisões não unânimes e incisivos votos dissidentes, de modo que o debate público sobre o tema permanece em voga.

O resultado, ao menos até o momento, é que a Suprema Corte tem sido bastante restritiva e criteriosa na admissão de *class arbitrations*. De um modo geral, a tendência vem sendo (i) exigir uma base contratual a demonstrar o acordo das partes no sentido de

---

140. Idem, p. 1416.
141. Idem, p. 1415.
142. Idem, p. 1417.
143. Idem, p. 1417.
144. Idem, p. 1418.
145. Idem, p. 1418.

arbitrar em forma de classe, (ii) entender que o silêncio e a ambiguidade não constituem base contratual suficiente, e (iii) preservar em grande medida cláusulas de renúncia (*class arbitration waivers*). Além disso, a Corte ainda não assentou se cabe ao árbitro ou ao Poder Judiciário decidir se uma determinada convenção de arbitragem contempla ou não a possibilidade de realização de uma arbitragem de classe. A despeito da sinalização inicial no caso *Bazzle* de que o árbitro estaria melhor situado para a tarefa, a corte indicou nos casos *Stolt-Nielsen* e *Sutter* que a questão permanece aberta.

Naturalmente, as contínuas limitações à arbitragem de classe decorrentes das decisões da Suprema Corte tiveram repercussões do ponto de vista prático. Se o caso *Bazzle* abriu as comportas para a arbitragem de classe, as decisões subsequentes as foram fechando gradativamente, o que acarretou o surgimento de novos fenômenos no mercado de resolução de disputas de larga escala. Um dos fenômenos que mais chama atenção são os repetidos episódios de ajuizamento massivo de arbitragens individuais em face de determinadas companhias.

Nos últimos anos, diversas companhias foram alvo do ajuizamento de milhares de arbitragens individuais em um único dia ou curto período de tempo, como por exemplo os mais de 2 mil procedimentos arbitrais iniciados em face do aplicativo DoorDash no mesmo dia,[146] os mais de 12 mil procedimentos iniciados por motoristas em face da Uber,[147] e as mil arbitragens ajuizadas em face da AT&T na sequência do caso *Concepcion* para impedir a fusão da empresa com a T-Mobile.[148] Esse cenário parece inclusive ter levado algumas companhias a optar por abandonar completamente a escolha pela arbitragem, como é o caso da Amazon, que passou a adotar cláusulas de eleição de foro judicial em seus contratos com consumidores. A companhia possui cerca de 75 mil arbitragens individuais relacionadas a um único produto, em sua maioria iniciadas pelo mesmo escritório de advocacia ao longo de pouco mais de um ano.[149]

Por fim, as decisões da Suprema Corte permitem perceber que a arbitragem de classe tem sido utilizada primordialmente em disputas consumeristas, trabalhistas e de antitruste. O mercado de capitais não tem sido uma área fértil para a arbitragem de classe nos Estados Unidos. Embora a Suprema Corte já tenha considerado que certas disputas envolvendo valores mobiliários (*securities claims*) podem ser resolvidas por arbitragem,[150] e apesar de a arbitragem ter florescido francamente em algumas áreas como por exemplo em litígios envolvendo clientes e corretoras de valores mobiliários, a

---

146. Nesse sentido, ver: https://www.nytimes.com/2020/04/06/business/arbitration-overload.html. Acesso em: 03 mar. 2022.
147. Nesse sentido, ver: https://news.bloomberglaw.com/daily-labor-report/corporate-arbitration-tactic-backfires-as-claims-flood-in. Acesso em: 03 mar. 2022.
148. Nesse sentido, ver: https://www.forbes.com/sites/danielfisher/2011/08/18/atts-arbitration-victory-breeds--swarm-of-antitrust-cases/?sh=35aff2763036. Acesso em: 03 mar. 2022.
149. Nesse sentido, ver: https://www.bloomberg.com/news/articles/2021-06-01/amazon-to-let-customers-sue--after-thousands-of-alexa-complaints e https://www.wsj.com/articles/amazon-faced-75-000-arbitration-demands-now-it-says-fine-sue-us 11622547000. Ambos acessados em: 03 mar. 2022.
150. Ver, por exemplo: ESTADOS UNIDOS. Supreme Court of the United States. *Rodriguez de Quijas v. Shearson/American Express, Inc.* 490 US 477 (1989). Relator: Anthony Kennedy, 15 maio 1989.

Securities and Exchange Commission (SEC) vem de longa data se manifestando contrariamente à inclusão de cláusulas arbitrais em estatutos sociais de companhias abertas.[151]

2.4 Class arbitration na arbitragem internacional?

Embora a arbitragem de classe nos Estados Unidos tenha se desenvolvido primordialmente no campo das disputas domésticas, sua difusão na esteira do caso *Bazzle* possibilitou, ao menos até as limitações impostas a partir do caso *Stolt-Nielsen*, a ampliação da quantidade, escopo e natureza de disputas que se pretendeu submeter a arbitragem de classe.

Com isso, surgiram relevantes discussões sobre a viabilidade da arbitragem de classe em algumas searas, dentre elas no contexto internacional. Fora dos Estados Unidos a questão não havia atingido o mesmo nível de desenvolvimento, o que se pode atribuir ao menos a dois fatores. O primeiro é a forte ligação das arbitragens de classe com as ações de classe judiciais, típicas do direito processual civil estadunidense. O segundo é que, diferentemente de instituições arbitrais estadunidenses como a AAA e a JAMS – as quais criaram regulamentos específicos para acomodar as especificidades do procedimento classista e ocupar o espaço aberto pelo caso *Bazzle* –, instituições arbitrais estrangeiras não seguiram o mesmo movimento. Ao contrário disso, algumas delas inclusive se posicionaram contrariamente a esse movimento, como foi o caso da Corte Internacional de Arbitragem da Câmara de Comércio Internacional (ICC).[152]

O ambiente favorável estabelecido nos Estados Unidos com a decisão do caso *Bazzle* e a institucionalização da arbitragem de classe permitiu o surgimento de uma disputa com o potencial de ser a primeira arbitragem de classe internacional: o caso *President and Fellows of Harvard College vs. JSC Surgutneftegaz*. Trata-se de arbitragem de classe iniciada perante a AAA pela Universidade de Harvard contra a Surgut, empresa russa do setor de óleo e gás, em nome de detentores de American Depositary Receipts (ADRs) da companhia. Harvard alegou que a Surgut teria indevidamente (i) deixado de declarar dividendos em violação ao *Deposit Agreement* que regia os ADRs detidos pela Universidade, o qual possuía cláusula arbitral; e (ii) violado a legislação do mercado de capitais estadunidense ao apresentar informações falsas sobre o pagamento de dividendos em seus prospectos.

---

151. Para ilustrar, ainda na década de 1990, Thomas L. Riesenberg, Assistant General Counsel da SEC, publicou artigo apresentando objeções dos pontos de vista jurídico e político à inclusão de cláusulas arbitrais com caráter mandatório em estatutos sociais (RIESENBERG, Thomas L. Arbitration and Corporate Governance: A Reply to Carl Schneider. *Insights* – The Corporate & Securities Law Advisor. v. 4. n. 8. ago. 1990). Embora mais recentemente tenham surgido alguns posicionamentos no âmbito da SEC aparentemente favoráveis à possibilidade de adoção de arbitragem mandatória no estatuto de companhias abertas, ainda há diversas vozes contrárias ao assunto, o qual de toda forma não evoluiu do ponto de vista prático.
152. Nesse sentido, Lea Haber Kuck e Gregory Litt destacam que "the ICC has taken a firmly negative stance against class actions in litigation" e que esse viés negativo "appears equally applicable to class arbitrations". Os autores também destacam a hostilidade de alguns tribunais arbitrais à arbitragem de classe em disputas internacionais, dando conta de que certos tribunais inclusive chegaram a pontuar que a arbitragem de classe seria "an essentially American phenomenon" (KUCK, Lea Haber. LITT, Gregory A. International class arbitration, Op. cit., p. 725-728).

Após intensa batalha judicial decorrente da tentativa frustrada da Surgut de suspender a arbitragem,[153] o tribunal arbitral seguiu os trâmites do regulamento da AAA e decidiu por maioria, vencido o árbitro nomeado pela Surgut, que "the arbitration clause, properly construed, does not preclude this arbitration from proceeding on a class basis".[154] Os árbitros entenderam que os membros da classe seriam todos parte do *Deposit Agreement*, cuja cláusula arbitral possuía redação suficientemente abrangente com relação às partes e disputas sujeitas a arbitragem. Ademais, rejeitaram o argumento de que uma *class action* seria um conceito puramente estadunidense e impróprio no campo da arbitragem internacional, pontuando que a Surgut não teria identificado nenhum princípio ou norma de direito internacional para invalidar uma convenção de arbitragem que, adequadamente interpretada de acordo com a lei substantiva e processual da sede da arbitragem, permita que o caso prossiga em forma de classe.[155]

A decisão foi confirmada pelo Poder Judiciário estadunidense[156] e a disputa remetida ao tribunal arbitral para que decidisse se seria ou não o caso de certificar a classe e prosseguir com o que seria a primeira arbitragem internacional de classe no âmbito da AAA. Isso, no entanto, parece não ter ocorrido, já que a base de dados da AAA indica que os pleitos feitos na arbitragem foram retirados e o caso não teve andamentos subsequentes.[157]

Não nos parece haver, contudo, óbice teórico à utilização do mecanismo da *class arbitration* em casos internacionais sediados nos Estados Unidos,[158] desde que atendidos os requisitos impostos pelas decisões da Suprema Corte. Nada obstante, há de se ter em mente que as complexidades já naturalmente atinentes à arbitragem de classe (como por exemplo os procedimentos de certificação da classe, notificação dos membros ausentes, e escrutínio de propostas de acordo) podem se tornar ainda mais agudas no contexto de uma disputa internacional. Outrossim, o reconhecimento e execução de uma sentença arbitral estrangeira decorrente de uma arbitragem de classe também pode apresentar desafios específicos.

---

153. ESTADOS UNIDOS. United States Court of Appeals, Second Circuit. *JSC Surgutneftegaz v. President and Fellows of Harvard College*. 167 Fed. Appx. 266. Relator: Richard Conway Casey, 15 fev. 2006.
154. Ambas as decisões proferidas pelo tribunal arbitral (i.e., tanto a decisão sobre a arbitrabilidade da disputa quando a decisão sobre a interpretação da cláusula compromissória, estão disponíveis no site da AAA: https://apps.adr.org/CaseDocketApp/faces/CaseSearchPage.jsf?_ga=2.161180285.1947985981.1646340258-1206156407.1646340258. Acesso em: 03 mar. 2022).
155. DECISÃO ARBITRAL. American Arbitration Association. *President and Fellows of Harvard College et al. vs. JSC Surgutneftegaz*. Partial Final Award on Clause Construction. Caso 11 168 T 01654 04. 1º ago. 2007.
156. ESTADOS UNIDOS. United States District Court, Southern District of New York. *JSC Surgutneftegaz v. President and Fellows of Harvard College*. 2007 WL 3019234. Juiz: Richard M. Berman, 11 out. 2007.
157. Nesse sentido, ver: https://apps.adr.org/CaseDocketApp/faces/CaseSearchPage.jsf. Acesso em: 03 mar. 2022.
158. A propósito, Gerald Aksen entende que embora seja viável uma arbitragem de classe internacional no âmbito do regulamento da AAA, a questão depende em última análise do tratamento a ser dado pelo Poder Judiciário do local de execução da sentença arbitral. Nas palavras do autor: "One could say that there cannot be such a thing as 'international class arbitration' until the judiciaries of several major commercial centres enforce awards in such arbitrations. As no such award has yet come up for enforcement, we simply do not know" (AKSEN, Gerald. Chapter 11. Class Action in Arbitration and Enforcement Issues: An Arbitrator's Point of View. In: HANOTIAU, Bernard. SCHWARTZ, Eric (Ed.). *Multiparty Arbitration, Dossiers of the ICC Institute of World Business Law*. Haia: Kluwer Law International, 2010, v. 7, p. 215-216).

Apenas para ilustrar, é possível que parâmetros de notificação da classe tidos por suficientes em uma arbitragem realizada sob os auspícios de uma instituição arbitral estadunidense estejam em desacordo com salvaguardas processuais ou requisitos de citação e notificação mais restritivos impostos por outras jurisdições, mormente quando não houver nessas jurisdições nenhum procedimento similar ao de uma *class action* ou *class arbitration*. De igual forma, não se deve descartar a possibilidade de sentenças arbitrais decorrentes de procedimentos de classe serem desafiadas em certas jurisdições estrangeiras por violações a princípios jurídicos ou garantias processuais, tais como o direito de ampla defesa e contraditório, na medida em que uma *class arbitration* no mais das vezes tutelará direitos de terceiros ausentes.

Por fim, o fato de que os parâmetros para aferição do consentimento com uma arbitragem de classe vieram sendo moldados ao longo de décadas – e ainda assim por decisões não unânimes – nos Estados Unidos, indica que questões da mesma natureza daquelas surgidas nos Estados Unidos, inclusive do ponto de vista do debate público, também podem surgir perante jurisdições estrangeiras no momento de reconhecimento e execução da sentença arbitral.

CONCLUSÕES

O ponto de partida para compreender o modelo estadunidense de arbitragem de classe são as *class actions* judiciais. Muitos dos conceitos aplicáveis às *class arbitrations*, como por exemplo a noção de *eading plaintiff* e os procedimentos de certificação e notificação da classe, são originários do direito das ações de classe e devem ser devidamente assimilados antes que se pretenda analisar o fenômeno da arbitragem de classe no país.

Embora o tema já viesse sendo testado pelas cortes estadunidenses desde a década de 1980, a arbitragem de classe deslanchou propriamente a partir de 2003, com a decisão do caso *Bazzle* pela Suprema Corte e a subsequente atuação de instituições arbitrais domésticas para viabilizar a operacionalização de procedimentos arbitrais em forma de classe. Nas duas décadas subsequentes, a Suprema Corte decidiu diversos casos sobre o tema, moldando o regime jurídico aplicável ao consentimento para arbitrar em forma de classe, a consequência do silêncio e da ambiguidade da cláusula arbitral, e a viabilidade jurídica de cláusulas de renúncia (*class arbitration waivers*). Outras questões, como por exemplo a discussão sobre quem deve interpretar a convenção de arbitragem para determinar se as partes consentiram em arbitrar enquanto classe, ou o que o árbitro deve fazer quando as partes expressamente lhe delegam essa função, permanecem em aberto.

O que se pode aferir, no atual cenário, é que embora a arbitragem de classe seja possível nos Estados Unidos, sua aplicabilidade veio sendo reduzida pela Suprema Corte, que tem (i) exigindo uma base contratual que demonstre o acordo das partes no sentido de arbitrar em forma de classe, (ii) considerado que o silêncio e ambuiguidade não perfazem essa base contratual, e (iii) limitado defesas apresentadas em face de cláusulas de renúncia.

BIBLIOGRAFIA E JULGADOS SELECIONADOS

AKSEN, Gerald. Chapter 11. Class Action in Arbitration and Enforcement Issues: An Arbitrator's Point of View. In: HANOTIAU, Bernard. SCHWARTZ, Eric (Ed.). Multiparty Arbitration, *Dossiers of the ICC Institute of World Business Law*. v. 7. Haia: Kluwer Law International, 2010.

BORN, Gary B. *International Commercial Arbitration*. 3. ed. Haia: Kluwer Law International, 2021.

CARTER, James H. Chapter 1. Class Arbitration in the Unites States: Life After Death? In: HANOTIAU, Bernard. SCHWARTZ, Eric (Ed.). Class and Group Actions in Arbitration, *Dossiers of the ICC Institute of World Business Law*. v. 14. Haia: Kluwer Law International, 2016.

DRAHOZAL, Christopher R. Chapter 2. Class arbitration in the Unites States. In: HANOTIAU, Bernard. SCHWARTZ, Eric (Ed.) Class and Group Actions in Arbitration, *Dossiers of the ICC Institute of World Business Law*. v. 14. Haia: Kluwer Law International, 2016.

KENT, Rachel. STRING, Marik. Availability of class arbitration under US Law. In: VAN DEN BERG, Albert Jan (Ed.) *Legitimacy*: Myths, Realities, Challenges. Haia: Kluwer Law International, 2015. (ICCA Congress Series). v. 18.

KUCK, Lea Haber. LITT, Gregory A. International class arbitration. In: KARLSDOGT, Paul (Ed.). *World class actions*: a guide to group and representative actions around the globe. Oxford: Oxford University Press, 2012.

MARTÍNEZ, Silvia. El futuro incierto de las class arbitrations. *Revista del Club Español del Arbitraje*. Issue 8. Wolters Kluwer España, 2010.

MOORE, James William. *Moore's Federal Practice* – Civil Chapter. v. 5. Nova York: Matthew Bender, 2021 (atualização, set.) Disponível em: https://advance.lexis.com.

STRONG, S.I. *Class, mass, and collective arbitration in national and international law*. Nova York: Oxford University Press, 2013.

WAINCYMER, Jeffrey M. *Procedure and Evidence in International Arbitration*. Haia: Kluwer Law International, 2012.

WRIGHT, Charles Alan. MILLER, Arthur R. Federal Practice and Procedure. 4 ed. Eagan: Thomson West, 2021 (atualizada, nov.). v. 7A. Disponível em: https://1.next.westlaw.com.

JULGADOS SELECIONADOS

ESTADOS UNIDOS. California Supreme Court. *Keating v. Superior Court*. 31 Cal.3d. 584 (Cal. 1982). Relator: Joseph Grodin, 10 de junho de 1982.

ESTADOS UNIDOS. Supreme Court of the United States. *Mitsubishi Motors Corp. v. Soler Chrysler-Plymouth, Inc.* 473 US 614 (1985). Relator: Harry Blackmun, 2 jul. 1985.

ESTADOS UNIDOS. Supreme Court of the United States. *Rodriguez de Quijas v. Shearson/American Express, Inc.* 490 US 477 (1989). Relator: Anthony Kennedy, 15 maio 1989.

ESTADOS UNIDOS. Supreme Court of the United States. *First Options of Chicago, Inc. v. Kaplan*. 514 US 938 (1995). Relator: Stephen Breyer, 22 maio 1995.

ESTADOS UNIDOS. Supreme Court of the United States. *Howsam v. Dean Witter Reynolds, Inc.* 537 US 79 (2002). Relator: Stephen Breyer, 10 dez. 2002.

ESTADOS UNIDOS. Supreme Court of the United States. *Green Tree Financial Corp., v. Bazzle et al.* 539 US 444 (2003). Relator: Stephen Gerald Breyer, 23 jun. 2003.

ESTADOS UNIDOS. California Supreme Court. *Discover Bank v. Superior Court*. 36 Cal.4th 148 (Cal. 2005). Relator: Carlos R. Moreno, 27 jun. 2005.

ESTADOS UNIDOS. United States Court of Appeals, Second Circuit. *JSC Surgutneftegaz v. President and Fellows of Harvard College*. 167 Fed. Appx. 266. Relator: Richard Conway Casey, 15 fev. 2006.

ESTADOS UNIDOS. United States District Court, Southern District of New York. *JSC Surgutneftegaz v. President and Fellows of Harvard College*. 2007 WL 3019234. Juiz: Richard M. Berman, 11 out. 2007.

ESTADOS UNIDOS. Supreme Court of the United States. *Stolt-Nielsen S.A. v. AnimalFeeds Int'l Corp*. 559 US 662 (2010). Relator: Samuel Alito, 27 abr. 2010.

ESTADOS UNIDOS. Supreme Court of the United States. *AT&T Mobility LLC v. Vincent Concepcion*. 563 US 333 (2011). Relator: Antonin Scalia, 27 abr. 2011.

ESTADOS UNIDOS. Supreme Court of the United States. *Wal-Mart Stores, Inc., v. Betty Dukes et al.* 564 US 338 (2011). Relator: Antonin Scalia, 20 jun. 2011.

ESTADOS UNIDOS. Supreme Court of the United States. *Comcast Corporation et al., v. Caroline Behrend et al.* 569 US 27 (2011). Relator: Antonin Scalia, 27 mar. 2013.

ESTADOS UNIDOS. Supreme Court of the United States. *Oxford Health Plans LLC v. John Ivan Sutter*. 569 US 564 (2013). Relator: Elena Kagan, 10 jun. 2013.

ESTADOS UNIDOS. Supreme Court of the United States. *American Express Co. v. Italian Colors Restaurant*. 570 US 228 (2013). Relator: Antonin Scalia, 20 jun. 2013.

ESTADOS UNIDOS. Supreme Court of the United States. *Directv, Inc. v. Imburgia et al.* 577 US 47 (2015). Relator: Stephen Breyer, 14 dez. 2015.

ESTADOS UNIDOS. Supreme Court of the United States. *Epic Systems Corporation v. Jacob Lewis*. 138 S.Ct. 1612 (2018). Relator: Neil Gorsuch, 21 maio 2018.

ESTADOS UNIDOS. Supreme Court of the United States. *Lamps Plus Inc. et al. v. Frank Varela*. 139 S.Ct. 1407 (2019). Relator: John Roberts, 24 abr. 2019.

DECISÃO ARBITRAL. *President and Fellows of Harvard et al. vs. JSC Surgutneftegaz*. Partial Final Award on Clause Construction. Caso n. 11 168 T 01654 04. 1º ago. 2007.

XIII
ARBITRAGEM NO AGRONEGÓCIO

Thiago Marinho Nunes

Doutor em Direito Internacional e Comparado pela Faculdade de Direito da Universidade de São Paulo. Mestre em Contencioso, Arbitragem e Modos Alternativos de Resolução de Conflitos pela Universidade de Paris II – Panthéon-Assas Vice-Presidente da Câmara de Arbitragem Empresarial-Brasil (CAMARB) Professor do Núcleo de Pesquisa em Arbitragem do IBMEC-SP; e árbitro independente.

Sumário: Introdução – 1. Breves considerações sobre o agronegócio no Brasil – 2. Arbitrabilidade objetiva no agronegócio – 3. Uso da arbitragem nos títulos de financiamento do agronegócio – 4. Efetividade da arbitragem no agronegócio; 4.1 Flexibilidade da arbitragem; 4.2 Livre escolha dos árbitros; 4.3 Confidencialidade da arbitragem – Conclusão – Bibliografia e julgados selecionados.

INTRODUÇÃO

O objetivo do presente estudo é examinar a arbitragem como mecanismo adequado e eficiente de resolução de controvérsias no âmbito dos contratos agroindustriais, isto é, aqueles firmados no âmbito do ambiente negocial também conhecido como agronegócio.

Dados públicos demonstram um crescimento exponencial do agronegócio nas últimas décadas, colocando o Brasil entre os países com o maior crescimento da produtividade agrícola no mundo. A partir da análise dos dados censitários no período compreendido entre 1970 e 2006, concluiu-se que a taxa média anual da produtividade total dos fatores foi de 3,5%, valor considerado elevado quando comparado a taxa média mundial, que tem sido de 1,84% ao ano.[1]

O otimismo dos setores políticos e empresariais quanto ao crescimento do agronegócio justifica-se não somente pelos indicadores econômicos citados – que colocam o agronegócio como o principal setor da economia nacional –, como também pelo seu potencial para crescimento em um cenário futuro. O Brasil conta com abundantes recursos hídricos, possui clima favorável ao plantio e cultivo, e seu vasto território ostenta proporções continentais. Estima-se que o país possua 22% das terras agricultáveis do mundo,[2] ainda que somente 7,6% do território brasileiro atualmente esteja destinado à

---
1. Tal cálculo se dá a partir da apuração da quantidade de insumos e produtos, de forma a apurar o aumento da quantidade de produto que não é explicada pelo aumento da quantidade de insumos. FUGLIE, K., WANG, S.L., BALL, V.E. (Coord.). Productivity growth in agriculture: An international perspective. *European Review of Agricultural Economics*, v. 40, 3, p. 531–534, jul. 2013; e GASQUES, José Garcia. Sources of growth in Brazilian agriculture: Total Factor Productivity. *EuroChoices* v. 16, 1, p. 24-25, 2017.
2. RODRIGUES, Roberto. O céu é o limite para o agronegócio brasileiro. *Conjuntura Econômica*, v. 60, 11, p. 14-15, Rio de Janeiro, nov. 2006.

agricultura.³ Dessa forma, considerando-se o potencial geográfico e a atual relevância econômica do setor, forçoso concluir que a continuidade do crescimento do agronegócio, de modo vertical e horizontal, representa uma perspectiva real.

Como consequência direta do desenvolvimento do agronegócio, nas últimas décadas o crescimento do setor foi acompanhado da sofisticação das relações comerciais a ele inerentes, uma vez que sua cadeia produtiva engloba uma gama complexa e variada de atividades comerciais. Obrigatoriamente, o sistema do agronegócio incorpora, além da agropecuária propriamente dita, a produção e comercialização de insumos, a indústria de transformação e processamento, e a rede de distribuição da produção. Complementando a cadeia, encontram-se os serviços de apoio, pesquisa e assistência técnica, além do transporte e logística, comercialização, concessão de crédito, exportação e importação (atividade desenvolvida pelas empresas multinacionais denominadas *tradings*), serviços portuários, distribuidores (*dealers*), bolsas, e o consumidor final.[4]

É natural que, no âmbito de um cenário comercial competitivo, surjam divergências, algumas de alta complexidade jurídica. No caso do agronegócio, as demandas podem envolver não somente pequenos produtores rurais e comerciantes locais, como grandes latifundiários, multinacionais e conglomerados industriais de grande envergadura, atraindo as atenções do mercado e dos principais agentes do setor. A via tradicionalmente utilizada para a resolução de tais conflitos ainda é, na grande maioria dos casos, o processo estatal.

É patente, aliás, a crescente judicialização de temas relativos ao agronegócio, tendo o Superior Tribunal de Justiça ("STJ") sido instado a solucionar diversas questões controvertidas diretamente ligadas ao setor, tais como aquelas ligadas à emissão de Cédula de Produto Rural ("CPR") sem a antecipação de pagamento do preço, ou sobre a aplicação do direito de preferência previsto no Estatuto da Terra.[5] Outras, todavia, ainda se encontram pendentes de apreciação, como é o caso da polêmica em torno da recuperação judicial de produtores rurais.[6] Em suma, o papel daquela corte – assim como de todo o Poder Judiciário – ainda é vital na pacificação e uniformização de entendimentos, objetivando garantir uma maior segurança jurídica, muito necessária ao ramo do agronegócio e às relações comerciais que lhe são características, além da economia como um todo.

No entanto, a cadeia produtiva do agronegócio, com sua complexa rede de relações negociais, pode dar origem a demandas cuja resolução mais adequada pode ultrapassar a capacidade do sistema judiciário de solucioná-las no tempo e modo satisfatórios, e que dependam de maior minúcia e *expertise* que apenas aqueles totalmente envolvidos na cadeia agronegocial possam proporcionar.

---

3. O percentual é baixo quando comparado a outros países. A título de exemplo, os países da União Europeia dedicam entre 20% e 30% do seu território à agricultura. Os Estados Unidos, – concorrente direto do Brasil –, utilizam 18,3%, a China, 17,7%, e a Índia 60,5%. Dados disponíveis em: https://www.embrapa.br/busca-de-noticias/-/noticia/30972114/nasa-confirma-dados-da-embrapa-sobre-area-plantada-no-brasil. Acesso em: 15 jan. 2022.
4. CONTINI, Elísio; GASQUES, José Garcia; LEONARDI, Renato Barros de Aguiar; BASTOS, Eliana Teles. Evolução recente e tendências do agronegócio. *Revista de Política Agrícola*, ano XV, n. 1, p. 5-28, jan./mar. 2006.
5. Lei 4.504, de 30 de novembro de 1964.
6. Sobre o assunto, confira-se: https://www.conjur.com.br/2018-fev-04/opiniao-decisoes-stj-agronegocio-impactam-todo-setor. Acesso em: 15 jan. 2022.

Com objetivo de dar maior eficácia à resolução das controvérsias surgidas no âmbito do agronegócio, entram em cena os mecanismos alternativos ao processo judicial, como é o caso da arbitragem, incorporada ao sistema legal brasileiro por meio da Lei 9.307, de 23 de setembro de 1996 ("Lei de Arbitragem").

O presente estudo procurará demonstrar as razões pelas quais a arbitragem constitui um mecanismo adequado e mais eficiente do que o processo judicial para a resolução de controvérsias surgidas no âmbito do agronegócio.

1. BREVES CONSIDERAÇÕES SOBRE O AGRONEGÓCIO NO BRASIL

A dinâmica das relações comerciais é vista com frequência em diversos ramos: construção civil, produção e comercialização de energia elétrica, indústria automotiva, entre outros tantos. Mais recentemente, temos visto um enorme progresso das relações comerciais mantidas na seara agrícola e na pecuária, o resultado final da organização do Direito Agrário,[7] que tradicionalmente chamamos de agronegócio.[8]

O mercado agronegocial concentra uma rede em que diversos atores participam: o produtor e comerciante rural (fazendeiros, usineiros etc.) e as empresas que realizam diversos tipos de importações e exportações de produtos (as chamadas *tradings*), inclusive negociando também com empresas concorrentes. Não se trata, pois, de atividade simplista em que, num cenário bem antigo, estaria ligada tão somente à agricultura e à pecuária. Segundo Renato Buranello, agronegócio deve ser conceituado como:

> [...] o conjunto organizado de atividades econômicas que envolve todas as etapas compreendidas entre fornecimento dos insumos para produção até a distribuição para consumo final de produtos, subprodutos e resíduos de valor econômico relativos a alimentos, fibras naturais e bioenergia, também compreendidas as bolsas de mercadorias e futuros e as formas próprias de financiamento [...].[9]

---

7. O Direito Agrário, cuja essência não perfaz o objeto do presente estudo, nasce de um fenômeno agrário, o qual segundo Francisco de Godoy Bueno, socorrendo-se das lições de Antonio Carrozza e Ricardo Zeledón, consiste no "desenvolvimento de um ciclo biológico vegetal ou animal, direta ou indiretamente ao desfrute das forças ou dos recursos naturais e que se resolvem economicamente na obtenção de frutos, vegetais ou animais, destinados ao consumo direto, seja como tais ou para uma ou múltiplas transformações (...)" (BUENO, Francisco de Godoy. *Contratos Agrários Agroindustriais*: análise à luz dos contratos atípicos. São Paulo: Almeida, 2017, p. 27). Em seguida, invocando lição de Fernando Scaff, o mesmo autor tece esclarecimentos acerca da *agrariedade*, elemento central do instituto do Direito Agrário, *verbis*: "SCAFF chama a atenção de que a agrariedade exerce uma função qualificadora, que atribui função econômica aos bens, aos sujeitos de direito e à atividade desenvolvida, por meio do seu vínculo com o ciclo biológico. Diferencia-se, dessa forma, o imóvel rural do que é efetivamente uma propriedade agrária, pelo critério de sua destinação, vinculado às atividades agrárias principais ou conexas, permitindo ao direito agrário deslocar-se da ótica fundiária (estática) para a ótica da atividade agrária (dinâmica). Na concepção moderna, o direito agrário é o direito da empresa agrária." (BUENO, Francisco de Godoy. *Contratos Agrários Agroindustriais*: análise à luz dos contratos atípicos. São Paulo: Almeida, 2017, p. 28).
8. Nas palavras de Francisco de Godoy Bueno, "Na atualidade, a atividade agrícola não mais se faz de forma isolada dos setores industrial e comercial. Indústrias de insumos, produção agropecuária, indústria de alimentos e sistema de distribuição estabelecem-se com relação de interdependência, a identificar uma realidade única que, a partir dos estudos de Davis e Goldberg, denominou-se *agribusiness* ou, em tradução para o português, agronegócio.". (BUENO, Francisco de Godoy. *Contratos Agrários Agroindustriais*: análise à luz dos contratos atípicos. São Paulo: Almeida, 2017, p. 41).
9. BURANELLO, Renato. *Manual do Direito do Agronegócio*. São Paulo: Saraiva, 2013, p. 35.

O agronegócio no Brasil vive hoje um grande momento. Representando cerca de um quarto do PIB brasileiro,[10] trata-se de um setor de vital importância na economia brasileira, que contribui para a manutenção da estabilidade da moeda nacional. Como bem afirma um recente estudo,[11] o nível de sofisticação das operações econômicas no agronegócio tem levado diversos agentes a se engajarem em complexas operações, como nos contratos de *take or pay*, a investirem fortemente na construção e aprimoramento de infraestrutura logística, a emitirem Certificados de Recebíveis Agrícolas ("CRAs"[12]), a participarem de operações de fusão e aquisição, entre outros negócios jurídicos de alta complexidade.[13]

É justamente em razão de tais operações jurídicas complexas que, naturalmente, disputas podem surgir. Surge aqui a arbitragem, não mais como método simplesmente alternativo, mas verdadeiramente adequado à resolução de litígios surgidos no âmbito de contratos agroindustriais. Resta analisar quais disputas surgidas no âmbito agronegocial merecem ser resolvidas por arbitragem.

2. ARBITRABILIDADE OBJETIVA NO AGRONEGÓCIO

De acordo com a Lei de Arbitragem, apenas litígios relativos a direitos patrimoniais disponíveis podem ser resolvidos por arbitragem. No campo do agronegócio, uma série de matérias podem ser adequadamente resolvidas por arbitragem: disputas no âmbito de contratos agrários de parceria e arrendamento; disputas no âmbito de contratos de financiamento rural e compra e venda de insumos (sementes, defensivos agrícolas); disputas no âmbito de contratos de fornecimento e de integração vertical; disputas no âmbito de contratos imobiliários de compra e venda de imóveis, direito de superfície e constituição de usufruto; disputas acerca de divisões de terras, dissolução de condomínios rurais e disputas de servidões; disputas no âmbito de relações societárias decorrentes de estatutos, contratos sociais e acordos de acionistas ou *joint ventures*, entre outros.[14]

---

10. Dados colhidos junto ao Ministério da Agricultura, Pecuária e Abastecimento (Mapa) revelam: "O agronegócio brasileiro já se destaca como o setor que mais contribui para o fortalecimento da nossa economia, respondendo individualmente por ¼ do Produto Interno Bruto. Mas a sua contribuição pode ser maior e mais decisiva, se forem removidos os entraves que hoje limitam a produtividade e a competitividade desse segmento, em particular a burocracia que onera e retarda os processos de implantação e funcionamento de empresas, bem como as atividades de exportação". Dados disponíveis em: http://www.agricultura.gov.br/agromais/agropecuaria-brasileira.html. Acesso em: 15 jan. 2022.
11. Ver, nesse sentido, GONÇALVES, Eduardo Damião. Arbitragem e Agronegócio, *Revista do Advogado*, n. 134. São Paulo: AASP, 2017, p. 39.
12. O chamado "CRA", título lastreado em direitos creditórios do agronegócio, constituem títulos de crédito nominativos de livre negociação lastreados em créditos agropecuários de emissão exclusiva das companhias securitizadadoras. Sua regulação está na Lei 11.076, de 30 de dezembro de 2004.
13. A respeito do nível de complexidade de tais operações, *vide* ZANCHIM, Kleber Luiz; NOVAES, Natália Fazano. *Infraestrutura e Agronegócio*: modelagem de projetos estruturados. São Paulo: Quartier Latin, 2016, p. 18-27.
14. Ainda, complementa Marcos Hokumura Reis: "Contratos agrários (parceria e arrendamento rural), títulos privados para financiamento do agronegócio, divisões de terras, dissolução de condomínios rurais, dentre outros, são algumas matérias que podem ser dirimidas pela arbitragem" (REIS, Marcos Hokumura. *Arbitragem e Agronegócio*. Disponível em: https://marcoshokumurareis.jusbrasil.com.br/artigos/186162035/arbitragem-e-agronegocio. Acesso em: 15 jan. 2022.

As disputas decorrentes das relações contratuais acima exemplificadas podem ser das mais diversas: pretensões sobre reequilíbrio econômico-financeiro ou sobre alteração da base objetiva do negócio jurídico; disputas sobre precificação em operações de fusão e aquisição; disputas sobre a precificação em contratos de compra e venda de determinado insumo agrícola (cana-de-açúcar, por exemplo), entre outras.[15]

Um primeiro exemplo de arbitrabilidade objetiva nos contratos agroindustriais se dá em torno dos contratos de compra e venda de cana-de-açúcar. Tais contratos estipulam, em sua maioria, que o preço da cana será determinado a partir de um índice denominado Açúcar Total Recuperável ("ATR"), estabelecido pelo Conselho dos Produtores de Cana-de-Açúcar, Açúcar e Álcool do Estado de São Paulo ("CONSECANA/SP"), associação sem fins lucrativos que zela pelos interesses da cadeia produtiva da agroindústria canavieira do Estado de São Paulo.[16]

A aludida associação dispõe de um manual de instruções que contém normas operacionais que norteiam a apuração da qualidade da cana-de-açúcar e, com base nessa qualidade, indica um critério para precificação da cana fornecida pelo produtor rural às usinas.[17] Naturalmente, por se tratar de entidade privada, o sistema provido pelo CONSECANA/SP constitui um mero modelo teórico de apuração da qualidade e da precificação da cana-de-açúcar, podendo qualquer usina ou produtor rural aderir,

---

15. Segundo Eduardo Damião Gonçalves: "Desde desentendimentos quanto à base econômica de um contrato, sua execução, influência de fatores externos, problemas setoriais (como o que afetou o setor sucroalcooleiro), disputas em operações de aquisição ou fusão de empresas, securitização de recebíveis, compra de ativos produtores, remuneração de títulos mobiliários, exportações e importações, e entre outros, há uma gama sempre crescente de litígios" (GONÇALVES, Eduardo Damião. Arbitragem e Agronegócio, *Revista do Advogado*, n. 134. p. 40. São Paulo: AASP, 2017).
16. Historicamente, a cultura canavieira foi de suma importância para a economia do país. Durante o século XX, o setor foi marcado por forte intervenção estatal, exercido através do Instituto do Açúcar e do Álcool ("IAA"), órgão federal responsável por, entre outras atividades, controlar os preços de mercado dos produtos que tinham origem na moagem da cana-de-açúcar. Por consequência lógica, o IAA terminava por controlar, ainda que indiretamente, o preço da cana-de-açúcar adquirida pelas usinas. Após a extinção do IAA e o fim da política de controle de preços pelo governo federal, o mercado sucroalcooleiro, assim como tantos outros setores da economia nacional, se viu diante de uma novíssima situação: os preços de produtos e matéria-prima passariam a ser livremente pactuados, ou seja, seriam regulados pelo próprio mercado. Naturalmente, tal condição gerou inúmeros conflitos entre produtores agrícolas e usinas: os primeiros queriam majorar o preço do produto que forneciam, enquanto as últimas tentavam desvalorizá-los. Foi nesse contexto que, no final da década de 90 no Estado de São Paulo, a principal entidade representativa das usinas (União da Agroindústria Canavieira do Estado de São Paulo – Única) e a principal entidade representativa dos plantadores de cana-de-açúcar (Organização de Plantadores de Cana da Região Centro-Sul do Brasil – ORPLANA) se reuniram com o objetivo de desenvolver um sistema de precificação do produto que zelasse pelos interesses da agroindústria canavieira do Estado de São Paulo, conciliando os anseios e interesses de todos os agentes envolvidos, dando origem a uma associação sem fins lucrativos denominada Conselho dos Produtores de Cana-de-Açúcar, Açúcar e Álcool do Estado de São Paulo ("CONSECANA/SP") . Como consequência da criação do CONSECANA/SP, surgiu então o Manual de Instruções do CONSECANA/SP, que congrega: (i) o rol de diretores do CONSECANA/SP; (ii) o estatuto social atualizado do CONSECANA/SP; (iii) o Regulamento do CONSECANA/SP, que abrange as funções e estrutura da entidade e o famoso "Sistema CONSECANA/SP", que versa sobre as normas operacionais que norteiam a apuração da qualidade da cana-de-açúcar e, com base nessa qualidade, indica um critério para precificação da cana fornecida pelo produtor rural às usinas.
17. O Sistema CONSECANA/SP se encontra delineado no Manual de Instruções do CONSECANA/SP, atualmente na 6. ed., Ribeirão Preto, 2015.

ou não, ao referido sistema em seu modelo de negócios. Podem também as partes, em seus negócios de fornecimento de cana-de-açúcar, a seu exclusivo critério, adotar alguns elementos do Sistema CONSECANA/SP e rejeitar outros tantos, de forma que o referido sistema não constitui um tabelamento definitivo de preço.

Adicione-se à isso as particularidades de cada produtor, a safra e a qualidade da cana-de-açúcar, – dentre outras variáveis –, e o método de precificação pode adquirir complexidade tal que, para a resolução de eventuais controvérsias dele advindas, poderá ser necessária a adoção de uma sofisticada prova técnica, conduzida por profissionais do setor, sendo preferível que o próprio julgamento da lide pudesse ser efetuado por pessoa que tenha conhecimento das particularidades do mercado sucroalcooleiro. É nítido que essas exigências ultrapassam as capacidades do Poder Judiciário, uma vez que prescindem de instrumentos que podem ser mais bem providos pela via da arbitragem.

Outro interessante exemplo vem de uma situação concreta que poderia ter sido muito bem resolvido por arbitragem, mas acabou desembocando no Poder Judiciário. Trata-se do chamado caso da "soja verde". O caso dizia respeito a contratos de compra e venda antecipada de soja verde, celebrados em razão da valorização do preço da soja no Brasil. Em razão dessa valorização, à época inesperada, diversos produtores rurais ajuizaram ações judiciais em série, pleiteando a revisão dos contratos, com alegações de imprevisibilidade, desatendimento à função social do contrato, onerosidade excessiva e enriquecimento sem causa. Relata-nos Luciano Benetti Timm que, devido à análise superficial dos casos pelo Poder Judiciário (que acolheu a tese sustentada pelos produtores rurais), a consequência direta gerada pelo resultado do julgamento foi a de que

> [...] todos os agricultores que não haviam ingressado com ações foram prejudicados pois os *traders* da região não mais queriam seguir fazendo a operação de compra antecipada do produto, diante do flagrante risco de prejuízo da operação, já que se o preço da soja no ano seguinte ao contrato fosse inferior ao pactuado, eles arcariam com a perda e se o preço fosse mais elevado, os produtores ingressariam com ações para não cumprir o contrato [...].[18]

A conclusão a que se chega após a crítica traçada pelo autor acima mencionado, é que o Poder Judiciário não soube tratar de forma adequada[19] (por falta de tempo, tecnicidade e estrutura) determinada demanda cujo resultado interferiria na cadeia produtiva da soja, uma vez que "o benefício daqueles que ingressaram com ações na Justiça foi prejudicialmente contrabalançado pelo prejuízo do resto da coletividade que atuava naquele mercado de plantio de soja".[20] Trata-se aqui do típico caso do agronegócio que

---

18. TIMM, Luciano Benetti. Direito, Economia, instituições e arbitragem: o caso da "soja verde", *Revista de Arbitragem e Mediação*, v. 16, p. 46, São Paulo: Ed. RT, jan./mar. 2008.
19. Importante destacar que tal tratamento inadequado se deu em primeira e segunda instâncias, uma vez que, conforme relato de Luciano Benetti Timm e Caio de Faro Nunes, "Em um momento posterior, o STJ felizmente reformou a decisão, porém o trânsito em julgado ocorreu apenas cinco anos após a interposição do recurso especial, momento no qual o mercado local já havia sofrido os impactos causados pela decisão proferida em segunda instância" (TIMM, Luciano Benetti e NUNES, Caio de Faro. Por que Arbitragem no Agronegócio? In: REIS, Marcos Hokumura (Coord.). *Arbitragem no Agronegócio*. São Paulo: Verbatim, 2018, p. 17).
20. TIMM, Luciano Benetti. *Direito Contratual Brasileiro*. Críticas e Alternativas ao Solidarismo Jurídico. 2. ed. São Paulo: Atlas, 2015, p. 210.

seria mais bem resolvido por arbitragem, uma vez que, tratando o litígio com as necessárias especificidades, e de forma confidencial, ele seria resolvido de uma forma a não gerar qualquer efeito adverso na cadeia produtiva agronegocial.[21] Seria, inclusive, uma solução mais adequada sob o ponto de vista econômico,[22] uma vez que preservar-se-iam, a um só tempo, a vontade das partes firmadas no âmbito de sua relação contratual e a estabilidade da produção da *commodity* em questão.

Por fim, cita-se outra questão extremamente complexa, e que pode ser resolvida de forma mais eficaz por meio de arbitragem. Trata-se aqui das controvérsias com origem na violação das chamadas cláusulas *take or pay*. Esse tipo de cláusula tem sua origem nos contratos de fornecimento de gás natural nos Estados Unidos nos anos 50 e 60 do século XX, dado que a flutuação na demanda colocava em risco os enormes investimentos feitos pelos fornecedores para extração e distribuição desse recurso.[23] Diante dessa situação, os produtores lançaram mão da cláusula *take or pay*, de forma a garantir um pagamento mínimo durante os períodos de baixa demanda.

No agronegócio brasileiro, as cláusulas *take or pay* são muito comuns no âmbito do transporte, logística e armazenamento, muito em função dos gargalos logísticos criados pela deficiente infraestrutura nacional, que obriga os usuários desses serviços a submeterem-se a contratos desse tipo. Obviamente, em tempos de baixa demanda, o descontentamento dos usuários dá azo a diversas demandas judiciais, por meio das quais se discute a natureza jurídica e a validade desse tipo de cláusula.

A única definição legal da cláusula *take or pay* existente na legislação brasileira está contida na Lei 10.312/2001, que "dispõe sobre a incidência das Contribuições para o PIS/PASEP e da Contribuição para o Financiamento da Seguridade Social nas operações de venda de gás natural e de carvão mineral". O artigo 1º, § 4º da referida lei assim estabelece:

> § 4º Entende-se por cláusula *take or pay* a disposição contratual segundo a qual a pessoa jurídica vendedora compromete-se a fornecer, e o comprador compromete-se a adquirir, uma quantidade determinada de gás natural canalizado, sendo este obrigado a pagar pela quantidade de gás que se compromete a adquirir, mesmo que não a utilize.

---

21. Nesse sentido, aduz Eduardo Damião Gonçalves: "Essas medidas protecionistas podem e, de fato, geram efeitos adversos para toda a cadeia de financiamento e produção, pois não há oportunidade de se estabelecer um diálogo mais amplo entre partes e julgadores estatais para analisar todas as ramificações de um determinado caso". GONÇALVES, Eduardo Damião. Arbitragem e Agronegócio, *Revista do Advogado* n. 134, p. 41. São Paulo: AASP, 2017.
22. Vale dizer, que exatamente sob o prisma econômico, o Superior Tribunal de Justiça reformou tal decisão judicial, com os seguintes dizeres: "A função social infligida ao contrato não pode desconsiderar seu papel primário e natural, que é o econômico. Ao assegurar a venda de sua colheita futura, é de se esperar que o produtor inclua nos seus cálculos todos os custos e, que poderá incorrer, tanto os decorrentes dos próprios termos do contrato, como aqueles derivados das condições da lavoura". STJ, REsp 803481/GO, Terceira Turma, Rel. Min. Nancy Andrighi, j. 28.6.2007, DJ 1.8.2007. Ainda, para uma análise desse caso sob o prisma econômico, ver, notadamente, "REZENDE, Christiane Leles; ZYLBERSZTAJN, Decio. Quebras contratuais e dispersão de sentenças. *Rev. direito GV*, v. 7, n. 1, p. 155-176. 2011.
23. MEDINA, J. M. The Take-or-Pay Wars: A Cautionary Analysis for the Future. *Tulsa Law Journal*, 27, p. 283-312, 1991-1992. Sobre o assunto, veja-se: LEWIS, Harold Alexander. Allocating Risk in Take-or-Pay Contracts: Are Force Majeure and Commercial Impracticability the Same Defense, 42 Sw L.J. 1047, 1988.

A interpretação da doutrina e da jurisprudência pátria estabelecem duas possíveis naturezas jurídicas para a cláusula *take or pay*. A primeira corrente entende que ela possui natureza de obrigação principal, o que transforma o contrato em que ela se insere em contrato oneroso, aleatório e da espécie *emptio spei*, em que o risco corresponde à existência de coisa futura. Conforme entendimento de Rafael Baptista Baleroni, a cláusula penal não deve ser confundida com a obrigação de natureza acessória, que teria a finalidade de penalizar o devedor em mora e pré-liquidar perdas e danos, uma vez que a função da cláusula *take or pay* é não outra senão a de garantir um fluxo de caixa mínimo, capaz de remunerar adequadamente os investimentos realizados pelos fornecedores, em conformidade com a própria gênese histórica desse tipo de cláusula.[24]

A segunda corrente, ao revés, entende que a cláusula *take or pay* possui natureza de obrigação acessória, possuindo caráter de cláusula penal, nos moldes estabelecidos no Capítulo V do Código Civil, de forma a coibir e sancionar o inadimplemento de um contrato e ressarcir a parte inocente de eventuais danos sofridos. Tal interpretação tem dado margem à configuração de abuso por parte do Poder Judiciário, que já entendeu por redução e até mesmo afastamento da incidência da cláusula *take or pay*, com base no art. 413 do Código Civil.[25]

Ou seja, tendo em vista a polarização dos entendimentos a respeito da matéria, a adoção de qualquer um deles – visto que a redação contratual e os fatos em debate são decisivos para qualificação de referida cláusula – poderá gerar consequências não somente para os envolvidos, mas, se levar em conta o ocorrido no caso da soja verde, também a terceiros, dado que pode provocar uma influência negativa em toda a cadeia produtiva do agronegócio, desequilibrando as relações contratuais existentes, muitas delas de obrigações futuras. Novamente, em razão da complexidade jurídica e importância da matéria, a arbitragem surge como meio adequado para solucionar tal tipo de controvérsia com a devida atenção para cada caso específico, permitindo a oitiva de técnicos do setor e garantindo a confidencialidade do procedimento, o que certamente servirá de contenção a eventuais consequências em escala.

---

24. BALERONI, Rafael Baptista, "Aspectos econômicos e jurídicos das cláusulas de ship-or-pay e take-or-pay nos contratos de transporte e fornecimento de gás natural". *Revista Trimestral de Direito Civil* (RTDC), ano 7, v. 27, p. 247-264, jul./set. 2006. Ver ainda: MELO, Leonado Campos. *Cláusula Take or Pay*: natureza jurídica. Disponível em: Cláusula Take-or-Pay: Natureza Jurídica – LDCM. Acesso em: 15 jan. 2022.

25. "Art. 413. A penalidade deve ser reduzida equitativamente pelo juiz se a obrigação principal tiver sido cumprida em parte, ou se o montante da penalidade for manifestamente excessivo, tendo-se em vista a natureza e a finalidade do negócio". Ver, nesse sentido, os seguintes julgados: TJSP, *EI1087200-1/5 SP*, Rel. Des. Pedro Baccarat, 36ª Câmara de Direito Privado, j. 10.07.2008; e TJSP, *Ap. Civ. 990.10.090319-5*, Rel. Des. Celso Pimentel, 28ª Câmara de Direito Privado, j. 09.11.2010, cuja ementa merece destaque: "A previsão de consumo mínimo de gases, *take-or-pay*, não afronta a ordem econômica, mas pode configurar abuso, que se real, reprime-se porque não passa de cláusula penal. No caso, ausente má-fé da credora, mantém-se rejeição da reconvenção da alegação de vícios imputados ao preço e à forma de pagamento. Todavia e em face do consumo mínimo, repele-se pretensão a multas compensatórias fundadas nos mesmos números e em rescisão facultada ao exclusivo alvedrio da fornecedora. Reduz-se a parcial o decreto de procedência da ação e reforma-se a disciplina das verbas de sucumbência".

3. USO DA ARBITRAGEM NOS TÍTULOS DE FINANCIAMENTO DO AGRONEGÓCIO

Ainda no que se refere à arbitrabilidade objetiva no agronegócio, é oportuno destacar a possibilidade do uso da arbitragem na resolução de conflitos oriundos de títulos de financiamento firmados no âmbito do agronegócio.

Tais títulos de financiamento foram incrementados Lei 13.986 de 07 de abril de 2020 ("Nova Lei do Agro"), a qual promoveu importantes comandos normativos com o intuito de fomentar o agronegócio nacional. A referida lei, decorre da conversão da Medida Provisória 987, de 1º de outubro de 2019, também conhecida como a "MP do Agro".

Criticada por alguns como uma legislação muito favorável ao credor,[26] a Nova Lei do Agro, ao revés, se lida e interpretada de forma ampla e sistemática, beneficia todos os *players* do agronegócio, sobretudo o produtor rural. Com efeito, a Nova Lei do Agro possibilita e expande o acesso aos produtores a novas modalidades de financiamento privado, como por exemplo a emissão de Certificados de Recebíveis Agrícolas ("CRAs"[27]), a participarem de operações de fusão e aquisição, entre outros negócios jurídicos de alta complexidade,[28] com fixação em moeda estrangeira. Além disso, fomentará o financiamento para construção de armazéns, ou financiar a compra de equipamentos agrícolas, entre outros.

Em suma, as novas operações criadas pela Nova Lei do Agro não só fomentarão os negócios travados na seara interna, mas também no campo internacional, em que os títulos recebíveis do agronegócio poderão ser atrelados à moeda estrangeira, atraindo o ingresso de capital estrangeiro no Brasil em prol do agronegócio.

Diante da complexidade de determinadas operações firmadas no bojo da Nova Lei do Agro e, notadamente, a inclusão dos novos e citados títulos de financiamento que certamente incrementarão as relações mantidas no campo do agronegócio, controvérsias poderão surgir e é inevitável que se pense a melhor forma de resolvê-las. Nesse momento, pode se afirmar com toda a segurança que a arbitragem surge como mecanismo mais apropriado para a resolução dessas disputas. Para tanto, é necessário que os títulos de financiamento a serem estruturados contenham cláusulas compromissórias, isto é, aquelas que remetem todos os eventuais litígios que decorrerem de tais instrumentos à arbitragem, nos termos da Lei de Arbitragem.[29]

---

26. Notadamente em razão da perda do patrimônio afetado, sobretudo em casos que o valor do imóvel seja maior do que o da dívida (art. 28 da Nova Lei do Agro).
27. O chamado "CRA", título lastreado em direitos creditórios do agronegócio, constituem títulos de crédito nominativos de livre negociação lastreados em créditos agropecuários de emissão exclusiva das companhias securitizadoras (regulamentado pela Lei 11.076, de 30 de dezembro de 2004).
28. A respeito do nível de complexidade de tais operações, ver: ZANCHIM, Kleber Luiz; NOVAES, Natália Fazano. *Infraestrutura e Agronegócio*: modelagem de projetos estruturados. São Paulo: Quartier Latin, 2016, p. 18-27.
29. Diversas instituições arbitrais contêm modelos de cláusulas compromissórias de arbitragem, dos mais diversos tipos, e podem ser consultadas nos respectivos websites das citadas instituições. A título de exemplo, citamos: (i) CAMARB: http://camarb.com.br/arbitragem/clausula-modelo/; (ii) CAM-CCBC: https://ccbc.org.br/cam-ccbc-centro-arbitragem-mediacao/resolucao-de-disputas/arbitragem/modelos-de-clausula/, *inter alia*.

Em casos, por exemplo, de emissões de títulos como Certificado de Direitos Creditórios do Agronegócio ("CDCA"), ou uma CRA, lastreadas em uma Cédula de Produto Rural ("CPR"),[30] emitidos em moeda estrangeira, como o dólar norte americano, por exemplo, depender do teor da controvérsia (como por exemplo, eventual alta da moeda estrangeira aplicável, a ensejar discussões sobre teoria da imprevisão, onerosidade excessiva, *inter alia*) é de absoluta certeza que ela poderá ser resolvida por profissionais com preparo técnico adequado não só no mercado agronegocial, mas no próprio mercado bancário e, é claro, no campo do Direito. É justamente a multidisciplinaridade presente na arbitragem, justificada pela boa escolha de árbitros, bem como pela escolha de uma reputada instituição administradora de procedimentos arbitrais, que fazem com que os *players* ao final da disputa se satisfaçam com o seu resultado, prosseguindo em seus negócios e garantindo segurança jurídica ao mercado.

A adoção da arbitragem nesses casos pode ser benéfica, ainda que tais títulos de financiamento (a depender de suas disposições) possam ser objeto de automática ação executiva (a depender, necessariamente, da presença dos requisitos da liquidez, certeza e exigibilidade, conforme previsão do art. 783 do CPC[31]). Nesses casos, não haverá incompatibilidade do uso da arbitragem em tais títulos, eis que a sua execução será exercida pela via judicial, dada a ausência do chamado poder de *imperium* na arbitragem.[32] No entanto, em caso de o devedor contestar a dívida exequenda, deverá fazê-lo por meio da arbitragem, apresentando seus embargos executórios única e exclusivamente pela via arbitral, já que a matéria tocará o mérito da disputa, integralmente reservado à jurisdição arbitral. As questões atinentes à compatibilidade entre execução e arbitragem já estão pacificadas no Brasil, tendo não só a doutrina[33] como a jurisprudência dos nossos

---

30. De acordo com Marcos Hokumura Reis, "Criada pela Lei 8.929, de 22 de agosto de 1994, a CPR representa uma obrigação de entrega, em data futura, de produtos rurais (ou subprodutos), conforme a quantidade, especificação do produto e local definidos no próprio título. Trata-se, portanto, de um título de crédito líquido, certo e exigível na forma expressa na cédula, passível somente de ser emitido por produtor rural, pessoa física ou jurídica, suas associações ou cooperativas". REIS, Marcos Hokumura. Títulos de financiamento do agronegócio e cláusula arbitral: coexistência pacífica e benéfica. In: REIS, Marcos Hokumura (Coord.). *Arbitragem no agronegócio*. São Paulo: Verbatim, 2018. p. 151-157.
31. "Art. 783. A execução para cobrança de crédito fundar-se-á sempre em título de obrigação certa, líquida e exigível".
32. O árbitro possui o poder de dizer o direito – a *jurisdictio* –, pondo fim à "crise do direito material", condenando o vencido a reaver o bem violado. A pretensão arbitral assimila-se assim a uma demanda, normalmente, de cunho condenatório. E tão somente condenatório, não executório, pois os atos de coerção são próprios da força pública, do *imperium* do juiz estatal. Nesse sentido, já dizia Charles Jarrosson: "La formule exécutoire ne peut être apposée sur les décisions de justice que par le juge étatique, à l'exclusion de l'arbitre, puisqu'elle ouvre la voie à un éventuel recours à la force publique. On ne comprendrait pas comment un arbitre qui tire son pouvoir juridictionnel de volontés privées, pourrait disposer ce cette force" (*Réflexions sur l'imperium. Études offertes à Pierre Bellet*. Paris: Litec, 1991, p. 268).
33. Ver, nesse sentido: REIS, Marcos Hokumura. Títulos de financiamento do agronegócio e cláusula arbitral: coexistência pacífica e benéfica. In: REIS, Marcos Hokumura (Coord.). *Arbitragem no agronegócio*. São Paulo: Verbatim, 2018. p. 151-157. O assunto ora tratado também foi objeto de debates na I Jornada Prevenção e Solução Extrajudicial de Litígios do Conselho da Justiça Federal, que culminou com a aprovação do Enunciado 12: "A existência de cláusula compromissória não obsta a execução de título executivo extrajudicial, reservando-se à arbitragem o julgamento das matérias previstas no art. 917, incs. I e VI, do CPC/2015". Para uma noção geral e

Tribunais de Justiça, como do STJ, firmado entendimento de que ambos os institutos – arbitragem e execução – possam conviver de forma harmoniosa.[34]

4. EFETIVIDADE DA ARBITRAGEM NO AGRONEGÓCIO

Antes tratada como método *alternativo*, passados mais de vinte anos da promulgação da Lei de Arbitragem, a arbitragem alcançou sucesso tão considerável no Brasil, que passou a ser tratada como método verdadeiramente *adequado* de resolução de controvérsias relativas a direitos patrimoniais disponíveis.[35]

Tal adequação pode ser atestada, sobretudo no âmbito do agronegócio. Isso se dá em razão da utilidade da arbitragem, caracterizada pela flexibilidade do procedimento; pela possibilidade de escolha dos julgadores, promovendo-se um julgamento técnico da demanda; e pela confidencialidade do procedimento, considerada uma das grandes vantagens da arbitragem e, com reflexo especial para o agronegócio.

4.1 Flexibilidade da arbitragem

A flexibilidade do procedimento arbitral consiste não somente em uma característica da arbitragem, como se afigura como um verdadeiro fundamento desse instituto, encontrando-se positivada no art. 21, *caput*, da Lei de Arbitragem, que estabelece, em sua primeira parte, que a arbitragem obedecerá ao procedimento estabelecido pelas partes na convenção de arbitragem.[36]

A flexibilidade traduz-se na ideia de um procedimento aberto, estabelecido a partir de regras pré-determinadas pelas partes, independente das normas processuais brasileiras, fixadas no CPC, isto é, sem que se atenha às normas processuais da sede da

---

completa acerca do tema, cita-se a dissertação de mestrado de Fernanda Gouvêa Leão (*Arbitragem e Execução*. Faculdade de Direito da Universidade de São Paulo, 2012).

34. Nesse sentido, citam-se os seguintes julgados, ambos emanados do STJ: "Deve-se admitir que a cláusula compromissória possa conviver com a natureza do título [...]. Não é razoável exigir que o credor seja obrigado a iniciar uma arbitragem para obter juízo de certeza sobre uma confissão de dívida que, no seu entender, já consta do título executivo" (STJ, *REsp 944.917/SP*, 3ª Turma, Rel. Min. Nancy Andrighi, J. 19.08.2008); "É competente para decidir as questões de mérito relativas a contrato com cláusula arbitral, a câmara eleita pelas partes para fazê-lo. Tal competência não é retirada dos árbitros pela circunstância de uma das partes ter promovido, antes de instaurada a arbitragem, a execução extrajudicial do débito perante o juiz togado. Tendo em vista a competência da câmara arbitral, não é cabível a oposição, pela devedora, de embargos à execução do mesmo débito apurado em contrato. Tais embargos teriam o mesmo objeto do procedimento arbitral, e o juízo da execução não seria competente para conhecer das questões nele versadas" (STJ, *MC 3.274/SP*, Rel. Min. Nancy Andrighi, J. 13.09.2007). *Vide* ainda, o RESP 1.465.535, de relatoria do Min. Luiz Felipe Salomão: "(...) O Juízo estatal não terá competência para resolver as controvérsias que digam respeito ao mérito dos embargos, às questões atinentes ao título ou às obrigações ali consignadas (existência, constituição ou extinção do crédito) e às matérias que foram eleitas para serem solucionadas pela instância arbitral (kompetenz e kompetenz), que deverão ser dirimidas pela via arbitral (...)". STJ, *REsp 1.465.535/SP*, 4ª Turma, Rel. Min. Luiz Felipe Salomão, J. 21.06.2016.
35. Nesse sentido, o art. 1º da Lei de Arbitragem: "As pessoas capazes de contratar poderão valer-se da arbitragem para dirimir litígios relativos a direitos patrimoniais disponíveis".
36. Ver, nesse sentido NUNES, Thiago Marinho. *Arbitragem no Agronegócio*: flexibilidade, tecnicidade e adequação. In: REIS, Marcos Hokumura (Coord.). *Arbitragem no Agronegócio*. São Paulo: Verbatim, 2018, p. 21-35.

arbitragem.³⁷ Dessa forma, nada impede que as partes criem normas específicas para solucionar os litígios, podendo, por exemplo, optar por utilizar as regras e procedimentos de uma instituição arbitral, além de outras regras que lhe pareçam adequadas, conforme o caso concreto. Convém mencionar, porém, que tal flexibilidade encontra limite nas garantias processuais constitucionais, tais como o direito ao contraditório e à ampla defesa, assim como a igualdade das partes, que serão mantidas em qualquer procedimento arbitral, conforme estabelecido no § 2º, art. 21, da Lei de Arbitragem.

Portanto, a partir de um procedimento livre e flexível, fica maximizada a autonomia da vontade das partes e garante-se uma maior eficiência do processo quando comparado ao processo judicial, dado que o procedimento será estabelecido de acordo com o caso em questão e atendendo às necessidades específicas das partes e do árbitro.³⁸ A título de exemplo dessa flexibilidade, podemos citar a possibilidade de as partes convencionarem acerca da oitiva conjunta de testemunhas, encurtamento ou extensão dos prazos processuais, ou da inversão da ordem de produção das provas.

Esse último fator é especialmente interessante, dado que a flexibilização da instrução processual em sede arbitral pode contribuir para uma solução mais adequada à diversas demandas. Isso porque a arbitragem permite a oitiva de peritos técnicos ("*expert witness*"), possibilitando, por exemplo, a substituição da figura do perito por uma empresa de auditoria escolhida pelas partes, ou a utilização de meios probatórios e de transmissão de informações mais modernos.³⁹-⁴⁰ Cumpre ressaltar que tais alternativas se mostram interessantes para demandas advindas do agronegócio, dada a especificidade do setor e a consequente necessidade de apoio técnico apropriado para uma adequada resolução desses conflitos naquela seara.

Assim, a flexibilidade do procedimento arbitral procura atingir um ideal de maior adaptabilidade e eficiência, de forma que o processo se torna naturalmente mais célere, por não padecer de quizilas processuais tão comuns ao processo judicial.⁴¹

---

37. Nesse sentido, ao menos em matéria de arbitragem internacional, assinalam Schlesinger, Baade, Herzog e Wise: "In international commercial arbitration, if the agreement fails to stipulate the applicable law, the arbitrators have the leeway to choose what they regard as the most appropriate rule. It has been suggested (although the suggestion is controversial) that, in such cases, arbitrators are not necessarily bound to apply national law, but may in fact base their awards on the way they determine to be the rules of the lex mercatoria, a modern version of the old law merchant, which exists apart from systems of national law. In devising such rules, however, they naturally turn to preexisting rules and institutions for guidance [...]" (SCHLESINGER, Rudolf B.; BAADE, Hans W.; HERZOG, Peter E.; WISE, Edward M. *Comparative Law:* Cases – Text – Materials. New York: Foundation Press, 1998. p. 45).
38. Nesse sentido, veja-se: HAMMOND, Steven A. Making the case in international arbitration: a common law orientation to the marshalling and presentation of evidence. *Revista de Arbitragem e Mediação*. São Paulo: Ed. RT, v. 5, n. 16, p. 171-196, jan./mar. 2008.
39. CARMONA Carlos Alberto. O processo arbitral. *Revista de Arbitragem e Mediação*. v. 1, 1, p. 21-31,. São Paulo: Ed. RT, jan./abr. 2004.
40. A admissibilidade da produção da prova técnica por meio do chamado *expert witness* foi, inclusive, apreciada pelo STJ em recente julgado. Nesse sentido ver: STJ, *REsp 1.903.359-RJ*, Terceira Turma, Rel. Min. Marco Aurélio Belizze, j. 11.05.2021, DJe 14.05.2021.
41. BERALDO, Leonardo de Faria. *Curso de Arbitragem nos termos da Lei 9.307/96*. São Paulo: Atlas, 2014, p. 134.

Tais pontos podem ser perfeitamente aplicáveis numa controvérsia travada na seara do agronegócio. Conforme mencionado anteriormente – em razão de sua rigidez e limitações – o Poder Judiciário, por vezes, não se mostra como a via adequada para a solução de controvérsias surgidas no âmbito do agronegócio. A título de exemplo, podemos citar novamente o caso da "soja verde" tratado na primeira parte do presente estudo.

Após análise superficial pelo Poder Judiciário, a tese sustentada pelos produtores rurais foi acolhida. O resultado foi um caos em efeito cascata, ou seja, todos os agricultores que não haviam ingressado com ações se viram prejudicados, dado que as *tradings* da região não queriam mais fazer operações de compra e venda antecipada diante do risco de, em caso de flutuação de preço no ano posterior à celebração dos contratos, elas terem de arcar com as perdas e danos ou os produtores rurais ajuizariam ações judiciais para descumprirem o contrato, a depender do aumento ou redução do preço da *commodity*.

Ou seja, as decisões do Poder Judiciário interferiram diretamente em toda a cadeia produtiva da soja, dado que "o benefício daqueles que ingressaram com ações junto ao Poder Judiciário foi prejudicialmente contrabalançado pelo prejuízo do resto da coletividade que atuava naquele mercado de plantio de soja".[42]

Na esteira do que foi exposto nos capítulos anteriores, o procedimento arbitral ofereceria instrumentos úteis para que que essa situação envolvendo os contratos de "soja verde" tivesse um desfecho mais adequado do ponto de vista econômico. Isso porque cada caso seria tratado de acordo com suas especificidades, de forma confidencial e com o devido apoio técnico, de forma a não gerar efeitos adversos na cadeia do agronegócio. Lembrando que os contratos de compra e venda antecipada constituem forma usual de financiamento privado dos produtores rurais, devendo qualquer questão a seu respeito ser tratada com máxima cautela.

Já no caso envolvendo um litígio advindo do contrato de compra e venda de cana-de-açúcar, sabendo-se desde o início que, além do direito brasileiro, as regras dispostas no Manual de Instruções do Sistema CONSECANA/SP estão previstas na cláusula compromissória,[43] nada impede que os árbitros queiram ouvir algum profissional, na condição de testemunha técnica, que detenha conhecimentos técnicos acerca das normas daquela entidade, que conheça o mercado sucroalcooleiro como um todo, as safras de cana-de-açúcar, o seu impacto nas vendas do produto no mercado interno e externo, e os custos incorridos para a sua produção. Tudo com um único objetivo: que o mencionado profissional agregue todo o seu conhecimento técnico, para que, numa resolução de controvérsia acerca da precificação da cana-de-açúcar, forneça elemen-

---

42. TIMM, Luciano Benetti. *Direito Contratual Brasileiro. Críticas e Alternativas ao Solidarismo Jurídico*. 2. ed. São Paulo: Atlas, 2015, p. 210.
43. Oportuno ressaltar acerca da normalidade da previsão de regras de determinada entidade, *guidelines* (*softlaw*), ou até mesmo usos e costumes de determinado setor da indústria numa convenção de arbitragem. Nesse sentido, perfeitamente plausível que, numa cláusula compromissória constante de contrato de compra e venda de cana-de-açúcar, haja a previsão de (além da indicação do regulamento aplicável, número de árbitros, sede da arbitragem e lei aplicável, conste também diretrizes a serem consideradas pelos árbitros, como aquelas previstas no Manual de Instruções do CONSECANA/SP.

tos para convicção dos árbitros. Trata-se, sem dúvida, de mecanismo nada usual num processo judicial, mas que, por outro lado, muito utilizado na arbitragem, num reflexo de sua flexibilidade.

Outra forma manifestada pela flexibilidade da arbitragem se refere ao fator tempo. Se as partes quiseram a arbitragem é porque quiseram flexibilidade para a resolução do conflito submetido à via arbitral. E essa flexibilidade se manifesta, além de outras formas, pela livre disposição sobre as questões temporais, isto é, a possibilidade de se prorrogar ou encurtar os prazos em uma arbitragem. Trata-se de premissa global em matéria de arbitragem.[44] Na esfera do agronegócio, essa flexibilidade temporal ganha força, na medida em que, a depender do acervo fático da disputa, se extenso ou curto, os prazos da arbitragem podem ser moldados entre as partes sob o crivo dos árbitros. Seria o caso, por exemplo, das discussões acerca de financiamento rurais, em que as discussões recaiam sobre taxas, limites, prazos e todas as questões inerentes a um empréstimo rural para investimentos e cobertura de despesas. Discussões desse porte costumam ser eminentemente jurídicas e podem ser resolvidas numa arbitragem expedita,[45] sem que haja a necessidade de realização de audiência.[46]

A tendência atual da arbitragem, em diversos setores, tal como o agronegócio, é tornar o procedimento arbitral o mais flexível possível. Possibilitar uma sentença completa

---

44. É correto afirmar que o tempo do procedimento arbitral é bastante flexível e regulado de acordo com a vontade das partes, devendo-se ressaltar, todavia, que tal flexibilidade é necessariamente sujeita ao controle dos árbitros. Isso se explica pelo fato de que, apesar de a arbitragem ser fundada no princípio da autonomia da vontade das partes, como visto no ponto acima, sempre existirá um limite a tal autonomia, isto é, um freio a um descabido pedido de uma das partes. Esse "freio" resume-se no poder atribuído aos árbitros para o controle do processo arbitral. As partes, no processo arbitral, podem formular todos os pedidos que desejaram. No entanto, dependendo do pedido, caso venha a causar distúrbios ao processo, poderá ser indeferido pelos árbitros no exercício do poder jurisdicional conferido a esses últimos. Nesse sentido, o entendimento de Charles Jarrosson para quem o controle da arbitragem é exercido totalmente pelo árbitro, deixando claro que a vontade das partes encontra o seu limite na jurisdicionalidade do poder atribuído ao árbitro, que, em virtude desse poder, terá a última palavra. Os poderes do árbitro, em matéria procedimental, se justificam pela necessidade de eficácia inerente à administração da justiça (JARROSSON, Charles. Qui tiens les rênes de l'arbitrage? Volonté des parties et autorité de l'arbitre. *Revue de L'Arbitrage*, Paris: Comité français de l'arbitrage, 1999, p. 601).
45. A arbitragem expedita vem se desenvolvendo no Brasil e no mundo. Digno de nota desse desenvolvimento é a nova edição do Regulamento de Arbitragem da CCI de 2017, que conta agora com regras específicas acerca da arbitragem expedita. A respeito das aludidas novas regras, a própria Corte Internacional de Arbitragem da CCI explicita: "A mais significativa das alterações de 2017 é a introdução de um procedimento expedito que prevê uma arbitragem simplificada, com uma tabela de honorários reduzidos. Este procedimento é automaticamente aplicável aos casos em que o valor em disputa não exceda US$ 2 milhões, salvo se as partes optarem por excluir o mesmo. O procedimento expedito será aplicável apenas a convenções de arbitragem celebradas após 1º de março de 2017. Um dos elementos importantes das Regras da Arbitragem Expedita é a Corte da CCI poder nomear um árbitro único, ainda que a convenção de arbitragem preveja o contrário. O procedimento expedito pode aplicar-se a título facultativo em casos de valor superior, respondendo assim de maneira atrativa às preocupações dos utilizadores relativas ao tempo e aos custos". Disponível em: https://cdn.iccwbo.org/content/uploads/sites/3/2017/02/ICC-2017-Arbitration-and-2014-Mediation-Rules-portuguese-version.pdf. Acesso em: 12 jan. 2022.
46. Nesse sentido, entende Eduardo Damião Gonçalves: "Já em uma disputa envolvendo mecanismos de financiamento ou securitização de recebíveis provavelmente será eminentemente jurídica, de modo que as partes podem estipular prazos curtos para manifestação, sem necessidade de audiência, de modo a obter uma decisão rápida". GONÇALVES, Eduardo Damião. Arbitragem e Agronegócio, *Revista do Advogado*, n. 134. p. 43. São Paulo: AASP, 2017.

e justa. Mas não é apenas a flexibilidade pura e simples que justifica a adoção do instituto arbitral como forma de resolução de litígios. A arbitragem constitui uma ferramenta extremamente eficiente, muito em razão da possibilidade da escolha de árbitros especialistas na matéria e do crescimento de instituições que fomentam o desenvolvimento da arbitragem em diversos setores da indústria brasileira, como no agronegócio. É o que se analisará no item seguinte.

4.2 Livre escolha dos árbitros

Tão importante quanto o caráter flexível do procedimento arbitral é a possibilidade da efetiva escolha do julgador do processo arbitral: o árbitro. De forma diametralmente oposta ao processo estatal, e contrariamente ao princípio processual do juiz natural, o julgador do processo arbitral é escolhido por meio de convenção entre as partes envolvidas, que deverão selecionar um número de árbitros necessariamente ímpar, de forma a compor o tribunal arbitral, conforme estabelecido no art. 13 e seguintes da Lei de Arbitragem.[47]

A principal vantagem apontada pela doutrina a respeito desse aspecto reside no fato de a arbitragem permitir que as partes selecionem pessoa de confiança de ambos, e que conte com profundo conhecimento técnico sobre o objeto da lide. O fato de a própria escolha do árbitro envolver as partes faz com que elas tendam a confiar ainda mais no procedimento arbitral como todo, uma vez que puderam participar efetivamente da constituição do tribunal arbitral que julgará a lide, o que confere maior legitimidade às decisões dos árbitros.[48]

O direito à escolha dos árbitros que julgarão a controvérsia constitui um dos grandes fundamentos da arbitragem. A constituição do tribunal arbitral é caracterizada por ser um momento chave para o êxito da arbitragem.[49]. Tal momento chave é motivado pelo benefício advindo da liberdade que as partes possuem para indicar seus árbitros. Essa dita liberdade é benéfica para a arbitragem, primeiro, porque as partes estariam numa melhor posição para identificar conhecimento, habilidades e *expertise* desejadas à figura do árbitro para atuar em determinado caso. Segundo, porque as partes tenderiam a confiar ainda mais no procedimento arbitral em si, uma vez que participam efetivamente da constituição do tribunal arbitral. Terceiro, porque a participação das partes

---

47. "Art. 13. Pode ser árbitro qualquer pessoa capaz e que tenha a confiança das partes".
48. Nesse sentido, veja-se: BROWER, Charles N. The (Abbreviated) Case for Party Appointments in International Arbitration. *American Bar Association*, v. 1, n. 1, p. 1-13. Section of International Law, International Arbitration Committee, 2013.
49. Redfern e Hunter enfatizam que a escolha dos árbitros é crítica para o sucesso da arbitragem: "Once a decision to refer to a dispute to arbitration has been made, choosing the right arbitral tribunal is critical to the success of the arbitral process. It is an important choice not only for the parties to the particular dispute, but also for the reputation and standing of the process itself. It is, above all, the quality of the arbitral tribunal that makes or breaks the arbitration and it is one of the unique distinguishing factors of arbitration as opposed to national judicial proceedings" (BLACKABY, Nigel; PARTASIDES, Constantine; REDFERN, Alan; HUNTER, Martin. *Redfern and Hunter on International Arbitration*. New York: Oxford University Press, 2009, p. 246).

na constituição do tribunal arbitral confere maior legitimidade às decisões dos árbitros e não deixa de proteger a sentença contra eventual ação anulatória.[50]

Não é difícil mensurar as vantagens de tal possibilidade para a solução de controvérsias envolvendo o agronegócio. No âmbito do processo estatal, a prática por vezes coloca o operador do direito diante de decisões judiciais proferidas sem o devido conhecimento técnico acerca da matéria e dos usos e costumes do setor, sobretudo em primeira instância. Agravando a situação, é natural que uma parte significativa dos contratos que embasam as relações agronegociais contenham cláusulas de eleição de foro que estipulam comarcas do interior como competentes para dirimir quaisquer controvérsias, em função de ser ali onde se concentram os principais atores do agronegócio. O resultado é que, não raras vezes, demandas extremamente complexas acabam por tramitar em comarcas de primeira entrância, constituídas por vara única, desprovidas de estrutura para apreciação adequada de matérias atinentes ao agronegócio.

Ou seja, alia-se à possibilidade de o processo contar com o amparo de especialistas do setor no curso do processo, a vantagem de o próprio julgamento da demanda ser realizado por alguém com a *expertise* necessária à solução da lide. Dessa forma, as chances de elaboração de uma sentença adequada aumentam significativamente, resultando na economia de grandes dispêndios de tempo e recursos financeiros, que no âmbito do processo estatal seriam provavelmente investidos na reforma de sentenças pelos tribunais superiores.

4.3 Confidencialidade da arbitragem

Outra característica vantajosa da arbitragem é a confidencialidade do procedimento arbitral.[51] Embora não haja previsão legal específica, mas, ao revés, constitui regra fixada em diversos regulamentos arbitrais,[52] a Lei de Arbitragem prevê que o árbitro possui o dever de discrição, não podendo tornar públicas as informações relativas aos procedimentos arbitrais,[53] salvo em hipóteses específicas, tais como por anuência das

---

50. Nesse sentido, v. BROWER, Charles N. The (Abbreviated) Case for Party Appointments in International Arbitration. *American Bar Association*, Section of International Law, International Arbitration Committee, 2013, v. 1, n. 1, p. 1-13.
51. Nesse sentido, vale citar alentado estudo elaborado por José Antonio Fichtner, Sergio Nelson Mannheimer e André Luis Monteiro, que exaltam a confidencialidade como uma verdadeira qualidade da arbitragem. (A Confidencialidade da Arbitragem: regra geral e exceções, *Revista de Direito Privado*, v. 49, 2012, p. 227-285, jan./mar. 2012).
52. A título de exemplo, cita-se o Regulamento de Arbitragem da CAMARB, que, em seu art. 13.1, prevê o seguinte: "O procedimento arbitral será rigorosamente sigiloso, sendo vedado à CAMARB, aos árbitros, aos demais profissionais que atuarem no caso e às próprias partes, divulgar quaisquer informações a que tenham acesso em decorrência de seu ofício ou de sua participação no processo, sem o consentimento de todas as partes, ressalvados os casos em que haja obrigação legal de publicidade e o disposto no presente regulamento".
53. Art. 13, § 6º da Lei de Arbitragem: "No desempenho de sua função, o árbitro deverá proceder com imparcialidade, independência, competência, diligência e discrição". Vale lembrar ainda que, devido ao caráter confidencial dos procedimentos arbitrais, novas hipóteses de concessão de segredo de justiça foram incorporadas ao Código de Processo Civil de 2015, conforme pode ser notado no inciso IV do art. 189 do referido diploma legal: "Art. 189. Os atos processuais são públicos, todavia tramitam em segredo de justiça os seguintes processos: (...) IV – que versem sobre arbitragem, inclusive sobre cumprimento de carta arbitral, desde que a confidencialidade estipulada na arbitragem seja comprovada perante o juízo".

partes, ou a presença do Poder Público em algum dos polos do processo, situação em que a publicidade do rito se torna imperiosa.[54]

Na esteira do que foi dito no item anterior a respeito do caráter flexível da arbitragem, a definição dos limites da confidencialidade também fica a cargo das partes. Dessa forma, por meio da convenção de arbitragem, pode ficar determinado, por exemplo, que todo o conteúdo do processo será confidencial, podendo-se estabelecer multas para o caso de descumprimento.

Trata-se, portanto, de um mecanismo importante de proteção das informações e dados constantes de um processo cuja publicidade poderia ensejar prejuízo a alguma das partes. José Emílio Nunes Pinto destaca, ademais, outro aspecto, ao explicar que a confidencialidade na arbitragem visa permitir que as questões possam ser dirimidas de forma amigável, impedindo que sua existência possa afetar a continuidade das relações contratuais entre as partes, nem que a existência dessa controvérsia possa ser entendida por terceiros como uma ruptura das relações entre as partes.[55]

Isso porque, do ponto de vista mercadológico, a mera existência de uma demanda judicial pode, por vezes, gerar consideráveis consequências às partes, dado que teria o condão de afetar a percepção de terceiros a respeito das relações, procedimentos, e até mesmo da saúde financeira dos envolvidos. Dessa forma, a possibilidade de garantir a confidencialidade total do procedimento arbitral pode ser extremamente valiosa, principalmente em ambientes comerciais extremamente competitivos, como é o caso do agronegócio.

CONCLUSÃO

O objetivo do presente estudo, foi discorrer a respeito da arbitragem aplicada ao agronegócio, identificando as características da arbitragem que se mostram mais vantajosas para a solução de controvérsias travadas no âmbito do agronegócio, e trazendo certas situações práticas em que a arbitragem se mostra como meio mais adequado para a solução das controvérsias, quando comparada ao processo estatal.

A partir dessa premissa, foi possível verificar que o agronegócio ocupa uma posição de destaque na economia nacional, e que seu crescimento tende a se manter para as próximas décadas, aumentando sua fatia no PIB nacional. No âmbito de um setor tão pujante, – e igualmente diverso –, é natural que surjam disputas e controvérsias, muitas delas cuja complexidade ultrapassa a capacidade do Poder Judiciário de dar uma solução satisfatória e em tempo hábil para a questão.

---

54. Nesse sentido, é o caso da arbitragem na administração pública. O novel art. 2º, § 3º da Lei de Arbitragem assim dispõe: "A arbitragem que envolva a administração pública será sempre de direito e respeitará o princípio da publicidade". Ver ainda, no mesmo sentido: BERALDO, Leonardo de Faria. *Curso de Arbitragem nos termos da Lei 9.307/96*. São Paulo: Atlas, 2014, p. 135.
55. PINTO, José Emilio Nunes. A confidencialidade na arbitragem, *Revista de Arbitragem e Mediação*. v. 2, 6, p. 25-36, São Paulo: Ed. RT, jul./set. 2005.

No âmbito do agronegócio, atualmente o grande vetor da economia brasileira, é de extrema importância que as partes resolvam adequadamente suas controvérsias. É preciso que sejam sempre levados em consideração os usos e costumes de determinado setor e, com flexibilidade e tecnicidade, levar bom termo a uma determinada controvérsia, seja interpretando uma determinada relação contratual, seja completando negócios jurídicos incompletos.[56]

Dessa forma, características da arbitragem tais como a sua flexibilidade, confidencialidade e a capacidade das partes de escolher o julgador com base em um critério técnico, se mostram extremamente úteis para a solução das controvérsias, já que permitem que o processo se molde às necessidades do caso e das partes. Igualmente vantajosa é a existência das instituições arbitrais, que possuem o papel de administrar o procedimento, amparando-o com todos os aparatos necessários, algumas com custos acessíveis, tal qual oferecem as principais instituições arbitrais brasileiras.

Conclui-se, portanto, que a arbitragem tem muito a agregar ao agronegócio brasileiro. Seja nas situações descritas nesse estudo, seja em outras passíveis de serem resolvidas por via arbitral, a arbitragem se afigura como um instrumento útil para que eventuais controvérsias surgidas na esfera agronegocial possam ser solucionadas de forma adequada e célere, de modo a não representarem empecilhos para o crescimento do setor num futuro próximo.

BIBLIOGRAFIA E JULGADOS SELECIONADOS

BALERONI, Rafael Baptista. Aspectos econômicos e jurídicos das cláusulas de ship-or-pay e take-or-pay nos contratos de transporte e fornecimento de gás natural, *Revista Trimestral de Direito Civil (RTDC)*, ano 7, v. 27, p. 247-264, jul./set. 2006.

BERALDO, Leonardo de Faria. *Curso de Arbitragem nos termos da Lei 9.307/96*. São Paulo: Ed. Atlas, 2014.

BLACKABY, Nigel; PARTASIDES, Constantine; REDFERN, Alan; HUNTER, Martin. *Redfern and Hunter on International Arbitration*. New York: Oxford University Press, 2009.

BOLARD, Georges. Les principes directeurs du procès arbitral. *Revue de l'Arbitrage*, n. 3, p. 511-540. Paris: Comité français de l'arbitrage, 2004.

BRASIL. Embrapa. *NASA confirma dados da Embrapa sobre área plantada no Brasil*. Publicado em: 2017. Disponível em: https://www.embrapa.br/busca-de-noticias/-/noticia/30972114/nasa-confirma-dados--da-embrapa-sobre-area-plantada-no-brasil. Acesso em: 14 jan. 2022.

---

56. Como afirma Luciano Benetti Timm: "Nas relações de longo prazo, em que ambas as partes teriam deveres em andamento, a cooperação entre elas tenderia a ser espontânea. Nesses casos, a função do direito contratual seria a de não bloquear a fluidez da relação. Isso se daria com o reconhecimento das práticas das partes, dos usos e costumes do comércio e de ter na boa-fé um razoável padrão de comportamento (uma espécie de Lex mercatória), o que iria evitar dispêndios com pactos detalhados ex ante. Em contratos claramente incompletos como estes, o papel do tribunal seria o de completar as cláusulas do contrato de acordo com o seu contexto, seus usos e costumes, e não segundo a discricionária ideia de justiça do magistrado. Dessa forma, o crescimento da arbitragem no Brasil, quarto colocado em número de arbitragens no tribunal arbitral da International Chamber of Commerce (ICC), não é surpresa. Os árbitros parecem mais preparados para a função de completar complexos contratos, em razão de seu refinado conhecimento, de sua expertise na área em questão, o que é muito distante de um magistrado, massacrado com todos os tipos de pleitos" (TIMM, Luciano Benetti. *Direito Contratual Brasileiro*. Críticas e Alternativas ao Solidarismo Jurídico. 2. ed. São Paulo: Atlas, 2015, p. 203-204.

BRASIL. *Lei 4.504, de 30 de novembro de 1964*. Dispõe sobre o Estatuto da Terra, e dá outras providências. Disponível em: http://www.planalto.gov.br/ccivil_03/leis/l4504.htm. Acesso em: 15 jan. 2022.

BRASIL. Ministério da Agricultura, Pecuária e Abastecimento. *Agropecuária brasileira*. Disponível em: http://www.agricultura.gov.br/agromais/agropecuaria-brasileira.html. Acesso em: 12 jan. 2022.

BRASIL. *Lei 11.076, de 30 de dezembro de 2004*. Dispõe sobre o Certificado de Depósito Agropecuário – CDA, o Warrant Agropecuário – WA, o Certificado de Direitos Creditórios do Agronegócio – CDCA, a Letra de Crédito do Agronegócio – LCA e o Certificado de Recebíveis do Agronegócio – CRA, dá nova redação a dispositivos das Leis 9.973, de 29 de maio de 2000, que dispõe sobre o sistema de armazenagem dos produtos agropecuários, 8.427, de 27 de maio de 1992, que dispõe sobre a concessão de subvenção econômica nas operações de crédito rural, 8.929, de 22 de agosto de 1994, que institui a Cédula de Produto Rural – CPR, 9.514, de 20 de novembro de 1997, que dispõe sobre o Sistema de Financiamento Imobiliário e institui a alienação fiduciária de coisa imóvel, e altera a Taxa de Fiscalização de que trata a Lei 7.940, de 20 de dezembro de 1989, e dá outras providências. Disponível em: http://www.planalto.gov.br/ccivil_03/_ato2004-2006/2004/lei/l11076.htm. Acesso em: 15 jan. 2022.

BRASIL. *Lei 13.986 de 07 de abril de 2020*. Institui o Fundo Garantidor Solidário (FGS); dispõe sobre o patrimônio rural em afetação, a Cédula Imobiliária Rural (CIR), a escrituração de títulos de crédito e a concessão de subvenção econômica para empresas cerealistas; altera as Leis 8.427, de 27 de maio de 1992, 8.929, de 22 de agosto de 1994, 11.076, de 30 de dezembro de 2004, 10.931, de 2 de agosto de 2004, 12.865, de 9 de outubro de 2013, 5.709, de 7 de outubro de 1971, 6.634, de 2 de maio de 1979, 6.015, de 31 de dezembro de 1973, 7.827, de 27 de setembro de 1989, 8.212, de 24 de julho de 1991, 10.169, de 29 de dezembro de 2000, 11.116, de 18 de maio de 2005, 12.810, de 15 de maio de 2013, 13.340, de 28 de setembro de 2016, 13.576, de 26 de dezembro de 2017, e o Decreto-Lei 167, de 14 de fevereiro de 1967; revoga dispositivos das Leis 4.728, de 14 de julho de 1965, e 13.476, de 28 de agosto de 2017, e dos Decretos-Leis 13, de 18 de julho de 1966; 14, de 29 de julho de 1966; e 73, de 21 de novembro de 1966; e dá outras providências. Disponível em: http://www.planalto.gov.br/ccivil_03/_ato2019-2022/2020/lei/L13986.htm. Acesso em: 15 jan. 2022.

BRASIL. Superior Tribunal de Justiça. *REsp 803481/GO*, Terceira Turma, Rel. Min. Nancy Andrighi, j. 28.6.2007, DJ 1º.08.2007.

BRASIL. Superior Tribunal de Justiça. *MC 3.274/SP*, Rel. Min. Nancy Andrighi, J. 13.09.2007.

BRASIL. Superior Tribunal de Justiça. *REsp 944.917/SP*, 3ª Turma, Rel. Min. Nancy Andrighi, J. 19.08.2008.

BRASIL. Superior Tribunal de Justiça. *REsp 1.465.535/SP*, 4ª Turma, Rel. Min. Luiz Felipe Salomão, J. 21.06.2016.

BRASIL. Superior Tribunal de Justiça. *REsp 1.903.359-RJ*, Terceira Turma, Rel. Min. Marco Aurélio Belizze, j. 11.05.2021, DJe 14.05.2021.

BRASIL. Tribunal de Justiça do Estado de São Paulo. *EI: 1087200-1/5 SP*, Rel. Des. Pedro Baccarat, 36ª Câmara de Direito Privado, j. 10.07.2008.

BRASIL. Tribunal de Justiça do Estado de São Paulo. *Ap. Civ. 990.10.090319-5*, Rel. Des. Celso Pimentel, 28ª Câmara de Direito Privado, j. 09.11.2010.

BROWER, Charles N. The (Abbreviated) Case for Party Appointments in International Arbitration. *American Bar Association, Section of International Law, International Arbitration Committee*, v. 1, n. 1, p. 1-13. 2013.

BUENO, Francisco de Godoy. *Contratos Agrários Agroindustriais*: análise à luz dos contratos atípicos. São Paulo: Almeida, 2017.

BURANELLO, Renato. *Manual do Direito do Agronegócio*. São Paulo: Saraiva, 2013.

CARMONA Carlos Alberto. O processo arbitral. *Revista de Arbitragem e Mediação*, v. 1, n. 1, p. 21-31, São Paulo: RT, jan.-abr. 2004.

CONTINI, Elísio, GASQUES, José Garcia, LEONARDI, Renato Barros de Aguiar, BASTOS, Eliana Teles. Evolução recente e tendências do agronegócio, *Revista de Política Agrícola*, ano XV, n. 1, p. 5-28, jan./mar. 2006.

FICHTNER, José Antonio; MANNHEIMER, Sergio Nelson; MONTEIRO, André Luis. Confidencialidade da Arbitragem: regra geral e exceções, *Revista de Direito Privado*, v. 49, p. 227-285, jan./mar. 2012.

FREITAS, Antonio Carlos de Oliveira; Franco, Nancy Gombossy de Melo; Rodrigues, Rafael Molinari. Decisões do STJ sobre agronegócio impactam toda a cadeia desse setor, *Consultor Jurídico*. Publicado em: 04 fev. 2018. Disponível em: https://www.conjur.com.br/2018-fev-04/opiniao-decisoes-stj-agronegocio-impactam-todo-setor. Acesso em: 10 jan. 2022.

FUGLIE, K., WANG, S.L., BALL, V.E. (Coord.). Productivity growth in agriculture: An international perspective. *European Review of Agricultural Economics*, v. 40, n. 3, p. 531-534, jul. 2013.

GASQUES, José Garcia, Sources of growth in Brazilian agriculture: Total Factor Productivity, *EuroChoices*, v. 16, n. 1, p. 24-25, 2017.

GONÇALVES, Eduardo Damião. Arbitragem e Agronegócio. *Revista do Advogado*, n. 134. São Paulo: AASP, 2017.

HAMMOND, Steven A. Making the case in international arbitration: a common law orientation to the marshalling and presentation of evidence. *Revista de Arbitragem e Mediação*, v. 5, n. 16, p. 171, São Paulo: Ed. RT, jan./mar. 2008.

JARROSSON, Charles. Réflexions sur l'imperium. *Études offertes à Pierre Bellet*. Paris: Litec, 1991.

JARROSSON, Charles. Qui tiens les rênes de l'arbitrage? Volonté des parties et autorité de l'arbitre. *Revue de L'Arbitrage*, Paris: *Comité français de l'arbitrage*, 1999.

KLEIN, Vinícius. *Os Contratos Empresariais de Longo Prazo*: uma análise a partir da argumentação judicial. Rio de Janeiro: Lumen Juris, 2015.

LEÃO, Fernanda de Gouvêa. *Arbitragem e execução*. Dissertação (Mestrado em Direito Processual) – Faculdade de Direito, Universidade de São Paulo, São Paulo, 2012.

LEWIS, Harold Alexander, *Allocating Risk in Take-or-Pay Contracts*: Are Force Majeure and Commercial Impracticability the Same Defense, 42 Sw L.J. 1047, 1988.

MEDINA, J. M. The Take-or-Pay Wars: A Cautionary Analysis for the Future. *Tulsa Law Journal*, n. 27, p. 283-312. 1991-1992.

MELO, Leonado Campos. *Cláusula Take or Pay*: natureza jurídica. Disponível em: https://www.academia.edu/43024513/Cl%C3%A1usula_Take_or_Pay_Natureza_Jur%C3%ADdica. Acesso em: 15 jan. 2022.

NUNES, Thiago Marinho. *Arbitragem no Agronegócio*: flexibilidade, tecnicidade e adequação. In: REIS, Marcos Hokumura (Coord.). *Arbitragem no Agronegócio*. São Paulo: Verbatim, 2018.

PINTO, José Emilio Nunes. A confidencialidade na arbitragem, *Revista de Arbitragem e Mediação*. v. 2, n. 6, p. 25-36, São Paulo: Ed. RT, jul./set. 2005.

PUGLIESE, Antonio Celso Fonseca e SALAMA, Bruno Meyerhof. A Economia da Arbitragem: escolha racional e geração de valor, *Revista de Direito GV 4(1)*, p. 15-28, jan./jun. 2008.

REIS, Marcos Hokumura. Títulos de Financiamento do Agronegócio e Cláusula Arbitral; coexistência pacífica e benéfica. In: REIS, Marcos Hokumura (Coord.). *Arbitragem no Agronegócio*. São Paulo: Verbatim, 2018.

REIS, Marcos Hokumura. *Arbitragem e Agronegócio*. Disponível em: https://marcoshokumurareis.jusbrasil.com.br/artigos/186162035/arbitragem-e-agronegocio. Acesso em: 15 jan. 2022.

REZENDE, Christiane Leles e ZYLBERSZTAJN, Decio. Quebras contratuais e dispersão de sentenças. *Rev. direito GV*, 2011, v. 7, n. 1, p. 155-176.

RODRIGUES, Roberto. O céu é o limite para o agronegócio brasileiro. *Conjuntura Econômica*, v. 60, 11, p. 14-15. Rio de Janeiro, nov. 2006.

SANTOS, Mauricio Gomm. Arbitragem no Agronegócio: a particularidade e importância das entidades especializadas. In: REIS, Marcos Hokumura (Coord.). *Arbitragem no Agronegócio*. São Paulo: Verbatim, 2018.

SCHLESINGER, Rudolf B.; BAADE, Hans W.; HERZOG, Peter E.; WISE, Edward M. *Comparative Law: Cases – Text – Materials*. New York: Foundation Press, 1998.

SILVA, Eduardo Silva da; GUERRERO, Luís Fernando; NUNES, Thiago Marinho. *Regras da Arbitragem Brasileira*: comentários aos regulamentos das Câmaras de Arbitragem. São Paulo; Marcial Pons, 2015.

TIMM, Luciano Benetti. Direito, Economia, instituições e arbitragem: o caso da "soja verde", *Revista de Arbitragem e Mediação*, v. 16. São Paulo: Ed. RT, jan./mar. 2008.

TIMM, Luciano Benetti. *Direito Contratual Brasileiro*. Críticas e Alternativas ao Solidarismo Jurídico. 2. ed. São Paulo: Atlas, 2015

TIMM, Luciano Benetti; NUNES, Caio de Faro. Por que Arbitragem no Agronegócio? In: REIS, Marcos Hokumura (Coord.). *Arbitragem no Agronegócio*. São Paulo: Verbatim, 2018.

ZANCHIM, Kleber Luiz; NOVAES, Natália Fazano. *Infraestrutura e Agronegócio*: modelagem de projetos estruturados. São Paulo: Quartier Latin, 2016.

JULGADOS SELECIONADOS

STJ, REsp 803481/GO.

STJ, REsp 944.917/SP.

STJ, MC 3.274/SP.

STJ, REsp 1.465.535/SP.

STJ, REsp 1.903.359-RJ.

TJSP, EI 1087200-1/5 SP.

TJSP, Ap. Civ. 990.10.090319-5.

XIV
ARBITRABILIDADE DOS DIREITOS DE PROPRIEDADE INTELECTUAL NO BRASIL – UMA ANÁLISE CONTEMPORÂNEA

Marcelo Junqueira Inglez de Souza

Doutor em Direito pela Albert-Ludwigs-Universität Freiburg University – Alemanha. Mestre em Direito Processual pela Pontifícia Universidade Católica de São Paulo – PUC/SP. Bacharel em Direito pela Pontifícia Universidade Católica de São Paulo – PUC-SP. Conselheiro do Centro de Resolução de Disputas da Associação Brasileira da Propriedade Intelectual – ABPI. Autor de livros e professor convidado nas áreas de direito processual, arbitragem e propriedade intelectual. Sócio do Xavier Gagliardi Inglez Verona Schaffer Advogados.

Cesar Rossi Machado

Mestre em Direito pela Université Panthéon-Assas (Paris 2) – França. Bacharel em Direito pela Universidade Presbiteriana Mackenzie. Mediador certificado, autor de livros e professor convidado nas áreas de processo civil, mediação, arbitragem e propriedade intelectual. Sócio do Demarest Advogados.

Ana Carolina Nogueira

Especialista em Direito Digital Aplicado pela Fundação Getúlio Vargas – FGV. Bacharel em Direito pela Pontifícia Universidade Católica de São Paulo – PUC/SP. Integrante da Comissão Permanente de Propriedade Imaterial do Instituto dos Advogados de São Paulo – IASP. Coautora de livros e professora convidada nas áreas de direito internacional, direito civil, arbitragem, propriedade intelectual e tecnologia. Ex-advogada do Demarest Advogados.

Sumário: Introdução – 1. Direitos de propriedade intelectual e respectivos conflitos; 1.1 Direitos de propriedade intelectual e sistema brasileiro de proteção; 1.1.1 Propriedade industrial; 1.1.1.1 Marcas (*trademarks*); 1.1.1.2 Patentes e modelos de utilidade; 1.1.1.3 Desenho industrial; 1.1.1.4 Indicações geográficas – 1.1.1.5 Segredo de negócio (*trade secrets*) – 1.1.1.6 Conjunto-imagem (*trade dress*); 1.1.1.7 Nome empresarial e nome de domínio (*domain names*); 1.1.1.8 Vedação à concorrência desleal; 1.1.2 Direito autoral; 1.1.2.1 Direitos de autor (*copyrights*); 1.1.2.2 Direitos conexos (*related rights*); 1.1.2.3 Programas de computador (*software*); 1.1.3 Modalidades sui generis; 1.1.3.1 Variedades de plantas (*cultivares*); 1.1.3.2 Topografias de circuitos integrados (*microchips*); 1.1.3.3 Conhecimentos tradicionais (*traditional knowledge*); 1.2 Conflitos e consequências da violação de propriedade intelectual – 2. Arbitrabilidade – a grande questão; 2.1 Conflitos que podem ser submetidos à arbitragem no Brasil; 2.2 Arbitrabilidade objetiva dos litígios de propriedade intelectual; 2.3 Arbitrabilidade subjetiva dos litígios de propriedade intelectual; 2.4 Desafios e remédios aplicáveis; 2.5 Arbitragem internacional e *exequatur*; 2.6 Análise da conveniência de submissão do conflito específico à arbitragem; 2.6.1 Aspecto objetivo – delimitação do pedido; 2.6.2 Aspecto subjetivo – necessidade de participação da autarquia; 2.6.3 Aspecto temporal – delimitação da urgência; 2.6.4 Aspecto coercitivo – necessidade do poder de polícia; 2.6.5 Aspecto qualificador – especialidade do julgador; 2.6.6 Aspecto espacial – foro da controvérsia; 2.6.7 Aspecto confidencial – preocupação com o sigilo e a criação de precedente; 2.6.8 Aspecto financeiro – Custo da arbitragem vs. Custo do processo – Conclusão – Bibliografia e julgados selecionados.

INTRODUÇÃO

Vinte e seis se passaram desde a promulgação da Lei de Propriedade Industrial ("LPI")[1] e da Lei de Arbitragem ("LA").[2] Muito embora reconhecida a constitucionalidade da arbitragem pelo Supremo Tribunal Federal ("STF"),[3] algumas matérias ainda encontram certa resistência à aplicação do instituto da arbitragem. É o caso dos direitos de propriedade intelectual.[4]

Consoante disposição do art. 1º, *caput*, da LA, "as pessoas capazes de contratar poderão valer-se da arbitragem para dirimir litígios relativos a direitos patrimoniais disponíveis". Recentes alterações introduziram a previsão dos §§ 1º e 2º, para positivar que "a administração pública direta e indireta poderá utilizar-se da arbitragem para dirimir conflitos relativos a direitos patrimoniais disponíveis", sendo que "a autoridade ou o órgão competente da administração pública direta para a celebração de convenção de arbitragem é a mesma para a realização de acordos ou transações".

Parece-nos, pois, que não apenas particulares podem se valer do instituto da arbitragem para dirimir disputas relativas às matérias de propriedade intelectual, mas que tal método jurisdicional de natureza contratual e voluntária também estaria à disposição da autarquia federal responsável pela concessão de titularidade e guarda de registros de direitos de propriedade industrial[5] – o Instituto Nacional da Propriedade Industrial ("INPI").

São amplamente conhecidas as vantagens que levam uma parte ou mesmo um órgão da administração pública a optar pela via arbitral – flexibilidade do procedimento, curta duração do processo, especialidade do julgador, confidencialidade, entre outras. Em resumo, na arbitragem há espaço para larga instrução probatória e adaptação do procedimento conforme a complexidade e a temática do caso, sendo certo que o pronunciamento final terá força, eficácia e segurança jurídica de título judicial, nos termos da lei.

Para tanto, basta que a escolha pelo Juízo Arbitral seja formalizada por convenção de arbitragem antes (via cláusula arbitral) ou depois (via compromisso arbitral) de instaurada a controvérsia. Muito embora ilícitos de propriedade intelectual derivados de relações contratuais sejam mais comumente levados e associados à via arbitral, não

---

1. BRASIL. *Lei 9.279*. Promulgada em 14 de maio de 1996. Dispõe sobre os direitos e obrigações relativos à propriedade industrial. Disponível em: http://www.planalto.gov.br/ccivil_03/leis/l9279.htm. Acesso em: 13 abr. 2023.
2. BRASIL. *Lei 9.307*. Promulgada em 23 de setembro de 1996. Dispõe sobre a arbitragem. Disponível em: http://www.planalto.gov.br/ccivil_03/leis/l9307.htm. Acesso em: 13 abr. 2023.
3. BRASIL. *Supremo Tribunal Federal, SE 5.206-ES AgRg*, Relator Sepúlveda Pertence, Tribunal Pleno, julgado em 12.12.2001.
4. Aqui deliberadamente incluídos, vale notar, não apenas os direitos de propriedade industrial, mas também aqueles relacionados a direito autoral, porquanto, embora exista uma indisponibilidade associada ao direito moral do autor, fato é que a outra parcela destes direitos, de cunho material, é inquestionavelmente arbitrável (como, por exemplo, disputas envolvendo *royalties* derivados da exploração de direito autoral).
5. Consoante Lei 5.648/1970, em seu Art. 2º "O INPI tem por finalidade principal executar, no âmbito nacional, as normas que regulam a propriedade industrial, tendo em vista a sua função social, econômica, jurídica e técnica, bem como pronunciar-se quanto à conveniência de assinatura, ratificação e denúncia de convenções, tratados, convênios e acordos sobre propriedade industrial."

nos parece existir qualquer óbice – legal ou prático – ao uso da arbitragem para dirimir controvérsias extracontratuais.[6]

Na esfera judicial, a jurisprudência sobre propriedade intelectual tem crescido e se especializado sobremaneira – não apenas foram criadas subcâmaras e varas especializadas para tratar da matéria, como também foram assentados temas importantes, como a possibilidade de declaração de nulidade incidental de um registro de propriedade industrial com efeito *inter partes*, e a aplicação da modalidade *in re ipsa* ao dano por violação à propriedade industrial.

Convém, portanto, analisar qual seria o melhor aproveitamento dessas duas searas – arbitragem e Poder Judiciário – à luz das bases sedimentadas pela Lei e pela jurisprudência ao longo dos últimos vinte e seis anos. E incluindo nesta conta de custo-benefício não apenas a opção por uma via ou outra, mas também a possibilidade de cumulação destas, consoante o posicionamento contemporâneo no sentido que a tutela de urgência na esfera judicial não prejudica a competência do juízo arbitral.[7]

Nas próximas páginas, exploraremos as modalidades de propriedade intelectual existentes e sua respectiva regulação conforme as particularidades do ordenamento jurídico brasileiro, bem como os desafios à arbitrabilidade de determinada parcela dos direitos de propriedade intelectual, os mecanismos vislumbrados para remediar esses desafios e os pontos de atenção para se determinar, ao fim, se, para além da possibilidade jurídica, vale a pena optar pela via arbitral.

1. DIREITOS DE PROPRIEDADE INTELECTUAL E RESPECTIVOS CONFLITOS

Em termos simples, a propriedade intelectual visa proteger a criatividade humana, que origina bens de consumo dotados de apreciação econômica. Essa proteção é feita a partir de legislação nacional e tratados internacionais, firmados com vistas a garantir o desenvolvimento social e econômico dos países, bem como a fomentar o comércio internacional.

É dizer, a proteção à propriedade intelectual traz desenvolvimento e inovação constantes, além de viabilizar a adequada contraprestação – isto é, a recompensa justa e suficiente – pelos esforços comerciais e méritos científicos e artísticos de um titular de propriedade intelectual, fomentando justamente a perpetuação do sistema.

Na definição de Eliane Abrão, "a propriedade imaterial, ou direitos exercidos sobre bens imateriais, é gênero de que são espécies os direitos autorais, os direitos vizinhos aos autorais, os direitos de propriedade industrial, e os direitos da personalidade".[8]

---

6. É dizer, que sempre é possível celebrar um compromisso arbitral para dirimir a questão, embora se reconheça que, quando o conflito já está instaurado e as partes não têm um vínculo pretérito, seja muito mais difícil chegar a um acordo quanto ao procedimento a ser aplicado para a resolução da disputa.
7. BRASIL. *Superior Tribunal de Justiça*, REsp 1.586.383, Relatora Isabel Gallotti, Quarta Turma, julgado em 05.12.2017.
8. ABRÃO, Eliane Y. *Direitos de Autor e Direitos Conexos*. 2. ed., rev. e ampl. São Paulo: Migalhas, 2014, p. 29.

Mais que isso, "o que a legislação internacional e estrangeira chama de propriedade intelectual são os direitos de autor de ordem patrimonial, os direitos relativos aos programas de computador e base de dados e a propriedade industrial".[9]

Na visão contemporânea e em termos simplificados, propriedade intelectual pode ser definida como o gênero do qual são espécies a propriedade industrial, o direito autoral e as modalidades *sui generis*, cada um desses subdivididos, ainda, em tipos específicos de proteção:

ANEXO I – FLUXOGRAMA DO SISTEMA DE PROTEÇÃO À PROPRIEDADE INTELECTUAL NO BRASIL[10]

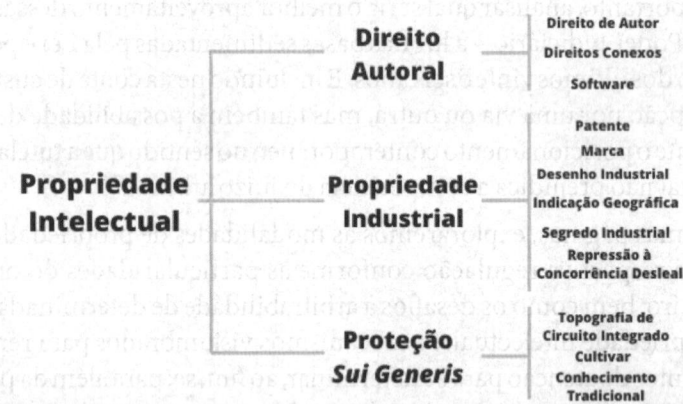

Passemos a explorar cada uma dessas espécies e subtipos de proteção, em detalhe.

1.1 Direitos de propriedade intelectual e sistema brasileiro de proteção

Em função do princípio da soberania nacional, os direitos de propriedade intelectual são protegidos apenas dentro do território nacional em que foram registrados. Assim, a despeito de existirem diversos tratados e sistemas internacionais regulando a matéria, não existe um órgão para o registro "mundial" ou "internacional" de marcas, patentes, direitos autorais, direitos conexos e afins.

No Brasil, no entanto, a proteção da propriedade intelectual que se tem através de legislação nacional e de tratados internacionais, incorporados no ordenamento jurídico na forma de decretos, protege – em território nacional – o titular de direitos de alto renome e/ou reconhecimento internacionais, ainda que não registrados no Brasil.[11]

As principais leis brasileiras a respeito da matéria são: (i) a Lei da Propriedade Industrial (Lei Federal 9.279/1996); (ii) Lei de Direitos Autorais (Lei Federal 9.610/1998); (iii) a Lei de Cultivares (Lei Federal 9.456/1997); (iv) a Lei de Software (Lei Federal 9.609/1998); (v) a Lei de Topografia de Circuitos Integrados (Lei Federal 11.484/2007); (vi) a Lei da

---

9. Ibidem, p. 29.
10. Disponível em: https://www.moveonmarcas.com.br/blog/diferenca-entre-propriedade-intelectual-e-propriedade-industrial. Acesso em: 13 abr. 2023.
11. A exemplo do artigo 126 da LPI e o direito à prioridade reconhecido pelo artigo 4º da Convenção de Paris.

Biodiversidade (Lei Federal 13.123/2015);[12] (vii) o Código Civil e o Código de Processo Civil; (viii) o Código Penal e o Código de Processo Penal; e (ix) a Constituição Federal.

Já os principais tratados internacionais sobre o tema, administrados pela Organização Mundial do Comércio ("OMC/WTO") e pela Organização Mundial da Propriedade Intelectual ("OMPI/WIPO"), são: (i) o Acordo TRIPS – *Agreement on Trade-Related Aspects of Intellectual Property Rights* (1994); (ii) a Convenção de Paris (1883); (iii) a Convenção de Berna (1886); (iv) o Acordo de Madri (1891); (v) o Acordo de Haia (1925); (vi) a Convenção de Roma (1961); (vii) o PCT – *Patent Cooperation Treaty* (1970); e (viii) o Protocolo de Madrid (1989).

Nesse enquadramento jurídico, como já adiantado, são distinguíveis três espécies de proteção: (i) a propriedade industrial, (ii) o direito autoral e (iii) as modalidades *sui generis*. Em linhas gerais, a título introdutório, vale desde logo destacar que:

- a primeira é regida pelo direito comercial, via de regra dependente de registro perante a entidade federal competente, e voltado às atividades industriais e à vedação ao comportamento comercial desleal;
- a segunda é regida pelo direito civil e independe de registo, sendo voltada à proteção das criações artísticas ou científicas, bem como à vedação do plágio, justamente como forma de proteção da atividade intelectual; e
- a terceira é regida por legislação infraconstitucional específica, em atenção à agenda política e mercadorias produzidas e comercializadas pelo Brasil, especialmente na esteira de política de fomento à inovação tecnológica no ambiente produtivo e outras áreas como, por exemplo, o agronegócio.

Passamos, então, a analisar cada um dos subtipos de proteção dentro dessas espécies.

1.1.1 Propriedade industrial

1.1.1.1 Marcas (trademarks)

As marcas são a espécie de propriedade industrial voltadas à proteção de palavras ou símbolos que identificam e distinguem a fonte e origem de produtos de consumo no mercado, a fim de garantir a identidade e reputação de seu fabricante/comerciante e detentor.

Podem ser expressas por textos, logotipos, números, letras, *slogans*, sons, cores, aromas, dentre outras modalidades, bem como classificadas nas seguintes categorias: (i) Marcas de certificação; (ii) Marcas coletivas; (iii) Marcas de alto renome; e (iv) Marcas não tradicionais.

Como as demais modalidades de propriedade industrial, as marcas devem ser registradas perante a autoridade competente – no Brasil, o Instituto Nacional da Propriedade

---

12. Vale notar, as legislações nacionais a respeito do tema variam conforme a agenda política e mercadorias comercializadas por cada país, sendo certo que o Brasil buscou privilegiar o tratamento diferenciado aos cultivares, ao software e à topografia de circuitos integrados, nos termos das leis especificamente editadas a esse respeito.

Industrial ("INPI") –, de acordo com as formalidades necessárias.[13] Para tanto, essencialmente, a marca levada a registro tem que ser suficientemente distintiva e não depreciativa.

Cumpridos esses requisitos, a marca registrada vigerá pelo prazo de 10 anos, prorrogável por quantas vezes o titular julgar pertinente (artigo 136 da LPI), sendo certo que, enquanto não concedida, ainda assim será estendido ao depositante os mesmos direitos garantidos ao titular (artigo 130 da LPI).

1.1.1.2 Patentes e modelos de utilidade

Já as patentes constituem espécie de propriedade industrial voltadas à proteção de novas soluções a problemas técnicos, englobando produtos e processos que possuem os requisitos de novidade, etapa inventiva e aplicação industrial (artigo 8º da LPI).

Pode ser objeto de registro de patente tanto um produto completamente inovador quanto um novo método de fabricação ou modelo de utilidade relativos a um produto já existente. Ou seja: a modalidade atende tanto inovações totais quanto inovações parciais ao que já existia no "estado da técnica".[14]

É importante notar que, geralmente, não são passíveis de registro patentário os materiais genéticos, elementos encontrados na natureza, métodos matemáticos e máquinas que desafiam as leis da natureza (artigo 10 da LPI).

Preenchidos os requisitos formais para o registro da patente ou do modelo de utilidade, o prazo de vigência da patente será de 20 anos e o prazo de vigência do modelo de utilidade será de 15 anos, consoante a previsão do Acordo TRIPS e a mais nova redação do artigo 40 da LPI, em atenção ao resultado da Ação Direta de Inconstitucionalidade 5.529 ("ADIN 5529").

1.1.1.3 Desenho industrial

Os desenhos industriais, por sua vez, protegem a forma e a disposição dos produtos, elementos esses que não precisam ser úteis ou efetivamente distintivos – apenas o mérito artístico basta para a concessão da proteção.

Assim, o desenho industrial protege pura e simplesmente a aparência dos produtos, desconsiderando quaisquer qualidades técnicas, consoante artigo 95 da LPI.

Para ser passível de registro, o desenho deve ser original e possuir configuração visual externa que permita sua aplicação industrial, podendo ser expresso em formato 2D, 3D ou 4D.

---

13. Disponível em: http://manualdemarcas.inpi.gov.br/. Acesso em: 13 abr. 2023.
14. "Novo é aquilo que não se acha no estado da técnica, o qual é definido nos parágrafos do art. 11 como tudo que não foi divulgado até a data do depósito. O pedido nacional é considerado estado da técnica, desde que venha a ser publicado posteriormente (art. 11, § 2º).]" (SILVEIRA, Newton. *Propriedade intelectual*: propriedade industrial, direito de autor, software, cultivares, nome empresarial, título de estabelecimento, abuso de patentes. 6. ed., rev. e ampl. Barueri: Manole, 2018, p. 34).

O INPI é a instituição que concede o registro de desenhos industriais no país. Porém, dependendo do ramo de especialização, outros órgãos podem também guardar o registro de antecedência de desenhos, como é o caso da Biblioteca Nacional e da Escola de Belas Artes.[15]

Uma vez registrado, o desenho industrial será protegido pelo prazo mínimo de 10 anos (previsão do Acordo TRIPS) e máximo de 25 anos (aplicável aos países da União Europeia). No Brasil, o prazo determinado pelo artigo 108 da LPI é de 10 anos, contados da data do depósito e prorrogável por três períodos sucessivos de 5 cinco anos cada, podendo totalizar, portanto, o prazo máximo de 25 anos.

1.1.1.4 Indicações geográficas

Já as indicações geográficas dizem respeito a outra modalidade de proteção industrial, que garante a procedência e as características de certos produtos produzidos em determinada região geograficamente localizada. Tradicionalmente, engloba produtos industrializados e agrícolas, mas a proteção também pode se estender a produtos manufaturados não agrícolas.

Em síntese, as indicações geográficas individualizam produtos que apresentam uma qualidade única em função de recursos naturais encontrados em sua região de origem como solo, vegetação e clima, ou o conhecimento passado de geração em geração (saber fazer, *know-how* ou *savoir-faire*).

Por isso, a proteção por indicação geográfica fomenta o debate da importância dos alimentos orgânicos, da suficiência de alimentos para a população global e da proteção ao consumidor, bem como estimula o desenvolvimento regional de comunidades menos favorecidas, a partir da valorização do produto local e da geração de empregos.[16]

---

15. Nesse ponto, vale notar, discute-se se poderia haver proteção cumulativa entre desenho industrial e direito autoral, considerando as naturezas e prazos distintos aplicáveis a cada espécie.
16. Nesse tocante, vale citar a conclusão de Camila Biral Vieira da Cunha Martins sobre o tema, decorrente de dissertação de mestrado baseada em estudo específico sobre indicações geográficas: "A utilização de indicações geográficas tem se mostrado como instrumento de desenvolvimento da qualidade da agricultura e da economia como um todo, uma vez que a exploração da figura representa um efetivo mecanismo de organização dos produtores rurais e de desenvolvimento de regiões mais isoladas. [...] Ademais, a geração de benefícios para áreas não industrializadas faz com que o reconhecimento e prospecção das indicações geográficas operem como um distribuidor balanceado de rendas, possibilitando diminuição das diferenças entre regiões nacionais, bem como dos abismos entre economias de países desenvolvidos e daqueles em desenvolvimento. Além de garantirem a manutenção de processos e conhecimentos tradicionalmente praticados há gerações, o que se enfatiza é o fato de as indicações geográficas estimularem a qualidade de produtos e contribuírem para a competitividade, na medida em que, considerando a crescente concorrência de produtos similares no mercado, sobretudo em razão da tendência de livre circulação de mercadorias, os produtos denominados por indicações geográficas colocam-se em melhores condições para competir e ganhar novos mercados. Muito embora no Brasil ainda seja recente o fenômeno de reconhecimento das indicações geográficas, podemos perceber que as primeiras experiências implantadas nessa matéria trouxeram retornos significativos para o desenvolvimento das regiões interessadas." (MARTINS, Camila Biral Vieira da Cunha. *Indicações geográficas: regulamentação nacional e compromissos internacionais*. São Paulo: Atlas, 2014, p. 208).

As indicações geográficas podem se dividir em duas subcategorias, a saber:

- as denominações de origem, que se referem ao "o nome geográfico de país, cidade, região ou localidade de seu território, que designe produto ou serviço cujas qualidades ou características se devam exclusiva ou essencialmente ao meio geográfico, incluídos fatores naturais e humanos"[17] (exemplo do que ocorre com a expressão "Champagne"); e

- as designações de fonte ou indicação de procedência, que corresponde ao "nome geográfico de país, cidade, região ou localidade de seu território, que se tenha tornado conhecido como centro de extração, produção ou fabricação de determinado produto ou de prestação de determinado serviço"[18] (exemplo do que ocorre com a expressão "Made in Japan").

Portanto, o registro de indicações geográficas é conferido a produtos ou serviços que são característicos do seu local de origem, sendo que a origem, nesse caso, é o que lhes atribui reputação, valor intrínseco e identidade própria, além de os distinguir em relação aos seus similares disponíveis no mercado.

O INPI é a instituição que concede o registro legal de indicações geográficas no país, sendo que o marco legal da proteção das indicações geográficas no Brasil é a LPI, com regulamentação complementar na Portaria INPI/PR 04/2022, que estabelece as condições para o registro desta modalidade.

Sem prejuízo, o fomento às iniciativas e ações para proteção de indicações geográficas, em especial no subgênero predominante de produtos agropecuários, também conta com grande participação do Ministério da Agricultura, Pecuária e Abastecimento ("MAPA").

Uma vez registrada, a proteção da indicação geográfica vigerá por prazo indeterminado[19], de tal sorte que o período para exploração desta modalidade é o mesmo da existência do produto que a utiliza.

1.1.1.5 Segredo de negócio (trade secrets)

Por outro lado, os segredos de negócio prestam-se à proteção de informações comerciais que, por força do seu aspecto sigiloso, não convém serem reveladas pelo titular, nem mesmo para fins de registro perante determinada autarquia. Ora, se assim o fosse, após o prazo de vigência da modalidade protetiva em que registrado o segredo de negócio, referida informação seria relegada a domínio público, podendo ser utilizada livremente por terceiros.

---

17. *Cf.* Artigo 178 da LPI.
18. *Cf.* Artigo 177 da LPI.
19. Disponível em: https://www.gov.br/inpi/pt-br/servicos/perguntas-frequentes/indicacoes-geograficas. Acesso em: 13 abr. 2023.

Para além da limitação temporal, o segredo de negócio atenta também para limitações de natureza territorial e atipicidade, na medida em que pode fazer parte da estratégia global de homogeneização de portfólio de uma empresa multinacional (na forma da a ausência de registro de determinada informação ou ativo perante múltiplas autarquias vinculadas a contextos nacionais diferentes) ou se prestar à proteção de ativos atípicos, não registráveis sob nenhuma outra modalidade perante entidades competentes, porém ainda suscetíveis de apreciação econômica (como, por exemplo, receitas, fórmulas químicas etc.).

Justamente por conta da ausência de registro, a proteção do segredo de negócio vigorará por prazo indeterminado, ou enquanto permanecer de conhecimento único e exclusivo de seu titular, sendo o respectivo dever de sigilo geralmente previsto por contratos individuais de trabalho e políticas corporativas.

1.1.1.6 Conjunto-imagem (trade dress)

O *trade dress*, por sua vez, diz respeito à apresentação de determinado produto ou serviço, suficientemente distintiva a ponto de merecer proteção particular de uso exclusivo, frente a produtos de terceiros. Essa distintividade se dá pela organização visual, uso de cores, aromas e todas as demais experiências sensoriais que provocam o público consumidor.

A violação de *trade dress* geralmente ocorre entre produtos de empresas concorrentes, como forma de confundir e desviar clientela, de forma que geralmente inexiste um contrato particular tutelando a relação.

Por se tratar de modalidade atípica que igualmente independe de registro, a proteção do *trade dress* vigorará por prazo indeterminado, enquanto o produto for comercialmente explorado.

1.1.1.7 Nome empresarial e nome de domínio (domain names)

O nome empresarial e o nome de domínio, por outro lado, dizem respeito a ativos industriais que são protegidos pela vertente da vedação da concorrência desleal, melhor detalhada a seguir.

Sem prejuízo do detalhamento adicional, para o momento, cabe pontuar que essas modalidades não se confundem entre si e nem com o ativo marcário, que, como visto, depende de registro perante o INPI e tem abrangência de proteção nacional, ao passo que:

- o nome comercial depende de registro perante a Junta Comercial do Estado em que a empresa tem sede, tendo seu âmbito de proteção também limitado a esta circunscrição; e
- o nome de domínio corresponde à designação DNS ("Domain Name System") ou, em termos mais simples, ao endereço utilizado para localizar conjunto de computadores e serviços na internet,[20] sendo

---

20. Disponível em: https://www.migalhas.com.br/depeso/243753/resolucao-de-disputas-envolvendo-nomes-de--dominio. Acesso em: 13 abr. 2023.

dependente de registro perante o gestor do ccTLD[21] e tendo seu âmbito de proteção expandido por todo o globo (haja vista o caráter extraterritorial da rede mundial de computadores).

1.1.1.8 Vedação à concorrência desleal

Já a concorrência leal diz respeito ao pilar do sistema de proteção à propriedade industrial, sendo subsidiada na forma da vedação às práticas de concorrência traiçoeira estabelecidas pelo artigo 195 da LPI.

A vedação à concorrência desleal visa proteger a livre concorrência, o consumidor e o público em geral, garantindo a lealdade comercial. Ela engloba atos de competidores que objetivam confusão, descrédito e enganação com relação à marca e à reputação de seus concorrentes.

São passíveis de responsabilização pela vertente da tutela da concorrência a divulgação de segredos de negócio (*trade secrets*), a vinculação indevida a produtos e serviços de terceiros (*free riding*), a apresentação semelhante (*trade dress*) e o uso de nome de domínio (*domain name*) apto a causar confusão, bem como outras modalidades não típicas que se enquadrem nos termos do artigo 195 da LPI.

Importante notar que as penas determinadas pelo artigo 195 ocorrem independentemente das medidas cíveis cabíveis (artigo 207 da LPI), sendo certo que, nesses casos, a indenização será determinada pelos benefícios que o ofendido teria auferido se a violação não tivesse ocorrido (artigo 208 da LPI), ficando ressalvado também o direito de haver perdas e danos em ressarcimento de prejuízos causados por atos de violação de direitos de propriedade industrial e atos de concorrência desleal não explicitamente previstos na lei (artigo 209 da LPI).

1.1.2 Direito autoral

1.1.2.1 Direitos de autor (copyrights)

Os direitos de autor, por sua vez, dizem respeito à proteção de trabalhos originais, de natureza literária, artística ou científica, que não se confundem com meros fatos e ideias ou criações independentes de terceiros.

Essa modalidade de propriedade intelectual independe de registro (artigo 18 da "LDA"[22]), sendo ressalvada, porém, a faculdade do autor de fazê-lo, caso queira (artigo 19 da LDA).

---

21. "O operador é, por definição, monopolista (UIT, 2008), ou seja, somente pode haver um para cada ccTLD, que, por sua vez, é único por país. A designação da entidade que irá atuar como operador em cada ccTLD é feita pela ICANN, com respaldo do país correspondente" (PAPA, Uriel de Almeida. *A regulação brasileira do registro de nomes de domínios em perspectiva comparada*. Disponível em: https://jus.com.br/artigos/21888. Acesso em: 13 abr. 2023). No contexto brasileiro, esse órgão corresponde ao CGI – Comitê Gestor da Internet no Brasil.
22. Lei 9.610/1998 (Lei de Direitos Autorais e Conexos).

Nesse contexto, "autor" é definido como a pessoa física criadora de obra literária, artística ou científica em questão (artigo 11 da LDA), bem como "quem adapta, traduz, arranja ou orquestra obra caída no domínio público" (artigo 14 da LDA).

O direito de autor possui dupla vertente – a proteção sobre o direito moral de ser reconhecido autor de determinada obra (direito à paternidade), e a proteção do direito patrimonial de exploração da obra (artigo 22 da LDA).

O primeiro é inalienável e irrenunciável (artigo 27 da LDA), e vigora por tempo que compreende a vida do autor e cinquenta anos depois da sua morte; já o segundo pode ser objeto de cessão, e dura de 25 anos (mínimo para fotografias e artes aplicadas) a 50 anos (para os demais trabalhos), consoante diretriz da Convenção de Berna[23].

Vale notar que, mesmo depois da eventual cessão dos direitos patrimoniais, o autor conserva o direito de reivindicar a *paternidade* da obra e de se opor a toda deformação, mutilação ou a qualquer dano à mesma obra, prejudiciais à sua honra ou à sua reputação, direitos esses que se mantêm mesmo depois de sua morte (artigo 6º, *bis*, da Convenção de Berna).

Nesse sentido, cabe ao autor o direito exclusivo de utilizar, fruir e dispor da obra literária, artística ou científica (artigo 28 da LDA), compondo o rol de direitos do autor as prerrogativas descritas nos artigos 24, 28 e 29 da LDA.

Em síntese, o direito de autor de determinada criação literária, artística ou científica corresponde a um direito exclusivo sobre o uso e sobre a transferência da obra, inclusive como forma de prevenir que terceiros utilizem a criação sem autorização, abrangendo:

> *todas as produções do domínio literário, científico e artístico, qualquer que seja o modo ou a forma de expressão,* tais como os livros, brochuras e outros escritos; as conferências, alocuções, sermões e outras obras da mesma natureza; *as obras dramáticas ou dramático-musicais; as obras coreográficas e as pantomimas; as composições musicais, com ou sem palavras; as obras cinematográficas* e as expressas por processo análogo ao da cinematografia; *as obras de desenho, de pintura, de arquitetura, de escultura, de gravura e de litografia; as obras fotográficas* e as expressas por processo análogo ao da fotografia; *as obras de arte aplicada; as ilustrações e os mapas geográficos; os projetos, esboços e obras plásticas relativos à geografia, à topografia, à arquitetura ou às ciências.*[24]

Nesse sentido, são exemplos não taxativos de obras protegidas pelo direito do autor:

- os textos de obras literárias, artísticas ou científicas;
- as conferências, alocuções, sermões e outras obras da mesma natureza; as obras dramáticas e dramático-musicais;
- as obras coreográficas e pantomímicas, cuja execução cênica se fixe por escrito ou por outra qualquer forma; as composições musicais, tenham ou não letra;
- as obras audiovisuais, sonorizadas ou não, inclusive as cinematográficas; as obras fotográficas e as produzidas por qualquer processo análogo ao da fotografia;
- as obras de desenho, pintura, gravura, escultura, litografia e arte cinética;

---

23. Incorporada no ordenamento jurídico brasileiro pelo Decreto 75.699 de 1975.
24. *Cf.* previsão do Artigo 2º, (1), da Convenção de Berna.

- as ilustrações, cartas geográficas e outras obras da mesma natureza; os projetos, esboços e obras plásticas concernentes à geografia, engenharia, topografia, arquitetura, paisagismo, cenografia e ciência; as adaptações, traduções e outras transformações de obras originais, apresentadas como criação intelectual nova;
- os programas de computador; e
- as coletâneas ou compilações, antologias, enciclopédias, dicionários, bases de dados e outras obras, que, por sua seleção, organização ou disposição de seu conteúdo, constituam uma criação intelectual.

Por outro lado, exceções importantes da proteção de direito do autor são, além das "meras ideias" (eis que, as obras intelectuais, para serem protegidas, devem ser expressas ou fixadas em um suporte tangível ou intangível[25]):

- o uso privado, reprodução de curtos fragmentos em relatos de acontecimentos de atualidade, fixação efêmera realizada por um organismo de radiodifusão, e utilização destinada exclusivamente ao ensino ou à investigação científica (artigo 8º da Convenção de Roma[26]);
- os procedimentos normativos, sistemas, métodos, projetos ou conceitos matemáticos (artigo 8º da LDA);
- os esquemas, planos ou regras para realizar atos mentais, jogos ou negócios (artigo 8º da LDA);
- os formulários em branco para serem preenchidos por qualquer tipo de informação e as instruções (artigo 8º da LDA);
- os textos de tratados ou convenções, leis, decretos, regulamentos, decisões judiciais e demais atos oficiais (artigo 8º da LDA);
- as informações de uso comum tais como calendários, agendas, cadastros ou legendas (artigo 8º da LDA);
- os nomes e títulos isolados, e o aproveitamento industrial ou comercial das ideias contidas nas obras (artigo 8º da LDA).

1.1.2.2 Direitos conexos (related rights)

Os direitos conexos, por sua vez, protegem as modificações e criações independentes de terceiros feitas a partir de trabalhos originais. Ou seja, trata-se de uma modalidade de direito de propriedade intelectual autônoma, mas com íntima relação ao direito do autor, cuja obra original serve de suporte à obra derivada eventualmente protegida por direitos conexos.

Para que haja proteção na forma de direitos conexos, deve haver acréscimo de valor criativo, técnico ou organizacional sobre a obra original, ou alguma contribuição quanto à disponibilização do trabalho original ao público.

Conforme definição do Artigo 2º, (3), da Convenção de Berna, "são protegidas como obras originais, sem prejuízo dos direitos do autor da obra original, as traduções, adaptações, arranjos musicais e outras transformações de uma obra literária ou artística".

---

25. *Cf.* previsão do Artigo 7º da LDA.
26. Convenção de Roma para Proteção aos Artistas Intérpretes ou Executantes, aos Produtores de Fonogramas e aos Organismos de Radiodifusão (1961), incorporada no ordenamento jurídico brasileiro pelo Decreto 57.125, de 19 de outubro de 1965.

Adicionalmente, nos termos do Artigo 2º, (5), da Convenção de Berna, "as compilações de obras literárias ou artísticas, tais como enciclopédias e antologias, que, pela escolha ou disposição das matérias, constituem criações intelectuais, são como tais protegidas, sem prejuízo dos direitos dos autores sobre cada uma das obras que fazem parte dessas compilações."

Na mesma toada, o artigo 1º da Convenção de Roma prevê que "a proteção prevista pela presente Convenção deixa intacta e não afeta de qualquer modo, a proteção ao direito do autor sobre as obras literárias e artísticas. Deste modo, nenhuma disposição da presente Convenção poderá ser interpretada em prejuízo dessa proteção".

Destinatários comuns desse tipo de proteção são atores, cantores, artistas em geral, produtores, apresentadores e transmissores, sendo certo que se trata de um rol não taxativo, sobretudo à medida que novas tecnologias e formas de manifestação artística, literária e científica são desenvolvidas.[27]

A título ilustrativo, conforme as definições do artigo 3º da Convenção de Roma:

Para os fins da presente Convenção, entende-se por

a) "artistas intérpretes ou executantes", os atores, cantores, músicos, dançarinos e outras pessoas que representem, cantem, recitem, declamem, interpretem ou executem, por qualquer forma, obras literárias ou artísticas;

b) "fonograma", toda a fixação exclusivamente sonora dos sons de uma execução ou de outros sons, num suporte material;

c) "produtor de fonogramas", a pessoa física ou jurídica que, pela primeira vez, fixa os sons de uma execução ou outros sons;

d) "publicação", o fato de pôr à disposição do público exemplares de um fonograma, em quantidade suficiente;

e) "reprodução", a realização da cópia ou de várias cópias de uma fixação;

f) "emissão de radiodifusão", a difusão de sons ou de imagens e sons, por meio de ondas radioelétricas, destinadas à recepção pelo público;

g) "retransmissão", a emissão simultânea da emissão de um organismo de radiodifusão, efetuada por outro organismo de radiodifusão.

Os artigos 52 a 100 da LDA, bem como os artigos 7º a 13 da Convenção de Roma, trazem as prerrogativas dos diferentes tipos de titulares de direitos conexos (o artista, o intérprete, o executor, o produtor, o organismo de radiodifusão, o tradutor, o roteirista, o diretor, o compositor, o editor etc.). Os artigos 101 a 110 da LDA, por sua vez, trazem sanções aplicáveis às violações de direitos autorais e conexos.

A proteção ao direito conexo tem vigência mínima de 20 anos, consoante diretriz do artigo 14 da Convenção de Roma.

---

27. Como, por exemplo, os serviços de *streaming*.

1.1.2.3 Programas de computador (software)

Muito embora a proteção do programa de computador seja considerada *sui generis* por alguns, haja vista a opção pela proteção em legislação específica e o relevante caráter comercial/industrial desta modalidade, pela própria previsão do artigo 7º da LDA, o programa de computador é objeto de proteção autoral.

Nesse sentido, esclarece o Manual do INPI para o Registro Eletrônico de Programas de Computador[28] que:

> A proteção à propriedade intelectual dos programas de computador é estabelecida pela Lei 9.609, de 19 de fevereiro de 1998.
>
> De acordo com essa lei, conhecida popularmente como "Lei de Software", em seu art. 1º, "Programa de computador é a expressão de um conjunto organizado de instruções em linguagem natural ou codificada, contida em suporte físico de qualquer natureza, de emprego necessário em máquinas automáticas de tratamento da informação, dispositivos, instrumentos ou equipamentos periféricos, baseados em técnica digital ou análoga, para fazê-los funcionar de modo e para fins determinados".
>
> Em suma, um programa é um conjunto de instruções ou declarações, escritas em linguagem própria, a serem usadas direta ou indiretamente por um computador, a fim de obter determinado resultado. A proteção dos direitos de autor abrange todas as (ou partes das) expressões no programa de computador.

Acrescendo a esse conceito, o glossário da WIPO/OMPI define o programa de computador como "um conjunto de instruções que, quando se incorpora a um suporte legível por máquina, pode fazer com que uma máquina com capacidade para tratamento da informação, indique, realize ou consiga uma função, tarefa ou um resultado determinado",[29] ao passo que José Ascenção aponta que programas de computador seriam essencialmente instruções para uma máquina – não para o usuário.[30]

Esclarecido o conceito e a proteção em legislação própria atinente ao programa de computador, vale notar que são estendidas a essa modalidade os mesmos direitos, obrigações e sanções dos titulares de direito autoral[31] – exclusividade de uso sobre o objeto de sua criação e prerrogativa de proibição do uso indevido desta por parte de terceiros.

1.1.3 Modalidades sui generis

1.1.3.1 Variedades de plantas (cultivares)

A Lei de Cultivares (Lei Federal 9.456/1997) introduziu a proteção de novas variedades de plantas (*cultivares*) no ordenamento jurídico brasileiro, como forma de viabilizar a recompensa pelos esforços despendidos quanto ao desenvolvimento de

---

28. Disponível em: https://www.gov.br/inpi/pt-br/assuntos/arquivos-programa-de-computador/ManualdoUsurioRPCportugus V1.8.5.pdf. Acesso em: 13 abr. 2023.
29. ABRÃO, Eliane Y. *Direitos de Autor e Direitos Conexos*. 2. ed., rev. e ampl. São Paulo: Migalhas, 2014, p. 255.
30. ASCENÇÃO, José. *Direito autoral*. Rio de Janeiro: Renovar, 1997, p. 665.
31. SANTOS, Manoel Joaquim Pereira dos. *A proteção autoral de programas de computador*. Rio de Janeiro: Lumen, 2008.

biotecnologia, frente à vedação geral à proteção de descobertas científicas constante na legislação autoral.

Em essência, essa proteção objetiva reconhecer as conquistas dos criadores de plantas, que incluíram modificações úteis na estrutura genética das espécies, melhorando o produto final, e chegando a um resultado até então não existente na natureza.

A modalidade engloba, portanto, produtos da agricultura, horticultura e vegetação selvagem (florestas), garantindo um ciclo virtuoso: o criador recupera os custos empregados no desenvolvimento da nova variedade de planta, e continua a melhorar a qualidade e o desempenho de suas espécies.

Para a proteção de uma variedade no Brasil é necessário depositar um pedido de proteção com o cumprimento das formalidades necessárias,[32] mediante o preenchimento de formulários do órgão competente – Serviço Nacional de Proteção de Cultivares (SNPC).[33]

Ao titular da variedade de planta é assegurado o direito à reprodução comercial desta no território brasileiro, ficando vedadas a terceiros, sem a autorização do melhorista, a produção com fins comerciais, a comercialização do material de multiplicação ou reprodução (semente ou parte da planta) durante o prazo de proteção,[34] que é de 25 anos para árvores e vinhas, e de 20 anos para outras plantas, consoante previsão da Convenção UPOV.[35]

Ao conceder autorização de uso para terceiros, o titular da variedade (popularmente conhecido como "melhorista") pode requerer o pagamento de *royalties*, embutidos na composição de preço das sementes a serem adquiridas pelos agricultores, ressalvado o direito do melhorista de obter indenização no caso de multiplicação ou reprodução não autorizada da variedade.

1.1.3.2 Topografias de circuitos integrados (microchips)

A Lei de Topografia de Circuitos Integrados (Lei Federal 11.484/2007), por sua vez, introduziu a proteção à configuração específica de um circuito integrado (popularmente conhecido como "microchip") no ordenamento jurídico brasileiro.

---

32. A saber: ser nova, significando que não tenha sido comercialmente explorada no exterior nos últimos quatro anos e no Brasil no último ano; ser distintiva, significando que seja claramente distinguível de qualquer outra variedade cuja existência seja reconhecida; ser homogênea, significando que as plantas de uma variedade devem ser todas iguais ou muito semelhantes, salvo as variações previsíveis tendo em conta as particularidades de sua multiplicação ou reprodução; ser estável, significando que a variedade deve permanecer sem modificações nas suas características relevantes após sucessivas reproduções ou multiplicações; e receber denominação adequada, significando que necessita ter um nome por meio do qual seja designada.
33. Disponível em: https://www.gov.br/pt-br/servicos/solicitar-registro-de-propriedade-intelectual-de-vegetais--protecao-de-cultiva res. Acesso em: 13 abr. 2023.
34. Disponível em: http://portaldemarcasepatentes.com.br/protecao-de-cultivares/. Acesso em: 13 abr. 2023.
35. International Union for the Protection of New Varieties of Plants, incorporada no ordenamento jurídico brasileiro pelo Decreto No. 3.109, de 30 de junho de 1999. Vide: https://upovlex.upov.int/en/convention. Acesso em: 13 abr. 2023.

Conforme a definição do Manual do INPI, "topografia de circuito integrado significa uma série de imagens relacionadas, construídas ou codificadas sob qualquer meio ou forma, que represente a configuração tridimensional das camadas que compõem um circuito integrado, e na qual cada imagem represente, no todo ou em parte, a disposição geométrica ou arranjos da superfície do circuito integrado em qualquer estágio de sua concepção ou manufatura".[36]

A proteção se aplica à topografia que seja original, ou seja, que resulte do esforço intelectual do seu criador ou criadores, e que não seja comum ou vulgar para técnicos, especialistas ou fabricantes de circuitos integrados, no momento de sua criação.

Diferente do que ocorre, de forma análoga, no caso do preenchimento do requisito de atividade inventiva de uma patente, uma topografia que resulte de uma combinação de elementos e interconexões comuns ou que incorpore, com a devida autorização, topografias protegidas de terceiros, poderá ser protegida, se a combinação, considerada como um todo, for original.[37]

A proteção, porém, não será conferida aos conceitos, processos, sistemas ou técnicas nas quais a topografia se baseie, ou a qualquer informação armazenada pelo emprego da referida proteção.

A Instrução Normativa INPI 109, de 30 de setembro de 2019, regulamenta os procedimentos relativos ao depósito e ao processamento de pedidos de registro de topografia de circuito integrado no Brasil.

Uma vez preenchidos os requisitos e concedido o respectivo registro, é conferido ao titular da topografia de circuito integrado, pelo prazo de 10 anos contados da data do depósito do pedido de registro no INPI ou da data da primeira exploração (o que tiver ocorrido primeiro), o direito de uso exclusivo desta topografia em território nacional.

Nesta medida, é vedado a terceiros, sem o consentimento do titular: reproduzir a topografia, no todo ou em parte, por qualquer meio, inclusive incorporá-la a um circuito integrado; importar, vender ou distribuir por outro modo, para fins comerciais, uma topografia protegida ou um circuito integrado no qual esteja incorporada uma topografia protegida; ou importar, vender ou distribuir por outro modo, para fins comerciais, um produto que incorpore um circuito integrado no qual esteja incorporada uma topografia protegida, somente na medida em que este continue a conter uma reprodução ilícita de uma topografia.

1.1.3.3 Conhecimentos tradicionais (traditional knowledge)

A proteção aos conhecimentos tradicionais possui especial relevo no contexto brasileiro, haja vista a forte presença de povos indígenas e comunidades não tradicionais no território nacional.

---

36. Disponível em: https://www.gov.br/inpi/pt-br/assuntos/topografias-de-circuitos-integrados/topografia-de--circuitos-integrados- mais-informacoes. Acesso em: 13 abr. 2023.
37. Ibidem.

Na esteira da Lei da Biodiversidade (Lei Federal 13.123/2015 – "LB"), são assegurados o acesso ao patrimônio genético, a proteção e acesso ao conhecimento tradicional associado, e a repartição de benefícios para a conservação e uso sustentável da biodiversidade (artigo 1º da LB).

O artigo 2º da LB, por sua vez, traz diversas definições sobre o que seriam cada um desses elementos. Sem prejuízo, é oportuno ressaltar que, conforme o enquadramento sintético da WIPO/OMPI, os conhecimentos tradicionais são "um conjunto dinâmico de conhecimentos que é desenvolvido, sustentado e transmitido de geração em geração dentro de uma comunidade, muitas vezes fazendo parte de sua identidade cultural ou espiritual. Como tal, não é facilmente protegido pelo sistema atual de propriedade intelectual, que tipicamente concede proteção durante um período limitado a novas invenções e obras originais de pessoas ou empresas".[38]

Em síntese, o reconhecimento de formas tradicionais de criatividade e inovação como propriedade intelectual suscetível de proteção objetiva capacitar as comunidades indígenas e locais, assim como os governos, a se pronunciarem sobre a utilização dos seus conhecimentos tradicionais por outras pessoas.[39]

Essa proteção pode possibilitar, por exemplo, a proteção de remédios tradicionais, bem como a arte e a música indígenas contra apropriação indevida, permitindo assim que as comunidades controlem a sua exploração comercial e dela se beneficiem coletivamente.[40]

1.2 Conflitos e consequências da violação de propriedade intelectual

Esclarecidas as espécies e subtipos de proteção da propriedade intelectual, fica evidente que diversos são os conflitos que podem surgir nesse âmbito. Discussões sobre a titularidade, autoria e paternidade de determinado ativo de propriedade intelectual, especialmente no caso de coautoria ou obras coletivas, bem como desdobramentos de contratos de cessão e licenciamento desses ativos, relativos a obrigações de fazer, não fazer (non-compete) ou questões de remuneração, bem como hipóteses concretas de contrafação por terceiros com os quais o titular da propriedade intelectual não possui relação contratual, são recorrentes no contexto brasileiro.

Sem prejuízo, para propósito de síntese, e para a finalidade a que se destina esse artigo, cumpre dizer que os conflitos de propriedade intelectual podem ser de três tipos:

- Derivados de relação contratual, modalidade na qual um contrato particular será a prioritariamente a "lei" que rege o conflito; e
- Derivados de relação extracontratual, modalidade na qual inexiste contrato particular que regule a matéria, cabendo aplicação prioritária da legislação pertinente; sendo que

---

38. Disponível em: https://www.wipo.int/edocs/pubdocs/pt/wipo_pub_tk_1.pdf. Acesso em: 13 abr. 2023.
39. Ibidem.
40. Ibidem.

- Frente aos dois primeiros tipos, as discussões sobre pagamento podem assumir caráter de *royalty* ou de indenização, dependendo da natureza da violação (autoral ou industrial) e da realidade fática contratual ou extracontratual.
- Disputas sobre a própria titularidade do bem incorpóreo concretizador da propriedade intelectual através do registro concedido pelas autoridades responsáveis.

Especialmente no que tange ao aspecto da violação de propriedade intelectual conduzindo ao pagamento de danos na modalidade de *royalites* ou indenização, cumpre esclarecer que o ativo de propriedade intelectual não tem apenas a finalidade de assegurar direitos ou interesses meramente individuais do seu titular e licenciantes, mas objetiva, igualmente, proteger os adquirentes e consumidores de produtos ou serviços, conferindo-lhes subsídios para aferir sua origem e a qualidade, tendo por escopo, ainda, evitar o desvio ilegal de clientela e a prática do proveito econômico parasitário.

A jurisprudência sobre o tema é clara e uníssona no sentido de que, evidenciada a violação do ativo de propriedade intelectual, resta caracterizado o dano, inclusive em modalidade excepcional "*in re ipsa*",[41] sendo notório que a violação também gera efeitos na esfera da honra objetiva das pessoas jurídicas, quando o ativo é indissociável da imagem de determinadas empresas, de forma a gerar descrédito e quebra da reputação para com o mercado, e/ou confusão entre os consumidores, em linha com a previsão da Súmula 227 do STJ.

Neste sentido, fica a lição de Sérgio Cavalieri Filho: "a pessoa jurídica, embora não seja passível de sofrer dano moral estrita ofensa à dignidade, por ser esta exclusiva da pessoa humana, pode sofrer dano moral em sentido amplo violação de algum direito da personalidade –, porque é titular de honra objetiva, fazendo jus sempre que seu bom nome, credibilidade ou imagem forem atingidos por algum ato ilícito".[42]

Nasce, então, o dever de indenizar do violador da propriedade intelectual, sendo comum a dilação de apuração efetiva dos danos incorridos para procedimento subsequente de liquidação de sentença, na forma dos artigos 208 a 210 da LPI, e do artigo 103, parágrafo único, da LDA:[43]

> Ação ordinária de abstenção do uso de direitos autorais/marca, concorrência desleal c/c perdas e danos com pedido de tutela antecipada – Propriedade industrial – Comercialização de produtos falsificados com o emblema da autora – Indícios – Tutela de urgência deferida para determinar a paralisação das vendas e a busca e apreensão dos produtos em questão – Produtos contrafeitos não encontrados no cumprimento da diligência – Circunstância que não elide a condenação das rés ao pagamento das indenizações – Condenação no pagamento de indenização por danos materiais devida a ser fixada em liquidação de sentença – Danos morais, "in re ipsa", também devidos – Sentença reformada – Ônus de sucumbência atribuído às rés – Recurso provido.[44]

---

41. Independente de prova.
42. CAVALIERI FILHO, Sérgio. *Programa de Responsabilidade Civil*. 7. ed. São Paulo: Atlas, 2007, p. 94.
43. No mesmo sentido: TJSP; Apelação Cível 1013501-65.2018.8.26.0004; Relator (a): Sérgio Shimura; Órgão Julgador: 2ª Câmara Reservada de Direito Empresarial; Data do Julgamento: 27.10.2020; Data de Registro: 11.11.2020 e TJSP; Apelação Cível 1018705-1020188260451; Relator (a): Sérgio Shimura; Órgão Julgador: 2ª Câmara Reservada de Direito Empresarial; Data do Julgamento: 1º.12.2020; Data de Registro: 04.12.2020.
44. TJSP; Apelação Cível 1010677-53.2018.8.26.0451; Relator (a): Maurício Pessoa; Órgão Julgador: 2ª Câmara Reservada de Direito Empresarial; Data do Julgamento: 31.01.2022; Data de Registro: 31.01.2022.

Apelação cível. Direito autoral. Ação de indenização por danos materiais e morais. Sentença de procedência, com determinação de abstenção de fabricação, venda, exposição a venda de produtos que apresentem forma indevida e desautorizada da obra artística 'Lhamastê'. Condenação ao pagamento de indenização por danos materiais, a qual será objeto de liquidação de sentença por arbitramento. Condenação ao pagamento de indenização por dano moral no valor de R$ 10.000,00. Irresignação de ambas as partes. Impugnação específica. Argumentação articulada pela apelante é suficiente e direcionada a impugnar os fundamentos da decisão. Propriedade intelectual da autora comprovada nos autos, conforme consignado em laudo pericial. Alegação de desconhecimento da obra da ré que se mostra descabida, diante de vários convites realizados por prepostos para que a autora firmasse parceria. Uso indevido da obra da autora configurado. Dano material evidenciado. Método de arbitramento da indenização bem disciplinado em sentença, sendo necessário abrir à ré a possibilidade de apresentar os documentos necessários para apuração do montante da indenização. Ressalva feita pela sentença no sentido de que, na hipótese de inexistência de dados contábeis para efeito de liquidação, o cálculo deverá considerar o valor de mercado atual de três mil exemplares do produto, mais os produtos apreendidos, por aplicação do artigo 103, caput e parágrafo único, da Lei 9.610/98. Dano moral configurado. Violação ao direito autoral da autora que supera o mero aborrecimento. Quantum indenizatória que se mostra adequado ao caso. Sentença mantida. Negado provimento aos recursos. (v. 38179).[45]

Tem-se, por fim, as disputas relativas à própria titularidade dos bens protegidos através do registro. A concessão do registro é ato administrativo de órgão da Administração Pública Federal, no caso, o INPI que é uma autarquia. Nas disputas envolvendo a titularidade de registro concedido pelo INPI, a autarquia é litisconsorte passivo necessário (a teor do artigo 114 do Código de Processo Civil – "CPC" e Tema 950 do STJ[46]), o que não apenas suscita competência da Justiça Federal (art. 109 da CF), mas também gera discussão adicional sobre a arbitrabilidade de tais litígios.

2. ARBITRABILIDADE – A GRANDE QUESTÃO

Feita a necessária introdução e enquadramento sobre as espécies de propriedade intelectual existentes no ordenamento jurídico brasileiro, passamos a adentrar às particularidades aplicáveis a esses direitos no contexto da arbitragem.

Nesse ponto, repise-se que muito embora seja absolutamente claro para estes autores que é, sim, possível a arbitrabilidade de direitos de propriedade intelectual,[47] certo é que ainda hoje há resistência – senão questionamento – quanto à aplicação do instituto da arbitragem para dirimir conflitos em determinadas matérias de propriedade intelectual.

Nesta medida, passamos a analisar cada um dos critérios de arbitrabilidade sob a ótica do enquadramento específico dos direitos de propriedade intelectual, destacando

---

45. TJSP; Apelação Cível nº. 1000742-35.2019.8.26.0004; Relator (a): Viviani Nicolau; Órgão Julgador: 3ª Câmara de Direito Privado; Data do Julgamento: 17.12.2021; Data de Registro: 17.12.2021.
46. BRASIL. Superior Tribunal de Justiça, REsp 1.527.232 (Tema 950), Relator Luis Felipe Salomão, Quarta Turma, julgado em 13.12.2017.
47. Aqui deliberadamente incluídos, vale notar, não apenas os direitos de propriedade industrial, mas também aqueles relacionados a direito autoral, porquanto, embora exista uma indisponibilidade associada ao direito moral do autor, fato é que a outra parcela destes direitos, de cunho material, é inquestionavelmente arbitrável (como, por exemplo, disputas envolvendo *royalties* derivados da exploração de direito autoral).

desde logo, a título introdutório, que os litígios de propriedade intelectual geralmente se manifestam na forma de:

- Ações com pedido comparativo entre produtos/equipamentos, para avaliar eventual violação de um ativo de propriedade industrial, a culminar na nulidade do respectivo registro/depósito perante o INPI, decorrido o prazo legal da oposição administrativa, com efeito *erga omnes*; ou
- Ações de obrigação de não fazer cumulada ou não com pedido de indenização *in re ipsa*, sobre contrafação de propriedade industrial ou cometimento de práticas anticoncorrenciais, ou problemas derivados de relações contratuais (cessão, licenciamento, dentre outros), geralmente com um pedido liminar que antecipa a obrigação de não fazer ou determina a apreensão de produtos contrafeitos e com uma condenação em multa diária que pode superar o valor da indenização, com efeito *inter partes*.

No segundo tipo de ação, o trâmite se dá perante a Justiça Estadual, ao passo que no primeiro tipo de ação, o trâmite se dá perante a Justiça Federal, sendo necessária a participação do INPI no processo, para além do titular do registro/depósito questionado (Tema 950 do STJ[48]).

2.1 Conflitos que podem ser submetidos à arbitragem no Brasil

Como mencionado, consoante disposição do artigo 1º da LA, "as pessoas capazes de contratar poderão valer-se da arbitragem para dirimir litígios relativos a direitos patrimoniais disponíveis", sendo que "a administração pública direta e indireta poderá utilizar-se da arbitragem para dirimir conflitos relativos a direitos patrimoniais disponíveis".

Nos parece assim que, em abstrato, não apenas os particulares podem se valer da arbitragem para dirimir disputas relativas à matéria de propriedade intelectual, como também pode a autarquia federal vinculada à guarda desses ativos – o INPI – participar de procedimento arbitral.

Mais que isso, a matéria de propriedade intelectual deveria se amoldar ao aspecto objetivo passível de submissão à arbitragem – a saber, a cumulação dos aspectos patrimonial e disponível. O que, nada obstante, está igualmente presente nas disputas de propriedade intelectual.

Bastaria, então, que não houvesse violação de ordem pública conforme o ordenamento jurídico brasileiro, possuindo o Tribunal Arbitral eventualmente instaurado competência e jurisdição para julgar a demanda.

Porém, certo é que essa alegação também não teria o condão de inviabilizar, a princípio, a arbitragem, no mínimo, por força do princípio da competência-competência, segundo o qual o Tribunal Arbitral detém a prerrogativa de determinar se é competente ou não para dirimir determinada questão.

Dentro desse necessário enquadramento, passamos a explorar os aspectos objetivo e subjetivo da arbitrabilidade, e como se relacionam especificamente às disputas de propriedade intelectual.

---

48. BRASIL. Superior Tribunal de Justiça, *REsp 1.527.232 (Tema 950)*, Relator Luis Felipe Salomão, Quarta Turma, julgado em 13.12.2017.

2.2 Arbitrabilidade objetiva dos litígios de propriedade intelectual

Como visto, é plenamente possível a submissão de um conflito de propriedade intelectual à arbitragem, em abstrato: a hipótese se amolda ao requisito cumulativo do artigo 1º da LA, na medida em que os direitos de propriedade intelectual são de regra[49] direitos patrimoniais e disponíveis, porquanto passíveis de apreciação econômica e inclusive de ser transacionados.

Muito embora não seja comum discutir o aspecto patrimonial desses direitos, certo é que por vezes são aventadas exceções de disponibilidade atinentes ao direito moral de autor e a outros direitos da personalidade relativos à seara do direito autoral.

Quanto a esse ponto, vale dizer que se trata de uma seara absolutamente reduzida do tema, que em nada prejudica a possibilidade de arbitrabilidade de direitos da propriedade intelectual como um todo. Afinal, é plenamente possível a redação de cláusula ou compromisso arbitral que determine a submissão de determinada controvérsia à arbitragem, sem determinações quanto à tutela de direito moral do autor ou outros direitos da personalidade de caráter não disponível.

Ainda que assim não fosse, certo é que o aspecto da indisponibilidade de direito moral ou direitos da personalidade em nada se confunde com o seu aspecto patrimonial: pode ser arbitrado pleito indenizatório decorrente de infração de direito moral do autor ou pleito de danos morais decorrente de violação de qualquer espécie de propriedade intelectual,[50] eis que o *quantum devido* (lucros cessantes e danos emergentes) tem caráter eminentemente patrimonial e indireto, advindo de responsabilidade civil ou penal por ato ilícito contratual ou legal, objetivamente aferível.

Outro ponto levantado quanto aos críticos da arbitrabilidade objetiva de propriedade intelectual seria sobre eventual pleito de declaração de nulidade de um registro de propriedade industrial perante o INPI.

A crítica residiria no fato de que eventual declaração de nulidade desse tipo pela Justiça Federal ou pelo próprio INPI teria efeito *erga omnes*, incompatível, pois, com o caráter eminentemente contratual – e *inter partes* – da arbitragem.

Porém, certo é que essa crítica também não é óbice para o desenvolvimento de procedimento arbitral sobre matéria de propriedade intelectual, inclusive para fins de declaração de nulidade de um registro de propriedade industrial concedido pelo INPI, na medida em que a declaração de nulidade incidental, com efeito apenas *inter partes*, nos moldes do que recentemente decidiu o Superior Tribunal de Justiça ("STJ"),[51] é plenamente possível no contexto da arbitragem.

---

49. Diz-se de regra porque há espécies de direitos de propriedade intelectual – como os direitos morais do autor – que são inalienáveis e irrenunciáveis, a teor do art. 27 da LDA.
50. Muito embora a determinação específica fique a critério do Tribunal Arbitral, na esteira da jurisprudência pátria, utilizando-se do critério bifásico adotado, considerando o interesse jurídico lesado e a gravidade do fato em si, os valores de arbitramento de dano moral tendem a se situar na faixa de R$ 20.000,00 a R$ 50.000,00.
51. Disponível em: https://www.stj.jus.br/sites/portalp/Paginas/Comunicacao/Noticias/Para-Terceira-Turma--acao-de-nulidade-de- patente-e-prejudicial-externa-apta-a-suspender-acao-de-indenizacao.aspx. Acesso em: 13 abr. 2023.

Inclusive, a declaração de nulidade *inter partes* no contexto da arbitragem essencialmente equivale uma condenação de obrigação de não fazer da parte violadora – o que, nos termos da doutrina especializada, é invariavelmente uma possibilidade jurídica no ramo da arbitragem.

Sobre o tema, esclarece Nathalia Mazzonetto que "de fato, assumindo que a decisão arbitral produzirá efeitos apenas inter partes, segundo parte da doutrina, não há motivos para se destituir do árbitro o poder de decidir acerca de eventual invalidade de direitos, eis que não estará atacando o ato do estado em si, tampouco ingressando no universo da dita ordem pública, mas simplesmente atestando a invalidade do direito entre aquelas partes, sem atingir o registro em si".[52]

Ora, diante de pronunciamento arbitral com eficácia *inter partes*, o que se afasta é a exploração do direito (questões relacionadas a comercialização, reprodução ou imitação da marca por terceiros, que versam única e exclusivamente sobre o direito patrimonial disponível do titular da propriedade) e o que ele viria a representar em relação às partes que figuram no procedimento arbitral, não se afastando o direito em si, representado pelo registro da propriedade industrial perante o INPI.

Demais disso, vale destacar que, como bem decidido no âmbito do RESP n°. 1.527.232/SP, questões acerca de *trade dress* (conjunto-imagem), concorrência desleal, e outras demandas afins, por não envolverem registro no INPI e não afetarem interesse da autarquia, tornam a demanda passível de ser levada ao conhecimento do juízo privado (Tema 950 do STJ[53]).

Nesses termos, devidamente formalizada a opção das partes pelo Juízo Arbitral, a partir de uma convenção de arbitragem (cláusula ou compromisso arbitral[54]), e estando devidamente circunscritas a essa convenção os pedidos que a parte requerente pretende tutelar no procedimento, estará preenchido o requisito de arbitrabilidade objetiva.

2.3 Arbitrabilidade subjetiva dos litígios de propriedade intelectual

Além disso, também resta preenchido o aspecto subjetivo para a possibilidade de submissão de um litígio de propriedade intelectual. E isso porque a modalidade também se amolda à previsão do artigo 1° da LA, a saber, que podem se valer da arbitragem "*as pessoas capazes de contratar*".

---

52. MAZZONETTO, Nathalia. *Arbitragem e propriedade intelectual*: aspectos estratégicos e polêmicos. São Paulo: Saraiva, 2017, p. 128.
53. BRASIL. Superior Tribunal de Justiça, REsp 1.527.232 (Tema 950), Relator Luis Felipe Salomão, Quarta Turma, julgado em 13.12.2017.
54. Sendo certo que, muito embora ilícitos de propriedade intelectual derivados de relações contratuais sejam mais comumente levados e associados à via arbitral, fato é que não há óbice algum à arbitragem em relação extracontratual. É dizer, que sempre é possível celebrar um compromisso arbitral para dirimir a questão, embora se reconheça que, quando o conflito já está instaurado e as partes não têm um vínculo pretérito, seja muito mais difícil chegar a um acordo quanto ao procedimento a ser aplicado para a resolução da disputa.

Aliás, muito embora existam, em todos os procedimentos arbitrais envolvendo entes da administração pública, críticas ou alegações sobre a natureza dos contratos com particulares e, por extensão, a possibilidade de celebrar convenção de arbitragem diante do relevante interesse público que guardam, certo é que a própria LA fez questão de afastar essas dúvidas, ao determinar expressamente em recente alteração que "a administração pública direta e indireta poderá utilizar-se da arbitragem para dirimir conflitos relativos a direitos patrimoniais disponíveis" e que "a autoridade ou o órgão competente da administração pública direta para a celebração de convenção de arbitragem é a mesma para a realização de acordos ou transações".

Nesse contexto, restando evidenciada pelos termos da própria lei a legitimidade subjetiva do ente público (no caso dos direitos de propriedade intelectual, em particular, do INPI) em participar do procedimento, cumpre apenas debater em que "capacidade" referido ente seria integrado ao procedimento, inclusive na eventualidade de não enxergar interesse em participar da disputa arbitral.

Desde logo, cabe esclarecer que, ainda que não tivesse assinado determinada cláusula arbitral num contrato entre particulares, poderia o INPI espontaneamente intervir no feito, consoante a celebração de um compromisso arbitral, na forma do artigo 3º da LA, sendo parte legítima para participar do feito e estendendo-se a ele, dessa forma, os efeitos da cláusula.[55]

Não à toa, a integração de partes cujos direitos e interesses são afetados pelo Tribunal é explicitamente permitida pelo regulamento de arbitragem de diversas câmaras especializadas, incluindo a determinação verificada nos artigos 38 e 62 do Regulamento da ABPI, por exemplo.

Demais disso, vale dizer que, muito embora alguns a intervenção judicial do INPI se dê na modalidade de litisconsórcio passivo necessário, certo é que também se considera ser possível a mera expedição de ofício à autarquia,[56] informando sobre o

---

55. É certo que a extensão da cláusula, nesse caso, não se enquadraria nas teorias de extensão como grupo econômico, por exemplo, mas todas as teorias de intervenção e extensão possuem, em sua essência, a eficiência do processo, o impacto do terceiro nos direitos sendo discutidos, e a interferência do terceiro no contrato – possibilitando e justificando sua integração no procedimento arbitral. É dizer, que o que deve ser considerado, aqui, é a existência de correlações e dependência entre o terceiro e o procedimento arbitral.
56. Em interpretação analógica e sistemática com o posicionamento no sentido de que "em nossa opinião trata-se de verdadeira execução da decisão, consubstanciada em uma ordem, cujo conteúdo é um dever de fazer, imposto ao INPI para que realize as anotações necessárias em seus registros" (MAZZONETTO, Nathalia. *Arbitragem e propriedade intelectual*: aspectos estratégicos e polêmicos. São Paulo: Saraiva, 2017, p. 122-130), ao se assumir que a LPI na realidade não importa a participação obrigatória do INPI como sujeito processual e na medida em que a divisão entre competência da Justiça Federal e competência da Justiça Estadual diz respeito a uma divisão meramente administrativa-judiciária que não se aplica à figura do árbitro (o qual, como tal, cumula os poderes tanto do juiz togado da Justiça Federal quanto do juiz togado da Justiça Federal).
De forma a acrescer nesse entendimento, destacam-se também os seguintes posicionamentos da doutrina especializada:
"In this perspective, the Brazilian Industrial Property Law ("Brazilian IP Law") states in its articles 57 and 175 that patent and trademark invalidity actions must be filed before the federal courts, since the BPTO, a federal authority, must intervene on the case. Infringement actions, on the other hand, shall be filed before the state courts (with no participation of the BPTO), and, in such proceedings, it is common for the defendant to argue

procedimento, abrindo prazo para que integre o procedimento e/ou apresente parecer opinativo sobre o caso.

Nesse contexto, vale dizer, não se considera um aspecto discricionário da autarquia "aceitar ou não ser vinculado ao procedimento arbitral", na medida em que, muito embora o Tribunal Arbitral não tenha o poder de fazer exigências à autarquia, certo é que a lei tem esse poder, sendo certo que o artigo 57 da LPI determina que o INPI "intervirá" – e não "poderá intervir" – no procedimento que versa sobre matéria de anulação de registro.[57]

Nessa toada, caso o INPI não se manifeste conforme as prerrogativas descritas no ofício, entende-se que há renúncia tácita do exercício dessas prerrogativas no âmbito do procedimento arbitral, sem que isso implique, de qualquer forma, em vício formal, cabendo no limite e se o caso, apurar em outra esfera eventual descumprimento pelo INPI da determinação legal e, via de consequência, do princípio da legalidade que rege a administração pública.

---

that the plaintiff's IP rights in issue is invalid. When this happens, the state judge shall incidentally decide upon the validity claim, since article 56, 1st paragraph of the Brazilian IP Law provides that "patent invalidity shall be raised as a defense at any time". Even though the aforementioned disposition only refers to patents, Brazilian courts have long established that it applies to trademarks as well (see, e.g., TJSP, Apelação 9219541-09.2005.8.26.0000, Des. Rel. Oscarlino Moeller, j. 1º.01.2009)" (NUNES, Caio de Faro. *IP Arbitration in Brazil: What is the Current Scenario?* Kluwer Arbitration Blog, 10 mai. 2020. Disponível em: http://arbitrationblog.kluwerarbitration.com/2020/05/10/ip-arbitration-in-brazil-what-is-the-current-scenario/).

"No que toca à ação de adjudicação, a lei é omissa quanto à presença ou não do INPI. Como já antecipado, perfilhamos o entendimento segundo o qual não é o INPI parte nesta ação, cabendo-lhe apenas anotar no pedido ou no título o titular que o julgador indicar. Com efeito, nesta ação de natureza reivindicatória, o principal interesse em jogo é das partes, cumprindo ao INPI apenas acolher o comando judicial, ajudicatório do título ao reivindicante ou preservativo da titularidade, conforme o quanto decidido ao final. Disso decorre que, havendo lide objetivando a adjudicação de uma patente ou uma marca, não antevemos qualquer restrição a afastar a arbitrabilidade do objeto, sendo, neste contexto, de todo dispensável qualquer interferência do INPI que sequer possui legitimidade para a ação" (MAZZONETTO, Nathalia. *Arbitragem e propriedade* intelectual: aspectos estratégicos e polêmicos. São Paulo: Saraiva, 2017, p. 222); e

"According to Selma Lemes and José Rogério Cruz e Tucci, any decisions concerning the validity of IP rights would exceed an arbitral tribunal's powers. Other authors pose a different view, such as the one stressed by Trevor Cook and Alejandro I. Garcia: "an arbitral award is […] effective only inter partes, and has no effect in rem, so a determination that a registered IPR is invalid will only have effect as between the parties to the arbitration – the registered IPR in issue […] will remain in full force and effect on the register as against the rest of the world". 1) This position is also shared by Daniel Levy, Rafael Atab de Araujo 2) and Luiz Guilherme Loureiro. 3) According to them, an arbitral tribunal would have powers to incidentally decide upon validity issues, rendering a decision with no erga omnes effects. […] In view of this, it is reasonable to conclude that since the Brazilian IP Law does not pose any barriers to the rendering of incidental decisions by state judges as to the validity of IP rights, the same rule shall apply to arbitrators, which are considered to be "judges in fact and in law", in accordance to article 18 of the Brazilian Arbitration Act. In other words, an arbitral tribunal applying Brazilian law could use the guarantee contained in article 56, 1st paragraph of the Brazilian IP Law to render a decision with inter partes effects as to the validity of an IP right in the course of the arbitration. Hence, it is our understanding that IP disputes are fully arbitrable under Brazilian law." (NUNES, Caio de Faro. *IP Arbitration in Brazil: What is the Current Scenario?* Kluwer Arbitration Blog, 10 mai. 2020. Disponível em: http://arbitrationblog.kluwerarbitration.com/2020/05/10/ip-arbitration-in-brazil-what-is-the-current-scenario/).

57. Aliás, repise-se que, por mais que o artigo se refira a patentes, a jurisprudência há muito estabeleceu sua aplicabilidade a outras modalidades de direito industrial. Nesse sentido: TJSP, Apelação 9219541-09.2005.8.26.0000, Des. Rel. Oscarlino Moeller, j. 1º.01.2009.

Embora os efeitos da cláusula compromissória possam atingir esfera jurídica do INPI, o prosseguimento da arbitragem independe de sua concordância, sendo que as partes decidiram submeter à jurisdição arbitral (alternativamente à jurisdição estatal) a tutela dos registros que são analisados, validados e concedidos pelo INPI – e dos direitos deles decorrentes.

O INPI é o órgão responsável pela salvaguarda e registro dos direitos de propriedade industrial no Brasil, possuindo interesse direto em procedimentos que resultem em eventual declaração de nulidade de registro. Ao fim e ao cabo, o ato administrativo de deferimento – ou indeferimento – de pedido de registro pelo INPI – estará em jogo, importando a sentença arbitral em determinações que impactam diretamente suas obrigações quanto aos registros, o que, por si só, lhe conferiria legitimidade e até mesmo obrigação legal de intervir no procedimento arbitral.

Não obstante, vale destacar que o próprio STJ[58] reconheceu que o INPI possui uma posição de litisconsorte dinâmico quando se trata de ação que envolva eventual nulidade do pedido de registro. Nesse sentido, o INPI poderá integrar a relação a qualquer momento e atuará com impessoalidade e imparcialidade, defendendo a própria constituição e a validade de seus atos.

Nesta medida, considerando que o INPI não atuaria como parte, mas sim como verdadeiro assistente do Tribunal Arbitral eleito para decidir a disputa, também se mostra plenamente possível sua participação, sem que seja necessário restringir a discussão ao Poder Judiciário.

Por fim, cumpre pontuar que muito embora críticos pareçam confundir a discussão sobre competência para o processamento de demandas de propriedade intelectual com o aspecto da arbitrabilidade subjetiva, ao afirmar que não seriam passíveis de submissão à arbitragem as matérias que são tratadas perante a Justiça Federal, mas somente as que são tratadas perante a Justiça Estadual, certo é que isso na realidade não se afiguraria como um critério.

Justamente por se tratar de mera organização administrativa do Poder Judiciário, que inexiste na seara arbitral, nos parece certo que o árbitro, na prática, cumularia as competências do Juízo Federal e do Juízo Estadual, podendo decidir exatamente o que os juízes togados decidiriam, estando o INPI oficiado e/ou presente no procedimento o INPI.

Nesses termos, devidamente assinado o respectivo termo de arbitragem pelas partes do procedimento, e reconhecida nele (no caso de arbitragem *ad hoc*) ou no regulamento de arbitragem da respectiva câmara especializada a possibilidade de intervenção de terceiros no procedimento arbitral (no caso, o INPI, restando mais do que comprovada a sua legitimidade para tanto, como órgão mantenedor dos registros de propriedade industrial no Brasil), estará preenchido também o requisito de arbitrabilidade subjetiva.

---

58. BRASIL. Superior Tribunal de Justiça, REsp 1.775.812, Relator Marco Aurélio Bellizze, Terceira Turma, julgado em 19.03.2019.

É dizer, ser ou não o INPI signatário da cláusula compromissória de determinada arbitragem nos parece irrelevante, haja vista que a possibilidade de oficiar a autarquia para integrar o procedimento ou prestar parecer opinativo, *a ser analisada em cada caso concreto*, visa estender a ela os efeitos da arbitragem.

2.4 Desafios e remédios aplicáveis

Evidenciado o preenchimento dos requisitos objetivo e subjetivo para a instauração de uma arbitragem de propriedade intelectual, fica claro que os desafios à efetiva submissão de um conflito de propriedade intelectual à via arbitral residem essencialmente nos argumentos:

- de violação à ordem pública, por suposta extrapolação do objeto da cláusula ou compromisso arbitral, por conta do efeito *inter partes* do instrumento contratual ou da ausência de participação do INPI do procedimento; e
- de não disponibilidade de uma parcela desses direitos, como no caso de discussão sobre direito moral do autor e exercício de outros direitos da personalidade.

Porém, certo é que esses argumentos são infundados, não impedindo a instauração do procedimento arbitral, sobretudo porque são aplicáveis diversos remédios para dirimi-los.

A uma, como já adiantado, porque inclusive na esteira da jurisprudência mais recente do STJ,[59] é possível a declaração incidental de nulidade dos registros de propriedade industrial, com efeito *inter partes*.

Ou seja: não parece haver qualquer violação de ordem pública relacionada a eventual pedido de declaração de nulidade de determinado registro de propriedade industrial por determinado tribunal arbitral, evidenciada a possibilidade de ser realizada em caráter incidental e *inter partes*.

A duas, também nos parece possível a prolação de sentença arbitral parcial, para "excluir" da jurisdição arbitral eventual parcela mínima de direitos abarcados pelo pedido da parte requerente que eventualmente tenham alguma implicação de ordem pública, como a discussão sobre a inalienabilidade de direitos morais do autor, conforme previsão do artigo 23, § 1º, da LA.

Tal remédio, há muito já utilizado na seara da arbitragem, serve justamente para permitir que o procedimento arbitral continue quanto aos pedidos e tópicos que efetivamente dizem respeito a direitos patrimoniais e disponíveis (como, por exemplo, pedidos inibitórios e indenizatórios), e às partes vinculadas ao procedimento arbitral, devendo ser aplicado nessa eventualidade, com a delimitação clara do que ainda pode/deve ser perseguido pelas partes em outro procedimento e perante jurisdição exclusiva do Poder Judiciário.

---

59. Disponível em: https://www.stj.jus.br/sites/portalp/Paginas/Comunicacao/Noticias/Para-Terceira-Turma--acao-de-nulidade-de- patente-e-prejudicial-externa-apta-a-suspender-acao-de-indenizacao.aspx. Acesso em: 13 abr. 2023.

Logo, fica claro que, na prática, não deveria restar qualquer óbice à submissão de um conflito de propriedade intelectual à arbitragem, delimitadas, obviamente, todas as questões aqui discutidas.

2.5 Arbitragem internacional e *exequatur*

Cabe, aqui, a título derradeiro, uma nota quanto à implicação da alegação de violação à ordem pública e indisponibilidade de direito, no contexto da arbitragem internacional e de concessão de *exequatur*.

Para o contexto desse artigo, a arbitragem internacional é a modalidade de arbitragem pertinente no contexto de um elemento de estraneidade na relação entre as partes (multiplicidade de nacionalidades, de foros, de legislação aplicável etc.).

Exequatur, por outro lado, é expressão de origem latina traduzida por "execute-se" ou "cumpra-se", que na esfera do direito internacional constitui documento autorizador para que autoridade de determinado país executem funções de um cônsul, como a chancela de uma sentença proferida por um Tribunal Arbitral, para validade/cumprimento em território nacional.

Nesse contexto, e muito embora os tratados de propriedade intelectual facilitem certa padronização,[60] é de se observar que alegações de violação à ordem pública podem variar dependendo do que efetivamente será considerado, no caso concreto, como "ordem pública", ao passo que no âmbito da arbitragem internacional as leis podem ser diferentes da legislação brasileira, tanto no aspecto material quanto no aspecto processual.

Em função disso, é de especial importância analisar, desde logo, em que país(es) a parte que submete eventual conflito de propriedade intelectual à arbitragem pretende executar a respectiva sentença, fazendo a conferência acerca dos critérios de ordem pública para o caso concreto, sob pena de inviabilizar a exequibilidade do julgado nos países de destino da sentença arbitral.

2.6 Análise da conveniência de submissão do conflito específico à arbitragem

Mais do que a possibilidade jurídica de submissão de um conflito de propriedade intelectual à arbitragem, a título derradeiro, faz-se necessário avaliar, com a devida cautela, a cada caso concreto, se convém levar determinada lide a essa seara e/ou ao Poder Judiciário.

Nesse contexto, entendem os autores que existem essencialmente 8 variáveis que devem ser observadas,[61] devidamente detalhadas nos tópicos subsequentes. Como guia

---

60. Aliás, vale destacar que especificamente na seara da propriedade intelectual, no âmbito internacional, também existem órgãos de resolução de conflitos especializados em comércio internacional e propriedade intelectual – notadamente, os órgãos de resolução de conflitos da OMC e da OMPI, que disponibilizam os seguintes métodos: Arbitragem; Mediação; Arbitragem Expedita; e Determinação de Especialista (*Expert Examination*).
61. Vale esclarecer que os autores não incluem, aqui, como variável, o aspecto de segurança jurídica como diferenciador destas duas vias, na medida em que entendem que tanto o provimento jurisdicional quanto a

introdutório para essa análise de conveniência num caso concreto, deixamos para análise o quadro-questionário a seguir proposto:

> Anexo II – Quadro-questionário sobre a viabilidade de submissão de um conflito de propriedade intelectual à via arbitral
> • Quem são os sujeitos envolvidos? – Matéria entre particulares vs. Interesse e participação compulsória do INPI
> • Qual é o foro e a lei aplicável? – Contratos domésticos vs. Contratos internacionais
> • Há preocupação com confidencialidade? – Procedimento sigiloso vs. segredo de justiça
> • Haverá pedido liminar? – Consideração sobre a eficiência do pedido liminar em sede de arbitragem
> • Qual o grau de especialização? – Árbitro "Perito" vs. Câmaras especializadas (TJSP/TJRJ)
> • Por quanto tempo? – Consideração sobre o tempo reduzido de julgamento das ações de propriedade intelectual no Judiciário
> • Qual o orçamento? Custo total da arbitragem vs. ação "curta" no Judiciário

2.6.1 Aspecto objetivo – Delimitação do pedido

O primeiro aspecto a ser analisado quanto à tomada de decisão sobre a submissão de determinada matéria envolvendo propriedade intelectual à via arbitral ou à via judicial é a delimitação do objeto do pedido. Como bem sintetizado por Manoel Joaquim Pereira dos Santos:[62]

> *A primeira indagação que se coloca consiste em determinar se as disputas na área da Propriedade Intelectual envolvem questões sujeitas a arbitragem.* Evoca-se assim a aplicação da regra básica sobre arbitrabilidade, que em nosso ordenamento jurídico encontra-se inserida no art. 1º da L. 9.307/96: são arbitráveis as controvérsias relativas a direitos patrimoniais disponíveis. Portanto, a questão prévia que deve ser respondida resume-se à seguinte indagação: os direitos de Propriedade Intelectual são direitos patrimoniais disponíveis? [...]
>
> A maior parte dos casos de arbitragem em Propriedade Intelectual envolve discussão de contratos. Uma estatística da International Chamber of Commerce Court of International Arbitration de anos atrás confirmava essa tendência, que ainda parece verdadeira. *Trata-se, portanto, de direitos patrimoniais disponíveis, que podem ser objeto de transação particular e de resolução por meio de arbitragem.*
>
> Mas a Propriedade Intelectual também envolve questões de interesse público, pois na maioria dos casos os direitos de uso exclusivo decorrem de um ato administrativo, de natureza constitutiva, denominado "registro". (...)
>
> Mesmo numa discussão de natureza contratual, o exame de questões relativas à validade, ao escopo e às limitações de um direito de Propriedade Intelectual pode ocorrer. *Em outras palavras, as controvérsias envolvidas são de natureza multíplice: envolvem questões meramente contratuais, mas também questões relativas ao regime de proteção da Propriedade Intelectual.*
>
> Assim sendo, podemos dizer que *três princípios afetam a arbitrabilidade de disputas na área da Propriedade Intelectual: a) Normas de ordem pública.* (...) *b) Eficácia erga omnes v. eficácia entre as partes.* (...) *c) Exclusividade de jurisdição.*

---

decisão arbitral possuem a mesma segurança jurídica, sendo ambos títulos executivos dotados de eficácia jurídica, nos termos da lei. Nesse sentido: "A Lei 9.307/1996, inclusive, seguindo o exemplo das mais modernas legislações estrangeiras sobre a arbitragem, reconhece, expressamente, a natureza jurisdicional da atividade arbitral no art. 31, ao equiparar a sentença arbitral ao título executivo judicial" (WALD, Arnoldo. Algumas considerações a respeito da cláusula compromissória firmada pelos estados nas suas relações internacionais. *Revista de Direito Bancário, do Mercado de Capitais e da Arbitragem* 18/295. São Paulo: Ed. RT, 2002).

62. SANTOS, Manoel J. Pereira dos. Arbitragem e Propriedade Intelectual. *Revista Brasileira de Arbitragem*. p. 200-204. Kluwer Law International, 2003.

Como é cediço, na sistemática atual de proteção da propriedade industrial[63] existem essencialmente dois tipos de ação: (i) a ação pleiteando obrigação de fazer ou não fazer cumulada (ou não) com indenização, a ser ajuizada perante a Justiça Estadual, para dirimir litígios entre particulares e, nesta medida, com efeito *inter partes*;[64] e (ii) a ação pleiteando a declaração de nulidade de um ativo de propriedade industrial registrado ou depositado perante o INPI, a ser ajuizada perante a Justiça Federal, com a participação da autarquia,[65] para tomada de decisão com efeito *erga omnes*.

Nesse contexto, as lides cujo objeto se assemelha mais à esfera entre particulares se coaduna mais facilmente à natureza jurídica *contratual* da arbitragem, vez que a própria jurisdição do tribunal arbitral é derivada do acordo de vontade entre particulares, e que direitos patrimoniais e disponíveis estão intimamente relacionados a essa esfera.

Por outro lado, para grande parte da doutrina,[66] as lides de propriedade industrial que têm por objeto a validade e eficácia de um direito de propriedade industrial não podem ser dirimidas pela via arbitral, por tratarem de matéria indisponível e de relevante interesse público. Nesse sentido, valem os esclarecimentos de Daniel de Andrade Levy sobre o tema:

> Todavia, há questões que surgem no campo da propriedade industrial em que o questionamento através da arbitragem encontra óbice legal em alguns países, tais como a validade de um direito, a caducidade de patente ou a concessão de licença obrigatória que somente podem ser discutidas perante as Cortes Oficiais por envolver interesse público relevante, classificado como de ordem pública.
>
> A discussão, por exemplo, de validade de uma patente ultrapassa os limites do interesse privado. Poder-se-ia relacionar três razões fundamentais que, sob a ótica de algumas legislações, impediriam estas questões de serem submetidas à arbitragem: a) decisão que declara a validade ou não de um direito tem efeito erga omnes; b) os direitos da propriedade industrial são exclusivamente outorgados pelo Estado; c) a presença nesta matéria de um interesse público inegável.
>
> Estas três características afastam a possibilidade de um laudo arbitral declarar a nulidade ou invalidade de um direito sobre a propriedade industrial. A incapacidade de um tribunal arbitral decidir com eficácia erga omnes supõe uma limitação decisiva neste campo.
>
> Os conflitos que exigem a anulação do registro de marcas e patentes continuam inarbitráveis, ainda que eventual declaração quanto à invalidade desses registros e mesmo eventual indenização daí decorrente, parece-nos, possam ser tranquilamente realizadas por um tribunal arbitral. Nada obstante, tal

---

63. Em linha, inclusive, com a definição mais recente do Tema 950 do STJ, consolidado no âmbito do REsp 1.527.232/SP.
64. As quais geralmente contam com pedido liminar que antecipa a obrigação e nas quais a multa diária pelo descumprimento da liminar geralmente supera a indenização.
65. Além do próprio titular do registro/depósito cuja nulidade se pretende.
66. Nesse sentido, vale a valiosa síntese feita por Caio de Faro Nunes: "According to Selma Lemes and José Rogério Cruz e Tucci, any decisions concerning the validity of IP rights would exceed an arbitral tribunal's powers. Other authors pose a different view, such as the one stressed by Trevor Cook and Alejandro I. Garcia: "an arbitral award is [...] effective only inter partes, and has no effect in rem, so a determination that a registered IPR is invalid will only have effect as between the parties to the arbitration – the registered IPR in issue [...] will remain in full force and effect on the register as against the rest of the world". 1) This position is also shared by Daniel Levy, Rafael Atab de Araujo. 2) and Luiz Guilherme Loureiro. 3) According to them, an arbitral tribunal would have powers to incidentally decide upon validity issues, rendering a decision with no erga omnes effects" (NUNES, Caio de Faro. *IP Arbitration in Brazil: What is the Current Scenario?* Kluwer Arbitration Blog, 10 maio 2020. Disponível em: http://arbitrationblog.kluwerarbitration.com/2020/05/10/ip-arbitration-in-brazil-what-is-the-current-scenario/).

proclamação não implicará na automática anulação daquela propriedade perante o órgão público competente.[67]

Nada obstante, existe também uma parcela da doutrina especializada que entende pela possibilidade de submissão de controvérsias relativas à validade de ativos de propriedade industrial ao contexto do juízo arbitral. Nesse sentido, vale o esclarecimento de Nathalia Mazzonetto sobre o tema[68]:

> De todo o acima visto, pode-se concluir que, a menos que expressamente ressalvado em convenção arbitral, ou, ainda, pelo estado cujo direito será aplicado à arbitragem, não se pode falar num real obstáculo à arbitrabilidade dos litígios de PI, mesmo que tenha ele por objeto o enfrentamento da (in) validade de direitos de propriedade industrial. Nesta linha, as considerações da doutrina estrangeira, admitindo haver menos resistência ao reconhecimento da arbitrabilidade de litígios que não tenham por objeto direitos de PI outorgados pelo estado, mas que, em sendo este o caso, a depender do país, se admite sejam objetos de resolução de conflitos em arbitragem, sendo a pronúncia jurisidicional neste contexto, em regra, dotada de eficácia inter partes ou amplamente exequível, desde que comunicada à autoridade responsável pelo registro de tais direitos.

Fato é que, dependendo do objeto da lide, pode ser mais conveniente não optar pela via arbitral, para evitar discussões sobre validade da sentença arbitral e alegações de nulidade, optando-se, desde logo, pela via judicial.

2.6.2 Aspecto subjetivo – Necessidade de participação da autarquia

Com relação ao segundo aspecto que deve ser observado para fins de tomada de decisão sobre a submissão de determinada matéria envolvendo propriedade intelectual à via arbitral ou à via judicial, é de se notar, inicialmente, que o elemento objetivo não se confunde com o aspecto subjetivo de arbitrabilidade.

Ora, para além do adequado enquadramento do objeto do pedido no contexto do art. 1º da LA, também será necessário que as partes vinculadas ao procedimento arbitral tenham se submetido à jurisdição do tribunal arbitral em questão.

E nesse contexto, vale lembrar: existem demandas de propriedade industrial que versam sobre relação eminentemente particular, mas também existem demandas que ensejam a intervenção do INPI.

Nessa toada, faz-se necessário avaliar se é possível a intervenção da autarquia no procedimento arbitral como mero interessado, se é possível a extensão dos efeitos da cláusula compromissória a ela, nos termos do respectivo regulamento de arbitragem, ou mesmo se é o caso de manifestação subsequente de vontade da autarquia, assumindo o compromisso de vinculação a determinado procedimento.

---

67. LEVY, Daniel de Andrade. *Anotações sobre a Arbitragem em Matéria de Propriedade Intelectual*. In: Arbitragem e Mediação em Matéria de Propriedade Intelectual, Comitê Brasileiro de Arbitragem CBAr & IOB, 2014, p. 222-223 e 225-227.
68. MAZZONETTO, Nathalia. *Arbitragem e propriedade intelectual*: aspectos estratégicos e polêmicos. São Paulo: Saraiva, 2017, p. 134-135.

A primeira hipótese nos parece a mais adequada, sobretudo na medida em que, ao figurar como parte e não como mero interessado – em procedimento que debate a validade de algum ato administrativo da autarquia, por exemplo –, o INPI estaria sujeito a eventuais verbas de sucumbência e reembolso de despesas com a arbitragem, o que representa um impacto financeiro relevante para o orçamento do órgão público e, como tal, ao interesse público.

Nada obstante, na qualidade de mero interessado, não estaria a autarquia fazendo nada diferente do que já faz quanto intervém nas ações perante a Justiça Federal, nos termos do art. 57 da LPI.[69] Figurar como mero interessado, apresentando manifestações pontuais e exercendo a função de guardião da propriedade industrial, é o exercício da própria função que compete ao INPI – seja na esfera judicial, seja na esfera arbitral.[70]

Vale dizer, que a maior parte da doutrina e da jurisprudência interpreta o vocábulo "intervirá" presente no referido art. 57 (aplicável, como já dito, também aos demais ativos de propriedade industrial[71]) como uma obrigação e não um ato discricionário da autarquia. Nesse sentido:

> Nas ações de nulidade de patente ou de registro de marca, *o INPI*, quando não for autor, *há de integrar o feito na qualidade de litisconsorte passivo*. O direito em discussão nessas ações, de a empresa ré ser titular de um privilégio tutelado por patente ou de registro de marca, e, portanto, deles usufruir com exclusividade, decorre de ato praticado pela referida autarquia federal. A ação, pois, engloba tanto os direitos patrimoniais do registro de marca ou de patente, quanto o ato administrativo que o concedeu.[72]
>
> Conforme esclarece o conceituado jurista Humberto Theodoro Júnior, "o ingresso do assistente no processo é caso típico de intervenção voluntária de terceiro, mesmo quando é considerado litisconsorte da parte principal". De outro lado, a intervenção do INPI, conforme redação dos arts. 57 e 175 supratranscritos, é obrigatória, quando é proposta ação de nulidade de patente ou de registro, presumido seu interesse jurídico nesses casos.[73]
>
> Quando o INPI não figurar como autor da ação, deverá intervir no feito. Segundo Antônio André Muniz de Souza a intervenção do INPI nos autos da ação de nulidade é uma intervenção forçada, sui generis, "portanto, para concretizar nos processos judiciais as finalidades atribuídas ao Instituto pela INPI, cujas regras específicas prevalecem sobre as regras gerais do CPC (LGL\2015\1656). Não se trata de assistência, muito menos de litisconsórcio. Intervém o INPI como terceiro, na qualidade de interveniente inominado ou especial, figura já conhecida do Direito Processual Civil brasileiro, com interesse jurídico presumido por lei e diverso daquele das partes, para a defesa do interesse social e do desenvolvimento tecnológico econômico do País.[74]

---

69. "Art. 57. A ação de nulidade de patente será ajuizada no foro da Justiça Federal e o INPI, quando não for autor, intervirá no feito."
70. Até porque, vale lembrar, se trataria do mesmo número de demandas submetido ao INPI – não tivessem as partes optado por seguir na via arbitral, ainda teria sido iniciado um novo procedimento, porém, na justiça comum, seara na qual o INPI invariavelmente seria chamado a intervir.
71. BRASIL. *Superior Tribunal de Justiça*, *REsp 1.281.448*, Relatora Nancy Andrighi, Terceira Turma, julgado em 05.06.2014. Também nesse sentido: BRASIL. *Tribunal de Justiça do Estado de São Paulo*, *Apelação 9219541-09.2005.8.26.0000*, Relator Oscarlino Moeller, 5ª Câmara de Direito Privado, julgado em 1º.01.2009.
72. IDS – Instituto Dannemann Siemsen de Estudos de Propriedade Intelectual. *Comentários à Lei da Propriedade Industrial*. Rio de Janeiro: Renovar, 2005, p. 340.
73. DE SOUZA, Antonio André Muniz. O INPI como interveniente especial nas ações de nulidade – Nova interpretação conforme a Lei da Propriedade Industrial. *Revista CEJ*, p. 109-115, 2005.
74. GOMES DE AQUINO, Leonardo. Aspectos jurisdicionais da propriedade industrial. *Revista de Direito Empresarial*, p. 151-19, 20165.

Marcas e patentes. Anulação de registro de desenho industrial. *Intervenção obrigatória do INPI no feito*. Homologação do acordo firmado entre as partes. Necessária concordância do Inpi, o que inocorreu. *Natureza da intervenção do INPI no processo*. Apelação e remessa oficial, tida por ocorrida, providas para anular a sentença e determinar o retorno dos autos ao juízo de origem para regular prosseguimento do feito. 1. Buscava a parte autora a decretação de nulidade de registro do Desenho Industrial DI 5700907, sob o título "configuração de bola com seis, doze e dezoito gomos", ao argumento de ausência de novidade e atividade inventiva. Houve transação entre as partes, com a qual não anuiu o INPI. Apesar disso, o juízo de 1º grau julgou extinto o processo, com resolução do mérito, nos termos do artigo 269, inciso III, do Código de Processo Civil, considerando inválida a oposição do INPI que seria apenas "assistente simples e, dessa forma, sua atividade processual é subordinada à do assistido, não podendo praticar atos contrários à vontade deste". 2. Nos casos em que se discute a nulidade dos registros de marcas e patentes, a Lei 9.279/96 impõe uma intervenção obrigatória do INPI, motivo pelo qual deve ser perquirida a natureza da intervenção processual da autarquia. 3. Natureza da intervenção do INPI no processo onde se discute a questão de marcas e patentes: dificilmente a questão se resolverá no âmbito estrito do Direito Processual Civil já que o INPI, autarquia federal, defende interesse próprio – que pode não interessar a qualquer das partes – pois sua tarefa funcional é de "polícia administrativa" em matéria registrária; atua e defende a regularidade de seus atos registradores já que é sua tarefa essencial executar em todo o país as normas que regulam a propriedade industrial, valor protegido constitucionalmente (artigo 5º, XXIX, da CF). O seu interesse no processo é impessoal, está acima dos interesses das partes, e por isso a intervenção do INPI é especial na medida em que persegue o interesse público. Assim, mesmo quando não seja parte, o INPI há de dispor dos mesmos poderes que a lei processual comum reserva às partes na medida em que defende entendimento singular coincidente com as obrigações a ele impostas pela lei, mas nem sempre coincidente com os interesses de autor ou réu. 4. O certo é que não pode o INPI ser considerado um mero assistente simples, razão pela qual, ante a sua discordância expressa com relação à desistência da ação, não caberia a homologação da desistência com a consequente a extinção do processo, já que o interesse do INPI acha-se equidistante dos propósitos das partes, embora possa eventualmente coincidir com o de uma delas. 5. Provimento da apelação e da remessa oficial, tida por ocorrida, para anular a sentença e determinar o retorno dos autos ao Juízo de origem para regular prosseguimento do feito.[75]

Embargos infringentes. Propriedade industrial e intelectual. Tutela inibitória. Ineficácia do registro. Ação de competência da justiça federal. 1. A propriedade industrial tem proteção constitucional, visando estimular o progresso técnico e científico, considerando o interesse social e econômico do país. A par disso, em vista de uma maior proteção ao autor da criação industrial, bem como a especificação e desenvolvimento da matéria, foi editada a Lei 9.279 de 1996, conhecida como Lei de Propriedade Industrial, na qual é limitado o âmbito de atuação da proteção aos direitos relativos à propriedade industrial. 2. A Lei de Propriedade Industrial determina que a propriedade da marca se adquire pelo registro validamente expedido, o qual garante ao titular o seu uso exclusivo em todo o território nacional. O mesmo diploma legal estabelece a proteção conferida pelo registro, assegurando ao titular a possibilidade de zelar pela sua integridade material ou reputação. 3. A parte autora postula, por vias transversas, o reconhecimento de que o registro foi levado a efeito em violação à lei, o que só pode ser levado a efeito em demanda de competência da Justiça Federal, *com a intervenção obrigatória do INPI*, consoante disposto no art. 175 da Lei de Propriedade Industrial (Lei 9.279 de 1996). Precedentes do STJ. Desacolhidos os embargos infringentes. Maioria.[76]

---

75. BRASIL. *Tribunal Regional Federal da 3ª Região, Apelação 24.249 (2000.61.00.024249-5)*, Relator Johonsom Di Salvo, Primeira Turma, julgado em 23.11.2010.
76. BRASIL. *Tribunal de Justiça do Estado do Rio Grande do Sul, Embargos Infringentes 70060433836*, Relator Jorge Luiz Lopes do Canto, Terceiro Grupo de Câmaras Cíveis, julgado em 05.12.2014.

Nesse contexto, no que diz respeito ao elemento subjetivo, será relevante analisar se a lide proposta envolve ou não necessidade de participação do INPI, conforme a função que lhe atribui a lei.

Em havendo essa necessidade, e havendo também interesse em submeter a controvérsia à via arbitral, será necessário enquadrar a lide não apenas nos termos dos arts. 1º[77] e 3º da LA como também nos termos do regulamento da respectiva câmara ou regulamento de arbitragem aplicável à espécie.[78]

Feito esse enquadramento, será possível e viável no caso concreto a opção pela arbitragem para dirimir conflitos de propriedade industrial nesse contexto – muito embora, como já pontuado, haja certa resistência de alguns setores a esse respeito.

2.6.3   Aspecto temporal – Delimitação da urgência

Um terceiro aspecto que deve ser observado para fins da tomada de decisão sobre a submissão de determinada matéria envolvendo propriedade intelectual à via arbitral ou à via judicial é a adequada delimitação da urgência do provimento perseguido.

Antigamente, a urgência era normalmente relacionada com medidas judiciais, aplicáveis inclusive em casos sujeitos a arbitragem, no formato de medidas cautelares pré-arbitrais.

Hoje em dia, contudo, com a popularização da figura do árbitro de emergência, tanto a via arbitral quanto a via judicial mostram-se alternativas possíveis à perseguição da tutela de urgência,[79] observados eventuais desafios quanto à sua execução (já que o árbitro não possui poder de império/coercitivo).

É dizer que, para lides cuja obtenção da tutela de urgência é indispensável, no caso da opção pela via arbitral, será necessário recorrer à figura do árbitro de emergência e garantir a execução de suas decisões. Ou, como alternativa, se valer diretamente do ingresso no Poder Judiciário, para executar a tutela de urgência pretendida diretamente por órgão com força coercitiva, conforme será detalhado a seguir.

---

77. E aqui, vale notar, a previsão do § 1º deste artigo ajuda sobremaneira nessa tarefa:
    "Art. 1º As pessoas capazes de contratar poderão valer-se da arbitragem para dirimir litígios relativos a direitos patrimoniais disponíveis.
    § 1º A administração pública direta e indireta poderá utilizar-se da arbitragem para dirimir conflitos relativos a direitos patrimoniais disponíveis.
    § 2º A autoridade ou o órgão competente da administração pública direta para a celebração de convenção de arbitragem é a mesma para a realização de acordos ou transações."
78. Por exemplo, o Regulamento de Arbitragem da Associação Brasileira da Propriedade Intelectual – ABPI prevê expressamente, em seus arts. 36, 38 e 62, a possibilidade de intervenção de terceiros em um procedimento arbitral, a qualquer tempo, e desde que haja concordância das partes.
79. Vale pontuar que, para lides que não demandem uma resposta tão imediata, nem um julgamento parcial antecipado do mérito da controvérsia (como seria, por exemplo, o caso de uma discussão sobre descumprimento de contrato já encerrado), a via arbitral contaria ainda com o benefício adicional de uma quantidade menor de recursos considerando o procedimento como um todo, muito embora tanto a via arbitral quanto a via judicial sejam alternativas possíveis nesse contexto.

2.6.4 Aspecto coercitivo – Necessidade do poder de polícia

De forma similar ao aspecto da urgência, um quarto aspecto a ser observado para fins da tomada de decisão sobre a submissão de determinada matéria envolvendo propriedade intelectual à via arbitral ou à via judicial é a necessidade de envolvimento do poder de polícia para o cumprimento de determinada ordem.

Isso se aplica tanto com relação a medidas executivas propriamente ditas – no contexto da execução de uma sentença arbitral definitiva, não voluntariamente cumprida pela parte vencida, por exemplo – como também no contexto das medidas de busca e apreensão de mercadorias, objetos, embalagens, etiquetas e outros produtos de falsificação ou imitação, cabíveis no contexto de cessão de violações de propriedade industrial – nos termos da previsão do art. 209 da LPI, por exemplo.

Nesta medida, em sendo necessário o envolvimento do poder de polícia, nos parece mais adequado ingressar diretamente perante o juízo estatal para requerimentos relativos à satisfação desse tipo de tutela, uma vez que tribunais arbitrais carecem de poder de polícia.[80]

2.6.5 Aspecto qualificador – Especialidade do julgador

Um quinto aspecto a ser observado para fins da tomada de decisão sobre a submissão de determinada matéria envolvendo propriedade intelectual à via arbitral ou à via judicial é o grau de especialização pretendido do julgador.

Nesse contexto, vale notar que, muito embora em algumas unidades federativas já existam varas e câmaras especializadas para a resolução de litígios de propriedade intelectual,[81] o juízo arbitral tem como uma de suas características principais a especialidade e a flexibilidade na escolha do julgador, permitindo inclusive a escolha de especialistas fora do âmbito do Direito (engenheiros e outros profissionais técnicos, por exemplo).

Ou seja, mesmo para litígios circunscritos nos territórios que contam com as unidades especializadas, ainda assim pode ser mais interessante optar pela via arbitral, vez que neste âmbito há a possibilidade de que o próprio julgador supere o aspecto jurídico da propriedade intelectual e venha a adentrar o aspecto técnico da matéria, permitindo uma resolução mais adequada da lide para os casos que versam sobre uma matéria mais técnica.

---

80. Circunstância essa que, vale dizer, deve ser observada desde o primeiro momento, quando da avaliação de inclusão de cláusula arbitral em determinado contrato.
81. É esse o caso do Tribunal de Justiça do Estado de São Paulo e também o caso do Tribunal de Justiça do Estado do Rio de Janeiro, que possuem mais de uma década de jurisprudência especializada com assentamento de relevantes temas pertinentes à proteção da propriedade industrial, como, repise-se, a possibilidade de concessão de medidas de urgência, a determinação (e, frequentemente mais importante, a execução) de multa por descumprimento de tutelas de urgência, e a aplicação da modalidade *in re ipsa* ao dano por violação à propriedade industrial.

2.6.6 Aspecto espacial – Foro da controvérsia

No que tange ao aspecto espacial, vale verificar se a lide a ser dirimida apresenta elementos de estraneidade que seriam mais bem servidos no contexto de um procedimento arbitral uno.

Nesse ponto, cumpre lembrar que para demandas multipartes e multicontratos envolvendo diferentes países e nacionalidades, o exercício da jurisdição estatal é limitado, de tal sorte que, ao se privilegiar a opção pela justiça comum em detrimento do juízo arbitral, pode ser necessário instaurar diversos procedimentos para a resolução de um determinado conflito.

Muito embora no Brasil seja possível a aplicação de lei material estrangeira para procedimentos perante a Justiça Estatal, fato é que essa afirmação não se sustenta para todos os países, sendo igualmente verdade que determinados países não apresentam acordos de cooperação ou tratados internacionais em comum para fins de execução de sentenças estrangeiras.

Consequentemente, disposições contratuais sobre o foro e a lei aplicável que venham a existir em determinado instrumento particular podem ser extremamente relevantes à adequada avaliação para tomada de decisão sobre a submissão de determinada matéria envolvendo propriedade industrial à via arbitral ou à via judicial.

2.6.7 Aspecto confidencial – Preocupação com o sigilo e a criação de precedente

Um outro aspecto a ser considerado para essa tomada de decisão é a preocupação com o sigilo do procedimento e a eventual criação de precedentes desfavoráveis que venham a criar jurisprudência (pública) a ser aplicada em larga escala perante a justiça comum.

Como é cediço, a arbitragem é um procedimento de natureza estritamente confidencial, sendo esta uma premissa do próprio desenvolvimento do procedimento. É justamente por força dela que causas que possuem algum ponto sensível – como seria o caso, no contexto da propriedade industrial, a demandas de licenciamento de tecnologia, por exemplo – que não pode ser divulgado a terceiros e/ou ao público em geral são submetidas à seara arbitral.

Já na justiça comum, por outro lado, a regra é a publicidade dos atos processuais, sendo o sigilo concedido em hipóteses muito específicas,[82] e sendo a formação de jurisprudência vinculante uma decorrência natural do processo.

---

82. "Art. 189 (CPC). Os atos processuais são públicos, todavia tramitam em segredo de justiça os processos:

I – em que o exija o interesse público ou social;

II – que versem sobre casamento, separação de corpos, divórcio, separação, união estável, filiação, alimentos e guarda de crianças e adolescentes;

III – em que constem dados protegidos pelo direito constitucional à intimidade;

É de se reconhecer que em ambas as esferas – arbitral ou estatal –, em se tratando a demanda relativa à nulidade de algum registro de propriedade industrial, provavelmente haverá discussão sobre a necessidade de publicização dos atos em função do envolvimento da administração pública (e, como tal, de interesse público).

Porém, caso haja preocupação com sigilo ou formação de precedente, convém perseguir a resolução da lide pela via arbitral, onde a proteção do primeiro elemento é a regra, e a formação do precedente – até pela própria aplicação da referida regra – não se verifica.

2.6.8 Aspecto financeiro – Custo da arbitragem vs. Custo do processo

Por fim, o orçamento disponível também será um elemento a ser considerado quando da avaliação da submissão de determinado litígio à esfera arbitral ou ao juízo estatal.

Muito embora as ações envolvendo matéria de propriedade industrial sejam consideradas "curtas" comparativamente ao prazo de duração de outros tipos de ação perante o judiciário brasileiro,[83] fato é que a opção pela realização da arbitragem pode ter custos elevados, em especial em se tratando de um conflito complexo e/ou que, em alguma medida, requererá a provocação do judiciário para o cumprimento de alguma medida.[84]

Em todo caso, as pesquisas realizadas neste âmbito quanto ao grau de satisfação do serviço prestado pelos árbitros, mesmo com o pagamento de custos mais elevados, apresentam resultado positivo.[85]

CONCLUSÃO

Pelo exposto, fica claro que os direitos de propriedade intelectual são regidos pelas disciplinas do Direito Comercial e do Direito Civil no Brasil, para além de diversas legislações infraconstitucionais mais específicas e tratados internacionais incorporados no ordenamento jurídico brasileiro sobre o tema.

IV – que versem sobre arbitragem, inclusive sobre cumprimento de carta arbitral, desde que a confidencialidade estipulada na arbitragem seja comprovada perante o juízo.

§ 1º O direito de consultar os autos de processo que tramite em segredo de justiça e de pedir certidões de seus atos é restrito às partes e aos seus procuradores.

§ 2º O terceiro que demonstrar interesse jurídico pode requerer ao juiz certidão do dispositivo da sentença, bem como de inventário e de partilha resultantes de divórcio ou separação."

83. "Ao serem detalhadas as taxas de congestionamento no conhecimento e na execução no 1º grau, constata-se que, dentre as segmentações apresentadas na Tabela 4, a taxa de congestionamento na fase de conhecimento não criminal (casos cíveis, casos infracionais, empresariais etc.) é a menor – destaca-se que ela é também a de maior demanda." (BRASIL. Conselho Nacional de Justiça, *Justiça em Números*, Edição de 2020, p. 155).

84. Hipótese em que, note-se, haveria, cumulativamente, custos na esfera judicial e custos na esfera arbitral, sendo certo que também não podem ser desconsiderados os custos de eventual fase subsequente de execução de sentença arbitral, no caso de não cumprimento voluntário desta pela parte vencida.

85. BRASIL. *Comitê Brasileiro de Arbitragem, Arbitragem no Brasil – Pesquisa CBAr-Ipsos*, Relatório elaborado por André de Albuquerque Cavalcanti Abbud (Doutor e Mestre em Direito pela USP e LL.M. pela Harvard Law School), em nome da Diretoria do CBAr.

Os direitos de propriedade industrial, que se relacionam mais intimamente com a seara do Direito Comercial, e dependem de registro perante a autoridade competente, em termos de arbitrabilidade apresentam um desafio maior no que tange à necessária participação da autoridade em questão no procedimento arbitral (aspecto subjetivo) e/ou da possibilidade de declaração de nulidade de um registro concedido pela autarquia (aspecto objetivo).

Já os direitos autorais e conexos, que se relacionam mais intimamente com a seara do Direito Civil, e independem de registro perante a autoridade competente, em termos de arbitrabilidade apresentam um desafio maior no que tange à própria disponibilidade do direito em discussão, eis que direitos da personalidade são, de regra, inalienáveis.

Nesses moldes, verifica-se que, ressalvadas as limitações acima sumarizadas,[86] é plenamente possível a realização de procedimento arbitral para a obtenção de provimento final relativo a uma violação de propriedade intelectual.

Igualmente possível, aliás, é a coexistência de medidas judiciais e arbitrais, em especial para a concessão de uma medida de urgência,[87] bem como a provocação do Poder Judiciário para a execução coercitiva de ordem emanada do Tribunal Arbitral.[88]

No mais, sem prejuízo dessa possibilidade jurídica, sempre convém realizar uma análise do custo-benefício da persecução de cada uma ou ambas essas vias, à luz dos elementos específicos pertinentes ao caso concreto.[89]

Na opinião e experiência prática destes autores, frente ao avanço da especialização da jurisprudência sobre a matéria e às limitações/discussões existentes quanto à arbitrabilidade de certa parcela dos direitos de propriedade intelectual, de maneira geral é mais rápido e efetivo recorrer diretamente ao Poder Judiciário para resolver questões extracontratuais, e é mais rápido e efetivo recorrer ao juízo arbitral para resolver questões contratuais, em especial as mais complexas e de alta relevância técnica.[90]

---

86. As quais, como visto nos tópicos anteriores, ainda podem ser remediadas, na forma da declaração incidental de nulidade, intervenção do INPI no procedimento arbitral a depender do caso concreto, prolação de sentença parcial, dentre outros, sendo certo que é o posicionamento majoritário da jurisprudência e da doutrina especializada que os litígios envolvendo matéria contratual em propriedade industrial podem ser invariavelmente arbitrados.
87. Sem que isso implique em usurpação de competência do Tribunal Arbitral para decidir de forma final sobre determinada controvérsia. Nesse sentido: BRASIL. *Superior Tribunal de Justiça*, REsp 1.586.383, Relatora Isabel Gallotti, Quarta Turma, julgado em 05.12.2017.
88. "7) O árbitro não possui poder coercitivo direto, sendo-lhe vedada a prática de atos executivos, cabendo ao Poder Judiciário a execução forçada do direito reconhecido na sentença arbitral." – BRASIL. Superior Tribunal de Justiça, Jurisprudência em Teses, Edição no. 122: Da Arbitragem, atualizada até 22/03/2019. Disponível em: https://www.stj.jus.br/docs_internet/jurisprudencia/jurisprudenciaemteses/Jurisprudencia%20em%20Teses%20122%20-%20Arbitragem.pdf e https://scon.stj.jus.br/SCON/jt/toc.jsp. Acesso em: 13 abr. 2023.
89. Como mencionado, propomos a observância de 8 variáveis dentro desta análise de custo-benefício: (i) aspecto objetivo – delimitação do pedido; (ii) aspecto subjetivo – necessidade de participação da autarquia; (iii) aspecto temporal – delimitação da urgência; (iv) aspecto coercitivo – necessidade do poder de polícia; (v) aspecto qualificador – especialidade do julgador; (vi) aspecto espacial – foro da controvérsia; (vii) aspecto confidencial – preocupação com o sigilo e a criação de precedente; e (viii) aspecto financeiro – custo da arbitragem vs. custo do processo.
90. Englobando-se aqui não apenas as questões multipartes e multicontratos, mas também – e, talvez, principalmente – aquelas que envolvem um elemento estrangeiro, capaz de limitar o exercício de jurisdição estatal.

BIBLIOGRAFIA E JULGADOS SELECIONADOS

ABRÃO, Eliane Y. *Direitos de Autor e Direitos Conexos*. 2. ed., rev. e ampl. São Paulo: Migalhas, 2014.

CAVALIERI FILHO, Sérgio. *Programa de Responsabilidade Civil*. 7. ed. São Paulo: Atlas, 2007.

DE SOUZA, Antonio André Muniz. O INPI como interveniente especial nas ações de nulidade-nova interpretação conforme a Lei da Propriedade Industrial. *Revista CEJ*, 2005.

GOMES DE AQUINO, Leonardo. *Aspectos jurisdicionais da propriedade industrial*. Revista de Direito Empresarial, 2016.

IDS – Instituto Dannemann Siemsen de Estudos de Propriedade Intelectual. *Comentários à Lei da Propriedade Industrial*. Rio de Janeiro: Renovar, 2005.

LEVY, Daniel de Andrade. Anotações sobre a Arbitragem em Matéria de Propriedade Intelectual. *Arbitragem e Mediação em Matéria de Propriedade Intelectual*, Comitê Brasileiro de Arbitragem CBAr & IOB, 2014.

MAZZONETTO, Nathalia. *Arbitragem e propriedade intelectual*: aspectos estratégicos e polêmicos. São Paulo: Saraiva, 2017.

MARTINS, Camila Biral Vieira da Cunha. *Indicações geográficas*: regulamentação nacional e compromissos internacionais. São Paulo: Atlas, 2014.

NUNES, Caio de Faro. *IP Arbitration in Brazil: What is the Current Scenario?* Kluwer Arbitration Blog, 10 maio 2020. Disponível em: http://arbitrationblog.kluwerarbitration.com/2020/05/10/ip-arbitration--in-brazil-what-is-the-current-scenario/. Acesso em: 13 abr. 2023.

PAPA, Uriel de Almeida. *A regulação brasileira do registro de nomes de domínios em perspectiva comparada*. Disponível em: https://jus.com.br/artigos/21888. Acesso em: 13 abr. 2023.

SANTOS, Manoel Joaquim Pereira dos. *A proteção autoral de programas de computador*. Rio de Janeiro: Lumen, 2008.

SANTOS, Manoel Joaquim Pereira dos. Arbitragem e Propriedade Intelectual. *Revista Brasileira de Arbitragem*, Kluwer Law International, 2003.

SILVEIRA, Newton. *Propriedade intelectual*: propriedade industrial, direito de autor, *software*, cultivares, nome empresarial, título de estabelecimento, abuso de patentes. 6. ed., rev. e ampl. Barueri: Manole, 2018.

SOUZA, Marcelo Junqueira Inglez de. *O instituto da antecipação de tutela na produção dos direitos de propriedade intelectual*. Rio de Janeiro: Forense, 2008.

WALD, Arnoldo. Algumas considerações a respeito da cláusula compromissória firmada pelos estados nas suas relações internacionais. *Revista de Direito Bancário, do Mercado de Capitais e da Arbitragem* 18/295. São Paulo: Ed. RT, 2002.

JULGADOS SELECIONADOS

BRASIL. *Decreto-Lei 2.848*. Promulgado em 7 de dezembro de 1940. Dispõe sobre o Código Penal. Disponível em: http://www.planalto.gov.br/ccivil_03/decreto-lei/del2848compilado.htm. Acesso em: 13 abr. 2023.

BRASIL. *Decreto-Lei 3.689*. Promulgado em 3 de outubro de 1941. Dispõe sobre o Código de Processo Penal. Disponível em: http://www.planalto.gov.br/ccivil_03/decreto-lei/del3689.htm. Acesso em: 13 abr. 2023.

BRASIL. *Constituição da República Federativa do Brasil*. Promulgada em 5 de outubro de 1988. Disponível em: http://www.planalto.gov.br/ccivil_03/constituicao/constituicao.htm. Acesso em: 13. abr. 2023.

BRASIL. *Lei 9.279*. Promulgada em 14 de maio de 1996. Dispõe sobre os direitos e obrigações relativos à propriedade industrial. Disponível em: http://www.planalto.gov.br/ccivil_03/leis/l9279.htm. Acesso em: 13 abr. 2023.

BRASIL. *Lei 9.307*. Promulgada em 23 de setembro de 1996. Dispõe sobre a arbitragem. Disponível em: http://www.planalto.gov.br/ccivil_03/leis/l9307.htm. Acesso em: 13 abr. 2023.

BRASIL. *Lei 9.456*. Promulgada em 25 de abril de 1997. Institui a Lei de Proteção de Cultivares e dá outras providências. Disponível em: http://www.planalto.gov.br/ccivil_03/leis/l9456.htm. Acesso em: 13 abr. 2023.

BRASIL. *Lei 9.610*. Promulgada em 19 de fevereiro de 1998. Altera, atualiza e consolida a legislação sobre direitos autorais e dá outras providências. Disponível em: http://www.planalto.gov.br/ccivil_03/leis/l9610.htm. Acesso em: 13 abr. 2023.

BRASIL. *Lei 9.609*. Promulgada em 19 de fevereiro de 1998. Dispõe sobre a proteção da propriedade intelectual de programa de computador, sua comercialização no País, e dá outras providências. Disponível em: http://www.planalto.gov.br/ccivil_03/leis/l9609.htm. Acesso em: 13 abr. 2023.

BRASIL. *Lei 10.406*. Promulgada em 10 de janeiro de 2002. Institui o Código Civil. Disponível em: http://www.planalto.gov.br/ccivil_03/leis/2002/l10406compilada.htm. Acesso em: 13 abr. 2023.

BRASIL. *Lei 11.484*. Promulgada em 31 de maio de 2007. Dispõe sobre a proteção à propriedade intelectual das topografias de circuitos integrados. Disponível em: http://www.planalto.gov.br/ccivil_03/_ato2007-2010/2007/lei/l11484.htm. Acesso em: 13 abr. 2023.

BRASIL. *Lei 13.105*. Promulgada em 16 de março de 2015. Dispõe sobre o Código de Processo Civil. Disponível em: http://www.planalto.gov.br/ccivil_03/_ato2015-2018/2015/lei/l13105.htm. Acesso em: 13 abr. 2023.

BRASIL. *Lei 13.123*. Promulgada em 20 de maio de 2015. Dispõe sobre o acesso ao patrimônio genético, sobre a proteção e o acesso ao conhecimento tradicional associado e sobre a repartição de benefícios para conservação e uso sustentável da biodiversidade. Disponível em: http://www.planalto.gov.br/ccivil_03/_ato2015-2018/2015/lei/l13123.htm. Acesso em: 13 abr. 2023.

OMC/WTO. *Agreement on Trade-Related Aspects of Intellectual Property Rights – TRIPS Agreement (1994)*. Disponível em: https://www.wto.org/english/docs_e/legal_e/27-trips_01_e.htm. Acesso em: 13 abr. 2023.

OMPI/WIPO. *Paris Convention (1883)*. Disponível em: https://www.wipo.int/treaties/en/ip/paris/. Acesso em: 13 abr. 2023.

OMPI/WIPO. *Berne Convention (1886)*. Disponível em: https://www.wipo.int/treaties/en/ip/berne/. Acesso em: 13 abr. 2023.

OMPI/WIPO. *Madrid Agreement (1891)*. Disponível em: https://www.wipo.int/treaties/en/registration/madrid/. Acesso em: 13 abr. 2023.

OMPI/WIPO. *Hague Agreement (1925)*. Disponível em: https://www.wipo.int/treaties/en/registration/hague/. Acesso em: 13 abr. 2023.

OMPI/WIPO. *Rome Convention (1961)*. Disponível em: https://www.wipo.int/treaties/en/ip/rome/. Acesso em: 13 abr. 2023.

OMPI/WIPO. *Patent Cooperation Treaty – PCT (1970)*. Disponível em: https://www.wipo.int/pct/en/treaty/about.html. Acesso em: 13 abr. 2023.

OMPI/WIPO. *Madrid Protocol (1989)*. Disponível em: https://www.wipo.int/treaties/en/registration/madrid_protocol/. Acesso em: 13 abr. 2023.

BRASIL. *Comitê Brasileiro de Arbitragem, Arbitragem no Brasil – Pesquisa CBAr-Ipsos*. Relatório elaborado por André de Albuquerque Cavalcanti Abbud (Doutor e Mestre em Direito pela USP e LL.M. pela Harvard Law School), em nome da Diretoria do CBAr. Disponível em: https://www.cbar.org.br/PDF/Pesquisa_CBAr-Ipsos-final.pdf. Acesso em: 13 abr. 2023.

BRASIL. *Conselho Nacional de Justiça, Justiça em Números*. Edição de 2020. Disponível em: https://www.cnj.jus.br/wp-content/uploads/2020/08/WEB-V3-Justi%C3%A7a-em-N%C3%BAmeros-2020-atualizado-em-25-08-2020.pdf. Acesso em: 13 abr. 20232.

BRASIL. *Superior Tribunal de Justiça, Jurisprudência em Teses*, Edição 122: Da Arbitragem, atualizada até 22.03.2019. Disponível em: https://www.stj.jus.br/docs_internet/jurisprudencia/jurisprudenciaemteses/Jurisprudencia%20em%20Teses%20122%20-%20Arbitragem.pdf e https://scon.stj.jus.br/SCON/jt/toc.jsp. Acesso em: 13 abr. 2023.

BRASIL. *Superior Tribunal de Justiça*, REsp 1.586.383, Relatora Isabel Gallotti, Quarta Turma, julgado em 05.12.2017.

BRASIL. *Superior Tribunal de Justiça*, REsp 1.527.232 (Tema 950), Relator Luis Felipe Salomão, Quarta Turma, julgado em 13.12.2017.

BRASIL. *Superior Tribunal de Justiça*, REsp 1.775.812, Relator Marco Aurélio Bellizze, Terceira Turma, julgado em 19.03.2019.

BRASIL. *Superior Tribunal de Justiça*, REsp 1.281.448, Relatora Nancy Andrighi, Terceira Turma, julgado em 05.06.2014.

BRASIL. *Supremo Tribunal Federal*, SE 5.206-ES AgRg, Relator Sepúlveda Pertence, Tribunal Pleno, julgado em 12.12.2001.

BRASIL. *Tribunal Regional Federal da 3ª Região*, Apelação 24.249 (2000.61.00.024249-5), Relator Johonsom Di Salvo, Primeira Turma, julgado em 23.11.2010.

BRASIL. *Tribunal de Justiça do Estado do Rio Grande do Sul, Embargos Infringentes 70060433836*, Relator Jorge Luiz Lopes do Canto, Terceiro Grupo de Câmaras Cíveis, julgado em 05.12.2014.

BRASIL. *Tribunal de Justiça do Estado de São Paulo, Apelação 9219541-09.2005.8.26.0000*, Relator Oscarlino Moeller, 5ª Câmara de Direito Privado, julgado em 1º.01.2009.

XV
ARBITRAGEM NO MERCADO DE SEGUROS E RESSEGUROS

Marcia Cicarelli Barbosa de Oliveira

Mestrado em Direito Civil pela Universidade de São Paulo (USP) com a dissertação "O Interesse Segurável". Especialista em Direito Securitário e Ressecuritário pela Fundação Getulio Vargas (FGV). Bacharel em Direito pela Universidade de São Paulo. É responsável por casos de alta complexidade em todos os ramos de Seguro, consultora em contratos, operações, desenvolvimento de produtos e regulação de sinistro, além de advogada atuante em Tribunais e Câmaras de Arbitragem. Foi professora do MBA em Direito Securitário e Ressecuritário e do MBA Executivo em Seguros e Resseguros, ambos da ENS – Escola Nacional de Seguros. É palestrante em diversos eventos nacionais e internacionais e autora de diversos artigos. Advogada. Sócia de Demarest Advogados e responsável pela área de Seguros e Resseguros, contando com mais de 25 anos de experiência na área.

Laura Pelegrini

Mestre em Direito pela Pontifícia Universidade Católica de São Paulo (PUC/SP). Especialista em Direito Contratual pela Escola Paulista de Direito (EPD) e em Direitos Difusos e Coletivo. Bacharel em Direito pela Faculdade de Direito de São Bernardo do Campo. Advogada sênior da área de Seguros e Resseguros do Demarest Advogados e Presidente do Grupo Nacional de Trabalho de Seguro de Pessoas da AIDA-BRASIL.

Juliana da Silva Piolla

MBA em Gestão e Business Law pela Fundação Getúlio Vargas de São Paulo (FGV/SP). Especialista em Direito Tributário pela Pontifícia Universidade Católica de São Paulo (PUC/SP). Bacharel em Direito pela Faculdade de Direito de São Bernardo do Campo. Advogada sênior da área de Seguros e Resseguros do Demarest Advogados.

Sumário: Introdução – 1. Arbitragem – conceitos e comentários gerais – 2. Arbitragem nos contratos de seguros; 2.1 Validade da cláusula compromissória nos contratos de adesão e de consumo; 2.2 Arbitragem nos contratos de seguros de grandes riscos; 2.3 Sub-rogação da seguradora nos direitos do segurado e a eficácia da cláusula de arbitragem – 3. Arbitragem nos contratos de resseguros – Conclusão – Bibliografia e julgados selecionados.

INTRODUÇÃO

Decorridos mais de quinze anos desde a promulgação da Lei 9.307/1996 ("Lei de Arbitragem"), a aplicabilidade da arbitragem no mercado de seguros e resseguros é tema ainda pouco abordado pela doutrina nacional, apesar das várias questões controvertidas enfrentadas por quem opera no direito securitário.

De acordo com as lições de Carlos Alberto Carmona,[1] a arbitragem é uma técnica para a solução de controvérsias em que uma ou mais pessoas, dotadas de poderes conferidos pelas partes através de uma convenção privada, colocarão fim à lide com base neste pacto e sem intervenção do Estado.

Trata-se, portanto, de um importante instituto que possibilita que as partes renunciem ao direito de terem determinada matéria examinada pelo Poder Judiciário e a submetam à análise de um árbitro ou tribunal arbitral. Há, todavia, requisitos subjetivos e objetivos que devem ser preenchidos, a fim de viabilizar a instauração da arbitragem, além de existirem situações específicas que podem retirar da cláusula compromissória o caráter compulsório.

Assim, diante da relevância do instituto da arbitragem para o mercado securitário, o objetivo deste artigo é tratar de sua aplicabilidade nos contratos de seguros e resseguros, analisando algumas das diversas questões controversas que permeiam o tema, tanto sob o prisma da legislação vigente como da jurisprudência pátria, sem a intenção de esgotamento do assunto, que é amplo e possui inúmeras implicações práticas.

1. ARBITRAGEM – CONCEITOS E COMENTÁRIOS GERAIS

A Arbitragem, disciplinada pela Lei 9.307/1996,[2] consiste em um meio heterocompositivo de solução de conflitos, através do qual as partes podem abrir mão da tutela jurisdicional estatal e investir de poderes um terceiro (árbitro), que ficará encarregado de resolver o conflito instaurado.

A utilização do instituto deve obedecer a requisitos objetivos e subjetivos, ambos previstos no artigo 1º[3] da Lei 9.307/1996. No tocante ao requisito objetivo (arbitrabilidade objetiva), tem-se que o litígio deve versar exclusivamente sobre direito patrimonial disponível. Por sua vez, o requisito subjetivo (arbitrabilidade subjetiva) está intrinsecamente ligado à capacidade civil, disciplinada pelo Capítulo I do Código Civil[4] ("CC"), especialmente pelo artigo 5º.

Preenchidos os requisitos objetivo e subjetivo para instauração da arbitragem, as partes poderão submeter eventuais litígios ao referido método alternativo através da convenção de arbitragem, disciplinada pelos artigos 3º e seguintes da Lei 9.307/1996. A convenção de arbitragem pode ser celebrada por meio de cláusula compromissória ou de compromisso arbitral.

Embora a Lei de Arbitragem não trace qualquer distinção expressa entre ambas as figuras, verifica-se que o grande fator que as diferencia é o momento da opção pela

---

1. CARMONA, Carlos Alberto. Arbitragem e processo: um comentário à Lei 9.307/96. 3. ed. São Paulo: Grupo GEN, 2012.
2. Em 2015, a Lei 13.129/2015 introduziu algumas alterações na Lei de Arbitragem, especialmente a fim de dirimir algumas controvérsias acerca de sua interpretação.
3. Art. 1º As pessoas capazes de contratar poderão valer-se da arbitragem para dirimir litígios relativos a direitos patrimoniais disponíveis.
4. BRASIL. Lei 10.406, de 10 de janeiro de 2002. Código Civil. *D.O.U.*, Brasília, DF, 11 jan. 2002, p. 1.

arbitragem: enquanto a cláusula compromissória é inserida nos contratos antes da ocorrência de qualquer controvérsia entre as partes, o compromisso arbitral é por elas celebrado após a constatação do conflito.[5]

Com relação aos requisitos da cláusula compromissória, vale ressaltar que a Lei 9.307/1996 não estabelece um conteúdo mínimo, exigindo apenas que esta *seja* "estipulada por escrito, podendo estar inserta no próprio contrato ou em documento apartado que a ele se refira".[6] Possibilita-se, portanto, que as partes estabeleçam cláusulas "cheias" ou "vazias", conforme classificação doutrinária.

As chamadas cláusulas cheias são aquelas que já contém os elementos mínimos para instituição da arbitragem, ou seja, (i) a instituição arbitral à qual o conflito será submetido (caso se trate de arbitragem institucional); (ii) as regras aplicáveis; (iii) o número de árbitros e a forma de sua escolha; (iv) o idioma; e (v) o local da arbitragem.

Por sua vez, as cláusulas vazias podem se limitar a indicar que as partes se submeterão à arbitragem ou, ainda, prever apenas algumas das informações citadas acima, fazendo-se necessária sua complementação, a fim de possibilitar a instauração do procedimento. Neste caso, após o surgimento do conflito entre as partes, estas poderão definir as questões pendentes de comum acordo ou, não havendo consenso, deverão se socorrer do Poder Judiciário, nos termos do artigo 7º da Lei de Arbitragem.[7]

Vale mencionar, ainda, que, embora a arbitragem e a mediação não se confundam, é possível – e bastante comum – que as cláusulas compromissórias prevejam que, em caso de litígio, as partes deverão se submeter à mediação antes de dar início à instauração da arbitragem. Trata-se das chamadas cláusulas escalonadas, que, a nosso ver,

---

5. Veja-se que, ao tratar da cláusula compromissória, o artigo 4º da lei de Arbitragem se refere à "convenção através da qual as partes em um contrato comprometem-se a submeter à arbitragem *os litígios que possam vir a surgir*" (grifa-se). Por sua vez, o artigo 9º da referida Lei faz menção a um litígio já existente quando trata do compromisso arbitral: "Art. 9º O compromisso arbitral é a convenção através da qual as partes submetem um litígio à arbitragem de uma ou mais pessoas, podendo ser judicial ou extrajudicial."
6. Artigo 4º, § 1º, da Lei de Arbitragem.
7. Art. 7º Existindo cláusula compromissória e havendo resistência quanto à instituição da arbitragem, poderá a parte interessada requerer a citação da outra parte para comparecer em juízo a fim de lavrar-se o compromisso, designando o juiz audiência especial para tal fim.
§ 1º O autor indicará, com precisão, o objeto da arbitragem, instruindo o pedido com o documento que contiver a cláusula compromissória.
§ 2º Comparecendo as partes à audiência, o juiz tentará, previamente, a conciliação acerca do litígio. Não obtendo sucesso, tentará o juiz conduzir as partes à celebração, de comum acordo, do compromisso arbitral.
§ 3º Não concordando as partes sobre os termos do compromisso, decidirá o juiz, após ouvir o réu, sobre seu conteúdo, na própria audiência ou no prazo de dez dias, respeitadas as disposições da cláusula compromissória e atendendo ao disposto nos arts. 10 e 21, § 2º, desta Lei.
§ 4º Se a cláusula compromissória nada dispuser sobre a nomeação de árbitros, caberá ao juiz, ouvidas as partes, estatuir a respeito, podendo nomear árbitro único para a solução do litígio.
§ 5º A ausência do autor, sem justo motivo, à audiência designada para a lavratura do compromisso arbitral, importará a extinção do processo sem julgamento de mérito.
§ 6º Não comparecendo o réu à audiência, caberá ao juiz, ouvido o autor, estatuir a respeito do conteúdo do compromisso, nomeando árbitro único.
§ 7º A sentença que julgar procedente o pedido valerá como compromisso arbitral.

tendem a incentivar a conciliação e prestigiam a efetividade e a celeridade na resolução dos conflitos, sem, contudo, obrigar as partes a mediar, já que ambas podem abrir mão desse procedimento prévio, se assim entenderem.

Ultrapassadas as questões acima expostas, uma vez instaurada a arbitragem, esta será regida pelos diversos princípios previstos pela Lei 9.307/1996 e que deverão ser observados tanto pelas partes como pelos árbitros. São eles: (i) princípio da autonomia da vontade; (ii) princípio da boa-fé; (iii) princípio do contraditório e ampla defesa; (iv) princípio da igualdade das partes; (v) princípio da imparcialidade; (vi) princípio do livre convencimento; (vii) princípio da irrecorribilidade da sentença arbitral; (viii) princípio da competência; e (ix) princípio da autonomia da cláusula compromissória.

Feita essa introdução inicial, no que tange às relações securitárias, considerando as partes e direitos envolvidos nos contratos de seguros e resseguros, a arbitragem é aplicável tanto do ponto de vista do requisito subjetivo como objetivo.[8]

De acordo com o artigo 757 do CC, o contrato de seguro é aquele no qual "o segurador se obriga, mediante o pagamento do prêmio, a garantir interesse legítimo do segurado, relativo a pessoa ou a coisa, contra riscos predeterminados".

Por sua vez, conforme previsto na Lei Complementar 126/2007,[9] o resseguro é "a operação de transferência de riscos de uma cedente para um ressegurador", e a retrocessão é a "operação de transferência de riscos de resseguro de resseguradores para resseguradores ou de resseguradores para sociedades seguradoras locais".

Em todos esses tipos contratuais – seguro, resseguro e retrocessão –, independentemente do objeto da discussão, se relativa a cobertura securitária ou ressecuritária, questões de renovação ou cancelamento contratual, adimplemento do prêmio, dentre outras, eventual litígio entre as partes envolve invariavelmente direitos patrimoniais disponíveis.

Feitas estas considerações iniciais, passaremos a tratar especificamente da aplicabilidade da arbitragem no mercado de seguros e resseguros, bem como de algumas das diversas questões controvertidas que se apresentam sobre o tema.

2. ARBITRAGEM NOS CONTRATOS DE SEGUROS

A arbitragem já é o método de resolução de conflitos previsto na grande maioria dos contratos de resseguro e retrocessão, seja em função dos usos e costumes interna-

---

8. Esse entendimento se aplica, inclusive, aos seguros contratados com órgãos da Administração Pública, uma vez que o § 1º do artigo 1º da Lei de Arbitragem, introduzido pela Lei 13.129/2015, prevê expressamente que "A administração pública direta e indireta poderá utilizar-se da arbitragem para dirimir conflitos relativos a direitos patrimoniais disponíveis". Nesse sentido, conforme explicado por Maria Sylvia Di Pietro, é recomendável que a previsão acerca da aplicabilidade da arbitragem conste tanto dos instrumentos convocatórios da licitação, como dos contratos celebrados. (DI PIETRO, Maria. As possibilidades de arbitragem em contratos administrativos. *Conjur*, 2015. Disponível em https://www.conjur.com.br/2015-set-24/interesse-publico-possibilidades-arbitragem-contratos-administrativos2. Acesso em: 04 jan. 2022).
9. LC 126/2007, art. 2º, § 1º, III e IV.

cionais, haja vista a internacionalidade inerente a esse tipo de contrato, seja em razão da especialidade da matéria, a celeridade exigida das decisões, a relação comercial entre as partes, dentre outras várias razões.

De outro lado, no que tange ao contrato de seguro, que abrange desde seguros massificados até seguros de grandes riscos, a previsão da cláusula arbitral ainda é exceção, em que pesem as várias vantagens do instituto.[10]

Dentre os fatores que contribuem para essa realidade, talvez um dos principais seja o cultural, aliado ao custo: há uma facilidade de acesso ao Judiciário, inclusive com procedimentos simplificados, como o Juizado Especial, e a possibilidade de concessão de Justiça Gratuita. Diante da ausência de Câmaras de Arbitragem Consumeristas, da própria cultura brasileira de litigar perante o Poder Judiciário e do custo envolvido em uma arbitragem, hoje a arbitragem securitária é, via de regra, restrita a litígios de alto valor, em que o segurado é pessoa jurídica e vislumbra os benefícios desse método alternativo, especialmente em razão da confidencialidade, celeridade e maior especialidade dos julgadores.

Ademais, há a própria discussão acerca da validade da cláusula de arbitragem em contratos de adesão e relações de consumo, abordada no tópico 3.1 abaixo.

Todavia, para os seguros de riscos complexos e de grandes riscos, a tendência é que a arbitragem ganhe relevância cada vez maior. A própria Resolução do Conselho Nacional de Seguros Privados (CNSP) 407/2021, que trata dos Seguros de Grandes Riscos, previu dentre seus princípios, o estímulo às soluções alternativas de resolução de litígios, como a mediação e a arbitragem. Tal estímulo, a nosso ver, decorre de uma série de fatores.

Em primeiro lugar, entendemos ser extremamente vantajosa a possibilidade de escolha dos árbitros em razão de seus conhecimentos técnicos, considerando-se que, em diversos tipos de seguros, como o de riscos de engenharia, por exemplo, há questões muito específicas (e não jurídicas) que podem impactar a análise de cobertura.

Some-se a isso o fato de que a própria matéria de seguros é bastante específica e que em alguns produtos, como os Seguros de Responsabilidade Civil, há, ainda, a necessidade de análise de processos judiciais e/ou administrativos de naturezas variadas para os quais se requer cobertura. Assim, o aprofundamento do estudo daquele processo, com todas as suas peculiaridades, podendo, inclusive, ser um procedimento em andamento em outro país, com regras e procedimentos próprios, demanda envolvimento de *experts*, aumentando ainda mais a complexidade do tema e o interesse pelo uso da arbitragem.

---

10. Dentre as vantagens existentes, é possível citar (i) a confidencialidade do processo arbitral, enquanto os processos judiciais são, em regra, públicos; (ii) a possibilidade de que as partes escolham árbitros especializados, o que tende a criar um clima de maior confiança na decisão proferida, além de assegurar aos envolvidos que a análise das questões controvertidas será feita de maneira extremamente técnica; (iii) a maior celeridade na resolução do conflito, considerando a impossibilidade de recursos contra a sentença arbitral em comparação com o sistema processual brasileiro, que permite uma série de recursos subsequentes; e a (iv) economicidade.

Isto porque, tendo as partes optado pela arbitragem, terão a possibilidade de indicar árbitros que sejam reconhecidos como especialistas no assunto, garantindo, assim, que a controvérsia será analisada com toda a propriedade técnica necessária (o que nem sempre ocorre nas ações judiciais, em razão da gama variada de assuntos com os quais os julgadores têm que lidar em sua prática). E não são poucos os exemplos de sinistros ocorridos no Brasil que certamente se beneficiariam dessa análise: rompimentos de barreiras, ataques cibernéticos a instituições diversas, vazamentos de substâncias poluentes, reclamações de acionistas contra diretores e administradores, incluindo *class actions*, entre outros.

É válido mencionar, entretanto, que a vantagem da tecnicidade mencionada acima não significa que seja simples a tarefa de encontrar árbitros especializados na matéria de seguros. Considerando se tratar de tema específico e de um mercado bastante restrito, a prática tem mostrado que as partes podem enfrentar certa dificuldade em localizar profissionais que, ao mesmo tempo, possuam todo o conhecimento necessário sobre a matéria e não tenham conflito para atuar como árbitros nos casos concretos.

A nosso ver, caso a utilização da arbitragem nas controvérsias envolvendo contratos de seguro passe a ser mais difundida, este problema tende a ser relativizado.

Como um segundo ponto, entendemos que a celeridade na resolução dos conflitos é a característica que mais salta aos olhos quando se compara a arbitragem às ações judiciais.

De acordo com o artigo 23 da Lei 9.307/1996, as partes poderão definir o prazo para que seja proferida a sentença e, caso nada seja convencionado, a decisão deverá ser prolatada em seis meses, contados da instituição da arbitragem ou da substituição do árbitro,[11] ressalvada a possibilidade de que, em arbitragens complexas – com procedimentos envolvendo diversas etapas – ou em câmaras muito concorridas, tal prazo não seja estritamente observado.

Não obstante, mesmo que as partes possam estabelecer prazo mais longo do que o previsto em lei para que seja proferida sentença, o fato é que a irrecorribilidade de tal decisão, por si só, contribui significativamente para que haja uma redução drástica do tempo de duração do processo arbitral em comparação com as ações em trâmite no judiciário. Fica ressalvada somente a possibilidade de que as partes solicitem a correção de erro material, o esclarecimento de obscuridade, dúvida, contradição ou a complementação, caso constatada omissão sobre algum ponto.[12]

---

11. Art. 23. A sentença arbitral será proferida no prazo estipulado pelas partes. Nada tendo sido convencionado, o prazo para a apresentação da sentença é de seis meses, contado da instituição da arbitragem ou da substituição do árbitro.
12. Art. 30. No prazo de 5 (cinco) dias, a contar do recebimento da notificação ou da ciência pessoal da sentença arbitral, salvo se outro prazo for acordado entre as partes, a parte interessada, mediante comunicação à outra parte, poderá solicitar ao árbitro ou ao tribunal arbitral que:
    I – corrija qualquer erro material da sentença arbitral;
    II – esclareça alguma obscuridade, dúvida ou contradição da sentença arbitral, ou se pronuncie sobre ponto omitido a respeito do qual devia manifestar-se a decisão.

Há, ainda, a opção de as partes se submeterem à chamada "Arbitragem expedita", que possibilita, para demandas de menor complexidade e valor envolvido, a resolução mais célere e com custos mais baixos.

A via expedita poderá variar de acordo com os critérios estabelecidos nos regulamentos das câmaras,[13] mas, de maneira geral, são adotados cronogramas e regras mais simplificados, além de prazos mais curtos para finalização do procedimento.

Por fim, embora em geral os custos envolvidos em uma arbitragem sejam significativos em comparação com os custos de uma ação judicial, justamente pelo fato de que as despesas da arbitragem são integralmente financiadas pelas partes envolvidas no litígio, deve-se levar em conta a questão temporal e os custos que um litígio pode representar quando se prolonga por muitos anos. Há de se pesar, portanto, não apenas o fator monetário, mas sim o custo-benefício da arbitragem, quando comparada a uma possível ação judicial.

Como visto, a utilização da arbitragem nos conflitos envolvendo contratos de seguros pode trazer diversas vantagens às partes, especialmente em casos de maior complexidade, seja pelo tipo do seguro, do sinistro ocorrido ou dos valores envolvidos.

De outro lado, embora o instituto ainda seja pouco utilizado em discussões com menor valor envolvido, a lentidão verificada no Poder Judiciário poderia abrir espaço para a criação de câmaras especializadas em casos com alçadas mais baixas (traçando um paralelo com os Juizados Especiais Cíveis, por exemplo).

Como bem observado por Angélica Carlini:[14]

> Os contratos de seguro massificados (especialmente automóvel) e de responsabilidade civil facultativa (pessoas e saúde) são contratos de difícil compreensão, em especial porque são sempre a expressão individual de uma mutualidade, cuja formação, regulamentação e administração é sofisticada. São contratos que, para serem concebidos, utilizam conhecimento técnico atuarial, econômico, financeiro, jurídico e, quase sempre, de vários ramos da engenharia.
>
> A criação de câmaras especializadas em mediação e arbitragem para todos os tipos de contratos de seguro será um avanço na busca da solução célere de conflitos e, consequentemente, na construção de maior credibilidade desse instituto. Respeitado o direito do consumidor não ter a mediação e a arbitragem imposta como única solução de conflito, é possível afirmar que, quando satisfatoriamente esclarecido do mecanismo de funcionamento desse sistema, poderá fazer sua opção como fruto de reflexão e, não raro, obter resultados mais satisfatórios e em menor espaço de tempo.

Feitas as considerações acima, é importante lembrar que, uma vez que, em geral, os contratos de seguro são de adesão, há algumas particularidades adicionais que devem ser observadas para aplicação da arbitragem. Tais questões serão abordadas a seguir.

---

13. A título de exemplo, no Brasil, a Câmara de Mediação e Arbitragem Empresarial Brasil (CAMARB), o Centro Brasileiro de Mediação e Arbitragem (CBMA) e o Centro de Arbitragem e Mediação da Câmara de Comércio Brasil-Canadá (CAM-CCBC) preveem a possibilidade de arbitragem expedita. Internacionalmente, também é possível citar a Corte Internacional de Arbitragem da Câmara de Comércio Internacional (CCI).
14. CARLINI, Angélica. A abertura do mercado de resseguro e os Possíveis reflexos Positivos na Proteção ao consumidor de Seguros no brasil. In: SCHALCH, Débora. *Seguros e Resseguros. Aspectos Técnicos, Jurídicos e Econômicos*. São Paulo: Saraiva, 2010. Disponível em: Minha Biblioteca https://integrada.minhabiblioteca.com.br/reader/books/9788502107007 Acesso em: 30 dez. 2021.

2.1 Validade da cláusula compromissória nos contratos de adesão e de consumo

De maneira geral, pode-se afirmar que a Cláusula Compromissória celebrada entre as partes possui força obrigatória e vinculante, o que vem sendo reconhecido, inclusive, pelo Superior Tribunal de Justiça.[15]

É certo, porém, que existem requisitos a serem observados, como, por exemplo, a sua estipulação por escrito[16] e, nos casos dos contratos de adesão, a concordância expressa por parte do aderente – o que pode se dar através de assinatura ou visto ou, ainda, ser posteriormente confirmada na hipótese de o aderente tomar a iniciativa de instituir a arbitragem, conforme previsto pelo § 2º do artigo 4º da Lei de Arbitragem:

> Art. 4º. (...)
>
> § 2º Nos contratos de adesão, a cláusula compromissória só terá eficácia se o aderente tomar a iniciativa de instituir a arbitragem ou concordar, expressamente, com a sua instituição, desde que por escrito em documento anexo ou em negrito, com a assinatura ou visto especialmente para essa cláusula.

A previsão do artigo 4º, § 2º, da Lei de Arbitragem é de extrema relevância para os contratos de seguros, que, em sua grande maioria, são contratos de adesão. A classificação dos contratos de seguro como de adesão decorre do fato de que os clausulados são, em regra, previamente estabelecidos pela seguradora e seguem as determinações impostas pelas normas regulatórias do CNSP e SUSEP. Há exceções, contudo, relacionadas principalmente a Seguros de Grandes Riscos, que serão analisados no tópico seguinte. De todo modo, mesmo se o contrato de seguro se caracterizar como um contrato de adesão, isso não significa necessariamente que a cláusula compromissória estará entre as cláusulas meramente aderidas pelo segurado.

No caso de contratos de adesão, entendeu o legislador que a parte aderente – muitas vezes hipossuficiente – não detém poderes de negociação, nem tem condições de promover modificações no contrato, caso discorde de alguma de suas previsões. Por tal razão, a cláusula compromissória que afasta a jurisdição estatal apenas vinculará o aderente se este manifestar sua concordância expressa ou tomar a iniciativa de instituir a arbitragem. É esse o entendimento que vem sendo reiterado pelo Superior Tribunal de Justiça, a exemplo do recente julgado abaixo:

> Processual civil. Agravo interno no recurso especial. Decisão da presidência do STJ. Reconsideração. Novo exame do recurso especial. Contrato de adesão. Cláusula compromissória. Destaque e anuência

---

15. A título de exemplo, no julgamento do Recurso Especial 1.949.566 SP, o Superior Tribunal de Justiça afirmou que "a cláusula arbitral, uma vez contratada pelas partes, goza de força vinculante de caráter obrigatório, definindo o Juízo Arbitral como competente para dirimir conflitos relativos a direitos patrimoniais, disponíveis, derrogando-se, nessa medida, a jurisdição estatal." Disponível em https://www.stj.jus.br/sites/portalp/Inicio Acesso em: 05 jan. 2022.
16. Lei de Arbitragem, Art. 4º A cláusula compromissória é a convenção através da qual as partes em um contrato comprometem-se a submeter à arbitragem os litígios que possam vir a surgir, relativamente a tal contrato.

    § 1º A cláusula compromissória deve ser estipulada por escrito, podendo estar inserta no próprio contrato ou em documento apartado que a ele se refira.

expressa para tal finalidade. Reexame do contrato e do conjunto fático-probatório dos autos. Inadmissibilidade. Incidência das súmulas 5 e 7 do STJ. Agravo interno provido. Recurso especial não conhecido.

1. *"Nos contratos de adesão, a cláusula compromissória só terá eficácia se o aderente tomar a iniciativa de instituir a arbitragem ou concordar, expressamente, com a sua instituição, desde que por escrito em documento anexo ou em negrito, com a assinatura ou visto especialmente para essa cláusula"* (AgInt no AgInt no AREsp 1029480/SP, Relator Ministro RAUL Araújo, Quarta Turma, julgado em 06.06.2017, Dje 20.06.2017).

2. O recurso especial não comporta o exame de questões que impliquem interpretação de cláusula contratual ou revolvimento do contexto fático probatório dos autos, a teor do que dispõem as Súmulas 5 e 7 do STJ.

3. No caso concreto, o Tribunal de origem concluiu que a cláusula de compromisso arbitral está bem destacada, em negrito e sublinhada, contendo assinaturas/rubricas de ambos os adquirentes e da empresa alienante. Alterar tal conclusão é inviável em recurso especial.

4. Agravo interno a que se dá provimento para reconsiderar a decisão da Presidência desta Corte e não conhecer do recurso especial.

(AgInt no Resp 1850629/TO, Rel. Ministro Antonio Carlos Ferreira, Quarta Turma, julgado em 24.08.2020, Dje 31.08.2020).

Vale adicionar, ainda, que, uma vez que o aderente manifeste sua intenção de dar início à arbitragem, não poderá a outra parte, nesse caso a seguradora, discordar de sua instituição e optar por submeter o conflito ao Poder Judiciário. Isto porque, para a parte não aderente (ou seja, a responsável pela redação do contrato), a cláusula compromissória é vinculante desde o momento de sua inclusão no contrato, aplicando-se a regra geral.

Referida prática é denominada de "oferta de arbitragem" e tem sido frequentemente adotada nos clausulados de seguros, permitindo, assim, que caiba ao segurado a opção pela submissão do conflito ao juízo arbitral, considerando que a interpretação é de que a seguradora, ao inserir tal previsão em seu contrato de adesão, anuiu com a escolha da arbitragem.[17] Todavia, como tal prática é adotada em determinados clausulados de forma padronizada, não incluindo negociação prévia entre as partes, a cláusula compromissória inserida, em regra, será vazia, exigindo que, no momento do surgimento de um conflito, as partes negociem um compromisso arbitral ou seja ajuizada uma ação de instituição de arbitragem.

Em adição às observações acima e partindo da premissa de que grande parte dos contratos de seguro são de adesão, entendemos válido adicionar mais uma variável à análise da validade da cláusula compromissória nos contratos de adesão: a verificação se se trata ou não de uma relação de consumo.

Como é sabido, o fato de o contrato celebrado entre as partes ser de adesão não acarreta, necessariamente, a conclusão de que a relação estabelecida entre elas é de consumo. Para isso, faz-se necessário que os contratantes se enquadrem nas definições de "consumidor" e fornecedor trazidas pelos artigos 2º e 3º do Código de Defesa do Consumidor ("CDC"), com o seguinte teor (grifa-se):

---

17. Nesse sentido: LEMES, Selma. Arbitragem e Seguro. *Revista de Arbitragem e Mediação*. v. 27. p. 56-69. out./dez. 2010.

Art. 2º Consumidor é toda pessoa física ou jurídica que adquire ou utiliza produto ou serviço como *destinatário final*.

Art. 3º Fornecedor é toda pessoa física ou jurídica, pública ou privada, nacional ou estrangeira, bem como os entes despersonalizados, que desenvolvem atividade de produção, montagem, criação, construção, transformação, importação, exportação, distribuição ou comercialização de produtos ou prestação de serviços.

No âmbito dos contratos seguros, há diversos produtos que podem ser contratados por empresas como insumos de sua atividade – como é o caso, por exemplo, dos Seguros de Responsabilidade Civil do Transportador Rodoviário (RCTR-C) e de Responsabilidade Civil Profissional (E&O) –, hipóteses em que a jurisprudência pátria entende não ser aplicável a legislação consumerista. A esse respeito, confira-se decisão proferida pelo Superior Tribunal de Justiça (grifa-se):

> Recurso especial. Ação regressiva. Seguro. Pessoa jurídica. Transportadora que contrata seguro para proteção de sua frota e contra danos causados a terceiros. Destinatária final do produto. Aplicabilidade do código de defesa do consumidor. Necessidade de análise conjunta do critério da vulnerabilidade. Cláusula limitativa de cobertura. Caso concreto. Validade. Aplicação das súmulas 5 e 7/STJ. Dissídio jurisprudencial não demonstrado. Recurso não provido.
>
> 1. O art. 2º do Código de Defesa do Consumidor abarca expressamente a possibilidade de as pessoas jurídicas figurarem como consumidores, não havendo, portanto, critério pessoal de definição de tal conceito.
>
> 2. *A caracterização do consumidor deve partir da premissa de ser a pessoa jurídica destinatária final do produto ou serviço*, sem deixar de ser apreciada a questão da vulnerabilidade.
>
> 3. É sempre a situação do caso em concreto que será hábil a demonstrar se existe ou não relação de consumo, sendo o emprego final do produto determinante para conferir à pessoa jurídica a qualidade de consumidora, tendo como parâmetro, além da utilização de insumo imprescindível à atividade, também a sua vulnerabilidade.
>
> 4. *Se o transportador contrata seguro visando à proteção da carga pertencente a terceiro, em regra, não pode ser considerado consumidor, uma vez que utiliza os serviços securitários como instrumento dentro do processo de prestação de serviços e com a finalidade lucrativ***a**.
>
> 5. O transportador que contrata seguro objetivando a proteção de sua frota veicular ou contra danos causados a terceiros, em regra, enquadra-se no conceito de consumidor, pois é destinatário final do produto.
>
> 6. A moldura fática entregue pelo Tribunal permite concluir que o esclarecimento contido no contrato acerca da abrangência da cobertura securitária satisfaz o comando normativo segundo o qual as cláusulas limitadoras devem ser claras aos olhos dos seus destinatários.
>
> 7. A análise mais aprofundada de cláusulas contratuais, fora dos parâmetros fixados na sentença de piso e pelo Tribunal de origem, encontra óbice nos enunciados das Súmulas 5 e 7/STJ.
>
> 8. A recorrente não cumpriu o disposto no § 2º do art. 255 do RISTJ, pois a demonstração da divergência não se satisfaz com a simples transcrição de ementas, mas com o confronto entre trechos do acórdão recorrido e das decisões apontadas como divergentes, mencionando-se as circunstâncias que identifiquem ou assemelhem os casos confrontados.
>
> 9. Recurso especial não provido.
>
> (REsp 1176019/RS, Rel. Ministro Luis Felipe Salomão, Quarta Turma, julgado em 20.10.2015, Dje 17.11.2015).

Há situações, porém, em que os segurados são, de fato, os destinatários finais das Apólices de Seguro contratadas e, configurada também a situação de hipossuficiência técnica, nestas hipóteses, resta configurada a relação de consumo, com a consequente aplicação da legislação consumerista.

Neste caso, a jurisprudência consolidada pelo Superior Tribunal de Justiça garante aos consumidores aderentes uma 'camada extra' de proteção, com o objetivo de assegurar que estes apenas se submeterão à arbitragem se houver manifestação expressa e inquestionável de vontade nesse sentido.

Em uma breve retrospectiva, após a promulgação da Lei 9.307/1996, surgiram diversos questionamentos acerca de quais os seus efeitos e, mais especificamente, se a previsão do artigo 4º, § 2º, da Lei de Arbitragem teria revogado tacitamente o disposto no artigo 51, inciso VII, do CDC, com o seguinte teor:

> Art. 51. São nulas de pleno direito, entre outras, as cláusulas contratuais relativas ao fornecimento de produtos e serviços que:
>
> (...)
>
> VII – determinem a utilização compulsória de arbitragem (...).

A questão foi amplamente debatida pelo Poder Judiciário, especialmente em razão de argumentos doutrinários sustentando que haveria incompatibilidade entre os referidos dispositivos legais.

Ao analisar a questão, o Superior Tribunal de Justiça entendeu que a Lei 9.307/96 tratou apenas dos contratos de adesão de forma genérica, de modo que, nas hipóteses de contratos de adesão que regulem relações de consumo, subsistirá a aplicação do artigo 51, inciso VII do CDC.

Deste modo, a solução adotada pela Corte Superior no julgamento do REsp 1.169.841[18] RJ, foi a de estabelecer três regras distintas: (i) como regra geral, a arbitragem deve ser observada quando livremente pactuada entre as partes, derrogando-se

---

18. Direito processual civil e consumidor. Contrato de adesão. Convenção de arbitragem. Limites e exceções. Arbitragem em contratos de financiamento imobiliário. Cabimento. Limites.

1. *Com a promulgação da Lei de Arbitragem, passaram a conviver, em harmonia, três regramentos de diferentes graus de especificidade: (i) a regra geral, que obriga a observância da arbitragem quando pactuada pelas partes, com derrogação da jurisdição estatal; (ii) a regra específica, contida no art. 4º, § 2º, da Lei 9.307/96 e aplicável a contratos de adesão genéricos, que restringe a eficácia da cláusula compromissória; e (iii) a regra ainda mais específica, contida no art. 51, VII, do CDC, incidente sobre contratos derivados de relação de consumo, sejam eles de adesão ou não, impondo a nulidade de cláusula que determine a utilização compulsória da arbitragem, ainda que satisfeitos os requisitos do art. 4º, § 2º, da Lei 9.307/96.*

2. O art. 51, VII, do CDC se limita a vedar a adoção prévia e compulsória da arbitragem, no momento da celebração do contrato, mas não impede que, posteriormente, diante de eventual litígio, havendo consenso entre as partes (em especial a aquiescência do consumidor), seja instaurado o procedimento arbitral.

3. As regras dos arts. 51, VIII, do CDC e 34 da Lei 9.514/97 não são incompatíveis. Primeiro porque o art. 34 não se refere exclusivamente a financiamentos imobiliários sujeitos ao CDC e segundo porque, havendo relação de consumo, o dispositivo legal não fixa o momento em que deverá ser definida a efetiva utilização da arbitragem.

4. Recurso especial a que se nega provimento."

(REsp 1.169.841 RJ, Rel. Ministra Nancy Andrighi, Terceira Turma, julgado em 20.10.2015, DJe 06.12.2012).

a jurisdição estatal; (ii) especificamente para os contratos de adesão genéricos, aplica-se a previsão do artigo 4º, § 2º, da Lei de Arbitragem, restringindo-se a eficácia da cláusula compromissória; e (iii) para os contratos envolvendo relações de consumo, independentemente de serem ou não contratos de adesão, aplica-se regra ainda mais específica, considerando-se nula a cláusula que imponha a utilização compulsória da arbitragem.

Tal entendimento vem sendo aplicado até a presente data, a exemplo do recente julgado abaixo:

> Agravo interno no agravo em recurso especial. Ação rescisória de contrato de compra e venda c/c indenização material e moral. Violação ao art. 1.022, ii, do CPC/2015. Não ocorrência. *Cláusula compromissória. Contrato de adesão de consumo. Necessidade de concordância do consumidor.* Agravo desprovido.
>
> 1. Não prospera a alegada ofensa ao art. 1.022 do CPC/2015, tendo em vista que o v. acórdão recorrido, embora não tenha examinado individualmente cada um dos argumentos suscitados pela parte, adotou fundamentação suficiente, decidindo integralmente a controvérsia.
>
> *2. Nos termos da jurisprudência firmada no âmbito do Superior Tribunal de Justiça, a validade da cláusula compromissória, em contrato de adesão caracterizado por relação de consumo, está condicionada à efetiva concordância do consumidor no momento da instauração do litígio entre as partes, consolidando-se o entendimento de que o ajuizamento, por ele, de ação perante o Poder Judiciário caracteriza a sua discordância em submeter-se ao Juízo Arbitral, não podendo prevalecer a cláusula que impõe a sua utilização.*
>
> 3. Agravo interno a que se nega provimento.
>
> (...)
>
> Ocorre que, nos termos da jurisprudência firmada no âmbito do Superior Tribunal de Justiça, a validade da cláusula compromissória em contratos de adesão, nas relações de consumo, está condicionada à efetiva concordância do consumidor no momento da instauração do litígio entre as partes, consolidando-se o entendimento de que o ajuizamento de ação perante o Poder Judiciário caracteriza a sua discordância em submeter-se ao Juízo Arbitral, não podendo prevalecer a cláusula que impõe a sua utilização.
>
> (AgInt no AREsp 1845956/MT, Rel. Ministro Raul Araújo, Quarta Turma, julgado em 16.08.2021, Dje 16.09.2021).

Veja-se que o Superior Tribunal de Justiça reconheceu que o CDC não proíbe, de forma absoluta, a aplicação da arbitragem aos litígios envolvendo relações de consumo. Na verdade, uma vez instaurado o litígio e havendo concordância das partes, o método alternativo de solução de conflitos poderá ser utilizado.

O que fica necessariamente vedado é a adoção de cláusulas que determinem a utilização da arbitragem de forma compulsória, sendo certo que, nestes casos, as cláusulas serão consideradas nulas, ainda que tenham sido satisfeitos os requisitos do artigo 4º, § 2º, da Lei de Arbitragem.

É necessário, portanto, que, no momento da celebração dos contratos de seguros, haja atenção ao preenchimento dos requisitos estabelecidos em lei e, nos casos de relações de consumo, a arbitragem apenas poderá ser regularmente instaurada caso estes tomem a iniciativa de fazê-lo.

Importante registrar que, de forma contrária à Lei de Arbitragem, o Projeto de Lei do Contrato de Seguro, atualmente sob n. 29/2017, em trâmite no Senado Federal, limita a liberdade contratual das partes na arbitragem quanto à escolha da lei aplicável e sua sede, além de classificar, como regra, geral os contratos de seguro como de adesão. Isto porque o artigo 63 do referido Projeto[19] prevê que a arbitragem, assim como qualquer outro meio alternativo de resolução de conflitos, será realizada no Brasil e submetida à lei brasileira.

Nesse ponto, a nosso ver, nenhum fundamento jurídico justifica a limitação sugerida pelo Projeto, de forma contrária à liberdade contratual preceituada pelo artigo 2º da Lei de Arbitragem, afastando a possibilidade de que o próprio segurado tenha interesse em discutir seu litígio no exterior ou submetê-lo a usos e costumes internacionais, bastante relevantes no setor de seguros.[20]

Feitas essas considerações, cumpre avançar no tema e tratar dos contratos de seguros de grandes riscos, que receberão tratamento bastante distinto, em razão de suas especificidades.

2.2 Arbitragem nos contratos de seguros de grandes riscos

Os contratos de seguros de danos para cobertura de grandes riscos foram disciplinados pela Resolução CNSP 407/2021, que entrou em vigor em 1º de abril de 2021 e inaugurou a diferenciação nos Seguros de Danos entre os denominados "massificados", tratados pela Circular SUSEP 621/21, e os seguros de grandes riscos.

A Resolução, que está em linha com o plano da SUSEP de flexibilizar a estrutura dos contratos de seguro e o desenho das coberturas pelas seguradoras, bem como de simplificar a regulação de mercado de seguros no Brasil, foi elaborada após longo período de estudos e importante debate entre a SUSEP e diversos integrantes do mercado, objetivando o alinhamento às melhores práticas internacionais e a liberação de amarras regulatórias, bem como permitindo maior desenvolvimento do setor.

Inicialmente, a Resolução CNSP 407/2021, em seu artigo 2º, define os contratos de grandes riscos utilizando dois critérios distintos: (i) o ramo ou grupo de ramos de riscos; ou (ii) o valor da importância segurada ou características financeiras do segurado, independentemente do ramo do seguro, conforme especificado abaixo:

> **i.** *Ramo ou grupo de ramos de riscos*: riscos de petróleo, riscos nomeados e operacionais – RNO, global de bancos, aeronáuticos, marítimos e nucleares, além de, na hipótese de o segurado ser pessoa jurídica, crédito interno e crédito à exportação; ou

---

19. Art. 63. A resolução de litígios por meios alternativos não será pactuada por adesão a cláusulas e condições predispostas, exigindo instrumento assinado pelas partes, e será feita no Brasil, submetida ao procedimento e às regras do direito brasileiro. Parágrafo único. O responsável pela resolução de litígios é obrigado a divulgar, em repositório de fácil acesso a qualquer interessado, os resumos dos conflitos e das decisões respectivas, sem identificações particulares.
20. Nesse sentido: LEMES, Selma. Arbitragem e Seguro. *Revista de Arbitragem e Mediação*. v. 27. p. 56-69. out./dez. 2010.

ii. Valor da importância segurada ou características financeiras do segurado, independentemente do ramo do seguro: seguros contratados por pessoas jurídicas com pelo menos, uma das seguintes características: a) limite máximo de garantia superior a R$ 15.000.000,00 (quinze milhões de reais); b) ativo total superior a R$ 27.000.000,00 (vinte e sete milhões de reais), no exercício imediatamente anterior; ou c) faturamento bruto anual superior a R$ 57.000.000,00 (cinquenta e sete milhões de reais), no exercício imediatamente anterior.

A nova Resolução também indica que poderão ser considerados seguros de danos de grandes riscos aqueles seguros que tenham sido contratados por meio de uma apólice única, na qual figurem mais de um tomador ou segurado, desde que pelo menos alguma das pessoas jurídicas envolvidas preencha o requisito acima indicado quanto ao valor dos ativos ou faturamento anual no último exercício econômico. Da mesma forma, no seguro garantia, em que a contratação é feita por um tomador em benefício de um segurado, pessoa jurídica com a qual mantém relação contratual, também há possibilidade de enquadramento do seguro como de grandes riscos desde que tomador ou segurado pertença a um grupo econômico que se enquadra nos requisitos citados.

Percebe-se que a Resolução estabelece, como premissa, que as partes contratantes estarão em condições iguais ou muito próximas, dado o tipo de seguro negociado ou o porte do segurado, não se constatando a presença de hipossuficiência técnica, financeira ou jurídica.

Seguindo adiante, ao tratar dos princípios e valores básicos que regerão os contratos de seguros de grandes riscos, o artigo 4º da Resolução CNSP 407/2021[21] deixa claro que tais contratos serão marcados pela ampla liberdade negocial e pelo tratamento paritário, o que, a nosso ver, também afasta qualquer possibilidade de que sejam considerados contratos de adesão.

A partir da análise do referido normativo, é possível observar que os requisitos para instauração da arbitragem mencionados no tópico anterior, aplicáveis aos contratos de adesão, não serão exigíveis nos contratos de seguros de grandes riscos, justamente porque uma de suas características mais marcantes será a existência de condições contratuais livremente pactuadas entre as partes.

---

21. Art. 4º "Os contratos de seguro de danos para cobertura de grandes riscos serão regidos por *condições contratuais livremente pactuadas entre segurados e tomadores*, ou seus representantes legais, e a sociedade seguradora, devendo observar, no mínimo, os seguintes princípios e valores básicos:

    I – *liberdade negocial ampla*;

    II – boa-fé;

    III – transparência e objetividade nas informações;

    IV – *tratamento paritário entre as partes contratantes*;

    V – *estímulo às soluções alternativas de controvérsias*; e

    VI – intervenção estatal subsidiária e excepcional na formatação dos produtos"

    (...)

    § 2º As *condições contratuais* do seguro deverão ser *negociadas e acordadas*, de forma que haja *manifestação de vontade expressa* dos segurados e tomadores, ou de seus representantes legais, e da sociedade seguradora.

Inclusive, nota-se que a Resolução CNSP 407/2021 consagra, no inciso V do artigo 4º, o "estímulo às soluções alternativas de controvérsias", além de reiterar, no artigo 27, o incentivo ao uso da arbitragem, destacando que a forma de resolução de litígios deve ser definida entre as partes e que a cláusula compromissória ou o compromisso arbitral deverão ser redigidos de forma clara e objetiva:

> Art. 27. As partes envolvidas deverão pactuar e definir formalmente, nas condições contratuais do seguro, se utilizarão a mediação, a arbitragem ou outra forma de resolução dos litígios.
>
> Parágrafo único. Quando firmada convenção de arbitragem, a cláusula compromissória e o compromisso arbitral deverão ser redigidos de forma clara e objetiva, dispondo preferencialmente acerca da câmara arbitral escolhida livremente pelas partes.

A questão que se coloca é de como se dará a vinculação do segurado à arbitragem mesmo nos contratos de seguros de grandes riscos, visto que, em regra, a apólice, diferentemente de outros contratos comerciais, não é assinada pelas partes, mas apenas emitida pela seguradora após aceitação da proposta de contratação que, também de forma peculiar, é subscrita pelo proponente e não pela seguradora.

Quanto a essa questão, importante registrar que a minuta inicial da Resolução CNSP 407/2021, colocada anteriormente em consulta pública, previa no seu artigo 4º, *caput,* os princípios e valores básicos a serem observados pelos contratos de seguros de grandes riscos e, no parágrafo 2º, indicava expressamente a necessidade de que o contrato ou a apólice fossem assinados por ambas as partes (§ 2º As condições contratuais deverão ser negociadas e acordadas, de forma que haja assinatura de ambas as partes no contrato ou na apólice).

Tal previsão, apesar de ter o objetivo louvável de afastar integralmente qualquer alegação de falta de anuência do segurado com as disposições contratuais, inverte a lógica da contratação aplicável aos contratos de seguro, em que a proposta é assinada pelo segurado, ou pelo corretor, figurando nessa fase como seu representante legal, mas a apólice que perfaz o próprio contrato de seguro[22] é emitida pela seguradora. Assim, a previsão inicial da norma acabaria por gerar dificuldades práticas e operacionais que, a nosso ver, seriam desnecessárias especialmente em se tratando de contrato de seguro de grandes riscos.

Nessa toada, o referido parágrafo 2º do artigo 4º foi alterado na versão final da Resolução CNSP 407/2021 para prever que "as condições contratuais do seguro deverão ser negociadas e acordadas, de forma que haja manifestação de vontade expressa dos segurados e tomadores, ou de seus representantes legais, e da sociedade seguradora", sem indicar a necessidade de assinatura na própria apólice. Na mesma linha, e considerando a importância atual da utilização de documentos digitais para a atividade securitária, o parágrafo único do artigo 9º da mesma norma[23] estabeleceu que a manifestação expressa

---

22. Art. 758. O contrato de seguro prova-se com a exibição da apólice ou do bilhete do seguro, e, na falta deles, por documento comprobatório do pagamento do respectivo prêmio.
23. Art. 9º As condições contratuais deverão estabelecer o compromisso assumido pela sociedade seguradora perante o segurado quanto às coberturas oferecidas, especificando com clareza quais são os prejuízos indenizáveis.

da vontade das partes acerca do contrato de seguro de grandes riscos pode ocorrer por meio da utilização de meios remotos.[24]

Dessa forma, em linha com a própria regulamentação dos contratos de seguros de grandes riscos, que têm como princípio fundamental a liberdade negocial ampla entre as partes, a nosso ver, não há que se exigir que a validade da cláusula compromissória esteja em destaque e com assinatura específica, como requerido para os contratos de adesão, tampouco seja inserida em seção apartada da apólice. A necessidade será, assim como para qualquer outro contrato, que se demonstre a anuência de ambas as partes à submissão de qualquer conflito decorrente daquele contrato à arbitragem, o que poderá ocorrer, em nosso entendimento, pela referência prévia à cláusula arbitral na proposta de contratação do seguro assinada pelo proponente segurado ou anuência expressa às condições contratuais em que conste referida cláusula por meio de mensagem eletrônica trocada as partes.

Esse entendimento pode ser sustentado com base na Convenção sobre o Reconhecimento e a Execução de Sentenças Arbitrais Estrangeiras, assinada em Nova Iorque em 10.06.1958, incorporada ao ordenamento jurídico brasileiro por meio do Decreto 4.311/2002. Conforme artigo II da Convenção,[25] deve ser reconhecida como acordo escrito, pelo qual as partes se comprometem a submeter à arbitragem os conflitos surgidos entre si, uma cláusula arbitral inserida em contrato ou acordo de arbitragem firmado pelas partes ou contido em troca de cartas e telegramas, o que, a nosso ver, autoriza a interpretação de que, ainda que a apólice em si não seja assinada, a cláusula arbitral em contratos de seguros de grandes riscos será válida caso, por outro meio, seja demonstrada a anuência do segurado, em atenção ao princípio da autonomia da vontade.

Assim, nos casos de seguros de grandes riscos, enquadrados na Resolução CNSP 407/2021 seja em razão da modalidade do seguro, seja em razão das características do segurado ou do contrato, a existência de cláusula compromissória atrairá a competência para o juízo arbitral indicado no contrato celebrado e eventual disputa sobre sua validade

---

Parágrafo único. A manifestação de vontade expressa das partes ou de seus representantes legais, bem como o envio de documentos e comunicados entre estes, podem se dar com a utilização de meios remotos, nos termos da regulamentação específica.

24. Resolução CNSP 408/2021 – Art. 2º, V – meios remotos: aqueles que permitam a troca de e/ou o acesso a informações e/ou todo tipo de transferência de dados por meio de redes de comunicação envolvendo o uso de tecnologias tais como rede mundial de computadores, telefonia, televisão a cabo ou digital, sistemas de comunicação por satélite, entre outras.

25. Artigo II

1. Cada Estado signatário deverá reconhecer o acordo escrito pelo qual as partes se comprometem a submeter à arbitragem todas as divergências que tenham surgido ou que possam vir a surgir entre si no que diz respeito a um relacionamento jurídico definido, seja ele contratual ou não, com relação a uma matéria passível de solução mediante arbitragem.

2. Entender-se-á por "acordo escrito" uma cláusula arbitral inserida em contrato ou acordo de arbitragem, firmado pelas partes ou contido em troca de cartas ou telegramas.

3. O tribunal de um Estado signatário, quando de posse de ação sobre matéria com relação à qual as partes tenham estabelecido acordo nos termos do presente artigo, a pedido de uma delas, encaminhará as partes à arbitragem, a menos que constate que tal acordo é nulo e sem efeitos, inoperante ou inexequível.

deverá ser resolvida pelo próprio tribunal arbitral, nos termos do princípio competência-competência previsto no artigo 8º, parágrafo único, da Lei 9.307/96.

Isto porque, tratando-se de partes capazes e sujeitas à regulamentação dos seguros de grandes riscos, a presunção será de que houve ampla liberdade na pactuação do negócio, justamente em razão da paridade entre segurado e seguradora. Nesse sentido, a nosso ver, não será o caso de aplicação da regra prevista para os contratos de adesão, tampouco de intervenção estatal para afastar a competência outorgada ao árbitro. Esse, inclusive, tem sido o entendimento majoritariamente adotado pelo STJ[26] ao indicar que, tratando-se de disputa relacionada a direitos patrimoniais disponíveis, e havendo discussão sobre a validade da cláusula compromissória, esta deve ser resolvida direta-

---

26. Processual civil. Agravo interno no agravo em recurso especial. Jurisprudência dominante. Decisão monocrática. Cabimento. Súmula 568/STJ. Arbitragem. Direitos disponíveis. Juízo arbitral. Competência. Extinção do processo sem a resolução do mérito. Cláusula compromissória. Alegação de vício de consentimento. Princípio competência-competência. Afastamento. Exceção. Inovação recursal. Inadmissibilidade. Decisão mantida.

1. Nos termos da orientação que emana da Súmula 568/STJ, "[o] relator, monocraticamente e no Superior Tribunal de Justiça, poderá dar ou negar provimento ao recurso quando houver entendimento dominante acerca do tema".

2. À luz do procedimento regrado pelo art. 4º e ss. da Lei Federal 9.307/1996, "(...) o estabelecimento da convenção de arbitragem produz, de imediato, dois efeitos bem definidos. O primeiro, positivo, consiste na submissão das partes à via arbitral, para solver eventuais controvérsias advindas da relação contratual subjacente (em se tratando de cláusula compromissória). O segundo, negativo, refere-se à subtração do Poder Judiciário em conhecer do conflito de interesses que as partes tenham reservado ao julgamento dos árbitros" (REsp 1569422/RJ, Rel. Ministro Marco Aurélio Bellizze, Terceira Turma, julgado em 26.04.2016, DJe 20.05.2016).

3. O caso concreto não envolve direitos indisponíveis, cingindo-se a controvérsia à interpretação e à qualificação que a parte agravada fez do negócio jurídico formalizado entre a agravante e terceiro (cessão de contrato), e a recusa em registrá-lo no sistema que gerencia contratações da espécie (compra e venda de energia elétrica), matéria que antecede a aplicação das normas regulamentares de regência.

4. Somente em hipóteses excepcionais e quando possível verificar, *icto oculi*, a patologia da cláusula compromissória é que se faz possível afastar a competência outorgada ao árbitro pelo art. 8º, § ún., da Lei Federal 9.307/1996.

5. Inviável o conhecimento de alegação suscitada apenas em sede de agravo interno, qualificando indevida inovação recursal.

6. Agravo interno desprovido.

(AgInt no AREsp 1230431/SP, Rel. Ministro Antonio Carlos Ferreira, Quarta Turma, julgado em 23.11.2021, DJe 10.12.2021)

Agravo interno no recurso especial. Rescisão de contrato de compra e venda de imóvel. Cláusula compromissória. Arbitragem. Contrato de adesão. Anuência expressa do aderente. Necessidade. Cláusula claramente ilegal. Atuação do poder judiciário. Possibilidade.

Precedentes do STJ. Agravo interno improvido.

1. A jurisprudência desta Corte possui entendimento no sentido de que "[o] Poder Judiciário pode, nos casos em que prima facie é identificado um compromisso arbitral 'patológico', i.e., claramente ilegal, declarar a nulidade dessa cláusula, independentemente do estado em que se encontre o procedimento arbitral" (REsp 1.602.076/SP, Rel. Ministra Nancy Andrighi, Terceira Turma, julgado em 15.09.2016, DJe 30.09.2016).

2. Na hipótese dos autos, o Tribunal de origem, com esteio nos elementos fáticos reunidos nos autos, concluiu que o contrato de adesão entabulado entre as partes não contou, especificamente em relação à cláusula compromissória arbitral, com a expressa aceitação da parte aderente, conforme determina o § 2º do art. 4º da Lei 9.307/1996, a autorizar, nos termos da jurisprudência do STJ, o reconhecimento, de plano, pelo Poder Judiciário, de sua invalidade.

3. Agravo interno improvido.

(AgInt no REsp 1761923/MG, Rel. Ministro Marco Aurélio Bellizze, Terceira Turma, julgado em 16.08.2021, DJe 19.08.2021).

mente pelo árbitro e não pelo Poder Judiciário, exceto em casos excepcionais em que a patologia da cláusula é identificada de forma latente, o que, a nosso ver, não será o caso dos seguros de grandes riscos.

Um ponto de atenção, todavia, é a existência da proposta de seguro com referência à inclusão da cláusula compromissória somente assinada pelo corretor de seguros, sem que se seja referendada de forma expressa pelo proponente segurado. Como se sabe, o corretor de seguros, apesar de na prática muitas vezes efetivamente representar o segurado desde a fase pré-contratual até a execução do contrato de seguro, inclusive nas discussões relacionadas a sinistros, é conceituado pela Lei 4.594/1964 como "intermediário legalmente autorizado a angariar e a promover contratos de seguro, admitidos pela legislação vigente, entre as Sociedades de Seguros e as pessoas físicas ou jurídicas, de direito público ou privado".

A possibilidade de atuar como representante legal do segurado, por expressa disposição legal, pode ser reconhecida somente no momento da assinatura das propostas, como autorizado pelo artigo 9º do Decreto-lei 73/1966.[27]

Todavia, nos parece que admitir a assinatura tão somente do corretor de seguros como representante do segurado para o fim de aderir à arbitragem como meio de resolução de conflitos decorrentes do contrato, renunciando à jurisdição estatal, é questionável, dada a importância de tal escolha e suas consequências futuras no caso de litígios. Nesse sentido, entende Marcelo Mansur Haddad:[28]

> O segundo ponto é a questão da assinatura do corretor nas propostas de seguros, onde normalmente se busca o consentimento do segurado com relação à cláusula compromissória. Como dito acima, a proposta de seguros, nos termos da norma civil vigente, é mandatória e tem por escopo, exclusivamente, trazer uma "declaração dos elementos essenciais do interesse a ser garantido e do risco". Ela pode ser assinada "pelo segurado, seu representante legal ou por corretor habilitado", nos termos do Dec.-lei 66, de 21.11.1966. A norma maior que rege o Sistema Nacional de Seguros Privados permite, assim, que o corretor celebre a proposta de seguros. Isto não necessariamente significa dizer que a norma torna o corretor um plenipotenciário do segurado, que, aliás, naquele momento, é mero proponente de seguros, para em nome dele tudo aceitar e fazer. Isto fica ainda mais evidente quando se imagina que, no extremo, o corretor poderia, em nome do futuro segurado, estar renunciando à jurisdição estatal. Assim, a despeito das discussões aqui travadas, não pode a seguradora se fiar no fato de que a assinatura da proposta de seguros pelo corretor será suficiente para vincular o segurado a uma futura arbitragem.

Diante do cenário acima exposto, entendemos que, diferentemente do que se verifica na maioria dos contratos de seguros – que têm, como característica, serem de adesão –, a aplicabilidade da arbitragem nos contratos de seguros de grandes riscos tende a gerar menos controvérsias, justamente em razão de as partes se colocarem em posições equivalentes, com amplo espaço para negociação tanto dos termos do contrato em si, como da forma que será estabelecida para resolução de eventuais litígios. A

---

27. Art. 9º Os seguros serão contratados mediante propostas assinadas pelo segurado, seu representante legal ou por corretor habilitado, com emissão das respectivas apólices, ressalvado o disposto no artigo seguinte.
28. HADDAD, Marcelo Mansur. A arbitragem e os terceiros nas relações securitárias. *Revista de Arbitragem e Mediação*. v. 41. p. 205-233. abr./jun. 2014, DTR\2014\8922.

adoção da arbitragem nesses casos, em geral, decorre da própria exigência do segurado, em decorrência da celeridade da resolução dos litígios e, especialmente, por questões de confidencialidade dos temas tratados que, se expostos à mídia, podem gerar abalos reputacionais à sociedade.

2.3 Sub-rogação da seguradora nos direitos do segurado e a eficácia da cláusula de arbitragem

Outro tema que já foi objeto de intenso debate diz respeito à eficácia, perante a seguradora, da cláusula compromissória inserida em contrato firmado entre o segurado e terceiros, nas hipóteses em que a seguradora, após o pagamento de indenização, se sub-roga nos direitos de seu segurado.[29]

Como se sabe, uma vez indenizado o segurado, abre-se, para a seguradora, a possibilidade de ajuizamento de ação de ressarcimento em face do terceiro causador do dano[30] e, no contexto de tais ações, observou-se o surgimento de diversas discussões acerca da incompetência do Poder Judiciário para analisar o litígio entre as partes, em razão da existência, no contrato firmado entre o segurado e o terceiro, de cláusula compromissória prevendo a submissão das partes à arbitragem.[31]

Por um lado, as seguradoras sub-rogadas defenderam, principalmente, o caráter personalíssimo das cláusulas compromissórias e a impossibilidade de afastamento da jurisdição estatal e restrição do direito de acesso à justiça – garantidos pelo artigo 5º, inciso XXXV da Constituição Federal - sem que haja expressa concordância das partes efetivamente envolvidas no litígio, razão pela qual a cláusula compromissória não a vincularia por conta da sub-rogação.

Por outro lado, os terceiros causadores dos danos, em geral, argumentam que os efeitos da sub-rogação da seguradora decorrem do contrato originalmente celebrado entre eles e os segurados, razão pela qual todas as suas previsões se estenderiam à seguradora sub-rogada.

Os argumentos das seguradoras foram acolhidos em diversas decisões proferidas pelos Tribunais Estaduais, a exemplo do acórdão exarado em 28 de março de 2019 pelo Tribunal de Justiça do Rio de Janeiro (grifa-se):[32]

---

29. Código Civil, "Art. 786. Paga a indenização, o segurador sub-roga-se, nos limites do valor respectivo, nos direitos e ações que competirem ao segurado contra o autor do dano."
    Súmula 188/STF: o segurador tem ação regressiva contra o causador do dano, pelo que efetivamente pagou, até ao limite previsto no contrato de seguro.
30. Desde que não haja limitações ao exercício de tal direito, como, por exemplo, a existência de cláusula de Dispensa de Direito de Regresso (DDR), muito comum em seguros de transporte.
31. Nos termos do artigo 485, inciso VII, do Código de Processo Civil, o juiz não resolverá o mérito quando "acolher a alegação de existência de convenção de arbitragem ou quando o juízo arbitral reconhecer sua competência"
32. No mesmo sentido, as decisões proferidas pelo Tribunal de Justiça de São Paulo (13ª Câmara Cível, Apelação 2542120108260002, Rel. Des Heraldo de Oliveira, j. 01.02.2012; 15ª C. de Dir. Privado, Apelação 008082-67.2018.8.26.0100, Rel. Des José Wagner de Oliveira Melatto Peixoto, j. 04.12.2018) e pelo Tribunal de Justiça do Espírito Santo (4ª Câmara Cível, Apelação 24100055458, Rel. Des Telemaco Antunes de Abreu Filho, j. 10.11.2014).

> Apelação cível. Ação indenizatória de regresso interposta pela seguradora em face da suposta causadora do dano, empresa de transporte estrangeira, representada no brasil pela ré. (...) Sub-rogação da seguradora nos direitos da empresa segurada. Contrato originário de transporte que previu compromisso arbitral. A sentença julgou extinto o feito sem resolução do mérito, sob o fundamento de que a cláusula arbitral constante do contrato originário alcança a seguradora, que o assumiu por sub-rogação. (...) *Cláusula de arbitragem não projeta efeitos para quem dela não tomou parte voluntariamente. O direito de regresso se origina na sub-rogação legal e do contrato de seguro, e não do contrato de prestação de serviço originalmente firmado pelo segurado*, sendo que a este, como se extrai da norma do art. 786, § 2º, do Código Civil, é vedado diminuir ou extinguir os direitos da sub-rogação em prejuízo do segurador. *a estipulação da cláusula compromissória depende da manifestação de vontade da parte acerca da opção pela via arbitral para a solução de conflitos, razão pela qual não poderia a seguradora apelante ser prejudicada ou beneficiada pelos termos de um contrato do qual não fez parte.*
>
> (Apelação Cível 028871706.2017.8.19.0001.TJRJ, 26ª Vara Cível, Rel. Des. Sandra Santarém Cardinali).

Entretanto, discute-se, atualmente, que tal entendimento teria sido alterado na decisão proferida pelo Superior Tribunal de Justiça em 15 de maio de 2019, na SEC 14.930/US.

Na referida ação, tinha-se, como pano de fundo, (i) um contrato de fornecimento de peças e equipamentos, firmado entre o segurado e o terceiro em 2004, no qual foi inserida cláusula compromissória e (ii) uma apólice de seguro contratada em 2007.

Ocorrido o sinistro, a seguradora indenizou sua segurada e o terceiro iniciou processo arbitral contra a seguradora, a fim de ver declarada a ausência de sua responsabilidade pelos acidentes ocorridos. Tal processo tramitou no exterior, com efetiva participação da seguradora, que, posteriormente, se insurgiu contra o pedido de homologação no Brasil da sentença arbitral proferida pela Câmara Internacional de Comércio, do Tribunal Internacional de Arbitragem, em Nova Iorque, Estados Unidos.

Os argumentos apresentados pela seguradora foram, em síntese, (i) de que o contrato celebrado entre o segurado e o terceiro era muito anterior à apólice, a qual, por sua vez, não fazia menção à cláusula compromissória; e (ii) de que haveria ofensa à ordem pública, pois seu direito de ressarcimento decorre da própria lei, não do contrato de fornecimento (de modo que a cláusula compromissória ali inserida não seria eficaz quanto à seguradora) e por não haver consentimento expresso com a instituição da arbitragem. Além disso, a seguradora também discutiu o próprio mérito da sentença arbitral.

Após análise do caso, o Superior Tribunal de Justiça entendeu, por maioria, não ser cabível, em sede de controle judicial da homologação da sentença arbitral estrangeira, a análise de mérito e, consequentemente, a decisão proferida pelo Tribunal Internacional de Arbitragem foi homologada:

> Processual civil. *Sentença arbitral estrangeira contestada. Ausência de violação da ordem pública. Impossibilidade de análise do mérito da relação de direito material.* Fixação da verba honorária. Art. 20, § 4º, do CPC/1973. Pedido de homologação de sentença arbitral estrangeira deferido.
>
> 1. *O controle judicial da homologação da sentença arbitral estrangeira está limitado aos aspectos previstos nos arts. 38 e 39 da Lei. 9.307/1996, não podendo ser apreciado o mérito da relação de direito material afeto ao objeto da sentença homologanda.*

2. Os *argumentos colacionados pela requerida*, segundo os quais "a tese de que o direito de sub-rogação da Seguradora é contratual, estabelecendo a transferência de direitos à Mitsui, é inválida, aos olhos da lei nacional, pois os direitos da seguradora impõem-se *ex vi legis* e não *ex vi voluntate*", bem como de que "a r. sentença proferida pelo Tribunal Arbitral, verdadeiro *erro in judicando*, produziu, com a devida vênia, aberração jurídica", *são típicos de análise meritória, descabidos no âmbito deste pedido de homologação*.

3. Na hipótese de sentença estrangeira contestada, por não haver condenação, a fixação da verba honorária deve ocorrer nos moldes do art. 20, § 4º, do Código de Processo Civil/1973, devendo ser observadas as alíneas do § 3º do referido artigo, porque a demanda iniciou ainda sob a vigência daquele estatuto normativo. Além disso, consoante o entendimento desta Corte, neste caso, não está o julgador adstrito ao percentual fixado no referido § 3º.

4. Pedido de homologação de sentença arbitral estrangeira deferido.

(SEC 14.930/US, Rel. Og. Fernandes, j. 15.05.2019).

Vale ressaltar que, embora o Superior Tribunal de Justiça tenha afirmado ser incabível a análise de mérito no âmbito do referido processo, os votos proferidos pelos Ministro chegaram a abordar a possibilidade ou não de a cláusula compromissória produzir efeitos com relação à seguradora, assim como foi debatida a existência de ofensa à ordem pública.

No entendimento do relator, acompanhado pela maioria dos ministros, seria válida a transmissão da cláusula compromissória à seguradora sub-rogada e não haveria qualquer ofensa à ordem pública nacional.[33] Por sua vez, o voto divergente, encabeçado pelo Ministro João Otávio de Noronha, defendeu que tal cláusula teria caráter personalíssimo e, como tal, não seria transmissível ao credor sub-rogado.[34]

Apesar das discussões travadas durante o julgamento da SEC, que envolveram o mérito da questão da transmissibilidade da cláusula compromissória à seguradora sub-rogada nos direitos e ações do seu segurado, o julgado em comento teve por objetivo avaliar o preenchimento dos requisitos legais para homologação da sentença arbitral estrangeira pelo STJ, nos termos do artigo 35 da Lei de Arbitragem. Desse modo, o STJ checou (i) a capacidade das partes envolvidas no procedimento; (ii) a validade da convenção de arbitragem; (iii) a obediência ao princípio do contraditório, com a devida notificação do demandado sobre a designação do árbitro ou sobre o próprio procedimento de arbitragem; (iv) a observância pela sentença dos limites da convenção de arbitragem; (v) o respeito da instituição da arbitragem aos termos do compromisso arbitral ou cláusula compromissória; e (v) e a obrigatoriedade da sentença arbitral.

Nesse sentido, o próprio voto do Ministro Relator ressalta que o intuito de tal decisão não foi o de estabelecer um precedente, aplicável de forma indiscriminada a

---

33. A Ministra Nancy Andrighi, acompanhando o relator, afirmou: "entendo que existe a plena possibilidade de transmissão da cláusula compromissória por meio da sub-rogação da seguradora ao segurado, por força do art. 786 do CC/2002 e, assim, não existe qualquer ofensa à ordem pública nacional."
34. "A rigor, a sub-rogação implica a transferência apenas do crédito com suas características materiais. Eventuais aspectos de ordem processual ou de natureza personalíssima do credor originário não são objeto de transferência ao sub-rogado."

todos os casos envolvendo sub-rogação, tendo a discussão sobre a transmissibilidade da convenção de arbitragem à seguradora sub-rogada sido discutida no âmbito do requisito de validade da convenção de arbitragem que deu origem à sentença arbitral estrangeira a ser homologada. E, para tanto, foi levado em consideração, além da cláusula arbitral constante do contrato original, o fato de que a seguradora sub-rogada efetivamente participou do procedimento arbitral, em especial da fase de produção de provas.

Assim, a nosso ver, o real alcance da decisão proferida pelo Superior Tribunal de Justiça ainda permanece indefinido, pois, após o referido julgamento, não se teve notícias da utilização do referido acórdão, pela Corte Superior, como um precedente para casos semelhantes.

Embora as discussões travadas na ocasião – existência ou não de ofensa à ordem pública e de eficácia da cláusula compromissória quanto à seguradora – possam influenciar o julgamento de outras demandas, o fato é que, além de o Relator ter deixado claro que o exame realizado à época era bastante restrito, também devem ser levadas em consideração as peculiaridades do caso concreto, como a efetiva participação da seguradora de todo o processo arbitral, em observância aos princípios já mencionados neste artigo.

Entendemos, portanto, não ser possível afirmar, de forma categórica, que o posicionamento do Superior Tribunal de Justiça se firmou no sentido de ser aplicável à seguradora sub-rogada a cláusula compromissória inserida no contrato firmado entre o segurado e terceiros.

Tal conclusão, a nosso ver, dependerá do amadurecimento da jurisprudência e da análise de casos cujas características permitam que o Tribunal de fato se aprofunde no mérito da questão, permanecendo, a nosso ver, temerária a interpretação de transmissibilidade automática da cláusula arbitral à seguradora sub-rogada, vez que a arbitragem tem caráter contratual e se fundamenta na autonomia da vontade, exigindo manifestação de vontade expressa das partes pela sua adoção para solução de controvérsias. Esse entendimento deve ser reconsiderado, todavia, nos casos excepcionais em que o contrato de seguro é firmado para garantia específica de outro contrato estabelecido entre o segurado e terceiro, com ciência prévia e inequívoca da seguradora sobre a existência da cláusula arbitral.

3. ARBITRAGEM NOS CONTRATOS DE RESSEGUROS

Assim como nos contratos de seguros de grandes riscos, em virtude das peculiaridades dos contratos de resseguros, a aplicabilidade da arbitragem dificilmente será objeto dos mesmos questionamentos que se apresentam em contratos de adesão.

Como já dito, os contratos de resseguro são marcados por sua internacionalidade, característica que se tornou ainda mais pronunciada após a promulgação da Lei Complementar 126/2007, que, dentre outros pontos, regulou a abertura do mercado e pôs fim ao monopólio do resseguro no Brasil.

Neste cenário, a inserção de cláusulas de arbitragem nos contratos de resseguro se tornou uma prática muito difundida, tanto pelas vantagens já expostas ao longo deste artigo, como pela possibilidade de as partes elegerem qual a jurisdição que será aplicável – tema que certamente poderia gerar conflitos em razão do interrelacionamento entre diferentes legislações, usos e costumes. É esse também o entendimento de Walter Polido:[35]

> Várias implicações se apresentam em função da "internacionalidade do resseguro", na medida em que diferentes interesses, legislações, usos e costumes devem se interrelacionar. Questões acerca da jurisdição para solução de eventuais conflitos se apresentam e, por tal razão, entre outras, a arbitragem tem lugar de destaque no cenário ressecuritário mundial.

Vale ressaltar, ainda, que a própria Resolução CNSP 168/2007, que dispõe sobre a atividade de resseguro, retrocessão e sua intermediação, já trata expressamente da possibilidade de que tais contratos prevejam a utilização da arbitragem como forma alternativa de resolução de conflitos (grifa-se):

> Art. 38. Os contratos de resseguro visando à proteção de riscos situados em território nacional, deverão incluir cláusula determinando a submissão de eventuais disputas à legislação e à jurisdição brasileiras, *ressalvados os casos de cláusula de arbitragem, que observarão a legislação em vigor.*

A inserção de cláusula de arbitragem nos contratos de resseguro é, dessa forma, prática adotada pelo mercado e as discussões sobre a validade da disposição são menos frequentes, já tais contratos são sempre celebrados entre duas pessoas jurídicas, em igualdade de condições, e, adicionalmente, são assinados por ambas as partes, o que reduz consideravelmente o risco de eventuais discussões acerca de sua concordância quanto ao afastamento da jurisdição estatal.

Um ponto que pode gerar controvérsia na instauração da arbitragem em questões ressecuritárias decorre da própria forma em que o contrato de resseguro é geralmente firmado. É comum que haja diferentes contratos de resseguro – usualmente denominados *Slips* – firmados pela seguradora, cedente do risco, com diferentes resseguradores, ainda que integrantes do mesmo painel de resseguro. Desse modo, é possível que os diferentes resseguradores assinem (ou, no jargão do mercado, subscrevam) diferentes *Slips* de resseguro, assumindo o percentual de risco à sua escolha.

Assim, como cautela, ainda que haja diversos instrumentos, é recomendável que todos eles prevejam a mesma cláusula compromissória, de modo a submeter eventual futuro conflito a uma mesma instituição arbitral, em uma mesma sede, idioma e demais regras, sob pena de discussão quanto à vinculação de cada ressegurador a uma cláusula arbitral própria, o que resultaria em insegurança jurídica quanto às decisões.

Quanto à escolha da sede da arbitragem, o Projeto de Lei do Contrato de Seguro, acima já comentado, também vai além no que se refere a potenciais disputas entre

---

35. POLIDO, Walter. A abertura do mercado de resseguro brasileiro e as mudanças nas relações entre as partes: segurador e ressegurador. In: SCHALCH, Débora. *Seguros e Resseguros. Aspectos Técnicos, Jurídicos e Econômicos.* São Paulo: Saraiva, 2010. Disponível em: Minha Biblioteca https://integrada.minhabiblioteca.com.br/reader/books/9788502107007 Acesso em: 30 dez. 2021.

seguradoras, resseguradoras e retrocessionárias, determinando que as disputas serão resolvidas no domicílio de tais empresas no Brasil,[36] afastando-se assim a possibilidade de arbitragem estrangeira. As restrições do Projeto à liberdade contratual na arbitragem, como acima comentado, a nosso ver não se sustentam, sobretudo em se tratando de contrato de resseguro, que é um contrato empresarial, firmado entre partes capazes e com paridade de armas na negociação e, muitas vezes, envolvendo resseguradores estrangeiros, eventuais ou admitidos a operar no Brasil.

Ainda, é importante pontuar que as disputas envolvendo cobertura de resseguro, em geral, englobarão, em algum grau, algum impacto da própria discussão acerca da existência da cobertura securitária. E é comum que a discussão acerca da incidência de cobertura seja dirimida entre seguradora e segurado no Poder Judiciário, em razão da menor frequência de cláusulas arbitrais em contratos de seguro.

Assim, poderá haver um descasamento entre as discussões de seguro e resseguro relacionadas a um mesmo risco, vez que submetidas a diferentes fóruns, mas a influência da resolução da questão acerca da incidência de cobertura securitária na discussão do contrato de resseguro dependerá do caso em concreto.

Além disso, as discussões de cobertura nos contratos de seguro e de resseguro, em geral, ocorrerão em momentos diversos, já que as controvérsias oriundas dos contratos de resseguro frequentemente dependem da ocorrência do sinistro no contrato de seguro a ele relacionado e da conclusão sobre a incidência da garantia e, se o caso, do valor a ser indenizado.

Desse modo, as disputas arbitrais de contratos de resseguro deverão, adicionalmente, levar em consideração as controvérsias dos respectivos contratos de seguro, seja quanto ao interesse em litigar, a depender da discussão original, seja também em relação à prescrição e preservação de direitos.

CONCLUSÃO

Como tratado ao longo deste artigo, embora a aplicabilidade da arbitragem no mercado de seguros e resseguros ainda seja pouco explorada pela doutrina nacional, há inúmeras questões controvertidas enfrentadas por quem opera nesta área do direito, esbarrando em temas relacionados à legislação consumerista, cível, além da própria regulamentação aplicável aos seguros e resseguros propriamente ditos.

Conforme discutido, considerando-se as partes envolvidas nos contratos de seguros, resseguros e retrocessão, a natureza de tais contratos e a própria forma como são celebrados, a interpretação que se pode alcançar acerca da validade das cláusulas de arbitragem inseridas em tais contratos tende a ser bastante distinta – seja por se dar a tais

---

36. Art. 127. O foro competente para as ações de seguro é o do domicílio do segurado ou do beneficiário, salvo se eles ajuizarem a ação optando por qualquer domicílio da seguradora ou de agente dela. Parágrafo único. A seguradora, a resseguradora e a retrocessionária, para as ações e arbitragens promovidas entre essas, em que sejam discutidos negócios sujeitos a esta Lei, respondem no foro de seu domicílio no Brasil.

cláusulas interpretação extremamente restritiva e dependente de posterior validação, nos casos de contratos de consumo, seja por haver incentivo expresso à sua utilização, como se verifica na Resolução CNSP 407/2021, que trata dos seguros de grandes riscos.

É sabido que a arbitragem é usualmente adotada como forma de resolução de conflitos decorrentes dos contratos de resseguro, que preveem, desde sua elaboração, cláusulas compromissórias, dada a especificidade e internacionalização desse tipo de contratação. Todavia, de outro lado, há espaço considerável para maior utilização da arbitragem nos litígios entre seguradoras e segurados (além de terceiros), o que, a nosso ver, tem acontecido à medida em que o mercado se tornou mais maduro e o próprio instituto da arbitragem ficou mais difundido.

Referido crescimento deve ser ainda impulsionado pelo novo Marco Regulatório de Seguros de Danos, que diferenciou conceitualmente os seguros de grandes riscos dos seguros massificados, firmando, desse modo, o entendimento de que naqueles contratos a liberdade e paridade na negociação são princípios fundamentais, incentivando a adoção da arbitragem como forma de resolução dos conflitos e dando maior segurança jurídica quanto à validade da cláusula compromissória nesse tipo de negociação.

BIBLIOGRAFIA E JULGADOS SELECIONADOS

BRASIL. Lei Complementar 126, de 15 de janeiro de 2007. Dispõe sobre a política de resseguro, retrocessão e sua intermediação, as operações de cosseguro, as contratações de seguro no exterior e as operações em moeda estrangeira do setor securitário; altera o Decreto-Lei 73, de 21 de novembro de 1966, e a Lei no 8.031, de 12 de abril de 1990; e dá outras providências. *D.O.U.*, Brasília, DF, 16 jan. 2007.

BRASIL. Lei 8.078, de 11 de setembro de 1990. Código de Defesa do Consumidor. D.O.U., Brasília, DF, 12 set. 1990.

BRASIL. Lei 10.406, de 10 de janeiro de 2002. Código Civil. D.O.U., Brasília, DF, 11 jan. 2002.

BRASIL. Lei 13.105, de 16 de março de 2015. Código de Processo Civil. D.O.U., Brasília, DF, 17 mar. 2015.

BRASIL. Decreto-Lei 73, de 21 de novembro de 1966. Dispõe sobre o Sistema Nacional de Seguros Privados, regula as operações de seguros e resseguros e dá outras providências. D.O.U., Brasília, DF, 22 nov. 1966.

CARMONA. Carlos Alberto. *Arbitragem e processo*: um comentário à Lei 9.307/96. 3. ed. São Paulo: Grupo GEN, 2012.

ALVIM, Pedro. *O contrato de seguro*. 3. ed. Rio de Janeiro: Forense Universitária, 2004.

DI PIETRO, Maria; As possibilidades de arbitragem em contratos administrativos. *Conjur*, 2015. Disponível em https://www.conjur.com.br/2015-set-24/interesse-publico-possibilidades-arbitragem-contratos-administrativos2. Acesso em: 04 jan. 2022.

GAGLIANO, Pablo Stolze. PAMPLONA FILHO, Rodolfo, *Novo Curso de Direito Civil*. 8. ed. São Paulo: Saraiva, 2007. V. I.

LEMES, Selma. Arbitragem e Seguro. *Revista de Arbitragem e Mediação*. v. 27. p. 56-69. out./- dez. 2010.

LEVY, Fernanda.Rocha. L. *Cláusulas escalonadas*: a mediação comercial no contexto da arbitragem. São Paulo: Saraiva, 2013. 9788502205284. Disponível em: https://integrada.minhabiblioteca.com.br/#/books/9788502205284/. Acesso em: 03 jan. 2022.

HADDAD, Marcelo Mansur. A arbitragem e os terceiros nas relações securitárias. *Revista de Arbitragem e Mediação*. v. 41, p. 205- 233. abr./ jun. 2014, DTR\2014\8922.

MONTEIRO, Washington de Barros. *Curso de Direito Civil*. São Paulo: Saraiva, 1994. v. I.

SCHALCH, Débora. *Seguros e Resseguros. Aspectos Técnicos, Jurídicos e Econômicos*. São Paulo: Saraiva, 2010. Disponível em: Minha Biblioteca https://integrada.minhabiblioteca.com.br/reader/books/9788502107007 Acesso em: 30 dez. 2021.

TZIRULNIK, Ernesto et al. *O contrato de seguro de acordo com o código civil brasileiro*. São Paulo: Roncarati, 2016.

VENOSA, Silvio de Salvo. *Direito Civil*: Parte Geral. 4. ed. São Paulo: Atlas, 2004.

XVI
ARBITRAGEM NO DIREITO IMOBILIÁRIO

Augusto Tolentino

Presidente da CAMARB – Câmara de Mediação e Arbitragem Empresarial – Brasil.
Advogado.

Sumário: Introdução – 1. Sofisticação contratual no mercado imobiliário; 1.1 Contratos de compra e venda; 1.2 Contratos de locação; 1.3 Contratos de locação em *shopping center;* 1.4 Contratos de empreitada; 1.5 Contratos *built to suit;* 1.6 Incorporação imobiliária; 1.7 Corretagem; 1.8 Convenção de condomínio; 1.9 Fundos de investimento imobiliários ("FII"); 1.10 Multipropriedade imobiliária; 1.11 *Coworking* – 2. Adequação objetiva da arbitragem no mercado imobiliário – 3. Classificação dos contratos imobiliários a partir dos sujeitos envolvidos; 3.1 Contratos imobiliários de consumo; 3.2 Contratos imobiliários de adesão; 3.3 Contratos imobiliários paritários – 4. Situações especiais envolvendo arbitragem e contratos imobiliários; 4.1 Sociedades de propósito específico e extensão subjetiva da cláusula compromissória; 4.2 Arbitrabilidade subjetiva nas convenções de condomínio; 4.3 Registrabilidade da sentença arbitral nos cartórios de registro de imóveis – Considerações finais – Bibliografia e julgados selecionados.

INTRODUÇÃO

O presente artigo objetiva analisar a pertinência da utilização da arbitragem como forma de solução dos conflitos surgidos no setor imobiliário. Diante da impossibilidade de esgotar o tema, optamos por explorar alguns dos principais tipos de contratos celebrados nesse setor, especificamente: os contratos de compra e venda de imóveis, de locação, de locação em *shopping center*, de empreitada, o *built to suit*, de incorporação imobiliária, de corretagem, a convenção de condomínio, os fundos de investimentos imobiliários, a multipropriedade e o *coworking*.

Primeiramente, é necessário que sejam feitas algumas considerações sobre esses contratos, analisando as partes envolvidas e os potenciais conflitos que possam surgir de cada um deles. Na sequência, avaliamos a possibilidade e a conveniência da resolução dessas controvérsias por meio de arbitragem, já que envolvem, em sua maioria, direitos patrimoniais e disponíveis.

Em seguida, são analisadas as especificidades das cláusulas compromissórias nos contratos de consumo, nos contratos de adesão e nos contratos paritários, sempre com foco no setor imobiliário

Por fim, cuidaremos de algumas situações específicas enfrentadas pela doutrina e pela jurisprudência nas arbitragens envolvendo o direito imobiliário, como extensão de cláusula compromissória a terceiros não signatários, registrabilidade da sentença arbitral, dentre outras.

1. SOFISTICAÇÃO CONTRATUAL NO MERCADO IMOBILIÁRIO

O direito, como toda ciência, está em constante transformação. O direito imobiliário não é diferente. Até o início do século passado, a abrangência do direito imobiliário no Brasil limitava-se quase que só às transações decorrentes dos contratos de construção, de compra e venda e de locação de imóveis.[1] A partir da metade do século XX, após a Segunda Guerra Mundial, identifica-se um processo de "adequação do direito positivo a esse novo cenário, notadamente mediante instituição de normas de estruturação dos mercados financeiro e de capitais, da atividade produtiva e de financiamento do mercado imobiliário".[2]

Nesse período, novas normas surgiram para melhor regular o setor, como, por exemplo, a Lei 4.591/64, que dispõe sobre a incorporação imobiliária e a instituição de condomínios, a Lei 4.380/1964, que criou o sistema financeiro da habitação, e a Lei 6.015/73, que trata dos registros públicos.

Com a implementação de novas técnicas de comercialização nesse mercado, muitos negócios foram sendo modificados e aperfeiçoados no decorrer dos anos.[3] A evolução do mercado imobiliário trouxe consigo novos modelos de negócios, muitos derivados dos já existentes contratos de construção, compra e venda e locação de imóveis, que se tornaram mais sofisticados, dando origem, entre outros, às operações *built to suit*, de *shopping centers*, e aos fundos imobiliários, para ficar apenas nesses exemplos.

Atualmente, a cultura marcada pelo avanço do mundo digital vem incorporando novos valores referentes à propriedade moldados na ideia de compartilhamento. É fácil constatar ter havido nos últimos tempos uma ruptura do conceito de propriedade exclusiva, com a crescente demanda por um modelo de partilha que proporcione melhor custo-benefício ao usuário. Nesse contexto, foram surgindo também outros contratos no mercado imobiliário, como é o caso dos contratos de multipropriedade ou *time sharing* e de *coworking*. Todos esses contratos serão abordados na sequência.

1.1 Contratos de compra e venda

O contrato de compra e venda de imóvel, disciplinado nos arts. 481 e seguintes, do Código Civil ("CC"), consiste em negócio jurídico pelo qual uma pessoa – vendedor – se obriga a transferir a outra – comprador - o domínio de determinado bem imóvel, recebendo em troca certa remuneração.[4]

Trata-se de um dos mais tradicionais contratos do setor imobiliário, e envolve ampla gama de interesses, o que pode resultar no surgimento de controvérsias. Os principais

---

1. CHALHUB, Melhim Namem. Direito Imobiliário Contemporâneo. In: BORGES, Marcus Vinícius Motter (Coord.). *Curso de Direito Imobiliário Brasileiro* [livro eletrônico]. São Paulo: Thomson Reuters, 2021.
2. CHALHUB, op. cit.
3. WALD, Arnoldo. *Novos Instrumentos para o Direito Imobiliário*: Fundos, Alienação Fiduciária e 'Leasing'. In: *Revista de Direito do Ministério Público do Estado da Guanabara*, Rio de Janeiro, nº 13, p.54-59, jan./abr. 1971.
4. PEREIRA, Caio Mário da Silva. *Instituições de Direito Civil*. 18. ed. Rio de Janeiro: Forense, 2018, v. III. p. 134.

litígios estão relacionados a atraso na entrega do imóvel, pagamento do preço, critérios de reajuste, existência de vícios no imóvel e questões relativas à rescisão do contrato, penalidades por inadimplemento, para ficar apenas nestes.

1.2 Contratos de locação

A locação é um contrato por meio do qual um dos contratantes – locador – cede ao outro – locatário – em caráter temporário o uso e o gozo de uma coisa não fungível, recebendo em troca determinada contraprestação.[5] A locação de imóveis urbanos está regulamentada em norma especial, a Lei 8.245/91 e a locação de imóveis rurais é regida preferencialmente pela Lei 4.504/64.

O locador, portanto, tem a obrigação de dar a coisa em locação nas condições previstas no contrato, garantindo ao locatário o seu uso pacífico.[6] Por outro lado, o locatário tem o dever principal de pagar os aluguéis, conservar o imóvel e o restituir ao final do contrato no mesmo estado de conservação em que o recebeu.[7]

Considerando a relação entre locador e locatário, podem surgir diversos litígios decorrentes do não pagamento dos aluguéis,[8] avarias no imóvel,[9] não restituição do imóvel ao término do prazo estipulado,[10] rescisão antecipada do contrato,[11] revisão do valor dos aluguéis,[12] despejo do locatário,[13] renovação de contrato,[14] dentre outros.

1.3 Contratos de locação em *Shopping Center*

O *shopping center* pode ser conceituado como um "centro comercial planejado, sob administração única e centralizada, composto de lojas destinadas à exploração de ramos diversificados de comércio".[15] Essas lojas são objeto de contrato de locação e os locatários ficam sujeitos a regras padronizadas que garantem o "equilíbrio da oferta e da funcionalidade, para assegurar, como objeto básico, a convivência integrada".[16]

Posto isso, o que caracteriza um *shopping center* não é o tamanho de sua estrutura ou a existência de várias lojas, mas sim sua peculiar organização. Segundo Orlando Gomes, o que distingue o *shopping center* dos demais empreendimentos comerciais é "a relação direta entre a rentabilidade do empreendimento e a rentabilidade das ativi-

---

5. PEREIRA, Caio Mário da Silva. *Instituições de Direito Civil*. 22. ed. Rio de Janeiro: Forense, 2018, v. III. p. 247.
6. SCHREIBER, Anderson. *Manual de direito civil*: contemporâneo. São Paulo: Saraiva Educação, 2020, p. 765.
7. NERY JUNIOR, Nelson. *Manual de direito civil*: contratos [livro eletrônico]. São Paulo: Ed. RT, 2014.
8. STJ, CC 164.934, j. 1º.08.2019.
9. TJSP Apel. 1010511-87.2017.8.26.0602, j. 21.10.2020.
10. TJSP Apel. 1000548-98.2019.8.26.0080, j. 30.08.2019.
11. TJSP Apel. 1002677-79.2019.8.26.0564, j. 27.06.2019.
12. TJRJ Apel. 0193518-98.2010.8.19.0001, j. 19.06.2018.
13. TJRJ, Apel. 0010053-29.2015.8.19.0028, j. 10.09.2019.
14. TJSP Apel. 0042671-70.2012.8.26.0405, j. 14.05.2015; TJSP Apel. 1000982-71.2013.8.26.0606, j. 16.12.2014.
15. GOMES, Orlando. In: WALD, Arnoldo (Coord.). *Direito Empresarial*: contratos mercantis. São Paulo: Ed. RT, 2011, v. 4, p. 767.
16. GOMES, op. cit., p. 779.

dades comerciais que se exercerão no prédio"[17] e o fato de haver um projeto estratégico que contempla uma seleção de lojas específicas, que envolvem prestação de serviços ou vendas de produtos, e que são alocadas no espaço de forma criteriosa.[18]

O *shopping center*, enquanto organização contempla várias relações jurídicas contratuais reguladas pelos respectivos instrumentos, não podendo ser definido como um único tipo de contrato. Na esfera dos centros comerciais, encontramos contratos de locação, contratos referentes às associações de lojistas e os regimentos internos.[19] Mas, para fins desse artigo, trataremos apenas dos contratos de locação em *shopping center*.

Uma das características do *shopping center* é proporcionar ao dono do empreendimento, a celebração de contratos de locação com os lojistas. Temos, então, duas figuras distintas nos contratos de locação em centros comerciais, o dono do empreendimento que é quem fornece o espaço e toda a estrutura, e os comerciantes, que são os lojistas.[20]

Os contratos de locação celebrados no âmbito dos centros comerciais diferem da locação residencial ou da comercial tradicional. No *shopping center*, os contratos apresentam maior complexidade, na medida em que contemplam todo o conjunto organizacional que visa interesses globais e comuns a todos os sujeitos e não a um lojista em particular.[21] Além disso, o valor do aluguel costuma corresponder a uma percentagem sobre as vendas, não podendo ser inferior a um valor de aluguel mensal mínimo.[22]

Dentre as particularidades dos contratos de locação em *shopping center*, além da forma de cálculo do aluguel, destaca-se a pactuação de cláusulas de não concorrência,[23] a obrigação de filiação à associação de lojistas, e a autorização ao proprietário para analisar a escrituração contábil dos lojistas. E é no âmbito dessas avenças que podem surgir os conflitos.

1.4 Contratos de empreitada

Os contratos de empreitada têm como objeto a realização de uma obra, exclusiva ou associada ao fornecimento de materiais.[24] Esses contratos podem contemplar a realização de várias atividades, da elaboração do projeto básico até a entrega do empreendimento.[25]

---

17. GOMES, op. cit., p. 779.
18. GOMES, op. cit., p. 779.
19. REQUIÃO, Rubens. In: WALD, Arnoldo (coord.). *Direito Empresarial*: contratos mercantis. São Paulo: Ed. RT, 2011. v. 4.
20. REQUIÃO, op. cit. p. 807.
21. REQUIÃO, op. cit. LEÃES, Luiz Gastão Paes de Barros. Shopping centers: convenção impediente de novo estabelecimento. In: WALD, Arnoldo (Coord.). *Direito Empresarial*: contratos mercantis. São Paulo: Ed. RT, 2011, v. 4, p. 757.
22. REQUIÃO, op. cit., p. 812; GOMES, p. 767.
23. LEÃES, op. cit., p. 756.
24. BAPTISTA, Luiz Olavo. *Construção e Direito Civil*. São Paulo: Lex Editora, 2011, p. 16. TEPEDINO, Gustavo. *Código Civil interpretado conforma a Constituição da República*. Rio de Janeiro: Renovar, 2012, v. II, p. 342.
25. BAPTISTA, op. cit., p. 19.

Os sujeitos que celebram o contrato de empreitada são o dono da obra ou proprietário e o empreiteiro. O dono da obra, normalmente, não possui conhecimento técnico na área de construção; por isso, contrata um empreiteiro, que é o responsável pela realização da obra e para tanto é remunerado. Variam as modalidades de empreitada de acordo com a remuneração do empreiteiro. A empreitada pode ser a preço fixo ou global, em que o preço é predeterminado em função da obra toda, ou a preço unitário, em que o valor é fixado de acordo com os itens ou medições da obra, sendo pago proporcionalmente ao trabalho do empreiteiro.[26]

A complexidade das atividades desenvolvidas no âmbito do contrato de empreitada pode provocar o surgimento de controvérsias diversas relacionadas, entre outros, a atrasos na entrega da obra e à não realização da construção de acordo com as especificidades acordadas. O contrato de empreitada foi a base para o surgimento de estruturas contratuais mais complexas, como o contrato de *turn key* e o contrato de *EPC*. Dessa forma, a empreitada pode ser utilizada tanto na sua forma pura quanto como base para outros ajustes negociais.

1.5 Contratos *built to suit*

O contrato *built to suit* é "um modelo de negócio jurídico em que o empreendedor imobiliário reforma ou edifica determinado imóvel sob medida ao ocupante e, finalizada a obra, cede o uso da edificação por período determinado".[27] Assim, o empreendedor, que geralmente possui expertise no ramo imobiliário, efetua a reforma ou construção do imóvel de em observância ao que foi definido com o futuro ocupante. O empreendedor tem a obrigação de executar a obra nos termos especificados e conceder ao contratante o uso e gozo do imóvel pelo prazo pactuado,[28] e o futuro ocupante o de realizar o pagamento da contraprestação pecuniária.

Embora os contratos *built to suit* sejam celebrados com finalidade eminentemente comercial, é também possível a contratação de um *built to suit* residencial. Esse modelo contratual, acaba por misturar as características dos contratos de locação e de empreitada vistas acima, podendo dele surgir diversos conflitos entre as partes envolvidas como pendências na entrega no imóvel e falhas na construção.[29]

1.6 Incorporação imobiliária

A incorporação imobiliária, segundo dispõe o parágrafo único, do art. 28, da Lei 4.591/64, nada mais é do que "a atividade exercida com o intuito de promover e realizar a construção, para alienação total ou parcial, de edificações compostas por unidades

---

26. BAPTISTA, op. cit., p. 21.
27. GOMIDE, Alexandre Junqueira. *Contratos Built to suit*: aspectos controvertidos decorrentes de uma nova modalidade contratual [livro eletrônico]. São Paulo: Ed. RT, 2017.
28. FIGUEIREDO, Luiz Augusto Haddad. *Built to Suit. Revista de Direito Imobiliário*, ano 35, v. 72. São Paulo: Ed. RT, 2012, p. 179.
29. TJSC, Ag. Inst. 0116378-74.2015.8.24.0000, j. 1º.11.2016.

autônomas". Na incorporação imobiliária, o incorporador tem como objetivo realizar os atos necessários para construção dos imóveis, venda e entrega aos adquirentes, seja para moradia seja para exploração de atividades econômicas.

Nesse negócio, tem-se então, via de regra, a figura do incorporador[30] e a do adquirente. O incorporador assume a tarefa de construir ou contratar a construção da edificação, podendo, para tanto, realizar vários atos para a consecução do empreendimento.[31] Em contrapartida, o adquirente tem a obrigação de pagar o preço correspondente à unidade adquirida.

Desse modo, é fácil concluir que a atividade de incorporação imobiliária envolve vários outros negócios jurídicos que podem ser celebrados pelo incorporador como a compra e venda, a promessa de compra e venda de unidades ou fração ideal do imóvel, o financiamento, a construção e prestação de serviços para a realização da obra, a divulgação do empreendimento, as providências junto ao Registro de Imóveis, entre muitas outras.[32] Ao final da incorporação, o adquirente se torna o proprietário da fração ideal adquirida, sendo aberta nova matrícula no respectivo Cartório de Registro de Imóveis, distinta da do restante do imóvel.

Uma ressalva deve ser feita no tocante à figura do incorporador: ela não se confunde com a do construtor ou empreiteiro. O incorporador possui âmbito de atuação mais amplo, que pode envolver a elaboração dos projetos, contratação de construtor, administração do empreendimento, venda das frações ideais e encaminhamento ao registro imobiliário.[33] Como explicado por Arnaldo Rizzardo, "é comum a entrega da construção a terceiros, que celebram contratos com o incorporador, sem vinculação com os titulares das unidades, os quais, no descumprimento de obrigações, têm a ação unicamente em relação àquele".[34] Caso isso ocorra, o incorporador é responsável por vícios da construção, mas a ele é assegurado o direito de denunciação e ação de regresso contra o construtor.

Considerando a amplitude da incorporação imobiliária, amplos também são os tipos de conflitos dela oriundos, que podem abranger questões relacionadas a, por exemplo, falta de pagamento das prestações[35] e atraso na entrega do imóvel para ficar apenas nestas.

---

30. Nos termos do art. 31, da Lei 4.591/64, o incorporador poderá ser: "a) o proprietário do terreno, o promitente comprador, o cessionário deste ou promitente cessionário com título que satisfaça os requisitos da alínea a do art. 32; b) o construtor ou corretor de imóveis; c) o ente da Federação imitido na posse a partir de decisão proferida em processo judicial de desapropriação em curso ou o cessionário deste, conforme comprovado mediante registro no Cartório de Registro Geral de Imóveis; c) o ente da Federação imitido na posse a partir de decisão proferida em processo judicial de desapropriação em curso ou o cessionário deste, conforme comprovado mediante registro no registro de imóveis competente."
31. RIZZARDO, Arnaldo. *Condomínio edilício e incorporação imobiliária*. 8. ed. Rio de Janeiro: Forense, 2021, p. 447.
32. RIZZARDO, op. cit., p. 447.
33. RIZZARDO, op. cit., p. 449
34. RIZZARDO, op. cit., p. 449.
35. RIZZARDO, op. cit., p. 463.

1.7 Corretagem

O contrato de corretagem consiste em um negócio no qual o corretor, instruído pelo comitente, busca aproximar as partes que desejam realizar um negócio.[36] O corretor, que pode ser pessoa física ou jurídica,[37] realiza a atividade de intermediação, atuando como procurador do proprietário dos imóveis ou da incorporadora imobiliária.[38]

O corretor recebe remuneração apenas se houver encontro de vontades entre as partes que pretendem realizar determinando negócio, realizando sua atividade por sua conta e risco.[39] No contexto dos contratos de corretagem, os litígios possem se originar do não pagamento da comissão de corretagem[40] ou mesmo do escopo dos serviços de corretagem prestados.[41]

1.8 Convenção de condomínio

Diferentemente dos instrumentos anteriormente tratados, a convenção de condomínio não é um contrato bilateral.[42] A convenção condominial nada mais é do que um estatuto coletivo que regula os interesses dos condôminos,[43] estabelecendo as regras de convivência[44] como uso das áreas comuns e privativas e direitos e obrigações dos moradores. Além disso, a convenção possui uma particularidade, pois, embora seja um ato normativo interno, seus efeitos se aplicam a terceiros que frequentarem o edifício ou forem ocupantes das unidades privativas.[45]

Por poder ser imposta aos que não participaram da sua formação é que se depreende que a convenção de condomínio não é um contrato comum, mas um estatuto, que pode ter seus efeitos estendidos a visitantes, locatários, familiares dos moradores, prestadores de serviços[46] e aos moradores que futuramente ingressarem no condomínio.[47] Para que

---

36. NERY, op. cit.
37. FRADERA, Vera. In: WALD, Arnoldo (Coord.). *Direito Empresarial*: contratos mercantis. São Paulo: Ed. RT, 2011, v. 4, p. 397.
38. FRADERA, op. cit., p. 398.
39. TEPEDINO, op. cit., p. 508.
40. TJSP, RI, 1011059-92.2015.8.26.0405, j. 31.08.2017.
41. TJSP, RI, 1011059-92.2015.8.26.0405, j. 31.08.2017.
42. NUNES, Gustavo Moura Azevedo. 3. Cláusula Compromissória em Convenção de Condomínio: Análise quanto à sua oponibilidade àqueles que não anuíram com sua instituição. *Arbitragem, Mediação e Dispute Boards no Mercado Imobiliário*. São Paulo: Quartier Latin, 2019, p. 50.
43. TARTUCE, Flávio. *Manual de Direito Civil*. 6. ed. rev., atual. e ampl. Rio de Janeiro. Forense; São Paulo: Método, 2016, p. 1066. RIZZARDO, op. cit., p. 199.
44. NUNES, op. cit., p. 72.
45. RIZZARDO, op. cit., p. 199.
46. NUNES, op. cit., p. 73. Nesse sentido Arnaldo Rizzardo leciona que: "Desponta, outrossim, o lado institucional ou normativo, pois contém normas a serem obedecidas não apenas por aqueles que a aprovaram mas também por aqueles que ingressam no condomínio, como os locatários, os comodatários, os visitantes, os empregados ou serviçais". Ainda sobre esse tema, tem-se o STJ, REsp 36.815, j. 21.09.1993: "de fato, regularmente aprovada, a convenção do condomínio é de observância obrigatória, não só para os condôminos como para qualquer ocupante da unidade, como prevê expressamente o §2º do art. 9º da Lei 4.591/64".
47. Destaca-se o trecho do STJ, REsp 1.169.865, j. 13.8.2013: "com efeito, ao fixar residência em um condomínio edilício, é automática e implícita a adesão às suas normas internas que submetem a todos, para manutenção da higidez das relações de vizinhança".

ela seja obrigatória é imprescindível que a convenção de condomínio seja subscrita por, no mínimo, dois terços dos condôminos e seja registrada no Cartório de Registro de Imóveis, nos termos do art. 1.333, CC[48] e art. 9º, §§ 1º e 2º, da Lei 4.591/64.[49]

A convenção de condomínio deve disciplinar, nesse contexto, a relação entre os condôminos. O art. 1.334, CC[50] e o art. 9º, § 3º, da Lei 4.591/64[51] enumeram várias matérias que podem ser regulamentadas na convenção de acordo com os interesses dos condôminos. O rol das matérias previstas nesses artigos é meramente exemplificativo, consistindo no conteúdo mínimo e essencial para a regulamentação do condomínio.

No âmbito dessas matérias, podem surgir controvérsias entre os condôminos decorrentes de danos gerados por um condômino aos bens comuns, rateio das despesas condominiais, mal uso das áreas comuns, entre outras.

1.9 Fundos de investimento imobiliários ("FII")

Os fundos de investimento imobiliário ("FII") são opção diferenciada de investimento dentro do setor imobiliário.[52] A sua instituição no direito brasileiro ocorreu por meio da Lei 8.668/1993, a qual definiu os FII como entes sem personalidade jurídica, caracterizados pela comunhão de recursos destinados à aplicação em empreendimentos imobiliários. Conforme prevê o art. 4º dessa lei, a sua fiscalização incumbe à Comissão de Valores Mobiliários ("CVM").[53] As principais instruções normativas ("IN") acerca

---

48. Código Civil: "Art. 1.333. A convenção que constitui o condomínio edilício deve ser subscrita pelos titulares de, no mínimo, dois terços das frações ideais e torna-se, desde logo, obrigatória para os titulares de direito sobre as unidades, ou para quantos sobre elas tenham posse ou detenção. Parágrafo único. Para ser oponível contra terceiros, a convenção do condomínio deverá ser registrada no Cartório de Registro de Imóveis."
49. Lei 4.591/64: "Art. 9º § 1º Far-se-á o registro da Convenção no Registro de Imóveis, bem como a averbação das suas eventuais alterações. § 2º Considera-se aprovada, e obrigatória para os proprietários de unidades, promitentes compradores, cessionários e promitentes cessionários, atuais e futuros, como para qualquer ocupante, a Convenção que reúna as assinaturas de titulares de direitos que representem, no mínimo, 2/3 das frações ideais que compõem o condomínio."
50. Código Civil: "Art. 1.334. Além das cláusulas referidas no art. 1.332 e das que os interessados houverem por bem estipular, a convenção determinará: I – a quota proporcional e o modo de pagamento das contribuições dos condôminos para atender às despesas ordinárias e extraordinárias do condomínio; II – sua forma de administração;
III – a competência das assembleias, forma de sua convocação e quórum exigido para as deliberações; IV – as sanções a que estão sujeitos os condôminos, ou possuidores; V – o regimento interno."
51. Lei 4.591/64: "Art. 9º, § 3º Além de outras normas aprovadas pelos interessados, a Convenção deverá conter:
a) a discriminação das partes de propriedade exclusiva, e as de condomínio, com especificações das diferentes áreas; b) o destino das diferentes partes; c) o modo de usar as coisas e serviços comuns; d) encargos, forma e proporção das contribuições dos condôminos para as despesas de custeio e para as extraordinárias; e) o modo de escolher o síndico e o Conselho Consultivo; f) as atribuições do síndico, além das legais; g) a definição da natureza gratuita ou remunerada de suas funções; h) o modo e o prazo de convocação das assembleias gerais dos condôminos; i) o quórum para os diversos tipos de votações; j) a forma de contribuição para constituição de fundo de reserva; l) a forma e o quórum para as alterações de convenção; m) a forma e o quórum para a aprovação do Regimento Interno quando não incluídos na própria Convenção".
52. PALERMO, Fernanda Kellner de Oliveira. O fundo de investimento imobiliário. *Revista de Direito Imobiliário*, v. 53, p. 142-159, jul./dez. 2002, DTR 2002/306.
53. Lei 8.668/93: art. 4º: "Compete à Comissão de Valores Mobiliários autorizar, disciplinar e fiscalizar a constituição, o funcionamento e a administração dos Fundos de Investimento Imobiliário, observadas as disposições desta lei e as normas aplicáveis aos Fundos de Investimento."

dos FII são a IN CVM 472, que dispõe sobre a constituição, a administração, o funcionamento, a oferta pública de distribuição de cotas e a divulgação de informações, e a IN CVM 555, que trata dos fundos de investimentos em geral.

Conforme prevê o art. 2º, da IN CVM 472, "o FII é uma comunhão de recursos captados por meio do sistema de distribuição de valores mobiliários e destinados à aplicação em empreendimentos imobiliários". Dessa forma, por meio da constituição de um fundo de investimento imobiliário, é possível diversificar os riscos pois a aquisição da cota do fundo, que administra, por via de regra, vários imóveis, mitiga problemas associados ao aporte direto de recursos – como inadimplência dos devedores, desvalorização do imóvel, e eventuais casos fortuitos.

Há diversas formas de estruturar juridicamente os FII, tendo sido a opção brasileira a constituição sob forma de condomínio fechado,[54] sendo, contudo, utilizadas outras configurações legais em outros ordenamentos.[55] A partir do modelo adotado no Brasil, haverá a cisão entre a propriedade do bem e o seu controle, tal qual ocorre no direito societário, cabendo a administração do fundo a entidade diversa daquela onde se dá a representação dos cotistas, a assembleia de cotistas.[56] O administrador atuará como fiduciário, tal qual previsto no regulamento do fundo, realizando todas as operações e praticando os atos atrelados ao fundo, além de exercer os direitos inerentes à propriedade e demais direitos integrantes do fundo.[57]

Assim, enquanto há relação fiduciária entre os cotistas investidores e o fundo,[58] a relação de direito real ou obrigacional será firmada somente entre o fundo e os locadores ou arrendatários dos imóveis.[59] Desse modo, os FII podem atuar em diversos nichos do mercado imobiliário, como em *shoppings*, hotéis, prédios de escritório, imóveis para locação, dentre outros.[60]

---

54. Lei 8.668/93: "Art. 2º O Fundo será constituído sob a forma de condomínio fechado, proibido o resgate de quotas, com prazo de duração determinado ou indeterminado." Ainda, IN CVM 472, art. 2, § 1º: "O fundo será constituído sob a forma de condomínio fechado e poderá ter prazo de duração indeterminado."
55. Por exemplo, em Portugal os FII são patrimônios autônomos: "Os fundos de investimento imobiliário são patrimónios autónomos pertencentes, em regime de comunhão, a uma pluralidade de pessoas singulares ou coletivas (participantes) – que neles investiram as suas poupanças em troca da titularidade de uma quota nesse património (unidade de participação) – com o objetivo de aplicação dos capitais obtidos junto desses investidores em carteiras diversificadas de ativos imobiliários ("maxime", direitos de propriedade, arrendamento, superfície ou exploração de imóveis) que serão administrados por entidades gestoras segundo um princípio de repartição de riscos" (ANTUNES, José Engrácia. Os fundos de investimento imobiliário no Direito Português. *Revista de Direito Imobiliário*, v. 89, p. 431-443, jul./dez., 2020, DTR 2020/14331).
56. FRANCO, Antonio Celso Pinheiro. Fundos de Investimento Imobiliário. *Revista do Instituto dos Advogados de São Paulo*, v. 15, p. 347-351, jan./jun. 2005, DTR 2005/883.
57. ELIAS, Eduardo Arrieiro. A (não)incidência do ITBI na integralização de cotas de fundos de investimentos imobiliários mediante conferência de bens imóveis. *Revista de Direito Bancário e do Mercado de Capitais*, v. 80, p. 107-128, abr./jun. 2018, DTR 2018/14375.
58. TERRA, Marcelo. Reflexões registrarias sobre o fundo de investimento imobiliário. *Revista de Direito Imobiliário*, v. 36, p. 57-71, jan./dez. 1995, DTR 1995/38.
59. "A finalidade do patrimônio segregado, no caso do fundo, consiste justamente na obtenção de rendimentos mediante aporte de recursos em determinadas atividades ou setores, relacionados ao objeto do fundo." (OLIVA, Milena Donato. Indenização devida "ao fundo de investimento": qual quotista vai ser contemplado, o atual ou o da data do dano? *Revista dos Tribunais*, v. 904, p. 73-96, fev. 2011).
60. WALD, Arnoldo. Os Fundos Imobiliários. *Revista dos Tribunais*, v. 706, p. 252-253, ago. 1994, DTR 1994/363.

A relação de direito imobiliário existente nos FII é, pois, significativamente diversa das demais. Em primeiro lugar, não existe relação de direito real de propriedade entre os cotistas e o imóvel, que é de titularidade do fundo. Em segundo, a administração do imóvel é do fundo, configurando relação fiduciária. Em terceiro, é uma relação de escopo lucrativo. A união desses três elementos faz surgir uma relação jurídica sofisticada e complexa, cujos conflitos são, potencialmente, resolvidos mediante arbitragem.

1.10 Multipropriedade imobiliária

Recentemente foi publicada a Lei 13.777/18 que instituiu a multipropriedade imobiliária no direito civil brasileiro. Essa lei alterou o Código Civil, que passou a prever em seu art. 1.358-C, que a multipropriedade consiste em um "regime de condomínio em que cada um dos proprietários de um mesmo imóvel é titular de uma fração de tempo, à qual corresponde à faculdade de uso e gozo, com exclusividade, da totalidade do imóvel, a ser exercida pelos proprietários de forma alternada".

Esse instituto, segundo o STJ, costuma ser utilizado com a finalidade de lazer, "no qual se divide o aproveitamento de bem imóvel (casa, chalé, apartamento) entre os cotitulares em unidades fixas de tempo, assegurando-se a cada um o uso exclusivo e perpétuo durante certo período do ano".[61] Por meio da multipropriedade, no lugar da divisão do imóvel em frações ideais como ocorre em um condomínio, por exemplo, o imóvel é dividido entre os proprietários em frações de tempo, de no mínimo 7 dias,[62] mediante um sistema de rodízio.[63] Cada fração de tempo deve corresponder a uma matrícula no cartório de registro de imóveis, que estará subordinada à matrícula principal.[64]

Esse modelo jurídico tem o propósito de potencializar o aproveitamento dos imóveis de férias que muitas vezes permanecem fechados a maioria do ano, sendo utilizados apenas em períodos específicos pelo proprietário.[65]

O Código Civil regulamentou diversas questões envolvendo a multipropriedade, como a forma de sua instituição, os poderes e deveres dos multiproprietários, a possibilidade de transferência do direito de multipropriedade e a sua administração. Essa alteração do Código Civil decorrente da Lei 13.777/18, demonstra que o mercado imobiliário vem constantemente crescendo e se aperfeiçoando com o surgimento de novas modelagens de negócios.

---

61. STJ, REsp 1.546.165, j. 26.04.2016.
62. Art. 1.358-E, CC.
63. STJ, REsp 1.546.165, j. 26.04.2016.
64. SCHREIBER, Anderson. *Multipropriedade Imobiliária e a Lei 13.777/18*. Disponível em: https://blog.grupogen.com.br/juridico/areas-de-interesse/civil/multipropriedade-imobiliaria-e-a-lei-13777-18/?gclid=CjwKCA-jw5_GmBhBIEiwA5QSMxK9GehGSBDUgsHPe065UuaYGzsKVi0p089zPFYDQvV-yHKZwKrgsLBoCk-F4QAvD_BwE. Acesso em 14.10.2021. ABELHA, André. Condomínio em multipropriedade. In: BORGES, Marcus Vinícius Motter Borges (Coord.). *Curso de Direito Imobiliário Brasileiro* [livro eletrônico]. São Paulo: Thomson Reuters Brasil, 2021.
65. ABELHA, op. cit.

1.11 *Coworking*

Nos últimos tempos, estão surgindo novas formas de compartilhamento de espaços para redução de custos. Nesse contexto, floresce um novo negócio jurídico, denominado *coworking*, um contrato atípico que mescla "obrigações de dar o uso de uma coisa infungível, assim como a de prestar um serviço àquele que se utilizará da coisa".[66]

Os espaços de *coworking* são marcados pelo compartilhamento do local com profissionais de diversas áreas e empresas diferentes. Esses contratos se diferem da locação, pois, além da cessão do uso do imóvel, há também a prestação de serviços de escritório e apoio administrativo, como recepcionista, serviços de limpeza, copa, utilização de impressoras, internet, telefone, além de todo o mobiliário disponível, incluindo salas de reunião.

A empresa de *coworking* deve garantir a manutenção do espaço com a adequada prestação dos serviços contratados, ao passo que cabe ao *coworker*, efetuar o pagamento de uma contraprestação monetária. Atualmente não há legislação específica que regule os contratos de *coworking*, mas não é difícil inferir que conflitos podem naturalmente decorrer dessa relação.

2. ADEQUAÇÃO OBJETIVA DA ARBITRAGEM NO MERCADO IMOBILIÁRIO

Complexos os contratos, mais complexos também se tornam os conflitos deles originados, exigindo-se, assim, formas sofisticadas de solução. Por outro lado, a morosidade dos processos judiciais impede, em casos que tais, como de resto em muitos outros, a obtenção de soluções céleres e eficazes, indispensáveis à dinâmica desses negócios. Nesse contexto, surge a arbitragem como método adequado à solução da boa parte dos conflitos ocorrentes no âmbito do mercado imobiliário.

Conforme mencionado nos tópicos anteriores, a maioria dos conflitos decorrentes dos negócios imobiliários dizem respeito ao manejo das faculdades inerentes ao direito de propriedade. Desse modo, a arbitragem pode ser utilizada como forma de resolução desses litígios, desde que sejam relacionados a direitos patrimoniais e disponíveis.

As decantadas vantagens da arbitragem, como a possibilidade de escolha de árbitros que sejam especialistas na matéria, o sigilo predominante nos procedimentos arbitrais, a celeridade e a maior flexibilidade das regras procedimentais, podem ser em boa parte das vezes bastante atrativas para a solução dos conflitos imobiliários

Certo é, todavia, que, pelas suas particularidades, a arbitragem não se presta à solução de todo e qualquer tipo de conflito imobiliário. Sua utilização não há que se dar de modo indistinto. Deve-se sempre fazer um juízo de valor considerando as partes envolvidas, o tipo de negócio celebrado e o valor do contrato para então se buscar a forma mais eficiente e econômica de solução do conflito. A título de exemplo, a depender

---

66. BARBARESCO, Marcelo. Estruturas diferenciadas de cessão de uso de imóveis. In: BORGES, Marcus Vinícius Motter (Coord.). *Curso de Direito Imobiliário Brasileiro* [livro eletrônico]. São Paulo: Thomson Reuters, 2021.

do valor em discussão, a opção pela arbitragem pode não ser a melhor. As custas do procedimento arbitral podem, eventualmente, superar até mesmo o valor do contrato.

Embora se diga aqui que a arbitragem é, a princípio, plenamente adequada às necessidades do setor imobiliário, é preciso que se tenha atenção para algumas questões que serão abordadas na sequência.

3. CLASSIFICAÇÃO DOS CONTRATOS IMOBILIÁRIOS A PARTIR DOS SUJEITOS ENVOLVIDOS

Como os contratos imobiliários versam sobre direitos patrimoniais e disponíveis, não há dúvidas quanto à arbitrabilidade objetiva dos conflitos deles oriundos. Todavia, esses contratos podem apresentar contornos que atraem a incidência de regras específicas. A depender da natureza jurídica da relação subjacente, há requisitos especiais a ser observados no que tange à possibilidade de utilização da arbitragem.

Conforme jurisprudência do Superior Tribunal de Justiça ("STJ"):

> com a promulgação da Lei de Arbitragem, passaram a conviver, em harmonia, três regramentos de diferimentos graus de especificidade: (i) a regra geral, que obriga a observância da arbitragem quando pactuada pelas partes; (ii) a regra específica, aplicável a contratos de adesão genéricos, que restringe a eficácia da cláusula compromissória; e (iii) a regra ainda mais específica, incidente sobre contratos sujeitos ao CDC, sejam eles de adesão ou não, impondo a nulidade de cláusula compromissória.[67]

Nesse sentido, há três grupos de contratos formados a partir de qualificações jurídicas diversas: *(i)* os contratos imobiliários de consumo; *(ii)* os contratos imobiliários de adesão não consumeristas e *(iii)* os contratos imobiliários paritários.

3.1 Contratos imobiliários de consumo

No âmbito do direito imobiliário estão também presentes contratos de consumo, que são aqueles "firmados entre o fornecedor e o consumidor não profissional, e entre o fornecedor e o consumidor, que pode ser um profissional, mas que no contrato em questão, não visa lucro, pois o contrato não se relaciona com sua atividade profissional, seja este consumidor pessoa física ou jurídica".[68]

Preenchido o suporte fático dos artigos 2º e 3º do Código de Defesa do Consumidor ("CDC"),[69] estar-se-á diante de uma situação jurídica consumerista, a qual é tutelada por regras próprias, atentando-se para a assimetria existente entre as partes. No que

---

67. STJ, REsp 1.169.841, j. 06.11.2012.
68. MARQUES, Claudia Lima; BENJAMIN, Antonio Herman; MIRAGEM, Bruno. *Comentários ao Código de Defesa do Consumidor* [livro eletrônico]. São Paulo: Thomson Reuters Brasil, 2019.
69. CDC: "Art. 2º Consumidor é toda pessoa física ou jurídica que adquire ou utiliza produto ou serviço como destinatário final."

    "Art. 3º Fornecedor é toda pessoa física ou jurídica, pública ou privada, nacional ou estrangeira, bem como os entes despersonalizados, que desenvolvem atividade de produção, montagem, criação, construção, transformação, importação, exportação, distribuição ou comercialização de produtos ou prestação de serviços."

tange à arbitragem, incidirá a regra do art. 51, VII do CDC,[70] que considera inválida a cláusula contratual que vise impor a utilização de arbitragem compulsória em uma relação de consumo.

Assim, o CDC não veda a utilização da arbitragem como meio de solucionar os conflitos consumeristas, pelo contrário, incentiva a adoção de métodos adequados de resolução de controvérsias. A ressalva que se faz é que a inserção de cláusula compromissória não pode ser dar de forma impositiva.

A jurisprudência do STJ é pacífica no sentido de que a compra e venda de imóvel para destinatário final, para fins de moradia é um contrato de consumo,[71] o que condiciona a eficácia da cláusula compromissória à iniciativa do consumidor de instituir a arbitragem ou, caso essa tenha sido instituída pelo fornecedor, que o consumidor manifeste expressamente o consentimento com a sua instauração.[72] Nesse sentido, entendeu-se no REsp 1.628.819,[73] relatado pela Ministra Nancy Andrighi, em caso cujo propósito era o de aferir a validade de cláusula compromissória no contexto de compra e venda de imóvel residencial que "o art. 51, VII, do CDC limita-se a vedar a adoção prévia e compulsória da arbitragem, no momento da celebração do contrato, mas não impede que, posteriormente, diante de eventual litígio, havendo consenso entre as partes (em especial a aquiescência do consumidor), seja instaurado o procedimento arbitral".[74]

Uma vez qualificada a relação como de consumo, há incidência das normas de ordem pública contidas do CDC. E, nesse sentido, pouco importa a condição econômica

---

70. CDC: "Art. 51. São nulas de pleno direito, entre outras, as cláusulas contratuais relativas ao fornecimento de produtos e serviços que: VII – determinem a utilização compulsória de arbitragem".
71. Vide trecho do REsp 1.446.963: "o objeto do contrato celebrado entre as partes deste processo era a aquisição de uma unidade residencial, pelo regime da incorporação imobiliária, um típico contrato de consumo" (STJ, REsp 1.446.963, j. 1º.08.2017). O STJ segue o entendimento de que a compra e venda de imóvel residencial é qualificada juridicamente como relação de consumo, atraindo a incidência do CDC, nesse sentido trecho do REsp 1.169.841: "Com efeito, não cabe dúvida de que a relação estabelecida entre as partes – compra e venda de imóvel para fins de moradia – é de consumo, como já decidiu reiteradas vezes esta Corte" (STJ, REsp 1.169.841, j. 06.11.2012). Outros casos envolvendo compra e venda de imóvel em que houve a configuração de relação de consumo e constatação de nulidade da cláusula compromissória: STJ, AREsp 1.705.504, j. 25.11.2020; STJ, AREsp 1.286.832, j. 25.09.2019; STJ, AREsp 1.172.257, j. 25.09.2019; STJ, REsp 1.114.724, j. 11.04.2016; STJ, AREsp 259.931, j. 28.03.2016.
72. Essa orientação está refletida na Tese 11 da Jurisprudência em Teses do STJ: "A legislação consumerista impede a adoção prévia e compulsória da arbitragem no momento da celebração do contrato, mas não proíbe que, posteriormente, em face de eventual litígio, havendo consenso entre as partes, seja instaurado o procedimento arbitral".
73. STJ, REsp 1.628.819, j. 27.02.2018.
74. Nesse sentido, veja-se trecho do REsp 1.189.050, j. 1º.03.2016: "a instauração da arbitragem pelo consumidor vincula o fornecedor, mas a recíproca não se mostra verdadeira, haja vista que a propositura da arbitragem pelo policitante depende da ratificação expressa do oblato vulnerável, não sendo suficiente a aceitação da cláusula realizada no momento de assinatura do contrato de adesão. Com isso, evita-se qualquer forma de abuso, na medida em que o consumidor detém, caso desejar, o poder de libertar-se da via arbitral para solucionar eventual lide com o prestador de serviços ou fornecedor. É que a recusa do consumidor não exige qualquer motivação. Propondo ele ação no Judiciário, haverá negativa (ou renúncia) tácita da cláusula compromissória" (SJT, REsp 1.189.050, j. 1º.03.2016).

do adquirente ou o padrão do imóvel. Com efeito, o STJ no REsp 1.785.783[75] aplicou o mesmo entendimento no contexto da compra e venda de imóvel de luxo.[76]

Por outro lado, caso o consumidor não seja o destinatário final do imóvel, a jurisprudência caminha no sentido de que não há relação de consumo, sendo válida a escolha da arbitragem.[77]

O mesmo se aplica aos contratos de corretagem. Segundo entendimento do Tribunal de Justiça do Estado do Paraná ("TJPR") os contratos de corretagem podem ser considerados contratos de consumo quando a parte é consumidora final dos serviços de corretagem.[78]

Diante, pois da instalação de litígio, em casos que tais, havendo aquiescência do consumidor, poderá ser instaurado o procedimento arbitral.[79] Com base em cláusula compromissória inserida em contrato consumerista, poderá o consumidor imobiliário dar início a procedimento arbitral, sujeitando-se a vendedora do imóvel à solução do litígio mediante arbitragem.[80]

Sobre a validade do procedimento arbitral relativo a relação de consumo no âmbito imobiliário, destaca-se julgado do Tribunal de Justiça de Minas Gerais ("TJMG") em que, apesar de ter se configurada relação de consumo imobiliário no contexto de compra e venda de imóvel, considerou-se válida a arbitragem em razão de os compradores terem participado ativamente do procedimento, entendendo-se como tal a renúncia à jurisdição estatal.[81] Em seu voto, o desembargador relator considerou que "tendo em vista a qualificação dos autores, verifico que, realmente, são pessoas instruídas com plena capacidade para compreender a extensão dos efeitos da cláusula e sua aplicabilidade, não cabendo falar em nulidade." Além disso, ressaltou também que "apesar de inexistir documento comprovando que a parte ora apelante concordou com sua instituição, não há dúvidas de que aceitou a instauração do procedimento arbitral ao assinar o termo de arbitragem, nele se fazendo representar por ilustres advogados regularmente constituídos, pagando, inclusive, a taxa de administração".

---

75. STJ, REsp 1.785.783, j. 05.11.2019.
76. O STJ tem múltiplos julgados nesse sentido: STJ, AREsp 1.336.387, j. 16.08.2018; STJ, AREsp 977.942, j. 24.05.2018; STJ, REsp 1.641.672, j. 1º.08.2018; STJ, AREsp 1.181.969, j. 19.12.2017; STJ, AREsp 1.024.715, j. 17.05.2017; STJ, AREsp 201.003, j. 16.03.2017.
77. Destaca-se trecho do julgado: "Como que em reforço ao que foi dito, a autora/apelante não é destinatária final do produto/serviço oferecido pela ré/apelada, porque os contratos foram firmados por ela para o exercício de sua atividade profissional." (TJMG, Apel. 1.0000.19.039012-0/001, j. 07.08.2019).
78. TJPR, RI 0010179-81.2018.8.16.0182, j. 27.09.2018.
79. STJ, REsp 1.169.841, j. 06.11.2012.
80. Nesse sentido, destaca-se trecho do inteiro teor de acórdão lavrado pelo TJMG: "Se as partes validamente instituíram que as controvérsias relativas ao contrato deverão ser dirimidas por meio de arbitragem, a discussão sobre o contrato de compra e venda e possíveis violações a ele devem se dar no juízo arbitral." [...] No presente caso, os Réus, partes aderentes no contrato, arguiram em preliminar a prevalência do juízo arbitral, tomando, pois, a iniciativa de submeter o litígio à arbitragem, pelo que deve ser considerada válida a vinculação ao compromisso arbitral" (TJMG, 11ª CC, Apel 1.0534.13.001198-2/002, j. 22.06.2016).
81. TJMG, Apel 1.0000.17.045856-6/001, j. 21.09.2017.

A cláusula compromissória, no contexto das relações imobiliárias de consumo, é, pois, uma cláusula compromissória assimétrica, uma vez que autoriza apenas o consumidor a dar início à arbitragem, conferindo-lhe tal direito potestativo. Caso a arbitragem seja iniciada pelo fornecedor, é necessária a concordância expressa do consumidor. Em sendo seu direito iniciar a arbitragem, o consumidor poderá optar por exercê-lo ou não, bastando a propositura de ação judicial para demonstrar cabalmente o desinteresse pela instauração da arbitragem.[82] Por fim, poderá o comprador-consumidor, caso demandado judicialmente, por conta de contrato de compra e venda de imóvel que contenha cláusula compromissória se valer da exceção de arbitragem consubstanciada no art. 337, X do Código de Processo Civil ("CPC")[83] para fazer com que a lide seja dirimida pela via arbitral.

3.2 Contratos imobiliários de adesão

Um segundo grupo de contratos abarca as situações nas quais não há relação de consumo. São, contudo, contratos de adesão e se caracterizam pela evidente assimetria entre as partes:[84] de um lado, uma delas estabelece os termos do contrato e, do outro, a aderente aceita as cláusulas, sem margem de negociação.[85] No setor imobiliário, é comum a utilização desse tipo de contrato, os chamados contratos padronizados, por proporcionarem agilidade nas negociações e redução dos custos de transação.[86]

Nesse contexto, no que toca à arbitragem, a norma de regência aplicável é o art. 4º, § 2º, da Lei de Arbitragem ("LArb").[87] A eficácia da cláusula compromissória é condicionada à iniciativa do aderente de instituir a arbitragem ou à sua concordância expressa com a sua instituição postulada pela outra parte, desde que por escrito em documento anexo ou em negrito e com uma assinatura específica para essa cláusula.

O STJ, diante de litígios envolvendo contrato de compra e venda de imóvel, firmou entendimento no sentido de que, em se tratando de contrato de adesão, é necessário sejam atendidos os requisitos do art. 4º, § 2º, da LArb.[88] Nesses casos, segundo o STJ, em que pese a previsão do art. 8º, parágrafo único, da LArb,[89] o Poder Judiciário poderia

---

82. A jurisprudência do STJ é pacífica nesse sentido: STJ, AREsp 1.661.552, j. 06.05.2020; STJ, REsp 1.633.403, j. 14.04.2020; STJ, AREsp 1.490.565, j. 30.03.2020; STJ, AgInt 1.602.729, j. 12.03.2020; STJ, AREsp 1.438.390, j. 16.05.2019; STJ, AREsp 1.398.038, j. 03.12.2018; STJ, REsp 1.688.440, j. 24.09.2018; STJ, REsp 1.586.736, j. 24.09.2018; STJ, AREsp 1.305.237, j. 13.06.2018; STJ, AgInt no AREsp 1.192.648, j. 27.11.2018; TJPR, RI 0010179-81.2018.8.16.0182, j. 27.09.2018.
83. CPC, Art. 337: "Incumbe ao réu, antes de discutir o mérito, alegar: X – convenção de arbitragem".
84. KLEIN, Aline Lícia; VITALE, Olivar. Investidor Imobiliário, Contrato por Adesão e Cláusula Compromissória. *Arbitragem, Mediação e Dispute Boards no Mercado Imobiliário*. São Paulo: Quartier Latin, 2019, p. 136.
85. ZANETTI, Cristiano de Sousa. *Comentários ao Código Civil*. São Paulo: Saraiva Educação, 2018, p. 701.
86. KLEIN, VITALE, op. cit., p. 137.
87. LArb: "art. 4º, § 2º. Nos contratos de adesão, a cláusula compromissória só terá eficácia se o aderente tomar a iniciativa de instituir a arbitragem ou concordar, expressamente, com a sua instituição, desde que por escrito em documento anexo ou em negrito, com a assinatura ou visto especialmente para essa cláusula."
88. STJ, AREsp 1.761.923, j. 16.01.2021; STJ, ARESP 1.809.051, j. 27.09.2021; STJ AREsp 975.050, j. 10.10.2016.
89. LArb: "Art. 8º, Parágrafo único. Caberá ao árbitro decidir de ofício, ou por provocação das partes, as questões acerca da existência, validade e eficácia da convenção de arbitragem e do contrato que contenha a cláusula compromissória."

reconhecer de plano eventual invalidade da cláusula compromissória, independentemente do estado em que se encontre o procedimento arbitral.

A jurisprudência do STJ é pacífica no sentido de que o CDC não é aplicável aos contratos de locação regidos pela Lei 8.245/91, "porquanto, além de fazerem parte de microssistemas distintos do âmbito normativo do direito privado, as relações jurídicas não possuem os traços característicos da relação de consumo".[90] Em situação envolvendo contrato de locação de imóvel, o STJ decidiu por não aplicar o CDC e entendeu terem sido cumpridos os requisitos do art. 4º, § 2º, LArb pois "as partes envolvidas no contrato apuseram suas assinaturas anuindo, expressamente, com a estipulação da cláusula compromissória, não havendo razão, portanto, para se questionar acerca de sua validade e eficácia".[91]

O TJSP,[92] em Ação de Despejo cumulada com Rescisão de Contrato de Locação e Cobrança de Aluguéis e Acessórios, afastou a preliminar que buscava reconhecer a obrigatoriedade de arbitragem, sob o fundamento de que o contrato seria de adesão e que "para a devida instituição do compromisso arbitral, deveria possuir ato inequívoco de aquiescência dos Aderentes concordando com a instituição do Juízo Arbitral".[93] A relatora registrou *in casu* que a cláusula compromissória não possuía a assinatura dos locatários, o que impediria sua eficácia jurídica.

Em outro julgamento, o TJSP, em caso de ação de indenização por avarias em um imóvel locado, entendeu que a validade da cláusula compromissória inserida no contrato de locação deveria ser analisada pelo Tribunal Arbitral em atendimento ao princípio competência-competência. Não obstante o processo tenha sido extinto sem resolução do mérito para análise pelo Tribunal Arbitral, a desembargadora relatora em seu voto ponderou o seguinte:

> O art. 4º, § 2º, da Lei 9.307/96 não se aplica ao caso. Primeiro, por não ser evidente a natureza de *contrato de adesão* dos instrumentos de fls. 17/29. Segundo, por ter havido o devido destaque exigido pelo dispositivo. Terceiro, os autores não controvertem a validade da cláusula (e nem poderiam, visto que, se adotada a tese de se tratar de contrato de adesão, foram eles os responsáveis pela redação do dispositivo). Quarto, último, e mais importante, a *finalidade* do dispositivo é proteger o *aderente*, que, no caso, seria justamente o réu; logo, se o próprio réu anela a arbitragem, a protetividade do dispositivo não teria razão de ser.[94] (destaques no original).

Ainda sobre os contratos de locação, o TJMG, em ação de despejo decidiu pela invalidade da cláusula compromissória por não ter sido especificamente assinada.[95]

---

90. STJ, CC 164.934, j. 1º.08.2019.
91. STJ, CC 164.934, j. 1º.08.2019.
92. Nesse mesmo sentido o TJSP decidiu que o contrato de locação objeto da controvérsia, seria de adesão, em razão disso, necessário o destaque e assinatura específica da cláusula, o que não ocorreu no caso (TJSP, Agr. Inst. 2218520-92.2020.8.26.0000, j. 23.03.2021). Em outro caso, envolvendo locação de imóvel residencial, o TJSP entendeu que a cláusula compromissória foi livremente pactuada, redigida de maneira simples, em negrito e com assinatura específica, nos moldes do art. 4, § 2º, da LArb, de forma que é válida (TJSP, Apel. 1005295-60.2020.8.26.0564, j. 26.02.2021).
93. TJSP, Apel. 0001518-55.2013.8.26.0071, j. 19.09.2015
94. TJSP, Apel. 1010511-87.2017.8.26.0602, j. 21.10.2020.
95. TJMG, Apel. 1.0105.11.012457-2/001, j. 04.12.2013.

O Tribunal de Justiça do Rio de Janeiro ("TJRJ"), no mesmo sentido, decidiu que nos contratos de locação, a cláusula compromissória é válida desde que esteja destacada e com assinatura específica.[96]

Por fim, em relação aos contratos de *coworking*, segundo entendimento do TJSP, não estão sujeitos à legislação consumerista, pois a utilização do espaço cedido destina-se ao incremento da atividade empresarial, mas enquadram-se como contrato de adesão.[97]

A análise desses julgados demonstra que, no âmbito de contratos imobiliários, os tribunais tendem a examinar o contexto da relação entre as partes para verificar se a contratação se deu por adesão e, em caso positivo, a validade da cláusula compromissória depende do preenchimento dos pressupostos do art. 4º, § 2º, LArb.

3.3 Contratos imobiliários paritários

Há que se mencionar por fim os contratos imobiliários que não se estabelecem mediante contrato de adesão e nos quais há paridade entre os contratantes. Nesse contexto, como já se viu, é válida e vinculante a cláusula compromissória pactuada entre as partes quando não há relação de vulnerabilidade que justifique a incidência da tutela tipicamente consumerista.[98]

Entre os contratos imobiliários paritários, talvez o mais comum seja o que regula a compra e venda de imóveis entre pessoas físicas. Nesses casos, os tribunais brasileiros possuem julgados[99] decidindo pela validade da cláusula compromissória.[100]

---

96. TJRJ, Apel. 0285725-04.2-19.8.19.0001, j. 17.02.2022.
97. TJSP, Apel. 1050416-48.2020.8.26.0100, j. 30.09.2021.
98. Nesse sentido, destaca-se excerto do inteiro teor do REsp 1.737.819: "O contrato celebrado pelas (cf. fls. 27/36), em nada se assemelha a um contrato padrão do tipo contrato de adesão, já que, a própria formatação do instrumento demonstra que o pacto foi realizado de modo específico, para ajustar àquela aquisição de propriedade individual avençada com os autores/apelantes. Merece registro a cláusula de eleição do juízo arbitral, que bem revela o caráter paritário da avença, pois ela está destacada das demais, sua redação está formatada em negrito e itálico (recursos disponíveis no programa de editor de texto word), sem qualquer aspecto de imposição ou prevalência de urna parte sobre a outra. Ademais, conquanto a relação existente entre as partes seja regida pelas normas consumeristas, a proteção do art. 51, VII, do CDC, que proclama a nulidade da cláusula de que determina "a utilização compulsória de arbitragem", é medida que se justifica para defesa do Consumidor vulnerável na relação jurídica contratual, o que não é o caso, já que a autora/apelante se qualificou como corretora de imóveis, ou seja, como profissional atuante no ramo da compra e venda de imóveis, não sendo pessoa inexperiente, ignorante ou inábil para as relações do mercado imobiliário, e muito menos portadora de hipossuficiência técnica. Não há dúvida do equilíbrio de forças entre os contratantes, de modo que a regra da obrigatoriedade das convenções (*pacta sunt servanda*) deve ser aqui prestigiada, afinal, a vontade dos contratantes deve sempre que possível ser respeitada e observada como meio de garantia da segurança nas relações jurídicas." (STJ, REsp 1.737.819, j. 15.08.2019).
99. STJ, REsp 1.694.826, j. 07.11.2017; TJSP, Apel 1018645-28.2014.8.26.0564, j. 5.5.2016; TJRJ, Apel 0034355-69.2012.8.19.0209, j. 29.10.2014.
100. Nesse sentido, destaca-se trecho da Apel 1018645-28.2014.8.26.0564 (TJSP): "O contrato não é de adesão, posto que celebrado entre particulares, todos em pé de igualdade, não sendo o caso de relação de consumo. Logo, plenamente válida a cláusula de arbitragem, que impede o exame do feito pela Justiça Comum, se inexistente a circunstância excepcional aludida na sentença (impossibilidade de instalação de arbitragem ou extraordinário e injustificado atraso na entrega da obra encomendada)." Do mesmo modo, conforme Apel. 0034355-69.2012.8.19.0209 (TJRJ): "Todavia, a hipótese dos autos não tem natureza consumerista, mas sim de natureza civil, feita entre particulares (Amadeu e Eduardo), pessoas físicas, em que o vendedor do imóvel

Quando a compra e venda de imóveis ocorre entre duas pessoas jurídicas, a jurisprudência é farta em reconhecer o vínculo da cláusula compromissória,[101] sendo a relação regida pelo Código Civil. Não se olvida que, pela aplicação da teoria finalista-mitigada, é possível, em certos casos, cogitar-se da incidência do CDC na relação entre pessoas jurídicas. Contudo, a presença de elementos que indiquem paridade ou propósito empresarial contribuem para afastar a relação consumerista. Na mesma linha, as transações imobiliárias ocorridas no contexto de investimento também constituem cenário de plena eficácia da cláusula compromissória, afastando de todo a jurisdição estatal.[102]

Em ação de indenização decorrente de contrato para edificação de sete casas, o TJMG decidiu que não se configurou contrato de adesão, pois, além de o contrato não ser padronizado não seria crível que as cláusulas tivessem sido impostas por uma das partes à outra por se tratar de contrato celebrado entre duas construtoras para realização de um empreendimento de porte considerável.[103]

A depender do caso concreto, os contratos de locação também podem ser classificados como paritários. O STJ possui entendimento de que quando a relação é de cunho puramente civil, de locação de galpões comerciais por exemplo, não se aplica o CDC.[104]

Em relação à locação em *shopping center*, a jurisprudência é pacífica ao entender que, tratando-se de partes empresárias é esperado que tenham analisado cuidadosamente todas as condições do contrato, inclusive a cláusula compromissória, que deve ser considerada válida.[105]

Em se tratando de contrato de aluguel envolvendo imobiliária digital, o TJSP firmou o entendimento de que o contrato de locação não pode ser caracterizado como

---

e o seu comprador se encontram em paridade contratual. Isso não significa, entretanto, a impossibilidade de estar configurado um contrato de adesão, apenas evidenciando a não incidência do CDC. Porém no presente caso não se trata de contrato de adesão, já que foram ocorreram tratativas entre as partes através de e-mail, fls. 13/15, quando então o apelante poderia recusar os termos que lhe foram oferecidos pelo apelado."

101. Destaca-se trecho da Apel. 016354-60.2017.8.19.0209 (TJRJ): "Ademais, em sendo a parte autora pessoa jurídica sediada no Estado do Rio de Janeiro cuja a atividade econômica principal é a incorporação de empreendimentos imobiliários (índex 372), não restando, portanto, caracterizado qualquer vulnerabilidade, já que possui conhecimento técnico quanto ao objeto do contrato, elemento que lhe outorga poderes de contratação em igualdade de condições com a parte adversa, o que se o afastamento da incidência do Código de Defesa do Consumidor. Destarte que os contratos celebrados por pessoas jurídicas, destinados a realização de suas atividades empresariais, são presumidamente paritários, salvo prova em sentido contrário. [...] Nesses termos, é clara a opção de que todos os litígios atinentes ao contrato sejam resolvidos por meio da via arbitral e, portanto, a nulidade pretendida pela parte autora, por tratar-se de contrato de adesão, respalda a posição jurídica por ela pretendida a qual, com efeito, não pode ser acolhida, porque se mostra em desconformidade com o contexto e *com o propósito* da elaboração da convenção de arbitragem". Nesse sentido os seguintes julgados: TJMG, Apel. 1.000.21.063037-2/001, j. 30.09.2021; TJMG, 16ª CC, Apel 1.0000.19.039012-0/001, j. 07.08.2019; TJMG, 14ª CC, Apel 1.0024.14.225051-3/001, j. 07.12.2017; TJSP, 6ª Câm Dir Priv, Apel 0024566-23.2011.8.26.0068, j. 13.10.2020.
102. TJMG, 16ª CC, Apel 1.0000.19.039012-0/001, j. 07.08.2019; TJMG, 14ª CC, AI 1.0000.18.058203-3/001, j. 29.11.2018; TJMG, 11ª CC, Apel 1.0000.18.118093-6/001, j. 05.12.2018; TJRJ, 2ª CC, AI 0072742-28.2017.8.19.0000, j. 17.04.2018; TJRJ, 17ª CC, Apel 0001228-38.2015.8.19.0209, j. 26.07.2017; TJMG, 11ª CC, Apel 1.0024.14.188213-4/001, j. 29.03.2017.
103. TJMG, Apel. 1.0000.21.113287-3/001.
104. STJ, CC 154.176, j. 12.09.2017.
105. TJSP, Apel. 9207357-16.2008.8.26.0000, j. 28.11.2011; TJSP, Apel. 10079-12.2017.8.26.0609, j. 07.03.2022.

de adesão ou consumo, tratando-se de relação civil entre partes em plena igualdade de condições. Assim, tendo havido concordância expressa dos locatários com a cláusula compromissória que foi grafada em negrito e com assinatura específica, ela é válida.[106]

Ainda no âmbito das relações locatícias, em julgamentos relativos à Ação de Indenização,[107] Ação Renovatória de Aluguel,[108] Ação de Despejo[109] e Ação Revisional de Aluguel[110] os tribunais brasileiros têm decidido pela validade da cláusula compromissória pactuada em contratos de locação de imóveis não residenciais sob o fundamento de que a natureza dos contratos de locação não é de adesão, já que as partes têm a liberdade de negociar suas disposições.

Em relação à locação de imóvel residencial, o TJSP[111] em Ação de Indenização já decidiu que embora o contrato de locação possua cláusulas padronizadas, estipuladas pela imobiliária, ele não pode ser considerado de adesão visto que celebrado de acordo com práticas habituais do mercado imobiliário. Logo, a cláusula compromissória nele pactuada é válida.

No que toca ao contrato *built to suit*, o TJSC decidiu que não se trata de contrato de adesão ou consumerista, logo a cláusula compromissória nele pactuada seria válida.[112] O mesmo se aplica aos contratos de empreitada[113] que, segundo o STJ, em razão da magnitude e especificidade das obrigações nele pactuadas são uma forma de contratação personalíssima, descontextualizada de qualquer padronização.[114]

4. SITUAÇÕES ESPECIAIS ENVOLVENDO ARBITRAGEM E CONTRATOS IMOBILIÁRIOS

Embora a doutrina e jurisprudência sejam pacíficas acerca da possibilidade de utilização da arbitragem para resolução dos conflitos imobiliários, podem ocorrer algumas situações específicas que demandam análise mais cuidadosa.

---

106. TJSP, Apel. 1002844-93.2021.8.26.0704, j. 17.12.2021; TJSP, Apel. 1013456-47.2021.8.26.0007, j. 13.12.2021; TJSP, Apel. 1021207-34.2-2-.8.26.0003, j. 21.07.2021. TJSP, Apel. 1070747-51.2020.8.26.0100, j. 11.06.2021; TJSP Apel. 1098127-49.2020.8.26.0100, j. 19.05.2021.
107. TJSP, Agr. Inst. 2014653-51.2015.826.0000, j. 25.3.2015; TJPR, Agr. Inst. 0040925-90.2018.8.16.0000, j. 11.09.2019.
108. TJSP, Apel. 0043505-64.2012.8.26.0602, j. 05.03.2015; TJPR, Apel. 0017168-35.2016.8.16.0001.
109. TJSP, Apel. 1000548-98.2019.8.26.0080.
110. TJRJ, Apel. 0193518-98.2010.8.19.0001, j. 19.06.2018.
111. TJSP, Apel. 1002677-79.2019.8.26.0564, j. 27.06.2019.
112. TJSC, Ag. Inst. 0116378-74.2015.8.24.0000, j. 1º.11.2016.
113. TJSP, Apel. 1003544-23.2017.8.26.0506, j. 14.10.2020; TJPR, Apel. 1694463-3, j. 08.11.2017.
114. STJ, RESP 1.699.855, j. 1º.06.2021. Destaca-se trecho do voto da ministra relatora: "Dessa espécie de contratação ressaem evidenciadas, necessariamente, a magnitude e a especificidade das obrigações contrapostas, de inequívoca grandeza econômica, a demandar, de parte a parte, indiscutível know-how, conhecimento técnico e estofo econômico-financeiro para discutir o teor das cláusulas contratuais, a afastar qualquer suposição, meramente retórica, de imposição ou subordinação entre os contratantes. Trata-se, pois, de tipo de contratação personalíssima, descontextualizada de qualquer padronização, em que os contratantes valem-se, em tese e prima facie, de plena liberdade para ajustar, segundo seus interesses e disponibilidade, as cláusulas contratuais às quais se vinculariam. Não se tratando, pois, de contrato de adesão, a ensejar a observância das formalidades estabelecidas no § 2º do art. 4º da Lei de Arbitragem, não se identifica, em uma primeira vista, nenhuma patologia da convenção arbitral ajustada entre as partes, cabendo, pois, ao Tribunal arbitral, caso instado para tanto, deliberar sobre a sua própria competência."

Na sequência abordar-se-á, nesse contexto, questões envolvendo a extensão subjetiva da cláusula compromissória, a arbitrabilidade subjetiva das controvérsias decorrentes de convenção de condomínio e a registrabilidade da sentença arbitral no registro de imóveis.

4.1 Sociedades de Propósito Específico e extensão subjetiva da cláusula compromissória

Como forma de viabilizar incorporações imobiliárias, diminuir riscos e obter vantagens fiscais e contábeis, é comum, no ramo do direito imobiliário, a formação de grupos de sociedades.[115] Esses grupos normalmente são constituídos por sociedades de propósito específico ("SPEs"), encarregadas de desenvolver os empreendimentos sob o controle de uma *holding*.[116] As SPEs são uma forma de organização da atividade empresarial por meio da qual é constituída uma nova sociedade a cada novo empreendimento, que, como o próprio nome indica, tem um objetivo específico, de forma que sua duração está vinculada ao atingimento dessa finalidade.[117]

A criação de SPEs se mostra alternativa vantajosa ao negócio trazendo-lhe mais segurança financeira,[118] limitando os riscos a cada empreendimento específico e o isolando dos demais.[119] Logo, é comum que cada projeto possua uma SPE responsável por seu desenvolvimento, evidenciando a separação de patrimônio. Essa separação patrimonial permite que a SPE vincule apenas os direitos e obrigações decorrentes de seu próprio empreendimento, não sendo ele afetado por eventuais perdas oriundas dos demais empreendimentos da *holding*.

Como a arbitragem vem sendo cada vez mais utilizada nos contratos de incorporação imobiliária, esse avanço levou a que a doutrina passasse a debater a vinculação, nesses casos, de outras sociedades de um mesmo grupo a uma cláusula compromissória inserta em um dos contratos. Por envolver limites à autonomia privada, essa questão vem sendo objeto de discussões no âmbito de procedimentos arbitrais.[120]

A autonomia privada é o fundamento da arbitragem.[121] Nesse sentido, segundo Carlos Alberto Carmona, a convenção de arbitragem "tem como contrapartida que

---

115. SILVA, Natália Diniz; TOLEDO, Victor Miranda. Coligação Contratual, Grupos Empresariais e Sociedades de Propósito Específico (SPE): Aplicabilidade de cláusula compromissória arbitral prevista em contrato firmado com a controladora em contratos com subsidiárias não signatárias. In: ARAÚJO, Paulo Doron R. (Coord.) *Arbitragem, Mediação e Dispute Boards no Mercado Imobiliário*. São Paulo: Quartier Latin, 2019, p. 90-91.
    DOS SANTOS, Wallace Alves. O sócio oculto na sociedade em conta de participação e a cláusula compromissória arbitral na sociedade de propósito específico. In: ARAÚJO, Paulo Doron R. (coord.) *Arbitragem, Mediação e Dispute Boards no Mercado Imobiliário*. São Paulo: Quartier Latin, 2019, p. 111.
116. SILVA; TOLEDO, op. cit., p. 100.
117. DOS SANTOS, op. cit., p. 111-112.
118. DA SILVA; TOLEDO, op. cit., p. 101.
119. DOS SANTOS, op. cit., p. 112-113.
120. DA SILVA; TOLEDO, op. cit., p. 90.
121. LEMES, Selma. *Arbitragem. Princípios Fundamentais. Direito Brasileiro e Comparado*. 1991. p. 34. Disponível em: http://www.selmalemes.adv.br/artigos/artigo_juri20.pdf. Acesso em: 14.10.2021.

demonstrar cabal, clara e inequívoca vontade dos contratantes de entregar a solução de litígio (atual ou futuro, não importa) à solução de árbitro".[122] Essa autonomia foi, por assim dizer, uma das bases do emblemático julgamento da SE 5206, pelo Supremo Tribunal Federal, que atestou a constitucionalidade da LArb.[123] A regra, portanto, é a da relatividade dos efeitos da convenção de arbitragem, no sentido de que ela só vincula as partes que a firmaram.[124]

Dessa forma, sendo o consentimento a base da arbitragem, a princípio não seria possível deduzir que determinada parte aceitou a cláusula compromissória sem tê-la firmado, de modo a inclui-la em um procedimento arbitral.[125] A dinâmica do comércio internacional,[126] contudo, vem fazendo com que a doutrina e a jurisprudência excepcionem essa regra em determinados contextos, como no caso de grupos de sociedades.

O caso paradigmático, no âmbito da arbitragem internacional, que trouxe à tona a possibilidade de extensão de cláusula compromissória foi o Dow Chemical,[127] em que o Tribunal Arbitral assentou o entendimento de que, apesar de possuírem personalidades jurídicas distintas, as sociedades do mesmo grupo fazem parte de uma realidade econômica única. Dessa forma, a cláusula compromissória firmada por duas subsidiárias, deve vincular as outras duas sociedades não signatárias.[128]

---

122. CARMONA, Carlos Alberto. *Arbitragem e Processo*: um comentário à Lei 9.307/96. 3 ed. rev. atual. e ampl. São Paulo: Atlas, 2009, p. 83.
123. Vide trecho do acórdão: "Como visto, vale sintetizar, a sustentação da constitucionalidade da arbitragem repousa essencialmente na voluntariedade do acordo bilateral mediante o qual as partes de determinada controvérsia, embora podendo submetê-la à decisão judicial, optam por entregar a um terceiro, particular, a solução da lide, desde que esta, girando em torno de direitos privados disponíveis, pudesse igualmente ser composta por transação" (STF, SE 5.206, j. 12.11.2001, p. 998).
124. SCALETSCKY, Fernanda. A Teoria dos Grupos Societários e a Extensão da Cláusula Compromissória a Partes Não Signatárias. *Revista Brasileira de Arbitragem*, v. XII, n. 46, , p. 23, 2015. Veja-se também: "no caso dos contratos, opera o princípio da relatividade das convenções, segundo o qual terceiro não poderão, em regra, ser jurídica e diretamente afetados pelos efeitos de relações das quais não tenham participado" (VERÇOSA, Haroldo Malheiros Duclerc. Note: Trelleborg do Brasil Ltda. e outra v. Anel Empreendimentos Participações Agropecuária Ltda., Tribunal de Justiça de São Paulo, Apelação com Revisão 267.450.4/6-00, 24 May 2006. *Revista Brasileira de Arbitragem*, v. III, n. 12, p. 127, 2006).
125. Note-se que não estamos tratando de um terceiro, que não assinou a cláusula compromissória, mas consentiu em participar da arbitragem. Nessa situação, não há dúvidas quanto à manifestação de vontade, haja vista inclusive a possibilidade de celebração de compromisso arbitral.
126. CARMONA, op. cit., p. 82.
127. Caso Dow Chemical: CCI 4.131.
128. O Caso Dow Chemical envolvia dois contratos de distribuição de equipamentos celebrados entre duas subsidiárias europeias do grupo Dow Chemical (Dow Chemical A.G. e Dow Chemical Europe). Esses contratos continham cláusula compromissória prevendo que eventuais litígios seriam resolvidos por arbitragem perante a Câmara de Comércio Internacional (CCI). Foi iniciada a arbitragem por 4 empresas do grupo Dow Chemical (as duas que assinaram o contrato mais Dow Chemical France e The Dow Chemical Company – EUA). No Termo de Arbitragem, a Requerida Isover Saint Gobain levantou preliminar de incompetência do Tribunal Arbitral para proferir uma sentença entre as partes não signatárias do contrato (Dow Chemical France e The Dow Chemical Company). O Tribunal Arbitral proferiu decisão no sentido de que as partes não signatárias deveriam ser vinculadas à cláusula compromissória assinada pelas outras sociedades do mesmo grupo. Essa decisão foi fundamentada nas circunstâncias da negociação, execução e término do contrato. As partes não signatárias participaram ativamente das negociações e término do contrato, havia previsão de que a subsidiária francesa seria responsável por parte da execução do contrato e a matriz norte-americana seria responsável por aprovar várias questões relevantes referentes aos negócios.

No Brasil, o caso emblemático que tratou da extensão de cláusula compromissória a terceiro não signatário foi o Caso Trelleborg,[129] julgado em 2006 pelo TJSP. Na fundamentação da decisão, os magistrados entenderam que embora a cláusula compromissória não estivesse assinada pela Requerida, em várias oportunidades ela demonstrou seu envolvimento nos negócios.[130]

Ressalta-se que, embora nos dois precedentes citados, a existência de um grupo de sociedades tenha sido considerada como um fator relevante que contribuiu para a decisão, este não pode ser o único fundamento para a extensão da cláusula,[131] é necessário analisar se o consentimento se deu de outras maneiras.[132] O reconhecimento de um grupo implica que há uma relação de controle, subordinação ou participação, porém cada sociedade mantém sua personalidade jurídica própria, "não se misturando os patrimônios das sociedades participantes para o efeito de obrigações que uma delas haja eventualmente assumido".[133] A verificação da presença de um grupo societário deve servir apenas como um indício para a extensão da cláusula compromissória,[134] de forma que "essa teoria não é utilizada isoladamente, mas sempre em conjunto com o contexto do negócio e o comportamento das partes que demonstrem a efetiva escolha da arbitragem como método de solução de litígios".[135]

Colocada essa questão, surgem dois cenários referentes à possibilidade de extensão da cláusula compromissória no ramo do direito imobiliário envolvendo as SPE's. O primeiro deles é a extensão da cláusula à SPE em contratos firmados pela *holding*. Conforme mencionado, é comum no mercado imobiliário a estruturação dos negócios por meio da criação de uma SPE, encarregada de desenvolver o empreendimento.

Considerando que as contratações com terceiros são feitas pela *holding* em favor da SPE, é necessário analisar o comportamento das partes na relação negocial.[136] A extensão da cláusula compromissória não pode se dar de maneira automática apenas

---

129. TJSP, Apel. 267.450.4/6-00, j. 24.05.2006.
130. A ação foi proposta por Anel Empreendimentos em desfavor de Trelleborg Industri AB e Trelleborg do Brasil Ltda. para instituição de arbitragem e lavratura de compromisso arbitral com base no art. 7º, LArb. A sentença de primeiro grau julgou procedente a ação e determinou a instituição da arbitragem, indicando as partes e árbitros do procedimento. As rés apelaram sob o argumento de que Trelleborg Industri AB não poderia figurar no polo passivo do procedimento arbitral pois não assinou a cláusula compromissória objeto da controvérsia. O TJSP julgou improcedente o recurso fundamentando a decisão no fato de que, embora a cláusula compromissória não tivesse sido assinada, pelos documentos juntados nos autos, a Trelleborg Industri AB em várias oportunidades mostrou seu envolvimento nos negócios.
131. LOBO, Carlos Augusto da Silveira. Cláusula Compromissória e Grupo de Sociedades. *Revista de Arbitragem e Mediação*, v. 48, 2016.
132. Nesse sentido: "O elemento fundamental a ser encontrado pelo árbitro, para a validação da extensão subjetiva da cláusula compromissória, em toda a qualquer hipótese, será sempre o consentimento das partes envolvidas, manifestado por meio de seu comportamento" (MELO, Leonardo de Campo. Extensão da Cláusula Compromissória e Grupos de Sociedades na prática CCI (de acordo com o regulamento CCI-2012). *Revista de Arbitragem e Mediação*. n. 36, 2013. p. 275).
133. VERÇOSA, op. cit., p. 128.
134. MELO, Leonardo de Campos. Extensão da cláusula compromissória e grupos de sociedade na prática CCI. *Revista de Arbitragem e Mediação*, n. 36, 2013, p. 275.
135. SILVA; TOLEDO, op. cit., p. 97.
136. SILVA; TOLEDO, op. cit., p. 104.

pelo fato de o contrato ter sido firmado pela *holding*. Deste modo, caso se observe que a SPE, embora não signatária, participou das fases de negociação, execução ou rescisão, seria possível estender a cláusula compromissória a ela.

Outro cenário possível é a extensão da cláusula arbitral à *holding* em contratos celebrados pelas SPEs. Essa segunda situação, embora se assemelhe com a primeira, acarreta consequências jurídicas diferentes. Nesse sentido, é importante ressaltar que o fato dessas sociedades pertencerem a um mesmo grupo não é elemento suficiente para a extensão da cláusula compromissória. Caso assim o fosse, estar-se-ia diante de uma espécie de desconsideração de personalidade jurídica,[137] o que nos termos do art. 50, CC[138] depende da prova do abuso de personalidade, caracterizado pelo desvio de finalidade ou confusão patrimonial.

Os árbitros, diante de um cenário como o retratado acima, teriam que analisar o comportamento das partes, se há indícios que a *holding* participou das negociações e da execução do contrato. Assim, está-se diante de uma possibilidade de vinculação à cláusula compromissória com base na manifestação tácita de vontade, na modalidade de comportamento concludente.[139]

Portanto, à luz das considerações acima, a depender da conduta desempenhada pelas partes no negócio imobiliário, mostra-se possível a extensão da cláusula compromissória a parte não signatária, seja ela uma *holding* ou uma SPE.

4.2 Arbitrabilidade subjetiva nas convenções de condomínio

Conforme já dito, é possível a pactuação pelos condôminos da inserção de cláusula compromissória na convenção de condomínio. Todavia, a doutrina diverge no tocante ao quórum necessário para tanto.[140] Segundo Cláudia Dal Maso Lino, seria necessária a unanimidade de votos dos condôminos para a adoção da cláusula compromissória.[141] Por outro lado, Luiz Antônio Scavone Júnior entende que o quórum necessário para tanto seria de dois terços dos condôminos.[142] Parece-nos que essa segunda posição é a mais ajustada, tendo em vista a disposição dos arts. 1.333, CC e 9º, § 2º, da Lei 4.591/64.

---

137. SILVA; TOLEDO, op. cit., p. 105.
138. Código Civil: "Art. 50. Em caso de abuso da personalidade jurídica, caracterizado pelo desvio de finalidade ou pela confusão patrimonial, pode o juiz, a requerimento da parte, ou do Ministério Público quando lhe couber intervir no processo, desconsiderá-la para que os efeitos de certas e determinadas relações de obrigações sejam estendidos aos bens particulares de administradores ou de sócios da pessoa jurídica beneficiados direta ou indiretamente pelo abuso."
139. MARTINS-COSTA, Judith. *A Boa-fé no Direito Privado*: critérios para a sua aplicação. 2. ed. São Paulo: Saraiva, 2018, p. 546.
140. NUNES, op. cit. p. 76.
141. Nesse sentido: "A força da convenção condominial com cláusula arbitral é demonstrada quando aplicada em condomínio já existente, com unanimidade de votos dos condôminos na alteração da convenção de condomínio com cláusula arbitral (antes do conflito), para instruir a arbitragem, vincula os eventuais novos adquirentes." MASO LINO, Cláudia. Arbitragem e Condomínio: possibilidade e limitações. Disponível em: http://www.claudiadalmaso.adv.br/arbitragem.html. Acesso em: 06 set. 2022.
142. SCAVONE JUNIOR, Luiz Antonio. *O condomínio edilício e a arbitragem*, v. 1. São Paulo: Enfoque Jurídico, 2011.

Desse modo, não há dúvidas quanto à validade e eficácia da cláusula compromissória em relação aos condôminos que estiveram presentes na assembleia e que votaram a favor da inserção da cláusula. Todavia, a questão da arbitrabilidade subjetiva se torna mais controvertida quando se trata da validade e da eficácia da convenção de arbitragem em relação aos novos adquirentes, aos moradores que não estiveram presentes na assembleia, ou ainda em relação àqueles que mesmo presentes, votaram de forma contrária à inserção da cláusula compromissória.

O STJ teve a oportunidade de apreciar a matéria quando do julgamento do REsp 1.733.370, ao decidir que "diante da força coercitiva da Convenção Condominial com cláusula arbitral, qualquer condômino que ingressar no agrupamento condominial está obrigado a obedecer às normas ali constantes. Por consequência, os eventuais conflitos condominiais devem ser resolvidos por arbitragem".[143]

Na linha desse julgamento, o STJ no âmbito da Edição 122 da Jurisprudência em Teses, editou a tese 12 que dispõe que qualquer condômino está obrigado a obedecer às normas constantes na convenção condominial, inclusive a cláusula compromissória se assim estiver prevista, devendo eventuais conflitos serem resolvidos por arbitragem.[144]

Assim, considerando ainda que o novo adquirente pode (e deve) consultar o teor da convenção de condomínio antes de comprar a unidade,[145] não há dúvidas que ele também estaria vinculado à cláusula compromissória previamente pactuada.

Outra questão passível de discussão em condomínios é a que se refere à eficácia da cláusula compromissória em relação aos condôminos dissidentes ou não presentes na assembleia que decidiu pela inserção da referida cláusula. Nessas duas situações é necessário ponderar o interesse individual de cada condômino e o interesse da coletividade. Entendemos que a posição mais acertada é a de privilegiar o interesse da coletividade que decidiu pela inserção da cláusula compromissória em razão da natureza institucional normativa da convenção de condomínio.

---

143. STJ, REsp 1.733.370, j. 26.6.2018: Tratava-se de ação sobre modificação de fachada movida por um condômino que adquiriu sua unidade após a instituição do condomínio. Embora o autor argumente que não podia ser submetido à arbitragem por ter se tornado condômino após a inclusão da cláusula arbitral, o STJ decidiu de modo diverso no sentido de que em razão da força coercitiva da Convenção de Condomínio, qualquer condômino que ingressar no agrupamento condominial está obrigado a obedecer as normas ali constantes, inclusive à cláusula compromissória. Todavia, tal julgamento não foi unânime, tendo o relator originário do recurso, Min. Ricardo Villas Boas, em voto vencido, entendido que a "cláusula arbitral não alcança aquelas que ingressarem no condomínio após a aprovação da respectiva convenção, salvo nas hipóteses de concordância do novo condômino, o que não ocorreu na presente hipótese".
144. STJ, Tese 12 da Edição 122 da Jurisprudência em teses: "12) Diante da força coercitiva de convenção condominial com cláusula arbitral, qualquer condômino que ingressar no agrupamento condominial está obrigado a obedecer às normas ali constantes, de modo que eventuais conflitos condominiais deverão ser resolvidos por meio de arbitragem, excluindo-se a participação do Poder Judiciário".
145. Vide trecho do REsp 1.733.370: "evidente que, mesmo aqueles que não firmaram a convenção por ocasião da instituição do condomínio, ficam subordinados ao que nela ficou estabelecido, até em razão da ampla possibilidade de consultar o seu teor antes de adquirir a unidade, em função da necessária publicidade que lhe é dada pelo Cartório de Registro de Imóveis" (STJ, REsp 1.733.370, j. 26.06.2018).

Nesse contexto, deve haver uma prevalência do princípio majoritário, não sendo necessária a concordância expressa de todos os condôminos com a pactuação de cláusula compromissória. Portanto, é perfeitamente possível que a posição da maioria – no caso dois terços – dos condôminos, seja capaz de submeter os dissidentes e ausentes à cláusula compromissória.

Não obstante a possibilidade de pactuação de cláusula compromissória na convenção de condomínio, caso a convenção não preveja a resolução dos conflitos por arbitragem, nada impede que, surgido um litígio, seja pactuado um compromisso arbitral entre os condôminos, nos termos do art. 9º, da LArb.[146]

4.3 Registrabilidade da sentença arbitral nos cartórios de registro de imóveis

No decorrer de um procedimento arbitral, pode ser necessário o deferimento de medidas que versem sobre a propriedade ou indisponibilidade de determinando imóvel.[147] Assim, para a efetivação dessas medidas é preciso o registro da sentença ou decisão arbitral no respectivo Cartório de Registro de Imóveis.

A controvérsia acerca da registrabilidade da sentença arbitral no registro de imóveis decorre do fato do art. 167 da Lei de Registros Públicos ("LRP") não prever a sentença arbitral como ato jurídico registrável. Isso poderia levar, em um primeiro momento, à conclusão de que há uma incompatibilidade entre arbitragem e propriedade imobiliária. Contudo, conforme tratado acima, os direitos inerentes à propriedade, por serem direitos patrimoniais e disponíveis, podem ter suas controvérsias resolvidas por arbitragem.

Não se pretende discutir aqui se o rol do art. 167, I, LRP é exemplificativo ou taxativo, mas deve-se ter em mente que o legislador não consegue acompanhar a rapidez das modificações da sociedade[148] e o surgimento de novos negócios imobiliários.[149] Em decorrência disso, a taxatividade seria incompatível com a finalidade da atividade registral de publicar todos os atos jurídicos relevantes e pertinentes ao imóvel.

Por outro lado, o art. 221, IV, LRP[150] permite o registro de cartas de sentença, podendo-se entender que essa permissão engloba as sentenças arbitrais, já que estas são

---

146. Lei 9.307/96: "Art. 9º O compromisso arbitral é a convenção através da qual as partes submetem um litígio à arbitragem de uma ou mais pessoas, podendo ser judicial ou extrajudicial."
147. TIMM, Luciano Benetti; BERNARDES, Lucas Petri; ARDENGHI, Manoela Doná. Interfaces entre Direito Imobiliário, Arbitragem e o Novo Código de Processo Civil: eficácia da tutela e garantia do crédito perante o registro imobiliário em função das alterações legislativas recentes. *Revista de Direito Imobiliário*, v. 79. São Paulo: Ed. RT, 2015.
148. LOBO, Ana Beatriz de Almeida; BOSCOLI, Théo Meneguci. Sentença Arbitral e Registro Imobiliário: Incompatibilidades. *Arbitragem, Mediação e Dispute Boards no Mercado Imobiliário*. São Paulo: Quartier Latin, 2019, p. 23.
149. DEYAMA, Adriana Gugliano Herani. Registrabilidade da Sentença Arbitral: um estudo de inter-relação entre arbitragem e o registro de imóveis. *Revista de Direito Imobiliário*, ano 35, v. 72. São Paulo: Ed. RT, 2012.
150. LRP: "Art. 221: Somente são admitidos registro: IV – cartas de sentença, formais de partilha, certidões e mandados extraídos de autos de processo."

equiparadas às judiciais.[151] Logo, "se a sentença arbitral tem força de título executivo, não parece minimamente razoável admitir que a omissão legislativa no tocante à sua inclusão no rol do inciso I do artigo 167, da LRP possa impedir o seu registro".[152]

Contudo, segundo Leonardo Beraldo,[153] como os árbitros não possuem poderes coercitivos, é necessário analisar duas situações distintas. As medidas que puderem ser resolvidas pelos árbitros por meio de expedição de ofício, como por exemplo para averbar uma decisão que determinou a indisponibilidade de um imóvel não precisaria passar pelo crivo do Poder Judiciário. Por outro lado, em sendo necessário o uso de poder coercitivo para se fazer cumprir a decisão proferida pelo árbitro, como no caso de busca e apreensão, a cooperação do Poder Judiciário por meio de uma carta arbitral seria a medida mais adequada.

Em vista disso, em Minas Gerais foi celebrado em 2016 um Convênio de Cooperação entre a OAB/MG e o CORI/MG que estabelece a forma e os requisitos mínimos necessários para que as decisões e sentenças arbitrais sejam comunicadas e cumpridas pelos Cartórios de Registro de Imóveis de Minas Gerais.

CONSIDERAÇÕES FINAIS

O desenvolvimento do direito imobiliário no Brasil fez surgir novos contratos, cada vez mais complexos e que demandam soluções céleres e eficazes. A complexificação da atividade econômica demandou que se estruturasse juridicamente novas formas de relacionamento com a propriedade imobiliária. O resultado, de um lado, foi o desenvolvimento de contratos com características híbridas, aproveitando elementos dos contratos mais tradicionais (compra e venda, locação e empreitada), propiciando o surgimento de contratos como *shopping center* e *built to suit*. De outro, estruturou-se por novos contratos outras formas de relacionamento com a *res immobiles*, que culminaram nos modelos de *coworking*, *time sharing* e fundos de investimentos imobiliários.

A aparição de novos litígios, mais complexos e sofisticados, é o resultado natural desse processo de sofisticação. A solução de conflitos imobiliários por meio de arbitragem pode se mostrar, então, como adequada – especialmente quando as especificidades da relação contratual forem compatíveis com os predicados da arbitragem, como a necessidade de celeridade, de escolha de julgador especializado ou com a possibilidade de opção pela confidencialidade. Igualmente, importa haver compatibilidade com o valor econômico subjacente ao contrato com os custos da arbitragem, que deve ser fruto de juízo de adequação à circunstância concreta.

---

151. Nesse sentido tem-se o art. 18 e art. 31, LArb: "Art. 18. O árbitro é juiz de fato e de direito, e a sentença que proferir não fica sujeita a recurso ou a homologação pelo Poder Judiciário." "Art. 31. A sentença arbitral produz, entre as partes e seus sucessores, os mesmos efeitos da sentença proferida pelos órgãos do Poder Judiciário e, sendo condenatória, constitui título executivo".
152. LOBO; BOSCOLI, op. cit., p. 27.
153. BERALDO, Leonardo. A eficácia das decisões do árbitro perante o registro de imóveis. *Revista de Arbitragem e Mediação*, v. 58. São Paulo: Thomson Reuters, 2018.

Contudo, em razão das particularidades que lhes são intrínsecas, é recomendável a observância de alguns requisitos para celebração da convenção arbitral e instituição da arbitragem no setor imobiliário, principalmente nos contratos consumeristas e de adesão. Nesse sentido, diante da importância da qualificação jurídica da relação para fins de determinação do regime jurídico aplicável, os requisitos do art. 4, § 2º da Lei de Arbitragem e do art. 51, VII do Código de Defesa do Consumidor poderão constituir óbices à livre pactuação de cláusulas compromissórias nessas relações.

Percebe-se que a arbitragem encontra espaço no ramo imobiliário como método adequado de solução de litígios. Contudo, é necessário sempre se atentar para as peculiaridades da relação para averiguar tanto a conveniência quanto a juridicidade da opção pela via arbitral. A arbitragem é, antes de tudo, um meio *adequado* de solução de litígios, e não uma fórmula universalizável ou extensível a qualquer tipo de situação. Convém às partes atentarem para as peculiaridades do caso concreto e analisar a viabilidade da solução arbitral.

BIBLIOGRAFIA E JULGADOS SELECIONADOS

ABELHA, André. Condomínio em multipropriedade. In: BORGES, Marcus Vinícius Motter Borges (Coord.). *Curso de Direito Imobiliário Brasileiro* [livro eletrônico]. São Paulo: Thomson Reuters Brasil, 2021.

ANTUNES, José Engrácia. Os fundos de investimento imobiliário no Direito Português. *Revista de Direito Imobiliário*, v. 89, p. 431-443, jul./dez. 2020, DTR 2020/14331.

BAPTISTA, Luiz Olavo. *Construção e Direito Civil*. São Paulo: Lex Editora, 2011, p. 16. TEPEDINO, Gustavo. *Código Civil interpretado conforma a Constituição da República*. Rio de Janeiro: Renovar, 2012. v. II.

BARBARESCO, Marcelo. Estruturas diferenciadas de cessão de uso de imóveis. In: BORGES, Marcus Vinícius Motter (Coord.). *Curso de Direito Imobiliário Brasileiro* [livro eletrônico]. São Paulo: Thomson Reuters, 2021.

BERALDO, Leonardo. A eficácia das decisões do árbitro perante o registro de imóveis. *Revista de Arbitragem e Mediação*, v. 58. São Paulo: Thomson Reuters, 2018.

CARMONA, Carlos Alberto. *Arbitragem e Processo*: um comentário à Lei 9.307/96. 3. ed. rev. atual. e ampl. São Paulo: Atlas, 2009.

CHALHUB, Melhim Namem. Direito Imobiliário Contemporâneo. In: BORGES, Marcus Vinícius Motter (Coord.). *Curso de Direito Imobiliário Brasileiro* [livro eletrônico]. São Paulo: Thomson Reuters, 2021.

DEYAMA, Adriana Gugliano Herani. Registrabilidade da Sentença Arbitral: um estudo de inter-relação entre arbitragem e o registro de imóveis. *Revista de Direito Imobiliário*, ano 35, v. 72. São Paulo: Ed. RT, 2012.

DOS SANTOS, Wallace Alves. O sócio oculto na sociedade em conta de participação e a cláusula compromissória arbitral na sociedade de propósito específico. In ARAÚJO, Paulo Doron R. (Coord.). *Arbitragem, Mediação e Dispute Boards no Mercado Imobiliário*. São Paulo: Quartier Latin, 2019.

ELIAS, Eduardo Arrieiro. A (não)incidência do ITBI na integralização de cotas de fundos de investimentos imobiliários mediante conferência de bens imóveis. *Revista de Direito Bancário e do Mercado de Capitais*, v. 80, p. 107-128, abr./jun. 2018, DTR 2018/14575.

FIGUEIREDO, Luiz Augusto Haddad. *Built to Suit*. *Revista de Direito Imobiliário*. ano 35, v. 72. São Paulo: Ed. RT, 2012.

FRADERA, Vera. In: WALD, Arnoldo (Coord.). *Direito Empresarial*: contratos mercantis. São Paulo: Ed. RT, 2011. v. 4.

FRANCO, Antonio Celso Pinheiro. Fundos de Investimento Imobiliário. *Revista do Instituto dos Advogados de São Paulo*, v. 15, p. 347-351, jan./jun. 2005, DTR 2005/883.

GOMES, Orlando. In: WALD, Arnoldo (Coord.). *Direito Empresarial*: contratos mercantis. São Paulo: Ed. RT, 2011. v. 4.

GOMIDE, Alexandre Junqueira. *Contratos Built to suit*: aspectos controvertidos decorrentes de uma nova modalidade contratual [livro eletrônico]. São Paulo: Ed. RT, 2017.

KLEIN, Aline Lícia; VITALE, Olivar. Investidor Imobiliário, Contrato por Adesão e Cláusula Compromissória. *Arbitragem, Mediação e Dispute Boards no Mercado Imobiliário*. São Paulo: Quartier Latin, 2019.

LEÃES, Luiz Gastão Paes de Barros. Shopping centers: convenção impediente de novo estabelecimento. In: WALD, Arnoldo (Coord.). *Direito Empresarial*: contratos mercantis. São Paulo: Ed. RT, 2011. v. 4.

LEMES, Selma. *Arbitragem. Princípios Fundamentais. Direito Brasileiro e Comparado*. 1991. Disponível em: http://www.selmalemes.adv.br/artigos/artigo_juri20.pdf. Acesso em: 14 out. 2021.

LOBO, Ana Beatriz de Almeida; BOSCOLI, Théo Meneguci. Sentença Arbitral e Registro Imobiliário: Incompatibilidades. A*rbitragem, Mediação e Dispute Boards no Mercado Imobiliário*. São Paulo: Quartier Latin, 2019.

LOBO, Carlos Augusto da Silveira. Cláusula Compromissória e Grupo de Sociedades. *Revista de Arbitragem e Mediação*, v. 48, 2016.

MARQUES, Claudia Lima; BENJAMIN, Antonio Herman; MIRAGEM, Bruno. *Comentários ao Código de Defesa do Consumidor* [livro eletrônico]. São Paulo: Thomson Reuters Brasil, 2019.

MARTINS-COSTA, Judith. *A Boa-fé no Direito Privado*: critérios para a sua aplicação. 2. ed. São Paulo: Saraiva, 2018.

MASO LINO, Cláudia. *Arbitragem e Condomínio*: possibilidade e limitações. Disponível em: http://www.claudiadalmaso.adv.br/arbitragem.html. Acesso em: 06 set. 2021.

MELO, Leonardo de Campos. Extensão da cláusula compromissória e grupos de sociedade na prática CCI. *Revista de Arbitragem e Mediação*, n. 36, 2013.

NERY JUNIOR, Nelson. *Manual de direito civil*: contratos [livro eletrônico]. São Paulo: Ed. RT, 2014.

NUNES, Gustavo Moura Azevedo. 3. Cláusula Compromissória em Convenção de Condomínio: Análise quanto à sua oponibilidade àqueles que não anuíram com sua instituição. *Arbitragem, Mediação e Dispute Boards no Mercado Imobiliário*. São Paulo: Quartier Latin, 2019.

PALERMO, Fernanda Kellner de Oliveira. O fundo de investimento imobiliário. *Revista de Direito Imobiliário*, v. 53, p. 142-159, jul./dez. 2002, DTR 2002/306.

PEREIRA, Caio Mário da Silva. *Instituições de Direito Civil*. 18. ed. Rio de Janeiro: Forense, 2018. v. III.

PEREIRA, Caio Mário da Silva. *Instituições de Direito Civil*. 22. ed. Rio de Janeiro: Forense, 2018. v. III.

REQUIÃO, Rubens. In: WALD, Arnoldo (Coord.). *Direito Empresarial*: contratos mercantis. São Paulo: Ed. RT, 2011. v. 4.

RIZZARDO, Arnaldo. *Condomínio edilício e incorporação imobiliária*. 8. ed. Rio de Janeiro: Forense, 2021.

SCALETSCKY, Fernanda. A Teoria dos Grupos Societários e a Extensão da Cláusula Compromissória a Partes Não Signatárias. *Revista Brasileira de Arbitragem*, v. XII, n. 46, 2015.

SCAVONE JUNIOR, Luiz Antonio. *O condomínio edilício e a arbitragem*. São Paulo: Enfoque Jurídico, 2011. v. 1.

SCHREIBER, Anderson. *Manual de direito civil*: contemporâneo. São Paulo: Saraiva Educação, 2020.

SCHREIBER, Anderson. *Multipropriedade Imobiliária e a Lei 13.777/18*. Disponível em: https://blog.grupogen.com.br/juridico/areas-de-interesse/civil/multipropriedade=-imobiliaria-e-a-lei13777-18-/?gclid-

CjwKCAjw5_GmBhBIEiwA5QSMxK9GehGSBDUgsHPe065UuaYGzsKVi0p089zPFYDQvV--yHKZwKrgsLBoCkF4QAvD_BwE. Acesso em 14.10.2021.

SILVA, Natália Diniz; TOLEDO, Victor Miranda. Coligação Contratual, Grupos Empresariais e Sociedades de Propósito Específico (SPE): Aplicabilidade de cláusula compromissória arbitral prevista em contrato firmado com a controladora em contratos com subsidiárias não signatárias. In ARAÚJO, Paulo Doron R. (Coord.). *Arbitragem, Mediação e Dispute Boards no Mercado Imobiliário*. São Paulo: Quartier Latin, 2019.

TARTUCE, Flávio. *Manual de Direito Civil*. 6. ed. Rio de Janeiro. Forense; São Paulo: Método, 2016.

TEPEDINO, Gustavo. *Código Civil interpretado conforma a Constituição da República*. Rio de Janeiro: Renovar, 2012. v. II.

TERRA, Marcelo. Reflexões registrarias sobre o fundo de investimento imobiliário. *Revista de Direito Imobiliário*, v. 36, p. 57-71, jan./dez. 1995, DTR 1995/38.

TIMM, Luciano Benetti; BERNARDES, Lucas Petri; ARDENGHI, Manoela Doná. Interfaces entre Direito Imobiliário, Arbitragem e o Novo Código de Processo Civil: eficácia da tutela e garantia do crédito perante o registro imobiliário em função das alterações legislativas recentes. *Revista de Direito Imobiliário*, v. 79. São Paulo: Ed. RT, 2015.

VERÇOSA, Haroldo Malheiros Duclerc. Note: Trelleborg do Brasil Ltda. e outra v. Anel Empreendimentos Participações Agropecuária Ltda., Pações Agropecuária Ltda., Tribunal de Justiça de São Paulo, Apelação com Revisão 267.450.4/6-00, 24 May 2006. *Revista Brasileira de Arbitragem*, v. III, n. 12, p. 127. 2006.

WALD, Arnoldo. Novos Instrumentos para o Direito Imobiliário: Fundos, Alienação Fiduciária e 'Leasing'. *Revista de Direito do Ministério Público do Estado da Guanabara*, Rio de Janeiro, n. 13, p.54-59, jan./abr. 1971.

WALD, Arnoldo. Os Fundos Imobiliários. *Revista dos Tribunais*, v. 706, p. 252-253, ago. 1994, DTR 1994/363.

ZANETTI, Cristiano de Sousa. *Comentários ao Código Civil*. São Paulo: Saraiva Educação, 2018.

JULGADOS SELECIONADOS

STF, SE 5.206, j. 12.11.2001.

STJ, REsp 1.169.841, j. 06.11.2012.

STJ, REsp 1.169.865, j. 13.08.2013.

STJ, REsp 1.546.165, j. 26.04.2016.

STJ, REsp 1.446.963, j. 1º.08.2017.

STJ, AREsp 1.705.504, j. 25.11.2020.

STJ, AREsp 1.286.832, j. 25.09.2019.

STJ, AREsp 1.172.257, j. 25.09.2019.

STJ, REsp 1.114.724, j. 11.04.2016.

STJ, AREsp 259.931, j. 28.03.2016.

STJ, REsp 1.189.050, j. 1º.03.2016.

STJ, REsp 1.733.370, j. 26.06.2018.

STJ, RESP 1.699.855, j. 1º.06.2021.

STJ, REsp 1.694.826, j. 07.11.2017.

STJ, REsp 1.737.819, j. 15.08.2019.

STJ, CC 154.176, j. 12.09.2017.

STJ, CC 164.934, j. 1º.08.2019.
STJ, AREsp 1.761.923, j. 16.01.2021.
STJ, ARESP 1.809.051, j. 27.09.2021.
STJ AREsp 975.050, j. 10.10.2016.
STJ, AREsp 1.661.552, j. 06.05.2020.
STJ, REsp 1.633.403, j. 14.04.2020.
STJ, AREsp 1.490.565, j. 30.03.2020.
STJ, AgInt 1.602.729, j. 12.03.2020.
STJ, AREsp 1.438.390, j. 16.05.2019.
STJ, AREsp 1.398.038, j. 03.12.2018.
STJ, REsp 1.688.440, j. 24.09.2018.
STJ, REsp 1.586.736, j. 24.09.2018.
STJ, AREsp 1.305.237, j. 13.06.2018.
STJ, AgInt no AREsp 1.192.648, j. 27.11.2018.
STJ, REsp 1.169.841, j. 06.11.2012.
STJ, AREsp 1.336.387, j. 16.08.2018.
STJ, AREsp 977.942, j. 24.05.2018.
STJ, REsp 1.641.672, j. 1º.08.2018.
STJ, AREsp 1.181.969, j. 19.12.2017.
STJ, AREsp 1.024.715, j. 17.05.2017.
STJ, AREsp 201.003, j. 16.03.2017.
STJ, REsp 1.628.819, j. 27.02.2018.
TJSP, RI, 1011059-92.2015.8.26.0405, j. 31.08.2017.
TJSP, Apel 1018645-28.2014.8.26.0564, j. 05.05.2016.
TJSP, Apel. 1002677-79.2019.8.26.0564, j. 27.06.2019.
TJSP, Apel. 1003544-23.2017.8.26.0506, j. 14.10.2020.
TJSP, Apel. 267.450.4/6-00, j. 24.05.2006.
TJSP, Apel. 10079-12.2017.8.26.0609, j. 07.03.2022.
TJSP, Apel. 1002844-93.2021.8.26.0704, j. 17.12.2021.
TJSP, Apel. 1013456-47.2021.8.26.0007, j. 13.12.2021.
TJSP, Apel. 1021207-34.2-2-.8.26.0003, j. 21.07.2021.
TJSP, Apel. 1070747-51.2020.8.26.0100, j. 11.06.2021.
TJSP Apel. 1098127-49.2020.8.26.0100, j. 19.05.2021.
TJSP, Agr. Inst. 2014653-51.2015.826.0000, j. 25.03.2015
TJSP, Apel. 9207357-16.2008.8.26.0000, j. 28.11.2011.
TJSP, Apel. 0043505-64.2012.8.26.0602, j. 05.03.2015.
TJSP Apel. 0042671-70.2012.8.26.0405, j. 14.05.2015.
TJSP Apel. 1000982-71.2013.8.26.0606, j. 16.12.2014.

TJSP, Apel. 1050416-48.2020.8.26.0100, j. 30.9.2021.
TJSP, Apel. 1005295-60.2020.8.26.0564, j. 26.2.2021.
TJSP, Apel. 0001518-55.2013.8.26.0071, j. 19.09.2015.
TJSP, Agr. Inst. 2218520-92.2020.8.26.0000, j. 23.03.2021.
TJSP Apel. 1010511-87.2017.8.26.0602, j. 21.10.2020.
TJSP Apel. 1000548-98.2019.8.26.0080, j. 30.08.2019.
TJSP Apel. 1002677-79.2019.8.26.0564, J. 27.06.2019.
TJSP, Apel. 1010511-87.2017.8.26.0602, j. 21.10.2020.
TJRJ, Apel 0034355-69.2012.8.19.0209, j. 29.10.2014.
TJRJ, Apel. 0193518-98.2010.8.19.0001, j. 19.06.2018.
TJRJ, 17ª CC, Apel 0001228-38.2015.8.19.0209, j. 26.07.2017.
TJRJ Apel. 0193518-98.2010.8.19.0001, j. 19.06.2018.
TJRJ, Apel. 0010053-29.2015.8.19.0028, j. 10.09.2019.
TJRJ, Apel. 0285725-04.2-19.8.19.0001, j. 17.02.2022.
TJRJ, 2ª CC, AI 0072742-28.2017.8.19.0000, j. 17.04.2018.
TJMG, Apel. 1.0105.11.012457-2/001, j. 04.12.2013.
TJMG, 11ª CC, Apel 1.0534.13.001198-2/002, j. 22.06.2016.
TJMG, Apel 1.0000.17.045856-6/001, j. 21.09.2017.
TJMG, Apel. 1.0000.19.039012-0/001, j. 07.08.2019.
TJMG, 11ª CC, Apel 1.0024.14.188213-4/001, j. 29.03.2017.
TJMG, Apel. 1.0000.21.113287-3/001, j. 05.08.2021
TJMG, 16ª CC, Apel 1.0000.19.039012-0/001, j. 07.08.2019.
TJMG, 14ª CC, AI 1.0000.18.058203-3/001, j. 29.11.2018.
TJMG, 11ª CC, Apel 1.0000.18.118093-6/001, j. 05.12.2018.
TJSC, Ag. Inst. 0116378-74.2015.8.24.0000, j. 1º.11.2016.
TJPR, Apel. 1694463-3, j. 08.11.2017.
TJPR, RI 0010179-81.2018.8.16.0182, j. 27.09.2018.
TJPR, Agr. Inst. 0040925-90.2018.8.16.0000, j. 11.09.2019.
TJPR, Apel. 0017168-35.2016.8.16.0001. j. 13.06.2018.